无锡市崇安区志

（1986~2005）

无锡市崇安区地方志编纂委员会　编

上

方志出版社
Publishing House of Local Records

ISBN 978-7-5144-1584-1

图书在版编目(CIP)数据

无锡市崇安区志：1986～2005/无锡市崇安区地方志编纂委员会编. —— 北京：方志出版社，2015.3
ISBN 978-7-5144-1584-1

Ⅰ.①无… Ⅱ.①无… Ⅲ.①区(城市) —— 地方志 —— 无锡市 —— 1986～2005 Ⅳ. ①K295.33

中国版本图书馆CIP数据核字（2015）第053134号

无锡市崇安区志(1986～2005)(上、下册)

编　　者：无锡市崇安区地方志编纂委员会
责任编辑：梅中英
出 版 人：冀祥德
出 版 者：方志出版社
　　　　　地址　北京市朝阳区潘家园东里9号（国家方志馆4层）
　　　　　邮编　100021
　　　　　网址　http://www.fzph.org
发　　行：方志出版社发行中心
　　　　　电话（010）67110500
经　　销：各地新华书店
印　　刷：无锡市证券印刷有限公司
开　　本：889×1194　　1/16
印　　张：81.25
字　　数：2436千字
版　　次：2015年3月第1版　　2015年3月第1次印刷
印　　数：0001～1000册

ISBN 978-7-5144-1584-1　　定价：580.00元(上、下册)

崇安区地方志编纂委员会

（2007年3月～2009年3月）

主　任：	刘　玲				
副主任：	程　红	曹海燕	吴一骁		
成　员：	虞爱国	张少清	王品连	夏　琰	高莉伟
	唐　海	王振铭	袁晓宁	蒋建云	钱可伟
	谭　健	张永成	汤德政	杨　成	沈　燕
	吴德怡	陈芳芳	钱俊方	蒋柏椿	季　铮
	秦惠芬	徐向林	刘洪元	徐永康	笪学荣
	袁耀珠	余佑康	钱兴华	钱　新	李东海
	吕明石	徐建国	刘海波	蒋志耘	王志强
	李永恒	蒋建平	董建昌	范洪强	廉伟庆
	丁一心	徐向华	周晓红	沈建荣	

崇安区地方志编纂委员会

（2009年3月～2011年11月）

主　任：	刘　玲				
副主任：	李福来	唐　红	李振云	吴一骁	
成　员：	姚业宏	张少清	王品连	夏　琰	高莉伟
	唐　海	王振铭	李传淮	蒋建云	钱可伟
	须　群	张永成	谭　健	周国良	汤德政
	杨　成	焦元弘	蒋志耘	陈芳芳	李方平
	邓晓春	秦惠芬	徐向林	刘洪元	李菊根
	任　伟	袁耀珠	黄梅华	吴　军	陈志刚
	钱兴华	徐建国	刘海波	王志强	吕明石
	倪示远	陆国元	董建昌	范洪强	廉伟庆
	李东海	徐向华	周晓红	沈建荣	

崇安区地方志编纂委员会

（2011年11月~2013年6月）

主　任：	刘　玲				
副主任：	唐　红	虞　晖	吴一骁	周国良	
成　员：	姚业宏	张少清	刘松民	吴爱陆	苏友安
	唐　海	徐国良	朱　虹	方　凝	李佳珂
	徐向华	吕　恺	汤德政	施　阳	焦元弘
	徐冰清	秦惠芬	姚建军	李方平	邓晓春
	蒋志耘	徐向林	李传淮	张　琦	任　伟
	谭　健	黄梅华	吴　军	陈志刚	陶有胜
	范洪强	邹鸣萍	华李军	王志强	吕明石
	刘　青	陆国元	叶益民	尤伟丰	廉伟庆
	李东海	高冬华	徐建国	沈建荣	

崇安区地方志编纂委员会

（2013年6月~2014年3月）

主　任：	李秋峰				
副主任：	夏　琰	虞　晖	吴一骁	周国良	
成　员：	秦惠芬	黄梅华	刘　青	朱　虹	胡泽服
	张少清	刘松民	吴爱陆	苏友安	徐国良
	方　凝	唐　海	李佳珂	袁　敏	吕　恺
	李铁群	施　阳	焦元弘	吕明石	徐冰清
	姚建军	李方平	叶　强	徐向林	李传淮
	蒋志耘	沈雪霞	李东海	吴　军	任　伟
	谭　健	王志强	范洪强	陶有胜	华李军
	邵康奕	邓晓春	陆国元	吴留钰	尤伟丰
	廉伟庆	邵　健	高冬华	徐建国	任　俊

崇安区地方志编纂委员会

（2014年3月～　　　）

主　任：邹士辉

副主任：夏　琰　　虞　晖　　吴一骁　　周国良

成　员：秦惠芬　　黄梅华　　刘　青　　朱　虹　　胡泽服
张少清　　刘松民　　吴爱陆　　苏友安　　徐国良
方　凝　　唐　海　　李佳珂　　袁　敏　　吕　恺
李轶群　　施　阳　　焦元弘　　吕明石　　徐冰清
姚建军　　李方平　　叶　强　　徐向林　　李传淮
蒋志耘　　沈雪霞　　李东海　　吴　军　　任　伟
谭　健　　王志强　　范洪强　　陶有胜　　华李军
邵康奕　　邓晓春　　陆国元　　吴留钰　　尤伟丰
廉伟庆　　邵　健　　高冬华　　徐建国　　任　俊

《崇安区志（1986～2005）》编纂人员

主　　编：唐　海

执行主编：孙　怡

编　　辑：（以姓氏笔画为序）孙　怡　　刘振华　　秦民华　　鲁湘东

《崇安区志（1986～2005）》终审、验收机构和人员

审查验收单位：江苏省地方志编纂委员会办公室

终审验收单位：无锡市史志办公室

终审验收人员：张卫星　　郁有满　　葛　红　　杨锡根　　许琴华
周胜忠

《崇安区志（1986～2005）》审定机关

中共无锡市崇安区委员会

无锡市崇安区人民政府

崇安
区志

崇安新姿

中山南路(2005) 顾祚维摄

人民中路 (2007) 区建设部门供稿

人民东路 (2005) 区建设部门供稿

1

解放环路（2005） 区建设部门

Road 道路

工运路 (2009)　区建设部门供稿

学前东路 (2010)　区建设部门供稿

锡沪路 (2010)　区建设部门供稿

1

井亭公铁立交 (2010) 市城建档案馆供

广南立交 (2009) 市城建档案馆供稿

工运桥 (2007) 赵孙健摄

江海路立交 (2010) 市城建档案馆供稿

古运河亭子桥段 (2010) 孙怡摄

古运河亭子桥段 (1985) 区档案局供稿

广塘联圩整治后的大寨河（2006） 广益街道供稿

古运河工运桥东段夜景（2008） 区建设部门供稿

无锡国邮大厦 (2010)　区建设部门供稿

无锡通信大厦 (2010) 孙怡摄

无锡电信大楼 (2010) 孙怡摄

国联大厦 (2010) 区建设部门供稿

中国银行无锡分行 (2009) 区建设部门供稿

Square 广场

胜利门广场 (2005) 区建设部门供稿

火车站南广场 (2005) 区建设部门供稿

城中公园白水荡 (2007)　崇安城投公司供稿

广益商公园 (2005)　广益街道供稿

尤渡苑农民安置房（2010） 广益街道供

广益佳苑经济适用房（2010） 广益街道供

金科·观天下小区 (2009)　广益街道供稿

广益景苑 (2009)　广益街道供稿

嘉禾现代城 (2010)　孙怡摄

崇安寺生活步行街区（2007） 崇安城投公司供稿

崇安阁 (2003) 崇安城投公司供稿

崇安寺城中购物公园 (2008) 崇安城投公司供稿

崇安寺牌坊 (2008) 崇安城投公司供稿

无锡商业大厦 (2008)　区委宣传部供稿

八佰伴商贸中心 (2010)　区委宣传部供稿

中山路商业街 (2007)　区委宣传部供稿

明珠广场 (2006)　区建设部门供稿

摩天360 (2009) 区委宣传部供稿

Commercial Buildings

中国饭店（2010） 区委宣传部供稿

金陵饭店（2010） 孙怡摄

国际饭店（2010） 孙怡摄

华厦家居港 (2010)　广益街道供稿

月星家居广场 (2010)　孙怡摄

好艺家国际家居广场 (2010) 广益街道供稿

崇安集贸市场 (2008) 广益街道供稿

华东商贸城 (2003) 广益街道供稿

哥伦布广场 (2010) 广益街道供稿

三凤桥肉庄 (2007)　孙怡摄

王兴记 (2008)　区经贸局供稿

光明眼镜店（2007） 孙怡摄

功德林菜馆（2006） 区经贸局供稿

拱北楼面店（2007） 孙怡摄

崇宁路实验小学 (2008)　区教育局供稿

江苏省无锡连元街小学 (2008)　连元街小

无锡高等师范学校 (2010) 孙怡摄

无锡市东林中学 (2010) 孙怡摄

无锡金桥双语实验小学 (2005) 区教育局供稿

无锡市第八人民医院（无锡市映山河儿童妇产医院）(2010)　孙怡摄

上马墩街道社区卫生服务中心 (2005) 上马墩街道供稿

崇安寺街道社区卫生服务中心 (2009) 区卫生局供稿

无锡市龙祥投资有限公司热烈祝贺广益街道“广益家居城”杯首届社区运动会隆重开幕
无锡新城钢材电子商务港热烈祝贺广益街道“广益家居城”杯首届社区运动会隆重开幕
无锡食品园有限公司热烈祝贺广益街道“广益家居城”杯首届社区运动会隆重开幕
江苏佳润投资发展有限公司热烈祝贺广益街道“广益家居城”杯首届社区运动会隆重开幕
全民健身 利国利民
广丰社区
尤渡社区

崇安区全民健身中心(2010)　区文体局供稿

风雷健身苑(2004)　区文体局供稿

田径运动会(2010)　区文体局供稿

消防运动会(2009)　广益街道供稿

位于崇文大厦的崇安区行政服务中心 (2010) 孙

广益街道尤渡社区服务中心 (2010)　张甦杰摄

江海街道行政服务中心 (2010)　江海街道供稿

广益睦邻中心 (2008)　广益街道供稿

崇安区敬老院（2010）　顾祚维摄

崇安区老年康乐苑（2010）　孙怡摄

靖海颐养苑（2010） 孙怡摄

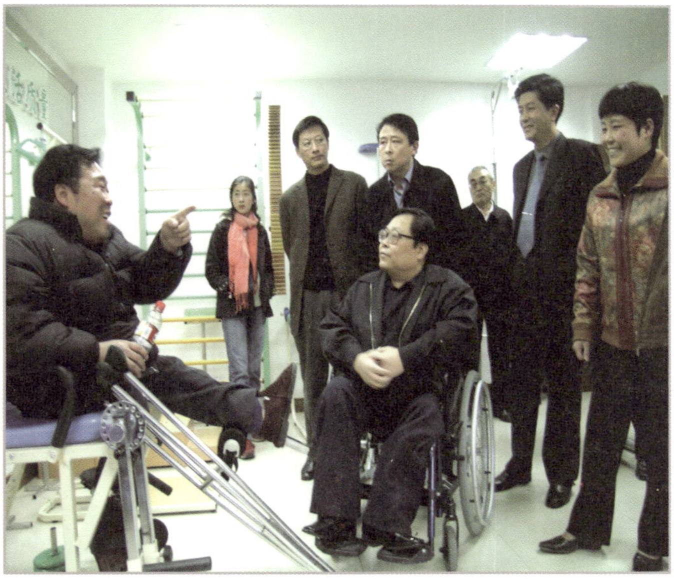

崇安区残疾人服务管理中心康复室（2005） 区残联供稿

崇安区残疾人服务管理中心（2005） 区残联供稿

广瑞路街道广瑞一村新市民亲情理事会（2004） 广瑞路街道供稿

居家助理服务（2010） 区民政局供稿

崇安寺街道中山路党建驿站（2006） 崇安寺街道供稿

广益街道红马甲义工服务队 (2010)
广益街道供稿

源沐心理咨询中心 (2010) 区民政局供稿

社区治安“十分钟服务圈”(2010) 广益街道供稿

缪荣明职业病防治工作室 (2010)
区民政局供稿

崇安区文化馆（2010） 孙怡摄

崇安区档案馆、图书馆（2010） 孙怡摄

崇安区少年宫舞蹈房（2010） 区少年宫供稿

崇安区少年宫（2010） 区少年宫供稿

崇安文化艺术节(2006)　区文体局供稿

崇安年市(2010)　崇安城投公司供稿

二泉映月艺术团专场演出 (2010) 崇安城投公司供稿

戏迷亮嗓 (2005) 区文体局供稿

莫家庄社区书场 (2010) 秦开摄

中央电视台《曲苑杂坛》崇安寺专场 (2005) 崇安城投公司供稿

全国重点文物保护单位——薛福成故居 (2007) 孙怡摄

全国重点文物保护单位——阿炳故居 (2007) 孙怡摄

全国重点文物保护单位——东林书院 (2004) 区文体局供稿

江苏省文物保护单位——无锡县立图书馆 (2006) 孙怡摄

江苏省文物保护单位——小娄巷历史街区复建的秦氏佚园 (2010)
崇安城投公司供稿

江苏省文物保护单位——无锡县城隍庙旧址 孙怡摄

广益家居创意设计园(俱崇安) (2010) 广益街道供稿

北仓门生活艺术中心 (2010) 区文体局供稿

序

《崇安区志（1986~2005）》历时八载编纂，数易其稿，终告编竣。这是继上一部《崇安区志》（内部刊印）后的第一部出版的区志，它的问世，来之不易，是各级领导关心重视，各部门、各单位配合支持的结果，是有关专家学者悉心指导，全体编纂人员通力协作、辛勤耕耘的结晶，谨向所有为区志编修操心操劳的人们表示诚挚的敬意！

崇安区，是无锡市的中心城区，以境内古刹崇安寺命名，经济繁荣、古迹瑰集。改革开放以来，崇安区与时俱进、勇立潮头，已经发展成为全市的高端商贸中心、城市文化核心和精致形象窗口。洋洋150余万字的新一轮《崇安区志》，在遵循志书基本原则，全面记述崇安区地理、经济、政治、文化、社会历史和现状的前提下，精心设置篇目，大胆尝试创新，突出展示崇安区20年来率先领先、开拓进取的轨迹，突出显示崇安区创业创新、科学发展的特色亮点，它对于帮助人们认识崇安、了解崇安、研究崇安、建设崇安，很有借鉴启发作用，是一部爱国主义教育和区情教育、传递正能量的好教材，也是为社会各界提供的一份内容充实、鲜活生动的总结现代化建设成功经验的卷宗。

盛世修志，志载盛世。铭记历史，启迪当今，激励后人，是修志的根本。当前，我们正阔步走在全面建设国内一流的现代化精品示范城区的伟大征途上，经济社会发展既面临国内外宏观环境快速变化的新形势，又处于结构调整、转型升级的重要关口，热切希望广大人民群众特别是各级领导，一起认真总结崇安区20

多年来转型发展现代服务业、提升中心城区文化品位、科学推进城市化进程、共建共享改善人民生活等方面的成功经验，更好地把握现在，开创未来。我们要坚持高举中国特色社会主义伟大旗帜，在区委、区政府的领导下，增强战胜一切困难和挑战的决心和信心，全力促进经济社会持续健康发展，为建设国内一流的现代化精品示范城区的伟大事业作出新的更大贡献，使“魅力无锡、心动崇安”的品牌形象更加靓丽，走向更加美好的明天！

中共无锡市崇安区委书记 刘玉民

无锡市崇安区人民政府区长 邹士辉

2015年3月

凡　例

一、本志为1991年9月编印的《崇安区志》(简称前志)的续志。

二、以马克思列宁主义、毛泽东思想、邓小平理论和“三个代表”重要思想为指导,全面贯彻落实科学发展观,坚持辩证唯物主义和历史唯物主义的立场、观点和方法,立足思想性、科学性和资料性相统一。

三、全面、客观、系统记述崇安区境内自然、政治、经济、文化、社会的历史和现状,反映志书断限内城区改革开放和现代化建设的历程和特色,力求达到存史、资政、育人的目的。

四、本志上限为1986年,部分内容视情上溯,前志未记事物记自发端,下限至2005年。总述、大事记、志首照片延伸至2010年12月。

五、以2005年崇安区行政区划为记述范围。划入地域,一般从划入后开始记述,本志所设“农村、农业、农民”编,采用划入前略后详的方式,记述广益地区农村城市化的演变。辖区单位酌情入志。

六、本志为中编、章节体体式。志首设图照、序、总述、大事记,志末设编后记、索引。以自然、经济、政治、文化、社会、人物等为顺序,设置35编,记述一般分编、章、节、目四个层次展开,部分目下设子目。编、章下均设无题概述,节下无题概述视情而定,不求统一。

七、采用单立编章、加大篇幅、升格处理等方法,突出记述商贸中心、片区开发、历史文化等事物,专设“崇安寺街区”“崇安新城”“阿炳与《二泉映月》”3个编,并延记至2010年,以展示崇安区的地情特色。

八、运用述、记、志、传、图(照)、表、录等体裁,以志为主。文字表述采用第三人称、陈述句式和顺叙方法。行文除引用古代资料照录原文外,均用规范的语体文。“总述”以叙述为主,兼用精议,着重反映1986年后崇安区经济和社会发展主要成就和基本经验,“总述”文后附1986~2010年崇安区获得省级以上荣誉一览表。“大事记”以编年体为主,辅以记事本末体。采取集中与分散相结合插入图照,统计表格及有关附录随文设置。

九、组织机构、地名、法律法规、文件、会议等专有名称首次出现用全称,需用简称,均在就近行文第一次使用时在括号内注明。对缩略语及需要说明的专用名词及特定事物等予以注释,视文字长短,或加括注,或页末注。重复出现时,采用互见法。企事业单位一般省略名称中的江苏省、无锡市、崇安区等行政区划名,直称无歧义的名称。志中所称“民国”即“中华民国”,“新中国”即“中华人民共和国”,“中共”即“中国共产党”,所述“省委”“市委”“区委”“省政府”“市政府”“区政府”均指新中国成立后中共江苏省、无锡市及崇安区(含前身)委员会和江苏省、无锡市及崇安区人民政府。

十、中华民国以前的历史纪年用汉字,民国纪年用阿拉伯数字,均括注公元纪年。为省略文字,每个自然段同一年号出现两次以上时只注首次。世纪、年代用阿拉伯数字,日、月记时，农历用汉字书写，公历用阿拉伯数字。1949年10月1日中华人民共和国成立为新中国建立前后分界。1949年4月23日为无锡解放前后分界。志中所述“80年代”“90年代”等均指20世纪；其他均用“世纪”加“年代”。

十一、文字、标点、数字、计量单位等均按国家标准和规定使用。统计数据以统计部门公布的法定数据为准，统计部门未作统计的，采用业务主管部门的统计数据。出自统计部门数据的表格称“统计表”，其余称“一览表”。凡有小数点的数字均保留2位小数。本志数据由于受资料来源、统计口径等因素影响，在不同章节出现时会有所不同，读者采用时需注意出处。

十二、“人物”编中的“人物传”记载断限内已故的崇安籍或在辖区有重大贡献的政治、经济、科技、教育、文化、艺术等各界知名专家学者，以卒年为序排列。“人物简介”扼要记载在世的崇安籍实业家或在科技、教育、文化、艺术、体育、医疗界等在全国有一定影响或荣获国家级以上荣誉的知名人士，以生年为序排列。“人物表”收录崇安籍革命烈士（以卒年排列）、两院院士（以荣获院士学位先后排列）、市级（含市级）以上劳动模范及先进个人（以获奖时间先后排列）、已故区级主要领导（以卒年排列）。其他人物采用以事系人、人随事出的原则，除在相关编章中记述外，在“精神文明建设”编中记述“十佳”新人新事、社会公德典型、职业道德典型、“十佳”新风家庭、青少年教育典型等平民百姓的事迹。

十三、本志设“前志补遗”编，补载上一轮《崇安区志》（1951~1985）漏载的重大事件及人物。

十四、全志所用资料由志稿承编单位搜集，来自各级各类档案材料、书籍、年鉴、报刊以及调查采访资料，均经鉴核后载入，一般不注明出处。

总　目　录

无锡市崇安区志（1986~2005）

崇安

目　　录

（上）

第一编　地理　人口

第二编　崇安寺街区

第三编　城区建设

第四编　崇安新城

第五编　城市管理

第六编　经济综述

第七编　商贸　服务业

第八编　工　业

第九编　农村　农业　农民

第十编　对外开放及与港澳台交流

第十一编　民营经济

第十二编　综合经济管理

第十三编　财税　金融

第十四编　体制改革

第十五编　中共崇安区地方组织

第十六编　人民代表大会

总 述

崇安区——无锡中心商务区所在地。位于无锡市区中心，北纬31.58度、东经120.3度。东与锡山区交界，南与南长区、新区相邻，西与北塘区相接，北与锡山区相望。是无锡市面积最小、人口密度最大的城区。区域面积从1985年的4.03平方公里扩大到2005年的16.48平方公里，约占无锡市区总面积的1%；总人口从1985年的的19.05万人增加到2005年的29.91万人，其中户籍人口18.42万人，人口密度为每平方公里1.12万人。2005年，辖广益、崇安寺、通江、广瑞路、上马墩、江海6个街道，42个社区居民委员会。是年，地区生产总值147.2亿元，区级财政收入17.97亿元，名列无锡三城区前列。

崇安区致力探索符合自身实际和特点的发展之路，推动经济、社会、人民生活发生历史性变化，1986～2010年，先后在特殊教育、群众体育、社区建设、社区教育、残疾人工作、社区卫生、计划免疫、科技、文明创建、双拥共建等方面获得全国性荣誉23项。

一

崇安区，以境内古刹崇安寺而命名。今崇安区地域范围，除东北部外，其城中区域即无锡旧城，定于西汉高祖五年（前202年）无锡建立县城之时。而县城区域正是解放后归划崇安区的范围。

无锡旧城呈龟背形，古时意为吉祥之形。从汉代无锡建县开始，无锡城址和城中心均未有变动，距今已2200多年。今中山路即古代直河为古城中轴线，直河（也称弦河、运河）穿城而过，从隋唐至宋元一直是城市主要水道、交通大动脉。直河东有九箭河，成条形状，直河西有玉带河、束带河，成带形状。城郭依水而筑，环水而绕，其内城（子城）位于“运河西、梁溪东”，今复兴路之南，前西溪之北，石皮路之西，解放路以东，是无锡城最早的建城地点。汉代县衙设在子城内，东至今石皮路，南临东西大街，北靠复兴路，位于今无锡电信局所在。县衙前的西大街、东大街是无锡城最早的街巷，东大街口的大市桥是无锡城最早的市口。隋唐以后，随着运河的疏浚，城内以城中直河为主脉的18条大小河流上建有石拱桥45座，其中不少是宋元古桥。城郭自此经元、明、清多次修筑，至明嘉靖三十三年（1554），形成东、南、西、北四门四楼，城门名靖海门、望湖门、试泉门、控江门，城楼名对育楼、抚薰楼、序城楼、企辰楼。民国期间，国民政府曾拆改部分城墙。无锡解放初，1949年12月起5560米城墙被全部拆除，修筑环形马路，即今辖区的解放环路。辖区还有众多坛庙相继被拆除或改建，有位于三皇街的明洪武二年（1369）无锡县城隍庙、清代无锡县关帝庙、药王庙，位于东门长庆路的清康熙年间的延寿司殿、酒仙殿，位于学前街建于北宋嘉祐三年（1058）的无锡县孔庙、学宫等。县前东街原区政府所在地为清雍正二年（1724）无锡分为无锡、金匮两县后的金匮县衙，1911年辛亥革命无锡光复时为锡金军政分府所在地。

城中居民依河建宅、设市。随城市河流的分布、走向及其形状所形成的街巷相继传承了2000多年，即使在河流被填废、桥梁和城墙被拆除后所形成的街巷仍留下明显痕迹，在大强度的现代化城市建设改造中老城区仍保留着“龟背型”城市框架。老城区自古是无锡重要的商埠和交通枢纽。境内至今河流纵横，古运河穿城而过，沪宁铁路横贯区境，无锡火车站、汽车站设于区内。“三纵”（中山路、健康路、新生路）、“三横”（人民路、县前东街、学前街）、“一环”（解放环路）贯穿主城区南北东西；作为无锡东部重要的交通大动脉——学前东路、上马墩路、锡沪路、广益路横贯区境东部，通江大道、广瑞路、江海东路从市区中心放射状向北拓展，是无锡出入城市、通往沪宁高速公路的快速通道。以中山路、人民路交汇的三阳广场为中心的解放环路以内，是无锡最繁华的商贸商务中心，集中了无锡市一流的宾馆酒楼等服务业设施，中山路商业街、崇安寺是无锡市主要的旅游观光购物街区。位于辖区东北部的崇安新城（广益片区），已成为崇安区新兴的商贸副中心、综合市场经济带，建成以建材装饰家居、日用五金机电、汽车汽配为主业的规模化市场群。崇安区已成为无锡率先实现现代化城市的窗口。

宋明清时期无锡县衙署均设在辖区，无锡解放前夕，辖无锡县第一指导区的中一镇、中二镇、仁爱镇、靖复镇和第二指导区的锡治镇、忠孝镇。1951年，成立区一级人民政府，列为第一区，1955年7月，更名为崇安区。1958年6月，工运区并入崇安区后，至80年代中期前，区划基本稳定。90年代后，历经1991年和2002年等两次区划调整，辖区面积比1985年扩大3.12倍。

二

崇安辖区是无锡商品经济较早发展的地区。隋朝大业八年（612），随着城中直河的疏浚，跨直河筑大市桥，逐渐形成商市中心。唐至宋，沿直河一带商事兴旺，店铺成市，商旅往来，船乘不绝。明清时期无锡渐成米市、丝市、布码头后，城内有较大的布行、绸布庄、杂货铺10多处，自东大街延伸至大市桥，并逐渐向北延伸。民国34年（1945）抗战胜利，为纪念孙中山而统一命名城中直河以东之街为中山路。无锡解放后，城中直河逐步被填没、拓宽成连片的中山路商业街。崇安寺地区开发后，中山路地区更加繁荣，崇安寺虽寺毁而名存，并发展为无锡的商业与文化中心，成为无锡市中心的代名词，与上海的城隍庙、苏州的玄妙观、南京的夫子庙齐名。无锡解放初，中山北路有大小商店450余家，五洋百货、服装鞋帽比较集中。老店、名店云集，有三阳南北货商店、慎余肉庄、三凤桥肉店、王兴记馄饨店、聚丰园菜馆等一批名店老店。1954年，在胜利门口建造无锡最大的第一百货商店。20世纪60~70年代，先后建成无锡最大的手工业商场（东方红商场）、新风饭店（现为鸿运大酒店）等。80年代后，中山路商业街成为商家的首选地段、必争之地。东方红商场扩建成无锡最有名的商业大厦，相继建成八佰伴商厦、三阳百盛、新世界百货、太平洋百货、交电大厦等；烤鸭馆、三凤桥肉庄、鸿运大酒店在中山路崇宁路口三足鼎立；好买得超市、永乐家电、五星家电等品牌专营店也都相继跻身中山路。入驻外资和外地客商超过一半，中山路成为无锡市人气最旺的商业一条街。

中山路商业街和崇安寺街区的龙头效应带动全区第三产业的发展，成就了当之无愧的无锡商业中心，人们因此称“购在崇安”。特别是1985年市属零售商业划归区管理后，以商业服务业为重点的第三产业发展明显加快。按照建立社会主义市场经济体制的要求，围绕建设“层次齐全、网点配套、灵活多样、群众方便”的商业体系，商业网点开发由小到大，市场建设由内向外发展，新的商业片区迅速崛起，至1990年，已形成百货、糖烟酒、饮食、服务等32个行业，商业网点708家，实现第一次腾飞。90年代后，实施“三产兴区”发展战略，走“以房兴商、房商结合”之路，1993~1997年间，累计开发商业用房11万平方米。1997年，全区第三产业增加值4.96亿元，占国民生产总值比重上升到80.3%；社会商品零售总额达到4.63亿元。进入21世纪后，区委、区政府致力整合辖区资源，变存量为增量，加快“退二进三”（第二产业退出市区，兴办第三产业）步伐，腾笼换鸟，发展与城区功能、生态环境相协调的现代服务业，建成周山浜商业裙房和新生路、健康路、后西溪3条特色街。2003

年后，提出“构筑服务业核心区”的目标定位，商贸服务业进一步扩张升级，并带动和促进城区“楼宇经济”“总部经济”新型业态的发展。崇安寺改造是崇安区构筑无锡服务业核心区的战略之作，按照把崇安寺打造成无锡的“商核、文核、绿核”目标，规划方案历经多次深化、细化和优化，改造范围从原东起圆通路、西至天安大厦、北到城中公园、南达人民中路，扩大到东起解放北路，西至中山路，南沿人民路，北达县前街。规划面积从16.8万平方米扩大到28. 62万平方米。2005年，崇安寺生活步行街区建成开业，迄2010年，崇安寺二期工程2号地块主体建筑竣工，联结崇安寺一期、公花园，初步建成集观光、购物、美食、娱乐、休闲等于一体的商贸中心和旅游胜地。中山路商业街区以业态齐全、商业密集度高、周边辐射能力强的优势荣膺首批中国十大商业名街，崇安寺成为无锡享誉海内外的最闪亮的城市名片之一。“逛崇安寺、购江南物、听二泉曲、品皇亭味”渐成无锡人的生活时尚，成为百姓休闲消费的首选之地。解放环路以内高端商贸商务集聚区初具规模，新增高端商贸商务载体200万平方米。崇安新城（广益片区）已成为锡城又一个商贸副中心，初步建成50万平方米城市综合体。崇安区正成为无锡城市现代化形象的集中展示区。迄2010年，全区地区生产总值、社会消费品零售总额双双突破300亿元，分别达到321.58亿元、328.97亿元，每平方公里实现地区生产总值、社会消费品零售总额接近20亿元。财政一般预算收入19.63亿元，每平方公里财政一般预算收入突破1亿元，综合实力实现历史性跨越。服务业增加值296.17亿元，占地区生产总值的比重由2005年的87.5%提高到92.1%。其中，商贸流通、文化创意、信息技术、金融保险、商务服务等五大产业增加值占地区生产总值比重超过75%。37幢重点楼宇税收占全区税收比重超过30%，其中，税收超千万元楼宇15幢，超亿元楼宇5幢。年销售超亿元的企业和总部型企业均超过120家，累计引进世界500强品牌174个。建成区传感网应用中心，北仓门园区被认定为全省首个省级文化创意留学人员创业园。初步形成商贸流通和文化创意、信息技术、金融保险、商务服务“1+4”产业发展新格局。

三

2002年，滨湖区广益镇划归崇安区管理后，发展空间大为拓展。特别是2005年无锡市作出“南、中、北”三片联动开发建设的决策后，崇安区乘势而上，集中人力、物力、财力，建设重心迅速东移。按照无锡市对4.68平方公里崇安新城（广益片区）的总体规划和功能定位，以打造“精品工程、品牌工程、民心工程”为总要求，以“一年构建框架，三年初具规模，五年打出品牌”为总目标，开发建设步入快车道。2005~2010年，全社会累计投资200亿元，其中，用于产业转型和市场建设103亿元，以“市场集聚群、新型住宅区、商务休闲城”为标志的新城框架基本成型。新城内基础设施明显改善，建成广益路、广南路等一批主干道，延伸上马墩路，并打通6条支路，形成“三纵”（江海东路、广南路、广桐路）、“五横”（太湖大道、学前东路、上马墩路、锡沪路、广益路）的路网体系，通行能力显著提高。

通过整体规划、布局调整、功能整合，拓展延伸，市场建设由条状、带状型向板块式、商场化、主题型裂变，建成以建材装饰、家居家具、日用五金机电、汽车零部件为主要业态的市场集聚区，形成锡沪路两侧以建筑材料、装饰装潢、家具家居为主，学前东路北侧以日用五金家电小商品行业为主，广益路西北侧以汽车汽配行业为主的三大市场群，并向长三角辐射。市场面积由100万平方米扩大到180万平方米，市场成交总额从60亿元上升到200亿元，占全区市场成交额的25%。其中，年市场成交额超10亿元的7家；5亿~10亿元的3家，广益家居城先后被中国建材装饰装修行业协会授予“全国装饰材料配套园”，被市政府授予“无锡市重点服务业集聚区”称号。“广益家居城”品牌逐步深入人心，知名度、影响力日益提高，正逐步成为长江三角洲地区乃至全国的著名品牌。

通过高起点成片开发，昔日凌乱分散的村落已整体融入城市，展现“整洁、通畅、文明”的新形象。居住区规模达到285万平方米，其中，安置房面积超过150万平方米，银仁御墅花园、金科·观天下、金科·东方王榭等117万平方米高档楼盘扮亮新城。与之相配套的学校、医疗、银行、邮政、超市、菜场、电影院等公共服务设施和社区服务网络逐步完善，建成全市第一个最大的广益睦邻中心、2个社区睦邻中心和3个社区服务中心，占地3.78万平方米的龙轩、龙腾、龙潭、龙蟠4个广场相继建成开放，龙形生态景观带基本形成，一个设施完善、环境优美的新型社区亮丽夺目。

新城的经济效益和社会效益同步提高，贡献份额不断提升。国内生产总值从2005年的36亿元攀升到2010年的70亿元，翻了近一番。

四

崇安区钟灵毓秀，历代人才辈出，文化教育事业底蕴深厚。辖区有高等师范1所、中学10所、小学18所，其中百年老校12所。辖区学前街是无锡教育之渊薮，是学校最为集中的地区。从北宋嘉祐三年（1058）无锡始建县学和学宫，播下教育的根基，历千年而源远流长。学宫所在地先后开办过无锡县初等工业学堂、无锡县立中学、无锡市第一中学、第三初级中学、第八中学、无锡市卫生学校等，学前街还有创办于清宣统三年（1911）省立第三师范学堂（今无锡高等师范学校）、创办于民国2年（1913）的锡师附属小学等。辖区连元街，有创办于清光绪二十四年（1898）无锡最早的洋学堂——竢实学堂（今江苏省无锡连元街小学），是中国百所名校之一，是江苏省实验小学、江苏省模范学校。在小娄巷，有创办于民国元年的无锡县立女子师范学校（今无锡第一女子中学），是江苏省首批艺术特色学校。辖区还有民国开办的辅仁中学、江南中学等，改革开放后创办民办大桥实验中学、民办金桥双语实验小学等。

崇安区的百年老校、名校名师加上良好的生源质量，造就了崇安区基础教育的先天优势。80年代末率先通过“两基”达标，90年代末学校基本实现教育现代化工程，进入21世纪后，实施区域教育均衡化现代化工程，持续调整学校布局和大幅度的投入，崇安区小学率先实现省、市实验小学全覆盖，初中全部跨入省教育现代化示范初中行列。崇安区教育由过去几所名校优势转变为整体高位均衡发展优势。2006年被评为江苏省义务教育均衡化发展先进县（市、区），2007年通过江苏省区域教育现代化建设水平评估验收，率先成为省教育现代化建设先进区、省全面实施素质教育先进区、省幼儿教育先进区和全国社区教育示范区。

无锡的文明、无锡的文化在崇安区最为集中、凸现。境内名胜古迹众多，有东林书院、阿炳故居、薛福成故居等全国重点文物保护单位3处，小娄巷历史文化街区、钱锺书故居等省级文保单位11处，张闻天旧居等市级文保单位18处。崇安区名人辈出，向为无锡名人集中居住之地，名流士绅、官商阶层、文化精英交会之所。秦、华、顾、杨、孙、谈、钱、薛、荣、唐、许、丁、王、侯氏等许多名门望族世居于此，不少至今保留的西式洋房或中西合壁楼房均为近代无锡工商实业者所建。无锡解放前，辖区报业十分发达，工商实业人士投资报业，一批文化人又以办报而成为“老报人”，无锡先后出现的300多种报刊，社址大多数设在区境。解放环路之内分布着众多的文化娱乐场所和文艺团体。在城中公园，有建于民国4年（1915）、无锡最早的公共图书馆——无锡县立图书馆。无锡市锡剧团、市歌舞团、新华书店、大众剧院、和平电影院和无锡日报社、江南晚报社、华东信息报社，以及市文化局、市文物管理委员会等都云集区内，一大批文学艺术人才生活和工作在境内。崇安区于2005年作出建设“城市文化特色区”决策后，区域文化品位逐步提高，崇安文化艺术节、崇安年市等渐成品牌，小娄巷历史文化街区保护性修复工程稳步推进。全区有二泉映月广场等特色文化广场6个，万人拥有公共文化设施面积超过700平方米。以文化创意产业为重点的新兴产业迅速崛起，文化创意产业载体面积达到31.8万平方米，文化创意企业超过600家，原创动漫量超过1万分钟，保持全国领先、雄居全市第一，亿唐动画跻身国家动漫企业行列并获国家创新基金。

崇安区还是无锡市宗教文化特色区。无锡市的佛教、伊斯兰教、基督教重要机构和活动场所在辖区均有分布。创建于1925年的无锡县佛学会（今无锡市佛教协会）、佛教居士林位于勤学路（原学佛路）。还有位于中山路的基督教堂、解放南路的清真寺、广益街道后胡村的永宁寺等。这些宗教场所丰富了无锡城市文化内涵，为发展中外文化交流和宗教旅游提供了条件。

五

80年代后，伴随着无锡城市体制改革的推进，城市管理、城市开发、零售商业和财政权力陆续下放到区，区委、区政府及时转换职能，调整工作思路，创新机制体制，转变增长方式，探索符合区情的经济社会发展路子。区政工作从80年代提出“生产、建设、管理、服务”四位一体、协调发展的理念，到1998年完整确立“发展经济、增强实力、服务社区、造福人民”的城区工作指导思想。经济社会发展策略和方式从80年代中期把工业、商业、房地产开发业作为三大经济支柱，到1992年起制定“三产兴区”“外向带动”“科教兴区”战略。1996年，把“三个领先”和“科教兴区”“三产兴区”“外向带动”“依法治区”作为“九五”计划奋斗目标和发展战略。特别是1998年后，适时进行经济工作思路的战略性调整，发展以培植税源为核心的区域经济，是城区经济工作历史性的转变。2000年，把“区域发展、三产兴区”“外向带动、科教强区”“服务为本、依法治区”作为“十五”期间三大发展战略。2001年，以“富民强区、率先基本实现现代化”为总目标，全力推进开放型区域经济的持续快速发展。在经济管理上，改革区属区管的管理模式，由部门管理转向行业管理，由微观管理转向宏观管理，由直接管理转向间接管理，由区属管理转向区域管理，区属企事业单位改制后推向市场，促进多元经济发展。在社会管理上，从80年代增强城区综合管理服务功能，到1996年提出加强社区建设的理念，特别是1999年起，适应工作重心逐步下移、社会属地化管理的新变化，突出民生优先，把社区建设作为城区工作永恒的主题，作为政府的一项重要职责，社区建设全面加强，被纳入与经济建设并重的轨道。进而按照增强服务功能、提高管理水平的要求，全面实施街道居委职能转换改革；按照形成养老、助残、再就业、医疗卫生、家政、求助、幼托幼教和扶贫帮困等8大社区服务系列的要求，持续开展社区建设示范街道、示范社区创建。江海街道风雷新村（西）社区综合服务站成为集办公、医疗、托老、科普、就业、健身娱乐寓一体的全国一流的示范社区，东河花园社区率先被评为省文明社区。2002年，区荣获全国社区建设示范城区。2003年后，提出争当无锡“两个率先”①先导区、示范区先行者，构筑“无锡服务业核心区、城市文化特色区、创业安居首选区、党建工作先进区”的四大目标定位，区出台进一步推进社区建设的若干意见和社居委工作评估标准。2004年，广瑞路街道广瑞一村社区创新“自我教育、自我管理、自我服务”自治机制和管理模式，建立“新市民亲情理事会”，创出3个全国第一：全国第一次把外来人员称为“新市民”；成为全国第一家新市民自治组织；荣获全国第一批和谐社区建设自主创新奖。2005年起，实施打造“商贸崇安、文化崇安、满意崇安、效能崇安”四大工程，推进产业结构、区域功能、生态环境、居民生活“四项”优化。是年，

①两个率先：在全省率先全面建成高标准、高水平的小康社会，率先基本实现现代化。

全区有各级各类社区服务设施1122个。其中区、街两级社区服务中心（站）暨市民求助中心7个；街道（社区）社区卫生服务中心（站）21家；区、街两级养老机构6个，床位457张；社区服务站42个，社居委办公活动用房面积普遍达到150平方米以上，其中53%的社居委达到500平方米以上。2009年后，区委又提出“品牌经济”“品位文化”“品质生活”“品德公务”联动，建设现代化精品城区的战略新目标，走出一条崇安区特色转型发展之路。在全市率先提出和谐社区创建65条标准，成立省内首家“新市民综合服务中心”，形成“便民、健民、乐民、育民、安民”五个10分钟服务圈。积极探索社会工作体系建设，创新社会管理方式，稳步推进政府购买专业服务，成立全国首个区级社工协会，社居委和社区事务工作站实行“居站分设”，全面实行扁平化管理，和谐社区、数字化社区实现全覆盖。养老、助残等社会福利水平不断提高，困难群体帮扶体系更加完善，在全市率先建成居家养老服务中心，成功引入民间资本建设养老机构，每百位老人拥有养老床位数位居全市第一，基本形成集中养老和居家养老相结合的养老服务新格局。社会治安防控、打击刑事犯罪能力不断增强，率先实现检察工作进社区全覆盖，打造全国首个“10分钟诉讼服务圈”，建立“三位一体”（人民调解、行政调解、司法调解）大调解机制，构建立体防控网络，建立社会稳定风险评估机制，社会保持和谐稳定，人民群众对社会治安的满意率保持在95%以上，多年获得省社会治安安全区称号，2007年荣获全国和谐邻里建设示范城区。

“十一五”期间，民生性财政投入占全区一般预算支出比重达到77.41%。各项社会事业保持均衡发展态势，功能布局更趋合理。易地建成27.16万平方米的“一宫三馆”（区少年宫、文化馆、图书馆、档案馆）和35.4万平方米的“一院三中心”（区职业病防治医院、疾控中心、卫生监督中心、公共卫生应急中心）。区残疾人康复中心、社区学院、辅读学校主体竣工。区全民健身中心、睦邻中心建成开放，“一街一楼”和“一居一房”建设全面达标。全区义务教育优质资源比例、公益性文化设施达标率、卫生服务体系健全率均达100%。区域市容环境和生态环境日益改善。排水达标区覆盖率超过80%，万元GDP能耗下降到0.43吨标准煤，烟尘控制区、噪声达标区覆盖率均保持100%，绿化覆盖率由1985年的13.5%提高到17%。

辖区人民生活水平日益提高。仅2005~2010年，累计危旧房改造43.4万平方米，城中村改造91.5万平方米，建设安置房171.6万平方米，人均居住面积高于全市平均水平。2010年，在岗职工平均工资由1986年的1328元增加到6.60万元，是1986年的49.70倍。城镇登记失业率控制在目标范围以内。城镇社会保险综合参保率达到99%，最低生活保障实现应保尽保。

崇安区是无锡城市的缩影。崇安区的历史，见证了无锡千年古城的沧桑，也见证了无锡中心城区迈向城市现代化转型升级的嬗变历程。回顾80年代后的20多年，崇安区一次次抢抓无锡推进城市改革开放的战略机遇，调整发展战略，优化功能布局，确立商贸商务中心区的强势地位，走出一条符合城区区情特点、具有崇安特色优势的转型发展新路。在历史迈入21世纪第二个十年，崇安区进入城市功能强化的加速期、服务业转型升级的攻坚期、文化软实力凸现的关键期和城市生活品质的提升期，面对无锡城市转型发展、创新发展、跨越发展所带来的新挑战、新机遇，区委、区政府提出以“普惠民生、共享幸福”为宗旨，以发展品牌经济、塑造品位文化、打造品质生活、建设品德公务为抓手，把打造“三大区域”、建设现代化精品崇安、实现全面跨越为目标定位，致力促进经济、政治、文化、社会、生态建设水平全面提升，建成经济品质更加优化、生活品质更加优良、环境品质更加优美的现代化中心城区，成为全国一流的品牌经济先导城区、高品位文化强区、生活品质首善之区。

目睹崇安今日的变化，展望崇安区未来发展，崇安区新一轮发展总体目标一定能够如期实现，崇安区的明天将更加灿烂辉煌。

1986～2010年崇安区获国家级荣誉一览表

荣誉称号	颁发单位	颁发时间
全国计划免疫先进单位	卫生部	1988
全国开展第七套广播体操先进区	国家体委群众体育司	1994. 02
全国特殊教育先进区	国家教委、民政部、中国残疾人联合会	1995. 05
全国“三优工程”试点工作奖	国务院妇女儿童工作委员会	1996. 09
第一次全国基本单位普查先进集体	全国基本单位普查办公室	1997. 09
全国先进城区示范单位	民政部基层政权建设司 中国城区发展促进会	1997. 10
全国“爱心献功臣”先进区	民政部、全国拥军优属拥军爱民工作领导小组	1999. 12
全国群众体育先进区	国家体育总局	2001
第五次全国人口普查先进集体	国务院第五次全国人口普查领导小组	2002. 01
全国社区建设示范城区	民政部基层政权建设司	2002. 09
第一次全国经济普查先进集体	国务院第一次全国经济普查领导小组	2005. 07
全国社区残疾人工作示范区	中国残疾人联合会	2005. 04
全国社区卫生服务示范区	卫生部、民政部、国家中医药管理局	2005. 12
全国社区红十字服务示范区	中国红十字总会、民政部	2007. 01
全国残疾人基层组织建设规范达标区	中国残疾人联合会	2007. 10
全国科普示范城区	中国科学技术协会	2007. 11
全国和谐邻里建设示范城区	中国社会工作协会城区工作委员会	2007
“十五”期间全国家庭教育先进县（市、区）	全国妇联、教育部	2007. 06
全国社区教育实验区	教育部	2007. 12
全国和谐社区建设自主创新奖	中国社会工作协会城区工作委员会	2008
全国社区共享共建先进城区	中国社会工作协会城区工作委员会	2009
全国贯彻落实居民委员会组织法先进单位	民政部	2009. 12
全国社区教育示范区	教育部	2010. 12

崇安

1986～2010年崇安区获部省级荣誉一览表

荣誉称号	颁发单位	颁发时间
江苏省拥军优属模范区	江苏省政府、省军区	1993
江苏省全民国防教育先进单位	江苏省政府、省军区	1997. 03
江苏省群众文化先进区	江苏省政府	1999. 07
1997–1999年度江苏省社会治安综合治理先进区	江苏省委、省政府	2000. 03
江苏省科普文明城区	江苏省科学技术协会	2002. 12
江苏省社区教育实验区	江苏省教育厅	2003. 05
江苏省城市民兵工作改革先进区	江苏省政府、省军区	2003
江苏省残疾人工作示范区	江苏省民政厅、省残联	2004
江苏省社区卫生服务示范区（市）	江苏省卫生厅、江苏省民政厅、江苏省中医药局	2004. 12
江苏省双拥模范城区	江苏省政府、省军区	2005
江苏省社区卫生服务先进区	江苏省政府	2005. 01
2003–2004年度江苏省老龄工作先进县（市、区）	江苏省老龄委	2005. 01
江苏省老龄工作示范区	江苏省老龄委	2005
实施“十一五”妇女儿童发展规划省级示范区	江苏省人民政府妇女儿童工作委员会	2006. 11
江苏省人口和计划生育工作示范区	江苏省人口和计划生育委员会	2006
江苏省社会治安安全县（市、区）	江苏省委、省政府	2005—2008
江苏省现代化教育先进区	江苏省人民政府	2007. 12
江苏省义务教育均衡发展先进区	江苏省教育厅	2007. 03
江苏省残疾人社区康复先进区	江苏省残疾人联合会	2007
江苏省全面实施素质教育先进区	江苏省教育厅	2009. 12
江苏省幼儿教育先进区	江苏省教育厅	2009. 12
江苏省教育现代化建设先进区	江苏省人民政府	2010. 01

大 事 记

1986年

1月 第一个五年普法教育在全区开展。

3月6日 无锡市第一家区级公园——上马墩公园（后更名靖海公园）开工。公园占地3.01万平方米，总投资270余万元，由上海同济大学规划设计，市古典园林建筑公司施工。翌年10月1日竣工开园，同时举办“靖海金秋游园会”。

4月3日 区委召开整党工作总结大会。

4月7～10日 政协无锡市崇安区第一届委员会第三次会议召开。接受周景河辞去区政协主席职务的请求，庄锦华补选为区政协副主席。

4月9～11日 崇安区第十届人民代表大会第三次会议召开。

5月 继1985年举办崇安区第一届杜鹃花展览后，举行第二届杜鹃花展览。

6月11日 中共中央政治局委员、中央政法委书记乔石视察亭子桥派出所，对崇安区社会治安综合治理工作予以充分肯定。

6月23日 区政府召开“创三优”[①]动员大会，开展共建文明城市活动。

是月 崇安区人民武装部改归地方建制，由区委、区政府和无锡军分区双重领导。

7月28日 区政府召开全体成员（扩大）会议，会议期间，赴苏州平江区学习取经。

8月7日 教师彩色塑像矗立东林广场，国务院副总理李鹏题词“今日辛勤耕耘，明日桃李芬芳”。

9月2日 崇安区老龄问题委员会成立。

9月15日 崇安区地区工作会议召开，与会代表分赴江阴青阳镇、苏州市西塘村、无锡洛社镇、荡口镇参观学习。

9月30日 无锡市最大的室内农贸市场——崇安寺农贸市场易地建成使用。

12月5日 市十大服务明星、全国新长征突击手、自行车修理个体户严大幼被崇安寺街道党委批准为中共预备党员，为全市个体工商户中发展的首批党员。1991年4月18日，严大幼代表无锡市个体工商户出席全国个体劳动者第二次代表大会暨先进表彰大会。

是月 崇安合作银行成立。翌年8月，召开首届股东代表大会，通过合作银行章程和集资方案。

1987年

3月3日 区政府召开“增产节约、增收节支”运动动员大会。

①创三优：创优美环境、创优良秩序、创优质服务。

3月5～9日 政协无锡市崇安区第二届委员会第一次会议召开。选举产生区政协二届常务委员会组成成员，尤觉当选为区政协主席。

3月6～10日 崇安区第十一届人民代表大会第一次会议召开。选举产生区十一届人大常委会和区人民政府组成成员，及区法院院长、区检察院检察长。杨贯群当选为区人大常委会主任，严克勤当选为区长。

3月9日 按照市政府财贸办公室等部门批准区政府《关于小型商业企业租赁经营试行办法》，区糖烟公司所属的塔影二村副食品店等21家企业实施租赁经营。

3月20日 原江苏省委第一书记，时中顾委委员、江苏省顾委主任江渭清在崇安区视察。

3月23日 区第一届体育运动会在市人民体育场举行。

3月26日 中共中央组织部副部长、全国老龄委主任王照华视察复兴路街道长寿宫。

3月28日 全市第一所老年人婚姻介绍所在复兴路街道长寿宫建立。

3月31日 市属19家零售商店下放到区，接收职工505名，流动资金204.68万元，固定资产37.93万元。

4月7日 崇安区编制委员会建立。

4月13日 太湖之春艺术节——日本锦心流琵琶全国一水会演奏会在崇安工人俱乐部举行。

4月14日 秦起烈士铜像奠基仪式在城中公园举行。翌年1月10日，烈士铜像建成，中共中央顾问委员会主任陈云为铜像题词“无锡工人运动先驱者秦起烈士”。

4月16日 中国香港文物学会会长、高级讲师张寿平在崇安区考察。

4月18日 崇安区第三届杜鹃花展览在崇安区少年宫揭幕，历时10天，展出杜鹃花86个品种、1500余盆。

4月28日 由市长詹森率领的新西兰哈密尔顿市友好访华团在连元街小学参观访问，哈密尔顿市诺顿小学与连元街小学缔结为友好学校。

是日 区卫生防疫站由市派出机构转为区直属事业单位。

6月5日 由上海同济大学与区环卫科研站共同研制的“日处理20吨垃圾无害化处理工程”项目在全国首届资源综合利用技术交易会上展出，并获优秀项目奖。

6月20日 崇安区第一个厂地联合调解活动片在周山浜街道成立。

6月26日 崇安区89个全民事业单位按照“七定”[①]的要求完成定编核编工作。

6月30日 无锡市窗纱厂荣获市“双增双节（增产节约、增收节支）”成果二等奖，为无锡三城区区属企业中唯一获奖的单位。

是月 世泰盛呢绒绸布店和第五百货商店被列入无锡市第二批大中型企业经营责任制试点单位。

7月29日 在江西南昌举行的第四届九省市“长江杯”田径传统项目比赛中，后西溪中心小学女子全能队又夺冠军，为省蝉联“四连冠”，为区蝉联“三连冠”。

7月31日 区政府首次召开企业经营者公开选聘大会，世泰盛呢绒布绸商店和第五百货商店的经营者参加竞聘答辩。翌月15日，两家企业首批在崇安区商业系统实行经营承包责任制改革。

是月 无锡童装厂2个产品在江苏省出口服装设计打样评比中分别获得一等奖和优秀奖。

同月 崇安区建设局更名为崇安区规划建设环境保护局。新建崇安区环境保护监察管理站，为直属全民事业单位。

8月20日 崇安区房屋开发公司撤销，成立崇安区房屋建设服务公司，为区属全民事业单位。

---

①七定：定任务和职责范围、定单位职级、定编制、定各类人员比例、定领导职数、定经费来源渠道、定经营管理。

9月8日 江苏省电化教育研究会副会长、无锡市崇宁路小学特级教师顾美云的《珊瑚》一课教案在全国优秀教案评比中获二等奖。

9月28日 傍晚6时20分左右，新建的大众剧院在试放电影《新方世玉续集》时，台前上方的吸顶灯和排风扇管突然塌落，压在乐池及前4排部分观众席上，造成死亡2人、重伤4人、住医院治疗18人、直接经济损失3万多元的重大事故。事后追究施工责任者的刑事责任。

10月9日 区政协委员、无锡旋具厂工会主席薛中原被评为全国优秀职工物价监督员。

10月15日 无锡市第一家伤残儿童托管所在学前街街道开办。

10月17日 市委、市政府决定在崇安寺玉皇殿建立无锡革命史料陈列馆。翌年3月，中顾委主任陈云为无锡革命史料陈列馆题写馆名，10月1日正式对外展出。

10月22日 朝阳服装厂更名无锡市朝阳服装总厂，下设江阴新马分厂、宜兴分厂、靖江柏木分厂。

10月26日 崇安区第一个由社区、企业结合的计划生育群众组织——崇安寺街道地区计划生育协会成立。

11月10日 成立崇安区接待台胞工作领导小组，设崇安区台湾同胞接待站。

11月18～20日 崇安区第十一届人民代表大会第二次会议召开，选举产生95名出席无锡市十届人大代表。

11月23日 由万红照相馆、光艺照相馆、无锡照相服务部联合组建的崇安区照相行业协会成立。

11月28日 崇安区劳动保险办事处成立，办事机构设在区劳动局。

是月 成立崇安区旧城改造办公室，隶属于区房屋建设服务公司。成立无锡市崇安区建筑管理站，隶属区规划建设环境保护局。

同月 崇安人民医院病房大楼和门诊部竣工使用。恢复口腔科门诊，开设口腔专科病房。

同月 崇安区文教局、崇安区体委被评为全国群众体育先进集体。崇安区少工委被团省委、少工委评为少先队工作达标优胜竞赛红旗单位。连元街小学获“全国优秀少先队大队部”称号。后西溪中心小学被国家体委、国家教委列入全国百所传统体校（院）先进集体。区体委孔祥坤被国家体委评为国家级裁判。

12月24日 崇安区获无锡市“太湖市容杯竞赛”建筑景观管理第一名。

1988年

1月13日 崇安区党训班和干训班分别更名为崇安区委党校、崇安区干校。

1月16日 无锡市首个地区性群众绿化组织——广瑞路地区花木协会在广瑞路街道成立。

1月30日 无锡东门上马墩新建靖海新村竣工。总面积11.35万平方米，可供1892户、6615人居住。

2月9日 无锡市搞活城区工作座谈会在崇安区召开，就城区体制、权限、财政、市区关系等问题开展研讨。

是月 亭子桥街道综合体制改革试点工作启动。

3月9～11日 政协无锡市崇安区第二届委员会第二次会议召开。

3月10～12日 崇安区第十一届人民代表大会第三次会议召开。

3月21日 崇安区台湾同胞接待站改称崇安区人民政府台湾同胞接待站，为区属全民事业单位。

4月1日 以布卡尔为团长的联邦德国官员考察团一行12人在通汇桥中心小学参观访问。

4月4日 通汇桥中心小学12岁学生林怡获国家一级运动员荣誉证书，这是无锡市儿童组乒乓史上第一位国家一级运动员。

4月9日 崇安区社会治安综合治理经验交流会召开。亭子桥街道、工运桥街道、市衡器厂等单位作交流发言，亭子桥街道等39个先进单位受到表彰。

4月16日 区委举办亭子桥街道辖区区属单位党组织属地管理试点单位党政领导干部学习班，中共崇安区委党组织属地管理领导小组同时成立。

4月28日 位于靖海公园内、全市最大单体的人防工程建成使用，其内建的地下游乐场于5月1日对外开放。

是月 复兴路街道被评为江苏省先进单位。连元街幼儿园教师丁路德和自行车修理个体户严大幼被授予省劳动模范称号。区环卫所清洁工刘定保荣获全国五一劳动奖章。

5月5日 晚10时许，省汽车运输公司无锡客运公司北门汽车站失火。烧毁候车室和辅助房屋1349平方米，8辆客车不同程度损坏，幸无人员伤亡。

5月8日 崇安区获省政府、省军区颁发的“积极开展‘创三优’①活动，努力加强国防建设”奖牌。

5月11日 崇安人民医院护士严于兰荣获全国模范护士称号，之前，还被评为无锡市十佳护士。

5月14日 事业单位企业化管理改革试点在区市政工程队率先推开。

5月16日 区计划经济委员会首次与18家区属工业企业签订承包经营合同。

5月18日 由区市政工程队承建的盛岸路混凝土路面工程获省级市政全优工程。

5月23日 崇安区辅读小学学生陆军代表中国参加在比利时举行的第八届世界青年特别奥运会，获田径比赛1枚金牌、2枚银牌，他是国家出访运动员中年龄最小的一个。

5月30日 崇安区贯彻《中华人民共和国大气污染防治法》动员大会召开，烟尘控制区创建工作自此开始。

是月 在西水关防汛泵站开挖地基时发现一块距今约150年的石碑，碑长约2米，刻有清道光年间重建西水关时间及“西水关”3个正楷大字。

6月3日 崇安区计划生育委员会成立。

6月14日 下午3点10分，市鹤鸣皮鞋厂打胶车间100立升电加热反应釜发生爆炸，炸塌房屋，并有人员伤亡。

6月15日 无锡市第一家专司地区青少年教育组织——复兴路地区青少年教育指导委员会成立。

6月29日 中山路南段拓宽工程竣工通车。

是月 崇安区监察局成立。

7月5日 后西溪中心小学荣获全国中小学生“长江杯”田径比赛女子团体第5名、江苏省中小学田径比赛女子团体冠军。

是月 白水荡中心小学获江苏省乒乓球传统基层队比赛男子团体第3名。

同月 崇安区检察院设立经济罪案举报室。

7月9日 亭子桥街道辖区区属单位党组织属地管理交接仪式举行，13家区属单位党组织改由亭子桥街道党工委管理。

---

①创三优：选送优质兵员、协助部队培养优秀战士、开发使用优秀退伍军人。

7月14～15日 区十一届人大十次常委会议召开，会议通过《关于在城区改造中应同时完成居委会配套设施的决定》《关于深化改革，增强企业后劲，加快发展外向型经济和区街经济的决议》和《关于民主考评干部的决定》。

8月7日 一枚带有引线装置的迫击炮炮弹在江南航运公司船舶修理厂废钢铁中发现，并随即处置。

9月3日 特大暴雨袭击无锡市，早晨5时到下午3时降雨量达164.10毫米。

是月 亭子桥街道综合体制改革试点经验入选市体改委编著的《改革十年看无锡》一书。

同月 崇安区卫生局首次与上马墩街道卫生所所长签订承包合同。

9月15日 崇安区第一届消防体育运动会举行。

9月17日 原省军区司令员林有生、无锡军分区副司令员周祥荣在无锡电扇厂考察民兵以劳养武工作。

9月20日 距今2300年左右、战国时期的一柄青铜剑、两把铜削和一只陶罐出土，这些文物位于复兴路无锡市城建档案馆施工工地，发现时距地表4.5米深。

9月23日 崇安区计划生育协会成立。

9月25日 创建于清光绪二十四年（1898）的连元街小学举行90周年校庆。

9月28日 新建无锡商业大厦开业。大厦建筑面积2.67万平方米，从地下室到三楼设10个商场。

是月 区政府首次与光明眼镜店、新新食品商店、结婚用品商店、人和菜饭馆等69家全民、集体商业企业签订承包经营合同。

同月 成立崇安会堂，为区属集体事业单位。

10月4日 崇安区经济体制改革委员会设立。

10月30日 置煤浜住宅小区开工建设。1990年竣工，建筑面积11万平方米。

是月 区人事局和文教局首次统一组织公开招考小学教师。

同月 崇安寺农贸市场被国家工商行政管理局命名为全国文明集贸市场。

11月5日 崇安区首届菊花展览会在靖海公园举办，展出200多个品种、3万余盆菊花。

11月8日 江苏省委书记韩培信在市长王宏民陪同下视察崇安寺农贸市场。

11月10日 崇安区第一家由区属企业与江苏省服装进出口分公司联营的工贸合营无锡市童装厂成立。

11月7～11日 中共崇安区第五次代表大会召开，选举产生中共崇安区五届委员会和区委纪律检查委员会组成成员。11日，区委召开五届一次会议，选举产生五届区委常委，张振翼当选为区委书记，孙铭育当选为区纪委书记。

11月14～16日 共青团崇安区第七次代表大会召开，选举产生共青团区第七届委员会委员，王莉菁当选为团区委书记。

11月17～19日 崇安区第九次妇女代表大会召开，选举产生区妇女联合会第九届执行委员会委员，俞燕飞当选为区妇联主任。

11月21日 崇安区“十年改革颂”社区文化活动周开幕。市政协副主席庄申命笔题词“自娱群演百花开，幕启崇安大舞台，改革十年颂伟大，歌声四起破空来”。

11月20～27日 崇安区举行首届城建职工运动会。

是月 崇安区首家由44名职工入股4.62万元创办的股份合作制企业——市妇女儿童用品商店开业。

12月22日 区委、区政府召开见义勇为先进表彰大会，28名见义勇为者受到嘉奖。

12月26日　崇安人民医院新设妇产科病区。

12月28日　无锡市第一个有线电视居民点在上马墩地区建成启用。是年底，塔影一村、二村和靖海新村先后安装共用天线和闭路电视系统，2600多户居民收看到清晰的电视台节目和闭路电视播放的录像片。

1989年

1月3日　崇安区金库建立，设在工商银行崇安办事处。

1月19日　崇安区明星企业（个人）表彰大会召开，11家1987~1988年度明星企业和22位明星厂长（经理）受到表彰。

1月25日　无锡火车站新客站举行落成典礼，并正式启用。新站建筑面积1.25万平方米，设有候车大厅、软席候车(贵宾)室、大型站台；有自动扶梯、自动售票系统、自动显示系统等现代化设施，增加客运能力80%。

1月28日　区市政队承接的无锡火车站站前广场改建工程竣工，荣获无锡火车站站屋改建工程指挥部颁发的奖杯。

1月30日　崇安寺（人民路、中山路）、通运路（胜利门——火车站）两个烟尘控制区率先通过无锡市达标验收。

2月2日　崇安区首个投资开发建设的江海新村建成，建筑面积5.5万平方米，第一批入住居民872户。

2月13~15日　政协无锡市崇安区第二届委员会第三次会议召开。

2月18~20日　崇安区第十一届人民代表大会第四次会议召开。

2月24日　撤销区文教局，建立区文化局和区教育局。

3月1日　区委、区政府召开“两公开一监督（公开办事程序、公开办事结果，接受社会各界监督）”动员大会，区工商局、周山浜房管所、学前街派出所被确定为试点单位。

3月2日　区委、区政府召开教育改革试点工作会议，推进学校内部教育管理体制改革，完善校长负责制，推行教师聘用制，实行工资总额包干制和结构工资浮动制。广勤路中心小学、后西溪中心小学被确定为试点单位。

3月9日　市工商局在崇安寺农贸市场召开无锡市净菜销售现场经验交流会。

3月12日　日本目村书道访华团和日本小学生代表访华团在崇安区少年宫参观，并作书法交流。

3月16日　无锡市火车站地区管理处成立。

3月25日　崇安区教学仪器设备公司被评为1988年度无锡市校办明星企业。

3月26日　由崇安区政府承办的无锡市1989年小学生乒乓球比赛在白水荡中心小学举行。

是月　崇安区第一位台属陆晋吉离无锡赴台湾省亲。

4月15日　23个品种315株洛阳牡丹及30个品种211株芍药在靖海公园试种成功，并首次举办以牡丹为主体的崇安区百花展，共展出120多个品种近2万盆花卉。

4月20日　崇安区文化市场管理委员会成立，下设崇安区文化市场管理站。

是日　司法部副部长鲁坚由市司法局局长蒋寿椿陪同，视察崇安街道法律服务所。

4月26日　区政府召开街道干部聘任制改革会议，街道卫生所和计划生育专职干部统一移交街道管理。

4月27日　无锡市第一家县（区）级青联组织——崇安区青年联合会成立。

5月4日　市体改委、经委等部门批准崇安区6家区属工业企业首批实行风险承包改革。

5月13日　无锡市召开1987~1988年度先进表彰大会，窗纱厂等4家单位被评为市先进单位，新亚装饰公司驻锅炉厂5班等4家单位（班组）被评为市先进集体，刘定保等10人被评为市劳动模范。

6月25日　槐古桥泵站翻建工程竣工，有效解决崇宁路、东河头巷等地区的积水问题。

7月17~18日　区委五届三次全委会议召开，通过《中共无锡市崇安区基层委员会工作条例》和《中共无锡市崇安区基层支部委员会工作暂行条例》。

7月18日　崇安区绿化队与靖海公园合并，成立崇安区园林绿化管理处。崇安区建筑管理站更名为无锡市建筑安装管理处崇安区管理站。

8月3日　崇安区城市管理委员会成立，下设城市管理办公室。

8月7日　撤销崇安区规划建设环保局，建立崇安区规划管理局和崇安区建设环境保护局。

8月18日　联合国人口活动基金会副司长海娜·格一行4人由国家经贸部国际局副处长王兴根陪同，在医疗器材厂考察由联合国人口活动基金会无偿援助的T铜220宫内节育器生产线项目运行情况。

8月19日　崇安区审计局成立。

9月5日　崇安区商业局、大同文化用品商店分别被江苏省商业厅授予“集体商业管理工作先进商业局”“先进企业”称号。

9月11日　崇安区环卫所职工刘定保荣获全国五一劳动奖章。

9月15日　根据崇安区饮服公司与日本冈山市创美堂合作开办无锡丝绸之路美容厅的协议，日本美容理发技师竹下帮宏一行4人在区考察和交流技术。

9月16日　凌晨1时半左右，无锡市受暴雨袭击，是日晚8时，南门水位升至4.03米，全区有437户居民家中进水。

9月18日　无锡市第一台自制污泥疏通机在崇安区市政队诞生。

10月6日　无锡市崇安区劳动争议仲裁委员会成立。

10月17日　占地3.6万平方米的田基浜低洼地区改造项目启动。

12月21日　无锡市首家由居委创办的民政福利企业——人民路街道留芳针织服装厂开业。

12月28日　区政府决定，风雷、江海、靖海3个新村隶属上马墩街道管理。

1990年

1月11日　由崇安区政协文史委编纂、反映崇安区风土民情历史典故的第一部史料专辑——《崇安文史》第一辑问世。

2月12日　崇安区人口普查办公室成立。

2月20日　台湾财团法人陆正纪念基金会董事长、台胞陆晋德到其父陆贯一的母校连元街小学参观访问，代其父捐赠10万美元。翌年6月，连元街小学新教学楼开工奠基。

2月22~27日　政协无锡市崇安区第三届委员会第一次会议召开，选举产生区政协三届常委会组成成员，李锋当选为区政协主席。

2月23~27日　崇安区第十二届人民代表大会第一次会议召开。选举产生新一届区人大常委会和区人民政府组成成员，以及区法院院长、区检察院检察长。杨贯群当选为区人大常委会主任，冯国鹏当选为区长。

3月5日　崇安区"迎接无锡市第一个环卫日暨创建卫生城区突击活动月"在全区开展，为期一个月。

3月16日　由连元街小学牵头成立的跨行业群众组织——连元街小学社会教育委员会成立。

3月17日　由崇安区城管监察队、交警崇安支队、区工商局、公安崇安分局、区规划局、区市政队等联合组成的崇安区交通、市容、路政管理办公室挂牌办公。

3月23日　无锡市第一所区级团校——崇安区团校成立。

3月31日　崇安区基层兼职物价监督站成立，首批聘任兼职物价监督员25人。

4月5日　崇安区第四届杜鹃花展在靖海公园举办，历时一个月，展出各种杜鹃花7000余盆。

是月　崇安区第二届体育运动会召开，1500多名运动员参加比赛。

5月4日　无锡市首家街道妇女学校——工运桥街道妇女政治学校成立。

5月14日　崇安区创建国家卫生城市领导小组成立。

5月26日　中共崇安区纪律检查委员会成立，挂牌办公。

6月19日　建立崇安区地区工作办公室和崇安区目标管理办公室。

8月16日　崇安区市政工程队更名为崇安区市政工程建设管理处。

8月31日　第15号台风袭击崇安区，21小时内南门水位上升1.13米，全区有740户居民家中进水，3家工厂进水，倒塌房屋3间，死亡1人，至9月1日下午积水排除。

9月12日　杰出无产阶级革命家、理论家、忠诚的马克思主义者张闻天旧居在汤巷45号揭幕。

10月25日　崇安区首届盆景展览在靖海公园举办，共展出水石、树桩盆景600余盆。

10月26日　全市首家区级养老机构——建筑面积2925平方米的崇安区老年康乐苑建成开放。

12月11日　崇安区残疾人联合会第一次代表大会召开，选举产生区残联第一届理事会。

1991年

1月16日　区委五届八次全委（扩大）会议召开，通过《崇安区经济和社会发展"八五"前三年计划（草案）》。

2月12日　崇安区首个寓书场、录像、舞厅等功能于一体的周山浜街道文化活动中心建成。翌月24日，二省（江苏、浙江）一市（上海）评弹工作领导小组在周山浜街道召开现场会议。

2月15日　"急性感染综合症"呼吸道疾病在崇安区急剧流行。

3月4日　全省11个市24所小学组成的江苏省小学足球联合会在崇安区成立。

3月6~10日　政协无锡市崇安区第三届委员会第二次会议召开。

3月8~12日　崇安区第十二届人民代表大会第二次会议召开。

是月　崇安人民医院成功为10名近视患者实施眼角膜放射状切开术，在无锡市尚属首次。

同月　在福州举行的全国第二届特殊奥运会上，学前街街道金光油漆厂残疾职工钱阿龙获田径比赛200米、400米2个项目铜牌。

4月6日　崇安区残疾人联合会成立。

4月11日　崇安区经济和社会事业发展咨询委员会成立，部分市、区老领导被聘为顾问。

4月20日　无锡市第一家美容专业店——崇安区饮服公司所属白玉兰美容厅开张营业。

是月 江苏省第四届插花艺术展暨无锡市崇安区首届插花艺术展在靖海公园举办，共展出来自上海、南京、杭州、苏州、扬州、常州及无锡7个城市送展的184盆插花作品。区绿化处朱一花制作的“喜庆花篮”“向往”插花作品获一等奖。

同月 第二个五年普法教育在全区开展。

5月3日 区政府决定建立无锡市崇安区江海街道办事处。翌年2月28日，江海街道办事处挂牌成立。该街道面积0.36平方公里，总人口1.6万人，设7个居委会，229个居民小组。

5月5日 崇安区环卫所职工刘定保被评为无锡市市政公用环卫行业十大青年标兵之一。

5月12日 崇安区园林绿化管理处被接纳为中国杜鹃花协会团体会员。

5月24日 崇安区获江苏省第四次人口普查区级金杯。

6月8日 崇安区科学技术委员会成立，与崇安区计划经济委员会、对外经济贸易委员会合署办公。

6月13日 区委、区政府召开抗洪救灾紧急会议，部署指挥抗洪排涝工作。

6月30日至7月2日 连降大雨254毫米，南门水位达4.88米，超过历史水位最高的1954年。7月2日18时30分，锡北运河决堤，洪水进入黄泥头、广益新村地区。

7月2日 区委、区政府召开防汛紧急会议，再次部署抗洪救灾工作。7月3日，黄泥头、广益新村一带水深1.7米以上，最深3米多，广益新村50幢大楼、6000余居民被水围困。是日，市委常委俞世福、市建委副主任赵龙顺等到黄泥头召开抗洪抢险救灾现场协调会。

7月9~12日 9日，市长王宏民到崇安区慰问防汛一线干部群众。10日，南京军区司令员固辉中将在省军区政委魏长安少将、市委书记刘济民的陪同下，到广益新村察看抗洪救灾情况。12日，副省长高德正到广益新村察看灾情，慰问受灾居民。

7月20日 市总工会在广新小学举行救灾捐赠仪式，市总工会副主席张明珠把日本福岛县酿造业访华团捐赠给无锡市的8万日元转赠给广新小学。

是月中旬至月末 相继收到来自杭州市上城区、洛阳市西工区、徐州市鼓楼区和云龙区、广州市东山区和越秀区、太原市南郊区、柳州市柳南区、哈尔滨市道里区、太原市北城区等城区区委、区政府的函电，对崇安区遭受洪灾表示慰问。

7月23~24日 区委五届九次全委（扩大）会议召开，原则同意《中共崇安区委1992~1994年党建工作规划要点》。是年10月22日，区委召开五届十次全委会议，通过《中共崇安区委1992~1994年党建工作规划（草案）》。

8月1日 后西溪中心小学女子全能队荣获第八届长江流域九省市体育传统学校“长江杯”比赛女子团体冠军。

8月4~14日 国家、省市领导先后到广益新村视察。4日，国务院抗灾防病专家指导小组一行7人在广益新村检查指导灾后防病工作。11日，副省长吴锡军在广益新村视察。14日，国务院秘书局处长解世忠、国务院抗灾防病领导小组办公室主任朱庆生、省卫生厅副厅长陈萍等在广益新村察看灾情，慰问群众。

8月6日 在无锡市文艺界抗灾自救义演晚会上，崇安区共捐赠人民币7万元、粮票7万公斤。

8月8日 由崇安区园林绿化管理处制作的75盆水石盆景运往美国，参加在洛杉矶举行的中国贸易展览会，另有400盆商业盆景同机运往。

8月13日 区委、区政府召开抗洪救灾事迹报告会。

8月20日 中共中央政治局委员、国务委员、国家救灾防病领导小组组长李铁映，在国务院副秘书长、国家救灾防病领导小组副组长徐志强，卫生部部长、国家救灾防病领导小组副组长陈敏章，副省长吴锡军和市委书记刘济民，市长王宏民等领导陪同下，到广益新村视察抗灾救灾和防病治病工作。李铁映特为广新小学题词，并与崇安区领导以及广新小学、广新幼儿园教师合影。

8月27日　市工商局崇安分局新设靖海工商所。

9月11~12日　崇安区知识分子工作会议暨科协第一次代表大会召开，选举产生崇安区科协组织机构。

9月13日　全区开展定向募捐工作，共捐款1.20万元、粮票2.08万斤。

9月14日　崇安区军民共建领导小组更名为崇安区拥军优属、拥政爱民、军民共建精神文明工作领导小组（简称“崇安区双拥工作领导小组”）。

9月27日　无锡地区第一个中共支部诞生地纪念碑在城中公园揭幕。市党政领导出席揭幕仪式。无锡地区第一个中共支部建立于1925年1月，第一任书记为孙冶方。

是月　中共无锡市崇安区委对台工作领导小组更名为中共无锡市崇安区委台湾工作领导小组。

同月　崇安区商业局荣获江苏省1991年度县（市）区先进商业局称号，该局已连续3年获此荣誉。大同文化用品专业商店荣获江苏省商业系统先进企业称号，该店1990年度人均创利名列江苏省集体商业企业第6位。

10月1日　由崇安区房管局与无锡市国棉二厂联合投资实施周山浜庆丰里低洼地区危房改造，总投资1875万元，小区建筑面积3.2万平方米。

10月15日　区政府决定：原隶属上马墩街道的江海新村第一居民委员会、江海新村第二居民委员会，从11月1日起，划归江海街道管辖。

10月16日　区委、区政府在崇安会堂召开1991年抗洪救灾先进表彰大会，50个先进集体和124名先进个人受到表彰。

10月23日　崇安区地名补查和资料更新成果通过江苏省验收。

10月25日　区市政处承建的首座大型桥梁——金匮立交桥工程竣工。

10月28日至11月1日　中共崇安区第六次代表大会召开，选举产生中共无锡市崇安区第六届委员会和区委纪律检查委员会。11月1日，区委召开六届一次全委会议，选举产生六届区委常委，张振翼当选为区委书记，王广林当选为区纪委书记。

11月5日　崇安区率先成为无锡市城区实施九年制义务教育达标区。

11月12日　“捐出一份情、献上一份爱”活动在全区开展，区教育局代表1.68万名少先队员，向宜兴市洑东乡中心小学捐赠人民币1.06万元、粮票767斤、课桌椅100套。

11月14日　1951年建区以来第一部地方志——《崇安区志》举行首发式。

11月15日　崇安区公民无偿献血领导小组成立。确定11月25日至11月30日为无偿献血活动周。

11月18日　区检察院被最高人民检察院评为抗洪救灾抢险先进集体，区法院被最高人民法院授予全国法院系统集体一等功荣誉称号。

11月28~30日　共青团无锡市崇安区第八次代表大会召开，选举产生共青团崇安区第八届委员会，沈建荣当选为团区委书记。

12月29日　由崇安区市政处承建的无锡市目标管理项目、沪宁铁路线上规模最大的公铁两用立交桥——兴竹立交桥工程竣工。

是月　崇安区集邮协会成立，区集邮协会第一次代表大会在崇安区工人俱乐部举行。

1992年

1月16日 市政府决定：撤销复兴路、崇安两个街道办事处，建立崇安寺街道办事处；撤销工运桥、亭子桥两个街道办事处，建立工运路街道办事处。

1月30日 位于学前街睦亲坊巷内的无锡碑刻陈列馆开馆。馆内现保存宋代碑刻7块。元代碑刻4块，明清碑刻50多块。

2月14日 区属工业第一家中外合资企业——朝阳服装总厂与意大利GTA纺织服装集团有限公司、省服装进出口（集团）公司、无锡漂染厂合资经营的中外合资无锡新意达服装有限公司成立。

2月19日 区房管局、区劳动局被评为无锡市“双调”（调工、调房）工作先进单位。

2月24~28日 政协无锡市崇安区第三届委员会第三次会议召开。

2月25日 建立崇安区统计局。

2月26~29日 崇安区第十二届人民代表大会第三次会议召开。

3月14日 崇安区综合改革试点领导小组成立。

3月16日 区校办工业第一家中外合资企业——无锡华泰电子设备有限公司开业，该企业由五金电器厂和泰国大华有限公司合资建办。

3月26日 公安崇安分局与无锡县人民医院联合开设戒毒中心，主要收治外地来锡自愿戒毒人员。

3月31日 区商业局所属中山商场划归崇安区城市建设综合开发公司管理。

4月7日 崇安区老年大学成立。

4月28~30日 区委六届三次全委会议暨区委工作会议召开，会议通过《崇安区关于加快改革开放和发展区街经济的若干意见》（35条）。

5月16日 崇安区工业管理体制改革，崇安区计划经济委员会分设为崇安区计划委员会（统计局）、崇安区对外经济贸易委员会、崇安区工业公司。

5月30日 无锡市崇安区建筑安装工程公司成立。

6月12~13日 崇安区首次居委工作会议召开，表彰奖励十连冠模范居委、标兵居委和经济建设成绩显著的先进居委。

6月20日 崇安区关心下一代工作委员会成立。

6月23日 区政府决定，从7月1日起，区有关职能部门派驻街道的劳动调配员、计划生育员及卫生员，划归街道统一管理。

8月8日 由台胞徐仲强捐赠1.7万元创办的上马墩街道侨台服务站（又称“松柏之家”）开业，市政协副主席、市委统战部部长雷焕文参加揭幕典礼，时为无锡首家。

8月15日 区委六届四次全委会议召开，通过《崇安区关于加快发展第三产业的意见》，作出关于编制《无锡市崇安区1993~1995年经济和社会发展计划（草案）》的决定。

是月 区接待台胞工作办公室更名为区人民政府台湾事务办公室，与区委统战部合署办公。

10月6~9日 无锡友好城区经济交流会在区召开，北京、长春、福州、武汉、厦门、杭州、宁波、湛江、三明、无锡十城市的中心城区代表出席会议。会议期间共签订10项经济技术协作协议。

11月3~5日 江浙沪六城区绿化工作研讨会第三次年会在崇安区举行。

12月 无锡市邮电局开办的城区第一个公用电话管理站在上马墩街道成立。

1993年

2月8~13日　政协无锡市崇安区第四届委员会第一次会议召开，选举产生区政协四届常务委员会，李锋当选为区政协主席。

2月9~13日　崇安区第十三届人民代表大会第一次会议召开，选举产生区十三届人大常委会和区人民政府组成成员，以及区检察院院长、区法院院长。张振翼当选为区人大常委会主任，冯国鹏当选为区长。

是月　上马墩、工运路、崇安寺、周山浜4个街道办事处被评为江苏省群众文化先进街道。

3月8日　无锡市金环实业总公司、无锡市第二园林绿化工程公司、无锡市第三市政建设工程公司成立，分别与区环卫所、区园林绿化处、区市政处合署办公，实行两块牌子、一套班子管理体制。

3月15日　无锡砂轮厂率先实施全员劳动合同制改革，领先于全市区属集体企业。

是月　崇安区第三届体育运动会和第二届消防运动会召开。

4月16日　沪宁二级公路最大的立交桥——丁村立交桥建成通车。

4月19日　崇安区融资工作领导小组成立，下设办公室。

6月10日　崇安区地籍调查和土地登记发证工作领导小组成立。

6月14日　市委、市政府召开城区工作会议，就放权、增收、提供优惠政策等方面促进城区经济发展出台17条扶持政策。

8月21日　遭暴雨袭击，日降雨量111毫米，南门水位4.44米，全区有1268户居民进水，学前街、县前街、中山南路等道路积水深15~50厘米，至27日，积水全部退清。

8月25日　区委、区政府召开压缩编制、分流人员动员大会。

9月21日　崇安区社会治安综合治理委员会成立，下设办公室。

是月　崇安区建筑设计室划归崇安区城市建设综合开发公司管理。

10月17日　中外合资无锡土利来织带有限公司建成开业。

10月19日　崇安区残疾人联合会第二次代表大会召开，选举产生区残联第二届理事会。

12月24~25日　区委六届七次全委（扩大）会议召开，提出“学黄浦（上海）、赶双城（杭州上城区和下城区）、超金阊（苏州），两年翻一番”的奋斗目标。

是年　崇安区被省政府、省军区授予“江苏省拥军优属模范区”荣誉称号。

1994年

1月1日　市委书记洪锦炘、市长于广洲、副市长陈林荣带领市计委、建委、规划、房管、地产办等有关部门负责人到崇安区，就上马墩地区简易危旧房改造现场办公。

1月24~27日　政协无锡市崇安区第四届委员会第二次会议召开。

1月25~28日　崇安区第十三届人民代表大会第二次会议召开。

1月26日　区人民法院开庭审理无锡市首起“新闻官司”——原告陈祖妹、荣耀早夫妇状告《江南晚报》发表的《一女工跳楼身亡》系列报道侵害其名誉权。

是月 无锡评出首批名特老商店。光明眼镜店被评为首批名牌商店；丰收糕团店、大同文化用品公司、帐子公司、无锡美容厅、第五副食品商店、教学仪器设备公司、灵通针纺织品公司、功德林素菜馆等8家被评为首批特色商店；新乐泉浴室、世泰盛呢绒绸布商店、沈广茂洗染店等3家被评为首批老字号商店。

同月 学前街街道下属无锡市宏成纺织机械厂研制的ME288A型喷射试样染色机通过市科技成果鉴定，获国家专利。其中，防打结装置属国内首创，填补省内空白。

同月 占地3万平方米、投资2000万美元的中外合资无锡凯成织染有限公司在锡南开发区奠基开工。

2月5日 崇安区海外联谊会聘请美国柯罗拉多州立大学教授、美国密什根州立大学博士周祖龄和日本京都工业纤维大学硕士、日本三景株式会社驻沪办事处负责人杨理为名誉会长，同时增补7名"三胞"（海外侨胞、港澳同胞、台湾同胞）眷属为联谊会委员。

2月8日 区委宣传部主办的《今日崇安》报创刊。

2月11日 晚9时许，大成巷9号公房被焰火引燃四层阁楼，烧毁公房2间。

2月14日 台湾《消息报》记者严重则回无锡探亲，受到区委、区政协领导接待。

2月26日 崇安区被国家体委群体司评为全国开展第七套广播体操先进区。

是月 无锡市首个区级自营进出口创汇基地——无锡市华富胶鞋厂建成。

3月3~5日 崇安区第十次妇女代表大会召开，选举产生区妇女联合会第十届执行委员会，王蓓菁当选为区妇联主席。

3月6日 崇安寺街道所属灵通针纺织品公司在无锡市展览馆首次承办'94春季全国丝绸交易会，来自全国300多家厂商参加。翌年，再次组织承办，3400多个品种参展，3天成交额1.3亿元。

3月18日 崇安区卫生局、区教育局联合发出关于加强全区小学病毒性肝炎防治工作的通知，并为全区1.2万名少儿接种甲肝疫苗。

3月20日 崇安区1993年度双文明建设十大新事评选出台：一、扭转连续5年财政赤字；二、工商销售收入创历史最高水平；三、崇安区巡警在全市率先上街综合执法，提高城市管理水平；四、崇安区被省委、省政府命名为拥军优属模范区；五、崇安寺农贸市场再次荣获全国文明集贸市场和全国计量先进单位；六、第三产业成为崇安区经济发展重要支柱；七、崇安区首获自营进出口权；八、崇安区城市建设综合开发公司获全省建筑行业第六强，8项经济指标名列房地产业第一；九、街道和校办经济成为崇安区半壁江山；十、区法院王德莉被评为无锡市十佳法官。

4月3~5日 江苏省少先队工作会议在崇安区少年宫召开，全国少先队教育实验基地同时揭牌。

4月29日 无锡市1991~1993年度先进单位（集体）和劳动模范表彰大会召开，连元街小学、灵通针纺织公司、区城市建设综合开发公司被评为市先进单位；区职工学校、崇安寺派出所、崇安医院口腔分院、医疗器材厂装配车间、人民手帕厂、光明眼镜店被评为市先进集体；王德莉、谢瑞珍、吕顺娟、魏承基、曹建强、李重骅、李家宝、朱永康、黄坤生、陶菁、朱荣金等11人被评为市劳动模范。

是月 崇安人民医院靖海分院建成开业。

同月 市重点建设项目——3.8万平方米的汉昌路商贸小区开工建设。

5月10日 因无锡市房管局建造的高层建筑未打围护桩，造成邻近连元街31号的3间民房突然倒塌，崇安寺街道办公用房严重倾斜。

5月20日 恢复建立崇安区工商业联合会，同时成立崇安区商会，实行两块牌子、一套班子的管理体制。

5月27日　崇安区首家房管系统股份合作制企业——兴隆物业公司成立。

6月10日　中山商场经重新改造开业面市。

6月25日　广瑞路街道首次向社会公开招聘居委干部。

是月　崇安区建筑安装公司更名为无锡市第九建筑工程公司。

7月8日　无锡市政府1994年度为民办实事项目——亭子桥中心小学幼儿园教学楼竣工。

7月15~16日　区委六届八次全委（扩大）会议召开，通过《关于进一步深化改革，调整结构，强化管理，提高效益，加快发展区街经济的决定》。

7月20日　在江苏省十三届运动会上，崇安区体操、羽毛球、技巧3个代表队共获“5金、4银、7铜”16枚奖牌，总分162.5分。超额完成市政府下达的“获总分130分或得5块金牌”的目标。

8月12日　无锡市第一个区级群众性体育组织——崇安区体育总会成立。下设区老年人体育协会、区钓鱼协会、中山路文体协会以及崇安寺、工运路、周山浜等8个街道文体协会等11个团体会员单位。

8月27日　下午4时20分至5时许，突遭特大暴风雨袭击，掀翻屋顶2处，火车站广场和北里城脚2块巨幅广告牌倒塌，倾倒树木60多棵，压坏民房7处，大部分地区断电。至次日凌晨基本恢复。

是日　区委六届九次全委（扩大）会议召开，选举产生4名出席无锡市党代会的代表。

10月19日　市委副书记缪根宝和市政协副主席、市委统战部部长雷焕文等领导陪同国际著名企业家访问团唐宏源、唐翔千、唐寿千一行50多人，到其母校——崇安小学（原私立唐氏小学，唐桐卿先生创办于1914年）参观访问。

12月3日　无锡市首家外商独资企业党支部——中共金马房地产（江苏）有限公司支部成立，隶属于崇安区建设环保局党总支。

12月16~17日　共青团崇安区第九次代表大会召开，选举产生共青团崇安区第九届委员会，曹岚当选为团区委书记。

12月28日　无锡市首座500平方米的尊师楼在崇宁路中心小学举行落成典礼。

是月　无锡市首幢高层住宅——鲲鹏公寓竣工。公寓高18层，建筑面积1.24万平方米。

1995年

1月8日　在无锡日报社、市卫生局等单位共同发起的“市民满意医院”“医护双十佳”评选活动中，崇安人民医院荣获“市民满意医院优胜单位”奖牌。

1月11~12日　区委六届十次全委会议召开，通过关于加强基层党组织建设意见的决议。

1月12日　无锡市社区服务现场观摩会在上马墩街道召开，12个居委会率先全部建立微型社区服务中心，实现“满堂红”。

1月27日　崇安医院通过卫生部首批“二级乙等医院”评审。

2月23~26日　政协无锡市崇安区第四届委员会第三次会议召开。

2月23~27日　崇安区第十三届人民代表大会第三次会议召开。

3月8日　崇安区重点项目——中外合资无锡南江塑料有限公司的万克注塑机项目建成投产。

3月16日　崇安区荣获无锡市“扩大中山路‘六无二好’①建设成果，精神文明建设优胜奖”。

①六无二好：无乱张贴、无乱搭建、无乱牵挂、无乱开挖、无乱设摊、无乱停放；市容市貌管理好、交通秩序好。

3月24日 晚9时45分，大众化工厂保险粉车间发生爆炸，死6人，伤5人。

4月5日 崇安区城市建设综合开发公司承建的无锡市政府1995年度重点工程——崇安寺改造一期工程开工。是年9月15日，建筑面积1.5万平方米的一期工程A块竣工。10月20日一期工程B块开工，是年底，集餐饮、休闲、娱乐为一体的皇亭美食城开业。翌年12月，一期工程B块竣工，建筑面积近6000平方米。

4月8日 无锡市后西溪布料市场建成开业。

4月20日 崇安区30名优秀少先队员成为全市首批"环保小卫士"。

4月22日 无锡市城区工商体制调整完成，原崇安区工商行政管理局更名为无锡市工商行政管理局崇安分局，为市工商局派出机构。

4月23~25日 崇安区政法委与江苏省第二少年管教所联合组织崇安籍少年犯学员"回家乡、看巨变、促转变、别昨天"活动，这种帮教形式在省内尚属首创。

5月 崇安区被国家教委、民政部、中国残联评为全国特殊教育先进区。

是月 上马墩街道率先进行行政管理体制改革试点，街道党委改为区委派出机构，成立街道党工委；实施政企分开，成立街道双塔实业总公司，在街道党工委领导下，负责街道经济管理。翌年3月，各个街道全面完成这一改革。

6月1日 友好城区——杭州上城区赠送给崇安区的鹤群雕塑落成，揭牌仪式在东林小学前绿地举行。

6月8~9日 崇安区青年联合会二届一次全委会召开，曹岚当选为区青联主席。

6月28日 无锡电信通讯器材市场在复兴路开业。

是月 由无锡市童装厂和无锡县生产资料总公司联办的太平洋电器广场开业。

7月1日 崇安区住房困难户安置大会召开，560平方米住房无偿安置给11户住房困难户。

7月4日 全国政协常委、国际奥委会副主席、中国奥委会名誉主席何振梁在人民路街道、学前街街道视察，并为街道社区文化活动中心题词"发展社区体育，繁荣学前经济"。

7月6日 江苏省副省长张怀西在无锡市委书记洪锦炘、市长于广洲等领导的陪同下，视察崇安区小尖桥、黄泥桥泵站。

7月14日 中共无锡市崇安区代表会议召开，选举产生12名出席中共无锡市第九次代表大会代表。

7月18日 靖海公园游泳池建成开业。

8月1日 区委决定在全区共产党员和干部中开展向区人民法院民庭庭长王德莉学习的活动。

是月 在全国三产企业普查中，崇安区城市建设综合开发公司跻身全国房地产开发与经营企业前百名。是年10月26日，国务院第三产业普查办公室杨中华向该公司颁发"全国第三产业普查房地产业第49强"锦旗。该公司注册资金从2万元增至 2036.5万元，固定资产3565万元，拥有10个独立公司、8个参股合作公司，成为集勘探设计、建筑装璜、房屋开发、商业服务、物业管理等多功能开发企业。是年11月14日，该公司还荣获1995年度全国职业道德先进单位，是无锡唯一获此殊荣的单位。

9月18日 无锡市商业大厦、第一百货商店、三凤桥肉庄、中国饭店、第一副食品商店荣获国务院国内贸易部颁发的"全国商业信誉企业"称号。

9月26日 后西溪布料市场妇女工作委员会成立，时为崇安区第一家个体工商户妇女组织。

10月6日 曾10次荣获世界羽毛球女子双打冠军的无锡籍运动健将顾俊回到母校——崇宁路中心小学，受到全校师生热烈欢迎。

11月13日 市委决定，冯国鹏任中共无锡市崇安区委员会书记。

11月20日　崇安人民医院口腔分院在映山河开工建设。

11月22日　学前街街道被民政部授予“中国街道之星”荣誉称号。

12月7日　由区房管局投资建造的无锡市规模最大的室内农贸市场——靖海副食品市场建成开业。该市场位于上马墩居民区，建筑面积6000余平方米。

12月20日　无锡市重点道路桥梁建设指挥部崇安分指挥部成立。是月，启动西门桥至文化宫桥段的解放南路拓宽一期拆迁工程，翌年3月31日，一期拆迁任务提前完成。

12月25日　人民路、上马墩、广瑞路3个街道被评为江苏省体育先进街道。

是月　后西溪中心小学新教育楼及本部改造工程竣工。

1996年

1月10～11日　区委六届十二次全委会议召开，通过《关于制定崇安区国民经济和社会发展“九五”计划和2010年远景目标的建议》。

是月　在市委、市政府召开的城区工作会议上，崇安区白银冷暖设备公司获商业企业实现利润排头兵；田基浜居委获居委实得利润排头兵；区城市建设综合开发公司获房地产开发公司房屋竣工面积排头兵；皇亭美食城获城市建设改造优秀项目奖。

2月3～7日　政协无锡市崇安区第四届委员会第四次会议召开，接受李锋辞去区政协主席职务的请求，高兴东当选为区政协主席。

2月3～7日　崇安区第十三届人民代表大会第四次会议召开。接受张振翼辞去区人大常委会主任职务的请求，黄生宝当选为区人大常委会主任，蒋汉良当选为区长。

是月　区人武部收归军队建制。

3月28日　崇安区首家街道综治委——工运路地区社会治安综合治理委员会成立。翌月中旬，全区8个街道社会治安综合治理委员会全部建立。

是月　中国奥林匹克运动委员会秘书长、国家体委政策法规司司长王鼎华，国家体委群体司副司长、中华全国体育总会群体部副部长朱谅在人民路街道考察调研社区群众体育工作。

4月1日　无锡市市区人口计划双轨管理办法开始实施。

4月30日　新建风和里居民委员会，隶属江海街道管理。

是月　新移民调查结束，1978～1995年，崇安区移居美国、澳大利亚、德国、瑞典、加拿大、日本、瑞士等7个国家29户72人。

同月　第三个五年普法教育在全区开展。

5月15日　香港南联实业有限公司常务董事、无锡市海外联谊会名誉会长唐宏源和全国政协常委、港事顾问唐翔千叔侄共同捐助120万港币的崇安小学新教学楼奠基开工。

5月29日　江苏省政协委员、香港区事顾问、太平绅士香港苏浙小学校长孙方中考察连元街小学。

是月　崇安区天安房地产开发有限公司投资建设的市重点项目——天安大厦主体封顶。翌年底竣工。

6月13日　崇安区政法委、综治委召开见义勇为表彰大会，向勇斗歹徒、用生命和鲜血保护国家集体财产的罗春荣等4名江西来锡人员颁发见义勇为证书和奖金。

7月5日　崇安区创建国家卫生城市转入突击整治阶段，对中山路、人民路实行“修、洗、包、粉、袋、封”等6个方面的整容。在广瑞路街道广丰三村召开垃圾袋装化现场会，推广广丰三村在全区率先实行垃圾袋装化和小区封闭式管理的经验。

7月10日 由日本八佰伴株式会社与市百货公司合资创办的省内规模最大的一家集购物、餐饮、娱乐休闲为一体的现代化大型商贸企业——无锡八佰伴商贸中心正式开业。

7月18日 区委举办纪念红军长征60周年报告会，老红军丁德山和老干部吴成在会上作报告。

7月31日 顾俊及队友葛菲获第26届奥运会羽毛球女子双打金牌，是无锡市历史上第一个奥运冠军。

8月21日 江苏省人口变动及城镇劳动力千分之一抽样调查在周山浜街道启动。

是月 建立无锡市崇安区人民政府招待所。

同月 无锡市口腔医院暨无锡市牙病防治所挂牌成立，新址位于圆通路18号，大楼高6层，使用面积2700平方米。

9月23日 锦树里低洼地区改造工程开始动迁，涉及拆迁安置200余户居民及6家单位。翌年3月8日，占地8854平方米、建筑面积5.70万平方米的“锦树花园”建设项目开工。

9月26日 崇安区又一所18个班级的宁海里小学建成开学。

10月18日 崇安区深港电器广场与香港、韩国合资建办的深港保龄球俱乐部有限公司建成开业。

10月24日 区委、区政府召开党政机构改革动员大会。机构改革后，设区级党政机构23个，其中，区委工作机构5个，区政府工作机构18个；设街道办事处8个。

10月31日 在无锡市第七届运动会上，崇安区获“七杯二旗”9个大奖。

是月 国家副主席荣毅仁由江苏省委书记陈焕友和省委副书记曹克明陪同，到崇安寺农贸市场视察。

11月22日 无锡市第一家街道工商联（商会）组织——崇安区工商业联合会（商会）广瑞工商联分会（商会）成立。

11月29日 崇安区首家私营企业工会联合会成立。

1997年

1月19~23日 中共无锡市崇安区第七次代表大会召开，选举产生中共无锡市崇安区第七届委员会和区委纪律检查委员会委员。23日，区委召开七届一次全体会议，选举产生七届区委常委，冯国鹏当选为区委书记，顾豫苏当选为区纪委书记。

1月24日 崇安寺水产批发市场迁至县前东街高墩桥堍，开办无锡市特种水产批发市场。

1月30日 崇安区建立送温暖扶贫基金，是月筹款63.58万元。

3月3~6日 政协无锡市崇安区第四届委员会第五次会议召开。

3月12日 崇安区荣获江苏省全民国防教育先进单位称号。

3月12~15日 崇安区第十三届人民代表大会第五次会议召开。

3月13日 中共中央政法委副秘书长、综治办主任陈冀平和省政法委副书记张通海，由市政法委副书记蒋寿椿等陪同，在人民路街道东河花园考察安全文明小区创建工作。

4月19日 崇安区教学仪器设备公司与香港信豪国际集团有限公司签署协议，合作开发位于人民中路的教仪大厦项目，该项目注册资本1100万美元，时为崇安区之最。

5月15日　区委、区政府召开创建国家卫生城市自查达标动员大会。

5月20日　无锡市第一个城区民盟组织——民盟崇安支部成立。

是月　无锡市首家小学德育教育基地暨后西溪中心小学"张闻天中队"成立命名仪式在张闻天旧居举行。

6月6日　市、区两级政府为民办实事项目——占地1.9万平方米的亮坝上低洼地区改造项目启动拆迁。

6月9~30日　崇安区先后组织一系列迎香港回归活动。是月9日，区教育党委、团委在连元街小学举行"喜迎香港回归"演讲比赛和"三胞"眷属卡拉OK演唱比赛。11日，区法院牵头组织无锡市6家文艺团体赴省第一、第二少管所，为2000名少年犯举办"爱祖国、迎回归"文艺晚会。18日，区委、区政府在中百二店门前举行"迎香港回归祖国，爱中华民族大家"广场文艺演出。20日，区政协召开"爱我中华，喜迎回归"三胞眷属座谈会。

6月10日　无锡市土地管理局崇安分局成立，为无锡市国土局派出机构。

6月21日　区委、区人大常委会召开崇安区国家机关实行行政执法责任制动员大会。

9月1日　崇安区爱国主义教育基地命名授牌仪式在连元街小学举行。

是日　崇安区大成巷幼儿园划归区妇联管理，并更名为崇安区中心托儿所。

10月28日　中国城区发展促进会一届二次（无锡）理事会议在崇安区召开，参加会议的代表来自全国70多个城区，崇安区被民政部基层政权建设司和中国城区发展促进会授予"全国先进城区示范单位"，成为全国首批获此荣誉的8个城区之一。

11月13~22日　全国政协副主席赵朴初一行，在省、市领导陪同下，视察崇安区市容市貌和无锡师范附属小学。

11月22日　区科协召开第二次代表大会，选举产生区科协第二届委员会成员。

是月　上马墩街道被江苏省民政厅命名为江苏省社区服务示范街道。

12月16日　王兴记有限公司的三鲜鸡汤馄饨、鲜肉小笼馒头，迎宾楼菜馆的四色玉兰饼，鸿运大酒店的鸿运大包被中国烹饪协会认定为"中华名小吃"。

12月19日　崇安区首家改制试点企业——焊割工具厂实施股份合作制改革。

12月28日　位于崇安寺的崇安区文化馆新馆落成使用。

12月31日　区首次建立见义勇为奖励基金，筹集30万元。

1998年

1月3~7日　政协无锡市崇安区第五届委员会第一次会议召开。选举产生区政协五届常务委员会，高兴东当选为区政协主席。

1月4~9日　崇安区第十四届人民代表大会召开第一次会议。黄生宝当选为区十四届人大常委会主任，蒋汉良当选为区长。

1月15日　光明眼镜店在区属商业系统率先实行股份合作制改革。

4月8~10日　共青团崇安区第十次代表大会召开，选举产生共青团崇安区第十届委员会，吴军当选为团区委书记。

5月25日　江海街道被评为江苏省城市体育先进社区。是年11月18日，又被国家体育总局授予全国城市体育先进社区荣誉称号。

6月8日 崇安区环境保护委员会成立。

7月9日 崇安区首次举办企业产权转让、租赁、地块合作项目洽谈会，来自省内外23家企业和无锡市7家房地产开发单位参加。

7月17日 江苏省全民健身工程现场会暨风雷健身苑揭牌仪式在江海街道风雷新村举行。

7月25日 崇安区残疾人联合会第三次代表大会召开，选举产生区残联第三届理事会。

8月16日 无锡市消费者委员会崇安分会建立。

8月19日 长江流域发生历史罕见的特大洪涝灾害，崇安区抗洪救灾代表团赴武汉市江岸区慰问，向该区捐赠人民币5万元。

9月5日 全国文明城市示范点——无锡市中山路商业街揭牌。

9月16日 区委、区政府召开迎接全国爱卫办国家卫生城市调研组到无锡调研检查动员大会。

9月29日至10月11日 原国家副主席荣毅仁在省委常委、常务副省长俞兴德和市长吴新雄等陪同下，视察皇亭美食城、崇安寺农贸市场、八佰伴商贸中心等处。

10月9日 崇安区与新疆乌鲁木齐市沙依巴克区签订友好城区协议。

10月23日 无锡市镜厂率先实施产权制度改革，召开签约大会。

10月31日 江苏省无锡连元街小学迎来百年华诞。该校老校友、96岁高龄的著名老教育家、科学家顾毓琇从美国发来贺信，为百年校庆题词。

11月 无锡市首批8个省级文明小区之一——广瑞路街道广丰三村率先被评为江苏省文明小区，该小区是全市唯一的老新村典型。

1999年

1月19~22日 政协无锡市崇安区第五届委员会第二次会议召开。

1月20~23日 崇安区第十四届人民代表大会第二次会议召开。

2月2日 区委、区政府召开全区创建文明城市工作会议。3月7日，启动“树文明新风，创文明城市”系列工程。是月27日，又启动创建文明机关活动。4月23日，开展“文明交通，造福万家”交通秩序整治。5月13日，举办市民文明学校、特色文明楼院经验交流会。

3月1日 崇安区通过江苏省群众文化验收组对创建江苏省群众文化先进区工作的检查验收。7月13日，崇安区被省政府授予江苏省群众文化先进区。

是月 公安崇安分局被人事部、公安部授予“1998年度全国优秀公安局”奖牌。翌年3月，被评为1999年度全国优秀公安局。2001年3月，再次被评为2000年度全国优秀公安局。

5月12日 无锡市委、市政府召开城区街道、居委转换职能试点工作动员大会。崇安区江海、学前街、崇安寺3个街道21个居委被确定为试点单位。是日，市委办公室下发《关于转变街道居委职能试点工作的实施意见》。7月16日，区委、区政府举行崇安区试点街道居委转变职能、资产企业交接仪式。

5月22日 崇安区与黑龙江省佳木斯市永红区签订缔结友好城区协议。

6月18日 无锡市社区服务工作会议提出，到2000年末，90%以上街道完成“五个一工程”①，

①五个一：一个托老设施、一个助残设施、一个托幼设施、一个青少年文化活动设施、一个康复医疗设施。

90%以上居委会建成微型社区服务中心的工作目标。

是日 无锡市城区挂靠企业改转制试点工作动员大会提出，对挂靠企业实行改一批、转一批、注销一批的要求，是年底，全区371家挂靠企业完成改转制，改转制面达到44.35%。

7月5日 梅雨期长达45天，降雨量为常年平均值的2.5倍，工运桥西梁溪路成为重灾区，市长吴新雄、副市长杨惠菊等领导赴重点防汛地段——西梁溪路察看，慰问进水户居民。

9月17日 区委举行规范升（插）国旗活动，全区确定16个示范点。

9月23日 区委、区政府召开庆祝新中国成立五十周年大会暨“颂祖国辉煌、迎世纪之光”大型歌会。

11月30日 崇安区海外联谊会第二次会员代表大会召开，选举产生新一届海外联谊会。

12月1日 位于周山浜的无锡汽车客运总站正式启动营运。

12月14日 崇安区档案馆通过江苏省二级馆验收。

12月28日 通过整体置换幼教存量资产而改建的崇安区敬老院建成开放。

是年 崇安区被民政部、全国双拥工作领导小组授予全国“爱心献功臣行动”先进区称号。

2000年

1月6日 无锡市第四届名特老商店评选揭晓：王兴记馄饨店、三凤桥肉庄、烤鸭馆、皇亭美食城、云幅烧鹅仔美食城等10家企业被评为名牌商店；朝阳饭店、鸿运大酒店、无锡美容厅、伊斯兰菜馆、锡都饭店等12家企业被评为特色商店；沈广茂洗染店、聚丰园大酒店、泰山饭店、醉月楼菜馆、中国饭店、湖光照相馆等6家企业被评为老字号商店。

1月18~21日 政协无锡市崇安区第五届委员会第三次会议召开。

1月18~21日 崇安区第十四届人民代表大会第三次会议召开。

1月22日 省民政厅厅长程韶韵一行在工运路街道老戏馆弄居委会视察社区服务工作。

是月 崇安区首次承担健康路、新生路、崇宁路3条景观街建设任务，拆除道路两侧危旧房1.2万平方米，是年底，建成临时景观商业用房1.27万平方米，形成以经营服装和音像电器等为主的专业特色街坊。

3月21日至5月24日 崇安区区级领导班子和领导干部集中开展以“讲学习、讲政治、讲正气”（以下简称“三讲”）为主要内容的党性党风教育活动。3月21日，市委“三讲”教育巡视组进驻崇安区。是月28日，召开全区“三讲”教育动员大会。5月24日，召开“三讲”教育总结大会。前后历时2个月。是年12月，按照市委的要求，组织开展“三讲”教育“回头看”，重点检查“三讲”整改方案的落实情况，巩固和扩大“三讲”教育成果。

3月 崇安区被省委、省政府评为1997—1999年度江苏省社会治安综合治理先进工作单位。

4月6日 崇安区人民法院民庭庭长王德莉被江苏省高级法院授予“人民满意法官”称号。是年，还被评为全国劳动模范。

4月12日 中山路荣获“江苏省购物放心、服务满意一条街”称号。

6月23日 无锡市首家在职党员社区服务队在广瑞路街道挂牌成立。

6月27日 崇安区首个社区党校在广瑞路街道建立。

6月28日 崇安区社区服务中心通过有偿置换新生路小学资产完成改建，重新开放。中心占地

3718平方米，首期改造1300平方米，开设再就业、婚姻登记、市民求助等服务项目。

7月12日 区委举办崇安区优秀援藏干部——任国庆先进事迹报告会。任国庆是1979年首批主动报名援藏干部，扎根西藏21个春秋，为西藏广电事业作出重要贡献。7月14日，中共无锡市委作出《关于开展向援藏优秀党员领导干部任国庆同志学习活动的决定》，此后，中共国家广电总局党组作出在全国广电系统开展向任国庆学习活动的决定。8月24日，西藏自治区党委授予任国庆"优秀共产党员"荣誉称号。8月31日，中共江苏省委授予任国庆"优秀援藏干部"荣誉称号。10月14日，任国庆因病在无锡逝世，终年68岁。

7月15日 中山路严管街揭牌和综合管理队伍上岗仪式在商业大厦南广场举行。

9月1日 由无锡市明达教育发展有限公司投资开办的全日制民办小学——无锡市金桥双语实验小学建成开学。设有24个标准教室和现代化计算机房、多媒体教室、英语活动室等设施，可容纳千名学生就读。

9月8日 区属集体企业——无锡市童装厂与无锡市光明集团进出口公司签署产权整体转让协议，童装厂全部资产和职工由光明集团整体接收。

10月15日 无锡市区离退休人员基本养老金首次实行社会化发放。2003年11月，启动企业退休人员社会化管理服务工作，原企业承担的退休人员管理服务职能全部转入社区管理，由社区为企业退休人员提供社会保障、社会管理等职能。

是月 无锡市第五批老新村治理改造项目——建筑面积13.2万平方米的广益新村治理改造工程完成，历时9个月。

同月 崇安区安全生产监督管理局成立，设在区经贸局。2005年4月，升格为一级局，同时增挂"崇安区安全生产委员会办公室"牌子。

11月1日 无锡市首家经民主选举产生的社区居民委员会——江海街道宁海里（北）社区居民委员会成立。

是月 创办于1950年的上海铁路分局无锡职工子弟学校移交给崇安区管理，更名为无锡市锡北路小学。该校占地7050平方米，设6个班、200多名学生。

11月29日 区委七届九次全委（扩大）会议召开，通过崇安区国民经济、社会发展第十个五年计划的建议。

12月28日 学前街街道建成全市首家社区事务受理中心，服务大厅开设12个服务窗口，实行开放式办公。

是月 崇安区城建监察大队重新组建成立。面向社会公开招聘队员48人，实行工作考核制、告诫待岗制、岗位轮换制、竞争上岗制、末位淘汰制和辞退制度。

是年 崇安区街道、居委职能转换工作全面完成。街道工业、商业、劳动服务等3个行政管理性公司与街道机构脱钩。街道党工委实行委员制，办事处实行助理制。街道机关工作人员实行竞争上岗、择优进编、聘任聘用，8个街道精简分流人员173人。居委会按照职能转换的要求，实行"两脱两留"①，脱钩挂靠企业170家。全区94个居（家）委管理区域划分为58个社区，相应建立55个（社区）居委会，社居委管理幅度由原来的661户扩大到1036户。

---

①两脱两留：居委会办挂靠企业和生产经营性自办企业与居委会脱钩，由街道直接管理，管理费收入归街道。保留居委会自有财产的所有权，保留居委会便民利民服务项目，实现所有权、管理权、收益权相一致。

2001年

2月18日 原民政部部长崔乃夫视察学前街街道社区事务受理中心。

3月13日 中山路被中宣部、中央文明办、国家经贸委列入第四批全国“百城万店无假货”活动示范街名单。是月15日，省委宣传部等7部门在无锡新世纪广场举行全国“百城万店无假货”活动示范街——中山路揭牌仪式。翌月9日，中山路又被国家质量技术监督局列入“全国首批购物放心一条街”名单。

3月19日 省委常委、省军区司令员蒋文郁在崇安区调研街道人武部工作。

3月21日 崇安区第六批老新村治理改造工程启动，置煤浜、东河头巷、上马墩3个新村首列其中，总投资490余万元，3050余户居民受益。

4月11~12日 中共中央政治局常委、中纪委书记尉健行在省委副书记、省纪委书记曹克明等领导陪同下，视察市中心市容市貌。

4月19~23日 政协无锡市崇安区第五届委员会第四次会议召开，选举黄汉林为区政协主席。

4月20~24日 崇安区第十四届人民代表大会第四次会议召开，接受黄生宝辞去区人大常委会主任职务的请求，冯国鹏当选区人大常委会主任。

4月27日 区委、区政府召开崇安区社会治安暨整顿规范市场经济秩序工作会议。

是日 全国妇联副主席沈淑济、省妇联主席洪天慧在江海街道宁海里（北）社区视察家庭志愿者服务活动点。

4月30日 市长吴新雄、市委副书记韩军等出席明珠广场主体竣工封顶仪式。

是月 第四个五年普法教育在全区开展。

5月15日 江海街道被命名为江苏省社区妇女工作示范点。

5月21日 在无锡市体委、市老龄委等5个单位联合举办的无锡市万名老人健身活动启动式暨老年健身活动展演中，崇安区获优秀组织奖。

5月21~24日 中共无锡市崇安区第八次代表大会在崇安会堂召开。选举产生中共崇安区第八届委员会和区委纪律检查委员会。24日，区委召开八届一次全委会议，选举产生八届区委常委，冯国鹏当选为区委书记，顾豫苏当选为区纪委书记。

6月28日 区统计局（崇安区人口普查办公室）荣获国务院第五次全国人口普查领导小组授予的第五次全国人口普查先进集体。

8月9日 全区55个社区妇女联合会组建工作结束。

8月20日 中共崇安区代表会议召开，选举产生16名出席中共无锡市第十次代表大会代表。

8月22日 区委、区政府召开崇安区“四五”普法暨依法治区工作动员大会。

10月11日 民政部、省厅领导在崇安区视察学前街街道老年公寓、求助服务中心和新街巷社区俱乐部。

10月17日 区委、区政府在崇安会堂召开崇安区党政机关机构改革暨行政审批制度改革动员大会。

10月20日 无锡市首家社区民兵营在学前街街道成立，市委常委、无锡军分区司令员宗晨阳为民兵营授旗。

是月 广瑞路街道荣获全国婚育新风进万家活动先进（乡镇、街道）称号。

11月1日 无锡籍旅港同胞、香港教育界和妇女界著名人士孙方中一行3人访问崇安区，捐赠助学金400万元。

11月18日 崇安区城管队员黄学清在行政执法中殉职，被追认为无锡市城管标兵。

11月24~26日 崇安区第十一次妇女代表大会召开，选举产生区妇女联合会第十一届执行委员会，陈凤娟当选为区妇联主席。

11月29日 公安崇安分局被省公安厅评为江苏省执法优秀单位；翌月，又被评为江苏省文明行业创建工作先进（县）行业。

12月10日 区委八届三次全委会议召开，贯彻落实十五届六中全会精神，部署加强和改进党的作风建设。

12月27~28日 共青团崇安区第十一次代表大会召开，选举产生共青团崇安区第十一届委员会，范洪强当选为团区委书记。

2002年

1月7日 中山路全线在全市率先实施禁止摩托车、轻便摩托车、燃油助力车行驶和停放。2003年10月15日起，人民中路从6时至22时，禁止摩托车、燃油助力车行驶和停放。市区部分区域全天实行摩助车辆限制通行措施。

1月14~17日 政协无锡市崇安区第五届委员会第五次会议召开。

1月14~18日 崇安区第十四届人民代表大会第五次会议召开。

2月4日 滨湖区广益镇划归崇安区管辖。崇安区行政区域面积增至16.48平方公里，人口18.58万人。是日，区委、区政府召开区、镇干部见面会。是月28日，"中共无锡市崇安区广益镇委员会""无锡市崇安区广益镇人民政府"挂牌。

2月5日 位于中市桥巷和镇巷35号、具有百年历史的秦敦世祖居"秦保誉堂"的全部木结构屋架迁至鼋头渚风景区，实行易地保护。

2月8日 占地面积5.80万平方米、绿地面积4.93万平方米的胜利门、国联、东林三个广场建成开放。

3月2日 广益镇历时两个多月的"三个代表"①重要思想学习教育活动结束。

3月26日 无锡市首家康复医院——位于长江北路的崇安医院长江康复医院建成开诊。9月28日，无锡市肢体残疾系统康复训练中心在该院挂牌成立。

3月27日 无锡市首家广场市民文明学校——上马墩广场市民文明学校成立。

4月1日 省内首家慈善医院——无锡市慈善医院在崇安人民医院开诊，开设慈善门诊和慈善病区，首批16名特困病人入院治疗。省委常委、市委书记蒋定之等领导参加揭牌仪式。

4月20日 中山路清扫保洁权实施招标承包改革。崇安寺环卫所刘定保、学前街环卫所丁龙妹分别获得中山路北段、南段清扫保洁承包权。

4月26日 司法部基层司、省司法厅领导在学前街街道调研社区人民调解工作。

---

①三个代表：始终代表中国先进生产力的发展要求，始终代表中国先进文化的前进方向，始终代表中国最广大人民的根本利益。

4月29日　市少数民族联谊会崇安分会成立。

4月30日　国内规模最大的公铁立交——总投资2亿多元的无锡通江公铁立交建成通车。

5月14日　新设崇安区环境保护局。

5月16日　市对口支援和南北挂钩工作会议确定崇安区与徐州市贾汪区挂钩合作，是日，签订合作协议。

5月31日　全区开展“关爱生命、人道万人捐”活动，捐款16.83万元。

6月6日　无锡市智残儿童康复中心在崇安区辅读学校成立。

6月17日　撤销崇安区老龄问题委员会，建立崇安区老龄工作委员会，办公室设在区民政局。

6月22日　崇安寺街道工商联分会副会长——大明眼镜公司总经理洪万贤被批准为中共预备党员，成为无锡在新社会阶层发展党员试点工作中首批入党的私营业主之一。

6月23日　人民路街道田基浜52号102室发生一起特大入室杀人抢劫案，死亡4人，并放火焚尸灭迹。7月27日，成功破获。8月8日，分局刑警大队民警余晓刚被省公安厅记个人二等功，局长李永恒等5名个人荣获三等功，刑警大队长冯浩德等16名民警受到嘉奖。

6月29日　学前街街道党工委在全市率先推出包括“文明卫生岗”“绿地领养岗”“巡逻值勤岗”在内的7个“党员奉献岗”，社区党员竞相认领，为群众服务。

7月5日　全国社区建设示范城区检查组在区考核验收，长江康复医院、新街巷社区、东河花园社区等接受检查考核。是年，崇安区荣获“全国社区建设示范城区”称号。

7月10日　中共南昌市安义县长均乡驻无锡支部委员会在广瑞路街道成立，这是无锡市首家在外来务工人员中建立的党支部。

7月15日　被省命名为勤政廉政好干部的区信访办主任赵大松赴宁参加江苏省委举办的勤政廉政好干部先进事迹首场报告会。

9月6日　由崇安医院靖海分院朱江主持研制的“新型可调式颈肩康复枕”获第十届中国专利新技术、新产品博览会金奖。

9月21日　上马墩街道被评为江苏省群众体育先进单位。

9月25日　区工商联会员企业——派克洗烫有限公司荣获全国十佳洗烫企业称号。

9月26日　区卫生防病机构体制改革，撤销区卫生防疫站、区妇保站，建立区疾病预防控制中心和区卫生监督所。

9月28日　市残联和崇安医院合作建立的肢体残疾系统康复训练中心在长江康复医院成立。

9月30日　火车站广场改造竣工。

是日　位于新街巷30号的钱锺书故居修复竣工对外开放。

是月　无锡市首家社区建设示范工程——江海街道风雷新村（西）社区综合服务站建成使用。

11月10日　人民路街道东河花园社区被评为江苏省文明社区。

12月2日　区委八届五次全委会议召开，通过区委关于学习贯彻党的十六大精神意见。

12月7日　无锡市财政局崇安财政监督稽查分局建立，实行市、区财政局双重领导，以区为主的行政管理体制。

12月20日　位于人民中路145号，营业面积近万平方米的全省最大书城——无锡图书中心正式开业。

12月23日　学前街、工运路2个街道在市爱卫会检查考评中分别以第一、第二名的成绩荣获2002年度无锡市爱国卫生先进街道称号。

12月27日　人民路街道被列入江苏省科学技术普及教育大纲试点单位。

2003年

1月1日 薛福成故居修复开放。

1月4~9日 政协无锡市崇安区第六届委员会第一次会议召开。选举产生区政协六届常务委员会成员，黄汉林当选为区政协主席。

1月5~10日 崇安区第十五届人民代表大会第一次会议召开。选举产生区十五届人大常委会和区人民政府组成成员，及区法院院长、区检察院检察长。冯国鹏当选为区人大常委会主任，张叶飞当选为区长。

2月8日 市领导率领建设、规划、园林、文化、教育等部门负责人在区现场办公，研究崇安寺地区改造规划设计问题。

3月3日 无锡首家“道德银行”在崇安寺街道成立。

3月25日 区科协召开第三次代表大会，选举产生区科协第三届委员会成员。

4月7日 无锡市慈善医院举行成立一周年暨新门诊大楼落成仪式，日本东芝三广医疗株式会社、瑞典金宝中国有限公司、无锡中西药品器械公司等10家企业向慈善医院捐赠款物100万元。

4月30日 区委召开防治“非典”（非典型性肺炎，下同）紧急会议，落实省、市防治“非典”电视电话会议精神，部署全区防治“非典”工作。

是日 市重点工程井亭立交竣工。

是月 崇安区被市委、市政府授予“2002年度税收征管超收贡献先进地区”荣誉称号，辖区石油化工总厂、八佰伴商贸中心等7家企业被评为“2002年度无锡市百强纳税大户”。

同月 公安崇安分局周山浜派出所副所长马星和学前街派出所民警许昌分别被公安部评为全国特级优秀人民警察和全国优秀人民警察。

5月10日 区青联副主席陆亚龙被评为第十一届无锡市十大杰出青年和无锡市新长征突击手标兵。

5月23日 江海街道风雷新村（西）社区残疾人朱庆庆被国家劳动和社会保障部授予全国技术能手，是年11月，又荣获第六届国际残疾人职业技能竞赛结形花边金奖。

是月 崇安寺农贸市场完成搬迁，无锡市第一副食品商店被拆除，新生路便道建成通车，崇安寺地区改造工程启动。

6月4日 副省长吴瑞林率省政府再就业工作落实情况检查组视察人民路街道劳动保障所。

6月8日 崇安区8个街道社区劳动保障所全部建成运行，实现“机构、人员、经费、场地、制度、工作”六到位。

6月12日 崇安区残疾人联合会第四次代表大会召开，选举产生区残联第四届理事会。

6月27日 崇安医院长江康复分院在无锡市第二届助残“双十佳”评选活动中，荣获“十佳”助残先进集体。

6月28日 建设用地28.62万平方米的崇安寺地区改造工程破土动工，市委书记及中国工程院院士、著名建筑专家钟训正等出席奠基仪式。

是月 广益中心小学荣获全国“童心向党”学习竞赛活动组织奖。是年10月，荣获第二届中国青少年读写大赛优秀组织奖。翌年8月，荣获第三届中国青少年读写大赛优秀组织奖和“传承民族精神，争做时代能人”知识竞赛优秀组织奖。

7月2日 发生在2002年3月12日凌晨的东映山河小区特大血案告破，两案犯落网。

7月5日 民政部部长李学举一行视察江海街道风雷新村（西）社区，高度评价该社区多功能服务设施和完善的管理。

7月10日 无锡市城中公园管理处成建制划归崇安区管理。

7月18日 崇安区与市国土资源局首次举办加快现代服务业建设地块推介会，推介21个地块、总面积近百万平方米。10月9日，在无锡市第八次国有土地使用权公开拍卖、挂牌出让会上，道长巷和锁厂2个地块分别以3.02亿元和6080万元被南洋房屋建设发展公司和现代置业发展有限公司竞得。

7月21日 区委八届六次全委会议召开，提出争当无锡"两个率先"先导区、示范区先行者的目标定位，以及"五个提升"①的工作要求。

是月 学前街巾帼文明健身队被全国妇联、国家体育总局评为全国亿万妇女健身活动先进集体。

是月 无锡市第一家社区劳动保障站——江海街道风雷新村（西）社区劳动保障站成立。

8月1日 民政部副部长、全国老龄办常务副主任李宝库、省民政厅副厅长凌航一行视察江海街道风雷新村（西）社区。

是日 市区最高气温达40.1℃，全年高温天数29天，均创下无锡建立气象资料50多年来的最高纪录。

8月13日 上海易初爱莲超市广益店建设项目签约，该项目建筑面积2万平方米，总投资1亿元。

8月25日 江苏省军区副司令员王海棠少将在广瑞路街道视察城市民兵改革工作。

8月27日至9月2日 区委、区政府组团参加无锡市赴浙江温州、福建福州、广东深圳三地招商会，签订投资项目15个、29.56亿元。其中，合同项目4个、7.33亿元；意向项目11个、22.23亿元。

9月25日 崇安区举办家庭文化特色成果展示。

10月1日 国务院颁布的新婚姻登记条例正式实施。

是日 城市管理相对集中行政处罚权试行，崇安区城市管理行政执法局正式成立。

10月8日 崇安区红十字会第四次会员代表大会召开，副区长刘霞当选为会长，区长张叶飞、区委副书记顾豫苏为名誉会长。

11月7日 省委副书记王寿亭、省政法委书记孙安华率全省"建设平安江苏、创建最安全地区"现场会代表百余人视察江海街道风雷新村（西）社区。

11月12日 崇安区与安徽淮南市田家庵区签订友好城区协议。

11月12~18日 崇安区党政代表团赴杭州上城区、宁波海曙区、绍兴越城区、南京鼓楼区、苏州平江区等地考察，学习发展税源经济，推进现代服务业，社区建设和创新城市建设管理等经验。

11月20日 无锡市首家社会矛盾纠纷调处中心在广益镇成立。

2004年

1月12~15日 政协无锡市崇安区第六届委员会第二次会议召开。

①两个率先：在全省率先全面建成高标准、高水平的小康社会、率先基本实现现代化。五个提升：特色发展优势、区域发展环境、经济运作水平、城市管理功能、人民生活水准。

1月13~16日 崇安区第十五届人民代表大会第二次会议召开。

2月2日 区政府召开常务会议，部署全区防治禽流感工作。

2月18日 江苏省副省长吴瑞林率领省政府调研组视察江海街道风雷新村（西）社区，充分肯定崇安区创新社区工作平台建设。

2月19日 市委、市政府决定对崇安区部分行政区划进行调整：撤销广益镇，以其原辖区域建立广益街道办事处。撤销崇安寺、人民路、学前街3个街道，建立崇安寺街道。撤销工运路、周山浜2个街道，建立通江街道。广瑞路、上马墩、江海3个街道管理区域不变。

3月 无锡慈善医院（崇安人民医院）荣获“全国明明白白消费十佳放心医院”荣誉称号。

4月9日 区委、区政府召开创建全国文明城市动员大会。

4月27日 金桥双语实验小学党支部成立，无锡首家民营学校党校同时成立。

4月28日 无锡市首家街道统计办公室在通江街道成立，自此，统计体制转向“在地统计”模式。

5月9日 崇安区举办纪念中国红十字会成立100周年暨人道万人捐活动。自4月上旬至5月上旬，共捐款30余万元，登记捐献造血干细胞30人。

5月21日 无锡市首个流动人口自治组织——广瑞一村社区新市民亲情理事会成立。

5月23日 三阳百盛商厦发生火灾，过火面积405平方米，直接经济损失45.5万元，无人员伤亡。

6月16日 崇安区首次在香港举办“无锡崇安·香港（CEPA）经贸恳谈会”，香港总商会、香港华人华侨总会、旅港同乡会等100多名工商界人士出席恳谈会。

6月23日 崇安区妇女儿童权益保护法律援助站成立。

是月 崇安区园林绿化管理处由全民事业单位改制为有限责任公司，成立无锡市园林工程有限责任公司。

7月1日 崇安区城市投资发展公司与江阴云蝠集团公司合资组建的崇安寺置业发展有限公司挂牌成立。

7月21日 区委召开八届八次全委会议，通过《树立和落实科学发展观，争当无锡“两个率先”先导区示范区的先行者》行动纲要。

8月11日 无锡市首个社区青少年综合活动阵地——“太阳岛”青少年活动中心在江海街道宁海里（南）社区成立。

8月30日 崇安区行政效能投诉中心成立。

8月31日 市委书记在区调研，肯定崇安区构筑无锡服务业核心区的目标定位和所取得的成绩。

是月 崇安区接受江苏省妇女儿童发展规划省级中期监测评估检查组对崇安区“十五”妇女儿童发展规划实施情况的考核。

9月2日 区委召开保持共产党员先进性教育活动准备工作动员大会。

9月3日 崇安寺街道新街巷社区举办“建立家庭档案，服务万家百姓”系列活动，自此拉开全市档案进社区、进家庭序幕。

9月4日 全国首批两个“规范化中国城市社区居委会选举项目”试点单位之一的崇安寺街道汤巷社区居委会进行换届直接选举试点，在场全程监测的卡特中心中国选举项目工作人员认为，为完善和颁行国家《社区居民委员会选举规程》提供了有益经验。

9月15日 市委书记等一行视察上马墩街道劳动保障所和靖海小商品创业市场，调研推进就业和再就业工作。

9月24日 崇安区档案局通过江苏省二级档案馆复查验收。

9月30日 中国最早创建的公共图书馆之一——无锡图书馆举办建馆90周年庆。

是月 崇安区在全市率先实施新一轮社区撤并工作结束，55个社区撤并为34个，每个社区管辖居民户数由1500户左右扩大到2000户左右。

10月1日 无锡首座寓购物、休闲、娱乐、饮食、文化、展示、观光等服务于一体的时尚购物公园——保利广场建成开业。

10月10日 锡山、崇安、南长三个区战时人口疏散基地建设研讨会在崇安区召开。

10月15日 崇安区接受并通过省社区卫生示范区专家组的评估验收。是年12月，被授予江苏省社区卫生服务示范区（市）称号。翌年1月26日，又被授予江苏省社区卫生服务先进区（市）称号。

11月6日 崇安区第六届体育运动会和第七届社区文化艺术周闭幕。无锡二泉映月艺术团成立。

11月8日 崇安区行政服务中心成立。

11月14~19日 崇安区党政代表团一行37人赴大连、青岛、烟台、连云港等城区学习考察。

11月25日 公安崇安分局通江派出所被公安部评定为一级派出所。

11月29日 市委、市政府领导视察江海街道风雷新村（西）社区、崇安寺建设工地。

12月2日 崇安寺生活步行街区商铺开盘，周解清、杨惠菊、谈学明、荣德海等市领导与1600余名百姓代表一同参加剪彩仪式。

12月3日 总投资400余万元、近千平方米的崇安区残疾人服务管理中心落成。

12月10日 崇安区首次举办以“崇安寺文化”为主题的文化发展论坛。

12月21日 崇安区档案局从广西柳州图书馆接回一批无锡辛亥革命时期珍贵档案文献——锡金军政分府档案资料，共7册、18件散件，约13万字。其中有著名国学家钱锺书之父钱基博手书原件。这批档案对研究无锡辛亥革命时期政治、经济、社会变迁有重要作用。

是日 崇安区接受江苏省社会治安安全区考核组检查验收，是年，被省委、省政府授予江苏省社会治安安全县（市、区）。

12月22日 大成巷商业步行街建成开放。

12月28日 华东商贸城建成开业。

12月29日 区委八届九次全委会议召开，通过区委《关于加强党的执政能力建设的意见》。

是月 崇安区市政工程建设管理处由全民事业单位改制为有限责任公司，成立无锡市第三市政工程有限公司。崇安区房产管理局所属经营性事业单位也先后完成改制，翌年6月，成立崇安区房产管理中心。

2005年

1月7日 崇安区举办为印度洋地震海啸难民募捐活动。

1月10~12日 政协无锡市崇安区第六届委员会第三次会议召开，选举刘健华为区政协主席。

1月10~13日 崇安区第十五届人民代表大会第三次会议召开。

1月12日 崇安区被江苏省老龄委评为2003-2004年度江苏省老龄工作先进县（市、区）。

1月18日 广益尤渡幼儿园小朋友将义卖玩具、小礼物等所得的3075元捐赠给区疾控中心，这是中心成立后收到的第一笔防艾滋病捐款。

1月21日 崇安区保持共产党员先进性教育动员大会在崇安会堂举行，区级党政机关和部分企事业单位的70个党组织、1008名党员列入第一批先进性教育活动。2月4日，区委召开保持共产党员先进性教育报告会，区委书记蒋伟坚作“保持共产党员先进性，争当‘两个率先’创新楷模”党课报告。3月，区委邀请无锡市共产党员楷模、武警8722部队政委丁晓兵到区参加“新时期保持共产党员先进性教育座谈会”。7月9日，区委召开第二批保持共产党员先进性教育活动工作会议。

1月28日 崇安区万名志愿者为全区外来人口开展医疗保健、劳动就业、计划生育、子女入学、文化娱乐、法律援助等服务活动。

2月5日 崇安区启动“爱心助残资金”筹集，第一批保持共产党员先进性教育的1008名党员带头缴纳特殊党费13.8万元，作为助残资金。

3月10日 无锡市首家社区关心下一代工作委员会暨未成年人维权岗在崇安寺街道后西溪社区成立。

3月16日 总投资达1.4亿元的广塘联圩整治工程启动。

3月18日 崇安区总工会第一次代表大会召开，张国华当选为区总工会主席。区总工会前身是无锡市总工会崇安区办事处。

3月19日 崇安区以4928万元购得位于广瑞路10号曙光模具有限公司3.69万平方米土地使用权和2.3万多平方米建筑所有权，用于社会事业项目建设。

是月 中残联和省残联领导在区检查创建全国社区残疾人工作示范区工作情况。是年8月，崇安区被授予全国社区残疾人工作示范区。

4月15日 广瑞路街道新市民亲情理事会被评为2004年度无锡市精神文明“十佳”新人新事。

4月27日 高3.3米、重1.7吨的阿炳铜像在崇安寺图书馆钟楼前落成。

是月 无锡市首家非公经济市场党支部——通江市场党支部成立。

5月2~5日 原中共中央政治局常委、国务院副总理李岚清视察阿炳故居、东林书院等。

5月12日 崇安区举行全国第十五次助残日爱心助残捐赠活动，社会各界捐款66万余元。

5月18日 崇安区召开爱心助学工作推进会，筹集爱心助学资金413万元，资助257名贫困学生上学，为42名优秀特困学生发放奖学金，并出台管理办法。

5月23日 区委、区政府召开文明城市创建再动员会议，贯彻落实市委、市政府争创全国文明城市工作部署和任务要求。翌月，崇安区通过全国文明城市检查小组检查验收。

是日 广瑞路街道在全市率先为外来育龄妇女发放计划生育“一卡通”，免费享受计生服务。

是月 无锡市首家“社区广播”在上马墩街道简新社区开播。

6月1日 钱锺书故居、秦邦宪故居及文渊坊对社会公众免费开放。

6月10日 崇安区第七届全民健身节暨第十届全民健身周活动启动仪式在城中公园艺术广场举行。

6月11日 全省第一家独立设置的社区学院——崇安社区培训学院挂牌成立，省教育厅副厅长周稽裘、市政协副主席顾磐曾等领导出席揭牌仪式。

6月13日 区统计局（崇安区经济普查办公室）被国务院第一次全国经济普查领导小组评为第一次全国经济普查工作先进集体。

6月15日 江苏省无锡小荧星艺术幼儿园成立。

6月17日 中央音乐学院教授陈泽民把1950年录制民族音乐家华彦钧（阿炳）《大浪淘沙》《龙船》《昭君出塞》3首名曲使用过的琵琶捐赠给崇安区。

6月19日 崇安区举办“千手观音，让无锡充满爱”文艺巡演，收益捐赠于残疾人事业。

是月 崇安区第一个癌症康复小组在江海街道江海社区成立。

7月4日　无锡崇安·香港服务贸易恳谈会在香港举办，推出重点招商项目35个，签订服务业项目5个，总投资3.5亿港元、1300万美元。

7月5日　崇安区首家行业商会——通江五金灯具市场商会成立。

是月　崇安区第一批背街小巷整治启动，翌月中旬，总投资80万元的福田巷等6条街巷竣工。

8月10日　九三学社崇安区支社成立。

8月20日　中央综治委流动人口治安管理工作领导小组一行4人在区调研流动人口管理工作。

8月24日　省内最大的地下购物公园——崇安寺地下水街举行完工开灯仪式。

8月26日　公安崇安分局广益派出所民警赵方来被公安部授予全国优秀人民警察。

8月28~29日　崇安区接受创建全国社区卫生服务示范区专家组检查考核。是年12月，被卫生部、民政部、中医药管理局授予全国社区卫生服务示范区称号。

8月29日　香港同胞周文英在工商崇安分局申领到无锡市第一份为香港居民办理的个体工商户营业执照。

8月31日　原隶属于区妇联的区托幼中心、托儿教育管理办公室归属区教育局管理。

是月　市委、市政府决定，在崇安区广益街道尤渡村、莫家庄村、广丰村辖区内，建立无锡市重点开发片区——崇安新城（广益片区）。

同月　区委、区政府决定，成立崇安新城（广益片区）开发建设领导小组，并成立崇安新城（广益片区）开发建设指挥部。9月10日，区委、区政府组建无锡市广益建设发展有限公司。

9月2日　区委召开纪念抗日战争胜利60周年大会，向15名抗战老战士颁发中国人民抗日战争胜利60周年纪念章。

9月9日　区委召开八届常委会92次会议，通过崇安区加快建设城市文化特色区的实施意见。

9月10日　崇安区2005年度服务业推介会召开，来自美、英、日、新西兰、新加坡等国家以及中国香港、台湾地区60 多名客商参加洽谈。

9月13日　参加太湖明珠·无锡2005新丝路模特大赛的46个国家60名选手在崇安寺巡演。

9月14日　崇安区党政代表团赴苏州昆山考察学习发展服务业、城市建设管理、邻里中心建设等方面的经验。

9月17日　江海街道风雷新村（西）社区和崇安寺街道新街巷社区2所社区科普学校被列入无锡市首批科普学校。

9月20日　中央电视台《曲苑杂坛》栏目在崇安区录制“庆祝中华人民共和国成立56周年专辑”和“二泉映月”两台专题节目。

9月26日　无锡市个体工商户发展现场推进会在崇安区广益街道召开。

9月27日　崇安区首次举办廉政论坛，中纪委研究室主任朱旭东到区作报告。

10月1日　城中公园恢复启用“公花园”园名。崇安寺生活步行街区开街暨公花园百年庆典举行。省委常委、常务副省长蒋定之宣布崇安寺生活步行街区开街，并为“华夏第一公园”碑石揭幕，市区领导出席庆典。

是日　历时两年多精心设计施工、备受市民关注的崇安寺生活步行街一期正式对外开放。

10月22日　国内最早对公众开放的公园——公花园举行百年庆典活动。

10月27日　联合国儿童基金会项目高级官员桑妮兰、张亚丽、袁敏及国务院妇儿工委办公室处长宋文珍、省妇儿工委办公室主任陈秀云等领导到崇安区视察保护流动儿童权利项目实施工作。

是月　崇安区第八届文化艺术节开幕式暨“激情周末”广场演出在崇安寺二泉映月广场举行。

11月19日 无锡市首个“党建驿站”在崇安寺街道挂牌成立。

11月22日 崇安区全面部署禽流感防控工作。

11月30日 崇安区举办首次家庭档案展，评选出“十佳”档案。

12月2日 无锡市“政府负责、以区为主”的义务教育管理体制改革正式实施，东林、胜利门、塔影、广勤、广丰等5所原属市教育局的中学划归崇安区管理。

12月9日 崇安新城概念规划设计单位选定法国亚邦公司。

12月12日 崇安新城（广益片区）建设正式启动。百万平方米安置房工程和无锡市首个睦邻中心同时奠基开工。

12月15日 广瑞路街道被评为江苏省全民健身周活动先进单位，并荣获江苏省全民健身服务体系“八个一工程”① “十佳”先进单位。

12月17日 区委八届十一次全委会议召开，通过区委《关于制定崇安区国民经济和社会发展第十一个五年规划的建议》。

是月 区疾病预防控制中心被卫生部、中华医学会评为全国基层糖尿病防治教育项目培训合格单位。

是年 崇安区被省政府、省军区授予江苏省双拥模范城区。

2006年

1月10日 无锡碑刻陈列馆修复开放。

1月14日 崇安区被省委、省政府授予2005年度江苏省社会治安安全县（市、区）。

2月6日 区委、区政府召开崇安区重点工作推进会，财政收入、片区建设、崇安寺改造、拆迁安置、地块开发、服务业引资、楼宇经济、社区建设、卫生事业和城市管理等10项工作列为重点。

2月8~10日 政协无锡市崇安区第六届委员会第四次会议召开。

2月9~11日 崇安区第十五届人民代表大会第四次会议召开，接受张叶飞辞去区长职务的请求，选举刘玲为区长。

2月22日 区政府召开城市管理工作动员大会，市、区级道路实施“路长制”管理。4月15日，召开“路长制”管理再推进会议，提出争创无锡市道路管理“样板区”和“示范区”目标。

是月 原区信访局局长赵大松被市委授予“无锡共产党员楷模”荣誉称号。

3月4日 由崇安区主办的2006年无锡崇安寺中国民间工艺品交流展会在崇安寺二泉映月广场举行，省文化厅及市、区等领导出席。

3月9日 崇安区接受省人口和计划生育示范区检查小组的考核验收。

3月16日 区委、区政府表彰崇安区第四届精神文明“十佳新人新事”。

4月1日 公安崇安分局启动中心商务区新型巡防机制。

4月5日 崇安区慈善捐赠仪式在慈善医院举行，市委书记为慈善医疗专家志愿者服务队授旗，中国船舶重工集团公司第702研究所、美国通用电气医疗系统（中国）有限公司等11家企业向慈善医

①八个一工程：建立一个健身组织网络，每年举办一次全民健身周活动，建设一个全民健身工程（点），建设一支晨（晚）练健身点，建设一支社会体育指导员队伍，建立一个国民体质测定站，每年进行一次系列科学健身讲座，建立一个健身组织网络。

院捐赠价值280万元的物品和善款。

4月14日　区委、区政府举行先进典型事迹报告会，赵大松、蒋柏椿、沈继勋、朱庆庆介绍事迹。

4月18日　第二代身份证换领工作在崇安区启动。

5月16日　原全国政协副主席、著名科学家钱伟长考察崇安寺和公花园景区。

5月19日　崇安区第十二次团代会召开，杨成当选为团区委书记。

5月26日　瑞士苏黎世音乐学院钢琴家、作曲家马丁一行7人应邀到崇安区访问演出。

5月31日　月星家居广场建成开业，无锡市首届家居文化节同时举行，全国政协副主席、全国工商联主席黄孟复及省、市、区领导出席开业仪式。

6月5日　公花园（锡金公园旧址）被列入江苏省第六批文物保护单位。

6月15日　市委、市政府通过崇安新城总体规划。

6月14~17日　中共无锡市崇安区第九次代表大会召开，选举产生中共崇安区第九届委员会和区委纪律检查委员会。选举产生崇安区出席中共无锡市第十一次代表大会代表25人。17日，区委召开九届一次全委会，选举产生九届区委常委，蒋伟坚当选为区委书记，许新宇当选为区纪委书记。

6月19日　新加坡圣婴女子中学一行到胜利门中学访问交流。

6月22日　无锡市首家以吸纳非公企业员工为会员的通江街道陈白头巷社区工会成立。

6月23日　商务部“品牌万里行”在崇安区开展系列主题宣传推广和老字号企业巡访活动。

是月　锡沪名品城一期开业。广益家居城被中国建材装饰装修协会授予“全国装饰材料配套园”。

7月1日　崇安区和谐社区建设工作会议召开，在全市率先推出和谐社区创建标准和目标。

8月5日　“无锡院士展”在崇安寺图书馆钟楼举行。

8月11日　国联集团下属4个党组织属地管理交接仪式在崇安区举行。

是日　江泽民题写馆名的顾毓琇纪念馆修复开放。

8月18日　建筑面积4万平方米的佳润建陶名品城建成开业。同时，崇安新城获评“无锡市重点服务业集聚区”。

9月1日　“天韵书社”在公花园同庚厅池上草堂原址重新开业。翌月15日，《天韵金秋》第21届上海、苏州、无锡、常州、宁波五市评弹汇演在此举行。

9月2日　区委召开中心组学习（扩大）会议，区委书记蒋伟坚提出崇安区今后一个时期的发展战略：要以商为核，构筑无锡服务业核心区，着力打造“商贸崇安”；要以文为根，构筑城市文化特色区，着力打造“文化崇安”；要以人为本，构筑创业安居首选区，着力打造“幸福崇安”；要以创新为魂，构筑党建工作先进区，着力打造“效能崇安”。

9月9日　中共中央未成年人思想道德建设和大学生思想教育督察组一行到崇安区视察广新小学，对该校办学特色，特别是对外来务工人员子女教育均衡化的做法给予肯定。

9月24日　无锡市第一个“流动妇女之家”在广益街道毛岸村建立，该村还被确定为联合国劳工组织“预防拐卖”项目试点社区。

10月1日　崇安寺生活步行街区开街一周年暨欢乐国庆夜歌舞晚会在崇安寺二泉映月广场举行。

10月10日　原广益化纤厂地块被广益资产经营公司拍得，成为商业地产，标志着广益街道“退二进三”和资产整合迈出关键性一步。

10月30日~11月4日　崇安区党政代表团一行赴长沙芙蓉区、重庆渝中区、成都青羊区考察学习。

11月6日　崇安区优秀人才创业与发展联谊会成立大会暨“以文为根，打造文化崇安”恳谈会在北仓门生活艺术中心举行。

11月7日 通江街道陈白头巷社居委被全国老龄委授予全国敬老模范社区。

11月10日 美国福特基金会中国项目官员、教授贺康岭考察广瑞一村新市民亲情理事会。

11月14日 广益街道尤渡里银仁御墅花园施工工地发生一起升降机吊笼高空坠落事故，致使11人死亡、6人不同程度受伤。

11月15日 区委、区政府举办第二届崇安廉政论坛。

11月16日 江苏省禁毒委到崇安区检查创建无毒社区工作。

11月21日 广瑞路、通江、崇安寺、上马墩、江海等5个区政协街道工作联系小组相继成立。

11月22日 崇安区举办以研讨广益家居城发展策略为主题的第二届崇安服务业发展论坛。

11月24日 学前西路和漂染厂地块拆迁工作推进会召开，翌月5日，学前西路（崇安段）拆迁签约123户，占93.2%，确保无锡市重点工程——学前西路改建工程顺利启动。

是月 无锡市流入流出地儿童社会服务工作实验基地在崇安区社区教育学院成立，广益街道、广瑞一村社区、宁海里小学、广新小学、区疾病预防控制中心、区环卫处等6家单位被确定为示范点。

同月 崇安区工商联（商会）第八次会员代表大会召开，选举产生区工商联（总商会）八届执委。

12月11日 无锡市中心商务区社会治安监控系统启用。

12月15日 崇安寺申报国家4A级景区工作启动，翌年9月27日，崇安寺通过江苏省旅游局检查验收，2008年6月15日，通过国家旅游局达标验收。

12月20日 无锡市慈善总会崇安区分会成立暨姜达敖先进事迹报告会召开，募集善款140多万元。

是日 崇安区召开首次文化工作会议，出台"文化崇安建设行动纲要"。

12月22日 江苏省政协原主席孙颔等领导到崇安区视察。

12月23日 市委书记对崇安区《关于推进和谐社区建设的实施意见》作出批示："崇安区委认真贯彻落实十六届六中全会精神，建立了和谐社区指标体系和专题调研组，进行了广泛又深入的调查研究和论证工作，制定了崇安区和谐社区建设实施意见、示范社区标准和达标评估标准，很有针对性和创造性，值得各地学习借鉴。"

12月25日 北仓门文化创意园揭牌开放。

12月28日 无锡恒隆广场建设项目签约，市长及市政府有关领导和香港恒隆地产董事、总经理袁伟良出席签约仪式。

12月30日 无锡老字号——聚丰园大酒店举行139周年庆。

是月 三凤桥肉庄有限公司被商务部列入首批"中华老字号"，三凤桥酱排骨被列入江苏省非物质文化遗产目录。

同月 位于原靖海公园的靖海颐养苑奠基开工。

是年 "太阳岛青少年活动中心""含辛茹苦26载孝亲敬老的好媳妇——华勇珍"获无锡市2006年度精神文明"十佳"新人新事提名奖，"77岁的老人杨秀凤27年义务拔火罐"入选无锡市2006年度十大感恩故事。

同年 王兴记"蟹粉小笼""鸡汁荠菜馄饨"被中国饭店协会誉为"中国名点"，公司被江苏省经贸委授予"江苏餐饮名店"称号。翌年，王兴记被商务部授予"中华老字号企业"称号，王兴记小吃被评为"无锡市非物质文化遗产"，并走出国门，在日本横滨开设了王兴记加盟店。

同年 东林书院、阿炳故居由国务院公布为全国重点文物保护单位，无锡县学旧址、荣德生旧居由江苏省人民政府公布为江苏省文物保护单位。

2007年

1月9～11日　政协无锡市崇安区第六届委员会第五次会议召开。补选任震宇、季铮为区政协副主席。

1月10～12日　崇安区第十五届人民代表大会第五次会议召开。

1月17日　撤销崇安、广益2个国土资源所，成立崇安国土资源处，对外称无锡市国土资源局崇安分局，仍为无锡市国土资源局派出机构。

是月　崇安区被中国红十字总会、国家民政部授予全国社区红十字服务示范区。

同月　“免费提供茶水30年的八旬老人——王龙根夫妇”入选2006年度无锡市精神文明“十佳”新人新事。

2月6日　具有143年历史的老字号“拱北楼”在崇安寺复业。

2月7日　区委召开争创党建工作先进区动员大会。

2月8日　崇安区红十字博爱超市成立，为全市第3家。

2月18日　中央电视台新闻频道《过年》栏目在崇安寺生活步行街区现场直播正月初一节庆活动。

2月25日　沈阳市党政代表团考察崇安寺街区。

3月1日　联合国中美防治艾滋病合作项目官员到区考察调研海洛因成瘾者药物维持治疗工作。

3月3日　新一轮中山路整治改造启动，是年9月29日，中山路开街仪式在商业大厦南广场举行。

是日　崇安区举办“幸福的子女，和谐的家园”第二届社区邻里节。

3月23日　无锡市启动青少年绿城清水活动。团区委成立青少年水环境监督大队，区教育局团委、上马墩街道团工委、广益中心小学成立无锡市青少年水环境监督岗。2009年7月8日区聘任青少年水环境义务监督员80人、河道管理志愿者50人。

3月26日　无锡市政府为民办实事项目“菜篮子工程”——天鹏食品城在崇安区广益综合物流园区开工建设。

3月28日　崇安区举办阿炳纪念馆捐赠仪式，征集到上百件民国时期物件。

3月29日　崇安区举行古籍资料捐赠仪式，区工商联副会长、市凤安工艺品有限公司董事长董博捐赠清代和民国手抄本、刻本、印本等古籍资料72本；中医处方109张；金匮县公立小学结业证书1张。

3月30日　省文化厅副厅长、省文物局局长王慧芬等考察阿炳故居及纪念馆。

4月6日　崇安区第十二次妇女代表大会召开，陈凤娟当选为区妇联主席。

4月11日　无锡市慈善医院举办五周年庆，“慈善关爱病房”同时揭牌。市慈善总会、中国初级卫生保健基金会、美国通用电器医疗系统（中国）有限公司等27家单位捐赠425万元的物品和善款。

4月13日　江苏省首家社区劳模之家在上马墩街道春晖社区成立。

4月25日　由区政府主编，区委宣传部、区文体局责编，区图书馆策划制作的《无锡崇安文化商贸图》出版发行。

4月29日　无锡1912酒吧休闲长廊在站前商贸区揭牌开业。

是月　无锡市党员现代网络远程教育在广瑞路街道首试成功。

同月　全国政协副主席李蒙等在省、市政协领导陪同下，考察崇安寺生活步行街区。

同月　全国加强社区卫生服务内涵建设研讨会在崇安区召开。

同月　崇安区工商联非公经济顾问团成立。

同月　崇安区召开新一轮地方志编纂工作动员大会。区委副书记许新宇主持会议，区长刘玲作动员报告，副区长程红进行部署，并向55家承编单位下达任务书。

5月1日　由广益建设发展有限公司实施的广南路南段和上马墩路东段建成通车。同时，龙轩广场竣工。

5月3日　位于崇安寺图书馆钟楼东侧、以全国重点文物保护单位——阿炳故居为载体的“阿炳纪念馆”建成开馆。

5月12日　崇安区首届残奥会暨残运会召开，国际特奥会东亚区负责人向崇安区授特奥会会旗。

5月15日　全省首家综治社工总站和分站授牌仪式在崇安区举行。

5月16日　江苏省原人大常委会主任储江等领导考察崇安寺生活步行街区、阿炳纪念馆等。

5月29日　总投资1.7亿元、全省最大、全市首家睦邻中心——位于广南路和广益路交汇处的广益睦邻中心建成开业。

是日　由崇安新城投资2.3亿元自主建设的广南路、上马墩路拓宽改造完工通车。

是月　崇安区获无锡市首批文明城区称号。

6月1日　市领导等一行在广丰中学、老年康乐苑、宁海里幼儿园等视察饮用水情况和应急措施。

6月7日　市政府督察组到崇安区检查应对太湖突发性饮用水源地生态灾害、开展环保整治行动的工作情况。

6月8日　致公党无锡市崇安第一、第二支部成立，至此，7个民主党派在崇安区全部建有基层组织，共有总支2个，支部17个，民主党派成员263人。

6月11日　中共中央委员、中央党校常务副校长等在崇安寺生活步行街区及阿炳纪念馆视察。是日，省国土资源厅厅长陶培荣等一行50余人在崇安寺生活步行街区和阿炳纪念馆参观。

6月13日　中国发展研究基金会项目官员黄海莉、赵早早以及澳大利亚迪肯大学何包钢教授等一行到崇安区调研参与式预算试点工作。

6月20日　美国物流业巨头YellowRoadwayCorp.（简称“YRC”）亚太区总裁一行到崇安区访问。

6月26日　江苏省公布首批32件珍贵档案文献名录，无锡锡金军政分府文书档案榜上有名。

是月　“共享阳光，让爱飞翔”手拉手援助活动暨防拐教育基地授牌仪式在崇安区社区培训学院举行，广新小学等4所民工子弟学校成立“爱心小天使”志愿者服务队，区环卫处等5个单位列为防拐教育基地。

同月　崇安区党政代表团赴徐州市贾汪区考察学习，同时向该区赠送20万元科技基金。

同月　崇安区召开市属改制企业工会组织属地管理座谈会。

同月　崇安区荣获“十五”期间全国家庭教育工作先进县（市、区）称号。

7月10日　美国通用电气医疗系统（中国）有限公司向慈善医院捐赠价值10万元的医疗设备，这是慈善医院成立5周年后第三次接受美国GE公司的捐赠。

7月11日　2007无锡崇安（香港）现代服务业发展洽谈会在香港海逸酒店举行，共签订总投资10亿多美元的项目12个。

7月15日　位于广益新城的广博睦邻中心竣工。

7月21日　市十大“慈善公益人物”范跃宁到崇安区为民主党派成员作先进事迹报告。

8月3日　无锡市首家“娱乐服务业平安联盟”在站前商贸区成立。

8月6日　总投资2.4亿元的无锡市家居创意设计园在崇安新城开工，中国建筑材料检验认证中心江苏测试中心同时揭牌成立。翌年12月，家居创意设计园竣工。2009年5月，A馆投入使用。

8月11日　由台湾优质教育联盟投资的双语幼儿园——格林希尔双语幼儿园开园。

8月27日　第三届全国残疾人职业技能竞赛在西安落下帷幕，无锡参赛选手朱庆庆获得工艺编织比赛第一名，并被授予全国技术能手称号。

8月30日　原江苏省委书记陈焕友一行考察崇安寺生活步行街区和阿炳纪念馆。

9月3日　尤渡建材城改扩建项目——华厦家居港开工。翌年12月19日，全市单体馆量最大的商场式建材市场——华厦家居港建成开业。

9月7日　由教育部关心下一代工作委员会家庭教育中心在无锡设立的唯一试点单位——上马墩街道家庭教育指导中心挂牌成立。

9月8日　崇安寺二期1号地块、总投资约6亿元、以纺织品为主的研发总部型大楼——云蝠大厦项目签约。

9月27日　“创中山品牌，建文明岗位，展企业新姿”演讲活动暨中山路新经济组织群团工作促进会成立大会在崇安区举行。

是月　宁夏回族自治区银川市委书记崔波一行考察崇安寺生活步行街区、阿炳纪念馆。

同月　总投资3亿美元左右的崇安寺二期5号地块开发项目签约。

同月　崇安寺街道办事处、连元街小学被评为2005-2006年度江苏省文明单位。崇安寺街道东河花园社区被评为2005-2006年度江苏省文明社区。

10月8日　由香港五洲国际集团承建、总投资3800万美元的崇安购物公园（后名广益商公园）项目启动建设。翌年12月10日竣工使用。

10月14日　湖南省副省长甘霖一行11人参观崇安寺生活步行街区等处。

10月17日　市政府领导在湖滨饭店会见香港恒隆地产执行董事高伯遒一行，12月9日，再次会见香港恒隆集团董事局主席陈启宗率领的参访团一行。翌年11月18日，无锡恒隆广场奠基开工。总投资约35亿元，是集精品购物、高端餐饮、五星级酒店和甲级写字楼等多功能于一体的现代化“城市综合体”，包括一座楼高6层的世界级购物中心及两座各约50层的写字楼，建筑面积25.5万平方米。

10月26日　无锡市首个社区城管工作站在通江街道成立。

10月28日　无锡市首家新市民人口教育基地在崇安区职业技术学校成立。

是月　崇安区妇联荣获全国妇联系统信访工作先进集体。

11月4~7日　江苏省县（市、区）教育现代化建设评估专家组考核评估崇安区区域教育现代化工作。

11月5日　崇安寺生活步行街区被江苏省建设厅评为江苏省城市物业管理优秀街区。

11月12日　亚洲知名IT企业红旗软件（中国）、Miracle Linux（日本）和Haansoft（韩国）公司主要负责人就软件开发等项目考察崇安寺生活步行街区、北仓门文化创意产业园。

11月19日　全国人大常委会农业与农村委员会副主任李春亭考察崇安寺生活步行街区。

11月20日　民政部部长李学举等视察广益睦邻中心和广益佳苑社区。

11月25日　“长善坊、华庄岸惨案遇难同胞纪念碑”在广益街道向阳村积善桥北堍落成。

11月30日　新加坡教育部北区第三校群教育考察团一行21人访问连元街小学。

是月　崇安区荣获全国科普示范城区。

12月3~7日　崇安区党政代表团一行30人赴牡丹江市东安区、天津市河西区学习考察。

12月5日　崇安区妇联荣获全国社区志愿服务活动先进示范单位。

12月11日　无锡市中心商务区社会治安监控系统启用。

12月12日　崇安区接受全国社区教育实验区验收组的评估验收。翌年1月5日，崇安区被确定为第四批全国社区教育实验区。

12月18～21日 政协无锡市崇安区第七届委员会第一次会议召开。刘健华当选为区政协主席。

12月18～22日 崇安区第十六届人民代表大会第一次会议召开。蒋伟坚当选为区人大常委会主任，刘玲当选为区长。

12月20日 市委书记到崇安区调研文化、科技产业发展情况，视察北仓门生活艺术中心、北仓门文化产业园、江苏泛亚信息技术有限公司和崇安寺街道办公楼，并为落户在崇安区的“530”项目——无锡澳视东方动漫科技有限公司揭牌。

12月25日 崇安区第五届残疾人代表大会召开。副区长陈国忠当选为区残联主席。

12月29日 区委九届六次全体会议召开，区委书记作题为《全面贯彻落实党的十七大精神，奋力推进崇安优化发展历史新进程》报告。

是日 位于通江大道广益综合物流园区的“天鹏食品城”一期工程——无锡肉类屠宰加工中心建成投产。2009年3月25日，“天鹏食品城”二期工程竣工投入运行，三期工程开工。

是月 联合国儿童权利委员会委员KRAPPMANN博士和参加“儿童利益最大化原则”研讨会一行考察访问广新小学、广瑞一村和广益社区卫生服务中心。

同月 无锡亚联开源软件技术有限公司（Asianux）在崇安区成立。

是年 尤渡苑安置房二期A块、广益星苑A块、广益博苑一期A块、尤渡苑安置房二期B块先后竣工交付使用。

同年 区委开展崇安区第五届精神文明“十佳”新人新事评选活动。

2008年

1月5日 崇安区举办首届社区教育文化节。

1月7日 崇安区社会工作体系建设大会召开，副市长王国中、市民政局局长毛建新等出席会议。

是日 公安崇安分局破获一起特大贩毒案，缴获毒品海洛因1.238公斤、冰毒148.4克等。

1月15日 辖区42家中小物业管理企业联合组建的崇安区物业服务行业党建联谊会成立。

1月28日 全市普降暴雪，崇安区迅速建立雪灾灾情临时日报制度和零报告制度。公安崇安分局出动警力400余名、辅警200余名，分赴重要桥梁、道路开展清扫路面积雪，协助疏导交通秩序。100多名机关干部和交警、消防战士，在县前东街、人民路等地清扫积雪。翌日，2000余名干部群众再次上街清扫积雪。

2月12日 全国人大常委会副委员长蒋正华一行视察崇安寺生活步行街区。

2月16日 江苏省旅游局局长陆素洁一行考察崇安寺生活步行街区和阿炳纪念馆。

2月17日 十届全国政协常委、中宣部原部长、中国社科院党委书记王忍之一行考察崇安寺生活步行街区和阿炳纪念馆。

2月20日 卫生部妇社司处长王斌一行5人在崇安区调研社区卫生工作。

3月8日 区妇联与深圳月朗国际科技有限公司联合举办“健康与爱同行‘月月爱’中国女性健康日”免费派送活动，向2500名妇女赠送价值5.5万元的“负离子”系列卫生用品。

3月10日 崇安区老年大学开学，由联合办学转为恢复独立办学。

3月12日 省内首家“绿色环保社会实践基地”在崇安区环保局成立。

3月18日　崇安区人大工作研究会召开人大工作研究会理事会议，修改《崇安区人大工作研究会章程》，产生崇安区人大工作研究会组成人员。

是日　无锡市第一次污染源全面普查启动仪式在崇安寺二泉映月广场举行。

3月21日　区委书记率团赴京参加无锡市软件及服务外包产业（北京）投资说明会。翌月20日，再次赴京参加无锡文化创意产业合作恳谈会。

是日　崇安区妇联与飘渺坊连锁店联合举办飘渺坊10周年庆典文艺晚会，开展爱心拍卖和义卖活动，捐款1.98万元，向区辅读小学和环卫处的12名特困学生捐款8000元。

3月28日　新开河小学举行建校百年庆活动。

是日　原新华社香港分社社长、诗人外交家周南一行考察崇安寺、公花园。

3月31日　崇安区卫生局党委成立。

4月2日　无锡市2008年度为民办实事工程——周山浜低洼地区危旧房改造项目启动。

4月7~9日　崇安区政协委员捐助20万元，支援徐州市贾汪区建希望小学。是年9月25~26日，希望小学建成开学。

4月8日　市委常委、市政协主席贡培兴一行视察月星国际家居广场、广益睦邻中心和广益星苑安置房小区。

4月9日　崇安区与印度硬件技术学院（IIHT）签订共建IIHT崇安培训中心的合作意向协议。

4月10日　副市长谈学明到崇安区调研商贸经济运行情况，并视察天鹏食品城、广益汽配市场。

4月13~18日　区委副书记、区长组团随市赴日本、韩国招商考察。

4月15日　区委书记蒋伟坚会见法国I.PARKS创意产业公司总裁Assouline。

4月16日　2008年吴文化节闭幕式暨“无锡是个好地方”倾国倾城·无锡大型电视主题晚会在崇安寺二泉广场举行，省市有关领导以及何振梁、胡福明、钱绍武等无锡籍社会名流出席。

4月23日　区委书记在金陵大饭店会见利童反斗城（上海）商贸有限公司董事、总经理翁以登博士一行。

4月25日　崇安区首次召开和谐劳动关系先进企业表彰会。

4月28日　崇安区举办文化产业发展研讨会，中国最早研究文化产业的学者之一、江苏省文化产业集团董事长李向民博士作专题报告。

4月29日　联合国儿基会东亚及太平洋地区区域主任辛格（女）一行9人考察金海里小学保护流动儿童权利项目实施情况。

是日　投资1.5亿元、建筑面积4.5万平方米的好艺家国际家居广场扩建项目开工。

4月30日　全市首个老年社工服务基地在崇安区康乐苑成立。区长刘玲、市民政局局长毛建新共同为崇安区康乐老年社工服务基地揭牌。

是日　崇安区第七届体育运动会举行，拉开为期4个月的运动会序幕。

5月4日　首届崇安青年菁英颁奖大会召开。

5月5日　哥伦布广场一期工程启动建设。翌年10月28日竣工开业。

5月11日　中关村企业家代表团一行19人到崇安区考察科技产业发展情况。

5月16日　由常州钟楼区、无锡崇安区残联联合举办的残疾人书画摄影展在无锡市群艺馆开幕。

5月23日　崇安区留学生创业创意园在上马墩奠基开工。

5月27~28日　区委九届七次全体会议召开。区委书记作题为《大力推动思想再解放,大胆探索发展新路径》的报告，上海行政学院冷鹤鸣教授作《解放思想是改革开放30年最重要的法宝》专题讲座。

5月30日 广益汽配城C区项目开工。

6月15日 崇安寺景区通过国家旅游局旅游景区国家4A级旅游景区质量等级评定小组的评审验收，10月批准为国家4A级旅游景区，翌年3月挂牌。

6月16日 全市第一家“党课超市”在崇安寺街道党员服务中心启动。

6月18日 全市首家社区青少年事务工作站在广益佳苑社区揭牌成立。

是日 市留学人员联谊会“530”创业人才分会成立。

6月20日 崇安区第二批援川救灾防病队员谢巍赴绵竹灾区参加卫生防疫工作。

6月25日 国家人力资源和社会保障部一行在无锡考察促进职业中介机构发展情况，并视察无锡政和职业介绍服务所。

6月26日 崇安区社区戒毒康复服务基地成立，举行禁毒社会工作志愿者受聘仪式。

是日 无锡恒烨知惠馆计算机技术服务有限公司签约落户广瑞路创意产业园，9月16日开业。

6月29日 区委书记会见上海水木动画设计有限公司CEO施向东一行。

7月1日 崇安区反腐倡廉网站——“崇廉网”开通。

7月2日 江苏龙盛动漫发展有限公司成立，区长刘玲与董事长邹建平签约。

7月26日 崇安区召开社会工作协会成立暨社会建设推进大会。市委副书记赵旻，全国社工协会副会长马学理，省民政厅副巡视员张建平，市民政局局长毛建新，区领导蒋伟坚、刘玲、cs国忠等领导以及区社工协会会长高念祖出席会议。

8月1日 崇安区维稳办应急指挥中心正式运作。

8月4日 区委书记组团参加无锡市软件及服务外包产业（上海）投资说明会。与同济大学软件工程无锡研究院项目签订合作意向，并与上海井星信息科技有限公司签订投资设立无锡井星信息科技有限公司协议。

8月6日 区委召开九届八次全体会议。区委书记蒋伟坚作题为《咬定目标，真抓实干，在优化发展道路上实现新跨越》的报告，并审议通过《崇安区优化发展三年行动纲要》。

8月8日 2008年北京奥运会开幕之日，有134对新人登记结婚，创崇安区单日结婚人数历史之最。

8月10日 锡沪装饰材料市场地板精品馆竣工开业。

8月19日 无锡市政法综治创新工作推进会在崇安区召开，与会代表考察无锡贝康包装材料有限公司、崇安区戒毒康复人员服务基地、靖海农贸市场，以及信用等级分类管理创新项目。

8月21日 省民政厅厅长吴洪彪视察位于崇安新城的广益睦邻中心。

9月3日 崇安区召开创建放心消费示范区大会。

是日 全市首个“家庭舒心驿站”在崇安寺街道成立。

9月11日 市总工会副主席汤建华一行视察外来人员子女定点学校——金海里小学，捐赠一批体育运动器械，并签订助学基金协议。

9月18日 由市贸促会和崇安区联合打造的无锡国际科技商务平台成立揭牌。

9月21日 安徽省委常委、合肥市委书记和市长、市政协主席等领导率领的合肥市党政代表团一行90余人考察崇安寺生活步行街区、阿炳纪念馆和公花园等处。

9月22日 原省政协主席孙颔、省人大常委会副主任赵龙一行6人考察阿炳纪念馆。

9月25日 崇安区第二届社区教育文化节开幕式暨“绿色家庭”征文演讲比赛举行。

9月26日 崇安区科协第四次代表大会召开。

10月14日　崇安区口腔分院唐丽琴出席中国工会第十五次代表大会。

10月21~26日　区委书记蒋伟坚率党政代表团赴新疆霍城等地学习考察，慰问援疆干部，协商洽谈推动两地文化产业发展。

10月28日　连元街小学庆祝建校110周年，省委常委、市委书记发来贺信。

10月31日　“见证改革，辉煌崇安”主题文化艺术节暨第十一届崇安文化艺术节开幕，11月30日闭幕。

11月5日　江苏泛亚信息技术有限公司团委成立，系全市首家服务外包企业团委。

11月7日　国际动画协会（ASIFA）中国研发中心在无锡成立并落户崇安。市委、市政府领导及国际动画协会副会长迪安娜·莫斯、秘书长芙丝娜·多尼科维奇、ASIFA终身成就奖获得者波尔多·多尼科维奇、中国动画学会常务副秘书长李中秋等出席项目签约仪式，并为中心揭牌。

11月11日　参加亚洲国家公共服务均等化国际化论坛的100余名嘉宾考察广益睦邻中心、广益社区卫生服务中心。

是日　广益装饰名品城二期工程奠基开工。

11月14日　崇安区举办“改革开放30周年”专题讲座，复旦大学中国经济研究中心主任张军教授作“改革开放30周年中国经济回顾与展望——兼论CBD发展趋势”演讲。

12月1日　庆祝第十七个国际残疾人日，崇安区举办“同在蓝天下”残疾人文艺汇演。

12月4日　区委召开深入学习实践科学发展观活动试点工作动员大会，区委书记、区委学习实践活动试点工作领导小组组长作动员。2009年1月7日，召开深入学习实践科学发展观活动调研成果交流会。区委书记以《崇安区实现优化发展、强化功能面临的主要问题及对策的思考》为题作交流发言。是年1月21日，召开学习实践活动试点学习调研阶段交流暨分析检查阶段部署工作会议。市委学习实践活动第一指导检查组组长、市人大常委会副主任王金大到会讲话。2月13日，区委召开九届十次全体（扩大）会议，区委书记、区长分别代表区委、区政府作述职述廉报告，蒋伟坚代表区委常委会作深入学习实践科学发展观分析检查报告，会议讨论通过《中共无锡市崇安区委常委会深入学习实践科学发展观分析检查报告》。3月24日，区委召开全区学习实践活动试点第二阶段情况交流暨第三阶段工作部署会议，回顾总结全区学习实践活动分析检查阶段的情况，部署整改落实阶段工作。9月25日，区委召开第三批深入学习实践科学发展观活动动员大会。11月23日，召开第三批学习实践活动学习调研阶段情况交流暨分析检查阶段工作部署会。12月13日，召开“激情跨越三十年——纪念改革开放三十周年暨深入学习实践科学发展观活动座谈会”。2010年2月25日，召开第三批学习实践活动总结暨开展幸福崇安建设动员大会，表彰奖励2008~2009年度“好班子”暨争创“好班子”先进单位（部门）、2009年度文明单位和十佳新人新事。

是日　副省长何权、省劳动保障厅厅长陈震宁及参加全省农民工工作会议代表一行80余人参观考察广益实验小学。

12月5日　崇安区社工志愿者联动服务暨国际志愿者日活动启动仪式在崇安寺二泉广场举行。

12月10日　广益商公园项目竣工。

12月17日　通江街道获2008年度无锡市卫生街道称号。

12月18日　崇安区纪检监察工作室揭牌，廉洁文化进市场活动同时启动。

12月19日　由崇安区工商联牵头成立的无锡市老字号商会第一次成员代表大会召开。

12日20日　广益资产经营公司、广益投资发展公司与广益建设发展有限公司合资，组建为广益建设发展（集团）有限公司。

12月20~21日 崇安区通过创建“江苏省社区卫生服务先进区”复核评审。

12月23日 无锡“第一支部”党建基地在中共无锡支部诞生地——公花园多寿楼挂牌成立。2010年2月5日，在该处设立崇安区党员志愿者指导服务中心。

12月24日 崇安区与工商银行无锡分行、农业银行无锡分行、江苏银行无锡分行等8家金融机构签订政、银、企合作协议。

12月26日 无锡市第一个社区团委——共青团尤渡社区委员会在广益街道成立。

12月28日 崇安寺改造二期工程、“一宫三馆”（少年宫、文化馆、档案馆、图书馆）、“一院三中心”（职业病防治医院、疾控中心、卫生监督中心、公共卫生应急中心）同时开工，总投资62.4亿元，建筑面积62.56万平方米。2010年6月1日，区少年宫、区文化馆、区图书馆、区档案馆建成启用。是年6月17日，区职业病防治医院、疾控中心、卫生监督中心、公共卫生应急中心主体封顶。

12月28~29日 崇安区政协第七届委员会第二次会议召开。

12月28~30日 崇安区第十六届人民代表大会第二次会议召开。

12月29~30日 民间音乐家阿炳诞辰115周年纪念大会在二泉映月广场举行。省、市有关领导以及朴东生、刘文金、鲍蕙荞、卞留念等音乐界著名人士出席。阿炳艺术委员会同时揭牌成立。还举办二泉映月音乐会、“丝竹天韵”迎春音乐会等。

12月31日 改制后的无锡市口腔医院成立。

是日 无锡市商业幼儿园成建制划归崇安区管理。

2009年

1月6日 崇安新城市场发展和市场党员服务中心成立。

1月12日 无锡市“希望·2009——青春有约、共享阳光”关爱小新市民助学活动在广益街道尤渡里小学启动。

1月18日 区政协荣获无锡市政协2008年度优秀社情民意奖，冯翊、赵建华被评为2008年度无锡市优秀政协委员。

2月6日 全区拆迁工作暨城中村危旧房改造动员大会召开，下达2009年拆迁工作目标任务书。

2月11日 区教育局创办的东林艺术团成立。

2月13日 公安崇安分局被评为江苏省公安机关“三基”（抓基层、打基础、苦练基本功）工程建设先进集体。通江派出所、学前街街道派出所和公安崇安分局治安大队被评为无锡市公安机关“三基”工程建设先进集体。

2月24日 崇安区召开小娄巷保护性修复工程指挥部成员会议，7月31日召开小娄巷历史文化街区保护修复工程实施方案论证会。

3月26日 崇安区八大民生工程（宁海里小学、全民健身中心、广益敬老院、崇安区社会工作综合服务楼、黄泥头佳苑睦邻中心、机电仓库征地拆迁安置房、新明西路及广谐路）同时开工。

3月30日 崇安新城钢材电子商务港开业。

4月2日 “崇安杯”2009~2010赛季江苏省台球联赛在崇安区开赛。

4月6日 全国人大常委会副委员长、农工党中央主席桑国卫一行19人考察江海街道社区卫生服务中心。

4月14日　崇安广益家居城品牌研讨会召开，联合国国际信息科学院院士、中国市场学会品牌战略委员会主任、上海交通大学品牌战略研究所所长、博士生导师余明阳教授应邀作报告。

4月16日　无锡苏宁广场奠基开工。

4月30日　崇安区召开庆祝“五一”国际劳动节暨劳模事迹报告会，10名市劳动模范受到表彰。

5月5日　由国际特奥会东亚区、中国特奥会主办，无锡市残联和无锡市教育局协办，崇安区残联和辅读学校承办的特奥东亚区运动员领袖计划——全球信使培训班在无锡举行。国际特奥会运动员领袖计划项目总监Kathryn（女）、中国特奥会秘书长勇志军、江苏省残联副理事长蔡新成、无锡市残联理事长刘翔、无锡市教育局副局长唐加俊以及崇安区委、区政府领导等出席。

5月9日　东鹏 D－PARK国际创意中心开工，东鹏国际建材（中国）总部基地开业。

5月22日　崇安区2009年度创新工作推进会召开，表彰奖励区委政法委等部门（单位）的30个创新项目。

5月23日　广益商公园艺术体验会所开业，举行新加坡孙宇立大师艺术展。

6月3日　全市控源截污工作推进会在崇安区召开。

6月5日　全市首家生态环境维权工作站在广瑞路街道成立。

6月9日　无锡市“北大门”综合交通枢纽项目开工仪式在无锡火车站北广场举行。项目总投资113亿元、总建筑面积160万平方米，预计2014年完成。

6月24日　崇安区社区卫生服务中心与无锡市第二人民医院医疗服务合作全面启动。

6月29日　区委召开纪念建党八十八周年暨先进表彰会，表彰21名区优秀党务工作者。

是日　保利达广场奠基开工。

同日　崇安区召开劳动争议调解工作推进会，崇安区劳动争议调解庭同时揭牌，向首批12名劳动争议调解员颁发聘书。

7月1日　无锡城区规模最大的多层式民营老年休养公寓——靖海颐养苑在上马墩开业。

是日　崇安区社会工作老年人服务基地揭牌。

7月11日　区委九届十一次全体会议召开，区委书记蒋伟坚作题为《咬定目标，开拓奋进，全面完成保增长保民生保稳定各项任务》工作报告。

是日　市长在金陵饭店会见TESCO国际部兼亚太区总裁菲利普·克拉克一行9人，交流在无锡扩大投资、深化合作事宜，区委书记、区长等参加会见。

7月16日　崇安区与市文广新局、市文化艺术管理中心、市文联联合主办“崇安之夜”——锡剧精品进社区活动。

7月29日　广益街道市场妇女工作联谊会以及华厦家居港建材市场有限公司、锡沪装饰材料市场有限公司等6个市场妇代会成立，属全市首创。

8月5日　全国第一个全民健身日暨2009年崇安区全民健身月活动在城中公园艺术广场举行。

8月6日　福建省妇联领导一行到广瑞路街道广瑞一村社区考察联合国防拐项目。

8月8日　由崇安区举办的2009年中国无锡跆拳道邀请赛在江南大学体育馆开幕。

8月25日　全市社区统战工作推进会在崇安区召开，区政协副主席、区委统战部部长任震宇作交流发言，3个社区被评为无锡市社区统战工作示范社区。

是日　省委常委、市委书记等一行到区调研动漫产业发展情况，考察位于东方广场B座的无锡亿唐动画设计有限公司和江苏昊龙动画发展有限公司。

8月27~28日　在无锡市第三届残疾人职业技能竞赛中，崇安区获团体总分第三名，徐俊伟等7

名选手被授予无锡市技术能手称号。

9月1日 崇安区召开党风廉政巡察动员暨党政领导班子及成员述职述廉大会。区委书记和区长分别代表区委和区政府领导班子作述职述廉报告，区委、区政府领导班子成员作书面述职述廉报告，111名各级领导进行民主评议。

9月13日 江苏省邮政公司主办，区委、区政府和市邮政局联合承办的“唐诗韵·崇安情”《唐诗三百首》特种邮票首发仪式在区举行。

9月18日 区委书记在区会见由台湾诚达集团董事长于曰江率领的台湾企业家考察团。

9月27日 区委召开全区惩治和预防腐败体系建设推进大会。

是日 崇安区人才工作会议召开，颁发优秀人才贡献奖、创新创业奖和引进人才工作奖。

9月29日 第十二届崇安文化艺术节暨庆祝新中国成立60周年文艺晚会在二泉映月广场举行，10月28日，在哥伦布广场举行第十二届崇安文化艺术节颁奖晚会暨二泉映月艺术团专场演出。

10月12日 区召开科技教育和专利申请月活动总结表彰会，授予连元街小学等2所学校为科技教育示范学校，东林中学等5所学校为科技教育先进学校，42名教师为优秀科技辅导员，100名学生为科技创新小能手。

10月19~21日 全国十三城区人大工作交流会第二十五次会议在崇安区举行，北京市宣武区、天津市南开区、重庆市江北区、广州市海珠区、福州市台江区、西安市莲湖区、武汉市汉阳区、大连市中山区、青岛市市北区、长春市二道区、乌鲁木齐市沙依巴克区、贵阳市云岩区、无锡市崇安区等13个城区61名代表出席。

10月20日 崇安区社会工作综合服务大楼项目奠基开工。

10月26日 崇安区居家助理中心建成启用。是年11月24日和翌年1月19日，民政部党组副书记、常务副部长李立国一行6人及中央文明办志愿者工作组组长、中国志愿服务基金会秘书长陈瑞峰一行先后到此考察，高度评价崇安区在全国率先运用物联网技术，为“空巢”老人提供“一对一”“多对一”志愿服务。

11月2~9日 全区开展以“科技点亮消防，橙色祝福无锡”为主题的消防宣传周活动。

11月16日 连元街小学12岁小棋手於之莹夺得第一届全国智力运动会围棋业余女子个人赛冠军。23日，又与刘曦搭档夺得智运会围棋混双冠军。

是日 民革无锡市委崇安总支部成立大会召开，选举产生新一届领导班子，窦林当选为主委，俞海颖、何萍、王晓燕、徐雯、穆阳当选为副主委，选举产生6名委员。民革崇安总支所属支部由2个增加到6个。

同日 由中国台球协会和崇安区联合主办的2009年“无锡崇安杯”全国青少年及女子斯诺克公开赛在玖濠台球俱乐部举行。

11月25日 崇安区青年商会成立大会暨第一次会员大会在金陵饭店召开。

是日 崇安区召开慈善“一日捐”暨对口支援新疆阿合奇县捐赠动员会议。

12月4日 无锡民进崇安总支召开成立二十周年庆祝大会，原全国人大常委会副委员长、民进第十一届中央委员会主席许嘉璐致贺信，原全国政协副主席、民进中央第一副主席张怀西题写“团结合作，肝胆相照”贺词。

12月8日 中国关心下一代工作委员会副主任刘晓连率领来自全国30个省、市、自治区的关工委领导一行180余人考察崇安寺生活步行街区。

12月16日 崇安区创建放心消费示范区推进会召开，放心崇安网开通。

12月21日　崇安区残疾人康复服务中心、辅读学校和社区培训学院建设项目奠基开工。

12月28日　区委九届十二次全体会议召开，区委书记作《谱写党的建设新篇章，开启“精品崇安”新征程》报告，通过《中共崇安区委关于贯彻落实党的十七届四中全会精神，加强和改进新形势下党的建设的实施意见》。

2010年

1月6~8日　政协崇安区第七届委员会第三次会议召开。

1月7~8日　崇安区第十六届人民代表大会第三次会议召开。

1月12日　无锡喜洋洋企业管理顾问有限公司捐资500万元设立喜洋洋慈善环保基金，是全市首个专门用于助学、济困和环境保护的慈善环保基金，首批25万元资金用于崇安区河长制管理、环保社工队伍建设、北兴塘河保护等环保项目，并资助崇安寺街道10户困难家庭和30名特困学生。

1月13日　崇安区召开预防青少年违法犯罪工作会议暨未成年人零犯罪社区创建工作会议。

1月19日　省长率省发改委、卫生厅、财政厅、人力资源和社会保障厅、物价局等部门负责人一行30人到无锡调研推进基本药物制度进程，并视察崇安寺街道社区卫生服务中心。

1月22日　崇安区红十字会第五次会员代表大会召开，选举产生新一届理事会，副区长唐红当选为会长，区委书记蒋伟坚聘任为名誉会长。

1月27日　崇安区召开社会工作体系建设推进大会，表彰12名崇安区优秀社会工作师；低保救助、劳动保障、残疾康复和社区矫正4个“社工总站”挂牌，江南大学社工实训基地揭牌。

是日　区政府组团参加无锡市政府在北京举行的“2010年无锡（北京）新兴产业合作恳谈会”。崇安区与北京服务外包、无线传感领域企业签署合作意向协议。

1月28日　位于广益新城的广益养老中心建成投入使用。

2月21日　崇安区召开“新兴产业培育年”暨“千人计划促进年”动员大会，出台《崇安区传感网产业培育三年行动计划》《崇安区文化创意产业发展三年行动计划》和《崇安区促进新兴产业及总部企业发展扶持奖励意见》。

2月25日　中国移动互联网领域最大的餐饮搜索引擎——饭店网在崇安区诞生。工信部信息名址中心主任吕军、市信电局局长张克平、市旅游局党委书记王洁平及区领导出席剪彩仪式。

3月1日　无锡地铁1号线三阳广场站动工。即日起，中山路、人民路封闭10个月。人民路拓宽改造、人民桥拆除重建等工程同步进行，解放环路内交通组织运行临时调整。11月25日，地铁1号线盾构首发，无锡地铁建设转入区间隧道的盾构施工阶段。

3月5日　崇安区纪念“三八”国际劳动妇女节100周年暨表彰大会召开，表彰崇安区十佳创业女性、十佳巾帼建功标兵、十佳巾帼示范岗、十佳文化特色家庭、十佳文化特色楼院和十佳家庭志愿者。

3月13日　“喜迎世博盛会、打造精品崇安”无锡红歌会周年庆典活动在崇安寺步行街二泉映月广场举行，28支文艺队伍800多名红歌会成员参加演出。

3月16日　全市首家街道级新市民综合服务中心在广瑞路街道广瑞一村社区揭牌。

3月20日　区委、区政府组团赴深圳参加2010年无锡市传感网产业发展与合作推介会，并开展主题招商活动。

3月23~24日　崇安区总工会第二次代表大会召开，选举产生区总工会第二届领导成员。

4月15~17日　区党政代表团到徐州考察，推进南北交流合作。

4月21日　由崇安区政府和市人保局共同举办的无锡市首期EYB（扩大你的企业）创业培训班在中国企业管理无锡培训中心开班，25名企业家参加培训。联合国国际劳工组织创业与企业战略培训咨询专家、国内知名创业培训学者邓宝山特邀全程授课。

4月26日　崇安区第二届科技教育和专利申请月活动启动。

4月28日　崇安区举办海外人才工作签约仪式，株式会社日中友好中心合作建立海外（日本）高级人才工作联络站、新加坡意法半导体公司合作建办的海外（新加坡）高级人才工作联络站启动。

是日　锡沪东路包装出新和大成巷创意市集同时开街。

4月29日　崇安区青年联合会第六届委员会第一次全体会议召开。

是日　崇安区"精彩世博，魅力崇安"数字电影展映月在崇安寺二泉映月广场举行启动仪式。

5月2日　崇安寺改造二期5号地块工程启动，总高268米的银辉太古广场奠基开工。

5月3日　商务部部长陈德铭在省、市领导陪同下，到崇安区调研内贸企业发展情况，并考察天鹏集团、商业大厦。

5月12日　全市控源截污工作现场会议在崇安区召开。

5月20日　国家人口计生委纪检组一行在省、市领导陪同下，到广益街道莫家庄社区检查指导人口和计划生育工作。

5月25日　县前街创建"文明示范街"活动启动仪式在县前街邮政大厦广场举行。

6月3日　崇安区全民健身节暨老年体育节启动仪式在崇安寺二泉映月广场举行。

6月4日　崇安区第四届社区邻里节开幕式暨"低碳生活　绿色家园"活动启动仪式在上马墩街道瑞江花园中心广场举行。

6月12日　台湾知名连锁百货品牌——远东百货在位于中山北路新落成的红豆国际广场开业。

6月19日　第四届崇安区社区教育文化节开幕式暨"幸福之声"无锡红歌会首届合唱比赛在崇安会场举行，无锡红歌会17支歌队、900多名会员参加。

6月21日　崇安区首家小额贷款公司——无锡市崇安区利民农村小额贷款有限公司开业。

6月29日　全市首家民企资助的博爱救助专项基金——崇安区红十字汇华博爱救助专项基金成立。区向汇华医药公司董事长陶乐平颁发红十字奖章，为10名被救助人员发放救助金。

7月3~12日　无锡市二泉映月艺术团王飚、石莉娟、过耀华等一行26人应邀出访奥地利、德国、法国，参加在奥地利维也纳举行的第四届"至高荣耀"国际青少年音乐节。

7月4日　由中央综治办协调室组成的中央调研组一行在省委政法委副书记、综治办主任张新民陪同下，到崇安区调研重点青少年群体教育帮助工作。

7月5日　区委九届十三次全体（扩大）会议召开。区委书记作题为《坚定不移加快转型发展　奋力开拓建设精品崇安》的报告。

7月11日　崇安区与海峡两岸建筑室内设计交流中心共同举办的海峡两岸四地室内设计大赛暨高级设计师高峰论坛开幕，海峡两岸室内设计交流中心无锡代表处落户广益家居创意设计园。

7月17日　王兴记有限公司、无锡市对外友好服务中心与日本三吉物流株式会社3方签署"正品王兴记日本连锁经营"协议，在日本相模原市开办直营连锁店。

7月19日　崇安区传感技术应用中心揭牌成立。

7月21~22日　省人口计生委评估督查组会同市人口计生委复核组，对区"十一五"人口和计划生育目标管理责任制终期评估暨人口协调发展先进区工作进行终期省级评估督查和市级复查。

7月29日　崇安区政府购买社工服务项目启动，红霞老年人之家、新市民社工综合服务社和舒心家庭服务社等6个机构成为政府购买社工服务的委托方，获得政府资金支持。

7月30日　无锡兰亭小学（原宁海里小学）交付使用。

8月8日　中兴一品装饰文化博览馆在广益家居创意设计园开馆。

9月6日　崇安区国有资产监督管理工作会议召开，部署实施《崇安区行政事业单位国有资产监督管理暂行办法》和《崇安区国有资产对外投资监督管理暂行办法》。

9月8日　崇安区启动名教师、名校（园）长培养工程（简称“双名”工程），出台《崇安区名师名校（园）长培养工程实施意见》，崇安区特级教师、名师工作室正式挂牌，并表彰一批教师文明示范岗。

9月10日　由广益建设发展（集团）有限公司开发的广益上尚城（新城20号地块）启动建设。

9月16日　无锡口腔医院举行新址启用暨无锡牙病防治所开业庆典活动。

9月19日　共青团无锡市崇安区第十三次代表大会召开，选举产生团区委十三届领导成员。

9月21日　崇安区应急预案修订工作会议召开，部署全区应急预案修订和应急队伍建设工作。

9月26日　崇安区启动“530”企业“服务直通车”活动，工商、税务部门业务骨干与“530”企业负责人“一对一”签约结对。

9月28日　第十三届崇安文化艺术节开幕式暨“礼乐崇安”主题文艺演出在二泉映月广场举行。翌月27日，举行艺术节颁奖晚会暨二泉映月艺术团专场演出。

9月29日　江苏省无锡文化创意留学人员创业园在北仓门文化创意产业园揭牌。

10月11日　“喜洋洋百场优秀电影进社区、进校园、进企业”活动在崇安区启动。

10月16日　全国流动人口计划生育公共服务均等化试点工作会议在无锡市召开。视察广益街道莫家庄社区，肯定崇安区创新人口服务管理体制机制、促进基本公共服务均等化的做法和经验。

10月19日　省城市社区药品“两网”（供应和监督网站）建设评审组到区检查验收城市社区药品“两网”建设工作。

10月25日　崇安区2010年全民终身学习活动周启动，第四届社区教育文化节“感知世博”社区英语课本剧表演唱比赛活动同时举行。

10月29日　阿炳故居二期修缮工程全面完成，故居内老字号“三万昌”茶馆开张营业。

11月1日　第六次全国人口普查在崇安区启动首个登记日。

11月19日　崇安区未成年人思想道德建设工作推进会召开。区妇联等6家单位作交流发言，一批先进集体、先进个人和创新品牌示范项目受到表彰。

11月20日　崇安区学习贯彻十七届五中全会精神专题讲座暨中心组学习扩大会召开，中共上海市委党校经济学部主任、理论经济研究所所长、享受国务院政府特殊津贴专家王志平教授作辅导。

12月1日　崇安区创业俱乐部在广益街道成立揭牌。

12月10日　区委九届十四次全体（扩大）会议召开。区委书记作题为《全面推进现代化精品城区建设，努力开创“十二五”发展新局面》报告，讨论通过《崇安区国民经济和社会发展第十二个五年规划纲要（草案）》。

12月20日　崇安区机关迁至原无锡市政府机关所在地（解放南路688号）办公。

12月28日　崇安区全民健身中心工程竣工。

12月30日　历时一个月的连元街小学第二十五届“群星争辉”艺术节闭幕。本届艺术节共设语言类、书画类、音乐类、手工类、科技类、体育类及游戏类7大类40个比赛项目，参与活动达万余人次，产生48个团体金奖，502个单项冠军。

第一编

地理　人口

崇安区位于无锡城区中部。因历史上所建古老的寺院——崇安寺而得名。辖区地域自西汉高祖五年（公元前202年）建无锡县始，至明清一直为县衙所在地；辛亥革命无锡光复（1911）后，锡金军政分府、无锡县政府又设于区内；无锡解放后，市级机关、学校、医院、科研单位大多建于区内，逐渐成为无锡的政治中心、文化中心、商业中心。

崇安区地处长江三角洲，北纬31.58度，东经120.3度。地势平坦，北部相对较低，水网纵横，长白荡河、北兴塘河、南兴塘河等河道横贯广益地区。区境处北亚热带，受太平洋暖湿气流影响，四季分明，气候温和湿润，年平均气温逐年有所升高，由80年代前的15.1℃上升到2005年的16.22℃；雨水充足，年均降水量约1000毫米。

崇安区是无锡市面积最小、人口密度最大的城区。区域面积从1951年建区时的1.85平方公里，增至1985年的4.03平方公里；2002年，广益镇来属后，扩大到16.48平方公里，占无锡市区总面积1.02%。区域总人口从1951年的13.82万人，增至1985年的19.05万人，2005年达到29.91万人，其中户籍人口18.42万人。人口密度每平方公里1.12万人。人均期望寿命从1986年的73.48岁，提高到2005年的76.77岁。

崇安区行政区划历经数次变更。迄2005年，辖广益、崇安寺、通江、广瑞路、上马墩、江海6个街道办事处，42个社区居民委员会。崇安区人民政府驻县前街82号。

第一章　建置　区划

1951年10月，无锡市建立区一级人民政权，现辖区时为无锡市第一区、第二区。第一区区界四至以护城河为界，由东城门经南城门、西城门、北城门，再到东城门，呈核桃形环城一圈；第二区区界四至以亭子桥为界，由熙春街经东门吊桥，再以护城河至光复桥，随后沿通汇桥、惠农桥，上马墩至井亭立交，呈三角形。1955年7月，第一区更名为崇安区，下辖崇安、解放北路、学前街、新生路4个街道；第二区更名为工运区，下辖通运路、亭子桥、周山浜、东新路4个街道。1958年6月，工运区并入崇安区，时辖崇安、解放北路、学前街、新生路（1962年5月更名为人民路）、通运路、亭子桥、周山浜7个街道。区界四至为：东沿古运河，经熙春街、亭子桥、上马墩，到尤渡里；南至南城门吊桥；西由西门桥、通惠桥、惠农桥，至北新桥；北到黄泥头、东旺桥、东红村、放马滩。此后崇安区行政区划历经数次调整。1960年人民公社化时期，崇安区改称崇安人民公社。无锡市太湖区的广益、刘潭、江溪、大浮等4个分社划入崇安区后，区界向东、向南分别扩至莫家庄和白旄、吴塘。1962年10月，4个农村分社回归原辖区，区界四至恢复到1958年原状。1966年8月，“文化大革命”初期，改名崇武区人民委员会。1968年，又改称崇武区革命委员会。1978年12月，更名崇安区革命委员会。1979年12月，复称崇安区人民政府。1981年12月、1985年4月，先后新建上马墩街道、广瑞路街道。1985年，区域面积4.03平方公里。此后，区境东部零星区域续有划入。1991年5月，增设江海街道。2002年，全市行政区划调整，原滨湖区的广益镇来属，区域面积扩大到16.48平方公里[①]。区界四至为：东、北与锡山区相接，南与南长区、新区相交，西与北塘区相邻。迄2005年未变。

1951~2005年，区机关驻所历经4次迁移。1951年建区时，第一区人民政府设在人民路187号（时称西鼓楼）。1954年，区政府迁至位于老县前街的清代无锡县治（民国时期为无锡县地方法院，1957年大部分拆除，一部分辟为健康北路，一部分建市邮电局会场和科技大楼）驻地。1955年7月，迁公园路80号。1958年8月，办公地点迁至县前街82号（清代为金匮县治驻地，辛亥革命时为锡金军政分府，民国时期为无锡县署）。迄2005年未变。

第一节　区　划

1981年12月，增设上马墩街道后，全区辖周山浜、亭子桥、工运桥、崇安、人民路、解放北路（1983年10月更名为复兴路）、学前街、上马墩8个街道。1985年4月，增设广瑞路街道后，全区辖9个街道。1991年5月，新建江海街道后，全区辖崇安、复兴路、人民路、学前街、工运桥、亭子桥、周山浜、上马墩、广瑞路、江海10个街道。1992年1月，撤亭子桥、工运桥2个街道，定名工运路街道；撤崇安、复兴路2个街道，定名崇安寺街道，全区辖工运路、崇安寺、学前街、人民路、周山浜、上马墩、广瑞路、江海8个街道。2002年2月，滨湖区广益镇划入后，全区辖8个街道、1个镇。2004年2月，撤学前街、人民路、崇安寺3个街道，定名崇安寺街道；撤周山浜、工运路2个街道，定名通江街道；同时，广益镇撤镇改街道，全区辖广益、崇安寺、通江、广瑞路、上马墩、江海6个街道。迄2005年未变。

①无锡市民政局区划地名处公布数据为17.59平方公里。

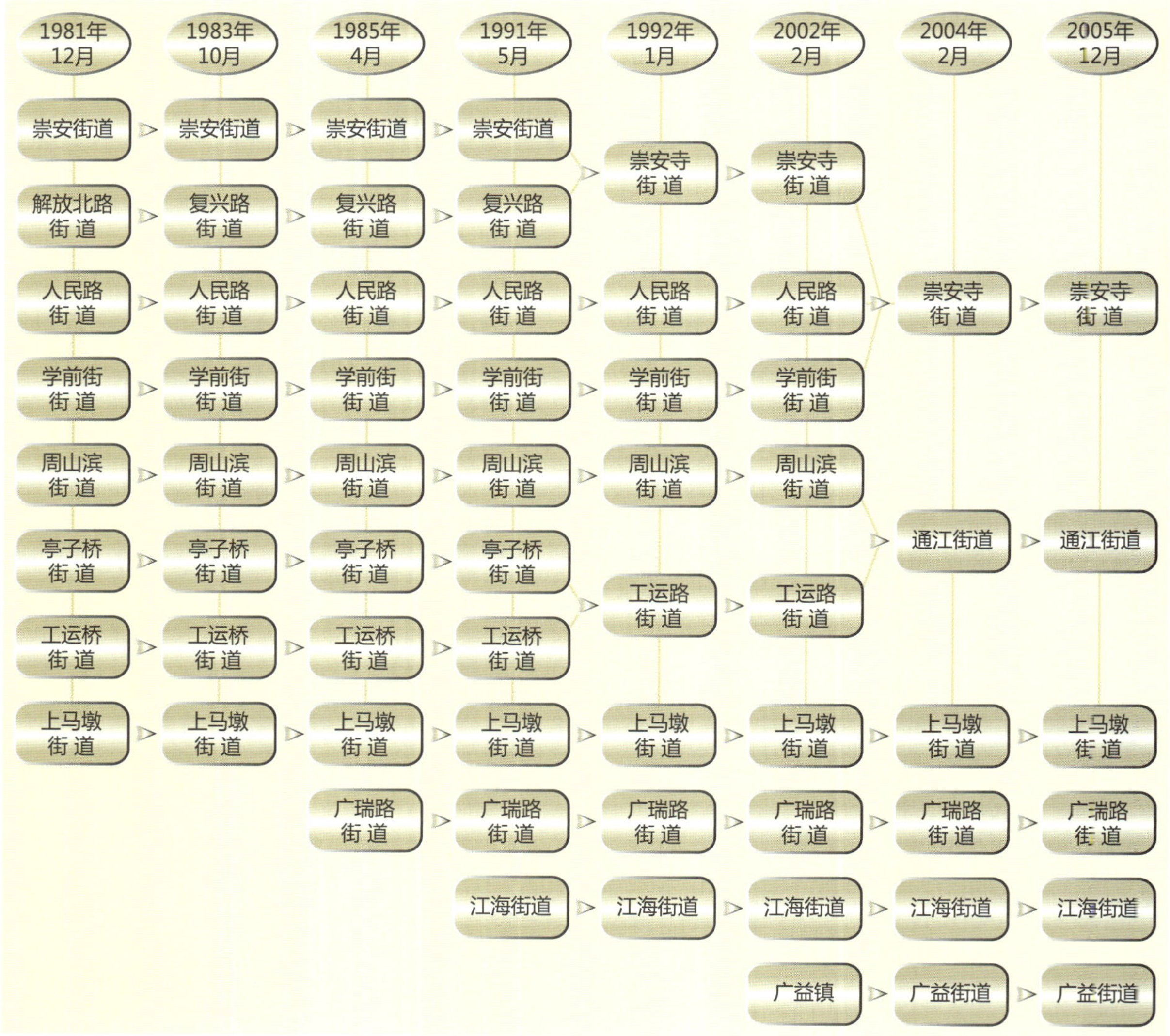

图1-1-1　1981～2005年崇安区街道区划沿革示意图

第二节　境　域

80年代后，崇安区境域与郊区有多次调整。

1981年12月至1985年4月，崇安区增设上马墩、广瑞路2个街道后，区界四至是：东由石人桥、汤家桥，至井亭立交桥；南沿解放南路，至朝阳广场；西绕解放西路，至通惠桥、惠农桥；北自胜利门、通汇桥、亮坝桥，到北新桥。

1991年，新建江海街道。2002年，无锡市区划调整，滨湖区广益镇归属后，区界四至是：东沿莫宅里、迎新桥、尤岸里、广安桥、塘桥头，到春星桥，与锡山区东亭街道相交；南由解放南路、东门立交、沪宁铁路、金海里至广南立交，与南长区南禅寺街道、新区江溪街道相邻；西至解放西路、通惠桥、惠农桥、北新桥，与北塘区北大街、惠山、黄巷3个街道相接；北绕黄泥头、东旺桥、长白荡、放马滩一线，与锡山区东北塘镇相望。

迄2005年未变。

第二章　自然环境

崇安区境内水与城市浑然一体。无锡解放前，城外有护城河，城内直河（古称弦河）纵贯城区中心，时为京杭古运河的一段，自北门水关入，南门水关出。其西分出5条支流，自南向北依次为束带河、后西溪、胡桥河（玉带河、会龙河）、西河头、柳浪河。其东有循城墙自东门至南门水关的里城河，形似弓背，故称弓河。弓河上又分出9股东西向的支流（古称箭河），由南而北依次为一至九箭河。境内河道纵横，时有大小河道32条，其中老城厢内河道23条。无锡解放后，随着旧城改造，城内河道逐步填没。2002年，广益镇划归区属后，新增河道40条。迄2005年，流经辖区河流47条，其中古运河（南长桥至小尖桥段）、北新河、长白荡河擦境而过，北兴塘河、新兴塘河（又称南兴塘河）、大寨河穿境而流，地表水比较丰富，外来水源补给充足。

崇安区地处长江三角洲，系冲积平原，境内地势平坦，四季分明，气候温和湿润，土地肥沃，为典型的江南水乡。位于中纬度的崇安区受海洋性气候影响，雨水充沛，受季风环流影响，夏季炎热多雨，梅雨期较长，台风、暴雨等自然性灾害较多，冬季寒冷少雨，春秋季干湿，冷暖多变。1985~2005年，共发生水灾等较大自然灾害19次。

第一节　地质　地貌

【地　质】

崇安区位于扬子准地台下扬子到钱塘褶皱带东端，次级构造锡虞断皱带上，南部为荡山凹陷，北部为祝塘凹陷，形成隆起与凹陷相间的地质构造格局。境内地层归属于扬子地层区江南地层小区，主要有志留系、泥盆系、二叠系、三叠系、白垩系及第三系、第四系等。近地表广泛分布粉质黏土，属第二黏土层，为晚更新时期海退后的陆相沉积物。岩性以暗绿、灰绿色黏土为主，次有灰黄、黄褐色粘土，含铁锰结核，局部见钙质结核，呈硬至可塑偏硬塑状态，低压缩性，强度大，承载力基本值220千帕~320千帕，是建高层建筑物的良好桩基持力层。境内东北部广益地区丁村一带属第一软土层，为厚1~3米的淤泥和淤泥质土，承载力基本值小于50千帕；尤渡里一带属第二软土层，为岩性土质，承载力基本值为80千帕~140千帕。

【地　貌】

崇安区属太湖湖积平原地貌，为苏南中部长江三角洲平原的一部分，地貌单元主要为平原。根据地貌成因和微地貌差异，又可分为冲积湖平原和湖沼积平原2个不同的地貌单元，其中，西北部属湖沼积平原，地势比较低洼，湿地较多，地面标高一般在2~3米之间；其余为冲积湖平原，地势总体低平，地面标高介于3~5米之间。区境内河网密布，古运河、北新河、长白荡河3条河流环绕区境西北部，北兴塘河、新兴塘河、大寨河3条河道横贯区境北部。迄2005年，辖区内有大小河道47条，江南水乡特色明显，地表水丰富。80~90年代，因工业用水过多采用地下水，致使地下水位下降，地面有所沉降。90年代后，通过限采、封井等措施，有效缓解地面沉降。

第二节　水系　水文

1986年，辖区有古运河（南长桥至小尖桥段，黄泥桥至亭子桥段）、北新河、木专线、汤家桥浜、庙埄桥浜、祝家浜、庆丰浜、塔影河等9条河道。除古运河段外，其他7条均分布在上马墩、广瑞路街道范围内。1999年、2005年，庆丰浜、汤家桥浜2条河道先后填没。2002年，原滨湖区广益镇划归区后，新增河道40条。2005年，辖区内共有河道47条，其中通航8条，禁航3条，其他均属非通航河道。境内南部古运河水位落差小，补给水量少，流速缓慢，经梁溪河、京杭运河流入太湖，平均水位3.2米，1991年7月2日最高水位达4.88米，1987年2月12日最低水位2.51米。境内北部地表水比较丰富，外来水源补给充足，北部北兴塘河、新兴塘河、严埭港和西部北新河等河道经望虞河流入长江。境内河道长期受沿河两岸环境污染影响，淤积严重，水质大多为劣质。1986年后，政府逐步加大河道环境整治力度，采取排水截污、整修驳岸、清淤调水等整治措施，共清淤河道3.15万米，清除淤泥45.44万立方米，工程量达342.51万元。至2005年，辖区内河道水质略有改善。

【主要河港】

古运河　古运河流经区境有2段：南长桥至小尖桥古运河段，全长2.36公里，平均宽度30米，20世纪50年代，河上由北向南依次建有西门桥、南门吊桥，此后，陆续新建清扬桥、体育场桥、人民桥。黄泥桥至亭子桥老运河段，全长1.69公里，平均宽度30米，河上自西向东依次建有工运桥、高墩桥、亭子桥。古运河原为通航河道，2003年7月底起禁航。2004年开始，无锡市对古运河环城河段进行综合整治，迄2005年，完成工运桥至亭子桥段、永定桥至人民桥段的截污，永定桥至人民桥、亭子桥至工运桥段沿河新建亲水平台、步道及两岸绿化配套等景观。

古运河亭子桥段　　（区档案局供稿）

北新河　位于区内西北部，自亮坝桥至五浜口[①]段，全长3.13公里，平均宽度30米，西连古运河、京杭运河，经锡澄运河流入长江。

北兴塘河　位于区内北部广益地区境内，自五浜口至门楼港，全长2.51公里，平均宽度48米，西与北新河相接，东经望虞河流入长江。

广塘联圩整治后的大寨河新貌　　（广益街道供稿）

新兴塘河　位于区内东北部，自五浜

①五浜口：又称五叉河。

口至桐桥港，全长2.47公里，平均宽度25米，西与北新河相接，东经望虞河流入长江。

大寨河 位于区内西北部，自丁新浜至桐桥港，全长2.44公里，平均宽度16米，1975年12月开挖，1976年3月竣工。

严埭港 位于区内北部，自五浜口至木库河，全长957米，平均宽度55米，南通新兴塘河、北兴塘河，北连木库河。

埝埭港 位于区内北部，自江海东路至黄泥头村，全长2.38公里，平均宽度25米，西通北新河，东连木库河。

2005年崇安区辖区主要河道情况一览表

表1-2-1　　单位：米

序号	河道名称	区内起讫地点		通航情况	长　度	平均宽度
		起	迄			
1	老运河	黄泥桥	亭子桥	禁航	1687	30
2	古运河	南长桥	小尖桥	禁航	2359	30
3	北新河	亮坝桥	五浜口	通航	3130	30
4	新兴塘河	五浜口	桐桥港	通航	2467	25
5	北兴塘河	五浜口	门楼港	通航	2505	48
6	严埭港	五浜口	木库村	通航	957	55
7	埝埭港	江海东路	黄泥头村	通航	2376	25
8	木库河	寺头港	裕巷泵站	通航	1258	55
9	木专线	北新河	汤家桥	通航	1414	20
10	桐桥港	南兴塘河	尤渡凌夹里	非通航	3484	22
11	塔影河	桐桥港	塔影桥	非通航	3180	15
12	殷家河	冷渎港	金海医院	非通航	385	10
13	庙绛桥浜	环城河	庙绛桥泵站	禁航	48	10
14	毛岸河	南兴塘河	北兴塘河	非通航	1410	12
15	大横江	南兴塘河	北兴塘河	非通航	573	20
16	小横江	南兴塘河	北兴塘河	非通航	403	15
17	创业河	北新河	木库河	非通航	1595	9
18	丰产河	北新河	埝埭港	非通航	1074	10
19	广丰浜	五浜口	费巷	非通航	358	12
20	裕旺浜	严埭港	裕旺村	非通航	142	20
21	丁村浜	北新河	大寨河	非通航	634	16
22	前胡村浜	大寨河	铁路	非通航	344	12
23	大寨河	丁村浜	桐桥港	非通航	2438	16
24	广丰东浜	大寨河	南兴塘河	非通航	1076	12
25	囊下浜	大寨河	浜顶上	非通航	614	10
26	尤岸浜	前进河	南兴塘河	非通航	551	12
27	前进河	尤岸浜	莫家庄	非通航	1130	13
28	周巷浜	大寨河	周巷	非通航	250	10
29	唐周巷浜	大寨河	桐桥港	非通航	820	14
30	毛岸南浜	向毛路	毛岸村	非通航	98	10
31	毛岸西浜	向毛路	毛岸村	非通航	62	8
32	新口娄浜	北兴塘河	锡沙路	非通航	80	18
33	西映田浜	北兴塘河	向毛路	非通航	50	20
34	华庄岸浜	大横江	村道	非通航	35	20
35	杨巷浜	锡沙路	消防大队	非通航	110	8
36	杜巷浜	桐桥港	杜巷	非通航	70	10
37	凌巷浜	包张路	王巷	非通航	400	8
38	祝家浜	北新河	祝家浜泵站	通航	105	15
39	戴顶浜	塔影河	铁路桥	非通航	214	8
40	施巷浜	北新河	丁西村	非通航	446	10
41	尤渡浜	塔影河	宁海里	非通航	115	8
42	汤家桥浜	锡沪路1号桥	汤家桥	非通航	213	12

续表1-2-1

序号	河道名称	区内起迄地点		通航情况	长　度	平均宽度
		起	迄			
43	马家桥河	北新塘河	马家桥	非通航	400	12
44	徐巷河	马家桥	徐巷	非通航	500	10
45	江张浜	江溪陶典桥	尤渡张巷	非通航	140	9
46	锡沪路浜	锡沪路1号桥	广瑞路	非通航	120	12
47	李巷浜	上马墩塔影桥	上马墩李巷	非通航	150	12
	合　计				41970	

说明：1. 上述资料由区建设部门提供。2. 辖区河道含河、浜、江、港。

1986～2005年崇安辖区古运河段历年水位一览表

表1-2-2　　单位：米

年　份	年平均水位	年最高水位		年最低水位	
		水　位	日　期	水　位	日　期
1986	2.96	3.60	07.17	2.52	02.28
1987	3.21	4.24	08.25	2.51	02.12
1988	2.99	3.77	09.03	2.53	02.16
1989	3.21	4.02	09.23	2.55	01.15
1990	3.17	4.06	09.01	2.83	01.31
1991	3.39	4.88	07.02	2.69	12.28
1992	3.04	3.50	10.03	2.58	03.03
1993	3.34	4.47	08.21	2.74	03.18
1994	3.02	3.80	10.10	2.78	10.04
1995	3.16	4.30	07.07	2.73	12.31
1996	3.17	4.40	07.05	2.65	03.09
1997	3.03	3.61	08.20	2.67	06.16
1998	3.32	3.75	07.23	2.93	12.30
1999	3.35	4.77	07.01	2.69	02.27
2000	3.16	3.61	06.04	2.81	05.17
2001	3.26	4.09	06.24	2.85	04.20
2002	3.35	4.22	06.21	2.95	01.23
2003	3.31	4.09	07.06	2.85	06.25
2004	3.25	4.25	06.25	2.92	03.20
2005	3.31	4.15	08.07	2.93	01.21

说明：上述资料由区建设部门提供。

【已废河道】

无锡解放前，境内位于南门附近的一箭河、映山河附近的九箭河、置煤浜（古称卖煤浜）附近的二箭河、硝皮巷附近的映山河等4条河道先后被堵塞废除。无锡解放后至1958年，因道路拓宽、旧城改造等原因，柳浪河、城中直河（弦河）、里城河（弓河）、三箭河、六箭河（师古河）、七箭河、三皇街河、后西溪、前西溪等20条河道先后被填没，1979年又填没外城河（外护城河）、塔影桥至通隆里南侧的无名河等2条河道，1999年、2005年又先后废除庆丰浜、汤家桥浜等2条河道。无锡解放后至2005年，辖区内先后废除河道24条。

1949～2005年崇安区已废河道一览表

表1-2-3

名　称	位　置	废弃年份	废弃原因
柳浪河	北水关	1950	筑解放路

续表1-2-3

名　　称	位　　置	废弃年份	废弃原因
三箭河	新开河、槐树巷	1953、1954	筑路
仓前新河（仓浜）	沙文井	1953	筑路
城中直河（弦河）	南城门至北城门	1954	扩建和延伸中山路
里城河（弓河）	北城门至西水关	1954	筑解放路
四箭河	留芳声巷	1954	筑留芳声巷
七箭河	田基浜	1954	填浜建房
三皇街河	三皇庙	1953	拓宽后西溪路
后西溪	三皇街	1953	拓宽后西溪路
前西溪	社学桥	1953	拓宽前西溪路
束带河	学前街	1953	筑学前街
五箭河	进士坊巷	1957	筑路
六箭河（师古河）	小河上、大河上	1957	筑崇宁路
八箭河	驳岸上	1958	筑人民中路
西河头河	西河头	1958	拓宽西河头路
玉带河 会龙河 胡桥河	人民中路	1950～1958	筑石皮路、人民中路
菩提浜	工艺路华新里	1949	道路拓宽
龙船浜	东门吊桥	1950	拆城墙填没
外城河（外护城河）	小尖桥至朝阳桥	1979	筑解放二路
无名河	塔影桥至通隆里南侧	1979	建东门立交桥
庆丰浜	庆丰里	1999	筑人防工事
汤家桥浜	周山浜	2005	河道整治

说明：上述资料由区建设部门提供。

第三节　气　候

崇安区属北亚热带湿润区，四季分明，气候温和，雨量充沛，日照充足，无霜期长。受季风环流影响，夏季炎热多雨，冬季寒冷少雨，春秋季干湿，冷暖多变。据无锡气象台资料记载，1986～2005年，年平均气温由1951～1985年的15.1℃上升到16.22℃；最高气温日发生在2003年8月1日的40.1℃，比1978年7月7日的38.9℃高出1.2℃；最低气温日出现在1986年1月5日与1991年12月28日的零下8℃，比1969年2月6日的零下12.5℃高出4.5℃。年均降水量由1951～1985年的1027.8毫米增加到1053.59毫米；降雨日最多的1987年149天，比1954年的152天减少3天；年降雨量最多是1999年的1713.1毫米，比1954年的1521.3毫米增加191.8毫米。全年降水主要集中在夏季，5～8月的降水量占全年降水量的55%以上；6～7月是梅雨季节，雨量最集中，降水量约占全年的三分之一；8月中旬到9月中旬，时有台风伴随暴雨。

按气候学以候[①]平均，气温低于10℃为冬季，高于22℃为夏季，10℃～22℃之间为春秋季。区境内四季始末时间大体为：春季3月21日至6月11日前后，历时83天；夏季6月12日至9月18日前后，历时99天；秋季9月19日至11月20日前后，历时63天；冬季11月21日至3月20日前后，历时120天。

【春　季】

1986～2005年，春季年平均气温呈逐年上升趋势。年平均气温最低的是1987年的13.4℃，最高的是2005年的16.3℃。极端气温日最高的是2005年4月28日的34.8℃，极端气温日最低的是1988年3月7日的零下3.5℃。其间，春季降水量年际变化较大，最少的是2001年的123毫米，仅为常年春季降水量的四至六成；最多的是2002年的502.5毫米，雨日50天。日降水量最大的是1995年5月19日的77毫米，

①候：一般五天为1候，每月6候。

其次是2002年的71.6毫米。其间，年平均日照时数最长的是2005年的613.2小时，最短的是1991年的355.3小时，其次是1998年的376.1小时。

【夏 季】

1986~2005年，夏季年平均气温呈逐年上升趋势，最低的是1999年的24.9℃，最高的是2005年的28.4℃，比常年平均偏高1.9℃。高温日（大于或等于35℃）数最少的是1996年2天，最多的是2003年28天，为20年间平均高温日14天的2倍。极端最高气温日是2003年8月1日的40.1℃。年平均降水量最少的是1997年的290.6毫米，无暴雨出现；最多的是1999年的1162.8毫米,为常年的2倍。日降水量最多的是1991年7月2日178.2毫米。日照时数最短的是1999年的366.1小时，最长的是1994年的755.2小时。

【秋 季】

1986~2005年，秋季年平均气温最低的是1992年的16.4℃，最高的是1990年的19.9℃,极端最高气温日是 1995年9月6日的37.5℃,极端最低气温日是 1993年11月24日的零下3.2℃。年均降水量偏多的是1986~1994年、2001~2005年，偏少的是1995~2000年。年降水量最少的是 1995年的82.9毫米，最多的是1990年的316.6毫米。日降水量最多的是 1988年9月3日的164.1毫米。日照时数最短的是2000年的347.6小时，最长的是 2002年的578.6小时。

【冬 季】

1986~2005年，冬季年平均气温最低的是1986年的3.1℃，最高的是2002年6.4℃。2001年后，暖冬趋势非常明显，2001年、2002年和2004年的冬季年平均气温都在6℃以上。极端最高气温出现在2002年的1月14日22.1℃，极端最低气温出现在1986年1月5日和1991年12月28日的零下8℃。低温日（小于或等于0℃）数最多的是2003年的32天，最少的是2001年的16天，为20年间平均低温日数31.5天的一半。其间，冬季降水逐年增多，年降水量最少的是1986年的47.5毫米，最多的是1998年的294.2毫米，此后的2001年、2003年和2005年冬季降水量均在200毫米以上，比常年同期偏多五至七成。日降水量最大的是2001年1月6日51.5毫米。日照时数最长的是2004年476.0小时，最短的是1990年的286.9小时。

1986～2005年崇安区气候情况一览表

表1-2-4

年份	总日（小时）	平均气温（℃）	高温日（天）	低温日（天）	极端最高（℃）	极端最低（℃）	雨 量（毫米）	雨 日（天）	一日最大量（毫米）
1986	2068.00	15.30	8	53	37.10 07.30	-8.00 01.05	867.50	109	62.60 06.12
1987	2043.50	15.40	8	40	36.30 07.11	-7.00 01.14	1498.90	149	98.20 08.25
1988	2082.00	15.60	21	32	38.70 07.08	-5.90 12.17	947.90	107	164.10 09.03
1989	1782.10	15.60	3	22	36.60 08.12	-3.80 01.15	1220.30	127	86.00 08.04
1990	1964.50	16.60	28	31	38.90 07.24	-7.60 02.01	1088.40	136	135.50 09.01
1991	1778.80	15.80	11	20	36.80 07.22	-8.00 12.28	1581.80	129	178.20 07.02
1992	1976.30	15.90	19	35	38.00 07.29	-3.50 01.15	881.20	110	83.70 06.14

续表1-2-4

年份	总日（小时）	平均气温（℃）	高温日（天）	低温日（天）	极端最高（℃）	极端最低（℃）	雨 量（毫米）	雨 日（天）	一日最大量（毫米）
1993	1773.90	15.30	4	47	36.00 07.12	-7.00 01.17	1491.00	137	104.50 08.02
1994	2048.60	16.80	17	20	36.60 07.02	-3.50 01.19	863.90	113	58.30 06.26
1995	2052.30	15.80	16	36	37.50 07.20	-3.30 02.06	965.60	97	96.60 08.23
1996	1887.60	15.60	2	38	35.10 07.21	-5.30 01.10、01.12	1152.20	126	134.10 07.05
1997	1809.50	16.30	3	31	36.80 06.05	-4.70 01.06	841.70	128	57.40 05.12
1998	1742.70	17.10	19	22	37.80 08.11	-6.50 01.25	1189.20	121	57.60 06.18
1999	1767.80	16.00	4	29	36.00 09.10	-6.20 12.22、12.23	1713.10	139	136.80 08.25
2000	1918.40	16.50	10	31	37.30 07.21	-6.10 01.26、01.27	1049.80	124	57.70 10.02
2001	1867.20	16.60	21	27	37.30 07.02	-5.30 12.26	1263.70	117	110.80 06.23
2002	2012.10	16.90	8	21	37.90 07.15	-3.80 12.28	1332.90	125	108.20 06.20
2003	2013.60	16.80	32	32	40.10 08.01	-5.40 01.05	882.80	121	50.50 07.05
2004	2170.60	17.40	23	23	39.10 07.24	-4.90 12.31	1039.90	111	77.00 06.25
2005	2091.50	17.10	28	40	38.10 07.03	-6.10 01.02	948.20	102	79.30 09.12

说明：上述资料由市气象部门提供。

第四节　自然灾害

无锡解放后，辖区曾发生较大的水灾风灾近30次，波及辖区的地震4次。1986~2005年，区内共发生较大水灾12次、风灾4次、冰冻雪灾3次。

【水 灾】

1987年7月1~8日出现连续降水，其中，2日和4日出现大雨和暴雨，降雨量达216.1毫米，是常年同期的3.4倍。由于雨水集中，辖区出现雨涝，678户民房进水。

1988年9月3日出现大暴雨，降雨量164.1毫米，主要降水时段在8~11时。是日下午，南门水位从3.16米猛增到3.78米，市区共有4668户居民家中进水，许多企业和街道积水严重。

1989年9月15~17日、23日，连遭热带风暴袭击，降雨量达84.9毫米，城区有1092户民房不同程度水淹。

1990年8月31日，遭15号台风袭击，南门水位在21小时内上升1.13米。辖区共有740户民房受淹，3家工厂进水，倒塌房屋3间，倒伏树木700余棵；因树枝碰断电线触电死亡1人。9月16日凌晨1时半，再遭暴雨袭击，当晚8时南门水位上升到4.03米，全区共有437户居民家中进水。

1991年，梅雨期持续时间长达57天，降雨量801.1毫米，加之外来客水，南门水位有77天超过警戒水位，出现百年未遇的特大洪涝灾害。7月1日，降雨162.6毫米，至7月2日，南门水位高达4.88米，降雨量和南门水位均超过历史记录。7月2日18时30分，锡北运河决堤，受灾最严重的黄泥头、广益新村地区水深达1.7米以上，6000多户居民被围困。至3日晚，全区10个街道不同程度被淹，1.18万户居民家中进水，进水深度0.2~3.0米；285户住宅成危房，倒塌房屋17间；102家区属企事业单位进水，其中，半停产1家、停产63家，直接经济损失498.23万元，间接经济损失328.65万元；辖区受淹道路56条、11.83公里，积水 0.2~1.1米，其中，东门立交积水最深时达1.5米，一度交通中断。

1993年8月2日后连降大雨，21日，暴雨总量达111毫米，南门水位达4.44米。全区1268户居民家中进水，学前街、县前街、中山南路等道路严重积水，水深0.15~0.50米。

1994年8月27日下午4时20分至5时，遭狂风暴雨袭击。无锡市民用建筑设计院和区建设环保局的2幢房屋250多平方米屋顶被掀；火车站广场和北里城脚2处巨幅广告牌倒塌；商业大厦北面工地工棚垮塌，50多名民工被压，2人受伤；刮倒树木60多棵，压坏民房屋顶7处，大部分地区断电；遭雷击死亡1人。

1995年5月19日至8月23日，连遭5次暴雨袭击。其中，5月19日降雨量77毫米，6月21日降雨量78.5毫米，7月2日降雨量41.1毫米，8月23日降雨量96.6毫米。南门水位连续超警戒水位30多天，最高水位4.32米。8月23日大暴雨，崇宁路、西河头、后西溪、沙文井等路面积水深度0.05~0.30米，造成永勤弄、亮坝上、锦树里、城头弄、溜龙桥、广勤三支路等地区100多户居民家中进水，进水深度0.05~0.30米。

1996年7月5日遭特大暴雨袭击，日降雨量134.1毫米，南门水位高达4.37米，超警戒水位0.78米，全区625户居民家中不同程度进水，崇宁路、西河头、前西溪、后西溪等12条道路积水深度0.10~0.50米。特别是亮坝上地区，居民家中进水时间长达20天。

1999年6月7日入梅后，频降暴雨，降雨日长达45天，辖区有292户民居、6家工厂进水，周山浜、工运路、广瑞路等街道地区积水严重，惠农桥沿河10米长的防洪墙倒塌，无锡商场地下室仓库进水。

2001年1月21日晚突降暴雨，在城区引发大小交通事故40多起，其中死亡1人，受伤多人。是年6月23日，再降大暴雨，全区8个街道中6个街道地区的许多地段受灾，600多户居民家中进水。

2003年9月8日22时左右，遭雷暴雨袭击，造成70多起供电线路故障，上万户居民家中停电，部分低洼地区短时受淹，3家企业不同程度水淹，最深积水0.40米。

【风 灾】

1995年11月7日，遭狂风袭击，最大风力8级，风速达19.6米/秒，造成通运路河埄里1民房倒塌,母子2人被困，死亡1人。

1997年8月18日下午至21日，受11号台风袭击，市区普降大到暴雨，并伴有8~9级大风，倒塌房屋69间，损坏房屋1175间，刮倒电杆1389根，供电线路发生故障400多处，35条1万伏以上高压线路停电。

2003年7月17日17时30分左右，市区受对流云团影响，遭大风雷雨袭击，风速达21.7米/秒，造成100多条10千伏供电线路故障，跳闸停电；刮倒树木、广告牌、房屋、铁门等多处，砸伤数十人。

2005年8月5~7日，市区遭受第9号台风“麦莎”袭击，死亡3人、受伤5人，倒塌房屋913间，损坏房屋1560间，受淹居民3688户，受灾人口2.38万人。9月11~12日，受第15号台风“卡努”正面袭击，最大风力10级，风速达21.0米/秒，发生跳闸、断电高压线路85条，刮倒电杆9根，损坏配电变压器2台，市区转移人员上万人。9月12日，全区中学、小学、托儿所、幼儿园放假1天。

【冰冻雪灾】

1998年3月19日，受寒潮袭击，并伴有雨雪、雷暴、冰暴，市区有50多人摔倒骨折。

2000年1月24日，骤降大雪，部分自来水管冻坏爆裂，市区因路滑摔伤150人。

2004年12月27~28日，出现降雪或雨夹雪寒冷天气。市区修理爆裂自来水管160多处，修复输电线路上千处。大雪造成无锡汽车站停运班次300个，退票乘客1200多人，被困旅客5000多人。

第三章 人 口

无锡解放后，区内历经20世纪50年代初期、60年代中期和80年代初期三次人口出生高峰期。1953年，第一次全国人口普查时，崇安辖区（原第一区、第二区）人口有15.83万人。1964年，第二次全国人口普查时增至16.53万人。是年起，开展计划生育，并提倡晚婚，控制人口增长。“文化大革命”开始后，生育进入无序状态，人口出生率迅速反弹。20世纪70年代末，恢复和实行计划生育，人口出生增长的势头得到遏制。受人口再生产周期及惯性作用的影响，80年代起，辖区人口出生率开始回升，逐渐进入第三次人口出生高峰期。1982年，第三次全国人口普查时，辖区人口达20.03万人，60周岁以上人口比重10.39%，率先步入老年型社会。1983年后，崇安区把人口发展指标纳入国民经济和社会发展计划，人口和计划生育工作逐步步入科学化、法治化管理的轨道。1990年，第四次全国人口普查时，辖区人口减少到18.34万人，比1982年下降8.44%，较为平静地渡过人口出生高峰期，减轻人口增长对社会经济发展的压力，但老年人口比重有所上升。此后，随着行政区域的扩大，迁入人口的不断增加。2000年，第五次全国人口普查时，辖区总人口达到21.39万人，比1990年增加3.05万人，增长16.63%,年均增长1.66%。2002年后，又历经行政区划调整，广益镇划归区管理。迄2005年，辖区总人口上升到29.91万人，其中户籍人口18.42万人，人口密度为每平方公里1.12万人。此外，辖区流动人口逾10万人。

其间，随着崇安区居民健康水平和身体素质逐年提高，人口死亡率不断下降。2005年，人口死亡率由1981年的5.9‰下降到4.66‰。人口文化素质也有很大提高，2000年，第五次全国人口普查时，各类专业技术人员2.37万人，占在业人口的22.46%。2005年，全区大专以上学历就业人口比重提高到26.66%。

第一节 人口规模

80年代后，受第三次人口出生高峰、区域范围扩大、外来人口增加等因素的影响，特别是2002年广益镇划归区管理后，2005年，人口总量为历史之最，达29.91万人，其中，50%的人口集中在崇安寺和广益两个街道。人口密度最大的是江海街道，为每平方公里2.78万人；人口密度最小的是广益街道，每平方公里仅2818人。

【总 量】

1982年，第三次全国人口普查时，总人口20.03万人，比1964年净增3.50万人，增长率为21.17%。其后，因计划生育政策深入贯彻、旧城改造带来居民大量外迁等因素，区境人口逐年减少。1990年，第四次全国人口普查时，总人口减少到18.34万人，比1982年减少1.69万人，增长率为-8.44%，年均增长率为-1.05%。其后的10年，随着改革开放的深入，中心商务区的逐步形成，区境成为投资创业的首选之地，外来人口随之增加。2000年，第五次全国人口普查时，总人口上升到21.39万人，比1990年增加3.05万人，增长率为16.63%，年均增长1.66%。2002年，由于行政区划调整，广益镇归属，净增户籍人口2.32万人，暂住人口4.78万人。迄2005年，区境总人口29.91万人，时为历史最高，比2000年增加8.52万人。

1982～2005年部分年份崇安区人口总量变化情况一览表

表1-3-1　　　　单位：户、人

年　份	户　数	人口数	户均人数
1982	55926	200301	3.58
1985	59071	190528	3.23
1990	64469	189455	2.94
2000	59137	213867	3.62
2005	68831	184173	2.68

说明：1. 上述资料由公安崇安分局提供。2. 人口数为年末常住人口数。

【分　布】

80年代起，区域范围逐步向东延伸，新的居民小区先后建成，区境人口逐步由市中心向东转移，位于城中心的街道地区人口逐年减少，崇安街道地区人口由1982年的2.23万人，减少到1990年1.05万人；工运桥和亭子桥地区人口由1979年4.53万人，减少到2000年1.69万人；人民路街道地区人口由1988年的2.53万人，减少到2000年的1.56万人。地处城外的街道地区人口逐年增加，上马墩街道地区人口由1983年的1.68万人，增加到2000年的2.30万人；广瑞路街道地区人口由1985年的2.23万人，增加到2000年的2.65万人；江海街道地区人口由1991年的9997人，增加到2000年的2.13万人。迄2005年，位于城中心的崇安寺、通江2个街道地区人口11.79万人，占全区总人口的39.42%。地处城外的上马墩、江海、广瑞路、广益4个街道地区人口18.13万人，占全区总人口的60.58%。其中崇安寺、广益2个街道地区人口在7万人以上，上马墩、江海、广瑞路、通江等4个街道地区人口在3万~4万人。

2005年崇安区各街道人口分布情况一览表

表1-3-2　　　　单位：户、人、%

街　道	总户数	总人数	占总人口的比重	户均人数	户籍人口		寄住人口		暂住人口数	未落常住人口数
					户数	人数	户数	人数		
合　计	80753	299153	100.00	2.70	68831	184173	11932	33600	81065	315
崇安寺	21481	73199	24.47	3.04	17627	53314	3854	11998	7856	31
通　江	13792	44721	14.95	2.57	10776	27488	3026	7945	9250	38
上马墩	10130	31959	10.68	2.59	9019	23244	1111	3031	5621	63
广瑞路	12169	41467	13.86	2.61	10698	27751	1471	4066	9618	32
江　海	11133	33152	11.08	2.51	10252	25565	881	2397	5125	65
广　益	12048	74655	24.96	2.57	10459	26811	1589	4163	43595	86

说明：1. 总人数为户籍人口、寄住人口、暂住人口、未落常住人口之和。2. 总户数为户籍人口、寄住人口户数之和。3. 户均人数为户籍人口与寄住人口的户数之比。4. 上述资料由公安崇安分局提供。

【密　度】

1985年，全区人口密度为每平方公里4.54万人，比建区时每平方公里3.88万人增加0.66万人。1991年，由于区域面积扩大，人口密度随之下降到每平方公里2.52万人。2002年广益镇来属后，区境人口密度下降到每平方公里1.04万人。迄2005年，辖区人口密度为每平方公里1.12万人，比1985年减少3.42万人。其中，人口密度最大的是江海街道，为每平方公里2.78万人，其次为崇安寺街道，每平方公里2.36万人。人口密度最小的是广益街道，为每平方公里2818人。

第二节　人口变动

80年代后，区域人口随着第三次人口生育高峰的到来，人口自然增长有小幅回升。1985年为7.15‰。90年代后，人口自然增长率直线下降，1991~2001年，人口自然增长率均在1‰左右徘徊，2002~2005年，连续4年基本为负增长，最低年份是2003年的-2.71‰。2005年，人口自然增长率为-1.39‰。

1986~2005年，区域迁入迁出人口有升有降，但总体呈上升态势。特别是90年代后，随着进城务工、到区购房定居人口的急剧增加，区域人口始终为迁入大于迁出，仅2005年，净迁入1661人。

【自然变动】

出　生　80年代后，随着晚婚、晚育、少生、优生政策的不断落实，1985年，人口出生率13.12‰，比1982年的18.77‰下降5.65个千分点。1990年后，人口出生率继续较大幅度下降。1991~2001年，人口出生率从7.95‰下降到6.27‰，2002~2005年，又从5.22‰下降到3.27‰，为历史最低。

死　亡　80年代后，随着人民健康状况的改善，人口死亡率总体呈下降趋势。1985年，全区人口死亡率5.88‰，比1977年7.4‰下降1.52个千分点。1995年，下降到4.95‰，1996~2004年，在5.05‰~6.21‰之间波动，后逐年下降。2005年，人口死亡率仅4.66‰，为历史最低。

1989～2005年崇安区人口自然增长情况一览表

表1-3-3　　　　单位：人、‰

年　份	年末总人口	出　生		死　亡		自然增长	
		人　数	出生率	人　数	死亡率	人　数	增长率
1989	191389	2843	14.85	1162	6.07	1681	8.78
1990	190284	2516	13.22	1140	5.99	1376	7.23
1991	180576	1436	7.95	1151	6.37	285	1.58
1992	182715	1322	7.24	1228	6.72	94	0.52
1993	178857	1260	7.04	1116	6.24	144	0.80
1994	174929	1298	7.42	1092	6.24	206	1.18
1995	176039	1017	5.71	882	4.95	135	0.76
1996	178312	1112	6.23	901	5.05	211	1.18
1997	170534	1157	6.78	900	5.27	257	1.51
1998	167700	1178	7.02	1127	6.72	51	0.30
1999	170885	1113	6.51	934	5.46	179	1.05
2000	172073	1205	7.01	968	5.62	237	1.39
2001	181313	1138	6.27	902	4.97	236	1.30
2002	186305	974	5.22	1096	5.88	-122	-0.66
2003	197806	694	3.50	1230	6.21	-536	-2.71
2004	220245	1134	5.15	1127	5.12	7	0.03
2005	231700	758	3.27	1082	4.66	-324	-1.39

说明：上述资料由区计生部门提供，因统计口径不同，与区公安部门提供的数据有差异。

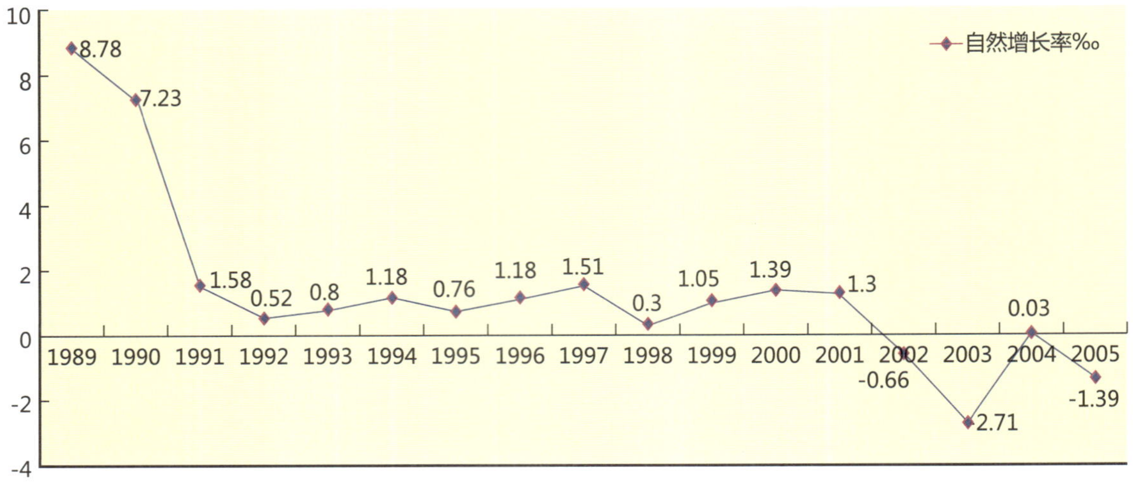

图1-3-1　1989～2005年崇安区人口自然增长示意图

【机械变动】

80年代后，随着改革开放的不断深入，城市化进程的加快推进，人口流动性增大，区境人口机械变动较大。1985年，区境人口为迁入大于迁出。1986年，则出现迁出大于迁入的状况。是年迁出1.69万人，其中，因旧城改造拆迁等原因迁出1.31万人，占77.13%，迁往外城镇、外乡村1322人，占7.81%，迁往中国香港、澳门及国外的人数由1982年的4人增加到52人。同年迁入1.59万人，其中市内迁入占61.39%，中国香港、澳门及国外迁入人数由1982年1人增加到37人。此后，随着进城务工人员涌入，寄住人口、暂住人口、未落常住人口大量增加。与此同时，区内高层住宅小区陆续建成，区外人口迁入逐年递增，区境人口均为迁入大于迁出。2002年，仅广益镇来属迁入2.32万人。2005年，迁出835人，其中迁往省外255人、迁往省内580人，迁入2496人，其中省外迁入683人、省内迁入1813人。

【外来人口】

1978年改革开放后，外来人口大量涌入城市，成为新的人力资源。据公安部门统计，1985年，辖区外来人口（指登记颁发暂住证人数）2.12万人，其中在工厂和建筑工地务工1.60万人，占75.47%。此后，外来人口总量有所减少，1990年为1.46万人。90年代后，随着改革开放步伐的不断加快，户口政策的进一步放宽，到辖区经商办企业的越来越多，外来人口又开始逐年增加，1999年，达到2.29万人，比1998年增长26.52%，务工人员遍及工厂、商业、服务、运输、建筑等各个行业。2002年后，外来人口呈高速增长态势。2002年，猛增到4.93万人，比2001年翻了近一番，其中在工厂务工、建筑、经商、服务业人数占85.50%。2003～2005年，外来人口又从7.32万人增加到8.41万人，其中，在工厂和建筑工地务工仍占首位，达3.66万人，占外来人口总数的43.52%；其次是经商、服务业人数，占30.18%。外来人口的进入，为各行各业不断补充新的劳动力和技术骨干。

1985～2005年部分年份崇安区外来人口情况一览表

表1-3-4　　　　单位：人

年份	总数	其中							
		工厂务工	务农	经商	服务	运输	建筑	无业	其他
1985	21207	10684	—	2681	—	—	5283	—	2559
1990	14623	4451	—	1223	1865	212	4753	365	1754
1995	15320	5752	—	1558	2050	226	3422	437	1875

续表1-3-4

年份	总数	其中							
		工厂务工	务农	经商	服务	运输	建筑	无业	其他
1997	16855	6701	1	3198	1638	380	3300	69	1568
1998	18104	6554	1	3457	1797	344	3540	102	2309
1999	22916	7529	—	5008	2030	332	4922	73	3022
2000	23394	9028	2	6092	1907	367	2104	8	3886
2001	25888	12156	—	6358	2548	—	2575	—	2251
2002	49342	20514	645	12273	5837	2639	3563	2651	1220
2003	73243	33470	621	14498	6990	—	3889	4790	8985
2004	80466	32132	278	13941	9694	2778	5235	228	16180
2005	84120	32456	140	14091	11300	2581	4105	120	19327

说明：1. 上述资料由公安崇安分局提供。 2. 表中数据系在公安部门登记、颁发暂住证的人数。

第三节　人口构成

改革开放后，随着经济社会持续快速发展，人民生活安定，人口自然结构和社会结构发生较大变化，人口素质不断改善。1986~2005年，人口年龄结构日趋老龄化，人均期望寿命从1986年的73.48岁提高到2005年的76.77岁；男女性别比例趋于平衡，由1986年的108.81下降到101.07。居民文化程度、就业比例逐年提升，2005年，大专以上学历就业人口达26.66%，比1982年增加23.17个百分点；从事金融保险业、房地产业、租赁和商务服务业、社会服务业等人员比例由2000年39.08%上升到47.38%。家庭结构由几代同堂大家庭向一家三口小家庭发展。辖区少数民族较少，仅占 0.09%。

【性　别】

1986年，辖区人口男女性别比由1985年的109.20，下降为108.81。此后，男女性别比例一直呈逐年下降态势，1989年为107.91，1993年为106.90，1999年，降至104.46。进入21世纪，全区人口男女性别比例继续下降，2005年，从2000年的103.91下降到101.07。

1986～2005年崇安区人口性别构成一览表

表1-3-5　　单位：人

年份	男性	女性	性别比(女=100)	年份	男性	女性	性别比(女=100)
1986	99646	91579	108.81	1996	88614	83307	106.37
1987	99235	91826	108.07	1997	87412	82412	106.07
1988	99811	92478	107.93	1998	86003	81159	105.97
1989	98867	91622	107.91	1999	85115	81480	104.46
1990	98303	91152	107.85	2000	83427	80285	103.91
1991	98349	91095	107.96	2001	83052	80254	103.49
1992	96782	89594	108.02	2002	93402	91678	101.88
1993	93394	87368	106.90	2003	92748	91415	101.46
1994	91040	84249	108.06	2004	92863	91654	101.32
1995	89361	83914	106.49	2005	92575	91598	101.07

说明：上述资料为公安崇安分局提供的当年年末常住人口数。

【年　龄】

1982年，崇安区60周岁以上人口比重10.39%，率先步入老年型社会[①]。1990年，第四次全国人口

①老年型社会：按联合国人口分类标准，60周年以上老年人占总人口10%以上为老年型社会。

普查时，60周岁以上老年人口比重上升到13.45%，比1982年提高3.06个百分点，其中80周岁以上老年人口比1982年增加589人。2000年，第五次全国人口普查时，60周岁以上老年人口增加到2.88万人，比重达到13.48%，超过联合国人口分类老年型社会标准3.48个百分点。2005年，常住人口中60周岁以上老年人口增加到3.31万人，比重达到17.96%；在834名90周岁以上的高龄老人中，90~94周岁659人，95~99周岁161人，100周岁以上14人。地处城中的崇安寺、通江2个街道地区集中居住着486名高龄老人，占总数的58.27%。在高龄人群中，女多于男，年龄越大，差距越大。在90~94岁的年龄段中，女为男的2.28倍；在95~99岁的年龄段中，女为男的3.03倍；在100岁以上的年龄段中，女为男的6倍。是年，人均寿命76.77岁，其中男性74.43岁，女性79.11岁。

1982～2005年部分年份崇安区人口年龄构成一览表

表1-3-6　　单位：人

年　份	总人口	年龄构成					
		0～19岁	20～39岁	40～59岁	60～79岁	80～99岁	百岁以上
1982	200301	49961	85904	43623	19237	1575	1
1990	183372	45569	72175	40966	22498	2164	—
2000	213867	43855	81332	59858	25557	3264	1
2005	184173	26375	42570	82144	33070		14

说明：2005年为当年年末常住人口数，其他年份数据来自第三、四、五次全国人口普查资料。

2005年崇安区90岁以上老人分布一览表

表1-3-7　　单位：人

单　位	合计			90～94岁			95～99岁			100岁以上		
	人数	男	女	人数	男	女	人数	男	女	人数	男	女
总　计	834	243	591	659	201	458	161	40	121	14	2	12
广　益	87	21	66	79	21	58	8	—	8	—	—	—
崇安寺	312	75	237	229	59	170	76	15	61	7	1	6
通　江	174	66	108	151	59	92	22	7	15	1	—	1
广瑞路	60	22	38	50	18	32	9	4	5	1	—	1
上马墩	98	32	66	82	27	55	14	4	10	2	1	1
江　海	103	27	76	68	17	51	32	10	22	3	—	3

说明：上述资料由区民政部门提供。

百岁老人　1993年，崇安区百岁以上老人有6人，后逐年增多。迄2005年，百岁以上老人增加到14人，其中女12人，占85.71%。主要分布在崇安寺街道7人，占50%，其余分布在江海街道3人，上马墩街道2人，通江街道和广瑞路街道各1人。百岁以上老人中，100周岁8人、101~102周岁各1人、103周岁3人，年龄最大的是居住在江海新村23号之7的秦毓珍，为107周岁。

2005年崇安区百岁以上老人情况一览表

表1-3-8

姓　名	性　别	年　龄（岁）	所在街道	居　住　地　址
常荷珠	女	100	崇安寺	中上塘14号302室
华惠芬	女	100	崇安寺	解放新村12号101室
曹美英	女	100	崇安寺	田基浜82号502室
丁文英	女	100	崇安寺	留芳声巷16号103室
龚俊千	男	100	崇安寺	梁鸿里1号202室
徐长卿	女	103	崇安寺	东河头巷104号301室
潘瑞云	女	102	崇安寺	东映山河50号401室
刘　惠	女	100	上马墩	塔影一村58号203室

续表1-3-8

姓　名	性　别	年　龄（岁）	所在街道	居　住　地　址
汤阿洪	男	100	上马墩	上马墩三村26号201室
尹云珍	女	100	广瑞路	广丰一村16号402室
胡阿毛	女	103	通江	周新村14号304室
裴玉琴	女	101	江海	宁海里92号601室
任宝珍	女	103	江海	江海新村83号201室
秦毓珍	女	107	江海	江海新村23—7号201室

说明：上述资料由区民政局提供。

【民　族】

崇安区以汉族人口为主，汉族占总人口的99%以上。1982年，辖区有少数民族414人，比1953年增加136人，占比由1953年的0.13%上升到0.21%。是年，有回、蒙古、畲、赫哲、满、侗、高山、朝鲜、藏、纳西、壮、白、苗、彝、土家族等少数民族15个，比1953年增加12个。1990年，第四次全国人口普查统计，全区有少数民族391人，占0.21%，有回、蒙古、藏、彝、壮、朝鲜、满、侗、土家、纳西、裕固族等少数民族11个，其中回族334人，占少数民族总数85.42%，主要居住在上马墩、周山浜、广瑞路等街道地区。2000年，第五次全国人口普查统计，全区有少数民族469人，占0.22%，有蒙古、回、藏、彝、壮、朝鲜、侗、土家、裕固、苗、锡伯、维吾尔、布依、傣、水族等少数民族16个，其中满族由19人增加到57人，土家族由10人增加到45人，蒙古族由9人增加到24人，维吾尔族从无到有，达34人，回族人数虽由334人减少到244人，但仍然居多，占52.03%，其他少数民族均有不同程度的增加。辖区少数民族居住人数最多的是上马墩街道地区，有94人，其次是崇安寺、广瑞路2个街道地区。迄2005年，全区有少数民族276人，占 0.09%，有蒙古、回、藏、彝、壮、朝鲜、畲、满、侗、土家、纳西、苗、锡伯、维吾尔、布依、傣族等少数民族16个，人数最多的仍是回族，有195人，其次为满族，33人，人数最少的是畲族、侗族、锡伯族、维吾尔族，分别只有1人。

1982～2005年部分年份崇安区各民族人口统计表

表1-3-9　　单位：人

年份	合计	汉族	蒙古	回族	藏族	彝族	壮族	朝鲜	畲族	赫哲	满族	高山	侗族	土家	纳西	白族	裕固	苗族	锡伯	维吾尔	布依	傣族	水族
1982	200301	199887	10	357	1	3	5	5	1	1	12	2	4	4	1	5	—	3	—	—	—	—	—
1990	183372	182981	9	334	2	3	3	3	—	—	19	—	6	10	1	—	1	—	—	—	—	—	—
2000	213867	213398	24	244	4	8	14	12	—	—	57	—	12	45	—	—	1	8	1	34	3	1	1
2005	299153	298877	5	195	5	2	6	8	1	—	33	—	1	8	4	—	-	2	1	1	2	2	—

说明：1. 1982年、1990年、2000年数据来自第三、四、五次全国人口普查资料。2. 2005年数据来自江苏省1%人口抽样调查资料。

【文　化】

随着教育事业的发展，居民文化程度逐步提高。据第三次全国人口普查统计，1982年，大专以上文化程度占学龄人口的比重从1964年的2.4%上升到3.49%，文盲、半文盲人口占学龄人口的比重从1964年的21.4%下降到9.46%。此后，大专以上学历的比重上升至1990年的7.13%、2000年的12.63%，2000年，有研究生307人；文盲、半文盲人口比重下降至1990年的8.19%，至2000年已全部扫除。2005年，据江苏省1%人口抽样调查资料，全区大专以上学历就业人口的比重达到26.66%。

1982年、1990年、2000年崇安区6周岁（含）以上人口文化程度统计表

表1-3-10　　单位：人

年份	合计	研究生	大学（本、专）	大学肄业或在校	中专	高中	初中	小学	文盲或半文盲
1982	182838	—	6377	1372	—	42168	68286	47335	17300
1990	183372	—	13071	12900	10743	34747	61223	35667	15021
2000	188060	307	23442	13169	13493	32537	67630	37482	—

说明：上述数据来自第三、四、五次全国人口普查资料。

【行业、职业】

随着产业结构的不断调整，在业人口行业、职业情况发生很大变化。根据2000年第五次全国人口普查占总人口数10%长表的调查资料和2005年江苏省1%人口抽样调查资料显示，在行业上，2005年与2000年相比，在业人口中从事农、林、牧、渔业和采掘业的人数分别由0.16%、0.04%下降为0；从事制造业的人数由40.5%下降到31.79%，下降8.71个百分点；从事批发和零售业、住宿和餐饮业的人数由23.84%上升到31.49%，上升7.65百分点；从事交通运输、仓储和邮电通信业的人数由4.28%上升到6.43%，上升2.15百分点。与此同时，在职业上，2005年与2000年相比，在业人口中专业技术人员由15.71%上升到19.52%，上升3.81个百分点；从事交通运输、仓储和邮电通信业，信息传输、计算机服务和软件业，批发和零售业、住宿和餐饮业，金融、保险业，房地产业，租赁和商务服务业，社会服务业等行业人员的比例由39.08%上升到47.38%，增加8.3个百分点。

2000年、2005年崇安区在业人口行业情况统计表

表1-3-11　　单位：人、%

行业类别	2000		2005	
	在业人口数（10%长表数）	比例	在业人口数（1%抽样调查数）	比例
合计	7938	100	994	100
农、林、牧、渔业	13	0.16	—	—
采掘业	3	0.04	—	—
制造业	3215	40.50	316	31.79
电力、煤气及水的生产和供应业	67	0.85	29	2.91
建筑业	355	4.47	27	2.72
地质勘查业、水力管理业（水利、环境和公共设施管理业）	1	0.01	14	1.40
交通运输、仓储和邮电通信业	340	4.28	64	6.43
信息传输、计算机服务和软件业	—	—	9	0.91
批发和零售业、住宿和餐饮业	1892	23.84	313	31.49
金融、保险业	189	2.38	25	2.52
租赁和商务服务业	—	—	32	3.22
社会服务业（居民服务和其他服务业）	568	7.16	14	1.40
卫生、体育和社会福利业	267	3.37	41	4.12
教育、文化艺术及广播电影电视业	336	4.23	51	5.13
科学研究和综合技术服务业（科学研究、技术服务和地质勘查业）	80	1.01	5	0.50
国家机关、政党机关和社会团体（公共管理和社会组织）	455	5.73	40	4.02
其他行业	44	0.55	—	—

说明：1. 2000年数据来自第五次全国人口普查资料。2. 2005年数据来自江苏省1%人口抽样调查资料。3. “行业类别”一栏中，括号内为2005年的类别名称。

2000年、2005年崇安区在业人口职业情况统计表

表1-3-12　　单位：人、%

职业类别	2000		2005	
	在职人口数（10%长表数）	比　例	在职人口数（1%抽样调查数）	比　例
合　计	7938	100	994	100
国家机关、党群组织、企事业单位负责人	473	5.96	48	4.80
专业技术人员	1247	15.71	194	19.52
办事人员和有关人员	1501	18.91	112	11.26
商业、服务业人员	2254	28.40	332	33.40
农、林、牧、渔、水利业生产人员	17	0.21	11	1.10
生产、运输、设备操作人员及有关人员	2443	30.77	294	29.58
不便分类的其他从业人员	3	0.04	3	0.30

说明：1. 2000年数据来自第五次全国人口普查资料。2. 2005年数据来自江苏省1%人口抽样调查资料。

【家　庭】

随着社会的发展和居民生活水平的提高，居住条件逐步改善，子女结婚后自立门户的人数不断增多，辖区家庭人口日趋小型化。1982年，第三次全国人口普查时，全区家庭户均3.70人，比1953年第一次全国人口普查时户均5人减少1.3人，与1964年第二次全国人口普查时户均3.62人基本接近。1990年，第四次全国人口普查时，全区家庭户均3.84人。2000年，第五次全国人口普查时，全区家庭户均减至2.91人。迄2005年，家庭户均人口进一步降至2.67人，一家三口的小家庭占大多数。

第四节　人口普查

无锡解放后，崇安区先后经历5次全国人口普查，历次普查中，普查项目和资料都根据全国统一部署进行，由区和街道组织实施，然后由市统一汇总。1953年6月30日24时，第一次全国人口普查结果：第一区有1.63万户、8.03万人，第二区有1.68万户、7.80万人。1964年7月1日零时，第二次全国人口普查结果：崇安区有3.82万户、16.64万人。1982年7月1日零时，第三次全国人口普查结果：崇安区有5.59万户，20.03万人。1990年7月1日零时，第四次全国人口普查结果：崇安区有5.62万户，18.34万人。2000年11月1日零时，第五次全国人口普查结果：崇安区有7.38万户，21.39万人。

【第四次人口普查】

第四次人口普查标准时间为1990年7月1日零时。这次普查工作时间短，调查项目多，城市人口迁移和流动人口增多、少数居民对新生儿不报户口等因素，给普查登记工作带来难度。为搞好普查，区成立人口普查领导小组，下设区人口普查办公室，从机关、企事业单位抽调工作人员，在统一规定的标准时间内入户调查登记。调查登记项目有52项，其中，按户登记填报的6项，有本户编号、户别、人数、出生和死亡人数、本户户籍人口中离开本区（市）一年以上的人数等；按人登记填报的15项，有姓名、与户主关系、性别、年龄、民族、户口状况和性质、1985年7月1日常住地状况、迁来本地的原因、文化程度、在业人口的行业、在业人口的职业、不在业人口状况、婚姻状况、妇女生育存活子女数、以及1989年1月1日以来妇女生育状况等。第四次全国人口普查结果：崇安区有5.62万户，18.34万人，其中男性9.21万人，女性9.13万人。

【第五次人口普查】

第五次人口普查标准时间为2000年11月1日零时。这次普查项目增加到68项，并采用短表和长表两种表格登记。短表中，户记录10项，人记录9项。户记录10项，有户编号、户别、本户普查登记人数、本户户籍人口中外出不满半年人数、本户户籍人口中外出半年以上人数、暂住本乡镇街道而离开户口登记地不满半年人数、本户1999年11月1日至2000年10月31日出生人数、本户1999年11月1日至2000年10月31日死亡人数、本户住房间数、本户住房建筑面积等。人记录9项，有姓名、与户主关系、性别、年龄、民族、户口登记状况、户口性质、是否识字、受教育程度等。长表中，户记录23项，人记录26项。户记录23项，除短表中户记录的10项外，还增加住房用途、住房建成时间、建筑层次、住房外墙墙体材料、住房内有无厨房、主要炊事燃料、是否饮用自来水、有无洗涤设施、有无厕所、住房来源、购建住房费用、月租房费用等13项。人记录26项，除短表中人记录的9项外，又增加出生地、何时来本乡镇街道居住、从何地来本乡镇街道居住、迁出地类型、迁移原因、五年前常住地、学业完成情况、是否工作、工作时间、行业、职业、未工作者状况、未工作者主要生活来源、婚姻状况、初婚年月、生育子女数、1999年11月1日至2000年10月31日生育状况等17项。第五次全国人口普查结果:崇安区有7.38万户，21.39万人，其中，男性10.89万人，女性10.50万人。

第五节　人口控制

崇安区计划生育工作始于20世纪60年代初，1979年，成立崇安区计划生育领导小组，下设办公室，办公室设在区卫生科。1988年6月，改称为崇安区计划生育委员会。区计生部门严格贯彻执行国家人口生育政策，实行鼓励晚婚、少生优育、一对夫妇只生育一个孩子等规定。特别是2001年12月实施《中华人民共和国人口与计划生育法》后，以国家法律形式确定计划生育基本国策地位。计划生育工作逐步转向采取综合措施控制人口数量，由社会制约为主逐步转向利益导向与社会制约相结合的方式控制人口增长，建立健全宣传教育、综合服务、科学管理相结合的工作机制，对人口和计划生育工作实行目标管理和一把手负责制，在促进生殖保健、优生优育、特别是流动人口计划生育工作管理等方面采取一系列政策措施。2001年，崇安区计划生育局荣获“无锡市‘九五’时期计划生育工作先进集体”称号。2000~2004年，9个单位荣获市计划生育工作先进集体，21名计划生育工作者被评为省、市先进个人。全区计划生育率由1985年的99.94%提高到2005年的100%；节育措施落实率从1985年的87.88%提高到2005年的99.99%。

【机构与队伍】

1988年6月，区计划生育领导小组更名为崇安区计划生育委员会（以下简称区计生委），其下设的办公室更名为区计生委办公室，仍归口区卫生局，挂区计生委办公室牌子，行使政府职能，配备计划生育专职干部2~3人。1996年12月，改称崇安区计划生育局。2000年起，各街道相继建立计划生育服务站和计生服务领导小组。2004年，各街道相继建立计划生育服务站，加强计生服务体系建设。2005年4月，更名为崇安区人口和计划生育局，配有专职干部5人，内设办公室、科技信息科、法规宣教科。迄2005年，全区有计划生育专兼职干部9人、计划生育信息员200余人，形成区、街道、社区横向到边、纵向到底的计划生育工作网络。1986~2005年，历任区计划生育部门主要负责人：龚允明、许秀玉、张若海、袁耀珠。

【晚婚晚育】

80年代第三次人口出生高峰期，在普遍提倡避孕节制生育、一对夫妇只生育一个孩子的基础上，进而倡导晚婚、晚育、少生、优生，特别是《中共中央关于控制我国人口增长问题致全体共产党员、共青团员的公开信》和新《中华人民共和国婚姻法》颁布后，进一步收紧生育政策，加强对广大居民进行晚婚晚育教育。1990年，学前街街道实行晚婚晚育的经验获市肯定，并在市人口与计划生育基础知识现场会上推广。90年代后，将晚婚率、晚育率作为计划生育必达指标，纳入对街道、单位的目标责任考核。1991年，全区推迟婚期15对、实行晚育48人、落实节育措施368人、放弃二胎指标12对。1993年，各街道建立人口学校，普遍开设计划生育政策法规、优生优育、青春期生理卫生、生殖健康、更年期保健、预防艾滋病等常规课程，定期组织地区育龄妇女培训，增强居民群众晚婚晚育和计划生育意识。2000年后，采用多种形式进行晚婚晚育宣传教育，巩固晚婚晚育成果，先后开展“婚育新风伴我行”主题活动和“个、十、百、千、万”[①]系列活动。2001年，贯彻实施《中华人民共和国人口与计划生育法》，区举办万人婚育知识竞赛，区政府网站开设计划生育网页。2003~2004年，组织开展争创省人口与计划生育工作示范区、示范街道、合格社居委活动；开展“关爱女孩”主题活动，举办“关爱女孩，母女同乐运动会”“关爱女孩知识竞赛”；与崇安医院和广益医院联合开展“生男生女一样好、计划生育利国利民”宣传活动。1990~2005年，晚婚率保持在90%以上。

【避孕节育】

1986年起，区政府把计划生育作为文明单位考核的重要指标，实行一票否决制。1987年后，避孕节育作为计划生育考核体系的主要指标，实行“一把手”责任制，区政府与各街道及区有关部门、各街道与辖区企事业单位及居委会层层签订目标管理责任书。1990年，全区节育措施落实率由1989年98.34%提高到99.25%。1991年后，把人口出生率、计划生育符合率、避孕节育率等指标一并下达考核，各街道、企事业单位、居委会均建立育龄妇女和计划生育台账，对避孕节育进行规范化管理。是年，街道卫生所发放《避孕期的指导》等宣传品2万份。1992年，重点加强计划生育台账管理，重建人口统计台账，把流动人口生育管理纳入台账。街道建有死亡迁移等2本台账；居委会完善“三账一册”[②]。通过建立人口信息卡，开展对空挂户、拆迁户、人户分离等情况的调查摸底工作。辖区单位、居委建立育龄妇女信息卡，按卡定期上门发放避孕药、避孕套，走访慰问，并检查避孕措施落实情况，帮助解决实际问题。1999年后，进一步完善育龄妇女信息系统，覆盖全区所有居（家）委会、372个辖区单位，建卡育龄妇女4.88万人，育龄妇女建卡率99.98%。2001年社居委撤并后，集中做好已婚育龄妇女避孕信息系统并库和数据转换，信息准确率98%以上，确保区、街道两级避孕节育信息系统正常运转，基层避孕药具专管员全部持证上岗。1990~2003年，每年节育措施落实率都在99%以上。2005年，达到99.99%。

1989～2005年崇安区避孕节育情况一览表

表1-3-13　　单位：人、%

年　份	应落实措施人数	节育措施人数	节育措施落实率
1989	33656	33096	98.34
1990	34058	33803	99.25
1991	38274	38143	99.66
1992	36631	36596	99.90
1993	37736	37639	99.74
1994	36536	36474	99.83

①个、十、百、千、万：印发一个文件（《关于加强人口与计划生育工作稳定低生育水平的决定》单行本），评选十家“婚育新风标兵户”，百家“婚育新风户”，举办千户“家庭知识竞赛”，发放万本《育龄妇女避孕节育知情选择指南》。
②三账一册：总人口账、已婚育龄妇女账、未婚女青年账和出生婴儿册。

续表1-3-13

年　份	应落实措施人数	节育措施人数	节育措施落实率
1995	35032	34996	99.90
1996	35898	35828	99.81
1997	33636	33410	99.33
1998	34236	34164	99.79
1999	34208	34172	99.89
2000	35081	35024	99.84
2001	36608	36484	99.66
2002	34080	34048	99.91
2003	37313	37303	99.97
2004	41312	38667	93.60
2005	40866	40861	99.99

说明：上述资料由区计划生育部门提供。

【优生优育】

1986年起，按照新《中华人民共和国婚姻法》和《中华人民共和国母婴保健法》等规定，区计生部门配合区卫生、民政部门，要求未婚夫妇在办理结婚登记手续前必须进行婚前检查，接受卫生指导和咨询，及时查治影响结婚生育的疾病。90年代后，区计生部门充分发挥基层计划生育网络队伍的作用，除大力普及宣传优生优育、孕产期和母婴保健知识外，还在各街道卫生所成立胎教指导站，培训医务人员，举办孕妇学习班，提供有关宣传品和技术指导，推广母乳喂养知识。1998~2005年，根据国家计生委科技司要求，宣传推广孕产期、围产期增补叶酸类营养素等科技成果，减少和预防“先天性神经管畸形”等新生儿出生缺陷性疾病。2005年，以“提高出生人口素质，生育一个健康、聪明的孩子”为主题，开展优生优育宣传，入户发放宣传折页，新婚家庭知晓率100%，未婚家庭知晓率达到80%。并强化出生缺陷一级干预，对实行计划生育的家庭启动免费优生检测工程，为110名婚后孕前育龄妇女进行采血检测，未发现弓形体、风疹病毒、巨细胞病毒、单纯疱疹病毒等抗体检测结果呈阳性的对象。区计生部门还配合卫生部门做好产前筛查与诊断、新生儿疾病筛查等出生缺陷二级、三级干预工作，降低出生缺陷的发生率和婴儿死亡率，提高出生人口素质和母婴健康水平。

【婚育管理】

1987年起，区政府实行计划生育考核制，以合同形式向各街道下达计划生育各项指标任务。1989年后，完善计划生育责任制，实行人口指标管理，并实行持证怀孕、凭证生育制度。在执行“一对夫妇最好生一孩，严格控制二胎，坚决杜绝第三胎，第一个孩子有严重残疾的家庭，经审批可再生一孩”政策的同时，对符合生育二胎的家庭，经批准，可再生育一胎，但再生育一胎的间隔一般为三年。1989~2005年，审批计划内第二胎689人。1990年，《江苏省计划生育条例》颁布施行后，对不同对象的育龄群众实行签订晚育合同和生育、节育合同制度。区出台《加强薄弱地区和重点人群计划生育管理的实施意见》，加强对有关薄弱地区重点人群的管理，并明确具体的奖惩办法，进一步明确企业计生工作职责，落实计划生育一票否决制。1995~1998年，开展计划外生育专项治理，全区对违法生育者进行帮助教育。1999年，实行计划生育行政执法责任制，完善行政执法监督检查制度，规范执法行为，实行政务公开，接受群众监督。2004年，启动筹集计划生育公益金，走访慰问独生子女家庭、因病因残致贫家庭。2005年，结合推进村（居）民自治、村（居）务公开，依法加强计划生育工作的民主决策、民主评议、民主监督。1989~2005年，独生子女领证率由1989年的68.82%下降到2005年的50.28%，但计划生育率均保持在99%以上，其中，1990年、1995年、1997年、2000年、2001年、2003年、2005年均达到100%。

1989～2005年崇安区独生子女领证情况一览表

表1-3-14　　单位：人、%

年　份	已婚育龄妇女	领独生子女证	领　证　率
1989	36755	25295	68.82
1990	38270	26775	69.96
1991	41745	30110	72.13
1992	39993	29092	72.74
1993	40998	31130	75.93
1994	39662	32718	82.49
1995	38776	27189	70.12
1996	38469	27705	72.02
1997	36591	23063	63.03
1998	37269	22144	59.42
1999	37341	21880	58.60
2000	38429	23050	59.98
2001	40807	23487	57.56
2002	38427	20325	52.89
2003	40040	20115	50.24
2004	41312	21639	52.38
2005	43586	21917	50.28

说明：上述资料由区计划生育部门提供。

流动人口生育管理　1991年起，把流动人口计划生育工作纳入全区计划生育工作体系，按照《江苏省计划生育条例》的要求，完善流动人口生育管理，对外来流动人口实施现居住地管理，在单位、居委建立流动人口账册，与户籍人口（在职职工）实行同样的管理和服务，形成社区、企事业单位条块结合的管理网络。1992年，贯彻《无锡市流动人口计划生育管理办法》，针对辖区私房出租户多、流动人口情况复杂的状况，由街道计划生育办公室与房屋出租户签订计划生育合同，用工单位与农民工、合同工签订计划生育合同，建立分工包干及联系户制度，层层落实责任制。1998年，区计划生育部门与工商、房管等部门联手，加强对辖区13家市场流动人口的生育管理。2000年，区计划生育部门又会同公安部门，根据外来流动人口办理暂住证的情况，上门开展“五个一”①服务，对居住满半年的流入育龄对象，列入现居住地管理；对“人户分离”的流出育龄对象，向现居住地发联系函。2001年，区计生部门会同公安、工商、劳动与社会保障等部门加强流动人口婚育证明查检工作，向流动人口发放查验“婚育证明”须知和联系单5000份；公安部门在办理暂住证的同时，把计划生育信息传送至计划生育部门，由居委计划生育干部上门走访调查、登记、服务（尿检）、查验“婚育证明”、发放查验卡、签订计划生育合同。是年，全区婚育证明查验率97.74%，流出人口发证率95.89%。2004年，广瑞路街道通过“新市民亲情理事会”，在为新市民育龄对象解决各种实际困难的同时，加强计划生育管理。广益街道发挥协管员作用，建立计划生育与公安部门的信息通报联系制度，对辖区2315名流入已婚育龄妇女开展妇女病普查，查出患病人员472人，并帮助指导治疗。通江街道在流动人口集中居住的庆丰集团等35个单位开展“关爱独生子女”主题教育活动。2005年，按照《无锡市流动人口计划生育管理条例》规定，对在辖区安居创业的流动人口实行“四免费”②，全区流动人口已婚育龄妇女纳入管理率达到80%以上。组织开展“新无锡人计划生育优质服务月”活动，免费为3933名已婚育龄妇女进行孕、环情检测和妇女病普查。启动“新市民优质服务一卡通”服务，使辖区内流动人口得到就近、快捷、周到的法律援助、就业咨询、免费服务，与户籍人口享受同等待遇。

①五个一：核对一次居住人员、签订一份计生合同、查验一次婚育证明、发放一份宣传资料、进行一次孕情服务。
②四免费：免费办理婚育证明、发送避孕药具、发放宣传资料、提供技术服务。

1989～2005年崇安区计划生育情况一览表

表1-3-15　　　　单位：人、%

年份	出生人数	一孩		二孩		计划生育率
		人数	一孩率	人数	二孩率	
1989	2843	2798	98.40	45	1.59	99.96
1990	2516	2477	98.40	39	1.55	100
1991	1436	1383	96.30	53	3.70	99.79
1992	1322	1283	97.00	39	2.95	99.92
1993	1260	1222	96.70	38	3.02	99.92
1994	1298	1267	97.60	31	2.39	99.92
1995	1017	1000	98.30	17	1.67	100
1996	1112	1092	98.20	20	1.80	99
1997	1157	1115	96.40	42	3.63	100
1998	1178	1138	96.60	40	3.40	99.91
1999	1113	1070	96.10	43	3.86	99.92
2000	1205	1167	96.80	38	3.15	100
2001	1138	1109	97.50	29	2.50	100
2002	974	938	96.30	36	3.70	99.89
2003	694	656	94.50	38	5.48	100
2004	1134	1078	95.00	56	4.93	99.91
2005	758	718	94.70	40	5.27	100

说明：上述资料由区计划生育部门提供。

【计划生育服务】

为社区居民开展计划生育服务（2003.12）　（崇安寺街道供稿）

80年代后，根据计划生育工作的需要和广大育龄群众的需求，先后开办新婚学校，聘请驻区大医院的专家为育龄群众开展避孕节育、生殖保健、优生优育等方面的咨询和技术服务。1996年后，根据社会主义市场经济条件下，实现人口控制和计划生育工作的新要求，在全区开展避孕节育全程服务和生殖保健服务，融宣传教育、技术服务、信息管理、文明执法为一体，并逐步建立区、街、居委会三级计划生育宣传服务阵地。各街道利用社区卫生服务中心，开展以计划生育知识普及、知情选择、避孕随访、咨询服务、健康教育为主的服务。1999年，区计划生育服务中心在崇安医院挂牌成立，为全区育龄群众提供避孕节育全程服务和基本生殖保健服务。2000年，各街道规范特殊人群档案管理、优质服务卡填写、知情选择表、信息采集等工作，健全随访服务等制度，尝试药具管理按需服务、按现居住地发放。2001年，计划生育服务机构向社区延伸，全区54个社居委设立“计划生育服务角”，配备避孕药具专柜，使居民群众在家门口即能得到服务。2003年，建立区零岁教育基地、区新婚夫妇教育基地，启动“预防出生缺陷”一级干预工程，提高出生人口素质；与卫生、妇联、工会等部门联合开展育龄妇女生殖道感染综合防治工程（即“RTI工程”），使患病妇女得到及时诊治。2004年后，以建立、优化社区计划生育服务室为重点，开展知情选择、避孕节育和生殖健康为主的优质服务，为育龄妇女提供避孕和放环情况检测，为实行计划生育的育龄夫妇免费提供药具，为流动人口已婚育龄妇女进行妇女病普查。

第二编

崇安寺街区

崇安寺地处无锡老城厢中心，原是佛教、道教圣地。崇安教寺是无锡最古老的寺院，东晋兴宁二年（364）名兴宁寺，北宋太平兴国元年（976）改名崇安教寺，自宋以后几经毁建，辛亥革命后，崇安寺街区逐渐成为无锡的商业中心，与上海城隍庙、南京夫子庙、苏州玄妙观齐名，“皇亭小吃”享誉江浙一带。崇安寺地区的公花园、图书馆是无锡开启现代文明、传播先进文化的发源地。无锡解放后至90年代，崇安寺地区历经3次改造。2003年起实施的第4次改造，其力度之大、范围之广、持续时间之长，为历次之最。崇安区作为崇安寺地区改造建设的主体，从规划到建设，从经营到管理，开启区级政府参与无锡市城市建设的先河。新一轮崇安寺改造按照“品位高、文化深、建筑精、环境美”和“精品、特色、通畅、透绿”的要求，致力于繁荣和发展崇安寺商贸服务业，传承和光大民俗文化，做大、做强崇安寺文化、旅游业，塑造和提升崇安寺作为城市名片的品牌效应，把崇安寺街区建成一个融特色商店、餐饮、旅游、休闲为一体的环境优美、设施完善的新型商业旅游繁华区。2003年启动的崇安寺建设改造分两期实施，2003年6月，总投资10.31亿元的崇安寺一期工程启动，一期改造工程在原崇安寺建筑轴线上，由南向北，重建石雕牌楼、皇亭、崇安阁，整修阿炳故居、无锡县立图书馆、玉皇殿等名胜古迹，体现佛道并存的宗教文化，融合多元文化品质，以现代材料、技术和风格建设纵横交错的传统商业街市，崇安寺生活步行街区（一期）于2005年10月建成开业。2006年10月，建筑面积5.60万平方米的一期工程竣工。2008年12月，建筑面积7.39万平方米的二期工程开工，迄2010年，二期工程2号地块主体建筑竣工，联结崇安寺一期、公花园，初步建成集观光、购物、美食、娱乐、休闲等于一体的商贸中心和旅游胜地。崇安寺以它新的“商核”“文核”“绿核”的魅力，使崇安寺“传统文化圣地、现代商业核心”的地位和优势更加突出，“逛崇安寺、购江南物、听二泉曲、品皇亭味”逐渐成为无锡人的生活时尚，成为无锡市民休闲消费的首选之地，成为展示无锡城市文化和风土人情的“城市文化客厅”，成为无锡市群众文化和宣传推介的重要阵地。

与此同时，针对百姓生活消费为主的特点，依托景观设置，倡导情景式购物、休闲式消费的服务理念，立足依靠崇安寺品牌优势、信息优势、服务优势、管理优势赢得市场竞争主动权，促进崇安寺街区经营管理和服务水平不断提高。崇安寺生活步行街区于2007年被江苏省建设厅评为江苏省城市物业管理优秀街区。迄2010年，日平均人流量达10万人次以上，节假日高峰人流量达25万人次左右。先后接待国家、省市领导人、著名学者、社会名流、以及各省市区有关参观考察团160余批次。崇安寺街区入驻企业经济效益不断上升，带动崇安寺街区整体效益的同步提高。2005~2010年，崇安寺街区商铺累计销售4.14万平方米，商铺租赁收入1.32亿元，销售收入15.26亿元，上交国家各类税费2.73亿元。

第一章　历史沿革

历史上的崇安寺地区，佛教道教并存。东为道教道观，西为佛教寺院。崇安寺原是无锡最古老的寺院，始建于东晋兴宁二年（364），已有1600余年历史，自宋、元、明、清至民国，古崇安寺主体建筑历经6次毁建，其后房屋又陆续被改作他用。位于崇安寺东、始建于南朝的洞虚宫，原是无锡历史最久、规模最大、保存遗迹最多的正一教派道观，其道院亦经5次毁建。三清殿于民国初年被拆建为无锡县立图书馆及钟楼，三官殿于抗日战争前后被拆除改建，后由当家道士于民国初年易地重建小三清殿，包括雷尊殿、火神殿、姜太公庙等建筑。迄2005年，崇安寺地区仅存位于图书馆北面的玉皇殿，位于图书馆东面的火神殿、雷尊殿（阿炳故居）等部分道院建筑。

第一节　崇安寺

自唐宋至元明清的古崇安寺，坐落在观前街（今人民中路）北，今中山路东。晚清至民国时期，市民俗称的“崇安寺”，其区域为崇安寺、洞虚宫、城中公园一带。无锡解放前，其范围为山门口、观前街两侧（今人民中路），城中公园至中山路和寺后门一带。古崇安寺历经沧桑，屡毁屡建。辛亥革命后，崇安寺逐渐成为商业市场的代名词而闻名遐迩，崇安寺地区逐渐成为为无锡的商业集贸中心、民俗活动中心。

【古崇安寺】

古崇安寺相传是东晋书法家王羲之故宅[①]。晋兴宁二年（364）改作寺院，名兴宁寺。唐朝咸通八年（867），建石幢于山门（1954年石幢迁于城中公园，“文化大革命”中被毁）。北宋太平兴国元年（976）[②]，宋太宗赐额崇安教寺。南宋建炎年间被毁，旋即重建。南宋绍兴二十八年（1158），僧义深在寺西建五轮大藏。元《无锡志》称：“寺有五轮大藏，雕刻精致，机括工巧，为邑奇观”，轮藏镂刻精致，高可及屋，然手推即能徐徐转动。南宋绍定年间，寺东建有千佛阁，为僧师亨所建，有王定所撰碑记。元至正年间，千佛阁和五轮大藏均毁于火。明洪武十四年（1381），僧通圆重建大殿。明成化年间又被火毁。后经僧智谦、慈洪等拆旧重建。明天顺年间，僧宗靖增建钟楼。明万历年间，僧显相建观

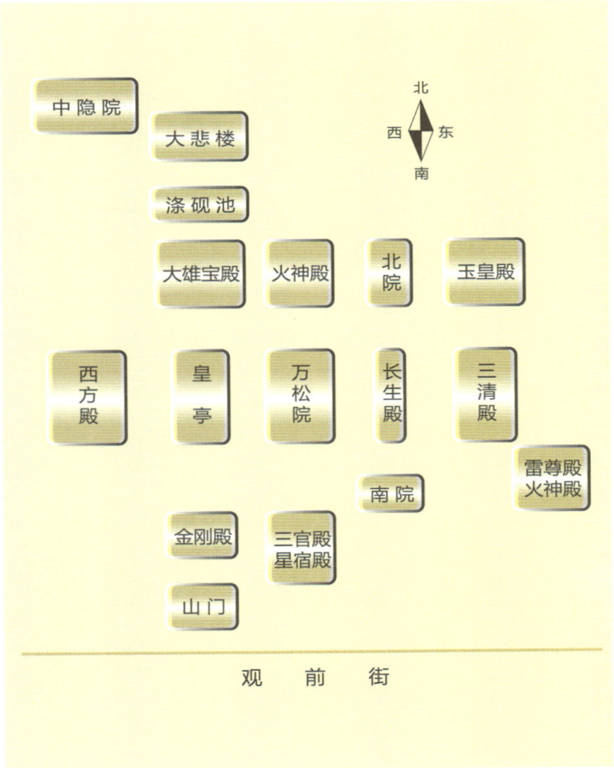

图2-1-1　　古崇安寺方位图

①元《无锡志》载：以王羲之宅舍为寺。
②改称崇安教寺的时间，一说是兴国二年。

音阁，殿后建禅堂；僧明性在大殿后建藏经阁，阁前有墨池，传说为王羲之洗砚池。明代崇安教寺有比较完整的文献记录：过山门即是天王殿，竖匾上写着“祝圣都道场”，传为王羲之书。中间即为大雄宝殿，左右有长廊，东庑建钟楼一座，西庑建观音阁三楹，大雄宝殿西有关帝殿，万历年间邑人秦耀所建。大殿后有广清禅楼，藏元代树灯，精巧绝伦。殿后还有大悲楼，三楹二层，楼上为藏经阁，藏明代慈圣太后赏赐的大藏经一部，阁前有右军涤砚池。

清顺治、康熙年间，僧定意、宗超、重茂等历经增建。雍正八年（1730），大殿倒塌，僧芋圆募化重建。至乾隆五年（1740），又有僧圣能修葺竣工，邑人邹文锦等捐资重建天王殿。乾隆二十二年，崇安教寺改称静慧寺。但民间仍俗称崇安寺。乾隆五十三年，僧天机改建山门。清道光年间，僧庆山、洁厍、竺峯等先后增建山门殿。山门正中上方有“敕赐静慧教寺”竖匾，边框刻龙纹图案，山门两侧八字墙上有“梁溪首刹”“吴会名胜”八个砖刻大字；山门内上方有“古祝圣都道场”六个砖刻大字，殿内两边供金刚力士塑像，俗称哼哈二将，殿内侧之东有唐代石幢刻陀罗尼经、尊胜咒。山门殿后依次为金刚殿即天王殿、皇亭即圣谕亭、大雄宝殿、右军涤砚池、大悲楼。大悲楼西有中隐院；大殿之东有火神殿，再东为北院；圣谕亭之西有西方殿；东为万松院故址，之东有长生殿；金刚殿东有三官殿（星宿殿）。清咸丰十年（1860），崇安寺被焚毁。同治、光绪年间陆续重建。光绪二年（1876）重建玉皇殿，光绪五年，无锡知县廖纶在大雄宝殿废墟前重建圣谕亭，俗称“皇亭”，亭内供“当今皇帝万岁，万岁，万万岁”牌位。光绪七年至十五年，住持真能及其徒空忠赴上海募款，重建大雄宝殿，费时历8年，“共费青蚨二万二千四百缗有奇，轩翥宏丽，一切规制如旧”，并立碑记事，由秦臻撰文。此后，天王殿等其他建筑也稍有恢复。时崇安寺为无锡佛教的管理中心和文化交流中心，寺内设有管理寺庙和僧人的机构，清代僧会司衙门即设在崇安寺大雄宝殿后藏经阁。崇安寺万松院内有恒记经房，专门雕刻、印刷佛经。崇安寺还是宗教活动中心，称为古祝圣都道场，每逢农历初一、十五，或皇家婚丧喜庆，各寺院住持及地方官员都集中到此祈祷祝圣，中央政府下发圣旨、诏诰，知县均要到皇亭焚香九叩首下跪领旨。光绪三十一年，大悲楼改为崇安寺小学。

辛亥革命时期，开辟公园路，东自新生路口，西至中山路新市桥堍。自此，洞虚宫和崇安寺被拦腰截为两半，公园路南为大自鸣钟路，北为洞虚宫玉皇殿；崇安寺路南为万松院、圣谕亭、天王殿、头山门、伽藍殿、西方殿，路北为普贤北院、火神殿、大雄宝殿、中隐院、增福庵。天王殿以北是一片开阔空地，皇亭居中。清宣统三年（1911）被拆除，辟为无锡第一处菜市场，为四面通透的瓦楞敞厅。万松院陆续被租用，开设三万昌茶馆、新万兴饭店、新新食品店等商店，自此，崇安寺逐渐成为商业市场的代名词而闻名遐迩。民国16年(1927)，大雄宝殿被改为无锡总工会所在地。民国18年，无锡县政府社会调查处对崇安寺调查结果是：共有房屋120余间、基地8亩4分、僧人47人。其分布为：中轴线有头山门、金刚殿、天王殿、大雄宝殿、藏经阁、大悲阁及附房；东线自南向北有三官殿（又名星宿殿）、普贤南院、万松院、普贤北院、火神殿（又称文昌宫）；西线从南至北分别是伽藍殿、祖师殿、西方殿、中隐院。民国26年，日本侵略军进城，大雄宝殿、天王殿被日军焚毁，战事平息后，大雄宝殿住持祖鑫在原址沿公园路砌造普通民房一幢，正中一间进入殿后大门，大门上方嵌“古祝圣都道场”，楼上是僧人开设的大觉茶楼，楼下为店铺。天王殿殿基上改建成拱北楼面店。无锡解放后，崇安寺山门、南院、北院、万松院、中隐院等建筑先后被拆除。1953年拆除头山门建土产公司。1958年寺庙合并后，除保留小部分房屋供僧人使用外，大部分房屋交房管局代管。20世纪50年代初，崇安寺小学所在的大悲楼被改建成2层楼房，底楼为学校大礼堂，二楼为教室及办公室。楼前有涤砚池，水池一丈见方，水深丈余，池水清澈，水池周围有三尺高的围墙。石砌池壁，朝北池壁上横嵌一青石条，约四尺长，一尺宽，上面用楷书镌刻“右军涤砚池”5个大字。1969年被填塞。三官殿、南院于60年代拆除改造为菜场办公楼，万松院一部分为菜场食品仓库，大部分改为崇安寺小学幼儿园（80年代改为弱智儿童学校），一部分由伊斯兰面店使用。1983年，崇安寺小学搬迁后改为市老干部俱乐部，后又改建成中山宾馆，中山宾馆内曾用太湖石砌有象征性水池，水池边上砌有一方明万历年间刻制的“右军涤砚池”竖式青石。在涤砚池东，公花园归云坞下，原有石砌小池，为崇安寺放生池，亦已填塞。店铺、商贩主要集中在崇安寺、盛巷一带。

【洞虚宫】

位于崇安寺东面的道院洞虚宫，是无锡最古老的道院，最早名青玄观，南朝梁武帝大同二年（536）建于胶山。胶山青玄观废后，迁至城中“市东”，今崇安寺所在地。北宋祥符三年（1010），改额洞虚观。北宋庆历年间（1041~1048）毁于火。北宋嘉祐元年（1056）重建。元代又重建。元泰定元年（1324），朝廷敕赐洞虚观为洞虚宫匾额。元至顺三年（1332），宫内三元、祠山两殿被烧毁，道士安以道、沈常德、童德和、张玄德等募化筹款修复。元至元四年（1338）九月，又重建三元、祠山两殿。道教将天、地、水称为三元，三元殿供奉“上元一品九气天官紫微大帝”“中元二品七气地官清虚大帝”“下元三品五气水官洞阴大帝”。祠山殿所祀为“祠山大神，则古所谓御大灾、捍大患者”。元至正四年（1344），华益谦立《无锡州洞虚宫重建三元祠山殿记》石碑，碑文后列有当时洞虚宫有职务的道士名录：“知库陆道成，值岁钮若水，监斋张守玄、曹世祥，监宫童德和，提点宫事陈道坚，提点张可久，灵妙通玄弘教真人，杭州路宗阳宫主、领宫事，住持西太一宫，兼常州路无锡州洞虚宫住持华益谦立石。”元末，洞虚宫殿宇因火灾烧毁。明洪武二年（1369）至十五年（1382），洞虚宫主持者陈道安、乔大升、陆静渊、张拱枢、龚太翀、钮玄枢、陈守常、徐玄龄、许真常等，先后对其进行维修和增建。明代的洞虚宫，中为三清大殿，殿中供奉道教所尊的三位神道，即玉清元始天尊，居中而坐；上清灵宝天尊、太清道德天尊，分坐两边。三清殿南两侧分列昊天殿、雷尊殿、太乙殿、长生殿、七元殿、三元殿、祖师殿等7座较小的殿宇。明万历年间，三清殿因年久失修而倒塌，王永积姊张孺人独捐千金予以重建。宫内有魁星楼、玄都第一楼、三友斋、吟仙阁、听鹤山房、白云深处、白湖山楼、涵碧楼等。至明末，洞虚宫规模宏大，与崇安寺连成一片，但也有殿宇倾圮，围墙倒塌。

清代，洞虚宫殿宇楼阁得以再次修复，康熙三十二年（1693），邑人邹性善、孙溶佳集资修建玉皇殿，供奉玉皇大帝。蔡贞女则在左翼修建诸天殿。乾隆九年（1744），邑人邹文军在右翼建诸天殿。咸丰十年（1860），太平军进无锡，洞虚宫建筑全被焚毁。同治十三年（1874），再建三清、灵官、火神、雷尊、长生、祖师六殿。清光绪二年（1876），道士秦瑞芳集资重建玉皇殿，坐北朝南，四角各建对称观舍，前后两舍间留出天井，合计建筑面积250平方米。恢复后的洞虚宫设道院五所，各有住持，从清末至民国共传两代。洞虚宫的著名道士有居易斋、陈莲君、贡竹石、兰花、唐翰臣、贡正书、华彦钧等。辛亥革命后，三清殿被拆除改建成县立图书馆及钟楼。洞虚宫当家道士为维持道教业务，在图书馆东南面另建小三清殿，包括雷尊殿、火神庙、姜太公庙等。玉皇殿神像被毁。抗日战争爆发前后，三官殿被拆除改建。抗日战争胜利后，玉皇殿改作无锡县参议会办公之所。无锡解放后，玉皇殿曾改作无锡市少年之家和商店。1984年，市政府对玉皇殿进行大修。1988年，改作无锡革命陈列馆。80年代，图书馆前的人民路路口，还存有古井一口，青石井栏上刻有“洞虚宫”三字。迄21世纪初，道院建筑仅存有玉皇殿，以及图书馆东面的雷尊殿及火神殿等残余房屋。

【公花园（城中公园）】

（详见本编第二章第五节公园改造内容，第95页。）

第二节　历次改造

20世纪50年代、70~80年代和90年代中后期，市、区政府先后对崇安寺地区进行过3次规模不同的建设改造。

【50年代改造】

20世纪50年代，市政府在改造公园路、盛巷，拓宽人民路的同时，调整崇安寺房产功能布局，改建商业网点。1955年，拆除崇安寺山门，建成全市最大的土产公司门市部（1958年更名为无锡市第一副食品商店）。1956年，创办于清同治二年（1863）的拱北楼面店迁入金刚殿。整修后的玉皇殿改作无锡市少年之家。其间，位于观前街口的三阳南北货商店、世泰盛呢绒布绸商店以及位于盛巷的仁号茶食店等老店名店经营规模相应扩大；原皇亭四面通透式的瓦楞敞厅得到改造，摊贩被纳入行业管理。其时的崇安寺，以“皇亭小吃”为核心，有60多个行业，170余家商店，300多户摊贩。一日有三市，上午为菜市，下午为风味小吃和杂耍；晚上为夜点。除皇亭以外，沿公园路至盛巷一带还集中有浴室、茶馆、书场、戏院、理发、洗染等商店。仅长237米、宽2米的盛巷，就有70多家服装、鞋帽店，150余户摊贩。经调整改造，崇安寺地区市场逐步繁荣，营业额大增。“文化大革命”期间，崇安寺街区处于无序状态，违章建筑到处兴建，崇安寺发展一度停滞不前。

崇安寺旧迹（20世纪60年代）

【七八十年代改造】

20世纪70~80年代，市、区政府持续对崇安寺街区进行改造，以恢复崇安寺在全市商业中心的地位、传统小吃的商业功能和历史个性。1975年6月，拆除原崇安寺菜场、皇亭小吃摊、杂货店及拱北楼面店，兴建人民路菜场，1978年建成4层新大楼，建筑面积7023平方米。其中，一、二层为4242平方米菜场，三、四层为迎宾楼菜馆，时为无锡著名的大型菜馆。1979年，随着“对外开放，对内搞活”政策的深入推进，允许农民蔬菜和副食品进城自由买卖，市政府在崇安寺图书馆四周及沿公园路一带，开辟露天崇安寺农贸市场。据1983年统计，有460多个摊位，200多个品种，日流量上万人次，节假日达3~5万人次，时为全市最大的农贸市场。1987年，为整顿市容，改善环境，露天农贸市场被撤销，在城中公园东面、盛巷南端易地建造大棚式崇安寺农贸市场。新市场占地4800平方米，建筑面积2400平方米，设固定摊位400余个、临时摊位350个，经营蔬菜、肉类、水产、禽蛋等8大类，300余个品种。是年，市场成交额1708万元。与此同时，崇安寺街区调整、增设一批具有传统特色的综合零售商业网点。开设崇安寺小吃店、丰收糕团店，王兴记馄饨店迁至靠近崇安寺地区的中山路391号。80年代末，虽然崇安寺传统餐饮行业较前有所萎缩，但崇安寺整个街区仍是全市行业最为集中、经营商品门类最多、服务设施最齐全、顾客流量最大的商业中心区。有全市最大的百货商店——东方红商场，最大的副食品商店——第一副食品商店，最大的南北货商店——三阳南北货商店，最大

崇安寺蔬菜副食品商场（80年代） （孙怡摄）

的国营崇安寺蔬菜副食品商场和崇安寺农贸市场，还有一批较集中的老店名店及专业特色商店——王兴记馄饨店、三凤桥肉庄、迎宾楼菜馆、拱北楼面馆、仁号茶食店、丰收糕团店、功德林素菜馆等。

【90年代改造】

90年代，随着改革开放的深入推进，经济建设步伐加快，房地产开发迅速升温，中山商场、中发大厦、天安大厦、金鼎广场等高层建筑相继在崇安寺周边落成，但因崇安寺地区单位隶属关系复杂、管理分散等诸多原因，崇安寺街区总体变化不大，店铺陈旧、特色不强，交通拥挤等问题依然比较突出。1994年，崇安寺街区改造再次引起市委、市政府的重视，崇安寺改造被列为1995年度市、区两级政府的重点目标管理项目。是年5月，崇安寺改造工程总体规划设计方案被确定，改造范围东起圆通路，西至中山路，北接县前街，南至人民路，占地6万余平方米，计划用3年时间分3期进行改造，工程预算5亿元。

崇安寺小吃一条街一期A块（1995.10）（崇安城投公司供稿）

1995年4月5日，崇安寺改造工程指挥部成立。区城市建设综合开发公司作为开发主体，正式启动一期A块（东起玉皇殿，西至中发大厦停车场）工程建设，9月15日工程竣工。仅用162天，建成建筑面积1.5万平方米崇安寺小吃商业用房。12月，又启动一期B块（西起玉皇殿、东至新生路）改造工程，1996年12月，建筑面积近6090平方米的商业用房竣工。至此，从新生路至中山路口，长350米、宽14米的崇安寺小吃一条街初步建成，通信、供电、供水、供气、排水、排污、照明等配套工程同步完成。一期工程总投资1.07亿元。建筑面积2.10万平方米，其中：回迁商业用房3008平方米，公用配套用房1915平方米，商品房1.61万平方米。与此同时，为取直公园路（崇安寺步行街），还拆除原公园路（中山路至新生路段）北侧房屋5340余平方米，其中居民住宅45户、1630余平方米，企业单位用房16家、3710余平方米。崇安寺小吃一条街全面建成后，其西段为6787平方米的皇亭美食城，丰收糕团店、功德林素菜馆等特色企业入驻复业，恢复三鲜馄饨、小笼包子、荤汤豆腐花、鸭血粉丝汤等一批无锡风味小吃，伊斯兰面馆在其对面易地重建复业。其东段为“南洋皇亭美食城”，经营各地特色民俗小吃。其时，皇亭小吃一条街汇集商店34家，其中，饮食店21家，生意十分兴旺。

1995年9月，在崇安寺一期改造的同时，二期改造工程规划方案获准，规划范围为东临市图书馆，南靠迎宾楼，西至中山路，北倚公园路。计划建造面积1.78万平方米，投资预算9000万元。其后，区城市建设综合开发公司还实施公园路南侧地块拆迁，后因建设资金筹措困难等多种原因，未能继续按方案、按进度进行。

崇安寺小吃一条街一期B块（1998.7）（区档案局供稿）

1997年前后，在拆迁空地上沿公园路南侧建造一排临时商业用房，使公园路两侧商业网点相称协调。1998年后，由于体制机制、经营管理等方面的诸多问题，沿街商业网点先后移址歇业，皇亭美食城也日趋萎缩，难以为继。至90年代末，崇安寺小吃一条街开始冷落。

第二章　建设规划

进入21世纪，作为老城区的核心——崇安寺，与无锡商业中心的地位不匹配、与现代化大都市形象不适应的问题日益突出，其管理条块分割、用地性质混杂、结构特征不明、区域环境窘迫等矛盾日趋尖锐。2001年，崇安寺地区改造再次提上市、区两级政府的重要议事日程，区委、区政府把崇安寺地区改造作为优化中心商务区功能、提升城区品牌、增强城区自主发展能力的重大举措，围绕把崇安寺打造成无锡“商核”“文核”“绿核”的总体思路，崇安寺改造规划方案历经多次优选、调整、深化、完善，规划面积从16.8万平方米扩大到28.62万平方米。2003~2006年，投资10.31亿元，完成崇安寺改造一期A区、B区工程，建筑面积5.6万平方米，崇安寺生活步行街区于2005年10月建成开街，街区内文化景观工程以及阿炳故居等历史文化遗产修复同步完成。2007年起，逐步启动崇安寺改造二期工程建设，规划贯通东西两区形成“三横三纵”六条轴线，使东西两大分区与公花园、崇安寺一期商业文化设施有机联系在一起，整个街区形成以民俗景观轴、公园绿轴以及商业连续轴为重心的布局，进一步打造成可赏景、可购物、可休闲、可怀古的立体购物天地。迄2010年，位于新生路以西的2号地块——崇安寺生活步行街（二期）主体工程基本竣工，建筑面积7.39万平方米，为“敞开式”商业“双层街”，呈现白墙灰瓦的江南民居风格，与崇安寺生活步行街一期及公花园联成一片，形成一个集餐饮、购物、旅游、休闲、怀古于一体的特色街区。崇安区正继续按照总体规划推进建设，把崇安寺街区打造成新的城市综合商业中心、宗教文化中心、民俗活动中心。

第一节　总体规划

2002年3月，崇安寺地区改造总体规划由市规划局组织招投标，东南大学规划设计研究院、上海同济大学规划设计研究院和无锡市规划设计院参与规划方案设计，最终由东南大学规划设计研究院中标。总体规划依据崇安寺街区历史沿革基础和发展方向，利用和挖掘崇安寺地区特有的历史文化资源，重新塑造崇安寺地区传统特色，展示其城市发展历程中的核心地位。2002年9月，成立崇安寺地区改造建设指挥部，区委副书记刘健华、副区长曹锡荣先后历任总指挥。2003年2月，崇安寺地区规划建设领导机构从区级上升到市级层面，市政府成立由常务副市长任组长，市政协副主席荣德海、市府副秘书长孙志亮、区委书记蒋伟坚任副组长的崇安寺地区建设领导小组。2002年4月至2003年4月，规划方案历经上下反复缜密研究，多次论证，数易其稿长达一年。历任市委书记蒋定之、王荣等市领导多次到崇安寺调研，对崇安寺地区改造规划提出许多指导性意见，确立“一次规划、一气呵成、分步实施”的建设原则，确定突出江南风情和无锡特色，与历史文化相融合，与商贸功能相结合的规划思路，形成把崇安寺打造成无锡“商核、文核、绿核”的共识。并作出崇安寺地区改造范围“东扩”的重大决策，即从原东起圆通路、西至天安大厦、北到城中公园、南达人民中路，扩大到东起解放北路，西至中山路，南沿人民路，北达县前街。规划面积从16.8万平方米扩大到28.62万平方米。其中，道路用地5.51万平方米，绿化用地5.36万平方米，广场用地0.8万平方米。2003年4月29日，

《无锡市崇安寺地区修建性详细规划设计》方案获市规划局论证通过，崇安寺街区改造由概念性规划变为建设规划蓝图。建设详规本着承接历史文脉，营造宜人环境，挖掘商业和旅游价值，提升城市品位的宗旨，按照“品位高、文化深、建筑精、环境美”和“精品、特色、通畅、透绿”的要求，把崇安寺街区建成一个融特色商店、餐饮、旅游、休闲为一体的环境优美、设施完善的新型商业旅游繁华区。以新建的连接人民路与县前街的新生路为中轴线，分为东、西两区。东区以映山河为横轴线向北呼应，占地面积15.62万平方米，保留建筑6.14万平方米，可建设用地9.48万平方米。西区以洞虚宫为纵轴线东西布局，占地面积12.48万平方米，保留建筑面积5.95万平方米，可建设用地6.53万平方米。规划新建新生路道路面积5188平方米。

嗣后，东南大学建筑设计院和上海现代设计院参与崇安寺地区一期改造建筑设计，最终由东南大学建筑设计院中标。2003年9月后，一期改造工程建筑设计方案经多次修改和论证，逐步清晰和完善。11月获市通过。一期改造工程以延续崇安寺历史文脉为主线，体现寺、市、园相互融合，上、中、下密切联通，点、线、面（街、场、景、店）有机结合的建筑风格，形成以一条地下景观河、二条主轴线（佛教、道教）和六大功能区域（皇亭小吃、珠宝古玩、民俗文化、餐饮娱乐、休闲健身、特色商业）为节点的空间布局。与此同时，市建筑设计院、南京爱涛文化艺术公司、新加坡创意集团分别参与崇安寺一期改造工程景观设计竞标，东南大学教授朱光亚领衔设计阿炳故居修复。全国雕塑大师、中央美术学院博士生导师、中国工艺美术学会雕塑专业委员会会长钱绍武被聘为崇安寺地区改造艺术顾问，无锡市知名人士和专家吴翼民、许墨林、陈瑞农、周正明、司马义康等参与景观、水景、雕塑设计，还面向社会广泛征集崇安寺楹联、额匾、桥名、铭文，编写崇安寺地区历史文脉和人情风俗书籍。2004年4月，崇安寺一期改造工程地下景观设计方案通过论证。

第二节　区域规划

崇安寺地区改造建设规划由一期工程和二期工程组成。一期工程规划范围为新生路以西地区，突出百货、饮食等传统商业功能，形成现代建筑与江南水乡民居相融合的建筑风格。二期工程规划范围为新生路以东地区，突出休闲、娱乐、餐饮、文化产业等商贸服务功能，规划建成一个融现代高层建筑、亦古亦今商业建筑及原汁原味古典建筑的有机结合体。

【一期工程规划】

一期工程规划范围东起圆通路，西至天安大厦，南临人民路，北靠城中公园和盛巷小区。总用地5万多平方米。其中，保留建筑用地7189平方米，道路用地9693平方米，绿地4500平方米。建筑面积7.16万平方米，其中，地下建筑面积3.19万平方米，地面建筑面积3.97万平方米。一期工程分A区、B区两块实施。A区规划范围为东起图书馆（老钟楼）西侧，西至天安大厦，南临人

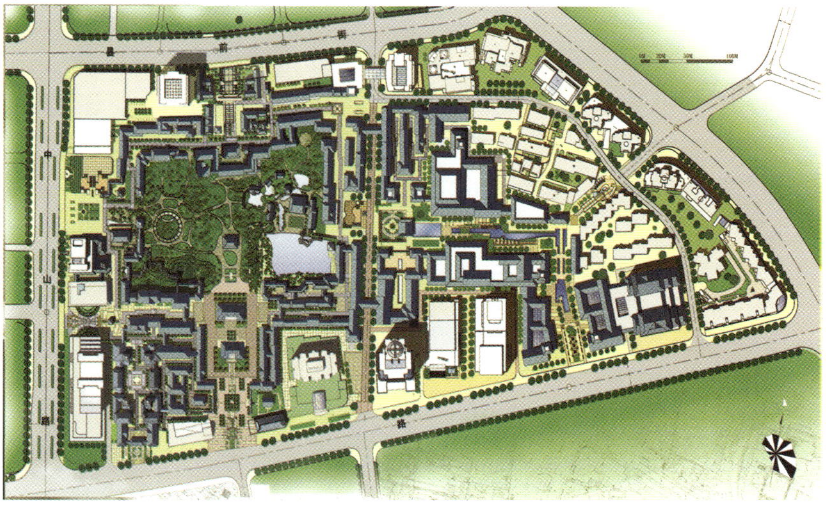

图2-2-1　　崇安寺一期规划总平面图

民路工商银行，北靠城中公园。规划面积2.87万平方米。B区范围为东起图书馆（老钟楼）东侧，西至新生路，南临招商银行和教仪大厦，北靠城中公园，规划面积0.56万平方米。

崇安寺一期按历史形成的佛道并存格局进行规划，建设两条景观轴线。西部为佛教轴线，轴线上自南向北设石雕牌坊、皇亭、崇安阁3个标志性建筑。东部为道教轴线，规划保留无锡县图书馆旧址（钟楼）、洞虚宫玉皇殿、阿炳故居等遗址，建设5000多平方米的二泉映月广场，塑阿炳雕像和《二泉音乐》乐谱墙。两条轴线，一实一虚，一阴一阳，一商一文。建成皇亭街区、二泉映月广场区、水街区、地下购物城、白水荡5大街区。在3.19万平方米的崇安寺街区地下设计中，规划建设一条贯穿整个地下空间的水街，地下景观河连接各个景点。整个街区以商业为主功能线，以商带文，以文促商，寺、园、市合一，上下四面沟通，功能齐全，布局合理，空间宽敞，形成与国际步行街区理念接轨，倡导情景式购物、休闲式购物，互动性和体验性极强的新型步行街区。

【二期工程规划】

二期工程规划范围主要为新生路以东地区，以及一期中尚未开发建设的中山路和县前东街沿路地块，东至解放东路，西起中山路，南临人民路，北至县前东街。规划建设用地8.62万平方米，建筑面积54.59万平方米，其中，地上建筑35.59万平方米，地下建筑面积19万平方米。围绕“业态新、文化深、品位高、环境美、个性强”的要求，重点延伸和放大一期工程的产业功能，主打“服务”。以培育和发展街区传统风貌与经营特色为主线，形成“一个绿化中心、三个城市高层节点、三横三纵六条轴线、六个景观节点（即公花园、皇亭三景、映山河、阿炳故居、侯桐少宰第和杨公基旧宅、地下景观街）和六个轴线节点（即二泉映月广场、多寿楼、公花园北大门、街区东入口、公寓建筑东南侧、映山阁东侧）”。形成功能鲜明、布局合理、结构优化、档次适宜的经营格局，重点发展庭院式会所以及文化产业，创造新意，丰富内涵，真正体现“无锡壹街区，江南二泉月”的韵味，提高崇安寺的集聚度和辐射力。

二期规划通过“三纵三横”6条轴线将东西两大部分，与城中公园以及一期商业文化设施有机联系，使崇安寺街区形成以民俗景观轴、公园绿轴及商业连续轴为重心的布局。规划建设七个地块：1号地块位于公花园北大门北侧，拟建高195米、53层、8.36万平方米的云蝠大厦，功能为商贸和商务办公。2号地块位于县前街与中山路转角处，分A、B两个部分，A区拟与好买得商场整合，建成文化产业楼；B区拟与公花园连接，建成商业步行街区。拟建15.22万平方米，功能为商业、餐饮。3号地块位于县前东街与新生路交汇处，拟建46层、7.17万平方米的白天鹅大厦，功能为国际公寓式酒店。4号和6号地块位于映山河地区，通过恢复映山河，创建民居博览园，形成文化产业带和休闲产业带，拟建9.10万平方米。5号地块位于人民路与新生路交叉处，拟建高225米、70层、17.12万平方米的金匮大厦。功能为寓酒店、商业、商务办公为一体的城市综合体。7号地块位于人民路北侧，东倚东林苑，拟建4.08万平方米的综合娱乐城，功能为文化、娱乐、健身和商业。

二期工程遵循“一次规划，分步实施”的原则进行建设，计划用5～6年时间建成。2007年2月批准立项，是年6月通过规划设计方案。

第三节　基础设施

2002年8月，崇安区以1.01亿元的土地出让金获得崇安寺地区改造一期A区3.33万平方米建设用地开发使用权，其中地面建筑2.04万平方米，地下面积1.93万平方米。2002年11月至2004年10月，根据《无锡崇安寺地区修建性详细规划设计》方案，相继拆除皇亭美食城、南洋美食城、伊斯兰面店，以及市第一副食品商店、迎宾楼、崇安寺蔬菜副食品商店、新生路沿街商店等非住宅37家、4.80万平方米，拆迁住宅8000平方米。完成崇安寺农贸市场搬迁和新生路移建。

崇安寺地区改造一期工程总投资10.31亿元，建筑面积5.60万平方米，由A区、B区组成。2003年6月28日，一期工程A区奠基开工，2004年12月A区竣工开盘。广场、道路、路灯、亮化、景观、绿化、通风、消防、供电、自来水、煤气、污水、邮电、通信等基础设施建设同步推进，牌坊、皇亭、崇安阁等标志性建筑同时竣工，皇亭广场、二泉映月广场以及主要道路完成铺装，部分企业先后入驻皇亭广场和地下购物公园进行内装修。街区内3条道路依次定名为：兴宁路（南北走向，崇安寺街区之间）、箭河街（东西走向，东起玉皇殿，西至中山路）、钟楼街（东西走向，东起新生路，西至中山路）。3个广场定名为：皇亭广场（东至钟楼，南沿人民路，西邻天安大厦，北至箭河街）、城中购物公园（东沿新生路，南沿人民路，西邻天安大厦，北邻城中公园）、二泉映月广场（东邻教仪金鼎大厦，南为人民路，西邻皇亭广场，北为图书馆钟楼）。街区地上和地下连接处设置自动扶梯8台，出入口12个，能泊数百辆汽车的地下停车场2个，以及停放上千辆摩托车、自行车的地面停车场1个。同时，投资2000万元，对城中公园实施修缮改造，修缮玉皇殿、同庚厅、池上草堂等一批古建筑，重新布局秦起广场，新建东大门和紫园，整个公园与崇安寺步行街区融合一体。2005年5月1日，崇安寺生活步行街区试营业，是年10月1日开街。一期工程A区建筑面积4.19万平方米，可销售面积2.66万平方米。其中地面建筑1.95万平方米，可销售面积1.90万平方米；地下建筑2.25万平方米，可销售面积0.75万平方米。一期工程B区于2005年8月启动建设，2006年10月竣工开业。建筑面积1.41万平方米，可销售面积1.06万平方米。其中地面建筑0.75万平方米，可销售面积0.75万平方米；地下建筑0.66万平方米，可销售面积0.31万平方米。

崇安寺地区改造工程奠基（2003.6.28）　（崇安城投公司供稿）

2007年1月起，逐步转向二期工程建设。是年6月，崇安寺改造二期工程规划方案通过市规划局审定。其建筑设计、景观设计、地块拆迁、建设用地使用权招拍挂、营销招商等工作有序推进，先后挂牌拍得二期工程建设用地10.86万平方米，其中包括二期工程用地（含公花园约4万平方米）和崇安寺一期部分未开发用地；位于二期1号、2号、3号、5号地块内的中发大厦、中山宾馆、市老干部活动中心、中山商场、银楼、白水荡小学、胜利门初中、万鑫楼饭店、崇安区中心幼儿园、大众剧院以及盛巷小区等陆续动迁，涉及拆迁建筑面积15万平方米，同时，与三阳银辉企业集团（香港）有限公司、江阴云蝠集团分别签订二期5号、1号地块项目合作开发协议。2008年12月28日，崇安寺地区改造二期工程奠基开工，被列入全市在建和拟建的22个城市综合体项目。2009年3月，二期2号地块获准沿用原“公园街”地名。2010年5月，二期5号地块——银辉太古广场奠基开工。是年8月，二期2号地块商业用房开盘。迄2010年，二期2号地块工程基本竣工，其范围为东起新生路，西至中山路，北靠县前街，与一期的崇安寺生活步行街区、公花园相连。用地1.45万平方米，建筑面积7.39万平方米，其中地上建筑2.97万平方米；地下建筑4.42万平

崇安寺生活步行街区开盘（2004.12）　（崇安城投公司供稿）

方米。整个街区以敞开式构建商业“双层街”，以江南民居为建筑风格。公园街上方，采用江南民居的“过街楼”的形式，建有“天桥”。街区设有中山路、新生路、县前东街和公花园等4个出入口，纵横道路交叉形成的街区中心广场，与县前东街出入口牌坊、公花园幽趣亭形成轴线。中心广场以“下沉广场”为节点，联结地下一层的地下商城，4个出入口均有电动扶梯进入在建的地下商城，与一期城中购物公园相沟通。

崇安寺亮化工程以“古风崇安寺、今明商业街”为主题设计，打造“崇安寺不夜天”的整体环境形象。一期照明、亮化工程由清华同方设计院、同济大学建筑设计研究院和上海荣文专业照明有限公司设计施工。二期景观、照明工程和图书馆钟楼内部装修由江苏爱涛文化艺术有限公司、无锡市照明工程总公司和无锡市江南大学建筑装饰工程有限公司设计施工。二泉映月广场灯光用半导体发光二极管（LED），突出地面的装饰性，运用地埋灯和庭园灯界定广场轴线方向的空间感。休闲广场则以庭院灯为主光源，给人以朴素的自然美。图书馆钟楼、皇亭、玉皇殿、崇安阁等标志性建筑运用泛光照明，以较高的立面照度和醒目的黄色、白色照亮建筑，使其形象在建筑群中脱颖而出。商业性建筑主要运用商铺内透光及广告照明和特色灯具照明的形式，烘托出商业街区灯火辉煌的繁荣景象。地下水域系统则运用各种照明方法，加强地下水域的景观效果。崇安寺街区照明灯、装饰灯、轮廓灯、地埋灯、庭园灯交炽在一起，灯光夜色成为无锡市中心的一道靓丽风景线。

第四节　文化景观

崇安寺改造一期工程建设在提升商业功能的同时，兼顾文化积淀，注重融入繁华的工商文化、佛道并存的宗教文化、浓郁的民俗文化和江南水乡的园林文化，打造崇安寺文化品牌。一期重点打造阿炳音乐文化品牌，二期重点打造王羲之书法文化品牌和“画圣”顾恺之绘画文化品牌。

迄2010年，在“一轴、两翼、四化、六区”为布局的崇安寺街区，地上部位景观分设在皇亭街区、二泉映月广场街区、钟楼街区和白水荡街区。标志性建筑物分布在箭河街、人民中路等4个路口。皇亭街区，从南到北，新建仿古牌楼、皇亭、崇安阁等标志性建筑。皇亭广场四周设有以国学大师钱锺书为主角的“名人茶聚”；以著名爱国人士、民族工商实业家荣德生于解放初期稳定无锡市场为背景的“荣德生救市”。二泉映月广场街区，保留图书馆钟楼和玉皇殿等文物古迹，钟楼前的二泉映月广场设有3米多高的阿炳青铜塑像，以及“二泉映月”乐谱墙。二泉映月广场与皇亭街区之间为下沉式广场，20米长的过街天桥连接南北两边建筑。白水荡街区，新建亲水平台，将白水荡天然水域与建筑物相连。水街区与崇安寺中心区下沉式广场相通，是锡城首创的地下“城中购物公园”，也是长江三角洲城市中唯一的地下水景文化街。在高6.1米、占地3.1万平方米的地下空间里，景观面积达1万平方米。水街区与中山路出入口相连处，设置以玉飞凤为主题的四凤青铜雕像。沿“U”字形地下景观河，有“砚韵流芳”“茶圣品茗”“寄畅山水”“洞虚藏云”“江南寻梦”“范蠡遗风”等6个地下景观。阿炳故居历经2次修缮，以全新的面貌对外开放。图书馆钟楼改作城市文化客厅。二泉映月广场成为市内人气最足、活动最多的文化广场。

崇安寺二期文化景观秉承“浓缩千载文脉，融合百年寺院，弘扬锡商精神，打造时尚崇安”的理念，依托公花园优势，打响王羲之书法的文化品牌，与崇安寺一期打造的阿炳文化品牌交相辉映。县前东街入口处设置《崇安寺》牌坊，中山路入口处右侧悬挂《南朝古韵崇安风采》石质浮雕壁画，街区还设置“北望崇安”“名媛美景”“朱门遗风”“闲云鹅趣”等景观，优化崇安寺二期购物、休闲环境。

【皇亭街区景观】

位于崇安寺生活步行街区西南侧，是崇安寺主要商业区之一，设有景观6处。

崇安寺牌坊（南）（2005.11）　（孙怡摄）

崇安寺牌坊（南）　位于人民中路主入口，其位置为崇安寺当年山门所在，为崇安寺标志性建筑之一，2004年落成。是一座六柱三门通天式的牌坊，坐北朝南，通高11.7米，面阔21.4米，由雕刻精细的金山石和砖料构成，镌刻各种图案90余幅。檐顶采用黄琉璃瓦，鳌鱼檐脊。牌坊正门高4.85米，宽6米，正背面匾额集王羲之书法“崇安寺”三字。正门主柱沿用古崇安寺大雄宝殿两副楹联：正面联：“西竺来一丈六尺身，钟鼓幡幢，复能崇释安禅，大地山河留鹿苑；南朝创四百八十寺，楼台烟雨，曷若静修慧悟，中天日月焕龙章。”联中隐含崇安、静慧寺名。背面联：“定里证安禅，象教万年开佛宇；静中生宝慧，龙文两字见天心。”为本市书法家穆棣书。正门与侧门之间，各有一块圆形双龙嬉珠砖雕。侧门高3.45米，宽4米，额坊为钱绍武题写的“吴会名胜”“梁溪首刹”。匾额和楹联均为阴刻填金。六根主柱上饰云纹圆雕，下有十四尊“倒挂金狮”，替代“抱鼓”。

崇安寺皇亭（2005.11）　（孙怡摄）

皇　亭　位于崇安寺牌坊的北面。皇亭即圣谕亭，废圮年久。重建的皇亭是一座黄色琉璃、双层飞檐、彩绘梁柱、汉白玉台基的亭子。重檐方亭坐落在高1.5米的叠石平台上，四周为金山石护栏，游人可从四面拾级登亭。亭高8米，顶为金黄色琉璃瓦，重檐而立，彩绘藻井，优美典雅。南北顶檐下各悬蓝底鎏金“皇亭”铜质竖匾，为本市书法家仲许所书。亭中主柱12根，南北柱有抱联，南联：“泰伯曾三让，高义文身辟吴会；康乾皆六巡，多情銮驾过梁溪。”北联：“筑亭寄意，乃人怀北阙；尚道遗风，为地近东林。”

碑刻《崇安寺记》　位于崇安阁平台基座南壁。为黑色大理石阴刻填金碑文《崇安寺记》，计688字。记载崇安寺千年沧桑变迁，百年商业繁华的历史；阐述崇安寺人文厚重，风情浓郁，在无锡人民心中的重要地位；记叙新世纪崇安区改造崇安寺街区的宏图大略。碑文为无锡作家袁宗翰撰、书法家辛济仁书。

雕塑“名人茶聚”　位于皇亭街区崇安阁平台东北侧。“名人茶聚”选取吴稚晖、钱基博（钱锺书父）、童年钱锺书、国学大师钱玄同、无锡商会会长周舜卿等人，在崇安寺品茶交谈的情景，再现崇安寺旧时风貌。

雕塑“荣德生救市”　位于皇亭东侧。雕塑以生动的形象，再现荣德生救市的难忘历史。1949年无锡解放前夕，国民政府当局散布谣言，一批实业界人士迁往海外。爱国工商巨子荣德生不听蛊惑，拒不迁厂。4月23日无锡解放，荣德生为恢复生产，启动商市，第二天早晨，坐黄包车到崇安寺转了一圈，见人招手，神情自若，群众见荣德生没有出走，相信共产党的工商政策有保障，便消除疑虑，纷纷开店复业。

崇安阁 位于皇亭的北面，与皇亭、牌坊形成佛教轴线。2005年3月建成，建于两层平台之上，阁高22米，是崇安寺街区最雄伟的仿古建筑。阁凡三层，上悬铜制“崇安阁”竖式匾，由无锡书法家吴觉迟题写。二层置“崇礼安邦”横匾，由无锡书法家刘铁平所书。二层有抱柱联：“十丈红尘，曾冠半壁繁华江左；百年青史，肇开一个锦绣梁溪”，由吴翼民撰，查理达书。三层置有四廊，游人可凭栏远眺，俯视崇安寺繁华景象。阁中每层有表现无锡历史文化、民俗风情的壁画，一楼为《崇安寺风情图》（画家顾青蛟创作，扬州漆器厂制作）；二楼是《百年工商》（画家金家翔创作，东阳木雕厂制作）。楼内陈设高档红木家具和饰品，兼作迎宾待客之所。

崇安阁（2005）　　（孙怡摄）

【二泉映月广场景观】

位于皇亭街区以东，占地5000平方米，以道教轴线布局，保留原有的图书馆（钟楼）、玉皇殿、阿炳故居等文物保护单位，建成供群众文化娱乐休闲的二泉映月广场。先后投资6000多万元，修缮阿炳故居与纪念馆。2007年5月，阿炳故居修缮一期工程竣工对外开放。2009年5月，启动阿炳故居修缮二期工程，2010年10月竣工。阿炳纪念馆在调整展厅布局的同时，其南侧恢复建设老字号“三万昌”茶馆，与阿炳纪念馆形成建筑组团。图书馆（钟楼）改作城市文化客厅。

二泉映月曲谱墙（2005）　　（孙怡摄）

县立图书馆及钟楼 详见第二十三编第一章第一节【市图书馆】第846页和第二十四编第二章第一节【遗迹】无锡县立图书馆旧址第886页内容。2006年，转由崇安区使用管理，功能定为城市文化客厅，用于接待来宾、举办展览等。

玉皇殿 详见本编第一章第一节【洞虚宫】内容，第85页。

阿炳故居和纪念馆 详见第二十五编第三章第二节【阿炳故居及纪念馆】内容，第921页。

阿炳青铜塑像 位于图书馆钟楼前、二泉映月广场北端。青铜铸造，高3.3米。由雕塑大师钱绍武创意制作。钱绍武和阿炳曾为邻居，塑像为阿炳晚年沦落街头卖艺、拉响《二泉映月》倾吐心声的瞬间造型。

《二泉映月》乐谱浮雕 位于二泉映月广场东侧阿炳纪念馆西墙上，为翻开的乐谱书本造型，镌刻有“二泉映月”乐谱。夜晚，播放《二泉映月》时，乐谱会逐节亮起灯光。

地　刻 位于二泉映月广场南侧、崇安寺街区东南入口处，地铺花岗岩上雕刻有清光绪年间无锡、金匮两县县城图，为广场增添历史文化气息。

【城中购物公园景观】

位于崇安寺街区地下层。总面积3.1万平方米，层高6.1米。整体上以“U”字形地下河道和景观联贯地下空间布局，环绕地下河道设置融江南园林、无锡山水特有符号的六大景观。

砚韵流芳 位于地下购物公园北面，由王羲之执笔挥毫铜像、80米宽的石刻王羲之《兰亭序》书法墙、右军涤砚碑以及水景瀑布等组成，感受无锡千年的历史文化。

茶圣品茗 位于下沉式广场东侧。由茶圣陆羽品茶铜像、古井圈组成。反映崇安寺地区历来是无锡茶文化的集聚地。

寄畅山水 位于地下购物公园中部，以“太湖佳绝处”太湖石题刻、古亭、曲桥等山水、园林景观为背景，展示无锡美丽的山水风光。

洞虚藏云 位于地下购物公园中部，是一组叠石水景，洞虚宫系古崇安寺佛道并存的道观名。景观以叠石藏云之形，隐现道教注重“天人合一”的思想。

江南寻梦 位于地下购物公园中部，景观引入农舍、水车、木亭等元素，重现无锡“水弄堂”风情。

范蠡遗风 位于地下购物公园中部，由范蠡塑像和《养鱼经》组成景观。反映崇安寺地区乃至无锡渊源流长的商业和发达的渔业文化。

【其他区域景观】

箭　河 位于皇亭街区和二泉广场北侧，东西向，呈曲折蜿蜒的带状形河道，与地下景观河相沟通。河中装有球型地喷，配以射灯，晚间映衬五光十色喷水。河上建有3座青灰色弧形小石桥，沿用老城区湮没的“吉祥桥”“虹霓桥”“熙春桥”之名。水街东端建有石拱桥，走过拱桥，可直达城中公园。

“双推磨”雕塑 位于二泉映月广场东北侧钟楼街西侧，为一座以锡剧《双推磨》为题材的民俗风情雕塑。沿城中公园东部的白水荡建有亲水平台。

【二期街区景观】

崇安寺牌坊（北） 位于县前东街入口处，2010年落成。是一座二柱一门三楼木石结构牌坊，坐南朝北，牌坊通高12米，宽9米，正门坊额集王羲之书法“崇安寺”三字，正面柱联：胜地起层楼，山色水光摩诘画；名园邻古寺，夕阳芳草少陵诗。背面柱联：把酒独长吟，细雨疏簾要领略名园天趣；凭栏恣远眺，夕阳芳草莫放过此地风光。

壁　画 位于中山路入口处右侧，为《南朝古韵崇安风采》石质浮雕壁画，高11米，宽10米，壁画以“南朝四百八十寺、多少楼台烟雨中”为主线，以崇安寺建筑为中心，辅以江南名刹南禅寺、惠山寺等建筑构图，云纹、水纹融合整个画面，以南朝古建筑为表现主体，辅以石窟佛像、石桥、渔船等，并结合同一时期的出土文物，烘托建筑的宏大规模及特征，展现魏晋南北朝历史文化的博大精深。

第五节　公园改造

清光绪三十一年（1905），无锡人裘廷梁、俞复在洞虚宫原址荒地上辟公园，次年初成，始称锡金公花园（俗称公花园），是中国最早的近代公园。后由无锡各界民众出资不断扩大，占地50余亩，民国元年（1912），改名无锡公园。民国6年，钱基博撰《公园创制记》刻石置园中。园内陆续建有龙岗、蓼莪、绣衣峰、多寿楼、尚武堂、涵碧桥、池上草堂、枕漪桥、西社、兰簃、长廊、天绘亭、天韵社等景点和建筑物，广植花木。民国11年，公园辟有二十四景。20世纪30年代，园内又建有小塔、同庚厅、九老阁、市篮球场和小动物园等。日军侵占无锡期间，公园花木、植被、道路破坏严重。抗战胜利后，无锡县政府对公园又作整修。无锡解放后，改名城中公园。1951年6月，大雄宝殿原址改属公园后，增福庵、火神殿、中隐院一并纳入公园，后中隐院拆除改辟为小动物园，1956年5月动物园撤销，并入锡惠公园动物园。1979年初公花园划归市园林管理处后，市政府先后拨款80余万元，实施全面整修，公园占地达到3.3万平方米，时为无锡闹市中心的一方绿洲，市民心中的精神家园。

80年代后，城中公园历经多次改造。1986年玉皇殿被公布为市级文物保护单位。1987年，白水荡南围墙由封闭式改为通透式，沿池改铺弹石路面。1988年1月，多寿楼前草坪竖立秦起烈士铜像，并配套改造铜像周围绿化。是年，对公园西区道路、下水道、花坛等设施进行改造，铺设道路、地坪，疏通下水道，油漆嘉会堂、水榭亭。是年10月，玉皇殿被作为无锡革命陈列馆，由陈云题写馆名，展馆面积225平方米，展出各种史料762件。

水景广场（2005）　（孙怡摄）

1990～1995年，陆续完成公园地下电缆工程铺设；白水荡水池清淤和塘边道路整修、驳岸加固，以及游船码头建设；油漆池上草堂、松崖亭、九老阁；翻修花房、值班室；维修松崖白塔、假山等项目。新建中山路大门一侧4间游乐用房等。1996～1997年，结合崇安寺街区改造，又分两期完成公园东、西两区的维修和扩建工程。1997年11月至2000年5月，先后投入拆迁、建设费用8000余万元，完成沿中山路入口3000多平方米的透绿建绿工程和沿盛巷3190平方米的公花园东北部扩建、续建工程。同时，按照东“静”、西“动”修建园内新、老景点24处。整修保护位于公园东部的同庚厅、白水荡、玉皇殿等主体建筑、风貌景观，与图书馆钟楼相呼应，留下园内一片古老的历史文脉，供人们访古寻幽。西部则保护大片老树古木，辟建具有现代气息的城市公共绿地，浓荫下增设石凳座位1500余个。在西区中部原天绘亭旧址新建2000多平方米的圆形艺术广场，设有演出平台，平台背景墙为雕塑艺术家李建金设计的“世纪之春”壁画，墙背有施众设计的一组无锡古代名人顾恺之、李绅、李纲、倪瓒、王绂、邵宝、徐霞客、顾宪成、高攀龙等讴歌家乡的诗碑，广场四周为圆形紫藤棚架。保留九老阁和归云坞等传统景区，设置仿石假山和屋顶平台，满植花树，同归云坞连成一片。坞下建有纪念民国14年（1925）中共无锡第一个党支部诞生地的花岗岩纪念碑，西邻的金山石雕凿抗日战争胜利纪念塔，高2.2米，立于翠竹丛中。九老阁前，建有百余块大型金山石堆砌成的流水石壁，中间书刻著名书画家吴蓬篆书“有锡兵，天下争；无锡宁，天下清”的铭语，西端刻有海瑞所书的“人生百年老，生母七十寿”十字联组成的一个大“寿”字。九老阁至艺术馆路北，有儿童游乐室，上面建有高标准的屋顶花园。原小动物园旧址改建为300平方米的二层水族馆。后乐园内新建清风茶

清淤整修后的白水荡（2005）　（孙怡摄）

后乐院（2005）　（孙怡摄）

墅。同庚厅北新建3190平方米的健身广场，构成一个最大限度满足市民休闲健身之用的活动空间，公园用地面积达到3.6万平方米。

2003年7月公园属地管理后，城中公园作为崇安寺地区改造工程重要组成部分，按照“扩容、增绿、通透” 的要求，再次大规模修缮改造。先后修缮玉皇殿、兰簃、同庚厅、池上草堂、西社、白塔、八角亭、涵碧桥等古建筑10多处，唐代书法家怀素草书《四十二章经》碑刻被修复一新。清淤白水荡，增建地下二层停车场。整修东假山龙岗，增建瀑布水景。重新铺装秦起广场，调整绿化布局。堆砌改造西假山，增建归云坞、文源台、长廊、鹤轩茶吧等景观设施。绣衣峰拆改为3个独立景点。重新设计、铺设公园东南区的亮化、背景音乐、雨污水等各种管线。新建东大门和紫园，竖立“华夏第一公园”石碑，沟通绿地、水系，使整个公园与崇安寺生活步行街区融为一体，形成集中式多样化生态绿色空间，不同历史风格的功能景区，成为无锡市中心的“绿核”“绿肺”。公园面积扩大到4万平方米，绿地面积超过70%。2006年7月，城中公园由市级文保单位升格为省级文保单位。2007年5月，城中公园西大门新设锡金公园旧址碑刻。2009~2010年，对城中公园景点大规模翻新，改造整修秦起广场周边象石、九头樟、老枣树花坛3个景点，打破城中公园内单一的护栏结构，运用太湖千层石多样性形态，重新翻建城中公园东大门，使城中公园更具民俗特色。并在现有基础上加大“补绿”力度，不断往地下、空中延伸，在增“绿”的同时，不断提升档次，形成街区处处有绿有景的格局。

第三章　崇安寺生活步行街区

崇安寺生活步行街区（2005）　（崇安城投公司供稿）

自明以来，崇安寺一直是无锡的商贸中心。每年农历六月都要举行集市贸易。清《锡山景物略》卷十记载：“寺旧有市，每岁于六月十九日，铺设于两廊，凡邑中店肆尽挲入廊下，人占一廛，百货毕集，因之倾动四方。省直之商贾，闽浙之珍奇，远代之骨董，五等四民之服食器用，货随店分，人随货聚，毂击肩摩，挥汗成雨。大家巨族则持多金，贵异物；乡人则备婚嫁，贸日需；儿童辈竞市吹笙头管，摇金扇，提萤灯，带鬼面，手金鱼数十头，以鸣得意。阗城溢廓，数十日始散。”民国以后，由集市转为商市，崇安寺地区的山门口、观前街两侧，城中公园至中山路口和寺后门一带，集聚60多个行业，170余家商店，300多户摊贩。餐饮小吃，面饼糕团，花样繁多，形成名扬远近、独具特色的“皇亭小吃”。酒楼、饭店、面馆等多数为老字号。浴室、茶馆、照相、理发、旅馆等服务业也汇聚于此。曲艺、书场、戏馆、影院等娱乐业集中于此。新中国成立后，特别是2003年启动的新一轮崇安寺建设改造，是老城区传统商业"脱胎换骨"改造的创新工程。崇安寺生活步行街区展现江南民居风格建筑与现代商业设施有机结合，明清建筑和现代建筑近距离并置，飞檐翘角与高层建筑远近重叠，地面地下建筑相扣互通，形成地上、地下、空中三层式立体购物天地。地面"双层街"建有长廊和天桥，纵横错落的商业街围合成市、互为贯通。中心区下沉式广场通往地下水景街——城中购物公园。皇亭广场、箭河街、兴宁街、钟楼街、城中购物公园5个街区纵横交错，各具特色，依托景观设置，倡导情景式购物、休闲式消费，形成富有吸引力的旅游休闲购物环境。迄2010年，崇安寺生活步行街区入驻商铺350余家，有小吃餐饮、服饰鞋帽、珠宝玉器、金银饰品、传统工艺、民族乐器、紫砂茶具、惠山泥人、化妆用品、美容美发、摄影婚纱、休闲健身、创意设计等众多行业。品牌企业占商铺总数的87%，有肯德基、麦当劳、棒约翰、芭琪、阿迪达斯、耐克、壹咖啡等国际著名品牌店10余家；海澜之家、安踏、七匹狼、李宁等国内著名品牌商店20余家，驰名老字号商店5家。5个街区各具特色，皇亭广场街区以传统餐饮、小吃为主；箭河街区以运动服饰为主；兴宁街以小吃居多；钟楼街以服饰、餐饮为主；城中购物公园以服饰、精品首饰、皮具等专卖店为主。崇安寺商气越来越浓，人气越来越旺，人流量达1300万人次，日高峰人流量达10万人次以上，成为市民逛街的首选之地，外地游客购物的必经之处，"逛崇安寺、购江南物、听二泉曲、品皇亭味"正在逐渐成为无锡人的生活时尚。2008年，崇安寺生活步行街区被市评为无锡市现代服务业集聚区。

第一节　皇亭广场街区

20世纪40年代，崇安寺皇亭小吃达到鼎盛时期。比较有名的小吃摊有22家。有孙纪泉的油豆腐线粉，龚长山的莲子羹、八宝饭，钟良卿的爆鱿鱼、五香排骨，丁都根的牛肉线粉汤，尤同福的酒酿棉子丸，丁阿根的鸡肠线粉汤，周伯荣、林阿三的五色梅花糕，汤宝林的鸡鸭血线粉汤，宦伯清的油酥饼，李志的羌饼、高庄馒头，许全金的糖粥，王姑娘的牛肉，王阿梅的糖烧芋头，根大的豆腐花，阿荣爷的宁波汤团，夏纪荣的豆腐浆，李林宝的熟面摊，殷关宝的清油豆腐干，姚金昌的大饼油条，姚长荣的生煎馒头，大三元的白粥，祝公兴的小笼馒头等。还有应时令的鸡仔大饼、粽子、海棠糕、韭菜饼、玉兰饼、皱纱馄饨等，甜咸炒爆烤，各色尽有，老少随意点，逐个摊位吃，直至满足为止。崇安寺夜市小吃另有特点，除少数固定摊贩外，大多是手提肩挑的流动摊贩，有五香茶叶蛋、五香素鸡、高脚馒头、糖烧荸荠、现炒热白果、小馄饨、小圆子等。闻名的有金阿胖的元盅鸡、元盅蹄髈等。此外，皇亭小吃周围还有饮食店34家，知名的有王兴记馄饨店，菜根香素斋店，文记素面店，鲍锡初、高顺兴面店，万华楼、刘正兴、冯兴祥便饭店，陆芳斋点心店，章万源热酒店等。皇亭小吃甜、酸、咸、辣、香俱全，品种繁多，各具特色，价廉物美，有"一元钱吃遍崇安寺"之说，深受百姓欢迎。1949年，皇亭小吃品种达到152种。无锡解放后，皇亭小吃摊店历经1956年的公私合营、1970年初的精简下放、企业转行等变化，基本消失。1975年起，公园路一带逐步恢复部分小吃店和传统品种，但种类远不如前。至1985年，皇亭小吃品种仅剩39种。此后，崇安寺地区历经2次改造，特别是2003年启动崇安寺新一轮改造后，通过"政府指导，市场运作"，恢复皇亭小吃、功德林素菜馆、拱北楼面馆等一批老店，引进王兴记、绿柳居清真饭庄等一批名店。在崇安阁东侧复建的1100平方米的皇亭美食城，可同时容纳300人就餐，其经营的丰收糕团、三鲜馄饨、小笼包子、荤汤豆腐花、鸭血粉丝汤等无锡风味小吃发展到30多个系列100多个品种，旅游圈内传有"到了无锡，不尝皇亭小吃就不算到无锡"之说。誉为"中华餐饮名店"的王兴记馄饨店在崇安寺街区开设分店，经营面积278.21平方米，有120个餐位，其无锡小笼、三鲜馄饨、花式面点及糕团等特色点心吸引众多游客。在无锡地区享有素食鼻祖之称、创办于民国19年（1930）的功德林素菜馆也在崇安寺恢复营业，营业面积500平方米，可容纳200人就餐。此外，通过招商招租，引入具有地方特色的外埠菜肴名点，开设舶来的小吃、快餐等，江苏南京百年老店绿柳居清真饭庄入驻崇安寺街区，其纯真的伊斯兰餐饮特色，使众多食客慕名而来。迄2010年，皇亭广场街区商店营业面积1.33万平方米，有各类地方特色餐饮企业36家，小吃品种发展到160多个，让新老无锡人各得其所。

1949年皇亭小吃品种一览表

表2-3-1

序号	品名	序号	品名	序号	品名	序号	品名	序号	品名
1	汤团	32	生煎馒头	63	春卷	94	小碗糟扣肉	125	大包
2	宁波汤团	33	高庄馒头	64	百合莲子羹	95	白肚	126	中包
3	油煎团子	34	白馒头	65	红枣莲子羹	96	鸡鸭肫肝	127	蟹壳黄
4	麻团	35	烧卖	66	棉子圆莲子羹	97	干切牛肉	128	油酥饼
5	双馅团子	36	螺丝馒头	67	什锦羹	98	小爆鱼	129	玉兰饼
6	青团子	37	葱油鸡蛋大饼	68	绿豆汤	99	皮蛋	130	梅贡饼
7	冷糍团	38	酒酿饼	69	南枣汤	100	咸蛋	131	菜馅油饼
8	松花团子	39	菊花饼	70	赤豆汤	101	海蜇头	132	葱油大饼
9	粢饭团	40	盘香饼	71	酸辣汤	102	拌干丝	133	香粳米粥
10	水发元宵	41	香脆饼	72	鸡肉线粉汤	103	酱油黄豆	134	菜粥
11	棉子圆	42	发面饼	73	下脚线粉汤	104	油氽黄豆	135	白米饭
12	酒酿棉子圆	43	菱角大饼	74	牛肉线粉汤	105	油氽豆瓣	136	粢饭
13	定胜糕	44	朝板大饼	75	油豆腐线粉汤	106	发芽豆	137	鲜肉馄饨
14	雪蒸糕	45	葱油方大饼	76	鸡鸭血线粉汤	107	什锦酱菜	138	家常馄饨
15	百果糕	46	圆大饼	77	糟鹅血汤	108	什锦大蒜头	139	绉纱馄饨
16	小方糕	47	椭圆形大饼	78	糖芋头	109	酸辣菜	140	手推皮子馄饨
17	梅花糕	48	羌饼	79	良乡栗子	110	赤豆糕	141	豆腐浆
18	海棠糕	49	夜面	80	百页结血汤	111	什锦糕	142	豆腐花
19	蜜糕	50	细阔面	81	豆腐肉圆子	112	南京条饼	143	老虎脚爪
20	猪油糕	51	炒面	82	鸡肠线粉汤	113	赤豆甜粥	144	油煎粢饭糕
21	条头糕	52	冷拌面	83	肉酿千张	114	素鸡线粉汤	145	土司猪排
22	重阳糕	53	鲜肉面饺	84	八宝饭	115	圆盅排骨	146	香糟头肉
23	糖年糕	54	糖醋排骨	85	藕粉	116	圆盅蹄膀	147	熏肠肚子烧鸡肠
24	火腿肉粽	55	盐水虾	86	冷拌麻腐	117	小碗干菜肉	148	小碗腐乳肉
25	豆沙粽	56	卤鸭	87	油条	118	米粉肉	149	鲜月饼
26	赤豆粽	57	白鸡	88	油饺	119	焖肉	150	油氽花生米
27	白米粽	58	辣酱	89	清油豆腐干	120	辣酱	151	馅心
28	豆瓣粽	59	海式炒面	90	五香茶叶蛋	121	素鸡	152	煎馄饨
29	鲜肉粽	60	百果甜粥	91	五香排骨	122	素什锦		
30	小笼馒头	61	豌豆甜粥	92	鱿鱼	123	鲜肉水饺		
31	春卷皮子	62	酸梅汤冷饮	93	生元宵	124	生棉子圆		

1985年崇安寺（皇亭）小吃品种一览表

表2-3-2

序号	品名	序号	品名	序号	品名	序号	品名
1	汤团	11	油酥饼	21	家常馄饨	31	鲜肉水饺
2	宁波汤团	12	菜馅油饼	22	鸡肉线粉汤	32	鲜月饼
3	水发元宵	13	葱油大饼	23	牛肉线粉汤	33	油氽花生米
4	酒酿棉子圆	14	葱油鸡蛋大饼	24	糖芋头	34	馅心
5	梅花糕	15	夜面	25	清油豆腐干	35	煎馄饨
6	海棠糕	16	冷拌面	26	豆腐浆	36	生棉子圆
7	糖年糕	17	糖醋排骨	27	豆腐花	37	生元宵
8	小笼馒头	18	卤鸭	28	干切牛肉	38	春卷皮子
9	大包	19	白鸡	29	小爆鱼	39	酸梅汤冷饮
10	中包	20	鲜肉馄饨	30	素什锦		

2010年崇安寺生活步行街区小吃品种一览表

表2－3－3

序号	品名	序号	品名	序号	品名	序号	品名	序号	品名
1	三鲜馄饨	33	蟹粉狮子头饭	65	鸭肠	97	金牌蒜香骨	129	咖喱米线
2	小笼馒头	34	台湾卤肉饭	66	鸭锁骨	98	乌龙茶香鸡	130	土豆泥
3	桂花糖芋头	35	蒜香辣骨饭	67	鸭肝	99	上汤牛杆菌	131	金枪鱼沙拉
4	汤团	36	云耳焖鸭饭	68	鸭头	100	印度咖喱鸡	132	海陆鲜香比萨
5	砂锅牛线	37	原盅蒸炖鸡	69	鸭心	101	手撕包菜	133	田园素食比萨
6	冷拌面	38	提拉米苏	70	鸭肫	102	黑胡椒鸡	134	荤食天地比萨
7	鸭血粉丝	39	黑森林蛋糕	71	鸭翅	103	重庆烤鱼	135	超级棒约翰比萨
8	酸辣汤	40	蓝莓芝士蛋糕	72	鸭架	104	香锅牛蛙	136	英伦培根比萨
9	豆腐花	41	吞拿鱼沙拉	73	肥肠焖锅	105	白汤酸菜鱼	137	渔夫之爱比萨
10	各色糕点	42	香浓玉米汤	74	茴鱼焖锅	106	香烤鱿鱼	138	中国风情比萨
11	玉兰饼	43	匈牙利牛肉汤	75	鸡翅焖锅	107	板栗烧鸡腿	139	意香焗猪肉丸
12	生煎馒头	44	马可波罗意面	76	基围虾焖锅	108	蚌肉豆腐煲	140	黄金虾
13	炒面	45	牛肉培根焗饭	77	鳗鱼焖锅	109	梅汁排骨	141	BBQ鸡翅
14	各式花色粥	46	椒香鸡串	78	墨鱼仔焖锅	110	什锦面筋	142	BBQ烤肋
15	红枣莲子羹	47	鳕鱼条	79	牛蛙焖锅	111	香酥掌中宝	143	腊肠比萨
16	各类汉堡	48	韩式辛辣面	80	鲶鱼焖锅	112	竹签沙茶虾	144	夏威夷阳光比萨
17	炸鸡翅	49	韩式拌面	81	鱿鱼焖锅	113	木须肉	145	炫辣风情比萨
18	鸡肉卷	50	韩式冷面	82	鮰鱼焖锅	114	跳水鱼片	146	酸酸辣辣面
19	上校鸡块	51	韩式泡菜炒饭	83	川味鱼块饭	115	回锅肉	147	墨鱼仔拉面
20	麦乐鸡	52	韩式热面	84	咖喱鸡肉饭	116	红枣荷叶鸡	148	猪软骨定食
21	蛋挞	53	韩式炒牛肉	85	腊味饭	117	回锅肥肠	149	和风泡饭
22	芙蓉鲜蔬汤	54	韩式大酱汤	86	中华三鲜饭	118	热炉月饼	150	大根寿司卷
23	日式炒饭	55	韩式泡菜汤	87	鱼香肉丝饭	119	小炒猪双宝	151	泡菜汁冷面
24	日式手造饺子	56	紫菜包饭	88	酸辣粉	120	黄飞鸿辣味鸡	152	笋尖叉烧拉面
25	香脆鱿鱼卷	57	五花肉炒辣白菜	89	手推馄饨	121	台式清蒸牛肋	153	妙脆星星薯
26	石锅烤牛肉饭	58	牛肉清汤	90	荷叶炒饭	122	咸鲜蒸莴笋	154	鹅肝炒牛肉粒
27	海鲜拉面	59	海鲜拌饭	91	红烧牛肉面	123	酱爆鸡丁	155	乳酪焗菌菇
28	金菇牛肉卷	60	章鱼拌饭	92	泡椒牛肉面	124	肉汁烧笋干	156	干锅牛蛙
29	泡菜牛肉豆腐锅	61	松仁玉米饼	93	回转自助火锅	125	金沙牛小排	157	干锅虾
30	照烧章鱼串	62	韩式炒年糕	94	成都蒜泥白肉	126	咖喱炒饭	158	干锅海鲜
31	手工鱼丸拉面	63	鸭脖	95	茶树菇炒牛柳	127	咖喱猪排饭	159	干锅鱼
32	鼎香肥牛饭	64	鸭舌	96	川味爆猪肝	128	海鲜炒米粉	160	干锅牛肉

第二节　箭河街区

箭河街区两侧有各类商店25家，营业面积3528.5平方米。以运动休闲服装为特色，占街区的一半以上。拥有阿迪达斯、耐克、李宁、乔丹、杰伊汉、林中鸟等品牌店、专卖店，国内著名品牌海澜之家连锁店在此开设，创办于民国5年（1916）的无锡名牌商店——光明眼镜店移址于此，以特色盖浇面和拱北小笼名扬江浙沪、创办于清同治二年（1863）的拱北楼在街区开门复业，经营面积600平方米，可容纳200人就餐。此外，还有玛希吉、安特鲁烘焙、张飞牛肉、豪味家等特色餐饮店5家，已基本建成休闲名品街。

第三节　兴宁街区

兴宁街区有各类店铺14家，营业面积789.89平方米。以小吃、餐饮店居多，有玖玖丫鸭脖、天下第一粉、暖心美食屋、私家小厨、绝味鸭脖、金栗王等6家。此外，还有袜天袜地、袜子世界、3ZU足装秀等袜子专营店3家；波司登、SHIPSHOP、罗丽丝等服装专卖店3家；张国荣、博视计量等著名眼镜店2家。

第四节　城中购物公园

城中购物公园有各类店铺170多家，营业面积1.05万平方米。其中服装服饰店占90%以上。有芭布勒、西施尔、YOYO、搜酷、艺元素、丰彩、自由风、超美、eleveneight、toryo、smile、三藏、酷酷吧、伊唯特、chocolate、流行前线、完美一族服饰、女人心、银之星、唯一服饰、安妮妈妈、粉红、猫舍、紫淑、海报前沿、女人衣柜、馨格服饰、柠檬草、米奇形象店、名石风尚、新西兰、稻草人、语轩、时尚工坊、明艳、利邦裤业、七吻、仟白色外贸、玫瑰·香、风向标、粉红猪、圣迪奥、原动力、42度、酷裤、迈斯烫画、音乐公交车、金姬美、美吧、闲人服饰、地下街、韩流e站、乐而买、逸品居、界限、美丽小铺、外贸运动、哦暇来、酷漫迷、新西兰、虞美人、本色、爱娃、蓝雅空间、俄罗斯精品、秀柊、优衣库、风尚田园、美吧、潮人、天竺工坊、嘻玛啦丫、Mini%、碧芝、旖旎裳、漂亮女人、川崎百合、淘衣街、逛逛街、香港名店街、伊美怡、阿唯得、千彩秀、宠儿、艺趣手工坊、裳舞、13∶14、花样年华、NI.NA、潮人都会、蔚子服饰、第六频道、素色空间、第八街、伊甸园、靓雪儿、雅瑶河糖果、搜伊郎、现代部落、爱情氧吧、STOPANDTHINK、淘包店、维耳幔、奥斯卡、装库、黑与白、竹兰朵、神秘古堡、我的多样屋等。此外，还有美容美甲店10余家。有三福百货、谭木匠、形象坊百货店、惠山泥人、卡哇伊、西部印像、搞笑玩具、创意生活、吉梗店等礼品小商品店10多家。有老银匠、紫缘水晶、饰全饰美、银子记、银之梦、银岭锋、香港佳玉坊、藏晶文等饰品店8家。有步源轩、左脚右脚、知足、名典鞋业、7CM、捷迈鞋吧等鞋子精品店6家；还有香港美食、咖喱洋房、老藤下等餐饮店3家。

第五节　钟楼街区

钟楼街区有商铺30余家，营业面积7470.56平方米。其中，服装服饰店超过60%，有皮匠E家、金泰象、IT, S SKIN、金泰象、贝蒂、林中鸟、IMCO、淑女坊、艾夫斯、布意坊、韩以服饰、心心、N.P、YIGGELA、堡狮龙、佐丹奴、优衣派、韩中阁、方格阁、沁沁服饰、巴拉巴拉等20多家。此外，还有姆妈炒菜、789青年餐厅、嘉宜隆火锅、干锅煮义、老娘舅、玛莎西餐厅、密果甜品、棒约翰、壹咖啡等休闲食品餐饮店11家。无锡银楼在此开设分店，中国联通也在这里设立营业部。

第四章　旅游文化活动

崇安寺是无锡民俗活动中心。无锡解放前，农历立春前后，崇安寺内有迎春赛会、正月十五的元宵灯会，万灯千彩，锣鼓喧天，民间歌舞，争奇斗艳。其他传统节日，崇安寺也是人山人海。崇安寺不仅有热闹繁华的工商文化，佛道并存的宗教文化，还有风情浓郁的民俗文化，吹拉弹唱的音乐文化，高雅精湛的书画文化，是无锡地方文化的滋生地。

在崇安寺地区改造中，崇安区坚持同步推进休闲、文化、旅游业的发展，致力挖掘民俗文化、历史文化，恢复庙会灯会，新增健身交往活动场所，开展各类民间民俗活动，吸引各地游客，带动崇安寺地区发展，把崇安寺打造成无锡最美的城市名片。2005~2010年，先后组织举办“文明之春文化集市”“无锡崇安寺中国民间工艺品交流展”“国庆欢乐夜”等活动200余场次，并创办一年一度春节的“崇安年市”，二泉映月广场已成为无锡市重要的文化活动广场，崇安寺景区于2008年被评为国家AAAA级旅游景区。

第一节　文化场所

崇安寺地区文化娱乐休闲场所集中。20世纪30～40年代，有位于崇安寺内的福安大戏院、光复桥堍的大上海电影院、书院弄口的皇后电影院、城中公园内的无锡大戏院、圆通路的大华电影院等5家。各类书场、茶楼也都集中于此，书场与茶楼密不可分，茶楼一般都兼营说书，书场也并不专一，有艺人说书，无艺人就卖茶。时有逍遥游、蓬莱、三万昌、孙记、丹凤、昇泉、长兴茶楼、雅叙、新万兴、听松园、玉和轩、福安等茶馆12家，公花园内有清风茶墅、兰簃茶室2家。清风茶墅是乡绅品茗聚会之地、民间议政之所。兰簃是普通市民喝茶会友、洽谈生意之处。无锡解放初，公花园茶室发展到5家，茶室占据全园大半。紧靠城中公园的逍遥游茶馆，面阔三间，是无锡最高等级的茶馆。听松园茶馆是社会名流聚集之地。三万昌茶馆和孙记茶馆兼营住宿，新万兴茶馆兼作面馆、书场，丹凤茶馆是古董书画商的茶会，昇泉茶馆是房地产出租买卖活动的场所，玉和轩茶馆是商贸洽谈交易之地，雅叙茶馆是接洽婚丧喜庆者的场所。正对山门的长兴茶楼，兼作棋馆。无锡解放后，因历次政治运动和隶属关系改变，崇安寺地区茶馆、书场一度萎缩。20世纪50年代，崇安寺地区仅剩位于公园路的横云书场和公花园西大门对面的迎园书场2家。其后，迎园书场历经2次改扩建，先后改称吟春书场、改作春雷电影院。其他书场、茶室均停业，房屋改作他用。崇安寺地区戏院（影院）也因隶属关系变化几易其名。中国大戏院（原大华电影院）出让给无锡市文联筹委会后，更名为大众电影院。改革开放后，文化娱乐场所逐步恢复。1981年，红星剧场（原大上海电影院）复业。1984年3月，市文化局在城中公园新建1360平方米的群众艺术馆。位于城中公园的兰簃、池上草堂、艺术广场、归云坞等处茶室也逐步开设营业。1985年，崇安寺地区有红星剧场、吟春书场、和平电影院（原皇后电影院）、大众电影院、市人民大会堂、崇安会场等影（剧）院6家。

1986年后，位于崇安寺地区的群众艺术馆、红星电影院、市人民大会堂、大众剧院、崇安会场等影剧院，因城市建设改造或拆迁，或移建，先后停业。在新一轮崇安寺改造中，在老图书馆钟楼前，辟建二泉映月广场，占地5000平方米，二泉映月广场自此成为无锡市区重要活动场所。2006年9月，创办于民国9年（1920）的天韵书社在公花园同庚厅池上草堂原址恢复开业，翌月15日，《天韵金秋》第21届沪、苏、锡、常、甬五市评弹汇演在此举行。2009年，结合阿炳故居二期工程修缮，老字号“三万昌”茶馆在阿炳纪念馆南侧复建营业，茶馆分地上一层和地下一层，建筑面积735.3平方米，其中地上一层221.4平方米，地下一层513.9平方米。茶馆采用错位经营模式，不定期地举办器乐演奏、茶道表演、藏品鉴赏、艺术品拍卖等活动。迄2010年，崇安寺地区仅剩和平电影院、大世界影城（原吟春书场）2家。

“天韵书社”在原址恢复开业（2007.1）　（崇安城投公司供稿）

【二泉映月广场】

位于图书馆钟楼前、阿炳故居西侧。2005年建成，占地5000平方米。广场以道教轴线布景，有老图书馆钟楼、玉皇殿、阿炳故居等传统建筑，并以阿炳以及“二泉映月”名曲为主题，钟楼前设置由雕塑大师钱绍武设计雕制的3米多高的阿炳青铜像。广场东侧是阿炳故居（阿炳纪念馆）。

第二节　民俗活动

古时崇安寺佛寺、道观并存，每逢节庆，信徒汇集，香烟缭绕，钟磬喧鸣，诵经之声不绝，观者人山人海。后宗教节日渐成庙会，本县及外埠商贩都到崇安寺赶集。寺前庙后，观左殿右，凡有空地的场所，都摆满香烛、土产、药材等货摊，琳琅满目。寺观、大店铺张挂出各自收藏或临时租借的各色名灯，来自南京、高淳、南通及本邑的灯贩和扎灯艺匠到崇安寺设摊销售。沿公园路、崇安寺一带，还有赛龙灯、说因果、唱滩簧、小热昏、唱道情、打莲湘、跳加官等民俗活动，有套惠山泥人、斗蟋蟀等街头民俗游戏。清《锡山景物略》卷十记道：“寺中烟火莫盛于元宵，日赛炮仗，以响为胜负；夜赛花，以多为胜负。灯月交辉，数十百市儿，以锣鼓至者，曰闹元宵，旅进旅出，彻夜不休。至月台各呈伎巧，曰翻筋斗，曰豁虎跳，曰立僵人，曰跳百索，曰打十弗闲，且近设步障，扎高台，选娇童美女，服罗绮，饰珠玉，扮故事，演新剧，争奇斗胜，引人入胜。除狂风大雨，金吾不禁焉。”春节逛崇安寺，成为锡城市民过节的主要活动，渐成风俗。无锡解放后，崇安寺民俗活动逐步萎缩。2005年崇安寺生活步行街区建成后，区致力传承崇安寺民俗文化，2008年起，把一年一度的崇安寺年俗活动定命为崇安年市，作为全区5大文化品牌之一，2005~2010年，先后举办崇安年市3届，各类广场活动178场次，其中大型活动6场次，民俗活动日趋繁荣。

【崇安年市】

2007年2月18日（农历正月初一），中央电视台推出东西南北中“过年”特别节目，无锡作为5个入围城市（成都、昆明、哈尔滨、武汉、无锡）中东部城市的代表，在大年初一精彩亮相，直播会场设在无锡闹市区的崇安寺和滨湖区的灵山景区。崇安寺以展示市民大拜年为主线，设民间工艺、风味小吃、地方文化3个不同场景，向全国人民和全世界华人同胞展示无锡深厚的地域文化，日新月异的经济和社会发展变化，人民安居乐业的幸福生活。从初一到初五，游客人流达30万人次，为20世纪50年代以来之最。2008年起，区委、区政府为更好地传承崇安寺的民俗文化，为广大市民提供娱乐休闲、品味年味的好去处，把崇安寺年俗活动正式定名为“崇安年市”，以“亲民、传统、慈善”为年市宗旨，迄2010年，先后举办3届不同主题的年市。大年初一，有热闹的舞龙舞狮和阿福、阿禧娃娃表演，在崇安寺牌楼处，市民可以跨过寓意着风调雨顺、国泰民安的龙门，走上吉祥喜庆的“三桥”（吉祥桥、长春桥、长安桥）。在皇亭内参与打年糕，讨个“年年登高”的好彩头。也可以到公花园许愿树前把新年的心愿挂上许愿树，祈福新年心想事成。广场上还有抛铁箍、打陀螺、跳皮筋、抖空竹等丰富多彩的传统民俗游戏。

2007年春节中央电视台在崇安寺直播《过年》节目

（崇安城投公司供稿）

【广场活动】

2005~2010年，在崇安寺生活步行街区先后举办各类广场活动178场次，其中，省以上组织规模较大、影响较大的广场活动16场次。

“新丝路”世界模特走进崇安寺 2005年9月13日，来自世界46个国家的60名“新丝路”模特选手走进崇安寺，穿梭于崇安寺各个商铺，品尝皇亭小吃，感受无锡风土人情，并在步行街上现场“走秀”。

“新丝路”世界模特走进崇安寺（2005）
（崇安城投公司供稿）

曲苑杂坛——崇安寺专场 2005年9月20日，崇安区委、区政府与中央电视台《曲苑杂坛》栏目合作，在无锡电视台专场录制曲苑杂坛节目。著名艺术家马季、田连元、常贵田、程桂兰和无锡艺术家小王彬彬、石莉娟同场献艺。这期专辑，有歌曲《无锡景》《二泉映月》《崇安寺》，二胡演奏《二泉映月》等，还有评书《荣先生的故事》、相声和滑稽戏结合的新节目——四不象《无锡八怪》等。节目在中央电视台多次播出，向全国人民展示千年崇安寺的文化韵味。

2006无锡市中国民间工艺品交流展会 2006年3月4日，“2006无锡市中国民间工艺品交流展会”在崇安寺生活步行街区举办。展会汇集河南泥泥狗、泥咕咕、苗族苗绣、无锡惠山泥人等来自全国各地的民间工艺作品，木雕、竹雕等雕刻工艺品，农民画、烙画等花画工艺品，还有木版年画、刺绣、剪纸、蜡染、泥塑、面塑、皮影、马勺等民间工艺品。杨洛书、郃立平、范祚信等民间工艺大师在现场表演拿手绝活。

2006无锡市中国民间工艺品交流展会（崇安城投公司供稿）

“无锡是个好地方”倾国倾城·无锡大型电视主题晚会 2008年4月17日，中国文联、国家文物局、无锡市人民政府和中央电视台联合在崇安寺二泉映月广场举办2008年吴文化节闭幕式暨“无锡是个好地方”倾国倾城·无锡大型电视主题晚会。

《唐诗三百首》特种邮票首发式 2009年9月13日，由江苏省邮政局举办的《唐诗三百首》特种邮票首发仪式在崇安寺二泉映月广场举办，这是一套向新中国成立60周年献礼的邮票，也是世界上第一套“多媒体邮票”，具有“可视、可听、可闻、可触”的欣赏效果。

江苏省少儿模特大赛 2010年8月7日晚，江苏少儿频道优漫卡通台联合浙江森马服饰股份有限公司（巴拉巴拉）在崇安寺二泉映月广场举办“我有我的样——巴拉巴拉江苏省少儿模特大赛”，为小朋友提供一个展示自我的舞台。

【展演与赛事】

2005~2010年，除大型广场活动外，市、区在此组织各类展演、比赛、宣传、咨询、推介等活动160余场次。

2005年8~12月，举办的活动有9场次。8~10月，市政府组织“荣氏家族回归故里”活动、市邮政局组织《洛神赋图》邮票首发暨公花园纪念邮票发行仪式，以及中国城市园林研讨会。9~12月，市电视台等举办无锡市“激情周末”广场文艺演出（崇安寺专场）、无锡市“崇安寺杯”腰鼓大赛、无锡市首届青年精英挑战赛等。此外，还有崇安区委、区政府组织的第八届崇安文化艺术节开幕式及文艺汇演专场等。

2006年，举办的活动有24场次。1~2月，市委宣传部、市文明办、市文化局、市文化艺术管理中心、市园林局、市文联和崇安区委、区政府联合举办2006年无锡市“文明之春”文化集市，历时5天，有民乐、少儿文艺、社区文化、新春广场歌咏赛、文化剧团展演等。市文化局、市文化艺术管理中心、市新华书店联合举办“新春书市”活动。3~4月，市规划局举办无锡城市建设规划图片展，市政府举办第五届中国杜鹃花展暨无锡市第七届杜鹃花节开幕式、无锡市“激情周末”广场文艺演出。5~10月，“不闯红灯不越线——无锡2006深化文明交通行动计划”启动仪式、“和谐江苏、文明社区环省行”启动仪式等，以及先后在图书馆钟楼、崇安阁举办的无锡院士展、“金色华西”摄影图片展等。此外，还有崇安区委、区政府举办的崇安寺生活步行街区开街一周年暨“国庆欢乐夜”歌舞晚会。

2007年，举办的活动有14场次。4月，崇安区委宣传部等单位在公花园秦起广场举行爱国主义教育基地“三进”（进社区、进学校、学生进基地）活动现场推进会。无锡市公安消防支队举办大型消防联合演练等。9~10月，崇安区委、区政府举办第十届崇安文化艺术节、“遗风雅韵”民俗音乐会等。11~12月，全国第17个“119”消防日宣传活动；无锡市与中央电视台10套《探索与发现》栏目拍摄阮氏九连环工艺等。

2008年，举办的活动有51场次。2月7日，崇安区委、区政府举办首届“崇安年市”。3~4月，无锡市首次全国污染源全面普查启动仪式、无锡解放日纪念活动暨《永不磨灭的记忆——无锡地区革命遗址和纪念设施》大型画册首发式、无锡市城管行政执法系统青年突击队授旗仪式等。5~6月，有市名人故居文物管理处在公花园多寿楼前举办的“无锡名人系列展”；无锡市旅游局举办的“欢聚霞客故里”——旅游城市风采展示推介活动；无锡市文化遗产局、市考古研究所和收藏家协会举办的第三个中国“文化遗产日”主题宣传活动等20场次。7~10月，有市委宣传部、市文明办举办的“我为奥运祝福，我为奥运添彩，我为奥运加油”——无锡市网上签名寄语活动；市委宣传部、市文化局、市旅游局、市教育局、市总工会、市妇联等联合举办“激情周末”广场文艺演出；市、区法律援助中心联合举办法律援助条例宣传活动；市公安交巡警支队、市广电集团交通台联合举办“迎奥运，文明出行”道路交通安全知识竞赛颁奖仪式；市环保局与区政府联合举办“共同环保、共同发展、共同创造”首届环保创意设计大赛启动仪式；市政府举办的第四届无锡市国际友城交流会市民互动交流晚会；崇安区委、区政府举办的“见证改革，辉煌崇安”为主题的第十一届崇安文化艺术节等活动17场次。11~12月，市爱国卫生运动委员会举办无锡市市民健康生活方式行动启动仪式；市经贸委举办无锡餐饮名店、烹饪大师风采展；市规划局举办“转型为先，规划为民”宣传咨询活动；市信息化办公室、市广电局、市无线电管理局、市电信局等单位联合举办“信息化就在你身边，信息化改变你生活”大型广场咨询活动等。

2009年，举办的活动有47场次。2009年1月26日（农历正月初一），崇安区委、区政府举办第二届“崇安年市”。2~4月，无锡电视台生活频道、崇安城投公司等举办“红色歌会”广场活动；市绿委办、市园林局和崇安区城管局组织的“绿色生活，和谐无锡”大型广场绿化宣传咨询活动；市政府举办的乡村风采展示暨崇安寺景区荣获国家AAAA级旅游景区揭牌典礼；崇安区少年宫、苏州市平江区少年宫、扬州市少年宫、常州市少年科学艺术宫、台湾丰原市公所联合举办“小荷墨香——两岸五地少儿书法联展”；无锡市创建国家级创业型城市启动仪式等15场次。5~8月，市政府应急管理办公室主办“5·12”全国防灾减灾日宣传活动；区政府、市环保局、市经贸委联合举办“生态文明走向商家”暨“绿色消费示范街”创建宣传活动；市国土资源局与市文化局文豪传媒、市锡剧院联合举办纪念第十九个土地日广场文艺晚会；崇安区委、区政府、市文广新局、市文化艺术管理中心、市文学艺术界联合会主办的“崇安之夜”——锡剧精品进社区活动；市文明办举办的迎世博、城市演绎——长江万里行无锡站活动等16场次。9~12月，有2009 MISS EARTH 世界绿色环保大赛中国总决赛“绿色天使”环保公益宣传活动；第十二届崇安文化艺术节开幕式暨庆祝新中国成立60周年文艺演出；无锡市规划局主办的主题为“生态文明、规划先行”规划零距离宣传咨询活动等15场次。

2010年，举办的活动有31场次。1~3月，崇安区委、区政府举办迎世博旅游服务质量提升年启动仪式暨“精彩世博 魅力崇安”主题活动；市文明办举办虎年元宵猜谜会活动；“喜迎世博盛会、打造精品崇安”无锡红歌会周年庆典活动等9场次。4~6月，无锡市举办百货业最具代表性的品牌群英会——无锡百货最具魅力品牌评选活动；市信电局主办“世界电信和信息社会日”暨物联网知识普及大型广场咨询活动；无锡市安委会举办安全生产宣传咨询暨大型安全文化集市活动。8~10月，优漫卡通卫视联合巴拉巴拉童装举办江苏省少儿模特大赛；无锡市创建国际花园城市领导小组办公室举办无锡市创建国际花园城市大型签名活动，联合国环境规划署专员、全球国际花园城市竞赛委员会秘书长阿兰·史密斯一行出席；崇安区委、区政府举办的第十三届崇安文化艺术节开幕式暨“礼乐崇安”主题文艺活动；无锡市人民政府公民献血办公室、无锡广播电视集团、市红十字中心血站承办的“平安传递爱心、滴血汇聚力量、用爱心为生命加油”大型公益活动；崇安区委、区政府举办的阿炳故居二期暨“三万昌”茶室开业揭牌仪式等。

第三节　旅游景区创建

2005年，崇安寺生活步行街区初步建成后，区紧紧依靠市旅游、园林部门，推进崇安寺AAAA级景区的创建，打造城市标志性商业街区，扮亮无锡城市名片。以旅游景区创建带动崇安寺街区管理，推动商业旅游产业发展。2006年9月，成立崇安寺旅游景区管理处，把“崇安寺是最无锡的地方”宣传推介作为重点工作，致力提升崇安寺品牌效应。2007年5~6月，崇安寺AAAA级景区创建通过国家旅游局调研审查。是年9月，通过省旅游局AAAA级景区评审组复审。其后，根据创建标准，再次对景区内历史文物景点、园林面貌以及旅游服务设施等进行改进完善。2008年6月，通过国家AAAA级旅游景区评定验收组评定。是年10月，正式批准为国家AAAA级旅游景区。2009年3月29日，国家AAAA级旅游景区授牌仪式在崇安寺举行。自此，崇安寺街区正式成为无锡城市旅游目的地之一，崇安寺街区文化旅游项目被融入全市大旅游格局。

第四节　来宾接待

崇安寺生活步行街区建成后，已成为无锡市对外开放的窗口。2005~2010年，先后接待国家、省市领导人，著名学者、社会名流以及各省市区参观团体166批次4600余人。崇安寺给国内外来宾留下美好印象，崇安寺的知名度和影响力得到扩大。

2005年，原中共中央政治局常委、中纪委书记尉健行，原中共中央政治局常委、国务院副总理李岚清先后视察图书馆钟楼及二泉映月广场。是年11月，国资委主任李融荣考察崇安寺街区。

2006年1~6月，先后到崇安寺生活步行街区和公花园考察的有全国政协副主席张怀西、著名物理学家丁肇中、原中共中央宣传部部长王忍之、原全国政协副主席钱伟长、原国家体育总局局长伍绍祖等。

2007年，先后到崇安寺考察生活步行街区及阿炳纪念馆的有全国人大常委会副委员长乌云其木格，全国政协副主席张怀西，国务委员、国务院秘书长华建敏，南京军区空军司令员江建曾，江苏省省长梁保华，商务部政策研究室副主任张国庆，全国政协副主席、农工民主党中央常务副主席李蒙，中国奥委会名誉主席何振梁，国家教育部直属高校工作司副司长牛燕冰，原全国政协副主席、中科院院士钱伟长，全国人大常委、农业与农村工作委员会副主任李春亭，以及国家工商行政管理总局领导等。共34批、600余人。

2008年，先后接待全国人大常委会副委员长蒋正华一行，第十届全国政协常委、中共中央宣传部原部长、中国社会科学院党委书记王忍之，第九届全国政协副主席、世界杰出华商协会主席孙孚凌，以及全国人大常委会副委员长乌云其木格等领导。此外，还接待原新华社香港分社社长、诗人、外交家周南一行，原江苏省政协主席孙颔，江苏省人大常委会副主任赵龙一行，苏州市平江区政府考察团，上海市浦东干部学院106期经济管理研究班一行，湖南常德市党政代表团，四川省自贡市政府考察团，安徽省合肥市党政代表团等。共12批、200余人。

2009年，先后接待徐州铜山县经济开发区考察团，徐州市铜山县党政代表团，苏州市金阊区党政代表团，苏州市沧浪区党政代表团，新疆喀什地区英吉沙县政府考察团，徐州市鼓楼区党政代表团，无锡市新区党政代表团，北塘区党政代表团，青岛市市南区政府考察团，牡丹江市东安区政府考察团，南通崇川区政府代表团，中国关心下一代工作委员会副主任刘晓连率领的来自全国30个省、市、自治区的关工委代表团，以及浙江淳安县政府考察团等。共13批、630余人。

2010年，先后接待常州市天宁区党政代表团，河北沧州市党政代表团，常德市文明城市创建工作考察团，杭州市下城区产业调整与现代服务业专题研修班一行，江西省新余市渝水区政府考察团，新疆英吉沙县党政代表团，安徽省芜湖市镜湖区党政代表团，河南省漯河市源汇区政协考察团等。共8批、240余人。

第五章　历史文化遗存

崇安寺文化底蕴深厚，人文古迹众多。在崇安寺建设改造中，区注重开发和挖掘历史人文资源，从非物质层面全面包装崇安寺，以文化品牌打造崇安寺。2004年11月，成立二泉映月艺术团。2005年5月，组织纪念城中公园百年庆，会同市史志办公室、市园林局等单位编辑整理《无锡史志》专辑——“无锡公花园”。是年8月，委托无锡电视台“刘慧访谈”专栏录制崇安寺专题纪实片。组织整理和编写崇安寺传说、故事、掌故，出版发行《崇安寺》一书。其间，还委托上海音乐学院创作反映崇安寺历史和现状的一组歌曲，整理挖掘一组道教音乐。还收集整理崇安寺20余处明清风格古建筑的碑刻、匾额、楹联、诗词，丰富崇安寺博大精深的文化内涵。

第一节　碑　刻

碑刻是人类文明史发展的历史见证和载体，本节收录崇安寺地区碑刻8通，其中，有嵌置于图书馆钟楼、由著名文学家钱锺书父亲钱基博撰写的石碑“无锡图书馆碑记”，有陈列于后乐园碑廊、公花园镇园之宝、由唐代书法家怀素草书《四十二章经》法帖刻石16方，有置于同庚厅的“无锡公园嘉会堂记”等古碑刻，还有置于2005年新落成的崇安阁平台底座的“崇安寺记”。

【无锡州洞虚宫重建三元祠山殿记】

□□□□□□□□□□□□□□□□□□□□□□□□□□□社本书

亚中夫夫绍兴路总管，兼管内劝农事，知渠堰事白墅泰不华篆无锡洞虚宫，本梁大同间所创回交山青玄观也。宋初赐额曰洞虚观。我朝泰定元年，改观为宫。盖为国家建熙事之所，会士民祷祈之灵区也。初，州之高士华君益谦，既主宫事，又兼治杭之宗阳西太乙宫。以谓洞虚则其初隶业之地。士田之入虽薄，室屋衰坏不可以不葺。乃数往来而缮完之。至顺三年□月，有不戒于火者，三元祠山之殿毁焉！则又叹曰：兹其可以已乎！夫穹然而覆于上者，天也；兀然而载于中者，地也；沛然而流于下，愈远而不可穷者，水也。是三者，物莫能大之。人生其间，善恶之有纪，功过之有考。得不在于此矣！若夫祠山大神，则古所谓御大灾，捍大患者。天高矣，地厚矣，水深矣！高则人莫得而至也；厚与深则人莫得而入也。大神则能出入有无，而通乎人所不能通者。故旱干、水溢与凡阴阳之沴，皆能为人斡回于芴漠之顷而消弭之。则三元与祠山之祠皆不可以不作。于是，与宫之有职掌者曰安以道、沈常德、童德和、张玄德等经营之。好善之家乐于佽助。遂庀工、度材，作两新殿。至元再元之四年九月吉日告成。坛堂邃严，像设庄睟，光灵威望，视昔有加。州人来观，歆响畏饬之心兴焉！夫盈宇宙之内者，皆鬼神也。物之细者，鬼神具焉，况其大者与其精爽之赫然者乎。然而，人心者，鬼神应感之机也。以泛散之心，茫然求之，则不若为位貌以聚，夫求之之心，心之所聚，鬼神之所在也。华君于其所在，以其法醮祭之，亦必有其应矣！盖三辰顺轨，川泽率职，寒暑节，风雨时，百物咸殖。

上之人无忧而有寿；下之人皆无恶而有善。蒙神之庥，得相与安乐太平之世。此所以祝厘之意也。世之务私其身者，固不遑于他及，其或脱去物累，翛然而独往者，又皆有所不为。求其能如华君之用心者，亦鲜矣！余于其征记也，故喜为之书。宫旧有方丈之室，至于摧腐不可支也，因撤去之且七十年矣，今亦仍故址以为室云。至正四年十月，知库陆道成，值岁钮若水，监斋张守玄、曹世祥，监宫童德味，提点宫事陈道坚，提点张可久，灵妙通玄弘教真人、杭州路宗阳宫主、领宫事、住持西太一宫、兼常州路无锡州洞虚宫住持华益谦立石。

何源　刊

【无锡图书馆碑记】

中华民国元年六月，邑人秦毓鎏已长兹邦民政。自以儒生躐膺民社，不当惟簿书期会之知，慨然益引文化为己任。于是谘谋于众，肇建图书馆于故三清殿旧基。仿大块之大方，踞坤灵之正位，合体宸极，仰模元象，因度材而鸠工。厂千门而列万户，缭以周阁，巅以钟楼。十二辰于是乎正，八儒三墨于是乎群聚观览焉。当是时，总其事而董之成者，盖邑人秦玉书也。阅月九，用金万五千，有书盈万卷，上自经史百子，旁逮星算方舆树艺之流。金石之刊，西方大秦之书，崖略粗备，洁致精良，可披可哦，用饷孤陋。此则邑人顾倬之功，不可没也。邑人龚宜戊襄促役，周同愈、吴廷槐佐搜书，抑亦预有劳焉。是馆之落成，将在兹岁之某月，谓博不可无一言，博乃悄然应。罦然起曰：仆何言哉？仆少小好读书，日卒二三线装书，不以为苦，才苦无书读耳。迨弱冠，走四方，稍稍购储，逾两千卷，往往庋置焉。甚矣，已有之不可恃也。犹忆童年十二三借书读时，惴惴恐主人索太急，匆遑毕读。每得一册，辄穷昼夜读不辍，心犹以为未足。纂钩元要，目存而手撮录焉。及其既也，书已烂熟胸中矣。惟藏书之家，邑无二三，有之矣。辄又自私己有，秘不肯假人，人虽欲读而无如何，宜其常保有是书矣。诚不自意，其一旦身死而骨未寒，子孙已不知宝藏祖父手泽，徒喟诗书之无预于润家。有烧论语以为薪者，有以班史质钱者，有沉水三十六万卷者。仆尝谓：自私利其书之厄，厄于秦皇之火则甚矣。已有之不可恃也。夫物，私之一已，诚不若公之人人之为愈也，又岂惟诗书为然。然而世之自私利其书者，当闻仆言而知所反矣，则曷若资储是馆，司以典籍，为是书计久远也哉。

邑人钱基博记　邑人俞复书　中华民国二年四月　日

无锡图书馆碑刻

【静慧寺重建大雄宝殿记】

自汉明帝梦见丈六金人而佛入中国，梵夹因称。毗婁尸佛长六十由旬，尸弃佛长四十由旬，毗舍婁佛长三十二由旬，枸留孙佛、枸那舍牟尼佛俱长二十五由旬，迦叶长一十六丈。从此，造佛像者争相以高大为上。余游迹所至，真定府大佛寺即隋龙藏寺，中一立像约七丈许，随肩二菩萨夹侍，江以南无此巨像。然一二名刹大雄殿中坐像二三丈许，比比皆是。我锡山静慧寺亦然。邑乘载寺创建于晋哀帝兴宁二年，榜其门曰“祝圣都道场”。宋太平兴国初，赐崇安教寺额，厥后屡毁于火，屡屡重建增置。至乾隆二十二年，敕赐静慧寺额。历历可考，而宋以前无闻焉。余见寺门内东西两石幢皆镌尊胜陀罗尼经，西幢全灭，而东幢则唐咸通八年所立。幢立于唐，寺建于晋，容或有之，不可谓全无所据。则此寺固南朝四百八十寺中之一也。寺故有五轮大藏，有千佛阁，有钟楼，有禅堂，有藏经阁，有墨池，有祝圣放生池，前有天王殿。自经兵燹，荡焉泯焉。余尝假得所藏诸经及诸禅师语录读之，今一思之，已如隔世。吁！可慨矣。

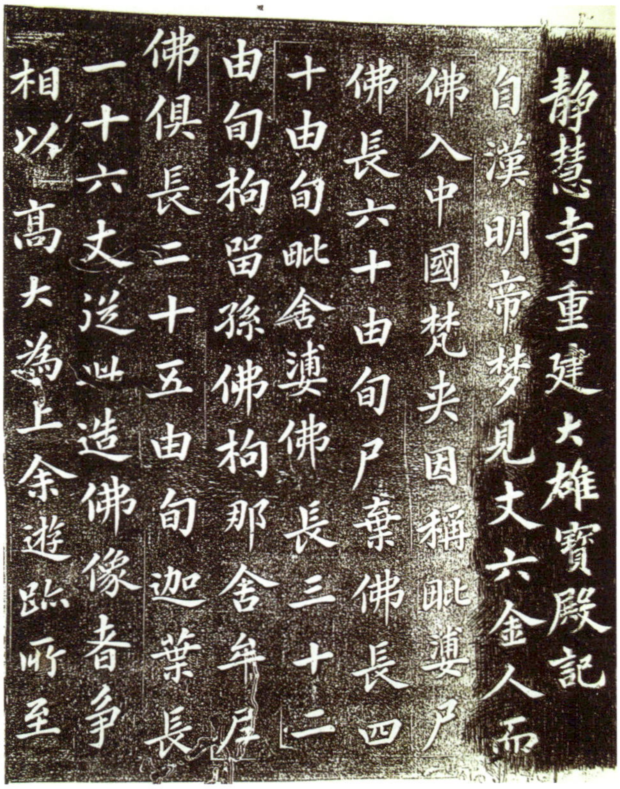

静慧寺大雄宝殿碑刻（局部）

秋岩禅师真能住持有年，以笃志力行，为一方所宗仰。谓一寺之有大殿，犹人家之有厅事，庀材鸠工当自大殿始。然我邑虽克复已久，而疮痍未复，无从募捐，因节啬其服食□，诵经礼忏之资，次第施工，少有不敷，其法徒空忠赴沪上，广为募化以足之。创始于光绪七年九月，工竣于十五年十一月，共费青蚨二万二千四百缗有奇，轩翥宏丽。一切规制如旧。余谓从此随时增置，或可尽还旧观，当以此为嚆矢焉。慨自达摩尊者航海东来，二传得大祖而始尊，五传得大满而始著，六传得大鉴而始大，八传至大寂无际而始变，十一传至临济洞山仰山而始分，十三、十四传至云门法眼而始极，大雄氏之教引之而愈高，推之而愈微。从此，或博涉经论，或别行玄风，琳宫绀宇遍天下，何其盛也。今则因乱而毁者固多，即偶存一二，而颓垣败砌不复振作者以又何限，而真能及其徒空忠能振作于极衰之后，甍砌比栉，金碧辉耀，四方之打包持盈至者，咸叹息服其师徒之干略。余故乐得而书之，以为大雄氏庆。

光绪十有六年岁次庚寅嘉平月　邑人秦臻撰　宝瓒书　钱最篆额

【重修洞虚宫三清殿碑记】

佛老之兴，起于汉世，以后日渐崇奉，层楼杰阁，侔于帝王之居。揆诸古圣王祀典所载，未之有也。虽然王制有言，修其教，不易其俗。齐其政，不易其宜。盖民生万有不齐，蚩蚩之氓，迪以先生礼义之训，或懵然其不晓，而一怵以紫府元都，主持祸福之说，靡不畏敬而奉承。于以革其邪僻，化其桀骜，于世道实重有赖焉。易曰，圣人以神道设教而天下服，其是之谓欤。金匮为无锡之析治。邑城崇安寺左有洞虚宫，旧在胶山乡，建自梁大同二年，名青元宫，后废，徙今地。宋大中祥符中，赐额洞虚观，元代改复为宫。自宋迄明五百年间，凡三毁于火，辄复建。至本朝康熙三十二年，邑人孙洊佳、邹性善募资重建，规模略备。厥工未就，更历五十年，上雨旁风，法象剥落，过者咨嗟。顾工大费巨，众道士捐集二百金，亦莫克修举。公请邹君文锦主其事，君素乐善好施，且精心计，凡邑有大业造，当事咸属，屈指非邹君不可，于是慨然身任。并修玉皇正殿，于殿西增建六楹，奉诸天法象，山门两翼，增置伽蓝诸神殿。妙相庄严，烨如炜如，高甍插天，飞栋架雾。四方来观者，咸瞻仰叹息。凡增修六百金而力不旁贷，胥邹君一人之功。于是邑人士曰，是不可以无述，请记于予。予维人游穆清之宇，贤愚善恶，各有报应，谓冥冥者，似有主宰于其间。初非有法象之设也，后世从而庙貌之，且侈以楼台殿阁，若崇奉生人之为。疑为儒者所不道，然人情肆于所不见，而惕于所见。今以桀黠暴戾之子，入诸天森列之堂，阴风飒然，神威军燀赫，稽首膜拜，震慑屏息。盖礼所谓未施敬于民，而民敬圣人。假象以立教，端有在乎是。邹君此举以扶持世教，助宣理化为心，厥功为大，岂徒饰耳目，私觊荫庇可比哉。予重邹君之德，并嘉邑人士之请，能为兹役计久远也。爰叙其颠末而文之碑。三清殿讫功于乾隆九年，玉皇殿讫工于十一年，其始重建增置殿东六楹者，为万安乡张门蔡氏，例得牵连书之。

清·顾栋高

【四十二章经】[①]

世尊成道已，作是思惟：离欲寂静，是最为胜。住大禅定，降诸魔道。於鹿野苑中，转四谛法轮，度憍陈如等五人，而证道果。复有比丘，所说诸疑，求佛进止。世尊教勅，一一开悟，合掌敬诺，而顺尊勅。

（第一章）[②]

佛言："辞亲出家，识心达本，解无为法，名曰沙门；常行二百五十戒，进止清净，为四真道行，成阿罗汉。阿罗汉者，能飞行变化，旷劫寿命，住动天地。次为阿那含。阿那含者，寿终灵神上十九天，证阿罗汉。次为斯陀含。斯陀含者，一上一还，即得阿罗汉。次为须陀洹。须陀洹者，七死七生，便证阿罗汉。爱欲断者，如四肢断，不复用之。"

（第二章）

佛言："出家沙门者，断欲、去爱，识自心源；达佛深理，悟无为法；内无所得，外无所求，心不系道，亦不结业；无念无作，非修非证，不历诸位而自崇最，名之为道。"

（第三章）

佛言："剃除须发，而为沙门受道法者，去世资财，乞求取足，日中一食，树下一宿，慎勿再矣。使人愚蔽者，爱与欲也。"

（第四章）

佛言："众生以十事为善，亦以十事为恶。何等为十？身三、口四、意三。身三者：杀、盗、淫。口四

①《四十二章经》为公元67年传入中国的第一部汉译佛经，相传由东汉时迦叶摩腾和竺法兰共译。重点论述人生无常和爱欲之敝。公花园所存《四十二章经》法帖为唐·怀素草书碑刻。怀素（725—785），字藏真，本姓钱。长沙（今属湖南）人。唐代僧人，玄奘之弟子。又是唐代书法家，以善"狂草"出名，存世书迹有《自叙》《苦笋》等帖。
②文内（）及括弧内的第一章至四十二章为编者所加。

者：两舌、恶口、妄言、绮语。意三者：嫉、恚、痴。如是十事，不顺圣道，名十恶行。是恶若止，名十善行耳。”

（第五章）

佛言：“人有众过，而不自悔，顿息其心。罪来赴身，如水归海，渐成深广。若人有过，自解知非，改恶行善，罪自消灭；如病得汗，渐有痊损耳。”

（第六章）

佛言：“恶人闻善，故来扰乱者。汝自禁息，当无瞋责。彼来恶者，而自恶之。”

（第七章）

佛言：“有人闻吾守道，行大仁慈，故致骂佛。佛默不对。骂止。问曰：子以礼从人，其人不纳，礼归子乎？对曰：归矣。佛言：今子骂我，我今不纳，子自持祸，归子身矣。犹响应声；影之随形，终无免离，慎勿为恶。”

唐·怀素《四十二章经》碑刻

（第八章）

佛言：“恶人害贤者，犹仰天而唾。唾不至天，还从己堕。逆风扬尘，尘不至彼，还坌己身。贤不可毁，祸必灭己。”

（第九章）

佛言：“博闻爱道，道必难会；守志奉道，其道甚大。”

（第十章）

佛言：“睹人施道，助之欢喜，得福甚大。”沙门问曰：“此福尽乎？”佛言：“譬如一炬之火，数千百人，各以炬来分取，熟食，除冥，此炬如故，福亦如之。”

（第十一章）

佛言：“饭恶人百，不如饭一善人。饭善人千，不如饭一持五戒者。饭五戒者万，不如饭一须陀洹。饭百万须陀洹，不如饭一斯陀含。饭千万斯陀含，不如饭一阿那含。饭一亿阿那含，不如饭一阿罗汉。饭十亿阿罗汉，不如饭一辟支佛。饭百亿辟支佛，不如饭一三世诸佛。饭千亿三世诸佛，不如饭一无念、无住、无修、无证之者。”

（第十二章）

佛言：“人有二十难：贫穷布施难。豪贵学道难。弃命必死难。得睹佛经难。生值佛世难。忍色忍欲难。见好不求难。被辱不瞋难。有势不临难。触事无心难。广学博究难。除灭我慢难。不轻未学难。心行平等难。不说是非难。会善知识难。见性学道难。随化度人难。睹境不动难。善解方便难。”

（第十三章）

沙门问佛：“以何因缘，得知宿命，会其至道？”佛言：“净心守志，可会至道。譬如磨镜，垢去明存。断欲无求，当得宿命。”

（第十四章）

沙门问佛：“何者为善？何者最大？”佛言：“行道守真者善，志与道合者大。”

（第十五章）

沙门问佛：“何者多力？何者最明？”佛言：“忍辱多力，不怀恶故，兼加安健。忍者无恶，必为人尊。心垢灭尽，净无瑕秽，是为最明。未有天地，逮于今日，十方所有，无有不见，无有不知，无有不闻，得一切智，可谓明矣。”

（第十六章）

佛言：“人怀爱欲，不见道者。譬如澄水，致手搅之，众人共临，无有睹其影者。人以爱欲交错，心中浊兴，故不见道。汝等沙门，当舍爱欲，爱欲垢尽，道可见矣。”

（第十七章）

佛言：“夫见道者，譬如持炬，入冥室中，其冥即灭，而明独存。学道见谛，无明即灭，而明常存矣。”

（第十八章）

佛言：“吾法念无念念，行无行行，言无言言，修无修修。会者近尔，迷者远乎！言语道断，非物所拘；差之毫厘，失之须臾。”

（第十九章）

佛言：“观天地，念非常；观世界，念非常；观灵觉，即菩提。如是知识，得道疾矣。”

（第二十章）

佛言：“当念身中四大，各自有名，都无我者，我既都无，其如幻耳。”

（第二十一章）

佛言：“人随情欲，求于声名，声名显著，身已故矣；贪世常名，而不学道，枉功劳形。譬如烧香，虽人闻香，香之烬矣，危身之火，而在其后。”

（第二十二章）

佛言：“财、色於人，人之不舍，譬如刀刃有蜜，不足一餐之美，小儿舐之，则有割舌之患。”

（第二十三章）

佛言：“人系於妻、子、舍、宅，甚于牢狱。牢狱有散释之期，妻子无远离之念。情爱于色，岂惮驱驰？虽有虎口之患，心存甘伏，投泥自溺，故曰凡夫。透得此门，出尘罗汉。”

（第二十四章）

佛言：“爱欲莫甚於色，色之为欲，其大无外。赖有一矣，若使二同，普天之人，无有能为道者矣。”

（第二十五章）

佛言：“爱欲之人，犹如执炬，逆风而行，必有烧手之患。”

（第二十六章）

天神献玉女於佛，欲坏佛意。佛言：“革囊众秽！尔来何为？去！吾不用。”天神愈敬，因问道意。佛为解说。即得须陀洹果。

（第二十七章）

佛言：“夫为道者，犹木在水，寻流而行，不触两岸，不为人取，不为鬼神所遮；不为洄流所住，亦不腐败，吾保此木决定入海。学道之人，不为情欲所惑，不为众邪所娆，精进无为，吾保此人，必得道矣。”

（第二十八章）

佛言：“慎勿信汝意，汝意不可信；慎勿与色会，色会即祸生；得阿罗汉已，乃可信汝意。”

（第二十九章）

佛言：“慎勿视女色，亦莫共言语；若与语者，正心思念：我为沙门，处於浊世，当如莲华，不为泥污！想其老者如母，长者如姊，少者如妹，稚者如子，生度脱心，息灭恶念。”

（第三十章）

佛言：“夫为道者，如被干草，火来须避。道人见欲，必当远之。”

（第三十一章）

佛言：“有人患淫不止，欲自断阴，佛谓之曰：若断其阴，不如断心，心如功曹，功曹若止，从者都息；邪心不止，断阴何益？”佛为说偈：“欲生於汝意，意以思想生；二心各寂静，非色亦非行。”佛言：“此偈是迦叶佛说。”

（第三十二章）

佛言：“人从爱欲生忧，从忧生怖；若离於爱，何忧？何怖？”

（第三十三章）

佛言：“夫为道者，譬如一人与万人战。挂铠出门，意或怯弱，或半路而退，或格斗而死，或得胜而还。沙门学道，应当坚持其心，精进勇锐，不畏前境，破灭众魔，而得道果。”

（第三十四章）

沙门夜诵迦叶佛遗教经，其声悲紧，思悔欲退。佛问之曰：“汝昔在家，曾为何业？”对曰：“爱弹琴。”佛言：“弦缓如何？”对曰：“不鸣矣。”“弦急如何？”对曰：“声绝矣。”“急缓得中如何？”对曰：“诸音普矣。”

佛言：“沙门学道亦然，心若调适，道可得矣；於道若暴，暴即身疲，其身若疲，意即生恼；意若生恼，行即退矣，其行既退，罪必加矣，但清净安乐，道不失矣。”

（第三十五章）

佛言：“如人锻铁，去滓成器，器即精好；学道之人，去心垢染，行即清净矣。”

（第三十六章）

佛言：“人离恶道，得为人难；既得为人，去女即男难；既得为男，六根完具难；六根既具，生中国难；既生中国，值佛世难；既值佛世，遇道者难；既得遇道，兴信心难；既兴信心，发菩提心难；既发菩提心，无修无证难。”

（第三十七章）

佛言：“佛子离吾数千里，忆念吾戒，必得道果；在吾左右，虽常见吾，不顺吾戒，终不得道。”

（第三十八章）

佛问沙门：“人命在几间？”对曰：“数日间。”佛言：“子未知道。”复问一沙门：“人命在几间？”对曰：“饭食间。”佛言：“子未闻（知）道。”复问一沙门：“人命在几间？”对曰：“呼吸间。”佛言：“善哉！子知道矣！”

（第三十九章）

佛言：“学佛道者，佛所言说，皆应信顺。譬如食蜜，中边皆甜，吾经亦尔。”

（第四十章）

佛言：“沙门行道，无如磨牛。身虽行道，心道不行。心道若行，何用行道？”

（第四十一章）

佛言：“夫为道者，如牛负重，行深泥中，疲极不敢左右顾视。出离淤泥，乃可苏息。沙门当观情欲，甚于淤泥，直心念道，可免苦矣。”

（第四十二章）

佛言：“吾视王侯之位，如过隙尘；视金玉之宝，如瓦砾；视纨素之服，如敝帛；视大千世界，如一诃子；视阿耨池水，如涂足油；视方便门，如化宝聚；视无上乘，如梦金帛；视佛道，如眼前华；视禅定，如须弥柱；视涅槃，如昼夕寤；视倒正，如六龙舞；视平等，如一真地；视兴化，如四时木。”

诸大比丘，闻佛所说，欢喜奉行。

民国9年（1920）摩刻⑤

【无锡公园创制记】

公园，邦人士女群萃而游处者也，匪直耳目之娱而已。将以嘘精吸和，眺云物，畅幽怀，盘桓寄

⑤民国9年（1920）由秦郊农、裘葆良、华艺三、杨荫北、俞仲还等42人，出资42枚银元，延请刻碑高手勒摹而成。怀素草书《四十二章经》法帖共16方，每方长79厘米，宽39厘米。“文化大革命”期间殃及此碑，损坏3方，1979年补刻续全，今嵌于“池上草堂”壁间。

思，灏灏乎与造物者游焉。惟吾邑之有公园，匪朔经之营之。什祀之间，而幽芳夹道，铺以细沙；其旁广场方丈，浅草一碧，丰褥如茵席，其上坐卧，绝无纤尘粒泥沾衣袂，致可喜也。入门右折循西道，行数十武，至一木亭，方形，饰以丹漆，覆以陶瓦。再进，一阜巍然，高十许尺。拾级而上，有松亭，作长方形，铁椅数具，游人辄憩息焉。亭东有大树一株，厥名曰千孙之树，茎皮黝黑如铁，为五六百年旧物，围三抱有奇，高干参云，枝叶茂盛，垂荫可数亩，亭亭如华盖覆阜巅。每当炎炎夏日，骄阳可灼，予尝携书息影其下，清风徐来，不知夏日之可畏也。呜呼，美哉。此尤公园之殊胜也。逾大树南折，石级数十迤逦下，佳木异竹，夹道交荫；循道折而北，有一六角松亭，茅檐土茨，致朴有味；再北，有凉棚架道右，蔓藤攀缘，绿叶缤纷，宛若结采。道左则丹槭苍松，朱绿粲映；循道又北，有一小丘，上有一四方形松亭，地以五色碎陶嵌砌花纹，折向东南行，又有一木亭，视他亭为独巨，道路四通，外砌扇形花坞四绕之；再折而东北，又有亭一，亦以木制之，去亭不数武，有杨柳一株，垂丝欲舞；再东，有楼屹然是，实岁在己酉，资邑诸老先生春酒介寿之需所成，而为公园营构之始也，颜曰多寿轩。窗四辟，遥见九龙崔崒，蜿蜒变态。嶂者岑者，如飞动于窗槛间，盖云山景物亦若相容悦而昵就者。楼东数十武有大池汪汪，若千顷陂，烟波凝碧。每当晨光微熹，夕阳在山，锦霞半天，倒影水上，随水波动，浮金耀翠，深不见池底。池北古木四五章，间以灌树，参差横斜，杂植水畔。高者摩苍天，卑者齐予肩，渺然有泽畔行吟之思，几自忘其在甚嚣尘上之城市间也。自此又北，界以竹篱，其中杂卉珍木，共邦人之求，是为花墅。夫君子居有燕喜之地，游有高明之具，所以宣气节情，进之清宁平夷之境，非祇游观云尔也。惟兹园也，始美于邑人俞君复、丁君宝书；绳徽于裘君廷梁、林君志熙、华君文汇、文川昆弟、华君鸿模等。而大恢廓于秦君毓鎏长邑民政之日，盖君为人强毅，敢任事，力锄豪者，籍不义所取入，俾之，俞君得藉手以经辟是园。虽秦君以是府豪者怨，获奇祸，而园已都丽逾于昔焉。则是秦君之有大造于斯园也，然非诸君子前喁后于，继继绳绳，瘁私人赀力植其基于先，虽秦君不恤身府豪者怨，即亦不能疾观蹶成若是。予以知用力众而为之久，且专之可以有功也。伯尔君子，其有输义赀、宏毅愿、创制奋庸，以与于役者，敢不刊姓氏桓石，以昭盛懿，矢弗谖于予亿万姓。

俞仲还　丁芸轩　裘葆良　林虎侯　王鉴如　唐玉九　尤干臣　高映川　陈仲英　蔡兼三
裘小翰　陶永让　廉惠卿　钱季常　赵鸿雪　曹衡之　薛南溟　周仲坚　吴公记　谢蕴石
杨森千　艺兰居　华海初　华子随　吴俊夫　邹静山　徐石樵　华艺三　詹铭仲　杨翰西
顾石仲　顾叔嘉　吴松云　高梅坡　宁钰庭　吴玉书　孙鹤卿　沈星斋　王殿扬　龚仲华
永大生　吴观岱　唐晋斋　高季莲　秦琢如　薛遂安　孙荫皋

中华民国六年七月　邑人钱基博撰文　邑人华绾言书丹　　吴县周容刻石

《公园创制记》碑刻

【无锡公园嘉会堂记】

同人於甲寅冬发起丙寅同庚会五旬公寿，于乙卯正月初八日集会於邑公园，兹举为吾邑为创例。当时曾印丙寅同庚会五十会公寿录，阅十一年丙寅八月，又在公园集会，提议建筑公寿纪念厅，即席捐得银二千四百九十元，陆续照收印入丙寅同庚会六旬公寿录内。既集议以小规模之建筑於公园不甚相宜，适丁卯同庚、戊辰同庚亦接踵举行，乃洽商丁卯同庚赵先生子新等，戊辰同庚蔡先生兼三等，以三会同人合力建筑一大厅，事以备地方有盛大集会之所。预计建筑费约一万元左右，由三会同人分任之。大致议定后遂於十九年十月建筑厅三楹，由丙寅会认银二千五百九十元、丁卯会认银一千五百十元、戊辰会认银三千五百四十九元，厅事落成而窗格尚未加添，旋已巳同庚会龚先生范我出银一百元，连同庄息三十三元，将前后窗格髹漆完工，统计费银七千七百八十二元。自为寅、卯、辰、巳同庚会所合组。爰将收支数目刊石，以照征信，并题名嘉会堂。此后嘉宾戾止，集会有所，抑亦公园主要之建筑也，复为发起人之一，特将经过情形粗述概略，以后之登斯堂者。

中华民国二十三年三月　俞复识　陶起凤书

【崇安寺记】

崇安寺记碑刻　（崇安城投公司供稿）

昔王右军舍邸建寺，额曰兴宁，梁武初年更名静慧，至宋兴国二年乃易今名，遂以崇安传。寺称梁溪首刹，规制恢宏，香火鼎盛，绵延叠纪。复因地处城中，市以寺兴，市肆列张，商贾云集，人烟辐辏，举袂蔽日。尤以佳肴名点，望隆三吴，奇玩巧艺，腾欢乡邑。乃与沪之城隍庙、苏之玄妙观、宁之夫子庙，比肩并称，驰誉遐迩。此四胜者，皆以寺庙道观名世，盖以儒释道三教混元文化为根柢，推衍商业文明、市井文化之繁昌也，然崇安尤胜。盖始以书圣捐宅，见其高致；继以乾隆临幸，耀其宠荣。秦起伟岸独立，彪炳青史；阿炳琴弦二索，氤氲苍穹。公花园号华夏第一，中山亲定；图书馆称江南无双，邑人共赏。革故鼎新，锡城每领风气之先；人杰地灵，崇安夙承文明之光。故崇安寺非只以名园胜迹闻于世，亦复赖先圣时贤传于今。文气沛渥，文情蓊郁。文脉乃民心之精髓，民风之灵魂也。胸襟宽阔，兼收并蓄，故能成其大；目光深远，与时俱进，故能趁其时。锡邑之为工商业重镇，良有以也。或以观名园兴废可知天下盛衰，然则治世盛年再造胜域，不亦宜乎？

今值市委市府倡以文化兴市，重塑无锡，契乎众望，顺乎大势，识者然之，民心悦之。崇安区委政府卓然有思，响应而动，因地制宜，遂规重建。概斯寺为锡邑历史之缩微，梁溪文化之积淀，故再造之举必欲高其起点而稳其步武，复其形制而扬其精神，大其手笔而慎其细节。乃访乡贤硕学，商略重构准则；延名匠大家，绘制营造法案。区域拓展，中轴东移，四至扩张，存名改阁。数易其稿，择善而从；功能定位，各得其所。区隔有界，交融无痕。广场阔大，楼阁峥嵘。梁栋存凝重之意，飞檐呈高啄之势。曲廊亭榭，步街水景，或存古朴，或趋摩登，古今洽接，文脉一贯。人文关怀，小处传情；泊车有位，游憩随心；老残无忧，动止适意。群塑栩栩如生，扮演故事；笔墨在在留迹，叙说渊源。此崇安寺沿革重修之大略也，特勒石以志永年。

邑人 袁宗翰 恭撰　甲申年初夏谷旦

第二节　匾额　楹联

城中公园园内有多处胜迹，曾留下大量楹联、匾额、刻石。有“南野老人”华艺山书“松崖”刻石，张大千师傅“清道人”李梅庵书“公园”二字石刻等，在新一轮崇安寺改造中，对崇安寺、城中公园历史人文资源进行全面挖掘整理，在修缮一新的牌坊、亭台、楼阁、亭榭上，再现历代无锡乡贤的联墨，本节刊录18处古迹景点的匾额12幅、楹联67副。

【崇安寺牌坊】（南）

坊匾额　崇安寺　集王羲之字

梁溪首刹　吴会名胜　钱绍武书

北联：定里证安禅，象教万年开佛寺；
静中生宝慧，龙文两字见天心。　秦凌沧撰　穆棣书

南联：西竺来一丈六尺身，钟鼓幡幢，复能崇释安禅，大地山河留鹿苑；
南朝创四百八十寺，楼台烟雨，曷若静修慧悟，中天日月焕龙章。
杨可园撰　陆修伯书

【崇安寺牌坊】（北）

坊匾额　崇安寺　集王羲之字

北联：胜地起层楼，山色水光摩诘画；名园邻古寺，夕阳芳草少陵诗。

南联：把酒独长吟，细雨疏簾要领略名园天趣；
凭栏恣远眺，夕阳芳草莫放过此地风光。

【皇亭】

匾额　皇亭（魏碑）　仲　许书

北联：筑亭寄意，乃人怀北阙；
尚道遗风，为地近东林。　袁宗翰撰　张惟威书

南联：泰伯曾三让，高义文身辟吴会；
康乾皆六巡，多情銮驾过梁溪。　许墨林撰　冯稚乾书

匾额　皇亭小吃　王建源书

【崇安阁】

匾额　崇安阁　吴觉迟书

匾额　崇礼安邦　刘铁平书

楹联　十丈红尘，曾冠半壁繁华江左；
百年青史，肇开一个锦绣梁溪。　吴翼民撰　查理达书

【拱北楼】

楹联　众星拱北光碧宇；一楼擎天济苍生。　佚　名

【崇安寺地下广场无锡老街】

楹联　溪云迷竹韵；野色混秋光。　佚　名

【洞虚宫】

三官殿楹联　今夫天、今夫地、今夫水，不贰不测；
位于上、位于中、位于下，资始资生。　佚　名

雷尊殿楹联　上天无私，霹雳一声惊世梦；

下民有欲，电光万道照人心。　蔡延槐撰

火神殿楹联　偕星辰日月以月光，功参化育；
含水土木金而相济，福佑平安。　佚　名

【公花园】

刻　石

公园　李梅庵书

1. 露　台

楹联　曲径通幽处；垂杨拂细波。　佚　名
春秋多佳日；西北有高楼。　万廉山撰
砥行碧山石；结交青松枝。　李复堂撰
归晚不嫌裳薄；飞觞犹试歌新。　文徵明撰
几处好山供客座；一川寒日净尘襟。　佚　名
满眼山河此净土；四时风月属闲人。　佚　名
胜地起层楼，山色水光魔诘画；
名园邻古寺，夕阳芳草少陵诗。　秦宝瓒撰

2. 亭　台

楹联　放鹤云千里；卷帘花万重。　佚　名
噫气满大块；明星摇空天。　佚　名
人到孤山闲放鹤；客来别馆喜听鹂。　佚　名
风月本来无尽藏；英雄大抵是痴人。　顾修爵撰
水色山光皆画本；花香鸟语是诗情。　佚　名
日移竹影侵棋局；风递花香入酒尊。　佚　名
半在山隈半水涘；亦如石屋亦濠梁。　佚　名
左花右石身为伴；春韭秋菘手自栽。　佚　名
平野小桥千嶂抱；危楼曲阁半天开。　佚　名
秀水绕门蓝作带；远山当户翠如屏。　佚　名
芳树有花难问种；好峰无数不知名。　佚　名
林花经雨香犹在；芳草留人意自闲。　佚　名
美酒饮教微醉后；好花看到半开时。　佚　名
栽花准拟为诗客；看竹何须问主人。　佚　名
酌酒赋诗相料理；种花移石自殷勤。　佚　名
梅雪松风清几席；竹窗书帙共烟波。　佚　名
碧云照夜渔吹笛；黄叶西风客倚楼。　佚　名
嘉木随时皆入画；好山无面不当窗。　佚　名
燕舞莺歌乐其乐；吟风弄月仙乎仙。　佚　名

3. 水　榭

楹联　青云直上新添竹；明月河中旧有亭。　佚　名
石塌看云坐；溪窗听雨眠。　绿沼看鱼乐；青云羡鸟飞。　佚　名
静时疑水近；高处见山多。　佚　名

小苑回廊春寂寂；碧桃红杏水潺潺。 佚　名
旧业久抛耕钓侣；高情犹爱水云乡。 佚　名
竹韵松涛清自逸；风台月榭悄无言。 佚　名
在山泉清，出山泉浊；陆居非屋，水居非舟。 佚　名
阳叶春青，阴条秋绿；
桂深冬馥，松疏夏寒。 佚　名
好鸟一鸣，山花欲笑；
皓月千里，江流有声。 佚　名
似入万重山，不离三亩地；
欲穷千里目，更上一层楼。 佚　名
修竹茂林，六月秋风凉枕簟；
奇花异草，四时春气霭楼台。 佚　名
地僻少交游，半掩柴门吟杜句；
人闲饶雅趣，只邀明月看梅花。 佚　名
栽花竹、养禽鱼，自是山林经济；
乐琴书、耽岁月，可称烟火神仙。 佚　名
横绝太空，如不可知虚伫神素；
泛彼浩劫，是有真宰与之沉浮。 佚　名
看周遮云实日华，低则若承，高则若拱；
要摆脱天荆地棘，明不如晦，灵不如顽。 佚　名

4. 多寿楼

楹联　园成公界，当具公心，望游人护云系铃，务使长春不老；
楼以寿名，允宜寿世，愿来者纪筹延算，同为大陆真仙。 华艺三撰
好语贡万千，无知多福更多寿；
问年皆七十，始信稀古不稀今。 佚　名

5. 同庚厅

匾额　嘉会堂 王季鹤书
同庚春宴
楹联　十旬嘉会茶当酒；满座清风友亦师。 史克方撰
丙丁戊三载庆同庚，把酒论交，且共喜故旧一堂，兕觥雅集；
花木石四时标逸致，开轩坐赏，莫放过春秋佳日，裙屐风流。 菊　傭撰
紫门今始开，窈窕谁来，有客骖佩翳凤；
翠竹栽成路，鸾环如许，小园曲径疏篱。 史克方撰

6. 池上草堂

楹联　可以息，可以游，商略廿年，真始原不及此；
何处池，何处堂，苍茫四顾，起古人而问之。 丁云轩撰

7. 西　社

楹联　在山泉清，出山泉浊；

陆居非屋，水居非舟。　佚　名

8. 后乐园

匾额　清风茶墅　吴观岱书

楹联　长桥卧波，新亭延月；
荷香醉客，柳色迷人。　佚　名

世界花花，浮生若梦；
劳人草草，小住为佳。　佚　名

规后乐园旧观，塘开一鉴，墅拓三方，小榭风清还斗犇；
访洞虚宫遗迹，绿绮人来，紫璈仙杳，曲廊月上好寻诗。　曹衡之撰

树老阴遮常移榻；荷香风送且凭栏。　佚　名

9. 九老阁

匾额　九老阁　费新我书

楹联　流水环门，自喜轩窗无俗韵；
白云满塌，方知城市有闲人。　佚　名

10. 兰　簃

匾额　兰 簃　裘葆良书

楹联　无事棋酒著酌；有时琴诗弹谈。　佚　名

11. 归云坞

楹联　老树不知岁；名园别有天。　佚　名

第三节　诗　词

崇安寺地区自古为达官贵人和文人墨客挥毫书诗之地，留下数以千计的诗词，本节摘选宋元明清及民国诗词8首。

题　洞　虚　观

宋　释仲殊[①]

古观多松桧，幽奇近暮秋。
坐看新月上，闲见断云愁。
野思同花鸟，乡情隔岛州。
轻寒披鹤氅，隐几自搔头。

洞　虚　宫

元　陈　方[②]

真观时时到，仙花树树幽。
西风寒入竹，北斗夜当楼。

①释仲殊（？—1104前后），宋诗僧。本姓张，名挥，字师利，安州（今湖北安陆）人。选自《咸淳毗陵志》卷二三。
②陈　方，元诗人。字子贞，自号孤篷倦客，京口（今江苏镇江）人。选自《元诗选》三集。

颇觉乾坤异，宁为岁月幽。
乞分筇竹好，相伴赤松游。

洞虚宫玩月

明　王　逢[①]

独立鬓萧骚，天风吹绮袍。
石林秋后薄，香殿月中高。
句落丹山凤，神游沧海鳌。
仙人渺何所，灵响度云璈。

映　山　河

明　王　达[②]

河消萍断水逾清，两岸芙蓉绮绣成。
花映岸头山映水，谁知城市有蓬瀛。

惺　惺　泉

明　盛　颙[③]

汲得惺惺古井泉，试炉不为起疑煎。
贤愚分定形骸外，甘冽天然市肆前。
水味岂真随世钀，茶香端可破春眠。
须知苦节能知我，无复相如渴病全。

白水荡联句

明　黄佑　潘箴[④]

云根接筧引原泉，（潘）　日事诗人茗约煎。（黄）
瑞草贡余双井上，（潘）　清风振起百年前。（黄）
沙门流落僧还复，（潘）　列具收藏鹤欲眠。（黄）
千古卢君清兴在，（黄）　山林永保令名全。（潘）

别映山河园中故居

清　严　氏[⑤]

小苑幽栖不计年，远山凝绿映流泉。
客来冰谷谈秋水，窗俯清川放钓船。
帘卷长空楼百丈，轩多佳夕月如弦。
忽言移室频惆怅，行止翻疑在梦边。

---

①王　逢（1319—1388），元末明初诗人。字原吉，自称席帽山人，江阴人。选自《梧溪集》卷一。
②王　达（1341—1397），明初学者。字达善，号耐轩居士，自号天游道者，无锡人。
③盛　颙（1418—1492），明诗人，字时望，号冰壑，无锡人。选自《锡山景物略》卷十。
④黄佑、潘箴，均为明无锡人，生平事迹不详。联句作为诗的一种方式，由两人或多人共作一诗，相互联吟成篇。
⑤严氏，清女诗人，江苏无锡人，严绳孙之孙女。

同 庚 春 宴

民国 朱梦华[①]

献岁年年晋寿觞，同庚春宴祝无量。

八音齐奏华灯里，即是神仙富贵场。

第六章 管理与经营

崇安寺地区改造建设指挥部成立于2002年。2003年2月，市政府批准成立无锡市崇安寺地区建设领导小组。区随即组建崇安城市投资发展有限公司（以下简称“城投公司”），后又相继成立崇安寺置业发展有限责任公司及3家控股公司、2家参股公司。作为崇安寺地区改造建设主体的城投公司，通过资产重组，投融资功能逐步增强，并步入“自主经营、自我发展、自负盈亏、自我约束”的良性循环轨道。迄2010年，资产总额25亿元，累计实现销售收入15.26亿元，租赁收入1.32亿元，上缴各类税费2.73亿元。

第一节 机 构

2002年8月下旬，区决定成立崇安寺地区改造建设指挥部，时由区委副书记刘健华任总指挥，崇安寺街道党工委书记强惠兴、崇安区市政建设开发公司总经理裘子昂任副总指挥，倪伟兴、缪行健、王飚等为指挥部成员，王毅任财务总监。指挥部设在原公园路78号。2002年11月，因人事变动，改由副区长曹锡荣任总指挥。2003年2月中旬，市政府决定成立无锡市崇安寺地区建设领导小组。时由无锡市常务副市长任组长，市政协副主席荣德海、市政府副秘书长孙志亮、崇安区委书记蒋伟坚任副组长；成员有：崇安区区长张叶飞、市计委副主任王锡南、市财政局局长张士怀、市建设局局长沈建、市规划局局长翁林敏、市市政公用事业局局长陈伊昌、市国土局局长王云鹤、市房管局局长徐卫、市园林局局长吴惠良、市环保局局长吴燕敏、市城管局局长李继银、市工商局局长孙连才、市文化局局长朱建平、市旅游局局长王洁平、市人防办主任焦进甫、市公安局副局长张跃进、市贸易资产经营公司董事长过韧智、无锡供电局副局长张建明。领导小组下设办公室，张叶飞兼任办公室主任，许洪义、曹锡荣任办公室副主任。办公地点设在崇安区政府内。

2005年3月3日，区决定成立崇安寺生活步行街区管理委员会。区委书记蒋伟坚兼任主任，副区长曹锡荣兼副主任，崇安城投公司、崇安寺街道办事处，以及区经贸、建设、房管、物价、城管、环保、教育、文化、卫生、工商联、公安、工商、交警等部门负责人为管委会成员。迄2010年未变。

【崇安城市投资发展有限公司】

成立于2003年7月2日。系崇安区城市改造和建设、对外投资发展的国有全资股份制企业，是崇安寺地区改造建设的实体公司，注册资本1亿元（其中，区建设管理中心9500万元、区锡金资产经营公司500万元）。时董事长由副区长曹锡荣兼任，总经理由崇安区市政建设开发公司总经理裘子昂担任。

①朱梦华（1891—1973），文史学者、教育家，曾任公花园办事处主任。

2007年11月，董事长、总经理改由区国有资产管理局王权兼任。迄2010年，公司通过资产重组，注册资本达10亿元，资产总额达到25亿元，投融资功能显著增强。公司下辖崇安寺置业发展有限责任公司一家全资子公司；崇安寺房地产开发有限公司、崇安寺生活步行街区物业管理有限公司、无锡口腔医院3家控股公司；无锡金鼎来拍卖有限公司、崇安区利民农村小额贷款有限公司2家参股公司，此外还有二泉映月艺术团、无锡崇安历史文献馆2家民办非企业单位。

崇安寺置业发展有限责任公司 成立于2004年2月17日。系崇安寺街区市场培育、商业用房租赁经营管理的股份制企业，区城投公司的全资子公司。负责街区市场培育、商业用房租赁管理经营等。由崇安城市投资发展有限公司与江阴云蝠集团合资，注册资本9000万元，其中，区城投公司占55%。2007年12月，股权变更，云蝠集团股本金退出后，迄2010年，公司注册资本3000万元。

崇安寺生活步行街区物业管理有限公司 成立于2005年3月31日。系崇安寺街区日常管理、设施设备和经营秩序维护的股份制企业。由崇安城市投资发展有限公司与江阴云蝠集团共同投资，注册资本100万元，其中，城投公司占注册资本的55%。2007年12月股权变更，云蝠集团退出股本金，城投公司增资至95万元，城中公园商贸公司入股5万元。

第二节　经营管理

崇安寺生活步行街区建成后，由崇安寺置业发展有限责任公司、崇安寺生活步行街区物业管理公司负责经营服务和管理。针对百姓生活消费的特点，依托景观设置，倡导情景式购物、休闲式消费的服务理念，创新经营管理新机制和新模式。发挥崇安寺品牌优势、设施设备优势、高质量服务优势和管理优势，赢得市场竞争的主动权，提高崇安寺街区经营管理和服务水平，提升崇安寺街区的价值和地位，实现成本最低化、效益最大化、服务最优化。在建设资金运作上，立足多元投入，通过银行贷款、地块招商和合作投资等多种途径，平衡建设资金。2004年，吸引江阴云蝠集团加盟崇安寺改造一期工程，2007年，又引进三阳银辉企业集团（香港）有限公司和江阴云蝠集团资金，合作开发二期5号和1号地块项目，逐步步入“滚动开发、滚动发展”的良性循环轨道，开创无锡多元化投入城市建设改造项目的先河。在营销上，立足与建设同步推进，策划“无锡壹街区，江南二泉月”宣传口号，推出由写意水墨画形式的江南民居和以王羲之字体书写的“崇安寺”三字组成的崇安寺标识图案，塑造形象，扩大影响。在招商上，从围绕建设搞营销转向围绕经营搞营销。立足自行销售和委托销售“两条腿”走路，采取以租带销、租售结合等方式，扩大招商。通过功能区分、客户选择等经营理念，把握市场功能定位，适时提出“购铺自营优先，主力店招商先行，散铺统一招商”的营销策略，营销招商对象瞄准自营业主，营销招商重点突出国际连锁、国内外品牌企业和“名、特、优”及老字号企业。2010年7月，与“美特斯邦威”品牌企业成功签订二期2号地块商铺预约租赁协议，使之成为无锡乃至华东地区最大的单体品牌服饰馆。在管理机制上，实行“建管分离”的运作模式，作为街区管理主体的置业公司，坚持围绕崇安寺品牌建设和提升崇安寺品质，推进街区管理制度化、规范化、标准化，加强保安、保洁、保绿、保修等物业管理，为入驻企业提供全方位服务。成立崇安寺游客咨询服务中心，培育发展文化旅游产业。建办二泉映月艺术团，在公花园多寿楼设立无锡市红色旅游示范点，打造崇安寺文化品牌，通过品牌建设，把崇安寺打造成无锡最美、最靓、最响的一张城市名片，崇安寺生活步行街区于2007年被江苏省建设厅评为江苏省城市物业管理优秀街区，2009年，被无锡市发改委授予无锡市现代服务业集聚区。迄2010年，日平均人流量达10万人次以上，节假日高峰人流量达25万人次左右，带动崇安寺入驻企业经济效益的不断攀升，崇安寺街区整体效益同步提高。2005~2010年，崇安寺商铺可销售面积7.15万平方米，销售4.14万平方米。商铺租赁收入1.32亿元，销售收入15.26亿元，合作开发转让土地收入4.2亿元，上缴国家各类税费2.73亿元。

第三编

城区建设

古时，境内居民大多居住在环城河之内,与商户、作坊混合聚居，出入通道皆为坊里街巷，名称或系名人名事而得，或有所出典。民国23年（1934）前，城区主要街道仅有总长542米、宽2~3米的东大街和西大街。无锡解放初，区境内共有街巷里弄163条，虽街巷密布，四通八达。但大部分为小街小巷，老城厢内除东西向的东大街和西大街外，还有南北向的新生路和中山路，城厢外只有通运路、熙春街、广勤路等主干道路3条，另有大小桥梁88座。

无锡解放后至80年代，城区建设随着无锡城市的逐步发展与繁荣而渐次扩展。从20世纪50年代拆除城墙、建造环城路开始，大规模的拆房拓建与填河筑路并重，先后拆除古城墙5600米，填没城厢内外河浜23条，拆除桥梁71座，新建和改扩建位于城内的解放路、人民路、中山路、崇宁路、健康路、新生路、学前街、新开河等主要道路17条，同时，结合城市的拓展，新建广瑞路、锡沪路、北新路、广瑞北路、江海东路（原312国道）、兴源北路（原货运路）、上马墩路等外环道路及支路。迄1985年，区境内有命名的道路街巷286条、43公里，各类桥梁17座。城内有人民路、中山路、解放路等3条主干道贯通东西南北，城外有锡沪路、北新路、广瑞北路等3条主干道沟通市区，与此同时，103条街巷由弹石路面改造成沥青、水泥路面，翻扩建面积22.46万平方米，城区居民行路难、吃水难、住房难、出行难等状况得到一定程度改善。

1986年后，按照无锡建设特大型城市的规划，持续、大规模推进旧城改造，道桥建设以完善主干道骨架、提高道路等级、改善配套设施为重点，城市建设与房地产开发互为带动、共同发展。1986~2005年，先后新建道路20条、跨河桥梁26座、立交桥梁5座，改扩建道路146条、跨河桥梁31座、立交桥梁1座。区境内形成“一环”（解放环路）、“三射”（县前东街与通江大道、人民路与广瑞路、学前街与学前东路）、“三纵”（中山路、兴源北路、江海东路）、“三横”（锡沪路、上马墩路、广益路）的路网格局。地下管网日趋完善，新建改扩建防汛排涝泵站34座，驳岸总长69.91公里、防洪墙2.89公里，基本形成能够抵御百年一遇洪涝灾害的抗洪排涝体系。城市绿化勃发生机，道路绿化、小区绿化、广场绿化全面推进，不断打造生态城市新亮点。建成3.01万平方米的靖海公园，辖区绿地达到202.07万平方米，绿化覆盖率14.20%，人均公共绿地2.70平方米，比1985年增加2.11平方米。建成三阳、胜利门、东林、火车站、国联等5个大型广场，总面积达12.87万平方米。区先后成立的11家房地产开发公司参与置煤浜、东河头巷、亮坝上等低洼地区改造及旧城开发，并承接道桥建设及市重点工程拆迁项目，累计拆迁房屋230万平方米，竣工246万平方米。1986~2005年，辖区新建居民住宅小区（商住楼）524.15万平方米，其中住宅小区93个，建筑面积456.65万平方米；商住楼22幢，建筑面积67.50万平方米。迄2005年，辖区共有居住房584.87万平方米。城镇住宅成套率达85%。户均建筑面积91.27平方米，人均居住面积由1985年的6.7平方米增加到30平方米。除居住房建设外，辖区商务等公共用房建设也得到同步发展，建成商贸服务、金融保险、文化娱乐、交通邮电等公共建筑面积超过125万平方米。城区基本脱胎换骨，除局部地区留有零星老房外，皆被新建高楼所替代。位于老城区东部的广益地区于2002年划归区管理后，农村城市化建设步伐明显加快，小康型安居小区陆续建成。公用事业全面发展，区域内先后建成35千伏以上变电站8座，日供水能力143.8万吨，液化石油气、管道煤气和天然气用户率100%。交通设施极大改善，铁路年旅客发送量突破1000万人次，公路货运由传统单一的汽车运输转向储、配、送相结合的综合现代物流，长途客运线路延伸到十二省二市，市内公交线路增加到81条。一个富有特色、充满活力、人居环境优良的现代化中心商务区初露端倪。

第一章 市政设施

1986~2000年，伴随着大规模的旧城改造和小区开发，市政道桥建设力度不断加大，相继完成解放环路、中山路、人民路、新生路、健康路等主干道改扩建，同时，打通东西向的县前街和学前街，新建跨古运河高墩桥、槐古大桥，建成县前东街和学前东路，成为与人民路平行的3条沟通中心商务区的主干道。为打通交通瓶颈，先后建成惠勤路、锡沪路、丁村、风雷等4座立交桥梁。为适应交通发展的需求，还相继建成一批停车场。2001年后，市政设施建设着力于提升档次，改善环境，优化设施，完善交通网络。新建通江大道，改扩建江海东路（原312国道），并建成国内规模最大、技术含量最高的的通江公铁立交桥，成为连接主城区的2条快速主干道。同时，延伸人民路，拓宽上马墩路，扩建锡沪路、兴源北路，在广益地区新建广益路等区域道路，形成纵横交错、四通八达的大交通路网格局。随着小区的新建、低洼地区改造，142条坊里街巷先后被湮没。2005年起，区政府把背街小巷改造整治作为当年为民办实事之一，是年，完成25条背街小巷改造任务。1986~2005年，辖区累计新建或改扩建主次干道、街巷166条，长104.59公里，其中，新建20条；新建与道路配套的高墩桥、春江桥等跨河桥梁26座，改扩建人民桥、体育场桥、清扬桥、工运桥等跨河桥梁31座，此外，还新建或改扩建通江公铁立交桥、锡沪路公路立交桥等立交桥梁6座。位于中心商务区的胜利门、国联、东林等5个大型广场改扩建后，面积扩大到12.87万平方米。停车场（点）从无到有，发展到107个，面积24.5万平方米、泊位1.04万个。

第一节 道 路

1986年后，随着城市化进程的推进，与之相适应的市政道路建设快速发展。80年代后期至90年代后期，市政道路建设主要围绕形成“三纵”“三横”“一环”①的交通网络进行。中山路历经3次改造提升；打通学前街，向东拓宽延伸至槐古桥；辟建县前东街、县前西街，东连高墩桥，西接永定桥；健康路拓宽延伸至复兴路；解放环路先后7次改扩建。城区内形成南北向的中山路、新生路、健康路，东西向的人民路、县前街、学前东路，以及与东西南北道路相连的解放环路。同时，在城区外围，先后新建长江北路、通江大道、锡沪西路和拓建锡沪路等一批主干道路。20世纪末至2005年，中心商务区道路建设主要围绕完善设施、优化环境、提升档次、展示形象为重点展开，中山路、学前东路、解放环路、健康路再次改扩建；人民路结合市重点工程——井亭公铁立交改建，分别与人民东路、广瑞路、上马墩路贯通；新生路实施景观街改造，并向北拓宽延伸至县前东街。此外，还结合站前商贸区建设，改建、扩建、延伸工运路、工艺路和兴源北路等道路，使车站地区交通更为畅通。广益镇来属后，广益片区成为区市政道路建设的重点区域，新建广益路，原312国道（江海东路）改扩建为城市主干道、连接沪宁高速和锡澄高速的快速通道，还改扩建广泽路、包张路等一批道路。

迄2005年，区境内基本形成“一环”“三射”“三纵”“三横”②的路网格局，共有命名的道路街巷166条，总长100.65公里。其中，新建道路20条，总长16.69公里。此外，靖海、风雷、金海里、宁海里、

①三纵、三横、一环：即中山路、新生路、健康路；人民路、县前街、学前东路；解放环路。
②一环、三射、三纵、三横：即解放环路；县前东街与通江大道、人民路与广瑞路、学前街与学前东路；中山路、兴源北路、江海东路；锡沪路、上马墩路、广益路。

江海、田基浜、置煤浜等107个新村内还新建、改建一批长短不一、规模不等、档次不同的小区道路。其间，有142条街巷先后被湮没。

【新建道路】

1986~2005年，先后新建通江大道、学前东路、县前东街、县前西街、长江北路、锡沪西路、广益路等7条主干道及站北路等5条次干道。位于辖区北部长5.15公里、宽45米的通江大道，成为连接沪宁高速公路的大动脉。位于辖区南部长1公里、宽30米的长江北路，成为连接新区、沟通太湖大道、通往沪宁高速公路的主要通道。位于辖区东部长1.85公里、宽35米的广益路，与广南路交叉，成为广益地区贯通东西南北的主干道。位于辖区西部长1.03公里、宽40米的锡沪西路，沟通锡澄路、凤宾路、凤翔路，成为城区西部主干道。其间，新建学前东路是市中心学前街向东延升至原312国道的重大工程，长4.78公里、宽30~40米，不仅为城区东西向主干道，而且是连接城区外围路网的重要通道。先后2次辟建位于市中心的县前东街、县前西街，形成辖区内长1.35公里、宽25~40米的东西向主要道路。此外，站北路等5条次干道的新建，与主干道相沟通，使城区路网更为完善。

学前东路　该路从市中心学前街至原312国道，1995~2003年历经3次施工。1995年2~12月，新建解放东路至原312国道段，长1617.18米。沿线穿越沪宁铁路的风雷立交先期建成，跨越大运河的槐古大桥与道路同步施工。道路施工按东段、中段分别进行。东段从风雷立交至原312国道，长947.5米，宽36米，其中，机动车道15米，两侧非机动车道各5.5米、人行道各5米；中段从解放东路至风雷立交，长669.68米，宽36米，其中，机动车道15米，两侧非机动车道各4.5米，两侧人行道分别为5米、7米。路面为沥青混凝土，人行道铺彩色道板。1997年4~9月，拓建中山路至解放东路段，拆除岸桥弄、留芳声巷等道路，全长620米，路宽30米，其中，机动车道14米，两侧非机动车道各4.5米、人行道各3.5米。路面为沥青混凝土，人行道铺彩色道板。2002年7月至2003年3月，学前东路自江海东路（原312国道）延伸至春阳桥，全长2105.18米,宽40米，其中，机动车道15米、两侧非机动车道各5米，两侧机动车、非机动车绿化分隔带各3米、人行道各4.5米。机动车道为10厘米沥青混凝土面层，非机动车道为4.5厘米沥青混凝土面层、人行道铺装25×25彩色道板。设计时速为每小时60 公里。

县前东街　前身为县前街、县下塘等街巷，县前街长277米、宽3米，县下塘长200米、宽3米。1994年，投资626.91万元，拆除县前街、县下塘等街巷，建成自中山路至解放环路的长1012米、宽30~40米的县前东街。其中，中山路至解放东路段，长495米，宽34米，路面为沥青混凝土，人行道铺彩色道板；解放东路至高墩桥段，长517米，宽30~40米，匝道为10米，路面为沥青混凝土。

县前东街（90年代）　　（区建设部门供稿）

县前西街　前身为1958年填河筑成的西河头，长282米、宽16米，自中山路至解放环路。1997年2~9月，投资860万元新建县前西街，自中山路口新加坡花园城大酒店至春申路，全长874.45米（辖区内至永定桥段340米），宽25米，中间为16米混合车道，两侧为各4.5米的彩色道板人行道。为解决原西河头地段昔日因路面低洼而遭淹之苦，施工中将路面标高平均提高40厘米。县前东街、县前西街贯通后，成为无锡市内环线“三纵三横”路网中“三横”之一。

县前西街（2005）　　（区建设部门供稿）

通江大道 1998年4～10月新建，时名锡北路，南起高墩桥，北接锡澄高速公路，是穿越沪宁铁路和周山浜老城区的新干道，全长5154米。其中区境内自高墩桥至安福桥，长3092.4米，宽40米，其中，机动车道15米，两侧非机动车道各5.5米、中央分隔带各3米、人行道各3米、绿化带各1米。2002年改名通江大道。2005年6月起，实施通江大道改造工程，其北与沪宁、锡澄高速公路无锡互通对接，南与县前东街对接，同时连接江海路、312国道、342国道，与北环路相交处建有全苜蓿叶型互通，成为进出城市最便捷的通道之一。区境内道路长3270米，宽45米，双向8车道，设计车速为每小时60公里。道路中央为5米宽分隔带，两侧机动车道宽各15米、非机动车混行车道和人行道宽各5米。

锡沪西路 1998年11月动工，1999年8月建成通车，是打通周山浜老城区的东西向新干道。东起广瑞路，西至锡澄路（辖区内至北新河），中与锡北路相交并贯通锡澄高速公路，全长1530米（区境内长1030米），宽40米，其中，机动车道15米，两侧非机动车道各7.5米、人行道各5米。沿线共拆迁房屋7.16万平方米，埋设雨水、自来水、供电、邮电、有线、联通等管线13条，铺设沥青路面3万多平方米。工程建成后，周山浜地区交通不畅状况得到极大改善。

长江北路 1996年8月开工新建，北起学前东路，南至新区旺庄路，是铁路以东的城区南北主干道，全长4693.67米。区境内自学前东路至太湖大道，长1000米，宽30米，其中，机动车道宽15米，两侧非机动车道各宽4.5米、人行道各宽3米，设计时速为每小时60公里。1997年8月竣工通车，由新区黄石路开往无锡火车站的公交30路同时开通，开创无锡市道路建设史的先河。2002年3月，又对长江北路人行道全线进行大修，原红、绿彩道更换为磨光彩道，共铺磨光道板1.5万平方米。

广益路 2003年7～12月建成，西起江海东路，东接二泉路，全长1850米。红线宽35米，采用“三块板”式[1]，其中，机动车道宽15米，设双向4车道，两侧分设宽3米的机动车与非机动车绿化分隔带、4米宽非机动车道和3米宽人行道。

1986～2005年崇安区新建主要道路一览表

表3-1-1　　　　单位：米、万平方米

序号	路　名	区内起迄地点	长　度	宽　度	面　积	建设年份
1	学前东路	中山路—春阳桥	4342	30～40	17.69	1995、1997、2002
2	县前东街	兴源路—中山路	1012	30～40	3.24	1994
3	县前西街	中山路—永定桥	340	25	0.85	1997
4	通江大道	安福桥—高墩桥	3270	45	14.72	1998
5	锡沪西路	北新河—广瑞路	1030	40	4.64	1999
6	长江北路	学前东路—太湖大道	1000	30	3.00	1997
7	广益路	江海东路—二泉路	1850	35	6.48	2003
8	站北路	惠勤路—通江大道	300	35	1.05	1998
9	吉庆街	工运路—县前东街	320	12	0.38	2003
10	工艺桥路	兴源路—工艺路	460	4.50	0.27	1986
11	学前巷	中市桥巷—学前东路	160	10	0.16	90年代
12	文渊街	崇宁路—大娄巷	270	5～9	0.19	2005
13	汉昌东街	站前商贸区内街	232	9	0.21	2003
14	汉昌南街		130	9	0.12	
15	汉昌西街		236	10	0.24	
16	汉昌北街		320	14	0.45	
17	华光支路	野园里—毛桃巷	250	8	0.20	1993
18	箭河街	中山路—新生路	200	10	0.20	2005
19	兴宁街	人民中路—箭河街	200	10	0.20	
20	钟楼街	兴宁街—新生路	200	10	0.20	2005
合　计			16122	—	54.49	—

说明：上述资料由区建设部门提供。

① “三块板”式：“三块板”有两条分隔带，把车轨道分成三部分，中间为机动车道，两旁为非机动车道。

【改扩建道路】

1986~2005年，位于市中心的东西向主干道人民路，由原宽28~32米拓宽至27~40米；学前街由原宽9米拓宽至20米。位于市中心的南北向主干道中山路历经3次改扩建，由原宽9~14米拓宽至40米；健康路先后2次拓建，由原宽12.5米拓宽至20米；新生路由原宽4米拓宽至8米。解放环路历经8次扩建，由原宽9.8米拓宽至30~40米，沟通市区“三纵”“三横”，使市中心商务区交通更加便捷、畅通。此外，位于连接城市水陆交通中心的工运路经过多次扩建，由原宽12米拓宽至40米；位于火车站西南侧的通惠路（兴源北路）历经2次改扩建，成为设计车速每小时40公里的城市中心区外围主干道。位于辖区东部、纵贯广益片区的原312国道扩建为双向6车道、设计车速每小时80公里的城市主干道，并更名为江海东路；广泽路、广南路等乡村道路经多次改扩建，由原宽3~6米分别拓宽至16~18米、8~13米，成为城区东部的交通要道。其间，其他道路在旧城改造中均得到不同程度的改建和扩建。

人民东路　曾名车站南路。1985年前长600米，宽28米，自东林广场至亭子桥，系由熙春街、井亭街拓宽拉直而成。是年8~12月，人民东路自亭子桥延伸至北门火车站，长1.4公里，时其走向与沪宁铁路线基本平行，在亭子桥新建南北两条长455米的匝道连接人民路和工艺路，亭子桥与货运路相接。2002年9月，人民东路（东林广场至广瑞路）长766米的路段由28米拓宽至40米，采用三块板式，机动车道宽15米、两侧非机动车道各宽5.5米，机动车、非机动车分隔带各宽2米，人行道各宽5米。在道路改建的同时，对亭子桥老桥拆除重建并对东林广场进行局部改造。人民东路与人民中路贯通后，成为无锡市内环线“三纵三横”路网中“三横”之一。

中山路　先后进行3次改扩建。1988年3月至1989年底，对原中山一路、中山二路（三凤桥至朝阳广场段）的中山路南段，分两期进行“三块板式”改造，全长1149米。机动车道从1988年3月开工，是年6月底建成通车；非机动车道、人行道从1989年5月开工，是年底竣工。建成宽11米的机动车道，两侧各7.5米的非机动车道、各7米的人行道，路宽从原13~15米拓宽到40~45米不等。1989年6~12月，对三皇街南至朝阳广场西侧非机动车道及人行道改建，拓宽至16.5米。1997~1998年，分南北两段对全长2089米的中山路进行大修。北段大修自三阳广场至胜利门广场，拆除快车道与慢车道之间的绿化带，机动车道由原来的宽10米扩大到15米，两侧非机动车道由原来的宽5米扩大到5.5米、人行道从原来的宽4.5米左右扩大到7米。增设三阳、县前街和胜利门广场3个右转机动车道，解决车辆出入口的瓶颈问题。南段自朝阳广场至三阳广场，改建后与北段一致。全路用不锈钢护栏隔离非机动车道与机动车道，路沿石全部采用金山石，广场、人行道采用彩色地砖及道板铺设，并全路设置盲人专用道。2002年，再次对中山路进行全面装修，所有管线埋入地下，人行道为花岗岩道板，照明工程地面、地上、空间立体配套，非机动车道与机动车道用隔离栏分开，市容市貌进一步改善，成为全国文明示范路和无锡城市现代化建设的一道亮丽风景线。为无锡市内环线“三纵三横”路网中“三纵”之一。

中山北路　　（区建设部门供稿）

解放环路　其前身是沿古城墙城基修筑而成的解放路，以及后来在护城河道建造河底防空洞的基础上、回填土方建成的解放二路。90年代后，历经8次改扩建，形成全长5600米，由解放东路、解放南路、解放西路、解放北路四段组成的解放环路。1991年12月至1992年4月，对解放北路（胜利门广场至吉祥桥段）改建，全长238.74米，宽30米。1992年10～12月，对解放北路（胜利门广场至县前街段）拓建，拓宽至39米。1993年8月至1994年5月，改建解放东路（崇宁路至东林广场段），道路全长506米，拓宽至40米（机动车道30米，两侧人行道各5米）。1994年4～12月，拓建吉祥桥至朝阳广场段，全长1797米，道路拓宽至40米（机动车道16米，两侧非机动车道各7米、人行道各5米），路面层为沥青，人行道铺设彩色道板。1995年7～12月，拓建解放西路（永定桥至人民桥段），全长488.08米，道路拓宽至40米（机动车道16米，两侧非机动车道各7米、人行道各5米）。1996年5～12月，改建解放南路（人民桥至文化宫桥段），全长1450米，路面总宽30米，其中机动车道15米，两侧非机动车道各4.5米，形成“四快二慢”格局，人行道为各宽3米的彩色道板。1997年1～6月，拓宽解放南路（文化宫桥至朝阳广场段），全长540米，路面拓宽至30米（机动车道15米，两侧非机动车道各4.5米、彩色道板人行道各3米）。该路段是市区内环线的最后一段，拓建完成后，使无锡市内环线形成双向4车道格局。2004年1～9月，又分2期对全长5600米的解放环路进行第8次改造提升，涉及道路拓宽、绿化景观建设、建筑物立面改造和古运河整治4项工程。一期工程于2004年1月29日开工，从清扬桥（文化宫桥）、朝阳广场、东林广场到胜利门广场为东半环，五一节前竣工。二期工程从胜利门广场、永定桥、人民桥、体育场桥到清扬桥（文化宫桥）为西半环，国庆节前竣工。与解放环路交叉的学前东路、崇宁路、人民路、县前街、后西溪、勤学路、新生路等路口实施渠化改造，提升解放环路的道路通行能力。拓建后的解放南路宽36米（机动车道24米、两侧非机动车道和人行道各6米）；解放西路宽40米（机动车道24米、两侧非机动车道和人行道各8米），机动车道为12厘米沥青混凝土面层，非机动车道为6.5厘米沥青混凝土面层，人行道为花岗岩道板，形成地面、地下设施完备的高等级马路。

解放环路夜景　　（区建设部门供稿）

学前街　东自中山南路，西至解放南路，全长740米。1994年改扩建，全路由原9～14米拓宽至25～30米，其中两侧人行道各宽5米。道路总面积1.48万平方米、人行道7400平方米。时为无锡市内环线“三纵三横”路网中“三横”之一。

健康路　区境内北起复兴路，南至解放南路，全长950米。1989年11～12月，对长210米的健康路北段（复兴路至人民中路）改扩建。2000年3～8月，结合景观街改造，又对长740米的健康路南段（人民中路至解放南路）改扩建。全路拓宽至20米，其中，车行道宽14米、两侧人行道各宽3米，形成集商贸、景观、文化于一体的景观街，时为无锡市内环线“三纵三横”路网中“三纵”之一。

复兴路　东起中山路，西至解放西路，全长513米。1998年2～6月改扩建，道路拓宽至20米，其中混合车道14米，两侧人行道各3米。路面采用沥青混凝土，人行道铺彩色道板。同步铺设雨水、污水、煤气、邮电、供电、有线电视、路灯等地下管线。

新生路　无锡解放前曾是城内最宽的马路之一，原宽仅4～6米，是全城唯一的南北通衢。无锡解放后，曾多次改扩建。2000年3月至11月，分两期对北起县前东街、南至朝阳广场的新生路进行拓建，全长1481米。一期工程从县前东街至学前东路，长986米，2000年3月开工，是年9月竣工；二期工程从学前东路至朝阳广场，长495米，2000年8月开工，是年11月完成。县前东街至人民路段拓宽至14米，其中混合车道8米，两侧人行道各3米；人民路至学前东路段拓宽至20米，其中混合车道14米，两侧人行道各3米；学前东路至朝阳广场段拓宽至14米，其中混合车道8米，两侧人行道各3米。时为无锡市内环线“三纵三横”路网中“三纵”之一。

兴源北路　原为通惠路东段，区境内东自高墩桥起，西至惠农桥，全长780米。90年代后，历经2次改扩建。1994年3~8月，结合火车站广场改建，拓建并延伸高墩桥至原人民东路段，长518米。道路横断面为“一块板”式（“一块板”是所有的车辆都在同一条车行道上双向行驶），路宽39米，人行道为彩色道板。2002年7~9月，在火车站广场第二次改建的同时，通惠路东段再次改扩建，更名为兴源北路，长1298米，宽43~45米，中央设3米宽绿化分隔带，两侧机动车道各宽16米（双向8车道）、人行道各5米，设计车速为每小时40公里，为城市主干道之一。

工运路　原名通运路，南起解放北路，北至通惠东路，是市中心通往火车站的主干道和商贸街，长517米（含工运桥），宽20~24米。2002年4~9月，道路拓宽至40米,其中机动车道宽15米（双向4车道）,两侧非机动车道各5.5米、人行道各7米，同步埋设雨水、污水、供电、通信、路灯、给水、燃气、热力等8种共12条地下管线，路面铺设沥青混凝土，人行道铺设彩色道板。是年改现名。

江海东路　原名312国道，始建于1979年，时为无锡市境外交通主要干道之一，穿越区境内广益地区，自锡沪路加油站至锡澄路无锡硫酸厂，全长3.7公里，宽10米。进入21世纪后，随着新312国道的建成通车，原312国道的国道功能被取代，转变为城市主干道，并更名为江海东路。2005年12月起，扩建为双向6车道、设计车速每小时80公里的快速路。

广泽路　原为友谊路，北起马家桥，南至锡沪路，长1680米，宽6米，由广益乡广丰、囊下大队于20世纪60~70年代先后分段建成。1986年、1999年先后投资179万元，拓宽至12米，由沙石路面改建为水泥混凝土。2005年5~9月，再次改扩建，更名为广泽路，路面拓宽至16~18米，其中机动车和非机动车混合车道宽11~13米，两侧人行道各宽2.5米，广泽桥横跨大寨河。

广南路　建于1978年，因起自广益乡迄至南站而名，长2550米，宽8~13米。1990年改扩建。

上马墩路　1982年8月新建，自塔影桥至原312国道，沙石路面，全长1600米，宽7米。1985年，改建为沥青路面。2005年，再次改扩建，西起井亭立交，东至江海东路，全长1520米，宽28米，其中机动车道15米，两侧机动车、非机动车分隔带各1米、非机动车道各3.5米、人行道各2米。

1986～2005年崇安区改扩建主要道路情况一览表

表3-1-2　　　　单位：米、万平方米

序号	路　名	区内起迄	长　度	宽　度	面　积	改扩建年份
1	人民东路	火车站广场—井亭立交	1400	40	5.60	1985
		东林广场—广瑞路	766	40	3.06	2002
2	人民中路	人民桥—东林广场	1410	27	3.81	1992
3	中 山 路	胜利门广场—朝阳广场	2089	40	8.36	1989、1998、2002
4	解放环路	胜利门广场—胜利门广场	5600	30~40	23.52	1991、1992、1993、1994、1995、1996、1997、2004
5	工 运 路	解放北路—工运桥	517	40	2.07	2002
6	兴源北路	人民东路—火车站	1298	43~45	5.71	1994、2002
7	学 前 街	中山路—解放南路	740	25~30	2.04	1994
8	健 康 路	复兴路—体育场桥	950	20	1.90	1989、2000
9	复 兴 路	解放西路—中山路	513	20	1.03	1998
10	新 生 路	县前东街—解放南路	1481	14~20	2.52	2000
11	崇 宁 路	中山南路—解放东路	903	16	1.44	90年代、2000
12	后 西 溪	解放西路—中山路	626	13~14	0.85	1988
13	勤学路	学前街—解放南路	670	4~13	0.57	1991
14	汤　巷	学前街—解放南路	721	4~6	0.36	1999
15	南市桥巷	勤学路—中山路	500	3~6	0.23	1986
16	上马墩路	井亭立交—江海东路	1520	28	4.26	1985、2005

续表3-1-2

序号	路　名	区内起迄	长　度	宽　度	面　积	改扩建年份
17	振奋路	上马墩路—学前东路	710	8	0.57	1996
18	江海东路	广南立交—瞻江立交	3698	50	18.49	2005
19	锡沪路	广瑞路—江海东路	1391	40～42	5.70	1999
20	工 艺 路	亭子桥—德福花园	1400	7	0.98	2001
21	广 勤 路	广瑞路—通江大道	810	11～12	0.93	1986
22	华新里	工艺桥—兴源北路	520	3～4	0.18	1993
23	东梁溪路	工运桥—高墩桥	593	8～9	0.50	1986
24	西梁溪路	工运桥—通汇桥	537	8	0.43	2000
25	惠勤路	锡沪西路—工艺路	740	9～13	0.81	1999、2005
26	北新路	通江大道—北新桥	620	13～14	0.84	2000
27	上尤路	江海东路—塘桥头	1600	10	1.60	1994
28	广泽路	马家桥—锡沪路	1680	16～18	2.86	1986、1999、2005
29	广南路	广益庄基浜—太湖大道	2550	8～13	2.68	1990
30	包张路	锡沪路—广南立交	1550	25	3.88	1992、1995、2002
合　计			40103	—	107.78	—

说明：上述资料由区建设部门提供。

2005年崇安区道路情况一览表

表3-1-3　　　　单位：米

序号	路 名	区内起迄	长度	宽度	沿　革	所在街道
1	南巷路	工艺路—兴源路	262	15～16	曾名南巷上。民国4年（1915）左右建宅形成。1985年长128米，宽3米。2000年前后改现名	通江
2	长庆路	人民东路—北仓门	660	5～9	原由长春路、南仓门、清真寺路组成。清同治十年（1871）期间，在致用小学旁建有长春别墅，故名长春路；清朝时建有官仓，开南北2个仓门，靠南的称南仓门；此处还有清真寺，命名为清真寺路。1967年三路合并为长庆路。1985年长857米，宽5～9米。2000～2002年，新建县前东街时，西段被拆除	
3	工运路	解放北路—工运桥	517	40	曾名工运路，民国19年（1930）因通往工运桥，改名通运路。1985年长330米，宽20～24米。2002年改现名。详见本节【改扩建道路】内容，第128页	
4	工艺路	亭子桥—德福花园	1400	7	清光绪二十六年（1900）陈子宽于此开设工艺铁工厂而得名。1985年长958米，宽7米。2001年延伸至亮坝上德福花园	
5	兴源北路	县前东街—惠农桥	1298	43～45	1994年、2002年先后改扩建。详见本节【改扩建道路】内容，第128页	
6	兴源中路	县前东街—井亭立交	900			
7	通江大道	高墩桥—安福桥	3270	45	1998年新建。详见本节【新建道路】内容，第126页	
8	锡沪西路	广瑞路—北新河	1030	45	1999年建成。详见本节【新建道路】内容，第126页	
9	广勤二支路	广勤路—北新桥	296	16	因沿广勤路自西向东排列的第二条支路而名。1966年改名勤俭路。1979年复现名。1985年长151米，宽3米	
10	东菩提浜	长庆路—京杭运河	198	1～3	因位于菩提浜东而名。1985年长198米，宽1～3米	
11	广勤路	广瑞路—通江大道	810	11～12	民国5年（1916），杨翰西在丁村创办广勤纱厂，为便利运输筑路而名，原长390米，宽8米。1977年、1982年自周山浜立交桥至广勤纱厂先后改扩建。1985年延长至850米。1986年再次改扩建，石人桥至丁广桥段改名为野花园路。1998年新建通江大道、2005年新建客运总站时，中段被部分拆除	
12	后菩提浜	生丝检验所—北仓门	110	2～4	因位于菩提浜北而名。1985年长110米，宽2～4米	
13	西菩提浜	长庆路—后菩提浜	137	4	因位于菩提浜西而名。1985年长137米，宽4米	
14	化机路	通江大道—化工桥	302	15～20	80年代前后，无锡化工机械厂等企业修建，因厂定名。后历经多次改扩建	

续表3-1-3

序号	路名	区内起迄	长度	宽度	沿革	所在街道
15	俞　巷	广勤路—朱巷	883	3	清嘉庆五年（1800），因18户俞姓在此建宅定居而名。1985年长464米，宽3米。1986年改扩建	通江
16	朱　巷	勤俭桥—朱巷泵站	50	2~4	清代，因此地有三四户朱姓聚居而名。1985年长73米，宽4米。1999年扩建广勤中学时部分路段被拆除	
17	蒋　巷	锡沪路—周新村	1950	3	民国10年（1921），因蒋姓住户较多而名。1985年长440米，宽3米。1985年改扩建	
18	周　巷	锡沪路—大同路	438	3~5	无锡解放前，周姓孤老居住于此，去世后有陈姓夫妇为其料理后事，并在周家定居，由此而名。1985年长110米，宽3~5米。1991年改扩建	
19	周新里	大同路—汤家桥	1411	3~7	位于周新村附近而名。1985年长324米，宽3~7米。1989年改扩建	
20	祝家浜	广勤路—新开河浜	351	3	清末此处为祝姓大坟，坟前有浜，民国8年（1919）因此而名。1985年长100米，宽1~3米	
21	华盛弄	祝家浜—广勤路	204	3	民国8年（1919）因弄口有华盛顿饭店而名。1967年改称红卫弄，1978年复现名。1985年长91米，宽7米	
22	依仁里	锡沪路—蒋巷	30	2	民国18年（1929），因唐金山宅第内"依仁堂"匾额而名。1985年长30米，宽2米	
23	宝善里	广勤路南	104	3	民国23年（1934），因孙姓在此建宅，立有"宝善堂"界碑而名，原长136米，宽3米。1986年部分路段被拆除	
24	广勤里	广勤路西	448	3~4	为广勤路西段支弄。1985年长120米，宽4米。1986年改扩建	
25	大同路	周巷—蒋巷	502	4	民国32年（1943），因贯通广勤路及其4条支路而名。1985年长190米，宽5米。1986年改扩建	
26	永久里	广勤二支路东	11	3	民国5年（1916），薛南溟在此创办永盛、永泰两家丝厂，取厂名首字加"久"字，寓"长久"之意而名。1985年长11米，宽3米	
27	勤福弄	广勤路—沪宁铁路	329	4	民国10年（1921），钱勤窗在此建宅，取其名字中"勤"字加"福"字而名，原长310米，宽3米。1985年改扩建	
28	汤家桥	勤福弄—汤家桥	1472	3~4	1956年沿沪宁铁路建围墙时形成，以汤家桥桥名取名。1985年长450米，宽3~4米。1987年改扩建	
29	庆丰里	广勤路南	511	3	因地处庆丰纱厂所在地而名。1985年长200米，宽3米。1993年改扩建	
30	竹园弄	勤福弄—广勤路	751	2~5	原为竹园。清光绪三十一年（1905），李姓等13户居民迁居于此而名。1985年长197米，宽2~5米	
31	三元里	广勤路—竹园弄	238	3	民国37年（1948）周荷泉建房取名"三元里"，表示吉利的意思。1985年长39米，宽3米	
32	锡沪弄	前新丁巷—锡北路	481	2~3	1954年建成，因位于锡沪路旁故名。1985年长500米，宽2米。1986年改建	
33	工艺桥路	兴源路—工艺路	460	4.5	1986年新建，以桥定名	
34	前新丁巷	新丁巷—锡沪西路	443	2~3	1954年建于新丁巷南而名。1985年长300米，1991年延长至443米	
35	新丁巷	前新丁巷—广勤路	348	3~4	曾名丁巷。民国36年（1947）庆丰纱厂扩建时，移至该处改称新丁巷。1985年长250米，1987年延长至348米	
36	后新丁巷	新丁巷—广勤路	54	4	因位于新丁巷北而名。1954年建成，长54米，宽4米	
37	华新里	工艺桥—兴源北路	520	3~4	民国14年（1925），华一志于此开办丝厂并建工房，房前道路以姓取名"华新里"。1985年长250米，宽3~4米。1993年改扩建	
38	北仓门	高墩桥—长庆路	346	6	清朝时建有官仓，开南北2个仓门，靠北的称北仓门，1967年南仓门路段部分并入。1985年长250米，宽5~6米。1987年改扩建	

续表3-1-3

序号	路名	区内起讫	长度	宽度	沿革	所在街道
39	永勤弄	解放东路—长庆路	498	3	明万历年间(1573~1620)因该地有土地庙,曾名土地堂。1967年改名永勤弄,寓永远勤劳之意。1985年长30米,宽3米。1986年改扩建	通江
40	新　街	长庆路—永勤弄	39	4	曾名阴街。民国15年(1926),高姓和顾姓在此建房近30间,改现名。1985年长39米,宽4米	
41	八间头	北仓门—长庆路	182	3	民国13年(1924)诸根祥建房八间,由此得名。原长375米,宽4米。1987年改建	
42	同安里	北仓门—传染病医院	190	2~3	民国17年(1928)许金光在此建房,为求平安,取名同安里。1985年长178米,宽2米。1986年改扩建	
43	和平村	长庆路—人民路	574	3	1950年,该地由棚户区翻建居民住宅区,时值抗美援朝,取保卫和平之意而名。1985年长310米,宽3米。1987年改扩建	
44	站北路	惠勤路—通江大道	300	35	1998年新建,因地处火车站北而名	
45	东梁溪路	工运桥—高墩桥	593	8~9	民国29年(1940),因地处梁溪河南岸、工运桥东而名。1985年长389米,宽2~8米。1986年改扩建	
46	西梁溪路	工运桥—通汇桥	537	8	曾名东沿河。1961年,因地处梁溪河南岸、工运桥西而更名。1985年长418米,宽7~14米。2000年改扩建	
47	惠勤路	锡沪西路—工艺路	740	9~13	因北通广勤路,南至通惠路,而曾名勤惠弄。1961年,更名为惠勤路。1985年自广勤路至通惠路,长109米,宽9米。1999年新建周山浜汽车站、2005年扩建北门汽车站时,先后北延至锡沪西路,南延至工艺路	
48	北新路	通江大道—北新桥	620	13~14	20世纪70年代前后新建,2000年改扩建	
49	吉庆街	县前东街—工运路	320	12	2003年新建站前商贸区时建成,因位于吉庆里西而名	
50	汉昌东街	站前商贸区内街	232	9	2003年新建站前商贸区时建成,因位于汉昌路地区而名	
51	汉昌南街		130	9		
52	汉昌西街		236	10		
53	汉昌北街		320	14		
54	通汇桥路	工运路—通汇桥	290	9	民国9年(1920),弄内有2家磨坊养牛,常积牛屎,故名牛屎弄。民国24年后,路面逐渐拓宽,以桥定名,改为通汇桥路。1985年,长186米,宽8~9米。1990年、2002年与通汇桥同时拓宽改建	
55	复兴路	解放西路—中山路	513	20	民国25年(1936)命名。1967年并入公园路,1983年公园路西段复名。1985年长100米,宽8米。1998年改扩建。详见本节【改扩建道路】内容	崇安寺
56	复兴巷	复兴路—解放西路	345	5	民国25年(1936),由原河浜三角地带筑路形成,因紧靠复兴路而名。1985年长100米,宽8米。1989年改建	
57	后西溪	解放南路—中山路	626	13~14	因位于原西溪(河)而名西溪(路)。1956年填溪拓宽,时称西溪下。1964年与三皇街(因药皇庙内有伏羲氏、神农氏、燧人氏"三皇"而名)贯通,统称后西溪。全长473米,宽12米。1988年改扩建	
58	大虹霓桥(路)	后西溪—新街巷	126	4	因巷口正对大虹霓桥而名。1985年长180米,宽2米。1985年改建	
59	小虹霓桥(路)	后西溪—新街巷	114	5	因巷口正对小虹霓桥而名。1985年长180米,宽2米。1991年改建。1999~2000年,无锡市中医院扩建时部分路段被拆除	
60	毛桃巷	后西溪—人民中路	96	6	旧时,因巷内植有桃树,结毛桃而名。1974年原药皇庙弄并入后,长271米,宽2米。1993年新建华光大厦时部分路段被拆除	
61	华光支路	野园里—毛桃巷	250	8	1993年新建华光大厦时建成,因房而名	
62	前西溪	健康路—解放南路	278	14~15	因位于原西溪(河)南而名。1985年长126米,宽7米。1988年改扩建	

续表3-1-3

序号	路名	区内起迄	长度	宽度	沿革	所在街道
63	书院弄	中山路—解放北路 县前东街—和平电影院	421	5~14	因弄内有严氏书院，又为附近衙门书办聚居之所，而名前书院弄。清金匮县治时，该弄北设有捕厅，而名捕厅弄，后改名后书院弄。无锡解放后，前书院弄（中山路—解放北路）、后书院弄（县前街—和平电影院）合称书院弄。1985年长418米，宽4.5米。90年代后多次改扩建	崇安寺
64	石皮路	人民中路—复兴路	190	11~12	因原路中段有石皮桥而名。1950年填塞原玉带河，并与原路合并。1985年长168米，宽14米。20世纪70年代初、80年代中期改扩建	
65	石皮巷	石皮路—沈果巷	125	6	古名冯司法巷。后因巷西有石皮桥而改名。1985年长104米，宽5米。1996年改扩建	
66	沈果巷	人民中路—复兴路	186	7	相传有沈姓卖水果者在此建宅而名。1985年长168米，宽3米。80年代改扩建后长227米，宽6~8米。2004年商业大厦扩建后，成为社会停车场的通道	
67	永定巷	解放西路—县前西街	308	7	原为永定桥，以桥辟路，以桥定名。1985年长140米，宽4米。1997~1998年建华宇大厦、华通大厦时改扩建后改现名	
68	人民中路	人民桥—东林广场	1410	27	1959~1960年，由原熙春街、驳岸上、观前街、营桥巷、东鼓楼巷、西鼓楼巷拆除拓宽而成。1985年长1586米，宽32米。1992年改建	
69	人民东路	东林广场—广瑞路	766	40	其前身由原熙春街、井亭街拓宽拉直而成。1985年长600米，宽28米。1985年、2002年改扩建。详见本节【改扩建道路】内容，第128页	
70	中山路	胜利门广场—朝阳广场	2089	40	民国27年（1938），由原大市桥街、北门直街拓宽而成，以纪念孙中山先生而名，时长850米，宽4~5米。民国34年（1945）、1956年先后拓宽其北段、南段，形成长2140米、宽8米的市内南北主干道。1988~1989年、1997~1998年、2002年又再次改扩建。详见本节【改扩建道路】内容，第128页	
71	学前东路	中山路—春阳桥	4342	30~40	1995~2003年历经三次施工建设。详见本节【新建道路】内容，第126页	
72	解放环路	胜利门—胜利门	5600	30~40	1950年拆城墙，填里城河，筑成环城路，为纪念无锡解放而名。时全路分成四段，光复桥至槐古桥称解放东路；槐古桥至后西溪称解放南路；后西溪至胜利门称解放西路；胜利门至光复桥称解放北路（光复桥至吉祥桥段曾名外城脚，吉祥桥至胜利门曾名露华弄）。全长4931米，宽12~20米。90年代后，历经8次改扩建。详见本节【改扩建道路】内容，第128页	
73	崇宁弄	崇宁路—苏家弄	184	2~8	清宣统三年（1911），因新城隍庙位于弄前，曾名新庙前。民国元年（1912），又因其为横贯小河上（崇宁路）的一条支路，一度称横街。1978年改现名。1985年长78米，宽2米。1987年改扩建	
74	健康路	复兴路—体育场桥	950	20	1954年因市政府驻地而曾名市府路。1955年更名为人民路。1956年体育场和体育场桥建成后，取"健康"之意而改现名。1984年，原无锡市人民大会堂至人民中路段划入健康路。1985年长842米，宽14米。1989年、2000年先后改扩建。详见本节【改扩建道路】内容，第128页	
75	崇宁路	中山路—解放东路	903	16	1958年填没原六箭河扩建而成，因1934年在六箭河中段斜桥河底挖出"崇宁桥"古碑而名。1966年改称前卫路，1978年复现名。1985年长880米，宽7米。90年代多次改扩建。2000年大修，重点改造各种管线、两侧景观、道路。该路整修后，以新生路为界，东段成为公检法司一条街；西至中山路，形成以"文渊坊"为重点的文化商旅街	

续表3-1-3

序号	路名	区内起迄	长度	宽度	沿革	所在街道
76	田基浜	崇宁弄—人民中路	434	2～8	曾名田鸡浜。1954年填浜成路，改现名。1985年长164米，宽2～8米。1985年、1993年、1996年先后改扩建	崇安寺
77	苏家弄	崇宁弄—人民中路	151	4～6	因明代为苏姓居住地而名。1985年长206米，宽4米。1986年改建。1996年新建田基浜东块小区时部分路段被拆除拉直	
78	东映山河花园弄	人民中路—东映山河	106	1～2	因有侯氏义庄建造的易园花园，故名花园弄。又因连接东映山河，1950年改现名。1985年长135米，宽1～2米。1994年，新建东映山河小区后部分路段被拆除	
79	圆通路	新生路—县前东街	340	5～9	因圆通庵而名，南段原为玉泉路，北段原为新民路，无锡解放后，南北两段统一改现名。1985年长640米，宽7米。1994年改建	
80	学前巷	中市桥巷—学前东路	160	10	90年代新建，因位于学前街旁而名	
81	中市桥巷	中山路—新生路	260	5～10	建于清道光年间，因巷西对中市桥而名。1985年长260米，宽3～4米。90年代改扩建	
82	新生路	县前东街—解放南路	1481	14～20	民国23年（1934）由三下塘、南盛巷拓宽拉直而成，为纪念新生活运动而名。1967年改称朝阳路，1980年复现名。1985年长1500米，宽5米。2000年改扩建。详见本节【改扩建道路】内容，第128页	
83	新生弄	解放东路—中山路	120	2～3	民国14年（1925），因弄内有希夷道院而曾名希道院弄。无锡解放后，因系新生路支弄而改现名。1985年长112米，宽2～3米。1993年改建	
84	县前东街	中山路—兴源中路	1012	30～40	前身为县前街和县下塘。县前街古名为仓桥直街，清嘉庆年间建金匮县衙后称新县前，民国后成立无锡县县政府，改称县前街，“文化大革命”中改名崇武街，20世纪70年代末复称县前街。县下塘曾名仓浜弄，清金匮县衙建立后称县下塘，“文化大革命”中改名崇武南街，20世纪70年代末复称县下塘。1994年新建为县前东街。详见本节【新建道路】内容，第126页	
85	县前西街	中山路—永定桥	340	25	其前身为西河头（路）。清光绪年间，西河头曾名斥渎桥巷、斥渎上，俗称西河里，后改称西河头。1958年填河成路。1997年新建为县前西街。详见本节【新建道路】内容，第126页	
86	学前街	中山路—解放南路	740	25～30	因明清时建有孔庙和学宫而名。1953年填束带河（又名学宫河），拆桥（虹桥、学桥、塔坊桥、堰桥、黄石桥、西水关桥）建成。1985年长667米，宽9～14米。1994年改扩建。详见本节【改扩建道路】内容，第126页	
87	大娄巷	文渊街—三阳百盛南侧	190	5～6	曾名遵义坊。因百年前巷内有打更楼而名。1985年长330米，宽3米。2002年第一人民医院扩建时部分路段拆除	
88	沙文井	解放北路—锦树里小区	380	5～6	曾名沙盆潭。民国时期，光复门至打跌桥段称沙坟井。一说取“沙盆潭”的谐音；一说因近处常州知府沙家花园有坟，四周如井，故名。1985年长420米，宽2～4米。1984年、90年代先后改扩建	
89	东河头巷	解放南路—东河花园东大门	490	3～8	曾名董家巷。巷位于五箭河北岸，因五箭河自东向西，最后流入弦河，形成东西河头，俗称东河头而名。1966年一度改称新风巷。1985年长345米，宽3～4米。1998年新建东河花园时部分路段被拆除	
90	小娄巷	新生路—崇宁弄	488	2～3	曾名戴墓巷。因巷内有一小更楼，而又名小楼巷，后改称现名。1966年改称要武巷，1979年复现名。1985年长246米，宽2米。1991年改建	
91	小娄巷横街	小娄巷—田基浜	90	3	曾名神仙桥街。1966年因位于小娄巷中段，横贯小娄巷而名。1985年长40米，宽2米。1996年改扩建	

续表3-1-3

序号	路名	区内起迄	长度	宽度	沿革	所在街道
92	镇 巷	新生路—中山路	207	5~6	明代称正巷，为原师古河上与中市桥巷秦宅后门通道。取“正”谐音为镇巷。1985年改建后长304米，宽5~6米。1999年新建镇巷小区时东段部分拆除	
93	欢喜巷	新生路—八佰伴后门	120	10	明朝时，高攀龙与顾恺之后裔相邻，两家让地成巷，巷南为高姓，巷北为顾姓，因双方皆大欢喜而名。1985年长135米，宽2~4米。90年代旧城改造时部分路段被拆除	
94	亦园里	同新里北	226	3	明代，侯县在此仿寄畅园建园，以亦为名，故名亦园里。1985年长30米，宽2米。1987年改扩建	
95	梁鸿里	同新里—圆通路	131	3~5	相传为纪念汉代书生梁鸿与官宦之女孟光喜结良缘而名。1985年长80米，宽3~5米。1987年改扩建	
96	野园里	崇宁路—大娄巷	193	3~5	因秦氏鸿绪堂荒园名。1985年长125米，宽1.5~2.5米	
97	箭河街	中山路—新生路	200	10	2005年崇安寺地区改造时建成。因中山路原为弦河，与箭河垂直而名	
98	兴宁街	人民中路—箭河街	200	10	2005年崇安寺地区改造时建成。因崇安寺曾名兴宁寺而名	
99	钟楼街	兴宁街—新生路	200	10	2005年崇安寺地区改造时建成。因钟楼位于该街中段而名	
100	文渊街	崇宁路—大娄巷	270	5~9	2005年新建文渊坊时建成	
101	同新里	西映山河—圆通路	298	3~6	清末，因该地建有同新布厂而名。1985年长50米，宽6米。1988年改扩建	
102	邓侯弄	人民中路—映山河	160	4	民国17年（1928），因弄西侧姓邓，东侧姓侯而名。1967年改称人民弄，1974年复现名。1985年长88米，宽4米。1987年改扩建	
103	人民弄	人民中路—东映山河	98	3	因旧有秦家私园，曾名秦家园。1974年因连接人民路改现名。1985年长83米，宽3米	崇安寺
104	福田巷	崇宁弄—人民中路	434	4~5	古名都子巷。清时秦姓于此建造花园楼阁，曾名福楼巷，后改名福田巷，寓有福之意。1985年长167米，宽2~5米。90年代沿巷地块改造时，相应改扩建	
105	人民路顾家弄	人民中路—福田巷	200	7	清朝曾名坭巷。后因弄内曾有顾姓居住而名。1985年长184米，宽2~4米	
106	锦树里	解放北路—县前东街	195	5	因旧有官更楼（又名阁楼）而曾名阁楼下。民国后，更楼拆除，又因黄泥桥堍有“锦树坊”而改现名。1985年长167米，宽5米。2000年改扩建	
107	槐树巷	解放东路—中山路	277	6	因旧时巷内植有大槐树而名。1954年填塞三箭河后扩建为长250米、宽6米的支路。1999年再次改扩建	
108	新街巷	中山路—健康路	453	3~6	清光绪年间，以新辟之义而名。1977年原七尺场并入。1985年长360米，宽3米。1991年改扩建	
109	勤学路	学前街—解放南路	670	4~13	因佛堂位于该路，曾名学佛路。1966年，因该路北端学校集中，取“勤奋学习”之意而改现名。1985年长200米，宽6米。1991年改扩建	
110	汤 巷	学前街—解放南路	721	4~6	清乾隆年间因汤姓官宦宅第于此而名。1985年长240米，宽3米。1983年改扩建。1999年被封闭在汤巷小区内	
111	南市桥巷	勤学路—中山路	500	3~6	清宣统三年（1911），在原里城河西建宅形成，因桥而名。1985年长200米，宽2~5米。1986年改扩建	
112	睦亲坊巷	学前街—新街巷	265	3~6	明初，有权有势的两亲家失和，历经波折，重新和好，立“睦亲坊”纪念，而名。1985年长235米，宽5米。1985年改扩建	
113	北禅寺巷	中山路—睦亲坊巷	461	6	因北禅寺而名。1964年因巷内有竞志女中，曾改名竞志巷。1966年改称爱武巷，1980年复现名。1985年长261米，宽2~6米。是年改扩建	

续表3-1-3

序号	路名	区内起讫	长度	宽度	沿革	所在街道
114	健康里	睦亲坊巷—健康路	205	3~6	为纪念春秋战国时期四郎君(春申君、平原君、信陵君、孟尝君)的功绩,建有四郎君庙,而曾名四郎君庙巷。1964年因系健康路的横弄而改现名。1984年改扩建。1985年长204米,宽4米	崇安寺
115	永兴巷	中山路—新生路	144	3~7	清光绪七年(1881),曾名养济院巷。光绪十六年(1890)前后,因巷内有孤老院,改名孤老院巷。民国37年(1948)改现名,寓永远兴旺之意。1985年长138米,宽3~7米。1989年改建	
116	沙　巷	中山路—新生路	175	5	明末清初,一淘沙老太居住于此,对待邻里如亲人,后人为纪念她而名。1985年长140米,宽2~5米。是年改扩建	
117	新开河(路)	中山路—新生路	197	6	1953年填塞原新开河成路,以河名路。1985年长193米,宽6米。1999年改建	
118	五姓巷	健康路—日晖巷	354	4~6	曾名鱼腥巷。清朝时因系五姓(薛、俞、李、严、胡)后门之路而改现名。1985年长175米,宽2米。是年改扩建	
119	日晖巷	西大街—人民路	235	3~7	曾名石灰巷。1974年因路名欠雅而改现名,取“石灰”之谐音,寓太阳光辉、兴旺发达之意。1985年长138米,宽3米。2005年改扩建	
120	升平巷	勤学路—中山路	356	4~5	曾名州内巷。太平天国时期处决犯人由此经过,传说有“平升长乐”之意,而更名。1985年长152米,宽4~5米。1999年改扩建	
121	东大街	毛桃巷—健康路	211	3~6	清朝时,因位于无锡县衙前东而名。1985年长372米,宽3米。1987年改建。90年代初,新建华光珠宝城和新华书店时部分路段被拆除	
122	道长巷	解放西路—中山路	263	5~9	清时曾名道场巷。后因举人杨金笙宅第门楼刻有“道长巷”三字而改现名。1967年改称迎农巷,1978年复现名。1985年长191米,宽3米。1988年改扩建	
123	连元街	中山路—长大弄	250	7	清代先后有顾、吴、王三姓分别中状元、会元、解元,因连中三元而名,又名联元街。1985年长199米,宽3~4米。1998年改扩建	
124	长大弄	复兴路—大成巷	104	8	因古时该弄较长大而名。1985年长104米,宽3~5米。2003年新建大成巷步行街时拓宽	
125	大成巷	中山路—解放西路	388	15~20	曾名打绳巷。后因孔庙有大成殿而改名大成巷。1967年更名革命巷。1978年复现名。1984年改扩建。1985年长269米,宽3米。2003年改扩建为大成巷步行街	
126	西大街	健康路—日晖巷	155	10	清朝时,因位于无锡县衙前西而名。1985年长170米,宽3米。1996年新建五姓巷小区时改扩建	
127	天成巷	县前西街—永定巷	84	3	清康熙四十六年(1707),弄内建天主堂后名天主弄。1967年改称天成弄。后改现名。1985年长278米,宽1~2米。1993年新建德兴巷小区时部分路段被拆除	
128	人民路游泗弄	公园路—人民路	105	2~10	清末,因弄内有牛作坊,牛屎堆积,曾名牛屎弄。后取谐音改现名。1985年长50米,宽2~3米。1988年改扩建	
129	上马墩路	井亭立交—江海东路	1520	28	明嘉靖年间在此设有上马墩台,地方官员集中前往东亭拜见“华太师”(华鸿山)而名。1981年修建,1985年、2005年先后改扩建。详见本节【改扩建道路】内容,第128页	上马墩
130	锡沪路	广瑞路—江海东路	1391	40~42	民国23年(1934)修筑,因该路通往上海而名,原长450米,宽5米。1985年延长至1400米,宽17米,为城市主干道。1999年再次改扩建	

续表3-1-3

序号	路名	区内起讫	长度	宽度	沿革	所在街道
131	振奋路	上马墩路—学前东路	710	8	因位于振奋螺丝厂前而名。1996年改扩建。	上马墩
132	塔影路	上马墩路—塔影小学	535	6	清乾隆年间该处建桥时，因寺庙内的宝塔倒影水中而名塔影桥，以桥名路	
133	马巷路	上马墩路—锡沪路	1006	5~6	1982年曾名广瑞一支路，1988年改现名	
134	广瑞路	井亭立交—向阳桥	3400	32	1954年11月始建，历经1957年、1963年、1966年、1973年、1974年、1978年、1980年、1981年、1983年9次改扩建。南接上马墩路，北连锡沙路，是连接无锡至张家港、南通的主要通道	广瑞路
135	野花园（路）	石人桥—老丁村桥	760	4	民国11年（1922），杨翰西在广勤路建广勤花园（于胥乐公园），公园活动以夜间为主，又名夜花园，讹称“野花园”。1986年广勤路石人桥至丁广桥段改名野花园（路）	
136	广丰一二村（路）	广瑞路—丁村立交	434	5	因地处广丰新村而名	
137	谢巷（路）	广瑞路—谢巷	132	4	因地处谢巷而名	
138	长江北路	学前东路—太湖大道	1000	30	1997年8月竣工通车。详见本节【新建道路】内容，第126页	江海
139	江海东路	广南立交—瞻江立交	3698	50	原为312国道，2005年改扩建。详见本节【改扩建道路】内容，第128页	
140	广南路	庄基浜—太湖大道	2550	8~13	建于1978年，因起自广益乡迄至南站而名，长2550米，宽3米。1990年改扩建	广益
141	广益路	江海东路—二泉路	1850	35	2003年新建。详见本节【新建道路】内容，第126页	
142	上尤路	江海东路—塘桥头	1600	10	清乾隆年间，该路从东门熙春街至东亭九里庵，因九里庵旁有亭与井，而曾名熙井路，原长10里，宽3米，又俗称“十里亭”。1976年拓宽至5米，1984年长600米的熙井路尤渡段拓宽至8米，并改名为上尤路（上马墩至尤渡里）。1994年该路向东延伸1000米，拓宽至10米	
143	包张路	锡沪路—广南立交	1550	25	原为1974年建造的长1250米的乡村道路，1992年、1995年、2002年先后改扩建	
144	广泽路	锡沪路—马家桥	1680	16~18	1986年、1999年、2005年先后改扩建。详见本节【改扩建道路】内容	
145	广丰路	广泽路—广栖路	600	15	因地处广益新城而名	
146	尤岸路	马古桥—尤岸里	490	6	因地处尤岸里而名	
147	前胡村北路	锡沪路—广瑞路	1258	5	因地处胡村而名	
148	黄泥头路	江海东路—港务仓库	740	6	因地处黄泥头而名	
149	勤丰路	江海东路—长江桥	710	8~11	因地处勤丰村而名	
150	李巷路	上马墩路—锡沪路	1020	6	因地处李巷而名	
151	徐巷路	广泽路—江海东路	800	15	原为长800米、宽1.5米自然村道，1958年、1970年先后改扩建	
152	柴巷路	锡沪路—聚江苑小区	360	5.50	为柴巷自然村道，1999年新建聚江苑小区时形成	
153	丁村管巷路	江海东路—广瑞路	500	3.50	1958年新建，原为自然村道，1970年、1990年先后改扩建	
154	向毛路	锡沙路—毛岸村	2590	6	建于1983年，因起自向阳村迄至毛岸村而名。1993年改建	
155	林堰桥路	江海东路—塔影新村	300	4	为林堰桥自然村道，80年代中期改扩建	
156	刘巷头路	广瑞路—刘巷头	460	5~6	为刘巷头自然村道，后历经多次改扩建	
157	浜顶路	锡沪路—浜顶上	570	4	为浜顶上自然村道，后历经多次改扩建	
158	曙光路	锡沪路—曙光村	265	4	为曙光村自然村道，后历经多次改扩建	
159	杜巷路	广南路—杜巷上	330	4.50	为杜巷村自然村道，后历经多次改扩建	
160	马家桥路	广丰路—马家桥	430	5	原为马家桥自然村道，1986年新建石利小区时形成	
161	丁村路	广瑞路—丁村	660	4.50	为丁村自然村道，80年代改扩建	
162	芦荡路	江海东路—芦荡里	150	3.50	为芦荡里自然村道，后历经多次改扩建	
163	裕旺路	广瑞路—裕旺村	820	4.50	为裕旺村自然村道，80年代改扩建	
164	华庄岸路	向毛路——华庄岸	190	4.50	为华庄岸自然村道，后历经多次改扩建	

续表3-1-3

序号	路名	区内起迄	长度	宽度	沿革	所在街道
165	前毛岸路	前毛岸村	980	4	为前毛岸村自然村道，后历经多次改扩建	广益
166	后毛岸路	后毛岸村	660	4	为后毛岸村自然村道，后历经多次改扩建	
合计			104588	—	—	—

说明：上述资料由区建设部门提供。

【湮没街巷】

无锡解放后至1985年，区境内先后有熙春街、三皇街等36条街巷被湮没。1986~2005年，伴随着城市建设向特大型城市方向发展，旧城改造步伐不断加快，有142条街巷被湮没。其间，因崇安寺地区改造、站前商贸区建设、商业服务用房开发等原因，湮没街巷82条，占57.75%（其中仅站前商贸区地块开发，湮没街巷32条，占湮没街巷总数的22.54%）；因学前东路与县前东街延伸、中山路扩建等道桥建设需要，湮没街巷32条，占22.54%；因低洼地区改造、新村小区建设，湮没街巷28条，占19.72%。此外，还湮没有地无名的街巷24条。

1986～2005年崇安区湮没街巷一览表

表3-1-4

序号	路名	区内起迄	沿革
1	留芳声巷	解放东路—新生路	曾名刘芳声巷，后改名流芳声巷、留芳声巷、杨家巷。1966年改称立新巷，1977年复现名。1985年长348米，宽3~8米。1997年拓建学前东路（中山路至解放东路段）时消失
2	南市桥上塘街	解放南路—学前街	因位于城中直河上首，且近南市桥而名。1985年长550米，宽4米。1988年中山路扩建时消失
3	中市桥上塘街	学前街—后西溪	因位于原中市桥上首沿河而名。1985年长300米，宽4~5米。1988年中山路扩建时消失
4	树德里	广勤路—大同路	民国22年（1933），因吴林石建宅，立有“树德堂”界碑而名。1985年长127米，宽2~3米。1986年延长为395米。1986年，广勤路改扩建时消失
5	熙春后街	长庆路—江南家具厂	因位于熙春街（有名无街）北而名。1961年建人民路时，部分路段并入人民路。1985年长213米，宽4米。1989年低洼地区改造时消失
6	进士坊巷	东河头巷—留芳声巷	因清道光进士安诗在巷北口虹桥堍建立进士坊而名。1985年长177米，宽3~4米。1992年新建东河花园小区时消失
7	中山路顾家弄	中山路—大娄巷	清代中叶，因为文学家顾光旭私弄而名。1985年长160米，宽1~2米。2002年第一人民医院扩建时消失
8	新生路大院弄	新生路北端东侧	因原属邹姓园地，后陆续建房成弄而名。1966年改称朝阳路大院弄，1979年复现名。1985年长35米，宽2米。2000年新生路拓宽时消失
9	箬叶巷	苏家弄—解放东路	清康熙时称黄狗巷，太平天国后因巷小如箬叶而名。1985年长61米，宽2~8米。1994年扩建东林书院时消失
10	新风弄	东大街—后西溪	1968年,由万福弄、灵官庙弄、宿家弄合并而成，取现名，意为破旧立新。1985年长273米，宽1~3米。1989年新建鸿运大酒店时消失
11	惠　巷	苏家弄—顾家弄	明万历年间，因东林党人惠姓宅地而名。1985年长92米，宽2~3米。1996年，新建田基浜小区（东）时消失
12	育才弄	时新巷—南市桥巷	因弄内有大王庙，曾名大王庙弄。清宣统三年（1911）在大王庙创办正蒙学校培育人才，更名育才弄。1985年长186米，宽2~3米。1990年新建育才弄小区后成为小区道路
13	水曲巷	中山路—解放南路	曾名水阙。后为崇敬东林党首领高攀龙在其宅内投池而死的正义气节，又名止水巷、水缺巷。“阙”“缺”谐“曲”，而改现名。1985年长241米，宽3~4米。1995年新建水曲巷小区时成为小区道路
14	丁家园	南市桥巷	1952年因原是丁家祠堂而名。1985年长80米，宽3米。20世纪80年代扩建第七中学时消失

续表3-1-4

序号	路　名	区内起迄	沿　　革
15	西河头	中山路—解放西路	曾名斥渎桥巷，即斥渎上，俗称西河头。清末明初，一度称西河里。1958年路面拓宽，长282米，宽16米。1997年再次扩建，更名为县前西街的一段
16	九房弄	大成巷—道长巷	曾为吴姓私弄，因吴姓九子一女独居此弄而名。无锡解放前此弄不通，无锡解放后通道长巷。1985年长97米，宽1米。1993年新建德兴巷小区时消失
17	黄石桥（路）	学前街—解放南路	清末时填浜成路，以桥而名。1985年长73米，宽3米。1988年改扩建。2000年新建清真寺时消失
18	铸冶巷	前西溪—后西溪	因元朝年间开设冶坊于此而名。1985年长170米，宽3~5米。1998年新建铸冶巷小区时消失
19	迎溪桥（路）	后西溪—前西溪	因桥而名。1985年长179米，宽2米。1988年改扩建。1997年新建迎溪桥小区时消失
20	养育弄	后西溪—新街巷	旧时因荒场而曾名野园弄。后聚居之户日增，以音易字，改现名。1985年长124米，宽2米。1999~2000年无锡市中医院扩建后消失
21	皂荚弄	东大街—后西溪	旧时，因弄内植有皂荚树而名。1985年长199米，宽3米。1987年新建皂荚弄小区时消失
22	盛　巷	白水荡—公园路	因清朝时为盛氏宅地备弄而名，长195米，宽3米。2003年崇安寺地区改造时消失，成为新生路的一段
23	白水荡（弄）	新生路—县前东街	1955年因地处白水荡而名。1985年长318米，宽2米。1995年新建白水荡小区时消失
24	南阳里	映山河—圆通路	因该处为邓氏集居之地，邓姓群名（“群”为皇帝封族姓的称号）称南阳，故名。1985年长25米，宽3~6米。1996年新建圆通公寓后成为小区道路
25	蔡园弄	白水荡—县前东街	相传清进士蔡琼枝旧宅建于弄内，而名。1985年长172米，宽2米。1992年改建。1996年城中公园改扩建时消失
26	公园路	中山路—新生路	因公花园而名，东段原为圆通路一段，西段为复兴路一段。1985年全长328米，宽10米。2002年崇安寺地区改造时消失
27	公园弄	崇安寺北侧	曾名寺后门。后因是公园路的支弄而改现名。1985年长140米，宽4米。1996年崇安寺地区改造时消失
28	图书馆路	大娄巷—公园路	民国初年，因建无锡县图书馆而名。1985年长350米，宽9~12米，2002年崇安寺地区改造时湮没。
29	硝皮巷	圆通路—盛巷	因肖姓开硝皮作坊而名。1985年长63米，宽4米。1995年新建盛巷小区时消失，成为小区与崇安寺农贸市场之间的通道
30	堵家弄	中山路—城中公园西侧围墙	因姓而名。1985年长149米，宽2米。80年代后期城中公园扩建时消失
31	秦家弄	中山路—城中公园西侧围墙	原系秦家私弄，初为秦氏四房居住，取名秦四房弄。民国时期改现名。长146米，宽2米。80年代后期新建无锡银楼时消失
32	施　弄	崇安寺—中山路	因弄内多粪秽，俗称屎弄，“施”“屎”同音而改现名。1985年长27米，宽2米。1996年新建天安大厦时消失
33	许家弄	圆通路—盛巷	因清末许姓建宅而名。1985年长63米，宽3米。1995年新建盛巷小区时消失
34	红旗弄	新生路口	清咸丰年间（1851~1861），华姓任礼部尚书，钦赐“文佑公”，并钦赐其宅第前树旗杆基石，曾名旗杆石。1967年更名为红旗弄。1985年长178米，宽2~3米。1987年新生路扩建时消失
35	八儿巷	大娄巷—人民中路	曾名板娄巷、新通巷。宋崇宁五年（1106）进士宋章宜生八儿，后相继得官，有声于朝，更名为八儿巷。1985年长250米，宽3米。大娄巷至人民中路段于80年代前后并入第一人民医院侧门内；第一人民医院正门前一段于1992年人民中路扩建时消失
36	岸桥弄	中山路—新生路	因明嘉靖进士俞宪为接通所建读书楼和独行园，在位于楼、园之间的烈帝庙巷上建旱桥而名。1985年长220米，宽2米。1997年，该路扩建为学前东路（中山路至解放东路段）后消失
37	百岁坊巷	新生路—解放东路	曾名泥巷、南仓厅巷。清嘉庆年间，因黄嵩来之妻百岁纪念立牌坊而名。1967年改称幸福巷，1981年复称百岁坊巷。1985年长211米，宽2~7米。1982~1990年新建置煤浜小区时消失
38	东河头巷园场	崇宁路—东河头巷	因紧靠东河头巷的一片荒场而名。1985年长60米，宽3~4米。90年代因旧城改造消失

续表3-1-4

序号	路　名	区内起讫	沿　　革
39	置煤浜	解放东路—新生路	清乾隆年间，因朱姓船户常在此卖煤，曾名朱卖煤浜。邑人华艺三建宅后，因不卖煤只堆煤而改名置煤浜。1985年长135米，宽8～9米。1982～1990年新建置煤浜小区时成为小区道路
40	鱼腥巷	勤学路—中山路	明末清初为集中卖鱼之地。清宣统三年（1911）逐步成巷而名。1985年长161米，宽1～5米。1992年新建升平巷小区后，成为小区与银辉大厦、恒通大厦之间的通道和停车场，仅剩顾毓琇故居前大门保留有鱼腥巷门牌
41	天官弄	东河头巷—留芳声巷	原系杨家私弄，因杨家做过大官而名。1985年长227米，宽2米。20世纪90年代因旧城改造消失
42	庙　巷	人民路—西大街	因邻无锡县治西城隍庙旧址而名。后建有官驿，亦名馆驿巷、县西巷。90年代初新建机电大楼时消失
43	东映山河园基场	东映山河	因紧靠易园花园周边建宅而名园基场。又因连接东映山河，故名。1985年长120米，宽2～3米。1994年，新建映山河小区（东）时消失
44	西映山河	亦园里—东映山河	清代，因映山河而名。1985年长98米，宽5～6米。1996年，新建映山河小区（西）时消失。
45	安仁巷	圆通路—南阳里	因巷北有大王庙，可保平安、出仁人志士而名。1985年长25米，宽2米。1996年新建圆通公寓时消失
46	姚宝巷	西河头—中山路	曾名玉带巷、摇八巷，因巷口通向西河头，有玉带桥，故名。姚宝，“摇八”的谐音。据传太平天国后吴氏外甥姚某，在此得宝致富，后于此建房定居，故名姚宝巷。1985年长152米，宽1～2米。2002年建西河花园时消失
47	仓桥下塘街	中山路	因街位于仓桥下岸故名。1954年扩建中山路时填河成街，1968年拆除下岸房屋建楼，保留上岸房屋。90年代末中山路改扩建时消失
48	白园墙	道长巷—永定桥	原为杨艺芳私园，因园墙都是白色而名。1985年长142米，宽3～10米。1993年新建道长巷小区时消失
49	黄石弄	大成巷—县前西街	因该弄两侧围墙系黄石砌成而名，原长80米，宽4米。1984年改建。2005年新建锡剧博物馆、扩建连元街小学时消失
50	县下塘	中山路—锦树里	曾名仓浜弄。弄北为清金匮县衙门，衙门前名县前街。因位于县前街下塘，故又名县下塘。“文化大革命”中改名崇武南街，20世纪70年代末复称县下塘。1985年长260米，宽3米。1994年县前东街拓宽时消失
51	监　弄	中山路—崇安区政府西侧围墙	因此地为清代金匮县监狱而名。1985年长48米，宽2米。1988年中山路地块改造时消失
52	县前街	中山路—圆通路	曾名仓桥直街。清成立金匮县衙时，称新县前。民国后因无锡县政府在此得名。1974年更名崇武街，1980年恢复原名。1994年县前东街拓宽时拆除并入县前东街
53	漕房弄	县前街北	因清代中叶设征收钱粮的漕房于弄内而名。1985年长70米，宽2米。1994年县前东街拓宽时消失
54	和乐里南弄	西梁溪路—万前路	和乐里向南的支弄，长40米，宽1～3米。2003年建站前商贸区时拆除
55	城头弄	县前街—沙文井	因靠近城头而名。无锡解放后分为两段，分别称前城头弄、后城头弄。1985年全长264米，宽3米。1994年县前东街拓宽时前城头弄消失，1999年新建国联广场时后城头弄湮没
56	北里城脚	解放西路—道长巷	因沿北门里城脚而名，1950年填河成路。1985年长173米，宽2米。1988年改扩建为长449米，宽6米。1993年新建道长巷小区时消失
57	摇车湾	书院弄—沙文井	因路弯曲，形似“摇车柄”故名。1985年长357米，宽3米。2003年扩建胜利门广场时消失
58	所　弄	锦树里—县前街	曾名库弄，因库姓得名。后弄内无库姓，改称所弄。1985年长122米，宽3米。1994年县前东街拓宽时消失
59	旗杆下	中山路—溜浪桥	因清廷恩赐官吏杨艺芳，允其宅第前竖旗杆得名。1985年长160米，宽2～5米。1954年，大部分融入中山路。其余部分2005年新建红豆大厦时消失
60	新彩路	圆通路—解放东路	因路中段有虹桥，代表云彩，又靠新民桥而名。1996年新建圆通公寓时消失
61	前太平巷	通运路—汉昌路	曾名巷坝上，后建房多间形成巷，并取“太平”之意。因护城河边前后有两条巷，前面为前太平巷。1985年长141米，宽3～4米；后面称后太平巷，长134米，宽3～4米。2003年建站前商贸区时消失
62	后太平巷		

续表3-1-4

序号	路　名	区内起迄	沿　　革
63	太平弄	长庆路—汉昌路	曾名挑水弄，因前后太平巷居民经此到河摊挑水，故得名。民国时期改换门牌后，因处于太平巷中段，故称太平弄。1985年长庆路至汉昌路段长77米，宽3米，1998年建金和饭店时拆除；通运路至汉昌路段长29米，宽2.5米，2003年建站前商贸区时消失
64	张巷上	通运路—汉昌路	居民以张姓居多，故得名。1985年长42米，宽4~5米。2003年建站前商贸区时消失
65	和平路	后太平巷中段	曾名前西村、前中正路，1954年取“和平”之意更名为和平路。1985年长135米，宽2~5米。1998年建金和饭店拆除
66	建设路	汉昌路—建设路	曾名后西村、后中正路，1954年取“建设”之意更名为建设路。1985年长132米，宽4~8米。1996年建劝业场时消失
67	寿康里	东新路—汉昌路	清宣统二年（1910）间，姚、谈等姓氏农民造房渐成里弄，取长寿健康之意命名。1985年长115米，宽2~5米。1996年建劝业场时消失
68	长康里	恒德路附近	民国初，顾达三购地建屋形成，取长寿健康之意命名。1985年长42米，宽3~5米。1996年建劝业场时消失
69	复新路	北仓门—东新路	曾名恒德路、东新路，日军占领无锡时改现名。1985年长98米，宽5米。1999年建吉庆苑时消失
70	吉庆里	县前东街—工运路	民国元年（1912），许竞援建宅，为讨吉利而名。1985年长31米，宽2米。1999年建吉庆苑时消失
71	老戏馆弄	恒德路附近	清光绪三十四年（1908）前，曾名北后街。宣统三年（1910），弄内先后开设新老2家戏馆，因老戏馆出名，故名老戏馆弄。20世纪20年代末，曾改名喜春街，1950年复称老戏馆弄。1985年长160米，宽4米。2002年建站前商贸区时消失
72	仓厅弄	通运路—黄泥桥	弄内有施家仓厅而得名。1985年长86米，宽2米。2002年建站前商贸区时拆除
73	香　弄	交际路—老戏馆弄	因孙思泉香店开设于此，并建有香粉工厂而得名。1985年长54米，宽1~2米。2002年建站前商贸区时消失
74	新街弄	老戏馆弄旁	曾名王道人弄，因弄内有王道人居住而得名。1961年，王道人弄延长后改称新街弄。1985年长113米，宽1米。2002年建站前商贸区时消失
75	交际弄	老戏馆弄北	曾名王道人弄，因弄内有王道人居住而得名。“文化大革命”期间更名为交际弄。1985年长80米，宽2米。2003年建站前商贸区时消失
76	通汇桥东沿河	河绛里—西梁溪路	曾名黄泥桥北街，因沿京杭运河东侧而名。1985年长140米，宽1.5米。90年代通汇桥地块改造时消失
77	交际路	通运路西	因路两侧有旅馆、客栈等店铺，来往客商频繁，形成交易市场，故名。1985年长122米，宽6米。2003年建站前商贸区时消失
78	万　巷	通运路西	因为万姓居民居住地而名。1985年长64米，宽6米。2003年建站前商贸区时消失
79	万前路	通运路西	因万姓居民在万巷前建房形成一条街，故名。1985年长114米，宽7米。2003年建站前商贸区时消失
80	河绛里	工运桥—黄泥桥路	清代时该处护城河有高岗，故得名河绛，后有居民定居，称为河绛里。1985年长212米，宽1~2米。2002年建站前商贸区时消失
81	冶坊场	西梁溪路—万前路	因该处荒地面广，曾称黄天荡。清末，因该处有铸锅的冶坊而更名为冶坊场。1985年长140米，宽3米。2002年建站前商贸区时消失
82	花园弄	通汇桥旁	清末有祝家私人花园于弄旁而得名。1985年长106米，宽1~2米。2003年建站前商贸区时消失
83	和乐里	西梁溪路—万前路	清末此地为宋家花园，书有“宋和堂”字样，故名和乐里。1985年长100米，宽4米。2002年建站前商贸区时消失
84	汇兴里	和乐里西	民国22年（1933）前后，弄内有一石刻，上刻“汇兴里”，故名。1985年长66米，宽1~2米。2003年建站前商贸区时消失
85	洽兴里	孟渊弄—和乐里	清光绪二十六年（1900）乾甡丝厂建造20间工人宿舍，取“融洽兴旺”之意而名，也称念间头。1985年长86米，宽3米。2003年建站前商贸区消失
86	东新路洽兴里	东新路附近	民国2年（1913），华姓在此建宅，祈求大家兴业而名。1985年长57米，宽2~4米。2003年建站前商贸区消失
87	九龙里	东新路—西鹤鸣里	因面向九龙山（即惠山），故名。1985年长68米，宽2米。2002年建站前商贸区时消失
88	长康路一弄	长康路	为长康路的一条支弄。1985年长57米，宽2米。1996年建劝业场时消失

续表3-1-4

序号	路　名	区内起迄	沿　　革
89	有惠里	交际路—万前路	曾名文会里，后因弄口有“有惠里”石刻而更名。1985年长74米，宽5米。2002年建站前商贸区时消失
90	汉昌路	工运路—解放东路	沪宁铁路通车后，陆续在此开设商店旅馆，形成一条街。辛亥革命胜利后，取“汉族昌盛”之意而得名。1965年从长康路口延伸至光复路。1985年长252米，宽7米。2003年建站前商贸区时消失
91	汉昌里	汉昌路—长康里	原为汉昌路的一条支弄，“文化大革命”中，以汉昌路取名。2003年建站前商贸区时消失
92	长康路	通运路—建设路	曾因金城戏院而得名金城弄。1956年取“健康长寿”之意，更名为长康路。1975年，向东延伸至建设路交界处。1996年建劝业场时消失
93	瑞乾弄	东梁溪路—长康路	原为瑞昌润堆栈和乾甡丝厂出资建造，两家各取一字而名。1985年长110米，宽4米。2003年建站前商贸区时消失
94	至善里	汉昌路—通运路	曾名祥安里，抗日战争时更名为至善里。1985年长76米，宽1~2米。1993年中国饭店扩建时消失
95	日新里	汉昌路—通运路	曾名九城里，因该处娼妓集中，民国33年（1944）更名为日新里。1985年长52米，宽2米。1993年中国饭店扩建时消失
96	明德里	汉昌路—通运路	曾名民生里，抗日战争时更名为明德里。1985年长98米，宽1~2米。1993年中国饭店扩建时消失
97	通惠路（东段）	高墩桥—惠农桥	民国9年（1920）前，曾名野马路，后延伸至北栅口，改称新马路。民国34年（1945），因该路通往惠山，更名为通惠路。1994年、2002年先后两次延伸拓宽，长1298米，宽43~45米，成为兴源北路的一段
98	德福弄	亮坝桥东	民国33年（1944）建德福庵于弄内而得名。1985年长70米，宽2~3米。1999年亮坝上低洼地区改造时消失
99	亮坝上	惠农桥—德福弄	因自工运桥堍沿京杭运河向西至亮坝的通道而得名。1985年长407米，宽3~5米。1999年亮坝上低洼地区改造时拆除，2001年扩建为工艺路的延伸段
100	仁寿里	工运桥堍	因属盛姓土地，曾名仁盛里。民国34年（1945）取“仁寿”之意，改名仁寿里。1985年长40米，宽2米。1994年，建造泰山饭店时消失
101	车站路	工运桥—火车站	以地处火车站站前而得名，位于火车站南面。1992年改扩建后，长253米，宽36米。2000年火车站扩建时消失
102	车站路一弄	无锡火车站西侧	1985年长77米，宽2米。2000年火车站扩建时消失
103	车站路二弄	无锡火车站西侧	1985年长100米，宽6米。2000年火车站扩建时消失
104	陈白头巷	惠勤路—北新河	因发起建路的人姓陈，满头白发，人称陈白头，故名。1985年长207米，宽3~5米。1989年、1995年新建无锡北门汽车站时陆续消失
105	裕纶里	惠勤路东	民国20年（1931），因弄口立有“张裕纶”石界碑而命名。1985年长55米，宽1~2米。1995年新建无锡北门汽车站时消失
106	沈兴里	惠勤路东	民国29年（1940），因“沈兴记”铁厂而命名。1985年长55米，宽4~5米。1995年新建无锡北门汽车站时消失
107	新开河	惠勤路东	民国26年（1937），为便利铁路货物装卸作业，新开河浜，故名。1985年长218米，宽2~6米。1989年新建无锡北门汽车站时消失
108	高墩上	工艺路—火车站	无锡解放后，因地势高于周围而名。1985年长105米，宽3米。1998年新建高墩桥时消失
109	永盛里	通隆里—工艺路	民国9年（1920），取永吉丝厂、永盛丝厂两厂各一字为名。1985年长200米，宽5米。1998年拓建亭子桥时消失
110	恒德里	长康路—东梁溪路	民国8年（1919），因该处有一恒德油厂故名。1979年并入北仓门
111	通隆里	人民东路—永盛里	清光绪二十六年（1900）前后，隆昌丝厂在此建工人宿舍，因正对厂门而名。1985年长208米，宽5米。1998年拓建亭子桥时消失
112	晋阳里	人民东路—熙春后街	民国9年（1920）前后，唐星海在此建宅，因门朝阳而名。1985年长200米，宽2米。2001年建保利广场时消失
113	陈　巷	京杭运河—东菩提浜	清道光年间，有三家陈姓在此建房，故名三家村。后因陈姓增多，以姓命巷。1985年长100米，宽3米。2002年建嘉禾现代城小区时消失
114	长庆里	长庆路—解放东路	曾名长康里。民国27年（1938），王文庆在此购房后更名。1985年长38米，宽3米。1996年，建劝业场时消失
115	长庆路一弄	长庆路—和平村	曾名南仓门一弄。“文化大革命”时改现名。1985年长56米，宽2米。1995年拓建长庆路时消失
116	长庆路二弄	长庆路—和平村	曾名南仓门二弄。“文化大革命”时改现名。1985年长97米，宽5米。1995年拓建长庆路时消失

续表3-1-4

序号	路　名	区内起迄	沿　　革
117	龙船浜（路）	解放东路—大码头	因浜得名。1985年长110米，宽3米。1995年拓建长庆路时消失
118	大码头	长庆路—龙船浜	因该处有古运河码头，旧时端午节等大型民俗活动在此集散，故称大码头。1985年长98米，宽4~5米。2001年建保利广场时消失
119	东鹤鸣里	乾德里—北仓门	曾名鹤鸣里，光绪二十七年（1901）因地租签据人“赵鹤鸣”而得名。1954年分东西两段，东鹤鸣里长233米，宽3米；西鹤鸣里长167米，宽3米。2001年建保利广场时消失
120	西鹤鸣里	北仓门—东梁溪路	
121	见德里	北仓门—东梁溪路	民国19年（1930），刘文祥在此建楼房9间，以子名“见秋”取名。1985年长33米，宽1米。2002年建站前商贸区时消失
122	瑞阳里	复新路—西鹤鸣里	民国18年（1929），季云卿建宅，以子名“瑞阳”取名。1985年长32米，宽3~4米。2001年建保利广场时消失
123	乾德里	北仓门—东新路	民国9年（1920），乾甡丝厂建造工人宿舍，属乾甡积德而名。1985年长66米，宽2~3米。2000年建吉庆苑时消失
124	东新路	复新路—长庆路	原为许世镛祖宅，为使家业永远象新的一样故名。1985年长182米，宽4~5米。2000年建吉庆苑时消失
125	永兴里	东新路—二十四中学	民国17年（1928），因许仲康建永兴翻砂厂工人宿舍而名。1985年长23米，宽2米。2002年建站前商贸区时消失
126	永春坊	东新路—西鹤鸣里	民国27年（1938），陈德良、朱国荣、王金春3人在此建坊，寓意永远象春天一样而名。1985年长123米，宽2~3米。2002年建站前商贸区时消失
127	惇裕里	长庆路—解放东路	民国27年（1938），以徐省庵宅内匾额“惇裕堂”而得名。1985年长28米，宽3~4米。2002年建站前商贸区时消失
128	东新弄	东新路	为东新路南端支路。1985年长23米，宽1~2米。2002年建站前商贸区时消失
129	知乐里	长庆路—解放东路	民国14年（1925），庆丰纱厂唐星海建宅，取“知足常乐”之意而名。1985年长51米，宽2米。2002年建站前商贸区时消失
130	平安里	东新路—挑水弄	民国7年（1918），周斌记在此建宅，祈求平安而名。1985年长39米，宽3~7米。2002年建站前商贸区时消失
131	永安街	广勤一支路—广勤二支路	民国23年（1934），以巷内发生第一次火灾为戒取名。1985年长126米，宽4~5米。1998年扩建锡沪路时消失
132	开城里	广勤路—永安街	民国23年（1934），杨翰西、唐星海、蔡缄三在此开厂，因开业成功而名开成里。无锡解放后，置门牌时误名开城里。1985年长61米，宽2米。1998年扩建锡沪路时消失
133	周新村	勤福弄—铁路小学	1952年政府在此建居民住宅，取名劳动新村。1958年大跃进时，改为周新村，有新建新村之意。2002年火车站改造时拆除
134	广勤一支路	勤福弄—广勤路	沿广勤路自西向东排列的第一支路，1985年长145米，宽6米。后在广勤路拓宽时消失
135	广勤三支路	广勤路—北新河	沿广勤路自西向东排列的第三支路，1985年长120米，宽4米。1998年扩建锡沪路时消失
136	广勤四支路	广勤路—蒋巷	沿广勤路自西向东排列的第四支路，1985年长195米，宽3米。1998年新建通江大道时消失
137	鼎盛里	广勤二支路东	民国14年（1925），因王姓在此创办鼎盛丝厂而名。1985年长28米，宽2米。1998年扩建锡沪路时消失
138	永庆里	广勤路南	民国8年（1919），薛寿康在此开设永盛丝厂，取厂名首字，加一庆字，以求吉利而名。1985年长35米，宽2米。1998年新建通江大道时消失
139	顺德里	周巷西	民国6年（1917），周亚新在此建宅，祈求吉利和顺从道德而名。1985年长30米，宽2米。1998年新建通江大道时消失
140	新顺德里	周巷西	紧靠顺德里而名。1985年长30米，宽3米。1998年新建通江大道时消失
141	西广顺里	广勤路北	曾名广顺里。1952年因中段阻塞，位于西段称西广顺里，长200米，宽1米；位于北段称北广顺里，长60米，宽1米。1998年扩建锡沪路时消失
142	孟渊弄	工运路—万前路	因弄口开有孟渊旅馆而名。1985年长88米，宽5米。90年代初，老戏馆弄地块改造时消失

说明：上述资料由区建设部门提供。

【背街小巷整治】

2005年开始，对背街小巷实施整治。是年，市、区两级政府投入642.71万元，对辖区主次干道两侧的25条背街小巷进行改造、更新，使之与市容市貌相配套，与保洁管理相适应，与主次干道相衔接。整治街巷全长7114.4米，总面积4.45万平方米。

2005年崇安区背街小巷整治情况一览表

表3-1-5　　单位：米、平方米、万元

序号	路名	起迄	路况			投资
			长度	宽度	面积	
1	永兴巷	中山路—新生路	144	3	432	12.78
2	升平巷	勤学路—中山路	356	4.10	1460	13.11
3	勤学路（部分）	勤学小区—解放南路	147	6	882	5.15
4	崇宁弄	崇宁路—苏家弄	130	7.50	975	10.61
5	福田巷（顾家弄）	崇宁弄—人民中路	434	5.20	2257	13.38
6	书院弄	中山路—解放北路	340	14	4760	15.36
7	毛桃巷	后西溪—人民中路	96	5.70	547	11.60
8	小虹霓桥	后西溪—新街巷	114	4.50	513	15.55
9	新生弄	解放东路—中山路	90	2.80	252	9.71
10	道长巷	解放西路—中山路	240	9.50	2280	42.37
11	永定桥（巷）	解放西路—道长巷	231	6.50	1502	36.68
12	连元街	中山路—长大弄	220	7.30	1606	55.20
13	羊角糟	振奋路	120	5	600	24.89
14	陈　巷	广瑞二村内	275	7.50	2081	21.46
15	小娄巷	新生路—崇宁弄	488	3.40	1659	47.16
16	广勤路一期	锡沪路—通江大道	600	7	4200	29.98
17	广丰支路	广丰二村路—广丰二村29#门口	117.9	5.50	648	14.76
18	塔影路	上马墩路—塔影小学	535	6.20	3317	71.94
19	新街巷	中山路—健康路	453	6.70	3035	48.13
20	黄泥头路	江海东路—港务仓库	740	6	4440	16.75
21	前胡村南路	后胡村—前胡村	164	5	820	20.27
22	前胡村北路	广瑞路—锡沪路	287	4	1148	27.84
23	莫家庄路	广南路—莫家庄	214	7.50	1605	32.40
24	易初爱莲超市北侧	广南路—超市北侧围墙沿线	198.5	7.90	1568	35.80
25	沙文井	解放北路—锦树里小区	380	5	1900	9.81
合计			7114.4	—	44492	642.71

说明：上述资料由区建设部门提供。

第二节　桥　梁

崇安区境内河多桥多，桥因河而造，古城内23条河道上建有88座桥梁，小桥流水，尽现江南水乡特色。无锡解放后，由于市政建设，道路拓建，河道填塞，桥梁随之废弃拆除，至1980年辖区内先后拆除桥梁71座。有些桥梁虽已早废，但其桥名沿袭至今，成为地名。至1985年，辖区仅剩跨河桥梁17座，及1980年建成的井亭公铁立交桥。1986~2005年，陆续新建高墩桥、春江桥等跨河桥梁26座，改扩建人民桥、体育场桥、清扬桥、工运桥等跨河桥梁31座。新建、改扩建通江公铁立交桥、锡沪路公路立交桥等立交桥梁6座。桥名大多因路名、河名、地名而定。迄2005年，辖区内有各类桥梁73座，其中跨河桥梁67座，立交桥梁6座。此外，还有位于嘉禾现代城、江海新村、金海里等11个小区（单位）内的景观桥15座。

【跨河桥梁】

1985年，崇安区辖区内有跨河桥梁17座。1986年后，桥梁建设随道路建设同步发展。1986~2002年，在新建县前东街时建高墩桥，新建振奋路时建振奋桥，新建通江大道时建欢门桥、勤俭桥、李巷桥，新建上马墩路时建上马墩桥，以及位于北新河上的长广桥等7座桥梁。在拓建人民中路、健康路、工运路、北新路时，分别改扩建人民桥、体育场桥、工运桥、北新桥；新建锡沪西路时，重建庆丰桥。2002年，广益镇来属，跨河桥梁增加至49座。2003~2005年，在广益境内又新建位于学前东路上的春江桥，位于广益路上的广富桥、广裕桥、广平桥、广安桥，位于南兴塘河上的长善桥、积善桥等桥梁17座。在拓建人民东路、清扬路时，分别改扩建亭子桥、清扬桥。迄2005年，辖区内共有跨河桥梁67座，其中，跨径20米以上的17座，均为钢筋混凝土结构。

人民桥　位于无锡古运河上，曾名梁溪桥，因地处西门外，俗称西门桥。始建于隋大业年间（605~618），南宋咸淳五年（1269）重建，元至元年间改为石梁桥，后历经战乱，反复毁建不已。明嘉靖年间改建为木桥，清光绪三年（1877）改建为石拱桥，桥洞跨长6米。民国15年（1926）改建为钢筋混凝土桥，长15米，宽5.6米。1959年10月，人民路拓建时，该桥移位改建，1960年4月竣工，3孔，宽19米，下为花岗石桥墩，上部为钢梁桥面，跨长37米。桥随路名，更名为人民桥。1980年桥两侧各幅阔6.4米，总宽至32米，3孔，中孔跨径15米，两侧跨径分别为11米、9米，设计荷载汽15、挂80。1995年、2002年又先后2次改扩建，成为上部中孔“T”梁，下部石台，宽33米，3孔跨径35米，设计荷载汽15、挂80的新型桥梁。

体育场桥　位于体育场北侧古运河上。1950年与体育场同建，初为木桥，3跨，长28.6米，宽6米。1952年改建成3跨梁式钢筋混凝土桥，拓宽至12米。1983年再次拓宽至24米，其中，机动车道12米，非机动车道、人行道各6米。3孔，中孔跨径9.3米，两侧跨径分别为4.6米、4.7米。设计荷载汽15。2002年该桥改造与健康路拓建同步，重建与古运河环境相协调的新型拱桥。是年4月1日开工，7月31日竣工，长30米，宽40米，设计荷载为城A，1孔，跨径23米，下部为钻孔柱基础，混凝土承台，上部为单孔椭圆形混凝土拱板，上承式拱桥，金山石仿古饰面，彩色轮廓线灯光装饰，成为古运河上一道新景。

清扬桥　位于市文化宫北侧古运河上。1953年建无锡市工人文化宫时建造，曾名文化宫桥。初为木桥，宽6米，跨长38.5米，5跨。1965年12月改建为钢筋混凝土桥，跨长40.7米，宽8米。1983年又拓宽至24米，其中，机动车道16米，两侧非机动车道及人行道各4米，5孔跨径分别为7.15米、8.35米、7.25米、7.35米、7米，设计荷载汽15。2003年再次改扩建，拓宽为40米、1孔跨径36米的桥梁，其上部为拱型钢箱梁，下部为重力式桥台，设计荷载城A。并改现名。

亭子桥　为人民东路跨越京杭古运河的桥梁。始建于南齐，初为木桥。清乾隆帝60寿辰时重建，为石级拱桥，上有桥亭，故名亭子桥。与莲蓉、清名桥齐名，为城厢三高桥之一。1952年，为通行人力车、板车，将石级改为斜坡桥面，片石排砌。1968年改建成单孔双曲拱桥，单跨，长22米，宽12米，荷载汽车13吨，拖挂车60吨。“文化大革命”期间，一度改名爱武桥。1980年，拓宽熙春街时，改为钢筋混凝土肋拱桥，仍为单跨，长24米、宽30米，1孔跨径27米。

亭子桥（2005）　（区建设部门供稿）

2002年11月老桥拆除重建，2003年6月建成。新桥横跨23米宽的河道、东侧14米宽的工艺路和西侧8米宽的人行下穿通道，桥面宽40米，其中，机动车道15米，两侧非机动车道各为5.5米，人行道各为5米，机非车道间设2米的绿化分隔带；全长60.4米，为三跨三幅连续等截面钢构桥，主梁横断面为整体现浇钢筋混凝土空心板梁，桥台为重力式U型浆砌块石桥台，桥墩形式为板式磴身，其中，西岸磴身为竖直板式，东岸磴身为V型板式，磴身基础为钻孔桩加系梁。桥面铺装为4厘米沥青混凝土和6厘米C30混凝土，人行道铺装为广场砖贴面和6厘米预制混凝土板，设计荷载为城A级。

高墩桥　位于无锡火车站东南侧的古运河上。1994年新建县前东街时建造。南与县前东街相接，北与兴源北路相交，因地处高墩上而得名。全长67米，3孔，跨径总长66.1米，桥宽31米，桥梁高度5.02米。桥梁上部为钢结构连续梁形式，下部为钻孔灌注桩基础、钢筋混凝土薄壁型桥墩、重力式U型桥台。设计荷载汽20、挂100。高墩桥两侧沿河道路改为立交，横跨23米宽的河道、北侧14米宽的工艺路和南侧8米宽的人行景观通道，并同步在北侧新建连接工艺路的东匝道、西匝道。

工运桥　原为渡口，位于无锡火车站南侧，横跨京杭古运河。民国2年（1913），无锡城厢社会人士捐款于该处兴建长37.5米的4孔木桥，取名通运桥。民国16年（1927）10月9日，无锡丝厂、纱厂工会倡议捐款修桥，次年2月11日动工，11月8日竣工通车，改建成长38米、宽7米的钢骨水泥桥，为纪念工人运动，改名工运桥。因桥为钢骨水泥结构，时人俗称“洋桥”，又称“大洋桥”。1960年、1983年，工运桥先后拓建，延长至45米，拓宽至20~24米，3孔跨径分别为10米、16米、10米，设计荷载汽10、挂30。2002年4月，拆除老桥，重建长81.4米，宽40米的新桥。其中，机动车道宽15米（双向4车道），非机动车道各5.5米，人行道各7米。上部结构为现浇整体空心板梁，下部结构为钻孔桩基础、重力式U型桥台、板式斜腿（墩）的预应力三跨连续变截面斜腿钢构桥。设计荷载为城A级。通航净高3.5米，净宽18米。是年9月30日竣工。工运桥两侧沿河道路改为立交，同步新建长733.96米的南环匝道。新桥横跨23米宽的河道、北侧14米宽的工艺路和南侧12米宽的东梁溪路、西梁溪路。

工运桥（2005）　（赵孙健摄）

惠农桥　位于兴源北路，横跨北新河。民国7年（1918）筑通惠路时建造，上部为钢构拱架梁板桥，下部为石台桥墩，3孔跨径为29.6米，其中，中跨11.2米，两侧均为9.2米。1971~1973年间和1985年先后2次改扩建，建成长40米，宽14.8米，1孔跨径30.2米的双曲拱桥，设计荷载汽13、挂60。1988年、2002年再次改扩建为长68米、宽43米、3孔跨径57米，设计荷载汽20、挂100的桥梁。

北新桥　位于北新路，横跨北新河。民国11年（1922）豫康纱厂方寿颐资建，原为木桥。1967年改建为长37.5米、宽6.9米，1孔跨径32.4米的钢筋混凝土肋拱桥，设计荷载汽10、挂30。1989年、1995年先后改建为水泥步行桥。1999年12月拆除翻建，2000年8月竣工。新桥宽14.1米，长44.5米；3孔跨径36米，其中中孔16米，两侧跨径各10米；上部结构为空心预制板梁，下部结构为重力式U型桥台和单排桩桥墩基础；设计荷载汽20、挂100。

庆丰桥　位于锡沪西路、北新桥北侧，横跨锡北运河。1954年庆丰厂为连通运河两岸的厂区和宿舍区而建，为平拱型3孔钢筋水泥桥，长15米，宽5米。1998年10月动工新建，1999年2月与锡沪西路同步建成。桥长114.1米，宽31米，其中，机动车道15米，两侧非机动车道各5.5米、人行道各5米。全桥共5孔，上部结构为5跨22米预应力空心板梁，下部结构为钻孔桩基础、单排柱式桥墩，2个重力式和一字式桥台，设计荷载汽20、挂100。

2005年崇安区境内跨河桥梁情况一览表

表3-1-6 单位：米、个、吨

序号	桥名	地点	长	宽	跨径	孔数	设计荷载	结构	沿革	管养隶属
1	人民桥	人民路	36	33	35	3	汽15挂80	上部：中孔"T"梁；下部：石台	详见本节【跨河桥梁】人民桥	市管
2	清扬桥	市文化宫畔	50	40	36	1	城A	上部：钢箱梁；下部：重力式桥	详见本节【跨河桥梁】清扬桥	市管
3	体育场桥	健康路	30	40	23	1	城A	上部：钢筋混凝土拱板；下部：钻孔灌注桩，承台基础	详见本节【跨河桥梁】体育场桥	市管
4	通汇桥	通汇桥路	54	14	28	1	城A	上部：双曲拱；下部：石台	民国15～16年（1926～1927）由无锡市政局兴建。1970年拓宽。1985年长31米，宽4.5米，1孔跨径28米，设计荷载汽8。2002年改扩建	市管
5	惠农桥	兴源北路	68	43	57	3	汽20挂100	上部：边"T"梁；下部：桩柱式桥墩重力式桥台	详见本节【跨河桥梁】惠农桥	市管
6	北新桥	北新路	44.50	14.10	36	3	汽20挂100	上部：空心预制板梁；下部：重力式U型桥台和单排桩桥墩基础	详见本节【跨河桥梁】北新桥	区管
7	工运桥	工运路	81.40	40	71.60	3	城A	上部：整体式空心连续板梁；下部：重力式U型桥台	详见本节【跨河桥梁】工运桥	市管
8	庆丰桥	锡沪西路	114.10	31	110	5	汽20挂100	上部：预应力钢筋混凝土空心桥梁；下部：单排桩柱式桥墩，重力式U型桥台、一字型桥台	详见本节【跨河桥梁】庆丰桥	市管
9	亭子桥	人民东路	60.40	40	56.60	3	城A	上部：整体钢筋混凝土预应力空心板梁；下部：重力式U型桥台	详见本节【跨河桥梁】亭子桥	市管
10	亮坝桥	亮坝上	30	4.5	28	1	人行桥	上部：桁架桥；下部：石台	明代初建，原为木桥。民国15～16年（1926～1927）改建为水泥人行桥，长29.7米，宽4.5米，1孔跨径28米。2005年重建	市管
11	锡沪路1号桥	锡沪西路	29	40	22	1	汽20挂100	上部：空心板梁；下部：重力式桥台	民国24年（1935）建。1973年拆除重建，长9.2米，宽6米，1孔跨径8米，设计荷载汽8、挂30。1999年改扩建	市管
12	锡沪路2号桥	塔影河	30	15	12	1	汽20挂100	上部：钢筋混凝土；下部：石砌	2005年改扩建	市管
13	锡沪路3号桥	塘桥河	30	15	8	1	汽20挂100	上部：钢筋混凝土；下部：石砌	2005年改扩建	广益街道
14	石人桥	广勤路	27	13	26.20	3	汽13挂60	上部：钢筋混凝土板式；下部：排架桩石台	清光绪二十六年(1890)前建造，原为木桥，1966年改建为钢筋混凝土桥，长22米，宽9.5米，3孔跨径分别为7.5米、8.5米、6米，设计荷载汽13、挂60。1992年改扩建	区管

续表3-1-6

序号	桥名	地点	长	宽	跨径	孔数	设计荷载	结构	沿革	管养隶属
15	广瑞二村桥	广瑞二村	18.50	7.5	11	1	汽15挂80	上部：钢筋混凝土空心梁板；下部：浆砌块石拱台	1983年1月建	市管
16	老丁村桥	野花园	28.80	4	8	1	汽10	上部：预应力空心板梁；下部：重力式桥台	建于20世纪50年代前，原为木桥，70年代改建成钢筋混凝土桥。2002年再次改扩建	区管
17	丁村桥	广瑞路	17.80	26.30	10	1	汽20挂100	上部：钢筋混凝土空心梁板；下部：浆砌块石拱台	因靠近丁村而名。1950年建造，原为木桥，1973年改建成钢筋混凝土桥，1985年再次改扩建，为广瑞路上的主要桥梁，又称广瑞桥	市管
18	塔影桥	上马墩路	23	14.50	15.70	1	汽15挂80	上部：拱肋、纵向微弯板；下部：浆砌块石拱台	清乾隆年间该处建桥时，因寺庙内的宝塔倒影水中而名。1966年新建为砧板桥，1980年拆除，1985年重建，长23米，宽14.5米，1孔跨径15.7米，设计荷载汽15、挂80	区管
19	工艺桥	工艺路	6	4	3.60	1	汽10挂50	上部：钢筋混凝土板式；下部：石台	清朝末年建，由3条长石条搭成，因河对面有大王庙，而名庙埄桥，后改建为水泥桥。“文化大革命”中改现名	区管
20	振奋桥	振奋路	30	15	8	1	汽10挂50	上部：空心板；下部：U型石台	1996年新建	区管
21	安福桥	通江大道	23	41	16	1	汽20挂100	上部：空心梁；下部：浆砌块石桥台	1998年新建	市管
22	勤俭桥	通江大道	91	34	77	3	汽20挂120	上部：预应力空心板梁；下部：桩基、排架桥墩，重力式U型桥台	1998年新建	市管
23	春江桥	学前东路	42.20	38	31.90	2	汽20挂100	上部：先张法预应力简支空心板梁；下部：一字型重力式桥台	2003年新建	市管
24	广富桥	广益路囊下浜	17.80	34.50	10	1	城A	上部：钢筋钢筋混凝土简支梁；下部：重力式U型桥台	2003年新建	市管
25	广裕桥	广益路前进河	22.80	34.50	12	1	城A	上部：先张法预应力钢筋混凝土简支板梁；下部：重力式U型桥台	2003年新建	市管
26	上马墩桥	上马墩路	22	30	16	1	城A	箱涵	2005年新建	区管
27	广平桥	广益路周巷浜	23.04	34.50	12	1	城A	上部：先张法预应力钢筋混凝土简支板梁；下部：重力式U型桥台	2003年新建	市管
28	广安桥	广益路桐桥港	28.90	34.50	20	1	城A	上部：先张法预应力钢筋混凝土简支板梁；下部：重力式U型桥台	2003年新建	市管
29	长广桥	市1602仓库	93.90	5.80	64.40	3	汽15挂80	上部：双铰桁架拱实心板梁；下部：重力式桥台	1989年新建	区管

续表3-1-6

序号	桥名	地点	长	宽	跨径	孔数	设计荷载	结构	沿革	管养隶属
30	李家湾桥	尤渡李家湾	15	3.50	12	1	10	上部：拱形钢筋混凝土；下部：石砌	80年代初改扩建	广益街道
31	广南桥	广南路	15	12	12	1	30	上部：钢筋混凝土；下部：石砌	1978年新建，1990年改扩建	广益街道
32	林堰桥	上马墩路	12	6	12	1	20	上部：拱形钢筋混凝土；下部：石砌	1982年新建，2005年改扩建	上马墩村
33	高墩桥	县前东街	67	31	66.10	3	汽20挂100	上部：后张法预应力“π”梁；下部：钻孔灌注桩基础、钢筋混凝土薄壁型桥墩，重力式U型桥台	详见本节【跨河桥梁】高墩桥	市管
34	渔业桥	向毛路	10	5	10	1	20	上部：钢筋混凝土；下部：石砌	1983年新建，1993年改扩建	向阳村
35	北闸桥	村北河	15	3	15	1	3	上部：钢筋混凝土；下部：石砌	1967年新建，时为钢筋混凝土桥，长12米，宽2米。2005年改扩建	毛岸村
36	丁西桥	丁村浜	12	6.50	8	1	3	上部：拱形钢筋混凝土；下部：石砌	1996年新建，匝道总长500米	丁村
37	李巷桥	李巷河	15	6	12	1	3	上部：拱形钢筋混凝土；下部：石砌	1985年新建，长4米，宽4米。2000年改扩建为钢筋混凝土桥	上马墩村
38	后胡村桥（中）	大寨河	12	7	5	1	3	上部：拱形钢筋混凝土；下部：石砌	1979年新建，匝道总长700米	丁村
39	后胡村桥（小）	后胡村浜	7	3	3	1	3	上部：拱形钢筋混凝土；下部：石砌	1978年新建	丁村
40	广瑞路新桥	广瑞路丁村段	28	8	10	1	40	上部：钢筋混凝土简支根梁；下部：动式U型桥台	1970年新建，2005年改建	区管
41	塘　桥	塘桥河	20	10	8	1	2	上部：钢筋混凝土；下部：石砌	1997年新建	尤渡村
42	芦荡桥	芦荡河	7	3	3	1	3	上部：钢筋混凝土；下部：石砌	1998年新建，2002年改扩建为混凝土桥	黄泥头村
43	新电站桥	创业河	9	4	4	1	5	上部：钢筋混凝土；下部：石砌	1996年新建	黄泥头村
44	创业1号桥	前进河	11	3.50	4	1	30	上部：钢筋混凝土；下部：石砌	1976~1978年建，2003年改扩建	黄泥头村
45	创业2号桥	前进河	11	11	5	1	40	上部：钢筋混凝土；下部：石砌	1976~1978年建，2002年改建	黄泥头村
46	创业3号桥	前进河	11	4.50	5	1	20	上部：钢筋混凝土；下部：石砌	1976~1978年建，2002年改建	黄泥头村
47	宁福桥	丰产河	6	3.50	5	1	10	上部：钢筋混凝土；下部：石砌	2004年改建	黄泥头村
48	同德桥	广益佳苑	5	3	4	1	2.5	上部：钢筋混凝土；下部：石砌	2003年新建，匝道长1000米	市房管局
49	小木桥	广益佳苑	3	1.50	4	1	2.5	上部：钢筋混凝土；下部：石砌	2003年新建，匝道长1000米	市房管局
50	广莫桥	前进河	16	8	12	1	2.5	上部：钢筋混凝土；下部：石砌	2005年新建	莫家庄村
51	前进桥	前进河	16	8	12	1	2.5	上部：钢筋混凝土；下部：石砌	2005年新建	莫家庄村
52	同心桥	前进河	16	8	12	1	2.5	上部：拱形；下部：石砌	2003年新建	莫家庄村
53	囊下桥	囊下浜	10	4	8	1	30	上部：拱形；下部：石砌	1987年新建，1997年改建	莫家庄村

续表3-1-6

序号	桥名	地点	长	宽	跨径	孔数	设计荷载	结构	沿革	管养隶属
54	周巷桥	周巷浜	10	4	6	1	2.5	上部：钢筋混凝土；下部：石砌	—	莫家庄村
55	红星桥	唐泾河	16	8	8	1	2.5	上部：钢筋混凝土；下部：石砌	2005年新建	莫家庄村
56	芳泽桥	广南路大寨河	30	10	12	1	2.50	上部：钢筋混凝土；下部：石砌	2005年新建	区管
57	广泽桥	广泽路大寨河	30	10	12	1	2.50	上部：钢筋混凝土；下部：石砌	2003年新建	区管
58	宝利桥	大寨河	16	10	12	1	2.50	上部：钢筋混凝土 下部：石砌	2004年新建	市管
59	徐巷桥	徐巷路	4	8	3	1	20	上部：钢筋混凝土 下部：石砌	建于20世纪50年代，为2块木板拼成的木桥。60年代改为石条、水泥条拼砌。70年代后逐步改建为混凝土桥梁。2005年改扩建	广丰村
60	石利桥	广丰路	6	12	3	1	20	上部：钢筋混凝土 下部：石砌	2005年改扩建	广丰村
61	马家桥	马家桥路	6	12	4	1	20	上部：钢筋混凝土；下部：石砌	建于20世纪50年代，为木板拼成的木桥。2005年改扩建	广丰村
62	尤岸桥	尤岸路	4	10	3	1	30	上部：钢筋混凝土 下部：石砌	2005年改扩建	广丰村
63	和平桥	中里河	3	18	2	1	3	上部：拱形钢筋混凝土；下部：石砌	1967年新建，时为水泥桥，长3米，宽1.5米	毛岸村
64	朝阳桥	石桥河	2.50	15	1.50	1	3	上部：拱形钢筋混凝土；下部：石砌	1967年新建，长1.5米，宽2.5米	毛岸村
65	毛岸新路桥	石桥河	15	9	12	1	3	上部：拱形钢筋混凝土；下部：石砌	2005年新建	毛岸村
66	长善桥	南兴塘河	62	40	18	3	汽20挂100	钢筋混凝土平桥三跨简支架	原名向阳桥，2005年拓宽向阳路时改扩建，并称现名	市管
67	积善桥	北兴塘河	92	40	18	3	汽20挂100	三孔洞结构桥 五孔简支架	原名红卫桥，2005年拓宽向阳路时改扩建，并称现名	市管

说明：上述资料由区建设部门提供。

【立交桥梁】

20世纪70年代，无锡地区开始建造公路立交桥和公铁立交桥。1980年6月，辖区内第一座公铁立交桥——井亭公铁立交桥建成。1985年10月，为方便周山浜纺织工业区交通运输，拆除1953年8月建造的惠勤路道口人行天桥，在人口居住密集之地的惠勤路与铁路相交处，建造惠勤路公铁立交桥，1987年10月1日建成通车。1992~1993年，锡沪路公路立交桥、丁村公路立交桥、风雷公铁立交桥先后建成。1994年3月，在无锡火车站东端建成跨铁路的华新里人行天桥。随着城市建设的发展，2002年5月，总投资达2亿元的无锡市头号重点工程——通江公铁立交桥建成通车，该工程不仅创下沪宁铁路全线建设规模和施工难度“之最”，而且成为国内规模最大、技术含量最高的公铁立交桥。2003年4月30日，井亭公铁立交桥改扩建工程竣工。公路立交桥和公铁立交桥的不断增加，不仅使辖区道路网络体系得到优化，而且使对外交通得到极大改善。迄2005年，辖区内共有公路立交桥2座、公铁立交桥4座，多系钢筋混凝土结构，分别由无锡市市政设施管理处、上海铁路局负责管理。

锡沪路公路立交桥　1991年11月动工，1992年3月建成。是原312国道市区段跨越锡沪公路的高架桥，时为继锡澄立交桥后无锡市第二座公路立交桥。全长606米，其中，高架桥长343.54米，东西向引道长262.46米。桥宽11.2米。跨越锡沪路处桥净空高5.2米。高架桥由21孔钢筋混凝土简支T梁组成，全桥设

20个双柱式钢筋混凝土板桥墩，两个扩大基础的重力式V型桥台。桥面铺装10厘米沥青混凝土面层。

丁村公路立交桥 1992年3月动工，1993年4月建成。该桥亦称广瑞路立交桥，全长595米，其中，高架桥长308.6米，桥面净宽10.5米，主桥为15孔20米跨径的预应力T梁，桥两侧为10米宽的匝道和2~4米宽的人行道。桥梁工程共浇筑钢筋混凝土2900多立方米，拆除单位房10家，民房18户，拆迁面积5842平方米，迁移并新埋供电、邮电、自来水等6种管线。工程总投资1120万元。

通江公铁立交桥 2000年5月动工，2002年5月建成。南起兴源北路，北到锡沪西路，下穿火车站站台。全长654.27米，其中，洞身长94米，地下穿越火车站4个站台、10股车道，为国内同类立交规模和施工难度之最。洞身由四孔钢筋混凝土框架组成，净宽为6+8+8+6米，8米孔为机动车道，6米孔为非机动车道，洞内净高分别为4.5米和2.5米。南北引道分别长110米和206米，宽39~46米，接线段道路长219米，宽40米。工程总投资1.65亿元。

2005年崇安区境内立交桥梁一览表

表3-1-7 单位：米、个

序号	桥名	地点	长	宽	跨径	孔数	新建及改扩建时间
1	井亭公铁立交桥	广瑞路井亭街与铁路相交处	335	37	11	5	1980年6月建成。2002年11月动工改扩建，2003年4月30日竣工
2	锡沪公路立交桥	312国道与锡沪路相交处	606	11.20	16	21	1991年11月20日动工，1992年3月31日竣工通车
3	丁村公路立交桥	312国道与广瑞路相交处	595	10.50	20	15	1992年3月动工，1993年4月竣工通车
4	惠勤路公铁立交桥	惠勤路与铁路相交处	21	13	8	3	1953年，上海铁路局建人行天桥，高10米，宽5米。1985年10月拆天桥，11月5日开工改建箱形地道式立交桥，1987年10月1日通车
5	风雷公铁立交桥	学前东路	50	30	8	3	1993年3月开工，是年12月竣工，1995年1月18日通车
6	通江公铁立交桥	通江大道	94	28	28	4	2000年5月开工，2002年5月1日竣工通车

说明：上述资料由区建设部门提供。

【已废桥梁】

无锡解放初，辖区有桥梁88座，其中，古城内60座。1950~1958年，因城市建设需要，填河拆桥造路，先后拆除桥梁60座。1950年，填柳浪河，建解放路，拆除柳浪桥（溜龙桥）、兴隆桥、应宿桥、永定桥4座桥梁。1953年，填束带河，建学前街，拆除虹桥、学桥、塔坊桥、堰桥、黄石桥、西水关桥6座桥梁；填三皇街、后西溪和前西溪等河，建后西溪、前西溪2条路，拆除水獭桥、小虹霓桥、大虹霓桥、茅梓桥、迎溪桥、贯桥6座桥梁；填新开河，建新开河路，拆除冉泾桥、承贤桥2座桥梁；填仓浜（又名仓前新河）造房，拆除盛巷桥、里黄泥桥、新民桥3座桥梁。1954年，填城中直河（又名弦河），扩建中山路，拆除南水关桥、南市桥、和平桥、欢喜桥、中市桥、凤光桥、大市桥、新市桥、仓桥、迎祥桥、北水里关桥11座桥梁；填里城河（弓河），建解放路，拆除打铁桥、新桥、虹桥、华德桥、东水关桥、小南海桥、便民桥7座桥梁；填七箭河，筑路造房，拆除将军桥、神仙桥2座桥梁。1958年，填六箭河，建崇宁路，拆除虹桥、斜桥、洪霓桥、洞泥桥、三凤桥（风光桥）5座桥梁；填八箭河，建人民中路一段，拆除克堡桥、营桥2座桥梁；填驳岸河，建人民中路一段，拆除青石桥、环婿桥2座桥梁；填西河头河，建西河头路，拆除太平桥、黄石桥2座桥梁。1950~1958年，填胡桥河、会龙河、玉带河，建石皮路及人民中路一段，拆除胡桥、驻总桥、石皮桥、营桥、玉带桥、会龙桥、序龙桥、庙桥8座桥梁。迄1958年，古城内桥梁拆除殆尽，无一河一桥。1968年、1979年，又拆除桥梁11座。1968年，造广瑞路，拆除广瑞1号桥、2号桥。1979年，填外城河（外护城河），建解放二路，拆除小尖桥、北门吊桥、吉祥桥、光复桥、东门吊桥、朝阳桥6座桥梁；建井亭立交，拆除塔影桥（1985年重建）、通隆桥、小粉桥3座桥梁。无锡解放后至2005年，辖区内共拆除桥梁71座，其中20世纪50年代拆除60座，占84.51%。

第三节 广 场

1985年，辖区内有火车站、东林、朝阳等3个广场，面积分别为1.55万平方米、0.43万平方米、1万平方米。1997年，为缓解交通拥挤矛盾，朝阳广场中心环岛被拆除，该广场成为地名。20世纪末21世纪初，为适应现代化大都市建设的需要，辖区内先后新建1.43万平方米的三阳广场、4.27万平方米的胜利门广场、0.74万平方米的国联广场；火车站广场扩建至5.64万平方米；东林广场移建后，面积扩大到0.79万平方米。在面积扩大的同时，广场品位不断提升，处处体现出现代都市广场的气息。迄2005年，辖区内有三阳、胜利门、东林、火车站、国联等5个大型广场，总面积12.87万平方米。

【胜利门广场】

位于中山北路东、解放北路南及书院弄北侧，呈长三角形。始建于抗日战争胜利后，无锡北门（古称控江门）改称胜利门，由附近商铺围绕的一片空地形成广场雏形。2001年，拆除建于无锡解放初的第一百货商店以及沙文井部分地段，新建占地4.27万平方米的广场，其中，绿地面积3.75万平方米。因位于胜利门而名。广场西北角建有一座不锈钢“鹏程”雕塑，象征无锡城正沿着建设特大型现代化城市目标腾飞。东北角有12座圆型乳白色灯柱，呈低——高——低——高波浪型排列；东南角有一座乳白色张拉膜，为市民和游客提供闹中取静的休闲环境。广场地下建有0.88万平方米的停车库，有停车位225个，4个出入口配备8部电梯，采用先进的电子监控技术，为设施齐全的现代化地下停车库。

胜利门广场（2005.8）（区建设部门供稿）

【东林广场】

原位于人民路和解放东路交叉中心。1979年改建解放二路时，以东门吊桥为圆心，建成外圆直径74米（含人行道），内圆直径34米的绿岛，面积0.43万平方米。因临近东林书院而名。1986年，在绿岛中心和四周新建一组知识分子群雕，中心雕塑底座下方镌刻李鹏题词：“今日辛勤耕耘，明日桃李芬芳。”2001年10月解放东路扩建时，广场移建至解

东林广场俯视（2002.2）（区建设部门供稿）

放东路与人民路交叉的西南角，南依东林书院。2002年2月竣工。改建后的广场占地0.79万平方米，其中，中心广场面积0.2万平方米，绿地面积0.58万平方米，水面面积450平方米，地面建筑160平方米，地下车库0.25万平方米，有车位56个。东林广场呈现中国园林建筑风格，与相邻的东林书院建筑群浑然一体。广场东南角有一条一百多米的小河道，岸边蜿蜒的步道旁，堆石成景，重现东林书院故地与当年弓河旧貌。广场四周建有四方双亭、六角亭、水池、假山等。广场东入口横卧一花岗岩巨石，刻有明代东林党人顾宪成撰、廖沫沙手书的"风声雨声读书声，声声入耳；家事国事天下事，事事关心"的千古名联。西侧有"东林八贤"（顾宪成、高攀龙、顾允成、安希范、刘元珍、叶茂才、钱一本、薛敷教）花岗岩雕塑群。

国联广场（2003）　　（区建设部门供稿）

【国联广场】

位于解放北路与县前东街和圆通路交叉口西南角，呈三角形。2001年新建，因广场旁有国联大厦而名。占地面积0.74万平方米，其中绿地面积0.57万平方米，绿地以软质景观为主，辅以主题广场、景观小品等硬质景观。绿化工程与人防工程有机结合，广场地下建有0.3万平方米的停车场及其配套公厕，有停车位52个。

【三阳广场】

原位于市中心最繁华的中山路和人民路交叉口中心。"文化大革命"中称东方红广场，后改现名，是无锡最重要的商业、观光、休闲中心。1997年起，结合中山路改建和人民路拓宽，移至位于十字路口的东南、西南、东北、西北4个地块，建造体现美化、绿化、亮化特点，集购物、娱乐、休闲功能于一体的组合式现代化公共广场。先后拆除商业大厦衣都、工艺美术商场、三阳南北货店、世泰盛呢绒布绸商店、鸿运楼酒家等旧建筑，增设华光珠宝城、天安大厦、商业大厦、三阳百盛等4块绿地，新建公共道路场地1.07万平方米，铺上各种图案的广场砖，建造建筑小品、花池、坐凳，种植花草树木，配装庭园灯及射灯等。三阳百盛门前建有大型下沉式喷水泉，商业大厦门前建有地下停车场。1998年9月竣工。新广场面积达1.43万平方米。

【火车站广场】

位于无锡火车站南侧，始建于清光绪三十二年（1906）年。20世纪20年代初、民国37年（1948）、1956年、1963年、1983年、1985年历经6次改扩建，广场总面积增至1.55万平方米。1994年广场改建，西部为0.47万平方米的团体停车场；中部为0.42万平方米的步行广场；东部为0.28万平方米的出租车停车场。东西停车场由8米宽通道连接。2002年3~9月，广场再次进行大规模改造，建成集候车、乘车、休息、观光于一体的综合型广场。占地达到5.64万平方米，其中，绿地面积1.28万平方米，另有地下广场4万平方米。分为人流集散区、休闲广场主空间、公交及出租车站场区、生态绿地区等4个功能区。贯穿东、西的通惠路将广场分成南北两块。北广场为旅客进站、搭乘公交、小憩、观光的集散场地；南广场为可供市民和候车者休闲、观光的敞开式景观公园；4万平方米的地下广场设有100多个商铺和220个泊位的出租车、社会车辆停车场。建有"桂馨和韵""棕影夏韵""清音古韵"3个下沉式广场和5个汽车出入口及22台自动扶梯、23个人行出入口，形成旅客上进下出、地下人车分流的特色。广场主照明由两座40米的高架灯、一排高8米景观灯、6座彩色灯组成。同时还在道路、绿化边缘设置庭园灯，在绿地内乔木下布置草坪灯、射树灯，在广场地面设置地埋灯，广场参差高大的树种及大面积的绿化、曲径、小品，充分体现“以人为本，以客为尊”的服务理念。

【朝阳广场】

位于解放路与中山南路交汇点，始建于1951年。后经1971年、1976年、1982年3次较大规模改扩建，形成中心环岛椭圆形，东西长134米，南北宽66米的广场，总面积由1951年的0.12万平方米增加到1万平方米。1997年，因中心环岛半径过小，交通矛盾日益突出，拆除中心环岛，对各种车流实行渠化管理，该广场消失，成为地名。

第四节　停车场

1995年开始，随着社会机动车辆不断增加，一些大型建筑结合人防工程始建地下停车场，除自用外，部分对外；少数单位建有室内停车场；公安部门还在一些空地和偏僻道路两侧设置社会停车场，以解决车辆停放问题。迄2005年，辖区有停车场（点）107个，其中，地下停车场35个、室内停车场4个、室外停车场26个、小区停车点37个、单位停车场5个，面积24.5万平方米，泊位1.04万个。

2005年崇安区辖区汽车停车场情况一览表

表3-1-8　　　　单位：个、平方米

序号	名　　称	位置及类型	泊位	建成日期	使用面积	所属单位
1	好买得停车场	地下车库、广场	30	1998.04	2500	无锡市好买得超市有限公司
2	华光珠宝城停车场	地下车库、广场	244	1998.04	5040	华光珠宝城物业管理公司
3	妇幼保健院停车场	槐树巷48号地下车库	180	2005.05	7150	无锡市妇幼保健院
4	八佰伴停车场	地下二层及广场	120	1995.01	3500	无锡市八佰伴经济管理有限公司
5	西河花园小区停车场	室内车库	80	2005.07	1000	无锡市天太物业管理公司
6	明珠广场小区停车场	室内车库	65	2005.07	750	无锡市楼宇物业管理公司
7	永安停车场	人民中路69号室内车库	45	2005.01	1000	无锡市永安集团有限公司
8	中发停车场	中山路418号室内车库	30	1999.03	2000	无锡市公安局老干部工作处
9	置业新天地社会停车场	中山路118号地下车库	65	2003.10	1200	无锡市当代物业有限公司
10	泰山饭店停车场	车站路15号地下车库	40	2004.01	900	无锡泰山饭店管理有限公司
11	胜利门商厦停车场	解放西路1、3、5号地下车库	24	2004.01	1000	江苏永乐家用电器有限公司
12	国际饭店停车场	县前东街88号地下车库	200	2004.04	2280	无锡市国际饭店有限公司
13	锦江大酒店停车场	中山路218号地下车库	78	1998.08	1200	无锡锦江大酒店
14	花园城社会停车场	中山路403号地下车库	128	2001.03	6300	无锡花园城广场大酒店有限公司
15	三阳停车场	人民中路127号地下车库	65	2003.05	5000	无锡市三阳商贸有限公司
16	火车站停车场	地下车库、地面	197	2001.05	13440	无锡市城投广场营运有限公司
17	银辉城市花园停车场	升平巷78号地下车库	140	2003.05	2500	无锡市银辉物业有限公司
18	胜利门社会停车场	胜利门广场地下车库	225	2003.05	8500	无锡市城投广场营运有限公司
19	国联广场停车场	国联广场地下车库	60	2004.07	2860	无锡市城投广场营运有限公司
20	东林广场停车场	广场地下车库	56	2004.11	2185	无锡市禾嘉物业管理有限公司
21	东方巴黎社会停车场	崇宁路99号地下车库	72	2005.01	4782	无锡市东方巴黎商业有限公司
22	吟春社会停车场	中山路359号地下车库	200	2001.03	2500	无锡市吟春大厦商贸有限公司
23	站前商贸城停车场	地下A、B车库	500	2005.05	24800	无锡市恒联物业管理有限公司
24	天安大厦停车场	地下车库	40	1999.01	1514	无锡市天安大厦有限公司
25	公花园停车场	地下车库	未用	1999.01	230	中山北路崇安市场

续表3-1-8

序号	名　　称	位置及类型	泊位	建成日期	使用面积	所属单位
26	物产大酒店停车场	人民中路185号地下车库	46	1998.01	511	无锡市物产大酒店管理有限公司
27	中山路地下停车场	地下车库	未用	1998.01	未用	无锡市地税局、金属公司、华东信息报社自用
28	益都苑停车场	振奋路小区停车泊位	344	2005.07	2760	无锡市益都苑物业管理
29	风雷东小区停车场	振奋路小区停车泊位	48	2005.07	400	无锡市风雷新村物业管理
30	风雷西小区停车场	振奋路小区停车泊位	170	2005.07	1370	无锡市风雷新村物业管理
31	上马墩小区停车场	地面	260	2005.07	2250	无锡市上马墩街道办事处管理
32	和园小区停车场	地面	29	2005.07	210	无锡市新联物业管理公司
33	江海新村小区停车场	学前东路小区停车泊位	90	2005.07	730	无锡市黎明物业管理公司
34	石利新村停车场	广丰路小区停车泊位	30	2005.07	540	无锡市石利新村社区物业管理
35	广丰小区停车场	友谊路小区停车泊位	40	2005.07	520	无锡市广益街道广丰社居委
36	莫家庄村停车场	地面	65	2005.07	850	无锡市广益街道莫家庄社居委
37	广益佳苑停车场	友谊路小区停车泊位	470	2005.07	5100	无锡市广益佳苑物业管理公司
38	丰泽苑停车场	广瑞路小区停车泊位	105	2005.07	1140	无锡市中苑物业管理公司
39	广丰三村停车场	广瑞路小区停车泊位	110	2005.07	1180	无锡市广丰三村物业管理公司
40	唐周巷停车场	广南路小区停车泊位	1278	2005.08	未用	无锡市房管局经济房管理中心
41	东方时代大厦停车场	亮坝上小区停车泊位	141	2005.12	未用	东方时代大厦
42	星晟花园停车场	地面	117	2005.07	1870	无锡市星海物业管理公司
43	东城花园停车场	地面	190	2005.07	2360	无锡市怡庭物业管理公司
44	江南花苑停车场	广瑞路小区停车泊位	120	2005.07	1560	无锡市吴泰物业管理公司
45	广瑞一村停车场	地面	30	2005.07	540	无锡市广瑞一村物业管理
46	广瑞二村停车场	地面	60	2005.07	780	无锡市广瑞二村物业管理
47	广瑞三村停车场	地面	25	2005.07	550	无锡市广瑞三村物业管理
48	广益电泵厂地块停车场	上马墩路小区停车泊位	206	2005.01	未用	无锡市众润置业有限公司
49	东林苑小区停车场	解放东路931号地面	40	2005.01	1350	无锡万佳物业管理有限公司
50	和泰苑小区停车场	解放东路小区停车泊位	32	2005.01	980	无锡和泰物业管理部
51	益民苑小区停车场	锡沪西路513号地面	100	2005.01	2500	无锡市益多物业管理公司
52	东河花园小区停车场	小区停车泊位	190	2005.01	2400	无锡金佳物业管理公司
53	置煤浜小区停车场	置煤浜、新生路小区	80	2005.01	1300	无锡市崇安寺街道办事处
54	镇巷小区停车场	新生路小区停车泊位	17	2005.01	175	无锡镇巷物业管理公司
55	解放新村停车场	地面	23	2005.01	500	无锡市崇安寺街道办事处
56	沙巷小区停车场	地面	17	2005.01	300	无锡市中房物业管理公司
57	勤学苑小区停车场	地面	30	2005.01	200	无锡市为民物业管理公司
58	升平巷小区停车场	地面	15	2005.01	120	无锡市为民物业管理公司
59	锦树花园停车场	地面	90	2005.01	870	无锡市黎明物业管理公司
60	田基浜小区停车场	地面	100	2005.01	1500	无锡市崇宁路社区物业管理公司
61	兴盛大厦停车场	解放东路900号地面	30	2005.01	1750	无锡市仁和物业管理公司
62	映山华庭停车场	解放东路937号地面	110	2005.01	2800	无锡市城建物业管理公司
63	泰翔大厦停车场	解放东路937号地下车库	31	2005.01	1000	无锡市新江南物业管理公司
64	宁海里（北）小区停车场	学前东路小区停车泊位	130	2005.07	900	无锡市江海新村物业管理
65	大地宾馆停车场	地下	未用	2001.01	416	大地宾馆
66	市房屋产权监理处停车场	地下	未用	1999.01	1437	房管局产权监理处
67	金和大酒店停车场	解放东路1008号地下	50	1999.01	248	无锡市金和大酒店管理有限公司
68	无锡华联停车场	地下	未用	1998.01	未用	无锡市副食品市场(无锡华联)
69	城中公园中百停车场	地下	未用	2000.01	未用	城中公园(中百超市)自用
70	吉庆苑停车场	吉庆里62号地下	60	2005.07	4797	无锡市景山物业管理公司
71	蔡家食谱停车场	人民中路33号地下	90	2005.07	1000	无锡市蔡家食谱有限公司
72	优族联盟停车场	人民中路58号地下	70	2005.07	1500	无锡市益多集团管理公司
73	金鼎广场停车场	人民中路117号地下	122	2005.07	1500	无锡市金鼎楼宇管理有限公司
74	农业银行停车场	解放北路53号地下	15	2005.07	400	中国农业银行
75	汇金广场停车场	中山路198号地下	177	2005.08	6800	无锡汇金置业有限公司
76	崇安寺一期A、B块停车场	地下	231	2005.10	15685	崇安寺生活步行街区物业管理有限公司

续表3-1-8

序号	名　　称	位置及类型	泊位	建成日期	使用面积	所属单位
77	金粉佳人停车场	锡沪路桥堍东地面	40	2004.09	2500	无锡市金粉家佳人大酒店
78	崇安集贸市场停车场	地面	80	2005.01	5000	崇安集贸市场有限责任公司
79	雪松停车场	振奋路地面	20	2005.07	560	公安崇安分局上马墩派出所
80	上马墩二村停车场	地面	50	2005.07	1000	公安崇安分局上马墩派出所
81	锡山医院停车场	地面	57	2005.07	600	无锡市锡山人民医院
82	万喜停车场	人民中路163号地面	80	2005.12	2100	无锡万喜贸易有限公司
83	一院停车场	地面	70	2003.12	3500	无锡市第一人民医院
84	佳福停车场	人民中路97号地面	92	1998.04	2200	无锡市爱建物业管理公司
85	薛福成故居停车场	学前街152号地面	20	2002.12	500	无锡市薛福成故居文物管理处
86	梁溪饭店停车场	中山路177号地面	50	2003.03	700	无锡梁溪饭店
87	周山浜客运总站停车场	惠勤路22号地面	132	2003.12	12000	无锡市汽车客运服务有限公司
88	名车港停车场	地面	30	1999.01	400	公安崇安分局
89	金属公司停车场	地面	37	1998.09	450	公安崇安分局
90	大众剧院停车场	地面	30	1998.03	500	公安崇安分局
91	二院停车场	地面	80	2004.01	1000	无锡市第二人民医院
92	通江市场停车场	地面	20	2004.06	800	公安崇安分局通江派出所
93	工运路社会停车场	地面	180	2004.02	4000	无锡市城投广场营运有限公司
94	气象站停车场	锡沪立交桥堍地面	18	2004.04	350	无锡市气象招待所
95	传染病医院停车场	兴源路88号地面	26	2004.04	900	无锡市传染病医院
96	鸿运大酒店停车场	中山路317号地面	30	1998.04	1200	无锡鸿运大酒店有限公司
97	广益市场停车场	江海东路546号地面	50	1998.04	3000	广益商城副食品批发市场
98	中医院停车场	后西溪23号地面	38	1998.08	800	无锡市中医院
99	三凤桥停车场	中山路240号地面	30	1999.02	1400	无锡市三凤桥肉庄责任有限公司
100	嘉泰停车场	广勤二支路50号地面	62	2000.05	1760	无锡市嘉泰实业有限公司
101	圆通大厦停车场	县前东街17号地面	30	2002.04	800	无锡市圆通物业管理有限公司
102	时代中心停车场	中山路157号地面	35	2002.09	300	无锡市中房物业管理有限公司
103	惠飞大厦停车场	解放东路920号地面	59	2003.12	2000	无锡惠飞房地产有限公司
104	新鼎球大厦停车场	新生路107号室内	50	2004.02	2500	无锡大地房产综合开发有限公司
105	华江停车场	中山路258号地面	105	2002.02	8000	无锡市谱和物业管理有限公司
106	市老年综合服务中心停车场	解放东路748号地面	20	1998.04	600	无锡市老年综合服务中心
107	国贸中心停车场	健康路4号地面	28	2003.06	1500	无锡综合对外经济贸易服务公司

说明：1. 上述资料由区建设部门提供。2. “泊位”栏中“未用”指停车功能临时改变，暂作他用。

第二章　防汛与排水

无锡解放前，旧城区街巷里弄下水道少，主要依靠河道排水。无锡解放后，城内23条河浜先后填没，排水泄洪主要依靠下水道，而排水管道多半是陶土管，且管径小，区内又无防汛排涝泵站，排水不畅，近一半地区的排涝设防标准仅为2～3年一遇。每逢汛期或短时暴雨，县下塘、朱巷、连元街、汤巷、解放西路沿河等20余处地段积水深达20～80厘米。1981年起，城区防汛排涝工作逐步加强，崇安区成立防汛指挥部，下设防汛办公室，统一部署防汛工作。至1985年，全区陆续新建泵站16座，但排涝功率小，汇水面积3.28平方公里，仅为全区的44.93%；有驳岸1.27万米，防洪墙1428米，但驳岸吴淞高程大多在5米以下。1986年起，特别是1991年遭遇特大洪涝灾害后，崇安区按照50年一遇的设防标准进行防汛设施建设。1986～1995年，先后新建、移建泵站5座、翻扩建泵站8座；新建驳岸5578米；翻建驳岸1239米。1996年后，按照百年一遇的设防标准加强防汛设施建设。1996～2001年，相继新建、移建泵站6座，翻扩建泵站1座，更新扩容泵站设备，增加排涝流量；新建驳岸2118米、防洪墙296米；翻建驳岸812米，防洪墙54米；新建塔影圩钢筋混凝土圩堤1057米。2002年，广益镇来属后，崇安区把广益地区4个圩区作为重点，加强防汛设施建设。2002~2005年，先后新建、移建泵站5座，翻扩建泵站9座；新建驳岸4358米、防洪墙1167米，对圩区的圩堤进行全面加固。并结合河道整治，对广塘联圩水系进行调整，疏浚前进河、大寨河等13条河道，增强联圩防汛排涝能力，改善水环境。迄2005年，崇安区境内有防汛排涝泵站34座，汇水面积14.76平方公里，占全区总面积的85.12%，比1985年提高40.19个百分点。驳岸6.99万米，防洪墙2891米。圩区圩堤得到加固，排水管网布局日趋合理，基本形成能够抵御百年一遇洪涝灾害的抗洪排涝体系。

第一节　泵　站

1985年，辖区建有黄泥桥、长安桥、菩堤浜、槐古桥、田基浜、亮坝上、朱巷、广勤三支路、北新桥、庙埄桥、刘巷头、李巷桥、亭子桥、祝家浜、龙船浜、小尖桥等16座防汛泵站。1985年后，以完善防汛体系为重点，继续在低洼地区有计划、有重点地推进排水泵站建设。1987~1990年，拆除龙船浜泵站，新建西水关泵站，解决学前街、解放南路及周边地区汛期积水；新建汤家桥、锡沪路2座泵站，翻建北新桥泵站，解决周山浜地区汛期积水；翻建小尖桥、槐古桥泵站，解决复兴路、崇宁路及周边地区汛期积水；翻建亮坝上、祝家浜泵站，解决北新河沿河地区汛期积水。1991年7月遭遇特大洪涝灾害后，针对暴露的问题，根据江苏省《关于进一步加快防洪保安基础设施建设的决定》，以50年一遇的防洪标准，对防汛设施全面规划，进一步调整布局，更新设备，提高泵站防汛排涝功能。是年，扩建小尖桥泵站，电机功率从原来的22千瓦提高到132千瓦，排涝流量从0.17立方米/秒增加到1.8立方米/秒，进一步提高解放西路、复兴路及周边低洼地区防汛排涝能力。1992年，新建塔影调水站，移建黄泥桥泵站，翻建汤家桥泵站，进一步解决上马墩、胜利门、周山浜等地区的汛期受涝问题。1994年，移建广勤三支路泵站，拆除田基浜泵站。1996年以后，又根据《无锡市（1996~2010年）城市防汛排涝规划》，将防汛标准提高到百年一遇。1997年，移建西水关泵站，更新设备，提高排水功率。1998年新建永勤弄泵站；翻建庙埄桥泵站。1999年，因新建锡沪西路和改扩建北新路，拆除广勤三支路泵站和北新桥泵站，在北新桥堍新建北新桥泵站，排涝流量从0.51立方米/秒增加到3立方米/秒，承担广勤三支路和北新桥地区防汛排水功能。2000年，在广塘联圩内新建1602闸站，解决广瑞、丁村、广塘联圩等地区的防汛排水问题。2001年，移建祝家浜、长安桥2座泵站，拆除亮坝上泵站。2002年广益镇来属后，境内的尤渡、丁村、马古桥、尤岸里、奶牛场、黄泥头东站、勤丰南站、勤丰老北站、勤丰新北站、裕巷、向阳北站、向阳西站、毛岸南站、毛岸北站、华庄岸等15座泵站及范家桥、施巷、广丰等3座闸站也随之归划崇安区管理，全区泵（闸）站增加至35座。2002~2005年，全区重点抓圩区内泵站建设，新建泵站2座，移建泵站3座，翻扩建泵站9座，拆除泵站3座。其间，2002年，因学前东路延伸，移建尤渡泵站，扩建朱巷泵站。2003年，新建黄泥头泵站，移建菩提浜泵站，因广益片区改造及河道整治拆除刘巷头、李巷桥2座泵站。2004年，扩建广丰闸站，增强广塘联圩的排水能力。2005年，拆除位于塔影圩的塔影调水站，新建塔影闸站；在广塘联圩翻建范家桥、施巷2座闸站；在黄泥头圩翻建勤丰南站；在向阳北圩翻建裕巷泵站；在向阳南圩翻建毛岸南站、毛岸北站、华庄岸等3座泵站（华庄岸泵站翻建后改名为小横江泵站），全面提高5个圩区的排水能力，确保汛期圩区内低洼地区的安全。另外，因地块改造，移建庙埄桥泵站。1986~2005年，全区泵站建设总工程量达2970.91万元，其中，新建泵站8座，701.88万元；翻扩建泵站18座，1339.03万元；移建泵站8座，930.00万元。迄2005年，区境内共有防汛排涝泵站34座，排涝总流量为81.6立方米/秒，是1985年的11.88倍；汇水总面积14.76平方公里，占全区面积的85.12%，比1985年提高40.19个百分点。

在推进防汛泵站建设的同时，加强泵站设施及设备的维修保养，配备专人管理，健全泵站管理制度，汛期24小时值班，定期清除污水池、出水口淤泥及拦污栅杂物，确保汛期泵站设备开得动，积水排得出。1986～2005年，共投入泵站维修、养护经费184.74万元。

1985年崇安区防汛排涝泵站情况一览表

表3－2－1

序号	泵站	排水片	建设年份	占地面积（平方米）	建筑面积（平方米）	层数	汇水面积（平方公里）	设备情况		电机功率（千瓦）	排涝流量（立方米/秒）	启动水位（米）
								水泵（吨/台）	电机（千瓦/台）			
1	黄泥桥	黄泥桥	1981	225	54	1	0.45	12/2 14/1	22/2 30/1	74	0.54	3.70
2	长安桥	中山路	1981	75	42	1	0.43	12/2 14/1	22/2 30/1	74	0.54	3.70
3	菩堤浜	长庆路	1982	16	16	1	0.15	8/1 10/1	7/1 13/1	20	0.23	3.60
4	槐古桥	崇宁路	1982	28	28	1	0.3	14/2	30/2	60	0.40	3.60
5	田基浜	田基浜	1982	75	98	2	0.2	12/2	22/2	44	0.34	3.70
6	亮坝上	亮坝上	1984	10	10	1	0.01	12/1	22/1	22	0.17	3.60
7	朱　巷	朱　巷	1984	82	30	1	0.01	10/1 12/1	13/1 22/1	35	0.30	3.60
8	广勤三支路	广勤三支路	1984	70	24	1	0.2	12/2	22/2	44	0.34	3.70
9	北新桥	广勤路	1982	6	6	1	0.2	12/1	22/1	22	0.17	3.60
10	庙埄桥	华新里	1984	50	26	1	0.07	12/2	22/2	44	0.34	3.60
11	刘巷头	刘巷头	1982	48	96	2	0.2	10/1 12/1	13/1 22/1	35	0.30	3.60
12	李巷桥	李　巷	1984	55	42	1	0.3	14/2	22/2	44	0.70	3.60
13	亭子桥	人民路	1984	78	78	1	0.5	20/3	30/3	90	2.10	3.70
14	祝家浜	祝家浜	1984	16	6	1	0.05	8/1	7/1	7	0.10	3.60
15	龙船浜	龙船浜	1982	12	12	1	0.01	10/1	13/1	13	0.13	3.60
16	小尖桥	复兴路	1982	52	52	1	0.20	12/1	22/1	22	0.17	3.60
合　计			—	898	620	—	3.28	—	—	650	6.87	—

说明：上述资料由区建设部门提供。

2005年崇安区防汛排涝泵（闸）站情况一览表

表3－2－2

序号	排水片	泵（闸）站	面　积（平方米）		层数	汇水面积（平方公里）	设备数量		电机功率（千瓦）	排涝流量（立方米/秒）	启动水位（米）	备　注
			占地	建筑			水泵（吨/台）	电机（千瓦/台）				
1	黄泥桥	黄泥桥	220	227	3	0.45	20/2 32/1	55/2 80/1	190	3.00	3.70	1981年新建 1992年移建
2	中山路	长安桥	150	118	1	0.43	20/2 32/1	55/2 80/1	190	3.00	3.70	1981年新建 2001年移建
3	复兴路	小尖桥	250	450	3	0.24	14/1 20/2	22/1 55/2	132	1.80	3.70	1982年新建 1989年、1991年翻建
4	崇宁路	槐古桥	136	136	1	0.30	20/3	30/3	90	1.50	3.70	1982年新建 1989年翻建
5	学前街	西水关	180	180	1	0.35	20/1 32/2	30/1 65/2	160	2.50	3.60	1987年新建 1997年移建
6	人民路	亭子桥	78	78	1	0.50	20/3	55/3	165	2.10	3.70	1984年新建

续表3-2-2

序号	排水片	泵（闸）站	面积（平方米）占地	面积（平方米）建筑	层数	汇水面积（平方公里）	设备数量 水泵（吋/台）	设备数量 电机（千瓦/台）	电机功率（千瓦）	排涝流量（立方米/秒）	启动水位（米）	备注
7	长庆路	菩堤浜	210	235	2	0.25	20/2 32/1	30/2 95/1	155	3.00	3.60	1982年新建 2003年移建
8	汤家桥	汤家桥	177	218	2	0.30	20/2 32/1	30/2 80/1	140	2.50	3.30	1988年新建 1992年翻建
9	华新里	庙垮桥	65	98	2	0.07	20/2	30/2	60	1.00	3.60	1984年新建 1998年翻建 2005年移建
10	祝家浜	祝家浜	85	30	1	0.05	14/2	22/2	44	0.70	3.70	1984年新建 1990年翻建 2001年移建
11	广勤路	北新桥	184	120	1	0.40	20/2 32/1	55/2 80/1	190	3.00	3.60	1982年新建 1988年翻建 1999年移建
12	朱巷	朱巷	140	48	1	0.01	14/2	22/2	44	0.70	3.60	1984年新建 2002年扩建
13	永勤弄	永勤弄	9	9	1	0.01	6/2	7.5/2	15	0.30	3.60	1998年新建
14	尤渡	尤渡	80	80	1	0.50	20/1 32/1	55/1 95/1	150	2.50	3.70	1998年新建 2002年移建
15	广塘联圩	范家桥闸站	610	326	2	4.70	32/4	95/4	380	8.00	2.60	1996年新建 2005年翻建
16		1602闸站	245	290	2		32/3	95/3	285	6.00	2.60	2000年新建
17		施巷闸站	160	71	1		20/1 32/1	30/1 95/1	125	2.50	3.70	90年代新建 2005年翻建
18		广丰闸站	210	285	2		32/3	95/3	285	6.00	3.40	1996年新建 2004年扩建
19		丁村	35	20	1		8/1 14/1	17/1 22/1	39	0.30	3.70	1992年新建
20	广塘联圩	马古桥	42	42	1	4.70	20/3	55/3	165	2.10	2.60	1998年新建
21		尤岸里	42	42	1		20/2	55/2	110	1.40	2.60	2000年新建
22		奶牛场	30	20	1		14/1	28/1	28	0.30	3.70	1991年新建
23	塔影圩	塔影闸站	680	290	2	2.20	32/1 40/2	95/1 180/2	455	8.00	3.70	2005年新建 位于桐桥港
24	黄泥头圩	黄泥头东站	68	135	2	1.90	20/3	55/3	165	2.10	2.60	1996年新建
25		黄泥头北站	92	60	1		20/3	55/3	165	2.10	2.60	2003年新建
26		勤丰南站	85	62	1		20/2	30/2	60	1.00	2.60	1991年新建 2005年翻建
27		勤丰老北站	72	65	1		20/2	30/2	60	1.00	2.60	1978年新建
28		勤丰新北站	75	65	1		20/3	55/3	165	2.10	2.60	1997年新建
29	向阳北圩	裕旺	52	36	1	0.70	20/1 28/1	30/1 80/1	110	1.40	2.60	1992年新建 2005年翻建
30		向阳北站	80	80	1		20/2 12/1	55/2 20/1	130	1.40	2.60	1993年新建
31	向阳南圩	毛岸南站	87	66	1	1.40	20/2	30/2	60	1.00	2.60	80年代新建 2005年翻建
32	向阳南圩	毛岸北站	87	66	1	1.40	32/2	95/2	190	4.00	2.30	1992年新建 2005年翻建
33		小横江（原名华庄岸站）	99	72	1		32/2	80/2	160	3.00	2.60	1992年新建 2005年翻建
34		向阳西站	35	56	2	—	10/2	17/2	34	0.30	2.60	1986年新建
合计			4850	4156	—	14.76	86	86	4896	81.6	—	—

说明：上述资料由区建设部门提供。

图3-2-1　2005年崇安区泵站分布图

1986～2005年崇安区防汛泵（闸）站建设、养护工程情况一览表

表3-2-3　　　　　　　　　　　　　　　　　　　　单位：万元

年份	工程量合计	泵站建设						泵站维修养护	拆除泵站名称
		新建泵站		移建泵站		翻扩建泵站			
		工程量	名称	工程量	名称	工程量	名称		
1986～1990	66.93	36.23	西水关 汤家桥 锡沪路	—	—	25.40	北新桥、小尖桥、槐古桥、亮坝上、祝家浜	5.30	龙船浜
1991～1995	424.33	95.00	塔影调水站	63.10	黄泥桥	249.23	小尖桥 汤家桥 广勤三支路	17.00	田基浜
1996～2001	648.60	204.50	永勤弄 1602闸站	405.00	西水关 北新桥 祝家浜 长安桥	12.00	庙绛桥	27.10	广勤三支路 锡沪路 亮坝上
2002～2005	2015.79	366.15	黄泥头北站 塔影闸站	461.90	尤　渡 菩提浜 庙绛桥	1052.40	朱巷、广丰闸站、范家桥闸站、施巷闸站、勤丰南站、裕巷、毛岸南站、毛岸北站、小横江	135.34	刘巷头 李巷桥 塔影调水泵站
合计	3155.65	701.88	—	930.00	—	1339.03	—	184.74	—

说明：上述资料由区建设部门提供。

第二节　排水管网

无锡解放后至1958年，区内河道被填塞后，先后铺设排水管道1.72万米。此后至1982年，又在辖区易涝地段新建或翻建下水道2.07万米。其中，600~1300毫米管径下水道0.9万米，占43.48%。1986~1995年，结合防汛排涝工程建设，新翻建排水管道3.83万米。迄1996年，区境内形成长安桥、亭子桥、西水关、广勤三支路、庙絳桥、黄泥桥、小尖桥、汤家桥等9个排水片区。1998年后，根据市制订的《无锡市（1996~2010年）城市防洪排涝规划》，统一规划布局，分级负责排水管道建设，区市政管理部门全力推进除市管道路外所有道路街巷排水管道的改造建设，原陶土管和方沟下水道全部改用水泥混凝土预制管，并加大排水管道管径，确保排水畅通。1996~2005年，又新翻建排水管道7.52万米。中山路（朝阳广场至后西溪段）新铺设管径600~800毫米排水管道2200余米。原逢汛必涝的学前街排水管道由原来长767米、管径380~600毫米改铺成长956米、管径600~800毫米，汛期不再出现积水。1986~2005年，区市政管理部门新建、翻建排水管道11.35万米。迄2005年，区境内主要道路、街巷排水管道总长达18.36万米，其中，管径600~800毫米3.71万米，管径等于或大于1000毫米5714.5米。

第三节　驳岸　防洪墙

1985年，区境内河（浜）驳岸总长1.27万米，均为石驳岸，除环城河（文化宫桥至体育场桥、人民桥至小尖桥段）822米驳岸吴淞高程为5米外，其余均在5米以下。在京杭运河、北新河、木专线等地势较低的河段,建有吴淞高程为5.2米的钢筋混凝土防洪墙1428米。

1986年后，根据低洼地区防汛要求和排涝需要，加强驳岸、防洪墙建设。1986~1990年，投入148.49万元，新建驳岸2275米，翻建驳岸1029米，维修养护驳岸690米。1991年遭受特大洪涝灾害后，针对暴露出来的问题，根据不同地区、不同地块，确定不同的排涝标准，加固、加高驳岸和防洪墙，并作防渗防撞处理。1991~1995年，投入226.5万元，新建驳岸3303米，翻建驳岸210米，维修养护驳岸2288米。1996年后，按照抗御百年一遇洪涝的要求，确定驳岸和防洪墙建设标准，或翻建改造，或加固加高和防渗处理。1996~2001年，投入351万元，新建驳岸2118米，防洪墙296米；翻建驳岸812米，防洪墙54米；维修养护驳岸832米，防洪墙452米。2002年，广益镇来属后，重点抓好该地区向阳北圩、向阳南圩、黄泥头圩、广塘联圩4个圩区内驳岸、防洪墙建设。2002~2005年，用于新建驳岸、防洪墙的投入达到577.4万元，为前16年（1986~2001）新建工程投入总量的79.53%；新建驳岸4358米，为前16年（1986~2001）新建总长的56.63%；新建防洪墙1167米，是前16年（1986~2001）新建总长的3.94倍。

迄2005年，全区河道驳岸总长6.99万米。其中吴淞高程5米以上驳岸由1985年的822米增加到3.38万米，占全区驳岸的48.35%。圩区内驳岸吴淞高程均在5~5.5米。全区20%的驳岸为钢筋混凝土驳岸，80%的驳岸为石驳岸，局部用钢筋混凝土外覆加固。城区内地势较低的河段建有吴淞高程5.2米的钢筋混凝土防洪墙2891米，是1985年的2.02倍。此外，在创建文明城市中，还结合河道综合治理，对环城河（古运河）石驳岸进行外装饰，使之成为景观河。

古运河驳岸（2005）　（孙炎摄）

1985年崇安区辖区驳岸一览表

表3-2-4　　单位：米

序号	地点	区内起讫	长度	吴淞高程	结构
1	古运河	南长桥—文化宫桥（单侧）	587	4.80	石驳岸
2	古运河	清扬桥—体育场桥（单侧）	576	5.00	石驳岸
3	古运河	体育场桥—人民桥（单侧）	950	4.80	石驳岸
4	古运河	人民桥—小尖桥（单侧）	246	5.00	石驳岸
5	老运河	黄泥桥泵站—通汇桥—工运桥（单侧）	522	4.20	石驳岸
6	老运河	工运桥—亭子桥（两侧）	2330	4.20	石驳岸
7	老运河	工运桥—亮坝上（单侧）	405	4.00	石驳岸
8	北新河	亮坝上—惠农桥（单侧）	175	4.20	石驳岸
9	北新河	惠农桥—新开河（单侧）	187	4.60	石驳岸
10	北新河	亮坝桥—惠农桥—铁路桥（单侧）	180	4.60	石驳岸
11	北新河	祝家浜—庆丰桥—勤俭桥—木专线（单侧）	1357	4.20	石驳岸
12	祝家浜	铁路桥—祝家浜泵站—北新河（单侧）	210	4.40	石驳岸
13	木专线	北新河—石人桥（单侧）	613	4.20	石驳岸
14	木专线	石人桥—北新河（单侧）	613	4.60	石驳岸
15	木专线	石人桥—锡沪路1号桥（单侧）	287	4.80	石驳岸
16	木专线	锡沪路1号桥—石人桥（单侧）	287	4.40	石驳岸
17	木专线	锡沪路1号桥—汤家桥泵站（单侧）	425	4.50	石驳岸
18	木专线	汤家桥泵站—锡沪路1号桥（单侧）	425	4.40	石驳岸
19	塔影河	李巷桥—塔影桥（单侧）	699	4.40	石驳岸
20	塔影河	塔影桥—李巷桥（单侧）	699	4.20	石驳岸
21	庆丰浜	北新河—玻璃纤维厂（两侧）	300	4.60	石驳岸
22	汤家桥浜	木专线—铁路专线（两侧）	378	4.20	石驳岸
23	庙埄桥浜	环城河—庙埄桥泵站（两侧）	96	4.80	石驳岸
24	新开河	陈白头巷—北新河（单侧）	170	4.40	石驳岸
合计			12717	—	—

说明：上述资料由区建设部门提供。

1985年崇安区辖区防洪墙一览表

表3-2-5　　单位：米

序号	地点	区内起讫	长度	吴淞高程	结构
1	老运河	黄泥桥泵站—通汇桥	87	5.20	钢筋混凝土
2	老运河	通汇桥—花纱布仓库	225	5.20	钢筋混凝土
3	老运河	工运桥—6号码头	237	5.20	钢筋混凝土
4	老运河	航运家舍—亮坝桥	155	5.20	钢筋混凝土
5	老运河	工运桥—植物油厂	195	5.20	钢筋混凝土
6	北新河	亮坝桥—惠农桥	175	5.20	钢筋混凝土
7	北新河	惠农桥—豆制品厂	67	5.20	钢筋混凝土
8	木专线	石人桥—锡沪路1号桥	287	5.20	钢筋混凝土
合计			1428	—	—

说明：上述资料由区建设部门提供。

1986～2005年崇安区辖区驳岸和防洪墙建设、养护工程一览表

表3-2-6　　单位：万元、米

年份	工程量合计	新建			翻建			维修养护		
		工程量	驳岸	防洪墙	工程量	驳岸	防洪墙	工程量	驳岸	防洪墙
1986~1990	148.49	124.17	2275	—	10.32	1029	—	14.00	690	—
1991~1995	226.50	198.20	3303	—	16.90	210	—	11.40	2288	—
1996~2001	351.00	184.00	2118	296	75.00	812	54	92.00	832	452

续表3-2-6

年份	工程量合计	新建			翻建			维修养护		
		工程量	驳岸	防洪墙	工程量	驳岸	防洪墙	工程量	驳岸	防洪墙
2002~2005	577.40	577.40	4358	1167	—	—	—	—	—	—
合　计	1303.39	1083.77	12054	1463	102.22	2051	54	117.4	3810	452

说明：上述资料由区建设部门提供。

2005年崇安区辖区驳岸一览表

表3-2-7　　单位：米

序号	地　点	区内起迄	长度	吴淞高程	结　构
1	古运河	南长桥—清扬桥—体育场桥—人民桥—小尖桥（单侧）	2359	5.20	石驳岸，体育场桥至小尖桥段加外装饰
2	老运河	黄泥桥泵站—通汇桥—工运桥（单侧）	522	5.20	石驳岸外装饰
3	老运河	工运桥—高墩桥—亭子桥（两侧）	2330	5.20	石驳岸，工运桥至高墩桥两侧加外装饰；高墩桥至亭子桥单侧钢筋混凝土外覆加固
4		工运桥—亮坝桥（单侧）	405	5.20	石驳岸，钢筋混凝土外覆加固
5	北新河	亮坝桥—惠农桥—铁路桥（单侧）	422	5.20	石驳岸，钢筋混凝土外覆加固
6		祝家浜—庆丰桥—勤俭桥（单侧）	945	5.20	石驳岸，其中祝家浜至庆丰桥段钢筋混凝土外覆加固
7		勤俭桥—木专线（单侧）	412	4.80	石驳岸
8	祝家浜	铁路桥—祝家浜泵站—北新河（单侧）	210	5.20	石驳岸，祝家浜泵站至北新河段钢筋混凝土外覆加固
9	木专线	北新河—石人桥—锡沪路1号桥—汤家桥泵站（两侧）	2630	5.20	石驳岸
10	塔影河	桐桥港—锡沪路2号桥—广南路桥—尤渡桥—靖海桥—振奋路桥（两侧）	4962	5.20	石驳岸；除尤渡桥至靖海桥两侧外，均钢筋混凝土外覆加固
11		振奋路桥—塔影桥—李巷桥（两侧）	2796	4.80	石驳岸，钢筋混凝土外覆加固
12	庆丰浜	北新河—玻璃纤维厂（两侧）	300	5.20	石驳岸
13	汤家桥浜	木专线—铁路专线（两侧）	378	5.20	石驳岸
14	庙烽桥浜	环城河—庙烽桥泵站（两侧）	96	5.20	石驳岸
15	北新河	木专线—长广桥—黄泥头桥—五叉河（单侧）	1326	5.20	石驳岸，钢筋混凝土外覆加固
16	北新河	龙舌尖—勤俭桥（单侧）	450	5.20	石驳岸，钢筋混凝土外覆加固
17		勤俭桥—长广桥	512	4.80	石驳岸
18		长广桥—黄泥头桥	831	5.20	石驳岸
19	广丰浜	五叉河—费巷（两侧）	770	4.80	石驳岸，钢筋混凝土外覆加固
20	南兴塘河	五叉河—广丰东浜（单侧）	1095	4.80	石驳岸
21		广丰东浜—尤岸浜—桐桥港（单侧）	475	5.20	石驳岸，广丰东浜至尤岸浜段钢筋混凝土外覆加固
22		毛岸河—桐桥港（单侧）	897	5.20	石驳岸，钢筋混凝土外覆加固
23	南兴塘河	桐桥港—五叉河（单侧）	1570	4.80	石驳岸
24	北兴塘河	五叉河—门楼港（两侧）	4523	5.20	石驳岸，一侧钢筋混凝土外覆加固
25	埝埭港	五叉河—木库河（两侧）	1914	5.20	石驳岸
26	木库河	严埭港—安福桥（两侧）	1258	5.20	石驳岸，一侧钢筋混凝土外覆加固
27	严埭港	木库河—江海路桥—龙舌尖（单侧）	2376	5.20	石驳岸，江海路桥至龙舌尖段钢筋混凝土外覆加固
28	戴顶浜	机电闸—铁路桥（两侧）	274	4.80	石驳岸
29	桐桥港	广益路桥—塔影桥—锡沪路3号桥—塘桥头—学前东路桥—太湖大道桥（单侧）	2289	5.20	石驳岸，广益路桥至学前东路桥段钢筋混凝土外覆加固
30		锡沪路3号桥—气象站（单侧）	395	5.20	石驳岸，钢筋混凝土外覆加固
31		锡沪路4号桥—广益路桥（单侧）	401	5.20	石驳岸，钢筋混凝土外覆加固

续表3-2-7

序号	地　点	区内起迄	长度	吴淞高程	结　　构
32	施巷浜	北新河—丁西村（两侧）	892	5.20	钢筋混凝土驳岸
33	丁西浜	北新河—大寨河（两侧）	1258	3.80	钢筋混凝土驳岸
34	前胡村浜	大寨河—铁路桥（两侧）	698	3.80	钢筋混凝土驳岸
35	大寨河	丁村浜—桐桥港（两侧）	4866	3.80	钢筋混凝土驳岸
36	广丰东浜	大寨河—南兴塘河（两侧）	2156	3.80	钢筋混凝土驳岸
37	囊下浜	大寨河—浜顶上（两侧）	1238	3.80	钢筋混凝土驳岸
38	前进河	莫家庄村—尤岸浜（两侧）	2260	3.80	钢筋混凝土驳岸
39	尤岸浜	南兴塘河—前进路（两侧）	1092	3.80	钢筋混凝土驳岸
40	毛岸河	北兴塘河—南兴塘河（两侧）	2862	3.80	石驳岸，钢筋混凝土外覆加固
41	大横江	南兴塘河—北兴塘河（两侧）	1043	3.80	石驳岸
42	小横江	南兴塘河—北兴塘河（两侧）	806	3.80	石驳岸
43	创业河	木库河—北新河（两侧）	2048	3.80	石驳岸
44	创业河	严埭港—福利院（两侧）	1142	3.80	石驳岸
45	丰产河	北新河—江海路（两侧）	826	4.80	石驳岸
46	丰产河	江海路—埝埭港（两侧）	1242	3.80	石驳岸
47	裕旺浜	严埭港—裕旺村（两侧）	396	3.80	石驳岸
48	毛岸南浜	毛岸村—向毛路（两侧）	196	3.80	石驳岸
49	毛岸西浜	毛岸村—向毛路（两侧）	124	3.50	石驳岸
50	新口娄浜	北兴塘河—锡沙路（两侧）	160	3.80	石驳岸
51	西映田浜	北兴塘河—向毛路（两侧）	100	3.80	石驳岸
52	华庄岸浜	大横江—村道（两侧）	90	3.50	石驳岸
53	杨巷浜	锡沪路—消防大队（两侧）	220	5.00	石驳岸
54	杜巷浜	桐桥港—杜巷（两侧）	140	4.80	石驳岸
55	凌巷浜	包张路—王巷（两侧）	800	4.80	石驳岸
56	周巷浜	大寨河—周巷（两侧）	500	3.80	石驳岸
57	唐周巷浜	大寨河—桐桥港（两侧）	1640	3.80	石驳岸
58	尤渡浜	宁海里—塔影河（两侧）	230	4.50	石驳岸
59	殷家河	冷渎港—金海里小学（两侧）	760	4.80	石驳岸
合　计			69908	—	—

说明：上述资料由区建设部门提供。

2005年崇安区辖区防洪墙一览表

表3-2-8　　单位：米

序　号	地　点	区内起迄	长　度	吴淞高程	结　构
1	老运河	黄泥桥泵站—通汇桥	87	5.20	钢筋混凝土
2	老运河	通汇桥—工运桥	435	5.20	钢筋混凝土
3	老运河	工运桥—北仓门	575	5.20	钢筋混凝土
4	老运河	工运桥—亮坝桥	237	5.20	钢筋混凝土
5	北新河	亮坝桥—惠农桥	175	5.20	钢筋混凝土
6	北新河	北新河—庆丰桥	110	5.20	钢筋混凝土
7	北新河	二棉桥—勤俭桥	82	5.20	钢筋混凝土
8	北新河	二棉桥—龙舌桥	650	5.20	钢筋混凝土
9	南兴塘河	衡器厂东—衡器厂西	115	5.20	钢筋混凝土
10	木专线	锡沪路1号桥—汤家桥泵站	425	5.20	钢筋混凝土
合　计			2891	—	—

说明：上述资料由区建设部门提供。

第四节　圩　堤

1985年前，因辖区地面高程较高，未建圩堤。1991年7月，特大洪涝灾害造成严埭港水库决堤后，为确保塔影河一带低洼地区汛期安全，始建塔影圩，1992年12月竣工，总投资500万元。2002年，作为无锡重点低洼地区的广益镇划归区，其4大圩区（黄泥头圩、向阳北圩、向阳南圩、广塘联圩）和1个次高地地面高程一般在吴淞1.9~3.9米左右，80年代后，圩堤建设历经土圩岸、干砌石驳岸到浆砌石驳岸的演变。90年代末21世纪初，4大圩区先后将浆砌石驳岸用钢筋水泥桩加固，并外覆混凝土。1998~2005年，累计投资1500多万元，完成圩堤石驳岸打桩护基1万余米。同时，投资1.45亿元，对4.2平方公里的广塘联圩水系进行调整，加固改建圩堤7873米，新建护岸8250米；综合整治圩内总长8850米的前进河、尤岸浜、广丰东浜、徐巷浜、囊下浜、大寨河、前胡村浜、后胡村浜、丁村浜、丁村东浜、丁村西浜、施巷浜、广丰浜等13条河道；新开河道240米；新铺直径1500厘米管道405米等。

迄2005年，崇安区境内的塔影圩、广塘联圩、黄泥头圩、向阳北圩、向阳南圩等5个圩区，总面积10.83平方公里，圩堤总长25.95公里，圩堤顶面高程5.0~5.5米，建有泵站20座，排涝流量达54立方米/秒，基本达到汛期挡得住、排得出、降得下的设防标准。

2005年崇安区辖区圩堤情况一览表

表3-2-9　　单位：米、平方公里、座、立方米/秒

序号	名称	始建年代	所在地	长度	地面高程	顶面高程	结构	圩区面积	圩内泵站	排涝流量
1	塔影圩	90	上马墩、江海两街道境内，东侧为桐桥港，北侧为南兴塘河	1057	3.6~4.7	5.0~5.5	钢筋混凝土	2.70	1	8.00
2	广塘联圩	50	广益、广瑞街道境内，东侧为桐桥港，北侧为南兴塘桥	6728	2.6~4.7	5.2~5.5	浆砌石驳岸，打桩护基浇注混凝土	4.20	8	26.60
3	黄泥头圩	50	广益街道境内，东侧为北新河，西侧为严埭港	6768	1.9~4.3	5.0~5.5	浆砌石驳岸，部分打桩护基浇注混凝土	1.87	5	8.30
4	向阳北圩	50	广益街道境内，与锡山区接壤，南侧为北兴塘河，北侧为严埭港	4310	2.9~3.8	5.0~5.5	浆砌石驳岸，部分打桩护基浇注混凝土	0.67	2	2.80
5	向阳南圩	50	广益街道境内，北侧为北兴塘河，南侧为南兴塘河	7089	2.8~3.8	5.0~5.5	浆砌石驳岸，部分打桩护基浇注混凝土	1.39	4	8.30
总计				25952	—	—	—	10.83	20	54.00

说明：上述资料由区建设部门提供。

第五节　抗洪救灾

1991年夏，崇安区遭受到百年未遇的洪灾。6月30日至7月1日晨，暴雨骤降，降雨量97毫米，全区有300余户居民家中进水。7月1日10时，区防汛指挥部发出紧急通知，要求各街道防汛指挥部人员立即到岗，投入防汛。7月2日6时15分，区委书记张振翼指示全区各级暂停一切业务工作，全力以赴投入抗洪救灾。8时30分，区委、区政府召开防汛工作紧急会议，要求领导到位、抢险队伍到位、抢险物资到位。准备好抢险车辆100辆，"三袋"（麻袋、草包、蛇皮袋）1.2万只，水泵43台；做好排水泵的维护、抢修，确保排水畅通。至是日17时统计，全区有7068户居民、9家区属工厂、8家商业单位、6所学校进水。18时30分，锡北运河堤岸决口。20时，洪水漫入黄泥头，广益新村一楼居民纷纷撤到楼上。区防汛指挥部接到锡北运河决堤报告后，区长冯国鹏、副区长蒋汉良立即驱车赶到现场，组织抗洪救灾，连夜向受淹地区居民、单位通报水情，想方设法尽快转移群众。

7月1日18时30分至7月2日19时30分，持续降雨157毫米，南门水位达4.88米，超过警戒水位0.36米。黄泥头一带平均水深1.7米以上，广益新村最深处3米多，6000余户居民被围困。在人民群众遭灾的危急关头，全区广大党员、干部以对人民群众高度负责的精神，始终如一地冲在抢险救灾第一线。家住黄泥头的公安崇安分局副局长朱海宝，家中进水达1.5米，过家门而不入，连续几天在现场组

织指挥。公安崇安分局办公室副主任朱伟生父亲患癌症病危，顾不上回去照料，待抢险任务完成回家，父亲已离开人世。担负西河头、连元街、后西溪、解放路排水工作的区建设局副局长韩坤培，7月2日家中失火，仍坚持在小尖上筑堤架泵，待任务结束，私房已烧得荡然无存。

7月3日9时45分，区防汛指挥部再次召开紧急会议，决定成立由区委副书记刘健华、副区长陈济林为组长的抗洪救灾领导小组，向受困居民做好宣传工作，以安定人心，迅速借调船只帮助居民转移，并运送食品。抽调200名机关干部组成抢险队伍。13时30分，市委常委俞世福、市建委副主任赵龙顺在黄泥头主持召开抗洪救灾现场协调会，提出"疏、堵、排"3项措施，由崇安区负责疏散受灾居民，广益乡负责堵堤坝决口，区、乡、企业联合排水。会后，市迅即从有关单位调来10只舢板、2艘快艇、3只木排、16只小木船等运载工具。抢险队伍的勇士们划着桨、撑着篙往来于被淹大楼之间，紧张地投入接送群众、抢运物资的战斗。与此同时，不少企业也先后人掮车载地运来橡皮舟、充气船、小木排、柴油桶、小渔船等运输工具，各自为战，抢救职工。现场指挥部通过广播以崇安区人民政府的名义发出"见门就进、见险就抢、见人就救；保证不死一人，保证不撇下一人"的通告，由区委副书记徐忠强亲自担任播音员，呼吁各单位顾全大局，要求本区抢险队做到"三见两保证"，稳定群众情绪，维护现场秩序。至4日下午，受困的4500多名居民全部转移。区委书记张振翼带病到现场指挥，与副区长高兴东一起，一家一户检查、一层一层搜索，直到所有居民全部安全撤离。至22时，南门水位降至4.75米，全区有1.18万户居民进水，倒塌房屋17户，其中，公房2户、私房15户，倒塌面积193平方米；102家区、街企事业单位被淹，停产63家，半停产1家，直接损失498.23万元，间接损失328.65万元。

1991年遭特大洪水淹没的黄泥头　　（广益街道供稿）

7月4日，辖区学前街、解放东路等56条道路路面不同程度受淹，总长度11.83千米，受淹最长的道路是学前街1000余米；受淹时间最长的道路为连元街450个小时；周山浜立交桥、东门立交桥下积水尤为严重，东门立交桥下积水最深时达1.5米。14时，市长王宏民召开协调会，明确由市公用事业局负责设置8只水泵排水。20时30分，区防汛指挥部召开碰头会，要求确保人身安全，确保主干道畅通，确保生产、生活和社会秩序正常，并作好抗击更大洪涝灾害的准备。至22时，解放东路路面积水已从0.5米降到0.2米。黄泥头新村居民除个别留守人员外，90%已撤离，并落实留守人员加强安全保卫工作。7月5日8时15分，周山浜立交桥下积水排清。是日19时南门水位降至4.64米，全区进水户减少到4310户。7月6日6时，东门立交桥下积水排清通车。是日下午，区委、区政府召开抗洪救灾恢复生产动员大会。22时，上马墩一村、二村900多户居民家中积水排尽。全区居民群众捐献1万余只"三袋"救灾。7月7日凌晨3时30分，杭州市上城区建设局连夜送来5000只草包支援

1991年广益新村抗洪救灾场面　　（公安崇安分局供稿）

抗灾。9时50分，周山浜地区已无一户居民积水。20时，南门水位降至4.61米。22时45分，市委书记刘济民到崇安区检查防汛抗灾情况。7月8日16时，市政协50多位老同志捐款购买1000只麻袋支援崇安区。全区进水户减少到2631户，区内除砂轮厂外所有受淹工厂、商店全部恢复生产和营业。7月9日，对进水地区全面开展清扫消毒工作，2天共清运垃圾515吨，并向进水户发放漂白粉、消毒液。7月10日，全区全部恢复正常生产和生活。7月11日11时30分，南门水位降至4.57米。12日，副省长高德正到受灾严重的黄泥头新村、广益新村视察灾情，慰问群众。至7月20日，全区抗洪救灾工作基本结束，共组织抢险队伍2200余人；出动车辆100余台，800多台次；增设临时水泵156台；投入“三袋” 3.8万只及毛竹、木桩、钢筋、水泥、汽油等大量物资；灾后及时为受淹的1万余户居民家庭及102家单位消毒，未发生疫情，无因灾死亡。

第三章　城区绿化

无锡解放后，园林绿化被列为城市建设的重要内容之一，对城中公园全面修葺，形成中疏周密的绿化格局，园中以落叶阔叶大乔木悬铃木为主，以收冬季叶落阳光普照、夏季浓荫遮挡烈日之效；园周及土山植以珊瑚、黄杨等常绿阔叶灌木，枝叶茂密，四季常青；园内白水荡植有荷花。20世纪50年代起，城市绿化工作逐步得到重视和加强，绿化建设纳入政府统一规划和管理，全民义务植树活动广泛开展。60年代起，重点对辖区主干道进行绿化，并发动群众上山植树造林。1960～1965年，先后掀起3次绿化高潮。70年代，城中公园逐步改扩建，于疏林空处补植桃、樱、紫藤、海棠、杜鹃、夹竹桃等，使园林景观、园容面貌焕然一新。80年代后，区境内除城中公园外，又在东郊新建靖海公园，在街道地区还建小游园、小花坛、小绿地。1985年，全区绿地面积7.24万平方米，人均绿地0.38平方米，绿化覆盖率13.5%，其中公共绿地面积1.55万平方米，人均公共绿地0.08平方米。1986年后，结合创建全国卫生城市、全国绿化先进城市，城乡绿化摆上更重要的位置，道路绿化、广场绿化、单位绿化、居民区绿化全面展开，1990～1995年，累计植树193.9万棵，1995年与1990年相比，绿地面积由60.04万平方米增加到74.94万平方米，人均公共绿地由0.59平方米提高到0.7平方米，绿化覆盖率由19%上升到21.4%。1996年崇安区被评为省绿化先进单位。2002年广益镇来属后，辖区绿地面积虽增加到159.3万平方米，但绿化覆盖率下降到12.30%。2003年，围绕市“爱我无锡、美化家园”城市建设和环境综合整治三年目标，开展绿色社区创建工作。按照“高标准管理、高强度投入、高品位环境”的创建要求，结合道路建设和乡村改造，推进镇村道路绿化、小区绿化、景点建设。1990～2005年，先后有12家单位被评为市城市园林化单位，11家单位被评为市绿化达标单位，10个新村小区被评为市园林式居住区。迄2005年，全区绿地面积202.07万平方米，人均绿地10.94平方米，比1985年增加10.56平方米；绿化覆盖率14.20%，比1985年提高0.7个百分点。其中，公共绿地面积50.02万平方米，比1985年增加37.74万平方米；人均公共绿地2.70平方米，比1985年增加2.11平方米。

1986～2005年崇安区绿化情况一览表

表3-3-1　　　　单位：万平方米、平方米、%

年份	绿地		其中：公共绿地		绿化覆盖率	年份	绿地		其中：公共绿地		绿化覆盖率
	面积	人均	面积	人均			面积	人均	面积	人均	
1986	50.11	2.43	4.19	0.59	14.99	1987	52.43	2.66	—	0.76	16.30

续表3-3-1

年份	绿地		其中：公共绿地		绿化覆盖率	年份	绿地		其中：公共绿地		绿化覆盖率
	面积	人均	面积	人均			面积	人均	面积	人均	
1988	56.19	2.86	10.91	8.83	16.70	1997	85.20	4.48	18.55	0.98	23.50
1989	57.38	3.02	—	0.86	18	1998	89.54	4.71	22.24	1.17	24
1990	60.04	3.16	—	—	19	1999	102.53	5.86	25.30	1.45	27.48
1991	69.20	3.21	15.80	0.61	20	2000	91.20	5.52	18.84	1.14	15.70
1992	71	3.73	16.20	0.62	21	2001	95.20	5.77	19.59	1.19	16.20
1993	71.50	3.74	12.25	0.63	21.30	2002	159.30	8.56	40.95	2.20	12.30
1994	73.04	3.88	12.80	0.66	21.76	2003	173.76	9.29	39.86	2.36	12.79
1995	75.50	3.97	13.40	0.70	22.80	2004	183.45	9.96	46.37	2.51	13.10
1996	78.38	4.13	14.20	0.75	23.10	2005	202.07	10.94	50.02	2.70	14.20

说明：1. 上述资料由区建设部门提供。2. “—”为资料缺失。

第一节　园林绿化

1986年，辖区有建于20世纪70年代末占地5336平方米的上马墩苗圃、占地400平方米的城中公园花圃以及占地24万平方米的马圩苗圃。1987年，拆除上马墩苗圃，新建3.01万平方米的靖海公园。2002年，马圩苗圃划归滨湖区管理。城中公园于1997~2005年历经多次改扩建，拆除城中公园花圃，新建绿地广场、屋顶花园，增加树木数量、增植树木品种，面积扩大到3.8万平方米，成为无锡市中心的“绿核”。

【城中公园】

城中公园（2005.9）　（公花园供稿）

1986年，城中公园占地3.33万平方米，其中绿地面积8000平方米，绿化覆盖率75%。植有银杏、香樟、桂花、法国梧桐、龙柏、海棠、紫藤、海桐、桃叶珊瑚、火棘等树木27个品种、2463棵，其中，乔木281棵，灌木2172棵，50年以上树龄树木10棵。另有水面积3200平方米。1997~2000年，在崇安寺街区改造的同时，对城中公园进行改扩建，在沿中山路入口处建成3000多平方米的绿地广场，在西区中部新建圆形紫藤棚架，时为市内第一个架空式绿地广场，在九老阁至艺术馆路北的儿童游乐室上面新建高标准屋顶花园。2003~2005年，结合新一轮崇安寺地区改造，围绕“扩容、增绿、通透”的要求，重新规划，大规模修缮改造，在增加原有树木数量的同时，增植水杉、青枫、红枫、樱花、玉兰、红花继木、紫藤等18个树木品种，形成集中式多样化生态绿色空间，不同历史风格的功能景区，成为无锡市中心的“绿核”。迄2005年，城中公园总面积扩大到3.8万平方米，其中，绿地面积1万平方米，绿化覆盖率提高到85%。植有树木45个品种、2.40万棵，其中，乔木834棵，灌木2.31万棵，50年以上树龄树木10棵。另有毛鹃、夏鹃、黄馨、迎春、爬山虎、八角金盘等10个花卉品种。

【靖海公园】

靖海公园（1986）　（靖海公园供稿）

位于上马墩路与原312国道交叉转角处。1987年在上马墩苗圃基础上建成，为崇安区第一个区级公园，总面积3.01万平方米，其中，绿地面积1.89万平方米、水面积1980平方米，绿化覆盖率62.79%。植有树木16个品种、1.03万棵，其中，乔木620棵、灌木9650棵。1989年，引进的23个品种、315株洛阳牡丹和30个品种、211株芍药试种成功，建成靖海牡丹园、盆景基地和盆栽花木基地，首次举办以牡丹花为主体的崇安区百花展，共展出120多个品种、近2万盆花卉。1987~1990年，还连续举办4届杜鹃花展。1991年，成功举办江苏省第四届暨崇安区首届插花艺术展，展出插花作品184盆，区绿化处朱一花制作的“喜庆花篮”、“向往”获一等奖。是年8月，崇安区绿化部门制作的75盆水石盆景运往美国，参加在洛杉矶举行的中国贸易展览会，另有400盆商业盆景同机运往。1992年，参加全国第四届品种菊展览，120多个品种、3万余盆品种菊参展，在评比中获10个大奖，其中，一等奖2个、二等奖5个、三等奖2个，艺术插花二等奖1个，大型菊花展台“相聚 ”获景点布置二等奖。迄2005年，靖海公园植有树木18个品种、1.19万棵，其中，乔木220棵、灌木1.16万棵。绿地面积扩大到2.19万平方米，绿化覆盖率提高到72.76%。

【马圩苗圃】

建于1980~1981年，时有土地24万平方米，其中，8万平方米由马圩农工商划入。其间，栽培树苗11.67万平方米、农副业用地6.67万平方米、草渍地及杂树林5万平方米。种植雪松、龙柏、法国梧桐、柳杉等树种20多个，7170多棵。培育和扦插六月雪、栀子花、月季、黄杨等树种16个，9.11万棵。1999年，区园林绿化处与无锡市天龙乌芦荟实业有限公司在马圩苗圃合作经营，发展芦荟种植，是年种植4万平方米。2002年，因区划调整，成建制划归滨湖区，合作经营终止。后又租用无锡市长安镇王家庄村土地14.79万平方米，建立新的苗圃基地。迄2005年，长安苗圃育苗近50万株，出苗40万株，培育草花55万盆。

第二节　道路与街巷绿化

80年代后，道路绿化工程与道路新建、改扩建、延伸工程同步推进，辖区通惠路、学前街、解放环路、中山路、人民路、学前街、振奋路、学前东路、锡沪路、锡北路、北新路、人民东路、健康路、新生路、崇宁路、通江大道、县前西街、广瑞路等所有主次干道先后完成绿化改造提升，锡北路、北新路、人民东路绿化改造被评为1999年度无锡市优秀绿化工程。其间，街巷绿化由小游园、小景点、小花坛建设，发展到成片绿地和景观建设。迄2005年，仅43个主要路段绿地面积达到58.24万平方米，80处街巷绿地面积达到13.70万平方米。

【道路绿化】

1985年，区境道路绿地面积50.11万平方米，栽种行道树8870棵，主要为法国梧桐、香樟、女贞、重阳木等树种，伴有三角枫、垂柳、枫杨、青桐、杉树等。1986年后，伴随着主次干道的不断改扩建，道路绿化面积逐步扩大，层次不断提高。1988年起，对解放东路、通惠东路、解放西路（光复桥段）、解放南路（市政府前）等道路两侧进行绿化改造。1991~1995年，仅通惠路、学前街、解放西路、解放东路等4条道路，绿地面积扩大2.4万平方米。1996年，结合解放南路拓宽，移伐法国梧桐200多株及乔木、灌木1200棵，种植香樟280棵。在中山路、人民路、学前街道路两侧改植瓜子黄杨、丰花月季、毛鹃、木槿等6650株。1997年,对振奋路、学前东路、锡沪路进行绿化改造。大规模调整锡沪路绿化布局，绿地面积从800多平方米增加到6100平方米，新建白色条形瓷砖贴面的大小花坛23只，种植乔灌木1.2万株，铺设马蹄筋草皮5000多平方米，季节性摆花8000余盆。是年，锡沪路被评为市优秀绿化工程。1998年，结合中山路拓宽，对道路绿化进行全线改造，种植乔木、灌木25个品种、1.32万株，道路两侧由法国梧桐树改植大乔木香樟，花坛铺设马蹄筋草坪1907平方米，又以红枫、金叶女贞等色叶树种搭配，体现大色块效果，绿地面积达到3200平方米，增加道路绿化覆盖率，与商业街相得益彰。1999年，实施锡北路、北新路、人民东路绿化改造，均被评为市优秀绿化工程。锡北路绿地面积达到8315平方米，其中，铺植草坪6460平方米；北新路绿地面积达到2447平方米，其中，铺设草坪2150平方米；结合人民东路延伸，改造道路两侧的行道树，新建花坛16只，种植灌木7个品种1.26万棵，草花1.03万株，铺植草坪820平方米，绿地面积达到1800平方米。2000年，结合景观街建设,完成学前街、健康路、新生路、崇宁路4条道路的景观绿化。其中，学前街绿化2763平方米，健康路（人民西路至解放南路段）绿化2272平方米，崇宁路长830米的花坛绿化1800平方米，新生路（县前街至学前东路段）绿化2700平方米，由法国梧桐树改植香樟树113棵、雪松33棵等。2002年，在新建的通江大道两侧植树2.23万棵，铺设马尼拉草坪3420平方米，绿地面积5245平方米。2003年，实施人民东路、学前东路、县前西街、广瑞路绿化工程。其中，人民东路绿化2.97万平方米，学前东路（312国道至华夏南路段）绿化2.04万平方米，县前西街（永定桥至五爱北路段）绿化5000平方米，广瑞路（上马墩路至锡沪路段）绿化1200平方米。迄2005年，崇安区主要道路绿地面积58.24万平方米，绿化覆盖面积67.23万平方米。

解放南路绿化（90年代）　（区绿化处供稿）

2005年崇安区主要道路绿地情况一览表

表3-3-2　单位：棵、平方米

序号	道路	起迄	树种	行道树		附属绿地		绿地面积合计
				数量	覆盖面积	绿地面积	覆盖面积	
1	北仓门路	长庆路—高墩桥	香樟	30	270	459	485	489
2	长江北路	学前东路—太湖大道	香樟	204	3654	3592	3824	3796
3	书院弄	和平电影院—县前东街	—	—	—	173	182	173
4	崇宁路	解放东路—中山路	杜英	23	83	1462	1531	1485
5	复兴路	中山路—解放西路	香樟	74	1554	935	1109	1009
6	工艺路	亭子桥—高墩桥	香樟	25	324	80	96	105
7	工运路	解放北路—工运桥	—	—	—	1272	1480	1272

续表3-3-2

序号	道　路	起　　迄	树　种	行道树		附属绿地		绿地面积合计
				数量	覆盖面积	绿地面积	覆盖面积	
8	广南路	广泽路—广南立交	香樟	520	4160	18689	21242	19209
9	广益路	江海东路—广安桥	香樟	722	3421	28020	29047	28742
10	广泽路	广益路—尤岸里	杜英	163	502	420	547	583
11	后西溪	中山路—解放南路	香樟	113	4218	185	249	298
12	槐树巷	解放东路—中山路	国槐	65	1345	660	756	725
13	惠勤里	兴源路—站北路	马褂木、雪松	14	78	815	1109	829
14	健康路	复兴路—解放南路	三角枫	25	194	1180	1324	1205
15	解放东路	朝阳广场—人民路	香樟、法梧	857	8710	35300	36470	36157
16	前西溪	健康路—解放南路	香樟	55	673	365	432	420
17	人民东路	解放东路—广瑞路	香樟	105	1109	12560	13074	12665
18	人民中路	人民桥—解放东路	法梧	184	8260	1550	1638	1734
19	石皮路	复兴路—人民路	三角枫、枫杨	23	322	35	39	58
20	通江大道	兴源北路—安福桥	意杨合欢	503	6024	81104	82450	81607
21	县前街	兴源北路—解放西路	香樟	113	1695	1750	1879	1863
22	新生路	解放南路—县前东街	香樟	243	2916	2622	2847	2865
23	兴源路	惠农桥—井亭立交	杜英、香樟	108	972	8406	8803	8514
24	学前东路	春江桥—中山南路	马褂木、香樟	246	3198	39793	41206	40039
25	学前街	解放南路—中山路	马褂木	25	136	2885	3108	2910
26	圆通路	新生路—解放东路	重阳木	9	135	260	344	269
27	站北路	通江大道—惠勤路	无患子	52	520	305	498	357
28	振奋路	学前东路—上马墩路	香樟	132	4620	2220	2576	2352
29	中山路	朝阳广场—胜利门	香樟	244	3172	3677	3982	3921
30	中市桥巷	新生路—汇金广场	女贞	13	134	569	674	582
31	上马墩路	上马墩路—江海东路	香樟	59	356	4300	4477	4359
32	广瑞路	锡沙路—江海东路	无患子	147	588	14920	15441	15067
33	沙文井	国联大厦—解放北路	杜英、香樟	10	46	28	74	38
34	书院弄	中山路—和平电影院	杜英	10	40	131	145	141
35	文渊街	崇宁路—人民路	香樟	32	128	90	252	122
36	锡沙路	广瑞路—东北塘	香樟	388	1358	37860	39218	38248
37	江海东路	通江大道—广南立交	无患子	77	308	257613	266481	257690
38	上尤路	江海东路—崇安农贸市场	香樟、银杏	168	840	6188	6842	6356
39	广泽路	广泽桥—尤岸路	水杉	361	1876	1500	1830	1861
40	尤岸路	广南路口—广丰村委	水杉	68	240	230	470	298
41	包张路	上尤路—陈巷路	水杉	132	1584	1292	1292	1424
42	李巷路	锡沪路—上马墩路	香樟	85	680	183	207	268
43	向毛路	惠公桥—石材艺市场	水杉	156	1872	156	210	312
合　计			—	6583	72315	575834	599940	582417

说明：上述资料由区建设部门提供。

【街巷绿化】

80年代中期起，区按照“以绿为主、见缝插绿、植物选景”的要求，推广垂直绿化、立体绿化、多边绿化，各街道通过自建、与辖区单位共建等方式，在街巷里弄建造“街巷拾景”，建设小游园、小景点、小花坛，企事业单位堆山垒石造景点，开辟屋顶花园。1984~1986年，先后建成竹园弄景点、大娄巷大型壁画等小花坛、小景点、开放式小游园50个。1987~1988年，陆续建成俞巷主体

复兴路街道白园墙老人亭（1987）　（白明康摄）

绿化群、香弄古亭棚架、北里城脚景点、塔影医药仓库外围墙连片花坛、留芳声巷群体花坛、汤家桥沿河、睦亲坊巷垂直绿化带等小游园、小景点、小花坛等，时为全区街巷绿化的亮点。1987~1992年，建成小花坛、小景点、开放式小游园320个。1989~1994年，垂直绿化面积2.4万平方米。90年代后，随着旧城改造和城市现代化建设步伐的加快，街巷里弄小游园、小景点、小花坛相继被拆除，代之以统一规划的成片绿地和景观工程。1993~1994年，结合西河头、水曲巷地区改造和小区建设，建成寓游园、景点、花坛、绿化带相配套的绿化工程。2004年，建成大成巷步行街绿化工程，栽种各类植物17个品种3049棵，铺设草坪150平方米，绿地面积350平方米，街巷绿化不断呈现新的水平。迄2005年，全区有街巷绿地80处，绿地面积13.70万平方米，其中，绿地面积超过1000平方米的达33处。

2005年崇安区街巷绿地情况一览表

表3-3-3　　　　单位：平方米

序号	绿地位置	面积	序号	绿地位置	面积
1	北禅寺巷7号	300	37	祝家浜15~55号	8
2	华光大厦后	816.50	38	野花园（广勤路—大众化工厂）	1620
3	镇巷支路汇金广场旁	1035	39	新丁巷（广勤路—广勤小学）	12
4	沙文井（县前街—解放东路）	450	40	井亭路（风雷新村—学前东路）	2580
5	上马墩路边	4328	41	沙巷（新生路—中山南路）	80
6	通隆里井亭立交西侧	330	42	吉庆路（县前东街—工运路）	2500
7	周山浜沿铁路围墙旁	708	43	靖海路（上马墩路—东风桥）	3150
8	钢丝绳厂（广瑞路与锡沪中路交叉口）	770	44	塔影支路（靖海路—振奋路）	4520
9	锦树花园屋顶花园	1501.90	45	苏家弄（崇宁路—人民中路）	250
10	勤学路（学前西街—解放南路）	410	46	广勤二支路（北新桥—广勤路）	450
11	风顺里3—6号	150	47	广勤路（广瑞路—广勤立交）	80
12	江海新村围墙旁	415	48	惠勤路（通江大道—石人桥）	877
13	后西溪布料市场	260	49	广瑞三村支路（广瑞路—石人桥）	12
14	槐树巷（解放东路—中山路）	851	50	塔影一支路（上马墩路—塔影沿河）	2675
15	广勤一支路（勤福弄—广勤立交）	630	51	塔影二支路（上马墩路—东风桥）	3215
16	书院弄（县前东街—书院弄）	170	52	江海支路（靖海新村—学前东路）	1850
17	工艺路（高墩桥—亭子桥）	650	53	东林书院支路（解放东路—自考办）	255
18	广益街道前花台	894	54	育才弄（中山路—勤学路）	105
19	电力电器厂	50	55	南市桥巷（中山路—勤学路）	450
20	石利新村前花台	1122	56	汇金广场	250
21	黄泥头附近花台	700	57	锡沪路浜游园	922
22	周山浜小学	100	58	通汇桥路（和乐里—通汇桥）	50
23	周山浜客运总站	150	59	江张浜游园（学前东路与长江路交叉口）	2500
24	华通大厦	470	60	塔影二村游园（上马墩街道办事处旁）	2064
25	振奋路（学前东路—上马墩路）	3485	61	通江小游园（通江街道办事处旁）	742
26	石皮路（复兴路—人民路）	15	62	黄泥头游园（黄泥头小区旁）	1250
27	文渊街（人民路—崇宁路）	299	63	风雷新村沿铁路小游园	1106.60
28	大成巷（解放西路—中山路）	800	64	风雷新村一居委沿河游园	988.55
29	北仓门路（高墩桥—长庆路）	550	65	黄泥头沿河	1025.50
30	同心里（圆通路—映山河）	20	66	靖海一支路（靖海医院—江海新村）	5250
31	长庆路（北仓门—人民东路）	28	67	广益新村支路（创业路—黄泥头东沿河）	2682
32	马巷路（锡沪路—井亭立交）	60	68	徐巷浜	5758
33	勤福弄（广勤路—汤家桥）	320	69	小横江	4800
34	蒋巷（锡沪路—周新村）	9	70	锡沪浜	922
35	上马墩（李巷路、上马墩路—锡沪路）	1440	71	汤家桥	1780
36	后胡村（后胡桥—广丰二村）	8	72	毛岸河	9478

续表3-3-3

序号	绿地位置	面积	序号	绿地位置	面积
73	囊下村	5091	77	大寨河	16870
74	前进河	5800	78	后胡村	2700
75	施巷	1200	79	李巷	6032
76	大横江	4002	80	毛岸三场	4700

说明：上述资料由区建设部门提供。

第三节　小区与单位绿化

80年代起，区每年以3月12日植树节为契机，开展全民植树日、植树周、植树月活动，发动广大居民群众和辖区单位见缝插绿，见缺补绿，在新村道路两旁种植花草树木。通过配套绿化江海、宁海里、风雷、石利等一批新建住宅小区，更新改造塔影、丰环、上马墩等一批老新村绿化，绿地面积得到扩大，绿化品种得到更新，绿化品位得到提升，绿化环境得到改善。与此同时，通过开展绿化先进单位、园林化单位评选活动，推动单位绿化建设。1990~2003年，无锡市合成纤维总厂、靖海小学、市公安局、东林书院等12家单位先后被评为无锡市城市园林化单位，风雷幼儿园、市检察院、区老年康乐苑等11家单位先后被评为无锡市绿化达标单位。1996~2005年，宁海里小区、东河花园、江海新村、塔影新村等10个新村小区先后被评为无锡市园林式居住区。迄2005年，全区90个住宅小区绿地面积达到82.25万平方米，辖区内106个单位绿地面积达到15.74万平方米。

【小区绿化】

新建小区配套绿化　90年代起，在新建居民小区的同时，注重配套绿化。1994年，田基浜小区对零星绿化用地集零为整，填高地坪建花坛，扩大绿化面积；采用草坪与常绿花灌木搭配，建小游园、四方亭花架等小品，提高绿化水平。采用庭院式绿化手法，种植各类树木32个品种500多棵，铺草坪2400平方米，垂直绿化298米，绿地面积达3000平方米。是年，德兴巷小区种植各类树木300棵，铺草坪780平方米，草坪与绿树相得益彰，与假山、亭廊相映，还建有屋顶花园500平方米，小区绿地面积达到2395.45平方米。1995年，占地5.18万平方米的宁海里小区配套绿化面积1.8万平方米，绿化率达到34.75%。小区种植树木46个品种、1.58万株，铺设草坪1.8万平方米，绿化布局运用乔木、灌木、地被、草坪多层次搭配，以上下层植物带状、块面布置，简洁明快，春则山花烂漫，秋则色彩斑斓，景点设计追求简洁突出个性。1996年，位于市中心的东河花园小区配套绿化面积7600平方米，种植各类树木9100棵，铺草坪7200平方米。以假山、水池布置植物景观，辅以乔木、灌木、地被等多个层次。2000年，益都苑配套绿化面积8469平方米，由小区内外花坛绿化、中心游园等组成。种植广玉兰、香樟、棕榈等乔木7个品种108棵，法冬、栀子花、杜鹃花、球类等24个品种1.68万株，铺马尼拉草坪8657平方米，种植草砖1021平方米。还建有200平方米游园，内设廊架、花岗岩坐凳、卵石路、广场砖铺装地坪。90年代至21世纪初，在国家卫生城市和国家文明城市创建活动中，社区绿化成为创建活动的重要抓手，区、街道分批实施老新村改造和绿化改建工程，对所有绿化景点、公共绿地进行整修，社区绿化覆盖率不断提高。2003年，占地7999平方米的西河花园配套绿化率达到41.25%。植有桂花、银杏、青枫等大规格树木及各类乔木、灌木36种1.22万棵；在路边空隙地带铺高羊茅草坪618.7平方米，砌筑花坛150米。2005年，嘉禾现代城配套绿化面积1.85万平方米，种植各类乔木、灌木35种10.8万棵，铺设草坪6500平方米。小区内还建有中心花园，沿古运河修建游廊、假山，供居民休闲、游乐。是年，星晟花园回填土方1.37万立方米，清运垃圾972立方米，配套绿化面积2.70万平方米，种植各类乔木、灌木40种8.75万棵，铺设草坪1.88万平方米。

老新村绿化改造　1984~1987年，塔影新村、丰环新村、解放新村整体绿化、美化，基本建成花园新村。1988年后，先后对靖海新村、置煤浜小区、周新村、井亭新村、江海新村、风雷新村等绿化改造。1997年起，结合老新村改造，更新绿化品种，扩大绿地，提高档次。完成风雷新村小区绿地改造4.5万平方米，增植乔木、灌木4.2万多棵，铺设天堂草、马蹄筋、高羊茅等品种草坪4万多平方米，新建小游园7只。完成江海新村绿地改造2.4万平方米，辟建游园，新种、移植、整修乔木灌木近8000株，在大楼前后铺设马尼拉、书带草坪8175平方米，沟坎回填土方1520立方米，重铺钢筋混凝土硬地105平方米，被评为市园林式居住区。1998年，结合创建文明小区，对上马墩地区的靖海、塔影、春晖3个新村绿化改造。调整植物布局，绿地面积扩大到6.2万平方米，新种乔木灌木2.41万棵、移植1602棵，铺草坪5.2万平方米。对宅旁绿地采用地被植物加以覆盖，对影响居民通风采光的行道树作适当修剪或移植，在主干道西侧建花坛，架花廊，广植草皮。新建、改扩建游园6个，其中，休息亭3组，花架廊2组，圆座凳4组，长条凳20副，硬化活动场地1100平方米，提供老少皆宜的休息、游玩、健身场所，创造集生态、观赏、游憩为一体的多功能绿化环境。1999年，对广瑞地区的广瑞二村、广瑞三村、广丰一村、广丰二村等4个小区绿化改造，扩大绿地面积2.3万平方米。移植树木256棵，淘汰树木260棵，新种乔木灌木3600株，铺植草坪1.2万平方米，改、扩建游园6个。2000年，对广益新村绿化改造。一期工程在北、西、南3个小区内增植乔木，原有花坛铺设草皮，绿地内用桂花、紫薇、月季花等灌木及红叶李、金叶女贞等色叶树种点缀，做到四季常绿。二期工程在原有3.2万平方米绿地的基础上恢复绿地3530平方米，新增绿地1200平方米，新种乔木灌木2.18万棵，铺设马尼拉草坪2.5万平方米，并改造和新建游园3个，面积达2000平方米。在小区东侧沿河修建步行道和游园，配置坐凳，做到一步一景，步移景异，既增加绿化面积，又为居民休憩、晨练提供好去处。被评为无锡市新村改造优秀绿化工程。2001年，对上马墩三村、置煤浜、东河花园3个小区绿化改造。原有8450平方米绿地，通过移植树木、拆违建绿、调整布局、增加绿地等途径，新栽各类乔木灌木1.60万棵，移植树木528棵，修剪树木1040棵，倒伐树木674棵，铺设马尼拉草坪9100平方米，种植耐阴植物650平方米。2002年，对广瑞一村、广丰三村2个老居民新村绿化整治，移植树木1351棵，新种树木8865棵，铺设马尼拉、书带草坪6858平方米，改造游园6处。2003年，对北禅寺巷、上塘街老新村绿化改造。移植修剪乔木灌木1274棵、新种3964棵，改造游园2个，铺设地被植物1300平方米。2004年，完成石利新村绿化改造。新种、移植、修剪乔木灌木近3000株，重铺钢筋混凝土硬地300平方米，铺设马尼拉、书带草坪4000平方米，回填土方350立方米。并改建游园1个。1997~2005年，先后对17个老新村绿化进行改造，新建、改建绿地26.37万平方米。

2005年崇安区住宅小区绿地情况一览表

表3-3-4　　　　单位：平方米

序号	住宅区名称	绿地面积	序号	住宅区名称	绿地面积	序号	住宅区名称	绿地面积
1	锦树花园	1502	13	汤巷小区	1335	25	金海里小区	57000
2	德兴巷小区	2395	14	明珠广场	907	26	风顺里小区	13500
3	银仁大厦	3500	15	小娄巷小区	1071	27	锦明苑	22000
4	西河花园	1500	16	学前街小区	1002	28	风雷（西）小区	48000
5	锦绣花园	2042	17	荣耀花园	1057	29	风雷（东）小区	15000
6	映山河小区	6576	18	和园小区	643	30	西梁溪路小区	1003
7	东林苑	1102	19	五姓巷小区	2341	31	和泰苑	1794
8	东河花园	20197	20	铸冶巷小区	2096	32	勤俭花园	5180
9	镇巷小区	532	21	田基浜小（东）	1266	33	茶花苑	1553
10	置煤浜小区	3595	22	太湖小区	382	34	德福花园	980
11	勤学苑	1206	23	宁海里小区（一期）	35000	35	吉庆苑	3200
12	解放新村	1568	24	宁海里小区（二期）	24000	36	嘉禾现代城	25000

续表3-3-4

序号	住宅区名称	绿地面积	序号	住宅区名称	绿地面积	序号	住宅区名称	绿地面积
37	丰泽苑	11036	55	育才弄小区	2700	73	广瑞新村	9536
38	东城花园	7900	56	水曲巷小区	1213	74	广瑞二村（吴巷）	2875
39	星晟花园	12000	57	升平巷小区	2606	75	马古桥	1625
40	益民苑	9300	58	喻康苑	315	76	野花园	2057
41	江南花苑	6155	59	睦亲坊巷小区	3066	77	中储家舍	994
42	石利小区	3000	60	中上塘小区	843	78	上马墩一村	806
43	广瑞二村（1-1至1-20）	400	61	北禅寺巷小区	1224	79	上马墩二村	3839
44	广瑞二村（2—11号）	2500	62	迎溪桥小区	2926	80	上马墩三村	7205
45	塔影苑	2546	63	田基浜小区（西）	6076	81	上马墩三村（东北）	3450
46	益都苑	16370	64	小娄巷横街	1080	82	靖海新村	35174
47	星晟花园	15000	65	风和里小区	4097	83	塔影新村	355
48	道长巷小区	395	66	宁海里小区北侧	14500	84	春晖新村	39184
49	盛巷小区	1013	67	江海新村（北）	18000	85	广益佳苑	147000
50	白水荡小区	575	68	江海新村（南）	14000	86	石利新村(老)	2513
51	进士坊巷小区	1680	69	庆丰里小区	1724	87	石利新村(新)	1350
52	百岁苑	2775	70	周新村	2900	88	周堂里花园	2700
53	新开河小区	718	71	广益新村	28447	89	广益星苑	12113
54	南市桥巷小区	1881	72	广丰新村	26540	90	尤渡苑	11183

说明：上述资料由区建设部门提供。

1996～2005年崇安区获“市园林式居住区”一览表

表3-3-5

命名年度	小区（新村）名称	命名年度	小区（新村）名称
1996	宁海里小区	2003	益都苑
1997	东河花园、江海新村	2004	广丰三村（星晟花园）
1998	塔影新村、春晖新村、靖海新村	2005	益民苑
1999	风雷新村		

说明：上述资料由区建设部门提供。

【单位绿化】

90年代起，崇安区通过开展绿化达标单位、园林化单位创建活动，致力推进机关企事业单位绿化，提高绿化水平。无锡市政府、市广播电视大学、梁溪饭店、市公安局、市救助管理站、庆丰纺织集团等6个单位绿地面积在7000平方米以上，其中，市广播电视大学高达1.13万平方米。蓝星石化公司、梁溪饭店、市广播电视大学等3个单位绿化覆盖面积在1万平方米以上，其中，蓝星石化公司植有乔木1766棵、灌木1.48万株，绿化覆盖面积高达2.68万平方米。38个单位绿地面积在1000平方米以上，占35.85%。1990～2003年，先后有12家单位被评为无锡市城市园林化单位，11家单位被评为无锡市绿化达标单位。2004年，吉庆里、东林书院、国际饭店等一批绿化工程竣工。迄2005年，辖区内106个单位绿地面积达到15.74万平方米，覆盖面积19.64万平方米，植有乔木9168棵、灌木36.45万株。

2005年崇安区辖区单位绿化现状一览表

表3-3-6　　单位：平方米、棵、株

序号	单位	绿地面积	覆盖面积	乔木	灌木	所在街道
1	市机械局	127	195	344	814	崇安寺
2	市检察院	518	704	74	11638	崇安寺
3	市教育局	10	18	5	—	崇安寺

续表3-3-6

序号	单位	绿地面积	覆盖面积	乔木	灌木	所在街道
4	金桥双语实验小学	330	360	21	3789	崇安寺
5	市科委	184	193	7	7	崇安寺
6	市老龄委	105	145	13	811	崇安寺
7	市实验幼儿园	440	560	57	7983	崇安寺
8	市信访局	14	14	2	5	崇安寺
9	市伊斯兰教协会	51	68	4	872	崇安寺
10	市政府	7026	8107	182	1567	崇安寺
11	市政协	659	720	21	7204	崇安寺
12	市法院	1177	1324	90	4199	崇安寺
13	市中医院	4018	4250	71	16312	崇安寺
14	市司法局	112	130	7	962	崇安寺
15	天福苑大酒店	68	80	4	1508	崇安寺
16	万家灯火大酒店	22	22	—	—	崇安寺
17	文渊坊	3206	3400	69	2546	崇安寺
18	市国贸公司	196	265	42	293	崇安寺
19	无锡日报社	264	296	24	3208	崇安寺
20	无锡师范学院	1482	1650	198	18708	崇安寺
21	市锡能实业公司	78	78	5	1626	崇安寺
22	市锡师附小	781	850	86	12529	崇安寺
23	锡州大厦	306	356	65	795	崇安寺
24	鼎球大厦	561	595	41	13652	崇安寺
25	新世界百货	1579	1579	—	9986	崇安寺
26	薛福成故居	6207	6422	82	3116	崇安寺
27	市工商局	1382	1422	68	364	崇安寺
28	市文化局	211	284	29	1544	崇安寺
29	张闻天故居	33	42	8	200	崇安寺
30	中国银行	2305	2400	28	2506	崇安寺
31	滋身堂茶楼	85	105	30	—	崇安寺
32	新开河小学	198	280	1049	5164	崇安寺
33	市妇幼医院	2640	2805	19	—	崇安寺
34	梁溪饭店	9791	10590	112	3571	崇安寺
35	留芳声巷幼儿园	8	10	4	—	崇安寺
36	市路灯管理处	184	380	17	80	崇安寺
37	后西溪布料市场	16	26	2	69	崇安寺
38	美丽园大酒店	224	253	13	766	崇安寺
39	明珠广场	471	503	14	8891	崇安寺
40	明珠大厦	215	280	57	7668	崇安寺
41	摩天360	180	260	19	1913	崇安寺
42	诺曼时装店	70	92	12	—	崇安寺
43	皮革制品厂	42	58	4	156	崇安寺
44	钱锺书故居	6	6	—	—	崇安寺
45	三凤桥肉庄	24	35	13	1	崇安寺
46	市烟草公司	10	10	7	—	崇安寺
47	时代大厦	85	96	7	841	崇安寺
48	市检疫局	50	50	1	154	崇安寺
49	市地税局	556	590	12	2840	崇安寺
50	市一女中	1450	1520	55	1456	崇安寺
51	市房管局	290	310	1	4248	崇安寺
52	市妇联	446	534	21	2048	崇安寺
53	市公安局	8750	8920	213	18087	崇安寺
54	中国旅行社	1280	1490	14	280	通江
55	第一百货商店	118	157	13	567	通江
56	火车站站前商贸区	1800	2007	101	2935	通江
57	新特医药公司	175	177	2	774	通江
58	新雅大酒店	207	255	16	4516	通江
59	北仓门生活艺术中心	310	316	3	4	通江

续表3-3-6

序号	单位	绿地面积	覆盖面积	乔木	灌木	所在街道
60	市盐务局	100	102	6	1126	通江
61	市传染病医院	1708	1876	52	4677	通江
62	庆丰纺织集团	7000	7917	339	—	通江
63	军供大酒店	1280	1344	—	—	通江
64	国际饭店	2496	2698	104	19585	通江
65	广勤中学	4710	4925	340	—	通江
66	广勤路中心小学	1398	1502	107	902	通江
67	变电所	404	410	3	—	通江
68	区辅读学校	136	140	2	361	通江
69	东方时代大厦	1650	1700	75	6317	通江
70	保利广场	3712	4120	42	1438	通江
71	保利小学	808	852	23	5159	通江
72	广丰中学	5527	5529	26	6784	广瑞
73	广瑞小学	547	672	63	3389	广瑞
74	广新小学	1500	1726	66	3467	广瑞
75	广新幼儿园	684	692	6	80	广瑞
76	蓝星石化公司	2361	26816	1766	14815	广瑞
77	锡山老干部活动中心	902	1072	116	6780	广瑞
78	泰灵置业公司	755	762	22	1300	广瑞
79	焊割工具厂	685	1500	28	1020	广瑞
80	广丰敬老院	608	672	11	1420	广瑞
81	市救助管理站	8000	8702	234	—	广瑞
82	锡山医院	1025	1141	121	2254	广瑞
83	市消防二中队	627	684	19	—	广瑞
84	中天针织公司	2672	3027	106	2955	广瑞
85	宁海小学幼儿园	630	683	27	3634	江海
86	宁海里小学	842	1013	57	5134	江海
87	金海里小学	2091	2318	136	7793	江海
88	区职工学校	1669	1834	121	5960	江海
89	江海街道办事处	286	290	13	1164	江海
90	塔影小学	3000	3607	105	9916	上马墩
91	塔影中学	2120	2346	151	57	上马墩
92	靖海小学	962	1048	56	10750	上马墩
93	区老年康乐苑	413	473	20	768	上马墩
94	市广播电视大学	11280	12387	369	8586	上马墩
95	小荧星幼儿园	550	557	8	1134	上马墩
96	丁村幼儿园	60	80	7	117	广益
97	丁村嘉士茂	60	80	4	65	广益
98	广益医院	50	60	8	—	广益
99	无锡永亿精密铸造厂	410	430	17	1726	广益
100	无锡万励阀业有限公司	520	565	—	352	广益
101	广益印刷厂	400	410	9	810	广益
102	毛岸石艺石材市场	712	734	267	7607	广益
103	毛岸村委会	2500	3010	196	1974	广益
104	尤渡村委会	8264	8579	137	28234	广益
105	尤渡里小学	4889	5216	294	812	广益
106	广益街道办事处	1270	1453	11	42	广益
合计		157406	196398	9168	364545	—

说明：上述资料由区建设部门提供。

1990～2003年崇安区辖区“市城市园林化单位、绿化达标单位”一览表

表3－3－7

无锡市城市园林化单位		无锡市绿化达标单位	
命名年度	单位名称	命名年度	单位名称
1990	无锡市合成纤维总厂	1995	无锡市医药站
1992	无锡市梁溪饭店		上马墩仓库
1995	江苏省无锡师范学校		风雷幼儿园
1996	无锡市广瑞中学	1996	无锡市供电局黄泥头变电所
1997	无锡市广丰中学		国际旅行社
	无锡市塔影中心小学	1997	宁海里幼儿园
1998	无锡市靖海小学		无锡市周山浜小学
1999	无锡市塔影中学	1998	无锡市塑料制品厂
2000	无锡市液化气公司	1999	无锡市宁海里小学
2001	无锡市公安局	2002	无锡市检察院
2002	无锡市电信局	2003	崇安区老年康乐苑
2003	东林书院		

说明：上述资料由区建设部门提供。

【乡村绿化】

2002~2005年，广益镇根据“绿色无锡”建设要求，结合农民安置房小区建设，加强绿化配套工程建设，尤渡苑、周堂里花园、广益佳苑、广益星苑等小区绿化面积达18.45万平方米。并加强以休闲广场为主要形式的景观工程建设，先后建成占地1225平方米的西黄泥头芦荡里小游园、占地4020平方米的莫家庄杜巷休闲广场、占地8200平方米的毛岸村张弓头小公园式健身休闲广场。结合锡沪路浜及李巷浜河道改造，开展绿化建设。锡沪路浜回填土方1380.3立方米，清运垃圾23.5立方米，种植各类乔木、灌木26个品种4778棵，铺设草坪420平方米，绿地面积达到922平方米。李巷浜回填土方3659立方米，清运垃圾141.3立方米，种植各类乔木、灌木30个品种1.07万棵，铺设草坪1600平方米，绿地面积达到3914平方米，环境质量明显提升。此外，广益境内还建有占地18.45万平方米的广益生态园、占地1.33万平方米的区绿化队苗圃，成为绿地新景观。2004年，毛岸村被评为无锡市国土绿化最佳村。2005年，广益街道被评为无锡市绿化先进单位。

【全民义务植树】

1979年2月全国人大常委会确定“3·12”为植树节，1981年12月五届全国人大四次会议通过《关于开展全民义务植树运动的决议》后，全民义务植树运动在全区持续深入开展。每年植树节前后，区四套领导班子带头植树，机关、企事业单位除抓好所在单位绿化外，还参加市、区绿化委员会统一组织的植树或绿化养护工作。街道和社区居民在街巷、小区植树种草，在庭院、阳台栽树养花。1993~1995年，区每年义务植树2万棵左右，铺设草坪1~2万平方米。1996~2000年，区每年义务植树增至3万棵以上，铺设草坪超过2万平方米，其中，1996年达到15万平方米。2001~2005年，区每年义务植树增加到10万棵，铺设草坪不少于2万平方米。

第四节　公共绿地

【广场绿化】

80年代，辖区内仅有朝阳、东林2个绿化广场和火车站、解放环路2片公共绿地，计6352.9平方米，其中，解放环路绿地4205.4平方米，火车站站前绿地1266.5平方米。此后，随着城市建设快速发

展，道路不断拓宽改造，公共绿地布局随之调整变化。

1996~1998年，新建三阳广场，增设绿地6887平方米，由位于中山路与人民路交叉十字路口的商业大厦、天安大厦、华光珠宝城、三阳百盛4块绿地组成，种植各类乔木灌木31个品种、8748棵，铺设草坪6204平方米。其中，华光珠宝城绿地于1996年竣工，绿地面积1038.1平方米，种植各类树木3500多棵，铺设草坪250平方米。绿化设计体现现代城市园林特色，珠宝城门前以瓜子黄杨、日本花柏、美国金叶桧等小灌木组成珠宝状块面，商场柜窗处以造形法冬、书带草、马蹄筋草皮构成多层次绿色景观。1998年，建成商业大厦、天安大厦、三阳百盛3块绿地。采用大树移植，乔木灌木结合，铺植草坪，做到四季有花、四季常绿，既有浓郁的绿意，又有现代都市景观。2001年，完成东林广场绿化改造。种植桂花、银杏、罗汉松等31个品种近1.5万株，绿地面积4730平方米。改造后的东林广场绿树花丛环抱，尽显古典园林韵味和文化底蕴。2002年，相继完成胜利门、国联、火车站、中山路基督教堂等4个广场绿化。胜利门广场绿地3.75万平方米，绿化覆盖率90.03%，植有18个树木品种。国联广场绿地5698平方米，绿化覆盖率78.96%，植有17个树木品种。火车站广场绿地1.28万平方米，绿化覆盖率25.93%，植有40个树木品种，其中，常绿和落叶乔木各10种。中山路基督教堂广场绿地1804平方米，绿化覆盖率49.87%，植有27个树木品种，其中，常绿乔木5种、落叶乔木6种。2003年，建成井亭公铁立交开放式绿地0.91万平方米，为锡城“东大门”增添一片独具江南园林特色、一年四季可尽情休闲、观景、健身的理想场所。迄2005年，辖区有广场、小游园等较大公共绿地19个，绿地面积11.51万平方米，绿化覆盖率61.21%。其中，广场7个，绿地面积7.52万平方米，绿化覆盖率56.47%；小游园、小绿地等12个，绿地面积3.99万平方米，绿化覆盖率74.40%。

市地税局与城中公园共建“绿宝石”（2004.6）（区委宣传部供稿）

2005年崇安区广场、小游园绿地情况一览表

表3-3-8　　单位：平方米、%、株

序号	名　称	占地面积	绿地面积	绿化覆盖面积	绿地率	绿化覆盖率	植物品种 小计	其中 常绿乔木	其中 落叶乔木
1	火车站广场	56408	12755	14627	22.61	25.93	40	10	10
2	三阳广场	14300	6887	7330	48.16	51.26	31	6	5
3	东林广场	7931	5841	6050	73.65	76.28	20	3	4
4	国联广场	7378	5698	5826	77.23	78.96	17	3	1
5	胜利门广场	42660	37520	38410	87.95	90.03	18	4	2
6	基督教堂广场	3864	1804	1927	46.69	49.87	27	5	6
7	电信小游园	1381	858	892	62.13	64.59	15	4	2
8	供电小游园	1702	1141	1172	67.04	68.86	17	3	2
9	电信器材市场绿地	1107	540	582	48.78	52.57	6	3	—
10	槐树巷小游园	3283	3109	3177	94.70	96.77	27	7	8
11	工运桥公共绿地	3784	3722	3747	98.36	99.02	12	3	4
12	井亭公铁立交绿地	9342	9054	9122	96.92	97.65	21	4	6
13	李巷小游园	7397	3914	4452	52.91	60.19	16	11	5
14	积善桥绿地	2437	1437	1656	58.97	67.95	15	8	7
15	中尖里绿地	7693	5145	5145	66.88	66.88	15	9	6
16	尤渡公园	13500	7895	8156	58.48	60.41	20	11	9
17	芦荡里小游园	1225	585	698	47.76	56.98	7	6	1

续表3-3-8

序号	名称	占地面积	绿地面积	绿化覆盖面积	绿地率	绿化覆盖率	植物品种		
							小计	其中	
								常绿乔木	落叶乔木
18	毛岸张弓头广场	8200	4700	5300	57.32	64.63	21	12	9
19	杜巷小游园	4020	2530	2680	62.94	66.67	17	12	5
合计		197612	115135	120949	58.26	61.21	—	—	—

说明：上述资料由区建设部门提供。

【屋顶花园】

90年代起，区全力推动空间绿化发展，利用辖区高层建筑楼顶栽种树木、铺设草坪、建造景点，产生借景和透景效果，发挥绿化的社会效应，扩大绿化覆盖面。1993年，商业大厦在1428平方米屋顶上首建182平方米的屋顶花园。1996年，学前街农贸市场、银辉城市花园、东方云顶大厦相继建成。1999年后，锦树花园、银仁大厦、汇金广场、连元街小学、保利广场等屋顶花园成批涌现。汇金广场、银辉城市花园、锦树花园屋顶花园的绿地面积均超过1500平方米；汇金广场、喜来登大酒店屋顶花园还建有与绿地相配套的喷水池。迄2005年，有15幢大楼先后建成屋顶花园，绿地面积0.99万平方米，水面面积155平方米，绿化覆盖率62.94%。

2005年崇安区屋顶花园情况一览表

表3-3-9　　单位：平方米、%

序号	名称	屋顶面积	绿化面积		绿地率	绿化覆盖面积	绿化覆盖率
			绿地	水面			
1	银辉城市花园屋顶花园	2455	1940	—	79.02	1995	81.26
2	汇金广场屋顶花园	3008	2015	120	66.99	2086	69.35
3	锦树花园屋顶花园	2210	1520	—	68.78	1575	71.27
4	商业大厦屋顶花园	1428	182	—	12.75	198	13.87
5	银仁大厦屋顶花园	536	536	—	100	536	100
6	区政府办公楼屋顶花园	525	510	—	97.14	515	98.10
7	东方云顶大厦屋顶花园	325	305	—	93.85	312	96
8	金鼎广场屋顶花园	506	506	—	100	506	100
9	喜来登大酒店屋顶花园	180	47	35	26.11	55	30.56
10	连元街小学屋顶花园	1158	525	—	45.34	542	46.80
11	佳福大厦屋顶花园	506	428	—	84.58	436	86.17
12	学前街农贸市场屋顶花园	1140	210	—	18.42	223	19.56
13	市检察院屋顶花园	106	84	—	79.25	88	83.02
14	保利广场屋顶花园	1600	998	—	62.38	1012	63.25
15	嘉禾现代城屋顶花园	444	58	—	13.06	71	15.99
合计		16127	9864	155	61.16	10150	62.94

说明：上述资料由区建设部门提供。

2005年崇安区绿地分布情况一览表

表3-3-10　　单位：万平方米

街道名称	公共绿地面积	道路绿化面积	单位附属绿地面积	居住区绿地面积	其他绿地
崇安寺街道	12.63	5.61	8.81	6.89	0.20
通江街道	9.12	10.58	2.43	6.03	0.61
广瑞路街道	1.78	4.38	4.76	15.21	0.06
江海街道	1.43	4.38	0.55	14.00	—
上马墩街道	4.06	27.07	1.83	15.65	—
广益街道	10.27	6.22	1.91	18.45	7.15
合计	39.29	58.24	20.29	76.23	8.02

说明：1. 广益街道辖区另有生产绿地2.56万平方米、防护绿地18.45万平方米未计入。2. 上述资料由区建设部门提供。

第四章　房地产

80年代后，随着旧城改造步伐加快，房地产业蓬勃发展，房地产开发专业公司和跨行业兼营的开发公司不断涌现，参与旧城改造，开发住宅小区和商业用房。1984年，区建立第一家房地产开发公司——区城市建设综合开发公司。90年代前后，又相继成立区房地产经营公司、天安房地产开发公司、锡南经济开发公司等8家区属房地产开发企业。与此同时，市属、外地房地产开发企业纷纷进驻崇安区，参与区内房地产开发。90年代中期，区属房地产企业年均拆房10~15万平方米，开发建房10~30万平方米。1994年12月，全市第一幢高层住宅——鲲鹏公寓竣工。是年，区城市建设综合开发公司与房地产经营公司进入江苏省房地产开发企业综合经济实力50强，区城市建设综合开发公司位居第6强。2005年，组建崇安城市投资发展有限公司、无锡市广益建设发展有限公司，分别对崇安寺地区、崇安新城进行开发建设。1986~2005年，11家区属房地产开发企业累计开发改造低洼地区19处，拆迁房屋230.67万平方米，竣工246万平方米。迄2005年，辖区还驻有各类房地产开发公司51家。

第一节　房地产开发

区房地产开发业起步于1984年，区城市建设综合开发公司和房地产经营公司相继成立后，1984~1986年，累计承接周新村、人民东路、火车站广场“孤岛”、圆通路等25处4.64万平方米拆迁工程，开发建设置煤浜、盛巷等小区3.88万平方米，竣工1.28万平方米，其中有4800平方米的崇安寺农贸市场、4500平方米的崇安医院病房大楼，1200平方米的区工人俱乐部等项目。1987~1989年，房地产开发与旧城改造相结合，与住宅建设相结合，与社会事业建设相结合，与网点建设相结合，先后建成风雷、置煤浜、盛巷、上塘街等小区。开发商品房18万平方米，建成胜利门商厦等商场4个以及后西溪布料、长庆路副食品市场5个。1990~1992年，贯彻“退二进三”的发展战略，各行各业大搞沿街沿路商业用房开发，房地产开发规模逐年扩大，建成教仪大厦裙房、圆通公寓等一批高层商住楼，以及田基浜（西）、盛巷、白水荡、金海里等10个小区，开工面积30.33万平方米，竣工面积17.91万平方米。1993~1997年，贯彻“三产兴区”战略，区房地产开发大步推进，由零星开发转为成片改造，进入繁荣期。先后实施崇安寺街区、西河头和北里城脚地块等旧城改造项目，以及上马墩、庆丰里、田基浜等低洼地区改造和简新村等危旧房改造。建成德兴巷、道长巷、永定巷、映山河、迎溪桥、金海里等7个居民小区和无锡市首座18层高的鲲鹏公寓。崇安寺皇亭美食一条街开业，建筑面积5.3万平方米的天安大厦竣工。启动教仪大厦、

区房地产经营公司开发建造的无锡招商场（灵肯商厦）（1995）
（区档案局供稿）

灵肯商厦、长城商厦、新鸿大厦等建设项目。累计拆除危房7.1万平方米，开工88.21万平方米，竣工77.22万平方米。同时，还完成市政府交办的县前街、解放南路、运河东路等重点道桥建设的房屋拆迁任务。1998~2002年，区属房地产开发重点主要是住宅建设，竣工面积63.23万平方米。其间，明珠广场、金鼎广场陆续竣工，圆通公寓、锦树花园、德福花园、红卫家舍交付使用；勤学苑小区、民丰里小区、凤翔花园和勤俭苑等全面建成；太湖新城主体封顶。唐周巷经济适用房建设完成工程量的50%。2003~2005年，承接锡沙路、解放环路二期道路建设拆迁项目，完成道长巷、客运枢纽停车场、基督教堂、连元街小学等地块拆迁任务，拆迁面积11.55万平方米；建成嘉禾现代城、尤渡苑、广益佳苑等住宅小区，竣工面积71.59万平方米。

第二节　房屋拆迁与补偿安置

【房屋拆迁】

无锡解放后至20世纪70年代，房地产开发规模不大，拆迁范围较小。70年代末起，区内由于旧城改造、小区开发、基础设施和道路建设等，房屋拆迁量逐年增大。90年代开始，区属房地产开发公司除区内开发项目外，还承担市交办的重大建设项目的拆迁任务。1994年，是历史上拆迁面积最多的一年，共拆迁田基浜、岸桥弄、苏家弄、顾家弄等49个项目、30.39万平方米；其次是2002年，因崇安寺地区改造，工运路、汉昌路、东西梁溪路等地块开发，拆迁公园路、孟渊弄、万前路、万巷、交际路、有惠里、明德里、洽兴里、和乐里等16个项目、28.89万平方米；2003年，因市主干道路扩建和崇安寺二期改造，拆迁项目11个、20.83万平方米。1987~2004年，仅道路建设一项，承担拆迁55个项目、41.06万平方米，其中，1987年中山南路改造拆迁4.12万平方米；1995年解放西路拓宽拆迁4.97万平方米；1996年县前东街拓宽拆迁4.17万平方米；2002年通运路拓宽拆迁3.35万平方米。随着城市化进程加快，拆迁任务逐年加大，2005年，辖区房屋拆迁23.94万平方米，其中，锡沙路、广瑞路二期道路建设项目拆迁8.17万平方米；道长巷、广益电泵厂地块土地储备项目拆迁0.85万平方米；唐周巷安置房项目拆迁2.47万平方米；无锡汽车厂、恒昌化纤厂等地块开发和市导航台扩建等社会事业项目拆迁10.29万平方米。1986~2005年，共拆迁370个项目，拆迁总面积230.67万平方米,涉及居民3.78万户、单位751家。其中，崇安区房地产经营公司拆迁101个项目、59.06万平方米，拆迁居民1.11万户。

2002年以前，崇安区房屋拆迁主要由区房地产管理局负责，对外挂崇安区旧城改造办公室牌子，内设动迁办公室，负责实施全区拆迁项目。2003年，成立崇安区拆迁工作领导小组，下设办公室。对外挂崇安区拆迁办公室牌子。迄2005年未变。

1986～2005年崇安区房屋开发拆迁项目分布情况一览表

表3-4-1　　单位：个、万平方米

序　号	所在地区	拆迁项目	拆迁面积
1	崇安寺地区	55	25.81
2	人民路地区	79	49.45
3	复兴路地区	62	35.28
4	学前街地区	72	31.90
5	工运路地区	39	34.01
6	亭子桥地区	24	23.98
7	周山浜（含广瑞）地区	26	19.60
8	上马墩（含江海）地区	13	10.64
合　计		370	230.67

说明：1. 上述资料由区房管部门提供。2. 广益地区拆迁项目未统计在内。

1987～2005年崇安区市政道路拆迁项目情况一览表

表3-4-2　　单位：个、万平方米

年　份	地　段	拆迁项目	拆迁面积
1987	中山南路	7	4.12
1989	中山北路	2	0.58
	解放西路	1	1.35
1992	解放北路	4	0.11
	解放西路	1	0.78
	解放东路	1	0.93
	县前东街	1	0.30
	车站路	1	0.54
1993	解放西路	1	0.36
1994	解放西路	1	0.25
	县前东街	1	0.10
1995	解放西路	2	4.97
1996	解放西路	1	0.43
	解放南路	1	1.09
	学前中路	2	1.78
	县前东街	2	4.17
1997	复兴路	1	0.59
1998	北新路	2	1.48
	公铁立交	3	1.25
	锡沪路	2	0.90
	地下道	1	0.75
	周山浜	1	0.65
1999	公铁立交	1	0.61
	健康路	1	0.18
2000	公铁立交	3	1.11
	健康路	1	1.14
	新生路	1	0.59
	解放北路	2	1.29
2001	新生路	2	0.43
2002	解放西路	1	0.53
	通运路	1	3.35
2003	解放南路	1	2.31
	车站北路	1	1.60
2004	解放北路	1	0.46
2005	解放环路	2	0.11
	广瑞路二期	1	3.43
	锡沙路	1	4.74
	中山南路绿地	1	1.00
	车站北路	1	0.03
	广南路	1	1.01
合　计		62	51.38

说明：1. 上述资料由区房管部门提供。2. 1986年、1988年、1990年、1991年无道路拆迁项目。

【补偿安置】

无锡解放初期，对拆迁房屋主要采取自拆自建、包拆包建、以房换房、估价收购、统筹新建等形式。20世纪70年代后，根据无锡市房屋拆迁管理办法，对拆迁的私房实行折价收购，拆迁户按不低于原居住面积的原则，安排公房、承租居住。对不愿意折价收购的拆迁户按其原有面积给予恢复或合理补偿。80年代后，根据无锡市房屋拆迁安置补偿的有关规定，对拆迁公有住房，以被拆迁房的安置面积偿还产权单位；拆迁私有住房按照房屋折价收购的价格收购。私房主要求自拆自建的，可在不妨碍城市规划的前提下，自行解决建房问题，并按其建筑面积给予一定的补偿。其后对房屋拆迁折价收购价格作过多次调整。1989年11月，根据《无锡市城市建设房屋拆迁管理暂行办法》，对被拆迁户安置以家庭成员的常住户口为依据，安置的住房面积以原有住房建筑面积为标准，并按照《无锡市住房分配暂行规定》的政策掌握控制，超过原住房面积部分的费用，由被拆迁人及其家庭成员所在单位共同承担。90年代，按被拆迁房屋内常住户口成员结构，在"分得开、住得下"的基础上，区分不同标准分配住房。21世纪以后，补偿安置变化较大。2001年11月，根据国务院《城市房屋拆迁管理条例》，出台《无锡市城市房屋拆迁管理办法》，房屋拆迁补偿实行货币补偿或房屋产权调换。货币补偿金额根据被拆迁房屋的区位、用途、建筑面积等因素，以房地产市场评估价格确定。实行房屋产权调换的，由被拆迁房屋的补偿款和产权置换的差价款两部分组成，补偿给被拆迁人。拆迁补偿款不足5万元的，补足5万元。2002年12月后，取消实物安置。2004年11月，根据《市政府关于加强城市房屋拆迁管理有关问题的通知》，房屋被拆迁人（公房承租人）只能选择一种评估方式，一种补偿方式。选择以同类区段房地产市场交易价格为主要依据确定的市场评估价格进行评估的，可以实行货币补偿，也可以实行房屋产权调换。其中实行货币补偿的，不再安置经济适用房（拆迁安置房），补偿款不足9万元的，补足9万元，由被拆迁人（公房承租人）自行购房。选择以区位基准价和房屋重置价、结合成新为主要依据确定的评估价进行评估的，可以实行货币补偿，也可以实行产权调换。其中实行货币补偿的，由被拆迁人（公房承租人）按规定购买经济适用房（拆迁安置房）。非住宅房屋拆迁补偿采取货币补偿方式。是年12月28日，根据《无锡市市区集体土地房屋拆迁管理办法》，对集体土地住宅房屋拆迁补偿安置实行房屋产权调换方式。

第三节　房地产开发企业

【区属企业】

崇安区城市建设综合开发公司　位于后西溪3号。1984年10月成立。初以拆迁为主，逐步转向综合开发，并采取独立建设、联合开发等形式，参与旧城改造，投资建造商品房。1985～1996年，参与水秀新村一、二期项目建设，自主开发建设圆通路（盛巷小区）、置煤浜、水曲巷、熙春街、白水荡、西河头（德兴巷小区）等低洼地区改造项目，并自筹资金，自行设计施工建造12万平方米的江海小区和14万平方米的金海里小区。还开发建设崇安寺皇亭小吃一条街。1994年，开发建设1.51万平方米的鲲鹏公寓为无锡市第一幢高层住宅楼，此后又相继开发5.7万平方米锦树花园、3.35万平方米德福花园等低洼地区改造项目。累计开发建筑面积70多万平方米，上缴利税及向社会贡献7000余万元。先后荣获省级优质工程奖5个，并被评为无锡市城市建设先进单位、江苏省文明单位、江苏省创企业精神先进集体、全国职业道德建设先进单位。1993年，获国家房地产开发一级资质。1994年，跻身江苏省房地产开发企业综合经济实力50强中第六强、江苏省"三产"企业200强、列全国三产"开发与经营"行业50强中第46强，是全市唯一的江苏省建筑业最佳企业。总经理黄坤生先后被评为江苏省建筑业优秀企业家、1991～1993年度无锡市劳动模范。2003年7月，转制为民营股份制公司。

崇安区房地产经营公司　1987年10月成立。1987～1990年，实施老城区成片改造，先后建成11.30万平方米的置煤浜小区，并完成百岁坊巷、新生路、中山北路等22处地块拆迁。1991～1995年，先后建成3.40万平方米田基浜小区、3.2万平方米庆丰里小区、1.43万平方米的永定巷小区、3.13万平方米的小娄巷小区，并完成北里城脚、吉祥桥至胜利门等30处地块拆迁。1996～2000年，先后建成3.6万平方米的喻康苑小区、2.4万平方米的学前街小区和1.6万平方米的华宇大厦、2万平方米的胜利门商厦等，并完成广勤路、周新里、大同路等34处地块拆迁。2001～2005年，先后完成人民东路延伸段、锡沙路扩建等15个地块拆迁。

教仪大厦房地产开发公司　1994年10月由崇安区教学仪器设备公司（简称教仪公司）成立。

1997年4月与港澳客商金寿南、唐翔千、黄石等为代表的香港信豪国际集团有限公司合资组建教仪大厦房地产开发有限公司，注册资金1100万元，其中教仪公司占49%。1998年启动开发，2003年建成高98米、32层、5.49万平方米的金鼎广场·教仪大厦。项目总投资1.7亿元，销售收入2.6亿元。2002年，该项目先后荣获江苏省、无锡市建筑装饰优质工程奖。

锡南经济开发公司　1993年2月成立。1993年起，先后开发建造圆通公寓，太湖新城小区，蔚蓝都市花园一、二期高层和小高层商品房等31万平方米，其中1996年建成的20层高、1.65万平方米的圆通公寓被评为市优良工程。2002年2月，由全民所有制改制为股份合作制企业，2003年改制为私营企业，更名为恒福置业有限公司，注册资金2080万元，具有房地产开发二级资质，职工25人，其中初中级专业技术人员20人。

无锡市明广房地产开发公司　1999年10月成立。为崇安区政府与市财政局合资组建的项目公司，注册资金2000万元。2002年，建成由2幢18层高层和1幢24层高层以及1个球形商场组成的集商住、公寓、办公为一体的综合性高层建筑集合体，建筑面积6.6万平方米的明珠广场，时为中山路商业街一颗璀璨夺目的“明珠”。

无锡市鲲鹏城市建设综合开发有限责任公司　1994年9月成立。时为崇安区城市建设综合开发公司内部职工集资成立的股份合作制企业，注册资金300万元。1998~2000年，该公司与郊区土管局、广益开发公司联合开发建筑面积6万平方米左右的凤翔花苑。2003年转制，更名为鲲鹏置业有限公司。

崇安区长城经贸发展总公司　1993年成立。原为区属集体企业，注册资金10万元人民币。1996~2000年间，先后在市内开发建成1.05万平方米的长城大厦，在常州武进区雪堰镇开发建成4000平方米的农贸市场、1.2万平方米的长城公寓商住楼。还先后开办广西凭祥边贸公司等企业。2002年4月，转制为私营企业，改名无锡市长城经贸发展有限公司，主要从事房产中介、投资担保等业务。

无锡市天安房地产开发有限公司　1992年10月成立。为崇安区城市建设综合开发公司与香港天安（中国）投资有限公司合资企业，系无锡市第一家滚动开发的中港合资房地产开发公司。注册资金300万美金，其中，外方占60%，中方占40%。该公司开发建设的首个项目，位于市中心三阳广场东北角，东起崇安市场路，南至人民路，西自中山路，北至公园路，占地6000平方米，总投资约1.7亿元。1994年初开工，1997年底竣工，建成建筑面积约5.3万平方米、高98米、24层的天安大厦，为无锡市第一幢高层商贸办公楼。1997年9月，合资公司股权结构调整为港方占95%，中方占5%。其后，崇安区基本不再参与公司运作。

崇安区景观街建设指挥部　2000年1月成立，时由区委书记冯国鹏任总指挥，区长蒋汉良任副总指挥，常务副区长陈志娟任常务副总指挥，下设景观街建设指挥部办公室（以下简称景建办），由袁岭任主任，倪伟兴任副主任。是年，崇安区根据市政府对健康路、新生路等道路拓宽改造的规划，对影响道路改造的房屋进行拆迁，并对拓宽后外露的破旧房屋同步拆迁，改造成与道路景观相协调的临时商业用房，共建成位于健康路东大街口、健康路与后西溪、新生路与人民路东北角、新生路南端等4处商业用房1.18万平方米。实现当年拆迁建设，当年交付使用。除安置被拆迁的区街企业外，其余商业用房，通过市场机制公开拍租，既拓宽建设资金来源，又实现收支平衡、有所结余。2001年至2004年7月，该项目收入净结余1019.93万元（含累计上交区财政250万元）。其后，健康路后西溪段成为服装一条街，入驻商家60余户；新生路南端有以饮食小吃为主的商家20余户。

无锡市广益建设发展有限公司　（详见第四编第六章第一节机构体制内容，第234页）

无锡市崇安城市投资发展有限公司　（详见第二编第六章管理与经营内容，第121页）

【驻区企业】

80年代中期，中国住宅统一建设办公室首先进驻辖区，其后，又有无锡市房地产开发集团有限公司、无锡市建设工程开发公司相继入驻。90年代，无锡市三阳银辉房地产开发有限公司、大地房产综合开发有限公司、无锡汇金置业有限公司等又陆续在区注册，驻区房地产开发企业发展到30家。进入21世纪，无锡东方凯利置业发展有限公司、无锡聚江房地产有限责任公司、鑫茂房产建设有限公司等迁至辖区。迄2005年，共有驻区房地产开发企业51家。

2005年崇安区辖区房地产开发企业一览表

表3-4-3

序号	单位名称	地址
1	中房集团无锡房地产开发有限公司	中山路159号时代大厦8楼
2	无锡万科房地产有限公司	中山路258号中国银行大厦23楼
3	大地房产综合开发有限公司	新生路107号新鼎球大厦11楼
4	无锡三阳银辉房地产开发有限公司	人民中路127号3楼
5	无锡市仁中置业投资发展有限责任公司	解放东路900号
6	无锡长新房地产开发有限公司	健康路122号
7	天颐置业有限公司	站前商贸区3楼
8	无锡东方凯利置业发展有限公司	中山路270号天安大厦10楼
9	无锡汇金置业有限公司	中山路188、198号
10	江苏金洋房地产开发有限公司	中山路333号16楼F座
11	龙马房地产开发有限公司	中山路343号东方广场18楼G座
12	无锡禾嘉置业发展有限公司	健康路58号4楼
13	无锡仲城房地产有限公司	站前商贸街A区
14	无锡兴江房地产开发有限公司	解放东路931号
15	众润置业有限公司	上马墩178号
16	无锡华光珠宝城房地产有限公司	中山路333号华光大厦3楼
17	华源房地产开发有限公司	中山路343号东方广场12楼G座
18	江苏常工投资集团房地产发展有限公司	中山路333号华光大厦16楼B座
19	诚达房地产开发有限公司	锡沪立交桥徐巷300号
20	无锡市建设工程开发公司	健康路冰池头49号
21	昌盛房屋开发有限责任公司	中山南路时代大厦11楼
22	无锡市物资房屋建设开发公司	人民路201号2楼
23	无锡市房地产开发集团有限公司	崇宁路55号
24	无锡金太湖房地产开发有限公司	中山路东方广场22楼AB座
25	保利置业有限公司	中山路343号东方广场21楼J座
26	嘉禾房地产开发有限公司	健康路206号
27	荣耀置业有限公司	健康里4号202
28	无锡市科翔房产发展有限公司	解放西路447号
29	无锡顺驰地产有限公司	中山路343号东方广场29楼
30	江苏金马房地产有限公司	解放东路890号
31	无锡泰昊置业有限公司	广瑞路58号
32	无锡市银仁房地产开发有限责任公司	县前西街99号银仁大厦
33	无锡市智诚实业有限责任公司	尤渡苑18-1号
34	无锡惠飞房地产有限公司	解放东路920号
35	惠华房地产开发有限责任公司	锡沪路165号华盛大厦8楼
36	裕建房地产有限公司	汉昌街2号807室
37	无锡新东方金马房地产有限公司	中山路343号东方广场27楼
38	锡州房地产开发有限公司	广瑞路丰泽苑1号
39	无锡东方凯利置业发展有限公司	中山路159号时代大厦
40	无锡聚江房地产有限责任公司	风光里1号
41	太湖家园房地产开发有限责任公司	人民中路1号5楼
42	无锡永昌置业有限公司	解放西路1、3、5号附楼
43	吴越房地产开发有限公司	塔影苑52号
44	英敦（无锡）房地产开发有限公司	解放西路78号生活大师12楼
45	无锡市城市建设发展有限公司	解放西路8号9楼
46	无锡星海房地产开发有限公司	广瑞路61号
47	无锡栖霞建设有限公司	中山路258号中国银行22楼

续表3-4-3

序号	单位名称	地址
48	无锡市商业建设发展有限公司	学前街24号
49	无锡锡昌房地产发展有限公司	中山路159号时代大厦
50	无锡复地房地产开发有限公司	县前东街18号国邮大厦18楼
51	无锡市鑫茂房产建设有限公司	学前东路宁海段2号

说明：上述资料由区房管部门提供。

第五章　房屋建设

80年代起，崇安区抓住旧城改造和城市建设的契机，加快低洼地区和危旧房改造步伐，居民住房由零乱破旧低矮的平房，逐步演变为整齐划一、设施配套、环境优美的小区。特别是90年代后，居民住宅小区由零星开发建设转向成片综合配套开发，相继建成一批花园式小区。1992年，建成辖区内首幢2.88万平方米的高层商务楼——佳福大厦。1994年，建成无锡市首幢高18层的公寓楼——鲲鹏公寓。21世纪后，居民住宅小区进一步向规模型、生态化园区发展。2004年，建成建筑面积30万平方米的广益佳苑一期经济适用房。1986~2005年，新建住宅房524.15万平方米，其中，住宅小区93个，建筑面积456.65万平方米；商住楼22幢，建筑面积67.50万平方米。其间，当年住宅竣工面积超过30万平方米的有9年，其中，1996年44.64万平方米，1997年45.11万平方米，2004年44.95万平方米。迄2005年，全区有居住房584.87万平方米，城镇住宅成套率占住房总数的85%。户均建筑面积91.27平方米。人均居住面积由1985年的6.7平方米增加到30平方米。

除居住房建设外，1986~2005年，商务等公共用房建设也得到大规模的发展。迄2005年，辖区内商贸服务用房建筑面积逾百万平方米，金融业务用房超过6万平方米，文化娱乐用房4万余平方米，交通邮电用房面积15万平方米以上。

第一节　居住房

【新村小区】

1985年，辖区内有新村小区20个，60.72万平方米，主要分布在广瑞、上马墩等地区。1986年，在上马墩地区大规模新建新村小区，建成风雷新村（西、东）居民住宅103幢，建筑面积24.77万平方米；在城内改造健康里、永兴巷地区，建成健康里、永兴苑小区居民住宅9幢，建筑面积1.54万平方米。1987~1990年，结合道路建设和低洼地区改造，建成置煤浜、育才弄、中上塘、百岁苑、进士坊巷、学前街等6个住宅小区、72幢大楼、建筑面积24.37万平方米。在城东地区开发建成江海新村（北）居民住宅39幢，建筑面积7.62万平方米；风和

江海新村（90年代）　（区城市建设综合开发公司供稿）

里小区居民住宅11幢，建筑面积3.54万平方米；在广丰三村增建居民住宅17幢，建筑面积1.6万平方米。1991~1996年，对田基浜、西映山河、西映山河亦园里、北里城脚、庆丰里、解放新村等6个低洼地区进行拆迁改造，拆除旧房、危房建筑面积7.2万平方米。建成田基浜（西、东）、德兴巷、道长巷、永定巷、喻康苑、映山河（东、西）、白水荡、庆丰里等10个小区，建筑面积29.96万平方米。开发建设新睦园、复兴巷、东河花园、盛巷、南市桥巷、五姓巷、新开河、昇平巷、汤巷、小娄巷（西、东）、水曲巷等13个小区，建筑面积41.56万平方米。在学前街小区增建居民住宅3幢，建筑面积2.4万平方米。在城外开发建成江海新村（南）、上马墩一村、上马墩二村、上马墩三村、东风、宁海里（东、南）、金海里（西、东）、鑫茂苑、石利等11个新村小区，建筑面积88.25万平方米。其中宁海里、上马墩小区建筑面积均超过20万平方米。其间，1992年建成2.88万平方米的佳福大厦，时为辖区内第一幢商住楼。1997~2000年，对周山浜、沙文井等低洼地区进行拆迁改造，建成勤俭苑、锦树花园等2个小区，其中勤俭新村改造拆除建筑面积1.41万平方米，建成2.5万平方米的居民小区。其间，旧城改造从零星、局部改造转向成片、规模开发，各类房地产开发企业积极参与区内地块开发，先后建成益都苑、锦明苑、江南花苑、荣耀花园、和园小区、东林苑、益民苑、吉庆苑、茶花苑、塔影苑、星晟花苑、丰泽苑、锦绣花园、银仁大厦、勤学苑等15个花园式小区，以及凤顺里、迎溪桥、铸冶巷、日晖巷、镇巷、小娄巷横街、宁海里（北）等8个小区，建筑面积107.92万平方米。2001~2005年，崇安区城市建设综合开发公司承担亮坝上低洼地区改造任务，拆除建筑面积1.62万平方米，建成3.35万平方米的德福花园。2002年广益镇归属后，致力推进广益新城建设，建成建筑面积5万平方米的广益佳苑一期、6.86万平方米的广益星苑（6~19幢）和10万平方米的尤渡苑（一期及上马墩小区）。与此同时，辖区各类房地产开发企业全面推进和实施新一轮旧城改造，建成建筑面积34.78万平方米的东城花园、瑞江花园、西河花园、嘉禾现代城等4个生态式居住园区。

1986~2005年，新建居住房524.15万平方米，其中，住宅小区93个，建筑面积456.65万平方米；商住楼22幢，建筑面积67.50万平方米。其中建筑面积超过10万平方米的住宅小区有9个，面积最大的是建于90年代中期的宁海里小区，建筑面积34.48万平方米。解放环路以内面积最大的是建于1992年的东河花园，建筑面积14万平方米，其次为1990年建成的置煤浜小区，建筑面积11.3万平方米，东林苑小区建筑面积也超过10万平方米。迄2005年，全区共有居住房1552幢、584.87万平方米。

1986～2005年崇安区居住房建设情况一览表

表3-5-1　　单位：个、幢、万平方米

年　份	居住房		建筑面积	住宅小区楼幢		
	小　区	商住楼		合　计	6层以下	7层以上
1986	5	—	28.03	120	81	39
1988	1	—	11.35	66	42	24
1989	2	—	9.22	56	56	—
1990	7	—	27.91	83	42	41
1991	3	—	11.68	38	13	25
1992	5	1	34.07	85	53	32
1993	7	1	27.05	59	11	48
1994	4	1	34.48	86	16	70
1995	7	3	34.67	83	46	37
1996	13	1	44.64	71	22	49
1997	6	2	45.11	85	32	53
1998	6	1	23.25	27	7	20
1999	7	1	30.11	53	14	39
2000	6	4	37.68	49	10	39
2001	—	1	2.16	—	—	—
2002	6	2	37.49	48	2	46

续表3-5-1

年份	居住房		建筑面积	住宅小区楼幢		
	小区	商住楼		合计	6层以下	7层以上
2003	1	1	17.04	9	—	9
2004	3	1	44.95	135	79	56
2005	4	2	23.26	40	39	1
合计	93	22	524.15	1193	565	628

说明：上述资料由区房管部门提供。

2005年崇安区居民住宅小区、商务楼宇分布一览表

表3-5-2　　单位：万平方米、幢

街道	小区名称	建筑面积	大楼	其中		建成时间	管理单位
				6层以下	7层以上		
广瑞路	广瑞一村	1.50	9	7	2	1978	所在社区
	广瑞二村（北）	1.65	9	9	—	1978	—
	广丰二村	2.55	31	31	—	1978	—
	广丰一村	4.26	38	38	—	1978	—
	广丰市政家舍	1.11	11	11	—	1980	—
	粮食家舍	0.65	7	7	—	1980	—
	广瑞路小区	0.55	5	5	—	1980	自管委员会
	广瑞二村（南）	4.33	20	20	—	1980	—
	广瑞三村（铁路家舍）	1.26	5	2	3	1981	—
	广瑞三村（银行家舍）	0.89	5	3	2	1981	—
	广瑞二村（西）	1.66	11	11	—	1981	—
	中储家舍	1.10	9	9	—	不详	—
	广丰三村	5.27	29	24	5	1982	—
	县政府小区	0.60	7	7	—	1983	—
	广益新村	13.80	45	36	9	1983	—
	石利小区	1.72	8	8	—	1986	石化物业
	广丰三村	1.60	17	17	—	1989	—
	东风小区	1.73	8	1	7	1993	化纤物业
	石利新村	6.45	15	8	7	1996	江海物业
	江南花苑	3.70	10	7	3	1998	吴泰物业
	益民苑	11.20	20	—	20	1999	益多物业
	星晟花园	6.15	15	6	9	2000	小区自治
	丰泽苑	5.60	20	4	16	2000	中苑物业
	东城花园	5.23	9	—	9	2002	怡庭物业
	合计	84.56	363	271	92	—	—
通江	庆丰里小区	3.20	2	—	2	1993	江海物业
	财旺楼大厦	1.10	1	—	1	1995	—
	和泰苑	3	6	6	—	1996	和泰苑物业
	吉庆苑	3.40	2	—	2	1999	景山物业
	茶花苑	1.65	6	1	5	1999	茶花物业
	勤俭花园	2.50	2	—	2	2000	江海物业
	德福花园	3.35	3		3	2002	黎明物业
	嘉禾现代城	9.12	9	—	9	2003	宏厦物业
	合计	27.32	31	7	24	—	—
上马墩	塔影二村	8.03	42	42	—	1980	百货站
	春晖新村	3.31	15	12	3	1981	江海物业
	塔影一村	6.58	31	31	—	1981	江海物业
	靖海新村	11.35	66	42	24	1988	江海物业
	上马墩21~37号（单）	0.63	4	4	—	1985	江海物业
	振奋路24~32号	0.99	4	4	—	1985	江海物业
	上马墩一村	7.17	22	8	14	1993	江海物业
	益都苑	12	16	4	12	1997	益多物业

续表3-5-2

街道	小区名称	建筑面积	大楼	其中		建成时间	管理单位
				6层以下	7层以上		
上马墩	上马墩二村	5.40	20	9	11	1992	江海物业
	上马墩三村（含简新小区）	8.00	41	38	3	1992	江海物业
	塔影苑	6.26	15	10	5	1999	乐居物业
	瑞江花园	17	28	—	28	2002	盛泰物业
	合计	86.72	304	204	100	—	—
江海	风雷新村（西）	18.3	70	44	26	1986	风雷物业
	风雷新村（东）	6.47	33	22	11	1986	江海物业
	江海新村（北）	7.62	39	39	—	1989	黎明物业
	风和里小区	3.54	11	8	3	1990	黎明物业
	江海新村（南）	9	30	13	17	1991	风雷物业
	宁海里小区（南）	11.70	45	6	39	1994	中房物业
	宁海里小区（东）	15.70	25	4	21	1994	中房物业
	金海里小区（西）	14.70	51	34	17	1995	黎明物业
	鑫茂苑	5.73	10	6	4	1995	中房物业
	金海里小区（东）	2.67	8	—	8	1996	黎明物业
	锦明苑	5	13	—	13	1997	锦明物业
	风顺里一、二期	8	25	11	14	1997	南都物业
	宁海里新村（北）	7.08	14	14	—	1997	江海物业
	风雷新村119号1～5	0.75	4	—	4	1998	南都物业
	合计	116.26	378	201	177	—	—
广益	尤渡苑（上马墩小区）	4	11	11	—	2005	智城物业
	广益佳苑一期（莫家庄、广丰）	5	14	14	—	2005	金佳物业
	广益佳苑一期经济适用房	30	119	68	51	2004	金佳物业
	尤渡苑一期	6	13	11	2	2004	江海物业
	广益星苑（6～19幢）	6.86	14	14	—	2005	莫家庄物业
	合计	51.86	171	118	53		
崇安寺	健康里小区	0.50	2	2	—	1986	—
	永兴苑	1.04	7	5	2	1986	二院
	置煤浜小区	11.30	14	6	8	1990	崇安寺物业
	百岁苑	2	4	1	3	1990	小区自治
	育才弄小区	4.67	18	10	8	1990	崇安寺物业
	进士坊巷小区	1.65	11	3	8	1990	崇安寺物业
	中上塘北禅寺巷小区	3.92	21	13	8	1990	小区自治
	学前街小区	0.83	4	1	3	1990	崇安寺物业
	复兴巷小区	0.53	2	—	2	1991	崇安寺物业
	新睦园	2.15	6	—	6	1991	广厦物业
	东河花园	14	12	—	12	1992	金佳物业
	升平巷小区	2.30	7	6	1	1992	为民物业
	佳福大厦	2.88	1	—	1	1992	—
	小娄巷横街小区（西）	1.49	5	—	5	1992	金鹏、公安局
	华光大厦	5	1	—	1	1993	华光珠宝物业
	德兴巷小区	4.08	11	—	11	1993	黎明物业
	田基浜小区（西）	3.40	10	—	10	1993	崇安寺物业
	道长巷小区	1.04	5	2	3	1993	崇安寺物业
	锦树花园	5.70	3	—	3	1998	黎明物业
	永定巷小区	1.43	1	—	1	1993	崇安寺物业
	鲲鹏公寓	1.51	1	—	1	1994	黎明物业
	东映山河小区	3.93	13	6	7	1994	城建物业
	小娄巷横街小区（东）	1.64	3	—	3	1994	所在派出所
	水曲巷小区	0.85	4	—	4	1995	崇安寺物业
	白水荡小区	1.06	3	—	3	1995	黎明物业
	盛巷小区	1.86	6	—	6	1995	黎明物业
	汤巷小区	4	5	2	3	1995	中房物业

续表3-5-2

街道	小区名称	建筑面积	大楼	其中		建成时间	管理单位
				6层以下	7层以上		
崇安寺	惠飞大厦	1.90	1	—	1	1995	—
	东方云顶	1.64	1	—	1	1995	东方云顶
	市级机关宿舍	1.83	4	4	—	1995	机关自管
	喻康苑	3.60	6	—	6	1996	崇安寺物业
	新开河小区	2.16	4	2	2	1996	广厦物业
	银辉城市花园	3.79	1	—	1	1996	—
	圆通公寓	1.65	1	—	1	1996	永基物业
	西映山河小区	3.80	2	—	2	1996	城建物业
	太湖小区	0.74	2	—	2	1996	太湖物业
	田基浜小区（东）	4.42	4	—	4	1996	城建物业
	五姓巷小区	5.68	12	3	9	1996	怡庭、金马物业
	南市桥巷小区	3.98	6	—	6	1996	锡富物业
	中市桥巷小区	0.30	2	2	—	1988	崇安寺物业
	学前街小区	2.40	3	1	2	1996	新民物业
	迎溪桥小区	2.80	11	3	8	1997	黎明物业
	华宇大厦	1.60	1	—	1	1997	楼宇物业
	荣耀花园	3.33	6	—	6	1997	荣耀物业
	天安大厦	5.30	1	—	1	1997	—
	东林苑	5.30	2	—	2	1998	—
	和园小区	2	2	—	2	1998	新联物业
	华通大厦	4	1	—	1	1998	中房物业
	铸冶巷小区	1.80	6	—	6	1998	锡寓物业
	华夏大厦	1.39	1	—	1	1999	圆通物业
	日晖巷小区	2.10	4	—	4	1999	华宇物业
	镇巷小区	3.28	3	3	—	1999	宏厦物业
	小娄巷小区	0.83	3	—	3	1999	—
	东林苑	5.40	5	—	5	2000	长庆物业
	锦绣花园	4	2	—	2	2000	中房物业
	银仁大厦	4.60	2	—	2	2000	银仁物业
	金鼎广场（教仪大厦）	5.49	1	—	1	2000	金鼎楼宇物业
	勤俭苑	1.58	5	—	5	2000	为民物业
	兴盛大厦	2.36	1	—	1	2000	—
	泰翔大厦	2.16	1	—	1	2001	—
	明珠大厦	3.98	1	—	1	2002	润德良物业
	勤学苑	0.30	2	2	—	1998	崇安寺物业
	明珠广场	3.84	1	—	1	2002	明广物业
	和丰里小区	0.36	2	—	2	2002	怡庭物业
	西河花园	3.43	4	—	4	2002	天太物业
	摩天360	7.92	1	—	1	2003	—
	映山华庭	6.05	3	—	3	2004	城建物业
	优族联盟	2.90	1	—	1	2004	—
	汇金广场	7.20	2	—	2	2005	海源物业
	崇宁路	0.20	1	—	1	2005	—
合计		218.15	305	77	228	—	—
全区总计		584.87	1552	878	674	—	—

说明：上述资料由区房管部门提供。

【经济适用房】

80年代，对人均住房4平方米以下的住房特困户由政府安置。90年代住房制度改革后，对人均住房7平方米以下、且家庭收入低于市区人均收入水平的困难户，可优先购房并享受政府补助。进入21世纪后，政府启动具有社会保障性质的商品住宅——经济适用房建设，面向广大中低收入家庭，以微利价出售，具有经济性和适用性的特点。2002年开始，崇安区在广益地区唐周巷和尤渡里兴建经济适用房——广益佳苑，唐周巷一期、二期先后拆除建筑面积5.58万平方米的旧房、危房。迄2005年，建成经济适用房30万平方米，安置住房困难户3700户。

【农民安置房】 （见第九编农业农村农民第一章第五节【农民安置房】内容，第416页）

第二节　商楼公共建筑

无锡解放前，区内仅有学校、医院、图书馆、寺庙、教堂等非居住房屋。无锡解放后，随着城市建设的加快，非居住用房建设也逐年增多，尤其1978年改革开放后，城市建设步伐加快，医院不断扩建，学校不断增加。80年代至90年代，随着改革开放的不断深入，政治、经济、文化的不断发展，中心商务区逐步形成，商贸金融企业和文化卫生、交通邮电等单位瞄准崇安区的繁华地段，纷纷建设一批具有标志性的建筑物，作为各自的发展阵地。迄2005年，辖区内商贸服务用房建筑面积逾百万平方米，金融业务用房超过6万平方米，文化娱乐用房4万余平方米，交通邮电用房面积超过15万平方米。

【商贸服务用房】

80年代，随着中山路的拓宽延伸，相继在中山路崇宁路口建无锡烤鸭馆、三凤桥酒家和鸿运酒楼，在西河头口建江南酒家，在胜利门口建聚丰园，在寺后门口建无锡银楼和中山商场等商厦；扩建手工业商场、三阳南北货商店等一批商业用房。90年代，先后拆除手工业商场建成商业大厦，在崇安寺地区建成皇亭美食城，在中山路先后2次移建王兴记馄饨店，建成八佰伴、新世界百货、华美达大酒店、新锦江大酒店、喜来登大酒店、天安大厦、好买得超市、三阳百盛、时代大厦等一批商务大厦，在通运路地区扩建泰山饭店、中国饭店、中百二店，在长庆路口建成金和饭店等商业用房。进入21世纪，又先后在解放北路建成国际饭店，在中山路两侧建成港丽酒店、汇金广场、明珠广场，在人民路建成摩天360大厦，在火车站地区建成占地3.8万平方米的站前商贸区，在崇安寺地区启动占地28.62万平方米的改造工程，2005年建成崇安寺生活步行街区，在解放北路县前东街口建成保利广场等。此外，还有规模不等、数量众多的沿街商业网点。迄2005年，仅解放环路内建有高层商务大厦30余幢，辖区内商贸服务用房建筑面积超过百万平方米。

明珠广场（2005）　　（区建设部门供稿）

【金融业务用房】

80年代，在人民路设有中国人民银行无锡分行、中国银行无锡分行及1987年重新组建的交通银行无锡分行，在解放东路设有农业银行无锡分行、农业发展银行无锡分行，在公园路设有1986年开办的崇安合作银行。在辖区内各大银行还设有众多的营业网点。此外，在中山路设有中国人民保险公司无锡分公司。90年代，工商银行无锡分行先后在人民中路、解放东路，建设银行无锡分行相继在学前街、解放南路、广瑞路、中山路，无锡市商业银行陆续在解放西路、中山路、健康路、锡沪路立交垅、县前西街等处增设营业网点。中信实业银行、华夏银行、上海浦东发展银行、招商银行等4家分行

（支行）及太平洋、平安、天安等3家保险公司先后抢摊崇安区，入驻人民东路、中山路、解放环路等地。进入21世纪，中国银行无锡分行、农业银行无锡分行、农业发展银行无锡分行分别在中山路、解放北路、健康路等处，交通银行无锡分行在人民中路、县前东街、留芳声巷、健康路、锡沪路、广瑞路等地增设营业网点。广东兴业银行无锡支行开设于县前西街，锡州农村商业银行在解放北路吉祥桥落户。迄2005年，辖区银行、保险公司及其营业网点用房超过6万平方米。

【文化娱乐用房】

80年代，市级文化活动场所大多设在辖区内，有4696.55平方米的无锡市图书馆，1981年翻建的2000平方米红星剧场，1987年翻建的6000平方米大众剧院，以及市新华书店、市人民大会堂、和平电影院、吟春书场等。区级文化活动场所有1983年建成的2103平方米区少年宫、1986年加层改建的1800平方米崇安区工人俱乐部等。90年代后，新建5228平方米无锡市图书发行大厦，吟春书场改建为吟春豪华电影厅，市人民大会堂易地重建。区重建2000平方米的区文化馆，新建980平方米的区图书馆等。街道地区新建250平方米的周山浜书场、改建200平方米的三凤楼书场、扩建1350平方米的上马墩文化活动中心等。此外，在街道地区还开设众多舞厅、歌厅、录像厅等。21世纪，吟春豪华电影厅改建为大世界影城，和平电影院再次改建，红星剧场、区工人俱乐部等因地块改造被拆除。街道地区建有1.08万平方米的6个社区文化活动中心。迄2005年，辖区文化娱乐用房面积达4万余平方米。

【医疗业务用房】

80年代，市级医疗机构大多设在辖区内，有第一人民医院、第二人民医院、市妇幼保健医院、市肺结核病防治院、市传染病医院、市中医医院等6家，床位1780张。另有位于周山浜广勤路的崇安区人民医院，床位180张。90年代后，市、区两级人民医院历经多次改扩建。迄2005年，辖区有市级医疗机构5家，床位2770张；崇安人民医院床位增加到305张，建筑面积2.4万平方米。另有江原医院城中分部、港务医院、商业医院门诊部、精神卫生中心勤学路门诊部、中医药学会门诊部等41家社会、民营医疗机构，以及54家个体诊所。

【交通邮电用房】

80年代，无锡火车站、汽车站、轮船站、邮政电信局均设在区内。1986年，北门汽车站扩建、无锡轮船站外迁，1989年，火车站扩建1.25万平方米的新客站候车室。90年代，北门汽车站历经1991年再次扩建和2000年惠农桥汽车站并入，建筑面积达到1.7万平方米。高墩桥汽车站历经1994年新建和1999年扩建，建筑面积达到1万余平方米。1999年，新建2万余平方米周山浜汽车站。1992年，在火车站西侧新建1.67万平方米的无锡邮政枢纽中心。1994年，新建高130余米、3.5万平方米的无锡邮电通信综合大楼。2002年，在县前街沙文井新建1.2万平方米的国邮大厦，在火车站广场新建6720平方米的客运配套用房。迄2005年，辖区交通邮电用房面积超过15万平方米。

第六章　建筑业

1986年，辖区内仅有3家市属建筑施工企业，归口市建设委员会统一管理。90年代后，随着房产开发的不断兴起和旧城改造步伐的不断加快，各类建筑施工企业大量涌入辖区承接建筑工程。崇安区建筑管理站成立后，其职能逐步由对区属建筑企业管理，扩大到对辖区内建筑、装璜、安装等施工单位的行业管理，依法行使对建筑工程质量（安全）、文明施工的刚性监督管理和全覆盖管理，组织开展创建文明工地活动，工程项目质量的受监面积、工程质量合格率、优良率和文明施工创优率逐年提高。迄2005年，辖区有建筑企业45家，先后有250个建设工程被评为市级文明工地，17个建设工程获国家、省、市优质工程。

第一节　建筑设计

1982年2月，区基建办公室设集体所有制性质的建筑设计组。是年5月，建筑设计组改建为建筑设计室，归口区建设局。1988年4月，更名为无锡市第二建筑设计院第六设计室，原单位性质、职级、经费渠道、职工所有制性质和人员隶属关系均不变。1993年9月，划归崇安区城市建设综合开发公司。1994年6月，改制为股份合作制企业，更名为崇安区建筑设计公司。2003年转制后，改称无锡市宏景建筑设计有限公司，主要承接以崇安区为主的各类工业、民用设计项目。迄2005年未变。

1988~2005年，区建筑设计单位先后设计的建筑工程项目有：中山商场、崇安饭店、靖海公园、上马墩塔影苑、华联大厦、崇安区政府办公大楼、落霞苑农民安居房、绿岛花园别墅小区、凤翔花园住宅小区、胡埭富安农民安居住宅小区、北塘龙塘岸安置小区、市房管局瑞希路安置房小区、蠡湖邻里中心等，其中崇安区政府办公大楼、华联大厦、凤翔花园住宅小区先后被评为无锡市优秀项目。

第二节　建筑施工

1986年辖区内仅有无锡市建筑公司、市建三公司、民用建筑公司等市属建筑安装企业。1992年9月，成立区建筑安装工程公司，1994年，组建成无锡市第九建筑公司，承接居民住宅小区、商贸服务用房等建筑项目，仅1992~1998年间，完成建筑工作量1.21亿元，施工面积30.10万平方米。与此同时，外省市建筑企业陆续进入区境从事建设工程，进行建筑施工总承包、专业承包和建筑劳务分包，在崇安区建设工程项目中占有一定份额。2005年，除一家区属建筑公司外，驻区建筑企业增至44家，其中，专业承包一级资质3家，二级资质9家，三级资质企业32家。从事房屋建筑、机电安装、通信、土石方、建筑装修装饰、建筑幕墙、金属门窗、建筑智能化、消防设施、预拌商品混凝土和拆房等工程项目。

【无锡市第九建筑公司】

前身为崇安区建筑安装工程公司，成立于1992年9月，注册资金105万元，建筑资质四级，为集体所有制企业，归口区规划建设环境保护局管理。1992~1993年，完成建筑工作量1219.78万元，开工面积2.03万平方米，竣工面积8513平方米，优良率30.20%。1994年，完成建筑工作量1815.3万元，开工面积4.53万平方米，竣工面积1.28万平方米，优良率32.6%。是年6月，与区城市建设综合开发公司、区房地产经营公司合股组建成第九建筑公司。其中，区城市建设综合开发公司投资40%，区房地产经营公司投资30%，区建筑安装工程公司投资30%。注册资金563.4万元，建筑资质三级，为区政府直属单位，归口区建设环保局管理。1995年，完成建筑施工产值2043万元，开工面积7.29万平方米，竣工面积1.68万平方米，工程合格率100%，优良率34.5%。全年竣工项目有棉花巷小学教学楼、棉花巷二期19号住宅房、惠巷9号住宅房、广电局好莱坞大酒店等，其中，棉花巷小学教学楼、惠巷9号住宅房评为市优良工程。1996年11月，与炎龙房地产开发咨询事务处、崇安区锡南经济开发公司合并。是年，三家单位联合开发销售商品房1.64万平方米，完成建筑安装工程1501万元。施工工程25个，施工面积8.04万平方米，竣工面积3.18万平方米，工程合格率100%，优良工程3个。1997年，施工工程15个，施工面积5.6万平方米，竣工面积5.14万平方米，工程合格率100%，优良工程2个。全年竣工项目有：柏庄小区16~17号房，石利新村9~10号房，解放西路环卫站，水浒城景片库，诸巷小区，焦化厂高峰气源配套站区工程等。1998年后，主要从事锡南经济开发公司承接的房地产开发项目建筑工程，有圆通公寓、太湖新城等。

【驻区企业】

80年代后，驻区建筑施工企业逐年增加。迄2005年，在区境内从事建筑安装工程的施工企业有44家，其中专业承包一级资质3家、二级资质9家、三级资质32家。

2005年崇安区驻区建筑安装施工企业一览表

表3-6-1　　单位：万元

序号	名　称	成立时间	企业性质	注册资金	主要业务	地　址	企业资质
1	无锡市江大建筑装饰工程有限公司	1988.12	民营	1500	建筑装修装饰工程	汉昌路2号9楼	专业承包一级资质
2	江苏金鹰工业设备安装有限公司	1998.09	民营	10000	消防设施工程	中山路333号华光大厦15楼	专业承包一级资质
3	江苏龙升幕墙工程有限公司	2001.08	民营	4080	建筑幕墙工程	通江大道锡北路888号	专业承包一级资质
4	无锡市华厦建设有限公司	1980.04	民营	2080	房屋工程建筑	崇宁路28号	专业承包二级资质
5	无锡金洪涛装饰工程有限公司	2000.11	民营	500	建筑装修装饰工程	广益莫家庄248号	专业承包二级资质
6	无锡市安达消防监控工程有限公司	1995.12	民营	300	消防设施工程	健康路58号801.802室	专业承包二级资质
7	无锡市装璜装饰有限责任公司	2005.08	民营	500	建筑装修装饰工程	广勤路364号	专业承包二级资质
8	无锡华乐装饰装璜有限公司	1993.03	民营	500	建筑装修装饰工程	广南路佳润建陶城五楼	专业承包二级资质
9	无锡市荣胜拆房有限公司	2002.03	民营	100	房屋建筑工程	解放西路453号	专业承包二级资质
10	无锡市和兴拆房有限公司	2002.04	民营	100	建筑物非爆炸拆除工程	广瑞路58#宝锡大厦807室	专业承包二级资质
11	无锡市昌廷拆房经营有限公司	2005.12	民营	200	建筑物非爆炸拆除工程	人民中路69号	专业承包二级资质
12	无锡埃尔伊楼宇工程有限公司	1993.06	外资	500.40	建筑装修装饰工程	学前东路宁海段1号	专业承包二级资质
13	江苏蓝凯建设有限公司	2004.08	民营	500	房屋建筑工程	县前东街13号东方云顶1607室	专业承包三级资质
14	江苏长宏邮电设备实业有限公司	2002.07	民营	500	建筑智能化工程	县前西街9—1202	专业承包三级资质
15	无锡市高雅特装饰设计工程有限公司	2000.11	民营	50	建筑装修装饰工程	锡沪路立交桥东堍	专业承包三级资质
16	无锡市同济商品混凝土有限公司	2004.02	民营	1000	预拌商品混凝土	通江大道898号广益私营经济园D区170号	专业承包三级资质
17	无锡嘉达拆迁有限公司	2003.06	民营	300	建筑物非爆炸拆除工程	连元街11号	专业承包三级资质
18	无锡顺达钢构工程有限公司	2005.09	民营	800	钢结构工程	锡沪路185号	专业承包三级资质
19	无锡恒业电气工程有限公司	1995.04	民营	500	机电设备安装工程	东河头巷100号—1	专业承包三级资质

续表3-6-1

序号	名　称	成立时间	企业性质	注册资金	主要业务	地　址	企业资质
20	无锡市鼎诚机电设备安装有限公司	2002.05	民营	300	机电安装工程	江海新村25号—207	专业承包三级资质
21	东方工业工程承包有限公司	1993.04	民营	700	房屋建筑工程	新生路70号	专业承包三级资质
22	无锡国联工程建设有限公司	2003.05	民营	600	房屋建筑工程	县前东街8号国联大厦17楼	专业承包三级资质
23	无锡蒙达建筑装饰有限公司	1996.12	民营	50	建筑装修装饰工程	中山路309号	专业承包三级资质
24	无锡市创佳装饰工程有限公司	1998.11	民营	100	建筑装修装饰工程	前西溪1-4号	专业承包三级资质
25	无锡市硕华机电设备安装有限责任公司	1997.03	民营	350	机电安装工程	广瑞路1418号	专业承包三级资质
26	无锡兴高工程技术有限公司	2003.11	外资	620.80	化工石油工程	中山路333号华光大厦4楼E单元	专业承包三级资质
27	无锡市南亚建筑装饰工程有限公司	1995.12	民营	600	建筑装修装饰工程	上马墩二村28号101	专业承包三级资质
28	无锡网润科技有限公司	2001.10	民营	200	建筑智能化工程	升平巷28号银辉城市花园1406	专业承包三级资质
29	无锡业之峰装饰有限公司	2005.12	民营	100	建筑装修装饰工程	人民路123号摩天360～2810	专业承包三级资质
30	无锡市源通电子有限公司	1997.01	民营	300	建筑智能化工程	永定巷1号-1905	专业承包三级资质
31	无锡市速达门窗厂	1998.05	民营	100	金属门窗工程	广益莫家庄工业园248号	专业承包三级资质
32	无锡德成机电安装有限公司	2005.06	民营	30	机电设备安装工程	五姓巷36号302	专业承包三级资质
33	无锡莱特斯顿楼宇工程有限公司	2002.01	合资	250	建筑装修装饰工程	学前东路宁海段1号6楼	专业承包三级资质
34	海鼎装饰装潢有限公司	2004.05	民营	10.10	建筑装修装饰工程	东方大厦20楼	专业承包三级资质
35	建业民用建筑有限公司	1993.03	民营	100	建筑装修装饰工程	崇宁路28号	专业承包三级资质
36	华夏建筑劳务分包有限公司	2004.12	民营	350	房屋建筑工程	崇宁路28号	专业承包三级资质
37	鲲鹏装饰装潢有限公司	1990.03	民营	60	建筑装修装饰工程	县前东街31号-1	专业承包三级资质
38	金土木室内成套装饰有限公司	2001.09	民营	500	建筑装修装饰工程	西映山河16号	专业承包三级资质
39	华太混凝土有限公司	1993.08	民营	1000	商品混凝土	锡沙路168号	专业承包三级资质
40	鑫恒专业清洁装饰工程有限公司	2002.07	民营	80	建筑装修装饰	永定巷15号2303室	专业承包三级资质
41	润鑫信息工程有限公司	2001.09	民营	200	建筑智能化工程	解放东路931号	专业承包三级资质
42	邮政通信发展有限责任公司	1999.07	集体	438.60	建筑装修装饰工程	解放西路195号、197号	专业承包三级资质
43	佳尔装饰有限公司	2002.06	民营	1000	建筑装修装饰工程	锡沪路183号	专业承包三级资质
44	泛亚聿夫建筑装饰有限公司	2004.03	民营	50	建筑装修装饰工程	后西溪25号	专业承包三级资质

说明：上述资料由区房管部门提供。

第三节　建筑市场管理

崇安区建筑安装管理站始建于1987年11月，为集体事业单位，股级建制，隶属于区规划建设环境保护局。1989年7月，更名无锡市建筑安装管理处崇安区管理站，仍为集体事业单位，隶属关系不变，业务归口市建筑安装管理处，办公地点位于长庆路270号之一。主要负责区属单位组建的集体施工企业和个体建筑工程承包户的监督管理和资质初审。1997年8月，区城市建设环保局内设工程建设管理科，对外挂“无锡市建筑安装管理处崇安区管理站”牌子。其职能扩大到对辖区内建筑、装璜、安装等施工单位的行业管理，负责对辖区内建筑工程的质量监督、安全监督和文明工地管理等，负责辖区50万以下工程项目的报建登记和“施工许可证”的发放。2003年3月，更名为无锡市崇安区建设管理中心，隶属关系、性质、职责等均不变。是年5月，迁至解放北路小尖上1号。2005年10月起，又增设拆房安全生产监管职能，负责办理拆房工程安监手续；查处无资质承接、转包和违法分包等违反拆房安全管理规定的行为。1986~2005年，还负责建筑施工现场管理，开展创建文明工地活动，倡导文明施工，建立安全生产管理体制，确保安全生产。迄2005年，先后有250个建设工程被评为市级文明工地，17个建设工程分别获国家、省、市优质工程。其中，市华厦建筑经营发展公司承建的太湖花园获1991年国家建设部城市住宅小区建设试点施工质量一等奖，后又获2001年建设部城市住宅小区建设试点施工质量金奖；太湖花园一期1号房获2000年江苏省用户满意住宅工程奖；太湖花园54号房获2003年江苏省用户满意住宅工程奖。无锡市民用建筑工程公司承建的中山北路5号综合楼获1993年江苏省省级优秀工程银牌奖。江南大学建筑装饰有限公司承建的中医院病房大楼（Ⅱ标段工程）获2004年无锡市“太湖杯”建筑装饰优质工程。无锡市精工建筑装饰工程有限公司承接的新世纪花园80号1101室装潢工程和广瑞花园28号装潢工程分别荣获2003年江苏省家庭装饰优质工程奖和精品优质工程奖。宜兴市广电中心6~12层工程获2004年无锡市“太湖杯”建筑装饰优质工程和全国住宅装饰装修示范工程；木栖苑谈宅工程被评为2004年无锡市家庭装饰优质工程；站前商贸东区04工程被评为2005年无锡市“太湖杯”建筑装饰优质工程；沈巷小区陆宅工程、凤宾家园高宅工程均被评为2005年无锡市家庭装饰优质工程；张家港国贸酒家装饰工程（B标段）获2005年江苏省建筑装饰优质工程奖（紫金杯）。

第七章　公用事业

80年代后，随着人流、物流、信息流与日俱增，政府对公用事业的投入逐步加大，投资主体呈现多元化，除政府投入外，企业注入、民间资本成为投资的重要来源。从供水、供电的扩容到供热、供气设施的新建，从铁路开行列对的增加到公路网络的完善，以及邮政电信事业的快速发展，为市民提供多方位的服务。迄2005年，区域内建成35千伏以上变电站8座，日供水能力143.8万立方米，液化石油气、管道煤气和天然气用户率100%。城区亮化照明工程不断推陈出新。交通运输条件逐步改善，公路货运由传统单一的汽车运输转向储、配、送相结合的综合现代物流，长途客运线路延伸到十二省二市，铁路年旅客发送量突破1000万人次，公交车辆不断更新，公交线路增加到82条,出租汽车从无到有，家用汽车进入千家万户。

第一节　供　水

80～90年代，辖区居民用水主要来自七一水厂和广瑞路深水井厂2家。2000年后，七一水厂停产，广瑞路深水井厂被封闭，改由梅园水厂供水。

80年代前，小区供水主要采用直供、直供与屋顶水箱相结合、单元微型泵加压与屋顶水箱相结合、水泵与水塔相结合等4种方式。80年代后，为保障城市居民和工业生产用水，市自来水公司相继在江海、德兴巷、解放新村等住宅小区建设自来水增压站，屋顶水箱逐步被增压站所取代。90年代后，随着高层建筑日益增多，自来水公司加快供水管网改造扩容，并加强两次供水管理，确保千家万户用上纯净自来水。1995年、1999年，市自来水公司先后在尤渡里建设4万立方米增压清水池，由6台水泵供水。2002年起，实施"一户一表、水表出户、抄表到户"改造工程。对小区物业管理到位、1990年以后建造的住宅先予实施。凡供水压力在0.28兆帕以上、上水立管能改造出户的住宅，采用直供水方式，取消屋顶水箱，使用普通水表，采取埋地式设置。凡供水压力在0.28兆帕以下的住宅，保留屋顶水箱，供水管出户，视情况使用普通水表或IC卡水表，采取嵌墙式、分层式设置。整个改造不向用户收取任何费用，较好解决以往供水设施无人管理，特别是总表分表计量差异造成居民之间、居民与自来水公司之间的矛盾和纠纷。迄2005年，城市规划供水管网服务区域内的新建住宅（多层、中高层、高层独立式住宅）自来水表改造面达到85%，旧住宅水表改造面达到15%。辖区日供水能力由1986年的32.25万立方米增加到143.8万立方米，自来水水质达标率99%，自来水普及率100%。

第二节　供　电

20世纪50～70年代，辖区用电主要来自望亭、戚墅堰2家电厂，形成东西两面双通道输电。1988年后，随着大规模电网建设与改造，城区电网率先进入超高压电网发展时代。80年代末，市区建成110千伏环网。进入90年代，220千伏电网逐步取代110千伏网架。迄2005年，市区周围已构成锡澄电网和宜兴电网，形成以大电厂和500千伏变电所为主供电源、220千伏输电网架和变电所为骨干、110千伏及以下配电网为基础的网架结构。城区供电网建设与改造同步推进，供电主变容量逐年增加，电网供电能力和可靠性不断提高。1989年，新建三凤变电所。1994年，改造盛巷配电区，改变容量小、线路陈旧的状况。是年7月，在黄泥头建成110千伏的无锡地区首座无人值班变电所。地区中心调度所可对该变电所实施"四遥"（遥控、遥测、遥讯、遥调）。1995年6月，三凤变电所主变容量扩大到35千伏。1997年10月，在商业大厦新建35千伏的全地下式变电所，成为城区非生产商业用电的集结点。1998年7月，建成110千伏车站变电所，是无锡地区第一座全户内110千伏变电所。2000年6月，在学前街新建110千伏的变电所。2002年4月，新建110千伏的城中变电所。2003年9月，在尤岸里新建110千伏变电所。2005年12月，在工运路地区新建110千伏的变电所。1989～2005年，境内新建变电所8座，崇安区用电环境得到明显改善，为保障城区经济发展和市民安居乐业发挥重要作用。

20世纪70～80年代，辖区居民大都是多户一只供电总表，各户设立分表。90年代后，随着人民生活水平不断提高，家用电器日渐增多，用电负荷急剧增加，市政府把老住宅单元电表改户表列入为民办实事项目。1995年11月起，新建小区住宅实行一户一表，配电容量由每户4千瓦提高到8千瓦。1999～2002年，先后投入资金1.30亿元，完成居民电表装置及线路改造4万余户。2004年8月起，又逐步实施分时电表改装，试行分时电价。居民用电由原来统一的每千瓦小时0.52元，调整为每千瓦小时峰时0.55元、谷时0.30元。虽然平均负荷率比上年同期上升4个百分点，但每千瓦时电价平均便宜0.08元。是年，区内近2万户居民获益。迄2005年，市区居民生活用电户均1590千瓦时，是1985年的35倍。

第三节　民用燃料与燃气

80年代前，辖区居民使用机制蜂窝煤球为燃料，实行凭证定量、划片定点供应，单身户每月标准50公斤，每增1人增加10公斤。城区有蜂窝煤专业加工场8个，前店后场20个。80年代后，随着无锡树脂厂开发民用液化气，瓶装液化气开始进入企事业单位及居民家庭，瓶装液化气用户不断增加，市区瓶装液化气用户由1986年5000多户发展到1990年的3万多户，蜂窝煤球逐步淡出。此后，瓶装液化气、管道煤气、管道液化气同时获得发展。1995年5月后取消燃煤计划供应。90年代，市焦化厂日产21万立方米煤气输配工程完成后，随着解放路直径500毫米管道煤气铺设工程竣工，至1999年，市区管道煤气用户达11万多户。与此同时，启动住宅小区管道液化气供气工程，仅2000~2003年，市区发展管道液化气用户3万多户，管道液化气用户延伸到煤气管道不能到达的地区。进入21世纪，随着“西气东输”下游配套工程实施，2002年，天然气高压管线、中压管线铺设至火车站广场地区。2004年4月完成上、下游管网对接，正式点火通气。是年5月始，对使用煤气的管道进行改造或铺设天然气管道。迄2005年，市区发展天然气用户2万余户。随着管道液化气、管道煤气和天然气供气工程的发展，瓶装液化气仅为社会用气的补充，用户逐年减少。使用蜂窝煤球的仅剩零星私房、老式公房的极少数居民。

第四节　供　热

辖区集中供热始于1996年，热源来自协联热电有限公司和双河尖热电厂。协联热电有限公司供热线路从1996年开始铺设，迄2005年，该公司热力管线有两路，一路供应县前街以南，由槐古大桥、崇宁路、新生路、人民路、解放南路、汤巷，穿过中山路；另一路供应长江路、兴源路、高墩桥、保利广场一带。管线总长14公里，主管管径400毫米，支管300毫米。年用气量36万立方米。辖区内有第一人民医院、第二人民医院、中医院、无锡师范、梁溪饭店、锦江大酒店等39家单位使用集中供热。双河尖热电厂热力管线从2000年开始铺设，供热线路由北栅口延至火车站地区。2002年延伸到解放北路、胜利门一带，管线总长3公里，管径219毫米，年用气量8万立方米。辖区内有国际饭店、金和酒家、聚丰园、喜来登大酒店等用气单位28家。

第五节　照　明

【路　灯】

辖区路灯照明由市路灯管理处负责建设与管理。从20世纪60年代到80年代，路灯由单一的铁盆型，逐步转向品种多样、装饰兼备的灯型，多达36种。1991年12月，采用微机无线“智能路灯监控系统”，实现路灯“三遥”（遥控、遥测、遥信）监控管理。1992年底，市区路灯照明线路发展到580公里，路灯总数1.6万盏；灯型发展到39种，路灯光源则由最早的白炽灯发展到低压荧光灯、高压汞灯，进而采用第三代透雾性强、光线柔和的高压钠灯。迄2005年，市区公用路灯10.36万盏、综合景观灯3.56万盏，路灯线路总长2144.58公里，路灯总容量1.23万千瓦。

【亮化工程】

90年代，随着国家文明城市创建工作的深入推进，城市品位的提高，市容建设在美化、净化的基础上，推进亮化工程。1997年国庆前，完成中山路北段和县前西街东段19套景观灯装饰。1998年，完成三阳广场、复兴路、中山路南段、城中公园照明工程，全部采用钠灯、汞灯等新一代光源。1999年实施公用路灯的功能化、风格化、和谐化改造，形成集美化照明、亮化照明、艺术照明、泛光照明于一体的规模效应。是年，完成三阳广场二期、锡沪西路延伸段、东河花园、宁海里二期照明工程，以及中山路、人民路、朝阳广场、三阳广场、皇亭小吃一条街的亮化工程，通过地射灯、树灯、霓虹灯、投光灯，草坪灯、栏杆灯、庭院灯、单挑灯等各具特色的灯型，品种繁多的光源，营造美丽的锡城夜景。2000年，区内新装路灯更加注重设计特色和市容美化。在崇宁路安装古色古香的路灯，与周围明清风格的建筑相得益彰。2002年3月，实施无锡火车站广场整体改造综合亮化工程，同时打造工运路、通惠路地段照明精品工程，采用“分路控制，分片监控”布线方式，火车站广场精选13种新型路灯，通惠路、工运路选用4种新款路灯。大量使用第二、第三代新型光源，还使用新型发光二极管变色光源，优化夜景照明环境。该工程9月29日竣工，共安装新颖路灯17款、1648套、2089盏，铺设线路22.96公里，更新配电箱3台，增设微机无线监控点2个。

第六节　交通运输

辖区内火车站和工运桥地区铁路、公路、水路站埠汇集，历史上一直是无锡及周边地区人流、物流集散地和水陆转运中心。无锡解放后，铁路、公路、内河运输得到恢复和发展，火车开行列对、公路水路运营线路逐年增加，公交线路从无到有，逐步发展。1978年中共十一届三中全会以后，辖区内交通运输业进入新的发展时期。建成京沪铁路复线，新建穿越全境的312国道，拓宽连接东西的228省道和直达上海、贯通锡澄高速公路的锡沪路。1986~2005年，公路货运由传统单一的汽车运输转向储、配、送相结合的综合现代物流，货运企业增加到23家，年货运量达到30.06万吨。公路长途客运线路由三省一市（苏、浙、皖、沪）扩大到十二省二市（京、沪、苏、浙、皖、鲁、闽、粤、鄂、湘、赣、蜀、豫、冀）。铁路客运列车由32对增加到65.5对，年旅客发送量增加到1047.3万人，首次突破千万人。铁路货运随着北门货场的南迁，逐步淡出辖区。水路运输历经起步、发展、曲折、辉煌、萎缩，“国退民进”的历史阶段，因其运输时间长、成本高的固有弱点，最终为先进的运输方式和经营模式所替代。区内公交车辆不断更新，公交线路增加到81条，出租汽车从无到有，家用汽车进入千家万户。市民出行方便，交通十分便捷。

【公　路】

货　运　区内的货物运输，历史上主要靠水运。后逐步被大板车、手把式三轮卡车和拖拉机运输取代。80年代初，完全由汽车运输货物。1986年，主要由无锡市汽车运输公司、无锡市联运公司两家企业承担公路货物运输。无锡市联运公司在上马墩设立集装箱集散站和联运点，从事公路零担与铁路集装箱中转业务，并与全省各城市及全国主要城市组成联运网络。1991年，无锡市汽车运输公司更名为无锡市汽车货运总公司。无锡市联运公司在锡澄立交处成立零担分公司，承担上海、南京、杭州等线的零担货物运输，在区内成立从事社会性联运业务的人民路分公司。1998年，客运总公司设立快件货物运输分公司，专业从事公路快件零担、整车货物运输，网络遍及省内各地、长三角地区和全国29个省、市、自治区的240余个大中城市，开通零担货运省际班线26条、省内班线22条，其中快班8条。配备计算机信息管理系统、卫星定位系统和机械化装卸系统等专业一体化跟踪服务设施，提供商品配送、快递货运、仓储管理等系列服务，并在区内江海东路黄泥头设对外受理点。2001年，无锡市汽车货运总公司与无锡市联运公司合并，成立无锡市联运总公司。2003年12月，无锡市联运总公司转制为无锡市联运有限责任公司，公路货运也由传统单一的汽车运输转向储、配、送相结合的综合现代物流。此外，辖区内通江大道、江海东路、广勤路和锡沪路等地区社会货运企业较为密集，也是区内货运市场的组成部份。迄2005年，辖区共有货运企业23家，车辆422辆，吨位2541吨，货运量30.06万吨。

长途客运　80年代前，主要由位于车站路38号的无锡汽车站担负长途客运。时候车室1000平方米，停车场2660平方米。随着客流的增多，无锡开往扬州、南通、盐城及市内各乡镇直通班车增加，新建梨花庄车站，承担原在无锡汽车站发往杨市、陆区、甘露3条农村线路，无锡汽车站则担负三省一市（苏、浙、皖、沪）长途客运，1980年，日到发客车638班次、旅客1.6万人次。1984年1月，在梁溪大桥西堍新建无锡汽车站（亦称汽车西站），位于车站路的无锡汽车站改称无锡北门汽车站。1986年，无锡北门汽车站停车场地扩至3000平方米，有10个检票门、8个售票窗，主要经营发往上海、苏州、常州、太仓、金坛等苏南地区和苏北各市县以及浙、皖、鲁等地区的长途客运。1990年，首次开行单程500公里以上的超长途班车至敖江、青岛等地，营运区域由原来的三省一市（苏、浙、皖、沪）扩大到五省一市（苏、浙、皖、鲁、豫、沪）。是年2月，无锡北门汽车站拆除重建，1991年9月竣工，建成占地1万平方米、建筑面积1.4万余平方米的汽车站和交运大厦。无锡北门汽车站集旅客运输、就餐、购物、住宿于一体，是省内占地面积最小而建筑密度最大的市际客运站。是年10月，北门汽车站更名为无锡汽车客运总站（又称无锡汽车站）。1993年，无锡汽车站开通单程884公里的至武汉超长途双层卧铺夜班车，开辟霍邱、洛阳、南昌、沙市、徐州等10条超长途线路。1994年8月，建成位于火车站东侧的高墩桥汽车站，占地9743平方米，时为江苏省第一个开放型、公用型社会汽车客运站，吸纳社会大客车70辆、中巴车183辆进站经营，营运线路40条。1999年，进站经营社会车辆增加到374辆，日发客车688班次、旅客8100余人次。1995年，无锡汽车站又开通柳州、苍南2条超长途班车。1996年新建惠农桥汽车站，2000年并入无锡汽车站。1999年12月，在火车站北广场惠勤路22号建成周山浜汽车站，是无锡通往沪宁高速、锡澄高速和312国道最便捷的汽车站，占地近2万余平方米，入站车辆245辆，开通线路38条，其中苏北线4条，省际线26条、农村公交线8条。

迄2005年，辖区长途客运由无锡汽车站、周山浜汽车站、高墩桥汽车站负责运营。无锡汽车站建筑面积达1.70万余平方米，其中候车室面积1300平方米，设有15个售票窗和15个检票门，另有停车场（含上、下客区）面积6620平方米。主要营运开往苏南、苏北、京、沪、浙、皖、鲁、闽、粤、鄂、湘、赣、蜀、豫、冀等地区的180条线路。周山浜汽车站占地2.3万余平方米，运营车辆500辆，主要营运开往苏南、苏北、皖、浙、鲁等地区的长途班车和开往锡山、惠山区的农村公交班车，以及市内6路、17路、49路等8条公交线路，日发1500班次、发送旅客1.6万余人次，最高日发送旅客4.5万余人次。高墩桥汽车站新站房建成启用，乘客露天候车成为历史。

2005年崇安区辖区汽车客运售票网点一览表

表3-7-1

名　　称	地　　址	电　　话
无锡汽车站（北站）	车站路38号	82304405
高墩桥汽车站	南巷上210号	82306655
周山浜汽车站	惠勤路22号	82353489
华东商贸城	学前东路宁海里段	82996168
无锡联合售票处	人民中路51号	82726340
中旅社票务中心	高墩桥堍中旅大酒店	82300323
无锡邮政局各营业网点	辖区内各邮政所	11185

说明：上述资料由区建设部门提供。

公共交通 1985年，市内公共交通线路21条，其中始发或设站停靠辖区11条：2路自火车站至梅园，3路自广丰至湖滨路，5路自火车站至电缆厂，6路自周山浜至东亭，10路自河埒口至河埒口环行，11路自火车站至公交三场，12路自南门至刘潭，13路自朝阳桥至江溪，15路自南门至惠山，20路自火车站至汽车站，21路自东门至尤渡里。1985年，市区公共汽车票价起价0.05元、最高0.5元，此后历经多次调整：1988年起价0.10元、最高0.5元。1992年起价0.20元、最高0.5元。1993年起价0.30元、最高0.5元，旅游专线0.40元起价。1995年4月，实行"0.5元一票制"或"0.5元起价、0.5元进级"的票制改革。1997年3月，10路线首先实行无人售票，1元一票制，以后在各线逐步推开，实行无人售票。1990～2000年，普通月票、学生月票票价历经5次变动，分别由10元、3.5元调整到40元、20元。1999年10月，发售老年季票，市区60～65周岁、66周岁以上老人分别为60元、45元。2001年，老年季票分别调整为80元、60元。是年6月，有人售票的普通公共交通线路实行0.5元起价、0.5元进级，旅游专线1元起价、1元进级，空调豪华旅游车旅游观光线2元起价、1元进级。无人售票的普通公交车1元一票制，空调车2元一票制。2002年9月起，实施公共交通IC卡工程，普通月票、学生月票、老年季票分别更换为IC卡D卡、B卡、C卡，票价分别为40元、20元、25元，每月均限乘100次，同时新增IC通用卡（A卡），按票价9.5折优惠，沿用40多年的纸质月票、季票退出历史舞台。

与此同时，为方便居民出行，1988年9月，增开城市小公共汽车，2000年3月，增设双层巴士观光线路，新辟和延伸线路，不断调整和优化公共交通营运。迄2005年，无锡市公共汽车线路115条，始发或设站停靠辖区82条，其中始发线路52条，设站停靠线路30条。

2005年无锡市公共汽车停靠崇安区站点线路一览表

表3-7-2

路别	起讫点		停靠辖区站点	备注
	起点	终点		
1	鼋头渚	火车站	胜利门、火车站	始发
2	梅　园	火车站	新交电（胜利门）、吉祥桥（下行）、火车站	始发
3	向　阳	梁溪大桥	向阳、广丰、丁村、广勤路（锡山医院）、木材公司、商业大厦大卖场、长庆路、东林书院、检察院、三凤桥（东方巴黎）、二院、朝阳广场（南禅寺）、文化宫、体育公园（清真寺）	停靠
3支	梓旺新村	梁溪大桥	七一水厂、向阳、广丰、丁村、广勤路（锡山医院）、木材公司、商业大厦大卖场、长庆路、东林书院、检察院、三凤桥（东方巴黎）、二院、朝阳广场（南禅寺）、文化宫、体育公园（清真寺）	停靠
5	电缆厂	火车站	文化宫、体育公园（清真寺）、后西溪（市政协）、西门（华泰证券）、胜利门、吉祥桥（下行）、火车站	始发
6	周山浜公交总站	查　桥	周山浜公交总站、木材公司、广瑞路（甲状腺乳房病医院）、山墩凹（中储建材市场）、莫家庄（民航大酒店）、华东装饰城	停靠
10	河埒口	河埒口	商业大厦、崇安寺、东门（保利广场）、吉祥桥、火车站	停靠
11	中南分公司（扬名公交总站）	火车站	商业大厦、商业大厦（崇安寺）、中山路（下行）、国际饭店（下行）、胜利门（上行）、火车站	始发
12	彩印厂	南禅寺（朝阳广场）	火车站、国际饭店、中山路、八佰伴（三凤桥）、新生路（八佰伴）（下行）、（南禅寺）朝阳广场	停靠
13	华东商贸城	公交三场	华东商贸城、宁海里、江海新村、学前东路、金海里	停靠
15	招商城	惠畅里	南禅寺（朝阳广场）、槐古桥、东林书院、崇安寺	停靠
16	红星村	吉祥桥	西门（华泰证券）（下行）、解放西路（维尼洗衣沙龙）、胜利门（下行）、中山路（上行）、吉祥桥	始发
17	周山浜公交总站	八　士（龙潭浜）	周山浜公交总站、北新桥、漂染厂、江海东路、黄泥头、广丰、向阳、七一水厂	始发
19	梅　村	火车站	南禅寺（朝阳广场）、东门（保利广场）、火车站	始发
20	景丽苑	火车站	商业大厦、中山路、吉祥桥、火车站	始发
21	坊　前	薛福成故居	崇安集贸市场（东方汽车城二城）、尤渡苑、宁海里、江海新村、风雷新村、风光里、新生路（八佰伴）、学前街（钱锺书故居）、薛福成故居	始发

续表3-7-2

路别	起讫点		停靠辖区站点	备注
	起点	终点		
23	新安大桥（交管所）	火车站	南禅寺（朝阳广场）、东门（保利广场）、火车站	始发
24	芦庄小区	新生路（八佰伴）	朝阳广场（南禅寺）（下行）、学前街（下行）、朝阳广场（南禅寺）（上行）、新生路（八佰伴）	始发
25	南禅寺（朝阳广场）	堰　桥	南禅寺（朝阳广场）、二院（下行）、妇幼保健院（上行）、学前东路（八佰伴）、槐古桥（上行）、崇宁路（下行）、崇安寺（下行）、国际饭店、火车站	停靠
25－1	南禅寺（朝阳广场）	界　泾	南禅寺（朝阳广场）、二院（下行）、妇幼保健院（上行）、学前东路（八佰伴）、槐古桥（上行）、崇宁路（下行）、崇安寺（下行）、国际饭店、火车站	停靠
25－2	南禅寺（朝阳广场）	新塘里村	南禅寺（朝阳广场）、二院（下行）、妇幼保健院（上行）、学前东路（八佰伴）、槐古桥（上行）、崇宁路（下行）、崇安寺（下行）、国际饭店、火车站	停靠
27	河埒口	河埒口	南禅寺（朝阳广场）、新生路（八佰伴）（下行）、解放东路（上行）、八佰伴（上行）、学前街（钱锺书故居）、薛福成故居、后西溪（市政协）、西门（华泰证券）	停靠
28	赛维拉商业市场	火车站	华东装饰城、莫家庄（民航大酒店）、山墩凹（中储建材市场）、广瑞路（甲状腺乳房病医院）、商业大厦大卖场、长庆路、东门（保利广场）、吉祥桥、火车站	始发
29	凤翔分公司	金城桥	新交电胜利门	停靠
30	新区分公司	火车站	金海里、学前东路、风雷新村、风光里、东门（保利广场）、吉祥桥、火车站	始发
31	新区分公司	周山浜公交总站	体育公园（清真寺）、汤巷(下行)、薛福成故居（上行）、中国人寿营业部（下行）、复兴路、胜利门、火车站、周山浜公交总站	始发
31区	新区分公司	薛福成故居	体育公园（清真寺）、复兴路（下行）、中国人寿营业部（下行）、薛福成故居	始发
33	公交芦村停车场	周山浜公交总站	新交电胜利门、火车站（上行）、周山浜公交总站	始发
35	新区分公司	火车站	金海里、学前东路、风雷新村、风光里、解放东路、八佰伴、商业大厦（崇安寺）、胜利门、火车站	始发
35大站	新区分公司	火车站	金海里、风雷新村、解放东路、八佰伴、商业大厦（崇安寺）、胜利门、火车站	始发
42	红星美凯龙（麦德龙）	解放东路（八佰伴）	华东装饰城、华东装饰城A站、尤渡里、宁海里、江海新村、风雷新村、风光里、检察院（下行）、解放东路（上行）、学前东路（八佰伴）	始发
45	太湖花园三期	周山浜公交总站	金海里、学前东路、江海新村、上马墩三村、锡沪立交、丁村立交、丁村、广勤路（锡山医院）、木材公司、火车站（下行）、周山浜公交总站	始发
49	周山浜公交总站	藕　塘	周山浜公交总站、北新路、漂染厂、江海东路	始发
51	公交三场	外下甸工业园区（普惠自动控制）	体育公园（清真寺）、文化宫、南禅寺（朝阳广场）、风光里、风雷新村、学前东路、金海里	停靠
52	向　阳	河埒口	广丰、黄泥头、江海东路、漂染厂、北新路、周山浜公交总站、新交电胜利门	停靠
53	梅　园	新生路（八佰伴）	朝阳广场（南禅寺）（下行）、学前街（下行）、南禅寺（朝阳广场）（上行）、新生路（八佰伴）	始发
55	招商城	向　阳	周山浜公交总站、木材公司、广勤路（锡山医院）、丁村、广丰、大鹏公司、向阳	停靠
57	旅游商贸学校	金城桥	胜利门、吉祥桥、东林书院、槐古桥、南禅寺（朝阳广场）	停靠
58	公交修理厂	胜利门	胜利门	始发
60	盛岸路停车场	胜利门	火车站（下行）、胜利门	始发
60区	华东商贸城	易初爱莲（惠山店）	华东商贸城、尤渡里、靖海医院、塔影一村、塔影桥、井亭立交（旧货市场）、华新里、火车站	停靠
61	毛岸里	彩印厂	大鹏公司、广丰、丁村、广勤路（锡山医院）、木材公司、国际饭店、吉祥桥、胜利门	停靠

续表3-7-2

路别	起讫点		停靠辖区站点	备注
	起点	终点		
63	宁海里	宁海里	宁海里、尤渡里、靖海新村、靖海医院、塔影一村、塔影桥、长庆路、东门（保利广场）、中山路、解放西路（维尼洗衣沙龙）、西门（华泰证券）、后西溪（市政协）、薛福成故居、学前街（钱锺书故居）、八佰伴、解放东路、风光里、风雷新村、江海新村、宁海里	始发
65	市职教中心	火车站	金海里、学前东路、风雷新村、风光里、新生路（八佰伴）、八佰伴（三凤桥）、胜利门（下行）、中山路（上行）、国际饭店（上行）、火车站	始发
65支	坊　前	火车站	金海里、学前东路、风雷新村、风光里、新生路（八佰伴）、八佰伴（三凤桥）、胜利门、火车站	始发
66	太湖花园三期	火车站	金海里、学前东路、风雷新村、风光里、解放东路、八佰伴、商业大厦（崇安寺）、胜利门、火车站	始发
67	火车站	南方泉	火车站、新交电（胜利门）、西门（华泰证券）、体育公园（清真寺）	始发
68	紫京饭店会议中心（汇光）	火车站	朝阳广场（南禅寺）、学前街（下行）、二院（上行）、商业大厦（崇安寺）、胜利门（下行）、国际饭店（上行）、火车站	始发
75	金城桥	广益佳苑	商业大厦、崇安寺、东林广场、长庆路、塔影桥、塔影一村、靖海医院、靖海新村、广益路（下行）、锡沪装饰市场（莫家庄）（上行）、广益佳苑	始发
77	江南大学（无锡职院）	火车站	井亭立交（旧货市场）、华新里、国际饭店（上行）、吉祥桥（上行）、火车站	始发
80	火车站	信息职业技术学院	火车站、吉祥桥、东门（保利广场）、长庆路、商业大厦大卖场、广瑞路（甲状腺乳房病医院）、山墩凹（中储建材市场）、莫家庄（民航大酒店）、华东装饰城	始发
81	金城桥	锡惠公园	朝阳广场（南禅寺）、学前街（下行）、二院（上行）、八佰伴（三凤桥）、商业大厦（崇安寺）、胜利门	停靠
82	三国城	火车站	中山路、火车站	始发
83	梅　园	火车站	新交电胜利门、胜利门（上行）、火车站	始发
85	惠华新村（公交驾培中心）	万力动力公司	胜利门、商业大厦（崇安寺）、八佰伴（三凤桥）、二院、朝阳广场（南禅寺）	停靠
85区	惠华新村（公交驾培中心）	南禅寺（朝阳广场）	胜利门、商业大厦（崇安寺）、八佰伴（三凤桥）、解放东路（下行）、二院（上行）、朝阳广场（南禅寺）（上行）、南禅寺（朝阳广场）	停靠
86	芦庄小区	复兴路	体育公园（清真寺）、薛福成故居（上行）、后西溪（市政协）（下行）、西门（华泰证券）（下行）、中国人寿营业部（上行）、复兴路	始发
87	火车站	鼋头渚（犊山）	火车站、中山路（上行）、胜利门（下行）、商业大厦	始发
88	灵山胜境	火车站	解放西路（维尼洗衣沙龙）、火车站	始发
89	灵山胜境	火车站	南禅寺（朝阳广场）、东林书院、火车站	始发
90	牌　楼	火车站	胜利门、中山路（上行）、国际饭店（上行）、火车站	始发
96	凤翔分公司	招商城	新交电胜利门、西门（华泰证券）、后西溪（市政协）、体育公园（清真寺）	停靠
97	渔父岛（西堤）	南长街	体育公园（清真寺）、文化宫	停靠
98	渔父岛（西堤）	胜利门	火车站、胜利门	始发
99	寺头村委	101医院	广益物流、江海东路、漂染厂、北新路、火车站	停靠
100	信息职业技术学院	国联大厦	广益佳苑（下行）、锡沪装饰市场（莫家庄）（下行）、广益佳苑（锡沪装饰市场）（上行）、广益路（上行）、山墩凹（中储建材市场）、广瑞路（甲状腺乳房病医院）、商业大厦大卖场、长庆路、东门（保利广场）、国联大厦	始发
102	盛岸路停车场	春江花园	解放西路（维尼洗衣沙龙）、国际饭店、广瑞路（甲状腺乳房病医院）、山墩凹（中储建材市场）、莫家庄（民航大酒店）、华东装饰城	停靠
201	铁路货运站	火车站	朝阳广场（南禅寺）、八佰伴（三凤桥）、胜利门（下行）、中山路（上行）、火车站）	始发
202	港务三区	火车站	胜利门、火车站	始发
204	河埒口	火车站	新交电（胜利门）、吉祥桥（上行）、火车站	始发
205	金城桥	民丰里	井亭立交（旧货市场）、华新里、火车站	停靠

续表3-7-2

路别	起讫点		停靠辖区站点	备注
	起点	终点		
207	水星饭店	西门（华泰证券）	西门（华泰证券）	始发
208	惠华新村（公交驾培中心）	火车站	解放西路（维尼洗衣沙龙）（下行）、中山路、国际饭店（下行）、吉祥桥（上行）、火车站	始发
209	公交三场	新生路（八佰伴）	朝阳广场（南禅寺）（下行）、学前街（下行）、南禅寺（朝阳广场）（上行）、新生路（八佰伴）	始发
211	蠡湖苑	胜利门	商业大厦、崇安寺、东门（保利广场）、吉祥桥、胜利门	始发
213	南禅寺（朝阳广场）	民丰里	井亭立交（旧货市场）、华新里、火车站	停靠
215	南禅寺（朝阳广场）	叙康里	南禅寺（朝阳广场）、妇幼保健院（上行）、学前东路（八佰伴）、市公安局（下行）、检察院（下行）、崇宁路（上行）、东林书院（下行）、东林广场（上行）、长庆路、塔影桥、塔影一村、塔影二村、风雷新村、学前东路、金海里	停靠
216	惠华新村（公交驾培中心）	八佰伴	解放西路（维尼洗衣沙龙）、胜利门（上行）、吉祥桥（上行）、中山路（下行）、崇安寺、崇宁路、三凤桥（东方巴黎）（上行）、八佰伴	始发
310	梅　园	火车站	胜利门、火车站	始发
311	招商城	彩印厂	朝阳广场（南禅寺）、二院、八佰伴（三凤桥）、商业大厦（崇安寺）、中山路、国际饭店、火车站	停靠
312	向　阳	火车站	向阳、大鹏公司、广丰、丁村、广勤路（锡山医院）、木材公司、商业大厦大卖场、长庆路、东林广场、崇安寺、商业大厦（崇安寺）、胜利门、火车站	始发
313	旅游商贸学校	红星桥	胜利门、商业大厦（崇安寺）、八佰伴（三凤桥）、二院、朝阳广场（南禅寺）	停靠

说明：上述资料由区建设部门提供。

出租车　80年代前，社会客运行业经历人力车（俗称黄包车）、人力三轮车、机动三轮车的演变。1978年5月由市公用事业处和三轮车管理处、三轮车合作社合并组建的无锡市出租汽车公司位于人民中路。1985年，市出租汽车公司与国际信托投资公司联合成立无锡市中北汽车公司（两块牌子，一套机构），共有大小客车、轿车124辆。先后开办无锡至宜兴张公洞、灵谷洞、慕蠡洞一日游，善卷洞、太极洞一日游以及黄山五日游、杭州三日游、苏州一日游等定期旅游班车和临时游览包车，与扬州、盐城、靖江开办联合旅游班车。1986~1995年，无锡市区出租汽车发展迅猛，出租汽车增至2000余辆。1997年7月，出租汽车实行营运证公开拍卖有偿使用。1998年初，为便于群众识别和乘车，出租车统一喷制上黄下蓝的出租车专用色。1999年11月，无锡中北汽车公司被无锡大众交通有限责任公司兼并。2001年，为解决出租车档次偏低，车容、车貌、车辆安全技术性能差等问题，"夏利"出租车被淘汰更新。2003年9月，开通出租车GPS调度中心"2588288"叫车服务热线，并实施"油改气"。2004年6月，出租汽车推广应用IC卡。迄2005年，市区出租汽车达4640辆。其中，位于人民中路35号的无锡市出租汽车服务中心有限公司（亦称无锡市交通出租汽车有限责任公司）拥有出租汽车400辆。

【铁　路】

无锡火车站　建于清光绪三十二年（1906），位于通运桥北堍，后历经多次改扩建，至1985年建筑面积4500平方米。1988年4月拆除重建，1989年1月竣工启用，占地面积2.46万平方米，建筑面积1.25万平方米，有候车大厅5个（其中软席候车室1个），时其规模、设施、站屋容量和吞吐能力等在沪宁线上仅次于上海新客站。1994年8月，投资近2亿元的火车站广场一期改造工程竣工。1999年4月，无锡火车站由一等站升级为中国铁路系统的最高等级站——特等站，成为上海铁路局管内首批客货运特等站。2002年9月，投资3亿多元的火车站广场二期改造工程竣工，客运配套设施先后建成并投入使用。2003年，开通西出口处；启用建筑面积738平方米的新售票大厅，其中票厅建筑面积276平方米，售票窗口由15个增加到22个；建成建筑面积3582平方米的新行包房，其中库房建筑面积2371平方米。2005年10月，火车站站屋南立面改造竣工，候车大楼南立面扩出14米，高度增加到22.8米，建筑面积增加1100平方米。是年底，软席候车室扩建为上、下2层，由原来的556平方米扩大到1868平方米，并增设国宾厅。迄2005年，无锡火车站建筑面积达1.92万平方米。

无锡火车站 （孙怡摄）

货　运　80年代，辖区有担负零担货运为主的火车站北门货场，以及地方企业建造的3条货运专用线：位于汤家桥畔的木材公司仓库专用线（简称木专线），担负竹木、水泥及建材货运，有线路2股，总长1340.9米，有门式吊3台，简易吊13台。位于锡沪路无锡气象台北侧的南京储运公司无锡仓库专用线（简称205专用线），担负钢铁类、金属类货物和集装箱运输，长1780米，有门式吊6台。位于广益乡长善坊东的树脂厂专用线（后更名为石化专用线），担负原油和丙烯等化工原料运输，长1161米。1985年6月，位于南门下甸桥的无锡火车站整车货场建成后，北门货场的部分业务移至下甸桥货场。1992年3月，位于南门兴隆桥的零担货场建成后，北门货场业务全部移至兴隆桥货场。辖区铁路货运仅剩专用线运输。2005年，木专线卸车8633辆，50.07万吨；205专用线发送4954辆、18.79万吨，卸车22870辆、112.92万吨；石化专用线卸车1046辆、5.44万吨。

客　运　1985年，无锡火车站开行旅客列车32对，年发送旅客731.3万人。其后，旅客列车开行对数逐年增加。1988年，增至41对，年发送旅客894万人，时为历史最高纪录。1996年1月，首发无锡至宜昌长途直通旅客列车，结束无始发长途直通旅客列车的历史。1997年4月，增开无锡至南宁长途直通旅客列车，结束无南方始发长途直通旅客列车的历史。1999年7月，又开通无锡至怀化旅客列车，结束无直通张家界旅游列车的历史。1997年4月至2004年4月，铁路先后实行五次大提速，旅客列车开行列对大幅度增加，夕发朝至的长途直通列车、一站直达北京的特快列车、公交化的城际特快列车、无锡始发的旅游列车先后开行；运行速度不断提高，部分区段旅客列车运行最高时速达到200公里。国内一流的庞巴迪列车、“T”字头特快列车于2003年6月、2004年12月先后投入运行后，运行速度最快的列车在沪锡间、宁锡间分别仅需56分钟、78分钟。2001年后，无锡火车站客流除2003年受“非典”影响略有下降外，年均以9%的速度递增。自1999年国庆节实行长假后，每年“五一”、国庆，旅游流、学生流、探亲流交织，黄金周旅客列车趟趟爆满，日发送旅客人数纪录不断刷新。2005年5月1日、10月1日发送旅客分别达4.6万人、4.88万人，为日发送旅客历史最高纪录。迄2005年，在无锡火车站办客的客运列车增加到65.5对，旅客发送量首次突破千万人，达1047.3万人。

【水　路】

无锡素有水码头之称，水路运输历史悠久。80年代，流经辖区有3条航道：老运河航道自黄泥桥至亭子桥段，长1.69公里；锡十一圩线航道自亮坝桥至长善坊段，长3.38公里；锡虞运河航道自黄泥头至向阳桥段，长0.15公里。辖区内轮船客货运站埠主要集中在工运桥、通汇桥两侧，有西梁溪路8号、19号，东梁溪路5号、9号，河埒里20号等9处。无锡地区从事水路客货运输的主要企业——江苏省江南航运公司，也位于西梁溪路1号，1986年，迁至梁溪大桥东侧江南航运大厦。

货　运　80年代，无锡地区最大的水路货运公司——江苏省江南航运公司拥有500吨以上船队31个，其中，2000吨以上船队2个、1000吨以上船队11个。主要航行于苏南、苏北地区的主要港口，承运水泥、煤炭、钢材、砂石、石油等大宗货物，以及百货、杂货、五金机械、外贸、军工产品等重点物资；承办沿海、长江沿线水陆联运中转业务和湖南、湖北、安徽等地的省外运输。1985年完成货运量224.06万吨，位居全省第一。辖区内有货运码头9处，占无锡地区的75%。其中有始建于民国时期的百杂货装卸码头、始建于1958年的火车站北门零担货运码头和始建于1960年的木专线码头。百杂货装卸码头位于工运桥南侧西梁溪路15号，为无锡最大的轮船货运码头。1985年底，该码头有垂直式岸线100米，泊位7个，3~5吨电吊机5台，抓斗机1台，铲车7辆，年装卸量达165.18万吨。火车站北门零担货运码头位于工运桥东端，为无锡最早的铁路货运码头。1985年，该码头有垂直式岸线795米，泊位54个，吊机22台，年装卸量70.12万吨。木专线码头位于锡沪路一号桥广瑞路汤家浜内，为无锡市最大的竹木装卸码头，占地面积7708平方米，其中建筑面积3134.76平方米，堆场面积1809.72平方米；有89米岸线，最大靠泊能力100吨；有3个泊位，各类装卸设备108台（套）。1985年，该码头装卸量破百万吨大关。1992年铁路货运南迁后，百杂货装卸码头、北门零担货运码头逐渐消亡。2005年10月，木专线码头投资安装1台20吨龙门吊，装卸作业能力进一步提高。

客　运　80年代初，位于工运桥北堍亮坝上江南航运公司客运站（又称江苏省无锡轮船站），是无锡地区内河客运的独家经营单位。由于乡村公路的快速发展，水上客运业务不断萎缩，仅剩无锡至宜兴、溧阳、江阴及其各乡镇的航线33条。1980年4月，开辟横渡太湖的无锡至杭州航线，同时开辟太湖一日游（蠡园、渔庄、鼋头渚、三山），承包无锡至东、西洞庭山和太湖七十二峰环湖游等团体专轮游览，代办无锡杭州瑶琳洞、绍兴、莫干山及安徽黄山等旅游业务，购置湖光、湖辉、二泉等13艘新颖客轮投入运营，有客位近2000个。1985年，杭州旅游线接送旅客25.13万人次，太湖旅游线接送旅客15.9万人次。1986年，工运桥轮船站埠因岸线短，泊位少，到港船舶难以集中和停靠，加之旅客拥挤，影响安全、准点，水路客运逐步迁往梁溪大桥东侧新建的江南航运大厦，后随着公路运输网络的日趋完善，内河客源锐减，航线减少到21条。1991年9月，最后2条内河航线（无锡至后塍、无锡至杨舍）撤销停航。2002年5月在亮坝上低洼地区改造时，工运桥轮船站埠被拆除。2003年5月，太湖一日游、无锡至杭州线水上旅游业务停办。

第七节　邮政　电信

无锡最早成立的电报局、邮政局、电话公司均设在辖区。后机构、体制虽多次撤并，但邮政、电信总部始终驻于区内。1985年，辖区有位于健康路口的无锡邮电局，以及邮电支局、邮电所、报刊门市部、集邮门市部、报刊零售亭等多处邮政电信营业场所，在街巷路口设有众多邮筒（邮箱）。1994年12月，无锡邮电局在火车站西侧设立无锡邮区中心局，担负全市邮件的分拣分发等业务。1995年，建胜利门邮电所。1998年10月，邮、电分设为无锡邮政局、无锡电信局，分别主营邮政通信、电信通信业务，无锡邮政局迁至健康路87号汇能大厦，辖区内时有人民路、工运路2个邮政支局。1999年，为适应邮、电分营的新情况，邮政服务网点全面调整，人民路、工运路邮政支局升格为邮政中心支局，人民路邮政中心支局管辖人民路、惠山2个邮政支局，工运路邮政中心支局管辖工运路、北栅口、锡沪路3个邮政支局。2000年，无锡电信局更名为江苏省电信有限公司无锡分公司。2001年，随着市区行政区域调整，人民路、工运路邮政中心支局改组为邮政营业局，各邮政支局相应改称邮政中心支局。2004年5月、9月，人民路邮政中心支局、无锡邮政局先后迁入县前东街18号国邮大厦。2005年，邮政营业局、邮政中心支局分别改称邮区中心局、邮政分局。是年，辖区内设有无锡邮政局，邮区中心局、速递业务局、集邮业务局、储汇业务局、报刊发行业务局、函件业务局、电信业务分局、城区营业局等8个中心局，人民路、工运路、锡沪路3个邮政分局，以及朝阳、东林、胜利门、周山浜、江南城、靖海、江海、丁村等8个邮政代办所，另有邮政报刊亭、邮政社区服务中心等邮政营业场所多处，并拥有众多邮筒（邮箱）及居民信报箱。辖区还驻有江苏省电信有限公司无锡分公司，以及该公司和江苏移动通信有限责任公司无锡分公司、中国联通有限公司无锡分公司、中国铁通集团有限公司无锡分公司下属的众多营业网点。

80年代后，辖区内邮政通信事业进入迅速发展的新时期，函件、包裹、汇兑、报刊发行、电报、电话等传统业务得到巩固，特快专递、物流业务、信息类以及邮政储蓄等邮政业务先后开办或恢复，邮政业务种类不断增加，为无锡市民提供多方位的服务。市内电话号码继1981年11月由4位制升为5位制后，1985年又升为6位制，成为江苏省第一个市内电话使用6位制的城市。1992年，地处火车站西侧的邮政枢纽中心1.67万平方米的主楼投入使用，邮电服务能力进一步提高。1994年8月，市内电话号码升至7位，电话通信跨入现代化大城市行列。1995年后，邮政储蓄、特快专递、商业信函、礼仪特快、电话声讯、可视电话、数字移动电话、全省联网BP机、数据通信、英特耐特国际互联计算机网络系统等一批新型业务大幅度发展。90年代后期，邮政部门在有条件的居民新村小区开办邮政社区服务中心，为居民提供平信收寄、报刊收订、报刊零售和牛奶配送等服务；在所有居民新村小区大规模增设居民信报箱。1999年，邮政服务网点实现营业微机化。2000年，邮政开通“11185”服务热线，电信业务结构由低层次向高层次转变，先后推出并完善数据通信、电话声讯、可视电话、一线通、校园卡等10余种智能化、轻型化新业务，并为地方经济和社会各界提供远程教育、网上医疗、网上购物、高速接入、长途IP电话等多种信息时代所需要的通信服务，邮政电信经营的业务种类得到极大的扩展。20世纪末、21世纪初，在固定电话不断扩容、无线电话不断普及的同时，电信大力推进信息化建设，先后完成信息港工程、宽带网络工程、上网工程。2003年，邮政全面启动邮筒、信报箱更新改造工程，更新的邮筒采用国家标准的YEXT10－3新型邮绿色铸铁邮筒，带有醒目的“中国邮政”标志；信报箱根据新村不同情况，采取“街巷式”后开门、“标准式”、“集群式”和单户式信报箱等4种方式。2005年12月，市内电话号码再次由7位制升为8位制。

无锡通信大楼（90年代）　（区建设部门供稿）

【邮政业务】

函　件　80年代初，除传统信函业务外，恢复寄发各种商务性质广告及印刷品、宣传品和代收货款、国内邮件回执业务，恢复军邮免费投递。1985年，开办国际、国内特快专递邮件服务，此后得到不断发展。1996年，无锡邮电局增设邮政商业信函公司（1999年改为邮政函件局、2003年改为函件业务局），专营邮政各类函件业务。1997年8月，创办《邮送广告》，开办商业信函和邮送广告业务，函件发展立足商函类、广告类、明信片“三位一体”，重点突破银行、通信、保险对账单寄递业务。1998年，又增设邮政广告有限公司，专营邮政广告类业务。20世纪末、21世纪初，函件业务升级为以商函广告为重点，商业信函、邮送广告、明信片、户外广告“四业联动”的业务发展架构，大力发展套封式账单插页广告业务和商场、超市商品目录寄递业务，将函件业务逐步深入到社会经济领域，全面拉动函件业务的增长。2003年4月1日起，“邮资已付”戳停止使用。

包　裹　80年代，有生活用品包裹、商品包裹、航空包裹、保价包裹等各类收寄业务。1984年底，火车站广场邮政转运大楼开办商品包裹收寄处。1985年新增国际国内特快专递商品包裹业务，包裹业务量逐年递增，1994年达到高点，之后，包裹业务量有所萎缩，2000年降至低点，比1994年下跌一半以上。1998年7月1日起，为适应铁路提速列车停站时间缩短的变化，取消火车重件邮递、停办邮政快件业务。2001年3月市内实行包裹直投到户，8月又开办国内快递包裹业务。2002年12月，人民路支局在全市首开台湾小包业务，收寄平常航空小包。2003年6月，人民路支局对从日本、韩国、美国和澳大利亚4个国家和中国香港地区寄往无锡市范围内的部分小包和包裹实行按址投递到户，免收投递费。2004年5月用户自带邮票方式纳费收寄国内包裹扩大到辖区内所有邮政支局、所，9月快递包裹直投到户扩大到金城路、环湖路、钱荣路、312国道以内。2005年7月起，包裹邮寄执行《国内邮政包裹详情单》行业标准（YZ/T 0104–2004）。

汇　兑　邮政汇兑限额历经多次变化，80年代为5000元。1995年，开办国际特快汇款业务。2001年9月，开办邮政电子汇兑业务。2005年，实施邮政储蓄、邮政汇兑系统两网互通工程，辖区内邮政汇兑进入电子化时代。

报刊发行　80年代初，邮政部门发行报刊杂志达740余种，此后逐年增加，1985年，达到2920多种。1987年后，《无锡日报》等报纸相继自办发行，邮局报刊发行业务受到较大影响。嗣后，通过加强报刊发行的组织，报刊发行的种类增加到1992年6500种左右。1994年为缩短报刊投递时限，原来在上海发行的《新民晚报》《解放日报》移交无锡分印，辖区内报刊订阅量大幅增加。1999年，在居民小区新增一批信报箱，9月，在人民路、中山路、崇宁路、新生路等处新设20余只新颖美观的报刊亭，每只面积达4.5平方米，扩大报刊零售业务。2000~2005年，以稳定党报党刊和大幅度提高区域性、竞争性、效益性的报刊收订量为目标，加大收订力度，报刊发行量保持高位增长。

位于解放东路的邮政报刊零售亭（2005）　（孙怡摄）

邮政储蓄　1985年前邮政储蓄长时期停办。1986年4月1日，人民路邮电支局率先开办邮政储蓄业务，办理活期、整存整取定期和零存整取3种储蓄业务，储蓄325户，存款总额1.78万元。后陆续增加集体零存整取、迎春有奖、邮电之友、职工爱国储蓄、小学生零钱献“四化”等储蓄新品种。1990年2月，又开办异地存取、汇转储等特色业务。1992年，推出“全家乐”“金猴有奖储蓄”2个新储种。1996年，实施邮政绿卡工程后，邮政储蓄网点实现全市联网运作，通存通兑。1997年10月，汇兑实现电子汇票，邮政储蓄进入电子化时代。2000年，邮政储蓄加入全市银行卡网络，并开通证券资金账户联网业务，邮政绿卡可在全市银行卡允许的特约商户中通用，邮政绿卡消费范围扩大到商厦、超市、酒店、娱乐、美容等众多行业。2002年，完成邮政银联卡改造和绿卡炒股系统、代收费服务系统、综合网信息发布系统的开发，并推出“邮政通”、小额质押贷款业务。是年10月，邮政银联卡加入全市银联卡

位于学前街健康路口的邮政储蓄银行（2005）　（孙怡摄）

系统。2005年，实施邮政储蓄、邮政汇兑系统两网互通工程，邮政储蓄全面进入电子化时代，辖区内邮储网点开办储蓄、汇兑、银行卡、代理保险等门类齐全的邮政金融业务，是无锡金融体系不可或缺的重要组成部分。

邮政代理　1998年邮电分营后，除继续保留原有各类邮政业务外，又陆续开办185订票（铁路、民航）、入账汇款和礼仪汇款、邮政礼仪、国内货运、代理平安保险公司保险、中速重件、中速到付、代收货款出口、绿卡（折）代收水费、长江三角洲区域“EMS限时专递”、新加坡“限时专递”等项业务。2002年，在胜利门等社区开设“便民亭”——邮政社区服务中心，为社区及附近居民提供平信收寄、报刊收订、报刊零售和牛奶配送服务，还为社区居民提供免费投送包裹、代收各类费用、提供社区阅报栏、治安报警和综合性邮政服务。2003年，先后开办代收电费、销售移动充值卡和联通充值卡业务，并利用GPRS技术在自助缴费机、邮政报刊亭、社区服务中心为市民提供无线代收费服务。2004年，开办代收水费服务。2005年2月，邮政人民路营业厅代理销售电信小灵通手机及放号业务。是年9月，邮政人民路、县前街网点代售无锡市客运公司长途汽车票业务，为无锡市民特别是在锡打工、就读的农民工和学生出行提供方便。2005年12月，利用邮政11185服务热线，代理深航无锡分公司国内、国际航空机票业务。

2005年崇安区辖区无锡市邮政机构情况一览表

表3-7-3

序号	机构名称	地　址	电话号码	邮政编码
1	人民路支局	人民路226号	82729227	214001
2	朝阳邮政所	解放东路805号	82724467	214002
3	江海邮政所	学前东路507号	82434910	214026
4	工运路支局	陈白头巷1号	82305436	214005
5	胜利门邮政所	解放西路23号	82715397	214001
6	东林邮政所	人民东路104号	82302306	214007
7	周山浜邮政所	广勤路225号	82446000	214008
8	锡沪路支局	锡沪路350号	82402368	214011
9	丁村邮政所	广瑞路110号	82441407	214016
10	靖海邮政所	靖海新村23号	82444716	214011
11	江南城邮政所	广勤路397号	82446722	214011
12	集邮公司营业部	人民西路53号	82726801	214001

说明：上述资料由区建设部门提供。

【电信业务】

固定电话　无锡解放后，固定电话历经7次扩容，1985年升为6位制，市话总容量和用户实装数逐年增加。1986年，长途电话“173”主接制业务开通省内南京、镇江、常州、苏州、扬州、南通及江阴、宜兴、靖江9个市（县），全自动直拨业务发展到全国100个城市。此后，长途电话开通线路不断增加。1987年1月24日，全市第一批投币公用电话亭在火车站出口处、东方红广场（现三阳广场）、胜利门第一百货公司等处安装并投入使用。1988年，固定电话陆续增加国际直拨、国内直拨、热线服务、呼叫等待、转移呼叫、叫醒服务、遇忙回叫、呼出加锁、缩位拨号、三方通话、免干扰等新的服务项目，人民路邮电营业大厅开设10只长途全自动直拨电话公用通话间，其中2只可直拨国际长途电话。1992年12月，市邮电局在上马墩街道成立全市第一个公用电话管理站。1994年6月，公用电话管理网络拓展到辖区所有街道、地区。1995年7月1日，撤销“113”长途台，长途电话网实现全自动化。1999年，有人值守公用电话逐步淘汰，开始普及卡式电话。2005年12月10日零时起，市内电话号码升至8位。

无线通信　无线寻呼系统开通于1986年2月，初为寻呼机（俗称BP机）。1989年5月，区教育局下属教学仪器设备公司贷款5万元，在原崇安寺小学内开办教仪寻呼台。迄1990年，无线寻呼用户达4068户，移动电话（俗称“大哥大”）达105户。1991年，无线寻呼发展到6411户，移动电话达156户，分别较1990年增长57.60%和48.57%。1994年，随着“127”无线自动寻呼和“128”中文汉字专用寻呼台的开通，其无线寻呼、移动电话分别增至9515户、200户，教仪寻呼台时为无锡市规模较大的寻呼中心。1995年，无线寻呼开通全国最大、最先进的“128”“129”全省联网无线寻呼系统，提供更为完善的无线寻呼服务。与此同时，随着移动通信A网、B网、G网的不断扩容，移动通信网络信道数量逐年增加，至1997年，辖区内移动通信基本实现无缝覆盖，BP机业务逐年萎缩，直至停用。1998年，教仪寻呼台停业。2003年4月，“小灵通”电话应运而生，与移动电话同步发展，可提供传统的语音功能，支持小灵通之间、小灵通与固定电话“家加e”之间的短消息互发，订阅气象预报、新闻、股票等信息。2004年10月，小灵通又与移动、联通互通短信业务，并相继推出绿色上网、商务灵通网、包月听信息、电子警察违章查询、公积金查询等业务。

电　报　1985年，全市50%以上的电报服务网点在辖区内，有车站路、东大街、新彩路、图书馆路、汉昌路、人民路、解放北路等电报营业场所。1989年，64线分集机开通投产，接入城乡支局的16条电路和至宁、沪等地的23条电路，来去电报基本实现自动化处理。是年，还开设礼仪电报业务。1990年，电路总数增至49条。是年11月，首次开放118台用户电报设备交发和收受公众电报业务。1991~1993年，开办“请柬电报”“鲜花礼仪服务”新业务。1995年11月，电传——传真自动联网系统正式投入使用，电报传递速度大大加快。1996年，随着电话普及率的提高，普通电报业务量减少，而鲜花礼仪电报业务量增加。1997年，电报通信网络数据改造全面完成，电报通信实现数字化。2000年普通电报业务完全萎缩，11月无锡电信中心报房撤销。2005年12月公众礼仪、鲜花礼仪电报业务取消后，已有110年历史的电报通信方式彻底退出历史舞台。

信息化建设　90年代初开始，启动信息化建设。1991年11月，开通分组交换公用数据网，提供分组专线、传真存储转发和电子邮件业务，X.25业务成为无锡电信最早的数据业务。1994年4月，又开通市话数字数据（DDN）通信系统。1995年开始，向公众提供Internet互联网业务，通过163拨号接入公众分组交换数据通信网，实现家庭计算机与国内外联网进行计算机通信。1996~1997年，DDN网和CHINANET网扩容后，数据通信用户得到较大发展。1997年2月，市计委、科委、人事局、统计局、人民银行等首批18个部委办局与无锡邮电局联合开发建成无锡信息港，实现信息资源共享。1998年，数据通信网开始引入异步传输模式（ATM）技术，提供高速帧中继业务（FR）和ATM业务，并完成163与169机房的合并，实现数据通信网真正意义上的无盲点覆盖。是年12月，无锡信息港开通崇安寺街道映山河社区信息服务点，在网上开通家政服务、社区教育、证券信息、维修服务等服务项目，时为全市街道地区首家。1999年，首先启动政府上网，初步实现政府服务社会的数字化、网络化。是年9月，连元街小学建成江苏连元网校（www.lyjxx.net），时为江苏省内首所网上小学、国内第一所网上实验小学，网校共有60台奔腾电脑，开设《网校指南》《试题库》《网上课堂》《课外天地》《教学研究》《电子期刊》等栏目，面向全国招生。2000年，建成ATM本地网，成为窄带、宽带数据专线业务承载平台和高效畅通、完善统一的公用通信网络平台。启动企业上网工程。在互联网建立企业网页或发布产品信息，利用虚拟主机或主机托管，申请建立企业站点，开展多形式的电子商务活动，商业大厦首建东方百业网，中国银行、招商银行推出网上结算、网上支付，华泰、国联等多家证券公司实施网上交易。2001年后，互联网进入宽带时代，推进宽带IP城域网、信息化小区、数字化社区建设。启动学校上网工程，辖区内学校实现“校校通”，并开展视频点播、远程教学等宽带多媒体应用，为各类社会成员提供多层次、多样化的教育服务。2002年，启动家庭上网工程，在辖区内大力推进社区信息化，实现为住户提供快捷方便的信息查询、网上求助、远程教育、网上医疗、网上购物、网上点播、机车船票预订等信息传输服务。2004年，城域网出口链路从2.5G步入20G时代，“网上银行”“网上证券”“网上报关”“网上教育”“网上直播”“电视电话会议”“语音信箱”“绿色上网”等服务和应用得到普遍推广，新建小区全面建成信息化小区。“政府上网”“企业上网”“学校上网”“家庭上网”四大上网工程的实施，有力地推动信息化建设的进程。

第四编

崇安新城

崇安新城（简称新城或广益片区）位于崇安区东部,东起桐桥港，南至太湖大道，西沿江海东路、锡沙路，北至北兴塘河。面积4.68平方公里。区域内有尤渡、莫家庄、广丰3个行政村（社区）和丁村一部分，居民1.09万户、3.95万人，其中，常住人口1.17万人，外来人口2.78万人。

新城是无锡市“十五”期间“南、中、北”联动开发建设的3个片区之一。2005年8月，崇安区根据无锡市委、市政府的决定，把开发建设广益片区作为重点，迅速成立崇安新城（广益片区）开发建设领导小组和开发建设指挥部，并组建广益建设发展有限公司，作为开发建设实体。是年12月全面启动。

2006~2010年，崇安区以打造“精品工程、品牌工程、民心工程”为总目标，以“一年构建框架，三年初具规模，五年打出品牌”为总要求，牢牢把握开发建设与完善城区功能、增强经济发展能级、推进城市化进程、提升社会环境水平、改善居民生活质量相结合的理念，抢占先机，破解瓶颈，创新举措，统筹协调，强化基础建设投入，完善城市管理功能，大步推进片区土地资源整合开发，以“市场集聚群、新型住宅区、商务休闲城”为标志的新城框架基本成型。以建材装饰家居、日用五金机电、汽车汽配为主业的街区式、商场化、主题型市场群初步形成，成为锡城现代服务业集聚区，向长三角辐射。以哥伦布广场、中华美食文化博览城为载体的50万平方米的城市综合体初步建成。“广益家居城”品牌逐步深入人心，广益家居城先后被中国建材装饰装修行业协会授予“全国装饰材料配套园”，被市政府授予“无锡市重点服务业集聚区”。与此同时，新城2个百万平方米的居住区初步建成，昔日凌乱分散的村落已整体融入城市，展现出“整洁、通畅、文明”的环境新形象。新城经济效益和社会效益同步提高，贡献份额不断提升。迄2010年，全社会累计投资200亿元，其中，用于产业转型和市场建设103亿元。片区市场面积由100万平方米增加到180万平方米，市场成交总额从60亿元上升到200亿元，占全区市场成交额的25%。国内生产总值从36亿元攀升到70亿元，翻近一番。新城建设者正朝着“把广益片区建成产业集聚、居住集中、项目集约，具有鲜明区域特色和较强竞争力的现代化新城区”而继续努力。

第一章　规划与政策

2005年9月，市委、市政府先后出台《关于加快崇安、南长、北塘新城部分重点片区开发建设的意见》《关于加快崇安、南长、北塘新城部分重点片区开发建设的补充意见》等文件，在片区规划、用地、财税、投资等方面提出优惠政策和扶持措施，区紧紧抓住促进和扶持新城发展的机遇，乘势而上，立足规划先行，以规划引领开发建设，规划设计面向国际招标，2005年12月，选定法国亚邦建筑景观城市规划设计公司（简称法国亚邦公司）为崇安新城概念规划设计单位。2006年6月13日，召开崇安新城控制性详规论证会，6月15日，市委、市政府通过崇安新城（广益片区）总体规划。规划立足体现高起点、前瞻性、科学性，把建成“市场集聚群”“新型住宅区”“商务休闲城”作为新城功能定位，并形成“一年构建框架、三年初具规模、五年打出品牌”新城建设目标。

第一节　规　划

【规划现状】

2005年，区域内尤渡、莫家庄、广丰3个行政村有土地468.28万平方米，其中，建设用地（含村办工矿企业）71.40万平方米，农用田35.34万平方米，住宅占地65.20万平方米，经营性用地106.20万平方米，国有土地、道路及非村办工矿企业190.14万平方米。各类建筑258.01万平方米，其中，市场66.32万平方米，商业用房17.12万平方米，仓储用房8.4万平方米，工厂厂房18.61万平方米，住宅55.73万平方米，新村公房91.83万平方米。区域内东西向道路有太湖大道、学前东路、上马墩路、锡沪路、广益路，南北向道路有江海东路（原312国道）、广南路、包张路。其中，上马墩路、广南路等属镇级干道，路况较差；作为连接中心城区重要通道的锡沪路仅为两车道，是严重影响区域交通的瓶颈；区域东部的桐桥港路待建，乡村支路交通更为拥挤。水、电、气、热、通信、排污、广播电视等公用配套设施虽已起步，但尚未完善。新兴塘河、北兴塘河、大寨河、桐桥港、前进河等河道穿越区境。

2005年前，区域内3个行政村依托独特的交通优势、区位优势和土地资源优势，大力发展以商贸流通、现代物流等为主的第三产业，初步建成条状带状式的锡沪路建材一条街，形成以机电、装饰装潢建材和汽配为主的市场特色，市场营业面积100万平方米，年成交额60亿元。此外，区域内有都市型工业企业85家，除恒昌合成纤维厂、顺达塑料厂等规模较大外，均为小型企业。2004年，区域内3个行政村可用村级财力3150万元。

【规划编制】

为使规划编制更符合片区实际，更具前瞻性和科学性，区委、区政府多次就“片区功能特色、城市功能完善、社会事业统筹、资源优化配置、发展环境设计、基础设施衔接、周边地区协调”等提出建设性意见和建议。2005年9月上旬，市规划局组织召开无锡市3个片区概念规划国际招标会，香港何智荣事务所、法国亚邦公司参与崇安新城概念性规划设计竞标。是年11月中旬，市委副书记周解清主持召开片区概念性规划中期汇报会，对概念性规划初稿进行修改。同年12月9日，再次召开崇安新城概念性规划评审会，经上海同济大学、南京东南大学等7名专家评审，最终选定法国亚邦公司作为崇安新城概念性规划设计单位。2006年2月起，进入控制性详规设计阶段，新城控制性详规又历经市规划局多次修改完善。是年6月13日，召开崇安新城控制性详规论证会，市发改委、城区办、国土、建设、交通、环保、教育、民政、供电、电信、水利、园林、公用事业、交警、消防、自来水、燃气等部门负责人参加论证，确定并通过崇安新城控制性详规方案。同年6月15日，崇安新城（广益片区）总体规划获市批准。

【规划内容】

功能定位 规划新城功能定位为区域商贸中心和居民住宅区，其中，学前东路以北、广益路以南区域为商贸市场区；学前东路以南地区和广益路以北区域为新型住宅区。规划建成市场集聚群、新型住宅区、商务休闲城。市场集聚群：规划依托现有机电、装饰装潢建材和汽配市场的特色，通过沿路沿街改造、布局调整、功能整合，拓展延伸，由条状带状式向板块式发展，逐步形成3大规模市场。即：锡沪路两侧的广益建筑材料、装饰装潢、家具家居专业市场；学前东路北侧的日用五金专业市场；以及江海东路东北侧的汽车零配件专业市场。三大市场总面积扩大到180万平方米，年成交额200亿元。新型住宅区：规划依托新的交通和区位优势，逐步在学前东路南侧、广益路北侧开发建设集中居住区，片区商品房、经济适用房和农民安置房，总面积达到200万平方米。在广益路与广南路交界的东北侧、太湖大道01号地块内以及广丰地区建成3个睦邻中心，形成社区设施完善、环境优美的新型社区。商务休闲城：规划依托路网建设，结合江海东路、广南路、学前东路、上马墩路、锡沪路和广益路两侧商业设施的整合改造，整体提升商贸、餐饮、休闲娱乐等行业和商贸服务业的发展能级，吸引更多的人流、资金流和信息流，逐步形成繁华的商贸休闲街区。结合广益路北侧睦邻中心建设，把广益路建成以综合性商业、服务、休闲、娱乐为主要功能的商贸街，与市场群相呼应，与住宅小区服务相配套。

用　地 新城土地实行统一规划、统一管理。根据片区“商贸和居住”的功能定位，规划用地比重为：市场商贸用地21.91%，居住用地35.5%，预留用地6.77%，道路、绿化、水渠用地32%，行政、社会事业用地3.82%。为更加灵活地利用片区土地，总体规划特设预留用地，视片区以后发展再予确定用地性质。

交　通 规划新城形成“三纵”（江海东路、广南路、广桐路）“五横”（太湖大道、学前东路、上马墩路、锡沪路、广益路）路网格局。规划广南路向南延伸到江海东路，拟建桐桥路。上马墩路向东延伸到锡山区交界；广益路向西延伸至广瑞路；并整体改造锡沪路。围绕“三纵”“五横”，再改扩建若干条支路，东西向有广博路（原新民西路、新民北路）、广吉路（原锡洲路）、广祥路（原府北路）和广源路等；南北向有广栖路（原江海路辅道）、广谐路（原莫家庄中心道）、广和路（原包张路）等，构成通畅、便捷的路网。无锡市轨道交通2号线经锡沪路至上马墩，分别在锡沪路东和龙吟广场旁设置站点。

公共开放空间 规划以龙形生态景观带为纽带，构建整体和谐的公共开放空间体系。龙形生态景观带由贯穿新城全境的绿化带和5个景观广场组成，总长8.8公里。绿化带从北到南，贯通广丰河、广益河（路）、桐桥港、尤渡浜、上马墩路及广和路等道路、河道两侧的绿化带。景观广场为龙形生态景观带的节点，有龙吟广场（原名龙头广场）、龙腾广场（原名龙亿广场）、龙轩广场（原名龙祥广场）、龙潭广场（原名龙河广场）、龙蟠广场（原名龙安广场）。

配套设施 规划新城建设睦邻中心2~3个，小学2所，幼儿园（托儿所）4~5所，医疗卫生服务点2~3个，文化体育设施（含区全民健身中心）2个和街道行政服务中心。

分区布局 规划新城建设8个区域。1号区为广丰地区。规划进行整体改造，沿河建高层住宅和公共配套设施，沿江海东路为市场商贸设施。2号区为江海东路东侧沿路地段。规划在现有的基础上完善。3号区为广益路两侧地区。规划为商贸、居住预留用地，是今后开发建设重点。4号区为锡沪路两侧地区。规划以锡沪路为轴心，进行整合、改造和提升，突出形象设计，塑造新的形象。5号区为上马墩路东段两侧地区。规划局部改造。6号区为学前东路北侧地区。规划重点完善。7号区为学前东路南侧地区。规划保留现居住区建筑，增设生活配套设施。8号区为太湖大道北侧地区，为以多层为主的住宅区，规划完善居住小区，配套公共设施。

规划目标 按照“一年构建框架、三年初具规模、五年打出品牌”新城建设目标要求，规划用5~6年时间，全面建成崇安新城。2006~2008年为整体推进阶段。重点是推进基础设施建设，形成“三纵五横”路网雏形。推进市场的整合、改造和建设，形成规模型主题市场群。推进住宅小区的建设，形成现代化的新型社区，促进农村城市化、农民市民化的转变。2009~2010年为全面提升阶段。重点是优化环境，放大资源，提升市场的发展层次和能级，提升区域综合竞争力。具体目标为“三个建成”：优化运行环境，提升市场发展水平，建成全国一流的品牌市场群；放大优势资源，加快发展以商贸休闲业为主的相关产业，建成无锡城东地区繁华的商贸商务中心；强化城市功能，营造良好的创业、安居环境，提升社区管理服务水平，建成具有鲜明区域特色和较强竞争力的现代新城。

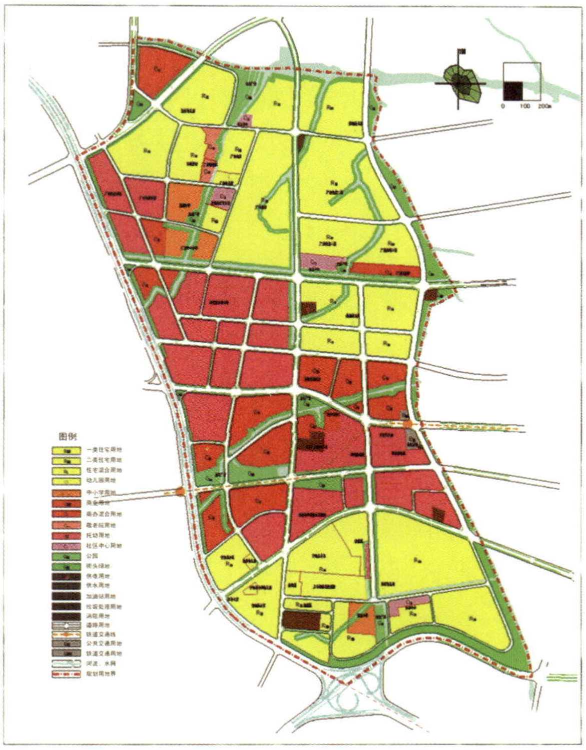

图4-1-1 崇安新城详规图

第二节 政 策

2005年9月至2008年，市委、市政府先后出台《关于加快崇安、南长、北塘新城部分重点片区开发建设的意见》《关于加快崇安、南长、北塘新城部分重点片区开发建设的补充意见》等文件，除在用地、财政、投资、睦邻中心建设等方面提出许多优惠政策和扶持办法外，在规划编制设计、经费来源等方面也都提出具体的政策和要求，与此同时，区配套出台物业管理等方面的政策措施，全面推动新城可持续发展和协调发展。

【用地政策】

建设用地的政策有：根据重点片区的控制性详细规划，按照“分期开发、集中建设”的要求，依据重点片区地块前期开发和招商情况，由市国土等部门研究制定分期分批的土地出让计划，具备出让条件的地块通过市级土地市场统一公开出让。对于经营性用地实行净地出让，地块前期开发（包括地块拆迁）由区委、区政府负责实施。市国土部门负责做好土地征收和征地补偿安置及行政划拨用地的审批报批、原出让土地使用权收回、土地权属变更登记工作，经营性用地公开交易方案的制定，组织招标、拍卖、挂牌等工作，制定相关土地使用政策。

【财政政策】

财政资金的扶持政策有5项：1. 市级对重点片区开发建设资金和土地出让收入实行统收统支，

专户管理。区政府负责重点片区开发建设的资金筹措和使用，并对重点片区内的土地收入、开发建设支出实行专户管理，专账核算。重点片区范围内的拆迁安置、基础设施和环境建设及其他的政府公益性项目在重点片区土地出让收入中列支。经营性项目通过市场化方式运作。2. 市土地储备中心负责筹措1.5亿元，预拨给广益建设发展公司5000万元，用于重点片区开发建设的启动。3. 区政府制定年度开发建设项目计划及收支预算，经市财政局、发改委、建设局审查汇总报市政府批准后实施。4. 重点片区范围内的地块一律实行净地出让，土地出让收入扣除土地整理成本和中央、省、市各项规费后的净收益，市级集中20%，其余80%由市财政局拨付给区，专项用于重点片区基础设施、环境建设及其他的政府公益性项目建设。5. 重点片区内建设项目基础设施配套费（105元/平方米）按市有关规定统一收取，由市及时全额返还区，专项用于重点片区内的基础设施建设。市土地收购储备中心预拨给各区的5000万元启动资金，自2007年起到2010年，从重点片区土地出让收入中逐年扣还四分之一，市土地收购储备中心免收利息。

【投资政策】

项目投资开发的政策有：根据重点片区控制性详细规划和开发建设需要，经市政府批准，可将重点片区内重要的城市主干道列入市级政府投资项目计划，项目投资实行市、区共担，其中，拆迁安置费用由区承担，工程费用由市级承担。根据重点片区开发建设需要，市规划部门会同区认真做好重点片区内拆迁安置房总量的测算工作，在市区范围内合理规划布局，相对集中建设拆迁安置房。拆迁安置房由有关部门统一建设，统筹使用，资金按市有关规定结算；也可由重点片区开发建设指挥部按市有关规定组织建设和安置。重点片区内区属及以下工业企业的搬迁调整，由区政府和重点片区开发建设指挥部负责实施，实施中，可享受原市属工业企业搬迁调整同等优惠政策（包括整体收购补偿款的税收、新址开工建设的有关规费等方面）。

【配套政策】

睦邻中心建设政策　2008年，市政府在《关于规划和加快睦邻中心建设的暂行意见》中提出，新城睦邻中心建设要坚持“政府主导、多元投入、市场运作”的宗旨，遵循“有序、规范、配套”的原则，编制睦邻中心建设规划，规范睦邻中心设计，保障睦邻中心公益性功能，探索良性运营机制，实现消费者、经营者、政府“三满意”。要把睦邻中心建成集社区事务服务、社区文化、社区卫生以及商业和健身、休闲、娱乐为一体，公益性服务与商业经营活动相结合，以满足居民基本服务需求为主的商业项目。要采取“功能定位在先，开发建设跟进，长效后续管理”的运营模式，由所在区级政府或企业负责建设和管理，通过“规范化经营、标准化管理”，提高睦邻中心运营的水平和效益，增强睦邻中心的公共服务功能和商业运作能力。中心建成后，公益性功能部分产权由所在地区级政府所有并由区级政府使用，非公益性部分由产权所有人自行管理。对睦邻中心内开设的托儿所、幼儿园、养老院、残疾人福利机构、医疗诊所等具有社会福利性质的服务项目，经市主管部门批准、税务部门审核，可免营业税、城市维护建设税和教育费附加。

物业管理政策　2006年，区政府出台《关于规范和加强安置房小区物业管理的意见》，明确新城安置房建设单位必须按照规范设计要求，将小区内部各种配套用房、设施、设备完善到位，及时交付给物业公司进行规范管理、合理使用。不准将小区规划内的公建配套用房和各种设施设备，擅自出售或挪作他用。安置房建设单位要依据《无锡市普通住宅物业管理服务简明标准（试行）》，与物业公司签订前期物业管理服务合同，确定服务标准和相应收费等级，由物业公司直接向业主收取物业管理费和电梯使用费。各社居委（村）可根据各自承诺，自行制订物业管理费优惠政策（免收年限、金额等）。业主凭物业公司发票根据相应优惠政策到所在社居委（村）报销。各安置房小区要根据物业管理条例的有关规定，建立安置房共用部位、共用设施维修资金制度。维修资金按建筑面积每平方米50元标准缴纳；设有电梯的，按建筑面积每平方米40元标准缴纳电梯更新资金。

第二章　基础设施

2006年起，按照城乡规划、基础设施一体化的要求，持续加大基础设施建设投入，统筹有序推进城市建设。按照“分期开发、集中建设”的要求，结合市场整合提升、城市功能扩张、住宅小区建设，大步推进区域土地资源整合、出让和开发，通过社会招拍挂，累计出让地块34幅、100.85万平方米。2006~2010年，基础设施建设累计投资5亿元，其中，给水工程3374万元，供电工程1.12亿元，天然气工程1854万元。区域内水、电、气、热、通信、排污、排水等管网全部实现与市区对接，形成“三纵”（江海东路、广南路、广桐路）、“五横”（太湖大道、学前东路、上马墩路、锡沪路、广益路）的路网体系。与此同时，建成新型居住区285万平方米，其中安置房面积超过150万平方米。占地3.78万平方米的龙轩、龙腾、龙潭、龙蟠4个广场相继建成开放，龙形生态景观带基本形成。控源截污有序展开，完成广塘联圩和北兴塘河为主的环境整治，确保北兴塘河放马滩水质达标。社区建设稳步推进，社会公益性项目投入逐步加大，在全市率先建成以社区服务、社区文化、社区卫生等公益性服务为主的广益睦邻中心，相继建成广博、尤渡2个社区睦邻中心和广丰、尤渡、莫家庄3个社区服务中心；以及广益养老中心、社区青少年校外活动场所等；配套建成银行、邮政、药房、超市、菜场、电影院等一批公共服务设施，初步形成居民生活保障、医疗保健、文化娱乐、社区教育等一体的社区服务网络体系。新城总体环境的承载力、竞争力和吸引力日趋增强。

第一节　土地开发

2006年起，持续推进新城土地资源的整合、出让、开发、利用，为促进中心城区的转型发展、功能提升和城郊结合部形态的改观发挥重要作用。迄2010年，通过招挂拍形式，推介出让34幅、100.85万平方米（1513亩），主要是商业、办公和居住用地。其中，商业用地14幅，综合用地14幅，商业住宅用地4幅，科研与文化用地2幅。与此同时，2006~2010年间，顺利实施农用地转性，有26.67万平方米（400亩）农用土地转为建设用地。

在土地资源的整合利用中，坚持以规划为先导，按照总体规划和功能定位，对列入规划的37幅地块，分门别类地做好调查、归类、变性等前期准备工作。根据年度土地出让计划，本着“公开、公平、公正”的原则，每年组织地块招挂拍，配合市国土资源、规划、财政等部门做好出让金（含有关规费）的收缴，以及土地使用情况的监管，确保新城市场和住宅小区建设有序推进。在土地开发中，坚持以“产业集聚、项目集约”为目标，以地块推介为纽带，瞄准国内外名企、名牌，组织招商引企，先后引进月星集团、重庆金科集团、上海南方房地产开发公司等一批国内著名品牌企业，形成品牌效应，提高土地利用率，提升土地资源能级。迄2010年，片区内商贸地块容积率控制在2.5左右，住宅或商住地块容积率控制在3.0左右，个别商业办公用地容积率达到3.5。随着土地集约程度的提高，地价不断攀升，区域内地价已升至每平方米0.9万~1.17万元。

其间，新城注重自主开发，充分发挥广益建设发展公司，以及街道、行政村在土地整合、出让和开发中的主动性、积极性，以项目为纽带，自主开发和储备一批经营性地块。迄2010年，通过市场运作，公司、街道及3个行政村拥有土地资产29万平方米（合431亩），为今后新城稳步、健康、可持续发展增添活力和潜力。经招拍挂的34幅地块中，广益名品城一期等10幅地块的开发项目或楼盘已建成；好艺家家居广场扩建等11幅地块的开发项目或楼盘已全面启动建设；金科大酒店等5幅地块的开发项目或楼盘进入规划设计。

2006～2010年崇安新城招挂拍推介出让土地情况一览表

表4-2-1

年份	数量（幅）	面积	位置
2006	10	28.97万平方米（435亩）	广益路加油站、月星国际家居广场等
2007	12	39.88万平方米（598亩）	包巷桥地块、华东商贸城北侧、华厦家居港等
2008	4	11.27万平方米（169亩）	崇安新城28号地块、宁海里小学北侧等
2009	4	4.28万平方米（64亩）	汇华医药地块、睦邻中心、地板馆等
2010	4	16.45万平方米（247亩）	新天地地块、锡沪装饰材料市场二期地块等
合计	34	100.85万平方米（1513亩）	

说明：上述资料由广益建设发展（集团）公司提供。

第二节　路网建设

围绕构筑“三纵”（江海东路、广南路、广桐路）、“五横”（太湖大道、学前东路、上马墩路、锡沪路、广益路）的路网格局，道路建设力度不断加大，建设步伐加快。2006年7月，由市投资建设的广南路北段（锡沪路—广博路）建成通车。是年10月，实施长1500米的广南路南段（锡沪路—学前东路）和长1380米的上马墩路东段（江海东路—广桐路）等主干道延伸工程。2007年4月，实施长640米的广栖路（锡沙路—广益路）、长900米的广源路（广南路—广桐路）新建。是年10月，投资2.54亿元，建成长4.42公里的上马墩路东段、广南路南段、广源路、广栖路等4条主干道，市实施的锡沪路（广益段）整治工程同时竣工。2008~2010年，重点推进区域内支路及市场内部道路改造、延伸，先后完成长5.58公里的新明西路、广丰路、广和路、广谐路、广吉路、广祥路、徐巷路等7条支路的改扩建。此外，还投资360万元，新建桥梁4座。区域内交通状况明显改善，通行能力明显提高。新城范围已形成“三纵”“五横”的路网体系，成为无锡市东部区域性交通枢纽。

第三节　生态景观

2006年起，坚持把环境作为资源，大规模实施生态工程建设。迄2010年，贯通新城区域的龙形生态景观带框架基本形成，龙潭、龙轩、龙腾、龙蟠等4个景观广场成为体现新城独特形象的点睛之作，优化新城生态环境的标志性工程。2010年初，又实施锡沪东路包装出新工程，对沿线建筑物及铺面立面进行改造，设置景观，提升亮化效果，锡沪东路成为“广益家居城”品牌核心地段和无锡市又一条示范道路。

【绿化带】

2006年起，结合道路建设和河道整治，建设龙形生态景观带，在广丰河、莫家庄河、广南河、尤渡河沿河堤岸和广南路、广益路、广栖路，广源路、上马墩路道路两侧，群植、行植乔木灌木和花卉，沿地形起伏配置植物群落，疏密有致，高低错落，自北至南，交相辉映，联接景观广场。迄2010年，贯穿新城全境、长8.8公里的绿化带基本建成，绿地面积超过2万平方米，社区绿化率达到42.53%。

【景观广场】

景观广场是龙形生态景观带的节点。迄2010年，龙轩、龙潭、龙腾、龙蟠等4个景观广场先后建成，对外开放。龙吟广场尚在规划中。

龙轩广场 位于广益路与广南路交汇处，北倚广益睦邻中心，似如龙体。2006年10月启动建设，2007年5月1日建成开放。占地6000平方米，投资1825万元。广场设置音乐喷泉、文化回廊、临水木榭、绿化小品等景观，与住宅区内景观浑然相连。广场不定期举办文艺演出、公益性活动，组织健身、交谊舞等文化体育活动，成为城东地区的市民广场。

龙潭广场 位于广丰河与兴塘河交汇处，广益博苑北侧，临水而建，似如龙尾。占地1.34万平方米，投资2800万元，2007年10月启动建设，2008年2月15日建成开放。河东广场倚水植绿、曲径小道、亭台石凳，造型别致，极具艺术意境。

龙腾广场 位于锡沪路与广南路东南交汇处、广益家居城中心，与家居创意设计园相临。2008年10月启动建设，2009年8月1日建成开放。占地7200平方米，投资3500万元。广场以绿地为主，崇安新城“腾龙”象征性地标设置于此，高9.8米，青铜铸造，呈三龙盘旋升腾状，竖立式鹅蛋造型，寓意崇安新城三大支柱产业开拓、腾飞。

龙腾广场（2009.12） （广益集团公司供稿）

龙蟠广场 位于广和路（原包张路）与广源路的西南交汇处，尤渡苑安置房小区东侧，太湖大道广南立交北面，似如龙盘之势。占地1.12万平方米，投资2300万元，2009年动工兴建，2010年建成开放。是区域南片社区居民文化休闲活动的主要场所。

龙吟广场 位于上马墩路与江海东路交汇东北侧，金科·观天下住宅小区北面，临尤渡河，是广益新城龙形景观带的龙头。占地2.76万平方米，投资1.5亿元。广场以“龙”为特征设置景观，体现江南古典园林与现代建筑相结合的建筑风格，分设绿化景观区、中央广场区和临水休闲区，将水、景、绿融为一体。2006年5月立项，2007年7月完成定点工作。

第四节 环境治理

【广塘联圩内河整治】

2006年起，持续开展区域内河道整治。投资5500万元，实施广塘联圩内河综合整治工程，涉及广丰浜、尤渡浜等10条河道，修建驳岸、挖淤清流8040米。投资350万元，实施水循环利用、雨水收集、污水集中处理工程，铺设广南路（广博路—锡沪路）、锡沪路（江海东路—广桐路）、广南路（锡沪路—江海东路）、上马墩路（江海东路—广桐路）、广栖路（锡沙路—广益路）、广源路（广和路—

广南路）等6条道路污水管网5805米。投资320万元，铺设广益星苑A块、广益博苑一期和尤渡苑B块3个安置房小区污水管网4900米，实现新城与市区管网的对接。2008年，又根据市政府治理太湖的新要求，以北兴塘河整治为重点，开展对辖区内河道及河道两侧企业、居住小区排污的专项治理，重点铺设和完善污水管网，抓好河道清淤和排污口封堵，以及驳岸整修等项工作。是年5月，市在新城召开治理太湖工作现场会，推广北兴塘河整治成果。其间，还投资395万元，新建范古桥闸站，防汛排涝能力得到进一步提高。

整治后的江张浜（2004）（广益街道供稿）

【企业“退城进园”】

2006年起，按照“以民为本，保护第一，生态优先，集约节约”的要求，结合功能定位，先后实施化纤厂、金三角、铝片厂、汽修厂、顺达塑料厂、座垫厂、六色厂、九棉厂8个地块，以及尤渡、莫家庄、广丰3个工业园区的“退二进三”，60余家街道、村工业企业先后搬迁，或迁入广益毛岸地区，或迁入新区、胡埭、安镇等工业园区，或关停。迄2008年，片区内工业企业“退城进园”率达95%，基本完成原工业企业的转型。同时，区域内的石化总厂等部属企业也陆续搬迁。新城范围内的环境品质得到较大提升。

第三章　市场集聚区

2006年新城开发建设启动后，按照建设市场集聚区的功能定位和目标要求，对90年代后逐步形成的片区内锡沪路两侧建材网店、装饰材料市场进行大规模整合、改造和提升，从根本上解决市场分散，档次低、规模小、竞争力弱的问题。2006~2010年，累计用于产业转型和市场建设的投资达103亿元。其中，2006~2007年，先后建成月星国际家居广场、广益装饰市场名品城一期、佳润建陶名品城、东鹏国际卫浴精品馆、徐家木业地板精品馆，以及广益汽配城B区一期。2008~2010年，又相继建成广益汽配城B区二期、锡沪装饰材料市场地板精品馆、华厦家居港、广益装饰名品城二期等规模型主题市场；同时，实施嘉饰茂国际装饰精品广场的新建，广益汽配城C区一期和好艺家国际家居广场的扩建；以及广益商公园、广益家居创意设计园、哥伦布广场一期等商贸商务项目建设。迄2010年，新城市场总面积达到180万平方米，年销售额200亿元。锡沪路、广益路、学前东路沿线及周边已崛起以华厦家居港、月星国际家居广场、广益装饰名品城等一批大型主题型、规模型市场，成为锡城东郊的城市副中心。崇安新城先后被中国建材装饰装修行业协会授予“全国装饰材料配套园”称号，被市政府命名为无锡市重点服务业集聚区。

第一节 专业市场

通过区域市场的全面整合和资源优化配置，迄2010年，锡沪路、广益路、学前东路3个片区已形成各具特色、业态鲜明的市场集聚群。其中，锡沪路片区以13家规模型主题市场为主体，以建材装饰、家居家具行业为特色；广益路西北侧片区以广益汽配城为主体，以汽车汽配行业为特色；学前东路片区以华东商贸城为主体，以日用五金家电小商品行业为特色。华东商贸城、华厦家居港、锡沪装饰材料市场、广益汽配城、月星国际家居广场、佳润建陶名品城等市场年成交额均超10亿元，锡沪装饰名品城、好艺家国际家居广场、新天地装饰材料市场等10家市场年成交额均达5亿元。

【锡沪路片区】

月星国际家居广场 位于锡沪路与广南路交汇西北侧，是新城引进的首家规模型驰名品牌企业。总投资2.5亿元，建筑面积8万平方米，局部5层，主要经营高档、著名品牌家具、家居和家饰产品。2005年12月开工，2006年5月建成开业。时为无锡乃至周边地区家具家居行业的“航空母舰”。

月星家居广场（2010.6） （广益集团公司供稿）

好艺家国际家居广场 位于锡沪路北侧，毗邻锡沪地板精品馆和嘉饰茂居家生活广场。一、二期工程先后于2004年3月和2005年10月建成开业，建筑面积4万平方米，经营灯具、灯饰、电器、五金等商品。2006年12月，通过公开招标，拍得锡沪路北侧汽修厂地块，2008年4月启动改扩建，投资1.5亿元，建筑面积扩大到8万平方米，是长江三角洲地区规模较大的家装灯具电器市场。

新天地装饰材料市场 位于锡沪路南侧，与锡沪装饰名品城相邻。1996年8月建成开业，建筑面积4.8万平方米，内设涂料油漆、印刷包装机械、纸张材料、床上用品布料、窗帘布艺和墙纸墙艺六大主题区，入驻商户800余家。

华厦家居港 位于锡沪路与广和路（原包张路）交汇东南侧，占地5.73万平方米，系华东建材市场和华东装饰城改扩建项目。2007年9月开工，尤渡实业总公司投资5亿元，2008年12月建成开业，建筑面积15万平方米，地上四层，地下一层，经营卫浴、厨具、油漆涂料、照明、木材、五金、家饰及基础建材等16大类上万种商品，为无锡单体量最大的商场式、多功能、现代化建材市场。

华厦家居港（2010.6） （广益集团公司供稿）

华东装饰城 位于锡沪路二号桥。由广益乡尤渡实业总公司投资建造，1999年6月建成开业。占地6.8万平方米，建筑面积8万平方米，经营各类中高档板材、五金机电、灯具饰品、涂料油漆等商品。2007年9月，其大部分建筑与华东建材市场改扩建为华厦家居港后，仅剩广和路（包张路）西侧商铺。

锡沪装饰材料市场 位于锡沪路和江海东路交汇东北侧。1997年10月建成开业。1998年后，历经3次改扩建，至2005年，建筑面积10万平方米，入驻商户300余家，主要经营各类中高档板材、五金机电、涂料油漆、卫浴建陶、窗帘布艺等。2006年实施商场化改造。2007年8月启动市场改造一期工程（即锡沪地板精品馆），2008年8月建成开业，总投资8000万元，建筑面积3万平方米，经营大自然、梓光等百余个国内外一流品牌地板。

锡沪装饰材料市场地板精品馆（2008） （广益集团公司供稿）

广益装饰名品城 位于锡沪路与江海东路交汇东南侧，原为广益街道恒昌合成化纤厂厂区。2005年9月，启动开发改造，2006年6月，一期工程建成开业，总投资8000万元，建筑面积4万平方米，高5层，主要经营高档建陶瓷砖、卫浴洁具、窗帘布艺、墙纸地毯、家居饰品、艺术玻璃等商品。2008年11月，二期工程开工。翌年11月，竣工开盘，建筑面积10万平方米，总投资4.5亿元，主要经营高档装饰产品。

嘉饰茂居家生活广场 位于锡沪路北侧，与好艺家国际家居广场毗邻。2008年4月开工，总投资4.8亿元，建筑面积8万平方米。其北侧为高18层的“姐妹楼”，1~4层为现代化商场，以租赁方式经营装饰精品，高层为酒店式公寓；南侧倚临锡沪路，为2000平方米的景观广场。

东鹏国际建材卫浴精品馆 位于锡沪路北侧。2005年8月启动建设，2006年6月建成开业，总投资2000万元，建筑面积1万平方米，为东鹏品牌的建筑装饰材料产品在江浙皖地区的代理商和连锁企业，经营建陶、卫浴、木业制品、装饰五金等家居装饰组件，并从事建材、装饰材料产品的创意、研发工作，是研发、展示、销售、服务寓一体的家居业企业。2007年1月，通过地块招挂拍形式，拍得尤渡村包巷桥（含东鹏国际建材卫浴精品馆在内）地块，规划建造建筑面积8万平方米的东鹏D-PARK国际创意中心，定位为集家居产业研发、设计、产品展示、网络购物、世界品牌专卖、青年创意个性酒店等多功能为一体的现代化国际家居创意产业中心。2008年12月，东鹏国际建材卫浴精品馆移至华厦家居港地下一层营业。2009年5月9日，东鹏D-PARK国际创意中心开工，东鹏国际建材（中国）总部基地开业。

佳润建陶名品城 位于锡沪路与广南路交汇处，傍倚易初爱莲超市。2006年1月开工，8月建成开业，总投资1亿元，建筑面积4万平方米，主要经营中高档建陶卫浴、家私、家饰等建材装饰产品。

徐家木业地板精品馆 位于锡沪路北侧，易初爱莲东侧。是一家自行制造、自主销售木业制品的著名品牌企业。2006年4月改扩建，投资1000万元，建筑面积1万平方米，经营徐家木业品牌高档地板、木门及其他高档品牌木制装饰材料等。

佳润建陶名品城（2010.6） （广益集团公司供稿）

【广益路片区】

广益汽配城 位于广益路与江海东路交汇东北侧。其前身为广益商城丁村汽配市场和广丰汽配市场。2004年8月，与无锡柯兰实业有限公司合资组建，总投资8亿元，建筑面积21万平方米，由A、B、C三个区域组成，为一个集汽车零配件、汽保设备、汽车用品、汽车美容功能于一体，融汽车知名品牌展示、销售、快修于一身的展销平台。汽配城A区位于北部，2004年8月开工，2005年7月竣工开业，建筑面积1.5万平方米。B区位于中部，2005年12月至2008年2月，分两期建成。其中B区一期建筑面积6.5万平方米，2005年12月开工，2006年6月竣工开业；B区二期建筑面积4.5万平方米，2007年5月开工，2008年2月竣工开业。C区位于西南部，毗邻广益路。规划分两期建成。其中C区一期建筑面积4万平方米，2008年5月开工；C区二期建筑面积4万平方米，待建。

广益汽配城（2010.1）　　（广益集团公司供稿）

【学前东路片区】

华东商贸城　位于广南路和学前东路交汇处的东北侧，由尤渡实业总公司、无锡市德元投资有限公司、无锡腾锦商贸有限公司合资开办，总投资3.5亿元，建筑面积8万平方米。2004年12月竣工开业，主要经营建材、五金交电、灯具、饰品、百货等20多个大类万余个品种，是无锡东部最大的日用五金批零兼营市场。

华东商贸城（2005）　　（广益集团公司供稿）

第二节　市场品牌

在加快市场建设的同时，新城致力打造区域性市场品牌——广益家居城。通过强化规划设计，优化市场布局，加强招商选资，培育创新产业，优化创业环境，做强核心地段，以特色载体、特色品牌、特色人才，统一管理创品牌。

【广益家居城】

位于崇安新城东南部，以锡沪路商圈为核心，其范围包括装饰建材、汽车配件、五金机电三大市场群，面积1.5平方公里。2006年5月，举办首届无锡家居文化节，全国政协副主席黄孟复以及省市有关领导出席开幕式，6月，广益家居城被中国建材装饰装修业协会授予“全国装饰材料配套园”称号，8月，被评为无锡市重点服务业集聚区。

广益家居城（2010.3）　　（广益集团公司供稿）

2007年2月，成立广益家居城管理有限公司，对崇安新城范围内所有专业市场、商贸企业，包括建筑材料、装饰装潢材料、家具家居、日用五金、汽车配件等行业，实施统一管理、统一品牌、统一宣传。是年，广益家居城分别被中国建材装饰装修业协会、中国汽车工业协会、中国汽车工程协会吸纳为理事单位。同时，中国建筑材料检验认证中心江苏测试中心在此成立。2008年4月，会同中国汽车零配件工业公司组织举办“2008中国（无锡）汽车零配件产业科技成果展”。是年10月，出台广益家居城2009~2010年品牌创建规划，进一步推动广益家居城品牌的创建。围绕建设、推介两大目标体系，加快环境基础建设，完善服务配套设施。加快整合现有市场资源，调整专业市场布局，扩张主题市场规模，拓展家居产业链。同时，加大广益家居城品牌宣传、推广力度，“崇安新城招商手册”“广益家居城宣传册”等宣传材料散发至江浙等地区，推介到中国香港、台湾地区以及美国、日本等国家。通过电视广播、报刊、网络、广告等途径，采用座谈会、研讨会、专题论坛等形式进行宣传推介，组织企业家、专家研讨品牌建设的内涵和路径，举办文商结合、文商联动等系列文化活动，提升广益家居城知名度。2009年5月，再次举办创建广益家居城品牌论坛，来自上海、南京、无锡等地的经济学者、专家为广益家居城品牌创建出谋划策。迄2010年，“广益家居城”品牌创建取得阶段性成果。其标志为市场产业集约、市场布局合理、市场品位逐步提升，基本形成“特色鲜明、品牌支撑、品种齐全、经营诚信、服务到位”的经营态势，基本形成以锡沪路为轴线、学前东路北侧、广益路西北侧的三大市场群。同时，产业链不断延伸，创业设计、产品质检、新品展示、企业培训、配送物流等领域得到拓展，建成以展示、设计、检测为主要功能的家居创意设计园，以及融商务、文化、休闲为一体的广益商公园，成为展示企业文化与企业家风范的平台，推广企业品牌与产品的公关场所，提供信息交流与休闲生活的商务基地。市场内部道路通畅、秩序井然、清洁整齐、环境优美。广益家居城对促进区域经济发展和对市区的贡献份额不断提升，对城东地区商贸业的拉动作用日趋增强，“广益家居城”品牌的知名度、影响力日益提高，逐步成为长江三角洲地区乃至全国的著名品牌。

【无锡市家居创意设计园（俱崇安）】

位于锡沪路与广南路交汇东南侧。由广益建设发展有限公司投资建设。2007年8月开工，2008年12月竣工，总投资2.4亿元。该项目由A、B、C三个馆组成，建筑面积4万平方米，具有创意设计、产品质检、新品展示三大功能，是无锡首个信息、商务、服务平台，城市重点文化创意产业项目。2009年5月，A馆投入使用，吸引一批国内外城市环境与装饰设计工程公司和科研单位入驻。

家居创意设计园（2010）（孙怡摄）

第三节　配套设施

新城商务配套设施建设同步推进，区域内商务休闲业逐步配套完善。2007年，建成商务休闲业网点6.7万平方米。2008年后，先后启动建设哥伦布广场、中华美食文化博览城等商贸服务、休闲娱乐设施项目6个。迄2010年，已形成建筑面积50万平方米的城市综合体。

【休闲娱乐设施】

广益商公园　位于广益路北侧翰苑内。由广益建设发展有限公司投资建设，总投资1.8亿元，建筑面积3万平方米，定位为商务、文化、休闲三位一体的文化客厅。2007年10月启动建设，2008年12月竣工开放。全园融江南水乡民居风格，有楼、阁、轩、廊为特征的组团建筑11个，组团景区各有特色，又以清水景观、树木花径自然联系，凝成一个不可分割的整体。主要景观有：四柱牌坊、赏砚亭、饮墨池、映星亭、龙壁枕星、尚堤柳涛、明清照壁、瑞春桥、翠夏桥、墨秋桥和逸冬桥。园内引进会所、俱乐部、培训中心、咖啡馆、茶室、酒吧等业态，为新城企业和企业家构筑企业文化客厅，成为展示企业文化与企业家风范的平台，推广企业品牌与产品的公关场所，提供信息交流和休闲生活的商务基地。2009年5月，广益商公园艺术体验会所启用。

广益商公园（2009.6） （广益集团公司供稿）

【商务配套设施】

哥伦布广场 位于广益路与广南路交汇处西南侧，由五洲国际集团投资建设。建筑面积20万平方米，总投资14亿元。是集购物、休闲、娱乐、餐饮、商务办公为一体的综合性广场，设有规模型大超市、滨水风情美食街、家居数码街区、儿童游乐天地、时尚流行街区、休闲娱乐会所等多个区域。一期项目建筑面积12万平方米，2008年5月开工，2009年10月竣工开业，吸引家乐福超市等10多家国内外著名企业入驻，对促进和带动广益乃至城东地区商贸服务业发展和繁荣的作用日益显现。

哥伦布广场（2010.6） （广益集团公司供稿）

中华美食文化博览城 位于江海东路与广益路交汇处东南侧。由五洲国际集团投资开发建设，总投资13亿元，建筑面积19万平方米，由C、B、A三块组成，为集文化、美食、娱乐、购物为一体的大型都市商业综合体。迄2010年，C块建成开业，B块在建，A块启动。

新城钢材电子商务港 位于广栖路和徐巷路交汇处东南侧。由广益街道投资开发建设，2009年3月建成开业，建筑面积2万平方米，主要从事钢材贸易，为电子复合式商务业态。

新城钢材电子商务港（2009） （刘健华摄）

易初爱莲超市 位于锡沪路与广南路交汇处东北侧。2004年8月建成开业，建筑面积3.5万平方米。主要经营蔬菜、水果、副食品和日用品，是广益地区引进的首家国际大超市，为周边地区居民提供便利的消费环境。

民航培训中心　位于锡沪路与广南路交汇处西南侧。2008年10月，由上海民航局投资开发建设，总投资6100万元，建筑面积2万平方米，2010年10月竣工。

虹亚大厦（甲壳虫 2933）　位于锡沪路与广和路交汇处西北侧。由华仁集团建设有限公司投资开发。2008年9月启动建设高25层的综合大楼，以商贸、商务、办公为主要功能，占地5417平方米，总投资1亿元，建筑面积1.6万平方米。

此外，2009年7月13日，广益建设发展（集团）有限公司与常熟国际服装服饰置业有限公司、无锡皮革城有限公司成功签约，在宁海里小学北侧地块建设无锡电子数码城（原赛格电子城），以经营数码产品、通信产品和安全防护产品。2010年9月，由广益建设发展（集团）有限公司自主启动开发建设位于江海东路和广瑞路交汇处东南侧的广益上尚城（新城20号地块），建筑面积3.5万平方米。是年11月15日，广益建设发展（集团）有限公司又与五洲国际集团成功签约，合作开发好艺家北侧地块。

第四章　居民住宅区

新城区域内原为分散的自然村落。2002年起，随着广丰、上马墩、尤渡、莫家庄等村的土地陆续被征用，广益街道开始统一规划建造农民安置房，2003~2005年，相继建成广益佳苑（广丰小区）、尤渡苑一期、尤渡苑（上马墩）、广益佳苑（莫家庄小区）等21.86万平方米。其间，市房管局在位于广益路与广南路交汇处西北侧建造30万平方米的广益佳苑一期经济适用房，安置市区房屋拆迁户。2006年起，新城把打造“宜居城”，改善民生作为首要任务。按照在学前东路南侧和广益路北侧建造2个百万平方米居住区的总体规划，根据“商贸、居住”的功能定位和“农民集中居住”的城市化要求，高标准建设新型住宅区。迄2010年，新城内外累计建成（含在建）安置房106万平方米，经济适用房62万平方米，形成广益佳苑、广益星苑、尤渡苑、广益博苑、黄泥头佳苑、广益景苑等11个新型住宅区。村民由村落式的散居过渡到城市化的集中居住，住上花园式公寓楼。此外，在学前东路两侧和广益路两侧还建成商品房住宅区117万平方米，银仁御墅花园、金科·观天下、金科·东方王榭等高档楼盘扮亮新城。片区已初步形成285万平方米的新型居住区规模，其中，北片153万平方米，南片132万平方米。

第一节　农民安置房

2006~2010年，新城尊重民意，立足和谐拆迁，高标准建设农民安置房小区，累计用于拆迁及安置房小区建设投资45亿元。新城内外建成（含在建）安置房和经济适用房168万平方米，村民演变为市民，村落式民居锐变为花园式公寓楼，村民生活质量和居住条件得到根本性改变。

【广益博苑】

位于广博路（原尤岸路）北侧，南至广博路，西自石化总厂，北到南兴塘河。为农民安置房住宅小区。规划建筑面积30万平方米，分3期建设，由广益建设发展（集团）有限公司组织实施。迄2010年，建成安置房16万平方米。其中，一期A块建筑面积8万平方米，2007年12月竣工交付使用；一期B块建筑面积8万平方米，2010年11月竣工交付使用。建筑面积8万平方米的二期工程在建。建筑面积6万平方米的三期工程正在做前期准备。

【广益星苑】

位于广益路和广南路交汇处东北侧，东起广桐路，南至广益路，西自广南路，北到新民西路。为农民安置房住宅小区。建筑面积35万平方米，分A、B块建设。其中，A块建筑面积21万平方米，2005年启动建设，2007年12月竣工交付使用，由广益建设发展有限公司组织实施。B块建筑面积14万平方米，2004年10月启动建设，2006年3月竣工交付使用，由广益街道组织实施。

广益星苑（2010.1）　（广益集团公司供稿）

【尤渡苑】

尤渡苑一、二期安置房　位于学前东路和广和路交汇处西南侧，东起广和路，南至广源路，西自广南路，北到学前东路。为农民安置房住宅小区。建筑面积16万平方米，分2期建设。其中，尤渡苑一期建筑面积6万平方米，由广益街道尤渡村与无锡智诚实业公司合作建设，2004年4月竣工交付使用。尤渡苑二期分2块实施，A块建筑面积5万平方米，由无锡银仁房屋开发公司实施建设，2007年8月竣工交付使用；B块建筑面积5万平方米，由广益建设发展有限公司实施建设，2007年12月竣工交付使用。

尤渡苑（上马墩小区）安置房　位于广源路南侧，毗邻尤渡01号地块安置房，为农民安置房住宅小区。建筑面积4万平方米，分2期实施建设。一期建筑面积2.2万平方米，由广益街道实施建设，2004年6月竣工交付使用；二期建筑面积1.8万平方米，由无锡众润置业有限公司实施建设，2005年6月竣工使用。

尤渡安置房（2007）　（张魁杰摄）

尤渡01号地块安置房　位于广南立交北侧，北临广源路，南至太湖大道。为农民安置房住宅小区。建筑面积22万平方米，分2期建设。一期建筑面积14万平方米，由广益建设发展有限公司实施，2008年12月竣工使用；二期建筑面积8万平方米，由广益建设发展（集团）有限公司实施，2010年6月交付使用。

【广益佳苑】

广丰小区安置房　位于广丰路和广泽路交汇处西北侧，为农民安置房住宅小区，主要安置广益佳苑地块拆迁户。建筑面积2.7万平方米，由广益街道实施建设，2003年3月竣工交付使用。

莫家庄小区安置房　位于广泽路和广博路交汇处西南侧，与广丰小区安置房相邻。为农民安置房住宅小区，主要安置广益佳苑地块拆迁户。建筑面积2.3万平方米，由广益街道实施建设，2005年7月竣工交付使用。

第二节　经济适用房

新城区域内的广益佳苑是无锡市首批开发建设的经济适用房住宅小区，建筑面积62万平方米，由市房管局组织实施。分2期建设。其中，一期位于广益路与广南路交汇处西北侧唐周巷，建筑面积30万平方米，2004年4月竣工交付使用；二期位于广南路与新明路交汇处东北侧，毗邻广益星苑，建筑面积32万平方米，2005年7月启动建设，2008年2月竣工交付使用。

第三节　商品房

2006~2010年，新城区域内商品房住宅区建设投资达50亿元。学前东路两侧和广益路两侧已形成117万平方米的商品房住宅区，银仁御墅花园、金科·观天下、金科·东方王榭等高档楼盘与农民安置房相映成辉，城市形象得到大幅提升。

【金科·东方王榭】

位于广益路与广桐路交汇处西南侧，为商品房住宅区。建筑面积27万平方米，由重庆金科房地产开发公司实施建设。2007年5月启动建设，共分3期。迄2010年，一、二期已建成并售罄，其中一期建筑面积8万平方米，二期建筑面积10.5万平方米。三期建筑面积8.5万平方米在建。该楼盘为现代中式电梯花园洋房，建筑风格呈现现代居住文明和中国民居建筑之精粹，营造高雅、宁静、轻松、舒适的人居环境，是“新中式建筑”典范之作。

金科·东方王榭（2009.6）　　（广益集团公司供稿）

【金科·观天下】

位于上马墩路和江海东路交汇处东南侧，为商品房住宅区。规划建筑面积33万平方米，由重庆金科房地产开发公司实施建设。2007年2月20日启动建设，共分4期。迄2010年，建筑面积22万平方米的一、二期工程基本建成，建筑面积11万平方米的三、四期工程在建。该楼盘以巴厘岛浪漫为主题设计园林小区，营造“花世界、水世界、林世界”三大特色，构建“居繁华、享宁静、生活就像巴厘岛”的度假式生活概念，是一个集高层、酒店式公寓、时尚商业街于一体的规模

金科·观天下（2009.5）　　（广益集团公司供稿）

型社区，在全市商品房建设中颇有影响。

【银仁御墅花园】

位于学前东路南侧，东起广桐路，西至广和路，为商品房住宅区，建筑面积57万平方米。由无锡银仁房地产开发公司实施建设，是无锡首座多层电梯入户的花园式洋房社区。小区内有会所、网球场、VIP主题会所等服务设施，2005年6月启动建设，迄2010年，花园洋房社区基本建成。

第五章　社区建设

2006年起，随着区域内南北2个各百万平方米居民住宅区的形成，社会和居民服务需求随之增大。为此，新城把改善“家”的环境、提升“人”的生活质量作为首要任务，把建设睦邻中心、完善社区服务功能作为重点，依托积聚的经济实力，先后投入7亿元用于社会事业项目建设。继2007年建成全市首家睦邻中心——广益睦邻中心后，广博、尤渡2个睦邻中心相继开放，凸现文化、体育、医疗、教育、休闲、购物、餐饮等7大功能。新城范围内的尤渡、莫家庄、广丰以及广益佳苑等4个社区全部建有社区服务中心，集社区事务服务、社区居民服务和社区居委办公于一体，为社区居民全方位提供康复、健身、托老、学习、活动等服务，形成生活保障、医疗保健、文化娱乐、学习教育和治安安全等5个“10分钟服务圈”。与此同时，教育、文化、卫生、体育等社会事业同步发展，新建兰亭小学（原宁海里小学），广益、尤渡2所幼儿园成为省级优质幼儿园，新城公共配套设施不断完善。

第一节　睦邻中心

睦邻中心，源于新加坡的一个社区服务理念，是社区公益平台。2006年起，新城在推进重点片区开发的同时，把睦邻中心建设作为改善居民生活质量、构建和谐社区的重要任务，按照“政府主导、街道运作、服务为主、专业管理”的要求，统筹推进睦邻中心建设。是年12月12日，全市首家睦邻中心——广益睦邻中心奠基，市委书记与农民代表潘阿大共同为广益睦邻中心揭幕，2007年5月建成开放。2007年7月和2008年12月，又相继建成广博、尤渡2个社区睦邻中心。睦邻中心凸现文化、体育、医疗、教育、休闲、购物、餐饮等7大功能，构建起惠及人民、具有较高水平的均等化公共服务体系。市委、市政府对此予以充分肯定，自此，全市新型社区中心统一使用“睦邻中心”名称。2008年6月，市政府专门制定出台《有关规范和加快睦邻中心建设的暂行意见》，进一步明确睦邻中心的保障

广益睦邻中心（2007.5）　（广益集团公司供稿）

公益性功能，健全完善运营机制，确保消费者、经营者、政府“三满意”。

【广益睦邻中心】

位于广南路与广益路交汇处东北侧。2005年12月，由广益建设发展有限公司投资启动建设，2007年5月29日建成开放。投资1.7亿元，建筑面积4.5万平方米（含龙轩广场6000平方米），主体4层，局部5层。有便民超市、社区医院、大众药房、邮政通信、银行、少年儿童艺术培训中心、少年儿童科技馆等公益性服务单位组成，并配置餐饮店、咖啡馆、旅馆、健身中心和星级电影院等经营性文化、商业、服务设施。睦邻中心前的龙轩广场，是居民晨练、健身、文化活动的阵地，多次在此举办各类公益性宣传咨询、服务活动，组织地方戏演出和艺术品展示，每晚有老年人跳交谊舞，已成为广益片区乃至无锡城东地区社区服务和休闲娱乐活动的主要场所。

【广博社区服务中心（睦邻中心）】

位于广博路北端、广益博苑小区南侧。由广益建设发展有限公司投资建设，2006年6月开工，2007年7月竣工，总投资3000万元，建筑面积1.2万平方米。该中心建成后，由崇安新城睦邻中心管理有限公司实施统一管理。天惠超市、健身休闲会所、山禾大药房等商业网点先后入驻，极大便利广益博苑及周边地区居民。

【尤渡社区服务中心（睦邻中心）】

位于广源路东端，与尤渡苑小区相连。由广益建设发展有限公司投资建设，2007年8月启动，2008年12月20日竣工，总投资3000万元，建筑面积1万平方米。中心建成后，由崇安新城睦邻中心管理有限公司实施统一管理。联华中百超市、学生文化用品专卖、大药房，以及电子信息中心、休闲娱乐业等企业先后入驻，受到新城南片居民群众的欢迎。

尤渡社区服务中心（2008）　　（张甦杰摄）

第二节　社区服务设施

2006年起，新城以“统筹发展、均衡发展”为宗旨，对接城市功能，统筹发展教育、卫生、文化、体育等社会事业。对片区内原属广益街道管理的教文卫体基础设施进行重组、优化，扩大规模，丰富内涵，以适应形势发展和群众需求。2006年，完成广益中心小学改扩建，建成省实验小学。2010年，建成兰亭小学（原宁海里小学）。广益中心幼儿园和尤渡幼儿园均建成省优质幼儿园，区域内形成南北两所小学、两所幼儿园的布局，实现义务教育高位均衡发展。2007年，随着广益睦邻中心建成使用，使广益社区卫生服务中心和计划生育咨询服务中心规模得到扩张，城区首家计划生育“世代服务”中心在广益睦邻中心挂牌成立。与此同时，新城社区服务设施逐步完善，通过“拾遗补缺”，先后建成莫家庄、广丰、尤渡和广益佳苑4个社区服务中心，相继建成广益街道行政服务中心、广益睦邻电影院、少儿科技馆（少儿艺术培训中心）、区全民健身中心、广益养老中心等一批社会事业项目，实现区域社会事业全面协调发展，城市管理服务功能不断增强，城郊结合部整体形象日益改善。

【广益街道社区卫生服务中心】

其前身为广益街道卫生院。位于广益睦邻中心内，建筑面积5000平方米，设内科、外科、妇科、五官科、小儿科、放射科、化验室、急诊室等医疗科室和病房，有较为齐全先进的医疗设备，为居民提供预防、保健、医疗、康复、计划生育技术指导、健康教育等“六位一体”的综合服务，2007年被评为江苏省示范城市社区卫生服务中心。2001年，被授予“江苏省中医药特色社区卫生服务中心”。其挂牌成立的广益街道计划生育咨询服务中心，是江苏省人口计划生育委员会与英国玛丽斯特普国际组织合作创建的“世代服务”品牌在无锡城区的首家试点单位。计生服务中心面积950平方米，内设手术服务区、生殖健康资讯室、中西医保健室、理疗室、避孕药具展示室和专门为流动人口服务的新市民服务室。2007年5月开业以来，为企事业社保退休女职工健康体检、新市民女性免费婚育查验等服务千余人次，55周岁以下已婚属地妇女可免费享受生殖道感染体检。

【广益街道行政服务中心】

位于广益路188号，建筑面积2.6万平方米，高15层。2007年11月奠基，2009年9月建成启用。其中1~8层为街道办公用房服务，一楼设有500平方米的行政服务大厅，设办事窗口22个，窗口专职人员24人，行政服务事项涉及民政、残联、计划生育、工商税务、城市管理、劳动保障、退休管理等24项，集“一门式”办理。7~8层设有2000平方米的“广益街道文体中心”和“广益街道体育健身俱乐部”。楼内还包括崇安区人民法院广益法庭、崇安区人民检察院广益检察室、广益工商行政管理所、广益电视网络管理站等机构。

广益街道行政服务中心（2010.9）　　（广益集团公司供稿）

【广益养老中心】

位于广丰路北侧，由广益街道投资，广益建设发展（集团）有限公司实施建设。2008年10月开工，2010年1月竣工使用。建筑面积8500平方米，床位近300张，总投资约2800万元。该中心按照“养、医、娱”结合的原则，设有医疗、康复、健身、棋牌、书画、阅览、多功能活动室等场所，是集养老托老、康复疗养、休闲娱乐于一体的现代化养老机构。

广益养老中心（2010）　　（严岩摄）

【广益睦邻电影院】

位于广益睦邻中心内，建筑面积2000平方米，由广益建设发展有限公司投资建设，2008年1月建成使用。拥有专业放映厅2个、多功能会议厅和VIP豪华放映厅各1个，可同时容纳400余名观众观看。该影院加入上海联合院线，享受国内一手片源，所有影片与全国各大影院同步上映，是无锡市城东地区五星级社区影院。

睦邻影院、科技馆（2010.6）　　（孙怡摄）

【广益少儿科技馆（少儿艺术培训中心）】

位于广益睦邻中心内，由广益建设发展有限公司投资建设，2007年5月建成使用。建筑面积2600平方米，该馆引进20余款50多种不同主题的儿童科普游乐项目，将儿童世界中各个领域富于情趣的不同主题制作成可供游戏、休闲、历险的设施和展品。2007~2010年，先后接待连元街小学、五爱小学、广益中心小学、积馀实验学校等30多所学校、近3万人次来馆活动。

【崇安区全民健身中心】

位于广益街道行政大楼北侧，毗邻广益中心小学。由广益建设发展（集团）有限公司投资建设，2009年3月开工，2010年12月竣工使用。建筑面积9700平方米，投资3800万元，是一个能容纳5000人的区级体育中心。内设游泳池、篮球场、健身房、乒乓球馆、羽毛球馆等专业体育设施，是崇安区首座集健身、比赛、表演、休闲、培训等多功能于一体的体育、健身活动场所。

【江苏省无锡兰亭小学】

位于广源里199号。由原宁海里小学和尤渡里小学合并，异地新建而成。由广益建设发展（集团）有限公司投资建设，2009年3月开工，2010年7月建成使用。建筑面积1.8万平方米，投资1亿元。设48个班级，可容纳学生2000余人，由教学中心区、体育运动区和生活服务区三大区域组成，是一所融时代气息和人文格调于一体、以书法艺术为特色的学校。

兰亭小学　　（广益集团公司供稿）

第六章　机构与管理

2005年8~9月，区相继成立崇安新城（广益片区）开发建设领导小组（以下简称领导小组）、崇安新城（广益片区）开发建设指挥部（以下简称指挥部）和广益建设发展有限公司（以下简称公司）后，作为开发建设主体的广益建设发展有限公司，在领导小组和指挥部的领导下，按照新城总体规划，本着“有城有市、以城造市、以市兴城”的指导思想，推进环境性、功能性和区域性规划设计，使新城各项建设体现较强的区域特色、时代特征和产业特点。本着“好中求快、优中求进”的发展原则，有序实施市场改造、整合和提升，使片区市场的竞争力、辐射力和集聚度得到明显提高；本着“规划先导、市场运作”的工作思路，推进基础设施建设和环境建设，使新城在规划管理、土地管理、基础设施建设、品牌创建、安置房及睦邻中心建设、国有资产重组流动等方面不断取得新突破，各项开发建设得到全面有序推进。

第一节　机构体制

2005年8月，区成立崇安新城（广益片区）开发建设领导小组，组长由区委书记蒋伟坚、区长张叶飞兼任；副组长由区委副书记许新宇，常务副区长陈卫东，副区长强惠兴、李涛兼任；成员有区委办、政府办、发改局、经贸局、人劳局、财政局、民政局、建设局、卫生局、审计局、安监局、城管局、房管局、环保局、科技局、重点办、招商办、公安崇安分局、工商崇安分局、崇安消防大队、崇安交巡警大队和广益建设发展有限公司等22个单位负责人组成。领导小组下设办公室，钱俊方任办公室主任，朱协青任办公室副主任。与此同时，成立崇安新城（广益片区）开发建设指挥部，指挥部总指挥由常务副区长陈卫东兼任，副总指挥由副区长李涛、广益街道党委书记夏杰伟兼任。指挥部根据领导小组的决策，负责制定实施方案、工作计划、考核方案，研究确定建设项目实施方案、土地出让、资金筹措、审核监督等重大事项。2007年起，因人事变动，领导小组成员作相应调整，组长改由区委书记蒋伟坚、区长刘玲担任，副组长改由常务副区长陈卫东、陈国忠和副区长李涛兼任。蒋志耘任办公室主任。

2005年9月10日，区委、区政府组建广益建设发展有限公司，广益街道党委书记夏杰伟任董事长，广益街道主任唐斌彪任副董事长（2006年6月，因人事变动，调整为范洪强）。陆振华、沈继勋、陈卫东、徐建清为董事。广益街道副主任陆振华任总经理，李菊根（后调离）、孙全宝、张晓东、许国荣任副总经理。广益街道党委副书记许庆娟任监事会主席，区重点项目建设办公室主任王权任财务总监。公司在新城开发建设领导小组和指挥部的领导下，具体负责广益片区开发建设的拆迁、建设、招商、管理和融资等工作。公司为区政府直属单位，注册资金1000万元。是年11月，注册资金增至1亿元。2006年1月，公司成立下属首家子公司——崇安新城睦邻中心管理有限公司，注册资金5000万元，负责崇安新城片区内3 家睦邻中心的管理服务工作，从事电影放映、房屋租赁、物业管理、展览展示及利用自有资金对外投资等业务，公司驻所位于广南路588号。2007年6月，又成立下属第二家子公司——无锡市家居创意设计园有限公司，注册资金5000万元，负责无锡家居创意设计园的管理和服务工作，从事创意设计、房地产经纪、物业管理、展览展示服务以及建筑材料、装饰装潢材料、文化用品销售等业务。公司驻所位于锡沪路与广南路交汇处东南侧。2008年12月，为扩大融投资平台，广益建设发展公司与广益街道资产经营公司、广益街道投资发展公司合资，组建成立广益建设发展（集团）有限公司（以下简称广益集团公司），注册资金增至2亿元，董事会成员亦作相应调整，原广益投资发展公司总经理尤伟丰、广益建设发展公司副总经理沈浩宇、广益资产经营公司总经理许国荣增补为董事，沈继勋、陈卫东、徐建清不再担任董事。沈浩宇增补为副总经理。2010年，广益集团公司通过资产重组，资产总额达到50亿元，投融资功能进一步增强。公司内设“一办四部”（办公室、资产部、财务部、规划部、建设部）。驻所位于广泽路100号。

第二节　管理服务

2006年起，按照“土地集中管理、项目集中管理”的要求，调动和发挥街道、行政村的主动性、积极性和创造性，加强市场改造、拆迁安置、招商引企、城市管理、社区建设等方面工作，提升新城建设的内在动力，促进新城健康发展。

【建设项目管理】

建设项目管理有招投标、工程监理、安全生产、工程审计等4项制度。凡投资建设的基础设施、环境工程、市场配套设施、安置房、睦邻中心等项目均按照《中华人民共和国招标投标法》程序，面向社会公开招标，按照法定程序确定工程承建单位。由公司直接派员或者聘请专业人员对每项工程实施监理，确保建设项目的质量和进度。同时，实行跟踪审计、结算审计，严格控制工程项目建设成本。定期或不定期组织安全生产检查，对不安全隐患随时整改，防患于未然。

在拆迁安置上，立足规范拆迁、依法拆迁。2008年3月，新城出台《关于贯彻〈无锡市市区集体土地房屋拆迁管理办法〉的若干意见》，统一政策、统一标准、统一流程，确保拆迁工作“公开、公平、公正”，维护拆迁群众的合法权益。同时，注意发挥街道、行政村的作用，做好拆迁户的思想工作，依法推进拆迁工作。2005~2010年，新城区域内因道路建设、安置房腾地、地块出让、市场改造、河道整治等拆迁面积108万平方米，其中，住宅拆迁49万平方米，非住宅拆迁59万平方米。

【国有资产管理】

新城开发建设是政府性投资项目，对市拨启动资金及土地出让收入实行统收统支，专户管理，专账核算。除区政府委派财务总监实施全程监督外，公司从严加强财务会计和内部监督管理，建立健全财务管理、货币资金管理、费用开支管理、实物资产管理、会计电算化管理和会计档案管理等制度规定。凡土地出让收入均专项用于新城范围内拆迁安置、基础设施和环境建设及其他的政府公益性项目，凡经营性项目均通过市场化方式运作。同时，加强融投资平台建设，通过多渠道、多形式招商，融资引资，使新城建设资金实现良性循环。

2006年后，随着新城区域内广益睦邻中心、创意设计园、广益商公园等设施逐步建成，房产不断增多，并储备宁海里小学北侧等地块，新城注重加强公有资产基础管理，从完善手续，清晰产权，建章立制着手，确保公有资产不流失。同时，抓好公有资产经营，确保保值、增值，产生最大效益。公司内部设有资产部，专司新城自有资产的管理和经营。

【城市管理】

根据市政府提出的“新城内自行建设的道路、绿化、市政、环卫、交通等城市基础设施的日常养护、维修工作由崇安区负责”的要求，区、广益街道先后制定具体的实施意见。新城区域内城市基础设施的养护、维修由广益街道负责，街道成立专业队伍，进行日常管理。区域内市容保洁、广告管理、违法建筑管理等工作实行区、街道分级负责，新城予以配合。区域内各类城市基础设施由新城负责完善后，移交给管理部门，在基础设施养护、维修经费方面予以一定的支持。由于职责明确，各方通力协作，新城城市管理工作成效明显，环境面貌有较大改观。

【物业管理】

安置房小区管理　2007年5月，广益街道出台关于规范和加强安置房小区物业管理的实施办法，并成立安置房小区物业管理领导小组，对农民安置房小区实行物业管理。尤渡苑、广益博苑和尤渡01号地块等安置房小区均通过市场招标投标方式优选物业公司进行管理。广益星苑安置房小区由莫家庄村成立的物业公司进行管理。广益佳苑（莫家庄小区）、广益佳苑（广丰小区）和尤渡苑（上马墩小区）安置房原由所在村实行业主自治管理，后改为物业公司管理。小区物业管理逐步得到加强，各类配套用房、设施设备管理逐步规范完善，合理使用，并步入正常运行轨道，小区物业管理服务水平不断提高。

市场管理　2006年后，作为市场投资主体的各村实业公司，致力探索完善市场物业管理的新模式、新途径，广益汽配城、嘉饰茂国际装饰精品广场等由具有一定资质的物业公司管理。锡沪地板精品馆、华夏家居港等由村委会（村实业公司）自主管理，其他市场由业主实行自治管理。同时，新城区域内的市场均实行行业管理，由市建材行业协会实施，其管理内容包括行业数据统计、品牌宣传推介、诚信服务倡导等。

第五编

城市管理

80年代起，为适应城市建设迅猛发展的新形势，区政府适时提出以经济建设为中心、以城市管理为重点的工作方针，结合各个时期的中心任务和“太湖市容杯”达标创优竞赛等活动，不断强化城区综合管理职能，健全城市管理机构和监察队伍，使城市管理逐步步入有法可依、健康发展的轨道。90年代后，随着城市管理重心的不断下移、事权的下放，规划管理逐步从私房翻建审批，发展到围绕形成区域中心、商务中心，完成崇安区次分区规划、广益新城专项规划编制。市容管理体制机制不断创新，从“创三优”“太湖市容杯”竞赛发展到创建国家卫生城市、全国文明城市等活动，从条管为主发展到“条块结合、以块为主”的管理体制，由落实门前包卫生、包秩序、包绿化“三包”责任制逐步发展到推行“无缝隙”长效管理，由单一的市容卫生管理发展到全方位城市管理，从单兵作战发展到市区联动、多部门协同开展市容环境专项整治和综合治理，市容监督管理力度不断加大，实现整治、执法、管理同步，窗口地区秩序、城郊结合部管理不断改观，中山路建成全国百城万店无假货示范街，区多次荣获“太湖市容杯”达标创优竞赛优胜单位等称号。生态建设与环境保护力度不断加大，持续开展对古运河、北兴塘河的整治，并加强河道的清淤保洁管理，重点遏制水质恶化趋势，争创示范达标河道和景观河道，区域内大气、水、声环境状况总体得到较大幅度地改善。市政、环卫管养逐步实现机械化，管理效率和水平不断提高，城区垃圾、粪便全部实现无害化处理，道路清扫、保洁实行一体化作业和统一管理体制，道路、公厕清扫保洁权逐步面向社会公开招投标，实现作业主体的多元化。绿化养护管理不断加强，通过示范养绿、规范护绿、社会管绿，不断提高管养水平，区境内公园、行道树、街道绿地、古树名木及小区绿化、单位绿化管理水平始终名列前茅。随着住房制度改革的不断深化和住宅建设的迅速发展，物业管理应运而生并逐步得到加强，呈现物业管理多元化、管理组织多样化的发展态势，39个小区（大厦）先后被评为国家、省、市物业管理优秀住宅小区（大厦）。崇安区先后为无锡市建成国家卫生城市和创建全国文明城市作出一定贡献。

第一章　规划管理

区级规划管理一直由区建设部门负责，主要按照无锡市城市规划管理有关规定，履行分工范围内建设工程的审批监督管理，依法查处违法建筑。1986～2005年，核发、补发私房建筑执照4212户、建筑面积20.53万平方米，核发单位建筑项目563个、建筑面积5.93万平方米。结合创建国家卫生城市、安全文明小区以及环境综合治理、老新村整治等，查处违法建设3690起。2005年，区根据无锡市城市发展总体规划，结合崇安区的实际，从传统性、实用性、前瞻性出发，完成崇安区次分区规划制订。在18.55平方公里的范围内对城市的功能定位、用地功能结构、社区规划、社区划分、社区公共设施建设、道路系统、绿化设施以及文物保护一一作出规划，既为未来城区建设和发展确定框架，又为今后更好地确立崇安区的经济地位，形成区域中心、商务中心全面定位。与此同时，还完成崇安新城（广益片区）规划的制定。

第一节　区域规划

【崇安区次分区规划】

2005年，根据无锡市的总体规划，区相应制订崇安区次分区规划。次分区规划总用地面积18.55平方公里，规划人口26万人。鉴于崇安区所处无锡市商贸、金融、政治、文化中心，是历代县、市政府的所在地，次分区规划立足继承传统、注重实用、体现前瞻。规划定位为3个层次：繁荣舒适的城市公共活动中心、历史悠久的文化艺术集中区、功能完善的商贸居住综合区。

规划用地发展的功能结构为“一内一外，以点带面；三区四片，扇形展开”。“一内一外，以点带面”，即以铁路为界，形成一内一外两大片区，以核心区为点，带动整个崇安区面上的发展。“三区四片，扇形展开”，即形成火车站商贸区、北部物流园区、东部锡沪路商贸区3个产业片区和以江海路、锡沪路为界的4个居住片。它们由中心区向外以扇形的结构展开，形成一个多圈多层多块，与十字商业街区相结合的功能结构。

规划社区为“崇一”“崇二”“崇三”3个一级社区，共下辖6个二级社区。“崇一”一级社区：北面以锡沪路、广瑞路为界，其他各面皆依区界，规划居住人口6.4万，下辖崇安寺和通江2个二级社区，2个二级社区以解放路为界；“崇二”一级社区：为锡沪路以北的崇安区辖区，规划居住人口9.9万，下辖广瑞和广益2个二级社区，2个二级社区以江海东路（原312国道）为界；“崇三”一级社区：为锡沪路以南、广瑞路以东的崇安区辖区，规划居住人口9.7万人，下辖上马墩和江海2个二级社区，2个二级社区

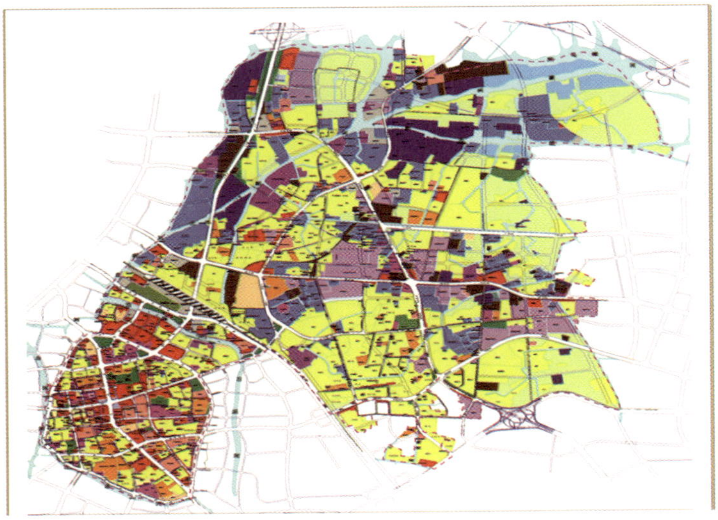

图5-1-1　　崇安次分区规划（2005）

以江海东路（原312国道）为界。一级社区（5~10万人）公共设施配套包括社区管理、社区综合经济及服务、公园广场、文化娱乐、社区体育、医疗保健、老年人群、青年人群、残疾人群等项目。二级社区（3~5万人）公共配套设施包括管理服务、综合经济、小区花园、教育培训、文化娱乐、医疗保健、老年人群等项目。

规划主干道系统为“一环三射、两纵两横”结构。“一环”为解放环路，“三射”为通江大道、人民路至广瑞路、学前路3条从中心区向外的发散形道路；“两纵”“两横”则分别为中山路、兴源路和广益路、锡沪路。规划主干道路网密度为每平方公里1.89公里。另有2条快速路作为城市区域之间快速沟通道路。分别为由原312国道改建的江海东路，以及江海东路以北路段的通江大道，从而形成一种半环形、放射状的结构。在2条快速路的交叉口，控制一块立交设施用地。规划快速路网密度为每平方公里0.38公里。

规划绿地系统为点状、带状、面状绿地相结合的布局结构。以点状和带状的道路绿地、滨河绿地为网络，结合预留的城际铁路用地，沿铁路两侧设置50米的控制绿带。以城中公园、靖海公园以及大范围均衡布局的点状绿地为节点，以面上绿地为补充，并与市郊北兴塘河湿地公园相结合，形成完整的城市绿地系统。居住用地的绿地率不小于30%；工业、交通、仓储用地的绿地率不小于25%；产生有害气体污染工厂的绿地率不小于30%，并建有至少50米的防护林带；教育、科研用地的绿地率不小于35%；医院、休闲疗养所、机关团体的绿地率为30~35%；公共文化设施的绿地率不小于35%；体育用地的绿地率大于50%。

规划景观系统为城市景观区、城市景观轴线、城市景观核三大部分。城市景观区由站前门户景观区、锡沪商贸中心景观区、北兴塘河生态旅游景观区、物流产业景观区、生活居住景观区、城市中心景观区组成。城市景观轴线由商业景观轴线、道路景观轴线、滨河景观轴线组成。城市景观核由城市广场、主要交通干道的背景建筑群、代表城市门户的窗口地段、重要的自然生态景观组成。

规划文物保护为旧城遗址格局的保护，即城市建设延续“龟背形”的城市平面格局，规划沿解放环路建设环形绿带，沿中山路、人民路建设商业景观街。对锡城的护城河——环城河加以保护、美化、绿化。历史地段保护规划为小娄巷历史街区的保护。保护范围：西到新生路，东到小娄巷横街，南到市中级人民法院，北到秦氏旧宅佚园，面积2.13平方公里。辖区文物保护单位43处，其中全国重点文物保护单位3处，江苏省重点文物保护单位11处，市级文物保护单位18处，市级文物控制保护单位11处。规划建立各类博物馆、专业陈列馆系列，建立名人纪念馆、展览馆、故居陈列室，建立城市雕塑、标志物系列，结合文化娱乐设施建设加以保护，结合城市环境建设加以利用。

【崇安新城（广益片区）规划】 （详见第四编崇安新城第一章规划与政策内容，第215页）

第二节　执法管理

80年代后，区规划管理部门依据规划执行有关法规，审批辖区居民私房翻建、处理返城的下乡知青、干部、居民建房问题和纠正违法建设。1986年，全区核发居民住宅新建、扩建、翻建“无锡市建设工程规划许可证”515户，建筑面积3.09万平方米；处理下乡返城居民的历史遗留问题149户，补办建筑执照，建筑面积4856平方米。1990年1月后，区规划管理职能和审批权限有所扩大，负责审批辖区内建筑面积在200平方米以下、檐高7米以下的区属企事业单位用房和高度在9米以下的私人住宅“一书两证”[①]的发放，以及违法建设的查处。1990年至1997年3月，共为区属企事业单位建设项目

①一书两证：无锡市建设项目选址意见书、无锡市建设工程规划许可证、无锡市建设用地规划许可证。

核发证照563个，建筑面积5.93万平方米。1997年4月起，区属企事业单位的房屋建设项目改由市规划管理局审批。其后，因旧城改造步伐加快，私房违法建设问题突出，补发建筑执照量增加。仅2002年就达820户，建筑面积3.14万平方米。1986~2005年，核发私房建筑执照1359户，建筑面积6.82万平方米；补发建筑执照2853户，建筑面积13.71万平方米。

区规划局会同街道拆除上马墩1号违章建筑（2001.6）
（上马墩街道供稿）

其间，规划管理部门还结合创建国家卫生城市、创建安全文明小区以及全市环境综合治理、老新村整治等工作，向居民广泛宣传《中华人民共和国规划法》《中华人民共和国城市规划法》《中华人民共和国行政诉讼法》等法律法规，依法查处违法建设。及时制止和处理江海新村、风雷新村、靖海新村、塔影一村、塔影二村、春晖新村、上马墩一村、上马墩二村、百岁坊巷小区、置煤浜小区、广瑞一村、广瑞二村、广瑞三村、广丰一村、广丰二村、石利新村等老新村综合整治中发现的违法建设问题。2001~2003年，先后4次对中山路、人民路、解放路、广瑞路、兴源路、通江大道、火车站广场等十几条道路和广场上的临时建筑和违法建设进行拆除，拆除面积9.45万平方米。1986~2005年，全区共查处违法建设3690起。

1986～2005年崇安区规划审批与执法情况一览表

表5-1-1　　　　单位：户、万平方米、个、起

年度	核发建筑执照				查处违法建设	补发建筑执照	
	私房		单位房				
	户数	建筑面积	项目	建筑面积		户数	建筑面积
1986~1990	858	4.90	—	—	8	157	0.51
1991~1995	285	1.17	397	4.29	500	494	1.61
1996~2000	122	0.57	166	1.64	2554	267	0.51
2001~2005	94	0.18	—	—	528	1935	11.08
合计	1359	6.82	563	5.93	3690	2853	13.71

说明：上述资料由区建设部门提供。

第三节　机　构

1985年前，建设规划管理由区政府城建科负责。1986年2月，城建科撤销，建立区建设局。1987年7月，区建设局更名为区规划建设环境保护局，除履行建设规划管理职能外，新增环境保护管理职能。1989年8月，区规划建设环境保护局分设为区建设环境保护局和区规划管理局。区规划管理局业务上受市规划局领导，专司城市规划管理工作，为区政府工作部门，正科级建制。是年10月，迁至长庆路270—1号办公。1996年10月，区建设环境保护局更名为区城市建设环保局。区规划管理局同时撤销，其工作职能划归区城市建设环保局。内设规划监察科，具体负责规划管理工作。2001年10月，区城市建设环保局撤销，成立区建设环境保护局。2002年5月，又分设为区建设局和区环境保护局，区建设局职能不变。2003年5月，区建设局搬至解放西路小尖上1号办公。

1986~2005年，区建设（规划）部门历任主要负责人有金柏清、徐志伟、徐永康。

第二章　市容管理

80年代初，市容管理主要是对辖区市容环境秩序和环境卫生进行有效管理。1984年4月，成立崇安区城市整顿管理办公室，由城建、公安、工商、卫生等职能部门组成。1989年8月，成立崇安区城市管理委员会，下设城市管理办公室，并建立15人的城市管理监察队，其后执法机构多次变化，执法主体也有所改变，逐步形成市、区、街道三级城市管理网络，特别是城市管理行政处罚权相对集中后，城市管理中多头执法、管理权限和职责划分不清、管理不严、执法扰民等问题有所解决，执法效率有所提高，形成“精简、统一、效能”的城市管理执法体制，对辖区市容市貌监督管理力度不断加大。管理职能由最初单一的市场管理发展到全面的城市市容管理，并以整顿市容、改善城市面貌为目标，建立起“门前三包”、垃圾袋装化、市容管理责任制等一系列管理制度。同时，加强市容环卫综合整治，组织“太湖市容杯”达标创优竞赛、创建国家卫生城市、“太湖杯”城市管理创优考评等一系列活动。市容管理工作逐步走上规范化、法制化的轨道。1986~2005年，崇安区在无锡市开展的“太湖市容杯”达标创优竞赛、创建国家卫生城市和“太湖杯”城市管理创优考评等多项活动中，多次名列第一。

第一节　日常管理

【“门前三包”管理】

“门前三包”是指临路（街）所有的单位、门店、住户将担负的市容环境责任“三包”。主要任务包括：“一包”门前市容整洁，无乱设摊点、乱搭建、乱张贴、乱涂写、乱刻画、乱吊挂、乱堆放等行为；“二包”门前环境卫生整洁，无裸露垃圾、粪便、污水，无污迹，无渣土，无蚊蝇孳生地；“三包”门前责任区内的设施、设备和绿地整洁等。

80年代初，工运桥街道在通运路沿街单位率先实行“门前三包”，成立30余人的保洁队伍，实行全天候保洁。同时，按照城市管理有关条例，对道路实行严禁乱吐痰、严禁乱丢纸屑、严禁乱抛瓜皮果壳的“三禁”，成立以唐大妹为骨干的“老妈妈执法队”，作为城市协管队伍，开展巡逻执法，通运路一度成为全市样板路和文明路。其后，区把这一做法推广到解放环路内主干道两侧的企事业单位，最后普及到全区。“门前三包”受到市城管部门的首肯，多次在工运桥街道召开现场会。1987年在全市组织的首届“太湖市容杯”竞赛和“创三优”活动中，“门前三包”被列入其中。1991年，主要路段“门前三包”责任制落实率95%。1992年，“门前三包”进一步完善，延伸和发展到门内达标责任制。1996年起，“门前三包”由单位自包改为大单位自包、小单位由街道收费代包，由各街道负责实施。各街道充实和加强城管队伍，全区“门前三包”管理员发展到201人，“门前三包”责任单位扩大到1141家。是年，工运桥、人民路和上马墩3个街道被评为市首批“门前三包”工作优胜单位。1999年，无锡市进入创建文明城市阶段后，原由街道负责的“门前三包”改由区环卫部门负责，并扩展为“门前五包”，增加包设施、包美化的内容。

【道路管理】

1986年后，围绕“太湖市容杯”竞赛、国家卫生城市创建，每年确定市容管理的重点道路。1988

年，以“三站”（火车站、汽车站、轮船站）、“四路”（通惠路、通运路、人民路、中山路）为重点，1989年，以整治中山路北段为突破口，重点整顿“三路四场”（中山路、人民路、通运路和三阳广场、胜利门广场、朝阳广场、东林广场）。1993年起，开展以城管、卫生、治安为主的崇安“美容杯”竞赛。1995年，以“五路（中山路、人民路、县前街、学前东路、解放环路）四场（三阳、胜利门、东林、火车站广场）一桥（工运桥）”为重点，开展中山路创建“六无二好”[①]活动，增加包括巡警在内的80名执法人员，加强夜间执法管理，开辟沈果巷小商品市场，疏导和解决中山路沿街零星摊担，突击治理健康路为主要路段的交通秩序。是年，获市扩大中山路“六无二好”建设成果精神文明建设优胜奖。1997年，开展“中山杯”“人民杯”道路长效管理竞赛，按照亮化、美化、净化“三化”要求，巩固中山路、人民路沿街单位“门前三包”管理成果，推行市容“三禁”，持续开展无证摊担、运输车辆抛洒滴漏、小饮食店、小旅店、小理发店“三小”企业卫生整治，落实长效管理措施。1998年，开展主要道路和居民新村（住宅小区）车辆停放秩序专项整治，辖区内主要道路、居民新村停车实现“划线立牌、相对集中、分类停放、头尾一致”。1999年，以中山路创建文明交通示范路为重点，广泛开展“文明交通、造福万家”交通秩序整治和宣传教育等活动，围绕交通秩序“一好转、二实现、三落实”[②]的目标，与包括商业大厦在内的12家中山路沿街单位签订“中山路文明交通示范路公约”，组织机关干部、团员青年、小学生参加交通协勤，基本实现主要道路人车各行其道，市民过马路人不斜穿，解放环路以内区域机动车禁鸣得到进一步控制，自行车、摩托车、电瓶车、三轮车、板车等五小类车辆按指定区域停放。2000年7月15日，启动创建中山路“严管街”。创建分集中整治、总结巩固、落实长效管理3阶段实施，通过实行硬件建设与加强管理并举，确保中山路建成现代化道路，形成良好的交通秩序，人人做文明的示范者。崇安交警、交通协管员、青年志愿者、驻锡部队官兵以及中山路沿线10多家大单位组成的严管街综合管理队伍正式走上街头执勤。是年，市对区创建“三化”（亮化、美化、净化）道路第一次检查中，辖区12条道路被评为优胜、较好，占全区参评道路的85.71%。2002年，以创建优胜道路为重点，突出抓好解放环路内市容秩序达标，配备人员，落实道路管理“五定”（定时、定路、定岗、定人、定职）制度，对中山路、人民路沿街78幢高层建筑进行清洗整容，对主次干道两侧西瓜摊点实行“四统一”（统一定点、统一制式、统一证照、统一管理）。是年，县前东街、县前西街、学前街、学前东路、健康路等5条道路跻身市优胜道路行列。2003年，配合市实施中山路亮化工程，包装出新人民东路沿街2幢住宅楼立面，实施后西溪地区市容环境综合治理，突出整治主要道路两侧“三乱”（乱张贴、乱涂写、乱刻画），配备高压冲洗机、落实专职清洗人员对城市“牛皮癣”进行彻底清除，建立机动中队，加强各个路段日常巡查管理。2005年，围绕创建全国文明城市、“太湖杯”创优和红旗街道竞赛活动，按照“一路带两侧”的要求，重点抓主要道路两侧的市容秩序，落实中心商务区“无缝隙”管理等长效措施。根据“解放环路内的主要道路创优、其他道路整洁、背街小巷有序”差别化城市管理标准，进一步配置管理力量。在火车站窗口地区，专门组建由15名执法人员、20名志愿者组成的综合管理队伍实施长效管理；在中心城区中山路配备2支执法中队，采取网格式徒步两班制巡查方式进行严格管理；配备3辆电瓶车、22辆自行车、2辆皮卡，对解放环路实行机动巡查与定点巡查。

【城郊结合部管理】

地处城郊结合部的上马墩、江海、广瑞路等地区，因市容、卫生保洁、绿化、治安等管理体制和内容上的交叉和空白，环境卫生较差，交通秩序较乱，违章建筑较为普遍，处于多头管理或无人管理、职责不清和责任不明、被动应付的状况，是城市管理的难点和薄弱环节。80年代，在“太湖市容

①六无二好：详见《大事记》1995年，第22页。
②一好转、二实现、三落实：交通秩序好转，实现规范管理、实现良性管理，落实管理措施、落实管理职责、落实管理单位。

杯”达标创优竞赛中，区、街道两级投入大量人力、物力，不断开展突击整治。1988~1990年，重点加强锡沪路、广瑞路、广勤路、上马墩路等城郊结合部的整治，与广益乡协调沟通，理清各自包管范围及责任，解决谢巷的卫生死角老大难问题，通过堵疏结合，建立疏导点，根治广瑞路、广勤路、上马墩路等马路摊担屡治屡乱的顽症。1990年，根据创建国家卫生城市标准，结合落实市政府《关于加强市区城郊结合部管理的议案》实施要求，组织力量进一步解决城郊结合部管理上存在的突出问题。1996年，为解决城郊结合部的道路管理，按照市《关于明确结合部环境卫生管理责任路段的通知》，明确城郊各自责任路段，并实行“一路带两侧”的管理机制。2002年后，按照城郊结合部管理实现“无缝”对接的要求，城郊双方共同签订管理协议，落实管理职责，统一管理标准，明确考核内容，实行齐抓共管，做到不留缝隙、不留隐患，较好地解决城郊结合部城市管理的问题。2003年，结合爱国卫生月活动和抗击“非典”，组织开展以清理暴露垃圾为重点的环境卫生专项整治。4月，出动机关干部、部队官兵、学生、志愿者、专业保洁人员，清理城郊结合部、铁路沿线、城市出入口等卫生死角，清运暴露垃圾。9~10月，继续围绕整治暴露垃圾、巩固保洁质量等加大整治力度。2004年，以“擦亮城市行动”活动为载体，开展城郊结合部专项整治。发动社会各界力量，清理城郊结合部、出入口、主要道路两侧、市场周边、新村小区及公共绿地等卫生死角，清运积存、暴露垃圾。2005年，推进城郊结合部环境综合整治试点，按照完善基础、美化景观、强化管理的要求，重点整治主要道路两侧、城市出入口周边、城郊结合部环境卫生管理，以及基础设施薄弱村，建成一批疏导点。

【社区环境管理】

保洁队伍　1986年4月，各街道均成立城管卫生科，编制3人，并聘用执法管理人员3~8人，成立街道执法队（1990年撤销），负责地区环境管理。1995年前，地区保洁清扫由居委会向居民收取卫生清洁费，聘用保洁员清扫。1996年，为进一步加强社区环境卫生管理，把环境卫生保洁面扩大到每个新村和街巷里弄，确保社区环境卫生面貌整洁，每个街道聘用10名保洁员，每个居委聘用2名保洁员，由市、区财政各补贴每人每月120元，不足部分由街道（居委）自筹经费解决，不再向居民收取卫生清洁费。是年，全区社区专职保洁员347人，实现社区主要道路清扫保洁专业化。街道保洁员负责清除街道范围内的特种垃圾；疏通街道范围内新村、公共部位的下水道和雨水井；清除由街道管理的绿化景点及花坛内的垃圾、杂物；清扫保洁由街道管理的新村、街巷里弄；清除街道范围内的道路（广场）和新村的乱涂、乱写、乱贴、乱画；完成街道办事处交办的其他环境卫生管理工作。居委保洁员负责居委范围内的新村、街巷里弄的清扫保洁，做到垃圾入箱；收集袋装垃圾和负责垃圾收集房内、外部环境卫生；管理居委（新村）花坛、景点和绿化带内的环境卫生；清除居委（新村楼道）范围内的乱涂、乱写、乱贴、乱画等工作。保洁员着装上岗，由街道城管科及居委会负责管理，实行定工作时间、定工作质量、定基本工资，保洁质量良好的给予一定奖励的“三定一奖”，每月考核1次。社区保洁队伍与环卫部门专业保洁队伍分工明确，做到主次干道、街巷里弄分级保洁，新建小区物业保洁，逐级落实环境卫生管理队伍，消除居委与居委之间、街道与街道之间、街道与环卫部门之间卫生保洁“空白区”，实现卫生保洁的全覆盖。

环境治理　80年代始，结合全民爱国卫生运动，开展环境卫生保洁活动。1985年，开展创建城市管理合格街道活动。1986年起，无锡市组织“太湖市容杯”达标创优竞赛，崇安区提出“条块结合，合理分工，以我为主，立足于管”的指导思想，1989年4月，区结合爱国卫生月，通过进一步落实“门前三包”责任制，突出整治环境卫生死角。1990年，“太湖市容杯”达标创优竞赛暂停，改为国家卫生城市创建。1991年，辖区沿街单位“门前三包”落实率达到95%以上，通运路地段“三包”“三禁”被评为无锡市样板路。在1990~1999年创建国家卫生城市的10年中，区提出“统筹规划，综合治理，突出重点，巩固成果”的指导思想，投入大量人力、物力、财力，实行“条包块管”“门前三包、门内达标、垃圾袋装化”责任制，对汽车通行路段实行“门前三包”和“三禁”，对新村实行“八无一洁”①，对街巷里弄实行“十无二通”②，区、街道、居委对照上述标准，逐级签订市容管理达标创优活动责任书，形成区、街道、居委三级管理网络，采用教育与执法相结合、专业保洁与群众保洁相结合、日常保洁与专项整治相结合、突击整治与长效管理相结合的方法，亮化、净化、美化社区环境。迄1998年，区、街两级累计用于创建的投入达5476万元，以治理脏乱差为重点的环境卫生整治由点到面、由表及里向纵深推进，“三包”“三禁”、社区保洁队伍到岗到位，主要路段及街巷里弄实行全天侯保洁。在1996年开始的无锡市红旗街道竞赛活动中，崇安区每年均有多个街道被评为无锡市红旗街道，其中1996年，江海、周山浜2个街道连续3次荣获该称号；1998年，崇安区获得6面流动红旗中的3面，名列无锡市各区之首位；工运路、江海、人民路、学前街4个街道连续4年荣获该称号。1999年，人民路、江海、工运路、广瑞路、学前街、崇安寺6个街道，江海一村、东河花园、广丰三村、老戏馆弄、上马墩新村（南）、大同路、大成巷等7个居委被评为市创建国家卫生城市先进集体。2000年起，转入国家文明城市创建。2003年，围绕“爱我无锡、美化家园”，开展绿色社区创建活动，启动“太湖杯”城市管理创优考评。是年，全区整治居民院落2000多处、楼道500多幢，新建垃圾收集房15个，更换垃圾桶和周转箱300只。东河花园、益都苑、锦绣花园被评为无锡市环境卫生管理示范小区，广丰村、尤渡村被评为市环境卫生管理示范村。2004年，随着城市管理工作“重心下移，属地管理”，各街道普遍推行党员保洁责任区制度，东河花园、荣耀花园、益民苑和黄泥头村被评为无锡市城市管理示范小区（村）。2005年8月，区政府出台《关于实施城市长效管理责任制的意见》，进一步明确各职能部门、单位及街道、社居委环境卫生管理的职责，确保社区环境卫生的长效管理。

【垃圾袋装化】 （详见本编第三章第二节【垃圾箱（收集房）】内容，第256页）

第二节　专项整治与综合治理

【违法建设专项整治】

80~90年代，在争创城管合格街道、城管合格居委和“太湖市容杯”达标创优竞赛、创建国家卫生城市等活动中，持续开展违法建设专项整治，结合老新村环境整治，拆违章建筑还绿，结合市容环境整治，拆违章亭棚还路，制止乱搭乱建。1991~1995年，查处违法建设500余起，1996~2000年，查处违法建设2554起。2001年后，违法建设专项整治力度进一步加大，整治工作更加规范。2004年，区成立由区委书记任总指挥、区长任执行总指挥的专项整治行动指挥部和违法建设专项整治领导小组，领导小组下设办公室，由各职能部门抽调人员组成。区出台《关于开展违法建设专项整治行动的通知》，明确提出凡在崇安辖区内未经规划部门批准，不能提供“一书两证”的违法建设行为均为整治的对象和范围。整治的重点是：区主干道、次干道两侧未经规划部门批准的破墙开门、开窗和违法建造的建筑物、构筑物；在新村小区、居民集居地内擅自乱搭乱建、周围群众反映强烈的违法建设；城市建设规划控制地区以及正在和将要拆迁地区违法建造的建筑物、构筑物；市区重要广场、旅游风景线等地段影响市容市貌的违法建筑物、构筑物。区委、区政府专门下达整治任务书，并与各街道党政主要领导签订《杜绝新增违法建设承诺书》，明确和落实街道、城管、法院、公安、纪检监察、宣传、信访、建设、房管等部门在专项整治中的责任。区城管局负责专项整治的牵头组织协

①八无一洁：无垃圾堆积、无粪便外溢、无乱堆乱放、无乱搭乱建、无坑洼积水、无臭水污物、无乱贴乱画、无破烂杂物，绿树成荫、道路整洁。
②十无二通：无乱倒垃圾、无污泥杂草、无乱涂乱画、无乱设摊担、无乱停乱放、无坑洼积水、无乱堆乱放、无乱搭乱建、无破旧遮阳、无乱开乱挖，阴井下水道通、道路卡口通。

调、执法文书下达和拆违的执法保障工作；区建设局负责违法建设的认定和组织对区管市政公用设施、公共绿地内各类违法建设的拆除工作；区房管局负责组织对区管物业管理小区内各类违法建设的拆除工作；工商崇安分局对在违法建设的建筑物、构筑物内进行经营活动的不得审办营业执照，对已批准的，要负责变更其经营地址，注销或吊销其营业执照；公安部门负责做好拆违的执法保障工作；街道负责辖区违法建设的排查和具体拆除工作；纪检监察部门负责对违法建设专项整治活动的全程监察。随后在辖区范围内全面开展违法建设集中整治活动。是年，拆除违章建筑2.61万平方米。2005年，又拆除违章建筑5.30万平方米，其中江海路改造拆临拆违3万多平方米。

工运路街道打响拆临拆违第一仗（2001.11）　（工运路街道供稿）

【"三乱"综合治理】

80年代，市容环境卫生管理以治理脏、乱、差为重点。90年代，在国家卫生城市创建活动中，市容环境管理突出对"三乱"（乱张贴、乱设摊、乱占道）的综合治理，特别是1993年《无锡市市容和环境卫生管理实施细则》出台后，综合治理力度进一步加大，区依法整治道路两侧的破旧遮阳棚、玻璃遮阳棚、立柱遮阳棚，拆除违法、违章建造的压占道路、侵占绿地、影响市容的亭棚，拆除各类陈旧破损和影响市容环境的违章广告牌、路牌、灯箱，使"三乱"现象得到遏制。2000年后，针对"三乱"回潮现象，区多次对"三乱"进行综合治理，扭转市中心商务区布幅广告档次不高、有碍市容的状况。2001年12月，根据市《关于整治布幅广告的意见》，会同市城管部门对在中山路、人民路、解放环路以内擅自张挂的布幅广告进行清理，对拒不执行规定擅自张挂布幅广告的广告公司和单位进行处罚，对允许张挂布幅广告的位置，统一用材、规格、色彩等。2002年，根据《无锡市禁止乱张贴、乱涂写、乱刻画的通告》，对中山路等36条主要道路"三乱"广告，由专业保洁清洗公司进行清理，同时组织开展两次较大规模的集中整治活动，出动2364人次，清除乱张贴8.76万张、乱涂写1.22万处，清理乱牵挂815处。2003年，收缴各类违章乱设标牌等1500多块，清除乱张贴15.7万张、乱涂写1.53万处，清理乱牵挂992处。2004年，"三乱"治理、市容保洁启动市场化运作。专业保洁公司负责辖区内20条主要道路的市容市貌保洁，清洗两侧建筑物外墙29.91万平方米、粉刷28.03万平方米、修补墙面750平方米，冲洗、粉刷和油漆道路两侧站台、站牌、交通隔离栏、红绿灯设施等，拆除擅自设置的非交通性指示牌16块、各类横（条）幅43条、破旧遮阳篷（伞）44处，翻新广告牌128处，收缴各类撑牌250块、占道灯箱35个。区组织力量加强主次干道的巡查力度，教育处理违法张贴行为200余人次、乱吊挂乱晒晾138处，整治乱张贴、乱涂写、乱刻画717处。加强对学前街、县前东街、县前西街、人民路的规范管理，统一20个报刊亭、早点车和牛奶亭的停放位置，取缔无证摊点1026处、占道经营569个、夜排档356处、占道施工58起，查处无证清洗点23处。2005年，"三乱"治理、市容保洁继续实行市场化运作，市区主要道路乱涂写乱张贴乱刻画等市容保洁市场化运作扩大到36条。同时，在中山路、解放环路等主要路段实施以清理"三乱"为基础的道路秩序综合管理市场化试点。

【无证摊担专项整治】

辖区解放北路吉祥桥口、三阳广场、火车站等地段，无证摊担、夜排档一度盛行，影响环境卫生，引发矛盾纠纷，成为城市管理工作的难点和热点。90年代，在创建国家卫生城市活动中，区城管、工商等部门不定期组织对上述地段无证摊担专项整治。2002年，突出开展对城区主要道路、崇安寺皇亭地区、丁村农贸市场周边和居民区无证摊担、占道经营、夜排档的专项整治。全年组织大型集中整治行动9次。在以中山路为轴心的市区主要道路上，实行市容执法管理定路段、定人员、定任务、定时间、定奖惩“五定”路段责任制，市、区城管监察部门抽调28人，分两班对中山路实行守点与巡查相结合、早8时至晚10时全天候强化管理。针对夏季夜排档高发的情况，是年6月，从城管、公安、工商等部门抽调人员，重点对城区解放环路内的市容违法违章现象进行查处，开展专项整治171次，取缔无证摊担20个，查处各类违章2845起，教育违章人员918人次，规范有证便民摊担管理，在有条件的地段安置便民修理亭32个、牛奶亭5个，丁村农贸市场周边和崇安寺皇亭地区环境整治步入长效管理。2003年，先后组织专项整治40余次，查处无证摊担5444个，店外占道经营4628处。2004年，又组织专项整治12次，查处无证摊担2335个，店外占道经营939处。2005年，组织专项整治8次，查处无证摊担846个，店外占道经营48处。与此同时，从维护社会稳定和规范市容秩序出发，实施疏导点建设和夜排档提升工程。市区主要道路上的亭、棚、车、点以不影响市容、不影响交通、不影响居民生活和靠墙、靠边、靠角的原则进行移位整治，按照合理布局、兼顾群众实际需求的要求，统一设计制作一批式样新颖的小百货亭、水果亭、自行车修理点。

整治无证水果摊（2005）　　（区城管局供稿）

【机动车尾气专项整治】

2000年，区配合市公安、环保、交通等部门依法实施《无锡市机动车辆排气污染监督管理办法》，严格控制进入市区的摩托车总量，强制报废已到报废期限的侧三轮摩托车。2002年1月起，中山路全线、人民路先后实行限时禁止摩托车、轻便摩托车、燃油助力车行驶和停放（简称“禁摩”），同时实施摩托车、助力车到期淘汰，对达到报废年限的摩托车、助力车一律不办理延期手续，对到报废期限的侧三轮摩托车一律强制报废。2003年10月，贯彻无锡市《关于市区摩托车、助力车专项治理三年目标的实施意见》，区行政执法局和行政执法大队配合交巡警，开展“禁摩”专项整治。采用张贴通告的形式，宣传摩托车、燃油助力车禁行的规定，宣传所有摩托车、燃油助力车作价收购的政策。是年，纠正摩托车、助力车违章行为9000余起，处罚3000余起，暂扣车辆、证照680辆（本）。2004年，强制实施“禁摩”措施，实行限时禁止摩托车通行的范围由中山路、人民路扩大到“二环”区域内。2005年后，“禁摩”成为日常工作之一，不定期地查处违章行为，有效减少市中心摩托车、燃油助力车通行量，市区摩托车、助力车保有量降至7万辆，在用汽车尾气首检合格率升至85.6%，市区空气质量得到明显改善。

第三节　创优竞赛

【“太湖市容杯”达标创优竞赛】

1986年10月，市政府为强化城市管理，在市区开展“太湖市容杯”达标创优竞赛活动，以道路、建筑景观、绿化、市政设施、居民新村、街巷里弄、河容岸貌、环境卫生等为主要竞赛内容。1987年，区荣获无锡市“太湖市容杯”达标创优竞赛“建筑景观管理”第一名，工运桥街道和乾德里、丰环、大同路、塔影一村、西大街、南市桥巷、欢喜巷、县前街等15个居委被市评为优胜单位。1988年，工运桥街道和乾德里、丰环、大同路、塔影一村、西大街、南市桥巷、欢喜巷、县前街等8个居委再次被市评为优胜单位。1989年，区被市评为“太湖市容杯”达标创优竞赛窗口管理优胜单位，上马墩、工运桥等2个街道和老戏馆弄、冶坊场、北仓门、乾德里、人民东路、和平村、小娄巷、岸桥弄、留芳声巷、欢喜巷、白水荡、道长巷、大成巷、西大街、县前街、南市桥巷、塔坊桥、解放新村、解放南路、新街巷、丰环、广丰一村、广瑞一村、石人桥、勤俭新村、蒋巷、永安街、大同路、塔影一村、幼园等30个居委被市评为优胜单位。1990年，工运桥、复兴路等2个街道被市评为优胜街道，靖海新村、冶坊场居委分别被市评为示范小区、标兵居委。1986~1990年，全区共植树27万棵，补绿建景1100余处；新建翻建街巷里弄路面9.75万平方米，95%以上的区管道路实现水泥化、道板化；增添垃圾中转站、公共厕所、垃圾箱等环卫设施588处，清运一批无主垃圾、特种垃圾，清理整顿违章建设、无证摊担、占道经营、乱贴乱挂、乱挖乱堆道路等，促进街貌路容、新村小区、市政绿化、规划建筑、环境卫生等方面的城市管理。1990年后，“太湖市容杯”达标创优竞赛活动改为国家卫生城市创建。

【国家卫生城市创建】

1990年，区成立创建国家卫生城市领导小组，制定创建国家卫生城市具体目标要求和实施步骤，与各街道办事处、各主管局签订责任状。1990~1992年，创建工作贯彻“政府组织、地方负责、部门协调、群众动手、科学治理、社会监督”的方针，围绕“统筹规划、综合治理、突出重点、巩固成果”的要求展开，坚持以块为主，条块结合，发动全社会参与，结合开展“环境卫生日”、“爱国卫生月”以及“迎国庆、迎亚运、迎卫生城市检查”等活动，突出整治薄弱环节，完善城区基础设施。先后完成汤家桥河道治理、长庆路农贸市场整顿、新街巷等道路改造2.3万平方米、田基浜等下水道疏通16.6万米，新建改建水冲式厕所79座，改造垃圾箱319个，建成小游园、小景点、小花坛170座。持续开展中山路北段文明一条街创建活动，加强主要路段和“窗口”地区整治，推行“三禁”，制止乱设亭棚、乱摆摊担、乱堆乱挖。沿街单位“门前三包”落实率95%以上，通运路被评为市“三包”、“三禁”样板路，靖海新村、塔影一村被评为市级文明住宅小区。

1993~1997年，创建工作以提高市民素质和城区文明程度为目标，围绕“建管并重、堵疏结合、标本兼治、长抓不懈”展开，先后组织以“五路（中山路、人民路、县前街、学前东路、解放环路）四场（三阳、胜利门、东林、火车站广场）一桥（工运桥）”为重点的市容市貌综合整治，中山路、人民路、县前街、学前东路被评为市文明样板路。环境卫生整治以治理脏乱差为重点，围绕拆亭棚还道、清摊担让道、理车辆扩道、出垃圾清道、除河障疏道以及建筑工地文明施工等方面专项治理，先后拆除违章搭建1000多处，清运河道漂浮物1.4万多吨，取缔无证摊点7000多处。江海新村、风雷新村跨入市级文明住宅小区行列，广丰三村等14个新村成为市安全文明小区。环境保护逐步加强，妥善处理窗纱厂、砂轮厂老大难污染问题，建成标准公厕26座，新建垃圾收集房近300座，全区垃圾袋装化率达98%。通过清脏补绿、见空造绿、见缝插绿，新增绿地13.3万平方米，绿化覆盖率达到23%，人均公共绿地面积4.5平方米。1994年10月，江苏省城市卫生环境综合整治检查团在崇安区检查，抽查的30多个单位卫生保洁、设施、消杀灭蝇和食品行业卫生全部达标。1996年后，创建工作转入突击整治阶段，区调整充实区、街道、部门（单位）三级创建机构，区创建国家卫生城市领导小组由区委书记、区长任正副组长，分管副书记、分管副区长、区委宣传部部长等为成员，抽调18个部门37名副科以上工作人员带职离岗合署办公，加强组织领导，形成合力，集中解决乱堆垃圾、乱设摊担、违章搭建、停车无序等老大难问题，重点组织“一河、一路、一场、一村”（塔影河、学前街、学前街农贸市场、靖海新村）治理，同时对中山路、人民路实行“修、洗、包、粉、袋、封”等6个方面的整容，在无锡市环境卫生红旗街道竞赛活动中，区连续3次总分第一。1997年，用于噪声达标区建设、烟尘控制区设施改造、饮食业“两分离”（油水分离、油烟分离）改造等项目投入301.92万元，对547家中小餐饮业和635家“五小行业”排污进行整治，8个街道全部通过烟尘控制区复查，7个街道通过噪声控制区达标验收。健康教育逐步深入，健康知识得到普及，市民自我保健能力和公共卫生意识得到提高。是年，顺利通过省级调研考核。

创建国家卫生城市考核（2002）　（区城管局供稿）

1998～1999年，创建工作按照“全面达标、全面优化、全面提高”的要求展开，加强基础设施建设，新建修建新生路、新开河、槐树巷等区管道路路面11.02万平方米，疏浚塔影河、汤家桥、木专线等河道，清淤1万余吨，植树6万余株，新增绿地4.36万平方米，完成上马墩新村（南）、广丰新村、广瑞新村73.6万平方米老新村改造，完善风和里、石利等一批新村的配套设施，全面启动中山路亮化工程，全国文明示范路的创建水平进一步提高。持续开展市容环境卫生、除“四害”（鼠、蟑、蝇、蚊）、环境保护和交通秩序等专项整治，食品卫生、行业卫生整治力度加大，重点开展卤菜、豆制品加工点及饮食行业的卫生整治，建成锡澄卤菜加工场。新村小区饮水卫生管理得到重视，对全区2135只二次供水水箱进行清洗。持续开展噪声、机动车尾气的整治。大规模组织除“四害”活动，大面积投放氯敌鼠纳盐、灭蟑净、灭蝇灵、灭孓块等药物，区通过灭鼠、灭蟑先进城市省级复查，除“四害”各项指标基本达标。健康教育网络不断健全，8个街道均建有健康教育室，总面积335平方米，并设有健康教育专栏236个，总面积500多平方米，健康教育覆盖率达到95%以上。以市民文明公约、“两讲五不”①为重点的精神文明教育活动深入开展，文明机关、文明窗口、文明楼院等创建达标工作有序推进。加大城市长效管理力度，强化各职能部门工作职责和工作考核，建立区城建综合执法队伍，充实健全区、街道、居委三级专业保洁网络，落实28个城郊结合部环境卫生管理责任制，区环卫部门对全区30条主要道路实行全天候保洁，201名“门前三包”管理员负责1141家单位“门前三包”管理，260名社区保洁员负责所在新村、街巷里弄的清扫保洁和325只垃圾收集房的管理。此外，辖区内街道卫生所、区医院和10多家工厂医务室均配有传染病监督员和检查员，建有389名除害专管员、31名专职除害员组成的消杀队伍和13支二次供水水箱清洗队伍，创建成果不断巩固和扩大。1998年，顺利通过全国爱卫会对无锡市国家卫生城市的调研。1999年6月，通过全国爱卫会对无锡市国家卫生城市的考核。是年9月，全国爱卫会正式命名无锡市为国家卫生城市。区城市建设环保局、区环境管理局（城市管理局）、区卫生局、区教育局、区妇联5个部门，人民路、江海、工运路、广瑞路、学前街、崇安寺6个街道，江海新村（1）、东河花园、广丰三村、老戏馆弄、上马墩新村（南）、大同路、大成巷7个居委被评为市创建国家卫生城市工作先进集体，刘健华等23名个人被评为市先进个人。1996～1999年，共投入创建经费4922万元，其中，区街两级投入2000万元，辖区单位投入1700多万元，市下拨经费1222万元。

【“太湖杯”城市管理创优考评】

2003年，无锡市启动“太湖杯”城市管理创优考评。按照“城市建设市、区共建，以市为主；城市管理市、区共管，以区为主”的要求，市出台以考核区一级政府为重点的城市管理创优考评标准，采取每月暗查、上下半年两次明查，随机确定抽查范围、等量检查打分的办法，年终汇总确定名次，

①两讲五不：讲卫生、讲秩序，不随地吐痰、不乱扔垃圾、不乱停乱放、不乱涂乱画、不乱牵乱挂。

并采取以奖代拨的方式进行年终奖励。区成立“太湖杯”城市管理创优考评小组及办公室，22个相关单位和部门相应成立由“一把手”负总责的工作领导小组，形成上下联动的工作网络和责任机制。通过“太湖杯”城市管理创优考评，调动各街道和部门抓好日常基础管理的积极性，推动城市长效管理水平进一步提升。是年，全区共清理卫生死角214处，清运特种垃圾2123吨，整治居民院落环境2000多处、楼道500多幢，修理破损门窗307扇，新建垃圾收集房15座，更换垃圾桶和周转箱300只，修复地坪25处；清理乱张贴、乱涂写、乱牵挂17.33万处，清洗粉饰建筑墙体外立面155.87万平方米；取缔无证摊担、店外占道经营1.03万个；收缴各类违章乱设的撑牌1500多块；清理劝返“三无”（无身份证、无暂住证、无工作单位）外来人员57人。是年，区被评为市“太湖杯”城市管理创优考评第2名。东河花园、益都苑、锦绣花园被评为市环境卫生管理示范小区，广丰村、尤渡村被评为示范村。2004年，继续开展“太湖杯”城管创优考评，确立“明查全面查，暗查锁定重点反复查，突出重点，营造亮点”的工作思路，对检查方法及范围进行相应调整。区以争创城市管理首善之区为目标，以实施相对集中行政执法为契机，城管工作实行重心下移、属地管理，强化街道管理职能，探索社区综合执法路子，形成“大城管、全覆盖、广参与、动态化”的新型城市管理工作格局。是年，全区清除卫生死角113处，清运暴露垃圾586吨；清除乱涂写、乱张贴、乱牵挂4.59万处；取缔无证摊担、占道经营、夜排挡3574个；查处擅自设置户外广告、乱设撑牌730多块；督促沿街单位清洗、粉刷外墙57.94万平方米，修补墙面750平方米。投入14万元，完成通江大道包装出新任务。区荣获2004年度“太湖杯”城市管理创优考评第一名，并涌现一批城市管理精品和亮点，保利广场工地、通江大道出入口建成省级文明工地，学前街、人民路和县前东街、县前西街建成市级管理示范路，东河花园、荣耀花园、益民苑和黄泥头村建成市级城市管理示范小区（村），崇安寺街道东河花园社区成为省级“绿色社区”。2005年，继2003年无锡市启动《爱我无锡、美化家园，加强城市管理三年目标实施意见》后，按照《新三年城市建设行动纲要》，围绕市提出的“十个十”[①]精品示范创建要求，开展“太湖杯”城市管理创优考评，推行城市管理执法进社区，市容环境面貌进一步改善。

太湖杯创优竞赛动员（2003.7）　（区城管局供稿）

第四节　机构队伍

1984年4月，崇安区成立城市整顿管理办公室。1989年，成立区城市管理委员会，下设城市管理办公室（以下简称区城管办），为临时常设机构。并建立崇安区城管监察中队，人员15人。后因增加河道管理，追加2名编制。1990年4月，区城管办会同交警崇安大队、区工商局、区建设局、区市政队成立交通、市容联合办公室。1996年10月，区城管办撤销，归口区城市建设环保局，挂“崇安区环境管理局”牌子。2000年12月，区组建城建监察大队，编制性质不变，面向社会公开招聘队员48人，实行工作考核制、告诫待岗制、岗位轮换制、竞争上岗制、末位淘汰制和辞退制度。崇安寺、人民路、工运路、学前街、周山浜、上马墩、广瑞路、江海8个街道分别建立城建监察中队。2001年10月，区环境管理局更名为区城市管理局，正科级建制，列为区政府序列部门。2002年，根据市统一部署，城建监

①十个十：市容管理、执法管理、广告管理精品示范道路各10条，10个精品示范工地，10个精品示范临时疏导点，10条精品示范河道，10个精品示范小区，10个精品示范村，10个精品示范结合部，“十佳”城管卫士。

察实行垂直管理，各街道城建监察中队撤销，区城建监察大队在保留部分老队员的基础上，又向社会公开招聘一批学历高、年纪轻、能力强的新队员，形成一支70余人的执法队伍。2003年，无锡实施城市管理相对集中行政执法权试点。根据《无锡市城市管理相对集中行政处罚权试行办法》，区成立城市管理行政执法局，与区城市管理局实行两块牌子一套班子，从10月1日起对外挂牌，区城建监察大队改称区城市管理行政执法大队。原属于市容环境卫生管理方面法律、法规、规章规定的全部行政处罚权，城市规划管理、城市绿化管理、工商行政管理、环境保护管理、市政管理、公安交通管理方面法律、法规、规章规定的部分行政处罚权交由城市管理行政执法局相对集中行使。行政处罚权相对集中后，有关行政执法部门不得再行使由执法局集中行使的行政处罚权；仍然行使的，做出的处罚决定无效。为提高执法队伍素质，区委托市人事局向社会招收录用40名大专以上学历的应、往届毕业生充实执法队伍，执法队伍年龄、学历等结构明显提高，在编城市管理执法人员依照公务员管理，与原执法人员混编为5个中队，派驻在黄泥桥泵站、周山浜垃圾中转站、广瑞路街道、上马墩街道和江海街道。迄2005年未变。

1986~2005年，区城管部门历任主要领导：陈鹏飞、顾忠礼、戴祖德、石希初、曹雷鸣、袁梅舫。

第三章　环卫管理

80年代，在全市率先启动生活垃圾无害化处理试验，获得成功并推广应用。1986年后，环境卫生管理随城市建设发展而得到加强，特别是1990年开展创建国家卫生城市活动后，不断深化内部配套改革，引入竞争机制，划小管理范围。生活废弃物的清扫、收集、运输和处理逐步由无偿改为有偿服务，道路清扫、保洁实行一体化作业和统一管理体制。90年代后，贯彻落实《无锡市城市市容和环境卫生管理实施细则》《无锡市城市市容和环境卫生管理条例》，在全市率先实行垃圾袋装化，并逐步开展垃圾三级分类（有毒有害垃圾、可回收利用垃圾与不可回收利用垃圾）收集试点。环卫有偿服务有序展开，逐步实现环卫有偿服务工作的社会化、市场化。与此同时，对外实行租赁承包，道路、公厕清扫保洁权面向社会公开招投标，实现作业主体的多元化。区政府对环卫事业的投入不断加大，环卫基础设施日趋完善，环卫经济效益和社会效益同步增长。1986~2005年，共投入环卫经费1.96亿元，其中财政投入1.12亿元，占57.14%，事业收入0.84亿元，占42.86%。环卫专用车辆数量增加，品种增多，档次不断提高。翻斗垃圾车、多功能垃圾车更新为密封垃圾车，并新增机扫车、冲（洒）水车、垃圾压缩车和医疗垃圾车。全区环卫专用机动车由1986年41辆增加到58辆，运载总吨位由142.5吨提高到270吨。区环卫部门在市、区多项重大活动和综合检查评比中名列前茅，职工队伍整体素质不断提高，涌现出刘定保、魏承基、杨桂兴、卢金伟等全国和市级劳动模范。

第一节　环卫作业

1986年，全区道路清扫保洁面积64.65万平方米，垃圾清运量6.59万吨，保洁公厕162座，粪便清运量14.38万吨。90年代后，随着城区创建国家卫生城市工作力度加大，道路保洁量相应增加，质量要求随之提高，道路由“两清扫”“一清扫”分别转为“两清扫全天保洁”“两清扫一保洁”“一清扫全天保洁”和“一清扫巡回保洁”。1998年，全区道路清扫保洁面积增加到87.85万平方米，垃圾清运量9.62万吨，生活垃圾全面推行袋装化，垃圾运输由敞开式逐步改为密闭式，清运更为卫生清洁。公厕由普通旱厕逐步改造成为水冲式，储粪池逐步改建为三格式化粪池，按一类、二类、三类的保洁标准实行分类管理，粪便实现无害化处理。2001年后，全区56条道路按照所处路段、地段、人（车）流量状况划分的4个等级标准进行清扫保洁。迄2005年，区内58条道路清扫保洁面积92.03万平方米，比1986年增加27.38万平方米；垃圾清运量8.94万吨；保洁公厕75座，粪便清运量8.8万吨。

【道路清扫】

1986~1996年，主、次干道分别实行“两清扫”和“一清扫”， 主干道每天上、下午各清扫一次，次干道每天上午清扫一次。主、次干道清扫保洁面积由1986年的64.65万平方米增加到1996年的88.31万平方米，其中，“两清扫”面积由52.37万平方米增加到76.53万平方米，“一清扫”面积由12.28万平方米减少到11.78万平方米。1997年，城区创建国家卫生城市工作力度加大，道路清扫保洁质量要求随之提高，按照城内城外之别，主干道由原来“两清扫”分别改为“两清扫全天保洁”“两清扫一保洁”“一清扫全天保洁”；次干道由原来“一清扫”改为“一清扫巡回保洁”。是年，原来由街道保洁的“门前卫生保洁区”划归区环卫处，由区环卫处组织200人的保洁队伍进行环卫专业保洁，分别实行“两清扫、两保洁”“一清扫巡回保洁”。至1999年，主干道清扫保洁全部实行“一清扫全天保洁”，在不增加经费、人员的前提下，保洁时间由凌晨4点至下午5点延长至晚上9点。90年代末，随着经济体制改革的深入，道路清扫保洁机制相应改革。1999年5月，通江大道清扫保洁权面向社会公开招投标，成为全市第一条引入竞争机制、实行清扫保洁权招投标的道路。经过6家单位竞标，区环卫处以较大优势获得清扫保洁权。是年，主、次干道“一清扫、两清扫全天保洁”面积82.86万平方米，占清扫保洁总面积的94.32%。2000年，环卫保洁服务社会化改革进一步深化，社会保洁力量首次通过竞标取得道路保洁权，道路保洁形成竞争态势。2001年，“一清扫、两清扫全天保洁”面积96.66万平方米，占比提高到97.60%。2002年，区环卫处依据市环卫处重新划定的主、次干道环境卫生质量4个等级标准，核定道路清扫保洁定额，制订作业质量考核标准。其中，一级道路清扫面积每人天4500平方米、保洁长度300米，二级道路清扫面积每人天5500平方米、保洁长度400米，三级道路清扫面积每人天6500平方米、保洁长度600米，四级道路清扫面积每人天7500平方米、保洁长度700米。道路保洁管理实行“新路新办法、老路老办法”，新建道路清扫保洁均公开招投标，合同期限为2年，到期后重新招标。是年4月，中山路清扫保洁权实施招标承包改革。崇安寺环卫所刘定保、学前街环卫所丁龙妹分别获得中山路北段、南段清扫保洁承包权。2003年，全区101.37万平方米的主、次干道清扫保洁权全部通过公开招投标获得。是年10月，原由崇安交警大队负责的交通护栏清洗、区园林绿化处负责的绿化带卫生保洁、区环卫处负责的道路清扫保洁和废物箱垃圾收集和擦洗，一并由区环卫处实行专业清扫、综合保洁。迄2005年，区内58条主、次干道清扫保洁67.17公里，其中机扫道路18.64公里，占27.75%。道路清扫保洁面积92.03万平方米，其中，一级道路7条，清扫保洁面积21.68万平方米；二级道路34条，清扫保洁面积50.43万平方米；三级道路14条，清扫保洁面积19.09万平方米；四级道路3条，清扫保洁面积0.83万平方米。

1986～2001年崇安区道路保洁作业情况一览表

表5-3-1　　　　单位：条、万平方米

类别 年份	道路	主次干道清扫面积			
		合计	两清扫全天保洁 两清扫一保洁 一清扫全天保洁	两清扫	一清扫
1986	35	64.65	—	52.37	12.28
1987	35	64.65	—	52.37	12.28

续表5-3-1

年份＼类别	道 路	主次干道清扫面积			
		合 计	两清扫全天保洁 两清扫一保洁 一清扫全天保洁	两清扫	一清扫
1988	37	68.22	—	61.53	6.69
1989	37	69.02	—	61.92	7.10
1990	37	69.65	—	61.92	7.73
1991	37	69.45	—	62.76	6.69
1992	37	69.02	—	62.33	6.69
1993	39	73.62	—	66.54	7.08
1994	39	81.62	—	75.50	6.12
1995	39	85.16	—	76.18	8.98
1996	49	88.31	—	76.53	11.78
1997	49	96.35	—	85.27	11.08
1998	53	87.85	82.86	1.63	3.36
1999	53	87.85	82.86	1.63	3.36
2000	53	82.39	80.01	0.51	1.87
2001	56	99.04	96.66	0.51	1.87

说明：上述资料由区环卫部门提供。

2002～2005年崇安区道路清扫保洁情况一览表

表5-3-2　　单位：万平方米、公里

年份＼分类	道路清扫保洁面积					机扫长度	冲水长度	洒水长度	护栏清洗长度
	合计	一级道路	二级道路	三级道路	四级道路				
2002	101.64	18.58	60.94	21.08	1.04	—	—	—	—
2003	101.37	19.17	60.94	20.22	1.04	9.04	40.80	11.23	29.87
2004	101.37	19.17	60.94	20.22	1.04	18.64	43.80	25.40	29.87
2005	92.03	21.68	50.43	19.09	0.83	18.64	43.08	25.40	23.98

说明：1. 上述资料由区环卫部门提供。2. 表中一级道路指：商业网点集中，道路旁商业店铺占道路长度不小于70%的繁华闹市地段；主要旅游点和机场、车站、港口的主干路及其所在地路段；大型文化娱乐、展览等主要公共场所所在路段；平均人流量为每分钟100人次以上和公共交通线路较多的路段；主要领导机关、外事机构所在地。二级道路指：城市主、次干道及其附近路段；商业网点较集中，占道路长度60%~70%的路段；公共文化娱乐活动场所所在地；平均人流量为每分钟50~100人次的路段；有固定公共交通线路的路段。三级道路指：商业网点较少，占道路长度50%~60%的路段；居民区和单位相间的路段；城郊结合部的主要交通路段；人流量、车流量一般的路段。四级道路指：城郊结合部的支路；居住区的街巷道路；人流量、车流量较少的路段。

【垃圾收运】

1995年前，区环卫处各管理站（所）负责居民楼垃圾箱和公共垃圾箱内生活垃圾的收集，每天上下午各一次，沿街店面生活垃圾实行流动摇铃收集，用人力垃圾车运送到垃圾中转站（点）。特种垃圾、无主垃圾由区环卫专业队负责清运。1996年后，沿街店面生活垃圾不再进行摇铃收集，由所在道路清扫保洁工负责，再由环卫垃圾收集工运至垃圾中转站（点）。居民生活垃圾实行袋装化，居民楼楼道垃圾箱随之封闭，居民每天将袋装垃圾送入公共垃圾箱内，再由环卫处垃圾收集工运至垃圾中转站（点），中转站（点）用吊装机械、铲车或人工装上汽车运输。2003年建成压缩式垃圾中转站后，进站垃圾经机械压缩成块，装入集装箱运输。垃圾运输密闭性能进一步提高，清运过程更为卫生清洁。1986~2005年，共清运各类垃圾198.83万吨，其中，生活垃圾157.94万吨，特种垃圾、无主垃圾40.89万吨。

1986～2005年崇安区垃圾清运情况一览表

表5-3-3　　　　单位：万吨

年份	垃圾清运量				年份	垃圾清运量			
	生活垃圾	特种垃圾	无主垃圾	合计		生活垃圾	特种垃圾	无主垃圾	合计
1986	5.98	0.18	0.43	6.59	1996	8.74	1.13	0.48	10.35
1987	7.23	1.08	0.35	8.66	1997	8.44	0.86	0.25	9.55
1988	7.75	0.56	0.23	8.54	1998	7.89	1.16	0.57	9.62
1989	8.17	0.86	0.89	9.92	1999	7.90	1.02	0.65	9.57
1990	8.30	1.61	1.21	11.12	2000	7.73	1.37	0.78	9.88
1991	8.75	1.83	1.37	11.95	2001	7.63	0.87	0.81	9.31
1992	8.56	2.26	0.85	11.67	2002	7.43	1.37	0.55	9.35
1993	9.03	2.72	0.41	12.16	2003	7.20	1.54	0.74	9.48
1994	9.33	2.03	0.97	12.33	2004	6.83	1.78	0.55	9.16
1995	8.78	1.25	0.65	10.68	2005	6.27	1.97	0.70	8.94

说明：上述资料由区环卫部门提供。

生活垃圾无害化处理　80年代前，生活垃圾主要由水、陆两条运输线送往农村，进行堆积发酵、分选或无明火焚烧处理后，用作农肥。进入80年代后，垃圾成分中煤灰大量减少，包装袋、塑料、玻璃制品等废弃物相对增多，可用肥成份降低，农村对城市生活垃圾的利用量急速减少。1983年，崇安区在全市率先建立生活垃圾无害化处理厂，由区环卫所工程师谢锡坤领衔研制成功“生活垃圾无害化处理工艺流程”和“城市垃圾无害化处理制成腐熟营养土工艺设计方案”，1984年5月通过市科委、市建设局技术鉴定，得到省建委和专家好评。是年，承担省市下达的“垃圾无害化处理中试验项目”和垃圾分选机械配套试制任务。1985年，又承担市政府下达的日处理生活垃圾100吨的机械筛选系统全套工艺方案设计。1986年，完成日处理生活垃圾100吨的机械筛选预分选到精分选的第一、二、六全套工艺流程设计，通过同济大学环境卫生机械系教授及同行专家的技术论证，得到国家建设部肯定。1987年3月，该技术应用于城乡建设环境保护部下达的郊区山北乡会北村实验厂项目，日无害化处理生活垃圾100吨。1989年后，随着青龙山、桃花山垃圾填埋场相继建成，推广垃圾填埋和垃圾分类处理，1995年区生活垃圾无害化处理厂关闭。

医疗垃圾无害化处理　2003年4月，非典型性肺炎疫情爆发后，启动对医疗垃圾、有毒有害危险废弃物的无害化处理，区环卫处对辖区所有医疗单位产生的医疗垃圾和其他有毒有害危险废弃物实行统一收集，专用车辆密封运输，在市指定的焚烧厂无害化处理。2005年添置医疗垃圾车1辆，专司医疗垃圾、有毒有害危险废弃物收运。2003年5月至2005年12月，共收运处理医疗垃圾0.43万吨。

【公厕保洁】

80年代初期，环卫所专门招收农民工，从事公厕清扫工作，每日打扫2次，保洁1次。80年代中期，公厕实行定员、定额、定设备、定任务，包工作量、包经费“四定二包”的管理办法，建立大组长考核制，每天巡视检查。80年代后期，环卫所专门成立公厕管理队，增设男女人像标志的公厕指示牌。90年代，按照创建国家卫生城市办公室制定的公厕基本设施标准，公厕划分为一类、二类、三类，分别核定打扫保洁任务定额，制订作业质量考核标准和管理要求。一类公厕由环卫部门专人看管、打扫保洁，二类公厕由环卫部门巡回打扫保洁，三类公厕由所在地村委落实专人打扫保洁。同时对公厕进行改扩建，改扩建后的公厕100%实现水冲式。2000年后，全区公厕进一步出新，新建、改建公厕注重厕所外型、格调及周边环境绿化，既有仿古建筑，又具欧美风格，周围花坛环绕，外墙用涂料或面砖，内墙用瓷砖或大理石，地坪用地砖，内设洗手盆及化妆镜，座座成为城市新景观。并按照一类公厕每座2人、二、三类公厕每40~50个蹲位1人、旱厕（简易公厕）每50个蹲位1人的定员标准配备专职保洁员，每天对公厕进行2次打扫，蚊蝇繁殖期进行药物蚊蝇消杀。2003年，市环卫处对新建的20座“星级公厕”保洁权公开招投标，打破行政区域界限，引入竞争机制，区环卫处首次获得华新里、崇宁路等2座“星级公厕”保洁权。2004年，区环卫处参与市413座公厕保洁权的公开竞标，获得79座的保洁权。迄2005年，全区管理公厕75座。

【粪便清运】

80年代前，粪便清运主要用人力小木车运粪至中转站或翻驳到汽车可以通行的粪坑，再由区清管所抽粪运粪汽车转运至放粪站，由农民购运，少部分直接运往农村地头。80年代后，小吨位抽粪运粪汽车逐步代替人力小木车。1986年，有载重1.5~5吨的汽车20辆、总载重62吨。此后，随着化肥使用量增大，农民对粪便需求减少，1987年，粪便销量由1986年的9.55万吨减少到3.99万吨。与此同时，公厕储粪池逐步改建为三格式化粪池，粪便化解为无害污水。1997年，无锡市建成运河东路放粪站，粪便由汽车运送至放粪站后，经专用污水管道送往芦村污水处理厂进行处理。2000年石人桥粪便中转站关闭，以大型储粪池中转粪便成为历史。是年，抽粪运粪汽车由1986年20辆、总载重62吨减少到15辆、总载重60吨。2000年后，城区公厕粪便全部运送至放粪站进行无害化处理。

1986～2005年崇安区粪便年清运量一览表

表5－3－4　　单位：万吨

年　份	粪便清运量	销往农村量	无害化处理量	年　份	粪便清运量	销往农村量	无害化处理量
1986	14.38	9.55	—	1996	11.09	2.56	—
1987	14.00	3.99	—	1997	9.14	2.47	6.67
1988	15.21	4.74	—	1998	8.92	2.33	6.59
1989	15.57	4.18	—	1999	9.99	2.10	7.89
1990	16.02	3.96	—	2000	9.52	1.32	8.20
1991	16.97	3.32	—	2001	9.04	1.20	7.84
1992	11.24	3.34	—	2002	9.13	1.02	8.11
1993	10.24	3.28	—	2003	8.95	0.56	8.39
1994	10.14	3.15	—	2004	8.90	0.35	8.55
1995	11.42	3.03	—	2005	8.80	0.18	8.62

说明：上述资料由区环卫部门提供。

粪便无害化处理　1985年，区环卫所建成尿激酶生产车间，利用新鲜人尿资源，运用生物工程技术，提取尿激酶。是年9月，通过市科委的鉴定。后与同济大学环境工程学院合作，对该技术进一步开发研究，于同年12月通过城乡建设环境保护部技术鉴定，获1986年度国家科技进步三等奖，并被上海科技电影制片厂摄制成电影。1988年12月，位于锡沪路3号桥的环卫科研站，日利用新鲜尿液10~12吨，月生产尿激酶初级产品（细品）11~13亿个国际单位，供上海市静安区环卫所、南京农业大学下属厂家深加工，生产抗血栓药，出口发达国家。1991年，该项目生产设备及尿源转包。1998年后，因环卫科研站场地改作他用，尿激酶生产停止。为实现粪便无害化处理，自1993年起，结合国家卫生城市创建，加快公厕改造，蓄粪池逐步改造为三格式化粪池，新建的居民新村住宅均建有三格式化粪池，利用沉降原理与无氧杀菌相结合的方法，粪便经过初化后，化解为无害化污水，上层的污水经污水管道进入污水处理厂，粪渣留存坑底，由清坑工每年清坑一次，坑底粪渣经自然脱水后，进入垃圾无害化处理通道。1997年，全区粪便无害化处理6.67万吨，占粪便总量的72.98%。随着老新村逐年整治，不合格的化粪池得到改建，粪便无害化处理率逐年提高。2000年，粪便无害化处理8.20万吨，2005年增加到8.62万吨，占比提高到97.95%。

第二节　环卫设施

1986年，辖区有公共厕所162座、放粪站4座、垃圾中转站和中转点各3座，以及数量众多的垃圾箱，拥有环卫专用车辆296辆，其中机动车41辆、运载总吨位142.5吨。1986年后，环卫设施不断更新，机械化程度不断提高。1986~2005年，新建、改扩建公厕98座，拆除105座。垃圾中转点先后扩建为中转站，并由简易式、多功能式逐步改变为机械吊装式、压缩式中转。公共垃圾箱由砖砌型逐步改造成为新型、美观的垃圾收集房。迄2005年，全区有公共厕所75座、垃圾中转站（点）7座、垃圾箱及垃圾收集房1427座（只），环卫专用车辆达到493辆，其中机动车58辆、运载总吨位270吨，分别比1986年增加41.46%、89.47%。随着粪便无害化处理的实施，放粪站成为历史。全区有周山浜、广瑞路、上马墩、人民路、崇安寺、学前街、工运路等7个环卫管理所，以及区环卫处下属的打捞站、机械运输场、正达厂，环卫管理用房面积达到8655平方米。

【垃圾箱（收集房）】

垃圾收集房（2005）　（孙怡摄）

80年代，新村小区大楼每一单元底层设有垃圾箱，每层楼道设有垃圾投放口；老居民区设有砖砌公共垃圾箱。90年代初，在全市率先实行垃圾袋装化，在新村、农贸市场和主要道路沿街单位进行试点，建造垃圾收集房、设置垃圾收集桶。1996年，按照无锡市制定的创建国家级卫生城市三年达标要求，城区全面实行生活垃圾袋装化。是年7月，区在广瑞路街道广丰三村丰环居委召开垃圾袋装化现场会，垃圾袋装化在全区推开，原有新村楼道垃圾投放口、公用垃圾箱全部封闭、拆除，统一建造新型、美观的垃圾收集房，生活垃圾由居民袋装后投入垃圾房内。至同年10月，全区共建造垃圾收集房246座，设置垃圾桶66只，封闭、拆除楼道垃圾投放口和公用垃圾箱2490处，垃圾袋装化率达到92%。1997年，市区主干道两侧的商店基本实现垃圾袋装化。1998年，全区垃圾收集房（桶）增至784座（只）。区制定垃圾袋装化管理规定，实行“街道负责垃圾收集房管理，卫生所负责垃圾收集房消杀，社区负责保洁”的社区垃圾袋装化管理体制。2000年，全区垃圾收集房（桶）增加到830座（只）。2001~2002年，对垃圾收集房（桶）统筹安排，调整设置，减少垃圾收集桶数量，实行垃圾收集房美化工程，铺地砖、贴磁砖、盖琉璃瓦，使垃圾收集房面貌得以根本改观。2002年，垃圾收集房（桶）减少为631座（只）。是年12月12日，全市垃圾三级分类收集工作在东河花园小区51~82号启动，设置垃圾分类收集桶。迄2005年，垃圾三级分类收集扩大到吉庆苑、银仁大厦、工商崇安分局、商业银行梁溪支行、崇宁路小学等6处。配置分类垃圾桶48只，3只为一组，红色投放有毒有害垃圾、灰色投放不可回收垃圾、绿色投放可回收垃圾，区环卫处与每个试点单位签订生活垃圾分类收集协管协议书，签约率达100%。同时，在主干道两侧安装分类式废物箱345只。全区垃圾袋装率保持100%，东河花园小区垃圾分类率达到60%。全区垃圾收集房（桶）由2004年1195座（只）增加到2005年1427座（只）。

【放粪站】

1986年，全区有西水关、西门公坑、新庙前、周山浜一号桥等4座贮粪（池）中转粪码头，供粪便蓄存、中转之用。1987年，翻修锡沪路一号桥、三茅殿放粪站，加快粪便转运速度。1992年，锡沪路一号桥放粪站移建到石人桥，其他放粪站相继关闭。后在亭子桥、冶坊场、向阳桥等处河边设3艘运粪船，作为进城运粪船只的临时放粪中转点，以解决部分粪便出路。2000年，随着石人桥最后一个放粪站关闭，放粪站成为历史。

【垃圾中转站（点）】

压缩式垃圾中转站（2005）　（区环卫处供稿）

80年代前，垃圾中转站（点）按照人工收集运距服务半径不超过0.5公里或住宅大楼建筑面积8～10万平方米1座的要求设置，时为简易式、多功能式。80年代，发展到多功能式、机械吊装式。1985年，全区有3座垃圾中转站，均以机械吊装为主。分别是：1979年建成的亭子桥中转站，位于解放北路永勤弄口，面积86平方米；1983年建成的黄石桥中转站，位于学前街黄石桥弄西侧，面积126.5平方米；1984年建成的周山浜中转站，位于广勤三支路西，面积87.4平方米。另有位于崇宁路东的新庙前多功能中转点，以及位于塔影一村的上马墩多功能中转点。1986年，增设复兴路简易垃圾中转点。1987年，新增广丰二村、广丰三村、黄泥头等3处多功能垃圾中转点。1990年始，对简易式、多功能式中转点分期分批进行改造。1991年，上马墩中转点移建至靖海小学后背，为机械吊装式中转站。新庙前中转点也改建为机械吊装式中转站，后于1993年因道路建设拆除。1993年，废除广丰三村垃圾中转点，新建广瑞机械吊装式垃圾中转站。是年，除黄泥头多功能垃圾中转点外，复兴路、广丰二村垃圾中转点均建成机械吊装式中转站。1997年，在东河头巷2号建成人民路垃圾中转站。1998年，锡沪路拓建，位于锡沪路1号桥堍的周山浜垃圾中转站外移重建，同时首座河道垃圾吊装站在周山浜中转站建成，河道垃圾实现机械上岸中转。2002年，黄石桥地块开发，黄石桥垃圾中转站由机械吊装式改建成压缩式，时为全区首座，后因故未启用，2003年改作学前街环卫管理站。2003年，保利广场地块开发，位于永勤弄口的亭子桥垃圾中转站移建至北仓门，建成第二座压缩式垃圾中转站，时为继垃圾袋装化、运输密封化、处理无害化之后，实施“垃圾革命”的又一重要举措；在向阳桥堍新建第二座河道垃圾吊装站。2005年，机械吊装式垃圾中转站全部改建成压缩式垃圾中转站，垃圾压缩中的污水全部排入污水管道。迄2005年，全区（不含广益地区）有压缩式垃圾中转站6座，多功能垃圾中转点1个，另有河道垃圾吊装站2座。实现垃圾压缩式中转后，生活垃圾体积缩小一半，可节省约50%的运力，工人劳动强度明显减轻，操作更安全简便，机械噪音降低。中转站占地面积小，站内卫生秩序极大改善，途中污水滴漏现象基本得到扭转，具有显著的经济、环境、社会等综合效益。

1986～2005年崇安区垃圾中转站（点）情况一览表

表5-3-5　单位：座

分类/年份	垃圾中转站（点）				河道垃圾吊装站
	合计	多功能式中转点	机械吊装式中转站	压缩式中转站	
1986	6	3	3	—	—

续表5-3-5

分类 年份	垃圾中转站（点）				河道垃圾吊装站
	合计	多功能式中转点	机械吊装式中转站	压缩式中转站	
1987~1990	9	6	3	—	—
1991~1992	9	4	5	—	—
1993~1996	6	1	5	—	—
1997	7	1	6	—	—
1998~2001	7	1	6	—	1
2002	7	1	5	1	1
2003~2004	7	1	4	2	2
2005	7	1	—	6	2

说明：上述资料由区环卫部门提供。

【公共厕所】

田基浜公厕（2005）　　（区环卫处供稿）

1986年，全区有公厕162座，全部为普通旱厕，无水冲式公厕。90年代开始，在旧城改造中，为改善环境，提升城市形象，区政府每年安排一定经费改建、翻建、新建公厕，一批普通旱厕被拆除，公厕的水冲式比例、等级类别逐年提高。1996年，水冲式公厕的比例由1990年的7.79%提高到73.58%。1986~2005年拆除的105座公厕中，三类公厕占一半以上，达56座；改建、翻建、新建（移建）的97座公厕中，一类、二类公厕88座，占90.72%。2000~2003年，因火车站地区改造、站前商贸区建设等原因，拆除公厕34座。为方便行人解决如厕问题，在人流密集的火车站东侧高墩桥、东林广场、朝阳广场新建水冲式移动厕所3座。迄2005年，全区75座公厕（不含广益地区），共有蹲位588个，其中，女228个，男女通用8个，残疾人蹲位2个。水冲式67座，占89.33%，移动厕所3座，蓄粪池式5座。一类公厕13座，二类公厕58座，三类公厕4座，均达到“七防”（防臭、防蝇、防蛆、防鼠、防堵、防漏、防溢）标准。

2005年崇安区公共厕所情况一览表

表5-3-6　　单位：个

序号	名称	所在地区	坐落地址	级别	类型	蹲位			粪水排放去向			
						合计	男	女	污水管	雨水管	河道	其他
1	人民桥	崇安寺	人民桥南堍	一	水冲式	14	8	6	1	—	—	—
2	华光珠宝城	崇安寺	新世纪百货后	一	水冲式	23	13	10	1	—	—	—
3	西门外坑	崇安寺	人民路北堍	一	水冲式	6	3	3	—	—	1	—
4	沈果巷	崇安寺	商业大厦西侧	一	水冲式	7	4	3	—	1	—	—
5	新生路	崇安寺	市第一人民医院旁	一	水冲式	8	4	4	1	—	—	—
6	健康里	崇安寺	健康里	二	水冲式	13	10	3	—	1	—	—
7	庙　巷	崇安寺	人民中路生资公司旁	二	水冲式	8	5	3	1	—	—	—
8	东大街	崇安寺	市金属公司后	二	水冲式	7	5	2	—	1	—	—
9	高墩桥	工　运	高墩桥西侧	一	移　动	3	通用		—	—	—	1
10	吉庆苑	工　运	吉庆苑小区	一	水冲式	10	4	6	1	—	—	—
11	红　旗	工　运	长康路31号旁	二	水冲式	10	6	4	—	1	—	—
12	平一号	工　运	人民东路和平村口	二	水冲式	5	3	2	—	1	—	—
13	平五号	工　运	长庆路农贸市场后	二	水冲式	6	4	2	—	1	—	—

续表5-3-6

序号	名称	所在地区	坐落地址	级别	类型	蹲位			粪水排放去向			
						合计	男	女	污水管	雨水管	河道	其他
14	工艺七组	工运	工艺桥87号旁	二	水冲式	12	8	4	—	1	—	—
15	菩提浜	工运	东菩提浜78号旁	二	水冲式	8	5	3	—	1	—	—
16	冶坊场	工运	冶坊场弄口	二	水冲式	6	3	3	—	1	—	—
17	工艺九组	工运	工艺路庙垴桥旁	三	蓄粪池式	7	4	3	—	—	—	1
18	同安里	工运	市传染病医院后	三	蓄粪池式	12	8	4	—	—	—	1
19	华新里	工运	华新里	一	水冲式	9	4	4	1	—	—	—
20	东林广场	人民路	东林广场旁	一	移动	3	通用		—	—	1	—
21	崇宁路	人民路	崇宁路小学东南侧	一	水冲式	11	5	5	1	—	—	—
22	法圈里	人民路	新生路太保公司西侧	一	水冲式	8	4	4	1	—	—	—
23	圆通路	人民路	圆通路	二	水冲式	12	8	4	—	1	—	—
24	市防疫站	人民路	学前东路、解放东路口	一	水冲式	8	4	4	1	—	—	—
25	东河头巷	人民路	东河头巷	二	水冲式	12	8	4	—	1	—	—
26	小娄巷东坑	人民路	小娄巷东	二	水冲式	6	4	2	—	1	—	—
27	人民弄	人民路	人民弄	二	水冲式	5	3	2	—	1	—	—
28	邓候弄	人民路	邓候弄1号-2旁	二	水冲式	4	2	2	—	1	—	—
29	马园里	人民路	东映山河马园里5号旁	二	水冲式	8	6	2	1	—	—	—
30	田基浜	人民路	田基浜	二	水冲式	6	4	2	—	1	—	—
31	福田巷	人民路	佳福大厦南侧	二	水冲式	3	2	1	—	1	—	—
32	游泗弄	人民路	游泗弄	二	水冲式	7	4	3	—	1	—	—
33	前西溪	学前街	市政协旁	二	水冲式	6	4	2	—	1	—	—
34	北禅寺	学前街	北禅寺巷口	二	水冲式	6	4	2	1	—	—	—
35	黄石桥	学前街	黄石桥	二	水冲式	6	3	3	—	1	—	—
36	南市桥巷	学前街	南市桥巷7号旁	二	水冲式	8	5	3	1	—	—	—
37	置煤浜	学前街	置煤浜	二	水冲式	3	2	1	1	—	—	—
38	解放新村	学前街	喻康花园小区北	二	水冲式	6	4	2	1	—	—	—
39	勤学路	学前街	勤学路	二	水冲式	7	4	3	1	—	—	—
40	育才弄	学前街	南市桥巷32号-1旁	二	水冲式	8	4	4	1	—	—	—
41	育才弄	学前街	育才弄	二	水冲式	8	4	4	1	—	—	—
42	锡师附小外坑	学前街	勤学路	二	水冲式	6	3	3	1	—	—	—
43	新生弄	学前街	朝阳广场公交站旁	一	移动	2	通用		—	—	1	—
44	花园弄	学前街	置煤浜9号前	二	水冲式	6	3	3	—	1	—	—
45	花园弄	学前街	花园弄	二	水冲式	9	6	3	—	1	—	—
46	锡沪弄	周山浜	锡沪路1号桥堍	二	水冲式	5	3	2	—	1	—	—
47	石人桥	周山浜	广勤路石人桥堍	二	水冲式	7	4	3	—	1	—	—
48	大俞巷	周山浜	广勤路297号旁	二	水冲式	9	5	4	—	1	—	—
49	新工房	周山浜	庆丰里小区旁	二	水冲式	7	4	3	—	1	—	—
50	新工房	周山浜	庆丰里小区旁	二	蓄粪池式	8	5	3	—	1	—	—
51	树德里	周山浜	广勤路133号后	二	水冲式	11	7	4	—	1	—	—
52	祝家浜	周山浜	祝家浜37号旁	二	水冲式	8	5	3	—	1	—	—
53	广勤二支路	周山浜	周山浜小学旁	二	水冲式	7	4	3	—	1	—	—
54	竹园弄	周山浜	竹园弄36号西	二	水冲式	7	4	3	—	1	—	—
55	周新里	周山浜	周新里51号旁	二	水冲式	10	6	4	—	1	—	—
56	汤家桥	周山浜	周新村591号旁	二	水冲式	7	4	3	—	1	—	—
57	南坑	周山浜	周新村659号旁	二	水冲式	8	4	4	—	1	—	—
58	蒋巷	周山浜	蒋巷338号南	二	水冲式	15	10	5	—	1	—	—
59	菜场	周山浜	蒋巷85号旁	二	水冲式	7	4	3	—	1	—	—
60	菜场	周山浜	蒋巷243号北	二	水冲式	7	5	2	—	1	—	—
61	广勤一支路	周山浜	广勤一支路	三	蓄粪池式	14	10	4	—	—	—	1
62	俞巷	周山浜	俞巷口	二	水冲式	9	5	4	—	1	—	—
63	靖海1号	上马墩	靖海新村31号旁	二	水冲式	8	5	3	1	—	—	—
64	靖海2号	上马墩	靖海小商品市场旁	二	水冲式	8	5	3	1	—	—	—
65	塔影一村	上马墩	市政仓库旁	二	水冲式	8	5	3	1	—	—	—
66	塔影二村	上马墩	塔影二村33号旁	二	水冲式	8	5	3	1	—	—	—
67	菜花墩	上马墩	崇安运输场旁	二	水冲式	5	3	2	—	1	—	—

续表5-3-6

序号	名　称	所在地区	坐落地址	级别	类　型	蹲　位			粪水排放去向			
						合计	男	女	污水管	雨水管	河道	其他
68	广丰二村	广瑞路	广丰二村路口	二	水冲式	9	6	3	1	—	—	—
69	广瑞二村	广瑞路	广瑞二村2号旁	二	水冲式	5	3	2	1	—	—	—
70	广瑞三村	广瑞路	广瑞三村	二	水冲式	5	3	2	—	1	—	—
71	广益新村1号	广瑞路	广益新村65号旁	二	水冲式	5	4	1	1	—	—	—
72	广丰三村	广瑞路	广丰三村	二	水冲式	5	3	2	1	—	—	—
73	广瑞路	广瑞路	锡山区老年活动中心旁	二	水冲式	7	3	4	1	—	—	—
74	广益新村2号	广瑞路	广益小学旁	三	蓄粪池式	7	5	2	—	—	—	1
75	前胡村	广瑞路	锡沪路甲状腺医院旁	二	水冲式	14	10	4	—	—	—	1
合　计						588	350	228	27	39	3	6

说明：1. 上述资料由区环卫部门提供。2. 588个蹲位总数中，含华新里、崇宁路等2座公厕残疾人蹲位各1个以及移动厕所男女通用蹲位8个。

1986～2005年崇安区公厕建设情况一览表

表5-3-7　　单位：个

序号	名　称	坐落地址	级别	类　型	蹲　位			建设情况	所属环卫站
					合计	男	女		
1	大娄巷	大娄巷	二	水冲式	11	6	5	1992年翻建	崇安寺
2	三阳广场	中山路新世纪百货旁	一	水冲式	15	7	8	1991年新建	
3	公园内坑	公园路城中公园内	二	水冲式	8	5	3	1990年翻建	
4	公园外坑	公园路中山宾馆旁	二	水冲式	13	9	4	1996年翻建	
5	健康里	健康里	二	水冲式	13	10	3	1992年改建	
6	东大街	市金属公司后	二	水冲式	7	5	2	1997年改建	
7	杨昊氏	中山路无锡镜厂旁	二	水冲式	7	4	3	1991年改建	
8	庙　巷	人民中路生资公司旁	二	水冲式	8	5	3	1990年翻建	
9	西门外坑	人民桥北堍东	一	水冲式	6	3	3	1997年翻建	
10	人民桥	人民桥南堍东	一	水冲式	14	8	6	1997年新建	
11	沈果巷	沈果巷	二	水冲式	7	4	3	1991年改建	
12	华光珠宝城	中山路新世纪百货后	一	水冲式	23	13	10	1998年翻建	
13	新生路	市第一人民医院旁	一	水冲式	8	4	4	2003年移建	
14	光复门	圆通路西	二	水冲式	13	8	5	1996年新建	
15	镇　巷	镇巷	二	水冲式	9	5	4	1991年改建	
16	红　旗	长康路31号旁	二	水冲式	10	6	4	1990年改建	工运
17	平五号	长庆路农贸市场后	二	水冲式	6	4	2	1991年改建	
18	菩提浜	东菩提浜78号	二	水冲式	8	5	3	1992年翻建	
19	高墩桥	高墩桥西侧	一	移　动	3	通　用		2003年新建	
20	工艺七组	工艺路	二	水冲式	12	8	4	1993年翻建	
21	工艺九组	工艺路	三	蓄粪池式	7	4	3	1999年改建	
22	孟渊里	汉昌路	三	蓄粪池式	5	3	2	1999年翻建	
23	北一号	北仓门	二	水冲式	8	5	3	1992年翻建	
24	华新里	华新里	一	水冲式	9	4	4	2003年新建	
25	火车站	火车站广场南侧	一	水冲式	31	15	16	2001年新建	
26	吉庆苑	吉庆苑小区	一	水冲式	10	4	6	2002年新建	
27	亮坝桥	亮坝上68号前	二	水冲式	6	4	2	1998年改建	
28	平一号	人民东路和平村口	二	水冲式	5	3	2	1990年翻建	
29	通一号	通隆里91后	三	蓄粪池式	6	3	3	1999年改建	
30	西梁溪	西梁溪路3号旁	二	水冲式	8	4	4	1997年改建	
31	冶坊场	冶坊场弄口	二	水冲式	6	3	3	1991年改建	
32	南三号	永勤弄东禾泰苑内	三	蓄粪池式	14	10	4	1988年翻建	
33	广丰二村	广丰二村路口	二	水冲式	9	6	3	1991年改建	广瑞路
34	广丰三村	广丰三村	二	水冲式	5	3	2	1992年改建	
35	广瑞二村	广瑞二村2号旁	二	水冲式	5	3	2	1992年翻建	
36	广瑞路2号	锡山区老年活动中心旁	二	水冲式	7	3	4	1993年翻建	

续表5-3-7

序号	名称	坐落地址	级别	类型	蹲位			建设情况	所属环卫站
					合计	男	女		
37	广瑞三村	广瑞三村	二	水冲式	5	3	2	1991年改建	广瑞路
38	广益新村2号	广益小学旁	二	蓄粪池式	7	5	2	改建*	
39	广益新村1号	广益新村65号旁	二	水冲式	5	4	1	2000年改建	
40	前胡村	前胡村	二	水冲式	14	10	4	2005年翻建	
41	崇宁路	崇宁路小学南侧	一	水冲式	11	5	5	2003年新建	人民路
42	圆通路	圆通路	二	水冲式	12	8	4	1988年翻建	
43	斜桥下	崇宁路镇巷口	二	水冲式	9	6	3	1997年改建	
44	邓候弄	邓候弄1号-2旁	二	水冲式	4	2	2	1990年改建	
45	东河头巷	东河头巷	二	水冲式	12	8	4	1986年翻建	
46	东林移动	东林广场	一	水冲式	3	通用		2003年新建	
47	市防疫站	学前东路	一	水冲式	8	4	4	1998年翻建	
48	福田巷	佳福大厦南侧	二	水冲式	3	2	1	1996年翻建	
49	市鱼钩厂	解放北路	二	水冲式	6	4	2	1999年改建	
50	马园里	东映山河马园里5号旁	二	水冲式	8	6	2	1992年改建	
51	人民弄	人民弄	二	水冲式	5	3	2	1990年改建	
52	田基浜	田基浜	二	水冲式	6	4	2	1992年翻建	
53	小娄巷西坑	小娄巷西	二	水冲式	6	4	2	2005年改建	
54	小娄巷东坑	小娄巷东	二	水冲式	6	4	2	1991年新建	
55	法圈里	新生路太保公司西	一	水冲式	8	4	4	2001年翻建	
56	游泗弄	游泗弄9号旁	二	水冲式	7	4	3	1997年改建	
57	茉花墩	崇安运输场旁	二	水冲式	5	3	2	2003年新建	上马墩
58	靖海1号	靖海新村31号旁	二	水冲式	8	5	3	1998年改建	
59	靖海2号	靖海小商品市场旁	二	水冲式	8	5	3	1987年新建	
60	塔影一村	市政仓库旁	二	水冲式	8	5	3	1998年改建	
61	塔影二村	塔影二村33号旁	二	水冲式	8	5	3	1998年改建	
62	新生弄	朝阳广场公交站点旁	一	移动	2	通用		2003年新建	学前街
63	黄石桥	黄石桥	二	水冲式	6	3	3	1997年改建	
64	五姓巷	健康路五姓巷	二	水冲式	10	7	3	1993年翻建	
65	育才弄	南市桥巷32号旁	二	水冲式	8	4	4	1997年翻建	
66	南市桥巷	南市桥巷7号旁	二	水冲式	8	5	3	1991年改建	
67	勤学路	勤学路	二	水冲式	7	4	3	1997年翻建	
68	锡师附小外坑	勤学路	二	水冲式	6	3	3	1997年改建	
69	前西溪	市政协旁	二	水冲式	6	4	2	1990年改建	
70	七尺场	新街巷	二	水冲式	6	4	2	1991年改建	
71	育才弄	育才弄	二	水冲式	8	4	4	1997年翻建	
72	解放新村	喻康苑北	二	水冲式	6	4	2	1992年改建	
73	置煤浜	置煤浜	二	水冲式	3	2	1	1990年新建	
74	花园弄	置煤浜9号前	二	水冲式	6	3	3	1992年改建	
75	花园弄	花园弄	二	水冲式	9	6	3	1992年翻建	
76	北禅寺	北禅寺巷口	二	水冲式	6	4	2	2004年改建	
77	广勤二支路	广勤二支路周山浜小学旁	二	水冲式	7	4	3	1991年改建	周山浜
78	广勤二支路		二	水冲式	7	4	3	2005年改建	
79	大俞巷	广勤路297号旁	二	水冲式	9	5	4	1991年改建	
80	广勤三支路	广勤三支路	三	蓄粪池式	9	6	3	1989年翻建	
81	广勤一支路	广勤一支路	三	蓄粪池式	14	10	4	1999年改建	
82	蒋　巷	蒋巷338号南	二	水冲式	15	10	5	1989年翻建	
83	菜　场	蒋巷243号北	二	水冲式	7	5	2	新建*	
84	菜　场	蒋巷85号旁	二	水冲式	7	4	3	新建*	
85	新工房	庆丰里	二	蓄粪池式	8	5	3	1990年翻建	
86	庆丰里	庆丰里	三	蓄粪池式	10	7	3	1993年新建	
87	新工房	庆丰里	二	水冲式	7	4	3	2005年改建	
88	石人桥	石人桥	二	水冲式	7	4	3	1992年翻建	
89	树德里	树德里	三	蓄粪池式	11	7	4	1991年新建	
90	汤家桥	周新村591号旁	二	水冲式	7	4	3	1987年移建	

续表5-3-7

序号	名称	坐落地址	级别	类型	蹲位			建设情况	所属环卫站
					合计	男	女		
91	南　坑	周新村659号旁	二	水冲式	8	4	4	1991年改建	周山浜
92	锡沪弄	锡沪路1号桥堍	二	水冲式	5	3	2	1991年翻建	
93	小俞巷	小俞巷	三	蓄粪池式	5	3	2	1988年新建	
94	俞　巷	俞巷口	二	水冲式	9	5	4	1991年翻建	
95	周新里	周新里51号旁	二	水冲式	10	6	4	1986年翻建	
96	大朱巷	朱巷11号西	二	水冲式	7	4	3	1993年翻建	
97	竹园弄	竹园弄36号西	二	水冲式	7	4	3	1991年翻建	
98	祝家浜	祝家浜37号旁	二	水冲式	8	5	3	1986年新建	

说明：1. 上述资料由区环卫部门提供。2. "*"为1995年前施工，具体时间不详。3. 华新里、崇宁路等2座公厕另有残疾人蹲位各1个。

1986～2005年崇安区拆除公厕情况一览表

表5-3-8

序号	名称	所在地区	坐落地址	拆除时间	级别	类型
1	三阳广场	崇安	中山路新世纪百货旁	1996.12	一	水冲式
2	堵家弄	崇安	堵家弄内	1998.04	三	蓄粪池式
3	西河头	崇安	西河头	1997.01	二	水冲式
4	永定桥	崇安	解放西路西河头口	1997.01	二	水冲式
5	施　弄	崇安	人民路施弄口	1992.10	三	蓄粪池式
6	火神殿	崇安	崇安寺内	1986.04	三	蓄粪池式
7	崇安小学	崇安	崇安小学后门	1995.07	三	蓄粪池式
8	内黄泥桥	崇安	县前东街	*	三	蓄粪池式
9	沙文井	崇安	吉祥桥堍	*	三	蓄粪池式
10	吉祥桥	崇安	解放北路	*	二	水冲式
11	北里城脚	崇安	中山路	*	三	蓄粪池式
12	白园墙	崇安	中山路道长巷边	*	三	蓄粪池式
13	连元街	崇安	中山路连元街内	*	二	水冲式
14	五姓巷	崇安	健康路五姓巷内	1995.05	二	水冲式
15	石皮路	崇安	人民路石皮路内	1997.11	三	蓄粪池式
16	毛桃巷	崇安	前西溪毛桃巷	1995.01	三	蓄粪池式
17	大娄巷	崇安	新生路大娄巷内	1997.08	二	水冲式
18	摇车湾	崇安	中山路和平电影院	*	三	蓄粪池式
19	混堂弄	崇安	人民桥东南堍	1996.04	二	水冲式
20	公园外坑	崇安	公园路中山宾馆旁	2003.12	二	水冲式
21	公园内坑	崇安	公园路城中公园内	2003.12	二	水冲式
22	西门内坑	崇安	人民桥东北堍	1995.09	三	蓄粪池式
23	杨吴氏	崇安	中山路无锡镜厂旁	2001.02	二	水冲式
24	大成巷	崇安	中山路大成巷	2003.08	二	水冲式
25	锦树里	崇安	县前东街	*	三	蓄粪池式
26	新开河1号	工运	通惠路交运大厦	1990.04	三	蓄粪池式
27	新开河2号	工运	通惠路陈白头巷	*	三	蓄粪池式
28	工艺路公坑	工运	工艺路市医药公司旁	1996.12	三	蓄粪池式
29	和平路	工运	汉昌路	1996.12	三	蓄粪池式
30	商会弄	工运	解放北路	*	三	蓄粪池式
31	张巷上	工运	通运路中国饭店内	*	三	蓄粪池式
32	日升里	工运	明德里弄内	*	三	蓄粪池式
33	挑水弄	工运	解放北路	*	三	蓄粪池式
34	南三号	工运	和泰苑内	*	二	水冲式
35	工南四号	工运	南巷小学旁	*	三	蓄粪池式
36	车站公坑	工运	车站路	*	三	蓄粪池式
37	工艺六组	工运	车站路南巷铁路边	*	三	蓄粪池式
38	小粉桥	工运	亭子桥堍	*	三	蓄粪池式
39	工南二号	工运	工艺路军工站	*	三	蓄粪池式

续表5-3-8

序 号	名 称	所在地区	坐 落 地 址	拆除时间	级 别	类 型
40	火车站	工 运	火车站广场南侧	2000.06	二	水冲式
41	工南一号	工 运	工艺一支路旁	1995.03	一	水冲式
42	工艺四组	工 运	工艺路高墩桥下	*	二	水冲式
43	建设路便池	工 运	解放北路和平村口	2001.01	三	蓄粪池式
44	红卫大坑	工 运	乾德里32号旁	2002.03	三	蓄粪池式
45	西梁溪路	工 运	西梁溪路3号旁	2002.06	二	水冲式
46	仁寿里	工 运	通惠路泰山饭店内	2002.07	二	水冲式
47	孟渊里	工 运	汉昌路	2002.07	二	水冲式
48	亮坝桥	工 运	亮坝上68号前	2002.08	二	水冲式
49	通一号	工 运	通隆里91号后	2002.12	三	蓄粪池式
50	长庆公坑	工 运	人民东路、长庆路口	2003.11	二	水冲式
51	南一号	工 运	解放北路、永勤弄口	2003.05	二	水冲式
52	新 东	工 运	鹤鸣里64号前	2003.04	二	水冲式
53	北一号	工 运	北仓门	2003.09	二	水冲式
54	北三号	工 运	北仓门蚕种公司后	2003.03	三	蓄粪池式
55	北四号	工 运	北仓门小学前	2003.04	三	蓄粪池式
56	鹤鸣里	工 运	东鹤鸣里44号旁	2003.02	三	蓄粪池式
57	外黄泥桥	工 运	化工大厦后	2003.04	二	水冲式
58	汉昌路倒粪口	工 运	汉昌路	2003.06	三	蓄粪池式
59	一 号	工 运	交际路2号前	2003.09	二	水冲式
60	陈 巷	工 运	人民东路崇安饭店后	2003.07	二	水冲式
61	东 门	人民路	东林广场	1995.03	二	水冲式
62	中山路	人民路	中山南路	*	三	蓄粪池式
63	小娄巷西坑	人民路	小娄巷西	*	三	蓄粪池式
64	东林小便池	人民路	小娄巷横街	1995.12	三	蓄粪池式
65	留芳声巷	人民路	东河花园弄	1995.12	三	蓄粪池式
66	法圈里	人民路	学前东路、新生路口	2000.02	二	水冲式
67	市鱼钩厂	人民路	解放北路	2000.02	二	水冲式
68	斜桥下	人民路	崇宁路镇巷口	2000.05	二	水冲式
69	防疫站	人民路	解放东路	1997.01	二	水冲式
70	田基浜（后复建）	人民路	田基浜内	1991	三	蓄粪池式
71	福田巷（后复建）	人民路	福田巷内	1996.04	三	蓄粪池式
72	光复门	人民路	圆通路西侧	2001.04	二	水冲式
73	镇 巷	人民路	新生路镇巷内	2002.11	二	水冲式
74	游泗弄	人民路	游泗弄9号旁	2003.05	二	水冲式
75	简易新村	上马墩	上马墩三村内	1997.09	三	蓄粪池式
76	菜花墩	上马墩	上马墩二村内	*	二	水冲式
77	塔影一村一居委	上马墩	春晖新村	*	三	蓄粪池式
78	上马墩二村1号	上马墩	上马墩二村内	*	三	蓄粪池式
79	上马墩二村2号	上马墩	上马墩二村内	*	三	蓄粪池式
80	上马墩一村	上马墩	上马墩一村	*	三	蓄粪池式
81	勤学弄	学前街	勤学弄内	*	三	蓄粪池式
82	小菜园	学前街	解放南路	*	三	蓄粪池式
83	大虹霓桥	学前街	后西溪	*	三	蓄粪池式
84	三茅殿	学前街	解放南路	1996.04	三	蓄粪池式
85	虹桥湾	学前街	学前街	1996.09	三	蓄粪池式
86	吴克勤	学前街	解放南路	1996.04	二	水冲式
87	文化宫	学前街	解放南路	1996.04	二	水冲式
88	西水关	学前街	解放南路西水关	1996.04	二	水冲式
89	七尺场	学前街	新街巷	1999.01	二	水冲式
90	八中外坑	学前街	学前街	2000.02	三	蓄粪池式
91	鱼腥巷	学前街	中山南路	*	三	蓄粪池式
92	新开河	学前街	中山路新开河	1995.03	二	水冲式
93	汤 巷	学前街	学前街汤巷小区	*	三	蓄粪池式
94	张佩余	学前街	解放南路	1997.01	二	水冲式

续表5-3-8

序号	名称	所在地区	坐落地址	拆除时间	级别	类型
95	铸冶巷	学前街	健康路铸冶巷小区	1997.01	三	蓄粪池式
96	沙　巷	学前街	中山南路沙巷口	2003.07	二	水冲式
97	小俞巷	周山浜	小俞巷	1998.04	三	蓄粪池式
98	小朱巷	周山浜	锡北路	1998.04	三	蓄粪池式
99	广勤三支路	周山浜	广勤三支路	1998.01	二	水冲式
100	周山浜站倒粪口	周山浜	锡沪西路	1998.12	三	蓄粪池式
101	锡沪路	周山浜	锡沪西路	1998.05	二	水冲式
102	庆丰里	周山浜	庆丰小区内	*	二	水冲式
103	大朱巷	周山浜	朱巷11号西	2000.09	二	水冲式
104	周　巷	周山浜	周巷25号后门	2002.09	二	水冲式
105	锡沪弄	周山浜	锡沪路1号桥	2003.08	二	水冲式

说明：1. 上述资料由区环卫部门提供。2. “*”为1995年前拆除，具体时间不详。

【环卫管理用房】

上马墩环卫管理所（2005）　　（区环卫处供稿）

80年代，全区有学前街、亭子桥、新庙前、崇安寺、广瑞路、周山浜、工运路、人民路等8个环卫管理站，以及区环卫所下属的打捞站、机械运输场，环卫管理用房十分简陋。此后，区不断加大对环卫事业的投入。1989年，在解放南路494号翻建学前街管理站、在解放北路永勤弄口建亭子桥管理站，建成环卫职工菜花墩简易宿舍和职工食堂、浴室。1991年，在靖海小学后建成上马墩管理站，建筑面积405平方米；改建新庙前管理站；大修地处解放西路408号的崇安寺管理站，建筑面积151平方米；翻建工场间办公室、仓库。1992年，翻建地处广丰二村50号的广瑞路管理站，建筑面积358平方米；翻建地处锡沪路一号桥的周山浜管理站，建筑面积139平方米；亭子桥管理站并入工运路管理站。1993年，拓宽解放东路崇宁路至东林广场段时，新庙前管理站被拆除。1995年，拆除建筑面积151平方米的崇安寺管理站、建筑面积176平方米的学前街管理站、建筑面积76平方米的人民路管理站。1996年，人民路管理所由解放东路785号移建到东河头巷2号，建筑面积736平方米。1997年，在解放西路386号新建崇安寺管理所，建筑面积651平方米。1998年，拆除中市桥巷18号的区环卫处办公楼，移建天成巷1号，建筑面积由941平方米扩大到1149平方米。1999年，新建周山浜管理所，建筑面积241平方米。2003年，在学前街57号新建学前街管理所，建筑面积300平方米；10月，在广瑞路菜花墩新建机械运输场机修办公综合用房，建筑面积由1822平方米扩大到2421平方米；12月，地处锡沪路三号桥的正达厂“GMP洁净厂房改造工程”竣工，建筑面积1275平方米。2004年，拆除地处永勤弄176号-1的工运路管理所，移建北仓门，建筑面积由179平方米扩大到784平方米。2005年，翻建上马墩管理所，建筑面积由405平方米扩大到548平方米；改建广瑞路管理所，建筑面积576平方米。迄2005年，全区有周山浜、广瑞路、上马墩、人民路、崇安寺、学前街、工运路等7个环卫管理所，以及区环卫处下属的打捞站、机械运输场、正达厂。全区环卫管理用房由1993年的4321平方米增加到8655平方米，工作条件明显得到改善。

【环卫生产设备】

环卫专用车辆 1986年，全区拥有环卫专用车辆296辆，其中，机动车41辆、运载总吨位142.5吨，机动车中有翻斗垃圾车14辆、多功能垃圾车3辆、粪车20辆，基本满足全区环卫用车的需要。生活垃圾清运大部分为敞开运输，途中抛、洒、滴、漏现象较严重。90年代，青龙山垃圾堆放场和桃花山垃圾填埋场先后建成后，垃圾运输距离延长，对环卫用车提出新的要求。1992年，区环卫处对垃圾运输车进行改造，将低栏板车斗改装为高栏板车斗，提高单车截量；加置油压操纵的车厢密封盖，实行垃圾密闭运输。与此同时，逐步淘汰“跃进”“小上海”“汽三卡”“小工农”等小吨位垃圾运输车，更新为“黄河”“东风”“解放”等大吨位、强牵引力环卫车辆。环卫专用车辆不仅数量增加，而且档次不断提高。1990～1995年，翻斗垃圾车、多功能垃圾车逐年被淘汰，新增密封垃圾车20辆，环卫机动车辆由1990年48辆增加到1995年51辆，运载总吨位由169.5吨提高到208.5吨。垃圾运输车辆密闭运输性能进一步提高，垃圾清运过程更为卫生清洁。1997年，垃圾全部实现密闭运输。2000年，环卫机动车辆增加到53辆，运载总吨位提高到246.5吨，其中，31辆垃圾运输车全部更新为“黄河”“东风”“解放”等大吨位车辆。同时，随着城市道路清扫面积不断扩大、保洁标准不断提高，道路清扫逐步由人力清扫向人机结合的方向发展。2003年，投资120多万元，先后购置道路清扫车、多功能高压冲（洒）水车及压缩式垃圾收集车和医疗垃圾车各1辆，其中多功能高压冲（洒）水车为全市首部新型车辆，水流压力达到每平方米100公斤，大大提高城市道路环境的洁净度。迄2005年，全区环卫专用车辆达到493辆，其中，机动车58辆、运载总吨位270吨，分别比1986年增加41.46%、89.47%。

区环卫处在全市首批购置的多功能高压冲洗车（2003.8）
（区环卫处供稿）

1986～2005年部分年份崇安区环卫专用车辆情况一览表

表5-3-9　　　　单位：辆、吨

车型 \ 年份		1986		1990		1995		2000		2005	
		辆	总吨位	辆	总吨位	辆	总吨位	辆	总吨位	辆	总吨位
机动车	翻斗垃圾车	14	49.50	20	76	5	20	5	20	4	16
	多功能垃圾车	3	12	3	12	2	8	—	—	—	—
	密封垃圾车	—	—	—	—	20	92	26	133.50	28	139
	垃圾压缩车	—	—	—	—	—	—	—	—	1	3
	医疗垃圾车	—	—	—	—	—	—	—	—	1	5
	粪　车	20	62	21	63.50	18	58.5	15	60	14	62
	铲　车	1	3	2	6	2	6	3	9	3	9
	冲（洒）水车	1	8	1	8	2	16	2	16	3	24
	机扫车	—	—	—	—	—	—	—	—	1	—
	货　车	2	8	1	4	2	8	2	8	3	12
	合　计	41	142.50	48	169.50	51	208.5	53	246.50	58	270
非机动车		255	—	250	—	223	—	416	—	435	—

说明：上述资料由区环卫部门提供。

冲（洒）水车供水站 2005年，在北仓门新建全区首座冲（洒）水车供水站。用水泵抽取古运河水，经净化处理后，供冲（洒）水车使用，从而节约大量自来水，降低成本，提高经济、社会和环境效益。

停车场 区环卫专用车辆停车场位于广瑞路菜花墩，建于20世纪70年代。1985年，在场内建加油站，占地面积6019.8平方米，建筑面积1822.30平方米。1989年，在场内建职工食堂、浴室。2003年，修理车间由简易平房改建为二层综合楼，上层用于办公，底层为修理车间。迄2005年未变。

第三节　社会化服务

80年代前，辖区垃圾、粪便由环卫部门无偿清运。1983年后，因城市生活垃圾运距加大、转运费用增多，环卫经费严重不足，开始收取垃圾代运、厕所化粪池清坑、粪便垃圾运输、消毒等有偿服务费。1985年，垃圾代运、厕所化粪池清坑两项服务收入由1983年7.41万元增加到22.44万元。1986年，增设单位保洁有偿服务费。1989年，取消消毒服务费。1990年，增设特种垃圾管理费。1995年，取消粪便垃圾运输及单位保洁费。90年代后期，因环卫有偿服务收费项目偏少、标准相对较低，与城市环境卫生事业的发展不相适应，按照从严控制、从紧掌握，补偿合理成本的原则，对环卫有偿服务收费项目和标准进行多次调整。1997年，按照未出售公用住房租金的10%缴纳环卫费，环卫收费纳入正规管理。2001年6月，按照《无锡市城镇垃圾处理费收缴实施细则》的规定，收取垃圾处理费。2002年1月，执行无锡市物价局《关于调整环卫有偿服务范围和收费标准的通知》。2004年7月，根据省政府文件，对环卫有偿服务范围和收费标准再作适当调整，执行无锡市物价局《关于明确环卫有偿服务范围和收费标准的通知》，有偿服务范围包括辖区内企事业单位、机关团体、学校（幼儿园）、各类服务场所、文化娱乐场所、住宅小区（含物业管理小区）、商业网点、各类市场摊点、商场、超市、个体经营者所产生的生产、生活、营业性垃圾及粪便的清运和处理；土建施工（含房屋装修）所产生的建筑垃圾、渣土等清运处理；机动车辆、营运性非机动车辆、基建工地污染城市道路的冲洗、清扫保洁；车站、码头、专用广场、各类停车场、市场、专用道路、摊点的清扫保洁；以及临街单位、店铺门前的清扫保洁。收费标准视项目、时间、次数、单位面积、工作量确定，进一步实行环卫有偿服务工作的社会化、市场化。1986~2005年，区环卫部门有偿服务收入8238.64万元，其中，垃圾代运收入5269.96万元，化粪池清坑收入1183.66万元。

2004年市环卫有偿服务收费标准一览表

表5-3-10

序号	收费项目	收费标准	备注
1	餐饮业、娱乐休闲业	1元/月·平方米	按营业面积
	其中：炸鸡快餐业	1.8元/月·平方米	
2	食品加工业、农贸市场	1.2元/月·平方米	按营业面积
3	办公、商住楼	0.1元/月·平方米	按使用面积
4	美容美发、洗烫、照相等	2元/月·平方米	按营业面积
5	宾馆、饭店、旅社、招待所	4元/月·床	餐饮、娱乐部分另收
6	长途客运、货运汽车	1元/日·辆	—
7	各类摊点	15元/月	—
8	百货、金融、五金交电等行业	0.4元/月·平方米	—
9	厂矿企业经营性垃圾清运费	50元/吨	特困企业经审批酌情减免
10	桃花山填埋场垃圾处置费	12元/吨	由桃花山填埋场收取
11	单位厕所粪便清运	30元/吨	—
12	单位化（蓄）粪池清坑	800元/次	每年至少一次
13	单位化（蓄）粪池管道疏通	50元/次	—
14	单位厕所保洁、消毒服务	20元/月·蹲位	消毒期4~11月共8个月
15	工程渣土、建筑装璜垃圾处置费	4元/吨	不含运输费
16	汽车承运渣土服务检验费	50元/辆	—
17	单位卫生责任区代保洁代扫费	5元/月·米	—
18	市区河道作业、装卸货物等船只	15元/船·月	—

续表5-3-10

序　号	收 费 项 目	收费标准	备　　注
19	占用水域岸线的作业点保洁	16元/月·米	—
20	清除污染道路	0.3元/次·平方米	含冲洗污染路面经费

说明：上述资料由区环卫部门提供。

第四节　机构管理

【机　构】

崇安区环境卫生管理处（以下简称区环卫处）前身为崇安区清洁管理所，成立于1954年。1985年3月，改称崇安区环境卫生管理所（以下简称区环卫所）。下辖学前街、复兴路、崇安寺、亭子桥、人民路、周山浜、上马墩7个环卫管理站和机修车间、工场间、汽车一队、汽车二队、木车队（三车队）、环卫科研站。环卫职工主要来自下乡回城知青、环卫职工的农村配偶。后陆续通过安置地区“两劳”（劳动教养、劳动改造）人员、招收计划内临时工和农村合同制工人，从苏北招收汽车驾驶员、修理工等技术人员，解决环卫用工难。1986年8月，区环卫所内设政工、人保、生产、后勤（企管、行政）、劳动财务、机运等6个科室。1987年，区环卫所核定职工编制620人。1988年，在编职工596人，其中，固定工490人、农村合同工8人、临时工98人。是年底，为稳定环卫职工队伍，为一批农村合同工、计划内临时工解决城市粮食计划供应，并为1985年从农村招收的环卫职工解决户口“农转非”问题。1989年1月，区环卫所内设机构调整为“四科两室”（环卫科、机械运输科、财务科、人保科，行政办公室、党总支办公室）。1992年1月，机械运输科更名为机械运输场。是年12月，崇安寺、复兴路环卫管理站合并为崇安环卫管理站，增设广瑞路环卫管理站。1993年3月，区环卫所改现名，为正科级建制，区直属事业单位，隶属于区建设环境保护局，办公地点位于中市桥巷18号。其下属环卫管理站相应更名为环卫管理所。新建无锡市金环实业总公司，与区环卫处实行“一套班子、两块牌子”管理体制。1996年3月，区环卫处下辖上马墩（江海）、周山浜、广瑞路、工运路、人民路、崇安寺、学前街等7个环卫管理所，以及清洁服务所（三车队）、市容监察队、机械运输场（含一车队、二车队、机修车间）。1998年2月，区环卫处行政办公室与党总支办公室合并为党政办公室。是年11月，区环卫处办公地点迁至天成巷1号。2002年1月，成立河道打捞站；2月，增设经营业务科；10月，成立崇安区环卫服务中心，并撤销下辖7个环卫管理所和清洁服务所；新建火车站广场环卫管理所，负责火车站广场的环境卫生工作。2003年3月，区环卫处增设安全设备科。2004年4月，崇安区环卫服务中心和火车站广场环卫管理所撤销。新设崇安寺、工运路、通江、上马墩等4个环卫管理所和清洁服务管理所。其中崇安寺环卫管理所负责崇安寺、学前街地区；工运路环卫管理所负责工运路（火车站）、人民路地区；通江环卫管理所负责广瑞路、周山浜地区；上马墩环卫管理所负责上马墩、江海地区；清洁服务管理所负责全区公共厕所、居民楼化粪池管理。2005年1月，市容监察队撤销，经营业务科更名为经营管理科。迄2005年，区环卫处下辖崇安寺、工运路、通江、上马墩等4个环卫管理所和清洁服务管理所，内设党政办公室、经营管理科、安全设备科、机械运输场、河道打捞站、金环实业总公司等机构（单位）。有职工729人，其中，在编职工312人，农民工417人。有管理人员48人，各类专业技术人员10人。

1986~2005年，区环卫部门历任主要负责人有邬美林、徐志伟、徐顺裕、袁梅舫、黄志功、苏绍霞。

附：环卫世家——闵氏家庭

区环卫处闵氏职工家庭为“环卫世家”，其一家4代、5对夫妻、35人先后从事环卫工作。闵氏曾祖父父子6人于无锡解放前从苏北来锡拾荒定居。1954年，闵氏第一代、第二代10多人全部进入区清洁管理所。20世纪60~70年代，又有第二代、第三代10多人陆续加入区环卫职工队伍。第二、三代退休后，仍继续发挥余热，义务清扫马路，拾掇花坛，为晚辈们示范，起早摸黑，检查后辈清扫质量，被人们誉为“马路迷”。1982年，闵氏第三代闵长松女儿闵英中学毕业后，又主动报名去清洁管理所，就职清粪车驾驶员，成为闵氏“环卫世家”第四代。1994年，闵英与本单位垃圾收集工吴伟民结成伴侣，是闵氏“环卫世家”第五对夫妻清洁工。

【经费管理】

环卫经费来源于市区财政拨款和事业收入两个方面。财政拨款实行的是差额拨款制度，从财政拨款所占比重看，80年代前，财政拨款约占全区环卫经费的70%。1986~1990年，降为60%左右，1991~1996年，降为40%~50%，1997~2005年，回升至60%以上。从财政拨款绝对数看，呈逐年上升态势，1986年为123.44万元，1992年为244万元，1996年增加到374.28万元。是年，开征城市居民住宅环境卫生费后，财政拨款大幅提高，1997年达到800.41万元。2000年后随着环卫作业工作量的增加、机械化作业程度的提高，财政拨款力度进一步加大，2003年突破千万元大关，2005年，达到1329.32万元。

事业收入主要来自环卫部门的创收收入。80年代前，来自粪便垃圾出售、杂费和运输费、代加工费等收入，年最高收入不足60万元。后随着农村对有机垃圾及粪肥需求的逐渐下降，垃圾及粪肥出售收入逐年减少，1987年，垃圾收入仅0.02万元；1990年，粪肥出售收入由1986年22.93万元下降到13.18万元，1995年，进一步减少到8.07万元。而始于1983年的垃圾代运和厕所化粪池清坑有偿服务收入逐年增加，成为环卫事业收入的主要来源。由1986年33.12万元增加到1990年136.78万元、1995年536.16万元。1996年，开征城市居民住宅环境卫生费后，公用房产、政府机关、社会公益性单位的环卫服务不再收费，1997年，环卫事业收入比1996年减少307.03万元。迄2005年，环卫事业收入812.05万元，其中垃圾代运和厕所化粪池清坑有偿服务收入512.21万元，占63.08%。

1986~2005年，全区环卫经费收入1.96亿元，其中，财政拨款1.12亿元，占57.14%，事业收入0.84亿元，占42.86%。

1986～2005年崇安区环卫经费收入一览表

表5-3-11　　　　单位：万元

年份	财政拨款	事业收入							
		合计	售粪肥	售垃圾	垃圾代运	化粪池清坑	运输费	特种垃圾管理	其他
1986	123.44	88.85	22.93	0.67	18.54	14.58	7.82	—	24.31
1987	155.83	80.38	9.59	0.02	35.98	19.55	1.88	—	13.36
1988	177.61	138.62	11.38	—	69.62	32.83	2.63	—	22.16
1989	192.44	155.51	17.53	—	100.08	34.79	3.11	—	—
1990	192.56	157.92	13.18	0.08	100.92	35.86	6.75	1.13	—
1991	199.13	237.87	13.48	—	174.18	42.51	0.93	6.77	—
1992	244.00	215.23	10.48	—	123.19	38.02	5.00	6.00	32.54
1993	263.00	349.87	9.04	—	251.75	47.85	23.76	17.47	—
1994	322.30	505.10	8.68	—	345.17	103.93	35.18	12.14	—
1995	324.30	575.46	8.07	—	430.57	105.59	17.76	13.47	—
1996	374.28	737.02	7.16	—	558.98	150.46	12.05	8.37	—
1997	800.41	429.99	6.46	—	296.74	70.27	36.66	19.86	—
1998	778.34	460.25	5.64	—	313.34	62.10	0.97	19.79	58.41
1999	769.94	455.65	5.55	—	307.34	61.42	2.67	—	78.67
2000	802.46	476.82	4.71	—	300.17	58.53	2.60	—	110.81
2001	862.11	526.66	4.39	—	382.56	66.65	1.30	—	71.76
2002	891.31	612.92	3.49	—	330.90	61.77	6.34	1.56	208.86

续表5-3-11

年份	财政拨款	事业收入							
		合计	售粪肥	售垃圾	垃圾代运	化粪池清坑	运输费	特种垃圾管理	其他
2003	1071.09	668.48	2.72	—	323.79	61.34	8.56	3.42	268.65
2004	1348.48	722.92	2.33	—	346.79	62.75	4.11	8.53	298.41
2005	1329.32	812.05	1.35	—	459.35	52.86	0.56	—	297.93
合计	11222.35	8407.57	168.16	0.77	5269.96	1183.66	180.64	118.51	1485.87

说明：上述资料（不含广益街道数据）由区环卫部门提供。

【监察执法】

80年代，区环卫所设有2名环卫管理监察人员。1996年3月，区成立市容监察队，配监察队员3人，办公地点设在区环卫处。

按照无锡市政府出台的《无锡市城市特种垃圾管理规定》《无锡市市容和环境卫生管理细则》等法规，市容环境卫生执法监察力度不断加大，区配合市环卫监察队开展联合执法，依法处置特种垃圾乱倒、乱堆，运输车辆抛、洒、滴、漏等违规行为；监督管理建筑工地特种垃圾清运、堆放、运输，实行特种垃圾押金制度，建立巡查管理制度，确保施工期间垃圾去向明、施工完毕现场垃圾清；清理无主垃圾。在执法监察中坚持教育为主，处罚为辅。2003年后，随着城市管理执法权的相对集中及区城市管理行政执法局的成立，市容环境卫生监察执法权划归区城市管理行政执法局。

【信息化管理】

1998年起，区环卫处运用电脑处理日常信息，提高环境卫生管理自动化水平。2001年12月，位于向阳桥堍的城北粪便处理站建成后，运用计算机收集、统计数据，远程传送至市环卫信息中心进行分析、处理，提高环卫科技含量。2003年，区环卫处与市环卫门户网站、GPS作业车辆卫星定位系统、生活（工业）垃圾地磅计量系统相连接，实现资源共享、信息互通、协作办公。2004年，实现区环卫特种作业车辆与市环卫处GPS监管系统相连，可对环卫车辆（船只）进行实时、实地、实况监控和指挥、调度，迅速采集、传输和处理信息，及时调整环卫车辆（船只）工作状况，提高工作效率，实现最佳需求分配，工作高效化，提升环卫部门的服务水平和整体形象。

第四章　环境保护

80年代，区环保工作主要是针对工业废水、废气和废渣为主的点源治理。90年代，随着产业结构的调整和“退二进三”战略的实施，污染严重的工业企业陆续关、停、并、转、迁。但由于餐饮娱乐服务业的兴起和城市建设的迅速发展，噪声、水、烟尘等环境保护管理全面提上议事日程，并成为环境保护的重要内容。从1988年开始创建烟尘控制区，到1993年启动噪声达标区创建，环境质量逐步改善。21世纪后，逐步向区域环境综合治理发展，由单纯的环境污染防治向污染防治与生态保护并重过渡。针对城区部分地区污染严重的趋势，实施污染排放总量控制、工业污染源达标排放和重点区域、重点企业治理达标，加大生态建设与保护等措施，为创建文明城市奠定基础。

第一节　环境质量

【空 气】

80年代起，随着工业的快速发展和机动车、船等大量增加，大气污染日益严重。1986年，大气中每立方米二氧化硫污染物0.073毫克，氮氧化合物0.041毫克，总悬浮颗粒物0.419毫克。1988年后，贯彻《中华人民共和国大气污染防治法》，通过创建烟尘控制区，摩托车、燃油助力车尾气污染防治，改善能源结构，使用管道煤气、液化气、天然气等措施，并启动创建文明工地、实施机械化道路清扫，主干道定期洒水，有效地控制扬尘污染，二氧化硫、二氧化氮、可吸入颗粒物浓度均达到国家环境空气质量二级标准。中心商务区2.5平方公里成为清洁能源区、烟尘控制区。2005年，大气中每立方米二氧化硫污染物下降到0.069毫克，总悬浮颗粒物下降到0.038毫克，可吸入颗粒0.10毫克，酸雨频率49%，比1986年下降2.1个百分点。

【水】

1986~1990年，辖区河道水质以五类为主，京杭运河下游段个别年份处于四类水平。1991年起，河道水质明显下降。1996年，氨氮指标列入监测体系后，辖区河道水质评价结果均为劣五类。其后，为遏制河道水质恶化趋势，重点整治京杭运河市区段老运河、古运河、北兴塘河等，实施常年调水、清淤、保洁等措施。同时，加大生活污水治理力度，对一批工业企业和居民住宅区生活污水集中处理，关停搬迁一批污染企业，在广塘联圩等河道周边封堵一批排污口。1998年，完成中山路、复兴路沿线105个单位污水截流工程。2001年，重点抓好新旧住宅区雨污分流、污水入网。2004年，以河道整治为重点的污水截流工程全面展开。迄2005年，农村地表水质检监测断面达标率为61%，超过苏南地面的目标值。水源地质水达标率保持100%，城市水域功能区水质达标率达59.5%。

1986～2005年崇安区区域河道水质情况一览表

表5-4-1

年　份	京杭运河市区段	京杭运河下游段	古运河	年　份	京杭运河市区段	京杭运河下游段	古运河
1986	五类	五类	五类	1996	劣五类	劣五类	劣五类
1987	五类	四类	五类	1997	劣五类	劣五类	劣五类
1988	五类	五类	五类	1998	劣五类	劣五类	劣五类
1989	五类	五类	五类	1999	劣五类	劣五类	劣五类
1990	五类	五类	五类	2000	劣五类	劣五类	劣五类
1991	劣五类	五类	劣五类	2001	劣五类	劣五类	劣五类
1992	劣五类	劣五类	劣五类	2002	劣五类	劣五类	劣五类
1993	劣五类	五类	五类	2003	劣五类	劣五类	劣五类
1994	劣五类	五类	劣五类	2004	劣五类	劣五类	劣五类
1995	劣五类	劣五类	劣五类	2005	劣五类	劣五类	劣五类

说明：上述资料由区环保部门提供。

【噪 声】

1993年，启动噪声达标区创建，加强城市噪声环境的监测，重视辐射环境的监管，对城市道路交通噪声污染、区域环境噪声进行污染防治。区环保部门会同区城管局、区交巡警大队持续开展联合行动，对通过市区运行的车辆实施禁鸣，对安静小区创建和铁路周边环境整治，噪声治理收效明显。2005年，崇安区区域环境噪声昼间为55.1分贝，夜间为35分贝，分别比2000年下降0.6分贝和0.3

分贝。

第二节　污染防治

【烟尘监控与治理】

1986年，在崇安、工运桥2个街道范围内实施烟尘监控，创建烟尘控制区。1988年5月，区召开贯彻《中华人民共和国大气污染防治法》动员大会，烟尘控制区创建工作在8个街道全面推开。周山浜、亭子桥、广瑞路3个街道相继建成烟尘控制区。1989年1月，崇安（人民路、中山路）、通运路（胜利门——火车站）两个区域0.95平方公里范围内企事业单位烟尘排放达到烟尘控制标准，通过无锡市达标验收。是年底，学前街、复兴路、人民路、崇安、工运桥5个街道建成烟尘控制区，并经市环保局验收合格，崇安区成为全市第一个烟尘控制达标区，获《无锡市烟尘控制区》证书。1990年1月，8个街道烟尘控制区通过市复查，基本达到国家二级烟尘控制标准。全区先后治理157只锅炉、43只窑炉、663只灶头。1994年10月，区人大常委会组织人大代表视察区属窗砂厂、砂轮厂两个有窑炉烟尘的重污染企业，对两个厂的9眼退火炉，2眼倒焰圆窑限期治理，1995年12月底前整治达标。1996~1997年，对8个街道炉、窑、灶台账复查核对，有锅炉135台，窑炉28台，茶水炉、大灶711眼。1998年，全区共有炉、窑、灶447台（眼），区环保局坚持每月2次登高监察，对重点烟尘污染源每年2次现场检查，配合市环境监测部门对锅炉烟尘检测，年检率98.9%，同时推广使用清洁能源，淘汰燃煤锅炉、开水炉29台（眼）。全区烟尘浓度达标率95%，烟气黑度达标率为99.3%。1999年，区内有各类炉、窑、灶347台（眼）。其中，燃油锅炉67台、燃油窑炉9台、燃煤锅炉98台，采用水膜除尘28台、多管除尘15台、单管除尘55台，改造燃煤窑炉7台、燃煤生活锅炉52台、燃煤大灶114眼。是年底，114眼燃煤大灶74眼改为绞龙反烧灶、40眼改为白煤灶。2001年，对烟尘污染源进行复查，辖区共有炉、窑、灶245台（眼）（不包括燃油气灶），其中，燃油锅炉53台、燃煤窑炉4台、燃油窑炉4台、燃煤锅炉74台（有水膜除尘的10台、单管除尘的42台）、燃煤生活锅炉和开水炉37台、燃煤大灶69台，每周2次登高监察，每年2次重点检查污染源，配合市环境监测部门对锅炉、窑炉监测。2002年，淘汰炉、窑、灶82台。2003年12月，广益镇烟控区通过市级验收。2004年，全区淘汰锅炉、窑炉18台。2005年，复查整治全区104台锅炉、18台窑炉、2064台茶炉和大灶，全部达标。是年，辖区解放环路内2.5平方公里的中心商务区锅炉全部改用清洁能源或改为集中供热，率先建成清洁能源区，每年减排烟尘900吨，二氧化硫1594吨，氮氧化物1208吨。

亭子桥街道获得的“无锡市烟尘控制区证书”（1989）
（区档案局供稿）

1998～2005年部分年份崇安区烟尘控制区污染源变化情况一览表

表5－4－2　　　　单位：台、眼

年　份	污染源总数	燃油锅炉	燃油窑炉	燃煤锅炉			燃煤窑炉	燃煤生活锅炉	燃煤大灶
				水　膜	多　管	单　管			
1998	447	59	9	25	15	60	7	63	209
1999	347	67	9	28	15	55	7	52	114

续表5-4-2

年　份	污染源总数	燃油锅炉	燃油窑炉	燃煤锅炉			燃煤窑炉	燃煤生活锅炉	燃煤大灶
				水　膜	多　管	单　管			
2000	308	71	7	28	15	50	4	44	89
2001	245	53	6	24	10	42	4	37	69
2002	163	46	6	19	7	30	3	25	27
2004	143	60	10	64			9	—	—
2005	122	51	10	53			8	—	—

说明：上述资料由区环保部门提供。

【噪声监控与治理】

1993年，崇安区成立环境噪声达标区创建领导小组，改善辖区内噪声污染问题。为扩大检测、监控和管理的力量，是年，区环保局连续举办5期创建噪声达标区业务知识培训班，180多人参加培训。是年，人民路、江海等2个街道率先通过噪声达标区验收。1994年，工运路、学前街、崇安寺等3个街道噪声达标。1995年，周山浜街道噪声达标。1997年，广瑞路街道噪声达标。1999年，上马墩街道噪声达标。2003年，随着广益街道噪声达标，全区建成噪声达标区。

1993～2003年崇安区各街道噪声达标区创建情况一览表

表5-4-3　　单位：平方公里、个

建成年份	街道名称	建成区面积	达标噪声源	建成年份	街道名称	建成区面积	达标噪声源
1993	江　海	0.58	10	1995	周山浜	0.73	13
1993	人民路	0.64	18	1997	广瑞路	1.92	17
1994	工运路	0.91	15	1999	上马墩	2.71	12
1994	学前街	0.72	9	2003	广　益	12.5	18
1994	崇　安	0.84	13				

说明：上述资料由区环保部门提供。

【固体废弃物处置】

1998年，全区工业系统有产生固体废物的工厂9家，共产生固体废物21.25吨，其中，废铁丝17吨，有机边角料1吨，废布角料2.25吨，碎玻璃1吨，全部被市金属回收公司和乡镇企业回收利用。2001年后，区环保局加强对企业开展清洁生产、减少固体废物产生的督促指导；以循环经济思想指导企业努力寻找合理的固体废物综合利用途径，提高废物综合利用率；对危险废物严格监管，努力推行安全处置。是年，全区产生工业固体废物的工厂有8家，产生固体废物206.6吨，其中废铁屑15吨，废塑料190吨，废有机玻璃1.5吨，碎玻璃0.1吨，均由指定物资回收部门和乡镇企业回收利用。2004年，加大医疗废物管理力度，突出对危险废物的监管，全面实现集中焚烧处置。是年底，安全处置危险化学品52公斤，其中剧毒危险化学品28公斤。2005年，建立小型医疗机构废物安全处置网络，区环保局、区卫生局对辖区内68家医疗单位建立管理台账，由专人负责到各小医疗点收集至崇安医院、广益卫生院的临时集中点，然后集中到市危险固体废物处置中心统一处置。

【放射性污染防治】

2003年6月28日《中华人民共和国放射性污染防治法》颁布后，是年10月1日起，由区环保局对放射性污染防治工作实施监督管理。2004年8月，区环保局会同区公安分局、区卫生局开展“清查放射源，让百姓放心”专项行动，以放射源生产销售单位、伽马辐照加工装置单位和转产、停产、倒闭的放射单位以及具有大型治疗装置的医院等8类单位作为重点对象，开展专项检查，共出动250人次，普查有关单位31家，查清存有放射源的单位和数量，防治措施和责任落实到单位。2005年12月1日起，根据国务院规定，放射性同位素与射线装置安全和防护的监管职责赋予区环保部门。

2004～2005年崇安区放射性污染查处一览表

表5－4－4　　单位：个

年　份	涉源单位数	密封源数	非密封源数
2004	9	16	11
2005	8	15	11

说明：上述资料由区环保部门提供。

【循环经济和清洁生产】

2005年起，瓦尔特（无锡）有限公司、国际饭店2家单位完成循环经济试点工作，帮助蓝星化工无锡树脂厂、广益电镀厂、新锡量刃量具有限公司、三山晒图纸厂、锦江大酒店、国际饭店等6家单位完成清洁生产审核并通过市级验收，对循环经济和清洁生产的指导有所加强，企业主要污染物削减幅度达20%以上。

第三节　监察执法

【日常管理】

建设项目环保审批制度　1995年2月，国家环保局、国家工商局联合颁发《关于加强饮食娱乐服务企业环境管理的通知》，明确将饮食、娱乐、服务行业纳入建设项目环境保护管理范围。自此，崇安区全面启动建设项目环境保护的审批管理，凡产生污水、废气、噪声等污染的建设项目必须到环保行政主管部门办理环境影响审批手续。未经环保部门审核或审核不同意的，有关部门不予立项、登记注册、发放营业执照；污染防治设施必须与主体工程同时设计、同时施工、同时投入使用。为规范建设项目审批管理，从源头上控制污染，依法审批，区制订“八个不批”①的规定。对地处环境敏感地区的新建项目以及改变房屋使用功能的建设项目，区环保局坚持实行公众参与，提前化解矛盾，有效规避污染纠纷的发生。2005年，区环保部门依法审批343件，其中，第三产业建设项目的审批数量占到审批总量的65%，编制环境报告书66件。1994~2005年，共参与建设项目环保审批2795件。

1994～2005年崇安区建设项目环保审批情况一览表

表5－4－5　　单位：件

年份	项目审批总数	环境影响报告书数	环境影响登记表数	年份	项目审批总数	环境影响报告书数	环境影响登记表数
1994	2	—	2	2000	280	7	271
1995	31	—	31	2001	297	—	297
1996	65	—	65	2002	403	20	383
1997	119	—	119	2003	500	22	478
1998	125	—	125	2004	459	43	417
1999	171	—	171	2005	343	66	277

说明：上述资料由区环保部门提供。

①八个不批：不符合产业指导目录的项目不批；不符合崇安区经济发展整体规划的项目不批；不符合崇安区准入门槛的项目不批；不具备污染处理能力的项目不批；污染负荷严重超过当地环境容量的项目不批；不进入工业集中区的项目不批；在河道整治范围不能完成污水接管要求的项目不批；有可能引发污染纠纷的项目不批。

排污收费制度 排污申报登记是一项法律规定的行政管理制度。1991年开始进行申报登记试点。1994年，征收污水超标排污费11.5万元、烟尘超标排污费7.5万元、噪声超标排污费6.5万元、水污染综合防治费44万元，合计69.5万元。1995年11月起，全面实施排污申报登记管理，区属以下排污单位纳入排污申报登记管理范畴。是年，组织登记培训14次，参加单位400家。征收烟尘超标、噪声超标、污水排污费共34.4万元，并受市环保局委托全年征收污染综合防治费45.78万元。排污管理制度逐步得到完善，排污申报登记作为一项管理制度被纳入年度工作目标。1998~2005年，区环保部门共征收排污费777.23万元。

1998～2005年崇安区排污收费情况一览表

表5-4-6　　单位：万元

年份	污水	烟尘	噪声	滞纳金	总额
1998	1.33	0.01	1.48	4.03	6.85
1999	25.52	0.40	1.09	31.10	58.11
2000	24.80	0.18	1.36	29.10	55.44
2001	31.50	—	—	33.70	65.20
2002	40.58	—	4.08	64.35	109.01
2003	43.47	2.18	2.29	97.90	145.84
2004	128.40	8.60	33	0.28	170.28
2005	140.70	5.30	20.50	—	166.50

说明：上述资料由区环保部门提供。

信访调处 1995年始，区环保部门将人民来信来访作为重要工作职责，通过来信来访处理，加强监管。凡是来自市环保局转交、区政府转办、群众来访来电来函的，包括人大建议和政协提案,均一一认真对待处理。是年，查处环境信访75件；1996年，查处150件；1997年，查处环境信访146件，其中，人大建议6件，政协提案1件；1999年，查处155件，其中，噪声69件，油烟污染46件，烟尘17件，污水4件，其他19件。2001年后，在信访案件中，大气污染投诉案件占第一位，噪声污染投诉案件占第二位。环保执法人员本着对人民负责的精神，做好每一件信访及污染事故、纠纷的调查处理。对反映特别重大的问题，还组织专项整治。2001年，对群众投诉强烈、污染严重的东门饭店、鸿邦大酒店、楼上楼面馆、珍味园大酒店、大众饭店进行专项整治，5家饭店都按要求如期完成治理。是年，查处253件（其中人大建议2件），其中，噪声83件，油烟50件，烟尘95件，水污染8件，其他17件；2002年，广益镇划归崇安区管辖后，查处296件（其中人大建议1件），其中，噪声115件，水污染20件，大气污染140件，其他21件；2003年，查处343件；2004年，查处304件，其中，大气污染131件，水污染33件，噪声129件，其他11件；2005年，查处236件，其中，大气污染113件，水污染18件，噪声污染83件，其他22件。

【专项整治】

餐饮行业专项整治 1996年始，区环保部门定期对饮食行业进行监督检查。是年，先后对皇亭美食城等41家严重污染单位，分别作出限期治理及处罚的决定，全区用于污染治理的费用达104万元。1997年，根据创建国家卫生城市的要求，重点开展对中小型餐饮业的专项整治，检查饮食单位547家，对150家发出限期整改通知书，突出整治车站路铁路宿舍底层13家小饮食店的油烟污染，对皇亭小吃一条街18家饭店进行“两分离”（油水分离、油烟分离）试点工作。1998年，重点对位于人民路、中山路、解放环路内居民大楼底楼的30家餐饮行业进行整治。经整治，有24家完成油烟分离（或高空排放）和油水分离，治理率达80%。1999年，崇安区继续加强对餐饮行业“两分离”工作的检查。是年，全区区属以下餐饮单位共安装油烟分离设施59台，油水分离设施204台，投入改造资金100多万元。2001年，在坚持新审批的餐饮业一律做到“两分离”的同时，按部署分批对老污染源进行改造。年底，全区餐饮业有油水分离设施277台，油烟分离设施121台，大大减少排污总量。2002年，全区主要干道两侧和解放环路以内的饮食业全部实行“两分离”，新审批的饮食业一律做到“两分离”，全区有油水分离设施246台，油烟分离设施123台，“两分离”的推广，大大减少全区的排污总量。

“禁磷”专项整治　1998年，崇安区开展“禁磷”专项整治，组织万人参与的“禁磷”签名活动。区环保部门组织人员对区属商店进行检查，控制白色污染，未发现一起违规现象。1999年6月，区政府会同市环保局、市技术监督局和各新闻单位对全区销售、使用无磷洗衣粉的情况进行检查，共抽查饭店和超市16家，对部分商场出售含磷洗衣粉的违法行为，通过新闻媒体曝光，并对违法单位进行处罚。2001年，崇安区配合市环保局及有关单位，于8月17日、11月23日组织开展有关禁止生产、销售、使用一次性发泡塑料餐具专项检查。

中、高考期间工地施工噪声专项治理　中、高考期间噪声扰民，群众反响较大。1999年高考前夕，崇安区会同市环保局、市建工局和各家新闻单位，对全区30多家建筑工地进行2次夜间执法检查，查实违法施工的工地5家。2001年，对建筑工地夜间施工进行2次联合专项执法检查，对8家查实违法建筑施工的单位进行行政处罚，有效地控制中、高考期间噪声污染。2002年，中、高考期间，组织开展对建筑工地夜间施工噪声的专项检查，并派人在考场周围巡视。2004年，查处高考期间违法施工工地2家。2005年，中、高考期间，落实“文明施工、绿色护考”的要求，对辖区内22家建筑工地及地处居民密集区的10家酒吧、歌厅进行多次夜间检查，查处违法施工工地2家。

违法排污专项整治　2003年始，连续3年开展违法排污专项整治。2003年，在全区范围内开展建筑工地夜间施工执法检查、危险废弃物是否安全处置利用、落后生产工艺是否淘汰、建设项目执行“三同时”情况、污染治理设施是否正常运转等一系列的专项整治行动，共出动执法人员1500多人次，检查企业292家。重点对印染、电镀、铸造等行业进行专项检查，清理出一批2002年底前应淘汰而未淘汰的污染严重、危害人民群众身体健康的生产工艺和产品。对锡沪铸造厂、万源机械厂限期停用落后生产设备；对噪声污染严重、工艺落后的尤渡村华东建材市场内6家大理石加工场提出限期搬迁要求。2004年，共出动400多人次执法，查处排污10多起，关闭锡云焊管厂、万源机械厂锻压车间、锡沪涛造厂等3家生产工艺落后、污染严重的工业企业。2005年，对区管所有化工、医药、染料企业的原材料、生产设备、环保手续、环保设施运转、达标排放等情况进行检查，有效地防止机械、电镀、化工、医疗等行业危险废物的非法转移。

医疗废水和垃圾专项整治　2003年，“防非”期间，根据国家环保总局《关于加大对医院医疗废水、医疗垃圾的监管力度的紧急通知》精神及《“防非”环保工作预案》，对辖区内崇安医院等5家医院开展3次联合执法检查，督促靖海医院、长江康复医院、崇安医院紧急设计安装二氧化氯发生器污水处理装置，对医疗废水进行严格消毒处理，同时规范各类医疗废物的收集、运输、储存和处理工作程序。2005年，全区所有医疗废物及时运送市危险固体废物处置中心消毒、焚烧处理，全区固废的综合利用率达98.1%，无工业危险废物排放。

第四节　机构队伍

1984年6月，建立区环境监测站，股级建制，核定全民事业编制5人，归口区建设部门。其主要职责是：检查本区范围内各部门各单位的排污情况，组织区域污染防治，开展环境监测和普及环境保护知识教育；督促本区范围内各部门、单位执行国家和地方环境保护法规、方针、政策。1987年8月，区环境监测站改称区环境保护监察管理站（以下简称区环保站），其编制、性质、隶属关系不变。1997年6月，区环保站更名为区环境监理大队，7月正式挂牌。1998年6月，成立区环境保护委员会，下设办公室，办公室主任由区城市建设环保局局长兼任。2000年12月，区环境监理大队依照国家公务员制度进行管理，编制由5人增至8人，其中领导职数2人，行政管理人员6人。2002年5月，成立区环境保护局，为区政府直属事业机构，正科级建制，实施国家公务员制度管理，核定地方编制3名。下设区环境监理大队，为全民所有制事业单位，编制8人。是年9月，区环境监理大队更名为区环境监察大队，更名后的机构性质、工作职责、建制级别和人员编制等均不变。

1986~2005年，区环保部门历任主要负责人有金柏清、徐志伟、徐永康、倪伟兴。

第五章　市政管理

无锡解放后，辖区城市道路、桥梁等市政设施一直实行市区两级管理的体制。区内市政设施规划建设、经费使用、道路管养（宽14米以上的主次干道和支路，跨径20米以上桥梁），主要由市市政管理部门负责，区市政管理部门主要负责区管道路（宽14米以下支路、街坊里弄，跨径20米以下的桥梁）以及道路附属设施（窨井及雨水井等）、下水道（泵站、雨水管、污水管等）、驳岸、防洪墙等市政设施的管养。80年代后，随着城市建设步伐的加快，市政基础设施建设管理工作量逐年递增，区管道路由1986年的29.91万平方米增加到2005年的66.82万平方米,区市政管理部门负责市政设施日常养护维修任务逐年加大。1986~2005年，累计投入市政设施养护经费4000余万元，其中财政拨款1665.9万元。维修道路19.05万平方米,疏通下水道458.89万米，疏挖窨井78.19万座次，疏挖雨水井66.99万座次，更换窨雨水井盖1.49万只，清污泥量7.93万吨。区市政管理部门大力推广应用新技术，养护维修作业逐步实现机械化，管养工作效率和管理水平明显提高，新生路地段、城中东片、城中南片、中山路（城中东片）、学前街等5个地段先后被评为江苏省市政优质养护片。其间，还先后承接运河东路、兴竹立交、锡澄路、通运路、锡沪路、新生路等98项、1.02亿元工程量的社会化服务项目，收入来源逐年递增，养护经费不足的问题逐步得到解决。

第一节　道路管养

1986年，投资149万元，对群众反映较大的广勤路、新生路、西梁溪路等31条、4.64万平方米的街巷弹石路改造成沥青路面。是年，区管养道路达到257条、29.91万平方米。1986~1990年，5年维修道路3.92万平方米。新生路地段被评为1985~1986年度省市政优质养护片。1990年后，随着管辖范围扩大，城市道路改造力度加大，市政设施管养投入不断加大。区市政建设进入一个较快发展的时期，工程队伍不断壮大，技术力量不断提高，机械设备不断更新，工作职能由原来的区管道路养护转变为承接社会市政工程建设和开发。1991~1995年，先后完成长康路、后城头弄、俞巷、荷花荡、小娄巷、日晖巷、东河头巷、勤学路以及毛桃巷、盛巷、蒋巷、大同路、菜花墩周围等50多条、3.70万平方米区管道路的大、中修。1996~2000年，随着创建国家卫生城市的深入推进，结合老新村整治改造，先后对江海新村、风雷新村、上马墩支路、上马墩住宅小区、广瑞新村、广益新村、上马墩三村、置煤浜小区、进士坊巷、广瑞一村、广丰三村、中上塘老新村、石利新村等13条、7.24万平方米道路进行改造。城中东片被评为1998~1999年度省市政优质养护片。2001~2005年，先后完成大成巷步行街、唐周巷小区等14条、4.92万平方米道路的翻修。城中南片被评为2000~2001年度省市政优质养护片，中山路（城中东片）被评为2002~2003年度省市政优质养护片，学前街被评为2004~2005年度省市政优质养护片。2005年，根据市政府统一部署，分3批完成25条背街小巷道路整治和改造。

1986~2005年，区市政管理部门共维修道路19.78万平方米。迄2005年，区管养道路面积66.82万平方米，其中城区43.04万平方米，广益街道23.78万平方米。

第二节　管道养护

下水管道疏通养护（2005）　（区建设部门供稿）

80年代前，排水管道主要由人工竹片清通。80年代后，逐步采用手工机械拉式清通车。1986年，区市政工程队有清通车1辆，利用机械疏通车和冲水车等设备，实现机械人工相结合，确保辖区内下水道畅通，窨井内无杂物。1990年9月18日，无锡市第一台自制污泥疏通机在崇安市政队诞生。污泥疏通机的投入使用，减轻劳动强度，提高工作效率50%，节约劳动力50%。为确保安全渡汛，全力做好窨井、雨水井清挖，使下水管道、出水口畅通，对沿河闸门井做好日常保养与维修。1994年后，区市政部门以创建国家卫生城市为重点，充分发挥专业队伍主力军作用，把排水设施的养护、维修、疏浚和管理作为重中之重，结合养护区域特点，制定完善工作计划，责任到人，并及时修复每条道路上被盗及破损窨井盖。仅1996年，疏挖下水道6.11万米，更换窨井圈盖700副。还多次出动人员和车辆，为各街道义务清运7800吨特种垃圾等易堵塞物。1997年后，为改善水环境，强化城市环境综合治理工作，确保城市排水设施完好，提高使用效率。按照市政府制定的排水工程规划，将城市污水处理与管理逐步纳入城市建设的轨道。1998年，完成中山路、复兴路沿线单位的污水截流工程。2001年1月起，对新建住宅小区实施雨水、污水分流，新建道路污水管道一律接出道路红线，辖区内的污水通过亭子桥、通隆里污水泵站提升到污水处理厂处理。1986~2005年，区市政管理部门共疏通排水管道458.89万米，疏挖窨井78.19万座次、雨水井67万座次。

1986～2005年崇安区道路、排水管道养护情况一览表

表5-5-1　　单位：万平方米、万米、万座次

年　份	维修道路	疏通养护		
		排水管道	窨　井	雨水井
1986～1990	3.92	82.06	34.58	27.76
1991～1995	3.70	101.63	26.58	22.38
1996～2000	7.24	141.97	11.57	10.03
2001～2005	4.92	133.23	5.46	6.83
合计	19.78	458.89	78.19	67.00

说明：上述资料由区建设部门提供。

第三节　社会化服务

1986年后，区市政部门在搞好辖区道路、下水道管养的基础上，积极向外开拓，逐步走向市场，从承包辖区单位下水道疏通发展到外接工程，从社会化服务中增加收益，提高区市政部门的竞争

力。1988年5月，区市政工程队承建的盛岸路混凝土路面工程获省级市政全优工程。1989年1月，承接的无锡火车站站前广场改建工程获无锡火车站站屋改建工程指挥部颁发的奖杯。1991年10月，承建的首座大型桥梁——金匮立交桥工程竣工。12月，承建的无锡市目标管理项目、沪宁铁路线上规模最大的公铁两用立交桥——兴竹立交桥工程竣工。1994年，承接惠龙小区、学前街改造、后西溪市场等市政工程量227.89万元。1995年，承接上马墩、东河头巷小区和皇亭小吃一条街等市政工程量677.84万元。1997年，承接小娄巷、商业大厦、锡沪路等市政工程量835.4万元。1998年，区市政部门承接的社会化服务工程上升到1181.43万元。2003年承接工程量保持在1000万元。2004年、2005年承接工程量超过2000万元，分别达到2125.80万元、2071.31万元。1994~2005年，共承接社会化服务工程98项、1.02亿元，逐步走上自我积累、自我投入、自我发展的良性循环道路，为管养服务质量的提高提供切实保障。其间，区市政部门还承接振奋路、锡沪路、兴竹立交等工程，先后获无锡市优良工程，区市政公司荣获无锡市市政工程质量优质奖。

第四节　机构队伍

崇安区市政建设工程管理处前身为区市政工程队（简称区市政队），成立于1958年8月，为全民事业单位，负责辖区道路、下水道、码头等市政设施的建设、养护和维修，时有职工52人。1988年12月，成立由市公安局交警队和区规划建设环保局联合组成的崇安区路面行政管理办公室（简称区路政办），设在区市政队内，其职责是贯彻《国家城市道路管理条例》《无锡市城市道路管理办法》，负责对区管道路开挖、堆物与亭棚占道以及建筑施工占用等审批，依法处置违法事件、征收有关费用等。1990年6月，区市政队更名为区市政工程建设管理处（简称区市政处），内设施工科、养护所、机务队、器材站、总师办、生产经营科、路政办公室等7个部门，有职工142人，位于东新路73号。除负责区管道路市政设施养护外，还对外承接道路、桥梁、驳岸及排水等市政工程。1993年3月，成立无锡市第三市政建设工程公司，与区市政处合署办公，实行两块牌子、一套班子管理体制。2004年12月，区市政处由全民事业单位改制为股份制性质的无锡市第三市政工程有限公司。公司下设工程业务管理部、工程一分公司、工程二分公司、工程三分公司、道路养护公司、道路商贸公司等。有职工150人，其中建造师13人、专业技术人员100多人。路政管理职能划归市公用事业局。

1986~2005年，区市政部门历任主要负责人有林贵福、石希初、谢基础、王兰成、吴小荣。

第六章　河道管理

80年代后期，辖区河道下放至区管理，由区负责常规保洁，并被列入市对区考核内容。后随着创建国家卫生城市的深入推进，不断加大投入，添置打捞船等设施，区出台《河道创建达标规划》，提出创建标准，规定在饮用水源保护区内，不得建设有污染的项目、不得设置排污口或从事养殖业；不得排放污染物；不得排放鱼塘污泥和人、畜、禽粪便；不得在河道附近设置有害有毒化学品仓库、堆栈和堆放弃置工业垃圾、生活垃圾及其他废弃物。90年代，持续对塔影河、锡沪路浜等3条河道进行疏浚清淤，同时组织对河道漂浮物的打捞，控制河道两岸违法搭建，防止河道填埋、堵塞，保证排水畅通，不断推进河道管理和治理。进入21世纪后，在全面调查摸底的基础上，重点围绕“水清、岸洁、有绿”的治理目标，明确责任单位卫生管理体制，提高管理档次，落实管理措施，争创示范达标河道和景观河道，改善和营造优美水环境。迄2005年，辖区47条河道，按照市一类保洁标准管理的河道9条，二类保洁标准管理的河道9条，未列入市级目标管理的河道29条，则由所在村负责管理，定期对河道漂浮物打捞。

第一节　打捞保洁

1987年起，按照市将河道及古运河“管起来，捞起来”的要求，崇安区环卫处率先对途径辖区的1.79公里的古运河、880米的北新河和1.41公里的木专线河（木材公司专用河道）实行水面环境卫生保洁。是年，购买1条水泥船改建成打捞船，用于打捞古运河河面漂浮物。每3天打捞1次，古运河河面卫生大有改观。90年代以后，水体富营养化又加速水生植物的大量繁植，每到夏秋季节，大量的水葫芦等水草夹带垃圾顺水道漂入城市河道，流向太湖水域，水草腐败后严重污染城市河道和太湖水质，区环卫部门组织集中打捞。1998年，为解决河道大量漂浮物淤积的问题，新增双体式河道打捞船2条，打捞船分为双体船、单体船、普通小船三类，实行每天2次打捞。并新建周山浜河道垃圾吊装站1座。2002年，又租用船只，在北新河、庆丰桥等城北河道设卡拦截水草，进行集中突击打捞，打捞期达2个月以上，每年打捞水草量5000多吨。2003年，全年打捞河道漂浮物3711吨，清理垃圾747吨。2004年，原由各街道、镇村负责作业的非通航河道打捞保洁工作划归区环卫处实施。是年2月26日，河道保洁实行市场化运作，通过招标竞标，又增加非通航河道14条、长7.07公里。2005年，区环卫处保洁管理的通航河道2条（段）、长度2.29公里，禁航河道和非通航河道16条、长8.86公里。拥有各类打捞船17艘，其中机动双体船3艘、机动单体船1艘、小型打捞船13艘，专门用于水草拦截集中打捞。

保洁员在古运河清洁水面（2005）　（区城管局供稿）

2005年崇安区主要河道保洁情况一览表

表5－6－1　单位：米、平方米

序　号	河　道　名　称	通航情况	长　度	平均宽度	面　积
1	老运河（高墩桥—工运桥）	禁航	593	30	17190
2	老运河（工运桥—莲蓉桥）	禁航	1196	45	53820
3	北新河（惠农桥—铁路桥）	通航	880	45	39600
4	木专线（汤家浜—锡漂厂）	通航	1414	21	29694
5	丁村浜（锡漂厂—1602仓库）	非通航	139	16	2224
6	塔影河	非通航	2800	15	42000
7	尤渡浜	非通航	115	8	920
8	殷家河	非通航	385	10	3850
9	汤家桥浜	非通航	213	12	2550
10	囊下浜	非通航	614	10	6140
11	马家桥河	非通航	400	12	4800
12	徐巷河	非通航	500	10	5000
13	尤岸浜	非通航	350	12	4200
14	创业河	非通航	800	9	7200
15	前胡村浜	非通航	344	12	4128
16	江张浜	非通航	140	9	1260

续表5-6-1

序号	河道名称	通航情况	长度	平均宽度	面积
17	锡沪路浜	非通航	120	12	1440
18	李巷浜	非通航	150	12	1800
合计	—	—	11153	—	227816

说明：上述资料由区环卫部门提供。

第二节　达标创优

90年代起，围绕创建国家卫生城市，开展争创“四无”“四好”河道达标活动。1994年，建成“四无”、“四好”河道2条。2000年，结合文明城市创建，参与市组织的优胜河道竞赛活动。是年，塔影河等5条河道在市组织的综合考核中优胜率达到94%。2001~2002年，塔影河等5条河道优胜率均保持在94%以上。2003年，市组织开展示范河道创建达标活动，河道管理被纳入“太湖杯”城市管理创优竞赛内容，按照示范河道绿化、美化、净化“三化”标准，囊下浜、尤渡浜等2条河道被评为市示范河道。2004年，清淤古运河、桐桥港、戴顶浜，按样板河道标准整治殷家河、江张浜等小河浜，整修护岸，建设生态景观绿地。2005年，综合整治前进河、尤岸浜、广丰东浜、徐巷浜、囊下浜、大寨河、前胡村浜、后胡村浜、丁村浜、丁村西浜、丁村东浜、施巷浜等广塘联圩小河浜以及塔影河等。工运桥至高墩桥古运河段逐步形成亮点，在古运河两侧，建有金山石护栏、2米宽的景观道等。

第七章　绿化管理

区绿化管理机构历经多次变化。20世纪60年代前，绿化工作一直由市管理。1960年，始建区园林管理所，下辖绿化队、城中公园、苗圃3个单位，形成以块为主、条块结合的绿化管理体制。1962年，区园林管理所撤销，城中公园、苗圃分别划归市园林处、市苗圃，仅剩区绿化队。1969年，区绿化队划归市建设局。1979年8月，复建区绿化队，下辖马山苗圃、上马墩苗圃及城中公园花圃（花卉门市部），归口区建设科。履行区管道路和小区绿化的管理职责，后职能扩大到辖区企事业单位。1981年，区成立绿化委员会并下设办公室后，绿化管理从机构、机制上得到加强。90年代后，以创建国家卫生城市为契机，通过示范养绿、规范护绿、社会管绿，不断推动道路和居住区绿地养护和管理。特别是实施2002~2004年无锡市城市建设“三年大变样”行动后，抓好以治水增绿为重点的环境建设，加强生态园林建设，全力提高管养水平，绿化面貌明显改善。同时，不断探索政企分开、管养分开、作业层市场化运作、社会化服务的新路子，转换经营机制，发挥综合优势，参与市场竞争，开展多种经营，为发展园林事业创造和积累资金，逐步走上自我积累、自我投入、自我发展的良性循环道路。

第一节　绿地养护

80年代起，区绿化部门以改善绿化基础设施为目标，以提高绿化养护质量为主线，通过建、管、改并举，以绿治乱治脏，不断完善绿化布局，优化人居环境，初步形成网络化共建共管的绿化体系。

【道路绿化管理】

80年代，辖区内主次干道的行道树主要由区绿化部门专业队伍负责养护管理，有中山路、人民路、解放环路、广瑞路、新生路、槐树巷、健康路、广勤路、学前街、后西溪等10条。90年代后，养护管理的主次干道扩大到220条。2004年后，无锡市园林局推行绿地养护管理招投标，凡市区绿地面积超过300平方米均实行市场化运作，绿地养护管理由属地化向市场化转变。2004~2005年，通过招投标，区绿化部门共承接22条道路、127.53万平方米绿地养护管理。春季主要是种植、修剪、浇水、施肥、行道树剥芽、保洁；夏季主要是治虫喷药、除草、钩天牛、堵洞、抗旱、排涝、防汛、防台；秋季主要是保洁、修剪、当年死亡树木的补植；冬季主要是行道树修剪、涂白、中耕翻地。同时完善内部管理，落实管理措施，使绿地保持良好的生长状态。

【居住区绿化管理】

80年代后，辖区单位、小区绿化主要采用条块结合、街道（单位）协作的管理办法。区绿化办公室负责宣传动员、指导协调、组织落实、考核评比。通过开展绿化达标单位、园林化单位、园林式居住区等评比活动。不断提高绿化管理水平。区绿化部门下派1名绿化管理员到街道城管科，负责协调、指导街道地区的绿化管理工作。1995年后，实行分层管理，区绿化部门不再下派绿化员，对田基浜、东河花园、昇平巷、五姓巷、南市桥巷、置煤浜、德兴巷、镇巷9个重点小区实行专业管理，其他小区由所在街道或物业公司负责管理，但植保防治工作仍由区园林绿化部门负责。

绿化人员对小区树木修剪养护（2005）　（区绿化处供稿）

【绿化活动】

80年代起，每年3月12日为植树节，全区广泛开展全民义务植树活动，区四套班子领导和各部门、各单位领导干部都参加植树活动。1985年后，区还自行组织花卉展览，参加全国、省、市评比活动，并走出国门，参加国际盆景花卉博览会。1987年，在靖海公园举办第三届杜鹃花展览，共展出杜鹃花86个品种、1500余盆。是年，在全国首届杜鹃花展中，崇安区获得“十大明星奖”“最佳栽培奖”“参战奖”3个奖项。1989年4月，区举办以牡丹花为主体的迎春百花展，展出花卉120多个品种、近2万盆，设置纪念坛、芳华坪、绣霞径等10个景点。1990年4月和10月，又在靖海公园举办崇安区第四届杜鹃花展和盆景展览，展出杜鹃花上百个品种、7000余盆，各类水石盆景和树桩盆景600余盆。是年，区绿化部门在朝阳广场制作的“亚运之光”立体花坛获市设计制作一等奖。1991年4月，在靖海公园举办江苏省第四届暨崇安区首届插花艺术展，上海、南京、杭州、苏州、常州、扬州等大中城市前来参赛，展出插花艺术作品184盆，区绿化处朱一花制作的“喜庆花篮”“向往”均获一等奖。1992年10月，在无锡举办的全国第四届品种菊展中，区获奖牌15块，其中，一等奖2个，二等奖5个，三等奖2个，艺术插花二等奖1个，“相聚”大型菊花展台获景点布置二等奖。1994年2月，崇安区应邀参加在美国新泽西州爱迪生镇举办的国际花卉博览会及3月上旬在费城举行的美国东部各州盆景花卉博览会，展出20个品种3000余盆（株）盆景、花卉精品。

第二节　社会化服务

1997年起,区绿化部门依托主业优势，走向市场，开拓经营。是年，承接14.4公里、32.16万平方米南京禄口机场高速公路绿化工程。1997~2002年，共承接三阳广场、东林广场、解放西路、中山路、人民路、运河公园、西水墩文化公园、沪宁高速公路、锡澄高速公路、益都苑、风雷新村、广益新村、勤俭新村等绿化工程及学前街、健康路、新生路、崇宁路、县前街等绿化景观工程200余项，年工程量突破1000万元。2002年后，又抓住无锡市新一轮城市建设“三年大变样”的发展契机，承接通江立交、锡北路、太湖大道等在全市有较大影响的绿化工程，取得明显的社会效益，同时弥补经费不足。

2004年，区绿化部门转制为园林工程公司后，工程业务量进一步拓展，相继承接蔚蓝都市、日月星辰、隐秀路、锡沪路浜、金马国际、蠡园路、新洲花园二期、华阳工业园等绿化工程项目近百个，年绿化工程量突破3000万元大关，经济效益进一步提高。并承接7项，1920.68万元社会化服务工程。通过招投标，承接中山路、学前东路（中山路—312国道）、学前街（中山路—解放南路）、前西溪、后西溪、健康路等12个绿化养护工程，面积33.5万平方米。2005年，公司充分发挥自身资金、专业、人才等方面的优势，与无锡美华秋枫园艺有限公司合作，共同打造惠山新城新绿化景观工程，工程总量达800万元。是年，还承接11项社会化服务工程3576.64万元。并通过招投标，承接通江大道、兴源北路（凤宾路—通江立交）、工运路（兴源北路—胜利门）、太湖大道（广南立交—青祁路）、十八湾风景区等22个绿化养护工程，面积94万平方米。

第三节　机构管理

【机　构】

区园林绿化管理处前身为1979年复建的区绿化队。为协调推动全区绿化管理，1981年，在区绿化队增挂区绿化委员会办公室（简称区绿办）牌子，担负组织开展全民义务植树活动；编制并落实年度绿化计划；协调、检查、督促社会绿化和单位绿化工作；组织辖区单位开展绿化达标、争创园林化单位活动；管理和保护古树名木等管理职能。1988年，区绿化队核定编制170人，为财政差额拨款的全民事业单位，相当于副科级建制。1989年6月，区绿化队与靖海公园合并，成立区园林绿化管理处（简称区绿化处），其机构性质、职能不变，事业编制扩大到210人。1991年6月，区绿化处由城中公园迁至上马墩路160号新大楼。1993年3月，成立无锡市第二园林绿化工程公司，为园林绿化工程施工二级企业，与区绿化处合署办公，实行两块牌子、一套班子的管理体制。1994年11月，成立无锡市园林绿化监察中队崇安分队，履行建设项目配套绿化审核和绿地变更、树木迁移等事项审批，占绿毁绿行为查处等职能。与110联动，采用集中整治和日常监督相结合的方式，开展联合执法。1994年12月靖海公园与区绿化处分设后，区绿化处编制减至170人。1996年，升格为正科级建制。2004年6月，区园林绿化管理处改制为有限责任公司，更名为无锡市园林工程有限责任公司，实行独立核算、自负盈亏、入股自愿、同股同利、风险共担、收益共享、积累共有的机制，注册资本500万元，经营范围为园林绿化景观设计和施工，花卉、苗木、盆景、建筑材料和园林机械的销售，以及园林绿地的养护管理。原承担的绿政管理监察和区绿办的行政职能归口区建设局。2005年，市园林绿化监察中队崇安分队更名为无锡市园林绿化监察支队崇安大队。1994~2005年，先后为市重点办、城投公司、公交公司及管线开挖单位办理新建项目配套绿化审核、树木迁移、临时绿地使用和临时绿地撤除等行政许可事项10项。

1986~2004年，区绿化部门历任主要负责人有王景康、司马义康、张仲寅。

【经费管理】

1986~2005年，区绿化养护经费来自市区财政拨款和绿化单位创收收入两个方面，以单位创收收入为主。1986~1990年，绿化单位创收收入405.51万元,财政拨款97.16万元，财政拨款占总收入的19.33%。1991~2000年，绿化单位创收收入从96.39万元增加到1178.57万元。年财政拨款虽然从20.76万元增加到63万元，但财政拨款占比仍呈逐年下降趋势。2001~2005年，绿化单位创收收入从1149.62万元升至3323.52万元，而年财政拨款仍维持在63万元左右。以2002年为例，全区绿地总面积104万平方米，其中，绿化单位承担养护面积77万平方米，按照每平方米3元的最低标准，77万平方米绿地养护管理费用需要231万元，与当年财政拨款不相适应，绿化养护经费主要由区绿化单位通过承接绿化工程收入弥补不足。

1986～2005年崇安区绿化经费收入一览表

表5-7-1　　　　单位：万元

年份	财政拨款	事业收入				
		合计	其中			
			工程收入	花卉苗木	公园收入	其他收入
1986	18	56.74	49.33	7.29	—	0.12
1987	21.60	69.17	48.23	18.38	—	2.56
1988	20.46	74.75	51.60	14.50	—	8.65
1989	27.04	88.80	72.96	10.37	—	5.47
1990	30.06	116.05	85.47	9.91	16.64	4.03
1991	20.76	96.39	59.52	20.31	14.57	1.99
1992	40.67	243.52	153	30.13	26.99	33.40
1993	50	357.09	168.78	35.70	46.97	105.64
1994	54.50	533.44	337.66	87.43	57.10	51.25
1995	54.50	483.23	331.49	45.67	—	106.07
1996	54.98	632.02	513.87	36	—	82.15
1997	50	802.19	732.51	18.60	—	51.08
1998	52.50	892.77	823.07	11.01	—	58.69
1999	67	953.48	855.43	6.08	—	91.97
2000	63	1178.57	1096.69	12.20	—	69.68
2001	63	1149.62	1075.49	19.03	—	55.10
2002	63	1412.74	1337.48	12.32	—	62.94
2003	63	2614.31	2551.15	2.41	—	60.75
2004	63	2866.79	2699.26	0.40	—	167.13
2005	63	3323.52	3300.98	0.60	—	21.94

说明：上述资料由区绿化部门提供。

第八章　物业管理

1991年起，随着住房制度改革的不断深化和住宅建设的迅速发展，物业管理应运而生。特别是1997年明确区房地产管理局作为崇安区主管物业管理的部门后，物业管理体制逐步理顺，物业管理职能和管理方式逐步调整到位，从房屋使用维修管理逐步向保修、保安、保洁、保绿全方位综合性管理转变，从侧重行政管理逐步向市场化管理转变，从注重经济效益向社会效益、经济效益和环境效益转变。2000年12月，《江苏省物业管理条例》颁布后，物业管理服务逐步趋向规范化、制度化、社会化，物业管理公司呈现多元化，物业管理组织形式呈现多样化，并走出一条在老新村推行业主自治管理的新路子，物业管理服务内容不断完善，物业管理水平不断提高。迄2005年，区内有39个小区（大厦）先后被评为国家、省、市物业管理优秀住宅小区（大厦）。

第一节　配套服务

90年代，物业化管理之初，物业管理的对象主要是新建住宅区、配套设施比较齐全的大厦。包括管理区域内的房屋及附属设施、设备和相关场地。在管理区域内物业管理公司主要是维护业主的合法权益，向业主提供职责范围内的各种管理服务，业主向管理机构缴纳各种管理服务费。1994年6月7日，由中房集团无锡房地产开发公司组建的物业管理公司对建筑面积27.4万平方米的宁海里小区率先实施物业化管理试点，时为全市首家。公司以便民、利民、为民为宗旨，对小区实行封闭式管理，专职保安队伍实行全天候执勤巡逻，并安装红外线报警系统、电子巡更系统、楼宇对讲系统等。小区卫生实行全天候保洁，小区绿化有专职人员管理。1997年，区物业管理办公室成立后，物业管理制度逐步落实，实行物业化管理的小区范围逐步扩大。1998年，江海新村、风雷新村被评为省优秀物业管理小区。1999年，在广益新村进行业主自治管理试点，由业主委员会对小区实施自治管理，并按照物业管理行业规范化服务的要求，建立治安、环境卫生、保安岗位责任制、车辆停放等制度。2001年，育才弄等6个小区（大厦）分别被评为省、市物业管理优秀住宅小区（大厦）。1998~2002年间，天安大厦、银辉城市花园等5个小区（大厦）先后跻身省物业管理优秀住宅小区（大厦）行列。2003年9月，国务院《物业管理条例》出台后，采用公开招标办法，择优选择物业管理公司，逐步形成公开、公平、公正的物业管理市场竞争机制。其后，实施物业管理的小区一律实行公开招标。同时，加强物业管理行业行风建设，规范《小区业主委员会章程》《业主大会议事规则》《小区重大事项的决策制度》《小区业主公约》《小区物业费用管理制度》《小区物业管理费用使用范围》《小区停车费收取规定》等制度，接受业主监督。规范安全保卫、卫生管理、房屋维修、卫生保洁、家政服务、多种经营、窗口接待和收费等服务行为，提高物业管理水平。2005年，在百岁苑、中上塘小区实行老新村物业管理业主自治试点，为老新村小区推行业主自治管理积累了经验。

迄2005年，全区135个小区（大厦），建筑面积584.87万平方米、6.18万户。实行物业管理的新村小区（大厦）108个，管理面积507万平方米，占总面积的86.69%。其中，由物业管理公司管理的小区（大厦）97个、面积477.21万平方米，业主自治管理的4个、面积12.62万平方米，公安部门代管的2个、面积3.13万平方米，社区自管的1个、面积1.5万平方米，单位直管的4个、面积12.54万平方米。未实行物业管理的小区（大厦）27个，面积77.87万平方米，占总面积的13.31%。区内有时代大厦、东河花园、宁海里小区、教仪大厦·金鼎广场等6个小区（大厦）被评为全国物业管理示范住宅小区（大厦），宁海里小区、东河花园、江海新村、华光珠宝城、风雷新村、金海里小区、银辉城市花园、市中级人民法院办公楼、教仪大厦·金鼎广场、银仁大厦、国联大厦等11个小区（大厦）被评为江苏省城市物业管理优秀住宅小区（大厦），田基浜、新睦园、德兴巷等

锦树里小区业主代表大会暨业主管委会成立（2001.8）　（区房管局供稿）

22个小区（大厦）被评为无锡市物业管理优秀住宅小区（大厦）。

第二节　管理机构

1997年3月，区房管局下属基层房管所相继成立周山浜、广瑞路、崇安寺、人民路、学前街、工运路、上马墩、民丰、华宇等9家物业管理处。崇安区城市建设综合开发公司建有鲲鹏、金海里2家物业管理处。区房产管理局是区内物业管理的行政主管部门，挂崇安区物业管理办公室牌子，负责区内物业管理的监督管理工作，指导、监督业主委员会的组建、运作以及对房屋维修基金的归集和使用的监管。1999年后，随着住房制度改革的推进，公有住房优惠出售给住户，房屋维护、规范化管理的矛盾越来越突出。房管所相继转制，原行政性的物业管理处改制为物业管理公司。驻区物业管理公司迅速发展，除房地产开发企业成立的物业管理公司外，各类民营物业管理公司抢驻辖区。迄2005年，在境内注册的物业管理企业42家，物业管理面积454.55万平方米，从业人员756人，其中，物业管理在50万平方米的物业管理企业1家，10万平方米以上的有9家，10万平方米以下的有32家。

2005年崇安区驻区主要物业管理公司一览表

表5-8-1　　　　单位：万平方米、户

名　称	物业管理小区（大厦）	建筑面积	户数
黎明物业管理有限责任公司	德福花园、风和里小区、金海里小区（东、西）、江海新村（北），德兴巷小区、锦树花园、盛巷小区、白水荡小区、鲲鹏公寓、迎溪桥小区	48.89	7166
风雷物业管理有限公司	风雷新村（西）、江海新村（南）	27.30	3670
楼宇物业管理有限公司	华宇大厦	1.60	120
江海物业管理有限公司	石利新村、勤俭苑、庆丰里小区、上马墩新村（一、二、三）、春晖新村、塔影一村、靖海新村、上马墩路、振奋路、风雷新村（东）、宁海里小区（北）	69.14	10898
崇安寺物业管理有限公司	道长巷小区、永定巷小区、复兴巷小区、田基浜小区（西）、水曲巷小区、育才弄小区、进士坊巷小区、中市桥巷小区、学前街小区、喻康苑、置煤浜小区、勤学苑	29.91	3531
益多物业管理有限公司	益民苑	11.20	718
中苑物业管理有限公司	丰泽苑	5.60	612
金鼎楼宇物业管理有限公司	金鼎广场·教仪大厦	5.49	158
化纤物业管理公司	东风小区	1.73	252
石化总厂物业管理公司	石利小区	1.72	336
宏厦物业管理公司	嘉禾现代城	9.12	642
景山物业管理有限公司	吉庆苑	3.40	220
明广物业管理有限公司	明珠广场	3.84	192
茶花物业管理有限公司	茶花苑	1.65	165
银仁物业管理有限公司	银仁大厦	4.60	217
天太物业管理有限公司	西河花园	3.43	243
广厦物业管理有限公司	新睦苑、新开河小区	4.31	668
为民物业管理有限公司	升平巷小区	2.30	610
润德良物业管理有限公司	明珠大厦	3.98	192
益都物业管理有限公司	益都苑	12.00	834
宏厦物业管理有限公司	镇巷小区	3.28	264
无锡中房物业有限公司	鑫茂园小区、宁海里小区（南）、宁海里小区（东）、华通大厦、锦绣花园、汤巷小区	45.13	4842
无锡城建物业管理有限公司	东映山河小区、西映山河小区、映山华庭、田基浜小区（东）	18.20	1148
乐居物业管理有限公司	塔影苑	6.26	669
怡庭物业管理有限公司	东城花园、五姓巷小区、和丰里小区	8.77	369
锦明物业管理有限公司	锦明苑小区	5.00	594

续表5-8-1

名　称	物业管理小区（大厦）	建筑面积	户数
南都物业管理有限公司	风顺里小区、风雷新村	8.75	784
智诚物业管理有限公司	尤渡苑	6.20	650
金佳物业管理有限公司	广益佳苑、东河花园小区	46.00	3721
圆通物业管理有限公司	华夏大厦	1.39	74
长庆物业管理有限公司	东林苑	5.40	280
永基物业管理有限公司	圆通公寓	1.65	152
盛泰物业管理有限公司	瑞江花园	17.00	1142
锡寓物业管理有限公司	铸冶巷小区	1.80	200
华宇物业管理有限公司	日晖巷小区	2.10	189
锡富物业管理有限公司	南市桥巷小区	3.98	313
金马物业管理有限公司	五姓巷小区	2.50	74
华光珠宝物业管理有限公司	华光大厦	5.00	420
荣耀物业管理有限公司	荣耀花园	3.33	295
新联物业管理有限公司	和园小区	2.00	160
海源物业管理有限公司	汇金广场	7.20	—
新民物业管理有限公司	学前街小区	2.40	261

说明：上述资料由区房管部门提供。

第三节　业主自治管理

90年代中期前，政府建造的新村小区和企事业单位自建房（以下简称老新村）基础设施欠账较多，小区管理难度较大。90年代中期后，随着住房制度改革的推进，居民陆续购买公有住房，房屋所有权人与房屋维护管理人的分离，导致老新村管理矛盾更加突出。区积极探索小区业主自治管理的新途径。2005年，区政法委会同崇安寺街道、崇安寺派出所等单位，在百岁苑小区试行老新村业主自治管理。百岁坊巷社居委通过召开居民代表会议，首先成立由14个门楼产生的居民代表组成百岁苑小区业主委员会筹备组。其后，筹备组牵头解决维修抽水设备、处置积水并消毒、汽车停放等问题；落实小区值班和治安防范工作；征求并形成收取管理服务费的意见：每户每月收取物业管理费5元、每月每辆汽车收取停车费80元。是年7月，召开业主代表大会。通过业主自治公约，民主选举产生由6名在职人员、1名退休人员组成的百岁苑小区第一届业主自治管理委员会，主任由业主中在职的单位领导担任，1名副主任主持日常工作。业主委员会下设财务、治安卫生、综合等3个小组，成员由地区党员骨干和积极分子组成。业主委员会坚持以人为本，倡导业主的事情业主办、业主管，保障业主的知情权、决策权、参与权、监督权。为确保物业管理有效运转，街道、社区居委招聘录用专业管理人员7人，其中保绿1人、保洁2人、保安4人。业主委员会立足“公平、公正、公开”，较好地解决开发建设单位管理不到位、不规范、业主拖欠物业管理费等问题，并利用3万元积余资金，建造监控机房，在主要出入口安装10个监控探头，实现小区安全智能化管理，得到广大业主的拥护。

在老新村业主自治管理的探索中，区立足“因地制宜，分类指导，多元投入，量力而行，尽力而为”的原则，由政府相关部门给予一定的经费扶持。同时，按照“政府推动，条块结合，以块为主，纳入社区，统一管理，业主决策”的思路，推动老新村小区业主自治的可持续发展。但也存在一些问题和矛盾。主要是业主自治管理委员会的监督主体缺失、业主自治管理委员会与社居委之间的矛盾协调处理难等，尚待建立相关法律法规保障规范运行。

第六编

经济综述

崇安区是无锡商品经济较为发达的地区。无锡解放后，依托独特的地理优势和区位资源，优先发展商业服务业，特别是1978年中共十一届三中全会后，贯彻对外开放、对内搞活的方针，以房地产开发为龙头，以商业服务业等第三产业为重点，经济结构在改革和调整中得到优化，全区经济逐步实现从重数量、速度增长向重质量、效益、可持续发展的战略转变，从主要依靠自办企业向以培植税源为核心的区域经济的战略转移，从二、三产业并举向三产兴区的战略转型。90年代后，着力推进经济发展的新跨越。通过深化产权制度改革，逐步形成个体、私营、外资、合作合资等多元经济成分的产权结构。通过资产重组和优化配置，逐步形成以南江塑料等重点项目为代表的一批裂变型的骨干企业。通过实施“退二进三”战略，逐步形成以第三产业为主体的经济结构。2000年，地区生产总值达到10.03亿元，其中第三产业增加值8.42亿元，占地区生产总值的比重达到83.95%。通过发展区域经济，逐步增强区域综合竞争力，区级财政收入从1986年的1742万元，增长到2000年的1.34亿元，年均增长15.68%。可使用财力从1986年的537万元增长到2000年的8272万元，年均增长21.57%。

进入21世纪后，全区经济进入新一轮增长期。按照区委、区政府提出的构筑“无锡服务业核心区”目标定位，着力发展现代服务业、物流业和科技型产业，招商引资步伐加快，结构调整力度加大，商贸服务业的主体地位更加突出。特别是2002年广益镇来属后，经济发展空间扩大。广益家居城等一批市场的建成，成为全区经济新的增长极。2003年启动崇安寺第四次改造后，崇安寺街区逐步成为面向全国和世界的现代贸易集聚地，成为无锡中心商务区的重要载体和组成部分，商贸服务业的扩张升级，带动区域整体实力的迅速提升，综合实力迈上新台阶。2005年，地区生产总值147.2亿元，区级财政收入从2001年的8.36亿元(同口径按属地征管)增长到17.97亿元，年均递增21.06%。可使用财力从2001年的9792万元增长到2.29亿元，年均递增23.66%。一个具有时代特征、崇安区域特色、体现科学发展观要求的新经济发展模式日益清晰。

第一章 经济总量

1986~2005年，是崇安区历史上发展最快、变化最大、进步最显著的时期之一。经济总量得到大幅提升，工商销售总收入从1986年的2.15亿元增加到1998年的44.05亿元，年均增长28.62%。地区生产总值从1991年的1.47亿元增加到2005年的147.2亿元，年均增长38.96%。社会消费品零售总额从2003年24.98亿元增长到2005年的148.52亿元。区级财政收入从1986年的1742万元，增长到2005年的17.97亿元，20年增长102.16倍。可使用财力从1986年的537万元增长到2005年的2.29亿元，20年增长41.64倍。2005年，地区生产总值、社会消费品零售总额、财政收入均位居无锡三城区前列。

第一节 工商销售收入

1986~1998年，崇安区工商销售收入历经两波高速增长，第一波从1986年2.15亿元增长到1992年6.43亿元，年均增长20.03%，呈现平稳增长态势；第二波从1993年10.38亿元增长到1998年44.05亿元，年均增长33.52%，呈现高速增长态势。1999年后，该指标不再纳入区统计范围。

1986～1998年崇安区工商销售收入完成情况统计表

表6-1-1 单位：亿元

年 份	工商销售收入	年 份	工商销售收入	年 份	工商销售收入
1986	2.15	1991	5.32	1996	30.28
1987	3.05	1992	6.43	1997	37.57
1988	3.91	1993	10.38	1998	44.05
1989	4.68	1994	16.26		
1990	4.54	1995	22.92		

说明：上述数据来自《崇安区国民经济和社会发展统计公报》。

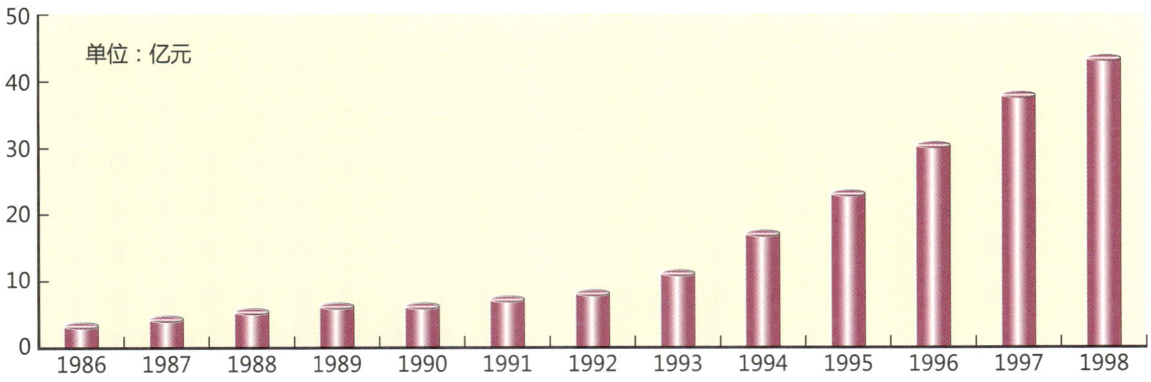

图6-1-1 1986～1998年崇安区工商销售收入增长示意图

第二节　国内（地区）生产总值

1991年前，全区未对地区生产总值进行统计。1991年后，全区地区生产总值的变化历经3个阶段。1991~2001年，从1.47亿元增长到12.09亿元，年均增长23.46%。2002年区域调整，广益镇来属后，地区生产总值从12.09亿元增长到29.39亿元。2003年属地统计管理后，地区生产总值绝对值从2003年的37.9亿元增长到2004年的118.01亿元。迄2005年，达到147.2亿元，占全市地区生产总值的5.25%，比南长区和北塘区分别高出2.4和0.79个百分点；地区生产总值每平方公里产出8.37亿元，比南长和北塘区分别高出4.81亿元和4.34亿元，列三城区之首。

1991～2005年崇安区国内（地区）生产总值完成情况统计表

表6-1-2　　单位：亿元

年份	增加值	年份	增加值	年份	增加值	年份	增加值	年份	增加值
1991	1.47	1994	3.21	1997	6.19	2000	10.03	2003	37.90
1992	1.76	1995	4.50	1998	7.19	2001	12.09	2004	118.01
1993	2.40	1996	5.09	1999	8.65	2002	29.39	2005	147.20

说明：上述数据来自《崇安区国民经济和社会发展统计公报》。

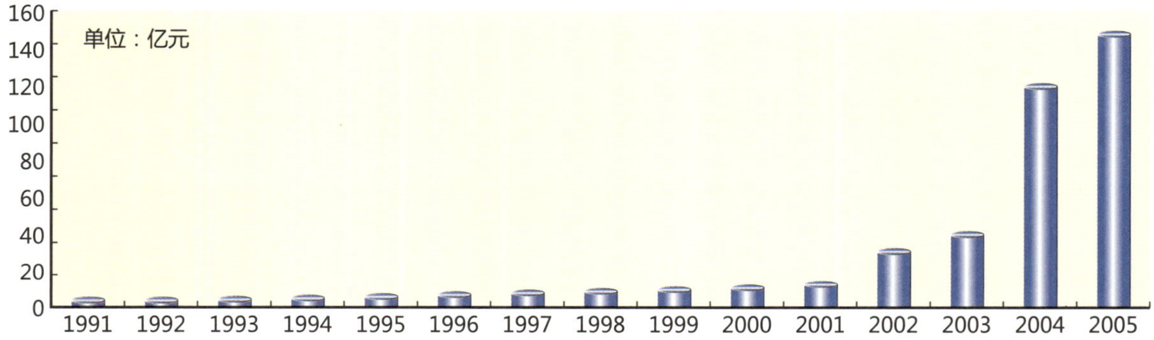

图6-1-2　1991～2005年崇安区国内（地区）生产总值增长示意图

第三节　社会消费品零售额

1978年，中共十一届三中全会后，随着经济的快速发展和社会的进步，特别是社会主义市场经济的建立，商品生产和商品交换的领域进一步扩大，用以确立和描述各类消费品市场对居民和社会集团出售商品总和的商品零售额指标的口径范围随之调整。1998年，开始对全社会消费品零售总额进行统计，其所统计对象限于区属各种经济类型的商业。是年，全区社会消费品零售总额达到5.53亿元。至2001年，增长到9.23亿元，比1998年增长66.91%。2002年广益镇归属后，消费品零售总额扩大到18.99亿元。2003年，属地统计管理后，统计对象扩大到辖区，统计部门按国家统一规定的划分标准，限额以上的批发零售企业和餐饮企业按月向政府统计部门报送统计报表，逐级汇总而得。限额以下批发零售业、餐饮业企业和个体工商户采用抽样调查推算。是年，消费品零售总额增至24.98亿元。迄2005年，全社会消费品零售总额达到148.52亿元。从社会消费品零售总额这一指标的变化，反映出辖区人民生活水平、生活质量的不断提高。

1998～2005年崇安区社会消费品零售总额情况统计表

表6-1-3 单位：亿元

年 份	社会消费品零售额	年 份	社会消费品零售额	年 份	社会消费品零售额	年 份	社会消费品零售额
1998	5.53	2000	7.68	2002	18.99	2004	109.47
1999	6.54	2001	9.23	2003	24.98	2005	148.52

说明：上述数据由区统计部门提供。

第四节　财政收入

1985年后，区级财政收入和可使用财力均呈快速增长态势，历经4个发展阶段。1985～1986年，实行“收支挂钩，全额分成，比例包干”的财政管理体制后，财政收入从1985年的1644万元增长到1986年的1742万元。1987～1993年，实行“收支挂钩，递增分成，财政包干”的财政管理体制后，财政收入由2228万元增长到4757万元，年均递增13.48%；1994～2001年，实行分税制财政体制后，全区财政收入由5270.65万元增加到1.62亿元，年均递增17.43%；2002～2005年，实行税收属地征管后，财政收入由9.33亿元增加到17.97亿元，年均递增24.42%。其中，一般预算收入从5.09亿元增加到10.27亿元，年均递增26.36%。

其间，区级可使用财力同样实现阶段性大跨越。1986～1993年，从537万元增加到2501万元，7年增长3.66倍，年均递增24.58%；1994～2002年，不到10年时间，从3000多万元跨上亿元台阶，达到1.35亿元。2003～2005年，仅3年时间，可使用财力增至2.29亿元，跨上双亿元台阶。1986～2005年，可使用财力增长41.64倍，年均递增 20.64%。

1986～2005年崇安区财政收入和可使用财力情况统计表

表6-1-4 单位：万元

年 份	财政收入	可使用财力	年 份	财政收入	可使用财力
1986	1742.00	537	1996	7887	4520
1987	2228.57	797	1997	8365	5018
1988	2468.95	890	1998	9415	5721
1989	2791.40	985	1999	11253	6711
1990	2951.74	1067	2000	13383	8272
1991	2609.83	546	2001	16232	9792
1992	2981.28	652	2002	93310	13499
1993	4757.00	2501	2003	114431	16023
1994	5270.65	3343	2004	148438	21959
1995	6258.00	3985	2005	179744	22894

说明：上述数据来自《崇安区国民经济和社会发展统计公报》，由区财政局提供。

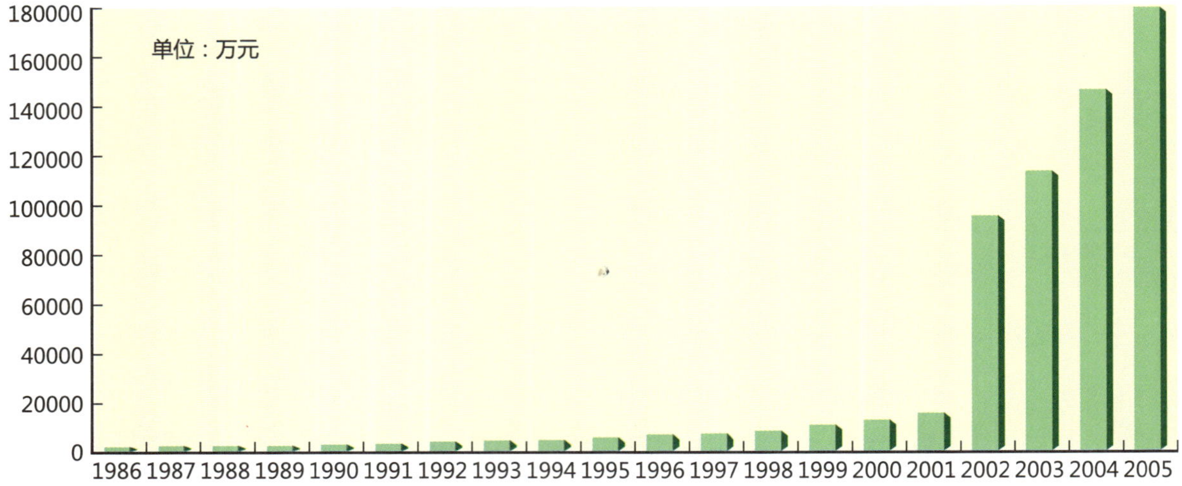

图6-1-3 1986～2005年崇安区财政收入增长示意图

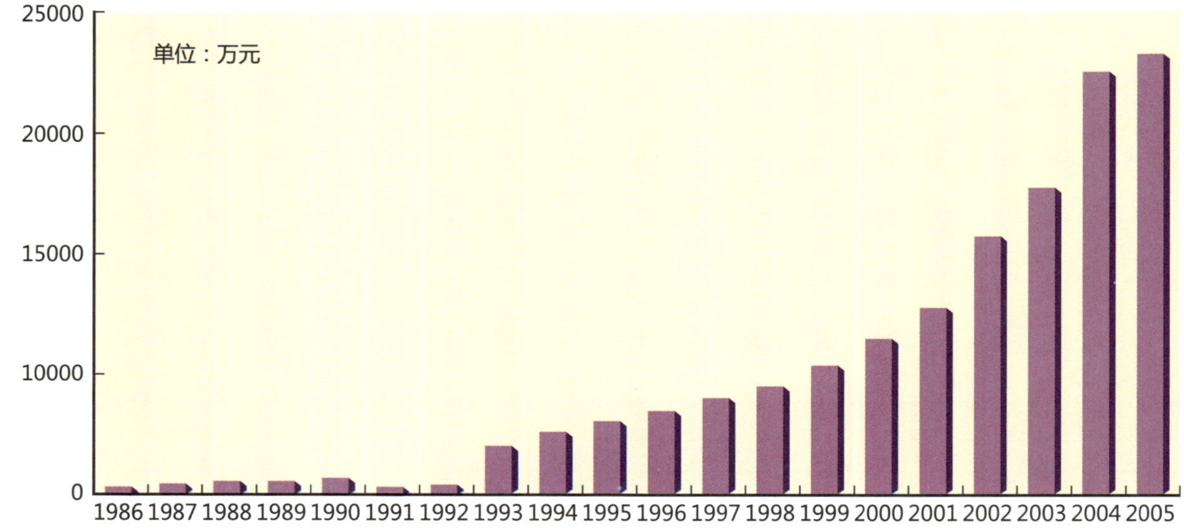

图6-1-4 1986～2005年崇安区可使用财力增长示意图

第五节　固定资产投资

崇安区固定资产投资主要包括工业技术更新改造投资、商业服务业新扩建和恢复项目投资、房地产开发投资三类。80年代后，随着改革开放的深化，全区固定资产投资力度不断加大，投资规模逐年扩大，特别是进入21世纪后，年固定资产投资额不断大幅攀升，从2000年的3亿多元跃升至2005年的41亿多元，对推进经济结构的调整和生产力布局的优化，促进经济实力的增强和人民物质文化生活的改善发挥重要作用。

【投资总量】

1988~1990年，区固定资产投资分别完成3081.8万元、1834.15万元、3447.2万元。1991~1995年，固定资产投资继续大幅增长，从1991年的4791万元增长到1995年的2.77亿元，年均递增55.06%。

特别是1992~1994年间，固定资产投资分别达到1.30亿元、2.34亿元、3.63亿元，年均环比递增超亿元。1996~2000年，固定资产投资比较平稳，呈波浪型发展态势，分别达到3.25亿元、1.94亿元、2.5亿元、2.71亿元、3.13亿元。2001~2005年，固定资产投资快速增长，从2001年的3.40亿元增长到2005年的41.64亿元，年均递增87.07%。其中，2002年比2001年增长4.62亿元，2003年比2002年增长3.3亿元，2004年比2003年增长20.76亿元，2005年，在高位的基础上，又比2004年增长9.56亿元。

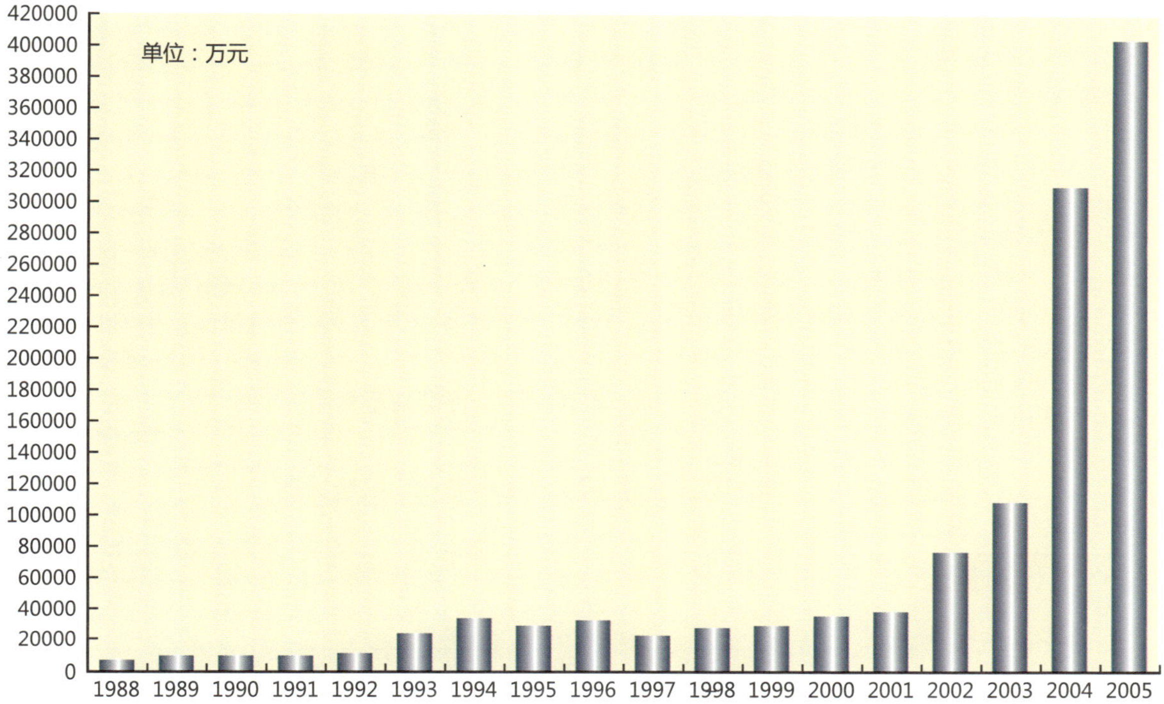

图6-1-5 **1988～2005年崇安区投资总量示意图**

【投资类别】

1988~1990年，全区固定资产投资主要是工业、房地产业，以房地产业投资为主。其中工业投资分别为281.9万元、340.15万元、413.6万元；房地产业投资分别为2799.9万元、1494万元、3033.6万元。1991~1995年，房地产业投资大幅增长，分别完成4311.3万元、1.25亿元、2.16亿元、3.13亿元、2.29亿元，年均递增51.81%；工业投资分别完成479.7万元、1500万元、1050万元、1698万元、534万元，年均递增2.72%。1993年后，投资重心逐步转向商业服务业，投资份额逐年加大，商业服务业投资从1993年的792万元增长到1994年的3309万元，但1995年达到4307万元。1996~2000年，工业投资逐年减少，分别为513万元、451万元、505.6万元、406万元、473万元；商业服务业投资虽有所下滑，从1996年的9529万元下降到1997年的2289万元，1998年降至974.19万元，但1999年后又逐步回升，从1999年的1415万元上升到2000年的3240万元；房地产业投资继续高位平稳增长，分别达到2.25亿元、1.66亿元、2.24亿元、2.42亿元、2.68亿元。2001~2005年，工业投资力度逐步加大，分别完成1159万元、2.29亿元、3.06亿元、3.43亿元、3.77亿元；商业服务业投资从2001年的1842万元增长到2002年的1.75亿元。2003年后，商业服务业投资成倍增长，从2003年的2.55亿元增长到2004年的11.37亿元、2005年的13.32亿元；房地产业投资保持高位大幅增长态势，2001~2003年，分别达到2.85亿元、3.95亿元、5.72亿元，2004~2005年，分别达到17.27亿元、23.83亿元。

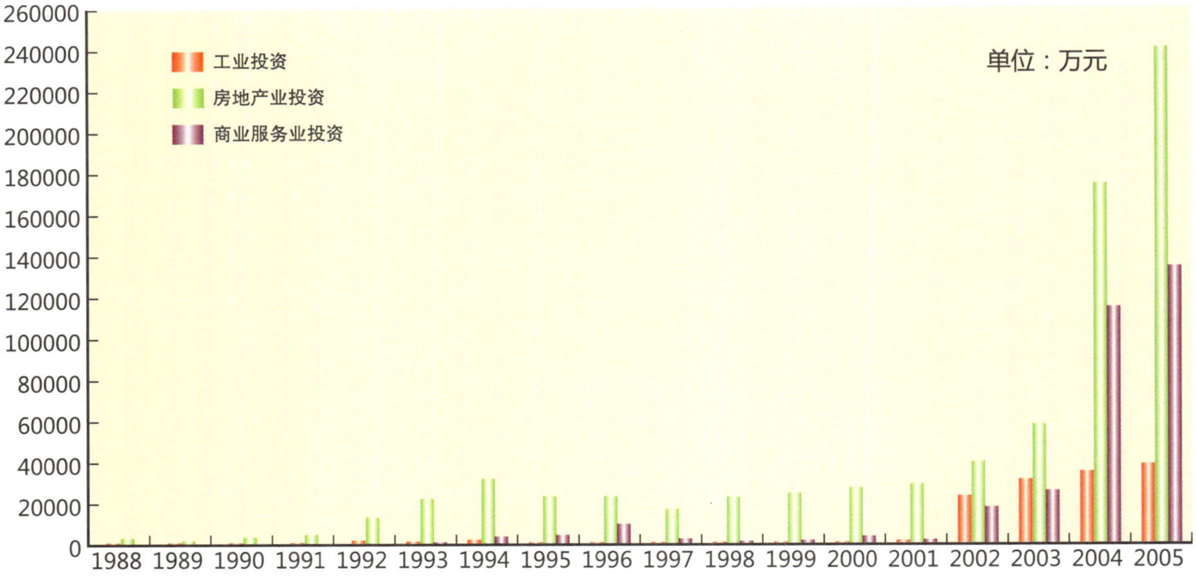

图6-1-6　1988～2005年崇安区投资类别示意图

2000～2005年崇安区主要经济指标完成情况统计表

表6-1-5

项　目	单　位	2000	2001	2002	2003	2004	2005
国内生产总值	亿元	10.03	12.09	29.39	37.90	118.01	147.20
地方财政收入	亿元	0.72	0.92	5.18	6.20	8.64	10.27
工业总产值	亿元	1.43	1.59	9.95	12.17	16.07	19
全社会固定资产投资	亿元	3.13	3.40	8.02	11.32	32.08	41.64
社会消费品零售额	亿元	7.68	9.23	18.99	24.98	109.47	148.52
进出口总额	万美元	627.90	655.34	5323.79	4760.57	4495	89036
利用外资	万美元	18.10	60	297.15	1046.20	1788	2192

说明：上述资料由区统计局提供。

第二章　　经济结构

80年代，区街经济以传统工业为主，产品技术水平低、附加值低，区街工业在国营和乡镇企业的夹缝中求生存、谋发展。进入90年代，历届区委、区政府不断调整发展思路，把工作重点放到大力发展第三产业，充分利用中心城区的地理优势，发挥比较优势，实施错位发展，坚持“三产兴区”战略，推进二、三产业结构的战略性调整。通过“退二进三”“房商结合”，推动大市场、大商业、大流通发展，第三产业增加值比重逐年提高。2005年，服务业增加值占地区生产总值的比重上升到87.09%。是年，坚持“国退民进”，支持民营企业发展，私营个体企业发展到1.50万个，民营经济实现社会消费品零售总额64亿元，占全区总量的43.10%，成为崇安经济发展的一支生力军。同年，抓住改革开放机遇，极力打造以开放为基础、外向型经济为主导的发展模式，外向型经济得到迅猛发展，招商引资能力得到前所未有的提升，引进区外注册资金22.68亿元，区域经济结构不断优化提升，崇安区成为开放型经济最具活力的城区之一。

第一节　所有制结构

1986年，全区共有各类企业97家，其中，国有集体企业93家，私营企业3家，内资有限公司1家。另有个体工商户713户。1987~1992年间，特别是1988年国务院出台《中华人民共和国私营企业暂行条例》后，个体、私营企业发展迅速，外商独资企业实现零的突破。1992年，全区有各类企业402家。其中，国有集体企业322家，比1986年增长2.46倍，占企业总数的80.10%；私营企业49家，比1986年增长15.33倍；股份制企业17家，比1986年增长16倍。“三资”企业14家。全区有个体工商户2129户，比1986年增长1.99倍。1995~1996年，特别是1996年《中华人民共和国公司法》出台，公司制企业重新规范登记后，私营企业随之增多。随着企业经营机制逐步转换，国营、集体、私营资金相互参股，全区企业所有制结构发生深刻变化，经济成分开始出现多元化。1996年，全区有各类企业949家，其中，国有集体企业645家，虽比1992年增加323家，但所占比重从1992年的80.10%下降到67.97%，下降12.13个百分点。股份制企业27家，增长58.82%。股份合作制企业3家。“三资”企业46家，增长2.29倍。私营企业228家，增长3.65倍，所占比重从1992年的12.19%提高到24.03%。全区有个体工商户2968户，增加839户，增长39.41%。1997~2000年，《中华人民共和国合伙企业法》、《中华人民共和国个人独资企业法》相继出台后，全区股份合作制企业、私营企业进一步增多。随着产权制度改革的不断推进，区街自办企业或改制为股份制企业、或转为私人企业。挂靠企业还其本来面目，或转为私营、或关闭。2000年7月企业实行属地登记管理后，也使全区各类企业带来较大变数。2000年，全区有94.7%的挂靠企业实行转改制。全区2592家各类企业中，国有集体企业1044家，所占比重继续下降，从1996年67.97%下降至40.28%，下降27.69个百分点，股份制企业236家，增加209家，增长7.74倍，比重提高到9.10%。股份合作制企业18家，增加15家，增长5倍。“三资”企业95家，增加49家，增长1.07倍。私营企业1199家，增加971家，增长4.26倍，比重上升到46.26%，上升22.23个百分点。全区有个体工商户3984户，增加1016户，增长34.23%。2002年，广益镇归属区后，区域扩大，登记注册的市场主体随之增多。2003年5月起，注册资本100万元以下的有限责任公司及分公司行使公司制企业由区登记管理后，区域内有限责任公司数量随之增加。迄2005年，全区有各类企业6688家，其中，国有集体企业1445家，比重仅为21.61%，又比2000年下降18.67个百分点。股份制企业524家，增加288家，增长1.22倍。股份合作制企业24家，增加6家，增长33.33%。“三资”企业217家，增加122家，增长1.28倍。私营企业发展到4478家，增加3279家，增长2.73倍，比重提高到66.96%，上升20.70个百分点。是年，全区有个体工商户10476户，增加6492户，增长1.63倍。

1986～2005年崇安区企业所有制结构情况一览表

表6-2-1　　单位：家、户

年份	内资企业			“三资”企业	私营企业（个人独资）	个体工商户
	国有、集体	股份制公司	合伙			
1986	93	1	—	—	3	713
1987	108	3	—	—	8	1274
1988	124	4	—	4	13	1806
1989	132	3	—	2	16	1955
1990	231	10	—	1	37	1817
1991	248	12	—	1	37	2053
1992	322	17	—	14	49	2159
1993	399	14	—	21	109	1982
1994	489	13	1	25	156	2226
1995	560	29	1	33	195	2383

续表6-2-1

年份	内资企业			“三资”企业	私营企业（个人独资）	个体工商户
	国有、集体	股份制公司	合伙			
1996	645	27	3	46	228	2968
1997	717	106	5	60	349	2862
1998	835	134	11	72	537	2213
1999	947	186	18	81	764	3635
2000	1044	236	18	95	1199	3984
2001	1112	278	15	115	1691	4362
2002	1208	343	15	135	2338	5088
2003	1293	398	16	166	3025	6374
2004	1359	448	23	198	3820	8745
2005	1445	524	24	217	4478	10476

说明：1.上述资料由市、区工商行政管理部门提供。2.统计数据系登记机关属地登记且当年在业数。

2004年崇安区基本经济单位情况统计表

表6-2-2　　单位：家、%

街道	基本单位数		单产业法人单位数		多产业法人单位数	
	小计	所占比重	小计	占街道比重	小计	占街道比重
总计	3763	100	3514	93.38	249	6.62
广益街道	646	17.17	614	95.05	32	4.95
崇安寺街道	1506	40.42	1382	91.77	124	8.23
通江街道	400	10.63	373	93.25	27	6.75
广瑞路街道	595	15.81	577	96.97	18	3.03
上马墩街道	422	11.21	396	93.84	26	6.16
江海街道	194	5.08	172	88.66	22	11.34

说明：上述资料来自2004年第一次全国经济普查资料，由区统计局提供。

第二节　产业结构

80年代后，贯彻“巩固提升二产，大力发展三产”的方针，在推动工业结构战略性调整的同时，加速第三产业发展。1986年，全区第三产业以商业饮食、物资供销、仓储业为主体。1987年，全区二、三产业比重为49.8∶50.2，首次呈现二、三产业并驾齐驱发展的局面。“八五”期间（1991~1995），以发展“大市场、大商业、大流通”为主导，推进第三产业发展。1995年，第三产业增加值比重由1991年的68.9%提高到80.10%，以批发和零售贸易业、餐饮业为支柱的第三产业成为全区经济的重要支柱。2000年，第三产业增加值达到8.42亿元，占全区国内生产总值的比重上升到83.95%。在第三产业中，批零贸易餐饮业、房地产业和社会服务业排列前三位，其中，批零贸易餐饮业和房地产业占第三产业比重分别为67.36%和13.64%。2002年广益镇归属后，在经济总量提升的同时，在更高层次上实现一、二、三产业的协调发展。2002年，一、二、三产业占全区国内生产总值的比重为0.6∶34.3∶65.1。同时，随着城市化进程的快速推进，迄2005年，第一产业基本消失；第二产业也逐步在工业化、城市化的大背景中退出，工业企业迁入园区，建筑业也逐步淡出；第三产业则在调整中快速发展，不断增添新优势，实现新跨越。广益片区市场建设稳步推进。迄2005年，全区第三产业实现地区生产总值达到128.2亿元，二、三产业占全区国内生产总值的比重为13∶87。在第三产业中，批零贸易和住宿餐饮业、社会服务业、金融保险业排列前三位，占地区生产总值的比重分别为34.32%、28.7%和20.6%。

1991～2005年崇安区产业类别增加值变化情况统计表

表6-2-3　　　　单位：亿元

年份	第一产业	第二产业	第三产业
1991	—	0.46	1.01
1992	—	0.54	1.22
1993	—	0.74	1.66
1994	—	0.74	2.47
1995	—	0.90	3.60
1996	—	1.09	4.00
1997	—	1.22	4.97
1998	—	1.22	5.97
1999	—	1.45	7.20
2000	—	1.61	8.42
2001	—	1.78	10.31
2002	0.19	10.08	19.13
2003	0.17	12.29	25.44
2004	0.13	20.87	97.01
2005	—	19.00	128.20

说明：上述资料来自《崇安区国民经济和社会发展统计公报》。

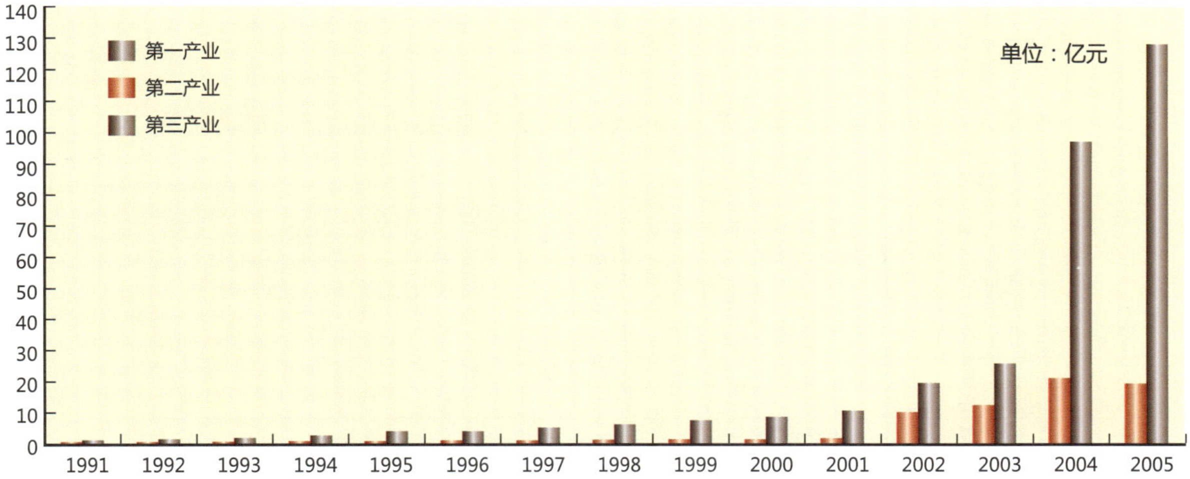

图6-2-1　1991～2005年部分年份崇安区产业类别增加值变化情况示意图

第三节　行业结构

【工　业】

80年代，崇安区街工业以服装、建筑五金、五金工具、医疗器械、有色金属冶炼、塑料制品为主体，此后，又增加化工、机械制造等行业。1991年邓小平视察南方谈话发表后，崇安区抓住改革发展的机遇，实施“外向带动”战略，发展外向型经济和民营经济，创办一批工贸一体的新型出口创汇企业和中外合资企业，新增箱包制造、塑料制品等行业。90年代中期，实施“退二进三”战略后，区街工业逐步被第三产业所替代。1993～1997年，仅区属工业累计置换厂房1.6万平方米，开办商业服务业。与此同时，随着产权制度改革的不断深化，一批区街工业企业先后破产解体、兼并、转制，全区工业规模逐年萎缩，企业数量锐减。据2000年10家销售收入500万元以上规模工业企业统计，完成产品销售收入2.03亿元，实现利税1940.9万元。进入21世纪后，特别是2002年广益镇来属后，全区工业经济结构明显改变，形成以服装、纺织为主体的行业结构。工业经济总量明显提升，是年，广益地区规模以上工业产值占全区比重达到78.08%。2003年属地统计后，工业结构状况又有新变化。迄2005年，属地统计的工业企业479家，全部工业总产值达到68.53亿元，其中规模以上企业实现工业总产值56.66亿元。工业销售产值排名前三位的行业分别是石油加工业、化学原料及化学制品制造业、纺织业，其工业销售产值占全区总量的58.81%。

1991~1999年崇安区第二产业国内生产总值构成及工业、建筑业所占比重统计表

表6-2-4 单位：万元、%

年份	第二产业国内生产总值	其中			
		工业		建筑业	
		国内生产总值	占第二产业比重	国内生产总值	占第二产业比重
1991	4571	4571	100	—	—
1992	5359	5359	100	—	—
1993	7400	6920	93.51	480	6.49
1994	7392	6833	92.44	559	7.56
1995	9017	7913	87.76	1104	12.24
1996	10900	9646	88.50	1254	11.50
1997	12206.80	10305.33	84.42	1901.47	15.58
1998	12222	10336.41	84.57	1885.59	15.43
1999	14494	12681.65	87.50	1812.35	12.50

说明：上述数据根据《崇安区国民经济和社会发展统计公报》编制。

2000~2005年崇安区第二产业增加值构成及工业、建筑业所占比重统计表

表6-2-5 单位：亿元、%

年份	第二产业增加值	其中			
		工业		建筑业	
		增加值	占第二产业比重	增加值	占第二产业比重
2000	1.61	1.43	88.82	0.17	10.82
2001	1.78	1.59	88.83	0.19	10.55
2002	10.08	9.95	98.71	0.13	1.29
2003	12.29	12.18	99.10	0.11	0.92
2004	20.87	16.07	77.00	4.80	23.00
2005	19	13.48	70.95	5.52	29.05

说明：上述数据来自《崇安区国民经济和社会发展统计公报》。

规模工业 80年代，主要通过深化企业改革，推动适应性调整和结构性调整，发展壮大骨干企业。“七五”（1986~1990）期末，规模工业企业人均利润达到1009元。“八五”（1991~1995）期间，经济效益有所下滑。“九五”至“十五”期间，随着产权制度改革的逐步深化，特别是通过扶优扶强，培育优势企业；通过兼并重组，盘活存量资产，壮大骨干企业；通过转改制，发展有发展潜力的规模企业，企业活力明显增强，竞争能力不断提高，经济效益不断提升。2000年，10家规模企业实现利润1315万元，比1998年增长31.24%；总资产贡献率19.88%，比1999年提高2.63个百分点。2005年，56家规模企业实现利润3800万元，比2001年增长5.47倍。规模工业企业人均劳动生产率7.14万元，比1998年增长1.40倍。

1986～1993年崇安区规模工业企业人均创利情况统计表

表6-2-6 单位：元

项　目	1986	1987	1988	1989	1990	1991	1992	1993
人均创利	1521	1598	1646	1609	1009	704	745	786

说明：上述资料由区统计局提供。

1998～2005年崇安区规模工业企业实现利润和劳动生产率统计表

表6-2-7 单位：个、万元、元/人

项　目	1998	1999	2000	2001	2002	2003	2004	2005
企业	13	12	10	34	36	42	54	56
实现利润	1002	1179	1315	587	7872	11904	5000	3800
劳动生产率	29802	39450	37499	67031	83754	5551	51637	71428

说明：上述资料由区统计局提供。

【商业和服务业】

1985年市属零售商业下放到区管理后，着力推动规模经营，发展特色优势，以商业服务业为重点的第三产业发展步伐明显加快。1989年，商业等第三产业营业额达到3.02亿元。“八五”（1991~1995）期间，依托中心城区的区位优势，全力推进商业网点布局改造和调整，以房地产开发为龙头，建成一大批商业服务网点和生产资料市场。“八五”期末，“三产”占国民生产总值比重达到73.4%。“九五”（1996~2000）期间，实施优先发展第三产业的战略方针，商业阵地开发建设力度不断加大。“九五”期末，三产增加值达到8.42亿元，年均增长18.52%。“十五”（2001~2005）期间，实施“区域发展、三产兴区”战略，以现代服务为主的第三产业持续增长，服务业结构不断优化，商业服务业成为全区经济的重要支柱。崇安寺生活步行街区、大成巷步行街等一批特色街区成为服务业发展的新亮点。华东商贸城、“好艺家”灯饰城等一批规模型主题市场的相继建成，使第三产业规模由小变大，实力由弱变强，后劲由少变足。2005年，年市场成交额达到398.9亿元，亿元市场发展到9家，其中，江苏无锡生产资料交易市场209.53亿元、机电五金装璜市场50亿元。与此同时，社区商业获得较快发展，先后建成上马墩、周山浜、广瑞、江海等社区商业中心，“大商圈、小中心”的空间布局初具雏形。迄2005年，全区服务业增加值达到128.2亿元，占地区生产总值的比重上升到87.09%；其中，现代服务业增加值占服务业增加值的比重达到24.5%。

2000～2005年崇安区第三产业增加值及主要产业、行业所占比重统计表

表6-2-8 单位：亿元、%

年份	第三产业增加值	其中							
		信息传输、计算机服务和软件业		商业批发零售和餐饮业		房地产业		社会服务业	
		增加值	占三产增加值比重	增加值	占三产增加值比重	增加值	占三产增加值比重	增加值	占三产增加值比重
2000	8.42	—	—	5.67	67.34	1.15	13.66	0.64	7.60
2001	10.31	—	—	7.09	68.77	1.33	12.90	0.80	7.76
2002	19.13	—	—	14.12	73＋＋.81	1.28	6.69	2.20	11.50
2003	25.44	—	—	19.06	74.92	1.60	6.29	2.87	11.28
2004	97.01	—	—	60.26	62.12	7.38	7.61	11.47	11.82
2005	128.20	12.80	9.98	44	34.32	3.44	2.68	36.76	28.67

说明：统计数据来自《崇安区国民经济和社会发展统计公报》。

【房地产业】

“七五”（1986~1990）期间，区房地产开发以旧城改造为主，完成置煤浜、进士坊巷、育才弄、中市桥巷等4个地区的危旧房改造，开发建成江海新村（北）、风雷新村、靖海新村等9个小区，累计竣工面积66.8万平方米。其间，还建成崇安寺、沙文井等2个农贸市场和中山商场。“八五”（1991~1995）期间，以房地产开发为龙头，在旧城开发改造和小区建设的同时，实施商品房开发，完成田基浜（西）、德兴巷、盛巷、白水荡等10个低洼地区改造，建成德兴巷、田基浜（西）、庆丰里和金海里（西）、上马墩等15个住宅小区，在全市率先建成高层住宅——18层高的鲲鹏公寓，累计竣工面积66.47万平方米。其间，还建成灵肯商厦等大中型商场4个和后西溪布料等特色市场5个。区城市建设综合开发公司和区房地产经营公司双双跻身江苏省房地产开发企业综合经济实力50强。“九五”（1996~2000）期间，先后完成沙文井、锦树里、田基浜（东）、解放新村等低洼地区危旧房改造，建成喻康苑、锦树花园、金海里（东）、石利新村、勤俭新村等9个住宅小区，还开发建成金鼎广场、圆通公寓、天安大厦3幢高层商住楼，累计竣工面积43.21万平方米。其间，还在区外开发建成凤翔花园、太阳花园等小区。对崇安寺地块进行开发改造，建成皇亭美食城。结合健康路、新生路、后西溪道路拓建，建成一批景观街临时商业用房。“十五”（2001~2005）期间，完成亮坝上低洼地区改造，建成德福花园，建成尤渡苑、广益佳苑等一批农民安置房，开发建成明珠广场，累计竣工面积50.29万平方米。其间，对崇安寺进行新一轮开发改造，建成崇安寺生活步行街区，建成全市第一条大成巷商业步行街。1992~2005年，全区房地产业国内生产总值从1060万元提高到3.44亿元，房地产税收在区级财政收入中的比重逐年上升。房地产业的快速发展，对推动崇安区产业结构调整、促进服务业的跨越式发展，改善居民居住条件，提高生活质量，以及承接农民集中转移都发挥重要作用。

区城建综合开发公司开发建筑的鲲鹏公寓商住楼（1998.7）
（区档案局供稿）

2000～2005年崇安区房地产业主要指标完成情况统计表

表6-2-9　　单位：亿元、万平方米

年　份	投资额	施工面积		竣工面积	商品房销售面积
		总　计	其中：新开工		
2000	2.68	34.46	14.09	8.67	7.51
2001	2.85	31.93	5.10	1.30	6.01
2002	3.95	31.86	5.38	5.98	8.99
2003	5.71	47.25	27.04	17.88	5.96
2004	17.27	101.57	57.02	5.90	8.14
2005	23.83	104.22	47.53	19.23	20.13

说明：上述数据来自《崇安区国民经济和社会发展统计公报》。

第七编

商贸　服务业

崇安区是无锡城市商业的发源地。清末民初，辖区街坊已市肆遍布。20世纪50年代初，无锡3个商业繁华地区均集中于区。从胜利门至三凤桥的中山路段，有以世泰盛为代表的呢绒布绸纺织业，以西天宝为代表的鞋帽业，以三阳为代表的南北货业等各类店铺450余家，以小吃、杂要闻名的崇安寺地区。从无锡“三站”（火车站、汽车站、轮船码头）到吉祥桥的通运路一带，是无锡货物集散地，全市90%的旅馆，50%的娱乐场所集中于此，有以泰山饭店、中国饭店为代表的餐饮服务行业，以罗力公司为代表的百货行业，以福禄寿为代表的南北货行业，以及兴盛的茶楼、浴室等，是无锡的不夜城。从北大街莲蓉桥至胜利门口，有以时和布绸呢绒店、久纶绸缎店、樊纶绸缎店、日昇布店等为主的绸布行业，在全省名扬四方。无锡解放后，区内又相继形成人民中路、广勤路以及东方红广场、朝阳广场、东林广场等一批商业街区。

1985年市属零售商业网点下放到区后，区街商业适应社会主义市场经济转变的要求，通过深化改革，推动商业服务网点开发，逐步形成“层次齐全、网点配套、灵活多样、群众方便”的商业体系。80年代中后期，先后建成崇安饭店、中山商场、喜福楼饭店、灵通针纺织品公司等一批规模企业，建办江海商场、崇安商场、江南物贸中心、西河头小商品综合市场，恢复大同文化用品商店、功德林菜馆、帐子公司等一批特色专业商店。至1990年，形成百货、糖烟酒、饮食、服务等32个行业，商业网点708家。商业服务业营业额2.78亿元，利润1053万元。14家集贸市场成交额1.43亿元。世泰盛呢绒布绸商店、第五百货商店、第五副食品商店先后跻身市一级企业，崇安寺集贸市场多次荣获“全国文明集贸市场”称号。1993~1997年，在“三产兴区”战略引导下，实施“以房兴商、房商结合”之策，在旧城大规模改造、大批商业网点被拆的形势下，区街商业仍保持较快的发展。累计开发商业用房11万平方米，天安大厦和崇安寺皇亭小吃街先后竣工开业，上马墩、广益、风雷等一批小商品市场陆续建成。至2000年，全区服务业增加值达到8.42亿元，社会商品零售额7.68亿元。

2001~2005年，是商贸服务业深入推进、强劲发展时期。坚持实施“三产兴区”战略，重点项目建设力度加大，楼宇经济全面推进，招商引资高强度组织，服务业总量扩张和经济结构升级步伐不断加快，规模经济、特色经济、阵地经济和服务型经济发展水平不断提升。结合旧城改造和道桥建设，建成新生路、健康路、后西溪3条特色商业街。特别是2003年后，区委、区政府提出“构筑服务业核心区”的目标定位和“做美城中商务区、做特广益物流区、做热站前商贸区”的发展思路，启动崇安寺历史上规模最大的开发改造，崇安寺生活步行街区如期建成开业；位于中山路的商业大厦、八佰伴、聚丰园、喜来登、鸿运大酒店、华联大酒店、锦江饭店、华光大厦、天安大厦等15家商贸企业历经多次重建、扩建、新建，成为全市闻名的现代化标志性商厦；王兴记、三凤桥、慎余等百年老字号经过改造，以崭新的面貌呈现在市民面前，中山路基本形成“吃、穿、住、用、玩”功能配套的商业街，商务楼、百货店、连锁超市、大卖场、专卖店等业态齐全的商务中心。大成巷步行街、健康路休闲服饰街、学前街电脑文化用品街等特色商业街初具规模。广益片区形成五金机电、装潢建材、汽车汽配三大市场群，成为无锡东部商品集散地、片区商业中心。伴随着市场经济的深入推进，粮油、糖烟酒、副食品店逐步被现代超市、卖场所替代；鞋帽服装、日用工业品逐步向名品精品特色发展；餐饮业逐步向中高档提升、便捷化演变；传统服务业呈现多元化，广告传媒、会计审计、房产租赁、典当拍卖、计算机软件等现代服务业迅猛发展。迄2005年，辖区有各类市场53家，年市场成交额398.9亿元。占全市41.86%的星级饭店位于区内，占全市60.26%的金融、保险、证券机构设在区内，占全市46.3%的法律机构驻于区内。辖区商贸服务业每一天实现社会消费品零售额4069万元，每平方公里创造服务业增加值7.29亿元，服务业增加值达到128.2亿元，占全市总量的12.09%，是2000年的15.23倍；社会消费品零售总额148.52亿元，是2000年的19.34倍。崇安区作为无锡服务业核心区的发展特色更加鲜明，综合竞争优势进一步显现。

第一章　商业街区

位于无锡中心商务区的崇安区，街市繁华，商铺云集，名店老店集中。1986年后，商业街区建设速度加快，崇安寺街区历经2次建设改造，建成崇安寺生活步行街区；中山路3次拓建提升，中山路商业街跻身全国十大中华商业示范街行列；结合旧城改造，陆续建成健康路服饰街、大成巷商业步行街、站前商贸区、保利购物广场等特色街区10余个，以社区商业为特色的10余个街巷商业片区。还建成建筑面积87.73万平方米的商务楼宇49幢。“商贸崇安”的特色日益鲜明。

第一节　特色街区

1986年起，辖区商业在深化改革的同时，历经大规模改造建设，先后建成健康路、后西溪、新生路等3条特色商业街区。特别是2002年启动崇安寺新一轮改造，按照区委提出的要把崇安寺建设改造成无锡“商核、文核、绿核”的功能定位，建设和招商同步推进。2005年10月，崇安寺改造一期工程竣工，5.6万平方米的融旅游购物、餐饮、休闲为一体的特色街区开张营业。随着中山路商业街的多次改造提升，其支路大成巷建成全市首条商业步行街。位于辖区主干道两侧的49幢高楼，成为集金融、证券、商务、贸易等特色各异的商务楼宇。火车站广场整体规划改造后，形成以娱乐休闲为特色的站前商贸区。随着解放环路等道路拓宽和沿街地块开发建设，建成集商务、购物、餐饮、休闲、运动、娱乐于一体的保利商贸街区，区域购物环境和市容市貌全面提升，凸现出崇安区现代大都市的商业风貌。

【崇安寺生活步行街区】

（详见第二编第三章崇安寺生活步行街区内容，第97页）

【大成巷商业步行街】

位于中山北路至解放西路一段，东起中山北路，西至解放西路，全长388米，宽15米，为无锡城区首条商业步行街。2003年6月启动建设，2004年12月竣工开街，总投资850万元，建有商业用房1.1万余平方米，大部分为二层，局部三层。街区地面为毛面花岗石，街区中央配有座椅、遮阳棚架、售货亭等，设有“阿福逛街”“阿福读书”“阿福购物”等3处以阿福为主题的雕塑。开设精品服装、电子产品、珠宝古玩的品牌专卖店，以及餐馆、咖啡馆、茶座、酒吧等。保留和修复“张謇读书处”“顾毓琇读书处”和“云薖园”等3处文物建筑。迄2005年，共有商铺197家，一楼以经营精品服装为主，二楼以上为咖啡馆、茶座、酒吧等休闲场所。

大成巷商业步行街（2005）　　（孙怡摄）

【健康路服饰街】

位于体育场桥至人民中路段，全长937米，宽14~20米。80~90年代，沿街两侧大多为民居和市总工会、市商业局、市供销社、市轻工局、市工商局、市烟草专买局等市级机关，仅有健康烟酒店、健康点心店、学前大饼店、三元大饼店、健康理发店等区属商业网点5家，零星分布在健康路北段。1995年，位于健康路北段的朝阳丝绸服装厂实施“退二进三”，腾出沿街厂房，开办太平洋电器广场。2000年2月，区结合健康路道路拓宽，对沿街两侧有碍观瞻的房屋同步实施拆迁改造，依路兴商。是年12月竣工，建成商业用房7840平方米。迄2005年，该街区有商铺220余家，其中服装品牌专营店165家，占75%；服装饰物、休闲娱乐用品店47家，饮食、烟酒店6家。

健康路服饰街（2005.8）　（区经贸局供稿）

【新生路休闲商业街】

位于朝阳广场公交停车场至人民中路段，长1450米。80~90年代，该路两侧主要为民居，仅有宝泰烟酒店、长春点心店、新东生面店、新生大饼店、新生理发店、红光油漆门市部（后改为新亚装饰公司门市部）等商业网点10余家。2000年2月，区结合新生路拓宽，对沿街两侧有碍观瞻的房屋同步实施改造。2001年底，在新生路南段（朝阳广场至学前东路）建成商业用房1800平方米，开办商业网点33家，其中，沿市妇幼保健医院一侧，有妇女儿童用品等专业商店18家。沿市第二人民医院附近，有饮食店10家，烟酒、水果店13家，旅馆、浴室、美容店18家，自南向北开设休闲、美容、饮食等网点，有规模较大的中浪发型美容文化连锁机构新生路店等。在新生路中段（学前东路至人民中路），有名典咖啡语茶、避风港茶楼、台湾豆浆大王、花之林时尚茶馆等。在新生路与学前东路交叉口，多家金融、保险、证券公司集中于此，有大众保险无锡中心支公司、华夏银行无锡支行、招商证券新生路营业部、太平洋人寿保险无锡中心支公司、商业银行新生路分理处等5家。

【后西溪饮食服装街】

位于中山路三凤桥至解放西路，全长860米。20世纪70~80年代，街区两侧主要是民居，后西溪中心小学、市中医院、崇安区少年宫等一些企事业单位占据大部分街面，仅有3家小烟酒店、点心店、水果店。90年代中后期，随着市中医院的2次拓建，后西溪西段建成布料市场，带动沿街商业服务网点的发展。此后，健康路服装城在后西溪中段落成。2000年，启动健康路景观街改造时，沿市中医院一侧的后西溪，建成商业用房5000余平方米。迄2005年，有大小商业网点114家。其中，服装、纺织品专卖店81家，占71.05%；服装饰件、理发美容店8家，饮食店12家，烟酒店8家。较有名气的有阿兴酸辣汤、傣妹麻辣烫、高山流水茶艺广场、梦之莎美容美体形象中心等。

【站前商贸区】

位于车站路以南，县前东街以西，解放北路以北，工运路以东。由无锡市城市投资发展公司和香港仲盛集团亿达控股有限公司合资组建的无锡市仲城房地产有限公司开发建设，为集商务、贸易购物、餐饮、观光、休闲、旅游、娱乐于一体的商贸街区。总投资28亿元，占地16万平方米，建筑面积28万平方米。2004年10月，站前商贸区、步行街、地下车库等建成竣工。其中，步行街5号楼被无锡和中国香港两地确立为长江三角洲首座香港零关税服务中心。站前商贸区一、二层为商铺，三层以上为餐饮、住宿、娱乐和商务写字楼，陆续引进“百度”“歌巢”“玛田夜总会”“阿玛尼”“七星桌球会所”“七君子歌舞厅”“翔天电玩”“东山网吧”8家娱乐企业，先后入驻“南京1912”“子云轩”“翰林轩”“王兴记”“半岛咖啡”“莫泰168”“七天”“汉庭”“速8”“快捷利”“789”“帝伦”“花园”“永庆”等18家住宿餐饮企业，开设“天姿美容”“老房子足浴”等一批休闲企业。街区企业注册资金超亿元，从业人员6000余人。站前商贸区内还有市级文物保护单位——锡金商会旧址，以及中百二店、国际饭店、长庆大厦等多幢商务楼宇。

站前商贸区（2004.2）　（区经贸局供稿）

【保利广场】

位于县前东街与解放东路交汇处，由无锡民生房地产开发有限公司投资开发建设，是苏南地区首座集购物、休闲、娱乐、餐饮、旅游、酒店、办公、商住、教育于一体的多功能、主题型购物中心。总投资10亿元，占地20万平方米。2002年启动建设，2004年10月一期工程项目保利广场竣工，部分开业。地下一层至三层分为时尚、运动、生活、餐饮4大板块。其中，一、二层为“时尚保利”“生活保利”“餐饮保利”3个经营板块。“时尚保利”板块4万平方米，经营化妆品、皮具皮鞋、黄金珠宝、国际时装、儿童服装等，引进艾格、拉夏贝尔、皮尔卡丹等多种国际品牌商品。“生活保利”板块9000平方米，开设国际顶级大卖场“家乐福”无锡保利店，经营生熟食品、日用百货、纺织、服装、家用电器等万余种商品，其中进口商品1300余种。“餐饮保利”板块2万平方米，驻有世界五大洲特色餐饮店20家，美容、美发、足浴、瑜伽店6家。地下一层4500平方米为“运动保利”板块，全国运动休闲用品连锁专营店、室内灯光篮球场、攀岩馆及乒乓球馆开设于此。该广场是无锡旅游局命名的“无锡首批旅游购物推荐单位”。迄2005年，二期开发项目亦已启动，其中，保利实验小学建成开学，“保利——城市之光”高级商住楼和金陵饭店开始土建施工。

保利广场（2005）　（区经贸局供稿）

第二节　中山路商业街

无锡解放后，位于无锡市区中心的中山路伴随着城中直河的填没和道路多次拓宽改造而逐步繁荣。特别是经过1986~1989年、1997~1998年、2002年3次大规模改造，已形成南起朝阳广场、北至胜利门广场，长2089米、宽40米，贯穿无锡中心商务区南北、全市人气最旺的商业一条街。

无锡解放初，中山路长850米，平均宽度仅4米，最宽处5米余。450余家大小商店主要集中在南起大市桥（现三阳广场）、北至老北门（现胜利门广场）一带，以五洋百货、服装鞋帽居多。其中百货、绸布店40家，著名商家有：世泰盛绸布店、金国衫袜厂（店）、上海帐子公司等。中西服装店、裁缝店45家，有专做女装的绿叶、大华服装店，专做男装的金星服装店，专做中服的周荣记、乔记服装店，专

八九十年代位于中山路的东方红广场　（区经贸局供稿）

做童装的小玲珑、小朋友服装店，专做内衣的乐凯、三爱衬衫店。鞋帽店26家，著名商店有：鹤鸣、隆昌祥、中国、五福等皮鞋店，西天宝、圆圆、怡茂祥等鞋帽店。其特点是前店后工场，可量码定做，加工精细。参药店20家，著名药铺有：李同丰、济生堂、阜昌、阜丰等参药号，其特点是前店后室，有坐堂医生，代客加工丸散，代煎送药，代制膏补药。老店、名店有三阳南北货商店、慎余肉庄（三凤桥肉店）、过福来馄饨店、稻香村茶食店，余昌、欧米茄、亨大利钟表店，精明眼镜店，魁元堂、中书馆等笔墨店，春麟堂扇画庄，杨庆和银楼，大同、国华书局，尊汉斋古籍书店，吉士照相馆，王泉兴木器店，王大昌箕木梳店等。20世纪50年代中期，历经对私营工商业社会主义改造，老店、名店被公私合营，单一经营的小店，有的被合并为合作商店，有的组建成合作社，有的转入工业系统，虽然行业格局变化不大，但商店数量明显减少。1954年，第一百货商店、梁溪饭店在中山路建成开业，其后，王兴记馄饨店、聚丰园菜馆、新万兴银丝面店、仁号茶食店、新新食品店等也陆续迁至中山路，中服厂、卫东服装厂、小朋友童装厂等服装加工门市部先后在中山路驻扎。60~70年代，随着中山路的拓宽延伸改造，在道路两侧相继建成无锡浴室、友谊商店、东风饭店、自行车商店、手工业商场（现为商业大厦）、新风饭店(现为鸿运大酒店)、外贸大厦（现为新中润集团）、江南菜馆、百花床上用品商店、妇女儿童用品商店等特色化、规模型商店。

1986年，中山路商业街有6个行业、87家大小商业网点，主要集中在中山路北段（胜利门广场至三凤桥）。其中，商贸流通业（百货、服装、纺织、鞋帽、五交化、电讯、钟表眼镜、文化、糖烟酒、南北货、家具日杂、药品药械）59家，饮食服务业（菜馆、面馆、点心、卤菜、饼馒、旅社、理发、浴室、照相、洗染、娱乐）28家。名特老店有：世泰盛呢绒布绸商店、三凤桥肉庄、三阳南北货商店、聚丰园菜馆、仁号茶食店、沈广茂洗染店、王兴记馄饨店、光明眼镜店等。中山路南段（三凤桥至朝阳广场）仅有梁溪饭店、益民副食品店、朝阳饭店、无锡浴室等6家企业。沿中山路营业面积1000平米以上的企业有8家，规模最大为第一百货商店，营业面积4400平方米，有职工428人。其时，剪布绸到“世泰盛”，吃点心到“王兴记”，买五香豆到“三阳”，吃奶油花生到“仁号”，买酱排骨到“三凤桥”，配眼镜到“光明”，成为无锡人的传统习惯。

1988~1989年，中山路经首次拓宽改造，拆除沿街商业网点40余家、面积5578.3平方米；新建扩建商业网点15家，建筑面积14万平方米。中山路沿街商业网点逐步由“矮、旧、小”转为“高、新、大”。其间，在中山路三凤桥段，郊区河埒水产养殖场率先投资建成烤鸭馆，开创农民进城办商业的先河。三凤桥肉庄投资1040万元，在原址建成4000余平方米的集熟食、餐饮、住宿于一体的三凤桥肉庄。在中山路三阳广场段，2.6万平方米的无锡商业大厦于1988年在东方红商场（手工业商场）原址落成，开业次年营业额达2.2亿元，成为全市零售商业之最，雄居全省第三。在中山路北段，区首家3700平方米的中山商场投资建成，传统老字号——喜福楼饭店恢复营业，特色商店——灵通针纺织品公司扩大规模、移地经营，以销售时尚休闲服装为主的崇安商场于1992年开张营业。1993年，市财贸系统投资兴建的2.5万平方米的鸿运大酒店落成开业，时与隔路相对的烤鸭馆、三凤桥肉庄形成名躁无锡的餐饮金三角。在胜利门广场段，市财贸系统相继投资建成交电大厦、五金大楼、化工大楼、聚丰园菜馆（原在解放西路）等。

1996年后，中山路商业街成为外商投资首选地段，是入注外资和港澳台资最多最集中的街区。

1996年1月，香港新世界百货在中山路投资建成华光珠宝城，在此先后开办新世界百货、华美达大酒店。是年7月，由日本八佰伴株式会社与市百货公司合资创办的省内规模最大的一家集购物、餐饮、娱乐休闲为一体的现代化大型商贸企业——无锡八佰伴开业，时为中山路首家中日合资企业。中山路南段商气从此由冷趋热。1998年，又有新加坡客商到无锡投资，建成喜来登大酒店；在中山路烤鸭馆旁建成中外合资锦江大酒店。2000年，由马来西亚金狮集团投资的三阳百盛广场开业。中山路集购物、休闲、餐饮、娱乐于一体的商业功能日趋凸现。

1997~2002年，中山路相继进行2次改造。其间，太平洋百货、华联商厦等一批规模企业相继建成开业；"好买得"等一批现代超市在中山路落户，五金交电大厦、永乐家电、五星家电等专业商场和品牌专营店先后抢驻，与大商场相呼应。金融、餐饮、娱乐、休闲、医院等配套服务设施也都在中山路开设。2002年，市政府投入1300余万元，启动全线环境亮化工程，亮化项目280余个，使中山路白天人流如潮，入晚华灯通明、霓虹灯闪烁。人们称中山路宛如一条昼夜璀璨的卧龙，头枕胜利门，尾施于南禅寺。

迄2005年，中山路已云集各类商贸服务企业660余家。其中沿街开设的大型百货商场、酒店6家，住宿、餐饮企业15家，超市4家，电器专卖连锁店3家，金融、保险、旅游、咨询、广告等企业48家。规模企业取代众多小企业，烤鸭馆、三凤桥肉庄（三凤酒家）、王兴记、朝阳广场大酒店等4家企业营业面积均达4000平方米以上；商业大厦、八佰伴、聚丰园、喜来登、梁溪饭店、鸿运大酒店、华联大酒店、锦江大酒店、好买得超市、三阳百盛、大洋百货、华美达酒店、哈哈大酒店、新世界百货14家企业营业面积均在1万平方米以上。另有391家企业入驻6幢20.44万平方米的商务楼宇。经营行业从1986年的6个、87家发展到16个、661家，其中，商贸流通业185家，占27.99%；新兴服务业111家，占16.79%；装潢业72家，占10.89%；物资贸易业64家，占9.68%；科技咨询业41家，占6.20%；对外贸易业42家，占6.35%。企业所有制结构也发生质的变化，非公有制企业470多家，占比71.10%。中山路几乎集全市商业之精华，成为名副其实的购物天堂、无锡的商业中心，商业服务业销售总量位居全国商业街第七位，为全国10条中华商业示范街之一。中山路自1995年起一直参与全国"百城万店无假货"创建活动，先后被评为"江苏省购物放心、服务满意一条街"、全国第四批"百城万店无假货"活动示范街、全国创建文明城市示范点。2005年起，还是无锡区域"大党建"（中山路党建一条街）的样板。

中山路商业街夜景（2005） （区经贸局供稿）

八九十年代中山路商业网点情况一览表

表7-1-1

名称	地址	备注
南阳水果店	中山路5号	1958年创办，1988年拆迁歇业
无锡市友谊商店	中山路8号	1964年5月1日开办，1988年迁至人民东路营业
朝阳饭店	中山路10号	1972年开办
万丰烟酒店	中山路32号	1958年创办，1990年拆迁歇业
春阳点心店	中山路66号	1958年创办，1996年拆迁歇业
群众百货商店	中山路122号	1958年创办，1999年拆迁歇业
梁溪饭店	中山南路147号	1954年创办，原名时郎中巷招待所，1978年改现名

续表7-1-1

名　　称	地　　址	备　　注
无锡浴室 无锡市中南旅馆	中山路223号	1959年创办，1995年并入王兴记
益民烟酒店	中山路201号	1958年创办，1988年迁至新生路
无锡市新风药店	中山路217号	1948年创办，前身为国泰药店，1967年改名
无锡烤鸭馆	中山路222号	1987年创办
更新理发店	中山路233号	1958年创办，1986年拆迁歇业
三凤桥肉庄	中山路240号	1927年由王云清创办，原名慎余肉庄，1956年改现名
锡风点心店	中山路266号	1958年创办，1994年拆迁歇业
大方糕团店	中山路284号	1958年创办，1994年拆迁歇业
鸿运大酒店	中山路297号	1966年创办，初为公园饭店，后改东风饭店，1989年改建，1993年建成，改现名
浴德池浴室	中山路300号	1940年创办，1994年拆迁歇业
紫罗兰美发厅	中山路301号	原名羊子理发店，1938年于宝子创办，1964年改现名
国光水果店	中山路314号	1958年创办，1995年拆迁歇业
世泰盛呢绒布绸商店	中山路318号	1891年由钱孟安创办，一说1889年创办，原名世泰盛绸庄，1958年改现名，1966年曾改名无锡市第四百货商店
新丰酱类食品店	中山路319号	1958年创办，1993年拆迁歇业
太湖馄饨店	中山路321号	1966年创办，1993年拆迁歇业
新万兴银丝面店	中山路321号	1941年由汪小二创办，1993年拆迁歇业
新新食品商店	中山路323号	1926年由江玉和、谢少静等合股创办，1993年拆迁，1994年迁至公园路58号复业，1997年迁至江海新村67号
无锡市新华书店	中山路333号	1951年建办，原在公园路31号，1968年迁现址
无锡商业大厦	中山路343号	1964年开办，原为无锡手工业商场，1969年改名东方红商场，1986年改现名
灵通服装店	中山路345号	1980年开办，1986年拆迁
无锡崇安电料商店	中山路350号	1958年开办，1994年拆迁歇业
为群五金商店	中山路354号	1966年开办，1994年拆迁歇业
中山路烟酒店	中山路362号	1958年开办，1994年拆迁歇业
沈广茂洗染店	中山路366号	1908年创办，原为苏州沈广茂洗染店分店，1994年迁至书院弄，1999年移至道长巷
小花百货商店	中山路369号	1982年9月开办，1986年迁至通运路24号，1994年拆迁歇业
洁美化妆品商店	中山路679号	1983年开办，2003年拆迁歇业
保健药店	中山路382号	1944年开办，原名中央药房，　1970年改现名
精益眼镜店	中山路386号	1958年开办，1994年拆迁歇业
吟春书场	中山路389号	1874年创办，1997年拆迁扩建为吟春大厦
王兴记馄饨店	中山路391号	1913年创办，1995年迁至中山路223号
长征服装厂门市部	中山路393号	1956年开办，1994年拆迁歇业
妇女儿童用品商店	中山路395号	1984年创办
无锡市外贸公司	中山路393号	1958年开办，1997年改制，改名新中润集团
亨达利钟表店	中山路396号	1917年创办，1978年迁现址，“文化大革命”期间曾改名东风钟表店，1993年拆迁至人民路91号
白玫瑰理发店	中山路404号	1958年开办，1994年拆迁歇业
无锡市照相服务部	中山路406号	1964年开办，1994年拆迁歇业
湖光照相馆	中山路418号	1934年由张德馨创办，原名吉士照相馆
无锡市电讯修理部	中山路421号	1958年开办，1994年拆迁歇业
大众南北货商店	中山北路423号	1953年创办，有“小三阳”之称
无锡市自行车商店	中山路425号	1964年开办，1994年拆迁歇业
四季青水果店	中山路426号	1958年开办，1987年歇业
无锡市电讯商店	中山路427号	原名中山路电讯器材商店，1976年改名
江南酒馆	中山路435号	1973年创办，1994年拆迁歇业
健康参药店	中山路 428～430号	1914年由李云泉创办于书院弄口，原名李同丰参药号，　1939年迁现址，1966年改现名
化学试剂玻璃仪器商店	中山路437号	1981年开办，1996年拆迁歇业
钟表缝纫机专业商店	中山路439号	1973年由市百货公司分设开办，1996年拆迁歇业
百花床上用品商店	中山路439号	1979年1月开办，1996年歇业

续表7-1-1

名　　称	地　　址	备　　注
无锡春联文具商店	中山路440号	1920年创办，原名春麟堂，1960年改名，1988年并入中山商场
新中鞋帽商店	中山路442号	1959年建办，原名新中百货店，1982年改名，1988年并入中山商场
崇安区百货公司经营部	中山路444号	1984年开办，1988年并入中山商场
光明眼镜店	中山路447号	1916年创办，原名精明眼镜店，2005年拆迁，移至崇安寺
无锡市万红照相馆	中山路448号	1956年与益友照相馆合并而成，1988年并入中山商场
仁号茶食公司	中山路457号	1893年创办，原址在盛巷，1995年拆迁歇业
无锡钟表商店	中山路460号	1981年8月创办，1998年拆迁歇业
无锡市文物商店城中门市部	中山路466号	1961年5月开办。前身为信托商店珠宝门市部。1985年在河埒口设新店
无锡市家具一厂门市部	中山路471号	1965年开办，1992年拆迁歇业
无锡市糖烟酒公司批发部	中山路467号	1983年开办，1985年迁至西河头55号
卫东服装厂门市部	中山路473号	1954年开办，1992年拆迁歇业
聚丰园菜馆	中山路475号	1867年创办，1965年迁现址
大陆理发店	中山路488号	1945年由李兆昌创办
新虹牛羊肉店	中山路510号	1958年开办，1993年拆迁歇业
复兴大饼店	中山路512号	1958年开办，1993年拆迁歇业
又一邨点心店	中山路534号	1958年开办，1993年迁至书院弄
灵通针纺织品公司	中山路544号	1984年开办
同丰参店	中山路540号	1853年创办。原名同丰药栈，时与大吉春、李同丰齐名，为无锡三大参药号
无锡市中服厂	中山路560号	1957年开办
崇安料瓶商店	中山路568号	1958年开办，1999年拆迁歇业
喜福楼饭店	中山路584号	1919年由李喜福创办，2001年歇业
中山商场	中山路586号	1988年12月建办
大陆百货商店	中山路592号	1958年开办，1988年并入中山商场
无锡市综合贸易服务公司金属机电贸易货栈	中山路600号	1984年开办
味雅点心店	中山路602号	1958年开办，1991年拆迁歇业
大林烟酒店	中山路614号	1958年开办，1993年拆迁歇业
崇安综合服务社	中山路620号	1970年开办，1999年拆迁歇业
工农日用杂品商店	中山路626号	原名祥发炊具商店，1999年拆迁歇业
无锡市皇后理发厅	中山路640号	1952年开办，1999年拆迁歇业
鹤鸣鞋厂门市部	中山路642号	1956年开办，1999年拆迁歇业
中山路杂品综合商店	中山路646号	1958年开办，1999年拆迁歇业
无锡市第一百货商店	中山路670号	1954年建办
帆布制品厂门市部	中山路679号	1956年开办

说明：鉴于八九十年代中山路历经多次改造，未形成统一门牌号，故其门牌号有混用之处，并有中山北路、中山南路与中山路之称。

2005年中山路商业街规模商贸企业一览表

表7-1-2　　　　单位：平方米

名　　称	地　　址	建筑面积	备　　注
朝阳广场大酒店	中山路10号	4000	1972年开办，原名朝阳饭店，曾为市政府招待所。为星级宾馆，有各类客房120间、餐厅10个，餐位400余个
梁溪饭店	中山路177号	20000	1954年开办，为市政府招待所，有五星级宾馆标准的各类客房200余间，500余个餐位
八佰伴商贸中心	中山路168号	42000	1996年7月开办，为江苏省内最大的中日合资的购物中心、旅游商店、大型零售企业，日均客流5万余人次。为无锡流通业对外开放窗口，其经济增长速度连年居全市同行前列，1999年列首位，销售规模列江苏省第六位。2005年，批零贸易营销收入10.56亿元
王兴记有限公司	中山路223号	5000	详见本编第六章第一节【王兴记馄饨店】内容，第353页
无锡锦江大酒店	中山路218号	25000	1998年开办，系中外合资四星级酒店，有各类客房320间套。2005年，服务业营业收入5250万元

续表7-1-2

名　称	地　址	建筑面积	备　注
三凤桥肉庄（三凤酒家）	中山路240号	4000	详见本编第六章第一节【三凤桥肉庄】内容，第354页
三阳百盛广场	人民中路139号（三阳广场）	28000	详见本编第六章第一节【三阳南北货商店】内容，第359页
云蝠烧鹅仔美食城中山店	中山路278号	2000	1993年开办，是中国云蝠集团下属的全资子公司，以粤菜为特色。2005年，营业收入1682万元
无锡大洋百货	中山路260号	23000	原为无锡心族百货，系2003年大洋百货（集团）进驻无锡在此开设的第6家分店
无锡商业大厦	中山路343号	99000	前身是1969年12月建立的东方红商场，1986年12月改现名。1996年1月，改制为江苏无锡商业大厦集团有限公司。大厦股份是无锡市首家上市的商贸流通企业，省内零售商业行业第一个集团公司。公司总注册资本1.13亿元，拥有主体营业大楼和二百商厦新营业大楼各一幢，全部建筑面积为9.9万平方米，营业面积为6.5万平方米。除零售批发日用工业品外，还向餐饮、娱乐、运输、商住、服务、装潢、广告、物业、进出口贸易等领域延伸，已成为一个经营多元化、效益规模化、设施现代化、管理科学化、市场国际化的大型流通企业集团。2002年销售总额27亿元。规模列江苏省同行业首位，是江苏省著名的大型百货零售企业，全国百强零售企业之一
好买得超市	中山路328号	10000	1999年由无锡第一百货（集团）公司创办，为城中大型综合大卖场，下属多家社区便民店和乡镇加盟店。经营品种近3万。2005年被评为无锡首批商业诚信企业。是年5月，“好买得”被评为江苏省知名商标，为无锡超市业首个
华联大酒店	中山路309号	17300	1993年9月开办，集餐馆、住宿、购物于一体。拥有各类客房84套，大、小餐厅20余只
鸿运大酒店	中山路317号	20528	原名东风饭店，1989年扩建，1993年建成，为三星级涉外旅游酒店，有各类客房172间、大小餐厅20间，1500个餐位。2005年，服务业营业收入4539万元
无锡烤鸭馆	中山路222号	4000	1987年由郊区河埒水产养殖场投资开办，以无锡烤鸭、江南船宴、鸭筵鱼席为特色。有餐位千余个、三星级标准客房48套，并开设商场、金银珠宝行、食品外卖、商务中心、KTV包房等
无锡银楼	中山路316号	200	1985年开业，为无锡成立最早、规模较大的金银珠宝饰品专卖店，集金银珠宝设计、生产、销售为一体。2003年评为江苏省黄金珠宝业放心店。2004年“情源”珠宝评为江苏黄金珠宝业著名品牌，并被中国宝玉石协会授予“中国珠宝玉石首饰行业放心示范店”称号，2005年又获无锡首批“商业诚信企业”称号
华美达酒店(无锡新世界万怡酒店)	中山路335号	28000	1997年1月开业，属美国万豪国际酒店集团旗下酒店，时为无锡楼层最高的四星级酒店，有各类客房277套。2005年，服务业营业收入4607万元
哈哈大酒店	中山路341号	10000	2002年开办，以杭帮菜为特色，有餐位3000余个。2005年，服务业营业收入2757万元
新世界百货无锡店	中山路341号	18600	1996年开办，为香港新世界集团旗下新世界百货有限公司经营管理的连锁百货商场
喜来登大饭店（无锡君乐酒店）	中山路403号	63698	1998年开办，为中国与新加坡合资开办的五星级宾馆，楼高22层，有客房407间套
光明眼镜有限公司	中山路447号	229.50	详见本编第六章第一节【光明眼镜店】内容，第356页
聚丰园大酒店	中山路555号	19500	详见本编第六章第一节【聚丰园大酒店】内容，第355页

说明：上述资料由区经贸局提供。

第三节　商务楼宇

2002年，崇安区委、区政府提出以楼宇为载体，通过开发、出租楼宇，招商引资，引进税源，发展区域经济。是年，盘活非住宅闲置楼宇4.76万平方米，建办佳福、天地行机电市场等商贸园区和专业市场。2003年后，区先后制订专业商务楼宇发展规划，出台《关于加快发展楼宇经济的若干意见》等办法，楼宇经济得到迅速发展。2004年，提出充分利用区域楼宇空间，实现楼宇经济发展新突破，对中心商务区2.5平方公里以内的闲置楼宇排查摸底，并召开楼宇经济推进会，开展以楼宇经济为主题的招商活动。是年，盘活非住宅闲置楼宇6.68万平方米，引入企业191家。2005年，区出台《推动专业楼宇发展若干政策》，设立推动专业楼宇发展基金、楼宇内专业企业引进奖及楼宇税收区实得部分超收分成奖，盘活非住宅闲置楼宇超过9.8万平方米，其中解放环路内的中心商务区4万平方米。迄2005年，区域有专业商务楼宇49幢，营业面积87.73万平方米，年实现销售11.2亿元，注册资金超过5亿元，从业人员1.5万余人。其中，44幢位于解放环路以内的中心商务区和站前商贸区，占89.80%，入驻企业1000余家。商务楼宇中，商贸流通企业530余家，现代服务企业330余家。华光大厦、国联大厦和时代大厦3幢商务楼宇成为崇安区的重点纳税大户，年实现税收位居全区前三名。以华光、时代、国联、东方、吟春等大厦为骨干的12幢商务楼宇实现税收占全区的60%，成为崇安区财政收入的重要来源。

【华光大厦】

位于中山路333号、中山路与人民路交叉口，是一幢以酒店、商务为主的专业楼宇。1997年6月落成，建筑面积5万平方米、高41层。迄2005年，入驻企业135家，注册资金6.39亿元，从业人员1426人。其中，批零企业82家，占60.74%；现代服务企业76家，占56.30%。2005年，实现销售4.03亿元，国地税收394.95万元。

【国联大厦】

位于县前东街8号，是一幢以金融、信托投资、证券为主的专业楼宇。2002年落成，建筑面积3.10万平方米，高32层。迄2005年，入驻企业26家，注册资金22.06亿元，从业人员686人。其中，国联信托投资公司等金融机构8家。2005年，实现销售3.79亿元，国地税收1196.33万元。

【时代大厦】

位于中山路159号，是一幢以商务中介、计算机服务、广告策划为主的专业楼宇。2001年落成。建筑面积1.82万平方米，主体建筑高24层，写字楼20层，商业用房4层。迄2005年，入驻企业51家。其中，现代服务型企业26家，占50.98%；注册资金6289万元，从业人员540人。2005年，实现销售额1.27亿元，国地税收676.59万元。

2005年崇安区内主要商务楼宇情况一览表

表7-1-3　　单位：平方米

名　称	地　址	层　高	建筑面积
华光大厦	中山路333号	41	50000
时代大厦	中山路159号	28（含地下室）	18200
国联大厦	县前东街8号	32	31048
东方广场	中山路343号	32	42800
吟春大厦	中山路359号	22	32400
天安大厦	中山路270号	25	53000
佳福大厦	人民中路97号	19	28800
中发大厦	中山路278号	12	10000
新鼎球大厦	新生路107号	16	54900
科技大厦	学前街168号	12	13580

续表7-1-3

名　称	地　址	层　高	建筑面积
华通大厦	永定巷1号	26	40000
长庆大厦	解放东路8号	18	16000

说明：上述资料由区经贸局提供。

第四节　街巷商业片区

无锡解放初至80年代，崇安区商业市口主要集中在崇安寺、中山路北段、通运路等地区，改革开放后，街巷商业片区伴随着城市道路和居民新村建设而逐步延伸、拓展。迄2005年，已形成工运路车站地区、人民路亭子桥地区、上马墩塔影地区、周山浜广勤路地区、锡沪西路地区、广瑞路丁村地区等10余个以社区商业为特色的区域商业片区，构筑起全方位、多层次的便民购物、文化娱乐等场所，街道社区消费功能和综合服务功能日趋完善。

【工运路、车站地区】

位于吉祥桥经通运路（2002年改称工运路）至火车站一带。东至高墩桥、县前东街；西到惠农桥；北至火车站（原车站路）；南到解放北路。辖区内有无锡火车站、汽车站，90年代前还有轮船码头；沿通运路有汉昌路、万前路、交际路、建设路、太平巷、老戏馆弄、亮坝上、东梁溪路、西梁溪路等支路51条，人流、物流量大，是无锡繁华的商业一条街。无锡解放前，该地区就有大小商店千余家，服务业、饮食业、娱乐业集中于此，有大小旅馆54家，占全市的90%，茶馆、酒家、饭店51家，浴室9家，影剧院占全市的半数以上。无锡解放后，保留一批名店，新建第二百货商店等一批商店；1980年，在通运路开设无锡旅游服务社；1981年，在交际路开辟小商品市场。至1986年，该地区有大小商业网点98家，其中，市属9家，区属39家，街道居委办50家。以日用工业品、糖烟酒、饭店、酒家、旅馆等行业为主。其中，日用工业品商店14家，著名的有无锡百货站、第二百货商店、通惠商场、工运交电商店、工运五金店、自行车零配件商店等。糖烟酒、南北货商店15家，规模较大的有第五副食品商店、上海副食品商店、车站副食品商店、清真副食品店、工运南北货商店等。酒家、饭店28家，名气较大的有中国饭店、醉月楼饭店、人和菜饭店、回民饭店、车站点心店、光明点心店等。旅馆、旅社15家，档次较高的有泰山饭店、京沪饭店、新华旅社等。此外，还有寄存、修理为主的服务网点19家；以及新乐泉、安乐等浴室。1986年后，工运桥街道先后开办喜盈门菜馆、长城旅社、工运五交化商店等8家商业网点，兴办万前路饮食一条街。至1990年，该地区商业网点发展到106家，基本形成“吃、住、行、用、玩”配套方便的商业街区。

1991年后，该地区历经历史上规模最大的建设改造。1991年，扩建泰山饭店；1992年后，扩建中国饭店、新建无锡招商城劝业场；1995年，扩建第二百货商店；1997年，扩建交运大厦；2002年，工运路及周边地块整体改造，汉昌路、万前路、交际路、建设路、太平巷、老戏馆弄等街巷陆续消失，沿街商业网点相继拆迁歇业，至2002年，58家街道居委办商业网点先后报歇；39家区属商业企业也相继兼并。位于车站路的更新面饭店、上海副食品商店、安乐浴室等10家网点并入泰山饭店；位于工运路的百货公司经营部、新兴百货店、卫星电器店等5家商店并入中国饭店；人和菜饭店、光艺照相馆、自行车零配件商店并入第二百货商店；第五副食品商店、新乐泉浴室、工运南北货商店、大陆旅社等20家商店先后关闭歇业。区属商业仅剩风光旅游社1家迁入德福花园经营。9家市属商业网点也历经撤并改组，工运交电商店、工运五金商店并入第二百货商店；醉月楼菜馆并入王兴记；市旅游公司迁入解放北路易地营业。迄2005年，该地区主要以商贸街区为主，高档商务楼宇居于其中，沿古运河两岸和工运路沿线，有2.9万平方米的泰山饭店、3.6万平方米的中国饭店以及新雅大酒店、中旅大酒店、吉祥大饭店等5家大型宾馆、饭店。有经营日用工业品、营业面积3.4万平方米的第二百货商店（后改为五金机电城）；有占地16万平方米，融商务、贸易购物、餐饮、休闲、娱乐于一体的站前商贸广场等。

【人民路、亭子桥地区】

位于亭子桥沿古运河两侧区域。辖区内有人民东路、长庆路、工艺路、东新路、北仓门等街巷42条。无锡解放前，辖区系外来市民集聚区，街市冷清。无锡解放后，商业贸易得到发展。特别是改革开放后，伴随着城市建设改造，该地区逐步成为商业网点较为集中的市口。沿运河的工艺路是全市大型仓储式批发中心，集中江苏省盐业总公司、江苏省无锡纺织品站、江苏省无锡百货站、无锡市日杂公司、无锡市劳保用品商店等5家批发企业。由熙春街拓宽改造而成的人民东路，以经营生产资料为主，600米长的路段集中无锡县物资公司、生产资料公司、外贸物资公司等12家物资企业。人民东路南侧是无锡县在无锡市区建成的物资贸易大厦。沿路还有东林商场、侨汇商店等一批规模企业。长庆路则以便民餐饮服务网点为主，长庆路菜场开设于路口，红光点心店、叙东大饼店、祥兴熟肉店、新兴野味店、南仓门烟酒店等集中在靠人民路一段，闻名全市的长庆路酒酿店也开设于此。1986年，有商业网点69家。80～90年代，是无锡旅馆业比较集中的地区之一。1993年，有东林大酒店、崇安饭店、江南旅社、长庆旅社、东新旅社等饭店旅馆14家。1994～1998年间，随着商业流通体制改革的深入推进，以钢材为主的生产资料放开经营，无锡县物资贸易大厦内的12家物资企业先后歇业；区域内17家区街办饮食店和12家街道居委办小旅馆因缺乏竞争力，相继报歇。2000年，东林商场历经多次经营结构和经营业态调整后，开设东林大药房。江苏省纺织品站和无锡百货站先后从批发主业中退出，分别改转制成若干个股份公司，总部转入资产经营。2002年，崇安饭店因城市建设改造，拆迁歇业。迄2005年，沿人民东路两侧有商业网点70余家。其中，东林大酒店等宾馆2家；浅水湾浴场、江南良子浴室、川妹子食府等休闲、娱乐、饮食企业20家。长庆路农贸市场、天惠超市东门商场、东林超市有限公司、新世纪家具城等商场4家；还有中百文化用品有限公司、中百（集团）有限公司、中百配供服务有限公司、江苏省盐业总公司无锡分公司、无锡市日杂公司、市劳动保护用品有限公司等商贸批发企业6家。

【上马墩、塔影地区】

位于上马墩路周围地区。区域内有80年代建成的上马墩、塔影和靖海等新村10个，居民2.32万人。80年代初，该地区商业配套服务设施相对不足。1984年，上马墩沿路仅有塔影综合商店、粮油店、五金店、煤球店和燕春点心店等市属商业网点7家，以及塔影新村烟酒店、塔影百货店、上马墩二村饮食店、上马墩废品收购站、上马墩车辆修配站等街道居委办商店7家。1984年9月，上马墩街道商业公司沿上马墩路先后开办锡影饭店、上马墩饭店、上马墩热水灶等服务网点9家。1986～1990年，又开设上塔生面店、上塔点心店、上光油漆店、塔影烤鸭店、靖海综合商店等商店9家。至1995年，商业服务网点发展到201家，其中街道居委办网点194家。1996～1997年，市、区两级政府和上马墩街道为妥善解决该地区商业服务网点不足和城市管理较弱的问题，利用靖海新村与塔影新村之间通道，2次兴建简易商业用房136间、1742.46平方米，取名靖海小商品市场，入驻个体商户125个，经营小百货、针织品和服装。时为无锡市下岗失业人员创业基地之一，多次被市城管部门评为红旗疏导点。其间，沿上马墩路两侧的靖海公园等单位也破墙开店，开设一大批商业服务网点。

1998年6月，江海街道在井亭东路南面、沿风雷新村一侧建造简易商业用房86间、1500余平方米。安置个体商户70余个，其中85%为下岗职工和待业青年。以经营小百货、服装、针纺织品、鞋帽等为主。与此同时，郊区南站乡在井亭东路北面、东风村一侧建造70余间、2500多平方米营业用房，其中，饮食店约占一半。自此形成4000多平方米的风雷小商品市场。迄2005年，上马墩、塔影地区商业、饮食服务网点达到183家。其中，有天惠超市靖海商场、百业超市上马墩店等超市2家；王兴记、三凤桥、陆稿荐等老字号分店3家；理发、美容、浴室22家；家电、车辆修理店14家；房产中介13家；照相2家；饮食店、饭店14家。还有靖海小商品、靖海副食品等市场2家。该地区成为无锡东郊新的商业市口。

【周山浜、广勤路地区】

位于无锡火车站沪宁铁路以北、广勤路一带。20世纪60~70年代，该地区有居民3万多户、厂企28家，人口稠密，街市主要集中在广勤路西段、靠火车站人行天桥一带，有商业网点21家，其中，规模较大的有第五百货商店、五芳斋饭店、周山浜副食品商店、周山浜菜场、锡沪旅社等。70年代起，为方便居民生活，周山浜街道、居委纷纷开办商业服务网点。1977年5月，锡沪路居委率先在锡沪路与广勤路交界处建成锡沪饮食店，因价廉物美，而广受好评。是年，荣获“无锡市财贸系统优秀商店”称号；1985年，又被评为无锡市最佳商店，居委主任袁阿秀因此声名鹊起。其间，周山浜街道居委先后开办周山浜饭店、天桥饭店、三元里饮食店、新华小吃部、俞巷大饼店、周新里大饼店等饮食店10家。80年代后，又开设庆丰、广勤、三元里等旅社10家。1986年，该地区有商业服务网点57家，其中，饮食店18家，旅馆12家，糖烟酒杂店10家，车辆电器修理等社区服务网点10家，理发浴室5家，百货店2家，80.7%由街道居委开办。还有菜场1家。1995年，商业网点增至63家。其后，原马路市场移址改造为室内市场，天惠超市周山浜店在此落户。1998年，因锡沪路周山浜段拓宽延伸、通江大道和周山浜汽车客运总站新建，该地区59家商业网点被拆。1999年，区政府为解决区街商业网点拆迁安置问题，在通江大道和锡沪路交界处，建成1.5万平方米商业用房，安置被拆商业企业16家，第五百货商店、周山浜副食品商店、锡沪路综合商店和14家街道商业网点在此复业。其后，又遇无锡火车站北广场建设改造，至2000年，零售商业网点减少到30余家。2004年，在火车站北面，建成2.7万平方米的通江五金机电市场。迄2005年，该地区成为服务无锡交通枢纽，以住宿餐饮、仓储物流为主的商业片区。

第二章　市　场

20世纪20年代，无锡市区有6个菜市场，其中3个位于辖区，分别为崇安寺的第一菜市场、吉祥桥堍的第三菜市场、熙春街的第五菜市场。60年代中期，农副产品市场发展到18个。“文化大革命”期间先后被取缔。1978年后，随着“对外开放，对内搞活”方针的深入贯彻，辖区市场逐步得到恢复和发展，农副产品、百货、五金、花鸟鱼虫等各类市场相继出现。1986年有各类市场10个，其中，农贸市场6个，日用工业品市场2个，各类市场年成交额0.3亿元。1988~1992年，市场体系建设逐步从消费品向生产资料、生产要素市场发展。先后建成开业的有位于人民中路的生产资料市场、江苏纺织品市场；位于广益乡的烟草市场（1994年改名广益商城）以及上马墩小商品市场等。市有关部门举办的技术、劳务、房地产等市场开始崭露头角。1995年后，市场建设逐步向集约化、专业化推进，辖区沿广瑞路、锡沪路、312国道等地区，是无锡市以副食品和日用工业品批发、装潢建材经销、摩托车汽车配件销售为主的市场群。1995年，辖区各类商品市场发展到14个，年成交额3.26亿元，为1986年的10.87倍。进入21世纪，市场集成与整合力度进一步加大，市场建设渐成规模。特别是2002年广益镇来属后，广益地区成为无锡东郊市场集中度最高的区域商贸中心，有建筑面积10万平方米的锡沪装饰材料市场、8万平方米的华东商贸城等一批大市场。迄2005年，全区各类市场发展到41个，其中，生产资料市场18个，消费品市场14个，农副产品市场9个。年成交额398.90亿元，是1986年的1330倍，其中9个亿元市场成交额395.83亿元。此外，辖区还有货运配载市场7个。

第一节　生产资料市场

80年代后期起，随着计划经济向市场经济在逐步过渡，生产资料配置由指令性计划分配逐步转向放开进入市场，各类生产资料市场逐步兴起。1988年，市生产资料公司在“茶会”的基础上建办生产资料市场，市纺织工业局在人民中路开办江苏纺织市场。90年代，生产资料逐步呈现“买方市场”态势，广益地区先后建成多元化的丁村汽配市场、烟草市场、金三角建陶市场、锡沪装饰材料市场等。进入21世纪，生产资料市场历经新一轮结构调整，90年代，兴建的一批市场先后被淘汰、兼并，代之以具有一定规模和竞争力的大市场。迄2005年，辖区有生产资料市场18个。其中亿元市场6个，年成交额338.72亿元。有建筑面积10万平方米、年成交额18.30亿元的锡沪装饰材料市场；年成交额超8亿元的广益汽配城；年成交额14.5亿元的华东装饰城；年成交额209.53亿元的江苏无锡生产资料交易市场，占全区亿元市场年成交额的61.86%。

【金三角建陶市场】

位于锡沪路199号。1992年6月建成开业，由江阴金三角建陶有限公司建办，占地8000平方米，总投资500万元，以经营各类建材、卫生洁具为特色。1996年建筑面积扩大到1.5万平方米。2004年，市场成交额达7亿元。2005年9月，整体转让给月星集团无锡国际家居有限公司。

【向阳木材批发市场】

位于锡沙路向阳桥堍。1995年5月广益乡向阳村实业总公司建办，经营木材批发及零售。1995~2000年5月，先后投资200余万元，建筑面积扩大至3.8万平方米。2004年市场成交额1.98亿元。2005年下半年，因锡沙路拓宽改造停业。

【华东建材市场】

位于锡沪路三号桥。1996年8月建成开业，由广益乡尤渡实业总公司建办，总投资5000万元，占地4.87万平方米，建筑面积6万平方米，主要经营各类建筑陶瓷、卫生洁具、水暖五金等。1996年，被评为无锡市文明市场。2005年，成交额10亿元，税收163万元。

【锡沪装饰材料市场】

位于锡沪立交桥东侧。1997年10月建成开业，由广益乡囊下村实业总公司建办。以经营各类装潢板材、家用五金、橱柜、油漆等为主。一期投资700余万元，建筑面积2万多平方米，入驻商户200家。1998年7月，投资近千万元，完成二期开发，建筑面积扩大到4万平方米。是年10月，进行三期扩建，改建市场店面25间。2001年，又建成近万平方米仓库。2005年，市场建筑面积10万平方米，成交额18.3亿元，税收395万元。

1997年建成的锡沪装饰材料市场（2000）　　（广益街道供稿）

【新天地装饰材料市场】

位于锡沪路莫家庄南侧。1996年8月建成开业，由广益乡商业旅游服务公司投资3000万元建办。占地1.7万平方米，建筑面积4.8万平方米。设摊位180个，主要经营各类墙地砖、卫生洁具、油漆、印刷包装材料等。2000年转为民营企业。2005年，成交额5亿元，税收115万元。

【广益汽配城】

位于江海东路58号。其前身为广益商城丁村汽配市场和广丰汽配市场。丁村汽配市场建于1994年5月，建筑面积2.5万平方米，由广益乡丁村实业总公司投资建办。广丰汽配市场建于2001年10月，建筑面积3万平方米，由广益乡广丰村实业总公司投资建造。2004年8月，丁村、广丰村与无锡柯兰实业有限公司合资，将两家市场合并为广益汽配城，注册资本2580万元，规划投资8亿元，分A、B、C三个区实施改扩建。2004年8月，A区开工，2005年7月重新开业，建筑面积1.5万平方米。市场建筑面积扩大到5.7万平方米，有商业用房300余间，经营各类汽车零配件、保养设备、润滑油、轮胎油漆等汽车用品。2005年，市场成交额8亿元，税收270余万元。

【华东装饰城】

位于锡沪路二号桥。1999年6月建成开业，由广益乡尤渡实业总公司建办。总投资8000万元，占地6.8万平方米，建筑面积8万平方米。经营各类装潢板材、建陶、五金、卫浴、灯饰、油漆、门业等。2000~2005年，连续被评为省市文明市场、特色市场。2005年，成交额14.5亿元，税收395万元。

1999年建成开业的华东装饰城（2000）　　（广益街道供稿）

【江苏无锡生产资料交易市场】

位于锡沪路360号。2002年，由无锡市惠华房地产开发公司建办，总投资9000万元，建筑面积1.3万平方米，有经营户380余家，注册资金3.2亿元，主要经营金属材料、钢材等原辅材料。2005年，市场成交额209.53亿元，列全区市场成交额排行之首。

2005年崇安区生产资料市场一览表

表7-2-1　　单位：平方米

名　　称	地　　址	建筑面积	备　　注
无锡市广益汽配城	江海东路58号	57000	2004年8月由丁村、广丰与无锡柯兰实业有限公司合资建办，2005年7月完成A区改扩建
无锡市新天地装饰材料市场	锡沪路莫家庄南侧	48000	1996年8月建成，广益商业旅游服务公司建办
无锡市锡沪装饰材料市场	锡沪立交桥东侧	100000	1997年10月建成，囊下村实业总公司建办
无锡市华东建材市场	锡沪路三号桥	60000	1996年8月建成，尤渡村实业总公司建办
无锡市华东装饰城	锡沪路二号桥	80000	1999年6月建成，尤渡村实业总公司建办
无锡市新天地装饰材料市场	锡沪路莫家庄南侧	48000	1996年8月开业，2000年转制为私营
无锡向阳木材批发市场	锡沙路向阳桥堍	38000	1995年5月向阳村建办，2005年歇业
无锡旧货市场	兴源路78号	3000	1997年由市物资回收利用总公司建办
市机电五金市场新勇时代机电分市场	解放西路219-223	3200	—
无锡市五金灯具装潢市场	锡沪路288号	18000	九九投资公司建办
无锡金事达装饰材料市场	锡沪路348号	17200	—
江南商品物资交易城	广瑞路54号	20000	1996年由泰吴置业有限公司建办
无锡市电信通讯器材市场	健康路3号	4500	1995年6月由无锡通信开发总公司建办。

续表7-2-1

名称	地址	建筑面积	备注
无锡市机电五金市场	车站路15号	5800	1995年建办
无锡市机电五金市场嘉泰分市场	广勤二支路50号	2000	1996年建办
华东不锈钢材料市场	广南立交桥堍	200000	1998年建办
江苏无锡生产资料交易市场	锡沪路360号	13000	2002年由惠华房地产开发公司建办
无锡市天科装饰材料城	锡沪路二号桥	4800	—

说明：1. 上述资料由区经贸局提供。2. "—"为资料缺失。

第二节　消费品市场

80年代初，辖区仅有苏南劳保用品等市场1家。80年代中后期，为满足人民群众日益增长的物质文化需求，各级党政机关、社会团体以及国营、集体企业纷纷参与兴办消费品市场。区街居委在背街小巷、新村小区空地，先后开办万前路风味小吃一条街、孟渊弄修补一条弄、西河头布料服装市场、崇宁路花鸟市场等一批马路市场。其后，在加快发展大市场、大流通的大形势下，在房地产开发的推动下，消费品市场发展进一步加快，"以街为市、以路为集"的状况逐步改变。90年代，先后建成外贸时装、靖海小商品、江海小商品、后西溪布料、四季鞋帽服装等一批市场，并建成全市最大的小商品室内市场——无锡劝业场（招商城）。进入21世纪，结合火车站广场改造，建成建筑面积4.8万平方米的火车站地下商贸市场。广益地区先后建成经营装饰装潢材料、汽车配件、五金机电产品为主的三大专业市场群。迄2005年，辖区有消费品市场14个。其中，有年成交额超20亿元的广益商城；年成交额超10.3亿元的华东商贸城。

【华东商贸城】

位于学前东路宁海段118号。2004年12月竣工开业。由尤渡实业总公司、第四纺织机械制造有限公司、腾锦商贸有限公司合资兴办。总投资3.5亿元，占地5.68万平方米，建筑面积8万平方米，设铺位近5000个，经营五金、机电、灯具、小家电、水暖、橡塑、鞋帽、皮具、小百货、工艺品、针纺织品、床上用品等20个大类万余个品种。其中，鞋帽、针纺织品颇具规模，成为无锡及周边地区小商品集散地之一。2005年，成交额10.3亿元，税收50万元。

2004年建成开业的华东商贸城（2005）　（孙怡摄）

【好艺家国际家居广场】

位于江海东路与锡沪路交界处。由广益镇莫家庄实业总公司和无锡市好艺家家居博览城有限公司共同投资建办。2003～2005年，先后投资1亿元，分2期实施改扩建，2004年4月，1.5万平方米的好艺家灯饰城建成开业，经营各种灯具、灯饰、家居饰品等。2005年，市场建筑面积扩大到4万平方米，改称现名，年成交额超3亿元。

【广益商城】

位于江海东路528号。1992年11月由广益乡商业旅游公司投资建办，时名无锡市烟草市场。1994年更名为无锡市广益商城副食品批发市场，9月，建筑面积扩大至2.5万平方米，经营烟酒、副食品、百货类批发零售。2001年转制为私营。2004年，更名为无锡市广益商城有限公司，市场设摊位550个。2005年，市场成交额20亿元，税收171万元。

【后西溪布料市场】

位于后西溪88号。1995年4月由无锡市工商局投资350万元建办，建筑面积1747平方米，设摊位174个。经营各类国产、进口棉纺、丝织、化纤等面料上千个品种。场外设缝纫加工摊位105个，纽扣、拉链服装辅料经营摊位24个，时为华东地区影响较大的大型专业市场之一。是年，市场成交额2808万元。2000年，转由无锡市市场物业管理有限公司经营管理。2003年10月，根据市容管理的要求，市场外76个缝纫加工、经营摊位被拆除。2005年12月，又拆除临时营业大棚，市场面积缩减至1747平方米，摊位减少到120个。

2005年崇安区消费品市场一览表

表7-2-2　　单位：平方米

名称	地址	建筑面积	备注
无锡劝业场（招商城）	汉昌路66号	12700	1992年12月建成，设摊位1200个，由市工商局建办
好艺家国际家居广场	江海东路锡沪路口	40000	2004年3月建成，由莫家庄实业总公司与好艺家家居博览城有限公司合资建办
华东商贸城	学前东路宁海段118号	80000	2004年12月建成，由尤渡实业总公司、四纺机和腾锦商贸公司合资建办
无锡市苏南劳保用品市场	工艺路7号	700	1965年建办
无锡市东方巴黎广场	崇宁路99号	23951	21世纪初建办
无锡市后西溪布料市场	后西溪88号	1747	1995年4月由市工商局建办
无锡市四季鞋帽服装市场	健康路38号	5300	90年代建办，后转私
无锡外贸时装市场	中山路387号	6236	90年代由新中润国际集团建办
无锡绿丹蓝服装市场	人民中路69号	3000	90年代建办，后转私
无锡火车站地下商贸市场	火车站地下广场	48000	2002年建成
无锡厨具城	工艺路	3000	90年代由无锡苏南日用工业公司建办
广益商城	江海东路528号	25000	1992年11月由广益商业旅游服务公司建办，原名无锡市烟草市场。1994年更现名，2001年转私
江海小商品市场	江海东路529号	1500	1998年由江海街道建办
靖海小商品市场	江海东路530号	1742	1996年由上马墩街道建办

说明：上述资料由区经贸局提供。

第三节　农副产品市场

辖区农副产品市场（时称农贸市场）的兴办始于20世纪60年代，1961年，有崇安寺、周山浜、沙文井、跃进（学前街）、亭子桥5个农贸市场。至60年代中期，发展到18个。“文化大革命”期间，农贸市场被全部取缔。1978年中共十一届三中全会后，农贸市场逐步得到恢复。1986年，全区有农贸市场6个，年成交额3032万元。其中，除崇安寺农贸市场外，均为占道经营的马路市场。1987~1996年间，伴随着旧城改造的持续推进，农贸市场同步得到改扩建。1994年，新建改造农贸市场1.66万平方米，学前街、后西溪2个马路市场率先入室经营。1996年，6个市场设摊位1204个，年成交额3.08亿元。进入21世纪后，农贸市场实施新一轮升级改造，学前街、靖海、长庆路、沙文井等市场率先实施商场化改造，改善购物环境，场内普遍推广使用电子秤，增设食品检测室，安装监控设备等。迄2005

年，全区农副产品市场发展到9个，占地7.04万平方米，建筑面积3.5万平方米，设摊位1449个，经营品种超过450个，年成交额10.18亿元，呈现出购物方便、秩序良好、环境整洁、管理有序的新面貌。

【崇安集贸市场】

创办于20世纪50～60年代，位于崇安寺图书馆路、公园路一带，是自发形成的露天市场，称崇安寺菜场，1964年撤销。1979年恢复设摊，称崇安寺农贸市场。1985年，年市场成交额900余万元，日均人流量万余人次，为全市最大的集贸市场。1986年移至公花园东侧，盛巷与圆通路之间，拆除房屋5587平方米。是年9月，4800平方米的新市场建成，为园林庭院式建筑，敞开式营业大厅，时称“花园市场”。经营蔬菜、水产、肉类、禽蛋等8大类、300余个品种，设固定摊位400余个，临时摊位350个，日均成交量7万余公斤，年市场成交额1708万元。1991年，成交额突破亿元大关。1992年改建后新增摊位350个。1995年投资30余万元改造沿街店面，配置定时冲洗式鸡笼，年成交额达1.9亿元。1998年成交额突破5.2亿元。2003年7月，因崇安寺地区改造，农贸市场整体移迁至学前东路延伸段北侧的广益街道尤渡村易地经营，更名崇安集贸市场。新市场由尤渡村集团公司投资60%，无锡市市场物业管理有限公司投资40%。占地3万平方米，其中停车场6000平方米，建筑面积1.5万平方米。设摊位453个，商铺205间，经营500余个品种。其间，除1987～1990年连续4次被国家工商局评为全国文明集贸市场、全国计量先进集贸市场外，还多次被评为“肉菜粮放心工程”省级先进市场、无锡市文明市场、无锡市三星级市场。2005年，又荣获“无锡市诚信市场”称号，年市场成交额5.69亿元。

崇安集贸市场（2005）（孙怡摄）

【学前街农贸市场】

创办于1958年，位于学前街勤学路一带。20世纪50～60年代，称学前街菜场。1977年，在学前街23号（现学前街4号）建成室内菜场，建筑面积1800平方米。1979年改现名，设摊位50～70个。1986年，市场成交额274.8万元，1990年跃至634.6万元。1995年市场扩建，面积扩大到2100平方米，摊位增加到99个。2005年，商场化改造后，场内增设监控设备，新设市场食品检测室，被评为无锡市四星级市场。是年，年市场成交额3100万元。

【沙文卅副食品市场】

创办于民国16年（1927），位于沙文卅、锦树里一带，是自发形成的马路菜场。20世纪60～70年代，称沙文卅农贸市场。1985年，沿路建有固定柜台12个，设临时摊位60个。1986年，年成交额312万元。1995年，增至834万元。1999年6月，区城市建设综合开发公司结合锦树里低洼地区改造，把露天市场改造成室内市场，更名为沙文卅副食品市场，设有摊位178个，年市场成交额800余万元。2005年，商场化改造后，固定摊位减少到120个。是年，市场成交额4200万元。

【长庆路农贸市场】

创办于民国17年（1928），位于东门长庆路和平村周围，系自发形成的马路菜场。20世纪50～60年代，称熙春街菜场。1982年，熙春街菜场拆迁后，改称长庆路菜场，菜场摊位猛增至200余个。1986年，市场成交额197万元。1989年，工商部门对菜场实施改造，建成1000余平方米的棚顶式室内市场，称长庆路农贸市场，摊位扩至500余个，经营品种420余个。1990年，市场成交额达到734万元，2000年，跃升至3000万元。2005年，市场摊位89个，年成交额5000万元。

【靖海副食品市场】

创办于20世纪70～80年代，位于上马墩靖海新村与塔影新村之间，称上马墩农贸市场。1985年，有临时摊位200余个。1986年，年成交额431万元，1990年，增至1437万元。1995年12月，区房管局结合上马墩低洼地区改造，在靖海新村大楼底层建成的室内市场开业，建筑面积6000平方米，定名靖海副食品市场。市场设摊位200多个，经营品种410余个；推行商场化管理，实现“蔬菜、肉类、水产、豆制品、禽蛋”摊位柜台化，“卤菜、南北货、酱菜”摊位店铺化。1996年，年成交额3332万元，为1986年的7.73倍。2000年，年成交额达到1.39亿元。此后，又陆续增设监控设备，设立食品检测室。2004年，被省工商局评为“肉粮菜放心工程”先进市场，并在此召开全省肉菜粮放心工程现场会。1996～2005年，连续10年被评为江苏省文明市场。2005年，年市场成交额达到1.43亿元。

靖海副食品市场（2005）　（崇安寺街道供稿）

【周山浜市场嘉泰农副产品市场】

创办于1951年，位于北新桥堍勤福弄一带。20世纪70～80年代，称勤福弄农贸市场。1995年底，市财贸办公室将位于广勤二支路50号的无锡市缫丝二厂闲置厂房改建成室内市场，原马路市场整体迁入，设摊位285个，改称周山浜市场嘉泰农副产品市场。1995年，市场成交额9000万元。2005年，因周山浜地块改造，居民外迁后，人流量减少，市场规模缩小至2100平方米，摊位减少到138个，年成交额5000万元。

【丁村农贸市场】

创办于1985年4月，位于广瑞路148号，由广益乡商业旅游服务公司投资建办，时为无锡市郊区第一个乡办农贸市场，营业面积2000平方米，设摊位70余个，经营品种300余个，以销售地产蔬菜为主。其中，黄泥头的茭白、水芹；刘潭的黄瓜、菜瓜；广丰、尤渡的叶菜，最为受宠。1986年，农副产品成交量接近2000万吨，成交额1500余万元。1995年，摊位增至90个，经营品种扩大到400余个，成交量3000万吨，成交额2000余万元。2004年，改扩建为3层楼房，其中，一层为农贸市场，原丁村菜场并入，建筑面积扩大到3500平方米，摊位增至100余个，品种增加到500余个。2005年，因广瑞路拓宽拆迁，建筑面积缩至1500平方米，年成交额3500余万元。

【广丰农贸市场】

创办于1993年，位于广丰村石里路南侧，由广丰村实业总公司投资兴办，建筑面积2500平方米，设摊位150余个，沿街店面32间。1995年，年成交额2500万元。2004年，减少到2000余万元。2005年6月，因广益汽配城扩建停业，并入广益佳苑农贸市场。

【广益佳苑农贸市场】

建造于2004年，2005年底开业，位于广益佳苑西侧，由广丰村实业总公司投资兴办，为广益佳苑安居房小区配套设施，建筑面积4000平方米，设摊位151个，年成交额2000万元。

广益佳苑农贸市场一角（2005）　　　（广益街道供稿）

【宁海里农贸市场】

创办于1998年8月，位于学前东路（宁海段）35号，由中房集团无锡房地产开发有限公司投资建办，是宁海里住宅小区的配套设施。市场占地950平方米，建筑面积1900平方米，设摊位82个。另有店铺8间。1999年，年成交额7000余万元，2005年，达到8000余万元。

2005年崇安区主要农贸市场情况一览表

表7－2－3　　　　单位：平方米、万元、个

名称	地址	建筑面积	年成交额	摊位	其中									
					蔬菜	肉类	水产	禽蛋	豆类	南北货酱菜	卤菜	水果	粮油	其他
崇安集贸市场	尤渡里988号	15000	56900	453	43	75	92	18	4	63	3	3	2	150
学前街农贸市场	学前街4号	2100	3100	112	50	6	9	5	4	4	1	2	2	29
沙文井副食品市场	锦树里9号	1000	4200	120	50	10	20	5	8	10	5	1	2	9
靖海副食品市场	上马墩一村	6000	14300	205	105	20	42	5	12	14	5	—	2	—
长庆路农贸市场	长庆路29号	1400	5000	89	50	7	9	2	7	3	4	4	1	2
周山浜市场嘉泰农副产品市场	广勤二支路50号	2100	5000	138	80	21	21	2	3	4	3	1	3	—
丁村农贸市场	广瑞路148号	1500	3500	100	45	8	17	5	3	4	4	—	—	14
广益佳苑农贸市场	广丰路广泽路口	4000	2000	151	80	12	6	2	7	4	4	1	1	34
宁海里农贸市场	学前东路35号	1900	8000	82	35	5	11	5	3	2	7	1	1	13

说明：上述资料由区经贸局提供。

第四节　超市　卖场

辖区超市卖场的兴起始于90年代初。时以经营与居民生活密切相关的小食品、小百货、小杂品、小文具、小五金“五小”商品为主，采用货物敞开、自选的经营方式，深受消费者欢迎。1995年6月，市蔬菜公司率先把学前街菜场改办为超市，定名天惠超市学前店。此后，沙文井等7家菜场先后改办为天惠超市连锁店。1996年，市商业大厦创办百业超市有限公司，先后在市区和梅村等地设立15家连锁超市。1999年10月，市第一百货商店把位于中山路328号的“白天鹅购物中心”改办为“好买得”超市。2001~2004年，苏宁电器、国美电器等家电集团先后在中山路、胜利门、人民路等市口开办连锁卖场3家，成为区内商贸服务业发展新亮点。迄2005年，全区超市、卖场发展到20余家。

【好买得超市】

位于中山路328号。前身为“白天鹅购物中心”。1999年10月，由无锡市第一百货（集团）店投资改办为超市，建筑面积1万余平方米，经营品种3万余个。超市以“差异经营、以文兴商、特色营销”为特

色，按照国际现代超市模式管理，深受广大消费者信赖。2000~2005年，年营业额均在1.7亿元以上，先后获得“江苏省诚信单位”“江苏省质量·诚信·维权标兵示范单位”等荣誉称号。“好买得”品牌被评为无锡市知名商标、江苏省著名商标。

【易初爱莲锡沪路店】

位于锡沪路201号，占地1.8万平方米，建筑面积2.2万平方米，总投资1亿元。由无锡市第四纺织机械有限公司建办，泰国正大集团所属上海易初爱莲超市有限公司经营管理，2005年9月开业。主营各类生熟食品、糖烟酒、粮油、日用百货、服装、鞋帽、家用电器等。是年，营业额4500万元。

【无锡国美电器学前店】

位于学前街1号，为国美电器集团在苏南地区开设的首家连锁店。2004年3月开业，建筑面积2000余平方米。经营电脑通信、家用电器等3000余个商品。国美经营集团采取“薄利多销、服务当先”营销策略，时在无锡商界产生较大振动。2005年，营业额3亿多元。

【百业超市学前店】

位于中山路168号八佰伴商贸中心地下一层。1996年4月，由无锡商业大厦独资创办。建筑面积1500平方米，经营生鲜食品、糖烟酒、干果蜜饯、糕点饼干、日用百货等。1996~2005年，年销售额保持在4000万元左右。

百业超市（2003.1）　　（区经贸局供稿）

【苏宁电器三阳店】

位于人民中路97号，2001年6月开业。为苏宁电器在无锡开设的第一家连锁店，建筑面积2000多平方米。经营空调、冰箱、洗衣机、彩电、通信电脑等8大类、4000余个品种。商品敞开式出样，消费者可对商品试听或触摸，并实行售前、售中、售后服务承诺。2001~2005年，年营业额均保持在2.3亿元左右。

2005年崇安区主要超市卖场情况一览表

表7-2-4　　单位：平方米

名　称	地　址	开办年份	建筑面积	主办单位
好买得超市	中山路328号	1999	10000	第一百货（集团）
易初爱莲锡沪路店	锡沪东路201号	2005	22000	第四纺织机械有限公司
百业超市学前店	中山路168号	1996	1500	商业大厦集团
百业超市上马墩店	上马墩路142号	1996	1500	商业大厦集团
国美电器学前店	学前街1号	2004	2000	国美电器集团
苏宁电器三阳店	人民中路97号	2001	2000	苏宁电器集团
天惠超市学前店	学前街4号	1995	1200	朝阳集团
天惠超市东门店	长庆路19号	1995	520	朝阳集团
天惠超市周山浜店	广勤二支路50号	1995	600	朝阳集团
天惠超市靖海店	上马墩一村17号	1995	1200	朝阳集团
天惠超市丁村店	广瑞路1119号	1995	600	朝阳集团
天惠超市沙文井店	沙文井31号	1995	600	朝阳集团
江海超市康华店	江海新村25号	1997	250	江海超市
江海超市风雷店	风雷新村165号	1996	300	江海超市
中百超市	公花园西大门	2001	2000	无锡百货站

说明：上述资料由区工商部门提供。

第三章　商贸流通业

无锡解放初，辖区内商业大多是私营小粮店、五洋杂货店、老虎灶、小茶馆、小裁缝铺，以及走街串巷的小商小贩，经营日用小百货、小杂品、小五金，以及与居民生活密切相关的柴、米、油、盐、酱、醋、茶等主副食品。1950年，有固定与流动摊贩7700多户（不含崇安寺、沙文井、学前街、东河头巷4个菜场固定菜贩800余户），1954年，境内（第一区、第二区）有百货、五洋、服装、鱼、肉、旧货、柴草、酒业、图书、棉布、西药等10余个行业、1740余户。其中，旧货集中在东新路，百货集中在工运桥两端，柴草集中在周新村。1956年，发展到41个行业，合并为1708户合作商店（小组）。“文化大革命”期间，商业一度萎缩，行业发展缓慢。1978年中共十一届三中全会后，商业服务业逐步得到恢复发展，特别是1984～1985年，市政府把市商业局管理的151家零售商店先后下放到区后，集体商业服务业得到大步发展。是年，全区有区属商店176家，个体商贩327户、356人。90年代后，在“区、街、居委一起搞，大集体、小集体、个人一起上”的政策激励下，网点开发和行业结构调整持续推进，基本形成以日用工业品、副食品、糖烟酒、饮食服务、土产杂品为主的区街商业服务业体系，并逐步向专业化、特色化、规模化方向发展。其间，伴随着市场经济的深入推进，粮油、副食品价格全面放开，粮油、糖烟酒、副食品店均被现代化超市和专业市场所替代；鞋帽服装店向名品精品特色店发展；日用工业品不断升级换代，日新月异；餐饮业推陈出新，向中高档、便捷化发展；名特老店经过改造，以崭新的面貌继续保持良好声誉；一批具有传统特色的品种、项目得到恢复，吸引更多顾客。

第一节　日用工业品业

【百　货】

1978年，区属合作百货商店仅6户。1984～1985年，市属零售商店下放后，至1986年，全区百货行业有经营网点32个，从业人员338人。其中，区属商业系统16户，职工271人，主要分布在中山路、通运路等路段。街道、学校、劳动服务公司等系统16户，职工67人，主要分布在居民小区。80年代后期，区政府大手笔建办规模商场，扶持发展品牌店、专业店。1988年，区属商业结合中山路改造，投资700万元，在公花园西侧建成营业面积3700平方米的中山商场，设百货、纺织、五金、鞋帽、糖烟酒等8个营业部，经营商品5000余个。1989年，商场营业额2811.66万元，实现利润21.08万元。时在规模、业绩上，仅次于市属东方红商场、第一百货商店，是全市百货行业的“老三”。其后，区属商业先后组建百货公司经营部和批发部，主营百货，还开办一批较有影响的专业商店，主要有：主营绸缎被面的胜利门商场，专营妇女儿童用品的妇女儿童用品商店，专营纸张、文化用品的大同文化用品商店，专营化妆品的小花百货店，专营丝线、拉链、纽扣等服装辅料的新兴百货店，主营搪瓷、玻璃器皿、铝制品的大业百货店。这些专业商店经营品种多、规格齐，进货渠道直接来自

中山商场（90年代）　　（区经贸局供稿）

上海、苏州、杭州等厂家，竞争力强。1990年，全区百货业经营网点已近百余个，从业人员3000余人。其中，区属商业系统有百货业80户，从业人员1079人。是年，销售总额5210.17万元，比1986年翻两番，实现利润47.58万元。1995年，区属商业系统百货业169户，比1990年翻一番。随着城市大规模建设改造，区属商业系统百货店绝大部份因拆迁而歇业，2000年，区属百货店117户，职工606人。2004年，仅剩区百货公司经营部等百货商店11户，职工448人。其时，辖区内颇具规模的专业市场及经营百货的个体私营企业蓬勃发展。迄2005年，全区百货行业经营网点猛增至1239户，从业人员2498人，年营业额8100余万元。其中，华东商贸城内百货经营户1228户，从业人员2050人。是年，辖区内还有商业大厦、八佰伴、三阳百盛、新世纪百货等经营百货的市属大型商店。

【钟　表】

无锡解放初，辖区有钟表店百余家，欧米茄、亨达利钟表店等位于中山路。20世纪50年代，钟表店合并成钟表合作社。60年代初，市百货公司在市区设钟表专业商店。此后，零售商店又历经变迁。80年代后，陆续开设无锡钟表店，恢复成立亨达利、亨得利钟表店。1986年，辖区内有区属钟表店4户，从业人员98人；市属第一百货商店、第二百货商店、东方红商场内设有钟表柜台，以卖带修；崇安寺地区还有一家收售兼营钟表的信托寄售店。70~80年代，钟表商店主要经销上海产“三五”牌台钟，“上海”、天津“东风”、无锡“红梅”、南京“钟山”等国产手表，以及瑞士“罗马”“英纳格”、日本“西铁城”“精工”等进口手表。90年代后，大量价廉物美的“东方双狮手表”涌入钟表市场，高档的“雷达”“欧米茄”等进口自动机械表也纷纷上柜与顾客见面。同时，电子表、石英钟兴起，其走时准确、经济实惠的品位深受普通百姓喜爱。1990年，区属4家钟表店年销售额40.69万元，利润22.11万元，从业人员87人。2005年，钟表零售企业大都进入大商场、超市、市场设立钟表专柜，仅剩无锡市钟表眼镜公司所属亨达利钟表眼镜店及2个营业网点，新村小区有零星个体私营钟表店。

亨达利钟表店（1986）　（市钟表眼镜公司供稿）

【眼　镜】

80年代前，眼镜业与钟表业兼营，辖区专业眼镜店较少。1986年，仅有专业眼镜店3家，其中，区属商业系统有“光明”和“精益”眼镜店2家。1995年，浙江温州商人看好无锡眼镜市场，在中山路开设大明眼镜店。随后，福建、广东商人先后登陆商业繁华的中山路、人民路，开设康明、吴良材、计量博视等眼镜专业店，在商业大厦、八佰伴等大商场设立眼镜专柜。进货渠道从原来的上海、广东等地国产品发展到引进日本产BOSS、夏蒙和法国产欧派以及香港产宝资等国际品牌产品，高中低档产品均有，适应不同层次消费者需求。2000年，区内有专业眼镜店40多家，从业人员1000余人。崇安区成为无锡及周边地区眼镜的配购中心。随着城市半径的扩展，部份眼镜店先后向城市周边新村社区转移。迄2005年，区内有光明、精明、康明、大明、吴良才等眼镜专业店25家，从业人员600余人。

【鞋　帽】

无锡解放前，全市鞋帽业主要集中在崇安区，仅中山路地区就有著名的鹤鸣、隆昌祥、中国、五福等皮鞋店，有西天宝、圆圆、怡茂祥等鞋帽店，其特点是前店后工场，可根据顾客脚型量码定制，加工精细，舒适大方。无锡解放后至80年代，鞋帽零售商店撤并变化较大。1986年，全区有鞋帽零售商店8家，从业人员50人。其中，区属商业系统1家，从业人员21人；街道系统7家，从业人员29人。市、区大百货商场均设有鞋帽专柜。市百货采购批发站鞋帽批发公司设在辖区东梁溪路。区属商业系统较有影响的有新中鞋帽店，市属商业系统有鹤鸣皮鞋厂门市部、园园鞋帽店等。其时，鞋类品种比较单一，只有上海产的球鞋、套鞋、拖鞋和无锡地产的皮鞋、布鞋。90年代后，鞋类品种日新月异，传统式样的布鞋、胶鞋、解放鞋逐步退出市场，代之以品种繁多、款式新颖的凉鞋、皮鞋、旅游鞋，尤以皮鞋变化最大，有全高跟、半高跟、内高跟、平跟鞋，有园头、包头、尖头、方头鞋，有两眼、三眼、五眼鞋等款式，有上千元一双的极品皮鞋，有适合一般消费群体的“火炬”“博龙”“奇安特”等。运动鞋和旅游鞋轻、软、舒适。其间，个体私营鞋帽网点逐步发展，并占领市场大部分份额。2005年，区属商业系统鞋帽零售商店从1995年的50家，减少到13家。辖区除个体私营开设的鞋帽专业商店外，华东商贸城内有鞋帽经销商310户，从业人员682人。经营品种650余个，批零结合，销售渠道幅射至苏南、苏中、皖南一带。八佰伴商贸中心、商业大厦、二百商厦、好买得超市、家乐福超市、三阳百盛、新世界百货、一百集团第一百货等市属大商场、超市都设有“鞋屋”“鞋城”。

【服装 纺织品】

1953年，辖区有私营绸布零售商店49户，主要集中在中山路一带，另有棉布摊贩160多户。1956年公私合营后，仅剩少数专业布店。20世纪60～70年代初，涤棉混纺布、尼龙袜、腈纶毛线等化学纤维纺织品相继投入市场，化纤针纺织品销售同时上升。粘棉、涤棉、丝棉以及化纤袜、毛巾等实行凭证供应。1970年，全区仅有“世泰盛”1家专业布店，另有4家百货商店也设有布匹专柜。1983年取消票证，敞开供应。1986年，全区服装纺织品专业零售商店达到30家，其中全民1家，集体29家。另外，以经营纺织品为主的西河头小商品市场，经营上千种花色的棉、麻、丝、绸、毛、化纤等布料，还出售来自福建石狮等地的牛仔裤、西裤、中裤等服装。1987年，西河头小商品市场移至后西溪经营，西装、夹克、皮衣、牛仔装、休闲服成为销售主流。其时，区街商业系统规模较大、知名度较高的商店有：以零售为主的世泰盛呢绒布绸商店，以批发为主的灵通针纺织品公司和无锡帐子公司。1990年，全区服装纺织品零售商店增至35家，从业人员227人。1992年，新开办的崇安商场内有个体服装专业户42户。区属中山商场、区百货公司都经营服装，“世泰盛”从单一的布料经营，逐步发展到成为上海“舒乐”衬衫批发、“丹妮”皮装专卖店。1994年，又与杭州兽王集团建立购销关系，开设兽王皮衣专卖店。1995年，该店销售额达到1405万元。是年，区属服装纺织业进入全盛时期，零售商业网点达91家，从业人员414人。“世泰盛”“灵通”“帐子公司”3家企业年营业额达到2362.8万元。同年，后西溪布料市场建成开业，525户私营业主入驻经营，年市场成交额2808万元。此后，随着行业市场的细分化、专业化，窗帘、沙发套等装饰类布料从纺织品中分离，传统的被面、床单布等品种被淘汰，代之于系列化的被套和床上用品。同时，纺织品客户开始分流，纺织品零售业被服装专卖店所替代，百姓衣着从缝纫加工逐步转向购买成衣，以经营纺织品布料为主的后西溪布料市场摊位逐步缩减，辖区百货商场布柜相继

灵通针纺织品公司（90年代） （崇安寺街道供稿）

撤退，区属小型服装纺织品零售商店或拆迁歇业、或转制为个体经营。而辖区市属商业系统的商业大厦、二百商厦、八佰伴商贸中心、三阳百盛、新世界百货等，则以品牌优势、经营优势、专业优势占领无锡服装市场，成为服装纺织品销售、批发的主力军。健康路和后西溪成为市内经营各式时装的特色街，2005年，该2条景观街有个体私营服装店235户。

【五金交电化工　建材装饰】

华东商贸城内景（2003.1）　（广益街道供稿）

20世纪50~60年代，五金业由国营商业控制。辖区有市财贸系统开设的工运桥五金商店、工运交电商店，以及市第一、第二等百货商店设立的五金交电营业部。1985年，市属零售商店下放到区后，至1986年，全区有五金交电化工（简称五交化）商店17家，从业人员260人。其中，区属商业系统有为群五金店、崇安交电商店、自行车商店、自行车零配件商店等4家，区工业系统有红光油漆厂门市部、崇安车辆修造厂门市部2家，街道系统11家。此外，区属商业系统的第五百货商店设有五金专柜，兼营小五金电料，货源大多来自上海、南京、无锡及苏南地区。与此同时，市属五金、交电、化工站相继在辖区建立五金商行、家用电器联销处及化工交易市场，并设立五交化、建材批发机构9家，其中，石油、金属材料、机电设备、化工轻工、生产资料服务等5家批发公司集中在人民中路，五金、化工原料2家采购批发站开设在工艺路和东梁溪路。1990年，区街五交化商店增至74家，从业人员2490人。其中，街道系统68家。这一时期，随着居民住房条件的不断改善，装璜五金、电料电器、油漆涂料等需求剧增，摩托车、助动车开始走入寻常百姓家庭，五交化行业随之快速发展，部分经营百货、糖烟酒、理发、日杂、饮食的区属商店陆续改行，转营五交化。1995年，全区五交化零售商店发展到160家，从业人员973人。其中，区属商业系统30家，街道等其它系统128家。此后，随着辖区建材、装饰装璜专业市场的相继建成，五金电器、化工油漆、涂料经营户纷纷转入市场经营。2000年，全区五交化零售商店减少到134家，从业人员483人。迄2005年，全区五交化、建材装饰经营网点866户，从业人员2971人。其中，华东商贸城经营摊位832个，从业人员2000多人，经销家用五金电器，以及电动机、汽油发动机、电钻、电锤、电铇、电锯等工业电动工具1000余个品种。是年，辖区经营五交化、建材装饰的主要商场（超市）还有市交电商场、市机电五金商场、三阳家电广场、国美电器、苏宁电器等，以及位于辖区东部的华东商贸城、新天地装饰材料市场、华东装饰城、华东建材市场等。

1995年崇安区商业系统五金交电化工商店一览表

表7-3-1

名　称	地　址	名　称	地　址
为群五金店	中山路354号	金顺生产资料公司	道长巷18号
崇安交电商店	中山路350号	金匮物资公司	上马墩路95号
吉祥五金机电商店	通运市场3号	安隆商行	沙文并74号
益群电动商行	中山路112号	恒丰物资公司	健康路145号
大新五金机电商店	通运路9号	勤大机电设备公司	通惠东路108号
卫星电器商店	解放路94号	崇安交电商场	通运路35号
自行车零配件商店	通运路26号	现代音响器材商店	人民路144号

续表7-3-1

名　　称	地　　址	名　　称	地　　址
无锡市自行车商店	中山路425号	福达物资公司	北塘横街48号
时新五金电器商店	通运路25号	嘉林物资公司	健康路4号
沙文井电器经营部	解放北路47号	金辉物资公司	蓉湖新村23号
崇安装饰材料公司	李家浜3号	崇安建仪公司	中山路天成弄
益群电动工具商行	通运路31号	交通仪器供应站	西门横街1号
万隆物资商行	中山路103号	振源物资公司	解放西路369号
东方家电商店	中山路508号	光大不锈钢总汇	南站乡东风村
大众动力设备服务部	大庄里271号	东林装饰材料商店	人民中路4号

说明：上述资料由区商业部门提供。

第二节　副食品业

无锡解放前，菜、肉、禽、水产品、豆制品等副食品均为私人经营，在崇安寺、沙文井、学前街、东河头巷4个露天菜场设有固定菜贩800余户，城东地区有固定与临时摊贩5500多户。1956年，对私营商业进行社会主义改造后，个体菜贩等走上合作化道路，商业经营网点大大减少。1964年市场复苏，供应网点恢复到20世纪50年代末的水平。“文化大革命”中，副食品禽、鱼、肉、蛋、菜供不应求，均凭票证定量供应。20世纪60年代，区内副食品供应主要由人民路菜场（1983年改名崇安寺土特产品市场）、第一副食品商店、三阳南北货商店承担。80年代，在菜、肉、禽、水产品、豆制品等尚未完全放开经营的情况下，副食品供应仍以国营、集体菜场为主，农贸市场为辅。1992年后，随着社会主义市场经济的发展，粮油取消计划供应，鲜肉、蔬菜价格全部放开经营，结束计划分配、财政补贴的历史。私营、个体副食品经营户猛增。1995年，全区有副食品经营户950个。2005年，发展到1069个，主要分布在崇安寺、学前街等9个农贸市场。经营范围有蔬菜、鲜肉、海鲜、活禽、蛋品、干货、卤菜、酱菜、调味品、豆制品等。此外，辖区还有天惠超市各个连锁店，以及好买得、家乐福超市等也经营各类副食品。

【蔬　菜】

20世纪60年代国民经济严重困难时期，菜场按供应人口划片定点、限量供应，蔬菜品种单调而粗放。1978年改革开放后至1992年，国营蔬菜公司购销实行“大管小活”，除青菜、萝卜、白菜、土豆、腌菜、冬瓜等大宗蔬菜仍实行计划分配、享受政府补贴外，其他品种自由采购。区内学前街、沙文井等菜场派员到苏北、浙江、安徽、山东、上海等地采购货源，丰富居民“菜篮子”。农贸市场有城郊菜农或菜贩买卖蔬菜。1992年蔬菜价格全面放开后，菜农和菜贩积极性高涨，加上大棚科学种植蔬菜，彻底改变蔬菜受自然气候条件影响的被动局面，基本做到“四季长青”，邻近省市鲜菜源源不断涌入区内，蔬菜货源充足，品种增多。除传统叶菜、果菜、花菜、根菜、茎菜类等数十种外，还引进生菜、荷兰豆、西洋芹等外来蔬菜，经营品种由老、大、粗的“毛菜”向嫩、精、细的“净菜”过渡。1995年，全区有蔬菜经营户498个。迄2005年，蔬菜经营户发展到542个。另有周边农民在各农贸市场经营自产自

崇安集贸市场内景（2004.1）　　（广益街道供稿）

销蔬菜。

【肉食品】

20世纪60年代，猪肉凭票供应。1978年后，肉食品行业打破市食品公司独家经营的局面，开放肉食品集市贸易，流通渠道增多，允许个体户经营，区内国营菜场和农贸市场，猪肉货源充足，做到宰活卖鲜，分等分类出售。1995年，全区7个农贸市场有“小刀手”肉类摊位126个。迄2005年，发展到172个。区内各大超市内也都有肉食品小包装出售。

【水产品】

20世纪60年代，水产品由市水产公司独家经营，计划分配，品种单一。80年代改革开放后，农贸市场全面开放，水产养殖业兴旺，区内各农贸市场货源充足，不仅有地产货源，浙江、安徽等外地水产品也源源不断涌进区内市场。经营品种繁多，有活鲫鱼、鳊鱼、青鱼、草鱼、黑鱼、鲢鱼、河虾、黄鳝、甲鱼、螃蟹等淡水产品和基围虾、罗氏虾、鲈鱼、带鱼、黄鱼、鲳鱼等海鲜产品。90年代，崇安寺农贸市场从零售转向批发，水产品销量为全市之最。1998年前后，市工商部门在高墩桥桥堍开办水产品交易市场，以满足水产品经营快速发展的需要。2005年，区内水产品经营户发展到236个，在各超市均设有水产品经营区。

【禽　蛋】

1978年改革开放后，随着粮食连年丰收，饲料充足，养殖业蓬勃兴起，区内禽蛋市场货源充足，不仅有本地养殖户的产品，更有苏北等地的活禽鲜蛋，每天“百万活禽下江南”，成为市场的“主角”。1995年，全区有个体禽蛋经营户50个。2005年，9个农贸市场有个体禽蛋经营户58个。区内各超市也有鲜蛋和禽类小包装出售。

【豆制品】

无锡解放初，城区有豆腐店（坊）100余家，主要生产经营豆腐、百页、豆芽等豆制品。其后，历经20世纪50年代公私合营、合作化运动，豆制品生产经营户隶属关系变化较大。1978年改革开放后，农副产品货源充足，豆制品加工户逐步恢复生产，并渐有豆制品个体户，主要集中在各农贸市场。1979年，有区属豆制品店2家。1985年，市区有豆制品个体户19个，油面筋个体户5个。1995年，全区8大农贸市场有豆制品经营户58个，经营豆腐、百页、素鸡、香干、素同肠、油豆腐、粉皮等30多个品种。2005年，全区有豆制品经营户60个。

第三节　糖烟酒业

无锡解放前，区内以经营洋油、洋火、洋烟、洋皂、洋烛“五洋”为主的小杂货店较为集中，有个体私营业主125户。20世纪50~60年代，历经对私改造等运动，营业网点兼并重组，大量减少。在计划经济年代，尤其是国民经济严重困难时期和“文化大革命”期间，市场商品供应紧缺，区内糖烟酒糕点执行高价或凭票供应的政策。1978年，区属商业系统仅剩3家。改革开放后，生产发展，糖烟酒货源充足，品种繁多，糖烟酒业得到很快发展。除烟和盐属国家专卖品，货源统一由市烟草公司和盐业公司供应外，其余商品全部放开经营。区内糖烟酒业经营范围不断拓宽，经营品种不再局限于糖、烟、酒、食盐、糖果、糕点等种类，普遍经营茶叶、笋干、香菇、木耳、桂圆、蜜饯、红黑枣、炒货等南北货商品。商品包装也发生历史性变化，食盐、酱油、黄酒、味精等调料实行袋装化、瓶装化。糖烟酒行业沿用上千年的盐缸、酒坛、酱瓮、酒端、酱提逐步退出历史舞台。商品进货渠道也不再局限于本市各个行业的批发部。众多糖烟酒店采取“联购分销”方法，直接从商品产地采购，减少商品流转费用，提高利润率。1985年市糖烟公司所属零售商店下放到区管理后，1986年，全区糖烟酒经营网点达到81个，从业人员809人。其中，区商业系统网点55个，从业人员673人，年销售额2424.10万元。各街道和事业单位系统网点26个，从业人员136人。辖区市属第一副食品商店、三阳南北货商店、崇安寺土特产食品市场、仁号茶食店占有较大市场份额。1990年，全区糖烟酒经营网点增至98户，从业人员855人。其中，区属商业系统48户，从业人员627人。1995年，区属商业系统的糖烟酒公司销售额达到5839.84万元，比1986年增长1.41倍。其中，新新食品店和第五副食品商店营业额分别达到500万元和1000万元。1996年后，区属糖烟酒网点因旧城改造拆迁而减少。同时，随着超市、卖场的兴起，个体烟酒店的发展，糖烟酒市场竞争激烈，区属糖烟酒商店先后关闭或转行，并陆续改转制。1999年，个体卷烟零售户成为烟草服务业主体。2000年，全区糖烟酒店减少至51户，从业人员495人。其中，区糖烟公司缩减到45户，且其中有11户转营五金机电、电脑、服装等商品，以经营糖烟酒为主的商店仅剩34户，比1986年减少38.18%，从业人员降至361人，销售额缩至2000万元左右。辖区“天惠”“好买得”“保利”“中百”等超市和广益商城副食品批发市场占有较大的市场份额。无锡烟草分公司在辖区设有崇安客户服务部，对卷烟零售户实施批发服务。

1986年崇安区糖烟酒公司所属主要商店一览表

表7-3-2

店 名	地 址	店 名	地 址
第五副食品商店	通运路75号	益民副食品店	中山路201号
车站副食品店	车站路147号	文化宫综合商店	解放南路633号
火车站台副食品店	无锡火车站内	周山浜副食品店	广勤路177号
清真食品店	通运路55号	上海副食品店	车站路25号
新新食品店	中山路323号	区糖烟公司批发部	通运路75号

说明：上述资料由区经贸局提供。

1986～1998年崇安区糖烟酒公司经营情况一览表

表7-3-3　　单位：万元

年 份	销售额	利 润	年 份	销售额	利 润
1986	2424.10	56.62	1993	4181.34	20.35
1987	2893.51	71.59	1994	5981.41	18.30
1988	3676.87	115.22	1995	5839.84	52.06
1989	3977.65	96.09	1996	4401	20
1990	3273.50	42.82	1997	4401	13
1991	3152.19	30.37	1998	7008	30
1992	3476.49	34.96			

说明：上述资料由区经贸局提供。

第四节　医药业

无锡最早的窦广裕药铺于清道光十年（1830）开设在辖区中市桥。清末民初，辖区医药业续有发展。至无锡解放初，有中、西药店百余家，仅中山路就有中药店20余家，著名的有李同丰、济生堂、阜昌、阜丰参药号等。各药铺前店后室，有坐堂医生，设煎送药，代客加工丸、散、膏、丹等。中药业以零售为主。全市参燕补品销量以同丰参药行为最多，药业批发以同丰参药行和大吉春药栈为最大。

1950年6月，市百货公司门市部内设立西药专柜，无锡始有国营西药商业。1953年6月，中国医药公司无锡支公司成立后，经营西药购销业务。1954年5月，无锡医药支公司在辖区中山路胜利门口开设门市部，为无锡市第一家国营医药零售企业。1955年，辖区西药房全部为医药公司挂牌经销，中药批发市场亦为国营商业所取代。1956年，医药全行业公私合营并调整撤并网点，2月，成立无锡市药材公司后，市内零售药店均由其调拨供应和管辖。1958～1966年，医药行业体制变动较大，网点撤并频繁。1958年，无锡医药支公司和药材公司合并成立无锡市医药公司，划归市卫生局管理。1965年，撤销医药公司，成立中国医药公司江苏省无锡分公司和中国药材公司江苏省无锡分公司，划归商业局管理。"文化大革命"期间，医药网点又有所撤并，2家医药专业公司并入日用工业品站。1975年，恢复成立江苏省无锡医药药材公司，1978年，更名江苏省医药公司无锡分公司。改革开放后，随着人民生活水平大幅提高，医药消费由治疗为主转向预防滋补为主，滋补中成药需求量猛增，中药销售市场日趋活跃，辖区药店不断增多。1981年2月，在中山路437号开设医疗器械和化学制剂玻璃仪器专业商店（1984年更名为无锡科研用品服务商店）。是年5月，百年老店同丰参药行部分复业，在中山路540号开设同丰参店，经营人参、银耳和滋补膏、浆、酒及中成药，以齐全的滋补品和良好的服务态度吸引中外顾客。1985年，辖区有药店8家，占市区20家药店的40%，其中百年老字号药店2家。90年代起，随着城市半径的扩大，市民就近购买药品、保健品的需求增大，民营医药网点发展迅速。1996年，无锡山禾药业集团有限公司和江苏省无锡药材采购供应站出资组建无锡第一家医药连锁公司——无锡山禾药业集团健康参药连锁公司，1998年6月，更名为无锡山禾集团健康参药连锁有限公司。2000年6月，无锡山禾集团健康参药连锁有限公司下属29家药店、无锡市梁溪医药连锁有限公司下属18家药店、无锡山禾集团健宏大药房连锁有限公司下属29家药店、无锡山禾集团中药饮片厂有限公司下属7家药店统一组建无锡山禾集团健康参药连锁有限公司。迄2005年，辖区有医药商店42家、医疗器械商店8家。其中，80%以上为无锡山禾集团健康参药连锁有限公司的连锁店，其余为大多位于广瑞路、上马墩一带的原无锡县医药公司改制组建的汇华医药连锁有限公司开设的药店。

同丰参店（2005）　（孙怡摄）

1985年崇安区主要医药、医疗器械商店一览表

表7-3-4

名　称	经营范围	地　址
健康参药店	中、西药	中山路428号
同丰参店	中药（无饮片）	中山路540号
保健药店	西药（兼中成药）	中山路382号
新风药店	中、西药	中山路175号
中华药店	中、西药	通运路51号
前进药店	中、西药	车站路7号
建新药店	中、西药	广勤路156号
锡沪药店	中、西药	广勤路33号
科研用品服务商店	玻璃仪器	中山路437号

说明：上述资料由区经贸局提供。

2005年崇安区主要医药、医疗器械商店一览表

表7-3-5

名　　称	地　　址	名　　称	地　　址
山禾集团健康参药连锁有限公司	中山路280号	康怡大药房	县前西街28号
山禾集团健康参药店	中山路280号	兴卫药店	学前东路391号
山禾集团风雷参药店	学前东路311号	德盛大药房	学前东路397号
山禾集团锡沪参药店	广瑞路414号	同济堂参药店	人民东路98号
山禾集团上马墩参药店	上马墩一村	东林大药房	人民东路33-6
山禾健康新特药商场	学前东路53号	清心源大药房	中山路93号
山禾集团前进药店	兴源路828号	上河药房	县前东街189号
山禾集团宁海药店	学前东路755号	新生堂药店	新生路79号
山禾集团同丰参店	中山路540号	合康大药房	中山路167号
山禾集团长春堂参药店	中山路301号	台康大药房	中山路87号
汇华医药连锁有限公司	广瑞路555号	康卫药店	广瑞路879号
汇华医药广瑞路门市部	广瑞路508号	同福堂药房	县前东街463号
汇华医药丁村店	广瑞路870号	汇生医药商店	靖海新村2号
汇华医药上马墩店	上马墩一村	九芝堂药房	上马墩一村
天润医药连锁有限公司	广瑞路58号	老百姓大药房	上马墩路71-17
天润医药广瑞店	广瑞路969号	神州大药房	上马墩路71-1
天润医药同德堂药店	学前东路596号	春和大药房	中山路121号
南卫医药商店有限公司	人民中路97号	立聪堂助听器配验中心	学前东路59号
南卫药店	广瑞路892号	利亚医疗器械有限公司	小娄巷6-8
禾信医药有限公司	留芳声巷40号	怡和家庭医疗用品商店	学前街36号
崇安寺大药房	人民中路102号	利德医疗器械商店	解放东路748号
普仁大药房	中山路66号	建宁医疗器械有限公司	解放东路790号
惠民药店	学前街41-2	华东医疗器械批发部	新生路70号
松龄堂药店	中山路217号	星河试剂经营部	锡沪路165号
明仁堂药店	学前东路511号	市厂矿医疗卫生用品服务部	健康路114号

说明：上述资料由区经贸局提供。

第五节　土产杂品业

无锡解放前，日用土产杂品商店大多集中在辖区闹市区，店家或自采自销，或前店后坊自产自销。1956年公私合营后，全区有土产杂品合作商店（小组）21户。主要经营茶叶、陶瓷器、竹藤器等。后隶属关系几经变化，1986年，市供销社系统部分零售企业下放到辖区管理后，区属商业系统有崇安寺、周山浜、群进、益群等日杂商店和结婚用品商店、铁木家俱公司等6户、从业人员90名，年销售额900.37万元。辖区内有市属专司批发业务的日用杂品公司和工农、人民桥2户日杂零售店，在居民小区有少数街道居委办烟酒店兼营日杂商品。随着生产发展和人民生活水平提高，土产杂品行业经营范围不断扩大，供应数量逐年增长，更新换代商品逐渐增多，有凳、椅、橱等竹木器；锅、铲、勺、刀、煤炉、火钳等铁制品；碗、盏、盆、杯等瓷器；还有草席、蒲扇、扫帚、簸箕、烟花爆竹等与人民生活密切相关的日用生活品，并趋向中高档发展。经营品种已达4000余种，货源大多来自江西、安徽、江苏省宜兴、苏州等地。铁制品主要是无锡地产。90年代后，塑料制品、铝制品、不锈钢制品取代大部分铁器、竹木器等制品。与此同时，随着市场经济的发展，日杂业逐步被辖区的卖场、超市和个体经营户所占领，区属商业系统的土产杂品商店先后转行，销售下降，利润减少。1990年，销售额降至305.63万元。1995年，又跌至64.78万元。2000年，因城市改造拆迁，仅剩的铁木家俱公司也歇业，于2002年并入“世泰盛”。迄2005年，辖区土产杂品商店均为个体私营经营，位于工艺路的苏南日用工业品（集团）所属的苏南劳保用品市场尚存。

第六节　废旧物资业

【物资回收与设备调剂】

无锡解放前，辖区有以寄售服装、钟表、收音机、自行车、缝纫机等各类生活用品的商店50余家，主要集中在辖区通运路、盛巷、崇安寺一带。20世纪50年代初，在东新路、复兴路一带，有经营旧家具、旧衣物等自由市场。1956年公私合营后，区内有废旧物资业合作商店（小组）109家，其中，旧货店101家。寄售商店多为收售兼营，收进旧货，经整修后出售。20世纪60~70年代，位于公园路的寄售商店规模最大，营业面积280平方米，职工23人，内设估价、服装、音像电讯、自行车和手表杂件等专柜。1979年，寄售商店改称公园信托贸易商店。80年代后，信托贸易业务发生很大变化，旧衣服、旧钟表、旧家具逐步退出市场，代之以旧交电、旧家电、可利用金属材料、旧机电设备等物资。1984年，市物资回收利用总公司在复兴巷开办利用物资调剂商场，在经营旧杂品的同时，重点为乡镇工业代购、代销和为工矿企业调剂闲置设备。1988年，市物资回收利用总公司成立市废旧物资公司。1990年，废旧物资公司及废旧物资交易市场撤销。1991年12月，成立市闲置设备调剂市场。1992年5月，又成立利达物资公司，下属市闲置设备调剂市场、利用物资调剂商场及闲置设备经营部等。辖区还有中山路劳保用品商店以及公园信托贸易商店改名的市公园百货市场。1993年，利达物资公司先后在复兴巷、广瑞路、人民中路、陈白头巷增设建材经营部、摩托车配件经营部、利达广告公司、利达电器厂等。1994年，市物资回收利用总公司恢复成立，下设3个物资回收站和信托贸易市场。后市物资回收利用总公司在工艺路开办无锡旧货市场，营业面积3000平方米，设摊位297个，经营旧家电、交电、清仓商品等可再利用物资。是年，市闲置设备调剂市场增设江海东路分市场，经营面积3000平方米，年成交额600多万元。1996年，市闲置设备调剂市场升格为江苏无锡设备调剂市场，迁至建筑路。2000年后，江苏无锡设备调剂市场、市物资回收利用总公司及下属企业相继转改制。2005年，区内有无锡市物资回收利用总公司等企业10家。

【废品收购】

无锡解放前，破布回收店开设在辖区广勤路、周山浜、熙春街、西河头等次干道上，铜锡业集中在通运路和大市桥至北塘一带的商业区。无锡解放后，国家扶持物资回收行业的发展，开放物资回收、经营市场。1952年起，废铜锡统一由市供销合作社下设的消费社、供销社设点收购，市区设有书院弄、汉昌路2个废品回收点，收购废铜锡等13个大类500多个品种。20世纪60~70年代，各街道都有一家废品收购站。但因占道堆放废品物资与地区环境整治相矛盾，故发展受到限制。1986年，区属废品收购网点有4个，从业人员22人，分布在城郊结合部的周山浜、上马墩、广瑞路地区，回收废纸、纸板箱、旧塑料、废金属等。1992年，江海街道在江海二村开设废品收购点2家。1995年，区属废品收购点增至6家，从业人员28人。2000年，经公安部门清理整顿，区属废品收购网点仅保留周山浜街道汤家桥、广瑞路街道广丰二村、上马墩街道靖海新村等3家，从业人员18人。迄2005年，辖区有废品收购网店3家，均已转为个体经营。

2005年崇安区辖区主要物资回收利用企业一览表

表7-3-6

名　　称	地　　址
无锡市物资回收利用总公司	工艺路6号
无锡市金属回收公司	中山路199号
无锡市废钢铁交易有限公司	中山路199号

续表7-3-6

名　　称	地　　址
无锡市惠峰金属回收有限公司东门办事处	解放东路866号石油大楼二楼
无锡市广益废旧物资收购站	广益广丰友谊路旁
无锡市崇安区江海废品收购站	江海新村129号7-10
无锡市广益废旧物资收购站向阳分站	广益向阳桥北堍
无锡市勤丰油脂化工经营部	江海东路118号
无锡市南长物资再生利用有限公司锡惠桥收购站	广南路6号
无锡市崇安区长庆废旧物资收购站	广勤路341号

说明：上述资料由区经贸局提供。

第七节　燃料业

无锡解放前，居民以柴草和木炭为主要燃料。解放后，居民逐步以煤炭（煤球）为主要燃料。1966年起，居民燃煤均用蜂窝煤球并实行凭卡记录供应，但不定量。1967年，改为凭证定量、划片供应。居民和企事业单位用煤均实行计划供应，居民1人户每月计划供应蜂窝煤球50公斤，每增加1人即增加10公斤计划。1986年，区内有煤球店（加工厂）19家，煤球生产由原来各店分散的手工生产改为集中使用机械化生产，由位于解放东路905号的市煤石公司所属煤球一厂负责生产供应全区单位及居民的用煤。1993年，市燃料公司将原下属煤球店、加工厂、运输站、经营部改建为公司，辖区建有崇安燃料公司。1999年后，随着液化气、管道煤气的发展，煤炭价格全面放开，个体经营户逐渐进入煤炭领域。民用煤行业逐年萎缩，先后改行转业，公司关闭。

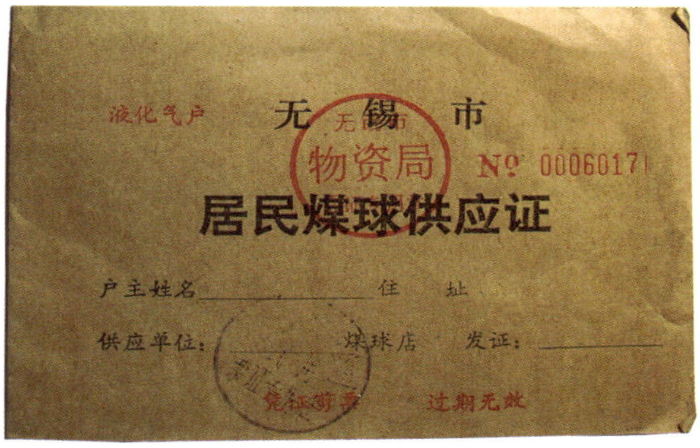

无锡市居民煤球供应证（1986）　（孙怡摄）

1986年崇安区辖区主要煤球店一览表

表7-3-7

名　　称	地　　址	名　　称	地　　址
石人桥煤球店	广勤路343号	书院弄煤球店	书院弄49号
长庆路煤球店	长庆路186号	太平巷煤球店	前太平巷33号
广勤路煤球店	勤福弄58号	人民路煤球店	新生路
广瑞二村煤球店	广瑞二村33号	上马墩煤球店	上马墩二村51幢
新生路煤球店	新生路78号	市煤球一厂	解放东路905号
通汇桥煤球店	通汇桥东沿河46号	大公煤球店	中山路中市桥巷口

说明：上述资料由区经贸局提供。

第八节　粮油业

无锡解放初，辖区有粮食网点171家，其中，属中粮公司特约粮店17家，私营粮食摊贩154个。1953年12月，国家对粮食实行统购统销，居民粮食供应实行划片定点，凭证供应。机关、团体、工厂、学校等集体伙食单位用粮，实行粮食预决算，按月编制用粮计划；工商企业用粮也实行计划管理。1954年5月，居民用粮改为“定点凭证，按计划供应”。1955年8月25日，国务院颁布《市镇粮食定量供应暂行办法》，粮食部制定《市镇粮食供应凭证负责制使用暂行办法》，并在全国统一使用“城镇居民粮食供应证”、“城镇居民粮食供应转移证”、“工商行业用粮供应证”和全国通用粮票、地方粮票、地方油票。无锡市内还流通使用江苏省地方粮票和无锡市购粮券、购油券等凭证。对居民实行“按户核实供应”办法，即按照各工种标准，以人定量，归户计算发证。按月由各粮站定点发放粮油票，居民持粮油证到定点粮店凭票记录购买粮油。1956年1月，辖区14家私营粮店全部改组为国营粮店。20世纪60~70年代，国营粮店随着区内人口增长和居民居住情况的变化而多次调整布局，至1986年，辖区有国营粮店26家，从业人员160余人，隶属崇安区粮管所管理。在计划供应期间，居民粮食定量每人每月12.5公斤，食油定量每人每月0.25公斤，由国营粮食系统独家经营。随着1993年4月1日粮油全面放开，所有粮油票券停止流通，国营粮店先后改行，退出市场。位于西河头、崇安寺等处的小杂粮市场买卖十分兴旺，辖区农贸市场和居民小区周围的个体粮油店应运而生，快速发展，不仅货源充足，品种丰富，质量也有很大提高。有无锡人传统主食大米、面粉，还有玉米、高粱、小米等北方粮食。食油的变化更大，从散装的菜油、豆油，发展到精加工的桶装色拉油、调和油、葵花籽油等，既卫生又方便携带。2005年，区内9大农贸市场有粮油经营点14家，天惠超市在区内的6家连锁店和“家乐福”“好买得”等超市均有袋装粮食和瓶装食油出售，市民购买十分方便。

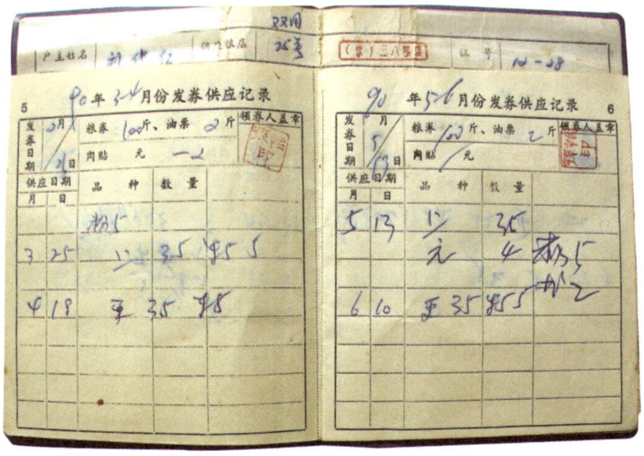
无锡市城镇居民粮油供应证（1990）（孙怡摄）

1986年崇安区辖区主要粮油店一览表

表7-3-8

名　称	地　址	名　称	地　址
人民路粮油食品店	田基浜58号	健康路粮油食品店	学前街100号
新开河粮油食品店	新开河4号	光复路粮油食品店	汉昌路5号
崇安区粮油食品店	长庆路171号	金海里粮油食品店	金海里95-1
上马墩粮油食品店	上马墩	广瑞粮油食品店	广瑞二村10-3
靖海粮油食品店	靖海新村89号	广瑞三村粮油食品店	广瑞三村63号
通惠桥粮油食品店	西梁溪路47号	广勤路粮油食品店	广勤路147号
三八粮油食品店	西映山河11号	锡沪路粮油食品店	广勤路225号
解放路粮油食品店	解放西路358号	崇安寺粮油食品店	崇安寺21~23号
小娄巷粮油食品店	小娄巷56-1	中山路粮油食品店	中山路37号
南巷粮油食品店	勤福弄44-9		

说明：上述资料由区经贸局提供。

第四章　传统服务业

无锡解放前，全市90%的旅馆集中在区内，著名的泰山饭店、京沪饭店、中国饭店等都开设于此。名闻遐迩的“皇亭小吃”“三凤桥肉庄”“王兴记馄饨店”等百年老店、特色名店均在区内。无锡解放后，随着大规模旧城开发改造，建成一批高档宾馆酒店，形成新的服务业群体。迄2005年，辖区有各类宾馆、旅社55家，占全市的79%，其中星级宾馆18家，占市区的41.86%。集中各类餐饮企业409家，其中大型饭店酒楼40余家，“三凤桥”“王兴记”等一批老字号菜馆酒楼形成新的竞争优势，崇安寺“皇亭小吃”在餐饮市场竞争中增添新的活力。洗浴、理发、美容业和休闲娱乐业发展迅速，不断优胜劣汰，渐成规模优势。便民服务业不断适应市场需求变化，在调整中不断提升行业特色和服务质量。迄2005年，辖区住宿和餐饮业完成社会消费品零售总额17.38亿元，占全区服务业比重的11.70%。

第一节 旅馆业

无锡解放前，仅通运路地区就集中大小旅馆54家，占全市旅馆的90%，著名的有泰山饭店、中国饭店、京沪饭店、东方花园饭店、惠中旅社等。无锡解放后，旅馆被列为特种行业，历经对私改造，泰山饭店、中国饭店、惠中旅社等名店被保留下来，又陆续开设东风饭店等一批有一定规模的旅馆饭店。1978年，改革开放后，打破全民所有制独家经营的局面，各行各业多渠道办旅馆、招待所。1983~1985年，全区8个街道先后开办旅社51家，床位1795张。其中，位于通运路、车站地区的工运桥和周山浜2个街道的22个居委，均开办便民小旅社。1985年5月，市属商业网点下放到区后，全区旅社增至65家，床位3185张。1986年，全区共有饭店、旅社、招待所69家，从业人员384人，床位3392张。其中，区属商业系统10家，床位1390张；街道系统52家，从业人员196人，床位1795张；区工业公司、房管局、劳动服务公司等企事业单位系统7家，从业人员66人，床位207张。辖区有泰山饭店、东风饭店、梁溪饭店、朝阳饭店、京沪饭店等市属旅馆5家，中国饭店、聚丰园菜馆均设有旅馆部。1988年，区政府投资兴办建筑面积6000余平方米的崇安饭店，设有67间标准房，130张床位，附有大小会议室、餐厅、停车场等配套设施，开业之初，十分兴旺。1990年，全区饭店、旅社增至74家，从业人员586人，床位3330张。1995年，达到79家，从业人员581人，床位3162张。与此同时，私营经济及外资开始进入旅馆业市场。旅馆业规模越来越大，档次越来越高，服务功能越来越全，集住宿、餐饮、商务、会议、购物、休闲、娱乐于一体，喜来登大饭店等高档旅馆落户中山路。街道、居委办的旅社则因规模小、设施差而逐渐衰落，先后改行转业或关闭。1988~2003年，10家区属商业旅社因城市改造先后拆迁歇业。2001年1月，首家经济型酒店——锦江之星落户无锡。是年，入住率达到90%以上，创下无锡新酒店开业当年入住率新纪录，继而又开出分店。如家快捷、格林豪泰等一批新品牌经济型酒店相继入驻辖区。宜必思、翰庭、舒庭、MOTEL168等中外品牌经济型酒店也都抢滩崇安，分割市场，辖区形成6大品牌的9家经

锦江之星学前店（2005） （孙怡摄）

无锡锦江大酒店（2005） （孙怡摄）

济型酒店。迄2005年，全区共有各类旅馆、宾馆、旅社55家。其中，有喜来登大饭店、新锦江大酒店、国际饭店、新雅大酒店等四星级以上饭店6家；梁溪饭店、鸿运大酒店等三星级饭店11家。区属商业系统仅剩庆丰、广勤、蒋巷等旅社6家。

1986年崇安区区属商业主要旅馆一览表

表7－4－1　　单位：人、平方米、张

名　称	地　址	职　工	建筑面积	床　位	拆迁时间
新华旅社	车站路12号	34	1860	310	1993
锡沪旅社	广勤路309号	21	1484	220	—
大新旅社	汉昌路66号	24	1144	220	2002
大陆旅社	万前路6号	12	657	104	2002
大方旅社	长康路9号	11	692	106	1993
新乐泉旅社	万前路41号	8	330	56	2002
益民旅社	广勤路149号	6	324	54	1995
风光旅社	通惠东路81号	12	660	110	2002
申江旅社	通惠路17号	10	636	105	1988
立新旅社	通惠路35号	8	642	105	1988

说明：上述资料由区经贸局提供。

2005年崇安区内主要宾馆饭店一览表

表7－4－2　　单位：平方米、间、张

名　称	地　址	建筑面积	客　房	餐　位	星　级
无锡喜来登大饭店	中山路403号	63698	407	1000	5
无锡华美达酒店	中山路335号	28000	277	500	4
无锡国际饭店	县前东街118号	42000	378	3100	4
无锡新锦江大酒店	中山路218号	25000	320	1200	4
无锡大地宾馆	崇宁路77号	12000	34	700	3
无锡中旅大酒店	车站路88号	10000	139	131	3
无锡聚丰园大酒店	中山路555号	19500	160	700	3
无锡东林大酒店	人民东路33号	8000	127	1000	3
无锡吉祥大饭店	解放北路53号	32000	188	800	3
无锡物产大酒店	人民中路185号	30242	280	1000	3
无锡鸿运大酒店	中山路317号	20528	186	1500	3
无锡梁溪饭店	中山路177号	20000	97	500	3
无锡金和大酒店	解放东路1008号	19000	103	800	3
无锡新雅大酒店	西梁溪路18号	13740	103	300	4
无锡泰山饭店	车站路15号	29000	250	450	3
无锡朝阳广场大酒店	中山路10号	4000	80	400	3
无锡港丽大酒店	中山路187号	20000	254	—	4
无锡政和苑大酒店	解放西路前西溪1~4号	11000	131	—	2

说明：上述资料由区经贸局提供。

第二节　饮食业

区境内饮食业历来比较兴旺，无锡老店、名店和特色小吃均集中于区内。闻名遐迩的崇安寺皇亭小吃群形成于清同治年间，价廉物美，有“一元钱吃遍崇安寺之说”（详见第二编崇安寺第三章第一节）。无锡解放初，皇亭周围开设饮食店34家，有“王兴记”“三凤桥”“老陆稿荐”等一批名店，“迎宾楼”“迎春园”“新万兴”等一批老店。通运路地区开设酒家、饭店、茶馆51家，有中国酒家、宴宾楼菜馆、四时新菜馆、马复兴清真教门馆、人和菜饭馆、多宝楼茶楼等一批大店。其后，饮食行业网点历经对私改造、“文化大革命”等运动，多次调整改造兼并，1978年，区属饮食业网点仅剩4家。改革开放后，区内饮食业得到快速发展。1985年，市属饮食服务网点下放到区管理后，至1986年，区街饮食业网点发展到130家，从业人员1449人。其中，区属商业系统57家，从业人员1042人；街道、居委系统73家，从业人员407人。区境内还有市属中国饭店、迎宾楼菜馆、江南菜馆、王兴记馄饨店等5家。90年代，区内饮食业呈现国营、集体、个体、“三资”企业一起上的发展局面。1995年，区街饮食业网点增至694家，从业人员近万人。进入21世纪，随着市场经济的发展，辖区大型餐饮企业陆续更新改造，规模越办越大，且吃住、休闲、娱乐一体化。菜肴翻新快，除本帮菜外，粤帮、杭帮、川帮、淮扬帮等菜系纷纷进入。同时，中西快餐发展迅猛，中式快餐集中在市场聚集区周围，西式蛋糕店、面包房及洋快餐“肯德基”“麦当劳”“亚马逊”等先后抢占市区繁华地段。兰州拉面、“大娘”水饺、云南米线、四川麻辣烫等各类特色小吃相继入驻。茶馆、酒吧也应运而生。迄2005年，全区包括饭店酒楼、快餐小吃、点心酒吧、茶馆在内的餐饮业企业409家，其中，大型饭店酒家40余家，饮食小吃店242家，茶馆、酒吧、咖啡店47家。

【早 点】

大饼、油条价廉物美，历来是市民传统早点。1986年，区属商业系统有“广利”“新兴”“茂昌”等大饼油条店13家，还有街道居委开办的一批点心店。早点以大饼、油条、粢饭、豆浆、阳春面为主，馒头、包子为副。改革开放后，随着煤、粮、油、肉全面放开经营，个体小吃店迅速发展，区饮服公司所属的49家小吃店，因城市建设拆迁和竞争乏力等原因，至1996年改行转业13家，歇业36家，从业人员减少至325人。1988年，结合城市市容整顿，区属商业系统成立皇亭早点公司，下设限时定点经营的便民饮食早点摊位8个。迄2005年，早点经营摊位发展到63个，早点品种呈现多样化，除大饼、油条、粢饭、豆浆“四大件”外，还供应牛奶、黑米粥、南瓜粥、五香茶叶蛋、糕团、粽子、包子等品种，早点包装体现人性化，实行袋装、杯装，既方便又卫生。

【小 吃】

无锡解放初，辖区饮食业生意十分兴隆，小吃摊店达150余家，主要集中在崇安寺地区，崇安寺皇亭小吃“甜、酸、咸、辣、香”五味俱全，集小吃之大成而闻名。有八宝饭、莲子羹、油豆腐线粉汤、酒酿圆子、糖芋头、牛肉线粉汤、鸡肠线粉汤、五色梅花糕、油酥饼等146个品种，王兴记的馄饨和小笼馒头；陆芳斋的千张包子、方糕、挂粉汤团、双酿团子等都颇有名气。无锡解放后，历经公私合营和“文化大革命”等运动，小吃店萎缩，皇亭小吃摊改组为崇安寺小吃店、丰收糕团店等。1984年，崇安寺地区仅剩大小饮食店10家、熟食摊12个，原有风味传统小吃已不多见，皇厅小吃品种减至39个。随着改革开放的深入推进，小吃店逐步得到恢复和发展。1986年，全区小吃店增加到122家，从业人员1697人。其中，区饮服公司49家，从业人员790人，年营业额1395.26万元；街道、居委系统73家，从业人员907人。1993年后，随着煤、粮、油、肉全面放开供应，个体私营小吃店迅速增加。馄饨、小笼包子、汤团、方糕、线粉汤、锅贴、馒头、酒酿圆子、酸辣汤、豆腐花、油酥饼、鸡蛋油饼、大饼、油条、豆浆等传统小吃逐步恢复，同时引进兰州牛肉拉面、云南米线、四川担担面、“大娘”水饺、西安肉夹馍等特色小吃，使消费者大饱口福。迄2005年，全区有各类小吃店242家，崇安寺仍是无锡传统小吃最为集中的地区。

老式面（2005）　（区经贸局供稿）

面　馆　无锡解放前，区内知名度较高的面馆有：文记素面馆，鲍锡初、高顺兴面店，金阿胖夜面摊，猫捉老虫面店等。无锡解放后，这些面饭馆或因城市建设改造拆迁而停业，或因公私合营而消失。1978年改革开放后，深受普通百姓欢迎的面馆逐步得到发展。拱北楼面店、伊斯兰饭店、新万兴银丝面店等各具特色的面饭馆从偏僻的街巷迁回崇安寺等大街闹市，营业规模逐步扩大。“拱北楼”的红汤面，以猪骨吊汤、鳝丝盖浇为特色，大排、大肉、爆鱼等荤菜也很有名。2005年，在崇安寺复业后，除传统特色盖浇面外，还增设黑椒牛柳、鱼香肉丝等中式简餐。“伊斯兰”的清真红汤面，以牛肉吊汤、面筋、香菇、辣菜等净素菜盖浇而享有盛誉。“新万兴”的白汤银丝面，用精粉制作，面质白而细，以猪骨吊汤而别有风味。3家面馆虽都地处崇安寺，但各有各的食客群，生意都十分兴隆。

馄饨店　辖区馄饨店众多，无锡解放前，仅崇安寺地区就有“王兴记”“过福来”“新新馆”“纪顺源”“安乐”等较大的馄饨店5家，然以“王兴记”“过福来”馄饨店最为有名。过福来馄饨店1962年因中山路拓宽，迁至城中公园后门，改名锡光馄饨店，1968年又迁至五爱路。创办于民国2年（1913）的王兴记馄饨店，长盛不衰，其主营品牌——鸡汤三鲜馄饨、蟹粉馄饨、鸡汁荠菜馄饨等传统名点，荣获“中国名点”“中华名小吃”称号。80年代中期至90年代初，位于中山路中段的太湖馄饨店，其三鲜馄饨，以皮子手工赶制、滑爽而富有韧性，馅心鲜嫩松软而享有盛名，1993年因拆迁停业。此外，区饮服公司所属的49家小吃店中，有25家经营馄饨。

手推馄饨（2005）　（区经贸局供稿）

糕团店　80年代，区内专营苏式糕团的特色店有丰收糕团店、大方糕团店、满园春点心店等3家。常年经销的品种有：四色水磨粉汤团、五色大方糕、五色小圆松糕、玉米饼、四色春卷、马条糕、赤豆糕、拉糕、猪油年糕、八宝饭、桂花糖年糕等。另有应时品种：清明的麦汁青团、端午的花色粽子、秋冬季的南瓜团子、重阳糕、腊八粥、各色年糕等。迄2005年，“大方”“满园春”2家糕团店因拆迁停业。20世纪70～80年代，创办于1944年的丰收糕团店为历史鼎盛时期，其规模居无锡同行业之首，后因崇安寺2次改造，两度歇业，2005年，在崇安寺生活步行街区复业。

【快　餐】

20世纪60～70年代，仅有少数小饭店兼营盖浇饭。1978年改革开放后，区内快餐业发展迅速。特别是1999年后，快餐、外卖送餐持续红火，增势强劲。品牌经营、连锁经营、超市化经营成为大众餐饮的主要模式，许多品牌在此前后创立，除国外品牌“肯德基”“麦当劳”“必胜客”等经营炸鸡、薯条、三明治、比萨饼、汉堡包等洋快餐店外，在无锡经营的连锁品牌有“7+7”“避风塘”等，还有来自各地具有浓厚地方特色品牌的“傣妹麻辣唰”“阿兴酸辣汤”“楼上楼面馆”等，有各种火锅自助餐，有随买随食的盒饭，有随选随供的大排档，价格适中，甚为方便。家乐福等超市、大卖场则同步推出餐饮超市，价廉物美，方便快捷。迄2005年，辖区有各类中西式快餐店20余家。

位于学前街口的“麦当劳”快餐店（2005）　（孙怡摄）

【饭店 酒家】

无锡解放初，区内饭店酒家主要集中在崇安寺、通运路地区。闻名的饭馆有：中国酒家、宴宾楼菜馆、四时新菜馆、聚丰园菜馆、人和菜饭馆、菜根香素斋店，刘正兴、冯兴祥便饭店，章万源热酒店等。无锡解放后，保留一批名店、老店。四时新菜馆改名工农饭店，惠龙菜馆改名车站饭店。1984年，功德林素菜馆在中山路人民路口复业。1986年，区属商业系统有车站饭店、人和菜饭馆、回民饭店等菜饭馆8家，从业人员252人，营业面积2466.7平方米，年营业额564.6万元。1986～1988年，又先后开办“喜福楼”等2家饭店，区属商业系统菜饭馆发展到14家，从业人员348人，营业面积扩大到3563.7平方米。1993年后，随着粮、煤、油、肉全面放开经营，全民、集体、个体、“三资”企业一起上，饭店酒家发展迅猛，且规模大、档次高、设施豪华。菜系不仅有本帮家常菜，淮扬菜、粤菜、川菜、浙菜也先后进入餐饮市场。菜肴品种日趋丰富，除鸡、鸭、鱼、虾、肉、香菇、木耳等传统品种外，龙虾、基围虾等生猛海鲜，生菜、荷兰豆、西芹等洋蔬菜和大王蛇也成为餐桌上的常菜。业内竞争十分激烈，繁华的中山路两侧成为全市饭店酒家最集中的地段。1996年，聚丰园大酒店、八佰伴美食中心、鸿运大酒店等一批中上等规模的饭店陆续开张。1997～1998年，又有国际饭店、金和大酒店、吉祥大饭店、新锦江大酒店等一批具有一定规模的饭店和万家灯火、天竹苑、福乐园、龙凤包子馆等一批特色餐饮店先后开业。而区属商业所属的饭馆，至2003年，都因拆迁停业。迄2005年，辖区有大型饭店酒家40余家，鸿运大酒店、三凤酒家、无锡烤鸭馆、聚丰园大酒店等17家星级饭店集中在中心商务区。

位于崇宁路的天福苑大酒店（2005）（孙怡摄）

2005年崇安区内主要饭店酒家一览表

表7－4－3

店名	地址	特色菜肴	店名	地址	特色菜肴
无锡烤鸭馆	中山路222号	出骨生脱鸭、脆皮银鱼、清蒸蟹粉狮子头、糟辣脆皮鱼	丽都饭店	后西溪25号	开片鲈鱼、土豆牛腩、野鸭煲
三凤酒家	中山路240号	无锡酱排骨	无锡龙凤包子馆	解放东路809号	龙凤包子
万家灯火大酒店	县前东街227号	杭帮菜	蔡家食谱大酒店	人民中路1号	沙姜鸭掌、台式佛跳墙
亿鹭发海鲜大酒店	解放东路815号	掌中宝、清蒸鳜鱼、凉拌鱼皮	天福苑大酒店	崇宁路19号之1	鸦片鱼头、老鸭煲
太平洋大酒店	复兴路157号	苏帮、杭帮菜	美丽园大酒店	县前东街111号	桑拿虾、竹网田鸡、竦笋扣肉
天灵大酒店	复兴路118号	本帮菜	楼上楼面馆	工运路61号	各式面条
哈哈大酒店	中山路341号	杭帮菜	醉月楼菜馆	工运路69号	灌蟹虾球
云蝠烧鹅仔	中山路278号	烧鹅仔、龙虾、鹅肝	阿福楼大酒店	健康路90－8	牛仔骨、孜然羊骨、鱼头粉皮煲
新香港城大酒店	人民中路210号	剁椒大鱼头、灌汤玉奶、翡翠青豆泥	迎宾楼菜馆	崇安寺26号	糟煎白鱼、香酥鸭
川妹子食府	人民东路13号	川帮海派菜、川菜	鱼头馆	中山路125号	天目湖鱼头煲
紫荆花食府	人民中路69号	椒盐排骨、香芋煲	红辣子川味馆	公园路13号	川菜
喜福楼饭店	中山路508号	喜福筒肠、生麸酿肉	金都大排档	人民路62号	金都一品鸡、珍珠鱼片

续表7-4-3

店　名	地　址	特色菜肴	店　名	地　址	特色菜肴
韶山毛家饭店	解放东路751号	湘菜	广益东郊饭店	广瑞路	气锅鸡、炸双味
金桥饭店	后西溪48号	黄油鳜鱼、干蒸鸡二吃	广苑饭店	锡沪路二号桥	鸡鱼头汤
天竹苑酒楼	中山路99号二楼	骨头汤	聚丰园大酒店	中山路475号	淮扬风味菜
品质苑	崇宁路24号	品质鸡、红焖回鱼	无锡金和大酒店	解放东路1008号	江南一品鲜

说明：上述资料由区经贸局提供。

【茶馆　酒吧　咖啡店】

作为休闲、洽谈生意、交际场所的茶馆历史悠久。无锡解放前，茶馆大多集中在崇安寺地区，有逍遥游、蓬莱、三万昌、孙记、丹凤、新万兴等12家，且各具特色。1956年后，历经“私营工商业改造”“大跃进”“文化大革命”等运动，除公花园等游览区内仍保留茶室外，茶室被作为“资本主义有钱人的消费场所”而取缔，消失长达10年之久。80年代末至90年代初，茶室逐步恢复。1990年，全区有茶室22家，现代茶室不仅经营规模大，拥有上百个甚至数百个客位，且环境优雅，配有悦耳的音乐。经营项目不仅有茶水、茶点，还有水果、烟酒、饮料、快餐、点心等供应，消费对象已从中老年、男性为主，转变为中青年为主，成为消遣休闲、交往、洽谈生意的好地方，青年男女谈恋爱的好去处。2000年增加到26家，2005年增至47家，经营者都为个体私营业主。

位于站前商贸区的1912酒吧街（2004.2）　（区经贸局供稿）

辖区酒吧、咖啡店兴起于90年代末，并逐步迅速发展。2000年发展到22家。迄2005年，发展至40家，均为个体私营经营。

2005年崇安区内主要茶室、咖啡店（酒吧）一览表

表7-4-4

名　称	地　址	名　称	地　址
水乡茶楼	学前街4号	星巴克咖啡保利店	解放东路1000号
梦里水乡茶楼	县前西街37号	星巴克咖啡大洋店	中山路260号
避风塘茶楼	学前东路43号	真锅咖啡新生店	欢喜巷2号
上岛咖啡馆	新生路106号	上岛咖啡健康店	健康路28号
名典咖啡馆	新生路104号	滋身堂茶楼	崇宁路100号
水天堂咖啡厅	人民中路97号	马田音乐酒吧	解放北路16号
啡度咖啡馆	学前街27号	大众茶艺馆	人民中路90号
DCB酒吧	解放东路973号	天语雅阁咖啡茶座	县前西街73号
郁金香咖啡屋	车站路8号	水木年华咖啡茶座	县前西街27号

说明：上述资料由区经贸局提供。

第三节　洗浴　理发　美容业

无锡解放初，区内崇安寺、中山路、通运路一带集中有全市规模最大、设施技术最好的“皇后”、

"南京理发厅"等理发店7家、"新乐泉""浴德池"等浴室10家。无锡解放后，历经"公私合营""文化大革命"等运动，浴室和理发业变化较大。1985年，市属企业下放到区后，至1986年，区内有浴室6家，理发店27家，由区饮食服务公司归口管理。90年代后，随着改革开放的深入，浴室理发服务业逐步由单纯的清洁型、服务型向保健型、美化型、享受型、娱乐型转变。传统的浴室业被民营、个体投资的具有现代设施的休闲中心所替代，传统的理发业被众多豪华的美容中心、形象设计公司所湮没。2000年后，新增桑拿保健、足浴按摩等休闲服务网点10家。其间，区饮食服务公司所属理发、浴室业等实行"网点带职工"的企业转让，集体资产全部退出，改制为民营企业。迄2005年，全区有民营、个体经营的美容美发店424家，洗浴（足浴）62家。

【浴　室】

无锡解放前，区内集中有全市规模最大、设施最好的"升泉""新乐泉""天一池""浴春池"等浴室10家，营业面积均在500平方米以上。建于民国27年（1938）的新乐泉浴室，采用卧式外燃回火管锅炉、蒸汽加热浴水。无锡解放后，浴室业公私合营，浴室数量减少，归市饮服公司领导管理。1978年后，浴室业兼营项目渐多，恢复擦背、敲腿、捏脚、扦脚等服务项目，夏季淡季时，兼营冷饮、西瓜，晚间作为"一夜旅馆"。1986年，区内有国营、集体浴室6家，其中，区属商业系统有"新乐泉"等浴室5家，营业面积3895平方米，从业人员112人，年营业额54.9万元。辖区有市属商业系统的无锡浴室。80~90年代，浴室服务一般从中午到深夜，内设低、中、高温3类水池，规模较大的浴室设有雅座一席（长炕即睡炕）、二席（短炕）、三席（箱座）3种休息室，长炕像单人床一样可以平躺，短炕只可坐靠休息，箱座则由浴客各自将衣裤存放在座位下的木箱内。小浴室一般为统炕（无箱），浴客衣裤由服务员挂在高处衣架。街巷里弄供应开水的"老虎灶"一般兼营女子盆浴，浴位不等。1990年后，传统混堂式浴室逐步退出历史舞台，代之以融沐浴、餐饮、理发、休闲、娱乐、健身等为一体的中高档浴室。设有桑拿、冲浪、药浴、足浴等多种项目，并逐步向舒适型、娱乐型、享受型发展，多数浴室保留擦背、修脚等传统服务项目，不少浴室增设保健按摩，备有沙发床及包间。至2002年，区属浴室因城市建设拆迁，无力经营而停业，被个私经营的浴室所替代。2003年，区内有个私浴室48家，其中足浴8家。迄2005年，全区有民营、个体经营的浴室62家。

2005年崇安区辖区主要洗浴业网点一览表

表7-4-5

名　称	地　址	名　称	地　址
浅水湾休闲浴场	人民东路7号	海阔天空浴场	工运路28号
千惠温泉浴业	中山路339号	盐湖城休闲浴场	工艺路40号
军港之都温泉浴室	解放西路325号	江南良子胜利门足浴店	书院弄44号
千惠温泉浴业广瑞店	广瑞路418号	江海浴室	江海新村5号
千禧休闲浴场	中山路182号	靖海浴室	上马墩一村
江南良子足浴总店	胜利门广场金德大厦	宁海浴室	学前东路747号
汤之乡浴业	中山路317号	红山茶足浴馆	中山路341号
海兰云天休闲浴场	人民中路69号	宏升浴场靖东分场	上马墩路16号

说明：上述资料由区经贸局提供。

【理发　美容】

无锡解放初，区内有"美容轩""沪光"等理发店7家，理发合作商店（小组）44家。20世纪60~70年代，历经"文化大革命"等运动，个体理发店（组）被压缩91%。至80年代初，区内剩理发店27家。1985年5月，市属无锡理发厅（原南京理发厅）等18家理发店下放到区后，1986年，有区属理发店18家，从业人员251人，营业面积1638.8平方米，年营业额79.19万元；街道所属理发店9家，从业人员62人。80~90年代，全市规模最大、设施最好、技术最强的无锡理发厅和“沪光”“皇后”“美蓉轩”“紫罗兰”等知名美发店均集中在区。沪光理发店于1980~1982年连续3年被评为无锡市最佳商店。1987年，无锡市理发行业协会在崇安区成立，协会先后组织举办多期美发美容培训班，邀请上海美容大师授课。无锡理发厅率先开设理发、剪发、烫发、染发等20余个服务项目，提供按摩、护肤、美容、新娘化妆等多种服务。1988年，个体开设的温州洗头房兴起。1995年后，区内发廊、发屋、洗头房、美容美发、形象设计中心等企业猛增，美容美发业进入高速发展期。理发业逐步由传统清洁服务型转向包含焗油、磨面、纹眉、面膜护肤等内容的美发美容型，由涉外饭店、高档理发厅普及到普通百姓。2000年，全区理发店、美容店增至271家，普遍开设干洗、染发、纹眉、面膜护肤、女子化妆等服务项目。迄2005年，全区有民营、个体理发美容店425家。而区属商业系统理发网点因市政建设拆迁先后歇业，仅存无锡美容厅一家仍在营业。

无锡理发厅（90年代）（区经贸局供稿）

1986年崇安区商业系统理发业情况一览表

表7-4-6　　单位：人、平方米、万元

名　称	地　址	性　质	职　工	面　积	营业额	利　润
无锡理发厅	人民路181号	集体	27	270	11.84	2.07
沪光理发店	通运路59号	集体	27	117.80	9.41	0.49
美容轩理发店	公园路24号	集体	22	123	3.89	0.42
白玫瑰理发店	中山路404号	集体	15	110	8.40	1.43
大陆理发店	中山路488号	集体	16	86	4.08	2.24
塔影理发店	上马墩路	集体	10	80	2.33	0.35
新生理发店	新生路299号	集体	9	25	1.82	0.17
更新理发店	中山路301号	集体	8	32	0.92	0.08
崇宁理发店	新生路98号	集体	6	28	1.84	0.30
紫罗兰美发厅	中山路301号	集体	16	74	7.01	2.00
健康理发店	健康路82号	集体	9	58	2.52	0.35
太湖理发店	车站路10号	集体	17	105	4.16	1.44
皇后理发店	中山路640号	集体	21	219	9.53	1.59
红光理发店	太平巷1号	集体	6	28	1.81	0.05
公益理发店	广勤路4号	集体	5	24	0.11	0.05
广勤理发店	广勤路132号	集体	14	134	4.55	0.63
春风理发店	人民路4号	集体	11	101	3.64	0.71
勤俭理发店	广勤路219号	集体	7	25	1.24	0.10

说明：上述资料由区经贸局提供。

2005年崇安区辖区主要美容美发业网点（公司）一览表

表7-4-7

名　称	地　址	名　称	地　址
无锡美容厅	道长巷22号	BOB造型	解放东路973号
梦之莎美容美体形象中心	后西溪35号	华雄美容	解放东路969号
永琪美容连锁学前店	学前街4号	蒂梵尼美容美发	大成巷27号
永琪美容连锁县前街店	县前西街54号	千吹百剪美发沙龙	大成巷41号

续表7-4-7

名　称	地　址	名　称	地　址
永琪美容连锁县前东街店	县前东街115号	朋芳美容养生馆	上马墩路71-10
阿曼尼美容连锁东门店	人民中路24号	千变造型	塔影二村1号
阿曼尼美容连锁县前街店	县前西街16号	高雄造型	上马墩路60号
阿曼尼美容连锁上马墩店	上马墩路71-4	迎春发型设计	靖海新村42-1
三毛美容美发厅	健康里18-1	东英女子美容院	健康路58号二楼
青黛公司	人民中路224号三楼	美丽田园美容有限公司	学前街36-11
金鹰标榜形象美容设计	广瑞路127-1	莉婷美容中心	人民中路127号百盛8楼
晓波女子美容院	勤学路51-3、4、5	超凡美容顾问有限公司	人民中路118号金鼎广场10楼B座

说明：上述资料由区经贸局提供。

第四节　休闲娱乐业

80年代后期起，辖区歌舞厅、台球室、电子游戏室等休闲娱乐业迅速兴起，至1990年，区内有歌舞厅84家，台球室22家，电子游戏室31家，影视厅20家，游泳池2家。1998年起，区内健身项目兴起。是年，全区开设健身房7家，保龄球馆2家，乒乓球室5家，棋牌室5家。迄2005年，全区有民营、个体经营的休闲娱乐健身网点120家。

【歌舞厅】

1986年，区内仅有崇安区工人俱乐部设有对外营业的歌舞厅。80年代末，集体、个私歌舞厅进入快速发展期，1990年，区内歌舞厅发展到84家，1995年后逐年减少，2000年减至49家，迄2005年，区内歌舞厅仅剩36家，均为私营企业。

2005年崇安区辖区主要休闲娱乐网点一览表

表7-4-8

名　称	地　址	名　称	地　址
大富豪餐饮娱乐店	崇宁路100号	贝贝翡诗娱乐酒吧	解放东路1000号
百度娱乐公司	汉昌北街2-8号	大众娱乐夜总会	人民中路90号
钱贵餐饮娱乐公司	人民中路88号	超越神话大剧院	解放东路1000号
大世界影城	中山路359号	金碧辉煌商务娱乐有限公司	中山路339号6楼
大众娱乐夜总会	人民中路90号	万水千山休闲港	县前西街17号
溢富夜总会	解放西路323号	欢乐天地游乐公司	中山路168号
水晶宫娱乐总汇	人民东路33号	玛田夜总会	站前商贸区
好乐迪飙歌城	中山路339号	七君子歌舞厅	站前商贸区
海阔天空娱乐动感分公司	工运路28号	钻石年代娱乐有限公司	人民中路69号

说明：上述资料由区经贸局提供。

【健身房】

辖区经营性健身业起步于90年代末。1999年，区内有健身房6家。迄2005年，健身房发展到14家，均为私营企业。

2005年崇安区辖区主要健身休闲网点（公司）一览表

表7-4-9

名　称	地　址	名　称	地　址
兆伟德健身会所	广南路588号	皇亭保龄球馆	公园路58号
绝对瑜伽健身馆	中山路403号	深港保龄球馆	健康路38号

续表7-4-9

名称	地址	名称	地址
星空健身俱乐部	中山路399号	保利广场灯光篮球场	解放东路1000号
广益家苑睦邻中心会所	广益家苑	保利广场乒乓球馆	解放东路1000号
无锡瑜伽轩瑜伽馆	中山路399号明珠广场	解放东路攀岩馆	解放东路1000号
金色年华健身健美俱乐部	中山路403号花园城广场6楼	魅力之城会所	万科城市花园一区68号
国际饭店健身房	县前东街118号	风雷社区健身房	风雷新村92号

说明：上述资料由区经贸局提供。

第五节　生活服务业

无锡解放初，城区小商小贩满布于市，或固定设摊，或串街走巷叫卖，有流动小吃摊、理发担子，还有一批从事锅碗修补、竹藤器加工、钟表修理等个体摊贩。20世纪70年代后，各街道、居委会以推进地区商业服务网建设为重点，大力发展各类服务性、劳务性商业网点，纷纷开办代购、代销、代加工"三代店"，一批与人民生活密切相关的洗染、照相、废品收购、修补等服务行业迅速发展。90年代后，便民服务业贯彻"服务社区，造福人民"的方针，促进国家、集体、个体齐发展，并根据市场经济发展的要求，推进经济结构和所有制结构调整，服务门类日趋齐全，服务功能日益增强，专业化、特色化服务日益明显，服务方式基本满足不同消费人群需求。

【洗　染】

无锡解放初，辖区洗染店均为私营的"夫妻店"，尤以沈广茂洗染店知名度最高。1956年对私改造，1958年，辖区16家合作化洗染商店并入沈广茂洗染店或老广茂洗染店。20世纪60~70年代，辖区洗染网点又多次撤并。"文化大革命"期间，市民衣着单一，洗染业业务下降，网点收缩，原有经营特色逐渐丧失。1976年后，洗染业业务逐步恢复。1985年5月始，国营沈广茂洗染店划入区饮食服务公司管理，除染色外，主要业务是洗涤。90年代后，随着人民生活水平的提高，穿着西装、毛呢服装人员增多，洗染业务逐渐转为以干洗为主，社会需求猛增，"小天鹅"等一些厂矿企业、个人、外资等纷纷开办干洗店。1990年，第一家私营洗染企业——派克洗烫店成立。1998年，派克洗烫店改制为派克洗烫有限公司。2000年，辖区洗衣店增至9家。洗染机械化程度不断提高，配有全自动水洗机、全自动干洗机、电动脱水机、蒸汽熨烫机、全自动烘干机等设备，增设服装祛斑、皮革上光、毛皮复硝等业务，承接酒家台布、椅罩和宾馆床单、被套、枕套等洗涤，并备有汽车上门接货送货服务。是年，沈广茂洗染店被列为无锡市第四届名特老商店中的老字号商店。2002、2004年，派克洗烫有限公司两次被中国商业联合会授予全国洗涤十佳企业称号。迄2005年，全区有干洗店12家。

2005年崇安区辖区主要洗染网点一览表

表7-4-10

名称	地址	名称	地址
派克洗烫有限公司	学前街35号	沈广茂洗染有限责任公司	道长巷20号
派克洗烫有限公司人民路店	人民东路88号	沈广茂洗染店上马墩连锁店	上马墩一村57-8号
晨洁清洁有限公司	华新里15号	兰洁瑞洗涤有限公司	中山路177号
新雅洗涤行	上马墩路160号	三元洗涤保洁有限责任公司	学前街108号-22
一品兰洗烫有限公司	益明苑5-102室	崇安区凯利洗烫店	风雷新村166号
世嘉盛实业有限公司假日洗涤分公司	西河头德兴巷11-4号	东方普兰德洗涤公司商业大厦店	中山路343号

说明：上述资料由区经贸局提供。

【照　相】

万红照相馆（1998.7）　　（区档案局供稿）

无锡解放初，照相馆主要开设在崇安寺、寺后门、公花园等闹市区，比较著名的有“吉士”“三民（三明）”等。20世纪50～60年代，照相网点历经撤并，但经营环境和摄影设备有所改观，增添生活照、影象合成照等经营项目。“文化大革命”期间，生活照等特色服务项目被取消，品种单一，业务下降。1977年后，恢复拍摄生活照、戏剧照。1978年起，开始拍摄礼服照、农历照、书签照等。80年代初，开始经营彩照扩印业务，照相馆设备均有更新，业务量大增。1986年，区属商业系统有“光艺”“万红”“照相服务部”等国营照相馆3家，营业面积400平方米，从业人员66人，年营业额121.51万元。3家照相馆设备都比较先进，拥有进口诺日士彩色扩印机，玛来亚、尼康照相机，全秋维亚506彩色放大机等。服务项目有彩色人像照、婚纱照、古装戏剧照、家庭生活照、风景照、儿童照、工业设备及产品照等。万红照相馆的儿童照，特别是婴儿生日照、百日照、周岁照闻名全市。光艺照相馆的工业设备及产品照，时为无锡县、江阴、宜兴、张家港等乡镇企业拍摄设备及产品照的首选之处。照相服务部则以出售照相器材和修理服务为主。辖区还有市属的著名老字号企业——湖光（原名吉士）照相馆。90年代后，专业从事彩扩业务的企业和个体户逐年增多，彩照逐渐取代黑白照，婚纱摄影逐渐兴起并逐步普及，而区属“万红”“光艺”“照相服务部”因城市建设改造先后于1992～1993年被拆除停业，一些国营照相馆退休职工、下岗职工在新村社区开办个体照相店，拍摄证、卡用标准照。广东等地客商则在中山路等繁华地段开设婚纱摄影馆，摄影馆设备、技术先进，实力雄厚，服务项目时尚新颖，以婚纱摄影、个性写真、情侣照等为主。1999年后，辖区照相业进入快速发展期，艺术摄影、婚纱摄影、儿童摄影等专业门店先后注册开业。2001年后，数码摄影走进百姓生活，希雅图数码影象公司、龙影数码影象图片社相继在辖区开张，照相业结构多元化，服务多样化，逐渐形成冲印、摄影、摄像及制作光盘等格局。2005年，区内有照相馆18家，其中专业从事婚纱摄影精品店占55.56%。

2005年崇安区辖区主要照相摄影网点一览表

表7－4－11

名　称	地　址	名　称	地　址
世纪新娘新婚会馆	中山路240号	香格里拉婚纱摄影馆	中山路555号
时尚芭黎婚纱摄影精品店	中山路293号	香港好来喜婚纱摄影无锡店	中山路361号
依依婚纱流行馆	中山路311号	上花轿婚纱摄影流行馆	县前西街5号
罗马经典婚纱摄影	人民中路127号百盛8楼	千禧良缘婚纱摄影	崇安寺广场三楼
钟爱一生婚纱摄影店	中山路240－1	天盛照相馆	中山路555号
小玩童摄影乐园	人民中路127号百盛8楼	快乐天使儿童摄影	中山路316号银楼2楼
洪椿影楼	健康路92－5	无锡市新人摄影部	中市桥上塘街22号104室
绿色写真馆	人民中路127号百盛8楼	龙影数码影象图片社	胜利门书院弄44－1
希雅图数码影象有限公司	崇宁路45号	小百花图片冲印社	工运路

说明：上述资料由区经贸局提供。

【誊　印】

区内誊印绘图业起步于无锡解放初，时有街道居委动员地区失业人员组织生产自救，从事代客誊写、描晒图加工。1958年，划入服务行业。1959年，誊印、印刷业列入特种行业管理。1986年，全区誊印、刻字社大多是街道居委开设的服务网点。改革开放后，誊印业多渠道发展。业务范围从原有的誊印、描图逐步扩大到打字、铅印、复印、胶印、彩绘和印制名片。80年代末，区教育系统所属的榕锡教仪设备公司率先添置彩色复印机等设备，创全市先河。90年代后，誊印企业从应用四通打字机到使用电脑、激光打印机、扫描仪、复印机、晒板机等现代化设备，誊印业经营项目随市场需求而不断扩大。迄2005年，辖区有教仪万盛彩色复印经营部等打字、文印社以及前卫雕刻社等服务网点11家。

【修　理】

80年代初，全区有街道居委开办的修理服务网点14家。80年代中期，在通运路地区孟渊弄开办闻名全市的“孟渊弄修补一条弄”，提供鞋类为主的修补服务。1986年，全区修理服务网点发展到37家，从业人员85人，多数是街道居委会开办的小集体企业，从业人员来自上山下乡回城人员、社会闲散人员和有专业特长的退休人员。修理服务项目主要有3类：竹木类的盆桶家具、竹器、车木、棕棚修理等；日用品类的保暖铜制品（手炉脚炉等）、搪瓷修补、补锅补碗、皮革制品、拉链修换、鞋类修绱等；五金交电类的自行车三轮车修理、钟表修理、锁具修配、黑白铁加工等。经营方式主要以修为主，兼营零星加工制作，多为手工操作。90年代后，随着城市改造步伐的加快，街巷固定摊点或转为门店化经营、或流动经营、或电话上门服务，修理项目也随人民生活水平的日益提高而不断变化，从事盆桶圆木家具修补的“箍桶匠”、铜制器具加工的“铜匠”逐步退出历史舞台；席梦思床垫的普遍使用导致棕绷床修理匠人越来越少；随着摩托车、助力车、电动车的逐步普及，自行车修理普遍兼营电动车维修；随着电脑、手机、电视机、音响、电饭煲、液化气灶、空调等家用产品的普及，各类专业维修店纷纷开业，家用电器卖场也都开设家用电器修理部，以“卖”带“修”，扩大经营；随着人们生活节奏的加快，修锁配钥匙和开锁业应运而生，解决百姓“应急”。1995年，全区修理服务网点发展到62家，从业人员138人。其中，交通工具和家电两类修理服务网点占90%以上。1998年后，随着产权制度改革的深入，修理服务网点全部转为个体私营经营。此外，从事鞋包及拉链、雨伞、皮鞋修理和磨刀等流动摊点、以及吸排油烟机等家用电器的清洗维修人员在街巷小区仍可常见。

【缝　纫】

无锡解放初，辖区服装店众多。仅中山路就设有9户专做女装、男装、中服、童装、内衣的服装店，承接来料加工，有著名的“绿叶”“大华”“金星”“周荣记”“乔记”“小玲珑”“小朋友”“乐凯”“三爱”等。无锡解放后，历经“公私合营”、“文化大革命”等运动，服装加工网点有所萎缩。改革开放后，随着人民生活水平的提高，服装加工逐步被成衣购买所替代。80年代中期，全区服装加工网点仅剩8家，均为街道居委会开办，从业人员39人。1990年后，随着百姓审美情趣的提高，服饰更新换代加快，时装的普及，振兴服装加工业。1995年，全区服装加工网点增至16家，从业人员43人。服务方式从顾客自购布料量身裁衣，转为面料、辅料、加工服务一条龙，加工的服装由大众化转向时装化、个性化。1997年，在后西溪布料市场周边，设有服装加工摊位105个，纽扣、拉链等辅料零售和拷边、整烫摊位24个。服装加工摊位与布料市场相得益彰，在市场开业后的七八年间，服装加工摊位十分兴旺。进入21世纪后，随着价廉物美服装店的纷纷开办，服装加工业逐步退出市场，又因城市建设改造，服装加工网点大多被拆除。2005年，辖区仅剩少数固定服装加工点，后西溪布料市场还剩有服装加工摊位20个。

【汽车美容】

80年代，汽车修理业局限于汽车机械维修、外壳喷漆、内饰件更新等。1986年，辖区有汽车修理业网点6家，1990年8家。1991~1995年，该行业发展较快，5年新增网点10家。汽车美容逐步成为汽车维修的升级服务项目。1995年，红太阳汽车美容部在崇安区注册成立，从事汽车美容和装潢服务。其后，随着家用汽车逐步普及，从事汽车美容装潢的网店逐步发展。2000年，辖区汽车修理业网点增至32家，均设有汽车美容装潢服务部。2003年6月后，汽车美容店一哄而上，"一个气泵，两块抹布，三个伙计"模式的汽车美容店纷纷开业，悬在车内的小饰品、音响、汽车香水、贴防爆膜、打蜡直至洗车都是这个新兴行业的经营范围，它在业内被称为继汽车销售之后的"第二桶金"。但随着汽车出厂配置逐步提高，经营形势迅速变化，在市场竞争的优胜劣汰中，部分加盟者先后倒闭，包括来自国外的"汽车美容全国连锁总部"也倒闭一批。迄2005年，辖区汽车修理美容网点仍有42家，主要集中在广益街道沿312国道、通江大道一带。

【婚丧服务】

辖区婚庆服务始于90年代初。在此之前的婚庆礼仪服务主要由酒家饭店兼营，随着市民婚庆服务需求的逐渐升温，专业从事婚庆礼仪服务公司相继开业，服务项目从婚庆礼仪策划、场景布置、跟踪化妆、典礼主持、舞台音响、拱门、摄像到嫁娶车队等，提供新人摄影摄像、出租礼服等系列服务，并逐渐成为时尚。2004年，从事婚庆服务的企业和个体户进一步发展，是年，全区新增11家。2005年，辖区有江苏天健皇家婚典礼仪服务中心、好年婚庆礼仪服务部、良缘婚庆礼仪服务部、无锡美天婚庆礼仪服务部、鸿源婚庆礼仪服务部等23家。

90年代前，丧事服务主要由经营香烛、殡葬用品的花圈店及殡仪馆提供。其后，专门承办丧事服务的企业及个体经营户开始出现，并逐步发展，提供24小时殡葬服务一条龙服务。2003年，无锡市金辉殡葬礼仪公司在辖区注册成立，注册资本50万元，员工18人，经营范围包括殡葬礼仪和丧葬用品、鲜花销售等。2005年，辖区除金辉殡葬礼仪公司外，还有少量的个体户、花圈店从事丧事服务。

第五章　现代服务业

改革开放后，伴随着市场经济多元化格局的形成，在推进传统服务业发展的基础上，大力发展满足经济建设和人民群众多方面需求的现代服务业，努力提高其比重。辖区家政、物流运输等新兴服务业逐步发展，会计、审计、信息咨询等智力型服务业不断涌现，广告传媒、房产租赁、典当拍卖、计算机软件等中介服务业逐步兴起。2005年，辖区有各类现代服务业网点350余家，现代服务业增加值128.2亿元，占地区生产总值的比重上升到87.09%，占服务业增加值比重提高到24.5%。其中，信息传输、计算机和软件业12.8亿元，占全区服务业比重的10%。

第一节　家政服务

家务劳动社会化服务始于80年代中期，全区有240多个家务劳动服务小组，主要围绕居民群众"衣、食、住、行""生、老、病、死""智、乐、便、安"开展有偿与无偿相结合的服务，开设服务项目30多个，从业人员1500多人。1986年7月，全市第一个家政服务企业——崇安区三八服务部成立，位于新彩路7号，注册资本3万元，首批20多名服务员来自安徽省无为县农村。至1990年，先后招收外地女青年千人以上。后把家政服务作为拓宽社区服务领域的主要方面，并逐步市场化，区街两级劳动服务站首开先河，服务项目有为客户上门打扫卫生、烧饭、做菜、洗衣服等。1995年，家政服务网点增至6家。1996~2000年，新增服务网点7家。从家务操持、打扫保洁发展到婴幼儿看护、老人照料、病人看护、孕产妇护理等业务，从月计酬发展到钟点工。迄2005年，全区有家政服务实体23家。

2005年崇安区辖区主要家政服务机构一览表

表7-5-1

名　称	地　址	名　称	地　址
崇安区周山浜社会劳动服务部	蒋巷365号旁	利洁清洗服务有限公司	县前东街17号1402室
永乐家政服务有限公司	广丰一村3号104室	利飞来清洗保洁有限公司	风雷新村118号
广益家政服务信息部	江海东路392号	崇安区百花家政服务部	广勤路17号
广厦物业管理公司房产信息中介分公司	新开河5号303室	崇安区广丰一村社区综合服务站	广丰一村14号
巾帼苑社区服务有限公司	新生弄1号	崇安区草地家务服务部	上马墩路51号
品艺企业策划服务有限公司	中山路359号吟春大厦2511室	崇安区塔一社区综合服务部	塔影一村28号103室
兰涛专业清洗保洁服务有限公司	人民中路88号804室	崇安区庆丰整洗合作社	庆丰里99-3
巾帼苑社区服务有限公司新开河分公司	新开河1号101室	崇安区塔影为民综合服务站	塔影二村67 -1
品艺花卉服务有限公司长庆路分公司	长庆路280-5B	崇安区康乐社区服务部	后西溪15号

说明：上述资料由区经贸局提供。

第二节　商务中介

90年代初，商务中介服务大量出现。至1999年底，辖区商务中介服务已从商标、广告、专利扩展到资产评估、房地产、科技、产权、信息、运输等领域。迄2005年，商务服务领域涵盖房地产、劳动力、科技、产权交易、文化体育、运输、旅游等13个方面，辖区有会计（审计、税务）师事务所22家，房地产中介机构40余家，典当拍卖公司8家。持证经纪从业人员1256人，其中，信息类经纪人873人，占69.51%。其次依次是运输、房地产、广告类经纪人。

【会计、审计事务】

辖区会计、审计事务服务业始于90年代初，1992年6月16日，区内第一家会计师事务所——太湖会计师事务所成立，地址在复兴路151号。主要业务是为客户提供审计、验资、资产评估、代理记账、会计培训等服务。1993年，位于学前街82号的人民审计师事务所成立。主要业务是为客户提供工程招投标造价预概结算审核和可行性研究。1995年，区内有会计师事务所5家。此后，随着经济活动日益频繁，区内会计事务所发展迅速，2000年，会计师事务所发展到13家，审计事务所2家。迄2005年，辖区会计（审计、税务）师事务所增至22家，占全市的84.62%，其中，会计师事务所19家。

位于人民路的大众会计师事务所（2005）　　（孙怡摄）

2005年崇安区辖区会计（审计、税务）师事务所一览表

表7－5－2

名　称	地　址	名　称	地　址
无锡安信会计师事务所	中山路198号9楼	江苏无锡长江会计师事务所	中山路215号7F
无锡公众会计师事务所	人民中路97号1505室	无锡宝光会计师事务所	中山南路159号12楼
无锡太湖会计师事务所	复兴路151号六楼	无锡银河联合会计师事务所	人民中路123号
无锡大众会计师事务所	人民中路35号	无锡泰信和会计师事务所	人民中路97号903室
无锡公勤会计师事务所	解放北路23号－6	无锡梁溪会计师事务所	人民东路17号
无锡邦尼财务咨询管理有限公司	人民中路97号	无锡嘉誉会计师事务所	县前东街187号13楼
无锡中鹏会计师事务所	中山路278号	无锡普信会计师事务所	人民中路37号
无锡东华会计师事务所	解放西路321号3楼	无锡瑞华会计师事务所	广瑞路58号2501室
无锡东林会计师事务所	解放北路16号813室	江苏天衡无锡分所	人民中路37号
江苏方正会计师事务所	崇宁路19－3号7楼	无锡方正会计师事务所	华光大厦17楼D3座
无锡众信会计师事务所	解放东路850号	无锡普信税务师事务所	人民中路37号

说明：上述资料由区经贸局提供。

【典当　拍卖】

典当拍卖由来已久。隋唐时期，无锡已有典当。无锡解放初期，典当物品以衣服、被子为主。1956年，典当业实行全行业公私合营后，纳入银行体系。“文化大革命”期间，典当业冲击殆尽。1991年，无锡第一家拍卖企业——无锡市拍卖商行开业，其经营范围除拍卖外，还包括典当、信托、代销、零售等综合服务。2000年，全市4家典当网点有2家在区内。进入21世纪后，黄金饰品在当物中的比重逐年下降，房产、股票、机动车辆等当物的比重逐年上升。2004年，黄金饰品所占比重从2001年的40%下降到9.6%，房产所占比重由2002年的40%上升到59.4%。迄2005年，辖区有典当拍卖公司8家。有位于新生路4－2号的五爱典当公司、人民中路东林苑的中国保利集团保利华东艺术品拍卖公司、工艺路3号的双赢拍卖有限责任公司、锡沪西路33号的无锡天衡拍卖行有限公司、解放北路21号金马大厦的中山拍卖有限公司、解放西路139号的胜利典当有限责任公司、人民中路6号的春申典当有限公司、县前东街8号的嘉德拍卖有限责任公司等。

【房地产中介】

区内房产租赁中介服务起步于1996年，时仅有1家，提供中高档楼盘租售、楼盘代理、房屋租售、办证贷款等中介服务。随着城市建设的快速发展，房产中介服务业发展较快，至2000年，发展到9家。迄2005年，辖区有房地产中介服务机构46家。

2005年崇安区辖区主要房地产中介评估机构一览表

表7－5－3

名　称	地　址	名　称	地　址
江苏首佳房地产中介有限公司	解放西路238号	长城经贸有限责任公司	中山路199号3楼
广正评估经纪事务所有限公司	长庆路279号5楼B座	新宇房地产咨询服务有限公司	崇宁路6－2
万家房产中介服务有限公司	中山路44号	锡城中山房产服务有限公司	复兴路121号3楼
住房置业担保有限公司	复兴路122号	曙光房产中介服务有限公司	长江北路125号
恒茂房地产中介评估有限公司	解放东路708号	崇安区房地产经纪人事务所	北大街8号6楼
中房房地产咨询服务有限公司	中山路157号3楼	家和房产服务有限公司	健康路206号
圆苑房产咨询服务有限公司	新街巷11号101室	裕健房地产服务有限公司	汉昌路2号
金泰阳房地产中介服务有限公司	新生路164－1	智诚物业有限公司	尤渡苑18－1
春华咨询服务公司	复兴路122号	华房房产销售服务有限公司	解放东路708号
景盛行房地产投资咨询有限公司	中山路88－1号801室	华灵房屋中介服务有限公司	解放西路449号
神舟房产中介服务有限公司	解放东路128号105室	普信房地产估价有限公司	人民中路37号

续表7-5-3

名　称	地　址	名　称	地　址
汇成不动产顾问有限公司	解放东路918号10楼	智丰房产服务有限公司	圆通路28号10楼
德天咨询有限公司	振奋路杨沟水巷37-17	城投房屋拆迁有限公司	劝业场12楼
新旺房地产咨询服务有限公司	崇宁路4-2	家天下房地产营销有限公司	中山路65号
润浩房地产经纪有限责任公司	解放东路708号2楼	求实房地产评估交易有限公司	中山路19号后门
启迪房地产咨询服务有限公司	复兴路108号	同致海岸地产顾问有限公司	华光大厦12楼
瑞源房地产中介有限公司	江海新村22号2楼	房地产交易所经纪有限责任公司	解放东路708号
房地产咨询服务有限公司	解放东路708号	顺驰房地产经纪有限公司	人民中路118号3楼
永联置业顾问有限公司	明珠大厦1-1803	广利行房地产投资顾问有限公司	长庆路90-3
东方名流房地产营销有限公司	东方广场15楼A座	苏亚房地产估价咨询有限公司	崇宁路19-3号7楼
嘉业房地产评估咨询事务有限公司	健康路203号	百勤房地产估价有限公司	华东不锈钢市场313室
华厦建设经营发展总公司建业经营部	崇宁路28号	典雅居房地产服务有限公司	汇利广场29号701室
大众房地产服务（连锁）有限公司	中山路270号 天安大厦1707室	中鹏房地产经纪有限公司	中山路278号 中发大厦6楼610室

说明：上述资料由区经贸局提供。

第三节　广告传媒

80年代初，辖区广告企业仅有市属无锡市广告装潢设计公司1家，从业人员10余人。主要业务是为大商场（店）进行橱窗布置、商品陈列、售点策划、承接工业产品商标设计制作等。1981年后，广告主营业务开始转向广告发布。是年，市广告装潢设计公司更名为无锡市广告公司，在火车站、三凤桥、东方红广场等处设立路牌广告39块。随着改革开放的深入推进，广告形式渐趋多样化，广告设计日趋现代化，灯箱广告、霓虹灯广告开始出现。1985年，在东方红广场竖立起新型电子广告显示屏。1991~1995年间，辖区广告企业发展到11家。1996年后，广告业进入快速发展阶段。伴随经济发展和科学技术进步，广告业服务项目不断创新，从企业品牌策划，到制作户外广告牌、门头灯箱、海报、条幅、霓虹灯、汽球等，并发展到承接各类展览工程及展示厅、会议厅、专卖店设计与装潢等业务，提供多媒体投影仪、影视等设备租赁服务。制作手段不断提升，由数码喷绘写真替代传统人工操作。迄2005年，区内有广告传媒企业32家。

2005年崇安区辖区广告传媒企业一览表

表7-5-4

名　称	地　址	名　称	地　址
无锡市居易广告有限公司	道长巷60号501室	无锡公花园文化传媒有限公司	中山路159号1112室
无锡市蓝盾广告传媒有限公司	广瑞路58号419室	无锡太博文化传媒有限公司	德福花园6号1501室
无锡市超越神话文化传播公司	解放东路保利广场	无锡市金妮广告传播有限公司	复兴路130号1602室
无锡市源氏广告传播有限公司	解放东路918号泰祥大厦	无锡唯美空间广告有限公司	上马墩路10~19号
无锡市亿众文化传播有限公司	人民中路1号410~412室	北京中企动力广告无锡分公司	县前东街18号4楼
无锡全程文化传播有限公司	人民中路97号904室	无锡红火文化传媒城中制作部	永定巷12号
江苏秋原文化传媒有限公司	解放北路16号616室	无锡市怡龙广告有限公司	县前西街25号701室
无锡依依广告有限公司制作部	广瑞路莱花墩	无锡锦色传媒有限公司	圆通路26-2号801室
无锡市拓普传媒广告有限公司	中山路333号4楼H座	无锡市盛明广告有限公司	东林苑10号1001室
无锡好达美广告有限公司	中山路8号3楼	无锡戈美士广告有限公司	人民中路163号611室
无锡千棵树广告有限公司	汤家桥94号	无锡市玉风广告有限公司	锡北路655号2楼
无锡市天檀广告有限公司	新生路107号820室	无锡祥宇文化传媒有限公司	解放东路900号710室
无锡市顺通广告有限公司	前西溪12号	无锡大泽文化传媒有限公司	江海新村25号2012室
无锡通路传媒文化有限公司	解放东路918号 泰翔大厦6楼	南京国源广告公司无锡分公司	锡沪路360号B座5门301室

续表7-5-4

名　称	地　址	名　称	地　址
南京慧聪网广告信息公司无锡分公司	解放北路16号702~710室	南京浩正广告传媒无锡分公司	中山路343号东方广场8楼D座
无锡江南时报文化传媒公司广告信息服务部	广瑞路54号4楼407室	无锡市飞凡广告有限公司	中山路889-2明珠大厦15楼

说明：上述资料由区经贸局提供。

第四节　计算机技术服务

计算机技术服务业包括软件开发和数据处理业、数据库服务业、计算机软硬件维护业等。改革开放后，计算机技术服务业发展很快。1993年，位于学前街132号的市轻工发展总公司信息开发分公司成立，是区内第一家计算机应用服务企业。1995年，区内有计算机技术服务企业5家。1996~2000年间，外商、私营经济纷纷入驻区内，5年新增计算机技术服务机构43家。2001~2005年，该行业进入发展快车道，5年新增106家。迄2005年，辖区计算机技术服务企业发展到154家。

2005年崇安区辖区主要计算机技术服务机构一览表

表7-5-5

名　称	地　址	名　称	地　址
同盟电脑有限公司	崇宁路4号	中利雅电子技术有限公司	学前街38号
交友信息技术研究所	育才弄36号	宝成计算机网络有限公司	中山路333号17楼D座
宝兴科技有限公司	解放南路627号	天瑞计算机信息技术有限公司	春晖新村12-2
金宇塔科技有限公司	崇宁路28号	英正计算机系统有限公司	前西溪1-4
万成科技有限公司	圆通路28号1601室	惠科信息技术有限责任公司	后西溪48号501室
先行科技服务有限公司	升平巷28号1208室	惠友科技有限公司	人民中路88号410
中山科技有限公司	中山路87号	大众网络信息技术服务公司	中山路125号
瑞德计算机服务有限公司	解放东路748号	金彩电脑喷画有限公司	河埒里15号 303-306室
万科新技术公司百脑汇分公司	学前街35-2	长江计算机系统有限公司	学前街86-1
德清信息技术有限公司	后西溪48号	诺贝电脑技术有限公司	中山路333号华光大厦9楼
云蝠软件有限公司	中山路418号	科林电脑有限责任公司	崇宁路16号704室
联想电脑有限公司	解放东路890-2	金算盘软件有限公司	升平巷28号1707室
海协电子发展公司	解放东路786号4楼	万科新技术有限公司数码分公司	升平巷28号1708室
和泰电子工程有限责任公司	解放东路866号2楼	中润科技开发公司第一分公司	中山路89号
锡能技术开发公司五爱门市部	学前街86-4	金卫信网络工程公司城中办事处	宁海里269号802室
公众信息网络有限公司	永定巷4号	新中大软件有限公司	中山路270号（天安大厦）
波达计算机软件有限公司	永定巷1号	永洁电脑维护有限公司	升平巷10号201室
蓝蓝经济咨询服务公司蓝蓝网页制作分公司	永乐路恒鑫源饭店8楼815室	用友软件有限公司营业部	永定巷15号华宇大厦24楼B座
众力计算机系统有限公司	复兴路151号机械大楼505室	联发软件工程有限公司	复兴路151号机械大楼906室
天乙计算机技术有限公司	解放东路1008号金和大厦18楼	大洋电脑有限公司	学前街1号恒通国际大厦12A座
瑞琦科技发展有限公司	升平巷28号银辉城市花园2008 H座	万网信息技术有限公司	中山路270号天安大厦915 B单
东盛计算机技术服务公司城中分公司	解放南路628号	新瑞计算机系统集成公司网络分公司	华通大厦1805~1806室
上海鸿立系统集成公司无锡办事处	和泰苑6号101室	上海讯博计算机系统工程公司无锡办事处	解放西路323号501室
轻工发展总公司信息开发分公司	学前街132号		

说明：上述资料由区经贸局提供。

第五节　物流运输

物流运输业由货运业演变而来，随经济发展而逐步兴起。21世纪初，随着广益街道境内沿312国道（现称江海东路）、锡沪路两侧以装饰装潢材料、汽车配件为主的市场群逐步形成，货运市场随之兴起，广益片区是无锡市确定的重点物流片区之一。片区内有各类市场13家，年现货交易批发额50亿元以上，在无锡乃至华东地区具有一定影响。2001年，市属广瑞饭店利用自身优势，与无锡瑞特、驿兴两家货运公司以及上海琪峰物流公司合作，建办无锡佳尔物流公司，经营范围包括货运配载、仓储、危险品运输、停车、餐饮、住宿等。2002年，市环卫处将位于锡沙路2号桥、占地1.2万平方米的垃圾堆场，改建成无锡货运市场环鸿分市场。广益街道黄泥头村引进无锡市谊达物流公司，在通江大道西侧建成广益物流园，占地2.63万平方米、建筑面积近万平方米，集货运代理、配送、加工包装、仓储、运输和餐饮、停车、住宿、车辆维修、加油等服务功能于一体。园区周围有货运交易市场10多家，停车场地14万平方米。2004年，江苏省中外运公司也在片区内开设分公司，服务项目包括国际海陆空货运、仓储及集装箱拆装等。迄2005年，辖区有物流企业13家，主要集中在广益街道境内的广瑞路、锡沪路、江海东路一带。其中，中储物流有限公司年上缴地税1041.27万元，名列全区上缴地税11位。

2005年崇安区辖区物流企业一览表

表7－5－6

名　称	地　址	服务项目	举办单位
无锡中储物流有限公司	锡沪路183号	货运、仓储、场地租赁	中国储备物流股份公司建办
江苏中外运公司无锡分公司	县前东街118号	国际海陆空货运、仓储	江苏中外运公司建办
无锡瑞特货运代理公司	广瑞路1599号	国内货运、仓储	无锡瑞特货运代理公司建办
上海琪峰物流无锡分公司	广瑞路1599号	国内货运、仓储	上海琪峰物流公司建办
无锡驿兴运输公司（无锡货运市场锡东分市场）	广瑞路172号	国内货运、仓储	2001年，佳尔储运公司建办
华通行物流无锡分公司	中山路343号	国内货运、仓储	1996年，华通行物流公司建办
无锡谊达物流公司（无锡货运市场谊达分市场）	通江大道广益物流园内	货运代理、停车住宿、仓储	2003年，谊达物流公司建办
无锡佳尔物流公司	广瑞路1599号	货运配载、运输、停车住宿	2001年，广瑞饭店建办
无锡货运市场黄泥头分市场	江海东路19号	货运配载、停车住宿、浴室	1993年，市客运总公司建办
无锡益宏货运配载市场	通江大道李巷桥	货运配载、停车住宿	益宏货运公司建办
无锡货运市场广瑞分市场	广瑞路129号	货物运输、停车住宿、房屋租赁	市运管处建办
无锡货运市场环鸿分市场	锡沙路2号红卫桥	普通搬运、仓储、停车住宿	2002年，市环卫处建办
无锡货运市场佳尔分市场	广瑞路底向阳桥	货运、仓储、停车住宿	佳尔物流公司建办

说明：上述资料由区经贸局提供。

第六章　名店　名品

20世纪30年代，崇安区已成为无锡乃至周边地区购物、餐饮、休闲、娱乐中心，各行业商铺集中于崇安寺、观前街、大市桥（中山路北段）、通运路一带。行业间竞争激烈，为求生存发展，各商铺在继承传统的基础上，不断推陈出新，改革工艺，创新品种，改进服务，吸引消费，名店、名品在市场竞争中脱颖而出。无锡解放后，政府积极扶持名店发展，恢复和保留名品、名点。改革开放后，特别是90年代后，名特老店适应市场变化，不断改革创新，更新设施，改善环境，规模、实力、品种、质量都有新的突破。三凤桥肉庄是国家商务部第一批命名的“中华老字号”企业，光明眼镜店被评为无锡市首批名牌商店，丰收糕团店、大同文化用品商店、无锡美容厅、第五副食品商店、功德林素菜馆、教仪公司、帐子公司、灵通针纺织品公司等8家商店被评为无锡市首批特色商店，新乐泉浴室、世泰盛呢绒布绸商店、沈广茂洗染店等3家商店被评为无锡市首批老字号商店。

第一节　名特老店

【王兴记馄饨店】

创始于民国2年（1913），业主王庭安，又名王春和，无锡北乡塘头师古桥人。初在崇安寺升泉浴室旁、日泉园茶楼下租借半间店面，经营手推皮子菜肉大馄饨。随着生意看好，民国4年，店面扩充为一间半，对外正式打出“王兴记”字号。民国14年，菜肉大馄饨由单一的白汤扩大为白汤、红汤、干拌3种，满足不同口味顾客需要。民国15年，又选用鲜腿肉、鲜虾仁制馅，鲜母鸡吊汤，在市内首推“三鲜馄饨”，生意兴隆。民国19年，店面扩至二间半。至民国27年，已成为无锡点心业中的名店，经营业绩居同行业之首。民国28年，又推出小笼馒头和葱油鸡蛋饼。小笼馒头皮薄馅多、咸中带甜、卤汁丰盈，肥而不腻，物美价廉，生意日盛。民国29～35年，又在提高店务管理、堂口服务、改善设施上下功夫，文人雅士、社会名流争相光顾，其点心享誉沪宁线一带。民国37年，王庭安将店务交予二儿子王祖华继承。

王兴记馄饨店（2004.2）　（孙怡摄）

1956年公私合营后，迁至中山路391号，店面扩大至五开间，营业面积600平方米。是年，推出“蟹粉小笼”“翡翠烧卖”等高档点心，成为无锡规模最大、营业收入最高的点心店。1966年，更名为无锡馄饨店。1979年恢复原名。1984年起，采用腿心肉、鲜鸡蛋、开洋、榨菜，按配方比例拌制“三鲜馄饨”馅心，猪肉骨头吊汤，馄饨皮健、馅软、汤鲜，老少皆宜。并推出速冻三鲜馄饨，备受顾客欢迎。1991年，“速冻三鲜馄饨”获商业部优质产品金鼎奖。1995年，王兴记所在的大楼被拆，迁至中山路89号营业，营业面积5000平方米。是年，“王兴记”字号被国家工商总局核准为注册商标。1996年，王兴记馄饨店、醉月楼菜馆、二泉酒家3个法人企业合并成立“王兴记总店”，下设中桥、惠山直街、八佰伴美食街连锁分店，并开办“王兴记速冻食品厂”，生产“三鲜馄饨”“鲜肉小笼馒头”等系列产品，推向沪宁铁路沿线城市。是年，鸡汤三鲜馄饨、鲜肉小笼馒头获商业部“中华名小吃”称号。1997年，改制为王兴记股份有限公司，成为融中餐、点心、住宿、娱乐于一体的综合性企业，总股本788.8万元，有员工240人。2000年，王兴记的“无锡小笼”“三鲜馄饨”被国家国内贸易局推荐为“中国名点”，“蟹粉馄饨”“蟹粉小笼”被中国烹饪协会认定为“中华名小吃”。2001年，“王兴记”被中国烹饪协会授予“中华餐饮名店”称号。翌年7月，企业通过ISO 9001：2000质量管理体系认证，“王兴记”商标获江苏省著名商标。2003年，“王兴记”改制为自然人控股的有限责任公司，位于中山路223号。是年，公司荣获“全国绿色餐饮企业”称号。2005年，“王兴记”速冻食品通过国家质检局QS食品生产认证。是年，服务业营业收入2157万元。

【慎餘肉庄】

创办于民国16年（1927）7月，业主王云清，无锡东北塘下旺村人，始在三凤桥堍经营生、熟肉和火腿，重金聘用技艺高手——南派名师蔡杏根和店中北派师傅王阿林，合作掌灶，烧制“肉骨头”，酱排骨色泽酱红，油润光亮，骨酥肉烂，香美味鲜，热冷餐皆宜，融南、北两派所长，而大受顾客欢迎。20世纪30年代，慎餘肉庄在继承传统工艺的同时，精益求精，依靠上乘的产品质量，在竞争中独占鳌头，年销肉骨头15万斤。无锡解放时，全店有员工15人，营业面积47平方米。1956年公私合营后，改名三凤桥肉庄。2003年，慎餘肉庄创始人王云清嫡孙、第三代传人王国华重新注册“慎餘”字号。是年9月28日，其与无锡烤鸭馆第四代掌勺人俞世高合股组建股份合作制企业——慎餘肉庄，在中山路222号复业，生产真空、保鲜、鲜熟三大系列的酱排骨，在再现传统风味的基础上，研制出融现代人口味的慎餘肉骨头，还推出“全家福”盒装卤菜。2003年，慎餘肉庄酱排骨在全市盒装酱排骨质量评比中获96分，高居榜首。2004年5月，在第十一届中国食品博览会上，被授予国家金奖。

【三凤桥肉庄】

其前身是创办于民国16年（1927）7月的慎餘肉庄，创始人王云清。1956年公私合营后，改名三凤桥肉庄。1967年转为国有企业。1983年更名为三凤桥肉店。1987年复称三凤桥肉庄。是年，投资1040万元，原址（现中山路240号）翻建成营业面积4000平方米的6层大楼，内设食品部、酒家部、客房部，酱排骨日销量超吨。1997年，三凤桥肉庄改制为有限责任公司。1999年，又投资上千万元，在其东侧新建一幢2层大楼，名三凤酒家。营业面积1600余平方米。设大小餐厅16间，可同时容纳800人就餐。2000年改制为自然人控股的有限责任公司。是年，营业额达到6165.99万元，利润888.23万元。2002年12月，投资2000余万元，在新区建成现代化中式食品生产基地，年产量3800吨，为华东地区之最。2005年，营业额6000余万元，利税1100万元。

三凤桥肉庄（2004.1）　　（区经贸局供稿）

【真正老陆稿荐】

创办于清同治十年（1871），创始人陆步高，以卖熟肉起家，后传到其子陆稿和陆荐，以产品芳香扑鼻，甜咸适中，油而不腻而闻名全城。无锡解放后，历经多次改造，扩大规模，其酱排骨和卤菜在江南一带名声日盛。90年代初，真正老陆稿荐熟肉店合并裕兴肉店、老三珍肉店、新阳肉店、梁溪肉店、城中经营部等十几家熟肉店，成立以“真正老陆稿荐”传统名牌产品为龙头的肉食品总店。1995年，肉食品总店更名为真正老陆稿荐肉庄，并逐步兼并无锡市肉制品厂、无锡市康达旅游食品厂、无锡市食品

位于中山南路的陆稿荐（2005）　　（孙怡摄）

公司家禽车间。2001年，被国家国内贸易局评为无锡唯一的一家“中华老字号”企业。2003年，肉庄改制为无锡市真正老陆稿荐肉庄有限公司。迄2005年，拥有市区连锁熟食店17家，生产经营范围包括肉、禽、蛋、水产、熟肉制品、素食熟制品、腌腊制品、农副产品、豆制品等的加工与销售，面市的产品有真空软包装、保鲜卤菜、休闲食品、西式制品、散装熟食、腌腊制品6大系列138个品种。是年，“真正老陆稿荐”商标评为无锡市著名商标、江苏省知名商标。

【聚丰园大酒店】

创办于清同治六年（1867）11月，时由盐业公栈厨师王荣初、华仲兴、胡绍奎3人合股开办。原址位于北城门脚21号，两开间门面，取名聚丰园菜馆。经营正宗锡帮菜肴，其看家特色菜有腐乳汁肉、卤鸭、奶汤鲫鱼、灌汤虾球、梁溪脆膳、活呛虾等，开业不久便美名远扬，时为北门一带红白喜事待客、官绅商贾交往应酬之处。特别是春秋两季，游人食客包船游览，聚丰园厨师随船烹制，至民国初年名声更响。20世纪30年代，筹股1400银洋就地改造，扩充富丽官厅，在传统湖鲜菜肴的基础上，推出海参烩鳝鱼、鱼翅、鱼皮配蟹粉等海鲜系列品种，凭籍兼容并蓄的菜肴特色，稳居无锡大小名店之首。1966年，迁至胜利门口中山路555号，扩大到三层楼面，更名新风饭店。“文化大革命”后，恢复原名。1996年后，又历经几次改扩建，营业面积扩大到1.95万平方米，成为国际三星级标准的特色餐饮商旅酒店，更名聚丰园大酒店。拥有150余间中高档客房，20多间风格各异的餐厅，可供700人同时就餐，并配有大小会议室，以及桑拿、演艺、棋牌娱乐等配套设施。在传承锡帮菜肴的基础上，又引进海派菜、粤菜、川菜等系列，满足多层次消费需要。王伟东、袁伯良两位厨师曾为党和国家领导人江泽民、李鹏烹饪过菜肴。企业先后获得“中华老字号企业”“中华餐饮名店”“全国绿色餐饮企业”等殊荣。2002年，改制为有限公司。2005年，营业额730多万元，从业人员231人。

聚丰园大酒店（2004.2）　　（孙怡摄）

【世泰盛呢绒布绸商店】

创办于清光绪十五年（1889），始由钱孟安开办，店址位于大市桥口（无锡解放后，为中山路318号），名“世泰盛绸缎庄”。祈望国泰民安、世道太平、事业兴旺。初始仅8名店员，以经营绸布为主，兼营丝棉线和顺袋，绸布种类仅粗布、夏布、黄草布和狭幅绸。后因钱孟安不谙商道，光绪二十一年改由张孟肃继任，然遭光绪二十五年的一场大火，殃及世泰盛而一蹶不振。光绪二十六年，除钱氏外，由唐、张、华、冯4人合股筹资6000银元重新复业。清光绪二十一年至民国16年（1927）间，张孟肃经营有方，陆、强两位股东进入，股本金增至3万银元，流动资金达到16万银元。经营品种达1000余种，且花色齐全，备货充足，劫后余生的世泰盛成为同业中的殷实富户。民国19年后，又购地扩展营业场地，增设服装部，代客加工服装，出售成衣；增加国外进口和国内生产的机织平布、府绸、卡其、色织布、呢绒等品种，雇佣店员47人，账面资本增至9.3万多银元，年营业额超过30万。民国26年无锡沦陷至1949年，世泰盛惨淡经营，屡遭损失，流动资产贬值70%，濒临破产。无锡解放后，世泰盛重获新生，曾被树为市财贸系统先进典型。1955年公私合营，“恒新”“恒丰洋”“大纶柏”3家绸布店和新大陆百货店等并入，1958年，改名世泰盛百货商店。1966年，百货部划出，更名世泰盛呢绒布绸商店；是年8月，又与红光百货商店合并，改称无锡市第四百货商店布绸部。1984年8月，复称世泰盛呢绒布绸商店，主营纺织品和服装，兼营针纺织品。1986年，年营业额769.65万元，从业人员103人。1987~1989年间，先后荣获“市一级企业”“物价计量、优质服务信得过单位”等称号。90年代后，世泰盛依据市场变化和消费者需求，不断调整经营策略，与浙江丹尼等多家品牌服装企业联姻，扩大经营范围。1996~1997年，年营业额超过千万元。1998年，在城市建设改造中，位于中山路318号的1250平方米的店面被拆除，安置到大成巷口。1999年，被市政府授予“老字号商店”。2002年初改制后，兼并崇安区百货公司、无锡市自行车商店、无锡钟表店、崇安区五交化商场等8家企业，组建成世泰盛经贸有限责任公司，注册资金300万元，营业面积扩大到2753.03平方米，从业人员212人。2005年，与“世泰盛”品牌联营合作的企业和旗舰店发展到13家，从业人员110人，年营业额6458万元。

世泰盛呢绒布绸商店（90年代）　　（世泰盛供稿）

【光明眼镜店】

创办于民国5年（1916）夏，时由张德和（后改取学名张秉辉）在圆通路开设锡城第一家眼镜店，取名精明眼镜店，面积30平方米，员工3人。民国12年，迁至城内仓桥下，员工增至5人。因拥有锡城唯一的科学验光设备，并秉承“精确验光、精细加工、精心服务”的宗旨，不久便声名鹊起。民国28年，在中山路新建2开间三层楼眼镜店，时规模为城内之最。民国37年，张德和被推举为无锡县钟表商业同业公会理事。1956年公私合营后，更名为公私合营精明眼镜店。1962年，由高元轩接任，先后开设中山北路的“精明”、城中公园旁的“精益”、通运路的“第三门市部”3家分号。1966年改名国营光明眼镜店。1972年迁至中山路447号，营业面积230平方米，员工15人。1976年，由唐建华接任经理，传承“质量、服务、信誉”“顾客至上”的经营理念，提出“不让一副不合格眼镜进店，不让一副不合格眼镜出店”的服务宗旨，树立良好的老店形象。并陆续增添“一度仪”“光心仪”“电脑验光仪”“自动磨边机”等现代化加工设备。1986年后，适应配镜者需求，率先采用电脑验光、磨镜，不断引进国内外眼镜新品牌，逐步拥有一批由高学历验光师、高级验光员、高级定配工组成的专业技术队伍，使该店在激烈的市场竞争中始终立于不败之地。在1994年、1998年无锡市第一、第二届名特老商店评比中，连续被评为无锡市名牌商店。在2000年无锡市第三届名特老商店评比中，荣获无锡市老字号商店。2001年起连年被评为无锡市诚信企业。1986~2005年间，年年被评为无锡市先进单位。1997年，改制为股份合作制企业。2000年，转制为有限责

光明眼镜店（2005）　　（孙怡摄）

任公司，并先后在市内中山路、人民路等处开设连锁店5家，经营规模逐年扩大。2005年，年营业额达到347万元，为1986年的7.38倍。是年，因中山路地块改造，光明眼镜店中心店迁至崇安寺箭河街2011–2012号。

【亨达利（亨得利）钟表眼镜店】

创办于民国6年（1917），"亨得利"店址座落在胜利门口，"亨达利"位于中山路448号公花园后门。无锡解放后，市内百余家钟表店与"亨得利""亨达利"合并为钟表合作社。"文化大革命"期间，钟表合作社更名东风钟表店，1978年，改称"亨达利"钟表眼镜店，在中山路398号重新开业，时为三开间二层楼，前店后工场格局，店堂布局呈品字形，左、中、右分设为取表部、接表部、回修部和修钟部。有修钟表师傅20余人，钟表修理以保证质量、约期不误而赢得好评，其规模、技术、服务均处无锡地区"龙头"，"亨达利"以"牌子最老，信誉最好，备货最多，售价最廉"而闻名。1985年，加入全国"亨达利""亨得利"钟表协会，为首批会员单位。90年代初，因中山路地块改造，"亨达利"迁至人民路91号。"亨得利"从胜利门迁至通运路，后又移至南长街。2000年，亨达利（亨得利）钟表眼镜店改制为私营企业。

亨达利钟表眼镜店人民路门市部（90年代）（市钟表眼镜公司供稿）

【拱北楼面馆】

创办于清同治二年（1863）。店址位于北门外游船浜口游弄里，起名拱北楼。此后，历经创始人毛某、李永盈、荣阿二、周云亭、周王氏、朱文奎等几代传承，以碗面和小笼馒头著称而经久不衰。民国21年（1932）遭火灾后，由无锡县商会会长杨翰西出资重建。民国23年7月30日，新落成的拱北楼设有4个堂口，时为锡城高档宴客场所。楼下堂口既经营碗面、小笼馒头，还卖茶水。民国26年，日本侵略军入侵无锡，再遭火焚。民国34年春，由周云亭在崇安寺皇亭西侧，租房重新开业。1949年1月，转让给朱文奎经营。1956年1月公私合营后，拱北楼迁至崇安市场2号（崇安寺金刚殿）营业，时有五开间二层店堂，营业面积487平方米。其阳春面、浇头面系列和小笼馒头始终保持传统特色，自制的生面水头（水份）适中，厚薄均匀，细长柔韧，烧煮时，要健就健，要透就透，上口软润滑爽，老少皆宜。面汤用猪骨、黄鳝骨、鸡骨、鸭骨吊制，既鲜又香。浇头有鳝丝、鳝糊、大肉、三鲜、辣菜、姜丝等，尤以鳝丝、姜丝最受食客欢迎。鳝丝又脆又香、咸中带甜，吃口好。姜丝又细又嫩，蘸醋更佳。小笼馒头馅心选用去皮去骨的猪前腿七成、猪后腿三成，剁碎后伴适量皮冻，皮薄有卤、甜咸适中，一直为无锡市民首选。1986年5月拱北楼更新改造后，一楼仍为面馆，二楼增设酒菜部。

拱北楼（90年代）（区经贸局供稿）

可容纳方桌25张，供200人同时就餐。姜丝脆膳、炒鳝糊仍为拱北楼的特色菜，经济效益跃升。是年，营业额达到77.66万元，1990年，跃至120万元。1991年，因城市建设改造拆迁，并入市商业局所属迎宾楼菜馆。2003年，又因崇安寺地区改造拆迁再次歇业。2005年后，在崇安寺生活步行街区复业，除保持传统特色盖浇面系列、小笼馒头外，新增黑椒牛柳、鱼香肉丝等中式简餐。

【功德林素菜馆】

创办于民国19年（1930）3月。前身为文记素面店，店址在观前街83号，由邵秀英母女开设。20世纪30~40年代，其经营的早面和素饺，在全市享有盛名。1956年公私合营后，改名文记素斋馆，迁至东大街18号。经营范围扩大到素饭、素筵。1984年，在人民中路182号（老迎宾楼原址）扩建店堂，营业面积扩大到850平方米，店员增加到63人，改名功德林素菜馆。店牌“功德林”三字，为中国佛教协会名誉主席、书法家赵朴初所书。一楼经营素面、素中包，二楼经营素菜、素筵，有素鸡腿、素鱼翅、素海参、素蹄筋等20多个品种。1985年5月，二楼又增设登雅楼菜馆，时任无锡市市长马健专为“登雅楼”题写匾牌。1988年，功德林素菜馆被确定为无锡市第一批涉外旅游饭店。1988~1993年，年接待外宾5万人左右，年营业额200余万元。先后2次被评为无锡市先进企业，3次被评为无锡市外事接待先进单位。1993年，被评为无锡市特色商店。1994年，因城市建设改造，迁至崇安市场8号临时营业。2003年9月，再次因崇安寺地区改造歇业。2005年后，在崇安寺生活步行街区复业，营业面积500平方米。

80年代复建开业的功德林素菜馆（1985）　（区经贸局供稿）

【伊斯兰菜馆】

创办于民国8年（1919），其前身为清真菜馆。20世纪30~40年代，又称伊斯兰菜馆。因其租用汉昌路5号马复兴宅第，又名马复兴菜馆。1953年9月，由6名回民合股租赁后，更名伊斯兰食堂，以经营牛肉包、尤其是五香牛肉包子出名。1956年1月公私合营，并入3户回民牛肉饼馒店后，更名伊斯兰面店。迁至公园路35号开设总店，面积扩大到170平方米，并在汉昌路、惠山直街开设分店，经营清真面、牛肉锅贴、生煎馒头、酸辣汤、牛肉粉丝汤、熟牛肉、牛杂碎等品种。1980~1982年，连续三年荣获“无锡市最佳商店”称号，1984年被评为江苏省先进单位。1998年5月，因崇安寺地块改造拆迁歇业。1999年4月，在公园路35号复业，定名伊斯兰菜馆。营业面积扩大至295平方米，一楼经营拉面、牛肉锅贴、酸辣汤、熟牛肉、牛杂碎等；二楼开办清真宴席，创制“黄焖牛肉”“红烧牛肉”“炒牛肚”“芙蓉牛肉片”等一

90年代复建的伊斯兰菜馆（2002）　（孙怡摄）

批清真名菜。并先后引进北京“东来顺”羊肉火锅、宁夏“药膳牛鞭”“炒羊肚”“全羊宴”等清真特色菜。1999~2002年间，生意日盛。仅上午6点至9点的早面，就卖出2000多碗，接待顾客2000余人，3个小时营业额达3000多元。1999年被评为无锡市特色商店。2002年，改制为伊斯兰菜馆有限责任公司。是年4月，因崇安寺地区改造拆迁歇业。

【丰收糕团店】

创办于民国33年（1944）。前身为五芳斋糕团店，店址座落在崇安寺金刚殿旁，由浙江湖州人冯秉钧和弟子王禹清经营，取名丰收糕团店。1953年合作化后，与沙文井泳记糕团店合并，改名联美糕团店。1956年公私合营后，划归市饮食服务公司。1966年，改称国营丰收糕团店，迁至公园路52号，营业面积380平方米，从业人员35人。糕团经营品种历经几代人努力，达到60余种，多次在省、市比赛中获奖，是锡城市民乔迁、祝寿、上梁、添丁购买糕团的首选之处。常年经营品种有：四色水磨粉汤团、玉兰饼、五色大方糕、五色小圆松糕、赤豆糕、马条糕、拉糕、四色春卷等。应时品种有：春节的桂花糖年糕、猪油年糕、八宝饭；清明的麦汁青团；端午的花色粽子；重阳的花色重阳糕；腊八节的腊八粥等。1986年整修改造后，营业规模和生产能力逐年提高，年营业额达79.10万元。1994年，跃升至150万元，被评为无锡市特色商店。1994年11月，因崇安寺改造拆迁歇业，1995年12月并入皇亭美食城继续营业。2003年3月，因崇安寺再次改造拆迁歇业。2005年，在崇安寺美食一条街复业，仅一间门面。

【三阳南北货商店】

创办于民国18年（1929）4月。原址位于大市桥堍。由过如海、江云鹏、陈五昌、吕耀良、朱珍良、鲍念椿、华耀庚、辛纪仁等8人合股经营，过如海为经理，取名三阳南货店，挂“三阳糖栈”招牌，寓意为“三羊开泰，五福齐来”。民国21年，在该店左侧开设三阳茶食店。南货店经营南北干果、干菜、蜜饯、调味品等300余个品种。茶食店前店后工场，经销糖果、糕点、熟食品等30余个品种，并形成独特的经营特色。在商品进货上，掌握行情，联系庄客；见新少进，货涌多进；季节商品，看季进货；茶食糕点，自创特色。其加工生产的麻糕、雪片糕、松子粽子糖、熏鱼、虾子鲨鱼等，独家经营，成为特色产品。在商品销售中，分档出售，优质优价，分等论价，不买统货；经销商品讲究产地、名牌，做到特、优、全。在同行业中始终保持领先，在江、浙、沪地区颇负盛名。1956年公私合营，1958年，三阳南货店和三阳茶食店合并，改称三阳南北货商店。店址在人民中路139号。是年7月，更名为国营崇安区南北杂货商店，经营品种扩大到纺织品、日用杂品、文化用品等。1959年7月，复称三阳南北货商店。1965年，在原地扩建成4层大楼。营业面积扩大到900平方米，从业人员190人。“文化大革命”期间，改名人民南北货商店。1979年1月复现名。1980~1982年，连续3年被评为无锡市最佳商店。1984年，实行经营承包责任制后，经营品种增加到2505种，为全省南北货行业之最。1985年，扩建三楼营业厅，增加服装、鞋帽、家用电器、书画、文房四宝等，经营品种扩大到3532种，从业人员发展到212人，年营业额1605万元。其销售、利润、人均创利、经营品种等指标

三阳南北货商店（1986）　（区经贸局供稿）

居全省同行之冠，被评为江苏省先进集体、无锡市先进单位。1993年，三阳南北货商店更名为三阳公司，在保持传统经营特色的同时，致力创新发展。先是创办卡拉OK歌舞厅；后又与台湾万富国际集团合作，投资100万美元成立三达食品有限公司；引进洋快餐美国德客士乡村炸鸡。1994年，又参与国际连锁经营，开设甘迪安娜糖果店。至1995年，营业面积扩大到4200平方米，营业额超过2000万元。是年5月，三阳公司被国家国内贸易局授予“中华老字号企业”称号，被市政府命名为老字号商店。1998年4月，三阳公司原址因市政建设拆除重建。2000年2月，由市供销合作总社与马来西亚金狮集团狮贸控股有限公司合资建造的三阳百盛广场建成开业，总面积2.8万平方米，为一座集商贸、娱乐、休闲为一体的综合商场，设有全市第一部双向观光电梯。地上一至六层为百货商场。“三阳”南北货商品移入负一层经营，营业面积800余平方米。2005年，批零贸易业营销收入3.62亿元。

【沈广茂洗染店】

创办于清光绪三十四年（1908）。时为苏州沈广茂洗染店无锡洗染厂，厂址位于前竹场巷，营业面积150平方米，从业人员19人，专为丝绸庄加工染色丝绸、青老布。洗染厂在胜利门口设有老正和洗染支店，民国11年（1922），又在书院弄口开设明新洗染支店。因洗染厂经营有方，为同业之冠，洗染厂改名沈广茂绸坊，由浙江绍兴人沈纪连经营，二开间三造进深楼房，加工染色丝绸，拥有染整机和蒸气锅等设备，兼营批发业务，从业人员40余人。民国26年，无锡沦陷时被毁。后在崇安寺复业，仅一开间二层楼，20多平方米，从业人员10余人，正式改名沈广茂洗染店。经营染色丝绸、毛料、布匹以及服装洗烫等。1956年公私合营。1959年，迁至中山路374号营业，面积扩大至200平方米，从业人员13人。经营项目有丝绸、毛、布和成品服装的洗、染、烫、织，及雨衣上胶和羊皮（毛）洗白等。1962年，增设子厂——振华染厂。“文化大革命”期间，改名“更新洗染店”。1970~1985年，随化纤织物的增多，5次派员工22人赴上海正章洗染店和苏州太湖洗染店学习化纤织物的洗、染、烫等新技术，并添置洗衣机、整烫机、蒸汽机等新设备。营业面积扩大到280平方米，职工13人。1986年后，随着毛料成衣、西装的普及，干洗逐步替代水洗，又与无锡羊毛衫厂联手合作，因洗衣挺括、不走样、不褪色，深受顾客青睐，业务兴旺。1986年，年营业额6.5万元，1987年，跃升到12.8万元。1993年8月，因市政拆迁，先后移至莲蓉桥、崇安寺、中山路、书院弄等处继续营业。1999年，又移至道长巷18号，营业面积400平方米。2000年，转制为股份合作制企业，为中国洗染行业协会发起人之一。2003年11月，明蓉美容美发公司参股后改制为沈广茂洗染有限责任公司。

位于中山路的沈广茂洗染店（80年代）　（区档案局供稿）

【喜福楼饭店】

创办于民国8年（1919）。店址在东大街7号，始由李喜福夫妇靠卖粥和馒头谋生。民国11年，李喜福见生意日好，便租用隔壁50平方米两间店面，正式挂牌经营饭菜，并以其名字为店名。聘请万阿五、赵锡安、陈金根、吴俊友等数名本帮厨师烹饪苏锡菜肴。民国15~24年，先后创制出“生麸肉圆”

"红卤筒肠""糟煎白鱼"等具有浓郁无锡地方特色风味的品种。"生麸肉圆"味鲜肉嫩，皮薄有卤；"红卤筒肠"肥而不腻，甜咸适口；"糟煎白鱼"糟香四溢，鲜嫩可口。面世不久就誉满锡城，成为喜福饭店的看家菜。民国34年，由李喜福之子李荣泉掌管。1956年公私合营，仍有李荣泉负责经营。1959年并入迎宾楼菜馆，1961年改称红卫饭店，1966年停业。1988年12月，区商业局在中山路508号购置506平方米营业用房，重开复业，改名喜福楼饭店。从业人员增至34人，设桌台24张，供250人就餐，恢复"生麸肉圆""红卤同肠""糟煎白鱼"三道名菜，配以苏锡邦特色菜，引进时尚菜肴，精细烹饪，很快赢得顾客青睐。1989年，营业额达到100余万元。1990~2001年间，年营业额均在140万元左右。2001年8月，生产经营难以为继，歇业。

喜福楼饭店（1988）　　（区经贸局供稿）

【大同文化用品公司】

创办于20世纪20年代，前身为大同文化用品商店。无锡解放后，历经变迁，先后并入无锡市第四百货商店、东方红商场文具柜组。1985年市属百货零售企业划归区管理后，于1986年4月在书院弄44号重新开设大同文化用品公司，营业面积200余平方米，从业人员50人。经营纸张、纸品、文具、文娱体育用品、工艺品等800余个品种，时为全市唯一的文化用品专业商店。经营方式灵活，批零兼营，零售业务以文具用品为主；批发业务以纸张为主，货源来自山东，安徽、河南等地，纸张销往本市及周边地区400多个厂家，并与40余家专业批发公司建立供销关系。时以商品质量好、品种多、规格齐、服务优而受到众多厂家和顾客信赖，在同行业中名列前茅。1987年营业额800多万元，1990年跃升到1300余万元。1992年，迁入中山路418号2楼营业，面积扩大到823平方米，营业额增加到1900余万元。1988~1994年，连续3次被江苏省商业厅评为江苏省先进集体商业。2001年，改制为大同文化用品有限责任公司，2005年歇业。

【人和菜饭店】

创办于民国35年（1946），店址在通运路36号，四开间二层楼、340平方米，时由谢盘声等人合伙开办。店名取自春联"政通人和世泰盛"中的"人和"两字。该店以价廉物美的大米猪油菜饭为经营特色，外送一碗清汤。同时，供应无锡乡土菜肉馅面筋、百叶包，以及白切咸猪头肉、猪耳朵、猪舌头等下酒菜。菜饭选料烧煮讲究，新鲜青菜油爆后，待水烧滚后下饭锅。大米定选上白粳，猪油选用板油。菜饭油光呈亮，香气四溢，方便快捷，受到南来北往旅客和进城农民的欢迎，开业不久即声名鹊起，生意兴隆。1956年公私合营，人和菜饭店与四时新菜馆合并，改名工农饭店。1976年，四时新菜馆分设，迁至工运桥堍新建的楼房，开设醉月楼酒家。工农饭店则复称原名。1985年5月划归崇安区管理后，经更新改造，一楼可容纳15张方桌，供120人同时就餐，并设冷菜柜，供应烧鸡、牛肉、卤鸭、盐水虾等荤素冷盆。二楼为酒菜部，2个包厢可放置6张圆桌，大堂放置9张圆桌，承办婚、寿、喜宴。1986年营业额达到100余万元，被评为无锡市特色商店。1988年，年销售猪油菜饭7万公斤，营业额120万元；1996年，因第二百货商店扩建改造，人和菜饭店并入第二百货商店。2000年，区政府与天仁餐饮公司（原区饮食公司）联合投资20万元，在汉昌路55号复业。2004年，因建设站前商贸区，再度拆迁歇业。

【皇亭美食城】

创办于1995年12月，原位于崇安寺公园路58号。建筑面积6787平方米，从业人员500余人。时为区商业系统饮食服务公司27家拆迁企业安置复业之所，取名“皇亭美食城”。开业之初，一层为糖烟酒副食品商场，二层为皇亭小吃广场，三层为保龄球馆，地下室为浴室和理发室。二层除经营三鲜馄饨、无锡小笼包子、花色盖浇面、素中包、无锡豆腐干、牛肉线粉汤、荤汤豆腐花、糖芋头、玉兰饼、春卷、炒年糕、挂粉汤团、四色方糕等上百个品种的传统特色小吃外，还引进扬州炒饭、绍兴臭豆腐、香辣田螺、西南竹筒饭、拌凉粉、重庆火锅等外地风味小吃。率先采用顾客自选方式，开业初期，生意兴隆，日营业额达到3万余元。1996年，年营业额达到1250余万元，被评为无锡市城区餐饮行业排头兵。1996年，国家副主席荣毅仁到此视察。1996~2002年，年营业额均在1200余万元。2003年5月，因崇安寺地区改造拆迁歇业。2005年后，在崇安寺生活步行街区复业，营业面积1100平方米。

皇亭美食城（2005）（区经贸局供稿）

【仁号茶食店】

创办于清光绪十九年（1893）。由黄菊农等人合股在北塘桃枣沿河、原仁号糖栈基础上开设，专营桃肉、桂圆、枣子等，时有店面12间，为无锡最大的南北货商店。民国13年（1924），由黄菊农之子黄云章接管，民国23年，糖栈收缩，改办碱厂，南北货业务衰落。民国28年，黄云章之侄黄明华在盛巷开办南货店，起名仁号南货店。民国32年，黄明华兄弟聘请镇江炒货师傅，经销炒熟花生米，而一炮打响。后又逐步增加花色品种，从椒盐花生到奶油花生、白脱花生；从奶油瓜子、水炒瓜子到酱油瓜子、甘草瓜子，生意日隆。仁号南货店改名为仁号炒货店，并盘进三爱糖果厂，自产糖果，先后创制鸡球牌水果糖、元宝糖、丁果条、石果糖、牛轧糖、芝麻片等苏式糖果，还生产皆大欢喜的什锦糖。民国36年至1949年，日销奶油花生2000多斤，糖果1000多斤，产品销往常州、宜兴等地。仁号炒货“香、松、脆、色”，风味独特，其中“仁号麻糕”名闻遐迩。1951年，在安仁巷建新工场，获利丰厚。1954年，更名仁号茶食糖果店，从业人员15人。1956年1月公私合营后，迁至胜利门口中山路685号。1968年10月，改名利群副食品商店。1979年，复称仁号茶食店。1985年，改名仁号茶食公司。炒货发展到63个品种，年产量28.23万公斤，产品远销上海、北京、安徽、山东、新疆等地。是年，营业额达到112.65万元。1987年，因胜利门广场改造拆迁，移至中山路427号，从业人员100余人，年营业额115万元，其中，炒货批发销售90万元。1994年，年营业额达到120余万元。1995年，因市政建设拆迁歇业。

五六十年代的仁号茶食店（区经贸局供稿）

【无锡美容厅】

创办于民国27年（1938）。前身为南京理发店，由陈玉珍、诸明来、潘再生等人合股开办，店址在公园路，营业面积百余平方米。店内设男宾、女宾部，其女宾发型为该店特色。1956年公私合营，1959年迁至人民中路181号，更名为无锡理发厅，营业面积扩大到270平方米，设座位30张，员工40多人，时为全市唯一的特级理发厅。易地经营后，引进上海美发设备，不断创新发式发型，提高技术技艺。1962年，与上海同行开展业务交流，率先使用电剪工具，一时轰动上海滩。1976年，因店址翻建停业。1980年，在原址复业。1986年，被评为无锡市特色商店。1987年，增设新娘化妆、美容等服务项目。1988年，与日本"丝绸之路"公司缔结友好关系，引进全套世界一流的日本理发、美容设备，并派员赴日进修。是年，更名为无锡美容厅，增设按摩、纹绣、护肤等服务项目。年营业额达到130余万元，利润20余万元，领先全市理发行业。1994年5月，投资80万元，实施历史上规模最大的改造装修，建成融美容美发、桑拿休闲等多功能服务于一体，全市最豪华的理发美容厅。1995年，营业额跃升至150万元，利润45万元。2001年，"健康""崇宁"2家理发店并入该店，改制为无锡市明蓉美发美容有限责任公司。2004年8月，因市政建设拆迁，移至道长巷22号新址。

【新新食品商店】

创办于民国12年（1923），时由江玉和、谢可静等人合股开办，店址在工运桥堍西梁溪路。民国26年毁于日本侵略军炮火，后迁至崇安寺公园路。经营糖果、糕点、饼干、奶制品、瓶酒、咸腊、酱菜、蜜饯等食品，尤以广式糕点和西式餅点闻名。并在常州开设分店。民国35年，增设糕点工场，聘请广东师傅制作广式糕点和西式面包、蛋糕，糕点新鲜松软，日产日销，生意十分兴隆。1956年公私合营，1967年改为国营，迁至中山路323号，营业面积扩大到1500余平方米，从业人员61人。80年代后，新新食品商店不断创新经营方式，引进国内外品牌商品，满足消费者需求，并根据市场变化，开设冷冻设备维修部，经济效益稳步提升。1990年，营业额达到400余万元，比1986年增长73.9%；实现利润36万元，比1986年增长2.43倍。1992年，营业额突破500万元，实现利润40万元。1993年，因中山路地块改造拆除歇业。1994年12月，迁至公园路58号皇亭美食城一楼复业。1998年，移至江海新村67号，改以生产和批发广式、西式糕点为主。2001年，整体改制为民营企业。

【第五副食品商店】

创办于民国35年（1946），前身为天福茶食糖果店，由徐秀定开办。店址在通运路汉昌路口，三开间二层楼，后坊工场在太平巷，自制炒货、糕点、苏式糖果等，有店员11人。经营糖果、糕点、瓶酒、饮料、饼干、炒货、蜜饯等品种，经销来自上海冠生园、ABC、泰康等食品厂的名品，以及威士忌、白兰地等泊来瓶酒。1956年公私合营。1958年，通运路拓宽被拆除后，遂与通运路对面的福禄寿南北货店合并。1962年划归市糖烟酒公司管理后，改现名。1967年改为国营。1976年，迁至通运路77号新址，营业面积461平方米，从业人员65人。80年代后，发展步伐加快，经营品种扩大到1000余种，增设批发业务，经济效益逐年上升。1990年，营业额达到400多万元，利润18万元，分别比1986年增长65.3%和116.9%。1995年，营业额突破1000万元，利润40多万元。1997年后，随着超市、卖场的兴起，副食品市场多元化，该店经营状况逐年下滑。2001年，兼并"泰康""南仓门"2家烟酒店，改制为天福商贸有限公司。2002年，因市政建设拆迁歇业。

【新乐泉浴室】

创办于20世纪30年代初，由王禹清开设，店址在万前路39~41号，营业面积1584平方米，员工20余人。内设一、二、三等堂口，有185张炕位。其中，一等长炕42张，二等长炕69张，三等短炕74张。长炕类似单人沙发床，长170公分左右，山棕垫底下有钢丝弹簧支撑。短炕长160公分左右，仅山棕垫底。浴室设有擦背、敲腿、捏脚、扦脚等服务项目，其规模、设施、服务均属全市一流，是达官贵人、富商等“泡混堂”、交往、洽谈生意之所。1956年公私合营，“文化大革命”后改为国营企业。1986年5月划归区商业局管理，从业人员增加到38人。是年，营业额24.3万元，利润4.40万元。1994年，投资75万元，实施更新改造，改善休闲环境，增添桑拿浴、冲浪浴、中药浴等浴种和按摩服务，增设小包厢，普通浴保留70余张炕位。是年，营业额跃升至100多万元，利润40余万元。2002年，与大陆旅社、大新旅社、锡沪旅社、玉清浴室等4家企业合并后，改制为新乐泉浴室有限责任公司。2002年底，因市政建设拆迁歇业。

【健康参药店】

原名李同丰参药行，清宣统三年（1911），李云泉在无锡城内打铁桥旁设药摊，民国3年（1914），在书院弄口开设李同丰参药号，民国10年6月，在通运路开设分店——李同丰分店，民国23年4月，又在北大街大丰绸庄原址开设李同丰北号。李同丰总号在城中以赊销扩大业务，北号和李同丰分店现销居多，经营灵活，以饮片品种齐全、选材地道、炮制讲究见长，资金日增。抗日战争前，李同丰总资金（旧币）20万元，年营业额10万元，与大吉春药号和同丰参药行齐名，时为无锡城区三大参药号之一。民国26年，李同丰三处店舖及部分货财遭焚毁。民国27年4月，在大市桥以“李同丰参药行”名义重新开业，批零兼营，时为无锡城区三大参药号之一（即大吉春、同丰、李同丰）。民国28年，迁至新市桥。民国29年，批发业务日见衰落，专营门售。抗日战争胜利后，物价上涨，西药大量输入，中药业逐渐不景气。李同丰请名医坐堂，中医、中药结合，方便顾客，生意回升，逐渐摆脱困境。1950年，实有资产4.1亿元（旧币，折合人民币4.1万元）。1956年公私合营，迁址中山路。1958年，“同德”“寿山堂”“仁德中药店”及“大华西药房”并入，成为崇安区医药中心店。1960年中山路拓宽后，迁至中山路东方红储蓄所处。1963年，搬迁至中山路418号原崇安区联合诊所处。1966年，李同丰参药行改名为“健康参药店”。1971年，首创小病问询服务处，由经验丰富、谙熟医道的老医师运用单方、验方治愈疑难病症，聘请名老中医坐堂门诊，实行诊病、开方、配药“一条龙”服务，饮片业务迅速扩大，中药配方量占全市同业的三分之一，各类人参和银耳的销售量居全市首位。1979年，年营业额71.6万元，首次超过大吉春，居全市第一。1980年达108.3万元，居全省同业第一位。1980～1982年，蝉联三届无锡市最佳商店称号。1985年，获江苏省文明单位称号。是年，营业额219.3万元，比1978年增长3.8倍，占无锡市区20家零售药店零售总额的18%。1989年，健康参药店扩建7层大楼，营业面积扩大到1850平方米，经营规模得到进一步扩大。在继承传统特色基础上，实施“七小服务”，即小病问询、小药品供应、小料丸散加工、小药材收购、小红灯夜间售药、当好用药小参谋、为外地顾客邮寄小药包。实行“八代”，即代客包扎药品、代客缺药登记到货通知、代客碾参末、代客切参片、代客煎熬膏滋药、代客鉴别假劣药、代客煎送药、代客送货上门。坚持“一便”，即在店堂内设“便民药箱”，内装红药水、纱布、药棉等常用小药品，方便顾客应急之用。履行“一退换”，即对售出药品，只要包装完好，质量未受影响，在规定期内允许退换。90年代起，先后获“全国文明示范药店”“全国医药质量管理示范药店”“全国百城万店无假货示范点”“全国中药供应优质服务单位”“江苏省医药行业最佳零售商店”等荣誉称号。1993年被国家国内贸易局评为“中华老字号”。2005年，营业面积增加到2600平方米，年销售额4000万元，经营规模名列无锡药店之首。

2005年崇安区辖区主要名特老商店一览表

表7－6－1

名　称	创办时间	地　址	名　称	创办时间	地　址
伊斯兰菜馆	民国8年（1919）	歇业	无锡美容厅	民国27年（1938）	道长巷22号

续表7-6-1

名　称	创办时间	地　址	名　称	创办时间	地　址
王兴记馄饨店	民国2年（1913）	中山路223号	皇亭美食城	1995年	崇安寺生活步行街区
三凤桥肉庄	清光绪二十一年（1895）	中山路240号	沈广茂洗染店	清光绪三十四年（1908）	道长巷18号
聚丰园大酒店	清同治六年（1867）	中山路555号	世泰盛呢绒布绸商店	清光绪十五（1889）	县前街大成巷
慎餘肉庄	民国16年（1927）	中山路222号	大同文化用品公司	20世纪20年代	歇业
真正老陆稿荐裕兴分店	清同治十年（1871）	中山路23号	光明眼镜店	民国5年（1916）	崇安寺箭河街2011号
功德林素菜馆	民国19年（1930）	崇安寺生活步行街区	三阳南北货商店	民国18年（1929）	人民中路139号
拱北楼面馆	清同治二年（1863）	崇安寺生活步行街区	仁号茶食店	清光绪十九年（1893）	歇业
丰收糕团店	民国33年（1944）	崇安寺生活步行街区	健康参药店	民国3年（1914）	中山路280号
喜福楼饭店	民国8年（1919）	歇业	同丰参药店	清宣统三年（1911）	中山路540号

说明：上述资料由区经贸局提供。

第二节　商业品牌

1978年改革开放后，商业系统全面实施品牌战略，名特老商业企业品牌逐步得到恢复和发展。迄2005年，辖区重点商业品牌有18项。

2005年崇安区内著名商业品牌一览表

表7-6-2

名　称	品　牌	主要产品（服务）
王兴记馄饨店	王兴记	小笼包子、馄饨
三凤桥肉庄	三凤桥	无锡酱排骨、卤制品
慎餘肉庄	慎　餘	无锡酱排骨
真正老陆稿荐	老陆稿荐	无锡酱排骨、卤制品
光明眼镜店	光　明	眼镜、保健、医疗辅助、护理（医务）、远程医学服务
世泰盛呢绒布绸商店	世泰盛	呢绒布绸、服饰
皇亭美食城	皇　亭	系列点心
功德林素菜馆	功德林	素菜肴、素面、素中包
沈广茂洗染店	沈广茂	洗、染、烫、织补
丰收糕团店	丰　收	四色水磨粉汤团、玉兰饼、五色大方糕
好买得超市	好买得	营销、广告
商业大厦	东方百业	营销、进出口代理、商业管理
恒泽堂保健食品公司	恒泽堂	食用蜂胶、非医用营养液
恒茂房地产评估有限公司	恒　茂	不动产代理、住房代理、中介
派克洗烫店	派　克	洗、烫、织补
蓝忆珠宝公司	蓝　忆	宝石、装饰品
安信会计事务所	安　信	会计、审计
南斋庄食品公司	南斋庄	肉、肉松

说明：上述资料由区经贸局提供。

【无锡酱排骨】

酱排骨俗称肉骨头。无锡肉骨头色泽酱红，酥香入骨，甜咸适中，腴而不肥。民国初，无锡肉骨头已小有名气，以此为礼品馈赠亲友。肉骨头烧煮方法也渐形成南北两派。北派使用木接口，宽汤

无锡酱排骨

烧煮，菱粉收汤。南派用笼圈垫锅，紧汤烧煮。民国14年（1925），慎餘肉庄店主王云清，重金聘请南派师傅蔡杏根进店，和原店北派师傅王荣根、王阿林合作，博取南北两派之长，烧煮风味独特的肉骨头。第一次世界大战后，无锡肉骨头跻身于全国著名土特产之列，著名品牌酱排骨有“三凤桥”牌、“和合”牌、“锡山”牌等。20世纪30年代，无锡肉骨头年销量达7.5万余公斤。1956年和1959年，“三凤桥”牌肉骨头烧煮师傅王阿林两次去北京参加全国食品展览会并进行现场操作表演。20世纪70年代，三凤桥肉骨头年销售量超过5万公斤。1971年8月起，三凤肉骨头首次销往香港。1981年1月，江苏电视台到无锡拍摄肉骨头烧制、包装、销售等纪录片。1982年2月，北京开始烧煮和供应无锡肉骨头。5月，三凤桥酱排骨被评为部优质产品。是年11月，中央新闻记录电影制片厂在无锡拍摄三凤桥酱排骨的烧制销售纪录片，全国20多个城市到无锡学习烧制技术。1985年，烧煮无锡酱排骨的店家有三凤桥肉店、陆稿荐裕兴肉店、老三珍等3家，年产量17.64万公斤。1988年，三凤桥酱排骨荣获首届中国食品博览会银奖。1994年，三凤桥肉庄引进新设备、新技术，形成日产5吨真空包装熟食流水线，使无锡酱排骨畅销全国各地。2003年，又在无锡新区置地2万余平方米，建成年产1500吨真空包装熟食系列产品生产流水线。酱排骨畅销全国20多个省市。

第七章　旅游业

辖区古代遗址和名人故园众多，人文旅游资源丰富。20世纪70~80年代，无锡解放后第一家专营国内旅游的泰山饭店、无锡市接待内外宾的梁溪饭店等一批旅游饭店、宾馆设于区内，中国饭店、迎宾楼菜馆、江南酒家、功德林素菜馆等旅游定点餐馆位于区内，创办于1956年、1955年的无锡中国旅行社、无锡中国国际旅行社驻于区内。辖区东林书院、城中公园是无锡市名胜古迹旅游项目之一。90年代，特别是1995年国家实行双休日制度，1999年起国家调整节假日形成“五一”“十一”“春节”3个7天长假（黄金周）后，旅游业发展迅猛，假日旅游消费成为新的经济增长点。时有旅行社6家，其中，区商业局所属的风光旅行社，年接待游客3万人。2000年后，崇安区把旅游业作为服务业发展的重要产业。2003年，启动崇安寺新一轮改造，着力推进阿炳故居、城中公园等一批传统文化与现代文化相结合的旅游配套设施和景点建设。经过整修、扩建、重建的薛福成故居、秦邦宪故居、钱锺书故居、顾毓琇故居、张闻天旧居等文物古迹成为旅游新景点。2005年，辖区有各类旅行社35家，人文旅游景区资源8处，其中，可供游览参观景点9个。

第一节　景区景点

2005年，辖区人文旅游资源有崇安寺、东林书院、小娄巷、薛福成故居等景区8处，其中，已开发可供游览的有崇安寺、阿炳故居、东林书院、薛福成故居、顾毓秀故居、钱锺书故居、张闻天旧居、文渊坊、荣德生旧居等景点9个。

2005年崇安区旅游景区景点一览表

表7-7-1

景　区	位　　置	主要景点及代表性建筑
东林书院	解放东路	道南祠；小辨斋；东林广场及“东林九君子”石雕
崇安寺街区	中山路、人民路、县前街	阿炳故居；无锡县图书馆旧址；锡金公园旧址；洞虚宫、玉皇殿及古井；侯桐少宰第
小娄巷街区	小娄巷、福田巷	金匮县城隍庙旧址；谈氏宗祠；福寿堂；秦氏旧宅；佚园及秦毓鎏旧宅；孙国璋故居；孙揆均故居（来鹤楼）
薛福成故居	学前街152号；健康路66、68、70、72号	将军门、天井、轿厅、务本堂、惠然堂、转盘楼、花厅戏台
学前街街区	学前街、健康里、汤巷、新街巷、后西溪、前西溪、南市桥巷	钱锺书故居；顾毓琇旧居；张闻天旧居；无锡县学古建筑；无锡县学古碑刻；高子止水；圣公会十字堂；无锡师范钟楼及述之科学馆；荣德生旧居；钱松喦旧居；蒋家花园、关帝庙大殿、无锡县城隍庙旧址、薛汇东旧宅
文渊坊	崇宁路	秦邦宪故居；秦淮海祠；秦氏章庆堂、景福楼；秦氏对照厅；金匮县衙碑刻；金匮山；鳟设诸塔
日晖巷街区	日晖巷、东大街	张效程旧宅、清泉井
大成巷街区	大成巷、县前西街、德兴巷；长大弄	云薖园；陆定一故居；赵氏旧宅（张謇读书处）；锡剧博物馆

说明：上述资料由区经贸局提供。

第二节　旅行社

1986年，区内有各类旅行社8家，其中国际旅游二类旅行社（公司）3家，国内旅游三类旅行社（公司）5家。成立于1985年5月的区属风光旅行社，有从业人员33人，大客车3辆，中巴车1辆，年接待3万人次，营业额30余万元。90年代起，随着旅游业迅速发展，至2000年，辖区旅行社发展到23家。其中：国际旅行社8家，国内旅行社15家，成为全市旅行社（公司）最集中的区域，全市规模最大的“国旅”“中旅”“海外”“康辉”等旅行社（公司）均驻于区内。2002年，风光旅行社有营业场地145平方米，以金龙客车为主的大客车32辆，从业人员27人，专职导游6人，年接待1.5万人次，营业额700余万元。2005年，无锡市区62.5%的旅行社集中在区，辖区35家旅行社年营业收入超过13亿元。其中，创办于1955年的无锡中国国际旅行社，年接待国内外游客7万多人次，年营业收入1.5亿元。无锡中国旅行社为全国百强国际旅行社，2005年，辖区有各类旅行社35家，其中国际旅行社8家。年接待出入境游客36.28万人次，国内游客7.54万人次，年营业收入6.24亿元。

2005年崇安区区内旅行社一览表

表7-7-2

名　称	地　址	名　称	地　址
无锡市中国旅行社	车站路88号	无锡中国国际旅行社	新生路7号
无锡阳光国际旅行社	人民中路97号佳福大厦806	无锡市中北旅行社	通惠东路114号
无锡火车头旅行社	车站广场17号	无锡安之旅旅行社	健康路31-1号裕新服饰城3楼
无锡天天游旅行社	工艺路72号27-29室	无锡光大旅行社	广瑞路43-6号
无锡假日国际旅行社	中山路215号恒通大厦7楼	无锡招商国际旅游公司	健康路58号7楼
大东方旅行社	圆通路28号604室	无锡虹桥旅行社	人民中路199号702室
无锡国之旅旅行社	恒通大厦17楼B座	无锡金马旅行社	中山路163号4楼
无锡山水旅行社	新生路76号2楼	无锡神州旅行社	复兴路锦绣花园2号1602室
无锡风光旅行社	兴源北路818号B座1004室	无锡春秋旅游公司	大成巷8号803室
无锡江南国际旅行社	人民中路69号	无锡海外旅游公司	新生路107号新鼎球大厦11楼

续表7-7-2

名　称	地　址	名　称	地　址
无锡市华夏旅行社	解放北路长庆大厦279号6楼	无锡市旅游公司	通江大道898号
无锡舒心假期旅行社	人民中路97号611室	无锡铁路旅行社	无锡火车站广场
无锡水秀旅行社	南巷上军供大厦3楼	威霖假日国际旅行社	中山路215号恒通大厦7楼
无锡市国脉旅行社	解放西路197号	雅东旅游公司	人民路224号308室
无锡市锡惠职工旅行社	解放东路918号泰翔大厦4楼	无锡市东南旅行社	莫家庄248号1楼
无锡申锡铁路旅行社	南巷上212号	无锡锡能电力旅行社	后西溪8号
无锡湖滨国际旅行社	健康路2号	无锡教育旅行社	学前街27号锡师大楼801室
无锡市蓝天旅行社	健康路118号3楼		

说明：上述资料由区经贸局提供。

【旅游线路】

1978年改革开放后，国内旅游线路迅速拓展。国内中长线有：北京六日游；成都、九寨沟六日游；庐山五日游；青岛五日游；昆明、西双版纳六日游等50余条。短线有：太湖一日游、宜兴三洞一日游等。2000年后，推进历史文化与城市旅游的结合，开发一批历史遗址遗迹、名人故居、历史街区旅游项目，无锡旅游局推出十大精品线路，辖区薛福成故居、钱锺书故居、阿炳故居、东林书院等列为名人古迹游线路，崇安寺、城中公园等列为古运河风情游线路。迄2005年，国内旅游线路遍及全国各地100余条；境外旅游线路从无到有，发展到30余条，遍及亚洲、澳洲、欧洲、北美4大洲。

第三节　星级宾馆　涉外饭店

随着旅游业的兴起，区内涉外饭店、星级宾馆快速发展。1988年，省旅游局批准的6家旅游定点餐馆有5家在辖区，有中国饭店、迎宾楼菜馆、江南酒家、京沪饭店、功德林素菜馆。1990年辖区仅文物商店为市国际旅游定点商店。2003年，教仪北海渔港大酒店被列为市旅游定点餐馆。2005年，无锡市全面取消旅游定点制度。是年，八佰伴商贸中心、保利广场被列入无锡市旅游购物推荐名单。三凤酒家、王兴记有限公司、云蝠烧鹅仔美食城、皇亭小吃店、功德林素菜馆被列为市旅游餐饮推荐单位。辖区有喜来登饭店、梁溪饭店、新锦江大酒店、国际饭店等旅游涉外饭店、星级宾馆16家，客房3000多间，年营业收入超过4亿元。

八佰伴商贸中心（2004.2）　（区经贸局供稿）

第八章　商贸管理

1956年对私营商业进行社会主义改造后，辖区商业主要由市专业公司管理。1957年，除王兴记等8家名店外，全部归区管理。1960年，国营中百一店、中百二店、中国饭店、副食品一店等4家商店又下放到区。1961年实施集中领导、分级管理体制后，辖区国营、合营、合作企业先后由市专业公司管理，至1965年，区仅管理“一统户”（统一管理户）和个体商贩。1979年，管理区属商店23家，直至80年代中期。1985年5月，市政府决定下放与人民生活密切相关的糖烟、百货、饮食、服务、日杂、果品等行业，至1987年1月，先后有192家全民、集体零售商店下放到区管理。其后，区属商业按照建立社会主义市场经济体制的要求，设置与之相适应的商业管理机构，成立区饮食服务、糖烟酒、百货、贸易4个经营管理公司。90年代后，随着商业改革的不断深化，顺应旧城改造、网点大批拆迁的变化，在对区街商业企业进行兼并重组的同时，不断推进商业管理体制的改革和创新。1997年起，区属商业行政性公司实施转轨变型，转为经营性公司，商业企业先后完成股份制、公司制、拍卖等多种形式的改革。区街商业管理职能逐步由直接管理转向宏观监督、综合协调、指导服务。

第一节　区属商业

无锡解放后，在计划经济管理体制下，区商业部门主要根据市商业、供销、蔬菜等部门下达的指令性计划，组织经营。改革开放后，特别是1985年市属部分零售商业企业下放到区管理后，区属商业管理体制不断完善，管理职能逐步加强。商业设施布局更加合理，商业新型业态不断出现，商业销售呈现较快增长。

【管理机构】

1952年7月，成立区工商科。1955年，区工商科分设工业科和商业科。1956年，商业科撤销，1957年2月，恢复商业科。1958年4月，成立区商业分局。1965年，又恢复商业科，与区市场管理委员会合署办公。“文化大革命”期间，机构瘫痪。1968年，在区革命委员会抓革命促生产组内设商业组。1978年，恢复成立区商业科。1979年12月，成立区百货烟酒、饮食服务2个中心店。1985年5月起，原市商业局和市供销社所属零售商店陆续下放到区管理后，撤科建局，成立区商业局，下设区饮食服务、糖烟酒、百货、贸易4个公司。1987年，又增挂区供销合作社牌子。局内设“二办三科”（党委办公室、行政办公室，企业管理科、网点规划科、计财劳资科）。1989年，贯彻市政府《关于加强对全社会商业管理的通知》，进一步强化区商业局对全区商业的管理职能。其后，区商业局在履行政府经济部门对区、街两级商业发展的规划指导、协调平衡职能的同时，还担负煤、粮、油计划分配，社会商业网点开业、变更、注销的审批等计划管理和审批权。随着管理职能和范围的扩大，局管理人员增至20人。90年代后，随着全区经济由计划经济体制向市场经济体制转轨，区商业局不再行使对社会商业的管理职能，仅负责管理区直属商业。1992年3月，区商业局所属中山商场划归崇安区城市建设综合开发公司管理。1994年起，区商业局改革管理体制，推进行政性管理部门及公司向经济实体过渡，世泰盛呢绒布绸商店、第五百货商店、功德林素菜馆、丰收糕团店、大同文化用品公司、铁木家具公司、白银冷暖设备公司、新新食品商店、商业物资公司等10家规模企业直属区商业局管理。1995年3月，崇安商场划归区百货公司管理。是年，区商业局下辖5个公司、10家直属商店。1996年，区商业局改称区贸易局后，管理职能不变。2001年10月，区贸易局撤销，其管理职能由新成立的区经济贸易局承担。迄2005年未变。1986~2005年，历任区商业局、贸易局、经贸局行政主要负责人有：陈济林、邹欣欣、周锦泉、卜裕国、廉伟庆。

【网点建设】

1985年5月，部分市属商业下放到区管理后，区商业局坚持以市场为导向，以资产为纽带，以行业为龙头，持续推进商业网点建设，通过调整改组改造，增强竞争能力。1986~1990年间，建成3700平方米的中山商场，内设百货、服装、副食品、批发等6个经营部，经营商品3000余种。1987年，全区商业服务业等第三产业克服旧城改造、大批商业网点被拆的困难，搞活经营，搞活企业，主要经济指标同上年相比，营业额增长35%，利润增长21%。1989年，投资100余万元，改建扩建功德林素菜馆、永新洗染店、光明点心店、开达综合商店、拱北楼面馆等10家企业，新增营业面积400余平方米。更新改造车站饭店、太湖馄饨店、大方糕团店等16家饮食店锅炉房，更新环保型锅炉设施。改造后功德林素菜馆增设登雅楼菜馆，拱北楼面馆新增酒菜部，开达综合商店增添20吨冷库设备，扩大冷饮批发业务。是年，实现销售3000余万元。1991~1993年，用于重点项目投资及更新改造网点资金147万元，更新改造新乐泉浴室、第五百货商店、世泰盛呢绒布绸商店、新新食品商店、清真食品店等12家企业。改造后的新乐泉浴室，增加红外线桑拿浴、脉冲水力按摩、芬兰喷雾浴等经营服务项目。1989~1991年，区商业局连续3次荣获"江苏省县（区）先进商业局"称号。

在推进商业网点建设的同时，通过拆旧店开新店、建简易房临时过渡、拆迁企业成建制撤并等办法，克服因城市建设改造、网点大批拆迁带来的困难，促进区属商业持续稳定发展。1986~1990年，位于中山路、火车站等地区的万红照相馆、春联文具店、东升综合商店、又一邨点心店等49家网点先后被拆，拆除营业面积5082平方米，涉及职工885 人。区商业局在图书馆路、公花园后门一带搭建简易房，安置拆迁企业职工。同时，筹资80余万元，在中山路508号购置506平方米营业用房，开设喜福楼饭店。在通运路81号开办风光旅行社、风光酒店，安置拆迁网点和职工。1991年，因建设泰山饭店，位于车站地区的更新面饭店、安乐浴室、安乐旅社、益民点心店等11家网点被拆，拆除营业面积2341平方米，涉及职工219人，11家企业成建制并入泰山饭店。1991~1995年，因市中心三阳广场、崇安寺建设改造，功德林素菜馆、丰收糕团店、沈广茂洗染店、新新食品商店、浴德池浴室、太湖馄饨店、为群五金店等35家网点先后被拆，拆除营业面积7000多平方米，涉及职工800多人。1992年，区商业局在中山路418号开设3000平方米的崇安商场，安置大同文化用品公司、铁木家具公司等拆迁网点和职工。1995年，6787平方米的皇亭美食城在崇安寺落成，安置功德林素菜馆、丰收糕团店、浴德池浴室、健康理发店等27家饮食服务行业拆迁网点和职工。建成融传统小吃、糖烟酒副食品，洗浴、理发、保龄球等餐饮、服务、健身于一体的规模商业企业。1996年，皇亭美食城营业额达到5200万元，成为无锡市城区餐饮行业排头兵。1997~2002年，是城市建设力度最大、商业网点拆并最多的时期。1998年，因拓建锡沪路、通江大道和新建周山浜客运总站，第五百货商店、周山浜副食品商店等10家网点被拆，拆除营业面积1667.7平方米，涉及职工436人。区统一建设1.5万平方米周山浜商业用房，盘活存量，优化结构，安置拆迁企业，实现"拆迁——补偿——建设——发展"的良性循环。2000年，健康路、新生路景观街建设，16家区属商业网点被拆，拆除营业面积907.4平方米，涉及职工154人。区统一建成1.27万平方米的临时景观街商业用房。2002年，通运路、汉昌路地块改造，又有24家区属商业网点被拆，拆除营业面积8284.5平方米，涉及职工552人。其间，结合商业网点拆迁，在调整、拆旧建新的同时，加快企业转改制步伐，48家网点先后按行业组建成12家有限责任公司、3家股份合作制企业，1家改制为私营企业，伊斯兰菜馆、喜福楼饭店等4家企业关闭。迄2005年末变。

1987年崇安区直属商业网点情况一览表

表7－8－1

公司名称	所属商业网点
区百货公司	世泰盛呢绒布绸商店、光明眼镜店、无锡钟表商店、自行车零配件商店、自行车商店、第五百货商店、胜利门商场、大同文化用品专业商店、崇安交电商店、为群五金商店、春联文具商店、健美体育用品专业商店、妇女儿童用品商店、时新布绸商店、新华百货商店、小花百货商店、大业百货店、同新百货店、卫星百货店、益群百货店、大陆搪瓷店、新中鞋帽店、精益眼镜店、崇百经营部、群众百货店、新兴百货店
区贸易公司	结婚用品商店、铁木家具公司、周山浜日杂商店、群进日杂店、崇安寺日杂店、益群日杂商店、公司办公室、车站商场、益群南北货商店、车站综合商店、周山浜综合商店、信和水果店、工运南北货商店、源裕综合商店、沙文井水果店、国光水果店

续表7-8-1

公司名称	所属商业网点
区饮食服务公司	车站点心店、车站饭店、五芳斋饭店、光明点心店、益民点心店、新雅点心店、湖兴点心店、广丰点心店、广利大饼店、勤俭大饼店、庆华大饼店、为民生面店、更新面饭店、回民面饭店、人和菜饭店、梁溪点心店、红光点心店、叙东大饼店、复昶大饼店、祥兴熟肉店、兴隆商行、功德林素菜馆、拱北楼面店、太湖馄饨店、新万兴银丝面店、大方糕团店、锡风点心店、春阳点心店、春新点心店、长春点心店、新东生面饼店、春兴生面饼店、新联生面饼店、新虹牛羊肉店、味雅点心店、又一邨点心店、合众面饭店、创新点心店、美香面包甜食店、健康点心店、口福来面包店、茂昌大饼店、复兴大饼店、学前大饼店、利民大饼店、三元大饼店、丰收糕团店、伊斯兰面店、崇安寺小吃店、崇安寺点心店、崇安寺水饺店、一新面饭店、甜味小吃店、满园春点心店、朝阳点心店、燕春点心店、新生大饼店、新民生面饼店、光艺照相馆、万红照相馆、照相服务部、沈广茂洗染店、大新旅社、大陆旅社、大方旅社、申江旅社、立新旅社、锡沪旅社、新乐泉浴室、健康浴室、浴德池浴室、益民浴室、安乐浴室、安乐百货、新华旅社、风光旅游社、无锡理发厅、皇后理发店、美容轩理发店、白玫瑰理发店、大陆理发店、塔影理发店、新生理发店、更新理发店、崇宁理发店、紫罗兰美发厅、健康理发店、太湖理发店、沪光美发厅、红光理发店、公益理发店、广勤理发店、春风理发店、勤俭理发店
区糖烟酒公司	崇安糖烟批发部、第五副食品商店、上海食品商店、文化宫桥综合商店、益民副食品商店、新新食品商店、周富综合商店、火车站站台商店、清真食品店、车站副食品商店、向阳水果店、益康副食品店、宝太烟酒店、开达综合商店、机电服务部、健康烟酒店、万丰烟酒店、前卫烟酒店、人民路烟酒店、健康水果店、大公水果店、中山路食品店、大林烟酒店、复兴烟酒店、凤祥烟酒店、大华烟酒店、叙昌烟酒店、三八烟酒店、一新烟酒店、新丰水果店、汽车站烟酒店、地道商店、经星烟酒店、同生烟酒店、南仓门综合商店、大新烟酒店、南巷烟酒店、泰康综合商店、新美烟酒店、勤奋水果店、吉祥烟酒店、大有综合商店、三原大烟酒综合商店、源新烟酒综合商店、立新水果店、锡沪路副食品商店、红光烟酒店、广瑞二村综合商店、上马墩综合商店、城东综合商店、塔影副食品商店、石人桥烟酒综合店

说明:上述资料由区经贸局提供。

1997年崇安区区属商业网点情况一览表

表7-8-2

公司名称	所属商业网点
区糖烟公司	区糖烟酒公司、区糖烟酒公司批发部、第五副食品商店、周山浜副食品商店、清真食品店、协民副食品商店、火车站站台商场、文化宫桥综合商店、瑞兴烟酒店、宝泰烟酒店、新佳烟酒店、前卫烟酒店、健康烟酒店、益康烟酒店、复兴烟酒店、公圣烟酒店、泰康烟酒店、同生烟酒店、南巷综合商店、广瑞二村综合店、源泰烟酒店、大有综合商店、大有综合分店、红光烟酒店、塔影综合商店、锡沪路副食品店、锡沪路副食品分店、锡沪路副食品江海分店、城东商场、南仓门综合店、红星副食品批发部、红星副食品分店、西河头副食品经营部、吉祥五金机电商店、大新五金机电商店、现代音响器材商店、美丽华电脑公司、金鸡银快餐公司、绅士电脑快印中心、金顺生产资料公司、西河头服装分部、新生综合经营部、金匮物资公司、安隆商行、怡园西饼屋、广瑞二村分店、安隆商行分行、一新点心店、映山河综合经营部、熙春烟酒店、万丰综合商店
区服务公司	区服务公司、大新旅社、大陆旅社、公司招待所、无锡美容厅、富铤服饰专卖店、健康美发厅、崇宁理发店、花皇美容厅、新乐泉浴室、玉涛浴室、沈广茂洗染店、广泰商行、皇后鞋店、正大商场、百货经销部、汉昌酒家、正大商场超市部、红光游艺室、白玉兰美发厅、大陆理发店、锡沪旅社、塔影理发店
区风光旅游服务公司	风光旅游公司、风光饭店、风光旅社、风光录像厅、风光旅行社、风光卡拉OK厅、新华旅社
区饮食公司	区饮食公司、车站饭店、伊斯兰面店、光明点心店、回民饭店、皇亭食府、锡风点心店、叙东大饼店、为民大饼店、勤俭大饼店、广利大饼店、副食品经营部分部、副食品经营部大发分部、通通交通器材公司、春新面饭店、佳昌酒家、正园饭店、金鹏酒楼、香江酒家、益源快餐中心、天云贸易公司、星光娱乐设备公司、恒峰物业公司、勤大机备轴承公司、太湖馄饨店、太湖馄饨分店、梁溪点心店、人和菜饭馆、公司副食品经营部、东林装饰材料商店
区百货公司	区百货公司、区百货公司批发部、五交化商场、自行车商店、时新五金电器商店、光明眼镜店、光明眼镜隐形眼镜店、无锡钟表店、群众百货店、崇安交电商店、崇安交电新生路分店、崇安音像专卖店、崇安商场、自行车零配件商店、精益眼镜店、大业百货店、妇女儿童用品商店、益群百货店、群众百货店分店、为群五金店
区贸易公司	区贸易公司、区贸易公司批发部、周山浜商行、周山浜商行分行、沙文井电器经营部、装饰材料分公司、益群商行、车站商场
市家具公司	东方溜冰城、凯凯歌舞厅、益群电动工具商行、周山浜综合商店、市家具公司、结婚用品商行、崇安寺日杂商店

说明:上述资料由区经贸局提供。

1986～1999年崇安区部分区属商业网点建设情况一览表

表7-8-3　　单位：平方米、万元、人

名　称	地　址	营业面积	投资额	人　员	新建、复建时间
大同文化用品公司	中山路418号二楼	23	128	50	1986
车站商场	车站路16 号	200	40	40	1987
中山商场	中山路418号	3700	700	328	1988
喜福楼饭店	中山路508号	506	79	28	1988
无锡家具公司	中山路418号三楼	1470	229.50	33	1988
崇安商场	中山路418号一楼	3000	110.29	40	1992
皇亭美食城	公园路58号	6787	2000	485	1995
伊斯兰菜馆	公园路35号	295	50	24	1999
沈广茂洗染店	道长巷20号	400	62.40	18	1999
合　计	—	17181	3399.19	1046	—

说明：上述资料由区经贸局提供。

【经营业务】

1986年前，区属商业以零售业务为主，兼营批发。1986年后，先后开办糖烟酒、百货、供销等4个批发经营部，部分零售企业开始兼营批发业务。区糖烟酒公司在端阳、中秋、春节等传统节日前举办各类供货会，供应食糖、烟酒、糖果、糕点、炒货、蜜饯等节令商品。区百货公司在季节转换变化前举办供货会，供应纺织品、服装、鞋袜、化妆品等日用生活用品。大同文化用品公司在每年9月初和春节后举办学生文具用品供货会，元旦前举办日历、年历供货会。区饮食公司在夏至前和春节前提供馄饨馅心和面筋馅心。丰收糕团店于每年冬至和春节供应汤团馅心和年糕。其时，4家公司批发销售额超过零售。80~90年代，区属商业先后与全国120多个市、县的180余家厂商实行横向联营。区糖烟酒批发部先后与四川宜宾酒厂、云南红塔集团以及河南、山东、安徽、本省苏北所属部份市县酒厂建立稳固的供货关系。区贸易公司与广东佛山铝合金型材厂签约，成为该厂在无锡地区的总代理。世泰盛呢绒布绸商店与上海舒乐衬衫厂签订合同，成为舒乐品牌衬衫在无锡地区的总经销。

1986～1999年崇安区区属商业经营情况一览表

表7-8-4　　单位：万元

年　份	销　售	利　润	年　份	销　售	利　润
1986	9572.80	414.57	1993	21715.20	233.70
1987	11966.59	506.41	1994	23033.88	494.93
1988	14472.79	595.26	1995	23183.39	638.68
1989	17053.95	495.74	1996	25157.03	400.30
1990	10593.13	356.66	1997	29613.57	181.22
1991	15563.31	279.22	1998	30965	—
1992	16597.25	393.93	1999	40258	—

说明：上述资料由区经贸局提供。

第二节　社会商业

社会商业，是指区直属商业之外，各街道、区工业公司、区校办工业公司、区劳动服务公司以及区机关、企事业单位所办商业企业。

在全区社会商业中，街道商业占有较大比例。1985年，街道居委商业销售总额已占区属商业销售额的80%，年实现利润超过区属商业。1986年，全区社会商业417家，从业人员2149人。1990年，发展到534家，从业人员3413人；年营业额1.84亿元。1995年，社会商业增加到948家，从业人员增至6574

人，年营业额跃升至2.55亿元。社会商业网点均为贴近人民生活的糖烟酒、饮食、日用百货、家用五金电器、旅社等行业，并根据市场变化，不断调整经营范围和项目。1997年后，随着大型商贸、餐饮、服务企业相继建成，超市、卖场的兴起，个私工商企业的快速发展，加上城市建设改造，社会商业网点或拆迁歇业，或改行转型，均改制为民营、个体企业。

【街道商业】

街道商业，是指街道、居委所办商业。始于20世纪70年代，各街道、居委会围绕为居民做好事、办实事，开办"三代店"等商业服务网点。1977年后，街道、居委商业在与国营商业不争地点、不争货源、不争营业"三不争"的情况下求生存，在"拾遗补缺"的夹缝中求发展，在推进改革开放中，增强活力，壮大实力。是年，街道居委办商业网点66家。1984年4月起，街道撤销生活后勤股，建立街道商业公司，街道、居委办商业发展步入快车道。1986年，全区街道办商业服务企业发展到393家，从业人员1943人。1987年，全区街道商业营业额6184.15万元，实现利润500.42万元。1990年，街道商业网点增加到428家，从业人员2565人，年营业额8472.68万元，利润633.04万元。1992年，各街道设立经济管理科，街道商业公司归属其管理。1993年，区出台促进第三产业发展的若干意见后，街道地区发展第三产业的力度进一步加大，街道商业公司组建为既具有独立法人资格、又有行政管理职能的公司，"挂靠企业"（实为个体经营、挂靠集体企业）迅速发展。1995年，街道商业网点增至792家，从业人员5326人，营业额跃升至8.17亿元，利润2987.20万元。其中，人民路、崇安寺、学前街、上马墩等4个街道商业销售额超亿元。1997年，各街道增设居委工副业科和三产办公室。居委工副业科负责居委办商业的管理，三产办公室负责对挂靠企业的管理。是年起，对"挂靠"企业进行清理整顿，街道自办商业企业实施产权制度改革，至2000年，街道商业网点减少到342家，从业人员3516人。2004年2月，街道商业公司、居委工副业科、三产办公室撤销，街道居委办商业由街道经济科管理。是年，街道经济科和财政所合并，建立街道经贸办公室，街道商业由街道经贸办公室管理。迄2005年，街道商业企业或关闭，或全部转改制。

灵通针纺织品公司　创办于1984年10月，由市纺织品站退休业务骨干冯祖德牵头开办，位于中山路城中公园旁，营业面积50平方米，批零兼营呢绒、布绸等纺织品3000余个品种。1986年，销售额561.42万元，利润30.55万元。1988年4月，移至中山路336号新址，营业面积扩大到320平方米，从业人员增至37人。是年，销售额达到701万元，利润35.75万元。80年代末，公司进入快速发展时期，1990年，销售额上升到859.92万元，利润38.52万元。1991~1993年，连续被市政府评为先进单位。1994年和1996年，两次承办全国春季丝绸交易会。1996年，公司销售额跃升至1435万元，利润41.8万元。1994~1999年，连续被市政府评为无锡市特色商店。2003年，改制为民营股份制企业。

创办之初的灵通针纺织品公司（1998.7）　（区档案局供稿）

无锡市帐子公司　创办于1979年，位于人民中路92号。营业面积44平方米，有员工30余人。为前店后坊式，生产和销售"绿叶牌"化纤蚊帐。公司创办初，产品由市百货站统购统销。90年代后，随着市场经济的不断深化，产品逐步转为自销，因产品质量上乘，生意长盛不衰。销售额从1986年的250万元上升到2001年的380万元，成为全区街道商业销售和上缴利税的排头兵。2002年，因拆迁而歇业。

【校办商业】

校办商业崛起始于80年代初。1984年，崇宁路小学文教五金厂与福州市高级中学联营，成立榕锡教学仪器设备公司，时为无锡市首家校办商业，店址在人民路118号。至1986年，校办商业企业发展到6家，区教育局始建校办工业公司，负责管理校办企业。1987年，校办企业实现销售1598.8万元，利润40.51万元。1988年8月，市政府颁发《关于扶持和促进校办企业发展的若干意见》，校办企业享受营业税和所得税免交等优惠政策后，校办商业迅速发展。是年底，校办商业企业增至15家，年销售额2999.51万元，利润69.15万元。90年代后，校办商业发展进一步加快，各校纷纷破墙开店，“挂靠”企业大批出现。1997年，校办商业企业达到45家，经营范围从百货、服装、五金、电器、化工、电脑、烟酒，延伸到酒家、歌舞厅、车辆修理等，行业众多。是年，营业额达到1.87亿元，利润200.06万元。1987~1997年间，校办商业累计实现利润1537.44万元，为支持教育事业发展，弥补教育经费不足，改善教师队伍福利待遇发挥重要作用。1998年起，根据“一企一策”的原则，对校办商业企业进行多种形式的产权制度改革，至2003年，改制为有限责任公司或股份合作制企业45家，部分效益差、风险大的企业转为个私经营，部分企业关闭歇业。

教学仪器设备公司　创办于1978年，前身为崇宁路小学开办的制笔零件厂，1980年更名为市文教五金厂。1984年8月，与福州市高级中学联营，建立榕锡教学仪器设备公司，在人民中路118号设立门市部，经营电化教学设备、复印机、电脑等商品。1989年底，联营协议到期后，公司更名为无锡市教学仪器设备公司，经营项目、范围、场地不断扩大，至1994年，公司下设办公自动化、家用电器、空调等6个专营分公司和2个修配厂，经营项目除教学仪器外，扩大到空调制冷设备、计算机、寻呼机服务、家电维修、餐饮娱乐等行业，年销售额7000余万元，为城区商业企业年销售排头兵。累计投入教育经费千万元。先后被评为全国勤工俭学先进集体、江苏省勤工俭学明星企业、江苏省重合同守信用企业。2003年12月底，改制为无锡市世纪星教学仪器设备有限公司。

【其他社会办商业】

80年代中期至90年代，全社会掀起大办第三产业的热潮。区劳动服务公司、区工业公司、区房地产公司以及区机关、企事业等单位，按照区委、区政府提出的“三产兴区”“退二进三”方针，积极兴办商业服务网点。1986年，开办商业网点22家，从业人员176人。1987年，发展到32家，从业人员256人，营业额118.56万元，利润14.59万元。进入90年代，发展势头更快。1990年，区劳服公司、区工业公司等单位开办商业网点88家，从业人员704人，营业额186.98万元，利润11.34万元。1995年，增至111家，从业人员888人，营业额11亿元，利润564.87万元。其中，区房管局举办的“三资”企业华乐装饰装潢公司年完成销售收入535.39万元。2000年增加到183家，从业人员1464 人。是年，其它社会办商业企业开始产权制度改革，少数企业改制成有限责任公司或股份合作制企业，“挂靠”企业转为个私经营或关闭。至2003年，全部完成转改制。

第三节　行业协会

商贸、餐饮、服务业行业协会起步于1986年。根据中共中央、国务院提出的商业要从行政管理逐步向行业管理转移的战略决策，积极探索建立行业协会。是年，由区饮食服务公司牵头，率先成立全市商贸、服务业第一个行业协会——崇安区理发行业协会，为具有法人资格的民间社会团体。至1991年底，全市理发、菜馆、点心、旅游、旅馆、照相、浴室、百货、果品、日杂、广告、糖烟酒等12个行业协会相继成立，会员均为全民、集体企业。随着改革开放的深入，个体、私营、合资、外资企业的发展，行业协会的会员也由全民、集体企业为主转为个私、民营、“三资”企业为主。其职能逐步发展完善为：贯彻政府意图，反映行业会员呼声，维护会员利益，团结会员为推动行业发展服务。迄2005年未变。

第八编

工业

无锡解放前，区境内机器五金业、纺织业、缫丝业和食品业比较发达，占全市43%的纺织业、50%以上的手工染织业集中在区内。机器五金业大多开设在光复门至胜利门一带（现解放北路），有创办于清光绪二十一年（1895）的杨永泰铁工厂、开办于民国元年（1912）的协记机器厂、创办于民国10年的王泉兴机器工场、公兴铁工厂、顺兴铁工厂、协成沈记机器工场、永兴合记抛铜作、复鑫五金翻铜作等53家，职工617人。纺织业有庆丰、恒丰、新毅、三新、裕生、光华、美新、同新染织厂等67家，职工3921人。缫丝业集中在东新路、长庆路一带，有中蚕五厂、市公营、嘉泰、益中、企新、恒达等6家，职工800余人。食品业有恒德油厂和广丰面粉厂。

无锡解放后，辖区企业为求发展，陆续迁往市郊的周山浜、广勤路、塔影桥一带，形成新的工业区。1953~1957年间，区属工业企业及手工工场有染织、染整、针织、服装、五金、印刷、缫丝等门类。后历经手工业社会主义改造和改组、撤并，染织、缫丝业划归到市管理，中西服装业成为区比较集中的产业。明华针织厂时为江苏省三大袜厂之一，新华衡器厂发展为全市五金行业的龙头企业。1958~1978年，辖区工业有冶金、机电、电讯仪表、化工等4大门类，其间企业隶属关系变化较大，历经1958年部分市属企业下放到区管理、后又回归到市；区属冶金、机电、染整等企业上升到市、1970年又下放到区；其后又有16家区属工厂上升到市产业局管理。1979~1985年，贯彻国民经济“调整、改革、整顿、提高”的方针，又有10家区属企业上升到市管理。1985年，全区有区街工业企业454家，有服装、五金、医疗器械、石油加工、化工、机械、纺织、有色金属冶炼、塑料制品等行业，全年完成工业总产值9688.87万元。其中，区属工业6400.71万元，414家街道（含居委工副业）工业2665.23万元，17家校办工业622.93万元。1986~1990年，是区街工业改革开放后的第一个快速发展时期。其间，共投入1035万元，完成技术改造项目66个。形成以服装、五金、建筑五金、医疗器械、有色金属冶炼、塑料制品等轻工业为主体的区街工业体系，有14个门类，130多个品种。通过联合联营，推动外向型经济发展，全区有国家二级企业1家、省级企业3家、市一级企业4家，朝阳服装厂、童装厂、窗纱厂等年工业产值达（超）500万元。手术无影灯等22只产品被评为部（省）市名特优产品，其中国优产品2只、部优产品4只、省优产品7只、市优产品9只。1990年全区工业总产值达到1.76亿元，比1985年增长81.65%。1993~1997年，随着旧城拆迁改造和产业结构的调整，区街工业实施“退二进三”战略，区属工业累计置换位于中心商务区的厂房1.6万平方米，年均“三产”收益800多万元。同时，立足“扶优扶强”，通过合资、联营等途径，推动经济结构调整和资产优化组合，南江塑料有限公司等一批工贸一体的出口创汇骨干企业迅速壮大。1999年，12家年产值500万元以上规模工业企业完成产品销售收入1.77亿元，占全区总量的24.79%。通过创新机制体制，改变所有制结构单一的状况，工业企业产权制度改革明显加快，一批产品无市场、生产难以为继的区街企业相继兼并、破产、重组。童装厂以零资产转让，加入光明集团。窗纱厂实现整体“二转三”，钢门钢窗附件厂、有色金属铸造厂因资不抵债于1996年同时实施破产，时为全市改革开放以来首例集体企业破产案。其后，又有东新包装材料有限公司、永新金属丝网厂等一批区街企业破产。2000年，10家年产值500万元以上规模企业完成产品销售收入2.03亿元，比1999年增长14.69%。实现增加值5009.9万元，比1999年增长12.98%。2001年后，区街工业产权制度改革进一步深化，转改制后的区街企业彻底走向市场，成为自主经营、自负盈亏的经济实体。与此同时，外部环境、运行体制也发生很大变化。2002年区划调整、广益镇来属和2004年全市实行属地统计后，2005年，辖区有工业企业（属地统计）479家，从业人员2.02万人，全年完成工业总产值68.53亿元，增加值13.48亿元，56家规模以上工业企业完成产品销售收入60.92亿元。工业行业涉及纺织服装、金属制品、服装加工、设备制造、电器仪表、印刷、化学原料、塑料制品等14个门类，工业销售产值排名靠前3位的行业分别是石油加工业、化学原料及化学品制造业、纺织业，占全区工业销售收入的58.81%。此外，驻区还有市属规模企业24家，以私营有限责任公司和独资企业居多，主要集中在广瑞路街道地区。

第一章　机构体制

80年代起，崇安区持续推进工业体制机制的创新和管理职能的转变，逐步实现从计划经济向市场经济、从直接管理向间接管理、从微观经济管理向宏观经济管理的三大转变，初步形成体现政企分开、责权一致，为区域内各种经济成分的企业提供法规政策和信息指导服务的机构体制。

第一节　机构沿革

1952年8月，区委设工业科，区政府设工商科和劳动科。1955年后，区政府主管工业的机构随职能的变化而变动。历称工业科；手工业科；手工专业联社；工业分局；重工、轻工、手工业分局；区手工业委员会；区工业局等。1984年8月，成立区工业公司。1985年4月，撤销区工业局，保留区工业公司，建立区计划经济委员会以及集体事业性质的区工业联社。1989年3月，区计划经济委员会（区工业公司）内设办公室、生产计划科、街道校办工业科、企业管理科、外经开发科等机构，工作人员31人。1991年，区计划经济委员会与区工业公司职能分设，区属工业管理职能由区工业公司承担，街道、校办工业管理下放到所在街道及区教育局，区工业联社与区工业公司合并。1992年5月，区工业管理体制再次改革后，分设为区计划委员会（区统计局合署）、区对外经济贸易委员会、区工业公司，实行一套班子、多块牌子的管理体制。区工业公司内设"一室"（办公室）、"三科"（生产调度科、企业管理科、劳资财务科）。此后，工业管理机构又历经1993年3月区计划委员会复称区计划经济委员会；1996年10月，区计划经济委员会撤销，建立区计划与经济局；2001年10月，区计划与经济局撤销，成立发展计划局，工业管理职能划归区经贸局。迄2005年未变。

1986~2005年，历任区工业管理部门的行政主要负责人：阙炳松、刘健华（兼）、沈江、罗端木、顾建平。

第二节　管理体制

无锡解放初至20世纪60年代，区街工业历经1954年手工业社会主义改造、1956年公私合营等运动，区属工厂和手工业工场大多转为集体所有制或国营企业。其后，部分区属工厂上升到市管理，1958年驻区市属企业又下放到区、1961年再回归到市。1964年至80年代，区属工厂又历经1964年全市按行业归口管理划归到市、1970年再下放到区管理。1976～1979年间，又有部分区属工厂划归市管理。80年代后，区街工业管理体制相对稳定，逐步形成以政府部门或工业公司为主管的系统管理体制。管理系统主要有4个：区计经委管理区属工业，区教育局管理校办工业，区民政局管理福利企业，各街道管理街道工业。1990年起，区政府先后制订一系列推动管理体制改革的措施，推进区街工业由直接管理转向间接管理。同时，按照建立现代企业管理制度的要求，推进产权制度改革，强化资产管理，鼓励产权流动，促进优化组合，实行股份合作制、公司制、兼并、转让、关闭、转私等多种形式改革，企业逐步成为自主经营、自主管理、自负盈亏的经济实体。至2000

年，基本完成区街工业企业转改制，集体所有制工业企业大幅度减少，均为股份合作制、私营、“三资”企业。区街工业企业彻底成为具有独立法人地位、无主管部门的企业，按系统管理的观念彻底消失。区工业管理职能实现由区属企业向属地企业管理的转变。

第二章　区属工业

1953年，有区属工厂、手工工场138家，涉及染织、染整、针织、服装、五金、印刷、缫丝等行业。1954~1957年，中西服装企业发展到220家，成为比较集中的行业。染织、缫丝企业划归到市管理。手工染织工场由36个合并为3个。针织企业经过关停并转，时有针织工业社3家、针织厂1家，其中明华针织厂时为江苏省三大袜厂之一。五金业经合并、撤销、转业，仅剩新华衡器厂1家。1958~1978年，区属工业管理体制变化较大，1958年68家市属企业下放到区、1961年又回归到市产业局管理。冶金、机电、染整等区属企业先后上升到市。1962年，区属集体手工业合作社（组）由112家合并为98家。其中电讯仪表企业由21家合并为4家。1964年，全市实行按行业归口管理体制，98家区属企业划归市专业公司管理。1970年市专业公司撤销，原区属企业又回归到区管理，后调整合并为31家，全区时有冶金、机电、电讯仪表、化工等行业。1976~1979年，又有16家区属企业划归市产业局管理。1980~1983年，贯彻国民经济“调整、改革、整顿、提高”的方针，区属工业发展基本稳定。1984~1986年，区属工业发展加快，累计投资730万元，新建厂房6700多平方米；完成树脂纽扣生产线等12个技术改造项目，开发旅游鞋等21只新产品、新品种。1986年，全区区属工业（含马山农工商）企业21家，工业总产值6400.71万元。

“七五”（1986~1990）计划期间，累计投入1035.45万元，完成医疗器材厂节育器生产线、东风塑料厂热套管生产线、焊割工具厂型钢切割机、砂轮厂电气隧道窑、运动鞋厂工艺女鞋生产线等技术改造项目66个。形成服装、五金、建筑五金、医疗器械、有色金属、冶炼、塑料制品等14个行业的区街工业体系。开发仿日式电焊钳、双标尺体重秤、圆头节育环等新产品70余种，新增化工、机械制造等产品门类。全区有窗纱、冲击钻头、电焊钳、专用衡器、服装等产品140余种。区属企业积极靠拢、加入大集团，促进大发展。童装厂与省外贸公司、朝阳服装厂与上海土畜产进出口公司实行工贸联营，扩大“拳头”产品出口，朝阳服装厂、童装厂、窗纱厂等成为年工业产值达（超）500万元的规模企业。帆布制品厂承接日本茄普娜公司“三来一补”（来料加工、来样加工、来件装配，补偿贸易）业务，发展外向型经济。窗纱厂荣获国家轻工部1988年度出口创汇“金龙腾飞先进企业”铜牌奖。22家区属工业企业中，有国家二级企业1家（童装厂），省级企业3家（窗纱厂、衡器厂、朝阳服装厂），市一级企业4家（焊割工具厂、旋具厂、帆布制品厂、钟表眼镜公司）。1990年，区属工业总产值8838.78万元，比1986年增长38.09%，实现利润465.93万元。全区外贸收购额2092.35万元，比1986年增长31.86%。

“八五”（1991~1995）计划期间，累计投入3533.7万元，完成镜厂真空涂膜机、医疗器材厂五孔无影灯生产线、南江塑料有限公司万克注塑机生产线等技术改造项目70个。先后开发手术无影灯、工艺彩绘玻璃、T铜宫内节育器、空调伴侣换气机、太阳能聚热管等新产品80总，新增化工、箱包等产业门类。焊割工具厂抗防爆回火吸式焊割具产品获国家专利。童装厂、帆布厂、朝阳丝绸服装厂、新亚装饰公司等企业成功实施“二转三”，腾出近4000平方米沿街厂房，开办太平洋（深港）电器广场、梦苑浴室等“三产”企业。区工业公司与深圳经纬集团联办千百意购物大世界，形成新的发展优势，使一批困难企业得到解困。“外向带动”战略推动工业可持续发展，朝阳服装厂与上海土畜产进出口公司组建工贸联营锡申羽绒制品厂，形成工贸一体的新型出口创汇企业。工艺五金厂、朝阳丝绸服装总厂、砂轮厂等6家企业年产值超过1000万元，企业规模、竞争能力不同程度提高。1995年，区属工业完成销售收入2.33亿元，外贸供货额4343.1万元，分别比1990年增长163.61%和128.09%。

"九五"（1996~2000）计划期间，累计投入2348.6万元，完成南江塑料有限公司异地新建和配套扩产、镜厂太阳能聚热管生产线、新亚装饰公司树脂油漆生产线等技改项目，衡器厂电子婴儿秤、焊割工具厂汽油仿形切割机投产。南江塑料有限公司与旋具厂实施资源整合，为其发展创造条件，扩大与三星、松下等6家大集团、大公司的专业化配套协作，建成贝特塑料有限公司。2000年，南江塑料公司销售收入3865.66万元，年创利税992.26万元，其劳动生产率、人均利税率均居全区之首。组建融科、工、贸为一体的"九创"服饰企业。与此同时，"退二进三"步伐加快，1993~1997年累计置换中心商务区厂房1.6万平方米，增加"三产"收益800多万元。企业所有制改革不断深化，一批区街工业企业或破产、兼并，或转业、转制。1998年，窗纱厂整体"二转三"，与惠华房地产开发公司合办江南建筑装饰材料市场。2000年，童装厂以零资产整体转让，加入市光明集团。新亚装饰公司、衡器厂等4家区属企业公有资产全部退出，改制为股份合作制企业。是年，区属工业完成国内生产总值1.43亿元，其中，规模以上工业企业10家，年销售收入2.03亿元，实现利税0.20亿元。

"十五"（2001~2005）计划期间，建成占地2.26万平方米的区私营工业园区，吸引18家企业入园生产。按照"彻底改、改彻底"的要求，实施车辆销售维修服务公司等企业二次改制，旋具厂等区属企业公有资产全部退出，股权向企业经营者、经营层集中，以民间资本为主体的股权结构初步形成。通过转让有效资产等途径筹集改制成本近千万元，改制企业职工的劳动关系、产权关系、债权关系基本理顺。新亚装饰公司实现利税、利润分别比2000年增长2.6倍和3.1倍。迄2005年，属地统计工业企业479家，实现工业产品纳税销售收入71.89亿元，利税2.7亿元。其中，规模以上工业企业56家，股份制、股份合作制、合资企业占85.7%。在现有工业企业中，具有工业特征的企业198家，占企业总数的44.2%；职工人数为5590人，占企业总数的13.41%；实现销售收入7.62亿元，占工业企业总销售收入的12.08%；上交各项税金0.26亿元，占企业总数的15.76%。

第一节　主要行业

80~90年代初，区属工业以服装、日用工业品为主。"九五"时期，重点扶持塑料制品业发展。"十五"时期，工业行业主要有服装、化工、金属制品、设备制造等，1986~2002年，先后有27只产品被评为部、省、市优质产品，其中，国优产品2种，部优产品5种，省优产品10种，市优产品10种。迄2005年，按照属地统计，主要有纺织服装、金属制品、设备制造等14个产业，其中，纺织服装104家、金属加工87家、设备制造48家、电器仪表39家、印刷27家、化学原料27家、塑料制品27家、非金属加工12家、食品11家、家具12家、纸制品10家、橡胶加工6家、交通运输4家、文教用品3家、其他行业31家。在56家规模企业中，工业销售产值最高的是石油加工业，年销售产值15.28亿元，占比27.2%。实现利税最高的是化学原料及化学品制造行业，年利税9545万元，占比39.2%。资产和从业人员最多的是纺织行业，资产总计11.12亿元，占比24.12%；从业人员年末平均人数3534人，占比26.59%。

卫东服装厂生产的毛呢中山装
（区工业公司供稿）

【纺织服装业】

服装业为崇安区的特色产业。20世纪50~60年代，外贸出口服装生产已经起步。80~90年代，外贸出口服装生产已成规模。1995年，5家区属服装企业完成产品销售收入4323.8万元，占全区销售收入的38.77%，时为崇安区的支柱产业。主要产品有夹克衫、羽绒服、风衣、中山装、职业服、工艺童装系列等。卫东服装厂的毛呢中山装被评为1988年度轻工部优质产品。朝阳服装厂的夹克杉、羽绒服被评为1991年度省优质产品。90年代后，区属服装企业历经调整合并、改制转制，1994年丝绸服装厂与朝阳服装厂合并，开办“新意达”“钟山”2家中外合资企业。2000年，童装厂以零资产整体转让，加入市光明集团。2001年，卫东服装厂拆迁歇业。2005年，辖区纺织服装企业（属地统计）104家，均为“三资”、民营企业。

2004年崇安区服装行业主要企业情况一览表

表8-2-1　　单位：万元

企业名称	性　质	行业类别	销售收入	利　润
无锡市欣运服装有限公司	与港澳台商合作经营	服装制造	2306.60	7.90
无锡市皇家时装皮服有限公司	与港澳台商合作经营	服装制造	651.20	-9.80
无锡市莎蒙特服饰有限公司	私营有限责任公司	服装制造	1296.20	0.30
无锡乔诺和弘服饰有限公司	中外合资经营	服装制造	1707.90	-35
无锡市凯尔服饰有限公司	私营有限责任公司	服装	250	2
无锡市华联制衣有限公司	与港澳台商合作经营	服装制造	201.40	10.80
无锡市崇安区靖海印花厂	集体	针织服装加工	100.40	19.70
无锡市皓凡服装辅料有限公司	私营有限责任公司	服装衫布	296.90	2.50
无锡市艺华编织厂	集体	针织服装	130.10	8.30
无锡市凯族服饰有限公司	私营有限责任公司	服装制造	412.60	12.20
无锡市三森服饰有限公司	私营有限责任公司	服装制造加工	144.50	-41.10
无锡市得秀针织服饰有限公司	私营有限责任公司	针织服装制造	77.30	9.70
无锡市倩薇服饰有限公司	私营有限责任公司	服装等	183.40	2.90
无锡市乃菲尔服饰有限公司	私营有限责任公司	服装加工	456.90	2.10
无锡市特丽珑服饰有限公司	私营有限责任公司	服装制造	300.60	6
无锡市千和针纺有限公司	私营有限责任公司	针纺织品加工	79.70	-19.40
无锡市针织联创服饰有限公司	私营有限责任公司	针织服装	290.60	-8.90
无锡市元亨商贸有限公司	私营有限责任公司	服装加工	351.20	0.60
无锡市天康服饰有限公司	私营有限责任公司	服饰	66.10	-0.90
无锡市欣鹏服饰有限公司	私营有限责任公司	针织服装加工	141.10	1.10
无锡市奇龙针织服装厂	私营股份有限公司	服装制造	336.80	2.20
无锡市索尔服饰有限公司	私营独资	服装制造	14.60	-1.90
无锡市明波制衣厂	私营有限责任公司	服装制造销售	14.80	-1.50
无锡市丽兹达纺织有限公司	私营有限责任公司	纺织品加工	401.60	3
无锡市依丽尔服饰有限公司	私营有限责任公司	针纺织品服装加工	191.50	-4
无锡市艾玫艾伦服饰有限公司	私营有限责任公司	服装加工	415.10	10
无锡市深蓝服饰有限公司	私营有限责任公司	幼儿服装	493.90	-8
无锡市华韵服装厂	私营独资	服装制造	10.30	1.30
无锡市皇曼时装有限公司	私营有限责任公司	服装制造	490.50	-14.20
无锡市双鸟毛衫针织厂	私营独资	羊毛衫加工	97.10	2.20
无锡市红蜻蜓服饰制衣厂	股份合作制	服装制造	30.30	-7.90
无锡市鸣球服饰有限公司	私营有限责任公司	服装制造	108.70	0.90
无锡市南都服饰有限公司	私营有限责任公司	服装制造	198.10	2.70
无锡市航天服饰有限公司	私营有限责任公司	服装制造	183.40	2.70
无锡市倍萝针织有限公司	私营合伙	针织服装加工	400	2.40
无锡市锦树服饰有限公司	私营合伙	服饰制造加工	163.20	3.90
无锡市吉族服饰有限公司	私营有限责任公司	服装制造	172.20	6.90
无锡市雨灵制衣厂	私营独资	服装加工	4.70	0.40
无锡市佳顺制衣有限公司	私营有限责任公司	纺织服装制造	188.90	0
无锡市皓韵蕊服饰有限公司	私营有限责任公司	纺织服装制造	188.90	0

续表8-2-1

企业名称	性质	行业类别	销售收入	利润
无锡市崇安区广瑞针织厂	私营独资	针织服装生产	90.30	-3.60
无锡市尚时针织有限公司	私营有限责任公司	针织服装生产	189.90	0.20
无锡市顺创针织有限公司	私营有限责任公司	针织服装加工	493.20	11.90
无锡市富雪针织厂	其它	针织品加工	0	1.20
无锡市卓晟经纬编有限公司	私营有限责任公司	丝织品加工	407.20	-3.60
无锡市海威印花有限公司	私营有限责任公司	面料印花加工	94.70	-5.25
无锡市中天针织有限公司	其它有限责任公司	针织内衣制造	262.30	3.90
无锡天豪针织有限公司	私营有限责任公司	针织服装生产	1088	23.20
维新特种纺织物有限公司	私营有限责任公司	加工销售服装	111.60	0.3
新世纪家用纺织品有限公司	与港澳台商合资经营	针织服装制造	15.40	2.20
锡新被服有限公司	中外合资经营	被套生产	1035.80	-64.30
嘉泰制丝针织服装厂	国有	真丝针织服装制造	1864.70	-251
无锡市依林服饰有限公司	私营独资	服装加工	187.90	2
无锡市依之会服饰有限公司	私营独资	服装加工	221	-4.60
无锡波普拉制衣有限公司	中外合资经营	服装加工	284.10	-94.60
无锡市精诚电器仪表制造有限公司	私营独资	服装	242.60	3.60
无锡诗珂依服饰有限公司	私营独资	服装	67.40	1
无锡市紫荆花制衣厂	股份合作	服装制造	101.70	3.70
无锡尔赛服装有限公司	私营独资	服装制造	13.50	1.30
无锡市灵通制衣有限公司	私营独资	服装制造	141	1.10
无锡市本色有限公司	私营独资	服装制造	62.30	1.30
无锡市威尔登手套服饰有限公司	其它有限责任公司	手套	205.80	-12.70
无锡市崇安区锡华皮革服装厂	私营独资	服装	53.1	0.40
无锡诺曼时装有限公司	与港澳台商合资经营	服装加工	1510.90	2.50
无锡市人民手帕厂	集体	手帕加工	121.20	12.90
无锡市可依服饰设计研究所	股份合作	服装	5.1	-0.60
无锡福莱尔制衣厂	股份合作	服装加工制造	35.80	9
无锡卓尔纺织有限公司	私营独资	纺织用品制造	198.70	4

说明：上述资料由区统计局提供。

【塑料制品业】

塑料制品业发展起步于1995年，在此之前，全区仅有塑料制品企业2家，生产日用小商品、塑料薄膜等产品。1995年后，兴业五金塑料厂开始生产塑料薄膜等产品，因产品技术含量低，1996年起停产。与此同时，为小天鹅配套生产塑件的南江塑料公司，加大投入，扩大规模，迅速成为全区塑料制品骨干企业，1998年，该企业完成工业销售收入3010.6万元，占区属工业销售收入比重的23.8%，位居20家区属工业之首。2000年，又与美国李杨公司合资组建无锡贝特塑料有限公司。迄2005年，企业固定资产由2000年563.2万元增加到775.8万元，资产总额4763.4万元。

【金属制品业】

80~90年代，区属工业中的金属制品业主要是窗纱厂，属劳动密集型、高能耗、高污染行业，主要生产金属丝绿漆窗纱、镀锌窗纱、铅丝布、铁丝网等产品。该企业生产的宇宙牌铁丝窗纱被评为1986年度轻工部优质产品。1993年，达到历史最好水平，年工业总产值993.1万元，位居产值500万元以上的10家区属工业企业第二。此后，因环境污染等多种原因，逐步萎缩，1998年，关闭转业。

无锡窗纱厂生产的镀锌六角铁丝网（1986）
（区工业公司供稿）

【日用工业品业】

日用工业品是区街工业的起步产业，20世纪50~60年代，一半以上的区街企业生产日用工业品。无锡市衡器厂生产体重秤、儿童秤、婴儿秤、棉卷秤、邮用包裹秤等系列衡器，其生产的RGT-50型儿童秤是省第五届轻工业优秀产品、1987年度市优质产品，体重秤是1987年度轻工业部优质产品，锡衡牌人体秤是2002年度市名牌产品。无锡市有机玻璃制品厂生产纽扣、有机玻璃制品等产品，其生产的18#双四目扣是1989度市优质产品。无锡市旋具厂生产木批、塑批、自动及各类组合旋具5大类100多种规格产品，产量占全国旋具总产量的三十分之一，50%为外销产品。木柄螺丝批是1986度省优质产品，自动螺丝批是1986年度市优质产品。一字（十字）木柄螺钉旋具系列产品是1990年度江苏省优质产品。医疗器材厂生产宫内节育器、系列冷光源手术无影灯和通用器械等3大类20多个品种，其生产的天一牌宫内节育器荣获1987年江苏省著名商标，天一牌单圈式金属节育器荣获国家银质奖，爱能达牌冷光手术无影灯是江苏省优质产品、1996年度部优产品，T型铜球头宫内节育器获1994度市优秀产品奖。无锡市镜厂生产民用镜、家具镜、日杂产品、压力继电器、液压元件、机械开关等产品，其生产的真空涂膜幕墙玻璃是1987年度省优质产品。无锡砂轮厂生产砂轮、砂布、砂纸、微分等产品，其生产的鲸鱼牌砂轮是1989年度市优产品，鲸鱼牌刚玉砂布系列是1989年度省优质产品。焊割工具厂生产气割机、割具、焊具、电焊钳等产品，其生产的锡山牌300安培电焊钳于1989~1993年被评为江苏省优质产品，CG1-30B半自动切割机获无锡市科学技术进步四等奖，抗防爆回火吸式焊炬获国家专利。

无锡旋具厂（江苏省优质产品证书）（区工业公司供稿）

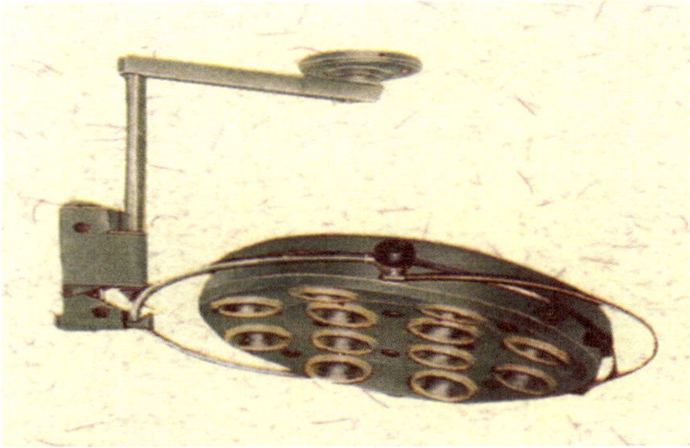

医疗器材厂90年代生产的12孔无影灯（区工业公司供稿）

【通用设备制造业】

仅无锡市第四纺织机械有限公司一家，属广益街道。1997年前，主要生产普通梭织机、剑杆无梭织机等产品。2005年后，新增高档剑杆织机等产品。

1986～2002年崇安区区属工业部分名优（专利）产品一览表

表8-2-2

单 位	产 品	荣获奖项	年份
无锡市朝阳服装厂	夹克衫、羽绒服	省优质产品	1991
无锡市医疗器材厂	天一牌宫内节育器	江苏省著名商标	1987
	T型铜球头宫内节育器	市优秀产品奖	1994
	爱能达牌冷光手术无影灯	省优质产品	1994
	爱能达牌冷光手术无影灯	轻工部优质产品	1996
无锡市衡器厂	RGT-50型儿童秤	省第五届轻工业优秀产品、市优质产品	1987
	体重秤	全国轻工业优质产品	1987
	锡衡牌人体秤	市名牌产品	2002
无锡市旋具厂	木柄螺丝批	省优质产品	1986

续表8-2-2

单　位	产　品	荣获奖项	年份
无锡市旋具厂	自动螺丝批	市优质产品	1986
	一字（十字）木柄螺丝批	省优质产品	1990
无锡市卫东服装厂	毛呢中山装	部优质产品	1988
无锡市窗纱厂	宇宙牌铁丝窗纱	轻工部优质产品	1986
无锡市焊割工具厂	锡山牌300安培电焊钳	省优质产品	1989~1993
	H型钢气割机和半自动气焊机	市优秀产品奖	1989
	抗防爆回火吸式焊炬	获国家专利产品	1993
无锡市砂轮厂	鲸鱼牌砂轮	市优质产品	1989
	鲸鱼牌刚玉砂布	省优质产品	1989
无锡市有机玻璃制品厂	18#双四目扣	市优质产品	1989
无锡市镜厂	真空涂膜幕墙玻璃	省优质产品	1987
无锡童装厂	女绣衣	外经部优秀产品	1986~1990
	乐友牌童装	轻工部优质产品	

说明：上述资料由区经贸局提供。

第二节　　企业选介

【无锡市衡器厂】

创办于1971年，厂址位于健康路107号，是轻工部衡器定点生产企业。专业生产体重秤、儿童秤、婴儿秤、棉卷秤、邮用包裹秤等中小型系列衡器6万余台。人体秤有弹簧系列、电子系列、杠杆系列三大类，70%以上产品远销东南亚、欧美等国家及中国香港、澳门地区。1989年，升为省级企业。1986~2005年，先后开发标尺儿童秤、棉卷秤等20多个新产品，RGT-50型儿童秤等5只产品先后评为省、市优秀产品，TCS-200-RT电子轮椅秤获市科技优秀项目三等奖，锡衡牌人体秤被评为2002年度市名牌产品。1991年，因地块改造拆迁，企业迁至广益镇马家桥。1999年11月，通过ISO 9002：1994质量管理体系认证，2002年6月，通过ISO 9001：2000质量管理体系认证，2003年9月，ACS-20B-YE电子婴儿秤及TCS-200-RT电子轮椅秤获得CE认证。2001年4月改制为股份制企业，2004年6月改制为有限责任公司。2005年，完成工业销售收入1210万元，资产总额679.3万元。

无锡衡器厂产品——人体秤、婴儿秤（1986）
（区工业公司供稿）

【无锡市有机玻璃制品厂】

建办于1966年，前身是东新日用品社，为生产自救的街道企业，生产划衣粉和去垢粉，时有职工23人，厂房30平方米。1970年上升为区属集体企业，1979年更名为无锡市有机玻璃制品厂。原址位于无锡市振新路254号，主要生产有机纽扣、有机制品、颜料糊等产品，是江苏省出口服装辅料定点生产单位。1986年，从意大利邦纳迪公司引进具有80年代国际先进水平的不饱和聚酯纽扣生

无锡有机玻璃制品厂产品——树脂纽扣（1986）
（区工业公司供稿）

产线后，产品质量在国内同行业中享有较高声誉。1993年，开发树脂颜料糊等新产品。1999年，改制为股份制企业。2002年，购置德溪路134号原无锡市火炬服装厂作为厂经营部，企业建筑面积达到7012.98平方米。

【无锡市新亚装饰公司】

建办于1965年11月，前身是无锡市永联油漆厂，由南长、北塘的油漆合作社及崇安的油漆合作社门市部合并而成。1966年4月更名为无锡市红光油漆厂，1988年10月更名为无锡市新亚装饰公司。时有位于解放南路707号的厂房2206平方米、位于山北镇红光村严家棚的仓库5060平方米。公司内设红光油漆厂、装饰工程部、贸易部，主要承接建筑油漆、墙面粉刷、汽车喷漆和家具油漆、烘漆、防腐，以及高空作业施工、房屋修缮等业务。拥有油、喷、烘及静电粉末喷涂4条流水线，日工作量3000平方米。机床表面油漆加工、喷油漆工艺达到国际先进水平。此外，还承接室内外装饰、门面装潢、书画匾额、各类招牌、灯箱、园林装饰、古典建筑、彩画等工程。2000年10月，改制为股份制企业。2001年因新生路改造拆迁，厂房面积缩至1989平方米。2005年，完成工业销售收入917万元，资产总额816.2万元。

红光油漆厂烘漆流水线车间（1986）　（区工业公司供稿）

【无锡市兴业五金塑料厂】

建办于1991年，时由位于人民路203号的长江装潢五金厂与位于马巷路9号的无锡市东风塑料厂合并建成，取名无锡市长风五金塑料厂。主要生产刷子、冲击钻头、塑料薄膜等产品，厂房建筑面积3200平方米。1993年10月，与外商合资成立无锡土利来织带有限公司。1994年8月，长风五金塑料厂改现名。1996年，土利来织带有限公司关闭，企业停产，靠厂房出租维持生存。2003年因地块拆迁歇业。

【无锡市旋具厂】

建办于1961年，前身是位于健康路的无锡皮鞋生产合作社。1969年9月，北塘区皮鞋社并入，1970年转产木柄螺丝批，1971年易名无锡市旋具厂。1982年，迁至惠钱路204号，时有职工163人，厂区占地1921平方米，拥有固定资产130万元，生产锡工牌木柄、塑柄、自动及各类组套旋具，年产木柄、塑柄、自动、穿心、多用测电等5大类100多种规格螺钉旋具600万支，占全国旋具行业总产量的三十分之一，除畅销国内30个省、市、自治区外，50%产品远销美、德、日、菲律宾等十几个国家及中国香港等地区。1990年起，开发生产双色塑柄螺丝批。木柄旋具获1986年度全国质量评比第三名、江苏省第一名，并被授予江苏省优质产品。自动旋具被评为1986年度无锡市优质产品，并连续5年荣获市“重合同守信用企业”。一字（十字）木柄螺钉旋具系列产品被授予1990年度江苏省优质产品。1999年，迁至广

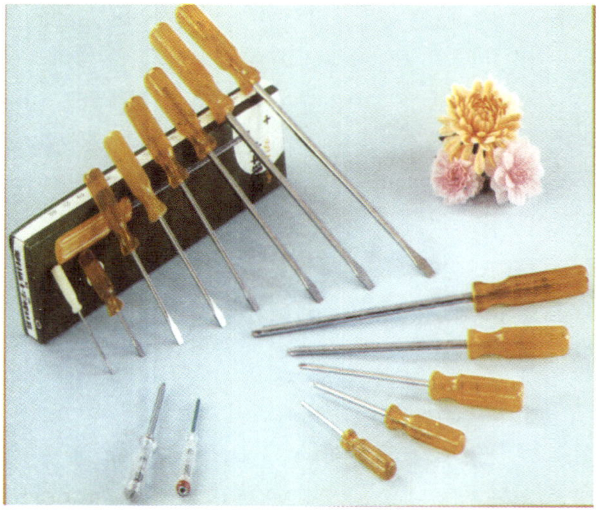
无锡旋具厂生产的各式旋具（1986）　（区工业公司供稿）

瑞路刘巷头砂轮厂区内，占地5978平方米，建筑面积4421平方米。后因多种原因，企业一直处于半停产状态，主要靠出租厂房维持经营。

【无锡市朝阳服装总厂】

建办于1958年，前身系益民服装厂，位于清扬路126号，厂房建筑面积2230平方米。1970~1971年，工运服装社、人民服装社先后并入后，更名朝阳服装厂。1981年起，以生产各类夹克衫为主，辅以羽绒服、风衣等产品，产品远销美国、日本、德国、意大利、加拿大等30多个国家和中国香港等地区，在中国内地也有较大市场。是无锡市服装生产骨干企业和江苏省出口服装生产重点企业。1987年10月，更名无锡市朝阳服装总厂，下设江阴新马镇、宜兴、靖江柏木等3个分厂。其后至90年代初，持续投入，企业规模和生产能力不断提高，厂区占地面积扩大到6926平方米，建筑面积增加到9400平方米，固定资产440万元，生产设备450台（套），大部分为国外引进。时有职工430人，年生产服装40万件（套）。1988年升为省级企业。1990年4月，与上海土畜产进出口公司联营，成立无锡市锡申羽绒制品厂。1992年2月，与江苏省服装进出口集团、意大利GTA纺织服装（集团）公司、无锡漂染厂等四方合资，建办无锡市新意达服装有限公司。1994年1月，与无锡市丝绸服装厂合并为“朝阳丝绸服装总厂”，实行两块牌子、一套班子的管理体制。并组建成立中外合资钟山服装有限公司。其后，企业经营逐年萎缩，重组改制为民营企业。2001年，该厂作为崇安区私营工业经济园区的一部分，吸引多家私营企业入园生产。

朝阳服装总厂生产的夹克衫（1986）　（区工业公司供稿）

【无锡市丝绸服装厂】

建办于1957年，前身是无锡市中服厂，为无锡市丝绸服装生产重点企业。位于中山路560号，后迁至健康路28号，建筑面积2000多平方米。80年代，主要生产砂洗电力纺衬衫、真丝绸女装、人造丝三衣套（浴衣、晨衣、睡衣）、丝绸夹克衫等，远销美国、法国、中东地区、日本等30多个国家和中国香港等地区。1988年，与江苏省服装进出口分公司联合成立工贸联营集团。90年代初，企业固定资产原值203万元，拥有2条国外引进的服装生产流水线和1条国产服装生产流水线，缝纫制衣设备160台，年生产能力20万件（套）。1994年1月，并入无锡市朝阳服装总厂，实行两块牌子、一套班子的管理体制。1995年，利用沿街厂房，开办太平洋电器广场（后更名为深港电器广场）。1996年10月，深港电器广场与中国香港及韩国合资建办深港保龄球俱乐部有限公司，1998年1月停业关闭。

八九十年代丝绸服装厂生产的丝绸旗袍
（区工业公司供稿）

【无锡市镜厂】

创办于1956年4月，前身为美光、耀明、自立3个制镜作坊组建的制镜合作小组，1957~1959年，又有公记制镜、顺畅车边、工艺制镜等3个作坊以及新光、胜利2家玻璃厂先后并入，1976年改现名，厂址位于中山路沙文井105号，建筑面积为1800平方米。主要生产民用镜、家具镜、日杂产品、压力继电器、液压元件、机械开关等产品。民用镜销往全国农村，家具镜与本市各家具厂对接，压力继电器与无锡市机床厂配套。1986年引进真空镀膜机制镜技术。1995年，引进自动化磨边设备，替代手工磨边。1996年，引进1500型镀膜机机组，生产幕墙玻璃。1997年，引进异型磨边机。1998年10月，改制为股份制企业。此后因民用镜销量逐年下降，企业亏损严重而停产。2000年9月，因地块拆迁，迁至无锡市衡器厂内（广益镇马家桥）临时过渡。

【无锡市医疗器材厂】

建办于1971年，前身是1956年12月由区手工业科所属节育环加工小组、器械小组和街道办的双头探针组合并而成的崇安健卫医疗用品社，位于西梁溪路43号，占地1700平方米，建筑面积4700平方米（其中公用房产1500平方米）。80~90年代，主要生产无影灯、节育环、反光灯、双层器械台、听诊器等14个产品，其中天一牌宫内节育器荣获1987年江苏省著名商标。1986~1995年间，先后开发12孔冷光子母无影灯、冷光单孔手术灯、大表面台式血压表等新产品，形成宫内节育器、系列冷光源手术无影灯、通用器械（反光灯、器械台、手术圆櫈、听诊器、台式血压表、推车、换药车等）3大类20多个品种。1986年12月，引进联合国人口基金援华项目——T铜宫内节育器生产线（含全套生产设备和测试、检验仪器），援资总额75万美元，年产150万套T铜宫内节育器。1990年竣工投产后，宫内节育器远销全国26个省、市、自治区，1995年后销往非洲、古巴、东欧及东南亚地区。1993年后，冷光源手术无影灯进入国际市场。1996年，通过部优质产品复审，并连续保持部优产品称号。2000年，T铜宫内节育器通过ISO 9002：1994质量管理体系认证。是年改制为股份制企业。2005年因地块拆迁，迁至东亭华夏中路春联路8号，新厂区占地1.1万平方米，建筑面积7000平方米。

医疗器材厂90年代生产节育器的净化车间
（区工业公司供稿）

【无锡市窗纱厂】

创办于1952年，前身是华新麻纺织社，1956年改为麻纺织生产合作社，除生产黄麻打包布外，还有棉布、珠罗纱、土帆布、三股包麻线、石棉布等产品，1958年改名无锡市麻纺织厂，1963年与无锡金属丝织造厂合并，改称无锡市金属丝织造厂，专业生产绿漆窗纱、铅丝布和铁丝网。1965年改为现名。1971年开始外贸生产，逐步成为江苏省外贸定点生产窗纱的专业工厂。1976年迁至锡沪路360号，占地面积扩大到1.29万平方米。此后，企业由原来单一生产的绿漆窗纱发展到镀锌、铝合金窗纱等多种产品。1980年的生产能力是1963年的16倍，宇宙牌铁丝窗纱是1980年、1985年江苏省优质产品，1980年、1982年、1986年轻工部优质产品。1988年，企业被评为江苏省出口创汇先进企业，获轻工部出口创汇"金龙腾飞"先进企业铜牌。1989年，被评

荣获轻工部出口创汇先进企业窗纱厂生产的镀锌铁丝窗纱
（区工业公司供稿）

为无锡市一级企业。1996年，开发太阳能聚热管生产线，成功生产太阳能热水器。1998年，企业整体“二转三”，与无锡市惠华房地产开发公司合作，在原址开发建成无锡市江南建筑装饰材料市场。

【无锡市运动鞋厂】

建办于1958年6月，前身是由6家私营制鞋店合并而成的群力制鞋皮件厂，职工200余人。1961年初，分设为崇安布鞋供销生产合作社、群力制鞋生产合作社和大众鞋修配社3个单位。1963年，新生、先锋两社并入崇安布鞋供销生产合作社，改名群新制鞋生产合作社，1964年，上升到市服装鞋帽公司管理，1970年又下放到区管理。1975年，更名为无锡市群新制鞋厂，1982年，更名为无锡市运动鞋厂。生产注塑布鞋和泡沫鞋，年产量由1974年的3万双增加到1982年的20多万双，各种布鞋品种达50余种。企业迁至惠钱路严家棚。1985年，热硫鞋生产线投产，1987年，与上海胶鞋集团公司合作生产双钱牌田径鞋、旅游鞋等产品。1988年，工艺女鞋生产线投产，1990年后，又先后开发工业橡胶制品、抗静电鞋、建工用电锤钻头、冲击钻头等新品。逐步成为一个生产胶鞋、冷粘鞋、工艺鞋等品种较齐全的综合性鞋类生产厂家，企业占地5511平方米，建筑面积4604.4平方米，固定资产原值120万元。1994年2月，成立无锡市华富胶鞋厂，时为无锡市首个区级自营进出口创汇基地，引进集炼胶、合布、缝帮、硫化、成型为一体的2条生产流水线，并形成从独立接单、验货到报关、结汇的进出口管理体系。是年，利用国际差价，从泰国进口优质橡胶150吨，生产布胶鞋90万双，全部销往美国等国家和中国香港等地区，自营出口62.5万美元，占全区自营出口的94.7%。1995年，企业整体转让歇业，职工由区工业公司托管，腾出厂房，让位于南江塑料有限公司。

【无锡市南江塑料有限公司】

无锡南江塑料有限公司（2003）　　　　（区工业公司供稿）

建办于1995年7月，由无锡市南方工程塑料厂与美国J.R.LEYANG公司合资组建，注册资本38万美元，其中无锡市南方工程塑料厂出资22.8万美元，占注册资金的60%，美国公司出资15.2万美元，占注册资本总额的40%。厂址位于惠钱路严家棚，厂房建筑面积3782.9平方米，1996年投产。主要生产塑料制品、洗衣机及冰箱塑料零部件等产品，与无锡小天鹅股份有限公司、松下集团公司等大型企业配套。1997年9月，企业通过ISO 9002:1994产品质量管理体系认证。为扩大生产规模，2000年12月，企业又与美国李扬公司合资组建无锡贝特塑料电器有限公司，将位于惠钱路204号（原旋具厂）整体置换改造，建成现代化厂房4500平方米，置有各类塑料造型机26台，其中60%为台湾震雄机；磨具车间拥有台湾友佳1300加工中心和800加工中心，还有一批国内比较先进的塑料加工配套设备。是年，企业资产总额3031.7万元，固定资产净值5631.5万元，创利354.02万元。至此，企业成为江苏无锡小天鹅股份有限公司产品零部件的主要配套生产单位，也是无锡松下冷机有限公司、无锡博西威家用电器有限公司、苏州三星电子有限公司、默洛尼卫生洁具有限公司、日本KAWAJUN河淳株式会社、无锡松下电器有限公司、常州家善新科电器有限公司和上海通用汽车有限公司等企业配套生产厂家，生产加工各类规格、型号产品10大系列300余个品种。2001年，通过QS-9000质量体系标准认证。2005年，固定资产净值775.8万元，资产总额4763.4万元，职工超过110人。

【无锡市砂轮厂】

建办于1958年，前身为铁砂布磨具生产合作社，1964年，又有崇安纸盒厂木砂纸车间、周山浜锋钢加工小组、崇安五金砂轮锋钢加工厂等单位并入，生产砂布出口产品，1970年改现名。厂址位于广瑞路刘巷头，占地1.33万平方米，厂房建筑面积1.09万平方米，拥有专业生产设备200多台（座），生产砂轮、砂布、微粉等4大类、上千个品种的产品。1988年12月，28米电气隧道窑投产，总投资30多万元，年产砂轮350多吨，设备属国内先进水平。1989年，升为市一级企业，鲸鱼牌砂轮获市优质产品、鲸鱼牌刚玉砂布系列获省优质产品称号。1990年，开发磨花钻修磨器、特种异型砂轮、半树脂砂布等新产品，企业形成年产磨具600吨、砂布250万拾的能力。1992年转制为股份制企业。

无锡砂轮厂电气化隧道窑（1986）　（区工业公司供稿）

【无锡市帆布制品厂】

建办于1956年，前身为广丰制袋蓬帆社，设有中山路一个门市部，解放西路一个缝袋车间，主要从事修理旧蓬、旧袋，加工工具袋、劳动布手套、安全帽，为石粉厂加工包装布袋等，1966年更名为利群制袋蓬帆社，1977年改现名。1980年下半年，与无锡市编结厂合并，实行两块牌子一套班子，增设编结门市部。1982年，企业下设中山路门市部，位于新生路、解放西路、北大街的3个车间，以及棚下街仓库，使用面积超过1200平方米。1985年，企业已成为生产工艺手袋的专业工厂，生产各种PV料尼龙背提包、登山包、尼龙牛津包、仿真皮手袋、软皮革滑轮包等，产品远销美国、加拿大、日本等国，还生产各类蓬布、筒子袋、落纱袋、机器护罩、工具袋等内销产品。1990年，与日本茄普娜公司、中国香港西园公司合作承担来料加工业务。1992年，企业生产经营用房面积扩大到2546平方米，在中山路等处设有5个经销门市部，固定资产原值187万元。1994年1月，与港商合资成立无锡加利体育用品有限公司开业。1995年后，企业实施“二转三”，腾出沿街厂房开办梦苑浴室等“三产”企业，后因中山路地块改造拆迁，迁至竞惠路78号。

【无锡市童装厂】

建办于1958年，前身为中益童装厂，1959年改称小美丽童装社，1961年小朋友、小玲珑童装门市部并入，1966年8月改名向阳童装社。1969~1970年，又有崇百、崇安服装生产合作社、洪流服装社先后并入，改名向阳童装厂，1982年改现名。厂址位于人民路28号，生产外贸工艺童装、女装系列产品，产品远销美国、俄罗斯等38个国家和中国香港等地区。“七五”期间，女绣衣荣获国家外经部优秀产品称号，乐友牌童装被评为轻工部优质产品，女童裙获全国儿童生活用品金鹿奖，女时装在52届巴黎女时装博览会上荣获二等奖和优秀奖。1988年11月，与江苏省服装进出口分公司联营成立工贸

八九十年代童装厂生产的各式童装　（区工业公司供稿）

合营无锡市童装厂，并挂“工贸合营无锡市工艺服装厂”牌子，时为崇安区第一家工贸联营集团。是年，升为省级企业。1989年，晋升为国家二级企业。1990年，厂房面积扩大到7862平方米，固定资产380万元，年生产能力100万件（套），其中90%为外销产品，职工470余人。拥有各类专业缝纫设备450台，其中进口电脑绣花机2台，能生产各种复杂的工艺服装，在机绣、手绣、电脑绣、拉网、岩条嵌线、皮零等方面均有特色。1995年6月，企业腾出沿街厂房，与无锡县生产资料总公司合作创办太平洋电器广场。2000年，以零资产整体转让，加入无锡市光明集团。

【无锡市卫东服装厂】

建办于1954年10月，前身为和平服装生产合作小组，1956年下半年由组转社，始产女大衣等外贸产品。1958年与服装三社合并成立人民服装厂，1959年毛货车间划出成立友谊服装厂，1961年改名和平服装生产合作社，1965年和平外贸工场划出建立震球呢绒服装厂，1968年和平服装生产合作社改名无锡市卫东服装社，1970年又有北塘服装社并入，1972年改为现名。厂址分设于中山路467号、沙文井111号、中山路278号3处，占地1070平方米，其中生产经营用房1021平方米。生产毛呢中山装、呢大衣、医务服、职业服等产品，销往东北、山东等15个省市。毛呢中山装获1988年部优产品，女大衣获九省一市评比第一名，医务服获市同行业评比优秀奖。2000年后，位于沙文井和中山路厂房、营业用房先后被拆迁，企业关闭，职工分流。

【无锡市车辆销售维修服务公司】

建办于1970年，前身为崇安、北塘、工运3家车辆社合并组建的车辆修造厂，位于沙文井63号。1979年下设五爱路、中山路、吉祥桥3个车辆修理门市部；以及健康路特约维修站、通运路胶胎门市部、通惠路车辆电焊门市部，从事自行车、摩托车修理，自行车、摩托车及其配件、电器销售等业务。1980年，原车辆修造厂所属门市部划归崇安区，成立无锡市车辆销售维修服务公司，原厂部与电机厂合并组建无锡市电焊机厂。80年代，吉祥桥门市部是全市率先经销重庆雅马哈、建设50型、木兰等各类摩托车的专卖店，是无锡地区重庆雅马哈、建设50型摩托车的特约维修站，健康路门市部则是无锡地区永久牌、凤凰牌自行车的特约维修站。1998~2000年，位于中山路454号的中山路综合门市部（营业面积70平方米）、解放北路77号的吉祥桥门市部（营业面积100平方米）、通运路49号的通运路门市部（营业面积160平方米）相继被拆歇业。2002年，企业转制后，由无锡市锡金资产经营管理有限公司托管。

【无锡市焊割工具厂】

建办于1961年，前身为崇安黑白铁供销合作社，由工运、曙光、跃进、崇安、勤俭、星火等街道生活服务站门市部和光辉五金厂钣金车间合并成立，1967年2月改现名。厂址位于广瑞路广丰二村47号，占地6776平方米，建筑面积5363平方米。1978年开始生产外贸产品，有气割机、割炬、焊炬、电焊钳等4大类40余种规格。1988年，CG1-30B半自动切割机获市科学技术进步四等奖。1989年，H型钢切割及焊接技术填补国内技术空白，厂长陈建华获冶金部颁发的科学技术研究成果奖证书。锡山牌300A电焊钳被评为1990年度江苏省优质产品。1997年12月，改制为股份合作制企业。2002年8月，

CG1-30型气割机（2000）　（无锡焊割工具厂供稿）

二次改制为光一焊割工具有限公司。2003年5月，开发生产CG2-200型仿形气割机，是年10月，企业通过ISO 9001：2000质量管理体系认证及国家强制产品电焊钳3C认证。

【无锡市第四纺织机械有限公司】

原隶属广益街道，2002年行政区划调整后归区管理。（详见第十一编第二章第三节私营企业选介内容，第458页）

【无锡市东泰精细化工有限责任公司】

原隶属广益，2002年行政区划调整后归区。（详见第十一编第二章第三节私营企业选介内容，第458页）

【无锡市益能电力电器有限公司】

原隶属广益，2002年行政区划调整后归区。建办于1993年3月，为无锡市锡能实业有限公司下属控股企业，注册资金1000万元。主要产品有箱式变电站、高压环网箱、铠装式中置柜、SM6中压开关柜、SAFE环网柜、GCK低压柜等15个品种，产品覆盖广东、上海、浙江、江苏等8个省（市）。企业拥有国际先进的数控液压冲、折、剪等加工设备，先后通过ISO 9001：2000、ISO 1400：2000质量体系认证，以及GB/T28001—2001职业健康安全管理认证。2001~2005年，工业产品销售收入年均增速10%以上。2005年，实现产值3.5亿元，被省人民政府评为AAA级重合同守信用企业。

【无锡贝康包装材料有限公司】

原隶属广益，2002年行政区划调整后归区。建办于1992年1月，前身为中外合资无锡嘉隆塑料制品有限公司。专业生产各类HDPE、LDPE、LLDPE塑料软包装购物袋、垃圾袋、食品袋、冰袋等产品，企业先后通过英国AJA公司ISO 9001：2000质量管理体系认证。拥有自营进出口权，90%以上产品出口德国、荷兰、英国、美国等15个国家地区，年均出口量1.8万吨，实现销售收入2亿元。2002年12月，又与香港世嘉盛实业有限公司合资成立无锡贝康包装材料有限公司，注册资本1000万港元。2005年，创汇1095万美元，上缴税收354万元，为中国国际贸易促进委员会、中国国际商会会员单位。

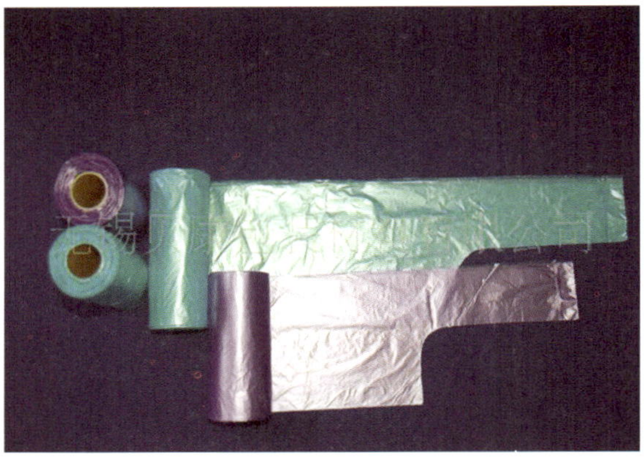

贝康包装材料公司产品　　（贝康包装材料公司供稿）

2005年崇安区区属工业企业情况一览表

表8-2-3

名　称	地　址	主要产品	沿　革
无锡市朝阳服装总厂	清扬路126号	夹克衫、羽绒服、风衣	1958年开办，1987年改现名。1990年，与上海土畜产进出口公司联营成立锡申羽绒制品厂，1992年合资建办无锡市新意达服装有限公司
无锡市童装厂	人民中路28号	童装、女装	1958年开办，1982年改现名。2000年以零资产整体转让，加入无锡市光明集团
无锡市卫东服装厂	中山路467号	男女时装、医务服	1954年开办，1972年改现名，2002年拆迁歇业

续表8-2-3

名 称	地 址	主要产品	沿 革
无锡市丝绸服装厂	清扬路126号	丝绸服装	1957年开办，原名无锡市中服厂，位于中山路560号，后迁至健康路28号。1994年1月并入朝阳服装厂，1998年1月停产关闭
无锡市帆布制品厂	竞惠路78号	箱包、工艺手袋、篷布	1956年开办，1977年改现名。2000年改制为股份制企业
无锡市运动鞋厂	惠钱路严家棚	田径鞋、旅游鞋	1958年开办，1982年改现名，1995年整体转让关闭
无锡市窗纱厂	锡沪路360号	铁窗纱、网类	1952年开办，1965年改现名。1998年整体关闭，开办无锡市江南建筑装饰材料市场
无锡市兴业五金塑料厂	马巷路9号	钻头、毛刷、塑料膜	1991年开办，1994年改现名。1996年停产，2003年拆迁关闭
无锡市焊割工具厂	广丰二村47号	焊具、割炬、电焊钳、气割机	1961年开办，1967年改现名。2002年改制为有限责任公司
无锡市旋具厂	广瑞路刘巷头	各种螺丝批	1961年开办，1971年改现名。原位于惠钱路204号，1999年资产置换，整体迁至广瑞路刘巷头砂轮厂区内，2000年改制为股份制企业
无锡市医疗器材厂	华夏路春联路8号	医用设备、节育器	1971年开办，原址西梁溪路43号，2000年改制为股份制企业，2005年拆迁至现址
无锡市砂轮厂	广瑞路刘巷头	砂轮、砂布、砂纸	1958年开办，1970年改现名，1992年改制为股份制企业
无锡市有机玻璃制品厂	德溪路134号	有机纽扣、有机制品、颜料糊	1966年开办，1979年改现名，原址振新路254号。1999年改制为股份制企业，2002年地块拆迁至现址
无锡市衡器厂	广益马家桥	体重秤、儿童秤、婴儿秤、棉卷秤、邮用包裹秤	1971年开办，原址健康路107号。1991年拆迁至现址，2004年6月改制为有限责任公司
无锡市镜厂	广益马家桥	各类玻璃镜	1956年开办，原址中山路沙文井105号，1976年改现名。1998年改制为股份制企业，2000年因拆迁至现址
无锡市生物化学研究所	后溪西54号	白蛋白、球蛋白	1991年开办，1995年关闭
无锡市新亚装饰公司	解放南路707号	油漆加工	1965年开办，1988年改现名，2000年改制为股份制企业
无锡市钟表眼镜公司	西直街8号	眼镜、钟表修理	1975年开办，原址东大街，后因拆迁，先后迁至健康路、西直街，2005年改制为股份制企业
市车辆销售维修服务公司	沙文井63号	车辆维修、销售	1970年开办，2002年拆迁歇业
市南江塑料有限公司（贝特塑料电器有限公司）	惠钱路严家棚	塑料制品	1995年开办，为中外合资企业，2000年又在惠钱路204号开办贝特塑料电器有限公司
崇安区农工商联合公司	马圩一号桥	绳线、皮鞋、小五金	1979年12月开办，时有土地900余亩，下辖绳线厂、时新皮鞋厂、卫星五金厂和崇安综合商店。1980~1981年，土地先后划拨区绿化队300余亩、马山鱼种场300余亩、华瑞制药厂120亩，1995年又划拨华瑞制药厂53亩。1996年，增挂“崇安区马山农工商管理站”牌子，为集体事业单位。1997年，改属区校办工业公司管理，1999年，划归区建设局。2002年2月全市区划调整，成建制划归滨湖区马山镇

说明：上述资料由区经贸局提供（不含广益街道隶属工业企业）。

第三章　区属其他工业

除区属工业外，区属其他工业还有街道工业和校办工业。80年代中后期，街道、校办工业星罗棋布，亭子桥的有色金属铸件厂、复兴路街道的石油加工厂、人民路街道的手帕厂、校办工业的五金电器厂等企业都小有名气，亭子桥、复兴路、人民路3个街道年工业产值均超过500万元。1987年，街道和校办工业完成产值3822.58万元，占全区总量的35.84%。90年代后，随着社会主义市场经济的深化和发展，街道、校办工业在改革中调整，在调整中发展，通过招商引资，联合重组，引进一大批"挂靠"企业，形成新的规模优势。1998年，全区街道和校办工业完成工业产品销售收入4.2亿元，占全区的比重上升到72.84%。其后，按照"抓大放小"和"不求所有，但求所在"的要求，持续推进街道、校办自办企业和"挂靠"企业转改制。至2003年，350余家街道自办工业企业或关闭、或改制为私营企业、股份制企业。75家校办企业改制为有限公司19家，股份合作制企业20家，个人独资企业24家，关闭12家。是年底，作为管理校办企业的区校办工业公司也依法注销。

第一节　街道工业

街道工业（含居委工副业）起步于20世纪50年代创办的生产自救小组。1957年后，生产自救小组渐成规模，逐步上升为社办工业，即后来的街道工厂。1958年"大跃进"中，街道工业有所发展。1960～1962年，国民经济全面整顿中，街道工业基本消失。1963～1969年，街道工业逐渐复苏发展，一批街道骨干工业升格为区属大集体企业，仅工运桥、亭子桥2个街道就有16家街道工业企业上升为区属或市属企业。1969年上山下乡运动中，街道企业职工大多被动员下乡、下放，街道工业又趋于萎缩，仅工运桥街道11家企业就有8家关闭、3家停业。

八九十年代工艺花边厂生产的工艺钩衣
（崇安寺街道供稿）

20世纪70～80年代，街道工业恢复性发展。70年代起，为解决闲散劳动力、留城知青、下乡回城青年的就业矛盾，各街道陆续开办以"四为"（为农业、为大工业、为外贸、为群众生活）服务为特色的加工业，发展投入少、见效快的产业。特别是1978年中共十一届三中全会后，市相继出台有关扶持街道集体企业发展、增强街道经济实力的政策，主要是：街道集体工业企业按营业收入的1%作为管理费上缴给街道；企业税后利润的40%～50%上缴街道统筹使用；1979年起街道企业可提取税前利润的10%作为地区（居委）建设经费，这一政策延续至1994年。80年代，街道工业已形成服装加工、文化用品、印刷、石油加工、塑料制品、金属制品、日用工业品、电子与仪器仪表、化学品制造等门类。生产服装、羊毛衫、手帕、竹制品、塑料制品、印花印染品、润滑油、金属丝网、铸件、电线、油漆、药条、无线电收音机等产品。1985年，街道（含居委）工副业发展到414家，其中街道企业39家。1987年，街道工业产值3102.35万元，占全区经济总量的29.09%。其中，亭子桥街道工业位于全区9个街道之首，其次是周山浜、人民路2个街道。亭子桥街道在马巷路辟近7000平方米的工业基地，开办有色金属铸造厂和钢门钢窗附件厂，享有500万元产值、500名职工、50万元利润"三五"之美誉。亭子桥社会福利包装厂规模和效益在全区街道福利企业中名列前茅。是年，该街道年工业产值811.65万元，占街道经济总量的26.16%。1988年，周山浜街道永新金属丝网厂实行工贸联营，年外贸收购额301.79万元，在全区14家外贸出口企业中名列第二，是全区创汇大户之一。1989年，亭子桥街道工业效益开始下滑后，全区街道工业总量排名依次是工运桥、崇安、复兴路街道，年工业销售额均超千万元，复兴路街道工业利润超百万元。其时，街道工业小有名气的企业有：工运桥街道的工运蓄电池厂、工运彩印厂、工运羊毛衫厂，复兴路街道的石油加工联营厂、小朋友童装厂，崇安街道的崇安印刷厂、计数器厂、工艺花边厂，周山浜街道的永新金属丝网厂、并线厂，人民路街道的人民手帕厂，上马墩街道的靖海袜厂等。

90年代，各街道贯彻治理整顿和深化改革的方针，调整结构，“借鸡生蛋”，横向联合，上项目、上产品，引进化工、汽车配件、电度表、电焊机、特种印刷、服饰等新兴工业门类。1990年，人民路街道的人民手帕厂开拓外向型经济，手帕等产品远销中国香港地区，出口美国、苏联、加拿大、意大利等国家。是年，完成外贸收购额82.59万元，实现零的突破。1992年，全市第一家居委办中外合资企业——大井印刷厂开业。其时，广瑞路街道的吉达汽车内饰件、广达净化剂、华力电器、凯成织染、东新包装等厂列入全区经济发展重点项目。吉达汽车内饰件厂于1991年与上海延锋汽车内饰件集团联营后，合作开发生产轿车国产化配套座椅总成，1992年获北京吉普车有限公司“切诺基”吉普车座椅总成生产许可证，时为国内唯一定点配套厂。其后投资400万元扩建厂房、增添生产流水线等设备，形成年产1万套座椅面罩的能力。1993年，广瑞路街道利用市、区财政支持，投资650万元，开办广达净水剂厂。同时挖掘人才，投资开办生产电子电度表产品的中外合资华力电器有限公司。1994年，周山浜街道的中外合资凯成织染有限公司、中外合资东新包装材料有限公司也先后挂牌成立。与此同时，集体企业与生俱来的体制性、机制性矛盾接连暴露，问题不断出现，永新金属丝网厂因原材料与产品收购价格倒挂于1992年10月停产。占地3万平方米、投资2000万美元的中外合资无锡凯成织染有限公司于1994年1月在锡南开发区奠基开工后，因外方资金不到位而中途下马。1995年，吉达汽车内饰件厂因外方资金不到位流产，公司主体投靠他山，易地经营。1996年12月，钢门钢窗附件厂、有色金属铸造厂因资不抵债同时破产，成为无锡改革开放以来首例集体企业破产案。1997年下半年，东新包装材料有限公司运转3年，终因投入产出严重失调，亏损754万元而宣告破产。1998年9月，永新金属丝网厂申请破产。是年，1993年开办的永新金属带箔厂也因外方资金未足额到位而关闭。1999年7月，东新包装材料有限公司破产案审结。其间，街道其他自办工业也普遍萎缩，企业逐步步入转改制。上马墩街道的高美电器厂、崇安寺街道的石油联合加工厂先后改制为股份制企业，双马制衣厂等企业实行租赁经营，粮油机械配件厂等企业实施关闭。街道经济总量主要靠“挂靠”企业支撑，至1998年，全区街道工业产品销售收入仍达到3.53亿元，占全区工业经济总量的61.2%，比1987年提高32.1个百分点。位居前3位的依次是广瑞路、江海、人民路3个街道。

进入21世纪，是街道工业全面转型发展时期。2000年，周山浜车辆衡器修配厂转制为股份合作制企业。2003年11月，历时5年零3个月的永新金属丝网厂破产案宣告审结。是年12月，吉达汽车内饰件厂转制为有限责任公司（民营企业）。广达净水剂厂因内部管理不善、连年亏损而关闭。2004年，崇安寺街道23家工业企业，改制为股份合作制企业6家，改制为有限责任公司的企业1家，承包经营1家，关闭14家。2005年，广瑞路街道的华力电器有限公司因产品销售不畅、严重积压，申请破产。上马墩街道的高美电器设备制造有限公司转制为私营企业。

2005年崇安区街道自办工业企业情况一览表

表8-3-1

名　称	创办年份	地　址	主要产品	沿　革
石油加工联营厂	1971	锡澄路276号	“百炼牌”再生润滑油	原名解北炼油组，1977年，改名解北石油加工厂，1986年3月改现名。1997年转制为股份制企业
计数器厂	1971	尤渡里282号	电子仪器	1998年转制为股份制企业
云锡冶焊料厂	1994	尤渡里282号	电焊条、焊锡条、金属制品	2000年转制为股份制企业

续表8-3-1

名　称	创办年份	地　址	主要产品	沿　革
人民手帕厂	1970	田基浜20之1/2号	手帕	原名人民福利厂（人民麻袋厂），因福利企业未转制，2000年7月实行承包经营
崇安印刷厂	1968	上马墩马巷37号	印刷品	1999年转制为股份制企业
大井印刷有限公司	1992	锡沪路社居委	印刷包装制品	2004年转制为外商独资企业
无锡市电线二厂	1966	马圩七号桥	电缆、电线	前身为学前街砂粉组，1978年扩建更名为崇安区学前金钢砂厂。1984年4月易名崇安丁晴电线厂，1990年5月改现名。1998年11月改制为股份合作制企业。2000年转制为有限责任公司
吉达汽车内饰件厂	1988	广丰三村62号	汽车座椅面罩、座垫发泡、汽车顶篷	2003年12月转制为有限责任公司
工运彩印厂	1976	锡沪路121号	印刷制品	1997年租赁经营，2002年转制为个人独资企业
崇安制线厂	1982	锡澄路化工桥堍	纱线、防羽布	1982年从文化用品厂分设成立，2000年与第二织布厂联营。因福利企业未转制
人民东路印刷厂	1983	人民东路39号	印刷制品	2002年转制为个人独资企业
锡沪油泵工艺装配厂	1992	广勤路333之2	油泵专用设备	1998年2月转制为个人独资企业
通江纸制品厂	1979	广勤路349号	纸箱雨衣	原名工运社会福利厂，1994年更名豪特电讯器材厂，1998年改新运纺织厂，2005年改现名，因福利企业未转制
崇安区同新文化用品厂	1990	锡澄路化工桥堍	纸制品	1990年由大同印刷厂分设，因福利企业未转制
红卫织造厂	1979	长庆路36号	纸箱	原名亭子桥福利包装厂，1993年更名富丽装潢包装厂，1998年改现名，因福利企业未转制
周山浜车辆衡器修配厂	1981	锡澄路化工桥堍	三轮车修配	2000年转制为股份制企业

说明：上述资料来源于《通江街道志》《崇安寺街道志》《广瑞路街道志》。

【无锡市石油加工联营厂】

无锡石油加工厂产品（1986）　　（崇安寺街道供稿）

创办于1971年6月，前身为解北炼油组。年人工处理废油20吨，提炼机械油18吨。1975年后，生产规模逐步扩大，向半机械化发展。年回收废油扩大到35吨，生产成品油30吨。普通再生机械油品种由3个增加到7个，年产值25万元，创利7.9万元。1977年，改名解北石油加工厂。1979年，迁至锡澄路1号桥北，占地面积3735平方米，建筑面积1184平方米。有锅炉车间、酸洗车间、成品过滤车间等厂房及办公楼，年处理能力提高到1000吨。1980年，产值达55万元，利润18万元，年废油回收量583吨，生产各类成品油579吨。是年，在全国润滑油再生行业评比中，4个品种的机械油被商业部评为优质产品，占全国同行业优质产品的六分之一，占全省同行业优质产品的三分之二。1985年，N30、N46机械油被评为市优质产品。1986年3月，与江苏省石油公司联营，更名为无锡市石油加工联营厂。1997年，转制为股份合作制企业。至此，企业占地6865.3平方米，建筑面积1500平方米，储油罐容量1200立方米，资产总额472.04万元，年销售量2560吨，年产值超千万元，年利润超60万元。百炼牌再生润滑油发展到19个品种、100余个牌号，形成液压油、乳化油、主轴油、内燃机油等多个系列的中高档产品。2003年5月，通过埃尔维质量认证中心ISO 9001:2000质量管理体系认证，成为江苏省润滑油生产重要基地之一。

【工贸联营无锡市永新金属丝网厂】

创办于1980年，厂址位于锡澄路化工桥堍。1986年，其生产的热镀锌六角网外贸产品，远销西欧、新加坡、马来西亚、泰国、澳大利亚等30多个国家和地区。1988年，更名为工贸联营永新金属丝网厂。1986~1992年，累计完成外贸收购额3285.2万美元，是街道企业中为数不多的创汇大户。90年代后，随着外贸体制改革的不断深化，国内价格放开，原辅材料大幅度上涨，造成原材料与产品价格倒挂。1992年10月全面停产。依靠变卖资产、出租厂房维持经营。为了求新的发展，1993~1997年，举债投资创办凯成织染、东新包装材料2家合资企业，但都以中途下马、破产告终，1998年8月，作为投资主体的永新金属丝网厂申请破产。2003年11月，破产案裁定终结。永新金属丝网厂累计亏损756.14万元，破产财产评估值149.54万元。法院终结裁定：永新金属丝网厂破产财产变现人民币170万元，已不足支付286.85万元的破产清算费用，未得到清偿的债权不再清偿。

【无锡市有色金属铸造厂】

创办于1971年10月，前身为亭子桥街道综合组改办的爱武有色铸件厂。生产铸铁炉排，后转为生产有色铸件。1972年，开始承接无锡市第二机床厂重300公斤的铜蜗轮生产任务，一举成功后，在全市同行业引起较大反响。1976年起，为爱武五金厂的钢门钢窗附件配套生产毛坯铜件。1977年，更名为无锡市有色金属铸造厂。1978年，迁址马巷路22号。1981年，被无锡市经委定为无锡市有色金属铸造协作中心，增设金属成分理化室。1982年，工运桥街道蓄电池厂的有色金属铸件车间并入。1985年起，为承接上海宝山钢铁公司铸件毛坯初加工任务，先后添置T68镗床、1.5米立式车床、土龙门刨床、C630车床、立铣等金加工设备和离心浇铸设备。时有砂模、铜模、离心浇铸、熔铜、金加工、理化等6个车间。1988年，与上钢、宝钢、南钢等大型钢铁企业建立定点协作关系，常年生产滑块、衬套、封口套等大型铜件。1989年后，钢门钢窗附件停产，与之配套的铸件业务锐减。1993年，有色金属铸造业务继续下滑，开工不足，亏损逐步增加。1996年12月，因资不抵债，申请破产。经清算确认，企业资产评估值161.65万元，负债总额814.01万元，负债率为503.56%。1997年8月，工运路街道以128.75万元接收有色金属铸造厂破产财产，接收职工199人。拨付有色金属铸造厂破产费用21.74万元后，按74.3%的比例支付拖欠职工工资、医药费、退休统筹金、住房公积金及职工补偿金，企业所欠53.21万元国地税及28名普通债权人826.64万元债权，清偿比例为零，破产终结。

【无锡市钢门钢窗附件厂】

创办于1970年5月，前身是位于长庆路36号的爱武五金厂，为市印铁制罐厂加工喷筒。继而生产票夹、哨子，产品由中百公司收购。1976年起，开发生产铜质钢门钢窗开启附件，销往全国23个省市。1977年，更名为无锡市钢门钢窗附件厂（以下简称附件厂）。1978年，移址马巷路22号。1981年，试制生产中建牌钢门锁。时有5~120吨的冲床10台，以及车床、镗床、刨床、铣床、磨床等金加工设备，设有冲压、金工、抛光、铜具、包装车间5个。1985年，参与起草建设部组织制订的钢门钢窗五金零件生产标准。此后，随着钢门钢窗被铝合金门窗所替代，铜格尺、执手、门锁等附件逐步停产。1990年，开发生产P型、A型泵柱塞偶件，成立锡沪机械配件厂，与附件厂一套班子、两块牌子。时最高月产1万套。1991~1995年，又历经

八九十年代钢门钢窗厂生产的钢门钢窗配件 （工运路街道供稿）

与南京油咀油泵厂合作加工，以及人员集体经营承包、个人承包、企业整体转让等变化，均未有果。1996年12月，因资不抵债，实施破产。清算确认总资产评估值162.15万元，总负债714.46万元，负债率为440.62%，1997年7月，工运路街道以121万元接收附件厂破产财产，接收职工209人。是年8月，钢门钢窗附件厂优先拨付破产费用，所欠职工工资、集资款、医药费、退休统筹金、住房公积金及职工补偿金等100.28万元，历欠国家税收37.74万元，按0.9%的比例清偿，22名普通债权人债权627.86万元清偿比例为零，破产终结。

【吉达汽车内饰件厂】

创办于1988年10月，位于广丰三村62号，原名为崇安区汽车皮件厂，1991年3月，更名为无锡市吉达汽车内饰件厂，生产汽车内饰件及其他人造革制品。年产5000~6000辆份汽车内饰件，加工收入60万元。1992~1993年，先后贷款400万元，扩建厂房2000平方米，进行技术改造，形成年产1万套汽车座椅面罩生产能力。2002年，销售额498万元，创利税近20万元。2003年12月，转制为有限责任公司。2005年，企业占地4950平方米，配有液压平面下料机、悬臂式裁剪机等先进设备，拥有年产20万辆份汽车座椅面罩、座垫发泡、汽车顶篷的生产能力，主要为美国Bestop、上海“龙马神”以及无锡“吉兴”、“全兴”等公司配套生产汽车顶篷、座椅面罩、座垫发泡等产品，年销售额800余万元，年创利税160余万元。

【大井印刷有限公司】

创办于1992年，由外方投资80%、中方广益居委投资20%开办的中外合资企业，注册资金20万美元，为90年代初无锡市首家居委举办的中外合资企业，享有盛名，《无锡日报》、《江南晚报》、无锡电视台、《今日崇安》等媒体相继报道。年生产500万元印刷包装制品。2004年，中方退出股份，改为外商独资企业，迁往广益街道辖区。

第二节　校办工业

崇安区校办工业起步于1958年开始的勤工俭学活动，其时，有各类加工厂百余家。1960年，校办工厂先后下马。1970年后，部分学校试办校办厂（实习工厂，后改称“五·七”工厂），至1976年，有加工车间25个。1979年国家计委、经委、教育部召开中小学勤工俭学现场会议、1980年省人委办公厅出台《关于试行中小学勤工俭学若干问题的暂行规定》后，各校开办校办工厂的积极性得到极大调动。是年，全区有校办企业9家、职工296人，其中市文教五金厂等8家为大集体所有制企业。1982年，全区校办企业职工增加到376人，主要生产衣架、台灯、塑料包等小商品，并开设一个产品经销门市部。1984年，区教育局成立区校办工业公司，公司工作人员均为学校借调教师。各校开办的企业行政隶属学校，由校长或副校长分管，业务隶属于崇安区校办工业公司。

1985年，中共中央、国务院颁布《关于教育工作的指示》，把教育与生产劳动相结合作为党的教育方针后，校办企业迅速发展。1987年增加到18家，年产值720.23万元，实现利润103.79万元。1992年3月，五金电器厂与泰国大华有限公司合资建办无锡华泰电子设备有限公司，时为区校办工业第一家中外合资企业。1995年起，国家出台关于校办企业享受减免税照顾的优惠政策，校办企业发展进一步加快，1998年达到75家，年销售2.95亿元，创利593.87万元，税收168万元。是年，校办企业经济结构从1985年的工业为主，逐步发展到以商业服务业为主，其中工业30家、占40%；商业38家、占50.67%；服务业7家、占9.33%。企业所有制结构呈现多元化，从自办为主转到以挂靠企业为主，其中自办企业27家、挂靠企业48家。企业行业结构实现多样化，20家自办的校办工厂中，有机械行业8

家、无线电行业1家、印刷行业3家、针织服装行业3家、化工行业1家、塑料行业2家、其他行业2家。区校办工业公司经理刘锡琪被评为1988~1989年度全国优秀教育工作者，受到教育部、人事部、劳动部的表彰，市教学仪器设备公司被评为全国勤工俭学先进集体。

1998年起，校办企业陆续改制。是年，周山浜小学创办的周山浜染料商店率先完成转制，以15万元出售给原周山浜染料商店经营者唐玲娣，改制为个人独资企业。1999年11月，白水荡中心小学创办的五金电器厂改制为股份合作制企业——无锡市联众五金电器有限公司。2003年12月，无锡市教学仪器设备公司转让给原经营者朱永康为首的新企业股东，改制为无锡市世纪星教学仪器设备有限责任公司。与此同时，挂靠企业改制全面启动。对规模较大、管理好、资产多、有发展前途的企业，依法改制为有限责任公司。对规模较小、但还可以生存、对学校尚有经济效益的企业，由学校保留5%~10%的虚拟股，依法改制为股份合作制企业。对规模小、对学校没有经济效益的的企业，则与学校脱钩，依法改制为个人独资企业。对濒临倒闭的企业依法关闭。至2003年，75家校办企业全部完成改制，其中改制为有限责任公司19家，股份合作制20家，个人独资24家，关闭12家。是年底，崇安区校办工业公司依法注销。

80年代起，校办企业实现利润成为提高教师福利的主要来源。校办企业实现利润的15%缴纳能源基金。可分配利润的60%上缴管理费，用于弥补教育经费不足；30%留厂，留厂部分中的70%用于发展再生产，30%作为公益金。公益金中的40%为福利费，30%用于奖金，30%为职工教育经费。其中10%划归所在学校，改善办学条件。为了调动校办企业职工的积极性，对超产部分上缴30%后，20%划给学校，50%留厂。1995年国家出台校办企业享受减免税政策后，校办企业退税成为弥补教育经费不足和提高教师福利的重要组成部分。1995~2001年，校办工业公司仅增值税退税一项，年均300万元以上；年均弥补教育经费500万元以上。

1987～1998年崇安区校办工业公司经济指标完成情况一览表

表8-3-2　　　　单位：万元

年份	销售收入	利润	年份	销售收入	利润
1987	2319.03	144.30	1993	14648.50	335.60
1988	3964.75	186.56	1994	15011.43	421.88
1989	4460.83	181.56	1995	16552.36	582.94
1990	5374.21	181.32	1996	21060.65	400.65
1991	9367.02	197.87	1997	25440.92	460.00
1992	11264.11	311.05	1998	29515.41	593.87

说明：上述资料由区教育局提供。

第三节　民政福利企业

民政福利企业是指为安置有一定劳动能力的残疾人就业而举办的具有社会福利性质、享受国家优惠政策的特殊企业。民政福利企业分为区、街道两个层面，由区民政局负责管理和指导。20世纪70年代起，为就地解决聋、盲、哑、智障、肢体伤残人员就业，国家鼓励每个街道举办1~2家社会福利企业（限工业），组织地区残疾人员参加力所能及的生产劳动。经民政和税务部门批准，残疾人员比例达到一线职工50%，企业可享受免征产品销售营业税和所得税的优惠；比例达30%的，免征企业所得税。减免税用于企业发展再生产。

崇安区民政福利企业盛于1978年后。是年，国家出台《全国民政工作会议纪要》，江苏省召开第十二次民政工作会议，各街道先后开办10家福利企业，安置389名聋哑、盲、肢残、弱智“四残”人员就业。1986年，全区有街道福利企业11家，年工业产值765.1万元，创利92.28万元。1990年达17家，其中街道办14家，居委办2家，区办1家。是年，全区福利企业工业总产值1650万元，利润145万元，安置589名残疾人员就业，残疾人安置率达99%以上。1992年，福利企业实行认证制度，颁发全市统一的福利企业证书，并建立福利企业年检年审制度。每年由区民政局和税务机关对福利企业进行年检，核实残疾人员比例、核算减免税及其流向，复核企业资质。是年，企业按营业额0.5%缴纳街道管理费，0.5%缴纳区民政局管理费。1994年税制改革后，福利企业增值税、所得税改为先征后返，每年退税一次。1995年，区民政局所属福利企业——无锡市民生耐酸泵厂开发的新产品获第三届中国专利技术博览会银奖。2002年，广益街道5家福利企业划归区管理后，全区福利企业增加到21家，职工1233人，其中残疾人560人。年销售收入3.35亿元，利润2551.4万元，全年退（免）税1061.4万元。2003年起，对符合条件的福利企业进行转改制。是年，无锡市高美电器设备厂、无锡市电线二厂完成改制，集体股占51%，个人股占49%。区民政局所属民生耐酸泵厂因经营不善、扭亏无望，以零资产转让给无锡市恒河化工设备厂。其余街道办福利企业，有4家因拆迁而停办，6家因不符合福利企业条件被取消资格。迄2005年，全区福利企业减至10家，年销售收入4291万元，实现利润239万元。

1986～2005年崇安区社会福利企业情况一览表

表8-3-3　　　　单位：家、人、万元

年份	单位数	职工人数		销售（营业）收入	利润	纳税	退（免）税
		合计	其中残疾人				
1986	11	1094	469	765.10	92.28	—	—
1987	11	1433	459	945.70	115.28	—	—
1988	12	868	469	1175.20	186.06	—	—
1989	12	864	474	1497.50	118.76	50.07	29.17
1990	17	—	—	1650	145	—	—
1991	16	1057	532	1608.62	113.76	117.74	100.63
1992	17	1002	532	1765.07	137.96	100.45	87.28
1993	17	943	571	增加值413	118	96	96
1994	17	916	537	增加值650	114	136	75
1995	18	888	535	增加值112	111	136	136
1996	19	833	529	增加值690	48	169	55
1997	18	800	473	增加值255	25	107	107
1998	18	807	417	2960	-42	170	170
1999	18	788	417	4562.90	42.80	254.10	183.40
2000	18	744	397	8739	345	445	332
2001	18	731	386	15872	43.70	311	254.34
2002	21	1233	560	33531.10	2551.40	1063.90	1061.40
2003	21	1156	550	57000	1345	832.60	832.60
2004	15	1010	410	23832.29	2653.50	403.20	354.80
2005	10	342	186	4291	239	271	256

说明：上述资料来源于区民政局编制的民政事业统计年报，其中有“—”者为数据缺失。

【无锡市人民手帕厂】

创办于1970年，前身是人民路街道开办的人民福利厂（人民麻袋厂），以回收加工旧麻袋为主业，厂址位于田基浜20号。1985年，完成销售117.07万元，利润7.26万元。1986年，易名人民手帕厂。是年，引进原无锡市红星手帕厂转产的手帕生产线，实现当年投产，当年回收全部投资。1990年，完成销售397.01万元，实现利润30.07万元，分别比1985年增长239.12%和314.19%。手帕产品进入中国香港地区并打进国际市场，对外贸易实现零的突破。通过黑龙江绥芬河口岸首销前苏联远东城市哈巴罗夫斯克，为崇安区首家参与中苏边境贸易的区街企业。此后，又与浙江杭州、哈尔滨黑河等外贸口岸建立贸易关系，产品远销美国、苏联、加拿大、意大利、澳大利亚、荷兰等国家和中东地区，并赢得信誉。1990年，完成外贸收购额82.59万元。1991年，在浙江省针棉织品进出口公司举办的外贸企业出口新产品展评会上，该厂生产的女式头巾荣获铜奖。

【无锡市电线二厂】

创办于1966年5月，前身为学前街砂粉组，以回收加工废旧砂轮为主业，原址位于新生路72号。1978年，扩建更名为无锡市崇安区学前金钢砂厂。1983年5月，因噪音和粉尘等污染问题，生产工场移址溧阳农村。1984年4月，易名无锡市崇安丁晴电线厂，转业生产无锡电缆厂新产品——丁晴电线，主要产品有0.15~6平方毫米JBF丁晴聚氯乙烯复合物引接线以及RV系列和RVB、RVS系列聚氯乙烯软电线等。厂房迁至马山马圩七号桥。1989年，完成工业产值133万元，实现利税31万元。1990年5月改现名。产品扩大到家电、机电、汽车、油田等行业使用的各类电线制品。1995年完成工业总产值248.2万元。1998年11月，改制为股份合作制企业。2000年，改制为有限责任公司。

第四章　驻区市属工业

无锡解放初，崇安区是无锡市属轻工业企业较为集中的地区之一。东门亭子桥、庙埄桥、菩提浜等地区主要有第二缫丝厂等一批中小型缫丝厂，周山浜一带主要有庆丰纺织厂、维新织漂印染厂等一批棉纺织染厂，在东梁溪路有被誉为“关内第一油饼厂”的恒德油厂、正德袜厂等。无锡解放后，随着城市建设的推进，市属工厂逐步由杂乱分布向集中成片发展。至1985年，区境内有省、市属工厂42家，职工2.99万人，固定资产原值1.42亿元。其中纺织行业8家，机械行业5家，化工行业3家，轻工行业26家。辖区周山浜广勤路一带以纺织工业为主。主要有：市第二棉纺织厂、市第二缫丝厂、市漂染厂、市第二合成纤维厂、市瓶盖总厂、合众玻璃厂等。上马墩、锡沪路一带以轻工业为主，主要有：一汽无锡汽车制造厂、市电容器厂、市电扇厂、市钛白粉厂、市振奋螺丝厂、市自行车零件厂、市模具厂、市织袜总厂等。主城区以零星食品、服装加工业为主，主要有位于崇宁路的幸福食品厂、后西溪的光明内衣厂等。90年代后，市属工业历经长达10余年改革改组改造、兼并破产转产的洗礼，以及“退二进三”、“退城进园”的资产重组置换，呈现出新的竞争优势和发展格局。迄2005年，驻区市属规模工业企业24家，其中私营有限责任公司占34.6%，私营独资企业占21.2%。其分布为：通江街道地区7家，广瑞路街道地区11家，上马墩街道地区5家，江海街道地区1家。

第一节　发展概况

90年代后，随着企业改革的逐步深化，省、市属工业经济结构和所有制结构调整步伐加快，一批企业通过兼并重组、分立改制、破产收购，迅速扩张，逐步成为无锡市重点骨干工业企业。第二棉纺织厂从1992年创办庆丰纺织有限公司等3家中外合资企业起，一路上扬，先后兼并收购无锡漂染厂、第四棉纺织厂、天元麻纺厂等企业。至1998年，庆丰集团旗下拥有紧密型企业11个，总资产由7.5亿元增至12.1亿元，2003年，成功发行A股，2004年，成功开发具有国际最高水平的床上用品面料。第二合成纤维厂从1988年组建无锡合成纤维总厂后，向多元化发展，涉足房产、金融、贸易三大领域，1989~1992年，连续4年荣获江苏省、全国化纤行业、无锡市国有企业创利第一。1993年，组建为太极实业股份公司，并成功上市发行股票，1998年，又实施资产重组，兼并光明内衣厂、协新毛纺织染厂等企业，2003年，进行债务重组。合众玻璃厂历经分立重组，改建为华众玻璃有限公司，并全力调整产品结构。2005年，上缴增值税1477万元，在全区排名第四。市大众化工有限责任公司2005年上缴增值税3285万元，排名第一。

因城市建设改造，一批市属工业纷纷"退城进园"，辖区华新可可食品公司、一汽无锡汽车制造厂先后于2001年、2003年迁入东亭和惠山工业园区。一批市属工业企业相继破产兼并，被成建制划转，置换出厂房、地块用于房地产开发，促使传统工业向现代服务业转型发展，新机制、新体制、新的劳动关系使市属工业存量变为区域经济发展的增量。其间，先后破产撤并的有位于上马墩塔影桥的无锡电容器厂、太湖化工厂、钛白粉厂、塑料五厂、塑料九厂等；位于广瑞路的无锡菊花电扇厂、木材厂、自行车零件厂等；位于工艺路的无锡织袜总厂（后更名茶花集团公司）等。上述工厂原址相继建成益都苑、塔影苑、瑞江花园、茶花苑等居民小区，新建项目同现代商业街相配套，周山浜、上马墩、广瑞路地区已成为发展第三产业新的"黄金地段"。

2005年崇安区辖区市属主要规模企业情况一览表

表8-4-1　　单位：万元、人

企业名称	主营业务收入	利税		资产合计	从业人员
		合计	其中：增值税		
无锡嘉泰制丝针织服装厂	2028.20	-13.90	62.80	2810.10	350
无锡太极实业股份公司	10157.00	-11803.30	32.50	30200.30	579
无锡市新运纺织厂	250.30	-22.90	15.10	507.20	71
无锡锡新被服有限公司	1265.80	5.40	—	628.90	88
无锡永发纺织有限公司	2884.20	158.00	137.80	2721.40	100
无锡庆丰股份有限公司	110540	-4729.90	1694.80	101209.50	2453
无锡华众玻璃有限公司	20976.60	2186.60	1322.40	41093.00	1036
无锡裕田高分子材料有限公司	1413.20	60.30	20.60	424.50	46
无锡石油化工总厂	152775.50	6840.50	3701.50	102087.90	1237
无锡市赛福天钢绳有限公司	22307.00	1092.00	155.00	11464.00	786
无锡市硕华离子树脂厂	1958.90	109.00	64.10	1197.70	46
瓦尔特（无锡）有限公司	15483.80	3106.00	882.50	10476.30	110
无锡双邦钢材制品有限公司	4534.40	420.10	—	2004.70	54
无锡友联绝缘材料有限公司	627.90	45.00	23.00	321.60	17
无锡迪爱生环氧有限公司	28140.40	1209.80	699.90	14811.00	108
无锡市环宇脚手架有限公司	3470.90	1163.40	815.40	1533.20	131
无锡天时针织有限公司	1894.30	149.50	129.50	364.80	93
无锡天豪针织有限公司	1036.50	88.40	50.80	247.50	46
无锡曙光模具有限公司	12161.20	839.00	70.60	12277.40	329
无锡俱进教育用品公司	1117.70	217.40	64.90	680.60	35
无锡威华电焊机制造有限公司	3166.60	247.00	176.60	3168.80	218
无锡格玛电子有限公司	2052.20	118.30	126.00	1706.20	140
无锡宏达热处理锻造有限公司	1269.20	213.20	100.30	917.30	96
无锡达美电子有限公司	736.10	17.30	4.40	524.00	12

说明：上述资料由区统计局提供。

第二节　企业选介

【无锡市石油化工总厂】

前身为1959年6月由无锡生物化学厂改名的无锡树脂厂，1961年，并入无锡有机化工厂，后又与无锡赛璐珞厂合并。历经多次拆并、更名，1965年3月，再次定名为无锡树脂厂。1988年改现名，同时保留无锡树脂厂牌子。1997年，整体划归中国蓝星清洗总公司。1999年，中国蓝星以该厂化工部分，与星火化工厂、南通合成材料厂，组建星辰化工新材料股份有限公司（2002年更名为蓝星化工新材料股份有限公司），2000年，在上海证券交易所上市。无锡市石油化工总厂化工部分，注册为非法人企业——蓝星化工新材料股份有限公司无锡树脂厂，是国务院国资委管理的中国化工集团公司旗下的中央企业，1989年，被评为国家二级企业。其主导产品环氧树脂在国内产能最大、产量最高、质量最优、品种最多，是全国环氧树脂行业协作组组长、中国环氧树脂行业协会理事长单位。无锡市90年代20家创利税大户之一。生产97#、93#、90#汽油，-10#、0#、10#柴油，乙烯、石油液化气等产品。其中，聚碳级双酚A为2000年江苏省高新技术产品，双酚A助催化剂国产化项目获2004年江苏省科技进步一等奖、2005年全国科技进步二等奖。特种环氧树脂成为2004年神舟六号专用配套材料。1997年，与日本大日本油墨株式会社、住友商事株式会社合资成立无锡迪爱生环氧有限公司，生产液体、固体、溴化环氧树脂，2005年，生产能力达到3吨。全年完成工业总产值（90价）11.67亿元、产品销售收入15.28亿元、工业增加值1.21亿元、利润总额1283万元、利税总额6840.50万元。

【无锡市赛福天钢绳有限责任公司】

（见第十一编第二章第三节赛福天钢绳有限公司内容，第458页）

【无锡庆丰股份有限公司】

前身为庆丰纺织厂，民国11年（1922）由唐保谦、蔡缄三在周山浜广勤里160号开办。民国24年，生产的双鱼牌棉纱条干均匀，拉力强，纱疵少，表面光洁，拈度合适，为各埠布厂所采用，成为无锡地界的"标准纱"。民国22年，庆丰厂设第二工场，纱锭增至6.22万枚，线锭4120枚，布机720台，并有完整的漂染部，成为纺、织、染全能工厂。民国26~34年无锡沦陷期间，由日商接办庆丰，改名大康。抗战胜利后，纱锭恢复到5万枚，布机364台，以后纱锭增至6.92万枚，布机增至532台。1955年公私合营，1966年，曾改名国营无锡市第二棉纺织厂（简称"二棉"）。80年代，生产防羽绒胚布、服装坯布、针织重织用纱3大系列产品。其中40 s ×40 s 精梳棉高密防羽布1983年被评为江苏省优质产品，60 s 精梳针织纱1983年获国家银质奖，42 s ×21 s 普通涤棉平布1984年被评为江苏省优质产品，3030精梳涤棉纱1984年获部优质产品奖，33 s 普纱针织纱荣获国家银质奖。42 s 普纱针织纱1984年复评为省优质产品。双鱼吉庆牌19 s ×19 s 涤棉精梳纱卡1985年获国家银质奖。是年，二棉拥有纱锭9.22万枚、线锭2.23万枚，布机1250台，职工2.68万人。全年完成工业总产值1.28亿元，利税2128.3万元，防羽绒布产量占全国的50%。1987~1991年，先后引进瑞士、美国、日本等国外先进设备，使主机设备达到国际80年代中期水平。1992年，依托工厂技术管理优势，创办庆丰纺织、永发纺织、锡信被服3家中外合资企业。1996年8月，无锡市第二棉纺织厂改建为无锡庆丰股份有限公司。1997年，由无锡市国资委将维新集团部分有效资产成建制划拨无锡庆丰集团，形成纺、织、染、整、服装一条龙生产联合体。1998年12月，无锡庆丰集团组建重点大型企业集团，与无锡市纺织联社共同投资建立庆丰纺织集团中华服装有限公司；与无锡太极实业股份有限公司、第一毛纺织染厂、中国国防热能工程公司、无锡市纺织建筑工程公司共同投资组建海浪工业用布有限公司；通过兼并无锡市第四棉纺织厂和无锡天元麻棉纺织厂，与无锡市纺织联社共同投资建立无锡第四棉纺织有限公司和无锡天元实业有限公司；收购第五棉纺织厂。是年，庆丰纺织集团下属企业11个，总资产由7.5亿元增至12.1亿元，全年压锭5.73万锭，实现销售收入12.46亿元，实现利润1186万元，自营出口创汇1167万美元。1999年，公司研制和开发的具有优良弹性的40D和70D弹力纱系列产品被评为江苏省高新技术产品。是年，弹力纱和弹力布的年销售收入1.19亿元，占全部销售收入的20.04%；实现利润2221万元，占全部利润的37.95%。2000年，经省计委批准，获1.27亿元的国债技改项目，当年完成技改项目70%的工作量，公司进入中国纺织工业全行业销售百强企业、出口百强企业。是年4月，承包东台市纺织厂80台喷气织机，全年新增销售收入5000万元，新增利润600万元。2001年，实现销售收入22.5亿元，利润7350万元，保持同行业先进水平；出口创汇4250万美元，列全省同行之首，成为国家重点支持的企业之一，被江苏省认定为高新技术企业。2003年2月20日，无锡庆丰股份有限公司在上海证券交易所成功发行6000万股（A股）社会公众股。2004年，成功开发国际最高水平的600tc单线系列床上用品面料，为国内首创，主力产品覆盖全国18个省市，外销欧美、东南亚等20多个国家和地区。2005年，主营业务收入11.05亿元，拥有总资产10.12亿元。

【无锡太极实业股份有限公司】

前身是无锡市第二合成纤维厂，创建于1978年7月，厂址位于锡澄路化工桥南。1979年2月，年产4吨涤纶短纤维混合型纺丝及后处理生产流水线投产。是年，生产合成纤维1098.41吨，9个月收回全部投资，创造国内化纤企业投资回报最快纪录。1978~1981年，国家先后投资327.02万元。至1981年，积累资金514.59万元，年产合成纤维能力扩大到3000吨。银丝牌涤纶短纤维先后被评为1980年部优质产品、1984年江苏省优质产品。1984年，产品全部出口，创国内小化纤厂先例。是年，与无锡市第三缫丝厂合资联营，建成年产300吨混合混色涤纶长丝车间。1985年5月，在全国第一个实现混色涤纶长丝批量生产。是年，企业占地5.74万平方米，厂房2.61万平方米，固定资产1630.2万元，年生产能力9000吨，完成总产值8226万元，利税685万元。

1986年，双狮牌涤纶中长纤维被评为部优质产品。1987年11月，组建成立无锡合成纤维总厂。是年7月，开发成功烟用聚丙烯丝束，改变全国烟用丝束依赖进口的状况，产品荣获国家级重大新产品称号，并获江苏省纺织工业厅高创利、高创汇、高技术难度、高市场容量“四高”产品一等奖，江苏省新产品“金牛奖”、省科技成果二等奖，成为全国第一家烟用过滤丝束生产基地。1989年，引进国外最新技术，开发高强聚酯工业用长丝，被列为国家级重大新产品，1990年6月通过技术鉴定后投产。是年，实现利税5700万元，名列无锡市工业企业榜首，工业总产值2.87亿元，居全国同行业之首。1992年，该公司烟用丝束、涤纶帘帆布、纺生纤维三大产品向多元化发展，并涉足房产、金融、贸易三大产业。连续4年获得江苏省、全国化纤行业、无锡市国有企业创利第一。1993年，组建为无锡太极实业股份公司，成为江苏省第一家上市的股份制企业，公司总资产6.71亿元，比转制前增加106.46%。是年，主营业务收入2.18亿元，比1992年增长4%，实现利润5526.3万元，比1992年翻一番。1997年，开发成功高性能烟用过滤丝束、防紫外线长短纤维、工业缝纫线等一批高新技术产品，被列入国家重点支持的512家国有大中型企业之一。1998年实施资产重组和调整后，下属烟用丙纤丝束厂、帘帆布厂、协新毛纺织染厂和光明内衣厂4家工厂，形成拥有“金鸡”呢绒、“双狮”丙纤、“银湖”衬衫等一批名牌产品的企业集团。1998年7月增发新股，筹集资金3.36亿元，公司总资产达到22亿元。1999年，太极公司帘帆布厂开发的高模低收缩聚酯工业丝和高模低收缩聚酯帘子布2个新产品，填补国内空白；抗静电轻型帆布、高模低收缩聚酯工业丝和浸胶帘子布被江苏省认定为新技术产品。公司拥有以烟用聚丙烯过滤丝束、仿生纤维、涤纶浸胶帘帆产品为“龙头”的三大万吨级生产基地，是中国500家最大工业企业之一。2003~2004年，总公司资产再次重组。2005年起，太极公司生产经营萎缩，主营业务收入缩减至1.02亿元，总资产3.02亿元。

【无锡漂染厂】

原名维新织漂印染股份有限公司，民国25年（1936）由夏铁樵等人筹建。1954年公私合营为维新漂染厂，1966年改现名。至1985年，企业已发展成为年生产能力1亿米以上的全国重点大型印染企业。占全厂总产量50%的外贸产品，远销美国、加拿大、联邦德国、日本、英国、法国、瑞士等20多个国家和国内大部分地区。工业总产值1089亿元，利税1625万元。三花牌什色纯棉、涤棉高密羽绒布是纺织工业部的优质产品。三花牌45支染色涤棉细布、45支漂白细布、40支纯棉漂白细布被评为江苏省优质产品。三花牌60支、80支、100支薄型高支府绸和44~67英寸各种阔幅织物、涤棉线绢、涤棉倒混纺细纺布、漂白纱卡等是铁道部、最高人民法院、最高人民检察院、工商行政管理局等单位制服面料定点染色产品。1986年，三花牌44英寸杂色防羽布获国家金质奖。1987年，具有国际80年代中期先进水平的1800毫米阔幅防羽布生产线投产，生产的1625.6毫米纯棉防羽布产量占全国防羽布生产总量的60%。1625.6毫米纯棉高支高密防羽布获北京首届国际博览会金奖。1989年，银粉9套色印花防羽布获省纺工厅新产品二等奖，成为全国羽绒面料的主要生产和出口基地，全国500强大型企业之一。1991年，出口总交易额达2.49亿元，位居全国纺织行业100家出口创汇大户前茅，外贸收购额1.6亿元，居无锡市创汇榜首。1992年，成功开发2286毫米特阔高密印花防羽布，细支高密仿挑皮绒织物，50支以上高支府绸等一批出口创汇产品，新增利润411万元，荣获“江苏省印染行业排头兵”“江苏省职工生活先进企业”“全国纺织行业双文明建设优秀企业”称号。1993年，开发50支、60支阔幅、印花、提花防羽布，使三花牌产品迅速占领日本市场。是年1~10月，中国销往日本的羽绒制品中，使用该厂原料达70%。1997年起，企业进行资产剥离，实施破产，成建制划转给无锡庆丰纺织（集团）公司。

【无锡茶花（双船）集团公司】

前身是无锡正德袜厂。民国27年（1938），由浦勇达筹资开办，生产红金龙牌粗纱袜、真丝袜。民国28年，商标改为茶花牌。民国35年，迁厂至东梁溪路。1951年起，企业产、供、销全部由苏南百货公司安排。1958年，鼎丰、天丰、晋丰、中南等21家袜厂先后并入，组成公私合营正德袜厂。1961年，开始生产化纤袜。1962年红星袜厂并入后，成为江苏省织袜行业最大的企业。是年，迁至工艺路10号。1966年，正德袜厂更名为国营无锡市第一袜厂。1971年起，承接全省袜机配件制造任务。1974年，扩建袜机配件车间，新建厂房2300平方米，使省内袜机开台率从60%提高到80%。1973~1975年，先后引进英国、德国双针筒提花袜机，生产效率和经济效益明显提高。1985年，第一袜厂、第二袜厂、第三袜厂联合组成无锡市织袜总厂，主导产品为“茶花”“双船”牌袜子，茶花牌70D/2弹力女袜等5只产品先后被评为省优质产品。是年12月，组建无锡茶花衫袜集团公司，公司对外联合企业11家。1987年，又改组成无锡市茶花（双船）集团公司。1988年，公司和北京市针棉织品批发公司、辽阳石油化纤公司共同投资成立无锡市茶花（双船）集团三友袜业公司。1990年，在无锡市中桥地区建成新厂房。1998年企业破产，工艺路厂址土地置换后建成“茶花苑”居民小区。

【无锡华众玻璃有限公司】

前身为合众玻璃工场。位于华盛弄20号，1951年，由徐伯惠等人开办。1953年由政府投资，形成一定的生产规模。1956年1月，实行公私合营后改名无锡市合众玻璃厂，1958年又冠以地方国营牌子。1959年，第一批平光杯、印花杯、刻花杯、贴花杯、描花杯等产品投放市场，一级品率达70%。1960年，建成第一座250吨全煤气炉，时为江苏省第一座气池炉。1961年，印花杯开始出口，年出口99.27万个。1962年，产品注册为“众”字牌商标。是年，开始采用手工瓶机，生产农药瓶。1963年起，制瓶生产实现自动化。1965年，产品一级品率达85%。1967年，更名红卫玻璃厂。“文化大革命”期间，一级品率降为71.56%。1972年玻璃窑炉燃料由煤改为重油，企业首创具有国内先进水平的全保温池炉，被誉为小型高效池炉。1976年，承接轻工业部和外贸部下达的轻瓶研制任务。1978年，投入批量生产，填补国内空白。是年，为国家节省外汇66万美元。1980年，塑托咖啡杯获轻工业部塑托包装优秀产品奖；印花杯获华东六省玻璃器皿评比第一名，并获江苏省、轻工业部优质产品证书。1982年，印花杯获国家银质奖，薄壁瓶获省优质产品称号。1983年，薄壁瓶获全国优秀包装产品奖。1984年，复称无锡市合众玻璃厂。生产玻璃涂料贴砖和玻璃马赛克。因产品成本高于磁砖，贴面时又要使用专用粘合剂，销售不畅停产。印花玻璃杯出口量锐减，国内市场饱和，被迫停产，企业亏损。1985

年，完成产值1417.8万元，利税268.90万元。1989年10月，年产4万吨薄壁玻璃包装瓶（简称轻瓶）项目开工，总投资9112万元。1991年11月，产出首批薄壁轻瓶。1995年，美国华厦国际投资公司与无锡市合众玻璃厂联合投资1500万美元，组建华众玻璃有限公司，合众玻璃厂分立组建无锡市轻瓶厂。是年10月，华众玻璃有限公司年产3万吨高档玻璃包装瓶点火投产，日产量高达50多万个，成为中国高档玻璃包装瓶的重要生产基地，年实现销售收入12亿元。1996年，华众玻璃有限公司从德国引进4条6组双滴制瓶机生产线和2条压机生产线。1998年，无锡轻瓶厂破产重组，由华众玻璃有限公司收购，改为外商独资企业，作为华众玻璃二厂。2001年，华众玻璃有限公司生产能力名列华东地区行业之首，实现销售1.9亿元，利润2322万元，上缴税金1958万元，成为无锡市轻工行业第一纳税大户。2005年，产品产量14万吨，销售收入2.10亿元，利税3509万元，成为辖区纳税大户之一。

【中外合资华新可可食品有限公司】

前身是恒德油饼厂。民国7年（1918）由无锡厚桥人浦文汀在东梁溪路28号开设。民国20年，厂主浦文汀相继购置榨油设备，日加工黄豆60万斤，被誉为“关内第一大油饼厂”。民国26年，日军侵占无锡，工厂被毁。民国29年，局部复工。民国34年抗战胜利后，油饼工业得到恢复和发展。民国37年，又因亏本停工。无锡解放后，由华东合作总社、国营苏南企业公司、中国土特产公司无锡分公司分别租用恒德油厂，先后改名无锡市第三油饼厂、华东苏南合作总社无锡植物油厂。1956年，公私合营。1957年，改为国营无锡植物油厂。1958～1960年，日加工油菜籽33万～36万斤。1963年起，利用水压机小规模生产“可可白脱”。“文化大革命”期间，可可豆停止进口，生产中断。1971年，可可豆恢复进口，恢复可可豆榨油生产。1974年起，主产品转向。1975年，建造细粉车间，可可粉、可可油联产，日产可可粉10吨以上。1976年起，实施榨油设备的更新改造，至1980年，实现大豆、菜籽榨油自动化。1981年，可可产品远销罗马尼亚、捷克斯洛代克、民主德国、伊拉克、美国等国家和中国香港等地区。1984年，海鸥牌可可白脱获江苏省优质产品称号。1985年，创汇70万美元。1986年，投资700万元，从西德、瑞士引进主要关键设备，实施“万吨出口可可技改扩工程”，年加工可可豆能力增至1.2万吨。1988年2月，更名为无锡市可可食品厂。1990年1月，由无锡可可食品厂、中国茶叶进出口公司、新加坡鸿贸国际私人有限公司3方共同投资创建华新可可食品有限公司，成为中国首家生产可可白脱、可可粉等纯可可系列制品的中外合资企业。公司拥有固定资产1320余万元，职工346人，产品质量和主要技术经济指标达到国内先进水平，可可白脱获第二十六届比利时世界食品博览会金奖、首届中国食品博览会金奖，可可粉获得首届中国食品博览会银奖，远销欧、美、亚、澳各大洲20多个国家和地区，以及国内各大糖烟公司和食品厂，加工年产量居全国之首。是年，工业产值超亿元，出口创汇800万美元，被无锡市外商投资企业协会评为创汇大户，被江苏省外商投资企业协会评为1990年度出口创汇先进单位。1991年，完成产值1.61亿元，实现利润699.7万元，年加工可可豆1.2万吨，名列1990～1991年度全国最大的300家合资企业第282位，获无锡市1991年度“最佳外商投资企业”称号。2001年9月，因站前商贸区建设需要，迁至无锡市东亭开发区。

第九编

农村　农业　农民

20世纪60年代初，地处城郊结合部的广益乡辖区，时以种植粮食为主，辅以蚕桑、蔬菜生产。后顺应城市居民副食品供给需求，多次改变种植结构，1981年全部改种蔬菜，1986年蔬菜上市量占全市的四分之一，成为无锡市重要的蔬菜、副食品生产基地之一，黄泥头茭白、水芹菜等特色蔬菜享誉无锡乃至周边城市，中华鳖（甲鱼）、鳄龟等特色水产品闻名全市。90年代后，随着乡镇企业的发展，特别是21世纪城市化进程的推进，农田逐年减少，2005年彻底结束种植蔬菜的历史。

乡镇企业的崛起和蓬勃发展，使广益农村经济发生质的变化，镇、村财力大幅增长，农业劳动力大量转移，村民收入逐年提高，城乡差别不断缩小。1987年，广益乡跻身无锡市乡镇工业销售亿元乡行列。90年代后，随着经济体制改革不断深入，特别是全面实施产权制度改革后，多种所有制经济竞相发展。1995年，恒昌合成纤维厂成为广益乡第一家亿元企业。21世纪初，广益镇以年销售收入35亿元、资产总量13.27亿元的业绩，被评为无锡市工业明星镇。迄2005年，形成化工、纺织、服装、电机、轻化5大支柱产业，生产涤沦长丝、剑杆织机、箱式变电柜等一批高科技、高附加值产品，销售收入500万元以上的规模工业企业发展到32家。

在工业化、城市化快速推进的大背景下，广益乡发挥区域优势，首开无锡市大市场建设的先河。90年代初，尤渡村率先开办东郊商城，自此，广益乡因势利导，形成全方位、多层次、多领域发展第三产业的热潮。1995年后，依托锡沪路、江海路拓建后形成的区位优势，建成无锡第一个专业市场——华东建材市场和江南汽车城，自此开启锡沪路两侧市场一条街的建设，市场网点逐步遍及全乡，形成装潢材料、汽车汽配、五金机电三大市场群。迄2005年，市场营业面积100万平方米、年市场成交额60多亿元，年商贸流通业销售收入43.98亿元，占全乡经济总量的58.39%，为1986年的250倍。市场成为广益街道的主导产业和发展优势。

进入21世纪，随着行政区划的调整和户籍制度的改革，农村城市化进程加快，一批连接主城、沟通乡村的骨架道路相继建成通车，公共设施逐步完善，村容村貌不断改善。农民就业方式逐步由原来的亦工亦农“兼业化”转向非农化，收入来源日益多元化，居住方式日趋城乡“两栖化”，农民生活质量逐步提升。1988~2005年，区域内先后建成尤渡苑一期、广益佳苑一期（广丰小区、莫家庄小区）、广益星苑（6~19幢）、尤渡苑（上马墩小区）等农民安置房21.86万平方米，广益农村已演变为地方特色明显、结构合理、功能配套齐全、生产生活便利的新型住宅区。2005年，农民人均年收入8025元，比1986年增长10.7倍。农民享有与城市居民同等的福利待遇，过着安居乐业的小康生活。

第一章 农 村

无锡解放后，广益地区的农业区划和管理体制历经多次变更，农业耕作制度、生产技术、计酬方式等生产经营模式也都发生深刻变化。特别是中共十一届三中全会后，逐步由计划经济向市场经济迈进，全面调整农村生产关系，实行以户为基础的联产承包责任制，农户在农村经济中的主体地位得到确立。乡镇企业全面推行产权制度改革，乡镇综合实力和企业活力不断增强。90年代后，随着城市化进程的快速推进，区域内土地被大量征用，迄2005年，累计征用土地9280亩，可耕地面积减少至1500余亩，蔬菜种植的历史自此结束。随着城乡一体化建设深入推进，村镇建设步伐加快，辖区已形成由5条主干道和7条次干道组成的交通网络，交通状况明显改善；持续推进自来水管道扩容改造工程，农村饮水环境彻底改善；环境卫生与城市化管理接轨；绿化工作不断加强，医疗卫生等基础设施建设投入不断加大，广益地区逐步融入城市，转变为无锡东郊繁华的商贸物流区、社会和谐的居民生活区。

第一节 机构体制

1956年3月，建立广益乡人民政府，隶属于郊区，下属13个高级社。其后，郊区建制撤销，归属无锡县。1958年，成立人民公社，下属3个工区和1个蔬菜试验场。1960年6月，划归崇安区管辖，称崇安人民公社广益分社，下设10个生产大队。1963年后，隶属于无锡市太湖区（1965年4月改称郊区）管理。其后又几经变更，1983年4月撤社建乡、1999年8月撤乡建镇，但一直归属郊区（2001年改称滨湖区）管理。2002年4月，广益镇来属后，又历经2004年4月撤镇建街道、2005年12月撤村民委员会建社区居民委员会的体制改革。

1978年中共十一届三中全会前，在经济组织形式上，实行的是政（行政）社（经济）合一的管理体制。乡村党政组织是集体经济投资、经营、决策、管理的主体机构，农民与集体经济联系紧密，农副业产品按计划统一上市，禽畜按计划养殖收购。1978年推行各种形式生产责任制后，乡村两级行政管理逐步由直接管理转为指导性管理，特别是实行家庭联产承包责任制后，责任田、口粮田确定到户、承包到户，生产经营权逐步归属农民，除种植蔬菜外，种养生产计划基本取消。1986年3月起，以农场承包和大户承包种植养殖业逐步取代承包到户的经营形式，管理环节进一步放开，蔬菜根据市场需求种植经营，禽畜养殖向大户集中，养殖专业户开始出现。新机制为农村经济更快更好的发展注入新活力，农户在农村经济中的主体地位得到确立。90年代后，乡镇企业全面推行产权制度改革，乡镇综合实力和企业活力逐步增强。2004年2月，又启动村级集体经济股份制改革，迄2005年，全街道8个行政村（社区）全部成立股份经济合作社，建立起与市场经济发展和产权制度变革相适应的农村集体经济管理体制。是年，被市委、市政府评为深化农村改革先进集体。

【管理机构】

广益乡（镇）管理机构伴随着生产关系的不断变革而变更。1983年撤社建乡后，乡建有经济联合委员会（简称经联会），内设：蔬菜服务公司、多种经营服务公司、工业公司、农机水电服务公司和经营管理办公室。对口管理下属10个行政村经济合作社（后改称农工商公司）。1985年，乡经联会撤销后，乡增设商业旅游服务公司，农机水电服务公司改为农机水电站，分别对口管理全乡生产经营活动。各村农工商公司改为实业总公司。1991年起，增设乡外经外贸公司，与乡计经委和乡工业公司合署办公。1999年5月撤乡建镇后，原蔬菜服务公司与多种经营服务公司合并成立镇农副业公司。2002年，镇下属8个行政村，内设“八办二所一室”：党政办公室、社会事务办公室、社会劳动保障办公室、村镇建设办公室、农村工作办公室、经济贸易办公室、农业办公室、社会治安综合治理办公室，以及财政所、司法所、监察室。迄2005年，广益街道除社会劳动保障办公室更名为社会劳动保障所、村镇建设办公室更名为城市管理办公室外，其他机构未变。

【经济体制】

联产承包改革 1978年开始，上马墩大队章巷生产队率先进行联产到劳责任制改革试点。土地分散经营，责任到人，产值与报酬挂钩，后推广到全乡16个生产队。联产承包责任制明确劳动者责、权、利三者关系，克服“一平二大”[①]现象，是集体经济内部管理上的一个重大突破。唐周巷大队臧巷社员说：“过去上工喊破喉咙敲破钟，社员还是不肯动，耕种粗制烂造，管理马马虎虎，出勤不出力；贯彻责任制以后，不用敲钟不要喊，社员清早黄昏在田里，过去的荒田变熟田，生产面貌起了大变化。”

1982年下半年起，各种形式的承包责任制向家庭联产承包责任制（分田到户）过渡，即土地、生产资料属集体所有，土地种植权属农民个人，实行土地按劳动力分配、分户经营，农民变过去单一的劳动者为既是劳动者、又是经营者，农民生产积极性进一步提高。80年代后，随着社队企业的迅速崛起，大批青壮年农民进入城市工厂和社队企业务工，农业劳动力转移后，出现土地“抛荒”现象。1986年起，各生产队着手筹办农场，土地向种植大户集中，劳动力大部分来自四川、安徽等地。农场经济实行农工一体化核算，务农人员列入乡村办企业，工资在企业成本中列支，实行以工补农政策。1996年后，全面进入市场经济，蔬菜田完全由农场外来劳动力承包，自产自销，村农工商公司收取一部分管理费。迄2005年，蔬菜种植历史结束。

1980年、1981年唐周巷大队臧巷生产队实行联产承包责任制前后对照一览表

表9-1-1　　单位：担、元

项目 / 年份	亩产蔬菜	亩产值	人工单价
1980	58.10	175.40	0.17
1981	75.50	224.66	0.65

说明：上述资料由广益街道提供。

乡村企业改革 80年代起，乡村集体企业历经经营承包责任制、股份合作制、风险租赁经营责任制、产权制度改革4个阶段。1992年6月，无锡市第六橡胶厂在全乡率先由经营承包责任制转为股份合作制，企业在原集体资产性质不变（集体控股50%以上）的前提下，按企业职工人数，确定内部股金总额，再按职工工龄长短，确定职工个人入股金额，原则上要求全员入股，企业职工由原来的雇工变成企业的股东，实行利益共享，风险共担，同时确保集体资产的保值增值。至1993年，全乡先后有28家乡（村）办企业实行股份合作制。1994年起，推行风险租赁经营责任制改革。是年8月，无锡市第九棉织厂率先与乡政府订立经营承包合同，房屋、土地租赁给企业使用，年上交租金120万元，机器设备和流动资产由企业经营者买断，作为承包责任人，经营集团人员和责任人妻子作为保证人，

①一平二大：分配上的平均主义，生产上的“大锅饭”，劳动上的“大呼隆”。

经营盈利由承包责任人支配，亏损由承包责任人承担，保证人负有连带清偿责任。是年，全乡近90家工业企业、80家商业企业先后实行风险租赁经营责任制。1997年起，因企制宜，分类推进企业产权制度改革。对规模大、效益好的企业改组为股份制企业；规模小、效益一般的企业转为私营企业；效益较差、无发展前途的企业实行关、停。按照“彻底改、改彻底”的要求，对企业资产进行统一评估，集体土地、房屋继续租赁，坚持实行整体转制。至1998年底，93家工业企业、87家商业企业基本完成转改制，其中，转为股份制企业65家（工业52家、商业13家）。转为私营企业95家（工业36家、商业59家）。关停企业20家（工业5家、商业15家）。企业真正成为“四自”（自主经营、自负盈亏、自我发展、自我约束）的法人实体和市场主体。

第二节　土地与资产

【农村土地】

80年代前，可耕地主要集中在地处南部的尤渡、上马墩、丁村、莫家庄等行政村，为粮菜作物区。地处北部的黄泥头、向阳等行政村地势低洼，为水生作物区。

80年代后，由于城市建设和经济社会事业发展的需要，辖区土地逐步被征用或功能置换。1980年，可耕地面积从1956年的1.26万亩减少到8881.28亩，鱼塘面积从1956年的277.7亩增加到847.67亩，宅基地、道路面积分别从1956年的722.41亩、217.42亩增加到1278.33亩、507.83亩。此后至2000年，辖区土地征用速度明显加快，累计征用土地6337.21亩。至2000年，广益镇可耕地面积4338.27亩，鱼塘水面583.35亩，分别比1980年减少51.15%和31.18%；宅基地面积1682.44亩，比1980年增加31.61%。2001~2003年，因井亭立交扩建、经济适用房建设、太湖大道绿化工程建设需要，又征用上马墩村刘巷头和广丰村马家桥、华夹里、跳板桥；以及莫家庄村庄基浜等5个自然村土地195亩，拆迁村民私房527户。2004~2005年，因江海东路高架桥和广益路建设，锡沙路、广瑞路、广泽路扩建，以及崇安新城建设需要，再次征用黄泥头、费巷等9个自然村土地371亩，拆迁村民私房990户、12万平方米，拆迁非住宅单位459户、12.75万平方米。迄2005年，可耕地面积仅剩1556.63亩，且其中部分土地也被列入征地计划。

【集体资产】

广益乡集体资产随乡镇企业的发展而不断壮大。1978年，乡集体资产总额18.46万元，1994年，增加到2.11亿元。1998年10月，成立郊区广益资产经营公司，注册资金2980万元，其中，广益资产管理委员会以货币资金投入18.82万元，第九棉织厂等8家股份制企业以固定资产（房屋）投入1031.68万元，第六色织厂等5家集体企业资本金投入1929.5万元。资产经营公司负责管理集体资产，确保集体资产保值增值。2000~2005年，房屋面积净增4.47万平方米，集体资产净增910.9万元。其间，全乡征土拆迁收入2822.57万元，租金收入3529.23万元，投资收入390万元。

2005年莫家庄村民股金分红　　（广益街道供稿）

村级集体资产股份制改革　2004年2月，尤渡村先行启动村级集体经济股份合作制改革试点，在坚持土地集体所有和集体资产不可分割的前提下，将一定量的集体资产拆股量化到人，个人所持股份作为享受集体经济收益分配的依据，不能还股提现，村民享有集体经济的利益分配权、民主决策权和民主管理权。村级股份经济合作社实行独立核算、自负盈亏、自主经营、民主管理，按人口股和劳动股各占50%的比例分红，集体股与个人股的比例为40∶60。迄2005年4月，8个行政村全部成立股份经济合作社，共量化集体经营性净资产2.92亿元。其中，集体股1.20亿元，个人股1.71亿元。是年，2.55万名股民参与红利分配，分红总额847.42万元，人均分红332.71元。人均分红最高的尤渡村达856.70元，最低的毛岸村为93.01元。股金分红逐步成为村民财产性收入来源之一。农民人均年收入8025元，比2000年增长30%。

2005年广益街道村级股份经济合作社股权结构一览表

表9-1-2　　单元：万元、人、元

村　名	总股本	集体股	个人分配股	股民数	人均股份	成立时间
尤　渡	10562.21	4199.24	6362.97	4457	14276	2004.10
莫家庄	3802.22	1520.89	2281.33	3883	6898	2004.12
广　丰	3006.57	1238.11	1768.46	3280	6107	2004.12
丁　村	4173.74	1669.50	2504.24	4005	6348	2004.12
上马墩	2690.44	1076.18	1614.26	3231	5315	2004.12
黄泥头	3552.16	1776.08	1776.08	3336	4947	2004.12
向　阳	683.82	273.41	410.41	1842	2557	2004.12
毛　岸	688.45	275.38	413.07	1430	2889	2005.04
合　计	29159.61	12028.79	17130.82	25470	—	—

说明：上述资料由广益街道提供。

2005年广益街道各村股份经济合作社分配情况一览表

表9-1-3　　单位：万元、元、人

村　名	分配总额	单　价	股民人数	人　均	最　高	最　低
尤　渡	381.83	0.060	4457	856.70	1752	21.60
莫家庄	120	0.053	3883	309.04	624	8
广　丰	94.14	0.053	3280	287.01	638	8
丁　村	101.19	0.040	4005	252.66	845	12
上马墩	45.75	0.031	3231	141.60	456.50	6.50
黄泥头	70.76	0.033	3336	212.11	398.50	7.30
向　阳	20.45	0.050	1842	111.02	223	3
毛　岸	13.30	0.035	1430	93.01	185	1
合　计	847.42	—	25470	332.71	—	—

说明：上述资料由广益街道提供。

【财政收支】

80年代初，乡财政主要收入来源于乡办企业上缴利润（包括乡办工业、第三产业以及农副业生产单位）、社会性收入和教育事业附加等。乡财政支出主要用于工业、农业、第三产业基本建设和技改资金，开发新产品；文化教育卫生事业、农村建设、社会福利优抚、公安和乡政府人员工资及行政费用等。1997年开始，乡财政主要收入是：税收超收分成以及辖区内各企业缴纳的地方基金（教育费附加、社会性收入）和土地补偿收入等。主要支出未变。2002年，广益镇划归崇安区后，镇财政体制按2001年市对区财力结算办法实行。2004年4月开始，无锡市政府为规范教育费附加和地方教育费附加以及地方基金的征收、使用和管理，取消原地方基金或综合基金的征收，改按实际缴纳营业税、增值税、消费税"三税"总额的4%开征城市教育费附加及地方教育费附加（外商投资企业和外国企业除外）和地方教育基金。自此，镇不再收取地方基金、综合基金。与此同时，镇财政收入来源发生变化，主要是税收分成、教育费附加以及土地出让或拍卖补偿收入等。随着镇办企业的逐步改制转私，镇财政支出也发生变化，主要用于村镇建设、文化教育卫生、社会福利、优抚、社会教育、社会稳定、公安和镇政府工作人员工资及行政费用等。

1982～2005年广益财政收支情况一览表

表9-1-4　　　　单位：万元

年　份	财政收入	财政支出	年　份	财政收入	财政支出
1982	191.19	157.80	1994	617.92	618.06
1983	117.63	90.89	1995	715.49	694.59
1984	102.13	82.43	1996	813.40	793.21
1985	158.50	148.10	1997	977.30	947.84
1986	340.67	318.61	1998	961.68	953.03
1987	266.87	240.40	1999	1215.57	1192.74
1988	234.59	217.18	2000	1271.70	1250.21
1989	310.78	308.22	2001	1432.82	1411.28
1990	482.60	415.82	2002	1919.30	1908.80
1991	552.19	820.81	2003	2357.59	2347.48
1992	355.42	352.20	2004	3056.08	3005.85
1993	643.49	615.24	2005	3503.99	3487.98

说明：上述数据由广益街道提供。

第三节　村镇建设

乡村企业的发展壮大，为广益新农村建设奠定厚实的经济基础。特别是90年代起，随着城乡一体化建设加快推进，农村道路、桥梁、医疗、卫生等基础设施建设投入不断加大。实施村村通公路工程，相继新建、改扩建主干道5条和村道7条，新建、改扩建桥梁17座。在交通状况和路容路貌明显改善的同时，带来与日俱增的车流、人流、物流。从20世纪70年代村村通自来水，到90年代后实施自来水管道翻新扩容改造工程，饮水管网已与城市接轨。通过实施河道清淤、垃圾集中处理等实事工程，农村环境脏乱差以及农民看病难、吃水难、行路难等问题得到根本解决，农村生产生活条件和环境面貌彻底改变。仅1996～2005年，累计投入9887万元，改造自来水管网15.76公里，建立健全"组保洁、村收集、镇转运"的垃圾集运体系。还持续绿化美化家园，绿化覆盖率由1986年的5%提高到13%。

【道　路】

80年代后，随着无锡城市骨架的逐步扩大，辖区道路状况不断改善。迄2005年，辖区内有市属主干道路5条。其中，有历经多次延伸、拓宽、改造的广瑞路，是无锡通往张家港、南通的主干道。1990年，拓宽至40米的锡沪路，是无锡通往上海的交通要道。1992年，建成江海路（原312国道）。2002年，新建长1.6公里、宽40米的学前东路。2003年，新建广益路。与此同时，广益境内与城市主要干道相连接的7条村道相继改建为次干道。其中，广益路至尤岸路的广泽路（原友谊路），1986年前历经3次改扩建，1999～2005年又经2次改造拓宽至长1680米、宽16～18米。锡沙路至毛岸村的向毛路1983年新建、1993年改造拓宽至长2590米、宽6米。上马墩至尤渡村草庵里的上尤路，80年代前历经2次改扩建，1994年再次

广南路（2003）　　（广益街道供稿）

改造拓宽至长1600米、宽10米。广益佳苑至南站乡的广南路1978年新建、1990年改造拓宽至长2550米、宽8~13米。锡沪路至太湖大道的包张路1974年新建，后历经1992年、1995年、2002年3次改造，拓宽至长1550米、宽25米。江海东路至广瑞路的管巷路1958年新建，1970年、1990年先后改造拓宽至长500米、宽3.5米。广泽路至江海东路的徐巷路历经70年代前2次改造拓宽至长800米、宽15米。

【桥 梁】

80年代后，随着公路建设不断向城郊拓展延伸，广益境内农用桥梁大多被拆除，代之以钢筋混凝土桥梁，先后建成具有现代特色、风格迥异的各种混凝土桁架拱桥。1985~2000年，新建、改扩建桥梁6座。其中，1985年、2000年2次改扩建长15米、宽6米的李巷桥，1987年、1997年2次改扩建长10米、宽4米的囊下桥。1996年，新建长9米、宽4米的新电站桥和长12米、宽6.5米的丁西桥。1997年，扩建长20米、宽10米的塘桥。进入21世纪，桥梁建设步伐加快、规模加大。2001~2005年，新建桥梁17座：2002年，新建长7米、宽3米的芦荡桥。2003年，新建长16米、宽8米的同心桥，长3米、宽1.5米的广益佳苑内的小木桥，长30米、宽10米横跨大寨河的广泽桥，前进河上的广裕桥，囊下河上的广富桥，周巷河上的广平桥，桐桥港上的广安桥，以及广益佳苑小区内长5米、宽3米的同德桥。2004年，建成横跨大寨河长16米、宽10米的宝利桥。2005年，建成长16米、宽8米的广莫桥，长15米、宽9米的毛岸新路桥和长16米、宽8米横跨唐泾河的红星桥，长30米、宽10米横跨大寨河的芳泽桥，长16米、宽8米横跨前进河的前进桥，长62米、宽40米横跨南兴塘河的长善桥（原向阳桥），长92米、宽40米横跨北兴塘河的积善桥（原红卫桥）。

此外，境内还建有公路立交桥2座。1992年建成的锡沪路立交桥，位于江海东路与锡沪路十字路口、囊下村至尤渡村李家湾段，长606米、宽11.2米；1993年建成的丁村立交桥，位于江海东路丁村段，长595米、宽10.5米。

【公共设施】

80年代后，在全面实施主干道路、桥梁、防汛设施建设的同时，同步加强村镇环境卫生管理，立足建设与管理并举，广泛开展爱国卫生运动，结合"太湖市容杯""梁溪杯"等市容环境竞赛活动，推进乡村环境面貌的改善。1984~1989年，持续推进村村通自来水工程、乡村区间道路改造工程、环境卫生整治工程，每年投入150余万元，累计铺设水泥路面14.23万平方米、浇浆路面2.24万平方米，翻建厕所70只，建造垃圾箱265只，铺设下水管道14.96公里，农村"脏、乱、差"面貌得到初步改变。1989年，广益乡荣获郊区政府颁发的"梁溪杯"市容竞赛银杯奖。90年代后，乡村环境建设和整治力度进一步加大。1990~1995年，乡村两级投入890万元，用于环境建设。铺设水泥路面10万平方米，新建下水管道21.43公里，新建公共厕所46只，建造垃圾箱322只，新建村级垃圾中转站3座，修建农用桥3座，整治河道4条、石砌驳岸1000米。1996~2005年，按照农村城市化建设的标准和要求，乡（村）公共设施建设全面展开，环境管理全面加强。先后投入9887万元，铺设水泥路面29.30万平方米，新建下水管道34.68公里，改造自来水管网15.76公里；清淤河道15.98公里，新建石驳岸17.35公里；新建垃圾中转站9座，增设垃圾箱707只；新

裕旺自然村（1999.8）　　（广益街道供稿）

建改建公厕95只；拆除违章建筑7.8万平方米，生活环境得到极大改善。

1996～2005广益街道（乡、镇）公共设施建设情况一览表

表9－1－5

项目	1996	1997	1998	1999	2000	2001	2002	2003	2004	2005	合计
铺设水泥路面（万平方米）	1.78	2.10	1.33	1.80	2.20	6.60	3.25	4.94	2.96	2.34	29.30
新建下水道（米）	4320	4300	—	350	4500	14500	970	2340	1620	1780	34680
改造自来水管道（米）	—	—	2700	1600	2500	4500	—	3200	1960	4500	15760
清淤河道（米）	2350	2650			1520	3650	1950	—	3860	—	15980
新建石驳岸（米）	3500	2700	2445	—	600	4750	—	—	—	3350	17345
新建垃圾中转站（座）	4	—	—	—	2	—	—	—	3	—	9
新建垃圾箱（只）	164	166	26	15	—	283	—	17	36	—	707
垃圾筒（只）	—	—	—	—	—	—	49	48	21	32	150
清理卫生死角（处）	257	—	—	—	17	6	8	23	56	93	460
清运垃圾（吨）	30530	5600	4800	630	2000	1180	1180	—	—	4878	50798
清运粪便（吨）	—	—	—	—	—	2000	2130	1680	2350	3542	11702
拆除违章建筑（万平方米）	2.53	—	—	—	0.75	0.29	0.39	0.77	0.24	2.83	7.8
新改建公厕（只）	7	14	8	4	19	35	—	—	—	8	95
取缔露天粪坑（只）	1076	—	1200	350	220	156	—	—	—	—	3002
投入资金（万元）	326	416	600	680	870	1180	1270	1380	1543	1622	9887

说明：上述资料由广益街道提供。

【植树绿化】

80～90年代，广益乡结合创建文明村，广泛开展全民义务植树活动，绿化美化农村环境。1980～1991年，种植各类树木35.96万株。乡村主干道路绿化以香樟、水杉、雪松为主，花坛绿化以桂花、腊梅、山茶、月季为主，配衬草地。1993～2000年，全乡绿化投入1517万元，种植各类树木17.68万株，新增绿地21.14万平方米。先后建成尤岸里、徐巷、马家桥、华夹里4个绿化景点，此后，上马墩、尤渡、向阳、广丰等村又先后建成景观式休闲广场4个。2000年，尤渡村投资300万元，建成全乡规模最大、占地1.35万平方米的村级农民公园。2001～2005年，全乡绿化投入3391万元，种植各类树木24.25万株，新增绿地32.52万平方米。莫家庄、上马墩、广丰、丁村、黄泥头、向阳、毛岸等村先后建成绿化景点9个，以休闲广场为主的绿地景观遍及各村。其中，有占地1225平方米的西黄泥头芦荡里小游园，占地4020平方米的莫家庄杜巷休闲广场，占地8200平方米的毛岸村张弓头健身休闲广场等。位于境内的广益佳苑、尤渡苑等农民安置房住宅小区，配套绿化面积达18.45万平方米。此外，在毛岸村村东还建有占地18.45万平方米的生态园。绿化覆盖率从1986年的5%提高到13%；人均绿地面积从1986年的8.5平方米提高到19.96平方米。1995年3月，广益乡被评为首批全国造林绿化“百佳乡”。2005年，广益街道被评为市绿化先进单位，毛岸村被评为市绿化先进村。

尤渡村农民公园（2005）　　（孙怡摄）

1993～2005年广益地区绿化情况一览表

表9-1-6　　单位：万株、万平方米、个、万元

年　份	植　树	新增绿地	新建广场、景点	投　资
1993	3.50	1.60	4	60
1994	2.70	2.10	—	110
1995	2	2	—	155
1996	2.50	3	—	210
1997	1.80	2.50	—	162
1998	1.88	3.54	—	240
1999	1.80	3.20	4	320
2000	1.50	3.20	1	260
2001	7.50	1.25	4	685
2002	4.30	2.10	2	470
2003	3.32	8.92	1	642
2004	4.36	7.86	1	763
2005	4.77	12.39	1	831
合计	41.93	53.66	18	4908

说明：上述资料由广益街道提供。

第四节　防汛设施

广益境内河网纵横交错，桐桥港、南兴塘河、北兴塘河和北新河4条主干河道贯穿区境，外围圩堤长19公里。另有大寨河、前进河等内河河道40条，内河圩岸17余公里，形成黄泥头圩、向阳北圩、向阳南圩、广塘联圩4大圩区。防汛设施建设是广益乡水利建设的重要方面。1986年，广益乡外围长19余公里的土圩岸已改建成干砌石驳岸。1986~1996年，又全部翻建成浆砌石驳岸。1998年后，实施石驳岸打桩护基工程，1998~2005年，投资1500多万元，完成打桩护基石驳岸10公里。与此同时，持续推进圩区内13条河道的清淤、护岸、绿化、景观、泵站等水环境综合建设，防汛排涝能力不断提高，水环境面貌明显改善。

【圩堤加固】

1986年起，广益乡投资250余万元，用10年时间，把19余公里的干砌圩堤改筑成浆砌石驳岸。驳岸顶高5.5~6米，顶宽2米以上。其中，黄泥头圩1.7平方公里，圩堤总长6271米（其中市属1851米）。向阳北圩0.57平方公里，圩堤总长3638米（其中市属1352米）。向阳南圩1.3平方公里，圩堤总长5978米（其中市属1109米）。广塘联圩3.1平方公里，圩堤总长3782米（其中市属788米）。1996年，石驳岸的改建和加固工程提上水利建设议程。1998年起，广益乡采用无锡市水利设计院设计的驳岸加固方法——打桩护基，在黄泥头外围圩岸试点，至1999年初，完成打桩护基2000余米，投入资金200余万元，是年汛期成效明显。此后，打桩护基工程全面展开。迄2005年，累计投资1500多万元，打桩护基长10公里。

【河道疏浚】

80年代起，为利于农田灌溉，加速泄洪排涝，提高抗内涝能力，广益乡分期分批对境内15条内河河道进行疏竣。1995~2005年，先后投资150多万元，疏浚清淤河道15.8公里，作业工程量17.91万立方米。2005年起，实施广塘联圩水系调整及河道综合整治工程，总投资1.68亿元，其中工程建设7553万元，征地拆迁9291万元。先后对圩区内施巷浜、丁村浜、丁村东浜、丁村西浜、前胡村浜、大寨河、

广丰浜、广丰东浜、徐巷河、囊下浜、尤岸浜、前进河等总长8365米的13条河道进行清淤、护岸、泵站、绿化景观、截污、调水等水环境综合建设。新开挖河道240米，新建直径1500厘米涵管405米，河道清淤8.58万立方米，新建护岸8002米，整修护岸6065米，新建护栏7865米，新建每秒2.5立方米的泵站及6米节制闸1座、每秒8立方米泵站及6米节制闸1座。防汛设施进一步改善。

【泵站建设】

80年代，广益境内仅建有单闸2座、套闸4座、固定排涝站13座。1991年遭遇特大洪涝灾害后，水利工程建设步伐加快，1998~2005年，先后投资1500多万元，新建、改扩建泵站17座。在黄泥头圩区，改扩建黄泥头东、黄泥头北、勤丰新北、勤丰老北、勤丰南等泵站5座；在广塘联圩，改扩建马古桥、尤岸里、奶牛场、施巷、一六〇二仓库泵站5座；在向阳北圩，改扩建向阳北、裕旺泵站2座；在向阳南圩，改扩建长善坊、小横江华庄岸里、毛岸北泵站3座。此外，2000年，原张夹里排涝站改扩建为学前东路排涝站。2005年冬，启动新建包巷桥排涝站。迄2005年，广益街道辖区有泵站19座，水泵46台，电机总容量2997千瓦，排涝流量50.2立方米/秒。

第五节　住宅建设

80年代后，随着经济的发展、村民家庭收入的提高，新建、翻建住房明显增加。1986~2005年，新（翻）建私房6241户、38.62万平方米。90年代后，原条形平房已全部改建成2~3层楼房，或另批宅基地造房，部分农民开始建造点式别墅房。2000年起，开始投资购买商品房。2005年，据广益街道对40户家庭抽样调查，住宅消费投入570.2万元，占总支出的71.5%。与此同时，1988年起，根据重点工程项目地块开发建设的需要，有序推进拆迁和农民安置房建设，特别是2002年后，大批村民向城镇新型社区集中。1988~2005年，累计建造农民安置房21.86万平方米，建成尤渡苑、广益佳苑等一批环境优雅、功能配套、安全便利的农村新型小区。人均居住面积从20世纪60年代的10平方米，提高到80年代的35平方米，进而扩大到2005年的57.4平方米。

【私房新（翻）建】

80年代后，随着农民收入的增加，农民新（翻）建住房明显增多。1981年，有699户农民新（翻）建住房，建筑面积4.59万平方米。1986年，又有508户农民家庭新（翻）建住房，建筑面积3.43万平方米。2000年，新（翻）建住房1597户，建筑面积9.58万平方米，为历年之最。房屋开间由20世纪50年代的3.3米扩大至3.6~3.8米，房屋结构由砖木、砖石转变为混凝土，房屋高度由一层逐步提高到两层楼、三层楼，层高2.8~3米。90年代后，不少农民开始建造点式房、别墅房，室内有生活间、卫生间、客堂间，有的还有书房、娱乐房等。1986~2000年间，全乡新（翻）建住房4941户，建筑面积32.13万平方米。

90年代后翻建的别墅房　　（广益街道尤渡社区张甦杰摄）

2002年，广益镇划入崇安区管辖后，私房（翻）建审批一度停办，后在全面疏理的基础上，由区建设局会同广益街道对因各种原因应办而未办审批手续却已建的私房户，补办有关证照；对属危房的私房，由市危房鉴定中心认定后，予以补办翻建审批手续。2002~2005年，先后补办私房翻建审批手续1300户、建筑面积6.5万平方米。

1986～2000年广益乡（镇）农民私房新（翻）建情况一览表

表9-1-8　　单位：户、万平方米

年　份	户　数	建筑面积	年　份	户　数	建筑面积
1986	508	3.43	1995	204	2.17
1987	441	2.75	1996	239	1.92
1988	485	3.88	1997	288	2.81
1989	260	0.21	1998	274	1.78
1990	233	1.21	1999	77	0.39
1991	136	1.03	2000	1597	9.58
1992	199	0.97	合计	4941	32.13

说明：上述资料由广益街道提供。

2002～2005年广益镇（街道）补办私房翻建审批手续情况一览表

表9-1-9　　单位：户、万平方米

年　份	户　数	建筑面积
2002	620	3.10
2003	120	0.60
2004	250	1.25
2005	310	1.55
合计	1300	6.50

说明：上述资料由广益街道提供。

【农民安置房】

广益佳苑一期（2005）　（广益街道供稿）

80年代后期起，随着无锡城市化进程的推进，广益境内因无锡市重点道桥工程建设和地块开发建设的需要，拆迁和农民安置房建设有序推进。1988年，在黄泥头桥堍、广丰三村51号地块建造农民安置房18套、1800平方米。90年代后，随着城市化建设快速发展，大量的住宅和非住宅被拆迁，2002~2005年，仅尤渡、莫家庄、上马墩、丁村、广丰、黄泥头、向阳7个行政村，涉及23个自然村998户村民需要拆迁，拆迁房屋16.94万平方米。农民安置房建设成为突出而又紧迫的工作。广益镇（街道）根据拆迁安置需要，有序推进农民安置房建设，小区规模不断扩大，房屋结构从多层向小高层、高层转变，农民居住方式由分散型向社区化转变。1988~2005年，先后在丁村、广丰、向阳、尤渡里等建造农民安置房2528套、23.04万平方米，形成尤渡苑、广益佳苑等一批功能配套齐全、环境优雅、安全便利的安置房小区，"前有菜园后茅坑，东边猪圈西养鸡"的传统家居方式和分散零乱的居住状态被彻底改变，农民变居民、农村变城镇成为现实。

1988～2001年广益乡（镇）安置房建设情况一览表

表9-1-10　　　　单位：套、平方米

年　份	套　数	建筑面积	地　点
1988	18	1800	黄泥头桥堍、广丰三村51号
1991	20	1200	广瑞路西侧丁村老街109号
1996	20	1790	广瑞路东侧丁村谢巷90号
1998	60	2817	江海路广丰桥堍、广瑞二村93-98号
1999	20	3250	锡沙路向阳裕旺村
2001	6	900	丁村老街126号
合计	144	11757	—

说明：上述资料由广益街道提供。

2003～2005年广益街道（镇）安置房建设情况一览表

表9-1-11　　　　单位：套、万平方米

名　称	套　数	建筑面积	建成时间
尤渡苑（上马墩小区）	521	4	2004~2005
广益佳苑一期（莫家庄小区、广丰小区）	276	5	2003~2005
尤渡苑一期	295	6	2004
广益星苑（6~19幢）	1219	6.86	2005
合　　计	2311	21.86	—

说明：上述资料由广益街道提供。

第二章　农业经济

20世纪50年代，广益乡以种植水稻、小麦为主业，辅以养蚕，种植茭白、芹菜等。60~70年代，逐步扩大蔬菜种植面积，减少稻麦种植，并发展养猪、养奶牛、养鱼等多种经营，农业经济结构开始发生变化。在立足农业办工业、办好工业促农业的思想指导下，乡镇企业逐步兴起和发展，单一的农业经济逐步被农工商多种经济成分所替代。1979年，广益乡经济总收入1823.92万元，农业、工业、商业的比重为15.63∶70.8∶13.57。80年代后，广益乡结束粮食生产历史，成为无锡市蔬菜、副食品生产基地，承担全市四分之一的城市蔬菜和副食品供应任务。随着城市建设的需要，土地逐年被征用，农村劳动力开始向市属工业和乡镇企业转移，农业向农场化方向发展，乡（村）企业继续发展壮大。1986年，全乡总收入9214.29万元，农业比重从1979年的15.63%下降到10.59%；工业比重从1979年的70.8%上升到85.39%；商贸业比重从1979年的13.57%下降到4.02%。

90年代后，推进传统农业向现代农业转变，各村进行农田园艺场建设，实现设施标准化、大棚生产群体化、种植园艺化，广益乡成为名副其实的蔬菜副食品基地。1999年，蔬菜亩产3344公斤，比1986年增长1.86倍；亩值达到1291.6元，比1986年增长2.91倍。乡（村）企业向规模型、科技型、外向型方向发展，涌现出一批产值超亿元的大企业。第三产业迅速发展，出现全方位、多层次、多领域发展第三产业的热潮。1995年，全乡总收入7.06亿元，比1986年增长6.66倍。农业比重从1986年的10.59%下降到2.87%；工业比重从1986年的85.39%上升到89.16%；商贸业比重从1986年的4.02%增加到7.97%。乡镇企业在以企带村、以工促农、致富农民、推进新农村建设等方面发挥重要作用。

90年代中后期，随着城市化进程的不断加快，广益境内土地被大量征用，广益乡因势利导，及

时调整经济产业结构，把培育大市场，发展大流通作为主要任务。尤渡村招商引资，建办华东建材市场和江南汽车城，丁村村引资建办汽车配件市场，逐步形成以生产资料、装饰材料为主体的市场群，成为无锡"四群"①之一，其示范效应迅速带动周边建材等市场的形成，对集体经济的拉动作用越来越明显。2000年，全镇经济总收入18.61亿元，其中商贸业比重上升到25.44%；工业比重下降到73.31%；农业比重仅占1.25%。

进入21世纪，开始新一轮产业结构调整，工业企业实施整体搬迁，市场建设向规模型、名品型方向发展。商贸业成为广益经济的支柱产业，好艺家国际家居广场、华东商贸城、广益汽配城等一批规模市场相继建成，市场布局从"条"向"块"转变，成为无锡市重点市场区。迄2005年，街道经济总收入79.3亿元，其中，商贸业43.98亿元，比重上升到55.45%；工业35.29亿元，比重下降到44.50%；农业比重仅占0.05%。广益街道已形成以现代商贸流通业为主体的新经济格局。广益地区农村经济结构的变化，展现从纯农业经济向非农业经济发展的过程。

第一节　种植业

20世纪50年代，广益乡以粮食生产为主。1960年初，辅以蔬菜生产，种植蔬菜1.23万亩。其后，贯彻"以粮为纲"方针，恢复粮食生产。1963年，种植稻麦3270亩。60年代末，水稻亩产600~800斤，小麦亩产300~350斤，蔬菜亩产4吨。1980年，按照市区规划布局，基本结束粮食生产历史，蔬菜种植面积增加到可耕地面积的91.4%，并根据广益地区南高北低的地势，不断调整种植结构，确立"南素北荤，中夹水生"的种植布局，成为无锡市蔬菜副食品基地。1986年，蔬菜种植1.2万亩，蔬菜上市2.13万吨，占全市蔬菜上市量的四分之一。其中，常年蔬菜1.6万吨，来自南片的尤渡、上马墩、丁村、广丰、嚢下、唐周巷等村。水生和季节性蔬菜来自北片的黄泥头、勤丰、向阳、毛岸等村。1988~1998年，年均种植蔬菜9500~9800亩，1998年，蔬菜年产量2.76万吨，比1986年增长29.58%；亩产值1234.2元，比1986年增长2.73倍。其中，常年蔬菜因市场价位提升、亩产提高、上市细品种增加，亩产值达到1.12万元，比1986年增长8.33倍。1999年后，随着城市化建设的快速推进，土地被大量征用。2001年，蔬菜种植面积减少到1800亩，比1998年减少7850亩；年产量0.92万吨，比1998年减少1.84万吨。其中，常年蔬菜年产量仅为1998年的四分之一，但亩产值仍保持在1.12万元。迄2005年，可耕地面积仅剩1582亩，且其中部分已列入征用计划，已形不成生产规模，蔬菜生产历史基本结束。

莫家庄大棚蔬菜（1990）　　（广益街道供稿）

1986～2005年广益乡（镇、街道）蔬菜生产情况一览表

表9-2-1　　单位：亩、万吨、万元、公斤、元

年份	播种面积	蔬菜				其中：常年菜			
		总量	总值	亩产	亩产值	总量	总值	亩产	亩产值
1986	12027	2.13	397.43	1171.02	330.45	1.60	257.53	7285	1172.15
1987	11138	1.74	471.39	1561.32	423.23	1.28	306.65	5765	1430.57

①无锡"四群"：招商城和劝业场小商品市场群、锡城农副产品市场群、广益生产资料和装饰材料市场群、五爱路IT通信市场群。

续表9-2-1

年份	播种面积	蔬菜				其中：常年菜			
		总 量	总 值	亩 产	亩产值	总 量	总 值	亩 产	亩产值
1988	9826	1.53	579.46	1555.06	589.72	1.09	353.78	5307	1723.03
1989	9388	1.84	637.84	1956.65	679.38	1.25	361.60	6153	1779.05
1990	9568	1.94	657.36	2023.40	687.04	1.29	384.70	6051	1890.40
1991	9563	1.87	659.48	1954.41	689.62	1.29	504.86	5967	2048.71
1992	9765	1.96	759.53	2007.20	777.81	1.29	542.76	5863	2142.92
1993	9762	1.96	987.57	2011.00	1011.65	1.39	704.93	5913	8743.30
1994	9762	1.87	1076.80	1916.51	1102	1.46	789.63	5897	11011.40
1995	9873	2.89	1173.00	2927.70	1188	1.57	801.45	5910	11931.30
1996	9786	2.90	1171.00	2959.60	1196.60	1.68	904.58	5876	11287.40
1997	9783	2.90	1193.00	2961.30	1219.40	1.71	907.38	5874	11184.90
1998	9650	2.76	1191.00	2864.10	1234.20	1.76	908.58	5817	11172.10
1999	7030	2.35	908.00	3344.00	1291.60	1.31	811.51	5396	12873.30
2000	6196	1.99	776.00	3209.90	1252.40	1.21	697.10	5273	11934.60
2001	1800	0.92	203.00	5128.30	1127.80	0.41	187.50	5174	11233.70
2002	1635	0.84	173.00	5121.70	1058.10	0.37	163.80	5297	10314.60
2003	1630	0.80	175.00	4899.40	1073.60	0.34	151.70	5311	10345.70
2004	1600	0.74	167.00	4597.50	1043.80	0.33	148.00	5103	10437.50
2005	1582	0.70	160.00	4416.60	1011.40	0.32	158.00	5070	10113.70

说明：上述资料由广益街道提供。

【蔬菜品种】

80年代后，随着城市人民日益提高的生活需求，蔬菜品种逐步由原来的粗品种转变到细品、精品、优质品种，由地产品种演变到引进新品种、杂交优势品种。广益种籽站开展品种杂交试验，先后繁育出甘兰自交不亲和系列A京丰、B秋丰、C晚丰等3个高产品种，以及菜椒双丰1号、叶菜矮杂1号和矮杂2号、广益中介茭白等优势品种。年种植蔬菜品种有茄子、菜椒、蕃茄“三茄”、瓜果、豆科、甘兰、食用菌、白菜等7大类100多个，其中茭白、地产黄瓜、五月枯毛豆、六月枯毛豆、矮脚大叶黄小白菜等为无锡地产优良品种。先后引进新品种30多个，其中，1986年，在毛岸、向阳村引进种植上饶芋艿250亩，亩产2500～2800公斤，比地产品种增产4成以上；1987～1988年，在尤渡、毛岸、向阳等村引进种植“城阳青”大白菜350多亩，颗型大，产量高，冬季又能贮存，成为解决“春缺”的主要品种之一；1989～1995年，先后引进温州花菜系列、春丰包菜、四川耐热莴苣、天津大根萝卜、杭州茄子、温州茄子、凤尾菇、香菇等8个新品种，其中，温州雪峰花菜系列，提高亩产15%～20%；1999年，引进天津黄瓜、温州条茄系列新品种，具有抗病性强、早熟高产等优点，在全乡推广。

与此同时，各村逐步形成各自的特色品种。有黄泥头村的中介茭白和水芹菜，唐周巷的一点红萝卜、早熟苋菜和早熟莴苣，尤渡村的大冬瓜、大白菜，毛岸村的韭菜、芋头、浙大长萝卜，囊下村的番茄、菜椒、平菇、草菇等。

茭　白　黄泥头村出产的茭白粗壮白嫩，其壳碧绿翠青，其果洁白如玉，肉质嫩而细腻，味微甜且有糯性，深受无锡市民欢迎。茭白原产梨花庄，相传清光绪年间引入黄泥头，黄泥头土质肥沃，十分适合茭白生长，长期以来，摸索出一套选种、栽培、管理技术，茭白质量越来越好，名气越来越大。1981年，全乡种植茭白2000亩，为历史之最。1984年，经市区科技人员鉴定，定名“广益

黄泥头茭白秧田（2000）　　（广益街道供稿）

中介茭白”。1986年前后，扩种到勤丰、向阳、毛岸等村，全乡种植茭白面积由黄泥头村306.47亩增加到1500亩。农历五月份上市的茭白，俗称“五月茭”，平均亩产1.5吨；农历八月份上市的茭白，俗称“八月茭”，平均亩产2吨，是茭白中的上品。2005年，因征土可耕地减少，茭白种植面积仅剩200亩，分布在黄泥头、向阳2村。

水芹菜 黄泥头村出产水芹菜茎身长而白净，味脆嫩而清香，是无锡远近闻名的时令佳品。20世纪50年代黄泥头村从玉祁引进种植，1965年又引进白头小芹菜。80年代后，水芹菜种植扩大到向阳、毛岸等村。时为攻“春缺”、保春节供应的主要蔬菜品种之一。1986年，全乡种植500亩，主要分布在黄泥头、勤丰、向阳、毛岸等村，平均亩产4~5吨。其中，黄泥头种植109亩，亩产3吨。2005年，水芹菜种植150亩，仅在黄泥头、向阳等村种植。

1986～2005年广益地区引进、培育蔬菜新品种一览表

表9-2-2

种类		品种名称
引进新品	瓜类	1. 黄瓜：津研2~5号； 2. 冬瓜：青皮冬瓜、白皮园冬瓜；3. 南瓜：日本小南瓜；4. 丝瓜：肉丝瓜
	豆类	1. 四季豆：短本四季豆； 2. 长豆：长豇1-3号、南京青长豆、北京豇；3. 毛豆：杭州六月枯
	茄类	1. 茄子：杭茄、温州条茄； 2. 菜椒：双丰1号；3. 蕃茄：强力米寿、锡粉1号
	根茎类	1. 萝卜：浙大长、天津大根、宜兴一点红；2. 马铃薯：克新星1-3号； 3. 四川莴苣
	甘兰类	1. 花椰菜：广东青花菜、温州雪峰花菜；2. 包菜：鸡心、牛心、大平头
	白菜类	1. 大白菜：城阳青、福山大包头；2. 小白菜：短脚黄、上海青、短杂1-2号
	食用菌类	1. 平菇：沪平；2. 香菇：7402号；3. 其他菌：草菇、猴头菇、凤尾菇
培育新品	茄类	菜椒：双丰1号
	甘兰类	A京丰、B秋丰、C晚丰
	白菜类	矮杂“1号”、矮杂“2号”、双白梗

说明：上述资料由广益街道提供。

【育苗与栽培】

蔬菜育苗经历冷床育苗、暖房育苗、热床育苗3个阶段。80年代前，均为冷床育苗。1981起，开始暖房育苗。1982年，改热床大棚育苗。先后推广应用蔬菜热床大棚育苗技术13项。1992年，毛岸园艺场采用电热线加温技术，大棚春季苋菜快速育苗获成功，提前15天上市。1993年起，推广冬季无纺布育苗、夏季搭棚遮阳育苗等技术。1995年，囊下农科站推广大棚网纱蔬菜无公害栽培试验，获得成功后推广到全国。

蔬菜栽培经历20世纪60年代的露天栽培到70年代后地膜复盖、小棚栽培，再发展到高架大棚栽培。1983年，在丁村谢巷试行竹结构大棚栽培1亩多黄瓜获得成功，尔后推广到各村，大棚栽培蔬菜482亩，占全乡总面积的25%。竹结构大棚栽培的品种，由单一的黄瓜逐步发展到蕃茄、菜椒、豆类、西瓜、香瓜等。90年代后，推广钢管定型构件大棚，1996年，囊下村在2个钢管大棚内栽种药芹1亩，总产120担，产值1.2万元。

【菜田喷灌】

20世纪70~80年代，在建设堤防与排灌设施的同时，实施菜田喷灌技术，建设以旱涝保收、高产稳产农田为中心的蔬菜副食品基地。1979年，在丁村试用喷灌技术成功的基础上，全乡菜田喷灌面积达到600多亩。1979~1980年，先后投资76.9万元，建造喷灌泵站34个，菜田喷灌面积扩大到3731亩。1986年，又建成10座固定排灌站，加大灌溉流量，提高抗御“四害”（洪、涝、渍、旱）的能力。1990年，固定排灌站发展到38座，拥有流动船2条，小电动机9台、总动力1176.7千瓦。1995年后，因征土耕地面积逐步减少。迄2005年，所有排灌站及设施全部拆除。

【病虫害防治】

20世纪60年代，蔬菜病虫害防治网络由公社农科队负责指导防治。70年代后，建立三级蔬菜植保网络，公社建立病虫测报站，下设尤渡、囊下、广丰、毛岸园艺场等7个病虫害防治观察站。1983年，实行联产承包责任制后，改由乡成立专业植保队伍，统一为农户进行植保服务。1988年，囊下农科队发现大棚菜椒发生“茶黄螨”新型病虫，会同乡植保站采取措施，避免大面积虫害的扩散。是年，囊下农科队撰写的“茶黄螨发生与防治”论文，被《长江蔬菜》月刊录用，并荣获无锡市科技进步三等奖。1991年秋，全乡斜蚊夜蛾病虫害暴发，植保站第一时间发出紧急通知，组织力量进行夜间扑灭，效果显著。并与农户签订农药使用责任书，倡导使用低毒、低残留微生物农药，杜绝剧毒、高残留农药的使用，让市民吃上安全放心蔬菜。1996年以后，推广使用防虫网10万平方米，周年覆盖率每次400多亩，对大棚内虫害防治收效明显，实现蔬菜增产增效。

【蔬菜经营】

1978年前，蔬菜生产和经营以生产队为单位，计划生产、计划上市、统一收购。上市蔬菜品种为“三大熟”：春季以细菜为主，夏季以茄类豆类瓜类为主，秋季以大白菜、大萝卜为主。80年代后，随着计划经济的逐步放开，对蔬菜实行“管六放四”，即乡蔬菜公司管上市量的60%，其余40%允许菜农自产自销。1987年后，逐步减免农业税，并给予薄膜补贴等优惠政策，允许菜农自由种植，自由上市，增加上市量，确保“伏缺”中“两瓜”（冬瓜、丝瓜）、“两豆”（长豆、毛豆）、“一菜”（火细菜）上市，“春缺”中越冬小白菜上市。1986年，广益“两缺”上市蔬菜1840吨，年上市蔬菜1.19万吨，完成合同任务的125.86%。1991年后，市、区政府不再下达指令性计划，由各村农场经营承包者自由种植、自主经营、自负盈亏，上市蔬菜向精、细、花色品种发展，经济收入越来越好。

第二节　养殖业

【水产养殖】

1985年，黄泥头、勤丰、向阳、毛岸、广丰（尤岸里）等村有5个水产养殖场，鱼塘702.24亩，其中，成鱼池537.07亩，鱼种池165.17亩，放养青鱼、草鱼、鲢鱼、鳊鱼等品种。1986年，全乡年上市鲜鱼600吨。1987年，黄泥头水产养殖场鱼塘被列入江苏省水产局“池塘养鱼高产高效研究”项目。1989年，该场133.54亩鱼塘亩产商品鱼1005.2公斤，亩产值1554元，获江苏省水产局高产高效科技成果奖。1992年，全乡推广黄泥头水产养殖先进经验，把1斤重的鲢鱼和2两重的鳊鱼由商品鱼改为种鱼放养，并采取提前到冬至前开食、次年4月上市等措施。1996年，全乡上市商品鱼966吨，创历史最好水平。2000年后，随着土地被大量征用，以及工业污染等原因，河塘养鱼锐减，迄2005年，仅毛岸村100余亩鱼塘，养殖鲈鱼、草鱼、鲫鱼等。

鱼跃满舱（1996）　（广益街道供稿）

特种水产　1982年，黄泥头水产养殖场用1亩多水面养殖甲鱼、牛蛙等特种水产品。1986年，广益乡投资47万元，在黄泥头开挖46亩鱼塘，建办广益特种水产养殖场，养殖甲鱼、大闸蟹、牛蛙等特种水产品。是年，生产特种水产130吨，鱼种65吨，创利29万元。1990年，广益特种水产养殖场养殖面积扩大到180亩。后遭遇1991年特大洪涝灾害，经济损失达33万元，历经3年复苏。至1995年，上市虾、鲶鱼（胡子鲶）、白鲳鱼等特种水产125吨，创利32万元。1998年，上市特种水产130吨，鱼种70吨，创利60万元。2000年底，广益特种水产养殖场歇业。

1988年，毛岸村开始养殖特种水产，20亩鱼塘养殖罗氏虾、鲈鱼、河虾、田螺、白鲳等品种。1999年，上市特种水产84.5吨。2001年后，毛岸村养殖的河虾、田螺等品种逐渐被淘汰。

益丰养殖场特种水产——中华鲟（2000）　（广益街道供稿）

1994年，广丰村投资40多万元，启动特种水产养殖，建成一幢1480平方米连跨混凝土温室，温水幼苗池面积2000平方米，养殖中华鳖（甲鱼）。1995年，投资160万元，与杭州剑桥特种水产养殖场挂钩，饲养温室幼鳖3万只，从武进引进种鳖3000只。1996年，养殖面积扩大到20亩，建成建筑面积3200平方米的双、单跨混凝土温室3幢，温水幼苗池面积5400平方米，放养幼鳖12万只。1997年，与中国淡水鱼研究中心合作后，广丰水产养殖场更名为无锡市益丰特种养殖场，引进甲鱼、巴西龟、中华鲟、小白鲨、河豚等中高档特种水产品。1999年，上市甲鱼32万只，年销售553万元，成为无锡市特种水产品生产龙头企业。2003年后，由于养殖甲鱼一哄而上，供大于求，造成企业亏本而逐步收缩，仅保留鳄龟种龟养殖。2004年，鳄龟开始产蛋。2005年，仍在继续养殖，鳄龟产蛋2400只，孵化出幼龟并上市860只，创利6.88万元，鳄龟种龟增加到5000只。

迄2005年，全街道特种水产养殖面积仅剩64亩，养殖鲈鱼60亩、白鱼4亩。

1985～1996年广益乡鲜鱼产量一览表

表9-2-3　　单位：吨

年 份	产 量	年 份	产 量	年 份	产 量
1985	465.00	1989	540.80	1993	504.50
1986	600.00	1990	560.00	1994	488.40
1987	640.50	1991	224.40	1995	932.00
1988	502.50	1992	441.50	1996	966.00

说明：上述资料由广益街道提供。

【畜禽饲养】

生　猪　80年代初，有集体猪场45个，年末存栏生猪6267头。1985年后，贯彻“巩固集体，扶持大户，鼓励家养”的政策，逐步转入规模生产和大户饲养，集体猪场由专人承包。尤渡大队桥东生产队吴锡良承包的猪场，年上市生猪400多头，成为广益乡首个养猪专业大户，连续3次被评为无锡市农业劳动模范。随后，全乡养猪大户迅速发展。1997年，有养猪大户37户，每户每年上市生猪400头以上。是年，全乡上市生猪1.61万头，其中，养猪大户上市生猪量占全乡年上市量的80%以上。1992~1997年，广益乡连续被评为无锡市副食品生产先进集体。1996年3月，为加强生猪屠宰管理，让城市居民吃上放心肉，在尤渡村塘桥头建办生猪屠宰场。1999年3月，尤渡村又投资500万元，在张巷建造无锡市第一生猪屠宰场。占地9694平方米，建筑面积4001.51平方米，屠宰设备半自动化，污水处理达到环保标准，年屠宰生猪20余万头，屠宰量占全市三分之一。年盈利200多万元。

2003年后，随着城市化推进，撤村并队，生猪生产逐年萎缩。迄2005年，仅剩向阳村华庄岸和毛岸村少数村民饲养少量生猪。

1986～2005年广益街道（乡、镇）生猪上市情况一览表

表9－2－4　　单位：万头

年 份	数 量	年 份	数 量	年 份	数 量	年 份	数 量
1986	1.07	1991	0.89	1996	1.42	2001	0.92
1987	1.09	1992	0.82	1997	1.61	2002	0.91
1988	1.10	1993	0.46	1998	1.50	2003	0.90
1989	0.96	1994	1.50	1999	1.20	2004	0.82
1990	0.98	1995	1.30	2000	0.97	2005	0.84

说明：上述资料由广益街道提供。

奶　牛　80年代初，广益奶牛场和向阳奶牛场饲养奶牛200余头。1983年12月广益奶牛场饲养黑白花奶牛获得成功，1983年又培育出130头群体高产奶牛，连续5年实现奶牛群体高产，广益奶牛场获农业部颁发的首届全国优秀企业奖牌。1986年，全乡奶牛发展到230余头，其中，向阳奶牛场35头。1987年，尤渡、唐周巷、广丰、勤丰、向阳等村发展奶牛饲养专业户17户、奶牛150头。是年，全乡饲养奶牛385头。1986～1990年，广益奶牛场年上市鲜奶1000吨以上，1995年，上市鲜奶2196吨，创历史之最。1996年5月，根据市、区政府统一安排，广益乡与苏北灌云县结对扶贫帮困，广益奶牛场86头奶牛和设备无偿支援灌云县。1997年后，奶牛生产结束。

家　禽　20世纪70年代，家禽由农户散养逐步发展到生产队集体饲养。先后开办养鸡场3家、养鸭场1家。1986年，广益乡养鸡专业户发展到110户，初步形成规模养殖，年产鸡10万只以上，饲养方式从平地饲养发展到室内集中饲养和笼养，饲养品种从单一的草鸡发展到以三黄鸡、白洛克等优良品种为主，以后，又引进肉用鸡，改用混合饲料喂养，饲养周期缩短7～10天。1995年，上市家禽49.64万只，产量、收入均创历史最高水平。1996年，又引进产蛋鸡，以笼养为主。全年上市鲜蛋74.4吨。1997年后，因多种原因，集体家禽饲养逐步停止。

1986～1997年广益镇（乡）鲜奶、家禽、鲜蛋上市情况一览表

表9－2－5　　单位：吨、万只

年 份	鲜 奶	家 禽	鲜 蛋
1986	1000.00	10.00	55.00
1987	1105.00	10.70	58.00
1988	1108.20	10.40	46.30
1989	1134.30	7.72	46.00
1990	1180.00	7.96	41.50
1991	1230.00	8.20	47.30
1992	767.50	12.80	35.40
1993	1020.00	28.73	41.00
1994	1965.00	38.60	63.00
1995	2196.00	49.64	73.90
1996	1610.00	45.00	74.40
1997	1485.00	43.20	69.90

说明：上述资料由广益街道提供。

第三节　乡镇工业

20世纪50～60年代，农村剩余劳动力依靠乡村能工巧匠、城市下放工人，采取社队与市属工业挂钩等模式，创办社队工业企业。1968～1969年，先后开办立新橡胶厂、广益织带厂、太湖刃具厂等。1978年，社队办企业48家，其中社办14家，队办34家。1979年后，随着全党工作重心的转移，乡镇工业迅速发展。在陆续开办第九棉织厂、第六色织厂、毛岸家具三厂等乡办企业的同时，各村发扬走遍千家万户，吃尽千辛万苦，跑遍千山万水，说尽千言万语“四千四万”创业精神，加快发展村办工业。1986年，乡村工业发展到63家，工业销售8211万元，创利税1092万元。1987年，广益乡跻身无锡市工业销售超亿元乡行列。90年代后，开放型经济和民营经济迅速发展。乡镇企业以合资合作形式开拓国际市场，进而向“三资”企业转变，向规模化方向发展。至1994年，共创办嘉隆塑料、联华制衣、永进精密铸造等14家“三资”企业，注册资本2129.67万美元，其中外资796.04万美元。乡村工业外向度明显上升。1995年，全乡“三资”企业完成销售收入1.03亿元，占全乡工业销售收入的14.6%。在加快对外开放的同时，乡（村）工业产权制度改革步伐加快，通过改制，形成一批规模型、效益型骨干企业。私营企业发展迅速。2000年，全乡私营企业发展到100余家，私营工业企业销售额达2.89亿元，并出现一批科技型、外向型私营企业。2004年，工业销售收入500万元以上的规模企业32家，销售收入35.29亿元、利税1.56亿元，占全乡经济总量的70%以上。无锡益能电力电器有限公司跻身于高科技企业行列，中压开关柜在无锡市场占有率达到90%。无锡贝康包装材料有限公司产品全部外销，2005年创汇550万美元。迄2005年，形成纺织业、服装鞋帽业、印刷业、化工原料及化学品制造业等12个工业门类，拥有“保险粉、雕白块、涤沦长丝、剑杆织机、箱式变电柜、色织布、服装、轴承、塑料购物袋”等一批支柱产品。其中，YSFS0-1型油水分离器等2种产品获省优，GD-WX622A型装配式大棚骨架等6种产品获市优。26家企业通过ISO 9001∶2000质量管理体系验收。2005年，全街道工业企业258家，年销售收入35.29亿元、利税1.70亿元、资产总值13.76亿元，分别比1986年增长41.98倍、14.57倍、15.48倍。

90年代三立轴承厂加工车间　（广益街道供稿）

锡源塑料厂（宇恒塑料科技公司）（2005）　（广益街道供稿）

2005年广益街道工业结构情况一览表

表9－2－6　单位：家、亿元、%

序号	行业名称	企业	年销售收入	比重
1	纺织业	18	4.50	12.70
2	服装鞋帽制造业	37	1.30	3.70
3	印刷业	13	0.39	1.10
4	化工原料及化学品制造业	9	5.75	16.30
5	橡胶制品业	5	0.28	1
6	塑料制品业	19	1.70	4.80
7	黑色有色金属冶炼及压延加工业	13	7.60	21.50
8	金属制品业	24	0.55	1.60
9	通用专用设备制造业	31	4.03	11.40
10	电气机械及器材制造业	14	2.20	6.20

续表9-2-6

序号	行业名称	企业	年销售收入	比重
11	非金属矿物制造业	5	1.31	3.70
12	其他	70	5.67	16
	合计	258	35.29	100

说明：上述资料由广益街道提供。

第四节　商贸流通业

80年代初，广益工交供销经营部、运输装卸社、丁村书场等是区内最早的商贸服务业。此后，随着流通领域改革开放的深入推进，乡（村）商贸业发展迅速。1984年3月，丁村村率先开办拥有257张床位的广新旅社，时为郊区首家村办旅馆。1985年4月，广益乡商业旅游服务公司投资建办郊区首家乡办丁村农贸市场。上马墩村利用地理优势，大力发展第三产业，逐步形成上马墩商业区。1986年，全乡53家集体商业网点年营业收入1375万元，比1979年增长68倍，占全乡经济总量的10%；有个体商业网店100多家。

广益商城副食品批发市场（1994）　（广益街道供稿）

90年代后，商贸服务业步入全方位、多层次、多领域发展新阶段。广益乡抢抓312国道扩建和学前东路、包张路等道路新建的机遇，沿街沿路破墙开店建市场。1991年，尤渡村投资建造占地2500平方米的东郊商城，一时成为312国道苏南段最繁华的商业市场。其后，沿原312国道、锡沪路两侧又先后建成营业面积4.12万平方米的商业用房193间，大众、别克、福特等10余个汽车专营店陆续在此开设，成为无锡东郊颇具规模的汽车销售市场。1992年，乡商业旅游服务公司投资1200万元，建成营业面积2.5万平方米的无锡烟草市场（1994年改为广益商城副食品批发市场）。到1993年，沿原312国道、锡沪路广益段两侧共有商业用房540间，初步形成4个商贸街区：以东郊商城为主的尤渡商业区，以锡佛装潢装饰公司、金三角建陶公司为主的锡沪路陶瓷装璜建材街，以经销化工、汽配为主的勤丰、黄泥头商贸街，以广益农副产品交易市场和烟草市场为主的靖海商贸街。是年，全乡纳税营业收入1.28亿元，比1991年翻一番，比1986年增长7.3倍。1994年后，依靠招商引资，推动专业市场建设的力度不断加大。是年，丁村村引资600万元，建成营业面积2.5万平方米的丁村汽车配件市场。1995年，尤渡村引资1300万元，在锡沪路建成8000平方米的江南汽车城；向阳村投资80万元，在锡沙路向阳桥堍两侧建成经营面积3.8万平方米的向阳木材批发市场。1996年8月，尤渡村又投资5000万元，建成占地4.87万

1996年建成的华东建材市场（2005）　（孙怡摄）

华东商贸城（2005）　（孙怡摄）

平方米的华东建材市场。是年，华东建材市场完成销售3546.39万元、创利税410万元。此后，又有新天地装饰材料市场、锡沪装饰材料市场、华东装饰城等相继在锡沪路两侧建成开业，华东汽车有限公司、卓诚汽车有限公司等企业纷纷落户广益。商贸流通业特别是汽车营销业成为广益经济的主要支柱。1999年底，广益地区各类市场年成交额突破20亿元；商贸营业收入超过3亿元，比1986年增长16.3倍；商贸业占经济总量的比重上升到22%。其中，汽车营销额1.5亿元，占全部商贸营业收入的一半。

东方汽车城一角（2005）　（孙怡摄）

进入21世纪，商贸服务业步入快速发展期。通过实施“退二进三”的策略，市场建设朝品牌型、高档化、综合型、商场化快速推进。2001年10月，广丰村建成3万平方米的广丰汽配市场，2003年7月，崇安农贸市场落户广益尤渡村，市场占地3万平方米，建筑面积1.5万平方米，拥有店面205间、摊位453个。至此，广益境内拥有崇安、丁村、广丰、广瑞、广益家苑5个农贸市场。2004年3月，好艺家灯饰城在锡沪路装饰装潢一条街（广益装饰城）建成开业。全长1.5公里的锡沪路广益段拥有市场10家，营业面积60余万平方米、年交易额80亿元，东鹏陶瓷、美标洁具、TOTO洁具、阿波罗卫浴等名牌产品均在此设立无锡地区总代理和展示厅，其声誉辐射到无锡乃至整个华东地区。是年8月，丁村村、广丰村与无锡柯兰实业有限公司合资，将丁村、广丰建办的2家汽配市场合并组建成广益汽配城，建筑面积扩大到5.7万平方米。2004年12月，总投资3.5亿元、建筑面积8万平方米、容纳近5000个摊位的华东商贸城建成开业，年交易额10.3亿元。是年，还相继完成好艺家国际家居广场（“好艺家”灯饰城）的改扩建，建成融江南、华通、华特、恒信为一体的东方汽车城，年销售额21.06亿元。2005年，广益街道商贸流通营业额达到43.98亿元，比2004年增长62%，为1986年的320倍。商贸流通业占经济总量的比重上升到55.45%。

第三章　农　民

20世纪50~60年代，农民收入靠工分记酬，生产队按家庭劳动力工分多少结算，由于广种薄收，交了公粮后连口粮都无法保证。1963~1968年农业学大寨时期，实行大寨记工，老百姓戏称“大约记工”。1968~1970年，推行自报互评方式。以男10分女8分为标准，平时记日头、年终集体评工。1971~1984年，推行男女同工同酬，实行计划种植，分块承包，以户计算产量、生产队年终统一分配的方式。1984年春，实行土地承包，农户完成计划种植外，农产品可以自由买卖，所得收入除上交必要费用外，全部归个人所有。同时，还可在乡（村）企业工作取得报酬。

90年代后，随着农村城市化的发展，农村劳动力大部分向厂企转移，收入来源主要靠务工收入。广益乡把扩大农民就业，增加农民收入，提高农民生活质量，作为社会主义新农村建设的基本出发点和落脚点，推进“三农”存在方式的转变，探索并走出一条以“村企合一”为基础、以“集体资本”为支撑、以“共建共享”为追求、以“似农非农”为特征的发展模式，推动农村社会保障制度的逐步完善。迄2005年，已基本建立起以养老、失业、医疗、工伤和生育等社会保险为主体，与社会救助、社会福利和优抚安置有机结合，被征地农民基本生活保障和新型农村合作医疗基本全覆盖的农村社会保障体系。是年，农民人均收入达8025元，比1986年增长10.7倍，年均增长48.5%。

第一节　劳动力结构

【就业结构】

20世纪60～70年代，从事种植业、养殖业的劳动力占80%，仅有20%的劳动力从事工副业生产，农忙时回队务农，时称亦工亦农。20世纪70年代末，随着第九棉织厂、第六色织厂等一批乡镇企业的创办，大批农村劳动力向乡（村）企业转移。80年代起，随着国家建设发展的需要，大量农业用地转化为建设用地，大批世居在乡（村）所属生产队、大队建制内的农村劳动力失去土地后，转为非农业户口性质的劳动力，农村劳动力结构发生根本变化。1985年末，农村务工劳动力占总劳动力的比例上升到80.45%，从事种植、养殖业和第三产业的劳动力仅占14.52%和3.48%。80年代，农村劳动力结构相对稳定，一大批征地农民就地安置在乡镇企业，乡镇企业稳定的工资性收入，成为农民增收的主要途径。90年代，在乡镇企业进一步加快发展的同时，广益乡利用城市道路外延的机遇，大力发展商品市场和流通服务业，第三产业从业人员逐年增加。2000年，从事第三产业的农村劳动力从1985年的233人增加到735人，占总劳动力的比例从1985年的3.48%上升到11.55%。而在乡镇企业工作的本地农村劳动力，由于退休、外出务工等原因，逐年减少。2000年，本地农村劳动力从事第二产业的人数由1985年的5392人减少到4670人，占总劳动力的比例由1985年的80.45%下降到77.37%。2001年起，随着城市化进程步伐的加快推进，各类商品市场得到快速发展，沿锡沪路、312国道的生产资料、装饰材料等各类大市场相继形成后，大批务工农民逐步向市场保安、保洁等就业岗位转移。2005年，第三产业从业人员增至1437人，第二产业从业人员减少到3383人，比1985年减少2009人。

1985～2005年部分年份广益农村劳动力就业结构一览表

表9－3－1　　　　　　　　　　　　　　　　　　　　　　单位：人、%

年份	总劳力	第一产业		第二产业		第三产业		其他	
		人数	比例	人数	比例	人数	比例	人数	比例
1985	6702	973	14.52	5392	80.45	233	3.48	104	1.55
2000	6365	257	4.04	4670	73.37	735	11.55	703	11.04
2005	5807	102	1.76	3383	58.26	1437	24.75	885	15.24

说明：上述资料由广益街道提供。

【文化结构】

20世纪60～70年代计划经济时期，种植按上级指令计划进行，干活靠手快、手巧，文化程度高低位其次。由于传统观念和特定的历史原因，农村劳动力接受教育的程度普遍低于城市。1985年，全乡农村总劳力6702人中，初中及以下文化占89.90%。80年代后，随着市场经济的发展，乡镇企业逐步重视科学发展，增加人力资源投资，重视人才培养，提高人员素质，通过举办培训班、补习班、委托定向培训等途径，提高文化技术水平，农村劳动力文化程度有很大提高。2000年，高中文化以上人员占农村劳动力总数的比重从1985年的10.10%提高到30.13%，2005年，提高到45.03%。同时，引进人才，提高企业职工素质，带动农民综合素质的不断提升。2005年，乡镇企业工程技术人员352人，占农村劳动力总数的6.06%，这些人员成为新农村建设的主力军，也为今后建设更高水平的新农村积储人才。

1985～2005年部分年份广益农村劳动力文化结构一览表

表9-3-2　　单位：人、%

年份	总劳力	初中及以下		高中及以上	
		人数	比例	人数	比例
1985	6702	6025	89.90	677	10.10
2000	6365	4447	69.87	1918	30.13
2005	5807	3192	54.97	2615	45.03

说明：上述资料由广益街道提供。

【年龄结构】

20世纪60~70年代，是广益乡农村劳动力平均年龄相对较低的时期，特别是"文化大革命"时期，大批学生上山下乡，提前参加农业生产劳动，使农村劳动力相对年轻化。80年代中期，农民实施退休制度后，年满60周岁的男劳力和年满55周岁的女劳力不再列入农村劳动力的统计范畴。1985年，广益乡农村总劳力6702人，其中：50岁（含）以上1345人，占总劳力的20.07%；31~49岁3150人，占47%；30岁（含）以下2207人，占32.93%。80年代后期，随着改革开放的深入推进，农村经济逐步多元化，劳动力就业渠道不断拓宽，农村劳动力年龄结构发生新变化。2000年，农村总劳力6365人，其中：50岁（含）以上1605人，占25.22%，比1985年提高5个多百分点；31~49岁3650人，占57.34%，比1985年提高10个多百分点；30岁（含）以下1110人，占17.44%，比1985年减少近16个百分点。2005年，农村劳动力结构呈"两头小中间大"的格局，农村总劳力5807人，其中：50岁（含）以上1455人，占25.06%，比2000年下降0.16个百分点；31~49岁3365人，占57.95%，比2000年提高0.59个百分点；30岁（含）以下987人，占17%，比2000年下降0.44个百分点。

1985～2005年部分年份广益农村劳动力年龄结构一览表

表9-3-3　　单位：人、%

年份	总劳力	50岁（含）以上		31～49岁		30岁（含）以下	
		人数	比例	人数	比例	人数	比例
1985	6702	1345	20.07	3150	47.00	2207	32.93
2000	6365	1605	25.22	3650	57.34	1110	17.44
2005	5807	1455	25.06	3365	57.95	987	17.00

说明：上述资料由广益街道提供。

第二节　减轻农民负担

【以工补农】

80年代起，实施"以工补农"（也称"以工建农"）的奖励政策。广益乡根据各个时期农业发展的实际需要，确定年度农业投入计划，每年在乡镇工业企业税前利润中提取资金，由乡财政统一反哺农业。"以工补农"资金主要用于购置农业机械、兴修农田水利、生产设施建设投入、畜禽养殖专业户补贴，以及蔬菜、畜禽、水产生产的奖励、补贴等。在农副业生产方面的补贴政策有：生产队集体育苗补贴，生产队或农户购买化肥、农药、农用薄膜等生产资料补贴，在"两缺"（春缺、伏缺）和"两大节"（国庆节、春节）期间完成蔬菜上市任务的奖励补贴等。"春缺"期间完成指令性计划，并月月完成或连续两个月完成的，其超额部分按担予以奖励；对栽培早熟品种、提前上市而超支的费用，给予成果补贴（黄瓜每担补贴5元，冬瓜每担补贴3元，菜椒每担补贴10元，番茄每担补贴5元等）。畜禽、水产品生产方面的补贴为：对年末存栏400头的农户，每头母猪补贴100元；为在国庆、春节期间供应鲜肉而推迟出售的农户，每头生猪补贴30元；对每年清除污泥的鱼池，每亩补贴150元等。1986~1998年间，全乡“以工补农”资金（不含村级投入）达778.44万元，占同期农业投入总量的53.5%，年均达59.88万元。1998年后，不再实行这一奖励政策，改为农业建设投入。

【农业税】

80年代到21世纪初，按照国家规定，以粮食亩产400公斤计算缴纳农业税，农民交纳的农业税为60元/亩。2001年始，为减轻农民负担，国家调减农业税计税率，从亩产400公斤调减到亩产300公斤计算缴纳，从12.8%的计税率调减到7%。2001~2003年，农民交纳的农业税为58元/亩，农民负担逐步减轻。2004年，国家不再向农民直接征收农业税，实行镇、村代交，同级财政补贴的征收办法。是年，镇（村）代缴农业税6.05万元。2005年起，国家取消农业税征收。

【地方综合基金】

1999年前（含1999年），乡镇企业（工业、商业）依照1998年江苏省委、省政府下发有关文件规定，按工业企业销售收入的1.8%、商业企业销售额的0.7%缴纳地方综合基金。2000~2001年，为减轻企业负担，征收费率分别下降至1.5%、0.5%。2002年开始，对转私改制乡镇企业地方综合基金的征收费率再次调降，其中，工业企业（转制企业）为1%，新办私营企业0.5%；商业企业（转制企业）为0.5%，新办私营企业为0.2%。2004年4月13日，根据无锡市政府文件规定，取消地方综合基金征收，按实缴“三税”总额的4%开征教育费附加、地方教育附加和地方教育基金（外商投资企业和外国企业除外）。

第三节　失地农民保障

1969年，广益乡土地开始被陆续征用，部分农业户口转为非农业户口（以下简称“农转非”），符合规定的“农转非”人员由国家按照市镇粮油定量供应办法供应粮油。是年，征用土地6亩，安置失地劳动力18人。1969~2001年，广益乡累计被征用土地4563亩，安置失地劳动力11160人。2002~2005年，广益镇（街道）率先在全市实施“以土地换社会保障”的办法，其间，共投入社保基金8960.3万元，解决2193名失地农民社会保障问题。其中，42名失地农民（征地前未参加过社会保险，且征地时女性年满40周岁、男性年满50周岁）享受政府保养，每月领取229元生活补贴；2128名失地农民纳入保障安置，增加社会保险费缴费年限和缴费基数，提高养老待遇；23名失地农民（年龄较小者）选择就业安置，通过自主择业，享受由政府提供的7年期限的社会保险费补贴。

1969～2001年广益镇（乡）征用土地及安置劳动力一览表

表9－3－4　　单位：亩、人

年　份	征用土地	失地劳动力	安置劳动力
1969	6	18	18
1970	7	21	21
1971	32	96	96
1972	85	255	255
1973	129	387	387
1974	57	171	171
1975	95	285	285
1976	133	399	399
1977	144	432	432
1978	143	429	429

续表9-3-4

年份	征用土地	失地劳动力	安置劳动力
1979	323	969	969
1980	331	993	993
1981	242	726	726
1982	177	531	531
1983	342	1026	1026
1984	88	176	176
1985	175	250	250
1986	126	252	252
1987	38	76	76
1988	63	126	126
1989	107	214	214
1990	91.83	182	182
1991	130.06	260	260
1992	278.58	556	556
1993	100.10	200	200
1994	115.90	130	130
1995	179.87	358	358
1996	56.50	112	112
1997	161.08	322	322
1998	179.94	358	358
1999	2.51	4	4
2000	225.78	450	450
2001	198.21	396	396

说明：上述资料由广益街道提供。

2002～2005年广益街道（镇）征用土地及安置劳动力一览表

表9-3-5　　　　单位：亩、人

年份	征用土地	安置人数			失地农民分布						
		政府保养	保障安置	就业安置	莫家庄	广丰	尤渡	黄泥头	向阳	毛岸	丁村
2002	1102.75	11	808	21	249	334	257	—	—	—	—
2003	88.27	—	94	1	—	—	—	95	—	—	—
2004	574.08	8	95	1	—	5	—	56	43	—	—
2005	1430.23	23	1131	—	578	111	97	95	74	158	41
合计	3195.33	42	2128	23	827	450	354	246	117	158	41

说明：上述资料由广益街道提供。

第四节　社会保险

【养老保险】

乡级养老保险　1983年，广益乡农民开始实行退休养老金制度。1983~1985年，养老基金由大队统筹，各大队对各类应享受养老金的纯农民确定不同的发放标准，每人每月最低5元，最高11元。1986年起，启动乡级农村合作养老统筹。制订《广益乡统筹农村合作退休基金条例》，以乡为单位建立农村合作养老统筹基金制度。本着集体缴纳为主、个人缴纳为辅的原则，乡退休基金从乡、村、队办企业、商业4方面筹集，个人每年缴纳24元。是年，全乡8345名农民加入乡级养老统筹，1907名农民享受退休养老金。其中，大集体农民4人，人均月享受养老金59元；小集体农民1903人，人均月享受养老金18元。1986~1991年，随着集体经济的发展，乡镇积累的增加，农民退休养老金标准逐年提高，1991年，小集体和大集体农民人均享受养老金分别提高到35元和115.55元。

区级养老保险　1992年，郊区根据乡级养老保险统筹出现的“征土大集体人员大量增加、人口老龄化趋势加快、管理制度不够健全、影响养老基金保值增值”等新情况，由乡为单位统筹、管理改为区级统筹、区乡分级管理，由区统一制订政策，统一筹集资金，统一发放标准。是年，广益乡建立乡养老统筹事业管理委员会（以下简称“乡统筹委员会”），由乡劳动人事办公室、经营管理办公室、财政所、信用社、民政、工会等部门负责人组成。养老基金的筹集贯彻国家、企业、个人三方共同负担和以支定收、略有结余、留有部分积累的原则。集体缴纳养老统筹基金的标准为：乡机关、乡（村）工商企事业单位按当年实际参加统筹人员每人每年不低于180元的标准缴纳；乡(村)农副业场、站、队，按当年实际参加统筹人员每人每年不低于90元的标准缴纳；合资、独资、合作企业中的中方职工按乡(村)工商企业的标准执行。个人缴纳养老统筹基金标准为：大集体人员每人每月缴纳3元，小集体人员每人每月缴纳2元，参加养老统筹的种养专业户、工商个体户为集体和个人缴纳的标准总和，合并缴纳养老统筹基金。是年，广益乡参加区级养老统筹6756人，退休人员2325人。其中，大集体退休人员66人，人均享受月退休养老金115.55元；小集体退休人员2259人，人均享受月退休养老金35元。1998年1月，乡对农民性质的女职工（社员）退休年龄由原来的55周岁下调到50周岁。2001年，全乡参加区级养老统筹4544人，退休人员3147人。其中，大集体退休人员696人，人均享受月退休养老金提高到592.10元；小集体退休人员2451人，人均享受月退休养老金提高到230元。

市级养老保险 2002年1月，市委、市政府根据区划调整的新情况，决定理顺原郊区农村养老统筹关系，由市劳动保障局接收，与市区养老保险制度并轨，实行“同城同策”，统一制度、统一办法和统一管理。在过渡时期，区级养老统筹实施办法执行到2003年6月底。2003年7月1日起，广益街道参加原郊区养老统筹的各类企业及其职工、个体工商户业主及雇工、自由职业者，全部纳入市区城镇企业职工基本养老保险。2003年10月1日起，由社会保险机构对退休人员实行基本养老金社会化发放。养老统筹并轨后，参保人员在缴费期间、退休人员在领取养老金期间死亡的，可按省、市统一规定的条件和标准在养老保险基金中支取丧葬费、抚恤待遇。同时，将“征地超龄长期临时工”待遇与参保职工待遇、区级统筹缴费年限与市级统筹缴费年限、乡镇企业职工流动政策与市社会保险关系接续政策实现对接。2003年7月，广益镇4544名在职人员和3147名退休人员纳入市级养老统筹。其中，大集体696人，人均享受月退休养老金592.10元；小集体2451人，人均享受月退休养老金230元。参加市区城镇职工养老统筹后，广益镇参保职工的社会保障水平不断提高。2002~2005年，鉴于小集体退休人员养老金待遇偏低的状况，广益镇（街道）自筹资金，3次提高小集体退休人员养老金待遇，从每人每月补贴20元提高到2005年的125元。迄2005年，大集体人均月退休养老金已达775元，小集体人均月退休养老金已达512元（其中，125元由街道、村补贴）。

【失业保险】

1993年，广益乡实行区级统筹、区乡分级管理的企业职工失业保险制度。区统一制订政策、统一筹集资金、统一发放标准。失业保险基金的筹集，贯彻企业和个人共同负担的原则，企业按职工在册人数每人每月缴纳3元，个人每人每月缴纳1元。失业职工救济金采用“基本生活保证金加补贴”的办法计发失业救济金的发放金额。基本生活保证金每月为65元。补贴根据失业原因而定，连续工作时间每满一年补贴1~2元。1996年，为全面贯彻实施《中华人民共和国劳动法》，广益乡对职工失业保险制度加以完善规范。失业保险的投保范围和对象扩大到乡、村所属企事业单位的所有职工。企业和个人缴纳标准分别提高到4元和2元。职工失业救济金参照无锡市公布的当年度企业最低工资标准的60%发放。原采用“基本生活保证金加补贴”的规定不再执行。2003年1月，原区、乡实行的失业保险与市级失业保险并轨。失业保险费由各参保单位统一按规定向市社会保险基金结算管理中心申报，由市地税局征收，失业保险费按在职职工工资总额的3%缴纳，企业负担2%，个人负担1%。失业职工按市统一规定领取失业救济金，资金由市劳动就业管理中心划拨。

【医疗保险】

农村合作医疗　农村合作医疗始于1969年。其后历经4个发展阶段。1969~1976年，实行队办乡管合作医疗制度；1977~1997年，实行乡办合作医疗制度；1998~2004年，实行乡村联办合作医疗制度；2005年起，实行街道、村联办合作医疗制度，农业人口参保率达到95%以上。20世纪70年代，合作医疗基金由乡、村（集体）、个人三方筹集，由乡统一管理、统一核算，享受范围和标准由乡统一制定。生产队按每人每年3元标准（其中个人支付1.5元，生产队承担1.5元）缴纳合作医疗基金。80年代后，缴纳基数（含个人和村集体承担比例）历经多次调整，1986~1988年为每人每年7元，1989~1993年为每人每年20元，1994~1995年为每人每年50元，1996~1997年为每人每年60元。90年代后，鉴于各村经济状况不同，基金缴纳标准由各村自主确定。1998年起，实行“小病合作医疗，大病住院统筹”的合作医疗办法，由“乡办合作医疗制度”改为“乡村联办合作医疗制度”。合作医疗基金仍由乡、村（集体）、个人三方筹集，参加合作医疗和大病统筹的个人无论务农务工，每人每年缴纳基金82元，其中52元（50元为大病住院统筹基金，2元为医疗办公杂项费用）由各村、各单位收取后统一交乡合作医疗管委会，其余30元作为本村、本单位合作医疗基金专户储存，用作合作医疗门诊报销基金。参加合作医疗的乡、村办企业职工，除个人缴纳外，单位按每人每年160元缴纳合作医疗集体基金，并由各单位专户储存，用作合作医疗门诊报销基金。患者日常就诊不再使用记账单，改由个人用现金支付，然后定期按比例报销，门诊医疗费报销比例原则上不低于50%，村或单位效益好的，可适当提高报销比例。是年，参加合作医疗人数7700人（其中，农村参保4060人，乡办企业参保3640人），合作医疗经费总收入46.50万元（其中，农村收取基金20.3万元，乡办企业收取基金18.2万元，乡政府财政补贴8万元），合作医疗经费总支出48.54万元（其中农村实际报销支出27万元，乡办企业实际报销支出18万元，医疗办公杂项支出3.54万元）。2001年，提出进一步加强合作医疗经费支出管理的若干办法，重点规范转院程序，细化报销标准。是年，大病住院统筹报销358人次，其中，实际开支在万元以上的49人，而实际报销费用在万元以上仅9人。通过互助共济、群体分担，在一定程度上解决“因病致贫、因贫致病、贫病交加”的弱势群体的困难。

2005年，为逐步实现农村合作医疗与城镇医疗保险制度的接轨，重新调整并完善合作医疗机制，由“乡村联办合作医疗制度”改为“街道、村联办合作医疗制度”。个人缴纳基金标准由原来的82元调整至100元，并取消原来留存于村合作医疗基金专户的个人基金30元；各单位凡参加合作医疗人员，每人每年缴纳集体基金50元；纳入大病统筹基金，实行街道与各单位共同加入大病统筹基金；对个体户及其他特殊人员放宽政策，经申请批准后也可加入合作医疗，每人每年缴纳基金400元，其中，200元交大病统筹合作医疗基金，200元留作单位合作医疗门诊基金。2005年，农民纳入市级医疗保险统筹后，全街道参加合作医疗的人数减少到1241人。

1986～2005年广益街道（乡、镇）实行合作医疗情况一览表

表9-3-6　　单位：人、万元

年　份	参加人数			基金收入	报销支出	结　余
1986	10012	农　村	7366	26.50	21.74	4.76
		乡办厂	2646			
1987	9910	农　村	6984	37.76	24.41	8.35
		乡办厂	2926			
1988	9829	农　村	6929	36.89	33.49	3.40
		乡办厂	2900			
1989	9074	农　村	6263	51.85	37.07	14.78
		乡办厂	2811			
1990	9217	农　村	6100	52.53	44.20	8.33
		乡办厂	3117			

续表9-3-6

年 份	参加人数			基金收入	报销支出	结 余
1991	8801	农 村	5750	56.52	47.11	9.41
		乡办厂	3051			
1992	9094	农 村	5731	59.67	58.87	0.81
		乡办厂	3363			
1993	8338	农 村	5408	63.84	71.72	-7.88
		乡办厂	2930			
1994	7893	农 村	4593	81.26	84.55	-3.30
		乡办厂	3300			
1995	7655	农 村	4320	100.26	101.06	-0.80
		乡办厂	3335			
1996	7116	农 村	4540	120.29	121.52	-1.23
		乡办厂	2576			
1997	6279	农 村	4060	122.00	121.17	0.83
		乡办厂	2219			
1998	7700	农 村	4060	46.50	48.54	-2.04
		乡办厂	3640			
1999	7908	农 村	4103	50.54	49.54	1.00
		乡办厂	3805			
2000	7935	农 村	4037	46.68	45.84	0.84
		乡办厂	3898			
2001	7753	农 村	3939	46.77	50.44	-3.67
		乡办厂	3814			
2002	7613	农 村	3928	47.50	47.35	0.15
		乡办厂	3685			
2003	7570	农 村	3907	49.36	49.64	0.28
		乡办厂	3663			
2004	7600	农 村	3961	52.52	61.83	-9.31
		乡办厂	3639			
2005	1241	农 村	1145	30.38	25.24	5.14
		乡办厂	96			

说明：上述资料由广益街道提供。

1986～2005年广益街道（乡、镇）财政补贴合作医疗基金一览表

表9-3-7　　单位：万元

年 份	补贴金额	年 份	补贴金额
1986	2	1996	10
1987	2	1997	10
1988	2	1998	10
1989	2	1999	10
1990	2	2000	8
1991	2	2001	10
1992	3	2002	10
1993	3	2003	10
1994	6	2004	13
1995	8	2005	15

说明：上述资料由广益街道提供。

基本医疗保险　2005年1月1日起，广益街道纳入市区企业职工基本养老保险统一管理的企业及其职工、各类退休（职）人员，按照《无锡市城镇职工基本医疗保险暂行规定》和《无锡市城镇职工补充医疗保险管理暂行办法》等有关文件规定，参加市区城镇职工基本医疗保险和补充医疗保险，按规定缴纳相关费用、享受相关待遇。职工基本医疗保险费由用人单位和职工个人共同缴纳，单位按在职职工上月缴费工资总额的8%缴纳，个人按本人上月缴费工资的2%缴纳。职工补充医疗保

险基金由用人单位按在职职工上月缴费工资总额的1.2%缴纳。与此同时，为了保障原郊区养老统筹人员参加并享受医疗保险及相关待遇，实现平稳过渡和政策衔接，市劳动和社会保障局考虑到原郊区的特殊情况，对参加医疗保险，并在2005年1月1日后办理退休（职）的人员，其医疗保险规定最低缴费年限（含视同缴费年限），实行过渡办法。即：2005年办理退休的男满27年、女满22年；2006年办理退休的男满28年、女满23年；2007年办理退休的男满29年、女满24年；2008年及其之后办理退休的统一男满30年、女满25年。未满上述缴费年限的不足部分按照规定补缴，可由单位缴纳，也可由本人缴纳。广益街道又对参保人员退休时不足医疗保险最低缴费年限补缴医疗费作出相关规定：工作到正常退休年龄的人员，退休时不足医疗保险最低缴费年限的，集体负担补缴额的40%，个人负担60%。关、停、并、转企业职工或连续三年以上下岗内退人员，退休时不足医疗保险最低缴费年限的，集体负担补缴额的65%，个人负担35%。下岗内退时间不满三年的人员，退休时不足医疗保险最低缴费年限的，集体负担补缴额的50%，个人负担50%。迄2005年，广益街道职工参加市级医疗保险已达3277人。

【工伤保险】

2005年始，已纳入市区企业职工基本养老保险统一管理的广益街道企业及其职工，全部纳入市区工伤保险。工伤保险基金按照以收定支、收支平衡的原则统一征集、统一管理，费率为企业在职职工上月工资总额的0.6%，职工个人不缴纳。是年，全街道参加市工伤保险的4432人。

【生育保险】

2005年1月，已纳入市区企业职工基本养老保险统一管理的广益街道企业及其职工，全部纳入市区生育保险。生育保险基金本着以支定收、收支基本平衡的原则筹集，企业按照全部职工上月工资总额的0.9%缴纳，职工个人不缴纳生育保险费。是年，全街道参加生育保险的4432人。

第五节　农民生活

20世纪50～70年代，广益地区农民收入以单一的农业、工副业收入为主。随着生产方式的改变，生产能力的逐步提高，农民生活不断改善。特别是1978年中共十一届三中全会召开后，收入来源呈现多渠道，从农业副业收入为主逐步发展到以工资性收入为主，进而扩大到租金、股份分红等其它收入，并积极参与理财、投资，从中获得合法收入。迄2005年，租金、劳务、个体经营等其他收入比重上升到42.48%，给农民带来看得见、摸得着的实惠，农民生活发生翻天覆地的变化，生活环境和质量不断提升，幼儿园、中小学、敬老院、老年活动室等社区服务设施逐步健全，农村医疗、养老等保险制度逐步与城市接轨，生活方式逐步趋于城市化和现代化，电动车、小轿车、高档商品逐步进入普通农民家庭，支出结构呈现多样化，从80年代以物质消费为主，发展到21世纪后的文化、休闲、娱乐等多样化消费。

股金分红（2005）　（广益街道供稿）

【收 入】

1957年，广益地区农民人均年收入37.64元，1958～1964年，农民人均年收入虽有所增加，但一直在100元以下徘徊。1965年、1966年，分别增加到105元、124元。1967年，达到226元。此后，又降至120元上下浮动。1979年，增至252元。1980年后，随着联产承包责任制的推行，生产力得到极大解放，农民生产积极性得到很大提高。1985年、1986年，农民收入增至686元、750元。其中乡镇企业工资性收入所占比重达71.27%，种植业、养殖业收入所占比重仅为13.81%。1995年，农民人均年收入达到3945元。2000年，提高到6311元。2005年，增加到8025元，是1957年的213.20倍，1986年的10.70倍，比2000年增长27.16%。农民生活初步达到小康水平。

1986～2005年部分年份广益街道（乡、镇）农民收入结构情况一览表

表9－3－8　　　　单位：万元、元

年份	总收入	其中								人均	劳均
		工资	种植	养殖	租金	个体经营	其他	劳务	股份分红		
1986	911.44	649.58	66.74	59.11	52.12	22.25	19.70	—	41.94	750	1425
2000	6652	4422	189	144	830	377	190	—	500	6311	10451
2005	8987	5169	150	73	1350	580	265	850	550	8025	15476

说明：上述资料由广益街道提供。

【消 费】

20世纪60年代前，广益地区农民生活以吃饱穿暖为最大愿望，物质消费以饮食消费为主，自行车、收音机、电风扇等家用电器都十分罕见，住的是砖木结构的平房，除有线广播外，基本无文化消费。70年代起，私房翻建的投入逐年增加，摩托车、电视机逐步进入农民家庭。80年代后，物质消费的重心进一步转向住房翻建、衣着和家用电器购置等方面，1979～1981年，有1804户农民翻建钢筋水泥结构的条式楼房。1988年，开始建造独院别墅式“小洋房”。饮食消费也发生质和量的变化，日常生活从温饱型转入营养型。90年代，摩托车、电脑、彩色电视机逐步普及，空调、冰箱、热水器、洗衣机、电饭煲等家用电器成为生活必需品，室内地板、墙砖、吊顶装饰一新，生活设施齐全。进入21世纪，大批农民私房拆迁，住进新型农民住宅区。电动车成为主要代步工具，小轿车进入普通居民家庭。饮食消费从营养型转为精细型。据广益街道40户农民家庭抽样调查统计，2005年，用于饮食、服饰、住宅、家电、汽车、电动车等6项物质类消费881.51万元。其中，住宅消费支出（含新建翻建房、购买商品房）居首，达570.20万元，占总消费的64.68%。购置汽车、电动车等交通支出212.07万元，占总消费的24.06%；其中，购买汽车7辆、电动车45辆（户均拥有量1.13辆）。尤渡社区李家湾村295人，人均12人拥有1辆汽车。向阳村一户3口之家，拥有3辆私人汽车。购买家用电器支出37.05万元。年度购买各类家电151件，户均购买3.78件；其中毛岸村购买液晶电视机、冰箱、空调、洗衣机等家电42件，占购买总数的27.81%。用于健身、娱乐、旅游、休闲等文化类消费24.39万元。其中，旅游、休闲消费支出9.30万元，占总消费的38.13%。有16户家庭外出旅游，占40%。娱乐消费7.11万元。年度购置音响等各种器材28件，户均拥有量70%；其中毛岸村有1户家庭花万元购置音响器材1套，广丰村1户家庭花7000元购置健身器材1

女儿出嫁（2005）　　（张甦杰摄）

套。

1978年，中共十一届三中全会后，随着收入的增加，广益农民的理财、投资观念不断增强，在把省吃俭用的余款存入银行的同时，不断拓宽理财、投资的渠道，参与保险、股票、债券等领域。2005年，在40户村民抽样调查中，参加人寿保险、财产保险、汽车保险的18户，占45%；参与股票、债券投资的19户，占47.5%；银行储蓄的28户，占70%；教育投资22户，占55%。通过理财投资，获得工资以外其他正当合法收入。

私家车进入村民家庭（2005）（张甦杰摄）

2005年广益街道居民消费抽样调查情况一览表

表9-3-9

村名	调查户数	物质消费										文化消费							
		饮食	服饰	住宅		家电		汽车		电动车		健身		娱乐		旅游		休闲	其它
		万元	万元	平方米	万元	件	万元	辆	万元	辆	万元	件	万元	件	万元	人次	万元	万元	万元
尤渡	5	7.04	1.68	151	45	13	1.90	—	—	4	0.89	1	0.08	1	0.10	3	1.25	0.60	0.74
莫家庄	5	5.41	1.52	115.20	28.80	26	6.99	1	85	6	1.24	1	0.11	3	0.86	—	—	—	—
上马墩	5	6.80	3.65	120	50	7	3.45	1	6	2	0.50	2	0.30	6	1.50	—	—	0.40	1.00
丁村	5	5.86	2.05	110	38	24	4.35	1	12.60	8	1.26	1	0.20	6	0.45	—	—	—	—
广丰	5	3.75	5.85	600	300	18	6	1	65	4	0.83	1	0.70	4	1.87	5	1.55	1.00	1.02
黄泥头	5	5.25	0.90	410	60.40	11	0.45	2	20	7	0.62	3	0.20	2	0.08	2	0.50	1.70	1.40
向阳	5	3.90	0.88	110	21	10	1.70	—	—	4	0.91	—	—	3	0.80	2	0.50	0.40	0.05
毛岸	5	5.90	1.75	96	27	42	12.20	1	15	10	2.22	4	0.68	3	1.45	4	0.70	0.70	1.50
合计	40	43.91	18.28	1712.20	570.20	151	37.05	7	203.60	45	8.47	13	2.27	28	7.11	16	4.50	4.80	5.71

说明：上述资料来自广益街道40户居民抽样调查情况。

2005年广益街道居民理财投资抽样调查情况一览表

表9-3-10　　单位：户

项目＼村名	尤渡	莫家庄	上马墩	丁村	广丰	黄泥头	向阳	毛岸	合计
储蓄	4	5	1	4	3	5	3	3	28
债券	1	—	1	2	—	1	—	—	5
股票	3	2	1	—	1	3	2	2	14
教育	4	1	3	1	1	4	4	4	22
住房	—	—	1	—	1	1	—	—	3
保险	4	3	1	—	2	3	3	2	18

说明：1. 上述资料由广益街道提供；2. 各社区抽样调查5户。

第十编

对外开放及与港澳台交流

崇安区对外贸易始于20世纪60年代。80年代后，区抓住无锡市被国务院列入沿海经济开放地区的机遇，引导企业走“出口创汇——引进改造——更多出口创汇”之路，扩大优势产品和外贸出口产品生产能力，鼓励企业实行工贸联营，多渠道、多形式拓宽出口渠道，促进外向型经济持续快速发展。1991年，全区完成外贸收购额5036.48万元，比1986年增长2倍多。1992年后，区委、区政府又抢抓邓小平视察南方重要谈话和中共中央关于开发开放上海浦东新区决定的机遇，应势而变，顺势而推，实施“外向带动”战略，坚持“三外”(外资、外贸、外经)一起上，“三资”企业（中外及港澳台商合资、中外及港澳台商合作、外商及港澳台商独资）一起抓，外向型经济取得突破性进展，呈现区属、街道、居委、校办一起上，工、商、房、文、娱一齐上的发展新格局。1993年，对外经济合作实现零的突破。1998年后，实施走出去战略，拓展国际市场，提高引进外资质量，拓宽现代服务业、旅游、教育科技等利用外资领域，提高对外贸易质量和水平，促进外向型经济持续增长。2005年，全区进出口总额达到8.90亿美元。外贸出口总额7.56亿美元，名列无锡市三城区之首。辖区“三资”企业发展到209家，其中，独资企业73家，合资企业121家，合作企业15家。是年，协议注册外资及港澳台资5085万美元，到位注册外资及港澳台资2192万美元，分别为2002年的911.29%和737.67%。到区投资的外商从对外开放初期的中国香港、澳门、台湾地区扩大到日本、韩国、新加坡、泰国、美国、加拿大、澳大利亚、匈牙利、德国、英国等国家。外向型经济的可持续发展，为促进区街经济转型、增强活力、壮大财力发挥了重要作用。

第一章　机构与管理

80年代末起，为推进外向型经济发展，区先后成立外经工作领导小组、对外经济贸易委员会，不断加大外向型经济工作组织领导力度，把外向型经济工作纳入区经济发展考核目标，实行领导目标责任制，层层分解落实发展外向型经济工作任务，并制定相应的优惠政策和奖惩措施。同时，实施"外向带动"战略，把发展外向型经济作为区街经济发展的新增点大力扶持、培育，不断优化投资环境，通过"引凤筑巢""筑巢引凤"招商引资，采取"政府搭台、企业唱戏"拓宽引资渠道，外向型经济逐步成为全区经济发展的重要支撑。

第一节　机　构

1989 年，成立区外经工作领导小组，负责区外向型经济工作的领导和管理，指导海（境）外招商引资活动。区外经工作领导小组组长由区长兼任，成员有主管经济的副区长、区委宣传部部长、区计经委主任和区财政局长。同时，在区计划经济委员会内设外经科，负责全区外向型经济协调服务工作。1992年5月，外经科从区计划经济委员会分设，成立区对外经济贸易委员会（简称区外经委），为综合管理区对外经济贸易和对外开放工作的职能部门，主要负责编制全区外向型经济中、长期发展规划和年度计划，检查、督促市、区外经计划的贯彻落实，依据国家有关法规在授权范围内负责"三外"企业的立项、初审和报批，区属"三资"企业统计分析、协调服务和组织对外招商引资工作。内设外资科和综合科，办公地点设于中山路45号。1993年，成立区外贸公司，为全民所有制企业，与区外经委实行两块牌子、一套班子。1996年10月，撤销区外经委，改称区对外经济贸易局（简称区外经局），与区计划与经济局实行两块牌子、一套班子。1998年，区外贸公司转制为民营企业。2005年6月30日，区外经局改称区对外经济合作局，隶属区经济贸易局，正科职级，内设外经管理科、招商引资办公室2个职能科室，实有工作人员5人。1992~2005年，历任区外经部门主要负责人有：顾建平、陆晓鹤、胡继业。

第二节　管理与活动

20世纪70~80年代，在计划经济体制下，外贸产品定单由省、市外贸公司下达到区，再由外贸出口企业加工生产，统一由省、市外贸公司出口。1990年，区制定区发展外向型经济的政策和措施，鼓励外贸企业在巩固原有外贸出口"窗口"的同时，通过工贸联营、来料加工等多种形式，拓宽出口渠道。1992年，区委、区政府抓住深化改革、扩大开放的发展机遇，实施外向带动战略，区与各街道及区有关部门签订年度对外经济工作目标管理责任书，年终考核，并与经济奖励挂钩。是年7月，组团参加无锡（深圳）外向型经济恳谈会，10月组织举办崇安区外向型经济恳谈会。1993年，区外贸公司成立并获得自营进出口权后，区充分发挥区外贸公司主力军作用，帮助更多企业扩大进出口业务，推动出口创汇实现新突破。1994~1999年，区把大力推进开放型经济作为区经济发展的重要支撑，逐步由外贸为主转向引进外资为主，加大招商引资力度，促进"三外"企业一起上。2000~2001年，区先后制定出台促进开放型区域经济发展的若干意见和招商引资奖励暂行办法，进一步加大招商引资奖励力度，同时按照主攻日韩、巩固中国港台地区、拓展欧美的招商定位，重点组织以“走出去”为主的春季招商和以“请进来”为主的秋季招商，伴以节会招商、专业招商、小分队招商、企业家办园招商等日常招商，为对外开放扩大发展平台。2002年，为适应中国加入世贸组织的新形势，创新招商引资工作机制和方式方法，由政策引商、政府招商转向环境引商、企业招商，从被动式招商引资转向主动式招商选资，组织和参与各类招商引资活动。2003年，结合无锡市首届无锡太湖国际博览会，举办加快现代服务业建设地块推介会和金秋项目恳谈会，面向国内外客商推出65个地块和项目，签订总投资达60亿元的24个合同和合作意向书。2004年，组织开展崇安·香港CEPA[①]经贸恳谈会及赴台招商活动，建立“长三角”地区首家CEPA服务业中心，为区进一步提升利用“三资”水平，优化“三资”结构，集聚“三资”特色奠定基础。2005年，区提出外向型经济发展新思路，组织开展“世界名品和香港精品展示”等一批主题招商活动，充分发挥CEPA服务业中心吸纳港澳资金的优势，提高企业入驻率。2005年，辖区有外商及中国港澳台商企业开办的办事处或经营部48家，投资商由从对外开放初期的中国香港、澳门、台湾地区扩大到日本、韩国、新加坡、泰国、美国、加拿大、澳大利亚、匈牙利、德国、英国等国家。

区召开招商引资暨园区建设现场会（2002.5）　（区外经委供稿）

区加快现代服务业建设用地推介会（2003.8）　（区外经委供稿）

第二章　对外及对港澳台贸易与合作

区外贸产品出口始于20世纪60年代。80年代初，全区出口产品产值占全区工业总产值的22.9%。区属出口生产企业有窗纱厂、童装厂、旋具厂、中服厂、长江排笔厂、有机玻璃制品厂、朝阳服装厂、焊割工具厂、帆布制品厂等，街道（校办）出口生产企业有工艺花边厂、永新金属丝网厂、运动垫厂等。窗纱、六角网、各式服装是外贸出口优势产品。1985年，区抓住国务院批准无锡市列为长江三角洲对外经济开放城市的机遇，充分利用现有设备优势和丰富劳动力，鼓励企业发展工贸联营，拓宽“三来一补”[②]外贸生产方式，扩大对外贸易。1986年，全区外贸出口企业发展到13家，有服装、

①CEPA协议：内地与香港关于建立更紧密经贸关系的安排。
②三来一补：来料加工、来样加工、来件装配，补偿贸易。

五金工具、金属丝网、医疗器械、塑料制品5大类15个出口产品。1990年，全区出口产品产值占全区工业总产值的比重上升到26.44%。1993年，区首获自营进出口权，跨出直接参与国际市场贸易的可喜一步。是年，区外贸收购额6554.84万元，比1986年增长3倍多。1986～1994年，区外贸收购额年均递增69.20%。1997年，区外贸供货额达1.61亿元，比1993年增长144.90%。1994～1997年，区外贸供货额年均递增46.9%。1998～1999年，受亚洲金融危机的影响，外贸进出口有所减少，2000年后逐步恢复。2001年，全区进出口总额655.34万美元，比1996年增长44.67%。2002年后，因区划调整和统计属地管理体制的变化，对外贸易大幅上升。2002年，全区进出口总额达到5323.79万美元。2005年市属外贸企业属地管理后，全区进出口总额飙升至8.90亿美元。其中，无锡市天亿国际贸易有限公司、无锡国际经济合作公司2家营业额名列无锡市三城区获外经经营权企业实绩第一、二名，排名无锡市获外经经营权企业实绩第七、八位。

第一节　对外及对港澳台贸易

【出　口】

1992年前，崇安区无自主外贸经营权，均为间接出口。即由省、市外贸公司统一收购和经营外贸生产企业的产品，时称“外贸收购”。1986年，全区有外贸出口产品企业13家，其中，区属工业11家，校办、街道办工业2家。年完成外贸收购额1586万元，出口夹克衫、风衣、女式绣花衬衣、中服、砂布、铝合金窗纱、镀锌六角软网、自动罗丝批、电焊钳、有机纽扣、胡刷、工艺花边、塑料健身垫、工艺手袋等5大类15个产品。朝阳服装厂外贸出口产品远销加拿大、美国、日本、德国、意大利等30多个国家和中国香港地区。童装厂生产的童装、女式绣花衬衣和各式睡衣、睡袍等出口产品，远销美国、俄罗斯、日本等38个国家和中国香港等地区。中服厂生产的丝绸服装远销日本、意大利、西德等30多个国家和中国香港等地区。窗纱厂是江苏省外贸定点生产窗纱的专业工厂，“宇宙牌”铁丝窗纱先后3次获轻工部优质产品称号。旋具厂出口的自动罗丝批，远销阿根廷、荷兰、澳大利亚、委内瑞拉等国家和地区，木柄、塑柄罗丝批远销西德、芬兰、加纳、泰国、伊朗、美国、比利时等26个国家和地区，其生产的5大类100多种规格旋具产品，产量占全国旋具总产量的三十分之一，50%为外销产品。此外，还有街道企业生产宫灯、鸟笼、手提草包等出口产品。1988年，童装厂、朝阳服装厂分别与省外贸公司、上海土畜产进出口公司实行工贸联营，扩大外贸产品生产能力。窗纱厂荣获国家轻工部出口创汇“金龙腾飞”先进企业铜牌奖、江苏省出口创汇先进企业。周山浜街道永新金属丝网厂通过工贸联营，其生产的热镀锌六角网远销新加坡、马来西亚、泰国、澳大利亚等30多个国家和西欧、中国香港等地区。年外贸收购额增加到301.79万元，名列全区14家外贸出口企业第二，时为崇安区创汇大户。是年，全区外贸产品产值占全区工业产值的26.44%。1990年，人民路街道人民手帕厂生产的手帕进入香港，并通过黑龙江绥芬河口岸首销前苏联远东城市哈巴罗夫斯克，为全区首家参与中苏边境贸易的区街企业。此后，又与杭州、哈尔滨、黑河等外贸口岸建立贸易关系，产品远销美国、加拿大、意大利、澳大利亚、荷兰等国家和地区。该厂生产的女式头巾在1991年浙江省外贸企业出口新产品展评会上荣获铜奖。是年，朝阳服装厂又开辟哈尔滨、沈阳口岸和浙江纺织品进出口公司等渠道。帆布制品厂承接日本茄普娜公司、中国香港西园公司的合作来料加工，帆布包箱形成出口批量。童装厂90%为外贸产品。1991年，区外贸收购额5036.48万元，比1990年增长140.71%。其中，窗纱厂、童装厂、朝阳服装厂、丝绸服装厂、永新金属丝网厂、帆布制品厂、旋具厂等7家企业外贸产品收购额4766.21万元，占全区的94.63%。1993年，区外贸公司成立并获自营进出口权，跨出直接参与国际市场贸易的可喜一步，从根本上改变出口产品长期单纯依靠省、市外贸公司的被动局面。是年，自营出口15万美元，实现自营出口零的突破；全区外贸供货额突破亿元大关，达到1.01亿元，外贸收购额6554.84万元，分别比1992年增长

59.31%、20.14%。其后，对外贸易继续保持稳步增长态势。1994年2月，区投资120万元，建成无锡市第一个区级自营进出口创汇基地——无锡市华富胶鞋厂，引进集炼胶、合布、缝帮、硫化、成型为一体的2条生产流水线，并形成从独立接单、验货到报关、结汇的进出口管理体系。是年，该企业利用国际差价，从泰国进口优质橡胶150吨，生产布胶鞋90万双，全部销往美国等国家和中国香港等地区，自营出口62.5万美元，占全区自营出口的94.7%。是年，全区完成外贸供货额1.14亿元，比1993增长13.12%；外贸收购额8783.52万元，比1993年增长34%，创历史最好水平。其中，中亚化学品厂、朝阳服装厂、窗纱厂、童装厂名列前茅，完成外贸收购额6795.67万元，占全区的77.38%。1995年，完成外贸供货额1.20亿元，比1994年增长5.36%；自营出口162.44万美元，比1994年增长145.67%。1997年，全区有外贸出口企业18家，出口产品增加到6大类32个品种。是年，自营出口407.26万美元，比1996年增加100.08万美元，连续两年名列无锡市三城区之首。1998~1999年，受亚洲金融危机的影响，全区外贸出口总额有所下降。2000年，贯彻市鼓励发展外向型经济的政策措施，设立出口创汇奖励和风险基金，全区外贸进出口额呈恢复性增长。2001年，全区外贸出口总额达600.27万美元，其中自营出口548.76万美元，“三资”企业出口51.51万美元。2002年，区抢抓中国加入世界贸易组织的发展机遇，促进外向型经济跨越式发展，加上行政区划调整和统计属地管理体制的变化，全区年外贸出口总额增至4778.46万美元，其中，企业自营出口2239.1万美元，区外贸公司出口519.36万美元，其他外贸公司代理出口2020万美元。2003年，全区外贸出口总额又比2002年增长15.97%，其中，企业自营出口基本持平，区外贸公司出口下降44.35%，其他外贸公司代理出口增长48.39%。2005年，因市属外贸企业属地管理，全区外贸出口总额飙升至7.56亿美元，超过南长、北塘两个城区出口总额之和，名列无锡市三城区首位。辖区有自营进出口获权企业99家。其中，国联发展（集团）有限公司、新中润集团、庆丰集团有限公司、中国建设（无锡）机械设备进出口公司、江苏开元国际集团无锡泽华经贸有限公司、中国丝绸进出口无锡有限公司、江苏弘业永盛进出口有限公司7家外贸公司名列无锡市2005年外贸出口总额前25位；诚业印染、珊瑚礁饰品、万励阀业、明辉国贸、九棉等重点出口企业外贸出口总额超百万。

【进　口】

1993年前，主要通过省、市外贸公司代理进口中外合资、合作企业所需的设备、工业原材料等。1986年有机玻璃制品厂从意大利进口树脂纽扣生产线设备，1988年医疗器材厂引进T型宫内节育器生产线，1989年童装厂引进电脑绣花机等。1993年，区首获自营进出口权后，进口业务逐步扩大。1996年，进口总额145.82万美元，实现自营进口零的突破。1997年，全区进口总额220.03万美元，比上年增长50.89%，其中“三资”企业进口102.21万美元，占全区的46.45%，“三资”企业进口成为区进口的重要组成部分。1998年，区进口总额开始下降，为139.49万美元。其中深港电器有限公司进口38.69万美元，占27.74%。1999~2001年，全区进口总额大幅下降，2001年降至55.07万美元。其间，加利体育用品有限公司进口43.94万美元，占全区3年进口总额43.84%。2002年，由于区划调整和统计属地管理体制的变化，全区进口总额增至545.33万美元，其中自营进口532万美元，占97.56%；“三资”企业进口下降到13.33万美元。2005年市属外贸企业属地管理后，全区进口总额飙升至1.34亿美元。

1986～1994年崇安区外贸收购额完成情况统计表

表10-2-1　　　　单位：万元

单位＼年份	1986	1987	1988	1989	1990	1991	1992	1993	1994
一、区属工业	1586.76	1645.79	1727.56	1856.09	2092.35	5036.48	5456.10	5628.44	4896.32
长江装潢五金厂	5.84	8.78	7.40	43.52	171.4	10.55	7.63	—	—
窗纱厂	348.91	435.92	516.31	562.19	350.4	479.20	742.67	959.89	1307.63

续表10-2-1

年份 单位	1986	1987	1988	1989	1990	1991	1992	1993	1994
焊割工具厂	39.79	14.60	11.34	19.63	26.32	16.15	17.02	11.04	27.15
衡器厂	75.72	21.04	48.39	56.7	76.73	38.05	75.52	178.31	186.08
旋具厂	147.17	180.66	170.10	162.5	182	151.50	263.62	309.35	198.85
砂轮厂	58.24	1.41	177.49	29.75	—	—	10.20	—	—
医疗器材厂	60.88	28.71	7.85	9.94	13.91	21.05	4.29	221.95	178.32
童装厂	259.73	278.73	272.24	252.73	276.15	1222.08	1197.65	1009.32	938.57
朝阳服装厂	74.52	84.62	94.88	83.69	304.77	956.06	1357.67	1941.76	1606.48
丝绸服装厂	73.73	216.55	116.53	75.48	108.59	653.81	966.67	473.73	—
东风塑料厂	4.42	—	—	—	—	—	—	—	—
永新金属丝网厂	437.81	357.54	301.79	435.91	454.65	1042.46	255.04	—	—
帆布制品厂	—	17.23	1.63	36	22.48	261.10	191.43	330.43	128.06
有机玻璃制品厂	—	—	0.77	—	—	—	—	—	—
广瑞文化用品厂	—	—	0.84	—	—	—	—	—	—
运动鞋厂	—	—	—	88.05	9.72	9.85	1.98	—	—
人民手帕厂	—	—	—	—	82.59	131.40	149.32	—	—
工艺花边厂	—	—	—	—	12.64	42.37	63.76	—	—
五金电器厂	—	—	—	—	—	0.85	—	—	—
其他	—	—	—	—	—	—	151.63	192.66	325.18
二、街道工业	—	—	—	—	—	—	—	222.77	359.74
三、校办工业公司	—	—	—	—	—	—	—	700.70	452.43
四、中亚化学品厂	—	—	—	—	—	—	—	—	2942.99
五、区其他部门	—	—	—	—	—	—	—	2.93	132.04
合　计	1586.76	1645.79	1727.56	1856.09	2092.35	5036.48	5456.10	6554.84	8783.52

说明：　上述资料来自崇安区统计资料汇编。

1993～1997年崇安区外贸供货额完成情况统计表

表10-2-2　　单位：万元

年份 单位	1993	1994	1995	1996	1997
一、区属工业	6524.70	6321.40	4343.10	4503.10	4699.10
窗纱厂	1514.50	1452.40	437.40	1058.50	—
焊割工具厂	27.10	27.20	23.30	28.30	—
衡器厂	184.10	214.10	126.10	266.80	1650
旋具厂	306.90	291.20	73.20	5.10	18.80
砂轮厂	8.20	32.90	8.50	—	—
医疗器材厂	132.30	189.50	191.40	189.50	103.80
童装厂	1098	1442.90	950.70	437.50	543.70
朝阳服装总厂	1312.20	1669	1447.10	1077.80	962
丝绸服装厂	1168.70	—	—	—	—
永新金属丝网厂	—	—	—	—	898.30
帆布制品厂	455.40	44.30	—	134.90	18.50
加利体育用品有限公司	—	141.70	345.40	408.20	252
新意达服装有限公司	—	632.50	399.70	423.80	712.80
钟山服装有限公司	—	183.70	340.30	472.70	375
其他	317.30	—	—	—	649.20
二、街道工业	449	997.70	140.50	986	1115.15
三、校办工业公司	1085.70	1227.30	1083.80	1063.40	1106.32
四、中亚化学品厂	—	2000	—	—	—
五、区其他部门	20240	860.30	6450.60	9890.50	9132.25
合　计	10083.40	11406.70	12018	16443	16052.82

说明：1. 上述资料来自崇安区统计资料汇编。2. 1996年、1997年数据均不包含销项税额。

1996～2005年崇安区进出口贸易情况统计表

表10-2-3　　　　单位：万美元

项目＼年份	1996	1997	1998	1999	2000	2001	2002	2003	2004	2005
进出口总额	453	627.29	440.38	418.30	627.90	655.34	5323.79	4760.57	4495	89036
一、进口总额	145.82	220.03	139.49	17	28.15	55.07	545.33	2505.47	785	13423
其中：自营进口	145.82	117.82	100.80	9.08	6.13	41.07	532	2505.47	785	13423
“三资”企业进口	—	102.21	38.69	7.92	22.02	14	13.33	—	—	—
二、出口总额	307.18	407.26	300.89	401.30	599.73	600.27	4778.46	2255.10	3710	75613
其中：自营出口	307.18	407.26	300.89	378.46	539.36	548.76	2239.10	2255.10	3710	75613
“三资”企业出口	—	—	—	22.84	60.39	51.51	2539.36	—	—	—

说明：上述资料来自崇安区统计资料汇编。

第二节　对外经济合作

区对外经济合作起步于1992年。是年，签订境外办企业意向项目2个。其后，外经领域逐步拓宽，从劳务技术输出向对外工程承包发展。1993年，新办境外企业1家，对外经济合作实现零的突破。1995年，人民路街道江南工业炉有限公司承接马来西亚10万美元工业炉设计工程。1996年，无锡砂轮厂承接30万美元的成套砂布砂纸生产线设备制造任务，劳务输出5人次。2000年，完成工程承包和劳务合作营业额51.5万美元，对外劳务输出10人次，创历史最好水平。1995～2002年，完成对外工程承包和劳务输出37人次，对外经济合作营业额107.9万美元。2005年，实现境外投资项目1个。

1995～2005年崇安区对外经济合作情况统计表

表10-2-4　　　　单位：万美元、人次

年份	1995	1996	1997	1998	1999	2000	2001	2002	2003	2004	2005
对外经济合作营业额	5	10	5	11.40	3.50	51.50	—	21.50	—	—	—
对外劳务输出人数	5	5	5	5	2	10	—	5	—	—	—

说明：上述资料来自崇安区统计资料汇编。

第三章　利用外资及港澳台资

90年代起，贯彻中央关于沿海地区发展外向型经济的发展战略，区充分利用地处中心城区的区位优势，优化投资环境，吸引外商投资，合理有效利用外资，开办合资、合作、独资“三资”企业，营造区街经济发展新优势。特别是1992年后，利用外资规模逐年扩大。1992～1995年，全区累计到位外资及港澳台资939.25万美元，年均超过200万美元。1996～1999年，利用外资进入调整期。2000年后，区委、区政府抢抓中国加入世界贸易组织的机遇，超常规、跨越式发展外向型经济，实行大中小项目并举，一二三产业并举，国有、集体和民营企业一起上，数量、规模、水平一起上，引进外资及港澳台资不断跨上新台阶。2000年和2001年，区实际利用外资及港澳台资连续两年保持三城区首位。2002年后，因广益镇来属、属地统计管理体制的变化，利用外资规模、总量、质量实现历史性突破，由2002年的297.15万美元，上升到2005年的2192万美元。

第一节　招商引资

建设用地推介（2003.8）　（区外经委供稿）

90年代起，主要通过海外侨胞及港澳台胞、归侨侨眷代表人士牵线搭桥，引进外资及港澳台资。1992年，区出台《关于鼓励兴办中外合作、合资企业的意见》，采取综合性招商与专题性招商、走出去与请进来相结合的方式，引进外资。是年，区组织召开外向型经济恳谈会，与美国、日本等国家和中国台湾、香港等地区客商签订合作意向项目10个，实际利用外资及中国港澳台资608.4万美元，到位外资及中国港澳台资200万美元。1993年，实际利用外资及中国港澳台资684.95万美元，到位外资及中国港澳台资266万美元。1994年，以拓宽利用外资领域为重点，利用外资以增量投入为主、以老企业嫁接为主、以高新技术为主，鼓励外商控股、独资、增资、扩资。是年，到位外资及中国港澳台资253.13万美元。1993～1995年，区累计到位外资及中国港澳台资739.25万美元。1996～2000年，引进外资总体呈下降趋势，除1997年区教学仪器设备公司与香港信豪国际集团有限公司合作开发的教仪大厦项目外，5年实际到位外资及中国港澳台资仅195.1万美元。2000年，区政府确定为招商引资年，利用外资开始恢复，2001年，到位外资及中国港澳台资60万美元，比2000年18.1万美元增加41.9万美元。2002年广益镇来属后，全区完成协议注册外资及中国港澳台资558万美元，到位注册外资及中国港澳台资297.15万美元。外商投资主要集中在房地产业和住宿、餐饮、娱乐等服务业。2003年，因统计属地管理变化，利用外资及中国港澳台资规模、总量、质量实现历史性突破。是年，全区完成协议注册外资及中国港澳台资2009.3万美元，到位注册外资及港澳台资1046.2万美元，分别为2002年的3.6倍、3.52倍，2004年，抓住CEPA正式实施的机遇，加大对港台地区的招商力度，区成功组织“无锡崇安·香港（CEPA）经贸恳谈会”、赴台招商、服务业推介会等系列活动，建立“长三角”地区首个CEPA服务业中心，引进广畅集团、戴德梁行、蔡氏集团等一批知名港台企业。吸引泰国正大、韩国现代两个世界500强企业到区投资。是年，新批500万美元以上项目2个，完成协议注册外资及中国港澳台资3533万美元，到位注册外资及中国港澳台资1788万美元，分别比2003年增长75.83%和70.90%。2005年，着力搭建引资平台，引进外资方式从异地招商、政策招商向服务招商、环境招商转变。是年7月，区再次在香港举办“无锡崇安·香港服务贸易恳谈会”，推出重点招商项目35个，签订服务业项目5个，总投资3.5亿港元、1300万美元。同年9月，区又召开2005年度服务业推介会，来自美、英、日、新西兰、新加坡等国家以及中国港、台地区60多名客商参加。全年协议注册外资及中国港澳台资5085万美元，到位注册外资及中国港澳台资2192万美元，其中，服务业分别占协议注册、到位注册外资及中国港澳台资总额的68.35%、32%。广益、崇安寺2个街道协议注册外资及中国港澳台资、到位注册外资及

2005年服务业推介会　（区外经委供稿）

中国港澳台资均名列无锡市街道前五名。2002~2005年，区协议注册外资及中国港澳台资、到位注册外资及中国港澳台资累计达到11185.3万美元、5323.35万美元。

第二节　“三资”企业

华力电器有限公司车间（1993）　（广瑞路街道供稿）

东新包装材料公司主车间（1995）　（周山浜街道供稿）

1991年10月，复兴路街道工艺花边厂与香港港湾国际企业有限公司合资成立华通制衣有限公司，时为崇安区街道第一家合资企业。1992年后，“三资”企业发展迅猛，呈现“区、街道、居委、校办企业一起上，工、商、房、文、娱一起上”的态势。是年，区工业公司所属朝阳服装厂与意大利GTA纺织服装集团有限公司、省服装进出口（集团）公司、无锡漂染厂等四方合资成立新意达服装有限公司，时为区属工业系统第一家合资企业。区校办工业公司所属五金电器厂与泰国大华有限公司合资成立无锡华泰电子设备有限公司，时为区校办工业系统第一家中外合资企业。广瑞路街道广益新村居委与香港大井贸易有限公司合资开办大井印刷有限公司，注册资金20万美元，其中，港方投资80%，广益新村居委投资20%，时为江苏省首家居委办合资企业。是年，全区新批“三资”企业16家。1993年，区工业公司长风五金塑料厂与外商合资开办无锡土利来织带有限公司；广瑞路、周山浜两个街道先后引进港资开办华力电器有限公司、东新包装材料有限公司。是年，全区开办“三资”企业12家，累计达到26家。其中除江海街道外，每个街道都开办一家“三资”企业。外商投资领域从工业逐步拓展到房地产业、商业等第三产业。1994年，突出抓好“三资”企业的成功率、资金到位率、开业率、投产率，全年新批“三资”企业5家，区工业公司所属帆布制品厂与港商合资成立无锡加利体育用品有限公司；“钟山服装”“天安房地产”“华星食品”等7家“三资”企业开业，周山浜街道金属丝网厂合资2000万美元成立的无锡凯成织染有限公司奠基。1995年，区校办工业公司所属南方工程塑料厂与美国J.R.LEYANG公司分别出资60%、40%，合资组建注册资金38万美元的南江塑料有限公司。是年，全区新批“三资”企业5家，全区列入统计的“三资”企业有13家。1996年10月，深港电器广场与中国香港、韩国合资建办的深港保龄球俱乐部有限公司建成开业，区工业公司所属土利来织带有限公司、学前街道所属江泰电器有限公司2家企业因外资不到位、产品不对路等多种原因关闭。是年，全区12家“三资”企业完成销售收入7064.52万元，比1995年增长72.72%，其中，南江塑料有限公司完成销售收入2428.19万元，占全区“三资”企业总量的34.37%。1997年4月，区教学仪器设备公司与香港信豪国际集团有限公司合资成立教仪大厦房地产开发有限公司，注册资金1100万美元，时为全区注册资金最大的中港合作项目。香港天安（中国）

投资有限公司增资扩股后天安房地产开发有限公司不再列入区统计，人民路街道所属全美食品有限公司歇业。是年，全区列入统计的11家“三资”企业完成销售收入7451.42万元，为历史最高水平。1998年，“三资”企业发展呈下降态势。是年，周山浜街道所属东新包装有限公司关闭，列入全区统计的“三资”企业剩10家。其中有区工业公司的新意达服装有限公司、钟山服装有限公司、加利体育用品有限公司、南江塑料有限公司、深港保龄球俱乐部有限公司5家；区房管局所属的华乐装饰装潢有限公司、海景装饰装潢有限公司2家；广瑞路街道的大井印刷有限公司和华力电器有限公司；以及学前街街道的新世纪印刷有限公司。1999年后，随着企业产权制度的深入推进，公有资本的逐步退出，“三资”企业全部转为独资或民营股份制企业。2000年后，伴随着中国加入世界贸易组织，对外商及中国港澳台商投资领域、地域、技术转让、外资比例等诸多方面政策的进一步放宽，外商及港澳台商到区投资进一步趋于独资化，更多的采用独资企业的形式，原合资合作企业的外方及中国港澳台方也纷纷增加控股比重，转为独资。2002年后，随着广益镇划归区、企业属地统计管理等变化，辖区“三资”企业规模、总量增速明显加快。迄2005年，辖区有“三资”企业209家，其中，独资企业73家，合资企业121家，合作企业15家。

香港天安（中国）有限公司开发建造的天安大厦（1998.7）　　（区档案局供稿）

1988~2005年，崇安区是外商投资较多的地区之一。1988年5月，位于锡沪路2号桥北侧前进路2号的无锡珊瑚礁饰品有限公司成立，该厂由港商投资，注册资金32万元，时为辖区第一家港澳台商独资企业。1989年5月，位于广瑞路117号的无锡阀门厂与日本客商合资组建无锡工装自控阀门有限公司，注册资金300万元，时为辖区最大的合资企业。1992年9月，港商与无锡庆丰集团合资成立的无锡庆丰纺织有限公司在广勤路203号开业，注册资金2408万元，时为辖区注册资金最多的合资企业。1993年5月，港商与无锡郊区河埒街道合资成立无锡华光珠宝城房地产有限公司在中山路319~339号开业，注册资金1184万元。是年11月，新加坡客商投资开办的无锡立华电子有限公司在广瑞路13号开业，注册资金397.85万元，时为辖区最大的合作企业。辖区中山路是外商及港澳台商投资的首选地段。1994年，中港合资不夜城娱乐总会有限公司在三阳广场西侧成立，时为港商投资无锡娱乐行业第一家。1996年，香港新世界百货集团在中山路投资建成华光珠宝城，并开办新世界百货、华美达大酒店。日本八佰伴国际集团公司投资7700万美元，开办无锡首家大型中外合资零售企业——无锡八佰伴商贸中心。1997年12月25日，新加坡客商在中山路403号开办无锡花园城广场大酒店，注册资金3810万元，时为辖区规模最大的外商独资企业。1998年，新

中港合资教仪大厦房地产开发公司开发建造的教仪大厦（2005）　　（区校办工业公司供稿）

加坡客商投资开办喜来登大酒店、锦江大酒店。1999年，马来西亚金狮集团狮贸控股有限公司与无锡市供销合作总社合资开办三阳百盛广场。2000~2005年，辖区6年新批“三资”企业274家，其中，501~1000万美元以上的5家。

1988～2005年崇安区辖区“三资”企业情况一览表

表10-3-1　　　　单位：个

年份	合资		合作		独资		年份	合资		合作		独资	
	年底数	新批数	年底数	新批数	年底数	新批数		年底数	新批数	年底数	新批数	年底数	新批数
1988	4	1	—	—	1	1	1997	48	23	6	7	18	17
1989	1	—	—	—	1	—	1998	53	16	8	6	22	13
1990	1	—	—	—	1	—	1999	58	21	8	1	25	7
1991	2	1	—	—	1	—	2000	68	26	8	4	27	8
1992	12	18	1	4	4	5	2001	82	27	9	7	30	6
1993	29	45	1	8	6	6	2002	91	14	10	3	36	11
1994	32	17	1	10	7	6	2003	104	22	12	6	49	17
1995	36	11	2	12	9	10	2004	116	36	14	13	64	22
1996	43	19	5	14	11	11	2005	121	27	15	6	73	19

说明：上述资料为工商崇安分局属地登记且当年在业数。

1988～2005年崇安区辖区内新批“三资”企业分类情况一览表

表10-3-2　　　　单位：个、万美元

年份	新批数	按投资规模分						按国别或地区分						
		50以下	51～100	101～300	301～500	501～1000	1001以上	中国港澳台地区	韩国	日本	泰国新加坡	美国加拿大	欧洲	澳大利亚
1988	2	2	—	—	—	—	—	2	—	—	—	—	—	—
1989	—	—	—	—	—	—	—	—	—	—	—	—	—	—
1990	—	—	—	—	—	—	—	—	—	—	—	—	—	—
1991	1	1	—	—	—	—	—	1	—	—	—	—	—	—
1992	27	9	8	6	1	1	2	21	—	—	1	4	1	—
1993	59	25	15	9	4	3	3	41	—	5	4	9	—	—
1994	33	21	8	2	1	1	—	22	—	3	2	5	1	—
1995	33	22	4	2	3	2	—	20	—	5	4	3	1	—
1996	44	34	2	4	1	—	3	27	1	13	—	3	—	—
1997	47	36	4	—	—	1	6	23	—	11	3	4	6	—
1998	35	31	1	2	—	—	1	16	—	12	2	4	—	1
1999	29	26	—	1	—	2	—	13	—	11	2	2	1	—
2000	38	34	2	2	—	—	—	16	1	18	2	1	—	—
2001	40	38	—	1	—	1	—	17	4	16	1	1	1	—
2002	28	24	—	4	—	—	—	7	5	11	2	2	1	—
2003	45	40	—	4	—	—	1	17	4	17	2	5	—	—
2004	71	64	3	1	—	1	2	40	3	23	—	3	2	—
2005	52	50	1	1	—	—	—	30	3	16	—	3	—	—

说明：上述资料为工商崇安分局属地登记且当年在业数。

第十一编

民营经济

从20世纪50年代对私改造，到60年代“文化大革命”期间割“资本主义尾巴”，辖区个体商贩、私营业主几近绝迹。1978年中共十一届三中全会后，个体私营经济逐步从禁止到放开，从限制到鼓励、支持，辖区个体工商户、私营企业逐步得到恢复和发展。1987年，全区私营企业8家，个体工商户1274户。1988~1991年，在姓“资”还是姓“社”的争论中，个体私营经济发展相对滞缓，个体工商户、私营企业一直徘徊在2000户左右。1991年，全区个体工商户2053户，占个体私营经济企业总数的98.70%。1992年邓小平视察南方重要谈话发表后，辖区个体私营经济得到强有力政策支持，个人独资的私营企业从无到有，1998年达到159家，占私营企业总数的71.62%。1998~2001年，通过挂靠企业清理、区街企业转改制，辖区个体私营经济不仅单位数量急剧增加，而且其人员结构也发生很大变化，具有较高经营管理能力的国有、集体企业人员和机关干部大量融入，辖区个体私营企业规模持续扩张。2002年广益镇来属后，新增个体工商户434户，个人独资企业162家。是年，区个体私营企业总数达0.96万家，其中私营企业0.19万家，个体工商户0.77万户；注册资金3.88亿元，其中，私营企业3.10亿元，个体工商户0.78亿元，辖区个体私营企业总数名列无锡市三城区之首。2005年，全区民营经济企业增加到1.50万家，其中私营企业2724家，个体工商户1.05万户；民营经济增加值65亿元，固定资产投资19.34亿元，分别占全区总量的53.23%、66.45%，雄据崇安区经济发展的半壁江山；民营经济企业上缴税收4.43亿元，在扩大投资、增加税收、安置就业、稳定社会等方面发挥重要作用，成为崇安区经济持续增长的重要支柱。

第一章　个体工商业

80年代，在改革开放、搞活经济方针推动下，作为民营经济鼻祖的个体工商户，逐步得到恢复和发展。1986～2005年，辖区个体工商户数和从业人数逐年增加，生产经营规模逐步扩大；经营方式由沿街叫卖、提篮小卖，发展到开设店面、进入市场经营；经营范围由收售旧货日杂品、修补日用品、服装、百货向娱乐、美容、洗浴、健身、家政服务等新兴服务业发展，由单一的商业零售业向产品制造、建筑装璜、信息服务等众多行业延伸。辖区个体工商户户数、从业人员数、资金数由1985年327户、356人、87.26万元，增加到2005年10476户、16367人、2.42亿元。

第一节　发展状况

80年代后，个体经济作为社会主义经济有益的、必要的补充，取得合法地位。区委、区政府贯彻“引导、鼓励、促进、扶持”发展个体经济的八字方针，积极营造良好环境，开放崇安寺、沙文井、学前街、长庆路、周山浜、靖海等农贸市场，开设西河头小商品市场、交际路小商品市场、崇宁路花木鱼鸟市场、上马墩农贸市场、后西溪自行车市场等贸易市场，扶持个体经济的恢复和发展。1986年，崇安区工商行政管理局（以下简称区工商局）对辖区个体工商户户数、从业人数、行业分布、人员结构等组织调查，为国家出台城乡个体工商户登记法规提供参考。1987年8月，国务院颁布《中华人民共和国城乡个体工商户管理暂行条例》，区工商局核准全区个体工商户1274户，从业人员1353人，资金数额532.45万元。1988年增至1806户，2104人，701.22万元。1986～1988年，全区个体工商户每年增加500余户。1989～1990年调整清理整顿后，1990年，全区个体工商户由1989年1955户减少为1817户。

90年代后，按照“放宽、放开、放手”的要求，进一步简化审批手续，放开经营，放手发展个体经济，同时通过商业网点开发、专业市场建设，为个体经济的发展提供经营阵地。1991年，在通惠东路交运大厦对面，建成饮食、五金交电、科教器材、烟酒批发为主的商业网点，利用风雷新村配套设施开设江海商场。1992年，新建崇安商场。1994年，建成8000平方米的后西溪布料市场、杂粮市场，新开亿丰商场，开办靖海小商品市场，新建和扩建上马墩农贸市场为靖海副食品市场。1996年，个体工商户发展到2968户，首次接近3000户。1998年，通过购买、调整、拆旧建新等途径，新增经营阵地1.2万平方米。1999年，在崇安寺开辟夜市，提供摊位160余个，健康路、后西溪形成服装、布料一条街，辖区个体工商户大幅增加。是年，区个体工商业户达到3635户、注册资金数4391.07万元，均名列无锡市三城区首位。

进入21世纪，按照“放手、放开、放胆、放心、放宽、放活”的要求，区着力营造有利于个体经济发展的思想环境、政治环境、政策环境和舆论环境，形成促进发展的强大合力。2001年，全区个体工商户4362户，比2000年增加378户，其中挂靠企业转为个体工商户116户；1800平方米的新生路南段景观街商业用房建成，入驻个体工商户20多户；因管理区域调整，原锡山市工商局野花园工商所管辖的个体工商户划归崇安区103户。2002年，全区个体工商户5088户，比2001年增加726户，其中广益工商所划归崇安区，增加个体工商户434户。2004年后，区全力开辟有规模、有影响力的专业市场，华东商贸城、保利广场、东方巴黎等先后竣工开业，无锡市首条商业步行街——大成巷步行街、崇安寺生活步行街先后开街，2004年全区新增营业面积近30万平方米，为历年之最。经营阵地的拓展，接纳大批个体工商户，2002~2004年，区个体工商户以年均1800多户的绝对数持续增长。2005年，贯彻无锡市《关于进一步推进个体工商户发展的意见》22条，区个体工商户达到10476户，突破万户大关，比2004年净增1731户；资金总额达到2.42亿元，突破2亿大关，区个体工商业户数、资金数额位于三城区之首。

1986～2005年崇安区个体工商户发展情况一览表

表11-1-1　　　　单位：户、万元、人

年　份	户　数	资金数额	从业人员	年　份	户　数	资金数额	从业人员
1986	713	211.14	1041	1996	2968	3016.02	3885
1987	1274	532.45	1353	1997	2862	2654.18	3990
1988	1806	701.22	2104	1998	2213	2227.36	3392
1989	1955	776.04	2186	1999	3635	4391.07	4057
1990	1817	814.27	2170	2000	3984	6725.69	5653
1991	2053	981.55	2329	2001	4362	10013.36	7309
1992	2159	1472.36	2487	2002	5088	12063.53	9105
1993	1982	1642.19	2502	2003	6374	14145.34	10604
1994	2226	1987.23	2981	2004	8745	19361.51	13982
1995	2383	2371.65	3407	2005	10476	24221.58	16367

说明：上述数据为区工商行政管理机关属地登记且当年在业数，由工商崇安分局提供。

第二节　行业分类

1986~1990年，辖区个体工商户主要从事日用小商品、鞋帽、服装及农副产品等商业零售业。日用小商品主要集中在西河头、万前路、交际路3个小商品市场，鞋帽、服装主要集中在主次干道两侧店面，农副产品主要集中在崇安寺、学前街等农贸市场，杂粮、旧自行车交易主要集中在后西溪杂粮市场、自行车市场，炒货、水果等主要集中在部分街巷路口。此外，还有部分铁器加工、木器加工、裁剪缝纫、交通运输、房屋维修、各类修补等行业，以及少数制造业、建筑业。

1991~1995年，因旧城改造拆迁、居民生活习惯改变等原因，个体工商户从事行业变化较大。铁器加工、木器加工逐步萎缩，转为铁器、木器零售；建筑修缮因生意清淡先后歇业；人力三轮车退出历史舞台，唯一的个体货运船舶经营改行。与此同时，为人民生活和发展旅游业服务的饮食服务行业迅速发展，个体饮食店摊迅速增加，占行业总数的60%以上。

1996~2000年，随着改革开放的深入推进，国家放开粮棉油市场，从事针纺织品面料及粮油副食品行业的个体工商户不断增加，位于后西溪布料市场附近的日晖巷时为裁缝加工一条街，建有简易亭棚200多间，个体裁缝与市场内的针纺织品经营户相得益彰，兴旺一时。此外，个体工商户开始涉及计算机服务和软件开发、电子游戏、电脑培训、家用电器修理、网吧等行业；街巷路口部分店面适应市场需求，转向居民服务业；孟渊弄修补服务一条街移至东梁溪路；流动水果摊担，基本绝迹。

2001~2005年，在辖区商贸流通业快速增长的大背景下，批发和零售业成为个体工商户从事行业的首选，居民服务和其他服务业位其次，住宿和餐饮业位居第三，房地产业、租赁和商务服务业、美容保健业等新兴服务行业迅速发展。2004年，计算机服务和软件业发展到28户；房地产业、租赁和商务服务业由2003年66户，增加到2005年116户；文化、体育和娱乐业由2003年8户，增加到2005年73户；随着人民生活水平提高，购买成衣增多，服装加工业日趋萎缩，由2003年107户减少为18户。迄2005年，辖区10476户个体工商户中，8484户从事批发和零售业，占80.99%，比2003年增加3320户。2003~2005年，净增的批发和零售业户数占增加总户数的80.94%。

2003～2005年崇安区个体工商户行业分类情况一览表

表11-1-2　　　　单位：户

行业分类 \ 年份	2003	2004	2005
建筑业	3	8	11
交通运输、仓储和邮政业	4	8	16
其中：道路货物运输	4	5	5
信息传输、计算机服务和软件业	21	28	11
批发和零售业	5164	7063	8484
其中：零售业	4451	6308	7827
住宿和餐饮业	335	465	522
其中：餐饮业	315	435	485
房地产业	1	5	8
租赁和商务服务业	65	106	108
其中：广告业	1	1	1
居民服务和其他服务业	589	815	983
其中：理发及美容保健	241	311	384
其中：洗浴服务	26	44	39
文化、体育和娱乐业	8	39	73
其中：娱乐业	8	38	72
其他行业	184	208	260

说明：上述数据为区工商行政管理机关属地登记且当年在业数，由工商崇安分局提供。

第三节　个体工商户选介

1986~2005年，崇安区个体工商户坚持守法经营、文明经商、诚信待客、服务居民、艰苦创业、热心公益，促进社会效益和经济效益同步提高，先后有17户个体工商户被评为无锡市先进个体工商户。其中，在2002年无锡市开展的首批先进个体工商户评选中，时尚巴黎精品婚纱摄影店业主孙浩强被评为无锡市先进个体工商户。2003~2005年，又有16户个体工商户获此殊荣。

2002～2005年崇安区荣获市先进个体工商户情况一览表

表11-1-3

年份	店名	业主	主要业绩
2002	时尚巴黎精品婚纱摄影店	孙浩强	从1983年创办百花照相馆起步，历经百花婚纱摄影店、百花婚纱摄影有限公司、时尚巴黎精品婚纱摄影店的发展，2002年3月，创办中国金夫人婚纱摄影集团无锡罗马经典新娘世界婚纱摄影分公司
2003	广益副食品批发市场个体工商户	华琴芳	任广益副食品批发市场打击假冒伪劣商品义务监督员。2003年，批发零售总额100万元左右，创利税5万元以上
2004	香格里拉婚纱摄影馆	何莉莉	倡导公平竞争，恪守职业道德，抵制各类违法经营，热心社会公益，捐助江南大学贫困学生，安置下岗职工再就业
2004	电信通信器材市场瑞亚通讯	彭浩明	注重信誉，文明经营，坚持公平交易，不销售假冒伪劣产品。主动配合工商行政管理部门搞好市场管理，支持社区精神文明建设活动
2004	崇安区鸿基陶瓷经营部	尤金彬	讲究诚信经营，合法经营，注重服务质量，积极参加公益活动，带头为灾区和希望工程捐款，资助贫困家庭孩子上学，并热心帮助困难业主
2004	崇安区广益光明建材商店	仲光兰	坚持诚信经商，热情接待顾客，为消费者分忧解难。主动参加个私协会组织的各项活动，尽心尽力捐款支持公益事业。并积极帮助下岗失业人员转变就业观念，鼓励下岗失业人员自主创业

续表11-1-3

年份	店名	业主	主要业绩
2004	美创装饰材料经营部	华建文	守法经营，关注社会公益事业，向社会奉献爱心，积极为灾区和希望工程捐款。关心周围个体业主，帮助大家坚决抵制各种歪风邪气，诚信经营。并积极配合同业协会工作，认真负责完成协会交给的各项任务
	崇安区广益太丰调漆经营部	李佩芬	坚持诚信经营，顾客至上。积极参加个私协会组织的各项活动和社会公益活动，帮助下岗失业人员自主创业
	双林南北货商行	许开林	90年代起家，创建“加喜”自主品牌系列食品，代理“欢乐家”、“奥灵奇”、“喜多多”等著名罐头水果品牌以及“阿一波”紫菜等优质产品，发展成为南北货、罐头水果行业中举足轻重的个体经营户。其经销商品在2004年5月江苏省消费者协会检测中全部合格
	广益周氏星辉装潢材料商店	周俊英	注重诚信服务，组织适销对路的优质商品，满足消费者需求。1997年10月，入驻锡沪装饰材料市场经营。2004年，其不足100平方米的商铺，销售额达千万元
2005	强敏建材经营部	强学龙	2001年开业，热心为居民服务，为社居委和居民小修小补免费提供建筑材料。主动帮助外来人员解决就业和子女入学入托困难，为特困家庭捐款。固定资产超过100万元，年营业额超过50万元
	崇安区汇丰日用杂货店	邹林度	合法经营，千余种经销商品无假冒伪劣，无投诉事件，1991~2005年间，多次当选区个私协会理事，热心为个私业主排难解忧。2005年营业额达5万元，利税8000元
	英奇建材经营部	吴飞鹏	1996年起，在华东建材市场从事建材、陶瓷、卫浴等批发和零售。注重诚信经营，维护市场经营秩序，为福建籍经营户当好表率。2005年，投资近100万元，扩大经营面积，由60多平方米增加到1200平方米，经销“利家居”陶瓷、“博朗”卫浴等名牌产品，年营业额达650万元，上缴税金15万元
	广益金汇装饰材料商店	周国英	1997年10月进入锡沪装饰材料市场，主营装饰五金，兼营卫浴五金、各类胶水、锁具、镜子玻璃等，共上千种商品。注重商品质量和优质服务，赢得众多消费者、装潢公司好评。2005年营业额近300万元，完成利税50多万元
	崇安区广益乐久汽配经营部	蒋赞焕	1999年3月在广益汽配市场开业，经销汽车配件，自觉遵守市场各项规定，无任何投诉。2005年营业额180多万元，利税总额8.2万元。
	广益东郊饭店	龚兴南	注重诚信经营，热心公益事业。2004年出资8万元，配合街道、村修筑水泥路面、安装路灯。2005年，爱心捐款2000元。是年，营业额220万元，上缴国税、地税27万元
	彩华南北货商店	钱彩华	在靖海副食品市场经营，注重服务信誉，关心市场治安，敢与盗窃团伙作斗争，被市场个私协会授予“除恶扬善、见义勇为”锦旗。2005年营业额达5万元

说明：上述资料由区经贸局提供。

第二章　私营企业

80年代后期到90年代初，私营企业逐步得到恢复和发展。1998年后，区贯彻民营经济“六放”和“四上”[①]要求，结合企业改制转一批，面向社会引一批，依托现有企业扩一批，促进私营企业快速发展。1999年，区私营企业总数、注册资金总额均名列无锡市三城区首位。2000年后，全面启动私营

①六放：思想上放心、放胆，工作上放手、放开，政策上放宽、放活；四上：总量上规模、结构上档次、质量上水平、管理上台阶。

经济园区建设，重点扶持有较强实力和发展潜力的私营企业做大做强，私营企业持续增加，资本实力不断增强，企业规模逐年扩大，经营领域逐步拓宽，增长方式由外延式、粗放型转为内涵式、集约型，产业规模由小打小闹的小作坊、小工场发展为初具规模的企业，成为崇安区经济的重要组成部分和主要增长点。

第一节　发展状况

1988年6月国务院发布《中华人民共和国私营企业暂行条例》后，私营企业正式取得合法地位。少数个体工商户经过不断的发展和资本积累，规模逐渐扩大，为寻求更大发展，转向发展私营企业。私营企业由少到多，并逐步走上由小到大的发展道路。是年，辖区私营企业15家，从业人员115人。1992年，邓小平视察南方重要谈话冲破姓“资”姓“社”的阴霾，确立“三个有利于”[①]的标准，为促进私营企业在内的非公有制经济的健康发展扫除思想障碍。是年，辖区私营企业发展到39家，从业人员604人。1993年4月，国家工商局发布《关于促进个体私营经济发展的若干意见》，放宽经营范围、注册资金、登记手续等方面的政策，私营企业迎来发展黄金期。是年，辖区私营企业达到63家，从业人员739人。1997年，中共十五大把私营经济纳入中国基本经济制度，私营经济从“必要补充”上升为国民经济的“重要组成部分”。是年，私营企业发展到155家，从业人员1723人。1998年，区委、区政府提出鼓励发展个体私营经济，1999年又提出加快发展个体私营经济，抓住国有集体企业转改制的重要机遇，引导个体私营企业充分利用自身资金、人才、技术、管理的优势，积极参与区（街道）办企业的改制、改组和改造，一批区街企业整体转为私营企业，一批混合所有制或私营企业到区落户，个体私营企业快速裂变扩张。2000年，私营企业增加到479家，从业人员3968人。“九五”期末，全区私营个体和混合所有制经济实现的地方税收比“八五”期末翻两番多。2001年，贯彻无锡市《关于进一步加快发展私营个体经济的实施意见》41条及相关实施细则，2002年，落实中共十六大提出“毫不动摇鼓励、支持和引导非公有制经济发展”，适应区划调整和税收属地征收体制的变化，以优惠的招商引资政策，吸引区外个体私营企业来区落户，促进个体私营经济提速发展。辖区私营经济呈现“总量增加、比重提高、规模扩张、效益提升”的发展态势。是年，私营企业发展到881家，从业人员6434人。2004年，贯彻无锡市《关于促进民营经济更快发展的意见》50条及相关实施细则，区出台《关于加快推进民营经济发展的意见》，提出毫不动摇地继续鼓励、支持和引导民营经济更快更好发展。2005年，贯彻国务院《关于鼓励支持和引导个体私营等非公有制经济发展的若干意见》，进一步在放宽市场准入、加大财税金融支持、完善社会服务、维护合法权益等7个方面促进非公有制经济发展。区出台《创建全市民营经济最佳成长区三年行动纲要》，以培育骨干企业为重点，引导民营企业做大做强。2002~2005年，辖区新增加注册资金1000万元以上的私营企业92家，其中引进规模最大的无锡市创业投资有限公司注册资金达1.6亿元。

【个人独资企业】

1992年邓小平视察南方重要谈话发表后，1993年，根据《中华人民共和国私营企业暂行条例》规定，辖区6家私营企业登记为个人独资企业。1998年，区在崇安饭店召开个体私营经济工作会议，贯彻落实市委、市政府《关于进一步鼓励、引导发展个体私营经济的意见》，把加快非公有制经济发展作为全区经济发展的新增长点。是年，辖区个人独资企业发展到186家，比1997年增加100家；占全区私营企业的比重达到34.64%。1999年8月《中华人民共和国个人独资企业法》颁布后，辖区内个人

①三个有利于：有利于发展社会主义社会的生产力、有利于增强社会主义国家的综合国力、有利于提高人民的生活水平。

独资企业延续较快的发展趋势。2000年3月，崇安区首家按照个人独资企业法注册登记的华益工艺礼品商行诞生。是年，辖区个人独资企业达到525家，比1998年增加339家。2002年广益工商所划归崇安区后，个人独资企业达到865家。2004年，新增个人独资企业85家，资金总额1927.3万元，从业人员390人。迄2005年，辖区个人独资企业占私营企业的26.23%，比1998年下降8.41个百分点。

【合伙企业】

1994年，辖区有合伙企业1家。1997年2月，八届全国人大常委会24次会议通过《中华人民共和国合伙企业法》，是年3月10日，辖区第一家以该法为登记依据的合伙企业——崇安区华讯通讯器材经营部成立。嗣后，合伙企业数量逐年增加，1998年达13家。2004年，新增合伙企业8家，资金总额77.6万元，从业人员37人。2005年为50家，占私营企业的比重为1.15%。

【自然人控股有限责任公司】

1992年邓小平视察南方重要谈话发表后，1993年辖区成立第一家自然人控股有限责任公司。其后逐步发展，1998年达到63家。1998年后，随着产权制度改革的深入推进，鼓励个体和私营企业积极参与区街企业的改制、改组、改造，引导非公有资本入股、控股、收购企业，以股份制或股份合作制为主要形式的自然人控股有限责任公司大量涌现，所占比例逐年上升。2000年达到167家。2002年3月广益工商所由工商滨湖分局划属工商崇安分局，属地登记范围扩大。2003年，辖区内自然人控股有限责任公司猛增到843家。2004年，注册开业自然人控股有限责任公司902家，资金总额3.39亿元，从业人员6806人。2005年，自然人控股有限责任公司占私营企业的比重由1998年的11.73%上升到72.61%。

1986～2005年崇安区私营企业发展情况一览表

表11-2-1　　　　单位：家、万元、人

年份	总数	资金数额	从业人员	年份	总数	资金数额	从业人员
1986	3	440	112	1996	118	5137.52	1295
1987	14	540	115	1997	155	6763.02	1723
1988	15	540	115	1998	222	9394.13	2246
1989	16	565	115	1999	304	12877.13	2777
1990	26	1264.14	506	2000	479	22066.53	3968
1991	27	1284.14	516	2001	631	26687.83	5077
1992	39	2444.14	604	2002	881	39643.06	6434
1993	63	3339.71	739	2003	1407	60904.55	9933
1994	85	4075.21	864	2004	2209	89026.86	15844
1995	97	4512.51	1152	2005	2724	107968.66	19802

说明：该表数据含转改制企业，为区工商行政管理机关属地登记且当年在业数，由工商崇安分局提供。

第二节　行业分类

80年代，辖区私营企业以从事皮革、服装加工为主。随着社会的发展和人们对物质生活追求的新变化，涉足行业不断拓展。90年代，私营企业逐步向餐饮业、商贸服务业等第三产业延伸，从事美容美发、房屋中介、劳务输出、家政服务、网吧、洗浴、汽车美容等新兴行业不断涌现。部分私营企业开始向生产型、外向型、科技型发展。

进入21世纪，天龙、银佳等一批房地产开发公司到区投资兴业，带动房地产业的发展。2002年广益镇来属后，辖区私营企业涉及的行业更加广泛，拓展到化工、玻璃制品加工等行业。2003年，

辖区私营企业从事商业、服务等第三产业1126家，占总数的80.03%，从事制造、建筑等第二产业281家，占总数的19.97%。在第三产业中，批发和零售业766家，占总数的54.44%。

2003年后，随着城市化步伐加快，私营企业涉足的行业，既有旅游、餐饮、租赁、广告等第三产业，又有信息咨询、中介服务等行业，还有食品加工、磨具制造、服装生产等制造业。2004年，新增的902家自然人控股有限责任公司主要从事批发零售、租赁和商贸服务业；85家个人独资企业主要从事互联网上网服务、电子游戏业。2005年，私营企业中，从事商贸、服务等第三产业的2502家，占总数的91.85%，从事制造、建筑装潢等第二产业的222家，占总数的8.15%。在第三产业中，从事居民服务业和其他服务业177家；从事运输及货运代理业的61家；从事计算机服务及软件业的私营企业99家，租赁和商务服务业358家，均比2003年增长2倍多。从事商业批发零售1410家，仍保持半壁江山的主体地位，但其所占比例比2003年下降近3个百分点。辖内私营企业初步形成以商贸、餐饮、房地产、信息中介等服务业为主体的产业结构。

2003～2005年崇安区私营企业行业分类情况一览表

表11-2-2　　　　单位：家

年份 行业分类	2003	2004	2005
制造业	113	109	70
建筑业	47	98	152
交通运输、仓储和邮政业	35	47	61
其中：道路货物运输	26	35	44
信息传输、计算机服务和软件业	30	72	99
批发和零售业	766	1194	1410
其中：零售业	159	193	222
住宿和餐饮业	52	73	95
其中：餐饮业	43	59	77
房地产业	19	32	42
租赁和商务服务业	115	241	358
其中：广告业	23	43	58
居民服务和其他服务业	90	147	177
其中：理发及美容保健	10	16	26
其中：洗浴服务	12	14	14
文化、体育和娱乐业	5	14	23
其中：娱乐业	5	14	20
其他行业	135	182	237

说明：上述数据为区工商行政管理机关登记且当年在业数，由工商崇安分局提供。

第三节　私营企业选介

1986～2005年，辖区私（民）营企业持续快速健康发展，在国民经济中的比重逐步提高，成为推动经济增长的重要力量，对促进区域经济发展和社会稳定发挥积极作用，涌现出一批优秀私（民）营企业、优秀私（民）营企业家。2002年，无锡市开展首批“十佳”规模型、效益型、科技型、外向型、成长型、商贸型私（民）营企业创建及优秀私（民）营企业家评选活动，迄2005年，先后有第四纺织机械有限公司、赛福天钢绳有限公司、东泰精细化工有限责任公司、鸿运大酒店4家企业获市“十佳效益型私营企业”“十佳科技型私营企业”“十佳效益型民营企业”“十佳商贸型民营企业”荣誉称号，第四纺织机械有限公司、景山房屋开发有限公司等16家企业的董事长或总经理被评为市优秀私（民）营企业家。此外，蓝木科技有限公司、网润科技有限公司、风雅颂纳米纺织品有限公司、众协科技有限公司、浩江机械制造有限公司5家企业被评为2005年度江苏省民营科技企业。

【无锡市“十佳”私（民）营企业】

第四纺织机械有限公司 2002年度无锡市“十佳效益型私营企业”。建办于1958年。原位于广瑞路107号，2005年广瑞路拓宽后改为780号。是部定点生产织机的专业工厂，江苏省机械进出口公司的织机生产基地。1996年2月，获得出口机电产品质量许可证，产品远销印尼、叙利亚、泰国、越南、孟加拉等国。公司适应市场需求，不断开发新品，研发适用于从轻薄到中厚各种织物织造能力的织机，GA747型挠性剑杆织机、GA747Ⅱ型剑杆织机等产品深受市场欢迎。1997年转制为股份合作制企业，2000年改制为有限责任公司。2003年，生产织机5200台，实现工业总产值1.63亿元，利税总额1830万元。迄2005年，企业建筑面积1.63万平方米，工业销售收入2.74亿元，资产总额1.13亿元。公司先后被评为“销售超亿元”企业、无锡市“工业百佳企业”。

赛福天钢绳有限公司 2003年度无锡市“十佳科技型私营企业”。其前身为无锡市钢丝绳厂，创建于1958年10月，是冶金工业部金属制品行业骨干企业。1994年，在全国同行业中率先通过ISO 9000质量管理体系认证。根据市场需求和用户的各种特殊用途，研制开发近500个品种规格的专用钢丝绳，应用于电梯、起重、高扬程塔吊、汽吊、电铲、土木工程、航天航空、港口渔业、矿山油田等众多领域。其“大力”牌电梯绳、起重绳、多股绳是国家、部、省优质产品。“大力牌”钢丝绳是无锡市名牌产品。电梯绳年销量近万吨，位居亚洲第一。综合实力位居全国同行业前10强。1996年10月，获自营进出口权，年出口钢丝绳约占总销售量的三分之一。2000年11月，改制为赛福天钢绳有限公司。2005年6月，与德国法尔福钢绳有限公司合资成立江苏赛福天钢绳有限公司，总投资1800万美元，注册资本1300万美元。是年，生产直径1.5mm～40mm各类钢丝绳2万吨，年销售收入2亿元。

东泰精细化工有限责任公司 2005年度无锡市“十佳效益型民营企业”。建办于1996年12月。位于通江大道889号，2003年9月，由原无锡市大众化工有限责任公司和原无锡市合成化工有限责任公司合并组建而成，是无锡化工集团有限责任公司下属的子公司。新厂占地面积10万平方米，建筑面积3万平方米，资产总值3.2亿元，员工742人，主要产品有锌粉法和甲酸纳法保险粉、漂白剂、雕白块（粉、粒）、天然脂肪醇、漂白锌、氧化锌、硼酸锌、二氧化硫等。年生产能力达12万吨，产品畅销全国各地，年出口创汇能力1300万元，在东南亚、欧美等30余个国家和地区均有相当的知名度和一定的市场。2004年整体转制为民营企业，资产总值2.3亿元。公司具有国内规模最大的天然脂肪生产装置，极具竞争力的甲酸纳法保险粉生产装置和东南亚地区技术含量最高、生产能力最大的雕白块生产装置，并拥有国内唯一的锌粉法保险粉生产技术和能力，是华东地区精细化工产品的重要生产基地。2005年，公司工业总产值6.4亿元，销售收入6.36亿元，实现利税8491万元，利润4328万元。

鸿运大酒店 2005年度无锡市“十佳商贸型民营企业”。位于中山路317号。前身为1965年建立的东风饭店，1989年扩建，1993年后更名鸿运大酒店。建筑面积2.05万平方米，酒店经营鲍翅面馆、“汤之乡”日式料理、婚庆喜宴、鸿运大包、美食苑早茶夜宵5大品牌。设有大小餐厅20个，各类客房172间，还有歌舞厅、豪华KTV包间、商务中心、购物中心、美容中心、桑拿、棋牌室、健身房等现代化服务设施。2002年被评为“三星涉外旅游酒店”。2004年，被市政府列为“公务接待定点单位”。2005年，销售额4539万元。公司多次获得“A级重合同守信用单位”荣誉。

鸿运大酒店（2005） （区经贸局供稿）

【无锡市优秀私（民）营企业家企业】

景山房屋开发有限公司　董事长贾建清，为2002年度无锡市优秀私营企业家。该公司是以房地产开发为主体，消防设备生产经营、建筑材料工程安装（国家二级资质）并举的企业。2002年成功开发长庆路地块。消防设备产品先后被评为江苏省高技术产品、无锡市三星级名牌产品。公司先后被评为江苏省明星企业、江苏省高新技术企业。董事长多次获无锡市劳动模范、优秀共产党员、优秀科技工作者称号。2002年，上缴税收1151.8万元。

江苏卓诚汽车贸易发展有限公司　总经理许卓璋，为2002年度无锡市优秀私营企业家。该公司位于广南立交桥堍，主营汽车（含小轿车）、汽车零部件、金属材料等产品，经营模式实行品牌化、规模化、集团化，下属7家品牌专营公司。2002年,无偿为第十一届中国金鸡百花电影节提供50辆别克汽车服务。

万家灯火餐饮有限公司　总经理崔淑，为2002年度无锡市优秀私营企业家。该公司位于中山路、县前街交汇处，由浙江兽王集团投资开办，营业面积8000平方米。设有以杭州著名景点“苏堤春晓”“花港观鱼”等命名的大小包厢81个，大小宴会厅2个，承办婚庆寿宴、满月宴、生日宴、员工聚餐等大中型宴会。以经营正宗杭帮菜为特色，拥有百余名正宗杭州厨师，烹饪500余种菜肴。2002年，营业收入5262万元，实现税收372万元。

大众房地产服务有限公司　总经理袁凤彪，为2002年度无锡市优秀私营企业家。创办于20世纪末，是一家集商品房代理销售、二手房租赁买卖、房屋置换为一体的服务型公司，为沪宁地区第一家跨区域实现房地产信息联网的房地产服务性公司。该公司由香港大众国际营销有限公司经营管理，下辖北京大众房产分公司、天津大众房产分公司、上海老大众房地产咨询有限公司、南京大众房产分公司、苏州大众房产分公司、常州大众房产分公司、武汉大众房产分公司、宜兴大众房产分公司、江阴大众房产分公司等10个子公司，连锁服务门店近260家。2004年，获“中国房地产经纪企业百强”第37位。

太平洋钢管有限公司　总经理杨子良，为2003年度无锡市优秀私营企业家。位于东北塘镇锡港路东风桥堍。创办于1992年3月，主要经营金属材料、通用机械及配件、摩托车及配件的制造。其生产的高频焊管有50余种规格，产品覆盖摩托车、自行车、家具、建筑等行业；塑钢门窗有6大系列60余种型号规格，产品具有阻燃、强韧、密封、抗老化、耐冲击、隔音、隔热、不变形、美观等优点。迄2003年，企业占地1.5万平方米，建筑面积6000平方米，固定资产4000万元，员工100余人。“太平洋”牌塑钢门窗型材被中国检验学会评为“放心品牌”。是年，实现销售额1.38亿元。

恒山不锈钢制品有限公司　总经理倪盘兴，为2003年度无锡市优秀私营企业家。位于广益私营经济园。公司总部设在南方不锈钢市场，下辖恒山不锈钢靖海分公司、广南分公司，注册资本2000万元。公司经营化工原料、家用电器、针纺织品销售、不锈钢制品的加工与销售。常年经销进口及国内各种规格型号的不锈钢板材，是日本金属株式会社中国总代理、台湾千兴钢铁有限公司江苏总代理。2002年，购置不锈钢二次加工设备，生产装饰用不锈钢磨砂板及不锈钢镜面板。2005年，实现营销收入7.05亿元。

江苏龙升玻璃工程有限公司　董事长兼总经理郑志理，为2003年无锡市优秀私营企业家。公司位于广益私营经济园。创办于1993年，前身为龙升玻璃装饰工程有限公司，是建设部建筑幕墙、室内装饰装潢及金属门窗二级企业，注册资金1080万元。厂区占地1.8万平方米，建筑面积1.36万平方米，其中幕墙净化注胶车间和固化养护车间1200平方米，其他生产车间6500平方米。拥有生产建筑幕墙和金属门窗专业设备30余台，其中有先进的钢化炉、意大利进口的自动双边磨等大型玻璃加工设备。2000年，通过ISO9001：2000质量管理体系认证，年生产各种建筑幕墙、铝合金门窗20万平方米。

红五星广告制作有限公司　执行董事许斌，为2003年度无锡市优秀私营企业家。成立于1994年，位于通惠东路114号，公司主营大型数码喷画、专业广告策划展示、公共设施工程项目服务、标识标牌设计制作、国内外品牌物材及广告耗材销售等。注册资金500万元，员工55人。公司先后在无锡、南京、合肥等地建立连锁公司，是华东地区规模较大的专业性、综合性广告企业，江苏省民营高科技企业。有符合国际4A企业标准的制作车间3000平方米，拥有从美国、以色列引进的多台大型喷画设备、硬材雕刻机，有一支专业广告设计、制作人员队伍和丰富多彩的图库资料。

无锡市机电五金产品商场有限公司　董事长陆亚龙，为2004年度无锡市优秀民营企业家。公司位于通惠东路141号。创办于2000年，继租赁泰山商场300个摊位后，又陆续开办天地行机电设备有限公司、天地行五金机械有限公司、绿丹蓝服装商场有限公司等，实现公司跨省、跨行业的连锁经营。

德力西集团无锡销售有限公司　董事长赵建华，为2004年度无锡市优秀民营企业家。位于解放东路918号。是德力西集团在苏南地区设立的唯一销售窗口，多次荣获德力西集团“销售先进单位”、“金牌销售公司”“信用资级AAA级企业”。德力西电器有限公司是温州、乐清市最大的合资企业，创办于1984年，是以输配电气为主业的大型工业企业。主要生产高压电器、低压电器、成套电器、交通电器、防爆电器、建筑电器、仪器仪表等产品，拥有员工1.3万余人，产品覆盖300多个系列、3万多个规格，为中国民营企业十强之一。德力西坚持“德极人类、力创未来”的理念，为中国国防、航天、电力、建筑、冶金、交通等国家十几个重大工程项目发挥过重要作用，江泽民、胡锦涛等党和国家领导人亲临视察，对德力西的创新与发展给予充分肯定。2002年，德力西综合实力位居全国民营企业500强第5位。

威华电焊机制造有限公司　董事长兼总经理张荣南，为2004、2005年度无锡市优秀民营企业家。2001年4月由无锡市电焊机厂转制成立。是无锡华光锅炉股份有限公司（原无锡锅炉集团）下属具有独立经营法人资格地位的子公司，为全国电焊机行业协会、中国焊接协会和中国工程建设焊接协会理事，中国石化集团供应网络成员单位，综合经济指标在全国电焊机行业排名第三位。公司注册资金460.5万元，职工218人。其“威华”牌电焊机长期服务于船舶制造、锅炉压力容器制造、金属结构制造、石油、化工、电力、冶金建设、输气输油管道敷设、城市机械化施工等大行业、大企业、大工程。20%产品销往国际市场。2005年，营业额5013万元，利税982.4万元。

山禾集团汇华医药有限公司　董事长兼总经理陶乐平，为2005年度无锡市优秀民营企业家。位于广瑞路50号。是无锡市医药批发行业骨干企业之一，又是无锡市流通企业纳税百强企业之一，是市国家税务局及地方税务局联合评定的A级纳税信用单位。2003年公司批发与零售业务分离，成立子公司——无锡汇华强盛医药连锁有限公司，是年，通过国家级的GSP认证，并被市工商联等部门评为“守信用、守信誉、守信义”单位。公司总资产7200万元，员工296人。2005年，完成销售3.2亿元，利税500万元。

银仁房屋开发有限公司　总裁沈笑安，为2005年度无锡市优秀民营企业家。位于县前西街99号银仁大厦。成立于2000年1月，是银仁集团下属分公司之一，注册资本5000万元，具有房地产开发二级资质，经营范围包括房地产开发、销售及租赁业务。2000年，投资1.2亿元开发银仁大厦，总建筑面积5万平方米，主楼高30层，住户217户，70%以上为外籍人士居住。2004年11月，以5.3亿元竞得学前东路东侧56号地块，建造占地19.5万平方米、建筑面积56.7万平方米银仁御墅花园，总投资16.8亿元。2005年，营业额8673万元，上缴税金629万元。

江苏弘业永盛进出口有限公司　总经理毛文明，为2005年度无锡市优秀民营企业家。位于复兴路125号。成立于1999年，是一家主要经营纺织服装、轻工百货和文体用品等进出口业务的综合性外贸公司。公司与美国、日本、韩国等多个国家和欧盟、东盟、中东、非洲、南美洲及中国香港地区建立广泛的贸易联系，并通过参股、合营、投资等方式在文体、服装等行业拥有多家附属生产企业，发展成为拥有进出口贸易、进出口代理及相关产品开发与生产为一体的综合性经营实体。2005年，营业额达3.24亿元，利税500万元。

金瑞物资配送有限公司　董事长兼总经理符梅珍，为2005年度无锡市优秀民营企业家。位于人民中路123号。其前身为无锡市物资局物资配送中心下属的经营公司，1997年8月转制为市物资行业第一家股份制企业，注册资本1668万元，主要从事金属材料、机械设备及器材、建筑材料、化工原料、木材的销售及货物进出口贸易等，为宝钢、鞍钢等大中型企业提供钢坯、生铁、焦炭和委托外贸公司进口铁矿砂内销业务。2004年获外经贸部批复的自主进出口经营权，2005年，成为中国五矿化工进出口商会会员。

第四纺织机械有限公司 董事长兼总经理顾德元，为2002年度、2005年度无锡市优秀私（民）营企业家，2003年江苏省优秀私营企业家，并获2004年度发展无锡市民营经济突出贡献奖。

（见本节【无锡市“十佳”私（民）营企业】第四纺织机械有限公司内容，第458页）

第三章 民营经济管理

1998年，市委、市政府颁发《关于进一步鼓励、引导发展个体私营经济的意见》后，辖区个体私营经济管理机构逐步健全，工作力度不断加强。2001年，贯彻市《关于进一步加快发展私营个体经济的实施意见》，区成立发展私营个体经济工作领导小组，并下设办公室，负责辖区个体私营经济的规划、引导、协调、管理。2002年后，贯彻国家、省、市鼓励个体私营经济发展的政策，发展个体私营经济由“引导、鼓励、促进、扶持”转向“引导、扶持、鼓励、服务”，区先后出台一系列政策措施，着力营造便利创业的服务环境、平等创业的政策环境和支持创业的亲商环境，突出解决影响发展的难点问题，全力服务扶持促进个体私营经济快速发展。2004年，根据市颁发的《关于促进民营经济更快发展的意见》（简称50条）和市相关部门出台的配套文件，区研究出台加快推进民营经济的意见，促进民营经济加速扩张。2005年，全面落实对民营经济的各项扶持政策，促进民营经济持续健康发展。是年9月，无锡市委、市政府在广益街道召开无锡市个体工商户发展现场会，推广崇安区发展民营经济的经验和做法。区个体私营经济办公室于2003~2005年连续3年荣获无锡市扶持私（民）营经济发展先进集体；工商崇安分局于2002~2004年连续3年荣获无锡市扶持私（民）营经济发展先进集体。

第一节 机 构

80~90年代，区个体工商户、私营企业主要由区个私协会管理。2001年8月，成立崇安区发展私营个体经济工作领导小组，由区长任组长，分管副区长任副组长，区委办、区政府办、区发改局、区经贸局、区工商局等19个部门主要负责人为成员。领导小组负责对全区民营经济发展中的重大问题进行决策指导和检查督促。领导小组下设办公室，由区政府办主任兼任办公室主任，区统计局局长兼任常务副主任，抽调区有关部门人员为办公室成员，协调相关部门为民营企业提供指导和服务。区私营个体经济办公室设在区经贸局。2004年3月，更名为崇安区民营经济领导小组，组成人员不变，办公室主任由区统计局局长兼任。与此同时，各街道相应建立领导小组，抽调人员成立办公室，负责辖区内发展私营个体经济的组织协调工作，业务上受区私营个体经济领导小组办公室指导。

第二节　服务扶持

进入21世纪，区围绕构筑无锡服务业核心区的目标，把园区、楼宇、市场等载体建设作为发展个体私营经济工作的重中之重，先后建成明珠私营经济园、广益私营经济园、诚志科技园，总面积达到84万平方米，入驻企业逐年增加。迄2005年，园区私营企业达到673家，年销售总额43.26亿元，上缴税金7406万元。与此同时，不断推出简化登记环节、减少行政收费、促进银企合作、开展评先创优等服务举措，并制定和实施招商引资奖励办法和优惠政策，努力营造便利创业的服务环境、平等创业的政策环境、支持创业的亲商环境，积极扶持个体私营经济做大做强。

【构筑载体】

园区建设　2001年，区结合工业结构调整，整合辖区资源，利用朝阳服装总厂、兴业五金塑料厂等厂房组建私营工业经济园，园区占地2.26万平方米，吸引18家企业入园生产。2002年，区私营工业经济园改称明珠私营经济园，占地扩大到3.8万平方米，实行税收"两免三减半"和房租"第一年全免、第二年免50%、第三年免30%"的优惠政策，吸引企业200多家，吸纳资金1亿多元。是年，广益街道在通江大道898号建成广益私营经济园，占地80万平方米，以轻工、纺织、机械加工、精细化工等行业及科技开发项目为主，实行"免征粮物调基金，部分减免企业所得税和免征综合基金"的优惠政策，吸引内资1000多万元；吸纳日本和中国香港客商投资，签订5.5亿元合同或合作意向项目6个；入驻企业100多家，东泰精细化工有限公司、北京现代汽车无锡销售有限公司、光仁不锈钢有限公司、中项不锈钢有限公司、新光源工业材料有限公司、风神蓝鸟汽车销售有限公司等销售超亿元的骨干企业相继进驻。同年，区又在金海里137号建成多元投资的区科技园暨科技创业服务中心——诚志科技园，园区占地2000平方米，其中公共服务面积710平方米，与明珠私营经济园实行相同的优惠政策，吸引4家科技型私营企业入驻。所有园区均实行"统一建设、统一管理，集中供电、集中供水"的服务模式，较好地解决个私经济发展中用地、用电、用水难的矛盾。2003年，广益私营经济园入驻企业增加到126家，年销售总额19.61亿元，上缴税金1279万元。诚志科技园入驻企业达到30家，年销售总额855万元，上缴税金7万元。2005年，明珠私营经济园企业增加到523家，入驻企业以商贸流通、现代服务业为主，年销售总额28亿元，上缴税金5106万元；广益私营经济园入驻企业增加到132家，年销售总额15亿元，上缴税金2000多万元；诚志科技园入驻企业增加到18家，年销售总额0.26亿元，上缴税金300多万元。

市场建设　80~90年代，为满足人民群众生活需求，方便人民群众购物，区先后重建、改建、扩建、新建农贸市场、副食品市场、小商品市场，以及布料、杂粮、自行车等贸易市场。2000年，辖区内市场总数22个。进入21世纪，市场建设由综合市场转向主题市场，由大建市场转向建大市场，由小而散演变为专业化、规范化格局。2004年，建成学前东路五金机电市场、312国道汽配市场和锡沪路装饰装璜材料市场，呈现龙头市场上规模、主题市场显特色的良好态势。2005年，市场总数发展到49个，经营面积进一步扩大，经营摊位增加，吸纳大批个体工商户和私营业主入内经营，为个体私营经济构筑良好发展载体。

【招商引资】

2001年，区委、区政府提出抓好招商引资，制定和实施招商引资奖励办法和优惠政策，创造良好投资环境，着力营造有利于个体私营经济发展的政策环境。通过推进私营经济园区建设，盘活区域资产存量、开发建设载体等途径，吸引区外私营企业来区落户。是年，新增各类经营用房2万多平方米，吸引天外天、高山流水、避风塘等一批餐饮企业和天龙、银佳等一批房地产开发公司到区投资兴业，全年引进区外境内资金1.27亿元。2002年，适应区划调整和税收属地征收体制的变化，以“大开放、大招商，促进大发展”为根本要求，以招商引资、招商引企为主要途径，培植稳固税源。发挥中心商务区区位优势，吸引区外私营企业抢摊崇安区，引进区外境内资金4.14亿元，比2001年增长225.98%；引进企业493家，其中注册资金50万元以上的企业398家，注册资金100万元以上企业58家。2003年，区委、区政府继续把招商引资作为经济工作的重点，逐级落实责任，形成全区上下招商引资的浓厚氛围。是年8月，区委、区政府首次组团，随无锡市赴温州、福州、深圳三地招商，共签订投资项目15个，29.56亿元。其中，合同项目4个，7.33亿元；意向项目11个，22.23亿元。是年，引进区外境内资金16.67亿元，比2002年增长302.66%，为前两年总额的3.05倍；引进企业973家，其中注册资金500万元以上的企业58家，注册资金100万元以上企业424家。2004年，引进区外境内资金17.76亿元，企业891家，其中注册资金500万元以上企业41家。2005年，引进区外资金22.68亿元，为2001年引进区外境内资金的17.86倍；引进企业668家，其中，注册资金1000万元以上企业57家。

【扶大做强】

2000年，为扶持私营企业做大做强，区积极引导个体私营经济参与国有集体企业兼并联合、参股合资。2002年，按照“增加总量、提高比重，扩大规模、提升水平”的要求，鼓励私营企业加大有效投入，更新技术装备，扩大经营规模，重点打造一批实力较强、科技含量较高、发展前景较好的骨干企业，推动私营企业上规模、上水平。是年，注册资金100万元以上的私营企业由2001年25家增加到90家，注册资金1000万元以上的私营企业新增加38家。2003年，营造更为宽松的政策环境，鼓励私营企业到区外投资。是年，无锡市瑞林针织服装有限公司投资1000万元，到徐州贾汪区兴办服装企业；红五星广告制作有限公司投资50万元在安徽省蚌埠市成立广告传媒分公司；机电五金市场有限公司投资50万元到安徽省蚌埠市成立子公司，扩大销售。辖区新增注册资金1000万元以上的私营企业15家；新增销售超亿元企业12家，卓诚汽贸、恒山不锈钢等2家企业销售超5亿元。2004年，加快主题楼宇、特色商业街、规模型主题市场等载体建设，私营企业进一步壮大。是年，新增注册资金1000万元以上企业16家；新增销售超亿元企业15家，天亿国际贸易有限公司、金瑞物资配送等5家企业销售超5亿元。2005年，新增注册资金1000万元以上企业23家；新增销售超亿元企业36家，其中，销售超5亿元企业4家、销售超7亿元企业3家、销售超10亿元企业2家。辖区私营企业注册资金71.37亿元，比2001年增长30.86倍；国内生产总值65亿元，比2001年增长16.8倍；固定资产投资额19.34亿元，比2001年增长95.7倍。

【银企合作】

2002年起，为多渠道探索解决辖区私营企业融资难问题，区协调人民银行、市个私协会等部门，多次组织银企座谈会，增进金融部门与私营企业的相互了解，把有规模、信誉好、效益佳、科技含量高、发展潜力大的私营企业，作为“银企合作”推荐名单，经无锡市私营个体经济办公室审定，美丽园酒楼有限公司、大洋制冷工程有限公司、溢富贸易有限公司获得银行授信。2003年，协调华通汽车销售有限公司等9家私营企业获得授信，解决银行贷款5585万元。2004年，又有景山房地产开发公司等17家私营企业获得授信，协调解决银行贷款8100万元。是年，区设立中小企业发展专项资金，与无锡市中小企业发展专项资金配套，进一步拓宽企业融资渠道，解决辖区“有项目、有市场、有技术、缺资金”的民营企业融资难、贷款难，第六色织厂等7个单位的技术创新和技术改造项目获得省、市专项补贴。2005年，区帮助山禾汇华医药有限公司等10家民营企业获得银行授信，解决贷款1.09亿元。第九棉织厂、三山晒图厂等3个项目获得江苏省扶持民营经济发展专项资金。

【简化手续】

1992年，为促进个体私营经济进一步发展，区工商部门由过去每周3个半天的接待受理制改为全周全天候受理制，做到及时审核审批。企业登记管理取消集体会审制度和由居（村）委、街道（乡）层层把关，实行分段式登记综合性管理的办法。1997年后，为企业、个体工商户办照法定时间由1个月缩短到7~10天。1999年，实行注册登记、监督管理两分离后，办照时间进一步缩短。2000年，区工商部门受理大厅由“受理式”改为“办结式”，实行一站式办公、一条龙服务。2002年，个体登记执行“三个统一”：统一登记表式、统一操作程序、统一操作材料。2003年5月以后，注册资本100万元以下的新办公司制企业登记注册，改由市工商局授权区工商部门办理，方便个体工商户和私营企业就近注册登记，申领营业执照，提高办证效率。是年6月起，个体工商户的开业、变更、歇业等的登记核准工作改由所在地的工商所直接办理。2004年4月，建立“特事特办、急事急办、难事巧办”的“绿色通道”制度，对个体私营业主登记、办证等实行“一审一核”制，受理、审查2个登记流程合并为1个，通过书面授权，下放核准权限，并全面推行程序公示制、部门负责制和服务承诺制，对申请人提交的材料符合要求的，实行当场办证。是年11月，成立区中小企业发展服务中心，区工商部门登记注册科及档案室成建制入驻服务中心，企业登记注册在无锡市率先使用江苏工商电子政务管理信息系统，进一步缩短登记流程，简化审批程序，提高工作效率。2005年，各街道相继建立民营经济服务中心，初步形成区街两级民营经济服务网络，为民营企业提供融资信息发布、帮助企业获得贷款、组织各类培训、创业辅导、维权咨询、投资政策咨询等服务，并开设“民营经济维权投诉中心”热线电话和网上投诉通道。是年，区中小企业发展服务中心为民营企业注册登记、贷款融资及政策咨询、投诉等提供服务150件次，无一投诉。同年9月，仅用一天时间办结香港居民周女士的个体工商户营业执照，时为无锡市第一份香港同胞个体工商户营业执照。

【减少收费】

2002年11月，区组织召开以企业减负、清理乱收费为主要内容的座谈会，部署落实无锡市取消部分行政收费项目的要求，实施企业收费登记卡制度。2003年11月，向辖区私营个体企业发放《无锡市涉及企业负担的行政性收费项目及标准汇编》4500本，宣传规范行政收费的政策，杜绝乱收费、乱摊派、乱罚款“三乱”现象。是年，为140多名下岗再就业的个体经营者减免各项规费120余万元。2004年，在广益街道率先实行新办民营企业零收费制度。2005年10月，针对辖区内“三乱”现象有所抬头，区组织区民营办、发改局、经贸局等部门实地调研，提出具体解决办法和措施。是年，又为287名下岗失业人员减免申办个体工商户的各项费用182万元。

【评先创优】

进入21世纪，区委、区政府除组织个体工商户、私（民）营企业参加无锡市先进个体工商户和“十佳”规模型、效益型、科技型、外向型、成长型、商贸型私（民）营企业创建及优秀私（民）营企业家评选活动外，还结合年度区双文明建设先进表彰大会，表彰和树立个体私（民）营经济发展的先进典型。2002年3月，区委、区政府对纳税30万元以上的华通汽车销售有限公司等20家私营企业和经营有方、依法纳税的万家灯火餐饮有限公司总经理崔淑等10名优秀私营企业家进行嘉奖。2004年起，每年评选优秀民营企业10家，优秀民营企业家和自主创业先进个人各10人，对纳税前10位的民营企业家，授予区民营经济发展贡献奖。

第十二编

综合经济管理

1986年后，随着社会主义市场经济的确立与发展，政府职能逐步从过去直接管理经济转向遵循市场经济规律，依法行政、协调平衡、监督服务上来。同时，区按照转变政府职能的要求，精简和合并重复设置、职能相近的工作部门，充实和加强适应市场经济框架的工商管理、审计监督、物价监管等机构，致力于理顺全区经济运行、监督管理体系。通过中长期发展规划和年度调控目标，运用财税等调控手段引导经济运行，运用经济手段与法律手段促进市场经济健康有序发展。各综合部门加强合作、互相配合，不断完善各类政策措施，为区域经济和社会发展创造公平合理的竞争环境，促进区域经济的可持续发展。

第一章　计划管理

1985年前，全区没有专门的经济管理机构，各项经济和社会发展计划，由各主管部门汇总上报到区，涉及市审批的项目由区上报市主管部门审批。随着改革开放的深入发展，市政府职责权利逐步下放，城区经济管理职能有所扩大，区逐步建立适应市区两级事、财、权相适应的管理机制。特别是1992年市实行指令性计划、指导性计划和市场调节相结合的计划管理体制后，区综合经济管理部门逐步实现由计划经济体制向市场经济的转轨，管理内容和形式不断发生新变化。从批项目、分物资逐步转为研究和提出城区经济发展的总体战略、政策措施，从偏重于运用行政手段进行直接管理，转为运用经济政策、经济杠杆进行间接管理，为企业发展提供协调服务。1996年、2001年和2005年先后3次实施城区管理体制改革，区级政府协调推进产业结构和布局调整，促进改革深化，驾驭经济和社会发展的能力逐步有所增强。

第一节　机　构

80年代起，区计划经济管理部门历经多次调整，其职责范围随之发生变化。1984年5月，成立区工业公司，与区工业局实行一套班子、两块牌子的管理体制，负责管理区属工业和街道工业企业。1985年4月，撤销区工业局，成立区计划经济委员会（简称区计经委），以及集体事业单位性质的区工业联社，保留区工业公司牌子，与区计经委实行一套班子、两块牌子的管理体制。1991年，区工业公司与区计经委管理职能分设，区计经委负责全区计划与管理，区工业公司负责管理区属工业，街道工业划归其所属街道管理。区工业联社与区工业公司合并，仍实行一套班子、两块牌子管理体制。1992年5月，区计经委改称区计划委员会（简称区计委），成立区对外经济贸易委员会、区统计局，与区计委合署办公，仍保留区工业公司牌子。区计委内设综合计划科、办公室。下属单位有区供销经理部、区物资公司。1993年3月，区计划委员会（区统计局）复称区计划经济委员会（区统计局）。1996年10月，根据市委、市政府《关于无锡市崇安区党政机构改革方案的通知》，区计划经济委员会更名为区计划与经济局，挂“区对外经济贸易局”“区第三产业办公室”“区科学技术局”“区经济体制改革办公室”牌子。区计划与经济局为区政府主管国民经济社会事业计划与经济工作的职能部门。其主要职能是：负责编制全区国民经济和社会事业的发展规划、计划，研究提出有关政策、措施；协调经济和社会事业的发展目标，会同有关部门制订产业、行业方面的重要政策，并督促实施；做好国民经济和社会事业目标管理工作，组织对全区工业经济、第三产业综合分析和宏观管理；负责全区建设项目、企业审批，以及产品质量、许可证、标准、计量、技术、环保设备、安全、技改立项的管理。内设“一室七科”，即：办公室、综合计划科、经济运行科、经济体制改革科、对外经济贸易科、科学技术科、第三产业科、经营管理科。2001年10月，根据《无锡市崇安区区级党政机关机构改革实施意见》，区计划与经济局改建成区发展计划局（简称区发计局），为区政府主管经济和社会事业发展计划、物价管理的工作部门。区物价局作为挂牌机构连同职能并入区发计局，挂“区物价局”牌子，正科级建制。原在区计经局挂牌的区对外经济贸易局、区科学技术局和内设的区安全生产监督管理局、区经营管理处划入区经济贸易局，其职能相应划出。同时，撤销区工业公司，其管理职能划归区经济贸易局，人员编制纳入区工业联社。撤销区第三产业办公室、区经济体制改革办公室，除保留体制改革职能外，其他职能相应撤销。区发计局主要职责有13项：组织编制全区经济和社会发展中长期规划并实施管理；负责年度计划的分解、预测、检查、平衡、分析工作；负责全区各主要经济部门目标管理项目（含重点项目、为民办实事项目）的制订和跟踪管理；负责全区各有关经济部门考核办法的制定和目标管理的考核兑现工作；负责各类基本建设项目的会审审批和报批工作；负责全区体制改革宏观指导性政策的研究和措施的制定工作；负责全区企业改制、改组、改造工作的指导、咨询、审核、审批；参与事业单位的改制、改革工作；按照国家方针、政策和法规，负责全区范围内的价格管理和监督检查，拟定贯彻实施意见，围绕政府的物价控制目标，努力实现本区年度物价涨幅控制指数；按照政府定价的项目与权限，对部分商品和服务项目进行定价，对基本生活必需品和服务价格实行检审监测；负责全区行政事业性收费申报、收费许可证审批工作，实行收费年检制度，治理整顿乱收费，协调处理收费争议；依法检查、处理全区范围内的各种价格违法行为，负责价格违法案件的审理、复议和来信来访工作；建立全区价格信息网络，开展价格咨询、价格鉴证和价值评估等价格事务工作。内设综合管理科、计划管理科、体制改革科、物价管理科。2005年1月，根据《无锡市崇安区人民政府机构改革方案》，区发计局改组为区发展和改革局（简称区发改局），对外挂“区物价局”牌子，为区政府工作部门，正科级建制。区发改局内设综合管理科、计划管理科、体制改革科、物价管理科。迄2005年未变。1986~2005年，历任区计经委、区计委、区发改局主要负责人有：阙炳松、刘健华（兼）、沈江、钱俊方。

第二节　计划（规划）编制与执行

1986~2005年，区政府先后组织制订4个经济和社会发展五年计划（以下统称计划）。其间，负责编制计划的单位历经多次变化，1986~1993年，由区政府办公室负责编制；1994~2001年，由区计划与经济局负责编制；2002~2004年，由区发展和计划局负责编制；2005年，由区发展和改革局负责编制。计划编制后，经区委和区政府讨论并修改完善，形成草案，由区人民代表大会审议通过。

1998年前，区政府制订的国民经济社会发展年度计划的主要内容写入《区政府工作报告》，一并提请区人民代表大会审议通过。1998~2002年，年度国民经济和社会发展计划执行情况和计划（草案）的报告单独成文，与政府工作报告同时提请区人民代表大会审议。2003年始，因年度计划报告与《区政府工作报告》内容过于重复，区人民代表大会上不再审议年度计划报告。在计划执行中，区政府加强经济运行监测、宏观调控、协调服务等工作，对促进经济和社会事业持续协调稳定发展起到重要推动作用。

区委、区政府还组织制订5个专项规划：1991年，由区计经委编制《无锡市崇安区工业经济1991~1993年产品结构调整规划》；1992年，由区妇联编制《无锡市崇安区“三优”工程规划》；1997年，由区妇联编制《无锡市崇安区“九五”妇女发展规划和无锡市崇安区“九五”儿少事业发展规划》；2002年，由区妇联编制《无锡市崇安区2001~2005年妇女发展规划》和《无锡市崇安区2001~2005年儿少事业发展规划》。

【“七五”计划（1986～1990）】

方针与任务　“七五”计划提出：要贯彻“经济要进一步稳定，改革要进一步深入”的总方针，坚持以经济建设为中心，深化城区各项改革，努力发展区街经济。工业要坚持提高质量，提高综合经济效益，要以提高出口创汇水平为中心，调整产品结构，发展名、优、特、新产品，推进技术进步。商业等第三产业要开发新的商业网点，搞活流通。要努力增强房产开发能力，加快旧城改造和市政基础设施建设，绿化亮化城区环境，改变城区面貌，不断提高城区综合管理服务水平。其间，区政府把工业、财贸、城建、文卫四个方面、30项目标归入年度经济社会发展目标管理进行考核。

执行结果 "七五"期末，与1985年相比，全区工商销售总额4.54亿元，增长147.77%，年均增长29.55%，其中，工业销售额年均增长18.51%，商业等第三产业销售额年均增长40.55%；工商利润达到2035.32万元，年均增长3.23%；外贸出口商品收购额2092.35万元，年均增长16.71%。"七五"期间，累计投入1150万元，实施53项重点技术改造和项目引进，开发新产品70种，创国家二级企业1家，省级企业3家，市级企业5家，创国优产品1种，部优产品4种，省优产品5种。商业网点建设大发展，迄1990年，商业网点增加到792个，比1985年增加388个；建成各类集贸市场15个，占地面积2.13万平方米，集贸市场成交额达到1.7亿元。翻建道路97条，计9.75万平方米。改造铺设下水管道1.01万米。植树27万株，人均绿地面积提高到3.58平方米。人民生活得到改善，全民、大集体企业职工平均工资达到1806元，5年增长70.22%，街道企业职工平均工资达到1414元，5年增长76.97%。

【"八五"计划（1991～1995）】

1990年，区政府在适当调整和充实1990年初提出的三年工作目标的基础上，形成《无锡市崇安区经济和社会发展"八五"前三年计划（1991~1993）草案》，1991年3月，由区十二届人大二次会议审议通过。1992年，又编制《无锡市崇安区1993~1995年国民经济和社会事业发展计划》，1993年2月，由区第十三届人大一次会议审议通过。

方针与任务 "八五"计划提出：要实施经济结构的战略性调整，在稳定发展第二产业同时，把第三产业摆到突出位置，以房地产开发为龙头，带动和促进其他经济门类的发展和调整，发展外向型经济，兴办合资企业，把提高合资企业的档次放在首位，提高合资企业的水平、规模和质量。加大技术改造力度，开发新产品，培育发展后劲。把发展和改革结合起来，积极稳步地把改革引向深入，进一步增强企业活力，调动企业和劳动者的积极性和创造性。

执行结果 "八五"期末，全区国民生产总值完成4.5亿元，其中，工业增加值7913万元，第三产业增加值3.6亿元。全社会销售收入22.92亿元，增长4倍，年均递增35.7%。实现利润6872万元，增长2.4倍，年均递增24.3%。对外开放步伐较大，外贸供货额完成1.20亿元，年均递增24.34%。1993~1995年，累计利用外资1158万美元，自营出口创汇229万美元，开办"三资"企业28家。"三产兴区"成效明显，第三产业增加值占国民生产总值的比重从1990年的56%提高到80%。房地产开发从小到大，开发功能和效益日益显现，5年累计开发105.38万平方米，竣工69.9万平方米。新增商业网点300多个，新建专业特色市场5个。城市面貌变化显著，新建一批新村，基本完成上马墩、庆丰里等低洼地区改造，人均绿地由1990年的3.58平方米提高到4.1平方米。社会事业发展较快，实施44项科研项目，完成基本普及九年制义务教育和基本扫除青壮年文盲的任务。"八五"时期在取得以上成绩的同时，也存在一些日益突出的困难和问题，主要是全区经济持续、稳定发展的基础还比较脆弱，培育工业支柱的进展还不快，经济发展的后备项目还不多，产业结构调整中劳动力转移的压力还很大，经济运行质量和整体素质的提高还处于起步阶段。此外，影响社会稳定的因素还存在，社会治安、市容整治、环境保护、外来人口管理等方面的任务越来越重。

【"九五"计划（1996～2000）】

1996年2月，区第十三届人大第四次会议经过审议，通过区政府提出的《无锡市崇安区国民经济和社会发展"九五"计划和到2010年远景目标纲要（草案）》。在"九五"计划实施期间，由于国家宏观经济政策、战略方针和国内外经济形势发生很大变化，为了使计划更好地适应市场经济发展规律，顺应经济体制和经济增长方式两个根本性转变，适应全区经济工作思路的战略性调整，加快发展区域经济的要求，1998年，区政府对"九五"计划进行修订，并于1999年1月区第十四届人大第二次会议审议通过。

方针与任务 “九五”计划的奋斗目标是：到2000年，全区基本实现区域中心社会主义现代化，努力达到“三个领先”。即：在形成“三产兴区”新优势，增强发展后劲方面领先一步；在提高城区综合经济实力和整体素质方面领先一步；在提高城区建设、管理、服务水平方面领先一步。主要任务有10项：全区国民生产总值达到12.9亿元，年均增长23.5%，其中，三产增加值占国民生产总值的比重稳定在80%以上；全社会销售收入达到72亿元，年均增长26.2%；利润额达到1.4亿元，年均增长15.9%；全社会固定资产投入累计达到20亿元；实际利用外资累计达到3000万美元；外贸出口供货额达到3亿元，年均增长24.5%；自营出口创汇累计达到600万美元，年均增长32%；人口自然增长率控制在5‰以内；职工人均收入达到1.2万元；人均绿地面积达到并保持4.5平方米。到2010年的远景设想是：形成比较完善的市场经济运行机制，实现社会主义现代化，把崇安区建设成为经济繁荣、科教发达、环境优美、生活富裕、法制健全、社会文明的先进城区。全区国民生产总值在“九五”期末的基础上再翻两番半，达到80亿元，年均增长20%；销售收入达到670亿元，年均增长25%；利润总额达到5.6亿元，年均增长15%。

执行结果 “九五”期间，在亚洲金融危机影响扩散和国内出现通货紧缩的情况下，经济运行机制和经济增长方式发生深刻变化，以培植税源为核心的开放型经济发展战略的提出和实施，促进全区经济持续发展和综合实力的增强。2000年，全区国内生产总值达到10.03亿元，比1995年增长1.23倍，年均增长17.39%；“三产兴区”战略取得明显成效，第三产业增加值占全区国内生产总值比重提高到84%；全区国、地税总额超亿元，地方财政收入1.34亿元，增长1.14倍，年均增长16.42%；可使用财力8272万元，翻了一番多；社会消费品零售额7.68亿元，年均增长18.09%；全社会固定资产投资5年完成13.53亿元；自营出口总额累计完成1933.15万美元。企业改革不断深化，企业转改制任务基本完成，投资主体多元化、公有制实现形式多样化、多种所有制经济共同发展的新格局初步形成，混合所有制企业和个私企业实现的地方税收占全区比重上升到50%左右。事业单位改革稳步推进，街居职能转换全面推开，社会保障体系逐步健全，住房、医疗保险、养老保障制度等专项改革全面推进。以发展规模经济、特色经济、阵地经济和服务型经济为主要内容的经济结构调整初见成效，一大批重点项目相继建成开业。5年新增经营阵地5万多平方米，房地产开发业累计开工面积61万平方米，竣工面积52万平方米。后西溪特色饮食、健康路服装布料、崇安寺皇亭小吃、汉昌路电工电料等一批专业特色街坊相继形成，兴江房地产开发公司、新香港城大酒店、千惠温泉休闲中心、美丽园大酒楼、万家灯火大酒店、金碧辉煌商娱有限责任公司、千福门酒店有限公司等一批税源大户纷纷落户辖区。基础设施建设不断加强，环境面貌明显改观，5年累计完成120多万平方米老新村治理改造任务，先后建成区市政大楼、区环卫大楼，新建、翻建、修建人民路、崇安寺、周山浜环卫所和市政、绿化养护作业点，改建垃圾中转站2座，改造公共厕所49个，水冲式公共厕所达90%以上。投资700多万元，先后移建和新建西水墩、丁广、长安桥等泵站，新建、翻建、修建锡沪西路、槐树巷等道路2.8万平方米，改造、铺设下水道近4万米，完成植树16万株，新增绿地16.66万平方米。社会事业得到长足发展，素质教育和教育现代化工程全面推进，翻建、扩建连元街小学田径运动场、幼儿园校舍和崇安小学、后西溪中心小学、辅读学校、通汇桥中心小学，区中心幼儿园和辅读学校分别被命名为省示范实验幼儿园和省特殊教育现代化学校，先后有18所小学、11所幼儿园通过基本实现现代化评估验收，崇安医院被评为国家级“爱婴医院”。投资500万元，完成靖海、映山河分院改扩建，开设金海里分院。人民生活水平逐步提高，职工人均收入9639元，年均增长11.4%，比1995年增长70%以上，困难居民生活保障得到落实，下岗职工基本生活费和离退休人员养老金基本按时足额发放，下岗职工再就业率达到60%以上。

【“十五”计划（2001～2005）】

2001年4月，区第十四届人大第四次会议经过审议，通过《无锡市崇安区国民经济和社会发展第十个五年计划纲要（草案）》。

方针与任务 “十五”计划提出：“十五”期间要以富民强区总揽全局，坚持以“发展经济，增强实力，服务社区，造福人民”为指导，以结构调整为主线，以体制创新和技术创新为基本动力，实施“区域发展，三产兴区”“外向带动，科教强区”“服务为本，依法强区”发展战略，发展现代城市服务型经济，更快更好地发展社区服务业；提升发展第二产业，逐步提高高新技术产业在国民经济中的比重；发展以私营个体经济和混合型经济为重点的区域经济，构筑新的发展平台和产业高地。坚持以改革开放和科技进步为主动力，增强经济发展的活力和动力，坚持以人为本的发展观，把改善人民生活质量和促进社会事业全面发展作为根本出发点，坚持“两手抓、两手都要硬”的方针，促进社会全面进步。“十五”期间的奋斗目标是：全区国内生产总值年均增长预期调控目标为12%以上，私营个体经济占国内生产总值的比重达到50%左右，地方财政收入年均预期增长15%以上。到2010年，全区国内生产总值在2000年基础上增长2倍左右，经济社会发展和人民富裕程度达到较高水平，基本实现现代化。

执行结果 经济持续快速发展，不断跃上新台阶。“十五”期末，全区地区生产总值和社会消费品零售总额双双超过140亿，分别达到147.2亿元和148.52亿元，全社会国定资产投资达41.64亿元，同口径比较，分别年均增长17.6%、27.61%和20.57%；一般预算收入达10.27亿元，可使用财力从2000年的8272万元增加到2005年的2.29亿元，翻了一番多，年均递增22.59%。5年累计引进区外境内注册资金57.79亿元，累计完成协议注册外资1.24亿美元，到位注册外资5915万美元。以加快服务业为重点的经济结构调整取得明显进展，2005年，全区服务业增加值达128.2亿元，在地统计后年均增长20.49%，服务业增加值占地区生产总值的比重从2003年的82.97%上升到2005年的87.09%，提高4.12个百分点。先后建成崇安寺生活步行街区，大成巷步行街等一批特色商街（区），形成华东商贸城、好艺家灯饰等一批规模型主题市场。企业改革进一步深化，产权关系、劳动关系、债权关系基本理清，生产经营类、政企合一类事业单位产权制度改革基本完成，行政管理类事业单位清理归并基本到位，事业单位全员聘用制基本建立，村级集体经济股份合作制改革全面完成。城市面貌发生较大变化，累计整修道路2.37万平方米，翻建下水道2570米，新（翻）建泵站5座，加固驳岸圩堤5326米，新（移）建垃圾中转站5座，建成经济适用房30万平方米，农民安置房21.86万平方米，各类商住楼37万平方米，完成老新村整治改造58.66万平方米，累计植树53万株，新增绿地56万平方米，绿化覆盖率提高到14.2%。教育事业高位均衡全面发展，小学布局调整提前完成，区域教育现代化水平明显提高。公共卫生服务体系建设步伐加快，疾病预防控制体系和突发公共卫生事件医疗救治体系初步建立，通过全国社区卫生服务示范区专家评审。人民生活显著改善，在职职工平均工资达2.48万元，比2000年翻一番多。

第二章 统计管理

1992年2月，成立区统计局后，统计报表制度逐步得到健全和加强，统计运行实行单轨制，即全区统计数据公布均由区统计局负责。区统计部门从建立健全统计网络和统计方法、制度着手，从提高统计数据的准确性和及时性着眼，先后建立月度统计分析、年度统计资料等制度，努力行使统计管理、协调、监督、检查职能，提高统计资料质量，推进统计工作的规范化、制度化、法制化。其间，区统计机构还承担国家、省市下达的大型普查任务，按上级部门的时间节点和要求完成相关任务。

第一节　机　构

80年代，区统计职能由区计经委承担。1992年2月，成立区统计局，与区计经委合署办公，实行两块牌子、一套班子的管理模式。1996年10月，区党政机构改革后，区统计局改建为区政府序列职能部门。2001年10月，党政机构改革后改为区政府直属事业机构，迄2005年未变。区统计局是区政府行使统计与统计执法监督的工作部门，主要职责是贯彻执行国家和省市有关统计工作的法律、法规、规章、政策；组织实施和协调全区统计工作和核算工作；结合区情实际，建立和完善统计指标体系，确定全区统一的基本统计制度，组织领导和监督检查各街道、各部门的统计和经济核算工作；组织重大区情、区力的普查及抽样调查，收集、整理、提供全区性的基本统计资料，对区域发展情况进行统计分析、统计预测和统计监督等。1992~2005年，历任区统计局主要负责人有：陈芳芳、蒋志耘。

第二节　经济社会发展统计

【基本统计制度】

国内生产总值统计　国内生产总值是指所有国内常驻单位在一定时期内生产的最终成果，不仅包括物质生产成果，还包括非物质性服务的生产成果。1998年起，建立国内生产总值数据质量控制与评估制度，上报报表同时上报评估说明，进一步规范国内生产总值核算。国内生产总值执行的定期报表有季报、年报等10多种。

工业统计　工业统计报表的数据搜集主要采用企业填报基层表，然后逐级汇总上报的方式。1999年起，大中型企业采用网上直报，500万以上的规模企业实行超级汇总，500万元以下企业实行抽样调查。年定期报表主要有工业生产、销售、主要产品产量、主要经济指标、生产销售与库存、能耗等22种。

固定资产投资统计　固定资产投资统计以全面调查为主，即由建设单位按起报点层层汇总上报，1999年起，改由计算机进行超级汇总，并建立和完善固定资产投资项目建档制度。迄2005年未变。

贸易统计　面对众多的商业企业，全面报表制度已很难搜集到全面数据。1999年起，对限额以上贸易企业采用全面调查，限额以下企业采用抽样调查。迄2005年未变。

劳动工资统计　劳动工资统计主要搜集全区各类企事业单位和机关的从业人员、劳动报酬等变动情况，执行月报、季报、年报表制度。所需统计数字由基层单位填报，由区统计局汇总后报送市统计局。1996年前，用手工方法汇总。1997年起，改用微机超级汇总。迄2005年未变。

【“在地统计”制度】

2003年，按照全市统一部署，实行统计管理和方法制度改革。区统计局率先对辖区内区属及以下企业实施“在地统计”试点，同时，对市属以上重点企业开展调查摸底和“在地统计”业务衔接。2004年，“在地统计”制度在全市全面推开。逐步从“以条为主”转向“以块为主”统计管理，从单纯的经济统计转为经济社会发展统计。是年4月，全市首家独立的统计办公室在崇安区通江街道挂牌成立，此后，各街道陆续成立统计办公室，形成新的统计工作三级网络。迄2005年，全区6个街道共配有专职统计人员19人，其中，崇安寺、广益2个街道办事处各4人，通江、广瑞路、上马墩3个街道办事处各3人，江海街道办事处2人。各街道统计办公室工作人员平均年龄39.2岁，大专以上文化程度占68.42%，均具备2年以上从事统计或财会工作经历。

第三节　统计调查

【重点普查】

1994年，国家统计局明确普查在统计调查体系中的基础地位，正式确立国家周期性普查制度。普查项目包括人口普查、农业普查、工业普查、第三产业普查和基本单位普查5项。2003年起，普查项目调整为人口普查、经济普查、农业普查3项。人口普查以自然人为对象，主要普查全国人口和住房及与之相关的重要事项，每10年进行一次，在逢“零”的年份实施。经济普查以企业事业组织、机关团体和个体工商户为对象，主要普查第二、三产业的发展变化情况，每10年进行2次，分别在逢3、8的年份实施。农业普查以从事第一产业活动的单位和农户为对象，主要普查农、林、牧、渔业的发展变化情况，每10年进行1次，在逢6的年份实施。1994~2005年，区统计局共组织承办重点普查7次。

工业普查　1995年，区按照国务院关于进行第三次全国工业普查的通知精神，开展第三次全国工业普查。普查主要内容为1995年工业生产经营基本情况（包括生产、销售、库存和成本、费用、价格、盈利等），资产负债状况及其构成，生产能力利用和技术装备状况等。普查对象为全部工业企业，重点是国有企业、乡镇企业和外商投资企业。普查结果显示：1995年，崇安区有工业企业186家，实现工业总产值2.83亿元，实缴税金1455万元，实有资本1.06亿元，年末从业人员6319人。

基本单位普查　1996年，按照全国周期性普查规定，开展全国第一次基本单位普查。普查的标准时间为1996年12月31日。普查范围是区域内所有法人单位及其所属的产业活动单位和个体工商户。2001年，开展全国第二次基本单位普查。普查标准时间为2001年12月31日，普查资料的调查年度为2001年度，普查对象为中华人民共和国境内的法人单位及所附属的产业活动单位。普查结果显示：2001年末，崇安区共有法人单位3142个（其中单产业法人3081个，多产业法人61个，产业活动数3517个），个体工商户5917个，分别占全市的6.8%和5.3%。各类法人单位实有从业人数11.73万人，其中，女性5.13万人，个体工商户从业人员1.01万人。

第三产业普查　1992年底，根据国务院关于进行第一次全国第三产业普查的通知，区开展第一次全国第三产业普查。普查范围为区域内从事第三产业的所有单位。普查内容主要反映第三产业发展的规模、生产经营活动的成果、实物资产情况的指标，调查年度为1991年和1992年。通过普查，基本摸清崇安区第三产业底数，为区政府制订发展第三产业计划和政策提供依据。

人口普查　1986~2005年，根据国务院决定，先后组织全国第四次、第五次人口普查。1990年，开展全国第四次人口普查。普查标准时间为1990年7月1日零时。调查登记项目有52项，其中按户登记填报6项，按人登记填报15项。普查结果显示：崇安区有5.62万户，常住人口18.34万人，其中，男性9.21万人，女性9.13万人，男女性别比为101。2000年，开展全国第五次人口普查。普查标准时间为2000年11月1日零时。普查登记对象是具有中华人民共和国国籍，并在中华人民共和国境内常住的人口。普查首次采用抽样调

全国第四次人口普查员在居民家中普查登记（1990）　（区档案局供稿）

查技术，运用长短表相结合的形式，分为《普查表短表》《普查表长表》《死亡人口调查表》和《暂住人口调查表》（附表）四种表格。普查结果显示：崇安区有7.38万户，常住人口21.39万人，其中，男性10.89万人，女性10.50万人，男女性别比为104。

经济普查　2004年，按照《国务院关于开展第一次全国经济普查的通知》，区进行第一次全国经济普查。普查标准时点为2004年12月31日，普查资料为2004年度。普查对象是崇安区辖区内从事第二产业、第三产业的全部法人单位、产业活动单位和个体经营户，涉及19个国民经济行业门类、90个行业大类、378个行业中类、875个行业小类的全部经济活动。调查结果显示：崇安区共有法人单位3726个，法人单位的分支机构4519个，个体经营户8785个。

【专项调查】

1994~2005年，区统计局先后组织专项调查6次。

全国1%人口抽样调查　1987年，按照市统一部署，区在学前街、崇安等3个街道6个社居委开展全国1%人口抽样调查，调查的标准时间为1987年7月1日零时，人口抽样调查表设26个项目，死亡人口调查表设9个项目。调查采用分层、分阶段、整群抽样的方法，居民小组为最终样本单位，共调查登记5304人。2005年，按照市统一部署，组织开展全国1%人口抽样调查，调查的标准时间为2005年11月1日零时，人口抽样调查表按户填报项目20个，按人填报项目35个，死亡人口调查表填报项目8个。这次人口抽样调查范围总人口5581人，其中，外来人口1590人，占总人口的28.49%，2004年11月1日至2005年10月31日期间出生人口42人，死亡人口30人。按总人口计算，调查范围内的人口出生率为7.52‰，死亡率为5.38‰；按户籍人口计算，人口出生率为10.54‰，死亡率为7.53‰。

投入产出调查　1987年、1992年、1998年和2002年，区先后开展4次投入产出调查，编制投入产出表，上报市有关部门。

第四节　统计服务

区统计部门在全面完成各项统计调查和报表任务的同时，根据区委、区政府和有关部门的需要，及时提供月、季、年度主要统计数据、抽样调查和长江三角洲信息交流等资料。月度印制《崇安区经济与社会发展动态月度资料》，年度编印《崇安区统计年鉴》，及时反映全区经济和社会发展状况，为各级领导决策提供统计数据。1990年起，坚持围绕热点、难点开展调查分析，加强对宏观经济的监测和预警分析，加强与周边城区的横向比较分析。2000年后，统计职能由以往提供统计报表数据为主转变为提供系列汇编资料为主。2001年起，定期做好国民经济运行情况预警预测，及时向区委、区政府提供国民经济运行情况季度、年度预测分析和监测报告，并提出对策建议。以《统计内参》形式发布统计分析，2003~2005年，累计发表统计分析报告29篇。

第五节　统计法宣传

1998年起，按照全区推进依法治区工作的决定，结合“三五”普法教育，组织开展形式多样的《中华人民共和国统计法》宣传教育。是年，参加学习和培训考试72人次。2001年，又有600人次通过培训考试。2004年，为顺利推进“在地统计”管理制度改革的实施，区统计局向辖区所有市属以上企业发出《致市以上下划统计单位的公开信》，为“在地统计”工作的全面铺开奠定思想基础。是年，为配合第一次全国经济普查工作的开展，区统计局发出《致各单位和个体经营户的公开信》，把12月18日确定为崇安区经济普查宣传日，市、区联手在商业大厦广场组织由近千市民参加的理解、支持与参与经济普查工作签名活动和经济普查知识图片展览，组织6个街道分别在各街道辖区主干道路两旁摆摊设点，宣传《中华人民共和国统计法》和《全国经济普查条例》。

1986~2005年，区统计部门每年在各单位自查的基础上，有重点地对工业、批零贸易业、住宿餐饮业、房地产业等行业和劳动部门进行统计执法大检查。其间，1994年、1997年和2001年为统计执法检查年。其中，2001年重点抽查辖区单位41家。

第三章　审计管理

1989年，区审计局成立后，通过履行审计监督，严肃财经纪律，促进经济发展，推动廉政建设。特别是1995年《中华人民共和国审计法》颁布后，区审计局全面强化审计监督职能，突出审计重点，深化审计内容。1989~2005年，先后完成审计项目234个，延伸审计单位373个，审计资金总额183.70亿元。查出违纪金额10.17亿元，收缴财政2778.44万元，减少财政支出1029.78万元。在基建审计中，核减工程建设投资2679.56万元，为企业挽回经济损失2525.93万元，追缴个人违法所得19.49万元，移送经济案件2件，协助区纪检监察部门审查案件2起。对规范全区财务管理制度，加强廉政建设，发挥重要作用。2001年，区审计局被市审计局评为“审计准则活动年”先进单位。2002年，被市审计局、市人事局评为2000~2002年度无锡市审计工作先进集体。2002~2003年，先后被无锡市和江苏省城镇妇女“巾帼建功”活动领导小组授予市、省“巾帼示范岗”称号。

第一节　机　构

1989年8月，成立区审计局，为区政府主管全区审计工作的工作部门。2002年，核定行政编制5人，迄2005年，中高级职称人员比例达到83%，其中注册会计师1人、会计师2人。1989~2005年，历任区审计局主要负责人有曹锡林、邹欣欣、孙昌言。

1991年开始，区审计局着手组建基层一级内部审计机构，至1992年底，区建设局、区教育局、区房管局、区经贸局、区城建开发公司及8个街道相继建立内审机构，每个内审机构配备2~3名内审人员。内审机构成立后，主要开展资产负债审计、经济责任审计、工程造价审计、财务收支审计和专项资金审计。特别是区教育局内审机构，每年对区属几十所学校的财务工作进行审计和业务指导。区审计局着重加强对内部审计人员的培训，并对内部审计工作进行管理和指导。迄2005年，全区共有内部审计机构9个，专兼职审计人员18人。

为充分发挥党外人士参政议政、民主监督的作用，促进审计事业发展，1996年起，实行特约审计工作制度。是年3月，童伯锦、周文华、徐培松、陈明达被聘为区特约审计员。2004年7月调整后，毛亚平、邹岩、周亚珍、钱园园、唐德兴等被聘为区特约审计员。

第二节　国家审计

【预算执行审计】

1996年3月，根据《中华人民共和国审计法》规定，区审计局首次对崇安区1995年度区级财政预算执行情况及其他财务收支情况进行审计，探索"账户入手"的财政审计方法，重点对预算执行情况特别是财政性资金使用效果和管理等方面进行检查评价。就审计中发现的个别部门罚没收入未纳入金库管理、部分预算外支出直接在预算外收入中抵轧、与区外贸公司往来账目结算不及时等问题提出审计建议。以后，每年对区财政预算执行情况进行审计。2000年，审计发现区财政周转金借款损失较大等问题，提出加强和规范财政周转金管理、防范投资和放贷风险、提高投资效益的审计建议。2001年，对部门预算外资金专户储存、支出等账户进行延伸审计，发现区再就业服务中心借通达货运公司名户、虚列职工生活补贴、挤占再就业资金7.89万元等违规问题，提出审计意见，被挤占的再就业资金全额收缴区财政。2002年，对区属房产开发企业财务收支进行延伸审计，就严重欠税、债权债务等问题，提出审计建议。2003~2004年，区财政预算执行和其他财政收支审计以财政资金收支使用为主线，以预算内重点专项资金为重点，发现区卫生监督所等少数单位费用报支不够规范、支出控制不够严格等问题，提出改进和处理意见。1996~2005年间，共审计财政资金27.34亿元，查出违规资金5188.36万元，就建立健全财政财务管理制度、加强结算中心财务监督、强化税收征管等方面提出审计意见建议48条，促进财政部门加强资金管理与监督，提高财政资金的使用效益，同时也促进审计部门工作层次与水平的不断提高。

【财务收支审计】

企业审计 1999年5月，对长城经贸发展公司进行经济效益审计，发现该公司亏损严重，无法收回的坏账损失58.57万元，对外投资损失44.56万元，违法集资3526.10万元，逾期集资本金258.74万元，集资利息50.18万元，银行贷款逾期190万元，债务累累，处于倒闭状态。审计还查实该公司集资过程中，委托经办人——市商业银行管XX私自占有集资款等违法问题，追回违法所得，并移交市商业银行处理，审计建议提出后，区政府立即组织有关部门对该企业进行清算。2004年，对明广房地产开发有限公司进行财务收支专项审计，发现该单位财务管理混乱，私设小金库，漏缴税收790.24万元，利润反映不实，少结算经营成本6789.53万元，工程款超付36.32万元，对此，审计提出加强和规范财务管理核算等3条整改处理意见，被审计单位均采纳和执行。2000~2004年，还结合企业转改制，开展对8家区属企业终结前财务收支和资产负债、所有者权益审计。通过审计，核实家底，剖析亏损原因，全面反映企业不良资产、长期负债、对外经济担保、欠税、亏损等状况，了解医疗、养老等社保基金交纳情况，为区委、区政府决策提出审计建议，促进企业自觉遵守国家财经法纪，加强内部管理，提高经济效益。

行政机关审计 始于1987年。1993年，对区劳动局进行财务收支审计，审计发现乱收费、虚列劳务工资套取现金、设账外账、扩大消费支出、乱发钱物等违纪问题，提出审计处理建议。是年，还对区工业公司进行财务收支审计，审计发现少缴房产税、未经批准购买进口汽车、虚列支出套取现金、在账外扩大职工福利开支、乱收费等问题，提出审计处理建议。2004年2~3月，对行政区划调整中5个撤并街道办事处进行资产负债、净资产审计，审计范围涉及街道办事处的37个行政核算部门、34个社区居委会、1个托儿所、1个托老所、16家未转制企业、4家转制企业、4家控股企业共97个部门单位，历时60天。通过审计，核实财务收支情况，摸清资产，理清负债，夯实净资产。审计净调增资产3402.25万元，净调减负债1706.33万元，净调增净资产5108.58万元；揭示不良资产2102.11万元，虚拟负债516.27万元；反映账外资产1952.38万元，或有资产396.77万元，账外负债817.77万元，或有负债136.29万元。审计还对76905.72平方米房产及397份房屋租赁合同进行清核，提出审计建议43条、审计意见25条。1987~2005年，共审计行政机关44家，审计资金17.27亿元，纠正违纪违规金额1.38亿元，增加财政收入408.70万元，核实账外资产1696.37万元，揭示不良资产2172.92万元。

事业单位审计 1993年，对崇安职工业余学校进行财务收支审计，针对该单位隐匿收入、票据管理欠规范、兴办的第三产业监控管理不力等情况，提出审计意见。1999年，对区教育局财务收支审计，发现近3年出借下属3家校办企业959.16万元，因管理失误、经营行为不规范造成坏账损失。

审计提出加强校办企业管理，及时清理债务，加紧催收出借资金，确保教育资金不流失的建议。2003年9月，广益镇毛岸村群众集体上访，反映个别村干部侵占集体资产，区审计局对该村进行财务收支和资产负债、净资产审计，发现该村财务管理问题较多，主要是村级集体资产处置缺乏管理制度与监督制度，个别村干部侵占集体资产造成损失，资产不见底，固定资产管理混乱，投资建造房屋竣工不决算、不审计，审计调增资产651.02万元，调减资产265.43万元，净调增资产385.59万元，占资产总额的47%。审计揭示该村收益反映不实，随意调节收入与支出，审计调增收入30.39万元，调减收入106.85万元，调增支出146.38万元，调减支出106.85万元，净调减收益115.99万元，占本期收益的48%。还反映该村村办中外合资企业经营管理不善，负债480.70万元，造成工厂关闭等问题，依法提出5条审计建议。通过审计，化解矛盾，维护社会稳定，挽回集体资产损失。2004年，对崇安人民医院进行财务收支和资产负债、净资产审计，发现该院资产管理松散、账实不符，造成不良资产224.10万元；下属社区服务卫生中心药品管理混乱，配药随意性大等违纪违规问题。审计报告得到区领导高度重视，责成区卫生局加强督查，崇安医院立即整改。是年，还配合区财政、体改办对区房管局下属转改制事业单位的资产评估进行审计监督，确保转改制事业单位资产明晰，防止国有资产漏评、漏报以及漏提政府建设性规费，维护国有资产权益。

【经济责任审计】

1996年起，区推行干部任期经济责任审计制度，把任期经济责任审计作为加强干部监督管理的重要手段，将审计结果作为考察考核领导干部的一个重要依据。区成立领导干部离任经济责任审计工作领导小组，建立领导干部离任经济责任工作联系制度。区审计局出具的审计报告报送区人民政府、区委组织部、区纪检监察等部门，凡由区人大任命干部的审计报告，同时抄报区人大常委会。区审计局还定期将干部任期经济责任审计情况向区委常委会议、区政府办公会议、区人大常委会主任会议报告，重大违规违纪问题，由区纪检监察部门进行查处，并在区内通报。1999年，区委、区政府出台《关于实行领导干部任期经济责任审计的意见（试行）》，对区内经济责任审计对象、时限和内容，审计结果的运用和处理，以及审计程序、审计纪律作出明确规定，使经济责任审计工作步入制度化、规范化、法制化的轨道，并根据经济责任审计工作的需要，增加审计人员，改善办公条件，提高审计技术装备水平，确保审计经费到位，为开展经济责任审计工作创造良好条件。2005年，区委、区政府根据市委、市政府关于《党政领导干部任期经济责任审计的若干规定》的精神，进一步制定完善《崇安区干部经济责任审计制度》。1996～2005年，先后对90名各级领导干部进行任期经济责任审计，就被审计干部任职期内，资产负债损益和经营业绩、内部管理和财务管理等方面履行职责情况实施审计，并对所属221个内部独立核算部门及直属单位（企业）作延伸审计调查，有针对性地提出改进意见，帮助被审计单位建章立制，增强财经法纪观念。共审计资金98.98亿元，查处截留国家财政收入、偷税漏税、私设“小金库”、虚增利润等违规资金4.31亿元，增加财政收入1518.70万元，挽回企业损失453.21万元，追缴个人违纪所得2.93万元，受到党纪处分的领导干部1人。

承包经营经济责任审计　2003年起，连续3年对崇安职工学校进行承包经营经济责任审计，是年1月，对该校2002年财务收支和资产负债、净资产审计中发现，该校有坏账损失50.08万元，未交财政专户资金103.75万元，及时向区领导反映，引起有关方面的重视。

厂长（经理）离任经济责任审计　1996～2005年，共对7家企业进行厂长(经理)离任经济责任审计，审计发现虚盈实亏、债务严重、企业内部管理混乱等问题，及时向区领导汇报，有效遏止国有资产的损失。1998年，对崇安饭店经理离任经济责任审计中，发现任期内营业额严重滑坡，收不抵支，亏损149.21万元，累计亏损384.07万元，企业已丧失持续经营能力，审计报告引起区政府重视，并为区政府对该企业作出关闭决定提供依据。是年，对锡南经济开发公司经理离任经济责任审计中，发现企业偷漏税金264.36万元，利润反映不实，虚增利润105.59万元，对外提供经济担保损失18.5万元，职工收入增长过快，与经济增长不相适应。审计报告引起区领导高度重视。2002年，在对区城建综合开发公司经理离任审计中，查出企业不良资产和潜亏金额6203.13万元，属于任期前潜亏金额4862.69万元，任期内潜亏金额1340.44万元，漏提缴税费224.87万元。内部管理混乱，工程款超付金额达595.75万元，其中，任期前工程款超付302.49万元；任期内工程款超付293.26万元。对外负债19329万元，其中银行贷款9323万元，欠息812万元，资产负债比例高达90.71%，扣除不良资产，企业已资不抵债，处于破产边缘。审计作出有关人员应承担的领导责任或主管责任的审计评价和建议。

党政领导干部任期经济责任审计 1996~2005年，共对71名党政领导干部进行任期经济责任审计，审计资金68.51万元，纠正违纪违规金额3.16亿元，增加财政收入868.68万元，发现小金库4个，揭示不良资产损失6546.45万元。1998年，在对区计划生育局局长离任经济责任审计中，发现该局私存公款，私设"小金库"，利息收入用于职工福利和私分、报销个人费用等违纪问题，移交区纪检监察部门处理，区计划生育局负责人受到党内警告处分。经济责任审计对业务招待费、公务活动费的开支情况也进行审查，是年，发现2个单位业务招待费、办公费开支失控严重，其中，一个仅4个人的部门在长达9年的时间里，招待费和业务活动礼品费占办公费用25.55%，审计结果在区内通报后，取得很好的警示效果。在任期经济责任审计中，对奖金发放情况也进行审查，针对区物价局乱开奖金口子，扩大奖金发放标准的问题，提出多领取的奖金全额退出的审计处理意见，在全区机关部门中刹住乱发奖金歪风。在经济责任审计中，还对领导干部执行廉政规定情况进行审查。对区法制办主任、区人防办主任用公款报支个人摩托车费用2.93万元，作出处理决定，如数追回违纪报支的个人费用，收缴区财政，维护执行财经纪律和干部廉政纪律的严肃性。在经济责任审计中，对投资效益进行审计，以此规范投资行为，增强干部的责任意识。2001年，对周山浜街道办事处主任开展离任经济责任审计，揭示该街道办事处经营投资决策失误，以社会集资与银行借款全负债投资经营方式投资企业，导致街道经济损失1850.36万元，国家损失566.96万元，对外负债累累，向银行和单位、个人借款达2310万元，街道亏损2185.40万元，4家企业破产倒闭、98名职工下岗，街道经济发展陷入困境。在经济责任审计中，对个别管理混乱的单位进行清理，以理清债务，摸清家底。2002年，对区工业公司经理离任经济责任审计，揭示公司内部管理混乱，违反财务核算规定，在被投资单位南江塑料有限公司列支后直接抵扣投资收益，以及在账外垫付资金等问题，披露该公司存在不良资产143.90万元和债务370.09万元，作出审计评价。

此外，2001年起，还先后对9名干部开展届中经济责任审计，就领导干部任职期间的财务收支情况、执行财经纪律情况、国有资产保值增值情况、个人廉洁自律情况进行审计评价。届中经济责任审计，使监督关口前移，从事后监督转为事前监督和事中监督，发挥审计在干部管理中的预警、制约和监督作用。

【基本建设项目审计】

始于1995年，区建立基本建设项目专项治理领导小组，重点是加强政府投资的基础性、公益性建设项目审计。是年，首次选择"无锡市小商品市场C块"工程作为审计项目，审计总额1732.20万元，节减投资282.40万元，核减率16.30%，其中标底核减160万元。1998年，在对上马墩一村低洼地区改造工程审计中，坚持统一操作程序，对涉及的10个项目分别发出审计通知书、审计征询意见书，作出审计决定。是年9月，区出台《关于加强工程建设管理的意见》，从源头上规范工程项目管理和重大工程项目跟踪审计，把基建投资来源与使用情况作为审计重点。1999年、2000年、2005年，对区政府办公楼一期、二期、三期工程审计，核减率15.84%，节约投资774.90万元。对区城市建设综合开发公司支付工程款未按规定比例预付的现象，审计责成建设单位追回超付工程款651万元。2005年12月，区又出台《崇安区重大建设项目跟踪审计实施办法》《崇安区基建项目竣工总结算审计管理规定》，进一步规范审计范围、审计程序、审计内容和审计人员行为。1995~2005年，先后审计基本建设项目32个，审计总额

2.46亿元，查出挤占建设成本、高估冒算、高套定额、多结工程款等违规金额2877.56万元，核减工程结算资金2679.56万元，核减率10.89%，节减建设单位工程费用1029.78万元。为国家和集体挽回损失，堵塞漏洞，规范建筑市场秩序和建设项目管理。

【其他专项审计】

社会保障基金审计 根据市审计局授权，2003年起，每年对政府重点实事工程——市慈善医疗资金收支及捐赠款物的接收、使用、保管情况进行专项审计。2004~2005年，《无锡市慈善医疗资金收支及接受捐赠款物的收支审计结果的公告》还通过“无锡政府网”向全社会公开，将政府重点实事工程置于全社会监督之下。迄2005年，共审计资金3810.36万元，并对加强慈善医疗资金管理和接受捐赠款物的使用提出审计建议，促进市慈善医疗资金内部核算和管理工作的不断规范，为下一年度全市慈善医疗救助对象的医疗资金充实与扩面提供决策依据。是年，还对全区2004年度最低生活保障资金收支情况进行专项审计，就建立和健全最低生活保障资金管理提出3点审计建议。

专项资金审计 1998年，对工商崇安分局1997年财务收支以及行政性收费、罚没收入收缴管理情况进行审计，对工商部门规范执收执罚行为提出审计评价。1999年，对崇安区人民法院1997~1998年财务收支进行审计，对个别超标准收费现象提出审计建议。2002年，在对区建设局所属区环境监察大队2001年环保专项资金使用的审计调查中，就环保治理资金管理欠规范、被占用等问题，提出专项资金必须专户储存、专项管理使用，被占用资金限期返回的审计建议。2003年，在对公安崇安分局2002年度财务收支以及行政性收费、罚没收入收缴管理的专项审计中，就个别收费项目超标准收费，固定资产管理比较混乱等问题，提出规范收费标准、加强固定资产管理的审计建议，促进公安部门规范执收执罚行为和固定资产管理。

专案审计 2000年5月，区审计局参与区纪检监察部门对上马墩办事处主任吴XX违纪案件的查案工作，通过对该街道办事处与下属靖海文化中心签订的承包合同和补充协议审查，发现以假“补充承包协议”“申请”“承包合同兑现”等冲抵承包款38.02万元的问题，为案件的突破发挥至关重要的作用。2001年6月，区审计局还参与区纪检监察部门对无锡市兴业五金塑料厂违纪案件的查案工作，发现该厂厂长伙同出纳等人，采取将收取出租厂房水电费少入账的手段，私设“小金库”12万元，集体私分公款3万余元。此案移交区纪检监察部门处理后，1人受到党纪处分，5人退还非法所得。

【审计调查】

1998年11月至1999年1月，对周山浜街道办事处及其下属单位集资及使用情况开展专项审计和调查，通过调查，发现该街道违规集资931.41万元，40.7%的集资款用于投资中外合资企业，造成投资损失，无法收回，集资资金使用效益差，负债沉重，影响街道办事处的正常运作，经济发展陷入困境。区审计局就此提出审计处理建议，区长高度重视并作出批示：“通过区审计局认真负责的工作，不仅弄清周山浜街道办事处的集资情况，而且反映周山浜街道办事处的管理状况，使区政府掌握真实情况，为指导和加强财务管理工作，起到重要作用。请周山浜街道办事处要认真地吸取教训，积极地改进工作。”1999年4~12月，对全区16个经济部门、单位截至1998年12月31日的资产负债净资产进行清产核资调查，涉及295个独立核算单位、10个内部核算单位，核清资产总额14.90亿元，资产核减率14.01%，负债总额12.45亿元，负债核减率11.03%，净资产总额2.45亿元，净资产核减率26.49%。

第三节　社会审计

1993年7月，成立区审计事务所，为全民事业单位，编制人数8人，其中，领导2人，专业技术人员6人。1995年12月，更名为人民审计师事务所，从业人员9人。先后开展注册资金验证、财务收支审计、企业年度决算审计、债权债务审计、基建工程决算审计。1993~2000年，验资、年检和验证各类企业2765户，鉴证金额7.75亿元，查出各类违纪金额6408.07万元；审计基建项目80个，核减金额1414.69万元；为15家企业进行资产评估，评估后资产净值2748.37万元，增值95.32万元；经济案件鉴定3家。2000年2月，根据省市有关文件，人民审计师事务所撤销，9名职工工作调离，财务进行清算。其间，历任区审计事务所主要负责人有何望梅、辛克余。

第四节　内部管理

1986年后，区审计部门把发挥审计监督作用作为年度审计工作的重点，按照全区经济和社会发展中的热点、难点、焦点，编制年度审计计划。在业务管理上，从完善内部控制制度入手，建立健全审计承诺、审计复核、审计项目终结会审、审计决定执行反馈等4项制度，规避审计风险，提高审计执法水平。在质量管理上，贯彻实施《中华人民共和国国家审计准则》和中华人民共和国审计署颁布的《审计机关审计项目质量控制办法（试行）》，规范审计行为，抓好审计方案、审计证据、审计底稿、审计报告、审计档案等5个方面的质量控制环节，提高审计工作效率，提升审计项目质量水平。在执法管理上，从建立审计执法责任制着手，完善审计执法责任制、审计执法公示制、审计执法评议考核制、审计复议制、审计决定执行反馈制等5项制度，不断推进依法行政。在档案管理上。启动档案达标升级活动。2002年，区审计局达到江苏省审计系统档案管理一级标准。

第四章　物价管理

区物价部门始建于1959年，其后机构及隶属关系历经多次撤并、变动。90年代后，按照建立与社会主义市场经济体制相适应的要求，区物价部门持续推进价格结构合理化和价格形成市场化的进程，逐步建立和完善“调、放、管”三者有机结合的物价管理制度，形成价格监管为主的运行机制。物价管理职能由纯管理型转向管理服务型，市场价格监管由直接管理转向支持和促进公平、公开、合法的市场竞争。

第一节　机　构

1959年，成立区物价科。1961年撤并，1981年恢复。1984年3月，为充实物价监督检查工作力量，在区物价科内成立区物价检查所。1986年，科改局。1997年10月，成立区价格事务所，隶属区物价局领导。2002年，根据国务院有关规定，更名为崇安区价格认证中心。2001年10月党政机构改革，明确不再设区物价局，其原承担的行政职能交由区发展计划局，并在区发展计划局挂“区物价局”牌子。

2005年1月党政机构再次改革，区发展计划局改组为区发展和改革局，为区政府主管经济和社会事业发展改革、物价管理的工作部门，对外挂“区物价局”牌子，正科级建制。1986~2005年，区物价部门历任主要负责人有：孙中六、唐皋、张林根、陆铭森、余佑康。

第二节　价格管理

80年代，区物价部门价格管理主要围绕整顿经济秩序、控制物价水平的要求，对任意涨价、提价、转手倒卖等行为开展监督检查。1985年起，持续组织参与全国开展的“财务、税收、物价”大检查。1987年9月《中华人民共和国价格管理条例》、1989年1月《江苏省价格监督检查办法》、1998年5月《中华人民共和国价格法》等一系列法律法规颁布实施后，区物价部门逐步由直接管理向间接管理转变，由行政监督检查向管理、服务、指导转变，价格监督检查的重点逐步向清费治乱转移。1993年后，由重点管理商品价格向重点管理行政事业收费转变，以“清费、治乱、减负”作为监督检查的重点，先后对公安、交通、建设、教育、工商、医疗卫生等部门的收费以及电力、药品价格进行专项检查。随着改革的不断深入，逐步加大对全社会价格的监督检查力度，把控制通货膨胀、抑制物价上涨、促进改革和经济建设健康发展作为中心任务，持续开展对人民生活密切相关的消费品价格、服务收费和重大节日的市场物价检查。2003年，非典型性肺炎疫情期间，从重从快进行处理少数商品抢购及哄抬价格现象，打击乱涨价、乱收费，维护市场物价的基本稳定。1986~2005年，区物价部门共查处各类违法金额226.4万元，全部上缴财政。

【经营性收费管理】

经营性收费的范围很广，1991年起，区级物价部门根据分级管理的规定，直接管理的经营性收费项目主要有2项。

旅馆业等级价格管理　1991年，根据市物价局制定的旅馆、招待所等级和客房收费标准，区物价局按照分级定价、优质优价、合理积累、统一标准的原则，对辖区40余家旅馆、招待所等级和收费标准进行管理。1997年后，旅馆、招待所收费项目放开，实行市场调节。

车辆停放收费价格管理　2003年，根据市物价局《无锡市车辆停放服务收费管理规定》的通知，对公共停车场（点）、住宅区停车场（库）的汽车、摩托车、电动助力车、自行车停放服务收费标准进行管理。迄2005年未变。

【行政事业收费管理】

1988年，按省市有关行政事业性收费管理的规定，对辖区范围内允许收费的机关、群众团体、企事业单位实施“江苏省收费许可证”制度。1989年，向全区32个政府部门和63个行政事业单位核发“江苏省收费许可证”和“收费员证”。1991年，江苏省物价局、财政厅下发《关于行政事业性收费管理的有关规定》，1992年起，对行政事业性收费单位实行年审制度。通过年审，规范执收单位的收费行为，制止自立项目、超标准收费等乱收费现象，做好收费许可证的变更、注销等手续。贯彻中共中央、国务院《关于治理向企业乱收费、乱罚款和各种摊派等问题的决定》，把“清费、治乱、减负”工作放到价格监管的重要议事日程。1997年，开展对区内餐饮业、旅馆业、房地产业和区属工业等4类企业及市场收费负担的检查。1998年，根据财政部、国家计委公布取消第一、二批行政事业性收费项目的规定，区物价部门组织对市政府取消49项涉企收费项目执行情况的专项检查。是年，实行收费许可证管理办法，区物价部门进一步加强对收费许可证的管理，明确收费许可证审核、审批、收费、管理等具体操作程序，要求收费单位亮证收费，公示收费标准，使行政事业性收费进一步规范化。迄

2005年，全区123家行政事业单位（含部分民办非企业收费单位）均建立收费项目库和收费档案。

【中小学学杂费、幼儿园保育费收费管理】

1986年后，根据全市教育系统收费项目标准的规定，分批核定区内小学学杂费及部分公办幼儿园保育费收费标准。90年代后，为支持教育体制改革，在调查研究的基础上，充分考虑社会、学校和居民的需求，对区内金桥双语实验小学适度相应调整和核定学费收费标准。2002年起，贯彻落实教育收费公示制度，通过审核，建立各学校的统一公示牌。

1986～2005年崇安区中小学学杂费、代办费收费标准一览表

表12-4-1　　单位：元/生、学期

年份	小学				初中			
	杂费	代办费	借读费		杂费	代办费	借读费	
			省内	省外			省内	省外
1986~1988	3、4、5	10	—	—	—	—	—	—
1989~1991	5、7、9	10	—	—	—	—	—	—
1992~1993	14	20	—	—	—	—	—	—
1994~1995	30	40	100	150	—	—	—	—
1996~1997	40	80	180	240	—	—	—	—
1998	50	100	180	240	—	—	—	—
1999	65	130	180	240	—	—	—	—
2000~2005	87	150	190	250	100	250	340	390

说明：1. 上述资料由区物价部门提供。2. “小学杂费”栏目中，1986~1988年和1989~1991年的数据分别指一、二年级，三、四年级，五、六年级的收费标准。

第三节　价格监督

1986年后，崇安区物价检查所切实履行物价监督职能，价格行政执法逐步实现法制化、制度化、规范化，物价监督检查工作步入全面加强、完善、发展的新阶段。

【监督检查机构】

1984年3月，成立区物价检查所，与区物价科一个机构、两块牌子，核定编制8人。主要职责是贯彻执行国家和地方政府物价方针政策和物价法规，维护国家、企业和消费者的利益，严肃物价纪律；负责区域内行政事业单位收费、物业管理、服务业价格和有关商品价格的监督检查，处理物价收费违法违纪案件；指导有关业务部门开展物价自查和互查，协助区职工、群众物价监督检查工作；组织开展创“物价计量信得过单位”活动及评定和总结交流物价监督、物价管理的先进经验；协助工商行政部门加强对农贸市场和个体工商户的价格指导和管理工作。1990年3月，成立区基层兼职物价监督站，首批聘任兼职物价监督员25人。2004年7月，在6个街道成立价格监督管理站，在各社区聘请义务价格监督员，建立社区价格监督网络。价格监督管理站的主要职责是宣传国家价格法律、法规和政策；密切联系群众，调查和反馈涉农价格和收费政策的执行情况；及时受理辖区范围内价格举报的登记、上报工作，并协助上级物价部门做好人民来信来访的检查、处理、答复工作；配合上级物价部门加强对行政事业性收费的管理，协调处理价格（收费）争议；做好价格和收费公示牌、栏、手册的设置、张贴、发放工作，并进行跟踪管理，等等，为物价工作在基层的延伸打下坚实基础。

【日常检查】

90年代起，将群众关心的“米袋子”、“菜篮子”等生活必需品价格和服务收费作为检查重点，每年重大节日前后一周，区物价部门都要组织力量对节日市场商品价格进行检查。1993起，全市先后放开和调整粮食、食油、猪（牛）肉、盐、牛奶、豆制品等商品价格和水、电、煤、房租等收费标准，在每次价格调整方案出台前后，都要组织市场监督检查，制止乱收费、乱涨价和“搭车”涨价，确保改革方案的顺利实施。1994年，国家计委颁布《关于商品和服务收费实行明码标价的规定》后，区物价部门开展为期180天的企业执行明码标价情况的专项检查。2003年，全国部分地区发生非典型性肺炎疫情，引发少数商品抢购及哄抬价格风潮，区物价检查所开展拉网式价格监督检查，对违纪商家依据《中华人民共和国价格法》和《中华人民共和国价格违法行为行政处罚法》，从重从快进行处理，打击乱涨价、乱收费，维护市场物价的基本稳定。

节日市场物价大检查　　（区物价局供稿）

【专项检查】

1985年起，区物价部门与区财政、税务等部门，联合开展一年一度的“财务、税收、物价”大检查。1993年起，物价专项检查的重点转为“清费、治乱、减负”，先后在全区范围组织开展粮油价格、副食品价格、冷饮价格、药品价格、餐饮娱乐行业价格、公用电话收费、汽车修理收费、停车场收费、建设项目收费、物业管理收费、房产中介收费、医疗收费、教育收费等专项检查，以及由市物价检查所组织的公安、交通、建设、教育、工商、医疗卫生等部门收费的对口、交叉专项检查。1997年，开展对重点建设项目专项检查，查处价格违法行为2起，处罚金额0.5万元。1999年，开展物业管理收费专项检查。2002年，开展教育收费及捐资入学收支专项检查。

【投诉处理】

区物价部门对信访处理坚持“两公开、一监督”制度，公布设立价格举报投诉电话，做好价格举报的值守、接待、受理及查处工作，确保群众满意，积极维护消费者的合法权益，维护社会稳定。1986～2005年，共受理价格举报案件931件，处理931件，办结率100%，回复率100%，退还消费者（用户）56.10万元。

1986～2005年崇安区物价执法检查情况一览表

表12－4－2　　　　单位：人次、户次、件、万元、件次

年份	出动检查人员	被检查单位	查纠违法行为和案件总数	其中		经济制裁总额	其中			受理来信来访来电
				纠正价格违法行为	查处价格违法案件		罚款	没收违法所得	退还用户及个人	
总计	17620	3141	981	601	400	293.69	14.30	223.29	56.10	931
1986	2100	465	71	30	41	10.11	1.10	8.66	0.35	35
1987	2050	390	85	40	45	14.75	0.80	13.50	0.45	41
1988	2500	450	126	56	70	89.32	2.30	81.42	5.60	88
1989	2800	360	130	70	60	59.40	1.70	54.50	3.20	109
1990	2100	340	70	23	47	25.00	1.30	21.90	1.80	59
1991	1200	180	45	15	30	20.45	0.90	18.65	0.90	61

续表12-4-2

年份	出动检查人员	被检查单位	查纠违法行为和案件总数	其中		经济制裁总额	其中			受理来信来访来电
				纠正价格违法行为	查处价格违法案件		罚款	没收违法所得	退还用户及个人	
1992	850	160	37	30	17	4.28	0.30	3.53	0.45	43
1993	390	70	40	35	15	4.50	0.40	3.60	0.50	55
1994	360	40	49	42	7	2.40	0.80	0.40	1.20	45
1995	290	90	36	31	5	2.50	0.50	0.50	1.50	38
1996	390	38	21	18	3	3.50	0.60	0.70	2.20	48
1997	240	49	38	31	7	2.70	0.50	1.10	1.10	43
1998	290	60	27	19	8	1.75	0.20	1.40	0.15	31
1999	320	71	34	30	4	2.62	—	2.48	0.14	38
2000	310	73	29	19	10	6.85	0.50	5.43	0.92	23
2001	270	39	38	28	10	2.21	1.10	0.76	0.35	35
2002	260	45	22	16	6	1.08	0.30	0.40	0.38	41
2003	250	65	28	23	5	34.06	0.50	2.96	30.60	37
2004	340	88	36	30	6	4.91	—	1.10	3.81	27
2005	310	68	19	15	4	1.30	0.50	0.30	0.50	34

说明：上述资料由区物价部门提供。

第四节　价格服务

【价格咨询】

价格咨询服务是区价格事务所起步阶段的主要工作。区价格事务所采取多种形式和方法，向企业和社会提供价格政策法规咨询、市场行情咨询、调定价方案的可行性研究咨询，协调企业间价格纠纷，举办行业价格政策信息动态发布会。1997~1999年，区物价局与辖区65个部门、企事业单位共同建立价格顾问服务关系，及时提供市场价格信息，开展价格政策咨询服务、政策协调、矛盾纠纷处理及价格法规政策的宣传，帮助企事业单位解决经营过程中遇到的价格矛盾。1992~2005年，区物价部门建立的价格信息用户和价格咨询用户保持在年均200余户，上门进行价格咨询服务1200余次，发放市物价局主办的《无锡价格信息》3100份，通过《无锡价格信息》广告专栏为企业经营刊登供求信息80多条，为企业扩大影响，沟通价格信息，提供良好的服务平台。

【价格认证】

1997年10月，成立区价格事务所，隶属区物价局领导。2002年，根据国务院有关规定，更名为崇安区价格认证中心。其工作职责是：负责区域内涉及刑事、民事、经济、行政以及仲裁等案件物品价格鉴定工作；负责企事业单位商品及服务价格认证工作；为企事业单位提供价格咨询与服务等。接受司法机关、行政执法机关、仲裁机构的委托，对办案机关在办理案件过程中涉及的价格不明或者价格难以确定的有形财产、无形资产和有偿服务进行价格鉴定、认证。

涉案物品价格鉴定是价格认证中心的一项重要工作，是司法程序、行政执法程序在价格领域的延伸，是价格行政职能服务于国家司法、行政执法机关的具体体现。1997年以来，区价格认证中心按照最高人民法院、最高人民检察院、公安部、国家计委颁发的《扣押、追缴、没收物品估价办法》、《涉案物品价格鉴定分级管理实施办法》开展评估工作，先后为区公安机关进行涉案物品价格评估，评估标的物涉及品种规格复杂繁多，日用消费品有电脑、手机、黄金首饰、手表、汽车、电动车等，工业原材料有黄铜、铝锭、铸铁等，通用设备零部件有线圈、电梯部件和工业零部件等。1998年起，每年评估80件左右，鉴定金额100万元上下。2002年起，评估业务量进一步增加。1997~2005年，累计为公安机关评估1350件、鉴定金额995万元。

第五章　安全生产监督管理

80年代起，全区安全生产管理逐步得到加强，区建立安全生产委员会，明确由区劳动部门履行全区生产安全、交通安全管理的职能，并逐步形成“区、街道、居委”三级安全生产管理网络，安全生产监管体制不断完善，区级管理部门由附属机构、发展到二级局、再到政府一级部门的转变，管理职能由安全生产和劳动保护管理到安全生产监督管理、再到安全生产监督和职业危害安全及安全生产综合协调的转变；管理对象由区属企业发展到属地企业的转变；管理机制由“企业负责、行政监察、群众监督、劳动者遵章守纪”发展到“企业负责、政府监管、群众监督、劳动者遵章守纪”的转变。区安全生产监管部门严格按照《中华人民共和国劳动法》《中华人民共和国安全生产法》《江苏省安全生产工作条例》等法律法规，全面落实“安全第一，预防为主，综合治理”的方针，严格实行安全生产责任制，强化安全生产基础管理工作，持续开展安全生产宣传教育，不定期组织安全生产大检查，综合治理各类不安全隐患，安全生产形势逐步好转，伤亡事故逐年下降，为全区经济社会发展发挥保驾护航的作用。

第一节　机　构

1980年3月，建立区安全生产委员会和区防火安全委员会，各系统、各街道相应恢复建立安全生产和防火安全领导小组。自此，安全生产纳入正常化管理的轨道。区安全生产委员会下设的办公室在区劳动局，履行全区安全生产综合协调的职能。区劳动局配有专职人员1~3人。各街道和区商业、工业、建设、房管、教育等部门以及环卫、市政、绿化、教仪公司等单位均设有专兼职安全员1人，担负本系统生产安全监察工作。区防火安全委员会办公室设在公安崇安分局，内设消防股，有专职人员2人，履行全区消防安全管理的职能。1992年2月，区劳动局增设集体事业单位性质的区车辆安全管理所（以下简称区车管所），担负全区机动车辆交通安全和驾驶员安全教育管理的职责，设专职人员10人。1998年5月，区车管所撤销，成立全民事业单位性质的区车管所。2000年8月，成立区安全生产监督管理局（以下简称区安监局），系区政府二级行政管理机构，设编制5人。区安监局和区车管所归属区计划和经济局管理。2001年10月党政机构改革后，归口区经济贸易局管理。2002年3月，区车管所更名为区交通管理所，为财政差额拨款的事业单位。2005年1月，区安监局升格为区政府序列部门，为区政府综合监督管理安全生产的一级行政管理机构，挂“崇安区人民政府安全生产委员会办公室”的牌子，履行区安全生产委员会办公室的日常工作及属地工商贸企业安全生产监督管理工作。区车管所转属区安监局管理。

2001~2005年，历任区安监局主要负责人有：张世涛、钱兴华。

第二节　安全生产责任制

1986年起，贯彻“管生产必须管安全”的要求，在全区推行安全生产责任制及安全防火责任制。1989年1月，区出台安全生产劳动保护目标管理的意见，启动建立全区安全生产互助管理网络。1991年6月，对安全生产互助管理网络进行调整，设东、西、中、街道、校办工业及商业6个互助管理片。

1992年3月起，在区属企业推行安全生产目标管理责任制。是年，区与57家主管公司、企业签订安全生产风险抵押承包责任书。1995年起，安全生产被列入全区双文明建设目标管理体系，安全生产目标在百分考核中的比重达到5%~8%，安全生产成为考核街道和经济管理部门工作实绩的重要依据。安全生产风险抵押承包责任制逐步从区属企业扩大到各街道及有关主管部门，重点加强对主要负责人安全生产责任的考核，对考核不合格的单位除扣除当年安全生产风险抵押金外，还取消党政主要领导年度奖金。1997年起，按照“横向到边，纵向到底”的要求，进一步建立健全安全生产责任体系，按照“谁主管、谁负责”的要求，建立“一级抓一级，层层抓落实”的安全生产领导体系。区长为区政府安全生产的第一责任人，各街道和各经济管理部门行政一把手为单位安全生产的第一责任人，其下属单位和部门负责人为该单位、部门安全生产第一责任人，基层单位和部门再分解落实到班组，班组落实到岗位和职工个人，职工在各自工作职责范围内，对安全生产负责，实行“一岗一责”制。1999年起，安全生产作为政绩考核主要领导，实行一票否决制，凡发生工伤死亡事故的单位，年终取消所有评比先进的资格。2001年8月后，安全生产管理从区属企业扩大到辖区属地管理的生产经营单位，特别是2002年《中华人民共和国安全生产法》出台后，依法全面加强辖区企事业单位的安全生产管理，推进安全生产责任制工作的深化，落实企业安全生产的主体责任，全区安全生产状况明显改观。

第三节　安全生产教育培训

安全生产宣传教育是安全监督部门的一项重要工作，区结合每年开展的“安全生产月”“夏季百日安全生产无事故”“119宣传日”等活动，广泛宣传国家安全生产的法律法规，把安全技术、安全防护、各类事故警示等知识送进学校、企业、机关、社区、工地，使安全意识深入人心，营造浓厚的安全生产氛围。

安全生产月活动始于1980年6月。1985~1993年，每年6月开展省市统一组织的安全生产月活动，此外，还不定期组织安全生产教育活动，1987年，组织全区安全专兼职人员学习省劳动保护两个暂行规定和市道路交通管理两个暂行规定，巡回放映安全宣传录像片4场。1988年起，每年7月至9月，开展全市性的“夏季安全生产百日无事故”活动。1991年后，每年5月开展全国性的安全生产周活动。1991~1993年，全国性的安全生产周活动以“安全就是效益和提高职工安全意识”“为企业创造良好安生产环境和提高全社会的安全生产意识”“遵章守纪，杜绝三违，控制事故”为主要内容。1994~2001年，省市开展的安全生产月和全国性的安全生产周活动主题不断出新，形式和内容不断延伸，先后以“勿忘安全，珍惜生命，控制事故”“不伤害自己，不伤害他人，不被他人伤害”“治理隐患，保障安全”“遵章守纪，保障安全”“加强管理，保障安全”“落实责任，保障安全”“安全、生命、稳定、发展”“掌握安全知识，迎接新的世纪”“落实安全规章制度，强化安全防范措施”为主题。2001年起，区还在中、小学生中开展防火安全知识教育和应急逃生演练活动，让中、小学生从小就懂得防火安全知识，提升应急处置和逃生自救能力。2002年后，每年6月份全国性的安全生产周改为安全生产月活动，以宣传贯彻《中华人民共和国劳动法》《江苏省劳动保护管理暂行规定》《企业职工伤亡事故报告和处理规定》等有关劳动保护法律法规为主线，提高人们对安全生产的认识，增强安全责任意识，规范安全行为，提高自我保护意识。2002年，首次全国性的安全生产月活动的主题是“安全责任重于泰山”。区结合《中华人民共和国安全生产法》的颁布施行，在商业大厦广场举办大型咨询会，并通过宣传车、黑板报、小报、广播等途径进行宣传。 2003年，结合“实施安全生产法，人人事事保安全”为主题的安全生产月活动的开展，在全区开展“小手拉大手”安全知识系列教育活动，在中、小学生中宣讲交通安全知识，以中、小学生安全意识的提升感化身边的成年人，达到教育全社会的目的。此后，这项活动年年开展，受到市民的广泛好评，也得到市肯定表彰。2004年，结合“以人为本，安全第一”为主题的安全生产月活动的开展，组织安全文化“示范点”建设活动，倡导“以人为本”安全发展理念，营造人人关爱生命、人人对安全负责的氛围。2005年，结合“遵章守法，关爱生命”为主题的安全生产月活动，开展以“领导责任制落实、管理制度规范、安全生产形势平稳、治安形势良好、工作方法创新”为标志的“平安企业”创建活动，是年，被评为市级“平安企业”2家、区级“平安企业”10家。1994~2005年，区连续12年被市评为“安全生产月”活动先进单位，7次被市评为“夏季百日安全生产无事故”活动先进单位。

其间，区还加强对各级安全生产监察人员的业务培训、危险化学品监察和行政执法等人员的专业培训，提高监管人员的执法水平。有重点地做好注册安全工程师执业资格培训，培养造就一批安全专业技术人才，提高生产经营单位的安全管理水平。1989年，培训厂长、经理116人，持证率达到95%。1998年5~7月，举办由80名工业企业安全员及班组长参加的安全培训班，辖区1500余名民营企业厂长（经理）通过培训考核获得国家劳动和社会保障部统一印制的“厂长（经理）职业安全卫生管理知识资格证书”。2003年后，举办安全生产监察人员行政执法专业培训班3期，培训安全监管执法人员18人，培训街道安全生产监督检查人员48人，注册安全工程师执业资格培训考核36人，提高安全生产执法队伍的业务水平。

第四节　安全生产基础管理

80年代后，区、街道和企业都把开展安全生产检查作为一项基础性管理制度，常抓不懈。立足常规检查和专项检查、平时普查和突击抽查、企业自查和系统（部门）互查相结合，与每年开展的“安全生产月”“夏季安全生产百日无事故”等活动相结合，增加检查密度，扩大检查范围。“春节”“五一”“十一”等重大节日前后，开展全区性的安全生产大检查，加强对生产和使用危险化学品的重点行业、重点单位、重要场所、重大设施的安全检查，对检查中发现的隐患责成有关单位限期整改，并落实整改措施，对较为重大的安全隐患，责令其停业整顿，并要求有关部门重点督促，在规定时限内整改到位。与此同时，加强锅炉压力容器等特种设备、特种作业人员以及劳动保护和职业危害管理，依法严肃查处各类安全生产事故。

【安全生产检查】

1986年，建立安全生产责任制后，通过不间断地开展安全生产检查，不安全因素整改率保持在85%~88%，是年，发生各类事故46起，同比下降9.1%。尘毒项目治理得到重视，毒害工种多的单位建立定期体检制。1987年6月，组织开展夏季安全生产大检查，4个检查组共抽查区属工业、商业、建设等系统的125家企业及50家街道企业，查出电气线路、机械防护等方面不安全隐患895条，维修、加固危险房屋2184平方米。是年，还组织节日安全综合检查和车辆安全单项检查，查出电器线路陈旧凌乱、机械安全保护装置缺少和失修等不安全隐患215条，责令相关单位整改。1988年1月起，凡从事企业劳动保护和安全

在南江塑料有限公司安全生产检查（1997）　（牛克伟摄）

生产监管工作的劳动保护安全监督员和专职安全人员均享受每月7元的保健津贴。1991年6月，崇安区安全生产技术鉴定小组成立，负责对隐患设备、危险部位和危险点的检查监督和事故鉴定。1994年起，每年结合安全生产（周）月活动开展安全生产大检查，以企业自检为主，行业开展互查，区劳动部门组织重点抽查和专项检查。1998年，全区组织安全生产大检查7次，抽查企业186家，查出不安全隐患786处，督促其整改，并落实对关键设备、危险性较大机械的检测和现场监察措施。1999年，全区组织安全生产大检查500余次，参加检查人员2000多人次，发出事故隐患整改通知书1000多份。2000年5月，对公共娱乐场所开展"地毯式"安全检查，检查单位392家，查处各类不安全隐患268处，发出限期整改通知书32份，吊销单位营业执照5家。2001年后，全区安全生产形势逐步好转，安全生产事故数、职工死亡数均呈下降趋势。2004年12月，由区长和各分管副区长带队，在全区开展为期一周的安全生产大检查，突出4个重点：化工企业、建筑工地、拆房单位，防火薄弱环节和防火重点单位、锅炉压力容器、电梯起重机械、配电房等重要设备，出租店面房、机动车停车库等，查出事故隐患245处，当场整改事故隐患230处，限期整改15处，整改率达93.88%。

【专项监察管理】

锅炉压力容器等特种设备管理　1985年开始，对新投入使用的压力容器进行登记，并纳入管理。1987年，市劳动局将E级锅炉的检测管理权下放到区。此后，区劳动局每年对区内E级锅炉定点审核检查。1987~2000年，共定点审核检查锅炉78台次，检测锅炉497台次，并实行建档管理。2001年起，起重机械、锅炉司炉、压力容器、厂内机动车辆定点审核检查工作改由市质量技术监督局管理，因城中区未设立分局，此类特种设备安全监管工作仍由区安监局负责。2001~2005年，区安监局协助市质量技术监督部门检查锅炉361台次，压力容器124台次，各类电梯起重设备1194台次。

特种作业人员管理　1985年，针对企业新职工多、外来工多、年轻人多、安全知识少的"三多一少"情况，组织开展岗位培训，举办以技术等级为重点的职业培训班。1986年7~12月，与市劳动局联合举办电焊工、司炉工培训班2期。1987年后，每年对电工、起重机械、锅炉司炉、压力容器、金属焊接（气割）、厂内机动车辆驾驶等特种作业人员组织安全技术培训考核，取得"特种作业人员操作证"后，方可上岗作业。1989年，培训特种作业人员296人，持证率达90%。1997~2000年，有975人通过市劳动部门组织的特种作业人员培训考核。2001~2005年，又有372人通过市安监部门组织的特种作业人员培训考核。

劳动保护与职业危害管理　1987年4月，由区劳动局牵头，会同区工会、区卫生局、区工业公司、区商业公司、区校办工业公司、区防疫站等部门，对生产经营单位场所劳动保护及产生粉尘、毒气、噪声、射线等各种职业性危害场所进行全面排查，对各种危害因素全面摸底，对所有涉及危害工种的职工登记造册，并进行职业病和职业中毒的健康体检。1994年起，结合《中华人民共和国劳动法》的颁布，进一步加强职工劳动保护和工作场所职业危害的安全管理，重点加强女职工和未成年职工的保护以及有毒有害场所职业危害的监督管理。2001年后，职工劳动保护工作归口区工会，职业危害安全移交区卫生部门管理。

【伤亡事故处理】

80年代，职工伤亡事故处理主要依据1956年国务院《职工伤亡事故报告规程》及1984年《无锡市劳动安全监察暂行规定》中有关安全生产责任、安全机构与职责、伤亡事故调查处理等办法。1991年后，执行国务院发布的《企业职工工伤事故报告和处理规定》。1986~2005年，共发生伤亡事故35起，死亡29人，重伤47人。其间，事故发生数呈"先曲折上升，后逐步下降"的趋势，1997年和2000年达到最高峰。其中，建筑行业死亡事故占首位，主要是坍塌和高处坠落，多数系违章作业所致。挂靠企业和私营企业伤亡事故较多，多数发生在街道劳动服务公司下属企业，大多是计划外用工、农民工，伤亡事故30起，占全区总量的85.71%，死亡12人、重伤15人，分别占全区41.38%、31.91%。伤亡事故一经发生，区劳动部门（安监部门）即协调市劳动局（市安监局）、公安崇安分局、区检察院和区工会等部门，依法严肃查处，实行“四不放过”①，采取思想教育、行政处分、经济处罚、法律制裁等多项措施。对发生重大事故或存在重大隐患而整改不力的单位责成停产整顿，对存在粉尘、毒物、噪声、高温、电力辐射等严重危害职工生命健康的企业责成关、停、并、转。对事故责任人依照法律法规予以通报批评，或给予警告、撤职等处分，对情节严重、构成重大责任事故罪的，移交司法机关处理。1986~2005年，全区被通报批评的企业领导2人，行政处分8人，判刑2人，免于刑事起诉3人。有9家单位勒令停产整顿，5家企业被关闭、兼并和转产。

1986～2005年崇安区因工伤亡事故一览表

表12-5-1

年 份	重伤人数	死亡人数	年 份	重伤人数	死亡人数
1986	5	1	1996	1	2
1987	21	1	1997	1	7
1988	—	—	1998	—	—
1989	—	—	1999	3	3
1990	—	—	2000	4	5
1991	—	1	2001	7	1
1992	—	2	2002	1	1
1993	—	3	2003	1	1
1994	2	—	2004	1	1
1995	—	—	2005	—	—

说明：上述资料由区劳动部门提供。

附：1986～2005年崇安区重大伤亡事故选录

1991年5月10日上午11时30分，无锡五金电器厂载货电梯运送电扇废网罩从三楼下降至一楼时，由于电梯墙外平衡块上端的钢丝绳锈蚀、机械磨损而突然断裂，致使配重平衡块坠落，砸中正在放开水的江宁籍女工杨长凤的头、背部，经医院全力抢救无效，是月12日凌晨死亡。

1992年10月15日下午，崇安区工运路街道劳动服务公司下属亭子桥起重运输站，在无锡无线电材料分厂从汽车上搬运一台6吨炼胶机至车间过程中，由于人字杆插坐地缆倒拔桩头受力前倾，使钢丝绳脱出，击倒站在汽车上的泗阳籍农民工耿国水，造成颅脑损伤。耿在治疗恢复正常的情况下，本人及家属思想麻痹，引起伤口感染，抢救无效死亡。

1993年2月28日下午6时，江海街道建筑防水工程队在拆除无锡市解放西路原纺织品试销门市部中，滨海籍民工杨吉华等4人拿绳子拉墙体，在没有拉动的情况下，杨便拿铁锤砸墙体，刚敲三下，见墙体开始倒塌，杨抽身逃跑，但却跑错方向，被水泥梁压倒。事发后，送市第一人民医院抢救无效死亡。

1993年3月27日下午2时45分，无锡市有机玻璃制品厂钮扣抛光车间职工潘玉香，在负责人通知下班后，擅自进入工作区域，衣服、袖口被抛光车间16号桶与轴墩间隙（2公分）处被轴卷，致使颈部窒息，抢救无效死亡。

1993年10月29日上午10时20分，无锡市人民土建安装服务站在拆除西河头一幢六层楼家舍过程中，安徽籍民工王志城徒手将墙壁推倒，人与墙一起从六楼坠落，导致当场死亡。

①四不放过：事故原因不查清不放过，事故责任者和有关人员没受教育不放过，防范措施不落实不放过，相关责任人未受到处理不放过。

1994年9月6日上午8时35分，崇安区立新电度表配件厂在无锡市东湖塘粮站内（租用厂房），压机操作工赵建刚、赵建新等3人在上班准备工作时，发现氮气压力不足，错将氧气当氮气，换上9月1日从无锡市东湖塘液化气乙炔气供应站买来的氮气（实际氧气）充入压机贮气筒，刚将氮气瓶阀开启半转时，氮气瓶阀帽突然发生爆炸并燃烧，二人被气流掀翻。事故发生后，伤者送至医院抢救，赵建新造成一级伤残，赵建刚住院16天出院。

1996年11月30日下午3时40分，崇安区万安拆房公司在拆除天安大厦门前两层临时用房过程中，安徽籍民工章广立、程华生等6人在拆除第15、16间立柱时，由于当时第17间至23间的立柱已先敲掉，当15间、16间立柱被捣空时，从第15间~22间二层临时用房同时倒塌，致使正在下面施工的章广立、程华生2人逃避不及被压。事故发生后，百余名消防干警紧急赶赴现场进行抢救，在废墟中先后将二人救出并送至医院，终因伤势过重死亡。崇安区万安拆房公司法人代表、经理范仲伦，拆房工程现场负责人汪建新移送司法部门处理。

1997年3月1日上午9时，崇安区广瑞建筑站在拆除无锡宏源集团板冲车间（简易房）过程中，安徽籍民工高连善违章作业，将纱绳结在腰部，在将第一根人字梁拉倒时，由于人字梁倾倒的惯性，将其摔倒，后脑着地，造成重伤，在场人员送至市第四人民医院抢救，再转市第三人民医院抢救，经脑CT、开刀等一系列治疗，终因伤势过重，是月8日下午1时左右，抢救无效死亡。

1997年3月29日下午6时，无锡市锦东家电制冷服务部在为滨湖区梁溪路115号3-602室客户安装空调过程中，阜阳籍民工梁于春不系安全带安装空调主机，坐在主机上操作，由于人的重力和未拧紧螺丝固定的主机向外滑动的拉力作用，导致固定在外墙上的角铁架膨胀螺丝松动外移并脱落，使其失去重心，从六楼掉下。虽经现场人员及时打110送市第四人民医院全力抢救，终因伤势过重死亡。

1997年，宜兴市第三建筑安装工程公司承建无锡市科技大楼，无锡市崇安区挖土工程公司负责土方作业，5月19日16时30分，挖掘机操作工胡修成无证操作，现场没有专人负责指挥，并且酒后登机操作，在未确认作业区内无行人和障碍物的情况下放坡清理，挖掘机倒行过程中，把正在搬运钢管的宜兴市工业设备安装公司水电工蒋建明、电焊工余静压倒，经第二人民医院抢救，余静重伤，蒋建明抢救无效，于21日凌晨2时死亡。区挖土工程公司挖掘机操作工胡修成移送司法部门处理。

1997年6月12日6时50分，崇安区环卫处黄石桥中转站在垃圾吊装过程中，由于吊装工在打铃指挥汽车倒车的同时起动垃圾吊斗，致使汽车撞击垃圾吊斗，垃圾吊斗又撞击正在作业的钱学敏及其后面工具房，造成垃圾吊斗与墙壁对钱挤压，致钱重伤，工具房又在受压的情况下倒塌，上半段墙与钱由于下滑惯性作用同时滑入地坑，造成钱头部受到二次撞击。事故发生后，在场工作的环卫处员工立即送钱学敏到市第二人民医院抢救，终因伤势过重死亡。

1997年9月13日21时30分，崇安区江海冷作厂临时工王冬学在对化轻大厦底楼、无锡市城市合作银行的广告灯箱进行返修过程中，由于距旁边的一万伏高压输电线太近，王在攀登过程中身体进入高压禁区，造成高压放电，致使王触电后，从6.5米的高度坠落地面，头部着地，经市第一人民医院抢救无效，于次日凌晨1时30分死亡。

1999年2月10日下午18时左右，崇安区饮食服务公司大新旅社职工张志培，在二楼至三楼楼梯转弯过程中，头部撞到转弯楼梯的墙壁跌倒，造成中枢性呼吸衰竭。经市第三人民医院抢救无效，于次日凌晨7时45分死亡。

1999年3月10日下午16时30分左右，崇安区工运路街道劳动服务公司下属亭子桥起重运输站农民工沈荣祝，在锡山市张泾石村五金机械厂实施150吨磨擦压力机吊装过程中，当设备吊起后，设备没有顺势竖起，在钢管的滚动作用下整体向设备基座部滑移2.2米，造成吊钩钢丝绳横向摆动，带到屋顶吊孔中间的水泥横梁，致使水泥横梁折断下落，落在设备中间，其中右侧一端砸在沈荣祝的头部，沈当场倒地身亡。

1999年11月8日上午9时30分，崇安区市政工程处在茶花苑工地1~3号之间挖雨水管沟槽过程中，四川籍民工韩才顺在用风镐打化粪池底板时引起化粪池北侧高1.4米、长2.4米、厚0.2米的墙壁倒塌，头被挤夹在两墙之间，其脸的三分之二夹在北墙的上面。事故发生后，在场的区市政处员工立即组织人员把倒塌的墙橇开，送韩才顺到医院抢救，终因伤势过重死亡。

2000年3月8日上午10时，崇安吉同经营公司拆除无锡市五金工具厂（吉品名人苑）工地的厂房，四川籍民工涂代义在拆除一幢三层楼房时，到墙上用乙炔气割具将连接东、西墙与北墙的钢筋割断后，人站在西墙上，工地负责人黄宗盛二次叫涂下到地面，其他工友也叫他下来，涂代义误认为拉倒北墙与自己站立的西墙无关，因此一直未下来，在北墙被拉倒的同时，西墙受到强力的震动后坍塌，涂先随西墙跌到地面上，接着东墙也受震坍塌，压在涂的上半身，造成涂当场死亡。

2000年5月8日下午2时40分，在崇安区广益新村小区改造工地排污水管道测量标高时，崇安区市政工程处建湖籍民工顾庭玉手持标尺经过变压器下方时，与离地3.2米高度的变压器上桩相碰，导致触电并跌入旁边水沟（宽0.9米，水深0.8米）。被现场民工夏龙青发现，在5秒钟内将其拉起，送往医院抢救无效死亡。

2000年5月15日下午15时15分，崇安区市政工程处在对东林广场解放东路段5号窨井的清理疏通作业中，建湖籍民工蒋万根下窨井清淤时发生硫化氢中毒晕倒在井内，在井口现场指挥作业的崇安区市政工程处副处长、副书记俞盘兴随即下井救人，刚到井底也中毒晕倒。过路人李飞身绑绳子下井救人，刚下去不久也中毒晕倒，被井口的民工拉出后送医院。事故发生后，消防战士携带防毒面具紧急赶赴现场将其二人救出，送市一院抢救，李飞当天脱离危险，其余二人抢救无效死亡。

2000年8月19日上午10时20分，崇安区永强实业公司机电分公司负责人严中帆在无锡市电容器四厂金工车间门口卸货过程中，驾驶员和严一前一后开启汽车右车箱拦板后，严上车用脚将一根直径0.8米、长5.6米元钢的一头蹬移至后车厢板右边缘，另一头由于车厢底板有凹槽卡住未能移动，下车用双臂去抱元钢后端，欲将元钢后端先行卸下，由于元钢过重，其另一端急速滑移下降，前端元钢滚动反弹落下压在其腹部，压倒在地，导致肝脏破裂，送往市第三人民医院抢救无效死亡。

2001年3月2日上午9时左右，崇安消防器材厂充气车间职工荣梅在充灌轻水灭火器（6公斤）过程中，由于该灭火器底部爆裂，致使该灭火器向上冲击，打到其颈、头部，受到重创，经市第三人民医院抢救无效死亡。

2002年12月25日上午10时30分左右，崇安区求新电气安装经营服务部在无锡市粮食八库搬运变压器过程中，无锡市钱桥水电安装队卞爱庆等7人采用吊车拉住变压器方法，从地面搬运10千伏变压器（高1.67米、长1.51米、宽0.9米、重2625公斤），搬至地下室经过两个90度相交斜坡，当转移到第二个斜坡时，由于又高又重的变压器下滑速度加快，造成变压器头重脚轻向右前方翻倒，压在正在指挥的卞身上，经医院抢救无效死亡。

第六章　工商行政管理

崇安区工商行政管理部门成立于1979年。80年代后，区工商部门围绕建立与完善社会主义市场经济体制，在帮助企业依法经营，支持企业深化改革，探索公有制实现形式多样化，发展非公经济，建立和完善现代企业制度，强化商标、广告、合同管理，加强商品市场监督，维护社会经济秩序等方面发挥重要作用。其间，管理体制和机构历经多次变动，1999年起，工商行政管理部门实行省（市）垂直领导管理体制，以适应新时期加强市场监管和行政执法的需要。

第一节　机　构

1977年5月，筹建无锡市工商行政管理局崇武分局。1979年3月，更名为无锡市崇安区工商行政管理局。1995年4月1日，根据市《关于调整工商行政管理体制的通知》，改称为无锡市工商行政管理局崇安分局（简称工商崇安分局），隶属市工商行政管理局，实行市区双重领导的管理体系。1999年4月，工商行政管理系统实行省以下垂直管理体制。是年5月，挂牌成立无锡市工商行政管理局崇安分局，为市工商局派出机构。局内设10个职能科所，即：办公室、登记注册科、法制科、市场管理科（挂"市场监督检查大队"牌子）、经济监督检查科（挂"经济监督检查大队"牌子）、企业监督管理所、个体私营经济监督管理所、崇安寺市场监督管理所、中山路市场监督管理所、靖海市场监督管理所。通过改革，增强执法的统一性、权威性和有效性，强化监管职能，提高工作效能。2002年3月8日，改专业所为综合所，组建崇安寺、中山路、车站地区、靖海、锡沪5个综合工商所，经济监督检查科改为经济监督检查大队、市场管理科改为监督管理科。2002年3月10日，广益工商所由工商滨湖分局划归工商崇安分局管理。是年9月，江苏省工商行政管理系统机构改革后，撤销锡沪工商所。工商崇安分局内设6个职能机构：办公室、监察室、注册科、法制科、监管科、经济监督检查大队；下设崇安寺、中山路、车站地区、靖海、广益5个工商所；直属群众团体3个：无锡市工商行政管理学会崇安分会、无锡市私营个体经济协会崇安分会、无锡市消费者委员会崇安分会。主要职能有7项：负责辖区内工商企业和从事生产经营活动的事业单位、社会团体及公民个人的登记注册及监督管理检查工作，依法独立确认其企业法人资格或合法经营地位，核发"企业法人营业执照"或"营业执照"，依法核定企业名称；监督管理消费品市场、生产资料市场，参与论证、规划市场布局；依法监督检查市场主体的交易资格，查处垄断和不正当竞争、侵犯消费者权益和其他市场交易违法案件，打击走私和制销假冒伪劣商品活动，维护市场交易秩序；管理商标印制企业，查处商标侵权行为，保护注册商标专用权；查处违法违章广告，依法监督管理广告经营活动；依法监督管理个体工商户、个人合伙和私营企业，规范其经营行为，引导个体、私营经济健康发展；负责经济合同的鉴证管理和担保的抵押登记，查处违法经济合同。迄2005年，区工商部门有公务员108人，合同制工人2人，平均年龄43岁，其中，本科及以上学历15人，大专学历75人。1986~2005年，历任区工商部门主要负责人有：吕有信、王金伟、周锦泉、陈鹏飞、朱琴南、陈　坚、陆沁鹤、苏益玲、蒋建平。

第二节　登记管理

1984年，崇安区工商行政管理局设工商管理股，1988年，改为企业登记管理股，1989年，改为企业登记管理科。1985~1990年，企业登记管理工作主要是对辖区范围内开办的公司、企业进行全面清理和整顿。1985年10月至1986年5月，逐个审查42家公司和1个中心，注销不具备公司基本条件的单位12家，名不符实转为个体工商户的2家，查处违章违法经营户6家。1986年7~11月，贯彻中共中央、国务院《关于进一步制止党政机关和党政干部经商办企业的规定》，实施对29家公司的清理整顿，其中，属于党政机关或协会、学会经商办企业的单位予以脱钩21家，转为个体经营1家，注销6家，吊销营业执照1家。1986年，全区共登记各类工商企业964家。1990年，全区工商企业换发营业执照1010家，注销企业104家。是年，继续清理整顿公司28家，其中撤并15家，保留13家。1991年后，区工商局把支持企业转换经营机制、调整经济结构作为企业登记管理工作的重要内容。为区街企业办理变更登记事项121次，其中，为区属企业变更经营范围及方式20次。支持帮助企业加强对危险化学品在流通过程中的安全管理，17家不符合领照条件的企业被变更经营范围，取消经营危险化学品的资格，42家企业领到“危险化学物品经营许可证”。1992年9月，崇安区出台《关于崇安区集体企业推行股份合作制试行办法》，46家转制企业登记为股份合作制企业。

1993~2000年上半年，企业登记管理工作主要围绕简化登记注册环节，为促进企业产业结构和组织形式调整、招商引资等方面提供服务。1993年上半年，为27家企业办理变更登记。是年，注册登记工商企业2682家，其中，具有法人登记资格企业1341家；帮助区属规模较大的物资市场——无锡市江南贸易中心开业，24家企业入驻经营。1995年3月，区工商行政管理局企业管理所成立后，实现登记注册与监督管理的分离。1996年，贯彻《中华人民共和国公司法》，分期分批举办企业法律法规培训班13期，培训1365人次。规范登记各类公司企业，7家企业注册登记为有限责任公司。1998年1月，企业登记管理科与个体登记管理科合并成立登记注册科后，企业设定、变更、注销登记等实行政务公开，简化办证手续，落实优惠政策。是年，内资企业开业登记439家，变更847家，注销170家，办理企业迁入、迁出登记174家。1999年，开展对内资企业注册号的转换工作，2242家内资企业注册号从9位升至13位；对在农贸市场、日用品市场经营的个体工商户加强营业执照核发工作，改变以“市场出摊证”代替“营业执照”的做法。2000年，改发由国家工商局制定、省工商局统一印制的《个体工商户营业执照》，换发、新发个体工商户营业执照正副本9584份。是年7月1日起，按照市局确定的权限和授权范围，实施属地登记管理，不再跨区办理各类企业的登记注册。全年办理企业登记档案迁移1195份，其中，入迁区内414份；为62家转改制区街企业办妥注册手续，其中，改制为股份合作制或有限公司40家，其余办理个人独资企业及个体工商户。

2001~2005年，参与区行政服务中心“一站式”服务，优化登记接待环境，更新工商电子政务管理信息系统，简化办照程序，提高工作效率。2002年7月，贯彻市工商局出台的《关于进一步改进工商行政管理工作，促进地方经济发展的若干意见》，对企业名称、出资比例、对外投资、经营范围等方面进一步放宽限制。是年，个体工商户登记注册数据化处理，正式使用省工商局统一的登记软件。2003年5月15日起，受市工商行政管理局委托，区工商部门登记注册职权扩大到注册资本100万元以下的有限责任公司及行使公司制企业的分公司。6月，个体工商户的开业、变更、歇业等的登记核准工作均由所属工商所办理。11月，个体工商户实行“一审一核”制，将原登记流程中受理、审查、核准、发照四个步骤中的受理、审查工作合并为一个步骤，并通过书面授权，将核准权限授权至核准人员。2004年4月1日起，企业登记注册实行“一审一核”制。7月，原惠山工商局所属“江南城”及不锈钢市场划归崇安区管理，办理转户登记395家，注销280家。11月，企业登记注册入驻区行政服务中心后，在全市率先使用江苏工商电子政务管理信息系统，缩短登记流程，简化审批程序，工作效率和质量不断提高，被评为区行政服务中心“红旗窗口”，并获得无锡市企业登记注册质量考核第三名。2005年9月，又有7家无锡市货运市场分市场的45家企业、101户个体工商户划归崇安区登记管理。

1986～2005年崇安区内资企业注册情况一览表

表12－6－1　　　　单位：家

类型 户数	国集企业			有限公司			合伙企业			个人独资企业		
	开业	变更	注销	开业	变更	注销	开业	变更	注销	开业	变更	注销
期前	131	52	1	—	—	—	—	—	—	—	—	—
1986	8	24	—	—	—	—	—	—	—	—	—	—
1987	10	20	—	—	—	—	—	—	—	—	—	—
1988	33	29	—	—	—	—	—	—	—	—	—	—
1989	22	14	—	—	—	—	—	—	—	—	—	—
1990	259	177	9	—	—	—	—	—	—	—	—	—
1991	85	85	1	—	—	—	—	—	—	—	—	—
1992	186	156	11	—	—	—	—	—	—	—	—	—
1993	285	190	1	1	—	—	—	—	—	4	2	—

续表12-6-1

类型/户数	国集企业			有限公司			合伙企业			个人独资企业		
	开业	变更	注销	开业	变更	注销	开业	变更	注销	开业	变更	注销
1994	310	275	13	1	1	—	1	—	—	9	1	—
1995	303	484	11	2	1	—	—	—	—	8	1	—
1996	291	597	151	5	3	—	2	—	—	10	3	—
1997	290	1332	341	9	11	—	2	—	—	46	12	—
1998	322	822	165	24	5	—	6	2	—	87	18	5
1999	229	1680	88	32	17	—	7	6	—	69	96	6
2000	141	875	92	42	15	2	—	7	—	143	53	16
2001	93	689	60	15	23	—	1	2	4	90	70	18
2002	38	449	1704	10	19	2	—	5	—	100	123	25
2003	66	283	21	503	108	—	1	2	—	62	56	22
2004	22	174	39	902	321	26	7	1	—	74	28	17
2005	10	93	23	639	550	79	2	1	1	49	65	22

说明：1. 上述资料由区工商部门提供。2. 表内数据为区工商部门当年登记注册数。

第三节　企业监督管理

90年代后，辖区企业监督管理经历3个阶段。1995年前，以监管城乡集贸市场为主，采用驻场式监管方式。工商部门以单个集贸市场为单位，派驻工商干部，负责维护所驻市场的交易秩序，处理市场中发生的违法违规交易行为。1995年，重点开展对无场地、无资金、无人员“三无”企业的清理整顿，吊销注销“三无”企业698家。1996~2000年，以监管商品市场为主，采用巡查式监管方式。从原来侧重于城乡集贸市场的监管逐步转向对社会主义大市场的监管，从驻场式监管逐步转为巡查式监管，实行“谁登记、谁管理”的监管模式。1997年，重点对资金长期不到位、逾期不年检的企业开展整顿。1998年后，贯彻市工商行政管理局《无锡市企业年度检验办法》，企业监督管理改由区工商部门新组建的专业工商所实施。1999年，企业年检制度改为按月滚动年检制度。开展清理不良市场主体，查处“三无”企业和虚假出资、抽逃资金的企业。2001年后，以综合监管社会主义大市场为对象，主要全面推广“经济户口”电脑化、户籍化管理，实行企业动态监管新模式。由侧重于对市场主体准入的管理转向强化市场准入行为、经营行为、退出行为的全程监管。企业年检由按月滚动年检又恢复为集中年检制度。是年，重点开展企业年检验照，共验证（照）国有集体企业612家、私营企业595家。2003年，推行企业分类管理，利用信息化手段监管企业不良生产经营状况和生产经营行为，提出警示和风险预警，对重点和热点行业实行分类重点监管。同时，改进年检方式，建立健全网上年检、联合年检、企业免检等制度。是年，开展中山路创建全市经济户口管理示范街活动。制订相应工作标准，设立示范街管理公示牌，编写《中山路经济户口管理示范街手册》，并在全省经济户口管理现场推进会上交流发言。在强化市场综合监管的同时，区工商部门还积极扶持辖区个体私营经济的发展，2005年，在无锡市召开的全市个体工商户发展现场推进会上，区工商部门服务于地方经济发展的做法得到市领导的肯定。

第四节　市场管理

80年代后，区工商部门围绕建设和发展大市场，培育经济新增长点，推动集市入室，改善购物环境，整顿市场秩序，规范交易行为，落实市场管办脱钩，理顺管理体系。

【市场建设】

1986～1990年，以市场建设改造为重点，先后建成生产资料、农副产品、日用小商品等各类市场15个，总面积2.13万平方米。并从开办副食品、日用小商品市场发展到建设生产资料、劳务市场。其间，易地建成全市最大的室内农贸市场——崇安寺农贸市场。1990年，区工商部门直接管理的市场14个，其中，农副产品市场6个，工业小商品市场4个，花鸟、旧货市场4个。年成交额1.64亿元，农副产品上市量7.04万吨。崇安寺农贸市场蝉联1988～1990年度全国文明集贸市场，西河头小商品市场被誉为"无锡的城隍庙"。1991～1995年，以培育市场、促进市场规范发展为重点，先后建成后西溪杂粮等专业市场5个。市客运总公司投资1000万元、占地5500平方米的货运市场于1993年5月建成开业。同时改扩建崇安寺、靖海2个农贸市场，增加摊位（亭棚）140余个。1995年起，根据无锡市农副产品集贸市场三年（1995～1997）建设规划，启动市场改建和集市入室工作。是年底，靖海市场率先入室经营。其间，贯彻落实市场"办管脱钩"政策，完成"办管脱钩"工作。全区有各类市场11个，年成交额3.55亿元。1996～2000年，立足建设小市场和培育大市场并举，推动和促进市场体系的完善。其间，广益镇、江海地区先后建成华东建材市场、华东装饰城、锡沪路装饰材料市场、宁海里农贸市场。一个集农副产品、生产资料、货运、综合市场相结合的市场群开始在锡沪路地区形成。共有9个马路市场先后入室，实现"鸡入笼、鱼入池"，场容场貌明显改观。学前街农贸市场被评为市级样板市场。2000年，全区各类市场发展到22个，年成交量8.77万吨，年成交额26.89亿元，其中，工艺品市场16.97亿元，崇安寺农贸市场6.56亿元。2001～2005年，市场建设转向培育规模市场，从建办综合市场转向发展专业市场。广益地区形成以广益商城、锡沪装饰材料市场、华东建材市场、华东商贸城为主体的规模市场群。学前街、沙文井等农贸市场完成商场化改造。迄2005年，全区有各类市场41个，其中，亿元市场9个。全区市场年成交额398.90亿元，其中，亿元市场成交额395.83亿元，占99.2%。市场数量和年成交额位居三城区第一。

【创建达标】

1986～1990年，按照"管而不死、活而不乱"的要求，以创建文明集贸市场活动为载体，开展市场规范化、法制化、创新化管理，繁荣和活跃市场。其间，在农贸市场推行净菜销售服务，制定净菜销售管理规定。1991～1995年，按照统一规划、统一规范、统一管理、统一设施的要求，开展规范管理，在集贸市场推行差率管理，崇安寺农贸市场率先实行电子网络管理。组织开展执法检查，取缔疏导违章摊担800余个。1996～2000年，以创建国家卫生城市和中国优秀旅游城市为契机，推动市场"创建"达标工作。实行一只袋、一杆秤、一只箱、一条线、一块牌"五个一"市场规范化管理。以生产资料、生产要素"双生"市场为重点，推进文明市场建设。崇安寺、靖海农贸市场率先评为市级"样板市场"。其间，对卤菜等食品卫生实行重点监管，确定锡澄卤菜集中加工场为全区集贸市场卤菜经营户集中加工场所，选定尤渡生猪屠宰市场为农贸市场猪肉供应定点屠宰场。后西溪布料市场建立销售"信誉卡"制度。同时，持续开展对繁华地段农贸市场的全面整治。成立市场检查执法中队，集中取缔无证摊担，开展对农贸、消费品市场的日常巡查。1999年，辖区市场和锡沪路市场

开展"食品放心工程"创建达标，严格食品监管（2005）（区工商局供稿）

群管辖权调整后，持续组织对文化、旅游、生产资料等市场的专项整治。开展市场专项检查27次，查获违法交易132起，立案查处28起，取缔无照经营214起，受理消费者投诉75起。

2001年，开展“食品放心工程”创建达标活动，以粮食、肉类等商品市场为重点，查处并取缔非法屠宰点，查处病害猪肉及注水猪肉、着色大米和不洁豆制品加工销售的违章违法行为。2002年，重点贯彻《无锡市生猪屠宰销售管理办法》和《无锡工商系统市场“食品放心工程”实施意见》，全区农贸市场落实残留农药检测措施，豆类制品实行销售准入制。参与在苏北建立15个无公害生猪饲养论证工作。以食品、保健品、粮食、野生保护动物等为重点，持续开展专项整治或联合行动31次，查处违法交易行为136起。同时，开展对文化市场专项整治，取缔无照经营电子游戏机房和网吧7家。2003年，贯彻市工商局、市经贸委、市农林局联合下发的《关于加强上市蔬菜残留农药检测工作的通知》，细化市场准入、随机检测、缺陷商品退回等8项制度，在传统节假日开展“打假、打毒（主要是毒鼠强等违禁杀鼠剂）、打击欺诈”为重点的市场整治。2004年，贯彻《无锡市集贸市场实施“食品放心工程”工作规范》，形成一套较为系统、科学又易操作的食品放心工程标准化流程。推行食品销售“场厂挂钩”“场地挂钩”，各市场主办单位与食品经营户签订“食品安全质量书”。完善市场主体监管、市场监管执法、商品质量安全保障、农民合法权益保障的“四大网络”，全面开展“红盾护农”工作，集贸市场“食品放心工程”被市、区政府列为“为民办实事工程”。1995~2004年，全区连续10年无重大群体性食物中毒事件发生。

第五节　合同　商标　广告管理

【经济合同】

1986年7月，区工商部门成立经济合同管理股，履行对企业进行经济合同鉴证、无效合同确认的指导和经济合同纠纷调解及仲裁的职能，组织《中华人民共和国经济合同法》的宣传培训，加强经济合同管理。是年，建立《崇安区经济合同仲裁委员会工作制度》，全年鉴证合同50份，帮助企业追回货款3万余元。1987年3月，贯彻市工商行政管理局《关于对联营合同订立、履行、管理的暂行规定》，对企业联营合同履行情况开展调查。确认无效合同20份，其中仅一份加工承揽合同，就为企业挽回经济损失4500万元。1990年10月起，在全区推行经济合同示范文本制度。全年受理合同纠纷案件10起，争议金额20.94万元。鉴证各类经济合同25份、鉴证金额702.4万元，确认无效合同4份、金额237.57万元，为企业挽回经济损失9.7万元。1991年，在无锡遭遇特大洪灾、企业合同履行出现违约危机之时，在全区开展“合同解忧工程”，帮助受灾企业变更或终止合同，减少经济损失。1992年，无效合同的确认权改由人民法院和仲裁机关行使，配合区有关部门探索经济合同管理新模式，指导企业规范鉴定及履行合同。1993~1994年，贯彻修订后的《中华人民共和国经济合同法》，在全区推行“经济合同管理网络制度”等14个经济合同制度范本。1993年，帮助企业经济合同鉴证6份，鉴证金额130.8万元。开展资信服务12起，金额850.3万元。开展咨询服务71人次，使企业免遭经济损失789万元。调解合同纠纷2起，金额100.28万元。帮助时新皮革制品厂追回拖欠款2.3万元，为区属衡器厂调解货款纠纷0.8万元。1995年后，贯彻《中华人民共和国仲裁法》，1996年3月31日起，经济合同管理股撤销，经济合同仲裁案件改由企业监督管理所（科）受理，监督管理的重点转向违法经济合同案件的查处、企业不动产抵押登记等工作。迄2005年未变。

1986~2005年，还组织创建“重合同、守信用”企业活动，开展评定、验收和考核，报市政府批准后命名。市焊割工具厂等被评为市首批1987年度“重合同、守信用”企业。1988~2005年，有1471家企业先后获此殊荣。有307家企业被撤销“重合同、守信用”称号。其中2004年、2005年分别撤销70家、170家。迄2005年，全区有市A级以上“重合同、守信用”企业249家，其中市3A级“重合同、守信用”企业7家。无锡市苏源益能电力电器有限公司为江苏省2005年度“重合同、守信用”企业。

【商　标】

1986年后，随着商品经济的发展，使用商标、申请商标注册日益增多，违反《中华人民共和国商标法》的商标使用许可案件也相应增加。是年，实施对“一河”（洋河）、“三沟”（双沟、汤沟、高沟）商标及其使用的专项检查，打击假冒、侵权行为，并在全区开展创优产品注册商标的推荐工作。1987~1990年，持续开展对企业商标许可使用情况的检查，规范商标使用，帮助企业建立健全商标工作机制。重点检查食品和药品生产企业商标的使用情况，并开展对印刷、印染、制版、刻字等方式制作商标标识的专项检查，规范整顿商标印刷企业，注销不合格商标印刷单位，开展创“商标印刷信得过企业”活动。其间，查处商标违法案件3起。1991年，结合开展“质量、品种、效益年”活动，扶持企业参加全国首届“中国驰名商标”评选，“菊花”电扇商标成为首批入选的中国驰名商标。1993年，《商标法》颁布10周年之际，在全区开展商标使用权保护的宣传。1994年，开展对注册商标的验证，对擅自改变商标注册人名义，擅自改变文字、图形的，未标注册标记的企业限期整改，对即将到期的及时办理续展手续，规范和维护商标专用权。1998年，开展商标普查，遏制制假源头。2001年4月26日，第一个“世界知识产权日”之际，参与市工商局组织的系列宣传活动。2003年，纪念《商标法》实施20周年，开展《商标法》宣传及商标知识咨询活动，并进一步加大知识产权保护力度，组织开展“端窝点，查存假”、“堵源头，反假冒”、“讲诚信，反侵权”等专项整治行动，打击假冒商标的侵权行为。2005年，重点加大对虚假宣传、虚假广告、虚假表示等误导消费者行为的查处力度，查处各类商标违法案件3起，罚没金额6.7万元，其中，商标侵权案件1起，假冒注册商标案件2起。是年，辖区企业注册商标738件，其中新注册商标182件。

【广　告】

1986年后，区在促进广告业发展的同时，规范企业广告经营行为。是年，开展对广告内容、广告经营行为的清理整顿和普查，重点检查1985年以来发布的各种虚假宣传、违章广告以及未经批准擅自发布的广告。1987年，立足市场经济需求，积极扶持广告业发展，公共汽车车身广告现身街头。1988年，对经营广告的区街企业进行清理整顿，重新核定经营范围，换发新的“广告经营许可证”2家。1995年，《中华人民共和国广告法》颁布后，组织开展该法的宣传，结合换发广告经营许可证，进一步加强广告的监督管理，净化全区广告环境。是年，辖区有广告经营单位11家。1997年，开展对违法户外广告、印刷品广告的专项整治，查处辖区内商场、药店、居民住宅区内及印刷企业散发、承印的各类印刷品广告。全年查处违法广告4件，罚没金额9.2万元。2000~2005年，逐年加大对各种虚假违法广告的查处力度。开展医疗、药品和医疗器械广告的专项整治，清理整顿广告市场，从严查处辖区内中山路、人民路等重点道路和地区的户外商业性条幅广告，清除非法设置条幅，拆除交通护栏广告，整顿有碍市容的霓虹灯广告等。仅2005年，全年查处各类广告违法案件45起，罚没金额133.23万元。其中店堂广告11件，户外广告2件，印刷品广告16件。2004年7月1日起，贯彻江苏省工商行政管理局规定，专业广告经营单位不再需要领取经营许可证，单凭营业执照即可从事广告经营。迄2005年，全区有广告经营单位192家。

第六节　维护公平交易

80年代后，随着计划经济逐步向市场经济转化，区工商部门贯彻治理整顿、深化改革方针，监督管理工作转向以检查市场的经营行为、打击从事投机倒把行为和查处假冒伪劣商品为主。1989

年，成立经济监督检查股并建立经济案件举报中心，加强经济违法犯罪行为的监察、打击和查处。以反不正当竞争为主，重点查处一些企业和个人利用价格双轨制，就地倒卖重要生产资料、贵重物资、紧俏耐用消费品以及倒卖、贩运名烟等投机倒把案件。1990年，查处各类经济案件117起，其中万元以上14起，罚没金额50余万元。1992年起，主要打击制售假冒伪劣商品行为，查处取缔群众反映强烈的销售制造假冒伪劣商品的窝点。1993年，查处各类经济案件68起，其中违法案件58起，罚没金额9.32万元，查处假冒家用水泵150台、假冒机油13桶。1994年起，打假重点放在民生商品、民优商品上，进一步完善打假网络，加大对制售假冒伪劣商品、不正当竞争、走私案件、无照经营、超范围经营的打击力度。1995年上半年，立案14起，罚没金额34.4万元，查获假冒卷烟453箱、假冒力士香皂105箱、假冒立顿红茶21大箱、假冒飘柔洗发水24大箱、盗版卡拉OK录像带3大箱，总价值150万元。查获其他伪劣商品标值154.10万元。1997年6~9月，专项整治生产资料市场，全面加强对农业生产资料市场的日常监管，严格执行国家关于化肥、农药、种子的管理规定，稳定柴油市场正常秩序。1999年，继续重点查处和打击假冒伪劣商品、商标侵权、虚假广告等违法行为。2000年，在整顿和规范市场经济秩序工作中，加强联合打假工作，继续推行落实执法责任制，提高办案质量。全年查处各类案件883起，罚没金额366.9万元。2001年，以关系人民群众生命安全、身体健康的商品为主，组织对通信市场、化妆品市场和超市大卖场的专项检查，查处人寿保险公司强制保险及商业贿赂行为，查处完美日用品有限公司驻无锡办事处的非法传销案。2002年第二季度，贯彻国务院赋予工商行政管理机关对流通领域商品质量监督管理职能的规定，参与省工商行政管理局组织的对辖区农贸类、成品油类、食品类部分商品的首次监督抽查。是年8月15日起，开展对房地产市场的专项整治，重点查处房地产经营企业和房屋中介机构虚假出资、抽逃注册资金、虚假广告、合同欺诈等行为。2003年，开展“红盾春雷”“红盾护农”执法行动，先后组织出动800人次、125台次车辆，捣毁制假售假窝点8个，查获假冒五粮液、金六福、剑南春、老作坊等酒7200瓶，假冒商标标识5000多套和一批制假用的工具设备；查处“非典”期间销售不合格的劣质口罩案件；查处无锡市机电五金市场、广勤一支路2号7家单位假冒驰名商标案件。2004年，立案查处各类经济违法案件475件，罚没金额776.95万元；取缔各种违法窝点5个，销毁假冒伪劣商品标值18万元；查处“仿名牌”案件2起，罚没金额3万元；查处药业、医疗器械行业商业贿赂案件4起，涉案金额600万元，罚没金额84万元。2005年，加大对“网上传销”等传销、变相传销行为的打击力度。全年查处不正当竞争案件12起，罚没金额84.69万元。

第七节　保护消费者权益

1998年后，贯彻《中华人民共和国消费者权益保护法》，市消费者委员会（以下简称市消委会）崇安分会在各集贸市场、商业街开展宣传活动，增强经营者守法经营和消费者依法维护权益的意识。1999年，无锡市“12315”消费者投诉举报中心建立，工商崇安分局相应建立消费者申诉台，下设5个消费者申诉站。2000年，以“明明白白消费年”为主题，开展“揭谎打假”专项整治，重点抽检液化气市场、桶装饮用水卫生质量，开展“销售放心房、提供放心中介”联合承诺等活动。是年，受理消费者申（投）诉750起，为消费者挽回经济损失48万元。2001年，以“绿色消费年”为主题，在广益副食品批发市场开展真假商品实物展示活动。崇安区金日衣架厂生产的“金日济达”牌晒衣架被市消费者协会推荐为放心商品。是年10月，市消委会为区配备“3·15”维权专用车，工商崇安分局建立维权“一张网、一部车、一只电话”的“三个一”系统。2002~2005年，工商崇安分局与市消委会崇安分会先后以“科学消费”“营造放心消费环境”“健康、维权”为主题，组织“红盾春雷”专项执法行动，举办“肉、菜、粮”放心食品承诺活动，开展服务诚信单位创建。中山路工商所消保申诉站“青少年维权岗”被共青团江苏省委、省工商行政管理局等部门授予“优秀青少年维权岗”荣誉称号。

第十三编

财税　金融

1985年前，崇安区无独立的财政体系，长期实行“高度集中、统收统支”和“收入上缴、支出下拨”的财政管理体制，基本上是“吃饭型”财政。1985年，实行“收支挂钩，全额分成，比例包干”财政管理体制。1987年起，调整为“收支挂钩，递增分成，财政包干”的财政管理体制后，区级财政收入不断跨上新台阶。1993年，区级财政收入增长到4757万元，可使用财力比1986年增长3.66倍。特别是1994年实行分税制财政体制后，区委区政府于1995年适时提出发展区域经济的工作思路，并持续推进政府工作职能的转变，把经济工作的重点转向培植税源、增加税收、增强区级财政实力，经济实力逐年提高，由“吃饭型”财政逐步向“建设型”财政发展。2001年，区级可使用财力达到9792万元，接近亿元台阶。2002年，实行税收属地征管后，区级可使用财力一年一大步，2002年，区级可使用财力超亿元，2003年达到1.60亿元，2004年区级可使用财力突破双亿元大关。2005年区级财政收入达到17.97亿元，可使用财力达到2.29亿元。

其间，区级财政管理不断完善。财政预（决）算管理逐步制度化，并走上法制化轨道。在预算管理中贯彻“一要吃饭，二要建设”“有保有压”的方针，在保证机关工作正常运转的基础上，统筹安排支出，重点支持文化、教育、卫生事业的发展和重点项目建设。同时，把压缩行政事业经费开支、严格控制社会集团购买力作为财政管理的重点，并不断推进国有资产管理、监督、运营体制改革。1997年起，对全区预算外资金实行收支两条线管理，采用“上缴财政专户”及“财政专户储存”的办法，预算外资金逐步纳入规范化管理的渠道。2003年10月起，改革行政事业单位会计核算制度，成立区财政结算中心，全区机关部门和事业单位财务实行集中核算。2005年，推进建立以国库单一账户体系为基础、资金缴拨以国库集中收付为主要形式的现代财政国库管理制度，探索会计集中核算向国库集中支付制度的转轨，初步建立起包括财政内部支付审核系统、代理银行接口系统和预算单位联网系统的国库集中支付信息系统，纳入财政集中支付单位46家。

辖区税务征管机构一直垂直于市局。区主要配合税务部门加强税收征管，1994年，顺应全市国地税征管体制改革和新税制改革，2002年实施税收属地征管体制改革，区配合税务部门依法依规属地征管税收，促进税收平稳持续增长。特别是90年代末，区委、区政府提出发展以培植税源为核心的区域经济后，以税收目标考核为激励机制，税收征管力度逐年加大，税源扩大，税收增多，税收综合管理跨上新台阶。

辖区金融机构较多。特别是改革开放后，崇安区作为无锡中心商务区，各银行、保险、证券、信托等金融机构纷纷落户崇安区。迄2005年，驻区银行机构（营业网点）76家，保险机构（营业大厅或办事处）21家，证券公司（营业部）11家，期货、信托投资、担保单位21家。

第一章 财 政

1958年起，无锡市改革财政体制，逐步建立区级财政，但很短时间就收回，区仅作预算计划，实行的是由市高度集中的“统收统支”管理体制，税收全额上缴，支出按计划下拨。1980年建立区财政科后，仍无独立的财政预决算权，按照“量入为出、量力而行、收支平衡、略有结余”原则，安排预算。1980~1984年，区财政年度决算结余依次为5.6万元、12.14万元、7.48万元、13.32万元、2.45万元。1985年开始，区独立编制财政预算计划，区级财政状况逐年改善，逐步由“吃饭”型财政向“建设”型财政发展。1985~2005年，区财政收入经历四个阶段，跨出四大步。1985~1986年，市对区实行“收支挂钩，全额分成，比例包干”的财政管理体制后，1986年区级财政收入增长到1742万元，比1985年增加98万元。1987~1993年，市对区实行“收支挂钩，递增分成，财政包干”的财政管理体制后，1993年区级财政收入增长到4757万元，比1986年增长2.67倍。1994~2001年，实行分税制财政体制后，2001年，区级财政收入跃升到1.62亿元，比1993年增长2.41倍。2002~2005年，实行税收属地征管后，2005年，区级财政收入达到17.97亿元，区级实际可使用财力为2.29亿元，分别比2001年增长10.07倍、1.34倍，区级财政状况发生根本性变化。

第一节 机 构

1980年，建立区财政科。1986年12月撤科，改建区财政局，为区政府的职能机构，负责组织全区财政收入、编制财政预决算，经区人大批准后具体负责实施；收集、传达财经信息，指导全区行政企事业单位的财务工作；负责财政监督，组织财务检查工作；管理区属国有、集体财产；负责集团采购控制审核等财政管理工作。1996年9月起，内设预算综合科、行政事业财务管理科、企业财务管理科、资产管理科。是年11月，成立崇安区公有资产管理局，为区二级局，由区财政局管理，与区财政局实行两块牌子、一套班子管理体制，由区财政局局长兼任局长，分管副局长兼任副局长。其主要职能是强化对全区公有资产的监督管理，指导和协调基层单位加强公有资产的管理，确保公有资产的保值增值。

1980~2005年，区财政部门历任主要负责人：曹锡林、夏长柏、羊劲松、华梅君、刘南琛、秦惠芬。

第二节 财政体制

1985~2005年，市对区先后实行“收支挂钩，全额分成，比例包干”“收支挂钩，递增分成，财政包干”、分税制、税收属地征管等财政管理体制。财政管理体制改革的深化，极大调动城区广开财源、培植税源的积极性，财政实力不断增强，财政状况逐年好转。

【“收支挂钩，全额分成，比例包干”制】

1985~1986年，市对区实行“收支挂钩，全额分成，比例包干”财政管理体制，全额包干分成的收入包括：崇安区所属单位上缴的产品税、增值税、工商所得税、其他工商税和国营商业企业所得税、奖金税。超额包干收入另加15%的增长分成。1985年留成比例为30%，1986年后，因市商业、供销体制下放到区管理，留成比例调减至28.73%。

【"收支挂钩，递增分成，财政包干"制】

1987~1993年，市对区实行"收支挂钩，递增分成，财政包干"制的财政体制。1987年，区财政分成收入基数从1986年的1909万元调整到2465万元。同时，调整崇安区的支出基数和总额分成比例；上缴中央、省借款70万元和退休人员经费33.5万元不再列入支出基数；区人武部人员经费3.5万元和政法增编经费3.45万元，列入增加支出基数。因收支基数的调整，市对区的总额留成比例由28.73%调整为24.61%。1989~1992年，又进行了微调：即以1988年财政决算实际留成的2465万元为收入基数，以后每年递增6.5%，在递增率内的收入按确定的总额分成比例分成，超过递增率的收入，全部留区，如收入达不到递增率，影响上解部分，区用自有财力补足。其间，因崇安区收入基数最高，留成比例最低，财政供养人数比其他区多1000人左右，财政非常紧张。为缓解区级财政困难，解决崇安区财政累计赤字较大的问题，1993年，市对区财政体制进行调整，将包干范围内的收入留成比例由24.61%提高到35%，同时，对1992年的收入留成也执行新体制，多留部分由市补助区50%。

【分税制】

1994年中央实行分税制财政管理体制后，市对区同步实行分税制。市财政局按1993年区财政收入实绩和实行分税制后中央与地方财政收入划入情况，将中央和省应收入部分从区净上划后的收入数额，作为市对区的税收返还基数，区地方财政收入由区地方固定收入和专项分成收入（区留成部分）组成。固定收入包括：个人所得税、房产税、车船使用税、企业所得税、固定资产投资方向调节税、滞纳罚没、印花税、其他（罚没收入）。专项分成收入包括：营业税（70%留区）、土地使用税（30%留区）。同时，按隶属关系，将原作为市本级的零星税收收入下划给区，并相应调整区1993年收入基数为1400.18万元，以1993年实际分成财力作为支出基数，支出基数为2540.69万元，调整后的支出基数大于收入基数的差额部分1140.51万元作为固定补助，从1994年起每年递增8%。同时，对有关事项作适当调整，支出基数人均每年达到7500元，不足部分由市予以补足，核定补助220.06万元。区营业税、城镇土地使用税和即将开征的土地增值税作为专项分成收入，鉴于专项收入部分全额缴入区级金库，对中央、省和市应分成的专项收入，年终单独结算。

【税收属地征管体制】

2002年，市区部分行政区划实施调整后，企业按行政区域实行税收属地征管。是年，广益镇划入崇安区范围，鉴于地区间际关系，明确管理权限不变。

税收属地征管后，收入划分为市级固定税收、区级固定税收、市、区共享税收。市级固定税收包括：城市建设维护税、专项收入以及企业大集团和少数特殊行业税收。区级固定税收包括：农业税、农业特产税和耕地占用税。市、区共享税收包括：增值税、企业所得税、营业税、印花税、房产税、城镇土地使用税、土地增值税、车船使用和牌照税等。分级管理的财政收入包括：国有资产经营收益、行政性收费收入、罚没收入、基金收入、其他收入等。新的财政管理体制以2001年为基期年，确定市、区两级财政共享比例，一区一率。2001年起，按照省财政体制调整方案，以2000年地方财政收入为基数，超过基数部分，省集中20%，用于对苏北薄弱地区的转移支付。无锡市从2002年起，按地方财政收入比2000年增长部分集中20%。属地征管以后年度以2001年为基数，超收部分集中22%，2001年比2000年增长部分的省、市集中22%进入基数。原市对区体制补助递增8%，集中的营业税30%、城镇土地使用税70%等上解政策不变。2002年起，根据中央、省确定的基期年的所得税收入基数，企业所得税和个人所得税作为中央与地方共享收入，超基数部分按比例分享，2002年分享比例为各50%，2003年以后按中央60%、地方40%执行。实施属地征管后，市对区实行超收奖励政策，对共享收入增长超过当年市人代会确定增幅的市得部分，给予50%的发展资金奖励；超过全市平均增幅的市得部分，给予100%的发展资金奖励（分段计算）。

2003年，市对区开展税收属地征管回头看，继续下划市原保留7家集团企业，确定崇安区共享比例为34.78%。是年5月1日起，市决定对建设工程项目实行税收属地征管，凡在市区实施的建筑安装项目（包括建筑、安装、修缮、装饰、市政、园林、绿化、人防等）和房地产开发项目的有关地方税收均按照项目所在区属地征收，市地方税务局成立建设工程项目税收属地征管办公室，专门负责对项目中涉及的营业税、城建税、教育地方附加费、土地增值税、外地到无锡建筑安装企业附征个人所得税，以及外地到无锡未开具外出经营活动税收管理证明的建筑安装企业附征企业所得税。区同步建立建设工程项目税收属地征管办公室，对辖区建设工程项目调查摸底，建设项目成为税源经济新的增长点。

第三节　财政收支

1986年，区财政收支预算安排贯彻“当年收支平衡，略有结余”的方针，全年上缴税收1742万元，比1985年增加98万元，增长5.96%，根据市规定的分成比例，全年可使用财力537万元。区级财政预算支出655万元，其中日常经费安排472万元，一次性经费安排183万元，在资金安排上做到突出重点，照顾一般。教育、文化、卫生等事业一次性投入51.8万元，全区工商企业和重点建设项目安排120万元，文化教育设施方面补贴25.7万元，崇安医院病房大楼基建等设施补助89万元，初步形成事业发展和生产建设并重的财政支出结构模式。此外，还为区属和街道工商企业、合作银行等解决临时性周转资金95万元。该年度动用上年度结余130万元后，收支相抵结余11.70万元。

1987年，区级财政收支完成并超过目标任务，全年上缴税收增长6.20%，达到1850万元。区级财政收入2228.57万元，市返还区级财力797万元，财政支出748.30万元，收支相抵结余48.7万元。

1988年，区级财政收入完成2468.95万元，为年度计划指标2265万元的109%，为下达目标2340万元的105.51%，比1987年实绩增长10.79%。是年，还通过多种渠道，利用各类间歇资金和预算周转金发放短期贷款40次，融通资金551万元，直接受益单位24家，增加营业收入1155万元，增加利润100万元，增加税收50万元，缓解企业周转资金的不足。全年实收管理费39.52万元，实收区属企业历年拖欠合作事业基金5.78万元。区财政分成收入942.8万元，省、市补助17万元，上交中央借款70万元，加上1987年结余48.7万元，全年可使用财力890万元，实际财政支出915.79万元。收支相抵结余22.71万元，实现当年收支平衡，略有结余。

1989年，区级财政收入完成2791.40万元，其中，税收2618.20万元，罚没收入173.2万元，比1988年同口径增加322.45万元，增幅13.06%，完成目标任务的107.78%，财政留成795.95万元，加省、市追加、补贴调入、上年结转等增加因素后，全年可使用财力985万元。是年，按照“勤俭节约，量入为出”的原则，财政支出预算从年初的1006.08万元调整为993.1万元，实际支出985.3万元，收支基本平衡。

1990年，区级财政收入完成2951.74万元，其中，税收2773.97万元，罚没收入177.77万元，为预算收入的98.39%，比上年实绩增加160.34万元，增长5.74%。按财政包干分成体制，区财政实得分成826.5万元，加上调入经费240万元，全年可使用财力1067万元。是年，财政支出预算从年初994.46万元调整为1084.46万元，财政决算支出1064.4万元，其中，文化教育卫生事业费支出568.41万元，公检法支出158.28万元，收支相抵基本平衡。

1991年，区级财政收入完成2609.83万元，按财政包干体制，区财政应得分成642.28万元，因当年未完成1991年市下达的财政包干基数3002.24万元，短包赔交295.84万元，区财政实际分成346.44

万元，加上市追补200万元，可用财力为546万元。是年，财政支出预算安排从年初的1100万元，调整为1125万元，实际财政支出1042.36万元，当年赤字578.56万元。

1992年，区级财政收入预算2837.37万元，财政支出预算1250万元。后经区人大常委会批准，支出预算调整为1412.28万元。是年，区级财政收入完成2981.28万元。其中，各项税收2929.8万元，罚没收入51.48万元。按财政包干体制，区财政应得分成733.69万元，因未完成1992年市下达的财政包干基数3197.39万元，短包赔交162.93万元，区财政实际分成570.76万元，加上市追补81.5万元，可用财力为652万元。是年，实际财政支出为1324.41万元，比1991年增加支出282.05万元，增长27.06%，其中，用于文教卫生事业费730.2万元，行政管理费215.31万元，公检法支出209.03万元。另外向中央贡献43万元，加上由于资金筹集等困难，需结转1993年支出的87.87万元，全年收支相抵，财政赤字760.02万元。

1993年，区级财政收入预算为3405.22万元，其中，工商税收3326.22万元，国营企业收入27万元，其他收入52万元，按体制应得分成838.02万元。财政支出预算安排1700万元。收支相抵，全年赤字861.98万元。后经区第十三届人大常委会批准，收入预算调整为4200万元，支出预算调整为2311.93万元。是年，区级财政收入完成4757万元，比上年增长59.57%，地方财政收入2501万元。财政支出2310.88万元，比上年增长74.48%，其中，用于文化教育卫生事业1168.34万元，公检法307.68万元，弥补上年结欠支出188.99万元后，当年财政结余0.84万元。

1994年，根据市对区实行分税制财政体制，区财政收入预算调整为1950万元，支出预算调整为3303.71万元。是年，区级财政收入完成1953.65万元（不包括增值税3317万元），其中，地方固定收入852.44万元，专项分成收入1101.21万元，比1993年增收320.55万元，同比增长19.63%。根据新体制，区财政分成收入1617.56万元，市财政补贴1231.75万元，专项补助220.06万元，合计收入3069.37万元，加上调入平衡地方预算基金188万元，粮油补助46万元，其他补助40万元，全年区财政可用财力3343万元。实际财政支出2895.39万元，比1993年增加支出584.51万元，增长25.29%，其中，用于文化教育卫生事业1484.7万元，公检法527.21万元。全年决算总支出(包括结转支出)3343.71万元。财政收支实现基本平衡。

1995年，区财政收入预算2170万元（不包括增值税），财政支出预算3344.58万元，经区十三届人大常委会第十九次会议通过，区财政支出预算调整为3754万元，加省市追加指标88万元，合计支出预算3842万元。是年，按照分税制口径，区级财政收入完成2518万元（不包括增值税3740万元），比1994年增收564万元，增长28.86%，其中，地方固定收入1483万元，专项分成收入1035万元，罚没收入371万元。根据市对区的分成体制，区财政可使用财力3985万元，其中，区财政分成收入2197万元，市财政各项补助1563万元，平衡地方预算基金225万元。全年实际财政支出3821万元，比1994年增加814万元，增长27.07%。其中，用于文化教育卫生事业1626万元，公检法987万元，结转1996年度支出21万元，财政收支结余143万元。

1996年，区财政收入预算2805万元（不包括增值税），可使用财力4041万元，支出预算4036万元，后因情况变化，财政收入预算调整为3107万元（不包括增值税），财政可使用财力调整为4343万元，财政支出预算调整为4341万元。是年，按照分税制口径，区级财政收入完成3255万元（不包括增值税4632万元），其中，地方固定收入2106万元，专项分成收入1149万元。本级财政分成收入2903万元，体制补助收入1355万元，其他补助89万元，扣除专项上解140万元，合计可使用财力4520万元。全年实际财政支出4377万元，区级财政当年收支结余143万元。同年，市安排给区弥补赤字专项补贴629万元，并追讨上划企业管理费37万元，补征1995年预算平衡基金162万元，区财政历年赤字967万元被全部弥补，实现当年收支平衡，略有结余。

1997年，区财政收入预算3300万元（不包括增值税），可使用财力4605万元，财政支出预算4604万元，后因情况变化，财政收入预算调整为3664万元（不包括增值税），财政支出预算调整为4904万元，可使用财力调整为4905万元。是年，区级财政收入完成3853万元（不包括增值税4512万元），其中，地方固定收入2355万元，专项分成收入1498万元。本级财政分成收入3398万元，市财政体制补助1464万元，其他补助299万元，扣除专项上解143万元，合计可使用财力5018万元（不含省市指标224万元）。全年区财政支出4904万元，收支结余114万元。

1998年，区财政收入预算3819万元（不包括增值税），可使用财力5278万元，财政支出预算为5276万元。是年，区级财政收入完成4654万元（不包括增值税4671万元），其中，地方固定收入2733万元，专项分成收入1921万元。本级财政分成收入4073万元，市财政体制补助收入1581万元，专项补助收入323万元，增值税超基分成收入31万元，扣除专项上解287万元，合计可使用财力5721万元（不含省市追加指标91万元）。是年，区财政支出5276万元，当年收支结余445万元。

1999年，区财政收入预算4710万元（不包括“两税”增值税），可使用财力6050万元，财政支出预算为6049万元。是年，区级财政收入完成5674万元（不包括增值税5579万元），其中，地方固定收入2822万元，专项分成收入2822万元。本级财政分成收入4814万元，市财政体制补助收入2056万元，增值税超基分成收入134万元，扣除专项上解293万元，合计可使用财力6711万元（不含省市追加指标607万元）。是年，区财政支出6050万元，当年收支结余661万元。

2000年，区财政收入预算6150万元（不包括增值税），可使用财力7200万元，财政支出预算为7200万元。是年，区级财政收入完成7200万元（不包括增值税6183万元），其中，地方固定收入3199万元，专项分成收入4001万元。本级财政分成收入5995万元，市财政体制补助收入2220万元，增值税超基分成收入209万元，工商罚没收入分成收入55万元，扣除专项上解207万元，合计可使用财力8272万元（不含省市追加指标845万元）。全年区财政支出7200万元，当年收支结余1072万元，主要用于支付区机关办公大楼基建费用、公安地块转让款以及解决皇亭美食城历史欠债等。

2001年，区财政收入预算7928万元（不包括增值税），可使用财力8800万元，财政支出预算为8800万元。是年，区级财政收入完成9152万元（不包括增值税7080万元），其中，地方固定收入3850万元，专项分成收入5302万元。本级财政分成收入7554万元，市财政体制补助收入2398万元，增值税超基分成收入388万元，工商罚没收入分成收入74万元，扣除地方财政收入增量上缴省390万元，及专项上解232万元，合计可使用财力9792万元（不含省市追加指标1131万元）。全年区财政支出8800万元（不含省市追加指标支出745万元），当年收支结余992万元，主要用于支付皇亭美食城历史欠债、机关基建以及在职和离退休人员增资费用。

2002年，区财政收入预算11125万元（不包括增值税），可使用财力11550万元，财政支出预算11549.78万元。后因行政区划和税收属地征管体制等变化，区财政收入调整为91192万元，可使用财力为13335万元（包括调入资金835万元），财政支出预算为13335万元。根据税收属地征管后的口径，是年，区级财政收入完成93310万元（包括增值税）。区级分成收入17227万元，区级固定收入1329万元，体制补助收入2590万元，工商罚没收入分成收入105万元，其他补助收入3444万元，扣除地方财政收入增量上缴和专项上解等11196万元后，区级实际可使用财力为13499万元，省市专项指标及专项补助收入2479万元。全年区财政支出14696万元（含省市追加指标支出1361万元），当年收支结余1282万元，主要用于解决皇亭美食城历史欠债、补助周山浜等困难街道以及机关、部分事业单位人员发放地方岗位补贴等支出。

2003年，区财政收入预算105800万元（包括增值税），可使用财力14100万元，财政支出预算14099.52万元。后因部分市本级企业继续下放，全年财政收入预算调整为109562万元。是年，区级财政收入完成114431万元（包括增值税），其中，一般预算收入65007万元，同口径增长30.34%。区级可使用财力28260万元，其中，区级分成收入18759万元，区级固定收入2029万元，体制补助收入2797万元，工商罚没收入分成收入109万元，其他补助收入4566万元，扣除地方财政收入增量上缴和专项上解等12237万元后，区级实际可使用财力为16023万元，省市专项指标及专项补助收入2869万元。全年区财政实际支出15398万元（含省市指标支出1298万元），当年收支结余3494万元，主要用于广益镇财力结算追加支出、发放机关事业单位人员地方岗位津贴、差旅费包干标准提高、公积金提租补贴提高等增资，以及事权下移新设社会保障机构、行政执法大队人员经费以及个人退出养老统筹等费用。

2004年，区财政一般预算收入安排71158万元（包括增值税），可使用财力15700万元，财政支出预算为15700万元。是年，根据全省统一的收入考核口径，地方财政一般预算收入完成86787万元，同口径增长41.13%，全年区级财政收入完成148438万元（包括增值税）。是年，完成区级财力37523万元，其中，区级分成收入23269万元，区级固定收入1957万元，体制补助收入3021万元，工商罚没收入分成收入143万元，其他补助收入9133万元，扣除地方财政收入增量上缴和专项上解等15564万元后，区级实际可使用财力为21959万元，省市专项指标及专项补助收入3548万元。全年区财政支出17977万元（含省市指标支出2277万元），当年收支结余7530万元，主要用于广益街道财政结算追加支出、机关事业单位增发通讯费补贴等增资、街道税收目标考核奖励等。

2005年，区财政一般预算收入安排85800万元（包括增值税），可使用财力18800万元，财政支出预算18800万元。后因中央对出口退税政策进行调整，出口退税改由中央退付，地方超基数负担部分通过年终财政结算上解等变化，一般预算收入调整为90100万元，可使用财力调整为19800万元，财政支出预算调整为19799.58万元。是年，一般预算收入完成102733万元，同口径增长18.38%，区级财政收入完成179744万元（包括增值税）。全年完成区级财力40179万元，其中，区级分成收入30442万元，区级固定收入2288万元，体制补助收入3263万元，工商罚没收入分成收入60万元，其他补助收入4126万元，扣除地方财政收入增量上缴和专项上解等17285万元后，区级实际可使用财力为22894万元，省市专项指标及专项补助收入4702万元。全年区财政支出22233万元（含省市指标支出2434万元），当年收支结余5362万元，主要用于广益街道财政结算追加支出、区公检法住房货币补贴、编制区服务业及次分区规划经费、创建全国社区卫生服务示范区经费等支出。

1986～2005年崇安区财政收入、支出一览表

表13-1-1　　单位：万元

年　度	财政收入	财政支出	年　度	财政收入	财政支出
1986	1742	655	1996	7887	4377
1987	2228.57	748.30	1997	8365	4904
1988	2468.95	915.79	1998	9415	5276
1989	2791.40	985.30	1999	11253	6050
1990	2951.74	1064.40	2000	13383	7200
1991	2609.83	1042.36	2001	16232	8800
1992	2981.28	1324.41	2002	93310	14696
1993	4757	2310.88	2003	114431	15398
1994	5270.65	2895.39	2004	148438	17977
1995	6258	3821	2005	179744	22233

说明：1. 上述数据由区财政局提供。2. 财政收入栏中，1994~2005年包括增值税。

第四节　财政管理

【财务管理】

80年代起，把压缩行政事业单位经费开支、严格控制社会集团购买力作为财务管理的重点。90年代开始，区机关部门实行“经费包干、节约部分自留使用”的财务管理办法。2000年后，探索完善机关部门事业单位经费包干新途径，把行政经费支出指标分解到部门（单位），定期公布36个部门（单位）行政经费支出状况。2001年起，贯彻“适度从紧”“有保有压”的财政工作方针，调整支出结构，规范支出范围，严格控制编制外人员工资支出及医疗费用，区机关部门（单位）业务经费实行“一包到底”，公检法司实行核定基数、定额包干办法。行政事业单位工资试行财政统一发放，完善财政管理办法，逐步建立公共财政管理体系。

资金专户管理 2003年10月，成立区财政结算中心（以下简称中心），隶属于区财政局，负责对区级行政事业单位实行财务集中核算，按照中心会计工作范围和业务程序要求，设置主任、记账审核会计（副主任兼）、资金审核会计、制单录入会计、出纳会计等工作岗位。人员编制10人。改革行政事业单位会计核算制度，取消区机关各部门、全额拨款事业单位及由政府授权收费或执罚等政府延伸职能的事业单位、社团部门单位银行账户，由区财政部门在指定银行统一开设账户，对单位收支业务开设分户账进行核算。单位所有收入均直接交入财政专户，分配给各单位的所有财政性资金均由财政结算中心直接支付给商品供应商或劳务提供者。中心贯彻“三不变”的原则：预算管理体制不变，年度经费预算仍由各单位编报，财政审核后批复给单位包干使用；单位理财机制不变，资金的使用权和审批权仍在各单位；会计主体法律责任不变，单位的各项收支仍由单位审批并承担相应的会计法律责任。中心按照“集中支付、会计代理、统一账户、分户核算”的运行模式，所有区级预算单位使用的财政性资金，均通过中心代理会计核算和支付。2004年，中心规范内部核算制度，开展“网上银行”的付款业务，并扩大核算单位，区城管局、区执法大队、区行政服务中心和区招商办等单位纳入集中核算范围，纳入的单位及部门扩大到55户。2005年，扩大实施财政集中核算的报账单位范围，把在区政府大院外办公的区环保局、区疾控中心纳入集中核算范围，针对2家单位业务特点，制定财务移交方案，对报账员业务培训，确保平稳过渡。同时，按照社会主义市场经济体制下公共财政的发展要求，以中心为主体进行国库集中支付改革试点和集中核算，逐步建立财政内部支付审核系统、代理银行接口系统和预算单位联网系统的国库集中支付信息系统，开设首批国库集中支付零余额账户5个，纳入国库集中支付单位46个，初步建立起以国库单一账户体系为基础、资金缴拨以国库集中收付为主要形式的财政国库管理制度。

【国有资产管理】

1993年，对区属行政事业单位进行清产核资和国有资产产权登记工作。通过为期3个月清查，全区行政事业单位共有资产2851.75万元，盘盈资产773.6万元，其中固定资产757.2万元。1996年，对全区行政事业单位和社会团体所占用的、能以货币计量的全部经济资源进行清查和产权登记，颁发行政事业单位“国有资产产权登记证”。并对区属集体企业无锡市焊割工具厂开展清产核资试点工作。对行政事业单位创办经济实体中非经营性资产转为经营性资产的情况进行全面调查，为管好用好区管公有资产奠定基础。是年11月，成立区公有资产管理局。1997年，对全区33家行政事业单位和37家国有企业的国有资产进行年度报表审核，核发产权证书，建立产权证年检制度。同时，对129家城镇集体企业开展清产核资工作，通过资产清查、产权界定、重估登记，摸清资产情况，为集体企业全面改转制作好前期准备。1998年起，区公有资产管理局会同有关部门积极参与区属集体企业改制工作，规范企业改转制中的公有资产的管理，把好企业改制中清产核资、产权界定、资产评估、资产核销、资产剥离、收益收缴等环节，对18个项目进行国有资产评估立项审批，确认评估项目30个。同时，为完善公有资产管理、运行和监督体系，组建区公有资产经营管理有限责任公司，使公有资产管理逐步趋于规范化。2005年，公有资产管理突出非经营性资产转经营性资产和资产处置两个重点，出台加强公有资产管理的实施意见。建立健全公有资产产权登记台账管理、资产报告制度，规范资产经营、处置、收益和担保行为，进一步深化公有资产管理、监督、运营体制改革。与此同时，推进事业单位产权制度改革，实现资产管理模式创新，参与崇安医院试行“医疗服务、资产经营委托管理目标责任制”改革方案的论证和实施。是年，完成5家挂靠企业改转制和区房管局下属事业单位改制收尾和遗留问题的处理，收回区房管局改制优质资产收益400万元。核销5家单位不良资产，收回1家行政事业单位投资款，为1家行政事业单位办理国有资产对外投资审批。

对企业改制中发生的评估和审计费也作出专门规定。凡崇安区范围内帐面净资产在50万元以下且改制形式为有限责任公司之外的挂靠企业，可以不进行资产评估，由主管部门负责以资产清查审计的方法来确定净资产价值量；净资产在50万元（含50万元）以上或改制形式为有限责任公司的挂靠企业，在改制中的评估、审计费用可在收费标准的基础上减半收取。

【预算外资金管理】

1985年前，因区机关和行政事业单位预算外资金少，数额较小，主要采用计划管理办法。由行政事业单位和区属全民事业单位事先编制预算外资金收支计划，年终编制收支决算，由区财政局进行监管和拨付使用。1988年起，贯彻《无锡市非经营性收入凭证管理暂行办法》，对区属行政事业单位使用的非经营性收入凭证实行统一管理，采用新的收款收据，并出台《对预算外企业和有预算外收入的行政事业单位收取风险基金的实施办法》，对收取风险基金的对象、收支范围、缴扣办法等都作出明确规定。1989年5月，又对理顺资金渠道、加强财务管理、开设银行账户、自行放款投资、收费范围标准、机关车辆出租、统一着装和私设“小金库”及集资赞助等问题进一步作出明确规定。1990年起，区对行政事业单位和区属企业的预算外资金全面实行专户储存、计划管理、财政审批、银行监督的管理办法。储存单位对资金的所有权、使用权不变，但必须执行先存后支规定。区财政局根据单位编报的预算外资金使用计划，按季度分月拨入单位预算外资金账户，由开户银行监督使用。区财政局根据预算外资金的性质和现状不同的特点，采取不同的管理方式：行政、事业单位预算外资金采用行政手段实行“财政专户储存”统一管理。纳入“专户”管理的预算外资金项目包括：运输管理费、车辆管理费及驾驶员培训费、人民防空费、个体工商户管理费、征地拆迁管理费、占地占路费、排水设施费、医疗就诊保证费和设计单位、市政代办工程盈余等项目以及各部、委、办、局等主管部门集中的各项专用资金，行政事业单位收取的各项专用资金。对企事业单位的自有资金因其不属于财政性资金，用经济手段加以管理，使其在不同企事业单位间流通，以调剂余缺。区建立预算外资金管理机构，区财政局设立行政、事业单位预算外资金代管会计（兼职），负责核算各单位“专户”储存资金缴、拨及上下级之间的资金往来事宜，单独设账核算。行政、事业单位按规定应纳入财政代管的预算外资金，存入区财政局设在市工商银行、市建设银行和崇安合作银行分别开设的代管专户，确保各单位存入“专户”代管的预算外资金来源正当，支出按制度规定和批准的计划执行，量入为出，先存后用。对“专户”储存的预算外资金，在不影响原单位正常用款的前提下，由区财政局委托银行贷款，使间歇资金有偿融通，支持企业发展生产经营，增加资金的使用效益。

代管预算外资金的缴款，一律使用转账支票，由单位自行填写缴存。1989年12月底以前的历年结余（除区市政队、区房屋建设综合开发公司、区房管局、区卫生防疫站、区绿化队、崇安医院、区城管办等单位另行规定外），全额预算管理单位按60%，差额拨款单位和自收自支单位按40%的比例，于1990年4月10前存入区财政局代管专户。1990年第二季度起，各行政、事业单位按季度实行专户储存，全额预算管理单位按预算外收入的60%，差额预算管理单位以收抵支部分除人员经费外按50%。自收自支单位的收入除人员经费外按40%的比例于季末后12日内存入区财政局代管专户。各行政事业单位和部门使用财政代管预算外资金时，按季分月编制用款计划，填写“预算外代管资金季度月份收支计划表”，于季度前5日报主管部门审查，经区财政局审核后按月拨款。有特需开支，临时追加计划，随报、随审、随拨款，凡在缴存代管资金的额度内，符合规定范围和合理开支原则的，区财政局保证资金供应。各单位预算外资金的使用情况，按季、年进行清算，季度的于季后10日内，年度的于年终后20日内编报“预算外资金决算表”，并附预算外资金使用情况分析，报区财政局。行政、事业单位用预算外资金进行基本建设或购买商品房，按市人行、审计、财政、建行等五家联合规定，填报“自筹基本建设资金来源审批表”，报经区财政审查资金来源和落实情况后向计划部门报批立项。

1999年6月，区再次印发《崇安区预算外资金管理办法》和《预算外资金管理办法实施细则》，进一步明确实行"收支两条线、上缴财政专户"的管理办法，提出预算外资金支出坚持"量入为出，收支平衡；分类管理，专款专用；预算内外统一调度，合理匹配，综合平衡"的原则。对部门和单位的预算外资金支出实行预算管理。经常性支出实行"定编定员定额、预算内外结合，包干使用，超支不补，节余留用"的办法。专项支出本着"专款专用，节约使用"的原则，按财政专项资金追踪问效。

1999年1月1日起，对街道实行预算外资金统一管理，采取"分级管理，归口核算、收支两条线"的管理办法。纳入管理的街道预算外资金包括：未纳入预算内管理的行政性收费收入；社会无偿集资收入，捐赠（赞助）收入，各种退库收入；房屋租金收入，利息、手续费收入及固定资产变价收入；街道各部门从所属单位集中的上缴资金以及其他财政性资金收入。由街道开设预算外资金的收入户、支出户、往来户，收入户除经核定转到支出户的款项外，只收不支；支出户除反映经批准从收入户转入的款项外，只支不收；往来户用于结算单位的暂存暂付业务，其余银行账户一律予以撤销。街道负责预算外资金计划编制、资金收付及会计核算等工作；区财政局负责审批收支计划、审核拨款等工作。街道于年初提出全年预算外资金的财务收支计划，经区财政局审批后执行。并严格票据使用管理，做到票款一致。

收支两条线管理 1995年起，国家行政机关、司法机关和法律、法规授权执行收费及罚没的机构（简称执收执罚单位，下同）依据国家法律法规进行收费或罚款时，使用财政部门统一印制的行政事业性收费票据和罚款票据。区各部门、各单位的罚没收入全部纳入预算，如数上缴区财政，按规定就地缴入国库。行政性收费由执收单位按预算级次办理缴库。凡本级财政部门批准由主管部门集中缴纳的行政性收费，由基层收款单位将征收的款项按规定的解交额度或比例在限定的期限内逐级汇解，并由主管部门汇总向本级财政缴纳；未经财政部门同意，主管部门不得随意集中或抽调下级单位的行政事业性收费。1999年，省以下工商行政管理机关实行垂直管理后，工商罚没收入和行政性收费收入采取逐级汇缴方式，由省工商局全额上交省国库和省财政专户，全部上划到江苏省财政厅，江苏省给予地方一定比例分成，市对崇安区按工商罚没收入的20%在年终结算时予以返还区财政，次年8月1日起，区财政局不再对当地工商部门办案经费拨款。2000年1月1日起，对依法具有行政处罚权的行政机关、法律法规授权的组织及依法受委托的组织作出的罚款决定与罚款收缴及相关活动时，罚款决定的行政机关及组织与收缴罚款的机构相分离，并使用江苏省财政部门统一印制的专用票据，罚没收入实行代收代缴管理，对依法收取的罚没收入实行罚缴分离，罚没处罚决定的执法机关与收缴罚没收入的机构分离，由经中国人民银行批准的有代理收付款业务的商业银行、信用合作社代为收缴。行政机关及组织依法作出罚款决定后，如当事人提出向指定的代收机构缴纳罚款有困难，要求当场缴纳罚款的，执法人员可当场收缴罚款，并自收缴罚款之日起2日内，交至行政机关及组织，行政机关及组织在2日内将罚款缴付代收机构。区财政局按照财政部规定，按季向代收机构支付手续费，按月与国库、作出罚款决定的行政机关就罚款的收缴情况进行对账，对发现的问题，即时通知有关单位纠正。2002年10月起，公检法等部门行政事业性收费收入全部征缴入国库，成为财政征收非税收入的重要组成部分，迄2005年未变。

【会计事务管理】

1985年，《中华人民共和国会计法》颁布实施后，区财政部门采取多种形式，健全会计制度，规范会计工作人员行为，组织区属企事业单位对照会计法开展自查互查。1986年，在全区行政企事业单位中开展会计工作档案清档建档工作。是年11月底，全区行政事业单位及工商企业中部分单位清档建档工作通过检查验收。1988年，开展会计系列职称评定工作，除街道小集体单位和机关行政编制人员外，333名会计人员参加职称评审，286名会计人员通过会计技术职称评定，其中，会计师16人，助理会计师124人，会计员146人。1991年起，按照财政部《会计证管理办法（试行）》的规定，本着分级管理的原则，对区属行政机关、企事业单位在职会计人员核发会计证，会计证成为会计专业人员从事各种会计工作的上岗资格证书。1992年，全国实行会计专业技术资格统一考试，开始以考试代替评审及会计专业资格的认定。1996年，在全区实施会计基础工作规范化管理。把会计电算化培训达到基本要求，作为衡量各单位会计工作和会计人员重要考核评价指标之一。同时，把取得会计电算化培训合格证或在大中专院校中通过相关课程考试作为会计人员申请获取“会计证”的必备条件和会计证年检的必备依据。是年7月，成立崇安区会计学会，培训会员166人次。1997年，贯彻无锡市会计证管理办法实施细则，实行预备会计证制度，自签发之日起三年内有效，在有效期内，对非会计人员取得预备会计证作出规定，作为各单位选用、聘任会计人员的依据。1998年2月，举办成人财会中专班，对全区45岁以下财会人员进行中专以上学历教育。是年4月，组织全区600名会计人员进行股份制企业财务管理和改制转制财会管理业务培训，同年6月，组织行政事业单位会计制度转轨培训。1999年6月，先后建办崇安区会计咨询服务所和崇安区会计辅导站。2000年开始，会计人员继续教育培训实行“统一计划、分级管理”，委托中华会计函授学校负责地区会计人员继续教育的具体实施。2002年，贯彻会计从业资格管理办法，规定具备以下条件之一的均可取得会计从业资格证书：凡通过2001年度会计证（预备会计证）年检的人员，可直接换发；凡具有教育部门认可的中专（含中专）以上会计类专业学历的人员，取得初级会计电算化证书，可自毕业之日起2年内，持相关证书、证件的原件，申请取得；凡参加全省统一组织的会计从业资格考试，三门科目成绩同时合格的人员，取得初级会计电算化证书，可自成绩合格之日起2年内，持相关证书、证件的原件，申请取得。

第五节　财政监督

【税收财务大检查】

1986年起，区设立税收财务物价大检查办公室，区财政局会同市税务、区物价部门对驻区企事业、行政单位和个体工商户进行检查，采取自查、互查、抽查与重点检查相结合的方式进行，每年12月20日前进行重点抽查，年底前完成核实定案，处理整改，做到“边检查、边核实、边入库、边整改”。1988年，全区自查单位2520家，自查违纪金额41.97万元，重点抽查300家，查出违纪金额30.41万元，针对查出问题，及时督促有关单位制定整改措施。1989年，大检查在治理经济环境，整顿经济秩序，加强廉政建设的大环境下进行，区政府成立崇安区税收财务物价大检查工作领导小组及办公室，由一名副区长任组长。全区召开5次动员大会，参加人员达900人次。组成141人参加的53个抽查小组，自查单位1433家，自查有违纪问题的376家，违纪金额139.81万元，重点抽查259家，对有违纪问题的单位及时作出处理。1991年，大检查从10月份开始，经过宣传发动和自查、抽查核实处理、整改建制三个阶段。52家区行政事业单位进行自查，自查面100%，抽查单位12家，抽查面23.08%。1994年，区政府把税收财务物价大检查作为加强和改善宏观调控、确保财税体制改革顺利实施和确保全年财政收入任务完成的重要措施，把有罚没收入的执法单位、有预算外收入的单位作为抽查重点，自查面100%，自查违纪金额33.35万元，追缴入库28.01万元；抽查面达40%，查出违纪金额2.66万元，追缴入库0.27万元。1995年，全区2704家企事业单位进行自查，自查面100%，抽查624家，查出违纪金额1457.89万元，补缴税款49万元。同时，结合财税大检查工作，配合税务部门在街道地区开展税源遍查，重点查私房出租，查出一批漏税户，挖出一块税源；查纳税漏登漏征户，查出一批无证户、临时户，为税收征足征齐打下基础。1997年后，税收财务物价大检查工作因物价逐步放开，市场价格稳定以及企业实行利改税而终止。

【控制社会集团购买力】

1978年起，区贯彻国家计委、财政部等部门关于社会集团购买专项控制商品的规定，严格控制社会集团购买力（以下简称“控购”），由区财政部门负责实施控购管理。时专控商品有小汽车、大轿车、摩托车等32种，专控商品审批权实行省、市、区三级审批制，其中属省审批的，有小汽车等8种；属市审批的，有照相机等13种；属区审批的，有家具等11种。凡购买控购物品，必须按程序逐级申报审批，严禁先购后申报。1985年，国务院重新确定小汽车、大轿车等17种专控商品由省控办审批。1987~1988年，专控商品目录又增加各种电暖气、电煮水设备（包括电热淋浴器）、复印机等。1989年，实行征收专控商品附加费。1990年起，市每年下达社会集团购买力控制指标。1992年，专控商品调整为8大类29种。1995年，重点严禁超标准购车和资金不足购车，社会集团购置小汽车、大轿车，由市政府进行资金审核，区党政机关及领导干部严禁购置排量2500cc以上的高级豪华小轿车。亏损企业、欠税和拖欠职工工资的企业一律不准购置小轿车。1999年，专控商品调整为8种。2000年后，重点严控行政事业单位小汽车购置支出，明确规定行政事业单位小汽车的配备标准。

【政府采购制】

1999年，区开始实行政府采购制度。区政府成立采购管理办公室，设在区财政局内。政府采购管理业务主要依托市采购管理办公室的授权和指导。采购制度规定，凡区机关、事业单位、社会团体等使用财政性资金（包括预算内资金、预算外资金、事业收入）采购，都必须实行政府采购制度。政府采购主要有两种组织形式，即：集中采购和非集中采购。凡纳入集中采购项目的，都实行集中采购，各行政事业单位到指定的供应厂（商）处购买。非集中采购是指政府没有确定的采购项目，由各行政事业单位自行采购。政府采购中标单位不实行终身制，实行公平竞争淘汰制，采取招标一次、竞争一次的方式，实行优胜劣汰。区财政局主要对资金的渠道进行审核备案。政府集中采购包括汽车、摩托车、汽车保险及维修、微机及外部设备、复印机和传真机、会议接待及国际机票、空气调节器（包括冷、暖空调、除湿机等）、电梯、摄（录）像机、音响设备10大项目。区各行政事业单位需要购置属于集中采购的项目，需在编制单位年度综合预算时编制年度采购计划，报送区财政局审核，区财政局对资金渠道审核后报市财政局政府采购管理办公室审批。各行政事业单位采购非集中采购项目中单项或批量合同估价在10万元以上（含10万元，下同）的货物采购、5万元以上的服务采购、50万元以上的工程采购、10万元以上的租赁采购实行招标采购。非集中采购项目的招标结果报区政府采购管理办公室备案。零星单项采购金额较小的项目，经区财政部门批准，采用定点采购方式。区政府采购管理办公室具体负责政府采购的管理和监督工作，负责建立健全政府采购工作的有关规章制度、确定年度政府采购计划、审定采购单位的年度采购项目、审定供应厂（商）的资格条件、制定政府采购的实施意见、受理政府采购的投诉、委托中介机构具体办理集中采购的招、投标事宜等。2000年，对汽车定点加油实行集中采购。各行政事业单位以汽油、柴油为燃料的客车、货车、摩托车以及特种车辆等公务用车，不论购置车辆的资金来源，一律实行定点加油。区政府采购加油的定点单位为中国石油化工股份有限公司江苏无锡石油分公司，其管理下属的加油站为定点加油站。各行政事业单位车辆凭“无锡市政府采购定点加油卡”和“无锡市政府采购专用油票”加油。定点加油站根据“加油卡”核对车牌无误后加油。“加油卡”由市政府采购中心根据各行政事业单位上报的车辆资料制作并登记发放。2001年，市取消企业单位购置小汽车、大轿车社会集团购买力控制审批手续，行政事业单位按照政府采购手续办理。2002年，把汽车保险、定点维修、国际机票等12个项目纳入政府招投标范围。是年，审批专控商品近50余万元，政府采购金额近100余万元，政府采购程序进一步规范。2003~2005年，经无锡市财政局政府采购管理办公室授权，区财政局对零星采购通过网上询价，为采购单位开具采购证。

第二章　税　务

税务管理体制是财政管理体制的重要组成部分。1984年，市撤销无锡市财政税务局，财政、税务单独建局，按行业或地区设置6个派出机构。1994年前，辖区企业税收、基金、规费的征收管理由崇安税务分局（后更名为市第三税务分局）负责。税收征管工作以“集中征收、重在稽查”为重点，以税收目标考核为激励措施。1994年8月，无锡市税务局分设为市国家税务局和市地方税务局后，地税由五分局分管崇安区纳税人。1996年后，改由市地税三分局征管。1996年，区委、区政府提出发展区域经济的思路，把协税护税、培植税源作为促进区域经济发展的重要措施，全区国地税收总量明显上升。2005年，地方一般财政预算收入达到10.27亿元，其中各项税收收入8.76亿元，位于无锡市三城区之首。

第一节　国税机构和征收管理

【机　构】

1994年8月，为适应分税制改革，无锡市税务局分设为江苏省无锡市国家税务局和无锡市地方税务局，人、财、物按7∶3比例划分，9月12日，挂牌成立。市国税局负责辖区内国有、集体、私营、外商投资企业及个体工商户的增值税、消费税、中央企业所得税等14个方面税种（基金）的征收管理、稽查监督工作，国税局按征收管理分工，管理崇安区纳税人，迄2005年未变。

【征收管理】

所得税　1983年1月，实施第一步利改税（企业由上缴利润改为上缴税金）改革，对区属国有企业开征所得税。1984年实施第二步利改税改革后，各种所有制企业都依法先缴纳所得税，尔后对税后利润进行再分配。国营企业所得税率分为固定税率和超额累进税率两种。大中型企业适用55%的固定税率，饮食服务行业、营业性宾馆饭店、招待所和预算外全民所有制企业适用15%的固定税率；小型企业、县以上供销社适用8级超额累进税率。1985年起，从事工业、商业、服务业、建筑安装业及其他行业独立核算的集体企业，均按8级超额累进税率计征集体企业所得税。1988年，根据《中华人民共和国私营企业所得税暂行条例》规定，对从事工业、商业、交通运输及其他各业的私营企业，均按分月或分季预缴所得税，年终汇算清缴，税率为35%的固定税。1992年5月，对有证个体烟酒、饮食、服务三个行业所得税附征率进行调整，平均降低2%。是年10月，暂停执行个体工商户所得税加成规定。1993年，贯彻《中华人民共和国企业所得税暂行条例》规定，从1994年1月1日起，国内企业除外商投资企业和外国企业外，应就其生产经营和其他所得缴纳企业所得税。企业所得税率为33%，对年内应纳税所得额在3万元及其以下的暂按18%，10万元及其以下至3万元以上暂按27%征收。迄2005年未变。

增值税　1984年10月，国务院颁布《中华人民共和国增值税条例（草案）》后，正式对从事生产、进口或委托加工增值应税产品的各种所有制企业和个人开征增值税。1986年起，增值税范围逐步扩大，对原缴产品税的纺织产品和日用机械、日用电器、电子产品、搪瓷制品、保温瓶（简称“五项产品”）试行增值税，按乙类（扣税法）计征。1987年1月1日，调整纺织品增值税税率及扣除项目。是年

7月1日，对原征产品税的药酒、蔗糖、帽、鞋、玻璃、陶瓷等85个税目的轻工产品改征增值税，并对增值税税目、税率及计算方法、扣除项目、扣除税率均加以综合调整，使之趋于规范。1988年，对原征收产品税的有色金属矿采选产品、非金属矿采选产品中其他非金属矿采选产品、建筑材料、有色金属和电线电缆等27个税目改征增值税。1989年1月起，对纺织、有色金属两个行业和自行车、铝制品、搪瓷制品3个品种试行“价税分流购进扣税法”，对实行增值税的工业企业销售的外购原材料由征收营业税改征增值税。1993年7月1日起，取消“实耗扣税法”和“价税分流购进扣税法”，实行“购进扣税法”，同时，实行增值税扣除税金登记簿制度。1994年10月，实行国税、地税分设后，增值税是国税分局主要征收税种，同时征收包括消费税、中央企业所得税以及外商投资企业、集贸市场和个体工商业户所缴各项税收等14个方面的税种（基金）。是年，以增值税改革为核心建立新的流转税制。纳税主体分为一般纳税人和小规模纳税人。增值税由价内税改为价外税，并对一般纳税人实行凭发票扣税的办法。增值税的税率分17%、13%和零三档，小规模纳税人销售货物或者应税劳务的征收率为6%。1996年4月1日，根据国家税务总局《增值税一般纳税人纳税申报办法》的有关规定，崇安区增值税一般纳税人按新的纳税申报办法进行纳税申报。1998年7月1日起，根据国家税务总局的规定，商业企业小规模纳税人的增值税征收税率由6%调减为4%，其他企业小规模纳税人的增值税征收率仍为6%。2001年8月1日起，对生产性出口企业实行“免、抵、退”税收管理办法。2004年12月29日，崇安区车辆购置税由交通局划转至国税局。

第二节　地税机构和征收管理

【机 构】

1984年，市财政、税务单独建局后，辖区企业国地税收征管与稽查由崇安税务分局负责。1986年，崇安税务分局更名为无锡市税务局第三税务分局。是年3月，无锡市税务局第三税务分局增设无锡市税务局火车站检查站、公路码头检查站。第三分局专管范围由崇安区扩大到南长、北塘三城区。1994年9月，成立无锡市地方税务局。负责全市地方税、基金、规费的征收管理。下设：直属分局、城区分局、城郊分局。崇安区税收工作归城区分局。1995年6月，成立无锡市地方税务局税务稽查局。1996年3月，组建征收管理第二分局，负责全市“三资”企业营业税、个人所得税及其他地方税种的征收管理。组建征收管理第六分局，负责市区个体市场地方税、基金、规费的征收管理。是年6月，直属分局更名为征收管理第一分局，城区分局更名为征收管理第三分局，城郊分局更名为征收管理第四分局。崇安区税收归第三分局征收管理。2000年，撤销征收管理一分局、三分局，组建无锡市地方税务局征收管理一分局；成立无锡市地方税务局检查二分局。崇安区税收改归市地税局征收管理一分局。2002年4月，成立无锡市地方税务局检查三分局，对市区纳税单位（除市属纳税单位外）的地方税收进行日常检查。崇安区受市地税局检查三分局管理。2003年，市撤销发票管理处、税政三处，增设信息管理处。6月，征收管理一分局更名为第一税务分局；征收管理二分局更名为涉外税务分局；征收管理三分局更名为第三税务分局；征收管理四分局更名为第四税务分局；税务稽查局更名为稽查局；检查一分局更名为稽查局第一分局；检查二分局更名为稽查局第二分局；检查三分局更名为稽查局第三分局。崇安区受稽查一分局、二分局、三分局管理。2004年3月，市成立第二税务分局。迄2005年未变。

【征收管理】

营业税　1984年，《中华人民共和国营业税条例（草案）及实施细则》颁布实施后，从原工商统一税中划出营业税单独征收，执行的税率为：商业零售税率3%；商品批发包括商品、物资的批发、调拨、供应等一切中转业务，以减去购入原价的差额计征税率10%；建筑安装税率3%。1986年，以前承包基建工程按1%计征，1987年起，一律改按3%；出版业和娱乐业税率3%；服务业（代理购销、介绍服务、委托寄售、旅社、宾馆饭店和旅游业等业）税率10%等。1993年7月1日，贯彻国务院提高商品零售营业税税率的通知精神，商业零售税率由3%提高到5%。1997年1月1日起，金融保险业营业税率由5%提高到8%。提高营业税税率后，除各银行总行、保险公司缴纳的营业税仍全部归中央财政收入外，其余金融、保险企业的营业税，按原5%税率征收的部分，归地方财政收入；提高3%税率征收的部分，归中央财政收入。迄2005年，上述营业税种未有变化。

个人所得税　1982年，开征个人所得税。范围包括：工资、薪金所得，个体工商户的生产经营所得，企事业单位承包承租经营劳动报酬、稿酬、特许权使用费所得，利息分红及红利所得，财产租赁、财产转让所得及偶然所得。执行的个人所得税有20%的比例税率，5%~35%和5%~45%的超额累进税率。迄2005年，税率未变。

其他地方税种　1986年10月1日，出台《中华人民共和国房产税暂行条例》《中华人民共和国车船使用税暂行条例》后，开征房产税和车船使用税。1987年7月1日，《中华人民共和国建筑税暂行条例》出台后，开征建筑税。1988年10月，发布《中华人民共和国印花税暂行条例》后，开征印花税。1994年，建立中央税收和地方税收征管体系后，地方税收包括营业税、个人所得税、土地增值税、城市建设维护税、车船使用税、房产税、屠宰税、资源税、城镇土地使用税、固定资产投资方向税、地方企业所得税、印花税、筵席税及教育附加费14种税收（费）征管。2004年3月，扩大到市区范围内的各类房地产开发企业和市本级（含省级收入）企事业单位的地方税、基金、规费的征收管理（涉外企业除外），以及市区范围内各类建设工程项目（含建筑安装项目，包括建筑、安装、修缮、装饰、市政公用事业、园林、绿化、人民防空等项目）税收的征管。

第三节　税制改革

改革开放后，税制随经济体制改革的深化而不断变化，税收对经济的调节作用不断强化和完善。

1979~1993年，税制改革主要体现在4个方面：建立涉外税收制度。1980年起，国家陆续开征中外合资经营企业所得税、外国企业所得税和个人所得税。1991年，又将中外合资经营企业所得税、外国企业所得税合并为外商投资企业和外国企业所得税。改革流转税制度。将原有工商税分为产品税、增值税、营业税，并逐步扩大增值税的征收范围。建立和健全所得课税制度。1983年开始，先后开征和完善国营企业所得税、集体企业所得税、城乡个体工商业户所得税、个人收入调节税、私营企业所得税，形成一个比较健全的所得税体系。健全地方税体系。1984年后，把城市房地产税分为房产税和土地使用税，把原来的车船使用牌照税改为车船使用税，恢复开征印花税，并新开征城市建设维护税、烧油特别税、三种奖金税、建筑税（1991年改为固定资产投资方向调节税）、筵席税等税种。自1979年开始的税制改革到1993年为止，已经形成一个以流转税为主体，多税种、多环节、多层次征收的复合税制。税制基本上适应计划经济向市场经济过渡的要求，但随着经济体制改革的不断深化，特别是市场经济体制的逐步建立，原有税制不完善之处日益明显。

1994年后，税制改革进一步深化，主要体现在5个方面：统一内资企业所得税。将原国营企业所得税、集体企业所得税和私营企业所得税合并为统一的企业所得税，按33%的税率征收。实行统一的个人所得税制。将原有的个人所得税、个人收入调节税、城乡个体工商业户所得税合并为统一的个人所得税。改革流转税制。改革以前按产品分设税目制定差别税率的传统做法，实行在生产和流通环节普遍征收增值税的制度，在此基础上，选择少数消费品再征一道消费税，对不实行增值税的劳务交易和第三产业征收营业税。改革后的流转税由增值税、消费税和营业税组成，统一用于内、外资企业，取消对外商投资企业征收的工商统一税；取消产品税，将原来征收产品税的农、林、牧、水产品改为征收农业特产税和屠宰税。扩大资源税的征收范围。对原暂缓征税的金属矿产品和其他非金属矿产品恢复征税，同时取消盐税，将对盐的征税并入资源税。开征或改革其他税种。为适应形势的要求，开征一些新税种，撤并和改革一些旧税种。主要有：开征土地增值税，以规范土地、房地产市场的交易秩序，合理调节土地增值收益，维护国家权益。开征证券交易税（该税因我国证券法尚未出台而暂缓征收），以加强证券交易市场的管理。开征遗产税和赠与税，以调节个人非劳动收入，限制贫富差距。改革城市维护建设税，扩大税基，以纳税人生产经营收入额为计税依据，实行幅度税率。取消集市交易税、牲畜交易税、特别消费税、烧油特别税、三种奖金税和工资调节税，下放屠宰税和筵席税。改革税收征管制度。主要包括：普遍建立纳税申报制度；积极推行税务代理制度；建立严格的税务稽核制度，加速推行征管计算机化；组建中央与地方税务机构，分别征收中央税与地方税。1995年4月1日，市国税局被总局确定为全国税收征管改革首批试点单位后，市区各分局全面改革传统的管户制度，建立管事制，设立办税服务厅。

第三章　金融　保险

辖区银行机构众多。80年代初，中国农业发展银行无锡市分行、中国农业银行无锡分行、中国银行无锡分行均在区内，工商银行无锡分行、建设银行无锡分行在辖区设有储蓄所或分理处。1986年12月，崇安合作银行开张营业，在解决区、街道企业融资难的同时，不断增强自身融资能力，存贷款余额逐年递增，经济效益和社会效益同步提高。随着改革开放的不断深入，交通银行无锡分行、招商银行无锡分行、华夏银行无锡支行、上海浦东发展银行无锡支行、兴业银行无锡支行、锡州农村商业银行纷纷抢摊崇安区，设立办事机构及营业网点。无锡市商业银行、广东发展银行南京分行、中信银行无锡分行先后在辖区内设立储蓄所、分理处、支行。21世纪初，各银行储蓄所、分理处随着业务的不断扩大，先后升级为分理处、支行。迄2005年，辖区有各类银行营业网点67家，9家市级分行中的6家驻于辖区，5家外地银行分行（支行）中的3家设在区内。有各类保险公司17家，太平洋保险股份有限公司（以下简称“太保”）、平安保险股份有限公司（以下简称“平保”）、天安保险股份有限公司（以下简称“天保”）、中国人民保险股份有限公司（以下简称“人保”）等四大保险公司的无锡分公司或支公司均在辖区内。此外，辖区还有证券营业部11家、期货经纪单位5家、信托投资经纪单位4家、投资担保单位12家。其间，金融保险业总量逐年提升，国民生产总值由1987年的45万元，增加到1992年的132万元，2002年国内生产总值达到398万元，比1987年翻了三番多。2005年市属金融机构属地管理后，金融保险业地区生产总值猛增到26.4亿元，为全区第三产业的20.59%，占全区地区生产总值的17.93%。迄2005年，辖区金融、保险、证券机构达907个，占全市金融机构总数的60.26%。

第一节　银　行

【崇安合作银行】

1986年7月，为解决区、街道企业及个体业主融资难，区着手筹建股份制性质的银行——崇安合作银行，股本金50万元，其中个人股20万元，集体股由区属企业及街道地区筹集，5年保息分红，时由中国农业银行放款、保息。是年12月，经中国人民银行批准开张营业，为无锡市首批城市合作银行之一。该银行位于公园路13号，租用区文化馆门面房，时有职工20多人。1987年8月，召开首届股东代表大会，通过合作银行章程和集资方案，选举行长。是年10月，租用周山浜小学营业用房，开设广勤路营业处。1990年，按照自愿的原则，吸收城区集体企业、个体工商户和居民个人入股，股本金扩大到183万元，其中个人股缩至10万元。并健全股东代表大会、理事会、监事会等制度，实行自主经营、自负盈亏、自求平衡、自担风险、自我约束、自我发展的企业化经营机制，股东代表大会每年召开1次，行长每3年换届产生。1993年5月28日，更名为梁溪合作银行崇安办事处，仍为独立核算的一级法人单位，隶属于城郊信用社联合组建的无锡市城市信用社中心社。是年11月，迁至县前西街24号新址，营业大厅面积200余平方米，二楼办公用房250余平方米，并购置靖海二村小区营业用房193平方米。1994年4月，隶属于市城市信用社中心社变更的市城市信用社联社。1995年3月，开办上马墩广联储蓄所。是年，广勤路营业处迁至庆丰里小区营业。同年，又扩股600万元（集体股588万元，个人股12万元），资产总值达1.64亿元，实现利润434万元，比1994年增长205.63%，人均创利9万余元。1996年，更名为崇安城市信用社。1997年，隶属于股份制地方商业银行——无锡市城市合作银行，为无锡市城市合作银行下辖31家信用社之一。是年2月，有职工247人，法人股122万元，个人股26.71万元，资产总值达1.74亿元。1998年1月，无锡市城市合作银行撤销，成立无锡市商业银行后，更名为无锡市商业银行新城支行，迄2005年未变。1986~2005年，历任行长有：袁富根、徐培松。

梁溪合作银行崇安办事处（90年代）
（崇安合作银行供稿）

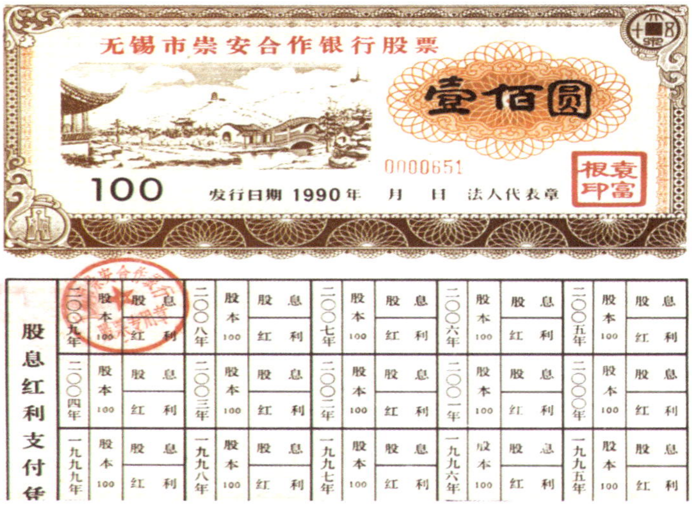

合作银行股票（1990）（袁富根供稿）

经营业务　崇安合作银行开办时，主要为区街企业和个体工商户等办理存贷款、地区居民储蓄以及代办国库券、企业债券、各项保险等业务；可办理同城结算，异地结算则需通过工商银行崇安办事处转办。1994年，业务范围扩大到可办理“三省一市”（江苏省、浙江省、安徽省、上海市）存贷汇票。1995年，纳入中国人民银行全国电子联行网络清算系统，对外服务实行电脑化。在发展存、贷、汇等传统业务的同时，与沪、宁、苏、常等地区城市信用社建立直接通汇关系和全国电子联网结算，实现会计、储蓄、信贷业务微机处理，运用磁卡自动查询卡为客户服务。通过设立网点、自办储蓄、扩大开户和增资扩股，提高融资、信贷能力，方便企业和群众。后又增设代理发行债券、代收代付、代保管、代发工资等业务以及人民银行委托办理的其他业务，为推进企业产权制度改革、扩大融资渠道发挥不可替代的作用。

存贷款　1986年开业之初，开户单位仅150余个，存款余额200余万元，贷款余额100余万元。90年代起，通过全方位、多渠道筹措资金，优化信贷结构，充分发挥小额、多样、期短、面广的优势，以方便、快捷、灵活、优质的服务，吸引客户，存贷款业务逐年增长。1992年，存款余额2756万元，贷款余额1790万元。1993年，存款余额4056万元，贷款余额3391万元。1994年，通过抓大户、拉小户、广开户，开户单位增至2907个，企业存款由1993年3825万元增加到6770万元；通过开展“爱我崇安”有奖有息定期储蓄和企事业单位、街道“集体零存整取”储蓄活动，储蓄存款由1993年74万元增加到2428万元。是年，存贷款余额首次超过亿元，达1.63亿元，比1993年增长116%，其中存款余额接近亿元，达9846万元；贷款余额超过5000万元，达6438万元，获无锡市信用合作联社“存款超亿元”锦旗和区委、区政府“存贷款规模翻番”嘉奖。1995年，积极为促进企业发展和结构优化服务，存贷款余额2.17亿元，比1994年增长33.51%，其中70%以上投入区街企业。1996年，大力组织存款，努力优化信贷结构，进一步提高存贷能力，存贷款余额2.27亿元，其中贷款余额8426万元，为历史之最。1996年，存款比1994年净增近亿元，贷款净增近5000万元。1997年，存贷款余额2.21亿元，其中存款余额1.46亿元，创历史之最。1994~1997年，崇安合作银行存贷款规模、创利始终名列无锡市三城区合作银行前茅。

1987～1997年崇安合作银行存贷款情况一览表

表13-3-1　　单位：万元

年别	存款余额					贷款余额			
	合计	企业	城镇储蓄	个体工商户	其他	合计	企业短期	个体工商户	其他
1987	1060	711	100	10	239	746	742	4	—
1988	1246.30	915	0.30	27	304	594	591	3	—
1989	233	198	—	3	32	40	40	—	—
1990	1461	1118	2	26	315	1245	1241	4	—
1991	1843	1374	2	19	448	1594	1578	16	—
1992	2736	2006	9	90	631	1790	1769	21	—
1993	4056	3825	74	115	42	3391	3362	29	—
1994	9846	6770	2428	163	485	6438	6020	33	385
1995	13443	9984	3047	127	285	8297	7902	110	285
1996	14250	10530	3343	102	275	8426	8083	68	275
1997	14636	10265	3923	147	301	7421	7052	72	297

说明：上述数据均为该年年末数，由商业银行新城支行提供。

【辖区银行】

80年代初，辖区内有中国农业发展银行、中国农业银行、中国银行等3家分行和下属营业网点，以及工商银行、建设银行无锡分行下属营业网点。1987年10月，重新组建的交通银行在人民中路198号开办无锡分行。随着经济的快速发展，辖区内银行、营业网点逐年增加。1992年，中信银行在辖区内开设营业网点。1997年12月，中国第一家由工业企业开办的商业银行——华夏银行无锡支行入驻新生路105号。1998年3月，股份制商业银行——上海浦东发展银行无锡支行入驻解放西路191号。是年4月，中国第一家完全由企业法人持股的股份制商业银行——招商银行无锡分行入驻学前街9号。同年，无锡市商业银行在辖区内开设众多营业网点，广东发展银行也在辖区内开设营业网点。2004年2月，股份制商业银行——兴业银行无锡支行入驻县前西街99号，时为兴业银行南京分行在苏南地区设立的第一个异地支行。2005年6月，锡州农村商业银行

中国银行（2005）　（孙怡摄）

在县前东街120号成立。是年底，辖区内有各类营业网点67家。其中，总部驻于区内的9家银行有营业网点33家，总部驻于区外的5家银行有营业网点34家。具体是：中国农业发展银行无锡市分行营业部1家，中国农业银行无锡分行营业部1家、支行5家、分理处2家，中国银行无锡分行营业部1家、支行3家、分理处4家，交通银行无锡分行营业部1家、支行8家，招商银行无锡分行营业部1家，华夏银行无锡支行营业部1家、支行1家，上海浦东发展银行无锡支行营业部1家、支行1家，兴业银行无锡支行营业部1家，锡州农村商业银行营业部1家。另外，有工商银行无锡分行支行13家、分理处3家、储蓄所1家，建设银行无锡分行支行4家、分理处1家，无锡市商业银行支行7家，中信银行无锡分行支行3家，广东发展银行南京分行支行2家。

2005年崇安区辖区银行营业网点一览表

表13-3-2

银行	营业网点	地址	银行	营业网点	地址
工商银行无锡分行	无锡市城中支行	人民中路168号	建设银行无锡分行	学前支行	学前街26号
	熙春街分理处	人民东路4号		崇宁支行	解放路630号
	中山路南支行	中山路642号		城东支行	广瑞路31号
	迎溪支行	健康路77号		城南支行	中山路7号
	人民路储蓄所	人民路45号		中山路分理处	中山路168号
	商业大厦支行	中山路343号	交通银行无锡分行	营业部	人民中路198号
	东方红支行	中山路395号		东门支行	县前东街126号
	无锡市崇安支行	解放东路1002号		朝阳支行	留芳声巷59-2号
	井亭东路支行	风雷新村114号		惠山支行	广瑞路87号
	靖塔支行	上马墩路150号		城东支行	锡沪路183号
	江海路支行	广瑞路154-6号		汤巷支行	健康路89号
	宁海支行	学前东路53号		城北支行	锡澄路256号
	车站路支行	通运路71~75号		广丰支行	广瑞路127号
	周山浜支行	广勤路255号		南门支行	中山路19号
	锡沪路支行	锡沪路183号	无锡市商业银行	梁溪支行	解放西路321号
	解放东路分理处	解放东路748号		五爱支行	中山路535号
	东方汽车城分理处	复兴路150号		宝光支行	中山路8号
农业发展银行无锡分行	营业部	健康路89号		开发支行	县前东街15号
农业银行无锡分行	营业部	解放北路55号		银光支行	健康路27号
	中山支行	中山路241号		广益支行	锡沪路立交桥堍
	江海支行	锡沪东路127号		新城支行	县前西街24号
	吉祥桥支行	县前东街9号	中信银行无锡分行	广瑞路支行	锡沪路165-1号
	城东支行	人民东路382-1号		东林支行	人民东路27号
	东林支行	学前东路63号		城中支行	中山路207号
	崇宁路分理处	崇宁路31号	招商银行无锡分行	营业部	人民中路128号
	前西溪分理处	铸冶巷9~11号	华夏银行无锡支行	营业部	新生路105号
中国银行无锡分行	营业部	中山路258号	华夏银行无锡支行	城东支行	解放东路888-1号
	学前街分理处	学前街90-16号	上海浦东发展银行无锡支行	营业部	解放西路191号
	崇宁支行	崇宁路25号		中山支行	中山路103号
	中山路支行	中山路269号	兴业银行无锡支行	营业部	县前西街99号
	崇健支行	健康路9号	锡州农村商业银行	营业部	县前东街120号
	新生分理处	新生路80号	广东发展银行南京分行	学前支行	学前街43号
	上马墩分理处	振奋路18-17号		城东支行	县前东街25号
	广瑞分理处	广瑞路860号			

说明：上述资料由各银行分（支）行提供。

第二节　保　险

80年代，辖区保险业仅由位于中山路58号的人保一家，经营财产、人寿保险业务。1989年7月，交通银行无锡分行保险部（太保前身）开始从事保险业务。1993年，太保无锡分公司在辖区健康路成立。此后，平保、天保先后于1994年、1997年进驻辖区，至此，区内保险市场形成“太平天国”（即：太保、平保、天保、国有的人保）四强竞争格局。2000年、2001年，大众保险公司、新华人寿公司先后在辖区成立支公司，各类民营中介公司和外地中介机构也陆续进驻辖区，区内保险市场形成“主体多元化、经营多层次”新格局。与此同时，股份制保险公司先后进行现代企业改造，保险产品不断更新，辖区内融资理财、出口信用、贷款保证等新型险种得到快速发展，融资理财型保险产品成为辖区寿险业务的主导产品，“银（行）保（险）合作”成为寿险发展的一个重要渠道。辖区内无锡国寿、太保人寿和平保人寿先后参与“新型农村合作医疗保险”和“城镇职工补充住院医疗保险”，发挥商业保险对社会保障的重要补充作用。保险企业产权结构由单一的国有独资转变成公有股份、民营资本、中外合资和外资参股4种形式。经营方式由保险公司自营为主发展成主要依靠中介为主、保险公司侧重管理的模式。辖区保险中介已形成专业代理、兼业代理和个人代理较为完整的中介体系。险种结构和服务领域也由原来损失（或死伤）经济补偿扩大到经济补偿、融资理财和参与社会管理三大领域。

【人寿保险】

80年代，辖区寿险由人保独家经营，主要业务有短期人身险（即：意外人身险和健康险）、长期寿险和养老金险三大类，包括一年期还本团体人身险、学生和幼儿平安险、独生子女“两全”（生可享有保单分红全部收益，死可得到人寿保险金全额赔付）险、子女教育婚嫁险、旅游险、驾驶员意外险、养老金险等32个险种。1986年，人保寿险业务收入1613.8万元。1991年，人保无锡分公司专设人身保险部，各支公司均设立相应机构，开拓和发展人身保险，业务得到突破性发展，保费（含储金）收入达5244.9万，增收保费2177.4万元，比1990年增长70.98%，其中长期储蓄性业务达3784.3万元，比1990年增长115.6%。1992年，人保无锡分公司强化长期储蓄性业务，农村以养老金保险为重点；市区以子女婚嫁金保险、独生子女“两全”保险为主。是年，子女婚嫁金保险新增参保人数1.54万人，保费1312.7万元；市区独生子女“两全”保险参保人数1.79万人，比1991年增长7倍；保费达141.8万元，比1991年增长117.64%。1999年，银行利率连续下调后，年利率2.5%以上的寿险产品停办，分红险、投资连结险等理财型寿险险种得到快速发展。2001年，以分红险作为主打的市场策略并长期坚持，推出“国寿千禧理财两全保险（分红险）”，意外险、健康险、重疾险、养老险、少年儿童险、投资类险和定期寿险等7类商业寿险增长迅速。2002年，无锡人寿公司和无锡太保寿险公司开始经营公益型“新型农村合作医疗险”。2003年，无锡平安寿险公司开始经营公益型“城镇职工补充住院保险”，优质、短期人身意外险和健康险发展较快，反映实际价值的“折合成标准保费”（寿险储金性业务按实际价值折合成相应的标准保费）有所提高。由分红险、万能险和投资连结险3个险种组成的理财型保险产品得到快速发展，其总保费占全市人寿险保费总量的一半以上。迄2005年，辖区7家保险公司经营的人寿保险业务占全市寿险市场

中国人寿保险大厦（2005）　（孙怡摄）

份额上升到96.3%。其中无锡国寿公司经营规模超24亿，占全市寿险市场份额58.10%；太保寿险公司和平保寿险公司经营规模超5亿元，分别占全市寿险市场份额的19.96%、13.70%。

1986～2005年部分年份崇安区辖区人寿公司经营情况一览表

表13-3-3　　单位：万元、%

单位	1986		1993		2002		2005	
	金额	份额	金额	份额	金额	份额	金额	份额
中国人寿保险股份有限公司无锡分公司	1613.80	100	13095	99.12	190355	53.22	241609	58.10
中国太平洋人寿保险无锡中心支公司	—	—	116.30	0.88	91710	25.64	83012	19.96
中国平安人寿保险无锡中心支公司	—	—	—	—	66699	18.65	56986	13.70
新华人寿保险股份有限公司无锡中心支公司	—	—	—	—	8932	2.49	18048	4.34
太平人寿保险股份有限公司无锡中心支公司	—	—	—	—	—	—	4799	1.15
民生人寿保险股份有限公司无锡中心支公司	—	—	—	—	—	—	405	0.10
生命人寿保险股份有限公司无锡中心支公司	—	—	—	—	—	—	11021	2.65
合计	1613.80	100	13211.30	100	357696	100	415880	100

说明：上述资料由辖区人寿公司提供。

【财产保险】

1986年，辖区仅人保公司一家经营财产保险，主要业务有企业财产保险、家庭财产保险、运输工具险、货物运输险、农业保险和责任险6大类险种和涉外保险。是年，财产险保费收入3547.9万元。随着经济社会的发展，又先后开办机损险、水管爆裂险、盗窃险、生产（营业）中断工资保障险、停电、停水、停气责任险、运输工具险附加车上责任险、产品质量责任险、锅炉压力容器险、雇主责任险、移动电话和BP机险、拆房和住宿安全险、建筑工程和安装险等附加险。同时，随着市场需求的变化，机动车辆险、个人投保险（如理财型家财险、贷款保证保险）的比重不断上升。1995年，机动车辆险保费首次超过企业财产保险，成为产险业的龙头。1998年后，新的贷款保证险、人身意外险、健康险等先后进入产险市场，1993~2001年间，产险业务发展进入快速通道。而效益较差的农业险于2002年开始萎缩、2005年退出保险市场，风险较大的住房贷款保证险也于2003年停办。迄2005年，辖区9家保险公司经营的财产保险业务占全市产险市场份额的94.95%。其中无锡人保公司、无锡太保产险公司、无锡中华联合保险公司经营规模均超2亿元，员工超200人，分别占全市产险市场份额的41.79%、15.11%、15.41%；无锡平安保险公司、无锡天安保险公司经营规模超1亿元，员工超百人，分别占全市

太平洋产险无锡分公司（2005）　（孙怡摄）

产险市场份额的9.71%、7.69%。

1986～2005年部分年份崇安区辖区保险公司财产保险情况一览表

表13-3-4　　　　单位：万元、%

单位	1986		1993		2002		2005	
	金额	份额	金额	份额	金额	份额	金额	份额
中国人民财产保险股份有限公司无锡市分公司	3547.9	100	19985.2	94.01	51006.2	59.85	59003	41.79
中国太平洋财产保险股份有限公司无锡分公司	—	—	1273.5	5.99	20145.1	23.64	21341	15.11
中国平安财产保险股份有限公司无锡分公司	—	—	—	—	9472	11.12	13704	9.71
天安保险股份有限公司无锡中心支公司	—	—	—	—	3095.2	3.63	10856	7.69
大众保险股份有限公司无锡中心支公司	—	—	—	—	1501.2	1.76	4058.20	2.87
中华联合保险公司无锡中心支公司	—	—	—	—	—	—	21762	15.41
中国大地财产保险股份有限公司无锡中心支公司	—	—	—	—	—	—	3414.90	2.42
永安财产保险股份有限公司无锡中心支公司	—	—	—	—	—	—	6605.40	4.68
阳光财产保险股份有限公司无锡支公司	—	—	—	—	—	—	447.10	0.32
合计	3547.9	100	21258.7	100	85219.7	100	141191.6	100

说明：上述资料由辖区各保险公司提供。

【其他保险】

20世纪末21世纪初，理财型保险、贷款综合保险、信用保证保险等新型保险产品在辖区快速发展。其中，分红人寿险、万能人寿险、投资连结人寿险等理财型保险逐步成为寿险的主导产品，汽车贷款保证保险、个人住房担保等贷款综合保险以及出口信用保险、信用卡保证保险等信用保证保险成为产险的新型品种。

理财型保险　1998年8月，平保人寿公司首先推出“团体新世纪增值养老金”等4个利差返还型保险，平保、中保和太保人寿公司也都先后推出利差返还新险种。1999年6月，中国保监会批准国寿开办9个、太保人寿开办3个、平保人寿开办9个、新华人寿开办4个理财型保险新险种。2000年，国家出台对105种一年以上、返还性人身险免征营业税的优惠政策，分红人寿险、万能人寿险、投资连结人寿险得到快速发展，2002~2005年，上述3个险种保费均超过经营该业务的保险公司寿险业务总量的一半，其中2003年达到六成以上。迄2005年，辖区7家人寿公司均开办“分红人寿险”，太保人寿、平保人寿2家公司开办“万能人寿险”，平保人寿公司还开办“投资连结人寿险”。此外，理财型财产险也得到发展。人保公司于2002年开办“人保理财——金牛投资保障型家庭财产保险”，保险投资8076万元，2003年保险投资6872.8万元。太保产险公司开办“安居理财保险”。

贷款综合保险　1998年，太保产险公司开办个人住房担保贷款综合保险和分期付款购车保险，分别承保1154户和350户，保费为83.77万元和131.3万元，未发生赔案。1999年后,平保产险公司和天安公司先后开办分期付款购车保险。2000年后，人保、平保产险公司和天安公司先后开办个人住房担保贷款综合保险。1999年至2003年8月，分期付款购车保险共承保4.32万户，保费1.17亿元，发生赔案2238起，赔款7070.14万元。2000年至2003年8月，个人住房担保贷款综合保险共承保8.22万户，保费7303.95万元，发生赔案311起，赔款1835.66万元。随着此类保险潜在风险的日益显露，2002年，天安公司率先中途停办该类险种。2003年8月5日，江苏保险监督管理局责令无锡地区的贷款保证保险停业整顿。其后，主要处理前几年承保业务的遗留赔案和追偿工作。

信用保证保险 90年代初，辖区出口信用保险主要由人保无锡分公司办理。2001年12月，中国出口信用保险公司成立后，该业务划归中国出口信用保险公司江苏分公司。2005年4月18日，中国出口信用保险公司无锡办事处挂牌运作。迄2005年，出口信用保险累计承保金额达2.4亿美元，对无锡地区一般贸易的支持率由2003年的0.7%提高到2005年的2.7%，直接拉动一般贸易出口增量达2亿美元。在此期间，人保等公司还开办“信用卡保证保险”“雇员忠诚保证保险”等新型信用保证保险。

【驻区保险公司】

80年代，辖区仅有人保无锡分公司一家保险公司。1993年12月、1994年，太保无锡支公司、平保江苏分公司无锡代表处先后在辖区成立。1996年5月，人保无锡分公司分设为中国人民财产保险无锡市分公司和中国人寿保险无锡市分公司。1997年5月，天安保险股份有限公司南京分公司无锡办事处在学前街27号成立。2000年8月，大众保险股份有限公司无锡支公司在新生路107号开业。是年11月，太保无锡支公司分设为中国太平洋财产保险股份有限公司无锡中心支公司和中国太平洋人寿保险股份有限公司无锡中心支公司。2001年12月，新华人寿保险股份有限公司无锡中心支公司在人民东路97号开业。2002年2月，平保无锡支公司分设为中国平安财产保险股份有限公司无锡中心支公司和中国平安人寿保险股份有限公司无锡中心支公司。2004年，保险业对外开放步伐加快，中华联合财产保险公司无锡支公司、中国大地财产保险股份有限公司无锡营销服务部、永安财产保险股份有限公司无锡营销服务部3家产险公司和太平人寿有限公司无锡中心支公司、生命股份有限公司无锡支公司2家寿险公司先后在辖区成立。2005年，阳光财产保险股份有限公司无锡支公司、海康人寿保险有限公司江苏分公司无锡营销服务部、中国出口信用保险公司江苏分公司无锡办事处等3家保险公司又先后在辖区成立。迄2005年，市区21家保险公司，有17家设在辖区。其中11家财产保险公司有9家设在辖区，9家人寿保险公司有7家驻于辖区，唯一的出口信用保险公司开设在区内。

2005年崇安区辖区保险公司一览表

表13-3-5　　　　单位：万元、个、人

名　　称	成立时间	业务范围	保费收入	分支机构	在职员工
中国人民财产保险股份有限公司无锡市分公司	1949.10.30	财产保险	59003.10	9	277
中国太平洋财产保险股份有限公司无锡分公司	1993.12.20	财产保险	21341	4	310
中国平安财产保险股份有限公司无锡分公司	1994	财产保险	13704	4	160
天安保险股份有限公司无锡中心支公司	1997.5.28	财产保险	10856.17	4	263
大众保险股份有限公司无锡中心支公司	2000.8	财产保险	4058.17	5	88
中华联合保险公司无锡中心支公司	2004.1.19	财产保险	21762.35	5	275
中国大地财产保险股份有限公司无锡中心支公司	2004.3.15	财产保险	3414.89	2	53
永安财产保险股份有限公司无锡中心支公司	2004.4.8	财产保险	6605.44	4	170
阳光财产保险股份有限公司无锡支公司	2005.11.18	财产保险	447.10	3	41
中国人寿保险股份有限公司无锡市分公司	1949.10.30	人寿保险	241609	8	206
中国太平洋人寿保险股份有限公司无锡中心支公司	1993.12.20	人寿保险	83012	4	195
中国平安人寿保险股份有限公司无锡中心支公司	1994	人寿保险	56986	2	45
新华人寿保险股份有限无锡中心支公司	2001.12.28	人寿保险	18048	4	50
太平人寿保险股份有限公司无锡中心支公司	2004.7.16	人寿保险	4799	3	64
生命人寿有限公司无锡中心支公司开业	2004.12.28	人寿保险	11021	3	53
海康人寿保险有限公司江苏分公司无锡营销服务部	2005.12.28	人寿保险	—	1	47
中国出口信用保险公司江苏分公司无锡办事处	2005.4.18	专业保险	—	1	6

说明：上述资料由辖区各保险公司提供。

【驻区专业保险代理机构】

2001年后，驻区保险代理机构相继出现。2003年，江苏无锡诚禾保险代理有限公司、江苏统一

保险代理有限公司、江苏首信保险代理有限公司、无锡华美保险代理有限公司4家中介公司先后在辖区开业。2004年，上海环亚保险经纪有限公司无锡分公司、江苏安好保险代理有限公司无锡分公司在辖区成立。此外，还有银行、邮政局、汽车专卖店、汽修厂、运输公司、火车站等单位承接保险代理业务，代办企业财产险、家庭财产险、机动车辆险、货物运输险、责任保险、信用保证保险、长期寿险、航空意外险、健康险和人身意外险等10类险种。迄2005年，全市11家保险专业代理公司有5家设在区内，2家保险经纪公司有1家驻在辖区，还有一批保险兼业代理单位。

2003～2005年崇安区辖区专业保险代理机构一览表

表13-3-6

名　　称	成立年份	业务范围	地　址
江苏无锡诚禾保险代理有限公司	2003	专业代理	中山路159号
江苏统一保险代理有限公司	2003	专业代理	学前街27号
江苏首信保险代理有限公司	2003	专业代理	县前东街8号
无锡华美保险代理有限公司	2003	专业代理	人民东路29号
江苏安好保险代理有限公司无锡分公司	2004	专业代理	人民中路97号
上海环亚保险经纪有限公司无锡分公司	2004	经纪公司	圆通路28号

说明：上述资料由辖区各保险代理公司提供。

第三节　其他金融

80年代，随着改革开放的深入推进，辖区内证券、国债等金融业逐步得以恢复和发展。90年代，期货、信托投资等金融业市场日趋活跃。1999年5月，由无锡市政府出资设立、以国有资产投资为主体的规模型地方金融投资集团——国联发展（集团）有限公司（简称国联集团）成立，业务范围涵盖证券、期货、信托、咨询、担保、投资管理等领域。其下属的国联证券有限责任公司、国联信托投资有限责任公司、国联投资管理咨询有限公司、国联期货经纪有限公司均在辖区。21世纪后，证券、国债、期货、信托投资、典当拍卖等其他金融业进入大发展时期。迄2005年，辖区内有证券公司营业网点11家、期货经纪单位5家、信托投资经纪公司4家、投资担保单位12家、投资开发公司2家。

【证　券】

1987年11月，无锡市第一家证券业务部在辖区成立，由市建设银行信托投资公司承办，其业务范围包括各种债券的代理发行、债券和大面额存单的转让买卖等。1988～1990年，无锡市信托投资公司、市工商银行和农业银行信托投资公司、交通银行无锡分行相继在辖区内开办证券发行（包括代销、承销、包销）代理兑付和转让买卖，以及批准上市的企业债券、短期融资券转让买卖业务。1990年，全市15个证券业务代理点大部分在辖区。1992年9月，成立无锡市证券公司。1993年1月，正式开办上海股票委托买卖业务。是年9月，开通股票交易条形码自动委托系统及电话委托业务，开苏南地区股票交易自动化之先河。2000年，证券营业部发展到16个，从业人员449人。1987～2000年，无锡开设和新增的证券交易机构大部分在辖区内。迄2005

位于中山路的国联证券营业部　（孙怡摄）

年，市区20家证券营业部有11家位于辖区；全市最大的证券公司——国联证券有限责任公司位于市区的6个证券营业部4个在区内。

2005年崇安区辖区证券公司营业部一览表

表13-3-7

名称	地址	名称	地址
国联证券有限责任公司中山路证券营业部	中山路153号	国联证券有限责任公司县前东街证券营业部	县前东街8号
国联证券有限责任公司人民东路证券营业部	人民东路29号	华泰证券有限责任公司解放西路证券营业部	解放西路327号
国联证券有限责任公司汤巷证券营业部	健康路87号	招商证券股份有限责任公司新生路证券营业部	新生路107号
中国建银投资证券有限责任公司健康路证券营业部	健康路18号	信泰证券有限责任公司无锡证券营业部	解放西路193号
国泰君安证券股份有限公司人民中路证券营业部	人民中路97号	巨田证券有限责任公司中山路证券营业部	中山路359号
海通证券有限公司无锡营业部	工运路8号		

说明：上述资料由辖区各证券公司提供。

【期 货】

1988年，期货市场在中国中断40多年后逐步恢复。90年代，辖区开始成立期货经纪公司，外地期货经纪公司也先后入驻。1992年，国联期货经纪有限公司在人民中路97号佳福大厦成立。1995年，华证期货经纪有限公司无锡营业部在中山路359号吟春大厦开业。2001年7月、2003年12月、2005年3月，建证期货经纪有限公司无锡营业部、江苏弘业期货经纪有限公司无锡营业部、上海中财期货经纪有限公司无锡营业部分别在中山路59号时代大厦、新生路107号新鼎球大厦、中山路333号华光大厦设立。迄2005年未变。

【国 债】

1981~1985年，国家每年发行国库券，其中1981年由区属单位认购，1982年后，由区属单位和个人共同认购，5年认购国库券260.80万元。1993年国债市场化运作后，区不再按计划推销国债，辖区银行和市信托投资公司设有国库券交易点，办理国库券转让买卖和代保管业务。

【信 托】

80年代后，辖区信托业逐步恢复，吸储社会闲散资金，开展信托投资，从事信托投资、投资担保、投资开发的机构先后成立，业务范围由信托存放款逐步发展到委托存放款、信用签证、设备租赁、代理保管、票据贴现、咨询等。迄2005年，市区4家信托投资经纪公司均设在区内，有位于县前东街8号的国联信托投资有限责任公司和国联投资管理咨询有限公司，位于中山路333号华光大厦的无锡汇银投资咨询有限公司，位于中山路时代大厦的金百灵投资咨询有限公司。市区18家投资担保单位有11家驻于区内，有位于锡沪路165号华盛大厦的无锡汇源投资担保有限公司，位于道长巷60号的江苏省东经投资开发（集团）有限公司无锡担保公司，位于县前东街8号的无锡市联合中小企业担保有限公司，位于县前东街118号的银苑担保有限公司等。市区5家投资开发公司有2家开设在辖区，有位于商业大厦东方广场的中住投资贸易有限公司，位于大成巷8号明珠广场的江苏飞视投资有限公司。

第十四编

体制改革

1978年后，崇安区以市场取向为改革方向，致力调整和处理好改革、发展、稳定之间的关系，把深化改革与实现两个根本性转变、资产重组与优化经济结构、重点突破与整体推进有机结合起来，在资产重组、公有制实现形式、构建国有资产运行机制、转换政府职能、完善企业运作机制和发展非公有制经济等方面不断实现新突破。区委、区政府立足区情，从理顺政府与市场关系入手，大力推进企业经营机制和产权制度改革，稳步推进社会保障、住房、土地使用制度等改革，同步推进教育医疗卫生等事业单位改革。改革促进生产力的解放，企业活力的增强，企业经营者和广大职工积极性的提高，全区经济和社会事业保持持续、健康、快速发展的势头。

第一章　经济体制改革

区经济体制改革工作机构始建于1988年10月，时称崇安区经济体制改革委员会，下设办公室，为区政府议事协调的常设办事机构。1996年撤销，归口区计划与经济局，挂区经济体制改革办公室牌子。2001年机构改革后，不再挂区经济体制改革办公室牌子，但其职能由更名后的区发展计划局履行。迄2005年未变。

伴随着无锡市对城区逐步简政放权，下放事权，实行新的城市管理体制，区委、区政府探索切合区情的发展道路，不断推进经济体制改革向纵深发展。80年代，把简政放权作为城区经济体制改革的突破口，从转换经营机制着手，试行企业所有权与经营权分离，实行厂长（经理）负责制，厂长（经理）由任命制改为聘任制。1988年，《中华人民共和国企业法》颁布后，确立厂长（经理）在企业的中心地位，逐步拥有生产指挥权、经营决策权、财务管理权、奖金审批权、人事任免权、工资形式自选权、职工奖罚权。企业经营者的责、权、利同步得到体现。进入90年代，随着社会主义市场经济体制的确立和发展，企业改革的重心转向推行企业经营承包责任制、租赁、股份合作制、兼并拍卖、合作嫁接等经营制度和经营方式的变革。1997年起，主要以产权制度改革为重点，推进现代企业制度建设。根据不同企业的情况，采取抓大放小、分类指导等一系列措施，使之向股份制、私营转变。以资产为纽带，通过转制改造、联合兼并、依法破产、结构调整，推进资产向优势企业集中，向优秀企业家集中，走出一条盘活存量资产与培育经济增长点相结合的改革新路。同时，用特定的政策措施推进挂靠企业的转制改制。2001年，启动公有资产管理体制改革，无锡市锡金资产经营管理有限公司挂牌成立。2003~2005年，按照“彻底改、改彻底”原则，重点推进企业产权关系、劳动关系、债权关系的改革，自办企业、2154家挂靠企业产权制度改革基本完成，民营经济占地区生产总值的比重上升到44.2%。与此同时，按照“分类指导、整体推进”的原则，全面推进事业单位改革。迄2005年，生产经营类、政企合一类事业单位产权制度改革基本完成，行政管理类事业单位清理归并基本到位。按照“集分结合、充分利用、留优去劣、注重流动”的原则，公有资产经营管理机制和运作模式改革初见成效，全面实施财政资金集中支付制度。城市建设投融资机制改革起步，成立区城市投资发展有限公司。不断深化义务教育管理体制改革，顺利实施街道撤并、撤镇建街、社区整合改革，全面完成村级集体经济股份合作制改革，建立健全失地农民社会保障机制。

第一节　城区放权改革

80年代前，无锡市实行“两级政府（市、区）、三级管理（市、区、街道）”的管理体制，区一级政府职能不完全，仅有事权，缺乏独立的财权、管理权，相当于市政府的派出机关。80年代后，为适应现代化特大城市建设和管理的需要，市逐步简政放权，把城市管理、房屋开发、零售商业和财权下放到区，在财税体制调整、事权属地管理、区街机构撤并等方面进行一系列改革，拓展城区发展空间，促进社会资源的有效配置，增强城区发展活力，完善城区综合管理和服务功能，城区经济和社会事业得以持续快速发展。

【扩大城区管辖范围】

1991年4月，征用原郊区部分土地，归属崇安区，增设江海街道；2002年4月，市决定将原滨湖区广益镇的行政区划划归崇安区，由此，辖区面积由1985年的4.03平方公里扩大到16.48平方公里。人口由1985年的19.05万人增加到含常住和流动人口在内的29.91万人。

【下放商业零售企业】

20世纪70年代，区商业科仅管理百货烟酒、饮食服务2个中心店、23家直属商业网点、170名职工。1985年5月，市政府按照搞活流通、搞活经营、搞好服务、扩大城区功能的要求，改革全市商业零售管理体制，把与人民生活密切相关的糖烟、百货、饮食、服务、日杂、果品等零售企业下放到区管理，按企业座落地确定归属，商业零售企业改变隶属关系后，企业所属人、财、物及债权债务均随店划转，业务范围和销售渠道不变。1985年5月至1987年1月，原市商业局和市供销社所属192家零售商店、3317名职工先后划归区管理。

【下放城区管理事权】

80年代后期，市按照建立“两级政府、两级管理”体制的要求，逐步向城区下放事权、财权和管理权。90年代初，赋予城区房地产开发权，充分发挥城区独特的区位优势、资源优势，以房地产开发为龙头，推动商业等第三产业和特色经济较快发展。此后，市政府本着规划集中在市，建设合理分工的原则，除涉及全局性的管理以外，涉及房地产管理、园林绿化、环境卫生、市政养护、城市管理、旧城改造和环境保护等方面的管理权逐步下放到区，其中城市管理方面又在交通秩序、环境卫生、市容市貌、摊点设置、违章建筑、占用和开挖道路、河道管理、噪声管理等具体工作上明确管理职责，强化区级政府的城市管理职能。与此同时，随着市产业局的撤并改革，凡市产业局及所属企事业单位的社会管理职能，实行以块为主、属地管理，其治安保卫、消防、民兵、征兵、预备役工作和人防、优抚、法制宣传、人民调解、计划生育、爱国卫生、医疗卫生、妇幼保健、幼托、文化体育、无线电管理等方面的职能，转移到区。2003年11月，企业退休人员社会化管理服务的职能又下放到区，转入社区管理，由社区为企业退休人员提供社会保障、社会管理等服务，企业退休人员基本养老金实行社会化发放，城区社会管理职能扩大到辖区所有企事业单位。城区决策权、管理权和执法权随之逐步扩大，城区工作更加贴近社区百姓，办事效率不断提高。

【改革区街行政机构】

为适应城市改革的不断深化，更好地履行区级政府的职能，1985年起，市对区级政府机构进行调整。是年，区卫生、财政、文教、人事、城市建设、劳动、民政、司法、商业、物价等部门撤科设局，成立区房屋建设开发公司。1987~1991年，区建设局更名为区规划建设环境保护局，后又分设为区规划管理局和区建设环境保护局，区文教局分设为区文化局和区教育局。增设区计划生育委员会，新建区审计局、区科学技术委员会、区对外经济贸易局、区科学技术

亭子桥地区区属单位党组织属地管理交接大会（1988.6）　（区档案局供稿）

局、区第三产业办公室、区公有资产管理局。区绿化队、区市政工程队和区环境卫生管理所先后升格为区园林绿化管理处、区市政工程建设管理处和环境卫生管理处。1996~2005年，随着事权的下放，城区职能逐步扩大，区级机关又历经1996年、2001年和2005年3次机构改革。其间，增设区安全生产监督管理局。撤销区卫生防疫站、妇女儿童保健站，新建区卫生局卫生监督所和区疾病预防控制中心。区城市管理局增挂区城市管理行政执法局牌子。

在改革区级机关的同时，相应推进街道机构改革。1988年1月起，在亭子桥街道实施综合体制改革试点。改革内容包括7个方面：原条线管理的工商所、房管所、卫生所、环卫站、司法助理员、劳动调配员、城管员、计生员划归街道管理，扩大街道职责权限；街道主任由区政府任命，后逐级聘任；实行街道主任任期目标责任制，任期3年；辖区内企事业单位党群组织和社会工作实行属地化管理；实行市民代表会议制度；试行财政包干；实行党政分开，设立街道办公室、民政司法科、城建城管科、经济管理科等。是年9月，亭子桥街道综合改革情况编入无锡市体改委编著的《改革十年看无锡》一书。1989年4月，全面推行街道干部聘任制，街道卫生所、计生专职干部全部移交街道管理。1996年3月，实施街道体制改革，简政放权，加强基层，街道党组织由党委改为党工委，设党工委办公室。1999~2000年，实施街居转变职能综合改革，党工委实行委员制，办事处实行助理制。2001年，各街道党政机构统一设置为党政办公室、经济管理科、城市管理科、社区管理科“一室三科”。2004年12月，又改设为“党政办公室、经济贸易办公室、城市管理办公室、社会事业办公室、社会治安综合治理委员会办公室、纪工委、财政所“五室一委一所”。

第二节　计划体制改革

1985年4月，区计划经济委员会成立后，逐步强化全区经济计划工作职能。1992年起，随着全区经济由计划经济体制向市场经济体制的转轨，计划管理内容和形式不断发生变化，区计划管理部门逐步从过去偏重于企业微观经济活动管理转向注重宏观产业政策的研究、区街经济结构和布局的调整上来；从过去偏重于依靠行政手段直接管理、用计划手段干预经济运行转向综合运用经济政策和信息咨询等手段，为企业间接管理和提供服务上来。同时，注重市场体系的培育和建设，促进经济和社会的持续协调发展。组织区有关部门制订区域经济和社会发展五年规划，做好对经济和社会发展情况的跟踪分析，对经济发展中的重大问题、重大项目提出对策。1994年起，逐步简化全区经济社会发展计划指标体系，弱化实物量计划指标，缩小工业生产指令性计划范围，实行指令性计划、指导性计划和市场调节相结合的计划管理体制。不再下达工业总产值、产品产量等工业生产计划指标，企业按照市场需求自行安排生产，按用户需要自行签订供货或来料加工合同。在经营活动上，鼓励企业举办各种展销会、订货会、交易会，允许部分企业享有外贸出口自主权，直接进行对外贸易。1999年起，全部取消指令性计划，全区国民经济和社会发展均按指导性计划管理。2001年起，计划管理进一步由集中管理型转向宏观调控型、协调服务型。

第三节　财政体制改革

1985年，无锡市政府对各区实行“收支挂钩，全额分成，比例包干”的“分灶吃饭”财政管理体制，财政实力明显提高。1986年，税收由1984年的1222万元增加到1742万元，可使用财力537万元；1985~1986年，区财政两年结余160万元，开始由“吃饭型”财政向“建设型”财政过渡。此后，随着城市管理重心的下移，市在界定市区两级政府公共财政的事权和财权的基础上，实行向城区倾斜的财政政策，财政体制逐步规范、趋于合理。1987~1993年，实行“收支挂钩，递增分成，财政包干”的财政管理体制。1994年起，市按照“事权与财权相一致”等原则，实行“分税制”财政管理体制，区级财政收入逐年递增，2001年区级可使用财力达到9792万元。2002年起，实行税收属地征管体制，区一级政府的财政管理体制初步建立，区级政府的行政职能得以有效发挥，财政对经济建设和社会发展的调节和促进作用明显增强，调动城区发展经济、广开财源、增收节支的积极性。是年，区级财政收入达到9.33亿元。2002~2005年，区级财政收入年均递增24.42%。迄2005年，区级可使用财力达到2.29亿元。

第四节　企业改革

【企业经营机制改革】

1986年，区属工业按照扩大企业自主权的要求，逐步转变经营方式，推行“一包三改”①为内容的经济承包责任制，普遍实行厂长负责制，实行工资总额与计税利润挂钩浮动、最终产品全计件工资浮动和指标全面考核、工资总额包干等分配制度改革。1987年，在朝阳服装厂进行“经营权、所有权分离、一定四年不变”的资产经营责任制试点，而后逐步推开。区属商业按照市政府财贸办等部门批转区政府《关于小型商业企业租赁经营试行办法》，实行租赁经营、承包经营、提成工资制改革。是年，区糖烟公司所属塔影二村副食品店等21家集体企业实施租赁经营。1988年5月，18家区属工业企业实行承包经营责任制改革。9月，光明眼镜店、新新食品商店、结婚用品商店、人和菜饭店等69家全民、集体商业企业统一实行集体财务制度，并实行承包经营责任制改革。10月，妇女儿童用品商店、群众百货店等9家企业实行“增量股份制”试点，鼓励职工自愿出资入股，增加企业流动资金，按股分红。11月，由44名职工出资入股4.62万元创办的股份合作制企业——市妇女儿童用品商店成立，时为全区首家。12月，群众百货商店实行股份合作制改革。1989年5月，6家区属工业企业经市批准首批实行风险承包改革。1991年后，工业企业经济承包责任主体由领导班子集体承包逐步向车间、班组承包延伸，承包对象由一线生产工人逐步向后勤、供销、行政和技术人员扩展，承包内容由单纯的产量、质量、消耗逐步向新产品开发、安全生产、计划生育和社会主义精神文明建设等方面扩充。区属商业在第五副食品商店、锡沪路烟酒店等38家糖烟酒、副食品商店实行由经营者出资的自主经营、自负盈亏的“公有民营”改革，企业经营权不变、职工身份不变、原企业资金收归主管部门。

1992年，区政府制定出台《关于加快改革开放和发展区街经济若干问题的暂行规定》《搞活企业的若干实施意见》，在区属企业中实行“放开经营，放开价格，放开用工，放开分配”的试点，在经营、用工、分配等方面进行改革。是年，在砂轮厂实施股份合作制试点。在103家商业企业实行百元销售含量工资制。1993年起，企业集体承包逐步向个人经营承包制推进，焊割工具厂率先实行个人风险抵押承包改革，承包期3年，包定基数，逐年递增，确保上交，超额分成，减收自补，承包个人所得与企业效益、社会效益挂钩。小型微利商业企业实行经营权转让。1994年，按照“坚持方向、多路探索、逐步规范、加强配套”的要求，多路推进区街工商企业经营机制改革，鲲鹏有限公司等6家企业实行股份制或股份合作制，256家工商企业实行风险抵押承包、租赁等经营形式，改转制面达76.65%。1995年，贯彻市政府《放开搞活小微亏企业的若干意见》，推进小微亏企业转改制。是年，实行股份制或股份合作制的企业19家，公有民营、风险抵押承包、租赁和资产经营责任制的企业312家，全区工商企业改转制面达到90%。

其间，街道、居委办商业的经营机制也经历2次转换。1988~1990年，街道、居委办商业主要实行为期三年的“定销售、定利润、超利分成”的经营承包责任制，扩大企业经营自主权，搞活分配。

①一包三改：包经济效益基数，改革企业领导体制、改革企业经营机制、改革企业内部分配制度。

1991年后，街道、居委办商业根据各个企业的实际情况，分别实行风险抵押承包、租赁经营、经营权转让等改革。校办商业则主要实行经营承包责任制改革，机关事业等社会办商业大多为“挂靠企业”，以风险抵押承包为主。

【企业产权制度改革】

1997年12月，焊割工具厂率先实施股份合作制改革。其后，区街工业企业产权制度改革逐步推开，以建立现代企业制度为目标，以“国退民进”“股权流转”为主要形式，按照“彻底改、改彻底”的要求，加快改制步伐，因厂制宜重组企业资产，钢门钢窗附件厂（有色金属附件厂）率先实施依法破产重组，朝阳服装总厂、运动鞋厂实行托管经营，首批27家区街企业完成改制，实现所有制结构和投资主体的多元化。此后，无锡市童装厂以零资产整体转让，加入无锡市光明集团。无锡市窗纱厂成功“二转三”，与惠华房地产开发公司合作创办无锡市江南建筑装饰材料市场。至2000年底，18家区属工业企业全部完成转改制，其中，转为私营企业3家，股份制企业8家，中外合资企业1家，有限责任公司2家，兼并、转让、关闭4家。

区属商业企业产权制度改革始于1998年。根据区属商业企业规模小，人员少，资产少，产权不明晰的特点，采取先易后难、先试点后全面推开的办法实施。对产权明晰、经济效益较好的光明眼镜店和周山浜副食品商店2家全民企业，按市出台的《无锡市股份合作制企业暂行办法》，通过先售后股，国有资产出售给企业职工，职工全员入股的方式，实施产权制度改革。配合市政府早点工程，原丰收糕团店13名职工出资15万元，组建皇亭早点公司，时为区属商业第一个有限责任公司。1999年，按照区出台的《关于加快推进企业改制工作的若干意见》，第五副食品商店兼并集体企业泰康烟酒店、南仓门烟酒店，组建无锡市天福商贸有限公司，开创全区国有企业兼并集体企业的先例。2001年，采取“以大带小，以强带弱，以有带无”的办法，通过资产重组，推进区属弱小商业企业产权制度改革。无锡美容厅兼并健康理发店、崇宁理发店，组建无锡明蓉美发美容有限责任公司。至2002年，52家区属弱小商业企业按行业组建成有限责任公司12家、股份合作制企业3家、私营企业1家，皇亭美食城等5家拆迁企业依法关闭。

其间，街道自办企业的产权制度改革同步推进。规模较大、效益较好的企业经资产评估后，将集体资产有偿转让给自然人后组建成有限责任公司或股份合作制企业；规模小的企业剥离公有资产后转为个私企业；经营不善和亏损企业则关闭或注销。1999年，11家街道企业完成转改制。2000年，提出“坚决放、大胆退、规范改、搞活搞好”的要求，又有62家街道企业完成转改制，其中改为股份制或股份合作制的40家，转为私营企业的5家，破产、注销17家。2001年，又一批街道企业通过各种形式推进产权制度改革，转改制面累计达95.24%。2002年，街道企业公有资本基本退出，先后转为个体私营企业。

【挂靠企业转改制】

80年代后期，上马墩街道在无锡市首先创办挂靠企业，俗称“一脚踢”企业，即由街道、居委申办集体企业营业执照，生产经营者自带资金、自找场地、自主经营，并向街道、居委上交一定额度的经营承包费、企业管理费的企业。挂靠企业的产生，是在街道无资金、无人才、无场地和个私企业开办难的特殊条件下，街道经济发展中出现的历史产物。90年代初，挂靠企业得到较快发展。各街道挂靠企业从开始时注册资金500~2000元的大饼店、水果店、烟酒店、饮食店，逐步发展到注册资金3万元以上可申领增值税发票的加工厂、印刷厂、五金厂、商行等，1998年，全区挂靠企业发展到1716家。挂靠企业在对街道经济作出一定贡献的同时，因产权不明、体制不顺，而带来经济纠纷频发。是年，区委、区政府提出“改一批、转一批、弃一批”的要求，实施挂靠企业清理整顿，理顺产权关系、政企关系，还其本来面目。对注册资金3万元以下的挂靠企业，实行风险抵押；注册资金3万元以上的，实行转私或股份制，390家挂靠企业完成改制、转私或注销，改制面达22.73%。1999年，又有371家挂靠企业完成改制、转私或注销，改制面达44.35%。2000年，提出“停止办、坚决改”的要求，加快挂靠企业转改制的步伐，864家挂靠企业完成改制、转私或注销，改制面达94.70%。2001年改制面上升到99.77%。迄2005年，全区2154家街道办挂靠企业也全面完成转改制。其中，转为有限责任131家，股份合作制768家，转私607家，关闭460家，风险抵押承包188家。45家校办挂靠企业转制为有限责任11家，股份合作制12家，转私9家，关闭5家。172家社会办挂靠企业大部分关闭，小部分转为私营企业。

第五节　事业单位改革

1986年，区房管、市政、环卫、绿化、医院等事业单位主要实行各种形式的经济责任制，并逐步实行人才流动社会化调节机制，允许专业技术人员在本职工作之外，利用专业知识和技术专长，在不改变人员隶属关系的情况下，到外单位兼职。1988年5月，事业单位企业化管理改革试点在区市政工程队率先推开。是年11月起，推广到区绿化队、环卫所。上马墩街道卫生所率先实行所长负责制。1991~1993年，全面推行工效挂钩承包责任制、行政领导负责制、管理人员和专业技术人员岗位聘用制、工资分配绩效考核制、工资总额包干制。1994~1998年，实施资产经营责任制为主要形式的改革，按照事业单位政事分开的改革方向，推进事业单位企业化管理改革。1994年5月，由崇安寺房管所参股、职工集体入股的全区第一家股份合作制企业——兴隆物业公司成立。1998年，区房管局率先进行政事分开改革试点，按照“脱钩、分类、放权、搞活”的要求，房管局与下属14个企事业单位脱钩，实行政事分开。同时，推进其他事业单位从单一服务型转向经营服务型，从一业为主转向多种经营。对属于机关行政职能延伸、变相增加机构和编制而设立的政事不分的事业单位，以及机构规格和隶属关系不适当的事业单位进行调整，全区靠财政拨款的事业单位人数压缩10%。1999~2001年，事业单位“事企分开，管作分离”改革不断深化，区环卫处深化道路保洁市场化改革，组建区环境卫生服务中心，区房地产价格评估所、会计师事务所和审计师事务所先后完成产权制度改革。事业单位用人、分配制度改革同步推进，区绿化处、崇安医院等实行内部竞争上岗选聘干部，区城建监察大队面向社会公开招聘工作人员。2002年起，重点推进经营性事业单位的产权制度改革，锡南开发公司、城建综合开发公司下属子公司、鲲鹏开发公司、区房管拆迁公司相继完成产权制度改革。市政、环卫、绿化、房管等政企合一类事业单位通过剥离行政职能、实行管作分离的产权制度改革。卫星、靖海等大集体幼儿园试行“园长承办制”。崇安医院实行“托管制”，街道社区卫生服务中心实行“内部承办制”。城中公园实行企业化管理改革。城市建设投融资体制改革起步，建立崇安城市投资发展有限公司。事业单位内部以人员聘用制和岗位管理为核心的用人机制改革基本到位。迄2005年，全区80家全民事业单位有56家实行全员聘任制，占70%；49家集体事业单位全部实行职务评聘分开。

第二章　社会保障制度改革

社会保障制度是一种劳动者在年老、患病、生育、伤残，或因失业而暂时中断劳动、暂时或永久丧失劳动能力不能获得劳动报酬，本人和供养的家属失去生活收入时，由国家和社会按规定提供物资帮助和社会服务的社会保险。随着市场经济的发展，社会保障制度改革不断深化完善。从1985年实行劳动保险开始，养老保险逐步由“企业保险”向“社会保险”转变；保险费用由企业一方承担向由政府、企业、个人三方负担转变；参保对象由国有、大集体企业职工向全社会劳动者转变；养老基金由单一社会统筹向社会统筹与个人账户结合转变。社会保障制度改革由养老保险向失业保险、医疗保险、工伤保险、生育保险、城镇居民最低生活保障等多方面拓展。2002年5月，自由职业者开始个人投保，进入全市社会保障范畴。2004年起，区率先实行养老保险社会化发放。2005年，企业职工社会保险缴费比例和缴费基数为：基本养老保险28%（其中个人8%），医疗保险11.2%（其中个人2%），失业保险3%（其中个人1%，农村合同制工人不缴纳），工伤保险按企业类别分为0.3%、0.6%、1.2%，生育保险0.9%。按本人上月工资为基数，缴费总额不低于每月945元。全区建立劳动关系的企业职工均参加养老、医疗、失业、工伤、生育保险，形成“五保合一”社会保障体系。社会保障制度的逐步完善，成为促进经济发展和社会和谐的稳定器。

第一节　养老保险

【企业职工养老保险】

1985年4月，无锡市对企业退休费用实行社会统筹，凡经济独立核算的集体所有制和以集体所有制为主体的国集联营企业，均参加退休职工劳动保险统筹。统筹基金按在职职工工资总额的18%计算缴纳。1986年10月起，区属企事业单位开始参加市统筹，至1987年底，248家区属全民企业和大集体企业的1.80万名职工实行全市社会统筹。其中，全民企业42家，在职职工1797人，退休职工2680人；大集体企业170家，在职职工7408人，退休、退职、退养“三退”人员3100人；街道大集体企业35家，在职职工1815人，“三退”人员1194人；街道联管组人员14人。是年，为解决区属以下工业企业和街道劳服企业职工的养老保险问题，建立区劳动保险统筹办公室。制定出台《崇安区街道企业退休（职、养）职工劳动保险统筹暂行办法》，将街道工业公司、商业公司、劳动服务公司和校办工业公司、劳动服务公司所属经济独立核算、企业经营稳定、固定职工居多的小集体单位纳入统筹范围，将实行统筹的街道企业中新招收的城镇职工、未实行统筹的街道企业和居委办企业的城镇职工、街道和居委办企业中使用的农村户口职工以及个体劳动者及其从业人员等5类对象列入养老保险投保对象。11月，区劳动保险统筹办公室改称区劳动保险办事处，负责全区街道企业退休（职、养）职工劳动保险统筹的管理工作。至1987年底，除上马墩街道外，其他8个街道和校办工业公司全部参加统筹。是年，区属以下小集体企业缴纳统筹基金79.36万元，企业实际支出100.86万元，差额21.5万元由市社会劳动保险处承担。1988年6月起，企业统筹基金的比例提高到按实际支付工资总额的23%缴纳。1992年7月，在全区推广使用“职工养老保险手册”。1993年1月起，基本养老保险实行由国家、企业、个人三方共同承担，其中，职工个人按工资收入的2%缴纳基本养老保险基金。1995年开始，养老保险范围覆盖到城镇企业所有职工。1996年1月，市区企业基本养老保险缴费比例调整为22.5%，其中私营企业和个体工商户缴费比例为17.5%；个人缴费比例为个人月工资收入的4%，以后每2年上升一个百分点，直至8%。是年底，全区共有76家企事业单位的1706名职工参加基本养老保险统筹，1597名离退休人员参加离退休费用社会统筹。1998年底，全区有1.36万名职工参加基本养老保险，参保面达到95%。2000年1月后，各类参保单位基本养老保险统一向市社保机构申报缴纳，实行分账管理。此后，主要是扩大保险覆盖面，提高基金征缴率。迄2005年，全区企业职工基本养老保险又扩面1.20万多人，参保人数达到9.43万人。

【机关事业单位养老保险】

1993年1月，根据《无锡市机关事业单位实行养老保险制度改革意见》，启动机关事业单位职工养老保险制度改革工作。是年，区首先在区属自收自支事业单位和机关部门、全额拨款事业单位中的聘用制干部以及合同制工人中实行社会养老保险，全区171个机关事业单位、4438名职工参加。其中，机关部门33个、247人，全民事业单位52个、2666人，集体单位86个、1525人。养老保险基金筹集标准按市统一标准，由单位和个人共同负担。自收自支事业单位按照在职工作人员工资总额和离退休人员费用两项之和的23%缴纳，聘用干部和劳动合同制工人由单位按其工资总额的23%缴纳，在职职工按本人工资额的1%缴纳。1996年，参保范围扩大到差额拨款事业单位的全体职工。1998年7月，养老保险基金个人缴纳标准由1%提高到2%。2001~2002年，机关和全额拨款事业单位社会养老保险统筹先后暂停。迄2005年，事业单位养老保险统筹范围仅限于差额拨款和自收自支事业单位及其正式在编人员。

第二节　医疗保险

1987~1997年，区机关事业单位实行公费医疗制度，企业单位根据经济效益实行不同的医疗费用报销制度。1996年11月，市出台《无锡市职工医疗保险暂行规定》后，区机关事业单位公费医疗制度逐步废除，与企业同步纳入市职工公费医疗保险，用人单位按职工工资总额的11%缴纳保险费用，其中个人承担1%。1998年12月，无锡市贯彻国务院《关于建立城镇职工基本医疗保险制度的决定》，实行城镇职工基本医疗保险制度改革，基本医疗保险基金实行社会统筹和个人账户相结合。基本医疗保险费用由用人单位和职工共同缴纳，用人单位缴费控制在职工工资总额的6%左右，职工缴费率一般为本人工资收入的2%。职工个人缴纳的基本医疗保险费全部计入个人账户。用人单位缴纳的基本医疗保险费，一部分用于建立统筹基金，一部分划入个人账户，划入个人账户的比例一般为用人单位缴费的30%左右。统筹基金的起付标准原则上控制在当地职工年平均工资的10%左右，最高支付限额原则上控制在当地职工年平均工资的4倍左右。起付标准以下的医疗费用，主要从统筹基金中支付，个人也要承担一定比例。2000年12月14日，无锡市出台《职工大病（住院）医疗统筹暂行办法》后，主要推进职工医疗保障体系建设。是年，1755名区属企业职工纳入全市基本医疗保险统筹范围。2002年3月起，市出台《无锡市个体工商户、自由职业人员参加职工医疗保险暂行办法》，鼓励个体工商户、自由职业者个人参加职工医疗保险，解决流动人员的医疗保障问题。是年12月，贯彻《关于〈无锡市城镇职工补充医疗保险管理暂行办法〉的补充意见》，在参加职工基本医疗保险的基础上，所有用人单位和职工都必须参加职工补充医疗保险，补充医疗保险费由用人单位按在职职工上月缴费工资总额的1.2%缴纳。享受补充医疗保险待遇人员在住院和门诊特殊病种治疗的医疗费超过职工基本医疗保险统筹基金最高支付限额时，超出部分先由个人现金垫付，再由市社会保险基金管理中心报销。对基本医疗保险个人账户用完后的人员，按照不同年龄段，给予不同额度的补充医疗保险门诊医疗费补助。2004年，对用完基本医疗保险个人账户的参保者，可得到额外补助，最多400元，以减轻参保人员个人医疗负担。迄2005年，区属企业8.65万名职工全部进入市级基本医疗保险统筹，其缴费及待遇支付等工作由市医疗保险结算中心统一管理。

1987～1997年崇安区机关事业单位公费医疗情况一览表

表14-2-1　　单位：人、万元

年　份	公费医疗人数	经费支出
1987	2714	27.03
1988	2724	50.95

续表14-2-1

年　份	公费医疗人数	经费支出
1989	2622	51.04
1990	2743	45.50
1991	2852	60.91
1992	2852	78.96
1993	2929	142.84
1994	2929	155.50
1995	3002	300.00
1996	3000	293.00
1997	3000	215.00
合 计	31367	1420.73

注：1. 上述资料由区卫生部门提供。2. 1997年后取消公费医疗，实施职工基本医疗保险制度。

第三节　失业保险

1987年1月1日，贯彻国务院《国营企业职工待业保险暂行规定》和市劳动局有关文件，区街企业全部参加无锡市待业保险，待业保险基金按企业工资总额1%的标准征缴。为了加强二次待业人员的就业工作，待业保险基金的征缴和发放工作由区劳务市场负责实施，劳务市场按规定发放待业救济金，破产企业职工和企业法定整顿期间被精简的职工可以享受一定期限的待业救济金。1992年后，失业人员不断增多，失业保险作用日益突出。是年7月1日，无锡市出台《职工待业保险暂行办法》，待业保险的实施范围和对象扩大到国有企业、城镇各类集体企业、实行企业化管理的事业单位、行政事业单位的劳动合同制工人、乡镇企业的职工。1993年，全区参加待业保险的职工2.78万人,大集体以上企业失业保险基金的筹集率达95%以上。1996年，扩大失业保险覆盖面，170家区属企事业单位纳入失业保险统筹。1999年，失业保险基金征缴比例提高到单位工资总额的2%，职工个人按工资的1%缴纳。失业保险金发放标准逐年提高，1999年，人均每月194元。2002年12月起，失业保险金实现社会化发放，发放标准随企业最低工资标准和居民最低生活保障标准的调整而调整。2003年，失业保险金发放标准为人均每月275.7元，2004年，人均每月325.3元，2005年，提高到人均每月388元，最高每月690元，最低每月260元。

市委书记王荣视察上马墩街道劳动保障所（2004.9）
（上马墩街道供稿）

1993～2005年崇安区失业保险金发放情况一览表

表14-2-2　　　　单位：万元

年　份	发放失业保险金	年　份	发放失业保险金	年　份	发放失业保险金
1993	29.51	1998	135.48	2003	925.44
1994	59.40	1999	202.75	2004	1026.21
1995	50.25	2000	348.31	2005	1105.21
1996	56.20	2001	579.20		
1997	91.99	2002	812.48		

说明：上述资料由区劳动人事局提供。

第四节　生育保险

2002年1月起，贯彻市政府《关于实施江苏省城镇企业职工生育保险规定》，辖区各类城镇企业、个体经济组织和与之形成劳动关系的劳动者，均需依照规定参加生育保险。符合国家、省、市计划生育有关规定生育的女职工，均可享受规定的生育津贴、生育医疗费、产假期间因生育引起的疾病医疗费、一次性营养补助费、计划生育手术费5项生育保险待遇。是年，区属企业均参加生育保险，按上年度全部职工工资总额的0.8%按月向市劳动局社会劳动保险处缴纳生育保险费，企业职工个人不缴纳。女职工生育待遇的支付由市社会劳动保险处负责。迄2005年未变。

第五节　工伤保险

1979~1996年，按照国务院《劳动保险条例》有关规定，处理因工负伤、残废、死亡等事宜。1996年1月，市劳动局出台《关于为外来劳务工办理工伤保险的通知》，时为社会保险制度尚不健全的情况下，要求各用工单位根据南京人寿保险股份有限公司无锡代理处制定的《无锡市外来务工工伤保险办法》，为外来劳务工统一投保，参加工伤保险。是年10月，劳动部出台《企业职工工伤保险试行办法》，要求城镇企业、个体经济组织与之形成劳动关系的劳动者必须依照规定参加工伤保险。1997年，区属企业逐步实施工伤保险制度。时按参保单位上年度全部职工工资总额的比例核定工伤保险费，职工个人不缴费，由参保单位直接向市劳动和社会保障局社会劳动保险处缴纳。职工工伤认定和工伤待遇支付由市劳动和社会保障局负责。1997~2000年，全区累计参加工伤保险5.40万人。2004年1月，贯彻国务院《工伤保险条例》，区属参保企业缴纳的工伤保险费由区社会劳动保险处扣缴，再上缴市社会劳动保险处。2005年，工伤保险费改按参保单位当年度全部职工缴费工资总额的0.6%的比例缴纳，并改由税务部门统一征收。全区有8.80万人参加全市工伤保险统筹。

第六节　居民最低生活保障

1995年4月，区在全市率先对家庭人均收入低于最低生活保障（以下简称低保）标准的居民实行救助。根据《无锡市市区居民最低生活保障暂行办法》，区民政局负责的保障对象主要是孤老残幼、社会困难户等无业人员家庭。2000年9月，《无锡市城市居民最低生活保障制度实施细则》出台后，保障的重点扩大到在职、下岗、失业、退休人员家庭中的贫困人口。2001年，全区424户、881名居民享受低保待遇。2002年，增加到846户、1801人，其中，在职职工152人、下岗职工169人、离退休人员23人、失业人员731人、学生484人、“三无”人员21人、其他221人。2003年，区出台《最低生活保障工作管理办法》，进一步规范居民最低生活保障制度。办理低保需由低保家庭提出申请，经社居委调查核实、街道审查、区民政局审批并张榜公布后，发给全市统一的社会救济金领取证。对低保对象实行动态管理，定期审核。是年9月，实行低保金社会化发放，由低保户直接到银行领取。低保金标准，由市政府随物价指数的变动和社会生活水平的提高定期加以调整。1995~2005年，历经6次调整，由1995年月人均120元提高到2005年300元。低保户同时可享受减免水费、煤气费、有线电视费、学费、房租、税收等优惠。2005年，区制定《崇安区居民最低生活保障对象分类管理工作规程》，在全市率先实施低保对象分类管理。是年，低保家庭享受各项费用减免达100多万元。保障资金纳入财政预算，由市财政承担70%，区财政承担30%，实行专款专用。

第三章　土地使用和住房制度改革

无锡解放前，土地实行私有制，土地所有者以收取地租的方式对土地实行有偿使用。20世纪50年代中期起，非农业建设用地实行土地征用，按计划、按需求行政划拨，实行无偿、无限期、无流通的“三无”使用制度。1990年5月，《中华人民共和国城镇国有土地使用权出让和转让暂行条例》出台后，住房制度和土地供应制度发生重大变化，由无偿使用变为有偿使用，无期限使用变为有限期使用。市区政府依法加强土地征用管理，建立和完善土地使用市场机制，逐步增强对土地市场的调控能力。1992~2005年，国有土地使用权累计有偿出让194.16万平方米，收购储备国有土地34.75万平方米。其间，住房制度改革步伐逐步加快，住房公积金制度和公有住房出售全面推行，安居房工程建设稳步推进，人均居住面积4平方米的住房特困户和困难户基本得到解决。

第一节　土地使用制度改革

1990年5月，《中华人民共和国城镇国有土地使用权出让和转让暂行条例》出台，土地使用制度改革全面实施。自此，土地使用制度发生重大变化。除按政策规定以划拨方式取得国有土地使用权外，其他建设项目用地实行土地使用权出让，土地使用权出让最长年限为：居住用地70年，工业用地50年，科技、教育、文化、卫生、体育用地50年，商业服务、旅游、娱乐用地40年，综合或其他用地50年。土地出让金依据区域内划定的土地等级价格确定。1992~2005年，全区共出让土地面积194.16万平方米，实收出让金人民币49.25亿元。收购储备国有土地34.75万平方米、农用地转征用（收）4213.35万平方米。

【土地出让】

区国有土地使用权出让（以下简称土地出让）始于1991年，开发区、外商投资企业用地先行试点。1992年8月，区首宗国有土地使用权出让成功。该宗土地坐落于中山路与人民路交叉口西南角，为商业用地，协议出让给华光珠宝城有限公司，出让面积1.18万平方米，出让价每平方米1500元（毛地），实收出让金1774.69万元。此后，区国有土地使用权出让项目逐年增多。1995年1月，《中华人民共和国房地产管理法》实施，6月，市出台《关于加强土地管理，深化土地制度改革的若干政策规定》，扩大出让供地范围，全市房地产开发、商业、金融、旅游、娱乐、服务等经营性用地一律实行出让供地，停止土地划拨，供地从双轨制转为单轨制（出让）。1992~2000年，全区累计协议出让国有土地85宗、56.68万平方米，实收出让金人民币5.05亿元。

2001年2月，区首次土地招标拍卖出让成功落槌，推出地块3个、13.03万平方米，成交价1.46亿元。2002年4月，推出面积为5791.7平方米的新开河地块，为商业办公用地，出让底价4380万元，最终以5801万元中标成交，溢价32.44%，中标价每平方米10016.06元(净地)，为全市土地招标拍卖中单价首次破万元的地块。是年8月，推出崇宁路地块（东方巴黎），出让底价5850万元，成交价12088万元，溢价106.63%，每平方米单价17962.44元（净地），再次刷新单价纪录。2003年9月，推出道长巷地块（红豆国际广场），出让底价16988万元，成交价30200万元，溢价77.77%，每平方米单价25712.63元（净地），再创新高。2004年5月，推出复兴路与石皮路交叉口西南角地块，成交价高达每平方米

31284.18元，再破单价纪录。1992~2005年，全区累计出让国有土地120宗、194.16万平方米，实收出让金人民币49.25亿元。其中招标拍卖和挂牌出让35宗、140.25万平方米，出让底价341080万元，成交价462331万元，溢价35.55%。

2001～2005年度崇安区土地招标拍卖挂牌出让情况一览表

表14-3-1　　单位：个、平方米、万元

年 份	地 块	面 积	出让底价	成交价	溢价金额
2001	3	130415.50	13758	14628	870
2002	7	138923.50	51932	65547	13615
2003	15	371672.20	143252	163193	19941
2004	5	365665.80	71623	96701	25078
2005	3	25626.60	2180	2230	50
合 计	33	1032303.60	282745	342299	59554

说明：上述资料由区国土部门提供。

2002～2005年崇安区土地招标拍卖成交单价超万元地块一览表

表14-3-2　　单位：平方米、万元、元/平方米

地块编号	土地座落	出让时间	土地面积	用途	供地条件	出让底价	成交价	单 价
锡地2002-3	新开河	2002.04.08	5791.70	商业办公	净地	4380	5801	10016.06
锡地2002-15	烤鸭馆东侧	2002.08.15	6729.60	商业	净地	5850	12088	17962.44
锡地2002-16	国联大厦东侧	2005.08.15	9720.60	商业办公	净地	5630	10050	10338.87
锡地2003-30	道长巷	2003.09.25	11745.20	商业办公	净地	16988	30200	25712.63
锡地2003-51	工商局南侧	2003.12.18	2172.30	商业办公	毛地	1800	3500	16111.96
锡地2004-24	复兴路石皮路口	2004.05.28	914.20	商业办公	毛地	2860	2860	31284.18

说明：上述资料由区国土部门提供。

【土地储备】

2001年起，在推行土地招标拍卖挂牌出让的同时，全市建立土地收购储备制度。是年11月，市土地收购储备中心成立，即对企事业单位需要盘活的存量土地和其他需要调整使用的土地进行收购，对政府依法收回的违法用地、闲置土地实行土地储备。迄2005年，崇安区内通过收购方式储备企事业单位存量土地13宗、34.75万平方米，支付收购金45806万元；通过农用地转征用（收）方式储备土地31宗、4213.35万平方米。

【国有土地有偿划拨】

1992年起，开征土地有偿划拨费，工矿企业用地和党政机关、事业单位等非经营性单位用地时，一次性缴纳每平方米45元的有偿划拨费，所收费用上缴财政。工矿企业用地实行出让供地的，不再收取有偿划拨费。

【划拨土地有偿使用】

1996年7月，市出台《关于划拨国有土地使用权出租、改变用途和临时经营性用地实行有偿使用暂行办法》，对以行政划拨方式取得的国有土地使用权出租、改变用途和临时经营性使用国有土地

的，实行有偿使用。具体方式是年租制，按不同土地级别、不同用途收取不同的有偿使用费。所收取的费用上缴财政。收取的土地有偿使用费，由市与区按7∶3的比例分成。1999年1月，市重新制定划拨土地收取土地年租金的具体办法，调整部分征收标准，分成比例调整为50%交市财政，30%返还所在区财政，20%用于所在街道、居委土地市场协管工作。2004年起，土地年租金改由地税部门征收，土地管理部门负责用地单位土地年租金的调查、测算、确认。1996～2005年，全区共征收土地年租金1012万元。

【国有土地资产注入企业资本金】

1998年6月，市政府出台《关于企业改革中土地资产处置的意见》，规定企业在改制过程中，国有土地以出让方式处置，土地出让金除上缴规定的税费外，作为政府对企业的资本金投入，以支票背书的形式注入企业资本金，降低企业的负债率。国有土地资产注入企业资本金首先从市属以上国有企业开始，2001年，扩大到使用国有划拨土地的所有企业。至2004年，该项工作基本完成。全区共办理国有土地资产注入企业资本金66宗、433.02万平方米，注入企业资本金土地资产18.65亿元。

第二节　住房制度改革

无锡解放后，长期实行房屋福利分配制度。1988年5月，无锡市率先进行住房制度改革试点，区始建住房制度改革领导小组，在区房管局设立区房改办公室。1992年，市政府正式出台《无锡市住房制度改革实施意见》，逐步建立起由国家、单位、个人三者结合的解决住房机制。此后，住房制度改革步伐不断加快，全面推行住房公积金制度，稳步推进租金改革，逐步扩大公有住房出售范围，采取多种途径解决住房特困户和困难户。1999年，无锡市深化住房制度改革方案出台，明确规定从1998年12月1日起停止住房实物分配，逐步实行住房货币化分配，建立住房补贴制度，职工可根据自身的经济实力选购经济适用房或其他档次的住房，福利分房制度自此结束。

【福利分房】

90年代前，居民住房主要由政府出资建造，房管部门负责分配。市及区房管部门根据居民申请及实际居住情况，按房源多少和轻重缓急，逐步解决，也有少数单位采取自建公助办法解决职工住房。1978～1979年，区房管部门主要依靠市下拨房源或由区房管所搭建披屋、阁楼，解决上山下乡回城户和落实私房政策搬迁户的住房问题。1980年起，市规定除纯居民住房由政府解决外，职工住房由各单位自行解决。1979～1985年，共解决区属单位职工、教师、居民住房2140户。1988年后，区政府自筹资金建造住房1.24万平方米，解决干部、教师、居民住房251户。区房管部门通过危旧房翻建、改造等途径，先后实施小娄巷横街、亦园里、西映山河、上马墩三村简易房等开发改造，扩建住房1.75万平方米，解决上百户拥挤户、特困户、危房户的住房问题。90年代初，倡导有条件的企事业单位自建住房、购买公房分配，区房管部门通过银行贷款、融资等方式，加大对低洼地区、危旧房地块改造建设的力度，缓解住房紧张的矛盾，减轻政府和房管部门的压力。1998年12月1日起，停止住房实物分配，福利分房制度结束。

【住房解困】

1987年，市政府启动住房解困工程。不论租住公房、私房和自住私房，凡人均居住面积在4平方米以下的居民，实行国家、企事业单位和个人三者相结合的住房解困机制。1987～1996年，区采用政府扶持、单位负责、个人出资的办法，通过住房翻扩建、腾挤房源、所在单位和个人出资扩房等途径，解决住房特困户401户。

【住房分配货币化】

1998年12月1日起，无锡市停止住房实物分配，逐步实行住房货币化分配。凡无锡市范围内财政或单位原有住房建设资金可转化为住房补贴的行政机关、企事业单位对无房和住房面积未达到规定面积标准的职工实行住房补贴。购房补贴在职工购房时一次性发放，工作年限在25年以上（含25年）的职工全额发放，未满25年的职工按实际工作年限发放。对1998年12月1日以后参加工作的新职工实行逐月发放住房补贴，按职工上年度月平均工资的13%确定。2001年12月起，一次性发放的基本补贴标准为每平方米400元，工龄补贴为每年7.20元。2003年11月起，基本补贴标准提高到每平方米530元，工龄补贴提高到每年7.70元。迄2005年未变。

【住房公积金制度】

1995年，住房公积金制度在全市推行后，按照国家、集体、个人共同负担的原则筹集住房基金，首先立足于原有住房资金的转化，逐步理顺和开辟住房资金渠道，建立城市、单位、个人三级住房基金，提高职工购房能力，促进住宅建设发展。所有行政机关和企事业单位及其职工（包括“三资”企业中方职工）按照“个人存储、单位资助、统一管理、专项使用”的原则，缴纳住房公积金。住房公积金由职工个人和所在单位逐月缴纳，归职工个人所有。1995~2003年，职工个人和单位缴纳住房公积金基数经历4次变化：1995年，个人缴费比例为月工资的5%，月最高缴费基数1300元（单位和职工个人总和）；1997年，个人缴费比例为月工资的6%，月最高缴费基数1500元（单位和职工个人总和）；2000年，个人缴费比例为月工资的8%；2003年，个人缴费比例提高到月工资的10%，月最高缴费基数提高到5000元（单位和个人总和）。机关、事业单位公积金缴存基数提高到15%，企业（含自收自支事业单位）提高到13%~18%。迄2005年未变。

1995～2003年崇安区职工个人和单位缴纳住房公积金基数一览表

表14－3－3　　　　单位：%、元

年　度	个人缴费比例	企业缴费比例			月最高缴费基数
		微利企业	亏损企业	破产企业	
1995	5	—	—	—	1300
1996	5	4	3	—	1300
1997	6	4	3	—	1500
1998	6	4	3	—	1500
2000	8	6	4	—	2000
2001	8	6	4	—	2500
2002	8	6	5	—	3000
2003	10	6	5	—	5000

说明：上述资料由区房管部门提供。

【住房租金和住房补贴】

1995年11月起，结合住房制度改革，逐步改革现行住房租金制度，月租金从原每平方米0.322元提高到每平方米0.902元，增加2.80倍。在提租的同时，有计划地提高住房消费在职工工资中的含量，随工资发放住房补贴。是年，在职职工和离退休人员分别按1994年本人月平均工资1.5%和2.5%享受住房补贴。1996年至2003年7月，又先后5次调整住房租金标准，月租金从1995年每平方米0.902元提高到2003年每平方米2.50元，考虑到部分居民的承受能力，对1937年7月7日前参加革命工作的人员及其配偶、民政部门确认的社会救济户和非在职优抚对象的住房租金实行部分免交。其中，离休干部减免50%，家庭人均收入在最低生活保障线以下的可暂时全免，最低生活保障线以上、1.5倍以内的可减免20%等。2003年，市区在职职工和离退休人员住房补贴发放标准分别提高到按2002年职工缴费基数4.9%和本人月平均工资6.2%。对1998年12月1日以后参加工作的新职工，不发租金补贴。迄2005年未变。

1995～2003年崇安区住房租金及住房补贴发放一览表

表14－3－4　　单位：元/平方米

执行时间	租金缴纳		住房补贴发放标准	
	基数标准	砖混一等	在职职工	离退休人员
1995.11	按1993年双职工家庭平均工资的5%	0.902	按1994年职工月平均工资1.5%	按本人月平均工资2.5%
1996	按上年双职工家庭平均工资的5%	1.10	按1995年职工月平均工资1.5%	按本人月平均工资2.5%
1997. 9. 1	按上年双职工家庭平均工资的5%	1.45	按1996年职工月平均工资1.6%	按本人月平均工资2.7%
1999	按上年双职工家庭平均工资的5%	1.75	按1997年职工月平均工资2.4%	按本人月平均工资3.7%
2000	按上年双职工家庭平均工资的5%	2.20	按1997年职工月平均工资2.4%	按本人月平均工资3.7%
2002	按上年双职工家庭平均工资的5%	2.50	按1997年职工月平均工资2.4%	按本人月平均工资3.7%
2003. 7. 1	按上年双职工家庭平均工资的5%	2.50	按2002年职工缴费基数4.9%	按本人月平均工资6.2%

说明：上述资料由区房管部门提供。

【公有住房出售】

1992年，《无锡市住房制度改革实施意见》出台，逐步推行住房商品化，鼓励居民购买公有住房。1993年10月，市政府出台优惠出售公有住房实施办法。明确由市房地产管理局、市住房制度改革办公室实施管理、指导和监督。单位新购建的公有住房，实行先售后租。区房管局负责辖区内公房出售的审核、计算、上报等具体工作，优惠售房正式启动。是年，优惠出售公有住房的标准价为建筑面积每平方米300元。1994年起，优惠售房标准价根据市场和实际因素逐年调整，并向全市公布。优惠售房除售价外，还有现住房优惠、工龄优惠、一次性付款优惠、产权单位出售给职工优惠等折扣政策规定。1995~2005年，全区优惠出售公房1.36万户、76.21万平方米。

1995～2005年崇安区优惠出售直管公房一览表

表14－3－5　　单位：户、平方米

年　份	户　数	出售面积	年　份	户　数	出售面积
1995	13	1090.25	2001	1012	48500
1996	1872	120397.39	2002	2740	165000
1997	613	37209.90	2003	970	45000
1998	2201	133100.27	2004	326	15664
1999	997	34642.00	2005	258	12370
2000	2578	149105.92	合计	13580	762079.73

说明：上述资料由区房管部门提供。

【安居房工程】

1995年后，在推进优惠售房的同时，市区政府还实施安居房工程（经济适用房），妥善解决拥挤户、困难户、特困户的住房问题。经济适用房以中低收入家庭为供应对象，由政府按照“统一规划，合理布局，综合开发，配套建设”的原则，按国家住宅建设标准设计建造的普通微利商品房。其售价实行政府指导价，按保本微利原则确定。凡市区常住户口、住房拥挤的中低收入家庭（中低收入家庭为双职工家庭年收入在上年度职工人均收入6成以下，职工人均收入按市统计局公布数字为准），均可申请购买经济适用住房。2003~2005年，辖区建造（在建）经济适用住房62万平方米，主要用于因旧城改造、道路扩建等拆迁户的住房安置购买。

第四章　教育体制改革

1985年以后，区教育部门贯彻国家先后出台的《中共中央关于教育体制改革的决定》《中华人民共和国义务教育法》《中国教育改革和发展纲要》《中华人民共和国教育法》等法律法规，推行校长负责制，改革人事分配制度，深化教育教学改革，创新办学体制，推进教育高位均衡发展，走出一条具有时代特征、崇安特点的教育改革发展新路。

第一节　管理体制改革

80年代，小学实行市教育局和区双重领导、归口管理的体制。党政关系属区，经费、物资、基建计划由市有关部门直接下达到区，后又实行人事、基建计划和教学业务等归口市教育局、市区分级负责的管理体制。1986年后，根据《中共中央关于教育体制改革的决定》，启动“政府负责、分级办学、分级管理”为主要内容的基础教育管理体制改革，区属小学、幼儿园教育规划、教学业务等实行由区负责的教育管理体制。2002年，行政区域调整后，区教育管理体制实行“双轨制”，划归区的广益中心小学和尤渡里小学实行区、镇两级管理，其学校教育规划、教学业务等由区指导，人事管理和经费投入仍由所在广益镇负责；其他学校按原管理体制不变。2005年，原由市教育局直接管理的5所义务教育中学按属地划归区管理，实现义务教育“以区为主”的管理体制改革目标。

在行政管理体制改革不断深化的同时，小学、幼儿园教育管理体制改革同步推进。1984年，试行校长负责制。1989年3月，广勤路中心小学、后西溪中心小学率先推行教师聘用制，完善校长负责制，实行工资总额包干制和结构工资浮动制。1990年起，在全区推行“校长全面负责、支部监督保证、教工民主管理”改革。1992年，在广勤路和后西溪两所小学内部管理体制改革试点的基础上，扩大到周山浜、崇安寺两所小学。是年10月，区出台有关学校行政、党支部、工会职责3个条例，推行校长负责制。1993年，校长负责制扩大到9所学校。同时，鼓励集体办幼儿园园长承办幼儿园，承办期3年，承办内容包括工资总额包干、办园计划、目标、特色和优质服务等。此后，陆续有9所集体办幼儿园以及区少年宫、区职工学校实行负责人承办制。1994年，区出台《深化学校内部管理体制改革若干问题的意见》，推行教职工全员聘任制、考核奖惩制等制度。1995年起，以全员聘任制、考核奖惩制、学校评估考核制、结构工资制和工资总额包干制为主要内容的学校内部管理体制改革全面推开。1996年，区教育局建立后备干部换岗培训制，完善校长助理制，试行党政校领导干部退居二线制。1997年起，实行学校行政副职聘任制。2001年，学校中层干部和副职聘任转为公开竞岗。1998~2003年，按照《崇安区学校教职工全员等级岗位聘任实施方案》，核定教师编制和岗位等级结构比例，设置教师岗位。2004年，按照“按需设岗、双向选择、平等竞争、择优聘用、严格考核、合同管理”的要求，小学教职工全部实行全员聘用管理，规范学校用人制度，实现学校人事管理从国家用人向单位用人、从身份管理向岗位管理、从行政指令性管理向合同化法制化管理的转变。是年，区教育局还出台《评聘分开的实施意见》，在全市教育系统率先启动教师职称评聘分开改革，建立健全符合区教师职业特点的专业技术职务评聘管理体系。同时，在全区制定小学按劳取酬、优绩优奖的分配办法，按照“校际人均控制总额、校内人际拉开差额”的分配原则，实施“总额控制、超额统筹、增额核批、差额补贴”的调节机制，形成“上不封顶、下不保底”的激励机制，通过年度考核和评聘，调动教职员工的积极性。

第二节　办学体制改革

1993年起，区积极探索多元化办学体制和办学模式改革，特别是1997年国务院《社会力量办学条例》、2002年《中华人民共和国民办教育促进法》的施行，提出积极鼓励、大力支持、正确引导、依法管理“十六字”方针，促进社会力量办学，鼓励企事业单位和其他社会力量按照国家的法规和政策，多渠道、多形式捐资助学，改变由政府包揽办学的局面，全区形成政府办学为主、社会各界参与办学的新局面。2000年4月，无锡市明达教育发展有限公司到区投资，租赁后西溪中心小学分部校舍，开设民办无锡金桥双语实验小学。2004年，无锡教育电视台以其技术力量和影视设备等实物投资，支持区幼儿事业发展，区教育局负责易地改造风雷新村小学幼儿园，创办小荧星艺术幼儿园。2005年1月，广瑞路街道所属集体性质的广瑞路街道中心幼儿园，由潘荷娟等3人自筹资金8万元买断，转制为民办幼儿园。是年3月，崔迎春个人投资60余万元，利用上马墩街道辖区新村配套设施开设民办万佳益都双语幼儿园。8月，连元街小学以其名校的声誉，在后西溪小学创办公有民营连元实验小学。迄2005年，辖区有各级各类民办教育机构58个，其中，民办小学2所，民办幼儿园2所，民营社会教育培训机构54个。

第三节　招生制度改革

80年代后，区根据学校分布，统一划分学区，确保义务教育阶段适龄儿童都能在居住地学区入学。90年代后，区教育部门根据学校布局调整的变化和城市建设的发展，及时调整和安排学区，小学一年级招生取消任何形式的书面考试，不拒绝智力发展较迟缓的适龄儿童在普通小学就读，智障儿童安排在区辅读小学就读，确保《中华人民共和国义务教育法》全面贯彻。2003年起，取消小学毕业生升学考试制度，对口初中分片接收小学毕业生免试入学，并取消快慢班。2005年，东林、广丰、塔影、广勤、胜利门等5所义务教育中学划归区管理后，区教育局及时调整对口小学，免费吸纳对口小学毕业生就近入学。同时，规范中小学招生手续和程序，规范收费标准，制定出台《崇安区公办小学招生政策》《崇安区公办初中招生政策》和相关收费标准，对区内普通中小学生申请办理转学、借读、休学、复读等手续均作出具体规定，民办金桥双语实验小学和连元实验小学收费标准均按市物价局核定标准执行。

外来务工人员子女入学定点的广新小学　　（区教育局供稿）

为确保外来务工人员子女享受义务教育的权利，体现教育公平，2005年起，区教育局制定出台《外来务工人员子女入学办法》，根据学校布局和行政区域，确定广新小学和金海里小学（均为市义务教育现代化学校和实验小学）作为接收外来务工人员子女入学的定点小学。迄2005年，全区4240名外来务工人员子女全部在公办小学就读。是年，还启动建立"崇安区爱心助学专项基金"，对辖区内城市低保户、农村低保户、孤儿、外来务工人员困难户子女、家庭突发性灾难及其它特殊困难学生实施免杂费、免课本费、发奖学金"两免一奖"资助政策。全年用于"两免一奖"达4.35万元，资助学生148人次，15名优秀贫困生获得奖励。对智残儿童实施免费义务教育，免收学杂费、代办费和课本费，保障智残儿童享受教育权利。

附：外来务工人员子女入学办法（2005）

为做好进城务工就业农民子女义务教育工作，努力实践"三个代表"重要思想，贯彻落实《中华人民共和国义务教育法》、推动城市建设和发展、推进农村富余劳动力转移以及维护社会稳定。崇安区政府以强烈的政治责任感，认真扎实地做好外来务工人员子女入学的工作。

一、向住所附近中小学提出申请，经学校同意后办理入学手续，或向崇安区教育局提出申请，由教育局协调解决，并安排学区入学。

二、对符合以下条件，在流入地公办学校接受义务教育的流动人口子女，学校收费项目和标准与当地学生一视同仁，学校不再另收借读费、择校费，捐资助学费等。对家庭经济特别困难的学生酌情减免杂费（条件附后）。

（一）6至14周岁（或7至15周岁），随父母或其他法定监护人在流入地暂居住半年以上有学习能力的进城务工就业流动人口子女。

（二）监护人有固定住所（产权房屋或租住的房屋）和暂住证。

（三）监护人有较稳定工作（与用工单位签订劳动合同一年以上，并经劳动人事部门鉴证或备案）。

（四）符合户籍所在地有关计划生育法律法规规定生育的子女（监护人提供流动人口婚育证明）。

第四节　素质教育与课程改革

1986年起，区教育部门启动"学校整体改革综合实践"，探索苏南城市小学教学模式，注重学生全面发展，推动"应试教育"向"素质教育"转轨。1991年，区教育局制定《崇安区小学教育改革五年（1991~1995）规划》，提出深化教育教学改革、提高素质教育整体水平的改革目标。1993年，在崇安寺小学率先实施《九年制义务教育全日制小学课程计划》，翩年在全区推开。1996年，制定《崇安区教育改革与发展（1996~2000）规划》，把实施素质教育纳入教育现代化建设的重要内容，深化教育教学改革，进行考试改革，取消百分制，改用等级制，全区各小学普遍推行《小学生素质发展报告单》。先后出台《学校素质教育目标管理考核方案》《减轻小学生过重负担的意见》，落实"减负"措施，控制作业量、考试次数、学科竞赛，全面推进素质教育。2001年，制定《崇安区教育改革与发展"十五"（2001~2005）规划》，出台《崇安区基础教育课程改革实施方案》，推进新一轮课程改革，各校以课改带动教学方式、教学管理的改革和评估制度的创新，推动学校教育优质化。有计划地组织以"走近新课程""走进新课程""与新课程同成长"为主题的系列教改实验，在新课程标准实施、新教材使用、课程开发与管理、教学方式转变、教育教学评价等方面进行全方位的改革与实践。2002年起，启用江苏版语文、数学等学科教材，人教版教材逐年退出。新一轮课程改革，促进现代教育先进理念的树立，教师教学行为得到转变，教学方法由关注知识、教材转向关注学习主体、双向互动，教学民主气氛得到增强，学生主动学习探索的能量得到释放，思想道德、学科知识、身体心理等综合素质有所提高。教师教学能力和科研能力全面提高，有9所学校启动编写校本教材，形成覆盖全区的国家、省、市三级课题研究网络。

第五章　医疗卫生改革

1986年后，区医疗卫生部门在推进卫生事业发展的同时，积极探索医疗卫生、公共卫生、社区卫生服务、人事分配等方面的改革，以适应建立社会主义市场经济体制的要求，缓解区域内人口导入与医疗卫生资源相对不足等矛盾，提高卫生医疗机构的工作效率和服务质量。

第一节　医院管理体制改革

1985年起，在崇安医院试行综合目标管理责任制改革。实行院长负责制、科室主任负责制和职工代表大会制。1988年12月后，在科、所推行技术经济岗位责任制。1990年12月起，综合目标管理责任制在全区推开。医院实行党委领导下的院长分工负责制，实行定编、定员、定数量、定质量、定精神文明及奖优罚劣为内容的“五定一奖”改革，年终依据管理效应、管理质量、管理效率进行考核奖励。通过改革，医院门诊量、床位使用率、业务收入等明显提高。1994年，被市政府授予“市民满意医院优胜单位”。1995年4月起，实行新一轮综合目标管理责任制，进一步完善考核奖励方案。1997年10月，实行岗位聘任合同制改革试点。1999年12月，综合目标管理责任制扩大到社区医疗卫生服务中心。2000年12月，区出台深化医院内部改革的实施意见，打破原有分配制度，加大激励机制，提高市场竞争能力，推行后勤服务社会化改革。2001年5月起，对招聘的大、中专毕业生实行人事代理制。2002年3月，全员聘用（任）合同制改革全面推开。公开竞聘岗位职务，实行档案职称和职务聘任双轨制。综合目标管理责任制进一步深化，实行院长负责制和院、科（分院）全成本核算的改革。2005年，崇安医院实施以医疗服务、资产经营委托管理为核心的“托管制”。

第二节　社区卫生服务体制改革

20世纪50～70年代，街道卫生管理体制变化较大。1958年，各街道相继成立卫生所，其人员来自区医院派驻的地段医生和街道选聘的卫生员，担负辖区疾病预防、传染病管理、饮食卫生、环境卫生和计划生育等工作。80年代，街道卫生所已融入全市三级医疗卫生服务网。1998年，为加强社区卫生服务工作，率先在上马墩街道进行社区卫生服务试点，建立上马墩街道社区医疗服务站。1999年，辖区8个社区医疗服务站先后成立，其中崇安寺街道2个。服务站归口崇安医院社区医疗服务中心管理。

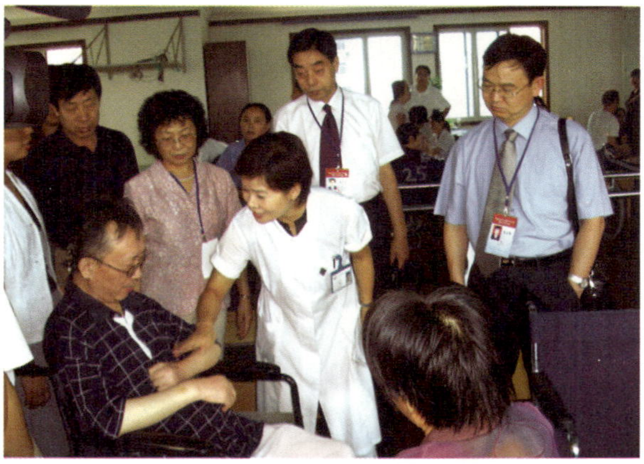

十分钟服务圈（2005）　　（区卫生局供稿）

2004年5月起，8个街道卫生所和区社区医疗服务中心撤销，相继成立通江、上马墩、江海、广瑞路、崇安寺5个街道社区卫生服务中心，归口区卫生局统一管理。卫生所人员由各街道负责分流，竞聘街道爱卫办和街道社区卫生服务中心岗位。广益医院转型为广益街道社区卫生服务中心。2005年，按照把街道社区卫生服务中心建成集预防、保健、医疗、康复、健康教育和计划生育技术指导于一体，确保95%以上居民从住所步行10~15分钟即可享受社区卫生服务的目标，进一步推进社区卫生服务体制改革。全区形成以6个街道社区卫生服务中心为主体、15家社区卫生服务站及其他专业服务机构为补充的社区卫生服务体系，各街道社区卫生服务中心实现独立法人、独立账户、独立运行。

第三节　卫生监督体系改革

1987年2月，原市管理的区卫生防疫站和妇幼保健站划归区管理，与各街道卫生所（爱卫办）共同承担辖区卫生防疫和妇幼保健工作。2002年9月，区卫生防疫站、妇幼保健站撤销，成立崇安区卫生局卫生监督所和区疾病预防控制中心，均为具有独立法人资格的全民事业单位，行政上隶属于区卫生局管理，业务上受市卫生局卫生监督所和疾病预防控制中心指导。区卫生监督所承担辖区卫生行政执法监督工作。区疾病预防控制中心承担辖区疾病预防控制、传染病防治和和应对公共卫生突发事件，并对各街道社区卫生服务中心和街道爱卫办进行业务指导与管理。各社区卫生服务中心为基层预防保健机构，承担儿童计划免疫、妇女保健工作。迄2005年，全区已形成区、街、社区三级疾病预防控制和卫生监督网络。

第四节　社会多元化投资办医

1985年前，国家实行国有或集体办医模式。1985年，卫生部出台《关于加强个体开业医生管理的通知》后，辖区个体诊所和社会联合办医疗机构开始发展，区卫生部门鼓励社会多元化投资办医，满足不同层次医疗需求。迄2005年，辖区内有社会、民营医疗机构41家，个体诊所54家。

第十五编

中共崇安区地方组织

崇安区是中国共产党著名革命家、早期党员及无锡地方工人运动领袖秦邦宪、严朴、孙冶方（薛萼果）、秦起等从事革命活动的地区。在中共创建初期和第一次、第二次国内革命战争时期，境内江苏中学（位于原南上塘29号，1988年中山路拓宽时被拆除）、私立杨氏艺芳小学（原位于西河头与解放西路交叉处，1986年旧城改造时被拆除）、无锡县总工会旧址（原位于崇安寺大雄宝殿，抗战时期被毁）等处是中共、中国社会主义青年团、总工会等无锡地方组织活动之地。原堵家弄7号（80年代后期城中公园扩建时被拆除）是1927年大革命时期中共无锡县委及共青团县委机关驻地。县立第一高级小学（现连元街小学）是筹建无锡第一个团支部之所，公花园是中共无锡第一个党支部和无锡第一个社会主义青年团建立之处。无锡解放后，辖区一直是中共无锡市委、无锡县委领导机关驻地。

中共崇安区地方组织始建于1951年11月。初有31个支部、464名党员。其后，中共区级地方组织曾随行政区划和建制的变化而多次变动。但区委始终是全区政治、经济、社会和文化等各项事业的领导核心，从无锡解放初到中共十一届三中全会前，区委领导全区人民为巩固政权、恢复和发展经济、建设新中国而作出不懈努力。历经镇压反革命、"禁毒"、抗美援朝、"三反"（反对贪污、反对浪费、反对官僚主义）、"五反"（反对行贿、反对偷税漏税、反对偷工减料、反对盗骗国家财产、反对盗窃国家经济情报）、"整风反右"、"肃反"、"普选"、"爱国卫生运动"、过渡时期"总路线"、"大跃进"和"文化大革命"等运动。1978年后，区委及时纠正极"左"路线，全面落实政策，实行改革开放，坚持以经济建设为中心，推进经济和各项社会事业稳步快速发展。

80年代后，中共崇安区委坚持改革开放不动摇，坚持"两个文明"建设一起抓，着力提升中心城区功能。先后提出实施"科教兴区""外向带动""三产兴区"战略。特别是1998年后，适时提出"区域经济"发展战略，发展以培植税源为核心的区域经济，努力增强经济和社会发展的综合竞争力。2003年后，区委根据新形势发展要求，又提出要争当无锡"两个率先"先导区、示范区先行者，打造"无锡服务业核心区""城市文化特色区""创业安居首选区"，全力开创区域经济持续发展、城乡统筹协调发展、经济社会同步全面发展的新局面。面对深化改革的新形势和经济发展的新任务，区委不断加强和改善党的领导，重视社会主义精神文明建设，加强社会主义民主和法制建设，充分发挥人民代表大会、政治协商会议、统一战线及各政法部门的职能作用，不断提高区委组织领导能力和水平。

第一章　中共崇安区委员会

1951年11月1日，在建立第一区人民政府的同时，成立中共无锡市第一区委员会，为市委派出机构，与区政府合署办公。1952年8月，开始设立区委职能部门。1956年9月，中共无锡市第一区委员会与第二区委员会合并改称中共无锡市崇安区委员会。1960年5月，崇安区改称崇安人民公社，中共无锡市崇安区委员会改称崇安人民公社党委。1962年5月起，复称中共无锡市崇安区委员会。1966~1969年“文化大革命”期间，党组织处于瘫痪状态，1969年11月，恢复建立区委，称中共无锡市崇武区革命委员会核心领导小组。1976年10月起，改称中共无锡市崇武区委员会。1978年12月，复称中共无锡市崇安区委员会，迄2005年未变。

随着城区职能的扩大，区委工作机构随之不断变动。1951年11月建区时，仅设组织委员和宣传委员。1952年8月，区委工作机构有秘书室、组织科、宣传科、工业科、工会、团委、妇联。1960年5月，将科改为部，时设秘书室、监委、组织部、宣传部、财贸部、劳动工资部、统战部、人武部、机关党委、工会、团委、妇联、党校。1965年精简机构后，设秘书室、监委、组织部、宣传部、统战部、人武部、工会、团委、妇联。1975年开始党政分开，区委设办公室、政工组、工会、团委、妇联。此后，撤销政工组，成立组织部、宣传部；增设纪律检查委员会、机关党总支。1980年，党政完全分开。区委工作机构有：区委办公室、组织部、宣传部、人武部、纪委、工会、团委、妇联、党训班（干部训练班）、机关党总支。1981年、1984年先后增设政法委员会、统战部。迄2005年，区委工作机构有6个，部门管理机构1个，直属事业机构1个，派出机构1个。

第一节　区委领导成员

1951年11月至1955年7月，区委领导由市委任命。1969年11月至1970年9月，区革委会党的核心领导小组成员由市革委会党的核心领导小组任命。1955年7月至1969年11月、1970年9月至2005年，区委领导经选举产生。

1986～2005年中共崇安区委领导成员更迭情况一览表

表15-1-1

届　次	职　务	姓　名	任职时间
中共崇安区第四届委员会（1985.01~1988.11）	书　记	尤　觉	1985.01~1988.07
		张振翼	1988.07~1988.11
	副书记	严克勤	1985.01~1988.11
		黄德如	1985.01~1988.07
		徐忠强	1985.01~1988.11
		高兴东	1988.07~1988.11
	常务委员	虞永芳	1985.01~1988.07
		顾豫苏（女）	1985.01~1988.11
		黄正新	1985.01~1988.11
		孙铭育	1988.07~1988.11
		冯国鹏	1988.07~1988.11

续表15-1-1

届次	职务	姓名	任职时间
中共崇安区第五届委员会（1988.11~1991.11）	书记	张振翼	1988.11~1991.11
	副书记	严克勤	1988.11~1989.12
		高兴东	1988.11~1990.05
		徐忠强	1988.11~1991.11
		冯国鹏	1989.12~1991.11
		董洪源	1991.09~1991.11
	常务委员	孙铭育	1988.11~1990.08
		冯国鹏	1988.11~1989.12
		黄正新	1988.11~1991.11
		余炳源	1991.09~1991.11
		张　浩	1988.11~1991.11
中共崇安区第六届委员会（1991.11~1997.01）	书记	张振翼	1991.11~1995.11
		冯国鹏	1995.11~1997.01
	副书记	冯国鹏	1991.11~1995.11
		蒋汉良	1995.11~1997.01
		徐忠强	1991.11~1992.12
		董洪源	1991.11~1995.11
		高兴东	1993.02~1997.01
		刘健华	1995.11~1997.01
	常务委员	高兴东	1990.06~1993.02
		黄正新	1991.11~1997.01
		张　浩	1991.11~1993.03
		王广林	1991.11~1993.03
		余炳源	1991.11~1994.09
		刘健华	1993.03~1995.11
		吴尚志	1993.03~1997.01
		高念祖	1993.03~1997.01
		陈志娟（女）	1994.09~1996.02
		马建国	1995.11~1997.01
		管海燕（女）	1996.05~1997.01
		夏建设	1996.04~1997.01
中共崇安区第七届委员会（1997.01~2001.05）	书记	冯国鹏	1997.01~2001.05
	副书记	蒋汉良	1997.01~2001.05
		刘健华	1997.01~2001.05
		高念祖	1997.01~2001.03
		苏国强	2001.03~2001.05
	常务委员	马建国	1997.01~2001.05
		顾豫苏（女）	1997.01~2001.05
		夏建设	1997.01~2001.03
		管海燕（女）	1997.01~2001.03
		宋永清	1997.01~2001.05
		李祖坤	2001.03~2001.05
		柳元宏	2001.03~2001.05
		陈志娟（女）	1998.09~2001.05
中共崇安区第八届委员会（2001.05~）	书记	冯国鹏	2001.05~2002.11
		蒋伟坚	2002.11~
	副书记	蒋汉良	2001.05~2002.07
		张叶飞	2002.07~
		刘健华	2001.05~2002.12
		苏国强	2001.05~
		陈国宁	2002.12~
		顾豫苏（女）	2002.01~2004.05
		汪　海	2002.03~2002.06（挂职）
		许新宇	2004.05~
	常务委员	顾豫苏（女）	2001.05~2002.01

续表15-1-1

届　次	职　务	姓　名	任职时间
中共崇安区第八届委员会（2001.05~）	常务委员	陈志娟（女）	2001.05~2002.11
		宋永清	2001.05~2005.01
		李祖坤	2001.05~
		柳元宏	2001.05~2003.07
		徐向林	2003.07~
		李益群（女）	2005.01~
		陈卫东	2005.06~

说明：上述资料由区委组织部提供。

第二节　区委工作机构

1986年，区委工作机构有：区委办公室、区委组织部、区纪委、区委宣传部、区委统战部、区委政法委员会、区人武部、市总工会崇安区办事处、团区委、区妇联、区党训班（干部训练班）、机关党总支、区委老干部局、区档案局（档案馆）。

1987年，机关党总支改为区机关党委。1988年，区党训班（区干部训练班）更名为中共崇安区党校和崇安区干部学校，两块牌子、一套班子。1991年，设立区保密局，与区委办公室合署办公。1992年8月，区接待台胞工作办公室更名为对台工作办公室（对外挂“崇安区人民政府台湾事务办公室”牌子），与区委统战部合署。1994年5月，恢复建立崇安区工商业联合会，同时成立无锡市崇安区商会，两块牌子、一套班子。1996年2月起，崇安区人武部收归军队建制序列。

1996年，党政机构改革后，区委机构设置：中共崇安区纪律检查委员会（与区监察局合署办公），实行一套机构、两个名称的体制。区委工作机构5个：区委办公室（挂“区委机要保密局”牌子）、区委组织部（挂“区委老干部局”牌子）、区委宣传部、区委统战部（挂“区委台湾工作办公室”、“区人民政府台湾事务办公室”牌子和“区政府侨务办公室”牌子）、区委政法委（挂“区社会治安综合治理委员会办公室”牌子）。区委派出机构1个：区委区级机关工作委员会（由区机关党委更名）。区委直属事业单位1个：区档案局（与区档案馆合署办公），一个机构、两块牌子。区委、区政府共同管理机构1个：区机构编制委员会（由区编制委员会更名），下设区机构编制委员会办公室，归口区人事局。2000年，建立崇安区政策研究室，由区委领导管理。

2001年，党政机构改革后，区委机构设置：区纪委按党章规定设置，区监察局仍与区纪委合署，实行一套班子、两个名称的体制。区委工作机构5个：区委办公室（与区委机要保密局合署）、区委组织部、区委宣传部、区委统战部（与区政府侨务办公室合署）、区委政法委（与区社会治安综合治理委员会办公室合署）。区委工作部门2个：区编委办（与区人事劳动局合署）；区委台湾工作办公室（与区委统战部合署，挂“区人民政府台湾事务办公室”牌子）。区委派出机构1个：区委区级机关工作委员会（简称区机关党工委）。区委部门管理机构1个：区委老干部局（由区委组织部管理）。区委、区政府共同管理的直属事业机构1个：区档案局（挂“区档案馆”牌子）。

2004年，增设防范和处理邪教问题办公室。2005年3月，撤销无锡市总工会崇安区办事处，成立崇安区总工会。

迄2005年，区委工作机构有区委办公室、区委组织部、区委宣传部、区委统战部、区委政法委等6个。部门管理机构1个：区委老干部局。直属事业机构1个：区档案局。派出机构1个：区机关党工委。

1986~2005年，历任区委办公室主要负责人有：唐金林、潘连兴、朱协青、任震宇。

第三节　党　组

1951年10月，成立中共无锡市第一区人民政府党组、第二区人民政府党组。1956年10月，第一区人民政府党组撤销，建立中共无锡市崇安区人民委员会党组。1957年11月，第二区人民政府党组撤销，建立中共无锡市工运区人民委员会党组。1958年6月，工运区并入崇安区。工运区人民委员会党组撤销。1962年3月，崇安区人民委员会党组改称崇安人民公社党组。1965年7月，恢复崇安区人民委员会党组。"文化大革命"期间，政府党组瘫痪。1979年12月，复建崇安区人民政府党组，同时成立区人大常务委员会党组。1980年2月，成立区法院党组。1982年4月，建立区检察院党组。1984年8月，成立区政协党组。1991年4月，建立公安崇安分局党组。1994年5月，成立区工商联党组。迄2005年，全区有区人大常委会党组、区政府党组、区政协党组、区法院党组、区检察院党组、公安崇安分局党组、区工商联党组等7个。

区人大常委会历任党组书记：蔡可田、杨贯群、张振翼、黄生宝、冯国鹏。

区政府历任党组书记：第一区：施乐尧、王惕虎、龚　克；第二区：陆怀发、朱名中；崇安区：吴仲明、钱　和、朱名中、严克勤、冯国鹏、蒋汉良、张叶飞。

区政协历任党组书记：周景河、尤　觉、李　锋、高兴东、黄汉林、刘健华。

区法院历任党组书记：牛　杰、蒋颂平、张正良、严　岩。

区检察院历任党组书记：黄荣春、任守堂、蒋伟亮、邹　森、丁正红。

公安崇安分局历任党组书记：冯岳良、许国庆、许建平、李永恒。

区工商联历任党组书记：平炳泉、曹　岚（女）。

第二章　代表大会和党员代表会议

1970年9月22~26日，召开中共崇武区第一次代表大会，选举产生中共崇武区第一届委员会和常务委员会。1973年12月12~15日，召开中共崇武区第二次代表大会，选举产生中共崇武区第二届委员会和常务委员会。1981年12月22~26日，召开中共崇安区第三次代表大会，选举产生中共崇安区第三届委员会和常务委员会。1985~2005年，又先后召开5次代表大会，选举产生第四届至第八届崇安区委和崇安区纪委。此外，区委于1955年7月、1990~2001年，先后召开4次党员代表会议。

第一节　历次代表大会

1985~2005年，区委先后召开5次代表大会，选举产生中共崇安区第四届至第八届委员会和区纪律检查委员会。

【第四次代表大会】

1985年1月21~25日，中共崇安区第四次代表大会在崇安会堂召开。出席正式代表201人，列席代表36人。大会审议并通过中共无锡市崇安区第三届委员会工作报告、区纪律检查委员会工作报告，选举产生第四届区委委员29人，候补委员4人。25日，召开四届一次全委会，选举产生中共崇安区第四届常务委员会，尤觉当选为区委书记，严克勤、汪银芬（女）、徐忠强、黄德如为副书记。同日，召开区纪委全委会，选举产生区纪委书记汪银芬（女）。

【第五次代表大会】

1988年8月27日至10月13日，全区设街道、工业、商业、文教、公安、人武部、区机关和直属事业单位等22个选举单位，选举产生出席区第五次代表大会代表218人，其中，女性77名，占35.32%。各级领导干部112名，占51.38%；各类专业技术人员37名，占16.97%；先进模范人物69名，占31.65%。大专以上文化程度53名，占24.31%。45岁以下中青年代表87名，占39.91%。

第五届区委常委合影（1988.11）　　（区档案局供稿）

1988年11月7~11日，中共崇安区第五次代表大会在崇安会堂召开。出席正式代表218人，列席代表25人。16名区级离休老干部、区各民主党派和无党派人士代表应邀出席开幕式。中共无锡市委书记邓鸿勋应邀出席并到会致辞。大会听取并审议通过区委书记张振翼（1988年7月任命）所作的题为《团结进取，艰苦创业，为建设繁荣、民主、文明的新城区而奋斗》的工作报告；听取并审议通过孙铭育所作的区纪委工作报告。选举产生中共崇安区第五届委员会，委员丁鉴清、尤觉、牛杰、冯国鹏、冯岳良、任守堂、刘健华、孙铭育、严克勤、杨贯群、张浩、张振翼、陈炳良、周锦泉、俞燕飞（女）、顾豫苏（女）、徐忠强、高兴东、唐金林、黄正新、龚允明（女）、蔡荣春、潘仁高23人，候补委员孙秋秋（女）、陆国梁、徐顺裕、尤列群4人。选举产生区委纪律检查委员会，委员王金伟、包和根、孙铭育、吴尚志、吴浩炳、张发祥、邵彬杰、胡称岚、蒋伟亮9人。11月11日，召开五届一次全委会，选举产生中共崇安区第五届常务委员会，常务委员张振翼、严克勤、高兴东、徐忠强、孙铭育、冯国鹏、黄正新、张浩8人，书记张振翼，副书记严克勤、高兴东、徐忠强。是日，召开区纪委全委会，选举产生区纪委书记孙铭育，副书记吴浩炳。

1988年11月至1991年10月，由上级党委任命的常务委员会委员：董洪源、余炳源2人。

【第六次代表大会】

1991年9月18日至10月23日，全区设街道、工业、商业、教育、人武部、区机关和区直属事业单位等24个选举单位，选举产生出席区第六次代表大会代表210人，其中，女性76名，占36.19%。各级领导干部123名，占58.57%；各类专业技术人员45名，占21.43%；先进模范人物41名，占19.52%。大专以上文化程度78名，占37.14%。45岁以下中青年代表104名，占49.52%。

1991年10月28日至11月1日，中共崇安区第六次代表大会在崇安会堂召开。出席正式代表205人，列席代表35人。9名民主党派和无党派人士代表应邀出席开幕式。中共无锡市委书记刘济民应邀出席并向大会致辞。大会审议并通过区委书记张振翼所作《坚持党的基本路线，切实加强党的建设，为夺取我区两个文明建设的新胜利而奋斗》的工作报告；审议通过王广林所作的区纪委工作报告。选举产生中共崇安区第六届委员会，委员王广林、冯国鹏、冯岳良、刘健华、吴尚志、余炳源、沈江、张浩、张振翼、陈济林、金柏清、周锦泉、俞燕飞（女）、顾豫苏（女）、徐忠强、高兴东、高念祖、唐金林、黄正新、蒋汉良、蒋伟亮、蒋颂平、董洪源23人，候补委员陈志娟（女）、孙秋秋（女）、沈建荣、强惠兴4人。选举产生区委纪律检查委员会，委员王广林、王成祥、刘洪元、孙开鑫、张发祥、沈仲炎、陈永祺、陈和荣、陈鹏飞、胡春红（女）、胡称岚11人。11月1日，召开六届一次全委会，选举产生中共崇安区第六届常务委员会，常务委员张振翼、冯国鹏、徐忠强、董洪源、高兴东、黄正新、张浩、王广林、余炳源9人，书记张振翼，副书记冯国鹏、徐忠强、董洪源。是日，召开区纪委全委会，选举产生区纪委常务委员会，常务委员王广林、王成祥、陈和荣3人，区纪委书记王广林，副书记王成祥。

1991年11月至1997年1月，由上级党委任命的常务委员会委员有：蒋汉良、刘健华、高念祖、陈志娟（女）、吴尚志、马建国、管海燕（女）、夏建设8人。

【第七次代表大会】

1996年12月18日至1997年1月14日，全区设街道、工业、贸易、教育、人武部、区机关和区直属事业单位等24个选举单位，选举产生出席区第七次党代表大会代表210人，其中，女性71名，占33.81%。各级领导干部127名，占60.48%；各类专业技术人员40名，占19.05%；先进模范人物40名，占19.05%。大专以上文化程度的113名，占53.81%。45岁以下中青年代表59名，占28.10%。

1997年1月19~23日，中共崇安区第七次代表大会在区机关新大楼八楼会场召开。出席正式代表209人，列席代表49人。中共无锡市委书记洪锦炘出席并致辞。大会审议通过区委书记冯国鹏所作的《万众一心，开拓奋进，以现代化新城区的崭新风貌跨进二十一世纪》的工作报告；审议通过顾豫苏所作的区纪委工作报告；选举产生中共崇安区第七届委员会，委员万守健、马建国、王蓓菁（女）、冯国鹏、刘健华、许建平、孙怡、李明华、邹森、沈江、宋永清、张浩、张正良、陈志娟（女）、周锦泉、顾豫苏（女）、夏建设、高念祖、蒋汉良、强惠兴、管海燕（女）、潘平、潘连兴23人，候补委员张克平、高文奎、曹岚（女）、徐永康4人。选举产生区委纪律检查委员会，委员尤仲良、朱琴南（女）、杨志清、陈和荣、周浩清、胡春红（女）、胡称岚、顾豫苏（女）、夏长柏、徐叶丽（女）、韩恒昌11人。1月23日，召开七届一次全委会，选举产生中共崇安区第七届常务委员会，常务委员冯国鹏、蒋汉良、刘健华、高念祖、马建国、顾豫苏（女）、夏建设、管海燕（女）、宋永清9人，书记冯国鹏，副书记蒋汉良、刘健华、高念祖。是日，召开区纪委全委会，选举产生区纪委常务委员会，常务委员顾豫苏（女）、夏长柏、陈和荣、韩恒昌、胡春红（女）5人，区纪委书记顾豫苏（女），副书记夏长柏、陈和荣。

1997年1月至2001年5月，由上级党委任命的常务委员会委员有：苏国强、李祖坤、柳元宏、陈志娟（女）4人。

【第八次代表大会】

2001年3月30日至4月15日，全区设街道、工业、贸易、教育、城建、房管、人武部、区级机关和区直属事业单位等20个选举单位，选举产生出席区第八次代表大会代表210人，其中，女性78名，占37.14%。各级领导干部123名，占58.57%；各类专业技术人员44名，占20.95%；先进模范人物39名，占18.57%。大专以上文化程度145名，占69.05%。45岁以下中青年代表95名，占45.24%。

中共崇安区第八次代表大会召开（2001.5）　　（区委办公室供稿）

2001年5月21~24日，中共崇安区第八次代表大会在崇安会堂召开。出席正式代表210人，列席代表41人。中共无锡市委副书记韩军到会致辞。大会审议通过区委书记冯国鹏所作的《坚定信心，团结协力，开拓创新，加快发展，为推进富民强区，率先基本实现现代化而努力奋斗》的工作报告；审议通过顾豫苏所作的区纪委工作报告；选举产生中共崇安区第八届委员会，委员冯国鹏、蒋汉良、刘健华、苏国强、顾豫苏（女）、陈志娟（女）、宋永清、李祖坤、柳元宏、王雪松、朱协青、李永恒、李明华、严岩、邹森、张帆、张克平、张国华、陆如兴、陈卫东、钱俊方、韩恒昌、强惠兴23人，候补委员吴军、徐永康、范洪强、陈凤娟（女）4人。选举产生区委纪律检查委员会，委员尤仲良、尹建明、刘海波、孙昌言（女）、杨志清、周浩清、胡春红（女）、顾豫苏（女）、徐叶丽（女）、徐国良、董湘波11人。是月24日，召开八届一次全委会，选举产生中共崇安区第八届常务委员会，常务委员冯国鹏、蒋汉良、刘健华、苏国强、顾豫苏（女）、陈志娟（女）、宋永清、李祖坤、柳元宏9人，书记冯国鹏，副书记蒋汉良、刘健华、苏国强。是日，召开区纪委全委会，选举产生区纪委常务委员会，常务委员顾豫苏（女）、董湘波、徐国良、胡春红（女）、尹建明5人，纪委书记顾豫苏（女），副书记董湘波、徐国良。

区委八届一次全委会（2001）　　（区委办公室供稿）

2001年5月至2005年12月，由上级党委任命的常务委员会委员有：蒋伟坚、张叶飞、陈国宁、汪海、许新宇、徐向林、李益群（女）、陈卫东8人。

第二节　党员代表会议

1955年7月6～8日，区委召开党员代表会议，出席正式代表55人，列席代表11人。大会作出决议，号召全区贯彻党代会精神，开展增产节约、反对浪费，加强资本主义工商业和手工业社会主义改造，加强党的建设，开展批评和自我批评。1990～2001年，区委先后召开3次党员代表会议，以无记名投票差额选举方式，分别选举产生出席中共无锡市第八次、第九次、第十次代表大会代表13人、12人、16人。

1986～2001年崇安区出席中共江苏省代表大会代表名单

表15－2－1

届　次	代　表
中国共产党江苏省第八次代表大会（1989年12月20～25日）	张振翼
中国共产党江苏省第九次代表大会（1994年12月21～25日）	张振翼
中国共产党江苏省第十次代表大会（2001年11月8～12日）	冯国鹏、王德莉（女）

说明：上述资料由区委组织部提供。

1986～2001年崇安区出席中共无锡市代表大会代表名单

表15－2－2

届　次	代　表
中国共产党无锡市第八次代表大会（1990年9月15～18日）	王广林、冯国鹏、任贵发、张　浩、张发祥、张振翼、顾豫苏（女）、韩本初、孙秋秋（女）、李宏湘、赵国镛、王亚丽（女）、方炳生

续表15-2-2

届　次	代　表
中国共产党无锡市第九次代表大会（1995年9月13~16日）	王蓓菁（女）、王德莉（女）、冯国鹏、刘定保（女）、吴尚志、吴经起、邹瑞麟、张酉良、张振翼、张蓓红（女）、高念祖、蔡炳荣
中国共产党无锡市第十次代表大会（2001年8月31日至9月4日）	王雪松、冯国鹏、刘健华、刘海波、杨惠菊（女）、李祖坤、宋永清、韩军、顾豫苏（女）、钱俊方、蒋汉良、王建华（女）、张仲寅、唐丽琴（女）、马星、唐建华（女）

说明：上述资料由区委组织部提供。

第三章　重大决策和主要活动

从1951年11月建区至2005年，区委带领全区人民经历1949~1952年全面实施党的新民主主义建国纲领阶段；1953~1956年贯彻党在过渡时期总路线、实现向社会主义转变阶段；1957~1966年社会主义建设在探索中曲折发展阶段；1966~1976年“文化大革命”十年内乱阶段；1977~1978年徘徊前进和实现伟大历史转折阶段；1978~2005年坚持改革开放、开辟中国特色社会主义道路，不断开创发展新局面阶段。本章重点记述1985年后区内发生的要事。

第一节　发展目标和功能定位

【城区功能定位】

1986年后，城区工作指导思想历经4次变化。1986年1月，区委四届五次全会提出搞活经济、搞好服务的城区工作指导思想。是年7月，区委四届六次全会提出围绕经济建设这个中心，坚持城区生产、建设、管理、服务的城区工作指导思想。2001年5月，区委八届一次全会把“发展经济、增强实力、服务社区、造福人民”作为城区工作指导思想。2005年12月，区委确定新时期城区工作指导思想：以科学发展观统领全局，创新提升为发展主题，实现区域经济综合实力和自主运作发展能力两大跨越，提升服务业发展水平、城市化发展水平和和谐发展水平。

【发展战略和奋斗目标】

1986年7月，区委四届六次全会提出“七五”计划奋斗目标：把崇安区建设成政治安定、经济繁荣、风尚良好、文明整洁、方便生活、服务四化、适应改革开放搞活的新形势、具有较强吸引力和辐射力的社会主义新城区。1991年1月，提出“八五”计划前三年奋斗目标：把崇安区建设成经济发达、科技进步、文化繁荣、环境优美、服务完善、社会安定的新城区。1992~1996年，区委提出实施“科教兴区”“外向带动”和“三产兴区”战略。1996年1月，提出“九五”计划和2010年远景目标：按照区域中心现代化要

区委召开全区领导干部会议，提出争当“两个率先”先导区、示范区（2003.5.27）　（区委办公室供稿）

求，实现增强发展后劲、提高城区综合经济实力和素质、提高城区建设管理服务水平“三个领先”的奋斗目标，建设经济繁荣、科教发达、生活富裕、法制健全、环境优美、社会文明的现代化新城区。1997年后，逐步确立“区域经济”的发展战略，1998年7月，区委七届五次全会提出加快经济工作发展思路调整，促进区域经济和区街经济共同发展。2000年11月，提出围绕“富民强区”，实施“区域发展、三产兴区”“外向带动、科教强区”“服务为本、依法治区”三大发展战略，建设经济繁荣、文化先进、人民富裕、环境优美的现代化城区。2003年7月，区委八届六次全会提出，争当无锡“两个率先”先导区、示范区先行者，打响“中心区”品牌，凸现“中心区”形象。2004年12月，区委提出打造“无锡服务业核心区”“城市文化特色区”“创业安居首选区”，实施“差别化”“集约化”“品牌化”和“开放型（后改为国际化）”发展策略。

第二节　经济建设

【经济体制改革】

1984～1988年，区委提出以经济建设为中心，以改革为动力，“两个文明”建设一起抓的指导思想，按照“搞活企业、搞活流通、搞活街道，推动部分事业单位企业化管理”的改革思路，推动企业从生产型转为生产经营型，扩大企业自主权。1989～1991年，区委提出调整结构、加强管理、提高效益、增强后劲的要求，推动产业结构、产品结构的适应性调整，商业等第三产业由单一零售向批零兼营、规模经营、联合经营转变。1992年后，区委适应社会主义市场经济发展的要求，出台不断加大改革力度的决定。1997年，成立区调整改革工作指导委员会，提出进一步推进经济结构调整和经济体制改革的目标要求。1999年，出台进一步加快企业改制工作的若干意见，把推进所有制结构调整作为重中之重。企业改革从经营承包、租赁、股份制改革，转向公有民营、产权制度改革。事业单位从推行企业化管理改革，转向分类推进政、事、企分离改革。同时推行政治体制改革，重点深化干部人事制度改革。其间，区委还因势利导，加快对外开放步伐，从发展出口创汇为主转向“三外”一起上，数量、规模、水平一起抓的外向型经济发展格局。

【推进服务业发展】

80年代后，区委贯彻“改革、开放、搞活”的方针，商业等第三产业逐步成为城区经济支柱。90年代后，区委出台《关于加快发展第三产业的意见》，提出房商结合，以房地产开发为龙头，以培育市场体系为重点，以商业服务设施为基础，加快发展第三产业。1996年，区委六届十二次全会又提出经济发展重点、加快“二转三”、推动经济结构调整等目标、措施。2000年，启动健康路、新生路景观街建设及危旧房改造。2002年7月，区委八届四次全会提出把实现经济发展“三年翻一番”作为工作目标，区委成立区重点项目建设领导小组，下设崇安寺、东大街、火车站站前广场三大地块改造项目建设指挥部。是年12月，区委提出把“强化率先意识，发挥比较优势，开发特色经济，拓展增长空间，增强区域实力”作为经济工作的指导思想，构筑无锡服务业高地，对大成巷进行开发改造，打造无锡首条现代商业步行街。2003年7月，区委八届六次全会形成崇安区发展现代服务业的总体思路：做美城中商务区，做特广益物流区，做热站前商贸区。2005年，区委八届常委会第91次会议通过《2005～2010年崇安区服务业发展规划纲要》，出台《关于坚持创新发展，转变增长方式，推进服务业更快更好发展的意见》。

【实施区域经济发展战略】

1995年，区委提出发展区域经济的思路，1999年，作出进一步推进区域经济发展的决定，成立崇安区发展区域经济指导委员会，建立区域经济服务中心。2001年，出台关于优化经济发展环境、促进开放型区域经济发展的意见，把培植税源、发展区域经济作为经济工作的着力点，推进经济工作思路的战略性调整，并相继出台加强协税护税网络建设和目标管理考核办法。

【崇安寺地区改造】

在20世纪50年代、70~80年代崇安寺地区2次改造的基础上，90年代，启动第三次改造，崇安寺改造被列为市、区两级政府重点目标管理项目。1995年5月，确定崇安寺改造工程总体规划设计方案，改造范围东起圆通路，西至中山路，北接县前街，南至人民路，占地6万余平方米，计划用3年时间分3期进行改造。至二期改造时，因建设资金筹措困难等多种原因，未能继续按方案、进度进行。2001年，崇安寺改造被再次提上区委、区政府议事日程，提出把崇安寺打造成无锡的"商核""文核""绿核"的总体思路。2002年8月下旬，成立崇安寺地区建设改造指挥部。2005年10月，建筑面积4.19万平方米的崇安寺改造一期A块工程竣工，崇安寺生活步行街区试营业。

【崇安新城（广益片区）开发建设】

2005年8月，根据无锡市委、市政府《关于加快崇安、南长、北塘新城部分重点片区开发建设的意见》，区委出台关于加快崇安新城（广益片区）开发建设实施意见，建立崇安新城（广益片区）开发建设领导小组和指挥部，成立广益建设发展有限公司，负责具体运作，按照"精品工程、品牌工程、民心工程"的总目标，提出"一年构建框架，三年初具规模，五年打出品牌"的总要求。是年12月，崇安新城（广益片区）开发建设全面启动。

第三节　精神文明建设和社会事业发展

【加强精神文明建设】

80年代初，区委成立精神文明建设领导小组，开展以"讲文明、讲礼貌、讲卫生、讲道德、讲秩序，心灵美、语言美、行为美、环境美"为内容，以治理"脏、乱、差"为突破口的文明礼貌月活动。1988年，成立以区委副书记为主任、区党政工团等有关部门负责人参加的精神文明建设指导委员会，进一步加强对全区精神文明建设工作的协调和指导。1996年1月，区委六届十二次全会作出深入贯彻中共中央《爱国主义教育实施纲要》，在全区开展"挂国徽、升国旗、唱国歌"活动的决定。是年7月，区委六届十三次全会提出把爱国主义、集体主义和社会主义教育活动与向孔繁森、徐虎和王德莉等先进人物学习相结合。同年11月，区委六届十四次全会通过"九五"期间崇安区加强社会主义精神文明建设主要目标。1997年1月，区委六届十五次全会出台《崇安区1997~2000年社会主义精神文明建设实施规划》。2002年7月，区委八届四次全会提出以创建文明城市为龙头，推进创建文明社区、文明村镇、文明家庭、文明单位等群众性精神文明创建活动。2003年7月起，结合创建国家文明城市，开展"告别陋习、走向文明"主题活动。2005年，出台《关于加快建设城市文化特色区的实施意见》，打造"崇安寺""名街名巷""公花园""都市文化游""崇安文化艺术节"5大文化品牌。

【命名爱国主义教育基地】

1995~1997年，区委先后确定东林书院、高子止水、连元街小学、张闻天旧居、秦起烈士雕塑、城中公园（又名公花园）在内的崇安寺6处为崇安区爱国主义教育基地。其后，又确定无锡市图书馆、钱锺书故居、薛福成故居3处为崇安区爱国主义教育基地。

【确立“教育优先”战略地位】

1978年中共十一届三中全会后，区委结合贯彻《中共中央关于教育体制改革的决定》，确立教师的政治地位、社会地位，坚持教育优先发展，推进教育体制改革。1989年，区委出台加快学校管理体制改革意见。1992年1月，区委作出“科教兴区”的决定，把以升学为中心的应试教育转向以提高素质为核心的国民基础教育。1993年，区委通过进一步加快教育发展和深化教育综合改革的实施意见，推进学校布局的调整，启动教育现代化工程，深化学校内部管理体制改革，扩大学校管理自主权。1996年1月，区委六届十二次全会作出把教育放到优先发展战略地位的决定。2003年后，又出台进一步加大学校布局调整实施意见。

【推进社区建设】

1990年12月，区委通过崇安区社区服务工作（1991~1993）三年规划，提出推进社区服务工作总体目标和要求。1999年1月，区委七届六次全会作出全面推进社区建设的决定，规定居委会不再办经济实体，提出“四个加强”（自治组织建设、社区服务、社区管理、精神文明建设）的目标。1999年6~12月，在江海、学前街、崇安3个街道21个居委进行转变职能综合改革试点，2000年1月，转变街居职能改革在全区其他6个街道、68个居委会全面展开。党工委实行委员制，办事处实行助理制；街道工业公司、商业公司、劳动服务公司与街道党政机关脱钩，转为经济实体。街道机关工作人员实行竞争上岗，择优进编。2001年，通过崇安区社区建设五年发展规划（2001~2005）。2003年起，区委八届常委会第37次会议作出进一步推进社区建设的决定，开展社区建设示范街道、示范社区创建活动。2005年，建立区社区教育委员会，出台进一步加快发展社区教育的实施意见。

第四节　民主法治建设

1985年后，区委先后制定加强区人大常委会工作和建设的意见、加强与政协各工作组、委员联系的通知，认真执行共产党领导的多党合作制度，扩大爱国统一战线，调动各方面的积极性，形成区、街道、基层单位三个层次的民主建设渠道。

1986年，根据中央关于5年内在公民中开展普及法律教育的要求，在全区开展“一五”普法教育。1991年后，又先后开展“二五”“三五”“四五”普法教育，增强干部群众的法治意识。1993年7月，区委六届六次全会作出全面落实综合治理目标责任制的决定，突出重点地段、重点单位、重点部位的整治，以及外来人口、重点人口的管理，增强社会面的防范控制能力。1998年，作出《关于全面推进依法治区工作的决定》，建立维护社会稳定工作责任制。2003年，启动“建设平安崇安，创建最安全城区”活动，重点打造2.5平方公里中心商务区和站前商贸区“安全岛”，构建社会治安大防控壁垒，形成化解社会矛盾大调解机制，实施流动人口管理大服务战略。

第五节　党的建设

【整　党】

1985年7~12月，区机关开展整党，分“系统学习、对照检查、边整边改、组织处理、党员登记”5个阶段，563名党员参加，其中，组织处理2人，缓登1人，暂挂3人。1986年1~12月，开展基层整党，2426名党员参加，其中，6人缓登，1人开除党籍。1987~1991年，区委先后作出《关于实现党风根本好转的规划和措施》《关于加强区委自身建设的决议》，制定《崇安区1992~1994年党建工作三年规划（草案）》，提出靠制度建党，按制度办事，用制度管人的指导思想。1997年10月起，创建“堡垒工程”，推进党的基层组织建设，重点加强居民区党支部建设，使之成为政治坚定、团结务实、为群众办事、受群众拥护的战斗堡垒。1998年3月，区委七届四次全会决定开展“树党员形象，为党旗增辉”主题教育系列活动。2000年，区委建立思想政治工作联席会议制度，指导和协调全区思想政治工作。出台区管领导干部任前公示制度和区管领导干部引咎辞职制。2001年12月，区委八届三次全会通过今后一个时期加强和改进党的作风建设的意见，提出以“三个代表”重要思想为指导，按照“八个坚持，八个反对”①的要求，以党的作风建设的实际成效取信于民。2003年，区委八届常委会第41次会议专题研究加强党的建设工作，重点加强社区党建和非公经济党建。2005年，区委作出在全区开展“强基工程”的决定，出台加强和改进基层党组织建设的意见；启动“阳光工程”，规范公共权力运行；出台关于推行党务公开、规范权力运行、加强监督等方面的40条规定；推行党务公开制度。

【“三讲”教育】

2000年3月，贯彻省委、市委会议精神，按照搞好县（处）级领导班子和领导干部讲学习、讲政治、讲正气“三讲”教育活动的要求，在区级领导班子和领导干部中开展以党性党风教育为主的“三讲”教育活动。是月21日，市委“三讲”教育巡视组进驻崇安区，28日，召开全区“三讲”教育动员大会；5月24日，召开“三讲”教育总结大会。是年12月，组织“三讲”教育“回头看”。

【保持共产党员先进性教育】

2005年1月，贯彻市委先进性教育活动工作会议精神，区委成立保持共产党员先进性教育活动领导小组。是月21日，召开保持共产党员先进性教育活动动员大会，在全区各级党组织和党员中开展保持共产党员先进性教育活动，确定全区339个基层党组织、9693名党员分2批参加。参加第一批先进性教育活动党组织70个（党工委5个，党总支6个，党支部59个），党员1008人。

第四章　纪检　监察

80年代后，区纪（监）委紧紧围绕经济建设这个中心，切实履行“监督、惩处、保护、教育”的职能，服从和服务于区委中心工作大局，加强党风廉政建设，开展反腐败斗争，为维护党的威信，纯洁党的组织发挥应有作用，为全区经济建设和社会安定发挥保驾护航作用。

第一节　组织机构

1958年6月，成立中共崇安区监察委员会。“文化大革命”期间，组织瘫痪。1975年9月，恢复成立中共崇安区委纪律检查委员会。1985年1月，根据中央纪律检查委员会《关于健全党的纪律检查系统加强纪检队伍建设的暂行规定》，中共崇安区委纪律检查委员会改为中共崇安区纪律检查委员会

①八个坚持，八个反对：坚持解放思想、实事求是，反对因循守旧、不思进取；坚持理论联系实际，反对照抄照搬、本本主义；坚持密切联系群众，反对形式主义、官僚主义；坚持民主集中制原则，反对独断专行、软弱涣散；坚持党的纪律，反对自由主义；坚持清正廉洁，反对以权谋私；坚持艰苦奋斗，反对享乐主义；坚持任人唯贤，反对用人上的不正之风。

（以下简称区纪委），此后区纪委随同区委按期换届，受中共无锡市纪委和中共崇安区委的双重领导。1990年，根据中纪委和省纪委通知，全省县（区）纪委统一对外挂牌。1991年10月起，区纪委设立常务委员会。1993年3月，区纪委、区监察局合署办公，实行一套工作机构、两个机关名称的体制。

【中共崇安区纪律检查委员会】

1985年1月，崇安区第四次党代会选举产生由汪银芬等9人组成的区纪委。1988年11月，区第五次党代会选举产生由孙铭育等9人组成的区纪委。1990年11月，区纪委内设办公室、审理室、检查室。1991年11月，区第六次党代会选举产生由王广林等11人组成区纪委。1997年1月，区第七次党代会选举产生由顾豫苏等11人组成区纪委。1998年5月，区纪委机构增至6室：办公室、信访室、纪检监察室、案件审理室、党风廉政建设室、执法监察室。2001年5月，区第八次党代会选举产生由顾豫苏等11人组成区纪委。迄2005年，区纪委配备专职纪检干部18人，内设机构未变。

1986～2005年崇安区纪律检查委员会历任书记、副书记一览表

表15－4－1

<table>
<tr><th>届　次</th><th colspan="2">区纪委书记</th><th colspan="2">区纪委副书记</th></tr>
<tr><td rowspan="2">第四届
（1985.01~1988.11）</td><td>汪银芬（女）</td><td>1985.01~1988.07</td><td rowspan="2">吴浩炳</td><td rowspan="2">1985.01~1988.11</td></tr>
<tr><td>孙铭育</td><td>1988.07~1988.11</td></tr>
<tr><td rowspan="2">第五届
（1988.11~1991.11）</td><td>孙铭育</td><td>1988.11~1990.08</td><td>吴浩炳</td><td>1988.11~1991.10</td></tr>
<tr><td>王广林</td><td>1990.08~1991.11</td><td>王成祥</td><td>1991.10~1991.11</td></tr>
<tr><td rowspan="3">第六届
（1991.11~1997.01）</td><td>王广林</td><td>1991.11~1993.03</td><td>王成祥</td><td>1991.11~1996.12</td></tr>
<tr><td rowspan="2">吴尚志</td><td rowspan="2">1993.03~1997.01</td><td>夏长柏</td><td>1993.03~1997.01</td></tr>
<tr><td>陈和荣</td><td>1996.12~1997.01</td></tr>
<tr><td rowspan="4">第七届
（1997.01~2001.05）</td><td rowspan="4">顾豫苏（女）</td><td rowspan="4">1997.01~2001.05</td><td>夏长柏</td><td>1997.01~2001.04</td></tr>
<tr><td>陈和荣</td><td>1997.01~2001.04</td></tr>
<tr><td>董湘波</td><td>2001.04~2001.05</td></tr>
<tr><td>徐国良</td><td>2001.04~2001.05</td></tr>
<tr><td rowspan="3">第八届
（2001.05~　　　）</td><td rowspan="2">顾豫苏（女）</td><td rowspan="2">2001.05~2004.05</td><td>董湘波</td><td>2001.05~2004.05</td></tr>
<tr><td>徐国良</td><td>2001.05~</td></tr>
<tr><td>许新宇</td><td>2004.05~</td><td>袁晓宁</td><td>2004.05~</td></tr>
</table>

说明：上述资料由区委组织部提供。

【区纪委与区监察局合署】

1988年7月，成立区监察局，受区政府和市监察局双重领导。1993年3月，根据中共中央、国务院关于纪检监察机关合署办公的决定和市委、市纪委对市（县）、区纪检监察机关合署办公的部署，经区委、区政府批准，区纪委、区监察局合署办公，实行一套工作机构、两个机关名称的体制。合署后的区纪委履行党的纪律检查和政府行政监察两种职能，对区委全面负责。区监察局仍属于区政府序列，接受区政府领导。迄2005年，该体制未变。1988~2005年，历任区监察局局长：胡称岚、夏长柏、董湘波、袁晓宁。

【基层纪检组织】

1990年7月开始，先后在区教育、商业、工业、建设环保局成立纪律检查委员会，在区房管局、崇安医院、城市建设综合开发公司成立纪检组。1993年10月开始，先后在崇安寺、工运路、学前街、人民路、周山浜、广瑞路、上马墩、江海8个街道成立纪律检查委员会。1995年5月，街道纪律检查委员会改为街道纪律检查工作委员会。至1996年底，全区基层纪检监察组织15个，其中街道纪工委8个，直属单位纪委4个、纪检组3个。全区基层纪检组织专兼职纪检监察干部24人。1997年后，随着机构

改革的推进和区街区划的调整，基层纪检监察组织随之相应调整。迄2005年，全区共有基层纪检监察组织15个。其中，广益、崇安寺、通江、广瑞路、上马墩、江海街道纪工委6个，广益街道监察室1个，区级机关纪工委和区房管局、区教育局、区经贸局、区建设局、崇安医院纪委及区法院、区检察院纪检组等直属单位纪检监察组织8个。全区基层纪检监察组织共有专兼职纪检监察干部23人。

第二节　党风廉政建设

【党风廉政制度】

1986~1998年，为加强党风廉政建设，完善监督制约机制，区委相继制订《关于区党政机关干部不得在经济实体中兼任职务的通知》《关于区党政机关保持廉洁作风的若干规定》《崇安区机关领导干部保持廉洁的若干规定》《关于实行党风和廉政责任制的意见》《关于坚决制止和纠正公费出国出境旅游的通知》《关于改进机关作风和严肃纪律的若干规定》《关于加强领导班子思想作风建设的意见》《关于进一步建立健全各级领导干部抓党风廉政建设责任制的意见》《关于区级党政机关从严治党、从严治政的若干暂行规定》《关于完善和深化“两公开一监督”制度的意见》《关于在企业改制工作中严肃有关纪律的规定》《关于对领导干部进行告诫教育的实施意见》《关于健全和完善党风廉政建设责任制的实施意见》13项制度、规定。全区基本形成党风廉政建设齐抓共管的领导格局和工作机制。1998年中央《关于加强党风廉政建设责任制的规定》颁布后，区委相应制订《关于进一步贯彻落实党风廉政建设责任制的实施意见》，在全区推行党风廉政建设责任制报告制度，下发检查考核和责任追究办法。每年由区纪委对各单位执行党风廉政建设责任制情况进行监督检查考核。1999~2005年，区委又先后制订《关于建立区管干部廉政档案制度的意见》《关于实行领导干部离任经济责任审计的意见》《关于对区管干部进行廉政谈话的意见》《关于进一步加强对党政主要领导干部监督管理的意见》《关于加强工程建设领域管理的若干纪律规定》《关于全面推行“阳光工程”规范公共权力运行的实施意见》《关于进一步加强机关效能建设的实施意见》7个方面的制度。围绕推行“阳光工程”，规范公共权力运行，相继制订加强民主建设、严密权力制约、落实敏感领域监督等42项配套制度，形成规范公开、促进公开和保障公开的制度体系，为“阳光工程”的深入推进创造有利条件。

【领导干部廉洁自律】

清理党政机关和领导干部经商办企业　1993~1996年，对党政机关和领导干部经商办企业情况进行清理，对33个部门（单位）开办的144家企业按照“三不准、四脱钩”①规定进行纠正。1998年，又对党政机关与所办经济实体脱钩工作进行跟踪监督，11家企业如期变更工商登记，12个社团中的43家“三无”②企业予以注销。

清理领导干部多占房　1990~1991年，对党员干部违反规定建、分、购、装修房问题进行清查核实，退出住房3套，收缴空关房3套，对7名党员干部按规定进行处理和纠正。1999~2003年，又对区级机关、企事业单位领导干部和职工住房情况，以及军转干部占有军地两处住房情况进行专项清理，全面登记4854名干部职工住房情况，288名领导干部住房情况按规定公示，28名区管干部补交房款63.34万元，清退军转干部占有军地两处住房8套。

①三不准、四脱钩：不准组建任何类型的经济实体、不准以部门名义向经济实体投资入股、不准接受各类经济实体的挂靠，在职能、财务、人员、名称四个方面与机关彻底脱钩。
②三无：无资金、无经营场所、无与其经营相适应的机构和人员。

建立个人生活重大事项报告、礼品登记和廉洁自律制度 1993年，中央提出领导干部廉洁自律十四条规定和省委提出三项要求后，全区28名县（处）级领导干部、275名科级干部和35名站所负责人专题召开廉洁自律民主生活会，对照规定和要求，进行自查自纠。1992~1996年，清理违规乱着装问题，对不符合国务院着装规定的予以纠正，收回需个人负担的服装工料费。清理公费出国出境旅游，退交应由个人支付的费用6050元。1997~2005年，根据中共中央《中国共产党党员领导干部廉洁从政若干规定（试行）》和中央纪委关于廉政准则实施办法等新条规，立足标本兼治，坚持教管结合，推进领导干部廉洁自律，逐步完善领导干部民主生活会、领导干部个人重大事项报告、个人收入申报和礼品礼金登记上交等制度。定期开展区管领导干部述职述廉活动，实行区管干部新任或调任上岗前的廉政谈话制度，对群众有不良反映或处在违纪边缘的干部实施告诫谈话教育。276名区管领导干部全部建立廉政档案，在市工商银行崇安办事处开设"锡崇510"廉政账户。1998年清理和纠正用公款办理俱乐部会员卡，3名企业领导干部清退会员卡4张，收回公款15.56万元。2001~2005年，开展对公费购买商业保险、借用拖欠公款和统一着装的清理，涉及拖欠公款人员8人、8.22万元，违规着装部门16个、200余人。

改革机关公务用车制度 2004年，对区级机关和街道机关公务用车制度进行改革，先后制定《关于区级机关公务用车制度改革的实施方案》《关于区级机关公务用车制度改革的实施细则》《关于全区街道机关公务用车制度改革的实施意见》《关于共产党员、行政监察对象在公务用车制度改革中违规违纪问题的处理意见》等规定。35部涉改车辆统一委托拍卖公司向社会公开拍卖，并办理过户手续，拍得金额251.99万元。机关公务用车制度改革后，区级机关和街道机关工作人员实行交通费定额包干。

第三节　党风廉政宣传教育

【党性党风教育】

1986~1991年，先后组织开展"廉洁自律讲奉献，增强凝聚力和吸引力""充分发挥党的政治优势，为进一步治理整顿、深化改革作贡献""尽党员责任、当时代先锋"等主题教育活动。编写党风党纪教育参考材料6份，编印党员先进事迹通报9份，宣传表彰29个先进党组织和51名优秀党员；购置和翻录反腐倡廉电教片44部，组织放映349场次，观看人数达2.7万多人次；156篇反映崇安区党风廉政建设新闻、信息和调研文章被省市新闻媒体采用。针对1989年春夏之交的政治风波和资产阶级自由化思潮的影响，开展"坚持四项基本原则，反对资产阶级自由化"专题教育，开展共产党员如何经受执政和改革开放考验大讨论，教育党员干部自觉执行党的基本路线，坚定不移地坚持四项基本原则，旗帜鲜明地反对资产阶级自由化，在思想上、政治上、行动上同党中央保持一致，坚决维护党的团结和统一，自觉维护政治、社会局面的稳定。1992~1996年，区纪委相继组织开展普及党的纪律基础知识和党纪政纪条规、民主集中制原则、发扬和坚持党的三大作风、世界观人生观价值观、勤政廉政、党风党纪等主题教育活动。开展学习孔繁森、曹克明、王德莉等先进典型活动。举办党风廉政先进事迹图片展。编印《崇安区共产党员勤政廉政风范录》。表彰11个党风廉政建设先进单位。组织观看反腐倡廉电教片进行警示教育。其间，全区各级党组织上党课605场次，听课人员4.5万多人次。举办党训班85期，轮训党员5800多人次。总结勤政廉政先进典型材料160份，表彰先进单位29个、先进个人131人。举办演讲会报告会84场，听讲人员9000多人次。组织广大党员干部剖析8个典型案例；建立党风廉政电教片库，组织观看反腐倡廉电教片68部、487场次，受教育2万多人次。有257篇反映党风廉政建设的新闻、信息和调研文章被省市新闻媒体采用。

【勤政廉政守纪教育】

区房管局召开唐周巷工程项目廉政建设座谈会（2003.12）（李宣摄）

1997~2000年，区纪委把党风廉政教育纳入全区党员教育总体部署，先后开展“深入学习党的宗旨、理想、信念，着力提高党员干部的思想政治素质”“学条规，讲廉政，守纪律，做表率”“学理论，树正气，促改革”“廉洁奉公，勤政为民”等主题教育活动。树立勤政廉政先进典型，开展“勤政廉政好公仆”评选活动，区法院王德莉被评为省、市勤政廉政好公仆。全区各级党组织组织上党课、辅导课450场次，受教育3万多人次。组织观看反腐倡廉电教片78部、482场次，观看人数3.3万余人次。举行专题报告会、演讲会25场次，听讲人数2800余人次。5个基层纪检组织被评为区党风廉政教育先进单位。其间，421篇反映党风廉政建设的新闻、信息和调研文章被省市新闻媒体采用。2001~2005年，组织开展“实践‘三个代表’重要思想，树立正确的权力观、群众观、利益观”“牢固树立正确的权力观”“牢记‘两个务必’[①]，坚持与时俱进”“增强纪律观念，自觉接受监督”等主题教育活动。举办崇安首届廉政论坛，31篇调研论文汇编成书。组织学习全国先进人物以及区勤政廉政好干部先进事迹，区信访办赵大松被评为省勤政廉政好干部，被授予无锡市“优秀共产党员楷模”荣誉称号，还作为省勤政廉政好干部先进事迹报告团成员赴全省各地巡回演讲。举办领导干部廉洁从政自勉箴言警句征集活动，300余条箴言警句汇编成册，副科级以上领导干部人手一册。组织基层党政主要领导、机关部门主要负责人赴市警示教育基地——无锡监狱接受预防职务犯罪警示教育。还开展“廉政文化进机关、进社区、进家庭、进学校、进企业”活动。其间，全区各级党组织共开展党风廉政教育活动630场次，受教育5万余人次。390篇反映党风廉政建设的新闻、信息和调研文章被省市新闻媒体采用。

第四节　信访举报和案件查处

【纪检信访举报】

1986~2005年，先后制定下发《纪检信访领导责任制》《纪检信访领导接待日制度》《纪检信访工作目标管理百分考核制度》《纪检监察信访工作目标管理规划实施办法》《关于实行纪检监察信访办理结果公开的意见》《纪检监察疑难信访会办制度》《重要情况报告制度》《纪检监察信访跟踪反馈制度》《纪检监察信访工作目标管理制度》《纪检监察信访工作保密制度》《纪检信访工作岗位职责和信访工作人员守则》《关于实行纪检监察信访办理反馈制和责任追究制的有关规定》《纪检监察信访立卷归档制度》13项工作制度，信访举报逐步做到规范化、程序化、制度化，为查处违纪案件提供案源发挥主渠道作用。其间，全区纪检监察组织共受理群众信访举报1805件，办结率100%。对重要信访、疑难信访，区纪委主要领导坚持亲自抓，组织力量直查快办；对自办信访，坚持优质快办；对转办信访，做到件件跟踪督办。在中纪委《关于依纪依法规范纪检监察信访举报工作的若干意见》下发后，区纪委积极探索依法处理信访问题与引导群众依法信访相结合的有效途径，加强工作指导，提高基层纪检监察干部依法处理纪检监察信访的能力。2001~2003年，全区15个纪

①两个务必：务必保持谦虚谨慎、不骄不躁的作风，务必保持艰苦奋斗的作风。

检监察组织先后通过市纪检监察信访工作达标验收。区纪委先后被评为1993~1995年度省纪检监察信访工作达标先进集体、1997~1999年度省纪检监察信访工作达标单位、1997~1999年度市纪检监察信访工作达标先进单位。

【违纪违法案件查处】

1986~2005年，主要查处贪污、贿赂、挪用公款、失职渎职、腐化堕落等类案件，重点查处党政机关、司法机关、行政执法机关、经济管理部门，以及科级以上领导干部。先后建立健全区执纪执法部门案件检查工作联席会议制度，制定《关于纪检监察机关与区法院、区检察院、公安崇安分局、区审计局在查办案件中加强协作配合的意见》，对违法违纪相交织的案件，采取联合办案方式，发挥综合查处优势。其间，给予党纪处分72人，其中开除党籍30人，留党察看10人，严重警告13人，警告19人；给予行政处分61人，其中开除 2人，撤职8人，降级5人，记大过13人，记过8人，警告25人。此外，还复查申诉案件4起，经复查，维持原处分决定2起，变更原处分决定2起。

1986～2005年崇安区党纪及行政处分情况一览表

表15-4-2　　　　单位：人

年份	党纪处分						行政处分						
	开除党籍	留党察看	撤销党内职务	严重警告	警告	小计	开除	撤职	降级	记大过	记过	警告	小计
1986	3	—	—	3	—	6	—	—	—	—	—	—	—
1987	1	—	—	—	1	2	—	—	—	—	—	—	—
1988	1	—	—	—	1	2	—	—	—	—	—	—	—
1989	1	—	—	1	—	2	—	2	—	—	2	—	4
1990	—	—	—	—	2	2	—	—	—	—	—	—	—
1991	1	3	—	2	1	7	—	1	1	—	3	—	5
1992	1	—	—	—	2	3	—	—	—	1	—	—	1
1993	—	—	—	2	3	5	—	—	—	—	—	—	—
1994	1	—	—	—	2	3	1	1	—	—	—	2	4
1995	—	1	—	1	—	2	—	—	—	—	—	1	1
1996	3	1	—	1	—	5	—	—	—	—	—	—	—
1997	—	—	—	—	—	—	—	1	—	—	—	2	3
1998	3	1	—	—	2	6	1	2	—	—	—	—	3
1999	2	1	—	1	1	5	—	1	—	1	—	—	2
2000	4	2	—	—	2	8	—	—	2	—	—	—	2
2001	2	—	—	1	1	4	—	—	—	3	1	2	6
2002	2	—	—	—	1	3	—	—	1	4	1	5	11
2003	3	1	—	1	—	5	—	—	—	3	1	3	7
2004	—	—	—	—	—	—	—	—	—	1	—	5	6
2005	2	—	—	—	—	2	—	—	1	—	—	5	6
合计	30	10	—	13	19	72	2	8	5	13	8	25	61

说明：上述资料由区委组织部提供。

第五节　行政监察

【预算外资金管理监察】

1992~1996年，围绕对预算外资金实行“收支两条线”管理、清理纠正“小金库”，区纪委、区监察局对区工业公司、区商业局、区教育局、区校办工业公司、区民政局、区城管办、区卫生防疫站等单位规费及预算外资金收支情况进行专项执法监察，查出违纪金额8万多元，其中应收缴国库的1.08万元全部上交财政。对管理费、退税用于非正常开支、经费管理不规范等问题，提出整改建议。此后，又会同区财政局等有关部门，按照“还所有权于政府，还管理权于财政”的原则，研究制定《崇安区预算外资金管理暂行办法》，实行稽查与举报相结合，设立举报信箱，开通举报电话。2001~2005年，会同有关部门对城建、环保、卫生、防疫等执法单位的行政执法情况进行专项执法检查，对罚缴不分、以费代罚、执法程序不规范和处罚依据不完善等违纪问题进行查处，推进依法行政工作。

【行政执法责任制监察】

1997~2000年，区监察局会同区统计局、法制办等部门对12家单位进行统计执法监察，提出整改意见18条，下发建议书2份，帮助基层建章立制12项。此后，又会同区人事局、区司法局、区法制办对8个街道和14个政府部门行政执法责任制情况开展执法检查，推动行政执法责任制的落实。

【效能监察】

1992~1996年，对区焊割工具厂三年租赁承包期经营状况进行效能监察，针对该厂经营者私设小金库、偷税漏税和管理不严等问题，提出整改意见。1997~2000年，对区百货公司、衡器厂、新亚装饰公司、大同文化用品公司、靖海公园等单位开展效能执法监察，针对经营中存在的问题，提出具体整改建议，并定期组织回头看，实行跟踪监察。2001~2005年，又对区建设环保局、区环卫处、区城管局、市九棉4个单位进行勤政廉政和效能执法监察，针对存在问题提出整改建议。

第六节　专项治理和纠正不正之风

90年代，区纪委协同有关部门，先后开展“清理乱收费”“工程建设领域专项治理”“清理党政机关无偿占用企业钱物”等专项治理，针对行风建设存在的问题，提出整改措施，纠正不正之风。1994年起，全区实行纠风目标责任制。2003年后，每年组织开展民主评议行风和基层评议机关作风活动，评议范围从区政府序列部门扩展到区委办、区人大办、区政府办、区政协办、区行政服务中心“四办一中心”在内的区机关46个部门（单位），民主测评情况及时公示，对名列前3位的部门（单位）给予奖励，末3位取消年度评先资格。通过思想作风整顿、行风评议、实行社会服务承诺制和厂务公开等活动，纠风和专项治理与依法行政、端正行风、创建文明行业活动相结合，推动各单位加强职业道德建设，不断规范服务行为，促进行风和社会风气的好转。

【清理乱收费】

1992~1996年，对群众反映强烈的行政事业性收费进行专项治理，取消不合理收费项目15个。1997年后，区纪委、区监察局联合区物价局对乱收费、乱摊派、乱罚款“三乱”开展治理。纠正学校乱收费、医务人员收受“红包”和药品回扣等问题，推行企业交费登记卡制度，取消企业不合理收费项目6项，降低收费标准4项，减少收费338.5万元。建立行业规范，加强内部监督管理。2001~2005年，对义务教育“一费制”收费和小学、幼儿园食堂收支情况进行专项检查，清退违规收费。还组织行政事业性收费专项检查，取消不合理行政收费项目26个，降低收费标准项目6个，减免收费项目11个，年减少收费261.5万元。

【清理党政机关无偿占用企业钱物】

1994年，对党政机关及其工作人员无偿占用企事业单位钱物的问题开展治理，26件被占用物品分别予以清退和明确产权处理，27人清退宕欠公款5.64万元。1995年，对党政机关、事业单位用公款为个人购置交通工具进行清理，126辆摩托车、助力车分别作价还款处理，收回资金45.5万元。1999年，对区机关及财政拨款的事业单位用公费为领导干部、工作人员安装住宅电话、购买BP机和手机等通信工具开展清理，418部住宅电话、518只BP机、205部手机全部作价处理，收回折价款25.65万元。

【工程建设领域专项治理】

90年代起，持续开展反腐败、反不正当竞争为主要内容的工程建设领域专项治理。1992~1996年，清理9个单位工程建设项目47个，按规定补办报建手续。1997~2000年，以抓报建率、招投标率、竣工审计为重点，规范和促进有形建筑市场不断完善和健康发展，全区50万元以上的工程建设项目报建率和招投标率均达100%，审计竣工项目60个，核减工程款2079.87万元。组织对崇宁路小学教学楼、崇安医院门诊大楼、连元街小学改扩建工程、广塘联圩河道整治等建设项目的监督检查。2003~2005年，在崇安新城（广益片区）、大成巷商业步行街、连元街小学改扩建、区行政服务中心和区残疾人服务管理中心装饰工程等项目建设时，同步落实廉政责任制。其间，签订工程建设项目廉政责任书和廉政合同书40余份，从源头上预防和治理工程建设领域腐败行为。区纪委和区监察局还组织对辖区企业农民工工资支付情况专项检查，督促企业支付拖欠工资39.5万元。

第五章　组织建设

80年代后，区委坚持党要管党、从严治党，加强党组织和党员队伍建设，围绕经济抓党建，抓好党建促经济，充分发挥党组织在“两个文明”建设中的重要作用。在干部队伍建设上，加强干部的思想、组织、作风建设，按照德才兼备标准，选拔优秀中青年知识分子，建立后备干部队伍。在领导班子建设上，各级党政班子坚持集体领导和分工负责制，持续开展创建先进党支部、争当优秀党员“创先争优”活动，共创“好班子”“堡垒党（总）支部”。对领导班子成员实行规范、科学、民主的考核制度，按照革命化、知识化、年轻化、专业化“四化”的要求，调整配备好各级班子。90年代后，适应新形势的要求，着力加强新经济组织党建和社区党建工作。2005年，全区有党（工）委11个，党总支46个，党支部284个；有党员10025人，为1986年的3倍多。

第一节　基层党组织

【组织机构】

党（工）委　1985年，全区有基层党委9个：区商业局党委和学前街、人民路、复兴路、周山浜、工运桥、崇安、亭子桥、广瑞路8个街道党委。1986年9月，区文教局撤销党总支成立党委，新建区工业党委。1987年1月，成立区机关党委。1988年8月，成立亭子桥街道党工委，上马墩街道撤销党总支成立党委。是年，全区党（工）委增至13个。1989年3月，撤销文教局党委，成立教育局党委。1991年8月，成立江海街道党委。1992年1月因区划调整，撤销崇安、复兴路2个街道党委，建立崇安寺街道党委；撤销工运桥、亭子桥2个街道党委，建立工运路街道党委；是年，全区有党委12个。1996年3月，街道体制改革，撤销8个街道党委，建立区委街道工作委员会（以下简称街道党工委）；4月，建立区建设环境保护局党委；10月，撤销区机关党委，成立区机关党工委；撤销区商业局党委，成立区贸易局党委。是年，全区有党（工）委13个。2001年10月，撤销区贸易局党委，成立区经贸局党委；撤销区工业党委，并入区经贸局党委。2002年2月，广益镇由滨湖区划入崇安区，增加广益镇党委；6月，撤销区建设环境保护局党委，建立区建设局党委。是年，全区有党（工）委15个。2004年2月街道撤并，崇安寺、学前街、人民路3个街道党工委撤销，建立崇安寺街道党工委；工运路、周山浜2个街道党工委撤销，建立通江街道党工委；5月，撤销广益镇党委，建立广益街道党工委；6月，撤销崇安人民医院党总支，建立崇安人民医院党委。迄2005年，全区有党（工）委11个。

总　支　1985年，因崇安等街道党总支撤销成立党委，全区仅有6个党总支。1987年，区环境卫生管理所党总支成立。1988~1992年，因区属商业管理体制调整，区百货公司、中山商场、区饮食服务公司3个党总支先后撤销；区城市建设综合开发公司党总支成立。1995年，市工商局崇安分局党总支划归崇安区。2000~2001年，陆续新建21个社区党总支，成立区园林绿化管理处党总支，全区党总支发展到28个。2002年，广益镇归属后，增加党总支5个。迄2005年，全区共有党总支46个。

支　部　1985年，全区有党支部173个。其中，工交22个，财商12个，文体卫11个，机关26个，事业6个，街道96个。1986年后，随着机构体制的变化和党员数量的增加，基层党支部设置相应调整变化。1989年，居委联合支部撤销，居委党支部增加24个，全区党支部发展到215个。1993~1996年，先后在房地产、商贸企业成立11个党支部。1996年，全区党支部增加到239个。1997年后，相继在中外合资、外商独资和民营科技企业建立党支部27个；2002年，广益镇归属后，增加党支部23个。迄2005年，全区有党支部284个。其中，街道95个，企业65个，事业30个，机关67个，其他27个。

1986年崇安区党的基层组织情况一览表

表15-5-1　　　　单位：个

基层组织	合计	党群	政法	工交	农村	财商业	文体卫	机关	街办	事业	其他
党委	11	—	—	1	—	1	1	8	—	—	—
总支	6	—	—	—	—	1	1	3	—	1	—
支部	182	—	—	27	—	10	12	32	—	7	94

说明：以上资料由区委组织部提供。

1987～1994年崇安区党的基层组织情况一览表

表15-5-2　　　　单位：个

年份	基层组织	合计	工业	建筑业	商业 公共饮食 物资供销社 和仓储业	房地产管理 公共事业 居民服务业 咨询服务业	卫生 体育 社会 福利业	教育 文化艺术 广播 电视业	科学 研究 综合技术 服务业	金融保险业	国家机关 政党机关 社会团体	街道
1987	党委	12	1	—	1	—	—	1	—	—	9	—
	总支	7	—	—	2	2	1	—	—	—	2	—
	支部	196	25	—	19	11	3	9	—	—	35	94
1988	党委	12	1	—	1	—	—	1	—	—	9	—
	总支	5	—	—	1	2	1	—	—	—	1	—
	支部	205	24	—	22	11	3	14	—	1	35	95
1989	党委	13	1	—	1	—	—	1	—	—	10	—
	总支	5	—	—	1	2	1	—	—	—	1	—
	支部	215	22	—	23	3	4	14	—	—	30	119
1990	党委	12	1	—	1	—	—	1	—	—	9	—
	总支	6	—	—	2	2	1	—	—	—	1	—
	支部	214	21	—	14	12	3	15	—	1	33	115
1991	党委	13	1	—	1	—	—	1	—	—	10	—
	总支	6	—	—	2	2	1	—	—	—	1	—
	支部	225	21	—	19	14	3	14	—	—	34	120
1992	党委	12	1	—	1	—	—	1	—	—	9	—
	总支	6	—	—	—	3	1	—	—	—	2	—
	支部	220	22	—	16	8	4	11	—	1	49	108

续表15-5-2

年份	基层组织	合计	业	建筑业	商业 公共饮食 物资供销社 和仓储业	房地产管理 公共事业 居民服务业 咨询服务业	卫生 体育 社会 福利业	教育 文化艺术 广播 电视业	科学 研究 综合技术 服务业	金融保险业	国家机关 政党机关 社会团体	街道
1993	党委	12	1	—	1	—	—	1	—	—	9	—
	总支	6	—	—	—	—	—	—	—	—	2	—
	支部	217	25	1	17	15	4	13	1	1	61	79
1994	党(工)委	13	1	—	1	1	—	1	—	—	9	—
	总支	7	—	—	—	3	1	—	—	—	3	—
	支部	227	20	1	19	20	4	13	—	1	61	88

说明：以上资料由区委组织部提供。

1995～2002年崇安区党的基层组织情况一览表

表15-5-3　　　　单位：个

年份	基层组织	合计	农林牧渔业	制造业	建筑业	交通运输业	批发零售服务餐饮业	房地产业	社会服务业	卫生体育社会福利业	教育文化艺术广播电视业	科学研究综合技术服务业	金融保险业	国家机关政党机关社会团体	街道
1995	党(工)委	13	—	1	—	—	1	1		—	1	—	—	1	8
	总支	7	—	—	—	—	—	3		1	—	—	—	3	—
	支部	228	—	20	—	—	17	24		4	14	—	1	48	100
1996	党(工)委	13	—	1	—	—	1	1		—	1	—	—	1	8
	总支	10	—	—	—	—	—	3		2	—	—	—	5	—
	支部	239	—	18	—	—	15	26		4	16	—	1	86	73
1997	党(工)委	13	—	1	—	—	1	1		—	1	—	—	1	8
	总支	10	—	—	—	—	—	3		2	—	—	—	5	—
	支部	248	—	19	—	—	16	26		4	18	—	—	91	74
1998	党(工)委	14	—	1	—	—	1	1	1	—	1	—	—	1	8
	总支	8	—	—	—	—	—	—	1	1	1	—	—	5	—
	支部	252	—	16	—	—	11	12	9	6	19	—	—	83	96
1999	党(工)委	14	—	1	—	—	1	1	1	—	1	—	—	1	8
	总支	8	—	—	—	—	—	1	1	1	—	—	—	5	—
	支部	247	—	16	—	—	9	15	9	5	14	—	—	83	96
2000	党(工)委	14	—	1	—	—	1	1	1	—	1	—	—	1	8
	总支	20	—	—	—	—	—	1	1	1	—	—	—	5	12
	支部	202	—	20	—	—	9	17	9	5	13	—	—	50	79
2001	党(工)委	13	—	1	—	—	1	1	1	—	1	—	—	1	7
	总支	28	—	—	—	—	—	1	1	1	—	—	—	4	21
	支部	220	—	20	—	—	13	18	8	6	13	—	—	66	76
2002	党(工)委	15	—	1	—	—	1	1	1	—	1	—	—	1	9
	总支	35	5	—	—	—	—	1	2	2	—	—	—	5	20
	支部	281	12	30	1	1	13	15	13	10	16	1	—	69	99

说明：以上资料由区委组织部提供。

2003～2005年崇安区党的基层组织情况一览表

表15-5-4　　　　单位：个

年份	基层组织	合计	城市街道	建制镇	企业	事业	机关	其他
2003	党(工)委	15	8	1	—	—	4	2
	总支	35	20	5	—	2	4	4
	支部	272	69	22	52	41	66	22
	合计	322	97	28	52	43	74	28

续表15-5-4

年份	基层组织	合计	城市街道	建制镇	企业	事业	机关	其他
2004	党(工)委	12	6	—	—	1	4	1
	总支	44	31	—	1	2	5	5
	支部	278	90	—	63	34	64	27
	合计	334	127	—	64	37	73	33
2005	党(工)委	11	6	—	—	—	4	1
	总支	46	31	—	—	2	7	6
	支部	284	95	—	65	30	67	27
	合计	341	132	—	65	32	78	34

说明:以上资料由区委组织部提供。

【组织建设】

民主评议 1989年起,根据中共十三大提出的“从严治党”要求和中共中央组织部《关于建立民主评议党员制度的意见》,全区开展民主评议党员活动,原则上每年一次,每次确定一个主题。1989~1991年开展的3次民主评议党员中,有23名不合格党员分别予以限期改正、劝其退党、除名等处理。1994年、1996~1998年开展的4次民主评议党员中,有10名党员受到组织处理。2000年后,重点开展对党员领导干部的评议。2000年、2002~2003年、2005年开展的4次民主评议党员中,有9名党员受到限期改正、除名等处理。1989~2005年,全区共开展民主评议党员活动11次,参加评议党员5.38万人次,参评率94.35%。其中,2093名党员受到表彰奖励。

1989~2005年崇安区民主评议党员活动情况一览表

表15-5-5　　单位:人

项目 年份	参评支部	参评党员	表彰党员	开除党籍	取消资格除名	其他党纪处分	限期改正错误
1989	215	3885	30	1	2	1	—
1990	214	4047	73	—	6	—	11
1991	225	4237	232	—	1	1	—
1994	212	4321	386	1	—	—	2
1996	213	4836	315	—	—	—	—
1997	17	360	36	—	—	—	—
1998	252	5464	261	4	—	3	—
2000	215	5610	258	—	—	—	1
2002	160	4799	274	—	2	—	3
2003	192	6205	170	2	—	1	—
2005	284	10025	58	—	—	—	—

说明:以上数据由区委组织部提供。

创先争优 “创先争优”活动始于1980年。1986年,区委表彰“创先争优”活动先进党支部20个、优秀党员102人。1987~1991年,以争创先进党支部、争创先进党小组、争当优秀党支部书记、争当优秀共产党员“四争创”和党员责任区为主题,54个先进党支部、31个先进党小组、40名优秀党支部书记和186名优秀共产党员受到区委表彰。其中,朝阳服装厂党支部、广瑞路街道党委、连元街小学党支部、崇安街道县前街居委党支部被评为市先进基层党组织;新新食品商店党小组、后西溪中心小学党支部第二党小组被评为市先进党小组;吴尚志、王金伟、庞志翚、虞振山等先后被评为市优秀党务工作者;隆富英、高瑞英、周惠文、吴荣生、吕棣华、范亚珍、董雪君、陈喜文、范亚珍、金柏清等先后被评为市优秀共产党员。1992~1993年,以党支部工作“达标创先”为主题,23个先进党支部、20名优秀党支部书记、80名优秀共产党员受到区委表彰。其中,蔡炳荣、张酉良、倪柏泉、王亚丽被评为市优秀共产党员。1994年起，“创先争优”活动与“堡垒工程”①相结合。1994～1995年，31个先进党支部和105名优秀共产党员受到区委表彰。其中，刘洪元、刘振华、张宪华、郭金囡、陈和荣、袁梅舫等被评为市优秀党务工作者。1996～1997年，109名优秀共产党员受到区委表彰，28个基层党组织被区委授予“堡垒党（总）支部”。其中，袁梅舫、唐建华、陶建英、张蓓红被评为市优秀共产党员，万守健、胡春红被评为市优秀党务工作者。1998～2002年，221名优秀共产党员受到区委表彰，61个基层党组织被区委授予“堡垒党（总）支部”，9个单位被评为区先进党建单位。其中，崇安寺街道党工委被评为市先进基层党组织；人民路街道东河花园党支部、区环境卫生管理处联合党支部被评为市堡垒党支部；高文奎、夏长柏被评为市优秀党务工作者；马星、强惠兴、张仲寅、王建华、孙昌言、沈继勋、唐建华被评为市优秀党员。2003年起，结合“创先争优”活动，开展“团结、廉洁、高效、开拓”好班子评比竞赛。2003～2004年，80名优秀共产党员、30个“堡垒党（总）支部”、16个党建先进单位、20名优秀党务工作者，以及19个“好班子”受到区委表彰。其中，沈继勋被评为省优秀共产党员；崇安寺街道党工委、区环境卫生管理处党总支、连元街小学党支部、区人民法院党总支、江海街道风雷新村（西）社区党总支被评为市先进基层党组织；陈建平、程郁权被评为市优秀党务工作者。2005年，结合学习实践“三个代表”重要思想为主要内容的保持共产党员先进性教育，开展“创先争优”活动。是年，8个党建先进单位、12个“好班子”以及32个先进性教育先进集体、70名先进个人受到区委表彰。其中，区机关党工委、广益街道党工委、崇安寺街道党工委被评为市先进集体；钱新、王兰成、沈继勋、孙俭、吴臻翔、冯骅、陆昇涛、林坚、吴振康、余佑康被评为市先进个人；刘霞芬、许庆娟、刘海波、虞泳尧被评为2003～2005年市优秀党务工作者。

1986～2005年中共崇安区委“创先争优”活动表彰情况一览表

表15－5－6　　　　单位：个、人

类型 / 年份	先进党支部	先进党小组	优秀支部书记	优秀共产党员	堡垒党（总）支部	先进党建单位	优秀党务工作者	“好班子”和争创“好班子”先进单位	先进性教育	
									先进集体	先进个人
1986	20	—	—	102	—	—	—	—	—	—
1987	16	14	14	62	—	—	—	—	—	—
1988～1989	18	9	12	56	—	—	—	—	—	—
1990～1991	20	8	14	68	—	—	—	—	—	—
1992～1993	23	—	20	80	—	—	—	—	—	—
1994～1995	31	—	—	105	—	—	—	—	—	—
1996～1997	—	—	—	109	28	—	—	—	—	—
1998～2000	—	—	—	121	31	—	—	—	—	—
2001～2002	—	—	—	100	30	9	—	—	—	—
2003～2004	—	—	—	80	30	16	20	19	—	—
2005	—	—	—	—	—	8	—	12	32	70

说明：以上数据由区委组织部提供。

社区党建　80年代后，居委党支部一般设书记1人（部分设副书记），委员2～3人（少数党员人数较多的党支部4～5人），部分居委党支部书记与居委会主任“一肩挑”。1985年，全区有居委党支部96个。1987年起，居委党支部以“四争创”为目标，开展“创先争优”活动。1992年后，以党支部达标创先为重点，加强地区党组织建设。1989年，《中华人民共和国城市居民委员会组织法》颁布后，地区党组织建设进一步加强，居委联合党支部逐年撤销，居委党支部换届选举由每2年1次，改为与居民委员会、妇女代表大会换届选举同步，每3年组织1次改选。1992年，全区居委党支部达到99个，时为

①堡垒工程：即凝聚力、战斗力和促进生产力发展“三力工程”。

江海街道宁南社区党总支直选成立大会（2003.9）（江海街道供稿）

建区以来数量最多的一年。1993年，居委党支部书记均兼任居委会主任。1995年后，居委党支部建设以建好班子、健全制度、建立机制为重点，围绕形成核心、夯实基础、突出特色，创建地区堡垒党组织（简称“堡垒工程”）。1997年，贯彻中共中央组织部《关于加强街道党的建设工作的意见》，实施《街道党工委工作条例（试行）》，以创建“五好”“四力”[①]基层党支部为目标，推进地区党建工作。同时，加强下岗职工、流动人员、改制转制企业、个私企业党员管理。1998年后，随着企业改革的不断深化，下岗职工中的党员组织关系转到其居住地区，街道创新社区党建工作组织载体,工运路街道吸纳辖区11个单位党组织，成立社区党建工作联谊会，广瑞路街道吸纳辖区22个单位党组织，成立共建文明社区委员会，均为全市首创。1999年，适应社区居委职能转换和工作变化，社区党建以班子、队伍建设为重点，结合文明社区建设，探索“服务经济、服务辖区单位、服务居民群众”的社区党建工作新路子。是年5月，总结推广广瑞路、工运路等街道社区党建工作经验，在崇安寺街道召开全区基层党支部规范化建设现场会，提出“六个一”[②]社区党支部规范化建设标准。同年，97%社区党支部达标。2000年后，企事业单位退休职工党员的组织关系由所在地区管理，地区党员由1997年3002人增加到2000年3744人。成立首批社区党总支12个，并在党员居住相对集中的小区建立党支部，形成以街道党工委为核心、居民区党支部为基础、社区党员为主体、社区内各类基层党组织共同参与的街道社区党建工作新格局。是年12月，区委在全市社区党建工作交流会上作经验介绍。2001年8月，区委出台进一步深化社区党建工作的意见。成立全区社区党建工作协调委员会，街道地区实行“在职党员联系卡”制度，开展“居住社区、情系百姓、奉献市民”专题教育活动，55个社区居委会党组织与156个辖区单位党组织结对共建，社区居委会党组织结对率100%，辖区单位党组织结对率14%。崇安寺街道党工委被评为市先进基层党组织，人民路街道东河花园党支部被评为市堡垒党支部。是年，社区居民委员会撤并后，社区党组织相应调整为21个党总支和34个党支部，党总支下辖42个党支部。党总支设书记1人，委员4人。2002年，制定出台区、街道两级创建社区堡垒党（总）支部工作规划（2003～2005），逐级落实创建工作责任制。2003年，11个社区党（总）支部被评为区社区堡垒党（总）支部，无锡电视台《党的生活》栏目展播区创建社区堡垒党支部的做法。2004年，在江海街道宁海里（南）社区开展党总支直接选举试点。崇安寺街道党工委以中山路为载体，与沿街10个社区和52个单位党组织联手开展“文明示范街展新姿，我为中山路添光彩”的“中山路大党建”活动，以“事务共同管理，难题共同解决，任务共同完成，成果共同享受”为主要内容，用党建推动中山路创建成无锡市首善一条街、繁荣一条街、诚信一条街和文明一条街。崇安寺街道首创道德银行，其志愿者实践活动在全区推广。是年，江海街道风雷新村（西）社区党总支被评为市先进基层党组织，15个社区党（总）支部被评为区社区堡垒党（总）支部。同年，街道办事处撤并后，社区居民委员会撤并为34个，社区党组织改建成31个党总支和3个党支部（不含31个党总支以下的分支部），有党员6183人。2005年，开展以增强凝聚力、战斗力、影响力“三力”为目标的强基工程，深化社区堡垒党（总）支部创建活动，100%社区堡垒党（总）支部创建达标。崇安寺街道的“中

①五好：好班子、好队伍、好机制、好路子、好制度。四力：班子坚强有力、工作充满活力、经济富有实力、干部形成合力。
②六个一：一面党旗、一块牌子、一个活动室、一个学习园地、一本台账、一套工作制度。

山路大党建”活动参与单位进一步增加，参与党员由1450名扩大到近2000名。活动设施进一步配套完善，建立中山路党建驿站（社区党员服务站），为辖区单位提供党务政策咨询，受理创建事宜，并设立求助热线，在互联网开设“中山路大党建”网页，成为党组织之间的交流平台。“中山路大党建”活动荣获2005年无锡市市民关注创新成果奖。

1986～2005年崇安区街道、社区基层党组织情况一览表

表15-5-7　　单位：个、人

年度	党（工）委	总支	支部	关系在街道党组织的党员	其中：社区居委会		
					总支部	支部	党员
1986	8	1	108	2051	—	89	1809
1987	9	—	108	2152	—	89	1899
1988	9	—	111	2331	—	90	1982
1989	9	—	114	2433	—	89	2102
1990	9	—	115	2499	—	96	2219
1991	10	—	119	2711	—	98	2359
1992	8	—	123	2915	—	99	2436
1993	8	—	110	2715	—	84	2464
1994	8	—	112	2950	—	84	2622
1995	8	—	99	3080	—	84	2738
1996	8	—	106	3204	—	80	2847
1997	8	—	110	3140	—	80	3002
1998	8	—	116	3507	—	80	3311
1999	8	—	115	3877	—	83	3483
2000	8	12	96	4169	12	42	3744
2001	8	21	100	4678	21	34	4263
2002	9	21	111	5143	21	45	4314
2003	9	26	151	5484	20	44	5069
2004	6	37	165	7432	31	3	5674
2005	6	37	166	8161	31	3	6183

说明：1. 表中“社区居委会”一栏中的“总支部数与支部数”均为独立法人单位党组织数，2000年以后，居委会总支部以下的分支部不在其内。2. 以上资料由区委组织部提供。

新经济组织党建　随着经济体制改革的不断深入，非公有制企业逐年增加，新经济组织党建工作开始提上区委议事日程。1994年12月，无锡市首家外商独资企业党支部——中共金马房地产（江苏）有限公司支部成立，隶属于崇安区建设环保局党总支。1997年4月，上马墩街道率先建立由街道辖区8家非公有制经济企业党员组成的上马墩街道新经济实体党支部，填补非公有制企业党建工作空白，时为无锡市第一个街道新经济党组织。1998年，区委出台《关于在企业改制改组中进一步加强党建工作的若干意见》，完善和加强新经济组织党支部建设。是年，江海街道建立新经济实体党支部，广瑞路街道建立工商联党支部。1999年，区委就进一步加强新经济党组织建设和新经济实体党员管理开展调研，上马墩、广瑞路街道分别在非公有制企业——无锡鸿业摩托车有限公司、无锡华力电器有限公司建立党支部。2000年，全区8个街道全部建立街道新经济党组织，党支部书记主要由街道党工委组织委员兼任，并向辖区非公有制企业委派党建工作指导员40人。2001年，街道1093家非公有制经济企业中，建有党支部19个，委派党建工作指导员138人。2002年，区委出台深化新经济组织党建工作的意见，提出“成熟一个、建立一个、巩固一个、提高一个”的工作要求，按照“量上扩张、点上突破、面上覆盖、质上提高”的工作思路，以及“四个一”①的工作目标，实行区、街两级管理，扩大党组织覆盖面，确保党员关系不漏、组织生活不断、教育管理不松。是年，广益镇来属后，全

①四个一：选好一个党支部书记、订立一套党支部工作制度、建立一个党员活动室、开辟一块党建园地。

区新增广益汽修厂等新经济组织党支部9个。2003年，区委以扩大党建工作覆盖面为目标，推进商务楼宇党建工作，是年12月，学前街街道建立无锡市第一个楼宇新经济党组织——银辉大厦党支部，人民路街道建立佳福大厦党支部，广瑞路街道建立无锡惠华房地产有限公司党支部。同时，建立或整建制转入新经济组织党支部6个。与此同时，区委成立中共无锡市崇安区新经济组织工作委员会，下设党工委工作联络部，设在区经贸局，管理区经贸局下属26家私营企业、外商及中国港澳台商投资企业、科技民营企业以及各街道民营企业、楼宇（市场、特色街坊）等新经济组织党建工作，各街道（镇）先后委派党建工作指导员298人。2004~2005年，重点加快楼宇党支部组建，致力探索“支部建在楼上”的组织方式，即由属地党组织牵头，打破企业界限，以商务楼宇为单位，建立党组织和党员服务点，以解决单个企业党员人数不足建立党支部和党员“人户”分离问题，先后建立或整建制转入新经济党组织7个，其中，崇安寺街道建立金鼎、明珠、吟春大厦党支部3个；通江街道建立长庆大厦党支部，转入中国旅行社责任有限公司党支部；广瑞路街道建立枫叶出租汽车有限公司党支部。2005年4月，在个私企业党员比较集中的市场建立无锡市第一家民营市场新经济党组织——通江五金市场党支部。是年8月，区委召开非公有制经济党组织先进性教育活动学习成果交流暨党建工作推进会，总结和推进非公有制经济组织党建工作。迄2005年，全区新经济党组织发展到27个，党员306人，党支部书记大多由公司副总经理或董事兼任，少数由党建工作指导员兼任。

2005年崇安区街道地区新经济党组织情况一览表

表15-5-8　　　　单位：人

街道	支部	建立或转入年份	党员
广益	水泥制品厂党支部	1973	10
	大鹏纺织器材有限公司党支部	1985	17
	广益汽修厂党支部	1985	13
	第九棉织厂党支部	1987	22
	电容器外壳厂党支部	1995	6
	市晶瑜冶金机械厂党支部	1997	14
	菊花机电有限公司党支部	2001	11
	欣运服装有限公司党支部	2001	7
	华太混凝土有限公司党支部	2001	9
上马墩	上马墩街道新经济实体党支部	1997	8
	无锡鸿业摩托车有限公司党支部	1999	7
广瑞路	广瑞路街道工商联党支部	1998	14
	无锡华力电器有限公司党支部	1999	3
	无锡惠华房地产有限公司党支部	2003	5
	枫叶出租汽车有限公司党支部	2004	4
江海	江海街道新经济实体党支部	1998	7
崇安寺	春秋旅行社党支部	2003	7
	普信会计师事务所党支部	2003	20
	崇安寺街道新经济实体党支部	2003	36
	银辉大厦党支部	2003	10
	佳福大厦党支部	2003	14
	金鼎大厦党支部	2004	7
	明珠大厦党支部	2005	9
	吟春大厦党支部	2005	8
通江	长庆大厦党支部	2004	3
	通江五金市场党支部	2005	6
	中国旅行社责任有限公司党支部	2005	29
合计	27	—	306

说明：上述资料由区委组织部提供。

企事业单位党建　1986年，企事业单位党建工作主要是探索厂长负责制单位妥善处理党政工三者关系。1989年起，重点是发挥企事业单位党组织的核心作用，加强企事业单位党组织建设。1992年，出台《关于加强党的组织建设，保证经济建设顺利发展的意见》，鼓励机关干部到基层企业工作。1995~1999年，以加强改进国有企业党的建设为重点，以“堡垒工程”为抓手，推进企业党建工作。出台《企业转制基层党组织党员队伍工作意见》，贯彻市委组织部《股份合作制企业领导人员管理暂行办法》《关于在企业改制改组中进一步加强党建工作的若干意见》，分类指导转改制企业党建工作。2000~2005年，贯彻十五届四中全会精神，探索加强改制企业领导班子建设。改进企业领导干部管理方式，把组织考核推荐与引入市场机制相结合，把党管干部原则与董事会依法选聘经营者相结合，建立健全以激励和约束为重点的干部管理机制。出台《崇安区（2000~2004年）推进领导班子年轻化规划纲要》，改进企业后备干部管理，开展教育培训。全面实施《深化干部人事制度改革纲要》，推行事业单位中层干部竞争上岗制度。重点加强辖区非公企业党组织建设工作。同时，做好对接市资产经营公司下属企业党员属地管理工作。迄2005年，全区有企事业单位党总支2个，党支部95个，基本做到50人以上企业有党员，100人以上骨干企业建有党支部。

第二节　党员队伍

【党员发展】

1986年，贯彻中共中央组织部《关于大量吸收优秀知识分子入党的决定》，注重在生产一线、特别是在优秀知识分子中发展党员，全年发展80名党员中，高中（中专）及以上学历58人，占72.5%。是年，全区党员总数3241人。其中，45周岁及以下党员占23.67%，高中（中专）及以上学历党员占22.18%。党员分布为：区街企业一线227人，专业技术人员263人，国家行政机关722人，其他2029人。1987年后，各基层党委发展新党员，不再报组织部预审，突出在生产一线和有文化的先进青年中发展党员。是年发展82名党员中，高中（中专）及以上学历68人，占82.93%。

1988~1990年，根据“坚持标准、保证质量、改善结构、慎重发展”的方针，把发展党员质量放在第一位，严把“入口关”，实行党员发展程序、对象、条件和结果四公开，接受群众监督。其间，发展122名党员中，先进模范人物54人，占44.26%；高中（中专）及以上学历94人，占77.05%。1990年，全区党员数量达到4047人，与1986年相比，45周岁及以下党员比重上升1.21个百分点，高中（中专）及以上学历比重提高7.47个百分点。

1991~1994年，继续坚持发展党员质量标准，全区党员队伍年龄、文化、知识结构进一步改善。其间，全区发展的180名党员中，35周岁及以下50人，占27.78%；高中（中专）及以上学历140人，占77.78%；先进模范人物46人，占25.56%。1995年，重视在青年和妇女中发展党员，全年发展的68名党员中，妇女26人，占38.24%；35周岁及以下26人，占38.24%。

1996~1998年，发展的202名党员中，35周岁及以下121人，占59.90%；高中（中专）及以上学历185人，占91.58%。1999~2000年，贯彻《中国共产党工作条例》，抓好“源头工程”和“推优工程”。全区发展党员125人。其中，35周岁及以下79人，占63.2%；高中（中专）及以上学历96人，占76.8%。2000年，全区党员总数5997人，与1990年相比，35周岁及以下党员比重上升0.55个百分点，高中（中专）及以上学历比重提高19.87个百分点。2001~2004年，严把培养考察关、审批关、监督关“入口三关”。全区发展的289名党员中，35周岁及以下182人，占62.98%；高中（中专）及以上学历280人，占96.89%；专业技术人员96人，占33.22%。2005年，全区发展的51名党员中，35周岁及以下37人，占72.55%；高中（中专）及以上学历51人，占100%；专业技术人员12人，占23.53%；生产第一线41人，占80.39%。

1986~2005年，全区共发展党员1199人。迄2005年，全区共有党员10025人，其中，35周岁及以下党员926人，占9.24%；高中（中专）及以上学历6739人，占67.22%；大学学历3270人，占32.62%。

1986～2005年崇安区党员总量及年龄、文化结构情况一览表

表15-5-9　　　　单位：人

年份	党员总数			年龄						文化程度			
	合计	其中		25周岁（含）以下	26～35周岁	36～45周岁	46～55周岁	56～60周岁	61周岁以上	大学	高中（中专）	初中	小学
		妇女	少数民族										
1986	3241	1685		267		500	1547		927	126	593	975	1547
1987	3551	1799	2	30	275	594	865	772	1015	193	712	1047	1599
1988	3746	1856	2	27	273	669	869	808	1100	257	777	1079	1633
1989	3885	1947	3	21	277	703	749	849	1286	304	819	1110	1652
1990	4047	1998	3	15	263	729	707	912	1421	338	862	1183	1664
1991	4237	2066	3	17	220	748	730	929	1583	379	939	1216	1703
1992	4369	2075	3	27	234	727	743	910	1728	524	1040	1251	1689
1993	4487	2160	3	29	278	735	797	856	1792	492	1057	1267	1671
1994	4665	2223	3	24	283	724	809	854	1971	548	1160	1272	1685
1995	4842	2281	3	25	214	709	931	720	2243	632	1254	1299	1657
1996	4989	2338	3	28	272	702	934	689	2364	690	1326	1375	1598
1997	5206	2416	3	33	298	712	1002	725	2436	742	1465	1418	1581
1998	5464	2490	2	34	305	750	1014	688	2673	837	1565	1613	1449
1999	5674	2537	4	41	349	766	1140	897	2481	1007	1668	1666	1333
2000	5997	2654	4	40	365	610	1222	710	3050	1204	1766	1716	1311
2001	6559	2834	5	65	363	664	1325	726	3416	1432	1952	1906	1269
2002	8194	3064	5	95	510	927	1680	945	4037	1829	2502	2361	1502
2003	8641	3414	4	666		955	1625	989	4406	2104	3077	3460	
2004	9319	3761	4	806		1009	1706	1095	4703	2667	2993	3659	
2005	10025	3692	5	926		1057	1659	1193	5190	3270	3469	3286	

说明：以上数据由区委组织部提供。

1987～2000年崇安区党员总量分布情况一览表

表15-5-10　　　　单位：人

年份	党员总数	职业状况												
		工人	营业员服务员	国家干部			集体事业单位管理人员	集体企业单位专业技术人员	其他（在职职工）	学生	城镇个体劳动者	离休干部（工人）	退休职工	其他
				行政机关行政人员	企事业单位管理人员	各类技术专业人员								
1987	3551	135	97	565	—	230	267	80	—	—	15	85	2064	13
1988	3746	122	100	571	—	289	272	34	—	—	18	89	2239	12
1989	3885	120	94	461	93	299	145	170	25	1	1	103	2364	9
1990	4047	135	74	465	96	313	271	97	—	1	19	110	2466	—
1991	4237	133	78	469	98	335	281	109	—	1	20	112	2601	—
1992	4369	114	75	376	262	352	271	77	7	1	22	598	2207	—
1993	4487	110	99	374	246	362	271	76	7	1	25	113	2478	325
1994	4665	102	95	422	270	345	290	94	13	1	21	116	2887	9
1995	4842	106	80	523	209	317	321	141	23	—	18	120	3021	19
1996	4989	88	91	423	309	340	321	141	—	—	18	113	3130	15
1997	5206	89	91	446	312	342	327	138	—	—	18	111	3330	2
1998	5464	99	105	452	309	330	338	152	—	—	19	115	3545	—
1999	5674	163	98	572	272	248	158	138	76	—	6	116	3791	31
2000	5997	171	97	625	290	241	138	132	35	—	—	109	4062	97

说明：上述数据由区委组织部提供。

2001～2002年崇安区党员总量分布情况一览表

表15-5-11　　　　单位：人

年份	党员总数	职业状况																
		公有经济单位						非公经济单位						农牧渔业	解放军（武警）	离休干部	退休职工	其他
		工人（营业员、服务员）	事业单位管理人员	企业单位管理人员	事业单位专业技术人员	企业单位专业技术人员	机关干部	工人（营业员、服务员）	事业单位管理人员	企业单位管理人员	事业单位专业技术人员	企业单位专业技术人员	乡镇企业劳动者					
2001	6559	194	219	109	355	42	664	—	—	57	—	1	—	—	1	99	4663	155
2002	8194	187	240	90	373	60	737	123	—	199	1	19	140	239	—	109	5481	196

说明：上述数据由区委组织部提供。

2003～2005年崇安区党员总量分布情况一览表

表15-5-12　　　　单位：人

年份	党员总数	职业状况								
		公有经济单位			非公经济单位		农牧渔业	解放军（武警）	离退休职工	其他
		工人	企事业单位管理人员、专业技术人员	机关干部	工人	企事业单位管理人员、专业技术人员				
2003	8641	391	661	788	84	242	241	—	5781	453
2004	9319	220	483	1013	242	337	106	—	6309	609
2005	10025	281	454	1033	234	412	88	—	6824	699

说明：上述数据由区委组织部提供。

【党员教育与管理】

1986～1987年，主要是学习贯彻中共十二届六中全会精神，加强对新入党党员标准再教育，先后举办“青年党员基本知识学习班”“新党员党的知识学习班”等培训班，轮训新党员358人次。1988～1990年，重点进行社会主义初级阶段理论和党的基本路线教育，开展“党员形象讨论”“我为党旗添光彩”“廉洁自律讲奉献，增强凝聚力和吸引力”“发挥党的政治优势”等主题教育活动。开展“四讲两评议”①，把党员教育、管理、监督、执纪融为一体。1991年，以建党70周年为契机，开展知党爱党教育，举办“七一颂”文艺演唱会、“党在我心中”演讲比赛和党的基本知识竞赛等系列活动。全区3940名党员、1455名共青团员和683名党外人士交纳特别党、团费10.18万元，为建设无锡革命陈列馆作贡献。开展“尽党员责任、当时代先锋”党员主题教育以及学习焦裕禄、顾鼎元和崇安区优秀共产党员活动，拍摄2部反映崇安区优秀共产党员和先进党组织事迹电视录像片。1992年，区委出台《关于深化党员责任区活动的意见》，评选“最佳责任区”“优胜责任区”。1995～1998年，主要是学习贯彻中共十四届六中全会、十五大会议精神，开展学报告、学党章、学转制知识“三学”活动，举办“树党员形象、为党旗增辉”主题教育活动。1999～2000年，区委出台关于加强党员教育管理工作的意见，开展“学理论、学党章”“树新形象、创新业绩、建新崇安、迎新世纪”党员主题教育，与堡垒工程建设、党员责任区活动、民主评议党员工作相结合。突出加强对新经济组织、下岗职工、流动人口、改制转制企业、个私企业中的党员管理；完善党员组织关系接转制度；建立崇安区“中国共

①四讲两评议：讲廉洁、讲奉献、讲团结、讲纪律；民主评议党员、民主评议各级党组织。

产党基本信息管理系统”；实行“分类管理、分层教育、分级负责”党员教育管理新模式。2001~2003年，以“学习党史，重温誓言，争当楷模，再立新功”为主题，开展“十佳”社区党员评选、“社区党员服务社区”奉献日等活动。区委出台《关于区属单位持〈在职党员社区联系卡〉参加社区党组织活动的实施意见》。重点开展“九个一”[①]系列活动，通过上党课、学习谷文昌和王德莉先进事迹、“学新党章”知识竞赛、“保持共产党员先进性”征文比赛、社区党（总）支部书记演讲比赛、在职党员义务奉献、走访慰问特困党员、优秀党组织和优秀党员表彰等形式，发挥党员争创业绩、奉献社会的带头作用，并全面推行党员目标管理。2004~2005年，围绕党员先进性教育活动，结合创业、创新、创优、创造“四创”开展先进性教育大讨论。结合纪念抗战胜利60周年，开展“老少两代党员话先进”“树形象、聚人心、谋发展”民心工程等活动。以“党员责任区、党员先锋岗、党员服务区”为载体，加强党员管理，发挥党员先锋模范作用。

第三节　干部工作

【领导班子建设】

思想政治建设　1986~1989年，结合整党，开展“学文件，抓整改，正党风，做表率”活动，贯彻“相对稳定、适当调整、优化结构、提高素质”的方针，实行培训、考核、监督“三管齐下”，加强领导班子的思想政治建设。1990~1995年，推行党务政务公开、办事制度和办事结果公开，加强群众监督“两公开一监督”制度，对基层班子开展综合考察和民主评议，以教育培训、实践锻炼、加强管理为途径，提高领导干部整体素质，马列主义理论素养被列入基层领导干部考核内容，作为提拔任用重要依据，全区共建立马列主义读书小组100个。1996年，出台《关于加强领导班子思想政治建设的意见》《关于健全学习中心组制度，加强领导干部学习的意见》，推进领导班子的理论学习。1997~1998年，在领导班子中开展“讲政治、学先进、比贡献”主题教育和“述学、评学、考学”等活动。举办领导干部理论学习培训6期548人次。出台《关于在领导干部中建立诫勉制度的规定》，建立党（工）委重要事项表决制度、重大决策失误责任追究制度和领导干部思想作风建设责任制。2002年，出台《关于加强对党政一把手监督管理的意见》《关于实行领导干部署名推荐区管干部人选制度的意见》《关于进一步健全和完善联系通报制度的意见》《关于开展推荐优秀妇女干部工作的意见》。组织开展“团结、廉洁、高效、开拓”好班子创建活动。2003~2005年，进一步健全对“一把手”的监督体系建设，上级监督、班子内部监督、群众监督、审计监督和组织部门监督相结合，对10名正职领导进行离任审计。建立领导班子、领导干部述职述廉制度，完善领导干部谈心谈话、重大事项报告和民主生活会制度。

民主集中制建设　1986年起，每季度一次的党员领导干部民主生活会形成制度。此后，坚持党员领导干部过好双重民主生活。同时推进和完善党内民主监督制度、党委集体领导制度和民主集中制、党内协商对话制度。按照“保持廉洁、提高效率”的要求，完善“两公开一监督”制度，各级领导干部自觉接受民主监督、法律监督和舆论监督，先后出台《领导班子议事规则》《基层党委工作暂行条例》《基层党支部工作暂行条例》《干部调配纪律的若干规定》《干部回避制度》，充实完善党组织议事规则，推进集体领导和个人分工负责相结合制度的落实，确保民主集中制的实行。2003年，以建立“选拔任用干部的科学机制”和“管理监督干部的科学机制”为重点，制定出台《干部监督工作联席会议制度》《贯彻民主集中制的若干规定》。

①九个一：召开一次纪念大会，开展一次创建活动，举办一次歌咏比赛，进行一次爱国影片教育，举办一场文艺晚会，读一本优秀共产党员好书，举行一次“我心中的好党员”演讲、征文比赛，为社区老党员做一件好事，举办一次“党的知识知多少”知识竞赛。

【干部队伍建设】

1986年，全区有干部1472人（含党群、政法、农副业、财商业、工交、事业、文教卫生、中小学教师）。其中，妇女750人，占50.95%；45周岁及以下895人，占60.80%。1987年，全区有干部1641人（含国家党群机关、财贸、工业、建设房屋、教育、卫生文化、科研综合技术服务）。其中，妇女821人，占50.03%；45周岁及以下1051人，占64.05%。1990年，全区有干部2102人。其中，妇女959人，占45.62%；45周岁及以下1383人，占65.79%，比1986年提高4.99个百分点。1995年，全区有干部2178人（含行政机关、事业单位、企业单位）。其中，妇女1163人，占53.40%；45周岁及以下1410人，占64.74%。2000年，全区有干部2140人。其中，妇女1170人，占54.67%；45周岁及以下1375人，占64.25%，比1990年下降1.54个百分点；大专及以上学历1087人，占50.79%。2003年，全区有干部2403人。其中，妇女1302人，占54.18%；45周岁及以下1567人，占65.21%；大专及以上学历1514人，占63%，比2000年提高12.21%。2005年，全区有干部3138人（含党政机关、事业单位）。其中，妇女1949人，占62.11%；少数民族10人；大专及以上学历2005人，占63.89%；45周岁及以下2042人，占65.07%；中共党员1130人，占36.01%。各类干部分布情况为：党政机关473人，占15.07%；事业单位2665人，占84.93%。

2005年崇安区机关事业单位干部情况一览表

表15-5-13　　　　单位：人

项目		人数	项目		人数
总数		3138	党派	中共党员	1130
性别	男	1189		民主党派	184
	女	1949	年龄	35周岁（含）以下	1193
民族	汉族	3128		36~45周岁	849
	少数民族	10		46~54周岁	888
学历	研究生	13		55周岁（含）以上	208
	大学本科	595	分布	机关	473
	大学专科	1397		事业	2665
	中专	604		企业	—
	高中（含）以下	529			

说明：上列数据由区委组织部提供。

干部培养与选拔任用　80年代后，为适应党的工作重心转移，本着“稳定、充实、完善、提高”的宗旨，按照德才兼备干部标准和“革命化、年轻化、知识化、专业化”方针，选拔优秀干部充实各级领导班子，逐步完善领导班子群体结构，提高领导干部整体素质。1981~1984年，选拔任用干部152人，其中区级干部16人。1985~1986年，重点加强第三梯队建设，举办2期中青年干部和后备干部培训班，形成一支150名中青年干部组成的基层后备干部队伍。其间，提拔到科级以上的干部71人，其中，35周岁及以下11人，大专及以上学历13人，女性6人。1987~1988年，把工作重点放在实现第三梯队的备用结合上，重点选拔在经济管理、城市管理、政法类干部中条件比较成熟的对象，按1∶1.5的比例，充实健全区级和中层后备干部队伍。实行中青年干部纵向和横向交流，从区级机关抽调中青年干部到基层任职锻炼。对非全日制“五大生”[①]实行领导职务试用制。对领导干部长期缺额、群体结构不合理的领导班子进行调整充实。1988年，副科级以上领导干部中，中专及以上学历51人，占68.92%；45周岁及以下40人，占54.05%，基本形成文化程度较高，以中青年干部为主体、新老合作交替的领导干部队伍。1989~1990年，把优化领导班子结构与后备干部工作衔接配套，突出

①五大生：自学考试、电视大学、夜大学、职工大学、函授大学。

妇女干部和非党干部的选拔和培养。举办2期“团结、开拓”为主题的区管中层干部培训班。推开干部聘任制，推行机关干部下基层代职。1991~1993年，进一步完善和落实后备干部选拔、培养和实职锻炼工作。制定崇安区第一个后备干部培养三年规划（1991~1993），出台《关于组织机关中层干部下基层锻炼的意见》《关于加强和改进干部工作的意见》。在有条件的单位试行党政“一肩挑”。1994~1996年，制定崇安区第二个区管领导班子后备干部队伍建设规划（1994~1996）、关于大力培养选拔优秀年轻干部的工作规划。1996年，全区提拔35岁以下领导干部12人，35周岁及以下的实职领导干部比例由1994年1.5%提高到8%，平均年龄由46.5周岁下降到44.7周岁。1997年，制定崇安区第三个培养选拔优秀年轻干部规划（1997~1999）。选送2名青年干部到市级机关挂职锻炼，输送13名中青年干部到市委、市政府培训班学习。是年，对全区37个领导班子进行调整，调整干部132人，提拔副科级以上干部18人。1998年，全区选拔干部32人，其中，提拔副科级以上干部23人，35周岁及以下6人，平均年龄41.3周岁。至1999年，全区共充实调整后备干部253人，其中副科级后备干部169人。2000年8月，制定《崇安区推进领导班子年轻化规划纲要（2000~2004年）》《关于抓紧培养优秀年轻干部的决定》。开展干部竞争上岗和干部任用“考察公示”试点。是年，提拔副科级干部22人，其中35周岁及以下9人，占40.91%。2名30周岁的年轻干部走上街道党政“一把手”岗位。8个街道党政领导班子平均年龄由46.9周岁下降到44.2周岁。同年，还输送31名中青年干部到市委党校、干校培训。2001~2003年，结合党政机构改革，把一批年轻干部推上领导岗位。2001年提拔59名科级干部，其中，35周岁及以下26人，占44.07%；30周岁及以下13人，占22.03%。选拔2名女干部担任街道办事处主任，女干部担任街道主要领导实现零的突破。选拔2名23周岁的干部到副科级领导岗位。在全市公开招考16名国家公务员、公开招聘8名社区居委干部。是年，全区区管正职领导干部平均年龄46.83周岁，比1999年下降2.27岁，区管副职领导干部平均年龄42.94周岁，下降3.16岁。8个街道领导班子成员平均年龄42.8周岁，下降1.7岁，党政一把手平均年龄40.8周岁，下降5岁，年龄在35周岁及以下的领导成员由原来2名增至5名，大专及以上学历由70.3%提高到77.6%。2003年，提拔43名科级干部，其中40周岁及以下占67.19%。提拔到科级领导岗位上的18名干部全部实行试用期制。凡提拔科级领导干部，均通过民主推荐、民主评议、民主测评、组织考察、常委讨论、任前公示等程序。2004年，以加强年轻干部的教育、培养和管理为重点，128名后备干部平均年龄34.7周岁，其中30周岁及以下的37人；党员89人，占69.53%；大专及以上学历90人，占70.31%。是年，选拔31名年轻干部走上领导岗位，选送2名年轻干部到市有关部门挂职锻炼。对新提拔的年轻干部进行跟踪考察，对提拔不满两年的年轻干部实行每年述职和廉洁自律情况书面上报制度。2005年，选送13名优秀年轻干部到区信访办公室、先进性教育办公室以及街道挂职锻炼，促进年轻干部健康成长。

【干部人事制度改革】

1984年起，除区委正、副书记，区人大常委会正、副主任，区政府正、副区长，区政协正、副主席由市委管理外，正、副科长全部下放到区管理。嗣后，依据市委组织部、市人事局制定的有关国家机关工作人员职务任免的意见，区各委、办、局（科）的主任、局（科）长，由区长提请区人大常委会决定任免；区各委、办、局（科）的副职和街道办事处正、副主任由区长提请区政府任免；区各工作部门的股长、副股长由部门决定，提请区人事部门任免。1986年，区政府组成部门的正职任免由区委向区政府党组提名，区政府党组讨论通过后，区政府以区长名义提请区人大常委会任命，经区人大常委会表决同意后下达任命书。逢历届人大换届，区政府组成部门正职均重新任命。区政府组成部门的副职、各街道办事处正副主任和直属单位负责人任命，由区委向区政府党组提名，经区政府党组讨论通过后，由区政府下发任免文件。区属企事业单位正、副职负责人由区委组织部管理；机关部门一般干部（含内设科室负责人）由区人事部门管理。学校教师由区教育部门管理。1992年8月，按照市委组织部、市人事局拟定的有关规定，党政群机关科级干部按职数比例任免，并依照干部管理权限和程序、手续任免干部。1997年4月，国家政府部门干部过渡为公务员，党群、政法干部参照公务员管理。根据无锡市国家公务员职务任免实施细则和德才兼备、任人唯贤、党管干部的原则，公务员职务实行委任制，部分职务实行聘任制，科级干部推行竞争上岗制。由区人民政府任免本级政府工作部门、直属机构、街道办事处的科员、办事员；区人民政府任免科级领导职务和科级非领导职务，报送市人民政府人事部门备案。干部任免由所在单位或上级提出任职人选，按照任职条件对拟任人选进行考核，按照管理权限，由有关机关领导集体讨论决定，并填写《国家行政机关科级公务员职务调整情况表》，晋升职务的还须填写《国家公务员职务晋升资格审核表》。迄2005年未变。

2000年，对男满55周岁、女满50周岁的区管领导干部实行退二线制度。同时，区出台《区管领导干部任前公示制》和《区管领导干部引咎辞职制》。2003年，制定《关于调整不胜任现职领导干部的试行办法》。2004年，以构建民主开放的组织工作新机制为重点，本着“公开透明、平等竞争、社会参与、民主选择”的原则，试行区委常委会票决制、全委会票决制。2005年，区委进一步建立完善干部选拔任用、干部监督管理等16项制度，出台《崇安区“公推竞岗”选拔科级领导干部暂行办法》，采用“公推竞岗”“公推竞选”等方式，选拔科级领导干部。面向全市公推竞选职位2个，全区公推竞岗职位3个，面向部门竞争上岗职位1个，并对副科级干部进行任期制试点。

【知识分子工作】

80年代起，区委成立落实知识分子政策办公室，逐步落实知识分子有关政策。1986年，按照市《关于落实知识分子政策检查验收工作的意见》相关政策，处理有关恢复干部性质、革命工作时间、申诉、处分等7件历史遗留问题。对1983~1985年间152名知识分子入党情况进行调查。区出台开展专门人才需求预测工作的意见。1987年，重点转向做好经常性、全局性的知识分子工作。开展“尊重知识、尊重人才”的宣传教育，区委出台《关于与知识分子开展谈心活动的通知》，把中级技术职称的专业技术骨干作为工作重点，在区工业、文化教育、医院等6个单位挑选29名拔尖人才（工程师、会计师、主治医师职称以上和自学成才确有专长的中青年知识分子）建档立卡，建立联系制度。1988年6月，组织召开崇安区人才问题研讨会，形成进一步转变观念、改进作风、深化改革、引进人才、健全网络等意见。1989~1992年，区建立知识分子工作协调会议制度，出台《关于加强党的组织建设保证经济建设顺利发展的意见》，把招贤纳才作为考核党委主要负责人工作实绩的主要内容。成立区科委和科协，建立基层科协，发挥区科协在扩大技术交流和人才培训中的作用。1994~1995年，召开全区知识分子工作会议，建立科技、教育工作者俱乐部，成立卫生、医务学会、综合工程协会、会计学会。选送237名知识分子参加市区党校培训，113名知识分子参加区党外积极分子培训班学习。26名知识分子被授予1992~1994年度崇安区优秀科技工作者称号。1997~1998年，区出台《关于落实人才工程目标任务的若干意见》，在企业实施人才工程，先后引进各类经营管理人才13人，从外地引进11名大学生到区属企业工作。2000~2004年，围绕解决工商企业人才流失、高层次人才难引进等问题，开展高层次人才、紧缺人才（现代服务业经营管理、现代城市建设、外经外贸）、辖区非公经济组织高层人才的专题调研，形成《楼宇经济组织人才队伍建设调研报告》，建立3种“紧缺人才”信息库，为进一步加强人才队伍建设提供依据。2005年，区成立科技创新及人才工作领导小组，建立健全领导小组联席会议、重要工作报告等5项规章制度，筹集区科技发展基金100万元。编制完成“十一五”人才队伍建设规划。举办以服务业发展为主要内容的第九期中青年干部培训班，重点培训现代服务业、招商引资等方面的专门人才。

第四节　党校工作

1980年，中共崇安区委党校（以下简称区委党校）恢复建制后，围绕全党中心任务和区委、区政府中心工作，协同区委组织部、宣传部，持续组织区委管理领导干部的全员轮训、中青年干部的分期培训，以及基层单位管理人员的专题培训，着重提高领导干部的理论水平、政策水平和领导能力。开展马克思主义基本理论、原理和党的路线、方针、政策的教育，学习邓小平理论、“三个代表”重要思想和科学发展观，特别是学习社会主义初级阶段理论和社会主义市场经济理论。与此同时，注重领导干部必备管理知识、文史知识、专业知识和现代科技知识的学习，拓宽知识面，提高干部理论素质。结合实际，组织对国内外形势和改革开放热点、难点问题的研讨，立足教师讲授和自学、讨论、参观考察、社会调研相结合。1986~2005年，举办各类培训班131个，培训学员9346人次。1986年后，区委党校还设中央党校、省委党校函授学院崇安辅导站，1986~2004年共举办14个学历班，学员879人。

【机 构】

区委党校始建于1960年5月，1965年，精简机构被撤销。1980年，恢复建制，更名党训班。1988年，改称区委党校，并挂牌崇安区干部行政学校，实行“两块牌子、一套班子”体制。区委党校为全民事业单位，编制职数5人。专职教师由1985年2人发展到2005年3人，其中高级讲师2人，助教1人；兼职教师由1985年14人减少到2005年8人。80年代，校长由区委副书记兼任，1991年改由区委宣传部部长兼任；2001年后改由区委书记兼任。日常工作由常务副校长主持。1980年，恢复区委党校建制时，校址在大娄巷15号。为改善办学条件，1991年初，区委将人民东路1号原亭子桥小学校舍划归党校。是年11月，迁至该址办学。1998年7月，区投资100万元将位于上马墩塔影二村28号的塔影二村幼儿园置换给区委党校。2002年1月，又将人民东路22号原崇安饭店用房划归党校。是年8月和2003年6月，因市政建设需要，位于人民东路的两处校舍先后被拆除。2002年8月起，区委党校搬迁至塔影二村28号办学，占地2335.7平方米，校舍及辅助用房500平方米。迄2005年未变。1986~2005年，兼任区委党校校长有：徐忠强、余炳源、陈志娟、管海燕、冯国鹏、蒋伟坚。

【领导干部轮训】

1986年，区委党校会同区委组织部、区委宣传部对区管领导干部开展正规化理论教育，重点学习《马克思主义哲学》《政治经济学》《中国革命史》和《法律常识》。1987~1990年，学习《坚持四项基本原则、反对资产阶级自由化》和《建设有中国特色社会主义》，批判否定社会主义制度、否定党的领导的错误思潮，坚持政治原则，坚定正确的政治方向。1991~1996年，学习社会主义市场经济理论、邓小平视察南方重要谈话和《邓小平文选》第三卷，系统地理解中国特色社会主义理论体系、战略意义、运行规律，解放思想、更新观念，增强把经济搞上去的紧迫感。其间，举办各类培训班56期，轮训3186人次。1997~2000年，学习中共十四届六中全会《关于加强社会主义精神文明建设若干重要问题的决议》和江泽民“讲学习、讲政治、讲正气”的讲话，加强思想建设。全区283名副科级以上干部全部轮训一遍。2001~2005年，学习江泽民庆祝建党八十周年讲话、中共十五届六中全会《关于加强和改进党的作风建设的决定》和“十六大”文件，增强领导干部的政治坚定性和贯彻党的基本路线的自觉性。1986~2005年，共举办区管领导干部培训班59个，轮训3751人次。

1986～2005年崇安区科级干部理论进修班一览表

表15-5-14　　单位：个、人

年 份	班级数	人 数	主 要 学 习 内 容
1986	4	200	《马克思主义哲学》《政治经济学》《中国革命史》《法律常识》
1987	7	178	《坚持四项基本原则，反对资产阶级自由化》《建设有中国特色社会主义》
1988	5	253	“十三大”报告《沿着有中国特色社会主义道路前进》、人民日报社论《走向未来的新起点》

续表15-5-14

年份	班级数	人数	主要学习内容
1989	1	32	社会主义商品经济理论、领导科学、新科学讲座
1990	3	173	《关于社会主义若干问题学习纲要》《马克思主义哲学纲要》
1991	2	121	中国共产党七十年奋斗历程、当代中国共产党人的庄严使命、进一步加强党的领导
1991~1993	5	245	《中国共产党的七十年》《新时期党的建设》、社会主义市场经济理论、(1992年后增加邓小平视察南方重要谈话)
1994	3	120	邓小平文选第三卷
1995	2	129	《邓小平理论纲要》
1996	2	137	《邓小平理论纲要》
1997	3	298	"十五大"报告《高举邓小平理论伟大旗帜，把建设有中国特色社会主义事业全面推向21世纪》、中共中央《关于加强社会主义精神文明建设若干重要问题的决议》
1998	2	130	江泽民"讲学习、讲政治、讲正气"
2000	4	283	致富思源、富而思进
2001	3	287	江泽民在庆祝中国共产党成立八十周年大会上的讲话
2002	3	228	中共十五届六中全会《关于加强和改进党的作风建设的决定》
2002	1	26	行政管理、领导科学
2003	3	270	"十六大"报告《全面建设小康社会，开创中国特色社会主义》
2004	3	322	中共十六届三中全会《完善社会主义市场经济体制的决定》
2005	3	319	中共十六届四中全会文件

说明：以上数据由区委党校提供。

【中青年干部培训】

80年代后，区委党校会同区委组织部对中青年干部进行培训，培训班采取军训、理论学习、社会调研、撰写论文和论文答辩等多种教学方法，提高中青年干部的综合素质。1988年，举办第一期区中青年干部培训班。1997年，举办入党积极分子培训班，培训117人。1998年，会同区委组织部召开全区青年干部成长经验交流会，举办青年干部读书班，有253人参加。2003~2004年，又举办2期入党积极分子培训班，培训204人。1988~2005年，共举办各类中青年干部培训班11个，培训后备干部386人。

1988～2005年崇安区区管中青年干部培训班一览表

表15-5-15　　单位：个、人

年份	班级数	人数	主要学习内容
1988	1	24	恩格斯《社会主义从空想到科学》、《领导科学概论》、管理心理学、公共关系
1992	1	26	"十四大"报告、邓小平视察南方重要谈话、政治经济理论
1993	1	41	《邓小平文选》第三卷、对外经济贸易、"三资"企业管理、企业股份制改造、关贸总协定
1994	1	37	中国特色社会主义、社会主义市场经济理论、领导科学、党的建设
1995	1	38	社会主义市场经济理论、现代管理、领导科学、法律
1997	1	44	中国特色社会主义理论、社会主义市场经济理论与实践、领导与管理科学、法律、行为规范
2000	1	48	邓小平建设有中国特色社会主义理论、江泽民"讲学习、讲政治、讲正气"、"三个代表"重要思想、经济知识、领导与管理
2001	1	25	邓小平理论、"三个代表"重要思想、领导科学、经济管理
2003	1	30	现代商业、税源经济、招商引资、城市经营、城市管理、服务型政府、社会稳定
2004	1	42	服务贸易和服务产业、税源经济、城市经营、城市管理、服务型政府
2005	1	31	宏观经济环境、崇安次分区规划与建设、区服务业发展构想、招商引资实务

说明：1. 其中1988年、2001年为已上岗中青年干部进修班。2. 以上数据由区委党校提供。

【基层干部培训】

80年代后，区基层干部培训主要围绕全党的中心任务、结合各个时期的中心工作进行，以区委党校（干校）为阵地，协同有关部门力量开展培训。培训班结合基层干部的特点，加强实践知识和现实问题的研讨；重视业务能力的培训和提高，学习基层工作急需的理论知识、管理知识和专业知识，提高执行力和创造力。迄2005年，区委党校先后会同区委组织部举办正规化理论教育班、“十三大”文件学习班、政工干部培训班、基层党支部书记培训班、“十四大”文件学习班等；会同区人事局举办公务员转岗培训班、法律法规培训班；会同区妇联、区司法局等部门举办组织、宣传、妇联、司法干部培训班；会同区组织部举办街道公司经理厂长培训班、居委主任书记培训班等各类培训班61个、培训5209人次。

1986～2005年崇安区基层干部培训情况一览表

表15－5－16　　　　单位：个、人

名　称	年份	学习对象	班级	人数	主　要　内　容
正规化理论教育班	1986	区机关、街道、企事业单位干部	19	1973	《马克思主义哲学》《政治经济学》《中国革命史》《法律常识》
“十三大”文件学习班	1987	区机关、各街道干部	5	253	“十三大”报告文件、人民日报社论《走向未来的新起点》
街道公司经理厂长培训班	1988	经理、厂长	2	56	社会主义商品经济、外向型经济、企业管理
居委主任书记培训班	1989	居委主任、书记	2	165	居委工作业务知识、党的实务知识
政工干部培训班	1990	区机关、街道、事业单位政工干部	2	54	党建基础知识、思想政治工作概论
基层党支部书记培训班	1990	区基层党支部书记	1	41	《党支部工作讲话》
基层居委书记培训班	1991	基层党支部书记、居委党支部书记	2	70	党的历史和党建理论
“十四大”文件学习班	1992	区机关干部	3	142	“十四大”文件
经济专业知识培训班	1993	区政府职能部门干部、企业厂长、经理	3	163	邓小平文选第三卷、对外经济贸易、“三资”企业管理
中共十四届四中全会精神学习班	1994	区机关干部	2	145	《中共中央关于加强党的建设几个重大问题的决定》
厂长经理培训班	1995	厂长、经理	1	28	企业管理、营销管理、外资引进
公务员转岗培训班	1996	全体公务员	5	667	《公务员暂行条例》《国家公务员制度》《机关工作人员行为规范》
中共十四届六中全会精神学习班	1997	全体干部	3	667	《中共中央关于加强社会主义精神文明建设若干重要问题的决议》
法律法规培训班	1998	区机关干部	2	130	法律、法规
基层党支部书记培训班	1998	基层党支部书记	1	86	党支部业务工作
组织宣传妇联司法干部培训班	1999	组织、宣传、妇联、司法干部	3	239	业务知识
中共十五届五中全会精神学习班	2001	区机关干部	4	281	中共十五届五中全会文件
居委书记培训班	2003	居委书记	1	49	党支部工作实务

说明：以上数据由区委党校提供。

【干部学历教育】

1986年后，突出干部学历教育培训。区委制定全区干部培训计划，对432名40周岁以下未达到高中（中专）文化程度的干部进行高中（中专）文化补习，并组织43名中层干部上电大、夜大、函大、党校等大专班学习。至1990年，全区干部高中（中专）学历培训全面完成。与此同时，区委党校于1986年起建立中央党校函授学院江苏分院无锡学区崇安辅导站。1986年9月至1989年7月，举办大专政治专业班（学制3年）1个，学员61人。1988年7月至1990年6月，举办省委党校函授学院崇安行政管理专业中专班（学制2年）1个，学员70人。1992年9月至2001年4月，举办经济管理专业本科班（学制2年半）7个，学员203人。1993年9月至2004年7月，举办经济管理大专班（学制3年）9个，学员545人。

1986~2004年，先后培养函授中专、大专、本科毕业生879人。

【教学理论研究】

区委党校在搞好教学的同时，注重开展对重大理论问题和实际问题的研究，为提高教育质量服务，为区委、区政府科学决策服务。1992~2005年，10余名教师先后撰写各类科研论文和调研报告53篇。其中，董学斌于1992年撰写的《提高党校干部培训质量的两个重要因素》，孙晓兵先后于1994年、1996年、2004年撰写的《试论实行租赁制企业的党建工作》《社会主义精神文明贵在坚持、重在建设、严在管理》《以人为本与科学发展观》，吴德怡先后于1998年、2002年撰写的《浅谈青年干部的党性修养》《从苏共败亡谈执政为民》，杜苇霞于1995年撰写的《新形势下进一步提高对外开放水平的几点思考》7篇科研论文获无锡市党校系统优秀论文奖。孙晓兵撰写的《关于依法治国的思考》获无锡市党校系统优秀科研三等奖，《浅议民主集中制的科学性、效率性、合理性》（1995）一文在江苏《劳动学习与研究》杂志发表，并被中国人民大学书报资料中心收集转载。与此同时，区委党校还与有关单位合作出版《邓小平思想宝库》（1992）《中国共产党党史、军史之最》（1992）《现代市场营销学》（1994）《市场经济条件下的思想政治工作》（1996）4部专著。2001年，市级立项研究课题《社区文化建设》通过专家评审结题。1999年，区委党校还荣获无锡市党校系统优秀科研组织奖。

第六章　思想建设

80年代后，区委根据各个历史时期的任务，采取多种形式，向广大干部、党员和人民群众进行党的基本路线、方针、政策的宣传，团结和引导广大干部群众接受新思想，确立新观念。深入宣传坚持党的四项基本原则、党的工作重点转移和改革开放的方针政策。宣传中共十三大、十四大、十五大文件精神，系统组织广大党员领导干部进行马克思列宁主义、毛泽东思想、邓小平理论、"三个代表"重要思想和科学发展观的理论学习，对广大党员进行党的基本知识的教育，对干部群众进行坚持走中国特色社会主义道路的教育，推动思想解放，加快改革开放步伐，为社会主义物质文明和精神文明建设不断作出新贡献。

第一节　理论教育

【干部理论学习】

1986年，组织学习《法学概论》，并进行考试。1987年，学习邓小平《坚持四项基本原则，反对资产阶级自由化》和《建设有中国特色社会主义》2本书。1989~1990年，贯彻中共十三届五中全会精神，学习中共中央关于进一步治理整顿和深化改革的决定，组织学习马克思主义基本理论、党的基本路线、党的基本知识，以及《马克思主义哲学纲要》。1991年，学习贯彻中共十三届七中全会精神，按照中组部提出的"十项纪律""七个规定"的要求，开展普纪教育。1992~1993年，组织学习邓小平视察南方重要谈话，重点学习《邓小平关于建设有中国特色社会主义专题精编》和《邓小平文选》第三卷。举办干部轮训班和"建设有中国特色社会主义理论"专题读书班，组织辅导讲座3次，下发《党员基层干部理论学习读本》600册。1996~1997年，贯彻中共十四届三中全会精神，重点学习

区委八届五次全会通过关于学习贯彻党的十六大精神的决议（2002） （区委办公室供稿）

《关于加强社会主义精神文明建设若干重要问题的决议》。举办区管干部学习“十五大”精神培训班，以学习邓小平理论为主线，进行市场经济知识教育、法律教育和道德观、人生观、价值观教育。1998~1999年，在党员干部中开展学十五大报告、学党章、学转制知识“三学”活动，举办纪念中共十一届三中全会20周年理论研讨会，重点学习邓小平理论和中共十五届三中全会文件以及《建设有中国特色社会主义若干问题学习纲要》，组织全区中层领导干部自学理论统一考试，开展领导干部“述学、评学、考学”活动。2000年，区委贯彻中共十五届四中、五中全会精神，以“三讲”教育为契机，组织学习江泽民致富思源、富而思进“双思”和“三个代表”的重要思想，提高广大干部对“三个代表”是立党之本、执政之基、力量之源的认识。组织举办“学好新知识、当好新世纪合格领导者”主题读书活动。2001年，组织学习中共十五届六中全会《关于加强和改进党的作风建设的决定》和江泽民“七一”重要讲话，进行“八个坚持、八个反对”的教育，开展争创“团结、廉洁、高效、开拓”好班子活动。对全区200多名副科级以上干部进行轮训。利用基层党校阵地，举办各类党员干部轮训班85期，受训党员、干部6000多人次。广瑞路街道党校先后被评为省先进党校、市红旗党校。工运路街道党校、崇安寺街道党校分别被评为市先进党校。2002年，以学习贯彻“十六大”精神为主线，学习江泽民“三个代表”的重要思想和“5·31”重要讲话，组织举办4期区管领导干部学习全会精神读书班。在全区开展增创新优势，增强竞争力“双增”主题教育活动，重点进行“坚持开拓进取，增强创新能力”“坚持率先发展，增强综合竞争力”“坚持优化环境，增强可持续发展能力”3个专题教育。区四套班子领导赴南京及北塘、南长、新区等兄弟城区考察学习，推动“双增”主题教育活动深入开展。利用基层党校、市民学校、员工学校，在广大党员中开展“思想领先，兴业争先，开拓率先，奉献在先”的教育。对全区宣传干部进行为期5天集中培训，并赴浙江等地学习考察精神文明创建工作。2003年，组织学习中共十六大、十六届三中全会文件和胡锦涛“七一”重要讲话。在全区开展“两个务必”主题教育。举办区管干部学习“十六大”精神读书班，开展争当无锡“两个率先”先导区、示范区的主题教育活动。组建“两个率先”主题教育活动宣讲团，举办“两个率先”知识竞赛。还以创建学习型机关为龙头、学习型社区为核心、学习型家庭为基础、学习型企业为重点，推动全民学习、终身学习氛围的形成。2004年，重点学习中共十六届三中、四中全会和胡锦涛视察江苏重要讲话，组织举办3期区管领导干部学习十六届三中全会精神读书班，树立和落实科学发展观，推进崇安区争当无锡“两个率先”先行者的进程。组织行政许可法等专题学习。成立全市首家民营企业党校，扩大理论学习的覆盖面。2005年，以贯彻中共十六届四中、五中全会精神为主线，开展加强党的执政能力和先进性建设、树立和落实科学发展观、构建和谐社会的学习教育活动。全区分2批组织开展保持共产党员先进性教育。举办“争创两个率先，争当创新楷模”为主题的创新提升大讨论，征集意见建议1000余条。

【中心组学习】

20世纪70年代起，建立区委常委会中心组学习制度。每周三、五为学习日，学习马列主义理论、党的方针政策和上级有关重要文件。1987年起，参加中心组理论学习的对象扩大到区“四套班子”（区委、人大、政府、政协）领导成员。1991~1995年，重点抓副科级以上领导干部的政治理论学习，使中心组学习制度落实率提高到90%以上，并建立健全机关和企事业单位全员政治学习制度的检查考核机制。1996年3月，区委出台《关于健全中心组学习制度，加强领导干部理论学习的意见》。坚持以各级党委中心组学习为龙头，进一步健全领导干部理论学习制度，由区委宣传部负责制订落实学习计划，不定期组织督促检查。2002年，中心组学习制度进一步得到加强。区委把中心组学习作为提高干部理论水平、增强自身修养的平台，沟通思想、统一认识的桥梁，理论联系实际的渠道，基本做到有计划、有制度、有笔记、有学习记录，结合实际，突出重点，学习质量不断提高。2003年，区委出台《关于加强和改进区委中心组学习的意见》，坚持把理论武装工作作为思想工作的首要任务。加强对全区各级中心组学习的指导，举办全区中心组学习经验交流会。2005年，中心组以加强党的执政能力建设、树立和落实科学发展观、构建和谐社会、保持共产党员先进性为学习专题，推进各级党委（党组、总支）中心组的理论学习。中共十六届五中全会召开后，区委召开党政联席会议，区五套班子领导专题学习、座谈中共十六届五中全会精神，结合崇安区实际，讨论研究制定区“十一五”发展规划思路。是年，区委中心组组织集中学习27次、81学时。

第二节　思想教育与研究

【形势任务教育】

80年代后，区委组织干部群众学习宣传党的实事求是的思想路线、新时期总路线总任务、党的工作重点转移和改革开放的方针政策，系统学习《关于建国以来党的若干历史问题的决议》，正确认识毛泽东的历史地位和毛泽东思想的科学体系，进行思想理论上的拨乱反正。1987~1990年，开展坚持四项基本原则，反对资产阶级自由化的正面教育，本着“稳定、鼓劲”的要求，开展“三谈三增三树立”[①]的宣传教育。并结合实际，开展“六爱三评”[②]活动，以评促教，推动社会主义思想教育的不断深化。1991~1992年，贯彻中共十三届七中全会精神，开展以“四好一创”[③]为主要内容的社会主义思想教育活动，通过职工政治学校，对35岁以下青工定期进行轮训。1993年后，重点把邓小平建设有中国特色社会主义的理论武装全体党员和干部群众，贯彻中共中央提出的“抓住机遇，深化改革，扩大开放，促进发展，保持稳定”的方针，把加快发展作为主旋律，围绕“拼搏兴崇安，两年翻一番”的奋斗目标和坚持“三产兴区，外向带动，多元多向，效益优先”的发展思路，进行宣传教育。1995年，用中共十四届五中全会精神统一思想，强化发展意识，按照市委、市政府对城区工作提出的“两个提高、三大贡献”[④]的要求，围绕区委、区政府提出的努力实现“三个领先”[⑤]目标，进行宣传教育。1997~1998年，宣传中共“十五大”精神，组织学习“十五大”报告，高举邓小平理论伟大旗帜，自觉运用科学理论指导工作，加深对社会主义初级阶段理论的理解，坚持党的基本路线和基本纲领，集中力量加快发展。按照区委七届四次全会提出的实施以培植税源为核心的区域经济发展战略，重塑经济发展新格局，推进经济增长方式的根本性转变，进行宣传教育。开展“看成就、话改革、争贡献”为主题、纪念中共十一届三中全会召开二十周年的宣传教育活动。1999年，以庆祝新中国成立五十周年、澳门回归祖国等重大活动为契机，开展新中国成立特别是改革开放以来“两个文明”建设巨大成就的宣传教育，党的基本理论、基本路线和基本方针的宣传教育，爱国主义、集体主义、社会主义的

---

①三谈三增三树立：谈长期持续稳定协调发展的方针，谈治理整顿的成果，谈十三届四中全会以来党风和社会风气的巨大变化；增加对国情和治理整顿难度的了解，增进维护稳定和团结的自觉性，增强克服困难的信心；树立主人翁的意识，树立艰苦奋斗过几年紧日子的思想，树立困难就是机遇、迎难而上的大无畏精神，为治理整顿、深化改革作贡献。

②六爱三评：爱党、爱国、爱人民、爱家、爱集体、爱社会主义制度；评文明单位、评文明家庭、评文明职工。

③四好一创：中国共产党好、社会主义制度好、社会主义祖国好、水资源发展前途好，社会主义优越性要靠我们创造。

④两个提高、三大贡献：提高国民生产总值和“三产”增加值占全市的比重，为增强城区实力、增强城区功能、增强城区管理服务水平作贡献。

⑤三个领先：增强发展后劲领先一步，提高城区综合经济实力和素质领先一步，提高城区建设管理服务水平领先一步。

宣传教育。开展对以美国为首的北约集团轰炸中国驻南斯拉夫使馆、台独分子李登辉叫嚣“台湾独立”以及邪教组织迷惑人心的三大政治斗争，加强马克思主义唯物论、无神论的宣传，进行维护社会稳定和爱国主义教育。2000年，在全区开展“三讲”和“双思”等专题教育活动，强化忧患意识、机遇意识、创新意识、市场意识、责任意识，以思想大解放推动经济和社会发展实现新的历史跨越。2001年，围绕区第八次党代会确定的各项任务和实现富民强区、率先基本实现现代化的奋斗目标，开展宣传教育，激发广大干部群众解放思想，振奋精神，开拓创新，艰苦奋斗的热情。2002年，在全区开展“双增”主题教育活动，围绕区委提出的“把加快发展、率先发展作为第一要务，实现经济发展‘三年翻一番’”的工作目标，进行宣传教育。2003年，围绕学习贯彻“三个代表”重要思想，在全区开展“两个务必”和“两个率先”主题教育活动。区委成立“两个率先”主题教育活动宣讲团，深入乡村、社区、企业宣讲，组织“两个率先”知识竞赛。在《今日崇安》开设“打造特色优势，力争两个率先”和“坚持两个务必、实践三个代表”专栏，集中展示先进集体、优秀党员和劳动模范风采。在机关、企业、社区、村镇开展学习型、创新型社会创建活动，并召开“两个率先”主题教育经验交流会。2004年，学习胡锦涛视察江苏时的重要讲话精神，贯彻牢固树立和落实科学发展观重大战略思想，区委成立形势任务教育宣讲团，举办“科学发展观”“国内外形势”“软实力与和平崛起”等专题报告会，围绕区委提出的争当无锡“两个率先”先行者的总体目标和“争先进位、跨越发展”的总要求，开展宣传教育。2005年，围绕区委提出的“十一五”发展规划建议，构建“无锡服务业核心区、城市文化特色区、创业安居首选区”的三大目标定位，开展宣传教育。开展争先进位、争先创优等主题实践活动，充分调动广大干部群众的积极性、主动性、创造性。

【先进典型教育】

90年代后，区委注重宣传典型，表彰先进，用群众身边的人和事进行形象化教育。1991年，结合纪念建党70周年，在全区开展学习焦裕禄、顾鼎元和区优秀共产党员事迹活动，拍摄两部反映区优秀共产党员和先进党组织的电视录像片。1993年，组织区“双文明建设十佳新事”评选，工运路街道陈爱娣夫妇被评为无锡市精神文明“十佳”新事典型。1995年9月，开展向孔繁森、徐虎、王德莉等先进人物学习活动。举办王德莉先进事迹报告会，号召全体共产党员和干部学习她对事业执着追求的奉献精神；至真至诚，情系人民的公仆情怀；认真负责、一丝不苟的工作作风；严于律己、清正廉洁的优良品德；淡泊名利、甘于清贫的道德风尚。1998年，区委树立“崇安区的徐虎——张建平”“小娄巷‘公仆’——张秀智”“白衣天使——章继弘”3个典型。1999年，区委推出区环卫处中山路女子清扫班，作为区社会主义精神文明建设“十佳”典型。2000年7月，区委树立援藏干部任国庆先进典型，举办任国庆先进事迹报告会，号召全区广大干部向任国庆学习，加强党性锻炼，践行全心全意为人民服务的宗旨，保持人民公仆良好形象，保持共产党员先进性，自觉抵制不良思想侵蚀，立党为公，服务为民，立足岗位，奉献社会。2003年，区委树立人民路街道东河花园社区“学习型社区”典型，推出邹浩生“18年志愿当里弄‘讲师’”等新人新事。2004年，区委树立富民强村好书记沈继勋典型，后被无锡市委作为全市落实科学发展观的6个先进典型之一。是年，还推出优秀民营企业家顾德元、杨子亮等先进人物。后顾德元入选江苏省50名优秀民营企业家，杨子亮入录《江苏民营企业成功创业案例精选》。2005年，区委树立名典咖啡李继锁等青年创业典型，推出广益副食品市场共产党员示范摊位，宣传优秀共产党员、私营业主杨体康的创业业绩。在先进性教育活动中，树立许昌、赵大松、沈继勋、荣文庆、甘秀娟等一批优秀共产党员典型。

【思想政治工作研究】

1984年5月，成立区思想政治工作研究会（以下简称区政研会），时由区委副书记兼任会长，区委宣传部副部长兼任秘书长，区各部委及街道党委书记任委员（理事）。1985年，在文化教育、商业、工业、公安、机关5个基层研究分会的基础上，又成立各街道、区房管局、区人民医院、区环卫所等10个研究小组、5个学组，全区形成全方位、多部门、多学组的思想政治工作研究体系。是年2月，召开首届年会，交流思想政治工作研究成果和经验，表彰1984年度思想政治工作优秀论文8篇。同年，组织开展城市经济体制改革中职工思想问题调研，召开实行厂长负责制后党政工工作座谈会、理想教育研讨会。1986年3月，召开第二届年会。改选会长、副会长、秘书长、理事，产生第二届理事21人，会员86人。表彰1985年度思想政治工作研究活动积极分子21人，评出优秀论文30篇，其中，《中等城市城区政治工作初探》一文在南通召开的“十城市思想政治工作研究网络会”上典型交流。是年，还组织对区属企事业单位职工素质现状千人问卷调查，召开“端正党风”研讨会。1987年5月，召开年会，表彰基层研究会（研究小组）7个、理论研究积极分子38人，评出优秀论文10篇，其中，《浅谈中心城区思想政治工作的地位和作用》一文获市优秀论文三等奖。是年，先后开展研讨交流活动23次，730多人次参加。同年，组织对基层政工干部队伍现状的调研，区委据此出台《关于加强政工队伍建设的若干规定》。区政研会再次被市职工思想政治工作研究会评为无锡市先进思想政治工作研究会。1988年4月，召开年会，表彰先进研究分会（小组）10个、研究活动积极分子49人，评出优秀论文17篇，其中有2篇论文被市《研究与参考》杂志刊用。全区建有14个分会、42个研究小组、16所业余党校。各级研究会、研究小组分层次、多渠道开展理论研讨、经验交流、新闻发布、信息传递、协商对话、形象设计、典型演讲、成果展览等研讨交流活动38次，1600多人次参加，交流研讨论文和经验材料近200篇。1989年5月，召开年会，选举产生由30名理事组成的第三届理事会。表彰思想政治工作先进研究会4个、思想政治工作研究活动积极分子34人。是年，全区各级研究组织开展理论研讨会、学习心得交流活动80余次，2000多人次参加，交流研讨论文和经验材料200多篇，评出优秀论文12篇。先后2次召开“关于建立思想政治工作新格局”研讨会。1994～1995年，区政研会着重围绕在社会主义市场经济体制下，加强宣传思想工作、把握规律、提高效果这一课题展开研究。多次组织基层党建工作调研。1996年，着重围绕贯彻《关于加强社会主义精神文明建设若干重要问题的决议》，结合全市开展的“城市形象与市民素质”大讨论，就加强思想道德建设，建立道德体系，提高全社会道德水准开展研究活动。1997年1月，召开年会，选举产生第五届理事会。是年，围绕“推进经济体制改革，实现两个根本转变”“创建文明小区、文明单位”“干部群众关注的难点热点”等问题，开展研讨活动。1998年1月，召开年会，评出优秀论文21篇，其中18篇论文在市级以上报刊发表。是年9月，举办中共十一届三中全会20周年理论研讨会。1999年9月，召开年会，选举产生第六届理事会，会长改由区委常委、宣传部部长兼任。是年，着重贯彻落实中共中央《关于加强和改进思想政治工作的若干意见》，区委把思想政治工作纳入全区双文明建设目标考核体系，作为考核领导班子和领导干部政绩的重要依据。同时调整完善区政研会组织机构，建立健全各项制度。2000年起，健全区街两级思想政治工作联席会制度，组织检查考核、信息反馈、经验交流。是年11月，召开年会，调整区政研会组织机构，修订章程，确定新时期思想政治工作理论课题20多个。评出优秀论文24篇。2001年，区政研会把工作重点放在基层，抓薄弱环节，实行分类指导，扩大基层思想政治工作的覆盖面。把社区思想政治工作与文明城市创建工作相结合，企业思想政治工作与生产经营活

区思想政治工作研究会2002年年会（2002）　　（区委宣传部供稿）

动相结合，思想政治工作与群众性精神文明创建活动和健康的文化体育活动相结合，注重发挥基层党校、市民学校、文化馆（站）、爱国主义教育基地以及企业报、宣传栏等宣传教育阵地的作用，扩大基层思想政治工作的覆盖面。2002年，主要围绕贯彻中共“十六大”精神，研究探讨新形势下思想政治工作的新途径、新方法、新经验，增强思想政治工作的针对性、有效性。年会调整政研会理事会，重新修订并审议通过《区政研会章程》。评出优秀论文40篇，其中在省级以上刊物发表12篇，市级以上发表30篇。区政研会被评为1999~2001年省优秀思想政治工作研究会。2003年，围绕扩大党的思想政治工作覆盖面，就对象、范围、内容、途径、渠道和方式方法进行交流讨论。年会评出优秀论文38篇。2004年，围绕争当“两个率先”先行者的目标，探索思想政治工作的新途径、新方法和新经验，年会评出优秀论文41篇。2005年，围绕落实和实践科学发展观，构建社会主义和谐社会，以“争当两个率先，争当创新楷模”为主题，开展思想政治工作调研，为全区率先发展提供思想理论保证，促进经济社会沿着科学的轨道发展。

第三节　媒体宣传

1986年，拍摄《崇安新貌》——“美在街巷里弄中”活动花絮录像片，宣传报道全区开展“五讲四美三热爱”活动成果。1987~1988年，市级媒体先后多次宣传报道全区改革开放和两个文明建设新成绩和新人新事。无锡日报以两个专版的篇幅刊登“夸夸我这一辈子”征文活动；无锡电视台播放《区街工业的崛起》专题片；《韧性的战斗——记朝阳服装厂厂长朱俊甫改革的事迹》录入市《改革的足迹》一书。除《无锡日报》头条新闻报道外，《新华日报》《扬子晚报》《工人日报》等省级、国家级报刊以及省、市电台电视台也有许多报道。1989年，编辑《崇安》画册，录制《崇安》和《今日崇安》两部电视录像片，其中，《今日崇安》专题片在无锡电视台播放。是年，《无锡日报》新闻报道140条，其中，《处处“斤斤计较”，时时防微杜渐，崇安区工商局切实加强廉政建设》《崇安区政府试行两公开一监督》《带头示范，严于律己，崇安区党员领导干部认真搞好民主评议》《扫帚铁铲写春秋——记全国先进生产者、环卫女工刘定保》均在头版头条刊登。《今日崇安》国庆专版获专版评比二等奖。1990~1997年，围绕精神文明建设、创建国家卫生城市开展对外宣传。1990年，《无锡日报》报道99篇，其中，头版头条3篇，有《转变机关作风，提高办事效率，崇安区委贯彻整风精神密切联系群众》《崇安区开展迎亚运创“三优”，共建文明街，“文明在无锡”系列活动》《崇安区为创建我市第一条文明街——火车站至三凤桥，邀请一批老居民组成评议队》。1991年，《无锡日报》报道126篇，其中，头版头条4篇，有《崇安区成为烟尘控制区》《听取1400多户意见后，崇安房管局推出“四季服务”》《犁开荒芜的心田——崇安区法院“少年法庭”采访记》《展示共产党人风采，激励群众知党爱党，崇安区开展“我身边的共产党员”演讲活动》。1992年，《无锡日报》报道137篇，其中，头版头条6篇，有《加大改革力度，加速经济发展，崇安区积极调整经济发展目标》《抓住机遇上，认准方向干，崇安区五业并起五轮齐转》《扩大居委会权力，增强居委会合力，崇安区制定放权服务措施》《崇安区整治环境掀起热潮，广泛宣传，发动群众》《崇安公安分局采取切实措施，保障夜间娱乐夜宵业治安秩序》《周山浜街道开展“我为改革做贡献”大讨论》。1993年，《无锡日报》报道71篇，其中，头版头条4篇，有《增强市场科技意识，实施“外向带动”战略，崇安区跨越式发展区街经济》《外引资金技术，内部深化改革，周山浜街道重点发展骨干企业》《“外向带动”、“引水养鱼”，崇安区推动区街经济实施战略转变》《崇安区街道第三产业异军突起》。1994年，《无锡日报》报道91篇，其中，头版头条7篇，有《崇安评为拥军优属模范区》《“黄金地段”创出“黄金效益”，崇安区三产兴区跨大步》《崇安区属商业透视亮点，上半年销售收入和利润名列全市同行榜首》《火车站广场一期和县前街工程竣工，我市昨举行隆重通车仪式》《珠落玉盘春秋吟——中心城区崇安区巡礼》《切实转变机关干部作风，崇安区“三服务”活动扎实深入》《崇安区积极实施市政府为民办实事重点工程，上马墩旧危房改造项目进展顺利》。1995年，《无锡日报》报道164篇，其中，头版头条10篇，有《崇安“三产兴区”景象繁荣》《崇安区党风廉政建设收到实效，抓教育、建制度、严惩处、正行风》《学先进真抓实干，创一流勇于开拓，崇安争建文明城区》《联系实际，付诸行动，崇安广泛开展学习孔繁森活动》《加大整治力度，改善市容市貌，崇安环境综合整治掀热潮》《里弄角落飞出“金凤凰”，田基浜居委借“智”引才办企业》《人民的好法官——记崇安区法院市劳模王德莉》《崇安区发起学习王德莉活动》《磨砺一身正气，弘扬两袖清风，崇安法院党支部抓廉洁促勤政》《市民夙愿，政府宏愿，崇安寺进入再造辉煌新时期》。1996年，《无锡日报》报道125篇，其中，头版头条5篇，有《崇安法院审理借贷案件灵活果断，依法为金融单位清收呆滞等性质贷款5308万元》《崇安区上下开展送温暖活动》《再造繁华地——崇安区高起点发展三产纪事》《整治环境、美化无锡，崇安推出八项措施》《清扫日当午，大汗洒尘土，工运路街道整治环境迎难而上争创佳绩》。1997年，市级新闻媒体报道300余篇，其中《无锡日报》新闻报道130条，头版，头条5篇，有《群众满意是他们的心愿——崇安寺派出所树文明新风纪事》《把查信办案作为反腐斗争突破口，崇安切实加强党风廉政建设》《发挥“级差地租”优势，加快“优二进三”步子，崇安区抓内治外攻促结构调整》《小鸭一跃成天鹅——周山浜街道争创红旗街道纪实》《繁华更有温情在——中山路商业一条街文明行风录》。1998年，市级新闻媒体报道崇安区新闻300余篇，宣传崇安区企业改制、再就业工程、精神文明建设等新成果、新经验，提高崇安知名度。其中，《无锡日报》报道171条，头版头条4篇，有《一企一策、一厂一方、多路推进，崇安企业改制形成新优势》《告别旧街老屋、崛起通衢新站，周山浜地区进入历史性大改造》《经济兴，城区活，崇安走出增强整体功能发展之路》《崇安加大党风廉政建设》。另有3篇文章入选红旗杂志社出版的《中国精神文明建设巡礼》一书。1999年，市级以上新闻媒体报道崇安区新闻419篇，重点宣传崇安区创建省文明城市成绩，其中，《无锡日报》203篇，《江南晚报》58篇，广播电视台158条，头版头条3篇，有《马路天使——中山路女子清扫班的故事》《居委会收支透明了，江海街道试点居委会财务公开》《沧桑巨变中山路》。2000年，突出宣传崇安区“三讲”、“三个代表”和“双思”主题教育活动，《无锡日报》报道81篇，头版头条3篇，有《崇安警方蝉联“全国优秀公安局”桂冠》《感受都市“主动脉”——创建中山路文明交通示范街专题报道》《丹心映雪域，平凡见真情——记援藏优秀党员干部任国庆事迹》。2001~2002年，围绕崇安区个私经济发展、城区建设、体制改革、精神文明建设等方面开展对外宣传。2001年，市级以上媒体报道超过300条，其中，《无锡日报》新闻报道66篇，头版头条2篇，有《执法公在先，守法严在前，崇安法院开展“一教育三整顿”活动收到成效》《崇安区纪委信访“十不转”，为群众利益就要“管得宽”》。2002年，《无锡日报》报道76篇，其中，头版头条6篇，有《中心城区“聚宝盆”商机诱人，崇安奏响服务经济主旋律》《中山路明起“禁摩”，停车点新标志等安排就绪》《崇安“楼宇经济”开始发力》《崇安寺改造方案听取市民意见》《首批社区保安员上岗》《除恶救难得分高，崇安社区保安为民服务做下好事一串》。2003~2005年，围绕崇安寺地区改造、站前商贸区、大成巷步行街、保利广场等全区12个重点项目建设开展对外宣传。《新华日报》《扬子晚报》《现代快报》《江南晚报》以及省电台发布简讯超过30篇（条）。《无锡日报》报道110篇，其中，头版头条8篇，有《好心的“陌生人”就在身边，“帮困助弱万人行”活动如火如荼》《市委市政府主要领导赴崇安区现场办公，把崇安寺建成国内一流的商贸文化区》《集购物休闲于一体，造流光溢彩之夜景，大成巷步行街规划方案亮相》《从实处做起，从难处干起，从弱处抓起，崇安区谋划新一轮发展迈开坚实之步》《崇安寺地区改造工程破土动工，千年繁华地，再创新辉煌》《发展现代服务业，争创经济新辉煌——崇安区第三产业焕发勃勃生机》《崇安区面对城市南移战略应变引玉——“四大商圈”重筑CBD服务业高地》《“服务时间”难以折算，“兑现回报”不易操作，“道德银行”坚守于完善之中》。还在《江南晚报》开展“我为崇安寺改造献一计”征文活动。2004年，市级以上媒体报道100余篇，其中，《无锡日报》

报道77篇，头版头条8篇，有《崇安区以市场建设助推民营经济，构筑百姓创业致富大舞台》《里弄开设“行路课”，社区走出“文明人”，崇安以社区教育为重点开展“文明交通工程”》《崇安将建CEPA服务业合作中心，推动内地与香港经贸合作》《小小村庄绘出宏伟蓝图——记富民强村好书记沈继勋》《崇安区社区党建刮起“创新风”，让党旗在发展中更加鲜艳》《汤巷开辟直选“试验田”，全国首批社区民主选举试点项目在锡启动》《52个沿街单位携手——党建为载体，共建中山路》《阿福雕像成亮点，历史遗存添文气，大成巷步行街撩开面纱》。此外，新市民亲情理事会、社区事务听证会等新闻在《人民日报》《新华日报》等国家、省级新闻媒体刊发。长篇通讯《建设经济强村、花园大村、文明新村——记富民强村好书记沈继勋》被市委作为全市贯彻科学发展观、争创“两个率先”的6个典型之一。2005年，《无锡日报》报道80篇，其中，头版头条近40篇，有《崇安寺改造，“怀旧”取地名——城中公园名称将在“公花园”与“锡金公园”间取舍》《打好富民强区三张牌——访崇安区委书记蒋伟坚》《春风化雨润人心——记崇安区人民政府信访办主任赵大松》《“老字号”欲借崇安寺“美光”》《崇安区掀起新一轮创建热潮》等。全年被市委宣传部录用信息20多次，并制作《爱国主义教育基地——公花园》《未成年人自护自救教育》专题片，以及对外招商专题片和招商手册，筹划“科学发展观”图片展，舆情信息工作在全市名列前茅。

第七章　统一战线

中共崇安区委统战部设立于1958年。“文化大革命”期间，统战工作组织瘫痪。1984年，恢复区委统战部。80年代后，区委统战部根据中共中央确定的12个方面的统战人员①，全面贯彻落实党的基本路线和各项方针政策，坚持和完善中共领导的多党合作和政治协商制度。开展统战理论政策宣传教育，热情为统战人员服务，凝聚方方面面力量，使统战人员紧密团结在党和政府的周围，为全区经济社会全面发展、为实现祖国统一大业出力。

第一节　民主党派和无党派人士工作

1986年，区仅有民进和农工2个民主党派基层组织。其后，各民主党派逐步在辖区内建立基层组织，民主党派、无党派人士队伍不断壮大。区委致力加强多党合作和政治协商制度建设，逐步形成包括协商通报、联系交友、双月座谈、设立民主党派特邀员等各项制度，充分发挥党外人士在政治协商、参政议政、民主监督等方面的作用，在党的各项工作中发挥着越来越重要的作用。

【多党合作政治协商】

1986年开始，建立协商通报制度。时仅限于区委领导与担任区级领导职务的民主党派成员和无党派人士进行民主协商。1989年3月，区委出台《批转区委统战部〈关于建立与党外人士民主协商制度的意见〉的通知》后，初步形成定期或不定期地召开民主协商会、民主协商“双月谈”、中共支部

①统战人员：民主党派、无党派民主人士、党外知识分子、少数民族人士、宗教界人士、港澳同胞、台湾同胞包括去台人员在大陆的亲属和在大陆定居的台胞、出国和归国留学人员、海外侨胞和归侨侨眷、原工商业者、非公经济代表人士、起义和投诚的原国民党军政人员。

与民主党派支部"每季谈"等政治协商制度。民主协商对象扩大到区人大、政协非党常委以及各民主党派负责人、无党派代表。1990年，区委出台《关于加强统一战线工作的意见》，建立区级党员领导干部和党外领导干部交友谈心制度。自此，区委常委与副科级以上党外人士谈心制度始终长期坚持。1991年，区委举荐15名民主党派成员和无党派人士担任特约审计员、监察员、教育督导员和人民陪审员"四大员"。1991~2005年，共有75人次历任"四大员"。1996~2001年，区委先后出台《关于坚持和完善与基层民主党派、工商联政治协商通报制度的意见》和《贯彻〈中共中央关于加强统一战线工作的决定〉的意见》，使政治协商、民主监督向制度化、规范化方向发展，民主党派、无党派人士的知情权范围和参与程度得到扩大，民主党派、工商联、无党派人士参政议政、民主监督的渠道不断拓宽。2004年，区委开展对副科以上党外干部思想和工作情况调研，通过调查问卷和个别交流谈心，较为全面掌握全区10余年来多党合作情况。1986~2005年，区委共召开协商会、座谈会、情况通报会71次，内容涉及通报历次区党代会精神、崇安区五年规划（计划）、区委区政府年度工作情况和新一年工作目标、换届前（区人大、区政府、区政协）重大人事任免、"三讲"教育和先进性教育情况、区发展改革稳定工作中重大决策等，坚持协商于决策之前，监督于实施之中。1991~2005年，共召开"双月座谈会"60余次，传达重要会议、重要文件精神，交流重要工作情况，研讨加强民主党派思想组织建设、提高参政议政质量等问题，交换意见，达成共识。

【支持民主党派工作】

1986年以来，区委重视和支持民主党派以搞好政治交接为主线，以领导班子建设为重点，以思想建设为核心，以组织建设为基础，加强自身建设，建立和完善各项制度。1986年，全区仅有民进、农工等民主党派支部2个。1989年，区民进支部升格为总支。1990年，成立民建支部。1996年12月，全区认真贯彻中共中央统战部《关于民主党派组织发展若干问题座谈纪要》精神，民主党派的组织建设进一步加强。1997年，成立民盟支部。1999年，成立民革支部。2005年，成立九三学社崇安支社。全区有组织的民主党派由1986年的2个增加到6个；基层支部由1986年的4个增加到10个，党派成员发展到192人。

同时，区委帮助民主党派推荐主要干部人选，协调商量换届工作，指导各民主党派顺利完成换届选举工作。1999年以来，围绕搞好政治交接，区委协助各民主党派全面加强思想、组织和班子建设。2003年，围绕"建设什么样的参政党，怎样建设参政党"这个主题，指导组织各民主党派学习交流。2005年，指导各党派基层组织过好以学习《中共中央关于进一步加强中国共产党领导的政治协商制度建设的意见》为重点的组织生活。区委统战部从增强组织活力、提高组织凝聚力出发，有意识地把一些德才兼备、年富力强、有代表性的无党派知识分子留在党外，向民主党派推荐。各民主党派成员年龄结构逐步趋向合理，文化程度逐步提高。是年，全区民主党派成员平均年龄52.3岁，离退休成员占33%，大专以上文化程度占72.74%，具有中高级职称占80.43%。

【发挥党外人士作用】

1986年起，区委通过区人大和区政协，密切联系各阶层、各界别的代表人士，充分听取他们的意见和建议，发挥政治协商、民主监督、参政议政的作用。其间，随着党外人士政治安排的推进，各级人大代表、政协委员中均保持一定比例的民主党派成员，民主党派参政议政渠道日益扩大。1987年，全区有党外市人大代表和市政协委员14人。1998年，区政协增设工商联界别。1999年，全区有党外省政协委员1人，市政协常委1人，市政协委员3人。2003年，区政协增设民主党派和无党派2个界别。2005年，区十五届人大代表167人，其中，党外代表53人，占代表总数的31.74%；区人大常委23人，其中，党外常委7人，占常委总数的30.43%。政协区六届委员126人，其中，党外委员77人，占委员总数的61.11%；区政协常委24人，其中，党外常委16人，占常委总数的66.67%。是年，全区有党外省政协委员1人、市人大代表和市政协委员13人（其中市政协常委1人）。1987~2005年，安排并经选举党外人士担任区人大常委会副主任、区人民政府副区长、区政协副主席29人次。

在历届区人大、政协会议上，党外人士对区政府的工作及他们所关心的热点问题自由发表意见，充分体现中国共产党与各民主党派“长期共存，互相监督，肝胆相照，荣辱与共”的方针。1998年，区人大共收到议案94件，其中，党外代表提交36件，占总数的38.3%。政协委员提交提案（并立案）90件，其中党外委员提交62件，占总数的68.9%。2005年，区政协六届三次会议表彰的“第一、二次会议8件优秀提案”中，党外人士6件，占总数的75%。

1987～2003年崇安区民主党派成员和无党派人士当选区人大代表情况一览表

表15-7-1　　　　单位：人、%

时间	届　次	区人大代表			区人大常委			区人大常委会副主任		
		人数	其　中		人数	其　中		人数	其　中	
			非中共人士	比例		非中共人士	比例		非中共人士	比　例
1987	十一届	199	75	37.69	19	7	36.84	4	1	25
1990	十二届	199	78	39.20	19	7	36.84	4	1	25
1993	十三届	208	80	38.46	19	7	36.84	4	1	25
1998	十四届	159	47	29.56	19	7	36.84	6	1	16.67
2003	十五届	167	53	31.74	23	7	30.43	6	1	16.67

说明：1. 上述资料均为区人大历届一次会议数据。2. 由区委统战部、区人大常委会办公室提供。

1987～2003年崇安区民主党派成员和无党派人士当选区政协委员情况一览表

表15-7-2　　　　单位：人、%

时　间	届　次	区政协委员			区政协常委			区政协副主席		
		人数	其　中		人数	其　中		人数	其　中	
			非中共人士	比例		非中共人士	比例		非中共人士	比　例
1987	二届	110	67	60.91	22	14	63.64	6	4	66.67
1990	三届	109	66	60.55	22	14	63.64	4	3	75
1993	四届	111	66	59.46	21	15	71.43	6	4	66.67
1998	五届	111	67	60.36	23	15	65.22	7	4	57.14
2003	六届	126	77	61.11	24	16	66.67	5	3	60

说明：1. 上述资料均为区政协历届一次会议数据。2. 由区委统战部、区政协办公室提供。

第二节　党外干部工作

1986年起，按照“层次要高、代表性要强、影响要大”的要求，区委统战部与组织部不断拓宽选人渠道，广辟识人途径，采取联合部署、联合发文、联合举荐、联合考察的方式，加快党外干部的选拔、培养、使用，一批优秀党外人士脱颖而出，为促进区多党合作和政治协商工作提供可靠的人才保证。

【培养锻炼】

1986年开始，区委不拘形式地对党外干部进行引导、培训，不断提高他们的自身素质。1995年12月，区委组织召开“立足本职、为经济建设服务”经验交流会。华亚娟、朱沛华等6名党外代表人士作交流发言。其间，区委创造条件，支持党外干部参加各类培训，学习邓小平理论，参加形势政策报告会，坚定接受中国共产党领导、走社会主义道路的信念；回顾历史、继承传统，激发党外干部的爱国热情。1990~2005年，先后选送28名党外人士人参加由市委统战部举办的党外中青年干部班，培训民主党派骨干40余人次，培训后全部进行实职安排或政治安排。区委还组织125名党外人士到区党校深造，提高政治素质和领导能力。采取挂职锻炼的形式，选调年轻党外干部到基层或市级有关单位挂职，为他们增长才干提供机会。

【选拔使用】

80年代起，区委组织部会同统战部定期研究推荐并适时调整党外后备干部人选，把党外后备干部选拔列入全区干部培养规划。1987年区人大、政协换届后，全区有党外后备干部队伍8人。1988年，全区有党外副区级领导干部4人，党外中层领导干部3人。1990年区人大、政协换届后，区党外政协委员、常委、副主席的比例明显提高。其中党外政协副主席3人，分别是民建会员王祖华、致公党党员黄雨春和无党派人士黄坤生，时在各城区影响较大。1992年4月，区委召开党外干部实职安排工作会议。是年，举荐任用12名党外干部。其中，区人大常委会副主任1人，区政府副区长1人，区政协副主席3人；区局级7人（其中，政府职能部门5人）。1995年，全区党外后备干部队伍达到30人。是年，制订1995~1997年全区培养选拔区管党外干部工作规划。1997年，区政府机关、司法机关和人民团体有党外干部10人。8月，七届区委常委14次会议决定，从1997年起，用3年时间在全区实施“六个十”①工程。至1999年，区政府部门党外领导干部发展到5人，区检察院、区法院机关均有党外领导干部。2001~2002年，区委出台贯彻中共中央关于加强统一战线工作决定的意见。至2002年，全区有副区级党外领导干部5人，区政府部门科级党外领导干部8人，其他区管党外干部11人。2005年，组织开展推荐党外代表人士活动，全区有党外后备干部29人，其中，民主党派成员13人。并在全市公开选拔1名党外干部担任区监察局副局长。是年，全区18个政府组成部门中，8个部门有党外干部。区法院、检察院有党外领导干部2人。全区党外领导干部实职安排20人，其中副区长1人，区人大常委会副主任1人，区政协副主席3人，正科级干部3人，副科级干部12人。

第三节　非公有制经济代表人士工作

80年代开始，伴随着非公有制经济的快速发展。区委贯彻党的“团结、帮助、教育、引导”的方针，积极做好非公有制经济代表人士工作。1994年5月，恢复成立区工商联，有6名非公有制经济代表人士分别担任副会长、常务执委。并建立由区领导和区机关有关部门负责人等20名成员组成的区非公有制经济顾问团，成立区级行业商会、市级“老字号”商会以及6个街道商会。此后，全区以商会为平台，不定期组织非公有制经济代表人士学习培训、座谈交流，参加各类商贸活动。推荐素质好、有一定参政议政能力的非公有制经济代表人士担任各级人大代表、政协委员，培养一支拥护共产党领导、与中共合作共事的非公有制经济积极分子队伍。

同时，区委统战部发挥统一战线的团结凝聚、教育引导、协调服务、人事安排、激励表彰等功能，促进非公有制经济的快速发展。迄2005年，全区有工商联会员617个，其中，个体工商会员95个，私营企业会员资产总额4.80亿元。全区私营个体企业注册资金达到71.37亿元；民营经济增加值占全区GDP的比重上升到44.2%；民营经济上交税收占全区税收的比重提高到22.2%，为全区经济社会发展发挥重要作用。

与此同时，区委积极引导非公有制经济代表人士服务社会，扶助贫困学生，关注下岗职工等弱势

①六个十：物色相对年轻的新一代党外代表人士和后备干部，使其可担任区人大、政协常委的后备人选10人；可担任区政府局级领导干部的后备人选10人；可担任民主党派负责人的后备人选10人；民族宗教和海外“三胞”眷属的代表人物10人；非公有制经济的代表人物10人；教育、科技、文化、卫生及其他各界的代表人物10人。

群体，捐助社会公益事业建设，投身光彩事业。1994~2005年，共捐赠抗洪赈灾款978万元，捐资助学100万元，为其他公益事业出资820万元。

第八章　政法工作

区委政法委成立于1981年9月，履行维护社会稳定的工作职能。组织协调公、检、法、司等有关部门，依法从重从快打击严重刑事犯罪和严重经济犯罪，打击敌对势力和邪教组织的非法活动，开展各项专项整治斗争和禁毒人民战争，排查调处社会矛盾纠纷，做好敏感时期、节日庆典和“非典”时期安全保卫工作。建立健全维护社会稳定的工作机制，预防和妥善处置群体性事件，从源头上缓解社会矛盾和冲突。同时加强政法队伍建设，规范执法行为，促进司法公正。1993年，成立区综合治理委员会（以下简称区综治委）后，各级社会治安综合治理组织网络逐步完善，社会治安综合治理目标管理责任制得到进一步落实，按照“谁主管谁负责”、“条块结合，以块为主”的原则，对辖区企事业单位实行属地管理，以创安全文明小区、安全文明单位、安全文明村镇街道“三安”活动为抓手，围绕“打击、防范、教育、管理、建设、改造”6条主线，打防并举，标本兼治，持续推进平安城区、和谐城区创建，确保一方平安。2000年3月，区被评为1997~1999年度江苏省社会治安综合治理先进工作单位。2003年起，创“三安”活动转为开展“建设平安崇安、创建最安全城区”活动，融合政法各部门、各级党政组织、企事业单位、人民群众等各方力量，构建社会治安大防控的壁垒，形成化解社会矛盾纠纷大调解机制，实施流动人口管理大服务战略，涌现出保利广场等一批平安工地，崇宁路小学等一批平安校园，金鼎大厦等一批平安大厦，以及中上塘老居民小区业主自治、广益街道综治办“五位一体”①管理等一批平安创建亮点，广瑞一村社区新市民亲情理事会名列无锡市2004年度精神文明“十佳新人新事”榜首。崇安区继2003年被评为无锡市平安创建活动先进区之后，2004~2005年，又连续两年被省委、省政府授予“社会治安安全县（市、区）”荣誉称号。

第一节　机　构

1981年9月7日，成立区委政法委员会，时由区委副书记任书记，公安崇安分局、区检察院、区法院负责人为组成成员。区委政法委是区委序列职能部门，区委领导政法工作的常设机构。负责保持与政法各部门的联系，协调工作关系，保证党的方针政策的贯彻执行。1982年12月，区委政法委配秘书1人。1984年5月，成员增加区司法局、区民政局负责人。12月，区委成立区社会治安综合治理领导小组，由区委书记任组长，区委、区人大分管领导以及公安崇安分局局长任副组长，区委宣传部、区法院、区检察院、公安崇安分局、区司法局等10个部门负责人为成员。1987年10月，区委政法委设专职副书记和秘书各1人，正科级建制。1993年1月，区委政法委增设办公室主任1人，时有工作人员3人。9月，区委、区政府成立区综治委，由区委分管副书记任主任，区政府分管副区长、政法委专职副书记任副主任，公安崇安分局、区检察院、区法院、区司法局、区委办、区政府办等21个部门为成员单位，下设综治委办公室。区委政法委与区综治办合署办公，实行一套班子、两块牌子体制。其职能扩大到维护社会稳定，加强社会治安，打击和预防犯罪，组织案件协调，落实执法监督，推进政法队

①五位一体：治安管理、民事调解、流动人口服务、预防青少年违法犯罪、刑释解教人员帮教安置。

伍建设。1994年3月，区综治委吸纳辖区内18家大中型企业为组成成员。1995年3月，区委及时推广工运路街道党委建立地区性综合治理委员会、设立综合治理常设机构的做法，4月中旬，全区8个街道全部建立综治委和办公室，并配备专职副主任，专职副主任为街道党委委员。9月，区委政法委核定编制6人，各街道综治办专职干部增加到3人。1998年3月，区综治委再次调整组成成员，增加市教委等3个市局级单位，减少辖区12家企业单位成员。辖区单位形成合力，推动综合治理工作落实到基层。2001年10月，区级党政机关机构改革后，区委政法委编制缩减至4人，设专职副书记、综治办主任各1人，工作人员2人。2003年2月，区综治委主任改由区委副书记、区长兼任，副主任由区委分管副书记、区政府分管副区长和政法委专职副书记兼任，新增区委统战部、区民族宗教事务局、区机关党工委等9个部门和区人武部军事科、崇安交巡警大队为成员单位，调减辖区内3个市局级单位、6家大中型企业及区有关部门等成员单位。迄2005年未变。

1986~2005年，历任区委政法委书记有：王德如、严克勤、冯国鹏、董洪源、刘健华、陈国宁。

1993~2005年，兼任区综治委主任有：董洪源、刘健华、陈国宁。

第二节　社会治安综合治理

80年代，全区社会治安主要依靠群防群治。90年代，实施社会治安综合治理，区从落实领导责任、完善组织网络入手，持续开展安全文明小区、安全文明单位、安全文明街道创建，并对辖区企事业单位实行社会治安属地管理。2000年3月，区被评为1997~1999年度江苏省社会治安综合治理先进工作单位。2003年，开展平安城区创建，进一步构筑社会治安大防控、区街两级大调解、流动人口大服务体系，形成一支点、线、面结合的治安队伍和区、街、居委三级社会治安防范网络。是年，区被评为无锡市平安创建活动先进区。2004~2005年，连续两年被省委、省政府授予“社会治安安全县（市、区）”荣誉称号。

【领导责任制】

1991年，中共中央、国务院、全国人大发布《关于加强社会治安综合治理的决定》后，区委从建立领导责任制入手，层层分解，落实到基层，区委政法委与各街道分别签订社会治安综合治理工作目标责任状。1992年起，社会治安综合治理工作列入年度双文明建设目标，与双文明建设目标统一规划、统一部署、统一考核、统一奖惩。区委、区政府与各部门、各街道签订目标管理责任书，明确部门主要负责人、街道党委书记为责任人。1995年后，按照“属地管理”的要求，社会治安综合治理实行划片分级属地管理。由各街道分别与所在地区513家独立法人单位签订社会治安综合治理领导责任书和目标管理任务书，实行一票否决制。并总结推广工运路、人民路两个街道落实社会治安综合治理领导责任制的经验。此后，每年由各街道与辖区单位签订社会治安综合治理责任书，落实创建安全文明小区和安全文明单位各项任务，按规定收取保证金，每两月召开一次例会或联络员会议，并定期组织区域联防，年终评比考核，兑现奖惩。逐级签订综合治理目标责任状、年终考核、兑现奖惩，成为一种制度，形成主要领导亲自抓、分管领导具体抓、相关领导协助抓的工作局面。

【群防群治】

80年代，全区社会治安群防群治主要依靠公安部门的治保队、专职联防队，地区治安积极分子组成的护院护弄队。1986年，各居委均建有治保组织，有居委治保委员会92个，居民治保小组1701个，组织开展地区十户联防。全区有治保队员989人，专职联防队员253人，以退休职工为主体的护院护弄队员1400多人，基本形成点、线、面结合的治安防范网络。1992年，全区有地区治安信息员982

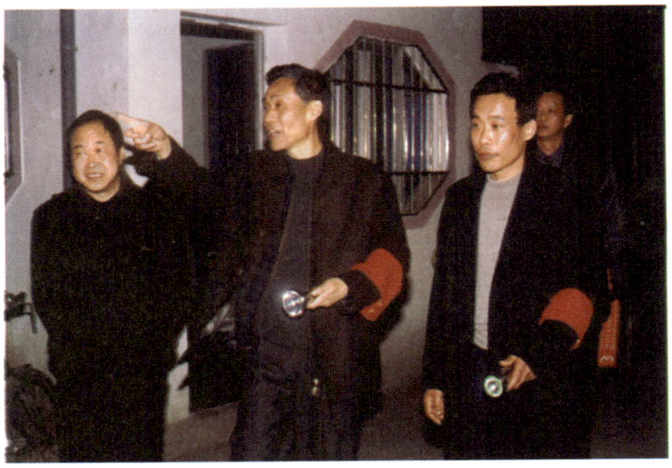

崇安区在职党员在地区开展义务巡逻执勤（2002.3）（周长荣摄）

人，轻微违法行为青少年帮教组织200多个、帮教对象320人，白天护院护弄和夜间值班巡逻人员1260人。1994年，居委成立外来人员管理小组152个、335人，帮教监管组织324个、940人，护院护弄队员发展到2400多人。是年，帮教监管对象无一犯罪。1995年初，为加强专职联防队力量，每个联防片组配备一名政法指导员，并配置对讲机和防卫器具，统一着装。专职联防队员平均年龄下降到37岁以下，专职联防队实现专业化、规范化、年轻化。1999年，专职联防队扩大到8个大队，下设16个中队、80个分队、451人。街道地区建有党员义务值勤队、退休职工值勤队、暑寒假中小学生小卫士队，社区专职联防队伍46支、343人，义务巡逻队员2090人。2001年，全区形成以市公安局110指挥中心接处警为核心，以110警车和巡警为依托，以各派出所、小区、单位、卡口为重点，以专职联防力量为骨干，地区保卫力量和社区义务巡逻值班队伍为补充的社会治安防控体系。街道地区白天护楼护弄队伍发展到67支、1623人，夜间巡逻值班队伍发展到48支、722人。2002年7月，区在全市率先组建55支、330名保安队伍，为全市组织社区保安队伍起到示范带头作用。2003年，全区63个安全文明小区有专职值班人员218人、保安172人，其他小区有值班人员280人、保安375人，广益镇有保安联防队伍100人。另有社区治安志愿者队伍3500人，参与社会治安防范工作。迄2005年，全区有社区居委会治保组织42个、287人，专职治安联防队80支、451人，社区保安队48支、504人，义务巡逻值班队42支、2083人，治安志愿者队伍3800人，形成全方位社会治安防范网络。

【创安工作】

1996年6月起，根据中央综治委及省、市关于深入开展创建安全文明小区、安全文明单位活动的要求，区委批转《区综治委关于在全区开展创建安全文明小区的意见》，率先在广瑞路街道广丰三村进行创建安全文明小区试点，而后在全区推行。是年底，广丰三村、东河花园、圆通路等8个小区被评为崇安区第一批安全文明小区。1997年，在全面推广的同时，重点抓东河花园、广丰三村、江海新村、圆通路4个安全文明小区的规范化管理，东河花园率先被评为市级安全文明示范小区，又有百岁坊巷等13个小区被评为区级安全文明小区。与此同时，安全文明小区创建活动逐步向安全文明单位推进，区出台《关于在全区企事业单位中开展创建安全文明单位的实施意见》，成立创建安全文明单位指导小组，总结推广医疗器材厂创建安全文明单位的经验。医疗器材厂等57家企业被评为区级安全文明单位。1998年，江海街道被评为市级安全文明街道。1999年起，在抓安全文明小区巩固提高、落实长效管理措施的同时，重点推进新建小区和单位的“创安”工作。2002年3月，对全区安全文明小区实行分类指导，对“创安”相对薄弱的8个小区进行专项整治；区投入经费56万元，增设小区门卫68人、保安127人，

向工地民工宣传法律和安全知识，加强平安法治工地建设（2004）（公安崇安分局供稿）

“创安”力度不断加大。2003年起，按照省、市推进“平安创建”工作的统一部署，在全区开展“建设平安崇安、创建最安全城区”活动，创建安全文明小区转向创建平安城区活动。区成立“建设平安崇安、创建最安全城区”活动领导小组，下设办公室。先后制定《开展“建设平安崇安、创建最安全城区”活动工作意见》《“建设平安崇安，创建最安全城区”三年规划（2003~2005）》《“建设平安崇安、创建最安全城区”工作责任制》等文件，逐个落实各部门创建工作的责任，确保平安创建活动有序展开。广益镇和各街道分别配齐和调整专职综治干部和工作人员，建立综治工作经费保障机制。是年，崇安区被市评为平安创建活动先进区。全区拥有市级安全文明街道1个；省级安全文明小区3个（东河花园、广丰三村、风雷新村），市级安全文明小区14个、安全文明村4个；区级安全文明小区62个、安全文明村8个，安全文明小区（村）常住人口11.6万人，占全区常住人口总数的64.4%。全区有安全文明单位238家，其中市级77家。2004年，围绕平安城区创建，区建立社会矛盾纠纷“大调解”机制和区、街两级“大调解”中心，分级调处各类矛盾。加强单位内部治安防范，对重点行业、重点部位进行重点设防。充实公安派出所一线警力，配齐街道综治办、创建办、司法所工作人员。加强流动人口管理。做好刑释解教人员的安置帮教和预防青少年违法犯罪工作，开展社区矫正工作试点。全面开展创建“无毒社区”活动。加强群防群治队伍建设，组建辅警和治安志愿者队伍，实行党员和机关干部义务巡逻制度。在保利广场开展“平安工地”创建，从生活服务、矛盾调解、治安巡逻、文体宣传和制度建设着手，建立工地服务与管理网络体系，施工单位投入20万元，改善民工居住条件，建立“职工之家”，为民工办理医疗和人寿保险，实现工地无案件、无事故，被评为全省“平安工地”创建示范点。在崇宁路小学开展“平安校园”创建，确保安全知识教育、安全保卫人员、安全制度、治安隐患整改“四到位”，实现学校治安零发案，市、区创建“平安校园”现场会在该校召开。在金鼎大厦开展“平安大厦”创建，完善硬件防范设施和各项管理制度，落实居民参与治安防范，成为全市“平安大厦”创建活动亮点。区、街两级投资50万元将5个老新村改造成技防小区。是年，崇安区被省委、省政府命名为社会治安安全区。2005年，以巩固社会治安安全区成果为重点，突出构建治安“大防控”格局，推进“大调解”机制建设，深化流动人口“大服务”环境。区编写的青少年安全知识教材被公安部、教育部指定为《全国小学生安全知识读本》范本。崇安区为外来人口就业服务送春风行动的经验被劳动部、公安部推广。是年，率先在崇安寺街道百岁苑小区试行老新村业主自治管理，继而在新街巷社区中上塘、北禅寺巷小区试点，破解老新村治安防范的难题，实现小区治安有人抓、保洁保绿有人做、停车秩序有人管，刑事案件“零发案”，居民纠纷“零投诉”。中上塘小区被省、市作为老居民小区物业管理的示范点。区民间调解和司法调解相互对接、化解人民内部矛盾的工作机制在全省推广。广益街道“五位一体”的综治工作经验得到市综治办的首肯。全区平安创建活动不断向广度和深度推进。2004~2005年，崇安区万人刑事发案率比前两年下降25.5%，其中，八大类案件发案率下降14.6%；刑事案件破案率提高3.9%，其中，八大类案件破案率提高1.8%。崇安区再次被省委、省政府命名为社会治安安全区。

区政法委和法院赴省第一少管所给失足青少年送书籍（2000.12）
（区法院供稿）

【防控体系建设】

全天候大防控　2002年11月起，在全区启动社会治安大防控建设。2003年，以人防、技防、物防和意识防范为载体，以合理配置警力和治安力量为主要措施，以点、线、面结合防范为主要形式，以形成“棋盘式”全天候防范格局为目标，构筑社会治安防控体系。建立实战指挥、整体联动、保障服务、考核激励四大运行机制，建成信息预警、巡逻堵控、社区防范、人口管理、阵地控制、技术防范六大运行系统。全区以主干道为区域界线，划分9大防范责任区，设立28个治安卡口和查报站。交巡警增配80名协管员对辖区主干道和中心商务区主要道口实施防控，公安崇安分局增配46名保安对次干道实施防控，公安派出所协同社区保安对大街小巷社会面实施防控。各派出所负责组织指挥民警、协警、保安、联防、治安志愿者等群防群治队伍，在责任区（含安全文明小区）内实行24小时全天候巡逻防控。还建立一支以治安、内保民警和企事业单位保卫干部及400名保安为骨干的治安队伍，对本单位重点场所、要害部位实施防范。与此同时，在全区宣传防范知识，引导居民安装防盗门窗，倡导邻里共防，发放警民联系卡。2003年9月，区就处置大规模群体性和突发性不稳定事件制订基本预案，12月开始，再次组建由3500多名治安志愿者组成的治安队伍，发动党团员、机关干部进行义务巡逻。2004年7月，又组织民兵参加治安联防活动，120名民兵对区主干道进行治安值勤。是年，先后组织对上马墩地区塔影桥、三兴村、羊角漕出租户和上马墩路段、塔影桥路段以及城中公园、胜利门广场、和平电影院等地的站街女进行集中整治，开展“夏季攻势”暨“打黑除恶”专项行动和扫毒行动。2003~2005年，投资160万元，对13个老居民小区进行技防改造。加固维修围墙护栏5400米，维修电控防盗门56扇，新装78扇，全区党政机关、金融单位、通讯部门、各类大厦技防设施覆盖率达100%，大型商场、宾馆、市场技防设施覆盖率达95%，新建小区和市场全部安装电子监控系统。建成站前路、大成巷两条技防街，广益街道建成技防街道。

街头武装巡逻防控（2003）　（区政法委供稿）

区街两级大调解　2003年，在调整充实区稳定工作领导小组的基础上，区在公安崇安分局设立稳定工作办公室，明确工作职责和调解处理责任，建立报告、排查、预警、协调、督办和责任查究制度。2004年7月，区出台关于建立全区社会矛盾纠纷“大调解”工作的意见，明确区、街两级稳定工作的范围、职权、程序、制度等事项。成立区社会矛盾纠纷调处工作指导委员会（以下简称区调处委）和社会矛盾纠纷调处中心（以下简称区调处中心），与区信访办合署办公。各街道相应建立社会矛盾纠纷调处中心，由街道司法所、街道信访办、公安派出所共同参与，区调处中心统一协调、联动调处各类社会矛盾纠纷。2005年，重点推进区、街两级调处中心规范运作，纠纷接访实行“一个窗口”统一受理，并制定成员单位轮值、领导接访、纠纷受理登记制度；纠纷分流实行“一个平台”统一扎口，分级分类梳理调处，并制定纠纷排查分析、重大疑难纠纷报告、移送归口管理制度；纠纷调处会办实行“一个机构”统一协调，组织相关部门会办，并制定限期处理、办结报告制度；纠纷调处督办实行“一套班子”统一负责，并制定督查回访及责任倒查追究制度。同时，还开展对区、街两级调处中心工作人员的业务培训，指导人民调解与诉讼调解的衔接，提升“大调解”工作效能。是年，成功调处4月12日无锡格林艾普化工股份有限公司氯气泄漏事故。迄2005年，全区共建立基层调解组织92个、2031人，其中外来人口聚居点和农贸市场调解组织16个、61人，未发生民事纠纷转化为刑事案件和民间纠纷转化为非正常死亡事件。2003~2005年，全区共调处社会矛盾纠纷3255起，调处成功率97.5%以上。

流动人口大服务　1996年，成立区流动人口管理领导小组，在公安崇安分局内设立办公室。负责全区流动人口登记、治安、劳动用工管理。2002年1月，组建区流动人口管理协会，有会员单位565

家，个人会员2392人，履行治安管理责任，掌握会员单位和其他单位集体用工信息，为流动人口就业服务，配合公安机关做好暂住人口登记发证、信息采集、排摸重点流动人口对象等项目工作，时为全国首创。是年7月，在8个街道、广益镇建立流动人口管理办公室，在63个社区居（村）委成立流动人口管理服务站。2003年5月，区出台关于职能部门流动人口管理职能的通知，流动人口工作形成各部门齐抓共管的合力，全区流动人口协管员增加到150人，其中各街道（镇）流动人口办公室9个、85人，社区居（村）委流动人口管理服务站63个、256人。是年，登记暂住人口7.51万人，发暂住证6.83万人。2004年，把流动人口合法权益保障作为管理服务的重点，组织对周山浜地区职业中介机构专项整治，取缔无证黑中介8家。通江街道劳动保障所（职介所）引进中介机构4家，组建无锡市职介中心周山浜分部，帮助8838名外来人员成功就业。还积极探索出租户“旅馆式”管理模式，在流动人口集中地点创办6个房屋租赁服务社，受理出租委托3325户，较好地破解私房出租户管理难点。是年5月，在外来人员密集的广瑞一村社区成立新市民亲情理事会，为新市民提供户籍政策、法律咨询、流动人口管理、民工合法权益保护、计划生育、子女上学等亲情化、人性化服务，并在全区推广。同年底，新市民亲情理事会组织发展到22个，为新市民提供劳动就业、入学入托、介绍租房、调解纠纷、办理证照、计生服务、法律援助等相应管理服务2000余人次，738名新市民加入社区治安志愿者队伍，427名新市民被聘为治安信息员，协助公安机关破获各类案件51起，其中刑事案件15起。广瑞一村社区新市民亲情理事会名列无锡市2004年度精神文明“十佳新人新事”榜首。2005年，全区新市民亲情理事会发展到34个。区持续在周山浜地区开展取缔非法黑中介专项整治，组织举办流动人口春季就业招聘会，12家中介机构设立的外来人员就业服务点，为8000余名外来人员解决就业岗位；在广益街道黄泥头村建立“旅馆式”出租房屋服务管理中心，在帮助流动人口解决私房租住困难的同时，确保辖区流动人口底数清、情况明、不失控；区教育局在流动人口聚居地新建2所民工子弟学校，接纳1643名外来人口子女入学；区计划生育局为2.45万名流动人口育龄妇女提供计划生育服务；区司法局成立区流动人口法制学校，在街道建立分校，开展法制教育，为新市民创造安居乐业的良好社会环境。

市市政公司与庆丰公司在全市率先成立外来人员法制学校（2003.6）
（区建设局供稿）

附：新市民亲情理事会

广瑞路街道外来人口密集，其所辖的广瑞一村社居委有外来人口1867人，占总人口的23%。2004年5月，广瑞路街道从创新外来人口管理和服务入手，在广瑞一村社区成立新市民亲情理事会，时为全国第一家。新市民亲情理事会由地区公安、司法、律师、税务、计划生育、劳动保障等部门人员，以及辖区单位、学校负责人和社居委干部、新市民代表等18名成员组成，理事长由广瑞一村社居委党总支书记担任，常务副理事长由新市民代表——江南城宏瑞五金机电有限公司总经理担任，另设副理事长3人，理事13人，其中新市民3人。理事会设维权、服务、互助、维安4个工作组，为新市民提供法律援助、政策法规咨询、帮困救助、就业指导、房屋租赁、计划生育、入托入学、免疫接种、户籍登记、治安防范10大类服务，建立维权服务、互助、巡逻、工作例会、信息反馈、学习交流、奖惩7项制度，为外来人口架起与公安、司法、劳动保障、计划生育、工商、税务等政府部门联系、沟通的桥梁，使他们有一个真正属于自己的“家”。理事会以“助业、助学、助困、助医”为主线，先后帮助15名新市民解决子女入学入托问题，为4名特困学生减免学费1.2万元，给22名新市民儿童赠送庆“六一”学习用品；让176名外来已婚育龄妇女享受计生手术、生殖健康、避孕节育咨询、药具发放等6个方面的“无差别待遇”；为154名儿童健康检查和免疫接种；为新市民解决就业8人，解决租房12人。理事会在为新市民提供亲情化服务的同时，注重引导新市民实现“自我教育、自我管理、自我服务”，担任常务副理事长和理事的4名新市民直接参与理事会管理，100多名新市民参与理事会4个工作组活动；社区帮困救助的7000多元中，2000多元来自新市民；新市民还牵线搭桥引进外地企业5家，引进资金300多万元。2004年，该地区刑事案件发案率同比下降44%，其中，入室盗窃案件下降60%，新市民提供信息破案3起，阻止绑架案1起。新市民亲情理事会得到社会各界的高度关注，中央电视台、《人民日报》《法制日报》《解放日报》《扬子晚报》《江苏法制报》、江苏卫视、新浪网、中国国际广播电台和无锡市各新闻媒体多次报道；北京、上海、浙江、河北等省市政法委、公安、妇联领导先后到区调研。是年10月江苏省政协领导、公安厅领导、总工会领导到区视察。2005年8月20日、10月27日，中央综合治理委员会调研小组、联合国儿童基金会高级专员桑妮兰、无锡市委书记先后来区视察调研和指导检查工作，并题词“让新市民安居乐业”。经无锡市民评选，新市民亲情理事会名列无锡市2004年度精神文明“十佳新人新事”榜首和江苏省“十佳新人新事”提名奖，并获市2005年度思想政治工作创新成果奖。

新市民亲情理事会成立（2004.5.21）　　（公安崇安分局供稿）

第三节　维护社会稳定

80年代起，区委、区政府以维护社会稳定为目标，持续组织开展“严打”及各项专项整治，把稳妥处置因集资、拆迁、医患等人民内部矛盾激化引发的各类群体性事件和闹事苗头作为一项经常性的重要任务，建立维持稳定的预警机制，及时做好教育引导转化工作，确保全区社会稳定。

【开展“严打”及专项整治】

1983年，第六届全国人大常委会作出《关于严惩严重危害社会治安的刑事犯罪分子的决定》后，开展严厉惩治和打击刑事犯罪的“严打”斗争，区委政法委协同区公、检、法等部门针对各个时期刑事案件的发案特点，有重点地开展专项整治，稳妥处理各类社会不安定因素，维护全区社会治安稳定。1986~1991年，开展“打团伙、追逃犯、破大案”“反盗窃、打流窜”“打击拦路抢劫、拦路抢夺和流氓捅刀子‘两抢一捅’”“查禁赌博、取缔卖淫嫖娼、收缴淫秽物品”等为主要内容的专项“严打”斗争，年均破获各类刑事案件200余件。1992~1994年，开展夏季“严打”攻势和百日破案竞赛，狠抓现行大要案的快侦快破，集中整治治安混乱的场所和部位，做到快侦快破快结案、领导到现场“三快一到场”，对有线索、有对象、有痕迹“三有”案件，实行定人、定案件、定措施“三定”，落实破案责任制。突出挖、查、审，追缉刑拘在逃、批准逮捕在逃、负案在逃“三逃”团伙犯罪人员，年均破获各类刑事案件400余件。1995~1996年，“严打”矛头直指暴力、团伙、社会恶势力犯罪，开展反盗车、撬窃保险箱和公共场所治安专项整治，加大黄、赌、毒案件和“三逃”人员侦破力度，年均破获各类刑事案件450余件。1997~2005年，步入常规“严打”斗争，根据辖区内违法犯罪活动的规律特点和发展变化动向，及时组织专项整治行动和“除六害”[1]斗争。1997年，新刑法颁布实施后，以侦破恶性案件、多发性系列大要案为重点，开展春、夏、冬三季“严打”。1998年，开展破案防范百日会战。1999年，开展反盗窃、打恶扫黑、盗抢机动车等专项行动。2000年，组织百日破案竞赛，开展“打黑除恶”、反盗车专项行动。2002年，开展春雷行动、夏季攻势，打击抢劫、抢夺“两抢”犯罪行动。2003年，开展“打黑除恶”，组织“春季侦破攻势”“夏季治安整治”“打击两抢攻坚会战”“冬季打防攻势”。2004年，开展“夏季攻势”“打黑除恶”“打击两抢专项行动”。2005年，开展打击“两抢一盗”“扫黑除恶打团伙”“清除‘霸王搬运’专项行动”等。1997~2005年，全区年均破获各类刑事案件770余件。

打击车匪路霸公开处理大会（1990.8）　　（公安崇安分局供稿）

【预防处置社会矛盾】

80年代后，随着各项改革的推进，新旧矛盾交织，因人民内部矛盾引发的非政治性不安定因素日益增多，成为影响社会稳定的重要因素之一。区政法部门把维护社会稳定，妥善处置由人民内部矛盾激化的群体性事件和闹事苗子作为一项经常性的重要任务，遵循“在党委和政府的统一领导下，会同有关主管部门妥善处置”及慎用警力、慎用强制性措施和慎用武器警械“三个慎用”等综合处置原则，预防和处置社会矛盾，维护社会稳定。1991年起，加强情报信息工作，完善10个街道及区直属单位民事调解网络，妥善处理各种社会不稳定因素。1993年开始，公安崇安分局编制“情况日报”和“情况反映”，为区委、区政府、市公安局提供社会治安信息。1994年，健全情报信息收集、领导接待信访群众和定期例会制度，完善维护社会稳定工作机制。1995年，成立区、街两级重大疑难纠纷调解中心，在84个居委、37家企业中形成调解网络，在外来人口聚居点和农贸市场进行建立调解组织试点。对信访老户实行包案处理，妥善处理“新族百货”、广瑞路街道净水剂厂拖欠职工工资问题，把矛盾化解在基层。1996~1997年，开展重点信访专项治理，制订全区社会群体性矛盾疏导缓解预案。1998年，维护社会稳定工作情报信息由公安崇安分局和区信访办共同收集上报，区政法部门、区信访办及有关部门联合开展4次民间纠纷大排查，组织3次专项整治和“四无”[2]活动。通过超前工作，及时疏导缓解周山浜等地块拆迁、集资、环境污染等矛盾。是年，防止“民转刑”纠纷5起、“民转非”纠纷3起。2000年后，矛盾纠纷处置实行分级负责、归口调处，各街道、主管部门和单位按照责任分工，开展矛盾纠纷排查调处。并

公安分局巡警巡逻执法（1995）　　（公安崇安分局供稿）

①除六害：卖淫嫖娼、制作贩卖传播淫秽物品、拐卖妇女儿童、私种吸食贩运毒品、聚众赌博、利用封建迷信骗财害人。
②四无：无民事纠纷转化为刑事案件、无民间纠纷转化为非正常死亡、无群体上访、无群众械斗。

建立定期排查协调、信息报告、调处化解、会办督办、情况通报等制度，每月召开一次矛盾纠纷排查调处协调会。全区8个街道及主管部门设立信访接待室，周三上午为领导接待日。2001年，调整充实街道地区和企事业单位信息员队伍，建立多层次情报信息网络，重大信息情报实行即报领导制度。成功调处三阳百盛公司与太湖耐火材料厂合同纠纷，及时阻止太湖耐火材料厂在三阳百盛公司聚众闹事事件。2002年，区成立稳定工作领导小组及办公室，组织领导全区社会稳定和矛盾纠纷调处工作。各街道（镇）由主要领导负责，分管领导主抓，形成矛盾纠纷定期排查协调、定时信息报告、强化调处责任、会办督办通报、重点难点专包等工作机制。成功调处田基浜小区氯丁胺事件，调处恶性纠纷18起。2005年，全区未发生"民转刑""民转非"案件，未出现群体性上访事件。

调处集资纠纷　90年代，区属单位集资问题比较普遍，1995年后，随着集资款陆续到期，因拖欠或无力偿还集资款而引发的群体性矛盾十分突出，一时成为影响社会稳定的热点和难点。1997年，23家区属单位集资款高达8200余万元，涉及4250余人。其中区工业公司下属5个单位集资175万元，区房管局集资2800万元，区长城经贸公司集资987万元，崇安饭店集资83万元，学前街街道下属5个单位（个人）集资634万元（宏成纺织机械厂150万元，挖土公司300万元，海达利无线电厂94万元，尤××个人90万元等），周山浜街道下属7家企业集资954万元（东新包装厂660万元，街道工业公司146万元，带箔厂42万元，劳动服务公司23万元，商业公司26万元等），区教育局下属3个单位集资2566万元（特种印刷厂614万元，五金电器厂216万元，教学仪器设备公司1525万元等）。为妥善调处集资纠纷，1997年7月，区委、区政府组织召开涉及集资问题的街道、部门主要负责人会议，统一思想，明确党政一把手负责，提出"三个坚决"[①]，坚持不麻痹、不大意、不被动"三个不"，做到"三个清楚"[②]，确保集资偿还平稳过渡，确保社会稳定。此后，在广泛调查研究的基础上，区委、区政府主要领导又逐个召开集资单位会议，逐一形成集资兑付方案，协调解决集资款兑付中的疑难问题。在解决学前街街道升平巷居委尤××借居委名义非法集资案中，区公安部门抽调7名干警，专题调查7天，掌握第一手资料，而后，公检法部门协同作战，信访等部门配合，最大限度地追回资产，偿还集资款，稳定人心，最后，由区法院判决执行。其间，涉及集资单位的主管部门和街道主要负责人都把集资偿还作为维护社会稳定的大事来抓，形成切实可行的兑付预案，落实不同的兑付方法和途径。区工业公司督促下属单位通过盘活存量资产筹集资金或转为股本金等措施分期偿还集资款；区房管局、区长城经贸公司通过加快商品房销售回笼资金和清讨欠款等途径落实集资款偿还；崇安饭店通过挖潜节支和政府扶持筹集资金解决集资款偿还矛盾；各街道通过拍卖设备、厂房等筹集资金，协调集资单位按时足额兑付集资款本息；区教育局通过新生路小学、教仪大厦等地块出让、周山浜小学拆迁补偿等途径筹集资金，妥善解决特种印刷厂、泰华五金电器厂和教学仪器设备公司集资款偿还矛盾。迄2002年，全区集资兑付问题基本得到妥善解决。

破解房屋拆迁矛盾　90年代后，随着旧城改造和市政建设步伐的加快，房屋拆迁纠纷大量增加，一直是影响社会稳定的突出问题。特别是长庆路地块、站前商贸区地块、解放环路工程等重点工程建设项目，拆迁时间紧，被拆迁方对立情绪强烈，动辄发生集体上访、以死相迫等激化事件。拆迁单位与区信访、政法等部门，坚持依法拆迁、依情拆迁、文明拆迁，把调解工作贯穿始终，破解房屋拆迁矛盾。进入21世纪后，房屋拆迁依旧是社会关注的热点、群众关注的焦点、领导关注的重点、城市改造的难点，拆迁引发的社会矛盾仍是社会不稳定因素之一。仅2003年，区法院就审结房屋拆迁纠纷案221件。在破解房屋拆迁矛盾过程中，区法院客观剖析拆迁难的成因及其认识上的误区，从执政为民的高度、转变政府职能的角度、加强行政裁决力度等方面，就进一步提高城市拆迁能力、秉持法理依据，向市委、市政府提出对策建议。2004年2月，省委常委、无锡市市委书记专门批示："这

①三个坚决：坚决维护好一方平安、坚决把有关工作做在前、坚决用主动的态度和积极的办法来化解矛盾。
②三个清楚：不稳定因素和易引发矛盾要清楚，解决集资兑付的方案、方法、步骤要清楚，处置方案要清楚。

个建议很有针对性、操作性，应积极采纳”，并由市城市创建工作领导小组转发。

化解医患纠纷　2002年起，医患纠纷逐步突出，矛盾十分尖锐，诉讼到法院的医患纠纷案迅速上升，并出现非常行为，成为影响社会和谐的不稳定因素。区法院配合辖区医院等有关部门，积极化解和妥善处理医患纠纷。与此同时，针对现行医患纠纷解决机制不足的问题，提出构建化解医患纠纷五大长效机制[①]和统一协调、有效、合法、公平公正“四项原则”的对策建议。据此，卫生部部长高强批示：“是一个处理医疗纠纷的很好思路，有关司局要认真研究、尽快提出措施和方案”，并刊入卫生部办公厅《卫生信访信息》。作为上海市医疗纠纷处理改革试点单位的浦东新区专程到区学习。

【建立维稳预警机制】

1989年后，坚持预防为主，维护社会稳定。区强化企业内部防范机制，注重落实修订重点单位处置突发事件工作预案，以辖区31个重点单位和企事业单位要害部位“四防一确保”[②]为重点，推行治安保卫承包责任制。1992年起，开展争创安全合格单位活动，以金融单位“四防一确保”为重点，落实专人联系、指导、督促、检查安保工作制度，督促金融单位加大投入，不断完善安全防范工程，安装、更新监控设备，至1998年，银行系统营业网点安全合格率100%，与公安“110”联网合格率100%，银行网点门前监控探头安装率100%。1996年起，邪教组织活动渐多，严重危害国家和社会稳定。区委、区政府根据省市统一部署，持续做好对邪教人员上门教育、劝诫、转化工作。2000年，公安崇安分局开始承担预防和处置重大不稳定因素的相关工作，建立每周预警制度，将每周排查、了解的情况形成材料，提供领导决策参考，对可能出现不稳定事件的单位，及时做好预防、疏导、缓解、处置工作。2001年，区成立以公安崇安分局局长为组长的稳定工作领导小组，在建立每周预警机制基础上，实行每月预警分析，将矛盾调处列入基层公安机关年终考核目标。2004年，区委加强对区内邪教组织人员的教育转化工作，遏制邪教组织的非法活动。在全国、省、市、区“两会”（人民代表大会、政治协商会议）及重大节日庆典活动期间，超前做好教育疏导。1993~2005年，妥善处理到市委市政府集体上访1848起，其中2001~2005年，掌握重大矛盾苗头2043起，群体性事件预警率均达100%。

【加强“非典”时期“安保”】

2003年4月下旬，面对突如其来的非典型性肺炎（以下简称“非典”）疫情，区政法各部门根据区委、区政府统一部署，全力加强“非典”时期的“安保”工作，公安崇安分局先后出动警力200余人次，隔离三阳、大洋百货、广益环鸿等5处停车场，督促劝导109家文化娱乐场所临时停业，及时劝阻广瑞路20名居民利用迷信诉求防“非典”的举动，制止个别人员散布“非典”谣言、制造混乱的行为，破获一起20万余元假药制造案，确保“非典”时期社会安定有序。

第四节　见义勇为表彰

【基金来源与管理】

1994年5月，建立区社会治安综合治理奖励基金，按照《江苏省奖励和保护见义勇为人员条

①五大长效机制：医疗责任保险制度、医疗损害社会救助基金制度、医疗纠纷处理机构、医疗纠纷仲裁制度、医疗机构医患危机预防和处理机制。
②四防一确保：防破坏活动、防盗窃、防诈骗、防矛盾激化和突发事件，确保重点要害的安全。

例》，表彰奖励为维护政治稳定、社会安定而作出贡献的有功人员。奖励基金来自辖区市属企事业单位、区直属事业单位捐助和区财政拨款，由区综治办负责管理。1997年12月，更名为见义勇为奖励基金。基金筹集达到30万元，其中市商业大厦、市烟草专卖公司、区城市建设投资公司、区房管局等单位捐助27万元，区财政拨款3万元。由区财政专户存储，专款专用，只用利息，不用本金，并改由公安崇安分局管理。用于表彰奖励救死扶伤、抢险救灾、举报线索、协助抓获犯罪嫌疑人的有功人员。1999年，公安崇安分局又发动干警捐款2.08万元。迄2005年，奖励基金本息达43万元。

【表彰奖励】

1988年12月，区委、区政府召开见义勇为先进表彰大会，28名见义勇为者受到褒奖。1994年，表彰奖励在1991年8月7日凌晨执勤中，被犯罪分子刺伤致死的联防队长陈伯泉和在1994年7月14日凌晨执勤中，抓扭犯罪分子而光荣牺牲的复兴路地区联防队员卞立宏，省人大常委会副主任、省见义勇为基金会会长秦杰等一行专程到无锡，看望光荣牺牲的联防队员家属和其他3名负伤队员。1996年，表彰奖励6月13日勇斗手持凶器歹徒、用生命和鲜血保护国家集体财产的无锡市中望贸易有限公司青年工人陈士祥、罗春荣、丁左善、王瑞红4名江西到无锡人员，颁发见义勇为证书。1999~2004年，先后表彰奖励1999年10月25日举报诈骗犯罪嫌疑人的新锦江大酒店服务员王云云；2004年7月14日勇抓飞车抢夺现行犯罪嫌疑人的残疾人孙勇。仅1997~2005年9年中，先后表彰奖励辖区见义勇为人员171人，其中，工人50人，干部5人，学生10人，新市民37人，其他人员69人，奖励金额3.91万元。

第五节　政法队伍建设

90年代后，区委政法委围绕加强政法队伍建设，结合实际，适时提出教育计划。1997年5~8月，在政法系统开展集中教育整顿，通过正面教育，自查自纠，增强领导班子团结，提高广大干警遵纪守法自觉性。1998年4~7月，开展“公正执法，文明执法”主题教育活动，政法各部门领导干部从德、能、勤、纪4个方面自查自纠，完善党内民主生活制度，解决群众反映强烈的乱收费、乱罚款、乱拉赞助“三乱”和门难进、脸难看、话难听、事难办“四难”问题，发动广大干警自觉揭露矛盾，纠正以权谋私等不正当行为。1999年5月至2000年10月，开展“争创人民满意政法单位、争当人民满意政法干警”活动，在全区范围开展对区检察院反贪局、控告申诉科，区法院民庭、经济庭、立案庭、执行庭和公安崇安分局下属8个派出所等14个部门（单位），以及公安派出所领导、内勤、治安警、刑警、户籍警和区司法局派驻各街道的司法助理员6类人员进行万人评议。4.55万份测评表揭示，14个部门（单位）满意率93%以上，6类人员满意率为98%以上。公安崇安分局连续3年（1998~2000）被公安部、人事部评为全国优秀公安分局。崇安寺、车站地区派出所连续3年（1997~1999）被省公安厅评为江苏省人民满意派出所。新生路派出所被省公安厅评为2000年度江苏省人民满意派出所。2001年10月至2002年2月，在政法系统开展“以人民满意为标准，以公正执法为重点”集中教育整顿，全区干警从人民不满意的地方改起，从人民满意的地方做起，严格执行各项规章制度，公正执法。2002年5月至2003年1月，开展“争创人民满意的政法单位，争当人民满意的政法干警，加强和改进政法机关作风建设”主题教育活动，改进机关作风，加强队伍建设。2003年7月至2005年，进一步深化“双争”活动。工运路派出所连续3年（2001~2003）被省公安厅评为江苏省人民满意派出所。2005年，结合共产党员先进性教育，在政法系统开展“规范执法行为，促进司法公正”专项整改活动。政法各部门抓住重点岗位、重点环节、重点问题，查找不足，深挖根源，制订落实整改措施，树立司法为民观念，促进司法公平、公开、公正。1999~2005年，政法系统干警共有37人次受到国家、省、市表彰。其中，区法院王德莉先后被评为全国劳动模范、全国人民满意好法官和全国先进工作者，公安崇安分局马星被公安部授予全国特级优秀人民警察，许昌、赵方来被公安部授予全国优秀人民警察。

第九章　离休干部工作

1985年，全区有离休干部60人。其中，享受地市级待遇5人，县团级待遇23人。1986年5月成立区老干部管理机构后，区委从建立机构、健全组织入手，致力完善管理服务体系，落实老干部各项待遇，确保生活福利随经济发展同步提高。同时，努力调动和发挥老干部在“两个文明”建设中的作用。迄2005年，纳入区委管理的老干部157人，是1986年的1.78倍。区委老干部局先后荣获市老干部“五好”先进单位、市先进离退休干部党支部等称号。

第一节　机　构

1986年前，离休干部管理工作由区委组织部负责，配1名专职干部处理日常事务。1986年5月，正式成立区委老干部局，为区委序列工作部门。管理对象为符合离职休养干部和原副区级退职休养领导干部，管理范围包括区属单位干部和部分外地工作离职后经组织安排到崇安区休养的干部。1996年10月，区委老干部局改为区委组织部隶属管理的部门。2005年5月，建立离休干部党总支，隶属区机关党工委领导，下设2个党支部。1986~2005年，历任区委老干部局主要负责人有：吉树南、平炳泉、曹仲珍、尤仲良。

第二节　管　理

80年代后，区委在抓好区老干部队伍思想建设的同时，全面落实政治和生活待遇，创造条件充分发挥老干部余热，加强工作机构和管理队伍建设。1988年6月，区委成立崇安区离休干部管理委员会。1989年11月，制定《崇安区委老干部局工作职责》《崇安区委老干部局岗位责任制》。1990年3月，下发《中共无锡市崇安区委老干部局工作规范》。1991年7月，制定区老干部工作三年（1992~1994）规划；是年底，区离休干部管理委员会改为区老干部工作管理委员会。1993年起，老干部工作纳入区年度精神文明建设目标考核，并逐步建立和完善“区四套班子领导春节走访慰问”“区委、区政府领导接待来访”“在职领导与离休干部挂钩联系”等制度。2004年起，区老干部工作管理委员会调整为区老干部工作领导小组，由区委书记蒋伟坚任组长。是年，企业离休干部实行属地管理。各街道相应建立组织，各街道党工委书记为第一责任人。按照“统一政策、分级管理、原单位负责”的管理服务体制，逐步建立健全区、街两级老干部管理服务体系。

1993年11月，成立区老干部活动室，为老干部搭建开展活动的平台。2001年3月，区老干部活动室改称区离休干部综合服务中心，为自收自支的事业单位、股级建制。1996~2003年，区委老干部局自办经济实体，抓好“三产”创收，补充老干部活动经费开支。各街道、社区居委会对居住在辖区的老干部实施各有所别的服务方式，对独居老干部实行专人结对，全天候关心照顾，提供多方面便利条件。2005年，共青团区委组织“朝阳晚霞互辉映”活动，6个团员志愿者小组与老干部结对签约，建立志愿小组服务信息卡，开展系列服务。2000年，区委老干部局被江苏省委评为江苏省老干部读书活动先进集体，区老干部活动中心被无锡市委老干部局评为市先进老干部活动中心。

迄2005年，区委老干部局管理的老干部从1986年的88人增加到157人，其中，区离休干部73人，易地安置33人，委托管理30人，市管退休干部21人。

1986～2005年崇安区老干部管理情况一览表

表15－9－1　　单位：人

年份	人数	其中			
		崇安区离休	易地安置	委托管理	市管退休
1986	88	64	23	—	1
1987	101	77	23	—	1
1988	111	84	25	—	2
1989	122	92	27	—	3
1990	127	95	27	—	5
1991	131	97	28	—	6
1992	134	97	31	—	6
1993	137	96	32	—	9
1994	140	94	36	—	10
1995	139	93	36	—	10
1996	139	89	39	—	11
1997	145	92	40	—	13
1998	145	92	40	—	13
1999	140	87	40	—	13
2000	138	85	40	—	13
2001	143	84	40	—	19
2002	143	84	39	—	20
2003	137	80	37	—	20
2004	138	77	35	5	21
2005	157	73	33	30	21

说明：上述资料由区委老干部局提供。

1986～2005年崇安区离休干部类别情况一览表

表15－9－2　　单位：人

年份	合计	其中		年份	合计	其中	
		抗日战争时期	解放战争时期			抗日战争时期	解放战争时期
1986	87	42	45	1996	128	42	86
1987	100	42	58	1997	132	42	90
1988	109	43	66	1998	132	42	90
1989	119	45	74	1999	127	37	90
1990	122	44	78	2000	125	37	88
1991	125	44	81	2001	124	37	87
1992	128	45	83	2002	123	37	86
1993	128	44	84	2003	117	34	83
1994	130	44	86	2004	117	33	84
1995	129	43	86	2005	136	40	96

说明：1. 上述资料由区委老干部局提供。2. 上述离休干部总数及分类均不包括市管退休干部人数。

【落实待遇】

80年代后，区委、区政府认真贯彻落实老干部工作方针政策，确保在政治上尊重、关怀，在生活上关心、照顾，在福利待遇上及时保障到位。

政治待遇　贯彻落实“政治待遇不变”“老有所教、老有所学”的精神，区委、区政府主要领导每年定期向老干部传达上级文件精神，适时举办时事形势报告会，召开区政工作情况通报会，随时听取老干部对重大事项决策、改革举措等方面的意见建议。区召开党代会、人代会及举办重大政治活动，都邀请原区四套班子老领导和离休干部代表参加。其间，每年组织老干部考察崇安区、无锡市及周边城市经济建设和社会发展新貌2次以上；为老干部免费订阅《老年周报》《银潮》等报刊杂志，优惠订阅《无锡日报》《江南晚报》《无锡广播电视报》。还建立阅文室，让老干部及时阅读到中央文件。成立图书室，可阅可借，方便老干部。2005年，在党员先进性教育活动中，安排专人到无法参加活动的老干部家中或医院辅导，让每个党员都受到教育。在纪念抗战胜利60周年活动中，区委为 29名抗战老干部颁授抗战纪念章，每人发放慰问金800元。

生活待遇　贯彻落实"生活待遇略微从优""老有所养"的精神，按照国家有关规定，确保各项生活待遇的落实。每逢传统节假日发放一定额度的物品或现金。1989年起，区委、区政府为老干部局配备一辆用于看病服务的专车。2000年，为妥善解决基层单位老干部工资、医药费"两拖欠"问题，区委及时研究建立老干部医疗费单独统筹机制。2002~2005年，全区用于老干部生活福利支出188.95万元。其中，订阅报纸杂志费4.92万元，旅游费19.67万元，特需疗养费19.08万元，国庆、中秋、重阳"三节"慰问费19.42万元，春节补助费103.3万元，年货费22.56万元。2005年8月，区委又专题研究解决转改制区属企事业单位老干部生活待遇的保障问题，确保全区老干部各项待遇均落实到位。与此同时，对异地安置老干部的待遇也力求做到一视同仁；对市委托管理的老干部除年终补助费外，也享受同等待遇。

住房补贴　货币分房政策实施后，2000年起，在财力比较紧张的情况下，优先解决老干部住房货币补贴问题。迄2005年，先后为52名老干部解决住房货币补贴133.34万元，补贴面积1611.42平方米。

医疗服务　1986年后，区委每年为老干部安排一次体检，并依托区属崇安医院及其下属的3个分院、6个社区医疗卫生服务中心，为全区老干部提供医疗服务。组织医务人员与老干部结对服务，开展日常医疗健康知识咨询，定期上门巡诊、送药。开辟医疗绿色通道，凡是老干部住院、出院均派车免费接送，入院手续由医务人员负责办理，必要时请市级医院专家会诊。老干部住院期间，免费用餐，单独烧菜。建立老干部健康档案，对老干部病情做到心中有数，尽量减少不必要的检查。

【组织活动】

1986年起，区委以服务为重点，组织老干部开展"学会生活、积极养老"活动，不断丰富老干部的晚年生活。1993年11月，区老干部活动室成立后，活动丰富多彩，设施不断完善。2000年6月后，易地迁至机关新大楼，使用面积从几十平方米扩大到1200平方米，开设有专人管理的阅览室、棋牌室、乒乓室、桌球室、健身室、电脑室6个活动室。每年还组织钓鱼、棋牌、门球、小口径步枪等比赛，参加市举办的各类友谊比赛。2005年，荣获市"迎十运"老年象棋比赛团体第二名、围棋比赛团体第三名。同时，组织老干部参加市、区老年大学学习，使老干部老有所学、老有所乐。

第三节　发挥老干部作用

在全面落实老干部政治待遇和生活待遇的同时，区委、区政府把老干部作为党和国家的宝贵财富，充分发挥以老干部为主体的讲师团、校外辅导员、文化市场义务监督员队伍的作用。80年代后，老干部参与区委组织史、党史的编写；配合基层党委，加强廉政建设和思想政治工作；投身经济社会事业建设，参加振兴崇安经济研讨活动等。区人大常委会原主任夏荣冠被市纪委聘为党风监督员；区人大常委会原主任蔡可田被市聘为经济工作调研组成员；区委组织部原部长徐雅英被区民政局聘为地名普查员；区法院民庭原庭长伏敏担任上马墩街道法律咨询服务志愿者；区政府办公室原副主任吕兴彬先后被周山浜、人民路、学前街街道商业公司聘用，1987~2003年为国家创造税收百万余元，提供就业岗位50余个。杨贯群、夏荣冠、任守堂、赵盛桂、徐雅英等5名老干部担任区老干部义务报告员。夏荣冠、孙和珠、汪银芬、伏敏等13名老干部分别担任13所中小学的校外辅导员，进行革命传统教育、法制教育和德育教育，帮助后进学生转化，扶助特困生完成学业，参与文化市场义务监督等关心下一代工作。全区40%以上的老干部参与青少年教育和社会公益活动。伏敏先后被评为1994年度省优秀辅导员、2005年度江苏省和全国老干部先进个人、中国社区志愿者之星。徐雅英先后被评为1992年、1993年市老干部“双文明”先进个人，2004年市老干部先进个人。

第十章　机关党务工作

1986年后，区机关党组织建设不断加强。1987年10月，撤销区机关党总支建立区机关党委，1996年10月，改建为区机关党工委，在组织机构、人员编制、工作经费得到落实的同时，机关党工委以争创堡垒党支部为抓手，持续开展“学习型、创新型、服务型、廉洁型”文明机关等不同内涵的创建活动，机关党建工作和业务工作不断迈上新台阶。

第一节　组织机构

1978年，建立区机关党总支。1982年，下设10个支部，有党员232人。1987年10月，撤销党总支建立区机关党委，配专职书记1人，工作人员1人。下设2个党总支，13个党支部，有党员392人。1996年10月，撤销区机关党委，改建为中共崇安区委区级机关工作委员会（简称区机关党工委），同时建立区级机关党的纪律检查工作委员会（以下简称区机关纪工委），分别作为区委和区纪委派出机构。区机关党工委为科级建制，行政编制2人，配专职书记1人，干事1人。区机关党工委由9名委员组成，其中书记1人，副书记1人，委员7人。区机关纪工委由3名委员组成，设书记1人（由区机关党工委副书记兼任），兼职委员2人。是年，区机关党工委下设5个党总支、31个党支部，有党员581人。区机关部门党总支、支部书记均由部门党员行政领导（正职或副职）担任。迄2005年，区机关党工委直属6个党总支（下设27个党支部）、30个党支部，其中新经济组织党支部3个，离退休党支部3 个。有党员877人，其中机关在职党员615人，流动党员24人，离退休党员238人。

1986~2005年，历任区机关党（工）委书记有：邵彬杰、袁岭、陈永祺、胡称岚、刘海波。

第二节　党员管理

80年代后，机关党（工）委按照“划小管好”的原则，及时调整和审批机关党支部的设置，配好各支部（兼职）书记。按照党组织建设工作的要求，积极慎重地做好党员发展工作。1999年，贯彻《中国共产党和国家机关基层组织工作条例》，进一步规范机关党的建设工作。

【制度建设】

1987~1997年，先后制定下发《党员领导干部参加双重民主生活会制度》《党支部工作考核考评办法》《党支部工作手册》《严格执行定期召开党的民主生活会的通知》《严格党内学习制度的通知》《关于加强和改进区级机关党的工作的意见》《堡垒支部建设的指导意见》等文件，建立健全规章制度，使基层党组织建设有章可循。1991年后，每年开展党员民主评议。1998~2005年，结合创建堡垒支部，从落实学习制度、倡导深入基层入手，从改进工作作风、提高服务质量、建立创新激励机制着眼，推进创建学习型、创新型、服务型"三型"党支部建设。1996~2005年，涌现出各级先进党支部82个，优秀党员400余人次。

【发展党员】

根据中组部《关于中国共产党发展党员工作细则》要求，按照"坚持标准、保证质量、改善结构、慎重发展"的方针，做好党员发展工作和预备党员考察转正工作。1986~2005年，累计输送350余名入党积极分子参加区委组织部举办的党的基本知识培训班学习，区机关发展党员273人，按期转正281人，另有2名预备党员在预备期考察中因不具备党员条件，按照有关规定和程序，1名被取消预备期，1名预备党员被延长预备期。其间，因违反党纪被开除党籍2人，党内警告3人，党内除名1人。

第三节　党员教育

1986~2005年，区机关党（工）委以马列主义、毛泽东思想、邓小平理论、"三个代表"重要思想及新时期党的指导方针为主要内容，组织党员学习政治理论，学习社会主义市场经济理论，进行爱国主义和革命传统教育、新时期科学发展观教育、党纪党规教育、社会主义法制道德教育和革命人生观、世界观教育，提高党员队伍素质。

【政治理论教育】

80年代，结合改革开放新形势发展要求，组织党员干部学习社会主义市场经济理论，教育党员干部正确认识改革开放，积极投身改革开放实践。进入90年代，组织党员学习邓小平视察南方重要谈话，开展解放思想、发展是硬道理大讨论。举办《建设有中国特色社会主义若干问题学习纲要》专题讲座、演讲比赛、知识竞赛。1999~2001年，组织开展反邪教和无神论教育，以及共产主义理想信念教育。2002~2005年，组织机关党员干部学习"三个代表"重要思想、江泽民"七一"讲话、"三个代表"重要思想学习纲要、胡锦涛视察延安讲话及中共"十六大"文件等。2005年，根据省、市、区委的统一部署，组织机关党组织分两批开展历时1年（各6个月）的保持共产党员先进性教育。在教育活动中，机关党员重温入党誓词；撰写党性分析材料，开展批评和自我批评；制定机关公务员共产党员先进性标准；开展优秀共产党员形象大讨论。机关党员为筹集区"爱心助学基金""爱心助残基金"缴纳特殊党费12.8万元。开展进社区献爱心、助困助弱活动，结对帮扶困难下岗职工家庭58户，帮扶特困学生128人。参加义务交通协勤等志愿者活动1500余人次。无偿献血86人次。报名中华骨髓库捐献骨髓志愿者120余人。

【普法教育】

1986年起，区机关党（工）委持续组织开展普法教育，组织机关党员干部学习《邓小平论民主与法制》等书籍；学习《中华人民共和国宪法》《中华人民共和国公司法》《中华人民共和国劳动法》《中华人民共和国行政诉讼法》《中华人民共和国仲裁法》《中华人民共和国环境保护法》等法律法规；学习《公民法律基本知识》读本、《国家公务员条例》等，根据"一五""二五""三五""四五"四个五年普法教育的要求，会同区委政法委、区司法局等部门制订普法学习大纲，从组织、经费、考核等方面抓落实，举办"精神文明与法制建设""市场经济与法制建设"讲座，机关干部普法教育考核合格率100%，区机关党工委先后4次被评为区普法教育先进单位。

第四节　文明机关创建

1986~1996年，区机关党（工）委组织开展为经济建设服务，为基层服务，为人民群众服务“三服务”文明机关创建竞赛活动，结合各个时期实际情况，不断充实创建内容，完善考核评比方法。1997~2005年，开展创建创新型、学习型、服务型、廉洁型“四型”文明机关活动，坚持每年一次考核和两年一次表彰制度。2002~2003年，组织开展创建政治学习好、工作作风好、服务态度好、完成任务好、内部团结好“五星部门”活动。区机关党支部共与24个居委会定点联系，累计扶贫帮困近千人次，形成文明机关创建新特色。1986~2005年，区政府办公室等20个部门被评为区文明机关；区法院等12个部门被评为无锡市文明单位。

第十一章　保密和信息工作

80年代后，随着改革开放的深入推进，经济社会事业的快速发展，保密管理、信息工作逐步得到重视和加强。1984年4月，根据《中华人民共和国保守国家秘密法》（简称《保密法》）有关规定，区委恢复建立中共无锡市崇安区委保密委员会，下设办公室。其后机构经历几次变更。1997年8月，区委机要保密局建立后，根据保密管理由传统机要文件保密向计算机、信息系统保密管理转变的新要求，进一步强化保密教育，健全保密队伍，完善定专人管理、定保密制度、定保密措施“三定”责任制，不定期组织保密大检查，杜绝失泄密事件的发生。区保密部门荣获无锡市1995~1999年度保密工作先进集体。信息工作致力围绕中心、服务决策，发挥参谋助手作用，提高信息服务效能。1986~2005年。区党政信息报送在“三城区”始终名列前茅。

第一节　保密工作

【机　构】

1984年4月，恢复建立区委保密委员会，下设办公室（简称区委保密办），为区委保密委员会的工作机构。区委保密办设在区委办公室，区委办公室副主任兼管保密工作。1991年1月，根据国家《保密法》有关规定和中共江苏省委《关于加强保密工作的意见》，增挂“崇安区国家保密局”（简称区保密局）牌子，与区委保密办实行一套班子、两块牌子。1997年8月，区保密局与区委保密办合并，建立区委机要保密局，为区委序列部门，副科（局）级建制。迄2005年未变。1986~2005年，历任区保密部门主要负责人有：汪银芬、徐忠强、唐金林、王秀珠、于泉祥、董湘波、吕明石、姚建军、李振云、虞晖。

全区保密工作实行两级管理。1989年起，区保密工作直接指导和管理的范围主要是区内科级以上单位，科级以下区属单位由各系统管理。根据保密工作的要求，各单位党组织都相应建立保密工作领导小组，负责本单位保密工作。全区建有街道、工业、商业、事业、文化教育、机关7个系统的保密协作小组，定期开展活动。1995年起，区委保密办对保密工作直接指导和管理的对象作局部调整，不再局限于单位行政级别，除区各党政机关、各街道外，以后相继成立或划入直属区政府管理的企业亦列入直接指导和管理的范围。副科级企事业单位下放到各口和系统管理。其间，随着党政机构改革调整、街道撤并，区保密协作网络多次变动。1998年，各街道、教育局、城建局、房管局、贸易局、工业公司和区城市建设开发公司均建有保密工作领导小组，并有一名兼职保密员。迄2005年未变。

【管 理】

定密工作 1991年9～10月，按照国家保密局和中央国家机关联合制定的《国家秘密及其密级具体范围的规定》，在全区开展为期一个半月的依法确定国家秘密密级工作。定密工作由区委保密委员会（区保密局）负责。其间，先后召开区委保密委员会会议、全区保密工作会议，举办定密干部培训班，区机关部门和街道60余名保密干部参加培训。各部门、各街道对照中央国家机关下达的有关保密范围，确定本单位产生的国家秘密事项和密级，各部门、各街道依法定密后，由区保密局组织检查验收，清理、修订和完善原有保密制度。此后，每年对各单位产生的国家秘密情况进行统计，及时按照国家保密局和中央有关国家机关下发的调整国家秘密范围要求进行调整。

涉密管理 1992年，区制定下发《无锡市崇安区保密制度（试行）》《无锡市崇安区确定、变更密级和解密的暂行办法》，就加强印刷复制、涉密文件管理、通信保密、会议保密、涉外保密等领域，提出保密管理规定。区保密局协助区委、区政府办公室修订机要文件交换制度，加强机要文件交换工作的保密管理和文件、涉密资料的清退回收工作。同时，要求各收文单位规范文件运转程序，完善收文登记、传递、归档、文件清退销毁等工作制度，加强单位撤并、干部调动中文件的保密管理。1993年，按照国家保密局《关于做好保密要害部门（部位）保密工作的意见》，开展对区属各重点单位、要害部门保密管理的确认，11个党政机关要害部门（部位）作为区保密管理工作重点。1998年11月，完成《中共无锡市崇安区委保密委员会工作制度》修订。1999年，在全区机关开展计算机信息系统管理情况的检查。督促各单位加强对复印机、传真机、计算机和现代化通信设备的管理，落实“三定”制度，防止失泄密事件的发生。2001年起，每年4～5月份，接受全市党政系统组织开展的密码保密大检查。1986～2005年，每年重大节假日、重要活动期间均组织全区保密检查。

涉密人员认定 区委保密办严格执行涉密人员确认范围和程序的规定，并加强对确认涉密人员的教育、管理。迄2005年，除已脱密人员外，全区涉密人员共3人。

【宣传教育培训】

1984年，恢复建立区委保密委员会后，采用多种形式开展保密宣传教育，提高各级领导干部、保密专兼职干部、涉密人员以及普通公众的保密意识。1987年10月，开展“保密知识宣传周”活动，举办漫画和墙报展览、黑板报评比，播放保密宣传录像，举办保密知识讲座。1988年11月，区委保密委员会会同区委宣传部、区司法局举办贯彻《保密法》学习宣传活动，推动党政机关和涉及国家机密较多的单位建立健全保密制度。1991年，结合“二五”普法教育，开展修订后的《保密法》《保密法实施办法》和《中共中央关于加强保密工作的通知》学习宣传活动。1993年，结合《保密法》实施5周年，组织全区保密干部学习江泽民、李鹏、任建新的保密工作题词；根据市委保密委员会下发的《关于在全市开展保密法制宣传教育的通知》，开展《保密法》宣传教育活动。1998年，纪念《保密法》颁布10周年，组织全区保密人员参加“全国保密知识竞赛”，观看保密宣传录像。2003年9月，纪念《保密法》颁布15周年，区机要保密局会同区机关党工委利用机关学习日，邀请市保密局局长孙志坚到区作保密形势和任务报告会，播放保密宣传录像片，开展法制教育。2005年8月，组织各单位计算机网络管理人员、信息中心负责人、分管计算机应用工作的领导参加在无锡市新世纪永中信息技术培训中心举办的计算机信息网络安全保密技术培训班，培训内容包括信息网络安全保密形势分析、安全保密技术法律法规介绍、保密技术要求、网络攻防演示、信息网络安全保密相关技术、信息网络安全保密整体解决方案等。

第二节　信息工作

【信息网络】

区召开保密形势教育报告会（2003）　　（区委办公室供稿）

1983年，启动全区信息工作，时由各部门负责编写信息，不定期报送区委办公室，由区委办公室汇总上报市委、市政府。1985年起，区委办公室确定专人负责信息工作，并不定期编发《崇安信息》。1987年，党政信息由不定期报送改为每日通过传真机向市报送。1991年5月，区委办公室和区政府办公室联合编发的《崇安信息》达到200期。1993年，区委办公室、区政府办公室联合下发《关于进一步搞好我区信息工作的意见》，进一步健全信息网络，抓好信息规范化管理。自此，全区信息工作基本实现统一区级信息机构、统一信息网络、统一报送点、统一目标考核、统一评比奖励办法"五统一"。区信息中心由区委办公室、区政府办公室具体负责，分别向市委、市政府信息处报送信息。不定期编发《崇安信息》。迄2005年未变。

【信息刊物】

《崇安信息》　始于1985年，时由区委办公室负责编发，每周一期，以纸质形式印发到区机关各部门。2005年底起，取消纸质形式，改在崇安公众信息网《信息简报》栏目中刊登崇安信息。

《区政情况》　始于1986年，由区政府办公室负责编印，不定期印发。初分"红头"（《区政情况》字体为红色）和"绿头"（《区政情况》字体为绿色）两种版本。"红头"《区政情况》定位于反映区政府工作情况与动态，印发至区机关各部门。"绿头"《区政情况》定位于反映负面信息，提供主要领导和分管领导参阅。1993年后，"红头"《区政情况》以调研文章、工作体会为主。但两种刊物不久即停印。

《每日摘报》　始于2004年，由区委办公室负责编印，定位于反映动态信息，侧重收集、编辑外地兄弟城区的经验和做法，供区委主要领导参阅。

《热点选编》　始于2005年，由区委办公室负责编印，定位于刊登理论信息，侧重收集、编辑时事热点及理论前沿观点，供区委主要领导参阅。

第十六编

人民代表大会

崇安区人民代表大会（以下简称区人大）是崇安区地方国家权力机关。1952年10月至1953年5月，根据《中国人民政治协商会议共同纲领》，第一区、第二区分别召开2次各界人民代表会议，行使部分人民代表大会的权力。1954年1月至1958年6月，第一区（1955年7月改为崇安区）、第二区（1955年7月改为工运区）各召开3届区人民代表大会。至1985年5月，区人大历经10届，先后召开全体会议38次。1986~2005年，是崇安区第十届至第十五届人民代表大会任期。其中，区第十届至第十二届人大任期为3年，区第十三届人大起，每届任期改为5年。

区人大及其常委会在中共崇安区委的领导下，以邓小平理论和“三个代表”重要思想为指导，围绕区委的决策部署，充分发挥地方国家权力机关的作用，全面履行宪法和法律赋于区人大及其常委会的各项职责职权，依法制定和完善区人民代表大会议事规则、区人民代表大会常务委员会议事规则、区人大常委会会议制度、人事任免工作暂行办法、办理区人大代表建议、批评和意见的暂行规定、区人大代表持证视察暂行办法，以及对区政府组成人员和“两院”中层干部述职评议试行办法等各项工作制度，不断加强区人大及其常委会工作规范化、制度化、民主化建设。1986~2005年，依法进行人大代表换届选举5次，举行区人民代表大会21次，选举产生各届区人大常委会主任、副主任、委员，区长、副区长，区法院院长和区检察院检察长。先后召开区人大常委会会议160次。通过听取和审议区人民政府、区人民法院、区人民检察院（简称“一府两院”）各项工作报告；讨论决定区内重大事项；任免区级国家机关工作人员等途径，不断强化区人大及其常委会的监督职能，发挥好监督作用。依靠区人大代表，联系人民群众，开展多层次、多形式的视察和调研活动，督办代表议案11件、建议3030件，受理人民来信来访2054件次。同时，开展执法检查、述职评议和工作评议，确保行政权、审判权、检察权得到正确行使，确保公民、法人和其他组织的合法权益得到尊重和保护，推进社会主义民主法制建设，促进全区经济发展和社会事业的全面进步。

第一章　区人民代表大会

1986年4月至1992年2月，区十届至十二届人大，每届任期3年。根据1995年修改的《中华人民共和国地方各级人民代表大会和地方各级人民政府组织法》规定，自区十三届人大起，每届任期5年。任期届满进行换届选举，组成新一届人民代表大会，区换届选举工作均按照《中华人民共和国全国人民代表大会和地方各级人民代表大会选举法》的有关规定进行。1986~2005年，区第十届至第十五届人大任期内，先后召开21次全体会议。区每年召开的人代会，均听取和审议区“一府两院”工作报告、区人大常委会工作报告、区上年度财政预算执行情况和本年度财政预算的报告、区人大代表有关议案实施和建议、批评、意见办理情况的报告，区十一届人大三次会议后，增加听取和审议区上年度经济社会事业主要目标完成情况和本年度经济社会事业主要目标的报告，并表决通过上述各项报告的决议。区十二届二次、十三届一次、十三届四次、十四届二次、十四届四次人代会还分别审议区经济和社会事业发展“八五”计划前三年、“八五”计划后三年、“九五”计划和2010年远景规划、“九五”计划（修订）、“十五”计划纲要等。在每届人大一次会议上，均选举产生新一届区人大常委会主任、副主任、委员，区人民政府区长、副区长，区人民法院院长和区人民检察院检察长。

第一节　人大代表选举

1986~2005年，依法进行区人民代表大会代表换届选举5次。每次换届选举均成立区选举委员会，设立选举工作办公室，分准备、核对、登记选民、划分选区、提名推荐、协商确定正式候选人、投票选举等若干阶段，历时两个多月。在中共崇安区委的领导下，充分发扬民主，严格依法办事，根据《选举法》划分选区，自下而上，民主推荐代表候选人，反复协商，确定正式代表候选人，以无记名投票方式选举区人大代表，并结合不断发展新形势的要求，改进操作方法，以保障公民选举权的充分行使，保障地方权力机关组成人员的顺利选出。历届区人大代表的构成充分体现人大代表的广泛性和代表性，女性代表大体占三分之一左右，工人、干部、知识分子、民主党派和无党派爱国人士、少数民族、归侨等均占一定比例。

统一制作选区公示牌，方便社区单位选民选举（2002.11）
（人民路街道供稿）

与此同时，区十一届人大二次会议、区第十三届至第十五届人大一次会议还分别选举产生出席市第十届至第十三届人民代表大会代表95人、87人、49人、47人。其间，严克强先后当选为第六届、第七届全国人大代表和第八届江苏省人大代表。王德莉当选为第十届全国人大代表。蒋汉良、顾磐曾分别当选为第九届、第十届江苏省人大代表。

【区人大代表选举】

1981年7月前，区历届人大代表选举均为等额选举(即代表候选人名额与应选代表数相等)；1981年7月后，区九届人大代表开始采取差额选举（即代表候选人名额，多于应选代表数的五分之一）。1987~2005年，区共进行5次代表选举，选民推荐代表候选人数为代表人数的10倍左右。历届区人大代表选举的选民参选率均超过95%，一次选举成功率均为100%。

区十一届人大代表选举 自1986年11月1日起，法定选举日为1987年1月5日。全区共划分112个选区，依法选举产生区十一届人大代表199人，其中女性代表89人，占44.72%。代表构成为工人57人，干部53人，知识分子28人，其他61人。具体为（排列不分先后）：杨贯群、王祖华、王金伟、徐雅英（女）、龚允明（女）、杨惠英（女）、华伟桢（女）、许汉舟、蒋秀珍（女）、刘洁玉（女）、李佩瑜（女）、方炳生、冯岳良、宗淦生、王永新、程惠明（女）、杨法建、陆月华（女）、汤敏（女）、范月槎、严大幼、尤觉、程雪英（女）、顾磐曾、吴维茂、荣锡春、赵倩（女）、周月贞（女）、翁珍秀（女）、陈明奢、张爱琴（女）、孙倩芳（女）、王玮（女）、沈秀宝（女）、华勉伟、张莲英（女）、范明生、沈锦文、陆镜惠、谢剑鸿、邓茂勋、邵力正、黄焘、陈建家、庄锦华、牛杰、卫振兴、左模根、王哲曾、章奇兴、乔德培、杨洁玲（女）、沈亚伦（女）、韦留扣、马正威、吴金秀（女）、邱丽云（女）、殷凤娣（女）、张绥英（女）、谭毓英（女）、陈志娟（女）、周志勤（女）、高阿芹（女）、高瑞英（女）、徐寿康、严妙琴（女）、汪银芬（女）、强士奎、包和根、章文俊、张炳林、金小龙、华庆铮、花木华、陈雨光、高浩兴、殷雪根、陈文珍（女）、王惠芬（女）、李重骅、周惠文（女）、刘玲玲（女）、杨寿年（女）、陈惠珍（女）、孙玉珍（女）、马秀珍（女）、陈炳良、陆亦平、徐志达、徐桂珍（女）、张英奎、秦国曙、李静宜（女）、蔡炳荣、陈琴秀（女）、顾秀正（女）、朱永康、周雪英（女）、吴凤英（女）、苏文英（女）、陈顺秀（女）、徐志伟、戴桂英（女）、李文秀（女）、严克勤、黄德如、任守堂、孙凤连（女）、高梅秀（女）、王玉英（女）、冯效江、许忠佐、葛达银、荀启龙、诸祥珍（女）、陈兰苏（女）、冯桂珍（女）、赵佩华（女）、陆海兴、范桂英（女）、费羽羽、顾霞娟（女）、戈菊珍（女）、陈良璋、高琰、朱效欣、陈海昌、王培秋（女）、惠金南、周沛源、于志明、蔡荣春、方红珍（女）、许如滋、陆铭森、石三媛（女）、王亚丽（女）、陈月娥（女）、袁育民、张阿凤（女）、尤荣娣（女）、张泉（女）、华仁法、李凤娣（女）、王惠明（女）、赵改娣（女）、徐忠强、虞永芳、过永康、王金英（女）、谢晋玺、陈瑞珠（女）、陆济平、陈伯奇、陈意（女）、张林根、侯蕴玉（女）、李爱敬（女）、凌湘英（女）、薛俊仁、丁凤英（女）、孙文瑶（女）、张浩、桓艳萍（女）、王学宽、梁惠文（女）、尤裕德、胡国良、曹学良、周珍（女）、金柏清、殷冬妹（女）、边巧凤（女）、余为民、吴惠芬（女）、陶若兰（女）、丁战生、姚建中、周传伟、祝海初、丁鉴清、蔡琦英（女）、武林根、俞锡庆、周锦泉、舒虎泉、刘正德、陆培棠、陈明达、唐海根、庞明（女）、周洪发、龚剑存（女）、阙炳松、朱俊甫、沈雷友、杨长利、鲍培国、司马义康。

区十二届人大代表选举 自1989年10月20日起，法定选举日为1990年1月5日。全区共划分113个选区，依法选举产生区十二届人大代表199人，其中女性代表78人，占39.20%；中共党员121人，占60.80%。代表构成为工人47人，干部51人，知识分子39人，其他62人。具体是（排列不分先后）：周锦泉、袁岭、王维新（女）、杨惠英（女）、朱国良、袁富根、刘玲玲（女）、苏瑞霞（女）、刘洁玉（女）、方炳生、冯岳泉、俞静娴（女）、顾磐曾、何正强、朱雨洲、杨法建、陆月华（女）、汤敏（女）、李涵荣、荣锡春、赵倩（女）、许玉英（女）、杨贯群、尤觉、尤佩英（女）、王玮（女）、张爱琴（女）、沈秀宝（女）、臧锡良、王黎明（女）、蒋伟亮、吴维茂、徐瑞新、王荣良、朱俊甫、邹欣欣、蔡伟燕、沈江、张华江、钱俊方、强金春、丁国梁、陈明华、吕华龙、朱云鹤、吴亚明、陆镜惠、张莲英（女）、徐煜兴、范建国、钱志昌、卫振兴、何建新、王哲曾、夏录涟（女）、黄继志、傅耀良、苏文俊、韦留扣、马振威、张振翼、吴金秀（女）、李梅仙（女）、邱丽云（女）、周志祥、张绥英（女）、庞志翚、王祖华、金柏清、王惠琴（女）、高瑞英（女）、倪俊琪、李福根、刘玉英（女）、华庆铮、花木华、胡薇（女）、冯国鹏、华祖洪、万里舟、王景君（女）、徐忠强、周惠文（女）、邓培和、李重骅、蔡荣春、陈惠珍（女）、陈国良、黄霞芳（女）、马乃平、陈鹏飞、张明康、徐惠娟（女）、许淑君（女）、胡根献、李银生、俞锡庆、王久平、唐建华（女）、陈济林、舒虎泉、惠俊晨、朱永康、吴尚志、李文秀（女）、陆国梁、孙铭育、蔡炳荣、顾秀正（女）、顾源祥、许文琴（女）、黄正坤、王祯强、陈洁娴（女）、苏文英（女）、陈顺秀（女）、刘定保（女）、秦家珍（女）、黄浩兴、葛达银、庄锦华、高梅秀（女）、王玉英（女）、张浩、谢基础、薛飞（女）、凌凤英（女）、程郁权、孔祥惠、蒋颂平、赵佩华（女）、龚允明（女）、费羽羽、顾霞娟（女）、许忠佐、秦荣海、王培秋（女）、陆梅凤（女）、胡毋我（女）、惠建南、李道心、周沛源、方鸿珍（女）、秦国曙、李凤娣（女）、高兴东、王惠明（女）、赵改娣（女）、李锋、张阿凤（女）、丁鉴清、王蕊芳（女）、王亚丽（女）、陈月娥（女）、高贞萍（女）、徐瑞英（女）、陆铭森、黄慧娟（女）、胡称岚、蒋月华（女）、季志康、鲍培国、谢晋玺、袁克定、奚烨锋、陈瑞珠（女）、陈伯奇、谢庭南（女）、包和根、陈意（女）、侯蕴玉（女）、李爱敬（女）、凌湘英（女）、薛俊仁、丁凤英（女）、陈永祺、王盘英（女）、高琰、刘剑波（女）、曹学良、邵彬杰、殷冬妹（女）、陈志娟（女）、袁惠芬（女）、丁亚明、范耀珍（女）、胡国良、梁惠文（女）、陈秀英（女）、臧菊妹（女）、丁战生、赵林、孟忠球、沈小兴、王亚兴、姚建中、周大正、徐连根、司马义康。

区十三届人大代表选举　自1992年9月24日起，法定选举日为1992年12月25日。全区有能行使选举权的选民13.84万人，参加投票选举的选民13.63万人，参选率98.48%。全区共划分117个选区，依法选举产生区十三届人大代表208人，其中女性代表77人，占37.02%；中共党员128人，61.54%。代表构成为工人79人，干部49人，知识分子60人，其他20人。具体是（排列不分先后）：朱伟渊、顾祚维、吴炳丰、张建华（女）、钟音（女）、王卉青（女）、黄继志、魏盘兴、王萍华（女）、徐卫、李勤新、赵金兴、谭道明、李梅仙（女）、邱丽云（女）、吴金秀（女）、张振翼、张绥英（女）、周志祥、陆铭森、蔡荣春、王惠琴（女）、顾源祥、朱全金（女）、李福根、倪静珍（女）、高瑞英（女）、任灿成、郁振祥、刘健华、钱兴华、叶文玉、吴自荣、张华江、殷树杰、罗端木、滕绍武、何金方、储仁生、张红华（女）、王心支、胡云（女）、钱志昌、唐锡君（女）、包和根、陈永棋、严煜初、朱雨洲、陆国梁、王凤娟（女）、曹再初、王黎明（女）、蒋伟亮、顾磐曾、缪菊仙（女）、刘茂坤、丁鉴清、曹珍芳（女）、王蓓菁（女）、华勉伟、吴维茂、华寅生、张东君、李涵荣、陈音（女）、杨法建、袁富根、方炳生、冯祖德、陈建安、俞静娴（女）、袁宝荣、严居淦、夏福兴、叶金国、许淑君（女）、赵正华、唐建华（女）、张克勤、董雪君（女）、邹欣欣、侯欣堂、陈志娟（女）、谢瑞珍（女）、王亚丽（女）、王盘英（女）、李重骅、吴尚志、马浩南、赵倩（女）、朱永康、阙雪旦（女）、严大幼、郭燕玲（女）、许水英（女）、徐培松、王广林、顾秀正（女）、杨贯群、张国庆、徐秀宝（女）、袁梅舫、王祯强、陈洁娴（女）、陈顺秀（女）、蔡炳荣、华庆铮、华祖洪、刘锡华、万里舟、王景君（女）、李锋、高念祖、石方杰、周惠文（女）、朱顺庚、胡薇（女）、杜瑶珠（女）、陈惠珍（女）、许忠左、钱景辉、陈国良、徐宁、孙玉珍（女）、张一平（女）、金柏清、马彩萍（女）、龚允明（女）、庄锦华、凌凤英（女）、张浩、赵佩华（女）、费羽羽、顾亚娟（女）、秦荣海、谢基础、冯秋声、蔡祖兴、冯浓娣（女）、潘仁鹏（女）、李道心、吕平、方鸿珍（女）、秦国曙、李凤娣（女）、邵彬杰、秦斌、翁婉娜（女）、余炳源、张阿凤（女）、杨凤珍（女）、高兴东、马乃平、顾琴芳（女）、周耀建、朱国良、黄慧娟（女）、单梅珍（女）、是俊德、刘剑波（女）、董洪源、王金海、吴淑娟（女）、刘洪元、袁惠芬（女）、俞正兰（女）、鲁湘东、徐瑞英（女）、蒋汉良、臧菊妹（女）、朱丽丽（女）、丁战生、黄伟力、沈小兴、吴斌生、范光启、洪元锡（女）、季志康、万娟华（女）、李清、季耀新、陈瑞珠（女）、陈伯奇、张国清、陈意（女）、张仲明、黄雨春、白迎成、冯国鹏、袁阿凤（女）、高琰、钱锦秋（女）、项英石（女）、阙炳松、薛俊仁、沈建荣、桓艳萍（女）、王桂茹（女）、许国庆、王惠芬（女）、沈江、邢宇梁、张正良、刘仲达、陆海兴、陆国珍（女）、陈济林、司马义康。

区十四届人大代表选举 自1997年9月22日起，法定选举日为1997年12月2日。全区有能行使选举权的选民12.78万人，参加投票选举选民12.21万人，参选率95.54%。全区共划分90个选区，依法选举产生区十四届人大代表159人，其中女性代表54人，占33.96%；中共党员112人，占70.44%。代表构成为工人63人，干部56人，知识分子38人，其他2人。具体是（排列不分先后）：顾祚维、朱伟渊、张建华（女）、张欣荣、许敏、杨德茂、周甫清、刘阳、刘茂坤、周锦泉、赵金兴、蒋茂琴（女）、刘振华、胡如英（女）、张浩、陶毓玲（女）、邱丽云（女）、潘平、高阿芹（女）、顾源祥、朱全金（女）、高念祖、顾建平、阙雪旦（女）、杨为民、张酉良、蔡炳荣、孙松万、顾敏清（女）、包和根、胡称岚、程雪英（女）、王心支、张红华（女）、唐锡君（女）、许惠南、夏建设、高长圣、殷燕萍（女）、朱雨洲、邹森、施美伦（女）、王蓓菁（女）、华勉伟、沈月兰（女）、刘健华、乔龙秀（女）、许建平、高琰、章有志、成尔斌（女）、李勤新、杨法建、冯祖德、强惠兴、薛忠、沈建荣、张洪树、黄正新、陈金珠（女）、吴凤宝（女）、顾豫苏（女）、王桢强、史英英（女）、丁坤彪、朱琴南（女）、王兰成、袁梅舫、叶金国、刘建、刘复华、沈国华、高伟岗、蒋柏椿、朱永康、曹锡荣、尤靖希、李重骅、王景君（女）、龚允明（女）、尤丽敏（女）、鲁湘东、冯国鹏、刘根妹（女）、张伟宏、张茂泉、陈志娟（女）、朱惠娟（女）、陈琳、朱国英（女）、季铮（女）、杨柏林、袁振浩、万里舟、吴惠清、王炳耀、虞镇平、陈国良、沙长胜、马勤（女）、吴雪芬（女）、蔡祖兴、胡惠琴（女）、吴国清、周建康、王成祥、方鸿珍（女）、马建国、马荣仙（女）、陈麟妹（女）、周秀琴（女）、沈江、赵惠芬（女）、华甘博、李凤娣（女）、陈其宾、韩秀琴（女）、张琪（女）、金柏清、任富荣、刘永权、高兴东、阙燕芬（女）、李鸿兰（女）、孙怡、蒋汉良、吴福兴、宿明莺（女）、曹曙峰、冯伟华、徐永康、范光启、沈小兴、杨根森、马骏（女）、刘丽萍（女）、张国清、陆涌钰、黄生宝、贾建元、符才宝、张克平、张仲明、邹双娣（女）、俞金山、张爱妹（女）、阙炳松、管海燕（女）、邵玲仙（女）、宋永清、王桂茹（女）、马乃平、过瑾华（女）、张一中、王敏珍（女）、潘连兴、陈国春、张正良、贺仲良。

区十五届人大代表选举 自2002年9月26日起，法定选举日为2002年11月25日。全区有能行使选举权的选民13.88万人，参加投票选举选民13.67万人，参选率98.49%。全区共划分85个选区，依法选举产生区十五届人大代表 167人，其中女性代表55人，占32.93%；中共党员114人，占68.26%。代表构成为工人38人，干部39人，知识分子63人，其他27人。具体是（排列不分先后）：沈继勋、秦惠芬（女）、王亚芬（女）、王露荣、夏杰伟、韩云海、陈珂（女）、陈卫东、韩杰、蒋伟坚、许国荣、吴树基、于桂娜（女）、朱伟渊、何美华（女）、杨洪斌、韩永芬（女）、吴涛、干炳辉、吴晓羚（女）、祝张尧、薛强、王兴龙、张叶飞、赵金兴、言旦（女）、张帆、陈和荣、高念祖、沈献忠、蒋美华（女）、许淑君（女）、顾建平、吴永忠、虞泳尧、吴红武（女）、刘霞（女）、钱新（女）、杨体康、顾蕴洁（女）、吴季英（女）、夏建设、刘南琛（女）、徐培峰、刘海波、孙昌言（女）、丁正红、刘丽萍（女）、曹雪江、宋益伟、夏利江、钱俊方、浦伯清、黄汉林、曹雷鸣、吴军、张仲明、张英娟（女）、冯汶白、吕燕军（女）、陆涌钰、朱萍（女）、廉伟庆、冯凯扬、马星、陆如兴、钱兴华、王志强、李丁、李祖坤、杨慰慰（女）、陈麟妹（女）、华甘博、陈燕平（女）、马勤（女）、任伟、胡志平、朱鉴屏、马群、尤秀娟（女）、何莉平（女）、刘阳、黄炎、钟争光、贾建清、曹曙峰、苏国强、范洪强、王雪松、朱文燕（女）、张国华、冯伟华、徐永康、严岩、周东、刘国红

连元街社区流动票箱上门选民登记服务（2002） （崇安寺街道供稿）

（女）、阙燕芬（女）、朱民治、吴早春、蒋伟平（女）、苏益玲（女）、章有志、彭珊（女）、王伊奇、蒋永慧（女）、丁一心、贾莉（女）、马乃平、吴小荣、赵月华（女）、沈国华、张正良、吕明石、孙建元、顾豫苏（女）、冯硕蕾（女）、李明华、王建华（女）、曹锡荣、尤靖希、蒋柏椿、尤丽敏（女）、任震宇、袁振浩、王学仕、张一中、袁梅舫、宋永清、陈　亮、倪伟兴、冯国鹏、陶志芬（女）、谭健（女）、顾建琼（女）、童爱华（女）、杨柏林、杨子亮、沙群胜、杨进、蒋莉萍（女）、程雪英（女）、王敏丽（女）、苏绍霞、韩恒昌、柳元宏、高长圣、杨莉佳（女）、吴小庆、许惠南、徐宁、殷进元、陈建平、陈惠芬（女）、浦惠芬（女）、阙雪旦（女）、顾毓清（女）、唐建华（女）、朱晓红、沈江、管裕林、潘福林、刘健华、李永恒、强惠兴、浦贤蓉（女）、范炎、樊颖（女）。

崇安区第十一届至十五届人大代表构成情况一览表

表16-1-1　　　　单位：人

届次	代表总数	性别		党派		身份			
		男	女	中共	其他	工人	干部	知识分子	其他
十一届	199	110	89	124	75	57	53	28	61
十二届	199	121	78	121	78	47	51	39	62
十三届	208	131	77	128	80	79	49	60	20
十四届	159	105	54	112	47	63	56	38	2
十五届	167	112	55	114	53	38	39	63	27

说明：上述资料均为历届一次会议数据，由区人大办公室提供。

【市人大代表选举】

市十届人大代表选举　1987年11月18～20日，区十一届人民代表大会举行第二次会议，选举产生无锡市第十届人民代表大会代表95人。

崇安区选举产生出席无锡市第十届人民代表大会代表名录

（95人，排列不分先后）

苏仁骊　唐国鸣　曹建娟（女）　蔡阿兴　郑利珍（女）　白希贤　王启定　严大幼　荆复兴　邓仁培
胡家驹　王学广　薛中梁（女）　周稽裘　谢志英（女）　吴小天　尤国良　姜　浒　许国忠　路洪林
严克强　杨贯群　许　嫣（女）　吴经起　张惠芬（女）　严克勤　李良晟　陆伟石　邱凤贤　季心田
陈明玄　周洪海　梁凤英（女）　邱孝贤　丁谷怡（女）　李浩清　许茂德　成长连　陈林荣　冯晓钟
陈锡荣　尤纪泉　杨瑞华（女）　吴冬华　程惠明（女）　黄俊卿　杜晓山　严居淦　沈青松　包俊才
唐绪仁　孙亚屏　陆惠英（女）　强士奎　赵君华（女）　杨德贤　顾源祥　伍卓明　牛寿恒　张振华
过寿钧　方志云　陈兰苏（女）　秦达明　顾美云（女）　严超伦　顾磐曾　季耀新　高仲芳　华士清
孙银宝　顾茂松　浦梅珍（女）　庄庆平　梅兰珍（女）　吴新欲　邵坤泉　陆鸿儒　冯苟度　肖孟铨
金柏清　谢锡坤　杨春花（女）　严洪弟　赵群贤（女）　戴锡生　朱杏根　郑荣茂　秦阿兴　杨　伟
倪　旦　陈熙燕（女）　黄建萍（女）　钱咏梅（女）　陆荣妹（女）

市十一届人大代表选举　1993年2月9～13日，区十三届人民代表大会举行第一次会议，选举产生无锡市第十一届人民代表大会代表87人。

崇安区选举产生出席无锡市第十一届人民代表大会代表名录

（87人，排列不分先后）

马世聪　王广林　王正荣　王学广　丁谷怡（女）　薛中梁（女）　王哲曾　毛森根　冯苟度　冯国鹏

过寿钧 朱杏根 朱建洪 伍卓明 陆英媛（女） 查惠英（女） 华士清 刘德宽 庄国荣 江耀慈
许国忠 许鲁平 孙荣根 孙常济 杨兆莲（女） 苏瑞霞（女） 杨泳安 杨国钊 苏仁骊 李 清
李正清 李家宝 许国清 杜晓山 吴 辉（女） 陆惠英（女） 严克勤 严洪弟 吴经起 吴春松
吴鸿良 吴新欲 严超伦 沈青松 陆荣妹（女） 张莉雯（女） 宋颂康 张振翼 陆介标 陆伟石
沈 江 陆全宝 黄生宝 陈 新 陈熙燕（女） 顾美云（女） 陈历久 陈林荣 陈喜文 林国忠
范大昭 金泽民 周令根 周洪根 胡云娥（女） 赵群贤（女） 胡家驹 秦达明 秦荣海 顾源祥
顾磐曾 钱伟人 徐汇义 徐永康 浦梅珍（女） 龚 健（女） 徐茂业 高仲芳 蒋履嵩 谢锡坤
舒介民 鲁梓成 薛南荪 程惠明（女） 谢瑞珍（女） 潘 琳（女） 潘霄燕（女）

市十二届人大代表选举 1998年1月4~9日，区十四届人民代表大会举行第一次会议，选举产生无锡市第十二届人民代表大会代表49人。

崇安区选举产生出席无锡市第十二届人民代表大会代表名录

（49人，排列不分先后）

王丽敏（女） 王知义 王清浩 王慧芬（女） 许国清 杨国钊 黄生宝 黄宁一 陆亚龙 陆介标
尤丽敏（女） 方云坤 冯国鹏 刘南琛（女） 过寿钧 朱建洪 伍卓明 许其军 严克勤 朱爱勋
王德莉（女） 时 雨 张文奎 程惠明（女） 沈 江 陈 新 陈之芥 陈林荣 邵力正 邵斌华
梅雪艳（女） 胡合生 顾磐曾 龚 健（女） 钱伟人 徐 卫 徐汇义 徐永康 吴新欲 章一中
阙雪旦（女） 韩本初 蒋汉良 潘霄燕（女） 潘国清 朱建平 丁大卫 戴锡生 毛小平

市十三届人大代表选举 2003年1月5~10日，区十五届人民代表大会举行第一次会议，选举产生无锡市第十三届人民代表大会代表47人。

崇安区选举产生出席无锡市第十三届人民代表大会代表名录

（47人，排列不分先后）

马 伟 王一华 王元群（女） 王露荣 王建华（女） 王晓刚 王爱国 王清浩 王锡林 毛小平
张群星 陆介标 陈芳芳（女） 陆亚龙 周 云（女） 陈伊昌 陈国栋 林国忠 周 吉 周培基
胡长征 钱建忠 钟敏敏（女） 顾磐曾 徐 雯（女） 徐 卫 黄宁一 黄建华 曹建春 麻建国
蒋伟坚 冯国鹏 崔 淑（女） 潘国清 阙雪旦（女） 蔡贵方 薛玉民 过韧智 朱建平 朱秋森
伍卓明 孙连才 杨志钢 杨凯建 李建平 张叶飞 张觉明

附：1986～2005年崇安区出席全国、江苏省人民代表大会代表名录

严克强	第六届全国人民代表大会代表（1983~1988）
严克强	第七届全国人民代表大会代表（1988~1993）
王德莉（女）	第十届全国人民代表大会代表（2003~ ）
严克强	第八届江苏省人民代表大会代表（1993~1998）
蒋汉良	第九届江苏省人民代表大会代表（1998~2003）
顾磐曾	第十届江苏省人民代表大会代表（2003~ ）

第二节　区人民代表大会会议

1986~2005年，是崇安区第十届、第十一届、第十二届、第十三届、第十四届、第十五届人民代表大会任期，历经6届，原则上每年召开一次全体会议，先后召开全体会议21次。其中，区十届人大1次，区十一届人大4次，区十二届人大3次，区十三届、十四届人大各5次，区十五届人大3次。区十一届人大任期的第一年增加一次全体会议，选举产生崇安区出席市第十届人民代表大会代表95人。

【区第十届人民代表大会】

第三次会议　1986年4月9~11日召开。会议听取并审议通过区长严克勤所作的政府工作报告；区人大常委会主任杨贯群所作的无锡市崇安区人民代表大会常务委员会工作报告；区法院院长牛杰所作的无锡市崇安区人民法院工作报告；区检察院检察长任守堂所作的无锡市崇安区人民检察院工作报告；区政府《关于在小学生中进行法制教育的决议》实施情况的报告和关于代表批评、意见、建议办理情况的报告。会议期间代表提出议案6件，经议案审查委员会审查，并报主席团会议，决定将其中2件提交大会表决。经大会表决，通过关于《在全区公民中基本普及法律常识的议案》决议；关于《加强崇安区绿化工作的议案》决议。会议期间收到代表提出建议、批评、意见186件。

【区第十一届人民代表大会】

第一次会议　1987年3月6~10日召开，191名代表出席会议。会议听取并审议通过区长严克勤所作的政府工作报告；区人大常委会主任杨贯群所作的无锡市崇安区人民代表大会常务委员会工作报告；区法院院长牛杰所作的无锡市崇安区人民法院工作报告；区检察院检察长任守堂所作的无锡市崇安区人民检察院工作报告；以及区政府关于贯彻崇安区第十届人民代表大会议案的实施情况的报告（书面）和崇安区第十届人民代表大会期间关于代表提出的建议、批评和意见办理情况的报告（书面）。会议选举产生区人大常委会主任：杨贯群，副主任：杨惠英（女）、陈良璋、胡国良、强士奎，委员：王亚丽（女）、王学宽、王哲曾、冯桂珍（女）、许汉舟、许如滋、李佩瑜、张浩、陈伯奇、陆培棠、周志勤（女）、俞锡庆、翁珍秀（女）、曹学良；区政府区长：严克勤，副区长：丁鉴清、陈炳良、顾磐曾、虞永芳；区法院院长：牛杰；区检察院检察长：任守堂。会议期间代表提出议案7件，经议案审查委员会审查，并报主席团会议，决定将其中2件提交大会表决。经大会表决，通过关于认真贯彻全国人大常委会“决定”，在全区公民中加强法制教育维护安全团结的议案；关于响应党中央、国务院号召，在全区开展增产节约、增收节支运动的议案。会议期间收到代表提出建议、批评和意见402件。

第二次会议　1987年11月18~20日召开。应到代表198人，实到代表179人。会议选举出席无锡市第十届人民代表大会代表95人。

第三次会议　1988年3月10~12日召开，183名代表出席会议。会议听取并审议通过区长严克勤所作的政府工作报告；副区长虞永芳所作的关于1987年经济、社会事业主要目标完成情况和1988年经济、社会事业主要目标的报告，以及区政府关于崇安区第十一届人大一次会议代表建议、批评和意见办理情况的报告（书面）、区第十一届人大一次会议《关于认真贯彻全国人大常委会决定，在全区公民中加强法制教育维护安定团结的议案》的实施情况报告（书面）和区十一届人大一次会议《关于在全区开展增产节约、增收节支运动的议案》的实施情况报告（书面）；区人大常委会主任杨贯群所作的无锡市崇安区人民代表大会常务委员会工作报告；区法院院长牛杰所作的无锡市崇安区人民法院工作报告；区检察院检察长任守堂所作的无锡市崇安区人民检察院工作报告。会议期间收到代表10人以上联名提出的议案3件，经议案审查委员会审查，并报主席团会议，决定提交大会表决。经大会表决，通过关于加强防汛设施建设，逐步解决低洼地区排涝问题议案的决议；关于恢复崇安人民医院妇产科议案的决议。会议期间收到代表提出来的建议、批评、意见117件。

第四次会议　1989年2月18~20日召开，185名代表出席会议。会议听取并审议通过区长严克勤所作的政府工作报告；副区长丁鉴清、刘健华所作的关于1988年经济社会事业主要目标完成情况和1989年经济社会事业发展主要目标安排的报告（书面）；副区长冯国鹏所作的关于1988年财政预算执行情况和1989年财政预算（草案）的报告；副区长陈炳良、顾磐曾所作的关于区十一届人大三次会议议案实施情况和人大代表建议、批评、意见办理情况的报告（书面）；区人大常委会主任杨贯群所作的无锡市崇安区人民代表大会常务委员会工作报告；区法院院长牛杰所作的无锡市崇安区人民法院工作报告；区检察院检察长任守堂所作的无锡市崇安区人民检察院工作报告。会议期间收到顾秀正等19名代表联名提出的议案1件，经议案审查委员会审查，并报主席团会议，决定不列入大会议程。会议期间收到代表提出的建议、批评和意见164件。

【区第十二届人民代表大会】

第一次会议　1990年2月23~27日召开，应到代表199人，实到191人。会议听取并审议通过代区长冯国鹏所作的政府工作报告；副区长刘健华所作的关于1989年经济社会事业主要目标完成情况和1990经济社会事业发展主要目标安排的报告；副区长高兴东所作的关于1989年财政预算执行情况和1990年财政预算草案的报告；副区长陈炳良、顾磐曾所作的关于区十一届人大议案实施及代表建议、批评和意见办理情况报告；区人大常委会主任杨贯群所作的无锡市崇安区人民代表大会常务委员会工作报告；区法院院长牛杰所作的无锡市崇安区人民法院工作报告；区检察院检察长任守堂所作的无锡市崇安区人民检察院工作报告。会议选举产生区人大常委会主任：杨贯群，副主任丁鉴清、庄锦华、顾源祥、龚允明（女），委员：马乃平、王亚丽（女）、王哲曾、李福根、张浩、张华江、陆国梁、邵彬杰、庞志翚、俞锡庆、秦荣海、曹学良、舒虎泉、臧锡良；区政府区长：冯国鹏，副区长：刘健华、陈炳良、顾磐曾、高兴东；区法院院长：蒋颂平；区检察院检察长：蒋伟亮。会议期间共收到议案6件，经议案审查委员会审查，并报主席团会议，决定将其中2件提交大会表决。经大会表决，通过关于在全区公民中进一步加强法制教育、稳定政治、稳定经济、稳定社会议案的决议；关于整顿、改造长庆路农贸市场议案的决议。会议期间收到代表提出的建议、批评和意见240件。

第二次会议　1991年3月8~12日举行。出席会议的代表196人，部分离退休老同志及政府有关部门负责人共62人列席会议。会议听取并审议通过区长冯国鹏所作的政府工作报告；副区长刘健华所作的崇安区1990年经济、社会事业主要目标完成情况和1991年经济、社会事业主要目标安排的报告；区财政局局长夏长柏所作的关于1990年财政决算和1991年财政预算（草案）的报告；区长冯国鹏所作的关于无锡市崇安区“八五”前三年计划的报告；副区长高兴东所作的贯彻实施《关于在全区公民中进一步加强法制教育，稳定政治、稳定经济、稳定社会的议案》的情况报告；区人大常委会主任杨贯群所作的崇安区人大常委会工作报告；区法院院长蒋颂平所作的崇安区人民法院工作报告；区检察院检察长蒋伟亮所作的崇安区人民检察院工作报告。审议通过关于发挥地理优势，振兴崇安商业的议案。会议期间代表提出批评、建议和意见144件。

第三次会议　1992年2月26~29日在崇安会堂举行。出席会议的代表194人，列席人员61人。会议听取并审议通过区长冯国鹏所作的政府工作报告；副区长刘健华所作的关于1991年经济社会事业主要目标完成情况和1992年经济社会事业发展主要目标安排的报告；区财政局局长夏长柏所作的关于1991年财政收支预算执行情况和1992年财政预算草案的报告；副区长陈济林所作的贯彻实施《关于发挥地理优势、振兴崇安商业的议案》的情况报告；副区长高兴东所作的关于办理区第十二届人民代表大会第二次会议代表建议、批评和意见的情况报告；区人大常委会副主任丁鉴清所作的无锡市崇安区人大常委会工作报告；区法院院长蒋颂平所作的无锡市崇安区人民法院工作报告；区检察院检察长蒋伟亮所作的无锡市崇安区人民检察院工作报告。会议期间收到陆镜惠等14名代表提出的关于取缔无证摊贩及加强对个体有证摊位管理的议案，经议案审查委员会审查，并经主席团第二次会议讨论，决定将该议案作为建议、批评和意见，交区人民政府办理。会议期间收到代表提出的建议、批评和意见127件。

【区第十三届人民代表大会】

第一次会议　1993年2月9～13日在崇安会堂举行。出席会议的代表208人，列席人员64人。会议听取并审议通过区长冯国鹏所作的崇安区人民政府工作报告；副区长刘健华所作的崇安区1993～1995年国民经济和社会事业发展计划；副区长陈济林所作的崇安区关于1992年经济社会事业主要目标完成情况和1993年经济社会事业发展主要目标安排的报告；区财政局局长羊金松所作的崇安区关于1992年财政预算执行情况和1993年财政预算（草案）的报告；副区长蒋汉良所作的关于崇安区十二届人民代表大会3个议案贯彻实施情况的汇报；副区长顾磐曾所作的关于区十二届人大代表建议、批评和意见办理情况的报告；区人大常委会主任杨贯群所作的崇安区人大常委会工作报告；区法院院长张正良所作的崇安区人民法院工作报告；区检察院检察长蒋伟亮所作的崇安区人民检察院工作报告。会议选举产生区人大常委会主任：张振翼，副主任：王广林、龚允明（女）、顾源祥、金柏清，委员：马乃平、王亚丽（女）、王蓓菁（女）、司马义康、刘洪元、李勤新、李福根、吴炳丰、张华江、陆国梁、邵彬杰、赵正华、是俊德、秦荣海；区政府区长：冯国鹏，副区长：刘健华、蒋汉良、张浩、顾磐曾、陈济林；区法院院长：张正良，区检察院检察长：蒋伟亮。选举出席无锡市十一届人民代表大会代表87人。同时，选举产生市中级人民法院人民陪审员4人及区人民法院人民陪审员。会议期间收到代表提出的建议、批评和意见201件。

第二次会议　1994年1月25～28日在崇安会堂举行，出席会议的代表189人。部分离退休老同志及政府有关部门负责人共50人列席会议。会议听取并审议通过区长冯国鹏所作的政府工作报告；副区长刘健华所作的关于1993年经济社会事业发展目标完成情况和1994年经济社会事业主要目标安排的报告；区财政局局长羊金松所作的关于1993年财政决算和1994年财政预算安排的报告；副区长蒋汉良所作的关于区十三届人大一次会议代表提出的建议、批评和意见办理情况的报告；区人大常委会主任张振翼所作的无锡市崇安区人大常委会工作报告；区法院院长张正良所作的无锡市崇安区人民法院工作报告；区检察院检察长蒋伟亮所作的无锡市崇安区人民检察院工作报告。审议通过关于办理人大代表建议、批评和意见的暂行规定。会议期间代表提出议案4件，提交大会通过关于加速腾出繁华地段宜商用房、大力兴办“三产”的议案和关于新建或改扩建崇安区文化馆的议案。同时，代表提出建议、批评和意见99件。

第三次会议　1995年2月23～27日在崇安会堂举行，出席会议的代表202人，列席人员54人。会议听取并审议通过区长冯国鹏所作的区政府工作报告；副区长刘健华所作的无锡市崇安区1994年经济社会事业发展目标完成情况和1995年经济社会事业主要目标安排的报告；区财政局局长羊金松所作的关于无锡市崇安区1994年财政预算执行情况和1995年财政预算草案的报告；副区长张浩所作的关于无锡市崇安区第十三届人大第二次会议议案决议实施情况的报告；副区长蒋汉良所作的关于

区十三届人大三次会议通过决议（1995.2）　（区人大办公室供稿）

无锡市崇安区第十三届人大第二次会议代表提出的建议、批评和意见办理情况的报告；区人大常委会主任张振翼所作的无锡市崇安区人大常委会工作报告；区法院院长张正良所作的无锡市崇安区人民法院工作报告；区检察院检察长蒋伟亮所作的无锡市崇安区人民检察院工作报告。会议期间收到代表提出批评、建议和意见150件。

第四次会议 1996年2月3~7日在市政协礼堂举行，出席会议代表198人，列席人员38人。会议听取并审议通过代区长蒋汉良所作的政府工作报告、副区长马建国所作的关于制定《无锡市崇安区国民经济和社会发展“九五”计划和2010年远景纲要》（草案）的说明；副区长张浩所作的关于无锡市崇安区1995年经济社会事业发展目标完成情况和1996年经济社会事业主要目标安排的报告；区财政局局长刘南琛所作的关于无锡市崇安区1995年财政预算执行情况和1996年财政预算草案的报告；副区长顾磐曾所作的关于新建或改扩建崇安区文化馆议案决议实施情况的报告；副区长陈济林所作的关于无锡市崇安区第十三届人大第三次会议以来代表提出的建议、批评和意见办理情况的报告；区人大常委会主任张振翼所作的无锡市崇安区人民代表大会常务委员会工作报告；区法院院长张正良所作的无锡市崇安区人民法院工作报告；区检察院检察长蒋伟亮所作的无锡市崇安区人民检察院工作报告。会议补选黄生宝为区人大常委会主任，增选高琰为区人大常委会副主任，补选华甘博、张一中为区人大常委会委员；补选蒋汉良为区政府区长；接受张振翼辞去区人大常委会主任职务的请求；接受是俊德、陆国梁辞去区人大常委会委员职务的请求。会议期间收到代表提出批评、意见和建议123件。

第五次会议 1997年3月12~15日召开。应到代表208人，实到188人。会议听取并审议通过区长蒋汉良所作的政府工作报告；区计划与经济局局长沈江所作的关于1996年经济和社会发展目标完成情况及1997年经济和社会发展主要目标安排的报告；区财政局局长刘南琛所作的关于无锡市崇安区1996年财政预算执行情况和1997年财政预算草案的报告；副区长马建国所作的关于新建或改扩建崇安区文化馆议案决议实施情况和无锡市崇安区第十三届人大第四次会议以来代表提出的建议、批评、意见办理情况的报告；区人大常委会主任黄生宝所作的无锡市崇安区人民代表大会常务委员会工作报告；区法院院长张正良所作的无锡市崇安区人民法院工作报告；区检察院代理检察长邹森所作的无锡市崇安区人民检察院工作报告。会议作出关于接受王广林辞去区十三届人大常委会副主任职务请求的决定，关于接受李福根辞去区十三届人大常委会委员职务请求的决定；补选黄正新为区十三届人大常委会副主任；补选邹森为区检察院检察长。会议期间收到代表提出的建议、批评和意见135件。

【区第十四届人民代表大会】

第一次会议 1998年1月4~9日召开，出席会议的代表147人。会议听取并审议通过区长蒋汉良所作的政府工作报告；区计划与经济局局长沈江所作的关于1997年经济社会事业发展目标完成情况和1998年经济社会事业主要目标安排的报告；区财政局局长刘南琛所作的关于1997年财政预算执行情况和1998年财政预算草案的报告；副区长马建国所作的关于执行改扩建文化馆议案决议和办理代表建议情况的报告；区人大常委会主任黄生宝所作的无锡市崇安区人民代表大会常务委员会工作报告；区法院院长张正良所作的无

区十四届人大一次会议（1998.1） （区人大办公室供稿）

锡市崇安区人民法院工作报告；区检察院检察长邹森所作的无锡市崇安区人民检察院工作报告。会议选举产生区人大常委会主任：黄生宝，副主任：黄正新、龚允明（女）、张浩、顾源祥、金柏清、高琰。委员：马勤（女）、马乃平、王蓓菁（女）、尤靖希、冯伟华、华甘博、许惠南、李勤新、张一中、张西良、陈其宾、季铮（女）。区政府区长：蒋汉良，副区长：马建国、陈志娟（女）、潘平、曹锡荣、张克平。区法院院长：张正良；区检察院检察长：邹森（报无锡市人民检察院检察长提请无锡市人大常委会批准）。选举出席无锡市第十二届人民代表大会代表49人。还选举产生市、区两级人民法院人民陪审员。会议期间代表提出建议、批评和意见147件。

区十四届人大一次会议投票选举（1998.1） （区人大办公室供稿）

第二次会议 1999年1月20～23日召开，出席会议的代表144人。会议听取并审议通过区长蒋汉良所作的政府工作报告；区计划与经济局局长沈江所作的关于1998年经济和社会发展目标完成情况及1999年经济和社会发展主要目标安排的报告；区财政局局长刘南琛所作的关于1998年财政预算执行情况和1999年财政预算（草案）的报告；区计划与经济局局长沈江所作的关于《无锡市崇安区国民经济和社会发展"九五"计划纲要》修订的说明；副区长陈志娟所作的关于区十四届人大一次会议代表建议、批评和意见办理情况的报告；区人大常委会主任黄生宝所作的无锡市崇安区人民代表大会常务委员会工作报告；区法院院长张正良所作的无锡市崇安区人民法院工作报告；区检察院检察长邹森所作的无锡市崇安区人民检察院工作报告。会议期间收到蔡炳荣等18名代表提出的关于居委会财产应当明晰，居委会权益应受保护的议案和张红华、强惠兴等15名代表提出的关于市中心绿化广场规划、建设的议案，经议案审查委员会审查，并报主席团会议，决定不列入大会议程。会议期间代表提出建议、批评和意见135件。

第三次会议 2000年1月18～21日召开，出席会议的代表147人。会议听取和审议通过区长蒋汉良所作的政府工作报告；区计划与经济局局长沈江所作的关于1999年经济和社会发展目标完成情况及2000年经济和社会发展主要目标安排的报告；区财政局局长刘南琛所作的关于1999年财政预算执行情况和2000年财政预算（草案）的报告；副区长陈志娟所作的关于区十四届人大二次会议代表建议、批评和意见办理情况的报告；区人大常委会主任黄生宝所作的无锡市崇安区人民代表大会常务委员会工作报告；区人民法院院长张正良所作的无锡市崇安区人民法院工作报告；区人民检察院检察长邹森所作的无锡市崇安区人民检察院工作报告。会议期间收到阙炳松等10名代表提出的关于新村未接收小区存在问题的议案，经议案审查委员会审查，并报主席团会议，决定不列入大会议程。会议期间收到代表提出建议、批评和意见127件。

区十四届人大三次会议（2000.1） （区人大办公室供稿）

第四次会议　2001年4月20~24日召开，出席会议的代表145人。会议听取并审议通过区长蒋汉良所作的政府工作报告；区计划与经济局局长沈江所作的关于无锡市崇安区2000年国民经济社会发展计划执行情况和2001年国民经济社会发展计划草案的报告，无锡市崇安区国民经济和社会发展第十个五年计划纲要草案（书面）；区财政局局长刘南琛所作的关于无锡市崇安区2000年财政预算执行情况和2001年财政预算草案的报告；副区长陈志娟所作的无锡市崇安区人民政府关于办理区十四届人大三次会议代表建议、批评和意见情况的报告；区人大常委会主任黄生宝所作的无锡市崇安区人民代表大会常务委员会工作报告；区法院院长张正良所作的无锡市崇安区人民法院工作报告；区检察院检察长邹森所作的无锡市崇安区人民检察院工作报告。会议通过关于接受黄生宝辞去区十四届人大常委会主任，黄正新、龚允明、顾源祥、金柏清辞去区十四届人大常委会副主任职务的决定。会议补选冯国鹏为区十四届人大常委会主任，高念祖、夏建设、张正良、沈江、章一中为区十四届人大常委会副主任；补选严岩为区法院院长。会议收到刘根妹等13名代表提出的“关于要求迅速归还汉昌路地区旧城改造中被拆商业网点和经济补偿的议案”，经议案审查委员会审查，并报主席团会议，决定不列入大会议程。会议期间代表提出建议、批评和意见140件。

区十四届人大代表在投票选举（2001.4）　（区人大办公室供稿）

第五次会议　2002年1月14~18日召开，出席会议的代表147人。会议听取和审议通过区长蒋汉良所作的政府工作报告；区发展计划局局长钱俊方所作的关于无锡市崇安区2001年国民经济社会发展计划执行情况和2002年国民经济社会发展计划草案的报告；区财政局局长刘南琛所作的关于无锡市崇安区2001年财政预算执行情况和2002年财政预算草案的报告；副区长陈志娟所作的无锡市崇安区人民政府关于办理区十四届人大四次会议代表建议、批评和意见情况的报告；区人大常委会副主任高念祖所作的无锡市崇安区人民代表大会常务委员会工作报告；区法院院长严岩所作的无锡市崇安区人民法院工作报告；区检察院检察长邹森所作的无锡市崇安区人民检察院工作报告。会议期间收到符才宝等11名代表提出关于理顺石利新村83~122号住宅小区管理关系的议案，经议案审查委员会审查，并报主席团会议，决定不列入大会议程。会议期间收到代表提出建议、批评和意见129件。

【区第十五届人民代表大会】

第一次会议　2003年1月5~10日召开，出席会议的代表167人。会议听取和审议通过代区长张叶飞所作的政府工作报告；区财政局局长秦惠芬所作的关于无锡市崇安区2002年财政预算执行情况和2003年财政预算草案的报告；副区长苏国强所作的无锡市崇安区人民政府关于办理区十四届人大五次会议代表建议、批评和意见情况的报告；区人大常委会主任冯国鹏所作的无锡市崇安区人民代表大会常务委员会工作报告；区法院院长

崇安区十五届人大一次会议（2003.1）　（区人大办公室供稿）

严岩所作的无锡市崇安区人民法院工作报告；区检察院代理检察长丁正红所作的无锡市崇安区人民检察院工作报告。会议选举产生区人大常委会主任：冯国鹏，副主任：高念祖、夏建设、张正良、沈江、马乃平、李丁，委员：马勤（女）、王露荣、尤靖希、冯伟华、冯汶白、华甘博、刘国红（女）、许国荣、许惠南、沈献忠、张一中、陆如兴、钱新（女）、徐培峰、蒋永慧（女）、阙雪旦（女）；区政府区长：张叶飞，副区长：苏国强、曹锡荣、张帆、陈卫东、刘霞（女）、强惠兴；区法院院长：严岩，区检察院检察长：丁正红，市中级人民法院人民陪审员4人，区法院人民陪审员16人；选举出席无锡市十三届人民代表大会代表47人。会议期间代表提出批评、意见和建议132件。

第二次会议　2004年1月13~16日召开。出席会议的代表158人。会议听取和审议通过区长张叶飞所作的政府工作报告；区财政局局长秦惠芬所作的无锡市崇安区2003年财政预算执行情况和2004年财政预算草案的报告；副区长苏国强所作的无锡市崇安区人民政府关于办理区十五届人大一次会议代表建议批评和意见情况的报告；区人大常委会主任冯国鹏所作的无锡市崇安区人民代表大会常务委员会工作报告；区法院院长严岩所作的无锡市崇安区人民法院工作报告；区检察院检察长丁正红所作的无锡市崇安区人民检察院工作报告。会议期间共收到代表提出的建议、批评和意见65件。

第三次会议　2005年1月10~13日召开。会议听取和审议通过区长张叶飞所作的政府工作报告；区财政局局长秦惠芬所作的关于无锡市崇安区2004年财政预算执行情况和2005年财政预算草案的报告；副区长苏国强所作的无锡市崇安区人民政府关于办理区十五届人大二次会议代表建议批评和意见情况的报告；区人大常委会主任冯国鹏所作的无锡市崇安区人大常委会工作报告；区法院院长严岩所作的无锡市崇安区人民法院工作报告；区检察院检察长丁正红所作的崇安区人民检察院工作报告。会议补选宋永清为区人大常委会副主任。会议期间，共收到代表提出的建议、批评和意见67件。

第二章　区人大常委会

区第一届至第七届人民代表大会不设常务委员会。根据第五届全国人大第二次会议关于在县以上地方各级人民代表大会设立常务委员会的决定，1979年12月，区八届人大二次会议选举产生区八届人大常委会，自此，区历届人大一次会议均选举产生区人大常务委员会（以下简称区人大常委会）。区人大常委会为区人大常设机构。区人民代表大会闭会期间，区人大常委会依法行使国家权力机关职权，对区人民代表大会负责，受区人民代表大会监督，在每次人民代表大会期间，向大会报告工作。区人大常委会对区行政区域内的国家行政机关、审判机关和检察机关的工作依法进行监督，区国家行政机关、审判机关和检察机关对区人大常委会负责并报告工作。1986~2005年，共召开区人大常委会会议160次。区人大常委会内设若干工作委员会（简称“人大工委”），在区人大常委会的领导下开展工作，主要围绕区人大常委会年度工作安排的要求、人民群众关心的热点和区内重大事项，开展各种形式的视察调研，为区人大常委会审议区“一府两院”工作提出初审意见，为市、区有关方面提供决策参考。

第一节　组成人员

崇安区人大常委会由主任1人，副主任4~6人，委员12~16人组成。区十届人大常委会由主任1人，副主任4人，委员16人组成。1987~2005年，区十一届至十二届人大常委会由主任1人，副主任4

人，委员14人组成。区十三届人大常委会由主任1人，副主任5人，委员13人组成。区十四届人大常委会由主任1人，副主任6人，委员12人组成。区十五届人大常委会由主任1人，副主任6人，委员16人组成。

崇安区第十届至十五届人大常委会主任、副主任更选情况一览表

表16－2－1

届　次	职　务	姓　名	党　派	任职时间	说　明
第十届（1984.06～1987.03）	主任	夏荣冠	中共	1984.06～1985.04	第一次会议当选 第二次会议辞职
		杨贯群	中共	1985.05～1987.03	第二次会议当选
	副主任	卢　敞	中共	1984.06～1985.04	第一次会议当选 第二次会议辞职
		姜　涟	中共	1984.06～1985.04	第一次会议当选 第二次会议辞职
		陈良璋	中共	1984.06～1987.03	第一次会议当选
		胡国良	中共	1985.05～1987.03	第二次会议当选
		强士奎	农工	1984.06～1987.03	第一次会议当选
第十一届（1987.03～1990.02）	主　任	杨贯群	中共	1987.03～1990.02	第一次会议当选
	副主任	胡国良	中共	1987.03～1990.02	第一次会议当选
		杨惠英（女）	中共	1987.03～1990.02	第一次会议当选
		陈良璋	中共	1987.03～1990.02	第一次会议当选
		强士奎	农工	1987.03～1990.02	第一次会议当选
第十二届（1990.02～1993.02）	主任	杨贯群	中共	1990.02～1993.02	第一次会议当选
	副主任	丁鉴清	中共	1990.02～1993.02	第一次会议当选
		庄锦华	中共	1990.02～1993.02	第一次会议当选
		顾源祥	无党派	1990.02～1993.02	第一次会议当选
		龚允明（女）	中共	1990.02～1993.02	第一次会议当选
第十三届（1993.02～1998.01）	主任	张振翼	中共	1993.02～1996.02	第一次会议当选 第四次会议辞职
		黄生宝	中共	1996.02～1998.01	第四次会议补选
	副主任	王广林	中共	1993.02～1997.03	第一次会议当选 第五次会议辞职
		龚允明（女）	中共	1993.02～1998.01	第一次会议当选
		顾源祥	无党派	1993.02～1998.01	第一次会议当选
		金柏清	中共	1993.02～1998.01	第一次会议当选
		高　琰	中共	1996.02～1998.01	第四次会议补选
		黄正新	中共	1997.03～1998.01	第五次会议补选
第十四届（1998.01～2003.01）	主任	黄生宝	中共	1998.01～2001.04	第一次会议当选 第四次会议辞职
		冯国鹏	中共	2001.04～2003.01	第四次会议补选
	副主任	黄正新	中共	1998.01～2001.04	第一次会议当选 第四次会议辞职
		龚允明（女）	中共	1998.01～2001.04	第一次会议当选 第四次会议辞职
		张　浩	中共	1998.01～1998.12	第一次会议当选 1999.1被撤职
		顾源祥	无党派	1998.01～2001.04	第一次会议当选 第四次会议辞职
		金柏清	中共	1998.01～2001.04	第一次会议当选 第四次会议辞职
		高　琰	中共	1998.01～2003.01	第一次会议当选
		高念祖	中共	2001.04～2003.01	第四次会议补选
		夏建设	中共	2001.04～2003.01	第四次会议补选
		张正良	中共	2001.04～2003.01	第四次会议补选
		沈　江	中共	2001.04～2003.01	第四次会议补选
		章一中	民进	2001.04～2003.01	第四次会议补选

续表16-2-1

届　次	职　务	姓　名	党　派	任职时间	说　明
第十五届（2003.01～　）	主任	冯国鹏	中共	2003.01～	第一次会议当选
	副主任	高念祖	中共	2003.01～	第一次会议当选
		夏建设	中共	2003.01～	第一次会议当选
		张正良	中共	2003.01～	第一次会议当选
		沈　江	中共	2003.01～	第一次会议当选
		马乃平	中共	2003.01～2004.10	第一次会议当选 2004.10逝世
		李　丁	无党派	2003.01～	第一次会议当选
		宋永清	中共	2005.01～	第三次会议补选

说明：上述资料由区人大办公室提供。

第二节　工作机构

1979年12月，区人大常委会成立，同时设立区人大常委会工作机构——办公室。1984年，增设财政经济、城建地区、教科文卫、法制4个组为工作机构，组长由区人大常委会副主任兼任。1987年，4个组改称工作委员会（简称工委）。1987～1998年，区十一届至十三届人大常委会设办公室及财政经济、城建地区、教科文卫、法制、人事代表联络5个工委。1998年1月至2001年10月，区十四届人大常委会设办公室及人事代表联络、财政经济、社会事业、法制4个工委，其中办公室和人事代表联络工委合署办公。2001年11月，区十四届人大常委会增设教科文卫、内务司法、城市建设3个工委，撤销法制、社会事业2个工委。迄2005年，区人大常委会工作机构有办公室和教科文卫、内务司法、城市建设、财政经济、人事代表联络5个工委。区人大常委会办公室及各工委设主任1人，均由区人大常委会提名、区委任命。办公室主要任务是做好区人大及其常委会会议、主任会议和其他重要会议的服务工作。各工委主要任务是围绕常委会确定的议题开展调查研究，撰写调研报告或提出初审意见，为常委会审议作准备。迄2005年未变。

第三节　主要工作

区人大常委会的日常工作有：组织常委会组成人员和人大代表视察活动，依法开展执法检查监督和述职评议等工作监督，指导基层人大工作，督办代表议案和建议，受理人民群众来信来访工作等。区人大及其常委会还通过每2个月左右召开一次常委会会议，依法对区人民政府、区人民法院、区人民检察院实施监督。1986～2005年，区人大常委会共召开常委会会议160次。其中1986年1月至1987年3月，区十届人大常委会召开17次；1987年3月至1990年2月，区十一届人大常委会召开23次；1990年2月至1993年2月，区十二届人大常委会召开22次；1993年2月至1998年1月，区十三届人大常委会召开39次；1998年1月至2003年1月，区十四届人大常委会召开39次；2003年1月至2005年12月，区十五届人大常委会召开20次。期间，依法对区行政区域内事关全局的重大事项作出决定、决议117项；对区人民政府、区人民法院、区人民检察院人员任免591人次。

【监督工作】

法律监督　区人大常委会把执法监督检查放在重要位置，本着突出重点、抓住难点、关注热点的原则，行使法律监督职能，督促区“一府两院”依法行政、公正司法。区十一届人大常委会重点对《中华人民共和国义务教育法》《中华人民共和国婚姻法》《中华人民共和国经济合同法》《中华人民共和国食品卫生法》《中华人民共和国全民所有制工业企业法》《中华人民共和国价格管理条例》

6部法律法规实施情况组织执法检查，进行监督。区十二届人大常委会重点对《中华人民共和国食品卫生法》《中华人民共和国义务教育法》《中华人民共和国传染病防治法》《中华人民共和国经济合同法》《江苏省计划生育条例》《中华人民共和国刑事诉讼法》《中华人民共和国民事诉讼法》《中华人民共和国行政诉讼法》8部法律法规实施情况进行监督。区十三届人大常委会重点对《中华人民共和国城市居民委员会组织法》《中华人民共和国食品卫生法》《中华人民共和国城市市容和环境卫生管理条例》《中华人民共和国教师法》《中华人民共和国防汛条例》《江苏省价格管理监督条例》《中华人民共和国环境保护法》《中华人民共和国劳动法》《中华人民共和国消防条例》《中华人民共和国审计法》《无锡市城市房屋拆迁管理办法》《中华人民共和国教育法》12部法律法规实施情况进行监督。区十四届人大常委会重点对《中华人民共和国教师法》《江苏省计划生育条例》《中华人民共和国城市房地产管理法》《中华人民共和国城市房地产经营管理条例》《中华人民共和国城市绿化条例》《中华人民共和国审计法》《中华人民共和国食品卫生法》《中华人民共和国公共场所卫生管理条例》《中华人民共和国环境保护法》《中华人民共和国传染病防治法》《无锡市预防职务犯罪条例》11部法律法规实施情况进行监督。2003~2005年，区十五届人大常委会重点对《中华人民共和国环境保护法》《中华人民共和国计划生育法》《无锡市残疾人保护条例》《中华人民共和国行政许可法》《中华人民共和国传染病防治法》《中华人民共和国治安管理处罚法》7部法律法规实施情况进行监督。

工作监督 区人大常委会围绕全区的工作重点、难点和群众关心的热点问题，依法对区“一府两院”实施工作监督，推进全区各项工作规范有序开展。

1986年1月至1987年3月，区十届人大常委会先后听取和审议“严打”斗争以来社会治安、打击严重经济犯罪活动、民事审判与经济审判等4个方面工作情况的汇报。听取和审议区工商局关于市场管理、经济合同履行、个体工商户审批；区劳动局关于劳动制度改革；区物价局关于执行物价政策；区司法局关于在全区公民中基本普及法律常识，在小学生中进行法制教育的决议实施情况的报告。

1987~1989年，区十一届人大常委会先后听取审议在全区开展增产节约和增收节支运动；在全区公民中加强法制教育，维护安定团结；加强防汛设施建设，逐步解决低洼地区受涝问题；恢复崇安人民医院妇产科等4个议案实施情况的报告。听取和审议区政府关于1988年经济体制改革和1989年经济体制改革意见的报告；组织税收、财务、物价大检查以及清理整顿公司；亭子桥街道综合改革试点；居民委员会自治组织建设；区房屋开发、房地产管理及旧城改造；市容环境管理；普法教育等情况汇报。听取和审议区法院关于举报、查处经济法纪案件和贪污受贿案件；经济审判、民事执行和贯彻执行最高人民法院、最高人民检察院《通告》以及少年犯罪合议庭审理等情况的报告。区十一届人大三次会议召开前，召集区人大代表听取副区长述职，同时，就有关问题向区长询问。

1990~1992年，区十二届人大常委会先后听取和审议《在全区公民中进一步加强法制教育，稳定政治、稳定经济、稳定社会的议案》《在全区公民中开展法制宣传教育第二个五年规划的议案》和《发挥地理优势，振兴崇安商业的议案》实施情况报告。听取和审议区政府关于居民委员会换届改选；住房制度改革、经济体制改革、人事和劳动工资制度改革；开展“质量、品种、效益”年活动；发展外向型经济；科教兴区等专题汇报。听取和审议创建国家卫生城市；加强城市环境管理；北里城脚低洼地区改造准备；防汛设施建设；文化设施建设；严厉打击严重刑事和经济犯罪，反盗窃专项治理等情况汇报。听取和审议区法院、检察院关于反贪污贿赂斗争、加强廉政建设，经济审判，法纪检察，告诉申诉等工作情况的报告。

1993~1997年，区十三届人大常委会先后听取和审议贯彻“三产兴区”战略，调整商业网点、商品结构以及网点拆迁安置；发展外向型经济；房地产开发；区属企业转换经营机制和扭亏增盈、提高经济效益，以及解困再就业等情况汇报。听取和审议整顿行风、清理乱收费；创建国家卫生城市；整顿清理新村（小区）自行车库等情况报告。听取审议《关于制定崇安区国民经济和社会发展“九五”

计划和2010年远景目标纲要（草案）的说明》和《在全区公民中开展法制宣传教育第三个五年规划》的报告；行政执法机关实行过错责任追究和司法机关实行错案责任追究试行办法的实施意见；以及压缩机关编制、分流人员情况；听取和审议区法院关于经济审判、民事和经济审判方式改革、民事与行政审判情况汇报；区检察院关于民事行政检察、经济检察、惩治贪污贿赂、严厉打击严重刑事犯罪等情况汇报；先后3次听取和审议社会治安综合治理专项汇报。区人大常委会高度重视文化设施建设，就新建或改扩建崇安区文化馆议案实施提出许多建设性意见，并组织3次视察，还就加强文化市场管理和加强基层文化基础设施建设进行审议。大会期间，主席团召集区人大代表就财政赤字问题向区财政局局长询问。

1998~2002年，区十四届人大常委会先后听取和审议修订《崇安区国民经济和社会发展"九五"计划纲要》、制定《崇安区国民经济和社会发展第十个五年计划纲要（草案）》及实施区第四个五年普法规划的报告；实施"三产"兴区战略，经济结构调整；改革行政审批制度、营造良好投资环境；加快招商引资，深化企业产权制度改革；行政执法责任制试点及实施情况。听取和审议开展社区服务；下岗职工基本生活保障和再就业；推进教育现代化工程；学前街、江海街道及其居委会职能转换试点；关于改扩建区文化馆议案实施和代表建议办理情况等专题报告。听取和审议创建国家卫生城市工作情况，以及加强区法院、检察、公安、司法干部队伍建设等专题汇报。

2003~2005年，区十五届人大常委会审议通过《关于设立崇安区人大常委会街道工作委员会的决定》和《崇安区人大常委会街道工作委员会职责》。先后听取和审议制定区国民经济和社会发展第十一个五年规划纲要的报告，以及实施"四五"普法；经济园区建设；重点项目建设；深化企事业单位改革；合理配置教育资源，推进区域教育现代化；开展社区卫生服务等专项报告。听取和审议公安崇安分局经济侦察工作；区法院干部人事制度改革和执行工作；区检察院加强队伍建设、反贪污贿赂等情况汇报。

【决定重大事项】

区人大常委会依据宪法和法律赋予的职权，讨论决定区内重大事项，并依法作出决定或决议。1986~2005年，区人大常委会先后作出决定、决议117项。

1986年，区十届人大常委会先后作出决定、决议4项。其中有：关于1986年上半年经济计划完成情况、部分目标变更和下半年工作意见的决议；崇安区人民代表大会换届选举工作的决定；在全区公民中基本普及法律常识的决议；加强绿化工作的决议。

1987~1990年，区十一届人大常委会作出决定、决议13项。其中有：关于推进改革、搞活企业，进一步发展区街经济的决议；进一步实施义务教育法的决定；进一步宣传婚姻法的决定；在城区改造中应同时完成居委会配套设施建设的决定；民主考评干部的决定；深化改革，增强企业后劲，加快发展外向型经济和区街经济的决议；表彰优秀代表小组和代表活动积极分子的决定；1989年区财政预算部分变更的决定；同意调整1989年区部分经济社会事业发展目标的决定；进一步认真学习江泽民国庆讲话的决议；表彰崇安区人民检察院的决定；区人民代表大会换届选举工作的决定；召开崇安区第十二届人民代表大会第一次会议的决定；表彰区十一届人大代表活动积极分子的决定。

1990~1993年，区十二届人大常委会作出决定、决议15项。其中有：关于加强区卫生管理工作的决定；区经济工作中加强审计监督等问题的决定；崇安区实施义务教育规划的决议；开展执法检查的决定；同意变更区部分财政预算安排的决定；召开崇安区十二届人民代表大会第二次会议的决定；表彰区人大代表工作积极分子的决定；在全区公民中深入开展法制宣传教育的决定；部分变更1991年区财政预算的决定；召开崇安区第十二届人民代表大会第三次会议的决定；表彰代表工作积极分子的决定；加快区改革开放和经济发展的决议；同意区政府部分调整1992年经济社会事业发展目标的决定；同意区政府部分变更1992年财政预算安排的决定；区人民代表大会换届选举工作的决定；召开崇安区第十三届人民代表大会第一次会议的决定。

1993~1998年，区十三届人大常委会作出决定、决议41项。其中有：关于1993年区政府为民办实事和实施15项重点项目工作的决议；进一步贯彻实施“发挥地理优势、振兴崇安商业”议案的决议，加快调整行业网点和商品结构的决议；贯彻落实《中华人民共和国城市居民委员会组织法》和做好居委换届改选工作的决议；关于1993年上半年经济社会事业发展目标完成情况和下半年工作意见的决议；进一步做好社会治安综合治理工作的决议；建立人民代表评议“一府两院”工作制度的决定；同意调整1993年度区财政预算的决定；召开崇安区第十三届人民代表大会第二次会议的决定；新建或改扩建崇安区文化馆议案实施方案的决定；1994年上半年经济、社会事业发展目标完成情况和下半年工作意见的决议；整顿清理新村（小区）自行车库的决定；同意调整1994年度区财政预算的决定；召开崇安区第十三届人民代表大会第三次会议的决定；授予朱效泉等13人荣誉称号的决定；同意调整1994年度区财政支出预算的决定；审查批准区政府1994年度财政决算的决定；对政府部门负责人进行述职评议的决定；进一步加强价格监督检查工作的决定；关于1995年上半年经济社会事业发展目标完成情况和下半年工作意见报告的决议；区政府企业扭亏增盈工作情况报告的决议；接受冯国鹏辞去崇安区人民政府区长职务请求的决定；蒋汉良代理崇安区人民政府区长的决定；同意变更1995年部分财政预算报告的决定；补选崇安区第十三届人民代表大会代表的决定；表彰崇安区人大代表工作积极分子的决定；召开崇安区第十三届人民代表大会第四次会议的决定；审查批准区1995年度财政决算的决定；接受蒋伟亮辞去崇安区人民检察院检察长职务请求的决定；邹森为崇安区人民检察院代理检察长的决定；关于1996年上半年经济社会事业发展目标完成情况和下半年工作意见报告的决议；开展“三五”普法教育推进依法治区的决定；接受刘洪元辞去崇安区第十三届人大常委会委员职务请求的决定；同意调整1996年度部分财政预算的决定；接受顾磐曾辞去崇安区人民政府副区长职务请求的决定；补选崇安区第十三届人民代表大会代表的决定；召开崇安区第十三届人民代表大会第五次会议的决定；接受李福根请求辞去区人大常委会法制工作委员会主任职务的决定；审查批准1996年度财政决算的决定；在区直国家机关实行部门执法责任制的决定；同意调整1997年度部分财政预算的决定；区人民代表大会换届选举的决定；召开区十四届人民代表大会一次会议的决定。

1998~2003年，区十四届人大常委会作出决定、决议24项。其中有：关于对崇安区第十四届人大代表张浩许可拘留、暂停执行代表职务的决定；全面推进依法治区的决议；召开区十四届人大二次会议的决定；选民要求罢免崇安区十四届人大代表张浩的决议；撤销张浩崇安区十四届人大常委会副主任职务的决议；接受史英英代表辞职的决定；补选崇安区第十四届人民代表大会代表的决定；召开无锡市崇安区十四届人大三次会议的决定；表彰1998~1999年度先进代表大组和代表积极分子的决定；审查批准崇安区1999年度财政决算的决定；许可崇安区人民检察院对吴福兴依法逮捕的决定；接受吴福兴辞去代表职务的决定；补选崇安区第十四届人民代表大会代表的决定；召开崇安区第十四届人民代表大会第四次会议的决定；审查批准崇安区2000年度财政决算的决定；接受陈其宾辞去区十四届人大常委会委员职务的决定；进一步开展法制宣传教育的决议；召开崇安区第十四届人民代表大会第五次会议的决定；表彰2000~2001年度崇安区先进代表大组和代表活动积极分子的决定；接受蒋汉良辞去崇安区人民政府区长职务请求的决定；崇安区人民代表大会换届选举的决定；成立崇安区选举委员会的决定；召开崇安区第十五届人民代表大会第一次会议的决定；同意变更2002年度财政预算的决定。

2003~2005年，区十五届人大常委会作出决定、决议20项。其中有：关于同意变更崇安区2003年度部分财政预算的决定；接受张帆辞去崇安区人民政府副区长职务请求的决定；补选崇安区十五届人民代表大会代表的决定；召开区十五届人大二次会议的决定；审查批准崇安区2003年度财政决算的决定；设立崇安区人大常委会街道工作委员会的决定；召开区十五届人大三次会议的决定；暂时停止马勤执行代表职务的决定；表彰2003~2004年度崇安区人大先进代表大组和代表活动积极分子的决定；接受华甘博辞去区十五届人大代表职务的决定；审查批准崇安区2004年度财政决算的决定；接受苏国强辞去崇安区人民政府副区长职务请求的决定；接受沈仲良辞去崇安区人民政府副区长职务请求的决定；接受马勤辞去崇安区十五届人大代表职务请求的决定；接受刘霞辞去崇安区人民政府副区长职务请求的决定；接受钱新辞去区十五届人大常委会委员职务请求的决定；补选无锡市崇安区第十五届人民代表大会代表的决定；同意调整2005年度区财政预算的决定；接受陈和荣辞去区十五届人大代表职务的决定；召开无锡市崇安区第十五届人民代表大会第四次会议的决定。

【任免国家机关工作人员】

依法任免区内国家机关工作人员是宪法赋予区人大常委会的又一主要职权。区人大常委会在人事任免工作中，坚持党管干部与人大依法任免相统一的原则，在任命过程中，拟任命人员到会与区人大常委会组成人员见面，常委会听取被任命干部的述职报告，采取无记名投票方式进行表决，任命书由区人大常委会主任或副主任颁发。在认真行使任免权的同时，做好对任命干部的述职评议监督工作。1986~2005年，区人大常委会任免区政府组成人员、区“两院”（法院、检察院）负责人及审判员和检察员、区人大常委会办公室和工委组成人员591人次。其中，1986年，区十届人大常委会任免20人次；区十一届人大常委会任免80人次；区十二届人大常委会任免84人次；区十三届人大常委会任免133人次；区十四届人大常委会任免176人次；对群众反响较大的3名正科级干部未通过任命，其中，1人因经济问题被逮捕判刑，1人调离原岗位，1人经教育后重新任命。2003~2005年，区十五届人大常委会任免98人次。

自1993年8月区十三届人大常委会第四次会议通过《关于建立人民代表评议“一府两院”部门工作制度的决定》起，逐步实行对区政府组成人员和区“两院”主要领导进行述职评议。评议贯彻民主性、公开性和群众性的原则，重点评议述职干部任职以来依法履行职责的情况，执行职务活动中决策、组织、领导作用的发挥情况。为提高述职评议的质量，区人大常委会事先广泛听取意见，了解干部履行职责情况；委员们认真听取述职报告，进行评议；评议后区人大常委会形成综合评议材料，与述职干部见面；述职干部按照评议意见，提出改进工作的整改措施；区人大常委会加强对整改措施落实的监督，提高述职评议的效果。1994~2005年，先后以区人大常委会会议、主任会议或书面形式，分期分批对政府组成人员和区“两院”工作人员进行述职评议。

【代表工作】

代表工作是区人大常委会的一项基础性工作，区历届人大常委会都积极探索新形势下改进和加强代表工作的有效途径和方式方法。

代表视察活动　区人大常委会注重为代表知情知政、依法履职创造条件。每年人代会召开前，组织全体代表会前视察活动，增强代表对区情区政的更多了解。区人大常委会不断改进代表视察工作，除集中视察和分散视察外，还采取明察与暗访相结合、市代表与区代表联合视察以及委托各代表大组组织代表视察等方式，特别是区十四届人大起，实行代表持证视察。人大代表视察活动的重点是宪法法律在辖区实施情况、经济和社会事业发展目标执行情况、区人大及其常委会决议决定贯彻落实情况、“一府两院”工作和行政执法情况、以及群众反映的突出问题等。

1987~1989年，区十一届人大常委会组织视察活动155次，内容涉及食品卫生法贯彻、防汛工作、危房抢修等工作。1990~1993年，区十二届人大常委会组织代表视察贯彻传染病防治法、城市绿化、反贪污贿赂、“严打”斗争、社会治安综合治理、崇安商场经营、外向型经济发展、部分工商企业生产经营等工作。1993~1998年，区十三届人大常委会重点围绕食品卫生法和公共场所卫生管理条例的贯彻，组织代表视察辖区66家食品经营单位及公共场所；还先后对工商崇安分局、区卫生局、区民政局、区财政局、公安崇安分局以及市法院、市检察院、市工商局、市文化局和市建委等12个单位行风情况明察暗访，及时向市、区政府转达有关意见，促进行风建设。1998~2003年，区十四届人大常委会重点围绕贯彻落实《中华人民共和国环境保护法》，组织代表实地勘查辖区单位的烟尘控制和油水“两分离”、大气污染治理和摩托车整治等情况，建议区政府加强环境保护工作；视察辖区防汛重点地段和防汛设施，督促政府加强防汛抗洪，确保安全渡汛；视察辖区清真寺、基督教堂和永宁寺；视察6个农贸市场、32家食品经营单位及公共场所、2家餐饮服务企业的食品卫生安全等。2003~2005年，区十五届人大常委会重点围绕“爱我无锡，美化家园”活动，组织代表专题视察市容环境卫生整治情况；配合省人大就制定《江苏省内河水域船舶污染防治条例（草案）》和加强城市管理，组织代表立法调研；还先后对区服务业发展规划及区重点项目、利用外资和推进主题楼宇、崇安新城（广益片区）建设规划情况进行视察检查。在视察中，区人大代表不直接处理问题，对有关问题和建议，用书面形式提交区人大常委会，转有关部门研究处理，并答复代表。

代表议案、建议督办和信访受理　1986~2005年，区第十届至第十五届人民代表大会召开期间，人大代表共提出建议、批评、意见（以下简称建议）3030件，其中第十届人大三次会议提出186件，第十一届683件，第十二届511件，第十三届708件，第十四届678件，第十五届第一至三次会议提出264件。其间，由区人大代表10人以上联名提出的各类议案34件，其中，经议案审查委员会审查后提交代表大会通过的议案11件，作为书面建议23件。区历届人大及其常委会都把议案和建议作为重要工作，代表所提建议经区人大常委会审议后，对属于区职权范围内的建议交区人民政府办理，办理结果一般要求在三个月内予以答复，办理情况报区人大常委会，并在下一次人大会议上报告。对经区人民代表大会通过决议的议案办理，由政府及有关部门制订实施方案，经区人大常委会审议后组织实施，并在下一次人大会议上报告。区人大常委会把议案和建议督办列入年度计划进行审议，定期听取实施情况汇报或组织代表专题视察，并逐步完善从建议提出到受理、办理、答复、检查、汇报、表彰等制度规定，代表对办理结果不满意的，督促承办单位重新办理，与代表见面或以书面形式答复代表。1986~2005年，区人大除转交市有关部门办理的建议外，督促区政府及有关部门办理建议2543件。其中，区十届人大三次会议建议186件，第十一届413件，第十二届511件，第十三届708件，第十四届465件，第十五届人大第一次至第三次会议代表提出建议260件。2005年，办理建议满意和基本满意率100%。

与此同时，区人大及其常委会把信访工作视为监督工作的组成部分，通过受理信访，密切联系群众，了解社情民意，维护群众合法权益，促进社会和谐稳定。1986~2005年，区第十届至第十五届人民代表大会召开期间，共受理人民来信来访2054件次，其中，第十届人大三次会议60件次，第十一届205件次，第十二届284件次，第十三届502件次，第十四届632件次，第十五届371件次。

第四节　自身建设

区人大常委会重视自身建设，努力提高自身政治素养和议事水平，注重发挥人大了解民情、反映民意、集中民智的主渠道作用，以及加强民主法制建设，推动依法治区，依法行政、公正司法的主力军作用。

区人大常委会把思想建设放在首位。1986~1992年，重点学习全国人大和省人大关于加强自身建设的有关文件；全国人大《关于加强法制教育，维护安定团结的决定》；中国法学学会会长张友渔《关于人民代表大会代表的任务、地位、职权和活动方式的问题》的报告等。1993~1997年，重点学习邓小平理论、中共“十四大”和“十五大”文件，以及中央领导关于坚持和完善人民代表大会制度、加强民主和法制建设的重要论述，学习宪法法律和社会主义市场经济理论等。1998~2005年，重点学习江泽民“三个代表”重要思想、中共“十六大”文件、胡锦涛在首都各界纪念全国人民代表大会成立50周年大会上的重要讲话等，组织学习《中华人民共和国地方各级领导人民代表大会和地方各级人民政府组织法》《江苏省城市房屋拆迁管理条例》《江苏省法制宣传教育条例》等法律法规，深刻领会新时期党对人大工作的要求，明确人大工作的地位和作用，不断提高政治理论水平和依法办事能力。

与此同时，把制度建设作为重点，不断建立健全和完善常委会议事规则和运作程序等制度。1985~1992年，先后制定区人大常委会工作细则、加强代表工作的意见、信访接待工作的意见、区人大常委会主任会议议事规则等。1993~1997年，先后制定区人大常委会审议意见反馈制度、常委会组成人员半年一次学法制度、代表列席常委会会议制度、对任命干部述职评议制度、区人大机关工作制度、对行政机关实行过错责任追究试行办法和对司法机关实行错案责任追究试行办法等。2002~2005年，修改完善区人大常委会主任会议议事规则、人事任免工作暂行办法、述职评议试行办法，关于办理区人大代表建议、批评和意见的暂行规定、区人大代表持证视察暂行办法，开展代表接待选民日活动的意见等。加强街道人大工作制度建设，制定街道人大工委职责及相关制度。每届组织开展争创先进代表大组和争当代表积极分子的活动。1999年，表彰崇安街道先进代表大组和朱伟渊等23名代表积极分子。2001年，表彰工运路街道等2个先进代表大组和刘振华等27名代表积极分子。2004年，表彰广益街道等2个先进代表大组和许国荣等18名代表积极分子。

此外，区人大常委会还十分重视人大工作理论研究，每年结合调研活动，撰写调研报告和理论研讨文章，定期在区人大工作研究会年会上交流，并参加市人大工作研究会的活动，不断提高区人大常委会履职能力和水平。

第三章　镇、街道人大

80年代前，各街道建有区人大代表小组。80年代后，根据形势发展的要求，各街道先后成立区人大代表大组。2002年4月，广益镇归属后，全区除8个街道人大代表大组外，增加广益镇人民代表大会。2004年4月，撤镇建街道后，广益镇人大建制撤销，改为街道人大代表大组。是年6月，区十五届人大常委会第十次会议决定，各街道人大代表大组改为区人大常委会街道工作委员会（以下简称人大街道工委）。迄2005年，全区有人大街道工委6个。

第一节　广益镇人民代表大会

1987年起，根据宪法规定，由各乡镇人民代表大会选举产生主席团，乡镇人民代表大会召集主持由乡镇人民政府改为乡镇人民代表大会主席团。1990年，首次推选产生广益乡人民代表大会主席团常务主席和副主席，1992年，挂“广益乡人民代表大会主席团”牌子，设立人大办公室，配备办公室主任负责乡人大日常工作。1996年，乡人民代表大会主席团常务主席和副主席改称乡人民代表大会常务主席和副主席（简称乡人大主席、副主席），由乡人民代表大会选举产生。1999年，撤乡建镇后，挂“广益镇人民代表大会”牌子。2004年前，乡（镇）人民代表大会每届任期3年。2004年后，根据宪法修正案精神每届任期改为5年。2004年4月，撤镇建街道后，镇人大建制撤销，改为广益街道人大代表大组。是年6月，统一改为人大广益街道工委。迄2005年未变。

2002年4月至2004年3月，先后召开镇十六届人民代表大会3次。选举产生广益镇人大主席1人次、副主席3人次；镇长2人次，副镇长5人次。督促镇政府办理涉及经济发展、村镇建设、综合治理、征土、教育、干部监督、社会保障、社会稳定和教育等方面的代表建议、批评和意见27条。职工退休金从2002年1月起，尤渡、莫家庄、广丰、丁村4个村每人增加70元，上马墩、黄泥头、向阳、毛岸4个村每人增加50元。镇人大还先后组织代表视察圩岸险工险段和泵站建设管理，尤渡农民公园，莫家庄老村改造和河道石驳岸建设，广益中心小学教学设施，个私园区建设，外经、外贸、外资“三外”工作，环境保护，尤渡屠宰场、毛岸生猪粪便无害化处理，第六色织厂污水处理以及永宁寺等情况；组织代表视察农民拆迁安置，恒昌合成纤维厂技改项目建设，崇安农贸市场、汽配城、莫家庄灯具市场、物流园区建设等，就群众普遍关心的经济建设、财政预算、劳动保障、社会治安综合治理等问题，听取有关部门依法行政工作汇报，并进行评议。配合市人大视察防汛工作，对失地农民保障进行调研。

第二节　街道人大机构

2004年6月前，各街道设有区人大代表大组，组长由街道党（工）委书记兼任，并配有一名人大工作联络员，常年配合区人大及其常委会开展工作。2004年6月28日，区第十五届人大常委会第十次会议决定在全区各街道设立区人大常委会街道工作委员会，设主任、副主任各1人，主任原则上由街道党工委书记兼任，副主任为专职，由街道办事处副主任担任，由区人大常委会任命。人大街道工委按照区人大常委会的授权开展工作，协助区人大常委会，依法对辖区内有关行政、司法机关进行法律监督和工作监督；负责法律、法规和上级人大及其常委会的决议、决定的宣传，并保证在辖区内的贯彻和执行；按照区人大常委会工作计划和部署，组织辖区内人大代表开展视察、执法检查、评议等活动；根据工作需要，对辖区内的经济建设、社会治安和社会保障等人民群众普遍关心的问题，开展调查研究，提出意见和建议，并向区人大常委会和有关部门汇报和反映；联系辖区内的各级人大代表，承办代表的来信来访，反映代表的意见和要求；督促辖区内有关部门和单位认真办理人大代表提出的建议、批评和意见；组织和指导代表小组开展活动；承办辖区内人大代表的选举、罢免和补选等有关工作；联系选民，办理人民群众的有关来信来访，反映群众的意见和要求；承办区人大常委会交办的其他事项。

2004年后，各街道普遍建立人大代表活动室和信访接待室，开展代表接待选民日活动，安排人大代表接待选民，向区政府有关部门或街道反映人民群众的合理要求、意见和建议。2005年，人大广益街道工委组织人大代表接待选民日活动3次，接待选民59人次，并组织市场建设及经济社会发展调研，形成调研材料2篇，提出建设性意见11条。针对“4·12”氯气泄漏事件，协助街道党政组织做好稳定工作。人大上马墩街道工委接待人民群众来信来访56人次，组织人大代表接待选民日活动5次，接待选民76人次，提出“关心进入社区的退休工人”“妥善解决老新村乱牵乱挂问题”“修理或更换上马墩一村楼宇防盗门”“崇安区老年活动中心建设尽快选址”等建议。人大江海街道工委组织人大代表视察社区工作，提出“风雷新村西片社区实行封闭管理”“充分利用华东商贸城停车场，解决小区停车难”等建议。

无锡市崇安区志

(1986~2005)

无锡市崇安区地方志编纂委员会　编

下

方志出版社
Publishing House of Local Records

总 目 录

无锡市崇安区志（1986~2005）

崇安

目　　录

（下）

第十七编　人民政府

第十八编　政治协商会议

第十九编　民主党派　工商联　人民团体

第二十编　政　法

第二十一编　武　装

第二十二编　社会事务管理

第二十三编　文　化

第二十四编　历史文化遗存

第二十五编　阿炳与《二泉映月》

第二十六编　精神文明建设

第二十七编　教　育

第二十八编　科学技术

第二十九编　卫　生

第三十编　体　育

第三十一编　宗　教

第三十二编　民生　民俗

第三十三编　街道　社区

第三十四编　人　物

第三十五编　前志补遗

第十七编

人民政府

崇安区始建于1951年10月，时称第一区。其后，先后更名为第一区人民政府、崇安区人民委员会、崇安人民公社、崇武区人民委员会、崇武区革命委员会、崇安区革命委员会，1979年12月起，复现名。此后，崇安区行政区划和区级组织机构趋于稳定，人民代表大会制度日益健全。1986~2005年，区人民政府（以下简称区政府）先后进行过5次换届改选。

1978年中共十一届三中全会召开后，区政府及时把工作重心转移到社会主义现代化建设上来。坚持以经济建设为中心，以管理、服务为重点，推进经济建设和社会事业可持续发展，增强城区经济实力。90年代后，区政府适时调整发展思路，以第三产业为重点，以发展外向型经济为突破口，促进经济快速健康发展。1993~1995年，第三产业增加值所占比重从“七五”期末的56%提高到80.1%，成为全区经济的主导产业。1998年后，贯彻“两个文明”建设“两手抓，两手都要硬”的方针，把“发展经济，增强实力，服务社区，造福人民”作为城区工作指导思想，全力推动以培植税源为核心的区域经济发展战略的实施，促进规模经济、特色经济、房产经济、外向型经济、服务型经济持续健康发展，社会事业同步发展，社会持续稳定。进入21世纪后，区政府把招商引资、招商引企作为推进区域经济发展的重点，大力发展非公有制经济，增强综合实力，2001年区级可使用财力突破亿元大关。创建文明城市力度不断加大，城市建设和管理水平不断提高，社区建设大步推进，各项社会事业全面发展，全区步入经济建设与管理服务并重发展的良性循环轨道。2003~2005年，围绕“加快发展、率先发展、富民强区”总目标，探索科学发展新路，按照区委提出的争当无锡“两个率先”（率先全面建成高标准、高水平的小康社会，率先基本实现现代化）先行者的目标和实现“无锡服务业核心区、城市文化特色区、创业安居首选区”三大目标定位，营造新优势，基本实现率先全面建成小康社会的目标，综合实力进一步提高。“十五”期末，全区地区生产总值和社会消费品零售总额双双超过140亿元，一般预算收入超过10亿元，可使用财力超过2亿元，比“九五”期末翻一番多。全区服务业增加值达到128.2亿元，占地区生产总值的比重上升到87.09%，比2003年提高4.12个百分点。先后建成以崇安寺生活步行街区等为代表的一批特色商业街区，以华东商贸城等为代表的一批规模型主题市场。民营经济占据全区经济半壁江山，投资主体多元化、公有制形式多样化、多种所有制经济共同发展的格局初步形成。与此同时，坚持以人为本，促进社会和谐。创建全国文明城市工作深入开展，“法治崇安”“平安崇安”建设取得阶段性成果，人民生活水平稳步提高。在岗职工人均收入2.25万元，比“九五”期末增长1.33倍，年均增长20.8%。

其间，区政府围绕打造“效能崇安”，不断加强自身建设，行政能力不断提升，多次受到国家和省、市政府的表彰，崇安区先后跻身全国社区建设示范区、全国特殊教育先进区、全国社区残疾人工作示范区、全国群众体育先进区行列。

第一章　组织机构

1951年10月，无锡市建立区一级人民政权，全市划分为8个行政区，时崇安区域为第一区、第二区，由市政府任命区长、副区长。1955年7月，第一区改称崇安区人民委员会，选举产生崇安区人民委员会委员11人，区长、副区长3人。第二区改称工运区人民委员会，选举产生工运区人民委员会委员和区长、副区长。1958年6月，撤销工运区，并入崇安区。1960年5月，人民公社化时期，改称崇安人民公社。至1966年1月，区人民代表大会历经6届，选举产生区长、副区长36人次。“文化大革命”期间，先后改称崇武区人民委员会、崇武区革命委员会。1978年12月，更名为崇安区革命委员会。1979年12月，恢复崇安区人民政府。建区后，政府组织机构屡有变动。区政府下属职能部门时有建、撤、并；或科改局、局改科；接受市、区双重领导的公安、工商、房管等部门，几经上升垂直管理或下放到区管理。迄2005年，区政府序列设置的工作部门有16个，直属事业机构2个，派出机构街道办事处6个。

第一节　区政府领导成员

1986～2005年，区人民政府历经6届，分别于1984年6月、1987年3月、1990年2月、1993年2月、1998年1月、2003年1月，由崇安区第十届至第十五届人民代表大会选举产生区长、副区长47人次。先后有4名任区长（其中3名先任代区长），有25名任副区长（其中1名后任代区长和区长）。另有2名任区长助理（后任副区长）。其间，还有市下派到区挂职、任副区长1人。

1986～2005年崇安区人民政府领导成员更迭情况一览表

表17-1-1

届　别	职　务	姓　名	任职时间
崇安区第十届人民政府（1984.06～1987.03）	区　长	严克勤	1984.06～1987.03
	副区长	虞永芳	1985.01～1987.03
		蔡琦英（女）	1984.06～1987.03
		程雪英（女）	1984.06～1987.03
		胡国良	1984.06～1985.01
		陈炳良	1984.06～1987.03
		丁鉴清	1985.04～1987.03
		王祖华	1984.06～1987.03
崇安区第十一届人民政府（1987.03～1990.02）	区　长	严克勤	1987.03～1989.12
	代区长	冯国鹏	1989.12～1990.02
	副区长	虞永芳	1987.03～1988.08
		丁鉴清	1987.03～1990.02
		陈炳良	1987.03～1990.02
		顾磐曾	1987.03～1990.02
		刘健华	1987.09～1990.02
		高兴东	1989.12～1990.02
崇安区第十二届人民政府（1990.02～1993.02）	区　长	冯国鹏	1990.02～1993.02
	副区长	高兴东	1990.02～1993.02
		刘健华	1990.02～1993.02
		陈炳良	1990.02～1991.03
		顾磐曾	1990.02～1993.02

续表17-1-1

届别	职务	姓名	任职时间
崇安区第十二届人民政府（1990.02~1993.02）	副区长	蒋汉良	1990.11~1993.02
		陈济林	1991.03~1993.02
崇安区第十三届人民政府（1993.02~1998.01）	区长	冯国鹏	1993.02~1995.11
	代区长	蒋汉良	1995.11~1996.02
	区长	蒋汉良	1996.02~1998.01
	副区长	刘健华	1993.02~1995.11
		蒋汉良	1993.02~1995.11
		张浩	1993.02~1998.01
		顾磐曾	1993.02~1997.01
		陈济林	1993.02~1998.01
		马建国	1995.11~1998.01
崇安区第十四届人民政府（1998.01~2003.01）	区长	蒋汉良	1998.01~2002.07
	代区长	张叶飞	2002.07~2003.01
	副区长	马建国	1998.01~2001.03
		陈志娟（女）	1998.01~2002.11
		潘平	1998.01~2001.03
		曹锡荣	1998.01~2003.01
		张克平	1998.01~2002.11
		张帆	1998.06~2003.01
		陈卫东	2001.02~2003.01
	区长助理	张克平	1996.06~1998.01
崇安区第十五届人民政府（2003.01~ ）	区长	张叶飞	2003.01~
	副区长	曹锡荣	2003.01~
		张帆	2003.01~2003.11
		陈卫东	2003.01~
		苏国强	2003.01~2005.07
		刘霞（女）	2003.01~2005.09
		强惠兴	2003.01~
		李涛	2004.05~
		沈仲良	2004.06~2005.07（挂职）
		陈国忠	2005.07~
	区长助理	强惠兴	2002.07~2003.01

说明：上述资料由区委组织部提供。

第二节　工作机构

1986年，区政府工作机构有：区政府办公室、区计划经济委员会（区工业公司与其合署）、区商业局、区人事局、区劳动局、区民政局、区建设局、区文教局（区教育督导室与其合署）、区工商行政管理局、区公安崇安分局、区房地产管理局、区司法局、区财政局、区物价局、区卫生局、区计生办、区爱国卫生运动委员会办公室（与区卫生局合署）、区侨务办公室和区接待台胞工作办公室（与区委统战部合署）。区政府直属机构有：区经济体制改革委员会办公室（简称区体改办）、区体育运动委员会、区职业教育领导小组办公室（区职工培训中心）、区老龄问题委员会办公室、区退休职工管理委员会、区防汛指挥部、区基建办公室、区幼托办公室、区人民防空办公室、区城市整顿管理办公室。区政府直属全民事业单位有：区档案馆、区人才服务公司、区房屋开发公司、区贸易中心、区校办工业公司。

1987年1月，建立区档案局（与区档案馆合署）。3月，建立区编制委员会办公室（与区人事局合署）。8月，区建设局更名为区规划建设环境保护局。同时，建立区环境保护监察管理站（全民事业单位）。撤销区房屋开发公司，建立区房屋建设服务公司（全民事业单位）。建立区靖海公园（全民事业单位）。10月，建立区房地产经营公司（全民事业单位），与区房地产管理局合署。11月，建立区台湾同胞接待站（全民事业单位）。

1988年6月，成立区计划生育委员会。7月，成立区监察局，受区政府和市监察局双重领导。10月，区体改办改称区经济体制改革委员会。

1989年2月，撤销区文教局，建立区文化局和区教育局，区体育运动委员会与区教育局合署办公。6月，区绿化队与靖海公园合并，建立区园林绿化管理处（全民事业单位）。8月，建立区审计局。撤销区规划建设环境保护局，建立区规划管理局和区建设环境保护局。

1990年3月，建立区残疾人联合会，列入社会团体，由区民政局代管。6月，区市政工程队更名为区市政工程建设管理处。8月，建立区政府法制办公室（与区政府办合署），为区政府办事机构。10月，区体育运动委员会从区教育局划出，列入政府序列工作部门，正科级建制。12月，建立区信访办公室（与区政府办合署），为区委、区政府办事机构。

1991年5月，建立区科学技术委员会，与区计划经济委员会合署办公。

1992年2月，建立区统计局。是年，区计划经济委员会分设为区计划委员会（区统计局合署）、区对外经济贸易委员会（简称区外经委）和区工业公司，实行一套班子、多块牌子的管理体制。是年4月，区房屋建设服务公司更名为区城市建设综合开发公司。

1993年3月，区监察局与区纪委合署，实行一套工作机构、两个名称的体制。区环境卫生管理所更名为区环境卫生管理处。成立市金环实业总公司、市第二园林绿化工程公司、市第三市政建设工程公司，分别与区环境卫生管理所、区园林绿化管理处、区市政工程建设管理处合署办公，实行两块牌子、一套班子。区计划委员会复称区计划经济委员会。

1994年2月，成立区建筑安装工程公司，为区直属事业单位，归口区建设环境保护局管理。12月，靖海公园与区园林绿化管理处分设，靖海公园恢复为区直属全民事业单位。建立崇安花木公司，与靖海公园实行两块牌子、一套班子体制。

1995年4月，区工商行政管理局由市工商局实行垂直领导，改称工商崇安分局。

1996年8月，建立区政府招待所，为全民事业单位，正科级建制。10月，按照省、市统一部署，进行机构改革。撤销区文化局和区体育运动委员会，组建区文体局。撤销区人民防空办公室、区信访办公室、区政府法制办公室，归口区政府办公室，增挂“区人民防空办公室”“区信访办公室”“区人民政府法制办公室”牌子。撤销区规划管理局，归口区城市建设环保局。区计划经济委员会更名为区计划与经济局，并挂“区对外经济贸易局（区外经委更名）”“区科学技术局”“区第三产业办公室”牌子。撤销区经济体制改革委员会，归口区计划与经济局，挂“区经济体制改革办公室”牌子。区建设环境保护局更名为区城市建设环保局，并挂“区环境管理局”牌子。区商业局更名为区贸易局。区计划生育委员会更名为区计划生育局。区房地产管理局更名为区房产管理局。区财政局挂“区公有资产管理局”牌子。区卫生局挂“区爱国卫生运动委员会办公室”牌子。区机构编制委员会办公室（副科级建制）与区人事局合署办公。组建区统计局，为区政府工作机构，正科级建制。机构改革后的区政府工作机构18个：区政府办公室（合署机构：区人防办、区信访办、区法制办）、区计划与经济局（合署机构：区外经局、区科技局、区三产办、区体改办）、区教育局、区司法局、区民政局、区财政局（增挂“区公有资产管理局”牌子）、区人事局（区编委办合署）、区劳动局、区城市建设环保局（区环境管理局合署）、区贸易局、区文体局、区卫生局（增挂“区爱国卫生运动委员会办公室”牌子）、区计划生育局、区审计局、区统计局、区监察局、区物价局、区房产管理局。

1997年3月，建立区经营管理处，为区直属全民事业单位，归口区计划与经济局管理。6月，建立区退休职工管理委员会服务部，为正科级建制全民事业单位。8月，建立区工业管理处，为副科级建制全民事业单位，归口区计划与经济局管理。建立区商贸管理处，为副科级建制全民事业单位，归口区贸易局管理。

1999年5月，区残联定为正科级建制。

2000年8月，设立区安全生产监督管理局，归口区计划和经济局。

2001年10月，区政府进行机构改革，工作部门设置为15个：保留区政府办公室（挂“区法制办”“区人防办”“区信访办”牌子）、区教育局（挂“区成人教育办公室”牌子；区教育督导室为区政府派出机构，与区教育局合署办公）、区财政局、区监察局（区监察局与区纪委机关合署办公，列入政府工作部门序列，不计政府工作部门个数）、区民政局、区司法局、区文体局、区卫生局（挂“区爱委会办公室”牌子）、区计划生育局、区审计局、区房产管理局。撤销区人事局、区劳动局，组建区人事和劳动局。区城市建设环保局更名为区建设环境保护局。区环境管理局更名为区城市管理局。撤销区计划与经济局、区物价局，组建区发展计划局（挂“区物价局”牌子）。撤销区贸易局，组建区经济贸易局（挂“区外经局”“区科技局”“区农村工作办公室”牌子，内设“区安全生产监督管理局”）。区直属事业机构：区统计局。同年11月，撤销区卫生防疫站、区妇女儿童保健站，建立区卫生局卫生监督所和区疾病预防控制中心，归口区卫生局管理，为副科级建制全民事业单位。

2002年5月，区建设环境保护局分设为区建设局和区环境保护局，区环境保护局为区政府直属事业机构。是年8月，成立区民族宗教事务局（与区委统战部合署），列入区政府部门序列。

2005年机构改革后，区政府设置工作部门16个，直属事业机构2个。工作部门有：区政府办公室（挂“区法制办”“区人防办”“区信访办”牌子）、区发展和改革局（挂“区物价局”牌子）、区经济贸易局（挂“区科技局”“区外经局”牌子）、区教育局（区政府教育督导室与其合署）、区人事和劳动局、区财政局、区监察局（与区纪委机关合署，不计入政府工作部门个数）、区民政局、区司法局、区建设局、区卫生局（挂“区爱委会办公室”牌子）、区人口和计划生育局、区审计局、区安全生产监督管理局、区文体局、区城市管理局（挂“区城市管理行政执法局”牌子）、区房产管理局、区民族宗教事务局（与区委统战部机关合署，不计入政府工作部门个数）。直属事业机构：区环境保护局、区统计局。

1986~2005年，历任区政府办公室主要负责人有：周锦泉、蔡荣春、陈志娟、孙怡、张国华、吴一骁。

第三节　派出机构

1951年建区后，街道办事处设立历经数次变动。1955年7月，崇安区设崇安、新生路、解放北路、学前街4个街道办事处。工运区设周山浜、亭子桥、通运路、东新路4个街道办事处。1958年，崇安、工运两区合并后，撤销东新路街道办事处，全区设7个街道办事处。1962年，新生路、通运路街道办事处分别改称为人民路、工运桥街道办事处。1981年12月，增设上马墩街道办事处。1983年10月，解放北路街道办事处更名为复兴路街道办事处。1985年4月，增设广瑞路街道办事处。

1986年，全区共设周山浜、亭子桥、工运桥、崇安、人民路、复兴路、学前街、上马墩、广瑞路9个街道办事处。1991年5月，增设江海街道办事处。1992年1月，撤销亭子桥、工运桥2个街道办事处，定名工运路街道办事处；撤销崇安、复兴路2个街道办事处，建立崇安寺街道办事处。2002年2月，滨湖区广益镇来属。2004年2月，广益镇撤镇建街；撤销学前街、人民路、崇安寺3个街道办事处，建立崇安寺街道办事处；撤销周山浜、工运路2个街道办事处，建立通江街道办事处。迄2005年，全区设广益、崇安寺、通江、广瑞路、上马墩、江海6个街道办事处。

第二章　政事纪略

区政府第五次全体成员扩大会议（2000）　　（区档案局供稿）

80年代后，区政府贯彻改革开放的方针，工作重点逐步转移到以经济建设为中心的轨道，各项事业不断取得新突破。1984～1986年，贯彻改革、开放、搞活的方针，坚持以经济建设为中心，城区建设和管理为重点，各项改革逐步发展，区街经济稳步发展、全面增长。其间，全区生产经营额年均递增4059万元，城区建设步伐加快，旧城改造成绩显著。1987～1989年，贯彻治理经济环境、整顿经济秩序、全面深化改革的方针，保持城区安定团结，改革稳步推进，经济稳步发展，治理整顿全面展开。1990～1992年，以建设有中国特色的社会主义理论为指导，适应社会主义市场经济发展，改革力度不断加大，经济发展速度加快，外向型经济取得突破性进展；同时广泛开展创建活动，市容环境面貌不断改善。1993～1997年，贯彻“抓住机遇，深化改革，扩大开放，促进发展，保持稳定”的方针，深化经济体制改革，推进各项配套改革，保持经济持续快速健康发展，增强综合实力，在“三产兴区”“外向带动”战略推动下，全区国内生产总值年均递增28.2%；同时加大创建力度，城市建设管理水平明显提高，社会事业同步快速发展。先后被评为全国城区示范单位、全国特殊教育先进区。1998～2002年，深化各项改革，发展多元经济；实施经济工作思路的战略性调整，培育发展以培植税源为核心的区域经济；推进规模经济、特色经济、阵地经济、外向型经济和服务型经济的发展，增强城区综合实力。国内生产总值年均递增19.97%，第三产业比重上升到85%。同时，加强城市建设管理，改善城区面貌，社区建设全面推进，社会事业取得新进展，朝着“富民强区，率先基本实现现代化”迈出坚实一步。区先后被评为全国群众体育先进区和省群众文化先进区、省社区教育实验区。2002～2005年，树立和落实科学发展观，围绕构筑无锡服务业核心区、城市文化特色区、创业安居首选区的三大目标定位，区域经济持续快速发展，不断跃上新台阶。2005年，全区完成地区生产总值147.2亿元，其中，服务业增加值的比重上升到87.09%。城市建设和社会各项事业得到快速发展，社区建设创特色，社区卫生服务通过全国社区卫生服务示范区评审。

第一节　发展区域经济

80年代起，经济发展模式逐步从计划经济转向社会主义市场经济，经济管理对象逐步从区属经济转向区域经济，经济增长方式逐步从量的增长转向培植税源为核心的质的提高，城区综合经济实力逐步提高。

【推进第三产业发展】

1984~1986年，区政府立足工业生产上水平、创后劲，推进商业等第三产业放开搞活。建成4800平方米崇安寺农贸市场、4450平方米的崇安饭店。区工业总产值和商业等第三产业营业额3年增长1.3倍，其中商业等第三产业增长3.6倍，工业总产值增长43.7%。

1987~1989年，区政府贯彻治理经济环境、整顿经济秩序的方针，以开展增产节约、增收节支运动为抓手，推进产业、企业及产品结构调整，形成新的经济增长点。其间，全区工商销售收入、利润分别年均增长29.6%和14.7%。商业服务业在旧城改造、大批商业网点被拆的困难条件下，建成中山商场、喜福楼饭店、灵通针纺织品公司、又一邨点心店等一批规模企业，新增网点152个，集贸市场发展到14个，商业等第三产业营业额比1986年增长155.9%。

1990~1992年，区政府贯彻区委关于加快发展第三产业的决定，在稳定发展第二产业的同时，把第三产业摆到更为突出的位置，经济工作的注意力转移到实施外向带动上，形成"三外"（外资、外贸、外经）并举发展的新格局，房地产开发成为带动全区经济和社会事业特别是第三产业发展的龙头产业。1992年，全区商业等第三产业营业额比1989年增长32.5%。

1993~1997年，区政府贯彻落实区人大常委会《关于加速腾出繁华地段宜商用房、大力兴办"三产"议案的决议》，出台《关于加强对出租宜商用房管理的意见》。实施"三产兴区"发展战略，建成天安大厦、崇安寺一期B块、长城商厦、教仪大厦、雪堰招商城等一批商贸设施，5年累计开发建造商业用房11万平方米。同时，通过"退二进三"①，增创发展新优势，5年累计置换厂房1.6万平方米。其间，全区"三产"增加值年均递增32.09%，可使用财力比1992年翻两番半，并连续3年实现财政收支平衡，第三产业成为全区经济的主导产业。

1998~2002年，区政府适时进行经济工作思路的战略性调整，推进以培植税源为核心的开放型区域经济的快速发展，促进经济增长方式由量的扩张向质的提高转变。推进工业结构的战略性调整，"退二进三"，"扶优汰劣"，窗纱厂实施整体"二转三"。注重抓经营阵地建设，培育特色经济、规模经济、服务型经济，皇亭美食城建成开业。各街道通过购买、调整、拆旧建新等途径，新增经营阵地1.2万平方米。致力推进招商引资、招商引企，餐饮、休闲、娱乐等服务业成为全区税源经济的骨干支撑，后西溪、健康路等一批专业特色街成为新的经济增长点。

2003~2005年，区政府紧扣争当无锡"两个率先"先行者的总目标，按照区委提出的构建无锡服务业核心区、城市文化特色区、创业安居首选区三大发展定位，推进崇安寺生活步行街区和大成巷商业特色街等服务业核心区建设；推进华东商贸城、好艺家灯饰等一批规模型主题市场建设，提升产业集聚力、辐射力和影响力；主攻国联大厦、时代大厦等楼宇经济建设，提升产业层次。招商引资突出以服务业为重点，2004~2005年，第三产业固定资产投资65.79万元，占全区固定资产投资总额的89.24%。民营经济成为全区经济新支柱和地方税收重要来源。迄2005年，顺利完成"十五"主要发展目标，基本实现率先全面建成小康社会的目标。与此同时，顺利启动崇安新城（广益片区）建设。

【促进财政收入增长】

1995年，区委提出发展区域经济的思路。是年，对辖区各类工商企事业单位的产业行业构成、经济效益、纳税税赋等基本情况进行全面编查，为推进区域经济的发展奠定基础。1996年，成立由分管副区长任组长的区协税护税领导小组，推进区街经济和区域经济的共同发展，公有制经济和非公有制经济的共同发展，增辟税源。1997年，可使用财力比1992年翻两番半，连续三年实现财政收支平衡。1998年，区委区政府实施经济工作思路的战略性调整，把培植税源、发展区域经济作为城区经济工作着力

①退二进三：第二产业退出繁华市区，兴办第三产业。

点，全力增强区域综合竞争力。对8个街道和10个经济主管部门（单位）实行税收目标考核，街道实行“确保基数、超额分成、歉收全补”的区级财政分成收入包干考核办法，年度包干基数以本单位上年度区级财政分成收入实际入库数的递增比例确定，超额部分按区与街道4∶6的比例分成，歉收部分由街道补足差额。1999年，进一步完善促进区域经济发展的考核机制和激励机制，致力依托区位优势，全方位开拓税源渠道，致力抓好服务，推进区域经济持续发展。区成立发展区域经济指导委员会，建立区域经济服务中心，协调处理区域经济发展过程中的有关问题。2000年后，突出抓好招商引企、招商引资，培植稳固税源，推动开放型区域经济持续发展。区政府结合实际，改革协税护税考核办法，对各街道和经济主管部门（单位）实行双轨并行的税收目标责任制。1998～2002年，区财政实力实现从收支平衡到略有结余的跨越，被市评为1997～2001年财政收入平均增长先进单位。2003年，税源经济适应财政体制改革的新形势，创新工作思路，走出从被动配合转向主动出击、从管理企业转向服务企业、从侧重零星税源转到主体与零星税源并重的新路子。按照“以块为主，条块结合”的要求，进一步完善税收考核机制，对广益镇实行“确保基数、超收分成、缺额全补”、其他街道实行“确保基数、超收分成、缺额扣减”、各经济主管部门（单位）实行“确定基数、超基奖励、欠交全补”的税收目标分类考核办法。2004年，区政府协助税务部门开展特殊行业夜间专项纳税评估工作，对占全区较大比重的特殊行业税收征收标准进行重新核定。2005年，在完善区街协税护税网络的基础上，区、街分别成立协税护税办公室和工作站，配备专职协税员，充实协税护税队伍，出台加强协税护税网络建设和协税护税人员管理办法。是年，区级可使用财力比“九五”期末翻一番多，一般预算收入突破10亿元。

第二节　深化改革

1984～1986年，贯彻改革、开放、搞活的方针，围绕搞活企业、搞活流通两个中心环节，制定简政放权措施，区先后出台《关于改革经济体制、扩大企业自主权的若干意见》《关于企业工资奖金改革的若干意见》《关于扶持和发展街道工业的暂行规定》等文件，对劳动工资、财政、人事等方面进行程度不同的放权，推行厂长（经理）负责制和多种形式的经济承包责任制。推进商业体制改革，减少中间层次，按行业归口组建实体公司，出台《关于小型商业企业租赁经营试行办法》《关于集体服务行业实行提成工资制的意见》等文件，集体小企业实行租赁和承包经营改革试点。

1987～1989年，贯彻中央关于治理整顿和深化改革的一系列重大决策，积极稳妥地推进企业改革，从减税让利、简政放权逐步转向深化企业内部经营机制改革。112家工商企业先后推行经营承包责任制，134家商业企业实行租赁经营，进行联店租赁、合作股份制试点。普遍实施“工资总额与经济效益挂钩”“工资总额包干”、工资总额包干、利润包干，工资总额与经济效益挂钩“两包一挂”等形式的内部配套改革。在亭子桥街道进行综合体制改革试点，实行街道办事处主任任期目标责任制、街道财政包干制、街道干部聘任制。在市政工程队进行事业单位企业化管理改革试点，实行聘用制、队长负责制和任期目标责任制。在小学试行校长负责制，推行教师岗位责任制。

1990～1992年，继续以深化企业改革为重点，先后出台《关于加快改革开放和发展区街经济若干问题的暂行规定》以及24项配套改革方案。在完善新一轮经营承包责任制的基础上，砂轮厂、教仪公司等3家企业实行综合改革试点；工业企业扩大股份制改革范围；商业企业实行经营权转让，试行个人承包经营、公有民营。同时，扩大事业单位企业化管理改革。实施全区经济管理体制改革，商业成立商业总公司，下设若干公司；各街道成立实业总公司，下设商业、工业等公司。

1993～1997年，以增强企业活力和竞争力为目标，加大企业改革力度，探索实行资产经营责任制、风险抵押承包、租赁经营和公有民营，部分企业进行减员增效、资产重组、兼并联合的探索，砂轮厂在全市率先实行全员劳动承包合同制。“十五大”以后，重点加大所有制结构改革力度，钢门钢窗附件厂、有色金属铸造厂依法破产重组，朝阳服装厂、运动鞋厂实施托管经营。突出推进事业单位企业化改革，实施以工效挂钩、资产经营责任制为主要形式的改革，推行全员聘用制，组建经营性公司，使事业单位从单一服务型走向经营服务型，形成一业为主、多种经营的格局。同时，积极推进社会养老、失业保险、医疗、住房等制度配套改革。完成区级党政机构改革，实施区商业局及下属行政性公司机构改革。

1998~2002年，着力推进企业制度创新，探索公有制实现形式多样化。按照“不求所有、但求所在”“放小搞活、扶优限劣”的原则，通过改组、兼并、出售、破产等形式，重点推进企业产权制度改革。按照“停止办、坚决改”的要求，推进挂靠企业改转制。迄2001年，自办企业改转制面达到95.2%。挂靠企业改转制面达到99.8%。通过“二次”改制，逐步降低公有资本比重。通过招商引资，拓展开放型区域经济发展新领域。其间，实际利用外资年均递增7.8%，自营进出口总额比前五年翻一番多。还启动政府行政审批制度改革，进行城市管理体制改革的探索，调整区、街两级城建监察管理机构。

2003~2005年，按照“彻底改、改彻底”原则，重点推进企业产权关系、劳动关系、债权关系的理顺。按照放心、放胆、放手、放开、放宽、放活“六放”的要求，继续支持、促进私营个体经济更好更快发展。民营经济占地区生产总值的比重上升到44.2%。按照“分类指导、整体推进”的原则，全面推进事业单位改革。迄2005年，生产经营类、政企合一类事业单位产权制度改革基本完成，行政管理类事业单位清理归并基本到位；56家事业单位实行全员聘用制，49家单位实行职称评聘分开。按照“集分结合、充分利用、留优去劣、注重流动”的原则，改革公有资产经营管理机制和运作模式，全面实行财政资金集中支付制度。推进全市义务教育管理体制改革；进行城市建设投融资机制改革，成立区城市投资发展有限公司。实施街道撤并、撤镇建街、社区整合，全面完成村级集体经济股份合作制改革，建立健全失地农民社会保障机制。

第三节　城市建设管理

1984~1986年，以旧城改造为重点，加强城市建设管理。3年开发商品房3.88万平方米，竣工1.28万平方米。铺建129条12.9万平方米街巷道路，承接金城东路、盛岸路等3万平方米市重点工程的路面铺建。建成50个小街景、小绿地、小游园，崇安区被评为省绿化先进单位。

1987~1989年，把加强综合开发、完善基础设施、改善城区面貌作为城区建设管理的重点。累计开发商品住宅18万平方米，建成东风、置煤浜、中山南路、圆通路等居民小区。铺建道路2.31万平方米。在城市管理上，贯彻“条块结合、合理分工、以我为主、立足于管”的原则，重点推行“门前三包”，开展“三路、四场”（中山路、人民路、通运路；三阳广场、胜利门广场、朝阳广场、东林广场）整治，启动创建通运路文明街活动。

1990~1992年，围绕创建全国卫生城市，强化基础设施建设，推进城市建设管理。其间，改翻建道路2.3万平方米，新增绿地21.62万平方米，新建小游园、小花坛170个。在城区管理上，贯彻落实重点治乱与强化管理相结合，以强化管理为主；群众监督与专管队伍相结合，以专管队伍为主；堵塞与疏导相结合，以疏导为主“三结合三为主”的原则，推广通运路管理经验，在中山北路启动“三禁”。

1993~1997年，以提高市民素质和城区文明程度为目标，以推进“创三优”（优质服务、优良秩序、优美环境）暨创建国家卫生城市为抓手，加强城市建设管理。其间，翻建道路93条、19.26万平方米；新增绿地13.3万平方米，绿化覆盖率达到23%，比1992年提高2个百分点。在城市管理上，重点加强对中山路、人民路、解放环路等主干道和窗口地区的环境综合整治，夯实“三包”“三禁”等基础工作，开展对中山路、人民路“修、洗、包、粉、袋”整容，和对塔影河、学前街、学前街农贸市场、靖海新村“四个一”整治等。全区建成垃圾收集房2000余平方米，垃圾袋装化率达到98%。街道普遍建立社区保洁队伍，主要道路实现全天候保洁。全区开发房屋88.21万平方米，竣工77.2万平方米。建成德兴巷、金海里等7个居民小区，启动亮坝上、简新村低洼地区解危工程。

1998~2002年，围绕创建国家卫生城市、全国文明城市，按照“注重基础，强化整治，立足长效”的要求，推进城市建设管理水平的提高。在城市管理上，从环境单项整治逐步转向融市容卫生、市场秩序、交通治安、流动人口等一体化综合治理，管理模式从分散管理逐步转向集中统一的长效管理，管理手段从行政化逐步转向法制化管理。全面推进中山路文明示范街创建活动，全天候保洁面延伸到辖区主次干道。河道管理优胜率达到94%。8个街道全部通过市烟尘、噪声控制区达标验收。在城市建设改造中，注重发挥市场在配置资源中的基础性作用，成功组织周山浜商业裙房和新生路、健康路景观街建设，走出一条“政府组织、市场运作、民间参与、共同开发”的城市建设新路子，实现“拆迁——补偿——建设——发展”的良性循环。其间，投入8000余万元，完成锡沪西路、槐树巷等6.1万平方米道路的大中修；实施勤俭新村、亮坝上等13.55万平方米的低洼地区危旧房改造；完成广益新村、进士坊巷等13个、160万平方米的老新村治理改造；人均绿地面积增加到8.56平方米；明珠广场、金鼎广场竣工建成。

2003~2005年，围绕无锡新一轮三年城市行动纲要的实施，推进城乡一体统筹发展，打造崇安环境新优势。其间，实施中山路亮化工程；完成北禅寺巷、中上塘、石利新村、江海新村等一批老新村治理改造和江海新村、解放西路沿线房屋的“平改坡”工程，以及书院弄、福田巷等25条背街小巷整治工程；新建“绿色无锡”广益生态园180亩；启动崇安新城（广益片区）开发建设。同时，适应城市管理重心下移的要求，推进城市管理现代化。成立区综合执法局，实施相对集中行政执法，推行城管执法进社区，落实中心商务区“无缝隙”管理等长效措施；启动解放环路内清洁能源区建设。2005年6月，崇安区通过全国文明城市检查小组的考核验收。

第四节　社会事业建设

1984~1986年，建成4500平方米的崇安医院病房大楼、1200平方米的区工人俱乐部，新建翻建36所3750平方米的幼托园所、9所1.09万平方米的小学校舍。区文教局和区体委被评为省群众体育先进单位。崇安区被评为省“六五”期间输送体育人才先进集体。

1987~1989年，新扩建校舍园所9321平方米。区老年康乐苑、复兴路长寿宫、工运文化中心等一批社区服务设施相继建成。其间，崇安区荣获全国计划免疫先进单位；区教育局、区体委荣获全国群众体育先进集体；教学仪器设备公司荣获全国勤工俭学先进单位。

1990~1992年，完成亭子桥、通惠路、连元街3所小学教学楼改扩建，全区23所小学全部达到九年制义务教育标准。区委、区政府召开首次知识分子工作会议暨首届代表大会，并举办首届区科技恳谈会。建成崇安医院急诊大楼、区老年大学，以及上马墩、周山浜、学前街等街道文化活动中心。实施以块为主的计划生育管理新体制。

1993~1997年，区用于教育事业投入达5480万元，比前5年增长169.9%；区设立“教师奖励基金”和“教育发展基金”，形成以财政拨款为主、多渠道筹集教育经费为辅的体制。提前2年完成普及九年制义务教育和基本扫除青壮年文盲的任务。新建、扩建金海里小学、崇安小学，建成总投资1100万元的连元街小学运动场。其间，新增游泳池、保龄球馆等体育场地3700余平方米。通过存量资产调整，建成区中心托儿所。投资1345万元，完成市口腔病专科医院的移建、映山河分院的扩建；崇安医院建成二级乙等医院和市爱婴医院。崇安区先后荣获全国特殊教育先进区、全国“三优工程”试点工作奖、全国开展第七套广播体操先进区。

1998~2002年，累计投入教育经费1.24亿元，新增教育用房3万多平方米，连元街小学建成省内首家网上小学，全区小学和幼儿园先后通过实现教育现代化达标验收，区被列入省社区教育实验区，先后被评为省群众文化先进区和全国群众体育先进区。

2003~2005年，围绕城市化发展，着力推进学校布局调整，优化教育资源。完成崇安寺、风雷小学归并和连元街小学扩建工程；建成全市第一所崇安社区培训学院。同时，推进卫生、文化、体育事业统筹发展。其间，建成崇安医院新急诊中心、眼科中心和金海里分院。实施街道卫生服务体制改革，通过整合资源，建成6个"六位一体"（预防、保健、医疗、康复、健康教育、计划生育技术指导）的街道社区卫生服务中心，并达到省级人口与计划生育示范街道标准。开展大型健康教育和健康促进活动，举办以健康、和谐、幸福为主题的"健康家庭行动计划"。成立无锡二泉映月艺术团；举办首届以"崇安寺文化"为主题的崇安文化发展论坛和公花园百年庆典；与中国残疾人艺术团合作举办"千手观音，让无锡充满爱"大型演出；与中央电视台合作组织"曲苑杂坛"和"二泉映月"两台特别节目。建成1000平方米的区残疾人服务管理中心。其间，崇安区先后通过全国社区卫生服务示范区评审以及争创省人口和计划生育工作示范区（市）验收，荣获全国社区残疾人工作示范区、省首批社区卫生服务示范区（市）称号。

第五节　社区建设

1996年开始，区政府把社区建设列入政府工作重要议事日程，以社区建设为载体，强化社区管理，推进社区服务。1997年，崇安区被民政部评为全国先进城区示范单位。

民政部部长李学举（左二）视察风雷新村（西）社区（2003.7.6）
（江海街道供稿）

1998~2002年，学习借鉴南京鼓楼区经验，把社区建设作为城区工作永恒主题。推进街居职能转换、重心转移，加强基层政权建设，在江海、学前街道及其26个居委会实施转换职能试点的基础上，完成街道社区组织管理新体制改革，建立健全以社区党组织为核心，社区成员代表大会、社区议事协商委员会、社区居民委员会三者职责分明的社区组织管理新体制。居委不再从事以创收为目的的生产经营活动，工作重点逐步转向社区管理和服务。同时，以社区服务为重点，通过腾让、建造、置换、购买等多种途径，完善区、街、居三级社区服务设施，健全社区服务网络，拓展社区服务领域，立足高标准、创一流，推进社区基础设施建设。2001年，区通过资产置换，将新生路小学改建成区社区服务中心，建筑面积1300多平方米。其间，还建成区敬老院、全市首家学前街街道社区事务受理中心、全市首家新街巷社区多功能俱乐部、全市一流社区示范工程——江海街道风雷新村（西）社区综合服务站。同时，全面推进社区建设示范创建活动，2002年，崇安区被评为全国社区建设示范区。

2003~2005年，着眼于解决社区建设存在的突出问题，出台进一步推进社区建设的若干意见，建立健全社区重大事项听证、民主评议社区干部等7项制度；在百岁苑、中上塘小区推行物业管理业主自治试点；在全市率先实施社居委新一轮撤并；在崇安寺街道汤巷社区进行全国首批社区民主选举试点。通过腾让、改造、置换、新建等途径，完成蒋巷、简新等32个薄弱社居委达标改造；53%的社居委办公服务用房达到500平方米以上；锡沪路等5个社区建成数字化社区。广瑞一村社区创新流动人口管理办法，率先创办“新市民亲情理事会”；学前街街道和东河花园、风雷新村（西）社区被评为省社区建设示范单位。区被评为省社会治安安全县（市、区）。

第六节　民生实事工程

80年代起，区政府坚持“人民政府为人民”的根本宗旨，根据每年实际情况，重点办好与人民群众密切相关的7~10件实事。

【住房解困】

1984~1986年，累计建造职工住宅2.4万平方米，其中，区机关和教育系统1.46万平方米，工业系统0.38万平方米，事业单位0.15万平方米，其他0.41万平方米。同时，购买商品房2500平方米，解决50多户下乡回城棚户住房问题。翻建私房2.55万平方米，大修、轮修住房25万平方米。1987~1989年，为市政、环卫、绿化职工和小学教师解决住房7800平方米；翻修、大修危房1.89万平方米，翻建私房1.5万平方米。1987年起，把人均住房面积不足4平方米的特困户作为解困重点，至1989年，累计为85户特困户安排住房3500平方米。1990~1992年，解决特困户住房111户。1995年7月，为11户住房困难户无偿安置住房560平方米。此后，又每年解决一批特困户住房。

【下放居民户口就地“农转非”】

1987~1989年，重点解决20世纪60年代末城镇下放居民户口就地“农转非”和知青回城安置遗留问题，按照有关政策，办理“农转非”3319户，安置回城知青15户。

【调工调房】

80年代初起，把帮助职工“双调”（调工调房）、解决部分职工上下班路远困难作为为民办实事之一。1984~1993年，帮助1.3万余户职工对调住房，1500余名职工调动工作。连续10年完成市下达的“调工调房”目标，多次被评为市“双调”工作先进区。1996年，这一历史任务宣告结束。

【再就业工程】

1996年起，实施下岗职工再就业工程。2000年始，区筹集“再就业工程”资金151.77万元。迄2002年，累计筹集资金530余万元，为保障下岗职工基本生活、确保下岗失业人员安置就业发挥重要作用。

【老新村治理改造】

1997年起，启动老新村治理改造。1997~2005年，投资1983.4万元，先后对江海新村、风雷新村、石利新村、靖海新村、塔影一村、塔影二村、界南、春晖新村、幼园、广瑞新村、广丰新村、广益新村、育才弄小区、置煤浜小区、东河头巷小区、中上塘小区等老新村住宅小区环境进行整治改造，改造面积140.67万平方米，受益居民2.79万户、8.25万人。

治理改造后的中市桥上塘街小区（2003.11）
（区房管局供稿）

【失地农民享受社会保障】

2002~2005年，广益镇（街道）率先在全市实施"以土地换社会保障"的办法，解决失地农民社会保障问题，累计投入社会保障基金8960.3万元，2193名失地农民纳入市级社会保障网。

第三章　综合政务管理

本章记述1986年后历届政府在人事、房产、国土、信访、侨务、港澳台事务、机关事务、对外交流、依法行政等方面的内容。重点反映区政府按照建立社会主义市场经济的要求，深化管理体制改革，转变政府职能，加强社会管理和公共服务体系建设，推进依法治区，提高机关综合管理和服务能力，促进区域经济持续快速发展，实现社会和谐稳定。

第一节　人事管理

80年代后，区人事工作适应政治、经济体制改革的要求，不断创新工作思路，深化干部人事制度改革，建立干部考核聘用制度，健全用人制度，完善激励、约束和竞争机制，机构编制管理逐步规范化。1993年，《国家公务员暂行条例》颁布实施后，致力推动国家公务员制度的健康运行，有序开展人才流动。2001年10月，劳动与人事部门合并后，人事劳动部门涵盖干部管理、工资福利、劳动保障、仲裁监察、退休管理、人才信息咨询、职业介绍服务7个工作系列，逐步向法制化、规范化、科学化发展，成为服务于社会主义经济建设、服务于广大人民群众的重要部门。

【机　构】

1985年12月，撤区人事科，改称区人事局。内设办公室、干部调配科、工资福利科。2001年10月，区党政机构改革后，不再保留区人事局、区劳动局，成立区人事和劳动局，正科级建制，与区机构编制委员会办公室（以下简称区编办）合署办公。迄2005年，局内设"一室四科"：综合办公室、干部管理科、工资福利科、仲裁监察科、退休管理科。附属事业单位有：区人才服务中心、区劳动保障管理中心、区退休职工管理委员会服务部、区机关退休干部服务中心、区职业介绍服务中心、区人才信息技术咨询服务所，核定行政编制12人，事业编制6人，附属编制1人。

1986~2005年，历任区人事局主要负责人有：谭毓英、龚允明、管裕林、刘宝根、刘洪元、任震宇、季铮。

【编制管理】

1987年3月25日，成立区编制委员会，下设办公室，与区人事局合署办公，配行政干部1人，负责管理全区机关事业单位机构设置与调整、人员编制核定、职务配备等项工作。是年8月，明确区编办为副科级建制，为区委、区政府的议事协调机构，负责全区行政管理体制和机构改革以及机构编制的日常管理工作。1996年11月，区编制委员会更名为崇安区机构编制委员会，下设的办公室同时更名为区机构编制委员会办公室。2001年，党政机构改革后，区编办列入区委序列，除负责机构编制的日常管理外，增加事业单位登记审核的管理职能。区编办调整为正科级建制，仍与区人事和劳动局合署，设主任、副主任各1人，主任由区人事和劳动局局长兼任。

党政机构设置 1984~2005年，按照“精简机构、提高办事效率”的原则和干部“革命化、年轻化、知识化、专业化”的要求，区级党政机关先后实施4次机构改革。1984年1月11日，市委、市政府批复区机构设置方案，将党政群常设机构由44个精简为26个，其中，保留原机构24个，合署办公9个。是年4月23日，核定党政群机关（不包括公、检、法、司、街道）行政编制136人，事业编制32人。1988年6月，为充实基层，增强一线力量，政法部门增加行政编制32人，其中检察10人、法院16人、司法6人。是年底，全区有行政编制168人。1996年10月4日，以“转变职能、理顺关系、精兵简政、提高效益”为原则，展开新一轮机构改革，经过此次改革，区党政机构为23个，其中区委5个，区政府18个，减少机构9个，精简28%，另设区委派出机构1个（区级机关工作委员会）。核定机关行政编制233人（不含政法部门、街道编制），另有机关工勤人员使用机关附属编制35人。2001年10月9日，按照精简、统一、效能的宗旨和一件事情由一个机构管理为主的原则，实施党政机构改革。经过此次改革，区设置工作机构20个，其中，区委工作部门5个，区委派出机构1个（区级机关工作委员会），区委部门管理机构1个（老干部局）。区政府工作部门15个，区政府直属事业机构1个（区统计局），区委、区政府共同管理的直属事业机构1个（区档案局）。区级政法机关按照原编制数精简10%；各部门内设机构精简比例不少于20%，机关核定行政编制在9人以下的不设内设机构。是年，区级机关行政编制缩减为212人，行政附属编制减少到32人。2005年1月18日，按照“上下基本对应、权责一致”的原则和进一步转变政府职能、优化组织结构的要求，实施党政机构改革。经过此次改革，区政府设置工作部门16个，区委工作部门5个。区政府直属事业机构2个（区统计局、区环境保护局）。核定区机关行政编制212人（不含政法部门、街道编制）。

1996年、2001年、2005年崇安区党政机构设置情况一览表

表17-3-1

部门	1996	2001	2005
区委序列	区委办公室（区委机要保密局）	区委办公室（区委机要保密局）	区委办公室（区委机要保密局）
	区委组织部（区委老干部局）	区委组织部	区委组织部
	区委宣传部	区委宣传部	区委宣传部
	区委统一战线工作部（区委台湾工作办公室、区政府台湾事务办公室、区政府侨务办公室）	区委统一战线工作部（区政府台湾事务办公室、区委台湾工作办公室、区政府侨务办公室）	区委统一战线工作部（区政府台湾事务办公室）
	区委政法委员会（区社会治安综合治理委员会办公室）	区委政法委员会（区社会治安综合治理委员会办公室）	区委政法委员会（区社会治安综合治理委员会办公室）
	区委区级机关工作委员会	区委区级机关工作委员会	区委区级机关工作委员会
	区纪律检查委员会	区纪律检查委员会	区纪律检查委员会
	区档案局（区档案馆）	区档案局（区档案馆）	区档案局（区档案馆）
	区委党校	区委老干部局	区委党校
	区机构编制委员会办公室	区委党校	区委老干部局
		区机构编制委员会办公室	区机构编制委员会办公室
区政府序列	区政府办公室（区人民防空办公室、区信访办公室、区人民政府法制办公室）	区政府办公室（区人民防空办公室、区信访办公室、区人民政府法制办公室）	区政府办公室（区人民防空办公室、区信访办公室、区人民政府法制办公室）
	区计划与经济局（区经济体制改革办公室、区对外经济贸易局、区科学技术局、区第三产业办公室）	区发展计划局（区物价局）	区发展和改革局（区物价局）
	区教育局	区教育局（区政府教育督导室）	区教育局
	区司法局	区司法局	区司法局
	区民政局	区民政局	区民政局
	区财政局（区公有资产管理局）	区财政局	区财政局

续表17-3-1

部门	1996	2001	2005
区政府序列	区贸易局	区经济贸易局（区对外贸易经济合作局、区科学技术局、区安全生产监督管理局）	区经济贸易局（区对外贸易经济合作局、区科学技术局）
	区人事局	区人事和劳动局	区人事和劳动局
	区劳动局		区建设局
	区城市建设环保局（区环境管理局）	区建设环境保护局	区城市管理局（区城市管理行政执法局）
	区文体局	区文体局	区文体局
	区卫生局（区爱国卫生运动委员会办公室）	区卫生局 区爱国卫生运动委员会办公室	区卫生局 区爱国卫生运动委员会办公室
	区计划生育局	区计划生育局	区人口和计划生育局
	区审计局	区审计局	区审计局
	区统计局	区城市管理局	区安全生产监督管理局
	区监察局	区监察局	区监察局
	区房产管理局	区房产管理局	区房产管理局
	区物价局	区统计局	区统计局
			区环境保护局
			区民族宗教事务局

说明：1. 括号内为挂牌单位。2. 上述资料由区人事部门提供。

事业单位编制 1987年，全区有全民事业单位49个，核定编制1176人，实有1425人；集体事业单位47个，核定编制2128人，实有2023人。1991年，根据《中共中央关于冻结机关、事业单位机构编制的通知》精神，严格控制事业单位新增机构编制。1996年10月，事业单位实行企业化管理改革后，全区各级各类靠财政拨款的事业单位人数精简10%。1999年前，全民事业单位编制管理与行政机关相同。1999年后，对全民事业单位的编制实行严格控制，其方法是：核过编制的单位执行编制数；未核过编制的单位按1986年在册人数。教育系统的编制使用，每年由区编办会同区教育、区财政等部门共同商定，凡学校需要增编制的，须经区编办和区教育局同意并发文后执行。集体事业单位的编制，根据事业单位性质和经费拨款渠道确定，原则上不控制，主要是把好进人关。迄2005年，全区有全民事业单位80个，其中财政全额拨款51个，财政差额补贴12个，自收自支17个；核定编制2782人，实有1850人。集体事业单位49个，其中财政差额补贴8个，自收自支41个；核定编制1305人，实有811人。

1987～2005年部分年度崇安区事业单位机构编制情况一览表

表17-3-2 单位：个、人

年份	全民事业单位			集体事业单位		
	单位数	核定编制人数	实有人数	单位数	核定编制人数	实有人数
1987	49	1176	1425	47	2128	2023
1988	49	2874	2578	48	1256	1032
1990	52	2894	2659	61	1430	1117
1992	52	2890	2733	85	1824	1256
1993	52	3019	2666	86	2229	1525
1994	53	2897	2761	88	2327	1381
1995	55	3069	2724	94	2465	1317
1996	66	1864	1719	96	2858	1463
1997	59	3215	2628	97	2478	1258
2000	30	1156	988	62	2368	1282
2004	98	3385	2380	52	1338	948
2005	80	2782	1850	49	1305	811

说明：上述资料由区人事部门提供。

【干部管理】

80年代后，根据中共中央提出的干部队伍“革命化、年轻化、专业化、知识化”的要求，崇安区通过接收大中专毕业生、安置军队转业干部、吸收录用上山下乡知青、聘用或招考干部等多种渠道，调整干部队伍结构，适应新时期发展需要。迄2005年，有行政机关干部473人。

招聘录用　招聘录用是区补充干部的主要渠道。1988年5月，为解决街道干部的来源问题，区出台街道办事处实行干部聘用制的暂行规定，街道可以在劳动力指标、干部指标和核定的编制内，从本街道原有干部或工人中吸收聘用副主任及以下领导干部和技术管理人员，在本街道无合适人选又急需时，可以从社会上公开招聘；聘用人员享受街道同职同级干部的待遇。干部聘用制度首先在亭子桥街道进行试点，1989年上半年，推广到其他街道。实行干部聘用制后，街道干部队伍结构、政治素质、知识结构明显得到优化。是年，根据市有关规定，面向全社会统一招考录用政法、税务、工商行政机关国家干部5人。1990年，首次参加江苏省统一组织的社会公开招录国家干部工作，通过省、市两级笔试、面试，录用机关干部28人。1992年起，在企事业单位实行专业技术职务内部聘任制和年度考核制，使因多种原因无法晋升，而在实际工作中有较大贡献的专业技术人员得以聘任，享受应有待遇。1997年5月，区出台事业单位实施全员聘用(任)制实施细则，66家事业单位全部实行全员聘用(任)制。是年起，科级以下非领导职务人员实行“凡进必考”制度。2002年，考试录用国家公务员和机关工作人员18人。2004年3月，进一步规范公务员和机关工作人员的调任工作，面向社会公开招考主任科员以下非领导职务的工作人员，通过职位竞争考试，录用11人。2005年，报考国家公务员实行网上报名，新录用公务员实行宣誓仪式，增强公务员的责任感、使命感。是年，面向社会公开选聘副局长、街道办事处副主任，通过考试、考察，择优录用科级领导干部3人，机关干部队伍的文化、年龄、素质结构得到不断改善。区属事业单位职工全部实行聘用合同制，事业单位录用职工全部实行社会招聘制，事业单位实现由固定用工变为合同用工、国家用工变为单位用工的历史性转轨。

1986～2005年崇安区干部情况一览表

表17－3－3　　　　单位：人

年份	总数	其中			年份	总数	其中		
		行政机关	事业	企业			行政机关	事业	企业
1986	675	414	175	86	1996	2188	324	1719	145
1987	750	415	243	92	1997	2112	336	1631	145
1988	1787	—	—	—	1998	2140	344	1662	134
1989	1979	417	1367	195	1999	1945	221	1590	134
1990	2016	416	1429	171	2000	1885	221	1541	123
1991	2062	—	—	—	2001	2349	181	2075	93
1992	2138	435	1511	192	2002	2316	209	2094	13
1993	2109	421	1514	174	2003	2135	208	1927	—
1994	2169	435	1563	171	2004	2237	481	1756	—
1995	2222	476	1577	169	2005	2136	473	1663	—

说明：1. 2004～2005年度干部人数含参照人员。2. 上述资料由区人事部门提供。3. 表中1988、1991年“—”为资料缺失。

毕业生分配　1985年起，毕业生分配逐步趋向市场化，采取指令性计划和指导性计划相结合的分配办法。1990年，大中专毕业生报到实行“入户许可证”制度，凭证办理户口粮油关系。是年，引进大中专毕业生51人，其中大专以上9人。1994年，大中专毕业生分配制度改革后，从“宏观调控、统包统配”转为“供需见面、双向选择”，扩大学校的推荐权、毕业生的择业权和用人单位选人权。区人事部门通过人才市场、公开招聘等渠道，选拔引进优秀毕业生。1995年，在全省率先从应届大中专毕业生中招录机关干部30人，其中大专以上12人。1986～2005年，共引进大中专毕业生742人，其中大专以上313人。

1986～2005年崇安区引进大中专毕业生一览表

表17-3-4　　　　单位：人

年份	总数	学历		引进单位			年份	总数	学历		引进单位		
		大专以上	中专高中	机关	事业	企业			大专以上	中专高中	机关	事业	企业
1986	13	7	6	1	3	9	1996	51	23	28	4	47	—
1987	21	8	13	—	—	—	1997	41	13	28	3	35	3
1988	23	—	23	—	—	—	1998	47	24	23	2	45	—
1989	54	5	49	—	54	—	1999	23	14	9	—	21	2
1990	51	9	42	7	44	—	2000	21	15	6	6	1	14
1991	94	—	—	—	—	—	2001	16	16	—	—	16	—
1992	49	5	44	1	47	1	2002	33	32	1	1	32	—
1993	30	7	23	—	—	30	2003	37	36	1	—	37	—
1994	35	14	21	1	34	—	2004	42	42	—	1	41	—
1995	30	12	18	1	29	—	2005	31	31	—	6	25	—

说明：1.上述资料由区人事部门提供。2.表中1987、1988、1991年“—”为资料缺失。

干部调配　80年代后，重点解决跨省市干部夫妻长期分居两地、在无锡老人身边无子女、支边干部内返等问题，从退伍军人中选拔干部充实到机关各部门。区人事部门根据经济和社会事业发展的需要，按照各类干部结构比例，有计划地进行干部调配。1987年，调入干部89人，其中具有中专以上学历或有技术职称的57人。1988年3月，重点为外向型企业、重点项目输送急缺人才，全年调入技术人员149人，其中，调入全民事业单位20人、集体事业单位25人、随带家属23人。是年4月，根据市人事局下达计划，从区党政机关抽调9名干部到市政法、税务、工商和银行保险系统工作。1989年11月，从企事业单位选调9名政治思想好、工作认真的干部充实到区机关工作。1990年，调配工作与工资基金管理相结合，人员调配在编制限数内进行，防止人员盲目增长。1994年，加大专业技术干部引进力度，为区机关、街道、事业单位引进各类专业技术人才136人，其中，中级以上职称6人，本科以上学历18人。1997年，冻结街道事业编制。1999年，冻结机关编制，党政机关干部“只出不进”。2001年，根据机构改革中的分流政策，有40名机关干部办理离岗退养和提前退休手续，机关干部分流10%。1986~2005年，共调入干部1069人，调出干部885人。

1986～1998年崇安区干部调配情况一览表

表17-3-5　　　　单位：人

年份	合计		外省		本省		市内区县		年份	合计		外省		本省		市内区县	
	调入	调出	调入	调出	调入	调出	调入	调出		调入	调出	调入	调出	调入	调出	调入	调出
1986	13	10	3	—	1	—	9	10	1996	2	7	1	—	1	6	—	1
1987	89	22	10	3	13	1	66	18	1997	2	1	1	—	—	1	1	—
1988	149	12	47	—	55	—	47	12	1998	1	—	—	—	—	—	1	—
1989	74	48	6	—	11	—	57	48	1999	43	27	1	1	42	26	—	—
1990	33	11	1	—	3	—	29	11	2000	43	19	25	—	18	19	—	—
1991	37	20	—	3	—	—	37	17	2001	14	19	—	1	14	18	—	—
1992	79	53	3	2	—	—	76	51	2002	43	26	2	—	41	26	—	—
1993	80	94	4	2	6	10	70	82	2003	87	255	—	1	1	—	86	254
1994	102	53	3	—	93	53	6	—	2004	44	68	—	—	—	—	44	68
1995	8	102	—	—	—	—	8	102	2005	126	38	—	—	—	—	126	38

说明：上述资料由区人事部门提供。

军转干部安置　部队军官定期、分批复员和转业到地方工作，成为区增补干部的主要来源。80

年代前，部队军官转业（以下简称“军转干部”）安置实行国家统一下达计划与就地转业相结合的办法，安置方向主要是充实基层和需要重点加强的部门，专业技术人员原则上对口安排，严格控制进入党政机关，团职以上干部尽可能解决好职务安排问题。1985年后，军转干部安置工作逐步从指令性计划分配转变为计划指导与推荐选用相结合。军转干部安置重点是政法、经济监督调节部门、街道办事处和各系统的基层单位，优先照顾安置师团职干部、二等功以上功臣和长期在边远艰苦地区工作的军队转业干部；营职以下和专业技术干部大部分通过“双向选择”安排合适的工作岗位。1987~1989年，是安置军转干部较为集中的时期，其间，接收安置转业干部60人，并安排一部分随军家属。1993年9月，为进一步拓宽军队转业军官安置渠道，市军转办出台转业军官档案管理暂行规定，帮助解决转业军官在自谋职业期间的人事、档案管理等方面问题。2001年6月，市委组织部、市人事局下发《进一步落实企业军转干部有关政治待遇》通知，从政治上关心安置到企业的军转干部，重视发挥军转干部在社会经济建设中的作用。1990~2003年，区先后接收安置军转干部70人。2004~2005年，又接收安置军转干部32人。1986~2005年，区共接收安置军转干部171人。迄2005年，473名行政机关干部中，军转干部335人，占70.82%，军转干部成为崇安区干部的主要来源之一。历年的军转干部安置工作，基本做到接收单位满意、部队满意、军转干部满意。

1986～2005年崇安区安置军转干部情况一览表

表17-3-6　　单位：人

年份	人数	安置去向		年份	人数	安置去向	
		机关	事业			机关	事业
1986	9	6	3	1996	5	3	2
1987	22	19	3	1997	6	5	1
1988	21	18	3	1998	4	4	—
1989	17	15	2	1999	5	5	—
1990	5	2	3	2000	6	6	—
1991	3	—	—	2001	5	—	—
1992	3	1	2	2002	7	6	1
1993	2	1	1	2003	6	4	2
1994	6	6	—	2004	19	17	2
1995	7	5	2	2005	13	13	—

说明：上述资料据由区人事部门提供。

【公务员制度】

1993年10月1日，《国家公务员暂行条例》颁布实施后，国家公务员制度在全区有步骤地推行。1997年9月17日，区成立公务员职位分类工作领导小组，在全区机关、街道开展职位分类工作，经反复修改、审核后汇编成册。1998年6月，在完成机构改革、职位分类、过渡培训的基础上，经市委组织部、市人事局审核批准，区党、政、群机关干部过渡为国家公务员183人。迄2005年，全区有国家公务员592人，其中大专以上学历占68.24%。年龄在35周岁以下占16.89%，科级以上职务占57.77%。

2005年崇安区国家公务员基本情况一览表

表17-3-7　　单位：人

职务	总数	性别		少数民族	年龄		政治面貌		学历			
		男	女		35岁以下	50岁以上	中共党员	民主党派	研究生	大学本科	大学专科	高中中专
县(处)级	36	32	4	—	—	17	29	5	6	10	16	—
科级	306	249	57	1	29	86	233	15	4	92	103	50
科办员	250	192	58	—	71	12	150	—	1	118	54	19

续表17-3-7

职务	总数	性别		少数民族	年龄		政治面貌		学历			
		男	女		35岁以下	50岁以上	中共党员	民主党派	研究生	大学本科	大学专科	高中中专
合计	592	473	119	1	100	115	412	20	11	220	173	69

说明：上述资料由区人事部门提供。

公务员录用　1993年后，根据公务员考录规定，凡进必考，公开录用，把住“进口”关，为各类人才进入公务员队伍提供平等竞争机会。其后，按照公开、平等、竞争、择优的原则，1993~2005年，先后组织党政群机关国家公务员考录10余次。其中，录用大专以上学历应届毕业生25人。

1999～2005年崇安区公务员增减情况一览表

表17-3-8　　单位：人

年份	增加							减少					
	事业单位改为机关	录用毕业生	录用军转干部	从国有企事业单位调任	从机关调入政府部门外	从机关调入政府部门内	其他	机关改为事业单位	退休	辞职	调往机关政府部门外	调往机关政府部门内	其他
1999	6	—	5	—	4	—	—	—	3	—	7	1	—
2000	—	1	6	—	8	—	1	—	8	1	5	—	—
2001	—	—	5	3	5	2	—	—	22	2	9	—	22
2002	—	1	6	14	17	12	—	—	—	—	18	4	—
2003	—	—	4	3	4	—	—	—	6	—	6	—	—
2004	—	1	17	14	—	37	1	—	16	—	—	38	3
2005	—	6	13	2	—	18	5	—	35	—	—	19	—
合计	6	9	56	36	38	69	7	—	90	3	45	62	25

说明：上述资料由区人事部门提供。

公务员任用　1998年，机关干部过渡为国家公务员后，依据“三定”方案核定的领导职务职数和非领导职务职数设置比例的规定，严格设置非领导职务职数，通过编制职位管理计算机软件，对每个职位的人员变动情况进行动态监控、跟踪管理。是年起，根据《无锡市国家公务员职务任免实施细则》，在全区推行国家公务员轮岗制度，推动国家公务员职务任用方式的转变。2004年，对在同一职位上任职满4年的5名区级机关中层领导发出轮岗建议书，是年，调任1人，转任32人，挂职锻炼2人。岗位交流成为提高公务员岗位适应性、大局意识、工作能力的一种有效手段。2005年，贯彻市委组织部、市人事局《关于新录用公务员下基层锻炼的意见》，对未在基层企事业单位工作一年以上的市、县（区）机关新录用公务员，在试用期满后，下基层单位锻炼一年。

区机关干部参加电子政务培训（2003）　（区职工学校供稿）

公务员培训　1993年，实施国家公务员制度后，公务员培训逐步步入规范化、制度化的轨道。1996~1997年，结合公务员制度的建立，对区机关（含参照和依照国家公务员管理的机关、事业单位）183名干部进行公务员过渡培训和科级干部任职培训。培训教材包括《社会主义市场经济理论与实践》《机关应用文写作》《公务员基础知识》等。2000年开始，开展更新知识培训。区制定出台《崇安区公务员更新知识能力培训计划》《崇安区国家公务员法律法规基本知识宣传教育实施意见》，对公务员进行依法行政、WTO与政府职能转变、创新原理与方法、普通话测试、英语300句、信息化与电子政务、“四五”普法、行政许可法、公务员法等培训，采用自学与辅导相结合的方法，并实行统一考试。迄2005年，共培训公务员4829人次。

公务员考核 1994年起，根据《国家公务员考核暂行规定》和市人事局的统一部署，对公务员和机关事业单位工作人员进行考核，以德、能、勤、绩为主要考核内容，重点考核年度工作实绩。公务员考核结果分“优秀、称职、不称职”3个等次，根据考核结果兑现各类奖惩，并建立干部考绩档案。同时，按照公务员管理办法，在时间和程序上同步对区机关事业单位工作人员进行年度考核，考核结果分“优秀、合格、不合格”3个等次。1996年，增设“基本称职（基本合格）”等次，并对“不称职（不合格）”等次明确可操作性办法。2001年，考核又增加工作述职、民主测评等环节并形成制度。2002年起，实行“基本称职”“不称职”等次人员与下年度奖金的挂钩制度，考核定为“优秀”的比例控制在12%以内，对表现突出的给予行政奖励，对领导干部考核采用量化测评、面上综合考核相结合的办法，收到较好的效果。2005年，全区参加考核的机关公务员456人，区机关事业单位工作人员3062人。

1996～2005年崇安区机关公务员年度考核结果一览表

表17-3-9　　单位：人

年份	合计	优秀	称职	基本称职	不称职	不定等次
1996	421	46	367	1	—	7
1997	415	49	362	1	—	3
1998	425	55	366	—	—	4
1999	439	51	386	—	—	2
2000	463	53	405	2	—	3
2001	458	52	405	—	—	1
2002	492	62	428	—	—	2
2003	421	52	369	—	—	—
2004	497	61	436	—	—	—
2005	456	55	400	—	1	—

说明：上述资料由区人事部门提供。

1996～2005年崇安区机关事业单位工作人员年度考核结果一览表

表17-3-10　　单位：人

年份	合计	优秀	合格	基本合格	不合格	不定等次
1996	3789	429	3282	19	1	58
1997	5021	559	4338	31	2	91
1998	3657	416	3179	11	4	47
1999	3589	410	3135	13	3	28
2000	3470	378	3046	18	3	25
2001	3174	356	2781	16	2	19
2002	3583	399	3133	5	2	44
2003	3082	256	2754	5	3	64
2004	2807	325	2437	4	—	41
2005	3062	346	2668	1	1	46

说明：上述资料由区人事部门提供。

公务员奖惩 1996年12月，《国家公务员奖励暂行规定》实施后，将行政奖励与年度考核相结合，分为嘉奖、三等功、二等功、一等功、授予荣誉称号5个种类。受奖人员按照市统一规定给予一定的奖励，并颁发由人事部门统一制作的奖励证书。原有的“降职”和“开除留用察看”不再作为行政处分的种类使用，给予工作人员的行政处分依法分别由任免机关或者监察机关决定，其中给予开除处分的，报上级机关备案。区机关公务员连续3年年度考核定为优秀等次者给予晋升一级级别工资的奖励，考核定为不称职或者基本称职等次的不得晋升工资。事业单位根据考核结果也相应实行3%提前晋升工资和降低工资档次。考核评为称职（合格）档次及以上的工作人员按年度发放考核奖。迄2005年，先后有401名机关、事业单位工作人员受到晋升工资的奖励。

【专业技术人员】

1986年，区属企事业单位有专业技术人员646人，其中，有技术职称的63人，占9.75%；大学本科以上学历41人，占6.35%。专业技术人员主要涉及工程、卫生、会计3个系列。1987年，区制定“七五”（1986~1990）人才资源开发规划。此后，每5年对全区人才需求作出规划。通过市场资源配置，引进中、高级技术人才，建立选拔培养机制，优化专业技术人员队伍结构，高职称、高学历、低年龄人员逐年增加。迄2005年，全区有专业技术人员1663人，其中，高级职称55人，占3.31%；中级职称897人，占53.94%；大学本科以上学历236人，占14.19%；40岁以下1235人，占74.26%。

1986～2005年部分年份崇安区区属企事业单位各类专业技术人员学历、职称情况一览表

表17-3-11　　单位：人

年份	学历			专业技术职称						
	合计	其中		合计	其中					
		大学本科	大学专科		工程技术系列	卫生技术系列	教育系列	经济系列	会计系列	其他
1986	646	41	605	63	20	8	—	—	32	3
1990	1442	21	1421	1552	82	43	1057	192	135	43
1995	1634	66	1568	1634	194	39	1046	141	103	111
2000	1468	71	1397	1468	146	33	977	126	104	82
2005	1663	236	1427	1346	70	41	1060	46	65	64

说明：上述资料由区人事部门提供。

职称评聘　1987年起，区专业技术人员职称由区技术职称评委会评定。区成立职称改革工作领导小组，先后建立教育、卫生、工程、会计等11个（2个中级、9个初级）专业技术职称评审委员会，基层建有72个评审小组。小学教师暂未开展职称评定。此后，专业技术岗位设置、专业考核、职称评审等管理工作进入经常化、制度化。1989年，区教育系统、工商企业及事业单位完成专业技术人员职称评审和聘任工作，企事业单位具有中高级专业技术职称的在职人员779人，其中，高级职称31人、中级职称748人，初级职称1982人。1990年、1993年，又分2批对行政机关专业技术人员进行职务任职资格评审工作，只评资格不聘任，不与工资待遇挂钩，2次共评审专业技术人员138人，其中，高级职称16人、中级职称56人、初级职称66人。此后，机关职称评审工作暂停。1998年起，强化专业技术职务聘任管理，事业单位将专业技术职务评聘由指标管理转化为岗位职数结构比例管理，实行竞争上岗，动态聘任，发挥聘任制的激励作用。2000年9月，实行专业技术职称（资格）评定与专业技术职务聘任相分离，取消职称申报指标限制，凡符合条件者均可申报评审。对获得专业技术职称的人员，事业单位实行差额聘任，允许高职低聘，使职称工作逐步朝着评价社会化、用人聘约化、管理法制化的方向发展。2004年起，开始探索实施以业绩、贡献为主的职称评价机制，深化事业单位职称制度改革，解决职称评聘中重评轻聘现象。是年8月16日，增设思想政治工作专业研究员高级政工师评审。2005年5月，首次在中学开展教授级中学高级教师专业技术资格评审与职务聘任，121名中学教师通过评审。

【人才服务】

1984年6月，成立区人才服务公司，为区人事局管理的自收自支全民事业单位，相当于副科级建制，主要负责流动人员人事档案管理，辅以综合性、社会化公共人事服务。是年，代管大学生人事档案149份，中级技术人员人事档案26份。1987年，代管人事档案17份。1988年3月，区人才服务公司核定事业编制30人。1989年2月，在工运桥街道和亭子桥街道建立人才服务站，开展人才市场运行试点。1990年6月，更名为崇安区人才服务中心（以下简称中心），其职能包括流动人员档案管理，及与之相关的人事公证、合同鉴证、人才引进、社会保险、政策咨询等社会化服务工作。1991年，中心设专职管理人员和财会人员2人。在全市率先开办区人才市场，与中心实行"两块牌子，一套班子"，在原有人事档案管理、人才交流、失业登记服务的基础上，扩展到为各类专业人员辞职后的复职、留聘用人员合同鉴证、人才技术信息处理、专业技术人员在流动过程中的行业救济等职能。1992年，区出台《关于吸引科技人员到区街企事业单位工作的意见》《关于社会闲散专业技术人员和管理人员重新就业的暂行办法》，以及《关于开放崇安区人才市场的意见》，根据业务发展需要，相应增加办理辖区内企事业单位委托招聘录用等业务，建立健全专业技术人员和管理人员的就业制度，创造宽松的用人环境。是年，代管人事档案927份，引进人才36人，代理人事服务139人次。同年，全区除江海街道外，其他街道全部建立人才服务站。1996年，区人才市场进一步强化公共服务职能，新增养老金、公积金、医疗保险金、失业救济金"四金"代缴业务等，为代理单位和流动人员解决后顾之忧。至1997年，区人才市场已发展成为具有代管人事档案、代理人事关系、收集和发布各类人才信息、招聘录用各类人才等综合性服务机构，主要服务业务包括：为代管人员办理正常保险手续、停薪留职手续、招聘录用人才手续等。是年10月，区制定出台《关于加强人才引进和管理工作的意见》，对人才引进实行计划管理，严格控制超编进人，把握引进人才层次，保证人员质量。1998年，通过人才市场引进各类专业技术人员72人，具有大专以上学历的59人。引进应届毕业生63人。从外省市引进9人，市内调进102人。2004年12月，根据市人事局《为民营经济提供人事人才服务的若干意见》精神，人事代理服务工作拓展到民营经济组织。迄2005年，共为民营经济组织引进人才125人、人事代理308人、职称评审23人、信息咨询服务1.27万人次。区级人才市场代管流动人员人事档案352份、代交养老金26人。

人事争议仲裁　2004年前，区人事争议仲裁工作由市人才流动争议仲裁委员会受理。2004年12月，根据人事部《人事争议处理暂行规定》，建立区人事争议仲裁办公室，在区人事和劳动局增挂"崇安区人事争议仲裁办公室"牌子，负责受理全区事业单位人事争议案件。迄2005年底，尚未受理过人事争议仲裁案件。

【工资福利】

工　资　80年代前，区国家机关、事业单位工作人员工资制度历经供给制、包干制、等级工资制的演变。1985年，废除等级工资制，实行以职务工资为内容的结构工资制，区机关、事业单位工作人员通过套改或进入职务工资最低档，工资有较大幅度增长。1986年，调整机关和事业单位部分工作人员工资，按专业技术职务或行政职务分年限分档升级。1987年，按照国家统一规定，提高小学和幼儿园老教师现行工资标准，适当提高部分专业技术人员的工资。1989年，区机关、事业单位工作人员普遍晋升一级工资，专业技术人员各职务起点工资标准和最高工资标准分别提高两个档次。1994年，根据国家和省市对机关、事业单位工资改革文件精神，对机关、事业单位工资制度进行改革（简称"九三工改"）。新工资制度从1993年10月1日起执行。国家机关工作人员（除工勤人员外）实行职务级别工资制（简称职级工资），由职务工资、级别工资、基础工资、工龄工资4部分组成。事业单位实行不同类型的工资制度，其工资构成分为职务工资（以下简称固定部分）和津贴（以下简称活的部分）2块。全额拨款事业单位工资固定部分与活的部分比例为7∶3；差额拨款事业单位比例为6∶4；自收自支事业单位比例为5∶5。在“九三工改”中，全区共有1.64万人参加工改，其中，机关735人，事业单位2780人、离退人员6093人。与此同时，机关、事业单位工人工资制度也相应改革。机关技术工人实行岗位技术等级工资制，普通工人实行岗位工资制。事业单位技术工人实行技术等级工资制，普通工人实行等级工资制。1995年10月，机关、事业单位工作人员正常晋升职务工资档次，全区机关、事业单位1.17万名在职人员晋升工资，6769名离退休人员相应增加离退休费。此后，两年一次的3%提前晋级和正常晋升职务工资作为常规工作开展。1997年7月1日、1999年7月1日、2001年1月1日、2001年10月和2003年7月，先后5次对机关、事业单位工作人员调整职务（岗位）津贴标准，离退休人员相应增加生活补助费。迄2005年，机关工作人员的基础工资由1997年每人每月90元提高到每人每月230元，级别工资由1997年十五级至一级每人每月55元至470元提高到115元至1166元；综合补贴由1997年每人每月102元提高到165元。机关工人和事业单位工作人员人年平均工资标准提高到3.78万元。

福　利　80年代前，国家机关工作人员福利待遇主要有家属生活困难补助、工作人员患病补助、干部家属医疗补助、保姆费、保育费、疗养等。机关福利费标准根据国家统一规定，从二十世纪五六十年代按工资总额的5%~2.5%，到1966~1987年按每人每月1.4~4元标准提取。1997年1月起，又提高到每人每月10元。2000年1月后，调整到每人每月20元，迄2005年未变。其间，机关、事业单位工作人员享受的假期及待遇按照国家和省、市有关规定执行。职工探望配偶每年给探亲假1次，假期为30天；未婚职工探望父母每年给假1次，假期为20天；已婚职工探望父母每4年给假1次，假期为20天。1986年，根据《江苏省国家机关工作人员休假制度的规定》，凡工龄满10年，每年休假10天；满20年，每年休假15天；满30年以上，每年休假30天。1991年，根据中共中央、国务院《关于职工休假问题的通知》，明确可以安排职工年休假，最多不超过两周。1999年起，根据国务院《全国年节及纪念日放假办法》的规定，职工每人每年法定节假日由7天增加到10天，迄2005年未变。工作人员患病期间待遇执行1981年国务院发布的《国家机关工作人员病假期间生活待遇的规定》，即：工作人员病假在2个月以内的，基本工资及省地方性补偿工资全额发放；病假超过2个月不满6个月，从第三个月起，工作年限不满10年的，发给本人工资的90%，工作年限满10年及其以上的，基本工资及省地方性补偿工资全额发放；病假超过6个月，从第7个月起，按照工作年限长短比例计发工资。工作人员直系亲属死亡时，由本人申请，单位批准，可享受丧假，一般为3天。事假一般不超过7天，超过7天的，应抵算年休假的天数，机关、事业单位工作人员请事假，必须经单位同意，否则作旷工处理。

【退休（退职）人员】

1985年4月，市人事局、市劳动局联合发文明确国家机关、事业单位工作人员退休工作由人事部门负责，企业单位职工的退休工作由劳动部门负责。1986年6月，建立区退休职工管理委员会（以下简称区退管会）。1988年12月，成立区机关退休干部管理委员会，由冯国鹏任主任，张浩、谭毓英任副主任，委员9人。2001年，成立由区分管领导任组长的区退休人员管理领导小组，全面指导协调辖区退休管理工作。2004年5月，成立区退休人员社会化管理服务中心，各街道普遍建立退休人员社会化管理服务所，负责辖区企业退休人员社会化管理服务等工作。2005年8月，建立区退休人员法律援助中心，维护退休人员合法权益。按照统一指导、分级管理的原则，企业退休人员管理逐步由原单位管理为主向以社区管理为主转变，向社会化管理过渡。1988年起，各单位退休管理费按退休人员每人每年60元、退休活动费按退休人员每人每年200元提取，迄2005年未变。1986~2005年，历任区退管会主任有：蔡琦英、苏国强、强惠兴。

国家机关、事业单位人员退休、退职执行1955年国务院《国家机关工作人员退休处理暂行办法》和《国家机关工作人员退职处理暂行办法》规定，实行“到龄即退”制度。国家机关工作人员中男性年满60周岁，女性年满55周岁，工作满一定期限的，或因劳致疾、因公致残而丧失工作能力的可以退休。因公致残退休的待遇为本人工资的70%～80%，符合其他条件的为50%～70%，对有重大贡献的退休人员可以酌情提高退休待遇。退职人员根据工作年限长短确定退职金数额。此后，国务院多次调整机关和事业单位退休、退职待遇，适当放宽退休、退职条件。1971年，根据上级规定，原县级以上干部中的老弱病残者，可暂不办理退休手续，县级以下干部和工人中原籍在省内农村且原籍有亲属的，一律动员回原籍。1978年，国务院颁发《关于安置老弱病残干部的暂行办法》和《关于工人退休、退职的暂行办法》，对退休政策作较大调整，退休费比例由原本人工资的40%～70%提高到60%～80%。1979年后，根据国家和省、市对不同类型人员提高退休费标准的有关政策，提高部分退休、退职人员的退休待遇。凡终生不育无子女的、终生未婚独身一人的，退休时可享受原工资100%的退休待遇；对持有独生子女证的父母退休时退休费比例可提高5%。1982年、1983年，先后对获得全国和省劳动模范、先进工作（生产）者称号的退休人员、获高级专家称号的退休人员提高退休费比例。1989～1990年，根据市有关规定，对获市劳动模范的人员、教龄满30年的教师分别提高退休费标准；对因公致残人员的退休费、工人退休、退职最低保证数作了调整。1993年，机关事业单位实行工资制度改革，退休（退职）人员相应增加待遇，此后至2005年前，随着人民生活水平的提高和社会发展以及物价等原因，又于1995年、1997年、1999年、2001年1月和10月、2003年六次调整和提高机关退休、退职人员待遇，至2005年，比1993年提高60%～90%。1986～2005年，全区机关事业单位共办理退休1060人。

1986～2005年崇安区机关事业单位退休人员情况一览表

表17－3－12　　单位：人

年份	合计	其中		年份	合计	其中	
		机关	事业			机关	事业
1986	28	21	7	1996	59	7	52
1987	23	8	15	1997	66	6	60
1988	29	12	17	1998	63	3	60
1989	35	13	22	1999	58	3	55
1990	49	18	31	2000	60	8	52
1991	51	12	39	2001	77	22	55
1992	47	9	38	2002	56	—	56
1993	49	9	40	2003	53	6	47
1994	51	10	41	2004	73	16	57
1995	62	3	59	2005	71	35	36

说明：上述资料由区人事部门提供。

退休人员退休待遇计发标准一览表（1993年10月起执行）

表17－3－13

类别	工作年限	机关干部	事业单位职工	行政机关工人
		职务、级别工资比例	职务（等级）工资津贴（活工资）比例	岗位工资、技术等级工资、奖金比例
固定职工	35年（含）以上	88%	90%	90%
	30～34年	82%	85%	85%
	20～29年	75%	80%	80%
	10～19年	60%	70%	70%
	10年以下	40%（退职费）	50%（退职费）	50%（退职费）
合同制职工	15年（含）以上	—	同固定职工标准	同固定职工标准
	10～14年	—	按低于同等年限固定职工10%执行	—

续表17-3-13

类别	工作年限	机关干部 职务、级别工资比例	事业单位职工 职务（等级）工资津贴（活工资）比例	行政机关工人 岗位工资、技术等级工资、奖金比例
合同制职工	10年以下	—	按每满1年发给两个月本人在职时最后一个月工资标准（包括综合补贴）的一次性生活补贴费。	按每满1年发给两个月本人在职时最后一个月工资标准（包括综合补贴）的一次性生活补贴费。
		—	知识分子家属“农转非”安排为合同制职工的，其缴费年限满5年不满10年的，以本人在职时最后一个月工资标准的40%按月发给。	知识分子家属“农转非”安排为合同制职工的，其缴费年限满5年不满10年的，以本人在职时最后一个月工资标准40%按月发给。

说明：上述资料由区人事部门提供。

第二节　国土资源管理

1956年起，国有土地按不同用途分属不同部门管理，国家建设征用集体所有土地先后归市土地征用委员会、市城建局、市计划委员会等部门管理，城镇土地先后归市财政、城建、房产等部门管理，农村土地归市农业、林业部门管理。私人用地由区房管局审核、区城建科办理用地执照手续。1969年后，城镇土地收归国有，土地利用实行无偿划拨。1986年，《中华人民共和国土地管理法》颁布后，国有土地开始由新成立的市土地管理局集中统一管理。1988年，贯彻国家《土地管理法》规定，土地实行有偿使用。1998年起，由市政府公布基准地价，作为对土地使用权出让、转让的依据，此后，地价历经多次调整，土地交易重新启动。区国土管理部门成立后，按照市、区土地管理职能分工，土地管理逐步实现专业化、规范化。迄2005年，区内土地总面积17.59平方公里，其中，土地利用面积15.12平方公里。

【机　构】

1986年，城区尚无专司土地管理的机构，涉及建设用地审批事项由市土地管理部门办理，城市土地地政管理归属市房地产管理局。1988年2月，市政府将城市地政地籍管理职能划归市土地管理局后，城区涉及地籍管理、土地登记发证等事项由市土地管理局统一办理。

1996年10月，成立无锡市崇安国土管理所，实行由市土地管理局垂直领导的管理体制，自此开始履行崇安区范围内土地管理工作职能。该所为全民事业单位，相等于正科级建制，定编5人，其中领导职数2人。1997年6月，作为市局派驻机构的无锡市国土管理局崇安分局建立后，崇安国土管理所与其合署办公，所长由分局长兼任。2001年5月，市国土管理局崇安分局更名为市国土资源局崇安分局，崇安国土管理所更名为崇安国土资源所。2002年，市区行政区划调整后，滨湖区国土资源局广益国土资源所划归市国土资源局崇安分局管理，更名为市国土资源局崇安分局广益国土资源所，为集体事业单位，定编5人。2003年11月，国土资源分局（所）参照国家公务员制度管理。2005年12月，广益国土资源所核定为全民事业单位，相等于正股级建制，工作人员依照国家公务员制度管理。

1996~2005年，历任区国土部门主要负责人有：何金城、赵建新、张喜顺、吴国忠、马卫明、董建昌 。

【地籍管理】

1988年前，辖区房屋建筑的土地管理由区房管部门负责，是从属于房屋产权的不完全地政管理。1988年，地政管理职能划归市土地管理局后，逐步构建起现代地政地籍管理系统，实现城区地政的统一管理和管理范围的全覆盖。

土地申报登记 1988年11月至1989年6月，根据市政府《关于开展城镇国有土地使用权申报登记发证工作的通知》和《无锡市城镇国有土地申报登记发证实施细则》，对国有土地使用权进行申报登记工作。申报范围为全区企事业单位、部队、团体及个人所使用的国有土地。根据市区分工，区负责区属以下单位和个人，以及除市负责以外的外地驻无锡单位国有土地使用权申报登记、勘丈调查、初审、统计工作。成立区申报登记领导小组，下设办公室，设在区房地产管理局，同时抽调业务骨干，组成工作班子。土地申报登记1.06万宗，申报率达97%以上；面积12.8平方公里，占行政区划面积（17.59平方公里）的72.77%。

城镇地籍调查 1990年4月起，着手开展城镇地籍调查工作，崇安街道4个街坊、3.9万平方米的土地作为全市地籍调查试点。是年7月，完成权属调查和地籍勘丈、内业处理。1991年，又完成亭子桥街道4个街坊的权属调查工作，崇安街道地籍调查试点工作通过省局验收。1993年起，城市国有土地地籍调查工作全面展开，三分之二的街道完成权属调查，部分进入地籍勘丈阶段。至1994年，全区8个街道土地权属调查基本结束，地籍测量的外业工作过半。1995年，全区地籍调查工作全面完成，并通过市级验收。1996年，在完善地籍调查成果的基础上，开展平面控制测量、碎部测量，形成1∶500地籍图，积累地籍档案资料一万多份。是年11月，区地籍调查成果通过省级验收和鉴定。2000年，针对市区地籍调查资料现势性不强，地籍管理系统建设滞后的现状，市国土管理局拨出专款，聘请河南省遥感测绘院，对市区开展变更地籍调查工作。2002年，广益镇划归崇安区后，变更地籍调查的范围扩大到广益镇全境，实现地籍管理的全覆盖。是年，完成市区控制测量，建立起无锡市地籍座标系统，保持地籍资料的现势性，为实现土地管理部门“以图管地”、土地使用者“以证用地”提供技术支持。

土地登记发证 1994年，开始土地登记调查试点工作，3月，全区申领国有土地使用证42本。1995年起，土地初始登记发证工作按照市“权属调查一片，地籍测量一片、检查验收一片、登记发证一片”的要求，全面展开。至1996年底，除部分经初审暂缓登记的宗地外，全区土地初始登记发证工作基本结束，发证率达82.1%。1997年，对土地初始登记中被暂缓登记的宗地进行复查复核，分类处理，使部分宗地符合初始登记条件，提高土地初始登记率。是年，在基本完成土地初始登记的基础上，转入日常土地变更登记工作。结合清理土地市场、清理外商投资企业用地和划拨土地有偿使用，做好土地出让、转让、租赁、入股、抵押等土地变更登记工作。1998年3月25日，广益新村47号201室李才哥领到全市第一本市区“房改房”国有土地使用证。1999年，“房改房”土地发证步伐加快。2000年，着重解决此前历史遗留问题及部分违法用地涉及“房改房”土地登记发证问题。自此，土地登记发证工作步入正常轨道。迄2005年，全区共发放各类土地使用证3万余本，其中国土崇安分局发放8488本（单位6210本、个人2278本）；广益国土资源所划归区后发证1620本（单位18本、个人1602本），市土地发证中心发放“房改房”、商品住宅房、经济适用房、农民安置房土地使用证近2万本。

城镇土地定级估价 1994年，市土地管理局根据《中华人民共和国土地管理法》关于“城镇国有土地实行有偿使用，土地使用权可以出让、转让”规定，组织开展市区土地定级估价工作，为城镇土地使用税、土地规费的征收和土地使用权出让、转让、出租、入股、抵押价格提供科学依据。是年，完成城区160平方公里土地定级估价工作，荣获省土地调查成果应用一等奖。1995年，获得国家土地调查优秀成果一等奖和科技进步三等奖。1997年，为及时公布土地级别和基准地价，市国土管理局在前2年土地级别和基准地价评定的基础上，采用1∶10000城市地形图，通过外业修测，适用地理信息系统叠加技术，按照“大稳定、小调整、科学实用、便于公布”的原则，完成无锡市区土地级别调查和定界工作。1998年5月25日，市区土地分级标准公布，实行基准地价。主城区土地确定为8个级别，同级别土地分为商业服务业、住宅、工业3种不同用途土地的基准价。崇安区土地级别确定为1～6级，其中老城区土地级别为1～3级。最高地价每平方米6000元，最低地价每平方米400元。2000

年，根据无锡市特大城市建设战略和经济社会发展变化的现状，市对城区土地级别和基准地价进行调整。2002年，无锡市被省确定为土地定级估价试点城市，启动市区土地分用途定级估价成果更新工作。至2004年，市区土地分用途定级估价成果更新工作通过市土地定级估价委员会论证，首次建立城乡一体化的地价体系。主城区商业用地级别调整为1~10级，住宅用地调整为1~8级，工业用地调整为1~6级。实行2003年基准地价，崇安区基准地价扩大到广益镇全境。迄2005年未变。

【土地利用与管理】

按照《中华人民共和国土地管理法》及《江苏省土地管理法实施办法》的有关规定，区政府及部门没有土地审批权，仅参与建设用地材料的报批和初审工作。

土地利用　崇安区地处无锡市区中心偏东北部地区，其中老城区为无锡市主城区的核心区域。土地利用集约度高，土地利用率和产出率均位居全市县级行政区之首。崇安区又是无锡市7个城区中土地面积最小的区。1986年，全区土地面积5.13平方公里，均为城市建设用地。2002年前，崇安区囿于老城区面积狭小，主要通过旧城改造，提高土地集约利用水平，优化土地利用结构，新增建设用地主要向邻近的原郊区广益、南站两个乡镇范围扩张。2002年区划调整，滨湖区广益镇划归崇安区后，全区土地面积增加到17.59平方公里，其中，农用地3.15平方公里，建设用地13.54平方公里，其他用地0.9平方公里。此后，新增建设用地主要面向广益片区，重点建设崇安新城。迄2005年，全区土地面积17.59平方公里，其中农用地1.95平方公里，建设用地14.82平方公里，其他用地0.82平方公里。土地利用面积15.12平方公里，占土地总面积的85.96%。

单位建设用地　1986年前，辖区单位建设用地均为无偿划拨，由市房管部门统一管理。1986年，根据国家土地管理法有关规定，单位建设用地需凭市计划部门的立项批准文件，市规划部门的规划定点图和其他必要材料，报市土地管理部门预审后由市政府批准，由市土地管理部门制发建设用地批准文件。有偿使用的，由市土地管理部门代表市政府与土地使用者签订土地出让合同，土地使用者交清土地出让金后，取得该幅土地使用权。征用农村集体土地需凭市计划部门的立项批准文件，市规划部门的规划定点图及其他必要材料，由被征地所在村、乡（镇）、区土地管理部门和政府逐级审核，报市土地管理部门审查无疑义后报市政府批准。需省以上人民政府审批的征地项目，经市政府审核后由市土地管理部门逐级上报。征用耕地15亩以下、菜地3亩以下、其他土地50亩以下的，由市政府批准，超过上述数量的，报省政府、国务院批准。征用土地被批准后，由市土地管理部门制发征用土地批准文件；有偿使用的还应签订土地出让合同，土地使用者交纳土地出让金。1999年1月1日新土地管理法实施后，土地实行管制制度，单位建设用地审批分为规划审批、转用审批和征用（收）审批。土地利用总体规划实行分级审批。崇安区广益镇土地利用总体规划审批，经省级人民政府审查同意后报国务院批准。省以上人民政府批准的建设项目用地涉及农用地转为建设用地的、无锡市城市规划区内按年度土地利用计划将农用地转为建设用地的，经县级以上人民政府审查同意，逐级上报国务院批准。征用无锡市城市规划区范围内农民集体所有土地的，经县级以上人民政府审查同意后，逐级上报国务院批准。征用农用地的，应当办理农用地转用审批手续，同时报批。2004年8月28日，第十届全国人大常委会第一次会议将《中华人民共和国土地管理法》条文中凡有"土地征用"的"征用"二字修改为"征收"。区域内土地除广益街道黄泥头北部至通江大道，东至河浜约400余亩土地在城市规划区外，其余土地均在城市规划区范围内，涉及土地转用征用（收）分别报省政府和国务院批准。2002年后的新增建设用地在办理农用地转为建设用地审批后，即征为国有，不再保留集体所有土地性质。使用存量国有土地和已经批准农用地转为建设用地的具体建设项目供地，仍按1986年国家土地管理法审批程序办理。迄2005年，共办理建设用地27处，转、征（收）土地2442.25亩，其中农用地1964.70亩。

居民建房用地 1996年前，居民翻建房由区建设部门受理审批。主要审核其土地使用权是否合法、有无权属争议、在土地使用面积上是否超出批准用地范围。城市居民建房以原私房用地界址为主，原则上不予增加土地使用面积，对确实需要增加用地面积的，根据实际情况，按照不影响城镇规划、市容、交通、消防、他人利益、文物古迹“六不影响”的原则批准用地。1996年11月，市出台《无锡市非农业建设用地管理暂行规定》，区域内居民进行私房扩建、原地翻建用地，改由区国土管理部门初审、报市国土管理局批准。2000年6月，根据市政府有关文件精神，除经法定部门鉴定为危房，在原地、按照原面积、原高度翻建外，停止城市居民私房翻扩建的审批。

【“土地日”宣传与执法监察】

全国“土地日”宣传 1991年5月24日，国务院确定每年6月25日为全国“土地日”。是年，第一个全国“土地日”围绕“土地与国情”这一主题，开展宣传活动。此后，每年的“土地日”都有宣传重点，先后围绕“土地与改革”“土地与经济”“土地与市场”“土地与法制”“土地与发展——保护我们的生命线”“土地与国家——爱护我们的家园”“土地与未来——节约用地、造福后代”“依法行政，合理用地”“保护耕地——为了美好的明天”等主题，开展土地法制宣传活动。1997年国土崇安分局成立后，“土地日”宣传活动由分局组织，在商业大厦广场、胜利门广场、八佰伴广场、东林广场等人流量较大的地点设置宣传咨询点。各街道在所在区域的主要街道设立展板、黑板报，悬挂宣传标语，发放宣传资料。迄2005年，先后组织开展15个“土地日”宣传活动。

执法监察 2001年前，执法监察由市局负责。2002年后，市局将土地执法监察、土地信访部分职能下放到国土崇安分局后，由区负责动态巡查、违法用地制止和初查、违法用地报告等工作，土地执法监察的重心在农村，主要是防止乱占滥用土地，特别是耕地，但最终处罚权仍在市。是年，区根据市局统一部署，建立土地动态巡查责任制度，明确分工，落实到人。老城区由分局负责巡查，分局工作人员分工到街道；广益镇（街道）由广益国土资源所负责巡查，实行分片包干负责制。并建立巡查台账、督查等制度，确保土地动态巡查工作的落实。通过土地动态巡查，及时发现、制止土地违法行为。迄2005年，全区共处罚违法用地案件41起，涉案土地22.89万平方米，收缴罚没款43.46万元。

【信访调处】

2002年，分局开始接待群众土地信访。按照市、区职责分工，能当场解答的一般信访件由分局负责办理，涉及法律法规和土地政策以及疑难信访件，接访后移交市局办理后再由分局回复。信访所反映的问题，主要涉及城区历年历史遗留问题，农村违法用地问题，以及有关政策咨询和建议。2002~2005年，共协调处理土地信访11件、来访49起95人次，及时制止部分违法用地行为，解决部分群众住房的历史遗留问题。

第三节 房产管理

无锡解放后，区内的房地产分属国家、集体和公民个人所有。区房管部门统一管理国家公有房、国家经营房和代管房（简称直管公房），机关、企事业单位各自管理自建自管房。1982年，区房管部门登记管理的房屋总面积169.11万平方米。按性质分，房管部门直管公房85.57万平方米、机关事业单位自建自管房2.81万平方米、私房80.73万平方米。按类别分，住宅总面积86.92万平方米，其中房管部门直管公房住宅47.17万平方米、单位自管房住宅1.42万平方米、私房住宅38.33万平方米。1992年前，区房管部门主要根据国家的有关法律、法规和政策，对直管房屋进行调配使用，发挥其社会效益。1992年，住房制度改革后，房管部门工作职能逐步转换，立足推进房产管理体制改革，理顺房产管理部门职能；完善住房公积金制度，深化租金改革；稳步出售公有住房，推行住房社会化管理；推行小区业主自治管理，提高物业管理水平；参与旧城改造拆迁和新村建设，实施老新村整治改造出新，致力改善人居环境，辖区居民居住条件和居住质量逐步提高。迄2005年，区房管部门直管公房住宅减少到12.34万平方米。

【机 构】

1980年6月，市房地产管理局崇安分局改称为崇安区房地产管理局，实行市房管局和区政府双重领导的管理体制。内设“四股三室”（房产管理股、施工管理股、计财劳工股、政工保卫股，局办公室、动迁办公室、旧城改造办公室）。下设人民路、复兴路、周山浜、光复桥、亭子桥、学前街6个房管所，以及公房修建队、器材采购供应站2个直属单位。1987年10月，建立崇安区房地产经营公司，为正科级全民事业单位，履行房地产拆、建、管、修、租、售的工作职能，与区房地产管理局实行“一套班子、两块牌子”的管理体制。1992年12月，6个房管所撤并为学前街、人民路、崇安寺、工运路、周山浜5个房管所，区房地产经营公司成立房产租赁、房地产物资、修建经营3个分公司，学前街、人民路、崇安寺、工运路、周山浜5个房管所分别成立房地产经营分公司。1996年12月，区房地产管理局更名为区房产管理局。1997年1月，适应住房制度改革和公房出售工作需要，新建区房地产经纪人事务所和区房地产价格评估所，隶属于区房产管理局。是年3月，又建立区房产物业管理办公室，为区政府直属事业单位。局下属5个房管所的房地产经营分公司改建为周山浜、广瑞路、崇安寺、人民路、学前街、上马墩6家物业管理处，同时成立民丰、华宇、鲲鹏、金海等5家物业管理处。1998年12月，无锡市第九建筑工程公司划归区房产管理局管理，并入区房产修建经营分公司，实行“一套班子、两块牌子”的管理体制。2001年后，区房地产经纪人事务所和价格评估所先后改制，与区房管局脱钩。区房管局下属房管所和11家物业管理处撤销，合并改制为崇安寺、江海2家房产物业管理有限公司。区房产管理局所属的区房产物业管理办公室改建为区房产管理中心。2004年12月，区房地产经营公司撤销，转制为无锡市永昌置业有限公司，区房产管理局所属经营性事业单位全部完成改制。迄2005年，区房产管理局内设党政办公室、物业管理科、房产管理科。直属事业单位有区房产管理中心。1986~2005年，历任区房管部门主要负责人有：陈国良、韩恒昌。

2002年前，区房产管理局办公地点在长庆路270号大楼。后因地块改造，迁至解放西路1、3、5号办公，迄2005年未变。

【直管公房管理】

区房管部门直管公房主要是公产（无锡解放初期接收国民政府的房产和封建官僚的敌逆产，经法院判决抵赃抵税、没收归公的房产，以及由国家投资新建和出资收购的房产等）、经管产（1956年、1958年及以后的经租房）、代管产（受产权人委托和产权不明，房主无着落、无人管理，由国家代管）3大类。1982年，区房管部门直管公房住宅47.17万平方米。迄2005年，直管公房住宅减少到12.34万平方米。

修建服务 80年代前，公房修建贯彻“为生产服务，为群众生活服务”和“以租养房”的方针。80年代至90年代初，每年把公房的周期性轮修、房屋翻建、居民用水难作为重点，列入政府为民办实事项目。1983~1985年，轮修房屋37.64万平方米、翻建房屋5623平方米。1988~1989年，大修、轮修和维修房屋29.83万平方米；批准翻建私房1.5万平方米；为2000余户居民解决“吃水难”问题。1990~1992年，大修、轮修和维修房屋28.64万平方米。1993年后，结合国家卫生城市创建，修建服务的项目从房屋轮修扩大到水箱清洗、自来水管道扩容、供电供水改造、房屋内部排污等方面，并逐步建立适应市场经济特点的管理机制，推进“一条龙”物业管理和服务。1993~1994年，大修、轮修和维修房屋20.47万平方米。1995年，住房制度改革后，随着公有住房的出售，房屋维修被列入老新村治理改造项目。2001年起，修建服务的重点转向直管公房大楼屋顶水箱改造，把更换不锈钢水箱作为政府为民办实事项目，2001~2005年，先后更换大楼水箱1148只，居民用水环境得到彻底改善。

1988～1994年崇安区房屋维修情况一览表

表17-3-14　　单位：万平方米、万元

年份	大修		轮修		维修	
	面积	费用	面积	费用	面积	费用
1988	16.13	38.33	3.51	14.27	2.66	70.48
1989	0.54	35.72	2.94	14.57	4.05	80.19
1990	0.75	33.70	3.14	20.04	6.45	94.69
1991	0.92	61.22	2.32	24.73	5.70	108.51
1992	0.82	44.64	3.09	31.21	5.45	134.43
1993	1.30	12.45	1.23	23.15	6.25	194.13
1994	1.41	11.38	2.61	10.26	7.67	182.22
合计	21.87	237.44	18.84	138.23	38.23	864.65

说明：1. 上述资料由区房管部门提供。2. “大修”项目中含零星翻修。3. 1995年住房制度改革后，随着公有住房出售、拆迁等原因，房屋维修转入老新村改造范围，数据不再反映。

出租管理　1987年前，由于管理力量薄弱，服务工作不能满足住户要求，导致欠租现象较为普遍。1985年，征收租金97.48万元，历年欠租24.57万元。1987年，成立区房地产经营公司后，对公有住房租金收缴、房屋维修和养护实行专业化管理，逐步使租金收缴正常化。1990~2005年，共收缴租金4769.23万元。

1990～2005年崇安区直管公房租金收缴情况一览表

表17-3-15　　单位：户、万元

年份	户数	租金	年份	户数	租金
1990	21498	99.73	1998	10048	484.80
1991	20714	99.55	1999	8949	467.19
1992	19567	149.11	2000	7405	389.57
1993	18661	199.90	2001	6722	337.06
1994	17540	206.37	2002	5732	361.10
1995	16626	256.34	2003	4862	296.20
1996	14099	499.26	2004	4394	234.87
1997	12825	475.68	2005	4117	212.50

说明：上述资料由区房管部门提供。

住房交换　区住房交换工作由20世纪70年代的区范围内直管公房交换发展到80年代跨区换房，每年春、秋两季，由市房管部门组织，各区房管部门配合，进行全市性换房活动，同时，还配合各产业局、单位自管房进行换房活动。至1995年全区共换房9366户。1996年，随着市区优惠出售公有住房、住房商品化等改革措施的出台，住房使用交换停止。

【私房管理】

中共十一届三中全会后，先后对1956年和1958年纳入国家经租和“文化大革命”中受到冲击的私房，按照国家政策、法规，落实私房改造政策。迄2005年，经清理、复查，处理结案1815户，发还面积9.94万平方米。其中，撤销经租发还产权325户，发还面积2.84万平方米；部分发还产权1034户，发还面积7.10万平方米；维持国家经租不变456户，尚有165户未复查处理。对1966年5月16日至1976年10月6日“文化大革命”期间接管、挤占的私房1993户、10.02万平方米，逐户复查，对照政策分别情况基

本处理结束。与此同时，对1969年上山下乡人员原住私房由房管部门折价收购的房产，以补价形式给予落实政策，至1989年，659户下放人员房产，处理结案624户，补差价547户，回赎原房77户。

【老新村改造】

1997年起，区房管部门负责对老新村实施改造整治工程。迄2005年，先后分10批对江海、广瑞、广益、上马墩、置煤浜等20多个新村进行整治改造，占地面积140.67万平方米，建筑面积181.11万平方米，改造楼房856幢，受益居民2.79万户、8.25万人。

1997～2005年崇安区老新村整治改造情况一览表

表17-3-16　　单位：万平方米、幢、户、人

批次	名　　称	年　份	占地面积	建筑面积	幢数	户数	居民
1	江海新村	1997	7	6.60	43	1065	3534
2	风雷新村、石利新村	1997	21	24.30	125	4318	12005
3	靖海新村、塔影一村、塔影二村、界南、幼园、春晖新村	1998	50.20	48.20	206	6789	18987
4	广瑞新村，广丰一、二村	1999	22.20	25.40	148	4475	12430
5	广益二村、育才弄小区	2000	12.06	17.95	61	3273	10159
6	置煤浜、东河头巷、上马墩三村	2001	7.76	19.50	69	2630	8124
7	广益一村、广丰三村	2002	6.60	9.90	45	2012	7122
8	中上塘小区	2003	2.80	7.02	44	657	1980
9	石利新村	2004	5.80	11.24	85	1458	4469
10	江海新村二期	2005	5.25	11	30	1215	3645
合　　计			140.67	181.11	856	27892	82455

说明：上述资料由区房管部门提供。

【“平改坡”工程】

2003年开始，区房管部门实施对沿主要道路两侧的平顶住宅房改建成坡顶房（简称“平改坡”）工程。是年，“平改坡”工程资金主要由市、区两级财政共同筹集，其后，考虑到“平改坡”后的实用性，允许楼顶住户出资，适当增加高度，改造资金由市、区、受益户三方承担。2003~2005年，先后分三批对风雷新村、江海新村、解放东路、解放南路、复兴路5个路段的90幢大楼实施“平改坡”，改建面积14.31万平方米。

2003～2005年崇安区“平改坡”情况一览表

表17-3-17　　单位：万平方米、万元

年份	沿街小区	楼 幢 门 号	建筑面积	总投资
2003	风雷新村	195、206、207、208、209~211、212~213、214~215、216、226~228	2.32	183. 62
	江海新村	71~73、74~76、83~83-1、90~90-2、95~95-1、101~103、110~111、106~107、114~115、119~120、124~127	2.52	198. 55
2004	解放东路	水曲巷1、2、2-1；永兴巷6~13；留芳声巷3；进士芳巷8、9；置煤浜1~2、3~4、5~6、7~8、10、15、16、11~13、22~23	2.59	245. 47
	解放南路	水曲巷5-1、12~13；解放南路612-2、612-5；延安新村12-1-2-3；复兴路138~140~142、152、159；和平村126、127、128	1.79	197. 84
2005	江海新村	77~78、79~81、84~87、88~89、91~92、93~94、96~98、99~100、104~105、108~109、112~113、116~118、121~123、148~149、128~129、130~133、134~135、136~139、143~147		
	复兴路	153~154	5.09	562.57

说明：上述资料由区房管部门提供。

第四节　侨　务　港澳事务

80年代后，根据中共中央的政策和统战人士的要求，陆续恢复和建立区侨务办公室和海外联谊会等统战组织，加强与各界统战人士的密切联系，增进友谊，加强团结，为发展外向型经济、招商引资等发挥重要作用。1985年，区内有归侨58户、侨眷336人。改革开放后，通过各种途径出国留学、移居国外人数逐年增加。迄2005年，全区共有港澳同胞、海外侨胞及外籍华人212人。其中，新移民133人，主要侨居美国、日本、加拿大、澳大利亚、新西兰5个国家，以从事医疗、电子、计算机、金融者居多。重点联系对象23人，其中，政治上有影响、社会上有地位、经济上有实力、专业上有造诣的“四有”人士18人。

【机　构】

1986年，成立区侨务办公室（与区委统战部合署）。2002年，改称区政府侨务办公室（简称区侨办），是区委主管侨务工作的部门，隶属于区委统战部，对外挂“无锡市崇安区人民政府侨务办公室”牌子，正科级建制。区侨办主任由区委统战部副部长兼任。迄2005年未变。

1987年，成立区侨台联谊委员会，时设会长1人，副会长3人。街道、居委会建有47个基层台侨属联谊小组。1993年，成立区海外联谊会（简称区海联会），原区侨台联谊会并入。区海联会是由区境内各界人士、港澳台同胞、海外侨胞、外籍华人自愿组成，不以盈利为目的，由区民政局核准登记的民间法人社团，隶属区委统战部。名誉会长由区委、区政府主要领导担任，会长由区委统战部部长兼任，区各街道和有关直属单位领导、“三胞”（海外侨胞、港澳同胞、台湾同胞）眷属代表及海外人士为成员。会员大会是最高权力机构，每5年召开1次。1994年2月，区海联会聘请美国科罗拉多州立大学教授、美国密歇根州立大学博士周祖龄和日本京都工业纤维大学硕士、日本三井株式会社驻沪办事处负责人杨理为名誉会长，同时增补7名“三胞”眷属为联谊会委员。1999年11月、2005年8月，区海联会先后召开第二次、第三次会员代表大会，选举产生新一届海联会理事会。1987~2005年，历任会长有：顾豫苏、唐金林。

【落实政策　维护权益】

1978年中共十一届三中全会后，区委认真贯彻党的海外统战工作方针以及中共中央确定的“和平统一、一国两制”的大政方针，致力推进祖国和平统一大业。80年代，重点做好港澳同胞、台湾同胞、海外侨胞及眷属来信来访来电的接待工作，协调处理侨属私房政策落实、“文化大革命”查抄财物清退等历史遗留问题。对在土地改革、“文化大革命”中被挤占的159户华侨、归侨、侨眷私房进行复查，按政策归还业主；协调安置20世纪60年代初精简下放的归侨职工。1991年后，重点贯彻《中华人民共和国归侨侨眷权益保护法》和《中华人民共和国台湾同胞投资保护法》等法律法规，组织法律、政策宣讲28场次；举办咨询活动235场次，2500余人次参与。累计接处侨胞、侨眷来信254件、来访538人次。本着“一视同仁、不得歧视、根据特点、适当照顾”的原

定期为侨胞、台胞开展健康教育（2003.9）　（上马墩街道供稿）

则，协调处理侨界人士在出境探亲、留学、定居，房屋租赁、买卖、拆迁以及财产继承等方面的问题与纠纷。2005年，围绕贯彻胡锦涛在全国侨务工作会议上的重要讲话，落实新时期党的侨务政策，以人为本，维护海外侨胞和归侨侨眷的合法权益。

【牵线搭桥　招商引资】

80年代后，海外侨胞到区探亲访友、旅游观光、贸易洽谈日益增多。区委、区政府致力加强联系和沟通，发动民主党派成员、“三胞”眷属利用探亲或接待海外亲友的机会，为发展外向型经济牵线搭桥。1987~2005年，先后接待海外侨胞和港澳同胞544批、942人次。香港同胞来访团包括著名实业家香港南联实业有限公司常务董事唐宏源为团长的考察团、香港苏浙小学校长孙方中一行考察团，海外来访团包括匈牙利华人国际投资集团总裁华侨余文龙访问团等。1992年起，先后组织召开多次外向型经济恳谈会，邀请30名海外侨胞、归侨侨眷代表人士参加会议。1993年，海外侨胞在区投资的合资企业29家，引进外资672.6万美元；合作企业13家，引进外资673.6万美元；独资企业5家，引进外资2498万美元。2004年，在香港成功举办无锡崇安·香港（CEPA）经贸恳谈会，向香港工商界推介重点招商项目23个，当场签约6个，总投资3亿美元。迄2005年，全区有侨港资企业27家，总投资5630.9万美元，实际利用外资及港澳台资1639.7万美元。其中，港资企业16家，投资1355万美元。总投资100万美元以下的17家，100万~500万美元的9家，1000万美元以上的1家，主要从事纺织、轻工、电子信息以及房地产建筑行业。

【开展联谊　接受捐赠】

80年代后，区委、区政府借助联谊活动，加强与统战人士的联系。主要利用重大传统节日举办文艺活动，召开座谈会、茶话会，分层次定期走访慰问等，并及时对有困难的归侨侨眷家庭进行帮助。1997年，组织侨界人士开展庆香港回归活动。1986~2005年，全区共走访慰问归侨侨眷2300余人次。与此同时，侨界人士积极为社会公益事业捐赠钱物。1992年8月，台胞徐仲强捐赠港币1.7万元，创办上马墩街道侨台服务站（又称“松柏之家”），时为无锡首家。1994年10月，香港南联实业有限公司常务董事、无锡市海外联谊会名誉会长唐宏源和全国政协常委、港事顾问唐翔千叔侄共同捐资港币120万元，兴建崇安小学教学楼。1998年，唐翔千夫妇又捐资10万美元扩建崇安寺小学（原崇安小学）。2001年11月1日，香港教育界和妇女界著名人士孙方中一行3人考察崇安区教育工作，捐赠助学金400万元。2005年，留美博士杨健良捐赠治疗白血病药品，价值人民币450余万元。

第五节　台湾事务

80年代后，区委、区政府按照中共中央确定的“和平统一、一国两制”的大政方针，根据不同时期两岸关系的变化，把解决台湾问题、促进祖国的完全统一大业作为全民族的重大任务，开展对台宣传教育，健全机构，做好台胞接待工作，维护台胞眷属的合法权益，推动交流交往，增强台胞眷属对大陆的信任感和向心力。

【机　构】

1986年，成立接待台胞工作办公室，与区委统战部合署。1987年，成立中共崇安区委对台工作领导小组，下设办公室，设在区委统战部，对外挂“对台工作办公室”牌子。是年11月，区政府成立接待台胞工作领导小组，设崇安区台湾同胞接待站，股级建制，归口区委统战部。1988年3月，改称崇安区人民政府台湾同胞接待站，为区直属全民事业单位，仍归口区委统战部，定编3人。1991年9月，对台工作领导小组更名为中共无锡市崇安区委台湾工作领导小组，“对台工作办公室”更名为“台湾工作办公室”（简称“区台办”）。1992年8月，区接待台胞工作办公室更名为区人民政府台湾事务办公室，与区委统战部合署办公。至此，区委统战部对外挂“区台办”“区人民政府台湾事务办公室”“区台湾同胞接待站”3块牌子。2001年，区台湾同胞接待站工作人员依照国家公务员管理。2002年，区台办（区人民政府台湾事务办公室）由原挂牌机构改为正科级建制，核定行政编制1人，领导职数1人，仍与区委统战部合署。迄2005年未变。

1987~2005年，历任区台办主要负责人有：张宪华、诸茹英、张永成。

【维护权益】

80年代后，区对台工作贯彻中共中央确定的“和平统一、一国两制”基本方针，落实中共中央“寄希望于台湾人民”的工作方针，根据不同时期两岸关系的变化，在全区广泛开展涉台宣传教育活动，学习宣传《中华人民共和国反分裂国家法》，多次举办对台形势教育报告，积极维护台胞眷属的合法权益。1985年，辖区有新中国成立前去台人员78人、常住台胞18人、台属425人。1986年，重点开展对20世纪60年代初因“台湾关系”被迫从沿海内迁渔民政策落实遗留问题的排查，帮助其解决住房、就业等困难。1992年起，重点协调处理台胞房屋拆迁安置和台商经济纠纷等问题。2003年，辖区有定居台胞6人、常住台胞8人，台属家庭223户，涉台婚姻12对，重点联系对象8人。迄2005年，共处理各类涉台来信来访347件次。

【交流交往】

1987年11月，台湾当局开放一般民众赴大陆探亲政策后，区政府认真贯彻落实中共中央《关于做好台胞来祖国大陆探亲工作的意见》，按照“一个不漏、一环不差”的要求，认真做好台胞接待工作，两岸交流日趋频繁。迄2005年，在组织开展走访慰问、座谈交流等联谊活动，关心台胞眷属工作生活，鼓励他们参与社会活动的同时，全区共接待台胞453批、1053人次。

【招商引资】

1990年开始，台商逐步赴大陆投资。区坚持对台工作服从、服务于改革开放和经济建设的方针，认真贯彻《中华人民共和国台湾同胞投资保护法》，做好招商引资工作。1991年，台湾财团法人陆正纪念基金会董事长、台胞陆晋德为其父陆贯一（陆定一胞弟）母校——连元街小学捐资10万美元建造连元街小学综合楼。2004~2005年，组织赴台经贸考察3批，引进台资企业7家，达成投资意向1.62亿美元。2005年9月，区邀请30余位境内外台商参加无锡金秋太湖博览会和崇安区服务业推介会，台湾好又多集团、一品轩公司与区达成投资意向。迄2005年，全区共有台资企业12家，总投资3519.4万美元，协议注册资金2909.6万美元，到位资金2459.8万美元。

第六节　信访工作

1986年起，区群众来信来访工作逐步得到重视和加强，信访工作机构逐步健全，信访工作队伍逐步加强，并建立党政领导信访接待日制度。90年代后，结合贯彻实施国务院《信访条例》等法规文件，建立健全信访工作制度，设立区长公开电话，针对1994年群体性上访开始增多，制定缓解地区群体性矛盾责任制、重要信息报告制和不稳定因素预防制，提前介入各种疏导工作，把大量的信访问题解决在基层，解决在萌芽状态，防止群体性矛盾重复访，未发生去省赴京上访、影响社会稳定的重大信访事件。1994~1999年，区信访办公室连续6年被评为市信访工作先进集体，连续3年荣获“省信访工作优胜单位”称号。

【机 构】

1982年前，群众来信来访事宜分别由区委办公室和区政府办公室受理。1982年11月后，改由区政府办公室内设的信访办受理。1990年12月正式成立区信访办公室，归口区政府办公室。1994年3月，改称为区委、区人民政府信访办公室（简称区信访办）。各街道、部门、居委逐步配备专兼职信访人员，基层信访工作力量得到加强。1999年，全区8个街道及主管部门均建有信访接待室。2002年起，基层信访队伍逐步向社区延伸，形成区、街道（主管部门）、社区（企事业单位）三级信访工作网络。2005年8月，区信访办更名为区信访局，正科级建制，编制4人。全区有专兼职信访人员108人。

【信访接处】

80年代，群众信访主要是要求解决“文化大革命”中的冤假错案和新中国成立后的历史遗留问题，落实党的方针政策。信访形式主要是投寄信函来访、直接到信访机构来访或通过电话来访等，无集体访。1984~1986年，先后解决历年积累的“文化大革命”期间冤假错案等疑难信访问题51件。1987~1992年，群众信访由要求解决历史遗留问题转为主要要求解决改革发展中遇到的新矛盾新问题。1987年4月起，建立党政领导阅批人民来信、约访群众和会办重要信访问题制度。区委、区政府坚持把信访工作放到首要位置，经常分析信访形势，研究存在问题，采取有效措施，使一些重大信访问题得到及时解决。对疑难信访老户，根据不同情况，采取“感化法”（以情感人，春风化雨）、“解铃法”（解铃还需系铃人）、“帮教法”（帮教技术，广辟就业门路）、“震虎法”（敲山震虎，依法处理）、“根除法”（注重初访，一次到位）等措施，使久拖不决的问题得以解决。其间，受理来信来访2740件次，办结率98%。其中解决历史遗留问题44件，以及精简下放回城职工生活保障等一批老大难问题。

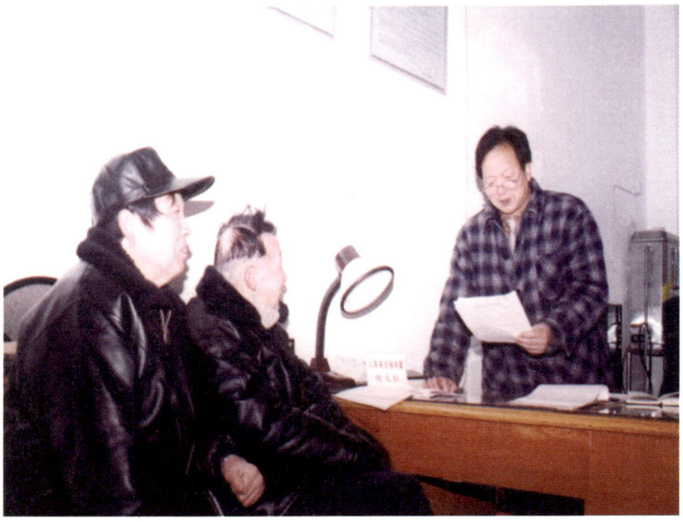

区信访局局长、优秀共产党员赵大松接待来访群众（2001.3）
（区信访局供稿）

1994年后，全区信访量逐年上升，其中来访量高于信访量。是年，受理来信来访932件次，其中集体访37批、559人次。反映的主要问题是因企业经营和转制、城市拆迁安置、环境污染、集资等引发的新矛盾。1996年6月，区信访部门配合市有关部门，及时调处江苏省金城物资交易中心无锡公司非法集资案，涉及区9个单位、700名集资人员，集资总额558.02万元。配合区有关部门，解决运动鞋厂、亨达利钟表店、崇安商场、镜厂、大同文化用品商店等因企业改制、结构调整等引发的群体性矛盾。1998年后，进入第二个集体上访高潮，上访反映的问题仍以因企业兼并、破产、拆迁、拆除违法建筑等引发的矛盾为主。1998~2002年，全区共受理来信来访3556件次，其中来信1667件，来访1769批、4819人次，集体上访120批、2026人次。2003~2005年，来信来访继续呈高发态势，特别是集体上访增多。全区共受理来信来访2557件次，其中来信884件，来访1511批、1807人次，集体上访162批、2785人次。

1986～2005年崇安区来信来访情况一览表

表17-3-18 单位：批/人次、件

年 度	信访总数	其 中		
		来 信	来 访	集体访
1986	291	98	186	7/92
1987	382	113	261	8/103
1988	590	127	452	11/152
1989	602	135	454	13/183
1990	443	136	298	9/118
1991	427	142	277	8/104
1992	296	94	196	6/71
1993	487	201	277	9/85
1994	932	233	662	37/559
1995	703	228	458	17/266
1996	546	240	291	15/133
1997	556	220	323	13/111
1998	611/1714	312	274/1002	25/400
1999	750/2202	368	367/1567	15/267
2000	1022/1577	340	650/771	32/466
2001	556/1262	319	219/588	18/355
2002	617/1757	328	259/891	30/538
2003	1050/1310	256	773/903	21/151
2004	799/1683	355	378/434	66/894
2005	708/2483	273	360/470	75/1740

说明：1. 表中数据不包括“市转查办（件）”。2. 上述数据由区信访部门提供。

【信访制度】

党政领导接待群众日制度 1986年起，建立区委、区政府领导接待群众日制度，每周星期三上午由一名区级党政领导直接听取和处理来访群众反映的问题、意见和建议。1987～1989年，区党政领导处理群众来信来访279件次；1990～1992年427件次；1993～1997年488件次。1993年11月，设立“市长公开电话崇安区分电话”。1994～1998年，共受理投诉电话962个，被市评为先进集体。1999年9月起，党政领导干部信访接待日制度延伸到基层单位，8个街道及主管部门全部建立信访接待室，每月星期三上午由所在单位领导接待来访群众。2002年10月，区政府设立区长公开电话，同时成立区长公开电话受理办公室，进一步畅通区委、区政府联系群众的渠道。主要领导坚持亲自阅批来信、亲自接待来访、亲自处理重大信访问题，从而使许多恶性苗头化险为夷，信访问题处理不留后遗症，来访群众满意，基层单位满意。1998～2002年，区级党政领导接待处理信访499件次，其中集体上访49批、708人次。

信访目标责任制 1986年起，信访工作被纳入区“双文明”建设目标，逐步强化对区基层单位接访和调处矛盾目标的考核，定期排名通报。2000年起，又制订下发《关于信访工作重点管理单位暂行办法》，加强重点单位管理，注重对越级集体上访和去省进京上访情况的追踪，化解一批久拖不决的疑难信访矛盾。2005年5月，国务院新信访条例颁布实施后，进一步强化区信访部门的协调作用，完善区《信访工作督查制度》《信访工作考核制度》，把重大信访问题的化解处理作为重点，加大重要信访案件查办、越级访和集体访控制、突发性事件处置、信访老户结案的工作力度。进一步加强信访基层基础工作，落实街道领导信访接待日制度，配选街道信访工作联络员，应对信访工作属地管理的新情况，增强综合协调的能力，维护良好的信访秩序。

信访协调会办制 90年代起，对一些重大信访问题，尤其是在处理集资问题时，都由区主要领导和分管领导牵头，区信访部门与区法院、检察院、公安分局、区有关部门、街道等单位密切配合，研究对策，制定方案，妥善处理。2004年后，区委、区政府建立《处理信访突出问题群体性事件联席会议制度》、《信访信息预警预报制度》、《信访工作会办制度》，进一步加强信访工作的组织领导和协调处理力度。

【信访调研】

1994年起，区信访部门每年用2个月时间开展专题调研。1994~1999年，先后在中央、省级刊物发表调研报告、论文50余篇。其中《工业企业陷入困境的起因及对策》一文被中共中央办公厅、国务院办公厅信访局上报中央、国务院领导参阅，后被选入《中国现代企业管理研究文库》一书。《中心城区群众集体访透视》一文刊登在中共中央办公厅、国务院办公厅信访局主办的《人民信访》1994年第11期。《商业企业如何从困境中崛起》一文发表在1996年《现代商业》第4期，并被选入《跨世纪改革发展战略》一书。《情系信访暖万家——记蒋汉良区长重视信访工作二三事》被《人民信访》1996年第6期录用，后入选红旗出版社《鲜红的党旗》第一卷。《信访办里的好公仆——记来访接待员赵大松同志先进事迹》被刊登在《人民信访》1999年第6期，后入选人民日报出版社《党旗飘飘》一书。

第七节　无线电管理

辖区无线电管理工作由区政府办公室兼管。主要配合市无线电管理部门开展法制宣传和执法管理工作，维护空中电波秩序，提高依法设置无线电通信设备和使用无线电频率的自觉性。1986年1月起，根据《江苏省无线电经济管理暂行规定》关于无线电频率实行有偿使用的要求，对辖区内设置和使用无线电台（站）的单位征收无线电手续费和管理费。1992年4~7月，对全区短波电台进行检查，未发生违规违纪和泄密事件，全区短波电台执照齐全、制度健全、环境安全、专人管理，无线电通信秩序良好。1993年6月至1994年6月，对全区设台（站）单位和设备数量进行普查，核清频率使用情况。1994年起，每年组织街道、社区开展无线电管理政策法规和科普知识宣传，全社会共同遵守无线电管理法规的意识逐步提高。2002年，对全区卫星通信网和地球站进行清查登记，并对通信市场公众对讲机销售情况进行执法检查。2003年，对全区校园调频广播电台、卫星地球站、微波站三类台站进行核查，并对生产、销售广播电视发射设备企业开展清查。2004年，对全区微波、广播电视、水上通信岸台三类台站进行核查。

第八节　对外交往与对口支援

1986年后，随着改革开放的深入、经济社会发展和城区影响力的扩大，来访宾客日趋增多，交流合作日益频繁。1992年，区召开无锡友好城区经济交流会。2000年后，区对外友好交往、交流工作呈现形式多样、全面开放的格局。2003年起，成立区接待办。区政府办公室副主任兼任接待办主任。出台《区级机关公务活动接待标准暂行规定》，逐步规范各类公务接待活动，先后接待数百批到区观光游览、交流访问、参观考察、商贸洽谈的国内外宾客。同时，不断发展同国内其他行政区之间的交流与合作，在平等自愿、互惠互利的基础上缔结友好城区，通过互相委派干部异地挂职、学习考察等形式，促进优势互补、共同发展。1986~2005年，先后与杭州上城区、南京玄武区、上海黄浦区、乌鲁木齐沙依巴克区等20多个城区结为友好城区，牡丹江东安区、西安碑林区、天津河西区、乌鲁木齐沙依巴克区等10余个城区干部到区挂职锻炼。对外交往与对口支援为宣传崇安，提高崇安知名度，扩大交流合作，促进经济社会发展注入活力。

【重要接待】

1986年，中共中央书记处书记、国务院副总理乔石一行到区视察。1987年，江苏省顾问委员会主任、原江苏省委第一书记江渭清，中共中央组织部副部长、全国老龄委员会主任王照华，共青团江苏省委少工委、学少部领导先后到区视察。1988年11月，江苏省委书记韩培信在崇安寺农贸市场视察。1989年，江苏省军区司令员章昭薰、司法部副部长鲁坚先后到区视察。1991年，中共中央政治局委员、国务委员、国家救灾防病领导小组组长李铁映，江苏省副省长吴锡军，国务院抗灾防病领导小组办公室主任朱庆生先后在广益新村视察抗灾救灾和防病治病工作。1992年，全国政协副主席王光英、王恩茂先后在区视察。1993年，中共中央政治局委员、书记处书记、中宣部部长丁关根，中共中央政治局委员、国务院副总理李岚清先后在区视察指导工作。1994年，国家副主席荣毅仁、国务委员兼国家科委主任宋健、国家教委艺术教育委员会常委方堃、中纪委研究室处长侯效岐、中纪委第五纪检监察室干部严肃等先后在区考察。1995年，全国政协常委、国际奥委会副主席、中国奥委会名誉主席何振梁在人民路街道、学前街街道视察指导工作。1996年，原全国人大常委会委员长万里在区考察。1997年，全国政协副主席赵朴初在区考察。是年3月，中央政法委副秘书长、综治办主任陈冀平一行在人民路街道东河花园考察指导工作。1998年，国家副主席荣毅仁在区考察。2000年1月，江苏省民政厅厅长程韶韵一行在工运路街道老戏馆弄居委会视察指导工作。2001年，中共中央政治局常委、中纪委书记尉健行，民政部部长崔乃夫，江苏省委常委、省军区司令员蒋文郁先后在区视察指导工作。2003年，全国人大常委会副委员长顾秀莲，民政部部长李学举，江苏省军区副司令员王海棠少将，民政部副部长、全国老龄办常务副主任李宝库先后在区视察。是年6月，江苏省副省长吴瑞林一行视察人民路街道劳动保障所。同年11月，江苏省委副书记王寿亭，省委常委、政法委书记孙安华一行在江海街道风雷新村（西）社区视察指导工作。2004年，中共中央政治局常委李长春，国务委员陈至立，全国政协副主席、中国工程院院长兼党组书记徐匡迪，全国政协副主席、中国宗教和平委员会主席丁光训，江苏省副省长吴瑞林先后在区视察指导工作。2005年，原中共中央政治局常委、国务院副总理李岚清，全国人大常委会副委员长李铁映，全国政协副主席张怀西，江苏省军区副政委杨森等，中央综治委流动人口治安管理工作领导小组调研组，江苏省委常委、常务副省长蒋定之等领导先后在区视察指导工作。

【公务接待】

1987年，广东省湛江市霞山区区长李运发一行9人到区考察交流。1993年，上海市黄浦区、大连市西岗区、昆明市五华区、沈阳市沈河区、洛阳市西工区、保定市北市区、广州市越秀区、汕头市龙湖区等区人大常委会代表团，以及辽宁、云南、河南、河北4个省人大常委会代表团，共13批33人次到区视察。1994年，济南市槐荫区区委书记张印峰一行16人和济南市历下区区委书记栾毅昌一行16人到区考察。是年，天津市红桥区、南京市鼓楼区、鞍山市铁西区、潍坊市潍城区、南京市秦淮区、昆明市五华区、重庆市市中区7个区人大常委会代表团，以及辽宁、山东、四川3个省人大常委会代表团到区考察，共12批90余人次。1995年，长沙市北区、天津市和平区、合肥市中市区、青岛市四方区、抚顺市新抚区、包头市青山区、青岛市市南区、杭州市上城区、南通市崇川区、兰州市七里河区、徐州市云龙区、大连市沙河口区、扬州市广陵

淮南田家庵区友好城区签约（2003.11）（区政府办公室供稿）

区、成都市锦江区、重庆市九龙坡区、开封市龙亭区16个区人大代表团，以及辽宁、甘肃、四川省人大常委会代表团等到区考察交流，共20批124人次。1997年，湛江市麻章区人大常委会代表团一行4人以及南京市玄武区文明住宅小区学习考察团一行18人在区参观学习。1998年10月，新疆乌鲁木齐市沙依巴克区一行在区考察，与区签订友好城区协议。1999年5月，崇安区与佳木斯市永红区签订缔结友好城区协议。2001年，江西省南昌市西湖区党政代表团一行32人在区考察交流，崇安区与西湖区签订缔结友好城区协议。2002年，新疆乌鲁木齐市沙依巴克区交流团在区考察交流。是年5月，崇安区与徐州市贾汪区签订挂钩合作协议。2003年11月，崇安区与安徽淮南市田家庵区签订缔结友好城区协议。2004年，徐州市贾旺区党政代表团一行在区考察学习。2005年，阜阳市临泉县、淮阴市清浦区、苏州市金阊区、洛阳市西工区4个区政协代表团，以及青岛市黄岛区、湖南省长沙县、扬州市广陵区、浙江省奉化市人大常委会代表团在区考察交流，全年共9批114余人次。

【接待场所】

1985年，区政府投资100万元，建造崇安饭店，1987年落成，作为区接待内宾、承办会议的主要场所。位于人民东路126号，高8层，建筑面积5000余平方米。设套房5间、标房63间、床位130张；有可供200人同时就餐的餐厅；还有容纳150人的会场、50人的会议室，以及歌厅和舞厅。对外称崇安饭店，同时挂“崇安区人民政府招待所”牌子。开业之初，经营尚好，除偿还全部贷款82万元外，还积累自有资金29万多元。80~90年代，崇安饭店是区委、区政府接待来宾的首选之所。后崇安饭店经营逐步萎缩，1996年8月，在县前街82号重新注册成立正科级建制、全民事业单位编制的区人民政府招待所，及企业性质的锡金宾馆，实行两块牌子、一套班子管理体制。对内负责区机关接待服务，并对外经营。1998年9月28日开业。其时，锡金宾馆位于区机关西大楼，靠中山北路的一侧弄堂进入，西大楼底层设有接待大厅和大小餐厅2间，可容纳50人同时就餐，5~6层设有套房1间、单间2间、标房8间。2002年1月，崇安饭店关闭，成建制划归区委党校作为教育用房。2003年6月，因地块改造被拆。是年9月，区机关南大楼建成后，区人民政府招待所（锡金宾馆）整体迁入南大楼，接待大厅开设在县前街，在南大楼5~6层有套间2间、单间3间、标房16间；在西大楼底层有大小餐厅各1间，可容纳60人同时就餐。迄2005年未变。

崇安饭店大厅（1986）　　（区政府办公室供稿）

1986~2005年崇安区友好交往城区一览表

表17-3-19

友好城区	所属省、市	签约时间
钟楼区	江苏常州市	—
平江区、沧浪区、金阊区	江苏苏州市	—
海曙区	浙江宁波市	—
玄武区、秦淮区、白下区、鼓楼区	江苏南京市	—
市南区、四方区	山东青岛市	—
黄浦区、静安区、闵行区、徐汇区	上海市	—
上城区、下城区、拱墅区	浙江杭州市	—
铁西区、沈河区	辽宁沈阳市	—
京口区	江苏镇江市	—
道里区、道外区	黑龙江哈尔滨市	—
二七区	河南郑州市	—

续表17-3-19

友好城区	所属省、市	签约时间
东安区	黑龙江牡丹江市	—
碑林区	陕西西安市	—
西工区	河南洛阳市	1988.12.12
五华区	云南昆明市	—
七里河区	甘肃兰州市	—
东山区、越秀区	广东广州市	—
槐荫区、历下区	山东济南市	—
铁西区	辽宁鞍山市	—
和平区、河西区	天津市	—
市中区	重庆市	—
新抚区	辽宁抚顺市	—
崇川区	江苏南通市	—
崇文区、宣武区、	北京市	—
二道河子区	吉林长春市	—
广陵区	江苏扬州市	—
锦江区	四川成都市	—
中市区	安徽合肥市	—
龙亭区	河南开封市	—
振东区	海南海口市	—
长安区	河北石家庄市	—
江岸区、硚口区	湖北武汉市	—
克拉玛依区	新疆克拉玛依市	—
沙依巴克区	新疆乌鲁木齐市	1998.10.09
永红区	黑龙江佳木斯市	1999.05.22
西湖区	江西南昌市	2001.07.11
东湖区	江西南昌市	—
贾汪区	江苏徐州市	2002.05.16
田家庵区	安徽淮南市	2003.11.12
越城区	浙江绍兴市	—
西岗区	辽宁大连市	—
芝罘区	山东烟台市	—
临泉县	安徽阜阳市	—
青浦区	江苏淮阴市	—
黄岛区	山东青岛市	—
昆山市	江苏苏州市	—

说明：1. 上述资料由崇安区接待办提供。2. 签约时间栏中，“—”表示时间不详。

【外事工作】

外事管理　80年代后，贯彻中央外交方针，服从无锡外事大局，围绕区经济建设和社会事业发展开展外事工作。为加强外事管理，完善涉外服务，1996年起，由区外经委归口管理。区管干部因公出国出境，须报请分管副区长同意，由区长、区委书记签发上报市批准。政审等其他有关手续由区组织、人事部门扎口负责。迄2005年，先后办理区管干部因公赴美国、加拿大、日本、西欧等国家及中国香港、台湾等地区上百批次。

外事接待　1987年4月，新西兰哈密尔顿市市长詹森率领的友好访华团一行40余人在连元街小学参观访问；香港文物学会会长、高级讲师张寿平在区考察。1988年4月，以卡布尔为团长的联邦德国官员考察团一行12人在通汇桥中心小学参观访问。1989年3月，日本目村书道访华团和日本小学生代表团在崇安区少年宫参观交流；8月，联合国人口基金会副司长海娜·格一行4人在医疗器材厂考察项目；9月，日本冈山市美容理发技师竹下帮宏一行4人在区考察交流。1990年2月，台湾财团法人陆正纪念基金会董事长陆晋德在连元街小学参观访问。1994年10月，国际著名企业家访问团唐宏源、唐翔千、唐寿千一行50余人在崇安小学（原唐氏小学）参观访问。1996年5月和2001年11月，香港教育界、妇女界著名人士孙方中一行先后在连元街小学访问。2005年10月，联合国儿童基金会项目高级官员桑妮兰、张亚丽、袁敏到区视察，指导保护流动儿童权利项目。

【对口支援】

2002年5月，按照无锡市与徐州市挂钩合作协调领导小组的要求，崇安区与徐州市贾汪区建立友好挂钩协作关系，本着“优势互补、互惠互利、共同发展、实现共赢”的原则，每年与徐州市贾汪区签订挂钩合作协议，安排8名贾汪区年轻干部到区挂职锻炼，加强两地在干部培养、人才交流方面的合作与促进。此后，区每年扶持贾汪区20万元，用于农村小学教学设施改造和农村社区医疗服务设施建设。2002~2005年，贾汪区每年在无锡举办发展投资推介会，共推出涉及工业企业整体搬迁、房地产开发、商业开发等合作项目20个，其中，合作成功5个、总投资7.45亿元。崇安区每年安置贾汪区300余人就业。

【对外交流】

1986年7月，区政府召开全体成员（扩大）会议期间，赴苏州平江区学习考察；9月，区政府召开地区工作会议期间，赴江阴青阳镇、苏州西塘村、无锡洛社镇、荡口镇学习考察。1994年1月，区委、区政府组织街道党委书记、办事处主任一行赴杭州市上城区学习考察街道工作。1998年8月，区抗洪救灾代表团赴武汉市江岸区慰问，捐赠赈灾款5万元。2000年12月，区党政代表团一行赴大连西岗区、广州东山区、温州鹿城区、宁波海曙区等地考察，学习发展外向型开放型经济和城市建设管理方面的经验。2003年11月，区党政代表团一行赴杭州市上城区、宁波市海曙区、绍兴市越城区、南京市鼓楼区、苏州市平江区等地考察，学习发展税源经济、推进现代服务业、深化社区建设和创新城市建设管理体制等方面经验。2004年11月，区党政代表团一行赴大连、青岛、烟台、连云港等城区学习考察。2005年9月，区党政代表团一行赴苏州昆山市考察，学习发展服务业、城市建设管理、邻里中心建设等方面的经验。

【承（协）办会议】

1996年9月，协办晋冀鲁豫苏二十二城市区人大工作研讨会第六次会议、承办全国第七届十城市街道工作研讨会理事长会议会务和接待服务工作。1997年11月，承办中国城区发展促进会一届二次（无锡）理事会议和江苏省城区工会工作研讨会的会务和接待服务工作。1999年10月，承办江浙沪六城区绿化工作研讨会的会务和接待服务工作。2001年，承办江苏省军区街道人武工作调研会议和全国二十五城区政协工作研讨会第十五次会议的会务和接待服务工作。2002年，协助主办单位天津河西区天塔街道承办全国南北城市街道工作经验交流会暨“三北”（西北、东北、华北）地区城市街道工作研究会第十届年会的会务和接待服务工作。2004年，承办锡山、崇安、南长战时人口疏散基地建设研讨会和友好街道工作经验交流会的会务和接待服务工作。2005年，承办全国第十六届十城市街道工作研讨会的会务和接待服务工作。

第九节　机关事务管理

1958年起，区机关驻地迁至县前街82号原清金匮县署，占地5323.76平方米（不含公安崇安分局），办公用房3635.25平方米，其后区机关办公用房历经多次改造。迄2005年，区机关大院形成四合院式的建筑群，建筑总面积达到2.67万平方米。同时，不断规范和加强机关公务用车、环境卫生、后勤保障、安全保卫等事务管理，提高管理和服务水平，确保机关正常运行。

【办公用房建设】

80年代，区机关位于县前街82号大院，其西北部建有2幢4层条状办公楼，一前一后依次为区政府、区委办公楼，院内东西厢房为区机关部门办公用房，大院西部院内一幢2层小楼和一排平房为区人大、区政协驻所。80年代中期，将原金匮县署大堂扩建成礼堂，称“崇安会堂”，由陆定一题名。后又将东北部平房翻建成3层机关业务用房，底层为机关食堂，二、三层为区司法局、区机关党委、区委老干部局办公用房和区委常委会议室。1995~2003年，区机关办公用房实施大规模建设改造。1995年9月至1996年12月，拆除区委、区政府办公楼和崇安会堂部分建筑，建成建筑面积6500平方米的8层区委、区政府办公大楼（北楼）。1997年至1998年9月，先后拆除沿书院弄一侧民居以及院内两侧平房、西部院内小楼等房屋，院内东部建成建筑面积8200平方米的6层区法院、区检察院办公楼（东楼）；院内西部建成建筑面积4800平方米6层综合办公楼（西楼），分别与北楼相连接。2002年至2003年8月，沿县前东街建成建筑面积7200平方米的7层过街办公楼（南楼）。大院中部剩余的崇安会堂房屋翻建成歇山顶仿古建筑。自此，区机关大院形成四合院式的建筑群，建筑总面积达到2.67万平方米。迄2005年未变。

崇安区政府大门（1985） （区政府办公室供稿）

2005年，区机关办公用房分布如下：东楼为区法院、区检察院。其中，局部4~6层为可容纳300人左右的大会堂。西楼除底层为区机关食堂外，2~6层分别为律师事务所、区人武部、区卫生局、区城管局、区人事和劳动局。南楼除底层和5~6层为区政府招待所（又称“锡金宾馆”）外，2~4层依次为区工会、区司法局、区人大、区委；7层为容纳80人左右的会场；负一层为区老干部活动中心。北楼除8楼为可容纳百余人的会场外，1~7层依次为区档案局、区民政局；区经贸局、区外经局、区机关服务中心；区政协、区委统战部、区民宗局；区政府办公室；区委组织部；区委宣传部、区财政局；区审计局、区统计局、区计生局、区文体局等部门。

崇安区机关办公大楼（2003） （区政府办公室供稿）

【后勤管理与服务】

80年代，机关后勤管理归口区政府办公室，由1名副主任分管，其职责主要包括区机关经费财务管理、办公用品管理、生活福利服务、卫生保洁、安全保卫、设备设施维护等后勤保障服务。设财会人员2人，食堂炊事员3~5人，驾驶员2~6人，仓库保管员、通讯员、门卫等5~9人。机关公务用车由区政府办公室统一安排调度。

公务用车 90年代后，随着区级机关职能的扩大和工作需要，公务车辆逐年增多，由1985年的4辆增至13辆，驾驶员增至14人（除4人外，均为借用人员）。其中，2辆8座以上的商务车由区政府办公室负责调度，1辆为区委老干部局专用车，其余为区四套班子领导工作用车。2004年9月实行公车改革后，除保留公用商务车外，其余车辆统一向社会公开拍卖，区级机关实行交通费定额包干制度，迄2005年未变。

安全保卫 1992年起，为加强机关安全保卫工作，提高政府处置突发事件的能力，晚间值班除1名门卫外，由机关干部轮流值班。1996年，专设机关总值班室，由总值班长按月编排夜间值班表，休假日和法定假期则由部门负责人带班。迄2005年未变。

卫生保洁 1995年前，仅有2名临时工负责机关大院卫生保洁。1996年，区委、区政府办公楼建成后，聘用的保洁人员增加到10人，卫生管理责任到人、分片包干。

生活保障 80年代，机关食堂地方狭小，用餐拥挤，矛盾突出。1999年，食堂搬至区机关西侧新大楼底层，可同时容纳200余人就餐。2001年起，机关干部午餐费标准提高，并改用刷卡方式，使用饭菜票成为历史。与此同时，通过创收提高机关干部的福利待遇。80~90年代，创收收入主要来自1987年与市公用房产公司共同投资创办的崇安电影院，1995年9月机关大院改造后，电影院关闭。后将剩余部分改造为录像厅，并由职工自筹资金10万元购置投影仪等设备，继续经营，直至1996年1月再次拆除，录像厅关闭，职工分流安置到区机关其他单位。

第四章　依法治区

80年代后，民主法治建设逐步加强。区政府通过听取人大代表和政协委员的意见建议，定期召开民主党派及群众团体负责人座谈会通报情况，在重大问题决策前听取各方面意见，邀请区人大、区政协、区人武部负责人列席区政府常务会议，邀请工、青、妇和民主党派负责人列席区政府成员扩大会议等途径，推进依法治区。通过区长接待日、接待人民群众来信来访，倾听群众呼声，接受群众监督，改进政府工作。90年代设立区法制办公室后，从推行行政执法责任制、政务公开入手，规范政府机关依法行政工作。结合宣传贯彻落实《中华人民共和国行政诉讼法》《中华人民共和国行政处罚法》《中华人民共和国行政复议法》等法律法规，不断加强和规范政府法制工作，完善行政复议制度，开展规范性文件清理，加强行政执法主体的登记、培训，清理行政审批事项，推进行政审批制度改革，持续开展行政执法监督检查，依法治区工作逐步向纵深发展。

第一节　依法行政

1991年起，根据市依法治市领导小组的要求，在全区开展依法治理工作。区政府从推行行政执法责任制入手，不断深化政务公开工作，稳步推进行政审批制度改革，规范行政审批程序，推动规范执法和依法行政工作，提高行政执法人员水平。区成立行政服务中心，集企业服务、社区服务、服务投诉于一体，为辖区单位和居民提供办理行政许可、公共事务项目及求助、咨询、投诉等“一条龙”服务。

【行政执法责任制】

1997年，在区人民法院和区计经局2个单位开展行政执法责任制试点。1998年，出台崇安区行政执法责任制实施方案，形成行政执法监督检查、行政执法评议考核等10项制度。是年9月，在全区全面推开，行政执法责任制工作纳入各单位年度考核目标。同年，由区法制办牵头，会同区监察局、人事局、司法局等部门组成区行政执法责任制工作检查组，对14个执法部门和8个街道办事处的行政执法责任制实施情况进行检查，并在区行政执法责任制领导小组扩大会议上通报。1999年后，按照“巩固提高、务求实效”的要求，进一步深化行政执法责任制和评议考核制，加强基层法制队伍建设，健全法制机构。2002年，把加强监督检查作为重点，结合《中华人民共和国行政处罚法》颁布6周年，组织多次专项执法检查，推动规范执法和依法行政工作。2003年，深入开展“讲文明执法，树立良好形象；讲规范执法，提高业务水平；讲公正执法，以公开促公正”活动。2004年10月，对区城管局相对集中行政处罚权一年来的实施情况进行全面检查。2005年，健全行政监督决策和责任追究制度，建立政府重大决策的公众参与、专家论证、合法性评价、集体合议等制度。

【政务公开和行政审批制度改革】

1989年3月，在区工商局、周山浜房管所、学前街派出所进行“两公开一监督”（公开办事制度、公开办事结果、自觉接受群众监督）试点，围绕“六公开”（公开单位机构性质、业务范围、职责分工、职业道德、办事程序、处理结果），推进政务公开。是年4月，区召开“政务公开”新闻发布会，向全社会公布“三房、二照、一证”（职工调房、私房翻建、公房出租；个体工商执照、集体企业工商执照；人员迁入许可证）办事程序。此后，政务公开推广到18个部门和单位，在区监察局设立举报电话，接受群众监督。1998年，围绕公开重大决策、公开热点难点政务、公开用人方案等内容，推行政务公开。对涉及全区性的改革事项、行政措施等重大决策向社会公开，广泛听取社会各界意见、建议，完善后再实施。城市拆迁安置补偿、企业改制下岗职工再就业等政务公开，保证公平公正处理。选用干部实行任前公示制度。2002年，对全区225项行政审批事项进行清理，保留179项，取消46项，并废止区政府规范性文件7个。与此同时，进一步扩大政务公开内容，凡不涉及党和国家机密、不影响社会稳定的政务，均公开审批内容、审批依据、办事程序、申报材料、承诺时限和收费标准，增强审批行为的透明度，接受群众的监督。是年10月，设立区长公开电话，成立区长公开电话受理办公室，进一步畅通区委、区政府联系群众的渠道。同年12月，开通“无锡崇安”政府公众信息网（caq.wuxi.gov.cn），网站设领导之窗、崇安新闻、崇安概览、透视政府、投资指引、咨询投诉、便民问答、市民办事、企业办事、区长信箱等10个栏目，集“对外宣传、政务公开、网上办事”功能于一体，成为区政府对外宣传建设发展成就的重要载体，传递政策法令和政务活动信息的重要窗口，联系群众、为民办事的重要渠道，监督政府机关行政行为、促进政府职能和作风转变的有力工具。2004年11月，围绕进一步推进行政审批制度改革，建立寓企业服务、社区服务、服务投诉于一体的区行政服务中心，成立区政府法律顾问团，建立13项规范公共权力运行的“阳光工程”制度，政府行政效能不断提高。

区党政机构改革暨行政审批制度改革动员（2001.10）
（区政府办公室供稿）

【区行政服务中心】

区行政服务中心（以下简称中心）成立于2004年11月，位于锦树里9－9号，建筑面积2226平方米。中心集企业服务、社区服务、服务投诉于一体，是区政府集中统一办理各类行政许可事项、公共行政服务，受理各种求助、咨询、投诉的服务平台。

中心为全额拨款的行政事业单位，核定编制15人，在编2人，聘用3人。服务窗口人员均由各入驻部

位于沙文井的区行政服务中心（2005）　（区政府办公室供稿）

门派驻。中心主任由区经贸局党委书记兼任，副主任由区经贸局、区民政局、区监察局分管局长兼任，并分别担任企业服务中心、社区服务中心、效能投诉和服务投诉中心负责人。

中心主要职责有6项：组织管理、协调监管进驻行政服务中心的部门做好面向各类经济组织、社区居民的行政许可或公共行政等窗口服务工作；受理各类投资和税收政策、人才劳动力需求及各类证照申领咨询、释疑、资料发放、信息发布等事项，开展与行政审批相关的培训；组织会审、协调联合审批事项，负责重点许可事项运行情况的跟踪服务；组织对行政许可事项收费的统一管理；受理服务对象投诉；制定内部各项规章制度并组织实施，负责工作人员考勤考核和安全保卫等工作。

中心内设“一办三中心”（综合办公室、企业服务中心、社区服务中心、效能投诉和服务投诉中心）。综合办公室负责文秘、机要、人事、财务、劳资、档案、保密、接待、安全等工作，起草重要文稿和综合性文字材料，拟定中心工作制度、年度工作计划及目标任务分解意见，对中心制发的文件进行审核和发送前统一把关，负责中心的宣传工作、信息工作，还负责中心的后勤服务、综合协调、派驻人员考核、人事管理、劳动工资、纪检监察和党群工团等工作。企业服务中心负责办理、协调、督查为企业服务事项和街道、社居委企业服务网络建设。社区服务中心负责办理、协调、督查为社区、居民服务事项，考察、链接、考核加盟服务的企业，以及街道、社居委社区服务网络建设。效能投诉和服务投诉中心负责受理行政机关工作效能投诉和服务投诉，反馈办理结果，分理、转办其他投诉事项。

审批服务　服务大厅采用吧台敞开式、零距离接待服务的方式。中心开通“2588000”求助热线，实行12小时连续服务，为企业和居民提供求助、咨询服务。内部链接区机关各部门和服务大厅各窗口。对外链接6个街道社区服务中心和34个社区服务站（中心）、4个家政服务部、2个律师事务所。便民服务项目有：家庭装修，家电、房屋、生活用具维修，清洗，职介，婚丧喜庆，礼仪筹划，应急等10大类31项内容，有50个上门服务点。迄2005年，入驻审批服务的部门（单位）有工商崇安分局、公安崇安分局、区发改局、区经贸局、区安监局、区人事和劳动局、区财政局、区民政局、区司法局、区建设局、区文体局、区卫生局（卫生监督所和疾控中心）、区房管局、区环保局以及区监察局等15个，全区117个涉及行政许可审批、审核、核准、备案项目中，有72个项目在中心办理。服务大厅还设有工商代理、婚姻登记服务、会计事务所和商业银行等4家中介服务机构。2004年11月至2005年12月，共接待11.93万人（件）次。其中：行政许可审批6702人（件）次；审核、核准、备案8.72万人（件）次；办理工商新开户登记531户，变更登记801户，注销149户，迁入86户，迁出81户，新增从业人员3961人。引进投资注册资金1.93亿元。办理其他手续2.54万人（件）次，其中咨询1.89万人次。求助热线服务1152人次，效能投诉和服务投诉111件（次）。平均每个工作日接待量为480人（件）次。

2005年崇安区行政审批事项一览表

表17－4－1

部　门	审　批　事　项	入驻情况
发展计划局	区权限内基本建设及社会事业项目建议书，可行性报告	√
	企业改制	√
	游览参观点门票	√
财政局	行政事业单位设立、变更、撤销预算外资金银行账户	—

续表17-4-1

部门	审批事项	入驻情况
财政局	公有资产的评估立项和确认	—
	公有资产无偿划转	—
	行政事业单位盘盈、盘亏、报废国有资产的处置	—
	行政事业单位、国有或集体企业撤销、合并或改变性质资产的处置	—
	国有、集体企业不良资产核销	—
建设局	建筑工程规划许可	√
	亭棚管理	√
环保局	建设项目环境影响审批和环境保护设施“三同时”	√
市政处	区管道路占用、挖掘	√
人事和劳动局	公务员调任、转任和补充	—
	企业调入区、局下属事业单位人员工资	—
	在职出国出境定居退职费	—
	初评委组建、初级专业技术职务任职资格审定	—
卫生局	医疗机构（床位99张以下的乡镇卫生院；社区卫生服务站；个体诊所、村卫生室，区属机关、企事业单位的内设医疗机构）设置	—
	医疗卫生机构预防性健康检查资质	√
	食品、公共场所、生活饮用水卫生许可	√
教育局	社会力量举办中等以下学历、非学历教育机构的设立、变更、注销	
公安崇安分局	举办集会、游行、示威	√
民政局	社团、民办非企业单位成立、变更、注销	√
	居委会建立、撤并	
	最低生活保障及特困人员救济	√
	残疾人救济	√
计生局	再生一个孩子申请	—

说明：上述资料由区行政服务中心提供。

2005年崇安区行政核准事项一览表

表17-4-2

部门	核准事项	入驻情况
发展计划局	核发、审验收费许可证	√
	物业管理服务收费（车棚收费）	√
财政局	行政事业收费单位收费票据的发放	—
	会计从业资格证申领	√
	行政事业单位、国有企业非经营性资产剥离、损失核销	—
环保局	夜间建筑施工	√
	排污申报、登记注册	√
环卫处	特种垃圾处置	—
人事和劳动局	区、局下属事业单位工资津贴调整、加班费、中夜班费审批、退休费调整	—
	劳动用工年检	√
	工伤（认定）、失业人员保险待遇	√
	企业实行不定时工作制和综合计算工时工作制	—
	核发失业人员《就业登记证》	√
卫生局	一类托幼机构卫生保健合格及其保健人员上岗资格	—
	中医个体行医资格	—
	核发卫生健康证	√
教育局	社会力量办学单位招生广告	—
文体局	办理经营性体育活动（健身、桌球、棋牌等）	√
公安崇安分局	外省市行政户迁入	√
	举办具有火灾危险性的群众性活动和公众聚集场所投入使用前的安全检查	√
	边境通行证	√
	暂住证发放	√
民政局	国内公民婚姻登记	√
	国内公民收养登记	√
档案局	档案转让、出卖、销毁	—

续表17-4-2

部　门	核　准　事　项	入驻情况
档案局	国有企业资产与产权变动档案处置申请	—
民族宗教事务局	公民民族成份变更的确认	—
征兵办	兵役证发放	—

说明：上述资料由区行政服务中心提供。

2005年崇安区行政审核事项一览表

表17－4－3

部　门	审　核　事　项	入驻情况
发展计划局	国有（集体）企业破产、兼并	√
经济贸易局	重要工业品进出口计划、机电进口申请登记	—
	设立成品零售批发企业、典当企业、拍卖企业、生产传统工艺美术品的企业	—
	各类企业加工贸易业务与保税	—
	外商投资企业及企业合同、章程变更，外商投资企业进口设备、技术引进合同	—
	省权限内境外非贸易企业的立项和可行性研究方案	—
	企业外贸、外经经营权，外商投资企业进出口产品配额、许可证	—
	限额3000万美元以上外商投资企业项目及外商投资企业鼓励项目确认	—
	外商投资企业年检	—
	对外承包劳务经营权的变更、撤销及外经企业年审转报，对外承包工程、劳务合作项目	√
	全市出口退税稽核及外商投资企业购国产设备退税	—
	因公出境	—
	劳动安全生产卫生设施与主体工程“三同时”验收	√
	化学制剂生产许可、化学危险品经营许可、监控化学品生产许可	√
	锅炉压力容器制造、安装、修理、改造许可	√
财政局	行政事业单位购置小汽车、大轿车的集控	—
建设局	建筑施工企业资质	√
	建筑施工企业项目经理资质	√
环保局	危险物转移	—
绿化处	城市移伐树木、临时占用绿化设计方案	—
人事和劳动局	中评委组建调整、中级专业技术职务任职资格审定	—
	区行政机关、直属事业单位工资、工龄、工（伤）亡、工考	—
	劳动模范、先进工作者提高退休金标准和调整退休费	—
	机关、事业单位工作人员提高退休待遇、公务员提前退休	—
	企业职工退休（职）	√
	劳动就业服务企业认定	√
	劳动鉴定	√
卫生局	医疗分支机构（市属医疗机构设置分支机构及跨区域设置分支机构）设置	—
	母婴保健、计划生育及特殊医疗技术服务人员资格认定、执业许可	—
	医疗机构购置大型医用设备计划	√
	医疗广告（含中医）及义诊活动	√
	执业医师和执业护士资格	√
	医疗机构制剂许可	√
房管局	公有住房、国有直管住房的房改售房	√
	维修基金归集使用	√
	单位实施住房货币化分配方案	√
	国有直管住宅租金减免	√
	房屋使用权交换	√
	住宅装修安全方案	√
	物业企业资质年检	√
文体局	市区音像制品零售、出租单位设立、变更	√
	美术品经营单位的设立	√
	出版物零售、投递、出租单位的设立	√
	名片、打字、复印经营单位的设立	√
	电脑网吧单位的设立（只受理变更、不新发证）	√
民政局	追认革命烈士	√

续表17-4-3

部门	审核事项	入驻情况
民政局	革命伤残人员及人民警察伤残登记的评定、调整及补换伤残证	√
	残疾人评残、鉴定、劳动就业	√
	社区服务认证	√
司法局	基层法律服务所的设立、变更、注销及从业人员资格考核、授予	√
计划生育局	特殊情况再生一个申请	√
	独生子女父母、终身无子女职工退休后加发退休金	√
公安崇安分局	外省市家庭转迁入	√
	易燃危险品生产、储运、销售	√
	建筑工程消防设计方案	√
	犬类养殖、销售许可	√
	江苏省互联网上网服务场所治安合格证	√

说明：上述资料由区行政服务中心提供。

2005年崇安区行政备案事项明细表

表17-4-4

部门	备案事项	入驻情况
财政局	国有资产产权设立、变更、登记	√
人事和劳动局	机关、事业单位退工	√
	新建企业	√
卫生局	医疗单位制剂品种、标准的制定及修改	√
房管局	国有直管公房的经营管理	√

说明：上述资料由区行政服务中心提供。

第二节　政府法治工作

1990年8月，成立区人民政府法制办公室（以下简称区法制办），副科级建制。并逐步建立健全区、街、基层三级法制工作网络。1996年10月，区法制办归口区政府办公室管理，挂“崇安区人民政府法制办公室”牌子，工作性质、职能不变，法制工作逐步得到加强。围绕宣传贯彻《中华人民共和国行政诉讼法》《中华人民共和国行政处罚法》《中华人民共和国行政复议法》等法律法规，组织行政执法人员参加法律法规培训，开展行政执法监督检查和规范性文件清理，规范行政复议工作流程，确保行政复议合法、公开、公正。区法制办先后被评为1992~1993年度、1995~1996年度无锡市政府法制工作先进集体，1998~1999年度无锡市行政执法责任制工作先进单位。1990~2005年，区法制办历任主要负责人：李彩明、王兰成。

【行政复议】

1991年5月，成立由区长、副区长和公安、司法、卫生、城建部门负责人组成的区人民政府行政复议委员会，下设办公室，设在区法制办，负责行政复议和行政应诉工作。区政府出台《崇安区人民政府行政复议工作程序》，明确行政复议案件受理范围等，建立由15个行政执法部门和8个街道办事处负责人以及法制员组成的工作网络，公安崇安分局、工商崇安分局建有法制科，区卫生局设有行政复议机构。迄2005年未变。

1990~2005年，区政府受理行政复议19件，其中，维持5件、撤销2件、撤回10件、作其他处理2件，无变更类、履行职责类案件。1999年、2000年和2003年行政复议案件较多，分别为3件、4件和6件。第一起撤回案件是1991年10月17日，中市桥巷19号薛氏居民申请复议，要求人民路街道办事处赔偿因违法拆除其生活间而造成的经济损失519.65元。该案经调解，最终以街道支付100元、申请人撤回复议申请结案。第一起维持类案件是1995年8月，申请人徐农娣不服被申请人公安崇安分局作出的“集会游行示威不许可决定书”，提出复议，经审查，维持公安崇安分局作出的不许可决定。第一起撤销类案件是2005年9月12日，无锡市北塘区利达粮行不服区城市管理行政执法局作出的市容、环卫管理行政处罚，提出行政复议申请。该案经审查后，区政府决定撤销区城市管理行政执法局作出的决定。其间，区政府还受理行政应诉8件，其中，胜诉4件，原告撤诉4件。

【规范性文件清理】

1990~2005年，区政府制定规范性文件157件。1990年，根据《行政诉讼法》受案范围的规定，区政府各部门、各单位首次对历年来制定或以区政府名义制发的规范性文件进行清理。1995年，区政府制发《崇安区人民政府规范性文件备案办法》。是年，向市法制办公室上报备案6件。此后，每年分两次向市上报备案。1990~2005年，区政府先后组织较大的规范性文件清理4次：1992年，清理1990年以前的规范性文件；1997年，清理1992~1996年的规范性文件；2001年，清理1990年1月至2001年10月的规范性文件；2003年，清理在此之前制发的规范性文件。

【行政执法检查】

1990年后，区政府着力加强行政执法主体的登记、培训和规范工作，严把执法主体关。1994年开展行政执法主体调查，对行政机关（构）组织形式、执法依据和执法手段等进行审查。2003年2月，对行政执法主体资格开展清理，确认全区40个行政机关、2个法定授权组织和7个行政委托组织具有行政执法主体资格。2004年9月，对区级行政许可实施主体进行清理，确认25个行政机关和3个法定授权组织为区行政许可实施主体。1990~2005年，累计注册登记行政执法人员和行政执法监督人员（包括区环保监察大队、区城管执法中队和各街道办事处相关人员）3792人，举办执法人员培训班16期、3216人次。2001~2005年，还先后对行政审批事项进行4次清理审核，全区20个部门及直属单位实施的行政审批事项由225项减少到117项，取消108项，削减率48%。其间，区政府还结合落实行政执法责任制，加强行政执法监督检查。会同相关部门对国家《档案法》《国旗法》《统计法》《义务教育法》《食品卫生法》《价格法》《行政处罚法》等法律法规执行情况进行检查，公布行政执法投诉电话。1991年，制发《行政执法行为统计表》，对15个行政执法部门的执法依据进行梳理，按部门制作《行政执法依据检索表》。1995年，出台《依法行政考核标准和评比办法》。2005年，设立行政执法投诉机构，公布投诉机构地址和投诉办法。

【执法人员培训】

1990年后，区政府结合重要法律法规的施行，持续组织执法人员培训，提高执法水平。1990年，举办《行政诉讼法》专题培训班。1991年，结合《行政诉讼法》实施一周年，开展“一法一例”学习宣传活动。1992年，区法制办建立法制学习制度、联系制度、汇报制度和接待日制度。在区卫生局组织《行政诉讼法》《行政复议条例》宣讲；在区商业局等部门举办《宪法》《国旗法》《国徽法》讲座；编发《行政诉讼和行政复议受案范围》小册子，分发到各行政执法部门。区法制办撰写的《关于如何依法查处违法建设、乱搭乱建、乱堆乱放的意见》被市政府领导批转到市规划部门。1993~1997年，先后组织法律咨询60余次，举办《中华人民共和国国家赔偿法》等专题培训班，《今日崇安》连续8次刊登《行政处罚法基础知识》。区法制办撰写的《街道办事处能否作为诉讼主体》《正视挂靠企业注册资本不实带来的问题》等调研材料被区政府《区政情况》刊登。2004年，结合《行政许可法》施行，举办专题讲座及培训班4期。2005年，参与区第一起行政强制拆迁工作，对区政府行政强制拆迁决定及强制拆迁的程序严格把关，确保强制拆迁依法进行。1990~2005年，区法制办依法为区中心工作和重点工程提供法律服务与保障77起，涉案标的3262.60万元。

第十八编

政治协商会议

中国人民政治协商会议是中国共产党领导的多党合作和政治协商的重要机构，爱国统一战线的重要政治组织。中国人民政治协商会议无锡市崇安区委员会（以下简称区政协）成立于1984年6月，1984年6月至1993年2月，为政协崇安区第一届委员会至第三届委员会的任期，每届任期3年。1993年2月后，为政协崇安区第四届委员会至第六届委员会的任期，每届任期5年。1986~2005年，区政协在中共崇安区委的领导下，高举团结、民主的旗帜，充分发挥人民政协“人才库”“智囊团”和海内外联系面广的独特优势，积极履行政治协商、民主监督、参政议政的职能，团结各民主党派、工商联和各界人士，广开言路，献计献策。政协委员的先进性、广泛性、代表性不断增强，有45人次被选任为江苏省、无锡市政协委员。先后召开全体会议20次，常委会议128次；组织视察调研活动250余次，撰写专题调研报告130多篇；通过召开政情交流会、专题协商会、约谈会等途径，为区委区政府民主科学决策提供重要依据。区政协把处理委员提案作为重要工作，累计收到提案1384件，立案提案办理1101件，提案内容涉及经济体制改革、对外开放、商业、城市建设管理、人民生活等经济和社会事业各个方面，均得到认真研究和及时办理。把反映社情民意和群众呼声、畅通信息渠道作为重要任务，对事关全局重大问题开展多层次、多形式、多渠道的民主监督；并广泛开展咨询服务、文史资料征集和对外交流联谊活动，各项工作逐步走上规范化、制度化、程序化的轨道，有力地促进全区经济发展和社会进步，为推动物质文明、精神文明、政治文明建设发挥重要作用。

第一章 委员会组成与全体会议

1984~1993年，为政协崇安区第一届委员会至第三届委员会的任期，每届任期3年。1993年2月后，为政协崇安区第四届委员会至第六届委员会的任期，每届任期5年。根据《中国人民政治协商会议章程》关于地方组织的规定，区政协委员由中共、民主党派、无党派人士，人民团体、少数民族和各界代表，台湾同胞、港澳同胞和归国侨胞代表及特邀人士组成，涵盖界别13个以上，充分体现委员的先进性、广泛性、代表性。政协区第一届至第三届委员，每届不超过110人。政协区第四届至第六届委员均超过110人。其中，中共党员大体占40%，民主党派委员比例逐年上升，由第一届的19.05%上升到第六届的38.10%。每届政协每年召开一次全体会议，1986~2005年，共召开全体会议20次。

第一节 政协委员产生

区政协委员由区各民主党派、工商联、人民团体、社会各界推荐，民主协商决定。政协区第一届委员人数最少，为105人；第六届最多，为126人，其他各届在110人上下。区政协委员由辖区内中共、民主党派、无党派人士，人民团体、少数民族和各界的代表，台湾同胞、港澳同胞和归国侨胞的代表及特别邀请的人士组成。随着社会的发展和政协职能的加强，区政协委员的结构相应变化。政协区第四届开始，新增经济界委员13人，并增加到第六届的17人；政协区第五届后，新增工商联委员5人，并增加到第六届的7人；民主党派委员由第一届的20人增加到第六届的48人，占政协委员总数的比例由19.05%上升到38.10%。90年代后，区政协委员趋于年轻化，第六届政协委员平均年龄41.2岁，比第四届下降3.9岁。政协委员学历层次逐届提高，第六届政协委员大专以上学历比例达到92.06%，比第四届提高38个百分点，其中研究生学历5人。其间，有2人次被选任为政协江苏省第八届至第九届委员会委员，43人次选任为政协无锡市第七届至第十一届委员会委员。

政协崇安区第一届至第六届委员构成一览表

表18-1-1　　　　单位：人

届次		一届	二届	三届	四届	五届	六届
委员总数		105	110	109	111	111	126
界别	中共	9	13	13	11	13	14
	解放军	1	—	—	—	—	—
	民主党派	—	—	—	—	—	10
	无党派	—	—	—	—	—	6
	工会	8	8	8	7	6	5
	共青团	5	5	4	5	5	5
	妇联	6	5	4	5	5	5
	工商联	—	—	—	—	5	7
	台属	2	3	3	—	—	—
	归侨	2	4	5	8	—	—
	侨眷	1	—	—	—	—	—
	经济	—	—	—	13	16	17
	教育	14	14	12	10	11	8
	卫生	14	11	11	10	10	7
	科技	17	19	14	14	12	11

续表18-1-1

届次		一届	二届	三届	四届	五届	六届
界别	文体	5	7	7	5	5	5
	少数民族	2	2	2	—	—	—
	宗教	2	2	2	4	3	5
	特邀人士	17	17	24	19	20	21
政治情况	中共党员	42	43	43	45	44	49
	民主党派成员	20	21	24	24	33	48
	无党派人士	43	46	42	42	34	29
文化程度	大专以上	—	—	—	60	78	116
	中专、高中	—	—	—	39	31	10
	初中	—	—	—	12	2	—
性别	男	71	73	77	69	86	88
	女	34	37	32	42	25	38

说明：1. 表内数字均为区政协历届第一次全体委员会议的委员人数。2. 上述资料由区政协办公室提供。

【政协崇安区第一届委员会】

政协区第一届委员会由中共、工会、共青团、妇联、科技、教育、卫生、文体、宗教、少数民族、归侨、侨眷、台属、解放军以及特邀人士15个界别组成，政协委员105人，其中，中共党员42人、民主党派成员20人、无党派人士43人。妇女委员34人，占32.38%。

按界别划分为（排列不分先后）：

中共（9人）：周景河、钱永真（女）、江凌超、张发祥、吕有信、金柏清、陈志奎、曾祥发、汤银德；

解放军（1人）：徐汝成；

工会（8人）：陶毓玲（女）、林帼英（女）、徐永福、黄洁、吴棠才、冯苟大、李冬兴、钱家琪；

共青团（5人）：王志强、钱兴华、杨耀华、江瑾（女）、黄建萍（女）；

妇联（6人）：王薇英（女）、秦妙莲（女）、高玲娣（女）、刘荣妹（女）、程惠明（女）、诸晓红（女）；

教育（14人）：徐寿康、陆国梁、周逸吾、时锦煜、王幼槐、毛静芝（女）、孔祥坤、王国元、潘必成、储克胜、管家桂（女）、王文斐、丁汉良、陈文彬；

卫生（14人）：庄庆平、周云鹏、吴存培（女）、郑维雍（女）、陆明华（女）、朱穆忠、龚允明（女）、曹桂芳（女）、钟荣赓、耿曼琳（女）、钱振鑫、戴倜然、裘德芳（女）、丁玉芳（女）；

科技（17人）：糜福君、黄坤生、朱汉东、司马义康、诸曼达、张秉铠、倪宗源、孙义兆、张桐森、施一宏、陈协清、张九旋（女）、章伯康、朱敬平、宋颂民、高诞淮、王铁虎；

文体（5人）：陆阳（女）、吴皓、宋嘉义、张崇政、俞伟梁（女）；

台属（2人）：肖佩玲（女）、廉灵筠（女）；

归侨（2人）：徐幼侬（女）、邓天祚；

侨眷（1人）：滕绍玲（女）；

宗教（2人）：唐子良、顾渠开；

少数民族（2人）：朱荣胜、马尔康；

特邀人士（17人）：荣介生、徐雅英（女）、左雪英（女）、孙和珠（女）、顾忠礼、杨瑞贞（女）、叶耕畲、浦正勤、王惠琴（女）、尤裕德、严大幼、成严声、李伟达、阙炳松、严琦珍（女）、丁赞明、胡履安。

【政协崇安区第二届委员会】

政协区第二届委员会由中共、工会、共青团、妇联、科技、教育、卫生、文体、宗教、少数民族、归侨、台属以及特邀人士13个界别组成，政协委员110人，其中，中共党员43人、民主党派成员21人、无党派人士46人。妇女委员37人，占30.91%。

按界别划分为（排列不分先后）：

中共（13人）：尤觉、庄锦华、江凌超、陆富茂、钱永真（女）、陈济林、张宪华（女）、吴尚志、高文奎、潘仁高、金炳芳、韩坤培、叶家本；

工会（8人）：陶毓玲（女）、黄洁、徐永福、薛中原、万国钧、李冬兴、冯荀大、王亚光（女）；

共青团（5人）：王志强、陈凤娟（女）、钱根、江瑾（女）、龚彩芳（女）；

妇联（5人）：王薇英（女）、高玲娣（女）、刘荣妹（女）、杜琳华（女）、诸晓红（女）；

教育（14人）：王国元、时锦煜、尤列群、陆国梁、周逸吾、毛静芝（女）、唐本体、邹宁、潘必成、管家桂（女）、储克胜、丁汉良、曹俭英（女）、苏锦峰；

卫生（11人）：郑维雍（女）、庄庆平、曹桂芳（女）、程绍廉、裘德芳（女）、耿曼琳（女）、丁玉芳（女）、周云鹏、朱穆忠、陆明华（女）、吴存培（女）；

科技（19人）：黄坤生、仰世绪、张秉铠、夏敬贤、顾锦敏、糜福君、马遥珍（女）、干宝荣、王志强、倪宗源、孙义兆、张桐森、施一宏、张九旋（女）、王铁虎、高诞淮、陈协清、翁静英（女）、钮志毅；

文体（7人）：陆阳（女）、张玲珠（女）、吴树勋、张崇政、俞伟梁（女）、李永清、吴炳伟；

台属（3人）：肖佩玲（女）、程达、周燕慧（女）；

归侨（4人）：徐幼侬（女）、邓天祚、滕绍玲（女）、黄雨春；

宗教（2人）：顾渠开、唐子良；

少数民族（2人）：朱荣胜、吴静泉（女）；

特邀人士（17人）：荣介生、王祖华、成严声、吕有信、张发祥、倪竹兰（女）、王丽娟（女）、王敬平（女）、陈金南、戴锡生、王惠琴（女）、惠俊晨、张宗光、赵逸敏、徐浩然、张永昌、张关源。

【政协崇安区第三届委员会】

政协区第三届委员会由中共、工会、共青团、妇联、科技、教育、卫生、文体、宗教、少数民族、归侨、台属以及特邀人士13个界别组成，政协委员109人，其中，中共党员43人、民主党派成员24人、无党派人士42人。妇女委员32人，占28.44%。

按界别划分为（排列不分先后）：

中共（13人）：李锋、杨惠英（女）、尤列群、叶家本、尤觉、沈献忠、张宪华（女）、董学斌、张寿培、唐皋、陈远长、高文奎、金炳芳；

工会（8人）：秦明禹、薛中原、丁蓉蓉（女）、许其福、成桂君（女）、王亚光（女）、赵丽君（女）、周仁昌；

共青团（4人）：王莉菁（女）、唐庆卫（女）、龚彩芳（女）、高萍（女）；

妇联（4人）：俞燕飞（女）、林帼英（女）、陆迎秋（女）、杜琳华（女）；

教育（12人）：王国元、葛宝润、郭金囡（女）、陆永梁、唐本体、陈敏华（女）、孙凯、曹俭英（女）、苏锦峰、高德新、单炳荣、刘承华；

卫生（11人）：庄庆平、许如滋、程星江、陶力超、吴惕英（女）、陈毓琴（女）、过燕秀（女）、丁祥发、朱穆忠、吴存培（女）、陆明华（女）；

科技（14人）：黄坤生、杨昌荣、沈桃泉、张秉铠、施一宏、夏敬贤、陈喜文、王志强、马遥珍（女）、张桐森、高诞淮、周定安、陈协青、王铁虎；

文体（7人）：施惠敏（女）、周兆伟、吴树勋、张玲珠（女）、丁一海、杨雨青、吴伟荣；

台属（3人）：肖佩玲（女）、程达、张宗光；

归侨（5人）：滕绍玲（女）、梁秦生（女）、童伯锦、邓天祚、黄雨春；

宗教（2人）：顾渠开、唐子良；

少数民族（2人）：杨占江、马世聪；

特邀人士（24人）：韦定华（女）、徐永康、平炳泉、陈金南、吴顺清、阙炳松、周斌、严福根、刘宝根、王丽娟（女）、王敬平（女）、季长生、华世霖、薛南荪、高月华（女）、张重伟、李冬兴、张永昌、张庚元、张崇政、王祖华、孙亚石、朱振良、张发祥。

【政协崇安区第四届委员会】

政协区第四届委员会由中共、工会、共青团、妇联、经济、科技、教育、卫生、文体、宗教、归侨以及特邀人士12个界别组成，政协委员111人，其中，中共党员45人、民主党派成员24人、无党派人士42人。妇女委员42人，占37.84%。

按界别划分为（排列不分先后）：

中共（11人）：李锋、顾豫苏（女）、杨惠英（女）、张宪华（女）、诸如英（女）、周建国、董学斌、刘振华、胡称岚、张发祥、丁寿康；

工会（7人）：秦明禹、丁蓉蓉（女）、赵丽君（女）、蔡亦宁（女）、朱一花（女）、张月华（女）、谢汉乔；

共青团（5人）：唐庆卫（女）、曹岚（女）、时晓升、韩世兰（女）、陈志铭；

妇联（5人）：俞燕飞（女）、杨柳芳（女）、陈凤娟（女）、滕兰英（女）、程　婉（女）；

教育（10人）：葛宝润、唐本体、孙　凯、陈敏华（女）、王国元、李明华、吴曾和、周德民、陈洁瑜（女）、秦菊珍（女）；

卫生（10人）：程星江、陶力超、陈毓琴（女）、吴惕英（女）、丁祥法、朱穆忠、吴存培（女）、陆明华（女）、严翰章（女）、滕绍玲（女）；

科技（14人）：黄坤生、马遥珍（女）、施一宏、高诞淮、周定安、陈协清、沈桃泉、杨昌荣、董正忠、马忠良、金壮、顾萍（女）、郭家瑜（女）、冯子成；

经济（13人）：张重伟、朱振良、季长生、高月华（女）、陈金南、胡惠山、顾建平、洪涛、陈芳芳（女）、季莺（女）、臧仁妹（女）、伍进法、钱天洪；

文体（5人）：于寿康、李开存、杨萍华（女）、王志俊、梁元；

归侨（8人）：黄雨春、童伯锦、张宗光、程　达、吴树勋、傅云芳（女）、王敬平（女）、李胜华；

民族宗教（4人）：唐子良、沈迅宏、赵改娣（女）、丁娴（女）；

特邀人士（19人）：王祖华、刘宝根、华亚娟（女）、华梅君（女）、周稼珍（女）、韦定华、李国良、祁春生、周锦泉、潘仁高、强惠兴、徐永康、倪俊琪、高文奎、单阿祖、吉树南、沈献忠、方惠燕（女）、陈鹏飞。

【政协崇安区第五届委员会】

政协区第五届委员会由中共、工会、共青团、妇联、工商联、经济、科技、教育、卫生、文体、宗教以及特邀人士12个界别组成，政协委员111人，其中，中共党员44人、民主党派成员33人、无党派人士34人。妇女委员25人，占22.52%。

按界别划分为（排列不分先后）：

中共（13人）：丁寿康、尤仲良、朱协青、刘洪元、杨惠英（女）、张永成、张宪华（女）、陈建平、陈济林、高兴东、夏长柏、唐金林、蒋林法；

工会（6人）：于寿康、卢伟、过晓伟、张惠珍（女）、秦明禹、蔡亦宁（女）；

共青团（5人）：丁伟峰、吴军、陆震、陈政国、唐庆卫（女）；

妇联（5人）：吕小宝（女）、李德銮（女）、陈凤娟（女）、曹海燕（女）、曾美心（女）；

教育（11人）：王建华（女）、许骏英、孙凯、李明华、吴荣铭、吴曾和、金庆泉、周祖祺、周唯巍、姚建平、葛宝润；

卫生（10人）：田德虎、匡衍枝（女）、吕士选、朱沛华、吴小庆、沈炳荣、张枫（女）、张一平（女）、陈炯源、陶力超；

科技（12人）：王淑萍（女）、冯子成、李震华、吴制、吴德朝、汪春（女）、陆秀珍（女）、张酋良、浦寿年、钱俊方、凌厉（女）、徐立群；

文体（5人）：李开存、吴树勋、涂堃源、梁元、傅建军；

宗教（3人）：马惠忠、冯雅莉（女）、蔡靓羽（女）；

经济（16人）：丁荣林、丁锡宝（女）、万守健、方正明、仇春林、朱振良、吴龙华、张发祥、陈一军、陈芳芳（女）、陈金南、钱天洪、钱景辉、徐培松、蒋旭龙、薛枫（女）；

工商联（5人）：刘洪生、吴锋、袁凤彪、曹岚（女）、蒋耀根；

特邀人士（20人）：毛亚平、韦定华、任建平、朱国良、华亚娟（女）、刘宝根、李丁、沈献忠、陆海兴、陈浩庆、单祖福、周建国、高文奎、唐家梁、徐志伟、黄雨春、梅小华、谢钧、虞泳尧、管裕林。

【政协崇安区第六届委员会】

政协区第六届委员会由中共、民主党派、无党派、工会、共青团、妇联、工商联、经济、科技、教育、卫生、文体、宗教以及特邀人士14个界别组成，政协委员126人，其中，中共党员49人、民主党派成员48人、无党派人士29人。妇女委员38人，占30.16%。

按界别划分为（排列不分先后）：

中共（14人）：黄汉林、杨惠英（女）、唐金林、陈济林、张永成、张宪华（女）、尤仲良、蒋林法、丁寿康、陆海兴、高文奎、杜苇霞（女）、王振铭、王秀珠（女）；

工会（5人）：秦明禹、过晓伟、朱莉君（女）、万爱薇（女）、顾浩明；

共青团（5人）：杨成、周晓红（女）、李继锁、颜定、许敏（女）；

妇联（5人）：陈凤娟（女）、曹海燕（女）、黄梅华（女）、崔姿（女）、季铮（女）；

教育（8人）：姚建平、许骏英、周唯巍、刘霞芬（女）、秦岭（女）、周悦（女）、夏奕健（女）、苏友安；

卫生（7人）：沈炳荣、张枫（女）、程郁权、吴国桢、龚少愚、陆蔚平、何萍（女）；

科技（11人）：汪春（女）、凌厉（女）、卢勤男、余荣伟、孙旭东、朱宗明、蒋晖洲、杨健良、张威江、钱玉祥、吴琦萍（女）；

经济（17人）：朱振良、尤伟丰、陈一军、钱天洪、薛枫（女）、过志敏、马峻昂、周亚珍（女）、唐家梁、胡继业、陶继丹、张贤、严少春、姚峻、钱圆圆（女）、范跃宁、陈春喜；

文体（5人）：傅建军、李开存、苏迅、浦巍、沈爱军；

民族宗教（5人）：蔡靓羽（女）、汪英南、朱志明、和群、李丹（女）；

民主党派（10人）：吴曾和、匡衍枝（女）、陈芳芳（女）、朱沛华、田德虎、吕小宝（女）、钱正华、顾肖红（女）、王晓忠、李英（女）；

工商联（7人）：曹岚（女）、吴锋、袁凤彪、洪万贤、郑志理、燕陵如、周奚增；

无党派（6人）：华亚娟（女）、毛亚平、王毅刚、徐雯（女）、马腾、杨志钢；

特邀人士（21人）：刘宝根、刘洪元、徐志伟、陈浩庆、许庆娟（女）、董湘波、王飚、孙俭（女）、钱可伟（女）、李建良、韩之柱、赵建明、杨志清、王洪东、徐向林、窦林、邹岩、陈肖勤、沈志刚、姚建军、王毅。

附：1986～2005年崇安区担任政协江苏省、无锡市历届委员会委员名录（排列不分先后）

政协江苏省第八届、第九届委员会委员	曹锡荣
政协无锡市第七届委员会委员	冯庭训　杨贯群　胡国良　范勇娣（女）
政协无锡市第八届委员会委员	尤　觉　李　锋　王祖华　许如滋
政协无锡市第九届委员会委员	李　锋　黄汉林　高兴东　曹锡荣　顾磐曾　王祖华　王清浩　黄坤生　严翰章　童伯锦　华亚娟（女）　王惠英（女）　顾豫苏（女）
政协无锡市第十届委员会委员	黄汉林　高兴东　顾磐曾　过燮康　钱景辉　唐金林　汪　春（女）　华亚娟（女）　钱正华
政协无锡市第十一届委员会委员	顾磐曾　黄汉林　蒋汉良　刘健华　唐金林　过志敏　王建华（女）　华亚娟（女）　汪　春（女）　严国元　唐丽琴（女）　秦惠芬（女）　唐　红（女）

第二节　全体会议

1984～1985年，区政协召开第一届第一次、第二次会议。1986～2005年，区政协先后召开第一届第三次至第六届第三次会议，共20次。其中第一届1次，第二届、第三届各3次，第四届、第五届各5次，第六届3次。

【第一届全体委员会议】

第三次会议　1986年4月7～10日召开。应到委员109人，列席26人。会议听取并审议区政协第一届常委会工作报告和一届二次会议以来提案工作情况报告。列席区人大第十届第三次会议，听取并讨论区政府工作报告以及其他报告。会议同意周景河辞去区政协主席职务的请求，增补庄锦华为区政协副主席，并增补张宪华（女）、徐亚芬（女）、方鹤卿、徐浩然、王丽娟（女）5人为区政协委员。

政协崇安区一届三次会议开幕式（1986.4）　（区档案局供稿）

【第二届全体委员会议】

第一次会议　1987年3月5～9日召开。应到委员110人，列席30人。会议讨论通过第二届区政协主要任务和1987年主要工作，听取并审议第一届第三次会议以来提案工作情况报告。列席区人大第十一届第一次会议，听取和讨论区政府工作报告及其他报告。会议选举尤觉为区第二届政协主席；庄锦华、王祖华、荣介生、郑维雍、黄坤生为副主席；王志强、王国元、邓天祚、成严声、仰世绪、庄庆平、江陵超、时锦煜、张秉铠、陆富茂、陈济林、夏敬贤、顾锦敏、钱永真（女）、黄雨春、曹桂芳（女）16人为常委。

第二次会议　1988年3月9～11日召开。应到委员107人，列席27人。会议听取并审议区政协第二届常委会工作报告和第二届第一次会议以来提案工作情况的报告。列席区人大第十一届第二次会议，听取和讨论区政府工作报告及其他报告。会议增补王莉菁（女）、过燮康为区政协常委。

第三次会议 1989年2月13～15日召开。应到委员109人，列席36人。会议听取并审议区政协第二届常委会工作报告和第二届第二次会议以来提案工作情况报告。列席区人大第十一届第三次会议，听取和讨论区政府工作报告及其他报告。会议增补顾源祥为区政协副主席，并增补尤列群为区政协常委，陆凤鸣、吴顺清为区政协委员，撤销干宝荣委员资格。

【第三届全体委员会议】

第一次会议 1990年2月22～27日召开。应到委员109人，列席26人。会议听取并审议区政协第二届常委会工作报告和第二届第三次会议以来提案工作情况报告，列席区人大第十二届第一次会议，听取和讨论区政府工作报告及其他报告。会议选举李锋为区第三届政协主席；杨惠英（女）、王祖华、黄坤生、黄雨春为副主席；王国元、王莉菁（女）、尤列群、叶家本、孙亚石、朱振良、庄庆平、许如滋、杨昌荣、沈桃泉、张发祥、张秉铠、俞燕飞（女）、施一宏、施惠敏、夏敬贤、葛宝润17人为常委。

第二次会议 1991年3月6～10日召开。应到委员111人，列席16人。会议听取并审议区政协第三届常委会工作报告和第三届第一次会议以来提案工作情况报告，列席区人大第十二届第二次会议，听取和讨论区政府工作报告及其他报告。增补顾豫苏（女）为区政协副主席，并增补刘洪元、周建国、沈建荣为委员。

第三次会议 1992年2月24～28日召开。应到委员111人，列席23人。会议听取并审议区政协第三届常委会工作报告和第三届第二次会议以来提案工作情况报告，列席区人大第十二届第三次会议，听取和讨论区政府工作报告及其他报告。

【第四届全体委员会议】

第一次会议 1993年2月8～13日召开。应到委员111人，列席20人。会议听取并审议区政协第三届常委会工作报告和第三届第三次会议以来提案工作情况报告，列席区人大第十三届第一次会议，听取和讨论区政府工作报告及其他报告。选举李锋为区第四届政协主席；顾豫苏（女）、杨惠英（女）、黄坤生、黄雨春、华亚娟（女）、吴曾和为副主席；王国元、朱振良、华梅君（女）、杨昌荣、杨萍华（女）、吴存培、陈敏华、沈桃泉、张发祥、周锦泉、俞燕飞（女）、施一宏、葛宝润、童伯锦14人为常委。

第二次会议 1994年1月24～27日召开。应到委员110人，列席21人。会议听取并审议区政协第四届常委会工作报告和第四届第一次会议以来提案工作情况报告。列席区人大第十三届第二次会议，听取和讨论区政府工作报告及其他报告。会议增补诸茹英（女）为区政协常委。

第三次会议 1995年2月23～26日召开。应到委员110人，列席21人。会议听取并审议区政协第四届常委会工作报告和第四届第二次会议以来提案工作情况报告。列席区人大第十三届第三次会议，听取和讨论区政府工作报告及其他报告。会议增补徐培松为区政协常委。

第四次会议 1996年2月3～7日召开。应到委员110人，列席20人。会议听取并审议区政协第四届常委会工作报告和第四届第三次会议以来提案工作情况报告。列席区人大第十三届第四次会议，听取和讨论区政府工作报告及其他报告。会议同意李锋辞去主席职务的请求，增补高兴东为区政协主席、陈济林为区政协副主席，并增补孙晓兵（女）、王承瑞、徐亚芬（女）、平炳泉、汪　春（女）、毛亚平6人为委员，撤销季长生委员资格。会议期间，与会委员就进一步搞活区街企业，大力发展科技、教育、文化、卫生、体育事业，抓好城区管理，实现环境保护，加强精神文明和民主法制建设，反腐倡廉，加强社会治安，保持社会稳定等方面提出意见和建议。

第五次会议 1997年3月3～6日召开。应到委员114人，列席23人。会议听取并审议区政协第四届常委会工作报告和第四届第四次会议以来提案工作情况报告。列席区人大第十三届第五次会议，听取和讨论区政府工作报告及其他报告。会议同意顾豫苏（女）辞去区政协副主席的请求，增补唐金林为区政协副主席，增补汪　春（女）、张宪华（女）为常委。

【第五届全体委员会议】

第一次会议　1998年1月3~7日召开。应到委员111人，列席21人。会议听取并审议区政协第四届常委会工作报告和第四届第五次会议以来提案工作情况报告。列席区人大第十四届第一次会议，听取和讨论区政府工作报告及其他报告。选举高兴东为区第五届政协主席；杨惠英（女）、唐金林、黄雨春、陈济林、华亚娟（女）、吴曾和、朱振良为副主席；韦定华、仇春林、朱沛华、刘洪生、汪　春（女）、张　枫（女）、张发祥、张宪华（女）、姚建平、秦明禹、浦寿年、徐志伟、徐培松、涂堃源、葛宝润15人为常委。

第二次会议　1999年1月19~22日召开。应到委员115人，列席15人。会议听取并审议区政协第五届常委会工作报告和第五届第一次会议以来提案工作情况报告。列席区人大第十四届第二次会议，听取和讨论区政府工作报告及其他报告。其间，7名委员就加快区属工业经济发展、发展个私经济、加强居委建设和流动人口管理等群众关心的热点、难点问题作大会发言。无锡市政协主席缪根宝和中共崇安区委书记冯国鹏到会讲话。会议增补余佑康、邹金瑞、濮　筠、贾　莉（女）为区政协委员。

第三次会议　2000年1月18~21日召开。应到委员115人，列席15人。会议听取并审议区政协第五届常委会工作报告和第五届第二次会议以来提案工作情况报告。列席区人大第十四届第三次会议，听取和讨论区政府工作报告及其他报告。会议期间，委员们提出“深化企业改革，加大经济结构调整力度”“实施科教兴区战略，推动科技进步”“大力发展区域经济”“切实转变居委职能，搞好社区服务”“各方配合、齐抓共管、加强流动人口综合治理，为社会稳定创造良好环境”等意见建议。无锡市政协副主席夏秀英和中共崇安区委书记冯国鹏到会讲话。会议增补过志敏、崔星越为区政协委员，撤销蒋旭龙、马惠忠、仇春林、周建国4人委员资格。

第四次会议　2001年4月19~23日召开。应到委员114人，列席17人。会议听取并审议区政协第五届常委会工作报告和第五届第三次会议以来提案工作情况报告。列席区人大第十四届第四次会议，听取和讨论区政府工作报告及其他报告。会议同意黄雨春、陈济林分别辞去区政协副主席职务的请求，增补黄汉林为区五届政协主席，增补刘南琛（女）、曹海燕（女）为副主席，过志敏为常委。无锡市政协副主席、市委统战部长伍卓明和中共崇安区委书记冯国鹏到会讲话。

区政协委员举手通过大会决议（2001.4）　（区政协办公室供稿）

第五次会议　2002年1月14~17日召开。应到委员114人，列席17人。会议听取并审议区政协第五届常委会工作报告和第五届第四次会议以来提案工作情况报告。列席区人大第十四届第五次会议，听取和讨论区政府工作报告及其他报告。会议增补许庆娟（女）、尤伟丰、杨　成、卢勤男、汪英男为区政协委员。无锡市政协副主席夏秀英和中共崇安区委书记冯国鹏到会讲话。

【第六届全体委员会议】

第一次会议 2003年1月4～9日召开。应到委员126人，列席19人。会议听取并审议区政协第五届常委会工作报告和第五届第五次会议以来提案工作情况报告。列席区人大第十五届第一次会议，听取和讨论区政府工作报告及其他报告。选举黄汉林为区第六届政协主席；杨惠英（女）、唐金林、华亚娟（女）、朱振良、曹海燕（女）为副主席；卢勤男、吕小宝（女）、过志敏、朱沛华、许庆娟（女）、李建良、匡衍枝（女）、杨志钢、吴琦萍、汪　春（女）、沈志刚、张　枫（女）、张宪华（女）、陈凤娟（女）、姚建平、顾肖红（女）、钱正华、徐志伟18人为常委。增补业从武、刘宇明、李传淮、范光琮、赵建明、高　萍、袁晓宁、续继伟、谢小洁9人为委员。无锡市政协副主席宗菊如和中共崇安区委书记蒋伟坚到会讲话。

政协崇安区六届一次会议（2003.1）　　（区政协办公室供稿）

第二次会议 2004年1月12～15日召开。应到委员135人，列席19人。会议听取并审议区政协第六届常委会工作报告和第六届第一次会议以来提案工作情况报告。列席区人大第十五届第二次会议，听取和讨论区政府工作报告及其他报告。会议增补王振铭为区政协常委，刘健华、严国元、龚志勇为委员，撤销蒋晖州、陶继丹、余荣伟、严少春4人委员资格。中共崇安区委书记蒋伟坚到会讲话。

第三次会议 2005年1月10～12日召开。应到委员134人，列席18人。会议听取并审议区政协第六届常委会工作报告和第六届第二次会议以来提案工作情况报告。列席区人大第十五届第三次会议，听取和讨论区政府工作报告及其他报告。会议增补刘健华为区第六届政协主席，王振铭为秘书长，陶有胜、邵康奕为委员，撤销燕陵如委员资格。中共崇安区委书记蒋伟坚到会讲话。

第二章　组织机构

政协区第一届、第二届委员会组织机构由常委会、主席会议、工作组（专门委员会）、办公室组成。政协区第三届委员会后，工作组撤销，改设专门委员会。随着政协职能强化和工作任务变化，专门委员会设置几经调整。区政协各机构在常务委员会领导下，相互配合，围绕全区大局和中心工作，从不同角度履行各项职能。迄2005年，区政协设有专门委员会5个，街道政协工作联系小组6个。

第一节　常务委员会

区政协设常务委员会（简称常委会）主持会务。常委会由政协全体会议选举产生的主席、副主席、秘书长（办公室主任）和常务委员组成，由主席主持常委会工作，副主席、秘书长（办公室主任）协助主席工作。常务委员人选由区委邀请参加区政协的各党派、团体和各界别协商提名，经每届委员会第一次全体会议选举产生，并根据政协工作需要和人员变化，适时增补。1984～2005年，区政协先后选举产生第一届至第六届常委会，每届常委人数为21～24人。《区政协常委会工作规则》自1988

年12月制定后，历经多次修改完善。区政协常委会的职责是：决定召开并主持区政协全体会议，每届第一次全体会议由会议主席团主持，主席团由上届区政协常委会协商产生；执行区政协全体会议的决议；协商决定本届区政协参加单位、政协委员名额和政协委员人选变更，协商决定下一届区政协参加单位、政协委员名额和人选；决定区政协各专门委员会设置和变动，任免各专门委员会主任；协商讨论其他应由常委会决定的事项。区政协常委会议的主要任务是：讨论决定常委会会务工作中的重大问题，协商讨论崇安区的大政方针、重要事务和区内政治、经济、社会事业发展的重要决策以及人民群众关心的重大问题；听取和讨论中共崇安区委、区人民政府以及所属部门的有关报告；审议提交区政协全体会议的文件；讨论决定区政协年度工作计划以及审议各专门委员会年度工作计划；审议通过常委会建议案、重要提案、调研报告、视察报告及其他报告。常委会议一般每季度举行1次。1986~2005年，第一届至第六届区政协共召开常委会议128次，其中，第一届6次、第二届20次、第三届18次、第四届34次、第五届33次、第六届（至2005年）17次。

区政协召开六届23次常委（扩大）会议　（赵孙健摄）

区政协主席会议由主席、副主席、秘书长（办公室主任）组成，一般每月举行1次，处理常委会重要工作，必要时临时召集。其主要任务是处理区政协常委会日常工作，经区政协常委会授权或需要由区政协主席会议讨论决定的其他重要事项等。

政协崇安区第一届至第六届主席、副主席更迭情况一览表

表18－2－1

届　次	职　务	姓　名	党　派	任职时间	备　注
一届	主　席	周景河	中　共	1984.06~1986.04	兼党组书记
	副主席	荣介生	民　建	1984.06~1987.03	—
		郑维雍	中　共	1984.06~1987.03	—
		黄坤生	无党派	1984.06~1987.03	—
		庄锦华	中　共	1986.04~1987.03	—
二届	主　席	尤　觉	中　共	1987.03~1990.02	区委书记兼党组书记
	副主席	庄锦华	中　共	1987.03~1990.02	—
		王祖华	民　建	1987.03~1990.02	—
		荣介生	民　建	1987.03~1987.09	—
		郑维雍	中　共	1987.03~1990.02	—
		黄坤生	无党派	1987.03~1990.02	—
		顾源祥	无党派	1989.02~1990.02	—
三届	主　席	李　锋	中　共	1990.02~1993.02	兼党组书记
	副主席	杨惠英（女）	中　共	1990.02~1993.02	—
		王祖华	民　建	1990.02~1993.02	—
		黄坤生	无党派	1990.02~1993.02	—
		黄雨春	致　公	1990.02~1993.02	—
		顾豫苏（女）	中　共	1991.03~1993.02	—
四届	主　席	李　锋	中　共	1993.02~1996.02	兼党组书记
		高兴东	中　共	1996.02~1998.01	区委副书记兼党组书记
	副主席	顾豫苏（女）	中　共	1993.02~1997.03	—
		杨惠英（女）	中　共	1993.02~1998.01	—
		黄坤生	无党派	1993.02~1998.01	—

续表18-2-1

届次	职务	姓名	党派	任职时间	备注
四届	副主席	黄雨春	致公	1993.02~1998.01	—
		华亚娟（女）	无党派	1993.02~1998.01	—
		吴曾和	民进	1993.02~1998.01	—
		陈济林	中共	1996.02~1998.01	—
		唐金林	中共	1997.03~1998.01	—
五届	主席	高兴东	中共	1998.01~2001.01	兼党组书记
		黄汉林	中共	2001.04~2003.01	2001年1月兼党组书记
	副主席	杨惠英（女）	中共	1998.01~2003.01	—
		唐金林	中共	1998.01~2003.01	—
		黄雨春	致公	1998.01~2001.04	—
		陈济林	中共	1998.01~2001.04	—
		华亚娟（女）	无党派	1998.01~2003.01	—
		吴曾和	民进	1998.01~2003.01	—
		朱振良	无党派	1998.01~2003.01	—
		刘南琛（女）	中共	2001.04~2002.02	—
		曹海燕（女）	民盟	2001.04~2003.01	—
六届	主席	黄汉林	中共	2003.01~2004.03	—
		刘健华	中共	2005.01~	2004年12月兼党组书记
	副主席	杨惠英（女）	中共	2003.01~	—
		唐金林	中共	2003.01~	—
		华亚娟（女）	无党派	2003.01~	—
		朱振良	无党派	2003.01~	—
		曹海燕（女）	民盟	2003.01~	—

说明：上述资料由区政协办公室提供。

第二节　工作机构

【专门委员会】

简称专委会，是在区政协常委会和主席会议领导下，组织委员进行自我教育、开展调查研究、履行委员职责的工作机构。2003年2月前，各专委会设主任1人、副主任1~5人，均为兼职。专委会主任由区政协主席会议提名，区政协常委会议研究，由区委任命；副主任由区政协主席会议决定。

区政协专委会设置历经多次变化。1984年，区政协设学习委员会和城建、工业、商业、文教、医卫、妇幼、祖国统一、文史8个工作组。1985年，先后增设咨询工作委员会、提案工作委员会。1989年5月，增设文史编辑委员会，委员会主任委员由区政协主席尤觉兼任，副主任委员由区政协副主席庄锦华、顾源祥及文史工作组副组长朱寿泉兼任。1990年3月，城建、工业、商业、文教、医卫、妇幼、祖国统一、文史8个工作组撤销，改称专委会，时设提案、学习、文史资料、工业科技、财贸金融、城区建设、教育文化、医疗卫生、妇幼青年、社会法制10个专委会，以及台湾同胞、港澳同胞、海外侨胞“三胞”联谊委员会。1998年3月，贯彻中共江苏省委《关于印发〈关于市、县（市、区）政协机构改革的意见〉的通知》，调整为提案、经济科技、文教卫体、学习和社会法制4个专委会，均为正科级建制。2003年3月，增设城乡建设、人口资源、环境保护委员会。迄2005年，区政协设提案、经济科技、文教卫体、学习和社会法制以及城乡建设、人口资源、环境保护5个专委会，专委会主任均为专职。

在健全专委会机构的同时，区政协注重加强专委会基础建设，完善工作机制，充分发挥专委会在区政协履行职能中的基础性作用。1986~2005年，先后制定并逐步完善《政协崇安区委员会各专门委员会工作职责及主要任务》《政协崇安区委员会专门委员会工作职责及活动规则》《崇安区政协关于加强专门委员会与区有关部门工作联系的暂行办法》等一批规章，同时，建立健全专委会正副主任分工负责制，区政协正副主席对口联系、指导专委会工作，专委会例会，年初计划审定、年中工作交流、年末工作总结和评比表彰，党组会议、主席会议、常委会议审议专委会工作等一批制度，专委会工作规范化、制度化水平不断提高。

【办事机构】

区政协设立办公室作为办事机构，在办公室主任领导下处理区政协日常行政工作。其主要职责是承办区政协各项会务工作；做好区政协委员和各界人士学习、参观、调研、视察、联谊等活动服务工作；根据区政协的安排，协调与各党派团体、区政协各专门委员会的联系、沟通、协商；组织区政协委员建言献策；处理区政协委员提案，并做好信息报道、情况反映、调查研究，反映社情民意；完成区委、区政协党组及区政协交办的各项工作。2005年1月，根据《中国人民政治协商会议章程》规定，区政协增设秘书长，经区六届政协三次会议选举，王振铭为秘书长，兼任办公室主任。1986~2005年，历任区政协办公室主任有江凌超、叶家本、诸茹英、张宪华、王振铭。

【区政协街道工作联系小组】

2005年10月前，各街道设有1名政协工作联络员，配合区政协各专门委员会（工作组）开展各项活动。2005年10月，区六届政协第十八次主席会议决定在各街道成立区政协工作联系小组后，广益、崇安寺、通江、上马墩、广瑞路、江海6个街道相继组建区政协街道工作联系小组。组长由街道党工委副书记兼任，副组长兼联络员由街道党工委组织委员(或统战委员)兼任。

第三章　主要工作

1986~2005年，区政协在中共崇安区委的领导下，牢牢把握团结和民主两大主题，围绕经济建设这个中心，抓住各个时期全区的中心工作和人民群众关心的热点、重点、难点问题，充分发挥人才荟萃和联系广泛的优势，切实履行政治协商、民主监督和参政议政三大职能，通过学习考察、专题调研、咨询服务、提案办理、“三胞”联谊和文史资料征集等活动，积极参政议政，为崇安区改革开放、经济建设和社会事业的发展以及祖国统一服务。

第一节　政治协商

区政协通常以召开全体委员会会议、常务委员会会议、专题协商会议、区长和区政协主席联席会议等形式参与政治协商，区政协还通过主席会议、列席区委重要会议和区人大代表会议等途径进行政治协商，区政协党组成员和区政协办公室主任还列席区委全会，及时了解区委的重要决策和工作部署。1987~1989年，区政协党组出台《关于进一步发挥人民政协政治协商、民主监督的职能作用的意见》和贯彻《政协全国委员会关于政治协商、民主监督的暂行规定》的意见，加强区政协政治协商制度建设。特别是2000年制定《关于贯彻〈政协全国委员会关于政治协商、民主监督、参政议政的规定〉的实施意见》后，政治协商职能不断强化，政治协商途径不断拓宽，政治协商方式更加规范，通过每年全体委员会会议和列席区人民代表大会，进行集中协商；每月主席会议邀请区委、区政府有关领导参加，进行专题协商；每年三季度常委会会议，邀请区政府主要领导通报全区经济社会发展情况，进行重点协商；专门委员会与区有关部门的挂钩联系，进行对口协商。与此同时，区政协对每年政府工作报告、经济社会发展计划与目标、社会主义精神文明建设工作目标的制定和执行情况、廉政建设、财政预算以及有关政治、经济和社会稳定的重要决策，全区重大改革措施出台和重大人事安排等，都进行认真讨论，提出意见和建议，政治协商质量不断提高。

1986年，区一届政协先后参与区政府1986年度目标管理和区委关于精神文明建设的意见等重大问题的决策。1987~1989年，区二届政协先后参与区委、区政府年度工作目标等重大问题的决策和物价、财税、治理整顿公司、廉政建设等专题协商10多次，发表建设性意见100余条。1990~1992年，区三届政协先后参与区政府经济和社会发展"八五"前三年计划、知识分子工作三年规划的决策，参与区委第六次党员代表大会工作报告的讨论，提出许多意见和建议。1993~1997年，区四届政协先后参与区政府关于经济和社会事业发展目标、干部离任审计、皇亭美食城经营、反贪污贿赂及党风廉政建设、扶贫和再就业工程、创建国家卫生城市等工作情况的讨论，积极建言献策。1998~2002年，区五届政协先后参与区政府关于国民经济和社会发展"十五"计划和2010年远景目标（纲要）、区域经济发展、协税护税、企事业单位改革、社区建设、下岗职工再就业、医疗体制改革和党风廉政建设等事关全局问题的决策，区政协常委与区委、区政府领导和有关部门负责人座谈讨论，提出意见和建议。2003~2005年，区六届政协先后围绕区政府关于人口与计划生育、医疗卫生体制改革、"非典"防治、招商引资、建立辖区企业服务体系、民营经济发展、重点项目建设、服务业发展、事业单位人事制度改革、重点片区建设、城市建设管理、安全生产、社会治安、重点提案办理、发展社区卫生服务等方面进行协商讨论，提出意见和建议。

第二节　参政议政

区政协坚持贯彻"长期共存、互相监督、肝胆相照、荣辱与共"的方针，有计划地组织委员围绕改革、发展、稳定中的重要问题和群众关注的热点难点问题，组织视察，开展调研活动，积极建言献策，参政议政。1986~2005年，先后组织视察调研活动250余次，撰写专题调研报告130多篇。

1986年，区一届政协围绕机构改革、经济建设、文化教育及群众生活等重要问题，组织20多个专题调研，撰写提高小学教师素质、解决新村儿童入学难、市区医院合理用药、促进饮食服务业与修补业发展、落实知识分子政策等调研报告12篇，被区委批转下发。1987年，区二届政协安排3个月专题调研，召开献计献策会2次，就商业网点布局调整、加快工业改革步伐、加强市场管理与监督、调整中山路西侧学区划分、幼儿教育改革、保持崇安医院传统特色和恢复传统专科等，提出意见和建议103条。1988年，区二届政协撰写的《"拆迁"给崇安区商业发展带来种种困难》专题调查报告，被市委《决策参考》录用，并在市政协意见听取会上发表；关于重视食品卫生的建议在《无锡日报》上刊登。1990~1992年，区三届政协围绕区重点工作，以专委会为主体，对辖区工业、商业、城市管理、防汛设施、食品卫生、民兵建设等视察调研55次，形成加强城区建设和管理、青少年健康与教育、家庭教育、食品卫生管理等方面的调研报告24篇。1990年撰写的关于促进区街外向型经济发展的专题调研报告，被列为市政协建议案附件；关于将防汛工程列入城市整体规划、提高防汛设施建设质量等建议，得到市区有关部门重视和采纳。1993~1997年，区四届政协参政议政注重把常委会议题选定与全区中心工作相结合，常委会重点调研和专委会专题调研相结合，撰写调研文章35篇。1993年，区政协就减轻小学生课业负担、街道卫生所机构设置、文明住宅小区创建、外经外贸现状与对策、青少年教育等开展8项调查，撰写调研报告5篇。1994年，区政协常委组成2个调研小组，开展重点课题调研，形成关于"三产"兴区、区属工业扭亏增盈2篇调研报告，为区委、区政府提供决策依据。1995年，区政协就企业经营管理、外资嫁接、市政建设、交通道路、防汛工程、食品卫生、农贸市场管理、教育配套设施以及车辆管理等课题实地调研。1996年，就防汛工程设施建设、金海里小学建设、群众体育活动阵地、环境保护、集体幼儿园教育、食品卫生法规贯彻、加强皇亭美食城内部管理、综合治理属地管理等方面进行调研，撰写调研报告8篇。1997年，区政协就推进股份合作制改革、加强挂靠企业管理、教育现代化工程、成人教育现状、新村小区管理、“三胞”工作等，组织专题调研。区政协常委会调研缓解区街经济发展资金短缺困难，提出广开财源、多方“吸储”的建议，被区政府采纳。崇安合作银行存款迅速增加，成为支持区街经济发展的有力杠杆。区政协还内引外联，促成中山商场以租赁经营形式，与上海市徐汇区商城集团所属上海市第十一百货商店合作，使中山商场摆脱困境。1998~2002年，区五届政协围绕再就业工程、个私经济发展、挂靠企业产权制度改革、社区服务、创建文明城市、崇安医院医疗改革、街道居委职能转换、区房地产业发展、协税护税和区域经济发展、加快发展私营企业、教育改革和学生减负、城区改造管理、创建卫生城市、建立私营工业园和现代物流园区等课题专题调研，组织委员890人次、视察65次，形成《关于崇安区挂靠企业产权制度改革的设想和建议》《关于区域经济的发展与认识》《加快人才资源开发，促进城区事业发展》《关于校企经济发展及其思考》《营造良好的投资环境，推进崇安区私营企业快速发展》《如何加快崇安区房地产业的发展》《打崇安寺品牌，做公花园文章》等16篇调研报告，供区委、区政府及有关部门决策参考。与此同时，专委会和委员活动小组结合各自工作特点，开展小型专项调研：学习和社会法制委员会写出《强化时代意识，着力开拓创新》的研讨文章；教育文体组、工青妇组、工业科技组分别写出《崇安区教育现代化建设的现状及发展构想》《关于民办幼儿园体制改革的初探》《造市、造路、造环境，营造私企发展良港》专题报告；城建组和医卫组联合开展调研，写出《如何创建文明新社区》论文。2003~2004年，区六届政协围绕辖区企业服务体系建设、公共卫生服务体系建设、辖区属地管理等课题，开展调研，写出《关于加强崇安区辖区企业服务体系建设的几点建议》《关于深化改革，加快建设公共卫生服务体系的情况调查》《属地管理给区政工作带来的机遇和挑战》等调研报告。专委会、委员活动小组和区政协广益街道工作联系小组通过专项调研，写出《怎样做好社会大调解工作》《尽快建立健全突发公共卫生事件应急机制》《“非典”过后的反思》《关于招商引资工作的几点思考》《基础教育课程改革分析》《关于政府在发展专业市场中的得益和风险》《加强部分街道未接收地区的管理》《广益街道开展村级股份经济合作制的若干思考》等调研文章。2005年，区六届政协围绕区委提出的“构建服务业核心区、城市文化特色区、创业安居首选区”三大发展定位，组织重点调研，写出《聚全区之财，谋发展之路》《弘扬崇安文化、打造特色品牌》《适应新形势、缓解停车难》《关于崇安区已改造老新村长效管理情况的调查》和《崇安区物业管理的现状和发展构想》5篇调研报告。

第三节　提案工作

1985年，区政协提案工作委员会增设为常设机构，1988年12月，制定《区政协提案工作规则》，后经修改完善，形成《崇安区政协提案工作条例》，就提案的提出、审查和处理、办理等作出规定，使提案工作不断规范化、制度化。区政协注重提案内容的研究、分析，突出区政工作的重点和人民群众关心的热点，加强提案人与专委会调研的有机结合，使提案内容更具前瞻性、针对性、可操作性。在提案办理中，注重建立完善提案督办、联办、协办机制，加强与提案人和提案承办单位的联系，协调提案的办理与落实；注重开好提案交办会、提案办理检查交流会、提案办理工作通报会；注重日常检查督促，组织视察活动，督办重点提案，不断提高提案办理质量和水平。1986~2005年，累计收到提案1384件，除交市政协办理的283件以外，立案提案办理1101件，满意和基本满意率98.64%。

1986年，区一届政协收到提案64件，立案办理50件，多数提案被有关方面采纳，付诸实施。1987~1989年，区二届政协收到提案236件，立案办理209件，其中“关于建立无锡市牙病防治医院”

提案受到市领导支持并实施。“关于解决新村大楼环境卫生差”“大楼水箱应定期清洗”等提案均被采纳并解决。1990~1992年，区三届政协收到提案193件，立案办理161件，关于“落实弱智儿童教育校舍”“解决辅读学校大龄学生就业问题”“扩建和迁移区党校校舍”等提案，均被采纳并落实。委员对提案办理的满意率逐年提高。1993~1997年，区四届政协收到提案303件，立案办理221件，其中，经济建设、环境保护方面104件，占47.06%；科教文卫体方面53件，占23.98%；财贸金融方面17件，占7.69%；精神文明、社会治安等方面47件，占21.27%。委员提案件件落到实处。1998~2002年，区五届政协收到提案389件，立案办理313件，其中，经济建设方面69件，占22.04%；城建城管、工商行政管理方面100件，占31.95%；科教文卫体方面61件，占19.49%；政法、人事、劳动方面35件，占11.18%；人民生活及其他方面48件，占15.34%。其中22件被评为区优秀提案。在全市县（市、区）政协中率先运用计算机进行提案管理。年办复率保持100%，满意和基本满意率达到90%以上。2003~2005年，区六届政协收到提案199件，立案办理147件，其中，经济建设方面38件，占25.85%；城建、城管方面44件，占29.93%；科教文卫方面27件，占18.37%；政法、人事、劳动方面6件，占4.08%；人民生活及其他方面32件，占21.77%。其中，《关于营造三大特色，打造中心城区品牌》等8件被评为区优秀提案。所有提案都在规定时间内办结，满意和基本满意率提高到98.64%。

第四节　自身建设

1984年6月，设立学习委员会。除每月组织中心组学习外，还适应改革开放的新形势，定期组织委员学习政治理论和大政方针，举办专题讲座和形式多样的委员活动日，充分发挥委员在履行政协职能中的主体作用，增强责任意识和服务意识。定期评比表彰先进专委会、政协委员积极分子，评选优秀提案，及时总结工作经验和成果，每年汇编成册，扩大区政协工作的影响力。

【政治学习】

区一届政协组织政协委员和各界人士学习新时期统一战线理论，人民政协性质、地位、任务、作用知识，以及教育、科技、物价、劳动制度、经济体制改革等文件。区二届政协围绕贯彻中共十三届三中、四中、五中、六中全会文件，《中共中央关于坚持和完善中国共产党领导的多党合作和政治协商制度的意见》等内容，组织学习。1987年，邀请市政协委员、台湾回无锡定居的袁宝伦和市政协委员、南长区政协副主席、台湾回锡定居的卢裕康作“热爱社会主义祖国”主题讲座；邀请中共“十三大”代表、无锡市一中党总支书记顾蕴玉作学习中共“十三大”精神专题报告。90年代起，区政协每年有计划组织专题学习和辅导讲座。区三届政协围绕贯彻全国统战政协工作会议精神、江泽民“七一”重要讲话举办专题学习会；组织“认清改革形势，加快经济建设步伐”“自觉维护党的领导，坚定社会主义信念，沿着有中国特色的社会主义道路胜利向前”等报告会。区四届政协围绕学习《邓小平文选》第三卷和社会主义市场经济理论，组织学习辅导报告会和知识讲座；邀请市委统战部负责人作关于新时期统战形势报告；邀请市体改委人士作商业流通领域改革与发展知识讲座。区五届政协围绕贯彻中共“十五大”精神，举办学习报告会；召开邓小平人民政协理论研讨会，区政协主席高兴东、副主席杨惠英等11人交流学习心得。并组织学习“三个代表”重要思想，在政协领导班子和领导成员中开展“三讲”教育，增强领导班子的凝聚力和战斗力。区六届政协围绕贯彻《中华人民共和国反分裂国家法》，举办委员培训班，与区委统战部联合举办学习座谈会；组织中共中央《关于进一步加强中国共产党领导的多党合作和政治协商制度建设的意见》培训班。1998~2005年，先后组织专题学习和辅导讲座7次。邀请驻无锡8722部队副政委丁俊祥、政治处主任丁晓兵分别作抗洪抢险事迹报告和理想信念报告；举办迎澳门回归和宗教知识讲座；邀请无锡市规划设计院副院长蒋仁宝作“无锡特大型城市规划构想”专题讲座；邀请中共上海市委党校教授朱明毅作“当前国际形势与知识经济问题”“国际形势与台湾问题”“WTO与中国改革”、中共十六届五中全会精神专题讲座等，拓宽政协委员视野，提高参政议政能力。

【委员活动日】

1989年4月，区政协在靖海公园举行庆祝无锡解放40周年纪念活动暨第一次政协委员活动日，近百名委员参加座谈、联欢活动。是年9月，举办第二次政协委员活动日。1990年3月，区政协第三届第一次常委会议通过《崇安区政协之友联谊会章程》，1993年区政协第四届第一次常委会、1998年第五届第一次常委会又经两次修订，形成《崇安区政协联谊会章程》，委员活动日自此经常化、制度化。1992年6月，在区少年宫举行“献计出力，争作贡献”主题联谊会暨委员活动日，与会委员就加快区改革开放和经济建设步伐提出意见建议10余条。1994年6月，举行区政协成立10周年庆祝活动暨委员活动日。1999年、2001年，先后组织委员参观江阴长江大桥和鹅鼻嘴公园，常熟沙家浜青少年爱国主义教育基地和常熟小商品市场。2003年，与区委统战部联合召开各界人士迎春茶话会。2004年，赴浙江南浔开展委员一日活动。2005年，先后赴驻无锡部队201团开展“军营一日”活动，赴浙江西塘古镇参观。

【表彰奖励】

1986年11月，召开积极分子表彰大会，表彰工业工作组、妇幼工作组2个先进集体和陈志奎等39名积极分子。1992年2月，召开区政协工作先进集体和个人表彰大会，城区建设、财贸金融、医疗卫生、工业科技、“三胞”联谊5个专委会和金炳芳等27名政协委员受到表彰。2005年1月，对政协区六届一次和二次会议提出的《关于营造三大特色，打造中心城区品牌》等8件优秀提案，予以表彰。

第五节　文史工作

【《崇安文史》】

《崇安文史》编纂始于1989年，区政协文史编辑委员会组织编纂人员，以“三亲”（亲历、亲见、亲闻）为主，通过广泛征集政治、军事、党史、经济、文化、教育、卫生、习俗、古迹、人物和重大事件等各个方面内容，发掘崇安区近百年的历史资料，编写成文，作为内部刊物，不定期刊印。1989~1996年，共刊印《崇安文史》4辑，收录文史资料125篇，31.1万字，介绍名胜古迹、名人事迹、“老字号”创业历程以及崇安人民在各个历史时期艰苦奋斗的历史，有较高的文献史料价值。

1989年10月，印发《崇安文史》第一辑，其中收录“民间艺人——阿炳”“严朴与江苏中学”等文史资料36篇。1990年12月，印发《崇安文史》第二辑，其中收录“无锡革命斗争史上的一件大事——捣毁市政厅事件”“1927年无锡县委的机关驻地——堵家弄7号”等文史资料26篇。1992年12月，印发《崇安文史》第三辑，其中收录“发展中的崇安人民医院”“重温乡味——忆崇安寺皇亭小吃”等文史资料27篇。1996年11月，印发《崇安文史》第四辑，其中收录“难忘的回忆”“崇安合作银行史”等文史资料36篇。其后，因多种原因而中断。

【“老字号”专辑】

为配合崇安寺地区改造，抢救无锡“老字号”历史文化遗产，传承文明，推动发展。2004年9月，区政协经过2个多月的查、访、挖，编成1.6万字的“老字号”专辑，供区委、区政府及有关部门参阅。该专辑收录“老字号”企业13家，有140多年历史的聚丰园菜馆、百年老店三凤桥肉庄及王兴记等。

第十九编

民主党派　工商联　人民团体

1952年，农工民主党（以下简称农工党）最早在崇安地区建立分支机构。之后，中国民主同盟（以下简称民盟）、中国民主促进会（以下简称民进）、中国民主建国会（以下简称民建）等民主党派及工商业联合会（以下简称工商联）陆续在区建立组织、发展成员，在中共崇安区委的领导下，巩固新生人民政权，恢复发展经济，参与各个时期社会主义革命和建设运动。“文化大革命”期间活动停止。1978年，中共十一届三中全会后，全面贯彻中国共产党与各民主党派“长期共存、互相监督、肝胆相照、荣辱与共”的方针，落实民主党派“政治上自由、组织上独立、法律上平等”的方针，民主党派组织逐步发展，成员不断增加。1986年，全区仅有2个民主党派建立组织，有5个民主党派成员63人。2005年，发展到6个民主党派建立组织，成员增至192人。各民主党派紧紧围绕经济建设这个中心，按照时代要求和各自特点，参政议政，参与民主管理、民主监督、民主协商。同时，发挥人才集聚和社会联系广泛的优势，开展社会办学、咨询服务，扩大同海内外爱国人士的联系，引进资金、技术、管理，推进崇安区改革开放和现代化建设，促进祖国统一大业。1986~2005年，在历届区人大代表和区政协委员中，均有一定比例的各民主党派成员。先后有2名民主党派成员担任区人大常委会副主任、3名民主党派成员担任区人民政府副区长、5名民主党派成员担任区政协副主席。另有14名民主党派成员担任区政府部门和基层单位领导、70余名民主党派成员被聘任为区特邀监察员、审计员、教育督导员和人民陪审员。

1951年11月建区后，区内相继建立工会联合会（以下简称工会）、中国新民主主义青年团（1957年改称中国共产主义青年团，以下简称青年团、共青团）、少年先锋队（以下简称少先队）、妇女联合会（以下简称妇联）和工商联等社会群众团体组织。1986年后，区内工人、青少年、妇女等团体，发挥自身作为党和政府密切联系群众的桥梁、纽带作用，在团结各界群众投身改革开放和现代化建设中发挥重要作用。迄2005年，辖区内有登记或经国务院批准免于登记的社团21个。

第一章　民主党派　工商联

崇安区民主党派组织发端于1952年建立的农工党崇安寺小学小组。之后，民盟、民进、民建等党派相继在区内发展成员，建立组织。1966年，民主党派成员有70余人。“文化大革命”期间，民主党派组织停止活动。1977年后，陆续恢复组织活动。1986年，区内有农工、民进2个民主党派组织，下设基层支部4个。有农工党、民进以及民盟、民建、九三学社5个民主党派成员63人，其中，民进10人、农工42人、民盟7人、九三学社2人、民建2人。1989年，区民进支部升格为总支，全区有民主党派成员69人，其中，民进会员24人、农工党员45人。1990年，成立民建支部。全区有民主党派成员77人，其中民建会员8人，民进会员24人、农工党员45人。1997年，民盟支部成立，全区有农工、民进、民建、民盟等民主党派4个，成员103人，其中，民盟8人、民建17人、民进27人、农工51人。1999年，中国国民党革命委员会（以下简称民革）崇安支部成立，全区有民主党派成员118人，其中，民革9人、民盟10人、民建19人、民进29人、农工51人。2005年，九三学社崇安支社成立。民盟、农工党、民进、民建、九三学社、民革6个党派在崇安区建立组织，基层支部由2002年的9个增加到10个，成员192人，其中，民盟13人、农工党52人、民进42人、九三学社35人、民建27人、民革23人。建有总支1个、支部10个，支部数比1985年增加6个。民主党派成员主要分布于区内教育、卫生、工业、商业和房产等系统，其中，教育、卫生两系统的成员占全区民主党派成员总数的50%以上。民主党派成员中，具有高级职称41人、中级职称107人、初级职称14人；其中，具有本科学历60人、大专学历72人。

区工商联为社会团体，成立于1953年2月。“文化大革命”期间，区工商联组织中断，1994年5月恢复后，其地位和作用日益突出，骨干成员大多是党外人士，归口区委统战部管理。迄2005年，全区有工商联会员617个，其中个体工商会员95个。

1986～2005年崇安区民主党派组织情况一览表

表19-1-1　　　　单位：个、人

年份	民革		民盟		民建		民进				农工党			九三学社	
	支部	成员	支部	成员	支部	成员	总支	支部	小组	成员	总支	支部	成员	支部	成员
1986	—	—	—	7	—	2	—	1	3	10	1	3	42	—	2
1987	—	—	—	—	—	—	—	1	3	8	1	3	42	—	—
1988	—	—	—	—	—	—	—	1	3	8	1	3	42	—	—
1989	—	—	—	—	—	—	1	4	—	24	1	3	45	—	—
1990	—	—	—	—	1	8	1	4	—	24	1	3	45	—	—
1991	—	—	—	—	1	8	1	4	—	24	1	3	46	—	—
1992	—	—	—	—	1	8	1	4	—	24	1	3	46	—	—
1993	—	—	—	—	1	8	1	4	—	23	1	3	46	—	—
1994	—	—	—	—	1	8	1	4	—	23	1	3	46	—	—
1995	—	—	—	—	1	12	1	4	—	23	1	3	46	—	—
1996	—	—	—	—	1	12	1	4	—	25	1	3	51	—	—
1997	—	—	1	8	1	17	1	4	—	27	1	3	51	—	—
1998	—	—	1	8	1	19	1	4	—	27	1	3	51	—	—
1999	1	9	1	10	1	19	1	4	—	29	1	3	51	—	—
2000	1	13	1	8	1	19	1	4	—	29	1	3	51	—	—
2001	1	14	1	10	1	19	1	4	—	29	1	3	51	—	—

续表19-1-1

年份	民革		民盟		民建		民进				农工党			九三学社	
	支部	成员	支部	成员	支部	成员	总支	支部	小组	成员	总支	支部	成员	支部	成员
2002	1	16	1	10	1	20	1	4	—	32	—	2	52	—	—
2003	2	19	1	11	1	20	1	4	—	32	—	2	52	—	—
2004	2	21	1	12	1	20	1	3	—	32	—	2	52	—	—
2005	2	23	1	13	1	27	1	3	—	42	—	2	52	1	35

说明：上述资料由区委统战部提供。

第一节　中国国民党革命委员会崇安区组织

民革崇安支部成立于1999年。1999~2005年，民革崇安支部充分发挥民革党员与台湾同胞和海外华人有渊源关系的优势，认真履行参政议政、民主监督的职责，积极开展联谊活动，为区域经济和社会发展出谋献策，民革党员的优秀提案在各党派团体和界别中名列前茅。

【组 织】

民革崇安支部成立于1999年6月，时有党员9人，匡衍枝任支部主任委员。2003年9月，民革崇安支部换届改选，有党员13人，支部主任委员改由朱宗明担任。同时成立民革崇安医院支部，有党员6人，匡衍枝任支部主任委员。迄2005年，区内有民革崇安支部、崇安医院支部2个基层组织，党员23人。

【活 动】

民革崇安支部成立后，积极围绕“两个文明”建设和有关民生等重大问题反映情况、参政议政。支部主任委员匡衍枝从1999年始，年年有提案，其先后提出的关于建立和完善计划生育取环手续制度、控制退休职工乱开药、加强靖海地区设摊管理等8条建议，都受到重视和采纳。民革成员窦林2005年提交的“关于营造发展非公有制经济环境的建议”、张贤提交的“关于营造三大特色，打造中心城区品牌的建议”、朱宗明提交的“关于建立区政协社区联络组织、提高政协委员参政议政能力”等5件提案荣获区六届政协一次、二次会议优秀提案奖，占优秀提案的62.5%，在各党派团体和界别中名列前茅。

民革崇安支部还积极发动民革成员开展社会服务活动。崇安医院支部年年参加民革市委组织的大型义诊活动，并长期为靖海居委老年大学义务上保健知识课。2000年，到芦庄街道为“三胞”眷属、少数民族、街道职工免费体检。2001年、2004年民革崇安支部先后出资捐助5名东新路小学特困生、1名延安贫困生上学。民革成员宾步青还积极参加黄埔同学会后代组织的活动。此外，民革崇安支部与连云港、泰州、淮安等地民革支部建立联系和进行交流。

第二节　中国民主同盟会崇安区组织

民盟崇安区组织成立于1957年，时有崇安、工运2个民盟小组。1958年两区合并后，成立民盟崇安小教支部，盟员18人。“文化大革命”期间停止活动，1979年9月恢复时，仅剩盟员2人。后与北塘区联合成立民盟小教支部，有盟员15人，1997年，建立民盟崇安支部。1997~2005年，民盟崇安支部立足本职，服务社会，为推进崇安区经济和社会发展建言献策。民盟盟员陈芳芳被民盟无锡市委评为1997~1999年度为两个文明建设服务先进个人，曹海燕于2005年被民盟省委评为优秀女盟员。

【组 织】

民盟成员主要以教育界、文艺界的中高级知识分子为主，具有政治联盟性质。1986年，全区有盟员7人。1997年5月20日，复建民盟崇安支部，有盟员8人，汪春任支部主任委员。此后，吸收发展新盟员4人，调入1人。迄2005年，全区有民盟基层支部1个，盟员13人，盟员来自区内13个基层单位。

【活 动】

1986年后，特别是1997年恢复建立民盟崇安支部后，民盟作用和地位不断增强。迄2005年，民盟盟员当选为历届市区人大代表和政协委员的有5人。其中当选为市人大代表和市政协委员的3人：汪春（市十一届政协委员）、陈芳芳（市十三届人大代表）、秦惠芬（市十一届政协委员）。担任区政协副主席1人：曹海燕（区五届、六届政协当选）。先后担任区政府部门领导4人：曹海燕（区档案局局长），汪春（区环保局副局长）、陈芳芳（区统计局局长）、秦惠芬（区财政局局长）。

民盟盟员立足本职，服务社会，积极建言献策。围绕推进改革开放和经济建设，先后向区政府提出“关于在全区鼓励发展非公有制经济的建议”“关于组建工商企业顾问团”等提案，向市政府提出“加强批发市场的建设与管理”等建议。盟员陈芳芳“关于在全区范围内鼓励发展非公有制经济的建议”的提案被评为区政协五届二次会议优秀提案。围绕加强环境保护，先后提出“关于切实加强领导，特别是提高领导决策层环保意识的建议”“关于解决映山河小区崇安寺浴室烟尘排放问题”等提案，并向市政府提出“关于提高城市环境质量、改进自动监测子站点设置”等建议。围绕加强城市管理，先后提出“关于工商部门加强对无证店面管理的建议”“关于修复映山河医院门前道路”等提案。2003年，汪春提出“关于加强劝业场门口秩序管理建议”的提案，受到市工商局市场分局、市公安局等部门高度重视，并落实解决。2005年，曹海燕提出的“构建特殊教育保障机制，促进特殊教育健康发展”的提案，被区政府采纳，先后投入几十万元，用于改善特殊教育办学条件。民盟立足“为民服务、为民谋利”的宗旨，积极反映社情民意。1999年，汪春提出“关于实事求是为病人配药，推行医疗收费清单制”的提案，被市政府有关部门采纳，2000年5月在全市推广。

其间，民盟还以多种方式支持“希望工程”，开展向灾区人民献爱心活动；与区环卫新市民职工开展结对帮困活动。广泛开展对外联络与交流活动，1998～2000年，先后与郊区、江阴、常熟、宜兴等地民盟支部就“民主党派如何为两个文明服务”开展学习交流。

第三节　中国民主建国会崇安区组织

民建崇安支部成立于1959年5月，有会员39人。“文化大革命”期间组织活动停止，1990年9月恢复。1990～2005年，民建崇安支部发挥与经济界联系密切的优势，为优化政府公共管理和科学决策参政议政。1999年，民建崇安支部被民建无锡市委授予“树形象，开展‘五个一’”活动先进支部荣誉称号。2002年5月，又被评为民建无锡市委“创建文明支部”活动首批达标支部。

【组 织】

民建成员主要是工商界人士以及与他们联系的中高级知识分子和经济工作者。1986年，仅有会员2人。1990年9月4日，恢复成立民建崇安支部，有会员8人，设支委3人，王祖华任支部主任委员。会员中具有中高级职称3人。1995年2月10日，支部换届改选，时有会员12人，设支委5人，徐培松任支部主任委员。会员中具有中高级职称5人。1998年7月29日，支部换届改选，时有会员19人，设支委4人，钱景辉任支部主任委员，吕小宝任副主任委员。会员中具有中高级职称8人。2001年8月，支部换届改选，时有会员19人，设支委5人，吕小宝任支部主任委员，周亚珍任副主任委员。会员中具有中高级职称9人。迄2005年，有民建崇安支部1个，会员27人。

【活 动】

民建积极参政议政，为政府公共管理和科学决策建言献策。其间，民建崇安支部成员当选为区历届人大代表和政协委员的有27人。担任区政协副主席、区人民政府副区长的有王祖华（区二届和三届政协当选，区十届人大当选）。担任区政府部门领导的有3人：钱景辉（区财政局副局长），吕小宝（区计划生育局副局长），周亚珍（区计划经济局副局长）。1995~2005年，兼任行风特约监督员的有10人。

民建崇安支部注重发挥整体优势，拓宽知情面。当选为人大代表和政协委员的民建会员围绕加快改革开放、建设商贸崇安，积极建言献策，提出的“利用优势建好崇安寺核心商圈”“制定优惠政策或采取奖励措施鼓励崇安区的私营企业吸纳本区下岗职工”“加快产权制度改革和挂靠企业改制”“加快发展我区的外向型经济”“有效利用珍贵资料提升崇安知名度”等提案12件，都被采纳落实。其中“制定优惠政策或采取奖励措施鼓励崇安区的私营企业吸纳本区下岗职工”建议被评为区政协五届五次会议优秀提案。其间，副区长王祖华1987年提交的“加快城市卫生整治”、1992年提交的“解决夏天自来水压力不足问题”，以及“改善我市水环境，加强旧城地下污水管道改造，使污水早日纳入污水处理厂净化后排入河内”等议案，都得到市政府高度重视。1994年退休后，王祖华还提交“坚持和完善崇安区机关干部劳动制度”“加强对崇安区商业局部分单位税收征管力度”“加快推进区属企业职工参保”等建议10多件。

民建崇安支部还注意发挥经济界人士较多的优势，在帮助会员企业做大做强，为区域经济多作贡献的同时，发动会员投身光彩事业，开展结对助学、助残帮困等慈善活动。2001年后，民建支部向希望工程捐款捐物5000多元。先后帮助2名罹患癌症会员康复，解决2名下岗会员在异地谋生。

第四节　中国民主促进会崇安区组织

民进崇安区基层组织成立于1956年，时为连元街小学小组，有会员5人。此后，又在东林小学、新庙前小学建立联合小组，有会员4人。“文化大革命”期间停止活动，1979年下半年恢复。1986~2005年，民进崇安支部积极参与民主协商和管理区政事务，发挥参政党作用。民进崇安总支先后被民进无锡市委评为1993年度先进支部、1999~2000年度会务工作先进支部；10名会员被民进无锡市委评为会务积极分子。2名会员荣获民进无锡市委2001~2002年度社会服务贡献奖称号。

【组 织】

民进的基本队伍是文化、教育工作者，民进崇安支部成员主要是中小学教师。1986年，崇安区有民进支部1个，小组3个，会员10人。1987年2月20日，民进崇安小教支部换届改选，设支委3人，有会员8人，顾磐曾任支部主任委员。1989年5月10日，成立民进崇安区总支，顾磐曾任总支主任委员，毛静芝任总支副主任委员。下设连元街小学、城内、城外、退休4个支部，有民进会员24人。1993年1月30日，民进崇安总支换届改选，改由杨萍华任总支主任委员，马浩南任总支副主任委员。是年，崇安区有民进总支1个，下设支部4个，会员23人。1996年3月15日，民进总支换届改选，改由吴曾和任总支主任委员，杨萍华任总支副主任委员。是年，崇安区有民进总支1个，下设支部4个，会员25人。2002年3月15日，民进总支换届改选，仍由吴曾和任总支主任委员，李英、顾肖红任总支副主任委员。下设支部4个，有会员32人。2004年，民进总支换届改选，改由冯硕蕾任总支主任委员，李英、顾肖红任总支副主任委员。迄2005年，崇安区民进基层组织有总支1个，下设小教、综合、幼教3个支部，有会员42人。

【活　动】

民进积极参与民主协商和管理区政事务，发挥参政议政作用。民进会员顾磐曾于区十一届、十二届、十三届人大当选为区人民政府副区长，后任民进无锡市委主委、市政协秘书长、市政协副主席。吴曾和于区四届、五届政协当选为区政协副主席。杨萍华担任区文体局副局长。民进支部注意发挥教育、文化工作者集聚的优势，围绕“推进教育文化事业发展”“保障民生权益”等提出提案12个。其间，民进会员毛静芝围绕“幼儿园建设、加快师资培养”“规范收费、加大投入”提交提案2个。区政协第三届、第四届、第五届委员唐庆卫围绕民办幼教发展和小区环境卫生整治、低压供电等民生问题提交不少提案，其中1987年提出的“关于当前幼儿教育的现状和建议”被区政府采纳并落实。1993~2001年，区政协副主席吴曾和先后提出“实现机关办公和企业管理自动化是提高机关工作效率和企业生产效益的必由之路”“增加教育经费投人，加快教育现代化工程建设”“不断提高领导干部现代科技素养”“关于崇安寺商业步行街方案设计中亮出文化特色”4件提案，都被区政府重视并采纳。区十四届人大代表冯硕蕾提出的关于改造长大弄、改善学校周边环境的建议也都受到重视并解决。葛宝润、杨萍华等会员都围绕全区经济社会发展的热点问题和民生问题提出意见和建议。

民进会员还在教书育人岗位上开展爱生敬业、岗位奉献活动，为推进素质教育、培养人才辛勤耕耘。时任民进小教支部主任委员、连元街小学校长顾磐曾，传承“培根竢实，乐育英才”的学校精神，呕心沥血，严谨治学，使百年老校不断成就辉煌，成为全国领先、省内一流的现代化名校。会员浦巍专著15万字的《徐霞客游踪记述》于2001年8月由哈尔滨出版社出版，其任制片人的21集古装电视连续剧《红楼丫头》于2003年公开上映。会员冯硕蕾参与编写的义务教育苏教版小学语文教学参考书在2002~2005年间江苏教育出版社先后再版4次。1986~2005年，会员获得的各类荣誉称号有：中央教科所德育先进个人、全国爱国主义教育最佳园丁、全国少儿舞蹈比赛金奖指导奖等国家级荣誉16人次；江苏省中小学教科研工作先进个人、苏教版教材实验先进个人、特殊教育教师基本功大赛奖等省级荣誉17人次；市学科带头人、教学能手、又红又专青年教师等市级荣誉76人次。各类论文刊登或获奖的有国家级48篇，省级79篇，市级93篇。民进支部还广泛开展献爱心助公益活动。幼教、小教支部每年组织支教活动，由学科带头人等优秀教师赴薄弱学校上示范课、作讲座等，受到社会广泛欢迎。

第五节　中国农工民主党崇安区组织

农工党崇安区基层组织成立于1952年。1953年，第一区崇安寺小学小组改建为小教支部。1956年，工运区成立医务支部和小教小组。1959年，崇安区成立联合医院支部和小教支部。“文化大革命”期间停止活动。1979年9月恢复，有农工党崇安区医院支部、小教支部2个基层组织。强士奎任崇安医院支部主任委员，杨思震任小教支部主任委员。小教支部下设在职、退休2个小组。1986~2005年，农工党崇安区基层组织注重自身建设，充分发挥参政党作用，提高参政议政、合作共事能力。2001年，农工党崇安医院支部和小教支部分别被农工党无锡市委评为先进基层支部。农工党崇安医院支部还被农工党江苏省委评为先进基层支部。

【组　织】

农工党成员以教育界、医药卫生界人士为主。1986年3月，全区有农工党崇安区小教总支1个、小教一支部、小教二支部、崇安医院支部3个基层组织。成严声任总支主任委员，党员42人。1988年4月至1991年12月，农工党崇安区基层组织历经3次换届改选，1991年有党员46人。1993年7月至1996年12月，又经2次换届改选，1996年底，崇安区有农工党总支1个、基层支部3个（其中，小教一支部更名为小教支部，小教二支部更名为小教退休支部），秦荣海任崇安医院支部主任委员，陈敏华任小教支部主任委员，夏丽娟任小教退休支部主任委员。有党员51人。1999年6月至2002年6月，农工党崇安区基层组织再经2次换届改选，2002年6月，全区有农工党崇安医院支部、小教支部2个基层组织。朱沛华、钱正华分别担任两个支部主任委员。有党员52人。迄2005年未变。

【活 动】

农工党是崇安区成立最早的两个民主党派之一，农工党员在区历届人大代表、政协委员中所占的比例较大。1986~2005年，当选为市区人大代表、政协委员的有15人次。其中，任区人大常委会副主任的1人：强士奎（区十届、十一届人大当选）；任区政府副区长的1人：曹锡荣（区十四届、十五届人大当选）；任区政府部门和基层单位领导的3人：钱正华（区文体局副局长）、周唯巍（区教育局副局长）、马勤（崇安人民医院副院长）。

农工党围绕区域经济和社会事业发展参政议政，提出许多建设性意见建议。1986年，方鹤卿、耿曼琳提出的“关于拆除天桥、修建周山浜铁路立交的建议”，1987年，邹宁提出的“关于治理钛白粉厂污染、加快工业退城步伐的建议”均被市政府采纳。是年成严声提出的“关于开设老年用品商店”、曹桂芳提出的“关于改善映山河分院设备和病房条件”、1988年方鹤卿提出的“关于挖掘身边外向型经济资源”、1991~1992年许如滋连续两年提出的“落实上山下乡有关政策”、1992年朱沛华提出的“整治广勤立交周边环境”、1999年凌厉提出的“关于完善和发展社区卫生服务”以及马勤、陈敏华、过晓伟提出的“关于建立非营业性（含福利性）老年公寓”“加强饮食摊贩管理”“重视小学生午餐”“加强各项基金规范管理”“加快医院股份制改革”等10多件建议，均被政府有关部门采纳并实施。

80~90年代，农工党崇安区基层组织活动十分活跃。医院支部发挥医务技术优势，广泛开展防病治病、送医送药活动，多次赴黄泥头大队、地区学校、幼托园所等开展咨询服务，普及卫生知识；组织义务健康检查，深受群众好评。党员强士奎、方鹤卿都是颇有名望的老医师，待病人如亲人，以一技之长，为防治流行病、多发病、地方病发挥重要作用。外科主任医师许如滋，在加强医院外科业务建设上发挥骨干作用。中医主治医师徐彦敏刻苦钻研业务，其论文在1986年4月江苏省中医学会脾胃系疾病学术交流会上交流。小教支部坚持既教书又育人的方针，认真做好本职工作，老校长、小教总支主任委员成严声退休后，继续发挥余热，潜心督导研究，培养接班人。党员陈敏华对一年级学生理想教育课题颇有建树。农工党小教第一支部主任委员汪瑾，党员周文学、侯汝良、夏丽娜、庄纯一、叶慧琴等退休后，仍任教于学校，或以己之长为社会服务。

第六节　九三学社崇安区组织

九三学社崇安支社于2005年8月成立后，围绕科教兴区，深入调研，为推动全区经济和社会发展献计献策。同时发挥自身特长优势，积极反映社情民意，履行参政党职能。

【组 织】

1986年，区内有九三学社成员2人，但未建立区基层组织。2005年8月10日，根据九三学社无锡市委“属地化管理”的原则，成立九三学社崇安支社，邵康奕任主任委员，时有社员35人，其中高级职称17人，占48.57%。按界别分，有工程技术界12人、行政管理界12人、医卫界7人、社科界4人。

【活 动】

九三支社积极参政议政，其成员当选为市人大代表、政协委员的有4人；当选为区人大代表、政协委员的有8人。迄2005年，任市政协常务委员的2人：张大炎、华圣同（市十届、十一届政协当选）。支社成立后，支社成员以提案方式参政献策7条，向教育、环保等有关部门反映问题5条，向政协提交交流调研报告1篇。其中“关于广益片区(崇安新城)配套建设”的建议被区采纳。

支社成员在认真做好本职工作的同时，充分发挥技术、业务骨干作用。其中有5人被评为省、市级技术专家、先进工作者。与此同时，支社还从城建、医卫、社区建设等诸多方面开展帮扶和献爱心活动，为市社会福利院孤残儿童免费体检、诊治，组织各类义务咨询活动3次，捐款1.2万元。

第七节　区工商业联合会（商会）

区工商联成立于1953年2月，其前身为第一区、第二区工商业联合会，唐鸣凤、杨煜文分别为第一区、第二区工商业联合会执委会主任委员（以下简称主委）。1954年、1956年、1960年历经3次换届改选。1960年12月，第四届代表大会选举产生执委会95人，常务委员35人。王祖华当选为区工商联主委。1966年后，区工商联组织中断28年，1994年5月恢复成立。区工商联与民主党派一起，切实履行职能，充分发挥作为党和政府联系非公有制经济人士的桥梁纽带作用和政府管理非公有制经济的助手作用，为发展经济和统一祖国、振兴中华服务。2004年，区工商联被评为无锡市扶持民营经济先进集体。

【组织机构】

会员代表大会是区工商联最高权力机构。1994年5月26日，召开区工商联第五届会员代表大会暨崇安区商会成立大会，选举产生执委会13人，徐培松任工商联会长兼商会会长。区工商联与区商会实行两块牌子、一套班子的管理体制。区工商联在吸收老会员（原工商业者和小商、小贩、小手工业者“三小”人员）入会的基础上，结合城区特点，以自愿为原则，有重点地吸收不同经济成分的企业为新会员，其中私营、“三胞”投资企业等为企业会员，个体工商户及非公有制经济代表人士为个人会员。是年，全区有会员417人,其中企业会员284人（个体私营业主60人）。1997年5月8日，召开第六届会员代表大会，选举产生执委会17人，会长陆晓鹤。1998年后，非公有制企业及其代表人士会员有所扩大，转改制企业会员重新登记、梳理。2001年12月19日，召开第七届会员代表大会，选举产生执委会23人，会长曹锡荣。2002年后，重点吸收规模大、经济效益好、科技含量高的成长型、优势型企业入会。迄2005年，全区有工商联会员617人，其中个体工商会员95人。

区工商联恢复成立后，基层组织陆续建立健全。1994年，有基层商会9个、基层协会1个。1996年 11月，区工商联（商会）广瑞路工商联分会（商会）成立，时为全市第一家街道工商联（商会）组织。1997年，区工商联下属8个街道分会。2002年广益镇归属后，区工商联下属8个街道分会和1个镇分会。2003年8月，根据省工商联规定，街道（乡镇）分会更名为街道（乡镇）商会。2004年，广益镇撤镇建街和8个街道合并为5个街道后，街道商会随之进行换届改选（重组）。迄2005年，区工商联下属街道商会6个、行业商会（通江五金灯具市场）1个、个体劳动者协会1个。

【工作与活动】

参政议政　1994年后，区工商联围绕学习贯彻《中共中央批转中央统战部〈关于工商联若干问题的请示〉的通知》和邓小平理论与相关论述，坚持以统战性为主，履行民间性职能，充分发挥联系非公有制经济人士的桥梁和纽带作用。注重做好非公有制经济代表人士的思想政治工作，团结广大会员为发展经济服务，为统一祖国、振兴中华出力。同时，做好非公有制经济人士的政治安排，1994～2005年，会员当选市、区历届人大代表和政协委员有88人次。区工商联会员围绕全区大政方针建言献策，积极参加各种视察、考察、调研活动，拓宽参政议政渠道和方式。1994~2005年，先后提出各类建议提案196件，其中有关社情民意的83件。区人大代表杨子亮、沙长胜和区政协委员袁凤彪、吴峰等会员积极反映个私业主的要求，维护个私企业的合法权益，提出"营造良好环境，促进非公有制经济发展""积极扶持和大力发展中介等现代服务业"建议提案，得到区政府重视并落实。2004年，区工商联被评为无锡市扶持民营经济先进集体。

服务社会 1994年后，区工商联广泛开展招商引资、引企工作，先后组织会员参加市区各类经贸洽谈会9次，邀请客商23人次，接待客商60人次。走访非公有制企业103家次，5个项目编入《崇安区招商指南》。同时，引导非公有制企业人士弘扬中华民族扶贫济困的传统美德，广泛开展"公益事业、光彩事业、慈善事业"活动，参与紧急救援、扶贫济困、安老助孤、支教助学等活动，为构建和谐社会作出积极贡献。1994~2005年，捐助抗洪赈灾款978万元，捐资助学210万元，为其他公益事业出资820万元。保利广场置业有限公司继2003年向区辅读学校捐资14.5万元后，2004年又向区爱心助学基金捐款80万元。2004年"非典"期间，大众房地产有限公司、德力西（无锡）销售有限公司、龙升玻璃工程有限公司等会员企业向市、区"防非"部门捐款11万多元，赛因司生物科技有限公司捐赠价值300多万元物品，董事长杨健良被省红十字会授予2004年度"爱心大使"称号。2005年，佳润投资有限公司董事长蒋佳争为广益街道毛岸社区修建道路捐资80万元。

第二章 人民团体

1951年11月建区后，区内相继建立工会、共青团（青年团）、少先队、妇联等社会群众团体组织。"文化大革命"期间，区内社会群众团体活动中断。1978年后逐步恢复。在中共崇安区委和上级主管部门的领导下，各个社团以《中华人民共和国宪法》为准则，根据中国共产党在各个不同时期的中心任务，发动、组织、教育职工和各界人士投入社会主义革命和社会主义建设，维护群众合法权益，成为中国共产党联系群众的桥梁和纽带。迄2005年，辖区内有登记或经国务院批准免于登记的社团21个。

第一节 崇安区工会

崇安区工会始建于1951年11月，时称无锡市总工会第一区办事处（简称区工会），为市总工会派出机构，受市总工会和区委双重领导。1956年前，区工会设店员、纺织、手工、搬运、建筑5个工作委员会，受市各产业工会和区工会双重领导。1956年，全行业公私合营和合作化后，基层工会归口各行业工会领导。"大跃进"时期，市属厂企下放，基层工会有所增加。"文化大革命"期间，工会组织瘫痪。1970年成立工代会崇武区委员会。1973年5月，工代会崇武区委员会撤销，成立无锡市总工会崇武区办事处，有基层工会12个，会员2051人。1978年8月，更名为无锡市总工会崇安区办事处，有基层工会21个，会员3984人。1986年，全区有基层工会86个，会员1.24万人。2005年3月，成立崇安区总工会，辖基层工会组织（不含驻区企业工会）131个，会员1.44万人。

1986~2005年，区工会贯彻党的全心全意依靠工人阶级的方针，服从服务于改革、发展、稳定的大局，组织职工投身经济建设主战场，推进新经济组织和社区工会组建，加强基层民主制度建设，以协调劳动关系为重点，建立劳动关系三方（政府、企业、职工）协商机制，维护职工基本权益，开展“送温暖”“再就业”工作，弘扬劳模先进精神，组织丰富多彩的文体活动。先后有89人次荣获全国、省、市劳动模范（含全国“五一”劳动奖章）称号。

【基层组织与会员】

1986年，全区辖基层工会86个，会员1.24万人，基层工会干部1479人。2005年3月，根据《中华人民共和国工会法》第十条“县级以上建立地方总工会”的规定，成立崇安区总工会，行政编制5人，张国华任区总工会主席，享受副处级待遇。是年，全区辖基层工会组织（不含驻区企业工会）131个，会员1.44万人。1986～2005年，历任区工会（总工会）主任（主席）有：冯桂珍、俞燕飞、邵炳杰、陆如兴、张国华。

产业工会 1986年，全区有产业工会（含基层工会）115个，会员8216人。1989年，24个基层工会换届改选。1994年，37个基层工会换届改选。1999年，46个基层工会换届改选。2004年，58个基层工会换届改选。迄2005年，全区有产业工会（含基层工会）58个，会员1.33万人。

街道（社区）工会 社区工会组织始建于2000年，是年12月15日，崇安寺、学前街2个街道率先成立社区工会。至2001年，全区56个社区全部成立社区工会。是年3月16日，市总工会在崇安区召开全市社区工会工作现场会。迄2005年，全区有街道（社区）工会48个，会员9251人。

学前街街道社区工会在全市率先成立（2000.12）
（学前街街道供稿）

外商投资企业工会 90年代后，随着改革开放不断深化，“三资”企业工会逐步建立。1995年4月，外商独资企业——金马房地产（江苏）有限公司工会率先成立。迄2005年，新建外资投资企业工会9个，全区27家外资企业建立工会19个，组建率70.37%，会员1225人，入会率71.72%。

私营企业工会 90年代后，随着国有、集体企业的改制，民营经济的发展，私营企业工会的组建工作逐步加强。1996年11月，辖区私营企业工会联合会成立。迄2005年，全区有私营企业工会81个，会员8345人，其中农民工会员2172人。

区直属基层工会 1986年，全区有直属机关事业单位工会15个，会员6125人。迄2005年，全区有直属基层工会51个，其中，机关事业单位工会20个，会员2518人。

2005年崇安区直属基层工会一览表

表19-2-1

序号	名　称	工会主席	序号	名　称	工会主席
1	崇安区总工会	张国华	13	崇安区建设局工会	袁　园
2	广益街道工会	杨建华	14	崇安区环卫处工会	杨柳芳
3	崇安寺街道工会	俞溪法	15	靖海公园工会	丁明乔
4	通江街道工会	许小燕	16	公花园工会	薛皓忠
5	上马墩街道工会	尤兰娟	17	无锡市第三市政建设工程有限公司工会	朱丽君
6	江海街道工会	韦安龙	18	无锡市园林工程有限责任公司工会	张良明
7	广瑞路街道工会	李　群	19	崇安区城投公司工会	张晓微
8	崇安区教育局工会	秦晓薇	20	崇安区经贸局工会	沈献忠
9	崇安区房管局工会	冯　震	21	无锡市衡器厂工会	朱佩建
10	公安崇安分局工会	顾浩鸣	22	无锡市新亚装饰公司工会	郜亚萍
11	区机关工会	刘海波	23	无锡第四纺织厂工会	许建荣
12	崇安医院工会	唐颖奕	24	无锡市光一焊割工具有限公司工会	项志清

续表19-2-1

序号	名称	工会主席	序号	名称	工会主席
25	无锡市医疗器械厂工会	殷树杰	39	无锡春秋旅游社工会	俞佛清
26	无锡市砂轮厂工会	俞锡生	40	黎明物业工会	曾招银
27	无锡市窗纱厂工会	袁　海	41	恒福置业工会	钱锡坤
28	无锡市镜厂工会	邵　虹	42	城市建设综合开发公司工会	单阿祖
29	无锡市丝绸服装厂工会	居玉芳	43	鲲鹏开发工会	谢　健
30	无锡市有机玻璃制品厂工会	李生余	44	大众房产工会	曹秋苹
31	无锡市帆布厂工会	蔡亦宁	45	惠飞房产开发公司工会	汤　骏
32	无锡市兴业塑料五金厂工会	姚静华	46	奥赛珠宝公司工会	胡　浩
33	无锡市南江塑料有限公司工会	赵建亚	47	无锡市天福商贸有限公司工会	沈一武
34	无锡市光明眼镜有限责任公司工会	周凌轩	48	富润广告公司工会	陆　敏
35	无锡市钟表眼镜有限责任公司工会	於宏生	49	无锡风光旅行社工会	尚金芳
36	无锡市世泰盛经贸有限公司工会	徐荣兴	50	车辆公司工会	杨小媛
37	无锡市崇安区饮服公司工会	朱云松	51	无锡市卫东服装厂工会	庞　明
38	无锡金福商贸有限责任公司工会	姚天敏			

说明：上述资料由区工会提供。

【代表大会】

第一届代表大会　2005年3月18日，召开崇安区总工会第一次代表大会，出席会议正式代表112人，列席代表6人。会议审议并通过区工会工作报告和经费审查工作报告。选举产生区总工会第一届委员会委员19人，常委7人；张国华当选为区总工会主席。同时，选举产生经费审查委员会委员5人，陆如兴为主任，秦明禹为副主任。

【主要工作】

参与改革、推行职工代表大会制度　职工代表大会（简称职代会）制度始于1979年。1986年，全区有27个单位建立职代会制度，8376人提交技术革新和各类合理化建议。1987年，有20家单位被评为区先进“职工之家”。1990年，77个基层工会召开职代会171次，职代会作用逐步得到发挥。1991年，全区基层工会职代会制度基本普及并规范。1994年，企业职代会制度开始步入法制化轨道，57个基层工会职代会提出各类提案844件，办理提案501件。全区“职工之家”验收合格率80%。1995年，全区有85个基层工会建立职代会制度，提交各种议案1415件，其中，941件被采纳。1995年，64个基层工会通过市“合格工会”达标验收，达标率85.3%。1998年，53个基层工会召开职代会，25家单位签订全员劳动合同制。1999年，全区基层工会职代会召开率达到95%以上。是年，在全区推行厂务公开试点。迄2003年，全区有242家企事业单位建立厂务公开制度。

组织劳动竞赛　80年代初，劳动竞赛以“比、学、赶、帮、超”为主题，1986年后，劳动竞赛开始融入增产节约、增收节支“双增双节”立功竞赛和提合理化建议活动，1986年提出合理化建议1205条，创造经济效益11.3万元。1988年，举办各类现代化管理知识培训班3期，培训工会组长138人、会计44人。1989年，65家单位5432人提出合理化建议2917条，创造经济效益24.6万元。开展技术练兵活动162次，41家单位3155人参加18个项目技术比赛。27家单位开展“双增双节”活动，创经济效益89.6万元。是年，还开展财务制度好、会费收缴好、经费使用好“三好”百分竞赛活动。1990年，85个单位3876人次参加劳动竞赛，组织技术练兵、技术比武19次，参赛职工1741人次。是年，共提合理化建议4141条，创经济效益136.24万元。1991年，参加劳动竞赛7245人次，提合理化建议3846条，新增效益71万元。1994年，参加劳动竞赛5390人次，创经济效益128.6万元；提合理化建议3999件，新增经济效益70.2万元。1995年，有33家单位、1855人次参加劳动竞赛，创经济效益26万元；提出合理化建议3500余条，新增经济效益216.33万元。2000~2005年，劳动竞赛、提合理化建议活动转入常态化，并实行目标管理，全区有92家单位、8593人次参加各类劳动竞赛，共提合理化建议7859条，创造经济效益527.51万元。

解决职工困难 职工生活困难补助是基层工会一项日常工作，基层工会组织相继建立互助储金会，帮助职工解决突发性临时困难。80年代起，各基层工会开展对职工生活水平的调查分类和建档工作，对退职、退休、病伤住院职工组织家访慰问。1987~1991年，各基层工会还积极帮助职工解决上下班路远困难，广泛开展“双调（调工、调房）”活动，帮助职工调工807人，调房3986户，调干18人。1991年，无锡遭遇特大洪涝灾害后，区工会及时向受灾严重的140多户职工家庭发放抗洪救灾补助费7000元，又向20户特困职工增发补助费800元。1994年，有12家单位的2769名职工参加市建立的尊老互济会，参加率20%。是年，工会发放特困户救济金4700元。1995年，开展“送温暖”活动，走访生活困难职工、劳动模范及患病职工84人次，扶贫帮困211人，发放救济慰问金11.83万元。1998年，用于扶贫帮困2万元，并为173户贫困职工发放救济金1.5万元。1999年，帮助454名下岗职工实现再就业，向1177户困难职工发放救济金18.25万元，为1306名女职工进行健康普查。2000年，走访慰问困难职工家庭181户，发放救济金6.38万元，为特困职工子女家庭发放助学金1.4万元，对突发性困难职工发放临时救助金6400元。2001年，慰问251户困难职工家庭，发放救济金7.8万元。捐助4名特困职工子女入学；帮助579名下岗职工实现再就业。2002年，慰问困难职工家庭360户，发放救济金8万多元。2003年，为12名特困职工办理优惠医疗卡和享受优惠政策的手续。2004年，慰问困难职工家庭380户，发放救济金8.7万元。2005年，用于慰问特困职工救济金增加到18万余元，52家企业3001名职工纳入市互助互济大病医疗保险。

走访慰问困难职工家庭（2005） （区总工会供稿）

维护职工权益 各级工会积极参与调处劳动争议纠纷，维护职工权益。1986~1991年，共受理职工来信来访627人次，调处率95%以上。区工会被评为1993年度无锡市信访工作先进单位。1995年，受理职工来信来访56件、126人次，调解劳动争议纠纷13件，参与劳动争议仲裁案件3起，调处率100%。1999年，受理职工来访15起、23人次，调处率95%以上。参与劳动争议仲裁3起，调处率100%。2001年，受理职工来信来访9件，结案率100%，参与劳动争议仲裁3件。2002~2003年，受理职工来信来访59人次，妥善解决皇亭美食城拆迁职工下岗等善后工作。2003年，区工会被评为市信访工作先进集体。2004~2005年，受理职工来信来访72人次，调处各类劳动争议纠纷36起，参与劳动争议仲裁37起。与此同时，工会还致力推进集体劳动合同签订工作，维护职工合法权益。1999年，企业集体劳动合同签约率80%以上。2001~2002年，新签集体劳动合同企业108家。2005年，建立由区总工会、区人事和劳动局、区经贸局组成的企业工资集体协商机制，342家企业1.33万名职工签订工资集体协商协议，其中签订单独协议企业117家，签订区域性协议企业225家。

职工物价监督检查 1985年9月，区工会组建崇安区职工物价监督站，成立由65名职工组成的义务物价检查队伍。1985年9月至1986年11月，出动物价检查3364人次，检查商品5787种，罚款及没收非法收入1.32万元。1986年，区职工物价监督站荣获江苏省先进集体称号。1987~1994年，出动物价检查1.39万人次，处理违价案件2.23万次，退还消费者5570.95元，罚款及没收非法收入4.48万元。1995年后，该项工作停止，队伍解散。

劳动模范评选 1986~2005年，全区被评为全国、省、市劳动模范（含全国、省“五一”劳动奖章）89人次，其中全国、省劳动模范19人次。区工会组织劳动模范、先进生产（工作）者疗（休）养累计62人次。1994年，为9名市级以上劳动模范进行体检并办理社会补充养老保险。

开展文体活动 各基层工会以提高职工队伍整体素质为重点，持续开展具有时代特征、工会特色和职工特点的文化体育活动，推广广播操、工间操、生产操，举办职工运动会，组织联欢、游艺等活动，开展棋类、球类、拔河、登山、赛跑等体育竞赛，并选拔优秀运动员参加省市比赛。1986年，翻建区工人俱乐部，面积扩大到1500平方米，丰富职工业余文化生活。90年代后，围绕新中国成立50周年大庆及迎香港、澳门回归等重大事件，先后组织职工参加市、区书法美术摄影作品展、歌咏舞蹈大赛等活动。

第二节 共青团崇安区委员会

中国共产主义青年团是中国共产党领导的先进青年的群众组织，是广大青年在实践中学习中国特色社会主义和共产主义的学校，是中国共产党的助手和后备军。区青年团组织始建于1951年11月，时称中国新民主主义青年团无锡市第一区委员会。下设组织、宣传、文教、青年4个部，全区有基层团总支3个、团支部41个，团员1158人。1957年5月，更名为中国共产主义青年团无锡市崇安区委员会。1960年，全区基层团总支发展到9个，团支部71个，团员2742人。“文化大革命”期间停止活动，1971年底恢复，称共青团无锡市崇武区委员会。1974年，全区有直属团支部47个，团员630人。1979年12月，复称共青团无锡市崇安区委员会（简称团区委）。1985~2005年，先后召开团员代表大会6次，选举产生第六届至第十一届团区委。迄2005年，有基层团组织98个，其中团委7个、团总支9个、团支部76个，团工委6个，团员2849人。

中共十一届三中全会后，团区委积极适应全党工作重点的战略转变，在中共崇安区委和共青团无锡市委的领导下，广泛开展各项主题教育活动，为团员青年搭建各种形式的实践平台，组织和引领团员青年为崇安的发展建功立业。1978~1982年，开展“为伟大的新长征贡献青春”活动，争当“新长征突击队”“突击手”，涌现市、区新长征突击队48个，新长征突击手467人次。1985年后，在团员青年中开展“双增双节”“青春献‘七五’”“为无锡腾飞、创崇安之最”“在岗位成才，岗位建功”等活动。1991年后，组织团员青年投入“学雷锋精神，做‘四有’（有理想、有道德、有知识、有体力）新人”活动，争当青年文明标兵，争创青年文明岗位。2000年后，开展“争创青年文明号、争当青年突击手，为区街改革发展做贡献”“青春创业，建功崇安”等活动。

【基层组织与团员】

1986年，全区有基层团组织115个，其中，团委2个、团总支14个、团支部99个。90年代后，从“整顿松散团支部”“建设合格团支部”入手，逐步转向“团支部争先创优”，巩固团建基础。1996年后，开展“推优入团”和“推优入党”活动。2000年后，推进新经济组织团建工作。2002年，全区8个街道相继组建团工委。迄2005年，全区有基层团组织98个，其中，团委7个、团总支9个、团支部76个，团工委6个。所有社区和已建立党组织且符合建团条件的新经济组织基本实现团组织全覆盖。1986~2005年，先后有186个基层

共青团无锡市崇安区第十次代表大会（1998.4）
（区档案局供稿）

团组织获得省、市、区先进集体称号。

1986年，全区有团员1399人。1987~1991年，全区团员数基本在1500人左右。随着崇安区人口年龄结构的逐年变化，1994~2002年，全区团员数在1000人上下波动。其后，由于广益镇归属和辖区属地管理，2004年全区团员数增加到2444人。迄2005年，全区有团员2849人。1996~2005年，先后有309名团员加入中国共产党，多名优秀团员走上领导岗位。

1986～2005年崇安区基层团组织、团员统计表

表19-2-2　　单位：个、人

年度	团组织				团员			团员输送入党
	团委	团总支	团支部	团工委	合计	其中发展数	其中退团数	
1986	2	14	99	—	1399	97	168	13
1987	3	15	105	—	1543	76	103	13
1989	5	12	111	—	1587	58	163	3
1990	5	12	104	—	1545	40	129	5
1991	6	12	93	—	1561	59	109	8
1994	6	7	86	—	1093	13	177	12
1995	5	6	82	—	986	25	86	10
1996	5	5	70	—	945	27	79	18
1997	6	5	79	—	1016	7	51	25
1998	7	5	78	—	1017	146	98	26
2002	8	6	71	8	1037	47	91	58
2003	8	8	75	8	1235	46	85	48
2004	7	9	75	6	2444	151	88	42
2005	7	9	76	6	2849	425	103	92

说明：上述资料由团区委提供。

【代表大会】

1985~2005年，团区委先后召开6次团员代表大会，一般3~5年召开1次。1986~2005年，历届团区委主要负责人：王志强、王莉菁、沈建荣、曹岚、吴军、范洪强、周晓红。

1985～2005年崇安区历次团员代表大会一览表

表19-2-3　　单位：人

次别	时间	代表		主要内容
		正式代表	列席代表	
第六次	1985.4.20~23	130	28（另特邀4）	大会通过《朝气蓬勃 勇于探索 创新求实 开拓新路》工作报告。选举产生团区委委员13人，团区委六届一次全会选举产生常委5人，王志强当选为团区委书记
第七次	1988.11.14~16	145	17	大会通过《艰苦奋斗 开拓前进 为振兴文明、繁荣的新崇安建功立业》工作报告。选举产生团区委委员13人，团区委七届一次全会选举产生常委5人，王莉菁当选为团区委书记
第八次	1991.11.28~30	145	17	大会通过《坚定信念跟党走 加强团建创特色 为我区两个文明建设作出新贡献》工作报告。选举产生团区委委员15人，团区委八届一次全会选举产生常委7人，沈建荣当选为团区委书记
第九次	1994.12.16~17	125	20	大会通过《肩负起跨世纪重托 团结带领青年为拼搏兴崇安的宏图伟业而努力奋斗》工作报告。选举产生团区委委员11人，团区委九届一次全会选举产生常委5人，曹岚当选为团区委书记

续表19-2-3

次别	时间	代表		主要内容
		正式代表	列席代表	
第十次	1998.4.8~10	112	20	大会通过《争创一流 再铸辉煌 团结带领全区团员青年为把我区改革开放和现代化建设事业全面推向二十一世纪而努力奋斗》工作报告。选举产生团区委委员11人，团区委十届一次全会选举产生常委5人，吴军当选为团区委书记
第十一次	2001.12.27~28	90	15	大会通过《认真实践"三个代表"重要思想 团结带领全区青年为实现崇安"富民强区，率先基本实现现代化"的总目标而努力奋斗》工作报告。选举产生团区委委员13人，团区委十一届一次全会选举产生常委7人，范洪强当选为团区委书记

说明：上述资料由团区委提供。

【主要工作】

学习雷锋　传播文明新风　1986~1988年，在团员青年中开展"五讲四美三热爱"等系列教育活动。1989~1991年，开展"革命传统代代相传""党在我心中""在奉献中成才"活动。1992~1994年，开展"党在我心中，社会主义在我心中，祖国在我心中"主题教育，并组织团员青年投入"学雷锋精神，做'四有'新人"活动。1995~1998年，开展"建设有中国特色社会主义"理论教育和"坚定社会主义信念"读书活动。1999~2001年，团区委紧扣"香港、澳门回归""纪念抗美援朝胜利50周年""纪念建党80周年""崇尚科学，反对邪教"等重大事件，开展主题教育活动。2002~2005年，开展"党在我心中""在'三个代表'重要思想指引下成长""民族精神代代传"等主题教育活动，举办"新世纪、新崇安、新青年、新形象""倡导时代新风，争当四有新人""发挥青年生力军，共建和谐宜人新崇安""先进青年事迹报告会"等形式多样的征文、演讲、大讨论活动。

服务经济建设　1986~1988年，开展"双增双节""青春献'七五'""为无锡腾飞、创崇安之最""奉献杯"大赛等活动。1989~1991年，开展"在岗位成才，岗位建功"劳动竞赛，1991年特大洪涝灾害期间，全区成立各类青年突击队百余支，8支青年突击队、33名青年突击手受到团市委通报表彰。1992~1994年，组织团员青年开展科技创造活动和"争当青年文明标兵，争创青年文明岗位"竞赛活动。1995~1998年，团区委以"建功成才"为主题，开展"争当青年岗位能手""争创青年文明号"等主题活动。1995年5月，公安崇安分局巡警计云峰被评为市"十佳青年服务明星"。1999~2001年，开展"争创青年文明号、争当青年突击手，为区街改革发展做贡献"活动，其间，光明眼镜店隐形眼镜室被评为省青年文明号，并涌现出市青年文明号15家，区青年文明号30余家。2002~2005年，组织开展"青春创业，建功崇安"活动。

崇安医院团委举办首届"青年杯"辩论赛（2002.5）　（施庆洲摄）

开展青年文化活动　1986年起，团区委实施青年文化行动，推进青年文化建设。1986~1988年，先后组织举办"改革的思考"演讲会、"美在崇安青年中"大型展览、交谊舞表演赛、"长城万岁观摩团"等活动。1989~1991年，创办《崇安团讯》，开展"崇安青年杯"系列文化活动。1992~1994

年，组织“七彩之光”文艺联欢会、“爱的奉献”祖国颂联谊活动，及“无锡人看无锡”“小上海看大上海”等观光活动，参加人数3000多人次。1995~1998年，开展“读好书、唱好歌、看好片”等青年文化园活动，培养青少年终身学习意识。1999~2001年，组织举办“世间万物、生命之网”环保文艺演出。开展“青年文明号助万家”“青年文明社区大家乐”活动，通过访贫问苦、技能比武、文艺演出等多种形式，活跃社区文化，创建青年文明社区。2002~2005年，先后举办青年运动会、青年书画展、崇安新市民文艺表演等活动，开展“倡导社会文明新风，携手共建文明社区”“朝阳晚霞互辉映，老少结对共奋进”“手拉手，心连心”新市民企业文化联谊会等活动，引导广大青年积极参与健康文化活动，助推社区精神文明建设。

维护青少年合法权益 2000年，成立崇安区未成年人保护委员会，2004年，成立崇安区预防青少年违法犯罪工作领导小组，办公室均设在团区委。同时建立青少年法律援助等维权工作载体。2000~2005年，持续开展创建优秀“青少年维权岗”活动，公安崇安分局广瑞路派出所、区检察院、中山路工商所消保申诉站先后被评为省优秀“青少年维权岗”，并涌现出市优秀“青少年维权岗”8家。

【区青年联合会】

崇安区青年联合会（简称区青联）始建于1989年4月，时为全市第一个县（区）级青联组织。区青联是以共青团为核心的地区青年团体的联合组织，是广泛团结各族各界青年的爱国统一战线组织。每届任期4年，委员中设共青团、党政、教科文卫、财贸企管、民族台侨宗教5个界别组。1989~2005年，区青联历经4次换届改选。

1989年4月27日，召开区青联一届一次会议，出席青联委员60人，大会通过《高举爱国主义旗帜，团结各族各界青年为振兴中华，建设崇安而努力奋斗》工作报告。选举产生常委12人，副主席5人，王莉菁当选为区青联主席。1995年6月8日，召开区青联二届一次会议，出席青联委员49人，大会通过《高举爱国主义旗帜，团结各族各界青年，在崇安经济建设和社会发展的跨世纪进程中再创辉煌》工作报告。选举产生常委15人，副主席6人，曹岚当选为区青联主席。1999年11月26日，召开区青联三届一次会议，出席青联委员63人，大会通过《抓住机遇，开拓进取，团结带领各族各界青年投身我区跨世纪现代化建设伟大实践》工作报告。选举产生常委18人，副主席6人，吴军当选为区青联主席。2003年2月21日，召开区青联四届一次会议，出席青联委员80人，大会通过《解放思想，与时俱进，开拓创新，奋发图强，为富民强区、率先基本实现现代化而努力奋斗》工作报告。选举产生常委15人，副主席6人，周晓红当选为区青联主席。是年5月，区青联副主席陆亚龙被评为无锡市第十一届十大杰出青年和无锡市新长征突击手标兵。

第三节　少年先锋队

少先队是中国少年儿童的群众组织，是少年儿童学习共产主义的学校，是建设社会主义和共产主义的预备队，是中国共产党委托共青团领导的群众性组织。1959年6月，团区委成立区少先队大队部，领导各校少先队大队部。“文化大革命”期间，少先队被“红小兵团”取代。1978年，恢复少先队组织。1981年，共青团十届一中全会通过新的队章后，全区少先队员接受少先队历史、性质、任务和“怎样做一名少先队员”的教育，举行入队宣誓。1983年后，辖区小学少先队工作逐步向规范化、阵地化方向发展。少先队崇安区工作委员会（简称区少工委）是区少先队工作领导机构。学校少先队大队委员会由7~13人组成，设队长、副队长，旗手，学习、劳动、文娱、体育、组织、宣传等委员。少先队中队委员会由3~7人组成，设队长、队委，经中队全体队员选举产生，领导中队工作。小队一般由5~13人组成，设正、副队长各一人，经小队全体队员选举产生，领导小队工作。1984年10月，召开少先队无锡市崇安区第一次代表大会（简称少代会），1988~2003年，先后召开3次少代会，选举产生新一届区少工委。区少先队大队部设在区少年宫。少先队工作由团区委、区教育局共同负责。

每星期四为全区少先队活动日。1985年，组织全区少先队员参加全国“创造杯”竞赛活动，获全国最佳奖2个、创造杯66只，创全国区级获奖之最。1986~2005年，重点围绕“雏鹰行动”，有步骤分阶段开展以提高少先队员全面素质和生存能力为目的的技能训练，及提高整体素质为目标的自学、自理、自护、自强、自律“五自”实践体验活动。区少先队辅导员集体被授予1985年“全国先进少先队工作集体”荣誉称号。区少工委被评为1988年全国“达标创优”先进单位，1996年江苏省“雏鹰行动”达标单位、市少先队工作先进单位。先后有5所小学的少先队被评为全国红旗大队，7所小学的少先队被评为省、市红旗大队。

【基层组织与队员】

1985年，全区24所小学有少先队员1.34万人，建有少先队大队24个，中队319个，中队下设小队。有大队辅导员25人，中队辅导员319人。1988年，围绕有组织、有辅导员、有活动、有阵地、有制度“五有”，加强少先队基层组织建设。是年12月，召开区第二次少代会，少先队队部小干部实行公开竞选。1997年12月，召开区第三次少代会。2000年，实行少先队辅导员向社区报到制度，形成社区、学校少先队组织齐抓共管的局面。是年，区“辅导员集体建设”科研课题获全国优秀科研成果一等奖。2003年11月，召开区第四次少代会，选举产生31名区少工委委员和主任、副主任。2005年4月，全国少先队辅导员专业化建设理论研讨会在区召开，区少年宫成为全国首批少先队辅导员专业化建设实验基地。连元街、崇宁路、通江、广瑞、广益、保利、广新7所小学成为全国首批辅导员专业化建设实验学校。钱可伟等30余人被评为省、市优秀少先队辅导员。迄2005年，全区15所小学有少先队员1.59万人，有少先队大队15个，中队380个。有大队辅导员17人，中队辅导员380人。

全国优秀辅导员杨培麟（2001.11）　（汤锡璋摄）

【主要活动】

1991年，区少先队组织开展“学雷锋，学赖宁”等主题实践活动。1994年，开展“五自”学习实践活动、“跨世纪雏鹰”达标竞赛等。连元街小学焦闻彦荣获全国五星雏鹰奖章。崇安区被全国少先队工作学会基础理论专业委员会确立为全国少先队教育实验基地。1996年，区少年宫杨培麟获全国“星星火炬”奖章，连元街小学王建华获省“星星火炬”奖章。1997年后，开展“跨世纪中国少年雏鹰行动”。1999年，组织开展“弘扬爱国主义精神，提高思想道德素质”读书活动。2000年，以“新世纪我能行”体验教育活动为载体，组织开展“中国少年雏鹰行动”，发出“我做合格小公民”

“心中有祖国、心中有他人”少先队主题队会（2001）
（区教育局供稿）

倡仪。2001年，参加全国“创新杯”竞赛活动，24所小学荣获全国优秀创新活动奖25个，区少先队队部获全国少先队“创新杯”活动竞赛组织奖。区少工委还积极组织“心中有祖国，心中有他人”“百花园艺术活动”“启明星科技活动”“手拉手”“红领巾小事业”等体验教育活动。区少年宫杨培麟被评为全国优秀辅导员。1987~2005年，连元街小学、铁路小学、亭子桥中心小学、白水荡中心小学、崇宁路中心小学先后被评为全国红旗大队；广勤路中心小学、广瑞小学等被评为省红旗大队；后西溪中心小学、周山浜小学、辅读学校、风雷新村小学、新开河小学被评为市红旗大队。连元街小学于1991~2005年连续14年被评为全国“心中有祖国，心中有他人”主题教育活动先进集体。

第四节　崇安区妇女联合会

崇安区妇联组织始建于1953年4月，时称无锡市第一区民主妇女联合会。“文化大革命”期间停止活动，1973年7月恢复，称崇武区民主妇女联合会。1979年12月，改称崇安区民主妇女联合会，由区委和市妇联双重领导，街道设妇女工作委员会，居委会设妇女代表会。1953年4月至1984年9月，先后召开8次区妇女代表大会，选举产生新一届区妇联主任、副主任各1人，执委19~33名不等。1999年，改称崇安区妇女联合会（简称区妇联），街道妇联、居委会妇代会名称相应变更。1986~2005年，又先后召开3次区妇女代表大会，选举产生新一届区妇女联合会执行委员会，设主任（主席）、副主任（副主席）各1人，执委23~28名不等。

20世纪50年代后期至80年代，区妇联着力推动民办幼托事业发展，1985年，全区民办托儿所、幼儿园发展到79个，收托婴幼儿6816人。与此同时，在全区开展“五好”家庭活动。其内涵从50年代的“家庭邻里团结互助好、家庭生活安排好、教育子女好、鼓励亲人生产工作学习好、自己学习好”，发展到80年代初的“认真学习、生产劳动好，家庭和睦、尊老爱幼好，邻里互助、环境卫生好，计划生育、教育子女好，关心集体、遵纪守法好”，1985年，又深化为“爱国家、爱集体、爱社会主义、有理想、有道德、遵纪守法好，努力学习、勤奋工作、勤劳致富、争作贡献好，家庭和睦、敬老爱幼、邻里团结互助好，讲卫生、讲科学、移风易俗、建立文明生活习惯好，计划生育、教育子女好”，并由单一争创“五好家庭”向创建“五好文明家庭”系列活动延伸。家庭教育首创“三位一体（学校、家庭、社区），齐抓共管”“三育一致（德育、智育、体育），同步前进”的新特色。各种类型的家庭志愿者队伍由上千人发展到近万人，服务活动常年不断。90年代后，以“巾帼建功”活动为载体，动员组织妇女岗位建功、岗位成才。以妇女儿童发展需求为根本出发点，全面实施区妇女儿童工作“八五”（1991~1995）、“九五”（1996~2000）、“十五”（2001~2005）发展规划，推进全区妇女儿童事业的发展，维护妇女儿童合法权益工作逐步从被动维权转为依法主动维权。迄2005年，全区有“五好”文明家庭3.86万户，其中省级2户，市级18户。1986~2005年，区先后被评为省儿童少年工作先进单位、市实施“十五”妇女儿童发展规划示范区，获全国“三优（优生、优育、优教）工程”试点工作奖。区妇联先后荣获市“巾帼建功”活动先进集体、省“家庭教育先进集体”称号。

区妇联召开十届六次执委会（2000.12）　　（区妇联供稿）

【代表大会】

1988年11月17~19日，召开区第九次妇女代表大会，出席代表170人，列席代表20人，特邀代表20人。会议审议并通过《自尊自信自立自强，为改革开放振兴崇安再作贡献》工作报告；选举产生区妇联主任、副主任各1人，执委

25人，常委7人。1994年3月3~5日，召开区第十次妇女代表大会。出席代表154人，列席代表20人，特邀代表20人。会议审议并通过《团结奋斗，开拓进取，为加快建设和发展崇安再作贡献》工作报告；选举产生区妇联主任、副主任各1人，执委28人。2001年11月24~26日，召开区第十一次妇女代表大会。出席代表131人，列席代表20人，特邀代表30人。会议审议并通过《团结奋斗，求实创新，为推进新世纪妇女工作全面发展而努力奋斗》工作报告；选举产生区妇联主任、副主任各1人，执委23人。

1986~2005年，区妇联历届主任（主席）有：翁珍秀、俞燕飞、王蓓菁、陈凤娟。

【基层组织】

1986年，区妇联下属街道妇联9个，居委会妇代会94个。街道妇联不设常务委员会，在同级党组织领导下进行工作，并接受区妇联的业务指导。街道妇联每3年召开1次妇女代表大会，选举产生执行委员会。居委会妇代会是妇女工作的最基层组织，设在各居委会，在居委会党支部的领导下开展工作，接受上级妇联的业务指导。居委（社区）妇代会换届与社区居委会同步。1991年，居委会妇代会增加到108个。其后，历经1992年街道撤并、2002年广益镇归属后，区妇联下属街道（镇）妇联9个，基层妇代会64个。2004年，街道再次撤并，妇联基层组织相应调整。2005年，新建区机关妇女工作委员会（简称妇委会）。妇委会参加妇联的有关活动，接受区妇联的业务指导。迄2005年，区妇联下属街道妇联6个，社区居委会妇代会42个，另有区机关妇委会1个，以及成立于1995年9月的区第一家个体工商户妇女组织——后西溪布料市场妇女工作委员会。

1986～2005年崇安区妇联基层组织一览表

表19－2－4　　单位：个

年　份	街道妇联	基层妇代会	年　份	街道妇联	基层妇代会
1986	9	94	1996	8	82
1987	9	94	1997	8	83
1988	9	98	1998	8	83
1989	9	98	1999	8	94
1990	9	99	2000	8	56
1991	9	108	2001	8	64
1992	8	103	2002	9	64
1993	8	87	2003	9	63
1994	8	83	2004	6	42
1995	8	84	2005	6	42

说明：上述资料由区妇联提供。

【主要工作】

“巾帼建功”活动　1991年，全国妇联、国家教委、人事部等22个部委共同发起以城镇职业女性为主体，以岗位建功、岗位成才为目标的“巾帼建功”活动，区妇联以“巾帼建功”活动为载体，动员组织广大妇女投身经济建设。1993年，在工业、商贸系统开展评选最佳节约能手、最佳生产能手、最佳服务能手“三评”竞赛，评选出工业、商业、服务业先进能手30人。1994年，开展“创企业形象，树主人翁精神”“女企业家谈心”活动；在商贸系统开展“露一手”和创“双信”（物价信得过、计量信得过）企业能手竞赛活动；在文教卫系统开展“手拉手”“爱心育新苗”“文明在岗位”竞赛活动。1997年，成立区巾帼再创业服务部，推动下岗妇女二次创业。1998年，成立120名下岗妇女组成的8支社区服务志愿者队伍，开展生产自救、自我服务活动。是年，全区妇女再就业培训起步，培训下岗女工100余人，创办社区服务实体11个。2001年10月，成立区妇女“巾帼建功”活动领导小组。2002年，成立区妇女再就业促进会，在10个成员单位率先建立妇女就业指导和信息服务网络，举办失业妇女就业知识学习培训班5期。1985~2005年，全区通过多岗位竞赛、多渠道培训、多形式服务，培训妇女6000余人次，安置下岗妇女4000余人次；建立各级妇女就业联络站79个。严于兰、王蓓菁、陈凤娟先后被评为省"三八"红旗手，并涌现出市"三八"红旗手42人；"巾帼建功"先进集体、"巾帼文明示范岗"60个。区妇联荣获市2000年"巾帼建功"活动先进集体称号。

家庭教育 1986年3月，崇安区父母学校总校成立，下设分校25所，有学员3000多人，形成区、街、居委三级家庭教育网络。1988年，组织开展"一教四普及"①活动，培训1.8万人次。1989年5月10日，区家庭教育研究会（简称区家研会）成立，全区有家长学校111所。家庭教育工作开始纳入规范化管理，形成定期考核和表彰制度。区妇联会同区教育局、区家研会，按评估标准，每2年对各家长学校复查验收，并表彰命名一批先进家长学校和优秀家长。1990年，结合纪念第一部《中华人民共和国婚姻法》颁布40周年、第二部《婚姻法》颁布10周年，组织开展《婚姻法》学习宣传教育。1992年，崇安区首创"三位一体，齐抓共管""三育一致，同步前进"的家庭教育模式新特色。1999~2000年，各家长学校普遍开展读书竞赛、报告会、讲座、咨询服务等活动，1100多名年轻父母参与科学育儿读书活动。2001年，区妇联荣获省"家庭教育先进集体"称号。2004年，区妇联会同区教育局、区家研会，在连元街小学举办家庭心理健康教育现场会，100余名家长聆听"学会交友"现场观摩讲座。迄2005年，全区建有社区妇女学校、家长学校52所，各类教育、咨询服务站（组）近150个。有18所家长学校先后被评为省、市、区先进家长学校。

成立新市民家长学校（2005） （区妇联供稿）

维护妇女儿童合法权益 1988年，区妇联会同区劳动局、区工会组织开展女职工保护条例宣传教育。1989年，开展"爱护儿童，为儿童做表率，为儿童办实事"活动，捐赠价值1.29万元的物品1083件，捐款1.84万元。1994年，上马墩街道被确定为区加强对失足妇女教育试点单位。1996年，在区妇联执委中开展"尽责任，作表率，献母爱"活动。2000年，"一会三站"②在街道普遍建立。2002年，由司法、法院、公安部门联合组成的区妇女儿童权益法律援助站成立。2003年，开展家庭零暴力维权活动，举办各类学习宣传、辅导讲座和法律咨询，发放宣传资料近千份。是年，结合区文明办组织的"告别陋习，走向文明""个、十、百、千、万"活动，组织百名特困妇女和儿童担任文明督导员，参与回报社会公益活动，定期进社区劝导不文明行为。2004年6月，成立区妇女儿童权益保护法律援助站。2004~2005年，筹集爱心助学资金417万元，捐款10.5万元帮助268名特困学生（其中外来新市民学生58名）解决入学困难，为34名特困优秀学生发放爱心奖学金3万元。迄2005年，全区建有各级妇女儿童维权站71个，特色团队68个，各类活动场所19处。

实施妇女儿童工作发展规划 1991年后，为实施区妇女儿童工作"八五"（1991~1995）发展规划，推进全区妇女儿童事业的发展，区相继建立儿童少年工作协调委员会、"三优工程"领导小组，并被市确定为"三优工程"试点城区。1995年，区成立妇女儿童工作委员会（简称区妇儿工委），对"八五"规划实施情况进行中期监测评估。结果显示，全区妇女儿童事业发展基本达到"八五"规划预期目标。全区婴儿死亡率下降到10‰，5岁以下儿童死亡率下降到11.9‰，儿童计划免疫"四苗"

①一教四普及：政治思想教育，普及科学文化知识、普及科学育儿知识、普及法律常识、普及妇幼卫生知识。
②一会三站：社区妇女工作联谊会；妇女儿童维权站、文明家庭指导站、下岗妇女再就业联络站。

接种覆盖率98.5%以上，成功实施中美预防神经管畸型合作项目。3~5周岁幼儿入园率95%，小学入学率、巩固率、普及率均达100%，残疾儿童入学率98%以上。崇安区被评为省1995年儿童少年工作先进单位。1996年，区荣获全国“三优工程”试点工作奖。1996~2000年，区通过实施妇女儿童工作“九五”发展规划，女性参政议政比例和妇女的政治地位明显提高，全区9个区党政部门和8个街道党政班子配有女领导干部。下岗妇女再就业率达57.1%，学龄前儿童入园率、小学学龄儿童入学率、女童入学率、残疾儿童入学率分别达到95%、100%、100%、98%。家长学校举办率和家庭教育知识普及率均达100%。全区婚检医学检查率、孕产妇住院分娩率、孕产妇儿童保健覆盖率均达100%。5岁以下儿童死亡率从1995年的11.9‰下降到1.6‰。2001年5月，区妇女儿童工作“九五”发展规划通过市终期监测评估。2001~2005年，区实施妇女儿童工作“十五”发展规划。“十五”期间，全区共投入2.29亿元，改扩建、新建小学6所。涉及儿童教育的各项指标全部达标，幼儿、小学适龄儿童入学率均为100%。全区建有家长学校97所，残疾儿童学校接收率100%。涉及妇女参政指标中，区人大代表女性比例、区人大常委女性比例均达到33.53%，区政协委员女性比例、区政协常委女性比例分别达到30.16%和50%，区委、政府机关女干部比重分别达到66.7%和68.8%。社会从业人员女性比例保持在47%，城镇登记失业人员女性比例基本保持在46%。涉及儿童保健指标中，5岁以下儿童死亡率5.31‰，出生缺陷儿发生率11.73‰，出生低体重发生率1.06%，5岁以下儿童中、重度营养不良患病率0.37%，7岁以下儿童保健管理率98.25%，“四苗”全程接种率98.40%。涉及妇女保健指标中，孕产妇死亡数连续5年为0，孕产妇住院分娩率保持在100%，孕产妇保健管理率在61.91%~90.48%之间；妇女病普查率在36%~67%之间。有113项、96.58%的指标达到省、市终期目标。区被评为市2002年实施“十五”妇女儿童发展规划示范区。

志愿者活动 80年代起，各居委妇代会普遍建有家务服务小组。1989年，全区共开设家务服务项目380个，1140名志愿者开展义务服务4.50万人次。是年，先后成立有907名妇女参加的89个妇女禁毒队（小组）。1999年，组织举办“我爱我家”系列活动，486名妇女组成的医疗卫生队、教育咨询队、维修服务队、绿色环保队4支家庭志愿者队伍常年开展活动。2002年，有200名家庭志愿者参与治乱吐痰、乱丢瓜皮果屑、乱倒垃圾“三乱”，全面推广使用家庭志愿者手册（卡）。是年，区妇联还会同区司法、劳动、计划生育等部门开展《中华人民共和国婚姻法》等十余部法律法规的宣传教育。2003年，组织万户家庭和千名家庭环保志愿者开展“拒绝陋习、倡导文明”活动。2005年，会同团区委、区政法委等单位，在广益街道莫家庄村开展“倡导社会文明新风，携手共建文明家园”倾情服务活动，为100余名残疾妇女发放爱心助医卡，建立全区首家“亲情超市”。为上马墩街道简新社区捐赠价值近4000元图书和书柜，为4名特困学生捐助学费1200元。是年，全区有近万名家庭志愿者为妇女儿童真情帮困1万多人次。

争创五好文明家庭 1986年，区继续按照政治思想好、遵纪守法好、敬老爱幼好、团结互助好、邻里关系好等五个方面，组织五好家庭评比。是年，评出五好家庭3.74万户。1987年，五好家庭创建活动由地区发展到辖区，区在广瑞路街道召开厂地共建五好家庭现场会，6月举办厂地共创五好家庭活动周。1989年，结合五好家庭评比，以“移风易俗好、教育子女好”为基础，开展“好夫妻”“好婆媳”“好妯娌”“好儿女”评选，产生“十佳新风家庭”。同时，赋于五好家庭评比新的内涵，增加道德、知识、事业、文化娱乐、移风易俗5个特色家庭类型。是年，评出五好家庭2.85万户，其中，道德型1.60万户、知识型2544

胜利门社区妇联开展和谐社区邻里亲活动　（区妇联供稿）

户、事业型4360户、文化娱乐型2279户、移风易俗型3364户，赵淑琴家庭被评为江苏省“五好家庭标兵户”。1994 年，传统的五好家庭创建活动又注入新的内容，推进思想道德进家庭，科学技术进家庭，文化艺术进家庭，法制教育进家庭。1996年后，争创五好家庭向创建五好文明家庭拓展。是年10月，在全区范围内征集“五好文明家庭”条件标准用语，从中挑选出30条在《今日崇安》报公布，投票评选出10条标准用语。1999年后，五好文明家庭创建活动进一步蓬勃开展。2000年，开展特色、特长家庭“优势结对”帮助特殊、特困家庭活动。2002年，区成立创建五好文明家庭活动协调小组，形成党委牵头、部门参与、妇联主管的创建工作组织体系。全区建有文明家庭指导站63个。2003年，市创建“学习型家庭——英语进万家”活动现场推进会在区召开。2003~2004年，通过联手、联合、联创的方法，抓特点、抓特色、抓特长，五好文明家庭创建涌现出学习家庭、平安家庭、廉洁家庭等特色家庭，评出五好文明家庭1.03万户、五好文明大楼268幢、特色楼院68幢。2005年，开展科技、文体、法律、卫生、道德规范“五进社区”活动，着力培养邻里互助型、道德学习型、知识普及型家庭以及互助楼、清风楼、读书楼、平安楼、新风楼、绿化楼、尊老爱幼放心楼等特色楼院。各街道评出五好文明家庭3.84万户，其中区级160户、市级18户、省级2户；评出文明大楼860幢。

第五节　崇安区残疾人联合会

20世纪50年代末，区建有无锡市盲人、聋哑人协会崇安区小组，1964年9月，改为无锡市盲人、聋哑人协会崇安区分会，有会员160人，其中，盲人68人、聋哑人92人。“文化大革命”期间，协会解散，1982年恢复，有会员397人，其中，盲人115人、聋哑人282人。1990年，成立区残疾人联合会（简称区残联），并逐步形成区、街、居委三级残疾人工作网络。1990~2005年，区先后召开4次残疾人代表大会，选举产生新一届区残疾人联合会。

90年代后，区残联围绕管理和发展残疾人事业、维护残疾人合法权益、依法保障残疾人基本生活等方面开展工作，逐步构建起“维权、低保、医疗、助学、社会互助”五大服务体系，建成区残疾人服务管理中心，区、街道、居委三级康复训练与助残扶残服务设施不断完善，康复服务重点由白内障复明、聋儿听力语训康复向多层次、多项目康复服务发展，残疾人社会保障从推荐安置有劳动能力的残疾人就业转向解决重残无业残疾人最低生活保障，并在全国首推残疾人按比例就业，残疾人就业率保持在95%。区辅读学校建成江苏省特殊教育示范学校。区先后被评为全国特殊教育先进区、全国社区残疾人工作示范区。

【组织机构】

区残疾人联合会是融代表功能、服务功能、管理功能为一体综合性的社会事业团体组织。区残疾人代表大会和主席团是区残联决策机构。1990年12月11日，召开区残疾人第一次代表大会，主席团由残疾人代表（不少于50%）、政府各有关部门、各街道办事处、驻区企事业单位等有关人士组成。主席由分管副区长担任，有关单位负责人任副主席。执行机构是理事会，理事长由区民政局负责人兼任，理事会办公室设在区民政局。核编3人。1991年4月，正式挂牌。2003年5月前，区残联由区民政局代管，6月后，分设为具有独立法人资格的社会事业团体单位，同时成立区残疾人工作协调委员会，为区政府议事协调机构，其秘书处设在区残联。是年，成立区残疾人劳动就业服务所（区直属事业单位），还相继成立区盲人协会、聋人协会、肢残人协会、智力残疾人亲友协会，2004年，又成立区精神残疾人亲友协会。2005年，成立区五类残疾人专门协会。1990~2005年，区残联历任主席：高兴东、陈济林、张克平、强惠兴。

基层残联组织始建于1991年，9个街道先后建立街道残联，13家福利厂成立残疾人协会，94个居委会建立残疾人工作协会，形成区、街、居委三级残疾人工作网络。迄2005年，全区有街道残联6个，社区残疾人工作协会42个，福利厂残疾人协会8个。登记残疾人8500人，占全区总人口的4.61%，其中，经评残鉴定持有各类残疾证的1699人，占残疾人总数的19.99%。

【代表大会】

根据《中国残疾人联合会章程》精神，区残疾人代表大会每5年举行一次。代表采取推荐与协商相结合的办法产生，残疾人代表不少于50%。1990~2005年，先后召开代表大会4次。

第一次代表大会 1990年12月11日召开，到会代表95人，其中，残疾人代表49人，占代表总数的51.6%。大会听取副区长高兴东讲话，通过《中国残疾人联合会章程无锡市崇安区实施细则（草案）》。选举产生主席团成员18人，其中，残疾人9人；推选主席、副主席各1人，推举区民政局局长包和根为区残联执行理事长。

第二次代表大会 1993年10月19日召开，到会代表77人，其中，残疾人代表40人，占代表总数的51.9%。大会听取执行理事会工作报告和主席高兴东讲话，选举产生主席团成员18人，其中，残疾人9人；推选主席1人，推举区民政局局长包和根为区残联执行理事长。

第三次代表大会 1998年7月25日召开，到会代表83人，其中，残疾人代表42人，占代表总数的50.6%。大会听取执行理事会工作报告和主席陈济林讲话；选举产生主席团成员17人，其中，残疾人9人；推选主席、副主席各1人，推举区民政局局长包和根为区残联执行理事长。

第四次代表大会 2003年6月12日召开，到会代表75人，其中，残疾人代表42人，占代表总数的56%。大会听取执行理事会工作报告和主席张克平讲话；选举产生主席团成员16人，其中，残疾人8人；推选主席、副主席各1人，推举区民政局副局长荣墨仪为区残联执行理事长。

【主要工作】

1991年5月15日，《中华人民共和国残疾人保障法》实施后，区残联及时组织开展形式多样的宣传活动。召开各类报告会、座谈会100多场次，参加1400多人次。举办学习贯彻《残疾人保障法》知识竞赛，并组队参加市残联举办的知识竞赛，获团体第二名。1991~2005年，通过开展助残活动、提供就业保障、完善康复治疗、加强培智教育、募集福利基金等各项举措，切实保障残疾人的合法权益。

助残活动 1991年后，每年5月的第三个星期日为"全国助残日"。在首个助残日期间，区残联在三阳广场举办残疾人为社会、社会为残疾人"双向服务"活动。区内所有电影院、放像厅均为残疾人免费服务3天。全区15个系统、53个单位的1200多人参与这一活动。此后，每年的全国助残日均围绕一个主题开展活动，助残活动逐步经常化、制度化。1999年后，围绕"志愿者助残"主题，开展"一帮一""众帮一""党员助残""手拉手"等主题助残活动，形成一支6850多人的志愿者队伍，为残疾人提供常年、具体、直接的服务。

区每年举办助残日活动（2002.5）（杨成摄）

就业保障 1996年，全区23家福利企业和辖区企业安置残疾人2228人。区制定《崇安区残疾人按比例就业实施意见》，在全国首推残疾人按比例就业，对无法安置残疾人、又未达到法定残疾职工安置比例的单位征缴残疾人就业保障金，作为残疾人生活保障金。是年，11个单位缴纳残疾人就业保障金3万元。江海街道风雷新村（西）社区残疾人朱庆庆自筹资金开办编结社，吸纳3名残疾人就业。1996~2005年，累计征收残疾人就业保障金1200多万元；按比例安置有劳动能力残疾人就业137人，就业率保持在95%。为269名特困残疾人办理城市最低生活保障，占全区最低生活保障数的四分之一。为72名无劳动能力的残疾人办理生活保养，还根据病情为168名低保残疾人办理慈善医疗卡。

康复治疗　1988年10月，学前街街道建成全市首家伤残儿童托管所，入托儿童20人。1991年，全区8个街道均建有精神病人工疗站，289名精神病人边工作边接受治疗；另有精神病人监护组218个、监护精神病人265人。1996年，建成街道残疾人康复站2个。1996年后，区先后制定并实施《崇安区残疾人事业“九五”纲要》《崇安区残疾人事业“十五”纲要》《崇安区残疾人实行优惠待遇的实施细则》，动员社会各界兴办残疾人各项福利事业和开展各种适应残疾人的活动。1999年，有精神病人工疗站7个、残疾人活动站16个。2001~2005年，按照民政部、中国残联和省、市“关于加强社区残疾人工作意见”提出的标准和要求，全区以争创全国社区残疾人工作示范区为目标，发展残疾人事业，深化残疾人服务。先后投入1000多万元，建成区残疾人服务管理中心，完成区康复医院、区培智学校、区残疾儿童托管所“3个基地”的改建，建成42个社区就业康复指导服务站及不少于50平方米的社区残疾人活动场所，区、街道、居委三级康复训练与助残扶残服务设施基本形成。2004年后，区每年安排残疾人免费体检。迄2005年，各社区普遍建有残疾人康复训练室，通江街道长庆路社区、锡沪路社区、大同路社区分别建有集康复锻炼、文体活动为一体的残疾人康复文体活动中心，面积分别为300多平方米、112平方米、160平方米。全区1500多名残疾人接受康复治疗。其中，施行白内障复明手术697人，医治白内障患者427人，低视力康复45人，聋儿语训27人，盲人定向行走培训6人，肢残训练285人，安装假肢体23例，赠送轮椅车202辆。区先后被评为全国盲人定向行走试点区、全国社区残疾人工作示范区、省社区康复与训练达标区。

崇安区残疾人服务管理中心（2005.8）　（区残联供稿）

培智教育　1984年，区创办省内首家为智能障碍儿童服务的辅读学校，仅13名学生、3名老师、3间教室。迄2005年，已发展到11个教学班、128名学生、22名教职员工，建成拥有2300平方米教学楼的江苏省特殊教育现代化示范学校。先后培养1700多名残疾儿童成为有文化、自食其力的劳动者。其中国际特奥冠军1人、全国特奥冠军2人、省级特奥冠军8人、全国好少年2人、省级自强不息残疾人2人、省级“十佳”残疾学生1人、省“金鹰奖”自强不息残疾人1人。1995年，区被评为全国特殊教育先进区。学校创始人、首任校长高瑞芳、第二任校长王亚丽和后任校长梅凤英先后于1992年、2002年被评为江苏省特殊教育先进工作者，第二任校长王亚丽先后于1989年、1990年被评为全国优秀教师、全国优秀班主任。

福利基金募集　2001年后，区发动全社会关爱残疾人，多渠道募集福利基金。迄2005年，共募集福利资金120多万元，建立起稳定的助残保障机制。

第六节　其他社团组织

20世纪50年代，辖区有1950年成立的无锡市摊贩联合会城中分会和城东分会（1962年更名为崇安区合作商贩联合会），1952年成立的无锡市中苏友好协会第一区分会，1955年成立的手工业劳动者协会，1957年成立的区红十字会，1959年成立的无锡市盲人聋哑人协会崇安区小组（后改为分会）等社团。其后，除区红十字会外，其他社团均停止活动或解散。中共十一届三中全会后，区内新建社团不断涌现。1983~1988年，先后成立区个体私营经济协会、区退休职工管理委员会、区政协联谊会、区计划生育协会等社团。1990年，辖区有社团组织56个。1991~1998年，又相继成立区科学技术协会、区人大工作研究会、区关心下一代工作委员会、市消费者委员会崇安分会等社团。1998年，根据国务院新颁布的《社会团体管理条例》和市民政局的有关规定，注销不具备法人资格的社团和分支机构，经过清理整顿，保留22 个。2005年，辖区内有登记社团21个。

【区关心下一代工作委员会】

成立于1992年6月，区关心下一代工作委员会（以下简称区关工委）是在区委、区政府领导下，以离退休老干部为主体、党政有关部门和群团组织负责人参加的、以关心教育培养青少年健康成长为目的的群众性工作组织，由区委副书记兼任主任，副区长、区委宣传部部长和3名区离退休干部为副主任，其中由一名离退休区级主要领导任常务副主任。区委老干部局、区委政法委、区工会、团区委、区妇联、区司法局、区教育局等部门为成员单位。区关工委办公室设在区委老干部局，由区委老干部局负责人兼任办公室主任。1993年，各街道相继成立关工委组织。其后，区关工委成员单位历经多次调整，2005年，扩大到区委组织部、区委宣传部、区委政法委、区机关党工委、区教育局、区人劳局、区民政局、公安崇安分局、区法院、区检察院、区司法局、工商崇安分局、区工会、团区委、区妇联等部门和各街道，以及辖区部分大型企业单位。其间，区关工委协同区有关部门对在校学生、社会青年和失足青少年开展爱国主义、集体主义、社会主义教育，进行革命传统教育和民主法制教育，把青少年培养成有理想、有道德、有文化、有纪律的一代新人。1992~2005年，历任区关工委主任有：董洪源、高念祖、刘健华、陈国宁；常务副主任有：夏荣冠、杨贯群、黄生宝。

区关工委领导走访青少年家庭（2005）　（区委组织部供稿）

【区科学技术协会】

区科学技术协会（以下简称区科协）成立于1991年9月。区科协代表大会为区科协最高权力机构，每5年召开一次，选举产生新一届委员会。区科协设主席1人、副主席若干人、秘书长1人，负责处理区科协的日常事务。1991~2005年，区科协先后召开3次代表大会。1991年9月11日，召开第一次代表大会，正式代表135人。大会听取沈江所作的崇安区科学技术协会筹备工作报告，通过《崇安区科学技术协会章程》，选举产生由20人组成的区科协第一届委员会。区科协一届一次会议选举沈江为主席，董正忠、李似娟为副主席，董正忠兼秘书长。大会表彰陈文喜、陈克勤、鲍国良等37名区优秀知识分子。1997年11月22日，召开第二次代表大会，正式代表132人，特邀代表10人。大会听取区科协主席沈江所作的区科协第一届委员会工作报告，审议通过《关于通过区科协第一届委员会工作报告的决议（草案）》，选举产生由20人组成的区科协第二届委员会。区科协二届一次会议选举沈江为主席，钱俊方、程星江、徐国强、王建华为副主席，钱俊方兼秘书长。大会表彰阙雪旦、陈文喜、王志强、鲍国良等

20名1995~1996年度区优秀科技工作者。2003年3月25日，召开第三次代表大会，正式代表120人。大会听取区科协常务副主席廉伟庆所作的区科协第二届委员会工作报告，审议通过《关于通过区科协第二届委员会工作报告的决议（草案）》，选举产生由20人组成的区科协第三届委员会。区科协三届一次会议选举廉伟庆为主席，秦惠芬、王建华、任伟、张帆为副主席，张帆兼任秘书长，章隆泉为副秘书长。大会表彰奚春平、唐建华、潘静华等20名2001~2002年度区科技、科普工作先进个人。

【区计划生育协会】

区计划生育协会（以下简称区计生协会）成立于1988年9月23日，首届名誉会长徐忠强，会长顾磐曾。至1990年，9个街道先后成立地区计划生育协会。全区共建立基层协会104个，会员1.95万人。是年，各级协会配合区计划生育委员会（以下简称区计生委）开展计划生育工作，组织举办"人口与计划生育基础知识竞赛"和"妈妈只生我一个"文艺汇演。1992年7月25日，区计生协会换届改选，名誉会长、会长未变。是年，全区建有基层协会113个，"会员之家"87个。1999年，计划生育实行"以块管理、条块结合"管理新体制，计划生育信息实施计算机管理。是年5月10日，区计生协会换届改选后，曹锡荣任名誉会长，张若海任会长。全区有基层协会202个，"会员之家"170个。区计生协会配合区计生委开展带头学习宣传计划生育的方针政策和法规、带头实行计划生育、带头联系群众、带头勤劳致富"四带头"活动，会员带头做到包自己、管子女、帮亲友、带邻里；开展创合格协会、争当"五好会员"的活动，施建华被中国计划生育协会评为先进个人，3个先进集体、3名先进个人被省表彰，1个先进集体、4名先进个人被市奖励；采取"会员小组""会员联系户"等形式，普及科学避孕节育知识；在8个街道建立"人口学校"，办班129期，培训2.7万人次，"人口学校"师资比赛获市一、二、三等奖各1个；举办"生一个健康聪明的孩子"《中华人民共和国母婴保健法》优生知识竞赛。2000年，探索城区低生育水平新形势下开展计划生育工作的新方法，在行政力量难以覆盖或薄弱的农贸市场及批发市场等外来流动人口集中地建立流动人口协会，实现流动人口自我管理、自我教育、自我服务。2003年，市场计生协会发展到6个。是年，开展"婚育新风进万家"宣传活动；在街道地区开展百户"婚育新风户"和十佳"婚育新风标兵户"评选活动；在广丰中学建立区青少年性心理健康教育基地。2004年，以"关爱女孩"为主题，走访慰问在"7·11"世界人口日出生的11户女孩家庭。2005年，区计生协会创编出《我是女孩我自豪》宣传歌曲；江海和上马墩2个街道分别被市计生协会授予计划生育志愿者"零距离"服务行动先进集体，3名志愿者被市授予计划生育志愿者"零距离"服务行动先进个人。

【无锡市消费者委员会崇安分会】

无锡市消费者委员会崇安分会（以下简称区消委会）成立于1998年8月。下设7个投诉站，分设在区物价检查所、区卫生防疫站及工商崇安分局的5个工商所。1999年8月30日，市工商局、市12315消费者投诉举报中心建立，区工商部门相应建立12315申（投）诉举报台，下设5个12315申（投）诉举报站。2001年10月，市消委会为区消委会配备"3·15"维权专用车1辆。迄2005年未变。

2000年，区消委会以"明明白白消费年"为主题，配合工商崇安分局组织"揭谎打假"专项整治，开展液化气市场专项检查、桶装饮用水卫生质量抽检、"销售放心房、提供放心中介"联合承诺等活动。是年，接受举报25起；接待来访咨询1450人次，受理投诉750起，调解率100%，为消费者挽回经济损失48万元。2001年，以"绿色消费年"为主题，举办"绿色消费"知识讲座；在广益副食品批发市场开展真、假商品实物展示活动。在市消费者委员会开展的推荐商品活动中，崇安区金日衣架厂生产的"金日济达"牌晒衣架榜上有名。2002年，以"科学消费"为主题，开展"红盾春雨"专项执法行动；在中百二店广场举办"3·15"宣传咨询服务活动。2003年，以"营造放心消费环境"为主题，开展

“肉、菜、粮”放心食品承诺活动。2004年，继续围绕食品安全问题，开展诚信单位争创活动，全力推动食品安全。2005年，以“健康、维权”为主题，组织开展“纪念‘3·15’国际消费者权益日”系列活动，设立现场咨询服务点6个，举办《中华人民共和国消费者权益保护法》知识讲座。六一儿童节前后，组织举办为期16天的青少年维权专项活动。中山路工商所消费者权益保护投诉站“青少年维权岗”被团省委、省工商局等部门授予“优秀青少年维权岗”荣誉称号。

【区个体私营经济协会】

区个体私营经济协会前身为区个体劳动者协会，成立于1983年9月，下属5个分会，有会员703人，均为区内持有营业执照的个体工商户。1986年6月，成立区个协党支部，10月，成立区个协妇联，有妇女会员721人。2000年6月，改称崇安区个体私营经济协会（以下简称区个协）。1983~2004年，区个协历经8次换届改选。迄2005年，区个协下属崇安寺、中山路、火车站、靖海、广益、华东商贸城6个分会，有自然人会员和团体会员1.3万人。其中，当选历届市区人大代表、政协委员的12人。1986~2005年，区个协历届会长有：孙金铮、王祥康、陈顺仙、周奚增、高亚萍。

服务会员 1986~1990年，区个协从解决个体经营者实际困难入手，为会员解决计划外用粮1.9万多公斤、油700公斤、煤80多吨；帮助978户个体工商户解决市养老保险；困难补助200多人次、3900多元，发放生活用品价值1.2万元。其间，率先创办医务室，为个体工商户诊治疾病8000多人次。1991年7月，无锡遭到百年未遇的特大洪涝灾害，个体工商户276户店面被淹、192户家中进水，24户直接经济损失在千元以上。区个协在全市率先发出援助倡议，发动会员捐款2万多元、粮票485公斤、麻袋346条，支援受灾兄弟姐妹。同时，为全区抗洪救灾、“希望工程”、省残疾人康复教育中心等捐款5.15万元。是年11月，区个协在全市率先开办个体劳动者政治学校；率先建成区个协活动之家。1992年3月，区个协编排的4台文艺节目在市“个协之春”文艺会演中获市二等奖，后又获得省个协一等奖，全国个协三等奖，区个协获得省、市个协组织奖。1998年4月，组织举办区首届个私理发（美容）行业美发（美容）操作技能比赛，8月成立区理发（美容）行业协会。2003年，组织315名会员参加市私营企业高新技术项目洽谈会、跨区域招商项目推介会以及区招商引资洽谈会。2005年，区个协帮助私营企业引进离退休专业技术人才和管理人才，组织5家企业参加无锡市2005年老年人才开发免费招聘专场，30名离退休专业技术人才和管理人才报名应聘。扶持帮助287名下岗失业人员从事个体经营，减免收费181.81万元，全力推进再就业工程。组织开展“为会员健康、为企业添后劲”活动，参加青海——江苏（无锡）经贸投资项目对接会、十三届中国兰州贸易洽谈会、苏北宿迁市工业开发园区投资环境考察、2005年中国无锡民营企业高新技术洽谈会等，广开门路、招商引资。1999~2005年，区个协先后组织80多家私营企业参加市下岗失业人员再就业洽谈会20多场次，为下岗职工提供岗位700多个。

行业自律 1986年，组织开展“优质服务信誉户”升级竞赛活动，区内4条主干道（人民路、中山路、通惠路、广勤路）、5个市场（西河头、解西二路、书院弄、交际路、崇安寺农贸市场）、4个行业（商业、饮食业、服务业、修理业）的469户个体工商户参加。1996~1997年，“优质服务信誉户”竞赛评比活动扩大到全区5301户个体工商户，评出甲级信誉户458户、乙级信誉户2843户，黄牌警告4户。2000年3月，组织开展不经销假冒伪劣商品、不侵害消费者权益“两不”活动。2003~2005年，开展“重操守、讲诚信、创光彩”竞赛活动，评出讲诚信文明经营户206户、诚信私营企业32家。

奉献社会 1989年，区个协组织 930名会员参加为民服务活动2665人次，捐资助学2321元，为福利院募捐3300元，捐献救灾衣物1295件。1996~1997年，组织开展“献爱心、送温暖，为社会作奉献”活动，508名会员为陕南贫困地区捐助棉衣被2048件。1997年，在全市率先建立扶贫帮困基金会，1997~1999年，先后为省“希望工程”、市“再就业”工程、市社会福利院、市招商城鞋帽市场火灾捐款捐物，并为崇安辅读学校捐款5万多元。2000年，在社会献爱心活动中，捐款8437.96元，走访慰问特困家庭11户；资助区敬老院、马山个协图书室、军嫂蔡红艳、援藏建设等6.34万元。2001年2月，《无锡日报》刊登“无锡血源告急”的新闻后，广大会员踊跃报名，78名个体工商户义务献血1.56万毫升。2003年，再次组织会员义务献血，37名个体工商户义务献血7400毫升。2003年，组织开展“为民服务”及“光彩服务周”活动21次，服务群众1050人次。个体工商户为社会福利事业、公益事业、革命老区、贫困地区和“希望工程”等捐助钱物3760人次，价值27.18万元。2005年9月，开展“三走进三服务”①活动，有特长的15名个体工商户为江海街道风雷新村（西）社区115名居民提供车辆与钟表修理、理发、门锁配钥匙、健康保健、法律法规咨询等义务服务。是年12月，在“慈善一日捐”和“抵御艾滋病，人道万人捐”活动中，65名个体工商户捐款1.5万元。

【区人大工作研究会】

成立于1992年4月，区人大工作研究会是从事人大理论研究和实务研究，推进人大工作理论创新和实践创新，不断促进人大工作法制化、制度化和规范化的团体，时由区人大常委会主任兼任会长。此后，其组成成员历经多次调整，2005年，有理事31人。1992~2005年，区人大研究会坚持理论联系实际，积极开展人民代表大会制度和人大工作研究，认真总结区人大在监督、代表工作等方面的经验，积极宣传研究成果。历届会长有：杨贯群、张振翼、黄生宝、冯国鹏。

区人大工作研究会年会（2003.10）　（区人大办公室供稿）

【区政协联谊会】

成立于1988年6月，其前身为崇安区政协之友联谊会，时有会员36人。区政协联谊会是政协崇安区委员会领导下的区域性学术研究和政协联谊活动的团体，时由区政协主席或副主席兼任会长。此后，其组成成员历经多次调整。1988~2005年，区政协联谊会按照“围绕中心，服务大局，发挥优势，量力适度，形式多样，注重实效”的原则，组织会员参观考察和调查研究，了解民情、反映民意、集中民智，积极建言献策，开展联谊交友、尊老敬贤和适宜的文化娱乐活动。历届会长有：王祖华、尤觉、李锋、高兴东、黄汉林、刘健华。

【区红十字会】

1986年，区红十字会有基层组织12个，会员350人。迄2005年，基层组织发展到65个，会员1.3万余人。区红十字会会长由分管副区长担任，名誉会长由区长、区委副书记兼任。区红十字会办公室设在区卫生局，办公室主任由区卫生局分管领导担任，负责组织开展卫生救护训练、红十字宣传及青少年红十字工作、社会捐赠等红十字会工作。

红十字备灾救助　1995年，成立区“红十字备灾救助基金”募捐活动委员会，开展红十字备灾救助基金募捐活动，募集基金17万元。其后，每年开展募捐和“新春送温暖”活动。2001年春节，区红十字会组织各街道红十字会为辖区内52户贫困家庭赠送大米、食用油、猪肉、棉被等食品和生活用品，价值3万余元。1995~2005年，累计为全区760户因病致贫户发放慰问品（金）价值40多万元。迄

①三走进三服务：走进社区、走进敬老院、走进困难户，为居民服务、为孤老服务、为困难户服务。

2005年，区红十字会共募集红十字备灾救助基金102.9万元。

关爱生命、人道万人捐 2001年，开展“帮困助弱万人行”系列活动，组织“慈善一日捐”、募集衣被送温暖等。2002年，市组织开展第一轮“关爱生命，人道万人捐”活动，以后每年举行一次。活动期间，区红十字会走上街头发放宣传资料、募集善款。是年，区红十字会会同区教育局、崇安医院、区防疫站等单位为因患肝癌致贫的崇安饭店职工陈剑英家庭募集1.18万元，缓解其家庭困难；崇安医院组织医务人员为身患癌症的小病人凌杰捐款6220元；崇宁路小学师生为该校身患白血病的小学生孙栋捐款1.9万元。2002~2005年，全区共募集善款160.07万元。

社区红十字服务 2002年，中国红十字总会和民政部联合下发《关于开展全国红十字服务工作的通知》和《关于开展全国社区红十字服务示范活动的意见》，区在崇安寺街道东河花园社居委组织社区红十字服务试点，积极开展示范服务、宣传培训和募捐救助。2003年，无锡市红十字会在东河花园社居委举行“无锡市社区红十字志愿者服务站”授牌仪式。2004年，社区红十字服务工作全面铺开，区荣获“江苏省社区红十字服务示范区”称号。2005年，获“全国社区红十字服务示范区”荣誉称号。

青少年红十字工作 2004年，开展学校红十字会规范管理达标活动，各小学红十字会组织按照一个会标、一面会旗、一枚会章“三个一”达标要求，健全组织，加强管理。开展红十字知识宣传，组织以“人道、奉献、博爱”为主题的红十字募集和捐助。2005年，新开河、崇宁路、保利3所小学通过无锡市学校红十字会规范管理达标验收。

【区退休职工管理委员会】

成立于1986年6月，区退休职工管理委员会（以下简称区退管会）其前身为区退休职工领导小组，下设办公室，归口区劳动局，负责全区退休职工管理工作。2004年，其职能扩大到负责全区社会化管理服务的政策宣传和监督检查；接收和管理辖区企业退休人员的人事档案；退休人员由企业转入社区的管理和协调；规划老年福利服务设施和活动场所的建设等。是年，在区劳动保障管理服务中心增挂“区退休人员社会化管理服务中心”牌子，配专职工作人员5人，负责协调和指导各街道、社区的企业退休人员社会化管理服务工作。各街道劳动保障所增挂“街道退休人员社会化管理服务所”牌子，配专职人员1人，负责本街道企业退休人员社会化管理服务工作。全区各街道共有退管协管员37人，自管组织工作人员123人。企业退休人员社会化管理服务后，企业职工退休后与原企业分离，养老金实行社会化发放，人员按其居住地纳入社区管理，由社区服务组织提供相应的管理服务。异地领取养老保险待遇的人员（含职工遗属），纳入其退休单位（或死亡职工单位）所在地的社区进行管理。2005年8月，建立区退休人员法律援助中心，维护退休人员合法权益。是年，区退管会负责管理500多家企业的2.75万名退休人员档案，其中供属139人，已故230人。年接待档案查阅260人次、咨询服务1063人次。

辖区退休工人档案社会化管理（2004.12）
（区档案局供稿）

第二十编

政　法

市公安局崇安分局（以下简称公安崇安分局）成立于1958年7月，其前身为公安城中分局、城东分局。崇安区人民法院（以下简称区法院）和崇安区人民检察院（以下简称区检察院）成立于1955年12月，区法院前身为无锡市人民法院第一分庭。“文化大革命”期间，公、检、法机关被“砸烂”，一度由中国人民解放军军事管制小组接管。1978年10~12月，区法院、区检察院、公安崇安分局先后恢复。1981年4月，区人民政府新建司法科，区公、检、法、司之间，形成各自依法独立行使职权，既相互密切协作，又互为制衡的新的政法体系。

80年代后，全区政法工作进一步加强，政法机构日益完善，政法队伍不断壮大，人员素质逐步提高。公安崇安分局贯彻“打防结合，预防为主”方针，从构建维护社会稳定长效机制入手，依法严厉打击危害公共安全和人民群众生命财产安全的各类刑事犯罪；持续开展专项整治和集中打击涉黑涉霸团伙犯罪；加强户籍、治安、消防管理，开通110报警服务系统，打响有困难找警察的品牌。区检察院与公安、法院通力协作，在审查批捕、提起公诉中，依法履行法律监督职能，确保及时正确地惩罚犯罪；同时，加大侦查职务犯罪和渎职犯罪的力度，严厉打击贪官污吏和严重经济犯罪分子，依法保护人民群众的合法权益。区法院坚持公开、公平、公正的原则，依法履行审判职能，惩罚犯罪分子，保护人民群众，维护社会主义市场经济秩序，保障改革开放和社会主义现代化建设的顺利进行。区司法部门贯彻“依法治区”战略，持续开展普法宣传教育，不断深化和完善人民调解、法律服务、社区矫正和刑释解教人员的安置帮教工作，开通“148”法律服务专线，为人民群众提供法律咨询，为弱势群体提供法律援助，并办理民事、经济公证业务。全区政法干警忠于职守，依法行政、依法办案，为经济和社会事业发展保驾护航，为构建和谐社会、维护社会稳定、保障公民合法权益发挥重要作用。

第一章 公 安

公安崇安分局前身为1949年4月建立的公安城中分局、城东分局，是无锡市军事管制委员会公安部的分支机构，后几经更名。1953年，城中分局和城东分局分别改称第一区分局、第二区分局，1955年，再次更名为崇安分局、工运分局。城中分局驻地中山路118号，下辖崇安寺等6个派出所；城东分局驻地长庆路74号，下辖亭子桥等7个派出所；均为市公安局的分支机构。1958年7月，撤销工运分局，并入崇安分局，驻地县前街82号，下辖崇安寺、复兴路、学前街、新生路、周山浜、通运路、亭子桥7个派出所。1966年8月，改称公安崇武分局。1967年1月，被“造反派”夺权；3月，实行军事管制。1968年1月起，建立公安崇武分局军管小组，与崇武区革命委员会下设的保卫组合署办公，1973年分设，1974年4月军管小组撤销。1978年12月，复称公安崇安分局，驻地书院弄23号。

80年代后，公安崇安分局围绕经济建设中心，以确保一方平安为己任，切实履行打击、防范、管理和服务的职能，维护社会稳定。贯彻严惩严重危害社会治安的犯罪分子（简称“严打”）方针，加大打击各类刑事犯罪力度，提高侦察破案能力，遏制犯罪高发势头。严格日常治安管理，严密治安防范网络，建立预警机制，及时化解和有效处置社会不安定因素和矛盾，着力维护社会治安稳定。致力公安工作规范化、制度化、法治化建设，推进公安法治化进程。持续推进消防和交通等社会化管理，精心推进社区警务工作改革，促进基层民警全面实现“能有效防范案件，能切实掌握重点人口，能真正管住流动人口，能随时发现治安问题，能及时提供破案线索，能有效打击现行能力”的改革目标，努力实现“发案少、秩序好、社会稳定、群众满意”的工作目标。1986～2005年，破获各类刑事案件1万余起，其中，破获列入省公安厅归类统计考核的故意杀人等8类严重刑事犯罪案件由2000年35件，增加到2005年61件，破案率由2000年78%提高到2005年87%。1998～2000年，连续3年被公安部授予全国优秀公安局称号，还先后被评为2000～2001年度无锡市文明单位、2001～2002年度江苏省文明单位。2005年，90%的派出所被评为市人民满意派出所。

第一节 机 构

1986年，公安崇安分局内设秘书股、治安股、政保股、内保股、消防股和刑警队6个直属机构和9个基层派出所。此后，为适应治安形势、行政管理等需要，内设机构部门历经多次调整。迄2005年，内设政治处、国保大队、出入境管理科、禁毒大队、经文保大队、刑警大队、经侦大队、治安大队等14个直属部门及7个基层派出所，有民警415人。

公安崇安分局办公楼（2005） （公安崇安分局供稿）

1986年，分局设址书院弄23号，建筑面积1745.23平方米。1989年底，启动办公用房整体改造，12月30日开工，1991年

9月21日，竣工交付使用，新大楼高5层，建筑面积2900多平方米。1995年，又在新大楼西侧翻建三层楼房1幢。2000年，原区法院、区检察院四层办公大楼1幢划拨公安崇安分局使用，至此，办公用房建筑面积增加到5065平方米，迄2005年未变。

1986~2005年，公安崇安分局历任局长有：丁耀平、冯岳良、许国庆、许建平、李永恒。

【内设机构】

1986年，公安崇安分局内设秘书股、治安股、政保股、内保股、消防股和刑警队6个直属机构，有民警229人。1989年12月，增设法制办公室。1990年9月，秘书股更名为办公室。1992年6月，成立市保安服务公司崇安公司（1999年1月移交无锡市保安服务公司）。1993年7月，增设巡警队。1995年4月，刑警队、巡警队更名为刑警大队、巡警大队。1996年1月，内设机构撤股改科，9月，建立政工办公室，是年12月，增设出入境管理科，与政保科合署办公。同年，无锡市公安局预审处崇安预审科移交公安崇安分局，增设预审科。1998年9月，成立经侦大队；撤销预审科，并入刑警大队。2000年6月，巡警大队并入治安科，成立治安大队。是年7月，新设禁毒科。2003年2月，消防科更名为消防大队，是年5月，政工办公室更名为政治处，法制办公室更名为法制科，增设行政管理科，原政保科、内保科、禁毒科分别更名为国内安全保卫大队（简称国保大队）、经济文化保卫大队（简称经文保大队）、禁毒大队。2004年7月，增设信息通信科，是年11月，成立纪检组、监察室。迄2005年，分局有办公室、政治处、纪检组、监察室、法制科、国保大队、出入境管理科、禁毒大队、经文保大队、刑警大队、经侦大队、治安大队、行政管理科、信息通信科14个内设机构，民警415人。

【公安派出所】

1986年，公安崇安分局下辖复兴路、学前街、新生路、崇安寺、通运路、周山浜、亭子桥、上马墩和广瑞路9个派出所。1989年1月，建立车站地区派出所，所址位于新开河公交宿舍11号，1993年11月，迁驻车站路沿河44号。1993年9月，建立江海派出所。1997年4月，复兴路派出所与崇安寺派出所合并，改称崇安寺派出所；亭子桥、通运路2个派出所合并，改称工运派出所。1999年6月，市公安局成立公交分局后，车站地区派出所划归市公交分局。2002年2月，广益镇归属后，广益派出所划归公安崇安分局。2003年1月，工运派出所因拆迁搬至工艺路2号（后路名更改为兴源中路100号）。2004年4月街道撤并，8月，崇安寺、新生路2个派出所相应撤销，成立崇安寺派出所；周山浜、工运2个派出所撤销，成立通江派出所。迄2005年，分局下辖学前街、崇安寺、通江、上马墩、广瑞路、江海、广益7个派出所。

1986年公安崇安分局下设派出所一览表

表20-1-1　　　　单位：人

名　称	驻　地	人　数
复兴路派出所	复兴路123号	23
学前街派出所	昇平巷16号	23
新生路派出所	崇宁路54号	20
崇安寺派出所	圆通路3号	18
通运路派出所	前太平巷35号	23
周山浜派出所	广勤一支路66号	20
亭子桥派出所	人民东路66号	20
上马墩派出所	塔影二村30号	16
广瑞路派出所	锡沪路吴巷1号	13

说明：上述资料由公安崇安分局提供。

2005年公安崇安分局下设派出所一览表

表20-1-2　　　　单位：人

名　称	驻　地	人　数
学前街派出所	昇平巷1号	32
崇安寺派出所	崇宁路52号	40
通江派出所	兴源中路100号	40
上马墩派出所	塔影二村30号	29
广瑞路派出所	广丰三村60号	28
江海派出所	江海新村26号	26
广益派出所	江海东路388号	31

说明：上述资料由公安崇安分局提供。

第二节　经济文化保卫

80年代后，随着改革开放不断深化，经济迅速发展，区内各项重大节庆和首长、外宾安全保卫任务日益繁重，公安崇安分局按照“谁主办、谁负责”的原则，协助各举办单位落实安全措施，完成各项大型活动的保卫工作。同时，依靠企事业单位和群众组织，做好单位内部安全保卫和社区治安防范工作。特别是2004年国务院颁布《企事业单位内部治安保卫条例》（以下简称内保条例）后，经济文化保卫工作走上规范化、法制化的轨道。

【内部保卫】

维护校园及周边治安秩序（2004.10）　（公安崇安分局供稿）

80年代后，公安崇安分局坚持贯彻“预防为主”的方针，强化企业内部防范机制，严密企事业单位内部安全管理，把辖区内事关国计民生、国家安全、公共安全的重点单位作为经济文化保卫工作的重点，开展安全检查和行政执法，督促落实安全防范责任，预防各类案件发生。1988年，加强重点单位要害部位人防、物防、技防“三防”建设，开展创建安全合格财会室活动，会同工商银行抽调57人，对辖区单位进行检查，发出整改通知书80份，督促单位安装防盗报警器。90年代后，重点抓好防破坏活动、防盗窃、防诈骗、防矛盾激化和突发事件，确保重点要害的安全“四防一确保”工作，推行治安保卫责任制。1990年，辖区单位普遍实行厂长治安责任制。1993年，开展加强“五项管理”（物资、自行车、宿舍、门卫、临时用工），争创“四合格”（财会室、仓库、门卫、车间）单位活动。与辖区企业签订治安保卫责任状。是年，大中型企业财会室和仓库安全合格率达到100%，一般单位达到80%，区属单位达到90%。1995年始，辖区内高考、成人高考、自学考试、职业资格考试、司法考试等国家级考试和市级中考的安全保卫工作改由分局负责，各类考试安全有序。同时，根据省市《关于开展打击撬盗保险箱犯罪专项斗争的意见》，把厂企单位“三防”工作作为基础防范的重点。是年，全区有300多家单位更换使用钢板结构的合格保险箱，其中，重点单位财务部门更换保险箱93只，加固保险箱14只。1998年，全面推进金融系统防范工程建设，辖区内所有金融网点和60多家重点单位安装与110联网的“安定保”报警系统，对检查合格的140家金融网点发放安全合格证。2001年起,开展企事业单位内部十大类案件[①]的查处工作，超前预想，防患未然，促进企事业单位安全保卫工作。2005年，公安崇安分局对校园及周边治安秩序进行专项整治，全面落实公安部维护校园及周边治安秩序八条措施，督促、指导学校建立健全安全保卫责任制和内部保卫组织，改进和完善值班、门卫、巡逻、消防、交通、食品安全等安全管理制度，加强重点部位、重点场所的“三防”建设，制订完善处置突发事件的工作预案，在校园内部设立警务室，配备法制副校长和辅导员。1986~2005年，先后组织重点单位保卫干部培训17次，1500余人次。其中，300多人取得省公安厅、经贸委、人事厅颁发的培训合格证书。

【群众治安组织】

公安崇安分局依靠群众治安组织，开展群防群治，着力维护全区社会治安稳定。80年代，群众治安组织主要有治保委员会、治安联防队、护院护弄队等。治安联防队主要配合公安机关加强辖区企事业单位、商业闹市和行业场所的治安管理和防范。护院护弄队主要协助公安机关加强地区的治安管理和防范。坚持白天护院护弄，夜间值班巡逻。推广周山浜街道治安联防实行“三定、三包、三护[②]巡逻制度的经验。90年代，治安联防队逐步趋向专职化，形成一支统一管理、统一培训、统一考核、统一布岗、统一指挥调度的队伍，并组建一支社区义务巡逻值班队伍。1999年8月，全区成立8个街道地区治安联防大队，有治安联防人员343人，义务巡逻值班人员3298人。2001年起，全面推进保安联防体制改革，企事业单位自聘保安和物业保安队伍实行统一政审、统一培训、统一录用，完善保安联防运作机制。2002年8月1日起，原地区治安联防大队撤销，改为保安联防中队，并成立有330名保安组成的崇安区社区保安服务大队，建立保安岗前培训、随岗培训、淘汰更新制度。全区群众治安组织由社区保安队、巡逻保安队、派驻保安队、保安联防队以及志愿者巡逻队组成。2003年，社区保安增加到358人，巡逻保安发展到41人，派驻保安减少为210人，保安联防由2000年485人缩减至98人。2005年，全区群众治安队伍有11938人。其中，社区保安401人，巡逻保安74人，派驻保安257人，保安联防减少至70人。

街道地区治安联防大队成立（1999.8）　　（公安崇安分局供稿）

1986～2005年部分年份崇安区治安联防情况一览表

表20-1-3　　单位：人，件，万元

类别/年份	治安联防队伍						抓获违法犯罪	协破刑事案件	协破治安案件	缴获赃款赃物
	小计	派驻保安	联防队	社区保安	巡逻保安	其他				
1986	904	—	236	—	—	668	—	86	121	—

①十大类案件：重大责任事故案、重大劳动安全事故案、工程重大安全事故案、教育设施重大安全事故案、强迫职工劳动案、故意延误投递邮件案、故意损毁文物案、故意损毁名胜古迹案、过失损毁文物案、医疗事故案。
②三定、三包、三护：定人员、定时间、定地点，包教育违法青年、包掌握治安动态、包看护居民物品，护院、护弄、护地。

续表20-1-3

类别 年份	治安联防队伍						抓获违法犯罪	协破刑事案件	协破治安案件	缴获赃款赃物
	小计	派驻保安	联防队	社区保安	巡逻保安	其他				
1990	1340	—	285	—	—	1055	—	123	305	—
1995	861	—	315	—	—	546	—	74	151	—
1997	959	—	344	—	—	615	1013	234	335	120
1998	310	—	310	—	—	—	815	290	212	85.90
1999	3641	—	343	—	—	3298	376	46	125	12.30
2000	3445	251	485	—	—	2709	402	82	208	15.16
2001	11203	185	592	—	—	10426	385	176	128	10.24
2002	31492	257	598	—	—	30637	183	52	104	19.44
2003	6941	210	98	358	41	6234	279	103	157	35.71
2004	10684	257	76	386	40	9925	251	77	113	47.15
2005	11938	257	70	401	74	11136	255	78	118	52.28

说明：1. 上表“联防队”一栏2002年后为保安联防队人数。2. 上述资料由公安崇安分局提供。

第三节　户政管理

80年代后，随着全区人口呈逐年增多趋势，公安崇安分局在加强身份证管理措施及实施人口信息计算机管理的同时，逐步建立起以常住人口管理、暂住人口管理、“农转非”登记管理为重点的实有人口管理体制，常年坚持常住人口统计月报制度，年终户口核对制度和迁入、迁出、出生、死亡、变更项目登记制度以及寄宿户口申报制度等，夯实户政管理基础。

【常住人口管理】

1987年，在学前街街道启动第一代居民身份证发证工作试点，尔后在全区推开，至1988年10月底，基本完成集中发证工作，全区16周岁以上人口137247人，应发证136883人，领证136859人，领证率达99.98%。1993年前，全区人口信息主要通过市公安局口卡室常住人口信息卡片查询。1993年11月，公安崇安分局根据市公安局提出的关于建立人口信息计算机管理系统的要求，在崇安寺派出所率先开展人口信息微机管理系统建设的试点。1994年3月，全面推进各派出所人口信息微机管理系统建设，全区102个居委会、17万多人口，每人40个项目的信息采集、数据录入、清样校对、数据整理、数据变动、统计指标工作中，发现并纠正各类差错99311项，其中主要项目差错10202项、次要项目差错89109项。1994年12月15日，全区10个派出所人口信息微机管理系统全部通过市公安局验收，并投入前台办公，结束40年来申报户口手工操作的历史。1995年7月，人口信息管理从卡片式手工管理转入计算机信息管理，每个基层派出所都可通过市综合人口信息管理系统联网查询有关资料。1995~1996年，完成居民户口簿以旧换新工作。1998年4月，市内户口迁移直接由市综合人口信息管理系统申报操作。并开展人户分离专项清理整顿工作，崇安寺派出所在考核验收中名列全市第一。2004年10月，配合换发第二代居民身份证，并启动派出所综合人口信息管理系统升级改造。2005年1月1日起，人口信息数据由分散式非实时化管理升级为集中式实时化管理，户口迁移实现一所办理。1986~2005年，全区常住人口呈逐年下降趋势。1986年19.12万人；1996年17.19万人；2001年16.33万人；2002年广益镇归属后，常住人口增加到18.51万人。2005年，全区常住人口为18.42万人。

【暂住人口管理】

登记申报管理　1985年，《无锡市暂住人口管理试行办法》颁布，主要是对异地到无锡探亲访友人员和进城谋生人员短期居住进行登记管理。90年代后，随着改革开发的不断深入，流动人员剧增，暂住人口也迅速增加，1990年达到1.46万人。1993年，贯彻《无锡市暂住人口管理条例》（以下简称《条例》），做好暂住人口登记和暂住证办理、验证工作。1995年，暂住人口登记1.53万人，发放暂住证1.30万人。1996年，公安崇安分局设立流动人口管理办公室，配置专职民警负责暂住人口管理。各派出所设暂住人口管理站，配备协管员协助民警管理。机关、团体、企事业单位的暂住人口以及成建制用工，由单位统一申报；散住在私房出租户等一些私营场所的，由暂住地公安派出所登记审办；住宿在旅馆、招待所的，按旅客住宿登记簿给予登记；居住超过1个月的，即按《条例》规定进行办证。1998年3月，公安崇安分局会同区劳动局、区房管局、区计生局对辖区散居流动人口进行核对登记、信息比对，强化日常规范管理。仅3天就补办暂住证122人、“就业证”256人、“计生证明”18份。1999年，暂住人口增加到2.29万人，发放暂住证1.95万人。2002年，辖区外来人口剧增到4.93万人，比2001年净增2.35万人，发放暂住证4.27万人，比2001年净增2.07万人。2002~2003年，公安崇安分局进一步加强外来人口登记管理和房屋租赁的治安管理，抑制和减少外来人口违法犯罪。2003年，暂住人口猛增到7.32万人，发放暂住证5.99万人。2005年，启动建立暂住人口信息管理系统。是年，暂住人口8.41万人，发放暂住证7.11万人，占登记的应发证人口7.13万人的99.72%。

全国优秀警察许昌在小区进行户政管理调查（2004）
（公安崇安分局供稿）

“两集中”管理　1997年，全区推行外来人口管理集中住宿、集中管理“两集中”，用工单位的外来人口实行相对集中租住，外来人口管理工作由被动管理向主动管理转化。是年，外来人口在用工单位集中住宿1.00万人。2004年，在公共娱乐场所、服务性行业建立集中住宿点，在企业单位和建筑工地进行“两集中”管理试点，在广益街道企业单位建造集体宿舍或相对集中租住附近民居，并在“两集中”管理居住点开展人性化服务和管理。是年，建立“两集中”点36个，居住外来人口1.11万人。2005年，开展新市民安居乐业工程建设，在广益街道启动建造民工公寓，用工单位租用改造闲散厂房作为“两集中”点。是年，全区“两集中”点达191个，居住外来人口1.36万人，占全区暂住人口总数17.5%。

1990～2005年部分年份崇安区暂住人口及发证情况一览表

表20-1-4　　　　单位：人

年份	登记数									应发数	实发数
	合计	务工	务农	经商	服务	运输	建筑	无业	其他		
1990	14623	4451	—	1223	1865	212	4753	365	1754	13696	12504
1995	15320	5752	—	1558	2050	226	3422	437	1875	14573	13008
1997	16855	6701	1	3198	1638	380	3300	69	1568	16830	14563
1998	18104	6554	1	3457	1797	344	3540	102	2309	17175	17145
1999	22916	7529	—	5008	2030	332	4922	73	3022	20135	19479
2000	23394	9028	2	6092	1907	367	2104	8	3886	21552	21542
2001	25888	11699	—	6358	2548	457	2575	126	2125	23226	21973
2002	49342	20514	645	12273	5837	2639	3563	2651	1220	43791	42672
2003	73243	30735	621	14498	6990	2713	3889	4790	8985	62513	59937

续表20-1-4

年份	登记数									应发数	实发数
	合计	务工	务农	经商	服务	运输	建筑	无业	其他		
2004	80466	32132	278	13941	9694	2778	5235	228	16180	73268	73174
2005	84120	32456	140	14091	11300	2581	4105	120	19327	71250	71124

说明：上述资料由公安崇安分局提供。

【“农转非”管理】

“农转非”，即农业（农村）人口转为非农业（城镇）人口，是一项严格城乡人口户籍管理的制度，始于20世纪60年代。80年代，随着改革开放和城市化进程的发展，大批农村人口向城镇迁徙，农转非政策限制逐步放宽，转变为有条件地登记落户管理制度。1986年，办理“农转非”908人。1990~1992年，先后办理“农转非”1991人。1995~1998年，共办理“农转非”4080人。1999年6月，无锡市开始实行新生婴儿可随父或随母落户、夫妻投靠和父母投靠子女“三投靠”户口迁移政策。2000年，推行小城镇户籍管理制度改革。1999~2000年，办理“农转非”4903人。2001年5月起，取消“市镇居民粮食供应转移证明”“人口迁入无锡市区许可证”和“农转非人口许可证”。8月，市政府出台《关于改革和加强城市户籍管理工作为推进城市化与城市现代化服务10项措施》，推出引进优秀人才、购房等10项户口迁移政策。是年开始，取消农转非登记，纳入正常户口迁移登记，农转非制度退出户籍管理的历史舞台。2003年5月后，取消农业户口、非农业户口、自理口粮户口等户口性质，实行城乡统一的家庭户和集体户两种户口登记制度。是年，辖区外地购房迁入户口和劳动保障允许迁入户口继续由市公安局管理，其他外地迁入户口下放至分局受理。2003~2005年，全区受理“三投靠”户口1717人。

1986～2000年部分年份崇安区“农转非”情况一览表

表20-1-5　　　　单位：人

年份	无锡郊区农村	外乡村	省内迁入	省外迁入
1986	229	679	—	—
1988	134	1175	—	—
1990	57	756	—	—
1991	29	577	—	—
1992	57	515	—	—
1994	53	783	—	—
1995	971		—	—
1996	1066		—	—
1997	92		—	—
1998	—		1579	372
1999	—		2438	341
2000	—		1820	304

说明：上述资料由公安崇安分局提供。

第四节　治安管理

80年代，公安崇安分局根据治安管理特点，以维护社会稳定为目标，落实基层治安防范措施，切实加强特种行业管理、公共场所管理、危险物品管理，开展各项专项治理。1995年，在全区开展禁毒禁娼专项治理。1996年，开展禁毒、禁娼、禁赌，打击暴力犯罪活动“三禁一打”专项斗争。1997~2000年，开展公共娱乐服务场所、美容美发业、书刊音像市场、电子游戏业、收旧业专项整治，集中查处一批违法犯罪活动，捣毁一批违法犯罪窝点。2004~2005年，先后组织开展3次百日行动、秋风行动、全国禁赌行动等，整治站街招嫖、制假贩假、强讨恶要等治安复杂地点102处，依法查处违法犯罪嫌疑人174人，确保全区社会治安稳定。

【化解社会矛盾】

80年代后，随着改革开放的逐步深入，辖区内多种新旧矛盾交织，人民内部矛盾引发的非政治性不安定因素日益增多，公安崇安分局把维护社会稳定、妥善处置由人民内部矛盾激化引发的群体性事件和闹事苗头作为一项经常性的重要任务，为全区创造安定的社会环境。90年代初，辖区部分单位内部集资无法兑现，矛盾突出，引发群众大规模上访。公安崇安分局会同有关部门积极排查，梳理出辖区集资单位35家，集资金额3亿多元，协助单位做好计划还兑、思想疏导、化解矛盾工作，平息群体性闹事苗头。1995~2005年，因单位转改制、关闭、破产，影响部分职工切身利益，公安崇安分局密切配合有关单位积极应对，劝阻、缓解、制止振奋螺丝厂职工堵塞东门立交、维新漂染厂职工堵塞通江大道、利农砖瓦厂职工冲击市政府机关、商业大厦职工在商业大厦静坐等群体性事件，在全力加强思想疏导的同时，对极少数扰乱公共秩序的人员给予治安处罚。针对辖区内医院集中、医患纠纷不断、医患矛盾激化、严重影响医疗单位和社会安定的情况，公安崇安分局建立医患纠纷处置工作机制。在医患纠纷的处置中坚持"立警为公、执法为民"，化解矛盾，得到群众认可。2004年5月，协同市第二人民医院妥善处置一心脏病人因搭桥手术脑死亡引发的群体性事件，组织力量进驻纠纷现场，耐心细致地对患者家属进行法制宣传教育，对个别人员依法采取强制措施，使这起严重影响交通和正常医疗秩序的医患纠纷得以平稳解决。1995~2005年，公安崇安分局出动警力5000余人次，主导处置医患纠纷500多起。此外，还会同有关部门做好房屋动迁户的思想疏导和各种矛盾化解工作，确保重点市政工程顺利进行。

【特种行业管理】

加强对特种行业（旧货市场）治安管理（1997）

（公安崇安分局供稿）

特种行业是指工商服务业中内容复杂，容易被犯罪分子利用而需要进行特殊管理的行业。其具体的行业范围依据各个不同历史时期治安形势变化而有所改变。80年代前，公安机关把旅店业、旧货业、修理业、印铸刻字业纳入特种行业管理。此后，鉴于特种行业大幅度增长，旧货业、修理业不再列入特种行业，印铸刻字业中除刻字业外，其余均不列入特种行业管理。90年代后，特种行业管理日趋规范，并进一步强化。1994年，会同有关部门对管理混乱、有盗窃销赃行为的25家废旧物品收购站点进行清理整顿，在各废旧行业店（站）建立凭证收购、收购可疑物品登记等制度，堵塞盗窃销赃渠道，规范废旧行业营业秩序。1995年，对旅店业实施评分考核，授予优胜单位流动红旗。1996年，对旅店业实施定期考核，授予5家旅馆"安全旅店"铜牌，2家旅馆被评为不安全旅店。1997年，列入特种行业管理的有旅馆业（包括招待所、饭店、宾馆、客栈等），废旧收购业（包括寄售商店、古玩店、拍卖行、典当行、信托寄卖行及生产性废旧金属收购站），印刷业（包括誊印、复印、名片制作、打字、排版制版、印刷等）。1999年，旅馆住宿人员信息系统投入使用。2002年，全区113家旅馆除4家歇业、15家即将拆迁外，信息系统安装率达到100%。2003年，旅馆实施等级评定考核制度，就登记验证、门卫会客、物品寄存、安全设施、服务把关及发生刑事案件和其他事故等治安管理内容进行百分考核，每月一次，每季以平均分评定A、B、C等级（95分以上为A级，80～94分为B级，有一个月得分不满80分为C级），并编发“旅店治安情况简报”。是年，发出限期整改通知65家次，整改安全防范不到位等问题681个次，改造加固不安全门、窗、锁87处（具），全区旅馆行业刑事案件比上年下降43%。迄2005年，纳入特种行业管理的有旅馆业、印章刻制业、拍卖业、典当业、印刷业、复印业、废旧物品收购业、二手机动车交易市场、报废汽车回收拆解业、旧货市场、机动车修理业11个行业。

【公共场所管理】

80年代，随着改革开放的深入，公共娱乐场所快速发展，治安管理任务日益繁重。1990年，辖区有公共娱乐场所852家，其中歌舞厅84家、游戏室31家、台球室22家、影视厅20家、游泳池2家、茶室22家、餐饮馆671家。其后，公共娱乐场所逐步实行属地化管理，由公安崇安分局核发“公共场所安全合格证”。1995年，开展利用电子游戏机赌博专项治理，查禁电子游艺室赌博机428台，取缔电子游艺室13家，限期整改处罚游艺室21家。1997年，辖区歌舞厅、游戏室、保龄球馆、台球室、棋牌室、健身房、乒乓球室、影视厅、书场、茶室、餐饮馆11个行业列入公共场所管理。1999年，美容美发室猛增至308家。公安崇安分局在录像放映、歌舞厅、游戏室、美容美发室等公共场所推行规范化管理，与业主签订“治安责任书”，统一管理制度。2001年7月，组织开展娱乐服务场所管理暨电子游戏经营场所专项行动，先后整治行业场所1500家次、取缔18家、吊销证照11家、停业整顿2家、限期整改处罚140家，查破黄、赌、毒案件244起，435人。2002年12月2日，改革公共场所行业行政审批制度，除保留对歌舞娱乐、洗浴按摩、电子游戏业、旅馆业、典当业、刻章业的开业审批外，取消对其他公共场所的审批，改为登记备案管理制。同时废止立项制度，取消“公共场所安全合格证”，对保留审批的项目改为核发“治安审核意见书”。并进一步简化审批、备案程序，实行一级审批、一个公章对外制度，将审批工作时间由15天缩短为10天。2003年，足浴房纳入公共场所管理。2004年7月，取消对歌舞娱乐、洗浴按摩、电子游戏业的开业审批，仅保留旅馆业、典当业、刻章业3个审批项目。是年，餐饮企业缩减为407家，美容美发室增至428家。网吧、烟花爆竹销售处、剧毒品销售处、放射性物品场所纳入公共场所管理。公安崇安分局主动调整工作模式，以强化日常检查、落实管理责任为重点，定期分析公共场所治安管理面临的新情况、新问题，加大对违法违规经营单位的查处力度，落实公共场所治安管理责任制，提高业主守法经营意识，确保公共场所行业治安秩序良好。迄2005年，全区列入公共场所管理的有22个行业、1285家，其中，歌舞厅36家、游戏室29家、保龄球馆2家、台球室11家、棋牌室23家、健身房10家、乒乓球室3家、文化馆1家、影视厅3家、游泳池3家、酒吧40家、茶室47家、餐饮馆409家、浴室47家、美容美发室424家、音像室42家、桑拿按摩室31家、足浴房15家、网吧38家、烟花爆竹销售处51家、剧毒品销售处10家、放射性物品场所10家。

1990～2005年部分年份崇安区公共场所情况一览表

表20-1-6　　单位：家

类别／年份	小计	歌舞厅	游戏室	保龄球馆	台球室	棋牌室	健身房	乒乓球室	文化馆	影视厅	游泳池	书场	酒吧	茶室	餐饮馆	浴室	美容美发室	音像室	桑拿按摩室	足浴房	网吧	烟花爆竹销售处	剧毒品销售处	放射性物品场所
1990	852	84	31	—	22	—	—	—	—	20	2	—	—	22	671	—	—	—	—	—	—	—	—	—
1995	857	76	28	—	18	—	—	—	—	21	2	—	—	18	694	—	—	—	—	—	—	—	—	—

续表20-1-6

类别 年份	小计	歌舞厅	游戏室	保龄球馆	台球室	棋牌室	健身房	乒乓球室	文化馆	影视厅	游泳池	书场	酒吧	茶室	餐饮馆	浴室	美容美发室	音像室	桑拿按摩室	足浴房	网吧	烟花爆竹销售处	剧毒品销售处	放射性物品场所
1999	925	54	14	4	13	3	6	—	—	16	2	—	12	26	411	—	308	46	10	—	—	—	—	—
2000	913	49	22	3	19	7	10	—	3	13	3	2	22	26	409	—	271	42	12	—	—	—	—	—
2001	890	41	23	3	14	7	10	—	3	11	4	2	21	28	395	—	271	40	17	—	—	—	—	—
2002	1024	42	23	3	14	8	10	—	2	11	4	2	33	23	450	—	333	45	21	—	—	—	—	—
2003	974	28	23	2	6	5	7	2	2	4	3	—	42	46	322	40	374	40	20	8	—	—	—	—
2004	1266	31	32	2	10	15	9	3	1	4	3	—	38	46	407	42	428	42	31	16	37	49	10	10
2005	1285	36	29	2	11	23	10	3	1	3	3	—	40	47	409	47	424	42	31	15	38	51	10	10

说明：上述资料由公安崇安分局提供。

【社区治安防范】

80年代，社区治安防范主要依靠公安部门的治保队、专职联防队、地区治安积极分子组成的护院护弄队。90年代后，各派出所会同所在街道落实治安防范责任制，开展群防群治工作。1996年6月后，加强安全文明小区建设，维护社区治安稳定。1999年，组织开展以加强基础防范设施工程建设为重点的“基础工作年”活动，把压降可防性案件作为社区治安防范重点。公安部门推行弹性工作制，着力加强案件多发时段、重点部位和区域的巡逻工作。2001年起，全面推进社区警务改革，公安派出所的工作重心进一步转向防范和管理，把巡逻和入户调查作为主要勤务方式。同时，加强群防群治网络建设。2003年起，开展社区警务室星级创建活动。2004年，组织开展“四项攻坚”、“三项会战”①，完善社会治安防控体系，推进平安创建活动的深入开展。迄2005年，全区43个社区警务室中，被评为三星级警务室19个、二星级18个、一星级6个；有保安及其它辅警力量1.19万人。

【危险物品管理】

危险物品管理主要包括枪支弹药、刀具、易燃易爆物品和剧毒物品管理。80年代前，危险物品实行持证管理。枪支（多为猎枪、汽枪）凭“持枪证”，易燃易爆物品储存凭“爆炸物品储存许可证”、销售凭“爆炸物品销售许可证”、购买凭“爆炸物品购买许可证”、运输凭“爆炸物品运输许可证”或“化学危险物品准运证”、使用凭“爆炸物品使用许可证”，刀具未列入管理。1981年，贯彻新的《中华人民共和国枪支管理办法》，实行人、枪、证三核实，落实专人负责、专库存放、专人保管措施。1983年，根据《公安部对部分刀具实行管制的暂行规定》，对匕首、三棱刀实行管制。1986年后，继续以枪支弹药、易燃易爆物品、剧毒物品为重点，进一步强化危险物品安全监督管理。90年代后，根据市统一部署，多次开展收缴非法持有枪支弹药活动，对辖区持证“三枪”（猎枪、汽枪、小口径步枪）逐一上门验核。2000年，市区烟花爆竹由1997年禁止燃放改为有限制许可燃放，公安崇安分局加大对非法生产、运输、销售、燃放烟花爆竹违法犯罪活动的查处力度，收缴非法烟花爆竹数逐年下降。2001年开始，每年组织开展治爆缉枪专项行动。2003年，开展收缴“毒鼠强”剧毒急性鼠药专项行动。2004年，开展危险物品治安防范百日竞赛和危险物品单位治安防范攻坚，强化危险物品单

①四项攻坚：覆盖全社会治安信息员系统建设、人口信息质量、流动人口落脚点管控以及危险物品单位治安防范达标；三项会战：整治流动人口落脚点、中小旅馆治安、管控违法犯罪高危人群。

位检查和涉危案件查处。2001~2005年，收缴非法枪支230支、子弹289发、废旧炮弹5发、火药2.5千克、管制刀具251件；区危险物品单位治安防范达标率、公安机关列管率和安全责任状签订率均达100%，收缴非法烟花爆竹由2001年10万余件下降为2005年5.3万余件。2003~2005年，查处涉危案件5起，处理违法犯罪嫌疑人15人，收缴剧毒急性鼠药近1公斤、剧毒化学品561公斤。

第五节　惩治犯罪

80年代起，刑事、经济犯罪呈高发态势。公安崇安分局以严重危害社会公共安全和人民群众生命财产的杀人、纵火、投毒、抢劫、绑架、爆炸、强奸、伤害等“八类恶性案件”和各类经济犯罪为重点，突出现行命案和扰乱经济秩序的大要案件的快侦快破，持续开展“严打”和各项专项行动，有效惩治犯罪，保护人民，维护社会治安和社会主义市场经济秩序。

【惩治刑事犯罪】

1983年9月至1985年12月，公安崇安分局先后开展“严打”斗争第一战役、第二战役，依法惩办处理各类现行违法犯罪嫌疑人867人。1986年，开展“严打”第三战役第一仗、第二仗，搜捕犯罪嫌疑人86人。90年代，“严打”行动不定期开展，每年组织数次“集中收捕，公开处理”行动，以营造严打声威。1992~1994年，先后集中收捕并公开处理548人。1995~1996年，先后召开公开处理大会113场。1997年新刑法实施后，集中收捕公开处理大会的形式逐步取消，“严打”斗争步入常态管理。

90年代后，公安崇安分局多次开展惩治各类刑事犯罪专项行动。1992~1993年，对一度高发的拦路抢劫、拦路强奸、捅刀子伤害“两拦一捅”案件组织专项整治，公安崇安分局组建巡警组，取缔无证“夜排档”，快侦快破现行案件，从严打击现行犯罪。此后，又先后组织打架斗殴、尾追妇女抢劫伤害、入室盗窃等扰乱公共秩序的团伙案件的专项整治，侦破一批大案要案，斗殴、拦截盯梢妇女、盗窃、抢劫等违法犯罪案件大为减少。多次开展追缉逃犯专项行动，组织追逃小组对各级督捕对象，逐人落实布控追缉措施，坚持做好在逃人员信息采集、登记和撤销工作，通过旅馆清查、审查人犯、信息比对和查控堵卡等途经，开展追缉逃犯工作，抓获或协助抓获一批本地和外地潜入的重特大逃犯，包括公安部通缉逃犯2人，省厅督捕逃犯6人。1999年，公安崇安分局被市公安局授予追逃先进集体。2003~2005年，开展网上追逃行动，先后抓获网上逃犯201人。2000~2005年，重点围绕“八类案件”，快侦快破。在2000年“打黑除恶”集中行动中，查获黑恶势力犯罪案件3件11人。2001年6月，攻克市公安局挂牌督办的团伙持枪入室抢劫涉黑涉恶大案，先后抓获朱某等涉案人员6人，并缴获钢珠枪1支等凶器。2004年1月，破获强霸水产市场、寻衅滋事、故意伤人案件8件，抓获周某某等恶势力犯罪团伙成员8人。是年始，开展侦破命案专项行动。2004~2005年，辖区内发生的现行命案全部侦破，现行命案发案数由2003年7件下降到2005年4件。“八类案件”破案数由2000年35件提高到2005年61件，破案率78%提高到87%。

【打击经济犯罪】

1986~1998年，经济案件的侦查（以下简称经侦）由分局刑警大队负责。1998年9月，改由新组建的经济案件侦查大队负责。此后，经侦工作逐步向基层派出所延伸，形成以派出所为依托、分局统一指挥、上下协调、实战性强的工作网络。1998~2005年，先后组织开展打击制造贩卖假发票犯罪、金融犯罪、“非典”期间扰乱市场经济犯罪、涉税犯罪、银行卡犯罪、虚开增值税专用发票犯罪等11个专项行动，破获一批影响大、危害严重的大要案件。2000年，破获省公安厅督办的徐州金昌科贸有限公司锡山分公司负责人朱某某特大虚开增值税专用发票案，为国家挽回税款损失587万余元。

2004年，侦破无锡市骄子经贸有限公司经理李某某骗取购销热轧卷板、中板货款865.45万余元的合同诈骗案。1998~2005年，共破获各类经济犯罪案件353件，依法打击处理犯罪嫌疑人364人，为国家、集体和个人挽回经济损失3473万余元，其中，破获案值在10万元以上的大要案件33件，为维护社会稳定和市场经济秩序作出积极贡献。2001年，经侦大队荣立集体三等功。

【刑侦改革】

1988年3月，公安崇安分局刑警队分设联控、技术、情报内勤和城内现行侦破、城外现行侦破5个组，并实行分片包干改革，每个侦察员分包一个派出所地区，有案搞侦破、无案搞防范。1995年初，刑警队升格为刑警大队。1998年6月，刑警大队成立大案、联控、技术内勤3个直属中队，并根据各派出所情况，由5~12名侦察员组成驻所刑警队。是年，实施侦审合一改革，实行立案、侦察、审讯、提请逮捕、移送起诉的一体化运作，撤销预审科，其职能并入刑警大队。2000年8月，为适应刑侦体制改革的需要，成立上马墩、崇安寺2个责任区刑警中队，实行集中办案，由刑警大队垂直领导。2002年8月，责任区刑警中队又分解为若干警组分驻各派出所。

【侦破案件选录】

杀人放火案 1991年8月15日凌晨，犯罪嫌疑人史某某在通运路惠中旅社乘同房旅客熟睡之机，用铁锤击头行凶杀人，并纵火焚烧，致一死一伤。2002年11月14日，化名孔祥生的史某某在杭州抓获归案。

故意杀人案 1994年7月14日凌晨，犯罪嫌疑人徐某某在人民桥附近接受盘查时，用匕首捅死联防队员1人、捅伤3人后潜逃，被列为省公安厅挂牌督捕对象。2005年3月3日，化名陶瑞银的徐某某在浙江慈溪市附海镇郑家浦村抓获归案。

特大盗窃台商案 1998年11月15日，犯罪嫌疑人李某某在八佰伴六楼美食城窃取台商提包，内有钻戒、钻石项链等价值80余万元。当天抓获归案，赃物大部追回。

绑架杀人案 2000年1月17日上午10时，犯罪嫌疑人刘某某绑架10岁男童，勒索现金10万元。当晚8时许，刘某某在人民路大众剧院附近落网，被绑架儿童尸体在其广益镇徐巷租住地起获。

故意伤害案 2000年4月10日傍晚，犯罪嫌疑人徐某某、朱某某、杨某某、陆某、梁某某等两伙黑恶势力人员持刀、枪，在市中心涉外饭店新锦江大酒店大堂聚众斗殴，致伤2人，被列为公安部交办、省公安厅督办案件。2001年3月14日、16日，徐某某、朱某某、杨某某、陆某、梁某某5人被先后抓获归案。

投毒案 2001年9月15日，犯罪嫌疑人林某在好买得超市“驴打滚”糯米团内用注射器投毒，致女中学生方某食用后，严重中毒生命垂危。是年10月6日上午，林某再次投毒作案时，被当场抓获归案。

强奸杀人案 2002年6月12日中午，犯罪嫌疑人贾某某强奸杀害五岁女童郑某某，并抛尸于市石化总厂卸油站后门大寨河桥下。是日傍晚6时许，贾某某被抓获归案。

抢劫杀人案 2002年6月23日晚，犯罪嫌疑人李某某、张某某在田基浜52号102室抢劫杀害李某某夫妇及2个女儿，并焚尸灭迹。经排查梳理、卡口堵查、旅馆清查、走访调查、赃物控制等侦查工作，是年7月24日、27日，李某某、张某某先后在无锡市前洲镇、南京市抓获。

飞车抢夺银行提款人员案 2004年2月25日、3月1日，犯罪嫌疑人陆某某等先后尾随银行提款人员，飞车抢夺现金5万余元。是年3月8日，陆某某等一伙7名聋哑犯罪嫌疑人被抓获。经审查，又破获飞车抢夺积案7件，摧毁陆某某、蒋某某等5名聋哑人组成的抢夺犯罪团伙。

特大盗窃轿车团伙案 犯罪嫌疑人崔某某、李某某等3人，先后盗窃桑塔纳汽车11辆。2004年4月，案犯先后被抓获，并追回赃车10辆。

爆炸威胁敲诈案 2004年6月21日，犯罪嫌疑人顾某某投寄爆炸威胁信，敲诈二百商厦5万元。是月23日，案犯在周山浜庆丰里抓获。是年9月28日，犯罪嫌疑人陆某署名蚂蚁组织，投寄给八佰伴商厦一封声称在商场安装爆炸物的敲诈信。是年10月11日，案犯在合肥市被抓获归案。

"仙人跳"色诱敲诈抢劫案 湖北公安县籍犯罪团伙在广益黄泥头一带卖淫或按摩，引诱中老年男性上钩，同伙入室抢劫、敲诈。2005年3月，19名"仙人跳"犯罪团伙先后被抓获，破案20件。

青少年团伙抢劫案 2005年2月，抓获吴某、张某某为首的青少年抢劫团伙10人，破获2004年10月至2005年2月间拦路抢劫案40余件，涉案总价值近10万元。是年5月，又抓获许某等青少年抢劫团伙7人，破获2005年持刀抢劫案30余件。

1986～2005年崇安区刑事案件情况一览表

表20-1-7　　　　单位：件、%、人

年　份	立　案	破　案	破案率	逮　捕
1986	166	135	81.30	85
1987	167	146	87.40	109
1988	302	240	79.50	62
1989	279	226	81.00	172
1990	328	263	80.18	154
1992	396	310	78.30	169
1993	562	435	77.40	177
1994	621	509	82.00	235
1995	561	465	82.90	225
1996	545	450	82.60	220
1997	2020	542	26.80	203
1998	2071	610	29.50	229
1999	1843	542	29.40	164
2000	2008	712	35.50	205
2001	2457	974	39.60	234
2002	2357	997	42.30	211
2003	2370	851	35.90	238
2004	2639	753	28.50	241
2005	2880	962	33.40	255

说明：1. 1991年数据缺。2. 立案栏中，1996年前为报案后立案数，1997年后改为以报案数作为立案数。3. 上述资料由公安崇安分局提供。

2000～2005年崇安区"八类"案件情况一览表

表20-1-8　　　　单位：件、%

年　份	2000	2001	2002	2003	2004	2005
立　案	45	51	66	75	77	70
破　案	35	40	53	67	68	61
破案率	78	78	80	89	88	87

说明：上述资料由公安崇安分局提供。

第六节　禁毒工作

80年代后，已绝迹的吸毒、贩毒等社会丑恶现象又重新出现并开始蔓延，公安崇安分局及时予以打击。90年代后，查获海洛因、冰毒、"摇头丸"、K粉等涉毒案件毒品。1994年3月，破获辖区第一起吸食海洛因毒品案件。1997年冰毒、2000年"摇头丸"、K粉等苯丙胺类新型毒品在辖区发现。2000年，成立区禁毒工作领导小组，公安崇安分局成立禁毒科，贯彻"'禁吸、禁贩、禁种、禁制'四禁并举，预防为本，严格执法，综合治理"的工作方针，发动依靠群众，持续组织禁毒专项斗争，坚持严厉打击和跟踪帮教相结合，创建"无毒社区"。2002年后，每年围绕"6·26"国际禁毒日，开展"远离毒品、珍爱生命"等禁毒宣传活动。2003年，区禁毒工作领导小组更名为区禁毒委员会，街道相应成立禁毒工作领导小组，分局禁毒科更名为禁毒大队。2000~2005年，全区查获吸毒人员2839人次，其中，实行强制戒毒、限期戒毒701人次，移送劳动教养698人，治疗帮教1440人次。查获贩毒犯罪嫌疑人114人次，破获毒品刑事案件490件，缴获海洛因、摇头丸等各类毒品12418克（粒）。

【禁 吸】

1992年3月，公安崇安分局会同无锡县人民医院开设戒毒治疗中心，内设床位20张，主要收治外地到锡自愿戒毒人员。1997年5月，在戒毒治疗中心查获移居捷克定居的蔡某某探望男友时，携带毒品海洛因1.5克和冰毒“蓝精灵”8粒的首例海洛因和冰毒涉毒案件。至1998年，戒毒治疗中心累计收治戒毒人员3000余人次。2000年10月，查获家住江海新村的蒋某某在某迪吧服用摇头丸后寻衅滋事的首例摇头丸涉毒案件。2005年4月，查获何某等4人在港丽大酒店1406房间吸食毒品“麻古”，当场缴获“麻古”26粒（2.3克）、K粉1小包（18.2克）及仿六四式汽手枪1支，为辖区首起涉枪涉毒案件。是年11月9日凌晨，破获215人在君豪娱乐城吸食摇头丸的特大群体吸食“摇头丸”案件。2000~2005年，多次组织禁毒普查，排摸吸贩毒嫌疑人员，与公共娱乐场所签订禁毒责任书，加大严厉打击力度。与此同时，建立派出所、单位、居委、家庭“四位一体”的帮教组织，逐一落实“药物治疗，心理康复，社会帮教”三结合措施，对戒毒后的吸毒人员建档立卡，接茬帮教。推广涉毒重灾区周山浜街道创建“无毒社区”活动的经验，对吸毒人员一律实行强制戒毒，对复吸人员一律实行劳教戒毒，对戒毒出所人员一律落实帮教措施。2001年，全国禁毒工作领导小组通报表彰周山浜地区“创建无毒社区，开展吸毒人员帮教工作”的经验。

【禁 贩】

90年代后，重点查处海洛因等贩毒案件。2000年8月27日，破获涉毒犯罪嫌疑人余某、汪某某在好卖得超市门口非法持有海洛因453克的首起特大涉毒案件。12月20~22日，破获以缪某某、姚某某为首的首起特大贩毒案件，查获吸贩毒人员17人，缴获海洛因315.07克，毒资20万余元。2001年3月22日，破获首例艾滋病患者贩毒案件，在庄前新村附近抓获贩毒嫌疑人李某某及4名吸毒人员，缴获海洛因15小包（13.18克）。2003年开始，公安崇安分局把“多破案、破大案、摧网络、挖毒窝、抓毒贩、多缴毒”作为打击毒品犯罪活动的主攻方向，破获大要案件和缴获毒品数迅速增加。2004年9月，与广州警方联手破获“9·6”特大贩毒案，抓获张某某、谢某、赵某某、陈某某等16名吸贩毒品海洛因的嫌疑人，缴获海洛因1.47公斤、毒资10万余元及运毒轿车2辆。2003~2005年，全区查破缴毒10克（粒）以上案件24件，缴获毒品11251克（粒）。2000~2005年，持续组织禁毒严打专项整治，开展打击跨区域贩毒、打击苯丙胺类毒品犯罪、遏制毒源等专项行动和扫毒行动，累计查获贩毒犯罪嫌疑人114人次，破获毒品刑事案件490件，缴获海洛因、摇头丸等各类毒品12418克（粒）。

【禁 种】

90年代，公安崇安分局把禁种作为禁毒工作的重要方面，广泛宣传“种毒有害，种毒违法，种毒必究”，印发宣传资料和公开信，签订禁种承诺责任书，采取打防结合措施，构建群防群禁体系。2002年，广益镇归属后，把每年11月秋季“禁种”和4月春季“铲毒”作为重点，组织力量深入田间地头、村民院落和鱼塘鸡场，进行拉网式排查，对“偷着种”“躲着种”“混着种”的，发现一株铲除一株。2005年5月24日，铲除广益街道丁村一居民家中的盆栽罂粟原植物19株。

【禁 制】

2000年开始，针对辖区经营和使用易制毒化学品单位增多的新情况，公安崇安分局会同市区经贸、工商、药监等部门，按照国务院《易制毒化学品管理条例》，实行“公安协调、行业主管、企业自律”管理模式，建立双向、多向核查机制，规范网上办证，严格掌控易制毒化学品、麻黄素以及精神药品和麻醉品的产、供、销环节。2002年1月11日，依法查处无锡市华锦化工原料有限公司于2001年8～11月向6家单位销售47.65吨醋酸酐的非法经营易制毒化学品案件。2000～2005年，辖区100余家经营、使用易制毒化学品单位实现易制毒化学品“零流失”。

第七节　消防管理

80年代后，公安崇安分局围绕维护社会稳定、促进改革开放、发展经济建设的要求，坚持贯彻“预防为主，防消结合”的方针，加强消防管理，层层落实“谁主管、谁负责”的措施，持续开展消防安全宣传和监督检查，不断提升消防设施装备水平，有效控制火灾发生，减少经济损失。

【机 构】

1982年3月，公安崇安分局设消防股，1996年1月，撤股改科。2003年2月，更名为中国人民武装警察部队无锡市消防支队崇安区大队，受无锡市消队支队和公安崇安分局双重领导，负责辖区建筑（装修）工程审核、验收、消防监督检查、火灾调查等工作。2004年，辖区内无锡消防大队锡沪路中队归属崇安区消防大队管理，担负崇安区、郊区部分工厂、企事业单位及居民的火灾扑救任务。是年6月，广益镇组建莫家庄合同制专职消防队，承担周边企事业单位的灭火救援任务，有专职队员8人，执勤消防车1辆。迄2005年未变。

【设 施】

1986年，辖区消防中队配有“北京”吉普车、“解放”水罐车、“解放”泡沫车各1辆；全区重点部位设有消防栓73个。1987年，消防中队购置新一代“北京”吉普车，配置“东风”水罐车，淘汰原“北京”吉普车和“解放”水罐车。1989年，“解放”泡沫车报废，添置“东风”泡沫车。1995年、1997年，又先后新增水罐车、高低压泵水罐车各1辆，消防执勤车达到5辆。1998～1999年，“北京”吉普车、“东风”水罐车相继淘汰，更新为“北京”202A吉普车、“东风”5吨水罐车。2001年改称锡沪路中队后，先后新增“东风”中低压泵水罐车、“斯太尔”泡沫水罐车、“东风”泡沫水罐车。2003年，消防执勤车增加到8辆。2005年，全区有消防执勤车8辆，消防泵浦1台。重点部位消防栓增加到218个。

1986～2005年崇安区消防设施情况一览表

表20-1-9　　　　单位：处、台、个、辆

年　份	水　源	消防泵浦	消防栓	消防水罐车	解放泡沫车	北京吉普车	东风泡沫车
1986	17	1	73	1	1	1	—
1987	17	1	81	1	1	1	—
1988	17	1	103	1	1	1	—
1989	18	1	123	1	—	1	1
1990	23	1	124	1	—	1	1
1991	34	1	125	1	—	1	1
1992	35	1	129	1	—	1	1
1993	35	1	130	1	—	1	1
1994	35	1	137	1	—	1	1
1995	35	1	142	2	—	1	1
1996	36	1	167	2	—	1	1
1997	39	1	173	3	—	1	1
1998	39	1	175	3	—	1	1

续表20-1-9

年份	水源	消防泵浦	消防栓	消防水罐车	解放泡沫车	北京吉普车	东风泡沫车
1999	39	1	175	3	—	1	1
2000	39	1	178	3	—	1	1
2001	40	1	182	4	—	1	1
2002	41	1	197	4	—	1	2
2003	41	1	203	4	—	1	3
2004	41	1	208	4	—	1	3
2005	41	1	218	4	—	1	3

说明：上述资料由公安崇安分局提供。

【执法监督】

80年代后，公安崇安分局贯彻《中华人民共和国消防法》和《江苏省消防条例》，对辖区企事业单位，特别是火灾危险性大、发生火灾后损失大、伤亡大、影响大的消防重点单位，签订《消防责任书》，逐级落实，责任到人，并运用平时抽查、季节检查、普遍检查和重点检查、自查与互查等方法，进行防火安全检查，对火险隐患，逐条登记，提出整改意见，对重大火险隐患，发出《火险隐患通知书》，限期整改。对街道地区居民户，开展防火宣传教育和安全检查。90年代后，结合"119"消防宣传活动日，开展形式多样、内容丰富的宣传教育活动，提高全民整体防御火灾意识和能力。1998年9月1日，新《中华人民共和国消防法》实施后，区公安消防部门严格建筑项目立项、危险品经营、大型场所开业消防安全的许可和审核，先后对辖区723家单位建筑工程消防系统进行验收，审核建筑物耐火等级、防火间距、防火分割、疏散通道，以及生产或储存易燃易爆物品的工厂或仓库布局，消防供水和消防通道等。对擅自改变消防功能、削减消防工程投入、施工单位不具备承建消防工程相应资质等共性问题，提出整改要求，制止消防施工不当行为，杜绝新建建筑火灾隐患。与此同时，针对不同时期消防工作重点和火灾发生特点，加强消防安全检查和专项治理，组织和发动群众落实消防管理措施，开展自查、互查、抽查，发现和整改火灾隐患，从严查处违章和处理火灾事故。2003年，区消防大队成立后，以建立运行顺畅、资源共享、集约高效的信息化消防监督管理新模式为目标，启动以单位消防安全管理为中心、消防监督检查为核心的消防监督数字化系统建设。2005年，消防监督数字化系统投入运行，包括待办事项、辖区概况、单位管理、人员管理、受理登记、抽样计划、监督检查、行政处罚、火灾调查、审核验收、综合查询、隐患分析、执法统计、系统维护等模块，规范消防监督、执法和审批过程，提高消防监督管理工作效率，实现消防监督管理的规范化、科学化和信息化。是年，对全区215家单位进行消防监督检查，发现火灾隐患119处，下发《责令限期改正通知书》89份，并建立电子档案。

对劝业场开展消防安全检查（2004）　　（公安崇安分局供稿）

【火灾事故】

1986~2005年，辖区火灾事故主要是电气设备老化、生产设备故障、员工操作违章及用火用电不当等引发，也有因节假日燃放烟花爆竹所致。每当火灾发生，驻区公安消防部门及时扑火救灾，有效控制损失的扩大。1997年，市区禁止燃放烟花爆竹后，火灾事故有所减少。其间，接警出动参加扑救重大火灾事故9起：1988年6月14日15时10分，鹤鸣皮鞋厂电加热反应釜爆炸，炸毁三层楼农民工宿舍1幢，民房4间，压死2人，伤22人，其中重伤4人。1993年11月1日21时36分，中山南路11号新世纪印刷有限公司电气线路短路引发火灾，过火面积100平方米，烧毁电脑2台、空调4台和烫金机，损失折款17.1万元。1993年12月26日6时53分，复兴路市房管局地下室“满天星”歌舞厅因遗留火种引发火灾，烧毁投影仪、影碟机、音响、碟片及其他设备，损失折款12.35万元。1994年1月29日12时31分，无锡中储物资总公司21号仓库由于仓库管理员使用取暖器烘烤棉鞋起火，烧毁库房1200平方米、电风扇9838台，损失折款88.9万元。1996年11月29日凌晨2时，金达电脑电子有限公司因电气线路短路造成火灾，烧毁部分电脑及电脑配件设施，损失折款35.27万元。1999年6月25日20时40分，周山浜锡沪弄104-4号出租户夏某某家摩托车油箱溢油遇煤球炉明火发生爆燃，死亡3人。2001年9月4日9时20分，大众化工厂甲酸钠保险粉车间“四合一”干燥器故障引起物料剧烈分解冲料，灼烫伤4名当班操作工人，其中1人因伤势严重抢救无效，于9月29日死亡。2004年1月12日17时40分，风和里115号101室住户电饭锅短路引燃可燃物，死亡2人。2004年5月23日15时20分，三阳百盛有限公司施工时，电焊焊渣引燃可燃物造成火灾，直接财产损失45.5万元。

第八节　队伍建设

80年代后，公安崇安分局贯彻“从严治警”方针，以队伍正规化建设为主线，加强公安干警的思想政治教育和业务培训，广泛开展争优创先和各项便民服务活动，树立人民警察的良好形象，确保各项公安保卫任务的完成。

【素质教育】

1987年2月，公安崇安分局贯彻“从严治警”的方针，制定《关于实现党风好转规划》和《关于严格警风警纪的五项规定》，切实加强党风党纪、警风警纪教育，树立人民警察良好形象。1988年7月，开展“共产党员如何经受两个考验”的讨论活动。1992年，学习贯彻《中华人民共和国人民警察警衔条例》。是年11月，举行首次民警授衔，280名民警被授予警员、警司等警衔。1993年5月，84名干警参加高等教育自学考试公安管理专业证书班培训。是年9月，以“反腐败，解决执法不严、执法不公”为重点，开展反腐倡廉集中教育整顿活动。1994年5月，组织“百日文明执法”竞赛。1995年，组织干警学习《中华人民共和国人民警察法》，并开展“学习济南交警”活动。1996年6月，制定出台《科所队以上领导干部行为规范》。1997年3月起，实施黄牌警告制度，从严治警，至2005年，有17名干警受到黄牌警告。1998年2月起，实行基层派出所警长、警员聘任制，强化内部竞争激励机制。是年12月，全局干警参加市公安局统一组织的人民警察基本素质考试考核，均合格通过。大专以上学历的干警由1990年44人增加到146人，占34.68%。1999年7月，开展全员岗位练兵活动，提高干警岗位执勤的能力。2000年，开展“三讲”教育和“三项教育”①活动，取得预期效果，人民群众测评满意率达到98.5%。2002年4月，建立分局党组成员与派出所挂钩联系制度，进一步加强对基层指导和管理。是年5月，开展无责任事故、无违法违纪、无有效投诉“三无”活动，得到上级领导的肯定和人民群众的一致好评，人民群众测评满意率98.1%。2003年2月，贯彻落实公安部“五条禁令”，加强对公安队伍内部违纪行为的惩处和教育，维护公安队伍铁的纪律和良好形象。是年8月，以派出所、刑警队、治安队“一所二队”为重点，开展执法为民集中教育活动，提高干警执法水平。2004年6月起，开展大

①三项教育：全心全意为人民服务的宗旨教育、实事求是的思想路线教育、严格公正文明执法的法制教育。

练兵活动，苦练基本功，建立民警随岗培训基地2处，干警受训率达到100%。2005年4月，全面推行“阳光工程”建设，以党务公开、警务公开和领导干部为重点，建立健全各项监督机制，规范执法权力运行。是年6月，开展“规范执法行为，促进执法公正”专项整改活动，共排查出问题6个，整改率100%。同年9月起，63名科所队副职以上领导干部每年进行述廉活动，接受群众监督。迄2005年，全局415名干警中，大专以上学历362人，占87.23%，中共党员257人，占61.93%。

【为民服务】

80年代后，每年元旦、春节期间，公安崇安分局都要开展形式多样的爱民月活动，为群众办好事、办实事，排忧解难、帮困扶贫。同时，在全区各居委会及有关场所挂设警民联系箱百余只，并按户发放警民联系卡，受到居民好评。1994年1月，公安崇安分局建立专职110接处警分队。是年，接到报警电话427起，查处刑事案件78件、治安事件246件、交通事故35件，为民排扰解难36起，抓获违法犯罪嫌疑人96人。1996年1月，开展“110宣传周”活动，是年11月，组织学习“漳州110”，向社会作出“有警必接、有难必帮、有险必救、有求必应”服务承诺，并举办便民服务咨询，公安崇安分局党组领导和有关部门民警走上街头，设摊接受群众咨询，解答群众关心的问题。1997年，110接处警分队接处各类报警2148起，抓获违法犯罪嫌疑人283人，破获刑事案件23件、治安案件195件，处置突发性事件12件，调解各类纠纷444起，抢险救灾16起，为民解忧229起。是年11月，110接处警分队纳入市公安局110为龙头、政府有关职能部门共同参与的社会服务联动体系。1999年3月，开展“人民满意110”创建活动，规范完善、全面提升110报警服务工作。2001年，110接处警开展“树文明形象、展行业风彩”优质服务百日竞赛活动，全面接受社会各界监督和评议，广泛征求基层窗口单位领导、人大代表、政协委员和辖区居民群众的意见建议。是年，破获刑事案件239件，查处治安案件167件，抓获各类违法犯罪嫌疑人784人，收到锦旗8面、感谢信22封，拒收礼金5000余元，做好事200余件，群众测评满意率97.1%。2003年3月，公安崇安分局开展“贯彻十六大，全面建小康，公安怎么办”大讨论活动，广大干警深入街巷里弄，征求群众意见，倾听群众呼声，查找差距，找准问题和症结，逐步推出多项便民利民措施。是年5月，成立青年志愿者服务队，定期开展便民服务活动。1990~2005年，广大干警为群众办好事2.02万件，捐赠钱物价值40余万元，收到各类锦旗、表扬信200余面（封）。

开展法律咨询服务（2000）　（公安崇安分局供稿）

【创先争优】

1989年起，公安崇安分局以为民服务为宗旨，开展创先争优活动，全力维护辖区社会稳定和治安安全，各项工作争创一流。1989年，学前街派出所荣立集体三等功，李永恒荣立个人三等功，12个单位及个人受到上级公安机关嘉奖。1991年7月，公安崇安分局组成抗洪救灾抢险队，消防二中队先后出动官兵350人次，消防车28车次，营救被洪水围困的群众400人次，广大干警全力保护人民群众生命财产。消防二中队、广瑞路派出所、分局抢险队和办公室分别荣立集体一、二、三等功，朱海宝荣立个人一等功，另有5人荣立个人三等功，50人受到市公安局嘉奖。1998~2000年，崇安公安分局连续3年被公安部评为全国优秀公安局，崇安寺派出所、工运派出所连续3年被省公安厅评为江苏省人民满意派出所。1986~2005年，公安崇安分局先后有2个单位荣立集体二等功，18个单位荣立集体三等功，荣立个人一等功2人次、二等功9人次、三等功97人次。其中，周山浜派出所副所长马星被公安部授予全国特级优秀人民警察荣誉称号，学前街派出所民警许昌、广益派出所民警赵方来被公安部授予全国优秀人民警察荣誉称号，与此同时，有18人次被省公安厅授予省人民满意警察荣誉称号。

1990年、1998年、2005年公安崇安分局干警情况统计表

表20-1-10

单位：人

年份	干警人数		文化程度				政治面貌	
	总计	其中女性	大专以上	中专	高中	初中以下	党员	团员
1990	272	—	44	113	74	41	—	—
1998	421	32	146	124	151	—	184	134
2005	415	44	362	16	37	—	257	53

说明：1. 上述资料由公安崇安分局提供。2. 1990年中的“—”表示资料缺失。

第二章　检　察

区检察院成立于1955年。1957年12月，与工运区检察院合并为崇安区人民检察院。“文化大革命”期间，检察工作一度中断。1979年3月，区检察院恢复重建，履行国家赋予的法律监督职能，贯彻中共中央拨乱反正的方针，纠正“文化大革命”期间的冤、假、错案及历史错案，维护安定团结的政治局面。80年代后，贯彻最高人民检察院“公正执法、加强监督、依法办案、从严治检、服务大局”的工作方针，切实履行各项检察职能。1981年1月，批准逮捕人犯权由市下放到区检察院。1981~1982年，主要是查办流氓、盗窃犯罪，占案件总数的60%以上。1983年，根据全国人大常委会《关于严惩严重危害社会治安的犯罪分子的决定》，严厉惩处杀人、抢劫、强奸、流氓、重大盗窃等犯罪分子，全力维护社会治安稳定。1984~1986年，共批准逮捕各类人犯501人。90年代后，随着贪污、贿赂、渎职等案件增多，经济、民事、行政申诉案件逐年上升，检察机构不断调整充实，增加办案力量，全面加强经济、法纪、民事、行政检察工作。进入21世纪，区检察院重点查处发生在党政领导机关、执法机关、司法机关和经济管理部门的贪污贿赂和金融、房地产等经济活动中的犯罪行为。1986~2005年，审查批捕4871人，批准逮捕4446人，审查起诉4930人，提起公诉4689人，立案查处职务犯罪370人，追缴赃款赃物4200余万元，挽回经济损失4000余万元，维护社会主义市场经济秩序，保障法人和公民合法权益，促进经济社会事业发展。区检察院先后于2000年、2001年荣获无锡市、江苏省五好检察院。

第一节　机　构

80年代前，区检察院内设刑事检察科、经济检察科、法纪检察科、办公室，实有工作人员17人，办公地点设在县前街82号崇安区机关大院内。主要担负审查批捕、审查起诉、职务犯罪案件侦查、控告申诉案件接待与处理，对公安机关刑事案件立案、侦查活动和人民法院刑事、民事、行政案件的审理、判决、裁定实行法律监督。1987年7月，增设经济案件办公室。1988年7月，又增设经济案件举报室。1989年1月，增设控告申诉检察科（内含经济案件办公室、经济案件举报室）；撤销刑事检察科，分设批捕科、起诉科（两科合署办公）。90年代，随着检察工作范围的不断扩大，内设机构多次调整变化。1991年5月，增设政工科。1992年5月，批捕科、起诉科更名为刑事检察一科、刑事检察二科，分别行使公安机关提请逮捕和移送起诉刑事案件、自侦案件的审查批捕权、审查起诉权。并增设民事行政检察科，受理公民、法人和其他组织不服同级人民法院已发生法律效力的民事、行政判决、裁定而提出的申诉，提出是否抗诉的意见。1993年6月，经济案件办公室、经济案件举报室更名为区检察院举报中心，受理公民的举报、控告、申诉和举报线索的分流、初查，负责刑事赔偿工作；8月，增设区检察院党组纪检室、区检察院监察室，与政工科合署办公。1995年6月，经济检察科更名反贪污贿赂局，为副科职级，履行侦查区检察院管辖的贪污、贿赂等职务犯罪案件的职能。1996年3月，设立经济犯罪预防中心；12月，刑事检察一科更名审查起诉科，刑事检察二科更名审查批捕科。1998年1月，政工科更名政治处，经济犯罪预防中心更名预防犯罪科，法纪检察科更名渎职犯罪侦查局；5月，设立警务科，对外称司法警察大队，执行区检察院押解、看管、搜查、警戒和送达法律文书任务，负责区检察院机关安全保卫工作。2002年4月，审查批捕科更名侦查监督科，负责对公安机关和区检察院侦查部门提请批准逮捕或移送决定逮捕的案件进行审查，提出是否批准（决定）逮捕的意见，审查起诉科更名为公诉科，负责对公安机关和区检察院自侦部门侦查终结移送审查起诉或不起诉的案件进行审查，提出是否起诉的意见。是年5月，侦查监督科、公诉科合署办公；6月，预防犯罪科更名为职务犯罪预防科，负责职务犯罪预防工作的综合性业务；设立监察科；渎职犯罪侦查局更名为渎职侵权检察科，对外挂"渎职犯罪侦查局"牌子，负责依法侦查区检察院管辖的渎职侵权等职务犯罪案件。2003年10月，区纪委派驻的纪检组与监察科合署办公，负责检察院党风廉政建设责任制的落实工作。2005年，区检察院内设机构有政治处、办公室、监察科、侦查监督科、公诉科、反贪污贿赂局、渎职侵权检察科、民事行政检察科、预防犯罪检察科、控告申诉检察科、警务科11个，有工作人员64人。

90年代前后，由于内设机构增加，人员增多，租借办公用房多处。1989年1月，经济检察科、法纪检察科租借新彩路旅馆办公。1991年2月，刑事检察科和经济检察科、法纪检察科租用无锡浴室旅馆部四楼办公，1993年5月，移至槐古新村原民建旅社三楼，1995年5月，又租借德兴巷13号二楼办公。1996年7月，反贪污贿赂局、控告申诉检察科迁至东河头巷办公。1999年春节前，位于书院弄8号的区检察院办公大楼建成，建筑面积3289.68平方米，内设机构全部搬入新大楼办公。

1986~2005年，历任崇安区人民检察院检察长：黄荣春、任守堂、蒋伟亮、邹森、丁正红。

1986～2005年崇安区检察院人员编制情况一览表

表20-2-1　　单位：人

年　份	编制数	实有数	年　份	编制数	实有数
1986	38	35	1996	59	56
1987	40	36	1997	64	57
1988	40	42	1998	64	58
1989	42	44	1999	71	60
1990	44	46	2000	71	60
1991	47	44	2001	71	63
1992	50	50	2002	65	61
1993	56	48	2003	65	61
1994	58	51	2004	68	61
1995	58	54	2005	71	64

说明：上述资料由区检察院提供。

第二节　刑事检察

审查批捕并实行侦查、审查、审判监督是刑事检察的主要任务。区检察院注重加强与公安机关的联系沟通，提高批捕质量，杜绝错案发生。并注重拓宽案源渠道，建立内外部互动机制，发挥网络优势，及时收集信息，掌握侦查监督方案线索，对公安机关回复不立案的案件认真审查，以通知立案的方式进行监督。对公安机关和自侦部门侦查终结后移送起诉的刑事案件，严格区分罪与非罪，此罪与彼罪。在审判监督环节上，对法院庭审、判决进行监督。

【审查批捕】

1984~1986年，区检察院根据市“三年为期、三个战役”的“严打”斗争部署，配合公安机关依法从重从快严厉打击杀人、抢劫、强奸、流氓、重大盗窃等一批严重刑事犯罪分子，及时批捕，保证检察批捕环节不贻误战机。1987~1993年，先后配合公安机关“反盗窃，刹赌风”“两拦一捅”、反盗窃，反扒窃，打流窜“两反一打”等专项斗争，批准逮捕1101人。1992年，开展“批捕质量年”活动，认真把好批捕关，既防错，又防漏，使一些严重刑事犯罪分子及时落入法网。同时，对重大、复杂案件，适时介入公安机关侦查、预审活动，对犯罪事实基本清楚，犯罪证据基本确实的案件，在公安机关提请逮捕的当天或次日，即依法作出批准逮捕的决定。1994~1996年，根据社会治安形势仍较严竣的情况，继续投入“严打”斗争，重点打击杀人、抢劫、强奸、流氓、涉毒等恶性犯罪和带有黑社会性质的团伙犯罪。1995年，在公安机关提请批捕的第2天，即批准逮捕高某某、陈某某盗窃团伙12名人犯。1996年5月18日，当天收案当天批捕13案16人。其间，批准逮捕775人。1997年，为适应新刑事诉讼法要求，区检察院与公安机关就逮捕条件的具体适用、重大疑难复杂案件的提前介入、不捕案件的复议复核等问题形成共识。1997~1999年，批准逮捕770人。2000年，重点打击破坏社会主义经济秩序和影响社会稳定的严重刑事犯罪。是年，全市最大的朱某某虚开增值税专用发票案，涉案金额9700余万元，税款1400余万元，涉及530余家单位和230余人，其中依法达到刑事立案标准的就有80余人。区检察院提前介入公安机关侦查活动，协同侦查部门对每个涉案人员的地位、作用、社会危害程度的大小，采取何种强制措施，既有利于打击犯罪，又有利于涉案企业发展和维护社会稳定等问题，进行反复论证，综合侦查、起诉、审判部门意见，达成共识，提请逮捕21人（在逃6人），批准逮捕15人，直接起诉5人，犯罪情节显著轻微不作犯罪处理7人，犯罪数额较小的其余人员由税务机关处理，收到较好的社会效果和法律效果。2000~2005年，批准逮捕1720人。1986~2005年，批准（决定）逮捕的犯罪嫌疑人4446人，无一错案。

1986～2005年崇安区检察院审查批捕案件情况一览表

表20-2-2　　　　单位：件、人

年　份	受理数		批捕数		不捕数		年　份	受理数		批捕数		不捕数	
1986	—	107	—	80	—	18	1996	214	278	207	266	2	5
1987	—	125	—	108	—	11	1997	191	264	186	255	5	9
1988	—	173	—	140	—	16	1998	235	308	218	283	—	25
1989	—	199	—	180	—	9	1999	203	261	184	232	—	29
1990	153	196	118	148	6	13	2000	226	284	215	267	—	17
1991	136	178	123	153	12	17	2001	224	288	213	272	—	16
1992	141	192	131	170	8	24	2002	211	290	205	281	—	9
1993	172	231	152	202	10	22	2003	241	303	226	287	15	16
1994	196	281	186	263	6	13	2004	235	300	220	281	12	19
1995	190	256	183	246	3	5	2005	243	357	235	332	—	25

说明：上述资料由区检察院提供。

【侦查监督】

区检察院依法履行侦查监督职能，对公安机关应当立案而不立案或不应当立案而立案的案件，要求公安机关说明理由、通知立案或撤销案件；对应当逮捕而漏捕的案件，要求公安机关提请逮捕；对犯罪事实不清、证据不足的案件，退回公安机关补充侦查，对违反刑事诉讼程序的案件，进行书面纠正。1986~1987年，经审查不批准逮捕29人，不捕率为12.5%。1988~1992年，受理公安机关逮捕人犯938人，批准逮捕791人，不批准逮捕79人，向公安机关发纠正违法通知书25份。1998年，立案监督3件3人，其中贩卖毒品、奸淫幼女案件各1件1人，追捕贩卖毒品案件1件1人；改变公安机关罪名定性7件7人；公安机关不服不批准逮捕决定案件，提请复议1件1人，复议后仍维持原决定。1999~2005年，对公安机关应当立案而未立案11人，不应当立案而立案1人，均要求公安机关立案侦查或撤销案件。对遗漏提请逮捕的7名犯罪嫌疑人，及时要求公安机关提请逮捕。2005年4月，区检察院接到广益街道毛岸村12名村民联名举报信，反映李某某等人长期横行乡里，强讨恶要，欺压百姓，迅速派人会同公安机关调查取证，仅用3天时间，就查明李某某的犯罪事实，由公安机关及时立案处理。1986~2005年，经审查不批准逮捕318人，不捕率为7.15%。

【审查监督】

区检察院对公安机关和自侦部门侦查终结后移送起诉的刑事案件，坚持“以事实为根据、以法律为准绳”的原则，开展审查监督，严格区分罪与非罪、此罪与彼罪，作出起诉、免予起诉、不起诉决定。1986~1996年，区检察院经过审查决定免予起诉67人，不予起诉2人。1997年1月1日起，免予起诉制度被废除，对不起诉按绝对不起诉、相对不起诉、存疑不起诉三种情形提出处理意见。1997~1998年，决定不起诉1人，追诉1人，改变定性9件12人，增减罪名2个，退回补充侦查1件1人，公安机关撤回案件2件3人。1999年，区检察院追诉3件4人，改变公安机关定性13件15人，退回公安机关补充侦查21件41人，公安机关撤回案件1件1人。2001年，区检察院追诉5人。1986~2005年，决定免予起诉68人，不予起诉3人。

1986～2005年崇安区检察院审查起诉情况一览表

表20-2-3　　单位：件、人

年份	受理数		提起公诉		免予起诉		不起诉		年份	受理数		提起公诉		免予起诉		不起诉	
1986	98	119	89	107	7	8	1	1	1996	210	268	205	261	10	11	—	—
1987	90	124	90	126	2	2	1	1	1997	179	243	169	224	—	—	—	1
1988	102	153	97	143	—	—	—	—	1998	247	324	235	307	—	—	—	—
1989	139	191	124	186	3	3	—	—	1999	230	295	225	290	—	—	—	—
1990	154	204	127	175	19	19	—	—	2000	267	325	256	309	—	—	—	—
1991	111	143	106	138	3	3	—	—	2001	269	338	262	330	—	—	—	—
1992	140	181	131	171	5	6	—	—	2002	220	297	212	282	—	—	—	—
1993	156	207	148	198	8	9	—	—	2003	251	327	240	307	—	—	—	—
1994	157	201	151	192	2	2	—	—	2004	255	318	244	301	—	—	—	—
1995	193	275	188	270	4	5	—	—	2005	277	397	263	372	—	—	—	—

说明：上述资料由区检察院提供。

【审判监督】

区检察院依法对法院审判活动实行监督。案件判决后，承办人、部门负责人、分管检察长根据公安机关移送的起诉意见书、区检察院的起诉书、法院的刑事判决书，逐份对照审查，签署意见，对符合抗诉条件的案件，提请检察委员会讨论决定。1986~2005年，仅对1件刑事案件提请抗诉，由无锡市中级人民法院改判。

【未成年人刑事检察】

1997年6月，区检察院成立未成年人犯罪检察室，聘任团区委、区妇联、辖区内中小学教师等8人为预防未成年人犯罪检察联络员，建立联络网，坚持“教育、感化、挽救”的方针，为青少年健康成长提供服务和保障，预防和减少青少年犯罪。2003年2月，15名在校学生和3名无业人员在周山浜地区持械聚众斗殴，公安机关拟对涉案的12人依法刑事拘留。区检察院建议公安机关从严把握未成年人违法犯罪的处理，最后对构成犯罪需追究刑事责任的2名为首的无业人员批准逮捕，对参与斗殴但情节较轻的1名在校学生取保候审，对其余未成年犯罪嫌疑人给予行政处罚，实施续学帮教考察。区检察院多次走访学校、社区，召开涉案学生和家长座谈会，分发联系回访表，每月填写并由家长签署意见后反馈。组织涉案学生到句容少管所接受警示教育，到茅山新四军纪念馆接受革命传统教育，用亲情感化偶然失足的未成年人。2004年8月，区检察院与江海街道宁海里（南）社区结对共建，创办“太阳岛”青少年服务站。

“太阳岛”青少年服务站在宁南社区挂牌成立（2004.8）
（区检察院供稿）

第三节　经济　法纪检察

80年代后，经济犯罪呈上升趋势。区检察院根据中共中央《关于打击经济领域中严重犯罪活动的决定》和全国人大常委会《关于严惩严重破坏经济的罪犯的决定》，先后成立经济案件办公室、经济案件举报室，陆续借调人员，作为检察助理员，充实办案力量，重点侦查贪污贿赂犯罪和玩忽职守、重大责任事故等渎职犯罪，严厉打击经济犯罪。1986年,自侦案件立案数比1985年增加3倍，万元大案增加8倍。1991年，成立税务检察室，受理和侦查偷税、漏税、抗税、投机倒把和税务人员利用职权犯罪的经济案件。1995年，立案查处经济案件30件32人，为历史之最。1997年，重点在亏损企业挖“蛀虫”、在穷庙里抓“富方丈”，立案侦查12件，占立案总数54.54%。2000年后，把查办党政机关、司法机关、行政执法机关、经济管理部门“三机关一部门”和国有企事业单位中的贪污贿赂犯罪案件，特别是县处级以上干部犯罪案件作为工作重点。2000~2005年，查办“三机关一部门”贪污贿赂犯罪案件22件。1986~2005年，共查处经济案件347件、370人，其中，重、特大案件195件、199人，县处级以上干部4人；查处贪污贿赂案件237件，占查处经济案件总数的68.30%，追缴赃款赃物4200余万元，挽回经济损失4000余万元。经济检察科、反贪污贿赂局侦查一科先后于1989年、1998年荣立集体三等功，反贪污贿赂局先后于2000年、2001年、2004年荣立集体三等功。

【贪污贿赂检察】

80年代后，贪污贿赂检察成为区检察院经济检察工作的重要方面。1986~1990年，立案查处贪污贿赂犯罪案件101件、110人，其中，贪污43件、50人，受贿46件、48人；追缴赃款赃物102.12万元，挽回经济损失118.09万元。1989年8月22日，查处无锡解放后涉案数额最大的市商业局基建科科长王某某受贿29万余元的特大案件。是年12月，受到区人大常委会的通报表彰，区人大常委会首次作出《关于表彰崇安区人民检察院的决定》。90年代后，重点打击犯罪时间在最高人民法院、最高人民检察院通告以后边打边犯、顶风作案的犯罪分子，突出查办国有企业、行政管理部门的职务犯罪案件。1991~2000年，立案查处贪污贿赂犯罪案件173件、185人，其中，贪污40件、43人，受贿86件、87人；追缴赃款赃物2458.12万元，挽回经济损失1809.53万元。1993年10月12日，群众举报无锡锁厂钱某挪用公款11万余元，区检察院仅用1周时间查实涉案金额52万余元的犯罪事实。1994年1~6月，集中力量在邮电系统打击贪污、受贿等经济犯罪活动。先后查处市邮电局车管科计划员朱某某受贿2.58万元、市邮电局工程科副科长兼工程公司副经理杨某某特大贪污受贿和公司内勤兼出纳王某某重大挪用公款等5件案件。是年8~9月，又在市外经委及下属公司，连续查破3件重大受贿、贪污案。1996年，查处市冶金工业供销公司出纳蒋某某贪污57万余元的大案，时为区检察院建院后查处的最大贪污案件。还侦破无锡商业大厦（集团）有限公司副总经理袁某某（副处级）受贿3.8万余元的要案。1997年，区检察院在亏损企业挖“蛀虫”、在穷庙里抓“富方丈”，立案侦查此类案件12件，占立案总数54.54%。先后侦破亏损1300余万元的东方工程塑料有限公司董事长兼总经理杭某某受贿8.4万余元、供应处处长胥某某受贿10万余元、供应处副处长袁某某受贿2.2万余元3件大案。查处亏损7000万余元的市维新集团有限公司（原漂染厂）副总经理施某某（副处级）、劳动工资科科长钱某、公司印染分厂厂长吴某某等11人贪污受贿、挪用公款窝案。1998年，侦破区商业局局长邹某某特大受贿案。1999年，除在建筑领域和金融领域立案侦查6件贪污贿赂案件外，还侦破市烟草专卖局办公室副主任顾某某、稽查大队副队长程某某各2万余元的受贿案件。2000~2005年，突出查办“三机关一部门”和国有企事业单位的职务犯罪案件。2000年，先后查处市规划局、市工商局、市科委、市外贸中瑞集团、中国人寿保险公司无锡分公司等单位的贪污贿赂案件，有市规划局规划监督大队大队长赵某某受贿8.4万余元案，市工商局市场物业管理处副主任、无锡市市场建设开发公司总经理李某某受贿8.8万余元案，无锡市市场建设开发公司副总经理黄某某受贿8.5万余元案，中瑞集团有限公司进口分公司经理铁某某贪污17.6万元、挪用463万元、受贿1.5万元案。2001年，先后查处市外贸系统、中国一汽无锡汽车制造厂、市液化气总公司等国有企业一批影响较大的案件，在侦查中润集团副总裁钱某挪用公款、受贿案过程中，发现中润集团纺织品配额管理员李某某违规买卖纺织品配额的犯罪事实，又查获外贸公司管理部业务员卞某某擅自将本单位纺织品配额有偿调剂他人且收款不入帐的贪污案件，牵带出3件串案、窝案。2003年，从已立案案件中发现新的成案线索，侦破无锡邮电系统潘某某、王某某、苏某某、冯某某、赵某某、吕某某、倪某某7件职务犯罪案件。侦破中级人民法院执行庭审判员陈某某受贿7万元案。在查处濒临破产的无锡市华东建设发展公司经理邵某某一案时，边办案边为企业挽回经济损失，及时追缴27万元赃款，帮助企业化解危机，公司为此赠送“保驾护航标兵，执法为民模范”“反腐倡廉救企业，为民除害立大功”两面锦旗。2005年，改变侦查模式，通过“查系统、系统查”，侦破市机电设备有限公司5人涉嫌特大私分国有资产犯罪窝案。2001~2005年，立案查处贪污贿赂犯罪案件73件、75人，其中，贪污33件、35人，受贿32件、32人；追缴赃款赃物1641.96万元，挽回经济损失2094.01万元。

【税务检察】

1991年5月，区检察院成立税务检察室，受理和侦查偷税、漏税、抗税、投机倒把和税务人员利用职权犯罪的经济案件。1994年9月，侦破淮安市昌顺物资公司无锡分公司法定代表人陈某某非法为他人虚开增值税专用发票118万元案，为无锡市区侦破的首起虚开增值税专用发票特大案件。1996年，区检察院立案侦查税务案件5件5人，其中，虚开增值税专用发票3件3人、投机倒把1件1人、偷逃个人所得税1件1人，逮捕人犯1人，取保候审4人，为国家追回50万元税款和非法所得。1997年8月，按照修改后的《中华人民共和国刑事诉讼法》有关刑事诉讼管辖规定，税务检察室撤销，税务案件的立案侦查由公安机关负责。

【法纪检察】

区检察院严格履行法纪检察职能，依法保障公民人身权利和民主权利不受侵犯。1986年，先后查处玩忽职守、重大责任事故、刑讯逼供、徇私枉法等渎职犯罪案件13件，其中玩忽职守2件、重大责任事故9件、刑讯逼供1件、非法搜查1件。立案侦查重大责任事故1件。90年代后，根据最高人民检察院关于“法纪检察工作要取得突破性进展”的要求，重点查办徇私舞弊、刑讯逼供、非法拘禁、玩忽职守、重大事故5类案件，突出查办大案、要案，多办案，办好案。1996年，受理各类举报线索21件，比1995年增加25%，其中，刑讯逼供2件、重大责任事故7件、非法拘禁8件，玩忽职守3件、其他线索1件。立案侦查4件5人，其中，非法拘禁1件2人、玩忽职守1件1人、重大责任事故2件2人。1997年，受理线索11件，其中，重大责任事故4件，非法拘禁1件，玩忽职守6件。立案侦查重大责任事故1件1人、非法拘禁1件3人，移送起诉3件5人。1998年上半年，根据修订后的《中华人民共和国刑法》，法纪检察科更名为渎职犯罪侦查局，管辖案件范围仅限于查处国家机关工作人员利用职权实施的侵权渎职犯罪。2000年，区检察院拓宽侵权渎职案源渠道，通过举报与情报、内部与外部、明查与暗访、普查与深挖相结合，从此案中挖彼案，从小案中挖大案，从个案中挖窝案，立案侦查2件，其中，滥用职权1件1人，玩忽职守1件1人。2003年，根据群众举报，渎职侵权检察科查获李某某、张某某、周某某于1998年6月在无锡广益布料市场盗窃价值近万元布料的犯罪事实，把侦查线索移送侦查监督科立案监督，配合公安部门，先后5次派员去绍兴等地追捕，将3名犯罪嫌疑人抓捕归案。1986～2005年，从受理渎职侵权案件线索中，立案34人，其中大案10人。

1986～2005年崇安区检察院查处经济犯罪案件情况一览表

表20-2-4　　　　单位：件、人、万元

年份	立案数		其中				追缴赃款赃物	挽回经济损失	年份	立案数		其中				追缴赃款赃物	挽回经济损失
			贪污		受贿							贪污		受贿			
1986	21	23	16	17	5	6	1	20	1996	16	17	3	3	5	5	800	243
1987	8	9	4	5	4	4	6.39	12	1997	22	24	5	7	12	12	173.20	295.20
1988	15	16	10	11	1	1	8.29	57.90	1998	13	14	7	8	4	4	342.78	275.20
1989	30	32	7	8	18	19	64.46	21.17	1999	16	19	1	1	12	12	176.06	81.12
1990	27	30	6	9	18	18	21.98	7.02	2000	18	18	4	4	12	12	463.06	418.42
1991	20	20	4	4	12	12	18.62	89.29	2001	19	20	8	9	8	8	280	425
1992	10	12	4	6	3	3	10.50	32.50	2002	16	17	6	7	9	9	154.89	155.05
1993	13	13	4	4	1	1	53.90	44.80	2003	14	14	2	2	9	9	518	585
1994	15	16	3	4	9	9	—	—	2004	11	11	8	8	2	2	343.41	383
1995	30	32	5	6	16	17	420	330	2005	13	13	9	9	4	4	345.66	545.96

说明：上述资料由区检察院提供。

【典型案例选录】

蒋某某、尤某某、肖某某玩忽职守、重大责任事故案　1987年9月28日18时25分左右，市大众电影院在试放电影时，舞台口至面光室（观众厅）天棚（计110平方米）突然全部倒塌，当场砸死观众2人，重伤4人，住医院治疗18人，直接经济损失3万多元。经侦查，市第三建筑公司第三工程处工长尤某某在1986年11月施工前，没有按规定向班组进行书面技术交底，施工中未督促班组按操作规程施工。未经设计人员同意，擅自将原设计的钢筋钢板网改为泥木钢丝网。木工班长肖某某带领木工班在天棚施工过程中，仅用1只4寸钉朝上钉入将龙筋与平顶筋连接，私自更改原设计，将龙筋、平顶筋的设置变向，将平顶筋的间距由原设计的40厘米改为60厘米，减少龙筋与平顶筋的联结点，降低平顶承受荷载的能

力，使该结构连接不牢，导致天棚全部脱落。市建筑工程质量监督站质量员蒋某某未履行工作职责，没有按照国家质量标准、施工及验收规范、操作规程对天棚进行技术监督检查和进行中间验收及交工验收，并作出验收记录，未能发现天棚存在重大质量隐患。事故主要责任是施工单位擅自更改龙筋、平顶筋设计方案，致使平顶整体塌落。是年10月15日，区检察院决定，对蒋某某以玩忽职守罪，尤某某、肖某某以重大责任事故罪立案侦查，并依法逮捕。同年12月28日，区检察院鉴于蒋某某犯罪情节轻微，认罪态度较好，决定免予起诉。1988年3月14日，区法院以重大责任事故罪分别判处尤某某、肖某某有期徒刑2年和1年。

王某某特大受贿案　1989年8月8日，举报信举报某建筑工程公司承包人王某为承揽市商业局建筑工程，向市商业局有关人员行贿。区检察院经过初查，和对王某审讯，王某交代向市商业局基建科科长王某某行贿6000元。经侦查，王某某初步交代受贿7万元的犯罪事实。搜查王某某住宅时，发现新的疑点。区检察院集中力量，从王某某母亲、女儿及亲戚家等5处搜查出人民币存单220张28万余元，各类金器36件、“劳力士”手表1只、家用电器、高档消费品、红木家具及近百件高档昂贵工艺品等物。1990年10月17日，经江苏省高级人民法院终审判决，确定王某某受贿29万余元，以受贿罪依法判处其无期徒刑，剥夺政治权利终身。

施某某贪污、受贿案　区检察院在立案侦查无锡漂染厂惠亨贸易公司经理杨某、劳动工资科科长钱某贪污案中，发现无锡维新集团有限公司副总经理施某某有重大经济问题嫌疑。1997年7月12日，对施某某以贪污罪、受贿罪立案侦查，是月22日依法逮捕。查明施某某在1992年7月至1996年6月担任无锡漂染厂副厂长（副处级）期间，先后收受杨某、钱某、徐某某、许某某等人实物11次，有3200大卡春兰牌挂壁式空调1台、阿里斯顿电热水器1台、帅康牌脱排油烟机1台、不锈钢厨房用具1套、28英寸孔雀牌彩色电视机1台、家具3件（三人沙发、茶几、竹节餐椅）、天线1副、弧形音响柜1套、25英寸夏普牌彩色电视机1台、卫星电视接收器1套、萨克斯电动助力车1辆、墙纸、木材、三夹板等。1996年，施某某指使厂财务科科长王某某从小金库取出现金3万元，为其支付长安桥横街13号202、203室住房款，并烧毁小金库账册。1997年11月7日，区法院以贪污罪、受贿罪判处施某某有期徒刑6年6个月。施某某贪污受贿结案后，区检察院又连续查获该公司10名经济罪犯，捣毁“蛀虫窝”，追缴赃款赃物100万余元，为企业挽回经济损失250万余元。

潘某某受贿案　2002年12月20日，区检察院对无锡邮政局总务科维修队长潘某某涉嫌受贿立案侦查，是月31日执行逮捕。初步查明潘某某于1989年1月至2002年12月，在负责邮电（政）局、所房屋维修、改造、装潢工程过程中，利用职务之便，先后收受承接工程的赵某某、李某某、过某、钱某某、汪某某、周某某等人的贿赂，包括人民币、人民币转账支票、美元、住房、家具等，共计122.93万元。在受委托办理无锡邮政局开具工程发票、报支开票税金过程中，采用少付多报开票税金的手法，贪污31.5万余元。采用抬高购买防静电地板价格和重复报销的手法，贪污26.45万元。查获财产共计356.72万元，其中147.4万元不能说明其合法来源。此案为区检察院建院后第一次办理巨额财产来历不明案件，受贿涉案金额为历史之最。2004年4月23日，无锡市中级人民法院以受贿罪、贪污罪、巨额财产来历不明罪，判处潘某某有期徒刑19年6个月。

第四节　控告　申诉检察

区检察院把受理申诉、控告作为接受人民群众对国家机关监督的重要渠道。80年代后，控告申诉检察工作重点围绕打击贪污、贿赂犯罪进行。特别是1988年7月成立经济案件举报室和1989年1月增设控告申诉检察科（内含经济案件办公室、经济案件举报室）后，公布举报电话，落实检察长接待日制度，受理公民的控告举报和申诉、自诉等案件。控告申诉检察科实行24小时值班制度，在接待工作中坚持文明、热情服务，公正执法，对群众的每一件举报、控告和申诉，及时登记、转递、初查、排查、评估，做到事事有答复，件件有落实。对一些重要的来信来访，检察长亲自接待处理，特别是集体上访和告急上访。1993年，成立区检察院举报中心。1996年，受理来信来访236起，其中，匿名举报146起，占61.86%。举报类信访213起（贪污类69起、贿赂类65起、挪用公款类14起、偷税类11起、其他经济类47起、法纪类6起、重婚类线索1起）、控告类信访6起、申诉类信访9起、其他类信访8起。是年，处理告急上访3起。1998年，被害人季某某不服王某故意伤害案的判决，请求检察机关抗诉。受理后，控告申诉部门以事实为依据，法律为准绳，找案件承办人、医院医生调查取证，仅用2天时间完成复查并给予答复，申诉人表示服判。1999年，贯彻《无锡市检察举报条例》（以下简称《举报条例》），对符合《举报条例》规定的举报人员及时兑现奖励。成立分管检察长为组长、控告申诉科、反贪污贿赂局、渎职侵权检察科负责人组成的举报线索评估小组，每半月召开1次会议，评估举报线索。是年，从举报线索中评估出管辖案件88件，及时转自侦部门进行初查，从中立案侦查13件，受理被害人及亲属控告刑事案件不立案4件。是年，检察长接访20人，比1998年上升75%。2003年，在创建"平安崇安"活动中，区检察院先后与风雷新村（西）、宁海里新村（南）和风顺里等社居委签订检察工作进社区共建协议，设立检察官社区服务站，定期组织干警到社区为居民提供法律服务。是年7月，社区一低保户举报有人仿冒其笔迹签字领取其4月份的低保金220元，和另外2名低保户的低保金，要求检察机关查处。区检察院通过侦查，查明江海街道社区管理科负责民政工作的郁某采用套摹、冒签他人姓名、虚假造册等手法，侵吞39名低保户的低保金1.4万元，及时追缴被侵吞赃款，并发还低保户。2003~2004年，对举报有功的2家单位和25名举报人给予奖金8250元。2004年三季度，区检察院受理举报线索22起。其中：直接举报14起，占受理总数63.64%；署名举报11起，占50%，比1996年提高12个百分点；反映国家机关工作人员渎职侵权犯罪的4起，其中玩忽职守2起，滥用职权1起，民事、行政枉法裁判1起，均为具名举报；反映党政机关工作人员12起，占54.55%，涉及县处级干部4起。2005年，区检察院在广瑞路街道新市民亲情理事会成立法律服务站，聘请10名外来务工人员担任义务法制宣传员，并组织检察干警100余人次，深入社区进行法制宣传教育，接待群众法律咨询，发放宣传材料，促进平安社区创建。

1986~2005年，区检察院共接待来信来访2938起，初查举报线索314起，办理上级交办的案件1起。控告申诉检察科于1993~2005年先后7次被评为省检察机关文明接待室。

第五节　民事　行政检察

1990年《中华人民共和国行政诉讼法》和1991年《中华人民共和国民事诉讼法》实施后，区检察院除受理公民人身关系以外的民事、行政案件的申诉外，还对人民法院判决的已经发生法律效力的民事、行政案件是否合法和公正通过提请抗诉、建议提请抗诉进行法律监督。提请抗诉的对象是区法院一审生效的确有错误的判决，建议提请抗诉的对象是人民法院二审生效的确有错误的判决。民事、行政检察工作的重点是办理抗诉案件，对涉及国有资产流失、社会影响大，易激化矛盾、判决可能有错误的案件，抓住"敢抗""会抗""抗准"三个重点，维护当事人的合法权益。1996年4月，首次召开由区人大、区政府信访部门、区司法局领导、街道司法助理员及律师代表参加的民事行政检察工作座谈会，并建立民事行政检察工作网络，聘任民事行政检察联络员16人。是年，受理民事、行政申诉案件11件，立案5件。2000年上半年，申诉案件大幅上升，比上年同期上升242.8%。是年，接待申诉、咨询来访91人次，其中18名申诉人均作服判息诉或终止审查处理；受理民事、行政申诉案件27件，其中民事申诉案件20件，行政申诉案件7件。具体分为名誉、隐私纠纷2件，人身、财产、交通损害纠纷3件，房屋使用权、抢占、租金、买卖、迁让、拆迁、安置、析产纠纷12件，欠款纠纷6件，承包、购销合同纠纷2件，集资和财产纠纷2件。审结22件，立案13件，向市检察院提请抗诉3件。2005年，受理各类民事、行政申诉案件34件，立案26件，比2004年增长30%，提请抗诉、建议提请抗诉5件，为历史之最。1996~2005年，共受理民事、行政申诉案件208件，立案113件，提请抗诉、建议提请抗诉26件，法院改变判决或调解各1件。

同时，区检察院把协助执行和解作为创新民事行政检察举措之一，对区法院执行中的民事行政申诉案件，协助区法院对双方当事人进行调解，及时化解纠纷。2000年，在受理申诉人崇安区鑫源五金经营部与工商银行崇安办事处“票据追索权”纠纷案时，组织双方当事人从事实证据、法律运用、审判程序3个方面，充分论证，达成共识并部分改变原审判决内容，到区法院签署执行和解协议。2005年，区检察院先后协助执行和解案件3件，收到较好社会效应。

此外，区检察院对一些民事行政申诉案件，不采取抗诉方式启动再审程序，而是向人民法院提出再审检察建议，由人民法院自行启动再审程序，进行重新审理，把再审检察建议作为民事行政检察的补充，节约诉讼成本，缩短诉讼时间，提高诉讼效率，完善民事行政检察监督制度。2005年，申诉人陈某房屋迁让纠纷一案，因房屋中介机构违法经营，导致申诉人与第三方权益受到损害，区检察院发出再审检察建议，通过非抗诉形式启动再审程序，维护申诉人的合法权益，区民事行政检察实现再审检察建议零的突破。

【典型案例选录】

2005年，区检察院在审查一起房屋买卖、委托经营合同纠纷案件申诉中，申诉人所购买的商铺被自动扶梯占用，向区法院提出恢复原状、采取补救措施继续履行商铺转让合同等诉讼请求。法院一、二审判决撤销原买卖商铺合同，返还购房款并作少量经济补偿。区检察院审查后认为，法院判决违反“不告不理”的诉讼原则、并且在审理中未行使释明权，判决结果显失公平，向市检察院建议提请抗诉被采纳。经再审，是年11月15日作出民事调解书，重新调整双方当事人的权利、义务，使事态得到平息。

第六节　其他检察活动

80年代后，区检察院在依法履行刑事、经济、法纪、控告、申诉、民事、行政等检察职能的同时，注重做好办案回访、廉政共建、检察建议、人民监督员等检察工作，并不断规范和完善。

区检察院对免予起诉人员实施办案回访，建立免于起诉人员“在外有人问、回家有人管、单位有人帮、检察院有人查”的帮教网络。1986~1991年，先后对26名免予起诉人员采取就地帮教、合同帮教、联合帮教等形式，多次逐个回访考察，无重新违法犯罪。1996年9月，制订《关于实施办案回访制的试行规定》，办案回访逐步制度化、规范化。

区检察院注重在源头上预防职务犯罪，全面履行“保护、监督、惩处、教育”的检察职能。1997年，先后与辖区市政建设工程总公司、市盐务管理局、市钢丝绳厂、市医疗器械厂、市中医医院、市商业大厦集团有限公司、中百集团有限公司、太极实业股份有限公司8家单位签订廉政共建合约。与市盐务管理局和武进市建设工程总公司就江苏加碘盐技术培训中心工程建设开展“工程优质、干部优秀”创建活动。1999年，在30家单位聘请30名预防犯罪联络员，无锡汽车制造厂等11个党支部和无锡市第二百货商店每个分公司均设有联络员，畅通监督渠道，进行重点预防。是年，预防职务犯罪展览在辖区11家大中型企业巡回展出，组织干警到14家国有企事业单位宣讲。2003年，在全市首次借助新闻媒体及广告进行预防职务犯罪宣传，在无锡电视台新闻频道、经济频道连续3个月滚动播出预防职务犯罪公益广告，在中山路梁溪饭店至百盛购物中心、国际饭店与科技大厦路口、喜来登大酒店至人民桥等人流密集区域设立公益灯箱广告39块。区检察院分3次组织无锡邮政局、市市政设施管理处及区200余名中层以上干部前往无锡监狱、丁山监狱接受警示教育，选择因职务犯罪的服刑人员现身说法。举办全市首届“社会齐心参与，预防职务犯罪”征文比赛，发动全社会力量参与预防职务犯罪理论和实践问题研讨。组织召开区预防职务犯罪协会第一届理事会第二次会议，加强区检察机关与理事单位联系，扩大预防工作层面。是年，在重大工程建设领域，与有关单位开展同步预防，对国邮大厦、唐周巷经济适用房、无锡北门汽车站外墙立面改造工程、市商业大厦外墙立面改造工程和东方时代广场工程，建立健全监督制约机制。2005年，针对建筑行业职务犯罪案件多发的特点，继续对基建项目中的工程立项、招投标、材料设备采购、预算结算和款项支付等容易出问题的环节，提出具有可操作性的预防对策。先后对总工程量28亿元的崇安寺改造工程、造价700万余元的商业大厦仓库工程、总工程量1.6亿元的崇安区河道治理工程、广益街道办公楼改造工程，签订《廉政备忘录》，开展同步预防。

区检察院还通过提出检察建议，帮助发案单位建章立制，加强安全防范，并跟踪整改落实情况。2002年，向有关发案单位发出检察建议10余份，堵塞管理漏洞和薄弱环节。2003年，针对江海街道民政工作人员贪污低保金一案，向有关管理部门发出检察建议。为此，民政部门免费为所有下岗、失业人员办理银行卡，低保金通过银行直接到账，消除贪污冒领低保金的隐患。

区检察院还通过建立人民监督员队伍，加强对查办职务犯罪案件和其他执法检察活动的监督。2004年9月，按照最高人民检察院规定的条件，选聘人民监督员9人，落实专用办公室，享受交通、通讯、办案补贴。对“三类案件”①的查办和“五种情形”②的工作流程，进行监督和提出意见，并应邀参加人民检察院查办职务犯罪案件和其他执法检察活动，对违法违纪情况，提出建议和意见。

第七节　公　诉

1979年，区检察院恢复建制后，建立“个人阅卷、集体讨论、检察长决定”的“三级审查”办案制度，对每一件起诉案件，坚持事实不清的不放过，证据不足的不放过，没有主罪主证的不放过，疑点没有排除的不放过，防止错诉漏诉现象发生。90年代后，提起公诉案件逐年增加，区检察院进一步健全“三级审查”办案制度，把好案件事实关、证据关，提高公诉质量。1997年，根据修改后的《中华人民共和国刑事诉讼法》《中华人民共和国刑法》，对已有各项起诉工作制度逐项清理，对符合法律规定，可以适用简易程序的刑事案件，使用简易程序支持公诉。对盗窃作案时未满十八周岁，盗窃数额刚达到较大的起点，犯罪情节轻微；6年后投案自首，归案后全部退清赃款，具有双重法定减轻情节的赵某作不起诉处理，并进行跟踪考察，为全市检察机关首例适用新法作不起诉处理的案件。1999年，积极探索公诉方式改革，在审查起诉科实施主诉检察官办案责任制试点，确定主诉检察官6人，实行主诉检察官责、权、利相结合的办案机制。2000年，主诉检察官办案责任制在审查批捕科、反贪污贿赂局、渎职侵权检察科、民事行政检察科、控告申诉检察科全面推开，确定主诉检察官14人，强化办案责任制，落实错案责任追究制。主诉检察官拥有对法定刑期10年以下的起诉案件决定权和起诉书签发权，设置《主诉检察官办案质量跟踪考察表》。对朱某某虚开增值税专用发票一案5人，表式阅卷笔录长达74页，审结报告139页、10万余字。对陈某某盗窃一案，发现证据矛盾，首次聘请市检察院技术专家使用测谎仪鉴定，本着“疑罪从无”原则，由公安机关作撤案处理。是年2月，按照受理起诉案件类别、数量，实行分类审查制度，实施办案专业化分工，成立4个检察官办案小组，分别办理杀人、抢劫、抢夺、故意伤害、寻衅滋事、敲诈勒索犯罪；贪污、贿赂、挪用公款、职

①三类案件：职务犯罪案件中犯罪嫌疑人不服逮捕决定、拟撤销案件、拟不起诉。
②五种情形：职务犯罪案件中应当立案不立案或者不应当立案而立案，超期羁押，违法搜查、扣押、冻结，应当给予刑事赔偿而不依法予以确认或者不执行刑事赔偿决定，检察人员在办案中有徇私舞弊、贪赃枉法、刑讯逼供、暴力取证。

务侵占、偷税犯罪；诈骗（包括合同诈骗、金融诈骗）、伪造金融凭证等和未成年人犯罪；毒品、假币类、性犯罪4大类案件。是年2~12月，分类审理案件149件，占受理起诉案件的58.9%。

区检察院在出庭公诉中，充分做好庭前准备，对提起公诉的案件做到“四无”[①]，1996年，在起诉环节，补查、收集证人证言和有关书证277份369页。2001年，靖海农贸市场“菜霸”李某某寻衅滋事一案，因跨年度作案时间长，涉案人员多，案情较为复杂，而犯罪嫌疑人对犯罪行为百般抵赖，区检察院在认真疏理案情、查微析疑、进一步取证中，又认定李某某涉嫌强奸、聚众斗殴的犯罪事实，最终以寻衅滋事罪、强奸罪、聚众斗殴罪提起公诉，区法院以数罪并罚判处其有期徒刑11年。2004年“1·9”火车站爆炸案，市公安局公交分局以抢劫罪移送起诉，出庭公诉前，区检察院全面审查事实，复核主证、主罪、调取物证、走访证人和实地勘察，数十次观看爆炸录像资料和向现场勘察的技术人员咨询，到中国人民解放军总装备部一所请教有关爆破专家，排除被告人辩称爆炸是因被害人与犯罪嫌疑人争执过程中触动遥控器所致，属范某某以爆炸手段实施抢劫，其行为构成牵连犯罪，按照“择一从重”处罚原则，应以爆炸罪立案。在庭审过程中，运用多媒体示证，揭露和证实犯罪，起到制服罪犯的庭审效果。在出庭公诉时，公诉人注重人性化办案。2000年受理的李某某故意伤害一案和2005年5月受理的汤某某诈骗一案中，因李某某互殴受伤卧床，汤某某跳楼逃跑多处骨折，经区检察院与区法院商量，专程赴滨海县李某某家中及汤某某老家福建省宁德市法庭开庭。

第八节　队伍建设

【廉政建设】

80年代后，区检察院注重推进机关党风廉政建设，坚持反腐倡廉，从源头上预防干警违法违纪，全面履行“保护、监督、惩处、教育”四项纪检监察职能。1991年7月，以小整风形式，开展为期2个月的“新时期人民检察官形象”大讨论，在百年罕见的特大暴雨和洪涝灾害面前，区检察院成立抢险突击队，出动干警144人次，日夜奋战在灾情最重的广益新村。先后荣获江苏省、全国检察系统抗洪救灾先进集体。1993年，区检察院党组作出《关于进一步加强思想政治工作的决定》，开展“讲奉献、比贡献、创一流”主题教育，组织参观“中共一大”会址及纪念馆，进行革命传统教育。1995年8月，制订《副科级（长）以上干部党风廉政建设责任制》《检察干警个人重大事项报告制度》《关于检察干警收受礼金、礼品实行登记制度的具体规定》。1999年，围绕树立人民检察官形象，开展以服务大局好、依法检察好、完成任务好、为民办事好、廉洁自律好“五好”为主要内容的争创“五星”部门活动，先后邀请区人大代表、政协委员及民主党派人士视察，征求意见，在机关设置“检务十公开”宣传栏，邀请全国法官模范、区法院王德莉作爱岗敬业事迹报告，在万人评议基层政法干警活动中，检察干警的人民满意和基本满意率达96%。先后有12名干警被评为1999年度、2000年度市检察机关人民满意检察干警，1名干警被评为1999年度省检察机关人民满意检察干警。2003年，组织干警学习贯彻执行《江苏省检察机关六条禁令》，与中层干部签订廉政责任书。2004年3月，女检察官王凤琴被评为无锡市检察院“十佳女检察官”。2005年，执行市检察干警8小时之外行为规范，对全院干警居住地进行走访，听取居民意见，并对侦查监督、提起公诉的10件13人和反贪污贿赂局查办的虞某某案，开展检务效能监察。

【业务培训】

80年代后，区检察院采取理论学习和实践锻炼相结合的方法，对不同岗位的青年检察干警进

①四无：无法院要求补充材料、无延期审理、无变更起诉、无撤回起诉。

行培训。90年代，结合贯彻实施《中华人民共和国检察官法》等法律法规，通过主题教育、自学考试、法律专业学习和培训等多种途径，提高干警业务素质。1990年10月，开展为期一个半月的执法执纪大检查，提高检察干警执法执纪水平。1991年5月，开展“爱我崇检”主题教育。1996年，鼓励干警参加电视大学、函授大学、自学考试，13名干警报考法律专业本科和专科。是年，刑事诉讼法修改，选派不同岗位干部参加上级检察院举办的学习培训班。1997年，组织学习修改后的刑诉法典。1999年，50多名干警参加检察业务培训。11名干警通过自学考试，分别获法律本科、专科文凭。是年，根据检察官所任职务、德才表现、业务水平、检察工作实绩和工作年限，首次评定等级检察官。经市检察院批准，评定三级检察官8人、四级检察官8人、五级检察官1人；经省检察院批准，评定四级高级检察官8人、一级检察官7人、二级检察官8人。2001年，组织全院干警参加全国检察人员基本素质考试，均一次性通过。迄2005年，全院57名干警中，大专及以上学历53人，占92.98%，其中法律专业46人，占80.70%；有等级检察官45人，其中，四级高级检察官12人、一级检察官8人、二级检察官12人、三级检察官10人、四级检察官2人、五级检察官1人。

其间，区检察院还持续开展“出庭效果年”和“规范执法年”活动，提高公诉质量和出庭公诉水平。1998年，在市检察机关开展的“百庭考核”竞赛中，1名干警荣获优秀奖，并获全省女检察官法庭辩论赛江苏选手选拔赛优秀选手奖。1999年，在全国女检察官法庭辩论赛西安赛区比赛中，获团体三等奖。2000年后，在市检察机关第二届辩论对抗赛中，获团体第二名，2名选手获十佳（优秀）辩手，1名干警获省检察机关优秀公诉论文三等奖。2001~2005年，4名干警被评为省、市检察系统优秀公诉人。1991~2005年，受理起诉案件3162件，提起公诉3035件，占95.98%，无一错诉、漏诉。

2005年崇安区检察院人员情况一览表

表20-2-5

单位：人

类别 项目		合计	政治面貌		女性	文化程度						年龄				
			中共党员	共青团员		大学本科		大学专科		专业证书	中专及以下	25岁及以下	26至35岁	36至45岁	46至55岁	56岁以上
						法律专业	其他专业	法律专业	其他专业							
干部		57	45	5	—	38	4	8	3	4	—	2	12	22	15	6
法律职务	检察长	1	1	—	—	1	—	—	—	—	—	—	—	1	—	—
	副检察长	3	2	—	—	2	—	1	—	—	—	—	—	1	2	—
	检委会委员	7	6	—	—	3	—	3	—	1	—	—	—	1	3	3
	检察员	29	24	2	8	19	2	2	—	3	—	—	6	12	8	3
	助理检察员	5	4	1	1	5	—	—	—	—	—	—	3	2	—	—
	书记员	3	2	1	1	3	—	—	—	—	—	—	1	1	1	—
	法警	5	5	—	—	3	—	2	—	—	—	—	—	4	1	—
	无法律职务	4	1	1	4	2	2	—	—	—	—	2	—	—	—	—
行政职级	县处级	1	1	—	—	1	—	—	—	—	—	—	—	1	—	—
	科级	22	19	3	3	10	1	5	2	4	—	—	—	7	10	5
	科员级	29	24	1	6	24	1	3	1	—	—	—	9	14	5	1
	其他	5	1	1	5	3	2	—	—	—	—	2	3	—	—	—
工勤人员		7	3	1	3	—	1	1	2	—	3	—	5	2	—	—
合计		64	48	5	17	38	5	9	5	4	3	2	17	25	15	6

说明：上述资料由区检察院提供。

【竞争上岗】

1996年2月，区检察院首次推行中层领导干部竞争上岗制度，经过发动、自荐、推荐、广泛听取意见和组织考察，首次聘任16名中层干部。1999年6月，继续开展中层领导职位竞争上岗，通过公开职位、自我推荐、竞争演说、组织考察、择优录用、依法报批等程序，聘任7名中层正职、8名中层副职。另外，还聘用3名反贪污贿赂局下属科长。2000年10月，区检察院出台《关于检察干警双向选择工作的实施方案》，一般干警通过竞争选择岗位，部门负责人择优选择干警，实现优化组合。在双向选择中，1名干警落聘，重新安排工作岗位。2001年，实施检察员职务晋升"三考"（任职考试、实绩考核、素质考评）和新一轮中层领导干部职务竞争上岗，13名干警参加"三考"，6名干警晋升为检察员，提请区人大常委会任命。8名一般干警竞争上岗后担任中层副职，3名中层副职担任正职。35岁及以下中层干部增加到8人，占中层干部19人的42.11%；中层正职平均年龄由45岁下降至40岁；中层副职平均年龄由41岁下降至32岁；中层干部本科学历由4人增加至10人；有2名年轻女干部进入中层干部行列，改变中层干部年轻少、无女性、高学历少的状况。2004年，对三年聘任期满的中层干部实行先免职后竞争的办法，择优聘任新一轮中层干部，有3名一般干警担任中层副职，3名中层副职担任正职。

中层干部竞争上岗动员（2004）　（区检察院反贪局供稿）

第三章　法　院

1955年12月，成立区法院，1957年12月撤销，审判工作由市法院负责。"文化大革命"期间，审判工作瘫痪。1967年3月至1973年3月，审判权由区检法军管组行使。1978年10月，恢复区法院，受理辖区内一审刑事、民事、经济纠纷和行政诉讼案件。办公地址设在县前街82号。80年代，贯彻"严打"方针，依法从重从快惩处严重刑事犯罪分子。90年代后，在审判工作范围不断扩大，审判工作要求不断提高的情况下，积极推进审判方式改革，健全审判制度，加强庭审职能，探索审理各类新类型疑难案件的新途径，促进审判质量和审判效率的提高。不断加大打击刑事犯罪和经济犯罪力度，维护社会稳定；妥善处理民事纠纷，化解人民内部矛盾；依法调节经济关系，维护社会主义市场经济秩序；慎重审理行政案件，依法维护和监督行政机关依法行政，保护公民和法人的合法权益；强化执行力度，缓解"执行难"，维护国家法制的尊严和权威。1986~2005年，共审结刑事案件3881件，民事案件1.82万件，经济案件8081件，行政案件300件，行政非诉执行案件565件，申诉案件578件，执行案件1.01万件。其间，区法院在抓好审判业务的同时，加强干警队伍的思想政治建设和廉政建设，改进审判作风，提高工作效率，保障改革开放和社会主义现代化建设的顺利进行。1991年、2004年，区法院先后2次荣立全国法院系统集体一等功。2003年，荣立省高院集体二等功。2001年、2002年、2005年先后被评为省文明法院、省人民满意法院、省文明单位。

第一节 机 构

1986年，区法院下设办公室、刑事审判庭、民事审判庭、经济审判庭4个机构。实有42人，是1978年区法院恢复时的2.8倍。办公地址位于书院弄20号。1988年1月，刑事审判庭内设少年犯罪案件合议庭；5月，建立告诉申诉庭；9月，成立行政审判庭。1989年1月，建立执行庭。工作人员增加到55人。1990年12月，建立政工科。1992年7月，成立经济纠纷调解中心，1994年4月撤销。是年，工作人员增加到64人。1995年7月，成立法警大队，负责押解人犯，维护法庭审判秩序和法院内部安全保卫工作。工作人员增加到75人。1999年3月，撤销告诉申诉庭，建立立案庭、审判监督庭。工作人员达到81人。2000年5月，办公地址搬至书院弄1号新大楼。2002年5月，政工科改政治处，执行庭改执行局，民事审判庭改为民事第一审判庭，经济审判庭改为民事第二审判庭，并成立监察室。2005年，内设办公室、政治处、立案庭、刑事审判庭、民事第一审判庭、民事第二审判庭、行政审判庭、审判监督庭（内设审判管理办公室）、执行局、监察室（与纪检组合署办公）、司法警察大队11个机构。编制85人，实有80人。

区法院办公楼（2000） （邵新培摄）

1986~2005年，崇安区人民法院历任院长：牛杰、蒋颂平、张正良、严岩。

第二节 刑事审判

1983年，根据全国人大常委会《关于严惩严重危害社会治安的犯罪分子的决定》，贯彻对严重刑事犯罪分子依法从重从快惩处的方针，区法院与公安、检察、司法部门紧密配合，协同作战，依法打击杀人、放火、强奸、抢劫、流氓团伙、流窜作案及重大盗窃等严重破坏社会治安的刑事犯罪分子。是年，审结刑事案件228件，案犯294人。1989年，最高人民法院和最高人民检察院联合发布《关于贪污、受贿、投机倒把等犯罪分子必须在限期内自首坦白的通告》（简称两院《通告》）后，加大对经济犯罪的打击力度，依法审理“三机关一部门”工作人员的经济犯罪案件。全年受理刑事案件150件，比上年增加33.93%。90年代后，以严重危害社会治安案件和经济犯罪案件审理为重点，打击各类严重刑事犯罪分子。1995~1998年，年受理刑事案件在197~234件之间，1999~2004年，年收案数在239~256件之间，2005年达到265件。1986~2005年，共审结刑事案件3881件，案犯近5000人。

【严重危害社会治安案件】

1986~1996年，贯彻“严打”方针，结合辖区不同时期治安状况和犯罪特点，依法从重从快审理严重危害社会治安案件，同时打击侵犯财产、侵犯人身权利和民主权利等犯罪分子。1986~1989年，重点惩处杀人、放火、抢劫、强奸、重大盗窃和诈骗等现行案件罪犯及惯犯、累犯、刑满释放和解除劳教后重新犯罪分子。1990~1993年，重点受理“两拦一捅”、盗窃自行车、盗窃工业原材料3类犯罪案件。1994年4~6月，重点判处危害大影响广的恶性犯罪、流氓恶势力、入室抢劫、重大盗窃、贩毒、容留与介绍他人卖淫等犯罪分子。1997年，结合贯彻新刑法、新刑事诉讼法，按照“重在及时、重在依法”的要求，重点对辖区内较突出的盗窃、抢劫、强奸、贩毒等犯罪活动施以重拳，严处流窜犯、惯犯、累犯、主犯。1998年，贯彻最高人民法院关于执行《中华人民共和国刑事诉讼法》若干问题的解释，依法判处票据诈骗罪、伪造国家机关证件罪、出售伪造货币罪、猥亵儿童罪、寻衅滋事罪等新罪名案件。依照新刑法加大财产型犯罪处罚的规定，配合公安部门开展专项斗争，从严惩处传播、贩卖淫秽物品牟利罪、贩卖毒品罪。2000~2005年，先后以涉毒、恶势力、扰乱交通秩序、破坏市场经济秩序、抢劫等暴力性犯罪为打击重点，选择典型案件，在案发地和闹市区广场召开公判大会，打击犯罪气焰，震摄罪犯。同时，展开审后延伸帮教，对缓刑、管制、拘役对象，发出“缓刑、管制人员须知”，深入基层建立监管小组，签订监管协议，定期回访考察，落实监管措施，巩固审判效果。

【经济犯罪案件】

90年代前后，经济犯罪案件逐年上升。1989年8月15日，两院《通告》后，贯彻中共中央关于加强反腐败斗争的决策和部署，加大对发生在党政机关、金融机构、建筑领域等单位的工作人员贪污、受贿、票据诈骗犯罪的惩处力度。在审理案件量刑时依法从重处理，同时运用没收财产、罚金等附加刑，予以经济处罚。对矛盾易于激化的刑事附带民事案件，注重耐心细致的和解工作，维护社会稳定。1998年，审理尤某某集资诈骗案，在追究被告人刑事责任的同时，对32名原告落实经济补偿，避免矛盾激化，区法院秉公执法获原告称颂，获赠锦旗。对经济犯罪人员所在单位，及时发出司法建议，预防管理疏漏等因素引发犯罪。1999年，审理中保人寿公司无锡分公司7名职员经济犯罪案，对该公司发出完善财务制度和加强营销人员管理的建议，从源头上堵塞漏洞。1986~2005年，共审结各类经济犯罪案件301件365人，其中，贪污案99件146人，受贿案126件130人，挪用公款案39件47人，其他经济犯罪案37件42人。

【少年刑事案件】

1988年，在刑事审判庭内设少年犯罪案件合议庭（简称少年庭），专门审理年满14周岁未满18周岁少年犯罪案件。是年，审理少年刑事案件18人。1992年起，未成年人犯罪呈上升趋势，以侵犯财产的抢夺、抢劫、盗窃和诈骗犯罪为主，其次为妨碍社会管理秩序、侵犯公民人身权利、破坏经济秩序以及危害公共安全等具有较大恶性、新类型犯罪。是年，审理少年刑事案件26人。少年庭针对少年犯罪的生理、心理特点，坚持“教育、感化、挽救”方针，贯彻教育为主、惩罚为辅、寓教于审、慎重量刑的原则，把预防犯罪、制裁犯罪和挽救罪犯相结合。审理中，把法庭教育作为整个审判活动的重点，邀请区妇联和区关心下一代工作委员会人员作为人民陪审员参加，让未成年被告人在特殊场合接受特殊教育。1994年，区法院会同区文明办专程赴溧阳劳改农场，与服刑少年犯开展“高墙内外”通信活动，运用典型事例和案件，教育犯罪青少年。1997年，区法院会同市区有关部门和省第一、第二少管所开展“服刑少年犯回家乡、看巨变、促转变、别昨天”活动；市区领导、驻无锡部队代表赴省第一、第二少管所，对少年犯进行回访考察，与少年犯座

区检察院会同司法等部门和辖区学校赴省少管所开展“同乡、同学、同龄人中秋话人生”帮教活动（2003.9）（刘宏伟摄）

谈，并赠送生活用品和书籍；在少管所举办“爱祖国、迎回归”文艺晚会，市4家文艺单位为2000多名少年犯表演节目，增强少年犯重新做人的信心，推动少年犯改造工作。1998年后，为扩大少年审判工作的辐射面，做好青少年犯罪的教育防范工作，还不断探索预防未成年人犯罪的新途径，设立未成年人维权窗口，对判处缓刑少年犯进行跟踪教育。1999年，区法院被命名为首批无锡市法院系统优秀青少年维权岗。2001~2005年，在无锡市东林中学、塔影中学建立德育教育基地，开展庭校共建活动，组织资深法官到学校、街道、厂企进行法制宣传，选择典型案例，组织学生旁听法庭开庭审判，以案释法，把学校德育教育与法治教育相结合，收到明显成效。1986~2005年，共审理少年刑事案件341人。

1986～2005年崇安区人民法院审理刑事案件情况一览表

表20-3-1　　单位：件

年　份	收案数	结案数	年　份	收案数	结案数
1986	113	106	1996	234	232
1987	102	108	1997	197	199
1988	112	113	1998	229	227
1989	150	136	1999	241	243
1990	133	145	2000	256	254
1991	141	138	2001	254	256
1992	147	152	2002	254	252
1993	163	163	2003	251	251
1994	175	175	2004	239	241
1995	225	225	2005	265	265

说明：上述资料由区法院提供。

【典型案例选录】

张某某受贿、贪污案　2005年2月，区法院受理市园林工程有限公司董事长、总经理张某某受贿、贪污罪一案。经法庭审理：被告人张某某于1998年12月至2004年2月，在担任区园林绿化管理处处长期间，利用苗木采购、回填土方工程发包及出借本单位资质等职务之便，先后5次收受武进东方华丰苗圃、市机械工程公司等相关人员贿赂2.9万元。又于2003年9月至2004年9月间，在区园林绿化管理处进行资产评估、企业转制过程中，采用瞒报手法，隐匿本单位12项工程应收款98万元，扣除税款及按张某某所占42%股份计算，侵吞公款38.3万余元。因尚未直接实际占有，认定为未遂，依法减轻处罚。对张某某在侦查机关向其调查隐匿应收款问题时，如实供述侦查机关尚不掌握的受贿犯罪事实，定为自首，依法从轻处罚。对张某某系初犯，且退出全部受贿赃款，认罪悔罪态度较好，酌情从轻处罚。依照《中华人民共和国刑法》和《最高人民法院关于处理自首和立功具体应用法律若干问题的解释》有关规定，以受贿罪、贪污罪判处张某某有期徒刑6年，并处没收财产1万元，追缴受贿赃款2.9万元，贪污赃款38.3万余元发还原区园林绿化管理处（无锡市第二园林绿化工程公司）上级主管单位。

第三节　民事审判

1986年，《中华人民共和国民法通则》及依据该法制订的《中华人民共和国消费者权益保护法》《中华人民共和国产品质量法》《中华人民共和国担保法》《中华人民共和国合同法》等民事法律法规相继出台，公民维护自身合法权益的意识不断增强，区法院受理的民事案件逐年上升，案件类型也日趋复杂，1986~1996年，区法院受理的7017件民事案件中，离婚、继承、扶养、抚育、赡养等婚姻家庭案件2779件，占39.60%；房产纠纷、债务纠纷等财产权属案件1925件，占27.43%；人身、财产损害赔偿案件1727件，占24.61%；信用卡透支担保纠纷、名誉权纠纷、医患纠纷、劳动争议等新类型案件586件，占8.35%。针对民事案件数量增多、涉案标的增大、类型多样、审理难度加大的情况，区法院依据法律，贯彻“公开、公平、公正”的原则，立足“依靠群众、调查研究、就地解决、着重调解”的工作方法，平等维护各类市场主体的合法权益，保障正常的社会主义市场经济秩序，防止矛盾激化、促进家庭和睦，确保社会稳定。1986~2005年，共受理民事案件18258件，结案18179件，结案率为99.57%。

【房产纠纷案件】

1997年后，随着城市建设的快速发展和房地产交易的升温，涉及房屋拆迁、买卖、典当、确权、借用、代管、租赁等类型的纠纷明显上升，其中房屋租赁案件居首位，次为房屋买卖纠纷。为避免案件处理不妥引发矛盾，区法院在依法审理中，将调解工作贯串于诉讼始终，通过耐心细致的法规宣传和思想疏导工作，从根本上缓解冲突、化解矛盾。对各类群体闹事、恐吓威胁等矛盾激化案件，抽调力量分头做好当事人的教育疏导工作，会同有关部门控制事态发展，促成当事人双方互谅，达到案结事了的社会效果。2000年后，房屋拆迁引起的诉讼较多，辖区内房屋拆迁案件上升。2003年，审结房屋拆迁纠纷案221起。2005年2月，针对拆迁中遇到的难点、热点问题，结合审判实践，开展调查研究，《提高依法拆迁能力，推进城市建设步伐——关于城市拆迁工作的思考和建议》的调研报告，受到市委领导肯定，批转全市学习参考。1997~2005年，共受理房产纠纷案件1602件，占受理民事案件总数的14.25%。其中，房屋拆迁案件621件，占房产纠纷案件总数的38.76%。

【侵权赔偿案件】

90年代后，随着经济的发展，涉及财产损害赔偿、人身意外伤害赔偿以及因姓名权、名誉权、著作权等受到侵害而发生的精神赔偿案件逐年增多。特别是因交通事故、医疗事故，以及普通人身损害导致的人身损害赔偿诉讼呈逐年上升趋势，辖区地处无锡商务中心，车流量大，交通事故发案率较高，因交通事故引发的人身损害赔偿争议标的较高，案件审理难度大。在审理此类案件时，注重把握事故责任认定、伤残等级鉴定、赔偿金额数量等，妥善处理交通事故赔偿案件。2004年5月，《中华人民共和国道路交通安全法》实施后，道路交通事故损害赔偿案件急剧上升。在区交巡警大队设立交通事故赔偿案件巡回法庭，建立交通事故损害赔偿案件快速处理机制及委托调解机制，第一时间参与交通事故赔偿案件的调解与审理，从有利于人身损害救济，有利于文明守规导向，有利于金融保险安全高度，提出责任自负，保险限额救济的赔偿原则，加快这类案件的审理。仅2004年5月至2005年12月，审结道路交通事故损害赔偿案件146件，件均审理天数为4.18天，最快的案件当天立案当日结案，取得较好的社会效果。

辖区内医院众多，因医患纠纷引发的人身赔偿案件一直居无锡市前列，是90年代出现的新类型人身损害赔偿案件，以患者或患者家属对医疗行政部门事故鉴定结论不认可而引起。2000年后，以患者或患者家属要求医疗部门对医疗事故造成的损失赔偿不满所致。区法院依据《中华人民共和国民法通则》，按普通民事赔偿案件审理。2002年9月后，按照国务院《医疗事故处理条例》审理医疗纠纷赔偿。1986~2005年，共受理此类案件320件。与此同时，开展医患纠纷案件审理的专题研究，组织医患纠纷研讨会，提高对此类案件的审理能力。2005年11月，区法院撰写的《建立长效机制，促进医患和谐》调研论文，就创设医疗责任保险制度、医疗损害社会救助金制度、医疗纠纷处理机构、医疗仲裁制度、医疗机构内部危机预防和处理等方面，提出从根本上解决医患矛盾、促进医患和谐的措施，被卫生部载入《卫生信访信息》，卫生部部长高强批示，“来信是一个处理医疗纠纷的很好的思路，要求部内有关司局认真研究，尽快提出改进措施和方案，供全国医疗改革参考”。

2001~2005年，区法院还审理多起在全省乃至全国有重大影响的民事典型案件和新类型疑难案件，有大同路居委会申请撤销丁某某监护资格案、无锡天然纺织实业有限公司诉江苏省电信公司无锡分公司返还电话号码案、无锡日报社诉中国足球协会侵害名誉权纠纷案、28名原告人诉银广厦、中天勤会计事务所虚假证券信息纠纷案、王某诉无锡市商业大厦超市有限公司消费者权益纠纷案等。区法院坚持以事实为依据，法律为准绳，依法调整各类市场主体之间的财产、契约关系，保护各类市场主体的合法权益，促进公平交易，通过制裁违法，维护和保障正常的社会主义市场经济秩序。区法院还注重审判调研，撰写的《大同路居民委员会申请撤销丁某某监护资格案例》调研报告，先后被最高人民法院《人民法院案例选》、省高院《参阅案例》录用。

1986～2005年崇安区人民法院审理民事案件情况一览表

表20-3-2　　单位：件

年　份	收案数	结案数	年　份	收案数	结案数
1986	363	358	1996	726	717
1987	530	487	1997	844	837
1988	554	539	1998	871	883
1989	628	602	1999	1013	1040
1990	662	673	2000	1466	1419
1991	649	669	2001	1164	1186
1992	674	670	2002	1322	1313
1993	749	736	2003	1337	1342
1994	750	786	2004	1509	1515
1995	732	701	2005	1715	1706

说明：上述资料由区法院提供。

【典型案例选录】

撤销丁某某监护资格案　2001年10月，区法院受理周山浜街道大同路社居委起诉撤销丁某某对其子丁某的监护人资格一案。经法庭审理：丁某某作为丁某的法定监护人，理应在丁某的生活和教育上履行相应的监护职责，有14份证据证实丁某某在1996年离婚以后，对由其抚养的丁某的日常生活不仅没有妥善尽到照顾义务，而且采用打、饿、冻、赶出家门的方法对丁某进行体罚，损害了丁某的身体健康；在丁某九年制义务教育及市高级技术中学学习期间，丁某某不听学校和有关部门的劝阻，屡次将丁某从学校拉回家中，并撕毁入学通知书、学习用品，强行拿走丁某的书包，侵犯了丁某的受教育权。丁某某已明显不适宜担任丁某的监护人。区法院根据大同路社居委的申请，依照《中华人民共和国民法通则》十八条第三款之规定，撤销丁某的监护人丁某某的监护资格。

第四节　经济审判

80年代至90年代初，区法院受理经济纠纷案件类型相对单一，主要集中于买卖、加工、承揽合同之类。1992年7月，根据《中华人民共和国民事诉讼法》有关督促程序的规定，成立经济纠纷调解中心，运用支付令审理一些事实清楚、案情简单的债权债务案件，并设立企业经济纠纷联络员，建立法院与有关企业定点联系制度。1986~1994年，受理经济纠纷案件1337件。1995年后，随着市场经济的快速发展，不同类型的经济纠纷大量涌现，经济纠纷案件由1994年的273件上升到1995年的615件。1996年，受理770件，结案752件，均为历史之最。主要集中于借款、购销、保险、委托等合同纠纷，票据、股权、破产及信用卡纠纷也日益增多。1995~2005年，受理经济纠纷案件6777件。1986~2005年，受理经济纠纷案件8114件，结案8081件，结案率为99.59%。

【购销合同纠纷案件】

购销合同纠纷案件在经济纠纷案件中所占比重最大，是经济审判工作的重点。在审判中，区法院注重对各种经济成分的市场主体均给予平等的司法保护，规范和维护市场经济秩序。1999年，新《中华人民共和国合同法》颁布后，围绕该法实施过程中出现的新情况、新问题开展研讨，提高依法审理购销合同纠纷及其他各类经济合同纠纷案件的能力和水平。在审理江苏无锡中百集团有限公司诉江苏省如皋百货公司购销货款纠纷等疑难案件和穆某某诉无锡雅都大酒店有限公司购销货款纠纷等矛盾激化案件中，发挥集体智慧，合议讨论，谨慎下判，妥善审结，依法保护债权人的权益。

【借款合同纠纷案件】

辖区金融机构较多，借款合同、保险合同纠纷案件逐年增加。2000年后，呈高发态势。按照《中华人民共和国合同法》《中华人民共和国担保法》和《中华人民共和国保险法》规定，区法院依法维护借款合同、担保合同、保险合同的法律效力，注重财产保全，防止债务人通过各种手段逃避金融债务，保障债权人的权益。在审理国企兼并、承包、租赁等改制和破产案件中，防止国有资产流失，防止低价出售企业资产，防止职工私分集体资产，依法追回企业债权，制止借改革之机侵害国家利益和债权人合法权益的行为，妥善处理乡镇企业、区街企业资产重组等引起的债权债务纠纷，严格破产案件的审理，抵制假破产真逃债现象。同时，从源头上预防金融纠纷的发生，通过召开金融单位、区、街道、国企负责人座谈会，通报贷款手续不规范、致使担保无效等问题，提出改进建议；到国棉二厂、物产公司、华夏银行等单位上法制课，结合审理借贷合同纠纷中的典型案例，以案说法；走访辖区相关企业和银行了解其依法经营、合法融资情况；召开各大保险公司参加的《中华人民共和国保险法》司法事务研讨会，督促企业和金融机构强化法律意识和风险意识，促进经济健康发展及金融资产良性运作。2001~2005年，共审结该类案件709件，争议标的4.18亿元。

此外，还妥善审结一批股权纠纷、技术纠纷和票据侵权纠纷等新类型疑难经济纠纷案件。

1986～2005年崇安区人民法院审理经济纠纷案件情况一览表

表20-3-3　　单位：件

年　份	收案数	结案数	年　份	收案数	结案数
1986	103	100	1996	770	752
1987	120	109	1997	585	661
1988	107	101	1998	664	581
1989	156	113	1999	666	690
1990	129	129	2000	496	546
1991	105	136	2001	606	642
1992	156	155	2002	527	537
1993	188	192	2003	634	620
1994	273	278	2004	576	580
1995	615	515	2005	638	644

说明：上述资料由区法院提供。

【典型案例选录】

强仕公司诉上海便捷货运有限公司无锡分公司公路货物运输合同纠纷案　2003年8月27日，无锡市强仕计算机有限公司（以下简称强仕公司）委托上海便捷货运有限公司无锡分公司（以下简称无锡分公司）运输电脑4台至南京，被无锡分公司遗失。由于托运单上填写的货物名称及型号为“仪器”，故双方当事人对托运货物是否电脑及价值存在争议。是年9月，诉至法院。经法庭审理：认为强仕公司向法院提供的4份证据（与闻思科技有限公司、杰代计算机系统有限公司签订的买卖合同，学前街派出所对无锡分公司、强仕公司有关人员的询问笔录），已形成证据锁链，同时结合收件方（闻思科技有限公司、杰代计算机系统有限公司）的业务性质，也能证明强仕公司托运的货物是4台电脑，价值5.65万元。无锡分公司提出的免责条款，其托运单正面虽印有客户须知，但对相应的免责条款，没有提请注意，亦未予以说明。同时，作为承运人的无锡分公司承担运输过程中货物的毁损、灭失风险责任是法定义务。无锡分公司由于重大过失，造成强仕公司托运货物遗失，但其以格式条款形式减轻赔偿责任而加重强仕公司的负担，明显违背公平原则，故该条款无效。无锡分公司对灭失的货物应当承担赔偿责任。依照《中华人民共和国合同法》有关规定，判决无锡分公司赔偿强仕公司损失人民币5.65万元；上海便捷货运有限公司对无锡分公司未能履行部分，承担清偿责任。

第五节　行政审判

1988年9月起，区法院开展行政诉讼试点工作。1989年1月，区法院公开受理裁决全市第一起执法机关（崇安区工商局）与国营企业（世泰盛呢绒布绸商店）等民事纠纷，被告（区工商局）胜诉。1990年10月1日，《中华人民共和国行政诉讼法》实施后，区法院依法保护公民、法人和其他组织的合法权益，监督和促进行政机关依法行政。1994年前，行政诉讼案件种类比较单一。1995年后，行政诉讼案件种类逐年增加，涉及公安、工商、税务、物价、食品卫生、房屋、土地、城管、教育、规划等行政部门及其具体行政行为。行政非诉执行案件从无到有，大幅增加。2000年，行政诉讼案件已涉及所有具体行政行为，并由行政行为扩展到行政事实行为和行政不作为，由单一的行政诉讼发展到兼顾行政赔偿诉讼，行政诉讼的原告也从行政相关人发展到行政管理相关人。1988~2005年，共审理行政诉讼案件301件，结案率99.67%。1994~2005年，执结行政非诉执行案件565件。

在行政诉讼案件审理的同时，还注重对疑难复杂、新类型案件的研究，多篇论文和案例评析在国家、省级刊物发表。1998年，《一起侵犯财产案可诉性的探析》发表在最高法院《人民司法》《中国党政干部改革论坛》，并获江苏省法院系统第6次调研工作优秀成果三等奖。2000年，《不予行政复议行为在行政诉讼中法律冲突和空隙的处置思考》，被江苏省高级人民法院编著的《行政审判疑难问题研究》收录，并获江苏省法院系统第12届学术讨论会优秀论文三等奖。2002年，四川"老作坊"不正当竞争的工商行政处罚、蒋某某诉无锡市公安局不依法履行保护人身权法定职责、新开河小区业主委员会诉市国土局不依法颁发土地使用权证等案例，分别被最高人民法院《中国审判案例要览》《人民法院案例选》、省高院《参阅案例》录用。2003年6月，区法院行政审判庭被江苏省高级人民法院评为全省法院行政审判工作先进集体。

【行政诉讼案件】

1988~1994年，区法院审理行政诉讼案件31件，类型比较单一。1995~1999年，审理行政诉讼案件63件。2000年起，行政诉讼案件呈现上升趋势，涉及的行政行为包括社会保障退休金确认、建筑行业转包工商处罚、物价管理、税务征收、网络管理、危险品管理、外资行政审批、土地管理、公积金管理、政府采购、公民出入境管理、教育管理12大类。2000~2005年，审理行政诉讼案件207件。主要集中在房屋、公安、工商、土地等管理领域。其中涉及市级行政机关的行政诉讼案件占案件总数的85%。行政诉讼案件中，涉及公安类49件，其中劳动教养8件、公安不许可9件、交通事故责任认定5件、道路交通行政处罚14件、行政强制5件、不履行保护人身权财产权法定职责8件；房产管理类55件，其中房屋登记47件、房屋行政不作为7件、行政答复行为1件；拆迁类22件；房屋拆迁裁决8件；土地管理类18件，其中行政复议4件、土地行政处罚2件、土地行政征用2件、土地许可（登记、公告、不履行职责、划拨土地颁发土地证）等10件；工商管理类26件，其中行政处罚8件、行政登记6件、其他

12件；城管行政不作为2件；环保行政许可1件；卫生行政处罚、社会保障行政确认5件；不服税务征收2件；还有涉及人事、物价、外资行政批准、教育、规划等案件19件。许多案件均为区法院首次审理，案情复杂，争议大，定性困难，社会影响面广。区法院在审判中，注重法律效果与社会效果的统一，不拘泥于传统的行政处罚、行政强制措施、罚款等裁处。对报销医药费、档案管理、行政检验、签发护照等新类型案件，坚持依法保护行政相对人的诉权，扩大公民的受保护面；对违法的、不合理的具体行政行为予以撤销，对行政机关合法的行政行为坚持维护，并与监督并重，结合办案教育群众自觉履行法定义务；围绕公正与效率的主题，通过创新举证规则，完善证据制度，强化“民告官”案件特性的审判组织功能，改革裁判文书，注重办案效果，提高行政审判依法公正裁判的透明度。2002年，区法院开庭审判四川“老作坊”不正当竞争的工商行政处罚一案，无锡电视台《庭审直击》进行现场直播，中央电视台《今日说法》作为典型案例予以报道。2005年，区法院审理的个人向红十字会捐赠、征税扣除一案，为全国首例，国家税务总局为此制作专题片，并在《中国税务报》报道。

审判行政诉讼案件场面（2002.3）　（区法院供稿）

【行政赔偿案件】

1995年，《中华人民共和国国家赔偿法》实施后，区法院开始受理行政相对人认为具体行政行为侵犯其合法权益而提出的行政赔偿请求。2004年4月，受理市商业银行诉市国土资源局收回土地使用权行为违法、导致3000多万元贷款无法收回的行政诉讼一案，经审理：市国土资源局行政行为合法有效，原告自动撤回行政赔偿请求。1995~2005年，区法院共审理行政赔偿案件12件，除上述一案为原告主动撤回外，其余均被驳回行政赔偿请求，无一件判决行政机关行为违法而予以赔偿。

1988～2005年崇安区人民法院审理行政诉讼案件情况一览表

表20-3-4　单位：件

年份	收案数	结案数	年份	收案数	结案数
1988	6	4	1997	14	17
1989	3	5	1998	7	6
1990	3	2	1999	7	8
1991	4	5	2000	21	21
1992	5	4	2001	38	33
1993	5	6	2002	42	47
1994	5	4	2003	26	25
1995	16	16	2004	34	33
1996	19	17	2005	46	47

说明：上述资料由区法院提供。

【行政非诉执行案件】

90年代初，行政非诉执行案件大多为城市管理、计划生育等。90年代后，随着城市建设力度的加大，文明城市创建活动的深入开展，对市容市貌全面整治，对老新村违法破墙开门、违章建筑重点查处，以拆除违法建筑为主的案件迅速上升。区法院在全方位了解各种案件所涉及的法律、法规的基础上，结合实际，作出裁定，对个别被执行人确实因客观原因不能履行义务，法院裁定不准予强制执行，对被执行人无客观理由不履行义务，法院裁定准予强制执行。1996年起，深入风雷新村立交桥堍、312国道北侧沿马路、上马墩新村、广丰新村、学前东路整治现场，就地办案，支持行政机关依法行政，加大行政非诉案件执行力度，做到快立案、快办理、快执行。在立案当日就向被处罚人送达执行通知书，对当事人进行法制宣传及思想疏导，教育被执行人履行执行义务，对到期未自觉履行的被执行人，发出执行公告，会同当地街道、城建部门、公安派出所等相关人员，采取强制手段执行，发挥法律的威慑力，为行政机关合法的具体行政行为提供及时的司法保障。1994~1996年，执结行政非诉执行案件93件。1997年，执结行政非诉执行案件138件，为历史之最，全部为执行城建行政处罚案，涉及堵塞违法开门58扇，拆除违法建筑1000余平方米。1994~2005年，共执结行政非诉执行案件565件。

1994～2005年崇安区人民法院审理行政非诉执行案件情况一览表

表20-3-5　　单位：件

年　份	收案数	结案数	年　份	收案数	结案数
1994	8	8	2000	62	62
1995	15	15	2001	19	19
1996	70	70	2002	22	20
1997	138	138	2003	47	49
1998	38	38	2004	13	13
1999	103	103	2005	30	30

说明：上述资料由区法院提供。

【典型案例选录】

四川老作坊酒厂不服市工商局崇安分局行政处罚决定案　2002年4月，区法院受理老作坊酒厂要求撤销工商崇安分局处罚的行政诉讼一案。经审理：1999年10月9日，五粮液集团公司经国家知识产权局核准授予“老作坊”包装盒（2）的外观设计专利证书，并许可五粮液股份公司使用。而原告在2001年7月才设计使用“老作坊玉窖”酒外包装盒，其“老作坊”3字的字样、排列以及包装盒的色彩、图案与五粮液股份公司的“老作坊”包装盒相近似。根据《禁止仿冒知名商品若干规定》“特有的商品名称、包装、装潢应当依照使用在先的原则予以认定”。原告称其没有仿冒他人包装、装潢的理由不成立。五粮液集团公司“老作坊”包装盒（2）外观设计专利合法有效，而五粮液股份公司对“老作坊”包装盒（2）外观设计专利拥有合法使用权，两者的权利应受法律的保护。被告认定原告仿冒他人知名商品特有的商品名称、包装、装潢的不正当竞争行为成立。被告作出的处罚决定事实清楚，证据充分，适用法律正确，程序合法。2002年7月，区法院根据《中华人民共和国反不正当竞争法》和《中华人民共和国行政诉讼法》有关规定，判决维持工商崇安分局作出的行政处罚决定，老作坊酒厂停止违法行为，并没收违法所得27889.8元；诉讼费等1240元由原告承担。一审宣判后，原告不服，向市中级人民法院上诉。2002年10月，市中级人民法院二审驳回上诉、维持原判。

第六节　立案审查与执行

1988年，成立告诉申诉庭，1999年撤销，分设为立案庭和审判监督庭，分别受理告诉、申诉案件。1989年，成立执行庭后，执行机构与立案审查机构分设，形成审执分立机制。90年代后，随着审判业务范围不断扩大，告诉、申诉案件、执行案件均呈逐年上升趋势，执行难的问题越来越突出。区法院加强立案审查与执行力量，加大审判监督管理和执行力度，依法维护法律尊严和当事人的合法权益。1986~2005年，告诉立案4.23万件，申诉结案578件，执行结案1.01万件。立案庭于2000年被省高级人民法院授予省法院系统优秀文明窗口单位称号。

【立案审查】

1988年5月，成立告诉申诉庭，告诉申诉业务实行分类管理，由专人接待审查立案，专人审理申诉、再审、抗诉案件。1988~1998年，受理来信来访告诉立案1.76万件，申诉立案363件。1999年3月，告诉申诉庭撤销，成立立案庭和审判监督庭。立案庭除负责对法院所有诉讼案件的受理、立案工作外，还负责受理、审理"支付令""公示催告""诉前保全"等案件，以及涉诉信访归口管理。审判监督庭除负责申诉、再审和抗诉案件审查外，还负责上级交办的其他案件审理，以及审结案件的质量监督考评。2003年2月后，立案庭又增加对外委托评估、鉴定及拍卖的司法鉴定工作，至2005年，办理评估、鉴定、拍卖司法鉴定908件次。2005年3月，区法院成立审判管理办公室，设在审判监督庭内，负责全院审判监督管理工作，由事后监督转为事前监督，立案一开始就对案件审限、裁判文书（格式、错别字、标点符号）应用、适用法律是否正确以及归档等实行全程跟踪监督。同时，配套建立审判质量效率评查体系和审判管理目标考核机制，利用司法统计指标，全面考核审判质量、审判效率、法官办案等审判情况，按期撰写审判运行态势分析报告，通报评查全院案件审判质量、卷宗和法律文书情况，促进卷宗装订逐步规范，案件瑕疵及时纠正，案件审理质量和效率不断提高。1999~2005年，受理告诉立案2.31万件，审结申诉案件95件。2001~2005年，审结再审案件71件，其中抗诉、指令、决定再审案件8件，再审申请审查、申诉案件63件。此外，还对各类审结案件质量评查1.6万余件，并对上级法院发回重审和改判的案件重点评查。

1986～2005年崇安区人民法院来信来访立案情况一览表

表20-3-6　　　　单位：件/次、件

年　份	来信来访数	立案数	年　份	来信来访数	立案数
1986	1372	759	1996	3083	2298
1987	1819	842	1997	3734	2267
1988	1773	915	1998	4872	2650
1989	1779	1083	1999	5031	3045
1990	1886	1098	2000	5923	3195
1991	1508	1056	2001	5854	3069
1992	1637	1179	2002	5546	3143
1993	2714	1467	2003	6218	3293
1994	2630	1685	2004	11892	3526
1995	2766	1930	2005	15810	3779
合　计				87847	42279

说明：上述资料由区法院提供。

1987～2005年崇安区人民法院审理申诉案件情况一览表

表20-3-7　　　　单位：件

年　份	收案数	结案数	年　份	收案数	结案数
1987	120	120	1994	21	21
1988	140	140	1995	12	12
1989	33	33	1996	16	16
1990	44	44	1997	16	16
1991	25	24	1998	16	16
1992	22	22	1999	35	35
1993	19	19	2000	15	15

续表20-3-7

年　份	收案数	结案数	年　份	收案数	结案数
2001	10	10	2004	4	4
2002	7	7	2005	16	16
2003	8	8	合 计	579	578

说明：上述资料由区法院提供。

2001～2005年崇安区人民法院审理再审案件情况一览表

表20-3-8　　　　单位：件

年　份	案件类型	旧　存	新　收	审　结	未　结
2001	抗诉、指令、决定再审案件	—	3	1	2
	再审申请审查、申诉案件	—	—	—	—
2002	抗诉、指令、决定再审案件	2	3	3	2
	再审申请审查、申诉案件	—	14	14	—
2003	抗诉、指令、决定再审案件	2	—	2	—
	再审申请审查、申诉案件	—	14	13	1
2004	抗诉、指令、决定再审案件	—	1	1	—
	再审申请审查、申诉案件	1	18	19	—
2005	抗诉、指令、决定再审案件	—	4	1	3
	再审申请审查、申诉案件	—	17	17	—

说明：上述资料由区法院提供。

【执　行】

1989年前，执行工作实行审执合一，由审理案件的审判员承办。1989年1月后，审执分设。90年代后，区法院裁判文书生效后执行难的问题日趋突出，受理的执行案件从90年代初的100多件，上升到1995年的300多件，1998年增加到800件。1999年，贯彻最高人民法院《关于解决人民法院执行难问题的通知》精神，建立并完善执行工作运行新机制。2001年，为解决执行难，区法院借鉴市公安局“110”机制，在全市法院系统首创“执行110”快速反应机制，全天候受理当事人和群众举报。2002年5月，执行庭改为执行局，相继推出限制高消费、签发调查令、申报财产，开庭、公告、悬赏执行等一系列新举措，限制尚未偿还债务的被执行人享受高消费生活、隐匿财产赖债。对涉及债务困难企业的案件，区法院协调所在地政府及金融监管部门，争取执行和解，通过“放水养鱼”等方法，盘活企业，防止银行出现“呆账”。对恶意逃债、拒不履行法律义务的企业或个人，依法采取搜查、罚款、拘留、强制审计、强制租赁等措施。对于重点案件，集中力量攻关。是年12月，成功执结市中信家家乐仓卖超市有限公司群体性纠纷案件，将100余万元执行款全部归还139名债权人，得到市、区充分肯定。在执行某房地产开发公司拖欠土地出让金一案中，执行局4个小组联动，同时冻结该公司20多个银行账户，一天内即将大部分土地出让金执行到位，迫使该公司与国土部门就其余出让金的支付达成和解协议。1986～2005年，共受理申请执行案件1.01万件，结案率99.68%。

发放执行款（2002.9）　（邵新培摄）

1986～2005年崇安区人民法院审理执行案件情况一览表

表20-3-9　　单位：件

年　份	收案数	结案数	年　份	收案数	结案数
1986	118	114	1996	445	422
1987	101	105	1997	702	711
1988	86	74	1998	800	600
1989	113	108	1999	1025	1107
1990	142	110	2000	886	970
1991	140	145	2001	923	941
1992	168	164	2002	963	977
1993	125	170	2003	910	924
1994	247	227	2004	981	1015
1995	331	349	2005	943	884

说明：上述资料由区法院提供。

第七节　队伍建设

1986年后，区法院注重队伍结构的优化，加强审判人员的思想教育和职业道德、廉政建设，通过多层次举办政治学习和业务培训，提高审判人员的整体素质，涌现出一批先进集体和先进个人，树立起审判人员为人民的良好形象。

【思想教育】

90年代，组织干警学习《邓小平文选》，重点学习社会主义初级阶段理论和党的基本路线。中共“十五大”召开后，重点组织“三个代表”重要思想的学习，围绕法院审判这一中心，加强法官职业道德教育和党纪、政纪、院规教育，提高队伍整体素质。制定完善有关干警违反廉政规定及其他纪律的处罚办法，规范干警行为；改进审判作风，加强审判纪律，邀请区人大代表旁听法院各类案件的开庭，主动听取区人大代表对审判工作的意见。1996年后，完善廉政工作机制，制定《诉讼当事人须知》等，把案件审理过程中的廉政规定公布于众。邀请区人大代表、区政协委员担任廉政监督员。2005年，贯彻最高人民法院颁布的《法官行为规范（试行）》，进一步规范司法行为，提高干警遵守法官行为规范的自觉性。区法院先后于1991年、2004年荣立全国法院系统集体一等功，2003年荣立省高院集体二等功，2001年、2002年、2005年先后被评为省文明法院、省人民满意法院、省文明单位。并涌现出全国劳动模范、全国人民满意好法官、全国先进工作者、十届全国人大代表王德莉，江苏省法院系统优秀法官潘峰、严焱森、陈青，无锡市劳动模范、无锡市民最信赖的优秀法官王丽君，无锡市知名法官朱虹、邹岩、朱重岱等一批先进个人。

【业务培训】

80年代前，区法院干警初中学历居多，少数具有高中学历，无法律大专以上学历。80年代后，为提高法官队伍整体素质和职业技能，每年组织干警参加法律函授、电大、夜大、自学考试等多种形式的学历培训和在职岗位进修。1986年，大专以上学历干警比例达16.6%。90年代后，实施“人才兴院”战略，围绕提高岗位能力、学历水平，注重人才培养，制定有关教育培训的激励措施，在经费上、时间上保障干警参加“专升本”学历教育和岗位业务培训。1995~1998年，组织干警学习新颁布的法律法规，参加市中级人民法院业务培训，开设审判业务讲座。1998年10月，贯彻《中华人民共和国法官法》，首次评定等级法官。1999年9月，区法院50名法官被评为首批等级法官。其中，四级高级法官

5人、一级法官11人、二级法官4人、三级法官13人、四级法官16人、五级法官1人。2005年，区法院80名干警中，有法律大专及以上学历79人，占98.75%，其中，法律本科学历60人，硕士研究生2人。有等级法官59人，其中，三级高级法官2人、四级高级法官14人，一级法官5人、二级法官27人、三级法官8人、四级法官2人、五级法官1人。

2005年崇安区人民法院人员结构情况一览表

表20-3-10　　　　单位：人、%

项目		人数	比例	项目		人数	比例
总数		80	100	来源	机关、学校调入	27	33.75
年龄	35岁以下	27	33.75		大中专毕业生分配	7	8.75
	35~50岁	41	51.25		招干录用	31	38.75
	50岁以上	12	15		军队转业干部	12	15
文化程度	本科以上	62	77.50		军队复员退伍战士	3	3.75
	大专	17	21.25	专业	法律专业	79	98.75
	高中	1	1.25		非法律专业	1	1.25

说明：上述资料由区法院提供。

第四章　司法行政

1981年前，区司法行政工作与人民法院合署。1981年4月，区成立司法科。1985年12月，撤科改局。1986年后，区司法行政工作围绕改革、发展、稳定的大局，切实履行司法行政职能，推进司法行政改革，加强法制宣传教育、人民调解、法律服务和援助、律师、公证、安置帮教和社区矫正等工作，在依法治区、建立和谐社会中发挥着重要作用。为适应改革和加强司法行政管理的需要，90年代后，区司法局内设机构先后增设法律援助科、律师管理科、社区矫正工作科，并设置政工科，以加强司法行政队伍建设。同时，各街道建立司法所和法律服务所、法律援助站，形成集法制宣传、人民调解、法律服务与援助、安置帮教和社区矫正等功能为一体的司法行政综合服务窗口。

1986~2005年，法制宣传教育持续开展。先后实施第一、第二、第三、第四个法制宣传教育五年规划（简称“一五”普法、“二五”普法、“三五”普法、“四五”普法），全区累计参加普法教育23.22万人次，普及率由“一五”普法的93%提高到“四五”普法的97.8%。有4个社区建成省级民主法治社区，8个社区建成市级民主法治社区。

90年代后，贯彻“调防结合、预防为主”的方针，调动全社会各方面力量，人民调解工作不断创新。在整顿、充实和扩大调解组织的同时，积极探索调解组织标准化建设，至1997年，全区83个社区全部建成标准化调解委员会，92%的辖区单位建成标准化调解委员会。此后，又在全市率先探索在外来人口聚居地和集贸市场建立调解组织，形成地区、行业协会、企业共同参与调处民间纠纷“大调解”自治格局。2004年7月，区成立社会矛盾纠纷调处工作指导委员会，区、街道两级建有社会矛盾纠纷调处中心。1986~2005年，调处各类民间纠纷2.35万件，调处成功率93.9%，未发生因民间纠纷调解不及时或调解不当而转为刑事案件和非正常死亡事件。

1986~2005年，随着改革开放深化和社会经济发展，律师、公证、法律服务与援助不断拓展。区属律师事务所办理刑事、民事、经济、行政、非诉等各类案件1.18万件。1989~2005年，全区办理各类公证1360件。1997~2005年，区办理法律援助案件225件。

第一节　机　构

1985年，区司法局编制4人，主要履行人民调解、法制宣传教育的职能。1988年，编制增至10人，并成立市公证处崇安接待站，增加法律公证的职能。1989年，区司法局内设办公室、法制宣传教育股、基层工作股3个机构。1990年9月，增设政工股。1993年9月，市公证处崇安接待站改为市公证处崇安公证办事处。1996年1月，内设机构撤股改科。1998年，增设法律援助科，对外称崇安区法律援助中心，负责审查、受理、组织和办理全区法律援助案件，解决社会弱势群体打官司难、请律师难问题。2002年，机构改革后，办公室与政工科合并，办公室内设政工科；增设律师管理科，与法律援助科实行一套班子、两块牌子。2005年，内设办公室（政工科）、法制宣传教育科、律师管理科（法律援助科）、基层工作科（社区矫正工作科）4个机构，编制33人。另有市公证处崇安公证办事处、无锡崇安律师事务所、无锡景明律师事务所、无锡恒茂律师事务所、无锡恒丰法律服务所和无锡市广益法律服务所6个隶属单位，有公证人员1人，注册律师41人（其中高级律师2人、中级律师1人、初级律师10人、一般执业律师28人），注册法律工作者9人。1986~2005年，历任区司法局局长有：李福根、陆凤鸣、蒋林法、庞鹰、刘洪元、吴红武。

第二节　普法教育

1986~2005年，根据中共中央和市委的统一部署，结合崇安区实际，确定重点，制定计划，先后开展“一五”“二五”“三五”“四五”4个五年普法教育，通过举办培训班、法律法规知识竞赛等多种形式，加强法制宣传教育，推进依法治区。

【“一五”普法】

1986~1990年，实施第一个五年普法教育。1986年，区委批转区司法局、宣传部《关于在全区公民中普及法律常识的联合报告》，区人大常委会审议通过区司法局制定的“一五”普法规划，区成立以区委副书记为组长，区人大常委会副主任、副区长为副组长，各执法部门主要负责人为成员的普法领导小组，各街道相应成立普法领导小组，分层次、分阶段，采取不同方式开展以《中华人民共和国宪法》为核心的“九法一例”（《 中华人民共和国宪法》《中华人民共和国刑法》《中华人民共和国刑事诉讼法》《中华人民共和国民法通则》《中华人民共和国民事诉讼法》《中华人民共和国义务教育法》《中华人民共和国继承法》《中华人民共和国婚姻法》《中华人民共和国兵役法》《中华人民共和国治安管理处罚条例》）教育活动，重点对象是领导干部和青少年。其间，先后举办普法骨干培训班11期，培训普法教员987人次，发放普法教材2.13万余册，举办“百题万户”普法知识竞赛3次。全区参加普法教育3.26万人，普及率93%，其中干部普及率98.9%，单位职工普及率93.9%，地区居民普及率92.1%，均超过市规定普及标准，区荣获江苏省“一五”普法先进集体。

【“二五”普法】

1991~1995年，实施第二个五年普法教育。1991年4月，区人大常委会审议通过区普法领导小组拟定的“二五”普法规划。“二五”普法以宪法为核心，以专业法为重点。普法主管机关和有关职能部门紧密配合，围绕《中华人民共和国宪法》、“六法一例”（《中华人民共和国公司法》《中华人民共和国消费者权益保护法》《中华人民共和国反不正当竞争法》《中华人民共和国产品质量法》《中华人民共和国税收征收管理法》《中华人民共和国个人所得税法》《中华人民共和国企业劳动争议处理条例》）等50余部法律法规，突出抓好领导干部、青少年、流动人口的法制宣传教育。区四套领导班子带头学法，区委中心组安排专题学法13次，围绕14部法律法规，请法学专家讲课。各部门、单位除学习统一规定的22部法律外，还根据行业、单位特点选学专业法18部。其间，全区共举办各类培训班270期，参学人数1.8万人次，其中经营管理人员学习班21期，参学人数2394人次；举办演讲会924场、普法知识竞赛75场、普法文艺演出114场；放映普法录像488场。此外，还组织青少年普法知识竞赛、普法夏令营等形式多样的法制宣传教育活动。全区参加普法教育3.77万人，普及率达94.3%。

【“三五”普法】

1996~2000年，实施第三个五年普法教育。“三五”普法教育的重点对象是科级以上领导干部（含机关干部）、经济管理人员、司法人员、行政执法人员、企业经营管理人员、青少年、外来务工人员。强调普法教育与法制实践结合，法制宣传与依法治理并举，按干部、群众、学生、企事业单位职工、外来人员5个层面分层次、分系统进行普法教育，涉及各类法律法规55部。领导干部学习的重点内容为《中华人民共和国宪法》《中华人民共和国土地管理法》《中华人民共和国合同法》，企事业法人代表和经营管理人员学习的重点内容为《中华人民共和国合同法》《中华人民共和国反不正当竞争法》《中华人民共和国商标法》《中华人民共和国担保法》《中华人民共和国消防法》；青少年学生学习的重点内容为《中华人民共和国预防青少年犯罪法》《中华人民共和国治安管理处罚条例》《中华人民共和国义务教育法》；机关行政执法人员学习的重点内容为《中华人民共和国行政诉讼法》《中华人民共和国行政处罚法》《中华人民共和国国家赔偿法》等。1998年，区委、区人大常委会及时作出全面推进依法治区工作的决定，区普法领导小组调整为由区委书记任组长的普法暨依法治区领导小组，下设办公室，由区人大常委会副主任兼任办公室主任、区司法局长兼任常务副主任，办公室设在区司法局。各街道相应成立普法暨依法治街道领导小组，由一把手亲自抓。牢牢抓住各级领导干部严格执法、依法行政这一中心环节，加强基层依法治理工作，组织街道、居委和厂企单位开展依法治理达标活动，各街道、各单位对照依法治理达标要求，落实责任，全面推进。1999年，积极推进行政执法责任制和错案追究制，在制度建设、规范运作、检查落实等方面加大依法治区的力度和深度，初步形成以法制教育为基础，以行政执法、公正司法为重点的依法治理总体框架。“三五”普法期间，举办机关干部学法讲座11次，参加学习3000余人次，法律知识讲座276场次，参加学习2.99万人次；组织干部学法考试5次（含公务员过渡性培训考试），合格率为100%，法律知识考试10次，参考8.52万人次，合格率93%；发放各类普法教材60.8万余册，宣传资料2.17万份；组织法律知识竞赛63次，参加竞赛3.15万人次；街头设点咨询41次，接待咨询6549人次。全区参加普法教育7.29万人，普及率93.5%。

【“四五”普法】

2001~2005年，实施第四个五年普法教育。主要目标是全面提高公民特别是领导干部的法律素质，实现由提高全民法律意识向提高全民法律素质的转变，扎实推进地方、行业和基层依法治理，由注重依靠行政手段管理向注重运用法律手段管理转变，全面提高全社会法制化管理水平，坚持普治并举、整体推进原则，将普法工作向广度拓展，向深度推进。2001年，中共中央、国务院确定12月4日为全国法制宣传日，区结合每年法制宣传主题，开展宣传活动。是年，区人大常委会审议通过“四五”普法规划，2002年，区又下发《崇安区街道社区依法治理工作实施意见》，并在崇安寺街道试点，2003年全区推广，基本形成“街道党工委领导、办事处组织实施、司法行政部门指导检查、社区各单位密切配合、居民群众共同参与”的基层依法治理运行机制。其间，全区组织普法讲座1500余场，听课17万余人次；普法知识竞赛53场，参加1.6万余人次；自编印发法制宣传材料21种6.5万余份，征订发放普法教材28种4万余册，其中领导干部学法教材10种1500余册。是年，组织律师事务所、法律服务所与各街道结对，开展“法律服务进社区、共建平安家园”活动，定期组织法律咨询、法制讲座和法律法规宣传活动；向社区居民发放“法律服务卡”6万余张。同年3月，区委组织部、宣传部、党校、区普法暨依法治区领导小组办公室、区司法局五部门联合下发《关于领导干部法律知识学习培训的实施意见》，明确全区领导干部“四五”普法培训的要求，采取党校培训、党委（党组）中心组学习和自学相结合的方式，分期分批对机关干部进行法律知识和世界贸易组织知识培训25次，参学2000余人次；进行公务员法律知识培训8次，参学2500余人次。区四套班子领导除参加机关干部学法外，每年还组织不少于2次的专业法讲座。组织企业经营管理人员培训8期，学习《中华人民共和国合同法》《中华人民共和国劳动法》《中华人民共和国安全生产法》等专业法以及税收法规，轮训1000余人次。并在各小学配备法制副校长，专门负责青少年法制教育，举办法律知识讲座180场，听课5.6万余人次。2005年4月，结合“四五”普法教育，全面启动法治崇安建设。区下发《2005年度法治崇安建设工作要点》，出台《关于开展创建民主法治社区活动的意见》和考评办法、考评标准，发放法治崇安建设宣传材料3000余份，《今日崇安》开辟专栏，刊登法治崇安建设专题文章，在社区法制宣传栏宣传法治崇安建设。是年7月，崇宁路小学举办由在校学生、家长代表、法制辅导员及教师参加的互动式法制教育活动，通过校园网在全区小学直播，组织专家点评，还观看法制教育片和学生自编自演的法制小品。街道与地区外来人口“两集中”单位共同创办法制学校，举办法制讲座480场次，听课5万余人次，向外来人员发放学法教材2.7万余册，外来人员法制教育覆盖面达80%。“四五”普法期间，全区参加普法教育8.9万人，普及率97.8%。有4个社区建成省级民主法治社区，8个社区建成市级民主法治社区。

区在城中公园开展第二个全国法制宣传日法律咨询活动（2002）
（区司法局供稿）

第三节　人民调解

80年代后，基层调解组织逐步恢复。街道地区普遍建立街道调解领导小组、居委会调解委员会，居民小组有调解员。贯彻“调防结合、预防为主”的方针，以防止民间纠纷激化转为刑事案件、防止民间纠纷引起非正常死亡为重点，做好人民调解工作。90年代后，邻里纠纷上升为各类矛盾的首位，人民调解工作以防止民间矛盾激化、维护社会稳定为重点，充分发挥人民调解的第一道防线作用，健全各级调解组织，开展创建标准化调解组织活动。同时，创新人民调解工作，在流动人员聚居区、大型集贸市场建立新型调解组织，整合全社会各方面力量，处理矛盾纠纷，构建“大调解”工作网络。2000年后，贯彻“关口前移”“重心下移”原则，加大“堵源”力度，建立健全纠纷集中排查制度，切实抓好超前防范、信息反馈、疏导调处、跟踪回访四个环节，人民调解工作不断规范强化。1986~2005年，全区调处家庭、邻里、婚姻等各类纠纷2.35万件，调解成功率93.9%，未发生因民间纠纷调解不及时或调解不当而转为刑事案件和非正常死亡事件。

【调解组织】

80年代后，随着社会主义市场经济深入发展和各种利益关系的调整变化，纠纷主体、内容及涉及范围日益多样化、复杂化，调解工作难度加大，原有人民调解工作范围、组织形式、队伍力量等不相适应的问题日趋突出。1986年，全区9个街道均设有1名司法助理员，负责所在街道地区的人民调解等工作。街道地区普遍建立街道调解领导小组、居委调解委员会，居民小组有调解员。1989年，为适应调解职能的扩大，区司法局分设基层工作股，专司基层人民调解工作。1991年，在整顿、充实和扩大调解组织的同时，积极探索调解组织标准化建设，提出"六有"标准[①]，定期考核验收，健全机构，逐步做到设施齐备、管理完善、协调发展。至1997年，全区83个社区全部建成标准化调解委员会，92%的辖区单位建成标准化调解委员会。全区形成由司法行政机关统一指导管理、上下对口、条块结合的人民调解组织体系和工作机制。1998年，区司法部门提出"大调解、大服务"的工作思路，在巩固和发展调解组织标准化建设的同时，在全市率先探索在外来人口聚居地建立调解组织。1999年，在周山浜集贸市场进行试点，建立调解委员会，调解工作向矛盾纠纷多发的集贸市场延伸，区司法和工商部门联合出台《关于在全区集贸市场建立调解组织的意见》，并召开现场会在全区推广，形成地区、行业协会、企业共同参与调处民间纠纷"大调解"自治格局。至2000年，全区新增各类新型调解组织26个，新增调解员312人，民间纠纷调解范围大大扩展。是年，调解外来人员和市场经营纠纷421起。2002年8月，全区8个街道建立街道司法所，为区司法局的派出机构，实行司法局与街道办事处双重领导，全面履行法制宣传教育、人民调解、协办公证、法律服务援助、综合治理、社区矫正和刑释解教人员安置帮教等职能。由司法助理员任所长，编制3人。2003年11月，无锡市首家社会矛盾纠纷调处中心在广益镇成立。2004年7月，区成立社会矛盾纠纷调处工作指导委员会，区委分管副书记任主任，分管副区长、政法委员会专职书记及公、检、法、司主要负责人任副主任，区委、区政府有关部门、政法系统有关单位负责人任委员。同时成立区社会矛盾纠纷调处中心，与区信访办公室合署办公，区信访办公室主要负责人任主任，区综治办、公安崇安分局、区司法局及区法院负责人任副主任。6个街道全部建立街道社会矛盾纠纷调处中心，由街道分管领导任主任，街道司法所、信访办和公安派出所等为成员单位，配备专人负责日常工作，负责所在地区社会矛盾纠纷的接访受理、调度和调处督办指导，对突发性群体上访事件、重大疑难纠纷，与相关部门联合调处。迄2005年，全区建有街道社会矛盾纠纷调处中心6个，各类调解组织92个，调解员2031人。

人民调解促和谐（2005）　　（区司法局供稿）

2005年崇安区街道地区调解组织情况一览表

表20-4-1　　单位：个、人

街道	调委会				调解员		
	合计	社居委	辖区单位	村委	合计	辖区单位	社居委、村委
广益	27	—	19	8	563	170	393
崇安寺	20	10	10	—	354	125	229
通江	16	6	10	—	369	188	181
上马墩	12	5	7	—	320	117	203
广瑞路	9	6	3	—	255	115	140
江海	8	7	1	—	170	8	162
总计	92	34	50	8	2031	723	1308

说明：上述资料由区司法局提供。

①"六有"标准：有班子，健全的调委会一班人和调解信息网络；有房子，固定的接待和办公用房；有牌子，全区统一定制；有章子，印章；有本子，统一的综合台账和有一套上墙的规章制度。

【主要工作】

1986年后，坚持贯彻“调防结合，预防为主”的方针，以防止民间纠纷激化转为刑事案件、防止民间纠纷引起非正常死亡为重点，做好人民调解工作。1987年6月，为增强调解工作及时性，区司法局在全区推广工运桥街道建立“十户联防点”的经验，每10户居民设1名联络员，及时了解和反馈民间矛盾纠纷信息动态，协助居民小组长和调解员做好调解工作。同时，推广亭子桥街道“调解小组承包责任制”，落实基层调解责任，做到早发现、早预防、早调处，将纠纷消灭在萌芽状态。是年，成功调处县前街39号陈某因第三者插足导致陈妻上吊自尽获救，避免1起民事转非正常死亡事件。1988年，崇安街道县前街居委调解主任徐雪影被司法部评为全国防民事纠纷激化工作先进个人。1990年，人民调解本着“稳定压倒一切”的指导思想，以防激化为重点，积极参与社会治安综合治理工作，充分发挥人民调解的第一道防线作用，为有效防止民间纠纷激化，发挥各有关部门联动作战能力，整合调解资源，是年，推广学前街街道建立地区调解指导管理委员会的经验，各街道均建立由街道分管领导牵头，司法助理员、公安派出所长、区法院审判员及辖区规模较大单位的调解主任组成的地区调解组织，定期分析研究重大疑难纠纷，协同做好调解工作。同年，成功调处复兴路街道东大街居委某男非法同居生子，同居女子病故后，引发该男子及其家属、已故女子娘家人、已成年非婚生子女三方争夺遗产纠纷，就遗产分割达成协议，避免一场涉及几十人的流血事件。2000年后，人民调解贯彻“关口前移”“重心下移”原则，坚持分级负责，归口调处，加大“堵源”力度，区、街两级调处中心积极参与全区重大项目前期稳定疏导和重大疑难纠纷调处工作。2004~2005年，区、街两级调处中心调处重大疑难纠纷306件，调处成功299件，调处成功率97.71%。其间，成功调处崇安寺街道开办的服装市场改造拆迁中市场主办方与18家经营户的纠纷，避免一起群体事件的扩大。各级调解组织在调处矛盾纠纷过程中，严格遵守自愿调解的工作原则，对于少数当事人不愿调解或调解无法达成协议的纠纷，积极引导当事人通过诉讼解决。2004年，区法院与区司法局联合出台有关诉前、诉中、诉后阶段诉讼与调解衔接的具体规定，发挥“大调解”和法院在化解人民内部矛盾中的职能作用。1986~2005年，调解处理各类纠纷2.35万件，以家庭、邻里、婚姻纠纷居多，调解率99.2%，调解成功率达93.9%。其中，294件恶性纠纷，经各级调解组织调解达成和解协议的253件，转为诉讼案件的41件，未发生因民间纠纷调解不及时或调解不当而转为刑事案件和非正常死亡事件。

1986～2005年崇安区纠纷调处情况一览表

表20-4-2　　单位：件、%

年份	纠纷总数	调解率	调解成功率	纠纷类型									恶性纠纷数		
				婚姻	继承	赡抚养	家庭	房屋宅基地	生产经营	邻里	损害赔偿	其他	发生数	调处数	民转刑民转非
1986	1183	97	91	159	20	21	405	65	11	358	28	116	25	25	无
1987	1154	98.80	85.70	189	16	23	402	62	9	349	26	78	40	40	无
1988	853	96	82.60	153	5	12	259	61	6	299	20	38	8	8	无
1989	1053	97	88.20	166	18	9	343	51	2	356	35	73	38	38	无
1990	1692	98	95.50	273	15	15	633	58	7	559	29	103	39	39	无
1991	1625	100	96	267	20	22	549	61	5	537	54	110	20	20	无
1992	1260	100	94	137	5	14	455	33	13	507	28	68	12	12	无
1993	1135	100	97.10	106	8	11	411	29	8	451	41	70	10	10	无
1994	1012	100	94.50	98	11	9	388	21	5	378	35	67	9	9	无
1995	1098	100	95.40	205	15	53	283	40	17	383	22	80	10	10	无
1996	1099	100	95.20	249	74	81	270	25	3	319	13	65	1	1	无
1997	1132	100	96.30	225	137	84	177	40	21	283	44	121	14	14	无

续表20-4-2

年份	纠纷总数	调解率	调解成功率	纠纷类型									恶性纠纷数		
				婚姻	继承	赡抚养	家庭	房屋宅基地	生产经营	邻里	损害赔偿	其他	发生数	调处数	民转刑民转非
1998	1187	100	96.40	224	118	132	191	14	4	218	98	188	8	8	无
1999	1209	100	95.80	191	88	100	239	7	2	269	100	213	4	4	无
2000	1274	100	96.20	215	51	36	232	9	19	314	78	320	3	3	无
2001	1294	100	97.80	198	68	44	312	11	28	361	101	171	15	15	无
2002	1173	98	96.40	201	43	52	292	17	31	314	89	134	15	15	无
2003	1170	99	97.10	193	46	29	181	19	32	350	46	274	14	14	无
2004	943	100	97.90	103	36	45	165	19	28	321	41	185	6	6	无
2005	1153	100	97.60	202	23	54	252	25	30	321	45	201	3	3	无

说明：上述资料由区司法局提供。

第四节　安置帮教与社区矫正

崇安区安置帮教与社区矫正工作主要由区司法行政部门负责。1997年，启动刑释解教人员安置帮教工作，根据出狱必接、监所必访、户口必报、有困难必帮、情况必知、重点对象必控“六必”的要求，建立健全区、街道、居委会三级帮教网络，完善各项工作制度，发展帮教志愿者队伍，整合各方力量，共同做好安置帮教工作。1998~2005年，全区安置刑释解教人员687人，安置率达81.01%。

与此同时，2005年起，又启动对被判处管制、被宣告缓刑、被裁定假释、被剥夺政治权利并在社会上服刑、被暂予监外执行等5种人员的社区矫正工作。2005年，全区在册矫正对象76人，期满解除矫正2人。

【安置帮教】

90年代后，区把做好刑满释放或者解除劳教三年之内、没有生活出路和有重新犯罪倾向人员的安置帮教作为重点工作。1997年9月，区成立刑释解教人员安置帮教工作领导小组，负责指导、协调和组织有关部门和单位做好刑释解教人员的安置帮教工作。由区委副书记、政法委书记任组长，分管副区长、区政法委专职副书记、公安崇安分局局长、区司法局局长任副组长，区综治办、公安、检察、法院、司法和区民政、财政、劳动、工商、工会、团委、妇联等13个部门负责人为成员。下设办公室，设在区司法局内，由区司法局局长兼任办公室主任。各街道相应建立由主要领导挂帅的领导小组，成立由街道司法助理员负责的安置帮教工作站。各居委成立由党支部书记和调解治保主任组成的安置帮教小组，全区形成三级安置帮教网络。1998年4月，区安置帮教办公室对前三年的刑释解教人员进行全面调查摸底，建立各项登记台帐和工作制度。是年，37名刑释解教人员安置就业13人，安置率35.14%；结对帮教37人，帮教率100%。2001年，重点推进安置帮教规范化建设，推广通江街道陈白头巷社居委安置帮教工作经验，对每个安置帮教对象实行“引导、帮扶、教育、管理”，做到“四个一”（建一本台账、见一次面、办一件实事、每季度考核一次）。是年，151名刑释解教人员安置就业113人，安置率74.83%；结对帮教149人，帮教率98.68%。2002年后，各街道社居委安置帮教志愿者队伍逐步扩大。同时，区帮教工作向无锡监狱和江苏省句容少管所等监管单位延伸，实行大墙内外联合帮教。2003年，区司法局与无锡监狱签订联合帮教协议，进行长期合作。各街道组织家属共同开展安置帮教工作。对思想稳定、已就业人员实行志愿者“一对一”帮教。对就业困难、思想不稳定人员实行“多对一”重点帮教，鼓励自谋职业，提供就业信息，联系就业岗位，进行就业培训，责成原单位优先安排就业和在街道居委安排临时工作，帮助尽快就业。对已就业且表现好的人员及时撤销帮教。2004年，全区安置帮教志愿者队伍发展到425人。1998~2005年，全区接收刑释解教人员848人，安置就业687人，安置率81.01%；结对帮教836人，帮教率98.58%；撤销帮教287人。

1998～2005年崇安区安置帮教工作情况一览表

表20-4-3 单位：人、%

年份	接收回归			安置		帮教		撤帮人数	重新犯罪率
	刑释人员	解教人员	合计	人数	安置率	人数	帮教率		
1998	21	16	37	26	70	35	95	—	3
1999	39	33	72	51	71	70	97.20	—	2.80
2000	61	49	110	79	72	107	97.30	—	2
2001	83	68	151	113	75	149	98.70	—	1.60
2002	94	72	166	142	85.50	163	98.30	55	1.20
2003	76	50	126	110	87	126	100	75	0.83
2004	51	59	110	97	88	110	100	112	0.22
2005	34	42	76	69	90.70	76	100	45	—

说明：上述资料由区司法局提供。

【社区矫正】

社区矫正工作启动于2005年。2005年前，被判处管制、被宣告缓刑、被裁定假释、被剥夺政治权利并在社会上服刑、被暂予监外执行等5类人员主要由区检察院、区法院负责管理。2005年4月，区下发《崇安区社区矫正工作实施意见》，成立社区矫正工作领导小组，公安崇安分局、区检察院、区法院、区司法局、区民政局、区劳动局、工商崇安分局等部门为成员单位，领导小组办公室设在区司法局，由司法局负责组织管理全区社区矫正工作。各街道、居委建立相应组织，形成区、街道和社居委三级矫正工作网络，街道司法科专职人员负责对社区服刑人员的日常管理工作，包括组织教育学习、公益劳动、志愿者帮教、帮助服务等内容。区编印发放社区矫正知识问答、社区矫正对象须知，建立社区矫正监督协议书、社区矫正对象评审监督表、社区矫正期满鉴定表、矫正方案、接受社区矫正保证书等基础台帐，摸清底数，及时掌握矫正对象现实表现和帮教情况，确保刑罚顺利实施。2005年，全区有社区矫正工作对象78人，期满解除矫正2人，在册矫正对象76人。有矫正工作者127人，矫正工作志愿者146人。

第五节　律师管理

1987年，全区仅有公办律师事务所1家，律师8人。随着社会发展和法制普及，全区律师事务所不断发展，律师不断增加。1986~2005年，区属律师事务所共办理刑事、民事、经济、行政、非诉等各类案件1.18万件，同时参加法制宣传教育等相关活动，为推动社会和谐稳定发挥重要作用。2005年，辖区律师事务所发展到31家，其中区属3家，有律师41人。恒丰律师事务所主任吴建新是国内首批执业律师，其代理的南市桥巷18号房屋搬迁一案，曾被市作为“规范审理”的样板，多次被评为省司法行政系统先进工作者、市律师标兵，在1997年全国司法行政系统组织开展的“十岗千优”评选活动中，获“全国优秀律师”称号。

【律师事务所】

1987年3月，成立崇安区律师事务所，其前身为1985年3月成立的区法律顾问处，人员编制8人。1988年，实行承包责任制。1994年，成立无锡南方经济律师事务所，为合作制律师事务所，实行效益浮动工资制。1996年，崇安区律师事务所更名为无锡恒丰律师事务所，无锡南方经济律师事务所更名为无锡宝光律师事务所。1997年，成立无锡众仁律师事务所，2000年后更名为无锡景明律师事务所，为合作制律师事务所。2000年10月，恒丰律师事务所改制，其人员、财务、业务等与区司法局脱钩，不再具有事业单位性质，实行自主管理、自担风险、自我约束、自我发展的运行机制，更名为无锡崇安律师事务所。2001年4月，宝光律师事务所注销。2003年4月，原市属的无锡恒茂律师事务所划归崇安区管理。迄2005年，全区有崇安、景明、恒茂律师事务所3家，均为合作制性质，有律师41人。此外，辖区有律师事务所28家，均为合作或合伙体制。

2005年崇安区区属律师事务所情况一览表

表20－4－4

名　称	地　址	成立日期	成立时人数	2005年底人数
崇安律师事务所	县前街82号	1985.03	6人（其中律师5人，其他人员1人）	25人（其中律师23人，其他人员2人）
景明律师事务所	后西溪66号四楼	1997.06	6人（其中律师4人，其他人员2人）	12人（其中律师10人，其他人员2人）
恒茂律师事务所	昇平巷28号1903室	1995.08	7人（其中律师4人，其他人员3人）	9人（其中律师8人，其他人员1人）

说明：上述资料由区司法局提供。

【业务活动】

90年代后，区属律师事务所为国家机关、社会团体、企事业单位及其他组织和公民个人办理的法律事务日趋增多，除提供法律咨询外，还担任法律顾问，进行刑事辩护、民事代理、代写法律文书和非诉讼法律事务等。1988年，崇安区律师事务所律师吴红华在一起涉嫌贪污罪的刑事案件辩护中，经多方调查和翻阅大量资料，认为不构成贪污罪，在法庭上作无罪辩护，经一审、二审并发回重审，最终被告人在被关押1年零2个月后无罪释放。90年代后，各律师事务所依法为民解忧的服务意识不断增强，业务不断拓展。1995年，南方经济律师事务所在全市率先推出家庭法律顾问业务。是年10月，又向全市作出免费提供法律咨询、免费代书法律事务文书、优先优惠代理老年人参与诉讼、对行动不便的老年人上门服务等4项护老法律援助承诺，开通“998891918”护老法律咨询热线，并于每年“九九”敬老日上街设点开展义务法律咨询活动。2003年5月，区政府成立法律顾问团，为每个区级党政领导聘请1名法律顾问，并通过顾问团会议，参与全区重大经济项目和重大涉外事务决策的论证。1986~2005年，区属律师事务所律师共代理各类刑事案件1783件、民事案件5464件、经济案件3558件，代写法律文书6407份，接待各类法律咨询1.33万人次，担任常年法律顾问的企业由1986年6家增加到2005年142家。

1986～2005年崇安区区属律师事务所律师业务情况一览表

表20－4－5　　单位：家、件、万元、人次

年份	法律顾问单位	刑事	民事		经济		行政	非诉	代书	收回欠款	接待
			起诉	标的	起诉	标的					
1986	6	65	108	73.50	42	701	—	—	189	39	353
1987	12	42	143	79	56	810	—	12	212	107	342
1988	26	73	211	60	60	887	—	—	222	134.90	386
1989	43	79	174	81.90	67	981	—	10	211	750	1080
1990	41	100	109	97	110	1011	—	11	306	956	306
1991	75	97	268	99	107	1040	1	42	261	1320	315
1992	72	91	261	105	102	1053	2	41	250	1530	283

续表20-4-5

年份	法律顾问单位	刑事	民事		经济		行政	非诉	代书	收回欠款	接待
			起诉	标的	起诉	标的					
1993	87	134	359	115	123	1132	2	64	103	3270	956
1994	107	110	210	126.20	236	1697	1	26	192	1510	1010
1995	98	103	207	191.60	221	1533	2	28	567	2320	978
1996	89	99	215	453.80	207	1483.20	3	23	533	2550	836
1997	124	110	172	297.90	285	7779.90	2	116	382	5287.94	543
1998	115	113	367	329.57	365	3054.97	2	250	565	1620	695
1999	126	97	399	321.58	296	3051.33	4	28	560	2349.62	683
2000	126	69	325	441.27	214	3058.90	8	109	240	1268	535
2001	101	94	562	503.80	119	2655	4	4	133	1605	456
2002	119	107	331	1311	257	2753	5	28	337	9480	651
2003	151	78	375	1608	233	3372	9	69	113	820	736
2004	144	70	350	2355	240	3020	2	78	496	2920	976
2005	142	52	318	5221	218	6570	2	103	535	5499	1147

说明：上述资料由区司法局提供。

第六节　法律服务与法律援助

90年代前，全区法律服务工作主要由各街道法律服务所承担，按照“面向社区、面向基层、面向群众”的要求，为地区居民提供收费低廉、便捷的法律服务。90年代后，为维护弱势群体的合法权益，区、街道两级又相继建立法律援助机构，形成条块结合、各方配合的法律援助机制，法律服务与援助全面推进。1997~2005年，区法律援助中心办理法律援助案件225件，其中，民事案件142件、刑事辩护83件。与此同时，随着改革开放深化和经济发展，辖区公证业务量快速增长。仅2001~2005年，崇安公证办事处办理公证780件，为1989~2000年总数的1.34倍。

【街道法律服务所】

1987年3月，复兴路街道成立司法办公室，为全市第一家街道法律服务机构，有法律工作者3人，面向社会开展法律服务，承担民事、经济案件诉讼代理，法律事务文书代写，担任法律顾问等部分律师业务。是年，协助街办企业清理应收款并收回30多万元，接受企业委托诉讼收回2.3万余元，代写法律事务文书15份，担任常年法律顾问4家，调解疑难民事纠纷12起，参与街办企业对外谈判3次，为企业审查并修改经济合同10份，成为街办企业依法经营和基层依法治理的重要帮手。1988年，复兴路街道司法办公室改称法律服务所。是年，周山浜、亭子桥、人民路、崇安、工运桥、上马墩街道法律服务所相继成立，区司法局下发《崇安区法律服务所工作制度》，统一规范全区街道法律服务所岗位责任、财务管理、档案管理、例会学习、接待来访、案件受理审批等工作。1989年4月，周山浜街道法律服务所在一起涉及34万辆永久牌电动自行车装配承揽合同的谈判中，提出变更担保方式的建议，及时揭穿对方利用虚假合同牟利的骗局，避免街办企业8万元的经济损失。1992年，江海、广瑞路街道法律服务所成立，1993年4月，学前街街道法律服务所成立。至此，全区所有街道均建有法律服务所。是年，全区街道法律服务所担任企业法律顾问从1987年4家发展到88家。1988~1993年，共代理民事案件诉讼823件、经济案件诉讼343件，代书法律事务文书975件，代理非诉讼调解168件，参与民间纠纷调解995起，接待各类法律咨询2061人次，为街道企业收回应收款1247.87万元。并通过参与对外谈判、审查经济合同等及时发现和纠正不规范经营行为，避免街道大量潜在的经济损失。1994年后，各街道法律服务所人员相继分流，为此，区司法局统一筹建集体事业性质的崇安中心法律服务所，编制10人。1999年，更名为区晨光法律服务所。2001年3月，8个街道法律服务所正式撤销。2002年2月，晨光法律服务所改制，与区司法局脱钩，3月更名为区恒丰法律服务所。是年，广益法律服务所划归崇安区，并脱钩改制。迄2005年，辖区内有恒丰、广益2家合伙制法律服务所。

【法律援助】

1997年起，启动法律援助服务，为无力支付法律服务费用的贫困人员、残疾人、孤寡老人、未成年人等社会弱势群体提供法律援助，执业律师每人每年义务办理法律援助案件不少于1件，由区司法局受理后直接指派律师事务所安排办理。是年，共办理各类援助案件12件，免收代理费近6万元。1998年11月，崇安区法律援助中心成立后，由中心履行全区法律援助工作的组织、管理、指导、协调和监督职能，统一受理法律援助申请，统一审查申请援助的标准条件，统一指派法律服务人员承办援助事项，统一监督检查法律援助事项的进展情况和质量，并配有3名律师。1999年8月，开通“1605148”法律咨询服务热线，并与市“148”热线联通，安排专人值班接受公民的电话咨询和法律求助。是年，接受电话咨询163人次，来访咨询34人次，解答疑难法律问题52个，转为法律援助案件3起。2000年，“1605148”法律咨询服务热线归并到市“148”热线。各街道成立以司法助理员为站长的法律援助工作站，负责所在地区法律援助申请初审及相关工作，形成区、街两级法律援助工作网络。是年7月，区维护国防利益和军人军属合法权益法律服务中心成立，至年底，为3名军人提供法律援助。2002年12月，区妇女儿童权益法律援助站成立，设于区妇女联合会。2003年，又先后成立区残疾人法律援助站和老年人法律援助站，分别设于残疾人联合会和老龄委，全区形成条块结合、各方协调的法律援助机制。2005年，区法律援助中心推进规范化建设，开辟50平方米的法律援助服务场所，并配备照相机、摄像机等器材，硬件设施得到明显改善。与此同时，将法律援助申请范围、援助条件、受援人权利和义务、办案流程、监督电话、工作人员名单上墙公示，设立意见投诉箱，内部管理得到进一步加强。1997~2005年，办理法律援助案件225件，其中，民事案件142件、刑事辩护83件，有效维护社会弱势群体的合法权益。

法律援助（2005）　　（区司法局供稿）

1997～2005年崇安区法律援助案件情况一览表

表20-4-6　　单位：件

年份	刑事	民事	合计
1997	9	3	12
1998	8	6	14
1999	13	2	15
2000	14	4	18
2001	17	3	20
2002	7	14	21
2003	4	36	40
2004	4	36	40
2005	7	38	45
总计	83	142	225

说明：上述资料由区司法局提供。

【公　证】

崇安区公证工作始于1988年。是年12月，无锡市公证处在区设立崇安公证接待站。办理国内民事公证、国内经济公证，根据自然人、法人或其他组织的申请，依照法律程序，对民事行为、有法律意义的事实和文书的真实性、合法性予以证明。1989年，办理各类公证52件，其中，经济公证5件，避免经济损失35万元。民事公证主要涉及收养子女、遗嘱、财产继承、房屋买卖、房屋租赁等。是年，为一名弥留之际当事人的真实意愿及时办理遗嘱公证，当公证书送达时，遗嘱人已离开人世。1993年9月崇安公证接待站改为办事处后，配公证人员1人，办理社会公证业务，并负责管理全区公证业务。各街道司法助理员为公证联络员，协助做好公证前期工作。1994年始，公证工作配合全区企业转改制，重点拓展经济公证。是年，办理经济公证9件，其中，为工运路街道企业承包、租赁经营办理公证，涉及标的100多万元。1995年，为崇安合作银行贷款业务办理金融公证，涉及标的170万元，确保崇安合作银行顺利转制。2000年后，公证工作主动为市区经济建设、重点工程服务，配合大规模城市改造，办理工程项目合作开发、招投标及施工承包合同、改造资金筹集、动拆迁等新型公证工作。是年，办理各类公证85件，其中，绝大多数是拆迁房屋赠予公证。2001年后，公证业务快速增长。是年，公证业务量增加到210件，其中，国内民事公证188件，占89.52%。2002年，广益镇归属后，为保障拆迁工作的顺利进行，对该地区农民房屋赠予公证实行特殊的最低收费标准，公证员每周定期到现场接待办证，方便农民。1989~2005年，办理公证1360件，其中，民事公证1136件，经济公证224件。

1989～2005年崇安区公证工作情况一览表

表20-4-7　　　　单位：件

年　份	国内民事公证	国内经济公证	合　计
1989	45	7	52
1990	48	5	53
1991	30	8	38
1992	32	8	40
1993	30	7	37
1994	40	9	49
1995	24	11	35
1996	35	10	45
1997	37	8	45
1998	37	9	46
1999	42	13	55
2000	70	15	85
2001	188	22	210
2002	123	28	151
2003	143	27	170
2004	110	20	130
2005	102	17	119

说明：上述资料由区司法局提供。

第二十一编

武　装

无锡在近现代国内战争和抵御外国帝国主义侵略的战争中，是江南地区沪宁一线军事攻占防守的重要城市之一。位于无锡市中心的崇安区，历来是设驻指挥机关和屯驻军队的要地。新中国成立后，崇安区为无锡市党政机关所在地，全市政治、经济、文化中心和水陆交通枢纽，区境内有多个防空重要目标，是无锡防务重点区域，军事工作历来为区政府高度重视。1959年，成立区人民武装部（以下简称区人武部）。80年代后，辖区单位相继成立人武部，各街道设置人武干事，形成纵向到街道、横向到企事业单位的军事工作体系。各级民兵组织认真贯彻落实《中华人民共和国兵役法》，按照民兵工作组织、政治、军事“三落实”要求，结合崇安区的特点，加强基层民兵单位组织建设，扎实开展军事训练、战备执勤、治安保卫、反恐演习、抢险救灾等多项战备工作，不断提高和增强平战结合能力。1996年，各街道先后成立人武部。此外，区、街道和辖区内企事业单位在80年代广泛开展军民共建社会主义精神文明的基础上，还开展以拥军优属、拥政爱民“双拥”为主要形式的军民共建活动，为社会主义经济建设和精神文明建设作出不懈努力。1993年、1999年、2005年，崇安区先后获得“江苏省拥军优属模范区”“全国爱心献功臣行动先进区”“江苏省双拥模范城区”荣誉称号。

第一章 武装机构

1952年12月，成立区人民武装委员会，由区委、区政府有关部门以及工、青、妇等群众团体负责人组成，是区委领导民兵工作的协调机构。1959年4月，成立区人武部，为地方建制，是中共崇安区委的军事部门、区人民政府的兵役机关、地区的军事领导机关，受无锡军分区和区委、区政府双重领导。1961年1月，改归军队建制。“文化大革命”期间，组织瘫痪。1978年11月，恢复建立区人民武装委员会，由区委书记或副书记任主任，区人武部为区人民武装委员会的办事机构。区人民武装委员会根据上级党委和军事机关有关民兵建设的各项方针、政策和指示，结合崇安区的实际情况，研究解决民兵工作中的重大问题；贯彻有关兵员动员和转业、复员、退伍战士安置工作中的方针政策；协调统一党、政、军、群各部门的行动，对民兵工作实行齐抓共管，督促落实和保障民兵工作组织、计划、决议及各项工作任务的完成。1981年6月，区人武部再次恢复地方建制。1983年4月，又改为军队建制，为正团级单位，隶属无锡军分区领导。1986年6月，区人武部改为地方建制，为副县（区）级单位，受无锡军分区和区委、区政府双重领导。是年，全区有区人武部等武装机构20个，其中，辖区单位人武部19个。1996年，各街道先后成立街道人武部，形成区、街道、辖区单位三级武装机构体系。2005年，有武装机构23个，其中，辖区单位人武部16个、街道人武部6个。

第一节 区人民武装部

1986年，区人武部改为地方建制后，区人武部党委第一书记由区委书记兼任，党委书记和副书记分别由区人武部政委和部长担任，区人武部政委为区委常委。内设军事、政工2个科和后勤办公室，编制15人。1996年2月，区人武部收归军队建制，为正团级单位，内设机构未变，部队编制11人，地方编制3人。迄2005年未变。

区人武部主要职能为负责征兵工作并配合有关部门做好现役军人转业、复员、退役后的安置和烈军属的优抚工作；全区民兵、预备役人员的登记、管理；民兵组织建设和武器装备管理；民兵、预备役人员的军事训练和政治教育；组织并带领民兵完成战备、执勤任务；参加地区“两个文明”建设；协助区教育部门对在校中小学生实施军训；拟制本区域战时动员计划，会同有关部门做好战时动员准备工作；对专职人武干部的管理；组织开展全民国防教育等。1986～2005年，区人武部机关一直驻在崇安区机关大院内。

1986～2005年崇安区人武部部长、政委任职情况一览表

表21-1-1

职　务	姓　名	性　别	任职年月	备　注
部　长	高　琰	男	1983.07～1986.06	部队编制
副部长	夏长柏	男	1985.12～1986.06	部队编制
政　委	黄正新	男	1983.04～1986.06	部队编制
部　长	高　琰	男	1986.07～1996.03	地方编制
副部长	夏建设	男	1995.04～1996.03	地方编制
政　委	黄正新	男	1986.07～1996.03	地方编制
部　长	徐锡其	男	1996.03～1997.07	部队编制

续表21-1-1

职务	姓名	性别	任职年月	备注
政委	夏建设	男	1996.04~2000.04	部队编制
副部长	余佑康	男	1996.04~1998.03	部队编制
部长	余佑康	男	1998.03~2000.05	部队编制
副部长	马济华	男	1998.03~2000.04	部队编制
部长	姚启明	男	1999.05~2002.04	部队编制
政委	柳元宏	男	2000.04~2002.04	部队编制
部长	柳元宏	男	2002.04~2004.03	部队编制
政委	徐向林	男	2002.04~	部队编制
副部长	王琪	男	2001.04~2003.04	部队编制
部长	业从武	男	2002.04~2004.05	部队编制
副部长	高建忠	男	2003.04~2004.03	部队编制
副部长	虞爱国	男	2005.05~	部队编制
部长	陶有胜	男	2005.04~	部队编制

说明：上述资料由区人武部提供。

【内设机构】

军事科 1986年，为地方正科级建制，设科长1人、参谋3人。1996~2005年，为军队正营级建制，设科长1人、参谋3人。

政工科 1986年，为地方正科级建制，设科长1人、干事1人。1996~2005年，为军队正营级建制，设科长1人、干事1人。

后勤科 1986年，称后勤办公室，为地方正科级建制，设主任1人、秘书1人、助理员1人、职工3人。1996~2005年，称后勤科，为军队正营级建制，设科长1人、助理员1人。

第二节 街道人民武装部

街道人武部的主要职责是负责辖区内兵员征集、动员；民兵的组织、管理；协助区人武部搞好预备役建设；在辖区内开展国防教育等。1988年前，街道无人武机构，人武工作由街道民政科代管。1988年，为适应加强国防后备力量建设的需要，街道人武工作由分管地区工作的副主任分管，并设兼职人武干事，由地区管理科科长兼任。1996年，各街道先后成立街道人武部，作为同级党委的军事工作部门、政府的兵役工作机构，人武部长由街道主任兼任。2001年，街道人武部长实行专职，由街道党政班子一名领导成员任部长。是年，全区有街道人武部8个。2002年广益镇归属后，街道人武部增至9个。2004年4月部分街道撤并后，有街道人武部6个。迄2005年未变。

2005年崇安区各街道人武部情况一览表

表21-1-2

名称	成立日期	地址	备注
崇安寺街道人武部	2004.04	解放西路369号	崇安寺、学前街、人民路3个街道人武部撤并成立
通江街道人武部	2004.04	工艺桥1号	周山浜、工运路2个街道人武部撤并成立
上马墩街道人武部	1996.05	塔影二村29号	—
广瑞路街道人武部	1996.07	广丰三村114号	—
江海街道人武部	1996.03	宁海里113号	—
广益街道人武部	1960.10	江海东路392号	2002年划归崇安区

说明：上述资料由区人武部提供。

第三节　辖区单位人民武装部

企事业单位人武部主要担负本单位民兵组建、训练、管理；协助区人武部搞好本单位兵役工作；在单位内开展国防教育；开展生产劳动竞赛；抢险救灾；以劳养武等，是单位党委、行政的军事工作机构。1986年，辖区企事业单位人武部19个，均为600名职工以上的大中型企事业单位，其中，50%的单位设人武部部长、副部长，其余单位配专兼职人武干事。1996年，辖区单位人武部20个。此后，随着国有企业改革的不断深入，单位合并或迁往外区，民兵单位体制发生较大变化，迄2005年，辖区企事业单位人武部16个，其中，设人武部部长的13个，占81.3%，其他单位设人武干事。

第二章　国防动员

80年代中期，实行“以块为主、条块结合”的人武管理体制后，国防动员对象由各街道及所属企事业单位扩大到辖区企事业单位。1997年，崇安区国防动员委员会（以下简称区国动委）成立后，国防动员机构、体制进一步健全，工作内容不断充实，从政治动员到物质动员，从人民防空动员到打赢高科技条件下局部战争的科技动员、信息动员；工作任务由国防常规建设延伸到反分裂战备动员。与此同时，国防教育逐步发展成为对全体公民进行的具有特定目的和内容的普及性教育活动，成为国防建设的重要组成部分。

第一节　战争动员

1997年1月，区成立国动委。区委书记冯国鹏任第一主任，区委副书记、区长蒋汉良任主任，分管副区长张浩、人武部部长高琰、人武部政委黄正新任副主任，区委、区政府、区人武部及有关职能部门、群众团体、街道、部分大中型企事业单位的领导为区国动委成员。区国动委主要任务是贯彻中央军委军事战略方针，组织实施辖区内国防动员工作，协调国防动员工作中经济与军事、军队与政府、人力与物力之间的关系，提高和增强平战转换能力。负责对各街道、机关和企事业单位国防动员工作进行业务和综合国防潜力调查的指导。区国动委下设“一组四室”（秘书组和人民武装动员、经济动员、人民防空动员、交通战备动员4个办公室）。是年，完成区国动委工作职责、制度和国防动员预案的制订。2002年5月，秘书组改称综合办公室，新增政治动员、科技动员、信息动员3个办公室，区国动委下设机构增至“八办”。迄2005年未变。

区国动委战时动员指挥演练（2003.6）　（区人武部供稿）

80年代，辖区国防动员工作根据国

务院、中央军委关于“新时期抓好后备兵员储备，加强预备役”的要求，重点加强预备役登记工作。开展军地通用物资、工程机械、医疗救护、后勤保障等动员潜力调查，后逐年实施。并结合各项纪念活动、爱国主义教育，进行政治动员。90年代后，随着形势发展变化，国防动员内容不断赋于新的内涵。区人武部先后举办“政治动员潜力”报告会，制定《政治动员工作指示》《政治动员的决心和建议》，开展以爱国主义、国际主义、革命英雄主义以及人民战争思想、战备形势等方面的国防教育，进行政治动员。1997年，对全区工业、建筑、医疗卫生、物资储备、财政、金融等进行全面调查，完善战时经济动员准备、经济动员潜力评估、做好过境部队军需物资和医疗保障、加强外资企业管理等方案，形成“军民兼容、平战结合”的联合保障体制。与此同时，开展交通潜力调查，摸清辖区车船装备、车辆修理厂（所）、加油站数量和分布情况，加强战时战备物资运输、过境部队车辆维护、军地油料联供、道桥交通管理等保障队伍建设，推行《装备物资平时管理及战时征用暂行规定》，修订和完善交通战备保障方案。1999年，区人武部重新拟制《崇安区战时兵员动员预案》，形成《战时兵员应急动员方案》，包括：兵员动员命令、兵员动员潜力评估报告、迅速收拢民兵预备役人员通知、兵员动员临战训练指示、兵员动员武器装备保障计划、兵员动员物资保障计划、兵员动员输送交接计划等。是年，还根据无锡军分区、无锡人防办要求，编制完成《崇安区防空袭预案》和《防空袭人口疏散预案》。2000年，根据《中华人民共和国国防法》和省、市人民政府以及省军区、无锡军分区的统一部署，对全区国防动员潜力进行核对调查统计，并确定每年补充调查1次。2000年后，科技与信息动员工作不断加强，先后组织对辖区企事业单位科技人员、科技成果、科技信息等情况的调查：包括对辖区战时负担和可能担负的科技参战、科技支前、科技保障任务需要的科技人员、涉及8大类39项内容；对机械、电子、通信、生物、供电、广电、医疗、交通等具有国防潜力的科技成果、科技装备进行备案；明确22个大类235个地方科技专业（岗位）为战时兵员动员对象，并建立6029名军地对口专业技术人员的信息数据库。2001年，全面实施《崇安区国防科技动员工作实施意见》《军地专业对口技术人员编组储备管理办法》《地方科技人员战时动员暂行规定》《科技成果转化管理实施暂行办法》《高科技专业分队工作暂行规定》，区人武部科技与信息动员工作经验在市政府、军分区科技动员大会上推广。2005年，又对防空袭人口疏散预案进行调整完善，确保街道、社居委形成合力，维护保障战时国防潜力和人民生命财产安全。

第二节　国防教育

80年代后，国防教育主要结合各个历史时期的形势和任务，开展爱国主义、国际主义、革命英雄主义及人民战争思想、战备形势、民兵光荣传统等方面的政治教育，后逐步拓展到社会主义新时期基本路线、中国特色社会主义理论、“三个代表”重要思想、科学发展观等方面的教育，其对象由民兵扩大到预备役人员、领导干部和青年学生为主的广大市民、社会各界，国防教育逐步走向制度化、经常化。1997年，崇安区被江苏省全民国防教育委员会评为国防教育先进单位。2005年，区人武部荣获市国防教育委员会颁发的“爱中华、奔小康、强国防”国防教育优秀组织奖。

【全民国防教育】

80~90年代，国防教育把社会主义物质文明和精神文明建设作为政治教育的主要内容，重点进行社会主义新时期基本路线教育，教育民兵成为有理想、有道德、有文化、有纪律的“四有”新人。1987年后，基干民兵政治教育以面授为主，从每季一课改为全年“四课教育”[①]，以《中国民兵》《东

①四课教育：坚定信念、热爱人民、报效国家、献身使命。

海民兵》为教材，以“争当合格民兵”为目标，采取智力竞赛、报告会、文艺会演、习武比赛等多种形式，增强民兵政治教育的知识性、趣味性。1988年，95%以上的基层人武部完成“四课教育”，民兵到课率89.7%。在每年组织的民兵军事训练中，10%以上的时间用于政治理论学习和国防知识教育。90年代，国防教育的对象扩大到党政领导干部、机关干部、预备役人员、单位职工及居民、在校青少年学生5个层面。国防教育课被列入区委党校、干校轮训干部内容，区委、区人大、区政府、区政协领导多次到部队参加“军营一日”体验活动，加强军地联系，增强国防观念。民兵、预备役人员始终是国防教育的重点。1990年5月，举办基干民兵单位领导和人武干部参加的射击竞赛。1992年《江苏省全民国防教育条例》和《无锡市全民国防教育实施细则》颁布后，民兵、预备役人员国防教育进一步深化。组织举办“长城在我心中”“我为国防尽义务”等演讲比赛，增强国防教育的趣味性。是年3月，举办人武干部集训暨国防教育培训班，培训人武干部77名。以后每年4~7月，定期集训人武干部，培养国防教育骨干。1994年4月，聘请市国防教育委员会办公室主任、无锡军分区政治部主任、大校秦长庚到区作“爱我国防”国际形势报告；5月，举办全区“爱我军营”演讲比赛和“尚武杯”国防知识竞赛，1200多人参加；10月，参加市“富昌杯”国防法规知识竞赛，1.1万多人参加。1996年，5个单位参加市“固长城，添新绿”好新闻有奖竞赛活动，1个单位获三等奖。1998年，区人武部荣获市国防教育委员会颁发的“八一·恒通杯”国防法规知识竞赛优秀组织奖。2001年8月第九届全国人大常委会第二十三次会议确定每年9月的第三个星期六为全民国防教育日后，国防教育形式日趋多样，有访问、听讲座、演讲比赛、习武练兵等。每年征兵期间，各街道普遍开展“六个一”[①]活动，“国无防不立”“民无军不安”“忘战必危”的思想深入人心。与此同时，借助新闻媒体宣传全民国防教育活动，1986~2005年，先后被报刊、电台、电视台录用62篇。其中，被中央电视台、江苏电视台、《新华日报》各录用2篇；被《无锡日报》、无锡电台、无锡电视台录用56篇。

民兵国防教育现场（2015）　（区人武部供稿）

【中小学国防教育】

80年代，为加强对青少年的国防教育，各街道会同共建部队，在小学建立“少年军校”、举办“军事夏令营”，组织学生军事训练，开展爱军习武活动等。1986年后，军事训练扩大到辖区大中专院校。90年代，中小学普遍开设国防教育课，接受爱国主义教育，增强组织性纪律性，了解现代战争基本特点，掌握一般军事知识和技术。进入21世纪，军训形式更为灵活多样，每年5至10月间，由学校统一组织学生到共建部队军训，或由部队派军事教员到校军训。2001年起，各学校军事训练增加《中华人民共和国国防法》《中华人民共和国兵役法》《中华人民共和国教育法》等教学内容。2003年后，军训内容从队列训练扩大到军事知识培训，全区每年参加军训学生4000多人。

①六个一：开一次征兵动员会，拉一条过街横幅，出一期黑板报，开一次适龄青年座谈会，选一个点集中宣传，办一次《长城在我心中》演讲比赛。

第三章　兵　役

80年代起，区人武部作为区政府的兵役机关，设有征兵办公室，负责辖区内兵役动员和征召工作。90年代后，以满足现代战争的动员需求为目标，根据《中华人民共和国兵役法》等法律法规的要求，做好兵役登记和预备役部队建设等工作，为部队输送大量优秀青年，确保预备役和现役工作“双落实”。1986~2005年，全区年年完成征兵任务，连续20年无责任性退兵，先后于1997~2000年、2004年5次被无锡市政府、无锡军分区评为征兵工作先进单位。

第一节　预备役

1984年《中华人民共和国兵役法》颁布后，实行民兵与预备役相结合，按照兵役法规定，把基干民兵和经过预备役登记的28周岁及其以下的退伍士兵、经过预备役登记的28周岁以下的专业技术人员编入一类预备役；普通民兵和经过预备役登记的29~35周岁退出现役的士兵以及符合士兵预备役条件的男性公民编入二类预备役。1985年，完成对全区一类预备役（基干民兵）和二类预备役（普通民兵）的登记管理。1991年，预备役登记管理的对象扩大到1988年9月1日后被授予军衔的符合相应年龄规定的转业军官（包括武警）。1992年后，细化转业军官（包括武警）和退伍战士预备役登记、统计和建档工作，建立两套卡片，一套按专业号码、年龄大小顺序分类，一套按单位、专业、年龄分类，预备役资料分门别类，专柜存放。此后，每年对在册预备役对象进行核对，摸清流向和专业变动情况，确保无漏统计、无错统计，统计数与实有数相一致。1997年7月，根据《中华人民共和国预备役军官法》，对辖区内预备役军官进行考核和军衔评授工作，市、区先后举行预备役军官授衔仪式，公布授衔命令，一批转业军官被授予不同级别的军衔。1999年始，对1989年8月以后转业的辖区预备役军官分期分批组织轮训，使预备役军官“召之即来，来之能战”。迄2005年，全区转业军官（包括武警）、退伍战士预备役人员均列入登记管理。

第二节　兵役征集

征兵工作在区委、区政府的统一领导下进行，由区人武部负责实施。80年代后，区成立征兵领导小组，由区政府分管领导以及区人武部、区委宣传部、公安、卫生等有关部门负责人组成。下设征兵办公室，办公室设在区人武部，办理征兵具体事宜。每年征集时间、范围、人数均根据上级兵役机关的命令决定执行。

【兵役登记】

1984年，按照新《中华人民共和国兵役法》规定，每年12月31日以前年满18~35周岁的男性公民，不论民族、种族、职业、家庭出身、宗教信仰和教育程度，进行兵役登记并备案，以后每年核实一次。1987年后，兵役登记工作与确定预征对象结合进行。先由街道按征兵条件初审、目测、文化摸底后择优确定预征对象，报区征兵办核准后发给预征对象通知书。1996年，兵役登记进一步规范。全区兵役登记时间为每年7~9月，9月30日前，各街道对当年12月31日以前年满18~22周岁、具有区常住户籍的或辖区单位的男性公民进行兵役登记、复核和发证工作。此后，崇安区每年都按时对区域内的适龄公民进行兵役登记。

【依法征兵】

1986~1992年，征兵时间先后由冬季征兵改为春季征兵、春冬两季征兵，1993年后，一直为冬季征兵。征兵中严格操作规程，公布廉洁征兵规定，把好文化关、年龄关、身体关、政审关。召开新兵欢送大会，区领导和部队领导给新兵戴大红花、送纪念品，勉励到部队早日立功报喜。在军地双方的共同努力下，兵员质量逐年提高，党团员、高学历入伍新兵所占比例逐年上升。1986~2005年，全区连续20年无责任性退兵。1994~2003年，北京二炮、总参谋部重庆通信学院、上海武警、甘肃武警等11个接兵部队，先后向区赠送“选送优质兵员，共筑绿色长城”“择优征集兵员，输送合格青年”等锦旗。

崇安区青年踊跃报名参军（2002） （区人武部供稿）

文化程度 80年代起，城市应征青年需具有高中文化程度及同等学历，农业户口青年需具有初中以上文化程度。1994年后，鼓励当年大学毕业生报名参军。2000年后，鼓励大专院校学生应征。

年龄要求 1984~1992年，男性为18~20周岁，企事业单位青年职工放宽至21周岁；女性18~19周岁，应届高中毕业生年满17周岁的，本人自愿，也可以征集。1993~2005年，男性为18~20周岁，高中毕业文化程度的青年放宽到21周岁；大专毕业生放宽到22周岁；征集到南京军区部队的大学本科毕业的，放宽到23周岁。

政治条件 80年代前，应征青年必须出身于工人、贫下中农、革命干部、革命军人、革命知识分子及其他劳动人民家庭；本人政治历史清白，品德优良，直系亲属和主要旁系亲属无严重政治历史问题。90年代后，取消阶级成分审查，注重应征青年本人的思想行为表现，强调无犯罪前科和社会恶习。

身体条件 应征青年要求五官端正、无影响外观缺陷、四肢功能齐全，血压、心跳、听力、嗅觉、色觉正常和脏器检查合格，肝功能和乙型肝炎表面抗原呈阴性。1990年后，增加性病检查。1991~2005年，男性身高标准由1990年前的1.6米以上提高到1.62米以上，女性由1.55米以上提高到1.58米以上；男性体重由1990年前的47公斤以上提高到50公斤以上，女性由43公斤以上提高到45公斤以上,规定过于肥胖者为不合格。视力标准不分部队、兵种，左眼裸眼视力4.6以上，右眼裸眼视力4.8以上。

【征集程序】

整个征兵过程分为宣传发动、目测初审、体格检查、政治审查、终审定兵、办理入伍手续和交接新兵、运输新兵7个阶段。宣传发动由区委宣传部负责。目测初审由所在街道、居委会负责进行体格目测、病史调查，并会同所在地公安派出所进行政审初审。征兵体检由区统一组织进行，分为初检和复检。先由街道初检，初检合格的应征青年再送区体检站复检，市体检中心按一定比例抽检。政治审查由公安崇安分局为主，组织初审、复审、联审。终审定兵由区征兵领导小组集体审定，按照择优和地区相对平衡的原则，优先选择文化素质高、德才兼优的青年入伍。被批准入伍的应征青年，由区征兵办公室填发入伍通知书，应征者在规定时间、到指定地点换发军装，区召开欢送新兵大会，军地双方代表签字交接。新兵到达部队后，进行检疫和复审。在此期间，如发现因身体或政治素质不符合条件，不宜在部队服役的，作退兵处理。1986~2005年，从未发生退兵现象。

【退役安置】

1985年，实行"先安置后入伍"的征兵政策，入伍通知书和招工通知书同时发给新入伍青年，工资（优待金）按照同年进厂、同工种工人全年工资、奖金的70%由所在单位发放。义务兵退役后，由原征集的县、市、市辖区的人民政府接收安置。其后，先后实施政府包分配、回入伍前所在单位复工复职、发放入伍津贴、给予一次性经济补贴、三级士官由政府包分配等安置政策。城镇退伍军人待安置期间，按照不低于当地最低生活水平的原则发给生活补助费；自谋职业的，给予一次性经济补助，并给予政策优惠；义务兵退出现役后，报考国家公务员、高等院校和中等专业学校的，按照有关规定优待。1996~2005年，先后安置部队转业军官97人，退伍战士406人。

1996～2005年崇安区转业军官、退伍战士安置情况一览表

表21-3-1　　单位：人

年　份	转业军官	退伍战士	合　计	年　份	转业军官	退伍战士	合　计
1996	8	40	48	2001	6	40	46
1997	7	38	45	2002	7	38	45
1998	8	40	48	2003	7	41	48
1999	11	40	51	2004	19	44	63
2000	11	40	51	2005	13	45	58
总　计					97	406	503

说明：上述资料由区人武部提供。

第四章　民　兵

崇安区民兵组织始建于1952年，为不脱产的群众武装组织。1986年后，适应新形势下民兵及预备役工作战略转变，贯彻中央"减少数量，提高质量，抓住重点，打好基础"十六字方针，进行民兵组织整顿，调整民兵数量，增加专业技术兵比例。90年代后，重点加强民兵应急分队建设，以提高民兵在应付社会突发事件和抵御自然灾害中的快速反应能力。结合组织整顿，加强战备训练，以民兵干部、专业技术兵为重点，注重高炮、高射机枪等专业技术训练。进入21世纪，突出抓好民兵应急分队、专业技术分队等骨干队伍建设，进一步优化组织结构，加大科技含量，提高整体素质，增强民兵战斗力，适应战时兵员动员和担负作战任务的需要。

同时，全区民兵积极参加社会主义经济建设，完成上级下达的战备、执勤、军训、维护社会治安和其他急难险重任务，多次受到上级党政机关及军事领导部门的表彰奖励。

第一节　民兵组织

根据国务院《民兵工作条例》，民兵组织的基本任务为建立和巩固民兵组织，提高民兵军政素质，配备和管理民兵武器装备，储备战时所需后备兵员；发动民兵参加社会主义现代化建设，组织民兵担负战备值勤，维护社会治安；组织民兵参军参战，支援前线，抵抗侵略，保卫祖国。1986年后，

全市第一个社区民兵营在学前街街道成立（2001.10）
（学前街街道供稿）

按照中央确定的“减少数量，提高质量，抓住重点，打好基础”十六字方针，崇安区减少民兵数量，增加专业技术兵比例。是年，全区76个民兵单位编为6个协作组（营级建制）。1988年12月，为提高民兵在应付社会突发事件和抵御自然灾害中的快速反应能力，区成立民兵应急分队。由340名表现较好、居住适当集中、便于召集的已训基干民兵和退伍军人组成，区人武部部长任队长，区人武部政委任教导员。1990年7月，区应急分队整建为1个连，由区人武部军事科长任连长，政工科长任政治指导员；下辖3个排，130名基干民兵，其任务不变。1996年，各街道人武部相继建立后，相应增加6个独立应急排。2002年，为适应城市管理新体制，对全区基层民兵结构、布局及民兵协作块进行调整，加强民兵专业技术分队和应急分队，全区87个民兵单位整编为10个协作组（营级建制），形成包括工兵、高炮部队等涵盖诸兵种的武装力量体系。2004年，区应急分队调整为应急营建制，应急连整组为市属应急连。迄2005年，全区有54个民兵单位。编为民兵团1个（防空团），辖普通应急营1个、连9个（防空团指挥连、双37高炮5连、双25高炮2连、工兵连、防化连、应急通信连、通信连、道桥抢修连、12.7高机连），独立应急排6个，分队11个（通信装备维修分队、光缆抢修分队、专科手术队、机动医疗救护分队、卫生防疫分队、电力抢修分队、线路保障分队、工程保障分队、防火救援分队、综合保障分队、医疗救护分队）。另有村级民兵营8个，市直属民兵应急连1个及少量总部、军区军兵种预编人员。按照民兵常态化管理和整组点验的要求，其组织逐年完善，功能逐步适应改革发展的需要。

第二节　战备训练

战备训练以民兵干部和基干民兵为主要对象，基干民兵又以高炮（机）分队和其他专业技术分队为重点，以提高民兵军事素质、增强民兵战斗力为目标，适应“战时应战、平时应急”要求，经历从低级到高级、从单一兵种到多兵种、从普通训练到高科技练兵的过程。80年代，以打坦克、打飞机、打空降“三打”，防化学武器、防生物武器、防核武器“三防”为重点，组织射击、投弹、刺杀、爆破和班以下战术训练。90年代，重点是“三打”（打隐形飞机、打巡航导弹、打武装直升飞机），开展高射炮（简称“高炮”）、高射机枪（简称“高机”）、地面炮火（简称“地炮”）实弹射击训练。2000年后，民兵军事训练按照“打得赢”的总要求，以“三防”（防精确打击、防电子干扰、防侦察监视）为重点，开展高科技练兵、专业技术训练。此外，武器弹药及装备管理制度逐步完善，未发生任何问题。

【军事训练】

1986～1989年，民兵训练由分散转为集中，统一组织到市民兵训练基地训练。1987年10月，组队参加江苏省军区组织的县、市、区军事表演和竞赛，区获团体总分第三名。专职武装干部步枪射击和人武部机关手枪射击分获团体第三名；人武部干部余佑康获手枪射击个人第一名；第一人民医院专职武装干部奚国兴获机枪射击个人第二名；无后座力炮和四O火箭筒实弹射击比赛6发6中；民兵反坦克班汇报表演取得成功。1990～1995年，民兵训练以民兵干部、专业技术兵为重点，每年训练300

人次。1991年5月，为检阅4年民兵高炮训练成果，区组织3个连、20个高炮（机）班、220名高炮（机）手和人武干部以及后勤保障人员赴上海奉贤空军高炮靶场，进行体验射击和实弹射击，参加竞赛的20个高炮（机）班来自14个单位、3个协作组，参加过实弹射击的班长占65%，经过历年训练的高炮（机）手达45%以上。在体验射击中，合成纤维总厂女高炮班取得首发击落拖靶的成绩。在实弹射击中，取得命中拖靶8发的优秀成绩，其中，双联14.5高机连命中2发，单37、双37高炮连各命中1发；量刃具厂57高炮班、电容器厂双37高炮班、钢丝绳厂双联14.5高机一班和石油公司高机班各命中1发。1992年，为纪念毛泽东关于民兵工作“三落实”（组织落实、政治落实、军事落实）指示发表30周年，区党政领导干部赴无锡军分区靶场进行射击训练，77名人武干部参加集训暨国防教育培训。是年6月，为纪念人武部归建地方五周年，无锡军分区抽调辖区3个家庭高炮班参加省军事训练汇报表演。1994年，为适应部队装备更新和训练改革发展的需要，着眼于打赢高技术条件下的局部战争，对退伍军人进行复训，对高难专业技术兵员延长训练，并开展达标考核。是年4月，组织街道武装干部进行爱军习武实弹射击训练。1995年，组队参加市政府、无锡军分区组织的军事竞赛，区手枪代表队在一市三县20个参赛代表队中获团体第三名，区人武部干部余佑康获手枪个人射击第一名。2000年，在江苏省民兵高炮分队实弹射击考核竞赛中，区人武部获战术第一名、综合成绩第三名，实弹射击、安全管理、军事理论3项第四名。2005年5月，民兵14.5高机训练和实弹射击率先通过市达标考核。

民兵高炮分队训练（2005）　（区人武部供稿）

【武器装备管理】

区民兵武器装备管理主要根据形势、战备值勤和训练需要，采取分散和相对集中相结合的方式。1986年，辖区12个武器库（室）分散在大中型企事业单位的武装部门，主要有高炮（机）、火箭筒、轻重机枪、各种自动（半）步枪等武器装备。各单位武器库建有统一的管理制度，做到安全、可靠、防潮、防火、防盗。每周小保养，每月大保养，每季核对检查；无丢失、无损坏、无锈蚀、无霉烂，账物相符。是年5月，合众玻璃厂继1985年被总参谋部、南京军区评为民兵武器管理“百日无事故”活动先进单位后，又在全国民兵工作座谈会上作典型经验介绍。90年代后，区人武部贯彻国务院《民兵武器装备管理条例》，按照装备布局合理化、管理设施标准化、管理制度规范化、管理手段科学化的要求，进一步严格武器装备管理。完善值班制度、领导干部查库制度、每月检查制度、专人专车送枪送弹制度、定期培训军械员制度、

民兵应急分队武器装备（2005）　（区人武部供稿）

武器擦拭保养制度等，并不断对装备仓库硬件设施进行维修改造完善，确保武器库（室）安全无事故。1986~2002年，区人武部及第二缫丝厂等5家单位人武部先后被无锡军分区评为民兵武器管理“百日无事故”活动先进单位，漂染厂等7家单位武器库被评为民兵先进武器库。2003年后，所有武器均由无锡军分区集中保管，凭手续领取使用。至2005年，武器装备管理办法未变。

第三节　民兵活动

1986年后，崇安区民兵积极参加社会主义现代化建设，爱岗敬业，发挥带头作用，并适时担负战备勤务和治安执勤任务，参加抢险救灾，在社会主义现代化建设各个时期发挥主力军和突击队作用。同时，发扬“劳武结合”的光荣传统，开展以劳养武，弥补民兵活动经费不足。

【爱岗奉献】

80年代起，发动民兵投身增产节约、增收节支立功竞赛，参加文明工厂、文明窗口、文明岗位创建，开展技术革命、技术革新，带头完成急难险重任务。1987年，全区民兵组织取得革新成果48项，为企业增收70余万元。是年，9个基干民兵单位被评为区双文明民兵单位，4个基层人武部被评为无锡市先进人武部，21名人武干部被评为市、区先进人民武装干部，497名民兵被评为有理想、有道德、有文化、有纪律“四有”民兵。90年代后，开展“我为企业添活力”活动，立足爱企业、钻技术、讲效益、挑重担，通过民兵生产线、民兵机台、民兵示范岗、民兵柜台、民兵突击队等形式，开展劳动竞赛，在各自岗位建功立业。2000年后，全区民兵继续广泛开展各项爱岗奉献活动，在社会主义现代化建设中发挥突击队作用。

【治安执勤】

民兵治安执勤包括适时担负重大节日和非常时期的战备值勤，完成急难险重任务，并开展护厂、护校等活动。80年代，主要是护厂、护店、护路、护库，协助公安部门维护公共秩序，参与社区巡逻值勤。1987年国庆期间，150余名基干民兵、人武干部参加靖海公园义务劳动，并参与执勤、维护治安秩序。1989年9月26日至10月5日，组织民兵989人次，参加无锡欢度国庆四十周年暨第三届太湖艺术节安全保卫工作，承担人民桥至井亭公铁立交桥各点、段的战备执勤，维护社会秩序。其间，抓获偷窃等违法犯罪3起，处理各类纠纷、事故、险情等67起。1991年特大洪涝灾害期间，组织民兵昼夜值勤，协助公安部门维护黄泥头地区及铁路风雷道口的社会治安和交通秩序。1993年治安执勤中，协助公安人员破获刑事案件3起，治安案件9起，收缴赃款3000多元。2004年底，组建崇安区第一支治安联防民兵连，利用节假日，在治安复杂的中山路和312国道进行巡逻执勤，出动基干民兵610人次，为遏制拦路抢劫、抢夺“双抢”和盗窃案件发生、创建“平安崇安”作出贡献。2005年，区人武部被市精神文明建设委员会、市志愿者总会授予无锡市志愿者活动先进集体。

【抢险救灾】

1991年7月，无锡遭受历史上罕见的特大洪涝灾害，区人武部成立抢险突击队和抢险预备队，紧急调集民兵5.44万人次，出动车辆25台次、船只12条，挖土装运草包5.3万只，垒防护堤7191米，加固防洪墙600多米，转移群众2530人，抢运物资1.5万吨，出色完成抗洪抢险任务。区民兵应急分队等15个民兵单位、22名人武干部分别受到省、市、区的表彰和奖励。1993年，动用民兵6238人次参加抗台防汛突击任务，挖运土方800多立方米，装运草包3000余只。1994~2005年，多次担负水灾、风灾、冰冻雪灾等自然灾害抢险救灾任务。

【以劳养武】

区民兵应急分队为交通要道除雪铲冰（2000）　　（区人武部供稿）

1987年，根据中央“以劳养武，富国强兵”以及市政府、军分区关于开展以劳养武指示精神，结合中心城区特点和优势，依法开展生产经营活动，以减轻人民群众负担，补充民兵活动经费不足。是年，开展以劳养武单位3家，主要是承包本企业部分劳务加工业务，年创利1.2万元，补助全区2500多人次民兵夜间巡逻执勤费用近万元。1988年，以劳养武单位发展到12家，年创利2.4万多元，补充民兵活动费用1.2万余元。1989年，以劳养武经营范围扩大到种植、养殖、修旧利废、搬运装卸、修理、技术咨询、开发利用人防工事等10余个项目，23家单位创利7万多元，其中，年创利万元的6家，全年补充民兵活动费用3万余元。1990年，29家以劳养武单位年创利21万余元，补充民兵活动费用15万余元。1991年，以劳养武单位31家，年创利税35万多元，补充民兵活动费用23万元。1992年，35家以劳养武单位创利40万多元，补充民兵活动费用26万元。1993年，成立崇安区民兵以劳养武领导小组，出台以劳养武经费使用管理办法，票据由区人武部统一扎口，区人武部提取一定比例管理费后，其余归所在基干民兵单位使用。是年，以劳养武民兵单位38家，占基干民兵单位总数的81.2%，年创利28.5万元。1994年，以劳养武单位劳务开票额345万元，年创利31.5万元。1996年，中央军委关于军队系统不得经营办企业的指示下达后，以劳养武企业逐渐停办。是年，劳务项目开票额减至7.05万元。1999年，区人武部所属12家经营性挂靠企业和民兵单位的以劳养武企业全部脱钩、移交、停办。

第五章　人民防空

20世纪70年代起，响应毛泽东“深挖洞、广积粮、不称霸”和“备战、备荒、为人民”的号召，形成群众性建设人防工程运动。1978年后，结合地面建筑修建地下永久工事。1986年，区管人防工事27个。90年代后，随着城市建设步伐加快，人防工程建设步入新的发展阶段，新建的民用、商用、公共建筑大都配套建设人防工程，注重平战结合，开发利用。人防工作重点逐步转到提高城市防护能力、人防通信快速反应能力、消除空袭和灾害后果的抢险救灾能力以及人民群众对空袭和突发事故的应变能力上来。区突出抓好人防应急准备工作，多次修订区人民防空袭预案，组织防空防灾演练，广泛开展人防知识宣传教育，按照准军事化标准建设区人防指挥系统，加强指挥通信和警报器建设。迄2005年，区管人防工事增至104个，占全市总量的24.19%。

第一节　人防机构

1982年7月，区人民防空领导小组改为区人民防空委员会，主任委员由区长兼任，成员由区人武部及有关职能部门负责人担任。委员会下设人民防空办公室（简称区人防办），为区人防主管部门，是受同级政府和军事部门领导、受上级人防部门指导的准军事性质的行政单位。1996年10月，党政机关机构改革后，区人防办划归区政府办公室，对外挂“区人民防空办公室”牌子。2002年4月，各街道成立人民防空办公室，由所在街道人武部长兼任主任。迄2005年未变。

第二节　人防工程

80年代后，根据市《人民防空工程战术技术要求（草案）》，人防工程建设立足于构筑“三防”“五能”[①]的永久性工程。在旧城改造开发建设中，辖区单位结合地面建筑设计修建永久固定型人防工程。并按照“平战结合”的要求，鼓励开发利用人防工程，服务社会、服务人民生活，为缓解城市停车难发挥作用。

【工程建设】

1986年，辖区建有人防工程27个。其中，市建2个、区建2个、单位建23个。市建的崇宁路人防工程为东西走向，始建于1971年11月，1978年竣工。市建的环城河人防工程，始建于1977年，1985年竣工。1987年底，靖海公园人防工程兼区级人防指挥所竣工，为市区第一个区管人防工程。1995年后，在新建大型商贸建筑的同时，相继配套建成不同体量和防护等级较高的防空地下室。1997年，辖区有人防工程75个。迄2005年，辖区有人防工程104个。

【维护管理】

辖区人防工事平时民用时，由建设单位维护管理和使用，战时为居民的防空隐蔽场所。1986年，辖区有市管人防工事25个、区管2个。区人防办只负责区建人防工事的维护管理。1997年，区管人防工事3个。2002年，市人防办在崇安区实施人防工事属地化管理试点。2003年起，辖区人防工事实行属地化管理，区管人防工事达到93个。区按照市人防工事维护使用管理办法，实行分级维护管理。公共工事由区人防办维护管理，机关企事业单位工事由所在单位维护管理，平战结合工事由使用单位维护管理，防空地下室由产权和使用单位维护管理，区每年对辖区工事维护管理工作进行督查，市人防办每2~3年对人防工事维护管理情况进行普查。2005年，辖区一、二类人防工事综合评定合格率达到94.3%。

【开发利用】

80年代前，辖区人防工事主要用于单位仓库、油库、救护站等。80年代后，按照“平战结合”要求和“单位工程单位使用，公共工程各单位借用”的规定，鼓励开发利用，实现“以洞养洞”。市中医院、第一人民医院、第二人民医院利用人防工事开设临时病房，救治中暑、外伤病人，并首次开放人防工事，让居民消夏避暑。人防工事还相继被用于开设商场、旅社、服装厂和养殖场所。1986年前后，学前街街道率先利用人防工事开设三凤楼旅社；工运桥街道利用人防工事开设城东旅社，亭子桥街道开办街道青少年活动室（后改办为吉祥旅社），区人防办与东新路小学合办园东旅社（2001年停业）。1988年，靖海公园利用人防工事开设游乐场（1998年夏停业），战时为区人防指挥所。既解决5名职工就业，又创造一定的经济效益。商业大厦利用一期人防工事作为设备用房。90年代初，

---

① “三防”、“五能”：防化学武器、防生物武器、防核武器，能打、能防、能机动、能生产、能生活。

早期开发利用的简易型人防工事，大多因设施陈旧、工程简易停办或转让。1995年，商业大厦把二期人防工事辟为地下商场，年营业额超过400万元，同时解决50多人就业。市城投公司将人防工事建成225个车位的社会停车场。无锡火车站利用人防工事，开设各类商贸店铺、停车场。教仪公司把人防工事用于业主停车场，上下两层，停车场实行智能化管理，安装监控、电子门控系统、汽车液压升降平台等，实现空间利用最大化。

第三节　预防空袭

80年代后，全区防空工作主要是做好防空袭预案和相应保障计划的拟定，组织和训练人防专业队伍，建设和管理防空袭警报器，在中小学开展“三防”知识教育，建立人口疏散基地，建设和管理地下人防指挥所，确保人民防空工作始终处于良好战备状态。

【防空袭预案】

1987年2月，结合国际形势变化和战争手段演变，成立崇安区防空袭预案领导小组，并制定防原子战争的防空袭预案，预案包括总案、保障计划、防空部署图3大部分。其中，保障计划包括人防专业队动员、通信、工程、抢险抢修、交通运输、医疗救护、“三防”、物资、治安保卫和交通灯火管制、群众性消防、政治工作等11个分计划；防空部署图包括防空袭部署、人员就地就近隐蔽、人口疏散等3方面附图。1988年，市批准该预案。1997年，区围绕预防高科技条件下局部战争的新要求，对防空袭预案进行修定。修订后的预案把11个保障计划调整为10个，把“三防”调整为防化，把治安保卫和交通灯火管制、群众性消防合而为一。2004年，再次修订防空袭预案。其中，执行计划细分为人口疏散、消除空袭后果、人防专业队伍动员、抢险抢修、群众性消防灭火、治安保卫和交通管制6个部分；保障计划细分为工程保障、通信警报保障、交通运输保障、医疗救护保障、防化保障、后勤保障、政治工作等7个部分。2005年上半年，在防空袭预案的基础上又制定《崇安区人民防空应急行动方案》，其中，保障计划包括通信保障、工程保障、物资保障、政治工作、消防灭火5个部分和防空袭决心、人口疏散、工程保障、通信保障、物资保障、医疗救护保障和人防专业队部署7张附图。

【人口疏散基地】

1987年，根据市政府批准的“调整战时城市人员疏散基地方案”，战时安排辖区9个街道的10.65万人口（主要是无业人员、老弱病残、儿童和中小学生，以及部分职工、机关干部）疏散到宜兴县十里牌、新庆、芳桥、屺亭、万石、高塍、闸口、南漕、扶风9个乡。根据平战结合的要求，建立区与县、街道与乡、居委会与村之间的联系，共建人口疏散基地。1997年，8个街道人口疏散基地调整为无锡查桥、安镇、羊尖、港下、东湖塘、长泾、八士、长安8个乡。2005年，6个街道人口疏散基地又改为锡山区的锡北（由原八士镇与张泾镇合并）、东港（由原东湖塘镇与港下镇合并）、羊尖3个镇。

【指挥系统建设】

1987年，区利用人防工程建成区级人防指挥所。2005年6月，根据无锡市人防办、无锡军分区要求，区人防指挥所移至崇安区机关办公楼，并同步启动指挥自动化建设，按照具备语音、数据、图像传输和数据采集功能要求，安装投影仪、摄像机、视频交换和视频会议系统，通过2M光纤与市人防专用网连通，实现与市人防“331”指挥所和应急指挥所互连互通，具备对上、对下连通和指挥功能。

【防空警报】

1986年，辖区装备警报器7台。1990年始，以侵华日军轰炸无锡最严重的10月7日为防空警报试鸣日。2000年始，为避免对国庆长假市民出游和办喜事造成干扰，改无锡解放纪念日（4月23日）为防空警报试鸣日。在每年防空警报试鸣日时试鸣警报器，防空警报音响规定：预先警报，警报器鸣放36秒、停24秒，连续3次；紧急警报，警报器鸣放6秒、停6秒，连续15次；解除警报，警报器鸣放一长声，3分钟。2005年，辖区共装备14台电动警报器，实现GPS卫星定位控制系统，BP机、手机短信等多种发放和接收方式，警报音响基本覆盖全区范围。防空警报器由设点单位负责日常维护管理，区人防办配合市人防办定期督促检查和维修保养。

【防空演练】

1987年11月，区首次参加市组织的防空袭指挥演练。2002年，参加市国防动员委员会组织的网上战时指挥演练，完成区级人防指挥作业文书的拟制，熟悉网上协同作战的过程。2005年9月，在无锡市城市防空与反恐怖维护稳定实兵演习中，区承担“人口疏散”和“人员紧急隐蔽”演习任务。在市演习指挥部的统一指挥下，按《崇安区防空袭预案》和《街道人口疏散预案》程序，迅速疏散广瑞路街道300余名居民，安置到该街道人口疏散基地；紧急转移胜利门广场周围群众和胜利门中学师生1000余人，隐蔽到地下人防工程。

【人防知识教育】

1986年，区人防办协同区文教局在白水荡小学开设“三防”知识教育课试点，此后逐步推开。1996年12月《中华人民共和国人民防空法》（以下简称《人民防空法》）颁布后，区人防办会同区委宣传部、区司法局联合组织《人民防空法》集中宣传活动。2000年后，人防知识教育被纳入公民“四五”普法规划，每年结合《人民防空法》颁布纪念日和防空袭警报试鸣日，以广场宣传、防空袭演练、居民自救互救等形式，开展人防知识教育。2001年，结合《人民防空法》颁布五周年，组织各街道黑板报评比，在商业大厦广场展出。利用《今日崇安》等媒体宣传人防知识，展示人防建设新成果。2002年4月，探索社区人防知识宣传教育的新方法、新途径，在崇安寺街道开展社区人民防空知识教育试点。是年10月，在道长巷社区召开人防知识教育现场会。通过图片巡览、板报展评、形势报告、知识问卷、法规学习、座谈研讨、参观学习、自救互救演练等形式，向居民宣传人防知识。迄2005年，全区中小学全部开设人防知识教育课，开课率和学生受教育率100%。各街道每年开展人防知识普及教育，受教育面90%以上。

第六章 双拥共建

双拥共建[①]活动始于80年代，初为军民共建、军地共建，后逐步拓展为军警民共建、企地共建、结对共建等，共建内涵和形式不断充实创新，成为精神文明建设的重要工作。1987年，复兴路街道率先被评为省拥军优属先进集体。1988年，区获省政府、省军区“积极开展‘创三优’[①]活动，努力加强国防建设”奖牌。90年代，兵役工作“创三优”活动，以入伍新兵跟踪服务为重点，至1994年，各

①双拥共建：拥军优属、拥政爱民，共建精神文明。

街道建有军人家属服务站17个、军人家庭服务组135个，服务人员500多人，常年对烈军属进行包护服务，协助有关部门落实优抚政策，为新兵办理“义务兵及父母人生平安保险”和“义务兵养老金保险”，为98名立功军人建立功劳簿，解决军属住房142户，军人结婚用房28户，煤气、液化气72户，帮助军人妻子调动单位58人，军属调换工种或工作班次140人，解决军人子女入学入托34人，使战士安心服役。1991年，军民共建精神文明深化为拥军优属、拥政爱民，军民共建精神文明。军地双方按照“同呼吸、共命运、心连心”的宗旨和“共建、共育、共利、共进”的原则，建立起“双向奉献，双向服务”的新型军政、军（警）民关系，从地方帮助部队解决困难扩展为文化拥军、科技拥军；从部队人力支援地方发展到帮助地方发展经济和搞好社区建设，形成军地一家的双拥共建工作新局面。崇安区于1993年被评为省拥军优属模范区，1999年被评为全国爱心献功臣行动先进区。2000年后，各街道相继被评为市双拥模范街道。2005年，崇安区再次被评为省双拥模范城区。

第一节　组织机构

80年代，崇安区建立军民共建精神文明工作领导小组，先后与中国人民解放军83428部队、中国人民武装警察无锡市支队建立共建关系，各街道、学校、企事业单位分别与驻锡部队结成共建对子。1986年，区政府及9个街道办事处、23所小学、45家企事业单位分别与83428部队、武警8722部队、武警无锡市支队、武警无锡市消防支队二中队等军事单位结成共建对子83个。1991年，区军民共建精神文明工作领导小组改称区拥军优属、拥政爱民，军民共建精神文明工作领导小组（简称区双拥共建工作领导小组），由区委分管副书记任组长，区政府分管副区长、区人武部政委任副组长，区有关部门及街道办事处主要负责人和共建部队首长为成员。领导小组负责组织计划、检查指导、总结交流，协调军地行动，及时解决共建中遇到的问题。领导小组下设办公室，设在区民政局，设有专人负责日常工作。全区各街道、共建单位亦相继成立双拥共建工作领导小组。其后，领导小组成员随军地双方成员变化而适时调整。军地双方每年拟定双拥共建规划或协议书。2000年后，共建部队政治处副主任、街道办事处人武干事、共建单位办公室主任担任军地联络员，全区双拥共建组织网络得到进一步健全。1986~2005年，因行政区划调整、街道办事处撤并、部分经营性事业单位转制等原因，共建对子有所调整。迄2005年，全区有17个地方单位与驻军单位结成共建对子22个。

2005年崇安区双拥共建结对情况一览表

表21－6－1

地方单位	部队单位	地方单位	部队单位
崇安区人民政府	江苏省军区无锡军分区	崇安区卫生局	73037部队团卫生队
	73037部队	无锡市恒福置业有限公司	73037部队修理连
	武警8722部队	广益街道办事处	武警8722部队
	武警无锡市支队	广益街道广丰村村民委员会	武警8722部队一连
	武警无锡市消防支队	广益街道莫家庄村村民委员会	武警8722部队二连
	崇安区人武部	广益街道上马墩村村民委员会	武警8722部队三连
崇安寺街道办事处	73037部队一营	广益街道毛岸村村民委员会	武警8722部队四连
通江街道办事处	73037部队二营	广益街道尤渡村村民委员会	武警8722部队五连
上马墩街道办事处	73037部队三营	广益街道黄泥头村村民委员会	武警8722部队六连
广瑞路街道办事处	73037部队汽车连	广益街道向阳村村民委员会	武警8722部队七连
江海街道办事处	73037部队指挥连	广益街道丁村村民委员会	武警8722部队八连

说明：1. 73037部队即原83428部队。2. 上述资料由区人武部提供。

①创三优：选送优质兵员、协助部队培养优秀战士、开发使用优秀退伍军人。

第二节　共建活动

80年代，军民共建活动主要围绕发扬拥军优属和拥政爱民的光荣传统，推进社会主义精神文明建设，开展“五讲四美三热爱”、文明礼貌月等活动。90年代后，围绕区争创省双拥模范城区、街道争创市双拥模范街道，深化共建活动，扩大共建领域，突出文化拥军、科技拥军，提高社会生产力和部队战斗力。2000年后，围绕提高双拥工作整体水平，促进共建活动经常化、制度化，组织开展“十进军营”①系列活动和“五送”②扶助服务活动，共建部队积极支持地方经济和社会事业发展，结合创建国家卫生城市、全国文明城市及举办各类重大活动、处置突发性事件等，为地方排难解忧，军警民开展共创中山路全国文明示范街活动，形成全社会同创共建的体系。

【拥政爱民】

80年代，共建部队弘扬拥政爱民的光荣传统，积极参与和支援地方经济社会建设及社会主义精神文明建设，协助地方开展革命传统教育、国防教育、青少年教育，举行“军营一日”活动，开办青少年军警学校，举办学生暑期军事夏令营，实施民兵和学生军事轮训，帮助街道地区突击整治环境卫生。1987年，83428部队卫生队免费为地区孤寡老人治病送药。是年冬，出动官兵2个连、卡车5台，突击铲除中山路积雪。地方积极开展拥军优属活动，关心子弟兵，培养军地“两用”人才，帮助军属解决住房困难和军人子女入托入学等问题。90年代后，军民共建精神文明建设活动和军地双向服务逐步向制度化、经常化、规范化发展。共建部队除积极支持地方经济和社会事业发展，提供信息、人才、技术支持外，在地方创建国家卫生城市、全国文明城市等各类重大活动中发挥重要作用。1991年遭遇特大洪涝灾害中，共建部队出动官兵1000多人次，车辆100多台次，组成抢险突击队，赶往险情地段，垒堤拦水，转移群众1000多人，抢运物资100多吨。1997年，驻锡83428部队、武警8277部队与崇安区签约共建全国创建文明城市示范点——中山路商业街，部队官兵赴中山路突击整治环境卫生，维护交通秩序，开展便民利民服务，并把每月第二周周六固定为军警民共建中山路活动日。是年，中山路被评为全国创建文明城市示范点。1999年，共建部队积极参与地方爱心献功臣行动，与辖区171户困难家庭、35名优抚对象结对帮困。2000年后，共建部队以军民“同呼吸、共命运、心连心”为总要求，在部队正常工作和训练任务较重的情况下，千方百计为地方精神文明创建办实事，组织官兵植树绿化，帮助地方整治环境卫生，为地区居民开展便民服务，参加扶贫济困、义务献血、“慈善一日捐”等公益活动，拥政爱民活动向深度、广度发展。

【文化拥军、科技拥军】

90年代后，区坚持以经济建设为中心，以共建点为基础，发挥地方优势，开展文化拥军、科技拥军活动。1991年，区帮助驻无锡83428部队开设军地两用人才培训学校和训练基地，为部队培训电工、钳工、车工、厨师123人次。1992~1994年，培训军地两用人材300多人次，赠送部队电视机、洗衣机、录像机、电扇等物资价值16万元。1993~1998年，全区累计投入50多万元，支持部队文化建设，帮助驻无锡83428部队建成团部俱乐部，为15个连队活动室赠送电脑、图书、音响等器材；支援驻无锡83428部队蔬菜基地建设。1998年，区政府支持区人武部正规化达标建设，为区人武部调拨办公

①十进军营：科技图书进军营、法律服务进军营、健康咨询进军营、社区服务进军营、军嫂职介进军营、企业慰问进军营、文艺轻骑进军营、青年联谊进军营、书画创作进军营、新闻媒体进军营。

②五送：送信息、送技术、送岗位、送项目、送观念。

用房600平方米。区城市建设综合开发公司先后出资10多万元，为驻无锡83428部队指挥连修建电脑室、活动室，并帮助部队解决科技练兵难题，设计连队管理软件编程，邀请江南学院、轻工大学专业人员为连队官兵普及计算机知识，培训官兵100人次。该连在全团科技知识智力竞赛中，获得第一名，在单兵专业技术训练尖子比武中，获滑膛炮分队团体总分第一名，并获师“科技练兵先进单位”称号。2000年，区城市建设综合开发公司被评为市科技拥军先进单位。2002年，全区组织开展“十进军营”系列活动，先后向共建部队赠送价值25万多元的慰问品、药品和3000册科技类图书，30多名志愿者到部队理发、修鞋、修理家电等，并开展法律、健康、职业介绍等咨询服务，文艺小分队到部队，与战士同台献艺。2003年，区与市武警支队一中队开展共建学习型军营活动。1999~2005年，全区累计投入双拥共建费用270多万元，其中，文化拥军、科技拥军费用150多万元。

【“五送”活动】

2003年下半年，根据省军区开展“双带双扶”[①]活动要求，全区组织开展“五送”扶助服务活动，由专职人武干部作为“五送”联络员，以帮助复退军人、困难优抚对象、辖区帮扶对象和南北挂钩扶助对象为重点，具体组织实施。2003~2005年，区人武部与南北挂钩的淮安市清河区人武部建立协作关系，开展劳务输出。组织社区教育培训学院开展岗位技能培训，培训扶助对象1310人。辖区政和职业介绍所为“五送”就业人员减免职介服务费用。为扶助对象举办讲座45场次，技术培训服务1238人，帮助就业995人。2005年，省军区在区召开“双带双扶”现场交流会，区人武部被省军区评为“双带双扶”先进单位。

省军区副政委杨森、政治部主任苏俊高到区调研“双带双扶”活动情况（2005.4）
（区人武部供稿）

①双带双扶：带头创业致富、带头共同致富，扶助贫困村和贫困户、扶助贫困小学和特困学生。

第二十二编

社会事务管理

80年代后，随着全区经济和社会事业的发展，社会事务管理工作内容不断延伸，管理范围不断扩大，管理职责逐步强化。劳动就业工作逐步从计划经济体制下的“统包统分”转变为市场经济体制下的灵活就业。90年代实施再就业工程后，对下岗职工实行企业安置、个人自谋职业和社会帮困相结合，不断拓宽新的就业门路，促进就业和再就业。与此同时，社会保障体系逐步建立健全，职工工资和福利待遇水平不断提高。其间，民政工作围绕各个时期的中心任务，立足以人为本，以优抚安置、救灾救济、社会福利、建立健全社会保障体制为重点，加强基层政权建设，提高社会行政事务管理能力，深化以社区服务为中心的社区建设，创造和谐稳定的社会环境。民族宗教事务工作以贯彻落实党的民族宗教方针政策和国家的法律法规为重点，全力维护民族团结，规范宗教事务活动，为维护社会稳定作出积极贡献。

第一章　劳动和社会保障管理

80年代，实行劳动部门介绍就业，自愿组织起来就业和自谋职业“三结合”的就业方针，区劳动部门充分发挥就业安置主渠道作用，逐步建立起一套与市场经济相适应的劳动管理制度，工作范围不断拓展，管理职能不断扩充，服务手段和方式日趋科学化。90年代后，结合贯彻《中华人民共和国劳动法》，实行“劳动者自主择业，市场调节就业，政府促进就业”的方针，从根本上改变由政府“统包统配”的就业方式，劳动就业实现市场化。区劳动部门依靠社会各方面力量，运用劳动力市场机制，开拓就业空间，引导下岗失业人员再就业。广泛开展就业前培训、特殊工种培训、职业技能培训和农村劳动力培训。加强劳动仲裁与监察工作，及时稳妥化解改革中出现的矛盾。工资分配逐步转向政府宏观调控，企业自主分配。2001年10月，区劳动与人事部门合并后，劳动部门继续以加强劳动管理为核心，重点完善就业服务和社会保障，构建以区劳动保障管理中心为龙头、街道劳动保障服务所为基础、延伸至社区的三级就业与劳动保障管理社会化服务网络。1995～2005年，全区城镇登记失业率控制在3.27%以内。迄2005年，区劳动部门形成较为完善的就业服务、社会保障、工资福利、职业培训、劳动保护、劳动监察与劳动争议仲裁7大工作体系，在维护劳动者合法权益，促进社会稳定和经济发展中发挥重要作用。

第一节　机　构

1986年2月，撤销区劳动科，成立区劳动局，为区政府序列工作部门，履行对劳动力调配、工资基金管理和安全生产工作等职能。核定行政编制5人。办公地点设在县前街82号区机关大院内。1987年，区劳动局增加社会劳动保险职能，成立区社会劳动保险办事处。1988年3月，区劳动服务公司核定为副科级建制，定编10人，1991年9月，更名为区劳动就业管理处，挂“崇安区劳务市场”牌子。1992年，区劳动局又增加车辆安全管理职能，建立区车辆安全管理所。至1992年，区劳动局下属区劳动就业管理处、区社会劳动保险办事处、区车辆安全管理所3个事业单位。1993年，局办公地点移至大娄巷51号。1996年5月，区劳务市场更名为区职业介绍服务所。2001年，区劳动局迁回区机关大院西大楼办公。是年10月党政机构改革后，不再保留区人事局、区劳动局，建立区人事和劳动局，正科级建制。1986～2001年，区劳动局历任主要负责人有：包和根、孙　怡、潘仁高、周锦泉、刘宝根。

2003年4月，区劳动就业管理处（区职业介绍服务所）撤销，成立区劳动保障管理中心，其服务管理职能涵盖促进下岗职工再就业、富余职工分流安置、托管对象培训、职业介绍、生产自救、劳务输出等方面。2004年5月，增挂“区企业退休人员社会化管理服务中心”牌子，履行为辖区企业退休人员提供全方位社会化管理服务的职能，与区劳动保障管理中心两块牌子、一套班子。迄2005年未变。

第二节　就业安置

80年代后，就业安置逐步由计划经济体制下的“统包统配”，转变为市场经济体制下的劳动部门介绍就业、劳动者自主择业、市场调节就业、政府促进就业，区劳动部门注重发挥劳动力市场的功能，加强政府推动、政策引导、市场运作、“托底”保障，促进新增劳动力就业和下岗、失业人员再就业，

1995~2005年，安置下岗、失业人员再就业2.27万人次，全区城镇登记失业率控制在3.27%以内。

【劳动就业】

80年代初，在全民所有制单位新招收工人中进行劳动合同制试点。此后，除国家统一分配的复员退伍军人和大中专毕业生外，各企事业单位从社会上招收的工人全部实行劳动合同制，合同期限长短有别，临时工制度随之消亡。1985年，全区有劳动合同制工人6000多人。1986年，全区录用城镇合同制工人97人，招收农村劳动力100人，重点解决窗纱厂、朝阳服装厂、童装厂用工需求。1987年5月，常年从事一线生产的73名城市临时工被选招为合同制工人，并录用42名“农转非”职工，解决窗纱厂等单位招工难、劳动力流失严重的问题，生产一线工人队伍得到稳定。至1990年，全区合同制工人达1.10万人，占全区职工总数的17.31%。1993年3月，在砂轮厂实施全员劳动合同制改革，领先于全市区属集体企业。1995年，贯彻《中华人民共和国劳动法》，全区76家区街大集体企业、7500多名固定职工改为劳动合同制工人，分别占单位和职工总数的97.7%、98%。1996年，在街道和校办小集体企业推行劳动合同制，全区75家小集体企业、749名固定职工改为劳动合同制工人，分别占单位和职工总数的84%、87%。是年，全区企业普遍实行全员劳动合同制，区医疗器械厂、石油加工联营厂等10家企业职工率先签订集体劳动合同。2000年，全区98%以上的企业实行劳动合同制度，80%以上的企业（含非国有制企业）建立集体协商、集体合同制度。2004年，全市实行属地统计。迄2005年，辖区实行劳动合同制的企业4122家，与企业签订固定期限劳动合同制的职工9.34万人，占职工总数75%。私营、“三资”企业劳动合同制覆盖面达95%以上。

随着计划经济向市场经济逐步转轨，劳动就业实行由用人单位与择业人员双向选择。区、各街道劳动服务公司，在履行合同制工人退工、职业介绍、待业失业人员登记、失业救济金发放、待业保险金收缴等职能的同时，通过创办和发展劳动服务企业，安置待业人员和企业下岗职工。1986~1990年，先后创办区街集体企业116家，解决就业4992人，开办崇安区通达货运起重站、上马墩拆房工程队、通达五金模具厂、通达五金交电经营部等小集体劳动服务企业223家，解决就业3461人。此外，安置下岗失业人员4688人，其中安置“两劳”人员1225人。90年代后，随着企业改革深化，经济结构调整和企业转制步伐加快，失业、下岗人员逐年增加，为解决新增劳动力就业和失业、下岗人员再就业，1991年9月，成立区劳务市场，为劳动力供求双方提供信息和服务，就业安置开始通过劳务市场进行，用人单位和劳动者通过劳务市场进行双向选择。1995年启动再就业工程，帮助下岗、失业人员实现再就业。1995~1999年，安置就业5361人次，其中集体企业安置就业2530人次，占47.19%。进入21世纪后，就业安置市场化进程进一步加快。

【再就业工程】

1995年起，启动再就业工程。是年，各街道积极探索再就业工程与社区服务相结合的就业机制，失业人员就业安置率达64%。1996年，为解决特困下岗职工生活困难，区建立再就业资金。1996~1997年，共向特困下岗职工发放基本生活救助费115.6万元，补助医药费10.09万元。1998年，区成立再就业工程领导小组，建立区再就业服务中心（以下简称中心），各街道及区校办工业公司、区工业公司、区贸易局、区妇联等相继成立12家再就业服务所。是年，出台《关于加强再就业培训工作实施意见》，加强职业介绍和职业技能培训，实施政府推动、政策引导、市场运作、“托底”保障、促进就业。组织下岗失业人员技能培训6期，培训400余人次。全区男性55周岁、女性45周岁以上的53名下岗职工首批进入中心托管，签订基本生活保障和再就业协议书。1999年后，贯彻落实市政府有关促进就业的各项扶持政策，重点解决安置就业岗位的结构性矛盾，积极扶持各类新经济组织发展，增加就业岗位；开发城市管理、社区服务等非正规劳动组织，提供各类公益性就业岗位，拓展就业空间。同时，进一步加强职业指导和再就业转岗培训，提高职业技能，增强就业、再就业能力。中心提供就业咨询、职业介绍、技能培训、人事档案代理管理等“一条龙”服务，实现职业介绍全市实时联网和信息发布视屏化、手续简便化、服务系列化，每周举办劳动力人才交流活动，不定期举办专场招聘洽谈会，重点帮助特困下岗职工，特别是“40、45”人员（女性满40周岁、男性满45周岁以上的下岗、失业人员）优先就业安置。1999~2000年，中心累计托管下岗职工1.94万人，向托管的下岗职工发放基本生活费和缴纳养老金、失业保险金、医疗保险费490.8万元。先后有1.88万名托管人员通过重新就业、自谋职业、企业内退养等途径脱离中心。2001年9月，625名托管人员全部退出中心，一次性领取与托管中心三年协议期内应领取的生活费，办理失业手续，享受失业保险待遇。2003年，中心完成历史使命撤销。下岗职工再就业、富余职工分流安置、托管对象培训、职业介绍、生产自救、劳务输出等服务管理职能全部由区劳动保障管理中心承担。是年起，下岗失业人员，特别是就业困难群体实行“再就业优惠证”制度，促进再就业。1995~2005年，全区累计培训下岗、失业人员1.47万人次；提供就业岗位信息2.8万个，安置下岗、失业人员再就业2.27万人次，其中区职业介绍所安置9473人次。全区城镇登记失业率控制在3.27%以内，为促进全区经济稳定发展和社会安定和谐发挥重要作用。

“创业促进就业，真情回报社会”招聘会（2005）（广益街道供稿）

1997～2005年崇安区下岗失业人员就业安置情况一览表

表22-1-1 单位：人、次、个

项　　目	1997	1998	1999	2000	2001	2002	2003	2004	2005
下岗、失业人员	1773	1925	1660	1071	2826	7415	3300	4700	4531
安置下岗、失业人员	1606	1097	510	602	1754	4545	1900	2600	5500
举办招聘活动	10	12	12	12	12	12	24	27	30
提供就业岗位信息	309	412	455	711	1224	2000	4502	8000	8500

说明：上述资料由区劳动部门提供。

【劳动力调配】

1986~1996年，区街企事业单位职工跨地区调动由区劳动部门办理相关手续，报市劳动部门审批同意。市内调动由区劳动部门办理，本着“有利生产、方便生活”的原则，一般不跨行业，不由近调远，不改变工种；不改变职工本人所有制性质，固定工、合同制工人均需按企业所有制性质（全民、大集体、小集体）对口调动，合同制工人还须在合同期内流动。工资待遇按本人现工资等级随劳动关系转移。1986~1994年，全区办理职工调动1.53万人，其中调进9263人、调出6062人。1996年10月后，职工市内调动审批权下放企业自行办理。迄2005年未变。

【外来劳动力管理】

80年代后，随着经济的发展，企事业单位使用外来劳动力呈逐年增多趋势。1989年，为缓解无锡解放后第4次就业高峰期的压力，区劳动部门按照优先安排城镇职工就业的原则，加强对招用外来劳动力的管理，对批准使用的4145名农民工发放“务工许可证”，对计划外使用的外来劳动力进行清退。是年，清退计划外农民工1722人，安置待业人员2453人。1991年6月，区出台《关于街道企业外来劳动力管理暂行办法》，由区劳动部门统一扎口，实行用工计划管理。1994年3月，区又出台《关于使用外来劳动力意见》，对外来劳动力使用实行总量控制，动态管理。1995年实施再就业工程后，主要是对允许使用外来劳动力的工种进行分类控制，并努力创造条件，为外来劳动力顺利就业，提供就业培训、综合保险等各项服务。其后，区劳动部门按照市下达的每年使用1000名苏北农村劳动力控制指标实施管理，使外来劳动力管理走上健康有序发展的轨道。2005年，全区使用的苏北农村劳动力减少到810人。

第三节　职业培训

崇安区职业培训伴随着经济的发展和改革的深化而逐步走向社会化，其培训内容和形式根据培训对象不同以及各个时期社会、企业需求变化等因素设置和安排，适时组织就业前培训、特殊工种培训、职业技能培训和农村劳动力培训。1986~2005年，累计就业前培训3.27万人次，特殊工种培训1669人次，职业技能培训1.8万人次，职工技术水平不断提高。

【就业前培训】

80年代起，区试行先培训后就业制度，改招工为招生，开展定期、定向培训。1986~1990年，以区职工学校为培训基地，通过自办、代办等形式，培训服装、幼教、理发等专业，每年帮助150~200名待业青年掌握技能，走上工作岗位。1991年10月，贯彻国务院《关于大力发展职业技术教育的决定》，对参加就业前培训人员加强就业意识教育，开展择业指导，根据企业用工需求开展职业培训，先后开办家政、电脑、餐厅、保安、编织等20多个工种的培训班100期。1986~1998年，全区就业前培训1.83万人次。1999~2001年，按照市“三年六万人”培训计划，重点对失业下岗职工进行再就业培训，累计培训3883人次。2003年，以提升下岗失业人员技能、提高岗位竞争力为重点，组织再就业培训，实施国际劳工组织“创办你的企业（SYB）”培训计划，培训有创业意愿并具备一定条件的失业人员200多人次。1998~2005年，累计培训下岗失业人员约1.48万人次，培训后实现再就业9364人次。

1998～2005年崇安区下岗失业人员培训情况一览表

表22-1-2　　　　　　单位：人次

年　份	1998	1999	2000	2001	2002	2003	2004	2005
培训人数	400	1000	1129	1754	1085	3300	2506	3617
培训后就业人数	50	683	982	1170	868	700	2018	2893

说明：上述资料由区劳动部门提供。

【职业技能培训】

80年代，职业技能培训的对象是区属企业青年职工，重点是文化、技术补课，使应补对象达到三级工应知应会要求，并取得初、高中文凭和技术补课合格证；采取“特殊工种集中办、通用工种分点办、专业工种自己办”的培训办法，年培训200~250人，累计培训30多个工种、近2000人次。1990年后，开展以中级培训为主的职业技能培训，至1995年，全区50%的技术工人通过中级工考核。是年，全区有中级技工1830人，高级技工213人，技师3人。1996年起，推行职业资格证书制度，82名职工首批获得职业资格等级证书，其中三级工17人、四级工65人。此后，培训人数逐年增加，培训质量不断提高，考试合格率达73%以上。1986~2005年，全区共培训各类技术工人1.8万人次，其中初级工占33%、中级工占55%、高级工占12%，技术工人队伍结构逐步趋于合理。

【特殊工种培训】

80年代后，特殊工种培训由市劳动局统一管理，统一考核，特殊工种培训工作逐步走上正轨。1987年，全区有218名电梯操作工、35名电焊工、11名厂内车辆驾驶员通过市特殊工种培训考核，获得合格操作证书。1994年起，开展职业技能鉴定社会化试点，以提高劳动者素质，增强市场竞争能力。1997年，会同市劳动局对从事电工、焊工、汽车修理、摩托车修理、家用电子产品维修5个工种的从业人员进行培训考核，取得相应技术等级证书27人。1986~2005年，通过联办、自办等形式，共举办特殊工种培训班40余期，培训电工、焊工、美发、保健按摩等特殊工种1669人次。

【农村劳动力培训】

90年代起，区劳动部门及相关机构在加强和完善外来劳动力管理的同时，努力创造条件，为外来劳动力顺利就业提供就业培训等各项服务。1994年，各街道根据农村劳动力所从事的不同工种，进行劳动法规、业务技能以及安全生产等方面的上岗培训。2000年，加强对企业使用的农村劳动力的培训，开展普法和安全生产教育，举办服务员、保安、建筑、水电工等专业技能培训班。是年，培训3566人次，培训率达53%。2004年，区通过再就业培训基地为广益街道370名失地农民进行3次就业培训。2000~2005年，全区共开办各类农村劳动力培训班25期、5000余人次。

第四节　劳动报酬

80年代后，企业分配制度改革逐步深化，工资分配不再沿用提升工资级别，提高职工工资待遇的做法，逐步同职工劳动实绩挂钩，克服分配中的平均主义。90年代后，职工工资采用市场调节机制，随着企业效益增长而增长，企业自主决定职工工资分配，建立起按劳分配和按生产要素分配相结合的分配办法以及以岗位工资为主要内容的基本工资制度。并逐步完善宏观调控政策，确保职工工资水平和福利待遇随经济发展同步提高。

【企业工资制度】

80年代后，相继在区属企业实行浮动工资、工资总额包干等工资分配体制。1993年，在区属企业进行岗位技能工资制度试点，根据企业生产经营情况，确定岗位、技能工资起点标准，随企业效益上下浮动，技能工资向重要岗位倾斜，1994年推广到全区。是年3月，推行企业工资总额使用管理制度，企业工资总额基数全部列入《工资总额使用手册》，工资总量增长由政府实行分级分类调控。同时，工资管理与企业经营机制转换相配套，深化企业内部劳动工资分配改革，逐步由传统的普遍升级体制转向效益工资、计件工资、岗位技能工资、提成工资、承包计奖等形式的工资分配体制。1995年《中华人民共和国劳动法》实施后，区劳动部门会同税务等部门，对企业逐一审核工资总额使用计划，强化对企业工资的监督和调控，推行“两不超过”（工资增长不超过企业效益增长，不超过企业劳动生产率增长）。此后，结合经营承包责任制的推行，实行目标工资、经营管理人员年薪制等工资分配形式。工资分配逐步由政府宏观调控转向企业自主分配，与职工劳动实绩紧密挂钩，克服分配中的平均主义。1997年后，企业职工工资逐步实行市场调节机制，依据企业效益增长而增长，企业实行工资指导线制度。2001年，推行企业和职工集体协商工资分配制度，实行政府宏观调控与企业职工民主监督相结合。迄2005年，全区各类改制企业、非公企业和外商投资企业等重点企业推行工资集体协商制度面达72%，从制度上稳妥调控企业初次分配中的效益问题和再分配中的公平问题。

【企业职工工资福利】

工　资　1986年，开展工资类别和工资结构调整，一、二、三类产业企业起点工资分别提高到38元、37元、36元。是年7月，对经济效益较好、获金银奖牌及部优省优产品区属企业提高起点工资标准，15家工业企业由34.50元提高到35.50元，2410名职工月增资额3054元，人均1.27元；19家商业企业分别由34.50元提高到35.50元、35.50元提高到36.50元，2993名职工月增资额3863元，人均1.29元。同年，全区8453名企业职工，月增资额46287.50元，人均增资额5.48元。并对1985年企业工资套改中的问题给予纠正，解决遗留问题175人，月增资额950.26元；解决长病假等人员113人，月增资额702.50元。1990年，适当提高职工工资收入中标准工资比重，增资人数1.35万人，占增资对象总数的99%。同时适当提高离退休人员的待遇，在原最低保障数的基础上提高5元。是年，全民单位工资总额1296.31万元，比1986年增长97.70%，年人均工资2451元；集体单位工资总额3335.97万元，比1986年增长67.52%，年人均工资1829元。1995年7月，在全区推行最低工资保障制度。1995~2005年，先后10次调整最低工资标准，最低工资标准从1995年的210元提高到2005年的690元。最低工资保障制度对提高低收入职工工资收入，维护劳动者权益，发挥重要作用。1997年起，在企业中试行工资指导线制度，确定当年工资增长基准线为10%，增长预警线为19.8%，增长下行线为7%。2005年，辖区在岗职工98017人，年人均工资达到25602元，比2004年增长15.7%。

1995～2005年崇安区区属企业在岗职工最低工资标准一览表

表22-1-3　　单位：元

年　份	最低工资标准	年　份	最低工资标准
1995	210	2001	430
1996	240	2002	460
1997~1998	280	2003	540
1999	320	2004	620
2000	390	2005	690

说明：上述资料由区劳动部门提供。

1986～2005年崇安区区属企业职工工资情况一览表

表22-1-4　　单位：人、万元、元

年　份	全民单位			集体单位		
	职工人数	工资总额	人均工资	职工人数	工资总额	人均工资
1986	4550	655.71	1441	17873	1991.36	1114
1987	4857	814.74	1677	18776	2328.70	1240
1988	5101	986.10	1933	21844	3273.09	1498
1989	5313	1207.47	2273	18751	3410.64	1819
1990	5289	1296.31	2451	18244	3335.97	1829
1991	5206	1534.03	2947	17967	4169.31	2321
1992	5157	1787.30	3466	17312	4454.50	2573
1993	12698	5525.23	4351	15128	4897.14	3237
1994	17963	8919.50	4965	12273	5411.90	4410
1995	15681	9348.64	5962	9187	5059.69	5507
1996	14375	9799.20	6817	8939	5270.00	5896
1997	13492	10076.90	7469	7793	4827.70	6195
1998	10266	9693.10	9442	4984	4115.70	8258
1999	9134	9930.40	10872	4064	3710.90	9131
2000	691	433.20	6269	3538	1977.20	5588
2001	59	17.20	2915	1696	1119.50	6601

续表22-1-4

年份	全民单位			集体单位		
	职工人数	工资总额	人均工资	职工人数	工资总额	人均工资
2002	53	12.30	2321	1685	820.09	4867
2003	23	30.70	13348	1162	775.10	6670
2004	14	14.60	10429	869	577.10	6641
2005	10	6.00	6000	681	435.10	6389

说明：上述资料由区劳动部门提供。

奖　金　80年代，企业生产经营和分配自主权逐步放开后，建立奖励基金和职工福利基金，奖金发放由企业自主进行，奖金从封顶到放开，依法缴纳奖金税。区属企业实行工效挂钩等各种形式的承包责任制后，在规定的工资总额范围内，奖金数额和项目不断增加。90年代至2005年，区属企业职工奖金占工资总额的比重，在10%~20%之间。

福　利　1986年，企业职工享受的劳保福利主要是执行《中华人民共和国劳动保险条例》规定，包括医疗、疗养、休养待遇；因工负伤、致残、职业病待遇；生育保障及女职工保健保护；死亡待遇；探亲待遇；病假待遇；婚假、丧假、年休假待遇；困难补助；福利性补贴和补偿；劳动合同制工人在合同期内的保险福利待遇10个方面。在执行中，各个企业福利待遇有所不同。其中，福利性补贴主要有居住地距离工作单位2.5公里的职工享受的上下班交通费补贴，无浴室企业职工享受的洗理费补贴等。90年代后，随着经济的发展和物价水平的提高，陆续增加房租补贴、物价补贴、午餐补贴等，为补偿职工特殊或额外劳动体力消耗，又增加岗位津贴、保健性津贴、技术性津贴等。1992年起，连续工龄5年以上的企业单位职工，每年享受7~14天休假。1994年以后，随着改革的深入，职工食堂、浴室、房产等第三产业陆续与企业剥离，改为实业公司，其管理经营收入，作为提高职工福利待遇的补充。2005年，区属企业职工享受的各种津贴、补贴占职工工资总额的20%左右。

第五节　劳动仲裁与监察

随着劳动用工制度改革的深入推进，固定工制度逐步向劳动合同制转变，劳动关系双方因权益引发的矛盾日益增多，区劳动部门会同有关部门切实加强劳动仲裁与监察工作。建立健全区劳动争议仲裁和劳动监察机构，依法受理企业和职工之间因报酬、保险、合同等发生的争议案件，维护企业和职工双方合法权益，并对企业招工用工等方面开展经常性的监督检查，减少潜在的劳动争议。1991~2005年，全区共立案处理劳动争议案件226件，结案率94.25%。

【劳动争议仲裁】

1989年前，区属企事业单位行政与职工发生的劳资纠纷，采用协商或行政方式进行处理。1989年10月，随着劳动制度改革的推进，建立区劳动争议仲裁委员会，由区劳动局、区计经委、区总工会三方组成，区劳动局负责人兼任主任。下设区劳动争议仲裁委员会办公室，设在区劳动局，负责全区劳动争议仲裁工作。1989~1993年，劳动争议调解仲裁受理范围，仅限于企业行政与职工之间因履行劳动合同和因开除、除名、辞退违纪职工而发生的争议。1994年开始，劳动争议仲裁案件逐渐增多。争议事项中，行政处分事项减少，职工工资、福利待遇等实际利益事项增多。区劳动争议仲裁委员会推行仲裁员、仲裁庭制度，完善办案程序，规范仲裁工作。对重大疑难案件和30人以上集体争议案件由三方仲裁员共同组庭审理。1996~2000年，全区共受理各类劳动争议案件30件，结案率93.33%。2003年后，保险类劳动争议案件大幅上升，2003~2005年共受理60件，是1991~2002年的近3倍。1991~2005年，全区共立案处理劳动争议案件226件，其中报酬、保险类182件，占80.53%，结案率94.25%，有效维护企业和职工双方合法权益，促进劳资关系的和谐。

1991～2005年崇安区受理劳动争议案件情况一览表

表22-1-5　　单位：件

年份	案件数	争议类别				结案件数	年份	案件数	争议类别				结案件数
		报酬	保险	合同	其他				报酬	保险	合同	其他	
1991	3	2	—	1	—	3	1999	4	2	—	2	—	4
1992	7	4	—	3	—	7	2000	8	5	2	1	—	7
1993	4	2	2	—	—	4	2001	15	5	3	4	3	10
1994	3	2	1	—	—	3	2002	28	15	6	4	3	26
1995	9	4	3	2	—	8	2003	31	4	19	8	—	28
1996	5	1	—	3	1	4	2004	30	12	18	—	—	30
1997	3	—	2	1	—	3	2005	66	40	23	2	1	66
1998	10	3	2	4	1	10	合 计	226	101	81	35	9	213

说明：上述资料由区劳动部门提供。

【劳动监察】

1986年，区劳动部门依据国务院《国营企业实行劳动合同制暂行规定》，担负对实施劳动合同的指导和监督检查的职责，并承担企业劳动合同鉴证的职能。是年，对1981年以来企业实行劳动合同制情况开展专项调查，对3.68万名劳动合同制工人发放劳动手册，并补办7284人的劳动合同鉴证手续。1989年开始，统一使用市劳动局印制的劳动合同书。1992年，在全区实行全员劳动合同制试点。1995年《中华人民共和国劳动法》颁布实施后，在区劳动局设立劳动监察科，定期和不定期地对企业执行有关招工、退工、用工、外地劳动力使用、签订劳动合同、缴纳社会保险费、工资管理等劳动保障法律、法规情况开展执法检查。围绕劳动关系的建立、运行和终止，有重点地开展专项监察，保障劳动关系双方的合法权益，经鉴证的劳动合同更加规范严谨，有效减少潜在的劳动争议，规范劳动力市场秩序。2002年，在全区开展“劳动合同管理年”活动，对3995家企业进行劳动用工监察。并在全区实施“金保工程”（社会保障卡）项目，实现劳动合同管理信息化。2000~2005年，共为2.18万名员工补签劳动合同，为1.35万名员工补办劳动用工手续。同时，围绕确保失业、下岗人员的基本生活，确保养老金的按时足额发放“两个确保”，督促602家企业补缴社会保险费176.49万元；为2308名员工追回拖欠工资和押金46.17万元。

2000～2005年崇安区劳动监察情况一览表

表22-1-6　　单位：户次、份、万元、户

年　份	监察单位	发指令书	追缴社保费	追回拖欠职工工资和押金	劳动合同补签	劳动用工鉴证
2000	41	5	17.49	5.16	298	610
2001	46	3	19	0.35	225	1200
2002	50	2	25	4.06	270	1800
2003	120	7	50	5.30	8465	2100
2004	160	11	35	11.50	6750	3686
2005	185	15	30	19.80	5800	4122
合计	602	43	176.49	46.17	21808	13518

说明：上述资料由区劳动部门提供。

第六节 企业退休职工管理

80年代初，恢复区退休职工管理委员会，办事机构设在区劳动局，履行企业退休职工管理的职能。企业职工退休执行1978年国务院颁布的《关于工人退休、退职的暂行办法》规定：男性年满60周岁、女性年满50周岁，连续工龄满10年的按退休处理。未达到退休年龄的，由医院证明并经劳动鉴定委员会确认，完全丧失劳动能力的按退职处理。退休费发放标准为：工龄满10～14年、满15～19年、满20～29年、满30年以上，分别按本人原月工资的60%、70%、80%、85%的比例发放。退职费按相当于本人标准工资的40%发给基本生活费。此后，退休、退职费多次调整。符合离休条件的企业老工人，享受与离休干部相似的待遇。有特殊贡献和享受省、市级劳模称号的退休、退职人员，提高本人工资5%～15%的退休费。1986年6月，区政府调整街道小集体企业退休、退职人员生活补贴费发放标准。是年10月起，区属企事业单位参加市养老保险统筹。1987年4月，启动街道小集体企业养老保险统筹工作，1995年起，养老保险扩大到全区企业职工。2000年10月起，无锡市区离退休人员基本养老金实行社会化发放。2003年11月，企业退休人员社会化管理服务工作启动，原由企业单位管理的退休人员改为属地管理。2004年，企业退休人员全部实行社会化服务。区建有企业退休人员社会化管理服务中心，街道成立退休人员社会化管理服务所，社居委按片成立社区工作站，配1名协管员，形成区、街道、社居委三级管理网络，由社区为企业退休人员提供社会保障、社会管理等职能，2004～2005年，全区共接管企业退休人员2.75万人。

第二章 民政管理

80年代后，民政工作以救济救灾、社区服务、优抚安置、居民自治组织建设为重点，全面推进并逐步加强。90年代后，重点推进优抚安置、社会救助、社区建设、社会行政管理等工作，加大扶贫帮困力度，建立健全城镇居民最低生活保障制度，形成“政府主导、群众参与、社会参与”的扶贫帮困救助新格局；同时，适应区内人口老龄化发展趋势，拓展养老事业。2000年后，适时进行社区组织管理体制改革，转换工作职能，创新工作机制；转移工作重心，减轻居委负担；加强基层政权建设，充分发挥居委会自我管理、自我教育、自我服务“三自”作用，社区服务、社区教育、社区文化、社区治安等工作全面推进，促进社区建设工作全面发展和提升。区被民政部命名为全国先进城区示范单位、全国社区建设示范区。

第一节 机 构

1985年，撤销区民政科，改建区民政局，为区政府职能部门，业务上受市民政局指导。履行全区救灾救济、拥军优属、社区福利、婚姻登记等工作职能。并挂“崇安区军民共建社会主义精神文明工作领导小组”牌子。1986年，成立区老龄问题委员会，下设办公室，为区直属副科级事业单位。1990年，成立区残疾人理事会。1991年，“区军民共建社会主义精神文明工作领导小组”更名为“区拥军优属、拥政爱民，军民共建社会主义精神文明工作领导小组”，办公室设在区民政局（简称“区双拥办”）。1997年，区民政局增加社团管理职能。2000年，增加社区建设协调管理和收养登记管理职能。2001年，成立区社区建设协调委员会，其办公室设在区民政局。2002年，区老龄问题委员会改称区老龄工作委员会（简称区老龄委），其办公室设在区民政局。2003年，区残疾人理事会从区民政局分离，残疾人工作职能随之转移。迄2005年，区民政局履行全区救灾救济、双拥优抚、基层民主政治建设和社区建设、民间组织管理，区划地名、养老机构和社会福利企业、老龄工作、婚姻登记、收养登记、殡葬等社会事务管理职能。下设临时机构有区双拥办；挂牌机构有区社区建设协调委员会办公室、区老龄委办公室；下属事业单位有：区婚姻登记服务中心、区敬老院、区老年康乐苑。办公地址除1992~1996年在大娄巷15号外，均在县前街82号区政府大院内。

1986~2005年，区民政局历任主要负责人为吴仁发、包和根、李明华。

1986～2005年崇安区民政经费使用情况一览表

表22-2-1　　　　单位：万元

年份	财政拨款	支出	其中					
			抚恤额事业费	离退休费	社会救济福利事业费	最低生活保障费	自然灾害救济事业费	其他民政事业费
1986	72.50	72.50	1.90	63.10	4.30	—	—	3.20
1987	82.40	82.40	2.20	71.50	7.70	—	—	1
1988	61.30	61.30	2	53.30	5.10	—	—	0.90
1989	37.50	37.50	2.30	24	9.80	—	—	1.40
1990	41.60	41.60	4.70	25.70	8.70	—	—	2.50
1991	57.20	57.20	5.40	23.90	14.80	—	7	6.10
1992	58.60	58.60	5.40	31.10	15.20	—	—	6.90
1993	67.60	67.60	7.10	39.20	13.90	—	—	7.40
1994	98.80	98.80	9.60	63	19.70	—	—	6.50
1995	113.70	113.70	13.90	63.50	28.30	—	—	8
1996	147.50	147.50	14.50	73.10	45.80	—	—	14.10
1997	151.60	151.60	21.50	74.90	42	—	—	13.20
1998	191.10	191.10	18.10	73.80	52	—	—	47.20
1999	230.07	230.07	25.30	10.56	54.87	—	3	136.34
2000	399.60	399.60	27.90	75.30	55.80	—	—	240.60
2001	398	398	28.30	70	113.20	—	1	185.50
2002	885.60	885.60	32.20	78.60	311.10	—	2	461.70
2003	811.70	811.70	35.40	80.54	58.73	310.10	1	325.93
2004	1092.60	1092.60	41	83.60	61.50	373.30	3	530.20
2005	1106.90	1106.90	98.10	118.40	65.10	364.30	5	456

说明：上述资料由区民政部门提供。

第二节　基层民主自治建设

（详见第三十三编街道社区第八章社区居民委员会内容，第1160页）

第三节　优抚安置

80年代后，区民政部门把优抚安置作为重点工作之一，通过不断改革，完善优抚工作，数次提高伤残军人抚恤标准，对烈属、因公牺牲和病故军人家属由定期补助改为定期抚恤，对复员军人扩大定期补助范围，形成国家、社会、群众相结合的优抚体制。根据《中华人民共和国兵役法》，依法安置军转干部、退伍义务兵以及军队离退休干部（简称军休干部）和部队无军籍退休职工，并按照市政府支持部队建设的有关规定，做好转业干部家属和随军家属的安置工作，实现军嫂无待业、无下岗。

【抚恤优待】

区民政部门主要对“三属”（烈士家属、因公牺牲军人家属、病故军人家属）、伤残军人等优抚对象按照国家规定，定期抚恤补助。80年代，开展军民共建活动后，区每年于“八一”建军节前后，开展拥军优属活动，慰问“三属”、伤残军人、复员军人、退伍军人等。1986年，全区有“三属”117户、现役军属1584户、伤残军人6人、不在职老复员军人3人。向优抚对象发放优待抚恤费1.9万元。1997年7月起，市对“三属”、伤残军人、老复员军人抚恤补助标准及保健金发放标准，实行按上年度职工平均工资一定比例的增长机制。2005年，全区发放优待抚恤费98.1万元，其中，“三属”抚恤费3户、8.6万元，伤残军人伤残抚恤费151人、85.2万元，不在职老复员军人补助金4人、4.3万元。

与此同时，1987年始，实行城镇义务兵家属优待办法，地区待业人员入伍采取“征集与安置同时进行”的办法，一般安置在全民所有制单位，优待金由单位负责解决：第一年200元、第二年250元、第三年300元、第四年350元，第五年起每年400元；少数因故未安置的，其优待金由街道解决；企事业单位入伍的义务兵，按同年进厂工人每月基本工资70%的标准，由所在单位发给其家属。优待金来源于全区在职职工每人每年缴纳的2元社会统筹金。1990年后，城镇义务兵优待金和优待金统筹标准多次提高。1996年，优待金标准提高到第一年800元、第二年880元、第三年960元、第四年1040元，第五年起每年1120元。优待金统筹标准提高到每个职工每年缴纳8元。2001年，优待金由社会统筹改为市财政支出，由区民政局负责发放。2003年，优待金标准再次调高为入伍第一年2300元、第二年2600元，企事业单位入伍的义务兵，优待金标准低于其月基本工资70%的部分由单位补足。2000~2005年，全区向413名义务兵家属发放优待金207.16万元。

1986～2005年崇安区优待抚恤对象情况一览表

表22-2-2　　单位：人、户

年　份	伤残军人	烈士家属	因公牺牲及病故军人家属	现役军人家属	不在职老复员军人
1986	6	98	19	1584	3
1987	8	94	15	1462	4
1988	8	90	15	1456	4
1989	8	87	15	1388	11
1990	172	85	15	1228	4
1991	170	83	15	1208	4
1992	170	66	34	1241	4
1993	170	112	44	840	4
1994	168	112	44	824	4
1995	169	47	2	510	4
1996	172	114	28	1120	4
1997	170	46	25	900	4
1998	163	46	10	974	4
1999	158	86	15	1065	8
2000	158	70	15	1600	8
2001	161	39	3	1585	4
2002	156	40	1	815	4
2003	161	39	9	786	4
2004	150	39	7	850	4
2005	151	38	6	757	4

说明：1. 上述资料由区民政部门提供。2. 1990~2005年，伤残军人数含在职伤残军人。

1986～2005年崇安区优待抚恤费发放情况一览表

表22-2-3　　单位：万元

年　份	总　额	烈属、牺牲病故军人家属抚恤费	伤残抚恤费 不在职伤残军人抚恤金	伤残抚恤费 在职伤残军人保健金	伤残抚恤费 护理费	不在职老复员军人补助金
1986	1.90	0.10	0.70	—	0.30	0.80
1987	2.20	0.70	0.40	0.30	0.60	0.20
1988	2	0.70	0.90	0.10	0	0.30
1989	2.30	0.20	1.30	—	0	0.80
1990	4.70	0.50	0.90	1.90	0.80	0.60
1991	5.40	0.60	1	1.80	1.30	0.70
1992	5.40	0.60	1.10	1.80	1.10	0.80
1993	7.10	0.80	1.30	1.90	2.10	1
1994	9.60	0.70	1.40	2.30	3.90	1.30
1995	13.90	1.10	2.10	4.30	4.50	1.90
1996	14.50	1.30	4.60	3.10	3.60	1.90
1997	21.50	1.90	7.30	6.60	3.80	1.90
1998	18.10	2	6.20	5.50	2.80	1.60
1999	23.50	2.20	9.92	6.54	3.94	2.70
2000	27.90	3.30	11	7.10	3.20	3.30
2001	28.30	5	7.50	10.30	3.80	1.70
2002	32.20	4.10	9.40	10.40	4.80	3.50
2003	35.40	3.30	12.19	10.54	5.77	3.60
2004	41	3.20	14.40	11.80	6.40	5.20
2005	98.10	8.60	17.90	58.10	9.20	4.30

说明：上述资料由区民政部门提供。

【接收安置】

1986年后，区民政部门把做好军休干部、部队无军籍退休职工、随军家属、退伍义务兵等人员的接收安置作为重点工作之一。1986年，区接收军休干部5人，无军籍退休职工6人。1990年，接收原由市民政局管理的军队序列单位和事业单位无军藉的编内和编外的退休、退职固定职工。军休干部享受部队同职级离退休干部离退休费和各项补贴，部队无军籍退休职工享受事业单位退休待遇。驻锡部队(含武警)现役军官随军家属及转业干部随调配偶的安排同现役军官，参照其职务等级和从事的职业合理安排，与军队转业干部同时接收安置。区每年完成5～6名随军家属安置的指令性任务，随军家属和随调配偶安置率、优待率、照顾率100%。退伍义务兵安置由1996年前的计划安置逐步转为计划安置和双向选择相结合，2005年7月起改为货币安置、自谋职业，并改由市民政局负责。2005年，全区有军休干部3人，部队无军籍退休职工4人，全年发放工资、补贴21.1万元。

与此同时，区民政部门还负责对户口迁入崇安区的外地机关、事业单位退休人员（简称易地人员）的安置管理，包括工资发放和工资调整，落实福利待遇等。1986年，接收易地人员5人、转出33人、死亡23人。是年，管理易地人员609人，发放退休工资56.1万元。此后，人员每年均有增减，20世纪末起，区民政部门不再接收易地人员。迄2005年，区民政部门管理的易地人员仅剩34人，全年发放退休工资97.3万元。

第四节　社会救济

80年代，主要对孤老残优等社会贫困对象实行社会救济。90年代后，社会救济实行“定期补助和临时补助、平时补助和节日补助、政府救助和群众救助”并举的办法，逐步从单一政府行为转为

“政府指导、群众参与、社会参与”的扶贫帮困救助格局，对救助对象实施“应保尽保、应业尽业、应帮尽帮”的工作方针。1995年实施城市居民最低生活保障制度后，逐步形成以最低生活保障制度为主体，以“五位一体”①的社会救助网络体系为支撑的工作格局。迄2005年，全区享受最低社会保障1600人，发放低保金364.3万元。最低生活保障制度和社会救济工作朝制度化、社会化福利保障方向发展。

【特困居民救济】

80年代，主要救济“三无”②人员和社会困难户，实行定期定量补助（简称定补）。1986年，全区有“三无”人员60人、孤儿12人、社会困难户14户，每人（户）每月救济20元。1987年增至25元。1989年提高到35元，元旦、春节增加临时补助35元，国庆、中秋两节日增加补助15元，人均年生活补助费500元左右。是年，全区发放定补和临时救济款6.2万元，还发放棉布265.67米、被单35条、棉胎（被）68条、棉衣（裤）110件（套）等各类救济物品。同时，为20多名孤老安装自来水管，解决吃水难；为4户孤老安装电表、电灯；帮助5户社会困难户解决住房问题。1995年4月1日起，在全市率先实施城市居民最低生活保障制度，“三无”人员和社会困难户由区民政部门救济，困难职工由企事业单位负责，最低生活保障金标准为每人每月120元。是年，全区纳入城镇最低生活保障的低收入家庭（简称低保对象）有42户、56人，区发放低保金4.75万元。1996年，低保对象增加到99户、184人，每人每月最低生活保障金提高到140元，全年发放低保金11.19万元。为社会孤老残幼和社会困难户发放定期、临时补助3.55万元。开展多种形式扶贫帮困活动，社会帮困救助600户，发放补助金和慰问品14万元。1999年，进一步完善社会帮困救助工作，开展“一助一”活动，结对扶贫422对。对低于全市城镇居民最低生活社会保障线的217名残疾人困难家庭和73名有生活保养关系的无劳动能力残疾人发放一次性生活救济金6万元，为其中72名特困残疾人实行定期补助，31名特困残疾人给予慈善救助。2000年10月起，贯彻《无锡市居民最低生活保障实施细则》，落实“按实际收入计算家庭收入”的低保政策，逐一核实，确保地区符合条件、享受低保的困难群众全部纳入低保范围。并把原由企业单位救济的在职、下岗、退休、失业人员列入最低生活保障范围，实行“属地管理”，由区民政局“应保尽保”。2001年，每人每月最低生活保障金提高到220元，全区最低生活保障对象增至1075人，全年发放低保金65.3万元。2002年，为600多户特困低保家庭办理减免水电费、有线电视费、学杂费、房租费等60多万元，为9户特困低保家庭落实廉租住房。2004年，送温暖走访1900户，帮困救助3800人次，为特困户发放米油、衣被等实物及各类救助51万元，为低保对象办理减免住房租金、水费、学杂费、有线电视费等100多万元，为23户特困户解决廉租住房，全年发放救济费434.8万元。2005年，居民最低生活保障标准提高到每人每月300元，全区享受最低生活保障对象1600人，实际发放低保金364.3万元。全区基本形成以最低生活保障制度为主体，以“五位一体”社会救助网络体系为支撑的工作格局。

【慈善救助】

90年代后，区民政部门把做好弱势群体、贫困群体、特殊群体中保障人员的慈善救助作为重要工作。全区每年开展“助残日”活动，扶助残疾人特困户；组织结对帮困，资助特困户家庭子女就学，为特困家庭送温暖、办实事、做好事。1999年，无锡市慈善总会发起“共享阳光温馨慈善一日捐”活动，开展助困、助医、助学、助老、助残“五个一工程”。是年，捐助19名特困生就学4.5万元，救助41户特困户医疗费5万元，减免7名精神病患者医疗费3万余元，救助10户特困残疾人3.5万元。2002年后，在全区组织“人道万人捐”活动，捐助170多名特困生就学9.7万元，救助23名特困户医疗费8万

①五位一体：资金救助、政策救助、实物救助、服务救助、结对救助。
②三无人员：无劳动力、无经济来源、无法定赡抚养人或法定赡抚养人无赡抚养能力。

元，为全区333名低保对象和特困及重病患者办理慈善医疗救助卡，发放慈善基金4.8万元。2000～2002年，全区累计补助医疗费84.91万元。2003年，为5693名低保对象、特困户办理慈善医疗救助卡，补助医疗费38万元；捐助37名特困生就学7.56万元。是年，在崇安医院挂牌成立无锡市慈善医院。2004年，医疗救助489人，补助医疗费36万元；结对帮助110名特困学生就学13万元。2005年，在新生弄4号建立崇安区慈善超市，并设立经常性捐助接收点。1999～2005年，"慈善一日捐"共募集慈善基金近350万元。

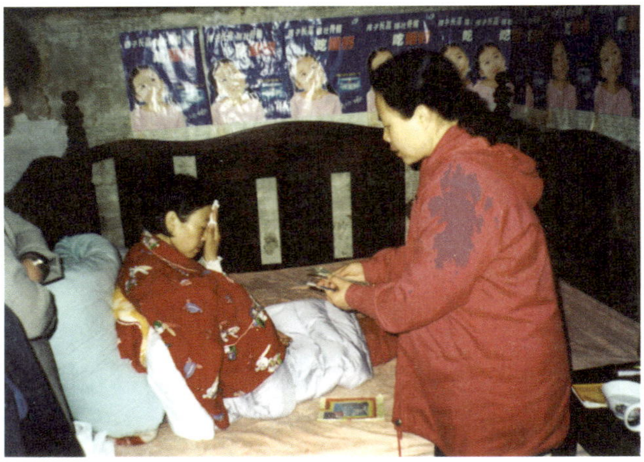
区每年组织"人道万人捐"活动（2002.3）　（工运路街道供稿）

【精退老职工救济】

80年代，主要对20世纪60年代初精简退职的老职工（简称精退老职工）按月补助救济。1986年，全区有精退老职工46人，发放补助救济款2万元。其中，享受原工资40%救济的36人、享受每月15元定补的10人。1988年，享受原工资40%救济的精退老职工每人每月增加10元，增加后不足30元的补足30元；定补对象增加到30元；7月，发放一次性生活补助60元。此后，补助救济标准逐年提高，精退老职工逐年减少。1996年，全区有精退老职工25人，发放补助救济款8.4万元。2005年，全区精退老职工减少到13人，全年发放补助救济款5.9万元。其中，享受原工资40%救济的11人、享受定补的2人。

【原国民党宽释人员救济】

根据中共中央、国务院1982年1月批转公安部《关于释放和安置原国民党县团以下党政军特人员的方案》的通知规定，对宽大释放人员无劳动能力的，原则上由家庭或亲友赡养，生活确有困难的，由当地政府给予社会救济。1987年，崇安区符合救济条件的宽大释放人员有10人，全年发放救济金0.2万元。1989年，发放救济金增加到0.5万元。此后，救济金逐年有所增加。1995年，符合条件的宽释人员减至4人，每人每年救济金增至1250元。迄2000年，4名宽释人员每人每年救济金提高到2250元。2001年后，该类人员纳入低保。

【赈灾救济】

1991年，崇安区遭受百年不遇的特大洪涝灾害，全区有1.18万户居民家中不同程度进水，倒塌房屋17户。区在全市率先开展"灾情在我眼前，灾民在我身边"募捐活动，共募集救灾款12.71万元，粮票10.37万公斤，接受上级救灾款29万元，全区1900多户民政对象无一冻死、饿死和发生传染病，实现省政府提出的"五不"[①]要求。1996年，开展"献爱心，筹资金，送温暖，保安定，迎新春"活动，募集衣被10万余件，援助陕西延安贫困地区。1998年，组织赈灾募捐活动，募集捐款8479万余元，以及价值30万元的各类赈灾物资6万余件。是年9月，又募集救灾款20万元，捐赠湖南省安乡。1999年，捐赠衣服15.37万件，支援陕西延安市和榆林地区。2002年，募集衣被16万件，支援陕西安康地区等灾区。

①五不：不饿死人、不冻死人、不出现成批外流、不发生疫病流，不延误中小学开学、没有大量的信访。

1986～2005年崇安区发放社会救济费情况一览表

表22-2-4　　　　　　　　　　　　　　　　　　　　　　单位：人、万元、户

年份	合计	孤老残幼定期定量救济费		社困户定期定量补助		精简老职工救济费		困难户救济费	国民党县团以下宽释人员救济费	
		人数	金额	户数	金额	人数	金额	金额	人数	金额
1986	4.30	72	1.70	14	0.30	46	2	0.30	—	—
1987	5.90	13	0.40	55	0.50	45	2.20	2.60	10	0.20
1988	5.50	62	2.60	—	—	45	1.90	0.60	10	0.20
1989	9.80	65	2.70	—	—	55	2.60	4	10	0.50
1990	8.70	33	1.40	19	0.80	31	2.70	3.30	10	0.50
1991	10.10	40	2.20	9	0.50	35	3.20	3.60	10	0.60
1992	9.10	34	2.20	8	0.50	33	4.20	1.50	10	0.70
1993	11.50	29	2.60	9	0.70	28	4.10	3.30	8	0.80
1994	15.40	26	2.90	11	0.90	28	5	6.20	6	0.70
1995	23.50	22	2.90	13	1.50	27	9.40	9.20	4	0.50
1996	39.90	18	2.80	66	7.60	25	8.40	20.30	4	0.80
1997	36.30	16	2.80	142	15.30	23	7.30	10.10	4	0.80
1998	47.40	15	2.80	155	20.90	22	7.10	15.80	4	0.80
1999	53.89	22	2.70	199	15.80	17	6.30	28.29	4	0.80
2000	54.10	22	2.60	249	22.90	17	6.70	21	4	0.90
2001	107.60	最低生活保障线救济费	1075人		65.30	17	8.50	33.80	—	—
2002	311.10		1600人		274	17	9.20	27.90	—	—
2003	368.83		1872人		316.10	14	5.33	47.40	—	—
2004	434.80		1722人		373.30	13	5.50	56	—	—
2005	429.40		1600人		364.30	13	5.90	59.20	—	—

说明：上述资料来源于区民政局民政事业统计年报。

第五节　社区服务

1986年起，区坚持把社区服务作为发展经济、稳定社会的大事来抓，发挥上为政府分忧，下为群众解难的作用。社区服务工作逐步形成以区为龙头、街道为主体、居委会为依托的三级网络，社区服务项目逐步系列化、产业化、社会化。2002年，区荣获"全国社区建设示范区"称号，学前街街道和江海街道、上马墩街道分别被评为省和市社区建设示范街道，风雷新村（西）等16个社区被评为市社区建设示范社区，其中崇安寺街道东河花园社区、江海街道风雷新村（西）社区被评为省社区建设示范单位。2004年、2005年，崇安寺街道先后获"全国和谐社区建设示范街道"荣誉称号和全国和谐社区自主创新奖。

【社区服务中心】

1989年，复兴路街道率先建立社区服务中心。1990年，上马墩街道利用靖海新村配套用房，建成1350平方米的社区服务中心。1991年，周山浜、学前街2个街道分别建立社区服务中心，居委微型社区服务中心也开始建立。1995年1月，无锡市社区服务现场观摩会在上马墩街道召开，推广该街道在12个居委建立微型社区服务中心的经验。各街道利用旧城改造拆迁还网和新村小区公建配套用房，并通过调剂、购买、腾让等途径，建立健全街道社区服务中心、居委微型社区服务中心。至1998年，8个街道均建有社区服务中心，面积8648平方米，开设社区托老、求助、医疗、健身、文娱等服务项目。建成居委微型社区服务中心88个，面积4094平方米。是年，上马墩、人民路2个街道被省民政厅评为省社区服务示范街道，学前街、崇安寺、周山浜3个街道被评为市社区服务先进集体。1999年，8个街道社区服务中心新增面积3500平方米，广丰三村、老戏馆弄、百岁坊巷、复兴巷、田基浜、

大同路、靖海二村、风雷二村8个居委微型社区服务中心面积150平方米以上。人民路、学前街2个街道社区服务中心分别形成养老托老、伤残儿托管特色。2000年贯彻《民政部关于在全国推进城市社区建设的意见》后，全面实施街道及其居委职能转变和工作重点转移，社区硬件设施建设力度加大，新增社区服务配套用房2万多平方米。各街道基本完成“五个一”[①]工程建设，学前街街道在全市率先建立200平方米的“敞开式办公、一站式服务、一次性受理”社区事务受理中心。随着居委撤并，微型社区服务中心服务用房面积均超过150平方米。2000年6月，区通过资产置换，将新生路小学改建成区社区服务中心（2004年并入区行政服务中心），建筑面积1300多平方米，设再就业服务中心、居民求助服务中心、婚姻登记服务中心、婚姻介绍服务所、残疾人康复中心、老干部活动室、慈善超市及社区服务中介服务处，为居民群众提供17大类200个中介服务项目。2002年，街道“六个一”[②]以及居委“九个一”[③]规范化达标建设基本完成。8个街道办公服务用房面积9513平方米。学前街街道新街巷社区建成全市首家多功能的社区俱乐部。江海街道风雷新村（西）社区建成时为“省内第一、全国一流”的综合服务站。区被民政部命名为全国社区建设示范区。2003年，区出台《关于全面开展社区建设示范街道、示范社区创建活动的意见》，按照示范社区建设的要求，区、街两级投入300多万元，通过新建、购买、扩建等方式，改造15个薄弱社居委的办公服务用房。是年，全区建有1个区级社区服务中心、市民求助中心，面积均达500平方米以上的8个街道社区服务中心（市民求助中心），54个社区服务站，形成区、街道、社居委三级联网的社区服务系统。2004年，通过腾让、置换、改造、新建等途径，完成8个社居委的达标改造。社居委办公服务用房普遍达到150平方米以上，8个社居委超过500平方米。2005年，按照街道办公服务用房不少于5000平方米、社居委不少于500平方米的新标准，全面实施街道“一街一楼”、社居委“一居一房”建设。迄2005年，广益街道“一街一楼”已达标，崇安寺街道综合楼开始动工，通江、广瑞路2个街道综合楼批准立项。18个社居委办公服务用房达到500平方米以上，占社居委总数（不含广益街道）的52.94%。社居委办公服务用房设有会议室、图书阅览室、多功能活动室、文化教育室、健身室、社区警务室，以及具有家政幼托、低保优抚、劳动就业、计生卫生、养老助残、法律咨询等服务功能的办事大厅，部分社居委设有公共触摸式电脑显示器，成为数字化社区。

江海街道风雷新村西片社区服务站　　（江海街道供稿）

社区一站式服务大厅（2005）　　（广益街道供稿）

①五个一：详见《大事记》1999年页下注，第27页。
②六个一：一特色街、一标志性景观、一文体活动广场、一办公楼、一信息网络、一特色项目。
③九个一：一台电脑，一架照相机，一套音响，一部电话，一套体育活动设施，一千册图书，一个居务公开栏，一支社区志愿者队伍，一整套工作制度。

【社区服务项目】

1986年后，地区服务逐步从民政救济型向社会服务型发展，服务对象从“孤、残、优（优抚）”发展到“老、幼、双（双职工家庭）”，围绕家务劳动社会化，各街道、居委设立洗衣房，开设修补服务站，开办代购、代销、代办“三代店”和学生“小包饭”等，建成万前路风味小吃一条街、孟渊弄修补一条弄，提供低偿微利的服务项目，解决居民群众洗衣难、修补难、吃早点难、学生午餐难。同时，在邻里间开展以互相帮助照看门户、照顾老人、带领小孩、收晒衣物、买米买煤球、买菜做饭、代领票证等为主要内容的“十帮互助”活动，解除居民群众尤其是双职工的后顾之忧。1989年，崇安区制定《关于深入开展社区服务工作的意见》，全区9个街道都成立社区服务工作委员会，各居委建立社区服务领导小组，逐步建立老年人、残疾人、优抚对象、家务劳动、青少年儿童、安全保卫、城管卫生、移风易俗8个社区服务网络。90年代，各街道从实际需求出发，创新服务手段和服务形式，建立与社会经济发展相协调的社区服务模式，形成老年人服务、残疾人服务、优抚服务、家务劳动服务、青少年儿童服务、移风易俗服务、治安民调服务、环境卫生服务、文化教育服务、便民生活服务十大服务系列，开展面向老年人、儿童、残疾人、社会贫困户、优抚对象的社会救助和福利服务，面向社区居民的便民利民服务，面向下岗职工的再就业服务和社会保障服务，新增一批家政服务、职业介绍服务、医疗卫生服务和为特殊群体服务的项目。2000年，街道、居委职能转换后，社区服务从为民政对象、社区居民服务扩大到为社区单位服务，从便民利民的零星服务转向系列服务，逐步形成养老、助残、优抚、青少年教育、便民等社区服务特色。养老体系以街道、居委养老设施为主阵地，并健全孤老包护网络，提供上门服务和居家养老护理等服务；助残体系以辅读学校、福利企业、社区康复站为依托，对残疾儿童提供义务教育，对残疾人开展社区康复、帮助就业、精神病监护等服务；优抚体系以发动社区志愿者结对帮扶为主要形式，为革命功臣、烈军属解决生活、工作困难等；青少年教育体系以学校、地区、家庭“三结合”为途径，举办校外放心班，组织特困学生助学，开展违法青少年帮教等；便民服务体系按照居民需求，不断调整充实服务项目，为居民提供代请保姆、介绍钟点工、护理康复、教育辅导、老人看护、代订牛奶、再就业信息、水电维修等服务。2003年后，以示范社区建设为重点，拓展特色社区的内涵，各社居委充分挖掘和利用社区资源，不断拓展社区服务领域，重点抓好面向弱势群体的社会救助和福利服务，面向下岗失业人员再就业服务和社会保障的社会化服务。同时，鼓励各类所有制企业和民间组织兴办社区服务组织，为社区居民提供各类必要的服务项目。

区残疾人服务中心康复设施（2005.3）　（区残联供稿）

第六节　老龄工作

辖区老年人口呈逐年上升态势。1985年，60周岁（含）以上的老龄人口2.09万人，占全区总人口10.68%，率先进入老龄化城区。1986年9月，区老龄委成立后，各街道相应建立老龄工作机构，居委会相继成立老年协会，形成区、街道、居委会三级老龄工作网络。区贯彻《江苏省保护老年人合法权益条例》和《中华人民共和国老年人权益保障法》（简称《老年法》），按照“党政主导、社会参与、全民关怀”的要求，不断加强老龄工作，新建改建养老和文体活动设施，为老年人提供学习教育、娱乐、健身等场所，丰富老年人的文体生活，并不断完善养老、医疗、维权等保障服务，实现“老有所养、老有所医、老有所教、老有所学、老有所为、老有所乐”的目标。区荣获2003~2004年度江苏省老龄工作先进区。迄2005年，全区户籍人口中60周岁（含）以上的老年人口3.58万人，占总人口的比例升至19.4%。

【老年维权】

1986年起，特别是1988年《江苏省保护老年人合法权益条例》颁布后，每年农历九月初九（重阳节）被确定为江苏省和无锡市敬老日，区、各街道老龄组织每年利用敬老日组织宣传活动，动员社会各方面关心老年人。1996年《老年法》出台后，区把《老年法》纳入“三五”“四五”普法规划，通过培训、宣讲、知识竞赛等多种形式，大张旗鼓学习宣传贯彻《老年法》，提高全社会尊老敬老意识，切实维护老年人权益。1997年，在全市率先推广上马墩街道在居委会建立老年人心声站的做法，并在各居委会普遍推开，老年人心声站成为老年人倾吐心声、排解纠纷的场所。2003年8月，区建立老年人法律援助站，并同区法律援助中心联手，先后为11名老人提供法律援助。2005年，各社居委相继建立老年维权岗，形成区、街道、居委会三级老年维权网络，依法保护老年人的合法权益。

【养老服务】

辖区老年人养老主要采取家庭赡养、社会帮扶、政府补助和政府保养相结合的办法。一般以家庭养老为主；家庭照顾有困难的，由居委会托老站照顾或到社会养老机构寄养；身边无人照顾的老人，由街道、居委孤老包护组提供服务；“三无”老人由市社会福利院收养。1987年，各街道建有119个孤老包护组，为208名孤老提供“一包三定四帮”①服务。1994年6月，组织对无业社会老人生活情况调查，全区无业社会老人1923人，其中生活困难的399人。1995年起，生活水平低于全市最低生活保障线的老人纳入低保。1997年后，每年对低保边缘的老人发放一次性生活补助。2002年3月，组织特困老人生活状况调查，全区有特困老人269人，占老年人总数的1%。对生活困难老人实行登记建卡，每年进行核对，落实帮扶措施。同时，对“空巢”老人给予帮扶。2005年8月，在全市率先开展“关爱空巢老人，做好帮扶工作”活动，376名“为老”服务志愿者参与“空巢”老人服务，与215名高龄、病残、特困等独居老人“一助一”结对帮扶。是年，172名70岁以上低保老人提高低保金20%。迄2005年，全区补助困难老人2980人次，补助金额58.5万元。

帮扶老年人恢复体能（2005）　（区敬老院供稿）

与此同时，对高龄老人提供特殊服务。1987年起，为70周岁以上高龄老人发放高龄卡，凭卡免费乘坐公交车、进入公园；为60~69周岁的老人发放老年卡，凭卡免费进公园。1993年起，为百岁老人每月发放健康长寿补贴金50元，1995~2005年提高到100元。1997年起，每年对90岁以上高龄老人走访慰问。1999年，为200多名90岁以上高龄老人免费体检。2001年起，70周岁以上高龄老人就医免收门诊诊

①一包三定四帮：包生活、疾病照顾；定人、定时、定住房；帮买粮煤等生活用品、帮清洁卫生、帮送医送药、帮联络亲友。

疗费。

【老年教育】

居委老年学校现场交流会（1999.4）　　（杨春南摄）

1992年，成立区老年大学，抽调师资，先后开办保健、摄影、电脑、书法、歌咏等班级，1992~2000年，毕业学员1514人。2001年，发展到5个班级、200多名学员。2002年7月起，与市老年大学联合办学，学员增至1200多人。社区老年教育始于1999年，至2000年，有10个居委开办老年学校，2001年，18个社居委成立市空中老年大学教学辅导站。迄2005年，全区有区老年大学1所，社居委老年学校（辅导站）54所，学员4000多人。

【老年文体】

1986年，区成立老年人体育协会，组织推广老年迪斯科、交谊舞、气功等活动。1987年，成立区钓鱼协会。1992年，开展老年人晨锻炼活动，各居委设立老年人晨锻炼辅导点，推动老年健身活动的开展。1992~1998年，区先后组织4届《崇安晨曲》晨锻炼项目汇演。1998年，组织推广元极舞。各街道、居委新建、改建一室多用的老年活动室83处，棋牌、健身、戏曲、书画等文体活动丰富多彩，一批自娱自乐文艺节目参加市、区慰问演出和比赛。每逢敬老日，区老龄委均组织庆祝联欢会，各街道、社区开展为老年人祝寿、金婚庆典、敬老座谈等活动。2003年，区老干部活动室兼区老年活动中心建成。是年，实施老年福利“星光计划”，加强社居委服务设施和活动场所建设，并开展创建文明老年活动室达标活动。2005年，开展以老年人“健康奔小康”为主题的系列活动，举行乒乓球、门球、太极拳、功夫扇老年健身比赛，丰富老年人的精神文化生活。迄2005年，6个街道42个社居委均建有老年活动室，总面积1.25万平方米。全区有老年文体团队89支，1972人。

老年腰鼓队（2003.9）　　（区文体局供稿）

【养老设施】

区养老设施建设起步较早。1986年，崇安街道率先开办集老人活动和孤老收养于一体的长寿宫，时有床位15张。崇安街道县前街居委建成回春楼，工运桥街道太平路居委建成家庭敬老院等。1987年，崇安医院在全市城区中率先开办老年病区，有床位50张。1990年10月，区投资150万元建成的全市首家区级养老机构——康乐苑对外开放。1992年，全区建有养老机构3个、床位89张。1999年，区通过资产置换，投入250万元，建成2000平方米的区敬老院。与此同时，各街道为满足不同层次老年人养老需求，先后开办多种形式的养老机构，有1996年上马墩街道开办的托老所期颐苑、1999年学前街街道开办的喻康苑老年公寓，以及人民路街道托老所、工运路街道益寿苑等，总面积1550平方米，床位103张。2002年区域调整后，广益敬老院划归崇安区。是年，江海街道又开办1家托老所。2004年，在靖海新村82号之5开办民办爱心康复院。迄2005年，老年设施几经整合，全区有区级养老机构2家、街道办3家、民办1家，建筑面积1.20万平方米，床位457张。

崇安区老年康乐苑 无锡市第一家区办养老机构，为自收自支的事业单位。位于上马墩三村，东临江海东路，南邻靖海公园。1987年批准立项，1990年10月26日建成开放。总投入150万元，其中区财政拨款50万、市老龄委支持50万、社会各界资助50万。占地面积3360平方米，建筑面积2925平方米。其硬件仿宾馆，主体建筑为三层楼，中为喷泉鱼池，设有24个老人休养房间，72张床位，房内配有空调、有线电视、沙发、挂衣橱、床头柜、卫生间，并设有活动室、阅览室、会议室、食堂、浴室等配套设施。开苑之初，曾开办老年经济实体，以副养苑，以副业补主业，积累资金，自我发展。1998年，新建500多平方米用房，建筑面积扩大到3400平方米。养老床位逐年增加，2005年达到120张。该苑服务家庭化，采取自理、半自理、全护理3种服务方式，每年数次组织老人开展丰富多彩的活动。住苑老人常年保持在90%以上，其中全护理老人65%左右，是老年人安享晚年的理想场所，多次被评为市文明敬老院、市老龄工作先进单位、市敬老先进单位，并积极创造条件，创建省示范性养老机构。

崇安区老年康乐苑内景（2002） （孙怡摄）

崇安区敬老院 区财政差额拨款的副科级全民事业单位，位于广丰三村22号。1997年，区政府以存量资产调整的方式，腾出区丰环幼儿园，改建为敬老院。1998年立项，1999年12月28日建成开放，占地面积2000多平方米，建筑面积1700平方米，后扩至2000平方米。总投入250万元，有24个房间，60张床位。每个房间配备空调、彩电和卫生设施，院内设有健身房、活动室、医务室等配套设施，具有老年人吃、住、康复医疗、休闲娱乐等综合服务功能。多次被评为市文明敬老院。

崇安区敬老院（2002） （顾祚维摄）

2005年崇安区敬老院（托老所）情况一览表

表22-2-5 单位：平方米、米、张

名　称	地　址	性　质	开办时间	建筑面积	床　位
区老年康乐苑	上马墩三村172号后门	公办	1990.10	3400	120
区敬老院	广丰三村22号	公办	1999.12	2000	70
广益街道敬老院	广丰路22号	公办	1983.07	4400	88
江海街道托老所	风雷新村92号	公办	2002.09	320	33
崇安寺街道老年公寓	解放新村28号	公办	1999.12	910	46
区爱心康复院	靖海新村82号-5	民办	2004	1000	100
合　计				12030	457

说明：上述资料由区民政部门提供。

【老年经济实体】

1992年开始，为解决老年活动经费来源不足的矛盾，市出台有关鼓励发展老年经济实体的政策，凡老年从业人员比例占50%以上、收益用于老年活动的企业，每年由税务、老龄、工商等部门予以认定。至1993年，70%的街道、居委开办老年经济实体，1994年，老年经济实体实现翻番。1995年，市政府出台优惠政策，老年经济实体所上缴的粮食风险基金、物价调节基金、企业所得税按一定比例由财政返还老龄组织。是年，老年经济实体发展到531家，大多为挂靠企业。1999年起，对老年经济实体进行整顿清理和转改制，2000年，减至177家。是年起，企业所得税按一定比例返回的优惠政策被取消。2001年起，老年经济实体不再进行资格年检。1994～2001年，全区老年经济实体共上缴国家税金916.33万元，区街两级老龄组织获得市、区财政退税补贴406.73万元。2002年，原享受的优惠政策全部停止执行，老年经济实体停办。

第七节　婚姻与收养登记

1950年，《中华人民共和国婚姻法》（以下简称《婚姻法》）颁布后，废除封建婚姻制度，禁止重婚、纳妾，禁止收养童养媳，禁止买卖婚姻、干涉婚姻自主，确立男女婚姻自由，实行一夫一妻、男女权利平等的新婚姻制度。1955年、1980年、1986年、1994年、2003年，国家原内务部和民政部先后5次修订《婚姻登记办法》，婚姻登记制度在改革中不断完善。特别是2003年新《婚姻登记条例》发布实施后，结婚、离婚登记手续进一步简化。婚姻登记管理机构历经区民政部门、街道办事处多次变化，1994年集中到区民政局统一办理。迄2005年未变。

与此同时，依法加强收养登记管理。特别是1992年国家颁布第一部《中华人民共和国收养法》后，收养登记管理办法进一步强化和规范。2000～2005年，区民政部门办理收养登记71件。

【婚姻登记】

婚姻登记是结婚、离婚的必经法律程序。1986年，贯彻国家第三次修订的《婚姻登记办法》。1987年4月，结婚登记前须进行婚姻保健、优生优育知识教育和健康检查。是年，在全区范围内清理各种不合法婚姻，对28对早婚和非法同居者，本着教育为主、妥善解决的原则，补办结婚登记12对，动员未满法定婚龄者分居16对。1986～1990年，结婚人数较多，离婚、复婚人数相对较少，年均结婚2435.2对、离婚78.8对、复婚5.4对。1991年后，结婚人数逐年下降，而离婚人数逐年上升。时结婚登记在街道办事处办理，离婚和复婚登记在区民政局办理。1992年5月1日起，结婚登记工作由区民政局与街道两级同时办理。1993年后，婚姻登记工作集中到区民政局统一办理。办理结婚登记手续除身份、户口证明外，还需提供单位婚姻状况证明、体检表。办理离婚手续需凭所在单位或居（村）委出具介绍信。1995～1999年，复婚人数呈成倍上升趋势。1991～2003年，年均结婚1269.54对、离婚203.85对、复婚32.92对。2003年10月，贯彻国家第五次修订的《婚姻登记条例》，区设立婚姻登记处，婚姻登记制度进一步改革完善，并公开收费标准、收费项目。办理结婚登记手续简化为由当事人就其婚姻状况作出声明，婚前医学检查不再作为婚姻登记的必要条件；并取消登记离婚需凭所在单位或居（村）委出具介绍信的规定。2004年后，婚姻登记集中在区行政服务中心的区婚姻登记处办理。2004～2005年，离婚人数成倍增长，每年高达400多对，占结婚人数的31.62%。1986～2005年，办理结婚登记3.14万对、离婚3906对、复婚551对。

1986～2005年崇安区婚姻登记情况一览表

表22-2-6　　单位：对

年　份	结　婚	复　婚	离　婚	年　份	结　婚	复　婚	离　婚
1986	3225	4	44	1996	1177	28	224
1987	2725	8	71	1997	1210	16	208
1988	2621	6	85	1998	1222	56	210
1989	1946	9	97	1999	1191	24	205
1990	1659	—	97	2000	1100	123	220
1991	1579	9	127	2001	1037	13	200
1992	1463	20	143	2002	1126	54	240
1993	1430	7	154	2003	1332	56	297
1994	1329	8	211	2004	1558	48	415
1995	1308	14	211	2005	1168	48	447

说明：上述资料由区民政部门提供。

【收养登记】

80年代，区民政部门允许公民领养被收容的弃婴和儿童，依据《婚姻法》第二十条的规定，保护合法的收养关系，保障收养人和被收养人的合法权益。1992年4月1日《中华人民共和国收养法》施行后，市区公民的收养登记统一由市民政局办理。其后，凡捡拾到弃婴和儿童，须经登报两个月确无人认领又找不到其亲生父母的方可被人领养。领养人须持身份证、户口簿、体检证明、婚姻证明、无生育能力证明和刊登弃婴启事之报纸等有关材料，办理领养手续。1998年11月，国家修改《中华人民共和国收养法》，将领养人最低年龄由原来的35周岁放宽到30周岁，不论有无子女，都可以从福利院领养孩子。1999年5月，民政部颁布《中华人民共和国公民收养子女登记办法》后，从2000年1月1日起，凡在辖区范围内捡拾到弃婴和儿童的收养登记由区民政部门办理，领养社会福利院抚养的弃婴由该院所在地的区民政部门办理。区民政局按照规定，依法办理收养登记手续和出证工作，对有关登记资料进行整理、装订、立卷存档，专人管理。2000~2005年，区办理收养登记71件，被收养71人，其中，社会福利院抚养弃婴17人、社会抚养弃婴54人。

2000～2005年崇安区收养登记情况一览表

表22-2-7　　单位：件、人

年　份	收养登记	被收养人	其　中	
			社会福利院抚养弃婴	社会抚养弃婴
2000	14	14	6	8
2001	11	11	2	9
2002	16	16	8	8
2003	13	13	1	12
2004	12	12	—	12
2005	5	5	—	5
合 计	71	71	17	54

说明：上述资料由区民政部门提供。

第八节　民间组织与地名管理

【民间组织管理】

1989年10月，国务院《社会团体登记管理条例》颁布。1990年，根据省、市有关清理整顿社会团体的统一部署，对辖区86个社会团体的活动地域、机构组织、经费来源、业务范围、住所等情况进行全面调查，56个社会团体经市民政局核准登记，30个不符合条例规定的社会团体分别予以合并、撤销、暂缓登记处理。1997年后，社团管理由市下放到区。1997~1999年，再次对全区社团开展清理整顿工作。依据1998年9月国务院新修订的《社会团体登记管理条例》中社团须具备法人资格等规定，区内34个社会团体，注销12个，保留22个；同时，对全区处以上党政干部兼任社会团体负责人的情况依法予以规范。此后，区民政局作为全区民间组织的登记管理机关，每年对全区社团组织开展年检。2001年，根据国务院《民办非企业单位登记管理暂行条例》和民政部《民办非企业单位登记管理暂行办法》，及省、市统一部署，区民政局对区有关部门作为业务主管单位审批的民办非企业单位进行登记管理，取得法人证书的民办非企业单位9家。2003年，根据中共中央办公厅、国务院办公厅《关于进一步加强民间组织管理工作的通知》和民政部《关于印发〈全国性社会团体分支机构和代表机构复查登记工作方案〉的通知》要求，对社会团体进行复查登记，注销10个。迄2005年，全区登记在册的社会团体21个，其中，学术性团体5个、联合性团体7个、专业性团体4个、行业性团体5个。另有登记在册的民办非企业单位10家。

2005年崇安区社会团体登记情况一览表

表22-2-8

序号	社团名称	驻　　所	主管部门	登记时间	说　　明
1	崇安区退休教师协会	崇宁路4号	区教育局	1991.01	1983.05成立
2	崇安区个体私营经济协会	冶坊场4-101	工商崇安分局市个私协会	1991	1983.08成立，原名崇区个体劳动者协会，1999.08改为现名
3	崇安区红十字会	县前街82号	区政府办	1991.01	1984.12成立
4	崇安区思想政治工作研究会	县前街82号	区委宣传部	1991.01	1986.03成立
5	崇安区中山路文体协会	中山路89号	区文体局	1991.01	1986.04成立
6	崇安区企业联合会、企业家协会	后西溪54-1	区发展改革局	1991	1987.05成立
7	崇安区计划生育协会	县前街82号	区计划生育局	1991	1989.09成立
8	崇安区家庭教育研究会	县前街82号	区妇联	1991	—
9	崇安区海外联谊会	县前街82号	区委统战部	1991	—
10	崇安区社区文化联谊会	公园路15号	区文体局	1991.01	—
11	崇安区政协联谊会	县前街82号	区政协	1991.01	—
12	崇安区教育学会	连元街36-709	区教育局	1992.01	原名区教育研究会，2002.10变更为现名
13	崇安区人大工作研究会	县前街82号	区委宣传部	1993.01	—
14	崇安区会计学会	县前街82号	区财政局	1996.01	—
15	崇安区流动人口管理协会	解放新村23号101室	公安崇安分局	2002	—
16	崇安区收藏家协会	县前街82号	区文体局	2002	—
17	崇安区农副协会	江海东路390号	区经济贸易局	2002	—
18	崇安区医学会	县前街82号	区卫生局	2005	—
19	崇安区预防职务犯罪协会	区人民检察院三楼	区检察院	2002.01	—
20	崇安区经纪人协会	崇宁路5号	工商崇安分局	2002.01	—
21	崇安区营养保健协会	小娄巷横街8-1	区科技协会	2005.01	—
22	崇安区老年体育协会	县前街82号	区体委	1990.01	2003注销
23	崇安区少数民族联谊会	县前街82号	区委统战部	1991	2003注销
24	崇安区侨台联谊会	县前街82号	区委统战部	1991	2003注销
25	崇安区设备管理协会	后西溪健康路口	区计经委	1991	2003注销
26	崇安区离退休医务工作者协会	县前街82号	区卫生局	1991.01	2003注销
27	崇安区纪检监察工作研究会	县前街82号	区委宣传部	1994.01	2003注销
28	崇安区体育总会	人民中路36号	区体委	1994.01	2003注销
29	崇安区现代硬笔书画协会	广瑞路175号	区文化局	1994.01	2003注销
30	崇安区保密工作研究会	县前街82号	区委宣传部	1994.01	2003注销
31	崇安区女干部联谊会	县前街82号	区妇联	1996.01	2003注销

说明：上述资料由区民政部门提供。

2005年崇安区民办非企业单位登记情况一览表

表22-2-9

序号	社团名称	驻　所	主管部门	登记日期	说　明
1	崇安区连元青少年体育俱乐部	连元街23号	区教育局	2001.11	—
2	崇安区陆家裡活动馆	道长巷66号1-2	区文体局	2001.10	—
3	崇安区周山浜街道社区服务中心	周山浜街道办事处	所在街道	2001.12	2005注销
4	崇安区通江街道社区服务中心	工艺路1号	所在街道	2001.12	—
5	崇安区工运路街道社区服务中心	周山浜街道办事处	所在街道	2001.12	2005注销
6	崇安区江海街道社区服务中心	宁海里113号	所在街道	2001.12	—
7	崇安区上马墩街道社区服务中心	靖海新村77号	所在街道	2001.12	—
8	崇安区金桥双语实验小学	学前街94号	区教育局	2001.12	—
9	崇安区广瑞路街道社区服务中心	广瑞一村15号	所在街道	2001.12	—
10	崇安区益都双语托儿所	振奋路18号益都苑二期34、35号	区教育局	2005.03	—
11	崇安区广益敬老院	广丰路200号	所在街道	2005.04	1983.07成立
12	崇安区广瑞路幼儿园	广瑞二村76-1号	区教育局	2005.10	—

说明：上述资料由区民政部门提供。

【区划地名管理】

地名普查　1990年10月至1991年9月，根据民政部《关于开展地名补查和资料更新工作的通知》和省市有关文件精神，区抽调337名人员组建临时普查班子，开展地名补查和资料更新工作，全区普查地名591条。其中，抢救性调查已消亡的地名资料161条；补漏1980年地名普查中遗漏地名112条以及新生地名33条；更新原来有误或有变化的地名资料257条。通过更补，全区规范地名430条（个），形成崇安区第二代地名资料。其中街道53条、里弄143条、巷67条；片区4个；居民区20个；泵站15个；游览地1个；桥梁9座，河道1条；区、街道办事处、居委会域名117条。迄2005年，尚未进行新一轮地名普查。

区界勘定　1996年7月至2002年，依照国务院、省有关通知精神，无锡市开展有史以来第一次全面勘界工作，对崇安区与相邻的南长区、北塘区、滨湖区、锡山区进行区界勘定。2002年1月18~23日，崇安区分别与邻区签订联合勘定的区际行政区域界线协议书。是年6月27日，市政府批准各区区际行政区域界线。经勘定崇南线（崇安区同南长区的边界线）：西起人民桥中心，为崇安区、南长区、北塘区的交界点，其座标为X=3495047.0，Y=40527351.0；东至亭子桥中心，其座标为X=3495591.0，Y=40529156.0；沿环城河中心线走向，全长3995米。崇北线（崇安区同北塘区的边界线）：北起崇安、北塘、锡山三区交界点，其座标为X=3499239.0，Y=40529311.0；西至人民桥中心，即崇安、南长、北塘三区交界点，其座标为X=3495047.0，Y=40527351.0；以沿河、沿解放西路、人民路为走向，全长4963米。崇滨线（崇安区同滨湖区的边界线）：西起亭子桥中心，即崇安、南长、滨湖三区交界点，其座标为X=3495591.0，Y=40529156.0；东至崇安、滨湖、锡山三区交界点，其座标为X=3495073.0，Y=40532242.0，全长4264米。崇锡线（崇安区同锡山区的边界线）：从崇安、北塘、锡山三区交界点起，至崇安、滨湖、北塘三区交界点止；其起点座标为X=3499239.0，Y=40529311.0，终点座标为X=3495073.0，Y=40532242.0，全长11927米。

第三章　民族宗教管理

1986年5月，区成立少数民族联谊会，为区委统战部指导下的少数民族群众组织，发挥政府与少数民族群众之间的桥梁和纽带作用。2002年4月，更名为无锡市少数民族联谊会崇安分会。是年8月建立区民族宗教事务局，为区政府序列部门，与区委统战部合署办公，正科级建制，核定编制2人。同时成立区民族宗教工作领导小组，由区委副书记任组长，分管副区长和统战部长任副组长。各街道相应成立由街道分管副书记为组长，党政办主任、综治办主任、统战干部和各居委（村）书记为成员的民族宗教工作领导小组，建立一把手负总责、分管领导抓具体的工作机制，形成区、街道、基层三级网络。2004年，各街道配备专职统战干部兼民族宗教工作助理。2002~2005年，区深入贯彻党和国家的民族宗教方针政策和法律法规，全力维护民族团结和社会稳定，保持民族宗教界的安定稳定，2002~2005年，为维护大局稳定作出积极的贡献。历任区民族宗教部门主要负责人：张永成、刘海波。

第一节　民族事务

1986年，辖区少数民族由1982年第三次全国人口普查时的15个、414人减少到12个、321人。1990年，第四次全国人口普查时，辖区有回、满、土家、蒙古、侗、彝、壮、朝鲜、藏、纳西、裕固等少数民族11个、391人。其中，回族人口334人，主要居住在上马墩、周山浜、广瑞路3个街道。蒙古族、满族分别居住在复兴路、上马墩等街道。2000年，第五次全国人口普查统计，辖区少数民族增至16个、469人。2005年，江苏省1%人口抽样调查统计，辖区有蒙古、回、藏、彝、壮、朝鲜、畲、满、侗、土家、纳西、苗、锡伯、维吾尔、布依、傣族等少数民族16个、278人，人数较多的依次为回族195人、满族33人、土家族和朝鲜族各8人、壮族6人。

1993年后，区贯彻国家民族事务委员会出台的《城市民族工作条例》，全面落实党的民族政策，维护民族团结，确保社会稳定。认真做好清真副食品、饮食、食品“三食”供应工作，切实维护少数民族权益，以恢复发展伊斯兰面店为重点，使这家创办于1919年的无锡唯一清真饮食店经营规模有所扩大。1995年3月，市政府拨款15万元，在市中心崇安寺农贸市场开办清真牛羊肉供应店。1998年5月，伊斯兰面店因崇安寺地块整体改造拆迁歇业。1999年4月，在公园路35号复业，并更名伊斯兰菜馆，营业面积扩大至300多平方米，其特色菜肴、点心受到各地到锡回民青睐和本地市民欢迎。2002年后，以促进民族团结进步繁荣为主题，宣传贯彻《江苏省宗教事务条例》等法律法规，依法保护少数民族公民的合法权益。按照“民族工作无小事”的原则，落实民族政策，协调民族关系，营造团结和谐的民族氛围。落实清真饮食企业减免、缓征税收等优惠政策，扶持少数民族创业就业，并组织开展少数民族生产、生活情况调查，做好少数民族扶贫帮困工作，少数民族贫困户全部纳入低保。加强辖区“三食”网点管理，规范清真副食品供应。组织丰富多彩的少数民族联谊活动，做好少数民族干部培养、教育和使用工作，增强民族团结。2003年，区民族宗教事务局先后获市地区统战工作综合目标达标奖、为团结稳定服务单项目标优胜奖。2005年，又荣获无锡市2005年度工作创新奖。

第二节　宗教事务

80年代，辖区内有佛教、道教、伊斯兰教、基督教、天主教5个教种，信教群众数千人。老城区内以佛教、伊斯兰教和基督教信徒居多，天主教主要集中在广益地区，其中，黄泥头和向阳2个自然村的信教群众比例高达90%以上。

1995年，根据中共中央、国务院《关于进一步做好宗教工作若干问题的通知》和《宗教活动场所登记办法》规定，开展宗教活动场所登记，辖区内中山路基督教教堂、长庆路清真寺、勤学路佛教居士林和广益镇永宁寺先后获得宗教活动场所法人登记资格。1998年，市政府为改善伊斯兰教徒的宗教活动条件，扩大接待国内外穆斯林友好交流的能力，筹资740余万元，在解放南路黄石桥启动清真寺新建，2000年3月落成。新清真寺建筑面积2182平方米，是原位于长庆路250号、创办于1921年老清真寺的5.5倍。2000年起，根据国务院宗教事务局《宗教活动场所年度检查办法》的规定，每年对区内4个宗教活动场所进行年检。

2002年8月，区民族宗教事务局建立后，依法对辖区宗教事务进行管理和监督；保护公民的宗教信仰自由，保护宗教教职人员履行正常教务活动，保护宗教团体和宗教活动场所的合法权益；配合有关部门揭露和打击利用宗教进行的违法犯罪活动。2003年，开展“三项治理”[①]工作，及时制止假僧假道乱做佛事道场、基督教私设聚会点等非法宗教活动的蔓延，规范宗教活动场所管理，并加强对宗教信徒尤其是青年教职人员的宗教政策宣传和引导，提高综合素质，融入和谐社会，成为新一代爱国爱教人才。对区直管的永宁寺，帮助其健全各类台帐和财务管理制度，规范佛事活动，完善防火防盗等各项措施，发扬佛教“慈善济事”的优良传统，积极参与市、区组织的“慈善一日捐”、“爱心助困”、“赈济新疆霍城雪灾”等慈善捐款活动。2004年，捐款4120元，捐赠衣被100多件。迄2005年，辖区有宗教团体和场所5处：位于中山路的无锡市基督教教堂、解放南路的无锡市清真寺、勤学路的无锡市佛教协会与无锡市佛教居士林、广益街道丁村后胡村的永宁寺。

永宁寺宗教人士积极参加区组织的慈善救助活动（2005）

（区民宗局供稿）

---

①三项治理：乱建庙宇、基督教私设聚会点、假僧假道乱做佛事道场。

第二十三编

文　化

崇安区文化历史悠久，清同治十三年（1874）建办的无锡第一家书场——迎园书场、清光绪三十二年(1906)开设的无锡第一家戏馆——庆仙戏园、光绪三十三年建办的无锡第一家楼座戏院——聚奎戏园、民国元年（1912）创办的无锡第一家公共图书馆——无锡县立图书馆、民国5年开设的无锡第一所综合性娱乐场所——新世界屋顶花园、民国36年开业的无锡第一家电影院——景新影戏院等无锡近代文化娱乐场所，均诞生在辖区内。

无锡解放后，文化工作受到党和政府的重视，文化艺术事业得到繁荣和发展。市人民大会堂、市文化馆、市少年之家、市新华书店，区文化馆、区工人俱乐部等文化设施先后在辖区建成开放。群众文艺活动十分活跃，形式多样。“文化大革命”期间，文化工作一度受影响。1978年中共十一届三中全会后，设立并逐步健全区级文化机构，街道相继建立健全文化站和居委文化室，形成区、街、居委三级文化网络，成为全区开展文化娱乐和宣传教育活动的主阵地，工厂、机关、学校等企事业单位群众文化活动日益丰富多彩。90年代后，随着人民生活水平的不断提高和日益增长的文化需求，区把丰富群众文化生活作为建设社会主义精神文明的重要内容，不断创新管理体制机制，逐步完善文化配套设施，协调推进文化产业发展，特别是2005年区委提出加快建设城市文化特色区的决策后，区致力整合历史文化、商业文化、社区文化和文明创建等资源，突出打造“崇安寺、名街名巷、公花园、艺术节和都市文化旅游”5大文化品牌，以文化艺术节为重点，带动和激发社区文化、企业文化、校园文化和民俗文化的全面发展，城区文化品位得到不断提升。1988~2005年，全区先后举办18届社区文化活动周（艺术节），文化活动主题突出，形式多样，并不断推陈出新，群众文化活动大到广场演出，小到社区“邻里好”演讲会、“家庭巧手”工艺展、“夕阳红”书画展等，并积极参加省、市各项比赛，有65项作品先后获奖，还建有各类特色业余文艺演出团队106个，群众业余文化生活丰富多彩。其间，在市场经济促动下，歌厅、舞厅、卡拉OK厅、录像厅、网吧等营业性娱乐场所应运而生，形成巨大的文化市场，区逐步建立健全文化市场管理机构，强化对辖区文化市场的行政执法和监管，以满足人们业余文化生活的需求。区于1999年被评为江苏省群众文化先进区。

区史志档案工作逐步得到重视和加强。先后完成区“三史”（党史、组织史、史志）编纂。1999年9月，区档案馆通过省二级国家综合档案馆考核验收。迄2005年，馆藏档案（资料）1.87万卷（册）。

第一章 文化设施

全市有一定规模的文化娱乐设施均集中在辖区。有1951年建成的无锡市人民大会堂以及红星、和平、大众、吟春等影剧院。80年代后，为适应人民群众日益增长的文化需求，辖区影剧院逐步改造成为多功能、大容量、高档次的综合性娱乐场所。网吧、歌厅、舞厅、录像、棋牌、健身等设施应运而生，并不断更新。区、街道、居委建立健全三级文化机构，相继建成2000平方米的区文化馆、980平方米的区图书馆、1500多平方米的区工人俱乐部。迄2005年，辖区有大众、大世界影城、和平等市级影剧院3家和北仓门等综合文化设施2家，有区图书馆、区文化馆、区少年宫等区级文化设施3家。6个街道均建有500平方米以上的文化活动中心，各居委都有50平方米以上的文化活动室，有演唱、舞蹈、民乐、锡剧、京剧、锣鼓、腰鼓等特色业余文艺演出团队106个。

第一节 辖区文化场所

1985年，辖区有红星剧场、和平电影院、大众电影院、吟春书场、市人民大会堂、崇安会堂等影剧场所6家，三凤楼、泰山、周山浜、和平等书场4家，以及市图书馆（市少年儿童图书馆）、市群众艺术馆（市美术馆）、市老干部活动室等文化场所。其后，因城市建设和地块改造，辖区文化场所历经多次调整改造变迁。市图书馆（市少年儿童图书馆）和群众艺术馆新馆相继移至南长区。所有的书场均因拆迁停业。迄2005年，仅剩和平电影院、大众剧院、无锡大世界影城3家，其规模不断扩大，由单厅、大厅改为多厅、小厅和豪华厅；设备不断更新，由普通银幕改为遮幅、宽银幕、立体放映；功能不断增加，由单一的影剧院发展到集电影、商业、娱乐、餐饮为一体的多功能休闲娱乐场所，满足不同层次群众文化生活需求。此外，辖区还有1993年新建的市老干部活动中心和2005年创办的北仓门生活艺术中心。

【影剧院】

红星剧场 位于长庆路241号。原为民国37年（1948）2月创办的大上海电影院，1951年更名为红星电影院，1956年改建为剧场，1965年属危房而停业。1981年元旦修复开业，成为影剧两用场所，更名为红星剧场，有座位1105个。2002年11月，因火车站站前商贸区地块改造被拆除。

位于书院弄的和平电影院（2005） （赵孙健摄）

和平电影院 位于书院弄34号。原为民国37年（1948）3月创办的皇后大戏院，时为无锡第一家设有软座的电影院。1953年，更名为和平电影院。1959年因危房翻建扩大建筑面积，更名为红旗电影院。80年代初，恢复原名，有座位1203个。1987年，改建为全市首家道尔贝立体电影院。2000年后，历经多次改造，引进英国DOBLY实验室的CP650数码专业解码设备，使用美国JBL电影专业级音响，并配以全球一流的“爱温”电影专业座椅。建筑面积2000平方米，有5个电影厅，以小厅大银幕为主，是一座集电影、餐饮、休闲为一体的文化娱乐场所。

大众剧院 原为民国37年（1948）8月创办的中国大戏院，1951年更名为大众电影院。位于人民中路90号。1959年、1964年曾两度停业大修。1979年，因属危房停业易地重建，1987年竣工开业，更名为大众剧院，影剧两用。剧场内设有1518张座椅，院前广场有停车场。2002年，加盟北京世纪环球电影院线，与世界同步上映大片，无锡观众可在第一时间欣赏优秀中外影片。

大众剧院（2005） （区文体局供稿）

大世界影城 位于中山路359号。原为清同治十三年（1874）由毛乐惠创办的迎园茶楼，1956年更名为迎春书场。1961年11月原地翻建，1962年4月落成开业，更名为吟春书场，时为无锡设施最完善的书场。“文化大革命”期间，改为春雷电影院。1978年恢复吟春书场，以放电影为主。1982年11月，改建为立体电影院，有座位667个。1991年7月，为满足不同消费层次的需要，改造成豪华电影厅，时为无锡市首家。2002年重建后，更名为大世界影城。平均每月放映中外电影130场，月票房收入跻身全国电影票房收入五十强。2004年，通过国家广播电影电视总局的“五星级影院”评定，成为无锡市唯一的五星级影院。

崇安会堂 位于县前街82号。原为崇安区机关会场，1980年开始兼放电影，有座位733个。1994年，因区机关改建拆除。

市人民大会堂 位于复兴路134号。1951年4月建成。占地1.33万平方米，建筑面积3400多平方米，有座位1877个，具有接待、召开会议、放映电影、剧团演出的设施和功能。1956年后，兼作影剧场所。1977年，建造东西两侧厢房，为无锡市主要演出场所和重要会议场所。1997年，因地面下沉成危房而拆除，1998年4月，无锡市人民大会堂移地太湖广场北侧永和路2号重建，1999年9月30日建成投入使用。

【书　场】

1985年，辖区书场4家，有1979年由学前街、工运桥、周山浜3个街道开办的三凤楼书场、泰山书场、周山浜书场，1980年开业的和平书场。各书场营业情况较好，上座率较高。90年代后期，因工运路地块、周山浜地块改造，泰山书场、周山浜书场相继拆除，和平书场改作他用。2002年，因无锡市中医院扩建，三凤楼书场被拆。至此，辖区无书场。

【市图书馆】

位于图书馆路。前身为民国元年（1912）筹建的无锡县立图书馆，馆内藏书4295余种、1.58万册。无锡解放后，更名为无锡市图书馆。1949年，藏书1.66万种，8.7万余册。1958年，该馆在省内首先采用闭架和半开架方式为读者服务。1960年，在西部建造三层书库1幢，建筑面积843.43平方米。1979年，在南部建成四层大楼，建筑面积2108.12平方米，地下室383平方米。1981年，在西南侧建成市少年儿童图书馆，建筑面积253.5平方米，藏书1.8万余册。1985年，馆舍总面积4696.55平方米，为建馆时的3.5倍，藏书73.27万册。1986年起，对老馆舍改造挖潜，更新设备，馆舍建筑面积增至5223平方米，实际使用面积为3556.35平方米，其中，书库面积增至2279.83平方米，阅览室面积增至515.88平方米。设外借部、阅览部、古籍部、参考咨询部、采编部、辅导部等6个部8个服务窗口。1987年，辟地下室7个房间为外借部和少儿馆辅助书库，耗资5万元改黄楼（因外墙为黄色而名）为古籍书库，并购置使用JX-3图书监测系统进行开架管理。1990年，成立艺术分馆，收藏艺术类图书，提供专门服务，成为图书馆特色馆藏的重要组成部分。1991年7月，投入5万元配置XT-286微机和SUN-386服务器，用于图书的采访数据存贮和书目编制，初步实现现代信息技术的应用。1992年，图书著录实现自动化，由手工操作转向计算机编录。1994年，通过市文明单位验收，被评为1991~1993年度省级文明图书馆和国家一级图书馆。1995年8月，图书馆新馆建设立项。1996年，因建设新馆，老馆址部分土地实行资产置换，暂闭部分馆室，仅开放图书借阅室、报刊阅览室和少儿借阅室。1997年，初步设计编制出便于操作的计算机程序，加快采购工作的自动化进程。发行中国首套图书馆纪念磁卡8000套。建立11个流动站和4个借阅分部。2000年6月，位于太湖广场南侧钟书路1号的图书馆新馆竣工，10月1日正式对外开放，建筑面积2.82万平方米，主楼13层，裙房7层，呈弧形环绕式，成为无锡市精神文明建设的标志性建筑。2005年，新馆开放面积达2万平方米，藏书126万余册，提供阅览座位1600多个，年订阅报刊1640余种；设立图书借阅室、报刊阅览室、文史阅览室、电子阅览室、参考文献检索室、少儿借阅室、休闲书屋、采编部、技术部、辅导部等22个服务窗口。

市图书馆（1985）　　（区档案局供稿）

【市少年儿童图书馆】

建于1983年，前身为无锡市图书资料青少年阅览室，为江苏省首先挂牌的少年儿童图书馆，与市图书馆实行“一套班子、两块牌子”管理体制。藏书0.7万册，连环画1.1万册，报刊120种，开设阅览、外借服务，设阅览座席72个。1988年，加入华东区少儿图书馆协会。至1990年，接待读者11万余人，流通图书16万余册次。1991年，成为华东地区少儿图书协会理事馆、江苏省少儿馆工作专业委员会副主任委员馆。1993年，获国家教委等四单位授予的“全国红领巾读书读报奖章活动先进集体”称号。1995年，实行敞开办证、延长借期等措施，增加每次可借册数，扩大少儿读者队伍。1999年，在江苏省公共图书馆1994~1998年度优秀服务成果评选中，获“少儿新故事会讲”暨“十佳小故事员评选”二等奖及“图书剧、课本剧、小品剧”大赛和“我爱家乡我爱党”读书征文演讲活动三等奖。1991~1999年，接待读者5万余人，流通图书近6万册次。2000年，无锡图书馆新馆建成后，迁至新馆一楼。少儿图书借阅室专用面积1000平方米，馆藏图书10万册左右，阅览座位200多张，使用彩色桌椅，设有卡通标示。2000~2005年，接待读者63万余人，流通图书143万余册次。

【市群众艺术馆】

原位于公园路30号（城中公园大门对面）无锡市文化馆原址，与无锡市美术馆同一馆址。1984年3月，在城中公园内多寿楼之北人民剧场原址建造新馆，高3层，建筑面积1360平方米，底层有环型展厅及电视录像放映室等。工作重点是培养、提高群众业余艺术骨干和研究、指导群众业余艺术活动。2000年12月迁至西水墩文化公园内。

【市老干部活动中心】

位于公园弄1号原崇安寺小学校址，建于1983年5月，时称市老干部活动室，为市委老干部局下属科级全民事业单位。内设茶室、棋牌室、图书室、阅文室、录像厅、小卖部、理发室、舞厅等；发挥老干部自娱自乐的功能，成立老干部艺术团、老干部棋类协会、老干部书画协会、老干部桥牌协会、老干部门球协会、老干部读书学习小组、老干部集邮协会等社团组织。1992年，在原中山商场三楼改建老干部舞厅。1993年11月，在原址新建4000多平方米的老干部活动室主楼，增添老干部休息室、老干部健身房、桌球室等。1995年6月，改现名。是年6月，在改造原活动场所的基础上，新建中山宾馆，设有标准房30套，贵宾房8只，大小会议中心5个。同年10月，升格为副县（处）级建制。2003年，因崇安寺地区改造被拆，市老干部活动中心迁至学前东路8号。2004年4月，中山宾馆实施改制、停止经营。是年，市老干部管理服务中心成立后，市老干部活动中心与其实行“一个机构、两块牌子”管理体制。2005年6月，无锡市老年大学成立后，与市老干部管理服务中心、市老年大学实行“一个机构、三块牌子”管理体制。

【北仓门生活艺术中心】

位于北仓门37号，原为中国蚕丝公司无锡仓库，俗称北仓门蚕丝仓库。2005年，由留学归国人员郑皓华创办。在完整保留仓库原有结构和建筑风格的基础上，借鉴美国纽约苏荷（soho）艺术街、上海苏州河畔艺术工作室和法国塞纳河“左岸”艺术家聚居区模式，改建为融合中国传统美学元素与现代西方艺术经典的“创意码头”，是无锡首个文化创意产业园区。室内面积6000多平方米，具有美术展览、艺术交流、创作、服务四大功能区域。一楼以实验家具、时尚家居、装饰精品展览为主，另有酒吧、餐厅、咖啡座和厨房；二楼是600平方米的创意设计师工作室；三楼是2000平方米的绘画、平面设计和公共艺术展示区。

北仓门生活艺术中心（2005）　　（区文体局供稿）

第二节　区级文化设施

80年代，区级文化设施有区文化馆、区工人俱乐部、区少年宫3家，规模小、档次低，与全区经济社会发展不相协调，与群众日益提高的文化社会需求不相适应。1986年后，结合城市建设和旧城改造，相继改扩建区工人俱乐部，新建区文化馆、区图书馆，2002年11月，区工人俱乐部因火车站站前商贸区地块改造被拆除。迄2005年，区级文化设施有区文化馆、区图书馆、区少年宫3家。其中，区文化馆为国家二级文化馆，区图书馆为国家三级图书馆，区少年宫是全国校外教育专业委员会城区少年宫常务核心组成员。

【区文化馆】

前身为1949年5月的无锡市民众教育馆，后先后改名为无锡市崇安寺人民文化馆、第一无锡市中心文化馆、无锡市群众艺术馆、崇安区文化馆。1958年8月划归崇安区领导，工运区文化馆并入。“文化大革命”期间停止活动，1972年恢复。馆址城中公园多寿楼，后迁大娄巷。1985年，又迁公园路30号，面积300平方米。1996年，区投资600余万元，在原址重建文化馆，1997年底竣工，为3层楼房，建筑面积2000平方米。设有乒乓球室、桌球房、电子游戏室、电脑室、棋牌室、排练厅、画室、展览厅等。2003年，因崇安寺地块改造拆除，搬迁至新生路9号原新生路小学作为过渡馆舍开展活动，面积1500平方米，常年举办少儿芭蕾、象棋、围棋、古筝、琵琶、武术、太极、时装模特等各类艺术培训班，设有英语对话角、文艺排练房、棋牌室、信息平台廊等9个活动室。区文化馆除辅导、培训外，还承担全区群众文化组织、指导工作。1998年，区文化馆被评为江苏省二级文化馆。2002年，被评为无锡市2001~2002年度社区建设先进集体。2003年，被文化部评为国家二级文化馆。

1997年在原址重建的区文化馆（2003）　（孙怡摄）

【区图书馆】

成立于1987年，与区文化馆实行一套班子、两块牌子体制，设于区文化馆内。1998年，与区文化馆分设，为独立建制的区属事业单位。1999年2月，迁至德兴巷32号，馆址为无锡市文物保护单位陈氏旧宅。建筑面积980平方米。一楼设有报刊阅览室、外借图书室、读者服务部、书库、办公室。其主要功能是方便读者在馆内阅读图书报刊。二楼设有多媒体阅读中心、科技阅览室、电脑网吧、复印设备，方便读者上网查阅信息。三楼设有多媒体演示中心、有声读物室，可举办各种培训班、信息发布会、学术报告会等。每年6月，区图书馆在市中心设点开展读者服务周活动，介绍读书心得，推荐新书，展示读书活动成果。2001年，开展“党在我心中”读书征文活动。2002年，与区少年宫组织“爱我家园”红领巾电脑制作大赛。并对社区居委图书室进行业务指导，培训图书管理员100多人。2004年，区政府又投入15万元，添置20台电脑和其他设备，进一步改善图书馆环境设施。是年9月，区图书馆建成江苏文化资源共享工程基层中心。2005年，评为国家三级图书馆。区图书馆内还设有区书画院，依托图书馆馆舍开展活动。

【区工人俱乐部】

其前身是1952年10月成立的位于市图书馆西侧的第一区工人俱乐部和位于光复桥前太平巷9号的第二区工人俱乐部，1958年，崇安、工运两区合并后，工人俱乐部相应合并而成，面积1050平方米。“文化大革命”期间停止活动，人员转业，房舍由红旗电器厂使用。1980年恢复。1981年对外开放，人员编制10人，设文艺、体育、美术、图书、财会等部门，面积350平方米。1982~1985年，先后组织举办崇安区劳动模范事迹展览、“美在生活中”书画展览、时装表演、中老年交谊舞大奖赛、棋牌比赛等活动，丰富辖区职工业余文化生活。多次被评为市模范俱乐部。其创作并演出的歌曲、相声、舞剧、歌剧等节目多次获奖。1986年6

崇安区工人俱乐部（1985）　（区工会供稿）

月，市总工会投资60万元翻建的区工人俱乐部竣工，面积1500平方米。后经加层，面积增加到1800平方米。内设图书阅览室、展览室、排练室、健身房、棋室、画廊、舞厅、歌厅、录像厅等。1987年10月，区工人俱乐部光荣出席全国工会文化宫俱乐部工作会议。1987~1992年，先后与无锡市棋类协会联合举办3届无锡市围棋升段升级赛、“崇工杯”苏锡常中国象棋对抗赛；与无锡市健美协会联合举办2届无锡市健美比赛。1991年4月区工人俱乐部健美队获江苏省“五一杯”健美比赛团体总分第二名。1992年5月，区工人俱乐部在江苏省文化宫俱乐部工作会议上作“保重点，抓热点，开发新意点，努力提高两个效益”的经验交流。1992年、1995年，先后2次被评为江苏省优秀文化宫俱乐部单位。与此同时，还先后协助市、区有关部门举办区“党旗颂”职工文艺调演、市“三胞”及眷属“华夏之春”文艺大奖赛、市残疾人文艺演出、市室内插花艺术大赛、市中老年迪斯科健身操比赛等活动。2002年11月，因火车站站前商贸区地块改造被拆除，人员分流。

【区少年宫】

崇安区少年宫（1985）　（区少年宫供稿）

前身为1980年12月成立的区少年之家，位于崇安寺寺后门1号。1982年7月迁至后西溪38号，1983年元旦开放，改现名。占地面积3012平方米，建筑面积2103平方米，由江苏省政协主席包厚昌题写“崇安区少年宫”匾额。区少年宫负责组织各校开展少先队活动，开办电子、电脑、生物、天文、航模、数学、摄影、书法、绘画、舞蹈、器乐等培训班及少儿兴趣班，是崇安区少年儿童学习、活动、教育和培训的基地。1985年前，区少年宫先后获得1984年全国少先队工作先进集体，1985年全国少先队“创造杯”活动优胜奖、全国少儿美术比赛一等奖、全国少儿书法比赛一等奖、全国少年宫儿童诗一等奖等。1986~2005年，每年开办培训班600多个，开设舞蹈、书法、绘画、器乐等9个大类18个小类的兴趣科目，年培训学员1.86万人次。先后获得全国青少年集邮活动示范基地、全国青少年书法教育十大明星学校、第5~11届全国中小学生美术书法作品比赛组织工作先进集体、第六届中国艺术节无锡分会场“少儿书画现场表演”集体优秀奖、第六届中国艺术节无锡分会场群众文艺汇演表演一等奖、舞蹈队于2003年获CSTD国际儿童舞比赛特别推崇优秀奖、舞蹈“金龙飞舞”于2000年获全国城区少年宫舞蹈展演金奖、少儿群舞“雨花飞飞”于2005年获“花儿朵朵”全国少年儿童音乐舞蹈邀请赛金奖、少先队辅导员集体建设课题研究全国一等奖、全国少先队课题研究成果交流优秀展示奖、全国“双有”活动先进集体、全国2005年度艺术教育先进单位、全国辅导员专业化建设实验基地、2004~2005年度无锡市文明单位等荣誉称号。2005年，编制13人，兼职教师76人。建有少年宫网站，网页设有“艺术殿堂”“科普之窗”“艺术之星”等栏目。

第三节　街道文化设施

80年代后，市区二级政府重视地区基层文化设施建设，街道文化站得到健全和加强。各街道结合实际，改建扩建一批文化活动场地，增添各类活动设施，帮助有条件的居委建立一室多用的居委文化室。1986年前，各街道文化站均建有25平方米的文化活动室，配备图书、桌椅等基本设施。1986年，复兴路街道文化站获市全面优胜单位称号，亭子桥街道文化站获市先进文化站称号。1991年，复兴路、上马墩、周山浜、学前街、江海、广瑞路6个街道文化站均有固定文化活动场所，总面积5004

平方米，分别设有图书室、乒乓球室、健身房、舞厅、书场、录象厅、电子游戏室、茶室等。1993年，上马墩、周山浜街道文化站分别被评为省特级文化站、省一级文化站，学前街、崇安寺街道文化站被评为省二级文化站，工运路街道文化站被评为省三级文化站。1997年，8个街道文化站文化活动中心面积6450平方米，比1991年增加1446平方米。1998年，广瑞路街道文化站被评为省三级文化站。人民路街道结合旧城改造，投入230万元，建成街道文化活动中心。1999年，区政府提出两年内各街道文化活动中心面积不少于500平方米的目标要求。2000年，江海街道文化站被评为省一级文化站。2001年，各街道文化活动中心面积均达到或超过500平方米，均有图书室、阅览室、活动室、录像厅、棋牌室、卡拉OK厅等设施。2002年广益镇划归崇安区管理后，全区街道文化站由8个增加到9个。2004年街道撤并后，街道文化站减至6个。2005年，全区6个街道文化活动中心面积达1.08万平方米，其中，广瑞路街道3180平方米，广益、崇安寺、通江、江海4个街道均超过1500平方米，上马墩街道为1350平方米。

【广益街道文化站】

前身为广益乡文化站，1997年面积600平方米，设有台球、电子游戏、图书、棋牌、乒乓球、录像、健身等活动室。1998年，被评为江苏省二级文化站。2001年，在广益街道办事处驻地，投资700万元，翻建成融会场和文化娱乐于一体的活动中心，面积扩大到1600平方米，建有舞台，配备音响、放映等设备。迄2005年，建有各种文艺团队50个，其中，腰鼓队9个、扇舞队8个、太极拳队3个、健美操队9个、球操队5个、秧歌队5个、舞蹈队6个、洋鼓队和锣鼓队各1个、龙灯队1个、军乐队2个。

【崇安寺街道文化站】

前身为1980年恢复的复兴路街道、崇安街道、人民路街道、学前街街道文化站。复兴路街道文化站于1986年被评为市优胜单位。1989年9月，复兴路街道文化站和文化活动中心迁至东大街114号，面积达1134平方米，开设舞厅、茶室、电子游戏室、图书阅览室、康乐球室、棋牌室等，置有彩电、录（放）像机、老年健身器材等。1991年8月，学前街街道在三凤楼书场基础上，利用街道电子仪器厂部分厂房改建成520平方米的文化活动中心，开设录像厅、舞厅、卡拉OK厅、电子游戏室、桌球房等。1993年，学前街、崇安寺街道文化站被评为省二级文化站。1998年，人民路街道结合旧城改造，投资230余万元，建成768平方米的街道文化活动中心，内设图书室、乒乓球室、健身房、演唱室。2004年，学前街、人民路、崇安寺等3个街道撤并为崇安寺街道后，街道文化站位于田基浜20号之一的街道办事处驻地，活动场所面积1600平方米，有阅览室、健身房、乒乓球室、多功能活动室等。

【通江街道文化站】

前身为1980年恢复的工运桥街道、亭子桥街道、周山浜街道文化站。亭子桥街道文化站原位于东门槐古桥地段环城河人防工事，设有乒乓球、图书室、康乐球、棋类、电视、汽枪等8个活动室，面积800平方米。1983年，被评为市优胜单位。1986年，又被评为市先进文化站。工运桥街道文化站于1986年开办面积120平方米、300个座位的泰山书场和无锡市第一家舞厅——百灵舞厅。周山浜街道文化站于1990年在街道办事处所在地新建800

通江街道文体活动中心（2005）（区文体局供稿）

平方米文化活动中心，其中，一层影视厅有座位180个，二层舞厅可容纳100人，三、四、五层为多功能活动室，有象棋、电子游戏等活动项目，时为周山浜地区唯一的综合性文化娱乐中心。1992年，亭子桥、工运桥2个街道文化站合并为工运路街道文化站。1993年，周山浜、工运路2个街道文化站分别被评为省一级文化站、省三级文化站。2004年，工运路、周山浜2个街道文化站合并为通江街道文化站。2005年，街道文化站位于工艺路7号街道办事处驻地，有1600多平方米的文化活动中心，有专业舞厅、影视厅、电子游戏室、图书阅览室、桌球室等多功能活动室，藏书1.5万册，有老年艺术团1个。

上马墩街道文体活动中心（2005）
（区文体局供稿）

【上马墩街道文化站】

建于1983年，原位于塔影二村29号。1989年，移建至靖海新村77号，扩建成二层楼的靖海文化活动中心，1990年建成，建筑面积1350平方米，设有舞厅、录像厅、电子游戏室、图书阅览室、桌球室、茶室、书场等，配备彩电、录像机、老年健身器等文化娱乐器材及报纸杂志。1991年3月，增设卡拉OK厅。1993年，先后被评为文化部标准文化站、江苏省文化厅特级文化站。迄2005年未变。

【广瑞路街道文化站】

建于1985年，原位于广丰三村60号，面积250平方米，有舞厅。1992年，迁至广丰二村19号之2，面积200平方米，设有桌球、舞厅、图书阅览、录像放映等活动项目。1994年，迁至广丰三村61号，面积750平方米，设有图书、电子游艺、桌球、乒乓球、棋牌、录像6个活动室。1997年，迁至广瑞一村15号，面积420平方米，设有图书、桌球、棋牌和录像4个活动室。1998年，被评为省三级文化站。1999年迁至广丰三村81号，面积180平方米，设有图书、电子游戏、棋牌和录像4个活动室。2002年，广瑞路街道与辖区锡山区、惠山区老干部局联手，利用锡山区、惠山区老干部活动中心，成立全市第一家社区文体活动中心，面积3000平方米，设有图书、棋牌、音乐、乒乓球、绘画、健身等10个活动室，藏书5000多册，报刊50多份。2005年，街道文化站有活动场所2处，面积3180平方米。

【江海街道文化站】

建于1992年，位于江海新村25号，文化活动中心面积1000平方米。1995年，街道文化活动中心面积扩大到1500平方米，内设录像、图书阅览、游艺、乒乓球、棋牌、健身、卡拉OK、体操、排练、像带出租10个活动室。文化站专用图书室40平方米，藏书3150册，订有报刊23种，配备专职管理员2人。是年，组织成立锡剧、淮剧、歌咏、舞蹈、晨练、健美、迪斯科、象棋、乒乓、篮球、羽毛球、书画影钓、老年时装、中年气功14支业余爱好团队。2000年，被评为省一级文化站。2002年8月，迁至宁海里113号。迄2005年未变。

江海街道文体活动中心（2005）　（区文体局供稿）

【社区文化活动室】

1986年以后，各居委采取腾、挤、建等办法，开设一室多用的文化活动室，面积10~50平方米不等，提供象棋、扑克牌、麻将、图书、报刊等活动项目，丰富居民业余文化生活。1989年后，为进一步规范和推进居委文化活动室建设，区文化局制定居委红旗文化活动室标准及考核办法，每年组织开展评比活动。是年，评出南阳里居委等红旗文化活动室9个。1990年，又评出解放新村居委等红旗文化活动室9个。全区102个居委，有专用文化活动室50个，一室多用的36个。1993年后，居委红旗文化活动室考评改为2年1次。1995年，评出东大街居委等红旗文化活动室12个。1998年，工运路街道陈白头巷居委出资4万元，建办的40平方米居委书画文化室，时为全市第一家，30多名书画爱好者上至82岁老人下至8岁儿童，无锡电视台、教育台多次报道，《无锡日报》刊登"街头巷尾翰墨飘香"一则新闻，并被列入无锡市文明办空中市民教育素材。是年，区重新修订红旗文化室考评标准。1999年，评出南市桥巷居委等红旗文化活动室37个。2000年，评出百岁坊巷居委等红旗文化活动室33个。是年，全区所有居委活动室均达到红旗文化活动室标准。普遍开设棋牌、图书、书画、绿色网吧、健身、乒乓球等活动项目。迄2005年，全区有社区文化活动室42个，面积均超过50平方米，部分达300平方米以上。广益街道社区文化活动室还配置投影仪、VCD等音像设备。

第二章 文化市场与管理

80年代后，文化市场十分活跃，歌舞厅、游戏室、影视厅等文化娱乐场所先后兴起，音像制品、书报刊零售行业逐步形成并发展壮大。90年代后，网吧业迅速发展，部分电子游戏室被替代，歌舞厅数量减少，向规模化发展，成为融歌舞、餐饮、演艺于一体的综合娱乐场所。1999年电子游戏室14家，比1990年减少17家；歌舞厅54家，比1990年减少30家。书店报亭零售网点由1990年5家，增加到47家，音像制品零售出租网点46家。

1989年建立区文化市场管理委员会后，加强对娱乐、书刊、音像三大文化市场管理，把好源头，区文化管理部门会同有关部门齐抓共管，把"扫黄""打非"作为净化文化市场的一项首要任务，持续开展对文化市场的监管，重点打击无证经营、非法出版物等各类违法经营活动，促进文化市场健康发展，规范辖区文化市场经营秩序，净化社会文化环境。辖区文化市场在稳定中发展，迄2005年，全区有娱乐、书刊、音像等9类经营网点305家。

第一节 娱乐市场

80年代后，歌舞厅、游戏室等经营性文化娱乐市场逐步兴起并日益活跃、繁荣。1990年，辖区有各类歌舞厅84家，电子游戏室31家。90年代后，网吧业崛起，部分电子游戏室被替代，歌舞厅数量有所减少，但规模逐步扩大，档次不断提高，融歌舞、餐饮、演艺于一体。迄2005年，辖区有歌舞、演艺厅36家，电子游戏室29家，网吧38家。

【歌舞、演艺厅】

1986年后，歌舞厅发展迅速，越剧团孔雀舞厅、锡剧团云雀舞厅、崇安饭店百乐舞厅、大众剧场大众舞厅、工运桥街道百灵舞厅等为区内较早的跳舞场所。1990年，辖区有各类歌舞厅84家，其中营业性舞厅11家。1994年为高峰，全区有卡拉OK厅49家、舞厅43家。此后，由于网吧、台球等娱乐场所逐渐增多，歌舞厅呈逐年下降趋势。2000年，降至49家。2005年，辖区有歌舞、演艺厅36家，位于保利广场的超越神话大剧院，总投资1.5亿元，面积近万平方米，可同时容纳2000余人观看演出，是华东地区乃至全国最大的文化娱乐业演艺航母；位于中山路的金壁辉煌商务娱乐有限公司融餐饮、文艺演出、交谊舞会、KTV演唱一体服务，注册资金1500万元，是全市大型文化娱乐场所之一。

【游戏室、网吧】

80年代初，电子游戏进入市场，起初是小型智力游戏，仅有游乐片，后来发展到大型电子游戏，有卡通片、功夫片、飙车驾驶和动画片。不仅受到少年儿童的欢迎，许多成人也十分青睐，迷恋于游戏。1986年，辖区有电子游戏室34家。1990年，电子游戏室31家。此后，随着网吧业的崛起，电子游戏项目受到较大冲击，再加上涉赌、涉黄整顿，1998年电子游戏室仅剩3家。2000年起，又有发展，达22家。迄2005年，辖区有电子游戏室29家，网吧38家。

第二节　音像市场

80年代始，录像放映逐步成为新型娱乐方式，深得居民特别是青少年青睐，录像放映场所逐年增加。1990年，辖区有影视厅20家。90年代初，辖区仅有少量商家经销音像制品。1994年区文化部门履行对辖区音像市场行政管理的职能后，音像市场逐步纳入依法管理的轨道。90年代后期，音像业继续快速发展，经营规模不断扩大。1998年，影视厅增加到25家，为历史最高峰。1999年，音像制品店多达46家，为历史之最。其后，随着录像机普及到家庭，经营秩序不断规范，影视厅逐年减少。2001年减少至11家。2005年，辖区有影视厅3家、音像制品店42家。

第三节　书报刊市场

80年代后，随着图书发行量增加，为满足发行需要，图书代销店、发行站及个体经营的书亭、书摊相继出现。除新华书店、邮政部门分别为无锡市图书和报刊发行销售的主渠道外，集体和个体性质的书店、报刊亭、书报摊逐年增多，各大商场和超市开始销售书刊。1987年后，对集（个）体书刊经营点整顿清理。1990年，辖区有获准经营的书店5家。90年代后，书报亭出现于街头，集书报出售、公用电话、饮料销售于一体，由邮电部门和无锡日报社统一制作设施、制定管理制度和服务标准。1995年，民营书店和书报摊亭增加到30个。2001年，发展到60个。迄2005年，辖区有市新华书店、锡山新华书店及其门市部，八点钟书店、百草园书店、育才教育图书有限公司等民营书店和书报摊亭70个。

【市新华书店】

始建于1958年7月，归口无锡市文化局。1985年，辖区有市新华书店所属少年儿童图片、外文、古旧、教育4个专业门市部和中山路、车站路2个综合门市部。此外，还有一批集体书店、个体书亭书摊。80年代后期，中山路、人民路拓宽改造，市新华书店网点设置变化较大，市新华书店移建至人民路145号。1990年5月落成开业，高9层，总面积5228平方米，其中，营业面积1200平方米，时称无锡市图书发行大厦。1991年，成立无锡对外图书交流中心，在市图书发行大厦三楼设营业门市部。1996年，市新华书店人民路门市部营业面积扩至2000平方米，增添书架，丰富图书供应品种。与此同时，市新华书店与无锡商业大厦、无锡市第一百货商店等30多家商场、超市联手开设图书销售专架专柜，方便市民购书，扩大销售渠道。2002年12月，市新华书店移址至人民路、健康路口，成立无锡图书中心店，营业面积近万平方米，上架图书10万余种，成为江苏省最大的书城之一。2003年3月，无锡市对外图书交流中心成为市新华书店首个连锁加盟店。是年10月，市新华书店与江苏新华发行集团签署连锁经营协议，2004年8月实施经营体制改革，加入江苏新华发行集团。2005年4月，无锡图书中心被评为江苏新华发行集团四星级门店。迄2005年，无锡市新华书店共举办10届太湖书市，并结合重大节庆文化活动，组织大型专题图书展销，供应的图书品种从2万余种逐届递增到14万种；参加的出版社由80多家递增到600多家。

无锡市新华书店（无锡图书中心）（2005）　　（孙怡摄）

1990～2005年部分年份崇安区文化市场网点一览表

表23-2-1　　单位：个

项目/年份	小计	歌舞厅	游戏室	书店报亭	影视厅	书场	酒吧	茶座	音像店	网吧
1990	162	84	31	5	20	—	—	22	—	—
1995	173	76	28	30	21	—	—	18	—	—
1998	144	64	3	45	25	2	—	5	—	—
1999	215	54	14	47	16	—	12	26	46	—
2000	224	49	22	48	13	2	22	26	42	—
2001	226	41	23	60	11	2	21	28	40	—
2002	239	42	23	60	11	2	33	23	45	—
2003	246	28	23	63	4	—	42	46	40	—
2004	296	31	32	66	4	—	38	46	42	37
2005	305	36	29	70	3	—	40	47	42	38

说明：上述资料由区文体局提供。

第四节　文化市场管理

1989年4月文化市场实行市、区两级管理后，区建立文化市场管理委员会，由分管副区长兼任主任，区委宣传部长兼任副主任，下设区文化市场管理站，区文化局配专职干部1人。1990年，正式成立崇安区文化市场管理所，为自收自支集体事业单位，股级建制，编制3人，隶属区文化局。2003年，市文化局下放文化市场管理权限，区除依法管理辖区娱乐、书刊、音像三大市场外，扩大到书店、音像制品经营许可审批，印刷业、网吧、娱乐业等行政审批初审。2001年，市对体育市场实行属地管理后，区开始同时管理辖区体育市场。

其间，区文化市场管理部门坚持“一手抓管理，一手抓繁荣”的工作要求，按照《中华人民共和国著作权法》《中华人民共和国体育法》《中华人民共和国音像制品管理条例》《中华人民共和国娱乐场所管理条例》《中华人民共和国营业性演出管理条例》《中华人民共和国印刷业管理条例》《中华人民共和国出版物管理条例》等法律法规，不定期会同工商、公安等部门加强对辖区营业性舞厅、桌球房、游戏室等文化娱乐场所和印刷业、书报刊市场、音像市场的监管，整顿规范经营行为，促进文化市场健康、有序、规范发展。定期召开舞厅经理例会，举办舞厅经理学习班，开展文明舞厅、五好舞厅评比；实施印刷业许可证年审，签订印刷单位遵纪守法经营责任书；按照上级关于整顿和规范文化市

区文化市场稽查队对网吧不定期开展抽查（2005）
（区文体局供稿）

场经营秩序的工作部署，组织实施“扫黄”“打非”工作，切实履行文化市场的监管职能，重点打击淫秽色情出版物、盗版光盘和书刊、文化场所赌博、色情经营活动和网吧、游戏机违法经营活动，取缔桌球房、游戏室无证经营户，收缴违禁游戏机，取缔无证书报摊，对符合条件的书报亭发放经营许可证，开展“信得过”书报亭评选活动。1986~2005年，区文化市场稽查队出动2141人次，查处歌舞厅、印刷业127家，取缔无证书摊121个，取缔无证音像店出租点46个，关闭音像放映厅8家，收缴非法出版物1.92万册，收缴盗版光盘、录像带及电脑软件14.29万张，收缴赌博机270台，取缔无证电子游戏室和网吧71家。区文体局被评为1996年度无锡市文化市场管理先进集体。

1986～2005年崇安区文化市场稽查情况一览表

表23-2-2　　　　单位：人次、家、个、册、张、台

年份	出动人次	查处歌舞厅	查处印刷业	取缔无证书摊点	收缴非法出版物	取缔无证音像店出租点	收缴盗版光盘录像带电脑软件	关闭集中经营音像制品场所	关闭音像放映厅	取缔无证电子游戏室	收缴赌博机	取缔无证网吧
1986~1992	114	11	23	3	5729	—	75	—	—	2	—	—
1993~1997	580	23	26	56	3008	7	22198	—	1	9	3	—
1998	163	—	—	5	452	—	2500	—	1	14	—	8
1999	81	7	9	8	1078	9	3427	—	—	5	—	—
2000	108	28	—	4	658	—	1173	—	—	—	—	—
2001	86	—	—	18	1589	16	6105	—	—	—	—	4
2002	264	—	—	19	1568	5	—	3	6	—	—	20
2003	266	—	—	8	1857	9	3698	—	—	—	—	2
2004	202	—	—	—	2642	—	22311	—	—	—	—	3
2005	277	—	—	—	621	—	81430	—	—	—	267	4
合计	2141	69	58	121	19202	46	142917	3	8	30	270	41

说明：上述资料由区文体局提供。

第三章　群众文化

80年代后，随着区、街道、居委三级文化机构逐步建立健全，群众文化活动蓬勃开展，活动形式、内容更加丰富多彩。区根据各个时期的形势任务和群众需求，突出主题，注重实用，因地制宜开展一年一度的社区文化系列活动。1988~1997年，区连续组织10届社区文化活动周。街道社区每年围绕一个主题，创作主题鲜明的特色节目，丰富居民文化生活。90年代后，群众文化活动顺应经济发展和居民群众日益增长的精神文化生活需求，创新文化特色，提升文化品位，文化活动形成规模，广

场文化、社区文化、校园文化全面展开，连续举办的8届崇安文化艺术（周）节主题鲜明、多姿多彩，群众文化活动硕果累累，社区文化与生活适应、与经济协调、与时代同步，充分展示崇安深厚的文化底蕴。周山浜、工运路、上马墩、崇安寺、广瑞路等街道以及广益乡先后荣获省群众文化先进街道（乡）称号。1999年，区荣获省群众文化先进区称号。2000年，区获中国第六届艺术节无锡分会场活动优秀组织奖。2004年，区举办首届崇安文化发展论坛，提出打造“城市文化特色区”的目标。2005年，围绕创建“城市文化特色区”，区制定《关于加快建设城市文化特色区的实施意见》，提出未来五年着力打造“崇安寺文化”“名街名巷文化”“公花园文化”“都市文化游”“崇安文化艺术节”等五大品牌，不断繁荣群众文化。

第一节　文化艺术节

1988～1997年，先后举办10届社区文化活动周。1988年，举办“十年改革颂”为主题的第一届社区文化活动周。组织“靖海金秋”游园会大家唱、“崇安美”中小学生暑期独唱等活动。1989年，举办“祖国颂”为主题的第二届社区文化活动周，辖区136个市、区属单位，976人次参与活动。1990年，举办“快乐家庭”为主题的第三届社区文化活动周，举行夫妻交谊舞比赛、家庭羽毛球双打比赛、“快乐家庭”摄影比赛、家庭演唱会比赛、“家庭新事”征文比赛、“家庭趣味”接力比赛6个活动项目。939个家庭、近5000人次参加活动。1991年，举办“党旗颂”为主题的第四届社区文化活动周，组织“七一颂”文艺演唱会、“党在我心中”演讲比赛。1992年，举办“崇安之光”为主题的第五届社区文化艺术周。1993年，举办“商业文化”为主题的第六届社区文化活动周，组织“苏灵杯”企业家（工程师）卡拉OK比赛、企业家交谊舞比赛。1994年，举办“体育文化”为主题的第七届社区文化活动周。1995年，举办“弘扬改革主旋律，发扬爱国主义精神”为主题的第八届社区文化活动周，组织“爱我中华”演唱会、“爱我岗位”十佳演讲活动。1996年，举办“实施五星工程，弘扬民族文化”为主题的第九届社区文化活动周。1997年，举办“迎香港回归祖国、爱中华民族大家”为主题的第十届社区文化活动周。

1998～2004年，每年举办的社区文化活动周改称社区文化艺术周。1998年，举办“美在崇安”为主题的第一届社区文化艺术周，组织8次广场文艺活动。1999年，举办“颂祖国辉煌、迎世纪之光”为主题第二届社区文化艺术周，组织庆新中国成立50周年和迎澳门回归系列群众文化活动。2000年，举办第三届社区文化艺术周，围绕中国第六届艺术节在无锡设分会场，组织开幕式广场文艺汇演、戏曲文艺专场、少儿文艺专场、特色团队展演等系列活动。2001年，举办“党旗颂”为主题第四届社区文化艺术周，组织“党旗颂”群众文艺汇演、纪念建党80周年系列活动。2002年，举办“欢度国庆节、喜迎十六大”为主题的第五届社区文化艺术周。2003年，举办“崇安让我们的生活更美好”为主题的第六届社区文化艺术周。组织群众文艺汇演、家庭特色成果展示、中山路“周周演”等5项活动及9场广场文艺演出，26支特色文艺团队、3000多人次参加。2004年，举办“美在崇安”为主题的第七届社区文化艺术周。在商业大厦广场组织6周广场系列展演，举办少儿现场书画比赛、青少年电脑设计制作竞赛、崇安寺文化研讨会等，二泉

区第六届社区文化艺术节开幕式（2003）　　（区文体局供稿）

映月艺术团举行首场演出。

2005年，社区文化艺术周又改称崇安文化艺术节，举办“颂千年崇安寺、唱百年公花园”为主题的第八届崇安文化艺术节，作为崇安寺生活步行街区开街和公花园百年庆典系列活动之一。组织15个项目、21个专场活动，有“百童绘崇安”少儿现场绘画表演、“金色年华”青春化妆舞会、“金口玉言”锡剧专场、中国园林发展论坛、2005新丝路模特走进崇安寺、央视《曲苑杂谈》专题晚会、《洛神赋图》邮票首发式等。

第二节　广场文化

90年代后，区充分利用中心商务区的公共资源，发挥商业广场多、人流密、传播快、影响大的优势，不定期地在广场举行形式多样、丰富多彩的文化活动，广场文化成为群众文化的重要组成部分。每逢元旦、春节、国庆等佳节，在商业大厦、八佰伴广场搭建彩色门楼和舞台，组织文艺表演，增加节日气氛，商业大厦在广场举行升国旗仪式。“三八”节和“五一”节，市区有关单位和部门在广场举行纪念和庆祝活动。1995~2005年，商业大厦广场共举办各类文化活动780余场次。德国古典乐队、印度舞蹈团、乌克兰民族表演队等先后在此演出。每届“太湖艺术节”，提前100天在此举办倒计时活动。广场所在的崇安寺街道也经常在此举办便民服务、法制宣传、文艺演出等活动。1996年八佰伴广场建成后，辖区新增一处全市群众文化活动的主要场所。1997~2005年，先后在此举办大型时装表演10场次，社区文艺会演20场次，产品促销专场演出23场次，文明城市创建、太湖艺术节、崇安区文化艺术节（周）专题群众文化活动10多场次。其中有1997年迎香港回归、1998年“美在崇安”第一届社区文化艺术周、1999年迎澳门回归等全区大型广场演出、2001年无锡市首届合唱节的分会场等活动。2005年，位于崇安寺钟楼南侧的二泉映月广场建成后，成为崇安区开展群众文艺活动的主要场所。是年10月，崇安文化艺术节在此举行，以“颂千年崇安寺、唱百年公花园”为主题，组织“周周文艺汇演”，举办15场文化活动，有展示崇安区少儿艺术优势的绘画表演、书法大赛，有广大群众喜闻乐见的锡剧折子戏专场，有体现时尚与活力的青春化妆舞会，有展现世界名模风采的新丝路模特表演等，充分展示群众文化的丰硕成果。

戏迷亮嗓（2005）　　（区委宣传部供稿）

第三节　社区文化

80年代，街道地区群众文化活动日趋活跃，各街道结合各自实际，组织家庭演唱大奖赛、中老年交谊舞大奖赛和美术、书法、摄影展览等形式多样的文化娱乐活动，举办以社会公德教育为主题的乘凉晚会、家庭互夸会、邻里新事故事会，以及展示居民才艺的童装设计制作表演赛、家庭菜肴烹饪比赛、自制点心比赛、庭院阳台绿化比赛、“家家美”时装表演赛等。1986年，各街道举办“美在街巷里弄中”家庭演唱大奖赛，仅工运桥街道就有20户家庭参加，年龄最大的87岁，最小的只有3岁。1987年，各街道举办厂地文化活动周，与辖区单位联合开展文艺演唱比赛、书画展览会、乒乓球比赛、交谊舞会。1988年，各街道举办“十年改革颂”演唱会，歌颂改革开放，歌颂地区文明建设新面貌；学前街街道老年京剧队每月组织一次京剧大家唱。1989年，组团参加无锡解放40周年大型方队表演，参加人数达500余人。1990年，结合社会主义思想教育，开展群众性红五月歌咏比赛；配合人口普查，举办人口普查专场文艺演唱会；围绕第三届社区文化活动周，组织家庭接力赛、夫妻交谊舞、家庭羽毛球赛、家庭征文赛、家庭摄影比赛、家庭演唱会比赛。1991年，围绕建设美好家庭，开展“邻里情”大家谈、“爱我家庭”征文比赛、“美好家庭、集锦荟萃”“快乐家庭趣味游戏”“十佳”藏书读书用书标兵比赛等一系列旨在提高居民素质、促进家庭和睦的活动；工运桥街道举办社区里弄文化艺术节，650户家庭、53个辖区单位共2000人参加“里弄新风”赛诗会、“邻里好”演讲会、“家庭巧手”工艺品展、“夕阳红”老人书画展、“家庭好菜”大会展等15个比赛项目及活动。1993~1995年，各街道组队参加区纪念毛泽东100周年诞辰演唱会、纪念抗日战争暨世界反法西斯战争胜利50周年系列文化活动。1997年，举办“祖国万岁”赛诗会，“爱我中华”千人大合唱比赛，开展迎香港回归“四个一”主题文化活动（一次香港基本法讲座、一期香港图片展、一次百人迎回归知识竞赛、一次黑板报评展）。1998年，区先后举办文明家庭卡拉OK大赛、第九届扑克比赛、“崇安在我心中”演讲比赛、“崇安美”书画摄影比赛；工运桥街道老戏馆弄居委创办老年剧场，并与芳芳越剧团签订演出合同，为地区老年人演出地方戏剧。1999年，区文化馆在春节期间举办“西神印社迎春作品展”。各街道组队参加区举办的“庆祝建国50周年”“迎澳门回归”等广场文艺演出和“颂祖国辉煌”大型歌会。2000年，各街道组队参加区举办的“迎千禧年”广场文艺演出。进入21世纪，各街道以创建“学习型社区”为契机，坚持以群体文化凝聚人，以广场文化吸引人，以邻里文化融合人，建立合唱队、健身舞队等群众文体骨干团队，以“魅力崇安、和谐社区”为主题开展广场文化系列活动。2003年，100多个家庭参加区特色家庭展示活动，评出收藏、艺术、编织等特色家庭一、二、三等奖。。2004年，通江街道组建以中老年文艺骨干为主的金秋艺术团。2005年，各街道组织各种方队参加无锡市太湖博览会“活力无锡”狂欢巡游活动。

金海里社居会纳凉文艺晚会（2004）　　（江海街道供稿）

第四节　校园文化

80年代后，区把校园文化建设作为社会文化体系的重要组成部分，纳入区域教育现代化目标，各小学均成立合唱、舞蹈、书画等校级兴趣小组及鼓号队，定期组织活动。各校注重结合1991年抗洪救灾、1997年香港回归、1999年澳门回归等重大事件，以及六一儿童节、国庆、元旦等主要节日，通过展版、小报、文艺节目、校园广播等不同形式，对学生进行爱国主义教育和革命传统教育。区教育局每年举办“百灵鸟”文艺会演，选拔优秀团队参加无锡市小学生“百灵鸟”文艺会演，崇安小学于1991~1995年连续5年获无锡市小学生“百灵鸟”文艺会演金奖，校艺术队多年担任市政府迎宾任务和参加中日樱花节文化交流活动。白水荡小学先后获省合唱比赛一等奖，全国二等奖。1986年连元街小学首创“群星争辉艺术节”后，各学校陆续组织校园文化艺术节，在校内开展航模、信息技术、双语、书画等表演和比赛，不断创新校园文化艺术节特色，有金桥小学“双语”文化艺术节、崇宁路小学金秋文化艺术节、宁海里小学书法艺术节、新开河小学笛文化节、广瑞小学风筝节、塔影小学“小星星”文化艺术节等，形成多元多样、积极向上的校园文化氛围。

90年代后，连元街、崇宁路、新开河、白水荡、通汇桥、后西溪等百年老校、名校，通过讲校史、传校风、明校纪等形式，设计校徽、创作校歌，在区组织的校歌大赛中，各校都彰显出各自特色。此外，各校还结合语文、数学、外语、音乐等学科教学，组织师生自编、自导、自演课本剧、童话剧、情景剧、小品等，连元街小学创编校园歌曲，崇宁路小学创编诗歌、格言，保利等小学创作和传唱童谣等，在全区组织课本剧、古诗文表演比赛，丰富校园文化。校园橱窗、宣传栏和教室内黑板报定期更换名人名言、警句格言和书画作品。连元街、崇宁路、新开河、后西溪、塔影等小学结合校舍改扩建，重新布局校园文化景观，增添标志性校园文化设施。特别是2001年后，各校结合改扩建工程，把校园文化环境建设纳入整体规划，先后建成塔影中心小学泓苑、真知园，连元街小学柳莲园、桃李园、屋顶花园和校史室，崇宁路小学校训墙和以中国古代四大发明为标志的文化园，宁海里小学书法文化墙，广瑞小学风筝文化墙，广新小学国学教育文化墙，新开河小学礼仪教育文化墙，保利小学乒乓文化墙，广益小学科技教育文化墙，通江小学德育文化墙等，体现各具特色的校园文化特点。与此同时，课外文化活动精彩纷呈，兴趣小组由校级向班级延伸，班级成立文化社团。活动项目由合唱、舞蹈、器乐、美术、书法、泥塑、手工制作等拓展到科技“小三模”、机器人、剧本创作、文学、英语口语交际等。学生根据个人兴趣，自主选择参加，参与面达100%。东林中学银杏艺术团、胜利门中学春蕾文学社、新开河小学笛韵坊、广瑞和通江小学风筝俱乐部、连元街小学扇文化研究院等学生文化艺术社团都有一定的特色和社会影响。东林中学银杏艺术团多个节目获省一等奖，新民乐《茉莉花》获江苏省一等奖、全国二等奖，并代表江苏省参加全国中小学生艺术展演颁奖晚会。

百灵鸟文艺汇演（1999.5）（汤锡璋摄）

1986~2005年，校园文化建设不断展示新亮点，新开河小学被列为上海中华“笛文化”研究所实验基地。宁海里小学连续两次被中国教育学会评为全国艺术教育十佳单位。胜利门中学校园文学社获市校园文学明星社团称号，并入选全国小学文学社研究中心团体会员。通江、金桥等小学被评为全国艺术教育先进单位。东林中学被评为江苏省第一批艺术教育特色学校。

第四章　文艺团体与创作

80年代后，辖区文艺事业出现前所未有的繁荣，专业剧团在传统文化的基础上，不断推陈出新，创作具有鲜明时代特色的作品，特别是1990年无锡市承办江苏省首届锡剧节后，市锡剧团创作上演的许多优秀剧目多次获奖。90年代后，各剧团相继迁出，辖区内再无专业文艺团体。街道社区文艺团队逐年增加，并逐步形成各具特色的品牌团队，群众文艺创作成果累累。迄2005年，全区有区、街道两级群众文艺团队106支。其中，市级特色文化团队6支、区级特色文化团队10支。先后有65项作品在省、市各类比赛中获奖。

第一节　文艺团体

1986年，辖区有市锡剧团、越剧团、滑稽剧团、评弹团、歌舞团等5个市属专业文艺剧团，大中型企业和街道建有一批业余文艺团队。90年代后，市属专业文艺剧团陆续迁出，辖区企业因转制、撤销、重组等原因，企业业余文艺团队大幅减少，街道社区文艺团队逐年增加，并逐步形成各具特色的品牌文化团队。区先后成立社区文化联谊会、区集邮协会、区收藏家协会3个文艺社团。1998年、2003年、2004年，区文化馆魔术表演队、江海街道锡剧队、江海街道金海里民乐队和广瑞路街道瑞音合唱团先后被市命名为特色文化团队。迄2005年，全区有区二泉映月艺术团、区文化馆魔术队等区级文化团队3个。街道地区特色文化团队103支，其中市级特色文化团队4支、区级特色文化团队10支。此外，还有区集邮协会、区收藏家协会2个文艺社团。

【区业余文艺团体】

区二泉映月艺术团　成立于2004年，为民办非企业单位。艺术团团长、法人代表由区文化馆馆长傅建军兼任。2005年，因工作调动，改由石莉娟担任。

市特色文化团队——广益街道锣鼓队（2005）　　（广益街道供稿）

街道社区文化团队　80年代，街道社区文化团队不断涌现。1987年，周山浜街道成立集编导、演奏于一体的30多人组成的文艺队伍。1988年，亭子桥街道成立由辖区单位和街道直属企业组成的街道文体协会，1992年扩大到55家单位，文艺队伍由200余人增加到1000余人。1988~1989年，学前街街道先后组建老年京剧队、百人老妈妈合唱队。90年代后，街道社区文艺团队经历调整组合，又有新发展。1990年，广瑞路街道成立街道第一支业余文艺团队——老年迪斯科队。1991年，复兴路街道先后成立业余评弹社、老年书画协会、老年迪斯科、街道职工文艺队、社区文艺队等5支文艺团队。1995年，江海街道先后组建锡剧、淮剧、歌咏、舞蹈、晨练、健美、迪斯科、象棋、乒乓、篮球、羽毛球、书画影钓、老年时装、中年气功等14支业余团队。1996年，学前街街道成立中老年京剧协会，有会员30多名；工运路街道成立喧天锣鼓队，40名文艺骨干参加，年龄最大的70多岁，最小的60多岁；人民路街道成立舞剑、太极拳、迪斯科等团队。1997年，崇安街道新建地区青少年文艺队、青少年游泳队、街道职工合唱队、老年迪斯科队、老年时装表演队；广瑞路街道广丰一村成立老年合唱队。1998年，学前街街道组建业余评弹队，33名评弹艺术爱好者参加。2000年后，街道社区文艺团队逐年增加，绝大多数社区都建有文化特色团队。是年，工运路街道成立老来俏文艺队、秧歌队；崇安街道成立中老年迪斯科队、扇子舞队、业余京剧队、老年时装队、老年合唱队、腰鼓队；江海街道成立江海文化艺术团，后发展成歌舞、戏剧为主的10支特色队伍。2002年，上马墩街道有老妈妈合唱队、越剧演唱队、常青歌舞队等3支；周山浜街道成立30名中老年妇女组成的腰鼓队，每个社居委都建有扇舞、秧歌、莲湘操等1~2支特色文艺队伍。2003年，广益镇锣鼓队，广瑞路街道书画队、老年合唱队，江海街道锡剧队等社区文化队伍被命名为第一批崇安区特色文化团队。2004年，江海街道成立街道艺术团民乐

市特色文化团队——江海街道锡剧队（2005）（江海街道供稿）

队、金海里社区民乐队、老年民乐队（又称“二泉映月艺术团民乐队”）后，有文艺团队18支，其中老年民乐队长驻阿炳纪念馆演出，是全市为数不多与旅游景点配套的文艺团队；通江街道组建以中老年文艺骨干为主的金秋艺术团，设有20余人的舞蹈队、10余人的时装队、10余人的戏曲队；广瑞路街道建立50人组成的瑞音中老年合唱团；广益街道有腰鼓队、扇舞队、太极拳队、健美操队、球操队、秧歌舞队、舞蹈队、洋鼓队、锣鼓队、军乐队、龙灯队等各类群众文化队伍50支，文艺骨干150多人。迄2005年，全区街道社区文化团队103支。其中，市级特色文化团队4支：江海街道锡剧队、江海街道民乐队、广瑞路街道瑞音合唱团、区文化馆魔术队。区级特色文化团队10支：广益街道锣鼓队、广益街道洋鼓队、崇安寺街道红枫时装表演队、崇安寺街道腰鼓队、通江街道金秋艺术团、通江街道长庆路戏曲队、广瑞路街道书画队、广瑞路街道瑞音合唱团、江海街道锡剧队、江海街道民乐队。

2005年崇安区各街道社区业余文化团队一览表

表23-4-1　　　　单位：支、人

单位	团队数	人数	团队名称
崇安寺街道	20	234	东河花园舞蹈队、东河花园合唱队、新街巷太极拳队、新街巷圣音合唱队、百岁坊扇舞队、百岁坊腰鼓队、崇宁路老年书画社、崇宁路舞蹈队、南市桥巷红绸舞队、南市桥巷巾帼健身队、胜利门书法文化社、胜利门歌舞队、崇安寺文艺队、崇安寺书法社、后西溪舞蹈队、后西溪夕阳红合唱队、连元街合唱队、连元街舞蹈队、汤巷剑舞队、汤巷舞蹈队
通江街道	16	169	通江金秋艺术团、通江时装队、通江锡剧队、长庆路老人健身队、长庆路戏曲队（老来俏京剧队）、大同路太极剑队、大同路歌舞队、陈白头巷说唱队、周山浜健身操队、大同路腰鼓队、锡沪路长跑队、陈白头巷球操队、锡沪路太极拳、长庆路老年人关节操、陈白头巷老年时装队、锡沪路健身广播操队
江海街道	18	361	江海文化艺术团、江海街道民乐队、江海街道锡剧队、金海里锣鼓队、顺和里银星舞蹈队、顺和里银星时装队、宁南合唱队、宁南舞蹈队、金海里合唱队、金海里书画社、顺和里书画社、顺和里腰鼓球操队、风西扇舞队、风西拳操队、宁北腰鼓队、宁南太极武术队、江海腰鼓球操队、风东拳操队
上马墩街道	16	230	街道腰鼓队、街道舞蹈队、街道女子空竹队、塔影柔力球操队、塔影民族舞队、春晖戏曲演唱队、春晖民乐演奏队、春晖义务宣讲队、塔二剑术队、塔二老年迪斯科队、靖海太极拳队、靖海益寿保健操队、靖海戏曲演唱队、简新书法队、简新象棋队、简新气功队
广益街道	15	323	广益街道锣鼓队、广益街道洋鼓队、广益街道舞蹈队、广益街道戏曲队、莫家庄腰鼓队、丁村村腰鼓队、广丰腰鼓队、尤渡腰鼓队、上马墩腰鼓队、向阳腰鼓队、广益佳苑腰鼓队、黄泥头腰鼓队、毛岸腰鼓队、广益街道锡剧队、广益街道军乐队

续表23-4-1

单　位	团队数	团队人数	团　　队　　名　　称
广瑞路街道	18	560	广瑞路街道书画队、广瑞路街道瑞音合唱团、广瑞路街道太极剑队、广益社区欢乐腰鼓、广瑞二村彩虹越剧团、广瑞二村扇舞队、广瑞一村柔力球队、广瑞一村扇舞队、广丰新村拍打秧歌队、广丰新村迪斯科队、广丰三村腰鼓队、广丰三村民族舞队、广益新村益寿操队、广瑞一村球操队、广益新村太极拳队、广瑞二村书画队、广瑞路街道象（围）棋队、广瑞一村剑队

说明：上述资料由区文体局提供。

【区群众文化团体】

崇安区社区文化联谊会　成立于1989年5月，由辖区68个大中型企事业单位组成，分管副区长顾磐曾任会长，副会长单位13个，常务理事单位27个。区社区文化联谊会每年定期组织活动。市国棉二厂、市漂染厂、市织袜总厂、市电扇厂、市石化总厂、市商业大厦、崇安区教育局、崇安区工人俱乐部等成员单位也先后举办"双鱼杯""茶花杯""菊花杯""崇教杯""凤凰杯""三花杯"民歌、舞蹈、民乐、美术、摄影等比赛活动。2000年后，因转制、撤销、重组等原因，区社区文化联谊会成员单位逐步减少，停止活动。

崇安区集邮协会　成立于1991年12月，时在区工人俱乐部举行崇安区集邮协会第一次代表大会，参加会员代表70多人。中国邮票总公司副总经理王开元，江苏省集邮协会秘书长、省邮票公司经理鲍军平，无锡市邮电局副局长、市集邮协会会长赵龙，市集邮协会副会长陈文龙，市邮票公司经理、市集邮协会秘书长戴建建等到会祝贺。1991～2005年，协会先后进行过5次换届改选。第一届（1991～1994），会长刘健华，副会长蒋伟良、周锦泉。第二届（1994～1998），会长刘健华，副会长蒋伟良、周锦泉。第三届（1998～2001），会长刘健华，副会长周锦泉、刘安建。第四届（2001～2005），会长刘健华，副会长周锦泉。第五届（2005～　）会长高念祖，副会长刘霞、周锦泉、孙　怡。1992～2005年，先后组织举办集邮展览4次。1992年9月，举办首届集邮展览。1995年12月，与南长区、北塘区集邮协会联合举办《世纪颂》集邮展览。2001年6月，与南长区、北塘区集邮协会联合举办《纪念建党80周年》集邮展览。2004年12月，组织《集邮进社区》邮票展览。其间，共编印会刊《崇安集邮》18期。区集邮协会先后于1992年、2004年被无锡市集邮协会评为基层集邮协会先进集体。

纪念区集邮协会成立12周年邮展（2003.12）　　（孙怡摄）

崇安区收藏家协会　成立于2001年11月。区政协主席刘健华任名誉会长，副区长曹锡荣任名誉副会长，区文体局长李惠新任会长，常务理事16人。协会本着弘扬民族文化，继承和保护文化遗产，为崇安区广大收藏爱好者提供展示交流活动的平台的宗旨，组织丰富多彩的活动。2004年1月，在无锡市科技大楼举办首届民间藏品交流拍卖会，展出明清以来玉器、字画等各类民间藏品300余件。2005年1月，在崇安区政府大院举办第二届民间艺术品收藏展览交流会，展出民间藏品135件。

【辖区专业文艺团体】

无锡市锡剧团　前身是民国34年（1945）成立的民间职业剧团——首先锡剧团，1951年1月、

1953年8月，先后更名为无锡市文联首先实验锡剧团、无锡市实验锡剧团，演职员工68人，锦树里8号原花园饭店为团部，城中公园内人民剧场为剧团专用剧场。1955年5月，改名为无锡市锡剧团。1958年2月，团址迁至中山路461号，并改称无锡市锡剧院。1963年恢复无锡市锡剧团建制，主要演员有王彬彬、梅兰珍、季梅芳、汪韵芝、朱宝祥、匡耀良等。王彬彬于1984年被选为江苏省“文体十佳”之一。无锡市锡剧团曾为毛泽东、周恩来、朱德、叶剑英、彭真、李鹏、乔石、朱镕基、荣毅仁等党和国家领导人演出。尤其是王彬彬、梅兰珍创造的“彬彬腔”“梅腔”两大艺术流派一刚一柔，豪放与华丽争辉。代表作有《珍珠塔》《孟丽君》《红花曲》《青蛇》等。《珍珠塔》《红花曲》先后被拍成电影，1989年，王彬彬、梅兰珍主演的《珍珠塔》获中国首届“金唱片”奖。该团为锡剧事业培养出众多艺术人才，为江苏省锡剧团、句容县锡剧团、常熟县锡剧团等输送大批艺术骨干。还经常到省内各地及浙江、上海、天津、济南、郑州、合肥、蚌埠、芜湖、马鞍山等地巡回演出，扩大锡剧的影响，并多次被评为市先进单位。90年代后，锡剧进入振兴阶段，该团自编自演的《鬼断家私》《青蛇》《瞎子阿炳》（1999年更名为《二泉映月》）《骗婚记》《梅开何家湾》等先后参加江苏省第二、三、四、五、六届锡剧节并获奖。《青蛇》入围2004~2005年度江苏省舞台艺术精品工程,《瞎子阿炳》获第十三届中国“戏剧梅花奖”。1990年，团址迁往南长区清扬路23号市文艺大楼内。2005年4月，在长大弄启动筹建无锡市锡剧博物馆。

无锡市越剧团　成立于1956年3月，由原在市登记的上海姐妹越剧团、艺汇越剧团、浙江同心越剧团合并组成，演职员工157人。主要演员有张少栋、吴慧芬、徐兰芳等。1958年，演职员工精简至70余人。1965年，招收男演员，随团培训和实习，开始男女合演。自建团到20世纪60年代前期，代表剧目有《红楼二尤》《孔雀东南飞》《云中落绣鞋》《蔡文姬》等。其中《孔雀东南飞》影响最大。1969年5月，剧团解散，大部分人员下放农村插队落户。1978年9月，恢复市越剧团建制，下放农村的演职员陆续调回。1981年，编演的《龙子与泉姑》被江苏省人民出版社拍摄成连环画册在全国发行。1956~1985年，移植改编《江姐》《丰收之后》《水晶洞》《社长的女儿》《红色娘子军》等现代戏，共演出各种剧目177个，其中，传统（古装）剧目105个，现代剧目72个。1990年，团址迁往南长区清扬路市文艺大楼内。

无锡市滑稽剧团　成立于1958年4月，前身是众力通俗话剧团、市滑话剧团。主要演员有杨天飞、丁玲玲、顾笑声、吴铁魂等。1960年被评为江苏省先进单位，出席江苏省文教群英会。1961年7月，更名为无锡市喜剧团。1968年10月解散。20世纪70年代中期，下放农村的演职员工先后调回，组成曲艺队，隶属于无锡市曲艺团。1979年1月，与市曲艺团分开，单独建制，恢复无锡市滑稽剧团。1958~1985年，上演滑稽戏剧目100个，其中，创作《光明大道》《神仙改行》《儿女婚姻》《灵勿灵》《好事体》《我肯嫁给他》《团团转》《毛脚媳妇》《老子、镜子、儿子》等，改编《夺印》《满意不满意》等剧目43个。该团艺术表演有“笑而不俗、滑而有稽”的独特风格，在江苏、浙江、上海、安徽、江西、天津、北京等地颇有声誉。1990年，团址迁往南长区清扬路市文艺大楼内。

无锡市评弹团　成立于1958年，前身为先锋、红旗、曙光3个评弹组。1960年10月，与市内的评曲小组和无锡县评弹组合并成立无锡市曲艺团。1966年6月，剧团演出活动停止，1970年解散。1971年4月，建立无锡市评弹队。1978年2月，重建无锡市曲艺团。主要演员有尤惠秋、朱雪吟、朱一鸣、赵丽芳等。1979年5月，更名为无锡市评弹团，团址位于长大弄9号。建团至1985年，上演传统书目34部，创作与改编书目58部，其中1965年的“毛主席诗词演唱会”，在评弹界有很大影响，演出地区遍及江苏、浙江、上海各市县城乡，并多次组织小分队赴各地巡回演出。1990年，团址迁往南长区清扬路市文艺大楼内。

无锡市歌舞团　成立于1958年8月，设舞蹈、声乐、器乐3个业务部门。地址开始在惠山忍草庵，后迁至复兴路、长大弄、黄石弄。1958年9月，举行首场公演，演出独唱、重唱、合唱、表演唱、重奏、合奏、民间舞蹈等。1961年，排演《革命历史歌曲表演唱》《雷锋颂》等大型歌舞剧。该团曾为毛泽东主席和越南胡志明主席、柬埔寨西哈努克亲王等演出，并接待过几十个国家的来宾和朋友。1986年后，该团创作演出一大批具有时代性、民族性、地方性的富有江南水乡特色的歌舞节目，形成剧团鲜明的个性与特色。独舞《二泉映月》获1987年江苏省首届音乐舞蹈节表演一等奖。大型歌舞《江南好》、舞蹈诗《太湖鱼米乡》和民族舞剧《阿炳》《红河谷》分别荣获文化部“文华奖”，其中《阿炳》《红河谷》荣获“文华大奖”、中国艺术节大奖和中宣部精神文明建设“五个一工程”奖。1990年，团址迁往南长区清扬路市文艺大楼内。

第二节　创作与演出

90年代后，区群众文艺创作进入繁荣期。区、街道文化活动成果累累，音乐、舞蹈、书法、摄影、美术、小品、相声、魔术、戏剧等文艺作品不断问世，许多作品在各级各类展评中获奖。2004年，每个街道都有获奖作品。2005年，区获中国无锡第三届太湖博览会“活力无锡”狂欢巡游活动彩车奖。1986~2005年，全区先后有65项作品在省、市比赛中获奖，其中音乐20项，舞蹈18项。

【音　乐】

1986年，亭子桥街道表演唱《他给我们什么教训》获江苏省“禁毒十唱”创作三等奖。1990年，周山浜街道大合唱《祖国颂》获无锡市歌咏比赛飞马奖，《安全行车为人民》表演唱获江苏省演出三等奖。1996年，江海街道男女声两重唱《百年梦圆》，获无锡市第六届太湖艺术节暨第一届群众文艺会演创作、表演双一等奖。上马墩街道舞台剧戏歌联唱《我们是中国好少年》，获无锡市第六届太湖艺术节暨第一届群众文艺会演表演优秀奖。1998年，江海街道女声独唱《新世纪在召唤》，获无锡市第七届太湖艺术节暨第二届群众文艺会演创作、表演双一等奖。区文化馆男声独唱《捧起金秋》，获无锡市第七届太湖艺术节暨第二届群众文艺会演创作、表演双二等奖。1999年，连元街小学大合唱《祖国颂》，获无锡市百团万人歌咏比赛优秀演出奖。2000年，江海街道女声独唱《旅情》，获第六届中国艺术节无锡分会场暨第八届太湖艺术节第三届群众文艺会演创作、表演双一等奖。2001年，公安崇安分局大合唱《英雄赞歌》，获无锡市首届合唱节银奖。连元街小学大合唱《让世界都赞美你》，获无锡市首届合唱节铜奖。2002年，江海街道女声独唱《为了可爱的中国》，获无锡市第四届群众文艺会演创作、表演双一等奖。2004年，区文化馆男声独唱《眺望》，获无锡市第五届群众文艺会演创作、表演双二等奖。区文化馆男声独唱《走进无锡》、崇安寺街道新民乐三人组合《茉莉花》，获无锡市“激情周末”广场文艺演出新节目奖。上马墩街道京剧清唱《打虎上山》，获无锡市“激情周末”广场文艺演出优秀演出奖。广瑞路街道瑞音老年合唱队《太湖美》、小合唱《在希望的田野上》获无锡市广播电台《太湖人家》文艺演唱比赛优秀表演奖。2005年，区文化馆女声独唱《江南的桥》、江海街道民族吹打乐《欢庆颂》，获无锡市“激情周末”广场文艺演出优秀演出奖。

【舞　蹈】

1999年，区文化馆舞蹈《喧天锣鼓》获无锡市广场舞蹈、鼓乐大赛铜奖。工运路街道鼓乐《喧天锣鼓》获一市三县广场鼓乐大赛三等奖。2000年，区文化馆舞蹈《戏蟋笼》，获第六届中国艺术节无锡分会场暨第八届太湖艺术节第三届群众文艺会演创作二等奖、表演一等奖。2001年，区文化馆《孔雀舞》舞蹈，获无锡市首届社区文化艺术节优秀演出奖。工运路街道舞蹈《孔雀舞》获无锡市首届社区文化优秀文艺节目汇演演出奖。2002年，区文化馆舞蹈《中国结》，获无锡市第四届群众文艺会演创作二等奖、表演三等奖。2003年，上马墩街道歌舞《爱我中华》、舞蹈《蒙古舞》，获无锡市太湖艺术节优秀演出奖。2004年，区文化馆舞蹈《都市小画家》，获无锡市群众文艺会演创作三等奖、表演三等奖。区文化馆舞蹈《好日子》，获无锡市“激情周末”广场文艺演出优秀演出奖。2005年，广益街道腰鼓舞队、亭子桥小学花伞队，获中国无锡第三届太湖博览会“活力无锡”狂欢巡游活动最佳表演奖。崇安寺街道红绸舞队、通江街道扇舞队，获中国无锡第三届太湖博览会“活力无锡”狂欢巡游活动表演奖。区文化馆舞蹈《康定情歌》，获无锡市“激情周末”广场文艺演出优秀演出奖。通江街道舞蹈《霓裳羽衣》，获无锡市群众文艺会演创作三等奖、表演三等奖。江海街道秧歌《欢天喜地》、时装表演《二泉映月》，获无锡市“激情周末”广场文艺演出最佳表演奖。

【书　法】

1997年，区文化馆朱梦俊书法作品《自勉》，获江苏省第二届少儿艺术节作品二等奖。1998年，区文化馆选送的史克方草书《毛主席诗词》，获江苏省群众美术周二等奖。2004年，广瑞路街道书法作品《毛泽东诗词》《九成宫》，获无锡市“锦绣梁溪”文博杯美术书画摄影展入选奖。

【摄　影】

1998年，区文化馆选送的张九荣摄影作品《快乐的铁姑娘》《少女》分别获全国“惠泉杯”惠安女风采摄影大奖赛二等奖、江苏省群众美术周二等奖。1999年，区文化馆摄影作品《又是一个舒心年》，入选江苏省庆祝新中国成立50周年摄影作品展览。2004年，江海街道摄影作品《小河风情》，获江苏省第六届“五星工程”摄影大赛银奖。2004年，区文化馆摄影作品《长乐永康》、江海街道摄影作品《生命交响曲》，入选江苏省第二届社区艺术节综艺展，并获无锡市“锦绣梁溪”文博杯美术、书法、摄影展优秀奖。

【美　术】

1995年6月，崇安寺小学学生何臻获江苏省文化厅举办的“'95江苏省少儿书画大赛”一等奖，并应邀赴宁现场创作书画，赠给在北京召开的第四次世界妇女大会。1998年，区文化馆选送的唐序颖美术作品《人鸟同欢》，获江苏省群众美术周二等奖。1999年4月，连元街小学、区少年宫在市举办的“庆祝无锡解放50周年·弘扬文明新风‘八佰伴杯’广场文艺展评”活动中，获“老少同乐”广场书画比赛最佳作品奖。是年，区文化馆美术作品《钟馗威振图》入选江苏省反腐倡廉书画摄影作品展。2004年，区文化馆纸版画《洗大楼》，获江苏省第二届社区艺术节综艺展优秀奖。区文化馆儿童画《课间十分钟》，获无锡市“锦绣梁溪”文博杯美术、书法、摄影展优秀奖。区文化馆油画《收割的季节》《秋实》《献给敬爱的邓爷爷》，入选无锡市“锦绣梁溪”文博杯美术书画摄影展。

【曲　艺】

1996年，区文化馆相声《戒烟风波》，获无锡市第六届太湖艺术节群众文艺会演表演三等奖。1997年，区文化馆小品《理解》，获江苏省第二届戏剧小品曲艺大赛无锡地区选拔赛优秀创作奖、优秀表演奖。1999年，区文化馆小品《星期天》，获无锡市“文明新风赞”文艺会演创作二等奖、表演一等奖。区文化馆创作故事《真情托起山里孩子的梦》，获无锡市“新故事会”演讲创作三等奖。2002年，广益街道小品《戏假情真》，获无锡市群众文艺会演创作奖、优秀表演奖。2003年，上马墩街道《多姿多彩》魔术，获无锡市太湖艺术节优秀演出奖。2004年，广益街道小品《好日子》，获无锡市群众文艺会演创作二等奖、表演二等奖。2005年，广益街道独脚戏《崇安新城赞》获无锡市“激情周末”广场文艺演出新节目奖。

【戏　剧】

1999年，区文化馆小戏《采访》，获无锡市党性党风文艺调演创作奖、优秀表演奖。2001年，区文化馆锡剧《万紫千红满园春》，获无锡市社区中老年合唱比赛优秀演出奖。

第五章　文化管理

1989年区文化局成立后，以争创居委“红旗文化活动室”、街道等级文化站和省群众文化先进街道、国家（省）级文化馆和图书馆为抓手，推动区、街道、居委三级文化网络和文化设施建设。围绕区一年一度举办的社区文化周（节），开展形式多样的群众文化活动，繁荣社区文化。发展特色文艺团队，培养文艺骨干，促进群众文化的普及与提高。与此同时，区文化部门依法加强辖区文化娱乐市场、音像市场、书报刊市场的管理，促进文化市场健康、有序发展。1999年，区被评为江苏省群众文化先进区。

第一节　机　构

1988年前，区文化行政管理工作归口区文教局。下辖区文化馆、区图书馆，时为“两块牌子、一套班子”，均为全额拨款的全民事业单位。区文化馆编制10人，负责全区文化工作日常事务。1989年2月，区文教局职能分设，成立区文化局，为区政府序列部门，人员编制3人。区文化局是区政府主管全区群众文化工作的职能部门。1990年，建立区文化市场管理所，隶属区文化局，为自收自支集体事业单位，人员编制3人。1996年机构改革后，区文化局和区体委合并为区文体局，编制增加到5人。下设文化馆、图书馆、文化市场管理所。履行全区文化和体育管理、组织开展全区群众文化和体育活动、管理辖区文化市场的职能。1998年，区图书馆单独设置，为差额拨款全民事业单位，编制4人。担负社区居委图书管理员培训、社区图书室业务指导、组织基层有关文化活动的职责。1989~2005年，区文体管理部门历任主要负责人有：陆 阳、李惠新、钱 新。

第二节　管　理

全区群众文化工作由区文化管理部门和街道文化站实行两级管理。1986年后，区文化工作纳入区委、区政府年度“双文明”建设目标管理，区每年与区文化部门和各街道签订目标管理责任书，区文化部门根据全区社会文化事业发展规划和任务，对街道文化站及直属单位贯彻执行情况进行检查、监督，确保年度目标的实现。区文化部门加强对全区群众文化工作的指导、协调和服务，结合全区中心工作，组织指导全区性重大文化艺术活动、文化艺术创作，1988年起每年举办社区文化系列活动，推动群众文化的繁荣和发展。1988年后，区文化工作坚持为人民服务，为社会主义服务“双为”方向，发动社会办文化，推动馆、站、室三级文化网络和文化设施建设。先后实施区文化馆改扩建和区图书馆移建，争创省、国家等级馆；在居委开展“红旗文化活动室”达标创建活动；在街道开展文化站上等级、争创省群众文化先进街道活动，充分发挥区、街道、居委文化设施在精神文明建设中的作用。注重加强群众文化的普及与提高，抓好特色文艺团队建设。2003~2005年，先后组织3次街道社区特色文艺团队评比，街道社区文艺骨干发展到1877人。

1990年后，随着文化部门管理职能的下移，区文化部门的工作重心逐步由办文化向管文化转变，由对区街文化的业务管理向对辖区文化市场的行业管理转变，依法加强社会文化娱乐市场、音像市场、书报刊市场的管理，制定管理细则，成立管理队伍，不定期组织文化市场稽查工作，引导和监督经营者合法经营。

第六章　档案　史志

1985年前，区无专门档案管理机构，档案工作归市直管。1985年，区档案馆成立，全区档案工作逐步得到重视和加强。1986年，各街道相继建立档案室，专司街道档案。1987年，区成立档案局，时为区委、区政府双重领导的职能部门。是年8月，启动崇安区党史资料征集整理工作，区成立“三史”（党史、组织史、史志）工作领导小组，组建工作班子。1991年3月，完成《崇安区志》编纂，为1951年建区后的第一部地方志。是年7月，完成中共崇安区党史大事记编纂。1990年9月、1995年12月，又先后完成《中国共产党无锡市崇安区组织史资料》的编纂和续编。1997年区档案局（馆）迁入新馆后，进一步完善设备设施，规范业务管理。1999年12月，通过省二级国家综合档案馆考核验收。同时，面向社会征集有地方特色的重要历史档案资料和实物，2004年12月，7册锡金军政分府原始档案和18件散件重归故里，成为区档案馆的镇馆之宝。迄2005年，区档案馆馆藏档案（资料）1.87万卷（册）。

第一节　档案管理

【机　构】

1987年1月，建立区档案局，编制5人，为区政府序列部门，与1985年11月成立的区档案馆合署办公，实行“两块牌子，一套班子”。1996年10月区党政机构改革后，改为区委直属全民事业单位，正科级建制，由区委、区政府双重领导。2004年，对外挂“崇安区现行文件查阅中心”牌子。2005年，区档案局（馆）实有人员4人。档案局（馆）无内设机构，设内勤、业务指导、保管利用、编研征集4个岗位。“内勤”主要负责区档案局（馆）文秘、保密、档案、统计、会务、通信和办公自动化工作以及其他行政管理、后勤事务工作；“业务指导”主要协助领导做好档案法规的宣传贯彻，全区各类档案工作宏观管理和业务培训、指导、检查、监督；“保管利用”主要负责进馆档案接收、整理保管和提供利用工作；“编研征集”主要负责征集有地方特色的重要历史档案资料和实物，对档案资料进行深加工研究、编研工作，参与地方史志、资料汇编的编修工作。1987~2005年，区档案局（馆）历任主要负责人有蔡荣春（兼）、韩哲、茅爱娟、纪志永、曹海燕。

区召开档案工作总结表彰会（2004.4）　（傅云芳摄）

【管 理】

1985年，区档案馆成立后，逐步建立和完善档案资料的接收、征集、整理、鉴定、借阅、保管、保密及开发利用等工作制度。馆内编有案卷目录、全引目录、卡片、全宗介绍等7种检索资料，并逐步实行计算机管理。1990年，区档案馆库房由区委办公楼搬至区政府办公楼，库房扩大到3间，面积70多平方米，并有单独的办公室和档案阅览室。1994年，对照省三级档案馆标准，对馆藏档案全面检查整理、调整编目。馆藏档案以全宗为单位，按“全宗—年度—问题”进行分类、排列、编号，各个全宗均设有全宗卷，专门档案按有关规定整理。1997年3月区机关办公大楼竣工后，区档案局（馆）建筑面积150平方米，设有档案库房、查档接待室、检索工具室、资料室和区档案局（馆）办公用房。新馆馆藏档案基本采用“保管期限—全宗群—目录号—年度—案卷号”的方法，分库分柜存放。排架采用从左至右、从上至下的原则。根据新的库房设置，重新编制档案的存放总索引和分库房索引，各库房均设有存放示意图。整个库房采用中央空调，配备去湿机、温湿度自动记录仪、灭火机、除尘器、烟火及防盗报警装置。配有档案4联密集架20列，4联图书资料架1列，铁质档案箱5套，计算机4台，复印机、录像机、电视机、影碟机、录音机、扫描仪、档案装订机各1台，打印机2台，照相机2架等设备。柜内投放防霉、防蛀药物。落实专人管理，每天记录温湿度，定期分析，加强调控，保证档案完整和安全。1999年5月，对到期档案进行全面鉴定。共鉴定馆藏到期短期档案4095卷，剔除1852卷，销毁处理1286卷，837卷上升为长期，退回原单位566卷，拆卷102卷。是年12月，区档案馆被评为江苏省二级国家综合档案馆。2004年，又对到期的长、短期7个全宗116卷进行鉴定，形成8份鉴定记录，编制销毁清册。为了使档案管理更趋科学、合理，区档案馆按照立档单位的性质，把馆藏档案划分为6个全宗群，并编制全宗名册。全宗群的代号及名称为：A—中共崇安区党群全宗群；B—崇安区国家政务全宗群；C—崇安区人大、政协全宗群；D—崇安区企事业单位全宗群；E—崇安区街道全宗群；F—个人档案全宗群。

1986~2005年，每年年初，区档案局（馆）都对上年馆藏、人员编制、经费设备、档案利用等情况进行定量统计，建立档案统计、资料统计、检索工具统计、馆藏档案资料检查情况统计、鉴定情况统计、库房温湿度统计、档案利用情况统计等专门台账。

【馆藏档案】

1951~1976年的区委、区政府永久、长期文书档案保存在市档案馆。区档案馆馆藏档案绝大部分为1977年后区级党政部门、街道机关和部分区属企事业单位具有永久或长期保存价值的各种门类、各载体形式的档案。区档案馆定期接收在各部门保存8年以上、保管期限为长期及以上的档案、撤销单位的档案及向社会有关方面征集的档案资料。馆藏档案基本能反映立档单位的职能变化，反映全区政治、经济、文化、教育等各类活动情况，是工作查考、科学研究、编史修志、宣传教育的重要凭证和依据，是全区两个文明建设所需要的宝贵信息资源。

迄2005年，馆藏总量为1.87万卷（册），上架排列长度为380米。其中，档案1.72万卷（册），上架排列长度为320米，分别占馆藏总量的91.98%和上架排列总长度的84.21%；资料1490册，上架排列长度为50米，分别占馆藏总量的7.97%和上架排列总长度的13.16%。此外还有少量声像档案和

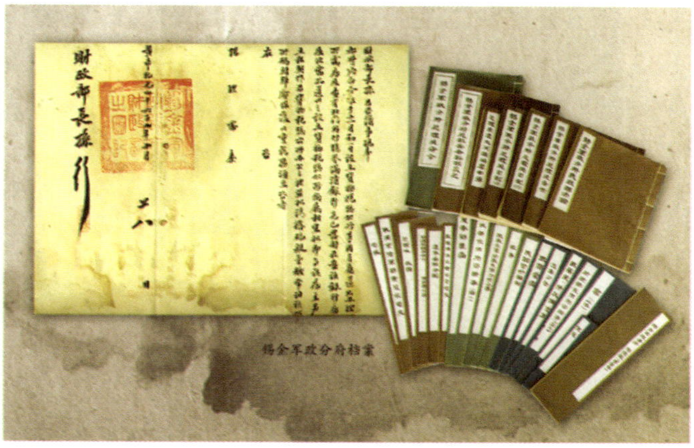

区档案馆馆藏的锡金军政分府档案（2005）　　（区档案局供稿）

印鉴实物，有照片53册、2695张，录像带5盘，印鉴实物126个。馆藏档案设置6个全宗群、59个全宗，其中党群系统全宗群13个全宗，国家政务全宗群29个全宗，人大、政协全宗群2个全宗，企事业单位全宗群2个全宗，街道党工委（党委）、办事处全宗群12个全宗，个人档案全宗群1个全宗。

【开放利用】

1997年，区档案局根据《中华人民共和国档案法》和国家档案局《档案馆开放档案暂行办法》的规定，制定《崇安区档案馆开放档案实施细则》，组织力量对年满30年的档案进行鉴定划控，对1969年以前的7个全宗的317卷档案，开放155卷，控制使用162卷，开放率为48.90%。2004年，又对年满30年的11个全宗125卷档案进行划控，开放54卷，控制使用71卷，开放率为43.20%。对未满30年可公开的政策、法规性文件及经济、文化、教育等25个全宗的1089卷档案进行划控，开放785卷。所有开放档案均编制案卷目录和全引目录，并以公告的形式向社会公布。

区档案馆开放的资料主要是历年向机关各部门征集和逐年购买的图书、报纸、杂志和地方内部资料，共有1490个保管单位，其中，图书934个保管单位、报纸393个保管单位。其次是区档案馆整理编印的34种49册、350多万字的汇编资料，供各单位查阅。1987~2005年,全区共接待查档2846人次，提供各种档案资料4483卷册。

1987～2005年崇安区开放利用档案资料情况一览表

表23－6－1　　　　单位：人次、卷（册）次

年份	查档	提供卷（册）	年份	查档	提供卷（册）
1987	78	261	1997	104	203
1988	51	230	1998	173	228
1989	61	152	1999	250	300
1990	50	185	2000	260	315
1991	37	229	2001	310	400
1992	32	105	2002	307	430
1993	22	28	2003	295	331
1994	35	138	2004	302	357
1995	32	114	2005	390	408
1996	57	69	合计	2846	4483

说明：上述资料由区档案局提供。

附：锡金军政分府原始档案重归故里

锡金军政分府是辛亥革命时期的无锡政权组织，其诞生地位于现崇安区人民政府机关驻地。当年的档案资料由于种种原因散失。80年代，广西柳州市图书馆历史文献部的陈铁生、刘鸿生在整理历史文献时，发现这批反映无锡辛亥革命初期（1911年9月20日至1912年3月10日）锡金军政分府的部分原始资料，为抢救、保护这批文物，柳州图书馆认真整理、考订。市政协文史委得知这一情况后，即与柳州图书馆取得联系，1987年8月，以无锡文史资料第17辑汇编成《锡金军政分府史料汇编》。

2003年，时任崇安区政府区长的张叶飞提出要争取这批档案回归，这一想法很快得到市档案局的支持。是年11月，由市档案局局长汤可可带队，与区政府办孙怡一行专程前往柳州，通过柳州市档案局，与柳州市图书馆领导取得联系，并就这一原始档案的征集、移交一事进行协商，达成初步共识。同年12月18日，无锡市档案局再向柳州市图书馆致函，提出具体移交事宜的建议。此后，又经多次协商，最后同意由崇安区政府向柳州方面支付资料保管费、整理修复劳务费等6万元，在无锡举行档案交接仪式。2004年12月21日，“无锡辛亥光复珍贵档案交接仪式”在崇安区政府四楼大会议室举行。出席仪式的有：柳州市图书馆党支部书记陈本林、副馆长陈铁生等一行6人；无锡市副市长麻建国、市政府副秘书长唐喜泉、市政协学习文史委员会主任江国良，崇安区区长张叶飞、区委副书记许新宇、常务副区长苏

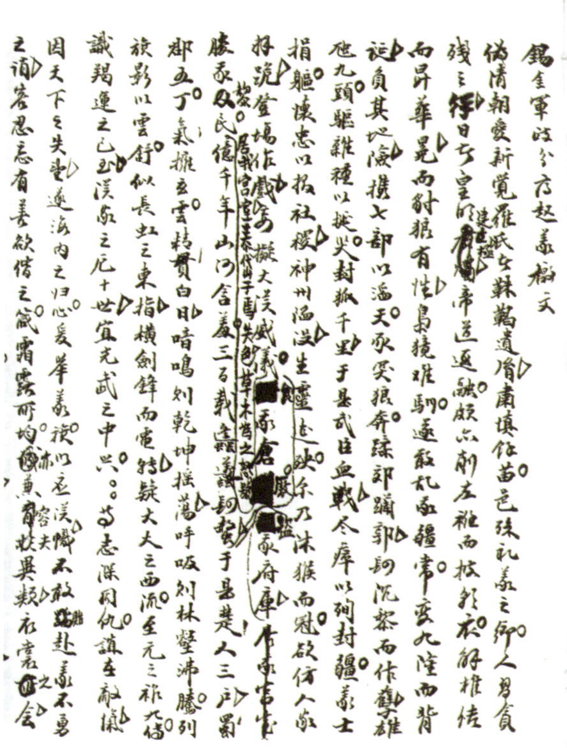

锡金军政分府起义檄文

国强、区委宣传部部长李祖坤、区档案局局长曹海燕等。会上，柳州市图书馆正式向无锡移交7册锡金军政分府原始档案和18件散件，无锡向柳州市图书馆回赠无锡书画名家陈德华的“东林书院图”、冯稚乾的“风声雨声读书声声声入耳，家事国事天下事事事关心”对联，以及《无锡市志》等图书6册。

锡金军政分府原始文书档案保存在区档案局（馆）。这批文书档案，信息量大，约13万字，内容包括锡金军政分府民政部示谕、总理处告示、总理处命令、总理处日记等，详细记录包括无锡、苏州、南京、上海等地民国初年的社会、政治、经济、军事、文化等各项制度和举措。作为辛亥革命时期锡金军政分府的原始资料，该文书档案不仅填补无锡地区民国早期档案资料缺失的空白，而且其完整齐全在江苏各地也属仅见。这批文书档案，除少量散页外，均装订成册，首尾完整，没有缺页，保存基本完好，只有极少破损和水渍。而且，均为毛笔手写原件，具有重要的文物价值，其中一部分文书由时任锡金军政分府秘书、著名国学家钱基博（钱锺书之父）所记写誊录，是钱基博流传至今为数不多的墨迹中的一批，对于研究当时相关历史人物的思想、语言乃至文字书法，具有一定的价值。

2005年6月起，崇安区又会同市档案局，落实影印出版锡金军政分府文书档案事宜。成立锡金军政分府文书档案整理编纂委员会，由区委书记蒋伟坚任主任，区长刘玲、市档案局局长汤可可任副主任。从落实承印厂家到编排，历经一年半时间，中华书局出版的《锡金军政分府文书》一书正式面世。由南京大学历史系原主任、江苏省历史学会原会长茅家琦撰写前言；华东师范大学历史学教授张开沅题签书名。全书以原件扫描制版，内页为手工宣纸，成书规格22.5×32.8厘米，由杭州富阳古籍印刷厂承印，一函四册。其中，锡金军政分府民政部示谕86则、锡金军政分府总机关各科职员总名册和文书散件18件，合为一册；锡金军政分府总理处告示111则、锡金军政分府总理处命令96则，合为一册；锡金军政分府总理处日记（第一册）为一册；锡金军政分府总理处日记（第二册）、总理处差遣处间谍科票申簿53则，合为一册。这批档案文书，已列为国家重点档案抢救和保护规划项目，成为区档案馆镇馆之宝。

无锡辛亥革命档案交接仪式（2004）　（孙怡摄）

第二节　史志编研

1981年4月，成立区地方志编纂工作领导小组，组长由区委副书记周景河兼任，1984年，改由区委副书记黄德如兼任。1986年10月，区委成立区组织史编纂工作领导小组，组长由区委副书记黄德如兼任。1987年8月，区组织史编纂工作领导小组更名为“三史”工作领导小组，组长由区委副书记徐忠强兼任，1989年1月改由区委副书记高兴东兼任。1981~1995年，先后完成1部《崇安区志》、2本《中国共产党无锡市崇安区组织史资料》、1册《中共崇安区党史大事记》的编纂工作。此外，区委办公室和区政协文史组于1988年10月组织编写清末到民国初期的崇安区文史资料，汇集崇安寺、东林书院、锡金军政分府旧址等12篇文章、3万多字。区政协文史编辑委员会于1989~1996年先后编纂《崇安文史》4辑。区政协于2004年9月编纂“老字号”专辑1辑。

【崇安区志】

编纂始于1981年4月，历经组织准备、收集资料、设计篇目、编纂初稿、总纂评审5个阶段。1989年4月通过市志稿评审。1991年3月批准出版。《崇安区志》上自1951年建区起，下迄1985年，全志设地理、政治、经济、城市建设、教育、科技文化卫生体育、社会、人物共8篇，40章，173节，共45万字。该书以马列主义、毛泽东思想为指导，实事求是地反映重大历史问题，立足当代，详今略古，运用辩证唯物主义和历史唯物主义观点，总结历史经验，突出崇安人民自力更生、艰苦创业、发展生产、改变旧城面貌的业绩，突出中共十一届三中全会以来的新成就、新变化、新风貌。1991年11月14日，举行《崇安区志》首发式。

首轮《崇安区志》　（孙怡摄）

【中共崇安区组织史资料】

编纂始于1986年11月，1989年4月，通过市志稿评审，1990年9月完成。该书全面、系统地反映从1951年11月建区开始至1987年10月期间崇安区党、政、军、统、群组织机构沿革及领导人名录。按照“基本完成社会主义改造和开始全面建设社会主义时期”“文化大革命时期”“社会主义现代化建设新时期”三个历史阶段，编集为3章48节、16.6万多字。1994年9月，又启动区组织史续编工作，1995年12月，完成《中国共产党无锡市崇安区组织史资料（1987.10.1~1994.12.31）》编纂。该书分为5章19节，以邓小平建设有中国特色社会主义理论和党的基本路线为指导，紧紧围绕党的十四届四中全会和全国组工会议提出的战略任务，坚持“广征、核准、精编、严审”的方针和立准、立好的原则，全面、系统地反映从1987年10月1日起至1994年12月31日止崇安区党、政、军、统、群组织机构沿革及领导人名录，达到“存史、资政、育人”的目的。

【中共崇安区党史大事记】

编纂始于1990年10月，1991年7月完成。该书根据中共十一届三中全会以来的路线、方针、政策，坚持党的四项基本原则，以《关于建国以来党的若干历史问题的决议》为准绳，以辩证唯物主义和历史唯物主义的观点为编纂的指导思想，采用编年体方式，以史事为目，一事一记。《中共崇安区党史大事记》记述自1925年1月中国共产党党组织在无锡创建起至1990年12月，崇安区党组织的主要事件和重要活动，共收编大事1156条、9.4万字。该书对党组织在无锡创建至无锡解放的大事，主要记述城区地下党领导的重大活动；建区到1958年并区前的内容以崇安区为主，尽量搜入工运区的资料。

第二十四编

历史文化遗存

崇安区地处无锡老城区，境内名胜古迹众多,历史文化遗存遍布。有始建年代最早的东晋时期金匮山和崇安寺、唐代北禅寺、明正德年间东林书院遗址，保存最完整的建于民国元年（1912）的中国最早县级公共图书馆——无锡县立图书馆及其罗马式钟楼，现存中国开办最早的近代公共园林、被誉为“华夏第一公园”的城中公园，最具中西合璧风格的薛汇东住宅等。无锡解放后，特别是80年代后，贯彻《中华人民共和国文物保护法》等法律法规和《国务院关于加强文化遗产保护的通知》，按照“保护为主、抢救第一、合理利用、加强管理”的工作方针，针对文物遗迹和文化遗产的特点采取切实可行的保护措施，妥善处理文物保护与经济发展、城市建设的关系，对受旧城改造拆迁影响的文物，采取原地保留修复、整体移位复原等办法予以保护。1986~2005年，原地保留修复16处，有近代著名思想家、外交家和早期维新派代表人物之一的薛福成故居钦使第，成为辖区规模最大、保存最完整、文物级别最高的文物古迹；有按原状原貌修复最好的明清四大书院之一的东林书院，当代民间音乐家、《二泉映月》作者华彦钧（阿炳）的故居，中国文化昆仑钱锺书故居；有中共中央早期领导人秦邦宪故居和张闻天旧居，国际著名电机学家顾毓琇故居，圣公会十字堂等。整体移位复原5处，有秦氏章庆堂景福楼（包括旧方书屋和牡丹书屋）、秦氏对照厅、金匮县衙碑刻等。原地保留10处，有国务院原副总理、中共中央宣传部部长兼文化部部长陆定一故居等。同时，抢救保护无锡现存最古老、文物古迹蕴含丰富的小娄巷历史街区，以及明清民居建筑风貌依旧的日晖巷传统街区。挖掘保护无锡县商会旧址等工业遗产2处，北仓门蚕丝仓库开发利用为北仓门生活艺术中心。新建古建筑保护小区——文渊坊，建立无锡碑刻陈列馆。其间，在城市化建设的快速推进中，有17处文物古迹因多种原因无法保留而湮没。迄2005年，辖区国家级、省级、市级文物保护单位数量名列城区之首。薛福成故居建筑群升格为全国重点文物保护单位，东林书院旧址、阿炳故居、钱锺书故居、陆定一故居等10处列为省文物保护单位，高子止水、荣德生故居、顾毓琇故居等20处列为市文物保护单位，还有佚园及秦毓鎏旧宅、谈氏宗祠、张效程旧宅等10处市文物遗迹控制保护单位。

此外，辖区存有朴树、银杏、广玉兰、雪松等古树名木17种、69棵，其中，树龄在百年以上49棵，200年以上10棵。还有传统技艺、传统音乐、传统美术、传统医药等非物质文化遗存4大类28项。其中，无锡酱排骨、王兴记小吃等是无锡最珍贵的文化遗产之一。

第一章　园林名胜

崇安区历来是人文荟萃之地，辖区有文字可考的大小古典园林24处，上可追溯至东晋，历经汉唐、两宋，兴于元，盛于清。历代园林中，有崇安寺、洞虚宫、北禅寺、东林庵、玄元宫、金匮县城隍庙、秦淮海祠7处寺庙祠堂园林；有学宫、东林书院2处书堂园林；有都御史谈恺宅、金匮山、读书独行二园、尚书第、白水荡、映山河、容膝轩、仁山堂、严家池、竹素园、佚园、云薖园、辟疆园、芝兰草堂、香草居15处官宦富豪宅第园林。东晋名宦顾辟疆在欢喜巷兴建山水式园第"辟疆园"，古书《中吴纪闻》称："吴中旧传池馆林木之胜，惟辟疆园为第一。"都御史谈恺筑园宅"万备堂"于六箭河，时为城中第一胜处。位于汤巷的蒋家花园"香草居"，原园十余亩，多假山花木池沼之胜，两棵百年树龄的白皮松至今尚存。始建于清光绪三十一年（1905）的锡金公花园（俗称公花园），是无锡最早的现代公园。1987年，区政府投资600余万元，在上马墩建成靖海公园。迄2005年，境内有锡金公园、靖海公园2处，有学宫、东林书院、佚园、云薖园、金匮县城隍庙、秦淮海祠古典园林遗址6处。境内有古树名木69棵，以朴树、银杏、雪松、广玉兰、白皮松居多，树龄百年以上有49棵。

第一节　锡金公园旧址

"无锡公园"全景（1912）　（区档案馆供稿）

锡金公园位于城中心，毗邻崇安寺。占地3.3万平方米，为无锡最早兴建的公园。据传战国时期，楚春申君黄歇曾于白水荡建行宫。东晋王羲之亦在此建宅，留有王右军涤砚池遗迹。明天顺年间（1457~1464），盛颙（号冰壑）在此建方塘书院。清光绪三十一年（1905）无锡人裘廷梁、俞复倡议辟公花园，由民众捐资兴建，次年园初成，取名锡金公园（俗称公花园），民国元年（1912），改名无锡公园。园内陆续建有龙岗、蓼莪、绣衣峰、多寿楼、尚武堂、涵碧桥、池上草堂、枕漪桥、西社、兰簃、长廊、天绘亭、天韵社等景点和建筑物，广植花木。民国11年，画家王云轩、吴观岱、曹衡之、胡汀鹭、诸健秋作画，廉泉、孙寒厓、丁耘轩、孙静昌、华西周、邓韧昌、严曜卿、王蕴章、华艺三题咏，曹景范题记二十四景："绣衣拜石，多寿春禊，芳堤柳浪，草堂话旧，松崖挹翠，樱丛鸟语，药槛敲棋，桃林披锦，清风斗茶，方塘引渔，涵碧伫月，琼树朝霞，白水试泉，兰簃听琴，西社观鱼，藤荫逭暑，碧云絜榼，花坞看云，天绘秋容，枫径斜阳，小苑天香，东篱品菊、杉亭咏雪，石嶒问梅，都有景可赏，有迹可寻。"嗣后，园内又造有小塔、同庚厅、九老阁等。日军侵占无锡期间，公园花木、植被、道路破坏严重。抗日战争胜利后，无锡县政府对公园作整修。无锡解放后改名城中公园，市政府出资5000元，新建市图书馆对面的公园大门。20世纪50年代，崇安寺增福庵、火神殿、中隐院、大雄宝殿划归公园，并多次进行整修。80年代，市拨款80余万元，对公园全面整修，重点修缮同庚厅，并改建多寿楼，整修兰簃茶室、池上草堂、归云坞，新建临池水榭——凌波榭，天绘亭原址新建一组回环屈曲的亭、游廊、花架和座凳矮栏，九老阁原地翻建，白水荡南围墙由封闭式改为通透式。1994年1月，锡金公花园旧址被市政府列为市级文物保护单位。1995~2000年，市先后投入拆迁建设费用8000余万元，扩大公园面积1万余平方米，修建新老景点24处。公园东部，整修保护以玉皇殿、多寿楼、白水荡、龙岗、同庚厅、西社曲池、后乐园为主体的老园传统风貌景观，同庚厅北新建3190平方米健身广场。公园西部，新建2000多平方米的艺术广场。广场呈圆形，周边建有攀紫藤、葡萄的百米花架廊，设4个拱形入口，花架下设花岗岩坐凳；中间为绿色花岗岩铺地，保留两株古朴树，树干基部置4块大小不等的圆弧石，石刻红色“福“字；广场北设半月形舞台，台前端设雀舌黄杨和夏鹃梯形花坛，舞台后为弧形大屏风，上有“世纪之春”4个金字，屏风背面，嵌有14位无锡名人诗词碑刻，有东晋顾恺之，唐李绅，北宋李纲，南宋尤袤，元倪瓒，明王绂、邵宝、秦金、王问、华察、顾宪成、高攀龙、徐霞客，清顾贞观等诗作。九老阁南，新建由大型石壁、飞瀑、水车、蘑菇亭构成的水景广场。石壁高6.7米，宽21米，由90立方米、80块金山石块垒砌而成。人造瀑布从壁顶石隙直泻而下，石壁上刻著名书画家吴蓬的篆书“有锡兵，天下争；无锡宁，天下清”12个大字；右方刻海瑞所书的“人生百年老，生母七十寿”十字联组成的一个大“寿”字；左方镌“仙鹤展翅”，其上书“延年”二字，与右方“寿”字相呼应；图案左下方镌“万寿无疆，子子孙孙永用之宝”。2001~2004年，拆除园内群众艺术馆，辟建1500平方米绿地。配合崇安寺地块改造，拆除南大门及玉皇殿周围建筑、经营用房3400多平方米。2005年起，对城中公园实施大规模修缮改造，挖掘、复建遗失景点，形成以同庚厅为中心的传统文化区，以清风茶墅、后乐园为标志的百年纪念区，以二泉广场、玉皇殿、多寿楼为轴线的广场活动区，以秦起广场、抗战胜利纪念碑、中共无锡第一个支部诞生地纪念碑为主题的革命历史纪念区，以北入口广场西侧儿童乐园为主的娱乐活动区，以不同花卉树木为特色、点线面结合组成的植物景观区。并对4个出入口重新改扩建。迄2005年，公园内有白水荡、王右军涤砚池、绣衣峰、池上草堂、饮马石等古代文物遗迹5处；龙岗、天绘亭、多寿楼、清风茶墅、归云坞、涵碧桥、枕漪桥、倚虹桥、兰簃、白塔、同庚厅、九老阁等近代文物遗迹12处；秦起广场、中共无锡第一个支部诞生地纪念碑、西社、抗战胜利纪念塔等革命活动遗迹及纪念地4处。

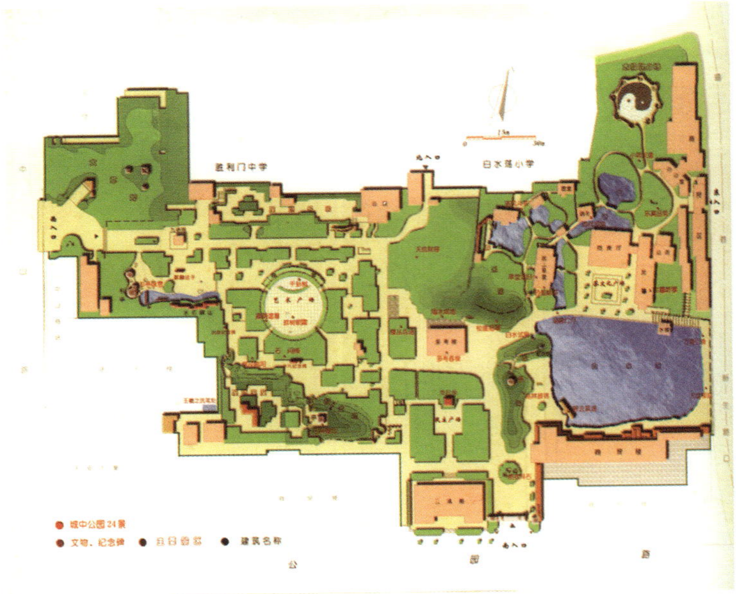

图24-1-1　　2003年城中公园总平面图

【古代文物遗迹】

锡金公园内有白水荡、王右军涤砚池、绣衣峰、池上草堂、饮马石等古代文物遗迹5处。

白水荡　又称方塘，为公园内最大的水面，明代时水面有30多亩，相传战国时期楚相春申君所建行宫于此。明天顺年间，刑部侍郎、邑人盛冰壑在此建后乐园，并建方塘书院。此后，又陆续增建对扬堂、柏峰书院等。白水荡内置楼船一艘，名为观水。岸边种植梧桐、翠柏、海棠、桃李等。至清末，公园建立后，白水荡被纳入园内。

王右军涤砚池　相传东晋王羲之寓居崇安寺，明万历年间（1573~1620）位于崇安寺大悲楼前。

清光绪三十一年（1905），大悲楼改为崇安寺小学。1969年填没。1983年小学迁出，改建为市老干部活动室，恢复涤砚池，刻石系民国初年金山石重刻之物，2003年被拆。

绣衣峰　位于公园中心，系明嘉靖年间（1522~1566）湖广提刑按察使、邑人俞宪宅内“独行园”故物，清光绪三十二年（1906）移入。为一块高2米左右的太湖石，玲珑剔透，兀立于花圃中。石顶绕有白花紫藤，如璎珞披发，天女散花。石罅镌“绣衣峰”三字，石身满布铁线细纹，宛如水云，故称绣衣石。1982年春，石旁植一株罗汉松，刚劲挺拔，与绣衣峰互为辉映。

饮马石　位于同庚厅前，为明嘉靖年间（1522~1566）无锡知县王其勤筑城抗倭遗下的一具石质饮马槽。

绣衣峰（2005）　（孙怡摄）

池上草堂　明末清初文人秦汧（字吉生）所筑，后毁。民国9年（1920）原址收入锡金公园，就地重建，时无锡人秦郊农、裘廷梁、华艺三、杨荫北、俞复等42人，出资刻唐代怀素草书《四十二章经》法帖，共16方，嵌于池上草堂内。民国20年，池上草堂设围棋社，丁枟轩作一联云：“可以息，可以游，商略廿年，真始原不及此；何处池，何处堂，苍茫四顾，起古人而问之。”后辟为棋室。“文化大革命”期间翻成普通平房。唐怀素碑刻在“文化大革命”中被毁3方，1979年按拓片重刻补齐。1983年，池上草堂平房拆除重建，仿明式悬山顶，面阔五间，长16.8米，宽7.4米。其中，三间临池，挑出水面1.2米，一色落地长窗；西为走廊，上嵌怀素《四十二章经》碑石16方，每方长79厘米，宽39厘米。1997年，后乐园建成后，移怀素《四十二章经》碑石于紫藤架之西墙。

【近代文物遗迹】

公园内有龙岗、天绘亭、多寿楼、清风茶墅、归云坞、涵碧桥、枕漪桥、倚虹桥、兰簃、白塔、同庚厅、九老阁等近代文物遗迹12处。

龙　岗　位于绣衣峰后，东倚白水荡，蜿蜒如龙，故名。光绪三十一年（1905），由俞复、吴稚晖、陈仲衡等捐资堆建。岗上建一亭，题额“蓼莪”，为俞复纪念其先人所筑。龙岗尽处，危崖突起处，有华艺三所书“松崖”刻石，岗顶建有白塔点缀。大小三座假山鼎足而立，峡径两侧，选用大块黄石堆叠成石壁状，在石径东端，恢复白水试泉的石龛，泉眼、石渠、石滩引伸至白水荡边。2005年，龙岗进行大规模维修，新增沿白水荡一侧瀑布群与涉水生态景观。

天绘亭　位于城中公园西部，为公园初期建筑。亭为八角形，曹衡之题有“天绘”二字。因亭四周广植名花嘉卉，四时花发，有“天绘群芳”之景，故名天绘亭。亭东原是荒圃，后由杨录生购归公园，并建亭，称“碧云深处”。两亭之间，有紫藤棚。1983年，该亭拆后重建。天绘亭，呈四方形。亭四周，重建紫藤棚，由东曲折西行，棚下遍设坐凳；西段通几重月洞，并筑一花墙，显得清荫深邃。1997年拆除，亭匾移至归云坞八角亭上。

多寿楼　位于城中公园中心。宣统三年（1911），无锡耆老华海初60寿辰，约其同庚华子随、吴俊夫等捐资建楼三间，名多寿楼，吴稚晖书额。楼四面临窗。民国11年（1922），周寄湄于楼前添建阳台，楼后凿小池，竖石题刻“随水成池”。1942年多寿楼大修。1975年小池填塞。1979年，多寿楼因蚁害落地翻建，歇山顶，四周围廊，旁筑假山，上悬“多寿楼”额，为南京尉天池重书。

清风茶墅　位于西社右侧，原有雅室三间，位于后乐园。民国7年（1918）划归公园，重建“清风茶墅”，由吴观岱书额，曹衡之书联：“规后乐园旧观，塘开一鉴，墅拓三方，小榭风清还斗茾；访洞虚宫遗迹，绿绮人来，紫璈仙杳，曲廊月上好寻诗。”后原屋被拆，成为民居。1997年，公园维修扩建时，在原址重建后乐园，由著名造园家李正主持设计、监造，园内设临水建筑一组，仿古式硬山顶，命名“清风茶墅”。

归云坞　位于公园西南部，原属崇安寺后圃。民国3年（1914）堆筑“石包土”式黄石假山。后划入公园，筑高阜，阜顶建方亭，称归云坞，归云坞下还有被填的崇安寺放生池。1982年翻建，亭柱、亭顶饰以仿松树干，别具一格。坞西有鹤轩茶室三间。1997年改成屋顶花园，四周仿制巨石垒成高大假山石屋，屋顶400平方米，屋顶中央建有一座仿松树形状的曲廊，呈三折。在2005年崇安寺改造中，小山丘上新铺石级和走道，新建80米长廊与方亭，与之相连接。

涵碧桥、枕漪桥、倚虹桥　位于同庚厅西小溪“曲沼”之上，溪南石桥为涵碧桥，两侧刻有“涵碧”“冶春”，为民国7年（1918）秋瑞莲堂高氏所建；溪北石桥为枕漪桥，两侧刻有“枕漪”“映霞”四字，为民国10年云荫堂孙氏所建；厅后溪上的三曲桥为倚虹桥，建造年代无考，两侧刻有“倚虹”“饮渌”四字。

兰　簃　位于同庚厅东，面阔三间。民国11年（1922）由夏伯周兄弟捐建厅室三间，陈品三、邹同一合建通东侧门之长廊，华艺三取“南陔采兰之谊”之意命名“兰簃”。后有江南丝竹音乐高手吴畹卿、乐述先、华雁臣等在“兰簃”之北接建平房二间，成立“天韵社”，社员在此交流音乐技艺。无锡解放前后，兰簃和天韵社老屋已失旧貌。1983年，于兰簃、天韵社旧址重建仿古式硬山顶民居五间，前有花格长窗，内设茶座，上悬“清风茶墅”一额。茶墅南面立一半亭，书额“兰簃”。半亭前临方塘，旁有廊，通临水轩，颇为清畅。

白　塔　位于龙岗岗顶，为民国16年（1927）锡金师范同学会捐款所建。初为水泥建筑，后有巧匠阿四者，坠水泥塔而重建，为塔身遍贴磁砖，白塔之下，有小泉，题额“白水试泉”。

九老阁　位于中山路园门入口处。民国22年（1933）3月，由无锡耆老杨筱荔（志濂）、杨荫北、杨味云、杨幼梅、杨心栽、杨遹声、江焕卿、蒋遇春、丁鉴如9人捐资建造，故名“九老阁”[①]。阁顶琉璃瓦由邹同一独自出资。阁方形，二层重檐，琉璃顶，阁上四面开窗，阁下回廊靠座。“九老阁”一额，原为吴稚晖所书，毁于“文化大革命”中。1980年，由苏州费新我重书。1982年因阁遭蚁害，按原式样彻底翻建。

九老阁（2005）　　（孙怡摄）

同庚厅　位于白水荡北，又名嘉会堂，为园中最大的厅堂。民国15年（1926），由丙寅、丁卯、戊辰、己巳四届同庚会捐资建造，民国19年3月动工，9月建成。大厅面积290平方米，飞檐翘角，外绕围廊，廊下朱栏坐槛。厅上“嘉会堂”匾额，系清初王一峰所书，抗日战争初期被毁；另有吴观岱名作《扶杖背孙图》，抗日战争初期日机轰炸时弹片削去图中一老人头，后由吴的门生诸健秋修补，抗日战争后图遗失。无锡解放后，同庚厅历经修葺，建筑完好。“嘉会堂”额，1979年由王季鹤重书。1997年，公园进行维修扩建时，由书画家吴蓬根据旧

①《无锡市志》（江苏人民出版社1995年10月版）第七卷胜迹第三章城区胜迹第二节城中公园中记：民国22年，由无锡耆老杨筱荔（志濂）、杨幼梅、杨心栽、杨遹声、江焕卿、蒋遇春、王鉴如、顾资箴、陈肇卿等9人捐资建造，故名“九老阁”。

照片，恢复吴观岱的《扶杖背孙图》大中堂悬于同庚厅内。

【革命活动纪念地】

锡金公园内有秦起广场、中共无锡第一个支部诞生地纪念碑、西社、抗战胜利纪念塔等革命活动遗迹及纪念地4处。多寿楼前广场是1911年11月6日同盟会会员秦毓鎏等人发动辛亥革命无锡起义的誓师纪念地和1949年10月2日无锡第一面五星红旗升旗仪式纪念地；多寿楼西侧空地是民国14年（1925）1月无锡第一次中共党员秘密会议及第一个党支部成立纪念地；西社是1923年10月无锡第一个青年团小组成立纪念地；崇安寺大雄宝殿北是1927年4月14日无锡总工会领袖、共产党员秦起壮烈牺牲地。

秦起烈士塑像（2005）　　（孙怡摄）

秦起广场　位于多寿楼前。为纪念1927年4月14日无锡总工会领袖、共产党员秦起烈士在崇安寺大雄宝殿北牺牲而建。广场竖有1988年1月落成的秦起全身立像铜塑，基座为黑色花岗岩，高4米多，正面为原中共中央政治局常委、中央纪委书记陈云题写的“无锡工人运动先驱者秦起烈士”。铜像周围为草坪。该广场还是清末宣统三年（1911）11月6日由同盟会会员秦毓鎏（字效鲁）等人发动辛亥革命无锡起义的誓师纪念地、1949年10月2日无锡第一面五星红旗升旗仪式纪念地。

第一支部纪念碑（2005）　　（城中公园供稿）

中共无锡第一个支部诞生地纪念碑　位于艺术广场南。为纪念民国14年（1925）1月在公园多寿楼西侧空地召开中共无锡第一次党员会议、成立中共无锡第一个支部而立。1991年9月建碑，碑呈长方形，高1.7米，宽3.2米，碑座宽4.2米。紫红色花岗岩贴面，黑色花岗岩镌刻“中国共产党无锡第一个支部诞生地（1925.1）”，碑身正面右下镶嵌4块椭圆形山石，上刻“镰刀斧头”红色党徽，碑身正面刻“全世界无产者联合起来”中、英文标语。碑后为常绿毛鹃和草坪，花坛植女贞、红杏、枫树。

西　社　位于同庚厅后。为无锡第一个青年团小组成立纪念地。清末侯鸿鉴在西门创办西师范，造就不少人才。该校停办后，民国10年（1921），西师范同学会在同庚厅西建西社，民国12年10月，张效良、薛萼果等7人在此成立中国社会主义青年团无锡小组。西社为方形小阁，砖木结构，形似矮亭，前襟曲沼，旁带后池。西社壁间嵌置一方“纪念西师范同学会”石刻。1983年曾大修。现存《西社落成记》刻石1方，长82厘米，宽41厘米，侯鸿鉴撰文，孙雏飞书写。

抗战胜利纪念碑（2005）（孙怡摄）

抗战胜利纪念塔　位于城中公园西南，开挖水景广场水池时挖出，1995年8月，为纪念抗日战争胜利50周年修复。纪念塔呈长方形，塔身正面和左右两侧各有金山石板组成，高1.25米、宽厚0.75米。正面为橄榄枝组成的圆形花环，象征天下太平，花环下为两条平行流苏，喻第二次世界大战取得最后胜利，碑身镌刻篆字“抗战胜利纪念塔”，下有“中华民国三十四年八月，无锡县县长范廷铨题”“城区区长李斌华建”。

第二节　靖海公园

靖海公园位于城东上马墩地区，东起312国道（后更名江海东路），西至靖海农贸市场，南沿上马墩路，北与上马墩三村为界，占地近3万平方米。总投资600余万元，1986年3月动工，1987年10月1日建成开放。公园由上海同济大学教授司马铨设计，中国著名园林专家陈从周书写园名，无锡市古典园林建筑公司施工。为无锡市二级园林，崇安区第一家区级公园。因位于明代锡城东门，故名“靖海”。公园南大门正中为长5.73米、宽2.23米的紫铜浮雕，浮雕再现嘉靖三十三年（1554），无锡知县王其勤为抵御倭寇之侵，率民众日夜奋战垒筑新城，使百姓免遭涂炭之劫的英雄场景；浮雕背面为崇安区人民政府所作《靖海公园序》。园内有人造假山、花卉盆景观赏区、小岛、儿童乐园等景点。1989年，辟建牡丹园。1995年6月，拆除花卉盆景观赏区，改建成游泳池。2002年10月，拆除儿童乐园，新建成健身苑。迄2005年，园内仅剩人造假山、小岛等景点和游泳池、健身苑等体育活动设施。

人造假山　距南大门约50米，在儿童乐园喷泉广场北，为黄石假山。长30米，宽15米，主峰高13米，东西南3面临水，北靠小山丘。5条落差为8米的人工瀑布从假山顶飞泻而下，山顶植有长青树，山壁有藤蔓攀爬，山洞内有面积约100平方米的大厅，厅内冬暖夏凉，曾作录像放映厅使用。

花卉盆景观赏区　位于南大门西，占地2000平方米，园中置山水、树桩盆景，种植含笑、杜鹃、紫薇、樱花等花木，东侧遍植桂花树。坡下池塘种植莲花，与池塘相连的的茶室，面积200平方米，由5个蘑菇状屋顶组合而成；朝南为落地门窗，临水大阳台可品茗赏莲。1995年，改造为游泳池。

小　岛　位于公园中部，由园内高低起伏的土丘构筑而成，占地3335平方米。岛上松林掩映，广植广玉兰、柏树、竹子等花木。环绕小岛的小溪边设有凉亭石凳，鹅卵石路径，2座拱桥横跨小溪，连接东西南北，桥旁是樱花大道。小岛南面有2000平方米的池塘，黄石驳岸，池边种植碧桃、垂柳、晚樱。池塘旁，建有高低错落的2幢房屋，屋前庭院以钟石、芭蕉、腊梅造景，屋西圆厅为接待室，其余7间为文化娱乐活动场所。

儿童乐园　位于公园东部。四周遍植香樟、雪松、三角枫等粗壮高大树木，林间建有欧式小木屋2间，屋旁有盘曲紫藤缠绕花架。儿童乐园中央为圆型广场，旁有月牙形长廊，廊檐排列一组十二生肖石雕，广场喷泉水池直径8米，池身似花瓣，池中睡莲漂浮，并有裸体小天使与天鹅玩耍塑像。乐园内设有古城堡模型气垫、电动马拉车等玩具，以及可环行园内的电动小火车。2002年，改建为靖海公园健身苑。

牡丹园　位于花卉盆景观赏区。1989年，从河南省洛阳市引进的23个品种、315株牡丹及从山东省菏泽市引进的30个品种、211株芍药，试种成功。是年4月，举办以牡丹为主体的首届崇安区百花展，共展出120多个品种、近2万盆花卉。

游泳池　位于南大门西，1995年6月由花卉盆景观赏区辟建而成。占地面积2000平方米，设大小游泳池2只，其中，成人池700平方米，儿童戏水池350平方米，场地配套用房一幢六间，有男女更衣室、广播室、寄存室、小卖部、值班室。可同时接待400名泳客，夏季每天流量1500人次左右。

靖海公园　（靖海公园供稿）

健身苑　位于公园东侧，2002年10月由儿童乐园改建而成。占地面积1600平方米。主场地为2片标准塑胶篮球场，周边配有一套中老年、儿童健身器材，彩色道板和鹅卵石小径，成为上马墩地区集锻炼、休闲、娱乐于一体的综合性活动场所。

附：《靖海公园序》

靖海公园位于无锡城东，占地四十四亩，其构造体现时代风貌，叠山理水，塑像造景，是现代园林建筑的有益尝试。

靖海原为明代锡城东门之名，它表达了当时民众灭海盗求安宁的愿望。嘉靖三十三年，无锡知县王其勤为使百姓免遭涂炭之劫，率领民众日夜奋战，垒筑新城，抵御了倭寇之侵。公园门前的紫铜浮雕便是锡城人民抗倭寇保家乡英雄形象的生动表现。

而今，无锡不仅以其悠久的历史，繁荣的经济驰名中外，而且以其美丽的风景吸引着海内外贵宾。一九八六年，市、区人民政府为进一步美化无锡，造福人民，决定在城东建园。在各级领导和社会各界人士大力支持下，经有关专家的精心设计和施工人员的紧张工作，公园自一九八六年三月破土动工，至一九八七年十月基本建成。园内以塑石假山为主景，设有中老年活动区、青少年娱乐区、大型地下游乐宫，辅以小桥流水，喷泉雕塑，凉台茶亭等，各具情趣，犹如编织在新村地区的美丽花环，成为人民群众品茗憩息和娱乐的佳处。

无锡市崇安区人民政府
一九八七年十月

第三节　古树名木

辖区内文物古迹、名人故居遍布，其内皆植花木构景。1985年，辖区有古树名木58棵。其后，位于新开河12号内树龄120年的罗汉松移植至太湖广场，另有5棵古树因移栽等原因死亡。迄2005年，辖区有列为无锡市保护的古树名木17种、69棵，其中，朴树18棵，银杏15棵，雪松10棵，广玉兰和白皮松各6棵，还有罗汉松、榉树、柏树、柿树、楸树、黄连木、黄杨、杜鹃、牡丹、雀梅、石榴、香橼等。树龄260年的有4棵，200～210年的6棵，100～190年的39棵。

位于小娄巷的百年牡丹（2005）（孙怡摄）

位于西河花园内的白皮松（2005）（孙怡摄）

2005年崇安区市级保护古树名木一览表

表24-1-1　　　　单位：年

序号	编号	品种	科名	树龄	地点	保护单位（个人）
1	017	银杏	银杏科	260	学前东路10号	市实验幼儿园
2	018	榉树	榆科	100	学前东路10号	市实验幼儿园
3	022	银杏	银杏科	260	东门亭子桥堍	通江街道
4	027	银杏	银杏科	210	中山路177号	梁溪饭店
5	028	银杏	银杏科	170	学前街38号	大桥实验中学
6	029	银杏	银杏科	190	学前街38号	大桥实验中学
7	030	银杏	银杏科	170	第一人民医院西侧	崇安寺街道

续表24-1-1

序号	编 号	品种	科 名	树 龄	地 点	保护单位（个人）
8	031	银杏	银杏科	90	中山路177号	梁溪饭店
9	041	广玉兰	木兰科	150	学前街152号	薛福成故居文物管理处
10	071	银杏	银杏科	260	北禅寺巷13号	东林中学
11	072	银杏	银杏科	260	北禅寺巷13号	东林中学
12	074	朴树	榆科	130	南市桥小区19号	市级机关事务管理局
13	076	白皮松	松科	180	西河花园内	天太物业管理有限公司
14	077	白皮松	松科	90	中山路177号	梁溪饭店
15	078	白皮松	松科	120	健康路77号	市贸易资产经营公司
16	079	白皮松	松科	90	汤巷59号	市级机关事务管理局
17	080	白皮松	松科	90	汤巷59号	市级机关事务管理局
18	081	白皮松	松科	110	健康路77号	市贸易资产经营公司
19	094	柏树	柏科	200	解放东路867号	东林书院文物管理处
20	100	雪松	松科	90	解放南路558号	市政协
21	120	黄连木	漆树科	90	中山路98号	市基督教协会
22	134	广玉兰	木兰科	150	中山路188号汇金广场	海源物业管理有限公司
23	135	广玉兰	木兰科	150	解放西路1号后门	崇安寺街道
24	136	广玉兰	木兰科	140	中山路46号	第二人民医院
25	137	广玉兰	木兰科	110	学前街152号	薛福成故居文物管理处
26	139	广玉兰	木兰科	90	健康路77号	市贸易资产经营公司
27	144	朴树	榆科	180	城中公园	公花园管理处
28	147	朴树	榆科	100	中山路98号	市基督教协会
29	148	朴树	榆科	100	学前东路10号	实验幼儿园
30	150	朴树	榆科	140	城中公园	公花园管理处
31	151	朴树	榆科	130	大成巷步行街	明广物业管理有限公司
32	152	朴树	榆科	110	苏家弄	崇安寺街道
33	153	朴树	榆科	130	百岁坊巷4号	崇安寺街道
34	154	朴树	榆科	130	后西溪35号-33	崇安寺街道
35	155	朴树	榆科	130	水曲巷	崇安寺街道
36	157	朴树	榆科	130	城中公园	公花园管理处
37	158	朴树	榆科	120	大成巷步行街	明广物业管理有限公司
38	159	朴树	榆科	120	水曲巷	崇安寺街道
39	160	朴树	榆科	150	后西溪18号	后西溪中心小学
40	163	雪松	松科	90	健康路77号	市贸易资产经营公司
41	164	雪松	松科	90	健康路77号	市贸易资产经营公司
42	165	雪松	松科	90	健康路77号	市贸易资产经营公司
43	166	雪松	松科	90	中山路177号	梁溪饭店
44	168	雪松	松科	90	中山路177号	梁溪饭店
45	169	雪松	松科	90	汤巷68号	市级机关事务管理局
46	170	雪松	松科	90	中山路177号	梁溪饭店
47	171	雪松	松科	90	留芳声巷23门前	金佳物业管理中心东河花园管理处
48	172	雪松	松科	90	留芳声巷23门前	金佳物业管理中心东河花园管理处
49	183	银杏	银杏科	150	后西溪18号	后西溪中心小学
50	184	银杏	银杏科	100	中山路98号	市基督教协会
51	191	银杏	银杏科	180	学前街94号	金桥双语实验小学
52	192	银杏	银杏科	200	学前街88号	新明物业管理有限公司学前街物业管理处
53	193	银杏	银杏科	200	学前街88号	新明物业管理有限公司学前街物业管理处
54	199	柿树	柿科	120	中山路46号	第二人民医院
55	204	杜鹃	杜鹃花科	70	中山路177号	梁溪饭店
56	205	杜鹃	杜鹃花科	70	中山路177号	梁溪饭店
57	206	杜鹃	杜鹃花科	70	中山路177号	梁溪饭店
58	239	银杏	银杏科	150	铸冶巷小区	市机关房管所
59	290	黄杨	黄杨科	120	解放东路867号	东林书院文物管理处
60	316	罗汉松	罗汉松科	100	学前街152号	薛福成故居文物管理处
61	326	牡丹	毛茛科	130	小娄巷50号-6	秦寅源

续表24-1-1

序号	编　号	品种	科　名	树　龄	地　点	保护单位（个人）
62	338	朴树	榆科	200	北禅寺巷13号	东林中学
63	341	朴树	榆科	200	学前街路边	崇安寺街道
64	342	朴树	榆科	90	后西溪25号	市路灯管理处
65	343	朴树	榆科	100	崇宁路9号	市检察院
66	347	楸树	蔷薇科	100	解放东路867号	东林书院文物管理处
67	350	雀梅	鼠李科	150	崇宁路9号	市检察院
68	361	石榴	石榴科	100	学前街152号	薛福成故居文物管理处
69	375	香橼	芸香科	100	崇宁路9号	市检察院

说明：上述资料由区建设部门提供。

第二章　文物古迹

辖区文物古迹包括历史遗迹、古建筑、古碑刻、名人故居。1957年，有东林书院、高子止水、道南祠、少宰坊、王右军涤砚池、金匮山、北禅寺、鳟设诸塔、崇安寺石幢、承贤桥石碑等市文物保护单位10处，“文化大革命”期间大多毁坏殆尽。中共十一届三中全会后，逐步修复东林书院、高子止水，挖掘整修王右军涤砚池。1985年，辖区有省文物保护单位——东林书院1处，高子止水、无锡县学旧址、秦氏章庆堂、景福楼、薛福成故居、金匮县衙碑刻、无锡县学古碑刻、锡金军政分府等市文物保护单位8处。1986年后，随着区域经济快速发展、城市建设步伐不断加快，为使各类文物古迹在旧城改造中免遭人为破坏，区注重加强对地面文物的清查、保护和开发利用工作，对受旧城改造拆迁影响的文物，采取原地保留修复、整体移位复原等办法，原地保留修复具有文物保护价值的近现代建筑有薛福成故居、东林书院、阿炳故居、钱锺书故居、秦邦宪故居、张闻天旧居、顾毓琇故居、圣公会十字堂等，整体移位复原的有秦氏章庆堂景福楼（包括旧方书屋和牡丹书屋）、秦氏对照厅、金匮县衙碑刻等，抢救保护具有传统风貌的有小娄巷历史街区、日晖巷传统街区，挖掘保护的有无锡县商会旧址等工业遗产，开发利用北仓门蚕丝仓库为北仓门生活艺术中心，建立古建筑保护小区文渊坊、无锡碑刻陈列馆。1986年、1994年、2003年，先后有16处文物古迹列入市文物保护名录，其中1986年，新增秦氏对照厅、秦淮海祠、洞虚宫玉皇殿及古井3处；1994年，新增锡金公园旧址、圣公会十字堂、无锡师范钟楼及述之科学馆、缪公馆、荣德生旧居5处；2003年，新增金匮县城隍庙旧址、侯桐少宰第、顾毓琇故居、张闻天旧居、陈氏旧宅、王禹卿旧宅、钱松嵒旧居、云薖园8处。与此同时，1995年，薛福成故居建筑群、薛汇东住宅被列为省文物保护单位；2001年，薛福成故居建筑群升格为全国重点文物保护单位；2002年，又有阿炳故居、无锡县城隍庙旧址、秦邦宪故居、无锡县立图书馆旧址、陆定一故居、无锡县商会旧址、钱锺书故居、小娄巷8处被列为省文物保护单位。迄2005年，辖区有历史遗迹7处、古建筑9处、古碑刻2处、名人故居17处、工业遗产2处、历史文化街区2处，其中有全国重点文物保护单位——薛福成故居建筑群，有东林书院旧址、阿炳故居、钱锺书故居、陆定一故居等省文物保护单位10处，高子止水、荣德生故居、顾毓琇故居等市文物保护单位20处。此外，有市文物遗迹控制保护单位佚园及秦毓鎏旧宅、谈氏宗祠、张效程旧宅等10处。

第一节　遗迹　古建筑

2005年，辖区有为省、市级文物保护单位的东林书院、无锡县城隍庙、无锡县学、金匮县城隍庙、无锡县立图书馆、高子止水、金匮县衙碑刻遗迹7处；秦氏章庆堂（景福楼）、秦氏对照厅、秦淮海祠、洞虚宫玉皇殿及古井、侯桐少宰第、圣公会十字堂、无锡师范钟楼及述之科学馆古建筑7处。此外，还有市级文物遗迹控制保护单位关帝庙大殿、谈氏宗祠、福寿堂、清泉井遗迹（古建筑）4处。

【遗　迹】

东林书院（2004.7）　　（区文体局供稿）

东林书院　位于解放东路867号，亦名龟山书院，因明东林党领袖在此讲学而闻名全国，1956年10月列为省级文物保护单位。创建于北宋政和元年（1111），为著名学者杨时（1053–1135）长期讲学之所。元代至正年间废为寺庵。明万历三十二年（1604），革职归里的吏部文选司郎中顾宪成（1550–1612）及其弟允成与高攀龙等人同倡捐资在原址重新修复，建筑占地6亩，园地占10亩，书院前甬道起自七箭河码头，中至石牌坊，坊上正面提“观海来游”，背提“洛闽中枢”。头造为院门，上悬“东林书院”匾额，门联为“此日今还再；当年道果南”。进院门，依次为泮池、丽泽堂、依庸堂、中和堂，堂左右各有楼，楼侧筑长廊，贯通丽泽堂、依庸堂，廊外有庭院及书房。与东林书院同时建成的还有道南祠，祠有内厅及享堂各3间。东林书院建成后，顾宪成、高攀龙、顾允成、安希范、刘元珍、叶茂才、钱一本、薛敷教等“东林八君子”相继主持其间，聚众讲学。每年一大会，每月一小会，会期各3日。讲学之余，间或指陈时弊，裁量人物，锐意图新，倡导“读书、讲学、爱国”的精神，引起部分士大夫响应，声名大著，有“天下言书院者，首东林”之赞誉。顾宪成所撰名联“风声雨声读书声声声入耳，家事国事天下事事事关心”家喻户晓。明天启五年（1625），阉党枉法兴祸，矫旨毁全国书院。东林首受其难，先毁依庸堂。次年，书院被严旨全部拆毁，高攀龙被迫投水自尽。被斥为“东林党”的309人蒙遭迫害。崇祯即位，惩处阉党，昭雪东林诸人。崇祯二年（1629），下诏修复书院。无锡吴桂森捐银修复丽泽堂及书院墙门，题额“东林精舍”，建来复斋，居中主持讲学。清代各朝，续有修葺，先后重建燕居堂、再得草庐、三公祠、道南祠、依庸堂、时雨斋、寻乐处，书院复还旧观。清光绪二十八年（1902），改书院为东林高等学堂。民国36年（1947）书院建筑全面整修后，开办东林小学。“文化大革命”期间，许多匾联被毁。1981~1982年，东林书院全面整修，重建书院仪门、丽泽堂、依庸堂、康熙碑亭、圣域门；修复丽泽堂前庭庑廊、半亭、“东林书院”石牌坊、东林报功祠，以及道南祠大门、敞厅、享堂等。1982年，重新公布为江苏省文物保护单位。1993~1994年，实施二期修复工程，按明、清时期的书院原状，修复泮池、石桥、晚翠山房、来复斋、西长廊以及门厅，与80年代初修复的石牌楼、仪门、丽泽堂、依庸堂、道南祠等组成一个整体。1995年9月，位于东林小学内的报功祠和道南祠归还东林书院。1996年8月起，实施三期修复工程。修复东林书院西园古围墙、门楼3座，铺设道路2条，绿化250平方米。是年10月，又大修报功祠，整修保养道南祠后厅。1998年，拆迁位于西园宅基地的11户民居，建成西园并沿围墙种植高大乔木。1999年5月，建成东林书院古碑廊，将原嵌置于丽泽堂、依庸堂等处的24通碑刻，集中嵌入西长廊壁。其中有明万历三十二年（1604）常州知府欧阳东凤撰文、苏州状元文震孟所书的《重修东林书院记》，清乾隆五年(1740)无锡学者华希闵手撰的《重修东林书院记》，清乾隆末年东林书院山长、书法家顾光旭手撰的《新葺依庸堂感赋示同学诸子》等重要碑刻。2001~2003年，展开全面修复东林书院的四期工程，修复石牌坊、泮池、东林精舍、丽泽堂、依庸堂、燕居庙、道南祠等建筑。东林书院之东恢复百米长的弓河，弓河南端建有石坊，坊额“东林旧迹”为东林书院石坊原物。2003年1月28日，开放重新修复后的东林书院，占地面积扩大到1.5万平方米，其中修复面积8000平方米，绿化面积7000平方米，东、中、西三轴线上的主体建筑基本恢复书院鼎盛时期的风貌，书院突出学术研究、文物保护、开放教育的三大基本功能，是爱国主义教育、文物景观旅游和学习休闲的绝佳处。2003年1月，向社会开放，被列入无锡旅游十八景之一。

无锡县城隍庙旧址 位于后西溪32号，现存戏台1座，偏殿3间。戏台始建于明洪武二年（1369），正统二年（1437）庙毁，知县项伾重修，后知县范泽又修，邵宝撰写重修记。渐至清末，迭有修葺。清康熙初，知县吴兴祚又重修。乾隆三十九年（1774）大殿倒塌，地方人士募资修建。嘉庆年间（1796~1820），增建西偏厅、堂屋、走廊、庑舍等建筑。咸丰十年（1860），被太平军烧毁，仅剩头门及仪门。光绪二年（1876），邑人吴汝渤等集资重修头门、仪门、戏台、大殿、庑舍、内殿、偏厅等建筑。光绪十三年，再次重修。戏台与仪门合二为一，平面呈凸字形，面宽三间，歇山顶，上为前台，下为通道。东西次间墙内嵌四块明清碑刻。戏台面积245平方米，高约3米，额坊雕人物山水，两旁饰木狮子、仰莲垂柱，台口两侧立花岗石方柱，刻联：“神听和平雅奏重蟠新乐府，民钦正直崇台式焕旧规模。”戏台顶棚设藻井，镂刻精细，其结构上圆下方，为典型的传统造法。农历五月廿八，旧俗演剧致贺，人声鼎沸，叫做“热煞老城隍”。2002年，被列为江苏省文物保护单位。

无锡县学旧址 位于学前街睦亲坊巷3号，一名孔庙、文庙、县学，又名学宫、儒学、庙学。县学由无锡知县张诜创建于北宋嘉祐三年（1058），是无锡县最高的官方教育机构。宋、元至明时期历经14次修缮，明万历年间（1573~1620），知县林宰于学宫前束带河边，竖72根人形石柱，表示孔子“有弟子三千，贤者七十二人”。学宫东面立石坊，名黉门，左右悬匾，上题“六科三解元”“一榜九进士”。学宫门旁石柱上，刻有“文武官员军民人等至此下马”，以示尊孔。学宫东南有一座三开间牌坊，正中高处悬挂“状元”匾额，两边稍低挂有“解元”“会魁”匾额。清康熙和乾隆年间，县学又历经8次修缮，乾隆四十一年（1776），华氏等捐款修缮尊经阁、明伦堂、五王殿、进贤亭、状元坊等。乾隆五十六年（1791），再次修缮尊经阁、魁星阁、明伦堂、五王殿、忠孝祠、乡贤祠、进贤亭、棂星门、仪门、头门等，还加修学宫南面河岸、石栏、隔河照墙。至咸丰十年（1860）被太平军全部焚毁前，学宫、孔庙、训导署分布在三条平行的中轴线上，是一个庞大的古建筑群。学宫以大成殿为中心，立孔子牌位，殿前有露台、戟门、名宦祠、乡贤祠、棂星门。殿后有敬义坊、尊经阁、崇圣祠。殿西北有明伦堂、仪门、遗爱祠、后土祠、泮池、进贤亭、状元坊、讲堂、教谕署。明伦堂悬有南宋朱熹手书“明伦堂”匾额。殿东有训导署、时雨斋、文昌阁、致斋所。同治十年（1871）起，逐步复建县学，除尊经阁、进贤亭外，大部分建筑得到恢复。民国时为无锡国学专修学校（无锡解放前夕改为中国文学院）和无锡县立中学所在地。无锡解放后又先后为市第一中学、市第八中学（后改名中山高级中学）、无锡卫生学校、大桥中学

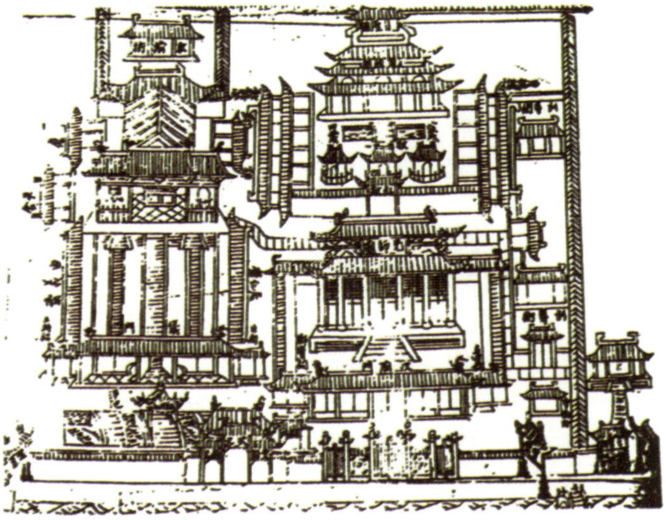

图24-2-1　　无锡县学（孔庙）平面图

所在地。由于学校多次扩建，学宫仅存戟门、明伦堂、讲堂3所建筑，均为同治十三年（1874）重建，1982年重修。学宫内还存有自宋迄清有关碑刻23通，保存完好，大都未经著录，弥足珍贵。1983年，被列为无锡市文物保护单位。1992年1月，辟为无锡市碑刻陈列馆，占地面积660平方米。以明伦堂及前后天井为陈列区，分为“无锡历代碑刻陈列”和“无锡地方碑帖拓本陈列”两大部分。其中“无锡历代碑刻陈列”以原县学古碑刻为主体，又收集部分流散在市区的自宋、元、明、清到民国的古碑刻，共70余通，内容涉及政治、经济、教育、科举、宗教、艺术等方面。迄2005年未变。

金匮县城隍庙旧址 位于崇宁弄6号市第一女子中学内。清雍正四年（1726），无锡析为无锡、金匮二县，雍正九年始建，雍正十三年落成，乾隆年间（1736~1795）又先后拓建，时称新城隍庙，为金匮县一大胜景。咸丰十年（1860）被毁，仅存头门、仪门。同治六年（1867），邑人募款重建。辛亥革命时，除大殿外屋宇全毁，神毁庙圮。民国6年（1917），改为女子师范校舍。后因学校扩建，大殿主体建筑被拆，存其花园。是一组典型的江南园林小品，有花厅、水榭、廊桥、楼阁等。花厅面宽三间，有围廊、清水山墙，额枋雕刻精细，用一斗六升做法；廊间壁上嵌石刻“莲花池”，廊门砖细刻额“蕉雨”“鱼跃”“归云”等；水池池岸黄石砌筑，有湖石点缀，庭院有乔木修竹，是无锡老城内仅存的寺庙园林。2003年，被列为无锡市文物保护单位。

金匮县城隍庙（2005） （孙怡摄）

无锡县立图书馆旧址 位于城中公花园南，俗称钟楼。民国元年（1912），新学界人士侯鸿鉴、丁宝书、秦玉书、顾倬等12人联名倡议拆除崇安寺三清殿建无锡县立图书馆，得锡金军政分府批准，由秦玉书、顾倬为经董，民国3年建成，民国4年元旦开馆，占地2400平方米，建筑面积2234平方米，为五间二层部分四层的中西合璧民国形制建筑，顶楼为钟室，四面皆有时针、分针计时，每半小时敲响一次，时为无锡城内最高的标志性建筑。底层入口处存碑石一方，由国学大师钱基博撰文，俞复书丹，详记建设始末。1986年，钟楼被列为市级文物保护单位。1988年，财政部下拨专项经费20万元，全面加固钟楼。1999年，市又拨款10万元维修，包括修复大自鸣钟、维修部分楼体、防止白蚁等3个项目。修复后的大自鸣钟外观保持原貌，钟内结构采用机电一体化技术，全电脑控制，音乐打点，整点报时，早上6时播放晨曲《东方红》，晚上10时播放晚曲《二泉映月》。2002年，被列为省级文物保护单位。

无锡县立图书馆旧址（2005） （孙怡摄）

高子止水 位于水曲巷后的江南中学内，原为明左都御史高攀龙宅第后园的水池。高攀龙是东林党的领袖，明天启四年（1624）被罢归。天启六年二月，阉党魏忠贤派缇骑缉捕高攀龙等7名东林党人，三月十六日，高得知消息后，从容写完《别友柬》和《遗表》，于三月十七日凌晨自沉宅园水池。清康熙初年，高侄湖广按察使司佥事提督学政高世泰在池旁葺屋三楹，以止水名池，曰高公止水祠。其后，多次修缮。无锡解放前，高子止水池和祠均已废为居民菜地。1953年春，江南中学在原址凿地筑池，呈圆形，直径4米，深2米。郭沫若题“高子止水”四字，摹勒石上，置于池的南壁。“文化大革命”期间被毁。1976年，市第七中学在原址发土重筑，池周驳以黄石，面积8.73平方米，并将郭沫若原题刻石胶合后，置于池北壁。1983年，被列为无锡市文物保护单位。迄2005年未变。

清泉井 位于东大街117号。民国4年（1915），为施涵霖所凿，井栏石上刻有“清泉井”三字。2003年，被列为无锡市文物遗迹控制保护单位。该井仍出水清洌，为附近居民所用。

【古建筑】

文渊坊 位于崇宁路中段，为文物古建筑保护小区，占地1.5万平方米。1995年启动，历时5年，以原在此处的市级文物保护单位秦淮海祠堂和秦邦宪故居为依托，分批搬迁小区居民300多户，再从小区外选择一些难以原地保护的文物古建筑，按原状原貌移建至此，形成一个文物古建筑群体。包括在原地修复省级文物保护单位——中共中央早期主要领导人秦邦宪故居，市级文物保护单位——秦淮海祠以及秦氏承志堂、秦氏长春堂等文物控制保护单位；移建原址位于崇宁路的秦氏章庆堂、景福楼（包括旧方书屋和牡丹书屋）和位于新生路216号的秦氏对照厅。1999年，又将位于崇安区政府大院内的16通清代金匮县衙碑刻移竖文渊坊内保护，这些碑刻是反映清雍正至光绪年间，无锡地方商业、手工业、雇佣劳动、行会制度、稽查田额、征收钱粮等重要无锡地方史料。2005年5月全面竣工开放。在秦邦宪故居东侧外墙还建有长约40米的碑廊，碑廊内有修缮秦邦宪故居时发现的清代碑刻20余块，还有餺设诸塔旧址、金匮山遗址等纪念石。

秦氏章庆堂、景福楼 原位于崇宁路48~50号，是一组明式建筑。章庆堂落成于清雍正四年（1726），原属江西于都知县王丰亭，乾隆三十六年（1771）归于如皋教谕秦鼎云。建筑结构为平面呈回字形、无锡现存最早的转盘楼，牡丹书院、旧方书屋为章庆堂内典型的江南民间传统建筑。共六进，第一进原为石库门，已改建。第二进为小厅。第三进为大厅，厅上原有王澍所书“章庆堂”匾额。第四进已废，仅存屋宇遗址石基。第五进、第六进内院转盘楼，名景福楼，取意“景星庆云，百福骈盘”之句，式样像井字，中为天井，楼上楼下四面有转廊。前两进西部为院落，南称旧方书屋，有竹石小景，错落有致，斑竹丛犹盛；北为牡丹书屋，缀湖石紫藤。后为秦氏后裔、名画家秦古柳的故居。1983年，被列为无锡文物保护单位。1998年，因市中级法院扩建，整体移建，复原保护至文渊坊内。

秦氏对照厅 原位于新生路216号，是秦氏宝彝堂的一部分。该厅建于明末清初，清道光年间（1821~1850）由陶复山购得。因该厅之南旧有杏花厅，两厅以假山相隔，故称对照厅。对照厅坐北朝南，一厅两厢，面阔五间，进深六架，内作五架梁，前后单步廊。厅前是园，山石点景，配曲池小桥，北面设花岗石栏凳，土岗上植有花木，呈江南水乡住宅特点。咸丰十年（1860）太平军攻占无锡后，曾在此造武器及炼火药，将梁架及望砖熏成黑色。1986年，被列为无锡市文物保护单位。是年，市公安局建新大楼时被拆。2000年，移建至文渊坊。

秦淮海祠 是国内最早秦祀北宋婉约派词人、“苏门四学士”之一秦观的纪念建筑。原位于崇宁路102~106号。秦观（1049-1100），高邮人，字少游、太虚，号淮海居士，官至秘书省正字兼国史馆编修。后因被视作元党人屡遭贬谪。始建于南宋末，元、明修葺。后毁。清康熙年间（1662-1722）重建。现有门厅、咏烈堂、享堂、碑廊等建筑，均为清同治（1862-1874）、光绪年间（1875-1908）重建。祠堂前列一巨石，上刻秦观像。门厅面阔三间，进深五架；咏烈堂面阔三间，进深十架，脊高13.32米。院内有明正德十四年（1519）邵宝所作《淮海秦先生祠堂记》及《重修淮海先生祠堂记》《淮海祠配享记》等3方明代碑刻，还有《永禁碑》《金匮公帖》等清代碑刻。碑廊嵌有清刻《淮

秦淮海祠（咏烈堂）（2005） （孙怡摄）

海祠三公像》，三公即秦观、秦觏、秦觌三兄弟。1986年，被列为无锡市文物保护单位。2005年，为文渊坊的组成部分，位于其东部。

侯桐少宰第　位于人民中路36～42号。侯桐（1779-1860），字叶唐，号玉山，无锡人，清嘉庆二十五年（1820）进士，官至翰林院编修、国史馆副总裁、吏部左侍郎。吏部侍郎别称少宰，故其宅第称少宰第，属江南官宦宅院建筑。建于道光初年，坐北朝南，前后五进，面阔五间。前三进即门厅、轿厅和正厅都为硬山顶平房；第二进明间之北墙有一座砖刻墙门，砖刻门额“堂构诒谋”；第三进正厅规模宏大，构造精细，中间三间为大厅，左右各一间为书房，书房前各有小天井一个，俗称“蟹眼天井”。明间前后各有砖雕墙门一座，砖刻门额分别为“自得尺安”和“桂馥兰馨”；第四、第五进则为两层转盘楼，其梁柱、楼板、门窗及走廊栏杆等都用料讲究，做工精细，是无锡老城区内仅存的几座“转盘楼”之一。宅地东侧有备弄贯通，备弄东侧尚存侯氏家祠平房若干间。1986年7月，被列为无锡市文物遗迹控制保护单位。2003年6月，列为无锡市文物保护单位。迄2005年未变。

无锡师范钟楼及述之科学馆　位于学前街27号无锡高等师范学校内。其前身为创建于宣统三年（1911）的省立第三师范学堂，校长顾述之，名倬。作为一所近百年的老校，在无锡教育史上占有重要地位。无锡师范钟楼及述之科学馆建于民国22年（1933），是无锡师范老校舍中的标志性建筑。钟楼面阔五间、高二层，其中钟室为三层，立面呈凸字形。述之科学馆面阔六间、高二层，二层楼上有天桥式走廊与钟楼相通。1994年，被列为无锡市文物保护单位。迄2005年未变。

无锡师范钟楼（2005）　　（崇安寺街道供稿）

洞虚宫玉皇殿及古井　玉皇殿位于城中公园内、图书馆钟楼北；古井位于人民路与图书馆路交汇处。1986年，被列为无锡市文物保护单位。

（详见第二编第一章第一节崇安寺【洞虚宫】内容，第85页）。

圣公会十字堂　位于中山路98号。1994年，被列为无锡市文物保护单位。

（详见第三十一编第二章第二节场所与活动【中山路基督教堂】内容，第1082页）。

第二节　名人故居

2005年，辖区内有全国重点文物保护单位——薛福成故居；有阿炳故居、陆定一故居、秦邦宪故居、钱锺书故居、薛汇东住宅5处省级文物保护单位；张闻天旧居、荣德生旧居、顾毓琇故居、陈氏旧宅、王禹卿旧宅、钱松喦旧居、缪公馆、云薖园8处市级文物保护单位；佚园及秦毓鎏旧宅、薛祖康旧宅、张效程旧宅、秦氏旧宅、查氏丞俭堂5处市文物遗迹控制保护单位。

【陆定一故居】

位于西河头28号（今县前西街10号）。陆定一（1906-1996），无锡西漳人。此故居为其祖父于清光绪末年购得，民国初年迁入。陆定一青少年时期，在此生活、读书。陆定一1925年入党，参加过二万五千里长征，全国解放后历任中共中央宣传部部长、国务院副总理、全国政协副主席等职。故居座北朝南，占地1400余平方米。建筑平面分东、西两路，中间有备弄相隔、贯通。西路为主体建筑，前后五进，第一进、第二进平房面阔各四间，其明间通天井一面各有一座墙门，砖雕门头题额分别为“怀德维新”“兰芬桂馥”；第三进、第四进为二层转盘楼，面阔各四间，中间为天井；第五进为平房，面阔五间，其后有个小花园。东路也有五进，除有三间为矮楼外，其余均为平房，系辅助性建筑。高墙深院，具有江南书香门第大宅院的风格。2002年，被列为江苏省文物保护单位。2005年，尚存两路四进30多间房屋、5个天井及备弄和花园。转盘楼楼梯和走廊栏杆均为木车床床制；备弄和天井之间的窗棂为绿釉瓷质；后围墙高约8米，三面长80多米，是无锡老城区仅存最高大的围墙。

【秦邦宪故居】

位于无锡城中师古河，今崇宁路112号。故居原为无锡地方名流、秦的族叔秦琢如家宅“既翕堂”，建于清光绪末年。建筑分为东西两条轴线，七进，面阔三间，各进之间有庭院，两边有内廊相通，共有40多间房屋，为典型的晚清江南民居风格。民国5年（1916）至民国10年，秦邦宪随其母居住其第四进三间平房，东厢房为书房，西厢房为卧室，中间为客堂。秦邦宪（1907–1946），字则民，又名博古，无锡人，为秦观后裔，中共中央早期主要领导人之一。1986年，被列为无锡市文物保护单位。2002年，被列为江苏省文物保护单位。2003年起，按故居原状进行全面整修。修复后的故居，占地2300平方米，建筑面积1500平方米。为纪念这位中国共产党早期领导人、卓越的党的新闻事业的奠基人，内设秦邦宪生平事迹陈列展，陈列有秦邦宪生前使用过的辞典、书籍、皮箱、毛毯、眼镜等，以及秦邦宪编译时使用的原版书籍等珍贵文物。2005年5月，建成开放。

秦邦宪故居（2005） （孙怡摄）

【张闻天旧居】

位于汤巷45号。原系20世纪30年代某工商业主所建的仿西班牙式宅第，坐北朝南，占地面积200平方米，建筑面积160平方米，红砖外墙，为两层加一阁的小洋楼。1975年8月，时任中国科学院哲学社会科学部经济研究所特约研究员的张闻天从肇庆迁居于此，1976年7月1日病逝。张闻天（1900–1976），上海南汇人，又名洛甫，杰出的无产阶级革命家、20世纪30年代中国共产党重要领导人。1990年9月12日，张闻天旧居对外开放。旧居楼前塑有张闻天汉白玉半身雕像，主楼大门上方悬有薄一波题写的“张闻天旧居”匾额，院内植有龙柏、石榴、芭蕉等花木。楼内辟6个展室，展出张闻天在各个时期的历史资料照片175幅，实物61件，并按原貌恢复张闻天卧室兼书房。主楼后部，另建有70平方米的多功能教育厅。2003年，被列为无锡市文物保护单位。迄2005年未变。

张闻天旧居（2005） （孙怡摄）

【荣德生旧居】

位于健康路健康里16号和16号之一。原是荣德生长婿李国伟住宅，建于民国初年。宅第坐北朝南，原有门间、主楼、厨房、餐厅和辅房，均在院墙之内。主楼面阔六间，高两层，仿西班牙式砖混结构，走廊楼梯均设在中间，楼前楼后都为花园，荣德生晚年居住于此5年之久。无锡解放前后，无锡工商界的不少重要会议、活动多在此进行，直至1952年7月病逝。荣德生（1875–1952），名宗铨，字德生，号乐农居士，无锡人，近代著名工商业家。中华人民共和国成立后任全国政协委员、华东军政委员会委员和苏南行政公署副主任。1994年，被列为无锡市文物保护单位。20世纪末，因建造荣耀花园小区，旧居院墙、门间、厨房、餐厅和辅房均被拆除，仅存主楼。

【钱锺书故居】

位于原七尺场，今新街巷30号和32号。民国12年（1923），钱锺书祖父钱福炯移建城内住宅，即钱绳武堂，前后两进，面阔各七间。第一进正中为门间，第二进中间为“绳武堂”大厅。民国15年，叔父钱孙卿在后园西北角添建第三进楼房四间、面阔7间，第四进平房四间，为灶间和杂屋。每进房屋之间，均有天井相隔，前后则有备弄贯通。后又新建楼房、平房各一间，因院内有老红梅树1株，故将新建的一间平房称为“梅花书屋”。形成前后四进的江南典型硬山式民居建筑群，占地1600平方米。钱绳武堂是钱锺书出生地和青少年时期旧居，少年时期常在“梅花书屋”读书玩耍。钱锺书（1910–1998），本名仰先，字默存，学贯中西，长期从事文学创作和中外比较文学的研究，主要著作有《围城》《管锥编》，是当代文坛泰斗。其父钱基博和叔父钱孙卿分别是国内知名的教授和工商业爱国人士。1998年3月，在原地按原状保护钱绳武堂和梅花书屋。修复后的钱锺书故居被命名为钱锺书纪念馆，2002年9月30日正式开放。著名学者顾毓琇为纪念馆题写馆名，著名雕塑家钱绍武为纪念馆制作钱锺书半身铜像。馆内展示钱锺书在文化领域的主要成就和饮誉全球、光彩照人的人生历程。是年，被列为江苏省文物保护单位。2004年5月，对未成年人免费开放。2005年6月，对社会免费开放。

钱锺书故居（2005）　　（区文体局供稿）

【顾毓琇故居】

位于原虹桥湾，今学前街3号，原称“燕誉堂”，是顾氏祖居，顾毓琇及其兄弟的出生地。建于清嘉庆十二年（1807）。坐北朝南，大门在鱼腥巷，原有五进，为硬山顶平房建筑。顾毓琇（1902–2002），字一樵，号古樵，在理工、文艺、教育等领域都有建树，曾任清华大学工学院院长，是著名的电机专家，又是文学家、音乐家和诗人。80年代因学前街拓宽，第五进后厅被拆除。1988年，顾毓琇为纪念母亲王镜苏（字诵芬），将第三进主厅“燕誉堂”更名为

顾毓琇故居（2005）　　（孙怡摄）

“诵芬堂”，堂匾由国家副主席王震所书。2003年，被列为无锡市文物保护单位。2004年经全面整修后，作为顾毓琇纪念馆向市民开放。大门开设在学前街，门厅置有顾毓琇半身铜塑像，上方匾额“顾毓琇纪念馆”为江泽民所书。修缮后的纪念馆占地968平方米，有四进，面阔均为五间，各进之间均有天井、小院相隔。前两进之间西侧，另有船厅一座，俗称“旱船”，面阔三小间。全馆由惟善堂、诵芬堂、亲仁堂、怀椿阁、暖阁等组成，馆内大部分楹联均选自顾毓琇诗作，并陈列顾毓琇手稿、题字、图片及使用过的原物等18个展柜。

【薛福成故居】

位于健康路北段西侧，南起学前街，北至前西溪，又称“钦使第”。始建于清光绪十六年（1890），落成于光绪二十年（1894）。由薛福成亲自筹划，其子薛南溟具体经办。坐北朝南，大门内悬有蓝底镂花金边竖额“钦使第”。原有三路六进一百四十多间，面阔九间，占地1.2万余平方米。“三路”为中轴线及东、西两翼，中轴线上有照壁、门厅、轿厅、正厅、后厅、内围墙、砖雕门楼、转盘楼和后花园。正厅“务本堂”匾额为曾国藩所书。转盘楼前楼、后楼面阔均为十一间，平面呈“回”字形。后花园有亭台、假山、池塘、曲桥，20世纪50年代被夷为平地。东翼前半部分有戏台、池塘、花厅、附房，后半部分有仓厅、厨房、弹子房等，有环廊相通。西翼为偏厅、杂屋和仿宁波天一阁的藏书楼。后大多被拆除或改建，仅存偏厅3间和藏书楼6间，占地面积减少到8900平方米。薛福成（1838–1894），字叔耘，号庸庵，是中国近代史上影响卓著的政论家、外交家和早期维新派爱国官员。1995年4月，被列为省级文物保护单位。是年，故居修复工程启动。1996年，修复花厅庭院。1998年11月起，实施中轴线修复工程。1999年，对庭院和东备弄进行探掘，发现原荷花池驳岸、假山、花街地面、天井地坪、石级踏道及半亭、走廊、内围墙等建筑遗存。先后按原状修复中轴线上的门厅、轿厅、正厅、后厅和转盘楼，东翼的仓厅、弹子房和东长廊，西翼的藏书楼以及后花园和10多个天井庭院。门厅有竖额“钦使第”，正厅有匾额“务本堂”，藏书楼名“传经楼”，轿厅名“西轺堂”，后厅名“惠然堂”，转盘楼名“瀛环楼”，花厅名“吟风轩”，后花园名“后乐园”，占地面积扩大到2万平方米。2001年，被列为全国重点文物保护单位。2003年元旦对外开放，薛福成故居既有清末建筑特征，又有江南地方风格，是江苏省现存最大的近代官僚宅第之一。2005年12月，被国家旅游局评定为AAAA级旅游景区。

薛福成故居（2005）　　（区文体局供稿）

【阿炳故居】

位于原图书馆路24～30号、42～50号，现存平房九间。1994年，被列为无锡市文物保护单位。2002年，列为江苏省文物保护单位。

（详见第二十五编第三章第二节【阿炳故居及纪念馆】内容，第921页）

【薛汇东住宅】

位于前西溪1号、2号，建于民国元年（1912），是一组巴洛克式花园洋房。原为薛福成之子、近代著名工商业家薛南溟发起创办太湖水泥厂而建，后因薛南溟长子薛育津经营不善，公司倒闭，遂将这组房屋移作次子薛汇东迎娶袁世凯次女袁仲祯的结婚新居。该宅与街南祖宅薛福成故居相对，由门楼、正楼、偏楼三幢楼房组成一个院落，占地1547平方米。门楼坐北朝南，原面阔五间，高二层，

20世纪50年代因拓宽健康路被拆除一间，尚存四间。正楼面阔三大间，高三层，局部四层，走廊及楼梯均在中间。偏楼位于主楼西侧，坐西向东，面阔三间，高二层，是无锡城内建造最早、保存完整、由国人自己设计的西式住宅组群之一。薛汇东（1897-1965），名学海，历任北洋政府监务署检事、驻英使馆三等秘书、直隶省省公署顾问、外交部特派直隶交涉员等职，为近代著名工商业家。1949年，定居香港。无锡解放后，薛汇东住宅相继为苏南行署和无锡市政府机关、市总工会、市妇联、团市委驻地。1986年，被列为无锡市文物遗迹控制保护单位。1994年，列为无锡市文物保护单位。1995年，列为江苏省文物保护单位。

【陈氏旧宅】

位于德兴巷32号，系民国年间商人陈氏所建，由2幢楼房及天井花园围墙组成。前楼高三层，后楼高二层，均面阔三间，有天井相连。外墙为清水砖砌，屋面坡顶盖洋瓦，阶沿踏步用花岗石，室内地坪为水磨石，楼板用洋松木。用料和工艺考究精致，是典型的民国老洋房住宅之一。1999年2月后，为崇安区图书馆所在地。2003年，被列为无锡市文物保护单位。

【王禹卿旧宅】

位于原时郎中巷，今中山路63号梁溪饭店内，建于20世纪30年代。原规模较大，坐北朝南，中西合璧。60年代末，拆除照壁、门厅、大厅等中式建筑物，现存花园和欧式风格三幢洋楼。中楼高三层、面阔四间，东楼高二层、面阔三间，西楼高三层、面阔一间，有天桥与中楼相连，均为清水砖外墙，钢筋混凝土梁柱，洋瓦四坡屋顶，是一组典型的民国花园洋房建筑群，也是无锡近代民族工商业发展的重要见证之一。王禹卿（1879-1965），名尔正，无锡扬名乡青祁村人，民族工商业家，曾与荣宗敬、荣德生长期合作经营。70年代，在保持原状原貌基础上改造整修后，为梁溪饭店高级餐厅。2003年，被列为无锡市文物保护单位。迄2005年未变。

【钱松喦旧居】

位于南市桥巷58号。民国26年（1937）建成，自题“芑庐”，是钱松喦青壮年时期生活和艺术创作的重要场所。旧居坐北朝南，硬山顶平屋，面阔三间，进深九架。明间方砖铺地，左右两次间为地板房，三间均有阁楼。前院栽竹植树，西侧有水井一口，东院墙上嵌有“耦耕”两字砖雕，后院比前院稍大，其东侧有灶披屋一间。钱松喦（1899-1985），宜兴杨巷湖墅村人，现代著名国画家，曾任中国文联委员、中国美术家协会艺术顾问、江苏省国画院院长、无锡市书画院名誉院长等职。1987年，按其生前遗愿，对旧居全面整修，并在后院建二层小楼一幢，楼上由钱松喦儿子居住，楼下为钱松喦藏画室管理办公室，陈列钱松喦生平事迹介绍，对外开放。2003年，被列为无锡市文物保护单位。迄2005年未变。

钱松喦旧居（2005）　（孙怡摄）

【缪公馆】

位于新生路7号，系缪斌宅第，建于民国21年（1932）。缪公馆为中西合璧园林式建筑，外筑两丈多高青砖围墙，拱形铸铁镂花大门。主楼坐北朝南，高二层，面阔五间，楼下为三开间的西式大厅，厅后建有“暖阁”。主楼前建有一组太湖石假山群。主楼东侧还有门房、辅房等一组西式清水墙建筑。日伪时期是汪伪特工站，关押抗日志士和无辜百姓，为日军侵华罪证之一。缪斌（1895–1946）[①]，字弼丞，号丕成，无锡人。北伐时任东路军政治部主任，民国18年起任国民党中央候补执委、江苏省政府委员兼民政厅厅长。民国30年任汪伪政府立法院院长，是抗战胜利后第一个被蒋介石以汉奸罪处死的民国高官。无锡解放后，缪公馆先后为无锡县第一招待所、无锡市旅游局等驻地。1994年，被列为无锡市文物保护单位。2005年，为国际旅行社所在地。

【云薖园】

位于长大弄4号，系近代著名工商业家杨味云宅院，建于民国15年（1926）。原有照墙，大门为六扇竹丝板门。宅园分内外两部分。内园有泉池、石桥、假山、花木，池北岸有一组中西合璧的建筑群，分别名裘学楼、杏雨楼、况梅斋、晚翠阁、云在山房等；池东和池西南有六角亭、名拄笏亭，半亭、名停琴榭，榭壁嵌园主所撰《云薖记》碑文。外园有主体建筑4幢，分别为门厅、轿厅、正厅、后厅，均为硬山顶平屋。正厅名保滋堂，面阔三间，前后均有轩，屋顶有草架，裙墙砖刻精美。正厅东侧另有一处小院，内有西式二层楼房一幢，名云薖楼，是无锡城内典型的名门望族宅园之一。杨味云（1868–1948），名寿枏，晚号苓泉居士，无锡人。清光绪十七年（1891）中举，曾一度在伯父杨宗瀚开办的业勤纱厂内主管厂务，民国初年任山东省财政厅厅长、北洋政府财政部次长等职。后专心经营华新实业，发展为雄据北方的纺织资本集团。晚年以诗文自娱。无锡解放后，为市文化局、市文联等机关驻地。1986年，被列为无锡市文物遗迹控制保护单位。2003年，列为无锡市文物保护单位。

【佚园及秦毓鎏旧宅】

位于福田巷8号，建于民国初年。旧宅坐北朝南，主体建筑为硬山顶带马头墙平房，面阔三间，中西合璧风格。主房西侧有辅房，坐北朝南，硬山顶平房，面阔三间。主房与辅房之间还有杂屋2间。3幢房屋建筑之南为一长方形花园，名佚园，面积200平方米。园内东部是一泓30平方米的清池，南部靠高墙处为土丘，名石虎岗，岗高处为台，名隐弇；山岗植有花木，西部为小树林，间以石笋数枝；园中建有各二层三间的民国建筑——鷦鷯楼、澄观楼，存有孙中山、胡汉民题写的“佚园”刻石和明万历年间的石香炉等，园以古木、假山、池塘、曲桥、亭台、楼榭构成“佚园十景”。秦毓鎏（1880–1937），字效鲁，无锡人。清宣统三年（1911）组织发动无锡起义，成立无锡军政分府，被推为总理，继称总司令。国民政府时任无锡县长。无锡解放后，为苏南行署区政府干部宿舍。2003年，被列为无锡市文物遗迹控制保护单位。2005年，旧宅尚存主房三间，辅房三间，杂屋2间及佚园。

秦毓鎏旧宅（2005） （孙怡摄）

①郑仁佳所撰《缪斌小传》指出多数认为其生于1899年。中国方面，徐友春主编《民国人物大辞典（增订版）》认为生于1895年（清光绪二十一年），并有1902年（光绪二十八年）的説法。《Who's Who in China》4th ed.,p.318认为生于1889年。日本方面，横山铁三《缪斌工作成ラズ》所收塩田乔“资料Ⅳ 关系年表”236页认为生于1903年3月7日（清光绪二十九年二月九日），前坂俊之、弥吉博幸《缪斌工作と新民会》也从该说。此外，《最新支那要人伝》185页与《Who's Who in China》相同，均作1889年。

【薛祖康旧宅】

位于原留芳声巷27号，今东河花园健身苑内，建于民国24年（1935）。原为独门独院的别墅式宅第，坐北朝南，主体建筑为一幢中西式二层楼房，面阔五间。楼前有一片庭院，院门为典型的民国式样，院内植有雪松2株。楼后有辅房七间。薛祖康（1899–1983），民国期间先后为无锡华新制丝养成所所长、永泰丝厂总管理处协理、兴业制丝股份有限公司协理。无锡解放后历任永泰丝厂厂长和省缫丝工业局、无锡市机械局、无锡市压缩机厂高级工程师。2003年，被列为无锡市文物遗迹控制保护单位。2005年，旧宅基本保持原状，惟院门已被拆除，院墙被改成铁栅栏。

【张效程旧宅】

位于东大街118号，建于民国22年（1933）。坐北朝南，是一幢典型的19世纪中西合璧式建筑。临街为中式风格的二层楼房，面阔五间，十四架，清水墙头。前后两造之间有一道防火墙，内天井有玻璃顶棚。后为一幢欧式风格三层洋房，内立4根罗马柱，西式游廊。张效程为从事房地产经营的实业家。无锡解放前，曾先后为侵华日军和国民党汤恩伯部队司令部驻地。无锡解放后，先后是市中苏友好协会、税务所的所在地。其后为民居。2003年，被列为无锡市文物遗迹控制保护单位。迄2005年未变。

2005年崇安区辖区重点文物保护单位一览表

表24-2-1

级别	名称	地址	年代	公布年份
全国重点文物保护单位	薛福成故居建筑群	学前街152号 健康路60、68、70、72号	清	2001
江苏省文物保护单位	东林书院旧址	解放东路867号	明至清	1982
	薛汇东住宅	前西溪1、2号	清宣统三年（1911）	1995
	阿炳故居	图书馆路30号及左右	清末	2002
	无锡县城隍庙旧址	后西溪32号	明~清	2002
	秦邦宪故居	崇宁路112号	清	2002
	无锡县立图书馆旧址	图书馆路	民国2年(1913)	2002
	陆定一故居	县前西街10号	清末明初	2002
	无锡县商会旧址	南太平巷	民国4年	2002
	钱锺书故居	新街巷30、32号	民国12~15年	2002
	小娄巷	小娄巷	晚清至民国	2002
无锡市文物保护单位	无锡县学旧址（县学古碑刻）	睦亲坊巷3号	清	1983
	高子止水	江南中学内	明	1983
	秦氏章庆堂、景福楼	崇宁路文渊坊	清	1983
	金匮县衙碑刻	崇宁路文渊坊	清	1983
	秦淮海祠	崇宁路102~106号	清初	1986
	洞虚宫玉皇殿及古井	城中公园内（古井位于图书馆路口）	清	1986
	秦氏对照厅	崇宁路文渊坊	明末清初	1986
	锡金公园旧址	公园路14号	清	1994
	圣公会十字堂	中山路98号	民国5年	1994
	缪公馆	新生路7号	民国21年	1994
	无锡师范钟楼及述之科学馆	学前街27号	民国22年	1994
	荣德生旧居	健康里16号、16号之一	民国	1994
	金匮县城隍庙旧址	崇宁路崇宁弄6号	清	2003
	侯桐少宰第	人民中路36~42号	清	2003
	顾毓琇故居	学前街3号	清	2003
	张闻天旧居	汤巷45号	民国	2003
	陈氏旧宅	德兴巷32号	民国	2003
	王禹卿旧宅	中山路63号梁溪饭店	民国	2003
	钱松嵒旧居	南市桥巷58号	民国26年	2003
	云薖园	长大弄5号	民国15年	2003

续表24-2-1

级　别	名　称	地　址	年　代	公布年份
无锡市文物遗迹控制保护单位	佚园及秦毓鎏旧宅	福田巷17号之八	清	2003
	关帝庙大殿	后西溪48号	清	2003
	谈氏宗祠	小娄巷48号	清	2003
	福寿堂	小娄巷50号之六	清	2003
	秦氏旧宅	人民路人民弄1～3号	清初	2003
	日晖巷传统街区	日晖巷20～47号	清末民国	2003
	张效程旧宅	东大街118号	民国	2003
	薛祖康旧宅	留芳声巷27号	民国	2003
	查氏丞俭堂	南市桥巷80号	民国	2003
	清泉井	东大街117号	民国	2003

说明：上述资料由区文化部门提供。

第三节　历史文化街区

【小娄巷】

小娄巷历史文化街区保护范围东起崇宁弄，西至新生路，南临市公安局，北迄福田巷，面积1.19万平方米，是世代簪缨的名门望族谈氏、秦氏、王氏、孙氏聚居之地，无锡五大历史文化街区之一。小娄巷人文荟萃，明清以来先后产生1名状元，12名进士，15名举人，近80名秀才。

小娄巷（2005）　　（孙怡摄）

北宋时，谈氏祖先谈信在京城做官。靖康之变后，谈信随宋高宗赵构南渡，定居无锡。谈氏宅第所在地名屡经变化，由鸣珂里而为戴墓巷，再为小娄巷。谈氏世居此已有近900年历史。谈泰，明宣德七年（1432）举人，任南京监察御史，出为四川佥事，为官清廉。谈复，虽未任官，却精通医术，乐善济贫，邑志有传。谈纲，成化五年（1469）进士，官至莱州知府，敦尚教化，有政声，入祀乡贤祠，邑志有传。谈一凤，弘治五年（1492）举人，官至湖南平江知县。谈恺，嘉靖五年（1526）进士，官至右都御史。这些显赫人物，使小娄巷盛极一时，民间流传有“谈半城”“半城风雨半城谈”之美誉。小娄巷多世代高门簪缨之族，历代牌坊较多，见之载籍的有绣衣坊、锺秀坊、毓英坊、文献坊、进士第坊、丛桂坊、进士世家坊等7座牌坊。

小娄巷另一望族秦氏，科名累世不断，近现代名人辈出。清乾隆弘历第一次南巡，在寄畅园接见秦氏九老，小娄巷秦敬然、秦东田名列其中。中进士者有秦瓒、秦泉、秦潮、秦大治等，中举人者有秦鸿甲、秦焕、秦谦培等，中秀才者有秦复培、秦同培、秦毓钧等。科举废除后，秦毓钧、秦毓鎏都赴日本留学。秦毓钧曾任上海《申报》《时报》主笔，为中国早期新闻界著名人士。秦毓鎏为辛亥革命时期锡金军政分府总理，孙中山总统府秘书。

小娄巷民居中，还有明万历状元孙继皋后裔孙揆均、孙国璋的故居。孙揆均是清末举人，著名诗人和书法家。孙国璋是清末秀才，著名教育家，北京大学世界语教授。小娄巷中段又是嘉乐堂王氏聚居之地。王蕴章为清末举人，曾任沪江大学国文教授、上海《新闻报》编辑。王赓曾任国民政府税警总团团长、兵工署昆明办事处处长。王序曾为浙江大学化学系教授、北京医学院药学系主任及药物研究所所长、中国科学院学部委员等职。寓中国科学院院士、中国工程院院士、第三世界科学院院士为一身的王选被誉为现代“毕升”。

小娄巷历史遗存众多，宋代以来的石构件和石刻时有发现，元末倪文广建玄元宫毁后所建金匮县城隍庙旧址是市级文物保护单位。街区“多组大院”“一园”“五弄”的历史建筑风格依存，有谈恺所建万备堂，后为王氏嘉乐堂；明嘉靖三十六年（1557）始建、天启年间重建的谈氏宗祠；清光绪三年（1877）所建七进60多间的秦氏福寿堂；建于民国的秦毓鎏故居；以及明万历孙继皋少宰第部分遗址。有建于民国的佚园。有秦氏旧宅近百米长的备弄；东西走向连接新生路的大院弄；南北走向进入少宰第院落的东弄、西弄等。2002年，小娄巷被列为江苏省文物保护单位。

【日晖巷】

日晖巷传统街区位于人民中路与解放西路交汇处，东起庙巷，西至解放西路，南临西大街，北至人民中路。日晖巷原长70余米，1974年，日晖巷与西横街合并后，长235米，宽3~7米，是旧时出西门到惠山的必经之路。因面对古运河，地处水陆交通要道，旧时沿街商铺、作坊林立，水上贸易十分兴盛，茶搂为谈生意的最佳场所。另有酱油糟坊以及圆木作、木器雕花、铜匠铺、冷作工匠、弹棉花、老虎灶等许多手工作坊，店铺与精致的宅门和考究的住宅夹杂，是无锡城中较为繁华的街巷之一。

日晖巷（2005）　（孙怡摄）

日晖巷两侧今仍保留有百年历史的无锡市最古老茶楼，以及低层高密度、前店后坊的明清民居建筑，47号、45号等民居有砖雕门楼和转盘楼，还有金昌字号酱油糟坊和福来和号糟坊等。2003年，被列为无锡市文物遗迹控制保护单位。2004年10月，运河申遗考察组专家评介：“这里是最能体现运河人家风情的一处原生态、原结构的街巷。”2005年，根据“修旧如故”的文物保护原则，着手对日晖巷民居建筑进行保护性拆建，保留文物建筑，改造文保建筑，拆除一般建筑。通过对历史建筑和环境的重新利用，再现该地段传统街区的历史面貌。

第四节　工业遗产

无锡是中国民族工商业的发祥地，辖区拥有众多的工业遗存，有省文物保护单位——无锡县商会旧址，有无锡工业遗产保护利用的成功范例——北仓门蚕丝仓库，还有位于东大街68号的福来和号糟坊和西大街50号的金昌字号酱油糟坊等一批不同发展阶段有价值的工业遗存。工业遗产的保护，对于传承工商精神，彰显城市特色，弘扬地方文化，打造“文化名城”品牌，具有重要而深远的意义。

【北仓门蚕丝仓库】

位于北仓门37号，在通运路与长庆路之间，建于民国27年（1938），系汪伪政府为控制江浙皖三省丝茧商贸活动而建。由一幢二层办公楼和两幢三层蚕茧仓库组成，均为坡顶砖木结构，清水外墙。仓库A楼面宽30米，进深20米；仓库B楼面宽35米，进深20米；办公楼三间面宽19米，进深二间12米。建筑群总面积近6000平方米，库房每层高近5米，避光、避风、恒温、恒湿、防鼠、防虫，用于收购和存放蚕茧。建成不久，即被侵华日军占为粮库，后又恢复为丝茧仓库。该仓库是京杭大运河沿线规模最大、保存基本完好的丝茧仓库，是见证无锡养蚕业、缫丝业兴旺发达的工业遗产之一。2004年，由海外归来的郑氏兄妹投资修缮，在完整保留仓库原有结构和建筑风格的基础上，改办为北仓门生活艺术中心，是无锡工业遗产保护利用的成功范例。

北仓门蚕丝仓库（2005） （孙怡摄）

【无锡县商会旧址】

位于原前太平巷、后太平巷与汉昌路三角地带，属无锡火车站站前商贸区。原名锡金商会，成立于清光绪三十一年（1905）。现存两幢仿西式楼房，建于民国4年（1915），占地约1600平方米。两楼形制基本相同，面阔各五间，高二层，清水砖外墙青红色相间，正面有砖雕罗马柱。自建成至1949年，始终是无锡工商业的指挥联络中心，与附近街巷组成近代街市剪影，是无锡近代民族工商业重要遗产。2002年，被列为省文物保护单位。

无锡县商会旧址（2005） （孙怡摄）

第五节　碑　刻

【金匮县衙碑刻】

原位于县前街82号崇安区政府内，嵌置于金匮县衙大厅和二厅之间墙壁。2001年，移至崇宁路文渊坊。石碑共16块，年代最早的为清雍正九年（1731），最晚的为清光绪三十一年（1905），内容大多为对商业、手工业行会制度及雇工的明文规定，也有稽查田额、征收钱粮的碑文，其中《金匮县公布办理田赋章程碑》《金匮县规定脚夫为商人转运商货应听自行雇唤禁示把持争夺碑》等4块碑文，著录于《江苏省明清以来碑刻资料选集》，另有3块碑文收入该书存目。1983年，被列为无锡市文物保护单位。

【无锡县学古碑刻（无锡碑刻陈列馆）】

位于睦亲坊巷3号。1990年，无锡市文化局副局长顾文璧见孔庙被拆，许多碑刻被砸碎用作造屋石基，于是发起利用无锡县学古建筑明伦堂和讲堂，创建碑刻陈列馆，并将散落于民间的碑刻集中到明伦堂。1992年，建成无锡碑刻陈列馆，占地面积850平方米，建筑面积520余平方米，内设“无锡历代碑刻陈列”“无锡地方碑帖拓本陈列”。碑刻陈列馆馆名条石由启功书写，门厅置有清代县学标志物——清礼部晓谕生员卧碑，馆中陈列无锡地方碑刻与碑帖知识。2005年，馆藏自北宋至民国的历代碑刻（帖）百余通（张），内容涉及政治、经济、教育、科举、宗教、艺术等方面。其中一类是县

无锡县学古碑刻（2005） （孙怡摄）

学碑刻，嵌置于明伦堂壁间，有各种诗词、墓志、记事碑刻16通，最早的为南宋淳祐三年（1243）《无锡县学淳佑癸卯续增养士田记碑》；二类是原流散的地方历史碑刻，陈列于前后庭院碑廊、挑廊，有官府公文碑、寺观宗教碑、民间祠堂碑等45通，最早的是北宋大观元年（1107）《明阳观额勅牒碑》，距今已有近900年历史；三类是原流散的地方性书画艺术碑刻，陈列于明伦堂展柜内，较重要的有清代无锡望族秦氏所刻乾隆御笔“丈人峰”扇画石，以及《无锡光复门碑记》《无锡公园创制记碑》等。碑刻陈列馆对所展出的碑刻都配有文字说明，另外还介绍与碑帖有关的常识，多次举办碑拓技艺展示和碑帖鉴藏咨询活动，编制完成《馆藏碑刻碑帖目录》。讲堂内置孔子像，并悬匾额“圣迹在兹”，两旁有楹联“祖述尧舜，宪章文武；德参天地，道冠古今”。

2005年无锡碑刻陈列馆部分馆藏碑刻（帖）一览表

表24－2－2　　　　单位：厘米

序号	碑　　名	长	宽	撰书、镌刻者
1	清乾隆海瑞谒洞阳公祠诗碑	148	45.50	顾光旭书
2	清道光十四年(1834)刻李纲《草仓祠诗》碑	126	69	李瀚抚勒上石
3	清乾隆三十四年（1769）送无锡县学教谕王某调任碑	156	65	邹方诏撰并书、王润模勒
4	清光绪二年(1876)重建无锡金匮县儒学碑记	140	69.50	陆士霖书、张安泰刻石
5	清同治五年（1866）锡金两县再禁查扰黄酒糟坊碑	136	48.50	周秉钧镌文
6	清光绪三十一年（1905）锡金两县与锡金厘局因无帖贩酒谕禁碑	98	47.50	窦达山书、李云昌镌
7	南宋淳祐五年(1245)无锡县学淳佑癸卯续增养士田记碑	249	121	薛师鲁撰、金焕刻石
8	元至正四年(1344)无锡州洞虚宫重建三元祠山殿记碑	124.50	92	杜本书、何源刊
9	明万历四十四年(1616)署无锡儒学蓬玄先生吴公去思碑	181.50	89	周炳谟撰、顾尔言书、何文焕刊
10	元至元十六年（1279）无锡县学重修五先生祠记碑	186.50	93	尤栋撰并书
11	南宋宝祐六年（1258）无锡县学新建九先生祠堂记碑	186.50	93	林性翁撰、吴珍刊
12	明万历三十年（1602）无锡县儒学题名记碑	170	106.50	龚勉撰、俞亶儒书
13	明万历年间重修无锡县学记碑	170	106.50	邹迪光撰、陆广茂书
14	元至正二年(1342)重修无锡州儒学记碑	206	110	孟潼撰并书、黄溍篆额、何源刻石
15	清宣统三年（1911）重建成性寺碑记碑	81	32	自清撰、陈士钧书、王子良镌
16	清光绪五年（1879）新建财神庙落成记碑	87	54	赵起鸲撰、孙绩均书、陈士钟镌
17	清光绪四年（1878）重建财神庙记碑	69	31	陶震瀛撰、王传鏴书
18	清康熙三十三年(1694)督学时庵许公德教碑	166	73.50	周弘撰、钱廷晋刊
19	明万历二十七年（1599）无锡县乡贤祠题名记碑	186	86	赵应元撰、俞亶儒书
20	民国25年（1936）“南村”题额	110	43	华士巽书
21	民国18年（1929）院主孙鹤卿纪念像文碑	112	57	钱基博撰、金鼎书、邵晋康刻
22	北宋治平三年（1066）宋张奕墓志铭	92.50	65	马仲甫撰、吕希道书、董迪刻
23	清张奕墓志铭跋碑	92.50	36.50	裘廷梁文
24	清嘉庆元年（1796）重修学宫记碑	175	82	顾光旭撰文
25	明嘉靖十三年（1534）无锡县儒学田碑记	185	84	秦金撰、孙一阳书
26	清华翼纶撰碑	76	31	陆懋宗书、钱邦铭镌
27	清秦道然书墓志石	85	32	—
28	民国元年（1912）无锡光复门记碑	130	40	钱基博撰、孙揆均书、周容刻
29	民国6年（1917）无锡公园创制记碑	132	40	钱基博撰、华绾言书、周容刻
30	北宋大观元年（1107）明阳观额勅牒碑	106	61	许鉴书跋
31	南宋开禧二年（1206）孚泽庙额勅牒碑	160	77	高可大书跋
32	明成化二十二年（1486）惠山禅悦院记碑	166	86	张九方撰、陆仪书、何兰镌
33	清道光二十六年（1846）荣贞烈女传碑	150	77	周敦撰
34	清道光十一年（1831）锡金两县酒业行会公产田号碑（二方）	99 99	39 38	张隆记刻
35	清光绪三十一年（1905）锡金二县为酒业公议认指谕示碑	88	45	窦达三书、李云昌镌
36	清雍正七年（1729）增修庆丰庵记	30	86	杜诏撰、祝世善书、张继□刊
37	明嘉靖元年（1522）真赏斋法帖	—	—	华夏刊
38	清嘉庆六年（1801）寄畅园法帖	—	—	秦震钧刊

说明：上述资料由区文化部门提供。

第六节　湮没古迹

1985年前，辖区众多古迹历经沧桑，或毁于战火、或毁于年久失修，特别是太平军驻扎无锡、日军侵占无锡期间，以及无锡解放后“文化大革命”运动，文物古迹毁坏最为严重。先后湮没的古迹有：建于东晋的崇安寺；建于汉、位于石皮路的无锡县衙；建于唐咸通八年（867）、位于崇安寺的兴宁寺石幢；建于北宋、位于学前街大桥中学内的孔庙（县学）；建于元、位于大市桥东堍的古观音堂；建于明万历年间、位于北仓门的吉祥庵和位于进士坊巷1号的药师庵；建于清代，位于通汇桥堍的梵音阁、长庆路的延寿司殿（南斗星君庙）和酒仙殿、崇安寺大殿左侧的金匮县文昌帝君庙、崇安寺大殿右金匮县关帝庙、小娄巷的金匮县城隍庙、后西溪东段的无锡县关帝庙和无锡县文昌帝君庙、解放南路的小南海、北禅寺巷的无锡县财神庙、小娄巷15～17号的万备堂；建于民国年间，位于欢喜巷的辟疆园、南仓门东侧的净土庵等。1986年后，在旧城改造过程中，辖区文物古迹虽然得到重视，通过修复、重建、移址等多种措施加以保护，在辟建的文物古建筑保护区——文渊坊，设有20世纪60年代湮没的金匮山、专诸塔的纪念处。但仍有一批古迹、名人故居，因多种原因无法保留湮没，有孙继皋少宰第、北禅寺、嵇璜故居、金匮县衙（锡金军政分府）、杨荫浏故居、杨氏旧宅、药皇庙（三皇庙）、金匮县财神庙、吴芝瑛旧宅、蒋家花园、许氏既翕堂、赵菊泉旧宅——张謇读书处、严氏试馆、侯鸿鉴旧宅、华绎之旧宅、秦氏宫保尚书第等33处。

【鱄设诸塔】

俗称鱄诸塔，位于原城中大娄巷16号东。鱄诸（？—公元前515年），春秋时吴国堂邑（今江苏六合县）人。吴国公子光（即阖闾）欲谋取王位，伍子胥把鱄诸荐给光。周敬王五年（公元前515年），光宴请吴王僚，鱄诸把匕首藏于鱼腹中进献，将僚刺死，鱄诸也当场被杀。据传，鱄诸塔为其葬地，鱄诸被封为食神，受到无锡厨师的奉祀。旧时该处建有塔房，面积5平方米左右，门额上有“鱄设诸塔”砖刻。塔房外有栅栏，内为喇嘛塔式建筑，用青石垒成，高约2米，呈圆形、上锐下宽状，塔前置有神龛，供奉鱄诸神位。1957年，被列为无锡市第一批文物保护单位。1966年，因城市建设改造被拆除。21世纪初，文渊坊建成后，特置一石，作为鱄设诸塔的纪念地。

【金匮山】

一名紫金山，亦称镇山，位于原城中六箭河北岸、大娄巷野园里16号。山高约7～8米，周约300米。相传晋郭景纯曾把黄金符匮埋于此处，故名金匮山。山中原有黑白二色玲珑小石，元时为富豪强善三所占，强因卖石而致富。后小石取尽，土亦耗减。明永乐年间（1403～1424），强氏在金匮山旁所建宅第被焚毁，知县卢克敏除去瓦砾，运土填高，种松竹，构亭台，并用太湖石点缀，成一景，取名金匮山房。清时归秦氏，改建金匮山房。清雍正二年（1724），无锡县析置金匮县，简称金。金匮县以境内金匮山命名。民国后，逐渐削平，种桑数百株。20世纪50年代，金匮山尚存土堆、湖石和一方碑石。1957年，被列为无锡市第一批文物保护单位。1958年，填六箭河建崇宁路后全部湮没，为市第一人民医院和市卫生局宿舍、会场。21世纪初，文渊坊建成后，特置一石，作为金匮山的纪念地。

【北禅寺】

位于原城中中市桥西。建于唐武德年间（618～626），因与凤光桥同时建造，所以与桥同名，称凤光寺。后废。北宋宝元年间（1038～1040）复置，宋仁宗赐名寿圣禅院。正殿“释迦宝殿”匾额，世传由北宋书法家米芾所书。北宋崇宁年间（1102～1106），改称北禅广福禅院。东至古运河，即今中山路；西至四郎君庙巷，即今健康里；南至寺巷，即北禅寺巷；北至新街巷，时为无锡十大寺之首。元代又改名北禅寿圣禅寺，因与南禅福圣禅寺南北对峙，亦称北禅寺。住持东海募款重建山门，并立碑。元延祐年间（1314~1320）毁于火，不久重建。殿东有轮藏其下，传有石函，置佛牙舍利，作为镇寺之宝。明万历年间，北禅寺已破败不堪，大殿倒塌，占地十分狭小。僧人常圆、智清、净莲等，历经20多年募化，先后建成正殿、西方殿、五祖殿、十王殿、真武殿、药师殿、关帝殿、伽蓝殿等，又成为城中大寺。清乾隆三十六年（1771），候补知府秦兆雷建造大悲楼五间。道光十三年（1833），僧妙庵增建观音楼，僧静峰手书五大部经贮之。咸丰十年（1860），毁于太平军战事。同治十一年（1872），僧若虚重建山门、正殿。由于封建官僚和居民建房造屋，不断侵占寺地，至清光绪年间，寺地仅剩6亩4分多。民国元年（1912），侯鸿鉴租借寺地5亩另4厘建校舍，将私立竞志女校（无锡解放后为第二女子中学）迁至北禅寺旁。1957年，被列为无锡市第一批文物保护单位。1958年寺观教堂合并时，尚有10余名僧人。其后，无锡佛教净业社曾一度附设于寺中。“文化大革命”初期，僧人被逐出，寺庙被改建民房，庙房仅剩5间。1988年，新建北禅寺巷居民小区时被拆除，山门上的“北禅寺”砖刻亦丢失。

【锡金军政分府】

原为金匮县县衙，位于县前街82号、崇安区人民政府所在地。1983年，列为无锡市文物保护单位。清宣统三年（1911）年11月6日，同盟会会员秦毓鎏在无锡发动武装起义，占领无锡县衙（现邮电大楼、通信大楼之间）、金匮县衙（今县前街288号），推翻清政府在无锡的统治，宣布无锡光复，随即在金匮县衙旧址，建立锡金军政分府。民国元年（1912）5月1日，锡金军政分府奉命撤销。锡金军政分府旧址，明末原为无锡县的亿丰仓，后为守备署。清雍正二年（1724）分设金匮县，次年知县王乔林改为县衙。有谯楼三间，仪门三间，驰道，诫铭坊，大堂三楹，左右廊坊20余间为吏胥供职及贮藏簿书文件之处，大堂后有川堂三楹，再进为兴仁堂，左右建库房。再进去内署堂三楹，旁有书室六间，内房十余间，后有一座花园。仪门外，左为土地祠，右为监狱。同治二年（1863），清军进攻在锡太平军时被毁。光绪元年（1875），知县倪咸生重建。无锡解放初期为无锡市人民政府所在地。1954年，改为崇安区人民政府所在地。1971年后，历经多次改建，至90年代初，尚存大门、二门、大堂、两庑、内衙、书房等，西侧牢房旁，有一米厚的围墙。大门和二门东西两壁，留有雍正九年至光绪三十一年的碑刻15方。1993年，因区政府机关办公楼改造碑刻移至文渊坊保存。

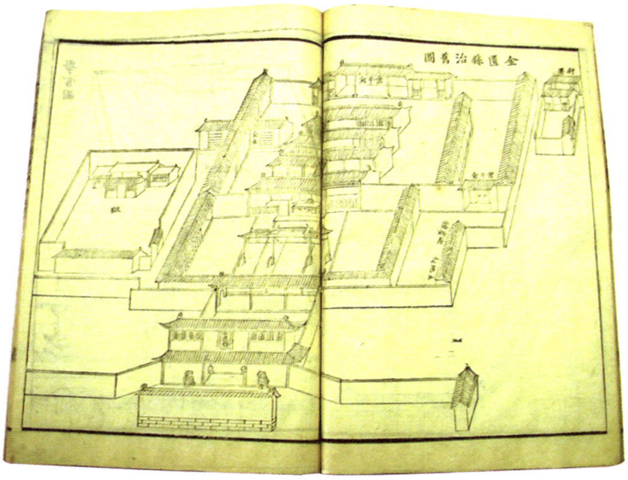

金匮县衙图　　（孙怡摄）

【严氏试馆】

位于原书院弄摇车湾30号。建于清光绪年间（1875~1908），为三间二层楼房，前有庭院，面街有砖雕门楼，大门横额砖刻“严氏试馆”4字。时为无锡县北门外寨门镇严姓世家，为子弟赶考县试而设的食宿和复习功课处所。曾是江苏省比较完整的试馆遗迹，研究千年科举制度难得的实物佐证。民国15年（1926）春，无锡县小学教师联合会曾在此举行成立大会，中共江浙区委的负责人肖楚女特地从上海赶来作形势报告。民国16年大革命时期，恽代英等在此地宣传过革命理论。此后，试馆一度成为无锡早期党团地下组织秘密活动的场所和外地革命同志往来的落脚点。2001年，胜利门广场地块改造时被拆除。

【秦氏宫保尚书第】

位于原城中师古河上，今崇宁路63号、镇巷14号，为清代著名学者秦松龄、秦蕙田祖孙宅第，始建于明正德（1506～1521）、嘉靖年间（1522～1566）。秦蕙田（1702–1764），官至光禄大夫、太子太保、刑部尚书（正一品）后，其宅第称“宫保尚书第”。后改为嘉惠堂。原宅第坐南朝北，四进。清咸丰十年（1860）被太平军焚烧。同治年间（1862～1874），秦国瑚重建大门和堂屋两进，每进面阔三间，硬山顶平房，以“宫保尚书第”榜其门。1986年，被列为无锡市文物遗迹控制保护单位。1994年，建造崇宁路花鸟市场时被拆除。

【孙继皋少宰第】

位于原城中小河上，崇宁路52号。系明万历二年（1574）状元孙继皋宅第，建于万历中叶。孙继皋历任吏部侍郎，明清时称吏部侍郎为少宰，故其宅第称少宰第。少宰第坐北朝南，原有两路六进约百余间。门前原有照壁，前有上马石，大门两旁有八字分开照墙四面，门楼斗拱数重，单檐歇山顶翘角，黑漆大门两扇，左右盘陀石各一。大门左右有“尚书清节衣冠后”“吏部文章日月光”楹联，门头上有“状元及第”竖匾，门楣上有石刻“少宰第”横匾。进大门为长方形院落，迤西向北，立有牌楼，南额“尚书”，北额“学士”，左右石狮两尊。过牌楼有一院落，东边为孙继皋家祠，内有百年古柏两株。再进依次为轿厅、小厅、庭院、大厅、花厅、后院等，东西各有备弄2条，通往小娄巷。1966年“文化大革命”初期，“状元及第”和“少宰第”匾额被砸毁。1987年无锡市中级人民法院扩建时，少宰第主体建筑被全部拆除，仅存备弄一条以及备弄底西侧晚清时所建的附房两幢和东侧来鹤楼。

孙继皋少宰第　（市城建档案馆供稿）

【华绎之旧宅】

位于原新开河、二下塘，今中山南路124号。坐北朝南，为砖混结构的西式洋楼。面阔三间，高三层，中有走廊和悬空转盘楼梯。北有附楼相连，楼前楼后都有小院。华绎之（1893–1956），无锡东乡荡口人，民族工商业家，爱读顾炎武《日知录》，故为宅堂题名“爱日堂”。日军侵华，无锡沦陷期间，为侵华日军司令部兼居所。无锡解放后，为无锡人民广播电台驻地。90年代，为2家开发公司使用。2002年，中山路地块改造时被拆除。

【许氏既翕堂】

位于原崇宁路7号、东河头巷27号。清乾隆年间（1736～1795），许氏迁锡始祖许松佶购地建宅，取名许氏既翕堂。坐北朝南，东部建筑前后四进，第一进门厅，面阔九间；第二进正厅（既翕堂），面阔三间；第三进、第四进为转盘楼，面阔均为五间，高二层。西部有明式建筑牡丹厅、双桂轩，家祠以及杂屋数幢。东西两部分之间有备弄，贯通前后。许珏（1843–1916），清末外交家，出生并长期居住于此。1986年，被列为无锡市文物遗迹控制保护单位。1998年，新建市人民检察院办公楼时被拆。

【嵇璜故居】

位于原中市桥上塘街17号，今中山路229号。坐西向东，四进。第一进门厅，面阔四间；第二进正厅，为楠木大厅，建于明代末年，面阔三间，原属秦氏，清初为嵇氏购得；第三进、第四进均为面阔五间的二层楼房，其南侧有备弄。嵇璜（1711–1794），官至吏部尚书、文渊阁大学士等。1986年，被列为无锡市文物遗迹控制保护单位。1987年，中上塘地块改造时，门厅、第三进、第四进均被拆除，仅剩正厅及辅房六间。1988年，正厅为无锡民俗民间艺术博物馆库房。1990年，正厅整体移建至梅园开原寺内。现仅存平房三间、矮楼三间，为嵇氏后裔所有。

【赵菊泉旧宅】

位于大成巷20号，建于清同治年间（1862~1874）。清光绪十九年（1893），赵菊泉的学生、南通举人张謇在进京会试前，曾到此拜访、居住，并请教"八股"和"策论"写作技巧，后被誉为张謇读书处。赵菊泉（1806–1882），先后任无锡、海门训道（相当于教育局长）。张謇（1853–1926），南通人，清光绪二十年（1894）状元，近代著名实业家。旧宅坐北朝南，四进，面阔三间。第二进客厅面阔五间，厅上悬挂的"数百年人家无非积善，第一等好事还是读书"楹联，以及书房门上的"开径望三益，高谈玩四时"楹联，均为张謇所书。1986年，被列为无锡市文物遗迹控制保护单位。2000年，新建大成巷步行街时被拆除，重建象征性仿古建筑一幢，门额有"张謇书斋"四字。

【吴芝瑛旧宅】

位于原中市桥上塘街85号，今中山路中段。坐西向东，有门厅、轿厅、侧厢、大厅、房厅和后花园，后门在北禅寺巷。吴芝瑛（1867–1934），安徽桐城人，桐城派古文家、薛福成好友兼亲家吴汝纶侄女，革命党人秋瑾就义后，埋秋瑾侠骨于杭州西子湖畔，撰墓志，立墓碑，建秋雨亭。90年代，中山路拓宽、上塘街并入中山路时被拆除。

【侯鸿鉴旧宅】

位于原北禅寺巷竞志女校西，今东林中学内。建于民国初年，为独门小院，内有一幢中西合璧、水泥拉毛外墙的三层楼房，杂屋数间。侯鸿鉴（1872–1961），近代教育家，清光绪三十年（1904），任竢实学堂校长，后创办竞志女校、城西师范学堂等。民国年间，历任江西、江苏、河南等省视学。2001年，东林中学扩建校舍时被拆除。

【杨荫浏故居】

位于原留芳声巷。建于清末，坐北朝南，为一组大杂院，有传统建筑十余幢，房屋数十间。法学家杨荫杭、教育家杨荫榆、财经学教授杨荫溥、作家杨绛等均出生于此。杨荫浏（1899–1984），历任中央音乐学院研究部研究员、音乐研究所所长、中国音乐家协会常务理事等职，是抢救、录制阿炳6首名曲的主要人员。1993年，留芳声巷地块改造时被拆除。

1986～2005年崇安区部分湮没古迹、名人故居一览表

表24-2-3

名　　称	地　　址	始建朝代	湮没时期
金匮山	大娄巷野园里16号	晋	1958
鱄诸塔	大娄巷16号东	公元前515	1966

续表24-2-3

名称	地址	始建朝代	湮没时期
唐文治故居“行素堂”	前西溪	民国初年	80年代
薛明剑故居“明瑞堂”	复兴巷	—	80年代
孙继皋少宰第	崇宁路52号	明万历中叶	1987
北禅寺	中市桥西	唐武德年间（618～626）	1988
薛福辰故居	前西溪15号	清末	1988
许国凤故居	二下塘、中市桥巷	民国	1988
吴芝瑛旧宅	中市桥上塘街	清末	1988
嵇璜故居	中山路229号	清初	1990
秦氏“世恩堂”	南市桥上塘街167号	清乾隆年间	1990
薛凤喈故居	学前街14号	清光绪年间	1992
金匮县衙（锡金军政分府）	县前街82号	清雍正三年（1725）	1993
杨荫浏故居	留芳声巷	清末	1993
侯氏“馀庆堂”	崇宁路49号、51～53号	清光绪十六年（1890）	1993
杨氏“诒庆堂”	留芳声巷41号	明末清初	1993
杨氏旧宅	棋杆下	清末	1993
秦氏“宫保尚书第”（嘉惠堂）	崇宁路63号、镇巷14号	明正德（1506～1521） 嘉靖年间（1522～1566）	1994
秦氏“承忠堂”	崇宁路92、94号	清康熙二十一年	1994
药皇庙（三皇庙）	后西溪东段（三皇街）	清乾隆十年（1745）	90年代
无锡县城隍庙	后西溪东段（三皇街）	元至大年间（1308～1311）	90年代
金匮县财神庙	小娄巷	清	90年代
龚瑞翔故居	中山路无锡日报社旧址	民国年间	2005
蒋家花园	汤巷59号	民国	90年代
王昆仑故居	西河头姚宝巷17号	清末	90年代末
许氏“既翕堂”	东河头巷27号	清乾隆年间（1736~1795）	1998
赵菊泉旧宅“张謇读书处”	大成巷20号	清同治年间（1862～1874）	2000
严氏试馆	书院弄摇车湾30号	清光绪年间（1875～1908）	2001
侯鸿鉴旧宅“沧一堂”	东林中学内	民国初年	2001
华绎之旧宅“爱日堂”	中山南路124号	民国26年（1937）	2002
秦氏“秦保誉堂”	镇巷35号	清乾隆年间	2002
杨宗濂、杨宗瀚祖居“鸿博第”	中山路北段	清同治年间（1862～1874）复建	2003
杨宗濂、杨宗瀚旧居“保滋堂”	大成巷	清同治年间（1862～1874）	2004
吴日永故居“乔寿庐”	大成巷9号	民国4年（1915）	2004

说明：1. 上述资料由区文体局提供。2. 表内“金匮山”、“鱄设诸塔”虽于20世纪60年代前湮没，但在文渊坊设有纪念处。

第三章　非物质文化遗存

辖区非物质文化遗存资源丰富，在经济社会发展中不断优胜劣汰、推陈出新，众多的历史遗存成为崇安区文化内涵的特色品牌。迄2005年，辖区共有非物质文化遗产资源4大类28项。其中有三凤桥酱排骨、慎馀酱排骨、王兴记小吃、功德林素包、真丝绢花等传统技艺类项目21个，以阿炳音乐作品为代表的民间音乐类项目1个，刻纸撕纸、锡绣、竹刻、竹制鸟笼传统美术类项目4个，诸氏中医外科诊疗、朱氏伤寒派独特诊疗传统医药类项目2个。

第一节　传统技艺

2005年，辖区非物质文化遗产资源传统技艺类项目有21个。其中，三凤桥酱排骨、慎馀酱排骨烹制技艺，沿袭近百年传统配方，结合现代生产工艺，不断推陈出新，酱排骨被列为无锡著名土特产，先后3次评为商业部优质产品，三凤桥肉庄被商业部认定为中华老字号企业。王兴记小吃因其历史悠久、信誉卓著、特色鲜明、质量上乘而驰名中外，其“蟹粉小笼”“蟹粉馄饨”被中国烹饪协会认定为“中华名小吃”，企业被授予“中华餐饮名店”。聚丰园菜馆是无锡菜发祥地之一，其菜肴以选料讲究、制作精细、烹调独特而著称，形成梁溪脆鳝、腐乳汁肉、奶汤鲫鱼、乳汁活炝虾、清炒虾仁、龙眼鳝片、锡式卤鸭、油爆大虾、响油鳝糊、四喜面筋、全家福、炒蟹黄油12个色香味形俱佳的无锡名菜，享誉沪宁沿线。此外，功德林素包、真丝绢花、根雕、结形花边、紫铜器制作、魔术等各以独门绝技，代代相传，留下体现特色、具有代表性和丰富内涵的非物质文化遗产。

【无锡酱排骨烹制技艺】①

无锡酱排骨，俗称无锡肉骨头。相传清光绪元年（1875），无锡南门莫盛兴饭馆为了充分利用剩下的背脊骨和胸肋骨，加调味作料，煮透焖酥，起名为酱排骨。随着无锡工商业的迅速发展，许多肉店聘名师，苦经营，创名牌，争生意，“三凤桥”“慎馀”等品牌的酱排骨脱颖而出。民国16年（1927），慎馀肉庄（三凤桥肉庄前身）开张后，改进“肉骨头”的烧制技术，汇集南北烧煮酱排骨之长，使酱排骨具有色泽酱红、油而不腻、骨酥肉烂、香气浓郁、汁浓味鲜、咸中带甜的特点。烹制技艺独特，选料讲究，挑选肥瘦适中生猪的胸排、肋排，经腌制，佐以祖传秘方配制的调料，加入桂皮、茴香、葱姜等，和纯粮酿造的“纯露牌”酱油、老敖黄酒，用武火、文火熬汤烧制。80年代后，对传统工艺进行改进，沿袭近百年的传统配方与现代生产工艺相结合，先后推出经高温灭菌、恒温等加工而成的新鲜、真空包装、保鲜包装三大系列酱排骨。无锡酱排骨被评为“中华名特产”。三凤桥酱排骨第四代传人朱金炎，1965年7月进三凤桥肉庄，2005年任采供部部长。第五代传人杨义成，1970年进三凤桥肉庄，2005年任部门副经理。第五代传人曹根林，1980年进三凤桥肉庄，2005年任高级烹饪技师。慎馀酱排骨创始人王云清（1881–1957）。慎馀第一代掌勺大师蔡杏根（清代）；第二代传人王志源（1913–1980）和夫人陈霞卿（1914–1987）；第二代掌勺大师王荣根、王阿林（民国）；第三代传人王国华（1947）；第三代掌勺大师王聚宝（现任）。

【王兴记小吃】②

民国2年（1913），王兴记创始人王庭安在崇安寺经营手推皮子馄饨，民国4年创办王兴记馄饨店。1965年推出蟹粉小笼、翡翠烧卖等高档小吃，口味鲜美，制作工艺精湛，质量标准始终如一。选料讲究，采用新鲜的前后腿肉。“三鲜馄饨”馅心精选自制河虾仁，皮薄，久煮不烂，鲜美爽滑。“蟹粉小笼”捏有20个左右折裥，色白有光泽，拿放不脱底，只型美观，一吮满口卤汁，咸中带甜，味道浓醇。其工艺流程为初加工、熬制皮冻、制馅、和面、成形、成熟。代表性作品有无锡小笼、蟹粉小笼、三鲜馄饨、蟹粉馄饨等。1995年起，注有“王兴记”商标的王兴记小吃被誉为“江南一绝”。2000年，王兴记的“无锡小笼”“三鲜馄饨”被国内贸易部推荐为“中国名点”，“蟹粉馄饨”“蟹粉小笼”被中国烹饪协会认定为“中华名小吃”。2001年，“王兴记”被中国烹饪协会授予“中华餐饮名店”称号。新一代掌门人薛强（1956），其作品多次获奖。

【功德林素包】

亦称“素馒头”，是功德林素菜馆的一大名点。民国19年（1930）由无锡佛教学会会长曹培灵居

①三凤桥肉庄和慎馀肉庄的“无锡酱排骨烹制技艺”于2006年被列入无锡市和江苏省第一批非物质文化遗产。其代表性传承人曹根林、张小平。

②王兴记小吃2007年被列入无锡市第一批非物质文化遗产。其代表性传承人李政华。

士牵头，合股创办功德林素菜馆，以经营素面、素包闻名。素包采用蔬菜、香菇、木耳、豆腐干、金针菜、素油等原料绞拌而成，清香扑鼻、肥而不腻。1985年，被评为无锡市名特优产品。

【真丝绢花】①

清光绪十八年（1892），李宝英在公园路1号开设王二记鲜花店，并逐渐发展真丝绢花制作。1958年，并入市工艺美术厂，生产出口绢花。1977年，改名崇安工艺品厂后，生产瓶插绢花、丝绢光荣花、绢花盆景等，销往全国各地。真丝绢花以真丝电力纺为主要材料，以铅丝、小粉、生矾、木胶等为辅料，经过上浆、整烫、剪切、上色、造型、定型等数十道工序，以红、黄、蓝三原色为基础，配色可达180多种。具有做工细腻、制作精良、造型逼真、色彩鲜艳、用料考究、便于保存、永不变形变色、集观赏与使用于一体的特点。主要产品有瓶插绢花、绢花盆景等，并先后为《家》《风流千古》《杜十娘》《珍珠塔》《孟丽君》《红花曲》《三国演义》《战上海》《杂技之花》等数十部影视剧制作绢花布景和道具，并为彩牌楼提供装饰用绢花。代表作品有《迎客松》《大力菊》《杜鹃》《月季花》。工艺传人王荣华，男，民国25年（1936）出生，11岁随母李宝英学艺，8年后熟练掌握绢花制作全部技艺，从艺59年。

【结形花边】

古人用“结绳记事”帮助记忆、传递信息由来已久。现代民间艺人继承传统，改革工艺，将传统结绳方法融入结形花边编织领域，用尼龙绳编织成装虾、蟹、水果等物品的外饰品，逐渐成为一种传统技艺。风雷新村69号302室朱庆庆（1957），女，自10岁学习手工编织，不断创新手工技艺，开发新产品，其创作的壁挂、吊床、吊篮等结形花边工艺品，风格独特，代表作品有“和平鸽”“鱼”“京剧脸谱”“猫头鹰”等，多次获得国际、国内各类奖项。

结形花边技艺传承人——朱庆庆（2005）　（江海街道供稿）

【紫铜器制作】②

民国23年（1934），宜兴官林镇储元祥16岁时来到无锡，在刘荣兴黄铜作坊当学徒，制作民用和民族工业所需紫铜器。主要产品有民用的洗脸盆、酒壶、酒杯、水壶、盂品、暖锅、手炉、脚炉、汤婆子、水烟筒、勺、铲、锅等；饮食行业生产梅花糕的盘、刀、叉等；药房使用的熬药锅、煎药锅、秤盘等；丝厂所用的烫丝盆等；酒厂常用的勺子、吊子、烧锅等。紫铜器具有延伸性好、牢固性强、易加工和在食品加工、制药行业中具有独特杀菌作用的特点。20世纪60年代前，紫铜器材料选用废旧电线及废旧铜制品熔化成铜水后铸成8~12毫米的铜板，反复敲打，经退火、冷却，再敲打，反复加工至所需厚度铜皮，无接缝工件制作需经划线、开料、从里向外延伸敲击等6道工序，有缝工件制作需经底和帮拼接、铜焊药焊接、二次退火、整形等9道工序。2005年，储元祥仍在从事紫铜器制作。工艺传人杜征宇（1958），男，为其关门弟子。

---

①真丝绢花2007年被列入无锡市第一批非物质文化遗产。其代表性传承人王荣华。
②紫铜器制作2007年被列入无锡市第一批非物质文化遗产。其代表性传承人杜征宇。

第二节　民间音乐

【阿炳音乐作品】

无锡道教音乐是江南道教音乐的重要组成部分，正乙派道教为无锡道教音乐的代表，华彦钧（1893–1950），小名阿炳，为无锡道教正乙派传承谱系及代表性人物之一。阿炳的二胡独奏曲《二泉映月》《听松》《寒春风曲》，琵琶独奏曲《大浪淘沙》《昭君出塞》《龙船》6首代表性作品，在其形成发展过程中，深受苏南十番锣鼓、江南丝竹、吴歌、昆曲、滩簧、小调等民间音乐的影响，不断吸收诸多民间音乐养料，形成独特、鲜明的地域特色，具有丰富的文化内涵和较高的艺术欣赏价值。所使用乐器主要为4类：吹管乐器为笛、箫、笙、小唢呐、长尖等；拉弦乐器为板胡、二胡、托音二胡等；弹弦乐器为三弦、琵琶、月琴等；打击乐器为拍板、鼓、锣、钹、双磬、木鱼、星等。阿炳音乐作品细腻丰富、灵活多变的锣鼓敲击法，丝竹与锣鼓乐段相间的套曲结构形式，极大地丰富道教音乐的表现力，为广大民众喜闻乐见。

第三节　传统美术

2005年，辖区非物质文化遗产资源传统美术类项目有刻纸撕纸、锡绣、竹刻、竹制鸟笼4个。

【民间刻纸、撕纸艺术】

刻纸艺术始于汉、唐，盛于宋、元。用色纸剪成各种花草、动物或人物故事，贴在窗户（窗花）和门楣上（门签）作为装饰，在节日和婚礼等喜庆时使用。刻纸用料以金纸、蜡光纸为主，工具主要有自制刻刀、特制蜡板，刻制作品大体分为人物、风景、动物、花鸟4类，作品表现手法主要有核桃纹、龟背纹、灯笼纹、花盆纹、鱼鳞纹、月亮纹等。方法是按照描绘的线条在蜡衣板上进行刻制，要求先里后外、先左后右、先密后疏，千刀不落、万剪不断、刀刀合缝、丝丝入扣。撕纸以略厚的各类纸张、蜡光纸为主，具有现场创作、随意性较大的特点，不受场合限制，手中有一张纸就可根据指定主题灵活表现。辖区民间刻纸、撕纸传人王博孝（1946），男，现住江海街道顺和里小区，1966年开始自学刻纸、撕纸，逐步形成自成一体的刻纸、撕纸艺术。其刻纸代表作品有《万众欢腾——热烈庆祝中国共产党第十一次全国代表大会胜利召开》《阿里山云海》《赤嵌楼怀古》《我的故乡》《松鹤延龄》《马克思、恩格斯、列宁、斯大林、毛泽东——五大伟人》《弥勒佛》《仕女图》等。

民间刻纸撕纸传人王博孝（2005）　（区文体局供稿）

第四节　传统医药

2005年，辖区非物质文化遗产资源传统医药类项目有诸氏中医外科、朱氏伤寒诊疗2个。

【诸氏中医外科诊疗】

诸氏中医外科诊疗始于清中后期。祖居东亭乡杨亭，族中众多事医，有“五梅堂”之称。第五代传人诸竹生自幼随其祖父和父亲习医，后随父于无锡南门黄泥埄悬壶。无锡解放后，先后在胜利门、崇安联合医院行医。主治：痈疽、疔疮、流注、流痰（骨髓炎、骨结核）等。诸竹生精通医术、注重医德，贫病不计诊金，故求医者众多，名闻锡城。第六代传人诸宾安，诸竹生长子，自幼随祖父和父亲习医，承家学和验方。第七代传人诸勤农（1958），男，1975年高中毕业后随父习医，接承家学精髓。2002年，入南京中医药大学成人高等教育学院深造，毕业后在小娄巷横街27号开设诸氏中医外科诊所。诸氏中医外科诊疗以消肿、通络、定痛，外治结合内服中药见长。使用中药采集加工，祖传秘方为主。初用“小膏药”围敷病灶四周穴位（循经取穴），待病灶固定后，用大膏药外敷治愈。临床治愈脉管炎、糖尿足、西医术后及放化疗后伤口不愈、带状疱疹等疑难杂症，典型病例为“穿骨流注”，即化脓性骨髓炎。

诸氏中医外科第七代传人诸勤农开设的诊所（2005）（诸勤农供稿）

2005年崇安区非物质文化遗产资源一览表

表24－3－1

种类	名称	始创人	始创年代	传人	代表作品	主要特色及工艺水平	流行或影响地区
传统技艺	三凤桥酱排骨	莫盛兴	清光绪元年（1875）	朱金炎 杨义成 曹根林	酱排骨	色泽酱红、油而不腻、骨酥肉烂、香气浓郁、汁浓味鲜、咸中带甜，运用祖传秘方	全国
	慎馀酱排骨	王云清	民国16年（1927）	蔡杏根 王志源 王国华			苏南
	王兴记小吃	王庭安	民国2年（1913）	李政华	无锡小笼、三鲜馄饨、蟹粉小笼、蟹粉馄饨	馄饨皮薄、肉鲜经煮不烂，小笼多裥、拿不脱底，小吃味美爽口	苏南
	功德林素包	功德林素菜馆	民国19年（1930）	—	素包	清香扑鼻、肥而不腻，皮薄、折裥多	苏南
	真丝绢花	李宝英	清光绪十八年（1892）	王荣华	《迎客松》《大力菊》《杜鹃》《月季花》等	造型逼真、色彩鲜艳，做工细腻、制作精良，集观赏与使用于一体	东南亚
	根雕	夏竹源	1981	—	《双雕》《夫妻熊》《大象》等	根据树根形状顺形而做，形象逼真、刀工细腻，用于装饰和收藏	无锡
	结形花边	朱庆庆	1967	—	《和平鸽》《鱼》《京剧脸谱》等	风格独特，想象力丰富，表现力强，用于欣赏和收藏	全国
	魔术	不详	不详	蒋金发	《吞刀片》《九连环》《飞牌》等	惊险，表达能力、幽默感强	无锡
	梁溪脆鳝	朱氏	清同治年间（1862～1874）	李海兴 朱一飞等	脆鳝宝塔	甜中带咸、乌光油亮、松脆香酥，色香味俱佳，录入《中国名菜典故》专题片	沪宁沿线
	腐乳汁肉	王荣初	清光绪三十二年（1906）	李海兴 朱一飞等	腐乳汁肉	百年老汁、滋味互相渗透、汁亮色红，营养丰富，为锡菜浓油赤酱最有滋味的典范	

续表24-3-1

种类	名称	始创人	始创年代	传　人	代表作品	主要特色及工艺水平	流行或影响地区
传统技艺	奶汤鲫鱼	王荣初	19世纪后期	李海兴 唐伟良等	奶汤鲫鱼	鱼形完整、肉汁鲜嫩、汤色乳白、味香浓醇，载入《美食》杂志、参加沪苏锡常宁名点名菜大汇展	苏南
	乳汁活炝虾		19世纪后期	李海兴 朱一飞等	乳汁活炝虾	鲜嫩味美、别有风味	苏南
	清炒虾仁	王荣初	民国9年 （1920）	李海兴 唐伟良等	清炒虾仁 蟹粉虾仁	粒大整齐、洁白如玉、滑嫩香鲜	沪宁沿线
	龙眼鳝片		20世纪初	李海兴 郑良凤等	龙眼鳝片	用清水大虾和鲜活大鳝鱼制成，鲜嫩、滑润、爽口	沪宁沿线
	锡式卤鸭			李海兴 朱一飞等	锡式卤鸭	咸甜适口、光泽明亮、肥嫩香酥、醇厚入味	沪宁沿线
	油爆大虾	王荣初	20世纪初	李海兴 朱一飞等	油爆大虾	甜中带咸、壳脆肉嫩、重甜轻咸、虾壳鲜红	沪宁沿线
	响油鳝糊			李海兴 朱一飞等	响油鳝糊	咸中带甜、色泽酱红、沸油翻响、鲜香腴润	沪宁沿线
	四喜面筋			李海兴 唐伟良等	四喜面筋	咸中带甜、汁卤浓稠、鲜香软嫩	沪宁沿线
	全家福	王荣初	20世纪初	李海兴 朱一飞等	全家福	主辅材料丰富，有海参、蹄筋、虾仁、鱼丸等十余种，咸鲜略甜、色泽红亮	沪宁沿线
	炒蟹黄油				炒蟹黄油	蟹黄酥香、蟹脂肥黏、盘中黄油四溢，其味咸鲜	沪宁沿线
	紫铜器制作	刘元福	清光绪三十年 （1905）	储元祥 杜征宇	杯子、药锅、汤钳、暖锅、盆等	延伸性好、牢固性强、易加工，不易污染、变质	无锡
传统音乐	阿炳音乐作品	华彦钧	民国早期	—	《二泉映月》《听松》《寒春风曲》《大浪淘沙》《昭君出塞》《龙船》	声如其境、表现力强、极富艺术感染力，《二泉映月》被列为世界十大名曲	世界
传统美术	锡绣	李佩黻 李韵和	清光绪 三十一年 （1905）	吴鸣文	《击鞠图》《韩熙载夜宴图》《丝绸之路》等	工艺复杂、用料考究、做工精细，有近百种针法，精微绣具有较高的观赏和收藏价值	苏南
	竹刻	张瑞芝 支慈庵	清光绪年间 （1875~1908）	乔锦洪 乔瑜	《竹根笔筒》《松竹摆件》《墨竹》《水仙》等	留青浮雕、留青浅刻竹刻作品刀功细腻，素雅精美，具有较高的观赏和收藏价值	无锡
	竹制鸟笼	许富堂	20世纪初	何鼎麟	双丝轿顶芙蓉笼、黄头（斗）笼、绣眼笼	选料苛求、竹青面不留一丝花斑，制作精细、不断一根茎丝，集观赏、收藏、实用于一体	沪宁沿线
	刻纸 撕纸	不详	汉、唐	王博孝	《松鹤延龄》《弥勒佛》《仕女图》等	刻纸作品千刀不落、万剪不断、刀刀合缝、丝丝入扣，撕纸作品为现场创作、随意性较大，不受场合限制	无锡
传统医药	诸氏中医外科诊疗	诸氏	清中后期	诸竹生 诸宾安 诸勤农等	治愈“穿骨流注”（化脓性骨髓炎）	“小膏药”固定，“大膏药”外敷，运用祖传秘方	无锡
	朱氏伤寒派独特诊疗	朱莘农	20世纪初	过大白等	苏南朱氏伤寒派独特诊疗	以祖传秘方治疗“夹阴伤寒”	苏南

说明：上述资料由区文化局提供。

第二十五编

阿炳与《二泉映月》

著名民间音乐家阿炳，原名华彦钧（1893—1950），一生坎坷，以艺为生。阿炳用音乐表现正义、道德、民族意识、爱国情怀，其《二泉映月》成为蜚声中外的传世之作和中华民族优秀文化的代表而享誉世界，为不同国家和不同民族的广大民众所赞赏。阿炳诞生在崇安寺的洞虚宫道院雷尊殿，《二泉映月》就诞生在崇安寺的市井街巷，并从这里穿越时空，走向世界，成为人类心灵永恒的歌唱。90年代后，阿炳故居保护逐渐被市、区两级政府所重视。1994年、2002年、2006年，阿炳故居先后被列为无锡市、江苏省、全国重点文物保护单位。2007年，阿炳纪念馆建成开放。至此，以阿炳纪念馆为主体，融二泉映月广场、阿炳青铜塑像、《二泉映月》乐谱墙为一体，阿炳故居成为中外来宾寻访瞻仰的必经之地。

阿炳生活在社会最底层，以一曲一人而成名于世，登上世界音乐最高殿堂，在近现代中国文化史上堪为首屈一指。而有关他的身世几乎没有记载，系统反映其艺术人生和音乐成就的资料极少。本编根据有关资料，整理成基本反映阿炳身世的生平传记及艺术人生，意为弘扬民族精神，彰显阿炳在中国文化史上的不朽贡献。

第一章　阿炳艺术人生

阿炳从道终身，自幼对民族民间音乐怀有极为深沉的爱，道教文化在其一生艺术活动中占据十分重要的位置，道教音乐奠定其艺术创造的深厚传统修养和技术基础。少年时的阿炳，音乐才华就已显现，是远近闻名的“小天师”。成年后，博采众长，在二胡、琵琶等演奏上渐成独自风格，不断探索和创作，为世界留下《二泉映月》等6首永恒的旋律，成为世界著名的一代民乐大师。阿炳的一生苦难而短暂，但音乐人生辉煌而永恒。音乐伴随阿炳走完一生，音乐使阿炳获得永生。

第一节　生平传记

民间音乐家阿炳，原名华彦钧，江苏无锡人。清光绪十九年（1893）8月20日（农历七月初九）[①]诞生于无锡雷尊殿旁“一和山房”。父亲华清和，号雪梅，为无锡洞虚宫雷尊殿当家道士。母亲吴氏出身农家，曾嫁于秦家，婚后不久便守寡，后与华清和同居，生下阿炳后一年便悒郁而终。清光绪十九年[②]，阿炳被父亲送回无锡县东亭镇小泗房巷老家，托族人抚养。清光绪二十七年被父亲接回城中，按照教规以师徒相称，取道名华彦钧，小名阿炳。清光绪二十九年后，阿炳随父亲学《三字经》《百家姓》，练毛笔书法（描红习字），随后又去私塾读书，跟父亲学习乐器。清光绪三十四年前后，阿炳开始随父亲外出参加斋事活动，协助管理乐器、法具，阿炳苦练二胡、琵琶，逐渐能演奏多种道教音乐曲牌和民间曲调。

阿炳像　　（崇安城投公司供稿）

民国2～13年（1913～1924），阿炳随父亲华清和在雷尊殿从事职业道教生涯。民国14年，华清和去世后，阿炳继承父业，成为雷尊殿当家道士，并继承《拨付议据》中确定的挨年轮值主管雷尊殿的香火收入。[③]民国17年前后，阿炳生活失检，患上眼疾，双目先后失明。自此，阿炳生活潦倒，终因生活所迫，流浪街头，卖艺求生。民国21年，结识江阴北漍农村寡妇董催弟（时年44岁），结为夫妻。自此相依为命卖艺。市民称颂阿炳“三不穷”：不怕权势，人穷志不穷；不吃白食，人穷嘴不穷；为人正直，人穷名不穷。民国36年后，阿炳贫病交迫，上街说唱也不能经常进行。1950年12月4日（农历十月二十五日），阿炳沉疴不起，吐血病故，享年58岁。葬于无锡西郊璨山脚下“一和山房”墓地。1951年1月2日（农历十一月二十四），董催弟病故，距阿炳去世仅3个月。[④]

---

①阿炳的出生年月有5种说法：据杨荫浏回忆，1950年阿炳所说为清光绪十九年（1893）七月初九（8月20日）；市公安局户口档案为清光绪十八年（1892）七月初九（8月30日）；阿炳族叔记忆为清光绪十八年（1892）八月十八（10月8日）；阿炳妻董催弟所说并写在阿炳牌位上的为清光绪十八年（1892）8月18日（农历闰六月廿六）；无锡市图书馆许忆和查证为1898年10月3日（农历八月十八）；无锡惠山阿炳墓志铭写其生年有1887、1892、1893、1898年4种说法。

②一说清光绪二十年（1894），另一说清光绪二十二年（1896）。

③每年农历六月是雷尊殿的香汛，称为“雷斋素”。前来烧香跪拜，祈求免遭雷击、消灾避祸的善男信女川流不息。据火神殿客师尤武忠回忆：“一年一度的香汛，香客留下的锡箔灰、香烛、香钱是一笔好收入，一般可供当家住持吃两年。”

④据无锡市公安局档案馆“著名音乐艺人华阿炳的户口底册”查证（编号：0200～SW2～4·1～0017）：阿炳和董催弟出生与死亡时间分别为：华阿炳，1892年7月9日～1950年12月12日；董氏，1889年1月8日～1951年3月27日，（生卒年月均为农历）。

第二节　音乐生涯

清光绪十九年至二十六年（1893~1900），无锡东亭小泗房巷有许多农民以道士为副业，乡间做法事时演奏的“梵音”，以及拜忏的小调、俚曲等道教音乐，成为阿炳最初的音乐启蒙。

清光绪二十七年（1901），阿炳回到雷尊殿后，得到父亲华清和的精心栽培。其父是道教音乐的好手，精通道教音律，擅长演奏二胡、三弦、笛子等，尤以琵琶最精，人称“铁手琵琶”。在父亲的训导下，阿炳开始学习道教音乐和乐器演奏。清光绪二十八年起，华清和训练阿炳迎寒击石，模拟击鼓，用铁筷代替鼓槌，方砖垫棉花团为鼓，练习各种节奏，逐步成为有名的司鼓手。有一次庆祝城隍生日赛会，雷尊殿道乐班老鼓手突发旧病无法操鼓，客师提议阿炳上场击鼓替补，一曲梵音结束，在场道士客师无不惊服，后被誉为“小天师”。清光绪三十年起，阿炳开始学吹笛子，迎风练习，并在笛尾上挂铁圈，后又换秤砣，增强腕力。学习二胡时，手指常被琴弦勒出血痕，长出厚茧。清宣统三年（1911）前后，阿炳已正式参加道教音乐吹奏，演技相当突出。是年，民族音乐家杨荫浏第一次与阿炳接触，就向阿炳学习三弦、琵琶上“三六”“四合”及其他一些曲调弹法。阿炳不但精通道家音乐、法事音乐、梵音，还十分熟悉苏南一带的丝竹乐、十番锣鼓、戏剧和其他地方戏曲、民歌小调。先后与无锡民乐爱好者和民间艺人杨荫浏、范伯寿、邓南生、周少梅、祝世匡、俞成志、黎松寿等人研习，切磋技艺；向擅长击鼓的朱老道、评弹艺人张步蟾、雷琴艺人王殿玉、锡剧艺人袁仁义拜师学艺。其时，以吴畹卿为首的天韵社同仁常在公花园练唱奏乐，形成“兰亭听曲”一景，阿炳常驻足欣赏观摩。广东音乐在无锡流行时，阿炳主动向黎松寿讨教。西洋铜管乐队在无锡出现后，阿炳也悉心学习。因博采众长，阿炳的二胡与琵琶演奏尤为精妙，技艺几近出神入化。

民国17年（1928）双目失明后，为求生存，阿炳身背琵琶、手拉二胡上街卖艺，成为生活在社会最底层的流浪艺人。自此，瞎子阿炳的名字越来越响，原来的名字反被一般人所遗忘。民国23年，阿炳结识浙江桐乡范伯寿，结为琴友。范伯寿十分欣赏阿炳演奏技艺，经常邀请阿炳到旅社合奏《三六》等曲子，并在生活上给予一定接济。阿炳则把自创的琵琶曲《龙船》《大浪淘沙》传授给范伯寿，范伯寿曾按阿炳的指法重新谱写《昭君出塞》①。民国26年春，阿炳请杨荫浏拨着其手指，在琵琶上摸索到《将军令》曲中“撤鼓”的弹奏方法。是年“八一三”事变后，阿炳和董催弟在东亭乡下避难期间，结识音乐爱好者邓南生，又得悉羊尖镇锡剧艺人袁仁仪琴艺高超，擅唱“游码头”等民间小调，时袁正借住徒弟邢长发东亭家中，阿炳先后四次登门拜访，拜袁为师，学习胡琴技艺。民国17年至无锡解放前，阿炳先后反复创作、提炼而定型《二泉映月》《听松》《寒春风曲》《大浪淘沙》《龙船》《昭君出塞》6首曲调。阿炳卖艺生涯有“三绝”：拉二胡、弹琵琶、说新闻。“说新闻”最受听众喜欢，社会影响也大，从工运桥进光复门、盛巷、新生路折向观前街、崇安寺，是阿炳卖唱的固定线路，常以无名乐曲（即后来的《二泉映月》）、民间小调《无锡景》吹拉谈唱说新闻，大到抗日打鬼子，小到本地奇闻轶事，说说唱唱，抨击生活黑暗，唱出群众心声。阿炳演唱过马占山抗战《十九路军在上海英勇抗击敌寇》、中国军队轰炸日舰“出云号”；用二胡演奏过《义勇军进行曲》；说唱过民国24年“一二·九”全国学生运动、民国27年伪县长杨高伯被游击队处决的新闻；以岳飞大败金兀术为题材，创作演奏充满爱国热情的二胡曲《听松》。民国34年抗日战争胜利后，阿炳把老百姓的苦难，编成《金圆券满天飞》沿街说唱：“金圆券，满天飞，花花绿绿好东西。早上可以买头牛，晚上只能买只鸡。十万金圆券，只够量升米。”还把国民党政府苛捐杂税多如牛毛编成唱词：“印花小，发票长，本来印花贴在发票上；捐税多，印花长，发票只能贴在印花上。”被国民党地方政府勒令不准在公开场

①由此推算，现存阿炳创作的3首琵琶曲疑在1934年前，后经不断加工完善，直至1950年录音定稿。

合卖艺。

无锡解放后，是阿炳艺术人生的转机。阿炳早年的知交好友黎松寿曾把阿炳创作的二胡曲介绍给他的老师储师竹和民族音乐家杨荫浏，提出应该整理这些曲子的建议。1950年9月2日，时任中央音乐学院民族音乐研究所所长的杨荫浏教授与曹安和一起，带着刚进口的钢丝录音机到无锡，找阿炳录音。阿炳十分感动，说：我不奏音乐，已经两年了。我的技术荒疏太久了，让我练上三天，再演奏吧！3天后，录音在无锡佛教协会所属的“三圣阁”内，先录制阿炳创作的《二泉映月》《听松》《寒春风曲》3首二胡曲。在场者有阿炳、董催弟、杨荫浏、曹安和、黎松寿、曹志慧、曹培灵、祝世匡、许望声、王鸿铎等。次日晚上，录音地点改在无锡盛巷的曹安和家中，又录制《龙船》《大浪淘沙》《昭君出塞》3首琵琶曲。录音后，杨荫浏与阿炳约定，当年寒假或来年暑假再来无锡录音。无锡《晓报》作过专题报道，阿炳一时成为新闻人物，应邀在无锡市牙医协会成立大会上登台演奏《二泉映月》，引起极大轰动。是年9月，中央音乐学院民乐系专业人士邀请阿炳赴中央音乐学院举办《二泉映月》和《听松》音乐会，并任教，但阿炳已病卧在床。与此同时，在中国音乐家协会主席吕骥最先倡导下，《二泉映月》等6首曲目被灌制成唱片(号码51189甲乙78转胶版唱片)。1951年，天津人民广播电台首播阿炳录音唱片。1952年，由杨荫浏、曹安和、储师竹合编的《瞎子阿炳曲集》出版。1959年，国家把《二泉映月》等10首新中国民乐代表作制成唱片，作为礼物送给国际友人。20世纪60年代后，阿炳的音乐，特别是《二泉映月》，被改编成弦乐合奏、小提琴独奏、钢琴独奏、民族管弦乐合奏、二胡与萨克斯、独唱、大合唱等多种演奏、演唱形式。美国波斯顿交响乐团等世界一流乐团都演奏过阿炳的作品。1993年，《二泉映月》和《大浪淘沙》荣获20世纪华人音乐经典荣誉奖。

第三节　技艺渊源

无锡音乐土壤十分丰厚，生于斯、长于斯的阿炳植根于吴地民间音乐土壤之中，从道教音乐、江南丝竹、山歌小调、民间说唱、吴歌、锡剧、昆曲、评弹中，吸取丰富营养，并将它们融会贯通，创造性地加以发展，形成自己独特的艺术风格和个性旋律。阿炳的音乐特点、艺术成就与吴地悠久深厚的音乐传统密不可分。

流传1400多年的道教文化和音乐对阿炳音乐思维影响深刻。正乙道士素以吹、弹、打、念为做法事的基本技能，其独唱、吟唱、齐唱、鼓乐、吹打乐和器乐合奏等多种音乐形式，奠定阿炳艺术创造的深厚传统修养和技术基础。道教所推崇的生性刚烈、驱邪镇魔的神仙形象，雷霆万钧的十番锣鼓，追求长生不死，构筑“神仙乐园”等，都对阿炳为人性格的形成，和其作品中不畏强暴、敢于抗争的精神有所影响。1994年，民族音乐家杨荫浏在《瞎子阿炳技艺的渊源》中说：“他音乐修养中最初主要的基础，是出于道家的音乐，而且是出于家传。”钱铁民在《阿炳与道教》中认为，阿炳一生与道教密不可分，他出生于道士之家，学道而始，从道而终，道教文化不但在阿炳一生的艺术活动中占据着十分重要的位置，成为其艺术创造的基础，而且对他的为人、性格形成以及作品中坚强不屈、不畏强暴、敢于抗争的精神都有着深刻的影响。可以这么说，离开了道教，也就不可能有阿炳，不可能有名扬四海的《二泉映月》。阿炳非凡的音乐才能和高超的艺术作品，离不开道教文化这一支脉，这个具有特定意义的“根”。

阿炳超越家传师承的樊篱，不固守一家一派狭隘的门户之见，学习、借鉴、融汇道教音乐和民间音乐常用的手法，博采众长，加上自己对音乐的领悟，把功夫和神韵相结合，大胆创新。在旋律素材上、曲式结构上、节奏节拍上、音阶调式上、音区力度上、演奏技巧和发展手法上都创造性地加以突破。杨荫浏评价说：“他所学习的，岂止道教音乐而已，问他自己，对他的技术最有关系的是哪一位教师，他回答不出来，他说：‘几十年来我听见了什么使我喜爱的音乐，不问能教的是谁，我都跟他学；教过我一曲二曲的人太多了，连我自己都无法记得；若讲幼年时代，曾长期教过我的，就只有华雪梅一人而已。’这句话，我们可看作他超脱一般爱好音乐者所不大能超脱的狭窄的师承保守观点的束缚的自由。他超脱了狭窄的师承保守观点，毫不拘泥地以众人为师，创造出自己的技艺。”“若拘泥于师承的看法，来寻找阿炳音乐技术的根源，则他的音乐技术，简直是‘无中生有’，因为，在他的周围，简直找不出一个真能比得上他的人”。阿炳音乐的成就是传统基础上的创造，他把听到、学到的所有音乐都化入心中，但奏出的又决不是其中的任何一首。传统的素材溶入到他的心里便会产生质的飞跃，对一曲的学习，会影响他对别曲的了解；对一个乐器的学习，会影响他别的乐器的演奏技术；对同行唱或奏的注意，会影响他个人的唱或奏。但更重要的是阿炳融入他自己的生活和感情，通过内心，在器乐上反映出来。那些带有小市民意味的曲调，经他演奏，去掉庸俗的趣味，透露出一种来自人民底层的健康而深沉的气息。阿炳的乐曲也因此被称为“自来腔”“依心曲”，享有“佛手”“仙手”之誉。

第二章　《二泉映月》和其他传世乐曲

阿炳一生创作、改编的乐曲，多达几百首，但留存下来的只有《二泉映月》《听松》《寒春风曲》3首二胡曲和《龙船》《大浪淘沙》《昭君出塞》3首琵琶曲。以《二泉映月》为代表的6首名曲已成为中国民族音乐永远矗立的艺术丰碑。人们对阿炳其人其乐经久不衰的热爱与研究，正是因为阿炳其人其乐都饱含、蕴藏着中华民族最本质的精神与气节，其音乐运用中国人最习惯的音乐语言，所以其作品成为民族音乐的经典，传统文化与民族精神的结晶。

第一节　乐曲《二泉映月》

《二泉映月》，是阿炳在街巷拉得最多、拉得最得意的二胡曲，是其毕生创作演奏的乐曲，中国最具代表性的世界著名民族乐曲，被西方音乐评论家称为东方的“命运交响曲”。

【曲名与内容】

《二泉映月》曲名本意是说无锡惠泉山下“天下第二泉”映出天上的月光。1956年，民族音乐家杨荫浏在《阿炳小传》一文中介绍：“本曲是描写在清澈见底的二泉之间所反映出来的天上光明的月亮。”1980年，在《人民音乐》第1期“《阿炳曲集》修订版”中又补充修正说：“用音乐形象来描述他想像中旧时曾目睹的美丽风景。”20世纪50年代，多数人都认为该曲是以描写景色为主的标题性音乐。60年代后，随着中外学者对阿炳及《二泉映月》研究的日趋全面、深入，王震亚、贺绿汀、袁静芳、李西安、冯光钰、赵晓生等一批专家认为《二泉映月》这个风雅的名字，其实和他的音乐是相矛盾的。与其说音乐描写二泉映月的风景，不如说是深刻地抒发瞎子阿炳自己的身世。进入21世纪后，音乐学界基本上对该曲表现内容的理解已由当初的“纯写景之作”转为“借景抒情、寓情于景”进而为“写意性的非标题音乐”。

【曲调源流】

《二泉映月》的曲调来源说法很多，有滩簧说、民间小调说、道乐说等，阿炳自己说来源于道家唢呐曲。但无锡音乐界的同仁们认为阿炳是能作曲的，至少是阿炳根据记忆中的很多曲调，为迎合听众口味，经过长期演奏变化出来的。《二泉映月》的曲调旋律带有江南民间音乐锡剧基本腔调（“簧调”）的音调、风格。《二泉映月》曲调中使用最多的小三度同指滑音的润腔手法带有无锡方言中的音调，反复出现的十六分休止符节奏型与相应的顿挫收刹弓技法，近似于吴地方言的入声字所发出的带紧喉音短促音调。阿炳经过长达20余年的充实、淘洗、提炼、升华，把发自心灵的倾诉演变成优美、激越、悲怆的旋律。《二泉映月》以一声深沉的叹息为引子，以一个音乐基本主题5次盘旋变化，开拓出深邃的音乐境界，形成一首借景寓情，抒发作者对社会世态、人生命运独特感受和理解的作品，体现阿炳天才的音乐艺术创造力。

20世纪60年代起，《二泉映月》被列为香港一年一度的暑期音乐会保留节目。70年代后，《二泉映月》作为一首经典的乐曲，被改编为多种乐器、多种形式的音乐品种。在国内，先后由丁芷诺、何占豪改编为小提琴独奏曲，由彭修文改编为民族器乐合奏曲，吴祖强改编为弦乐合奏曲。1996年，香港龙音制作有限公司发行“国乐大师CD专辑(华彦钧)”，收录有：彭修文改编的民乐队与二胡《二泉映月》(1980，王国潼)，吴祖强改编的弦乐合奏《二泉映月》(1984，中央交响乐团)，何占豪、丁芷诺改编的弦乐合奏、小提琴领奏《二泉映月》(1959年上海音乐学院管弦系乐队)，储望华改编的同名钢琴独奏曲(1972年初创，1977年定稿)，高韶青编配的二胡与电子琴《二泉映月》。此外，还有孟庆云根据其主旋律改编创作的民族声乐曲《二泉吟》。在国际上，美国波士顿交响乐团、费城交响乐团，德国斯图加特室内乐团，法国里昂交响乐团，都先后演奏。法国电台和意大利罗马电台都播放《二泉映月》。法国一位音乐评论员写道：“这首神奇的抒情乐曲具有难以言传的艺术魅力，它如诉似咽，哀音如丝，真挚纯净的感情细腻入微，民族风格浓郁，即使最爱挑剔的人，也休想找出哪怕一点异国情调的音乐”。《二泉映月》还逐步从音乐领域，延伸到其他艺术领域，辽宁芭蕾舞团的芭蕾舞剧《二泉映月》，无锡市歌舞团的民族舞剧《阿炳》，此外还有故事片、电视剧、广播剧《二泉映月》，锡剧《瞎子阿炳》，歌曲《二泉映月》，雕塑作品《阿炳》等等。

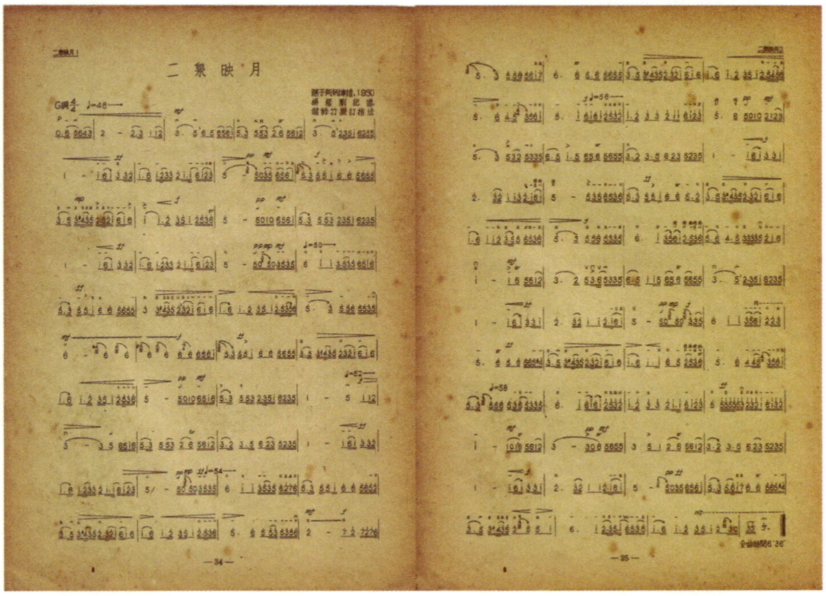

《二泉映月》曲谱　　（崇安城投公司供稿）

第二节　其他传世乐曲

阿炳传世的作品，除二胡曲《二泉映月》外，还有《听松》《寒春风曲》2首二胡曲和《龙船》《大浪淘沙》《昭君出塞》3首琵琶曲，曲调令世人感动，成为民族文化的骄傲。

【听　松】（二胡曲）

曲名本意是静听吹过松树的风声。阿炳说曲调是向无锡惠泉山寺院的和尚学来的，并谈起曲调的来历。“宋朝时，金兀术被岳飞打得走投无路，十分狼狈地跑到无锡惠泉山下，躺在一块像床榻一般平的听松石上，心惊肉跳地倾听宋朝兵马的声音，曲子就是描写这个故事，所以又叫听宋。”但民族音乐家杨荫浏认为，这个曲调个性坚强、旋律新颖有力，不可能出于佛教音乐。“听松”与“听宋”两字的谐声，也是一种牵强附会的说法，不可信，其来源还需待考。90年代后，王国潼撰写的《〈听松〉与“听宋”——谈二胡曲〈听松〉》、杨易禾撰写的《〈听松〉的美学内涵及其演奏》、赵寒阳撰写的《阿炳的二胡名曲〈听松〉》等文章，对《听松》标题的理解，都无一例外地尊重阿炳本人的意思：阿炳自始至终用“松”与“宋”来解释这首乐曲，这两种解释表面上看是自相矛盾，实质上是统一的，该曲所表现的坚韧挺拔的性格和气质，与松树崇高品格和民族英雄岳飞的伟大精神都是相一致的。阿炳借古喻今，用这一故事来寓意人民群众抗日救国，反击外来侵略者的强烈愿望与斗争精神，体现阿炳朴素的阶级感情与爱国主义热情。

《听松》形成于民国26年（1937）前后的抗日战争时期。1937年冬无锡沦陷，阿炳亲身感受到作为亡国奴的滋味，耳闻目睹同胞遭受日寇的蹂躏，激发起一个正直中国人的良心和正义感。在惠泉山一带卖艺中，阿炳经常演讲听松石床的民间传说，歌颂岳飞大败金兀术的英雄业绩，激发民众的抗日斗志，寄托他盼望抗日胜利的信念。杨荫浏对二胡曲《听松》的评价是：“曲调个性鲜明，不可多得。引子气魄阔大，乐句有力；旋律流利而挺拔；明朗雄健的乐句，饱含着不平凡的情调和结构性，令人惊奇。这曲所抒发的是一种奋斗的勇气和必胜的把握。”狂飚起，松涛吼，旌旗扬，战马嘶，点燃听众胸中的烈火，召唤人们进击的号角。充满一往无前的气势，营造酣畅淋漓无往不胜的意境。

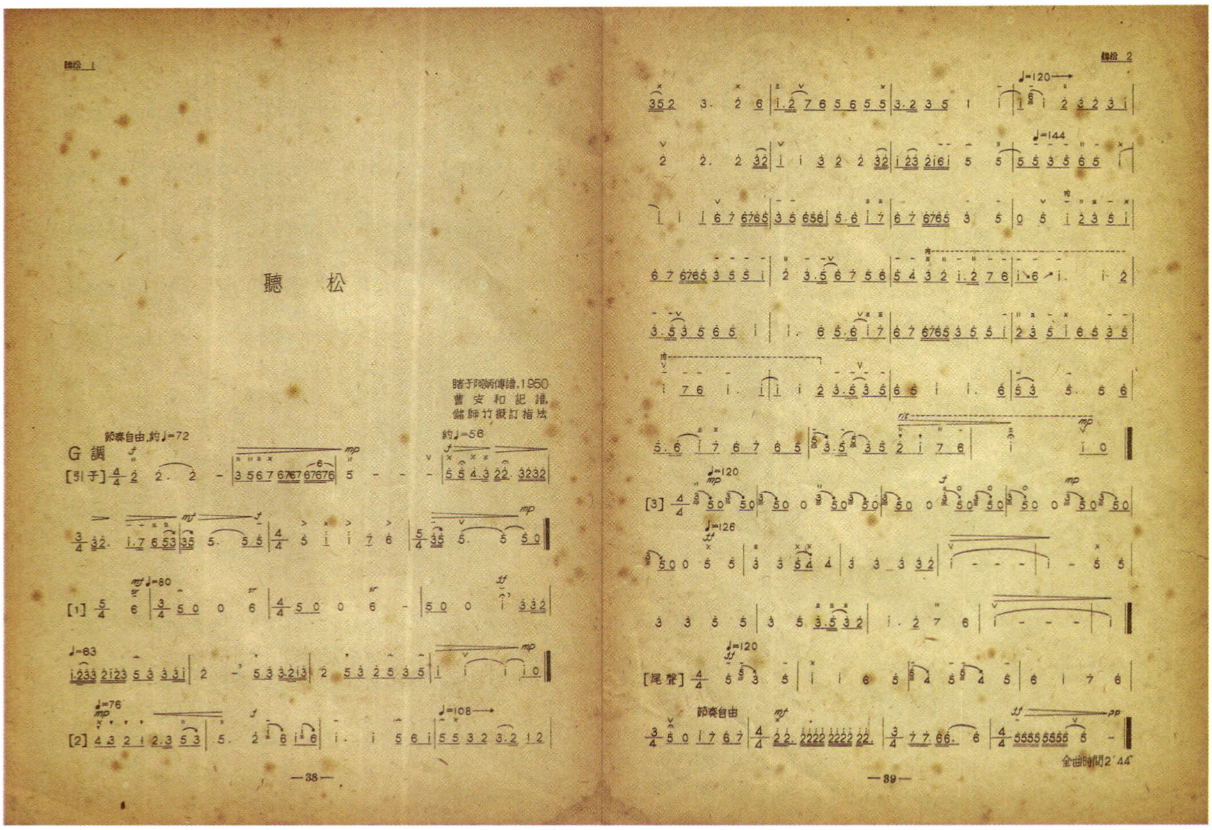

《听松》曲谱　　（崇安城投公司供稿）

【寒春风曲】（二胡曲）

曲名本意是指春天吹来寒冷的风。阿炳说曲调来源于道家失传的梵音，原来的名称已记不清，“也许是寒天来罢。”但民族音乐家杨荫浏认为，既然已经失传，是个疑问，需要待考。1951年，阿炳早年的知交好友黎松寿把《寒春风曲》与《二泉映月》的曲调进行比较，认为两曲之间虽然零零星星有10多处类似的片段，但在整体结构和表达气氛上，还是迥然不同的两曲。《寒春风曲》的意景属于人和自然的对话，是命运的感叹。犹如在春寒料峭中，面对肆虐的寒风，苦苦挣扎的树苗，既有对春的企盼，又有对风霜如刀、世道不公的愤怒，是一首如歌如泣的咏叹。

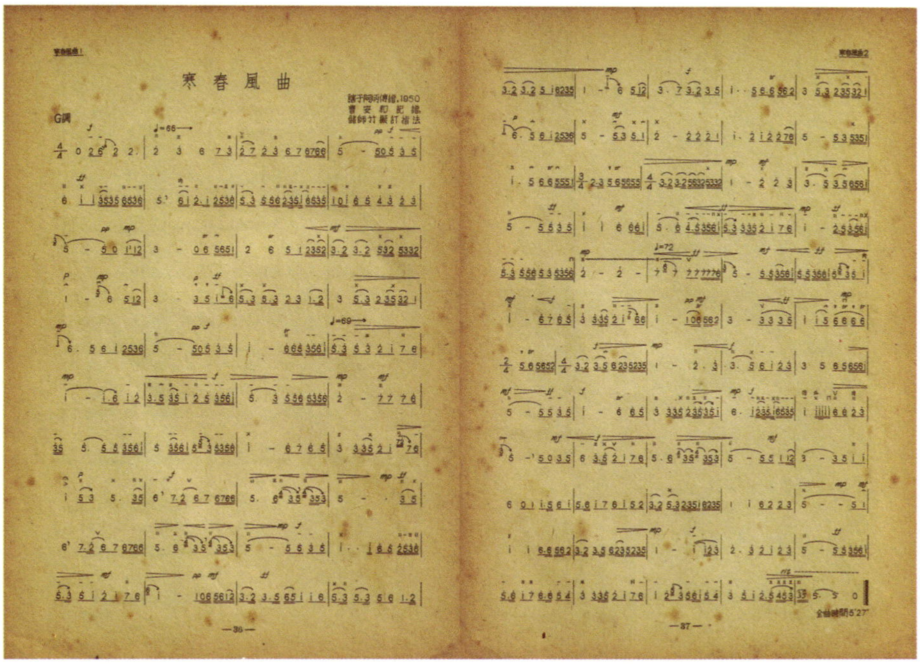

《寒春风曲》曲谱　（崇安城投公司供稿）

【昭君出塞】（琵琶曲）

据民族音乐家杨荫浏考证，此曲与传统琵琶谱不同，与“昭君怨”及“塞上曲”也无相似之处。阿炳说该曲是父亲教授的。曲名取材于汉代王昭君出塞和亲故事，昭君远离故乡，出塞远嫁蕃主，旅途艰辛，心中充满哀怨，抒发复杂情感。阿炳用丰富的技法指法，表现苍凉、哀怨的音乐内涵，衬托自己的身世命运。全曲分三段，第一段威严端正，描写昭君出塞时礼仪气派；第二段写景抒情，展现人物的情感世界；第三段轻快明朗，诠释人物经过激烈冲撞以后，为民族大义慨然戍边。

《昭君出塞》曲谱　（崇安城投公司供稿）

【大浪淘沙】（琵琶曲）

曲调的来源阿炳说“记不清楚”，或随口说“道家学来的”“僧家学来的”“街上听来的”，曾说该曲原是道家《梵音》中的合奏曲牌。但民族音乐家杨荫浏考证，无论是道家所传的曲牌、还是旧传的琵琶曲调，都未见过有此曲。合奏曲牌中虽有《大浪淘沙》，但与阿炳的《大浪淘沙》无相似之处。在琵琶弹奏上，阿炳深化内涵，融进技巧，用沉思的情感，诉说对自然、生命的感悟，用阿炳自己的话来说，演奏的是“依心曲”，是用心来打动你的。

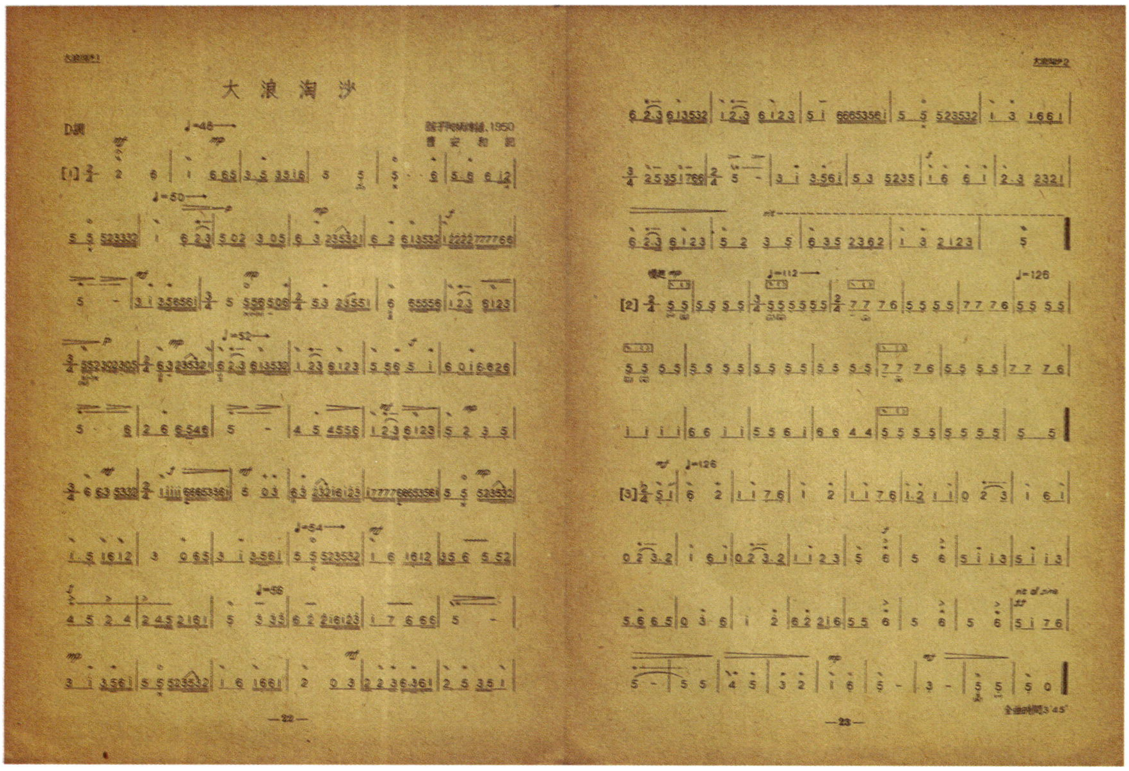

《大浪淘沙》曲谱　　（崇安城投公司供稿）

【龙　船】（琵琶曲）

原是民间所流行的一个琵琶曲调。琵琶的弹奏，模仿五月初五端午节江南民间赛龙舟时，龙船上的锣鼓声与歌唱声。该曲在江南丝竹和评弹演唱常为艺人演奏，按照民间的习惯，常把曲中所包含的段数，称作龙船的条数。阿炳所奏的《龙船》，分四段，即四条龙船，四段曲调是“下盘棋”等3首民歌和合奏曲“四合”中的一段。民族音乐家杨荫浏评价阿炳创作的《龙船》说：若把这些流行的曲调，与阿炳所弹的旋律相比，便可以看出，原来的曲调，经他改变了不少，有些地方加进了好几节旋律。若把他锣鼓的弹法，与一般流行的弹法相比，便又可以看出，阿炳在每段锣鼓的前后，在由旋律转入锣鼓、或由锣鼓转入旋律的所在，他何等自由地创造地用他自己的乐句，更有效地作为联络与过渡。阿炳吸收前人营养，丰富曲调内涵，用娴熟的弹、拨、捻、摭、汇、滚等指法技巧，使音色、旋律、节奏变得更加华丽多彩。乐曲从击鼓发令、龙舟起航、桨手奋力、相互追赶、人们呼唤助威，冲刺终点到得胜回朝，使人身临其境，余音缭绕。

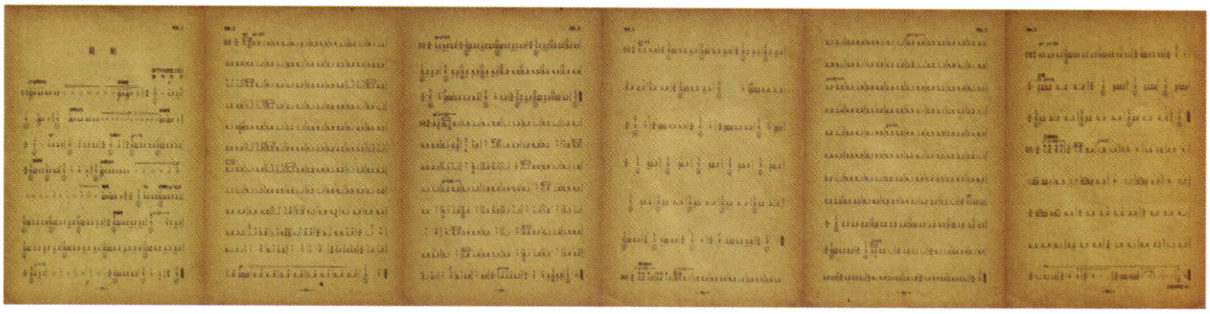

《龙船》曲谱　（崇安城投公司供稿）

第三章　阿炳音乐艺术传承

20世纪50年代起，对阿炳其人其曲的研究成为海内外学者的热门课题。对阿炳的生平、《二泉映月》音乐本体的曲式结构、音调素材、演奏技法、艺术风格、标题与内容，乃至其艺术价值和社会人文价值等研究，呈现全方位发展的态势。阿炳故居及纪念馆、阿炳墓、阿炳祖居等纪念设施得到抢救保护，恢复利用。适时组织各类纪念活动，传承阿炳音乐艺术。据不完全统计，1963~2005年，发表各类阿炳艺术成就研究文章152篇。

第一节　阿炳艺术成就评价

【阿炳其人其曲评价】

对阿炳的研究，最早的文献是著名音乐史学家、音律学家、民族音乐学家杨荫浏的《阿炳曲集》（万叶书店1952年首版），该书以第一手真实可靠的资料，对阿炳生平事迹和倔强乐观、爱憎分明的个性特点以及音乐创作、表演行为方式都有翔实的记叙和描述，称“阿炳有着他自己的生活和感情，在他周围，有着影响和改变他内在感情的一切事物。这一切，都在他的音乐技艺中间，起了决定的作用。他所受到的黑暗环境的压迫，远比一般市民所受到的为深；他长期地经由耳朵的感受，通过自己的内心，然后在他手中的工具——音乐上反映出来。这样，那些带有小市民意味的标题的曲调，经他奏来，便去掉了庸俗的气味，透露出一种来自人民底层的健康而深沉的气息来。”

此后，在数次阿炳纪念活动中，都有大量关于阿炳及《二泉映月》的研究述评。1993年，中国文学艺术界联合会、中国音乐家协会、江苏省文联、江苏省音协、无锡市文联等12家单位联合发起举办纪念华彦钧100周年诞辰系列活动，掀起一次相对集中研究阿炳的高潮，从有关华彦钧题材电影、电视系列剧到其他形式文艺作品的回顾，从阿炳演奏的《阿炳全集》盒带的发行到《阿炳论——民间音乐家阿炳研究文集》出版，所涉及领域与角度空前广泛，成为阿炳研究成果阶段性总结。2003年，在纪念阿炳诞辰110周年活动中，也有大量研究文章发表。1986~2005年，据不完全统计，发表专著论文131篇，全国著名学者、专家对阿炳艺术成就均给予高度评价。全国政协副主席、中国文学艺术界联合会主席孙家正评价《二泉映月》为“千古绝唱，二泉映月”。原北京人民艺术剧院院长曹禺题词：“一代宗匠，二泉映月。”著名文艺理论家林默涵题词：“一代宗匠，万人钦仰。”中国作曲家朱践耳评价阿炳：“你虽失明，透视世界人生却那么深，你虽清贫，精神上艺术上堪称富翁；你靠自学，竟谱出精英的音乐珍品；你已离去，却在世界乐坛获得永生。”杰出的人民音乐家、中国音协名誉主席吕骥在《阿炳记》(代序)中,称“阿炳(华彦钧)是我国当代一位极富有才华的民间艺术家。他不仅是一位优秀的二胡、琵琶演奏家,更重要的,他是一位卓越的作曲家。”“这不是一般民间音乐,也不是一般二胡作品,而是我国当代最杰出的音乐作品之一。……当你进入作品之后,马上就会感觉到作者的内心世界,远不是标题所提示的那种飘逸清淡,而是无限激情,不断起伏,真是忧患重重,不知何时才了。”著名民族音乐学家、琵琶演奏家,中央音乐学院教授、中国艺术研究院音乐研究所顾问曹安和说:“阿炳的作品为什么如此吸引着人们,是有其深刻的原因。首先是它深厚的民间音乐基础。……其次,阿炳是道教音乐家……我们今天纪念他,一方面感谢他为我们留下了优美的乐曲,另一方面,我们要学习他具有广博精深的民间音乐基础,认真对待音乐艺术的态度,虽浪迹江湖而不屑随波逐流的品格。”

1994年,作曲家、钢琴家、音乐理论家与教育家,上海音乐学院教授赵晓生在《阿炳启示录》中,称“贝多芬与阿炳是一个重大的文化比较专题:西方与东方、盛名与无名、交响曲与二胡曲,两人都不在自己的音乐里诉说自身的苦难、悲哀和不平。生活铸造了他们,他们的音乐都是情感的超越与升华,而不是他们个人的狭隘的情感”。1995年,原中国音乐家协会书记、著名民族音乐学家、中国民族器乐学会会长冯光钰在《阿炳,阿炳》中,提出“生于苦难、长于忧患的阿炳,终身与音乐结缘,为我们的民族音乐宝库留下了难得的财富。现在,阿炳的音乐早已为国内外广大听众所熟悉、所喜爱。瞎子阿炳似乎已成为民族音乐的代名词”。中国音乐学院原院长樊祖荫在《阿炳对我们的启迪》中,称“他的音乐所发生的是生活在社会最底层的劳苦大众的真实心声,所表现的是整个民族遭受的苦难和不屈不挠的斗争精神。只有像阿炳那样的博大胸怀和崇高的人格,才会创作出如此博大精深、具有史诗般气魄的音乐”。原中国音乐学院副院长、中国歌剧院院长马可评价:“阿炳是用乐器来抒发对人生中的苦难和欢乐,到处去寻找知音”。二胡演奏家鲁日融评价:“不论何种职业、何种知识层次的听众,都会被它那如诉如泣、哀婉悠长的曲调所打动。可以说《二泉映月》的深层文化内涵和普遍美质,具有强烈的人类性。”2003年,中国艺术研究院音乐研究所原所长乔建中在《大师的创造》中,称“听阿炳的音乐,特别是他的《二泉映月》,我们常常会想到屈原,想到他的《离骚》。尽管两人的社会经历、地位极不相同,但他们殊途同归,在‘发愤’之中进行了伟大的创造。屈原完成了《离骚》,阿炳奏出了《二泉映月》。《二泉映月》饱含着中华民族那种自忍自强、不屈不挠、向命运抗争的伟大精神”。2005年秋,原中共中央政治局常委、国务院副总理李岚清以《为阿炳画像》为题赋诗一首:“阿炳乃一苦命人,自幼随父入道门;酷爱琴瑟学有成,不羁观规出雷尊;人贫眼瞎流锡城,二泉卖艺为生存;日出奇曲惊现世,名垂乐史千古存。”

与此同时,国际上也掀起对阿炳“人本”研究乃至阿炳“现象”研究的热潮,美国作曲家戴保罗在《阿炳的深远影响——来自美国明尼苏达州的报告》中表达对阿炳伟大音乐与人格的崇高敬意,指出以阿炳音乐为代表的中国传统音乐对西方音乐的影响,称“是他的音乐,他的人生将我的视线吸引和触及到中国音乐”。日本指挥家小泽征尔高度评价《二泉映月》不朽的艺术成就,认为“这种音乐只应该跪着听,如果我听了这次演奏,我昨天绝对不敢指挥这个曲目,因为,我并没有理解这首音乐,因此,我没有资格指挥这个曲目。”

此外,对阿炳生平的研究,也有诸多文章共同反对单纯从个人道德批评艺术家的艺术创造,应人性化地看待阿炳的人生,原谅其生活中曾经有过的不检点行为,全面理解一个天才音乐家孤独而倔傲的心理以及旧社会特定的时代背景。

【二胡艺术评价】

90年代后,国内音乐界运用横向比较的方法,把阿炳与刘天华进行比较研究,至2005年,先后发表论文9篇。著名音乐理论家、音乐教育家赵沨《在华彦钧艺术成就国际学术研讨会上的开幕词》中,评价“在此一百多年的历史过程中,许许多多仁人志士探索着创作中国音乐的道路,在民族音乐的范围内，应该提出两个伟大的名字，那就是刘天华和华彦钧，前者是在文人音乐的基础上，寻找一条创作民族音乐的道路，后者是在民间音乐的基础上走出了一条创作民族音乐的道路”。1998年，冯光钰在《20世纪的中国二胡艺术》(《黄钟》1998年1期)中，把华彦钧视作与刘天华、吕文成并驾齐驱的20世纪中国“二胡三杰”之一。2000年，乔建中在《一件乐器和一个世纪——二胡艺术百年观》中，把华彦钧与刘天华两人分别视作中国“民间二胡”和“文人二胡”的杰出代表，为二胡艺术高高树起两面大旗，两人一先一后、一南一北，在相互隔绝的情况下，在不同的社会环境和生活状态下，为二胡艺术的发展各自做出具有历史意义的贡献。2001年，杨瑞庆在《比较研究刘天华和华彦钧的二胡曲》中则分别从“同时代不同身世、同地域不同经历、同兴趣不同接受、同自学不同追求、同擅长不同侧重、同演奏不同风格、同创作不同贡献”等7个方面对两位先师作比较。2002年，孙焕英在《华彦钧与刘天华比较》中则从较新的角度提出“阿炳的艺术道路是由道教音乐走向民间并在创作思想上深受道教的影响，而刘天华是佛教音乐走向学府并深受佛教的影响。从而构成了演奏技术上的两个流派、创作技术中的两个体系”。

第二节　纪念设施

80年代后，各级政府高度重视阿炳故居等纪念设施的文物价值，采取各种措施，进行抢救保护，纪念这位世界文化名人，传承阿炳音乐艺术。1983年，易址重建阿炳墓落成。1993年，重修阿炳祖居开放。2006年，阿炳故居竣工。2007年，阿炳纪念馆建成，对外开放。

【阿炳故居及纪念馆】

阿炳故居位于二泉映月广场东侧，原图书馆路24~30号以及42~50号。民间音乐家华彦钧（阿炳）出生于此，“出家”于此，大半辈子生活于此，许多名曲创作于此，直到逝世于此。系原遗存的洞虚宫雷尊殿、火神殿、一和山房三组建筑，均为硬山式平房，20余间。20世纪50年代，一和山房因图书馆路拓宽被拆，1998年，火神殿因区文化馆扩建被拆，至2003年，仅剩雷尊殿及附房9间。1994年，阿炳故居被列为无锡市文物保护单位，2002年，被列为江苏省文物保护单位。2004年3月，启动阿炳故居修缮，由无锡市崇安城市投资发展有限公司负责施工，委托东南大学城市设计院规划设计，并邀请全国和省内著名文物专家对阿炳故居修缮提出可行性方案与建议。修缮工程于2005年下半年启动，按照“修旧如旧”“原汁原味”的原则，用针筒注入粘合剂加固建筑墙体，更换腐朽梁柱，按原格局修补门窗，恢复20世纪阿炳故居面貌。同时，突出故居周边的环境配套，以音乐广场、音乐墙营造“二泉映月”音乐意境，历时二年多，投资近5000万元。2005年6月，原中央音乐学院教授陈泽民把1950年阿炳录制《大浪淘沙》《龙船》《昭君出塞》三首琵琶曲时所用的琵琶捐赠给阿炳故居。市委常委、宣传部长王立人及区委书记蒋伟坚等有关领导出席捐赠仪式。2006年底，阿炳故居修缮工程竣工，被列为全国重点文物保护单位。

阿炳故居及纪念馆（2005）　　（崇安城投公司供稿）

阿炳故居修复后，原中共中央政治局常委、国务院副总理李岚清到阿炳故居视察，建议以阿炳故居和雷尊殿为依托，建立阿炳纪念馆。随即组织力量征集有关文物、资料，经半年筹备，阿炳纪念馆于2007年5月3日对外开放。纪念馆门庭上方砖刻采用李岚清题写的“阿炳纪念馆”字样，馆内设有5个展厅：阿炳生平及艺术成就展厅；《二泉映月》及其影响展厅；阿炳生活起居厅（原阿炳和董催娣住处）；阿炳音乐赏析厅；道教音乐展示演奏厅。较为完整地还原阿炳真实的生活场景，展示阿炳的艺术成就。其他景观有：通灵牌坊，古井栏，长20米的砖刻长卷壁画“阿炳生平艺术砖雕墙”，以及显现旧时青砖路、民居门楼等老街小巷复原场景。与此同时，在阿炳故居前扩建二泉映月广场，矗立一尊由钱绍武大师设计的青铜阿炳雕像，广场东侧竖立《二泉映月》乐谱音乐墙。阿炳故居和纪念馆成为中外人士瞻仰和了解阿炳生平和艺术成就的主要场所。2009年5月，又启动阿炳故居修缮二期工程，复建古崇安寺老字号茶馆——听松园，并实施阿炳纪念馆重新布展。2010年10月建成开放。重新布展的场馆分为“不朽的二泉映月”“艰辛的艺术人生”“永恒的大师精神”等4个展厅，复建的“听松园”茶馆分地下一层和地上一层，建筑面积735.3平方米。

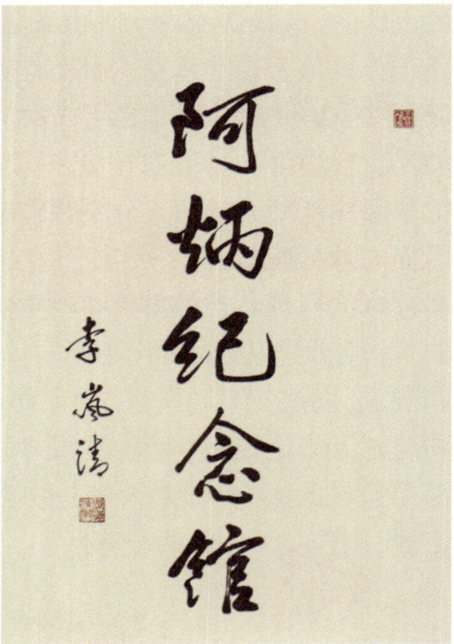

李岚清题词　　（崇安城投公司供稿）

【阿炳祖居】

位于锡山区东亭镇春合村小泗房巷。清光绪十九年至二十六年（1893~1900），阿炳幼年生活之地。原为两间低矮平房，因年久失修，破旧不堪。1993年纪念阿炳100周年诞辰之际，由东亭镇政府和春合村出资重修。重新修建后的阿炳祖居，保持清末江南农村的民居风格，砖木结构，三开间。正中为客堂，东侧一间为阿炳生平事迹陈列室。客堂上方为吕骥题写的“阿炳故居”匾额。两侧墙上挂有孙家正及国内文化界、文艺界著名人士曹禺、林默涵、贺绿汀、孙慎、朱践耳等书写的条幅：“千古绝唱，二泉映月”；“一代宗匠，万人钦仰”等。是年11月，到无锡参加阿炳艺术成就国际学术研讨会的50多位海内外专家学者，到此参观。1994年，联合国教科文组织官员及德国、法国、英国、美国、日本等国的20多位音乐家专程到此寻访。其后，每年都有数批来自国内外音乐界的人士前往阿炳祖居探访，表达对这位音乐大师的敬仰之情。

【阿炳墓】

阿炳逝世后，原葬于无锡西郊璨山下“一和山房”道士墓地。1953年，由中国音乐研究所和无锡市文学艺术工作者联合会商议，在其墓前竖立由书法家秦古柳书写的“音乐家华彦钧阿炳之墓”石碑。“文化大革命”期间，阿炳墓被毁。

80年代初，无锡市政府决定易址重建阿炳墓，由无锡市园林管理处李正设计。新墓位于锡惠公园黄公涧南侧，背依惠山，面朝映山湖，紧靠天下第二泉。占地35平方米。墓体座西朝东，似音乐台，正中花岗石墓碑上镌刻著名音乐家杨荫浏题书的“民间音乐家华彦钧阿炳之墓”。墓两侧设黄石虎皮墙作翼墙，上盖檐脊形压顶石，墓地前铺砌花岗石小平台，平台前北侧和南侧对应位置，

位于无锡惠山的阿炳墓（2004.2）　　（孙怡摄）

各有一块似卧羊石排，形状奇特。墓体不堆封土，墓墙与山坡连成一体，寓示以山为家。墓前阿炳铜像，由钱绍武雕塑。新墓整体朴实无华，与墓主清贫一生相符。

1983年12月15日，在阿炳90周年诞辰之际，举行迁葬揭幕仪式。参加揭幕仪式的有文化部、广播电视部、中国音乐家协会领导，以及无锡市政府和各界人士共70多人。其中，有中国音乐家协会副主席孙慎、李焕之、丁善德、赵沨、李凌，中央音乐学院院长吴祖强，文化部艺术局局长李刚和正在无锡参加第三届音乐作品评奖委员会的全国著名音乐家、作曲家、指挥家以及音乐理论家等。阿炳外孙女钟球娣也前来参加揭幕仪式。在《二泉映月》的乐声中，由无锡市副市长夏秀英和中国音乐家协会主席吕骥共同揭开覆盖在墓碑上的红色绸缦，后由夏秀英介绍阿炳生平，无锡市文联主席徐静渔致词。吕骥在赞扬阿炳音乐成就的同时，还赋诗《题华彦钧墓》："一生伶仃苦，百世暖人心。谁谓吟风月，欢感只自知。也曾咒腐恶，也曾抗倭军。黎明付流水，春光慰英魂。新声唱巾帼，弦音颂英雄。与民共欢乐，太湖永无穷。"

第三节　纪念活动

【阿炳诞辰纪念】

1992年，市文联举办"从《二泉映月》到《瞎子阿炳》影视作品研讨会"。

位于崇安寺二泉映月广场的阿炳雕塑（2004.2）（孙怡摄）

1993年11月，中国文学艺术界联合会、中国音乐家协会、中央电视台、中国艺术广播艺术团民乐团、江苏省文联、江苏省音乐家协会、上海市音乐家协会、中共无锡市委宣传部、无锡市文联等12家单位联合发起举办纪念华彦钧100周年诞辰系列活动，活动内容有：召开华彦钧（阿炳）100周年诞辰纪念大会；举办华彦钧音乐艺术国际学术研讨会，11名来自美国、日本、马来西亚、韩国及中国港台地区的学者与51名国内专家一起，就阿炳生平、作品、艺术成就和他在中国民族音乐中的地位、作用和对海外的影响，以及中国民族音乐发展方向等议题进行研讨，发表论文36篇；举行纪念华彦钧100周年诞辰民族音乐会；华彦钧铜像揭幕仪式和东亭镇阿炳祖居重建落成仪式；江苏省少儿二胡邀请赛；有关华彦钧题材的电影、电视系列剧和其他形式文艺作品回顾展；纪念华彦钧100周年诞辰首日封发行；阿炳演奏的《阿炳全集》盒带出版等。

二泉映月音乐会（2010.12）　（崇安城投公司供稿）

2007年5月，组织"阿炳纪念馆开馆仪式暨阿炳艺术节"系列活动。由中共无锡市委、无锡市政府主办，崇安区委、区政府承办。其间，在市人民大会堂举行《二泉映月主题晚会》，李岚清、李源潮、陈至立、周和平、梁葆华等领导出席晚会。主要节目有江苏演艺集团的合唱《为阿炳画像》、江苏民乐团朱昌耀的独奏《二泉映月》、无锡小王彬彬和袁梦亚的锡剧演唱《阿炳》以及青年歌唱家石莉娟的独唱《二泉映月》。

2008年12月，组织“纪念杰出民间音乐家阿炳诞生115周年”系列活动。由中国民族管弦乐学会和无锡市政府主办，崇安区委、区政府等协办，崇安城市投资有限公司、二泉映月艺术团承办。其间，召开民间音乐家阿炳诞生115周年纪念大会，举行中国民族管弦乐学会阿炳艺术委员会成立大会、《礼乐无锡》首发式和阿炳艺术论坛，举办《二泉映月》音乐会、中国民族乐器展、以及《丝竹天韵》民乐演奏大赛等。

【《二泉映月》传颂】

二泉映月艺术团成立（2004）　　（崇安城投公司供稿）

在第四届“至高荣耀”国际音乐节上，二泉映月艺术团石莉娟演唱的由过耀华和曹锡荣填词的《二泉映月》获第三名（2010.7）（崇安城投公司供稿）

1998年，市锡剧团创作演出锡剧《阿炳》，阿炳由著名锡剧演员小王彬彬主演，获江苏省锡剧节一等奖、无锡市“五个一工程”奖。是年，市歌舞团以民间音乐家华彦钧的人生经历与《二泉映月》诞生为素材，创作排演大型舞剧《阿炳》，由门文元执导，1999年在无锡大众剧院演出，并参加江苏省庆祝新中国成立50周年优秀剧（节）目展演和首届中国上海国际艺术节，还应文化部邀请赴京演出，《人民日报》等作专题报道。2000年，该剧获文化部第九届“文华奖”、中宣部第八届“五个一工程”奖、第六届中国艺术节大奖。2001年，大型舞剧《阿炳》参加澳门回归两周年庆祝演出活动。2002年，无锡吴文化节开幕式演出千人合奏《二泉映月》，著名二胡演奏家邓建栋、朱昌耀等带领1000多名琴手合奏，创造出新的吉尼斯世界纪录。是年，过耀华、曹锡荣在原创性的平台上，以歌曲的艺术形式，填写《二泉映月》歌词，实现传统音乐名曲与现代文艺的对接。在无锡一年一度的“吴文化节”“徐霞客国际旅游节”“太湖博览会”等重大节庆活动中，《二泉映月》的演奏演唱、以阿炳为题材的歌舞、锡剧表演成为经典保留节目。2004年11月，区成立无锡二泉映月艺术团。由区文化馆馆长傅建军兼任团长，2005年改由区文化馆馆长石莉娟担任。2005年9月，在崇安寺生活步行街开街一周年庆典之际，中央电视台《曲苑杂坛》栏目到区录制《二泉映月特别节目》。马季、汪文华、韩兰成、田连元、小王彬彬、石莉娟等，创作表演以“千年崇安寺，永恒二泉曲”为主题的一批文艺节目，有田连元的相声《荣家的故事》，韩兰成、小王彬彬的小品《无锡八怪》，石莉娟的独唱《二泉映月》等。此后，该节目在中央电视台多个频道连续播出60多次，成为崇安文化史上的一个亮点。2008年12月，经国家文化部批准、国家工商总局登记备案，成立中国民族管弦乐学会阿炳艺术委员会，为中国民族管弦乐学会在外省市设立的首个学术机构，是研究阿炳艺术生平和成就、开展全国乃至国际文化艺术交流的常设机构。由刘文金任会长，陈耀星、宋飞、朱昌耀、过耀华、王飚任副会长，设常务理事38名。2010年7月，二泉映月艺术团应邀出访奥地利、德国、法国，参加在奥地利举行的第四届“至高荣耀”国际音乐节比赛，由石莉娟演唱、过耀华和曹锡荣填词、刘文金终审的《二泉映月》获第三名。

第二十六编

精神文明建设

中共中央提出建设社会主义精神文明始于1979年9月。1981年后，重点开展以“五讲四美三热爱”为内容的文明礼貌活动。1986年，市委、市政府召开“创三优”动员大会，在全市开展共建文明城市活动，区贯彻市委关于学习贯彻中共中央关于社会主义精神文明建设指导方针的决议，从建立健全精神文明建设组织机构着手，建立健全区、街道、居委会三级网络，制定全区精神文明建设规划，实行精神文明建设目标与物质文明建设目标同布置、同检查、同落实、同考核，并广泛开展文明行业、文明单位、文明机关、文明窗口、文明村镇等基础性创建活动。90年代后，以创建国家卫生城市、文明城市为重点，以“创三优”和“两讲五不”等群众性创建活动为主，特别是1996年10月中共中央出台《关于加强社会主义精神文明建设若干重要问题的决议》后，区以提高市民素质为目标，开展多种形式的精神文明建设活动，从创建“五好家庭”发展到创建“文明家庭”“五好文明家庭”，从军民共建、警民共建发展到厂地共建，并不断加大对精神文明建设的投入，加强精神文明阵地建设，发展和扩大精神文明建设志愿者队伍，开展精神文明新人新事评选活动，形成一批具有社会效应的精神文明创建品牌。进入21世纪，围绕中央文明办出台的《全国文明城市测评体系》和中共中央颁布的《公民道德建设实施纲要》，以交通秩序、市容环境、社会治安、道德建设为重点，以全面提高城市居民文明素质和全社会文明程度为目标，建立健全凝聚群众的动员机制、齐抓共管的协调机制、科学规范的管理机制、广泛参与的监督机制、深入基层的调研机制，通过集中整治与长效管理相结合，深化各类文明城市创建工作，把社会公德、家庭美德、职业道德教育不断引向深入，全区基础性精神文明创建规范化、科学化、制度化。2002~2003年，崇安区连续两年荣获无锡市社会主义精神文明建设目标管理工作优胜项目奖。2005年，市文明街道覆盖全区，区委宣传部、崇安寺街道办事处被评为创建全国文明城市工作先进单位。

第一章　组织机构与阵地建设

1986~2005年，区认真贯彻中共中央关于加强社会主义精神文明建设指导方针的决议，结合创建国家卫生城市、文明城市，着力加强精神文明组织建设、基础设施建设和制度建设，同时加强精神文明队伍建设。并通过目标考核、"十佳"新人新事评选，推动群众性精神文明建设广泛深入开展，内容和范围不断扩大，工作形式不断优化。全区精神文明建设基本形成教育有主题、活动有载体、基层有阵地、考核有标准、学习有典型的工作氛围。崇安区精神文明建设工作始终走在全市前列。

第一节　组织机构

为加强全区精神文明建设的领导，1988年，区委决定建立精神文明建设协调小组，由区委副书记徐忠强任组长，副区长虞永芳任副组长。区委宣传部、团区委、区建设局、区城管办、区卫生局、区爱卫办等部门为成员单位。协调小组下设办公室，设在区委宣传部，由区委宣传部部长戴锡生兼任办公室主任。1991年5月,为全面推进社会主义精神文明创建活动，区精神文明建设协调小组更名为区精神文明建设活动委员会，由区委副书记徐忠强任主任，副区长顾盘曾任副主任。区委组织部、区委宣传部、区委政法委、区建设局、区城管办、区卫生局、区爱卫办、团区委、区教育局、区文化局、各街道办事处为成员单位。委员会下设办公室(简称区文明办)，办公室主任仍由区委宣传部部长兼任。各街道相应建立精神文明建设活动委员会，各居民委员会成立精神文明建设活动领导小组，形成区、街道、居委三级精神文明建设组织网络。1997年，根据中共十四届六中全会加强社会主义精神文明建设若干重要问题决议的要求，区精神文明建设活动委员会更名为区精神文明建设指导委员会（简称区文明委），由区委副书记刘健华任主任，副区长曹锡荣为副主任，下设办公室，办公室主任由区委常委、宣传部部长李祖坤担任。其成员单位未变。1999年后，区文明委与区创建文明城市领导小组合署，区委成立创建文明城市领导小组及其工作班子。领导小组下设办公室、创建办、综治办、文明办等4个机构，承担文明城市创建工作的组织部署、指导协调、督促检查。2003年，区创建文明城市领导小组更名为崇安区创建全国文明城市领导小组，并对成员作相应调整。由区委书记冯国鹏任组长，区长张叶飞任副组长，创建办公室设在区委宣传部，由区委常委、宣传部部长李祖坤任主任，区委、区政府办公室主任和区委宣传部副部长任副主任。迄2005年未变。

第二节　阵地建设

90年代后，区以提高市民素质和城市文明程度为目标，加强精神文明阵地建设，充分发挥爱国主义教育基地、社区学校、少年法庭、社区阅览室等精神文明建设主阵地的作用，宣传典型，表彰先进，用群众身边人、身边事进行形象化教育，使精神文明建设阵地成为广大市民学习知识的课堂、宣传教育的讲堂、思想交流的场所、青少年教育场地。迄2005年，辖区有11处单位（场所）被命名为省、市、区爱国主义教育基地。街道社居委两级有社区培训学校48个。

【爱国主义教育基地】

1991年，无锡启动爱国主义教育基地——无锡革命陈列馆扩建，全区共产党员、共青团员交纳特别党费、团费10.18万元。1993年，区关工委、团区委、区教育局联合发文，按照历史文化、科技教育、风景名胜、建设成就、军事国防、企业社区6大类型、范围、内容和对象，明确爱国主义教育的青少年活动基地108处。其中历史文化类有无锡革命陈列馆、张闻天旧居、无锡市博物馆、无锡烈士陵园等35处；科技教育类有中国船舶科学研究中心、芦村污水处理厂、江苏省原子医学研究所、无锡科普馆等16处；风景名胜类有鼋头渚公园、蠡园、梅园、吟园、太湖广场等23处；建设成就类有市体育中心、体育公园、蠡湖新城、华西村等13处；军事国防类有83428部队、预备役高炮团、远望3号监控船等8处；企业社区类有一汽无锡柴油机厂、江阴阳光集团、东河头巷社区等13处。1994年，东林书院被命名为无锡市首批爱国主义教育基地。1995年，区委确定东林书院、高子止水、连元街小学、张闻天旧居4处为崇安区爱国主义教育基地，开展以“爱我中华、爱我家乡、爱我岗位”为主题的爱国主义系列教育。1997年9月，区委决定正式命名百年历史名校——连元街小学、无锡工人运动史上的杰出代表——秦起烈士雕塑以及城中公园在内的崇安寺3处为崇安区首批爱国主义教育基地。1998年后，区委又命名无锡市图书馆、钱锺书故居、薛福成故居3处为崇安区爱国主义教育基地。与此同时，辖区张闻天旧居、薛福成故居、无锡市图书馆、钱锺书故居、城中公园先后被中共无锡市委命名为无锡市爱国主义教育基地；东林书院、张闻天旧居、薛福成故居被江苏省委宣传部命名为江苏省爱国主义教育基地。迄2005年，辖区内有省命名的爱国主义教育基地3处，市命名的爱国主义教育基地5处，区命名的爱国主义教育基地6处。

东林书院（2005）　（孙怡摄）

张闻天旧居（2005）　（区文体局供稿）

薛福成故居全貌（2005）　（区文体局供稿）

【社区学校】

1988年起，为推动社会主义精神文明建设，各居委陆续建立社区学校，融思想教育、文化教育、科普宣传、家政服务、老年活动多功能于一体。区建立社区学校工作领导小组，区文明办会同区教育局、区工青妇等部门，以地区居民和青少年为教育对象，以地区老干部、老战士、老专家、老教师和老劳模“五老”为师资骨干，有计划、有针对性地开展教育活动。每年“七一”“八一”“十一”等重大节日，组织专题讲座；1997年和1999年香港、澳门回归期间，组织回顾历史，进行“牢记过去、珍惜今天、创造明天”教育，学习《中华人民共和国香港特别行政区基本法》；在创建国家卫生城市、文明城市活动中，开展创建目标和标准等内容的专题教育，引导广大市民“做文明人、办文明事、创文明城”。迄2005年，全区有街道、社居委两级社区培训学校（实验基地）48个，各社居委开办的社区学校面积均达到50平方米以上，配有电化教育设备等。

【少年法庭】

（详见第二十编第三章第二节刑事审判【少年刑事案件】内容，第772页）

【社区阅览室】

80年代后期，为丰富群众文化生活，推动居民素质的提高，各居委会逐步建立图书阅览室。90年代后，各街道、居委按照区提出的“七个一”[①]要求，加强社区阅览室硬件建设，充分发挥阅览室的作用，开展“暑寒假青少年读书月”“动脑动手做一做”“七彩童心、感恩母爱”“《争当小博士》读后感”等活动，举办邻里读书节、老年书法交流、棋牌比赛、新人新事图片展览等，丰富居民和青少年的业余文化生活，倡导文明新风。迄2005年，全区有社区阅览室42个，藏书6.11万册。

第三节　评比表彰

【江苏省、无锡市精神文明建设“十佳”新人新事】

1993~2005年，全区先后被评为江苏省、无锡市精神文明建设新人新事奖14件次。其中，工运路街道汉昌路居民陈爱娣夫妇含辛茹苦收养四孤儿被评为1993年度市精神文明建设“十佳”新人新事。个体工商户朱建洪致富不忘扶贫被评为1994年度市精神文明建设“十佳”新人新事。中山路、人民路环境整治取得明显成效被评为1995年度市精神文明建设“十佳”新人新事。工运路街道陈白头巷居委主任王景君“爱心献街巷、夕阳一片红”被评为1996年度市精神文明建设“十佳”新人新事。中山路清扫班十姐妹“苦脏我一个、洁净中山路”被评为1998年度市精神文明建设“十佳”新人新事。“赵大松满腔热情解忧难”“马星心系居民护平安”被评为市2000年度精神文明建设“十佳”新人新事。“甘洒热血的城管卫士黄学清”被评为2001年度市精神文明建设“十佳”新人新事。退休干部伏敏播洒爱心助幼弱、张爱芬“9年如一日义务管理阿炳故居”同时入选2002年度市精神文明建设“十佳”新人新事。邹浩生18年志愿当里弄“讲师”入选市2003年度精神文明建设“十佳”新人新事。广瑞路街道新市民亲情理事会为新市民提供人性化服务入选市2004年度精神文明建设“十佳”新人新事。宁海里（南）社区“太阳岛”青少年活动中心获2004年度市精神文明建设“十佳”新人新事提名奖。广瑞路街道新市民亲情理事会还获江苏省第八届精神文明建设新人新事（2003~2004年）提名奖。

【崇安区精神文明建设“十佳”新人新事】

1993年，区委在全区开展年度“双文明建设十佳新事”评选活动，树立身边典型，弘扬文明新风，促进全区两个文明建设的深入开展。在基层广泛推荐的基础上，经投票，从50件新事中评选出区“十佳”新事：扭转崇安区连续5年财政赤字的被动局面；工商销售收入创历史最高水平；区巡警在全市率先上街综合执法；崇安区被省委、省政府命名为“拥军优属模范区”；崇安寺农贸市场再次荣获“全国文明集贸市场”和“全国计量先进单位”称号；“三产”成为崇安区经济发展的重要支柱；崇安区首获自营出口权；崇安区城市建设综合开发公司获全省建筑行业第六强、八项经济指标名列市房地产业第一；街道和校办经济成为崇安区“半壁江山”；区法院王德莉被评为全市“十佳法

①七个一：一间阅览室、一千册图书、一台电视、一台电脑、一套电化教育设备、一套报纸杂志、一本管理台账。

官”等。1998年4月，开展区第一届精神文明建设“十佳”新人新事评选活动，评选出在见义勇为、助人为乐、关心下一代等方面10件新人新事，在《今日崇安》上大张旗鼓宣传，营造健康向上的社会氛围。受到表彰的有：她找到了自己的位置——缫丝二厂下岗女工丁龙英甘当居委卫生员；情系弱苗倾注爱心——区环卫处工会副主席杨柳芳救助特困生；古稀之年逞英豪——工运路街道和平村居委73岁主任宋清才多次擒拿窃贼；无私奉献写春秋——焊割具厂退休女工李小玉收养孤儿；崇安区的“徐虎”——崇安寺房管所张建军热心为民排忧解难；小巷公仆——人民路街道欢喜巷居委妇代会主任张秀智为民解忧，帮助27名下岗职工重新就业；白衣天使——崇安医院儿科医师章继弘从死亡线上救病员；勇救落水儿童——崇安绿化处职工戴增义在宁勇救落水儿童；挥洒青春保平安——崇安公安分局民警卢伟热心本职工作，履行社会承诺；多少情爱化作缕缕夕阳红——原区人大常委会主任杨贯群退休后关心下一代，千方百计筹集资金帮助残疾儿童。2001年5月，开展区第二届精神文明建设“十佳”新人新事评选活动，受到表彰的有：满腔热情解忧难的赵大松；心系居民护平安的马星；身残志坚钻研刑侦技术的郁兵；舍身救人的夏长柏；廉洁奉公勤政为民的王德莉；兢兢业业献身环卫事业的卢金伟；致富思源回报社会的华琪美；免费供茶20年的王龙根夫妇；敬业爱岗为民奉献的人民路房管所维修班；危难时刻显身手的李飞李辉兄弟。2003年11月，开展区第三届精神文明建设“十佳”新人新事评选，受到表彰的有：崇安寺街道“道德银行”；千方百计阻击SARS的区疾控中心；无畏斗凶顽的交警211接处车民警；有求必应、严惩犯罪的民警许昌；十年如一日担当里弄“讲师”的邹浩生；成为居民业余生活大舞台的新街巷社区俱乐部；心系病人医德高尚的李宁辉大夫；用爱心弘扬志愿者服务新风尚的郭礼钢；维护青少年合法权益、依法“罢免”其父监护权的大同路社居委；“编外社区居委干部”甘秀娟。2005年，开展区第四届精神文明建设“十佳”新人新事评选，受到表彰的有：含辛茹苦26载孝亲敬老的华勇珍；构筑中山路大党建、激活示范街CBD的崇安寺街道；外来人员温暖的家——新市民亲情理事会；真情谱写平安曲的民警赵方来；勇于执法的城管队员潘宏鸣；敬业奉献、炼就“火眼金睛”的交巡警朱振武；把慈善带给弱势群体的内科大夫景分清；誉为“居民身边保健医生”的靖海医疗志愿者队伍；不计个人名利、奉献平凡岗位的工商干部黄红喜；推进社区特色文化建设的金海里艺术团。

第二章　思想道德建设

80年代，全面贯彻中共中央关于社会主义精神文明建设指导方针的决议，广泛开展“五讲四美三热爱”①、创“三优”②和“两讲五不”③活动，促进全社会讲文明、讲礼貌、讲卫生、讲秩序、讲道德良好风气的形成。90年代，重点落实中共中央《关于加强社会主义精神文明建设若干重要问题的决议》，开展“做文明市民、创文明单位、建文明城市”为主题的“文明在无锡”系列活动，开展以遵守《无锡市民文明公约》为内容的社会公德教育和“争当文明市民”“市民精神”大讨论。结合创建国家卫生城市、文明城市，在企业开展“职业理想、职业道德、职业技能、职业纪律”教育。在中山路开展创建“双信”④一条街活动，在党政机关、执法部门、商贸行业、社会服务行业全面推行社会服务

①五讲四美：讲文明、讲礼貌、讲卫生、讲秩序、讲道德和心灵美、语言美、行为美、环境美；三热爱：热爱共产党、热爱祖国、热爱社会主义。
②创三优：创优美环境，创优良秩序，创优质服务。
③两讲五不：讲卫生、讲秩序，不随地吐痰、不乱抛垃圾、不乱闯红灯、不乱牵乱挂、不乱停乱放。
④双信：物价、计量信得过，优质服务信得过。

承诺制，深入开展规范化服务达标竞赛等活动，群众满意率达90%以上。进入21世纪，区把公民思想道德建设作为社会主义精神文明建设的核心来抓，贯彻《公民道德建设实施纲要》，结合创建全国文明城市，围绕全面提高城市居民文明素质和全社会文明程度，先后开展“告别陋习、走向文明”“文明行动进万家”“志愿者服务”“扶贫济困”“手拉手”等活动，倡导在社会做个好公民、在单位做个好职工、在家庭做个好成员，深化社会公德、职业道德和家庭美德教育，市民思想道德素质进一步提高。1986~2005年，全区涌现出一大批思想道德建设方面的新人新事，不少成为全国、省、市精神文明建设的先进典型。

第一节　社会公德建设

崇安区团员青年开展学雷锋实践活动（2002.3）

（团区委供稿）

1987年，以贯彻《无锡市民行为准则》为重点，开展“八要八不要”[①]行为规范宣传教育。1988~1990年，开展做文明市民，加强社会公德建设为重点的“文明在无锡”系列活动，参与市组织的“市民精神”大讨论和“三提倡三反对”[②]教育活动。1991年，组织开展以遵守市民守则为内容的社会公德和争当文明市民、市民精神讨论活动，以倡导弘扬“友爱礼让、公益奉献、开拓进取、务求实效”的市民精神为主线，促进市民素质提高和良好社会风气形成。1994年，结合创建国家卫生城市，致力抓好“两讲五不”为内容的社会公德教育，促进市民养成讲文明、讲卫生的良好习惯。区委宣传部、区文明办、区城管局多次组织“文明在无锡”主题教育，各街道在车站、码头、广场等人流密集地段设置撑牌、黑板报、横幅标语，开展多种形式的宣传。1996年8月，在全区开展“城市形象与市民素质”大讨论。1997年后，结合贯彻“爱国守法、明礼诚信、崇尚科学、珍爱环境、和睦友善、热心公益”为内容的《无锡市民文明公约》，全区开展“美在万家”系列活动，从小事、身边事抓起，引导广大市民树立良好的道德准则和行为规范。1999年3月，结合创建文明城市，启动“树文明新风、创文明城市”系列工程，开展“讲文明、争做表率，树新风、从我做起”万人签名活动。2001年10月，贯彻中共中央颁布的《公民道德建设实施纲要》，突出“讲文明、树新风”主题，引导市民自觉参与公民道德教育与实践，广泛宣传“爱国守法、明礼诚信、团结友善、勤俭自强、敬业奉献”20字公民基本道德规范，在全社会形成普遍认同和自觉遵守的行为规范。2003年3月，无锡首家“道德银行”在崇安寺街道成立。2004~2005年，开展“告别陋习、走向文明”为主题的公民道德教育活动，弘扬“尚德务实、和谐奋进”的城市精神，推广“道德银行”“爱心接力站”“新市民理事会”等先进典型，倡导诚实守信，营造“守信为荣、失信可耻、无信为忧”的诚信社会环境。

【志愿者服务】

80年代，区广泛开展为民服务活动。每年3月5日“学雷锋”活动日、活动周期间，组织团员青年、

①八要八不要：要举止文明，不言行粗野；要敬老爱幼，不欺侮残弱；要讲究卫生，不乱吐乱抛；要爱护公物，不损坏设施；要美化环境，不损害花木；要勤劳俭朴，不铺张浪费；要移风易俗，不赌博迷信；要遵守秩序，不违法违纪。
②三提倡三反对：提倡科学文明，反对封建迷信；提倡艰苦奋斗，反对奢侈浪费；提倡遵纪守法，反对违法乱纪。

基干民兵学雷锋做好事，上街义务修车、理发、补鞋等。街道地区积极分子开展“十帮互助”，建立孤老包护组织，对鳏寡孤独等特殊老人进行包护。90年代，在互助服务积极分子的基础上，社区服务志愿者队伍逐渐形成。志愿者队伍从街道地区扩展到辖区企事业单位，服务内容从日常的互帮互助发展到助残、助老、助困、助学等多个领域。1992年，全区有街道志愿者协会6个，居委志愿者分会69个，会员669人。1993年，8个街道社区服务志愿者协会中，从事孤老保护、青少年教育、巡逻值班、城管卫生、便民服务等志愿者达1万多人。1995年，上马墩街道社区服务志愿者协会被省民政厅授予“江苏省社区志愿者服务先进集体”称号。1997年，崇安区志愿者协会成立，统一协调全区志愿者服务工作。本着“自愿参加，无偿服务，志在奉献”的原则，协调组织志愿者参加社会公益活动，进小区、进楼组，提供便民服务。1999年，区下辖志愿者协会8个、志愿者分会88个。学前街街道借助辖区医院多、学校多的优势，成立医疗卫生、科技普及和教育咨询3支志愿者服务队伍。2000年，按照全市的统一部署，成立崇安区志愿者总会，由区委书记冯国鹏、区长蒋汉良任名誉会长，区委副书记刘健华任会长。总会秘书处设在区文明办。探索建立“文明委统一领导、文明办牵头协调、协会自主运行、部门齐抓共管、社会共同参与”的志愿者服务工作体系，区民政局、团区委、区妇联、区司法局等部门根据职责和特长，组建并管理各自的志愿者队伍。各街道成立志愿者分会，由街道党政一把手任正副会长，采用“条管块用、以块为主、条块结合、统筹使用”的模式，组建医疗保健、扶贫帮困、社区教育、家电修理、结对帮扶、定向服务、就业介绍等8支志愿者队伍，形成区、街道、部门三级志愿者服务网络，大力弘扬“服务社会、弘扬新风、帮助他人、完善自我”的志愿者精神。在创建全国卫生城市、文明城市活动中，广大志愿者自觉参与维护交通秩序、整治环境卫生、义务植树、看院护弄、倡导文明新风等活动。街道居委同辖区单位开展共建、双向服务，社区服务志愿者扩大到在职党团员、辖区单位职工、青少年学生。街道以社区为单位，建立有专业特长的志愿者服务队伍，以“老年服务、拥军服务、便民服务”为重点，采取集中服务与求助中心分散服务相结合的方式，开展关爱空巢老人、关心青少年、治安保卫、清洁卫生、文化教育、生活服务等志愿者服务活动。在赈灾救灾、扶贫济困中，广大志愿者带头捐款捐物，向“特困家庭”“特困生”伸出援助之手。2001年，东河花园、城市花园、城中公园、二百商厦广场、广丰广场、上马墩百业超市、风雷新村（西）社区、广丰新村、区敬老院、区辅读学校10处被区命名为首批志愿者服务基地。2002年，在劳务奉献类志愿者服务的基础上，又构建智力服务类和应急承诺类两种新型志愿者体系。全区有志愿者队伍64支，提供服务200多项。2003年纪念学雷锋40周年，组织开展“志愿者服务月”活动。2004年，全区注册志愿者达到1.5万多人，占总人口8%，在全市率先达到全国文明城市创建指标要求。迄2005年，全区仅6个街道志愿者分会就有志愿者服务队50支。崇安寺街道党员志愿者服务队等2个单位被评为市志愿者活动先进

崇安寺街道组织社区党员志愿者开展服务活动，倡导文明新风（2002.11）（周长荣摄）

区首批志愿者服务基地授牌（2001.11）（区委宣传部供稿）

集体；崇安寺街道荣文庆、通江街道甘秀娟、上马墩街道夏方志、广益街道张安田4人被评为市优秀志愿者。

【社会公德典型选录】

免费甘露20年的王龙根、徐阿凤夫妇 1977年徐阿凤从国棉二厂退休后，在老伴王龙根和子女的支持下，在家门口摆起免费茶摊，成为无锡最早的志愿者。为设茶水摊，夫妇俩20多年未出门。每天清晨4点，2位老人便起床烧水，有姜汤有茶水，冷热齐备，全天供应。每年茶摊支出至少3000元。2005年夏天，王龙根因胆结石住院开刀，徐阿凤也病倒，王龙根因放不下茶水摊，住院仅5天，便以“住不惯”为由出院。老俩口的善举，得到社会的赞誉和尊重，评为区第二届精神文明“十佳”新人新事，入选2000年度无锡市精神文明“十佳”新人新事提名奖。2005年，《无锡日报》以“二十年杯水之情，足可汇流成河”为题作专题报道。

市“十佳”新人新事提名奖获得者王龙根　（区委宣传部供稿）

乐善好施的社区志愿者陈早生 从市委党史办退休后，1999~2000年，累计为民办好事、无偿服务数百件，利用自己自小练就的木工、水电工、泥瓦工等技能，主动帮助社区居民修理家用电器、电灯、煤气灶、自来水笼头、桌凳等，自带零配件，且不收任何报酬。热心社区公益事业，不论宁海里（北）社区还是宁海里（南）社区，都乐于相助，平整坑洼不平的路面，拆除冒出地面的地脚螺丝，被誉为“社区热心人”。对社区因病致贫、因意外致残的困难家庭，上门慰问，慷慨捐资，累计扶贫济困近千元。其先进事迹被录入2002年编撰的《崇安区“道德之星”风采录》。

老有所为的华盘度 从广益街道退休后，主动加入志愿者队伍，帮助乡老龄委创办经济实体，从2万元资金兴办黑白铁冷作工厂起家，发展到创办工程机械厂，厂房由507平方米扩大到1.5万平方米，拥有固定资产500多万元。2004年，营业收入达3000多万元，利润100多万元。此外，还建造商业用房50间，年租金32万元。乡老龄委经济实力不断增强，活动经费得到保障，福利不断提高。1999年，被全国老龄委授予“老有所为”奉献奖。

危难时刻显身手的外来青年李飞、李辉兄弟 2000年5月15日，区市政处在东林广场疏通污水管道，民工蒋万根在窨井底清淤时被毒气熏倒，区市政处副书记俞盘兴下井救人时，也中毒倒下。路经此地的安徽在锡务工青年李飞、李辉兄弟见状，立即冒着生命危险，争相下井救人。而率先下井的李飞，先拉蒋万根，后又将绳子扣住俞盘兴手腕，因浑身乏力，也从梯上栽下。井上李辉立即拉绳，在众人帮助下，一一救出井底人员，急送医院抢救。该先进事迹被录入2002年编撰的《崇安区“道德之星”风采录》。

舍身救人的区纪委副书记夏长柏 1999年12月18日中午，区纪委副书记、区监察局局长夏长柏夫妇路经工运桥时，只见一名20多岁的女子在水中挣扎，当即甩掉外套，奋不顾身地跳入2米多深的河中救人。后在另一名跳入水中的中年男子的帮助下，连推带拉，将女子救上岸，便悄然离去。2000年2月，市见义勇为基金会发给其奖金1000元，他随即将这笔特殊的奖金转赠给区关工委，用于捐助贫困学生。该先进事迹被录入2002年编撰的《崇安区“道德之星”风采录》。

敬老助老的教育系统志愿者服务队 2000~2002年，逐步由点到面、由自发到自觉、由委派到志愿，形成以党政工团队和健康老人为主体的188个群体，提供走访探望慰问、心理疏导及情感慰藉、上门帮困解难、化解矛盾纠纷、雪中送炭救急等一系列志愿服务项目，920名志愿者先后为105名高龄、单身、病残、特困、一老养一老等退休老教工提供服务2902人次。被誉为“盛开在教苑的一朵奇葩”，其先进事迹被录入2002年编撰的《崇安区“道德之星”风采录》。

第二节　职业道德建设

区道德之星先进事迹巡回演讲（2003.6）　（区委宣传部供稿）

1986年后，区把职业道德教育作为精神文明建设目标管理项目并提出明确要求，各行各业特别是窗口行业，结合完善岗位责任制或经营承包责任制，制定职业道德规范。1988年，区委在窗纱厂、朝阳服装厂、第五副食品商店进行职业道德教育试点，把制定职业道德规范与职业道德教育相结合，开展思想品德、工作态度“双考验”活动。1989年，在全区开展“我与企业”职业道德教育活动，确立“国强厂（店）兴”“厂（店）兴我荣”的观念。1990年，区委把培养有理想、有道德、有文化、有纪律的社会主义公民，提高全民素质作为加强精神文明建设的重要方面，在学前街街道和窗纱厂开展“六爱三评”[①]教育活动，随后在全区推开。1991年，连元街小学、工运桥街道被评为省文明单位。1993年，以纪念学习雷锋30周年为契机，开展“四有”“四职”[②]教育，深入推进“学雷锋、树新风”活动。同时，全面修订职业道德规范，制订职业道德合格职工标准，开展职业道德达标竞赛，进行行风大检查，切实纠正行业不正之风。以中山路、人民路为重点，开展创建“双信”街(路)活动。是年，中山路建成“双信”路。1994年，开展以“职业道德、社会公德、家庭美德、个人品德”为重点的“四德”主题教育活动，组织“四德”风采演讲，“四德”知识竞赛、征文、摄影、书画赛等，把主题教育活动推向高潮。1995年，职业道德建设以主题教育、建章立制、达标竞赛为重点，组织职工学习社会主义职业道德基本理论，开展“爱我中华、爱我家乡、爱我岗位”主题教育活动，举行“爱我岗位”十佳演讲；积极参与全市开展的创“双信”、创“三优”竞赛以及“市民满意商店”“市民满意医院”“十大新风单位”“十佳新事”“最佳主人翁”等一系列职业道德达标竞赛评比活动。1996年，教学仪器设备公司、灵通针纺织品公司、城市建设综合开发公司、世泰盛呢绒布绸商店、光明眼镜店5家单位被评为市“信得过”单位，18名个人分别被评为市“信得过”个人、市职业道德优秀工作者。1997年，无锡市行业职业道德规范颁布后，职业道德建设进入正规化、制度化发展新阶段。是年，区把与人民群众生活密切相关的窗口服务单位文明行业创建作为突破口，以区党校、区职校、区工人俱乐部、区文化馆、区老年康乐苑、区中心托儿所、区妇保站、区卫生防疫站、恒丰律师事务所、宝光律师事务所、明镜律师事务所、东华会计事务所、人民审计事务所、区档案馆、区车辆安全管理所、区价格事务所16个单位为重点，建立社会服务承诺制，开展规范化服务达标竞赛和“双信”竞赛，促进卫生、教育、法律等行业争创市级文明行业。1998年，结合纪念改革开放20周年，开展“看成就、话改革、争贡献”主题教育系列活动和“心系再就业工程”活动，举行职工演讲比赛、图片展、摄影展、研讨会，组织“争当青年文明岗位能手”活动。同时，以党政机关、执法部门、垄断行业为重点，整治不正之风，全面推行社会服务承诺制，改进行业风气。1999年，结合创建文明城市活动，开展“双信双文明”职业道德建设活动，区启动创建文明机关活动，公安崇安分局连续3年被评为全国优秀公安局。2000

①六爱三评：详见第十五编第六章第二节【形势任务教育】页下注，第587页。
②四有：有理想、有道德、有文化、有纪律；四职：职业道德、职业理想、职业纪律、职业技能。

年，实施“群众满意工程”，推出“首问责任制”，职业道德建设领域拓宽至个体、私营企业。2001年，结合贯彻落实《公民道德建设实施纲要》，把“争当文明职工”活动作为深化职业道德建设的载体，组织职工参加全市“新世纪无锡形象”大讨论，讨论设计新世纪无锡职工新形象，丰富、完善文明职工标准。2002年6月，举办“道德之星”先进事迹巡回报告会，广泛宣传“警察爸爸”张云、“城管卫士”黄学清、教育系统敬老助老服务队等17个职业道德先进典型。“省勤政廉政好干部”——区信访办主任赵大松赴宁参加江苏省勤政廉政好干部先进事迹报告会。

【行业规范】

崇安医院映山河分院院长严于兰（2003.6）（崇安医院供稿）

1986年后，各行各业特别是窗口行业着手制定职业道德规范。1988年5月，崇安人民医院护士严于兰荣获全国模范护士称号，在此之前，其曾被评为无锡市十佳护士。1990年，区房屋建设综合开发公司率先提出“四个一流”的企业精神，即一流的思想、一流的工作、一流的质量、一流的服务，开展“有奖质量举报”活动，发动职工为自建工程找疵点、缺点、弱点，提高工程质量和用户满意率。1991年5月，区环卫所职工刘定保被评为无锡市市政公用环卫行业十大青年标兵。1993年，为适应市场经济发展，区建设、卫生、商业等行业从强化信用观念、质量观念、法治观念、全局观念着手，按照爱厂、爱岗位、忠于职守、钻研业务、文明守纪的要求，全面修订道德规范，制订职业道德合格职工标准，开展职业道德达标竞赛，争创“信得过单位”，争当“信得过职工”。1994年，区房屋建设综合开发公司先后被评为全国职业道德建设先进单位、江苏省创企业精神先进单位、江苏省文明单位等。是年，崇安医院以病人为中心、以质量为核心，开展以医疗质量、规范服务、医院环境、医疗设备为主要内容的文明行业创建，医护争当双十佳，科室争创一流，医院争上满意榜，推动医德医风建设。区教育系统以“新时期教师形象设计”为主题，开展创建优良教工集体活动。商业服务行业抓住省十三届运动会在无锡召开的时机，广泛开展“迎省运、迎国庆、创双信”活动，提供优美环境、优良商品、优质服务，树立无锡美好城市形象。1995年，以进一步健全职业道德规范为重点，形成建设、教育、卫生、商贸等行业的岗位职业道德规范体系。在无锡日报社、市卫生局等单位共同发起的“市民满意医院”“医护双十佳”评选活动中，崇安人民医院荣获“市民满意医院优胜单位”奖牌，隆富英被评为市“十佳护士”。是年，公安崇安分局巡警队计云峰被评为市“十佳青年服务明星”。1997年，崇安医院把“塑文明形象，展天使风采”作为医德医风教育的重点，开展挖医疗隐患、找事故苗头、学身边典型系列活动，提出一切防患于未然，一切百分之一百安全的要求。是年，在全区推行无锡市出台的行业职业道德规范（以下简称《规范》）。《规范》以“立足本职，爱岗敬业”为纲，规定机关、工矿、商贸、政法、文化、教育、医卫等12类职工的职业道德总规范和工业、交通、机关、科技、政法、医卫、文教、金融、商贸、公用事业等34个行业的职业道德规范，以及各行业从领导到普通职工再到后勤人员等3000余个工种的岗位守则。在爱岗敬业的大前提下，突出各行各业不同要求的职业道德规范，即机关要求廉洁奉公，忠于职守；政法部门要求秉公执法，依法办事；工交部门要求科技领先，保证质量；商贸部门要求为民服务，货真价实；市政公用事业部门要求清洁市容，强化服务；科技部门要求治学严谨，尊重人才；文教部门要求为人师表，传授真知；医卫部门要求医风高尚，医术高超；私营企业要求爱国、敬业、守法、奉献，协调劳动关系，维护职工权益；个体业主要求文明经营，公平交易，杜绝假冒伪劣，主动为全市再就业工程做贡献等。1998年后，围绕市职业道德规范，区建设、卫生、教育等重点行业持续开展行风评议、行业达标活动，窗口服务群众满意率逐年提高。中山路沿街850多家单位参与创建全国“百城万店无假货”示范街活动，深化职业道德、岗位规范、服务形象教育。2000年4月，区人民法院民事庭庭长王德莉被江苏省高级法院授予“人民满意法官”称号。2001年11月，区城管队员黄学清在行政执法中殉职，被追认为无锡市城管标兵。公安崇安分局被省公安厅评为江苏省执法优秀单位；翌月，又被评为江苏省文明行业创建工作先进（县）行业。是年，中山路被列入首批“全国购物放心一条街”名单，又被评为第四批“全国‘百城万店无假货’示范街”。2002年2月，崇安医院围绕提高医疗质量，实行“五诊”①，急病人之所急，想病人之所想。是年4月，全院发动职工为患鼻咽癌的五年级学生凌杰捐款6200元，帮助其下岗父亲和待业母亲一家解除燃眉之急。7月，区信访办主任赵大松被省命名为勤政廉政好干部。2003年4月，公安崇安分局周山浜派出所副所长马星和学前街派出所民警许昌分别被公安部评为全国特级优秀人民警察和全国优秀人民警察。2004年3月，无锡慈善医院（崇安人民医院）荣获“全国明明白白消费十佳放心医院”荣誉称号。2005年8月，公安崇安分局广益派出所民警赵方来被公安部授予全国优秀人民警察。

【职业道德典型选录】

市“十佳”法官王德莉　1992~1993年，在崇安区法院告诉申诉庭任职期间，依法审查立案2067件，接待来访群众5000多人次，无一引发矛盾激化。1992年，获无锡市“巾帼建功”英豪奖。1993年，被江苏省高等法院记二等功。1994~1996年，在民庭任职期间，办结民事案件302件，是无锡市第一个年办案件超百件的女法官。1995年，被江苏省高等法院记一等功。1996年，区开发公司动员她去担任动迁科长，并许诺众多优越条件，然她毫不动心，安于清贫，无怨无悔掌天平。是年，被评为江苏省劳动模范及江苏省优秀共产党员。1997~1999年，先后被评为江苏省勤政廉政好干部、全国法院系统模范，江苏省法院系统“文明法官”、无锡市“十佳法官”、无锡市“勤政廉政好公仆”和“人民满意法官”等。2000年后，先后审结一批带有群体性诉讼的案件，其中，房屋拆迁纠纷案数百件，商业用房、租赁案件几十件。其娘家、婆家及本人共6户房屋相继因城市建设改造被拆迁，但从未为此向拆迁公司提额外要求，均如期搬至郊外。每年审理案件上百件、审查批阅案件上千件、接待当事人数千人，从未接受当事人赠送的礼品或现金。2000年，被评为全国劳动模范。

全国劳动模范王德莉　（区法院供稿）

强村富民的好书记沈继勋　1976年起，任广益乡尤渡村党支部书记。30年如一日，带领村党支部（党委）一班人，因地制宜，艰苦创业，开拓创新，打造经济强村。抢抓312国道开通的发展机遇，成功建成东郊商城，而后大手笔发展江南汽车城、华东建材家具市场、华东装饰城等大市场。迄2005年，村经济总量20亿元，上缴国家税金5400万元，村级可用财

尤渡村党委书记沈继勋（2003.6）　（广益街道供稿）

①五诊：门诊首诊、急诊出诊、假日义诊、方便门诊、专科专家特诊。

力2500万元。与此同时，千方百计为村民做好事、办实事，让群众得实惠。每年拿出40万元，补贴退休农民；每两年组织老人外出旅游；筹资1200万元，解决260名失地农民社保问题；建成全市第一个农民广场，一流的村级小学、幼儿园和欧美风格的别墅小区。迄2005年，村民人均年收入超过1.2万元，率先进入富裕小康村。尤渡村先后被命名为2000~2001年度、2002~2003年度江苏省文明村。其先进事迹被录入2002年《崇安区"道德之星"风采录》。

为民解难、为党分忧的区信访办主任赵大松 1993年起从事信访工作。在接待工作中，服务热情，工作严谨，认真负责，因人因事，采取不同方法，处理信访问题。有的以情感人，有的以理疏导，有的以法相帮。对恶性信访案件，配合有关部门，千方百计做好疏导、化解工作。对特困上访群众，在与其所在单位或主管部门协商解决办法的同时，对确有特殊困难者解囊相助，先后资助或垫付特困群众200多户、5万余元。1993~2005年，年均接待来访群众200多批、近千人次，协调处理疑难信访问题上百个。被群众誉为"党的好干部，人民的好公仆"，先后荣获"全国信访系统优秀工作者""江苏省勤政廉政好干部""无锡市信访工作先进个人"等称号，入选2002年无锡市精神文明"十佳"新人新事奖、江苏省精神文明"十佳"新人新事提名奖。

严格执法、柔情教育的女检察官王凤琴 1998年起，担任区人民检察院侦查监督公诉科主诉检察官，其所学虽非法律专业，但刻苦钻研业务，很快成为办案能手。始终严格执法，公正办案，执政为民，维护公平正义。1998~2005年，共审查起诉各类刑事犯罪案件260件、332人，均由法院作出有罪判决。其还是区检察院青少年维权岗和未成年人犯罪检察室负责人，在办理未成年人犯罪案件过程中，不仅严格依法办案，而且注重挖掘个案的深层次原因，教育帮助犯罪青少年认罪服法，从内心悔悟。1998年、2002年先后被胜利门中学和江南中学聘为法制副校长，用理解、包容、呵护、感化的责任心和爱心，教育学生，预防和减少青少年犯罪，这两所中学始终保持学生犯罪"零"纪录。其先后被评为无锡市"十佳"女检察官、江苏省优秀法制副校长等。

甘为城管洒热血的黄学清 1996年，应聘到学前街街道城建监察中队工作后，依法行政，敢抓敢管，城管集中整治行动总是站在第一线。1999年6月22日，抓获偷车贼，扭送派出所，其见义勇为事迹被次日《江南晚报》专题报导。是年9月，学前街农贸市场"江西帮"水产商贩到学前街街道城建监察中队闹事，乱砸办公室，殴打城管队员，黄为保护城管队员和公共财产，被打成轻微脑震荡，住院仅一星期，就投入工作。2001年11月18日，在巡查执法中，劝说一占道经营水果的无证摊贩离开，被其用水果刀直捅腹部后，忍疼追赶40多米，体力不支倒地，经医院抢救无效离世，成为江苏省城管系统因公殉职的第一人。是年，被无锡市政府授予"城管卫士"光荣称号，在无锡市城管系统民主评议行风活动中，被作为崇安区城管队员"形象代表"向市推荐。其先进事迹被录入2002年编撰的《崇安区"道德之星"风采录》。

全国优秀人民警察许昌 从警10多年，从社区民警走上派出所副所长岗位。始终植根于群众，走街穿巷，走访群众，掌握社区第一手资料，尽职、尽心、尽力为民解忧，大事小事有求必应，照顾困难老人更是无怨无悔，处理地区棘手矛盾耐心、细致、周到。凭借熟悉地情和职业敏感，从平常小事中发现不寻常线索，先后查获违法犯罪人员40多名，调处纠纷300余起，办理3000多份证件、户口无一差错。迄2005年，先后荣获"全国优秀人民警察""江苏省人民满意政法干警""无锡市十大模范卫士""无锡市新长征突击手"等称号，被省委、省政法委记二等功1次、市公安局记三等功2次。

学前街派出所社区民警许昌（2003）
（公安崇安分局供稿）

全国特级优秀人民警察马星 1994年7月，参加公安工作，从社区民警走上派出所副所长岗位。坚持深入地区，穿门走户，勤走、勤问、勤听、勤观察、勤记载，熟悉地情。主动关心群众生活，联系有关部门解决房屋修理、阴沟化粪池外溢、孤寡老人照料、户口申报等问题。对违法青少年、涉毒人员、“两劳”人员教育，注重教育、挽救、感化，化消极因素为积极因素。在治安防范较为薄弱的周新村管区建立点面结合治安防范网络，加强防范硬件建设，创造良好治安环境。1994~2000年，先后为群众办好事、实事350余件；查处辖区违法犯罪人员63人，其中逮捕劳教16人，治安处罚47人。先后被评为全国特级优秀人民警察、省人民满意警察、市劳动模范、市政法系统先进个人、市公安局户警标兵等。

市“十佳城市美容师”卢金伟 1985年退伍后，到区环卫所任汽修工。20年来，坚守平凡岗位，热爱本职工作，为确保环卫车辆安全运输默默奉献。1996年，在机修车间专门负责“趴窝车”抢修，后主动要求到粪车多、车辆状况差、故障率高的机械运输场一车队工作，通过勤检查、勤修理，加强一级保养，改善车辆技术状况，故障率明显下降。1998年任二车队副队长，担负全处7个中转站的垃圾转运任务。事事以身作则，每天工作11个小时，几乎放弃所有星期天，年无私奉献1200多个小时，二车队连续两年被评为市“安全行车优胜车队”。为争创“规范化汽车队”，在车队组织“安全行车竞赛”和“车辆保养竞赛”，开展争创“青年文明号”活动。1999年9月，“黄河车”驾驶班成为市环卫汽车运输系统第一个“青年文明号”班组，车队年运输垃圾7.89万吨，安全行驶130多万公里无事故。

第三节　家庭美德建设

1986年，区把五好家庭评比与“好夫妻”“好婆媳”“好妯娌”“好儿女”评选相结合，树立一批“十佳新风家庭”典型，倡导“平等团结、互助友爱”的好家风。1988年，发挥街道地区移风易俗理事会作用，弘扬文明新风，革除婚丧陋习，组织105对新婚夫妇参加各街道举办的集体婚礼。是年，区被评为江苏省“破旧俗、树新风”先进集体。1989年，通过“改革与家庭”研讨、“五好家庭十年颂”征文、“欢乐、幸福的崇安妇女”图片展览等多种形式，进行家庭美德教育。1990年，家庭美德建设围绕“家”字做文章，引导居民推行文明、健康、科学的生活方式，在全区开展“我们在五好家庭活动中”征文评选，组织“幸福之家”演讲、“双理解”的婆媳、姑嫂、夫妻、邻里介绍等专题交流会309场次，颂扬五好家庭创建中的新人新事新风尚。1991年，围绕家庭美德教育，开展“家风、家教、家艺、家计、家睦”于一体的家庭文化系列活动，有“金秋家庭”活动展现、“家庭十美”与“夸夸我这一家子”征文、“道德治家，民主理家”智力竞赛等。1994年，家庭美德建设以提高居民素质为重点，倡导“树立家庭美德，弘扬社会公德”新风尚，开展“家庭主妇话改革”“家庭、改革、拓进主题会”“改革与家庭演讲会”等活动，宣传创建家庭新风的成果。同时，围绕“国际家庭年”，开展“健康快乐好伉俪”等主题教育活动。1995年，开展“家庭与开放”研讨，组织“十帮互助”特色活动、“五好家庭与特殊家庭”结对，将家庭新风内涵不断延伸和扩大。1996年后，争创五好家庭向创建五好文明家庭拓展。1998年，开展以“爱我崇安，美我家园，万家洁净”为主题的家庭知识、家庭新风、家庭娱乐演讲比赛，72户家庭近300名成员参加。2001年，围

获市志愿者活动先进集体称号的广瑞路街道巧妈妈服务队（2003.6）
（广瑞路街道供稿）

绕《公民道德建设实施纲要》提出的“尊老爱幼、男女平等、夫妻和睦、勤俭持家、邻里团结”家庭美德标准，以“文明在家庭、爱心献社区”为主题，动员和组织家庭志愿者走出家庭，深入社区，为居民群众服务，营造“我为人人，人人为我”的良好人际关系。2002年，区举办“倡文明新风，树家庭美德，建美好家园”文艺汇演，开展“创建学习型家庭”活动，举行“创建学习型家庭成果汇报系列活动”，开展治家格言的征集和评选，有1600多户家庭参加，其中100条格言被选送到市、10条到省参加评比。2003年，区委宣传部被省评为婚育新风进万家活动先进单位。2005年，开展科技、文体、法律、卫生、道德规范“五进社区”活动，举办“弘扬家庭美德，构建和谐社会——家庭美德进社区”巡回演讲，传播家庭美德教育理念，评选出3.84万户五好文明家庭，涌现出一批邻里互助型、道德学习型、知识普及型等特色家庭，互助楼、清风楼、读书楼、平安楼、新风楼、绿化楼、尊老爱幼放心楼等特色楼院。

【“十佳”新风家庭典型选录】

孝亲敬老之星华勇珍　广益街道广丰村徐巷村民。嫁到婆家后，面对经济困难的家庭和精神病疯癫的婆婆、弱智的伯伯，无怨无悔地恪守传统美德。婆婆长期生病卧床，拉屎拉尿，她总是任劳任怨，不怕脏和累，精心服侍，20年如一日。在家庭经济十分困难的情况下，为治好婆婆的病，省吃俭用，想方设法寻医求药。经过精心调养和精神慰藉，婆婆奇迹般地康复。其孝敬公婆的先进事迹得到村民一致称颂，2004年被全国老龄委授予“孝亲敬老之星”荣誉称号。

孤老义女李云兰　工运路街道万巷上33号居民。1984年，其“婆婆”突患脑溢血，脱险后半身瘫痪，李云兰毫无怨言地精心护理6年。1990年，“婆婆”90岁时奇迹般地康复，下地行走。邻居们都知道，“婆婆”并非是其丈夫生母，而是长期收养的孤老王秀娣。李云兰不但视孤老为亲人，而且经常热心帮助照料邻里，被誉为“送温暖的热心人”。先后被评为江苏省1991~1992年度五好家庭标兵户、无锡市“十大新风”好家风家庭，李云兰获无锡市老年基金会颁发的好儿女金榜奖、尊老爱幼奖。

第四节　未成年人思想道德建设

1987年，区委把青少年教育列入全区精神文明建设目标管理，动员社会力量，对青少年进行综合、系统、长期和一贯的思想道德教育。1988年，市召开首次青少年教育工作会议后，复兴路街道在全区率先成立地区青少年教育指导委员会，其后，各街道相继成立，并建立学校、家庭、社会“三结合”的青少年教育网络，开办家长学校，形成学校、地区两支青少年教育工作者队伍，对青少年进行爱国主义、艰苦奋斗、革命传统和遵纪守法教育。各学校贯彻《小学生守则》，加强学生行为规范教育，培养“四有”新人。90年代后，区把贯彻中央《爱国主义教育实施纲要》作为加强精神文明建设的基础性工程来抓，区成立社区教育委员会，探索建立平时以学校为主、节假日以街道社区为主的青少年教育工作机制，进一步完善学校、家庭、社会三位一体教育网络。特别是1992年区街两级关心下一代工作委员会（简称关工委）成立后，成为加强青少年政治思想教育不可替代的重要力量。区街两级关工委充分发

利用红色教育基地开展主题教育活动（2005）
（区教育局供稿）

挥老干部、老战士、老专家、老教师、老模范“五老”的作用，开展革命传统教育，组织青少年参加社会实践活动和丰富多彩的教育活动，帮助青少年树立正确的世界观、人生观和价值观。做好失足青年的帮教挽救工作，开展对特殊儿童扶贫、帮困。各学校结合贯彻教育部1991年出台的《小学生日常行为规范》，开展“学雷锋、学赖宁”“双有”①主题教育等活动，组织“五自”②学习实践、雏鹰达标等“跨世纪雏鹰”行动，进行法制教育、国防教育以及爱心帮困、绿色环保、自护自救等道德教育实践。1989年，身患白血病的亭子桥小学一年级学生傅强，病危之际，仍一心想着他人，告诉父母把100多元压岁钱捐给灾区儿童。《新华日报》二版头条以“闪光的童心”为题作长篇报道。1995年，身患脑癌3年多的连元街小学四年级学生章知奇，辞世前，仍心系老师和同学，要求父母把积蓄的5000多元压岁钱捐给学校。为此，连元街小学特设立“章知奇奖学基金”，纪念这位优秀少年。1997年5月，无锡市首家小学德育基地暨后西溪中心小学“张闻天中队”成立命名仪式在张闻天旧居举行。进入21世纪后，贯彻中共中央进一步加强和改进未成年人思想道德建设的若干意见，区街两级紧密联系青少年思想实际和成长特点，充分利用校外辅导站、红色教育基地、社会人文纪念馆等各种教育平台，开展“八荣八耻”③“迎奥运、颂改革、建设精品崇安”等主题教育活动，引导广大青少年树立社会主义荣辱观，明辨是非，区别善恶，分清美丑，提高思想道德素养。各学校加强对德育新课程、新教材的实施和研究，以及各学科教学教材中德育因素的挖掘，把思想教育落实到课堂教学的各个环节；并把心理健康教育列入学生的“必修课”，广勤、广丰中学等5所学校被评为市心理健康示范学校。区少先队大队部每年组织“国防夏令营”“科普夏令营”“环保夏令营”“集邮夏令营”“同在一片蓝天下”特困生夏令营等丰富多彩的活动，健全未成年人的人格，提高青少年综合素质。2004年，贯彻市出台的加强和改进未成年人思想道德建设行动纲领，区成立未成年人思想道德建设领导小组，区教育局建立区教育党委、各片党支部和学校三级德育工作责任体系，形成全员育人、全程育人、全面育人的德育工作格局。各学校针对未成年人身心成长的特点，依托学校德育阵地和全市118处青少年爱国主义教育实践基地，开展爱党、爱国、爱人民的系列教育和道德实践，弘扬民族精神，树立社会主义荣辱观，引导未成年人养成良好的行为习惯。全区初步建立起区委统一领导、党政群齐抓共管、文明委组织协调、有关部门各负其责、全社会积极参与和支持的未成年人思想道德建设领导体制和工作机制。2005年，以青少年进学校、进家庭、进社会、进公共场所“四进”道德实践为载体，结合暑寒假、节庆日，开展形式多样的主题教育活动，引导青少年增强爱党、爱国、爱社会主义的情感。对校园内外环境、治安秩序、网吧和电子游戏场所等组织专项整治，创建“平安校园”，切实关注“未来新市民”和特殊青少年群体的德育教育和家庭教育。

组织开展小公民思想道德建设“四进”活动现场（2005）
（区委宣传部供稿）

①双有：心中有祖国、心中有他人。
②五自：自学、自理、自护、自强、自律。
③八荣八耻：以热爱祖国为荣、以危害祖国为耻；以服务人民为荣、以背离人民为耻；以崇尚科学为荣、以愚昧无知为耻；以辛勤劳动为荣、以好逸恶劳为耻；以团结互助为荣、以损人利己为耻；以诚实守信为荣、以见利忘义为耻；以遵纪守法为荣、以违法乱纪为耻；以艰苦奋斗为荣、以骄奢淫逸为耻。

【青少年教育典型选录】

义务教师朱取民 工运路街道冶坊场2号居民。原是小学校长，退休后将全部精力放在关心下一代工作上。建立小记者站并自任站长，每年暑寒假期间，培训小记者，带领孩子们采访，进行写作辅导。组织青少年学生开展丰富多彩的智力游戏活动，开发想像力和创造力。1998年，发动所在教工宿舍全体教师，争创“园丁育才楼”，组织帮困结对活动，帮助地区4户特困家庭子女解决生活困难，与学习差、表现差的“双差生”一对一补课，主动与学校沟通联系，加强对差生的教育帮助。2003年，被全国妇联授予“全国五好文明标兵户”称号，为无锡市获此殊荣的2户之一。

关心关爱青少年成长的伏敏 1985年，从区法院民庭庭长离休后，1988年起担任塔影中心小学校外辅导员，用无私奉献、关爱他人、扶贫济弱的实际行动，对学生进行思想道德教育，无偿资助单亲儿童、残疾儿童、贫困家庭儿童数百人次，先后资助25名特困生完成学业。1996年，与上马墩街道3户特困家庭、6名特困生、1名孤老结对挂钩。1986~2005年，累计捐款5万余元。同时，主动配合上马墩街道、社区开展青少年法制教育活动，引导青少年树立正确的人生观，做一个知法、懂法、守法的合格公民。先后被评为全国、省、市老干部先进个人，全国精神文明建设先进个人、省优秀校外教育辅导员。2005年，被民政部授予“全国社区志愿者之星”荣誉称号。

关心关爱青少年成长的伏敏（2005）
（上马墩街道供稿）

弃婴之母陈爱娣 工运路街道后太平巷7号居民。1946~1985年，先后收养4个弃婴，其中2人为残疾，三代六姓如一家。老大出生3天被遗弃，收养后生过两场大病，陈爱娣卖掉心爱的耳环支付医药费，并靠帮工、扫街等收入帮其把病治好。爱心领养的老三为痴呆低能儿，且下身残疾。为让3个孩子吃饱穿暖，廉价变卖乡下老屋。年过花甲的陈爱娣捡回的小女儿，一番辛苦养到三岁，竟是个哑女，不少人劝他们交给国家抚养，但老夫妻不愿给国家添麻烦。一路含辛茹苦，为老大置办婚事，培养老二高中毕业。1993年老伴病故后，生活负担更加沉重。年过七十的陈爱娣起早摸黑，靠做清洁工等收入弥补家用，为哑女治病，且考入上海一所美术学校。其“超越亲情的爱”得到人们的尊敬，事迹入选无锡市1993年度“十佳新人新事”，家庭被评为省五好家庭标兵户。

第三章 文明创建活动

1986年起，全区广泛开展文明行业、文明单位、文明村镇、文明机关等基础性创建活动。其后，创建范围不断扩大，创建内容不断更新，创建标准不断规范，创建水平不断提高，形成全方位、全覆盖的精神文明创建体系，为提高文明单位创建质量，区逐步完善创建管理体制，健全监督、自纠机制，注重发挥文明单位的先锋示范作用，不断探索新经济组织文明单位创建工作的新路子，在此基础上，推进文明城市创建。1999~2003年，区先后通过省市两级全国文明城市检查组考核，在2005年全国文明城市检查组的考评中，实现“不丢分、出亮点”，居民文明素质和社会文明程度不断提高。区房产管理行业、区公安行业分别被评为省、市2003~2004年度创建文明行业工作先进行业。迄2005年，全区有省市文明单位29个、区文明单位56个；省市文明社区9个、区文明社区33个。

第一节　文明城市创建

1986年，市委、市政府召开“创三优”动员大会，共建文明城市活动的序幕自此拉开。1987~1989年，贯彻市先后颁布的《关于禁止随地吐痰和乱丢杂物的通告》《无锡市禁止赌博的规定》《无锡市职工职业道德规范》《无锡市民社会公德守则》等文件，各街道普遍创办市民学校，进行社会公德、家庭美德教育，广泛开展军民共建、厂地共建、企地共建活动，组织“送温暖、献爱心、扶贫济困”活动，街道地区开展争创文明单位、文明街道、文明小区和“五好家庭”“五好文明家庭”活动，各行各业制定职业道德规范，开展争创“十大新风单位”“文明职工”活动。1990~1999年，围绕创建国家卫生城市、文明城市，加强城市环境卫生综合整治，开展“两讲五不”宣传教育活动，以中山路、人民中路为突破口，在全区掀起以治理“脏、乱、差”为主要内容的环境卫生整治热潮。广泛开展“学先进、树新风”和“告别陋习、倡导文明”等活动，引导广大市民“做文明人、办文明事、建文明城”。1997年3月，中山路被中共中央宣传部命名为“全国创建文明城市示范点”。2000年，全面转入国家文明城市创建后，区成立创建文明城市领导小组，负责全区文明城市创建工作的组织部署、指导协调和检查督促，并下设办公室。按照市提出的人员素质、社会风尚、民主法制建设、城市建设、综合管理五个方面的创建文明城市目标和要求，细化为8大类128个项目的目标体系，其中，精神文明建设目标63项，包括市民言行文明、各类服务优质、科教文卫发展、宣传设施完善等内容。街道、居民委员会相应建立创建组织机构，成立社区、窗口、家庭、青年四支志愿者队伍。启动“树文明新风、创文明城市”系列工程，发出《致全区居民的一封信》，开展“讲文明、争做表率，树新风、从我做起”万人签字活动。区开展“文明交通、造福万家”交通秩序综合整治，组织百名小学生组成10支交通小卫士宣传队，向主次干道两侧1000多家商店发出《告诫书》，引导市民“走文明路、行文明车、做文明人”，在《今日崇安》连续10期开设交通专栏，对辖区居民和单位职工宣传交通安全知识。并与驻无锡部队、市交巡警大队、中山路沿街14家企事业单位签订创建合约，500多名志愿者参与创建

机关干部参加“清洁无锡”行动（2003.9）　（区委宣传部供稿）

社区志愿者交通协勤（2005）　（区委宣传部供稿）

中山路文明示范街为民服务活动”。2001年，结合国家卫生城市复查、国家优秀旅游城市复查、全国优秀园林城市考核，区又出台进一步推进全国文明城市创建工作实施意见，提出以提高市民素质和城市文明程度、落实长效管理为重点、以群众满意为标准的10项具体工作任务，持续开展对无证摊担、交通秩序、河道船舶、夜排档和白色污染等专项整治，落实长效管理措施，提高创建水平。围绕“解放思想、创新发展”，开展“新世纪无锡形象”大讨论，在窗口行业、文明单位普遍建立“员工学校”，开展培训。2002年，围绕深化文明行业、文明单位创建，开展“打假治劣”“百城万店无假货”活动，靖海副食品市场被评为江苏省2001~2002年度文明市场。实施无锡市市民道德法制教育五年规划，下发市民道德法制教育读本、市民学法手册，成立127人组成的志愿者宣讲团，组建55所市民学校，建立10所企业单位员工学校。举办为期一个月的区“道德之星”先进事迹巡回报告会。2003年，围绕提高人的素质、提高城乡文明程度，组织市民参加“清洁无锡”行动、市举办的第一个“公民道德宣传日”，开展“告别陋习、走向文明”主题教育和“迎太博、迎国庆”环境整治、“市民文明交通工程”等一系列活动，顺利通过中共中央文明办对无锡争创全国文明城市测评中试考核。2004年，围绕争创首批全国文明城市目标，对照全国文明城市测评体系和市下达的创建任务，进一步深化全国文明城市创建，区制定《崇安区关于创建文明城区活动的实施意见》《关于在全区开展“爱我无锡，美化家园”市容环境卫生集中整治的实施意见》《关于加强和改进未成年人思想道德建设的实施意见》，开展“文明行动进万家”系列活动，内容包括文明交通、道德规范、平安创建、爱心接力、绿色环保等。组织“文明交通”“市容卫生”“平安创建”三大战役，实施“学校育人”“家庭育人”“社区育人”“实践育人”“阵地育人”“环境育人”“队伍育人”七大工程。设立无锡市城区首个爱心助学专项资金，募集资金120万元。全区注册志愿者达1.5万多人，占总人口的8%，在全市率先达到全国文明城市创建指标。区获市“太湖杯”城市管理创优考评一等奖，被评为江苏省社会治安安全区。2005年，对照《全国文明城市测评体系》8大类128项测评指标，全面开展整改达标迎检，突出重点，狠抓薄弱环节，组织专项整治，加强规范管理，提升基础创建水平。在全国文明城市检查组在锡测评中，崇安区受检的8条道路、3个广场、4条商业街及10个社区，均实现“不丢分、出亮点”，确保无锡市继1999年、2002年两次荣获“全国创建文明城市工作先进城市”称号后，再次获此殊荣。

第二节　文明单位创建

1986年后，区把文明单位创建作为加强社会主义精神文明建设的重要举措，作出部署，组织开展文明街道、文明居委、文明工厂、文明商店、文明学校等创建活动。90年代后，贯彻《无锡市文明单位建设管理办法》，规范完善文明单位创建标准、日常管理、考核办法，从文明单位创建发展到文明小区（社区）、文明行业创建。区房产管理局被评为市2003~2004年度文明行业、省创建精神文明行业工作先进行业，公安崇安分局被评为市创建文明行业工作先进行业。迄2005年，全区有省文明单位2个，市文明单位27个，区文明单位56个；区文明社区33个，其中市文明社区8个，省文明社区1个。

【文明单位】

区文明单位创建活动始于1984年，其评比标准为市提出的“六好”：思想政治工作深入，精神文明好；环境整洁优美，讲究卫生好；实现安定团结，社会秩序好；坚持为民宗旨，服务态度好；发扬社会主义新风，计划生育好；生产持续发展，工作成绩好。是年7月，全区评出区文明单位59个，其中连元街小学、白小荡小学被评为市文明单位。1985年，围绕创“三优”活动，推动文明单位创建。区出台《崇安区文明单位考核验收细则》，细化文明街道（居委）、文明商店、文明学校、文明工厂评比标准。是年，评出区文明单位158个，其中学前街街道、复兴路街道被评为市文明单位。1986年，文明单位创建与共建精神文明相结合，从军民、警民共建发展到厂地共建精神文明，全区92个居委与所在地区327个单位挂钩共建。是年，全区评出区文明单位198个。1988年，区文明单位发展到252个，其中工运桥街道被评为1986~1987年度省文明单位。1990年后，区文明单位评选由1990年前每年一次（7月评选、12月复查验收）改为每两年一次（第一年评选、次年复查）。1992年，区出台《文明单位建设管理条例》，加强文明单位基础管理工作，废除“终身制”，实行动态管理，严把质量关，确保创建质量，文明单位创建活动逐步向组织领导规范化、规划目标具体化、考核标准科学化、日常管理制度化方向发展。是年，区文明单位数量减少到118个，市文明单位保持14个，工运路街道继续保持省文明单位称号，连元街小学跻身1989~1990年度省文明单位行列。1993年，评出区文明单位117个，市文明单位增加到15个，工运路街道、连元街小学继续保持省文明单位称号。1995年，连元街小学连续3次保持省文明单位称号，崇安人民医院被评为1993~1994年度省文明单位，城市建设综合开发公司等15个单位被评为市文明单位。1999年，评出区文明单位61个，市文明单位保持15个，连元街小学连续5次评为省文明单位，崇安人民医院连续3次保持省文明单位称号，崇安寺街道办事处跻身1997~1998年度省文明单位行列。2003~2004年，崇安寺街道办事处被评为省文明单位标兵，无锡市连元街小学、崇安人民医院、崇安区环境卫生管理处、崇宁路实验小学、崇安区人民法院等被评为省文明单位。2004~2005年，广益街道办事处等27个单位被评为市文明单位，56个单位被评为区文明单位。

1986～2005年崇安区获市、区文明单位称号一览表

表26-3-1　　　　单位：个

年　度	市文明单位	区文明单位	年　度	市文明单位	区文明单位
1986	—	198	1994~1995	15	—
1987	13	238	1996~1997	15	64
1988	—	252	1998~1999	15	61
1989	14	243	2000~2001	22	56
1990	—	212	2002~2003	23	61
1991	14	118	2004~2005	27	56
1992~1993	15	117			

说明：1.上述资料由区委宣传部提供。2. 1994~1995年度区文明单位数据缺失。

1997～2005年崇安区获江苏省文明单位称号一览表

表26-3-2

年　度	省文明单位	省文明单位标兵
1997~1998	无锡市连元街小学 崇安人民医院 崇安寺街道办事处	—
1999~2000	无锡市连元街小学 崇安人民医院 崇安寺街道办事处 崇安区园林绿化管理处	—
2001~2002	无锡市连元街小学 崇安寺街道办事处 崇安区园林绿化管理处 崇安区环境卫生管理处 崇宁路中心小学 崇安人民医院	—
2003~2004	无锡市连元街小学 崇安人民医院 崇安区环境卫生管理处 崇宁路实验小学 崇安区人民法院	崇安寺街道办事处

续表26-3-2

年　度	省文明单位	省文明单位标兵
2005～2006	崇安寺街道办事处 无锡市连元街小学	—

说明：上述资料由区委宣传部提供。

【文明社区（村）】

90年代起，市启动文明示范小区创建，区以争创“五好家庭”“文明户”为抓手，在街道地区开展文明示范小区创建活动。1995年，德兴巷、塔影一村、田基浜、新睦园4个小区被评为市文明示范小区。1997年，文明示范小区改为文明小区创建，全市以“基础设施配套、社区服务完善、社区教育深入、环境优美整洁、社会秩序良好、文体活动丰富、综合效益明显”为文明小区标准，以治理脏、乱、差为突破口，开展文明小区创建活动。是年，江海新村、风雷新村被评为市文明小区，20个小区被评为区文明小区。1999～2000年，以推进社区服务设施建设和加强社区管理服务为重点，开展创建文明特色楼院，促进文明小区创建活动的深化。是年，160幢大楼被评为区文明大楼，并涌现出一批“读报楼”“放心楼”“互助楼”“绿化楼”等特色楼院典型。广丰一村、上马墩（南）、江海新村3个小区被评为1999～2000年度省文明小区。2001年，文明小区转为文明社区创建。贯彻市《关于推进我市社区建设工作的意见》和《关于在全市开展创建文明社区工作的实施意见》，把文明社区创建作为创建文明城区、文明城市的基础工作来抓，以提高城市文明程度、提高居民文明素质、提高居民生活质量为目标，以群众满意为根本标准，创建“基础设施配套、生态环境优美、社区秩序井然、社区服务完善、文化生活丰富、综合效益显著、道德风尚良好、群众满意放心”的现代城市文明社区。是年，东河花园社区被省文明办、省民政厅命名为江苏省首批文明社区示范点。2002年，组织科技、文体、法律、卫生、道德规范“五进”社区等活动，丰富创建活动的形式和内容。在东河花园社区开展创建学习型社区试点。是年，学前街街道前西溪、工运路街道老戏馆弄、崇安寺街道道长巷、周山浜街道永安街、广瑞路街道广丰新村、上马墩街道塔影一村、江海街道宁海里（南）等15个社区被评为2000～2001年度区文明社区。人民路街道东河花园、广瑞路街道广丰一村、上马墩街道上马墩（南）、学前街街道汤巷、江海街道江海新村和风雷新村6个社区被评为2000～2001年度市文明社区。广益镇尤渡村、丁村村被评为市文明村，尤渡村还被评为2001～2002年度省文明村。2003年，区成立创建文明社区领导小组，制定《关于加强文明社区创建工作的意见》，以示范社区建设为重点，拓展特色社区的内涵，各社居委结合自身实际，开展“一社区一品牌”的主题创建活动，着力培养邻里互助型、道德学习型、知识普及型家庭以及互助楼、清风楼、读书楼、平安楼、新风楼、绿化楼、尊老爱幼放心楼等特色楼院，在东河花园开展创建学习型社区试点。同时，通过参与、参评、考评等方法，完善创建机制，推广社区工作委员会制度，提高居民群众参与创建文明社区的积极性。是年，人民路街道东河花园社区、江海街道风雷新村（西）社区被评为2002年度市文明社区。学前街街道新街巷、崇安寺街道连元街、上马墩街道塔影二村3个社区被评为市创建文明社区工作先进社区。2004年，在文明社区创建中，总结推广广瑞一村社区建立新市民亲情理事会的经验，完善社区志愿者服务网络体系，扩大“五进”社区活动覆盖面。2005年，贯彻市《关于加强精神文明创建活动规范管理的意见》和文明社区管理办法，开展“学习型创新型社区”“绿色社区”等创建活动，推动创建工作向经常化、规范化、制度化发展。是年，崇安寺街道东河花园、胜利门、新街巷和广瑞路街道广丰新村、上马墩街道塔影二村、江海街道风雷新村（西）6个社区，广益街道尤渡、莫家庄2个村被评为2003～2004年度市文明社区（村）。东河花园社区被评为2003～2004年度省文明社区。江海街道宁海里（南）、崇安寺街道连元街和汤巷、江海街道金海里、通江街道老戏馆弄5个社区被评为市创建文明社区工作先进社区。广益街道尤渡村继续被评为2003～2004年度省文明村。迄2005年，有区文明社区33个，其中市文明社区8个，崇安寺街道东河花园社区继续保持省文明社区荣誉称号，广瑞路街道广丰三村社区被评为省创建文明社区工作先进社区。

2000～2005年崇安区获市、区文明社区（村）称号一览表

表26-3-3

年度	市文明社区（村）	年度	区文明社区（村）
2000~2001	人民路街道东河花园社区 广瑞路街道广丰一村社区 江海街道江海新村社区 上马墩街道上马墩（南）社区 江海街道风雷新村社区 学前街街道汤巷社区 广益镇尤渡村 广益镇丁村村	2000~2001	人民路街道东河花园社区 崇安寺街道崇安寺社区 崇安寺街道道长巷社区 学前街街道汤巷社区 学前街街道前西溪社区 工运路街道老戏馆弄社区 工运路街道陈白头巷社区 周山浜街道永安街社区 广瑞路街道广丰新村社区 广瑞路街道丰环新村社区 上马墩街道塔影一村社区 上马墩街道塔影二村社区 江海街道风雷新村（西）社区 江海街道风雷新村（东）社区 江海街道宁海里（南）社区 广益镇尤渡村 广益镇丁村村
2002	人民路街道东河花园社区 江海街道风雷新村（西）社区	2002	崇安寺街道连元街社区 学前街街道新街巷社区 学前街街道勤学路社区 人民路街道中市桥巷社区 人民路街道人民路社区 工运路街道工艺路社区 上马墩街道塔影苑社区 广瑞路街道广益新村社区 广瑞路街道广瑞二村社区 江海街道风顺里社区 江海街道宁海里（北）社区 周山浜街道庆丰里社区
2003~2004	崇安寺街道东河花园社区 崇安寺街道胜利门社区 崇安寺街道新街巷社区 广瑞路街道广丰新村社区 上马墩街道塔影二村社区 江海街道风雷新村（西）社区 广益街道尤渡村 广益街道莫家庄村	2003	学前街街道百岁坊巷社区 江海街道金海里社区 上马墩街道春晖社区 崇安寺街道书院弄社区 人民路街道田基浜社区 广瑞路街道广瑞三村社区 广益镇尤渡村 广益镇莫家庄村 广益镇广丰村 广益镇丁村村
2005~2006	崇安寺街道东河花园社区 崇安寺街道胜利门社区 崇安寺街道新街巷社区 广益街道莫家庄社区 通江街道陈白头巷社区 上马墩街道塔影二村社区 广瑞路街道广丰三村社区 江海街道风雷新村（西）社区	2004	崇安寺街道南市桥巷社区 崇安寺街道崇宁路社区 崇安寺街道后西溪社区 通江街道周山浜社区 通江街道锡沪路社区 广瑞路街道广瑞一村社区 江海街道顺和里社区 上马墩街道靖海社区 上马墩街道简新社区

说明：1. 上述资料由区委宣传部提供。2. 上表中“区文明社区”为当年新命名社区。

第二十七编

教 育

崇安区教育历史悠久，学校集中。创办于北宋嘉祐三年(1058)的县学宫，时为无锡唯一的官立学校。创办于清光绪二十四年(1898)的连元街小学（原竢实学堂），是中国创办最早的新式学堂。东林小学（原东林书院）、通汇桥小学（原城北小学）、东林中学（原私立竞志女学、县立女子师范学校）、亭子桥小学（原城东学堂）、新开河小学（原圣婴院）、后西溪小学（原私立政益初级小学）、白水荡小学（原女子职业学校）、崇安寺小学、江苏省无锡高等师范学校（原省立第三师范）、江苏省无锡高等师范学校附属小学（原省立第三师范附属小学）、崇宁路小学（原县立女子师范学校附属初级小学）等均先后创办于清光绪二十八年至民国3年（1914）。无锡解放初，辖区有小学39所。无锡解放后，政府接管12所公立学校并进行改造。1956年，全区所有私校改为公校。1958年，区内建立多所民办小学。20世纪70年代初起逐年撤并所有民办小学。1978年中共十一届三中全会后，随着旧城改造和居民新村的不断涌现，先后撤并6所规模较小的城区小学，新建7所新村配套小学，1984年，在全省率先开办为全区弱智儿童提供特殊教育服务的崇安区辅读学校。至1985年，辖区内有区属小学22所，学生1.31万人，教职工864人；幼儿园31所，入园儿童4780人，教职工284人。

1986~1992年，区贯彻《中华人民共和国义务教育法》，按照《江苏省实施义务教育标准》，大力改善办学条件，积极推进教育综合改革，以升学为中心的应试教育逐步转到以提高素质为核心的国民基础教育，学龄前儿童的入学率、巩固率不断提高，九年制义务教育的人口覆盖率达100%，形成从幼儿教育、小学教育到成人教育、特殊教育等富有城区特色的教育体系。1993年，区首批通过省基本普及九年义务教育、基本扫除青壮年文盲“两基”达标验收。1993~2001年，确立教育优先发展的战略地位，全面推进教育现代化工程，结合学校布局调整，以教育装备现代化为切入点，加强小学、幼儿园校舍和基础设施标准化建设，新建新村配套小学3所，撤并南巷等规模较小的小学5所。特殊教育纳入义务教育轨道，区被评为全国特殊教育先进区。以岗位培训和继续教育为重点的成人教育不断发展，区先后被确定为市、省社区教育实验区。其间，区财政用于教育事业投入9408万元。2001年底，全区小学、幼儿园均通过基本实现教育现代化验收。2002~2005年，实施区域教育均衡化、现代化工程，按照“突出重点、优化布局、提高水平、均衡发展”的要求，以“撤小、扶优、做大”为原则，先后撤并新生路等10所小学，重点扩建连元街等5所小学，新建保利小学，接纳广益镇归属小学2所，并创建民办金桥双语实验小学、民办连元实验小学，在全市率先建成集成人教育、职业教育和社区教育于一体的社区培训学院，教育规模、结构和资源明显优化，形成“布局合理、发展均衡、内涵丰富”的现代教育体系。其间，区财政用于教育事业投入1.07亿元，在全市率先实现信息“校校通”，所有班级建成“三有”（有背投电视机、多媒体电脑、视频展示台）信息化教室，电脑生机比提高到7.92:1。各学校注重校本优势和潜能的开发，形成各自特色教育优势，在市内外有较大影响。小学生入学率、巩固率、毕业率分别达到100%、100%、99.5%，学龄前儿童入学率提高到98.9%。2005年，东林中学（初中）、胜利门中学、广勤中学、广丰中学、塔影中学5所市属中学划归区管理后，全区义务教育体系进一步完善。是年，省政府对区“双高普九”专项督导时评价：“崇安教育最大特色不仅体现在高位的办学条件上，更体现在高位的管理、高位的创新、高位的质量上”和“四化四高位均衡”（学校布局合理化、校园建设精品化、教育装备现代化、优质资源扩大化，队伍建设高位均衡、常规管理高位均衡、教科研水平高位均衡、教育特色个性化高位均衡）。

迄2005年，全区有中学5所，建筑面积5.67万平方米，在校学生5757人，教职工550人。小学17所（含2所民办小学和辅读学校），建筑面积由1985年的4.72万平方米增加到13.32万平方米，在校学生1.60万人，教职工1109人，其中省实验小学6所、市实验小学5所。有幼托园所23所，建筑面积由1985年的1.10万平方米增加到3.48万平方米，入园幼儿4841人，教职工506人，其中省示范性实验幼儿园4所、市一类幼儿园6所、二类幼儿园13所。辖区还有市属大专院校2所、市属中学5所、市属小学1所。

第一章　学前教育

1985年，全区有各类幼儿园31所，占地面积1.46万平方米，建筑面积1.10万平方米，有123个班，入园儿童4780人，教职员工284人。其中教育部门办18所、妇联（街道）办13所。另有居委办托儿所64所。此后，随着入托、入园幼儿人数逐年减少，居委办托儿所逐步被撤并。随着全区小学启动教育现代化工程，幼儿园布局相应调整，1986~2000年，新开办幼儿园8所，撤并16所，布局更趋合理，办园条件明显改善，基本实现教育现代化。2000年后，幼托园所布局进一步优化，形成托幼一体化，业务管理系统化、整体化、科学化的格局。迄2005年，全区有各类幼儿园23所（不含红旗幼儿园），占地面积3.97万平方米，建筑面积3.48万平方米，有班级148个，入园幼儿4841人，教职员工506人。其中教育部门办13所、妇联（街道）办8所（不含红旗幼儿园），民办幼儿园2所。被评为江苏省示范性实验幼儿园4所，市一类幼儿园6所、二类幼儿园13所。辖区另有市属幼儿园1所、企事业单位幼儿园3所。

同时，各幼儿园注重贯彻《幼儿园工作规程》，根据幼儿身心特点和学前教育规律，积极推进教育教学改革，开发适合实际的“园本课程”，使幼儿在参与活动中获得成功感，在充满童趣的课程教育中获得身心全面和谐发展，形成各自的办园特色，全区有以双语教育为特色的区中心幼儿园，以“幼儿心理健康教育”为特色的连元街小学附属幼儿园，以艺术教育为特色的小荧星艺术幼儿园、二勤幼儿园，以健康教育为特色的宁海里小学附属幼儿园等。

第一节　幼托园所

80年代，为解决幼儿入园入托难，满足对学龄前幼儿实施良好早期教育的需要，区有关部门、街道大力开办幼儿园、托儿所。1985年，有区教育部门、区妇联（街道）办幼儿园31所，开设班级123个，入园幼儿4780人。有居委办托儿所64所。此后，随着幼儿入园入托难的高峰逐渐缓解，幼托园所几经撤并、调整，大量减少，小学附设幼儿园学前班逐步停办，同时，由于新村小区不断新建，开办配套幼儿园9所，广益镇归属后，又划入幼儿园4所。迄2005年，全区有区教育部门、区妇联（街道）办幼儿园21所（不含红旗幼儿园），开设班级132个，入园幼儿4361人。另有创办于2005年的民办万佳幼儿园，占地面积1247平方米，建筑面积957平方米，9个班，入园幼儿250人，教职员工28人；转制为民办的广瑞路街道中心幼儿园，占地面积950平方米，建筑面积668平方米，7个班，入园幼儿230人，教职员工18人。此外，辖区还有直属市教育部门和企事业单位幼儿园4所，占地面积9036平方米，建筑面积7360平方米，有54个班，入园儿童1629人，教职工169人。

【幼儿园】

区教育部门幼儿园　1985年，全区有区中心幼儿园和二勤、塔影一村、卫星4所独立幼儿园，及连元街、崇宁路、广勤路、通汇桥、亭子桥、周山浜、崇安、新开河、后西溪、大同路、胜利门、学前街、东新路、缫工一校14所小学附属幼儿园，开设学前班54个，入园幼儿1946人，教职员工111人。1986年后，因小学布局调整，胜利门、学前街、崇安、缫工一校、东新路、大同路、周山浜、后西溪、通汇桥9所小学附属幼儿园先后撤并。同时，因新建新村小区，1986年、1988年、1990年，相继开办广新、靖海、江海3所独立幼儿园，1991年、1997年又先后增设风雷新村、宁海里2所小学附属幼儿园。

1997年12月，留芳声巷幼儿园改属区教育部门管理，为独立幼儿园。2004年，风雷新村小学附属幼儿园与区妇联（街道）办塔影二村幼儿园合并为独立幼儿园（2005年8月更名为江苏省无锡小荧星艺术幼儿园）。迄2005年，全区有教育部门办幼儿园13所，占地面积2.62万平方米，建筑面积2.38万平方米。其中有区中心幼儿园、小荧星艺术幼儿园和留芳声巷、二勤、塔影、卫星、靖海、江海、广新9所独立幼儿园，班级56个，入园幼儿1919人，教职员工216人；连元街、亭子桥、宁海里、通江4所小学附属幼儿园，开设班级29个，入园幼儿867人，教职工114人。

位于周山浜地区的卫星幼儿园（2005）　（孙怡摄）

1985年崇安区教育部门幼儿园情况一览表

表27-1-1　　单位：人、个

园名	班级数				幼儿数	教工数	园址
	小计	小班	中班	大班			
崇安区中心幼儿园	6	—	2	4	205	17	圆通路24号
连元街小学幼儿园	4	—	—	4	128	9	长大弄41号
崇宁路中心小学幼儿园	2	—	—	2	78	5	崇宁路4号
后西溪中心小学幼儿园	3	—	—	3	94	4	后西溪24号
通汇桥中心小学幼儿园	2	—	—	2	71	2	万前路16号
广勤路中心小学幼儿园	3	—	—	3	100	5	锡沪弄77号
亭子桥中心小学幼儿园	2	—	—	2	59	4	井亭街27号
新开河小学幼儿园	3	—	—	3	105	5	新开河3号
崇安小学幼儿园	1	—	—	1	34	1	大娄巷67号
胜利门小学幼儿园	1	—	—	1	10	1	道长巷14号
学前街小学幼儿园	1	—	—	1	27	2	学前街152号
大同路小学幼儿园	1	—	—	1	45	1	周新里100号
东新路小学幼儿园	2	—	—	2	67	4	长庆路151号
周山浜小学幼儿园	2	—	—	2	86	4	广勤二支路55号
缫工一校幼儿园	2	—	—	2	64	5	长庆路49号
二勤幼儿园	5	3	2	—	185	10	勤学路32号
塔影一村幼儿园	7	3	2	2	272	17	塔影一村90号
卫星幼儿园	7	4	3	—	316	15	庆丰里109号
合计	54	10	9	35	1946	111	

说明：上表资料由区教育局提供。

2005年崇安区教育部门幼儿园情况一览表

表27-1-2　　单位：人、个、平方米

园名	园址	幼儿	班级					教职工	占地面积	建筑面积	创办年份
			小计	大班	中班	小班	苗班				
崇安区中心幼儿园	圆通路24号	360	12	3	3	3	3	43	6160	5169	1984
小荧星艺术幼儿园	上马墩一村54号	277	9	2	2	3	2	38	3200	2800	1991
宁海里小学幼儿园	宁海里102号	232	7	2	2	2	1	29	3062	2300	1997
连元街小学幼儿园	大娄巷69号	260	9	2	3	2	2	36	2260	3322	1948
留芳声巷幼儿园	留芳声巷30号	149	5	2	1	1	1	24	933	1406	1958
通江小学幼儿园	锡沪弄108号	216	7	3	2	2	—	27	1334	2175	1955
亭子桥小学幼儿园	唐巷73号	114	4	1	1	1	1	13	2086	815	1955
二勤幼儿园	勤学路32号	218	7	2	2	2	1	23	894	1152	1956

续表27-1-2

园 名	园 址	幼儿	班 级					教职工	占地面积	建筑面积	创办年份
			小计	大班	中班	小班	苗班				
塔影幼儿园	塔影一村70号	153	4	1	1	1	1	14	687	487	1981
卫星幼儿园	庆丰里2号	173	5	2	2	1	—	21	720	932	1958
靖海幼儿园	靖海新村78号	265	8	2	3	3	—	33	2351	1862	1988
江海幼儿园	江海新村21号	199	5	2	2	1	—	17	867	626	1990
广新幼儿园	广益新村33号	170	3	1	1	1	—	12	1633	790	1986
合 计		2786	85	25	25	23	12	330	26187	23836	

说明：上表资料由区教育局提供。

区妇联（街道）幼儿园 1985年，全区有妇联（街道）开办的大成巷、红旗、留芳声巷、欢喜巷、镇巷、所弄、快乐、万巷、广瑞、广丰、塔影二村、丰环、亭子桥13所幼儿园，开设班级69个，入园幼儿2834人，教职员工173人。1986年，广瑞路街道开办广益新村幼儿园。90年代后，随着生源减少和旧城改造推进，欢喜巷、镇巷、所弄、快乐、丰环新村、塔影二村等幼儿园先后撤并，1991年，新设广瑞路街道中心幼儿园。1997年，江海街道新设金海里托幼中心；大成巷幼儿园划归区妇联管理，更名为区中心托儿所。2001年，广丰新村幼儿园撤并，区中心托儿所更名为区实验托幼中心。2002年，广益镇归属，增加广益中心幼儿园和尤渡、广益、黄泥头4所幼儿园，工运路街道通惠路居委托儿所更名通惠托幼中心。2003年，万巷幼儿园因城市拆迁被撤并。2005年，广瑞路街道中心幼儿园转制为民办幼儿园；亭子桥幼儿园并入区实验托幼中心，为区实验托幼中心分部。迄2005年，全区有区妇联（街道）办幼儿园8所（不含红旗幼儿园），占地1.14万平方米，建筑面积0.94万平方米。有班级47个，入园幼儿1575人，教职员工130人。

广益中心幼儿园（2005） （严岩摄）

1985年崇安区妇联（街道）办幼儿园情况一览表

表27-1-3 单位：个、人

园 名	班 级					幼 儿		教职员工		创办年份	园 址
	合计	大班	中班	小班	托班	合计	女	合计	教师		
大成巷幼儿园	12	2	4	6	—	595	294	36	26	1958	大成巷25号
红旗幼儿园	5	—	2	2	1	196	93	12	11	1958	县下塘21号
所弄幼儿园	4	1	1	1	1	140	65	9	6	1958	所 弄10号
万巷幼儿园	6	1	2	2	1	229	121	16	14	1958	和乐里26号
快乐幼儿园	4	—	1	2	1	158	89	11	8	1958	新街巷30号
欢喜巷幼儿园	4	—	2	2	—	159	73	10	8	1958	欢喜巷24号
留芳声巷幼儿园	4	—	2	1	1	163	81	9	8	1958	留芳声巷33号
镇巷幼儿园	4	—	1	2	1	129	68	9	8	1958	镇 巷3号
亭子桥幼儿园	7	2	2	3	—	306	157	18	14	1958	后熙春街30号
塔影二村幼儿园	3	1	1	1	—	130	77	8	7	1985	塔影二村8号
广瑞幼儿园	4	1	1	2	—	170	85	9	9	1981	广瑞二村
广丰幼儿园	5	1	2	2	—	182	78	11	11	1982	广丰一村
丰环幼儿园	7	1	2	3	1	277	109	15	12	1984	丰环新村
合 计	69	10	23	29	7	2834	1390	173	142		

说明：上表资料由区教育局提供。

2005年崇安区妇联（街道）办幼儿园情况一览表

表27-1-4　　　　单位：人、个、平方米

园　名	园　址	幼　儿	班　级	教职工	占地面积	建筑面积	创办年份
区实验托幼中心	复兴路132号	143	4	15	435	530	1955
广益新村幼儿园	广益新村33号	175	5	11	1715	1589	1986
通惠托幼中心	德福苑小区	107	3	9	240	550	1976
广益中心幼儿园	广瑞路丁村地段	296	7	22	1340	1550	1987
尤渡幼儿园	广南路828号	257	7	20	1593	869	1980
广益幼儿园	广泽路与广丰路交叉处	348	10	36	4662	3103	1997
金海里托幼中心	金海里后门14号	166	7	10	1000	800	1997
黄泥头幼儿园	黄泥头村	83	4	7	368	375	1972
合　计		1575	47	130	11353	9366	

说明：1. 上表资料由区教育局提供。2. 红旗幼儿园因面临拆迁，未列入。

【托儿所】

1985年，全区有居委办托儿所64所，另有区妇联（街道）办的7所幼儿园设有托班。1988年，居委办托儿所增至85所。80年代末90年代初，随着婴儿人数减少，加之部分居委托儿所设施相对落后，师资相对较差，不能满足居民群众的要求，居委办托儿所逐步被撤并，1989年减至65所，并逐年减少，1996年仅剩36所。2000～2005年，随着托幼一体化进程的推进，托儿所全部被撤销，幼儿园开办苗苗班，接收不满3周岁的婴儿。

通惠托幼中心　前身为创办于1976年8月的通惠路居委托儿所。80年代，在市、区幼教业务交流评比中多次名列前茅，先后在省、市、区乃至全国同行中展示交流，公开教学听课3000余人次，其自制教玩具、“一物多玩”的教育方法得到好评。90年代，先后被评为市一类托儿所、市示范托儿所。1997年，汉昌路托儿所并入。2002年4月，迁入德福花园小区，用房建筑面积扩大到550平方米，并更名为崇安区通惠托幼中心，实行托幼一体化教育。2003年后，工运路街道出资10万元，进行内部更新改造，添置现代化教育设施。2005年，开设3个班，幼儿107人，教职员工9人。

附：市属及企事业单位幼儿园简介

无锡市实验幼儿园　前身是创建于1952年的市文教托儿所，位于大河上秦家祠堂。1955年，搬迁至“圣公会”，更名为市文教幼儿园。1957年，迁至通德桥。1958年，市医工幼儿园并入后，又迁至东河头巷，另在人民路设分部。“文化大革命”期间，更名为市职工幼儿园。1981年，更名为无锡市实验幼儿园，成为江苏省最早的实验示范园，也是无锡市第一所省级示范性实验幼儿园。是年，市教育局拨款40万元，新建园舍500平方米，总面积达到1886平方米，绿化面积1328平方米。1988年，被评为市一类幼儿园。1990年，有教职员工28人、班级6个、入园幼儿194人。1999年，移地重建至学前东路10号。办园规模随之进一步扩大。为满足社会对优质学前教育资源的需求，幼儿园积极探索不同的办学模式，2000年，创办公有民营体制的实验幼儿园新区分园；2003年，与市学前教育实验中心联合开办“0点欢乐亲子园”，并承办无锡国际学校幼儿部（爱儿星国际早教园前身），为无锡国际学校实现中外合作办园奠定良好的基础。幼儿园以“爱”为魂、以“实”为本，创新求进，争创一流，先后荣获全国巾帼文明岗、全国青年文明号、省文明单位、省文明学校、省和谐校园、省平安校园、省教科研先进集体、省陶行知教育思想研究先进集体、省绿色幼儿园、省青年文明号、省现代教育技术示范学校等荣誉称号。2005年，占地面积3214平方米，建筑面积1886平方米，有托、小、中、大4个年级班级31个，入园幼儿922人，教职员工82人。

企事业单位幼儿园　1986年，辖区有国棉二厂、漂染厂、针织总厂等国有大中型企业及市商业局、

公安局等政府机关开办的幼儿园，原则上招收本单位职工幼儿，由企事业单位自主办园。90年代后，随着适龄幼儿人数逐年减少和企业后勤服务逐步社会化，大部分企事业单位幼儿园先后停办。1992年，新增广厦幼儿园。迄2005年，辖区有商业幼儿园、公安幼儿园、广厦幼儿园3所。其中创办于1956年的商业幼儿园占地面积4250平方米，建筑面积3530平方米，开办班级15个，入园幼儿477人，有教职员工58人；创办于1958年的公安幼儿园占地面积1257平方米，建筑面积1498平方米，开办班级4个，入园幼儿128人，有教职工18人；创办于1992年的广厦幼儿园占地面积315平方米，建筑面积446平方米，开办班级4个，入园幼儿102人，有教职员工11人。

第二节　教育教学

【体　制】

1986年前，区内独立幼儿园、小学附属幼儿园由区教育部门负责管理，街道办幼儿园由区妇联负责管理，地区托儿所由所在街道负责管理。独立幼儿园实行园长负责制，小学附属幼儿园实行校长领导下的园长负责制，并由区中心幼儿园负责全区幼儿园的示范辅导。1986年，区妇联（街道）办幼儿园全部改由区文教局管理。1989~1997年，全区幼儿园的教育、教学和业务培训等工作指导，由设在区教育局内的区幼儿教育办公室负责。1997年7月区妇联成立副科级建制的区托儿教育管理办公室后，全面负责幼儿园、托儿所管理，履行学前教育组织协调检查监督职能，牵头区教育、卫生等部门组织对全区幼儿园创市级一类、二类幼儿园的评估验收，并以区中心托儿所为示范，加强街道地区托儿所的日常检查和指导。2000~2004年，进行幼儿教育体制改革的探索，从托幼管理体制一体化发展到实施托幼教育一体化模式，街道幼儿园、居委托儿所的示范辅导由区实验托幼中心负责。广益镇4所幼儿园的条线业务分别归口区妇联、区教育局。部分区妇联（街道）办幼儿园实施园长承办制。2005年区推进学前教育事业发展领导小组成立后，原隶属于区妇联的托儿教育管理办公室、实验托幼中心归口区教育局管理。区成立早教指导中心和婴幼儿保健指导中心，各街道相应成立早教指导站和婴幼儿保健指导站，形成覆盖全区的学前教育体制。同时，根据幼儿发展特点，完善托幼一体化的教育教学方式，促进幼儿个性和谐发展。

幼儿教育培养一角（2000）　　（汤锡璋摄）

【学　制】

80年代后，幼儿园学制4年改为3年，依年龄大小，由小小、小、中、大四个年级改为小、中、大三个年级，收3~5周岁幼儿。有条件的幼儿园招收2~3周岁的幼儿，开办托儿班。1986年，14所小学开办一年制学前班（俗称半年级），收5周岁幼儿入学，90年代后，逐步停办。2000年后，随着托幼一体化教育的全面实施，幼儿园招收学龄前幼儿年龄向下延伸至2周岁。幼儿园学制又从3年改为4年，改为大、中、小、苗苗四个年级。迄2005年未变。

【教　材】

1986~1988年，幼儿园使用教材以全国统编教材为主，同时根据各园实际，参考外地教材及江苏省教育厅编写的学前班教材。根据教育部《幼儿园教育纲要（试行）》，幼儿教育内容和要求分为卫生习惯、体育活动、思想品德、语言、常识、计算、音乐、美术8个方面，通过游戏、体育、上课、观察、劳动、娱乐和日常生活等各种活动完成教育任务。1989~2000年，贯彻国家教委颁布的《幼儿园工作规程（试行）》，区内幼儿园根据需要，自主选择使用教材，部分幼儿园开展具有各自特色的课程及教材研究。2001年后，按照《幼儿园教育指导纲要（试行）》，幼儿园教育内容相对划分为健康、语言、社会、科学、艺术5个领域，从不同角度促进幼儿情感、态度、能力、知识、技能等方面的发展。幼儿园教材采用与参考《多元整合幼儿园活动课程》《幼儿园综合性主题教育课程》《幼儿园整体性和谐发展课程》《幼儿园建构式课程》《幼儿园渗透式领域课程》《幼儿园活动整合课程》《幼儿园单元教育课程》《幼儿自主性活动课程》《幼儿园主题探究课程》《生活化游戏化幼儿园课程》等。2004年，区被省教育厅基教处列为《幼儿园综合活动丛书》实验区，区教育局支持有条件的幼儿园发展适合自己的“园本课程”，把《幼儿园综合活动丛书》开发成适合本幼儿园的教材，形成“课程说明与目标、课程活动计划表、个性主题要求、集体教育活动安排、教育活动设计、课程评价”等共性化的课程。在此基础上，各园还从实际出发，增加个性化内容，形成“主题导引、主题网络、主题活动进程一览、活动区域和环境创设布置参考、课程生长树、活动例举、活动方案、项目活动例举、课程评价示范、家园配合工作”10个方面课程特色。

第三节　幼儿园选介

【崇安区中心幼儿园】

创办于1984年8月，由白水荡小学、崇安寺小学、原圆通路小学3校附设幼儿班合并而成，时有大班4个，中班2个，幼儿183人，占地面积2514平方米，建筑面积2698平方米。位于圆通路24号，原圆通路小学旧址，1985年，在编教师18人，开设班级6个，入园幼儿225人。1986~2005年，区投入资金415万元，幼儿园自筹资金400万元，征用土地132平方米，先后新建幼儿活动室，改建南北教学大楼，改造绿化，装修幼儿活动室、幼儿工作室、盥洗室，铺设幼儿活动场地的软地，完善现代办公设备和现代信息技术教育装备，改善幼儿园办园条件。2001~2005年，幼儿园圆满完成江苏省“十五”教育规划课题《幼儿园整合教育课程研究》，其园本课程研究书籍《整合 创新 发展》由科学技术文献出版社出版。2005年，融合双语特色幼儿园建设，完成无锡市教育规划“十一五”第一批重点立项课题《幼儿园双语教育与园本课程整合的研究》申报。先后参与或承担国家级、省级、市级等各类子课题8项，数百篇教师论文在各级各类评比中获奖。1990年，被评为市一类幼儿园，1997年，被评为市现代化示范幼儿园，1999年，被评为省示范性实验幼儿园、省幼儿教育科研基地园、省绿色学校、市文明单位。2005年，该园占地面积6160平方米，建筑面积5169平方米。有班级12个，入园幼儿360人，教职员工43人。

区中心幼儿园（2000）　（区教育局供稿）

【连元街小学幼儿园】

创办于民国37年（1948）9月，位于黄石弄。1985年，有班级4个，幼儿130人左右，教师11人。1986年7月，迁至道长巷14号原胜利门小学，扩至班级7个，幼儿约230人，教师16人。1987年，在原址重建三层楼，有班级5个，幼儿130人左右，教师12人。1989年，被评定为无锡市第一批一类幼儿园。2004年2月，迁至大娄巷69号原崇安寺小学，扩至班级7个，幼儿190人，在编教师12人、外聘3人。1986年8月起，该园积极从事幼儿在看图讲述、创意绘画、幼儿数学活动等方面的教育科研。1992年9月，开展无锡市"八五"教育科研课题《幼儿地面合作建构游戏》研究，多次向市、省乃至全国同行开放，多篇活动设计论文获奖。2002年底，先后承担江苏省心理学会"十五"立项课题《低幼衔接中心理素质教育》和江苏省教育学会"十五"立项课题《在团体训练中加强幼儿心理分类指导》的研究，开展丰富多彩的活动，研究和实践良好心理素质的早期培养，取得良好成果，"幼儿心理健康教育"成为办园特色。2005年7月，迁至白水荡11号原白水荡小学过渡，有班级9个，幼儿260人，教职员工36人。

【小荧星艺术幼儿园】

创办于1991年8月，原名风雷新村小学幼儿园，位于风雷新村119号，占地面积1925平方米，建筑面积911平方米，有班级3个，幼儿103人，教师7人，员工3人。1992年9月，扩至4个班级。1993年9月，在风雷新村193号开设分部，扩至7个班级。1995年，幼儿园投入30多万元，进行内部装修改建，添置电脑、钢琴、电视、投影仪等教育设备设施，并积极参与省、市级课题研究，构建幼儿艺术教育特色课程。是年12月，被评定为无锡市一类幼儿园。1997年4月，分部并入总部，缩至6个班级。2004年8月，塔影二村幼儿园并入，扩至8个班级，幼儿292人。是年，区教育局和无锡教育电视台共同投资500万元，易地改建上马墩一村54号崇安职校教学楼为新园舍，设有幼儿电视节目拍摄演播厅、幼儿计算机室、美术工作室、形体训练室等专用教室，室外建有800平方米塑胶软地、30米塑胶跑道、风雨操场等设施。2005年，更名为江苏省小荧星艺术幼儿园，并通过江苏省示范性实验幼儿园验收。该园占地面积3200平方米，建筑面积2800平方米，室外活动场地2500平方米，绿化面积550平方米，有班级9个，入园幼儿277人，教职员工38人。

小荧星艺术幼儿园（2000）　　（区教育局供稿）

【宁海里小学幼儿园】

创办于1997年8月，位于宁海里102号，占地面积3062平方米，建筑面积2300平方米，有教师2人，入园幼儿22人。2003年，投入近百万元（区教育局拨款30万元，自筹约70万元），移建幼儿园大门，改建大厅、食堂，改造绿化，装修幼儿工作室、活动室、盥洗室，活动场地铺设软地，完善电化教育和现代办公设备。是年起，以省级课题《多元智能理论下的幼儿园健康教育》研究为载体，探索促进幼儿多元智能和身心健康成长的健康教育新模式，健康教育特色较为明显。1998年，被评定为无锡市二类幼儿园，2003年，被评定为无锡市一类幼儿园，2004年，被评定为江苏省示范性实验幼儿园。2005年，有班级7个，入园幼儿232人，教职员工29人。

【留芳声巷幼儿园】

创办于1958年，位于留芳声巷30号，时为新生路街道留芳声巷居委托儿所，建筑面积仅168平方米，活动场地250平方米。1978年，上升为大集体幼儿园，由区妇联主管，开设班级4个，入园幼儿

130多人，教师10人。1987年，改由区文教局主管。1994～1995年，因学前东路扩建停办。1996年，在原址新建，占地面积933平方米，建筑面积1034平方米。是年，镇巷幼儿园并入，开设班级2个，入园幼儿48人，教师5人。1997年12月，改为全日制公办幼儿园，开设大班、中班、小班、苗班共5个班级，入园幼儿160余人，教师14人，保育人员8人。1996～2005年，先后投资80多万元（其中90%自筹），配置钢琴、彩电、录音机、VCD、实物投影仪及电脑等现代教育设备，把三楼平台扩建成372平方米的幼儿活动场地，并改建配套盥洗室。2004年，被评定为市一类幼儿园。2005年，该园占地面积933平方米，建筑面积1406平方米，有班级5个，入园幼儿149人，教职员工24人。

留芳声巷幼儿园（2005）　（赵孙健摄）

【二勤幼儿园】

创办于1956年，位于勤学路32号冯氏住宅，时为学前街街道升平巷居委托儿所。1978年，上升为大集体幼儿园，由区妇联主管，有班级4个。1986年，改为区文教局主管。1987年，市、区两级政府出资，在原址翻建，占地面积894平方米，建筑面积1152平方米，1988年2月投入使用。1992年，被评定为市一类幼儿园。1988～2005年，先后投资130余万元（市教委拨款6万元，区教育局拨款10万元，自筹资金115 万余元），改建幼儿园门墙、幼儿活动室、盥洗室、食堂、多功能活动室，铺设户外场地软地等，配备教玩具、运动器械，完善电化教育和现代办公设备，改善办园条件。1999年起，开展国家级、市级课题研究，积极构建艺术化的园本课程，“玩中学，学中玩，玩中获发展”特色教育理念融入课程。2003年12月，被评定为江苏省示范性实验幼儿园。2005年，设有班级7个，入园幼儿218人，教职工23人，是以艺术教育为特色的幼儿园，为江苏教育科学研究院幼儿教育科学研究基地。

二勤幼儿园（2005）　（孙怡摄）

【崇安区实验托幼中心】

创办于1955年10月，位于大成巷26号，时为复兴路街道大成巷托儿所，有工作人员3人，幼儿12人。1959年，幼儿增加到150多人，其中全托50%以上。80年代，大成巷幼儿园成为无锡地区开办较早的民办幼儿园之一，也是市、区重点集体办幼儿园。1980年，区政府拨款12万元，建成860平方米的五层教育大楼，建筑面积由593平方米增加到1453平方米。1985年，设12个班，入园幼儿609人，教职员工37人。1997年7月，改为崇安区中心托儿所，隶属于区妇联管理，有教职员工24人，设托儿班1个、幼小班2个、幼中班2个、幼大班2个，幼儿270余人。2001年8月，更名为崇安区实验托幼中心。2004年7月，因连元街小学扩建，该中心搬迁至复兴路132号锦绣花园小区，占地面积435平方米，建筑面积530平方米，设小班1个、中班1个、大班2个，入园幼儿143人，教职员工15人。2005年8月31日，该中心改由区教育局管理。

第二章　义务教育

1986年后，区认真贯彻《中华人民共和国义务教育法》，以素质教育为核心，持续推进小学教育改革实验和教学方法创新，教科研促进教育教学质量的提高，小学生入学率、巩固率、毕业率均分别保持在100%、100%、99.5%，各学科合格率、毕业班持续升级率始终在98%以上。各小学以“全面发展打基础，素质教育创特色”为办学目标，结合实际，不断探索特色教育新途径、新方法，提升学生素养。从80年代的德育、艺术、体育等教育特色，逐步发展到90年代后的电化、科普、心理健康、环境保护等学科教育特色，书法、竹笛、美术等艺术教学以及田径、乒乓球、篮球、棋类、排球、足球、射击、风筝、武术等体育教学特色鲜明，彰显各校独特的办学个性。省、市实验小学由1985年的1所增加到11所，其中省实验小学6所，区域内优质教育资源比例在全市领先，进城务工人员子女普遍享受城镇居民子女义务教育待遇。此外，全区形成随班就读和特殊教育学校相结合的特殊教育体系，在省内首开先河，区于1995年被评为全国特殊教育先进区。

其间，区持续加大教育投入，整合资源，多措并举，推动教育优质、高位、均衡发展。1986~1995年，随着旧城改造步伐的加快和新村小区的新建，新增新村配套小学3所，撤并规模较小小学3所。1996~2002年，随着教育现代化工程的实施和行政区划的调整，先后开办新村配套小学2所和民办小学1所，划入3所，撤并小学4所。2003~2005年，结合争创省市实验小学，根据“撤小、扶优、做大”的原则，小学布局调整步伐加快，先后撤并小学8所，新增民办小学1所。迄2005年，全区共有小学17所，其中，公办小学15所、民办学校2所，有班级393个，在校学生1.60万人，教职员工1109人。另有划归区管理的义务教育中学5所。

第一节　学校设置

1985年，全区有连元街小学、崇宁路中心小学、后西溪中心小学、新开河小学、崇安寺小学、崇安小学、白水荡中心小学、通汇桥中心小学、通惠路小学、东新路小学、广勤路中心小学、周山浜小学、大同路小学、学前街小学、广瑞小学、亭子桥中心小学、缫工一校、南巷小学、塔影中心小学、新生路小学、胜利门小学、辅读学校22所区属小学，共有班级310个，在校学生1.31万人，教职员工864人，其中不足10个班级的学校7所。另有上海铁路分局无锡职工子弟小学、二棉职工子弟小学2所企业办小学，其业务归口区指导管理。1986~1995年，随着旧城改造拆迁和新村配套小学新建，辖区学校时有变化。1986年、1988年、1989年，先后新建广新、靖海、风雷新村3所小学。胜利门、学前街2所小学于1986年分别并入连元街小学、后西溪中心小学；二棉职工子弟小学因生源不足停办；南巷小学于1994年并入亭子桥中心小学。至1995年，全区有区属小学22所，企业办小学1所。1996~2002年，随着旧城改造步伐加快和行政区划调整，学校布局变化较大。1996年、1998年、2000年，先后新建宁海里小学、金海里小学，新办民办金桥双语实验小学。崇安寺小学校舍因崇安寺地区改造于1996年被拆，与崇安小学合并为崇安寺小学；缫工一校、通惠路小学于1997年、1998年分别并入东新路小学、通汇桥中心小学；上海铁路分局无锡职工子弟小学于2000年成建制划归崇安区，更名为锡北路小学；新生路小学于2001年并入新开河小学。2002年，广益镇所属广益中心小学、尤渡里小学划归区管辖。是年，全区有区属小学24所。2003~2005年，为实现教育资源优化，推进教育高位均衡发展，小学布局调整步伐进一步加快。2004年，崇安寺小学、风雷新村小学分别并入崇宁路实验小学、塔影中心小学；通汇桥中心小学、东新路小学并入白水荡中心小学，又于2005年迁至新建的保利小学；2005年，锡北路小学、周山浜小学、大同路小学并入广勤路实验小学，并更名为通江实验小学；后西溪中心小学并入连元街小学；新建民办连元实验小学。同时，随着市“政府负责、以区为主”义务教育管理体制改革的正式实施，东林中学（初中）、胜利门中学、广勤中学、广丰中学、塔影中学5所原市属中学划归区管理。迄2005年，全区共有连元街小学、保利实验小学、崇宁路实验小学、新开河实验小学、亭子桥实验小学、塔影实验小学、靖海实验小学、宁海里实验小学、金海里小学、通江实验小学、广瑞实验小学、广新实验小学、广益中心小学、尤渡里小学、金桥双语实验学校、连元实验学校、辅读学校17所，其中，公办小学15所、民办学校2所，共有班级393个，在校学生1.60万人，教职员工1109人。划归区管理的义务教育中学5所，有班级139个，在校学生5757人，教职员工550人。

1985年崇安区小学设置情况一览表

表27-2-1　　单位：个、人、平方米

校　名	班　级	学　生	专任教师	建筑面积	校　址
连元街小学	24	1007	69	3249	连元街22号
后西溪中心小学	22	912	64	3649	后西溪24号
学前街小学	9	348	22	1016	学前街152号
崇安小学	6	201	24	871	大娄巷67号
崇宁路中心小学	20	943	53	4737	崇宁路4号
新开河小学	16	655	40	1611	新开河3号
新生路小学	7	273	19	1709	新生弄4号
白水荡中心小学	17	697	54	2738	白水荡11号
崇安寺小学	16	639	45	2200	图书馆弄32-3
胜利门小学	6	255	19	1245	道长巷14号
通汇桥中心小学	13	550	39	2438	新街弄18号
通惠路小学	7	257	17	868	通惠东路81号
东新路小学	12	491	29	2362	解放东路
广勤路中心小学	21	952	44	2461	锡沪弄77号
周山浜小学	17	703	37	2461	广勤二支路55号
大同路小学	11	405	30	1648	周新里100号
广瑞小学	19	904	39	2774	广瑞二村
亭子桥中心小学	20	926	46	2282	井亭街27号
塔影小学	27	1265	54	2760	塔影二村
南巷小学	6	151	16	722	南巷上87号
缫工一校	13	507	30	3173	长庆路49号
辅读学校	1	13	5	211	崇安市场24号
合　计	310	13054	795	47185	

说明：上表资料由区教育局提供。

1986～2005年崇安区小学撤并情况一览表

表27-2-2　　单位：个、人

校　名	开办年份	撤并情况			撤并年月	并入学校名称
		班　级	学　生	教　工		
胜利门小学	1911	6	255	19	1986.08	连元街小学
南巷小学	1948	6	151	16	1994.07	亭子桥中心小学
新生路小学	1932	7	273	19	2001.07	新开河小学
缫工一校	1927	13	507	30	1997.07	东新路小学
崇安小学	1970	6	201	14	1996.09	崇安寺小学
崇安寺小学	1909	16	639	45	2004.02	崇宁路实验小学
风雷新村小学	1989	10	389	23	2004.03	塔影中心小学
通惠路小学	1961	12	600	26	1998.07	通汇桥中心小学

续表27-2-2

校名	开办年份	撤并情况			撤并年月	并入学校名称
		班级	学生	教工		
通汇桥中心小学	1905	13	550	39	2004.07	白水荡中心小学
东新路小学	1936	12	491	29		
锡北路小学	1954	12	505	25	2005.01	广勤路实验小学
周山浜小学	1945	8	405	18		
大同路小学	1960	11	405	30	2005.01	广勤路实验小学
学前街小学	1963	18	700	50	1986.09	后西溪中心小学
后西溪中心小学	1908	26	1170	61	2005.09	连元街小学

说明：1. 2005年，白水荡中心小学、广勤路实验小学分别更名为保利小学、通江实验小学。2. 上表资料由区教育局提供。

2005年崇安区小学设置情况一览表

表27-2-3　　单位：个、人、万平方米

校名	办学规模			建筑面积	占地面积	校址
	班级	学生	教职工			
连元街小学	59	2726	197	3.52	1.64	连元街28号
保利实验小学	25	907	72	0.73	0.68	保利广场12号
连元实验小学	6	268	16	0.78	0.67	后西溪24号
崇宁路实验小学	44	1936	112	1.17	0.95	崇宁路4号
新开河实验小学	25	1046	66	0.72	0.57	新开河8号
亭子桥实验小学	16	596	53	0.46	0.46	唐巷73号
塔影实验小学	21	864	64	0.62	1.10	塔影二村65号
靖海实验小学	12	464	33	0.38	0.87	靖海新村82号
宁海里实验小学	12	450	30	0.47	1.04	宁海里112号
金海里小学	10	359	24	0.56	0.85	长江北路695号
通江实验小学	42	1595	129	0.76	1.27	锡沪弄108号
广瑞实验小学	12	538	31	0.47	0.90	广瑞三村62号
广新实验小学	12	497	32	0.31	0.84	广益新村121号
广益中心小学	28	1079	77	0.65	1.63	广泽路100号
尤渡里小学	12	487	26	0.18	0.91	上马墩路289号
区辅读学校	11	128	22	0.24	0.11	长庆路49号
金桥双语实验小学	46	2039	125	1.30	1.38	学前街94号
合计	393	15979	1109	13.32	15.87	

说明：上表资料由区教育局提供。

2005年崇安区中学办学规模情况一览表

表27-2-4　　单位：个、人、万平方米

校名	办学规模			建筑面积	占地面积	校址
	班级	学生	教职工			
东林初级中学	35	1881	134	1.65	1.09	北禅寺巷13号
胜利门中学	24	965	116	0.92	0.75	县前东街225号
广丰中学	37	1319	114	1.18	2.38	广瑞路1181号
广勤中学	24	838	106	1.06	1.20	俞巷96号之5
塔影中学	19	754	80	0.86	1.74	上马墩路169号
合计	139	5757	550	5.67	7.16	

说明：1. 2005年12月，东林、胜利门、塔影、广勤、广丰等5所原市属义务教育阶段中学划归区管理。2. 上表资料由区教育局提供。

附：1986～2005年崇安区撤并小学简介

胜利门小学　前身为私立荣氏小学，创办于清宣统三年（1911），位于仓桥下塘街68号，由荣张氏所办，校长张浣芬（女）。1956年，转为公办，更名迎祥桥小学。1959年，并入连元街小学。1960年7月，又

从连元街小学分出。1964年，有班级13个，学生650余人，是该校开办以来的最高峰。1967年10月，改名兴无小学。1971年，再次并入连元街小学。1977年9月又分出，取现名。1985年，校址道长巷14号，建筑面积1244.68平方米；有班级6个，学生255人，教职工19人。1986年8月，整体并入连元街小学。

南巷小学 前身为民国37年（1948）仇子宽利用尼庵办的私塾，位于南巷上117号，时有学生20多人。1950年，改为公办南巷小学，设4个班。“文化大革命”期间改名卫东小学，后撤销，作为爱武桥小学（亭子桥小学）的分部。1978年6月，恢复南巷小学，有班级11个，学生560多人，教师21人，为该校办学以来高峰。1985年，建筑面积721.7平方米；有班级6个，学生151人，教职工16人。1994年7月，该校6个班级、151名学生、16名教职工整体并入亭子桥中心小学。

新生路小学 前身为民国21年（1932）由傅仁慈善会（佛教）创办的养生义务小学，校长傅仁慈，校董会负责人顾建章，位于新生弄4号，有复式班1个，学生近30人，教师2人。招收的学生大多是贫苦人家子弟，免收学费，还接收少数孤儿住宿。民国37年，改称私立养生小学。1952年，转为公立小学，改现名。1968年、1973年，先后称井岗山小学、朝阳路小学。1982年10月，复称新生路小学。1985年，该校占地面积3170平方米，建筑面积1610.8平方米；有班级7个，学生273人，教职工19人。90年代前后，羽毛球为该校体育传统项目。1990年，获华东六省市小学生羽毛球比赛男子团体、女子团体冠军；1991~1995年，在无锡市小学生羽毛球比赛中，获团体冠军5次、亚军2次、季军1次。2001年7月，该校7个班级、273名学生、19名教职工整体并入新开河小学。

缫工一校 前身为民国16年（1927）由陈佩三创办的劳工子弟第一小学，位于长庆路49号。晚上办夜校，招收工人学文化，宣传革命思想；白天办小学，招收工人子弟入学。时有教师1人，学生数十人，不收学费，由缫丝同业公会负担。民国37年，扩展到3个班，190名学生，4名教师。该校为缫丝业工会会址，缫丝工人中的中共地下党员和先进分子，以该校为掩护，开展革命斗争。无锡解放后，改名缫丝工人子弟第一小学，该校一直利用厂史、校史、家史对学生进行革命传统教育。1983年，北仓门小学并入。1985年，建筑面积3172.9平方米；有班级13个，学生507人，教职工30人。1997年7月，该校13个班级、507名学生、30名教职工整体并入东新路小学。

崇安小学 成立于1970年8月，位于原建工子弟小学，名崇武小学，并称“崇武区红小兵毛泽东思想宣传队”。前身为成立于1970年3月的崇武区红小兵“沙家浜”剧组（称“小京班”），设在崇宁路小学，挑选本区各校三年级、四年级40名学生作为演员培养，抽调学校、工厂、医院等单位10名人员作为教员。建校初，仅设语文、算术两门课程，以排练演出为主。20世纪70年代初，先后演出京剧《沙家浜》180余场次，还经常为外宾和侨胞演出，包括柬埔寨国家元首西哈努克亲王、新加坡总理李光耀、埃及副总统穆巴拉克等贵宾。还成立刺绣、书法、绘画、声乐、朗诵、布贴画6个兴趣小组，培养学生综合艺术素养和艺术特长。1977年后，坚持以教学为中心，在保证教育质量的同时，搞好文艺宣传演出，成为一所以文艺为重点的小学。1982年，迁大娄巷67号大娄巷小学旧址，改称崇安小学，开始按学区招收学生，仍保持鲜明的文艺特色。1985年，建筑面积871.2平方米；有班级6个，学生201人，教职工24人。1988年，“中日樱花友谊林”民间交流活动开展后，该校每年担当迎宾及献花任务，外事接待、演出成为学校常规工作。1996年9月，该校6个班级、201名学生、14名教职工整体并入崇安寺小学。

崇安寺小学 创办于清宣统元年（1909），以古崇安寺命名，位于崇安寺寺后门1号，是辛亥革命后无锡最早的学校之一，江南教育先驱陶达三（名守恒）为第一任校长。民国2年（1913），称第一国民初等小学。无锡工人运动的先驱秦起14岁毕业于该校。民国32年，改名中二镇第一小学。民国37年，更名为中二镇中心国民学校，时有班级15个，学生1264人，教职工25人。1951年，改称崇安寺中心小学。1967年，又改名人民路小学。1983年，改现名。1984年6月，位于图书馆弄32~3号的新校舍落成，建筑面积2200平方米。该校民国3年首届毕业生、老一辈无产阶级革命家陆定一亲笔题写“无锡市崇安寺小学”校牌。1985年，有班级16个，学生639人，教职工45人。80年代，被评为无锡市体育传统项目（游泳）学校。1987年，年逾古稀的人民音乐家贺绿汀作词作曲《新中国的希望》，作为该校成立于20世纪50年代的“秦起中队”队歌。艺术教育成为该校一大特色，先后为各级文艺团体输送一批文艺苗子，多次获市文艺比赛一等奖。1996年崇安小学并入后，多次参加中日樱花节文艺演出。1997~2003年，该校蝉联无锡市百灵鸟文艺比赛舞蹈一等奖。2004年2月，该校16个班级、639名学生、45名教职工整体并入崇宁路实验小学。

风雷新村小学 创办于1989年，为新村配套小学，位于风雷新村119号。2004年3月，该校10个班级、389名学生、23名教职工整体并入塔影中心小学。

通惠路小学 创办于1961年，时为解决通惠东路一带儿童入学过工运桥或铁路不便、就近入学而建，位于通惠东路81号。时有班级4个，学生200余人，教职工7人。“文化大革命”期间，改名赤卫小学。1975年复原名。1985年，建筑面积868.1平方米；有班级7个，学生257人，教职工17人。1998年7月，该校12个班级、600名学生、26名教职工整体并入通汇桥中心小学。

通汇桥中心小学 前身为清光绪三十一年(1905)由锡金学务处创办的城北小学，位于通汇桥附近冶坊场。民国2年(1913)，更名无锡市立第四初等小学。民国18年，改名通汇桥初级小学。民国32年，改称大安镇国民学校，民国37年又改称忠孝镇中心国民学校。无锡解放初，更名通汇桥小学。1951年，更名通汇桥中心小学。1955年，店员工人子弟第一小学并入。“文化大革命”期间，改名文革小学。1973年，民办红岩小学并入。1975年、1981年，先后复称通汇桥小学、通汇桥中心小学。1985年，该校位于新街弄18号，建筑面积2438平方米；有班级13个，学生550人，教职工39人。乒乓球、风筝为该校体育传统特色项目。1986~2005年，先后被评为省、市体育传统项目(乒乓球)先进学校、省市义务教育达标单位、文明单位、优秀家长学校、现代化教学设备先进单位。2004年7月，该校13个班级、550名学生、39名教职工整体并入白水荡中心小学。

东新路小学 前身为民国25年(1936)由宁波、绍兴旅锡同乡会创办的私立宁绍小学，位于长庆路151号宁绍会馆。抗日战争胜利后，增设初中部，改名宁绍中小学。1956年，与私立雅言小学合并，改现名。1958年，学校规模最大时有班级35个，学生1870人，教职工50余人。1967年，改名风雷小学。1978年，复称东新路小学。1963年、1975年、1982年，先后新建东、西、北3幢教学大楼408平方米、864平方米、1万平方米。1985年，该校位于解放东路，建筑面积2362.32平方米；有班级12个，学生491人，教职工29人。2004年7月，12个班级、491名学生、29名教职工整体并入白水荡中心小学。

锡北路小学 前身为建于1954年的上海铁路分局无锡职工子弟小学，位于周新村40号。2000年，成建制划归崇安区。是年11月，更名锡北路小学。2005年1月，该校12个班级、505名学生、25名教职工整体并入广勤路实验小学。

周山浜小学 前身为创办于民国34年(1945)9月的私立培智小学，位于庆丰里老工房。有班级3个，学生160人。民国35年，改名公办惠勤镇小学。民国37年，更名仁爱镇中心国名学校。1950年，改称周山浜中心小学。1951~1957年，缫工第三子弟小学、旅馆业店工二校、私立广民小学先后并入。1959年，改现名，办学规模扩大到38个班级。1965年，改名周山浜中心小学。1967年，改称红武小学。1976年，复现名。1985年，该校位于广勤二支路55号，建筑面积2461.4平方米；有班级17个，学生703人，教职工37人。2005年1月，8个班级、405名学生、18名教职工整体并入广勤路实验小学。

大同路小学 前身为1960年创办的周新村小学，时有班级5个，学生250人，教职工8人。1967年，改称学红小学。1972年，改现名。1981年，入学儿童达最高峰，有班级12个，学生526人，教职工28人。1985年，该校位于周新里100号，建筑面积1647.87平方米；有班级11个，学生405人，教职工30人。2005年1月，11个班级、405名学生、30名教职工整体并入广勤路实验小学。

学前街小学 前身为创办于1963年8月的塔坊桥小学，位于塔坊桥原薛福成“钦使第”内。1967年，改称延安小学。1971年，与建工子弟小学合并，以地名定名，改名学前街小学。1971~1977年，有班级18个，学生700余人，为该校历史上在校学生最多的时期。1985年，该校位于学前街152号，建筑面积1015.6平方米。1986年9月，该校18个班级、700名学生、50名教职工整体并入后西溪中心小学。

后西溪中心小学　前身为创办于清光绪三十四年（1908）的三皇街小学，学董薛南溟，校长秦任，位于无锡县署漕房，后迁至三皇街城隍庙内，定名私立政益初等小学，时有班级2个，学生30人。民国3年（1914），改为公办，更名无锡市立第十一初等小学。民国16年，改名三皇街国民学校。抗日战争时期，改名中二镇国民学校分校。民国35年，复称三皇街国民学校。民国37年，有班级7个，学生314人，教师11人。1956年，私立竞志女中附小、秦氏小学、崇文小学等6所学校先后合并成三皇街小学、虹霓桥小学2所公办小学和建工子弟小学。1959年，与虹霓桥小学、建工子弟小学合并为三皇街中心小学。班级最多时达42个，学生2000多人。1962年，建工子弟小学、虹霓桥小学先后分出。1967年，改称红卫小学。1976年，以地名定名，改名后西溪小学。1981年，与培红小学（虹霓桥小学）合并为后西溪中心小学。设班级26个（其中幼儿园3个班），学生1197人，教职工69人。田径为该校体育特色。1982年后，先后被评为市、省体育传统项目（田径）学校。1985年，该校位于后西溪24号，建筑面积3649平方米；有班级22个，学生912人，教职工64人。是年，被评为全国体育传统项目（田径）学校先进集体。1986年，学前街小学和区业余体校并入。1990年，被命名为全国体育传统项目（田径）学校。其后，多次被评为全国、省、市体育传统项目（田径）学校。2005年9月，该校26个班级、1170名学生、61名教职工整体并入连元街小学。

白水荡中心小学　前身为清宣统元年（1909）邑人华实甫、蔡松如、蔡述之等集资创办的私立女子职业学校，位于锦树里刘氏民宅。宣统三年改为公办，迁至白水荡大王庙内，校长顾祖玑，有班级9个，学生156人。民国19年（1930），改为国民学校。抗日战争时期，改名私立城中小学，抗战胜利后，改名中二镇白水荡国民学校。新中国成立后，地下党员朱绍先接任校长，班级增至15个。1967年，改称红旗小学。1972年，光复小学并入，更名白水荡小学。1981年，改现名，为全市第一批体育传统项目（乒乓球）学校。1983年，教学楼翻新，建筑面积达2053平方米。1985年，该校位于白水荡11号，建筑面积2737.5平方米；有班级17个，学生697人，教职工54人。1986~2005年，该校秉承百年老校的优良传统，以乒乓球、艺术教育为教学特色，先后多次被命名为省、全国体育传统项目（乒乓球）学校。先后被评为全国教育科学“十五”规划课题研究先进实验学校，全国“整体构建学校德育体系深化研究与推广实验”先进实验学校，全国、省、市体育传统项目先进学校，全国、省红旗大队，市文明单位，市德育先进学校，市“双有”主题教育活动先进集体，被确定为教育部基础教育课程改革研究中心、南京师范大学科学研究实验基地。2004年7月，通汇桥中心小学、东新路小学并入。2005年2月，迁至保利广场12号，更名保利实验小学。

广勤路实验小学　原为创办于1955年8月的广勤路小学，位于锡沪路77号。时有班级24个，学生1100多人。1957年8月，蒋巷小学并入。1959年8月，改名广勤路中心小学。1968年，改称雷锋小学，民办蒋巷小学并入。1975年，复称广勤路小学。首任校长杨瑞贞连续19年被评为市、区先进工作者，荣获全国劳模、全国三八红旗手、全国先进生产者等荣誉称号，并出席全国妇联在中南海怀仁堂召开的座谈会，受到蔡畅、邓颖超等国家领导人的接见。1981年，复称广勤路中心小学。1985年，该校位于锡沪弄77号，占地面积1万多平方米，建筑面积2461.4平方米，时为全区占地面积最大的学校；有班级21个，学生952人，教职工44人。80年代，在区内率先实行内部管理体制改革，并致力于现代班集体建设的实践研究。足球为该校体育特色，先后被命名为市、省体育传统项目（足球）学校。1998年，在全区率先启动基本实现教育现代化工程，设有音乐室5个、科学实验室2个、多媒体教室2个、电脑室3个、美术室2个，并开通校园教育网，每个教室均配有电视机、电脑、投影仪，为全区首批建成的市实施教育现代化工程先进学校。2000年后，开展“开发学生潜能，提高教学效能”的教改实验，形成“尚德、日新”校训和“创造适合师生成长的生命乐园”的教育理念，办学品位不断提高。学校以艺术教育为办学特色，成立学生电子乐队、合唱队、教工曲艺队等，注重培养有道德、有文化、有特长的优秀学生。2001年9月，被评为江苏省实验小学。1986~2005年，先后被评为全国德育先进实验学校、全国科研教改先进实验学校、全国中小学艺术教育先进单位、全国中小学信息技术创新与实践先进单位、教育部“科学教育——科学认读实验学校”、江苏省红领巾手拉手助残先进集体、无锡市教育现代化工程示范学校、无锡市文明单位、无锡市绿色教育学校、无锡市优秀家长学校。2005年1月，锡北路小学、周山浜小学、大同路小学并入后，更名通江实验小学。

第二节　教育教学

【管理与学制】

1986年，全区小学管理实行中心小学辅导区制，设白水荡、后西溪、崇宁路、亭子桥、通汇桥、广勤路6个中心小学辅导区，同时按辅导区建立中共支部委员会，发挥保证和监督作用，并试行校长负责制。校长由区委组织部任命，副校长由区教育党委任命，教导主任、教科室主任、教导副主任、大队辅导员由校长提名，支部考察，报上级备案。1995年，划分为后西溪、崇宁路、通汇桥、广勤路、白水荡、亭子桥、连元街7个中心小学辅导区。2001年起，学校正职岗位实行副职代理制，副校级领导干部实行公开竞聘、择优上岗制，中层台阶、助理台阶和换岗实行培训锻炼制，教导主任和副主任、教科室主任、大队辅导员实行在岗人员自然免职、全员竞聘上岗任期制，任期3年，形成能者上、庸者下的用人机制。通过竞岗，管理干部队伍的素质和结构得到明显优化。2005年，教导主任、副主任和教科室主任平均年龄由2000年37岁下降到33岁，大专以上学历比例由51%上升到78%，大队辅导员大专以上学历比例上升到90%以上。

1986～2005年，区内小学学制实行六年制。学籍管理按省教育厅颁发的《江苏省小学学籍管理暂行规定》（以下简称《规定》）、市教育局颁发的有关该《规定》的补充规定执行。1999年后，按照省教委制定的《江苏省义务教育阶段学校学籍管理规定（试行）》，规定“义务教育年限为九年”“小学、初中新生实行免试就近入学”“实行不留级制度”，小学为6年，初中为3年，迄2005年未变。

【教　学】

1986～2005年，以全国统编教材和省编教材为主，间或使用市教育局编写的地方性课程教材。1986～1991年，开设课程有思想品德、语文、数学、自然、地理、历史、体育、音乐、美术9门，有条件的小学五年级、六年级增设英语课。1992～2000年，实行《九年义务教育六、三学制全日制小学课程计划》，新课程设置包括学科课程、活动课程，学科课程除开设思想品德、语文、数学、体育、音乐、美术外，一年级起开设自然学科，并增设社会学科，三年级开始增设外语、自然、综合实践活动等课程，四年级开始增设社会课程，并结合各校实际，开设班队活动、科技文体活动、外语活动、自修等课程，每周课时除一年级、二年级为26节外，其余4个年级均为31节。2001年，区出台《崇安区基础教育课程改革实验方案》，调整小学课程设置。2001～2005年，学科课程除语文、数学、外语、社会、音乐、美术、综合实践活动课程未变外，思想品德课按年级高低细分为思想品德、品德与社会、品德与生活，课时基本不变；体育课按年级高低细分为体育、体育与健康，课时不变；自然课改为科学课，三年级、四年级课时不变，五年级、六年级课时取消；取消班队活动课、科技文体活动课、外语活动课、自修课，安排地方（学校）课程。除五年级、六年级外语课时增加外，其他课程课时不变。

其间，各小学坚持把德育放在首位，除加强学生行为规范和道德教育外，持续开展爱国主义教育读书活动，高度重视法制、心理健康、安全、环境教育，并纳入相关课程。智育以提高学生全面素质和培养个性特长为重点，更新教学模式，改进教学方法，采取启发式、讨论式、合作式，举行公开教学活动，确保学科教学质量。体育以体锻达标为抓手，与健康教育相结合，努力增强学生体质。2000年后，全区各小学参与国家级课题《整体构建学校德育体系的研究》，探索和创新符合素质教育的德育模式和举措，发挥校内外多种教育因素的德育整体功能，加强德育活动和实践。并开展课堂教学“三优化一提高”（优化教学目标，优化教学过程，优化教学评价，提高课堂教学效益）活动，以学生学会学习、培养创新能力为目标，优化教学手段，减轻学生过重学习负担，变学科教育为素质教育，全面提高教育质量。

1995～1996学年崇安区小学课程设置情况一览表

表27-2-5　　　　单位：节

课程 \ 周课时 \ 年级		一	二	三	四	五	六
学科类课程	思想品德	2	2	1	1	1	1
	语 文	8	8	8	7	6	6
	数 学	5	5	5	5	5	5
	外 语	—	—	3	3	3	3
	社 会	—	—	—	1	2	2
	自 然	—	—	2	2	2	2
	体 育	4	4	3	3	3	3
	音 乐	2	2	2	2	2	2
	美 术	2	2	2	2	2	2
	综合实践活动	—	—	1	1	2	2
地方安排课程	班队活动	1	1	1	1	1	1
	科技文体活动	1	1	1	1	—	—
	外 语（活动）	—	—	2	2	2	2
	自 修	1	1	—	—	—	—
周课时合计		26	26	31	31	31	31
学年总课时数		910	910	1050	1050	1050	1050

说明：上表资料由区教育局提供。

2003～2004学年崇安区小学课程设置情况一览表

表27-2-6　　　　单位：节

课程 \ 周课时 \ 年级	一	二	三	四	五	六
思想品德	—	—	—	1	1	1
品德与生活	2	2	—	—	—	—
品德与社会	—	—	2	—	—	—
语 文	8	8	8	7	7	7
数 学	5	5	5	5	5	5
外 语	—	—	3	3	4	4
社 会	—	—	—	1	2	2
科 学	—	—	2	2	—	—
体 育	—	—	3	3	3	3
体育与健康	4	4	—	—	—	—
音 乐	2	2	2	2	2	2
美 术	2	2	2	2	2	2
综合实践活动	—	—	3	3	3	3
地方与学校课程	3	3	0	1	1	1
周课时合计	26	26	30	30	30	30
学年总课时数	910	910	1050	1050	1050	1050

说明：上表资料由区教育局提供。

第三节　教育特色

80年代，区各小学全面贯彻党的教育方针，以素质教育为核心，结合实际，持续推进学校教育特色建设，亭子桥、崇安、连元街、后西溪、白水荡、通汇桥等小学分别形成德育、艺术、体育等办学特色。90年代，各小学注重校本优势的发挥和教学潜能的开发，把学科教学与技能特长、人格培养的特色教育相结合，培养有个性、有特长的学生。崇宁路小学的电化教育、连元街小学的开放式教育等在市内外均有较大的影响。特别是1998年小学启动基本实现教育现代化工程和2002年全面启动区域教育现代化建设后，区教育局遵循教育规律，顺应时代要求，引领各校发展持久、稳定的办学个性，教育特色呈现新态势。小学德育在做好校徽设计、校歌谱写、校训深化、校风概括、教风确定、学风提炼等基础上，致力构建各自的文化模式、组织精神、个性风貌。连元街小学德育教育注重开展心理健康教育；塔影小学、崇宁路小学把德育与环境保护教育、绿色教育相结合；广新小学以关爱外来务工人员子女为特色。宁海里、新开河、连元街3所小学分别以书法、竹笛、美术施教，培养学生情操，陶冶学生情怀，使学生全面发展，形成各自艺术教育特色。体育特色项目由田径、乒乓球发展到篮球、棋类、排球、足球、射击、风筝、武术等。此外，连元街小学、广益中心小学、崇宁路小学、靖海小学的电化教育，广益中心小学的科普教育等，均彰显各自独特的教育特色。2005年，区教育局提出“三显三有一优化”[①]的目标，推进各校特色教育优化发展。

【德育特色】

市优秀德育教师张鹤鸣（2000）　（汤锡璋摄）

80年代，亭子桥小学在全市首开思想品德课教学试点，创立“十大教学法”[②]，被1986年《江苏教育》杂志刊登，在全国颇有影响。少先队“即兴式”队活动尝试引起全国小学界重视，“内化规范，学会做人”的小学生日常行为规范教育形成特色。学生傅强于1989年被评为全国“学赖宁”好儿童和江苏省“十佳”好儿童。90年代，连元街小学德育以探索“现代开放教育模式”为特色，建立校外社会实践基地60多个，聘请校外辅导员178人，并先后与美、英、澳大利亚、日本等国有关学校结成友好学校，进行现代开放教育国际化交流。塔影中心小学德育以环境保护教育为特色，先后参与市级课题《增强小学生环保策略的研究》和省级课题《走向绿色教育的教改实践研究》，形成以绿色教育为核心的校本课程。2000年后，连元街小学以心理健康教育为德育特色，以“让每一个孩子的心灵歌唱”为理念，编写出《小学生心理健康教育读本》，并广泛开展心理咨询等活动，《小学生心理健康教育系列化研究》成果获省一等奖。广新小学以关爱外来务工人员子女为德育特色，以“同在蓝天下，携手共成长”和“教学生一天，为学生一生”为办学理念，被评为无锡市“爱生百校”活动先进学校，并被中央教育电视台专题报道和播放《飘飞的蒲公

①三显三有一优化：学校特色显露、教育成效显示、社会影响显现，有教育理念、有文化氛围、有科研课题，全面优化学校特色建设。

②十大教学法：讲述故事，揭示道理；动手动脑，激发兴趣；创设情景，增强气氛；看图说理，形象具体；汇报思想，互相启发；辨别是非，行为训练；现身说法，注意身教；当堂讨论，发展智能；交流信息，开拓视野；变化手段，形象直观。

英放飞理想》校歌。崇宁路实验小学以绿色教育为德育教学特色，多堂环境教育课例被录入《江苏省电化教学课堂实录》，绿色联盟社团被评为无锡市红领巾环境教育活动优秀社团，学校环保教育成果被《无锡日报》等媒体报道。1986~2005年，全区有241篇德育论文在全国教育系统德育年会上获优秀成果奖，14名教师被评为全国德育先进工作者，5名教师被评为全国德育先进实验教师。22所学校被评为全国德育实验学校，连元街小学、崇宁路实验小学被评为全国百所德育科研名校。

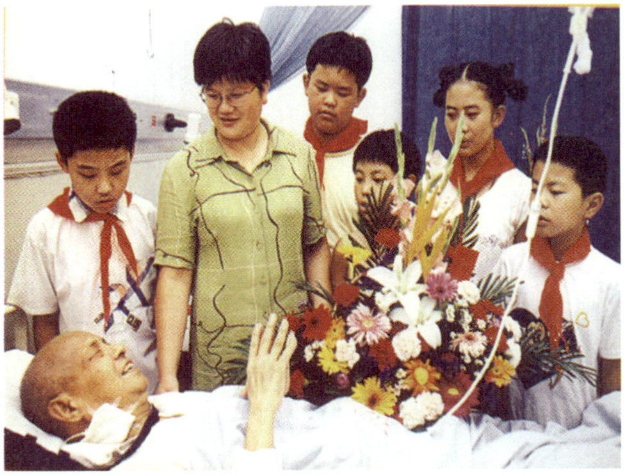

组织少先队员慰问优秀援藏干部任国庆（90年代）　（汤锡璋摄）

【电化教育特色】

80年代，连元街小学、广益中心小学、崇宁路中心小学、靖海小学就开展电化教学实践和学科研究。1985年，崇宁路中心小学率先在市内运用计算机辅助教学，学校成立制作组，与各子课题组相配合，开发多媒体教学软件。是年，广益中心小学运用电化教学手段辅助教学，在小学中、高年级语文、数学学科试点的基础上，扩展到自然、地理、思想品德、音乐、外语、书法等学科，1986年，被评为市电化教育先进学校。1998年，被命名为江苏省现代教育技术实验学校。连元街小学是江苏省电化教育实验学校，1999年，建立江苏省第一家小学网上学校——连元网校，信息技术教育在市内领先。2000~2004年，广益中心小学先后开展省级《利用多媒体技术，优化教学过程，提高教学质量与效率》和市级《网络信息技术与学科整合》电化教学课题研究。2003年，被命名为无锡市远程教育实验基地。2005年，被列为“全国计算机应用技术证书考试少儿NIT”考试基地。21世纪初，崇宁路中心小学承办全国计算机辅助教学现场会，多堂教育课例被录入《江苏省电化教学课堂实录》。学校先后被评为全国中小学信息技术道德教育示范学校、全国中小学信息技术创新与实践活动先进单位、江苏省现代教育技术工作先进集体、江苏省电化教育示范学校。靖海小学以信息教育为办学特色，数字化校园建设在市内领先。2000~2005年，每年有百余名师生分别在全国、省、市各类信息比赛中获奖，学校两次获市中小学信息学奥林匹克应用竞赛小学组团体第二名，被评为省现代教育技术示范学校。

小学电化教室（2005.8）　（区教育局供稿）

【体育特色】

80年代，体育传统特色项目田径以连元街、后西溪等小学为代表，乒乓球以白水荡、通汇桥等小学为代表。其后，体育特色项目又发展到以通汇桥、靖海、广瑞等小学为代表的风筝；崇宁路实验小学的射击；宁海里小学的篮球；尤渡里小学的排球；广益中心小学的足球；广瑞小学的武术等。迄2005年，形成一批有一定影响的田径、乒乓球、篮球、棋类、排球、足球、射击、风筝、武术等体育特色学校。

（详见第三十编第三章第二节体育传统项目学校内容，第1062页）

【艺术教育特色】

20世纪70~80年代，艺术教育以崇安小学为代表。该校小京班剧组成立于20世纪70年代初，至1985年先后演出京剧《沙家浜》180余场次，2次为柬埔寨国家元首诺罗敦·西哈努克亲王及其夫人莫尼克公主演出。还相继成立刺绣、书法、绘画、声乐、朗诵、布贴画6个兴趣小组，培养学生综合艺术素养和艺术特长。1987年，美国哈佛大学加德纳博士夫妇到该校考察2天，充分肯定该校艺术教育。1996年起，多次参加中日樱花节文艺演出，受到好评。1997~2003年，学校蝉联无锡市百灵鸟文艺比赛舞蹈一等奖。

小画家现场作画（2001.3）　　（汤锡璋摄）

2000年后，小学艺术教育特色逐步延伸到宁海里、新开河、连元街等小学。宁海里小学以书法艺术为特色。2001~2005年，参与《写字与做人》《学校书法文化的建构与教育价值研究》等省市级课题研究，2004年、2005年，学生书画作品先后参加第五届、第六届“世纪之星”全国少年儿童美术书法艺术摄影教育成果展。2003年，被中国教育学会授予艺术教育特色单位称号。2004年、2005年，连续两年被中国教育学会授予艺术教育先进单位。2005年，联合国儿童基金会高级官员桑尼兰到校访问并留下感言。新开河小学以笛文化为特色，成立“笛韵坊”小社团，全校学生坚持每天练习15分钟，达到“人手一支笛，人人会吹奏”，“中国笛王”俞逊发、陆春龄、詹永明等多次到校指导。2003年，被确定为无锡市首家上海笛文化研究所无锡培训基地以及江苏省笛文化研究院基地。2005年，部分学生受邀参加在香港举办的首届国际笛箫节演出。2003~2005年，先后有数十名学生通过竹笛考级八级考试，校竹笛队多次在市、区独唱、独奏、独舞“三独”比赛中获金奖、银奖。连元街小学以美术为特色，建有儿童美术活动中心、儿童美术馆，成立儿童画、版画、泥工、手工、水墨、篆刻等兴趣小组，提高学生的美术素养和技能，先后被确定为《中国美术教育》杂志社教学实践基地、国家课程标准美术教材实验基地。

【科普教育特色】

80年代初，科普教育特色以广益中心小学为代表。该校组建航模兴趣小组。学校秉承“强学力行”校训，全面开展模型制作、电子百拼、国际数棋、机器人等科普教育活动，培养学生爱科学、学科学、用科学的情感态度和良好素养，受到省青少年科技教育协会的赞誉。1987~2005年，先后赴苏州、南京、常州、镇江等地参加省、市科模比赛，获团体奖项50余个，其中特等奖、一等奖10余个。2005年，被吸收为江苏省青少年科技教育协会团体会员、无锡市陆海空模型运动协会团体会员。

第四节　特殊教育

崇安区辅读学校创办于1984年9月，是江苏省第一所正式挂牌的培智学校，崇安区智力残障（简称智障）儿童接受九年义务教育的中心校，为智能、语言、情绪障碍和孤独症的孩子提供学前教育、义务教育和职前培训，时有学生13人，教职工3人。1988年，从崇安寺图书馆路迁至新生路小学。1990年，移至缫工一校，有学生55人，教职工10人。1997年，又迁至上马墩幼儿园所在地。1998年，新建校舍于长庆路49号，占地面积1064平方米，建筑面积2300平方米。设有感觉统合训练室、木脑袋启智室、音乐律动室、康复健身室、美工室、玩沙室、多功能活动室等14个专用活动室和12个多媒体教室。

区辅读学校（90年代）　（区教育局供稿）

区辅读学校秉承“一切为了残疾儿童的生存与发展”的宗旨，以“学会做人、学会学习、学会劳动、学会合作、学会生存”为培养目标，坚持“尊重差异、满足需要、全程服务、为生存奠基”的办学理念，课程参照并少于普通小学设置，采用江苏省教育厅编制的七年一贯制培智教材，设有常识、语文、数学、音乐、美工、体育、劳动技能和活动等学科。根据智障儿童的实际能力，区别对待，通过个别辅导，为智障孩子提供公正、公平、均衡、可持续发展的条件，使其得到良好的教育，成为自食其力的劳动者及合格公民，在同类学校中始终处于领先地位。并逐步形成随班就读和特殊教育学校有机结合的特殊教育体系，在省内开创先河。1995年，区被评为全国特殊教育先进区。1997年，区辅读学校被评为无锡市爱生百校先进集体。1998年，被命名为无锡市弱智教学中心、南京特殊教育职业技术学院教育实习基地。1999年，通过江苏省特殊教育现代化示范学校验收。2000年，被命名为省特殊教育现代化示范学校。2001年,开设学前康复班，招收4~7周岁智障儿童，进行康复训练。是年，被评为江苏省残疾人工作先进集体。2002年，被命名为无锡市智残儿童康复中心。2003年，在全省率先实现宽带网络校校通、教学资源班班通、网络学习空间人人通“校园三通”，各班均配有笔记本电脑、34寸彩电和实物投影等设备。是年，开设职前培训班，在省内率先达到延伸发展系列化，集学前康复、义务教育、职前培训于一体。2001~2005年，学前康复就读26人，职前培训17人。1984~2005年，招收残疾儿童1700多人。2000~2005年，学校连续6年被评为无锡市文明单位，2005年，被评为全国德育重点课题先进实验学校。

无锡市弱智教学中心挂牌成立（1998）　（区教育局供稿）

迄2005年，该校有班级11个，在读学生128人，教职员工22人。其中35岁以下青年教师占69.5%，特殊教育专业毕业教师占43.5%，大专以上学历占73.9%，有参与编写全国第一套培智教材的江苏省特殊教育先进工作者、校长高瑞芳，全国优秀班主任、校长王亚丽，参与全国培智学校新课程标准研制的江苏省特殊教育先进工作者、校长梅凤英。学校培养出国际

辅读学校举办“生活适应”主题实践活动（2005）　（区教育局供稿）

特奥冠军2人，全国特奥冠军2人，省特奥冠军8人，“全国好少年”2人，省“自强不息残疾人”2人，省“十佳”残疾学生1人，省“金鹰奖”自强不息残疾人1人。

第五节　学校简介

【中 学】

东林中学（初中）　前身为清光绪三十一年（1905）侯鸿鉴出资创办的无锡私立竞志女学。民国元年（1912），改名私立竞志女子中学，并在北禅寺巷13号（东林中学现址）自建校舍。民国8年至民国34年，先后2次易名。1953年1月转为公办，更名无锡市第二女子中学，“文化大革命”期间更名为爱武中学。1969年3月，更名为无锡市第十二中学。2000年7月，与无锡市第十一中学合并组建无锡市东林中学。学校占地面积1.09万平方米，建筑面积1.27万平方米，体育活动场地1876平方米。2001~2002年，投入4000余万元，新建3700平方米的教学大楼和130平方米的多媒体教室、报告厅、电视中心排演厅、电视中心控制室，以及实验大楼、计算机房等。2005年6月，东林中学高中、初中分离，分别成立东林中学（高中部）、东林中学（初中部）。是年12月，东林中学（初中部）划归崇安区管理，有教学班35个，在校学生1881人，教职员工134人。其中，高级教师73人，市学科中心组成员12人，市学科带头人2人，市教学新秀、教学能手16人。

东林中学（2005）　　（孙怡摄）

东林中学以“端正”为校训，以“严谨、和谐、奋进”为校风，以“身正、学高、艺精”为教风，以“博学、笃志、力行”为学风，艺术教育、外语教育特色彰显。1987年，被确认为无锡市唯一的外语特色学校，先后开展日、俄、英等多种语言教学。1995年，被国家教委确定为无锡地区唯一参与国际GAP项目的学校，开启学校教育的国际化道路，先后有20余名外籍教师在校任教，多名教师派赴日、美、英、新西兰等国进行中文教学。2001年，成为日本协力事业团合作项目学校，日语特长班学生100%升入省重点高中。在历届全国中学生英语能力竞赛及省、市英语比赛中，参赛学生100%获奖，获一等奖、二等奖人数名列市区前茅。作为无锡市艺术特色学校，学校组织编写艺术校本课程《女子艺术体操》，其教学片列入国家新课程电视系列展示片。积极鼓励学生参加各类艺术兴趣小组活动，铜管乐队有60多名学生参加，银杏艺术团在省、市中学生文艺汇演以及“三独”比赛中，多次获得声乐、器乐、舞蹈一等奖。艺术特色教育一直保持全市领先，85%以上的毕业生升入省三星、四星高中和中央音乐学院附中、上海音乐学院附中及北京舞蹈学院、上海舞蹈学院、南京艺术学院等驰名学校。2005年2月，评为江苏省首批艺术特色学校。

学校先后获江苏省德育先进学校、现代化工程示范学校、绿色教育学校、中学语文教学专业委员会“十五”规划重点科研课题《创新写作教学研究与实验》优秀实验学校、“国际科学与和平周”全国中小学生（江苏地区）金钥匙科技竞赛青少年科技教育先进集体、无锡市文明单位、基础教育课程改革实验工作示范学校等省市级荣誉。

胜利门中学　前身为民国28年（1939）顾绳武创办的无锡私立道南中学，位于县前东街225号。1956年7月，更名为第八初级中学，1958年7月，更名为胜利门初中。1972年7月，更名为第二十三中学，成为一所具有初中和高中的完全中学。1982年7月，定名为无锡市胜利门中学。1985年暑假，初中、高中分离，初中部仍留在原地，高中部并入无锡市工业学校。1994年8月，原东新初级中学并入胜利门中学。学校重视文学特色建设，培养学生文学爱好，激发阅读和写作兴趣，提高文学作品鉴赏水平。1998年，创办春蕾文学社，设总社1个，分社24个，有社员300余名。1999~2005年，共培养校园小作家数百人，在《无锡日报》《扬子晚报》《全国优秀作文选》等报刊上发表作品近200篇，相继在“小天鹅”作文大赛、“新概念”作文大赛等各类征文比赛中获奖。2005年，被授予无锡市校园文学明星社团称号。该校面向全体学生推出小班化教育模式，初中毕业考试各项质量指标、师生参加市级以上各类比赛获得的奖项居市区同类学校前列，录取重点高中学生比例达40%以上，80%以上学生升入普通高中学习。是年12月，划归崇安区管理，该校占地面积0.75万平方米，建筑面积0.92万平方米，有教学班24个，在校学生965人，教职工116人。其中，高级职称67人，市、区学科带头人3人，市教学能手4人、教学新秀3人。学校先后获得江苏省教育现代化示范初中、江苏省实施现代化教育工程示范学校、无锡市文明单位、无锡市课程改革示范学校、无锡市德育先进学校、无锡市实验教学标准化示范学校、无锡市基础教育课程改革实验工作示范学校等荣誉称号。

广勤中学　创办于1966年，位于周山浜俞巷96号之5，原名周山浜初级中学。1969年12月，改名无锡市第二十一中学。1981年9月，在中学结构改革中，确定为纯初中，复称周山浜初级中学。1984年10月，定名广勤初级中学。1995年，改为无锡市广勤中学。1999年，作为市薄弱学校改造重点工程，重建教学楼、实验楼、办公楼、食堂等，并新建操场，占地面积1.20万平方米，建筑面积1.06万平方米。该校始终把心理健康教育作为德育工作首选，自编分年级心理健康教育读本，把心理健康教育纳入校本课程，开设心理健康教育课和心理健康教育主题班会，积极构建心理健康教育绿色通道，专设心理疏导工作室——心灵吧，开设心灵沟通热线，全天候开放网上“心语吧”“聊天站”，定期出版心灵小报，举办讲座、读书活动等，每学期组织一次心理健康教育活动周，逐步孕育成富有内涵的校园文化，形成校本教育特色。2002年4月，列为江苏省实施教育现代化工程示范初中。该校有多个多媒体教室、课件制作室、省标准理化实验室、学生计算机机房、心理活动室、演播室、语音室、美术音乐专用教室、图书室，并配有校园闭路电视系统、校园网，铺设人造草坪的运动场地。2003年7月，广瑞中学初中部并入。历年中考各项指标稳中有升，名列无锡市区公办初中前茅。2005年12月，划归崇安区管理，有教学班24个，在校学生838人，教职工106人。学校先后被列为中国教育学会“十五”规划课题作文三步法教学实验基地、江苏省教育学会无锡中小学写作教育研究中心、江苏省标准化实验室，被评为江苏省教育现代化示范学校、无锡市现代教育技术实验学校、无锡市心理健康教育示范学校、无锡市文明学校、无锡市德育先进学校、无锡市绿色教育学校、无锡市示范家长学校。

广勤中学（2005）　　（区教育局供稿）

塔影中学　筹建于1982年，位于上马墩路169号，初为上马墩初级中学。1984年9月建成招生，更名塔影初级中学，有班级8个，学生300多人，教职工30人。1989年，增加到班级18个，教职工66人。1991年，通过无锡市教委首批“九年义务教育制”验收。1994年，新建综合楼1500平方米。1995年，改名塔影中学，仍为纯初中。该校占地面积1.33万平方米，建筑面积约5000平方米。2000年，新建实验楼2150平方米和塑胶运动场。有多媒体教室、课件制作室、省标准理化实验室、学生计算机机房、心理咨询室、多功能演播厅、校园闭路电视系统和校园网等先进的教学设备设施，实现市普通中学基本实现现代化的目标。2003年，被评为省实施教育现代化工程示范初中，并被确定为市首批新课程改革试点学校，获得市绿色教育学校、中国教育学会初中专业委员会课题研究先进集体等荣誉。2004年，学生毕业率、均分及格率、全科及格率均超全市平均水平。2005年12月，划归崇安区管理，被确定为接收外来务工人员子女就读窗口学校，占地面积1.74万平方米，建筑面积0.86万平方米，有教学班19个，在校学生754人，教职工80人。

广丰中学 原名无锡市第三十九中学，位于广瑞路1181号，创办于1977年。1981年，开办职业教育，开设建材、毛纺、针织、服装等专业。1982年，更名丁村中学。1983年，改名广丰中学。1998年起，招收职业预备班，职业教育规模进一步扩大。该校探索分层教学法，学生可根据英语、数学等学科成绩的不同水平，分别在A班、B班间“走班”听课，使不同层次学生的知识水平和学习能力都得到提高和完善，真正做到因材施教，形成鲜明教学特色，得到省、市教育行政部门好评和学生、家长的赞誉。2002年起，招收中专学生，在服装工艺、服装设计、餐旅服务等专业的基础上，开设影视广告、动漫制作、电子与信息技术等专业。2001~2005年，先后参与省德育研究课题《开发学生文化的德育功能》、国家级课题《创新写作教学》实验，该校教师先后在省、市级刊物上发表课题研究论文30多篇，学校获得全国课题研究先进实验学校、省实施教育现代化工程示范初中、省绿色教育学校、市文明单位、市教科研先进单位、市新课改实验示范学校等多项荣誉称号。2005年12月，划归崇安区管理，该校占地面积2.38万平方米，建筑面积1.18万平方米，有教学班37个，学生1319人，教职员工114人，是一所外来务工人员子弟占近50%的“初中+职业中专”学校。

广丰中学（2005） （区教育局供稿）

【小　学】

江苏省无锡连元街小学 清光绪二十四年（1898）由举人杨模（字范甫）集资创办，位于连元街上寿禅院（现连元街28号）。原名竢实学堂，取“培根以竢实”（等待果实）之意，是中国最早的新式学堂之一。杨模自任监院总理（校长），聘中国近代著名教育家、翻译家、数学家华蘅芳为总教习。第一期学生21人，开设中文、算学、西文（英文）3科，后又添体操和东文科。江泽民主席的老师顾毓琇、著名经济学家孙冶方曾就学于此，钱基博、钱穆两位国学大师均于此任国文教员。民国至无锡解放，先后更名为无锡县立第一高等学校、县立第一小学、无锡县立连元街小学、无锡县立竢实小学校、无锡县立连元街小学、无锡县中四镇中心国民学校、无锡县锡治镇中心国民学校。1949年7月，连元街国民学校并入。1951年，更名为连元街中心小学。1959年初，迎祥桥小学并入。1962年，被定为江苏省示范小学，“文

连元街小学校舍（1985） （区教育局供稿）

化大革命”期间改名为无锡市东方红小学。1968年1月、1972年8月，八一小学（即民办大成巷小学）、兴无小学（即胜利门小学）先后并入。1978年，恢复连元街小学校名，并定为市重点小学。1981年，被评为首批江苏省实验小学。80年代后，学校秉承“乐育英才”的办学宗旨，践行“固根基、立德志、成大器”的办学理念，追求“建智慧学校、塑智慧教师、育智慧学生”的办学目标，以开放教育、有效教育、智慧教育、立美教育为办学特色，促进学生身心全面、和谐发展，提出“一二三四五六”育人目标，即达到一个标准：德智体美劳各项素质全面发展；学会两种语言：汉语和英语；培养“三棋”兴趣：围棋、中国象棋和国际象棋；掌握四种技能：游泳、电脑、跆拳道或芭蕾、一件乐器；提高五种能力：耐挫能力、交往能力、竞争能力、实践能力、创新能力；熏陶六种手艺：版画、手工、泥塑、画信、扇画、扇书，以优异的教学质量立于无锡乃至江苏基础教育的前沿。1990年起，实施大规模校舍改扩建工程，建成新教学大楼、综合楼，以及电脑房、语音室、实验室、排练厅、电子琴室等专用教室，并投资1300万元建成塑胶跑道田径运动场。1991年，被评为江苏省模范小学。1999年9月，开办全省第一家小学网上学校——连元网校。2003~2005年，投资1.2亿元，再次实施大规模改扩建，第一期工程完成毓琇楼1号教学楼和大成巷步行街商铺的建造，第二期工程完成体育中心、会议中心、小高层和地下停车库的建造，第三期工程完成毓琇楼3号、5号教学楼的建造、学校2号、4号教学楼的改造。改扩建后的新校园，占地面积1.64万平方米，建筑面积3.52万平方米，有60个标准教室、30多个专用教室、多功能会议中心、10层综合科技楼、室内温水游泳馆、篮球馆，同时还有屋顶花园、“莲苑”小景、“桃李园”等园林小品。2005年，有班级59个，学生2726人，教职工197人。其中特级教师1人，市名教师2人，市学科带头人、教学能手18人，市教学新秀16人，全国优秀教师5人，江苏省优秀教师5人。1986~2005年，学校还先后被评为全国百所德育科研名校、全国先进体育传统项目学校，省电化教育实验学校、省优秀家长学校，市心理健康教育示范学校，连续8次被评为江苏省文明单位，连续14年（1992~2005）被评为全国“双有”主题教育活动先进集体，是中国百所名校之一。

连元街小学新校舍（2005）　（区教育局供稿）

江苏省无锡崇宁路实验小学　前身为无锡县立女子师范附属初级小学，创办于民国3年（1914），位于崇宁路4号。民国至无锡解放，曾先后更名为无锡县一女中附小、无锡县实验小学、无锡县中一镇第二中心国民学校、中一镇新庙前国民学校。秦邦宪（博古）、陆定一、秦起、钱锺书、钱绍武等一批名人曾就读于该校。1952年、1965年、1967年，先后更名为新庙前小学、崇宁路小学、育红小学。1973年，民办小河上小学并入。1978年，恢复崇宁路小学。1981年9月，改为崇宁路中心小学。2004年，崇安寺小学并入。是年11月，通过省实验小学验收，改现名。1979年起，学校先后3次较大规模拆建，建成三幢教学大楼。1994年，教学综合楼建成使用后，办学条件明显改善。新世纪初，又两次改建校舍，2001年，投入600万元，新建综合楼3184平方米；2003年，投入300万元，新建教学大楼2755平方米，每个教室均有闭路电视、视频展示仪、实物投影仪、计算机，并接通互联网，成为信息化、数字化校园。2005年，该校占地面积0.95万平方米，建筑面积1.17万平方米，有室内体育馆、报告厅、多媒体教室、多功能教室、自然实验室等19个专用教室，为江苏省百所名校之一。开设班级44个，学生1936人，教职工112人，其中本科学历30人、大专学历65人；中学高级教师1人、小学高级教师65人。无锡市名教师、市区学科带头人、教学能手等接近50%，其中有市人大常委、全国优秀教师、三八红旗手、省首批特级教师、省中青年专家顾美云，有全国优秀教师王铭波，有省人大代表王佩珩，有省特级教师、省师德模范尤靖希，有市劳动模范杨瑞贞、朱永康等。学校于1985年率先在全市将电视录像引进课堂教学，并逐步形成电化教学特色。90年代，学校特色向多元化发展，文化品位、健康教育、绿色教育、双语教育等特色均彰显亮点。学校办学品位不断提升，先后获得全国德育科研名校、全国红旗大队、全国平安和谐校园、全国信息技术道德教育示范学校、江苏省文明单位、江苏省现代教育技术示范学校、江苏省健康促进示范学校等荣誉。

崇宁路实验小学（2005） （区教育局供稿）

江苏省无锡新开河实验小学 前身为锡金圣公会创办的圣婴院，建办于清光绪三十四年（1908），位于新生路81号。民国37年（1948），改名圣婴小学。1951年2月，浸会一校并入，改名为私立新生小学。1952年，改为公立学校，冉泾桥小学并入，改称新开河小学。1967年，改名长征小学。1975年，恢复原校名新开河小学。1986年、1992年，先后改建教学大楼和综合大楼。2001年，新生路小学并入。是年底，区教育局投入600余万元，拆迁1200平方米，建造建筑面积2728平方米的综合教学大楼一幢。2003年起，启动创建省实验小学，先后投入607万元，完善现代化教学装备和设施，配备专用教室及辅助用房25个，构建校园网，接入城域网并与互联网相通，实现班班通、室室通。2004年11月，通过省实验小学验收，改现名。2005年，该校占地面积0.57万平方米，建筑面积0.72万平方米，有教学班25个，在校学生1046人，教职工66人。学校教改实验起步早，1991年起，开展"小学生良好学习习惯培养"的实践研究，礼仪教育、阳光教育成效显著，艺术教育独树一帜，乐器进课堂成为课改的一大亮点。1998年后，又相继进行"小学生主动学习习惯培养""小学生创新学习习惯培养研究""小学生积极个性培养的实践研究"等教改实验。2003年，被教育部确定为"科学教育——科学认读实验学校"，并被评为科学认读课题实验先进单位，还被确定为江苏省教育学会小语会科学认读研究中心。先后被评为全国教育科学"十五"规划国家重点课题《整体构建小学德育体系深化研究与推广实验》先进实验学校、全国"十五"期间中央教育科学研究所科研教改先进实验学校、无锡市基础教育课程改革示范点学校以及全国"双有"主题教育活动先进集体。

新开河小学（2003） （赵孙健摄）

江苏省无锡通江实验小学 前身为广勤路小学。2005年1月，周山浜、大同路、锡北路等3所小学并入后，改现名。是年，该校占地面积1.27万平方米，建筑面积0.76万平方米，有班级42个，教职工129人，学生1595人。

（详见本章第一节广勤路实验小学内容，第962页）

江苏省无锡保利实验小学 创办于2005年2月，由通汇桥、东新路、白水荡等3所小学合并而成，定名保利小学，位于保利广场12号。是年6月，通过省实验小学验收，改现名。该校占地面积6800平方米，建筑面积7340平方米，有班级25个，学生907人，教职工72人。

江苏省无锡塔影实验小学 创办于1982年，原名塔影小学，位于塔影二村65号，是一所新村配套小学。学校占地面积6567平方米，有三层教学楼2幢，建筑面积3260平方米。1986年9月，广益乡上马墩小学并入。1991年，更名塔影中心小学，2004年，风雷新村小学并入。2003~2005年，先后投入850余万元，对学校进行改扩建，形成学园、花园、乐园“三园”特色。校园有线网络班班通、宽带网络室室通，有各具特色的音乐教室、电脑教室、舞蹈室、科学实验室、美术教室、科学器材室、多媒体教室、图书室、学生阅览室等专用教室11个；建有绿色实践、运动休憩、游戏休闲3个主题绿化区；建成200米环型跑道的塑胶田径场和面积达400平方米的室内活动室。2005年，该校占地面积1.10万平方米，建筑面积0.62万平方米，有班级21个，学生864人，教职工64人。是年，通过省实验小学验收，改现名。该校在推进学生素质教育的过程中，不断创立自己的办学特色，把绿色教育作为特色建设目标，环境教育向绿色管理、绿色德育、绿色课堂、绿色课程等方面拓展，让学生拥有“绿色人生”。1999年被评为市园林式单位、花园式学校，2001年，被评为省、市两级绿色教育学校，2005年，全国政协副主席张怀西为学校题词“用绿色奠基生命”。2004~2005年，先后被评为全国德育科研先进学校和中小学公民道德教育实践学校。

亭子桥实验小学 创办于清光绪三十一年（1905），原名城东学堂，位于亭子桥堍唐巷73号。清宣统三年（1911）至民国13年（1924），先后改称市立第五国民学校、第五初级小学。民国16年，更名为亭子桥小学，民国37年，称靖复镇中心国民学校。1956年、1958年、1961年，3次扩建校舍，1961年，民办亭子桥小学并入，班级达到40个，时为全区规模最大的学校。1965年，在井亭街建造新校舍，作为分部。1966年，更名亭子桥中心小学。“文化大革命”期间，更名爱武桥小学。1969年，在校学生近2000人，为历史最高峰。1977年，因建井亭立交桥，亭子桥校舍被拆。1978年，复称亭子桥小学。1981年，改称亭子桥中心小学。1989年，投资130万元，在分部新建教学楼，举校南迁。1994年，新建400平方米幼儿园教学楼。2004年，投资285万元，全面改造校舍，完善现代化教学设备。2005年，该校占地面积4648.9平方米，建筑面积4553平方米，有班级16个，学生596人，教职工53人。是年，通过市实验小学验收，改现名。该校于80年代就重视德育特色建设，1981年，开创的思想品德课“十大教学法”在全国颇有影响，学校被评为市德育先进学校，此后又首创“即兴式”少先队活动，在省内产生较大影响，在全国少先队“创造杯”活动竞赛中获奖数位居全区榜首，1989年，学生傅强被评为全国“学赖宁”好儿童和江苏省“十佳”好儿童。1996年，少先队雏鹰争章达标活动走在全市前列。先后被评为全国红旗大队、全国“双有”主题教育活动先进集体。绿色教育特色在全市具有一定影响，学历史、长知识、抓环保、重实践，成为学校一项传统特色活动，并逐渐形成学校绿色教育文化。先后荣获第五届江苏省青少年生物和环境科学实践活动优秀奖、全国“创新杯”活动优秀奖、江苏省环境宣传先进集体。2000年，被评为江苏省绿色教育学校、全国首批绿色教育学校。

广瑞实验小学 创办于1980年，原名广瑞小学，位于广瑞三村62号，是一所新村配套小学，时有三层教育楼一幢，计1636平方米。1982年，兴建教学楼一幢，计1138平方米。2005年，投资330多万元，全面实施改扩建工程，铺设塑胶软地操场，建立校园网，开辟休闲吧，配置科学实验室、科学探究室、音乐室、舞蹈房、多功能电教室、电脑室、心理咨询室等专用教室14个，学校占地面积达到0.90万平方米，建筑面积0.47万平方米。是年11月，通过市实验小学验收，改现名，有班级12个，学生538人，教职工31人。风筝特色教育是该校一大亮点，校本教材《多彩的课堂》被众多风筝爱好者喜爱并收藏，学校“红领巾风筝俱乐部”先后获全国、省、市荣誉60余次。该校还是一所体育传统项目学校，先后为全国、省、市运动队输送优秀运动员40多人。2000年，成立无锡市武术协会太极拳培训基地——少年太极苑，2001~2005年，先后多次在各类比赛中荣获大奖。全国“十五”规划课题《小学生心理健康教育实施研究》与无锡市规划课题《小学生积极生活态度的培养》研究成效明显，学校先后获全国小公民道德建设实验学校和先进单位、全国“双有”主题教育活动先进集体、省红旗大队、省群体工作先进学校、市绿色教育学校等荣誉称号。

广新实验小学　创办于1986年秋，原名广新小学，位于广益新村121号。1986~2004年，先后接纳近百名福利院孤残儿童就读，爱心助残活动持之以恒。学校先后被评为全国红领巾手拉手助残先进集体、全国少先队辅导员专业化实验学校、无锡市爱生百校活动先进学校。福利院孤残儿童、学生赵燕被评为全国优秀少先队员。2000年后，随着就读的外来务工人员子女逐年增多，该校致力构建外来务工人员子女教育特色，学校软硬件齐上，内外功兼修，不断改善办学条件，提升办学品位。2001~2005年，先后投资400余万元，铺设3000余平方米的塑胶操场，调整绿化布局，彩化校舍建筑，开辟室内体育活动室，有科学探究室、微机室、图书阅览室、美术室、音乐室等各类专用教室16个，每班配置电脑、视频展示台、液晶投影仪，有长百米集各地风土人情、人文历史、名胜古迹为一体的文化墙，层楼走廊内挂满唐诗、宋词、元曲等。2005年，该校占地面积8423平方米，建筑面积3068平方米，绿化面积1499平方米，有班级12个，学生497人，教职工32人。其中，外来务工人员子女占全校学生总数的78.7%，被定为接收流动人口子女就读的定点学校。是年11月，通过市实验小学验收，改现名。

靖海实验小学　创办于1988年8月，原名靖海小学，位于靖海新村82号，为新村配套小学。信息技术教育为该校办学特色。1995年，在全市率先创办小主人电视台，相继开展电脑会话、电子小报制作、动画制作、网页制作等信息类兴趣活动，还进行远程教育实验。所有教室均配有高清晰大屏幕教育专用背投电视机、多媒体计算机、全自动视频展示台等信息化设备，并设有多媒体教室、网络计算机房、电视演播厅、科学实验室、音乐舞蹈厅及采用微机管理的开放式图书阅览室等专用教室。建成具有信息网站、在线办公、学校博客、图书管理、家校互动、电子期刊等内外网功能卓越的数字化校园。在注重素质教育的同时，全面关注学生德、智、体、美的和谐发展，91届学生英语成绩名列崇安区第一，学生夏敏被评为全国优秀少先队员，学生万翔燕成为国家优秀射击运动员，在世界军体赛、国家射击比赛和江苏省体育运动会上先后获得金牌40块、银牌20块。学校于90年代承担江苏教育版九年义务教育小学数学教材使用实验，先后获得国家级德育科研先进学校、省现代教育技术实验学校称号，2003年，被教育部命名为“科学教育——科学认读”实验学校。2005年初，通过市实验小学验收，改现名。是年，该校占地面积8682平方米，建筑面积3815平方米，绿化面积1122平方米，拥有2980平方米塑胶运动场、300多平方米风雨操场，有班级12个，学生464人，教职工33人。

宁海里实验小学　创办于1996年9月，原名宁海里小学，位于宁海里112号，有班级3个，学生54人，教师6人。2004年，学校进行总体改造，调整绿化布局，铺设运动场地，彩化教学大楼，有舞蹈房、音乐室、书法展示室、多功能大教室、美术室、科学实验室、书法室、劳技室、图书阅览室、微机室等12个专用教室以及科学器材室、体育器材室、艺教器材室、藏书室、卫生室、档案室等多个教育辅助用房，全校实现网络通。特别是开辟书法专用教室和书法作品成立室，打造书法特色品牌，学校每年举办书法艺术节，书法作品参加全国、省、市乃至国际竞赛交流，屡获殊荣。2004年、2005年被中国教育学会授予“艺术教育先进单位”称号。2005年，通过市实验小学验收，改现名。小学部占地面积1.04万平方米，建筑面积0.47万平方米，建有彩色橡塑运动场2272平方米，有班级12个，学生450人，教职工30人。

宁海里小学（2005）　　（孙怡摄）

金海里小学 创办于1998年8月，由原郊区南站乡前园村小学重建，位于金海里137号（现为长江北路695号），有班级6个，学生150人，教师16人。有信息技术、自然实验、图书阅览等专用教室11个，风雨操场、餐厅、会堂均有300~400平方米。学校以“情感智商的充分发展”为教育特色，追求人性化的教育实效，注重品德、智力与能力并重与身心和谐发展，提高学生的全面素质。2002年起，学校改革学生评估方法，期末从评选“三好生”转向针对学生个体差异评比“学习品质养成奖”“文明礼仪素养奖”“遵守公共规范奖”等7个单项奖，促进每个学生个体素质的和谐发展。2003年，学校被确定为外来务工人员子女定点小学。1998~2005年，先后获市“双有”主题教育活动先进集体、区科普活动先进单位、教师文明示范岗等荣誉。2005年，该校占地面积8467平方米，建筑面积5559平方米，有班级10个，学生359人，其中外来务工人员子女占83.6%，教职工24人。

广益中心小学 前身为创办于1957年2月的广益乡西庄庵小学，位于徐巷西庄庵，其后，先后更名为市第六区广柏中心小学、市广益中心小学。1962年8月，校址迁往丁村。“文化大革命”期间，改为丁村小学，由广益乡丁村大队管理。1978年3月，恢复广益中心小学，隶属于郊区文教科领导。1990年移地新建，由丁村迁至现址（广泽路100号）。时有384平方米的风雨操场、200米环形跑道的运动场，多功能室、电脑房、自然实验室、阶梯教室、劳技室、图书阅览室等专用教室。1991年9月，莫家庄小学、广丰小学并入。2000年、2001年，新建教学大楼各一幢。长善坊小学、丁村小学先后并入。2002年，行政区域调整后，划归崇安区管理。2003~2005年，先后投资1800余万元，新建教学大楼、学生食堂大楼、网球场，扩建260米环型跑道的田径运动场。各教室均配置52英寸教育专用液晶背投彩电、视频展示台和惠普电脑。拥有多功能大教室、微机室、科学实验室、科学探究室、美术室、音乐室、舞蹈房、图书阅览室等各类专用教室和教育辅助用房18个。其科学探究室分金钥匙工作室、科技作品工作室，装备水平在全市领先。“传承科技、开启智慧，学做合一、提高素养”是该校的特色教育思想，学校在省、市科技模型比赛中屡获佳绩。先后被评为全国“双有”主题教育活动先进学校、省绿色教育学校、市体育传统项目学校、市德育先进学校、市文明单位等，并被确认为全国中小学信息技术道德教育实验学校、省首批现代化教育技术实验学校、省辅导员专业化实验学校、省青少年科技教育协会团体会员、市陆海空模型运动协会团体会员。2005年，该校占地面积1.63万平方米，建筑面积0.65万平方米，绿化面积7350平方米，生均占地、建筑、绿化、活动场地面积等多项指标均居市区小学前列，有班级28个，学生1079人，教职工77人，其中大专、大学本科学历的教师占96%，市、区教育教学骨干教师占37.5%。

广益中心小学（2005） （广益街道供稿）

连元实验小学 创办于2005年8月，位于后西溪24号原后西溪中心小学内，为连元街小学开办的公有民办学校，该校占地面积0.68万平方米，建筑面积0.73万平方米，有班级6个，学生268人，教师16人，多名教师为国家基础教育资源库主讲教师、省编教材编委、市教学能手、市和区优秀班主任，多次在全国赛课、市教学技能大赛、市赛课获特等奖或一等奖。学校建有千兆校园网络系统、光纤连接因特网，教室配有微机、52英寸液晶背投电视、视频展示台、空调，美术室、棋室、阅览室和音乐室等专用教室各具特色。学校以多元智能开发学生潜能，以特色教育张扬学生个性，以全面素质奠基学生未来为办学目标，在国家规定课程的同时，从一年级起增设国学、礼仪、英语、电脑、艺术兴趣等特色课程。其中国学课有选择地诵读唐诗、宋词、元曲中脍炙人口的佳作，《三字经》《千字文》《论语》中的名篇名段，还开设棋类、形体、头脑OM①、跆拳道、舞蹈、书法、绘画、器乐、足球等选修课，为学生提供丰富的选择范围和不同的发展机会，促进健康成长。

金桥双语实验小学（2005） （区教育局供稿）

金桥双语实验小学 创办于2000年9月，由无锡市明达教育发展有限公司投资开办，位于学前街94号，为全市首家双语小学。时有班级8个，学生350人，教师23人。有多功能教室、计算机房、语音室、科学实验室、音乐教室、形体房等专用教室，每个教室均装备彩色电视机、空调和投影仪等多媒体教学设备，还有百米塑胶跑道的操场等体育设施。双语教育为该校办学特色，学校被确定为全国现代学校制度建设直属实验学校、全国双语教育实验基地，《民办小学管理规章》《小学双语教学研究与实验》被纳入教育部“十五”规划重点课题，并与宁波万里国际学校联袂编纂《现代学校管理规章范本丛书·民办小学卷》。2002~2005年，双语课获省现代数学教学评比一等奖，课堂教学录像在全国双语教学评比中多次获奖，近百篇教育论文或专题文章在全国、省、市获奖或发表。先后被评为中央教科所科研教改先进实验学校、全国德育先进实验学校、全国艺术教育先进单位、全国中小学信息技术创新示范学校、全国少儿围棋教育实验学校。2005年，该校占地面积1.38万平方米，建筑面积1.30万平方米，有班级46个，学生2039人，教职工125人，具有大专以上学历占95%以上，其中，本科学历占30%，校长周慰俐为江苏省首批小学数学特级教师，全国首届百名明星校长之一。

【辖区市属学校】

无锡高等师范学校（2005） （孙怡摄）

1985年，辖区市属学校众多，有无锡市广播电视大学、无锡市教育学院等成人大专院校2所，市第二中学、市第七中学、市第八中学、市第十一中学、市第十二中学、广瑞中学、广丰中学7所完全中学，胜利门初中、广勤初中、东新初中、塔影初中4所初级中学，江苏省无锡师范学校、江苏省无锡卫生学校、江苏省税务学校、无锡市工业学校、无锡市戏剧学校5所中等专业技术学校，无锡师范学校附属小学、东林小学2所小学。

1986年，江苏省税务学校、无锡市戏剧学校分别迁至郊区公益路200号、钱荣路12号。其后，无锡市工业学校迁至南长区通扬路15号。1992年，市第二中学迁至南长区沁园新村146号。是年9月，市第七中学、市第八中学初中、高中分别合并，两校分别更名为江南中学和中山高级中学。1993年，公有民办大桥实验中学创办于学前街38号。1994年，东新初中并入胜利门初中。1995年，东林小学迁至解放东路818号。1998年，公有民办育才中学创办于东门唐巷。中山高级中学和第三中学合并，迁入南长区羊腰湾第三中学内。2000

①头脑奥林匹克竞赛的英语原意为 Odyssey of the Mind，缩写为OM。

年，市第十一中学与市第十二中学合并组建成无锡市东林中学。20世纪末，无锡卫生学校迁至无锡新区长江北路小桥下60号。2002年，无锡教育学院并入江南大学；江苏省无锡师范学校与洛社师范合并，实现中等师范教育资源的优化组合，并于2005年5月成为江苏教育学院无锡分院，更名为江苏省无锡高等师范学校。2003年6月，无锡市广播电视大学筹建无锡市现代远程教育中心，与全国17所高等学校联合举办网络学历教育，开设教育硕士、专升本、高起本和高起专学历教育，并于2004年8月在广瑞路分部增挂“无锡市广播电视中等专业学校”牌子。2005年6月，东林中学高中、初中分离，分别成立东林中学（高中部）、东林中学（初中部）；年底，东林（初中部）、胜利门、塔影、广勤、广丰5所中学划归崇安区管辖。

锡师附小（2005）　（赵孙健摄）

2005年，辖区市属学校有无锡市广播电视大学、江苏省无锡高等师范学校2所大专院校，江南中学、广瑞中学、东林中学（高中部）、大桥实验中学、育才中学5所完全中学，江苏省无锡高等师范学校附属小学1所。其中无锡市广播电视大学所属广瑞路、新民路2个校区，在校学生2万余人；江苏省无锡高等师范学校有班级50个、学生2322人、教职工245人；江南中学有初中班级79个、学生3769人、教职工236人；广瑞中学有高中班级26个、学生1351人、教职工105人；东林中学（高中部）有班级36个、学生1899人、教职工180人；大桥实验中学初高中班级45个、学生2200多人、教职工200余人；育才中学初高中班级42个、学生2000多人、教职工170余人。

第三章　成人教育

区成人教育始于无锡解放初，时由工会和教育部门开办职工夜校、文化补习学校、业余中学等，开展扫除文盲和文化补习，以后逐步发展到文化技术教育和岗前培训。特别是1978年崇安区职工业余学校（以下简称崇安职校）和1982年崇安区职工教育领导小组办公室（以下简称区职教办）成立后，全区集中力量开展“双补”[①]。1984年，区职教办改为区职工教育培训中心后，职工教育重点由“双补”转到专业技术培训和学历教育、职业教育。1991年区职工教育培训中心与崇安职校合并后，充分发挥职校的区位优势、生源优势，多渠道挖掘办学潜力，与外地高等院校联合办学的路子不断拓宽。1997年后，专科、本科学历教育与中等、高等职业教育竞相发展。2005年，全日制中等、高等职业教育在校生超过3000人，各级各类成人在读大专、本科学生万人以上，参加各类培训的市民10万人以上。1986~2005年，在崇安职校高中毕业1.12万余人，专科、本科毕业9260余人，全日制中等职业毕业2560人，各类技术业务培训结业17万余人。

与此同时，社区教育得到重视和不断加强。特别是1999年国务院批转教育部《面向21世纪教育

①双补：对1968~1980年初中、高中毕业而实际文化水平达不到初中、高中毕业程度的职工进行文化补习，对未经专业技术培训的三级工以下的职工进行技术补习。

振兴行动计划》出台后，社区教育工作力度进一步加大，围绕“建立和完善终身教育体系，努力提高全民族素质”的要求，充实加强全区社区教育组织机构，逐步形成由区、街道社区、学校组成的社区教育三级网络，实现以崇安社区培训学院为龙头、街道培训学校为骨干、社区教育实验基地为补充的三级社区教育组织形式，区先后被市、省列为社区教育实验区。此外，区还积极鼓励社会力量办学。迄2005年，辖区有民办非学历教育社会教育培训机构54家。

第一节　职业技术培训与学历教育

1986年后，区成人教育从“双补”为主逐步转向专业技术培训、职业教育、学历教育，成人教育面向辖区企事业单位、街道社区。1987~1996年，开办各类文化技术、艺术班2000多个，学员11万人次。1997年后，文化教育转向以专科、本科学历教育为主，职业教育向中等职业、高等职业（5年制）教育发展。2005年，全日制中等职业、高等职业（5年制）教育在校生超过3000人，各级各类成人在读大专、本科学生万人以上，参加各类适应性、实用性、就业型、提升型、文化休闲型培训的市民达10万人以上。1986~2005年，在崇安职校高中毕业1.12万余人，专科、本科毕业9260余人，全日制中等职业毕业2560人，各类技术业务培训结业17万余人。

【崇安职校】

崇安职校东菁校区（2005）　（区教育局供稿）

创办于1975年10月，原址位于解放北路21号，仅400平方米。其后，几易其名，先后称区“七二一”工业大学、区职工大学、崇安职校。1991年，区职工教育培训中心与崇安职校合并，为区直属事业单位。2001年，划归区教育局管理，并在全市同类学校中率先创新办学机制，在不改变公办学校性质，不涉及资产流转的前提下，实行校长承办制，实现政府监管下的自主办学。其后，区教育局先后将风雷、丁村、锡北等3所小学校舍和区教育局办公用房划归其使用，崇安职校自筹资金购买中山路千余平方米校舍，在新区租赁一所学校常年使用，并先后投入近2000万元对所有校舍进行整修改造，建成车工、钳工、电工、电子技术、数控机床、电焊6个实训室，计算机多媒体教室7个，增添图书资料数万册，教育培训条件大为改善。2004年，成立无锡市城市职业技术学校和无锡市崇安社区培训学院后，与崇安职校实行三块牌子、一套班子的管理体制，成为学历与非学历、知识与技能、普及与提高相结合的一体多元、一体多能型教育培训实体。2005年，全校占地面积4万多平方米，建筑面积3万多平方米，拥有成教基地2个、职教基地3个、技能实训基地1个和社区教育“大世界”1个，有专职管理人员52人，专职教师250人，是全区成人教育的主阵地。是年，开设各级各类培训班290个，各类在校学员（学生）2.2万余人，成为无锡市规模较大、声誉良好的地区性、综合性、开放型、多功能的教育培训机构，连续多年被评为市、省和全国成人教

崇安职校迁至中山路（2002）　（区教育局供稿）

育先进办学单位。

【学历教育】

1986~1990年，崇安职校成人高中学历教育在校生数为全市之最，年均在3000~5000人之间。1987年起，在与无锡市广播电视大学合作，设立教学辅导站，开展成人专科教育的基础上，又与苏州大学、江苏大学、上海第二工业大学合作办学。1987~1996年，该校开设的高复班、大专起点班在全市享有较高声誉，历年参加全国成人高考成绩名列前茅，经济管理大专班录取率达88.5%，工业自动化本科班48名毕业学员中被授予学士学位40人，其中获“亿利达”奖金1人。1997年后，崇安职校又先后与南京大学、苏州大学等10余所高校合作办学，将高校的优质教育资源与职校的区位优势、生源优势有机结合，成人教育转向以专科、本科学历教育为主，专业覆盖面越来越广，入学人数越来越多，教学形式除业余、双休日制外，还发展网络教育、自学考试全日制面授等。与此同时，还与外地学校联合办学，将职校的优质教育资源与外地学校的生源优势有机结合，在外校办班，既拓展生源，又为农村转移劳动力作出贡献。2003年，该校电大开放教育和网络教育各专业实行免试入学，宽进严出，更好地适应在职和成人的学习特点，扩大办学面。2005年，该校在读大专、本科学生1万余人。

【职业技术培训】

1986年起，区贯彻《国务院批转国家教委关于改革和发展成人教育的决定》，根据“按需施教、学以致用”原则，开展职业技术培训，先后开办初级和中级技工培训班。1991年后，随着企业“先培训、后就业”“先培训、后上岗”用人制度的确立，相继开展岗位培训、职业资格培训、再就业培训、弱势群体培训、家政服务培训等。与此同时，为提高青年职工素质，还开办青工政治学校，轮训青工3000余人，并对1000余名个体劳动者进行政治思想教育和职业道德培训。1994年后，贯彻“以服务为宗旨，以就业为导向”的办学方针，职业技术培训转向中等职业教育，先后与市医药中专、市电视中专、市电子技校等校合作举办全日制中专班和中技班，积极探索全日制中等职业教育由学校培养、企业用人改为学校、企业双向培养的办学模式改革，学校侧重理论知识和基本实习，企业负责专业学习与考核，有效提高学生的职业意识和技能水平。中等职业教育在校学生由1994年100余人发展到2003年1500余人。2003年后，又组织两轮对专业技术人员的继续教育公修课培训。2004年崇安职校增挂无锡市城市职业技术学校牌子、赋予招生权和发证权后，中等职业教育逐步向高等职业教育发展。2005年，全日制中等、高等职业教育（5年制）在校学生超过3000人。2001~2005年，崇安职校还组织WTO法律法规知识培训、计算机应用能力和外语培训考核，参加各类技术业务培训的干部、职工年均达5000余人次。

第二节　社区教育

1986年后，贯彻《中共中央关于教育体制改革的决定》，社区教育逐步展开。1991年，区成立社区教育委员会，街道、居委相应成立社区教育组织。围绕精神文明建设、家庭教育和普法教育等，利用家长学校、老年学校，开展多种形式的社区教育，使学校教育、家庭教育与社会教育有机结合，促进社区教育不断深化。区妇联会同区教育局，建立家庭教育讲师团、督导组和教师志愿者团队，组织开展示范家长学校评比，并开通崇安区网上家长学校，采用开放式、参与式、联动式、创新型的教学方法和手段，先后举办“家庭教育心理健康现场观摩”“情系未来新市民，共育崇安新市民”等家庭教育系列活动。针对婚孕期妇女特点，开展“‘预备妈妈’健康促进行动”大型健康主题月活动；举办“关爱外来女性，把握健康生命”新市民健康知识教育讲座及现场咨询、“歌颂母爱、弘扬美德”亲情教育活动等。1999年，贯彻国务院批转教育部《面向21世纪教育振兴行动计划》，围绕“建立和完善终身教育体系，努力提高全民族素质”的要求，开展社区教育实验工作，区被市列为社区教育实验区。2001年，区出台《构建社区终身教育体系，营造学习化社会》实验方案，以构建学有所教、民有所育的社区生活共同体为目标，按照“党政统筹领导、教育部门主管、有关部门配合、社会积极支持、社区自主活动、群众广泛参与”的社区教育三级管理模式，全面推进社区教育实验。区社区教育委员会下设道德、职业、家庭、健康、法律、科普、未成年人、老年人、残疾人和流动人口教育10个社区教育专业指导小组。各街道相继成立市民学校，各居委成立分校。街道市民学校下设社会公德教育、青少年教育、健康教育、法治教育、计划生育教育、文化体育教育6个教研组。针对社区不同年龄、不同阶层、不同性别的各类社区教育对象，开展多层次、多内容、多形式的教育培训活动，包括思想道德教育、文化知识传授、科学技术普及、职业技能训练、艺术才能培养、法律知识宣传等内容，并将社区活动社会化，把社区每项工作的实施过程都变成对群众的教育过程，不断提高社区居民道德、政治、文化、科技、艺术等方面素质。同时，加强社区教育师资队伍和志愿者队伍建设，按照有心者、有闲者、有力者、有才者“四有”要求，对应社区教育10个专业，各街道聘请兼职辅导员20人。是年，区被江苏省确定为社区教育实验区。2002年后，区又先后出台《关于深化社区教育工作，推进学习型社区建设的若干意见》《崇安区社区教育工作暂行办法》《崇安区社区居民终身学习制度》《崇安区社区教育督导评估标准》等文件，围绕道德、职业、家庭、健康、法律、科普、未成年人、老年人、残疾人和流动人口10个方面，结合条线工作特点和社区居民求知求技求健求乐的教育需求，注重集知识性、趣味性和教育性为一体，以“劳务奉献、智力服务、应急援助”为主要形式，以家庭教育、心理咨询、扶贫帮困、电脑培训、绿色上网、道德教育、假日活动、法律援助、学习辅导、音体美辅导等为主要内容，开展社区教育活动。区每年开展健康新理念主题教育活动，内容包括“健康第一，规律生活，平衡膳食，倡导运动”“注意控制血脂异常，有效预防心肌梗死和脑血栓”“维持能量进出平衡，合理控制体重和肥胖”和“每天吃一点五谷杂粮，增加粗纤维食物，预防肠癌”等。还针对社区各类人员开展心理疏导和调适的教育培训，定期开设健康大讲堂，并组织市、区级医院专家和社区全科医生向辖区居民进行健康科普系列教育；市民学校会同辖区中小学举办心理健康专题讲座、心理健康教育优质课竞赛、父母课堂、心理健康沙龙等，开展心理健康志愿服务进学校、进社区、进家庭活动。区营养学会在街道社区举办“合理饮食”“中医养身”等为内容的科普讲座；全区科普画廊统一布置环保、健康等科普挂图，播放VCD片，进行科普宣传。在加强未成年人教育工作中，各街道重点抓好一年一度的暑寒假活动，围绕“了解社会、了解自己、关心别人”与“做一个有道德的人”“和谐小使者在行动”等主题，精心设计节假日教育实践活动载体，持续开展“七彩的夏日”“缤纷的冬日”等系列活动，包括“学文明礼仪、说文明用语、树文明新风”“七彩少年、七色行动”、争做“家庭小帮手、社会小标兵、学校小伙伴、社区小卫士、独立小主人”主题教育。

2005年6月，崇安社区培训学院在区职校挂牌成立，时为全省第一家独立设置的社区学院。学院担负全区社区教育资源的统筹、业务指导、研讨交流，以及课程项目的开发与管理，社区教育进一步规范化、制度化。各街道相应成立社区培训学校，取代街道市民学校。各社居委建立社区教育实验基地，全区形成以崇安社区培训学院为龙头，街道社区培训学校为骨干，社居委教育实验基地以及辖区名人故居、文物遗迹、文体活动场所为阵地的

崇安社区培训学院成立揭牌（2005.6） （区职工学校供稿）

三级社区教育网络，并形成以在职党团员为主体，以教师、医生、法律工作者、在校大学生为骨干，以老干部、老领导、老党员、老专家、老教师、老会计、老模范、老企业家“八老”为补充的专兼结合、富有社区特色的社区教育队伍。崇安社区培训学院开辟社区教育“大世界”，设立书画室、音乐室、舞蹈室、民乐室、工艺室、计算机室、图书室、报告厅，开展老年教育活动。是年，江苏省社区培训学院能力建设研讨会在区召开，崇安社区培训学院院长孙凯在会上作专题发言。区教育局建立“阳光关爱”社区教育服务团，举行以外来流动人口子女为主的崇安区绿色上网主题夏令营活动，组织以社会主义荣辱观为主题的网页制作比赛，无锡电视台新闻全方位栏目播放其活动情况，并在市文明网公布。区还承接联合国儿童基金会和全国妇联在无锡设立的“受人口流动影响的儿童社区服务模式”项目的研究，成立无锡市流入流出地儿童社会服务工作实验基地，建立无锡市首家新市民人口教育基地。迄2005年，全区有街道社区培训学校6所，社居委社区教育实验基地42个，社区教育专兼职教师176人，社区教育志愿者团队58个、1.9万人。

第三节　民办非学历教育

90年代末，辖区社会力量办学发展很快，社会办学机构占全市社会办学机构的一半以上。2000年7月《无锡市社会力量办学条例》颁布后，全区社会力量办学又有新的发展。2002年，贯彻《中华人民共和国民办教育促进法》，凡社会教育培训机构均需获得市教育局颁发的“中华人民共和国民办教育办学许可证”。迄2005年，辖区有社会教育培训机构54个，均为民办非学历教育，开展成人培训、创业教育、技术培训、继续教育、岗位培训、自考助学等，培训内容涵盖外语、电脑、科技、文化、艺术、美术、书法、体育、法律和经济管理、企业管理、国际贸易、外贸英语、外经贸实务等，年培训13万人次以上。

2005年崇安区辖区社会教育培训机构情况一览表

表27-3-1　　单位：人次

名称	地址	法人代表	创办年份	非学历教育内容	年培训
无锡市青少年科技文化培训学校	升平巷2号	程宏强	1998	科技、文化、艺术、体育和成人培训	3754
无锡市侨光语言学校	人民路185号物产大酒店801室	吴秩华	1998	外语、方言培训	930
无锡市中山业余学校	前西溪1-3号	宋颂康	1998	创业培训	609
无锡市时代业余学校	前西溪1-3号	王竹平	1998	高复培训	97
无锡市前进业余学校	前西溪1-3号	陈瑞华	1998	外语、电脑、艺术培训	200
无锡市锡进业余学校	前西溪1-3号	王偶群	1998	自考助学、少儿艺术、外语、高复培训	2158
无锡市爱心业余进修学校	前西溪1-3号	叶维瑜	1998	外语、科技培训	25810
无锡市锡师培训中心	学前街27号	陈之芥	1998	计算机、英语、艺术、科学、师训	5139
无锡市崇安区苗苗培训中心	崇宁路4号	郭金囡	1998	少儿书法、美术、文艺、科技培训	27569
无锡市业余文化艺术学校	解放东路866号	刘谦冲	1998	文化、艺术、科技培训	6080
无锡市成协培训中心	解放东路866号	任林生	1998	文化、技术培训、继续教育	98
无锡市高等教育自学考试辅导中心	后西溪11号	田龙宝	1998	文化、高复、自考助学	1056
无锡市机械工业教育培训中心	复兴路151号	杨仲源	1998	文化、岗位培训、继续教育	3536

续表27-3-1

名　称	地　址	法人代表	创办年份	非学历教育内容	年培训
无锡市科技进修学院	学前街168号科技大厦903室	许小平	1998	外语、计算机、科普、自考助学	1965
无锡市新世纪永中信息技术培训中心	后西溪25号	张汉臣	2002	信息技术培训	1965
无锡市江南培训中心	复兴路128-1号	贺麟文	2002	岗位培训、高复、社会考核辅导	297
无锡市崇安外语教育培训中心	中山路333号华光大厦8楼C座	岳庆根	1998	外语、金融、商务、计算机培训与服务	1252
无锡市经济管理干部教育研究会培训部	勤学路49号	孙海昌	2000	经济管理培训	2060
无锡市科林现代教育中心	崇宁路16号四楼	彭诗樾	2001	外语、计算机、企业管理培训	410
无锡市伊斯特教育培训中心	中山路大成巷28号301、302、303室	张　勤	2001	计算机、外语培训	460
无锡市阳光谷培训中心	中山路333号华光大厦2楼A座	高军晖	2002	信息技术培训	460
无锡市圣贤教育培训中心	中山路359号吟春大厦702室	王　彬	2002	考试辅导	252
无锡市繁荣音乐艺术专修学校	学前街86-2号	范　荣	2002	音乐、艺术培训	96
无锡市鼎欣进修培训部	复兴路151号501室	傅林虎	2002	法律、企业管理培训	170
无锡市科技培训中心	学前街168号	胡源发	2002	计算机、继续教育	7116
无锡市美加外语培训中心	大成巷8号19楼01	曹晓彬	2002	外语培训	2364
无锡市西典教育培训中心	崇宁路16号4楼	黄　晓	2002	外语、少儿素质训练	1130
无锡市澳商外语培训中心	学前街27号教研中心2楼	徐　燕	2003	外语培训	230
无锡市经济技术专修学校	解放东路900号兴盛大厦9楼	顾儒英	2001	继续教育、职业资格培训	2566
无锡市锦阳培训中心	学前街27号	向进良	2003	成人高复、自考助学、职业资格培训	460
无锡市东门裁剪缝纫培训部	人民中路人民弄25-5	李步琴	1998	职业技能培训	230
无锡市私立开源教育培训部	学前街27号	王开源	2002	成人高复、普通高复、考试辅导	48
无锡市私立圣音钢琴业余学校	学前街88号之一6楼	印君容	1998	音乐培训	382
无锡市私立精英培训学校	崇宁路16号二楼	李　明	2000	外语、计算机、文艺、经济、职业资格培训	597
无锡市新东方培训部	健康路101号	袁　炜	2000	外语、书法、速记培训	222
无锡市远大前程教育培训中心	明珠广场28号4楼	钱　虹	2001	外语、成人高复、职业资格培训	1507
无锡市安艾艾迪信息技术培训中心	崇宁路28号 长江路21号E幢204	董　峰	2004	信息技术培训	750
无锡市江海创新人才培训中心	复兴路151号517室	谢金海	2003	创新人才培训、创新策划辅导	840
无锡市普泽外语教育中心	中山路71号锡金大厦3楼	李复兴	2003	外语培训	660
无锡市常青藤培训中心	中山路343号东方广场32楼	徐　杰	2003	外语培训	2524
无锡市国际商务人才培训中心	健康路4号10楼	金孟安	2005	国际贸易、外贸英语、外经贸实务培训	1279
无锡市鸥亚外语教育培训中心	健康路58号5楼	李　芳	2005	外语培训	507
无锡市现代领导力培训中心	公园弄1号 中山宾馆辅助楼3楼	史金园	2005	继续教育、管理、咨询、职业资格培训	479
无锡市诺亚教育培训中心	中山路18号国旅大厦4楼	卢照云	2002	外语、科技、艺术、文学、育婴员培训	2110
无锡市外桥语言学校	学前街38号	丁　虹	2002	外语、汉语培训	2004
无锡市朝日外语进修中心	复兴路151号	魏海波	2005	外语培训	1090
无锡市金桥外国语培训学校	学前街94号	马自雄	2001	少儿外语、信息技术、文艺、素质训练	6115

续表27-3-1

名　称	地　址	法人代表	创办年份	非学历教育内容	年培训
无锡市欣润培训中心	人民中路163号710室	王传恒	2005	心理咨询师培训、心理健康、自考助学培训	153
无锡市环亚国际语言专修学校	中山路118号置业新天地3楼	过　玮	2005	外语培训	600
无锡市世纪科技进修学校	火车站广场8号凯达大酒店18楼	董建祥	2005	计算机、外语、考证培训；成人高复培训	950
无锡市苏南教育研究中心	中山路57号	殷智新	1998	初中教学研究、成人文化教育、师资培训	6000
无锡市惠天文化教育培训中心	广益街道成人教育中心内	姚闻清	2005	职业经理人培训、岗位技能培训	662
无锡市赛思外语教育培训中心	学前街27号锡师大楼东4楼	陆雪强	2005	外语培训	200
无锡市小神笔美术教育中心	西大街49-1号	杨慎维	2004	美术培训	10

说明：上表资料由区教育局提供。

第四章　教　师

1986年，全区小学、幼儿园教师学历以中师、高中为主。此后，结合实施九年制义务教育和教育现代化工程评估考核，持续开展学历补偿教育和学历提升培训，并广泛开展职务岗位培训、继续教育培训、新课程培训、公修课培训等，1993年，全区小学、幼儿园教师学历合格率提前两年实现无锡市教委提出的95%的目标。同时，每年有计划地录用大专及大专以上学历应届师范毕业生，充实教师队伍，优化教师队伍结构。迄2005年，全区小学、幼儿园专任教师中，大专以上学历占81.22%，小学高级教师职称占52.73%。

1986~2005年，以教师节为契机，在全社会大力倡导尊师重教之风，表彰优秀教师，为教师办实事，教师工资福利及政治待遇逐年提高。小学教师人均年工资性收入由1986年2020元提高到2005年3.99万元；人均住房建筑面积由1995年8.15平方米增加到2005年24.75平方米。先后被评为全国、省劳动模范3人；全国、省、市优秀教育工作者、师德高尚好园丁170人；省特级教师5人，市学科带头人16人。

第一节　队伍结构

【学　历】

1985年，全区小学、幼儿园有教职员工1148人，其中，专任教师1055人，学历结构以中师、高中为主，占90.14%。1986年后，为解决高学历师资相对紧缺的矛盾，一方面录用品学兼优的应届大学毕业生，另一方面，面向社会招聘，引进骨干教师和学科带头人。1990年，小学专任教师中师以上学历的人数由1985年789人增加到816人；幼儿园专任教师中师以上学历的人数由1985年201人增加到235人，其中大专学历5人，实现幼儿园专任教师大专学历零的突破。1995年，小学专任教师大专以上学历的人数由1990年64人增加到117人，其中大学本科学历2人；幼儿园专任教师大专以上学历的人数增加到44人，其中大学本科学历1人；小学、幼儿园专任教师均实现大学本科学历零的突破。其后，大专以上学历的教师大幅度增加。2000年，小学、幼儿园专任教师中大专学历人数分别达到463人、

69人，分别为1995年的3.96倍、1.57倍。迄2005年，全区有中学教职员工550人，其中，专任教师523人，均为中师以上学历，大专以上学历占94.84%，大学本科学历331人，占中学专任教师的63.29%。小学教职员工1109人，其中，专任教师1056人，中师以上学历达到99.62%，大专以上学历866人（大学本科146人），占小学专任教师的82.01%。幼儿园教职员工460人，其中，专任教师190人，均达到中师以上学历，大专以上学历146人（大学本科16人），占幼儿园专任教师的76.84%。

1985年、2005年崇安区中小学、幼儿园公办教师学历情况一览表

表27-4-1　　　　单位：所、人

类别	年份	学校	教职员工	其中：专任教师			
				合计	中师	大专	大学本科
中学	2005	5	550	523	27	165	331
小学	1985	22	864	795	750	39	—
	2005	17	1109	1056	186	720	146
幼儿园	1985	31	284	260	201	—	—
	2005	21	460	190	44	130	16

说明：上表资料由区教育局提供。

【职 称】

1987年，启动小学、幼儿园教师技术职称评定工作，1990年，小学教师中小学一级以上职称和二级职称分别占88.86%、11.14%；幼儿园教师中小学一级以上职称和二级职称分别占80.75%、19.25%。2000年，小学教师中小学一级以上职称提高到95.49%，二级职称比重下降至4.51%；幼儿园教师中小学一级以上职称比重提高到98.16%，二级职称比重下降至1.84%。迄2005年，中学教师中中学高级教师占29.83%，一级、二级教师占70.17%；小学教师中小学一级以上职称占94.98%，幼儿园教师中小学一级以上职称占97.90%。

1990～2005年部分年份崇安区中小学、幼儿园公办教师职称情况一览表

表27-4-2　　　　单位：人、%

类别	年份	专任教师	中学高级		中学一级		中学二级		小学高级		小学一级		小学二级	
			人数	比例	人数	比例	人数	比例	人数	比例	人数	比例	人数	比例
中学	2005	523	156	29.83	195	37.28	172	32.89	—	—	—	—	—	—
小学	1990	1005	3	0.30	—	—	—	—	399	39.70	491	48.86	112	11.14
	1995	1002	5	0.50	—	—	—	—	450	44.91	425	42.42	122	12.18
	2000	975	5	0.51	—	—	—	—	446	45.74	480	49.23	44	4.51
	2005	1056	9	0.85	—	—	—	—	572	54.17	422	39.96	53	5.02
幼儿园	1990	239	—	—	—	—	—	—	18	7.53	175	73.22	46	19.25
	1995	214	—	—	—	—	—	—	25	11.68	159	74.30	30	14.02
	2000	217	—	—	—	—	—	—	41	18.89	172	79.26	4	1.84
	2005	190	1	0.53	—	—	—	—	85	44.74	100	52.63	4	2.11

说明：上表资料由区教育局提供。

【省特级教师、市学科带头人】

1986年前，崇宁路小学顾美云、连元街小学丁路得先后被评为省特级教师。1990~2003年，连元街小学周慰俐、崇安区教研室李似娟、连元街小学王建华先后跻身省特级教师行列。迄2005年，全区有省特级教师5人，市学科带头人16人。

1978～2005年崇安区被评为省特级教师情况一览表

表27-4-3

姓　名	性　别	学　科	所在学校	批准年份
顾美云	女	小学语文	崇宁路实验小学	1978
丁路得	女	幼儿教育	连元街小学	1984
周慰俐	女	小学数学	连元街小学	1990
李似娟	女	小学语文	崇安区教研室	1998
王建华	女	小学英语	连元街小学	2003

说明：上表资料由区教育局提供。

1998～2005年崇安区被授予市学科带头人情况一览表

表27-4-4

姓　名	性　别	学　科	所在学校	批准年份
李方平	男	小学语文	连元街小学	1998
周唯巍	男	小学语文	崇安寺小学	1998
杨晓骅	男	小学数学	连元街小学	1998
裔巧云	女	小学思想品德	通汇桥中心小学	1998
戴　清	女	小学音乐	白水荡中心小学	1998
张蓓红	女	幼儿教育	崇安区中心幼儿园	1998
周雅静	女	幼儿教育	崇安区中心幼儿园	1998
樊亦宏	男	中学政治	广瑞中学	2000
郁霄燕	女	小学语文	区教研室	2000
李振云	男	小学数学	连元街小学	2000
夏奕健	女	小学数学	塔影中心小学	2000
郭　磊	女	小学语文	崇宁路实验小学	2003
叶小军	女	小学语文	区教研室	2003
冯硕蕾	女	小学语文	区教研室	2003
李　英	女	小学英语	区教研室	2003
王　洁	女	小学英语	后西溪中心小学	2003

说明：上表资料由区教育局提供。

第二节　师资培训

1986~2005年，区教育局致力倡导“教好书、育好人”的师德风范，持续开展教师职业道德教育，并根据不同时期的教育要求，制定并实施教师学历、知识、技能岗位培训计划，以培养青年骨干教师为重点，开展学历、职务岗位、继续教育、新课程、公修课等培训，不断更新知识，提高教育教学能力，促使教师队伍群体优化，全面提高办学质量。

【师德教育】

1986~1988年，全区以培养有理想、有道德、有纪律、有文化“四有”新人为核心，对教师进行思想道德教育，开展为人师表教育活动，宣传优秀教师模范事迹。1989~1990年，围绕贯彻《中共中央关于改革和加强中小学德育工作的通知》，开展社会公德、师德“两德”和校风、教风、学风“三风”教育。1991年，开展学习平民教育家陶行知“捧着一颗心来，不带半根草去”的无私奉献精神和崇高师德，学习全国教育工会制定的教师职业道德6条要求及省教委、省教育工会制定的中小学教师职业道德行为规范28条，做到遵纪守法，规范言行，加强修养。1993~1995年，开展“学陶师陶”经验交流活动，并把师德教育列入思想政治工作和教师德、能、绩的考核。结合《中华人民共和国教师法》和教师节，开展宣传教育活动，把师德教育的重点放在树立全心全意为人民服务的世界观、人生观、价值观上，加强培养社会主义建设者和接班人的责任感与使命感，提高教书育人的自觉性。1996年后，贯彻国家教委颁布的《中小学教师职业道德规范》，推行以“做为人民服务的教师，办让人民满意的教育”为主要内容的师德教育工程和身心健康工程，先后举行“创文明校风，树师表形象”教师职业生涯设计、教师职业道德建设论坛、教师教学技能竞赛、优秀教师先进事迹巡回演讲、“弘扬高尚师德，抵制有偿家教”万名教师签名、新教师上岗宣誓、《事业、家庭和我》演讲比赛、“千名家长评师德”“千名教师访万家”“学校走进社区，家长走进学校”开放汇报周、爱生百校行动、爱生一例演讲、师生帮困助学结对献爱心、“素质教育在我身边”征文、《指导孩子学会审美》和《陶行知教育百篇》读后感评比、学习型组织典型案例征集等活动。弘扬优秀教师先进思想和教书育人艺术，倡导“四教”（热心爱教、文明执教、优质施教、廉洁从教）的师德风范。2000年后，在全体教师中开展“发挥崇教优势，增强兴教实力”“爱岗敬业，提高行业精神实践能力”“敬业爱生，争当新课程改革能手”“加强教育能力建设、提高素质教育质量”等主题教育活动和“十佳教师文明示范岗”创建活动，邀请中央教科所德育研究中心主任、南京师范大学教科院专家、市师德高尚好园丁标兵等到区作报告，把师德教育与队伍群体建设有机结合，把教师管理和师德实践有机结合，引导教师树立正确的教育观、学生观、质量观。

市师德高尚好园丁陈亮洁（1999.3） （汤锡璋摄）

【学历培训】

1986～1993年，区教育局统一组织小学、幼儿园教师参加中师学历达标培训。省洛社师范连续举办中师函授班5期，近300名小学及公办幼儿园教师利用星期天、节假日、寒暑假进修学习，参加省组织的课程考试，先后有294名教师取得中师毕业证书，达到国家规定的合格学历。与此同时，举办3期民办幼儿园教师“专业合格证书”培训班，参加省组织的“专业合格证书”文化课程考试，138名幼儿教师通过培训取得合格证书。1993年，全区小学、幼儿园教师的学历合格率达到95%以上，比1986年上升33.4个百分点，提前两年实现市教委提出的小学、幼儿园教师学历合格率95%的目标。1993～2003年，又启动学历提升培训，通过电视教育、业余函授、自学考试“三结合”的途径，组织教师对口进修大专课程。区教师进修学校与市教育学院、省洛社师范联手，举办文科、理科、英语、音乐、学前教育等大专自学考试辅导培训班，先后有450多名教师参加。区教育局、教师进修学校、基层学校切实加强对教师学历提升培训工作的领导，坚持政策导向，强化激励机制，调动广大教师参加学历培训的积极性，小学、幼儿园教师取得大专以上文凭294人，其中本科8人。

【业务进修】

领导干部岗位培训 1991～2005年，区教育局按照市教委“一上岗，就培训”“先培训，再提高”的要求，每年组织部分校级领导参加市教育学院举办的干部上岗培训和提高培训，提高校领导的领导艺术和管理水平，全区学校领导干部均通过第一轮岗位培训。此外，2000年4月至2002年7月，区教育局还与南京师范大学教科院合作，举办“学校教育”研究生课程进修班，具有大专以上学历的48名校级领导、骨干教师参加进修，系统学习《教育学》《心理学》《教育社会学》《教育哲学》和

《管理心理学》等15门课程，均取得南京师范大学结业证书。

骨干教师培训 1989~1991年，区教育局与无锡师范合作举办小学语文、数学、英语等教学研修班，经过为期2年的业余培训，113名小学骨干教师取得继续教育合格证书。1995年2月至1997年1月，举办幼儿园骨干教师培训班，培训20人。1997~1999年，举办小学语文、数学青年骨干教师研修班，分别培训33人、27人。其中大多成为市学科带头人、市教学能手，部分走上学校领导岗位。2004年后，每两年举办一期“崇安之星”青年骨干教师研修班，邀请专家学者、特级教师作学术报告、上示范课，第一期培训青年骨干教师48人，其中语文15人、数学15人、英语10人、艺术8人。通过理论学习、专题讲座、教学设计、交流研讨、教学观摩案例分析、教学论文撰写等，提高骨干教师教育理论水平和教科研水平。此外，区教育局还每年举办一期青年教师班主任工作培训班，1991~2002年，培训近400人。

全国首批十名“科研型”教师、特级教师顾万春到区培训骨干教师（汤锡璋摄）

新教师培训 对刚参加工作的新教师普遍进行见习期培训，区教育局推行“蓝青工程”（新老教师结对帮带），各科教研员还采用听课、评课和面对面交流、手把手指导等形式，帮助新教师尽快适应教学工作。1996~2005年，培训新教师300多人。在此基础上，对新教师进行跟踪培训，帮助新教师教学常规入门、课堂教学过关和教学能力达标“过三关”，实行教学常规指导制，着重在备课与上课、作业与辅导、听课与评课等方面强化训练；采用课堂教学导师制，为每位新教师安排一名富有经验的骨干教师传、帮、带；建立教学能力考核制，包括写一份合格教案、上一堂教学汇报课、写一份教学体会、设计一份班队活动方案等。先后组织“过三关”达标考核600多人次，通过边培训、边实践，提高新教师教学能力。

普通话培训 1998~2001年，区教育局开办教师普通话水平测试短训班11期，邀请国家级普通话水平测试员到区辅导，培训769人。经市语言文字工作委员会测试，全区教师普通话水平达标率接近99%，其中一级乙等（92分以上）20多人。

公修课培训 1997年起，区教育局对教师进行公共必修课等继续教育培训，并将教育培训学时纳入职称评定和年终考核，实行“三位一体”的培训模式，即学校负责教师日常思想道德和基础业务培训，社区培训学院进行学历教育培训，省市有关培训机构从事非学历教育培训。1997~2000年，开展第一轮公修课培训，主要学习信息技术革命与知识产权法规等科目；2001~2003年，开展第二轮公修课培训，主要学习创新原理与方法等科目；2004年开始，开展第三轮公修课培训，主要学习现代职业道德与通用能力等科目。此外，区教育局利用寒暑假举办计算机操作、多媒体课件制作培训班，加强现代信息技术培训。迄2005年，全区96%以上的教师通过非计算机学科教师计算机应用能力（简称“三个模块”：Word、Excel、PowerPoint）的考核，促进学科教学与信息技术的整合，提高教师应用现代教学技术水平与能力。

新课程培训 2001年7月，区教育局按照“先培训后上岗，不培训不上岗”的原则，分层次对校长、教导主任、学科教师开展新课程通识培训，举办《基础教育课程改革纲要》学习辅导和各学科《课程标准》解读培训班，邀请专家、特级教师、省教研室主任陆志平和王林等担任主讲，分理论、操作和教学基本功3个层面进行培训。迄2005年，培训8000多人次。

第三节　教师待遇

1986年后，随着经济的发展，教师工资收入同步增长，政治待遇、福利待遇逐年提高，小学教师人均工资性收入由1986年2020元提高到2005年3.99万元；人均住房建筑面积由1995年8.15平方米增加到2005年24.75平方米。

【工资福利】

工　资　1985年，教师实行基础工资、职务工资、工龄工资加奖励组成的结构工资制，民办教师全部转为公办，参加工资改革。1986年，小学教师人均工资性收入2020元。1987年，中学、小学、幼儿园、职业学校教师（包括民办教师）工资待遇以工资标准（基础工资、职务工资之和）为基数提高10%。1988年，江苏省中小学教师首次实行职务聘任制，小学高级教师和小学一级、二级教师职务工资从1987年12月起算。1989年，全区教师在原实行职务工资标准的基础上，又增加一级工资。1992年1月至1993年10月，调整工龄津贴标准，调整后工龄津贴为每年1元。同时，根据1992年12月1日省人事厅、财政厅文件规定，调整不同年限和不同职务人员之间的津贴差距。1993年10月，全国工资制度改革后，教师实行职务工资制。工资构成为职务工资与津贴两部分（公办教师两者之比为7∶3，民办教师两者之比为6∶4），津贴分为教师课时津贴、领导职务津贴、职员与工人岗位津贴等，并建立正常的增资机制，每年进行考核，考核合格，每两年晋升一个工资档次，对考核优秀并作出突出贡献的教师，可提前晋升，全年考核合格以上者发放年终考核奖金。离退休教师也相应提高待遇，退休教师按同职务在职人员平均增资额扣除一定比例增加退休费，教师工资提高的10%同时计入。1996年，在职教师基础津贴由每人每月20元调整到35元。1997年，在职教职工和离退休教师又调整职务等级工资和生活补贴。2000年10月起，在职教职工和离退休教师实行每两年正常增资机制，晋升一个工资档次。迄2005年，全区小学教师人均工资性收入提高到3.99万元，是1986年的近20倍。

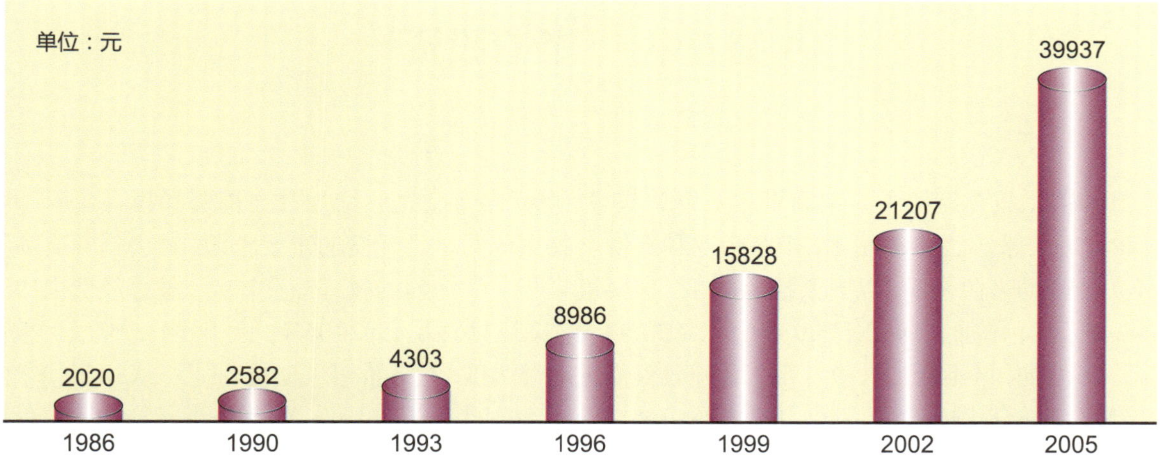

图27-4-1　1986～2005年崇安区教师收入增长示意图

福　利　全区教师与国家机关干部享受同等的公费医疗、病假、产假、探亲假、退休或退职等福利待遇。1985年起，教龄满30年的教师，退休工资按100%发放。是年，教师按教龄长短每月分别享受3元、5元、7元、10元的教龄津贴。1989年起，小学班主任享受班主任津贴，按每班学生数每月享受8～12元补贴。对从事弱智教育的教师给予工资额15%的补贴。1991年后，按国家规定享受15～30天晚婚假，男方护理假3~7天，不影响工资奖金。1999年，区对评选出的名校长、名教师给予补贴。与此同时，教师的住房条件得到很大改善，80年代由区政府划拨新房分配给教师，按福利房分配。区在上马墩三村、新开河、冶坊场、塔影二村、广益新村等6处，建造教师宿舍5443平方米，安排教师114户。1993~1997年，又解决教师住房302户。至1998年，累计分配教师住宅约10万平方米，人均住房面积达10.8平方米。1999年取消福利分房后，按教师职务、职称、教龄发放购房补贴。2005年，教师人均住房建筑面积达到24.75平方米。教师家庭燃气率达95%以上。专为退休教师活动建造的全市首座面积500平方米的尊师楼于1994年建成使用。

【政治待遇】

参政议政　区历届党的代表大会、人民代表大会及政治协商会议中，均有教师代表参加。1986~2005年，区内小学教师当选省党代会代表1人次、市党代会代表2人次、区党代会代表92人次；市人大代表2人次、区人大代表32人次；区政协委员60人次。

享受荣誉　1985年首次举行教师节庆祝活动后，每年教师节都结合庆祝活动，表彰一批优秀教育工作者、优秀班主任、先进学科班组等，1986~2005年，先后有87个年级组（学科组）获区表彰，289人次获全国、省、市级劳动模范、先进工作者、“三八”红旗手、优秀教师、优秀教育工作者、优秀少先队辅导员、优秀班主任等荣誉称号，其中获全国、省奖69人次。

市委书记蒋定之（中）与连元街小学师生交谈（2001.6）
（汤锡璋摄）

第五章　教育投资

1986年，教育经费主要来源于政府财政拨款。1990年后，先后增加社会捐资和教育费附加收入。教育经费来源逐步多元化，校办企业勤工俭学收入成为教育经费的重要来源，社会捐资成为教育经费的辅助来源，形成以国家拨款为主、多渠道集资办学为辅的教育经费体制。教育经费由1986年的345万元，增加到1992年的938万元，2001年，增长到4261万元，2005年，跃升至1.22亿元。教育投资逐年增加，区不断加大教育现代化建设经费的保障力度，有效推进“三大工程”，从80年代末的九年制义务教育达标工程，到90年代初的基本实现教育现代化工程建设，再到21世纪初的区域教育均衡化现代化工程，全区校舍设施、教学条件不断改善。高强度的持续教育投入，促使学校的环境优美水平、装备优良水平、师资优质水平、特色优异水平、质量优秀水平的全面提升。

第一节　教育经费

【经费收入】

1986年，财政拨款占教育经费的60.29%。1990年起，教育经费来源增加社会捐资一项，1992

年后，又增加教育费附加一项。1994年，财政拨款突破千万元，达1066万元，占教育经费比重提高到65.36%。2000年，财政拨款突破2000万元，达2195万元，占教育经费比重提高到68.00%。2001~2005年，财政拨款年均递增千万元。2003~2005年，教育经费年均增加2000多万元，其中社会捐资2004年比上年增加近1000万元，各校房屋出租、办班费等其他收入2005年比上年增加1100多万元。2005年秋季起，全区中小学免收学杂费，由区政府全额承担。2005年，教育经费约1.22亿元，其中财政拨款及教育附加7979万元，勤工俭学466万元，学杂费289万元，社会捐资1915万元，其他收入1515万元。

勤工俭学 校办企业勤工俭学收入是教育经费的来源之一，区校办工业公司每年除留一部分资金作为发展再生产和流动资金外，按比例划拨一定经费，支持教育事业，1986~1994年，用于支持教育经费1365万元。1995年，达到300万元，2005年，增至466万元，为历史之最。1986~2005年，累计达到4493万元。

社会捐助 1990年后，开始出现社会捐资助学，并逐年有所增加。社会捐资逐步成为教育经费的辅助来源。特别是1991年台湾财团法人陆正纪念基金会董事长、台胞陆晋德为其父陆贯一（陆定一胞弟）母校——连元街小学建造综合楼捐资10万美元。是年7月，日本福岛县酿造业访华团向广新小学捐赠救灾款8万日元。1994年10月，香港南联实业有限公司常务董事、无锡市海外联谊会名誉会长唐宏源和全国政协常委、港事顾问唐翔千叔侄为崇安小学建造新教学楼捐资120万港币。1998年，唐翔千夫妇为扩建崇安寺小学捐资10万美金。2001年11月，香港教育界、妇女界著名人士孙方中捐赠助学金400万元。2005年，由国家体委投资、省市有关部门提供配套资金，在连元街小学创办连元青少年体育俱乐部。区设立爱心助学专项资金，筹集社会捐资413万元，全部用于资助辖区内的贫困学生和奖励贫困学生中的优秀生。是年，社会捐资助学1915万元，为1990年近140倍。

香港唐氏为崇安寺小学捐资（1994） （汤锡璋摄）

1986～2005年崇安区教育经费收入情况一览表

表27-5-1 单位：万元

年份	合计	其中					
		财政拨款	教育附加	勤工俭学	学杂费	捐资助学	其他收入
1986	345	208	—	118	11	—	8
1987	340	192	—	124	12	—	12
1988	453	296	—	126	15	—	16
1989	520	317	—	128	21	—	54
1990	571	352	—	128	23	14	54
1991	791	461	—	180	23	105	22
1992	938	562	60	216	37	35	28
1993	1221	856	85	105	47	102	26
1994	1631	1066	103	240	75	110	37
1995	1779	1048	170	300	102	117	42
1996	2167	1164	340	330	114	183	36
1997	2486	1427	317	342	131	224	45
1998	2864	1781	354	342	129	204	54

续表27-5-1

年份	合计	其中					
		财政拨款	教育附加	勤工俭学	学杂费	捐资助学	其他收入
1999	3180	1968	470	297	157	214	74
2000	3228	2195	322	120	179	224	188
2001	4261	2742	359	104	203	640	213
2002	5983	4000	531	252	220	725	255
2003	7396	5212	486	359	215	964	160
2004	9505	6200	547	216	191	1946	405
2005	12164	7422	557	466	289	1915	1515

说明：上表资料由区教育局提供。

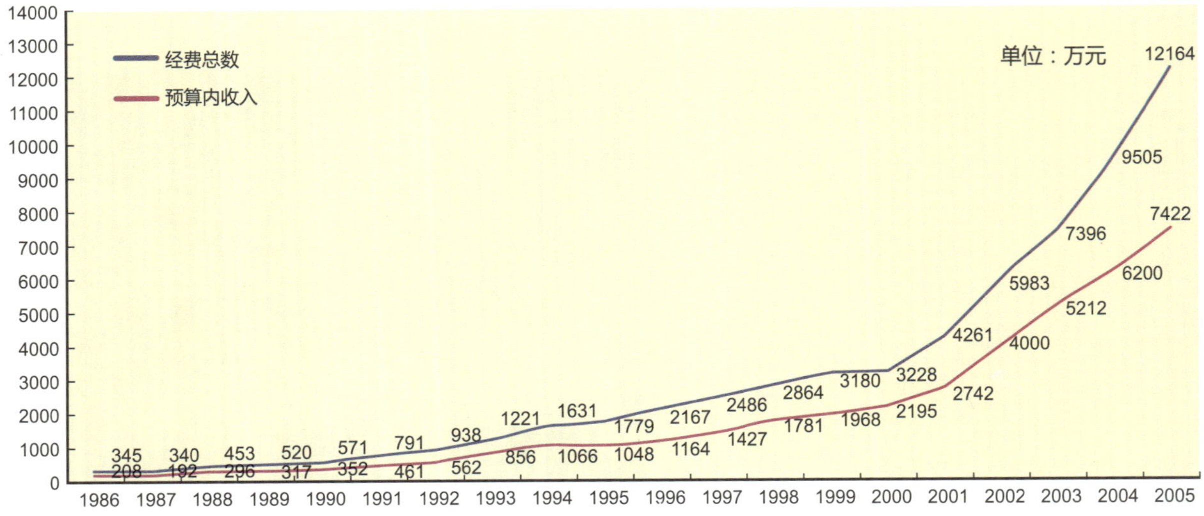

图27-5-1　　1986～2005年崇安区教育经费增长示意图

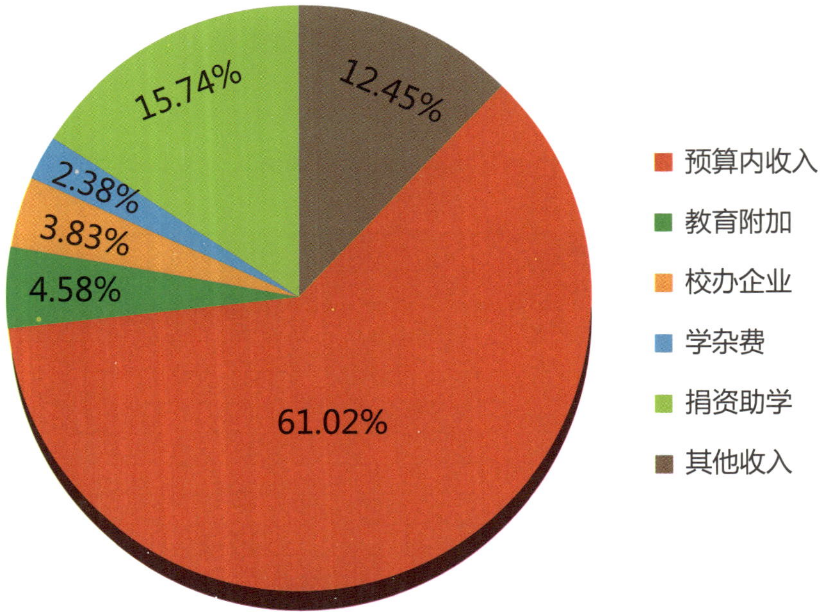

图27-5-2　　1986～2005年崇安区教育经费来源示意图

【经费支出】

教育经费主要用于教职工工资和福利费及离退休人员的离退休费支出，其次是公务费、设备购置费、修缮费、基本建设费等。1986年，人员经费支出人均2020元，占教育经费的近一半。1997年，人员经费支出增加到人均1.27万元，占教育经费支出的50.68%。2001~2003年，人均超2万元，2004~2005年，在3.5万元以上，其中，2005年约为3.99万元，是1986年的19.75倍。其间，在保证人员经费支出的同时，公用经费支出逐年增加，其中，设备购置、设施修缮、基本建设费三项支出占80%左右。1986年，三项支出142万元，1994年，增加到660万元，1999年，达到1176万元，占公用经费支出的84%。2005年，公用经费支出4297万元，其中，基本建设费用支出1028万元，为1986年的342.67倍；设备购置1151万元，设施修缮175万元，均为历史之最。

1986～2005年崇安区区属教育系统人员经费支出一览表

表27-5-2　　　　单位：万元、元/人

年份	合计	其中		人均
		预算内	预算外	
1986	165	134	31	2020
1987	187	141	46	2040
1988	205	152	53	2072
1989	222	165	57	2108
1990	273	207	66	2582
1991	300	234	66	2788
1992	381	295	86	3581
1993	460	315	145	4303
1994	700	543	157	6387
1995	805	600	205	7519
1996	854	610	244	8986
1997	1260	940	320	12727
1998	1376	1084	292	13894
1999	1557	1259	298	15828
2000	1692	1402	290	17195
2001	1949	1613	336	21139
2002	2002	1633	369	21207
2003	2677	1925	752	28388
2004	3345	2185	1160	35173
2005	3826	2645	1181	39937

说明：上表资料由区教育局提供。

1986～2005年崇安区区属教育系统公用经费支出一览表

表27-5-3　　　　单位：万元

年份	合计	公务费	业务费	设备费	修缮费	其他费用	基本建设费
1986	176	22	4	62	77	8	3
1987	182	26	4	74	65	11	2
1988	195	33	5	61	73	14	9
1989	210	41	5	72	75	12	5
1990	218	43	5	66	77	16	11
1991	224	47	6	78	47	18	28
1992	289	58	6	92	79	15	39
1993	531	176	6	124	165	19	41
1994	781	92	7	189	183	22	288
1995	918	103	6	325	101	28	355
1996	1044	131	6	348	131	32	396
1997	935	142	7	325	104	47	310

续表27-5-3

年份	合计	公务费	业务费	设备费	修缮费	其他费用	基本建设费
1998	1186	156	8	499	107	38	378
1999	1400	171	7	459	134	46	583
2000	1297	191	14	322	191	45	534
2001	1316	216	10	308	105	50	627
2002	1758	106	6	422	141	178	905
2003	2011	102	5	627	160	126	991
2004	2632	140	8	722	129	586	1047
2005	4297	330	12	1151	175	1601	1028

说明：上表资料由区教育局提供。

第二节　教育设施

1986年后，按照高质量普及九年制义务教育的要求和办学标准，逐年加大投入，改善办学条件，完善教育设施。1986~1989年，新建翻建区中心幼儿园、连元街小学幼儿园、二勤幼儿园等幼托园所13所。新建翻建新开河、广勤路、白水荡等小学和区教师进修学校，扩大建筑面积4571平方米。连元街小学幼儿园于1989年被评为无锡市首批一类幼儿园。1990~1992年，改扩建连元街、亭子桥、通惠路小学教学楼3所，配套建设小学自然实验室、图书室、音乐室、美术室等专用教室和相关教育辅助用房。1992年，全区24所小学占地面积14.38万平方米，建筑面积6.89万平方米，有电脑151台、自然室17间、电教室3间，图书室藏书9.92万册，达到市九年制义务教育办学标准。1993年，通过省九年制义务教育考核验收。

1993~2001年，按照教育现代化工程建设要求，通过新建、扩建、撤并等措施，推进小学、幼儿园校舍和基础设施的标准化建设。1993年，区出台进一步加快教育发展和深化教育综合改革的实施意见，以教育装备现代化为切入点，全面提升教育思想、发展水平、教学体系、教育装备、教师队伍、教育管理，在连元街、广勤路等7所小学率先启动教育现代化工程建设，完成新开河、崇宁路2所小学教学楼扩建，区中心幼儿园教学楼改建。1993~1997年，区财政用于教育事业的投入达5480万元，比前5年总和增长169.95%。先后完成亭子桥中心小学幼儿教学楼、后西溪和广勤路中心小学教学楼及校本部改造，塔影中心小学和连元街小学操场扩建，崇宁路中心小学科技楼改建，宁海里和崇安小学以及留芳声巷幼儿园新建翻建，增设崇宁路、后西溪等9所小学电教室、闭路电视教学系统，所有小学全部实现办公电脑化。1996年，连元街、崇宁路2所小学列入省电教实验小学。各幼儿园以改善教学设施为重点，钢琴、电脑、彩电、录音机、VCD、实物投影仪等现代教育设备配备到每个班级。1998年，移地新建辅读学校校舍。1999年，投资300多万元，完善后西溪、塔影等6所小学和连元街、二勤小学等4所幼儿园的教学设施。连元街小学建成省内首家网上小学。连元街小学、广勤路中心小学被评为无锡市实施教育现代化工程先进学校。区中心幼儿园、辅读学校分别被命名为江苏

连元网校开学（1999）　（区教育局供稿）

省示范性实验幼儿园和特殊教育现代化学校。2000年，完成通汇桥中心小学教学楼扩建。1996~2000年，先后有18所小学、11所幼儿园通过基本实现教育现代化评估验收。2001年，完成崇宁路中心小学、区中心幼儿园教学楼改扩建，新建区中心幼儿园幼儿活动室，建成崇安教育信息网，实现“校校通”。是年，又有4所小学（幼儿园）通过基本实现教育现代化评估验收，全区小学、幼儿园均达到基本实现教育现代化标准。其中，21所小学占地面积17.4万平方米、建筑面积9.23万平方米，分别比1992年增加3.02万平方米、2.34万平方米；有电脑742台，比1992年增加591台；自然室25间、电教室18间，分别比1992年增加8间、15间；图书室藏书39.55万册，比1992年增加29.63万册。

广丰中学操场（2005）　　（区教育局供稿）

2002~2005年，推进省、市实验小学建设，根据“优化教育资源，推进崇安教育高位均衡发展”的要求，崇安区以创建省市区域教育现代化先进区为目标，以提高区域信息化均衡发展水平为重点，对全区学校实施“校舍彩化，校校有色彩特点；场地软化，校校有塑胶场地；校园绿化，校校有小型景点；设备现代化，班班有信息化装备”的新“四化”工程。2002年，以信息化推进教育现代化，50%的小学实现宽带网入校，崇宁路中心小学实现网络进教室。2003年，投入近百万元，完成宁海里小学幼儿园改扩建，完善电化教育和现代办公设备。全区80%的小学接入无锡教育域网，67%的小学建成校园网。2004年，移地改建风雷新村小学幼儿园，占地面积扩大到3200平方米，建筑面积增加到2800平方米。全区小学电脑拥有量1410台，接近区域教育现代化标准。2002~2005年，区投入资金1587.1万元，开通信息高速公路，全区小学100%的班级建成“三有”信息化教室，电脑生机比提高到7.92∶1，在全市领先。先后投入1.55亿元，完成新开河、崇宁路、塔影、广益、连元街等小学改扩建，其中，连元街实验小学扩建后占地面积、建筑面积分别达到1.65万平方米、3.52万平方米。新建成的保利实验小学占地面积、建筑面积分别达到6800平方米、7340万平方米。迄2005年，全区15所公办小学占地面积13.83万平方米，建筑面积11.24万平方米，拥有电脑1929台，藏书37.85万册。23所幼儿园占地面积3.97万平方米，建筑面积3.48万平方米，拥有钢琴165台、电脑265台、电视机167台、打印机47台。

小学现代化教育设施（2005.1）　　（区教育局供稿）

1986～2005年崇安区公办小学教学设施情况一览表

表27-5-4　　单位：所、个、平方米、台、间、册

年　份	学校数	班级数	占地面积	校舍面积	电　脑	自然室	电脑室	藏　书
1986	23	318	122789	48339	—	—	—	—
1987	23	326	122789	50235	—	—	—	—
1988	23	336	133746	57351	—	—	—	—
1989	24	354	135847	60381	—	5	—	76542
1990	24	360	146128	63776	48	12	1	81254
1991	24	367	143849	65260	48	17	1	97206
1992	24	374	143849	68914	151	17	3	99203
1993	24	373	143849	69214	151	17	3	121965
1994	23	360	136726	70567	302	18	6	176521
1995	23	345	136726	76794	350	18	7	213965
1996	22	347	144895	78980	446	19	9	256178
1997	21	336	144367	75000	512	19	11	304683
1998	21	329	166058	84000	568	21	12	321768
1999	21	343	166058	84658	634	21	14	342895
2000	21	356	174032	92772	688	23	15	365743
2001	21	378	174032	92294	742	25	18	395466
2002	22	453	195011	95649	963	27	20	421691
2003	22	450	183303	108415	1300	25	25	428175
2004	18	453	197506	120508	1410	22	22	404277
2005	15	341	138349	112443	1929	18	25	378471

说明：上表资料由区教育局提供。

2005年崇安区幼儿园教学设施情况一览表

表27-5-5　　单位：平方米、台

名　称	占地面积	校舍面积	钢　琴	电　脑	电视机	打印机
崇安中心幼儿园	6160	5169	23	50	23	3
小荧星艺术幼儿园	3200	2800	13	18	13	4
留芳声巷幼儿园	933	1406	7	14	6	2
宁海里小学幼儿园	3062	2300	12	21	11	4
亭子桥小学幼儿园	2086	815	4	8	5	1
通江小学幼儿园	1334	2175	7	10	7	3
尤渡幼儿园	1593	869	9	12	9	3
广益幼儿园	4662	3103	12	20	12	4
黄泥头幼儿园	368	375	2	2	4	1
广益中心幼儿园	1340	1550	8	20	9	4
万佳幼儿园	1247	957	10	10	10	3
广新幼儿园	1633	790	4	7	4	1
卫星幼儿园	720	932	5	8	5	1
靖海幼儿园	2351	1862	14	20	14	3
二勤幼儿园	894	1152	8	13	8	2
广瑞路街道中心幼儿园	950	668	8	12	8	2
金海里托幼中心	1000	800	—	—	—	—
广益新村幼儿园	1715	1589	—	—	—	—
区实验托幼中心	435	530	4	6	4	1
通惠托幼中心	240	550	4	5	4	1
江海幼儿园	867	626	2	1	2	1
连元街小学幼儿园	2260	3322	7	7	7	2
塔影幼儿园	687	487	2	1	2	1

说明：1. 上表资料由区教育局提供。2. “—”表示资料缺失。　3. 红旗幼儿园因面临拆迁，未列入。

2005年崇安区公办中小学教学设施情况一览表

表27-5-6　　单位：个、平方米、台、间、册

名称	班级数	占地面积	校舍面积	电脑	生物实验室	电脑室	藏书
东林初级中学	35	10926	16530	144	1	2	48108
胜利门中学	24	7510	9200	100	1	1	36918
广丰中学	37	23803	11840	243	2	3	44081
广勤中学	24	11988	10635	136	2	2	28503
塔影中学	19	17381	8598	146	2	2	30875
连元街小学	59	16467	35247	230	2	4	54980
崇宁路实验小学	44	9541	11744	224	1	3	53610
保利实验小学	25	6800	7340	122	1	2	26750
新开河实验小学	25	5690	7156	129	1	1	26595
亭子桥中心小学	16	4648	4553	85	1	1	23818
宁海里实验小学	12	10432	4726	90	1	1	12965
塔影中心小学	21	10987	6248	136	1	1	18200
靖海实验小学	12	8681	3815	110	1	1	13448
金海里小学	10	8467	5559	70	1	1	11000
通江实验小学	42	12711	7576	165	2	2	44469
广瑞实验小学	12	9047	4704	86	1	1	17710
广新小学	12	8422	3068	80	1	1	15115
广益中心小学	28	16334	6495	276	2	4	34602
尤渡里小学	12	9053	1805	86	1	1	16950
区辅读学校	11	1064	2404	40	1	1	8259

说明：1. 上表资料由区教育局提供。2. 上表资料不包含辖区连元实验、金桥双语实验2所民办小学。

第六章　教育管理

1986~2005年，区教育部门认真贯彻《中华人民共和国义务教育法》《中国教育改革和发展纲要》《中华人民共和国教育法》，从区情、校情出发，以促进学生全面发展为宗旨，以提高学生全面素质为目标，以规范学校管理行为为重点，建立健全目标管理考核机制体制，推进素质教育实践，探索苏南城市小学教育模式的研究与改革。同时，围绕创建省、市实验小学，加强教育综合督导、专项督导和日常督导，全面提高基础教育质量。区教育督导室先后被评为江苏省先进教育督导室、无锡市教育督导工作先进集体。区于2000年被评为全国教育科学“九五”规划国家级重点课题“整体构建小学德育体系深化研究与推广实验”的实验区、2004年被中央教科所列为学校教育研究实验基地。

第一节　管理机构

区教育局是区政府主管全区教育工作的职能部门，其前身为区文教科。1985年12月更名为区文教局。1989年2月，撤销区文教局，建立区教育局，正科级建制，办公地点迁至人民路36号，内设党委办、人秘股、计财股、普教股、幼教办5个职能科室，以及区校办工业公司、区教师进修学校（教研室）。1990年成立督导室，作为内设机构，1994年改为崇安区教育督导室，正科级建制。1999年4月，内设机构撤股改科。2003年，撤销校办工业公司。2005年，内设党委办公室、人秘科、基教科、计财科、幼教办5个职能科室，以及区教师进修学校（教研室）。

1986~2005年，历任区教育部门行政主要负责人：徐寿康、吴尚志、李明华、蒋柏椿。

第二节 教育督导

区教育督导机构前身为1984年成立的区文教局视导组，1986年有视导员3人，组织实施综合性督导、专项督导和日常督导。1990年4月，区教育局成立督导室，作为区教育局的内设机构。1994年4月，更名为崇安区教育督导室，正科级建制，受区政府委托，行使督政和督学的职责。会同区人大、区政协等组成联合督导小组，依法对区政府有关部门、街道贯彻执行教育法律、法规、方针、政策的情况进行督导检查；同时，不定期对小学、幼儿园、民办非学历教育机构进行监督、检查、评估和指导。设正副主任各1人，专职督学2人、兼职督学5人，特约教育督导员5人，由区人民政府颁发"督学证"，督学每三年一聘。并出台《崇安区教育督导室工作制度》。1995年11月，区教育督导室承办市"如何深化教育督导工作，切实提高办学水平"为主题的第五届城区、郊区督导工作研讨会。1996年，市教育督导室委托区教育督导室起草《无锡市小学基本实现教育现代化评估方案》，在全市试用。1997年3月，区教育督导室被评为江苏省先进教育督导室。2002年，区教育督导室更名为崇安区人民政府教育督导室，被评为市教育督导工作先进集体。2001年11月至2005年12月，设主任1人，专职督学3人。1990~2005年，区教育督导室每年都在市教育督导年会上介绍经验或发表论文，《创新机制 优化过程 提高实效》等15篇论文在国家、省、市级刊物上刊登。

【综合督导】

1987年，根据《关于在我区扩大试行校长负责制的意见》和《学校校长工作（自我）评价办法》，对周山浜小学实行校长负责制试点等情况进行督导。而后，校长负责制推广到全区11所学校，其经验在全市督导工作会议上介绍。1988~1991年，区教育局督导室对全区9所小学进行首轮综合督导，并对连元街小学率先创建江苏省实验小学进行评估、指导。1993年起，围绕贯彻《中国教育改革和发展纲要》，开展第二轮小学综合督导，并对区中心幼儿园、4所公办小学附属幼儿园、9所集体办幼儿园进行综合督导评估，以及一类、二类幼儿园的定类评估和复评工作。此后，综合督导每3年一轮，形成制度。通过综合督导，加强政府和教育行政部门对学校的领导和管理，促进依法办学、优化管理，提高办学水平，引导社会正确评价学校教育质量。1996年起，根据市小学、幼儿园基本实现教育现代化评估方案，对全区小学和幼儿园实施教育现代化工程进行过程督导并组织达标评估验收。2000年，对广勤路中心小学、崇宁路中心小学创建省实验小学工作进行重点督导和试评估。2003年起，对全区12所小学创建省、市实验小学工作分类全程进行督导和试评估。

区教育督导评估活动（2000） （区教育局供稿）

【专项督导和日常督导】

90年代，根据《江苏省中小学常规管理基本要求》，对小学、幼儿园教学常规、环境卫生、升旗仪式、学生课间活动等常规化管理开展专项督导2次，重点督导学校执行课程计划、学生视力状况、减轻学生过重课业负担、学校安全工作等，增强学校执行省、市有关常规化管理要求的自觉性。1992年，对小学执行国家有关德育的14个法规文件情况进行专项督导，指导学校确立德、智、体、美、劳“五育”并举、德育为首的教育思想。2001年后，依据区《构建社区终身教育体系，营造学习化社会》实验方案，对全区社区教育工作进行专项督导。1987~2005年，共组织专项督导318校次。同时，不定期开展日常督导，促进学校规范化管理，引导学校领导把主要精力用于教学工作。对薄弱学校教育教学上遇到的困难和问题给予帮助指导，缩小差距。对争创示范、实验学校达标工作开展日常指导服务。

第三节　教育科研

教育科研工作由区教育局教研室负责，与区教师进修学校实行“两块牌子，一套班子”的管理体制，按课程设置情况，配备思想品德、语文、数学、英语、常识、幼儿、书法、电化等教研员或兼职教研员1~3人，每一学科由区骨干教师若干人成立学科中心教研组。教研工作的具体任务主要有常规教研活动、教学改革实验、教学视导与教学评价、学科教学评比、学生竞赛与辅导、命题考试与试卷分析、开发教育资源与编写教辅读物、教学研究会工作。教研室制定各学科教学要求，举办课程体系教育理论教学，组织教学实践活动和参观考察活动，与基层学校教师共同承担教育课题研究，以教学研究为中心，指导培养骨干教师。1986~1995年，区教学研究的侧重点是执行新教学大纲，抓好基础知识与基本技能，发展智力，培养能力。区教育科研主要围绕教育思想、培养目标、课程设置、教材教法、教学评估等进行综合研究，探索学校整体优化的改革方法与实验途径。1988年，在探索“苏南城市小学教育模式研究”中，连元街小学“构建现代开放型教育模式研究”、广勤路中心小学“儿童集体自我教育模式研究”、崇安小学“发挥美育育人功能的审美教育模式研究”、新开河小学“培育学生良好学习习惯的常规管理模式研究”、亭子桥中心小学“内化规范，学会做人的德育模式研究”等均取得各具特色的教育研究成果。1990年，区学校整体改革与实验成果在市小学整体改革与实验研讨会上得到专家和同行的肯定。是年，区承办首届沪、宁、锡、通四市城区语文青年教师会课活动，通过学习交流，促进全区教学研究工作。1992年，教学研究以推动课堂教学“三优化一提高”为目标，围绕九年制义务教育各科教学大纲，改革各学科领域教学方法，大力提倡启发式、讨论式和合作式教学方法，提高课堂教学质量。教科研实践活动率先在连

“整体构建小学德育体系”国家级重点课题研究结题（2000）
（区教育局供稿）

“三优化一提高”课堂教学活动（2001）　（区教育局供稿）

元街、崇宁路、新开河等学校进行。区教研室先后于1992年、1994年荣获省教研系统先进集体和省教育科研先进集体称号。1992~1995年，教研室与12所学校共同承担国家教委基教司和联合国儿童基金会发起、省教委具体组织的国家级课题《制定小学语文、数学学习标准和质量监测项目》研究，探索建立可操作、可检测的教学目标体系及客观、科学、合理的教学质量监测机制，规范学校教学及评价工作，推动学科教学改革，提高基础教育质量。1995年后，全区开展新一轮课堂教学"三优化一提高"活动，并与教改课题研究紧密结合，至2000年，全区申报各类研究课题40余个，成为全国教育科学"九五"规划国家级重点课题"整体构建小学德育体系深化研究与推广实验"的实验区。2001年，启动义务教育课程标准（实验稿）的实验研究，实施江苏省《小学活动课程指导纲要》。2002年，开展课改任务驱动下新的教研工作方式的探索，针对小学语文、数学等学科起始年级启用国标本苏教版教材的新情况，教学研究以课程改革为中心，采用普及与提高并举的教研方法，在有计划地组织全区专题专场研究活动，提高研究品质，活跃教研气氛的同时，引领片校提高教学研究主体意识，促进教学研究常规化，并对全区所有小学进行蹲点式课堂教学调研，引领教师专业成长。各小学都建立校本教研制度，每学期制定教学研究计划并精心实施，以教学研究带动教学方式的转变、评价制度的改革、信息技术与教学的整合。9所小学开发并编写校本教材，多个重点课题取得阶段性成果。2004年，区被列为中央教科所学校教育研究实验基地。迄2005年，全区有立项的教科研课题26个，其中，国家级1个、省级15个、市级10个。

校本教材（2005）　　（连元街小学供稿）

第二十八编

科学技术

CHONGAN
崇安传感技术应用中心
CHONG'AN SENSING TECHNOLOGY APPLICATION CENTER

90年代后，区贯彻落实“科学技术是第一生产力”的方针，确立“科教兴区”战略，动员和组织各级科协和广大科技工作者，以科技创新为突破口，以科技项目为支撑，以发展科技产业为重点，以提高全民素质为根本，围绕经济建设和社会事业不同时期的任务，实施“火炬计划”“星火计划”、科技成果推广计划和省级以上新产品计划，以“金桥工程”为重点，推动“产学研”协作，促进科技与生产结合，科技成果不断转化为现实生产力。同时，以建立多元化的区科技创业园暨科技创业服务中心为载体，扶持科技型中小企业和民营科技企业发展。科技投入不断加大，区设立科技发展基金，促进区属单位新产品开发和科技成果转化。1991~2005年，被列入市级“新产品”“星火”“火炬”等科技专项计划111项，区获市级以上奖励27项。科学普及工作以社区为基础，以科普宣传周为抓手，广泛发动社会参与，科普宣传、青少年科普教育、科学技术培训、科技咨询服务和学术交流活动稳步展开，科普文明街道创建持续推进。6个街道均获得“省科普文明街道”称号，区被评为江苏省科普文明城区。

第一章　管理机构

1991年区科学技术委员会（简称区科委）成立后，贯彻“科教兴区”发展战略，把提高科学技术在全区经济和社会发展中的贡献份额作为科技管理工作的中心任务。逐步完善科技机构，不断创新科技体制，切实加强科技管理，从单一业务管理发展到科技基金、科技计划、民营科技企业等综合管理，科技队伍不断发展壮大，专业技术人员由1986年的63人增加到2005年1346人。

第一节　机　构

1991年5月，成立区科委，与区计经委、区外经委合署办公，履行统筹协调、管理全区科技工作、组织开展科技活动等职能。9月，召开区科协第一次代表大会，选举产生区科协，区科协负责群众性的科普宣传、青少年科普教育、科学技术培训、科技咨询服务和学术交流活动。1996年，区科委改称区科学技术局，隶属于区计划与经济局，内设科技科，对外挂“崇安区科学技术局”牌子。2001年10月，区科学技术局划归区经贸局，局长由区经贸局副局长兼任。是年，全区8个街道先后建立科技协会，其正副主席由所在街道党政主要领导担任。迄2005年未变。1991~2005年，历任区科技部门负责人为：董正忠、沈江、钱俊方、廉伟庆、王东。

第二节　管　理

1991年前，科技企业由市科委管理。1991年，市科委调整民办科技企业管理权限后，部分民办科技企业改由区科委管理。是年，区制定《崇安区民办科技企业管理办法》，加强对民办科技企业的服务、指导和管理，推动民办科技企业的发展。并制定知识分子工作三年规划，召开区第一次知识分子工作会议，表彰一批知识分子工作先进集体。1994年，区制定《崇安区科技发展“九五”计划和2010年规划》，以组织实施“星火”“火炬”“新产品”等科技专项计划为突破口，鼓励科技创新和科技成果产业化，扶持科技产业发展，并组织开展“讲理想、比贡献”竞赛。1995年，崇安人民医院李宁辉、崇安园林绿化管理处何志坤被评为市优秀科技工作者，26名科技人员被评为区第二批优秀科技工作者，6篇科技论文获市自然科学优秀论文奖。1996年，区建立科技发展基金。基金来源区财政拨款和市科技发展基金匹配拨款，按照《崇安区科技基金使用管理办法》有关经费立项、拨款、使用期限等规定，基金主要用于区属单位新产品开发和科技成果转化。1998年后，区人事局负责区科技人才的引进、培养、使用，区科委负责科技人才的业务培训、工作指导和科技交流。专业技术人员由1986年的63人增加到2000年的1468人。2005年，为加强对科技创新工作的领导，区成立科技创新及人才工作领导小组，组长由区委、区政府主要领导兼任。街道相应成立科技创新及人才工作领导小组，正副组长分别由街道党政主要领导兼任。迄2005年，区累计筹集科技发展基金100多万元，扶持科技企业开发新品100余项。

第二章　科技普及

1992年起，区根据市科协的统一部署，先后组织14届区科普宣传周和1届全国科普日活动，科普宣传力度逐步加大，科普讲座、图片展览、科普电影、知识竞赛和文艺演出等活动形式多样。同时，把普及科技知识与公务员培训、党校培训有机结合，纳入培训课程。把青少年科技教育作为实施“科教兴区”战略的一项基础性工程，青少年科技活动逐步从兴趣活动向特色活动发展。围绕争创全国科普示范城区、科普文明街道，区、街道利用社会力量，相继建立科普传播基地，组建科普志愿者队伍，开展经常性的群众科普活动，提高全社会人民群众科技文化素质。迄2005年，累计接受科普咨询2.8万人次，参加科普讲座1.9万人次，参观科普展览0.6万人次，发放科普宣传资料3万份（本），观看科普电影、参加各类知识竞赛7.2万人次。全区6个街道先后被评为江苏省科普文明街道，区被评为江苏省科普文明城区。

第一节　科普宣传周

1992年起，区每年组织科普宣传周活动。1993年，区第二届科普宣传周主要围绕“推进科技进步，加快科教兴市”展开。1994~2005年，区第三届至第十四届科普宣传周的主题依次为“科学与健康”“环境与人类”“公众理解科学”“科学在我身边”“提高国民科技素质，迎接21世纪”“依靠科技进步，迎接21世纪挑战”“提高全民创新意识，促进21世纪跨越发展”“环境保护——安全与健康”“科技创造未来”“依靠科学，战胜‘非典’”“科技以人为本，全面建设小康”“科技以人为本——保护生态环境，共建美好家园”。宣传周期间，运用讲座、交流、座谈、咨询、培训、竞赛等各种形式，影视放映、展览等多种手段，以及利用科普阵地（设施），广泛宣传《中华人民共和国科学技术进步法》，多方位、多层次、立体式地开展各类科普宣传和教育活动，普及高新技术知识和“大众科学”“身边科学”知识，倡导科技进步意识和科学文明观念，增强全民科技意识。2002年，区第十一届科普宣传周按照市统一部署，重点普及现代信息技术，开展“崇尚科学，崇尚文明，反对迷信，反对邪教”科普活动，组织学习“计算机网络安全”等科普资料，放映“智能机器人”“科学家的故事”等科普影视，举办“食品科学”“心理健康”科普知识讲座。2003年，邀请东南大学教授吕乃基到区作“科技发展前沿及对社会的影响”专题科普知识讲座，全区300多人参加听课。2005年起，每年9月第三个公休日被定为“全国科普日”。是年9月17日，围绕“树立科学发展观，共建和谐社会——科学普及，你我共同参与”主题，区与市科技协会在崇安寺二泉映月广场举办“全国科普日”广场咨询活动，突出“珍惜资源、保护资源、节约资源，促进可持续利用”和“科学生活、健康生活”等内容。在区第十四届科普宣传周期间，邀请江南大学教授李弘毅到区作“可持续发展和循环经济”专题科普知识讲座。区利用街道、社区现有设施，建立科普学校，实现资源共享。江海街道风雷新村（西）社区科普学校、崇安寺街道新街巷社区科普学校等被命名为市首批科普学校。

第二节　创建科普文明街道

1998年，启动创建科普文明街道。各街道先后兴建科普活动中心等科普设施，与驻区单位共建科普教育基地，组建有50多名科技人员组成的科普讲师团和千余名社会志愿者组成的科技传播行动志愿者队伍，开展科普知识宣传、科技咨询和便民服务。各街道举办科技小制作展览、科技小论文竞赛、科技知识竞猜等，组织中小学生科普夏令营、社区科普基地一日游等活动。区在大型广场及交通要道建立长12米、宽1米的标准科普画廊17个。2000年，全区每个居委均开设不少于15平方米的科普活动室，配有电脑、电视机、放映机、科普书籍、科普杂志。2001年，区围绕争创全国科普示范城区，编制《崇安区创建科普文明单位活动计划》，进一步推动科普文明街道创建，连元街小学、广益中心小学被命名为市科普教育基地，亭子桥中心小学被命名为市环保科普教育基地。人民路街道被省授予科普文明示范街道。2002年12月，人民路街道又被列入江苏省科学技术普及教育大纲试点单位。区被评为省科普文明城区。2003年，区在崇安寺、保利2个广场建立科普广场，利用广场电子屏播放科普宣传片。区、街道科技传播行动志愿者队伍设立医疗保健、优生优育、环境保护、法律咨询、家庭装修、消防安全、文化娱乐等多种特色科普小分队，由各类专业人员、企事业单位离退休人员、社区居民组成，为开展科普活动提供服务。在"非典"期间、东南亚海啸之际、"神州5号"和"神州6号"飞船发射之后及太湖蓝藻爆发期间，科普志愿者及时到社区普及相关科技知识。是年，上马墩街道、江海街道风雷新村（西）社区、人民路街道东河花园社区被评为省科普文明街道(社区)。2004年，启动"科教进社区"活动，面向社区居民开展丰富多彩的科普教育活动，提高全社会科学文化素质。2005年初，区被中国科协确定为第三批创建全国科普示范城区推广实施单位，3月，市科技协会在区召开城区科普工作会议暨崇安区创建全国科普城区现场会，区编制创建全国科普城区计划，区创建科普示范城区的成果制成《崇安科普巡礼》DVD专题片。6月16日，《大众科技报》整版报道区创建工作做法和成绩，同时刊登区委副书记许新宇《加强领导，统筹协作，突出重点，努力创建第三批全国科普示范城区》论文。是年，全区有各类科技传播行动志愿者5800人，6个街道均被评为省科普文明街道，区入选第三批创建国家级科普示范市（县、区）单位。

第三节　青少年科技教育

1992年后，区把青少年科技教育作为实施"科教兴区"战略的一项基础性工作，创办科技特色学校，育"四有"新人，促进素质教育。区科技部门会同区教育局、团区委等部门，根据青少年身心发展和科技教育特点，以区少年宫、街道科普活动中心为主阵地，开展启发型、动手型、智慧型的校内外科技活动。先后举办"爱科学月""环境保护"等为主题的科技夏令营。1999年，组织学生参观市科普馆和科普教育基地，参加市举办的"迎'六一'科技模型竞赛""小发明、小制作、小论文""亿利达青少年发明创造竞赛"等科技教育活动，以及计算机科普知识大赛、计算机应用操作技能竞赛等活动，提高青少年计算机与信息技术的应用水平。2001年，参加市组织开展的计算机应用竞赛、生物与环境科学实践竞赛、机器人竞赛等学生科技活动。连元街小学在省青少年信息学奥林匹克竞赛"东方百业网杯"小学组决赛中，获团体总分第二名，赵聃等3名学生获一等奖。2002年后，区建立青少年科技教育协会，在青少年中开展争当科技小发明、小创造、小制作、小论文、小科技"五小"明星活动，培养青少年的科技意识和创新意识，养成学科学、用科学、爱科学的良好习惯。2003年，贯彻教育部、科技部、中国科协《关于进一步加强中小学生的科技教育工作的通知》和《无锡市青少年科技教育工作的意见》精神，青少年科技教育工作围绕全面推进素质教育和实施基础教育课程改革展开，从兴趣活动向特色活动发展。先后参加市"生活中的科学"科普知识竞赛、青少年科技创新大赛、"亿利达"发明创造、机器人大赛、"金钥匙"科技竞赛等青少年科技活动。配合课程改革实验，开展争创市青少年科技教育工作实验学校活动。2004年，参加市首届青少年"寻找身边科学"竞赛。2005年，广益中心小学开展机器人比赛、数学建模比赛、小创造（小发明）比赛、专利申报活动等，被无锡市评为科技特色学校。

第三章　科技开发与成果

1991年，区实施“科技兴区”战略，注重推动科技的研究、开发和利用。特别是1994年启动“金桥工程”后，为区街企业与大专院校、科研单位之间架起科技成果转化的“金桥”。区每年组织开展“金桥工程”活动，通过“产学研”相结合，推动科技开发成果以直接生产或实施技术开发、技术转让、技术咨询和技术服务等方式与企业合作。2002年，建立多元化的区科技创业园暨科技创业服务中心，为科技型中小企业的发展营造创新创业环境。博立生物制品有限公司的“淀粉液化芽孢杆菌复合酶的规模化生产及工业应用”被列为省科技攻关项目，在无锡市三城区中率先取得零的突破。辖区民营科技企业成为区域经济中异军突起的一支新生力量，2003年新增科技型企业35家，2004年又新增45家，天彩生物、九润电器、新锡量刃量具有限公司等8家企业先后被评为省民营高新技术企业。1991~2005年，区列入市级“新产品”计划56项、“星火”计划3项、“贷款”计划8项、“火炬”计划16项、其他计划28项，获市级以上奖励27项。与此同时，知识产权保护不断得到加强，迄2005年，有5家单位获江苏省“正版正货”实施单位。

第一节　区科技创业基地

2002年10月，区整合政府和社会资源，与民营企业共同创建崇安区科技创业园暨科技创业服务中心，园区租赁金海里小学校区2000平方米，设有管理委员会和民营企业投资50万元注册成立的无锡市诚志科技创业服务有限公司，为入驻科技型中小企业提供生产场地、政策传递、法律咨询等服务，区出台扶持科技创业园入园企业发展的若干意见，入园企业可享受园区税收“二免三减半”和房租“第一年全免、第二年免50%、第三年免30%”等优惠政策。是年，入驻企业4家。2003年，入驻企业达到30家，年销售总额855万元，上缴税收7万元。无锡市远东纺织印染技术服务有限公司获国家级纺织印染检测资格。2004年，园区企业技工贸收入7519万余元，上缴税收68.17万余元。园区企业从业人员150人，其中，高级工程师13人，工程师26人。4家入驻企业被评为省民营科技企业。2005年，新增入驻企业18家，年销售总额2600多万元，上缴税收300多万元。

崇安区科技创业园（2004.5）　（区档案局供稿）

第二节 科技合作与成果

1987年，区环卫科研站与同济大学共同研制的“日处理20吨垃圾无害化处理工程”工作流程，获全国首届资源综合利用技术交易会优秀项目奖。1992年，实施“科技兴区”战略，区召开推进科技进步恳谈会，时为区历史上规模最大的一次科技盛会。上海、南京、无锡等地的7所大专院校、4所科研单位，近10家大中型企业的50名专家、教授和工程技术人员出席，签订科技成果转让和技术合作意向15项、新产品开发协议12个，七O二所、上海复旦大学、江南大学还与区政府签订长期经济、技术合作协议，特聘七O二所所长为区政府技术顾问。1992年，蝮蛇咬伤脑电图应用研究通过市科技成果鉴定，填补国内空白。眼科RK手术被列为市科研项目。1993年，区制定《1993~1995年科技发展规划》，进一步加强科技研究、开发和利用，鼓励区街企业与大专院校、科研单位挂钩，完成电子棉卷秤、有机玻璃印花、高压液体流量试验台等6项新产品、新工艺的研制。是年，HC585A型化纤断色编织机被列入国家级新产品，WLE多功能制动式自紧钻夹具等4个产品被评为省级新产品，1个新产品分别获省科委、国家科委新产品博览会金奖、银奖。1994年7月，为促进科技成果尽快转化，架起科技转化为现实生产力的“金桥”，区在北京京西宾馆举办“'94北京金桥工程恳谈会”。中国科技新技术开发中心、国家科委、国防科工委、北京市专利局、北京理工大学等8所科研院所的专家和崇安区17个单位参加，交流洽谈合作科研项目112个，达成合作开发项目协议18个。是年，双密码保险箱、便携式钢筋对焊机、硼酸脂汽车制动液3个具有较高技术含量和市场销售能力的新品，于当年中试成功，投入批量生产。7个高科技产品完成立项，1个通过市科技成果鉴定。1995年，研制开发机电一体化燃料卷装设备、WGR温控二级监控系统、多功能电脑干鞋机等项目。1996年，继续实施“金桥工程”，通过政府引导，进一步加强企业与大专院校、科研院所挂钩合作。无锡亚联开源软件技术有限公司、江苏泛亚信息技术有限公司、无锡市天嘉科技有限公司、无锡市鲲鹏科工贸有限公司、无锡威克集团有限公司、无锡联发软件工程有限公司等与江南大学、天津大学、苏州大学、南京药科大学、西安交通大学、西安电子科技大学及上海农药研究所、无锡粮科研究所等大专院校、科研院所先后建立技术合作关系，持续开展技术咨询、难题诊断、联合开发、委托开发、科技成果转化等各种产学研活动。是年，市工业自动控制研究所研制的DM321卷验机被列为省级新品。1997年6月，区工业公司与上海复旦大学签订“真空镀膜研究中心暨导电玻璃技术合作项目”协议，上海复旦大学提供科技援助和管理、技术人员培训、推荐输送优秀科技人才，区每年向研究中心提供科研经费10万元，科研成果及专利归合作双方共同拥有。1993~1997年，家电遥控器、小麦电脑着水器先后获国家和省科技新品金奖。2002年，博立生物制品有限公司的“淀粉液化芽孢杆菌复合酶的规模化生产及工业应用”项目被列入省科技攻关项目，获得省科研经费50万元，时为无锡市三城区获得的首个省科技项目。2001~2005年，全区申报科技项目20多项，其中，无锡市天彩生物制品有限责任公司申报的《紫甘薯色素工业化生产技术研究及原料的综合利用》技术在国内处于领先地位；崇安医院申报的《正颌外科技术的应用研究》项目在省内处于领先水平，填补市内空白；区疾病预防控制中心申报的《相对发达地区儿童肥胖危险因素流行病学调查》项目，从基因角度分析研究儿童肥胖成因，并找出解决办法。仅2005年，被列入市级科技攻关项目4个、优秀产学研项目1个。城中公园“城市湿地生态修复及水质净化技术应用示范”项目被列入市科技攻关项目，获市科技局扶持基金50万元。该项目把湿地生态修复及水质净化技术贯穿于整个公花园修缮改造工程，通过清塘底、放养水生动植物、增建瀑布等动态景观使塘水流动，并运用投放微生物菌剂等成熟治理技术。该项目为公花园每年节约自来水费20万元左右，节约电费2万多元，并为解决小区域被污染城市湿地的生态修复、水质净化以及节水型城市景观建设提供成套成熟技术的应用经验。

第三节　知识产权

1993年，抗爆防回火吸式焊炬及割具等5个产品获国家专利。1994年，学前街街道无锡市宏成纺织机械厂研制的ME288A型喷射试样染色机通过市科技成果鉴定，并获得国家专利。该新品与国家级新品HC585A型化纤判色针织机相配套，普遍适用于针织、丝绸织物的试样染色，染色时织物呈松弛状态，装有温度和时间自动控制系统，能按照不同织物的工艺要求自行配比。其中防打结装置属国内首创，填补省内空白。1993~1997年，黏合剂、系列多用骨钻等7个新产品获国家专利。

2001年后，区大力推进知识产权保护，结合每年4月26日“世界知识产权日”，宣传知识产权法规和知识，保护知识产权人合法权益，每年组织企业参加全国专利产品展示会。2001年，先后帮助无锡新锡量刃量具有限公司、徐家木业有限公司、鲲鹏科工贸公司3家企业成功申报为中小企业知识产权运用示范企业，帮助无锡亚联开源软件技术有限公司、江苏泛亚信息技术有限公司、徐家木业有限公司等3家企业通过专利申报，被列入无锡市企业知识产权战略推进计划前期培育单位。区还积极为申请专利的企业和个人争取省、市资金扶持，提高企业申请专利的积极性。2002年9月，崇安医院靖海分院朱江主持研制的“新型可调式颈肩康复枕”获第十届中国专利新技术、新产品博览会金奖。此后，区每年获省、市专利资金资助项目30多个，包括无锡市政设计研究院有限公司的“高架桥排水装置”专利、无锡市衡器厂有限公司的“婴儿秤”专利、无锡市传染病医院的“一种三于CD25/IL-2RA抗体标记人肝组织毛细胆管的方法”专利、无锡东泰精细化工有限公司的“一种低锌雕白块的生产方法”专利及沈正皓的“恒温式隔爆箱”专利等。

2004年，区科技局、区科协、区教育局联合在连元街小学举办知识产权知识讲座，邀请南京经纬专利商标代理有限公司无锡办事处（原东南大学专利事务所）工程师，对学校科技辅导员进行有关知识产权培训；对企业干部、科技人员进行专利知识培训100多人次；还组织商业大厦、八佰伴等企业参加国家知识产权局组织的培训班等。是年开始，在全区推行“正版正货”活动。2005年，辖区新世界百货公司、商业大厦等5家企业获省首批“正版正货”实施单位。

【驻区科研单位】

无锡市建筑设计研究院有限责任公司　位于石皮巷2号，建于1952年，前身是无锡市建筑设计研究院，2002年1月15日改制。2005年，公司有职工180余人，专业技术人员160人。其中，高级建筑师、高级工程师46人，教授级高工8人；国家一级注册建筑师15人、国家一级注册结构工程师28人、国家注册监理工程师25人、国家注册造价工程师7人。公司主要从事建筑设计、工程勘察、工程咨询、工程监理和工程智能化设计等业务。曾获国家、省、部级优秀设计70多项，多项研究成果获省、市科技进步奖，1989~2005年，先后15次被评为市优秀科研单位。

无锡市节能监察中心　位于升平巷15号，成立于1982年，原名无锡市能源研究所。1990年，通过省质量技术监督部门的计量认证和省节能主管部门的节能监测资质认定。中心负责市行政区域内的节能监察监测执法工作，协助市主管部门对用能单位贯彻执行国家及省、市颁布的节能法律、法规、规章情况进行监督检查，对主要耗能设备的能源利用效率实施节能监测，开展重点用能单位能源审计工作。配备有烟气分析仪、电动机经济运行测试仪、电力分析仪、多普勒流量计、热电偶温度计、风速仪等先进的能源检测和理化分析仪器设备和电脑设施100多台（套）。2005年，有专业技术人员19人。其中，高级专业技术职称7人、中级专业技术职称6人；具有省节能监测员上岗证和行政执法证15人；拥有省节能评估资格证8人。

第二十九编

卫　生

无锡解放前，无锡市较大的医院主要集中在辖区，有无锡市开办最早的教会办普仁医院、开办最早的公立医院——无锡县公医院，私立益寿医院、仁济医院和一批私人诊所，不少药店还有坐堂诊脉开方的中医。无锡解放后，全区医疗卫生系统贯彻“预防为主”的方针，组建崇安医院，建立区卫生防疫站等专业卫生防治机构，广泛开展群众性爱国卫生运动，促进医疗卫生事业迅速发展。1978年中共十一届三中全会后，全区卫生事业迈入新的历史时期。1986年后，医疗卫生机构、管理体制、运行机制、劳动人事、分配制度等方面改革全面推进，区合理调整、综合利用区域医疗卫生资源，崇安医院于1995年创建为二级乙等医院。建成以6个街道社区卫生服务中心为主体、15个社区卫生服务站为补充的服务网络，形成布局合理、设施先进、网络完善、服务周到的医疗、预防、保健服务体系，基本实现“预防在基层、小病在社区、大病进医院、康复回社区”的社区卫生服务目标。同时，持续开展以灭害防病为中心的爱国卫生运动，全面加强传染病防治、食品卫生、劳动卫生、学校卫生、儿童计划免疫、妇女保健、环境卫生整治、文明卫生单位创建等工作，不断更新医疗设备设施，提高医疗卫生人员素质和卫生技术水平，居民健康知识得到广泛普及，各类传染病发病率逐年下降，全区法定传染病发病率由1986年的621.65 /10万下降到2005年的166.11 /10万。医疗卫生保健水平和人民群众健康水平不断提高，健康指标位居全市前列，辖区人均期望寿命从1986年的73.48岁，上升到2005年的76.77岁，其中男性由70.39岁上升到74.43岁，女性由76.56岁上升到79.11岁，已接近世界发达国家水平。2005年，区先后被评为江苏省社区卫生服务示范区、全国社区卫生服务示范区。

第一章 医疗机构

80年代后，市、区、街道三级医疗资源不断得到整合和优化，规模不断扩大，设备不断更新，就医环境明显改善。社区卫生服务中心逐步建立完善，形成综合医院、专科医院和社区卫生服务机构相配套的新型医疗服务体系。同时，国家单一办医逐步转向个体经营和社会联办等多元模式。迄2005年，辖区内有市第一人民医院、第二人民医院、中医医院、妇幼保健医院、传染病医院市级医院5家，有崇安人民医院（以下简称崇安医院）、锡山人民医院区级医院2家，街道社区卫生服务中心6家，社区卫生服务站15个，民营医疗机构41家，个体诊所54家。另有市区两级疾病预防控制和卫生监督机构。辖区市、区医疗机构拥有床位3435张，卫生技术人员4284人，其中，医生1744人、护士1759人，平均每千人拥有医疗床位11.48张。

第一节 区属医疗机构

1986年，区属医疗机构有崇安医院及其下属映山河分院，以及亭子桥、上马墩、汉昌路3个诊所和崇安牙病防治所。90年代后，汉昌路门诊所被拆并，上马墩门诊所扩建为靖海分院，新建金海里分院，崇安牙病防治所更名为崇安医院口腔分院。2004年，靖海分院整体转型为上马墩街道社区卫生服务中心，金海里分院转型为江海街道社区卫生服务中心。迄2005年，有崇安医院及其下属映山河、口腔2个分院，亭子桥门诊所。

【崇安人民医院】

始建于1959年4月，位于周山浜华盛弄口广勤路51号，由周山浜联合医院、汉昌路联合医院及下属9所联合诊所及未组织起来的大部分社会医生实行大联合，成立崇安区联合医院。下设周山浜、汉昌路、亭子桥、人民路、中山路、新生路、学前街、伤科、胜利门牙科、崇安寺牙科10个门诊所，以及妇幼保健站、儿童保健所。二十世纪六七十年代，医疗机构多次撤并或新建，管理体制多次调整变化。1985年，崇安人民医院院本部位置未变，下设映山河分院，以及亭子桥、上马墩、汉昌路3个诊所和中山路牙病防治所，有床位180张。时有职工421人，其中，医技人员328人、行政人员47人、工勤人员46人。1988年12月，新设妇产科病区。1994年12月通过省卫生厅二级综合医院基本标准评审，1995年1月被卫生部评为首批“二级乙等医院”。是年，荣获“无锡市市民满意医院优胜单位”称号，并被苏州医学院定为教学医院。

崇安人民医院（无锡市慈善医院）（2004） （崇安医院供稿）

1996年，被评为国家爱婴医院；2001年，被评为无锡市十佳医院。2002年3月，崇安人民医院长江康复医院在长江北路正式挂牌开诊，时为无锡市首家康复医院；4月，在院本部成立无锡市慈善医院，实行一套班子、两块牌子体制，时为江苏省首家慈善医院；9月，无锡市肢体残疾系统康复训练中心在长江康复医院挂牌成立；11月，慈善医院被江苏省红十字会冠名为无锡市红十字慈善医院。2004年3月，获“全国明明白白消费十佳放心医院”荣誉称号。2004年，被南京医科大学定为教学医院。1993~2004年，连续12年获省文明单位称号。迄2005年，医院由院本部、映山河分院（映山河儿童医院）、口腔分院和亭子桥门诊所，以及崇安寺、通江、广瑞路、上马墩、江海5个街道社区卫生服务中心组成。医院占地面积1.2万平方米，建筑面积2.4万平方米，实际开放床位305张，有30个临床科室、32个专科门诊、9个医技科室和1个重症监护病房；拥有东芝多排亚秒螺旋CT、彩超、电子胃镜、纤维支气管镜、膀胱镜、眼科超声乳化仪、泪道激光仪、全自动生化分析仪、基因扩增仪等先进设备及血液净化中心和心脏监护中心。在编职工414人，其中，具有中高级职称的专业技术人员188人、初级职称的专业技术人员217人，医院年门诊量46万人次左右，年出院病人5000余人次，成为集医疗、教育、科研、预防、保健、康复和社区卫生服务为一体的综合性医院。

【崇安医院映山河分院】

成立于1959年3月，位于西映山河1号，其前身是崇安区儿童保健所。1961年11月，迁至映山河，改名崇安区联合儿童医院。1969年撤销，1970年初恢复，1971年11月，改称崇武区人民卫生院映山河分院。1978年3月，改称映山河门诊所，1979年复称崇安人民医院映山河分院。1997年12月，增挂“映山河儿童医院”牌子。迄2005年，医院占地2150平方米，医疗用房3800平方米，开设住院床位60张，急诊输液床位40张。开设内科、外科、儿科、眼科、妇产科、中医科、伤科、美容科等专科。拥有儿科名医强士奎等一批临床经验丰富、医术精湛的医务人员，其中，高级职称1人，副高职称3人，中级职称29人。

崇安医院映山河分院（2004）　（区卫生局供稿）

【崇安医院靖海分院】

成立于1994年4月。前身是1984年11月开办的上马墩门诊所，位于上马墩地区，当时使用面积仅200平方米，开设单一的内科，以后逐步发展，增设伤科、理疗科。1988年6月，迁至靖海新村。1990年4月，改名靖海门诊所。1993年，医院投资80万元，对门诊用房进行加层扩建，添置B超、小型X光机、心电图等设备。1994年，改称靖海分院。1998年，再次进行改扩建，增加医疗用房1500平方米。2004年，分院整体转型为上马墩街道社区卫生服务中心。迄2005年，中心使用面积2450平方米，设有内、外、妇、儿、眼、耳鼻咽喉、口腔、皮肤、整形美容、男性、中医11个科及检验、放射、心电图、B超等临床辅助科室。有急诊留察床30张，综合病区病床30张，手术室2间和计划生育手术室。有副主任医师3人，中级职称技术人员14人。年门诊量6.5万人次，收治住院病人约600人次。

【崇安医院金海里分院】

建于1999年12月，位于长江北路金海里住宅小区，占地面积1900平方米，医疗业务用房3000平方米，绿化面积1000平方米。以脑血管意外后遗症、骨关节病、糖尿病及肺部疾患等慢性病康复治疗和护理为主，设内科、外科、妇科等临床科室，以及功能测评室、运动治疗室、物理治疗（PT）室、作业治疗（OT）室、康复治疗室、自理能力恢复室、言语治疗（ST）室等相应的医技科室，拥有一批适合现代康复医疗需求的先进设备，医疗区、病区、康复区、功能锻炼区均为无障碍通道，开设床位67张。除有专业的康复医师、康复治疗师、康复护师、专业护工外，还聘请南京、上海、徐州、无锡等地康复医学和全科医学著名专家指导和亲诊。2002年3月，增挂长江康复医院牌子，成为徐州医学院全科医学系实习基地。是年11月，被无锡市残联确定为无锡市肢体残疾系统康复训练中心。2004年，金海里分院整体转型为江海街道社区卫生服务中心。迄2005年未变。

崇安医院金海里分院（2002.3）　（区卫生局供稿）

【崇安医院亭子桥门诊所】

建于1955年6月，时称工运区亭子桥联合诊所，位于亭子桥北堍。“文化大革命”期间，改名为爱武桥门诊所，后又恢复亭子桥门诊所名称。2003年1月，移址长庆路55号。是年，投资132万元进行改造，建筑面积扩大到230平方米。开设内科、中医外科、皮肤科、针灸科等，配备检验、心电图等辅助科室，拥有10多个椅位的输液室。迄2005年未变。

第二节　社区卫生服务机构

90年代后，区致力优化医疗卫生资源配置，加强社区卫生服务机构规范化建设。1998年12月，在上马墩街道进行社区卫生服务试点，率先成立社区医疗服务站。1999年5月，工运路街道成立社区医疗服务站。至6月，全区8个街道成立社区医疗服务站9个，其中崇安寺街道2个，区在崇安医院成立崇安区社区医疗服务中心，负责管理街道社区医疗服务站。2004年5月后，崇安区社区医疗服务中心和8个街道卫生所撤销，先后组建5个街道社区卫生服务中心，集“预防、保健、医疗、康复、健康教育和计划生育技术指导”为一体，其人员由街道卫生所竞聘人员与崇安医院选聘人员组成。广益医院整体转为广益街道社区卫生服务中心。社区医疗服务站改称社区卫生服务站。2005年，按照“一街道一中心、中心难以覆盖地区设立站，确保95%以上居民从住所步行10～15分钟到达”的要求，对社区卫生服务站布局进行调整，6个街道社区卫生服务中心下设15个社区卫生服务站，形成以街道社区卫生服务中心为主体、社区卫生服务站及其他具有社区特色专业服务机构为补充的社区卫生服务网络，有全科医生62人，社区护士73人，基本实现“预防在基层、小病在社区、大病进医院、康复回社区”的社区卫生服务目标，初步缓解辖区群众看病难、看病贵的问题。区被评为江苏省社区卫生服务先进区和全国社区卫生服务示范区。

【崇安寺街道社区卫生服务中心】

成立于2004年6月，位于东映山河33号，建筑面积780平方米，由崇安医院与街道卫生所整合而成。以儿童保健、儿童脑瘫康复训练为服务特色，是无锡市残疾人联合会脑瘫儿童康复定点单位。2005年8月移址田基浜20号，建筑面积扩大到3000平方米。下设东河花园、德兴巷、学前街3个社区卫生服务站。中心开设全科、儿童保健、妇女保健、预防接种、中医、针灸和推拿理疗、老年病、糖尿病、高血压病、儿童脑瘫和小儿推拿等门诊，配有彩色多功能B超工作站、500MAX线摄片机、X线CR数码成像系统全自动血球计数仪、尿液分析仪、全自动生化免疫分析仪、红外线乳腺诊断仪、体重指数测量仪、全自动血压计、12道心电图机、康复站立训练升降床、进口上下肢训练器、中药熏蒸治疗仪、电脑牵引床、光子治疗仪等诊疗设备。设有全科病床50张，有医技人员46人，其中，高级职称8人、中级职称12人，有中医医师3人、公共卫生医师4人。取得江苏省全科医师资格证10人、江苏省社区护士资格证22人，占医技人员的69.57%。

崇安寺街道社区卫生服务中心（2005.8） （区卫生局供稿）

【广益街道社区卫生服务中心】

成立于2004年6月，位于广南路588号，由广益医院整体转型而成。以康复医疗、老年护理医疗为服务特色，建筑面积5000平方米。有医技人员28人，其中，副高职称1人，中级职称13人。2005年，下设尤渡、广丰、向阳、毛岸村4个社区卫生服务站，中心对社区卫生服务站实行一体化管理，医务人员定期赴服务站开展社区调查、诊治病人和指导疾病预防、治疗和保健工作。每个服务站均配有2名以上乡村医生，17名乡村医生均通过省卫生厅乡村医生资格注册。

广益街道社区卫生服务中心（2005） （区卫生局供稿）

【上马墩街道社区卫生服务中心】

成立于2004年6月，位于靖海新村20号，由崇安医院靖海分院与上马墩街道卫生所整合而成。以中医药保健康复和慢性病干预为服务特色，建筑面积2500平方米。中心开设预防保健科、全科门诊科、内科、外科、妇科、妇女保健科、儿童科、儿童保健科、眼科、耳鼻咽喉科、口腔科、康复医学科、医学检验科、医学影象科和中医科等门诊。2005年，下设康乐苑社区卫生服务站。中心有医务人员58人，其中，全科医师11人，社区护士16人，中医医师3人，公共卫生医师3人；具有高级职称的8人，中级职称的18人。

上马墩街道社区卫生服务中心（2005） （上马墩街道供稿）

【江海街道社区卫生服务中心】

成立于2004年5月，位于长江北路51号。由崇安医院金海里分院与江海街道卫生所整合而成，以肢体残疾人康复为服务特色，挂有无锡市肢体残疾系统康复训练中心牌子，是无锡市残疾人联合会指定的唯一肢残康复训练中心。占地3000平方米，建筑面积2800平方米。开设健康教育室、免疫接种室、妇女保健室、儿童保健室、计划生育室、康复运动室、悄悄话室，配有X光机、B超、心电图机等医疗设备，提供门诊医疗、住院医疗、计划免疫、就医咨询、健康教育、康复训练、计划生育及指导、双向转诊、保健指导、临终关怀等服务。2005年，增设儿保门诊，增添心电监护仪、除颤仪、气管插管、氧气面罩等“五机八包”抢救设备。下设风雷新村（东）、风雷新村（西）2个社区卫生服务站，中心有卫技人员53人，其中，全科医生12人、社区护士15人；高级职称3人、中级职称18人。2002~2005年，每年收治因中风、骨关节疾病、外伤等造成肢体残疾病人千余人，先后为全市培训社区康复员数百名。

江海街道社区卫生服务中心（2005）（区卫生局供稿）

【广瑞路街道社区卫生服务中心】

成立于2005年1月，位于广瑞二村7号，由崇安医院与广瑞路街道卫生所整合而成。设有儿科、外科、中医科、妇科、眼科、口腔科、皮肤科等，提供无假日门诊、巡诊、全天候出诊，本地区居民健康咨询和讲座，社区残疾人和精神病人康复，代病人取药、送药、上门输液，代病人联系专家会诊、住院、手术等服务。2005年，中心有卫技人员21人，其中，高级职称2人、中级职称9人。下设广丰二村、广丰三村与中储社区3个卫生服务站。

【通江街道社区卫生服务中心】

成立于2004年6月，位于广勤二支路31号，由崇安医院与通江街道卫生所整合而成。以儿童保健为服务特色。承担社区内各种预防接种、传染病管理；居民健康调查和信息管理；孕产妇和儿童的系统管理和保健；老年保健；常见病、多发病、慢性病的诊治及慢性病人的系统检测；健康教育指导；残疾人康复；精神病人监测以及计划生育技术指导等项工作。2005年，中心有卫技人员14人，其中全科医生6人。下设周山浜、工运路2个社区卫生服务站。

第三节　社会、民营医疗机构

1978年中共十一届三中全会前，国家长期实行单一办医模式，特别是“文化大革命”后，除国家办医外，其他医疗机构基本绝迹。1985年，卫生部出台《关于加强个体开业医生管理的通知》，市卫生局就个体诊所和社会联合办医疗机构管理作出相应规定，明确开业人员资格审查、开业个体诊所及社会联合办医疗机构“必须由卫生主管部门审核批准，其他部门一律不得审批”。区内民营医疗机构由无锡市卫生行政部门审批，个体医疗机构由区卫生行政部门审批。是年，辖区有个体诊所15家。此后，办医模式进一步趋向多元化。迄2005年，辖区内有社会、民营医疗机构41家，个体诊所54家。

2005年崇安区社会、民营医疗机构一览表

表29-1-1

名　称	地　址	类　别
无锡市方便门诊部	学前街43-3号	综合门诊部
江苏省江原医院城中分院	大娄巷23号	综合门诊部
山禾集团健康参药店诊所	中山路280号	门诊所

续表29-1-1

名　　称	地　　址	类　　别
山禾集团新特药商场诊所	留芳声巷39-40号	门诊所
商业医院书院弄门诊部	书院弄锦树花园18号301室	综合门诊部
无锡博爱医院门诊部	解放西路183-1号	综合门诊部
无锡东方医疗美容门诊部	五姓巷12-2号	专科门诊部
无锡东海医疗美容诊所	健康路58号201室	专科诊所
无锡和平中西医结合门诊部	上马墩路71-12号	综合门诊部
无锡金瞳眼科医院	学前东路宁海段6号	专科医院
无锡前进门诊部	锡沪路308号	综合门诊部
广益医院宁海里门诊部	宁海里136号	综合门诊部
崇安区宁海里门诊部	学前东路47号	综合门诊部
崇安医院工运路门诊部	工运路48号	综合门诊部
崇安医院亭子桥门诊部	长庆路55号	综合门诊部
无锡市出入境检验检疫局医疗门诊所 江苏国际旅行卫生保健中心无锡分中心	健康路2号	综合门诊部
无锡市精神卫生中心槐树巷门诊部	槐树巷1号	门诊部
无锡市东林门诊部	解放东路866号	综合门诊部
纺工局上马墩门诊所	上马墩一村57-19号	门诊所
无锡市港务医院	人民路181号	综合医院
无锡市疾病预防控制中心门诊部	槐树巷4号	综合门诊部
无锡市江南门诊所	广益佳苑	门诊所
无锡市精神卫生中心勤学路门诊部	勤学路28号	综合门诊部
无锡市离退休主任医师门诊部	槐树巷5号	综合门诊部
庆丰集团职工医院	锡沪西路203号	综合医院
上马墩街道门诊所	上马墩大街160-20号	门诊所
无锡市物资门诊所	后西溪布料市场2楼	门诊所
无锡市新启元口腔门诊部	新生路88号	口腔专科门诊部
无锡市一院明达视力康复门诊部	人民中路111号	专科门诊部
无锡市中心体检站	后西溪33号	体检站
无锡市中医药学会门诊部	勤学路53号	综合门诊部
无锡书丽中医美容诊所	县前东街111-2号	专科诊所
无锡锡沪路物资门诊所	广瑞路22号	门诊所
无锡永康书丽中医美容门诊部	北禅寺巷11号	专科门诊部
无锡正健门诊部	县前东街23号	综合门诊部
无锡远东口腔医院	人民路2号	专科医院
无锡中卫博导中医专科门诊部	中山路301号2楼	专科门诊部
无锡梦妮幻医疗美容诊所	中山路华联商厦15楼	专科诊所
崇安向阳门诊部	锡沙路88号	综合门诊部
崇安区疾控中心门诊所	江海新村83号	全科医疗
天一医院	勤学路53号	综合医院

说明：上述资料由区卫生局提供。

2005年崇安区个体医疗机构一览表

表29-1-2

名　　称	地　　址	诊疗科目
陆云程中医内科诊所	上马墩二村23-2号	中医内科
吕福新口腔诊所	靖海新村14号102室	口腔修复、正畸
刘宗永中医内科诊所	广益新村4-102室	中医内科
戴庆立内科诊所	南市桥巷4-201室	西医内科
陆静一西医内科诊所	江海东路175号	西医内科
杨锡琴西医内科诊所	杨陆巷180号	西医内科
吕锁保口腔诊所	上马墩路160-21号	口腔（不得拔牙）
高一鸣中医诊所	永勤弄2号	针灸
任战平门诊所	前胡村70号	中西医结合科
华志歧中西医结合诊所	置煤浜6号101室	中西结合

续表29-1-2

名　　称	地　　址	诊疗科目
冯友伟口腔诊所	道长巷37-203室	口腔修复、正畸
沈福生中医推拿诊所	云蝠烧鹅仔7楼	推拿
曹志杰口腔诊所	后西溪46号	口腔内科、修复、正畸
李立凡口腔诊所	小娄巷18-1号	口腔修复、正畸
徐南馨中医内科诊所	圆通路12号26-203室	中医内科
石利新村门诊所	广丰杨陆巷183号	中西医结合科
长庆路门诊所	长庆路39号	中西医结合科
徐兴宝口腔诊所	广益新村153-202室	口腔修复、正畸
魏进达中医外科诊所	汉昌路1号	中医外科
尤济群西医内科诊所	尤渡里尤渡村401号	西医内科
蔡云泉门诊所	广瑞路160-2号	西医内科
芳馨叶子医疗美容诊所	中山路83号12楼	医疗美容
费钰根内科诊所	广益尤渡里3号	西医内科
程国兴骨伤科诊所	益明苑39-102室	中医骨伤科
诸勤农中医外科诊所	田基浜20号	中医外科
诸宾安中医外科诊所	田基浜21号	中医外科
吴震中医美容诊所	学前街睦亲坊巷25号	中医美容
刘德平西医内科诊所	上马墩路64号	西医内科
滕子坤外科诊所	广丰二村3号	外科门诊
蒋静娟口腔诊所	西大街51号101室	口腔内科、修复、正畸
张镭生口腔诊所	丁村谢巷144号	口腔
苏力军西医内科诊所	上马墩一村57-11号	西医内科
谊达物流有限公司门诊所	通江大道广益物流园区内	西医内科
绿岛医学美容诊所	县前街9号602室	医学美容
白定荣口腔诊所	中市桥上塘街22-101号	口腔
许茹滋外科诊所	黄泥头23号	外科
李苏洁西医内科诊所	风和里73-3号	西医内科
张耀明口腔诊所	风雷新村119-10号	口腔修复、正畸
王丽娟妇科诊所（计生除外）	江海新村139号102室后门	妇科
钱明珠内科诊所	广瑞二村37-102号	西医内科
品格齿科诊所	学前街70号	口腔（预防保健、修复、正畸）
张小春内科诊所	振奋路23-2号	内科
季志康西医内科诊所	江海东路28号	西医内科
瑞丰方便诊所	瑞丰市场A栋1-4号	内科
神州内科诊所	上马墩路71-1号	内科
周于全内科诊所	广丰三村星晟花园118-1号	内科
汉方真宝医疗美容诊所	中山路88号明珠大厦1号楼170室	医疗美容
丁生根内科诊所	广益尤渡里塘桥头61号	内科
黄振年内科诊所	向阳村裕旺路80号	内科
钱朴内科诊所	丁村109号	内科
孙艳中医美容诊所	百岁坊巷11-3A	中医美容
过阳中医诊所	上马墩益都苑71-17号	中医
朱国伟内科诊所	德兴巷11-4号	内科
乔明远内科诊所	石人桥丁巷93号	内科

说明：上述资料由区卫生局提供。

第四节　卫生专业防治机构

1986年，区属卫生专业防治机构有区卫生防疫站、区妇幼保健站、崇安牙病防治所3家。1992年，崇安牙病防治所更名为崇安医院口腔分院。2002年，撤销区卫生防疫站，改建为区疾病预防控制中心，区妇幼保健站与其合一管理，成立区卫生监督所。是年，广益镇划归区管理，所属无锡市矽肺治疗中心改由区卫生局管理。迄2005年，有区疾病预防控制中心、区卫生监督所、区妇幼保健站、崇安医院口腔分院、无锡市矽肺治疗中心5家区属卫生专业防治机构。

【区疾病预防控制中心】

区疾控中心开展应急演练（2002）　　　　（区卫生局供稿）

前身为区卫生防疫站。建于1956年8月，时为市卫生防疫站派出机构。1971年，改称崇武区医卫组，与区教卫组合署办公。1978年恢复区卫生防疫站建制，仍为市卫生防疫站派出机构。1987年4月,卫生防疫站划归区管理，副科级建制，时有工作人员20人，办公用房40多平方米。1989年起，屡屡搬迁，先后在区政府大院、后西溪15号市医学会大楼、中市桥巷22号、镇巷8号、留芳声巷18号、欢喜巷14号办公；1998年起，迁至小娄巷8号,建筑面积1100平方米。80～90年代，区卫生防疫站主要负责辖区卫生监督监测、传染病预防及爱国卫生运动业务技术指导、卫生防病业务培训等工作。1998年，率先在全省卫生防疫系统建成办公自动化计算机网络，其开发和应用水平领先于国内同级卫生防疫机构。2000年6月，中心实验室建立的质量管理体系通过江苏省技术质量监督局计量认证。2002年9月26日，区卫生防疫站撤销，改建为区疾病预防控制中心，为具有独立法人资格的全民事业单位，隶属于区卫生局管理。中心还挂有崇安区卫生检测中心及崇安区妇幼保健站两块牌子。其职能调整为慢性病管理、传染病预防控制、妇幼保健、卫生监测检验、健康教育及辖区内突发性公共卫生事件应对等。核定编制32人，内设办公室、疾病控制科、妇儿保健科、卫生监测科、社区卫生科、检验科、财务科及预防保健综合门诊部8个科室，办公地址仍在小娄巷8号。2005年，中心被卫生部、中华医学会评为全国基层糖尿病防治教育项目培训合格单位。

【区卫生监督所】

成立于2002年9月26日，是具有独立法人资格的承担卫生监督执法任务的全民事业单位，隶属于区卫生局管理。核定编制21人，内设办公室、审核发证科、监督一科、监督二科4个职能科室，位于县前街82号。其主要职能是：依法加强社会公共卫生事业管理，保护公民享有改善卫生条件、获得基本医疗保健以及保障身体健康的权利；为不断提高人群的公共卫生环境质量、生活质量、生存质量服务，为全区的社会、经济可持续发展服务。在区政府及区卫生行政部门的领导下，在辖区范围内依据相关卫生法律、法规、规定，开展卫生监督执法工作。

【区妇幼保健站】

成立于1984年，时为市妇幼保健所的派出机构，编制8人。1987年2月，划归区卫生局领导，改称区妇幼保健所，承担辖区内妇女儿童保健任务。办公地点设在区政府大院内。1989年9月，迁至后西溪15号，使用面积约70平方米。1998年10月，迁回县前街82号区政府大院内，办公面积扩大到400平方米，达到省规定的区级妇幼保健站建设标准。2001年，更名为区妇幼保健站，隶属关系、单位性质、建制级别、人员编制、经费渠道不变。2002年5月，获“无锡市巾帼示范岗”称号。是年9月，党政机构改革时撤消，与崇安区疾病预防控制中心实行合一管理模式，办公地址迁至小娄巷8号。

【崇安医院口腔分院】

成立于1959年，前身是胜利门、寺后门、通运路等牙科联合诊所。1965年，合并为中山路牙科门诊所。1970年改称工农兵牙科门诊所，1978年改名崇武牙病防治所，6月，复称中山路牙病防治所，此后，崇安人民医院院部牙科并入，又称崇安牙病防治所。1992年改扩建后，更名为崇安人民医院口腔分院。1993年11月，因中山路地块拆迁，移地重建。1995年11月动工，1996年8月落成，定名无锡市口腔医院暨无锡市牙病防治所。新址位于圆通路18号，高六层，使用面积2700平方米，设置治疗椅60张，病床15张；开设口腔外科、口腔内科、口腔修复科、口腔正畸科、口腔放射科、口腔预防保健科及初诊室、特诊室、铸造室、技工室、牙周病治疗中心、种植中心6科13室；拥有全自动涡轮综合治疗台、口腔全景X光机、高频铸造机、电脑烤瓷炉、超声洁牙仪、光固化治疗仪、数字影像系统等各种先进的检查治疗设备70余台（套）。迄2005年，有主任医师1人、副主任医师7人，具有中级职称技术人员14人。方丝弓固定矫正技术以及烤瓷烤塑义齿、隐形义齿等项目，在无锡市内处于领先地位。

【无锡市矽肺治疗中心】

成立于1984年10月，时称无锡市矽肺康复中心，设在广益医院内，是无锡市第一家矽肺病康复机构。1994年，更名无锡市矽肺治疗中心，通过国家一级甲等医院评审。2002年，确定为无锡市矽肺工伤医保定点机构。2003年，被认定为江苏省职业病诊断机构。2004年，广益医院改称广益街道社区卫生服务中心后，仍挂有无锡市矽肺治疗中心牌子，以矽肺病诊断和治疗为特色。迄2005年，使用面积1160平方米，设急诊室、内科、儿科、外科、中医科、妇产科、针伤科、五官科、口腔科、皮肤病科、肠道门诊、糖尿病专科、药物按摩室、化验室、B超、心电图室、放射科、注射室、供应室、中西药房等科室及综合病区、留察补液病区、矽肺病区、神经内科病区4个住院病区，床位160张。是年底，移址重建。

第五节　辖区医疗卫生机构

1986年，辖区有第一人民医院、第二人民医院、中医医院、妇幼保健医院、传染病医院、肺结核病防治院6家市属医疗机构，和市妇幼保健所、卫生防疫站（职业病防治所）、血吸虫防治站、皮肤病防治所、健康教育所、结核病防治所6家防治机构，以及无锡县人民医院1家县属医疗机构。1995年8月，撤无锡县改锡山市，无锡县人民医院更名为锡山市人民医院。2000年6月，新建无锡市儿童医院，与市第一人民医院实行“两块牌子，一套班子”。2001年1月，撤锡山市分设锡山区后，锡山市人民医院再次更名为锡山人民医院。是年12月，贯彻卫生部关于卫生监督体制改革的精神，市卫生防疫站（市职业病防治所）、血吸虫防治站、皮肤病防治所、健康教育所、结核病防治所5家防治机构撤并，成立市卫生监督所和疾病预防控制中心。疾病预防控制中心同时挂无锡市卫生检测中心和无锡市健康教育所牌子。2002年，根据无锡市卫生局《关于调整市区医疗机构布局、组建无锡市医疗中心等机构的方案》，市肺结核病防治院并入市第五人民医院。2005年4月，疾病

无锡市第二人民医院（2005）　　（孙怡摄）

预防控制中心增挂“无锡市食品卫生安全检测中心”牌子。迄2005年，辖区内有第一人民医院、第二人民医院、中医医院、妇幼保健医院、无锡传染病医院5家市属医疗机构。除传染病医院为二级甲等医院外，均为三级甲等医院。另有市妇幼保健所、卫生监督所和疾病预防控制中心（卫生检测中心、健康教育所、食品卫生安全检测中心）等市级卫生监督、疾病预防控制机构。此外，区级医院——无锡市锡山人民医院，位于广瑞路75号，是集医疗、教学、科研、急救、预防保健为一体的二级甲等综合性医院。

2005年崇安区辖区市属医疗卫生机构一览表

表29-1-3　　单位：张

名　　称	地　　址	床　位	等　级
无锡市第一人民医院（无锡市儿童医院）	无锡市人民中路111号	800	三级甲等综合医院
无锡市第二人民医院	无锡市中山路68号	570	三级甲等综合医院
无锡市中医院	无锡市后西溪33号	620	三级甲等中医院
无锡市妇幼保健院	无锡市槐树巷48号	400	三级甲等专科医院
无锡市传染病医院	无锡市兴源中路88号	380	二级甲等专科医院
无锡市卫生局卫生监督所	无锡市槐古桥40号	—	—
无锡市疾病预防控制中心	无锡市槐树巷4号	—	—

说明：上述资料由区卫生局提供。

第二章　医疗　护理

1985年，崇安医院卫生技术人员已从建院初的170人增加到328人。1986年后，按照“六化”①建设标准，崇安医院总部、分院医疗用房历经多次改扩建，规模不断扩大，完善医疗设施，更新医疗设备，改善医疗条件。通过实行联合办医和实施名医、名科、名院“三名”战略，特色专科得到发展，医疗队伍结构不断优化，诊疗、护理水平逐年提高。迄2005年，崇安医院建筑面积2.4万平方米，固定资产总值4477.35万元，分别是1985年的3.12倍、44.77倍。414名卫生技术人员中，中、高级职称技术人员比例达到45.41%。

第一节　医疗队伍

80年代后，通过代培训、深造、接收大中专院校毕业生等多种渠道，特别是通过名医、老中医传、帮、带等途径，培养起用中青年卫生技术骨干，初步形成一支老中青结合的医疗专业队伍。1985年，崇安医院有卫生技术人员328人，占职工总数的77.91%。1988年，恢复专业技术职务评审工作后，1991年，崇安医院卫生技术人员408人，其中，高级职称13人，中级90人，初级277人。1993年后，职称评定逐步规范化、制度化。每年评审1次，中、高级职称人员逐年增加。1997年，在全区开展执业医师认定工作。1998年，崇安医院卫生技术人员417人，其中，有高级职称16人，中级107人，初级294人。1991~2005年，先后通过外出进修、学术会议培训，赴上海、南京、无锡著名医院临床锻炼476人次。迄2005年，36~54岁的中青年卫生技术人员由1992年的177人增加到229人；55岁以上的卫生技术人

①六化：管理现代化、环境优美化、病区舒适化、门急诊标准化、“窗口”规范化、仪表仪容礼仪化。

员由1992年的282人减少到6人；高中（包括中专）以下学历人员由1992年的320人减少到218人，大专及以上学历比例由1992年的23.99%提高到47.34%；大学本科、硕士研究生学历人员先后实现零的突破。是年，崇安医院有卫生技术人员414人，其中，大专及以上学历196人（其中硕士研究生2人）。有高级职称34人，中级154人，初级217人，中、高级职称人员比例从1985年的5.7%提高到45.41%。全区有执业医师362人。

1991～2005年崇安医院卫生技术人员情况一览表

表29-2-1　　单位：人

年份	总数	其中：专业技术人员			学历		
		高级职称	中级职称	初级职称	研究生	大学本科	大专
1991	408	13	90	277	—	—	175
1992	421	13	76	332	—	—	101
1993	429	11	75	343	—	—	109
1994	433	15	85	333	—	—	117
1995	431	14	100	317	—	—	116
1996	424	11	103	310	—	—	116
1997	413	14	91	308	—	—	115
1998	417	16	107	294	3	44	83
1999	413	13	115	285	1	52	84
2000	415	20	119	276	1	58	82
2001	411	20	42	279	1	59	85
2002	426	26	138	262	2	67	94
2003	429	30	135	237	2	80	95
2004	417	33	142	222	1	92	88
2005	414	34	154	217	2	97	97

说明：上述资料由区卫生局提供。

第二节　医疗设施

【医疗用房】

1986~2005年，崇安医院总部、分院的医疗用房历经11次翻建和改扩建。1986年，投资210万元，翻建医院总部病房，建成7层病房大楼，建筑面积4674.4平方米，并改造医院污水处理系统。1992年，投资19.3万元，改建院总部门诊大厅，面积扩大到379平方米。1994年，新建靖海分院，扩大医疗用房397平方米。1995年，改建院总部门楼，增设39.77平方米的医院小卖部。1996年，移建口腔分院，建成面积2672.44平方米的口腔医院综合楼；映山河分院病房大楼加层，扩大面积649.5平方米；改建院总部肠道门诊等用房，建筑面积258.1平方米。1998年，投资100万元，靖海分院加层，扩大面积1737平方米。1999年，映山河分院病房大楼再次加层，扩大面积181.25平方米，同时，扩建院总部锅炉房，建筑面积172.89平方米。2002年，投资886万元，再次扩建院总部门诊大楼等用房，建筑面积3666平方米。2003年，改建映山河分院用房，增加面积68.4平方米；投资132万元，易地新建亭子桥门诊所，建筑面积230平方米。

崇安医院病房大楼（1985）　（区卫生局供稿）

2004年，改建院总部洗衣房、太平间等辅助用房，建筑面积74.9平方米；投资45万元，新建广瑞路街道门诊所，建筑面积250平方米；投资74.5万元，长江康复分院加层，扩大面积590平方米；扩建映山河分院医疗用房，建筑面积154.92平方米。2005年，新建长江康复分院和映山河分院辅助用房92平方米。

1986~2005年，累计投资 1787.8万元，完成医院新建、改扩建项目23项，总建筑面积1.34万平方米。其中1986~1996年，投资553.3万元，完成基建项目13项，建筑面积8899.36平方米。1997~2005年，投资1234.5万元，完成基建项目10项，建筑面积4473.71平方米。迄2005年，区、街两级卫生医疗用房3.62万平方米，崇安医院固定资产总值4477.35万元，是1985年的44.77倍。

【医疗设施设备】

1992年以前,崇安医院仅有B超、X光机、心电图等小型普通医疗设备。1993年，添置高频心电、晚电位图等医疗设备。1994年，增设颈颅彩色多普勒。1998年后，加大对设施设备的资金投入，通过财政拨款和自筹资金等途径，添置更换大量仪器设备。2003年9月，广益医院自筹资金71万元，添置X光拍片机2台。1992~2005年，累计投入近900万元，先后添置彩色B超、螺旋CT等仪器设备12台。迄2005年，崇安医院拥有东芝多排亚秒螺旋CT、电子胃镜、泪道激光仪、美国G&E400彩色多普勒超声诊断仪、匈牙利5OOMA电视遥控X线机、日本OLYMPUS纤维十二指肠镜、日本光电4217型18导脑电分析仪、德国STON2纤维膀胱镜、日本日立7150全自动生化分析仪、日本OLYMPUS纤维支气管镜、美国BRIGHTlOOO型超声乳化仪、日本佳能RK-2型自动角膜曲率——屈光度测定仪、德国MASTERCYCLER5330型基因扩增仪等大型设备。口腔分院拥有全自动涡轮综合治疗台、口腔CT及全景X光机、高频铸造机、电脑烤瓷炉、超声洁牙仪、光固化治疗仪、数字影像系统等各种先进的检查治疗设备70余台（套）。

同时，按照“六化”建设标准，完善医疗设施，引进医院信息管理（HIS）系统，门急诊预检处安装电子屏幕，滚动播出医院收费标准、服务规则、便民措施等信息，为重病人或行动不便的就医患者提供轮椅或担架，建立残疾人无障碍通道和病人就诊“一人一诊室”的良好诊疗环境，病区内有防暑降温、供暖保暖设施，改善病人住院条件。

1998～2005年崇安医院医疗设备购置情况一览表

表29-2-2　　单位：台、万元

时间	设备名称	数量	金额		使用单位
			财政拨款	自筹资金	
1998.02	彩色B超	1	—	80.20	崇安医院本部
2003.07	数码胃肠机	1	—	75	崇安医院本部
2003.09	螺旋CT	1	395.08	—	崇安医院本部
2004.02	全自动发光免疫仪	1	—	58	崇安医院本部
2004.07	腹腔镜	1	—	41	崇安医院本部
2005.01	德国西门子B超	1	—	42	崇安医院本部
2005.09	全自动生化分析仪	1	—	37	崇安医院映山河分院

说明：上述资料由区卫生局提供。

第三节　医疗技术

20世纪60~80年代，崇安医院拥有一批名老中医，中医技术在全市领先。蛇伤科、中医疯科、中医喉科为无锡独有，皮肤科、中外科、痔管科、中内科、口腔科、针灸科、小儿科等在市内外都有一定影响。90年代，口腔门诊发展为专科医院，成为无锡地区最大的口腔疾病防治中心。蛇伤科继续名扬大江南北。儿科、中医科、针灸科、神经内科、痔管科等保持原有医疗特色，新增心血管内科、眼科、中西医结合脊柱病治疗等特色专科。1991~1995年，医院卫生技术人员在国家级、省级及其他刊物发表学术论文239篇，其中，孟海英发表的《奥美拉唑合并阿莫西林、甲硝唑治疗难治性溃疡》论文，参加国际学术交流。1996年8月，钱朴编写的医学专著《输血疟疾》一书出版。进入21世纪，实施“三名”战略，医疗特色进一步显现，诊治业务量不断提升，技术水平不断提高。2001~2002年，53篇学术论文在国家级、省级及其他刊物发表，其中，《降压药物对某种神经内分泌激素的影响》一文在《中华新医学》杂志刊出。

【医疗业务】

80年代后，随着区域经济发展和人口增加，崇安医院门诊量逐年上升。1985年，年门诊量达53.13万人次，业务总收入300.50万元。1987年，年门诊量达57.33万人次，业务收入378.1万元。90年代后，因产业结构调整、社会医疗保障体系尚不完善等原因，医院业务量有所下降。1991~2000年，年门诊量减至38万人次左右，但业务收入由1991年1055.3万元，增至2000年4172.3万元。2005年，年门诊量达46.48万人次，比1985年减少12.5%；业务收入8452.9万元，是1985年的28.13倍。

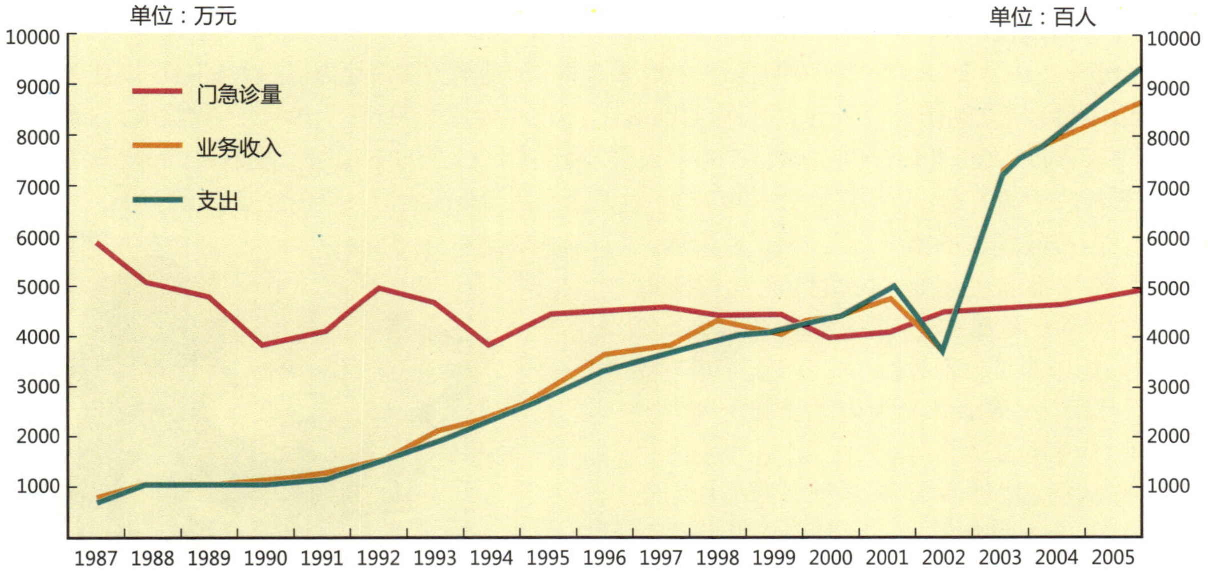

图29-2-1　　1987～2005年崇安医院门急诊量及收支情况示意图

【医疗特色】

崇安医院口腔科、蛇伤科等是无锡市属重点专科，儿科、中医科、心血管内科、神经内科、眼科、痔管科、疼痛科、中西医结合脊柱病治疗等特色门诊在邻近及周边地区有一定影响。口腔分院是无锡地区最大的口腔疾病防治中心。蛇伤科名扬大江南北。西医内科的钟荣赓和方鹤卿、中医内科的戴倜然、眼科的李福先、儿科的强士奎，时有崇安医院“四顶柱一正梁”之说。

口腔科　开设于1959年。时有缪天生、杨文杰、曹培灵、黄永昶、糜荣根、程梅轩等一批名医，擅长口腔常见病、多发病和疑难杂症的诊治。1979年，黄永昶首创在口腔、颌面临床中应用硅橡胶。2005年，已成为无锡及周边地区有较高知名度、在全市乃至省内有一定影响的特色专科医院，内设牙周病防治中心、口腔外科、口腔内科、口腔修复科、口腔正畸科、口腔种植科、口腔美容科、儿童牙科、口腔放射科、牙周科、粘膜科、预防保健科、理疗科、技工室、药房、消毒供应室等科室，拥有全景X光机和数码X光机、进口牙科椅位、激光理疗仪、烤瓷炉、铸造机、空气压模机、无痛麻醉仪、牙

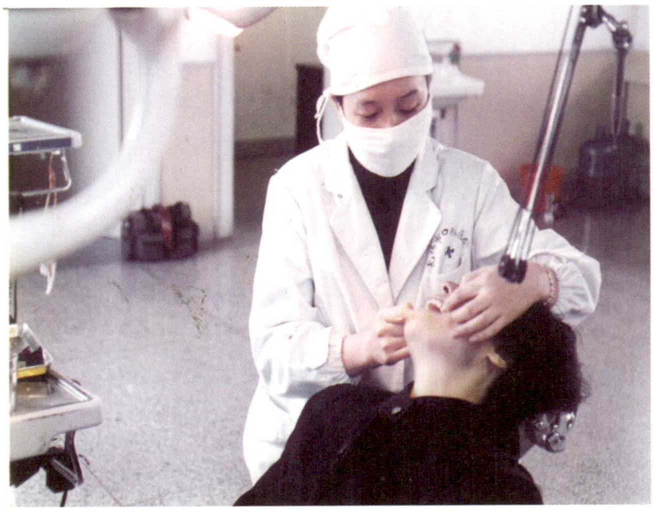
崇安医院口腔分院服务明星唐丽琴（2002.3）（崇安医院供稿）

科消毒炉、德国MELAG抽真空消毒柜、金属烤瓷冠桥等先进医疗设备，有治疗椅位50张，床位12张。年门诊量10万余人次，每年还承担安徽医科大、遵义医学院、哈尔滨铁路卫校、苏州卫校、芜湖卫校等大中专院校的实习教学任务。有主任医师1人，副主任医师8人，中级技术职称医务人员21人；博士1人，硕士2人，大专以上学历29人。副主任医师唐丽琴从事口腔修复15年，在无锡市率先采用四环素脱色、牙齿脱敏、矫形、隐形义齿和种植牙等新技术，开展贵金属烤瓷冠、铸瓷冠、金沉积冠、前后牙残根残冠的桩核冠修复、套筒冠、精密附着体义齿修复、肿瘤术后牙列缺损、颌骨缺损的赝复体修复等。副主任医师李宁辉从事口腔颌面外科近20年，其下颌骨恶性肿瘤根治、移植技术，填补无锡市医疗领域空白。

蛇伤科　开设于1959年。1970年前，以名医朱永根、邹瑞麟中医治疗为主，1971年后，以孙新中、陈立已为骨干，成立蛇伤科研小组，实行中西医结合治疗，年治愈率99.61%。1984年，收治病人334人，治愈率提高到99.7%。此后，年收治病人700余人次，治愈率保持在99.7%以上。收治数、治愈率在全国领先，累计收治病人达1.3万例，治愈率99.77%，为无锡地区乃至江浙沪一带的蛇咬伤治疗中心。

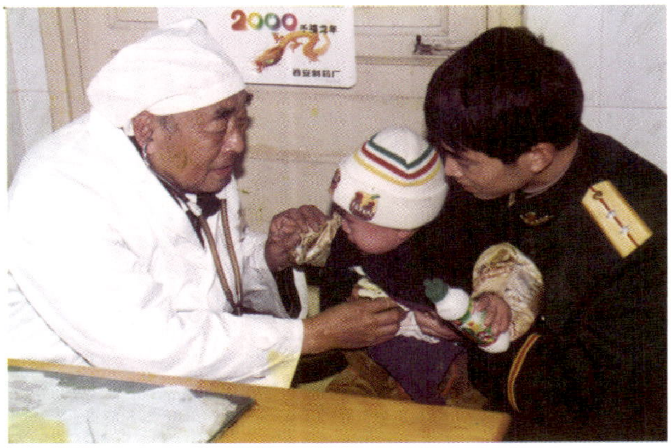

崇安医院著名儿科专家强士奎（2002.3）（崇安医院供稿）

儿科　开设于1959年。由强士奎、钟荣赓、方鹤卿等一批名医创始，在儿科疑难病及危重症救治等方面有一定名望。80年代后，以章继弘、陈炯源为首，组成老、中、青“金字塔”型儿科医疗团队，传承和光大老院长强士奎“博大关怀、病家是亲人”的医风医术，在小儿慢性咳嗽、哮喘病、过敏性疾病，中药治疗小儿免疫功能低下、全血细胞减少、病毒性心肌炎及小儿微创外科等方面诊断治疗形成特色。建有上海——无锡小儿呼吸科会诊中心，上海市儿童医院院长陆权为医疗顾问。采用系列气泵吸入疗法治疗哮喘急性发作，开展喘息性疾病、病毒相关性喘息、咽炎、喉炎、扁桃体炎等常见病多发病防治；利用高氧仪（内给氧）对哮喘、肺炎等呼吸道疾病和高热缺氧进行救治；用中医中药经皮肤穴位理疗渗入治疗喘息、腹泻、厌食、遗尿等。2005年，该科有高级职称医师5人，年门诊量12万人次。

眼科　开设于20世纪50年代，时有眼科名医李福先等8人。1991年3月，为10名近视患者实施眼角膜放射状切开术，在江苏省率先开展近视眼RK矫正术，800度以下近视矫正成功率达98%。1997年，引进德国BRIGHT超声乳化仪，上海眼科白内障“超乳”专家定期到院主刀，开展白内障超声乳化术和人工晶体植入术，近千名白内障患者重获光明，被江苏省确定为“中国第一视觉行动”白内障手术定点医院。1998年，率先开展青少年近视“OK”镜矫正技术，治愈率及控制率均在95%以上。2000年，在全市独家引进国内最先进的YAG泪道激光机，治疗泪道疾病（俗称“淌眼泪”）。2001年，又引进国内最先进的电脑全自动视功能检测仪，小儿视功能、视敏度、辨色力、网膜对应异常、散光及黄斑区功能的精细检测能力大为提高。2005年，拥有YZ系列显微裂隙灯、日本Canon验光仪、TAKEN角膜测厚机、KN眼科A超机、多功能同视机、双目手术显微镜、眼底镜、眼压仪、检眼镜、RK

手术刀等专科设备。眼科主任、主治医师朱沛华，师从眼科名医李福先，为全国近视眼研究会理事，从事眼科临床工作20余年，擅长近视眼治疗、白内障显微手术、小儿斜视弱视矫治、青光眼及眼科疑难杂症的诊治；副主任医师严泽生为全国小儿斜视弱视学组成员、华东大学视光学教授，主治小儿斜视弱视及疑难验光；主治医师施小平在全市率先开展泪道激光术，治疗泪道疾病。

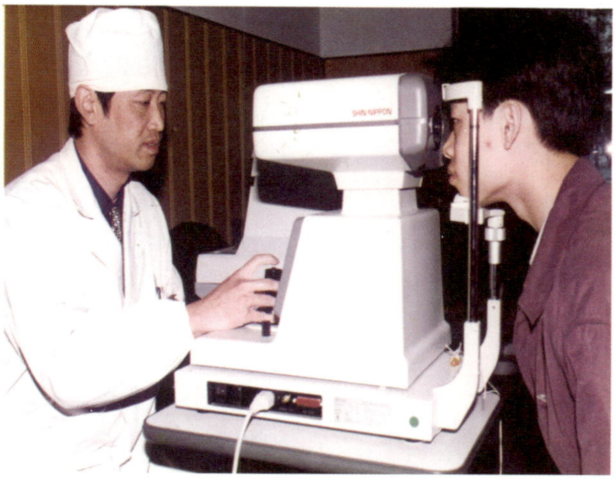

崇安医院从日本引进的眼科设备（2002.3）　（崇安医院供稿）

中医科　开设于1959年。80年代前后，在无锡地区就颇有名气。著名医生有：中内科的戴倜然，中外科的杨秉卿、曹坚定，伤科的陈云清、韦鸿泉、韦秉剑，针灸科的倪一峰、杨均寿等。曹坚定将辨证唯物论融入中医治病，明察阴阳、虚实、寒热、表里、五善、七恶，以理、法、方、药治之。中医内科戴倜然以治疗妇内科、胃肠病为特色，门诊挂号盛况空前，患者自带棉被连夜排队，一天一百多号。先后培养管甫林、陈立己、马瑞琴、陆耕千、朱江等接班人，以及赵根如、钱汉庆、闻培滋、拮夕兴等骨干医师。2001年，开设中医专家门诊，以原映山河医院中医科主任马瑞琴、名老中医林介鸿之女林淑芬（主任医师）、名老中医戴倜然传人陆耕千（副主任医师）等崇安医院退休医师为主体，并特邀多名省市名老中医坐诊，秉承"弘扬国药精粹，致力中医事业"的理念，传承小儿内科等治疗慢性病及疑难杂症方面的特色。

心血管内科　开设于20世纪60年代。高血压、心律失常、冠心病、心肌炎、心瓣膜疾病、心力衰竭的诊断治疗特色明显，其中用超声治疗急性心肌梗塞的静脉溶栓、安装心脏起搏器，冠脉造影及支架安置等有一定知名度。设有病房15间，床位40张，年收治病人500例以上。另有多功能监护病室2间，拥有HypervisonⅢ中心监护系统、MEC-50多参数监护仪6只、除颤起搏仪、SUT-610超声扫描心脑血管治疗仪；还有血脂自动分析仪、心肌酶谱检测仪、彩色多普勒扇超、惠普生命体征监护仪、24小时动态心电图监护仪等。年门诊量超2000人次。2005年，有主任医师1人、副主任医师2人、主治医师2人。副主任医师任伟从事心血管内科工作近20余年，多次承担省、市科研项目，主持组织江苏省科委项目心肌灌注超声造影临床及实验研究、无锡市科委项目高血压血流动力学分型治疗临床研究、高血压控制率社区研究等，2001年被市政府授予"无锡市有突出贡献中青年专家"称号。内科主任、副主任医师秦月芬擅长心血管内科及消化内科疑难病症诊治，临床经验丰富，多次参加及指导危重病人抢救。内科副主任、主治医师徐雯为心血管硕士研究生。

康复科　开设于2001年3月。有言语治疗仪、电动起立床、PT训练床、电动减重步态训练器、中频理疗仪、体外超短波热疗仪、空气压力波治疗仪、上下肢CPM治疗机、中药熏蒸设备、功率自行车、颈椎腰椎牵引设备、肌电生物反馈治疗仪等康复治疗设备以及支具加工厂，开设骨关节病损、神经系统病损（脊髓损伤、脑血管病、颅脑损伤、周围神经损伤）等康复项目，开展生物肌电反馈疗法和言语、空气压力波、认知等方面康复治疗，在重度压疮治疗方面特色明显。矫形器、支具加工制作水平和脑卒中、颅脑损伤、脊髓损伤、周围神经损伤等康复技术水平在市内处于领先地位。有一支康复医师、康复治疗师、康复护理人员组成的专业康复队伍，其中，在职研究生1人、本科学历10人，中高级技术人员7人。2005年，有床位68张。2001~2005年，年均门诊量900余人次，住院620余人次。

妇产科　开设于20世纪50年代。1988年12月，增设妇产科病区。1995年，与海鹰集团有限公司合作研制妇科红外线治疗仪，并在临床推广。全科有医护人员25人，其中中高级技术职称8人。主治医师刘澜从事妇产科临床工作近30年，擅长诊治妇科肿瘤、内分泌失调等妇科疾病。开设计划生育中心、妇科、产科、高危新生儿室，配有腹腔镜（微创手术）、宫腔镜、阴道镜、微波治疗仪等专科仪器。设有床位28张，迄2005年，年门诊量1.3万余人次。

矽肺治疗 开设于1984年10月，为无锡市第一家矽肺病治疗机构。设有病床60张，全国职业病尘肺专家薛汉麟主任为顾问，曾参与新药8502、8504的临床治疗研究。1986~2005年，矽肺治疗中心收治病人3000多人次，门诊量1万多人次。

第四节 护理服务

【护　理】

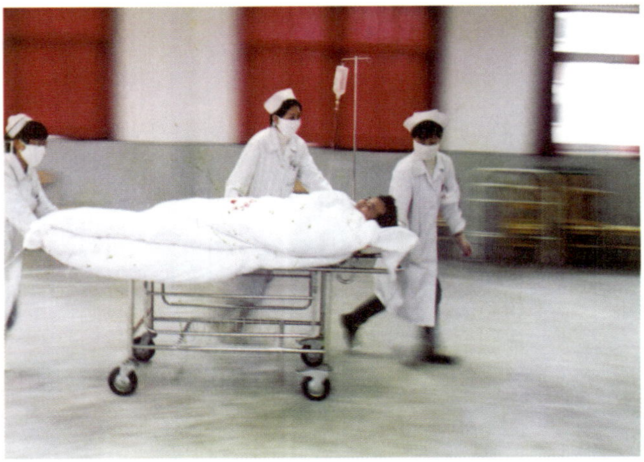

崇安医院开通绿色通道抢救蛇伤病员（2002.3）　（崇安医院供稿）

1986年后，通过每年招收护理专业院校毕业生，加强在职护理人员培训，医院护理力量得到加强，护理质量逐步提高。1988年，护士严于兰荣获全国模范护士、无锡市“十佳”护士称号。1990年起，建立护理技术档案，对新护士实行岗前培训，量化管理。1995年6月，全国护士执业考核制度实行后，125名护理人员获得任职资格并注册。所有护理人员实行持证上岗、量化考核，急诊室、手术室、临产室等高危科室以及各病区，建立健全岗位责任制、探视陪护制、消毒隔离制等32项规章制度。是年，正规护理专业毕业生超过护理人员总数的60%。1997年，实行院、病区二级规范化管理，初步实现工作程序化、物品放置规范化、管理制度化。与此同时，加强护理质量控制，建立护理质量管理网络，责任到人，并定期对护理人员进行护理基本理论和基本技能考试。每年“5·12国际护士节”，组织护理人员开展技能竞赛、评选优秀护士、护士才艺展示等活动。1999年，社区卫生服务工作在全区全面铺开后，护理人员开始从医院走向社区护理岗位，并根据社区医疗服务需求，规划培养社区护士，每年组织护理人员参加省社区护士培训。2000年，在映山河分院急诊室实行“病人选护士”改革试点。2002年，护理项目由母婴护理、婴儿抚触、蛇伤护理、口腔护理、康复护理等，发展到安装心脏起搏器的术前、术后护理。2003年，又增加人工肾血液透析护理。迄2005年，所有病区都实行以病人为中心的整体护理服务模式。先后有73名护士通过转岗培训，获得社区护士资格。崇安医院175名护理人员中，有护师70人、护士49人。其中大专以上学历50人；具有中级技术职称47人，均具有全国护士任职资格。

【医疗慈善服务】

2002年1月10日，无锡市慈善会募集慈善医疗救助资金2100万元，启动设立无锡市慈善医院。崇安医院在市、区10余家参与竞争的医院中脱颖而出，获得无锡市慈善医院承办权。是年4月，全省首家慈善医院在崇安医院成立，实行“一套班子、两块牌子、两项服务”运行模式。投入80万元开辟慈善门诊区，添置慈善病床，建立慈善病人“生命急救绿色通道”及慈善病人结算系统，设立映山河分院等3个慈善就诊点。优惠政策由最初的“二免二减半”①发展到“二免六减半”②，大型仪器设备检查费优惠30%。向全市低保特困病人发放“爱心特困卡”，成立肾友俱乐部，发放“金宝血透病友俱

①二免二减半：免收门诊挂号费、注射费，住院床位费、手术费减半。
②二免六减半：免收就诊挂号费、诊疗费，住院床位费、手术费、治疗费、空调暖气费、血液透析费、CT检查费减半。

乐部会员卡”，提供长期优惠服务。对患有特殊重病和居住地远的病人，提供送医送药上门服务。至2002年底，市慈善医院接受慈善医疗救助7725人次，其中，门诊7686人次、住院39人次，抢救危重病人42人次，支付慈善医疗资金77万元，市民满意度达95.06%。2003年,市慈善医院成立1周年期间，功能设施完备的3500平方米新门诊楼和扩建的急救中心先后启用。2004年起，市慈善医院每年对外来务工人员发放价值300元的医疗救助卡500张，对外来务工的女职工开展免费妇科病检查。4月1日，又首次向弱势群体推出部分单病手术最高限额服务。2005年，慈善救助就诊点扩展到5个街道社区卫生服务中心。救助对象从市区没有参加医疗保险和补充医疗保险的城镇居民、享受最低生活保障的对象扩展到城市弱势群体、残疾人、外来务工人员。2002~2005年，累计减免各项费用200多万元，常年救助企业困难职工家庭400多户，减免及救助资金50多万元，累计对弱势人群实施医疗慈善救助140多万人次。

第三章 疾病预防和控制

1986年后，区每年围绕全国计划免疫宣传日的主题，有重点地开展免疫接种活动。1988年，区卫生防疫站被卫生部评为全国计划免疫工作先进单位。1990年，实行儿童计划免疫保偿制。其后，免疫对象逐步扩大到流动人口中的儿童。2005年，全国统一划分一类、二类疫苗后，对国家强制接种的一类疫苗实行免费接种，对自愿接种的二类疫苗实行收费接种。1986~2004年，“四苗”[①]覆盖率保持在95%以上。2005年，“四苗”覆盖率提高到99%以上。法定传染病总发病率由1986年的621.65/10万下降到166.11/10万，伤寒、流脑、疟疾、百日咳、霍乱、出血热、猩红热等传染病基本消灭。1991年特大洪涝灾害和2003年全国“非典”疫情暴发期间，辖区无疫情发生。

其间，死因监测和慢性非传染性疾病预防和控制工作同步加强,区建立健全全区死因监测和慢性病报病系统，由1991年的恶性肿瘤、冠心病、脑卒中、高血压“慢四病”扩大为2002年的“慢五病”（增加糖尿病）。2005年，区制定慢性非传染性疾病干预方案和近、中、远三期防治目标，重点对居民健康最具危害的高血压、糖尿病和肿瘤三类慢性疾病提出干预措施。

第一节 生命信息工作

1986年，辖区居民前十位死因顺位依次为循环系统疾病、恶性肿瘤、呼吸系统疾病、损伤与中毒、消化系统疾病、传染病与寄生虫病、神经系统疾病、泌尿生殖系统疾病、起源于围生期的某些疾病、内分泌代谢与免疫系统疾病。1986年后，随着经济的发展和生活方式的改变，死因顺位随之变化。1987~2001年，循环系统疾病始终处于死因第一位，恶性肿瘤为第二位。2002~2004年，恶性肿瘤跃居死因第一位，成为危害居民健康的第一大敌。2005年,辖区居民前十位死因顺位依次为循环系统疾病、恶性肿瘤、呼吸系统疾病、损伤与中毒、内分泌代谢与免疫系统疾病、消化系统疾病、精神病、神经系统疾病、泌尿生殖系统疾病、传染病与寄生虫病。辖区内居民人均期望寿命逐年提高，从1986年的73.48岁，上升到2005年的76.77岁，其中男性由70.39岁上升到74.43岁，女性由76.56岁上升到79.11岁，已接近世界发达国家水平。

①四苗：卡介苗、脊髓灰质炎疫苗糖丸、百白破（百日咳、白喉、破伤风）三联疫苗、麻疹疫苗。

1986～2005年崇安区居民疾病死亡情况一览表

表29-3-1　　　　单位：1/10万

年份	传染病和寄生虫病		损伤和中毒外部原因		肿瘤		内分泌，营养和代谢的其他疾病		血液，造血器官及免疫的其他疾病		精神病		神经系统疾病		循环系统疾病		呼吸系统疾病		消化系统疾病		泌尿生殖系统疾病		妊娠，分娩和产褥期的并发症		先天畸形，变性和染色体异常		起源于围生期的某些情况
	死亡率	顺位	死亡率	顺位	死亡率	顺位	死亡率	顺位	死亡率	顺位	死亡率	顺位	死亡率	顺位	死亡率	顺位	死亡率	顺位	死亡率	顺位	死亡率	顺位	死亡率	顺位	死亡率	顺位	死亡率
1986	27.26	6	38.79	4	156.72	2	4.72	10	2.62	11	—	—	11.01	7	225.91	1	55.56	3	29.88	5	8.91	8	1.05	12	—	—	6.29
1987	29.85	6	36.13	5	176.47	2	9.95	8	2.09	12	6.28	9	15.71	7	231.40	1	55.51	3	41.37	4	5.24	10	0.52	13	2.09	12	5.24
1988	24.00	6	36.15	5	152.98	2	6.01	11	0.25	14	6.38	9	19.70	7	203.515	1	73.41	3	37.69	4	6.36	10	—	—	4.65	12	7.26
1989	19.50	6	36.52	4	179.65	2	9.07	9	0.99	14	16.59	7	8.33	10	187.935	1	58.92	3	28.80	5	13.85	8	—	—	6.11	12	6.97
1990	23.79	5	54.86	4	166.27	2	8.76	9	2.69	14	19.32	7	6.97	10	192.955	1	72.31	3	21.10	6	9.83	8	—	—	4.40	13	6.55
1991	14.51	7	39.23	4	168.75	2	6.99	11	0.54	14	18.81	6	9.14	8	175.197	1	101.60	3	31.17	5	7.52	9	—	—	5.37	12	6.99
1992	10.57	8	50.70	4	168.66	2	10.67	8	5.34	12	27.22	6	9.07	10	191.61	1	103	3	35.23	5	8.54	11	—	—	15.48	7	1.07
1993	16.37	7	45.84	4	147.90	2	15.28	8	3.82	13	23.47	6	12.55	10	167.542	1	102.10	3	39.29	5	10.37	10	—	—	13.10	9	4.37
1994	9.03	9	51.33	4	178.82	2	16.92	7	1.13	14	31.03	5	12.41	8	188.414	1	98.72	3	24.26	6	5.64	11	0.56	15	8.46	10	2.82
1995	9.16	9	44.07	4	135.64	2	12.02	8	2.86	14	26.90	5	3.43	13	165.971	1	77.83	3	24.61	6	5.15	11	5.72	10	15.45	7	4.58
1996	6.94	9	34.68	4	161.25	2	12.71	7	1.16	14	32.94	5	7.51	8	165.871	1	75.71	3	24.85	6	5.78	10	—	—	1.73	13	4.62
1997	14.59	7	45.52	4	160.50	2	14.59	7	2.33	11	32.68	5	9.34	9	180.342	1	82.29	3	21.01	6	9.34	9	—	—	2.33	11	0.58
1998	21.21	6	67.74	3	147.26	2	15.32	8	2.36	13	27.69	5	7.66	9	172.002	1	66.56	4	18.85	7	5.89	10	—	—	3.53	11	3.53
1999	16.67	7	45.24	4	151.80	2	15.48	8	0.60	14	19.05	6	10.72	10	164.9	1	82.15	3	21.43	5	11.31	9	—	—	3.57	11	1.19
2000	9.03	9	47.58	4	184.30	2	18.07	6	1.81	13	15.06	7	5.42	10	186.106	1	74.08	3	26.50	5	15.06	7	—	—	3.61	11	0.6
2001	15.94	7	38.01	4	159.42	2	22.07	5	0.61	14	3.75	11	10.42	8	162.47	1	57.02	3	20.74	6	7.36	9	—	—	4.29	10	1.84
2002	10.25	7	50.18	4	179.15	1	19.42	5	2.69	11	15.09	6	8.10	8	155.42	2	65.83	3	19.43	5	7.02	9	—	—	1.62	12	0.54
2003	7.58	9	58.51	3	196.66	1	20.59	4	0.54	13	18.42	5	8.13	8	189.62	2	58.51	3	17.88	6	9.21	7	0.54	13	2.71	11	2.17
2004	8.65	8	40.57	4	192.01	1	21.64	5	—	—	10.82	7	2.16	12	156.86	2	49.22	3	11.90	6	5.14	9	—	—	4.87	10	2.16
2005	5.42	9	42.82	4	181.58	2	24.93	5	1.08	13	11.92	7	8.67	8	189.72	1	59.08	3	16.26	6	8.67	9	—	—	1.08	14	3.79

说明：上述资料由崇安区疾病预防控制中心提供。

第二节　传染病防治

80年代，区建立传染病疫情报告制度，完善疫情旬报、月报、转卡与统计。1985年，全区学龄前儿童全部建立计划免疫卡，免疫接种率97.48%，“四苗”覆盖率92.38%，计划免疫工作在华东地区名列前茅，区被卫生部命名为计划免疫先进单位。1986年以后，区委、区政府贯彻《中华人民共和国传染病防治法》规定，加强传染病疫情管理，落实疫点处理和疫点内密切接触者带菌检查、治疗和儿童计划免疫接种管理等防治措施，切实控制传染病的暴发流行。2003年“非典”期间，全区未发生疫情。2005年，全区法定传染病总发病数由1986年的1186人减少到443人，总发病率由1986年的621.65/10万下降到166.11/10万。

【防　治】

80年代，贯彻《中华人民共和国急性传染病管理条例》，采取预防服药、预防接种、定期消毒、定期检验、隔离治疗、报告检疫等综合措施，加强传染病预防管理。1986年，辖区传染病发病1186人，总发病率621.65/10万，疾病依次为痢疾、病毒性肝炎、伤寒、麻疹、霍乱、流脑、疟疾、百日咳、出血热、猩红热等。80年代后期，人群社会活动和交往日益频繁，肠道传染病发病较高，其中，病毒性肝炎发病率由1986年93.29/10万，上升到1990年189.63/10万。90年代后，区按照七届全国人大通过的《中华人民共和国传染病防治法》规定，加大传染病预防和管理的力度。根据传染病不同传播方式，通过接种和计划免疫、传染源追踪调查、疫点处理和疫点内密切接触者带菌检查与治疗等防治措施，重点加强霍乱、肝炎、痢疾等消化道传染病控制和防治。1991年，无锡发生特大洪水期间，加强受灾居民家庭消毒和饮水卫生管理、饮食单位食品卫生监督检查，确保大灾之后无大疫。区卫生局荣获卫生部防病救灾先进集体，崇安街道卫生所和所长高筱燕分别被评为全国抗洪救灾先进集体和先进个人。1991~1993年，“急性感染综合症”呼吸道疾病一度流行，区加强预防和管理，1994年呼吸系统疾病死亡率由1993年的102.1/10万降至98.72/10万，1996年进一步降至75.71/10万。1997年，加强流动人口传染病防治工作。1998年，对肺结核病人进行系统管理。2003年，全国非典型性肺炎（简称“非典”）流行，区加强卫生监督检查和疑似人员的隔离工作，辖区没有发生一例“非典”。2004年8月新修订的《中华人民共和国传染病防治法》及其《实施办法》出台后，区加强《中华人民共和国传染病防治法》宣传、知识培训和监督检查工作，重点加强对辖区医院和各类社会医疗机构院内感染、消毒管理和一次性医疗用品处理，以及肠道门诊开设、传染性疾病疫情报告登记、托幼机构儿童入园入托健康体检和计划免疫接种情况等进行监督检查。2005年起，对部分肺结核病人进行DOST（直接面视下）督导管理。是年，辖区传染病总发病数减少到443人；总发病率下降为166.11/10万。其中，痢疾56.58/10万、病毒性肝炎37.85/10万、麻疹14.99/10万、伤寒0.37/10万、猩红热0.37/10万，无霍乱、流脑、疟疾、百日咳、出血热疾病发生，肺结核由1998年的59.27/10万下降为55.08/10万。

宣传《传染病防治法》和防治“非典”知识（2003.5）
（广瑞路街道供稿）

附：崇安区抗击传染性非典型性肺炎纪实

张叶飞、刘霞等区领导视察三阳百盛“非典”防治（2003.5）
（区卫生局供稿）

2003年4月上旬，广东发现“非典”（非典型性肺炎）并开始向局部地区蔓延，一时谈“非”色变。是月21日，根据省、市部署，区委、区政府召开紧急会议，部署落实“非典”防治措施，区成立防治“非典”指挥部，由区委副书记、区长张叶飞任总指挥，指挥部下设办公室、疫情处理、医疗救治、控制和稳定、指导督查、宣传教育和物资保障7个组，组织开展防治工作。22日，镇、街道分别成立防治“非典”领导小组，建立信息报送和联络员制度，形成上下联通的组织领导网络，并建立辖区单位“一把手”责任制。区“非典”防治指挥部建立双日例会制度，镇、街道和有关部门实行工作日报和疫情零报告制度。区疾控中心制订“非典”应急处置、“非典”疫情处理等工作方案，组建疫情小组，下设疫情处理突击组、采样检验突击组、疫点消杀组，多次进行实战演练，现场处理辖区内多起紧急情况。崇安医院成立诊治专家小组和抢救医疗小组，实行24小时全天候待命，紧急情况3分钟到位；辖区各医疗机构均开设发热门诊，并落实隔离防护措施。25日，区四套班子领导分别对镇、8个街道和公共娱乐场所、各类市场、卫生系统、教育系统的防治“非典”工作，分工把口，实行监督、指导、协调、帮助。

2003年4~7月防治“非典”期间，区根据《中华人民共和国传染病防治法》《突发公共卫生事件应急条例》《传染性非典型肺炎防治管理办法》和《全国突发公共卫生事件应急预案》等法律法规，科学、规范、有序地开展“非典”防治工作，落实“早发现、早报告、早隔离、早治疗”的防治原则，采取多种预防措施，先后向辖区单位和社区居民发放《告外地来（返）锡人员书》《“非典”防治知识宣传单》《体温计使用、消毒及操作指南》《公共场所防控“非典”工作要点》《对外来住宿人员“非典”防治管理工作要求》《集贸市场预防控制“非典”要点》《珍爱生命、阻击“非典”——致外地来（返）锡人员的一封信》《消毒液使用流程》《依法防治、人人有责——致崇安区居民的一封信》等10余种，计54.9万份宣传资料，覆盖率近100%，居民家庭平均每户得到各类宣传资料近4份；开通“非典”防治咨询服务电话和24小时值班电话，接报处理电话近千次；举办各类宣教讲座、培训660场次，受教育6.8万人次；外地返(来)锡人员健康申报2.46万人，体检3498人；购置、发放一线工作人员各类防护用品5.67万件。全区投入防治“非典”资金200多万元。

其间，区有关部门联合行动，整治“黑旅店”、公共娱乐场所、集贸市场、敬老托老等场所，消除外来人员防控和疫情防护的薄弱环节，先后对辖区三阳百盛、大洋百货商场实施行政控制，75家大浴池暂停开放，阻断可能出现“非典”疫情的传播。工商部门重点打击以防治“非典”名义进行虚假广告宣传、哄抬物价和制售假冒伪劣防疫物资等违法行为，取缔饮食摊点（店）4家，收缴劣质口罩2000只，查处哄抬物价2起。区卫生监督部门加强对集贸市场外地来锡人员和来自疫区食品的防控，定时消杀各类人群密集场所1594处，消杀面积333万平方米；并加强辖区500多家食品行业和公共场所的检查。区物价部门按照市物价局关于对防治“非典”相关药品及食品实行临时干预措施的通知，监督经营单位执行限价。区城管部门配合卫生部门督查辖区内单位、小区、农贸市场、建筑工地、公共场所、学校、公用设施等消毒喷杀的落实工作，并主动担负道路两侧宾馆、饭店、旅店、招待所、咖啡厅、酒吧、茶座、录像厅、舞厅、音乐厅、商场、候诊室、建筑工地、理发店、美容院、敬老院、福利院、幼儿园、中小学等19个行业的喷杀消毒情况统计汇总，共督查1.98万家（次），查出不合格单位105家（次）。全区未发生“非典”疫情。

1986～2005年崇安区法定传染病发病率情况一览表

表29-3-2

单位：人、1/10万

年份	人口	总发病数	总发病率	病毒性肝炎		痢疾		麻疹		伤寒		流脑		疟疾		猩红热		百日咳		霍乱		出血热		肺结核		HIV	
				发病数	发病率	发病数	发病率	发病数	发病率	发病数	发病率	发病数	发病率	发病数	发病率	发病数	发病率	发病数	发病率	发病数	发病率	发病数	发病率	发病数	发病率	发病数	发病率
1986	190784	1186	621.65	178	93.29	931	487.99	17	8.91	30	15.72	7	3.67	5	2.62	3	1.57	5	2.62	7	3.67	3	1.57	—	—	—	—
1987	190962	1194	625.26	258	135.10	857	448.78	7	3.67	48	25.14	—	—	9	4.71	4	2.09	7	3.67	1	0.52	3	1.57	—	—	—	—
1988	190410	941	494.20	357	187.49	532	279.40	1	0.53	42	22.06	—	—	3	1.58	2	1.05	4	2.10	—	—	—	—	—	—	—	—
1989	191389	733	384.13	265	138.46	425	222.06	—	—	29	15.15	2	1.04	6	3.13	2	1.04	1	0.52	—	—	2	1.04	—	—	—	—
1990	186680	813	428.72	354	189.63	421	225.52	1	0.54	26	13.93	—	—	4	2.14	1	0.54	—	—	—	—	6	3.21	—	—	—	—
1991	186076	692	366.56	263	141.34	400	214.97	1	0.54	21	11.29	—	—	5	2.69	—	—	1	0.54	—	—	1	0.54	—	—	—	—
1992	187360	607	324.18	263	140.37	302	161.19	1	0.53	39	20.82	—	—	1	0.53	1	0.53	—	—	—	—	—	—	—	—	—	—
1993	183238	603	328.31	246	134.25	322	175.73	2	1.09	30	16.37	—	—	—	—	—	—	—	—	—	—	1	0.55	—	—	—	—
1994	177703	523	294.31	183	102.89	320	180.08	1	0.56	15	8.44	—	—	1	0.56	1	0.56	—	—	—	—	—	—	—	—	—	—
1995	174168	381	218.75	122	70.05	249	142.97	3	1.72	3	1.72	1	0.57	3	1.72	—	—	—	—	—	—	—	—	—	—	—	—
1996	171884	354	205.95	157	91.34	180	104.72	—	—	11	6.40	1	0.58	2	1.16	1	0.58	—	—	—	—	—	—	—	—	—	—
1997	170797	381	223.07	136	79.63	175	102.46	—	—	8	4.68	1	0.59	—	—	1	0.59	—	—	—	—	—	—	—	—	—	—
1998	168733	328	194.38	105	62.23	114	67.56	—	—	6	3.56	—	—	—	—	1	0.59	—	—	—	—	2	1.19	100	59.27	—	—
1999	167220	298	178.20	111	66.38	78	46.65	—	—	5	2.99	—	—	1	0.60	1	0.60	—	—	—	—	1	0.60	101	60.40	—	—
2000	164847	298	180.77	91	55.20	92	55.81	1	0.61	3	1.82	—	—	—	—	—	—	—	—	—	—	1	0.61	109	66.12	—	—
2001	163111	309	189.44	84	51.50	94	57.63	1	0.61	6	3.68	—	—	1	0.61	—	—	—	—	—	—	—	—	124	76.02	—	—
2002	184581	357	192.64	99	53.42	100	53.96	5	2.70	1	0.54	—	—	—	—	—	—	—	—	—	—	—	—	152	82.02	—	—
2003	184581	341	184.74	98	53.09	99	53.63	4	2.17	—	—	1	0.54	—	—	—	—	—	—	—	—	1	0.54	138	74.76	—	—
2004	266698	445	166.85	128	47.99	151	56.62	18	6.75	2	0.75	1	0.37	—	—	2	0.75	—	—	—	—	1	0.37	140	52.49	2	1.05
2005	266865	443	166.11	101	37.85	151	56.58	40	14.99	1	0.37	—	—	—	—	1	0.37	—	—	—	—	—	—	147	55.08	2	1.05

说明：上述资料由崇安区疾病预防控制中心提供。

【免疫接种】

为儿童接种疫苗（2005）　（区卫生局供稿）

1986年起，每年4月25日为全国计划免疫宣传日，同时也是全国儿童预防接种宣传日，每年围绕一个主题，开展免疫接种活动。是年，计划免疫主要是对一周岁儿童进行卡介苗、脊髓灰质炎疫苗糖丸、百白破三联疫苗、麻疹疫苗等基础免疫及以后的加强免疫。1989年，乙肝疫苗纳入新生儿免疫程序接种，建立完善的免疫接种程序：在婴儿出生24小时内，即进行乙肝疫苗接种，并在婴儿1周岁之前，完成程序中的所有基础免疫。崇安区防疫站荣获卫生部颁发的“全国计划免疫工作先进单位”。1990年，实施儿童计划免疫保偿制，开展新生儿保健服务。1992年，围绕全国第六届计划免疫宣传日“消灭脊髓灰质炎，开展乙型肝炎疫苗接种，保护儿童健康”主题，强化脊髓灰质炎疫苗和新生儿乙肝疫苗接种。其后，每年开展二轮脊髓灰质炎免疫活动。1993年，新生儿乙肝疫苗接种率达到95%以上，同时还对初中新生、大中专院校新生开展麻疹疫苗扩种。是年，为650名新生儿提供保健保偿服务。1997年，围绕全国第十一届计划免疫宣传日“让每一个未免疫的儿童得到免疫”主题，开展查漏补种，并统一实行计划免疫保健保偿制度，保健保偿率达90%以上。同时修订儿童免疫程序，停止卡介苗7岁、12岁复种，并将流脑A群、乙脑灭活、乙脑减毒疫苗纳入计划免疫管理，开展季节性接种。1998年，围绕全国第十二届计划免疫宣传日“免疫——孩子健康与家庭幸福”主题，在工运路街道、崇安街道进行计划免疫金卡工程试点，实施儿童计划免疫计算机管理，一人一卡，全程预约，并开通电话语音自动查询系统，尔后，全面推开，儿童入网率达到95%以上。是年，随着白喉在国内的灭绝，停止接种精制白喉疫苗。1999年5月，通过世界卫生组织计划免疫审评。2000年，以关注流动人口中的儿童免疫为重点，开展两轮消灭脊髓灰质炎的“扫荡”式免疫活动，为新生儿、未全程免疫的儿童（包括流动儿童）服苗2418人，每轮服苗率均高于98%。2001年起，乙型肝炎疫苗纳入儿童计划免疫管理，新生儿乙肝疫苗接种率达98%以上。2003年7月1日起，新生儿乙肝疫苗实施免费接种，首针及时率达到90%。2005年6月1日全国统一划分一类、二类疫苗后，对国家强制接种的乙肝、甲肝等一类疫苗实行免费接种，对自愿接种的流感、肺炎、水痘等二类疫苗实行收费接种。是年，根据流脑病例增多的情况，组织对15岁以下流动儿童实行流脑免疫接种，对无免疫史的流动儿童进行流脑A+C疫苗接种，共接种612人。同年，还开展麻疹疫苗的强化免疫接种，对学龄前儿童、中小学生查漏补种，对外来务工人员进行普种，共接种1.26万人。迄2005年，全区卡介苗、脊髓灰质炎疫苗糖丸、百白破混合苗、麻疹疫苗“四苗”覆盖率达到99%以上。

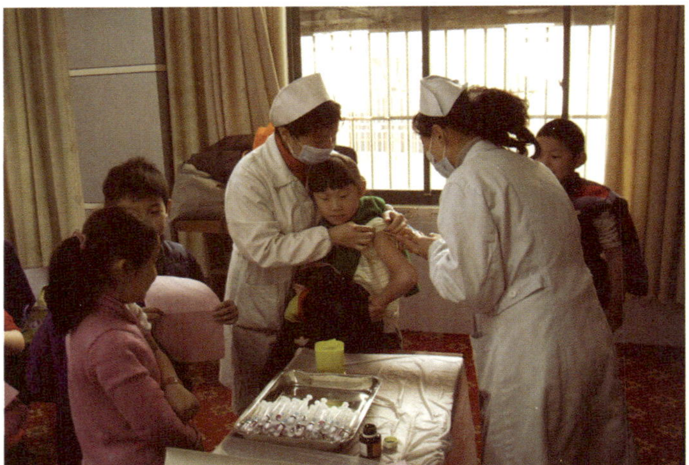

开展季节性传染病预防和接种（2005）　（区卫生局供稿）

1986～2005年崇安区计划免疫接种情况一览表

表29-3-3　　　　单位：人、%

年份	卡介苗		脊灰糖丸		百日破三联疫苗			麻疹疫苗			精白			白破二联疫苗			乙肝疫苗		
	实种数	接种率	实种数	接种率	应种数	实种数	接种率	应种数	实种数	接种率	应种数	实种数	接种率	应种数	实种数	接种率	应种数	实种数	接种率
1986	2111	99.91	7553	99.26	9491	9407	99.11	6370	6277	98.54	2499	2472	98.92	2742	2699	98.43	—	—	—
1987	2436	100	5063	99.27	3646	3604	98.85	5016	4965	98.98	2876	2838	98.68	2852	2817	98.77	—	—	—
1988	2874	99.41	11727	98.49	10060	9884	98.25	17573	17429	99.18	3727	3697	99.2	2717	2682	98.71	—	—	—
1989	2274	99.87	13354	98.08	11112	10873	97.85	8037	7877	98.01	3798	3765	99.13	2351	2331	99.15	—	—	—
1990	1816	100	10628	99.32	8281	8222	99.29	5145	5103	99.18	3089	3060	99.06	2693	2656	98.63	—	—	—
1991	1557	100	9041	98.78	7105	7045	99.16	7225	7141	98.84	2720	2696	99.12	2885	2854	98.93	—	—	—
1992	1693	100	23099	98.81	5986	5938	99.20	9723	9660	99.35	2956	2938	99.39	3695	3665	99.19	1405	1387	98.72
1993	1744	100	6794	99.53	5082	5062	99.61	3594	3562	99.11	3102	3085	99.45	3479	3445	99.02	1316	1299	98.71
1994	1878	100	5306	98.81	4678	4623	98.82	2838	2799	98.63	3051	3032	99.38	2748	2725	99.16	1054	1047	99.34
1995	2191	100	5436	98.51	4762	4687	98.43	2537	2492	98.23	3068	3000	97.78	2643	2570	97.24	1043	1042	99.90
1996	2292	100	5437	98.80	4608	4566	99.09	6936	6851	98.77	2857	2819	98.67	2870	2822	98.33	986	986	100.00
1997	682	98.13	5564	98.62	4570	4417	96.65	2460	2423	98.50	2402	2361	98.29	2985	2938	98.43	2144	2136	99.63
1998	845	97.80	5419	98.89	4393	4300	97.88	2235	2202	98.52	—	—	—	2375	2332	98.19	1836	1832	99.78
1999	953	99.48	3169	98.23	2094	2062	98.47	2047	2009	98.14	—	—	—	2580	2555	99.03	958	953	99.48
2000	664	99.55	3544	98.53	2221	2194	98.78	2336	2297	98.33	—	—	—	2398	2364	98.58	1059	1054	99.53
2001	787	99.87	3374	98.94	2295	2297	99.30	2160	2138	98.98	—	—	—	2650	2600	98.11	1103	1101	99.82
2002	1393	99.86	4492	99.76	3374	3359	99.56	2745	2735	99.64	—	—	—	2924	2875	98.32	1684	1680	99.76
2003	1110	98.32	1746	99.77	1835	1831	99.78	1885	1880	99.73	—	—	—	2697	2667	98.89	1729	1726	99.83
2004	1701	99.13	1859	99.73	1861	1857	99.79	1396	1391	99.64	—	—	—	2398	2355	98.21	1613	1609	99.75
2005	1787	99.39	2265	99.90	2271	2268	99.90	2145	2141	99.81	—	—	—	2324	2160	98.94	2210	2209	99.95

说明：上述资料由崇安区疾病预防控制中心提供。

第三节 慢性病防治

随着社会经济的发展，以及医疗服务水平和人民生活水平的提高，多种传染病得到有效的控制，但与社会、心理、环境、行为因素相关的慢性病发病与死亡日趋增多。80年代起，高血压，心脑血管疾病、恶性肿瘤、糖尿病等慢性非传染性疾病逐步成为辖区患病人群的主要病种。1986年，区卫生防疫站对居民开展全死因监测工作，根据“居民死亡医学证明书”报告，全区居民恶性肿瘤死亡率156.72/10万、糖尿病死亡率4.72/10万。1991年，初步建立全区死因监测和恶性肿瘤、冠心病、脑卒中、高血压（简称“慢四病”）报病系统，由区卫生防疫站负责汇总上报辖区内医疗机构新发现的“慢四病”情况，以引起各级对慢性病防治工作的重视。是年，“慢四病”发病情况为：高血压82.11/10万、冠心病50.85/10万、脑卒中136.14/10万、恶性肿瘤219.83/10万。2002年，慢性病报病系统增加糖尿病，“慢四病”改为“慢五病”，辖区发病情况为：高血压535.29/10万、冠心病191.56/10万、脑卒中414.96/10万、恶性肿瘤473.15/10万、糖尿病486.18/10万。是年，广益镇划归崇安区后，吸血虫病防治重新摆上议事日程，开展查螺、查病，每年查螺面积8.3万平方米，胶纸染料试纸条法（DDIA）查病331人，均未发现阳性病人。2003年，区开展精神病防治工作，成立精神病防治康复工作领导小组，并在区卫生局设办公室。各街道、社居委相应成立领导小组、监护小组，形成精神病三级防治康复网络，纳入社区卫生服务范围。街道、社居委精神病防治康复监护小组定期上门，了解精神病患者病情、指导服药。2004年，区疾病预防控制中心对辖区传染病发病死因、居民死因和崇安区慢性病干预试点的慢性病基线调查资料及有关数据进行统计分析，掌握辖区慢性非传染性疾病的患病情况、分布特征、影响健康的主要危险因素和社会卫生服务方面的问题，形成慢性病社区诊断报告，为上级和全区制定慢性病综合防治规划提供科学依据。是年5月，崇安寺街道新街巷社区列入市首批4个社区高血压管理试点，对15岁以上居民进行居民健康档案入户基线调查，共建档1790份，筛查出高血压病人283人。在通江街道成立区精神病患者工疗站，为精神病患者提供医疗、工疗、文化、娱乐场所。2005年8月，区成立慢性非传染性疾病领导小组和技术指导小组，制定《崇安区慢性非传染性疾病干预方案》，进一步加强慢性非传染性疾病的预防控制工作，计划用3年时间启动全区慢性病的预防和控制工作，并制定近、中、远三期防治目标，对居民健康最具危害的高血压、糖尿病和肿瘤三类慢性疾病提出干预措施。高血压干预措施是：提高居民高血压知晓率、管理率和控制率；控制高血压发病率；预防和控制高血压并发症，降低致残率和死亡率，提高患者生活质量。干预措施分非药物治疗和药物治疗两种，即采取健康教育与行为干预相结合的原则，改变不良生活方式和行为习惯，如指导合理膳食，控制体重，进行有规律的体育锻炼，戒烟限酒，减轻精神压力等非药物治疗和督促终身服药，规律服药，按高血压三级管理要求开展规范管理，制定个体化治疗方案。对糖尿病采取健康教育、饮食治疗、运动治疗和药物治疗相结合，实施糖尿病分类管理等干预措施。肿瘤干预措施是：开展肿瘤防治知识的普及宣传和教育，提高居民群众对肿瘤的认识水平和自

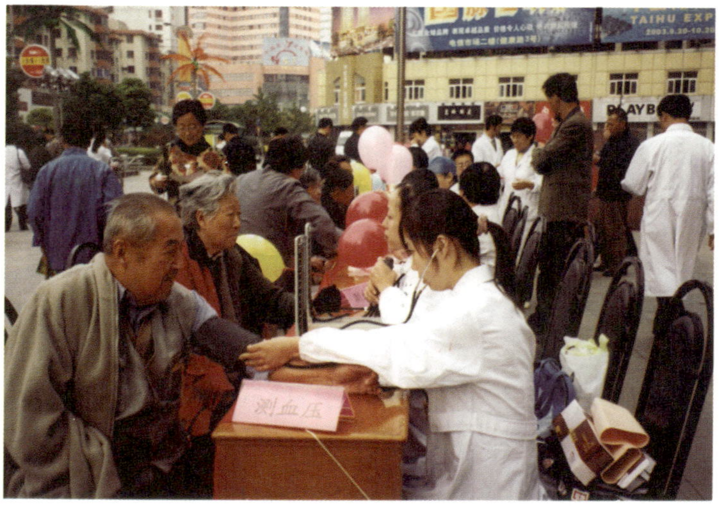

在八佰伴广场开展慢性病防治义诊活动（2003.10）　（区卫生局供稿）

我防癌意识，同时要求每个医务人员掌握肿瘤的防治知识和技能，对居民、病人开展健康教育和各种干预活动，协同政府部门、社区及社会团体对环境进行综合治理，减少各种污染等危险因素。迄2005年，全区居民恶性肿瘤死亡率181.58/10万，糖尿病死亡率24.93/10万；精神病患者1008人，总患病率6‰，精神病患者监护率100%，显好率98%，社会参与率95%；广益地区因农田面积逐年减少，吸血虫病防治查螺面积不足3万平方米。

第四章　卫生监督监测

1986年后，区卫生部门根据国家法律法规，以预防疾病、保障居民健康为宗旨，不断加强食品卫生、环境卫生、职业卫生、学校卫生等卫生监督工作。广泛开展卫生法制宣传教育，持续组织卫生执法监测，全面推进饮用水、公共场所、医疗卫生监督管理，环境卫生水平逐步提高；通过建立健全职业卫生档案，落实职业病防治措施，消除职业危害因素；围绕学生健康管理、视力保护、常见病防治、饮食与饮水卫生等方面，学校卫生管理得到强化。1986~2005年，全区食物中毒事故逐年减少，无重大食物中毒事故的发生。2005年，餐具采样、食品采样合格率分别达到88.2%、70.1%，高层建筑水箱水定时定点监测合格率95%以上，公共场所卫生监测覆盖率100%，用具消毒合格率95%以上，医疗和托幼机构卫生监测合格率93.56%。

第一节　食品卫生监测

80年代，区卫生防疫部门根据《中华人民共和国食品卫生法（试行）》，对辖区食品生产经营单位进行定期和不定期检查，对从业人员进行卫生知识培训，食品生产经营单位和个体经营者必须取得“卫生许可证”和“健康证”，方可从事食品生产经营活动。1986年，区形成区政府和卫生局负责组织协调、区卫生防疫部门负责监督执法、食品生产经营单位负责自身管理的食品卫生监督体系。1987~1989年，对食品生产经营单位开展监督检查2.99万户（次），查处食品卫生违法行为568起。90年代后，《中华人民共和国食品卫生法》和《中华人民共和国行政处罚法》正式颁布实施，行政处罚力度明显加强，食品卫生依法行政进入有法可依、执法必严的新阶段，食品卫生监督队伍逐步加强，专职食品卫生监督员由4人增加到7人，日常监督质量不断提高。1990~1999年，结合国家卫生城市创建，持续开展食品卫生专项整治，通过日常巡查和突击检查等方式，加强执法监督，对严重违法单位予以罚款等行政处罚，对逾期不履行处罚管理的相关人依法向法院申请强制执行，行政处罚2310起。餐具采样平均合格率68.59%，食品采样平均合格率为74.21%。进入21世纪，随着执法体制的

食品卫生监督采样（2005）　（区卫生局供稿）

改革，监督、监测分开，监督执法工具和监测取证设备不断完善，监督执法更加规范化、程序化、制度化和合法化，同时，从业人员依法经营观念得到加强，行政处罚总数呈下降趋势。2000~2004年，行政处罚726起，餐具采样平均合格率51.42%，食品采样平均合格率为68.14%。2005年，餐具采样合格率提高到88.20%，食品采样合格率提高到70.10%，分别比1986年提高16.6和28.3个百分点。

1986～2005年崇安区食品卫生行政处罚及餐具、食品监测情况一览表

表29－4－1　　单位：元/起、公斤/起、家、件、%、批

年份	行政处罚					餐具监测		食品监测	
	罚款	销毁	警告	停业	吊销	采样	合格率	采样	合格率
1986	10132/202	4452.5/60	91	13	—	545	71.60	316	41.80
1987	10270/65	4050/9	150	37	1	—	—	—	—
1988	8590/45	1634/6	60	2	2	347	70.30	177	46.90
1989	10878/145	355/4	30	12	—	367	89.40	142	75.40
1990	8560/69	931.6/9	26	11	—	372	90.00	150	63.30
1991	5200/40	247/3	36	19	—	366	88.00	201	74.00
1992	11200/32	13.5/1	24	13	—	413	85.00	288	81.50
1993	25100/109	30/1	9	11	—	574	75.80	344	75.90
1994	88700/201	4390/2	12	18	—	239	72.00	398	79.30
1995	88700/201	—	136	96	—	251	68.10	314	86.60
1996	87900/138	40.8/6	156	33	—	121	61.20	222	71.60
1997	64200/93	14.3/2	142	90	—	163	43.60	261	70.10
1998	33100/45	—	311	9	—	1807	49.60	463	72.60
1999	64700/75	340/38	82	11	—	1077	52.60	479	67.20
2000	1500/12	—	84	—	—	571	53.40	606	80.40
2001	10000/9	150/4	29	—	—	664	56.50	697	72.60
2002	46000/14	—	39	5	—	268	54.90	624	58.30
2003	77200/58	—	300	103	—	83	50.60	74	59.60
2004	43700/38	971/6	20	5	—	1240	41.70	778	69.80
2005	80380/25	90/5	44	300	—	85	88.20	164	70.10
合计	776010/1616	17709.7/156	1781	788	3	9553	—	6698	—

说明：上述资料由崇安区疾病预防控制中心提供。

【食物中毒调处】

1986~1995年，全区发生食物中毒25起、762人。其间，以1989年起数、人数为最多，共发生10起、195人。食物中毒发生在公共饮食行业最多，有12起、363人，其次为集体食堂7起、311人，居民家庭办酒4起、87人，建筑工地2起、56人。25起食物中毒中，细菌性食物中毒22起，主要是卤菜、凉拌菜和熟菜污染细菌所致，细菌性食物中毒中，又因嗜盐菌引起的食物中毒最多，计有11起、438人；化学性食物中毒3起，主要是蔬菜污染有机磷农药所致，1起为1986年发生的半成品牛肉运输途中污染1605农药，中毒6人，死亡4人，另外2起是1994年、1995年2个建筑工地民工食用污染甲胺磷农药的青菜所致。1995年，《中华人民共和国食品卫生法》颁布后，食品卫生监督执法力度加大，通

饭店食品安全检测（2005）　　（区卫生局供稿）

过加强“卫生许可证”核发、严格从业人员健康体检、组织教育培训和定期采样监测、处罚不达标单位等综合措施，辖区内食物中毒大幅减少。1996~2005年，全区仅发生食物中毒9起、162人。其中，1998~2001年无食物中毒事件发生。

1986～2005年崇安区食物中毒发生情况一览表

表29－4－2　　单位：户、人、起

年份	生产经营单位		食物中毒		年份	生产经营单位		食物中毒	
	户数	从业人员	起数	人数		户数	从业人员	起数	人数
1986	957	8415	5	101	1996	1493	7129	1	31
1987	1395	8600	1	131	1997	1363	6890	1	26
1988	1539	8800	1	22	1998	1215	6066	—	—
1989	1498	8000	10	195	1999	1365	6923	—	—
1990	1500	7200	—	—	2000	1151	6237	—	—
1991	1470	7000	2	71	2001	1406	6612	—	—
1992	1573	6500	1	9	2002	1547	7058	2	27
1993	1477	7615	2	39	2003	1996	7200	2	32
1994	1406	7269	2	173	2004	1836	7105	2	28
1995	1199	6500	1	21	2005	2525	7800	1	18

说明：上述资料由崇安区疾病预防控制中心提供。

第二节　环境卫生监测

80年代前，区环境卫生监测以饮用水卫生监测为主，对公共场所卫生实施行政管理。80年代后，区按照国务院《公共场所卫生管理条例》规定，把环境卫生监测作为预防疾病、保障百姓健康的重要工作，环境卫生管理逐步扩大到辖区医院，以及旅店业、文化娱乐业等7大类28种法定公共场所，从一般的行政管理步入法制管理轨道。90年代，饮用水卫生管理逐步从自来水管网水转向高层建筑水箱水为主。进入21世纪，医疗卫生管理逐步从辖区医院污水处理延伸到各类医疗机构及托幼机构医务室环境卫生的全面监测。迄2005年，全区高层建筑水箱水定时定点监测合格率95%以上；公共场所卫生监测覆盖率100%，用具消毒合格率95%以上；医疗和托幼机构卫生监测合格率93.56%。

【饮用水卫生】

80年代，全区居民普遍饮用自来水，区卫生部门主要对自来水末梢水余氯进行测定，监测合格率100%。同时，街道卫生所定期对以用为主的2200多口水井进行消毒，每年5~11月，投放浮筒（筒内放漂白精片），每半月更换1次。90年代后，随着旧城改造的推进，高层建筑逐年增多，高层水箱二次供水系统成为饮用水卫生监测的重点，区卫生防疫部门按照国家饮用水卫生标准的有关规定，加强对二次供水监测管理。1991年洪涝灾害期间，区卫生防疫部门健全二次供水监督监测制度，加强巡回检查，确保全区饮用水卫生，实现“大水无大疫”。1992年8月，《无锡市饮用水二次供水卫生管理办法》出台后，区卫生防疫部门建立健全管理网络，落实台账登记制度，成立首批19名专业管理和清洗消毒队伍，实行持证上岗。是年，全区清洗消毒水箱水池500余只、容量6000多立方米，占辖区水箱总数的50%。1993年起，市、区两级政府把确保二次供水卫生作为为民办实事之一，列入年度目标管理。1993~1996年，重点解决水箱水池上盖加锁、新建水池申报审核、“卫生许可证”发放、重点单位加强监管等问题，确保居民和单位饮用水安全。1997年，贯彻国家建设部、卫生部联合发布的《生活饮用水卫生监督管理办法》，结合创建国家卫生城市，对82个小区的饮用水情况开展大检查，1000余只水箱水池采样合格率85.3%。进入21世纪，进一步贯彻预防为主的方针，主攻薄弱环节。2002年，对广益镇部分自然村实施改水工程，使尚未通上自来水的2万余名居民受益，自来水用户达到100%。同时，进一步加强二次供水的日常性和预防性卫生监督监测工作，定时定点监测自来水管网水和高层建筑水箱水，检测项目扩大到大肠菌群、细菌总数、游离余氯及浊度等指标，所有资料全部纳入计算机管理。

【公共场所卫生】

1987年4月，国务院颁布《公共场所卫生管理条例》前，主要是对辖区102家理发、浴室、旅馆等服务行业实施卫生行政管理，按照《中华人民共和国食品卫生法（试行）》，对食品卫生和公共场所从业人员进行健康体检，对体检合格者发放“健康合格证”，组织卫生监督检查，分类建档。《公共场所卫生管理条例》颁布后，公共场所卫生管理从一般的卫生行政管理进入法制管理。区卫生部门按照该条例规定，对旅店业、文化娱乐场所、公共浴室、理发美容店、游泳场所、商场、书店等7大类28种法定公共场所进行卫生监测。监测项目有温度、相对湿度、空气细菌总数等定量指标，对符合要求的公共场所分批发放“公共场所卫生许可证”。1989年始，逐步加大公共场所常年性卫生监督力度，对区内小理发店、公共浴室、旅店、文化娱乐场所等四大类公共场所卫生状况进行重点监督监测，理发店增设头癣病人专用工具，浴室禁止性病、皮肤病人入浴池等。90年代末，公共场所单位增长迅速，由1986年的102家、1366人，增加到2000年的455家、1570人，2005年达到688家、2500人。1991~2005年，累计核发“公共场所卫生许可证”5900多户，从业人员培训2.8万人次，公共场所用具监测上万件次，从业人员持健康证上岗率和用具消毒合格率始终保持在82%和95%以上。

1986～2005年崇安区公共场所卫生监测情况一览表

表29－4－3　　单位：个、人

年　份	公共场所单位数	其　中			从业人员
		旅　馆	理发美容店	文化娱乐业	
1986	102	72	6	24	1366
1987	102	72	6	24	1366
1988	221	75	4	12	1500
1989	199	83	4	12	1300
1990	181	70	4	15	1235
1991	177	78	4	20	1341
1992	200	78	4	27	1665
1993	187	67	4	33	1089
1994	221	66	4	53	1080
1995	180	85	12	52	1477
1996	338	87	20	40	2076
1997	411	93	20	57	2757
1998	386	86	19	44	2600
1999	466	87	25	65	2683
2000	455	84	29	70	1570
2001	448	87	31	63	1600
2002	464	86	38	60	1671
2003	651	90	52	67	2000
2004	750	102	81	67	2361
2005	688	90	87	80	2500

说明：上述资料由崇安区疾病预防控制中心提供。

【医疗卫生】

80年代后，凡医院新建、改建，必须同时建造医疗污水消毒处理池，医疗污水由直接排入地下管道改为在污水处理池中加入次氯酸钠进行消毒后排放到下水管道。2003年起，区疾病预防控制中心把辖区托幼机构防病工作和医疗机构院内感染的防治工作作为重点，组织人员对托幼机构医务室、各类医疗机构诊疗室的空气质量、医疗器械、医务人员洗手后细菌含量等情况进行监测。2004年，对辖区5家医疗机构污水进行监测，采样10个，合格率80%。2005年，托幼机构卫生监测合格率由2003年的76.17%提高到93.56%；医疗机构卫生监测合格率由2003年的84.83%上升到93.56%。是年，由于检测项目增多、监测标准提高、消毒污水成本上升和医疗机构对医疗污水处理、排放不规范，导致医疗污水处理合格率下降到68%。

2003～2005年崇安区医疗及托幼机构监测情况一览表

表29－4－4　　　　　　　　　　单位：家、个、%

年份	托幼机构				医疗机构（含个体诊所）				医疗污水监测			
	监测数	监测结果			监测数	监测结果			监测数	监测结果		
		样品数	合格数	合格率		样品数	合格数	合格率		样品数	合格数	合格率
2003	24	256	195	76.17	27	211	179	84.83	—	—	—	—
2004	23	217	199	91.71	31	215	203	94.42	5	10	8	80
2005	23	206	195	93.56	38	326	305	93.56	7	25	17	68

说明：上述资料由崇安区疾病预防控制中心提供。

第三节　职业卫生监测

80年代，区卫生防疫部门负责区属及街道企业职业卫生管理，并配合市卫生防疫站开展职业场所有害因素卫生监测。1991年起，对全区18家区属工厂、51家校办及街道工厂开展职业卫生建档、复档工作，重点监测有毒有害工厂49家，其中粉尘危害的衡器厂、砂轮厂、运动鞋厂3家，接触铅、苯等毒物危害的有机玻璃厂、红光油漆厂等19家，噪声危害的窗纱厂、向阳童装厂等27家。并督促粉尘作业工人拍片，接触铅作业的工人查尿铅。1995年，贯彻《中华人民共和国劳动保护条例》及《尘肺病管理条例》，对18家区属工厂再次进行尘、铅、苯、噪声监测。2001年后，区职业卫生管理扩大到辖区市属及市属以上企业。是年，对衡器厂、新亚装饰公司作业现场的苯、甲苯、二甲苯等12个样品进行监测，除1个二甲苯样品超标外，其余均合格；组织接触有毒有害物质的162名工人健康体检,体检率100%。2002年5月《中华人民共和国职业病防治法》施行后，为全面掌握辖区企业职业危害分布和危害程度等情况，在全区开展职业病危害因素普查建档及职业卫生监督检查工作，重新对全区有职业危害的企业进行尘、铅、毒监测和调查摸底，建立职业卫生档案。全区列入职业卫生监测的工厂222家，其中乡镇企业212家，区属、街道、校办工厂10家。申报职业危害的企业40余家。2003年，根据卫生部颁布的《职业病危害项目申报管理办法》规定以及省卫生厅《关于在全省开展职业病危害项目申报工作的通知》，再次开展职业病危害项目申报工作，化工、机械、电子、铸造、纺织、印刷等行业100家企业申报，申报率90%。申报企业工人总数6173人，接触有毒有害物质作业人员2312人，其中女工844人。涉及接触铅29人、苯258人、锰32人、生产性粉尘210人；接触物理因素噪声1103人；其余为接触铬酸、盐酸、丙酮、甲醛、氰化钠、汽油等化学品。2004年，申报职业危害的企业113家，有26家建立职业卫生档案。2005年，继续开展职业危害项目申报和职业卫生建档工作。对化工、机械、电子、铸造、纺织、印刷等企业相关接触职业危害从业人员进行健康检查，受检率22.28%；其中粉尘接触人员受检率37.05%、化学有害因素接触人员受检率40.63%、物理有害因素接触人员受检率7.98%，未检出职业病患者。

第四节　学校卫生监督

80年代，学校卫生工作主要围绕测试身高、体重、坐高、胸围四项指标，开展学生生长发育调查，并继续开展头虱消杀、牙病防治、驱蛔治疗等工作，每年9月份对小学一年级学生进行健康体检，并建立健康卡。并围绕教室采光达标率、明度达标率、课桌达标率、课椅达标率等，开展学校环境设备卫生监督。1986年，对全区23所小学学生视力普测3次，4.18万人次。1988年，在全区15所学校开设健康教育课，针对辖区11所学校发生13例甲型肝炎的情况，重点开展肝炎预防，无续发病例及暴发疫情。1989年，2所学校配备校医，24所学校配备保健老师，各小学均建立学校卫生档案，从学生视力、传染病防治、学生饮用水卫生和食品卫生等方面加强宣传、管理和监督。1990年6月，国务院《学校卫生工作条例》颁布实施后，开展学生头虱感染普查2次、2.43万人次。1991年，对保健老师进行肠道传染病预防和对数视力表应用知识培训，对全区24所小学的饮水、饮食卫生工作进行监督检查；采用滴眼药水、针灸、推拿、配镜、防近视架等综合性措施，并在教室增加人工照明，预防学生视力减退。1993年7月16日，及时处置沙文井居委托儿所儿童进食不洁西瓜致食物中毒事件，13名呕吐、腹痛、发热的儿童转危为安。1994年，进行学生肠道寄生虫及贫血调查。头虱发生率全面得到控制。1995年起，开展营养不良、蛔虫感染、沙眼、近视、龋齿、贫血为重点的监测防治工作。1996年，全区23所小学食堂通过卫生防疫部门验收，获得“食品卫生许可证”。1998年，初步建立学校卫生基础档案。2000年后，实行凭健康体检证入学、入托制度，凭证入学、入托率分别为91.35%和94.80%。2001年，组织对中、小学周边地区饮食摊点专项卫生执法检查，净化学校周边环境。2002年后，学校食品卫生工作实行校长负责制，自办食堂制作和外送快餐食品均需达到《中华人民共和国食品卫生法》的规定要求。2003年，全区学校及幼儿园食堂实行量化分级管理，70%学校达到B级。2004年，3家学校晋升为A级。2005年，全区44家学校食堂年审合格率100%。

学校卫生监督检查（2002）　　（区卫生局供稿）

第五章　爱国卫生

1986年后，爱国卫生运动纳入精神文明建设范畴，特别是1989年国家确定每年4月为爱国卫生月后，区围绕每年爱国卫生月活动主题，结合“太湖市容杯”竞赛、国家卫生城市创建，以文明卫生单位、文明卫生小区、除“四害”达标为抓手，持续开展以灭害防病为中心的环境卫生宣传、整治活动，以及形式多样的健康教育和健康促进活动。1988~1990年，区荣获市爱国卫生除“四害”、健康教育、餐饮行业卫生、“五小行业”卫生、单位卫生“五项”考核评比优胜“三连冠”。1990年，被评为市灭鼠先进区。1999年，顺利通过国家卫生城市检查验收。2000年，在市爱卫会组织的4次除“四害”工作评比中，3次获总分第一。1986~2005年，全区文明卫生单位巩固率保持在95%以上。

第一节 爱国卫生活动

1989年起，在开展群众性爱国卫生运动的同时，建立爱国卫生月制度，结合“太湖市容杯”竞赛和国家卫生城市创建，强化大卫生观念，动员和依靠全社会力量，持续组织以灭害防病为中心的环境卫生整治，提高群众自我保健和共同改善生存环境的意识。迄2005年，全区未发生“四害”引起的各类传染病，为居民创造健康的生活环境。

【管理机构】

区爱国卫生运动委员会（以下简称区爱卫会）成立1952年，下设办公室（以下简称区爱卫办），由区卫生部门负责人兼任主任，编制4人。1993年10月，区爱卫办独立办公，编制不变。1997年4月，区爱卫办与区环境管理局合署，实行一套班子、两块牌子的管理体制。2001年10月，党政机构改革后，区爱卫办恢复与区卫生局合署，迄2005年未变。

【环境卫生治理】

80年代初，结合全国开展的“五讲四美”活动，组织全民爱国卫生运动，大力治理脏、乱、差，并广泛开展城管合格街道、城管合格居委、文明卫生单位达标竞赛活动，推动群众性爱国卫生运动的深入开展。1985年，全区评选出文明卫生单位387个，城管合格居委68个。1986年，工运桥街道和上马墩街道幼园居委会被评为江苏省爱国卫生先进单位。1988年，结合“太湖市容杯”达标创优竞赛活动，开展以搞好饮食卫生、环境卫生为重点的群众性爱国卫生运动。1989年，国务院确定每年4月为全国爱国卫生月后，区每年集中时间和力量，解决群众意见最大而又可能解决的一两个社会性卫生问题，整顿环境，消灭卫生死角，以块为主，条块结合，常年组织卫生突击活动。广泛宣传卫生科学知识，增强群众环境卫生意识，树立良好卫生习惯。1988~1990年，区在市爱国卫生五项考核评比中，实现优胜“三连冠”。1990年，无锡市开展创建国家卫生城市活动后，区把爱国卫生月活动与创建卫生城市紧密结合，深入开展以灭害防病为中心的群众性爱国卫生竞赛活动。1993年，开展爱国卫生十佳居委评比活动。文明卫生单位巩固率始终保持在95%以上。1999年，在辖区10家医疗机构开展的爱国卫生竞赛中，市第一人民医院等4家医疗机构获最佳单位。2001年,新增市爱国卫生先进单位5家，市无吸烟单位3家、控烟达标单位5家。2004年，辖区有7家单位被评为2003年度江苏省爱国卫生先进单位，获奖单位数列无锡市二市七区之首，其中，无锡火车站、中百集团、和平电影院和工运路街道因连续10年获此荣誉而被授予“一星级”“爱国卫生先进”称号，市公安局、无锡师范和城中公园首次获得该称号。

【灭害防病】

80年代，消灭老鼠、苍蝇、蚊子、蟑螂（简称除“四害”）是爱国卫生运动的一项基础工作。区不断提高除“四害”的科技含量，以烟熏和控制孳生地等措施开展灭蚊蝇工作，以投置毒饵、放置鼠夹等措施灭鼠。1990年后，结合国家卫生城市创建，每年春、秋两季集中开展灭鼠活动，堵鼠洞，定期投放毒饵，放置鼠夹；每年夏、秋两季突击灭蚊蝇、蟑螂，放置粘蝇纸、灭孓块和药物，疏通下水道、沟渠、填平洼地、清除垃圾，确保“四害”密度控制在国家规定指标之内。1990年，被评为无锡市灭鼠先进区。此后，全区鼠密度持续控制在1%以下。1994年，区通过省灭蝇达标验收。1993~1995年，全区疏通下水道、沟渠2.08万米，填平洼地2060平方米，清除垃圾1.24万吨，及堵抹墙壁缝隙3.15万米，有效控制蚊蝇、蟑螂孳生地；封堵鼠洞1.25万个，修建防鼠门及门栏1541个，防治与控制鼠害。1995年，全区甲、乙类传染病总发病率下降23.6%。1998年，通过灭蟑、灭鼠先进城市省级复查。1999年，除“四害”均达到国家卫生城市标准。2000年，在市组织的4次除“四害”检查评比中，区3次总分第一。2001年，新增除“四害”消杀队员186人，全区专兼职除“四害”人员422人，消杀人员每两周对辖区13万余平方米的水面投放灭孑块；夏季每天对282个生活垃圾收集房、180余个垃圾收集桶和5个垃圾中转站喷药消杀，重点场所部位重点消杀。全区“四害”密度逐年下降，2005年，无锡市被纳入全国“四害”密度监测点，崇安区为无锡监测点之一，依据《全国病媒生物监测方案》及《无锡市病媒生物监测实施方案》，由区疾病预防控制中心专业人员进行“四害”密度监测。个私企业开始参与有偿消杀工作，社会专业控虫机构介入，全区除“四害”工作队伍不断壮大。是年，区顺利通过五年一度的国家灭鼠、灭蟑、灭蝇单项复查。其中室外环境监测蝇密度由2002年平均每笼39只下降到2005年的22只，下降43.59%。1986~2005年，全区未发生“四害”引起的各类传染病，为居民创造健康的生活环境。

第二节　健康教育

80年代后，主要结合文明卫生单位创建、除“四害”、禁烟控烟等活动，以及“4·7”世界卫生日、“5·8”世界红十字日等重要纪念日，组织开展健康教育活动。1989年，国家确定每年4月为爱国卫生月后，健康教育成为爱国卫生月活动的重要内容，各居委会均建有健康知识宣传栏，各街道均设有卫生知识科普窗。1990年后，结合国家卫生城市创建，健全健康教育网络，学校普遍开设健康教育课程，建成工运路、崇安寺等街道健康教育示范点，并发放各类卫生防病知识手册10余万份，确保各类人群基础健康知识知晓率和基本健康行为形成率达到国家规定的90%以上标准。2003年后，区健康教育业务指导工作改由区疾病预防控制中心担负，区卫生局履行领导、组织、协调以及健康教育网络规划等行政职能。是年，以防治非典型肺炎为重点，开展健康教育系列活动。举办“愿健康伴随您”“用爱心助您健康”等大型活动，向全区100户贫困妇女赠送“爱心保健服务卡”，免费提供妇科检查和咨询服务。2004年，区、街道、社区三级健康教育网络进一步健全，每个社区卫生服务中心配备1名经过健康教育基础培训的专职健康教育人员，社居委、居民小组健康教育组织得到完善。是年5月，举办“关爱女性健康”专题讲座、专家现场咨询活动。2005年3月，开展“妇女健康进社区”主题宣传月活动，发动和组织6个街道社区卫生服务中心，举办女性健康专题讲座，开展咨询宣传活动，妇女病普查69人。是年9月，启动崇安区“健康家庭行动计划”，制定《崇安区健康家庭评比标准》，编写《崇安区居民健康知识50题》，印发宣传折页8万份，向每个居民家庭发放《“健康知识进万家、健康家庭大评比”居民书》，组织健康家庭评比、家庭健康知识竞赛等群众喜闻乐见、寓教于乐的健康教育和健康促进活动，评选出健康家庭示范户60户。

举办“关爱女性健康”专家咨询活动（2004.5）　（区卫生局供稿）

第六章　妇幼保健

80年代后，妇幼保健工作得到重视和加强，重点进行妇女和儿童疾病普查普治，开展计划生育宣传，逐步建立健全三级妇幼保健网络，推进孕产妇围产期（月经期、孕期、产褥期和哺乳期）保健、婚姻保健等工作，降低孕产妇、围产儿死亡率。90年代后，贯彻《中华人民共和国母婴保健法》，围绕“三降一提”[①]目标，落实女职工劳动保护、儿童计划免疫等措施，加强对街道卫生所妇女保健医生、托幼机构保健教师、企业女工保健人员的业务培训及技术指导，提高妇女儿童保健工作的整体水平，全区孕产妇、儿童系统管理水平不断提高。同时，持续组织以防治癌症为重点的妇女病普查。迄2005年，早孕（≤12周）建卡率80.12%，围产儿死亡率9.34‰，5岁以下儿童死亡率5.31‰。

第一节　妇女保健

80年代起，在建立健全妇幼保健三级管理网络的基础上，区进一步加强孕产妇的系统管理，推进孕产妇围产期保健和女职工劳动保护，开展以宫颈炎和滴虫性阴道炎等常见病为重点的妇女病普查普治。1986年，组织对1981～1984年18例死胎死因情况调查和生产性噪音对女工妊娠影响的调查，落实孕期保健措施。1987年，贯彻实施卫生部、劳动人事部、全国总工会、全国妇联《女职工保健工作暂行规定》等有关文件，依法加强女职工劳动保护，改善女职工劳动条件，设立女工卫生室、冲洗室、孕妇休息室、哺乳室，保障女职工合法权益。1990年，对17家工厂2000余名女工进行以防治癌症为重点的妇女病普查普治，查出乳腺癌2例、乳腺间变1例。同时，采用妇女宫颈刮片、白带常规、妇科三合诊、妇科B超和乳房冷光仪、乳房物理检查等方式，对辖区机关、企事业单位妇女病普查。90年代后，妇女病普查采取一年检查、次年复查的方式进行。妇科检查及疾病防治发展到以筛查宫颈癌为重点，通过宫颈刮片及快速苏木素染色法，提高筛查宫颈癌的速度和精度。1991年，组织对辖区70多家工厂2678名女职工劳动保护状况的调查。1992年10月，区妇幼保健所增设围产保健门诊，建立孕产妇围产期保健卡。1993年，根据卫生部妇幼司修订婚前保健工作管理办法会议要求，逐步规范全区婚前医学检查。1994年，根据世界卫生组织提出的从事婚前保健工作的机构必须具有婚前保健专业技术执业许可证的要求，辖区医院婚检人员均取得婚前保健技术合格证，持证上岗。是年，全区建立孕产妇围产保健卡1115人，其中，早孕建卡889人，早孕建卡率79.73%。1995年，贯彻《中华人民共和国母婴保健法》，以降低孕产妇死亡率为重点，依法加强妇女保健的各项措施。1996年，在全国“三优工程”中期评估中，全区女职工婚前保健率、孕产保健宣教率均达100%。2004年，孕产期系统管理延伸到单位，统一使用市卫生局印制的孕产期保健登记卡，全年围产期建卡1445份，建卡率提高到100%。2005年，开展“妇女健康进社区”主题活动，对第九棉纺织厂80多名纺织女工进行“常见妇女病的防治”健康知识培训，对65名外来纺织女工进行妇女病普查。妇女病年普查人数由1990年的2623人增加到4.44万人，普查率由83.45%提高到94.98%，发现患病率由48.99%提高到50.95%。早孕（≤12周）建卡率80.12%，围产儿死亡率下降至9.34‰。

①三降一提：降低孕产妇死亡率、降低5岁以下儿童死亡率和降低出生缺陷发生率，提高妇女儿童健康水平。

1990～2005年部分年份崇安区妇女病普查情况一览表

表29-6-1　　　　单位：人、%、例

年份	应查人数	实查人数	检查率	妇科疾病人数	患病率	疾病分类																									
						阴道炎					宫颈糜烂				宫颈息肉	盆腔肿块				性病				宫颈癌		子宫脱垂II度以上		乳腺		其他	宫颈刮片（II级以上）
						例数	其中				例数	其中				例数	其中			例数	其中			例数	治疗数	例数	当年发生	良性肿块	癌症		
							滴虫	霉菌	老年性	其他		轻度	中度	重度			子宫	附件	其他		淋病	尖锐湿疣	其他								
1990	3143	2623	83.45	1285	48.99	417	114	50	—	253	792	645	127	20	—	44	24	13	7	—	—	—	—	—	—	—	—	—	2	—	—
1992	2725	2525	92.66	1133	44.87	173	83	31	—	59	807	569	204	34	—	81	46	20	15	—	—	—	—	—	—	—	—	—	—	—	—
1994	22831	1606	7.03	300	18.68	—	—	—	—	—	—	—	—	—	—	—	—	—	—	—	—	—	—	—	—	—	—	138	—	262	—
1995	26525	241	0.90	—	—	—	—	—	—	—	—	—	—	—	—	5	4	1	—	—	—	—	—	—	—	—	—	1	—	21	—
1998	120	112	93.33	51	45.54	44	—	—	—	—	—	—	—	—	—	—	4	—	—	—	—	—	—	—	—	—	—	2	—	10	—
1999	1585	1226	77.35	484	39.48	99	38	37	24	—	493	375	108	10	79	123	101	22	—	—	3	3	—	—	—	—	—	27	—	—	—
2000	140	126	90.00	67	53.17	13	8	1	3	1	35	21	9	5	5	3	1	2	—	—	—	—	—	—	—	—	—	—	2	—	—
2001	2059	553	26.85	368	66.54	17	2	8	7		130	104	23	3	24	37	20	15	2	—	—	—	—	—	—	—	—	12	—	—	—
2002	23335	8430	36.12	2042	24.22	570	81	108	—	381	1108	1062	33	13	13	364	236	85	43	—	—	—	—	—	—	—	—	25	—	3	—
2003	20616	15288	74.15	3804	24.88	1413	288	1823	11	911	2993	2837	125	31	194	732	591	141	—	2	—	2	—	—	—	—	—	26	—	—	—
2004	10280	4013	39.03	1492	37.18	760	81	69	—	405	1041	871	141	29	30	149	39	61	—	—	—	—	—	—	—	—	—	4	—	122	1
2005	46710	44367	94.98	22605	50.95	1123	136	272	102	233	16960	12402	3554	951	1989	4767	3428	1265	35	4	—	4	—	8	—	16	—	1309	6	1395	1281

说明：上述资料由崇安区疾病预防控制中心提供。

第二节　儿童保健

关注儿童健康成长培训讲座（2005）　（区卫生局供稿）

80年代区妇幼保健所成立后，担负全区1.45万名7岁以下儿童保健工作，按照卫生部《托儿所、幼儿园卫生保健制度》《城市儿童保健工作要求》，启用儿童保健手册，建立健全儿童保健网络。1986年，区妇幼保健所与无锡市儿童保健所合作，对人民路街道12个居委520名0～6岁学龄前儿童开展体格生长与社会心理发育调查工作。1988年，全区开展0～3岁散居儿童系统管理工作，区妇幼保健所在学前街街道健康里居委设儿童保健门诊，对儿童进行疾病治疗和体格检查。1990年春秋两季，完成400名0～3岁儿童佝偻病调查，人民路街道和学前街街道佝偻病发病率19.39%。1991年，开展新生儿保健服务。是年，为650名新生儿提供保健保偿服务。1993年，参与无锡市“中美合作预防神经管畸形科研项目”，对预防儿童神经畸形开展系列防治。1994年，推广服用“斯利安”片预防神经管畸形，孕妇服药防治90人。儿童口服驱虫药5558人。2000年，开展全区托幼机构卫生保健评审工作，评审合格率100%。2001年，启用生殖健康电子监测系统，并开展社区儿童保健门诊规范化达标工作。2002年6月，实施生殖健康电子监测系统并通过市卫生局验收。2004年，全区儿童保健系统管理扩大到辖区外来人口儿童，区制定流动儿童保健管理实施方案，以六一国际儿童节为契机，对700多名流动儿童免费体检。1990～2004年，区儿童体格检查受检率均在95%上下，患病率逐年下降，由1991年的4.55%下降到2004年的1.68%。2005年，儿童体格检查和健康建档率均达到100%，0～3岁儿童系统管理率84.16%，7岁以下儿童管理覆盖率98%，5岁以下儿童死亡率控制在5.31‰。

开展儿童口腔保健（2004）　（区卫生局供稿）

1990～2005年崇安区儿童体格检查情况统计表

表29－6－2　　单位：人、%

年　份	体检人数	受检率	患病人数	患病率	患缺点人数	患缺点率	贫血发病率	身高达标率	体重达标率
1990	13239	96.66	—	—	—	—	—	62.22	61.38
1991	13539	96.88	616	4.55	4999	36.90	—	—	—
1992	10544	96.00	381	3.61	—	—	16.46	—	—
1993	9208	94.50	456	4.95	4266	46.33	12.40	55.60	52.80
1994	8763	95.00	295	3.36	4366	49.92	10.00	54.80	54.00
1995	7633	—	223	2.92	3714	48.66	8.29	60.00	59.00
1996	7186	—	173	2.41	3568	49.65	7.97	60.00	58.60
1997	—	—	—	—	—	—	—	—	—

续表29-6-2

年　份	体检人数	受检率	患病人数	患病率	患缺点人数	患缺点率	贫血发病率	身高达标率	体重达标率
1998	6350	96.00	133	2.09	3365	52.99	7.40	60.70	62.80
1999	6044	96.50	104	1.72	3246	53.71	6.50	48.80	47.20
2000	5923	95.00	62	1.05	2190	36.97	4.96	53.50	45.70
2001	6374	96.60	70	1.10	2699	42.34	5.29	58.86	51.63
2002	7859	96.70	145	1.85	3237	41.19	4.70	61.70	59.40
2003	6776	96.52	182	2.69	3111	45.91	3.65	58.31	56.10
2004	5611	96.34	94	1.68	3074	54.48	2.66	60.06	57.07
2005	9769	97.89	—	—	—	—	10.96	—	—

说明：1. 上述资料由崇安区疾病预防控制中心提供。2. “-”表示资料缺失。

第七章　卫生管理

1986年后，随着卫生体制改革的推进和卫生事业的发展，区卫生局和公共卫生服务机构逐步调整，区卫生管理机构基本完善，医疗卫生、医政管理、药政管理、爱国卫生和社区卫生服务等工作不断加强。90年代后，开展各类卫生行政执法，对药品和行医进行监督管理，妥善处理医疗纠纷，促进辖区卫生事业健康快速发展，适应建立社会主义市场经济体制的需要。

第一节　机　构

1985年12月，区卫生科改局，编制4人。负责管理全区医疗卫生、红十字会等行政事务，对街道卫生所进行业务指导。下设计划生育办公室（1988年6月划出）、公费医疗管理办公室（1997年撤销）。2001年11月，爱国卫生工作划归区卫生局，区爱国卫生运动委员会办公室与区卫生局实行一套班子两块牌子的管理体制。核定行政编制8人。1986~2005年，历任区卫生局主要负责人有：张汉卿、龚允明、程绍廉、刘安民、沈炳荣。

第二节　经　费

区卫生事业经费主要由区财政拨款和事业收入两部分组成。主要用于医疗卫生事业日常业务开支、仪器设备更新添置、房屋维修改造和人员工资等。

1986年后，区卫生事业经费中财政拨款随着全区经济发展同步增长，由1986年的41.69万元增加到1998年的207.59万元。2004年后，随着社区卫生服务工作的加强，区政府加大对社区卫生服务工作的投入，2005年达337.09万元，为1986年的8倍多。医疗卫生事业收入随着卫生事业的快速发展而大幅增长，2005年达11089.89万元，为1986年的26.46倍。

随着卫生事业的发展，经费支出逐年增加。1986年，年卫生事业经费支出361.62万元，1990年超过1000万元，此后，基本上每2~3年增加1000万元，2005年，达到10528.27万元。1986~2005年，卫生事业经费共支出77048.22万元。

1986～2005年崇安区卫生事业经费一览表

表29-7-1　　单位：万元

年　度	财政拨款	事业收入	经费支出
1986	41.69	419.05	361.62
1987	63.25	618.21	529.09
1988	74.78	1017.71	849.86
1989	75.69	1006.31	908.16
1990	75.86	1174.70	1068.73
1991	77.56	1371.18	1245.72
1992	105.79	1724.93	1618.23
1993	110.37	2300.67	2126.69
1994	157.06	2757.78	2743.51
1995	181.61	3395.05	3319.91
1996	171.39	4162.97	3912.71
1997	198.24	4597.22	4438.98
1998	207.59	4986.71	4798.75
1999	224.43	4720.40	4874.54
2000	250.03	5250.83	5057.66
2001	272.06	5551.43	5919.54
2002	287.84	4567.75	4691.44
2003	280.94	9035.55	8472.02
2004	323.38	10388.04	9582.79
2005	337.09	11089.89	10528.27
合计	3516.65	80136.38	77048.22

说明：上述资料由崇安区卫生局提供。

第三节　医政药政管理

80年代起，以区属医疗机构管理为重点，努力提高医疗质量和服务水平。1992~1994年，完成崇安医院等级评审工作。2001年后，对崇安医院进行医疗机构集团化、托管制改革的探索。同时，加强社区卫生服务中心建设，依法加强社会医疗机构管理。其间，区卫生部门还按照《中华人民共和国药品管理法》规定，持续组织辖区药品经营企业、药品使用单位、个体开业诊所等药品使用情况的专项检查，打击非法行医，整顿、治理和规范医疗市场。

【医政管理】

医疗机构管理　1985年1月，崇安医院实行院长负责制，各科室实行科主任负责制。1987年12月，推行技术经济岗位责任制，完善以岗位责任制为中心的各项规章制度和技术操作规程。90年代起，结合等级医院创建达标，实施目标管理责任制，重点落实门急诊技术力量配备和首诊负责制，以质量管理为核心，建立院长工作例会和考核制度，甲级病历率逐年上升。每年开展“战高温、保安全，百日优质服务”竞赛活动，加强门、急诊及各科室的质量管理，提高医疗服务质量。2001年11月，委托无锡市第四人民医院对崇安医院本部

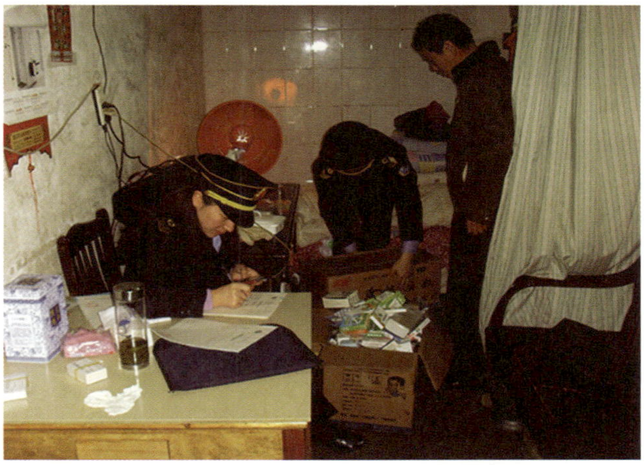

取缔黑诊所（2004）　（区卫生局供稿）

实行“医疗服务、资产经营”管理改革试点。2005年6月，崇安医院按照经营权和所有权适当分离的原则，实施医疗服务、资产经营委托管理目标责任制，医院、分院（科室）资产所有权性质不变，由医院委托分院（科室）责任集团进行经营和管理，并分别签订医疗服务、资产经营委托管理目标责任合同，分院院长（科主任）为分院（科室）责任集团负责人，对所在分院（科室）的全部医疗服务、资产经营管理活动和行为负总责。是年，根据卫生部开展“以病人为中心，以提高医疗服务质量为主题”的医院管理年活动要求，开展“医疗服务安全奖”竞赛，规范医疗行为，加强质量管理。

区卫生局在履行区属医疗卫生机构行政管理的同时，切实加强对社会卫生机构的监督管理，不定期开展取缔无证、打击非法行医的专项执法。1989年后，根据国务院《中华人民共和国医疗机构管理条例》和《无锡市社会医疗机构管理办法》，个体医疗机构的审批权下放到区，区卫生局加强对辖区社会医疗机构准入、执业人员准入的管理，加强对社会医疗机构的医疗质量管理和医疗市场的监督执法。1990年，开展打击游医药贩活动，查处无医疗机构执业许可证的人员。1993年，从进货渠道、索证及使用后毁形、灭菌处理等方面，对区属医疗卫生单位一次性医疗用品使用情况行政执法。1999年，对崇安医院、企业保健站、个体诊所监督检查114次，对3家违反医疗机构管理规定的个体诊所进行行政处罚。2001年，整顿医疗美容机构，查处违规开展医疗美容机构2家。2002年，完成非营利性机构中合资、合作、承包的营利性科室、病区、项目的分离变更；从事检验项目的辖区医疗机构全部纳入市质量控制网络，实行检验质控。2003年，结合非典型肺炎防治，对63家（次）社会及个体医疗机构进行执法检查，停业整顿、限期整改10家，并对辖区内社会、个体医疗机构和厂矿企事业单位内部医疗机构的药品质量进行监督检查。2004年，在非法行医专项执法中突击检查35家医疗机构，行政处罚1家；监督检查区属2家医疗机构采供血情况，监督检查医疗机构医疗废弃物70家次。2005年,开展医疗市场整顿工作，组织卫生、城管、公安等部门深入社区联合执法，查禁非法行医。是年，取缔非法行医3处。1989~2005年，共取缔游医药贩31家，查处无证行医40人。

医疗事故处理　1988年，区成立医疗事故鉴定委员会，按照国务院1987年颁发的《中华人民共和国医疗事故处理条例》和卫生部1988年颁发的《关于医疗事故分级标准（试行草案）》及《关于〈医疗事故处理条例〉若干问题的说明》，负责区属医疗机构医疗事故鉴定工作。2000年后，医疗纠纷数量逐年增加，区属医疗机构制定《医疗事故防范处理预案》，并不断健全完善。对发生的医疗纠纷，严格按照《医疗事故处理条例》规定和程序处理。立足公平、公正、公开的原则，加强医患沟通，妥善缓解和处置医疗纠纷。1986~2005年，处理医疗纠纷（差错）22起，其中，通过医疗事故鉴定处理1起。

1985～2005年崇安区医疗纠纷情况统计表

表29-7-2　　单位：起

年　份	医疗纠纷	医疗差错
1985~1999	—	—
2000	1	—
2001	4	—
2002	5	—
2003	2	—
2004	5	1
2005	4	—
合　计	21	1

说明：上述资料由崇安人民医院提供。

等级医院创建　1992年起，崇安医院根据卫生部《关于实施〈医院分级管理（试行草案）〉的通知》要求，加强重点科室建设及设备、技术力量配备。1994年，通过省二级综合医院基本标准评审。

1995年1月，被卫生部评为二级乙等医院。2001年后，开展现代化医院的创建工作，按照《江苏省基本现代化医院考评细则（试行）》要求，科学制定规划，从管理、服务、技术、环境、设备、信息等方面，逐一对照，逐项落实，责任到人，争创基本现代化医院，后因崇安医院院本部拆迁而暂缓。

【药政管理】

药品、消毒用品专项检查（2005）　　（区卫生局供稿）

1985年《中华人民共和国药品管理法》（以下简称《药品管理法》）实施后，区卫生部门依法对区内药品经营企业、药品使用单位、个体开业诊所等药品使用情况进行全面监督检查，并会同工商等部门对医药市场及游医药贩实行管理，对违反《药品管理法》及有关药政法规的行为追究责任，予以行政处罚。1986年，组织合理使用抗菌素大检查和假劣药品大检查，查处假劣药品113个品种、价值794.86元，并全部销毁。1987年，对区属工厂保健站、区属医院和个体医疗机构药品进行检查，查处假劣药品51种；处置非法销售、收购药品事件11起，共没收处理药品200种、价值5000元。并开展药品质量大检查，查处问题药品116种、价值396.66元。1989年，查处不合格药品80种、价值313.81元。1990年，查处销毁无注册证书、无生产厂家、无生产批号“三无”药品61种、价值488.03元。1991年，查处伪劣药品价值639.30元。1996年，根据省、市在卫生系统开展药品回扣专项治理工作要求，在崇安医院开展药品回扣专项治理，清查药品回扣、促销开单费、以物代药等问题。2001年，无锡市药品监督管理局成立，区药政工作统一由市药品监督管理局监督管理。

第四节　公费医疗管理

1987年前，公费医疗由市卫生局统一管理。1987年后，公费医疗实行市、区两级管理。是年，成立区公费医疗办公室，编制2人，统一负责全区公费医疗管理，并实行定点医疗，限额记账，医院与区公费医疗办公室结算的办法。同年，全区享受公费医疗2714人，年人均支出99. 59元，年总支出27.03万元。区公费医疗经费由区政府财政拨付，用于机关事业单位人员门诊、住院费用支出。1988～1993年，区卫生局根据《江苏省公费医疗药品报销范围》等文件精神，对机关事业单位人员门诊、住院费用单进行审核并现金报销。1987～1997年，区承担全区机关事业单位公费医疗经费3.14万人次、1420.73万元，人均452.94元。1998年起，根据无锡市医疗保险制度改革要求，实施职工医疗保险制度，撤销区公费医疗办公室，其职能由无锡市社会保障事业局接管。

1987～1997年崇安区公费医疗经费支出情况一览表

表29-7-3　　单位：人、万元、元

年　份	享受人数	实际支出	区财政支出	年人均支出
1987	2714	27.03	27.03	99.59
1988	2724	50.95	50.95	187.04
1989	2622	51.04	51.04	194.66

续表29-7-3

年份	享受人数	实际支出	区财政支出	年人均支出
1990	2743	45.50	45.50	165.87
1991	2852	60.91	60.91	213.56
1992	2852	78.96	78.96	276.85
1993	2929	142.84	142.84	487.67
1994	2929	155.50	155.50	530.89
1995	3002	300	300	999.33
1996	3000	293	293	976.67
1997	3000	215	215	716.67
合计	31357	1420.73	1420.73	452.94

说明：上述资料由崇安区卫生局提供。

第五节　献血管理

1985年前，采取志愿献血即有偿献血的办法。其后至1990年，实行公民义务献血制度，多由单位组织集体献血，给予一定的营养补助。1990年12月后，全面推行公民无偿献血制度，对献血者实行“献一还三”激励政策，即献1份血本人可免费用3份血，如献血者的配偶或直系亲属用血则享受“献一还一”的优待。1991年5月，首次推行街头无偿献血，此后每年举行街头无偿献血活动。1994年，区成立义务献血领导小组，下设办公室，办公室设在区卫生局，办公室主任由区卫生局局长兼任。按照无锡市公民义务献血要求，开展献血公益宣传活动，对区属单位下达献血指标，动员组织义务献血。1994年1月至1998年9月，全区义务献血948人。1998年10月至2000年8月，《中华人民共和国献血法》《无锡市献血管理办法》《江苏省献血条例》先后颁布后，献血工作由公民义务献血过渡到无偿献血，进入法制化管理轨道。2000年，区义务献血领导小组更名为无偿献血领导小组。此后，区每年按照市下达的无偿献血任务，逐一落实到机关、街道、医院、企事业单位，并不断加大无偿献血宣传力度，调动公民自愿无偿献血的积极性，逐步减少指令性献血任务，无偿献血人数逐年增加。1999~2005年，全区无偿献血3603人次，年年完成和超额完成市下达的任务，多次受到市表彰。广益医院院长沈国华连续15年无偿献血40余次、9600毫升，获全国无偿献血奉献金奖。

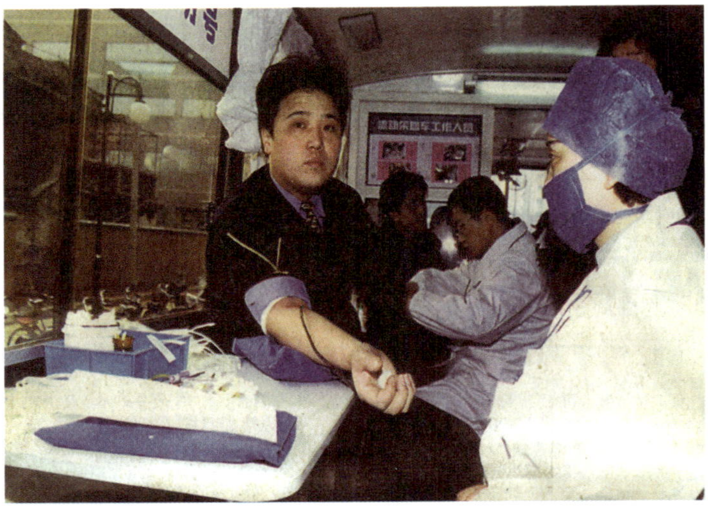

区个私协会组织私营业主义务献血（2001.3）　（区卫生局供稿）

第三十编

体　育

无锡解放后，人民政府十分重视体育事业。1951年起，在学校推广第一套广播操。1952年，毛泽东“发展体育运动，增强人民体质”题词发表后，广播操、田径、球类、棋类、拔河等群众性的体育活动掀起热潮。1955年起，在学校推广《准备劳动与卫国体育制度》（简称“劳卫制”）和《国家体育锻炼标准》，在职工中推广工间操，举办地区性运动会，篮球、康乐球、乒乓球、羽毛球、游泳等成为群众喜爱的体育项目。20世纪60年代初，学校普遍推行早操、课间操、眼保健操和课外体育活动。“文化大革命”初期，体育工作遭到严重冲击。1973年，区体委恢复后，学校体育和群众体育工作逐步步入健康发展轨道。

1986年后，辖区体育设施不断完善，逐步实现由政府办体育向社会多元化发展体育事业的转变。社会体育场馆从少到多，由1990年24个增加到2005年52个；社区体育场所从无到有，先后建成全民健身苑（点）67处；学校体育设施逐步完善，室外操场塑胶化，篮球场、排球场、羽毛球场等专用体育设施标准化，体育场馆专业化。群众体育活动着眼增强人民体质，实现群众体育与竞技体育并重协调发展，特别是1995年《中华人民共和国体育法》和《全民健身计划纲要》颁布后，先后组织实施“一二一工程”“八个一工程”“我运动，我健康——每天健身半小时”等全民健身计划，区先后举办综合性运动会6届和《崇安晨曲》晨锻炼观摩交流会4次，并每年组织参加市举办的“迎新春万人长跑”活动，各街道还因地制宜举办形式多样的特色运动会，晨锻炼点发展到84个，形成“政府号召、部门组织、社区支持、群众参与”的全民健身新格局。学校体育以《中小学体育工作暂行规定》和《国家体育锻炼标准》为纲，体育教学和业余体育训练不断加强，学生体质达标率逐年提高；体育传统项目学校建设深入推进，逐步形成田径、乒乓球、篮球、棋类、排球、足球、射击、风筝、武术9个体育特色项目，9所学校先后被命名为国家、省、市体育传统项目学校，并为国家培养输送各类运动员100多人。其间，还组队参加国内外各级各类体育竞赛130余次，其中小学生100余次。体育竞技水平不断提高，纪录不断刷新，先后获市级以上奖项700余个，其中，小学生600余个，残疾人获国际比赛奖牌10枚，国家、省级奖牌18枚。

区于1994年被评为全国开展第七套广播体操先进区，2001年被授予全国群众体育先进区，2005年被评为省全民健身体系“八个一工程”“十佳”先进单位。6个街道先后跻身省城市体育先进街道（社区）行列。

第一章　体育设施

80年代后，随着体育事业的发展，体育场馆不断兴建，体育设施逐步完善。1990年，辖区有台球室、游泳池等社会体育场馆24个。90年代后，保龄球馆、棋牌室、健身房、乒乓球室等体育场馆大量面世，1998年辖区社会体育场馆增加到37个。同时，随着《中华人民共和国体育法》的贯彻和教育现代化工程的实施，学校体育场地、设施和器材标准化建设步伐加快。1997年，连元街小学建成市区中小学首家塑胶跑道田径运动场。2000年后，遵循"方便群众，服务群众，让群众满意"的原则，加快全民健身工程（点）建设，社区体育设施严重匮乏的局面得到根本改变。迄2005年，辖区有社会体育场馆52个。社区体育场所67处，面积3.71万平方米，其中，全民健身苑3个、健身点64个。公办学校室外操场21处，面积6.17万平方米；篮球场、排球场、羽毛球场等专用体育设施36处；专用体育馆室14个。

第一节　社会体育场馆

1990年，辖区有社会体育场馆24个，其中，台球室22个、游泳池2个。1995年，建成靖海公园游泳池和朝阳服装厂溜冰场。1996年后，民间体育场馆逐步兴起，保龄球馆、棋牌室、健身房、乒乓球室等体育健身休闲娱乐设施相继发展。是年，溢富大厦娱乐城利用200平方米地下室建成3只钓鱼池，为锡城第一家室内钓鱼馆。华光珠宝城8楼的深港俱乐部保龄球馆对外开放，内设36道国际标准道，其中普通道22道、贵宾道14道。皇亭保龄球馆建成营业。1993～1997年，新增游泳池、保龄球馆等体育场地3700多平方米。1998年2月，位于国际饭店30楼的市国际乒乓球交流中心成立，内有乒乓球台8张，是无锡地区设施最好的乒乓球馆，开设儿童苗苗班、儿童兴趣班及少年兴趣班3个，并低价向社会开放。是年，辖区有体育场馆37个，其中，保龄球馆2个、台球室15个、棋牌室5个、健身房7个、乒乓球室5个、游泳池1个。2000年后，台球室逐渐萎缩，被棋牌室、健身房所替代，特别是棋牌室，受到老年人的青睐。2005年，辖区社会体育场馆发展到52个，其中，棋牌室23家，占44.23%。

1990～2005年部分年份崇安区社会体育场馆一览表

表30-1-1　　单位：个

年份＼项目	小计	保龄球馆	台球室	棋牌室	健身房	乒乓球室	游泳池	其他
1990	24	—	22	—	—	—	2	—
1995	22	—	18	—	—	—	3	1
1998	37	2	15	5	7	5	1	2
1999	31	4	13	3	6	—	3	2
2000	43	3	19	7	10	—	3	1
2001	38	3	14	7	10	—	4	—
2002	39	3	14	8	10	—	4	—
2003	25	2	6	5	7	2	3	—
2004	42	2	10	15	9	3	3	—
2005	52	2	11	23	10	3	3	—

说明：上述资料由区文体局提供。

第二节　社区体育场所

1996年起，贯彻实施国务院《全民健身计划纲要》，利用体育彩票公益金建设全民健身工程和健身点，街道社区公益性体育场所从无到有。1998年7月，江海街道建成全区第一个全民健身工程——风雷健身苑。位于风雷新村沪宁铁路东侧，占地1100平方米，有标准水泥篮球场1个，健身器材1套，室外乒乓球台2张。2000年后，在抓好全民健身工程的同时，注重小型分散的全民健身点建设。是年5月，广瑞路街道在丰环新村社区建成区第一个全民健身点，占地200平方米，设置太空漫步器、立式旋转器、单杠、双杠等10件综合健身活动器材。2001~2002年，陆续新建健身点39个。2002年10月，上马墩街道建成区第二个全民健身工程——靖海健身苑。由靖海公园儿童乐园改建而成，占地1600平方米，有标准塑胶篮球场2个，4副球架为CBA专用体育设备。另有各种综合健身活动器材和儿童活动器材，地面铺设人造草坪300平方米，周边铺装彩色道板路面及鹅卵石健身路径，集健身、休闲、娱乐为一体。2003~2005年，又新建全民健身点24个，社区体育活动场地不足的状况得到极大改变。2005年12月，广益街道建成区第三个全民健身工程——莫家庄健身苑。位于莫家庄村，由打谷场和部分池塘改建而成，占地4000平方米，是区面积最大的全民健身工程。有标准水泥篮球场1个，健身器材1套，周边种植草坪，建花坛、亭子，铺鹅卵石健身小径，为市民健身营造舒适环境。迄2005年，全区有全民健身苑3个，面积6700平方米；健身点64个，遍布所有社区，普及率100%，面积3.04万平方米，其中，占地面积超过1000平方米的健身点11个，广益街道广丰村徐巷健身点占地4000平方米。

风雷健身苑（2004）　　（区文体局供稿）

全民健身工程（健身点）由街道社区负责日常管理和维护，保证器材和场地完好，正常使用，方便居民群众就近锻炼，开展全民健身活动。2005年，崇安寺街道城中公园健身点、广益街道黄泥头村中老年健身点、通江街道大同路社区健身点、广瑞路街道广丰社区健身点、上马墩街道靖海公园健身点、江海街道风顺里健身点被评为市优秀群众健身活动站（点）。

靖海健身苑（2002.11）　　（高刚摄）

2005年崇安区全民健身点分布情况一览表

表30-1-2　　单位：平方米

序　号	主管单位	建成时间	健身点名称	面　积	地　　点
1	广益街道	2002.09	尤渡村	1000	尤渡村公园
2		2003.11	莫家庄村	500	莫家庄村内
3		2003.11	黄泥头村	300	西黄泥头村23号
4		2003.11	向阳村	300	向阳村华庄岸
5		2004.09	广丰村	4000	徐巷休闲中心

续表30-1-2

序　号	主管单位	建成时间	健身点名称	面　积	地　　点
6	广益街道	2004.11	丁村管巷	600	丁村村内
7		2005.12	上马墩村	1000	上马墩村内
8	崇安寺街道	2001.12	德兴巷	200	崇安图书馆院内
9		2002..09	书院弄	120	锦树里小区
10		2002.09	后西溪	150	五姓巷小区
11		2002.09	连元街	300	锦绣花园小区
12		2003.08	西河头	120	西河花园小区
13		2003.08	道长巷	120	道长巷小区
14		2001.07	百岁坊巷	200	置煤浜小区
15		2001.12	新街巷	200	学前街88号
16		2002.09	勤学路	150	解放新村喻康苑
17		2002.08	前西溪	150	迎溪桥小区
18		2003.11	城中公园	100	街道文体中心
19		2002.09	南市桥	150	育才弄4号
20		2002.09	汤　巷	200	汤巷小区18号旁
21		2001.07	东河花园	200	东河花园小区
22		2001.07	映山河	200	映山河小区
23		2002.09	人民路	200	东林苑小区
24		2002.09	田基浜	200	田基浜小区
25		2002.09	崇宁路	150	小娄巷横街26-28
26	通江街道	2001.12	庆丰里	250	庆丰小区
27		2002.09	锡沪路	700	勤俭花园小区
28		2003.08	蒋　巷	150	蒋巷25号大楼前
29		2003.08	大同路	300	通江立交东草地
30		2004.09	陈白头巷	500	德福花园小区
31		2005.05	老戏馆弄	2000	吉庆里62号吉庆苑
32	广瑞路街道	2002.09	广瑞一村	200	广瑞一村15号
33		2004.09	广瑞一村	500	益明苑小区20号旁
34		2002.11	广瑞二村	150	广瑞二村小区
35		2001.12	广瑞三村	200	广瑞三村小区
36		2001.07	广丰社区	200	广丰新村小区
37		2004.11	广丰三村	500	广丰三村小区
38		2005.12	广丰三村	1500	星晟花园小区
39		2000.05	丰环新村	200	丰环新村内
40		2003.08	丰环新村	200	丰泽苑15号后门
41		2001.07	广益新村	200	广益新村路口
42		2002.09	石利新村	150	石利新村小区
43	上马墩街道	2001.07	塔影西片	1500	塔影二村小游园
44		2002.09	益都苑	1000	益都苑小区
45		2002.09	春晖新村	550	春晖新村10-11
46		2002.09	靖海公园	1020	靖海新村106对面
47		2002.11	简　新	200	上马墩三村29号旁
48		2002.11	塔影一村	500	塔影一村70号旁
49		2003.08	上马墩新村	300	上马墩二村20号
50		2004.09	塔影苑	500	汽制家舍50-54
51		2005.12	塔影二村	1000	塔影二村16号旁
52	江海街道	2001.07	宁海里南片	1000	宁海里242-243
53		2003.08	宁海里北片	150	宁海里140-145
54		2001.07	金海里	250	金海里96-97
55		2004.11	金海里	550	金海里9-1；5-2
56		2005.12	金海里	400	金海里114号A块
57		2001.12	风雷西片	300	风雷新村
58		2002.09	风雷东片	200	风雷新村小花园
59		2001.12	风和里	200	风和里小区
60		2004.09	风和里	1000	锦明苑小区

续表30-1-2

序号	主管单位	建成时间	健身点名称	面积	地点
61	江海街道	2002.09	风顺里	500	风顺里小区
62		2002.11	江海北片	200	江海新村
63		2002.09	江海南片	200	江海新村76-88
64		2002.11	江海服务中心	200	街道服务中心三楼
合计		—	—	30430	—

说明：上述资料由区文体局提供。

第三节　学校体育设施

90年代前，学校体育场地一般比较狭小，设施相对不足。90年代初，白水荡中心小学扩建外操场，建成乒乓球训练馆。1995年后，结合贯彻《中华人民共和国体育法》和实施教育现代化工程，学校体育场地、设施和器材标准化建设步伐加快。1997年10月，市、区两级政府投资1200多万元，征用城中“寸金地”3500平方米，建成连元街小学田径运动场，时为市区中小学首家塑胶跑道运动场。1998年后，位于老城区内的小学主要结合学校布局调整，校舍改造，扩建体育场地，在教学综合楼内增设体育馆室。

投资1200多万元扩建的连元街小学田径运动场（1997）（区教育局供稿）

通汇桥中心小学1400平方米教学大楼内设有乒乓球专用训练房。2003~2005年，连元街小学先后投入419.17万元，建成室内温水游泳馆、篮球馆、体育教学室、地下乒乓球馆、棋类室、模型室，以及攀岩；通江小学建成2760平方米的操场，室内艺体馆以及全区第一家射击馆。位于老城区外的小学结合改善办学条件，优化体育设施。亭子桥小学、金海里小学操场分别改扩建，面积达1300平方米、2100平方米；宁海里小学改建成2400平方米的彩色橡塑运动场；塔影小学改建成有200米环型跑道的塑胶田径场和400平方米的室内活动室；广瑞小学铺设彩色塑胶软地操场；广益中心小学建成有260米环型跑道的田径运动场和网球场；尤渡里小学操场改扩建，面积达2800平方米，并新建篮球场；广新小学3325平方米运动场改建成塑胶场地，并辟建室内体育活动室；靖海小学改建成3000平方米塑胶田径运动场和风雨操场。2000~2005年，共投资1237.21万元，建设室外操场；投资454.52万元，兴建体育馆室；投资97.59万元，购置乒乓球台、篮球架、排球架、羽毛球架、体操器械等专用体育设施。迄2005年，全区20所公办学校有室外操场21处，面积6.17万平方米；篮球场、排球场、羽毛球场等专用体育设施36处；游泳池、篮球馆、乒乓球馆、艺体馆、射击馆等专用体育馆室14个。

连元街小学游泳馆（2005）（连元街小学供稿）

2005年崇安区中小学体育场地(设施)情况一览表

表30-1-3

单位：平方米、万元

序号	校名	操场			专用体育设施			专用体育馆室		
		面积	建造时间	投资	名称	建造时间	投资	名称	建造时间	投资
1	连元街小学	4010	2005	31.50	移动式篮球架	—	1.23	游泳馆	2005	366
		—	—	—	攀岩	2005	13.50	篮球馆	2005	
		—	—	—	—	—	—	地下乒乓球馆	2005	1.66
		—	—	—	—	—	—	模型室	2005	2.08
		—	—	—	—	—	—	棋类室	2004	3.20
2	保利小学	2367	2004	30	运动器材	2005	2.43	—	—	—
3	崇宁路小学	2900	2002	87	羽毛球架	—	0.24	体育馆	1985	13.33
		—	—	—	活动篮球架	—	1	—	—	—
4	辅读学校	328	2004	10	联合器械	2004	1.10	—	—	—
5	亭子桥小学	1300	2003	10	联合器械	—	1	—	—	—
6	塔影小学	2000	—	—	联合器械	—	4.60	—	—	—
7	靖海小学	3000	2003	101.69	联合器械	2003	3.50	—	—	—
		—	—	—	风雨操场	2003	6.29	—	—	—
8	宁海里小学	2400	2005	21	联合器械	2005	10	—	—	—
9	金海里小学	2100	2005	10.80	联合器械	2005	8	—	—	—
10	通江小学	2760	2005	56.64	篮球架	2005	3.20	室内艺体馆	2005	8.50
		—	—	—	—	—	—	射击馆	2005	1.10
11	广瑞小学	3120	2003	32	联合器械	1990	3.50	室内操场	1990	—
		—	—	—	篮球架	—	1	室内乒乓室	1979	—
		—	—	—	足球门	—	0.50	—	—	—
12	广新小学	3325	2004	59.19	联合器械	—	3.50	室内体育馆	—	21
13	新开河小学	2100	2002	40	篮球场	2002	2.50	—	—	—
14	尤渡里小学	2800	2003	50	篮球场	2003	2.80	—	—	—
15	广益小学	8000	2005	156.71	联合器械	2005	5.75	体育器材室	2001	3.24
		—	—	—	篮球场	2005	1.05	乒乓室	2001	0.38
		—	—	—	排球场	2005	0.28	—	—	—
		—	—	—	羽毛球场	2005	0.24	—	—	—
16	东林中学	3284	2005	70	篮球场	2005	4.50	—	—	—
		—	—	—	排球场	2005	0.67	—	—	—
		—	—	—	器械场	2005	0.27	—	—	—
	分部	2613	2003	40	篮球场	2005	2.80	—	—	—
17	广勤中学	4000	2005	45	篮球场	2005	—	—	—	—
18	广丰中学	300	2005	205.37	篮球架（4副）	—	12.74	室内体育馆	2001	47.36
		—	—	—	乒乓桌（10套）	—	—	—	—	—
		—	—	—	羽毛球架（2副）	—	—	—	—	—
		—	—	—	体操器械、	—	—	—	—	—
		—	—	—	排球架（2副）	—	—	—	—	—
19	塔影中学	6000	2000	130.31	单杠（1副）	2005	0.10	—	—	—
		—	—	—	篮球架（5副）	2005	2.50	—	—	—
20	胜利门中学	3000	2000	50	篮球场	2000	1.80	—	—	—
合计		61707	—	1237.21	—	—	102.59	—	—	467.85

说明：上述资料由区教育局提供。

第二章　群众体育

元旦迎春长跑（2003）　（区文体局供稿）

80年代，区、街两级体育协会相继建立后，全区群众体育得到较快发展，区通过举办体育运动会、消防运动会、老年人运动会、残疾人运动会，街道通过召开地区运动会、趣味运动会等途径，推动群众性体育活动的广泛开展。90年代后，随着企业逐步转制，群众体育工作的重点逐渐转向街道地区。区年年组织“迎新春万人长跑”活动；街道地区晨锻炼活动坚持不懈、丰富多彩，1992~1998年，区先后组织4届《崇安晨曲》晨锻炼观摩交流会，晨锻炼点发展到84个。特别是《中华人民共和国体育法》和《全民健身计划纲要》实施后，全民健身服务体系建设从“一二一工程”①发展到“八个一工程”②，并组织实施“我运动，我健康——每天健身半小时”等全民健身计划，企业职工广泛参与国家体育总局开展的“五个亿万”人群健身活动，全民健身活动日趋活跃。1988~2004年，区举办全区性大型体育运动会6次，各街道因地制宜组织形式多样的特色运动会，民间舞狮、舞龙、健身操、太极拳等成为新兴体育项目。1994年，区被评为全国开展第七套广播体操先进区，2001年被授予全国群众体育先进区。迄2005年，6个街道均跻身省城市体育先进街道（社区）行列。

第一节　社区体育

1986~1990年，各街道分别举办街道地区运动会、趣味运动会、老年体育运动会。复兴路街道地区运动会有老年人太极拳表演，以及拔河比赛、家庭30米障碍赛、50米红旗接力赛、4人传球比赛等。工运桥街道地区运动会有64名老年人太极拳、练功18法表演，辖区单位消防演练，以及象棋、划船、太极拳、田径、拔河等竞赛项目。各街道还与辖区单位联合举办“共建杯”拔河和乒乓球比赛。与此同时，根据不同年龄，开展“小型、多样”的体育健身活动，有适合老年人运动的钓鱼、太极拳、自行车慢骑、跳绳、慢跑、棋类、老年迪斯科等，以适量运动为主的广播操、乒乓球、排球、门球、登山、拔河、健美操、扑克、交谊舞等。1992年，纪念毛泽东“发展体育运动，增强人民体质”题词发表40周年，群众性晨锻炼活动广泛开展，10个街道有47个晨锻炼点，2260余人参加。区举办第一届《崇安晨曲》晨锻炼观摩交流会。广瑞路街道举办首届地区体育运动会。工运路街道举办地区里弄体育节，1153名居民群众参加“祖孙三代”接力、“比翼双飞”竞走、“双优技巧”接力、“好苗苗”幼儿接力、“小动物”障碍赛、跳远、乒乓球等18项比赛。1993年起，街道地区体育运动会每2年举办1次，

①一二一工程：每人每天参加一次以上体育健身活动，学会二种以上体育健身方法，每人每年进行一次体质测定。
②八个一工程：详见《大事记》2005年，第38页。

参赛对象有街道机关、居委、街道企业、辖区单位、居民家庭，比赛项目有篮球、乒乓球、羽毛球、棋类、田径、自行车慢骑、迪斯科、拔河等。1994年，各街道组队参加区迎省运“崇工杯”钓鱼比赛、青少年趣味运动会以及老年人单项体育比赛。1995年，贯彻《中华人民共和国体育法》和《全民健身计划纲要》，市召开启动全民健身“一二一工程”街道地区现场会，学前街街道在会上介绍开展全民健身活动的经验。此后，“一二一工程”在各街道全面推开，健身活动以体操为重点、健美操为特色，地区退休工人为主体，以空闲场地为基地，晨锻炼点发展到69个，常年参加晨锻炼活动人数8500余人。是年，区举办第二届《崇安晨曲》晨锻炼观摩交流会，8个街道18支晨锻炼队伍参加表演。1996年后，全区每年开展全民健身宣传周活动，在街道企业推广工间操，学前街街道获1996年市首届社区晨炼成果汇报演出优秀组织奖，上马墩、人民路、周山浜、广瑞路等4个街道获健身操、舞、功、拳比赛优胜奖。1997年，市文明办、市体委、市总工会、市财办会同区政府根据中山路特定的地理、人文环境，推行全民健身工程，开发中山路体育风景线，发动中山路沿街单位坚持每天工前广播操；利用大商场门前广场设立固定晨锻炼活动点；组织举办有行业特色的趣味体育比赛和晨锻炼表演活动等，充实中山路文明示范街内容，为商业职工和周边地区居民群众营造就近、方便、有序的健身环境。是年，江海街道举办的地区体育运动会参赛人数达1572人，开幕式上有少儿韵律操、学生手拎操、青年迪斯科、老年藤圈操等大型团体操表演。在市第七届老年人运动会上，该街道的老年藤圈操、祖孙双人跳、母子绑腿跑等项目集健身性、娱乐性、趣味性于一体，成为一大特色。广瑞路街道顾永范被评为省第十四届运动会体育先进工作者。1997~1998年，区先后举办“迎香港回归，迎十五大召开”为主题的第三届《崇安晨曲》晨锻炼观摩交流会、《天年杯》第四届《崇安晨曲》晨锻炼观摩交流会，全区晨锻炼点发展到84个。1998年11月，江海街道被评为全国城市体育先进社区。1999年，区组队参加市全民健身10万人登山等活动，广瑞路街道获市“迎澳门回归”全民健身大演练汇报表演三等奖。此后，各街道每年组队参加市元旦健身长跑、全民健身大演练汇报表演。2001年，百岁坊巷健美操表演队获江苏省老年健美操比赛金奖。2002年，各街道实施全民健身“八个一工程”，进一步完善街道地区组织网络、宣传教育、运动设施、团队组织、健身指导、体质监测、特色项目等服务体系。是年，上马墩街道被评为江苏省第十五届运动会群众体育先进单位，崇安寺街道获省全民健身宣传周活动先进单位，崇安寺街道、学前街街道、工运路街道、上马墩街道、连元街小学获市第四届全民健身节暨第七届全民健身宣传周活动先进单位。2003年，新建社区健身点10个，51个有条件社区实现“一居(村)一健身点”的目标。2004年，围绕市打造“我运动，我健康——每天健身半小时”全民健身活动品牌，各街道在市中心各商业广场、各社区健身广场，定期组织各类大型体育健身活动、展演和健身科普宣传，“每天健身半小时”被评为江苏省十大城市健身景观之一。

老戏馆弄社居委举办首届老年兴趣项目运动会（2001.10）
（工运路街道供稿）

学前街街道在银辉广场举办晨锻炼汇演（2002.1） （裘亚星摄）

是年，全区6个街道均通过市全民健身体系“八个一工程”达标验收，上马墩街道被评为市全民健身体系“八个一工程”先进单位。2005年，区获市第六届全民健身节暨第九届全民健身周宣传优秀组织奖。广瑞路街道被评为市老年人“迎十运健身行”先进单位、省全民健身“八个一工程”“十佳”先进单位和省全民健身周活动先进单位。崇安寺街道获市第九届老年人运动会乒乓球团体冠军。迄2005年，街道地区先后形成太极拳队、元极舞队、木兰拳队、关节操队、五节操队、六段功队、混元一体功队、腰背操队、健美操队、球操队，象围棋队、游泳队、乒乓球队、篮球队、羽毛球队等众多各具特色的健身体育队伍。

第二节　职工体育

1986年后，区通过组建中山路、人民路路际文体协会和成立街道地区体育协会，推动辖区企事业单位职工体育活动广泛开展，推进体育社会化，扩大体育人口。1987~1988年，职工体育工作按照普及与提高相结合的原则，开展以健身为目标的群众性体育活动，1000余名职工参加区首届体育、消防运动会的比赛。1988年11月，区举行首届城建职工运动会。1990年4月，举办区第二届体育运动会，1500余名职工参赛。90年代后，随着改革开放不断深入，国有集体企业逐步转改制，企业原有的“小社会”模式发生变化，职工体育的抓手也随之变化，区探索职工体育与社区体育有效结合的路子。1992年，区会同市总工会、市体委联合举办纪念毛泽东“发展体育运动，增强人民体质”题词发表40周年职工体育活动周，倡导职工体育活动以基层为主，以业余、小型、多样为主，集健身与娱乐为一体，提高身体素质与生产技能相结合，吸引50%以上的职工参加300多项活动周系列比赛。1993年，举办区第三届体育运动会和第二届消防运动会，组织职工参加迎江苏省第十三届运动会迎春万人越野跑活动。此后，每年元旦都组织职工参加迎新春万人长跑活动，区多次荣获市优秀组织奖。2001年，根据国家体育总局提出的开展“五个亿万”人群健身活动要求，发动职工参加“七个万名”人群健身活动，职工体育活动逐步向民营企业等新经济组织延伸，并融入社会体育、广场体育、社区体育。2003年，组织参加“我运动、我健康——每天健身半小时”系列活动，发挥地区全民健身网络的组织优势，开展一系列职工乒乓球赛、射击赛、足球赛、篮球赛、棋牌赛等活动。1996年、2000年、2004年，区先后举办第四届、第五届、第六届体育运动会，组织职工参加广播操、田径、球类、棋类、拔河等项目比赛。

篮球比赛（2005）　（区文体局供稿）

区圆通物业公司举办首届消防运动会（2001.12）（圆通物业公司供稿）

第三章　学校体育

区小学生运动会（90年代）　　（区教育局供稿）

80年代，区根据国家《中小学体育工作暂行规定》和《国家体育锻炼标准》，把体育教学质量纳入学校领导年度考核，加强课堂教学、教师基本功、教研活动、教学质量监控等常规管理，并组织小学生参加体育达标锻炼活动，培养学生体育技能，增强体魄。残疾人较为集中的区辅读学校，专门开辟体育课程，进行篮球、乒乓球、排球、网球、足球等球类和象棋、围棋、跳棋等棋类的训练。学校还定期举办各类体育竞赛，请著名残疾人运动员作报告，不断激励伤残学生的上进心和荣誉感。1986～1989年，每年春、秋两季举办区小学生田径运动会，小学生体育锻炼达标率均保持99%以上。1988～1990年，连续3年获市小学体育七项综合竞赛团体总冠军。1990年后，贯彻国家《学校体育工作条例》（简称《条例》）和新的《国家体育锻炼标准》，每年举办一次小学生运动会，落实"一小时"体育活动、搞好课外体育训练等工作要求，把小学生体质是否合格作为检验学校体育成效的主要标志之一。1990～1991年，在市小学生体质检测评比中，连元街小学、广勤路中心小学分别获总分第一名、第三名。1996年后，把学校体育作为全民健身工作的重点，体育活动常年坚持不懈，学生体质达标率逐年提高。1997年，后西溪中心小学继1993年被评为全国群众体育先进单位后，再次获此殊荣。1999年、2001年，连元街小学先后获省全民健身群众体育先进单位、全国群众体育先进单位。2005年，全区学生体质达标率提高到99.4%。

1986～2005年，在课外体育活动训练的同时，逐步形成田径、乒乓球、篮球、棋类、排球、足球、射击、风筝、武术9个体育特色项目。先后有崇宁路实验小学（射击）、连元街小学（田径）、宁海里小学（篮球）、后西溪中心小学（田径）、尤渡里小学（排球）、广益中心小学（足球）、广勤路中心小学（足球）、白水荡中心小学（乒乓球）、通汇桥中心小学（乒乓球）9所学校被国家、省、市命名为体育传统项目学校。

第一节　体育教育与达标

80年代后，各学校贯彻落实国家《中小学体育工作暂行规定》和《国家体育锻炼标准》，根据小学生身心特点，在开展体育教育的同时，组织小学生参加体育达标锻炼活动，培养学生体育技能，增强体魄。1986～1989年，全区小学生体育锻炼达标率均保持99%以上，区获省区级组第二名，广勤路中心小学被评为省施行《国家体育锻炼标准》先进单位。90年代后，对照国家《条例》和1989年12月新颁布的《国家体育锻炼标准》规定，开展"练好基本功，上好体育课"等评教活动，强化体育工作量化管理，提高体育教学质量。各学校从构建校园体育文化着手，加强体育与健康相关知识的教育，通过讲座、知识竞赛等手段，借助图片、广播、电视、录像、网络等载体，对学生进行系统体育文化教育，促进“享受体育”健康生活方式的形成。1994年，连元街小学和后西溪小学被评为市1993~1994学年度体育锻炼达标先进单位，连元街小学还被评为省贯彻《条例》先进单位。1996年，学校冬锻活动广泛开展，组织跳绳、踢毽、长跑“冬季三项”运动。利用课间、晨间开展课外体育活动，通过举办区、校、片间的综合性运动会及各种单项体育竞赛，使学生了解体育、感受体育、关注体育、参与体育。各校还根据各自条件开展学生喜闻乐见的羽毛球、乒乓球、棋类、游泳、射击、足球、篮球、棒垒球以及极限运动等传统和新颖的运动，激发学生参与运动的兴趣，最终形成自己的传统和特色，完善校园体育文化教育，实现各自体育教育的目标。2000年，在市小学生体育八项（乒乓球、羽毛球、武术、田径、排球、游泳、篮球、足球）综合竞赛中，区获总分第一名。通过竞赛，涌现出一批有培养前途的优秀体育苗子。2001年，区小学生体锻达标检测合格率达99.12%，崇宁路小学被评为市2000~2001学年度体育锻炼达标先进集体，连元街小学被评为省三项冬锻先进单位。是年，区在市小学生体育九项综合竞赛中，获田径、乒乓球、羽毛球、游泳和武术5项金牌和团体总分第一。2002年，贯彻教育部、国家体育总局颁布的《学生体质健康标准（试行方案）》，区建立教育局、业务主管部门和学校“三位一体”体育工作的管理体系，把体育教学与达标项目相结合，课外活动与达标锻炼相结合，小型竞赛与达标测验相结合，大纲教学与达标考核相结合，增强学生体质，提高健康水平，推动学校体育发展。2003年，实施《体育课程课标》，进一步把“健康第一”的教育理念贯穿于体育教育教学，在传授体育知识、技能和技术的同时，关注学生对体育的情感、态度、价值观形成，促进学生积极参与体育锻炼，上好体育课，学生体质水平日益提高。是年，学生体质达标率为95.3%。2004年1月，试行《崇安区小学体育学科学习情况评价方案》，在连元街、崇宁路等省实验小学试点的基础上，逐步推广到中心小学，最后覆盖全区各校。既评价知识与技能，又评价学生学习的积极性、主动性、自信心，使评价更趋合理。区教育局还对各校不定期监测，提高学校对体育教学的重视程度，提升体育教师教学水平，推动学生全面发展。是年，在无锡市第九届运动会小学组的比赛中，获金牌82枚、银牌39枚、铜牌37枚，金牌总数和团体总分均名列第一。迄2005年，全区学生体质达标率由2004年的96.2%提高到99.4%。

第二节　体育传统项目学校

体育传统项目学校建设始于1980年，白水荡中心小学（乒乓球）、亭子桥小学（篮球）于1981年成为全市第一批体育传统项目学校。1985年，辖区有无锡师范附属小学（篮球），后西溪中心小学（田径）省级体育传统项目学校2所；连元街小学（田径）、白水荡中心小学（乒乓球）、广勤路中心小学（足球）、通汇桥中心小学（乒乓球）、崇安寺小学（游泳）、东林小学（乒乓球）市级体育传统项目学校6所。后西溪中心小学还被评为1985年全国体育传统项目学校先进集体。1986年后，各校坚持“体教结合”，在课余体育活动中组织学生开展课余训练，成立校代表队，逐步形成各校的体育传统活动项目。开展体育传统项目学校建设较早的后西溪等学校，一直保持田径、乒乓球等项目的领先地位，并逐步形成自己的优势。1987~1988年，后西溪、连元街、白水荡、通汇桥4所小学被评为市体育传统项目学校先进集体，连元街、通汇桥、后西溪3所小学被评为江苏省体育传统项目学校先进集体，后西溪中心小学又被评为全国体育传统项目学校先进集体。1990年，按照省、市新制定的省级、市级体育传统项目学校标准细则，区教育局每年对体育传统项目学校工作进行检查和验收，确保体育传统项目学校的巩固和发展。是年，经省、市有关部门检查验收，后西溪、白水荡2所小学被命名为全国先进体育传统项目学校。1991~1992年，按照全国体育传统项目学校评估标准，经省体委、省教委验收，后西溪中心小学（田径）、连元街小学（田径）、白水荡中心小学（乒乓球）、通汇桥中心小学（乒乓球）、广勤路中心小学（足球）于1992年被命名为省体育传统项目学校。1993年、1997年，后西溪中心小学连续2次被授予全国群众体育先进单位。1994年，白水荡中心小学（乒乓球）被命名为省先进体育传统项目学校。1995年，连元街小学被国家体委、国家教委评为全国体育传统项目学校、全国学校冬锻先进单位。1996年，后西溪等6所小学通过省体育传统项目学校验收。1997年，白水荡中心小学被评为省先进体育传统项目学校。1998年，连元街小学（田径）、后西溪中心小学（田径）、白水荡中心小学（乒乓球）再次被命名为省体育传统项目学校。后西溪中心小学获省先进体育传统项目学校评估一等奖，连元街小学张飞龙获第十四届省运动会体育先进工作者。1999年，省体委、省教委重新命名后西溪中心小学（田径）、连元街小学（田径）、白水荡中心小学（乒乓球）为省体育传统项目学校。2001年，白水荡中心小学被评为江苏省体育传统项目先进集体，连元街小学获2000~2001学年度省体育传统项目学校实绩评估一等奖。2002年，区教育局马霞萍被评为江苏省第十五届运动会群众体育先进个人。1999年、2004年，白水荡中心小学2次被评为省体育传统项目学校验收免检单位。2005年，市重新命名体育传统项目学校，崇宁路实验小学（射击）、连元街小学（田径）、宁海里小学（篮球）、后西溪中心小学（田径）、尤渡里小学（排球）、广益中心小学（足球）、白水荡中心小学（乒乓球）、通汇桥中心小学（乒乓球）8所学校榜上有名，全区体育传统项目有田径、乒乓球、篮球、棋类、排球、足球、射击、风筝、武术9项。

【田 径】

体育传统项目田径主要以后西溪中心小学和连元街小学为代表。1985~2005年，后西溪中心小学获全国九省市“长江杯”中小学生田径比赛女子团体冠军5次、亚军1次；获省小学生田径比赛、苏南片田径夏令营比赛团体冠军9次、亚军3次、季军2次；获市小学生田径运动会比赛团体冠军9次、亚军1次。连元街小学在省小学生田径比赛中，先后获团体冠军2次、亚军4次、季军2次；在市小学生田径运动会比赛中，获团体冠军2次、亚军2次、季军2次。多名学生保持或打破省、市田径纪录。

后西溪小学田径运动员（1999）　（区教育局供稿）

【乒乓球】

体育传统项目乒乓球主要以白水荡中心小学和通汇桥中心小学为代表。1985~2005年，白水荡中心小学在省、市各类乒乓球比赛中，获团体冠军30多次；向国家、省输送乒乓球优秀运动员16人，向市体校输送运动员70多人，学生陈懿为国家赢得世界青年乒乓球锦标赛团体冠军。1996年，《中国体育报》以“一球一拍育人才”为题，作专题报导。通汇桥中心小学获全国”新星杯”乒乓球赛团体冠军；省小学生乒乓球比赛团体冠军1次、季军1次；市小学生乒乓球比赛团体冠军8次、亚军1次。12岁学生林怡

白水荡小学体育传统项目——乒乓球（1996）
（区教育局供稿）

于1988年获国家一级运动员荣誉证书，为市儿童组乒乓球史上第一位国家一级运动员。

【足 球】

体育传统项目足球主要以广勤路中心小学为代表。该校于1985年被命名为无锡市体育传统项目（足球）学校，1992年被命名为江苏省体育传统项目（足球）学校。1991年，获江苏省足协小学分会举办的第一届足球赛第二名。1992年，获江苏省小学足球夏令营比赛第五名。1988~1996年，在市小学生足球比赛中，先后获冠军、亚军、季军各1次，第四名2次。2005年，广益中心小学被命名为无锡市体育传统项目（足球）学校。

体育传统项目——足球（2000）　　（汤锡璋摄）

体育传统项目——围棋（1999）　　（区教育局供稿）

【棋 类】

体育传统项目棋类主要以连元街小学为代表。1989~1990年，获市中小学棋类比赛小学组围棋团体冠军、亚军、季军各1次。1994~2005年，连续12次蝉联无锡市小学组围棋团体冠军，并获1次亚军。在无锡市第七届、第八届运动会棋类比赛中，获围棋、国际象棋、中国象棋团体冠军4次、季军2次。1997年加入全国围棋育苗工程理事单位后，获全国比赛冠军1次、季军1次。

【风 筝】

体育传统项目风筝主要以通汇桥、靖海、广瑞3所小学为代表。1995年起，小学生利用课外兴趣小组活动，跟老艺人学习风筝制作、放飞。所制作的风筝，最长的达600米，为无锡之最，放收1次耗2.5小时，最小的风筝仅拇指大小。先后培养小风筝手300余人，多次参加潍坊、上海、大连、成都等全国和省、市风筝比赛。1995~2005年，共获奖项59个，其中，1998年获“中国大连赏槐会国际风筝赛”最佳放飞奖，1999年获上海国际龙舟、舞龙、龙风筝邀请赛“中龙”第一名，2000年获成都全国首届风筝精英大赛奖牌15块，其中，金牌2块、银牌2块、铜牌3块。靖海小学风筝队1995年获无锡市风筝比赛亚军，2000年获首届全国风筝精英大赛2个单项第一名、团体第五名。广瑞小学风筝队1998年获第十五届潍坊国际风筝邀请赛二等奖，2000年获全国首届“蜀波杯”风筝精英赛第一名，2004年获全国青少年风筝冬令营风筝制作一等奖和全国“东方绿舟”风筝精英赛最佳放飞奖。通汇桥小学风筝队2003年获江苏省风筝比赛团体亚军，并分获软体类风筝第一名、板子类（大型）第二名、软翅类（大型）第二名、中龙第三名、硬翅类（大型）第四名；获无锡太湖博览会太湖旅游节首届“太湖杯”风筝比赛冠军。2004年，获全国青少年风筝冬令营比赛金牌3

体育传统项目——靖海小学风筝队（1999）　　（汤锡璋摄）

枚、铜牌1枚，团体总分第一名，倪雪儿获自制风筝第一名，尤梦炜获自备风筝第一名，窦佳获自备风筝第三名。

体育传统项目——羽毛球（1990）　（区教育局供稿）

【羽毛球】

体育传统项目羽毛球在90年代主要以新生路小学为代表。1988年，获省中小学羽毛球比赛团体季军。1990年，获华东六省市小学生羽毛球比赛男子团体、女子团体冠军。1991~1995年，在无锡市小学生羽毛球比赛中，获团体冠军5次、亚军2次、季军1次。

连元青少年体育俱乐部成立（2000.10）　（汤锡璋摄）

【篮　球】

体育传统项目篮球主要以崇宁路、连元街、宁海里小学为代表。1988年，崇宁路小学获市小学生篮球比赛男子团体、女子团体季军，市“儿童适宜形式”小篮球比赛团体冠军，无锡市市区小篮球比赛团体冠军。1999年，连元街小学获市小学生篮球比赛男子团体第三名、女子团体第四名。2005年，宁海里小学被命名为市体育传统项目（篮球）学校。

【武　术】

体育传统项目武术主要以广瑞小学为代表。2000年，学校成立无锡市武术协会太极拳培训基地——少年太极苑。2001~2005年，先后获无锡市“情系北京，心向奥运”万名学生申奥签名活动团体操比赛优秀表演奖、无锡市“鉴泉杯”太极拳比赛团体总分第四名、无锡市“福达杯”“太湖美”太极拳推广普及活动启动式最佳表演奖、无锡市“森大电器杯”武术精英大赛一等奖和二等奖各一个、无锡市“神州杯”全国武术邀请赛集体项目二等奖。该校还先后为国家、省、市输送优秀运动员40多人，其中，全国击剑冠军2人，省击剑冠军3人。

体育传统项目——武术（2001.4）　（汤锡璋摄）

第四章　体育竞赛

1986~2005年，区先后举办6届综合性运动会，还组织召开消防、残疾人、老年人、街道地区、学生等多项专业运动会。区运动会从设小学、职工、老年3个部，演变为职工、老年、残疾人、小学、街道5个部，2004年调整为机关、街道、小学3个部，比赛项目由田径、篮球、乒乓球、游泳、射击、棋类6个，发展到拔河、乒乓球、象围棋、篮球、广播操、羽毛球、登山等12个，参赛运动员由1000多人增加到3000余人。在组织区级体育竞赛的同时，还组队参加国内外各级各类体育竞赛130余次，其中小学生100余次，共获市级以上奖项700余个，其中小学生600余个。2002年，区获江苏省第十五届运动会贡献奖。2004年，区获市第九届体育运动会金牌97枚、银牌48枚、铜牌39枚，创历史之最。此外，参加残疾人运动会20次，获国际比赛奖牌10枚，国家、省级奖牌18枚。

第一节　区级竞赛

80年代后，区有计划地组织综合性大型体育运动会和消防、残疾人、老年人等不同类型的体育竞赛，各基层单位均组织代表队积极参赛。1988年，区举办首届体育运动会、首届退休职工运动会和首届消防运动会。区体育运动会分小学、职工、老年3个部，设田径、篮球、乒乓球、游泳、射击、棋类6个比赛项目，1000余名运动员参赛。区退休职工运动会设乒乓球、羽毛球、棋类、射击、田径、自行车慢骑、老年迪斯科7个比赛项目。1990年，区举办第二届体育运动会，分职工、老年、残疾人、小学4个部，设田径、篮球、乒乓球、游泳、射击、棋类6个比赛项目，1500余名运动员参赛。1993年，区举办第三届体育运动会、第二届消防运动会和首届残疾人运动会。区体育运动会设棋类、乒乓球、射击、游泳、垂钓、拔河、广播操、田径8个比赛项目，有18个代表队、1967名运动员参加。区房屋建设综合开发公司、区建设环保局、区教育局、区卫生局、区商业局获司局组团体总分前五名，崇安寺、学前街、人民路、工运路4个街道获街道组团体总分前四名。区消防运动会设男、女百米10公升酸碱灭火机、泡沫灭火机、二氧化碳灭火机、4×100米双人灭火8个比赛项目，35个基层消防队参赛。区残疾人运动会设棋类、乒乓球、游泳、田径4个比赛项目，80多名残疾人参加。1996年，区举办第四届体育运动会，设广播操、田径、乒乓球、棋类、射击、垂钓6个比赛项目，4100余名运动员参赛。区房管局、区教育局、区机关、区建设环保局获司局组团体总分前四名，周山浜、上马墩、人民路、学前街等4个街道获街道组团体总分前四名。2000年，区举办第五届体育运动会，设台球、广播操、拔河、田径、乒乓球、羽毛球、篮球7个比赛项目，4000余名运动员参赛。2004年，区举办第六届体育运动会，分机关、街道、小学3个部，设拔河、乒乓球、象围棋、篮球、广播操、羽毛球、登山等12个比赛项目，近3000名运动员参加。区教育局、区建设局、区房管局获机关部团体总分前三名，崇安寺、广瑞路、通江3个街道获街道部团体总分前三名；江海街道获街道部广播操、拔河、围棋3个第二名，广瑞路街道获广播操和拔河2个第一名、围棋和篮球2个第三名。

崇安区第三届体育运动会开幕式（1993）　　（区档案局供稿）

第二节　参加全国、省、市体育竞赛

1986年后，在组织区级体育竞赛的同时，还组队参加全国、省、市田径、乒乓球、棋类、篮球、足球、排球、羽毛球、射击、游泳、武术、体操、风筝、跳绳、踢毽等体育竞赛，共获市级以上奖项700余个，其中小学生获600多个。1994年，在江苏省第十三届体育运动会上，小学组获体操、羽毛球、技巧3个项目金牌5枚、银牌4枚、铜牌7枚，1998年，在江苏省十四届运动会青少年田径比赛中，获金牌9

枚、银牌5枚、铜牌7枚，奖牌纪录不断刷新。1996~2004年，在市第七届、第八届、第九届运动会上，全区分获奖牌91枚、121枚、184枚，其中，每届金牌、银牌、铜牌均超过上届，小学组金牌总数和团体总分连续3届名列全市第一，特别是2004年市第九届体育运动会，全区获金牌97枚、银牌48枚、铜牌39枚，创历史之最。1985~2004年，区参加国际国内残疾人运动会21次，其中，获国际比赛奖牌10枚，国家、省级比赛奖牌20枚。2002年，区获江苏省第十五届运动会贡献奖。

【小学生】

1984年起，国家体委每年组织中小学生“长江杯”体育传统学校田径邀请赛，长江流域的上海、江苏、安徽、江西、湖北、湖南、四川、云南、贵州九省市参加。1985~1991年，后西溪中心小学女子队代表江苏省体育传统项目学校先后参加第二届至第八届共7届比赛，获5次女团冠军、1次亚军、1次第五名。1989年，通汇桥中心小学获全国“新星杯”乒乓球比赛团体冠军。1998年，连元街小学获全国首届“育苗杯”少儿围棋比赛团体优胜。2004年，通汇桥中心小学获全国青少年风筝冬令营比赛团体冠军。

1988~2000年，在江苏省小学生田径、乒乓球、羽毛球、游泳、武术、足球、风筝等项目比赛中，共获团体冠军8次，亚军8次，季军8次。1994年，在江苏省第十三届体育运动会上，区获体操、羽毛球、技巧3个项目金牌5枚、银牌4枚、铜牌7枚，总分162.5分，体操运动员莫智在男子甲组中获全能冠军，1人独得3金3银1铜。1997年，在江苏省基层小学乒乓球夏令营暨第十一届乒乓球比赛中，白水荡中心小学获团体总分第二名，白水荡中心小学和通汇桥中心小学均获体育道德风尚奖。1998年，在江苏省第十四届体育运动会青少年男女田径18个项目比赛中，获团体金牌1枚、银牌1枚、铜牌2枚，个人金牌8枚、银牌4枚、铜牌5枚。

1988~1995年，在每年一届的无锡市小学生田径比赛中，以后西溪、连元街小学为主的区代表队获团体冠军9次、亚军1次、季军2次。在历年市乒乓球比赛中，以通汇桥、白水荡2所中心小学为主的区代表队获团体冠军14次、季军1次。在每年市棋类比赛中，以连元街小学为主的区代表队获团体冠军5次、亚军3次、季军2次。1996~2004年，在市第七届、第八届、第九届体育运动会小学组比赛中，金牌总数和团体总分均名列全市第一，其中金牌166枚、银牌120枚、铜牌83枚。此外，足球、羽毛球、篮球、排球、航模、风筝、武术、体操等项目也有一定的实力和优势，在竞技比赛中取得较好成绩。

1988～2004年部分年份崇安区小学生获省级以上体育比赛荣誉一览表

表30-4-1

年份	赛事名称	项目	成绩	获奖单位
1988	全国第五届中小学生“长江杯”田径赛	田径	女子团体第五名	后西溪中心小学
	江苏省中小学生田径赛	田径	女子团体冠军	后西溪中心小学
	江苏省乒乓球传统基层队比赛	乒乓球	团体第三名	白水荡中心小学
	江苏省“京口杯”乒乓赛	乒乓球	团体第三名	白水荡中心小学
	江苏省中小学羽毛球赛	羽毛球	团体第三名	新生路小学
1989	全国第六届中小学生"长江杯"田径赛	田径	女子团体冠军	后西溪中心小学
	全国“新星杯”乒乓球赛	乒乓球	团体冠军	通汇桥中心小学
	江苏省第三届“红梅杯”乒乓球赛	乒乓球	男子团体冠军	白水荡中心小学
	江苏省中心学校田径传统校比赛	田径	女子团体冠军	后西溪中心小学
1990	全国第七届中小学生“长江杯”田径赛	田径	女子团体亚军	后西溪中心小学
	华东六省市羽毛球赛	羽毛球	女子团体亚军	新生路小学
			男子团体冠军	
	江苏省中小学传统校比赛	田径	女子团体冠军	后西溪中心小学

续表30-4-1

年份	赛事名称	项目	成绩	获奖单位
1990	江苏省中小学传统校比赛	游泳	团体第三名	锡师附小
	江苏省第十二届运动会	羽毛球	女子单打第三名	新生路小学
			男子单打第四名	
		武术	团体第三名	后西溪中心小学
		技巧	团体第五名	新开河小学
	江苏省小学生乒乓球赛	乒乓球	女子团体第五名	通汇桥中心小学
1991	全国第八届中小学生“长江杯”田径赛	田径	女子团体冠军	后西溪中心小学
	江苏省中小学生田径传统校比赛	田径	女子团体冠军	后西溪中心小学 连元街小学
	江苏省足协小学分会第一届足球赛	足球	第二名	广勤路中心小学
1992	江苏省小学足球夏令营比赛	小足球	第五名	广勤路中心小学
	江苏省小学田径体校学校比赛	田径	男子团体第二名 女子团体第二名	连元街小学 后西溪中心小学
1994	江苏省第十三届运动会	体操	3金、4银、1铜	区代表队
		羽毛球	4铜	区代表队
		技巧	2金、2铜	
1995	江苏省苏南片第二届小学生田径比赛	田径	女子团体冠军	后西溪中心小学
			第五名	连元街小学
1996	江苏省苏南片第三届小学生田径比赛	田径	团体亚军	后西溪中心小学
	江苏省小学生游泳比赛	游泳	团体第四	锡师附小
1997	江苏省第十一届小学生乒乓球赛	乒乓球	男子甲组第二名 女子乙组第四名	白水荡中心小学
			团体第四名 女子乙组第四名	通汇桥中心小学
	江苏省苏南片第四届小学生田径赛	田径	团体总分第二名	后西溪中心小学
			团体总分第五名	连元街小学
1998	全国首届“育苗杯”少儿围棋比赛	围棋	团体优胜	连元街小学
	江苏省苏南片第五届小学生田径赛	田径	团体第三名	后西溪中心小学
	江苏省小学生乒乓球赛	乒乓球	女子团体第六名	白水荡中心小学
	江苏省青少年游泳比赛	游泳	女子团体第四名	锡师附小
	江苏省十四届运动会青少年田径比赛	青年男子100米	第一名	姜 维
			第二名	周 华
			第三名	芮 彬
		青年男子200米	第二名	芮 彬
		青年男子100米栏	第二名	王海峰
		青年男子4×100米	第二名	团 体
		青年男子4×400米	第三名	团 体
		青年男子跳高	第一名	张 俊
		青年男子三级跳远	第三名	张 俊
		青年女子100米	第一名	谢 燕
		青年女子200米	第一名	谢 燕
		青年女子100米栏	第一名	徐 佳
		青年女子400米栏	第三名	徐 佳
		青年女子4×100米	第一名	团 体
		青年女子4×400米	第三名	团 体
		青年女子跳远	第一名	顾娟萍
		青年女子三级跳远	第一名	顾娟萍
	江苏省十四届运动会青少年田径比赛	少年男子200米栏	第三名	周维红
		少年女子400米	第一名	薛 莲
		少年女子200米	第三名	沈 燕
		少年女子800米	第二名	薛 莲
2000	全国首届风筝精英大赛	风筝	团体第五名 2个单项第一名	靖海小学
	江苏省小学生田径比赛	田径	男子团体冠军	连元街小学
			女子团体季军	后西溪小学

续表30-4-1

年份	赛事名称	项目	成绩	获奖单位
2003	江苏省风筝比赛	风筝	团体亚军	通汇桥中心小学
		软体类风筝	第一名	
		板子类(大型)	第二名	
		软翅类(大型)	第二名	
		中龙	第三名	
		硬翅类(大型)	第四名	
2004	全国青少年风筝冬令营	风筝	团体总分第一名	通汇桥中心小学

说明：上述资料由区教育局、区文体局提供。

1988～2004年部分年份崇安区小学生获市级体育比赛荣誉一览表

表30-4-2

年份	赛事名称	项目	单位	成绩
1988	市中小学田径运动会	田径	区代表队	团体第二名
	市小学体育七项综合竞赛	—	区代表队	团体总冠军
	市小学生篮球比赛	篮球	崇宁路中心小学	男子第三名、女子第三名
	无锡市市区小篮球比赛	篮球	崇宁路中心小学	男子冠军
	市“儿童适宜形式”小篮球比赛	篮球	崇宁路中心小学	男子冠军
	市小学生足球比赛	足球	广勤路中心小学	第四名
	市小学生排球比赛	排球	周山浜小学	男子第三名、女子第三名
	市儿童乒乓球比赛	乒乓球	区代表队	团体总冠军
			通汇桥中心小学	女子冠军
			白水荡中心小学	男子冠军
	市儿童乙组乒乓球比赛	乒乓球	白水荡中心小学	女子冠军
			通汇桥中心小学	女子亚军
	市小学生游泳比赛	游泳	区代表队	团体第二名
	市小学生棋类比赛	中国象棋	锡师附小	男子冠军、女子冠军
1989	市中小学田径运动会	田径	区田径队	团体冠军
	市中小学乒乓球比赛	乒乓球	区乒乓球队（通汇桥、白水荡小学组队）	男子团体冠军 女子团体冠军
	市中小学棋类比赛	棋类	区棋类队	团体亚军
		中国象棋		团体冠军
		围棋		团体亚军
1990	市小学生乒乓球比赛	乒乓球	区代表队（通汇桥、白水荡小学组队）	男子团体冠军 女子团体冠军
	市小学生足球比赛	足球	广勤路中心小学	冠军
	市小学生游泳比赛	游泳	区代表队（锡师附小、崇安小学组队）	冠军
	市小学生篮球比赛	篮球	崇宁路中心小学	第四名
	市小学生排球比赛	排球	周山浜小学	第四名
	市中小学棋类比赛	象棋、围棋、国际象棋	区代表队	男子团体冠军 女子团体第三名
	市中小学田径比赛	田径	区代表队（后西溪中心小学为主）	女子团体冠军
	市小学体育七项综合竞赛	—	区代表队	团体总冠军
1991	市中小学田径运动会	田径	区代表队（后西溪、连元街小学组队）	女子团体冠军 男子团体冠军
	市小学生乒乓球比赛	乒乓球	区代表队（通汇桥、白水荡小学组队）	团体冠军
	市小学生棋类比赛	棋类	区代表队	第五名
	市小学生游泳比赛	游泳	区代表队（锡师附小、崇安寺小学组队）	团体冠军
	市小学生足球比赛	足球	广勤路中心小学	第三名
	市小学生羽毛球比赛	羽毛球	新生路小学	团体冠军
1992	市小学生游泳比赛	游泳	锡师附小	女队冠军、男队亚军

续表30-4-2

年份	赛事名称	项目	单位	成绩
1992	市小学田径比赛	田径	区代表队（后西溪、连元街小学组队）	女子团体冠军 男子团体冠军
	市小学生乒乓球比赛	乒乓球	通汇桥、白水荡小学	男女队4个冠军
1993	市小学体育七项综合竞赛	—	区体委	冠军
	市小学生田径比赛	田径	后西溪中心小学	女队冠军
			连元街小学	男队第三名
	市小学生游泳比赛	游泳	锡师附小	女队冠军
	市小学生羽毛球比赛	羽毛球	新生路小学	男子团体冠军、女子团体冠军
	市小学生乒乓球比赛	乒乓球	通汇桥中心小学	5个单项冠军
			白水荡中心小学	5个单项冠军
1994	市小学体育七项综合竞赛	—	区体委	第一名
	市小学生棋类比赛	围棋	区代表队	银牌
		中国象棋	区代表队	铜牌
		国际象棋	区代表队	第四名
	市小学生羽毛球比赛	羽毛球	新生路小学	男子团体冠军、女子团体冠军
	市小学生游泳比赛	游泳	锡师附小	男子团体冠军、女子团体冠军
	市小学生田径比赛	田径	后西溪中心小学	冠军
			连元街小学	季军
	市小学生足球比赛	足球	广勤路小学	亚军
	市小学生乒乓球比赛	乒乓球	白水荡中心小学 通汇桥中心小学	男子团体冠军、女子团体冠军
1995	市小学生田径运动会	田径	后西溪中心小学	冠军
			连元街小学	第六名
	市“四凯杯”航天模型比赛	航模	连元街小学	团体亚军
	市风筝比赛	风筝	靖海小学	亚军
	市“江南晚报杯”国际象棋比赛	国际象棋	连元街小学	冠军
	市第三届“苗苗杯”国际象棋比赛	国际象棋	连元街小学	第四名
	市十三届“迎燕杯”航天模型比赛	航模	连元街小学	男子团体冠军
			连元街小学	女子团体亚军
			连元街小学	女子直升飞机一等奖
			新生路小学	男子直升飞机三等奖
	市小学生羽毛球比赛	羽毛球	新生路小学	男子甲组团体第二名、女子甲组团体第三名、男子乙组团体第二名
1996	市第七届运动会（小学组）	棋类	连元街小学等	7金、2银、3铜、第四名3人
		乒乓球	白水荡、通汇桥小学	10金、3银、3铜
		足球	广勤路中心小学	第四名
		游泳	锡师附小等	8金、16银、7铜、第四名9人、第五名8人、第六名3人
		田径	后西溪中心小学等	9金、12银、3铜、第四名7人、第五名6人、第六名4人
1998	市“江南晚报杯”棋类比赛	围棋	连元街小学	第一名
		中国象棋	连元街小学	第三名
		国际象棋	连元街小学	第四名
	市小学生田径比赛	田径	后西溪中心小学	女子团体第一名
	市小学生乒乓球比赛	乒乓球	白水荡中心小学	团体第一名
	市小学生游泳比赛	游泳	锡师附小	团体第一名
2000	市第八届运动会（小学组）	乒乓球	—	8金、5银、4铜
		棋类	—	2金、2银、1铜
		武术	—	8金、7银、5铜
		田径	—	12金、20银、16铜
		羽毛球	—	10金、4银
		拔河	—	男子第四名、女子第五名
		台球	—	团体第四名
		排球	—	男子第五、女子第六名

续表30-4-2

年份	赛事名称	项目	单位	成绩
2000	市第八届运动会（小学组）	游泳	—	5金、7银、4铜
		篮球	—	女子第一名、男子第五名
	市小学体育八项综合竞赛	—	区代表队	总分第一名
2001	市小学体育九项综合竞赛	—	区代表队	田径、乒乓球、羽毛球、游泳、武术等5项冠军，总分第一名
	市小学生围棋比赛	围棋	连元街小学	第一名
2002	市小学生毽绳比赛	踢毽	连元街小学	男子团体第二名
2004	市第九届运动会（小学组）	—	—	82金 39银 37铜

说明：上述资料由区教育局、区文体局提供。

【职 工】

1989年3月，崇安医院医生朱巧凤被国家体委批准为国家级乒乓球裁判员。是年，在全国国家级和国际级优秀裁判评选中，田径裁判孔祥坤被评为全国优秀裁判员。1992年，在市职工体育周系列比赛中，区获最佳组织奖，以及广播操、消防、田径3个项目冠军。1993年，崇安医院、区城市建设综合开发公司、区房管局被评为市体育先进厂企。1994年，区被评为全国推广广播操先进区，区城市建设综合开发公司被评为省群众体育先进单位，张珍凤被评为省群众体育先进个人。1995年，区城市建设综合开发公司获市职工广播操比赛最佳组织奖。1996年，在市第七届体育运动会上，区职工代表队获女子拔河第六名，女子乒乓球银牌2枚，田径银牌1枚。1997年，崇安寺街道孙玉玲被评为全国群众体育先进工作者。1999年，公安崇安分局、江海街道分获市“中山实业杯”扑克牌80分比赛第二名、第五名。2000年，在市第八届体育运动会上，区职工代表队获得拔河男子第四名、女子第五名，台球团体第四名、乒乓球女子团体第四名。2004年，区职工代表队参加市第九届体育运动会职工部4个项目比赛，获银牌1枚。

【老年人】

老年人体育活动在区老年体协组织下，开展钓鱼、门球、迪斯科等以保健为主的各项括动，并组队参加市历届老年人运动会。1993年，参加市第五届老年人体育运动会桥牌、门球、钓鱼、乒乓球、棋类、篮球等6个项目比赛，获团体总分亚军。1995年，参加无锡市第六届老年人体育运动会，团体总分名列第六，并获桥牌比赛冠军。1996年，参加市第七届体育运动会老年组比赛，获乒乓球、中国象棋、门球5枚金牌，金牌总数名列第一，总分位居第二。1997年，参加市第七届老年人运动会，获乒乓球女子团体第四名、中国象棋团体第五名。1998年，区老年体协获省老年体育工作先进集体称号。1999年，参加市第八届老年人运动会。2000年，参加市第八届体育运动会老年组比赛，获象棋团体第四名。2004年，参加市第九届体育运动会老年部4个项目比赛，获银牌2枚，并获优秀组织奖。

【残疾人】

在妥善安排残疾人就业的同时，区适当组织残疾人开展力所能及的体育活动，并指导、培养、输送有发展潜力的残疾人运动员参加各级各类残疾人运动会，发挥各自体育特长，为国家、省、市、区增光。1985~2004年，区参加国际国内残疾人运动会21次。1985年、1987年、1991年、1995年、1999年，先后5次参加江苏省第一届至第五届残疾人运动会，获乒乓球、游泳比赛金牌6枚、银牌3枚。1985年、1987年、1992年，先后参加全国残疾人乒乓球锦标赛获乒乓球比赛银牌3枚、铜牌2枚。1986年，还获得第二届全国伤残人运动会选拔赛乒乓球单打银牌。1988年5月，辅读学校学生陆军参加在比利时首都布鲁塞尔举行的第八届世界青年特别奥运会田径赛，以1.77米的成绩获少年组立定跳远金牌，及跳远、50米短跑2枚银牌。是年11月，又以2.06米的成绩获省特殊奥林匹克运动会少年组立定跳远冠军。1989年，陆军被评为“中国好少年”。1991年3月，学前街街道金光油漆厂钱阿龙获全国第二届特别奥运会田径比赛200米、400米2枚铜牌。1998年5月，参加市首届残疾人运动会游泳、乒乓球、铅球、田径4个项目比赛，获金牌3枚、银牌7枚。2002年，辅读学校学生吴益永获全国第三届特奥会50米短跑、立定跳远2枚金牌。在第十二届世界夏季特奥会上，辅读学校学生薛雅兰获乒乓球女子单打、双打2枚金牌，张健中获乒乓球男子单打、双打2枚银牌，刘福骏获乒乓球男子双打银牌，丁维康获乒乓球女子单打、双打2枚铜牌。2003年，参加市第二届残疾人运动会乒乓球、游泳2个项目比赛，获金牌1枚、银牌2枚。2004年，在市第九届体育运动会残疾人部8个项目比赛中，获金牌13枚、银牌8枚、铜牌2枚，金牌总数名列全市第六。其中，通江街道10名残疾人运动员获女子弱智50米跑第二名、100米跑第三名、200米跑第二名、100米游泳第一名，男子弱智50米跑第一名、100米游泳第二名。

附：肢残运动员沈君琦

住棋杆下7号。自幼喜爱运动，6岁时受其伯父影响，迷上乒乓球和游泳。14岁时因触电致左臂截肢，但仍苦练基本功。1982~1999年，先后15次参加各级残疾人运动会，获乒乓球和游泳项目个人比赛金牌10枚、银牌12枚、铜牌3枚，团体比赛金牌2枚、银牌5枚、铜牌2枚。主要有：1982年11月，获在香港举办的第三届远东南太平洋伤残人运动会乒乓球男子单打亚军、100米蛙泳亚军、4×100米仰泳接力赛季军。1983年10月，获在天津举办的全国伤残人邀请赛乒乓球单打亚军和100米蛙泳亚军。1984年7月，获在镇江举办的江苏省第一届残运会乒乓球单打冠军、团体亚军，100米蛙泳冠军、100米仰泳亚军，并破亚洲纪录。是年10月，获在合肥举办的第一届全国伤残人运动会乒乓球单打冠军、100米蛙泳和100米仰泳2项季军。1985年7月，获江苏省首届残疾人乒乓球锦标赛单打冠军和团体亚军，9月，获在杭州举办的第一届全国伤残人乒乓球锦标赛单打亚军、团体亚军。1986年5月，获在北京举办的第二届全国伤残人运动会选拔赛乒乓球单打亚军。1987年7月，获在东台举办的江苏省第二届残运会乒乓球单打和团体2项冠军、100米自由泳亚军、50米仰泳冠军，9月，获在唐山举办的第二届全国伤残人运动会乒乓球单打亚军、团体季军。1991年10月，获江苏省第三届残运会乒乓球单打冠军、团体亚军。1992年4月，获在广州举办的第三届全国伤残人运动会乒乓球单打第三名。1993年，获无锡市“民模杯”乒乓球赛团体、单打2项冠军。1995年7月，获江苏省第四届残运会乒乓球单打亚军、肢残公开赛第五名。1998年，获无锡市首届残运会乒乓球肢残公开赛单打冠军、TT9单打亚军、TT9双打亚军，50米仰泳冠军、50米自由泳亚军。1999年9月，获江苏省第五届残运会乒乓球团体第四、单打第五名。

1982年9月在香港举办的第三届远东南太平洋伤残人运动会沈君琦获乒乓球男子单打第二名（银牌）（沈君琦供稿）

1988～2004年部分年份崇安区职工、老年人、残疾人获各级体育比赛荣誉一览表

表30－4－3

年份	赛事名称	项目	单位	成绩
1988	第八届世界青年特别奥运会田径赛少年组	立定跳远	辅读学校 陆军	金牌
		跳远		银牌
		50米		银牌
	省特殊奥林匹克运动会少年组	立定跳远		金牌
1991	江苏省第三届残疾人运动会	乒乓球	沈君琦等	单打冠军、团体亚军
	全国第二届特别奥运会	田径比赛200米	学前街街道	铜牌
		田径比赛400米	金光油漆厂钱阿龙	铜牌
1992	无锡市职工体育周系列比赛	广播操	工运路街道	第一名
		消防	区商业局为主混合队	第一名
		田径	崇安寺街道为主混合队	第一名
	全国第二届伤残人运动会	乒乓球	沈君琦	单打第三名
1993	无锡市第五届老年人运动会		区代表队	团体总分第二名
1995	江苏省第四届残疾人运动会	乒乓球	沈君琦	单打亚军
	无锡市第六届老年人运动会	桥牌	区代表队	团体总分第六名
				冠军
1996	无锡市第七届运动会职工组	女子拔河	区建设环保局、区房管局	第六名
		女子乒乓球	区房管局、崇安医院	2银
		田径	区教育局、区工业公司、公安崇安分局	1银、第四名1人、第六名3人
	无锡市第七届运动会老年组	乒乓球	学前街街道、江海街道	2金
		中国象棋	崇安寺街道等	2金
		门球	区委老干部局	1金
1997	无锡市第七届老年人运动会	中国象棋	区代表队	团体第五名
		乒乓球	区代表队	女子团体第四名
1998	无锡市首届残疾人运动会	50米仰泳	沈君琦	男子肢残S9级冠军
		50米自由泳		男子肢残S9级亚军
		乒乓球		肢残男单公开级冠军
		乒乓球		肢残TT9男单亚军
		乒乓球	沈君琦等	肢残TT9双打亚军
		乒乓球	李均	肢残TT10男单亚军
		乒乓球	李均等	肢残TT10双打亚军
		乒乓球	区代表队	肢残团体亚军
		铅球	区代表队	肢残TT9冠军
		田径100米	区代表队	肢残亚军
1999	江苏省第五届残疾人运动会	乒乓球	沈君琦等	单打第五名团体第四名
2000	无锡市第八届运动会老年组	象棋	区代表队	团体第四名
	无锡市第八届运动会职工组	乒乓球	区代表队	女子团体第四名
		拔河		男子第四名
				女子第五名
		台球		团体第四名
2002	全国第三届特奥会	立定跳远	辅读学校 吴益永	金牌
		50米短跑		金牌
	第十二届世界夏季特奥会	乒乓球	辅读学校 薛雅兰	女子单打金牌 女子双打金牌
			辅读学校 张健中	男子单打银牌 男子双打银牌
			辅读学校 刘福骏	男子双打银牌
			辅读学校 丁维康	女子单打铜牌 女子双打铜牌
2004	无锡市第九届运动会残疾人部		区代表队	13金、8银、2铜
	无锡市第九届运动会老年部		区代表队	2金
	无锡市第九届运动会职工部		区代表队	1银
2005	苏南片门球比赛	门球	后西溪社区门球队	高龄丙级队第一名

说明：上述资料由区文体局、区残联提供。

第三节　优秀教练员、运动员

后西溪、通汇桥、白水荡等学校拥有一支爱岗敬业的教练员队伍。全国体育传统项目学校后西溪中心小学钱永平，1978年起任教练，至1993年，该校女子田径队先后8次获江苏省小学生田径比赛冠军、连续5次获全国中小学生“长江杯”田径比赛冠军，学校先后4次被国家教委、国家体委授予全国体育传统项目先进学校称号。该校陆炳炎自1979年起任教练，该校运动员在无锡市少年儿童甲乙丙丁4个组8项跳高纪录中，一直保持7项跳高纪录，其跳高训练方法受到国家队前跳高总教练黄健的称赞和推崇，其被评为市体育传统项目学校十佳教练员。朱黎秋、陆萍、何爽等年轻教师承前启后，脱颖而出，形成一支无私奉献、有所作为的特色教育团队。省体育传统项目学校白水荡中心小学韩斌，自1990年任乒乓球队教练后，该校乒乓球队在历届市少儿乒乓球比赛中先后荣获16个团体冠军，其先后被评为全国体育传统项目学校先进工作者、江苏省小学生乒乓球协会优秀工作者、无锡市优秀教育工作者、无锡市学校体育先进工作者、无锡市体育学科带头人。省体育传统项目学校通汇桥中心小学李重骅，默默耕耘，专心执教，该校女子乒乓球队于1979年、1987年两次荣获省小学生乒乓球赛女子团体冠军。广丰中学体育教师徐公仁是无锡市中学体育学科中心组成员、市乒乓球协会教练委员会副主任、市体育学科带头人、全国《乒乓球教学训练大纲》评审委员，还是乒乓球世界冠军惠钧的启蒙教练。

1986~2005年，后西溪、白水荡、崇宁路、通汇桥、广瑞、靖海等小学先后向国家、省、市输送一大批体操、武术、田径、乒乓球、羽毛球、射击、击剑等运动员。后西溪中心小学先后向省、市体校输送各类运动员100多人，学生杨嘉民、顾菁分获跳高、短跑运动健将称号，王琰被评为全国跳高小能手，周瑛获全国十佳健美少年奖。顾峰、李俊为国家一级运动员，陈静选入省女子篮球队，朱天戈、蔡铭森、赵燕萍成为省田径队主力队员，王胜、刘蕴青、姜黎黎等优秀运动员代表市参加体育比赛，多次取得佳绩。白水荡中心小学先后向国家、省、市输送优秀乒乓球苗子80多人，其中输送国家乒乓球青年队1人，省体工队8人。陈懿荣获国家运动健将称号，秦夏青等5名队员获国家一级运动员称号，唐燕珠等10名队员获国家二级运动员称号。世界青年乒乓球锦标赛团体冠军主力队员陈懿，1993年从白水荡中心小学入选江苏省队，后进入国家青年队，参加世界青年乒乓球锦标赛荣获团体冠军，并与队员合作荣获双打亚军。秦夏青1995年从白水荡中心小学入选江苏省队，在2000年世界中学生乒乓球比赛中，荣获女子团体冠军，在全国第七届中学生运动会上获乒乓球项目女子双打第二名。世界羽毛球女子双打冠军顾俊，1984年从崇宁路小学入选市少年业余体校羽毛球队，后入选省少年体校、省羽毛球队、国家羽毛球队，夺得第二十六届、第二十七届奥运会女双冠军，荣获世界“十佳运动员”“新中国体育运动五十杰”称号。第四十届军体射击锦标赛冠军万翔燕，1996年从靖海小学入选市射击场业余体校。1999年，在全省射击比赛中，一人独夺三金。2003年，跨入济南军区射击队，后又转调至沈阳军区射击队。2004年，作为中国“八一”队一员，首次参加世界军体射击锦标赛，获得一枚团体金牌。2005年，在军体赛上又夺得3×20的个人金牌。其间，通汇桥中心小学向省、市输送乒乓球运动员

羽毛球名将顾俊回母校崇宁路小学（2000.6）　（汤锡璋摄）

50多人。广瑞小学向国家、省、市输送优秀运动员40多人，其中，全国击剑冠军2人、省击剑冠军3人。辅读学校先后培养出世界特奥会冠军2人、全国特奥会冠军2人、省特奥会冠军8人、市百名之星——运动之星1人。

第五章　体育管理

1990年前，区体育运动委员会（简称区体委）一直为非常设机构。1990年，正式列入政府部门序列后，机构逐步健全，职能逐步加强。在抓好学校体育工作的同时，重点转向社区体育工作，以创建体育先进街道、体育先进社区为抓手，完善社区体育设施，普及社区体育指导站（点），建立健全社区体育指导员队伍，组织丰富多彩的全民健身活动和形式多样的体育比赛，促进人民群众体育意识的增强和全民健康水平的提高。

第一节　机　构

区体委负责制订和实施全区体育工作长期规划和年度计划；开展全区群众体育活动，指导和协调基层群众体育和各体育协会工作；管理竞技体育，培养和输送体育人才；组织参加全国、省、市体育赛事等。但1990年前，为非独立机构，由区文教局代管。1990年，区体委列入政府部门序列，定编3人。1996年10月，区体委与区文化局合并，成立区文体局，统一管理体育与文化工作，其职能扩大到对社会体育工作的管理，包括群众性体育场所管理、全民健身服务体系建设、体育先进社区创建、社会体育指导员培训、成年人体质测定等。1986～2005年，区体委、区文体局主要负责人为李伟达、吉树南。

第二节　管　理

80年代，区体育工作以学校体育为重点，加强体育传统项目学校建设，提高竞技水平，增强学生体质。同时，促进群众体育运动的普及和经常化，推动群众性广播体操、太极拳、长跑、游泳、登山等多样化体育活动广泛开展。90年代后，体育工作的重点逐步转向社区，特别是1995年《中华人民共和国体育法》和《全民健身计划纲要》颁布后，区以创建体育先进街道、体育先进社区为抓手，从加强组织领导，制订远近规划，完善街道、居委、单位三级工作网络着手，致力推动全民健身工程、全民健身站点等体育场地设施建设，各街道建成集培训、辅导、锻炼于一体的文体活动中心，每个社区拥有综合性室内体育健身室、健身苑、晨锻点、1～2套全民健身路径，并配备一定数量的体育器材，辖区广场和辖区单位、学校体育场地设施对居民开放，实现社区体育资源共享。每年组织体育活动周宣传活动，营造“广泛参与，强身健体”的舆论氛围。举办《崇安晨曲》晨锻炼观摩交流会等丰富多彩的全民健身活动和各项体育比赛。抓好社区体育指导站（点）普及及体育指导员队伍建设，每个社区体育指导站（点）配备1～2名体育指导员，促进社区体育活动健康、规范发展，并适时组织成年人体质测试工作。继1993年学前街、崇安寺、工运路等3个街道被评为省体育先进街道后，至1997年，除周山浜街道为市体育先进街道外，人民路、上马墩、广瑞路、江海等4个街道先后被命名为省体育先进街道。1998年，江海街道被评为江苏省第一批城市体育先进社区，并在全区率先建成全国城市体育先进社区。1999年，学前街等7个街道被命名为市城市体育先进社区。2000年，人民路、学前街、工运路等3个街道被评为省城市体育先进社区。2004年，上马墩街道被评为第四批省城市体育先进社区。

【体育指导站（点）】

1995年后，在全区逐步普及体育指导站（点），建立三级社会体育指导员队伍，常年指导社区体育活动的开展。1997年，区举办首届三级社会体育指导员培训班，培训社会体育指导员32人。1998年，选派22人参加市体育局组织的二级社会体育指导员培训。1999年，区举办第二届三级社会体育指导员培训班，培训社会体育指导员123人。2001年，崇安寺、工运路、上马墩3个街道的文化站长，经市培训批准为二级社会体育指导员。2002年，区举办第三届三级社会体育指导员培训班，培训社会体育指导员40人。2004年，区举办第四届三级社会体育指导员培训班，培训社会体育指导员33人。2005年，全区有6名社会体育指导员经市培训批准为二级，4名经省培训批准为一级。迄2005年，全区有体育指导站100多个，其中江海街道拥有20个，有集培训、辅导、锻炼于一体的靖海健身苑，有集健身、比赛于一体的靖海小学晨锻炼指导点。全区有各级社会体育指导员279人，其中，一级4人、二级31人、三级244人，促进全民参与、全民健身活动的广泛开展。

【成年人体质测试】

为了解不同人群的身体素质，科学指导全民健身，1999年，根据省市体委统一部署，开展成年人体质测试工作。区成立成年人体质测定领导小组，参加市举办的成年人体质测试业务培训班，各街道购置体质测定器材，依托街道卫生所医务人员和辖区学校体育教师，对老年人、中年人、青少年等不同人群进行体质测定，共测试2146人，对486名被测试人员分别开出健身处方。

第三节　社会团体

【崇安区体育总会】

成立于1994年8月，时为无锡市第一个区级体育总会。体育总会委员会由区委宣传部、区工会、区教育局、区民政局、区文化局、区建设局、崇安工人俱乐部、崇安合作银行等单位的主要负责人组成，下辖团体会员单位11个，有区老年体育协会、区钓鱼协会、崇安区中山路文体协会和崇安寺、人民路、学前街、工运路、周山浜、上马墩、广瑞路、江海8个街道文体协会。其宗旨是团结全区体育工作者和热心支持体育事业的社会各界人士，贯彻党的体育工作方针，组织开展群众性体育活动，提高体育运动竞技水平，培养体育后备人才。1994~2003年，总会会长由吉树南担任。2003年撤销。

【崇安区老年体育协会】

成立于1986年3月。1990年，有会员500人，组织老年迪斯科、交谊舞、气功等培训。1992~1998年，先后与区有关部门共同组织4届《崇安晨曲》老年晨锻炼观摩交流会。1999年，区老年体协被评为省老年体协先进集体。2003年，因老龄工作机构变化，区老年体育协会撤销。

第三十一编

宗　教

无锡解放后，辖区内佛教、基督教、伊斯兰教和天主教、道教都有经宗教组织登记的较固定的信徒，并有中山路基督教堂、长庆路清真寺、佛教净业社、佛教居士林等合法宗教活动场所。“文化大革命”期间，宗教信仰自由的政策遭破坏，宗教组织被解散，寺观教堂被关闭，正常的宗教活动被迫停止。1978年后，各宗教组织先后恢复工作，各宗教活动场所在市、区政府的关心下，相继修复，恢复正常的宗教活动。1985年，辖区内有中山路基督教堂、长庆路清真寺等宗教活动场所，及数量不等的宗教信徒。1986~2005年，区贯彻落实党的各项宗教政策，一批宗教界人士当选为市、区人大代表和政协委员；无锡市佛教居士林、永宁寺得以恢复；解放南路清真寺新建落成；中山路基督教堂启动重建；各宗教团体团结广大信教群众，为办好教务，加强民族团结，实现社会稳定、祖国统一、世界和平，建设有中国特色的社会主义而努力工作。各宗教团体利用宗教节日，广泛开展宗教活动，并加强对外交往，促进崇安区同全国各地和世界各国间的友谊和了解。2005年，辖区内有市佛教协会、市基督教三自爱国会、市伊斯兰教协会、佛教居士林等宗教团体，有中山路基督教堂（在建）、解放南路清真寺、佛教居士林、永宁寺等基督教、伊斯兰教、佛教活动场所，有佛教信众2000余人、基督教信徒3000余人、穆斯林2000余人，以及天主教教友400余人。

第一章　佛　教

佛教于三国东吴赤乌年间（238~251）传入无锡，辖区内建于东晋兴宁二年（364）的崇安寺，初名兴宁寺，为无锡城区最早的寺庙，崇安寺万松院为佛经交流中心。至南朝、唐朝，佛教广为流传，盛极一时，辖区内寺庙林立。唐武德年间（618~626），在城中中市桥西建凤光寺，北宋宝元年间（1038~1040），赐名寿圣禅寺（俗称北禅寺），“释迦宝殿”四字为大书法家米芾所题。元朝在大市桥东堍建古观音堂。明朝万历年间（1573~1620），在北仓门建吉祥庵，在进士坊巷建药师庵。清初在通汇桥堍建梵音阁，康熙年间（1662~1722）在连元街建上寿庵，同治十年（1871）在解放南路建城中小南海。佛教思想经过千百年的流传、发展，对辖区内众多老百姓产生很大的影响。民国8年（1919），成立无锡佛学研究会（后改名无锡佛学会），是无锡地区成立最早的佛教团体；民国23年，成立佛教净业社，是无锡佛教居士研究佛学、专修净土法门团体。1951年，第一区有佛教信众1295人（男296人、女999人）。1957年6月，正式成立无锡市佛教协会，是无锡地区佛教徒联合的爱国团体和教务组织。“文化大革命”期间，佛教被冲击殆尽。1978年，中共十一届三中全会后，随着各项宗教政策的落实，佛教组织和活动得到恢复，佛教信众日益增多。迄2005年，辖区内有无锡市佛教协会、无锡佛教居士林2个佛教团体，无锡佛教居士林、永宁寺2处佛教活动场所，佛教信众2000余人。

第一节　佛教团体

80年代，辖区有无锡市佛教协会、无锡佛学会、无锡佛教净业社3个佛教团体。1991年，无锡佛学会与无锡佛教净业社合并，改称无锡佛教居士林。迄2005年，辖区有无锡市佛教协会、无锡佛教居士林2个佛教团体。

【无锡市佛教协会】

1980年3月，恢复无锡市佛教协会。1981年12月，召开无锡市佛教界第三次代表会议，选举隆贤为会长，陈文银、赵道开、顾渠开为副会长，陈文银兼秘书长，常务理事9人，会址迁至勤学路46号。1986年和1992年，相继召开无锡市佛教界第四次、第五次代表会议，隆贤连任会长。2001年12月，召开无锡市佛教界第六次代表会议，隆贤为名誉会长，选举无相（陈文银）任会长，颜东宝、吴国平、宏仁、朱宝奎、能开为副会长，陶建丰任秘书长，理事60人，常务理事31人。迄2005年未变。

无锡佛教协会（佛教居士林）（2004）　　（孙怡摄）

【佛教净业社】

1986年，无锡佛教净业社恢复，在开原寺进行佛教活动。1991年，与无锡佛学会合并，成立无锡佛教居士林。

【佛教居士林】

1991年，无锡佛学会和无锡佛教净业社合并，成立无锡佛教居士林，林址位于勤学路46号。是年8月25日，召开林员大会，选举陈文银任林长，施秉融任副林长兼总干事，薛祖荣、顾渠开、袁秀凤任副林长，范士敏、刘伟群、朱宝奎任副总干事。2000年10月，佛教居士林管理班子调整，袁秀凤任管理小组组长，范士敏、施秉融、陶建丰任副组长，张志强、张其昌、朱蕴华、刘大德、冷盘梅等9人为成员。2003年，宗教活动场所管理人员实行聘任制，佛教居士林管理组织改称居士林林务管理委员会，聘任袁秀凤为主任。迄2005年未变。

第二节　佛教场所

1986年前，无锡市佛教协会活动场所先后在公园路12号（三圣阁）、公园路140号（小九华）、学佛路（今勤学路46号）；无锡佛学会活动场所初在无锡县图书馆，后迁至学佛路（今勤学路46号）；佛教净业社先后在崇安寺大雄宝殿、北禅寺大殿、公园路12号（三圣阁）活动。1986年，无锡佛教净业社活动场所改在开原寺。1991年，无锡佛学会和无锡佛教净业社合并成立无锡佛教居士林后，无锡佛教居士林与无锡市佛教协会均在勤学路46号。迄2005年未变。

此外，辖区内佛教活动场所还有位于广益街道后胡村、始建于清朝同治年间的永宁寺（原名永宁庵）。1993年，经无锡市宗教事务所批准，由所在地区村民捐资重修。2005年，有山门、前院、大雄宝殿、后院、护法殿、膳堂、仓库等建筑，总面积1000平方米。寺院以祈求和平、国泰民安、风调雨顺、百姓安居、社会和谐为宗旨，组织各项佛事活动。佛教信徒主要分布在丁村和广益周边地区。

建于清同治年间的永宁寺大雄宝殿（2005）　　（广益街道供稿）

第三节　佛教节日

佛教有很多节日，佛菩萨出生、出家、成道、涅槃都在各自的信仰者中形成节日，历经传承，孕育出许多佛教节日。主要有：农历正月初一，弥勒佛诞日；农历二月初八，释迦牟尼出家日；农历二月十五，释迦牟尼涅槃日；农历二月十九，观世音菩萨诞日；农历二月二十一，普贤菩萨诞日；农历四月初四，文殊菩萨诞日；农历四月初八，释迦牟尼佛诞日；农历六月初三，韦驮菩萨诞日；农历六月十九，观世音菩萨成道日；农历七月十三，大势至菩萨诞日；农历七月十五，佛欢喜日、盂兰盆会；农历七月三十，地藏王菩萨诞日；农历九月十九，观世音菩萨出家日；农历九月三十，药师佛诞日；农历十一月十七，阿弥陀佛诞日；农历十二月初八，释迦牟尼成道日。逢诸佛菩萨圣诞日和农历每月初一、十五日，佛教信众到寺院参加祝圣仪式和焚香礼拜活动，尤其是四月初八佛诞节（也称浴佛节），七月十五盂兰盆会，十二月初八腊八节，参加活动的佛教徒人数更多。除外，无锡佛教居士林每周二为法师讲经日、周日为集体活动日，每月安排2天学习政治与佛学知识，并于每月农历初六、初十、十四在惠山寺、南禅寺、开原寺举行宗教活动，以满足佛教信徒过宗教生活的需求。辖区永宁寺每月初一、初三、十五、十八为固定活动，每年农历四月二十六、八月二十三、七月二十三为佛七法会，春节期间为大法会。全年大小佛事约65次，每次参加百余人，逢大法会参加者逾200人。

佛教节日活动（2005） （张华摄）

第二章 基督教

清光绪二十七年（1901），美国传教士郭斐蔚主教委派圣公会江苏教区会长麦甘霖和会吏朱宝元（华人）到无锡开设教堂，创办锡金圣公会。清光绪三十四年（1908），在二下塘购置桑田20亩建造小礼堂及住宅，初名“圣公会圣安德烈堂”，后毁。民国4年（1915），由美国一位律师为亡女捐献，在原址复建，民国5年建成。民国36年1月，成立无锡基督教联会，在无锡6个派别[①]公推卫理公会牧师张景一为首任会长，圣公会会长（牧师）江鉴祖为书记。无锡解放初，城区7个基督教活动场所，6个在区境。有位于新开河的圣安德烈堂（小礼拜堂）、中山路的圣十字堂、镇巷的浸会堂、新生路的布道所、广勤路的布道所及汤巷的传道所。1950年，又增加学前街传道所。1956年6月8日，无锡基督教召开首届信徒代表会，成立无锡市基督教第一届三自（自治、自养、自传）爱国运动委员会（以下简称三自爱国会），取代无锡基督教联会。1958年，教派联合礼拜、教堂合并后，仅圣十字堂为全市唯一基督教活动场所，改名无锡基督教堂。是年6月，召开第二届基督教代表大会，改选领导机构，制定并通过无锡市基督徒爱国公约。1961年6月，召开第三届基督教代表大会，选举第三届三自爱国会常务委员会，由11人组成，牧师过良先为主席，龚遂良、周敏秀、蒋恩光（兼秘书长）、高石麟为副主席。“文化大革命”期间，中山路基督教堂被学校占用，教堂被砸，十字架、钟亭和千金巨钟、圣经赞美诗等物均被焚毁一空。1979年7月，三自爱国会恢复工作。1980年圣诞节，中山路基督教堂重新开放。1981年12月19～22日，召开第四届基督教代表大会，通过“按自治、自养、自传原则办好教会”的决议，并选举产生第四届三自爱国会，常务委员会由9人组成，蒋恩光为主席，周敏秀（兼秘书长）、杨福镛、唐子良为副主席，郑亚谷为副秘书长。1984年3月，成立无锡市基督教堂务管理委员会（以下简称堂委会），堂委会由19名教牧人员和信徒代表组成，牧师唐子良任主任，杨福镛、唐文俊、周俊秀任副主任。堂委会下设圣工、事工、财务、房产管理4组，负责处理日常堂务工作。1984年底，归还教产，“文化大革命”期间牧师传道人员的冤假错案和一些历史旧案得以平反昭雪。1986～2005

①6个派别：圣公会、卫理公会、浸信会、安息日会、信爱会、基督教聚会处。

年，又先后召开4次代表大会，选举领导班子成员，制定章程和制度。其间，基督教会认真贯彻执行党的宗教信仰自由政策，坚持走三自爱国爱教的道路。在活动场所里，除主日和固定礼拜聚会及每年的受难节、复活节、圣诞节等隆重纪念活动外，平时还开展读经、唱诗班、中青年团契、各类聚会及慈善帮困救灾等活动。随着宗教活动的逐步开展，信徒人数日益增加。2005年起，在原址重建新教堂，满足基督教信徒宗教活动的需要。迄2005年，辖区内有信徒3000余人。

第一节　基督教团体

1979年7月，三自爱国会恢复后，倡导教会走独立自治、自养、自传的“三自”道路，团结全市基督徒，积极参加祖国社会主义建设及保卫世界和平。1986年7月，召开市第五届基督教代表大会暨基督教协会（以下简称基协）第一届代表会议，选举产生第五届三自爱国会，蒋恩光为主席，唐子良、周敏秀、杨福镛为副主席，郑亚谷为总干事；选举产生第一届基协，唐子良为会长，蒋恩光、沈瑞麟、唐文俊为副会长，杨福镛为秘书长。会议确定，把治好、养好、传好、建设好教会作为重要任务，按“三自”原则办好教会。1990年，无锡基督教堂堂务管理委员会（以下简称堂委会）成立。1993年9月，召开第六届基督教代表大会暨无锡市基协第二届代表会议，是年按立的沈迅宏、贾莉两名牧师分别担任“三自”爱国会总干事、副总干事，兼基协秘书长、副秘书长。1995年，堂委会换届，选举产生第二届堂委会，制定《无锡市基督教堂第二届堂务管理委员会章程》，由唐子良任主任，周敏秀、吴小天任副主任，朱志明、沈迅宏、郑亚谷、唐文俊、徐士牧、徐韫德、秦汝龙、蒋恩光8人任常委。1996年6月、2004年7月，分别召开第七届基督教代表大会暨无锡市基协第三届代表会议、第八届基督教代表大会暨无锡市基协第四届代表会议，贾莉任第七届、第八届“三自”爱国会副主席和第三届、第四届基协副会长，2003年按立的朱志明牧师担任第四届基协副会长。

第二节　场所与活动

【中山路基督教堂】

位于中山北路130号。前身为建于清光绪三十四年（1908）的圣公会圣安德烈堂，后被毁。民国5年（1916），在原址建成红砖红瓦红地坪的哥特式大教堂一座，层高10米多，尖顶无梁，平面呈十字形，建筑面积856平方米。定名为“无锡圣公会圣十字教堂”。1958年，基督教各派决定合并为一联合教堂，改名无锡基督教堂。至1985年，有教牧人员3人，义务长老1人，女传道3人，信徒870余人，其中。老信徒200余人，新受洗（浸）信徒668人。1990年4月起，有晚礼拜。1993年下半年，根据市委、市政府《关于解决市基督教堂与市工业学校合理分开问题协调会议纪要》，由市土地管理部门重新界定双方土地，市政府、市教育委员会各出资80万元，拆迁中山路98号大门北侧至无锡日报社之间民房，补偿给教堂。1994年8月下旬，市工业学校与教堂就土地分开等有关事宜签订公证协议书，宗教房产政策得到落实。是年，教堂被定为无锡市文物保护单位。1997

中山路基督教堂（2004）　（孙怡摄）

年12月31日，市工业学校迁出。1998年底始，主日有早、中、晚三场礼拜，开设闭路电视，以满足广大信徒过宗教生活的需要。2005年，进行旧房拆迁、广场景观绿化和规划设计，重建新基督教堂。有牧师8人（其中女2人）、长老3人（其中女2人）、传导13人（其中女8人）。

【教会活动】

节日活动 主要节日有复活节和圣诞节。复活节为纪念耶稣复活的节日，日期在每年春分后第一次月圆后的第一个星期日，一般在公历3～4月间。圣诞节为纪念耶稣诞生的节日，是基督教最重要的节日。日期为每年公历12月25日。此外还有受难节、感恩节、圣灵降临节等。

洗礼活动 是基督教重要的宗教仪式，分滴水礼和浸礼两种。1980年，中山路基督教堂复堂后，每年圣诞节和复活节有两次施洗，在此之前两个月举办慕道班，学习基本要道和进行三自爱国守法教育，由两会教牧人员上课，受洗者需经报名、申请、参加慕道、考核通过后，接受洗礼。滴水礼通常由牧师在愿受洗进教者前额洒一掬水，即圣水（洁净之水）。凡受浸礼的，则将全身浸入水中瞬息。至1991年，施洗22次，计1975人。1984～2005年，共有2407人受洗（浸）加入教会，其中2000～2005年，每年受洗人数约200人。

圣公会十字堂（基石）　　（区民宗局供稿）

礼拜活动 主要有主日礼拜、守安息日、圣餐礼拜、结婚礼拜、追思礼拜、安葬礼拜等。平时，每周二、四、六为主日信徒聚会，一、三、五为安息日聚会。主日来堂聚会信徒约4000人。每季度第一个礼拜日为圣餐礼拜。每礼拜日上午举行主日礼拜聚会，对象是全体信徒，内容为唱赞美诗、启应文、祷告、诗班献诗、讲道。每星期六举行守安息日礼拜，早晨读经、背存心节、安息日学，上午崇拜聚会，中午唱诗，下午健康信息讲座、背存心节比赛、义工讲道交流及见证聚会。2000年，安息日聚会信徒达3000多人，每次参加安息日礼拜的有1300～1400人左右。礼拜活动均在中山路基督教堂及正式登记的聚会点举办。

服务活动 为搞好教会活动，从信徒中选拔有纯正信仰、虔诚爱主、作风正派及在群众中有好名声的信徒，担当管理及讲道的义工。1989年，成立中青年团契，团契人员分别担任教会的各种事务、布道、爱心服务，照顾教会鳏寡孤老，到敬老院、社区义务服务，义务修车、量血压等。教会还开展多样化咨询服务活动，满足信徒灵性等需要。动员信徒在堂内举办婚丧喜庆感恩礼拜活动；在清明节，集体举行纪念已故亲人的追思礼拜；每年举行敬老、爱老、祝寿等感恩礼拜；组织信徒中退休医务人员成立医药咨询服务组，开设教会书刊服务室，为广大教众服务。

【对外交往】

1980年，中山路基督教堂复堂后，积极开展对外交往，向外宣传中共的宗教信仰自由政策，介绍无锡教会按“三自”原则办好教会的成果，逐步消除国外基督教徒对“三自”原则的疑惑，反击海外反华势力的污蔑、仇视。1981年6月，始有外宾来访。是年，接待美国及中国香港贵宾4批，48人。1981～1986年，共接待美国、加拿大、瑞士、日本、西德、瑞典、印度尼西亚、民主德国、新西兰、菲律宾、泰国、新加坡、韩国、波兰、澳大利亚、乌干达、坦桑尼亚等外宾和中国香港同胞61批，333人次。特别是1985年10月香港基督教协进会访问团规格最高，由协进会主席、香港循道卫理教会会长梁林开牧师为团长，成员有香港基督教青年会总干事高召华、香港信义会监督谢约翰牧师、圣公会港澳教区会督邝广杰主教、基督复临安息日会港澳教区会长王溢中牧师、五旬节圣洁会会长张锦辉牧师等，加强香港教会各宗派与无锡教会的了解和联系。1986年以后，除前述国家和地区外，又增加安哥拉、莫桑比克、英国等外宾和中国台湾同胞。1987~2004年，接待974人次。除游览、参观外，来访人士还先后在中山路基督教堂安息日聚会、主日礼拜和受难节礼拜上证道，与教堂教牧同工座谈交流，开培灵会做礼拜，参加施洗活动，与诗班交流並唱诗等，促进无锡基督教会、教徒与世界各地教会、教徒的友好交往。

第三章　伊斯兰教

清康熙57年（1718），伊斯兰教传入无锡。几经历史沧桑，逐渐发展。民国8年（1919），在光复门外清真寺路（现长庆路250号）兴建长庆路清真寺，民国10年竣工。占地面积597平方米，建筑面积393平方米，为砖木结构平房。寺内有礼拜殿、客厅、大厅、水房、亡人房等，南京湖熟镇经学堂讲经阿訇马寿亭为首任教长。民国35年，成立中国回教协会无锡支会，由国民党编余军官禹子孚担任理事长。1952年，成立董事会，由刘吉顺任董事长。1953年，第一区、第二区有回族穆斯林190人。1955年，中国回教协会无锡支会由于云波任董事长，刘吉顺任副董事长。1958年，产生以刘吉顺为董事长的新董事会。20世纪50年代末至“文化大革命”，伊斯兰教活动中止，至1982年7月23日重新恢复。90年代后期，长庆路清真寺移地重建解放南路清真寺。2000年，辖区内回族穆斯林增加到263人。随着社会主义市场经济的发展，甘肃、新疆、青海、安徽、山东等地大批回民到无锡经商务工，辖区内流动和短期居住的各族穆斯林不断增加。

1982~2005年，市伊斯兰教协会（以下简称伊协）先后召开5次代表会议，选举领导班子成员，制定章程和制度，审议决定伊协重大事宜。伊协以维护社会稳定为重点，通过节日聚礼等活动，加强对穆斯林的教育，做好穆斯林的礼拜、饮食、土葬工作，辖区穆斯林生活安定祥和。解放南路清真寺先后被评为江苏省模范清真寺和2002~2005年度无锡市模范宗教活动场所。2005年，伊协会长伍贻德被江苏省政府表彰为省民族团结进步模范个人。伊协主办的民族业余学校在1985~2005年间，培训各类人员15万多人次，连续8年被评为省、市社会办学先进集体、成人教育先进单位和民族团结先进集体，1995年被授予“广育英才服务四化”荣誉称号，成为无锡地区公认的成人教育的一面旗帜。

第一节　伊斯兰教团体

无锡市伊斯兰教协会成立于1982年，其前身为中国回教协会无锡支会。是年12月20日在长庆路清真寺召开无锡市伊斯兰教第一届代表会议，到会33名代表，民主选举产生无锡市一届伊协，马伯谦为主任，陶光裕，马有翼为副主任。会议通过伊协章程，并聘请阿訇，全面恢复伊斯兰教活动。其后，先后于1986年12月、1993年12月、1998年12月、2004年6月召开伊协第二届、第三届、第四届、第五届代表会议，选举产生新一届伊协领导班子，审议决定伊协重大事宜。二届伊协会长马钟琪，副会长陶光裕，马有翼，增设秘书长冯雅莉；三届伊协会长马钟琪，副会长陶光裕、冯雅莉、沙春华，秘书长冯雅莉（兼）；四届伊协名誉会长马钟琪，会长伍贻德，副会长冯雅莉、马世伟，秘书长冯雅莉（兼），副秘书长楊寿乐。五届伊协会长伍贻德，副会长冯雅莉、马世伟，秘书长冯雅莉（兼），副秘书长鲍克宇。伊协委员人数除第四届为13人外，其余各届均在16~18人之间。

第二节　场所与活动

【解放南路清真寺】

无锡清真寺（2004）　（孙怡摄）

位于解放南路586号。前身是长庆路清真寺。1982年3月，市政府拨款2.5万元全面修复。1994年，市政府拨款20万元，拆除清真寺后面民房，解决市机械局新建工贸大楼与清真寺间距问题。1996年11月，市决定将清真寺移建至无锡市解放南路古运河畔（黄石桥弄口），成立由马钟琪等6名回族人士组成的清真寺基建筹备小组。1998年12月28日奠基，2000年3月竣工，4月18日举行新寺落成典礼。解放南路清真寺占地面积1376平方米，建筑面积2182平方米，主体建筑高5层，总造价740万元。其中拆迁安置费360余万元，由无锡市机械局置换土地支付；基建工程380万元，由市政府拨款305万元，伊协自筹75万元。新寺呈典型的阿拉伯风格，园形穹窿顶，乳白色外墙，豆绿色窗玻璃，一楼部分、二楼全部出租，三楼为伊协办公用房，四楼为礼拜大殿、讲经堂、水房，五楼为女大殿、女水房，一楼后面设有亡人房。解放南路清真寺的落成可满足不断增多的外地来锡穆斯林过宗教生活的需要，为接待来锡参观访问的国内外穆斯林创造良好条件。该寺先后被评为江苏省模范清真寺和2002~2005年度无锡市模范宗教活动场所。

1984～2005年崇安区辖区清真寺阿訇任职时间一览表

表31-3-1

姓　名	任职时间	姓　名	任职时间
马有翼	1984~1989	许世超	1995~1996
苏训海、马全仁	1990	胡化志	2000~2001
沙春华	1991~1995、1996~1998	鲍克宇	1998~2000、2001~2005

说明：上述资料由区民族宗教事务局提供。

【宗教活动】

伊斯兰教全年有3个大节和若干小节。回历三月二十日为圣忌节，又称祭节，是纪念先知穆罕默德诞辰和逝世日；回历十月一日为开斋节，又称肉孜节，是庆祝1个月斋期圆满结束而举行的礼拜和聚会；回历十二月十日为宰牲节，除举行礼拜和庆祝活动外，要宰杀牛羊以济贫。除了三大节日外，还有每星期五午后举行的主麻日聚礼，以及其他小节。每逢重大节日，穆斯林即沐浴盛装，参加会礼。开斋节，各族穆斯林休假一天。

1982年7月23日，恢复宗教活动后，参加主麻日聚礼活动仅10多人，以无锡地区穆斯林为主。1999年，清真寺移建前，聚礼人数约40人，增加新疆到无锡经商的维吾尔族穆斯林。2000年，新清真寺建成后，至2005年，已达200余人，不仅有无锡地区和外地到无锡经商的各族穆斯林，还有10多位在江南大学留学的穆斯林学生、在联合国亚太淡水鱼养殖中心学习和在锡经商的埃及、巴基斯坦、尼日利亚、约旦等10多个国家的穆斯林参加聚礼。参加三大节日会礼的穆斯林，1982~1999年，每年300~400人。2000年后，参加会礼的穆斯林呈现流动性、集聚性、民族性和涉外性的特点，增长很快，仅开斋节，来寺穆斯林就由2003年近千人增加到2005年1700多人，参加会礼人数由近800人增加到1500多人。

【对外交往】

1982年后，与国内外穆斯林及伊协组织交往日益增多，交流日趋频繁。1983年5月，新疆各寺大伊玛代表团到无锡访问清真寺。1984年，巴基斯坦伊斯兰教教友在无锡实习期间，经常到清真寺做礼拜。2000年新寺建成后，对外交往更加频繁。是年，先后接待全国政协民族宗教委员会副主任黄璜带领的考察组，全国政协常委、中国伊协副会长、经学院院长宛耀宾，著名回民支队司令马本斋之子、海军少将马国超，中国伊协副会长、上海市伊协会长、大阿訇马人斌，中国伊协副会长、青海省政协副主席、大阿訇韩生贵，以及北京、新疆、甘肃、黑龙江、青海、广西、重庆、上海、杭州、湖南常德、安徽芜湖、宁夏青铜峡等省市和江苏省各市县的伊协代表团，交流团结办教、服务社会的经验。2001年3月，接待埃及驻沪总领事安泽鼎，并互赠礼品。2003年9月，接待台湾回教协会常务理事、台中清真寺董事长张明峻为团长的中国台湾伊斯兰教两岸交流团一行10人，为台湾穆斯林上层人士第一次组团到祖国大陆访问。

【清真餐饮】

1986年，辖区有位于崇安寺的伊斯兰面店、工运路孟渊路口的回民饭店、光复桥长庆路口的大饼店、通惠路口的清真饭店4家清真餐饮企业以及位于中国饭店旁的清真副食品商店。1987年，利用长庆路清真寺房产资源，开办清真综合商店和清真寺招待所，既解决伊协自养经费，又解决当时清真牛羊肉无供应点和外地到无锡经商人员无处住宿的困难。1989年，因通惠路拓宽，通惠路清真饭店被拆除。1995年3月，市政府拨款15万元，在市中心崇安寺农贸市场，开办清真牛羊肉供应店。1997年，在人民路亭子桥堍开办“犇鲜居”饮食店。是年，因建国际饭店，长庆路大饼店、清真寺综合商店和清真寺招待所被拆除。1998年12月，在解放东路890号开设清真寺招待所，面积209平方米。是年，因崇安寺地区改造，位于公园路的伊斯兰面店拆迁歇业，后于1999年4月在公园路35号复业，改名伊斯兰菜馆，营业面积300多平方米，其特色菜肴、点心深受回民和广大居民欢迎。1999年，商业大厦五楼开办“鲜居”饮食店。2001年，在沙文井菜场开办清真牛羊肉供应店。2002~2003年，因火车站地区和崇安寺地区再次改造，回民饭店，伊斯兰菜馆、清真副食品商店、崇安寺清真牛羊肉供应店等先后被拆除。2003年，在火车站附近开办老马清真饭庄。2005年，伊斯兰菜馆在崇安寺生活步行街区复业。迄2005年，辖区有清真餐饮企业5家，以及位于沙文井菜场的清真牛羊肉供应点1家，还有为数众多的兰州拉面店。

1999年在公园路复业的伊斯兰菜馆（2004）　　（孙怡摄）

【民族业余学校】

1985年5月，创办民族业余学校，由市民族宗教事务局主管。学校以满足社会青年求学考证需求和开展对穆斯林学习教育活动服务为主要任务，市伊协会长马伯谦兼任校长。1987年10月，改由马钟琪任校长，蒋国培任副校长，马伯谦为顾问，并组成校务委员会，管理主持学校工作。创办初期，无固定校舍、无教育经费、无专职教师，入学人数仅245人，学校聘请退休知识分子、科技人员和兼职教师共襄教务，先后租赁北仓门小学、道长巷小学、崇安寺小学、市图书馆、第十二中学等房屋开办培训班。1999年初，市伊协副会长马世伟担任副校长。2001年12月，该校改由无锡市少数民族联谊会主管。1985~2005年，该校坚持按社会需求办学，为全日制学校拾遗补缺，先后举办高考复习班、成人高中文化班，日语、英语、阿拉伯语班，高等教育自学考试辅导班，开设电脑、会计、新闻、法律、计算机、经济管理班等几十个专业、上百门课程的培训班，还开展各类家用电器维修、服装设计等单科技能培训。各层次的英语和日语培训班特色优势明显，开设的班级数和学员人数位居无锡各类培训学校之首。期间，先后培训各类人员15万多人次。连续8年被评为省（市）社会办学先进集体、成人教育先进单位和民族团结先进集体，1995年被授予"广育英才服务四化"荣誉称号，成为无锡地区公认的成人教育的一面旗帜。

第四章　其他宗教

辖区其他宗教有道教和天主教。道教是中国五大宗教中唯一的本土宗教，传入无锡已有1500多年历史。1948年，无锡城区有宫观40处，其中以位于城中心的洞虚宫最为著名。20世纪50年代，无锡道众成立无锡市道教协会筹备委员会，推举华伯阳道长为主任，下设组织、经济、文书、生产、福利5个组，会址在辖区图书馆路36号，后不了了之。1951年，第一区有道教信众95人。1953年底，辖区内有诸多道院，时为道院最多的区。有地处图书馆路的火神道院和雷尊道院、南仓门长庆路的醉月道院、进士坊巷的斗姥阁、后太平巷的锦树道院、西大街庙巷的玉衡道院、大娄巷的祖师道院、周山浜广丰面粉厂附近的聚福道院、周山浜附近大徐巷的朝阳道院等。1958年寺观合并，全市道观由24所合并为1所，辖区内无道观。

辖区天主教于明崇祯十三年（1640）传入无锡，信众以农民和渔民为主。清康熙四十六年（1707），法国传教士隆盛在永定桥沿河天主弄建造无锡第一所天主教堂，作为神父讲道和天主教徒进行宗教活动的场所。1951年，第一区有天主教信众29人。1953年，成立无锡市天主教爱国会。天主教爱国会坚持走独立自主、自办教会的道路，立足服务教友、教育教友爱国爱教，并配合政府做好宗教法规的宣传。道教和天主教与其他宗教一样，在"文化大革命"中被冲击殆尽。80年代，辖区内道教与天主教活动相继恢复。迄2005年，尽管区境内无有组织的道教和天主教活动场所，但民间散居道士到亡人家进行超度的民间道教法场普遍存在，427名天主教信徒的宗教活动在北塘区三里桥民主街天主教堂正常进行。

第一节　道　教

道教活动主要有为信众做斋醮，追思超度亡灵、镇宅驱邪除秽等法事，以及在道教节日、民俗节日和各大庙会，举办祈福道场，祈祷国泰民安。无锡道教在信仰上遵守道教神谱的基本规定，同时又与民间信仰、吴地文化密切联系，尤其是道教音乐涌现出不少精通道教音乐的人物，世界名曲《二泉映月》的作者瞎子阿炳（华彦钧）就是其中杰出代表。80年代后，民间阴阳寿庆或丧事虽仍有少数延请做道教法场，但规模很小，一般仅3~7人，且不都是道教界人士。1997年，无锡市道教协会筹备委员会再次成立，先后在薛福成故居、西水墩西水仙庙办公。1999年12月，成立无锡市道教协会，出台《关于散居道士管理暂行办法》，民间散居道士的道教活动得到规范管理。2000年，市道教协会从西水仙庙迁至南水仙庙。自此，辖区内已无道教组织。2004年起，在阿炳故居修缮中，复建道教活动场所——雷尊殿，并还原祈福道场场景。

位于阿炳故居的雷尊殿（2005）　（崇安城投公司供稿）

第二节　天主教

天主教亦称罗马公教，于明崇祯十三年（1640）传入无锡。传入后，先后在辖区永定桥沿河天主弄、城外三里桥民主街和黄巷乡高长岸建造天主教堂。其宗教节日，分别以一星期和一年作为一个完整的周期。一周的星期日称为主日，是庆祝耶稣复活和恭敬天主的日子。每年的重大宗教节日包括耶稣圣诞、耶稣复活、圣神降临、圣母升天四大瞻礼。其中又以耶稣圣诞（每年12月25日）、耶稣复活（每年春分后第一次月圆后的第一个星期日）最为隆重。此外，追思已亡瞻礼以及圣母月（农历五月）也较隆重。90年代后，辖区内虽无天主教活动堂点，但区内427名天主教信徒均赴三里桥民主街天主教堂参加宗教节日活动。2002年，广益镇归属崇安区后。广益地区为全区天主教徒主要集中地，其中黄泥头村和向阳村的信教群众比例高达90%以上。2003年12月，辖区天主教信徒汪英南、殷阿苟当选为市天主教爱国会八届常委，沈玉良、杨士兴当选为市天主教爱国会八届委员。

天主教瞻礼　（区民宗局供稿）

第三十二编

民生　民俗

1978年中共十一届三中全会后，随着改革开放的不断深入，经济社会事业的快速发展，人民生活得到极大改善，过上“吃”讲营养、“穿”讲时尚、“住”讲宽敞、“行”讲便捷、“用”讲高档、“乐”讲多样的生活。2005年，全部职工年人均收入达到22483元，比1985年增长15.93倍。

辖区民风敦厚，习俗朴实，内涵丰富，涉及面广，既有春夏秋冬四季时令风俗，又有生老病死礼仪习俗，既有节庆传统习惯，又有为人处事等各方面的社会习俗。无锡解放后，特别是改革开放后，党和政府大力提倡破除迷信、移风易俗，积极弘扬符合社会主义文明要求的新风俗、新风尚，一些带有浓厚封建迷信色彩的陈规陋习不断被淘汰，一些透视人们思想情感及融合自然环境、社会风貌、经济文化的民俗不断演变发展。尽管旧俗陋习时有不同程度的回潮，但作为中华民族炎黄子孙共有的许多民俗风情，仍具有较强的生命力、向心力、亲和力、凝聚力，在海内外传承和演变。

第一章　居民生活

中共十一届三中全会后，随着经济的发展，辖区居民就业稳定，逐渐告别贫穷，走向小康。每个劳动力赡养人口逐步减少，从业人员的家庭负担日益减轻，居民生活水平不断提高。1986年，区职工年人均收入1328元，2005年，全部职工年人均收入提高到22483元，增长15.93倍。百户居民人均可支配收入15702.9元，是1985年的34.14倍。城镇居民消费发生根本性变化，从80年代前解决温饱问题为主，逐步发展到衣食住行由低层次向高层次、由生存性向享受型、由传统型向个性化多元化、由单独物质享受向追求精神享受转变，消费热点集中在享受医疗保健服务、改善交通通讯工具、外出旅游、更新家用电器等方面。2005年，城镇居民家庭消费人均总支出11324元，是1985年的29.8倍。

第一节　收　入

80年代前，实行低工资、低消费、低标准，城镇居民职业相对稳定，收入来源单一，主要依靠工资性收入。一般工人月收入35～45元，一般干部50～60元。80年代后，经过多次工资调整和改革，城镇居民经济收入较前发生根本变化。1986年，区职工年人均收入1328元，就业者负担家庭人口1.46人。1989年，区职工年人均收入增加到1915元，其中，工业1848元、商业1783元、机关事业2330元。1995年，无锡市实行城市居民最低生活保障制度，“三无”人员和社会困难户、困难职工享受每人每月120元的最低生活保障金。其后，最低生活保障金标准多次提高。2000年，区职工年人均收入提高到9639元，其中，工业5734.31元，商业、饮食、服务、运输和建筑5946.92元，机关事业1.43万元。2005年，全部职工年人均收入22483元，在岗职工人均收入24796元。根据市城市调查队2005年对崇安区1%居民户抽样调查统计，百户居民家庭人均总收入16945.67元，其中人均可支配收入15702.9元。家庭总收入中，工薪收入9529.46元，占56.24%；养老金等转移性收入6266.62元，占36.98%；经营净收入959.04元，占5.66%。据300户居民家庭生活基本情况抽样调查显示，就业者负担家庭人口1.3人。

第二节　消　费

80年代前，一般居民人均生活费月支出8元，基本可以维持温饱，12～15元属较好水平，20元以上为较高水平，吃、穿是消费的主题，少数家庭开始使用黑白电视机、成套家具，自行车、电风扇、收音机、手表普及到一般家庭。80年代后，随着居民收入逐年增加，消费水平不断提高。据1985年崇安区百户家庭耐用消费品拥有量抽样调查，百户居民家庭拥有电风扇117台、洗衣机51台、电冰箱3台、黑白电视机84台、彩电8台、收音机91台、收录机40台、照相机6架、手表293只。90年代后，居民消费逐步向“吃”讲营养、“穿”讲时尚、“住”讲宽敞、“行”讲便捷、“用”讲高档、“乐”讲多样发展。1995年，月人均支出由1985年69.97元增加到443.65元。居民消费支出从吃穿为主扩大到购房装修、置办高档家用电器、交通与通信、社会保障、教育文化、旅游休闲、医疗保健等方面，其中，购房装修、教育文化娱乐、社会保障、医疗保健等消费比重逐年加大。根据市城市调查队2005年对崇安区1%居民户抽样调查统计，百户居民家庭年人均支出14726.40元，其中，消费支出10301.97元，占69.96%；购房支出1858.68元，占12.62%；社会保障支出1047.12元，占7.11%。在消费支出中，食品

3746.65元，占36.37%；交通与通信1506.53元，占14.62%；教育文化娱乐1380.02元，占13.40%；医疗保健1007.55元，占9.78%；居住857.74元，占8.33%；衣着783.8元，占7.61%；家庭设备用品609.63元，占5.92%。

与此同时，随着人民生活水平日益提高，居民理财投资观念逐步增强，家庭理财投资支出不断增加，从过去靠储蓄获取利息收入的单一做法，向多渠道投资增加合法收入方向发展。据2005年市区32户家庭理财消费抽样调查，100%的家庭参与储蓄理财，储蓄总额71.10万元；7户家庭参与房产投资，投资总额287万元；5户家庭购买国债等债券，投资总额6万元；1户家庭参与股票投资，投资总额5万元，从中获得除工资以外的其他正当合法收入。

【衣　着】

80年代后，各式服装用料由20世纪50～60年代清一色的棉布卡叽、70年代的化纤为主，发展到丝绸、尼龙、皮毛等，着装款式和花式从色调单一、千篇一律的中山装、军服、工作服、夹克衫，发展到讲求舒适美观，追求时尚，给人以美感，四季服装款式丰富，有运动衫、T恤衫、羊毛衫、西装、裙装、猎装、大衣、羽绒服等时装，年轻人喜欢追求海派、洋派，一度流行喇叭裤、牛仔裤、红裙子、蝙蝠衫、比基尼，后来是踏脚裤、文化衫、松糕鞋、吊裆裤，还喜欢选购“梦特娇”“苹果”“花花公子”等国外名牌服装，后发展到“老爷车”“皮尔卡丹”等顶级名牌。21世纪后，着装更趋向自由化、个性化，各种潮流的服装此伏彼起，衣着消费档次愈来愈高，款式更新换代加快，讲究轻薄软暖挺，面料喜欢透气舒适。据市城市调查队对崇安区1%居民户抽样调查，2005年，人均衣着消费783.80元，占消费支出的7.61%。

日新月异的时装（2005）　　（区档案局供稿）

【饮　食】

80年代后，粮油、副食品日渐丰富，票证被取消，购粮不加限制，膳食结构发生质的变化，主要反映在吃讲营养，居民对食品的需求由“主食型”向“副食型”“温饱型”向“营养型”转变。粮食人均消费量下降，肉、禽、蛋、水产品的消费支出比重不断上升，居民普遍饮用奶制品。在膳食质量改变的同时，各类滋补品进入寻常人家，品种千变万化，从参茸类到蜂制品、冬虫夏草等名贵补药，从生脉饮到脑白金、富硒康等高档补品遍及不同年龄人群。人们对饮食的要求并不满足于养命，而是讲究“养颜”“养身”和“养神”。节日喜庆，居民待客宴席讲究丰盛，由家庭料理逐步走入餐厅酒店，双休日举家上菜馆渐成习惯。新兴餐饮“川妹子”火锅为代表的

婚庆宴席（2005）　　（区档案局供稿）

火锅业，丽华快餐、大娘水饺为代表的快餐业的兴旺，为居民生活增色不少，肯德基、德克士、麦当劳则是青少年的挚爱。据市城市调查队对崇安区1%居民户抽样调查，2005年，人均食品消费3746.65元，占消费支出的36.37%。其中粮油类占11.30%，肉、禽、蛋、水产品占30.81%，蔬菜类占10.45%，糖烟酒饮料占12.87%，干鲜果品占6.66%，在外饮食消费占15.94%。

【居　住】

80年代后，随着旧城改造步伐加快和住宅开发建设力度加大，一批居民小区相继竣工，破旧平房被多层、高层住宅大楼所替代发展，一家三代居住一间房子的拥挤户逐步脱困，居民住房条件明显改善。住房式样由76式、79式到80式、90式，再到独门独院的别墅式，住房结构讲求“三大一小”（客厅大、厨房大、卫生间大、卧室小），室内装璜追求宾馆式，使用建材趋向高档、环保。2005年，市区居民人均居住面积30平方米，比1985年增加23.3平方米。其中，拥有三居室以上的占23.94%，二居室的占63.38%；有配套卫生设施的占92.96%，有空调设备的占81.69%，使用煤气、天然气或液化石油气的占100%，气化率比1985年提高56.34个百分点。私有住房率达到87.33%，其中商品房率达到19.72%。是年，据市城市调查队对崇安区1%居民户抽样调查，年人均居住消费857.74元，占消费支出的8.33%。

位于人民东路的紫金门花苑（2005）　（区档案局供稿）

【出　行】

80年代后，出行主要靠自行车、公交车代步，人们喜欢购买价格120元左右的“凤凰”“永久”“飞鸽”等国内名牌，以及“长征”“金狮”等地产品牌自行车。90年代后，摩托车、助力车、电动自行车逐步替代自行车，成为大多数职工上下班必备的交通工具。一些大型企业职工上下班，由单位派厂车接送。出租车从普通“桑塔纳”“夏利”牌轿车为主，发展到“福特”“尼桑”“神龙富康”牌等。公交车由普通型更新为全封闭、空调式的高档型，部分线路使用双层巴士。家庭私家轿车大量涌现。2005年，据市城市调查队对崇安区1%居民户抽样调查，百户居民家庭拥有自行车133.8辆、助力车38.03辆、摩托车12.68辆、家用汽车9.86辆，居民出行十分便捷。年人均交通消费1048.02元，占消费支出的10.17%。

中山南路口公交车、私家车、电动车各行其道（2005.5）　（区档案局供稿）

【用　品】

80年代后，各类家用电器进入家庭，电风扇、收录机、洗衣机、冰箱、黑白电视机等逐步成为家庭生活必需品，居民家庭耐用消费品拥有量不断增加，并逐渐向高档化发展。90年代后，彩电、空调、影碟机、组合音响、电脑等日趋普及，特别是家庭厨房和卫生间使用的家电产品拥有量增幅明显，电话、传呼机、手机等通讯工具逐渐为家庭和个人普遍使用，家具由普通大橱、五斗橱、百灵台等发展到成套组合家具、高档沙发，电子琴、钢琴也为经济条件较好的家庭所购置。进入21世纪后，各种中高档摄像机、照相机、淋浴热水器、健身器材等也进入普通家庭，电饭煲、微波炉、电烤箱、电磁炉、排油烟机等各种新型炊具户户必备。2005年，据市城市调查队对崇安区1%居民户抽样调查，百户居民家庭拥有成套家具78.87套，电冰箱、冰柜101.41台，家用电脑63.38台，彩电173.24台，影碟机46.48台，固定电话、手机264.79台，空调器、取暖器201.41台，淋浴热水器85.92台，洗衣机94.37台，微波炉94.37台，排油烟机81.69台，电炊具85.92台。

【娱　乐】

80年代后，随着电影院不断升级换代和歌舞厅等娱乐场所的逐步兴起，居民文化娱乐由看电影为主向多样化发展。90年代后，男女老少流行搓麻将、打扑克，年轻人迷恋网吧，爱美女子青睐美容，到歌舞厅跳舞、去健身房锻炼成为时尚，经济优越的家庭选择打保龄球、高尔夫，享受更高档的文化娱乐，一时，持有文化娱乐场所“年卡”“季卡”和“月卡”成为身份的象征和追求享受的主题。每当歌星到无锡演出，门票虽然高达300~500元一张，但追星族们仍争相抢购。香港刘德华、郭富诚、张学友等“四大天王”和韦唯、毛阿敏及郑绪岚等都是公众追捧的对象。年轻人掀起穿文化衫、去运动场、钻英语角、进复读班、考高学历的热潮。公花园、靖海公园等地辟有“英语角”，每天清晨都有不同年龄的人群到“英语角”观摩和交流。进入21世纪后，电子游戏、网吧时兴，互联网、宽带网普及到户，电脑价格由上万元降至五、六千元，家庭经济条件好的自购电脑，电脑普及渐成为人们工作和学习的必备工具。上网成为时尚，初始上网为学习和了解知识，进行工作交流，掌握社会动态，后发展到网聊、网恋、网游和网购，不同类别的人群从网络中认识世界、了解世界、感知世界，同时受外来文化的影响，不断追求和接受中外新的文化时尚，折射出人们对时尚的追求和向往。

2005年崇安区百户居民家庭主要消费品拥有量抽样调查一览表

表33-1-1

序号	消费品名称	计量单位	拥有量	序号	消费品名称	计量单位	拥有量	序号	消费品名称	计量单位	拥有量
1	成套家具	套	78.87	13	录放机	台	29.58	25	消毒碗柜	台	4.23
2	摩托车	辆	12.68	14	家用电脑	台	63.38	26	洗碗机	台	1.41
3	自行车	辆	133.80	15	组合音响	套	29.58	27	饮水机	台	54.93
4	助力车	辆	38.03	16	摄像机	架	2.82	28	吸尘器	台	14.08
5	家用汽车	辆	9.86	17	照相机	架	52.11	29	健身器材	套	8.45
6	洗衣机	台	94.37	18	其他高档乐器	件	1.41	30	普通电话	部	133.80
7	电风扇	台	233.80	19	微波炉	台	94.37	31	移动电话	部	130.99
8	电冰箱	台	98.59	20	空调器	台	147.89	32	传真机	部	5.63
9	冰　柜	台	2.82	21	取暖器	台	53.52	33	录音机	台	35.21
10	彩　电	台	173.24	22	电炊具	台	85.92	34	排油烟机	台	81.69
11	影碟机	台	46.48	23	淋浴热水器	台	85.92	35	接入互联网手机	部	1.41
12	接入有线电视电视机	台	160.56	24	接入互联网计算机	台	39.44				

说明：上表为市城市调查队对崇安区1%居民户抽样调查数据，由区统计部门提供。

第二章 民俗风情

旧社会，流行于民间的礼仪、节庆、时令、社会等各种习俗很多，封建迷信色彩很浓。但不管何种习俗，无不反映传统文化，体现人文礼教，蕴含人际关系，刻有宗教烙印。无锡解放后，特别是中共十一届三中全会后，随着人们生活方式、精神面貌、意识形态、风俗习惯、宗教信仰、人际关系等方面发生的深刻变化，社会生活中的民风民俗亦随之演变升华，中华民族传统高尚的社会习俗得到继承和发展，带有封建迷信的糟粕被不断摒弃，形成既体现历史文化传承，又反映符合社会主义文明要求的社会民俗风尚。本章所载礼仪习俗、节庆习俗、时令习俗、社会习俗，以及谚语和方言，近者反映解放前后的变化，远者记录古代历史的脉络。如今流传于区内的社会生活习俗，已成为无锡地区民间文化的瑰宝，中华民族五千年文明史的一页。

第一节 礼仪习俗

旧时，民间礼仪习俗多姿多彩，从社交到人生必经的出生、结婚、丧葬三件大事，以及寿庆等习俗特别讲究，百姓视其为一生中可喜、可贺、可庆、可纪念之盛事，深刻影响着人们的日常生活。经过漫长的历史发展，旧有传统的礼仪习俗仍在部分市民中流行，但大多已融入现代社会生活节奏，或简化，或改革，或突破，形成新的礼仪习俗。

【社交礼仪】

旧时，男人见面习惯双手抱拳或脱帽致意，寒暄问好。妇女见面则习惯手拉手以示亲热问好，小孩见到大人则习惯喊“爷爷好、亲娘（奶奶）好”“伯伯好、阿姨好”。无锡解放后，提倡文明礼貌用语，接电话时首先热情地说：“您好”“请讲”，接待来客时先说：“请坐”“请用茶”，然后再通报自己的姓名职务。谈事情用“请问”“请说”“请提宝贵意见”“请多原谅”“对不起”。年长者，称“老王”“老李”或尊称“王老”“李老”；年轻者，称“小王”“小李”“小姐”“先生”。遇有职务者，职称连在姓下，如“王局长”“李书记”。

家庭拜访一般流行电话预约，得允后方可前往。到达时先按门铃，或用手轻轻敲门三下，得到主人答复后方可进门，忌大呼主人姓名，忌未经答复推门而入，忌进屋不换鞋直接就座，忌未经同意进入卧室。主人接待来客，先敬茶敬烟，条件好的家庭还摆水果、点心供客人品尝，宾主谈“正”事时，子女离开。客人告辞出门时一般不正身走出，宜退出或侧身离开，并表示“谢谢”“打扰”。主人应握手相送至门外或楼下，目送客人走远后再关门。家中宴请，客人入坐朝南正中位置，主人一般坐右下首或对面位置，便于敬酒。宾馆饭店宴请，主人一般居中就坐，分左上右下，依次安排客座，客人坐定后主人再就坐。

【婚　嫁】

旧时婚嫁，男方结婚称“娶媳妇”，女方出嫁称“嫁囡妮（女儿）”，男女定婚讲究“门当户对”，全凭父母之命，媒妁之言。婚嫁程序繁琐，每道程序都要在“黄道吉日”进行。婚配前，由男方家长出面请媒妁至女方求婚。如女方家长同意，便将女孩的出生年月等“时辰”“八字”写在红帖（庚帖）

上，外套大红封套，封内放枣子、花生、桂圆、莲子各两颗，取成双成对，早（枣）生（花生）贵（桂圆）子（莲子）的吉祥之意。还用红绿丝线系上太平钱、福字钱各一枚放入，取太平幸福、牢牢系住姻缘的美意，封套面上书“天作之合”4字。庚帖请回后，男家就向女方口头求婚。得到允诺后，再行帖求婚，叫“求允帖”。如女方允诺，就出允帖，正式定婚约，旧称“定亲”。定亲后不久，双方约定日期后下聘礼，不久择日完婚。民国期间，婚嫁虽有革新，但仍以旧式居多。

无锡解放后，旧婚俗被革除，新婚俗逐渐形成，男女双方自由恋爱结婚。80年代后，出现婚姻介绍所，90年代后，电视传媒介入婚姻介绍，2000年后，大龄“剩男”“剩女”在电视征婚节目中择偶。青年男女确定恋爱关系后，分别告知双方父母、亲朋好友。多由女方父母到男方家会亲家。婚前需经民政机关登记，领取结婚证书，方为合法夫妻。结婚之日多由男女双方及其父母协商确定，一般选双日、节假日，以方便亲朋好友赴宴庆贺。80年代前，婚礼仪式较为简单，双方添置些生活必需品，备酒席数桌，邀主要亲属聚聚，并散发喜糖、红蛋。娶亲时，新郎请头胎生儿子的人“背子孙包”先行，并由几名未婚男青年陪同，新娘由几名未婚女青年陪同到男家。婚礼上男女双方家长、亲友、介绍人、证婚人等同时到场，新郎、新娘交换信物，互致祝福。过三朝或当天新郎陪新娘回娘家，称“回门”，也要带上礼品；女方要备酒待女婿。男方家设宴招待女方父母、叔伯等亲属进行“会亲”。女儿出嫁后，要按四时八节回娘家送礼看望。80年代后，婚嫁逐渐有所铺张，男方除置办住房和成套家具外，还要送女方彩礼、金银饰品，女方陪嫁的生活用品、床上用品、家用电器不断升级。青年男女追求个性化，旅行结婚逐渐增多。90年代后，随着人民生活水平的提高，婚事操办逐年讲究，流行拍婚纱照，摄录像，请礼仪公司全程服务。并发展到女方陪嫁有轿车，双方婚筵几十桌，耗资几十万。迎亲轿车讲究高档名牌，“花车”以“皇冠”“福特”“凯迪拉克”居多，以示隆重和派头。其间，国家积极提倡婚事新办，市、区妇联组织偶在大型活动场所举办集体婚礼，规模较大时有上百对新人参加。

【生 养】

旧时生养，民间流行“多子多寿”“早生贵子早得力”“不孝有三、无后为大”的习俗。女子婚后怀孕谓之有“喜”，喜后满6个月须回娘家住几日，谓之“生根”。再回夫家时，要带一盘饼，称“拖泥饼”，分送亲友邻居，从此产前不再回娘家。临产前，娘家派人送一捆苦草，中间放置筷一只，送至婿家，并有意把苦草掼下地，使筷落下，取意“快生快养”。婴儿出生后，女婿到岳父家报生要给报生钱，岳母需给女婿吃五只鸡蛋，取意免除女儿产后空肚痛。婴儿出生后第三天，要吃“三朝面”，娘家要送孩子穿的四季衣服及鞋帽。亲友送鸡蛋、鸡、蹄膀、衣物、金银器等，谓“送庚”。三朝那天设祭品点香烛，斋监生娘娘、祭祖、请路头、烧化锡箔纸锭。婴儿满月、百日、周岁都要喝满月酒、百日酒、抓周酒，吃长寿面，亲友除送礼外，还要给孩子“压岁钱”。

无锡解放后，已逐渐破除旧有繁俗,但仍然盛行着“送庚”，80年代，送红糖、鸡、鸡蛋、蹄胖，90年代后，盛行送高档营养品、婴儿衣帽，乃至品牌奶粉、尿不湿、童车、玩具等。并延袭庆满月、周岁吃面办酒等习俗，规模排场相当隆重，亲朋好友给孩子的“压岁钱”越来越多。与此同时，随着计划生育国策的深入贯彻，“多子多寿”“早婚早育”等习俗得到根本改变，少生优育、优生优育成为人们的共识。

【寿 庆】

居民历来喜欢“过生日”、祝寿庆。凡整十的生日称为“大生日”，其余为“小生日”。孩子每年生日，家里都要办些酒、菜、面为之庆祝。男女最重30岁生日，民间流传“三十勿做，四十勿发”一说。66岁过生日，其女儿要切66块肉丁，烧给父母吃。后不分老少，过生日都仿效西方人送生日蛋糕，并用蜡烛插在蛋糕上，吹烛点灯，播放生日歌，以示庆贺。如今，独生子女多，过生日大操大办，生日蛋糕越来越大，亲朋好友送礼金、礼品越来越重，攀比之风又渐盛行。

从50岁起，逢十过生日叫“做寿”。年满60岁称“花甲寿”，70岁为“古稀寿”，80岁称“杖朝寿”，90岁称“冻梨寿”，百岁寿者为“期颐寿”，逾百岁都称“殊寿”。无锡地区做寿还有“做九不做十”的习俗，逢虚年龄59岁、69岁、79岁……那年新年的初一或初三做寿，女儿负责为寿星添新衣、做寿桃、给左邻右舍端寿面（俗称“沥面”），儿子负责办寿宴，家中设寿堂、点寿烛、挂寿幛，亲朋好友送礼祝寿。筵席结束，晚辈给寿星叩头讨红包，亦称“讨寿”。

【丧 葬】

旧时丧事繁琐，有送终、报丧、穿寿衣、入殓、上祭、出殡、落葬、安灵位、戴孝等习俗。棺材放在家中“三朝”“五朝”“七朝”“九朝”择日不等，至亲好友前往吊唁，家人穿白衣孝服致哀。棺木普遍盛行土葬。葬后要过“还夜”“七七”，以及周年和三周年忌日。无锡解放后，提倡火葬，实行新式葬礼，旧时仪式大部废除。80年代后，丧事逐渐讲究，亲友须在“头朝”或“三朝”至死者家中吊唁，送花圈、花篮或祭幛，以及利市钱（俗称“白份”），向遗体或遗像鞠躬磕拜，死者子女一旁答礼。出殡时，家人穿白衣孝服，亲朋好友戴黑纱、白花。在殡仪馆举行追悼会，遗体告别仪式上，亲友绕遗体一周，火化后骨灰送公墓落葬或寄放安息堂。送葬返回时，不能走“回头路”。有门前发糖果、雪片糕，烧花圈跨火堆、从水盆中捡利市钱、跨木梯、吃甜汤圆子等习俗。丧主设利市饭（俗称豆腐饭）招待亲友。1985年后，居民殡葬普遍采用火葬。90年代后，殡葬讲排场、攀比之风逐渐有所抬头，丧葬一条龙服务公司应运而生，助推旧时习俗卷土重来，包揽穿寿衣、灵堂布置、车辆、出殡乐队、落葬、利市饭，以及“还夜”“五七”道士和尚佛事安排等全套服务。出殡乐队阵容和“还夜”“五七”场面越来越大。80岁以上老人去世，一般备有“长命碗”，供亲朋好友、左邻右舍自取。

第二节　节庆习俗

随着时代的进步和社会的发展，辖区节庆习俗也在不断演变，有些传统节日逐渐消失或淡化，但许多传统节日延续千年不衰，成为一种民族文化。与此同时，新中国成立后，又出现许多有纪念意义、政治意义的新时节日，对丰富人民生活、振奋民族精神有特别重要作用。此外，改革开放后，随着中西文化交融，一些舶来节日传入国内，西方习俗也逐渐被人们所接受。

【传统节日】

春　节　又称“过年”，起源于殷商时期年头岁尾的祭神、祭祖活动，是中华民族最隆重的传统节日。关于“年”的传说很多，据说它是一种能带来坏运气的动物，“年”一来，树木凋零百草不生，“年”一过，万物生长鲜花遍地。1949年新中国成立后，国家规定，春节法定假日三天,即农历初一至初三日。1999年后，初一至初三放假不变，初四至初七与春节前后两个星期的双休日对调，合并成7天年假，年初八上班。

旧时从腊月二十三过小年到元宵节，都属过年范围。节前有打扫卫生习俗，俗称“掸檐尘”，从腊月中旬开始，有“十七十八，越掸越发”之说。节前一天为除夕，亦称大年夜。家家户户挂年画、贴春联、放鞭炮、吃年夜饭、“守岁”，长辈给晚辈“压岁”钱，庆贺来年又长一岁，祝岁岁平安。“除夕夜阑人不寐，厌禳钝滞迎新岁”“终夜不眠，以待天明”。80年代后，随着人民生活水平的提高，人们不再满足在家烧年夜饭，而是合家在宾馆、饭店吃团圆饭。从选择500元一桌标准，发展到1000元以上。中高档饭店年夜饭的预定拥挤到今年刚吃完年夜饭，当即预定来年年夜饭的紧张程度。“守岁”形式从居家团聚、自娱自乐，发展到年轻人去歌舞厅狂欢，观看各种文艺演出等，但中央电视台春节联欢晚会是人们必不可少的一道“守岁大餐”。新年钟声敲响后，鞭炮齐鸣，烟花腾飞，“爆竹一声旧岁除，总把新桃换旧符”，家家迎接新年的到来。

年初一清晨，流行燃放“开门炮仗”，全家吃糕丝圆子，取团圆高升之意，还有将圆子捏成“荸荠”“元宝”，喻发财之意。开锅第一碗糕丝圆子先祭奉祖先，以示不忘先辈。晚辈向长辈拜年，同辈好友间互拜，民间有“拜年拜到正月半”一说。80年代后，一度流行电报、鲜花礼仪拜年。90年代后，盛行电话、手机短信、贺卡拜年。祝福语从“恭喜发财”“新年好！身体健康！万事如意！”等，演变为琳琅满目、充满亲情爱情友情、个性化的诗句。年初一有忌倒污水、忌动刀针剪、忌扫地、不讨债的习俗，流行至今。春节期间，崇安寺是人们逛街的主要场所，从早到晚，热闹非凡。城中公园张灯结彩，有灯谜竞猜、广场文艺演出等丰富多彩的文艺活动。年初五为“路头节”，即财神诞日，俗称路头菩萨生日。黎明大放爆竹接路头，以争先为利市，店家必吃“路头酒”后，才开门营业。1999年春节假期延长至7天后，年初八一早，许多单位燃放鞭炮、烟花，俗称“开门炮仗”，祈求新年兴旺发达。

元宵节 正月十五日称元宵节，又名“上元节”“灯节”。早晨，家家吃米粉圆子，有肉馅、豆沙馅、菜猪油、芝麻馅的汤圆称元宵，分红、黄、青、白四色。晚间吃过正月半夜饭，上街赏月观灯，闹元宵。此习俗始于汉，盛于唐。据传汉明帝刘庄为提倡佛法，下谕市民一律在元宵节悬挂灯笼以示敬佛。宋代元宵节还能见诸于法令，明太祖朱元璋更将放灯时间规定为10天，赏灯习俗由来已久。旧时，崇安寺一带灯市极盛，有商贩出售龙灯、凤灯、兔子灯、鱼灯、走马灯等各式花灯，还有踩高跷、耍龙舞、耍狮子、猜谜等活动。无锡解放后，元宵节仍有早晨吃元宵、晚上吃团圆饭的习俗，在城中公园不时有灯会。除了观灯，还配有大型文化超市、书市、文艺演出、艺术品展出和猜灯谜活动。

清明节 既是农历二十四节气之一，又是节日。每年公历4月5日前后为清明节。旧时清明节又称寒食节，清明前后祭扫祖坟，俗称“上坟”，为无锡传统习俗。扫墓时用荤素菜肴和酒、饭等祭奠，并用新土壅坟茔，以示孝意。凡新坟一定要在清明前祭扫，旧坟可在清明后，但不能过立夏。清明时节，春光明媚，桃红柳绿，踏青郊游正当时，举家扫墓、踏青成为千家万户必不可少的一项活动。清明扫墓习俗延续至今，并赋于新意，祭品逐渐被干果、糕点和鲜花替代，还流行网上祭奠。除纪念先祖外，机关、学校、工厂、企事业单位组织干部、职工、学生祭扫烈士墓，籍此进行革命传统教育，组织新党员在烈士墓举行入党宣誓，继承先烈遗志，坚定为党奋斗终身信念。

端午节 农历五月初五为端午节，又称端阳节。起源说法颇多，而纪念战国时期伟大爱国诗人屈原之说相沿至今，普遍流传。汉代建武年后，逐渐形成赛龙舟、吃粽子的习俗，民间流行悬挂艾叶、菖蒲于门前“禳灾”，驱蚊虫、除病菌；张贴钟馗图“驱鬼避邪”；小孩穿虎头鞋、五毒衣（指绣有蛇、蝎、百脚、蜘蛛、衰衣虫等），挂香袋（袋内装有雄黄、苍术、香草等中草药），额头用雄黄酒写一“王”字，沐百草汤浴；成人饮雄黄酒，驱毒祛病；吃端午昼饭，食“五红”（红烧肉、红烧鱼、红烧鹅、红心咸鸭蛋、红苋菜）。改革开放后，端午节饮雄黄酒、挂钟馗像、洗百草浴等已不盛行。但挂菖蒲艾叶、吃粽子咸蛋和端午昼饭等习俗仍十分普遍，粽子馅料花色不断翻新，有赤豆、豆瓣、火腿、鲜肉、蛋黄、海鲜等，端午粽子已不再家家包，大多去超市购买。

中秋节 俗称“八月半”。究其来历，最早是帝王的祭月典礼，尔后贵族士大夫效仿，并逐渐传入民间，成为传统节日。明清时期，宫廷和民间拜月赏月活动颇具规模。许多文人雅士在中秋节相聚，一起饮酒、赏月、赋诗作画，留下许多不朽名作和烩炙入口的诗篇。坊间早晨吃糖芋头，晚上合家团聚，饮酒赏月吃月饼，另有四角菱、栗子、百果、石榴、香梨等时令佳品。随着人民生活水平的不断提高，中秋节逐步演变为交流情意的节日，区委、区政府邀请各界知名人士、老领导、先进劳模等举办中秋茶话会，共叙佳话。民间多以月饼作为礼品馈赠亲友。月饼包装越来越精美，价格越来越昂贵，真正喜欢吃月饼的人并不多见。

重阳节 农历九月九日，日月并应、两阳相重，故称重阳节、重九节。古时人们喜欢在此时登高避灾，又称登高节。因“高”与“糕”谐音，后来人们就以吃蒸糕代替登高，逐渐形成重阳节食糕的习惯。1988年，国家把重阳节同中华民族尊老敬老的优良传统结合起来，取“久久”长寿之意，定农历九月九日为全国老年节，俗称“敬老节”。每逢此日，区老龄委、退管会都组织离退休人员外出游园赏秋，有的单位还开展登山比赛，倡导敬老爱老之风气。重阳节登高、插茱萸、赏菊、饮酒、吃糕等习俗，一直相沿至今。重阳糕从米粉蒸制的小方糕，发展到松子糕、桂花糕、芝麻糕、豆沙糕、猪油糕。穆桂英糕团店、丰收糕团店制作的重阳糕，成为重阳节人们享用的美食和送礼佳品。

【新时节日】

元　旦　新年的第一天称元旦。1949年9月27日，中国人民政治协商会议第一次全体会议正式通过《公元纪年法》，并定公历1月1日为元旦，把农历正月初一正式定为春节。是年12月23日，国家规定元旦放假一天，元旦逐渐为人们所接受，成为全国性的四大节日之一。各单位张灯结彩，悬挂国旗，进行走访慰问，举办联欢游艺活动，迎接一年之始。

三八国际劳动妇女节　起源于民国8年（1909）3月8日，美国芝加哥女工为争取自由平等权利而举行罢工和游行示威，要求增加工资、实行八小时工作制和获得妇女选举权，得到美国和世界广大劳动妇女的热烈支持和响应。次年8月在丹麦首都哥本哈根召开的第二届国际社会主义妇女大会上，决定每年的3月8日为三八国际劳动妇女节。1949年12月，国家规定三八国际劳动妇女节为中国劳动妇女的节日，放假半天。每年节日前后，区妇联都要举办表彰会、报告会、座谈会，组织文艺会演、观看电影、外出旅游等丰富多彩的活动。

植树节　始于民国4年（1915），初定在清明节。民国19年，国民政府以孙中山逝世之日3月12日为植树节。1979年2月，国家正式确定每年3月12日为植树节，号召全国人民“植树造林，美化祖国”。植树节前后，区每年组织全民义务植树活动，绿化、美化环境。

五一国际劳动节　是全世界劳动人民团结战斗的节日，源于1886年5月1日美国芝加哥工人为争取八小时工作制而举行大罢工和游行示威的斗争日。1889年7月，恩格斯在法国巴黎组织召开的第二国际成立大会决定，以象征工人阶级团结、斗争、胜利的5月1日为国际劳动节。中国工人阶级第一次大规模纪念“五一”国际劳动节是民国9年（1920）。1949年12月，国家正式规定5月1日为劳动节，放假1天。每年节日前后，区工会、区工人俱乐部、区文化馆都举办丰富多彩的庆祝活动，召开表彰会、座谈会，以示纪念。1999年起，改为放假3天，国家还将前后2个星期六和星期天调休，集中在“五一”期间放假，形成7天长假，商家称“黄金周”。

五四中国青年节　源于民国8年（1919）5月4日中国青年反帝反封建运动。民国28年，陕甘宁边区西北青年救国联合会规定5月4日为中国青年节。1949年12月，国家正式规定5月4日为青年节。届时，以共青团为主，组织各种纪念活动。

六一国际儿童节　为全世界少年儿童的节日。1949年11月，国际民主妇女联合会在莫斯科会议上决定，6月1日为国际儿童节，以纪念1942年6月捷克利迪策村和全世界所有在反法西斯侵略战争中死难的儿童，反对帝国主义战争贩子虐杀和毒害儿童，保障儿童权利。1949年12月，国家通令废除旧有的“四四”儿童节，正式规定6月1日为中国儿童的节日。节日前后，各学校、幼儿园均开展各种庆祝活动，各行各业也为儿童祝贺节日，赠送礼物。

中国共产党成立纪念日　民国30年（1941）6月，中共中央确定1921年7月1日为党的诞辰纪念日，俗称“七一”建党节。节日前后，各级党组织运用各种形式开展纪念活动，表彰优秀党员和先进党组织，举行新党员入党宣誓，召开申请入党积极分子座谈会，举办歌咏比赛和文艺演出等活动。

八一建军节　为中国人民解放军诞生纪念日，纪念中国共产党独立领导武装革命的开始。源于民国16年（1927）8月1日周恩来等人领导的南昌武装起义。民国22年7月，苏维埃中央政府人民委员会决定，以每年8月1日为中国工农红军建军节，俗称八一建军节。新中国成立后，军地双方每逢建军节，都要举行纪念活动，开展拥军优属、拥政爱民活动。80年代后，还广泛开展国防教育、革命传统教育和军民共建活动，密切军民关系，增强全民国防意识。

教师节　源于民国20年（1931），南京教育界人士提议6月6日为教师节。民国28年，改为8月27日孔子诞辰日为教师节。1985年，国务院正式确定每年9月10日为教师节。届时，区举行庆祝活动，表彰对教育作出贡献的先进单位和个人，营造尊师重教的社会风尚。

国庆节　为中华人民共和国成立纪念日。1949年9月，全国政协一届一次会议决定把10月1日定为国庆节，放假1天。1978年改革开放前，国庆节期间多组织盛大集会和游行。80年代后，大规模群众集会活动逐渐减少，小型多样的游园联欢等庆祝活动增多，各单位升国旗、挂横幅，以示庆祝。1999年，国务院规定放假3天，与“五一”节一样，形成7天长假，成为一年三大“黄金周”之一。居民多举家外出休闲旅游、探亲访友。

【舶来节日】

情人节　又称“圣瓦伦丁节”或“圣华伦泰节”，是西方的传统节日之一。起源于古罗马，每年2月14日举行。情人节的来历，有多种说法。一说是为纪念一位叫瓦伦丁的基督教殉难者，因反抗罗马统治者对基督教徒的迫害，被捕入狱，于公元270年2月14日被处死刑。行刑前，瓦伦丁曾给女友、典狱长女儿写信，表明自己光明磊落的心迹和对她的一片情怀。这种至死不谕的爱情，感动了后人。自此以后，基督教便把2月14日定为“情人节”。改革开放后，随着进出国门中外人士的增多和对外交往的需求，“情人节”也被洋为中用，在国内渐渐流行，年轻人对该节日的重视程度可与春节、中秋节相比。男女在这一天互送礼物以表达爱意或友好，赠送玫瑰、巧克力、贺卡，情人相聚，重要活动内容是到比较浪漫的地点共进晚餐，通宵狂欢，犹如中国传统节日之一的七夕节。此外，互相在网络爱墙发送祝福也成为新的时尚，表示爱情的承诺与永恒。

圣诞节　12月25日，是基督教徒纪念耶稣诞生的日子，西方称为圣诞节，又名耶诞节，其名称是“基督弥撒”的缩写。从12月24日至翌年1月6日为圣诞节节期。十九世纪，随着圣诞卡的流行、圣诞老人的出现，圣诞节开始流行，并逐渐成为一个全民性的节日。这一天，全世界所有的基督教会都举行特别的礼拜仪式，交换礼物，寄圣诞卡，家家户户都要用红、绿、白三种圣诞色来装饰，红色的圣诞花和圣诞蜡烛，绿色的圣诞树，上面悬挂着五颜六色的彩灯、礼物和纸花，白色与红色相映成趣的圣诞老人，普天同庆，成为西方国家一年中最盛大的节日，可以和新年相提并论，类似中国过春节。80年代后，随着东西方文化相互交融、相互渗透，加之外资企业及外方人员的增多，过圣诞节的习俗传入国内，并逐渐盛行。每到12月24日平安夜，辖区内大小商店、餐饮、娱乐场所大多营造圣诞气氛，布置圣诞树，规模较大的商家门前还立有迎客的圣诞老人，开展促销活动。

第三节　时令习俗

旧时民间传统习俗较多，除春节、路头节（财神节）、元宵节、清明节、端午节、中秋节、重阳节等七节外，还有冬至节，以及围绕春、夏、秋、冬“四时”的一些时令习俗。人们或庆贺、或祈求、或追缅先人，以保家庭安康，消灾降福。其中，多数带有浓厚的生活气息和良好的愿望，反映着几千年来中国历史的延续，人民文化生活的演变。无锡解放后，政府重视民族历史传统，尊重人民风俗习惯，革除封建迷信糟粕，保留民族文化精华。不少习俗至今还在流行。

【二月初八】

二月初八为张渤诞辰日，民间俗称张大帝。相传张渤为祠山神仙。张渤治水，化猪婆龙啃开犊山门，造福人民。其喜欢吃狗肉，无锡民间有在农历二月初八用白煮狗肉代替水怪祭祀张渤的习俗。张大帝有四个女儿，一住雪山，一住风山，一住雨山，一住火山。张大帝每逢生日，便要去女儿家或接女儿回来。若到雪山女儿家去，初八那天就降雪；若到雨山女儿家去，则下雨；同样，到风山女儿处去，便刮风。唯有火山女儿不能接回家，因为火山女儿一到，全城内外便是大火。所以二月初八前后气候变化无常，民间有张大帝送女儿一说。为纪念这位治水有功之神，人们用点“大蜡烛”、供“冻狗肉”、唱戏等在这天举行祭祀活动。

【二月十二】

二月十二是“百花生日”，亦称“花朝”。民间习惯祭花神，一般在门前屋后的树木花草上，贴红纸，插三角小红旗，称作“赏红”。这天若晴，百花都过生日，且兆百物成熟。旧时有这天“调采茶”习俗，祈求风调雨顺。

【二月十八】

二月十八是“莫和尚过江日”。莫和尚非仙非妖非佛，是民间虚构的人物。“二月十八莫和尚过江”不仅是一句俗语，而且是气象谚语。农历二月气候变化剧烈，乍暖还寒，时有周期性冷空气南下，这一日前后三、四天必有风雨。民间观风向能预测年成好坏，认为刮西北风（天气冷湿），莫和尚过不了江，则天灾人祸就会降临，人们希望这天刮东南风（天气和润），送莫和尚过江，这年收成一定丰盛，人畜平安。

【立　夏】

公历5月5日或5月6日为农历立夏。“斗指东南，维为立夏，万物至此皆长大，故名立夏也。”此时，太阳黄经为45度。在天文学上，立夏表示即将告别春天，是夏日天的开始。人们习惯上都把立夏当作是温度明显升高，炎暑将临，雷雨增多，农作物进入旺季生长的一个重要节气。民间有“立夏见三鲜”之说，苋菜、元麦、蚕豆为“地三鲜”，梅子、杏子、樱桃为“树三鲜”，鲥鱼、鲳鱼、黄鱼为“河三鲜”。此日，家家都有“尝鲜”的习惯，还习惯于吃甜酒酿、青蚕豆、咸鸭蛋。妇女把一棵梅子戴在头上，据说夏天可以不打瞌睡；小孩喝“七家茶”可以免“疰夏”，不能坐门槛，传说坐了不会长高；家家要“称人”，可以知肥瘦。

【夏　至】

公历6月21日或22日夏至，这天，太阳直射地面的位置到达一年的最北端，几乎直射北回归线，是北半球一年中白昼最长的一天。夏至，不仅是一个重要的节气，还是中国民间重要的传统节日。自古以来有在此时庆祝丰收、祭祀祖先之俗，以祈求消灾年丰。是日，家家早晨吃来麦粥（甜粥），中午吃馄饨。民间将吃馄饨引申为打破浑沌，有吃了馄饨更聪明的寓意。此风俗至今延续。夏至过后，天渐趋热，俗语“夏至未至莫道热，冬至未来莫道寒”。又谚云：“夏至有风三伏热”。夏至表示炎热的夏天已经开始，夏至后气温将继续升高，有“数九”的民俗，称“一九至二九，扇子弗离手；三九二十七，吃茶甜如蜜；四九三十六，拭汗如出浴；……”。

【七月初七】

七月初七，俗称“七夕节”，相传为牛郎织女鹊桥相会之日，这晚，有无数喜鹊为牛郎织女在茫茫银河搭起天桥，以使这对被王母娘娘隔开的恩爱夫妇一年一度相会。民间流传最久、最广的风俗是“乞巧”，这晚少女纷纷结彩线，穿七孔针，穿得快就意味着乞到的巧多。这天还有做“巧果”吃、玩“得巧”和“乞巧”游戏的习俗。有些妇女捣凤仙花，取汁，染无名指和小指指甲，称“红指甲”。为此，又称“乞巧节”，俗称“少女节”“女儿节”“双星节”等。而今，乞巧风俗已不存，仅留牛郎织女的传说，不少年轻人或有情人视七月初七为中国的情人节。

【七月十五】

七月十五民间俗称鬼节，道教称中元节，佛教称盂兰盆节。传说该日地府放出全部鬼魂，这天，家家祭祀祖先，焚香点烛，供品中要有“茄饼”，凡有新丧的人家，要上新坟，有些还要举行家宴，叫“过七月半”。有的人家还请和尚、道士做佛事道场。有些人家还在沿街放一台“焰口”，即演戏、施食、化锭，祭孤魂野鬼。七月十五是以祀鬼为中心的节日，系中国民间最大的鬼节。经过千余年主动顺俗和被动归化，祭祀祖先的习俗仍留在一般民众的中元节俗活动中。

【七月三十】

七月三十为地藏王菩萨成道日。地藏王菩萨成道时发誓要普度有罪孽的众生，使他们脱离苦海，故这天又为超度“亡魂”的日子。这晚，家家普烧地藏香，亦称“九思香”“狗屎香”，在家门点上很大的斗香，烧上大批线香，沿院内墙根和甬路一根根插在地上，在庭阶点烛，谓之地藏灯，向地藏王菩萨表示虔诚；有的则用放河灯的形式超度死在河里的鬼魂。线香点完后留下的一段竹棒，有红绿两种，时为孩子们难得的玩具。“文化大革命”后，该习俗消失。90年代后，在路旁桥边焚香的人日渐增多，但以老年妇女为多。

【冬至节】

公历12月22日左右为冬至日。冬至是中国农历中一个非常重要的节气，也是中华民族的一个传统节日，俗称“冬节”“长至节”“交冬”等。作为节日，至今已有2500年以上的历史。这一天，太阳直射南回归线，是北半球全年中白天最短、夜晚最长的一天。此日以后，白昼日益加长，“十日长一刻”，称“冬至信”。俗语说：“冬至大如年”。冬至前夕称“冬至夜”，家家要祭祀祖宗，旧时有钱人家杀鸡宰鸭，起码“八盆一暖锅”，酒菜丰盛。穷苦人家则家常便饭，民间有“有吃冬至夜、无吃冻一夜”之说。民间以冬至日的天气好坏预测往后的天气，有“干净冬至邋遢年，邋遢冬至干净年”“晴到冬至落到年”的谚语。冬至晨，有吃“冬至团子”的习俗，流传至今，但大多数居民已不再自己制作，而是购买成品，或举家到点心店吃“四色汤团”。这天起，叫“连冬起九”，进入寒冷季节，“三九”“四九”天气最冷，九九八十一天而寒尽。从冬至起，大街小巷有“喊火烛”的习俗，一边敲竹筒，一边喊“寒冬腊月，天气干燥，小心火烛……”。无锡解放后，这一传统仍在继承。80年代后，由居委会每天组织专人用电喇叭沿街叫喊，直到20世纪末终止。冬至是养生的好时机，从冬至开始，生命活动开始由盛转衰，由动转静。民间有冬至吃狗肉、羊肉以及各种滋补食品的习惯，以求达到延年益寿的目的。

【腊　八】

十二月初八称“腊八”，也是释迦牟尼成道日。此日寺院煮粥，里面放进枣栗果仁，施舍结缘，谓“腊八粥”。后传入民间，逐步丰富粥的营养成分，有用花生、莲心、红枣、栗子、白果、桂元、赤豆等甜食型果品煮成的“腊八粥”，有用青菜、胡萝卜、花生、发芽豆、黄豆、蚕豆、山芋、芋艿、白果、荸荠、红枣等煮成的咸味型“腊八粥”。严冬吃腊八粥，据说可以祛病延年，起滋补强身的作用。这一习俗至今仍在流传。

【送　灶】

十二月二十四为送灶日。民间有“送灶”习俗，谓之“送灶君老爷上天宫，到玉帝处奏好事，回来保平安”。这夜，家家用旧竹篾扎“送灶轿”，并用蔬菜、茶酒、谢灶团子、麦芽糖（元宝）、马料豆、寸断稻草作神马秣料供在桌上，点上香烛，请出灶头上的灶神，放在“送灶轿”内，用火焚烧，请灶神“上天言好事”，待到除夕，换上新“灶灯”“灶神”，谓之“接灶”，寓意接回来“下界保平安”。如今家家使用煤气、液化气，灶头拆除，再无送灶一说。

老灶头　　（广益街道供稿）

第四节　社会习俗

辖区民风敦厚，习俗朴实，旧时封建礼仪、繁文缛节在人们生活风俗习惯上时有反映，较为典型的社会习俗有求神拜佛、祈梦、卜卦看相算命、看风水、喊魂、夜啼郎、倒药渣、预兆、禁忌、取店名、入门习俗、口彩、分家析产等。无锡解放后，随着时代的进步、社会的发展，提倡破除迷信、移风易俗，一些带有浓厚迷信色彩的陈规陋习不断被淘汰，但旧俗陋习在民间仍有不同程度回潮。

【求神拜佛】

旧时，辖区寺庙道观较多，民间求神拜佛较为普遍。凡祈求病人早愈、家人平安、办事顺利等，都以燃烛烧香拜佛求签来表达愿望。佛教信众除在家中供奉观音、财神等菩萨外，还在农历初一、十五，以及诸佛菩萨圣诞日到寺院求拜，烧香念佛。无锡解放后，反对封建迷信、倡导文明新风，迷信活动一度减少，“文化大革命”中几近绝迹。80年代后，随着人民生活水平大幅度提高，烧香拜佛有所抬头，大多是求财、求健康、保太平，有求升学升职、求健康太平、求生儿育女、求祛病消灾、求遇难解结、逢凶化吉还愿等。90年代后，流行元旦、春节零时到寺院烧头香、撞钟。如今求佛许愿，烧“太平香”“全家福”，某种意义上是百姓为太平祝福、为盛世感恩的精神寄托。

【祈　梦】

旧时家有重大之事发生，无从解决，往往到城隍庙去祈梦。三天前，祈梦者斋戒沐浴，对所发生之事详细写于纸上并焚化于城隍神案之前，以求指示。此事宜于夜深人静时进行，祈梦之夜，要住宿于城隍庙内，即以梦中所见之事物来做推详，从蛛丝马迹中寻线索，使疑窦解破。民间流传很广。

【卜卦看相算命】

旧时民间信奉“生死有命，富贵在天”，卜卦看相和求神算命较为盛行，以此来预测吉凶祸福。俗语说“穷算命，富烧香”。穷人家盼富，算命预测，藉以自我安慰；青年人算命，预测前途；攀亲，先将男女双方的生辰八字送算命先生诹合，看是否“犯冲”“相克”；孩子算命，看五行的相生相克，如何解法；丈夫过早去世，遗孀去算命，测出前因后果。看面相、看指纹、掌纹的习俗在民间也有流行，男子以“箩”多为贵，女子以“箕”为贵，婴儿一出生，家中老人便要验指纹。民间流传：“一箩巧、二箩拙，三箩拖棒槌，四箩卖婆娘，五箩富，六箩穷，七箩做相公，八箩做长工，九箩骑白马，十箩坐官船。”女子没有口语流传。无锡解放后，走街穿巷、以算命为职业的算命先生（俗称算命瞎子）已基本绝迹。80年代后，街头路边看相算命者偶有露头，以花言巧语为人算命，哄骗钱财。90年代后，出现网络电脑算命，算命网站用专业的命理知识编写特定的批语做成程序，并把这些批语和不同的出生时间进行匹配，匹配完毕后，形成一个系统。网友算命需要先输入自己的出生年月日时，点击确定，两三秒钟后网页上就会出现生辰八字、五行、运势、健康、性格等内容，但多作为一种逗乐。

【看风水】

旧时民间建房或选择坟地，皆盛行请风水先生（又称阴阳先生）。看风水，先选定吉日，避开忌年忌月忌日，用罗盘定方位，并结合实际选定，所谓“坟对高山，门对凹”。选坟地要“前有照”（指有河塘水面阳光照射），“后有靠”（指有山岗高地）。看宅地通常要南北向盖房，讲究“明山暗水”。无锡解放后，民间看风水的习俗仍较流行。80年代后，相信风水的人越来越多，看风水甚至成为中上层人士的时髦。选住宅、商铺时看风水，以求趋利避害；装修房屋前看风水，以便优化调整和处理。

【喊　魂】

旧时小孩高烧不退，昏迷失语，家长误认为受到惊吓，丢掉魂灵所致。家长便抱着小孩，在受惊吓的原地，连叫三声“某某（小孩乳名）转来吧”，并在小孩胸前轻拍三下，口中念道：“囡囡勿吓”，家中另一人在旁附和“某某转来喽”。以为此法能将小孩丢失的魂灵招回，退烧清醒，太平无事。此俗今已不多见。

【夜啼郎】

旧时民间有招贴符咒治“夜啼郎”一俗。有些婴儿长到一定时候，夜间常会啼哭不停，一般在上半夜10点左右。居民常用红纸一小方，上写“天皇皇、地皇皇，我家有个夜啼郎，来往诸君看一遍，一嚒睏到大天亮”，夜深无人时，把字条一一贴到各个厕所内小便池上方的墙壁上，有的斜贴、有的倒贴。此俗今已不见。

【倒药渣】

旧时居民凡生病服中药者，都要把药渣倒在三叉路口，并要撒开，让过路人践踏，踏的人越多，疾病痊愈越快。据传古时有位病人，常服中药，久治不愈，心里烦躁恼火，家人把药煎好后，送给病者饮服，患者见药火冒三丈，拿起药罐就往路上摔，药汤和药渣撒了一地。事有凑巧，有位名中医从此路过，见路上药渣一地，知道了病人所患疾病和病人的心情，随即查访病者，另开药方，并嘱按时服药。病人连服三帖，病即好转。此事传出，凡服中药者纷纷效仿。倒药渣便成为一种习俗。此俗今已不多见。

【预　兆】

旧时民间迷信“预兆”。诸如，眼皮跳，有预兆，左眼跳财，右眼跳祸；耳根发热，兆背后有人议论自己是非，或有人骂自己；打喷涕，兆亲人念叨自己；喜鹊房前叫，喜事将临客人到；乌鸦叫，要倒霉，听者须连连吐唾沫，以避悔气。此俗至今仍在流传，但大抵多不当真。

【禁　忌】

民间流传禁忌较多。有吃饭不能敲碗，否则以后没饭吃或讨饭吃；不能将筷子横架碗上，或将筷子戳在饭上，因为此等皆为祭祀方式；家人特别是夫妻间忌分食一梨，讳分梨谐音“分离”；大年初一忌说“死”“穷”，婚嫁喜庆忌选农历十四，讳十四谐音“失事”；生育未满月的妇女忌入邻居家；结婚办事兴“全福人”（夫妻双方健在，头生儿子者）操办，忌“半边人”（寡妇或无儿女者）到场；丧事未过“五七”，子女忌串门；忌用钟作为礼物送人，讳送钟谐音“送终”，定要加书一本，谓“有书（始）有钟（终）”；探望病人忌送苹果和梨，讳苹果谐音“病故”、梨谐音“离开、离别”。此俗流传至今。

【取店名】

旧时取店名很有讲究，一般都选与财源、吉祥、兴旺有关的字样，如乾、泰、隆、盛、昌、兴、裕、丰、鼎、福、源等，崇安寺、观前街一带的店名就有世泰盛、王兴记、聚丰园、新万兴、恒昌、慎余等。一般用黑底金字招牌立于门前或柜台正中的上方。考究的店面，还有一块“肖龙牌”，上书四个大字，表示行业古风，旅馆酒家书“宾至如归”、茶叶店书“太白遗风”、绸缎店书“货真价实”、杂货店书“童叟无欺”。无锡解放后，取店名不再讲究。“文化大革命”期间，店名政治色彩很浓，如反修、红卫、红旗、战斗、红专、红星、工农兵等。80年代后，取店名日趋多样化，有以地名、人名取名的，有以谐音、译音取名的，有以行业口彩取名的等。如三凤桥、朝阳、胜利门、东林、中山、好买得、天惠、三阳、夜明珠、吉祥、交运、伊斯兰、亨达利等。此外，还出现许多洋店名，如肯德基、德克士、克莉丝汀、家乐福、沃尔玛等。同时，老字号店名大多得到恢复。

【入门习俗】

旧时男女进入家门或去庙里烧香，规矩甚严。特别是进庙忌踏门槛，因有庙门是菩萨肩膀一说。女眷进门，定要右脚先跨入门槛，后左脚跟进；男士进门，定要左脚先跨入门槛，然后右脚跟进。现时该习俗除寺庙仍沿袭外，因新村小区住房已无门槛，不再流传。

【口　彩】

俗称“讨口彩”，专指说好话，使听者心里高兴，逢凶化吉，喜上加喜。家中无论是谁，不小心打碎碗盆餐具，长辈非但不责怪，而要说“岁岁（“碎”的谐音）平安”，使不愉快的心情一扫而光。小孩打喷嚏，如打一个，大人说“长命”，再打一个说“百岁”，打第三个说“大吉”，喷嚏打完，大家都会高兴一笑。孩子在奔跑中跌跤，大人急忙跑去将小孩扶起，在小孩跌痛处边抚摸、边说“跌跌长长，跌跌长长……”。搬家时，要系一根包有红纸的晾衣竹竿或甘蔗，谓之“节节高”；拿一杆称，谓之“称心如意”；拎一只点燃的煤炉，谓之“兴旺发达”，一并带进新居。结婚、乔迁等如遇下雨，长辈们会讲“有财有势（“水”的谐音）”，或“六六（“落”的谐音）大顺”，雨下得再大，便不以为是。过年配菜口彩更多，如意菜（黄豆芽）、安乐菜（青菜）、勤勤俭俭（芹菜）、金元宝（蛋饺）、银链条（线粉）、团圆（肉圆）。桌上要有青鱼（亲亲热热、年年有余）。水果、糕要备桔、梨（大吉大利）、苹果（平平安安）、年糕（年年高兴）。年夜饭称“元宝饭”，饭碗内先放两只熟荸荠，吃时夹出来，称“掘元宝”。鲤鱼只供不吃（鲤鱼跳龙门）。大年初一早上吃小圆子，圆子里要放些年糕，表示一年到头高高兴兴，团团圆圆。中午吃面称“长寿面”。该习俗一直保持至今。

【分家析产】

旧时家庭财产指房屋、田地、家具、粮食、债权债务、牲畜、树木等种类。分家时，在财产的确定上，还有祖产、公产、私产之分。祖产是指祖辈所传财产，公产是指全家共同创造的财产，私产则指个人所有，如女子娘家陪嫁、亲友对某人的特殊赠予、个人其他所得等。分家时，除私产归各人所有外，祖产、公产分割，由一家之长说了算。如一家之长不便，一般由娘舅充当中间人，坊间有“天下娘舅大”一说。先将家产公开，然后作价，根据所分对象多少分为若干等份，再视各人具体情况确定份额大小。还要考虑大房二房因素、男丁女丁等区别。如平屋三间，家有三子，则由兄到弟，自东到西分，长子位于东侧、次子居中、三子在西。如有一女未嫁，其财产则存于父母处，以备出嫁时所用。已出嫁的女子则无财产分配，民间有“嫁出去的囡妮、泼出去的水”习俗。无锡解放后，实行男女平等，出嫁女儿也享有所分家产的权利。家庭财产范围有所缩小，一般指房屋、家具、债权债务，如属私营业主，还有固定资产、流动资金、账面利润。80年代后，多数因城市改造拆迁而分家，家庭财产的分割更为复杂，不仅涉及房屋置换，还有作价费、安置费等。分家析产由一家之主说了算的习俗仍然沿袭，如有矛盾，一般由家庭内部协商，也有各自单位出面协调，还有街道司法组织帮助调解，矛盾较大难以解决时，则由法院裁决。

第五节　谚　语

自古以来，人们在长期的生产生活实践中，把总结的自然规律和经验口语化，经历代不断升华提炼，形成众多家喻户晓、琅琅上口的谚语、俗语。本节择其要，重点记载至今广为流传的有关气象、养生、修养、处世等方面的谚语俗语108条。

【气　象】

春天孩子脸，一日变三变。
惊蛰雨一场，四十九天没太阳。
小暑头上一声雷，半个月黄梅倒过来。
大伏不热，五谷不结。
雨天知了叫，预告晴天到。
人在场上热得转，稻在田里拼命窜。
重阳无雨看十三，十三无雨一冬晴。
白露身不露。
白露里雨，到处坏处。
立了冬，三朝迷露起西风。
干净冬至邋遢年，邋遢冬至干净年。
雨夹雪，落勿歇。
雪落有晴天。
冬至在月中，赤膊好过冬。
两春夹一冬，无被暖烘烘。
上看初二三，下看十五六。
开门雨一斜，关门雨一夜。
蚂蚁搬家蛇过道，燕子低飞雨就到。

【养　生】

吃食勿抢，到老不长。
若要小儿安，常带三分饥和寒。
粗茶淡饭，延年益寿。
好饭莫饱，饭后莫跑。
早睏早起身，好比吃人参。

越吃越馋，越睏越懒。
气大伤神，食多伤身。
饭后百步走，活到九十九。
大蒜是个宝，常吃身体好。
冬吃萝卜夏吃姜，不用郎中开处方。
新米粥，酱萝卜，郎中看见脱脱哭。
人是铁，饭是钢，一日勿吃心会慌。

【修 养】

只要功夫深，铁杵磨成针。
勿听老人言，吃苦在眼前。
近朱者赤，近墨者黑。
人无廉耻，王法难治。
天下无难事，只怕有心人。
少壮不努力，老大徒悲伤。
三个臭皮匠，凑个诸葛亮。
宰相肚里好撑船。
穷勿要失志,富勿要称狂。
一日读书一日功，一日不读十日空。
庭院里溜不出千里马，花盆里长不出参天树。
人勤地生宝，人懒地生草。
良药苦口利于病，忠言逆耳利于行。
若要人不知，除非已莫为。
日间不做亏心事，半夜敲门不吃惊。
拳不离手,曲不离口。
只要有志气，不怕起点低。
细想出智慧，细嚼出滋味。
增产好似摇钱树，节约犹如聚宝盆。
灯不点不亮，理不辩不明。
一日之际在于晨，一年之际在于春，一生之际在于勤。
人往高处走，水往低处流。
人老志不老，身穷志不穷。
活到老，学到老，学到八十仍嫌少。
双手是个宝，一世用不了。
算算用用，一世不穷。
靠山山要倒，靠水水要干。
棒头上出孝子，筷头上出孽子。

【处 世】

积少成多，聚沙成塔。
邻居好，赛金宝。
月初有计划，月末有余粮，每顿省一口，一年攒一斗。

冰冻三尺，非一日之寒。
树高千丈，叶落归根。
一粥一饭，当思来之不易。
千里送鹅毛，礼轻情意重。
天有不测风云，人有旦夕祸福。
麻雀虽小，五脏俱全。
不怕一万，就怕万一。
在家不会迎宾客，出门方知少主人。
是非终日有，不听自然无。
今日有酒今朝醉，明天倒灶喝凉水。
小洞不补，大洞吃苦。
前不算，后要乱。
路遥知马力，日久见人心。
你敬人一尺，人敬你一丈。
让人三分不吃亏。
一花独放不是春，百花齐放春满园。
八仙过海，各显神通。
红花虽好，尚要绿叶扶持。
团结力量大，泰山可搬家。
良言一句三冬暖，恶语伤人六月寒。
一个蔺芭三个桩，一个好汉三个帮。
宁可明枪交战，不可暗箭伤人。

【俗　语】

江尖渚上团团转。
夹忙里头膀牵筋。
人勿可貌相，海水勿可斗量。
做一天和尚撞一天钟。
六十岁学打拳。
吃素碰着月大。
香伙人赶走老和尚。
好汉不吃眼前亏。
看人挑担不吃力。
开店容易守店难。
杀猪人死了，不吃带毛猪。
狗嘴里吐不出象牙。
有理无理出勒众人嘴里。
牛头不对马嘴。
说着曹操，曹操就到。
打狗要看主人面。
心慌吃不得热粥。
大树底下好乘凉。

猫哭老鼠假慈悲。
生米煮成熟饭。
无事不登三宝殿。
丝瓜缠在茄棵上。
黄牛角、水牛角，各归各。
巧媳妇煮不出无米之餐。
宁可不识字，不可不识人。

第六节　方　言

辖区自古以来民间语言极为丰富，被称为“吴侬软语”，是吴文化最为浓墨重彩的组成部分。无锡解放后，随着普通话的普及和推广，无锡方言在一定程度上有所变化，青少年中无锡方言音变明显，或不会讲，或不标准，或普通话与无锡方言夹杂混用，唯中老年人还在流行，然与“地道”无锡方言相比，也有点变异，或有的方言使用频率不高，或有的方言带有普通话的音调，俗称“锡普”。但总体上单字调和连续变调仍较稳固，无锡方言的“腔调”基本未变。

伲——你
伲俚——你们
杜——他
杜俚——他们
奈伲——我们
老小——孩子
毛丫头——小姑娘或未出嫁的年轻姑娘
光郎头——男孩
囡妮——女儿
妮子——儿子
亲娘——祖母
爷爷——祖父
老官——丈夫
屋里人——妻子
舅公——外祖父
舅婆——外祖母
伯姆淘里——妯娌之间
二婚头——再婚妇女
拖油瓶——妇女再嫁时，带着孩子去新丈夫家
做亲——结婚
伊个——这个
罗里搭——哪里
过格——哪个
五熬——是这样
哪亨啥——怎样
做啥啥——做什么

侯了活——是的
呒不——没有
前热子——前天
昨夜头、谢头——昨天
今牙（头）——今天
明朝（头）——明天
后日（头）——后天
大后日——大后天
尬新——这么多
一脚——一直
恒新——许多
一眼眼——很少
倒化——等等
瞟瞟看——看看
标致——漂亮
喔赖——不干净
捕面——洗脸
泥席——揩席
白相——玩
鸡子、鸭子——鸡蛋、鸭蛋
汁勺——汤匙
缉理——寻找
出道——能干
推扳——不太好
扎墩——身体结实
吃夹当——弄在自己头上
豁边——发生意外或出了问题
七戳八翻——经常闹矛盾
瞎天盲地——漆黑一团
瞎来腔——瞎做
牛牵马棚——做不像样
过河拆桥——忘恩负义
冷洒洒里——寒冷的感觉
呒不闲话讲——无话可说，无可挑剔
睏梦瞎搭——尚未睡醒，脑子糊涂
扭结固结——纠缠不清
极出乌拉——紧张、冲动、心急、绝望
钉头碰着铁头——硬碰硬，遇上对手
阿末佬佬——最后一个
鸡搭百脚——鸡与蜈蚣死对头，老是争斗
保身价——爱惜自己的身体、性命
刻执头人——做事刻板、踏实、负责之人

和和调——闹着玩，开玩笑，不负责
夜里向——晚上，夜间
实笃笃——实实在在
念书唱山歌，写字掘田螺——读书写字不认真
转念头——想办法，动脑筋，企图获得
承塌屁——顺着别人的口气说话
拆空老寿星——一切都完了
拍勿拢头寸——对不上号
的角四方——方方正正
拣不落个菠菜头——再怎么筛选总有份参加的人
明白混账人——明白道理但做事糊涂的人
空口说白话——说话不负责任，随便说说
虱多勿痒，债多勿愁——麻烦多了，反觉无所谓
响勿落——无话可说
哪亨弄法——怎么过做法
客气当福气——把别人的客气，当成理所当然的事
差拟勿多——差不多
急吼吼——很着急，很迫切
臭路角——所做事情不上路
挺胸凸肚——神气活现
显本事——显耀本领
活龙活现——形象逼真，跟真的一样
浑身不搭界——完全没有关系
牵扳——对过去之事耿耿于怀，揭老底
狮子大开口——提出不合理的要求，要价很高
神智野胡——乱来，胡说八道
说煞勿错——怎么说也不会错，确实对
要样呒样——一无所有
哭出乌拉笑嘻嘻——时哭时笑，又哭又笑
面皮老老，肚皮饱饱——脸皮厚，混得好
拿着鸡毛当令箭——多指盲目随从，小题大做
眼看眼闭——睁一眼，闭一眼，比喻放任自流
强盗碰着贼爷爷——比喻遇到对头，黑吃黑
黄牛贩子——投机倒把者（称黄牛）
朝天跟头——仰面摔倒
眼大勿归光——眼虽大，但看见的东西不多，形容熟视无睹
落场戏（势）——为自己收场找借口
稀奇勿煞——没什么稀罕的
粪桶耳朵——俗称人的耳朵如同摆布，听不进话
钻勒铜钱眼里——满脑子只想钱
蛮来事（个）——很能干（的）
搞啥百叶结——胡来，瞎搞

瘟生铜钱——指花掉的冤枉钱
靠牌头——依仗别的力量或权势
尴里勿尬——很尴尬，不自然
螄螺壳里做道场——在极小的地方做场面很大的事
象个呒头苍蝇——形容做事无头绪的人
碰（庞）鼻头转弯——指一直走到底转弯
跟媒人吃喜酒——不用付出就能沾他人的光得到好处，但无需负责任
煞煞辣辣——表示说话、动作干脆，有份量
蜡烛勿点勿亮——比喻不给点厉害就不知好歹
算盘珠拨一拨动一动——形容做事缺乏主动性
癞痢勿到勿开场——多戏谑看戏迟到者为关键人物
瞎缠三官经——不懂、不知而胡说、乱说
魂灵头也勿勒身上——指“魂不附体”，做事思想不集中，失去常态
横戳枪——节外生枝
犟头犟脑——倔强固执，不服劝导
横竖横，拆牛棚——横下心来，不顾一切，破罐子破摔
嚼白蛆——闲聊、信口胡说，长时间扯谈
癞团车——无锡地区出现过的老式小汽车
赤刮拉（新）——极新、崭新
默滋默测——默默地，不吭声
磨黄昏（磨夜深）——在夜间继续工作，开夜车
戳壁脚——背后说人坏话，拆台
翻跟斗——身体向下翻转360° 后恢复原状，也指以高出原价一倍或数倍的价格买进卖出
嘴大话（喉）咙小——要求太高，无法实现，指要求与能力差距太大

第三十三编

街道　社区

无锡解放初，辖区按户籍分编居民小组，由所在公安派出所管辖，辖区第一区编有居民小组514个。1951年10月，建立区一级人民政权后，在居民小组的基础上，逐步建立居民委员会（以下简称居委会）。1954年《中华人民共和国城市居民委员会组织条例》颁布后，居委会普遍建立。1955年7月，正式设立街道办事处，作为区政府派出机构；街道办事处所属的居委会是居民自我管理、自我教育、自我服务的群众性自治组织，协助区及它的派出机构开展工作。其后，随着行政区划调整扩大以及各个时期工作需要，街道行政区划划分及街道办事处、居委会的设置，作过多次调整。1955~1985年，先后调整10次，1986~2005年，又调整5次。街道办事处、居委会名称随之相应变更，但基本上以所在地名、路名命名。2000年，居委会改称社区居民委员会（以下简称社居委），迄2005年，全区下辖广益、崇安寺、通江、上马墩、广瑞路、江海6个街道办事处，42个社居会。

80年代后，随着社会主义市场经济的逐步建立和改革开放的深入发展，特别是城市管理重心的不断下移，街道办事处职能相应扩大，街道建设和管理进入新的发展时期。各街道坚持以经济建设为中心，城市建设和管理为重点，物质文明和精神文明建设两手抓，致力通过发展经济，增强实力，增强综合服务功能，呈现你赶我追、各显神通的态势。街道地区经济逐步由福利型生产自救小组发展成为具有一定规模的街道工商业及居委工副业。1988年前，亭子桥街道工业一路领先，1987年跃居顶峰，工业总产值位列各街道之首。1988年，工运桥街道成为全区首个第三产业年利润超百万元的街道。位于城郊结合部的周山浜、广瑞路、上马墩等街道以市场和经营阵地建设为重点，发展第三产业。地处城中心的崇安等街道，立足发挥区位优势，通过建房、购房、拆迁置换等途径，发展房产经济，筑巢引凤，以房生财。1992年，上马墩街道率先发展挂靠企业，年创利突破百万元。1993年，8个街道商业营业额超过区属商业，占全区商业等第三产业的41.47%。1994年，学前街街道成为首个第三产业销售额超亿元街道。与此同时，街道地区争创万元户居委活动持续开展，1998年，全区51.81%的居委会工商业年利润超20万元，其中34个居委会达20万~40万元，9个居委会超40万元，工运路街道老戏馆弄、陈白头巷2个居委会超80万元。街道经济占全区总量的比重日益提升。是年，8个街道第三产业营业额、利润分别占全区的42.21%、64%；工业销售额、利润分别占全区的61.22%、59.62%。1998年起，街道自办企业、挂靠企业逐步实施转改制。1999年，实施街道、居委职能转换后，工作重点逐步转向社区服务与管理，街道经济逐步由自办企业转向发展区域经济，改善投资环境、招商引资、培育税源成为街道经济工作的主要任务。是年，崇安寺、上马墩2个街道地方财政分成收入名列8个街道前二位。2003年，属地统计管理后，8个街道完成国地税收7.63亿元，占全区总量的82.75%。2005年，6个街道实现社会消费品零售总额148.52亿元，完成税收15.73亿元。

在经济建设持续快速发展的同时，街道地区精神文明建设掷地有声，城市管理、社区建设等创新成果不断涌现。1986年，工运桥街道首创“门前三包”的经验推广到全市。精神文明创建活动由80年代初的“五讲四美三热爱”、五好家庭、模范居委创建，发展到90年代后的文明单位、五好文明家庭、五好文明楼院、文明小区创建，1992年，工运路街道被评为无锡市“十佳”新风单位——“好街风”单位。1997年，江海街道江海新村率先跻身市文明小区行列。2000年后，开展特色社区、示范社区创建，先后涌现出绿色社区、老年服务、区域党建、一站式服务、爱心接力、小区自治、社区教育等一批各具特色的品牌社区，以及互助楼、清风楼、读书楼、平安楼、新风楼、绿化楼、尊老爱幼放心楼等一批特色楼院和一批邻里互助型、道德学习型、知识普及型家庭。2002年，江海街道风雷新村（西）社区率先建成社区综合服务站，时为全市乃至全省标志性社区建设示范工程；上马墩街道靖海社区创办的“情感心声站”、江海街道风雷新村（西）社区建办的劳动保障站和远程高等教育学习中心，均为全市首创。是年，崇安区被命名为全国社区建设示范区。2004年，广瑞路街道广瑞一村社区首创新市民亲情理事会，获全国首批和谐社区自主创新奖和省第八届精神文明建设“十佳”新人新事提名奖，名列2004年度无锡市精神文明建设“十佳”新人新事榜首。2003~2005年，崇安寺街道在全市率先创办道德银行、爱心银行、党群交心站，被评为江苏省文明单位标兵。迄2005年，全区有省、市级文明社区9个，区级文明社区33个。

居委会自治组织建设随着民主和法制的健全而不断加强。1989年《中华人民共和国城市居民委员会组织法》出台后，开启改革开放后居委会自治组织建设的新篇章。各街道从建立健全市民（居民）代表会议、推行居委事务公开、强化居民自治、民主管理着手，不断加强居委会干部队伍建设，定期组织业务培训，规范管理，提高自治能力。2001年后，在换届选举中公开招聘、选聘社居委干部，在部分社居委进行直接选举试点，社居委干部队伍逐步实现年轻化、职业化。

第一章　街　道

1986~2005年，街道办事处设置、名称进行过多次调整，以适应行政区划的扩大调整和经济社会发展的需要。街道办事处内设机构随街道党政机构改革而改革，以适应建立社会主义市场经济体制的要求。街道办事处的职责职能逐步扩大和强化，以适应城市管理重心下移、属地管理的要求。特别是1999年适时调整区政工作指导思想后，坚持以“发展经济、增强实力、服务社区、造福人民”为宗旨，把社区建设作为城区工作永恒的主题。在2个街道及所属居委会进行职能转换和组织管理体制改革试点，2000年在8个街道及其居委会全面推开，并同步推进街道党政机构改革，精简人员33%，初步建立与社区建设相适应的工作体制和运行机制。各街道全面贯彻《关于在全国推进城市社区建设的意见》，按照“以人为本、服务居民，资源共享、共驻共建，责权统一、管理有序，扩大民主、居民自治，因地制宜、循序渐进”的城市社区建设基本原则，全面推进以社区党建、社区服务、社区卫生、社区文化、社区环境、社区治安等为重点的社区建设，在市模范居委和区先进居委创建活动的基础上，持续开展内容更为全面、标准更为科学的示范社区创建活动。2002年，崇安区被民政部命名为全国社区建设示范区，学前街、上马墩、江海3个街道被评为市社区建设示范街道，风雷新村（西）等16个社区被评为市社区建设示范社区。2003年，学前街街道、人民路街道东河花园社区、江海街道风雷新村（西）社区等被评为省级社区建设示范单位。其后，各街道启动社居委标准化建设。2005年，又从示范社区创建深化为和谐社区创建，在全市率先制订和谐社区创建标准，各街道按照“社区党建充满活力、社区自治功能增强、社区服务功能完善、社区文化活跃繁荣、社区环境整洁优美、社区治安安定有序、社区道德风尚良好、基础设施完善规范”8个方面要求，由点到面，深入推进。

第一节　机构　编制

街道机构主要包括街道党政组织对应设置的机构和与社区工作相关的其他组织。1986年后，随着街道党组织和办事处对辖区党的建设、精神文明建设、社会发展、城市管理、社会保障、社会治安综合治理、经济建设等组织领导、综合协调、监督管理职能的不断加强，对地区性、社会性、群众性、公益性工作职责不断强化，其机构、编制历经多次变化。1986年，街道机构设置为“一室二科三公司”，即党委办公室、行政司法科、城管卫生科、工业公司、商业公司、劳动服务公司。各街道使用行政编制5~9名，以及市计委批准设立的集体事业性质的联管组编制12名。街道设党委（党总支）书记1人，副书记1~2人；办事处主任1人，副主任若干人。1990年4月，街道内设机构统一调整为“二室三科三公司”，即党委办公室、行政办公室，经济管理科、城市管理科、地区管理科，以及工业公司、商业公司、劳动服务公司。此外，还有街道与条线部门双重管理的卫生所（挂“计划生育办公室”牌子）、法律服务所以及文化站等机构和单位。是年，各街道先后成立集体事业性质的人才服务站，增加人才服务站编制25名左右。1993年，核定全区8个街道行政编制120名，各街道机关行政编制增加到15名，同时，使用联管组及人才服务站编制37名。街道成立党的纪律检查委员会，街道党委副书记兼任纪委书记；并逐步增设专职分管街道社会治安综合治理工作的办事处副主任。街道党委办公室、行政办公室合并为党政办公室，内设机构改为“一室三科三公司”。1996年，各街道又先后增设人武部，部长由街道主任兼任。是年，街道党委改为党工委，党工委书记、副书记由区委任命，公安派出所所长作为街道党工委成员；街道纪委同时改建为街道纪工委，街道党工委副书记兼任纪工委书记，受街道党工委和区纪委双重领导。各街道1名妇联干部转为全民事业编制。1997年，增设社会治安综合治理办公室。1998年，街道工会改建为街道基层联合工会。1999年，各街道城管执法队隶属条线管理，增加全民事业编制2名。2000年，街道实施党政机构改革，街道工业、商业、劳动服务等3个行政管理性公司与街道机关脱钩，街道办事处实行助理制，设党政办内勤、经济、财政、民政、城管卫生、计划生育、司法（综合治理干事）助理7人，为街道内设机构负责人。街道党工委实行委员制，设宣传（统战）、组织等专职委员7人。是年，街道卫生所撤销，归属区卫生局管理。各街道除15名行政编制外，原集体事业性质的12名联管组编制撤销，统一使用依照公务员制度管理的全民事业性质的街道综合服务中心编制18~24名，机关工作人员竞争上岗而未被聘用聘任的人员仍沿用集体事业性质的人才服务站编制。其中，核定崇安寺、工运路2个街道编制39名（其中行政编制15名，全民事业编制24名）；核定其他6个街道编制33名（其中行政编制15名，全民事业编制18名）。同年，街道团总支改建为街道团工委，以适应辖区企事业单位工会、团组织属地管理的要求。2001年10月，全区党政机关机构改革后，8个街道机关行政编制由120名减少到108名。街道内设机构调整为“一室三科”：即党政办公室，经济管理科、城市管理科、社区管理科。街道工业公司、商业公司、劳动服务公司归属经济管理科。2003年，街道劳动服务公司撤销，成立街道劳动保障所。2004年12月，街道机构再次调整为“五室一委一所”：即党政办公室（挂“信访办公室”牌子）、经济贸易办公室（挂“安全生产管理办公室”牌子）、城市管理办公室（挂“精神文明创建办公室”牌子）、社会事业办公室（挂“社区建设工作领导小组办公室”“计划生育办公室”“爱国卫生运动委员会办公室”牌子）、社会治安综合管理委员会办公室（挂“人民武装部”牌子），纪工委（监察室），财政所（协税护税办公室）。另有统计办公室、劳动保障所、司法所、文化站、人才服务站等机构和单位。此外，广益街道还有农业办公室、农村工作办公室。是年6月，各街道建立区人大常委会街道工作委员会，设主任、副主任各1人，主任一般由街道党工委书记兼任，副主任为专职，均由区委组织部提名，区人大常委会任命。2005年，6个街道行政编制由108名增加到155名，实有99人；集体事业编制290名，实有186人；全民事业编制305名，实有270人。是年10月，各街道建立区政协街道工作联系小组，设组长1人，由街道党工委副书记兼任，副组长兼联络员1人，由街道党工委组织委员（或统战委员）兼任。

第二节　工作职能

街道办事处是区人民政府的派出机关，城市基层的行政组织，承担着承上启下、内引外联、协调各方的重要职责。根据1954年国务院颁布的《中华人民共和国城市街道办事处组织条例》（以下简称《条例》）规定，主要担负3项任务：办理市、区两级政府有关居民工作的交办事项；指导居民委员会的工作；反映居民的意见和要求。1978年中共十一届三中全会后，随着改革开放不断深入，城市管理重心逐渐下移，街道办事处的工作地位、工作内涵、工作职能发生很大变化，已远远超出《条例》所规定的范围。80年代，随着街道管理体制改革的持续推进，区在人、财、物等方面赋予街道更多的自主权，街道管理职能和权限逐步扩大。各街道充分发挥各自优势，大力发展自办和挂靠企业，街道办事处经济职能不断强化；全面落实“条块结合、合理分工、以我为主、立足于管”，街道办事处城市管理作用不断突出；致力完善服务设施，健全服务网络，街道办事处服务职能不断增强。90年代，随着城市经济和社会事业的发展，政府服务社会的职能和稳定社会的机制日益明确和强化，街道办事处职能逐步拓展到融综合性、社会性、群众性、公益性等于一体，担负民政、司法、治安、卫生、计划生育、劳动管理、文化教育、街道经济、社区服务等区域性、综合性、社会性工作。特别是2000年后，随着政府职能向社会管理和公共服务的进一步转化，税收属地征管、企业在地统计、退休人员社会化管理、社会治安属地管理等越来越多的社会任务下移到街道、社区，低保申请初审、经济适用房审批初审等越来越多的新生事物需要由街道层面操作和承接，为顺应这一变化，区全面实施街道职能转换，工作重心转向发展经济与搞好管理服务并重的轨道，从创收型经济转向以提供服务、营造环境、扩大税源、安置就业为目的的服务型经济，从自办经济转向区域开放型经济。其基本职能扩展到5项，包括政府与人民群众最广泛、最直接、最密切联系的桥梁和纽带职能，区政府赋予的市政、经济、劳动力、退休人员等有关地区性、社会性的行政管理职能，为居民群众、基层、企业的服务职能，与辖区企事业单位的协调职能，对群众性自治组织社区居民委员会的指导职能。迄2005年，街道办事处履行的主要职责有12项，包括宣传贯彻党和国家的大政方针、法律法规，落实市、区政府决议决定，对居民进行思想政治教育；发展区域经济，保障街道财力，协助有关部门做好税收征管和工商、物价等检查监督；组织实施社会治安综合治理，做好外来人口管理、民事调解和保障老人、儿童、妇女、残疾人、青少年合法权益工作，确保辖区政治稳定、社会安定；加强社会主义精神文明建设，开展社区教育、群众文化、社区体育、科普、卫生保健、计划生育等工作；加强城市管理，做好爱国卫生、市容秩序、环境保护、绿化美化等工作；推进社区服务，发展社会福利等各项公益事业，落实社会救济、离退休人员管理、拥军优属、征集兵员等工作；指导社区居民委员会工作，促进社居委组织建设和制度建设，提高自治能力；参与城市建设、危旧房拆迁改造及住宅小区物业管理工作；负责辖区劳动就业和社会保障相关工作；配合有关部门做好抢险救灾、防空、防汛、防涝、防震等工作；向政府反映居民群众的意见和要求，办理来信来访，为辖区企事业单位和居民群众排难解忧；承办区委、区政府交办的其他事项。

第二章　广益街道

广益街道地处崇安区东北部。东连锡山区，南邻新区南站街道、崇安区上马墩、江海街道，西与崇安区通江、广瑞路街道、北塘区黄巷街道相邻，北与锡山区东北塘镇交界。面积9.51平方公里，是崇安区面积最大的街道。2005年，在籍居民1.05万户，2.68万人。人口密度为每平方公里0.28万人。下辖尤渡、丁村、莫家庄、广丰、上马墩、黄泥头、向阳、毛岸8个社区居民委员会。街道办事处驻地江海东路392号。

无锡解放初，广益地区属无锡县管辖。1954~2001年，先后隶属无锡市郊区、崇安人民公社（崇安区）、太湖区、郊区、滨湖区。2002年1月，划归崇安区，时有莫家庄、尤渡、丁村、广丰、上马墩、黄泥头、向阳、毛岸8个行政村，下辖66个自然村。2004年3月，撤广益镇，建广益街道，下辖尤渡、丁村、莫家庄、广丰、上马墩、黄泥头、向阳、毛岸8个行政村。2005年，撤销行政村，改建社区居民委员会。

广益地区为无锡交通要冲，辖区路网密布。广瑞路、锡沪路、学前东路等4条无锡主干道横穿东西，江海东路纵贯南北，通江大道与沪宁、锡澄2条高速公路相连，北兴塘河、新兴塘河、木库河、严埭港、埝埭港、大寨河等河道纵横交叉，10多条市内公交线路途经境内。2003~2005年，辖区建成尤渡苑、广益佳苑、广益星苑等安置房小区，建筑面积21.86万平方米。

广益街道是无锡新兴的市场集聚区、重点物流园区。在改革开放大潮中，广益乡（镇、街道）经济结构实现从农业为主到乡镇工业为主，再到以市场为主体的第三产业的转变，第三产业营业收入占经济总收入的比重由1986年4.02%，增加到2005年58.39%，占据街道经济的半壁江山；乡镇工业由小打小闹向做大做强、外向经济、规模名品发展；并率先开创无锡大市场建设先河，建成装饰装璜、汽车汽配、五金机电三大市场群，建材市场辐射全省，扩大到华东地区。五好家庭、十星级文明家庭、五星级文明企业、文明村等精神文明创建活动广泛开展，促进农民文明素质的提高。各项社会事业协调发展，逐步与城市化管理接轨，建成成片的现代新型住宅小区。农民生活由温饱型向小康型发展，居民人均年收入由1986年750元增加到2005年8025元。先后荣获全国绿化百佳乡，江苏省科技工作先进乡、实施教育现代化工程先进乡、群众文化先进乡，无锡市文明镇、村民自治模范镇、社会治安安全街道、敬老先进街道、文明单位、社会保障体系建设先进集体、扶持民营经济发展先进集体、深化农村改革先进集体等称号。2005年8月，实施无锡市重点片区——崇安新城（广益片区）建设，广益街道进入历史发展的新阶段。

第一节　机　构

2002年，因行政区划调整，广益镇划归崇安区管理。2004年，撤镇建街道，按照街道建制，又相应撤并调整机构。迄2005年，街道内设工作机构有党政办公室、纪工委（监察室）、组织、宣传统战等部门；以及社会事务办公室、社会劳动保障所、城市管理办公室、经济贸易办公室、农业办公室、农村工作办公室、财政所、司法所、社会治安综合治理办公室等机构；建有区人大常委会广益街道工作委员会和区政协广益街道工作联系小组。设有街道人武部、党校以及工会、团委、妇联、科协等社团组织。街道直属机构有水利农机站、锡能农电所、资产经营公司等。

【街道（镇）党（工）委】

2002年，广益镇党委划归中共崇安区委领导，王露荣为党委书记，夏杰伟、许庆娟为副书记。下属尤渡村党委、镇机关等党总支6个，向阳村、毛岸村等党支部24个。中共广益镇纪律检查委员会划归中共崇安区纪委领导，镇纪委书记由镇党委副书记许庆娟兼任，钱锡良为副书记，下属8个行政村纪律检查组。镇党委工作机构有办公室、组织、纪律检查、宣传、统战等。2004年镇改街道建制后，镇党委撤销，改为中共崇安区广益街道工作委员会，夏杰伟为党工委书记，唐斌彪、许庆娟为党工委副书记。基层党组织除丁村农贸市场党支部撤销外，其余未变。中共广益镇纪律检查委员会改为中共广益街道纪律检查工作委员会，书记、副书记未变。迄2005年，街道党工委下属党委1个，党总支5个，党支部24个。

【街道（镇）人大、政协】

镇人民代表大会主席团为常设机构，负责镇人民代表大会期间和闭会期间的日常工作。2002年，召开镇十六届人民代表大会，选举夏杰伟为镇长，王露荣为镇十六届人大主席。2004年3月镇改街道建制后，不再设人民代表大会。是年6月，成立区人大常委会广益街道工作委员会，为区人大常委会的工作机构，对区人大常委会负责并报告工作，人大街道工委主任为王露荣。

区政协广益街道工作联系小组成立于2005年，组长由街道党工委副书记许庆娟兼任，副组长由街道党工委宣传（统战)委员刘宇明兼任。

【街道（镇）办事处（人民政府）】

镇人民政府是地方镇级国家行政机关，执行镇人民代表大会决议和上级国家行政机关的决定、命令，对辖区经济发展、社会建设、村镇管理、社会治安、精神文明建设等行使行政管理职能。镇政府组成人员由镇人民代表大会选举产生。2002年，镇政府机关下设党政办公室、社会事务办公室、社会劳动保障办公室、村镇建设办公室、农村工作办公室、经济贸易办公室、农业办公室、监察室、财政所、司法所、社会治安综合治理办公室11个科室。机关实有人员84人，其中公务员编制24人，事业编制46人。2004年撤镇建立街道办事处，主任、副主任由区委、区政府任命。2005年，街道办事处下设党政办公室、社会事务办公室、社会劳动保障所、城市管理办公室、经济贸易办公室、农业办公室、农村工作办公室、司法所、社会治安综合治理办公室、财政所、监察室11个科室，机关实有人员102人，其中公务员编制24人，事业编制51人。2002~2005年，历任镇长、街道办事处主任为夏杰伟、唐斌彪。

【人民团体】

工会 镇工会成立于2000年4月，一届工会有委员7人，杨兴宝任镇工会主席，陆秀娟任副主席，下设经费审查委员会和女职工委员会。是年，获省“创百强示范乡镇工会”荣誉称号。2004年4月，撤镇改街道建制后，改称广益街道工会，杨建华任街道工会主席。迄2005年，基层工会组织有146家，会员4808人，其中“三资”企业工会5家，工会组建率达100%。

共青团 2002年，召开共青团广益镇第十一届代表大会，选举产生新一届团委，有委员7人，杨成任镇团委书记。2004年4月，撤镇改街道建制后，改称广益街道团工委。迄2005年，仅有第九棉纺织厂、广益汽修厂、广益化纤厂、欣运服装有限公司等4家企业团组织，团员278人。

妇联 2002年，召开广益镇第九届妇女代表大会，选举产生新一届妇女联合会执行委员会，有执委7人，陆修娟任镇妇联主席。女职工在25人以上的行政村、乡镇企业和镇直属单位设妇代会，25人以下的设妇女干部，机关、事业单位设妇委会。2003年，被市妇女儿童工作委员会列为实施《2001~2005年妇女儿童事业发展规划》示范镇。2004年4月，撤镇改街道建制后，改称广益街道妇联。2005年，获市“妇联基层组织建设示范点”优秀组织奖。

第二节 经济建设

2000年，广益镇实现销售收入18.61亿元，其中，农业收入2319万元，占1.25%；工业销售收入13.64亿元，占73.29%；第三产业收入4.74亿元，占25.47%。财政收入1271.7万元；国地税收4840.46万元。2002年广益镇划归崇安区管辖后，镇通过全面实施经济结构调整，工业“退二进三”步伐加快，锡沪路两侧工业企业实施整体搬迁，第三产业以特色商贸业为主导，推进大市场建设，向规模型、名品型发展，农业由于土地被大量征用，经济比重继续下降。2003年7月，占地3万平方米的崇安集贸市场开业。2004年3月，位于锡沪装饰材料市场东侧的建筑面积1.5万平方米“好艺家”灯具市场建成开业；12月，建筑面积8万平方米的华东商贸城落成。2005年，“好艺家”灯具市场扩大到4万平方米。启动月星国际家居广场（全国家居行业龙头企业月星国际家居连锁企业）建设。2.2万平方米的易初爱莲超市开业。5.7万平方米的广益汽配城正式营业。区域内形成经营面积30万平方米的装饰装璜、汽配、五金机电市场。是年，街道销售总收入75.32亿元，为2000年的4.05倍。其中，农业收入350万元，占比锐降为0.05%；工业销售收入31.30亿元，占比下降为41.56%；第三产业收入猛增到43.98亿元，占比上升到58.39%，首次超过工业。财政收入3503.99万元，为2000年的2.76倍；国地税收2.66亿元（其中属地划入1.00亿元），为2000年的5.50倍。同年，农田全部被征用，结束农业生产的历史。

2003~2005年，广益镇（街道）对全区经济贡献的份额不断提升，区域经济发展的空间明显扩大。2003年，广益镇国内生产总值占全区总量的50.13%。2005年，国地税收由2003年1.33亿元增加到2.66亿元，，占全区比重由14.54%提高到16.91%；社会消费品零售总额由2003年的9.98亿元增加到37.96亿元，但因统计属地管理的口径变化，占全区比重由39.95%下降到25.56%。是年，启动崇安新城（广益片区）开发，为加快城乡一体化建设，提升中心城区的集聚力和幅射力，创造有利条件。

第三节　精神文明建设

社居委文化室（2005）　（广益街道供稿）

2002年，思想道德建设以宣传贯彻《公民道德建设实施纲要》为契机，以“提高干部队伍整体素质，提高全员文明素质”为重点，推进社会公德、职业道德、家庭美德教育。精神文明建设坚持以创建“和美家庭、和睦邻里、和谐社会”为目标，创建活动从五好文明家庭、十星级文明家庭、五星级企业创建，发展到创建文明村民小组、特色村巷。是年，丁村村被评为2001~2002年度市文明村，尤渡村被评为2001~2002年度省文明村。2003年，出台《广益镇十星级文明家庭管理办法》，对星级家庭实行动态管理。是年，十星级文明家庭达4242户，占全镇的70.97%。2004年，把树立先进典型、弘扬文明新风作为突破口，结合广益实际，树立“打造文明新村的领头雁——尤渡村党委书记沈继勋”“老有所为、无私奉献——退休老干部华盘度”“拯救生命和幸福的女人——华勇珍”“热心建设第二故乡的台商——毛岸村万励阀业有限公司总经理张安田”4个先进典型，并组织学习他们的先进事迹。同时，开展基层和群众评议机关活动，建章立制，规范基层干部的从政行为。尤渡村再次被评为2003~2004年度省文明村。莫家庄村被评为2003~2004年度市文明村。2005年，开展“树形象、办实事、出亮点”主题教育活动，争做发展的带头人，群众的贴心人。志愿者服务活动广泛开展，并逐步深入拓展，全街道志愿者人数发展到2277人，其中，党员志愿者942人，团员青年志愿者215人，妇联志愿者130人，工会志愿者120人，治安和社区矫正、安置帮教志愿者640人，助残和助老志愿者230人。是年，评选出文明村民小组（楼、院）4个、团结巷6个、敬老巷8个、卫生巷9个。广益街道被评为2004~2005年度市文明单位。

第四节　社会事业

2002年，广益镇划归崇安区后，为适应农村城市化的快速发展，不断加大对教育、文化体育、医疗卫生等各项社会事业的投入，镇村基础设施建设快速推进，社会保障与福利逐步与城市化管理接轨，农民开始过上城市居民的生活。

【镇村建设与管理】

2002~2005年，因市重点工程建设项目、地块开发建设需要，广益有序推进农民私房拆迁和安置房建设，先后拆除农民私房998户、16.94万平方米，同步建成尤渡苑一期、尤渡苑（上马墩小区）、广益佳苑（莫家庄、广丰小区）、广益星苑（6~19）建筑面积21.86万平方米的农民安置房。一家一户式的矮平房、条型楼房，变为成片的现代新型住宅小区。

住宅小区绿化配套和休闲广场为主要形式的绿化景观工程快速推进，在广益佳苑、尤渡苑、广益星苑等农民安置房小区，配套绿化3.57万平方米。在毛岸村村东建成20万平方米生态园，在莫家庄村范家桥北建有1.33万平方米崇安绿化队苗圃。此外，还先后建成占地1330平方米的西黄泥头芦荡里小游园、占地4020平方米的莫家庄村杜巷休闲广场、占地8200平方米的毛岸村张弓头公园式健身休闲广场等，种植各类树木16.75万株，新增绿地面积30多万平方米，居住环境明显改善。2005年，广益街道被评为无锡市绿化先进单位。

新型社区尤渡苑（2005）　（广益街道供稿）

结合文明城市创建，镇村基础设施建设和环境卫生管理逐步得到加强。2002~2005年，先后完成横穿境内的学前东路、江海路2条市属主干道的改扩建，新建长1850米的广益路。拓宽友谊路（后改广泽路）、包张路等村巷支路，铺设水泥路面13.48万平方米。新建、改扩建桥梁29座。改造铺设自来水管道2.54万米。新建垃圾中转站3个，环卫垃圾清运全部压块、密闭运输。环境整治持续不断，清淤河道5810米，清运垃圾4878吨，清理卫生死角180处，垃圾箱（桶）从无到有，新增203个。2005年，道路保洁面积40万平方米，环境卫生管理逐步与城市化管理接轨。

【社会保障与福利】

2002年，无锡市政府决定市、区养老保险制度并轨，实行同城同策、统一制度、统一办法、统一管理后，2003年，广益镇参加原郊区养老统筹的各类人员全部纳入市企业职工基本养老保险，原镇实行的失业保险与市级失业保险并轨。2005年，城镇职工工伤保险、生育保险、医疗保险分别与市并轨。其间，农村合作医疗由乡办合作医疗，转为镇（街道）村联办合作医疗，实行小病合作医疗、大病住院统筹，通过互助共济、群体分担，减轻农民就医负担，农业人口参与率保持在95%以上。人均月退休养老金达到600多元。农村社会保障水平不断提高。

莫家庄为80岁老人发放“长寿金”（2005）　（广益街道供稿）

2002~2005年，围绕全国助残日主题，引导社会各方面力量帮扶残疾人，为残疾人办好事、做实事。组织残疾人免费体检110人，办理盲人免费乘车证18人，办理特困残疾人家庭低保20户，赠送肢体残疾人轮椅25辆等，并积极促进残疾人安置就业，确保有劳动能力的残疾人都安置就业，安置率100%。2004年，街道福利企业关闭后，街道为残疾人每人每月发放生活费260元，并缴纳养老统筹金。

为适应人口老龄化的新情况，老龄工作不断加强。2005年，原镇老年活动中心被拆，街道购置广丰汽配城三楼500平方米，作为新址，内设棋牌室、接待室、大小会议室、健身房、舞厅等。各村建有老年活动室15个，建筑面积4860平方米。有老年活动中心广场11个，占地面积2.6万平方米，老年健身场所34个，多功能托（养）老服务中心1个。180多名助老志愿者，为病残老人、高龄老人提供关爱服务，47名空巢老人全部实现“一帮一”结对照料，无人照料的孤寡老人均入住敬老院。此外，街道老龄委和各村老年协会每年组织老年人外出参观旅游，费用120多万元。每年敬老日，街道为每个高龄老人加发高龄补贴20元。

【教　育】

2002年，勤丰幼儿园并入黄泥头幼儿园后，广益镇有广益、广益中心、黄泥头、尤渡4所幼儿园，广益幼儿园为镇中心幼儿园，其余为村级幼儿园。原有12所小学，先后于2002年前撤并10所，其中上马墩、黄泥头2所小学先后并入崇安区塔影、广新小学。是年，广益镇有广益中心、尤渡里2所小学。2002~2005年，广益镇不断加强对教育的投入，由2002年455万元增加到2005年1005万元，累计投入达3085.5万元。随着实施规模办学、学校撤并，教育条件、办学设施得到进一步优化，2005年，建成2600平方米的广益中心小学教学大楼、学生食堂大楼和室内体育活动室，教育质量普遍提高，小学生入学率、巩固率、普及率、升学率均保持100%。迄2005年，4所幼儿园有大、中、小、托班28个，幼儿984人，教职工85人；2所小学有班级40个，学生1566人，教职工103人。辖区范围内另有广勤、广丰、塔影3所中学，有班级80个，学生2911人，教职工300人。

【文化体育】

广益镇群众文化体育活动十分活跃，腰鼓队、洋鼓队、锣鼓队、扇舞队、球操队、太极拳队、太极剑队、秧歌舞队等文体团队遍及各村各企业，有线电视村村通，并于2001年全面实现光纤传输，有线电视入户率达98.2%。乡于1996年获江苏省群众文化先进乡、1997年获江苏省体育工作先进乡，乡文化站于1998年跻身江苏省二级文化站行列。2002~2005年，不断加大对文化体育设施的投入，先后建成集休闲与健身于一体的尤渡村农民公园、1000多平方米的广丰村健身场、毛岸村休闲广场和标准篮球场，全民健身活动成为农村体育的新亮点。被评为无锡市元旦万人健身长跑先进单位、第九届全民健身节暨第十届全民健身周先进单位、老年“迎十运健步行”先进单位及江苏省全民健身“八个一”工程先进单位。群众文化活动更加繁荣，逐步形成以文体团队活动为主体的发展态势。每年组队参加崇安区社区文化艺术节，其中扇舞《梁祝》获2002年无锡市“华光杯”退休职工木兰扇大奖赛银牌，《喜看崇安新面貌》获2003年崇安区第六届文化艺术周金奖，舞蹈《好日子》获无锡市群众文艺会演创作二等奖。迄2005年，广益街道有腰鼓队、扇舞队、太极拳队、健美操队、球操队、秧歌舞队、舞蹈队、洋鼓队、锣鼓队、军乐队、龙灯队等各类群众文化团队50支，其中广益街道锣鼓队、洋鼓队为崇安区特色文化团队。各村（社区）均建有棋牌室、乒乓室、健身室，以及“全民健身路径”，配备平衡木、单杠、立式旋转器、太空漫步器、双杠、荡秋千、太极推揉器、压腿杠、仰卧板等健身设施。

莫家庄老年特色文体团队（2005）　　（广益街道供稿）

【医疗卫生】

矽肺病治疗康复是广益医院的特色专科，挂无锡市矽肺治疗中心牌子。2002年10月，被确定为全市矽肺工伤医保定点医院，为矽肺患者提供专业医疗服务，定期门诊检查、治疗、指导康复。2003

年5月，获省卫生厅职业病（尘肺）诊断资质。随着病床的逐年增加和治疗水平的不断提高，收治病人的范围由无锡及周边地区扩展至云南、浙江、山东、安徽、广西、辽宁等地。妇幼保健工作由本地居民向外来人员延伸。广益医院于90年代被评为省妇女儿童保健示范点和省爱婴医院。2002~2005年，广益地区孕产妇系统管理率保持在85%以上、早孕建卡率80%以上、围产儿死亡率控制在1.4‰以下、孕产妇死亡率控制在0.1%以下、新法接生率100%、产后访视率98%以上、妇女病查治率95%以上。与此同时，根据广益地区恶性肿瘤一度上升成为第一位死因的情况，镇注重加强公共卫生服务，以流行病调查、免疫接种、慢性病监测等为重点，开展疾病预防和控制。恶性肿瘤发病率由1999年232.9/10万下降到2004年122.39/10万。

第五节　综合治理

广益地处城乡结合部，人员流动量大，治安情况复杂。2003年，围绕“创建平安广益、打造治安品牌、营造投资环境、创造和谐稳定的社会环境”目标，开展“平安市场”“平安机关”“平安单位”“无毒社区”等平安创建活动，辖区单位覆盖面100%。镇积极整合各类防范资源和防范力量，开展群防群治，建立键全保安、治安志愿者队伍，构建全天候防范网络。各村建立联防队8支、队员76人，派出所专职联防队30人，大商场、大集市贸易市场联防队12支、74人。重点整治街头路面“双抢”（抢劫、抢夺）、上马墩和通江大道地区“站街女”、学校内部安全防范和周边治安秩序，以及流动人口集散地，黄、赌、毒等社会丑恶现象。2004年，重点抓好新建住宅小区、市场、主干道等要害部位的技防建设，投资20万元，在广丰村、莫家庄村农民安置房小区安装电子监控设备，并进一步落实封闭式管理措施，加强专职门卫、专职保安等巡防力量。村（居）、企事业单位安装与公安联网的“安定保”报警器500只。2005年，投资48万元，购置警用摩托车60辆，投资60万元，安装技防设备，建成崇安区首家技防街道。民警、保安等专业治安力量增加到425人。有社区联防队8支、队员82人，派出所专职联防队42人，治安志愿者500人，护村队员225人，治安执勤民兵94人。与此同时，加强外来人口管理，派出所与用工单位、房屋出租人、租住人签订《治安责任书》，街道（镇）设立户口协管员和信息员制度，实行分段包干、责任到人，做到管理不漏，人走注销，人来登记发证。2005年，有专职户口协管员80人、兼职协管员101人、信息员616人。2004~2005年，广益街道连续2年被评为市社会治安安全街道，8个村均被评为崇安区社会治安安全村。

第三章　崇安寺街道

崇安寺街道位于无锡老城区，崇安区西南部。东以解放东路为界，与南长区南禅寺街道毗邻；南以古运河为界，与南长区隔河相望；西以解放西路为界，与北塘区惠山街道、北大街街道接壤；北以解放北路为界，与通江街道相邻。2005年，面积2.26平方公里，在籍居民1.76万户，5.33万人。人口密度为每平方公里2.36万人。下辖胜利门、连元街、后西溪、新街巷、汤巷、南市桥巷、百岁坊巷、东河花园、崇宁路、崇安寺10个社区居民委员会。街道办事处设在田基浜20号。

崇安寺街道由1955年7月成立的崇安、解放北路、学前街、新生路4个街道沿革而来。1958年10月，上述4个街道曾更名为崇安、先锋、跃进、新生人民公社；1960年，又改称崇安、解放北路、学前街、新生分社；1962年，新生路街道改名人民路街道，其余3个街道复称原名。“文化大革命”期间，又改称防修、先锋、红专、人民路等街道；1979年恢复原街道名称。1983年，解放北路街道更名为复兴路街道。1992年1月，崇安、复兴路2个街道撤销，建立崇安寺街道，2004年4月，崇安寺、学前街、人民路等3个街道撤销，成立崇安寺街道。

崇安寺街道辖区是无锡市最繁华的商业闹市。崇安寺地区是无锡老城区的核心，历代商贾云集，商贸繁盛，声名远扬，与上海城隍庙齐名。中山路商业街商店鳞次栉比，有无锡商业大厦、八佰伴、新世界、百盛等大型商贸企业，喜来登大酒店、锦江大酒店、华美达大酒店、梁溪饭店等星级宾馆、饭店，展示无锡饮食文化特色的三凤桥肉庄、王兴记馄饨店、功德林素食馆等老字号名店，荟萃各地菜系风味的无锡烤鸭馆、鸿运大酒店、蔡家食谱等，高达209米的无锡市第一高楼摩天360、40多幢高达15层以上的商务楼宇，均集中在区境。辖区内道路密布，交通便利。历经多次整修、拓宽、延伸和新建，区境内形成“一环”（解放环路）、“三纵”（中山路、新生路、健康路）、“三横”（县前东街、人民路、学前街）的路网格局，80多条公交线路经过辖区。辖区有田基浜、映山河、置煤浜、东河花园、东林苑等居民小区、商务楼宇70个，建筑面积218.15万平方米。

街道经济于20世纪50年代的生产自救起步，发展到60年代的工副业生产，70年代居委自办的“三代店”，80年代逐步拥有街道、居委自办企业。1987年，已形成以商业等第三产业为主的经济结构，4个街道商业等第三产业营业额占生产经营总值的70.73%。90年代初，挂靠企业兴起，使街道经济总量迅速增长。1995年，3个街道工商销售收入全部超亿元，名列8个街道前3位，崇安寺街道率先成为无锡市利税超500万元街道。90年代后期，街道不断推进企业转改制，增强企业活力，围绕招商引资、协税护税，街道改善投资环境，强化管理和服务，大力发展税源经济。2004~2005年，街道社会消费品零售总额、国地两税和招商引资等3项主要经济指标均居全区各街道之首。2005年，街道服务业增加值占地区生产总值的比重达到97.2%。

在推动经济健康快速发展的同时，街道广泛开展精神文明建设活动，不断拓展新的特色。围绕社区环境、社区服务、社区治安，着力提高社区服务与管理水平。学前街街道先后于1995年、2003年荣获“中国街道之星”“江苏省社区建设示范单位”称号。2003~2005年，先后开展“一社区一品牌”主题创建和科技、文体、法律、卫生、道德规范“五进社区”活动。在全市率先成立道德银行、爱心银行，建立党群交心站，“一站二卡”（党群交心站、道德银行卡、爱心银行卡）成为社区志愿者服务的有效载体。崇安寺街道荣获“2003~2004年度江苏省文明单位标兵”和“全国和谐社区自主创新奖”称号。

1986~1992年，历任复兴路街道党委书记为邵彬杰、顾豫苏、李明华，办事处主任为吴维茂；崇安街道党委历任书记为许汉舟、徐顺裕、朱国良、强惠兴，办事处主任为吕有信、徐顺裕、朱国良。1992~2004年，历任原崇安寺街道党委（党工委）书记为管裕林、强惠兴、陈建平，办事处主任为吴维茂、强惠兴、管裕林。1986~2004年，历任人民路街道党委（党工委）书记为平炳泉、张发祥、沈献忠、丁坤彪、单祖福、刘洪元、吕明石，办事处主任为蔡炳荣、丁坤彪、丁一心；历任学前街街道党委（党工委）书记为庞志犟、陆铭森、刘振华、沈献忠，办事处主任为陈志娟、刘宝根、陆铭森、刘振华、沈献忠、陈和荣。2004~2005年，崇安寺街道党工委书记为陈建平，办事处主任为丁一心。

第一节　经济建设

1986年，崇安、人民路、复兴路、学前街4个街道生产经营总值2903.8万元，占全区的13.5%。经济结构以商业等第三产业为主，大多为街道、居委为方便群众生活，解决吃早点难、吃饭难、住宿难、理发难而兴办的“三代店”，有商业服务企业95家，网点285个，从业人员1425人。街道工业有印刷、服装、塑料制品、五金、电器、针织百货、竹木制品等工厂22家，职工973人，均为自办企业，生产服装、手帕、竹木、润滑油、蚊帐、电线、塑料制品、印刷品、渔具、计数器、药条等20多种产品。1987

年，4个街道商业等第三产业营业额3093.56万元，占4个街道生产经营总值的70.73%，为全区9个街道第三产业营业额的50.02%。工业总产值1280.3万元，占全区9个街道工业总产值的41.27%。1990年，街道商业企业发展到135家，第三产业营业额4260.11万元，占全区9个街道第三产业营业额的50.28%。4个街道工业总产值1892.57万元，占全区9个街道工业总产值的42.61%。是年，人民手帕厂（原人民麻袋厂）在1986年引进手帕生产线基础上，产品销往香港，出口美国、俄罗斯、加拿大、意大利等国家，首次完成外贸收购额82.59万元。此后，街道、居委利用旧城改造契机，充分发挥地处城市中心区的区域优势，通过“调、购、扩、建、租”等方式，千方百计扩大经营场地，北里城脚小商品市场、道长巷饮食一条街、后西溪杂粮市场先后建成。1991年，以商贸等“三产”为主的挂靠企业（集体招牌、个人经营，俗称“一脚踢”企业）迅速发展，4个街道、居委挂靠商业企业增至143家，营业额、利润分别占街道商业等第三产业的58.00%、56.57%。是年，复兴路街道工艺花边厂与香港港湾国际企业有限公司合资成立华通制衣有限公司，成为崇安区首家街道办中外合资企业。1992年，所有居委全部成为年创利万元居委，县前街居委创利33.4万元，名列全区所有居委榜首。1993年，街道通过“空地搭建、破墙开店、沿街建房”，加快商业服务业网点建设，新增网点100余个。1994年，崇安寺街道工业产品销售收入超2000万元、仅次于周山浜街道，工商利润超500万元、位居8个街道之首。学前街街道商业等第三产业营业额1.07亿元，名列第一。1995年，人民路、崇安寺、学前街3个街道均首次实现年第三产业销售额超亿元，位居全区8个街道前3名，崇安寺街道商业企业发展到174家，创利586.60万元，名列榜首。3街道35个居委年创利均超5万元，田基浜、人民路等2个居委年创利突破百万元。1997年，崇安寺街道第三产业销售额超2亿元，位居8个街道之首，人民路街道以1.95亿元名列第二。3街道第三产业营业额所占比例均超过85%。1998年，3个街道商业等第三产业营业额6.43亿元，达到历史最高值，占全区第三产业营业额的18.15%，崇安寺、学前街2个街道继续名列全区8个街道前二位。人民路街道工业产品销售收入6000.53万元、位居8个街道第三，利润283.12万元、仅次于广瑞路街道。其间，街道商业骨干企业有崇安寺街道的灵通针纺织品公司、人民路街道的帐子公司等。街道工业骨干企业有学前街街道的金光油漆厂、电线二厂，人民路街道的人民手帕厂，崇安寺街道的石油加工联营厂、消防器材厂、药条厂、印刷厂等。1998年后，为规避风险，对挂靠企业逐步进行清理、整顿和转改制。同时按照“鼓励兼并，规范破产，下岗分流，减员增效”的方针，对街道自办企业进行改制。街道开始转向发展以培植税源为重心的区域经济。街道加大招商引资力度，先后形成健康路休闲服饰一条街、学前街电脑文化一条街、解放西路电子一条街、大成巷购物观光步行街等特色商业街，吸引大批个体私营企业入驻，培植固定税源。2003年，3个街道招商引资3.77亿元，引进企业250家，其中注册资金500万元以上的13家。完成国地税总额4.08亿元，其中崇安寺街道完成2.22亿元，位居1镇8街道之首。2004年，崇安寺、人民路、学前街3个街道合并为崇安寺街道后，经济实力进一步增强。全年完成国地税收6.56亿元，列各街道之首；完成街道可使用财力700万元；地区生产总值65.95亿元，其中，“三产”增加值65.76亿元，社会消费品零售总额71.23亿元，分别占全区总量的55.89%、67.79%、65.09%。1998~2004年，28家街道自办企业转改制基本完成，除保留福利企业人民手帕厂外，转为有限责任公司1家，股份合作制13家，关闭13家。工业挂靠企业先后改为有限责任公司52家，股份

街道召开园区私营业主协税护税座谈会（2003.4）　　（裘亚星摄）

合作制101家，个私42家，关闭69家。商业挂靠企业先后改为有限责任公司184家，股份合作制企业675家，个私332家，关闭195家。2005年，街道招商引资7亿余元，引进企业129家；完成国地税收8.59亿元；可使用财力1305万元；地区生产总值80.02亿元，社会消费品零售总额为97.62亿元，分别占全区总量的54.36%、65.73%。街道社会消费品零售总额、国地税收和招商引资3项主要经济指标位居各街道榜首。辖区40幢商务楼宇成为区域经济的重要组成部分，国联、华光、时代3幢楼宇完成国地税收2267.87万元。

其间，还充分发挥地处城中心的区位优势，大力发展房产经济，通过建房、购房、拆迁置换等途径，以房生财，以房聚财，街道房产总面积由1992年8766.8平方米，增加到2004年1.6万平方米，其中，门面房租赁面积6028平方米，房产经济成为街道经济发展的重要支柱。

第二节　精神文明建设

1986~2005年，街道围绕提高市民素质和城市文明程度的目标，以社区为载体，以群众为主体，深入开展各项精神文明建设活动。从五好家庭、文明楼院创建起步，发展到五好文明家庭、五好文明大楼创建，从文明单位、文明社区自创自建，发展到军民共建、警民共建、企地共建，同创共建中山路党建一条街活动获无锡市市民关注创新成果奖。社区教育不断创新，在全市率先成立道德银行、爱心银行，建立党群交心站，“一站二卡”成为社区志愿者服务的有效载体。群众文化体育形式多样，组建夕阳红合唱队、英姿腰鼓队、晚晴晨练队、红枫时装队等20支特色文化团队，丰富居民业余文化生活。1997~2002年，连续6年被评为江苏省文明单位。2003~2004年，又荣获江苏省文明单位标兵。

【创建活动】

1986年后，广泛开展“美在街巷里弄中”活动和五好家庭、文明楼院、文明单位创建活动，其后，创建五好家庭、文明楼院提升为创建五好文明家庭、五好文明大楼。同时，通过军民共建、警民共建、企地共建，促进文明单位建设。复兴路、崇安、学前街、人民路3个街道分别与驻锡83428部队一营指挥连、一营三连、二营五连建立双拥共建关系。1996年后，崇安寺街道与商业大厦、市财政局、市卫生局、市电信局、市房管局等20家单位签订“创建文明城市共建协议”，学前街街道与市政协、市第二人民医院、江南中学、锡师附小等8家单位签订“创建社区文明建设志愿服务协议”，人民路街道与市公安局、市检察院、东林中学、崇宁路小学等8家单位签订“参与社区服务志愿队员注册协议”。1998年，评出五好文明家庭7880户、五好文明大楼20幢。1999年，结合文明城市创建，开展文明社区创建活动。1999~2002年，评选出五好文明家庭标兵户8950户、五好文明大楼（院）152幢、特色楼院38幢。2001年、2002年，东河花园社区先后被列入无锡市、江苏省文明社区示范点。2002年，本着“互惠互利，资源共享，服务百姓”的原则，街道、社区党组织加强与辖区单位党组织的结对共建。从“四共”①逐步发展到“六共”②。2003~2004年，通过联手、联合、联创的方法，抓特点、抓特色、抓特长，树立一批学习型、平安型、廉洁型等特色家庭，家庭美德教育成为提升社区文明水平的重要方面，评出五好文明家庭1.03万户、五好文明大楼268幢、特色楼院68幢。2004年，合并后的崇安寺街道党工委以中山路大党建为载体，组织沿街单位开展以“事务共同管理，难题共同解决，任务共同完成，成果共同享受”为主要内容的“文明示范街展新姿，我为中山路添光彩”党建一条街同创共

①四共：资源共享、设施共建、事务共管、实事共办。
②六共：共抓社区教育、共抓社区建设、共谋发展环境、共创环境卫生、共保社区平安、共献一颗爱心。

建活动，10个社区与中山路沿街52家单位开展“文明示范街展新姿，我为中山路添光彩”“亮出你的身份来，展示你的风采来，捧出你的爱心来”“中山路同创共建共产党员先进事迹报告会”“中山路文明街党建共创文艺专场演出——党旗映红中山路”“迎‘七一’党员志愿者奉献活动”等五大主题实践活动。街道与驻锡73037部队一营建立双拥共建关系，按照“同呼吸、共命运、心连心”的宗旨和“共建、共育、共创、共进”的共建原则，军地双方建立“双向奉献、双向服务”的新型军政、军民关系。街道被评为2003~2004年度江苏省文明单位标兵，10个社区中有区级文明社区6个、市级文明社区2个、省级绿化社区2个。2005年，10个社区党总支与118家驻地单位签订共建协议书，开展科技、文体、法律、卫生、道德规范“五进社区”活动，着力培养邻里互助型、道德学习型、知识普及型家庭以及互助楼、清风楼、读书楼、平安楼、新风楼、绿化楼、尊老爱幼放心楼等特色楼院。通过参与、参评、考评等方法，不断完善创建机制，提高居民群众参与创建的积极性和对生活环境的满意度，评出五好文明家庭1.26万户、平安家庭1.64万户、学习型家庭1459户、五好文明大楼292幢、特色楼院98幢。是年，“中山路大党建”活动获无锡市市民关注创新成果奖，街道获全国和谐社区自主创新奖，连续三次获无锡市双拥模范街道荣誉称号。

【社区教育】

居民道德教育　1987年，贯彻《无锡市民社会公德守则》，各居委开办市民文明学校，开展社会公德、职业道德、家庭美德“三德”教育。1989年，在中山路商业、服务业开展职业道德规范达标竞赛，达标率80%以上。1990年，在中山路商业、服务业开展“文明在无锡、信誉在单位、满意在群众”为主题的职业道德教育活动。90年代后，始建于80年代的街道老年心声站更名为群众心声站，成为广泛听取群众意见、开展思想道德教育的通道。1994年12月，各街道建立青年志愿者队伍。1995年，志愿者对残疾人实行“一助一”定向服务。是年，在全国“百城万店无假货”活动中，辖区中山路沿街商家签署“不经销假冒伪劣商品责任书”，对社会作出“全线无假货”承诺，推出“不满意就退货”“退货无障碍”等服务举措。1998年，结合创建国家卫生城市，街道地区以“讲文明、树新风”为主题，开展“一帮一，手拉手，情暖万家，欢乐崇安”系列活动。1999年，街道社区志愿者发展到200多人，有治安、党员、妇女、青少年4支特色志愿者服务队，营造“我为人人，人人为我”氛围，为社区居民定期开展健康咨询、修理、婚介、生活等多种服务。2000年，特色志愿者服务队发展到自行车修理、电器修理、裁剪、测血压、理发、教育、心理、医疗等20多支，8000余人次受益。是年，居委市民文明学校教学内容扩大到家庭教育、法制教育、文体宣传、计划生育、青少年教育、健康教育、外来人口教育7个方面。3个街道社区市民文明学校达37所，专兼职教师148人。2001年，围绕“志愿在社区，服务在万家”主题，组织千名志愿者大行动，为社区弱势群体提供助困、助学、助医、助弱服务。是年，中山路先后获“江苏省购物放心、服务满意一条街”“全国‘百城万店无假货’示范街”称号。2002年，组织各类志愿者为民服务活动30场。街道地区开展“依法治国，依德治国”教育活动，组织“新世纪无锡形象”大讨论。在市民文明学校教员优秀教案评选中，后西溪社区“科学发展观与社区”教案被评为区一等奖。2003年，群众心声站更名为党群交心站，成为听取党员（包括非公企业党员）和群众（包括新市民）意见、为民办实事的快速通道，以及新型社区民意监测和信息反馈系统。是年，崇安寺街道率先成立无锡市首家道德银行，作为社区志愿者服务工作载体的一种探索。当居民群众有能力、有技术为他人提供帮助时，将“爱心”存入道德银行；当“储户”需要帮助时，道德银行为其送出“爱心”，使“爱心”在居民间良性互动。是年，10个社区的1600名志愿者加入储户行列。道德银行获区第三届精神文明建设“十佳”新人新事。同年12月，崇安寺街道在区域党建工作中，率先成立爱心银行，通过发放爱心银行卡，为辖区困难群体雪中送炭、排忧解难。向辖区单位发出《伸出你的手，奉献你的爱》公开信，辖区27个单位筹措资金18.32万元，通过“一站二卡”，开展助学、助困、助业“三助”活动。2004年，为社区75户困难户发放救济款4万元。并在非公经济企业职工中开展职业道德教育，树立一批学习型、服务型、创新型的典型。2005年，以党员志愿者为主体的爱心银行组织“党心、民心、心连心，党员‘三助’（助残、助学、助困）献爱心”活动，筹措“三助”资金2.95万元，捐赠区助残基金会。2004~2005年，捐赠“三助”对象100个、14万多元。志愿者服务从单一的便民利民服务，发展到老年服务、扶贫帮困、医疗咨询、邻里互助、计划生育、治安巡逻、护绿环保、法律咨询、网吧监督、爱心助残、安置帮教、调解纠纷、亲情陪聊、环境卫生、安全保护、协助管理等180多个项目、18支队伍。

开展“党心、民心、心连心，党员‘三助’献爱心”活动（2005）
（崇安寺街道供稿）

青少年教育　80年代，街道青少年教育主要是开展法制教育和爱国主义教育，组织青少年参加地区公益劳动等。1991年，试办家长学校，逐步建立学校、地区、家庭三结合的青少年教育体系。1992年，成立街道关心下一代工作委员会，把青少年教育的重心放在寒暑假，结合青少年年龄特征，组织读书征文、交通协勤、手工制作和军营一日活动。1994年，组织革命传统教育报告21场，受教育青少年1.1万人次。1995年，发挥老干部、老教师、老军人、老科技、老司法“五老”的特殊优势和作用，担任校外辅导员、失足青年帮教员、法制宣传员、家长学校教员。1995~1999年，先后围绕抗战胜利50周年、建党75周年、红军长征胜利60周年、香港回归、周恩来诞辰百年、无锡解放50周年和澳门回归等，举办革命传统教育报告会，对青少年进行“没有共产党就没有新中国”主题教育，开展“颂50年辉煌，做新世纪主人”征文竞赛、“颂祖国、颂社会主义、颂改革开放，做新世纪主人”专题读书会，组织青少年参观张闻天旧居、秦邦宪故居、钱锺书故居等爱国主义教育基地。2000~2005年，青少年教育以主题教育和系列教育为主。开展“弘扬长征精神”“立志成材报国”“老少同议长征路”主题荣辱观教育，“寻找身边的荣与耻”系列教育，“邻里话荣辱、共育文明人”知识竞赛，“法律——构起心灵之帆”“我与检察官面对面”法律知识对话，禁毒图片展以及模拟民事调解庭等活动。组织“我是文明城市小主人”夏令营和“爱护人文景观，从你从我做起”主题教育，弘扬艰苦创业精神报告会。开展“远离毒品，珍爱生命”主题法制教育，组织“爱我中华”演唱会、“和谐社区大家乐”老少同乐文艺会、“爱我家乡、爱我社区”演讲比赛、“我的家庭——用档案记录生活”摄影作品夏令营等。组织48名“五老”担任网吧义务监督员，对辖区22个网吧和6个游戏机室进行监督检查。2003年3月，后西溪社区成立无锡市第一家社区关心下一代工作委员会和第一个未成年人维权岗。2004年，新街巷社区成立无锡市首家社区未成年人心理健康驿站，以“打开心灵之窗，放飞我的心愿”为主题，组织未成年人与心理专家面对面，开通心理咨询热线——悄悄话信箱。2005年，胜利门社区成立“新、奇、乐”青少年社区俱乐部，建立各种兴趣小组，定期开展活动。

【社区文化体育】

文化活动　1987年3月，人民路街道举办首届人民之春文化周，400余人登台表演，1000多人次参加。1988年，学前街街道组建老年京剧队，参加区第一届社区文化活动周，获第一名。1989年，学前街街道又组建百人老妈妈合唱队。各街道举办《欢庆在三八》革命歌会、红五月歌赛。1990年，崇安街道组织社区文化优秀节目汇演、家庭文化系列竞赛、羽毛球家庭双打比赛、家庭演唱会等。1991年，复兴路街道成立业余评弹社、老年书画协会、老年迪斯科队、街道职工文艺队、社区文艺队，举办“欢乐元宵”猜谜、蒙眼敲鼓、小羊投篮大型闹元宵游艺活动；组织金秋家庭文化系列活动，包括“但愿人长久”家庭互夸会、童装设计制作表演赛、家庭菜肴烹调比赛、家庭自制点心比赛、家庭庭院阳台绿化比赛、邻里新事故事会、家庭教育知识竞赛、“家睦艺同”业余爱好献艺会等；组织辖区单位参加“英烈赞”故事赛、“家家美”时装表演赛、“金嗓子”卡拉OK比赛、“党旗飘飘”诗歌征集、“党旗下”摄影比赛、“夕阳红”六十老人书画展等各项活动。1994年、1996年，学前街街道先后举办“三八”大家乐兴趣活动，参加崇安区广场文化活动，表演舞剑、扇子舞、二胡独奏等。1996～1997年，学前街街道成立中老年京剧协会；人民路街道成立舞剑、太极、长跑、气功、迪斯科、乒乓球等队；崇安寺街道成立地区青少年文艺队、青少年游泳队、街道职工合唱队、地区老年迪斯科队、老年时装表演队、职工钓鱼协会等。崇安寺街道在区迎香港回归《祖国万岁》赛诗会上获一等奖，在区“爱我中华”千人大合唱比赛中获金奖。1998～2000年，学前街街道成立业余评弹队；崇安寺街道形成中老年迪斯科队、扇子舞队、业余京剧队、老年时装队、老年合唱队、腰鼓队等6支业余文体团队。3个街道先后组队参加3届区社区文化艺术周系列活动，学前街街道选送的“旗帜颂”、古筝独奏、“军港之夜”等节目分获区广场文艺演出二等奖、三等奖，“祖国之恋”“中国之魂”分获区“崇安在我心中”演讲比赛三等奖、优秀奖，书画、摄影作品分获区“崇安美”书画摄影比赛特别奖、二等奖、三等奖，区“颂祖国辉煌”大型歌会比赛银奖。学前街街道、人民路街道还参与市老年活动中心举办的专场演出，歌曲《东方红》、舞蹈《扇妞》、老年人风采等12个节目参演。2001～2005年，在5届区社区文化艺术周系列活动中，3个街道先后组队参加“党旗颂”歌咏、“党的光辉照我心”诗歌朗诵、“党在我心中”机关干部卡拉OK演唱、“党旗飘飘”读书征文等比赛。崇安寺、学前街等街道还在商业大厦、八佰伴等广场多次举办专场文艺演出，丰富市民文化娱乐生活。2004年，3个街道合并后，特色文化团队有夕阳红合唱队、英姿腰鼓队、晚晴晨练队、红枫时装队等20支。2005年，崇安寺街道获崇安区第八届社区文化艺术节汇演金奖、周周文艺汇演优秀演出奖、优秀组织奖等荣誉。

人民路街道东河花园社区邀请书法家为居民讲授书法（2003.12）
（东河花园社区供稿）

体育活动 1986～1994年，主要组织地区退休职工、街道企业职工开展登山、拔河、钓鱼等小型多样的群众体育活动。复兴路等街道多次举办地区体育运动会、趣味运动会；组织职工先后参加区“纪念毛泽东‘发展体育运动，增强人民体质’题词发表40周年职工体育运动周”、市迎春越野长跑等活动；在区庆省运“崇工杯”钓鱼比赛中，学前街街道获团体第三名。复兴路、崇安2个街道先后被评为市体育先进街道；学前街、崇安寺2个街道先后被评为省体育先进街道；学前街街道还被评为市职工冬锻先进单位。1995年后，围绕贯彻国务院《全民健身计划纲要》，广泛开展全民健身运动。1995年，学前街街道被推荐为江苏省全民健身试点单位。1996～1998年，在市每年开展的全民健身宣传周活动中，先后参加“96无锡市家庭体育运动会”、市首届晨练汇演大会、市全民健身体育游园会象棋车轮大战以及舞龙、拳、功、操等11个项目表演赛和区“天年杯”晨练比赛等。崇安寺街道在城中公园举行健身操、拳、功、舞和晨操展示活动，举办家庭运动会，《双匕首》表演获区“迎香港回归，迎十五大”晨练表演赛一等奖。学前街街道举办第五届社区体育运动会。其间，在街道企业中普遍推广工间操。1999～2005年，3个街道每年组队参加无锡市迎新春全民健身长跑活动。在市每年开展的全民健身节活动中，先后参加“99年无锡市全民健身10万人登山活动”“迎澳门回归”全民健身大演练汇报表演、市第八届和第九届运动会、2001年中国体育健身游江苏首游式、市“5个万名”（妇女、职工、青少年、老年人、干部）人民健身活动，以及区千人登山活动、区运动会全民健身大汇操等。街道举办快乐家庭健身趣味比赛、健身知识竞赛、“我运动，我健康——每天健身半小时”系列活动等。2004~2005年，崇安寺街道获市首届“康诺杯”太湖美太极拳表演赛二等奖、首届“添宇杯”健身腰鼓比赛优秀表演奖、市第九届运动会老年乒乓球团体冠军，以及区第六届运动会广播操团体比赛第一名、象棋与围棋男子组比赛第一名等。人民路、学前街2个街道被评为省城市体育先进社区。崇安寺街道获市优秀群众健身活动社区。

国际奥委会副主席、中国奥委会名誉主席何振梁视察人民路、学前街街道（1995.7） （沈献忠供稿）

第三节　社区服务与管理

1986年后，社区环境管理从落实“门前三包”责任制入手，逐步建立长效管理机制，由突击整治转入建设性管理，从单一的路面清扫转为90年代后的立体保洁，承担清除乱张贴、乱涂写、乱牵挂任务。90年代后，结合创建国家卫生城市和全国文明城市，以中山路、人民路等12条主干道和8个广场为重点，配合有关部门，持续开展环境综合整治。1997年，中山路被评为全国创建文明城市示范点。2000年后，建立健全以中山路为轴心的市区路段“五定”①责任制，落实中心商务区“无缝隙”管理。2002年，东河花园小区在全市率先进行垃圾分类收集试点。2003年，东河花园、连元街2个社区率先建成省绿色社区。2004年，崇安寺街道被评为市环保工作先进集体、市创建全国文明城市工作先进集体。

80年代，社区服务以“一老一少”为重点，复兴路街道率先创办长寿宫，崇安街道县前街居委开办回春楼，学前街街道建办全市首家伤残儿童托管所。90年代后，社区服务由主要面向五保户、“一老一少”、残疾人扩大到面向地区居民、辖区单位，由无偿服务发展到无偿、微偿与有偿服务有机结合，从学雷锋做好事、义务劳动、送温暖活动提升为志愿者服务行动。1998年，学前街街道建办老年公寓，时为规模最大、设施最好的街道办养老场所；人民路街道新建映山河托老所。1999年，人民路街道成立全市首家信息化的市民求助中心（社区服务信息港）。2000年，学前街街道率先成立全市开放式社区事务受理中心。2001年，新街巷社区建成全市首家多功能社区俱乐部。2002年，开展示范社区建设活动，3个街道70%的社居委达到市级示范社区标准。2003年，学前街街道和东河花园社区被评为省社区建设示范单位。2005年，崇安寺街道获全国和谐社区自主创新奖。

【社区环境】

1986年，地区环境卫生管理实行环卫专业队伍与街道保洁队伍相结合的体制，清扫保洁街巷28条15万平方米和公共厕所、垃圾房46个，街道有保洁员205人。结合环境整治，发动群众义务植树，见缝插绿，建设小游园、小绿岛、小街景。1986~1989年，植树20万棵，新建小景点、小游园150

①五定：定路段、定人员、定任务、定时间、定奖惩。

个，绿化覆盖率提高到17.08%。90年代，结合创建卫生城市，实行“条包块管”“门前三包、门内达标”责任制。1990~1994年，按照主要道路“六无二好”、新村“八无一洁”、街巷里弄“十无二通”要求，配合有关部门，重点对辖区12条主干道和8个广场，开展环境综合整治。植树16万棵，新增绿地26.17万平方米，新建小花坛170个，人均绿地增加到3.84平方米。1994年，崇安寺街道被评为市绿化工作先进单位。1995~1999年，在创建国家卫生城市活动中，36个居委聘用保洁人员182人，组建社区保洁队伍，日清洗垃圾房（筒）97个，二清扫街巷28条。并组织社区卫生红旗竞赛，进一步落实门前“三包”“三禁”。植树23万棵，新增绿地17.66万平方米，绿化覆盖率达23%，人均公共绿地面积达4.5平方米。1995年，学前街街道被评为市绿化工作先进单位。2000~2005年，围绕“太湖杯”城管创优和国家环保模范城市创建，开展“爱我无锡，美化家园”千人专项整治活动周，持续对“三乱”广告、摊担疏导点、西瓜摊点、建筑工地、乱堆放、违章建筑等进行整治，建立健全中山路为轴心的市区路段“五定”责任制，落实中心商务区“无缝隙”管理等长效措施，实行城管执法进社区。参与市开展的精品示范路、示范街、示范工地、示范临时疏导点、示范小区、示范村、示范城郊结合部等创建活动。在1993年实施垃圾袋装化的基础上，在东河花园小区进行市垃圾分类收集试点，垃圾分类袋装率60%。2003年，全面开展绿色社区创建，东河花园、连元街2个社区先后建成省绿色社区。其间，植树61万棵，新增绿地47.96万平方米，人均公共绿地面积14.12平方米，绿化覆盖率29.29%。2004年，崇安寺街道被评为市环保工作先进集体、市创建全国文明城市工作先进集体。

【社区服务】

80年代，社区服务主要围绕解决入托难、吃水难，开展便民服务。居委开办托儿所，为居民安装自来水，普遍设立公用电话，配备幸福车、煤球车、板车、打气筒等便民服务设施。1986~1990年，建立健全家务劳动社会服务网络，增设护理病人、介绍保姆、运送煤球、为双职工子女做鞋等服务项目。围绕“一老一少”，开办复兴路街道长寿宫、县前街居委回春楼等老年活动场所，新建学前街儿童乐园，建成全市唯一的学前街伤残儿童托管所。77%的居委设立微型社区服务站，健全完善老年人、残疾人、烈军属、青少年、民事调解、家政服务、卫生保健、移风易俗8个服务网络。1992年，各居委均建立微型社区服务站。服务对象由主要面向五保户、困难老人和残疾人扩大到地区居民、辖区单位，由无偿服务发展到无偿、微偿与有偿有机结合。1996年后，按照区提出的推进社区建设的理念，以提高人的素质、生活质量和文明程度为重点，全方位开展社区服务。围绕抓好“三个一”（一幢居委综合楼，一个中心托儿所，一个社区服务中心），促进社区综合管理和服务功能的提高。以“一老一少一双”为重点，拓展社区服务新领域。1998年，学前街伤残儿童托管所改建为学前街老年公寓，设有房间16个、床位46张；人民路街道新建800平方米的映山河托老所，有床位36张。1999年，区在学前街街道开展街居转变职能综合改革试点，街道工作重心逐步转入社区建设与经济建设并重的轨道，社区服务设施建设得到加强，百岁坊巷、田基浜、复兴巷等居委微型社区服务中心和办公用房面积超过150平方米，3个街道的社区服务中心和办公用房面积均超过2500平方米。人民路街道成立全市首家信息化的市民求助中心。人民路、学前街2个街道初步建成以养老托老、伤残儿童托管为特色的社区服务中心。2000年，学前街街道成立全市首家开放式社区事务受理中心，又建成一批社区服务示范居委会。2001年，街道“六个一”①和社居委“九个一”②的社区服务设施规范化建设基本完成，崇安寺街道社居委办公、服务用房面积达到200平方米以上，新街巷社居委建成全市首家多功能社区俱乐部，社区服务向养老、扶幼、助残、教育、康复“五个一”特色服务发展。2002~2003

①六个一：一街、一景、一广场、一楼、一网、一特色。
②九个一：一套办公用房、一个活动室、一个图书室、一台电脑、一套音响设备、一台DVD、一台电视机、一部电话、一套规章制度。

年，开展社区建设示范活动，70%的社居委达到市级示范社区标准，学前街街道和东河花园社区被省评为社区建设示范单位。2004年，崇安寺街道投资300多万元，在东映山河小区建成900多平方米的街道社区服务中心，内设托老所、社区服务信息港、市民求助中心、社区医疗服务站、多功能活动室等，10个社区都建有党员活动室、图书阅览室、文化教育室、老年康乐室、计生与卫生服务室、警务室、居家养老服务站、老年人服务站、慈善超市和办事受理大厅等“六室二站一市一厅”，社居委全部实行数字化办公。2005年，投资20万元建成街道社区行政事务受理中心，服务大厅面积200多平方米，设有12个窗口、37个服务项目、64个办事细目。80%的社居委实现一站式服务。街道和东河花园、崇宁路、百岁坊巷等3个社区建有残疾人康复中心。

组织志愿者为民服务（2005）　（崇安寺街道供稿）

【社区治安】

80年代，从落实治安保卫责任制入手，加强保卫、治保和调解组织建设，街道综合治理领导小组组长由街道主任兼任，各居委设治保主任，把青少年教育、“两劳”人员帮教、恶性纠纷疏导、治安保卫责任制落实、农贸市场治安管理、居委会治保组织建设等作为治安工作的重点，并组织开展反盗窃、禁赌为主的专项斗争，地区治安保卫队伍白天护院护弄，夜间值班巡逻。90年代后，加强专职联防队、居委兼职“四护”（小区、院、弄、楼）队伍和治保调解组织建设。各街道建立社会治安综合治理委员会，主任由街道党工委书记兼任，居委成立治安保卫委员会。结合开展创安全文明街道、安全文明小区、安全文明单位“三安”活动，落实“条块结合、以块为主”属地管理的社会治安综合治理责任制。先后组织开展禁赌、禁毒、打击暴力犯罪“二禁一打”、查禁取缔邪教活动等专项斗争，完善落实“两劳”人员安置帮教措施，帮教率95%以上，安置率87%以上。加强住房出租和流动人口管理，建立东大街建筑工人集中居住区，辖区工地流动人口集中住宿、集中管理率95%以上。1998年，配合有关部门及时处置化轻公司4500万集资款到期不能兑现、新族百货公司经营不善停业、五姓巷小区居民回迁安置、饮食店排污以及歌厅酒吧噪声等事件，维护社会稳定。2000年后，深化基层创“三安”活动，先后组织开展“无毒社区”创建、“平安崇安”（平安小区、平安楼宇、平安学校等）创建、标准化居委调解委员会达标等活动，街道设立社会矛盾纠纷调解办公室、督办室、接待室、谈心室和法制宣传室，各社居委成立社区综治工作站，配备专职综治社工和禁毒社工，10 个社区均设社区警务室，配民警21人、专职保安384人、治安志愿者646人，形成社会矛盾纠纷统一受理、集中梳理、分类办理、限期处理的“大调解”工作机制。2004~2005年，街道调结和调处各类矛盾纠纷725起，参与派出所和区信访局矛盾纠纷调处11起，矛盾纠纷调结率和成功率均达到95%以上，无民事纠纷转刑事案件、民事纠纷转非正常死亡案件。2005年，启动“新市民安居乐业工程”，崇安寺街道成立房屋租赁服务社，为辖区8750多名常住外来人口提供房屋租赁、委托管理、信息采集、政策咨询、纠纷调解、代收代缴规费等服务，辖区出租户入社委托管理率、流动人口登记发证率95%以上。同时，加强社区矫正工作，建立安置帮教领导小组和工作站，解除社区矫正16人，继续接受社区矫正23人。

第四章　通江街道

通江街道地处无锡市北大门，崇安区西部。东以石人桥、锡沪路1号桥、汤家桥为界，与广瑞路、上马墩街道接壤；南起人民东路，与南长区南禅寺街道交界；西连解放北路，与崇安寺街道为邻；北沿北新河、埝埭港，与北塘区北大街街道相望。2005年，面积1.94平方公里。在籍居民1.08万户，2.75万人。人口密度为每平方公里1.42万人。下辖锡沪路、大同路、周山浜、陈白头巷、老戏馆弄、长庆路6个社区居民委员会。街道办事处设在工艺路7号。

通江街道由1955年7月成立的通运路、亭子桥、周山浜、东新路4个街道沿革而来。1957年11月，东新路街道撤销并入亭子桥、通运路2个街道。1962年，通运路街道更名为工运桥街道，1992年1月，亭子桥、工运桥2个街道合并，成立工运路街道。2004年4月，撤销工运路、周山浜2个街道，成立通江街道。

通江街道地区为无锡市水陆路交通枢纽。古运河、北新河穿境而过，沪宁铁路横贯全境，无锡火车站、无锡汽车站、市周山浜客运总站位于区内，百余条长途汽车、33条市内公交线路在此始发；位于工运桥堍的无锡轮船站客货运码头，曾是无锡水路客货运中心。通江大道、兴源北路、锡沪路、解放北路等交通主干道贯穿区境，人流、物流、信息流集聚。国际饭店、泰山饭店、新雅大酒店、中旅大酒店、金和大酒店等大型饭店，以及保利广场、二百商厦、东方电子城等大中型商贸企业，构成繁华的站前商贸区。辖区内还有庆丰纺织集团、太极集团、中百集团公司、盐业公司、苏南日用品集团公司等大中型企业，有市传染病医院、崇安人民医院（慈善医院）等医疗单位和省教育现代化示范学校广勤中学、省实验小学通江实验小学、崇安区辅读学校、保利实验小学等9所学校。2005年，辖区有德福花园、勤俭花园、庆丰里、茶花苑、嘉禾现代城、吉庆苑、和泰苑、财旺楼大厦8个居民小区（楼宇），建筑面积27.32万平方米。

古运河两岸是无锡地区工商业的重要发源地。80年代，亭子桥街道经济结构以工业为主，工运桥、周山浜街道以商业等第三产业为主。1987年，亭子桥街道工业总产值位居各街道之首，工运桥街道商业等第三产业营业额、利润均名列第一。1988年，工运桥街道成为区第一个年“三产”利润超百万街道。90年代后，街道经济在改革、调整中发展，通过经营承包责任制、租赁制、风险抵押承包等多种形式改革，实施“退二进三”战略，“三产”成为街道经济的支柱产业。1998年，工运路、周山浜2个街道商业营业额分别占所在街道工商销售总额的90.46%、94.12%。街道对自办企业和挂靠企业实施转改制，私营企业、股份制企业得到很大发展。2000年后，街道经济由自办企业转向发展区域经济，改善投资环境、招商引资、培育税源成为街道经济工作的主要任务。2005年，街道完成地区生产总值14.76亿元，社会消费品零售总额5.96亿元，引资3.39亿元、企业182家，完成税收1.02亿元。

精神文明建设广泛深入开展。80年代后，工运桥街道在全区带头移风易俗，提倡婚事新办；在全市率先开展创建通运路文明路活动。90年代后，各街道持续开展文明单位、文明小区、五好文明家庭、特色楼院等创建活动。工运路街道被评为无锡市“十大新风”——好街风单位，李云兰家庭被评为无锡市“十大新风”——好家风家庭。1987~1992年，工运桥（路）街道连续三次被评为省文明单位。2000年后，结合全国文明城市创建，开展“倡文明新风，树家庭美德，建美好家园”等主题教育，广泛组织社区志愿者服务活动，深化一系列精神文明创建。迄2005年，社区服务志愿者队伍发展到1247人。

1986~1992年，历任亭子桥街道党委书记为诸祥珍、程郁权，办事处主任为严福根、高念祖。1986~2004年，历任工运桥(工运路)街道党（工）委书记为陆富茂、包和根、陈鹏飞、周锦泉、高念祖、徐永康、陆海兴、任震宇，办事处主任为包和根、陈鹏飞、管毛度、徐永康、鲁湘东、谭健。1986~2004年，历任周山浜街道党（工）委书记为平炳泉、倪俊琪、王成祥、李彩明、李明石、王志强，办事处主任为陆铭森、刘宝根、朱国良、王志强、钱兴华。2004~2005年，通江街道党工委书记为王志强，办事处主任为谭健。

第一节　经济建设

80年代初，工运桥、亭子桥、周山浜3个街道工业、商贸业发展规模均位居全区9个街道前列。1986年，3个街道有工业企业21家、职工2041人，工业总产值1522.5万元、利润149. 5万元；商业服务企业122家、职工1318人。亭子桥街道马巷路工业基地占地近7000平方米，有色金属铸造厂、钢门钢窗附件厂有“三五”工厂之称，即500名职工、500万元产值、50万元利润；亭子桥社会福利厂规模和效益均名列全区街道福利厂前茅；有街道、居委办商贸服务企业34家，以旅馆业、饮食服务业为主，其中旅馆业占三分之一，长庆路酒酿店的甜酒酿是无锡市民众口赞誉的品牌食品。工运桥街道社会福利厂生产的纸箱纸盒年产值160万元、利润24.57万元；工运服装厂年产值134.95万元，生产的呢绒服装远销新疆、东北、北京、河南等地；有街道、居委办商贸服务企业42家，以饮食服务业、旅馆业、起重运输业为主，万前路风味小吃一条街，供应十几种无锡传统小吃。周山浜街道永新金属丝网厂生产的出口产品热镀锌六角丝网年产值341.9万元、利润37.89万元，远销西欧、新加坡、马来西亚、泰国、澳大利亚等30多个国家和地区；有街道、居委办商贸服务企业35家，以旅馆业、修补服务业为主。1987年，3个街道生产经营总值3610.98万元，占全区9个街道总值的38.88%。其中，亭子桥、周山浜2个街道工业总产值分别名列前二名，工运桥街道商业等第三产业营业额、利润均名列第一。1988年，工运桥街道完成销售额1571.17万元，实现利润104.19万元，成为全区第一个年“三产”利润超百万街道。陈白头巷居委年创利13万元，列全区98个居委会第5名。1986~1992年，周山浜街道永新金属丝网厂创汇2432万美元，是崇安区创汇大户，街道工业企业排头兵。

90年代后，街道在发展工业的同时，充分利用区位优势，加大发展“三产”力度，商业服务业从餐饮、旅馆、修补业转向服装针织品、家用电器、五金交电和化工原料等各类生产资料的批零经营，成为街道经济的支柱产业。1991年，工运桥街道商业服务业销售额1564.73万元，利润103.88万元，占街道总利润的72.5%，为工业利润的2.63倍。亭子桥街道“三产”实现利润64.70万元，占街道总利润的80%，为工业利润的4倍。1992年工运桥、亭子桥2个街道合并为工运路街道后，克服通惠路拓宽商业服务网点拆除带来的困难，充分利用地理优势，破墙开店，发展第三产业。1993年，工运路街道尽管商业服务企业由1992年94家减少到43家，但商业等第三产业年销售额由4316.94万元增加到5180.32万元，利润由282.53万元增加到324.90万元。1994年，工运社会福利厂开发生产压电陶瓷系列产品，更名为豪特电讯器材厂；亭子桥社会福利厂实施“退二进三”，在开办锡亭饭店的基础上，开办旅馆和废品收购站，宝石晶体制品厂开办和平浴室，主业转向服务业。其时，工运路街道工运轴承商店、工运旅社、百灵音乐舞厅等都比较著名。周山浜街道大同印刷厂、锡沪点心店等居委办企业也很有名气。1995年，有色金属铸造厂和钢门钢窗附件厂生产下滑，经营亏损，1996年因资不抵债，实施破产，时为无锡市改革开放以来首例集体企业破产案。东新皮件厂因拆迁关闭，工运服装厂因产品滞销停产。周山浜街道永新金属丝网厂于1993年贷款100万美元和民间集资400余万元，兴办的凯成织染有限公司和东新包装材料有限公司2家合资企业，均未成功，于1999年7月区法院裁定破产。2000年后，街道转向发展区域经济，由企业经营转为资产经营，从自办企业转向辖区企业，从注重产值利润转向培植税源。通过改善投资环境，招商引资，增强街道综合实力。自办商业服务企业因市场变化和道路扩建、广场建设、新村改造、大型商厦新建、低洼地区改造等地块拆迁而逐年减少，仅2002年火车站、通运路改造，拆除工运路街道商业服务网点12个。至2003年，工运路、周山浜2个街道被拆经营房产面积超过80%。与此同时，街道积极争取拆迁补偿和安置还网，建成周山浜商业裙房，创办周山浜工业园区。是年，工运路、周山浜2个街道社会消费品零售总额1.63亿元，国地税收1.15亿元。2004年，工运路、周山浜2个街道合并组建通江街道，街道经济完全转入区域经济，突出抓招商引资引企，协税护税培育税源，集体资产保值增值。2005年，辖区有工业、商业服务企业356家，个体工商户1016家，完成地区生产总值14.76亿元，社会消费品零售总额5.96亿元，国地税收1.02亿元。房产收入成为街道经济收入主要来源之一，街道有房产188处、4.20万平方米，出租3.75万平方米，年租金收入412万元。

其间，挂靠企业的出现和发展，突破街道单一自办经济的格局，一度成为街道经济的新增点和街道经费来源的补充。1997年，工运路、周山浜2个街道挂靠企业由1996年120家猛增到200家，在街道经济总量中占到80%。1994~2000年，周山浜街道收取挂靠企业管理费59.9万元，1996~2000年，工运路街道收取挂靠企业管理费144.5万元。2000年，为规避风险，实施挂靠企业全面改制，2个街道225家挂靠企业转为个私企业30家，转股份合作制或有限责任公司28家，对资产不足3万元的挂靠企业实行风险抵押承包77家、关闭80家，改制面达到95.56%。

第二节　精神文明建设

1986~2005年，街道各项精神文明创建活动深入推进，社区教育形式多样，文化体育活动蓬勃开展，新人、新事、新风尚不断涌现。亭子桥街道刘荣妹家庭于1987年被评为全国五好文明家庭。1992年，省五好家庭标兵户工运路街道李云兰家庭、工运路街道、无锡火车站分别被评为市“十大新风”——好家风家庭、好街风单位、好路风单位。省五好家庭工运路街道陈爱娣家庭事迹入选1993年度无锡市精神文明“十佳”新人新事。通运路于1991年建成市文明路。周山浜街道、工运路街道于1992年同获省群众文化先进街道称号。1987~1992年，工运桥（路）街道连续3次被评为省文明单位。周山浜街道、工运路街道先后于1996年、2000年被评为市、省体育先进街道。工运路街道朱取民家庭获2003年“全国五好文明家庭标兵户”称号。

【创建活动】

80年代，结合“五讲四美三热爱”教育，开展创建文明单位、文明大楼（院）、五好家庭以及以“十好”①为标准的模范居委和先进居委，并开展破旧立新②、移风易俗、婚事新办等活动。工运桥街道在全市率先开展创建通运路文明路。1986年，周山浜街道在大同路居委开展创建“十美”③居委试点，尔后全面推开。1987年，亭子桥街道钢门钢窗附件厂职工刘荣妹家庭被评为全国五好文明家庭。1988年，工运桥街道、亭子桥街道、周山浜街道先后与83428部队下属连队签订军民共建精神文明规划。周山浜街道13个居委与15个单位签订共建社会主义精神文明协议。开展道德型、智力开发型、事业开拓型、追求知识型、移风易俗型等五好特色家庭评比。1986~1991年，工运桥街道先后评出五好家庭1.33万户，文明大楼（院）57幢；周山浜街道先后评出五好家庭1.66万户，文明大楼

①十好：执行政策联系群众好、治安秩序维护好、民事纠纷调解好、环境卫生管理好、生活后勤服务好、移风易俗宣传好、五好家庭活动好、计划生育执行好、青少年教育抓得好、文体活动开展好。

②破旧立新：破旧习、立新俗；破赌博、立新风；破迷信、信科学。

③十美：四季长青环境美、尊老爱幼心灵美、遵纪守法行为美、安定团结秩序美、文明礼貌语言美、室内院落整洁美、邻居和睦风格美、计划生育优生美、班子团结作风美、工副业生产效益美。

（院）24幢。1986~1990年，亭子桥街道先后评出五好家庭1.25万户，文明大楼（院）12幢。1991年，通运路被评为市文明路，长庆路、通汇桥路被评为区文明路。1992年，工运路街道、周山浜街道与83428部队下属连队签订双拥共建协议，成立青少年军警学校，对青少年进行革命传统教育和军训。1991~1992年，工运路街道李云兰家庭先后被评为省、市五好家庭标兵户、市“十大新风”——好家风家庭，街道被评为市“十大新风”——好街风单位，辖区无锡火车站被评为市“十大新风”——好路风单位。1987~1992年，工运路街道连续3次获省文明单位称号。1993年，以省五好家庭标兵户李云兰家庭为典范，开展“学文明家风，倡社会新风”五好达标竞赛。是年，周山浜街道被评为无锡市双拥共建模范街道。周山浜街道大同路、蒋巷2个居委连续10年被评为市模范居委，工运路街道陈爱娣家庭获省五好家庭称号，并入选市精神文明建设“十佳”新人新事。1997年，工运路街道与无锡市传染病医院和肺防医院签订共建协议。1998年，突出特色文明大楼（院）创建，《无锡日报》、电台、电视相继报道工运路街道老戏馆弄居委冶坊场小区创建“读书读报楼”“园丁育才楼”等特色大楼的经验。是年，模范居委融入文明社区创建。1992~2002年，工运路街道先后评出五好家庭2.70万户，文明大楼（院）38幢、特色大楼（院）14幢；周山浜街道先后评出五好家庭2.53万户，文明大楼（院）33幢、特色大楼（院）13幢。2003年，围绕贯彻《公民道德建设实施纲要》，工运路街道、周山浜街道分别开展“文明新风进社区，家庭美德进万家”“倡文明新风，树家庭美德，建美好家园”五好文明家庭创建活动，2个街道评出五好文明家庭标兵户17户、学习型家庭标兵户9户，文明大楼（院）7幢、特色大楼（院）5幢。2003年，工运路街道朱取民家庭获“全国五好文明家庭标兵户”称号，为无锡市仅有的2户之一。2004~2005年，以“学习新知识、倡导新风尚、建设新生活”为主题，深化学习型社区、特色楼院创建，通江街道评出五好文明家庭标兵户10户，学习型家庭标兵户5户，文明大楼（院）3幢、特色大楼（院）2幢。30年如一日免费供应茶水的八旬老人王龙根、徐阿凤夫妇事迹入选2005年度无锡市精神文明“十佳”新人新事。

【社区教育】

1986年，以理想、道德、纪律、法制、文明礼貌教育为重点，通过落实“四包”①，树家风，促街风，带民风，提高居民和青少年道德素质。1988~1989年，街道、居委相继成立青少年教育组织机构，利用暑寒假开展“争当好孩子”活动，颁发“好孩子”证书。1990~1992年，周山浜街道会同广勤中学在全市率先创办家长学校；亭子桥街道与辖区单位、学校、居委联合成立社区教育委员会；工运桥（路）街道建立地区少年军警总校，下辖4所小学分校，时为无锡市最大的一所；周山浜街道与83428部队、消防二中队、周山浜派出所联合举办地区少年军警总校。青少年教育实行学校、家庭、社会“三结合”，举办青工学习班、青少年帮教转化现场会、大学生家长座谈会，组织“爱祖国、爱家乡”演讲、“争当暑期好学生”知法、懂法、守法教育、“携手共进21世纪”军营一日活动、特殊家庭子女“希望夏令营”等形式多样的教育活动。1998年，社区教育委员会成员扩大到辖区中小学、居委、厂企、派出所、共建部队和校外辅导员，下设办学管理组、思想教育组、社会实践组。工运路街道开展青少年暑期“五个一”②活动。居民道德教育主要从提高市民文明素质和城市文明程度入手，进行《无锡市市民文明公约》宣传教育，争当文明市民。1999~2003年，结合文明城市创建，开展“文明市民从你我做起”教育。工运路街道、周山浜街道先后成立市民文明学校，下属19个居委相继成立分校，通过纳凉晚会、智力竞赛、文艺表演等形式，组织《公民道德实施纲要》等学习。老戏馆弄居委市民教育工作获市创建文明城市领导小组好评。2004~2005年，以市民学校为载体，开展“学习新知识、倡导新风尚、建设新生活”主题教育活动。锡沪路、长庆路社居委成立青少年教育绿色网站，进

①四包：工厂包职工、学校包学生、地区包居民、家长包子女。
②五个一：读一本好书、看一部好影片、参加一次社会实践公益活动、写一篇作文、做一件好事。

行科普知识教育。工运路街道先后于1995年、2000年被评为无锡市青少年教育工作先进集体。

【社区文化体育】

1986年，各街道组织“美在街巷里弄中”家庭演唱大奖赛，工运桥街道业余文艺宣传队常年活跃在街巷里弄，并对外交流演出，3次被《无锡日报》报道。1987年，工运桥街道举办第三届街道运动会，运动项目有乒乓球、篮球、红旗接力赛、田径、拔河、气功、太极拳、练功18法、幼儿体操等。泰山书场改建为百灵舞厅，时为无锡市首家。1988年，亭子桥街道成立地区文体协会，辖区单位和街道直属企业有文艺团队200余人，举办地区“迎春文艺大联欢”。1989年，各街道组织国庆40周年群众文化活动周，亭子桥街道组织20个单位500多人的机关健身队、职工体操队、儿童花环队参加市大型方队表演。工运桥街道举办“欢乐之光”、“欢乐幸福的崇安妇女”等文艺汇演。是年，亭子桥街道举办首届职工运动会，开展太极拳、健身操、腰鼓、老年保健操等群众体育活动。各街道居委活动室定期或不定期组织乒乓球、羽毛球、康乐球、象棋、广播体操、练功18法等比赛。1990年，周山浜街道创办文化活动中心，面积800平方米，一楼为影视厅，二楼为舞厅，三楼、四楼、五楼为多功能活动室，时为周山浜地区首家综合娱乐场所，无锡市副市长张怀西3次亲临视察。亭子桥街道成立500人参加的革命歌曲大家唱团队。90年代，各居委普遍建立多功能文体活动室。1991年，百灵舞厅增设卡拉OK歌厅。工运桥街道举办首届里弄文化艺术节，亭子桥街道举办“金秋十月”大型文艺联欢会，周山浜街道举办第四届“太湖之春”艺术节评弹专场。是年，亭子桥街道获市群众文化先进街道称号。1992年，工运路街道举办社区里弄体育节，1153名运动员参加祖孙三代接力、“比翼双飞”竞走、“双优技巧”接力、“好苗苗”幼儿接力、“小动物”障碍赛、跳远、乒乓球等18个项目比赛。是年，周山浜街道、工运路街道同获省群众文化先进街道称号。1995年后，各街道广泛开展全民健身活动，开辟晨练点。1996年，周山浜街道被评为市体育先进街道。工运路街道成立40名老年人参加的喧天锣鼓队。1994~1996年，工运路街道先后召开第二届、第三届社区运动会。各街道组织老年时装、大学生卡拉OK、故事会演讲、扑克80分、交谊舞比赛，“五一”、新春文艺联欢会，纪念长征胜利60周年歌咏会。1998年，工运路街道老戏馆弄居委创办老年剧场。陈白头巷居委书画文化室免费开设书画班，常年定期开课，无锡电视台、教育台、无锡日报多次报道，并被列入市空中市民学校教育内容。1999年，10个居委文化室80%达到红旗文化室标准。2000年，工运路街道被评为省体育先进街道，成立老来俏文艺队、秧歌队。2001~2002年，工运路街道建立海通证券文化广场，先后组织地区居民和辖区单位职工“五一”卡拉OK比赛、“七一党旗颂”文艺汇演、“迎国庆、迎十六大”广场文艺演出；组建辖区文艺志愿者队伍，肺防医院演唱的“我和我的祖国”“没有共产党就没有新中国”获区“党旗颂”歌咏比赛银奖，舞蹈“孔雀舞”获市首届社区文化优秀文艺节目汇演演出奖。周山浜街道建立宏乐文化广场，组织“文化闹春社区志愿者活动”“欢度国庆喜迎十六大”社区文化艺术周。每个社居委都有扇舞、秧歌、莲湘操等1~2支特色文艺队伍。2004年，通江街道组建以中老年文艺骨干为主的40余人金秋艺术团，下设舞蹈队、时装队、戏曲队，多次获市、区文艺演出金奖、最佳演出奖、创作奖、表演奖。街道残疾人代表队获市残疾人卡拉OK比赛二等奖、优秀奖各1人；获市第九届残疾人运动会男弱智短跑与女弱智游泳比赛2项第一，男弱智游泳1项第二，女弱智短跑2项第二、1项第三，以及肢体残疾人乒乓球团体、男女

周山浜大同路社区晨锻炼汇演（2001.12）（张斌摄）

混合双打、男子单打3块银牌。每个社居委图书室配备图书均在3000册以上。2005年，街道扇舞方队参加市太湖博览会“活力无锡”狂欢巡游，和区第八届社区文化艺术节“颂千年崇安寺、唱百年公花园”专场演出。迄2005年，通江街道在火车站广场、东林广场、保利广场、汤家桥小花园、城中公园等处设有晨练点15个，有舞蹈队、腰鼓队、歌舞队、健身操队、太极拳（剑）队、球操队、说唱队、健身操队等文化团队16支、169人。

第三节　社区服务与管理

社区环境从1986年工运桥街道率先实行“门前三包”（包卫生、包秩序、包绿化），发展到1999年各街道实行“门前五包”（增加包设施、包美化）。1990年，工运桥街道在市“太湖市容杯”竞赛中连续4年夺冠。时为棚户区较为集中的周山浜、亭子桥2个街道重点开展违章搭建整治、无证摊担清理、街巷里弄改造。1992年后，结合国家卫生城市和全国文明城市创建，地处无锡交通枢纽、窗口地区的工运路、周山浜2个街道，重点开展无证经营、乱搭乱建、户外广告、建筑工地等环境专项整治。1996年，工运路街道获市“门前三包”优胜单位。

社区服务从80年代的家务劳动社会化服务起步，90年代发展到面向老人、儿童、残疾人、社会困难户、优抚对象等特殊群体的社会救助和社会保障服务。1991年，周山浜街道大同路居委在街道率先成立微型服务站。1996年，居委微型服务站覆盖2个街道所有居委会。2000年后，街道“五个一”（老年、助残、扶幼、文化活动、康复医疗）社区服务设施基本到位，并启动“一街一楼”“一居一房”建设。迄2005年，每个社居委用房均超过500平方米，社区服务志愿者队伍发展到1247人。

社区治安管理不断创新，1986年工运桥街道首创十户治安联防，1998年，创新外来人口集中住宿管理经验，乾德里居委首创外来经商务工人员集中居住点。2000年5月，作为无锡市涉毒重灾区的周山浜、工运路街道首创开展“无毒社区”活动。2001年，周山浜地区“创建无毒社区，开展吸毒人员帮教工作”的经验获全国禁毒工作领导小组表彰。工运桥街道于1985年起连续8年被评为江苏省综合治理先进单位。

【社区环境】

80年代，开展“三优一学”（优质服务、优良秩序、优美环境，学习雷锋）竞赛，整治环境脏、乱、差。1986~1987年，工运桥街道在全市率先对通运路两侧商店、企事业单位实施“门前三包”，与沿街38家单位签订“门前三包”协议，成立30余人的保洁队伍，实行全天候保洁。同时，按照城市管理有关条例，对道路实行“三禁”，成立以唐大妹为骨干、10余人的“老妈妈执法队”，作为城市协管队伍，开展巡逻执法，争创文明路，市政府在街道召开“三禁”工作现场会。1989年，又与通运路两侧71家商店签订“门前三包”责任书，“门前三包”落实率100%，与此同时，增加保洁执法人员13人，实行定点定员包干责任制。1990年，在全市“太湖市容杯”竞赛中，通运路一条街实现四连冠。此后，“门前三包”责任制逐步推广到辖区人民东路、兴源路、东西梁溪路等沿街单位。1995年，周山浜街道成立由15名退休工人组成的城管“三禁”执法队伍。1996年，工运路街道获市“门前三包”优胜单位，并实施垃圾袋装化，新建固定垃圾收集房，购置活动垃圾房、垃圾桶、垃圾周转箱，封堵大楼垃圾投放孔，重点抓好垃圾入房率，落实定人管理和专人巡视，每天消毒1次、冲洗2次，垃圾日产日清，垃圾房内外整洁。1999年，“门前三包”扩展为“门前五包”，由街道管理改为区环卫部门负责，通运路“老妈妈执法队”完成历史使命。2001~2005年，结合全国文明城市创建，街道继续抓好垃圾袋装化的长效管理，加大投入，改造完善更新垃圾收集房，添置垃圾周转箱，增加卫生保洁车，垃圾房完好率98%以上，垃圾袋装化管理保洁员到位率、垃圾袋装入房率双双达到100%。

其间，持续抓好环境卫生的综合整治和长效管理。1986~1991年，棚户区较为集中的周山浜、亭子桥2个街道重点开展违章搭建整治、无证摊担清理、街巷里弄改造，先后清除违章建筑500多处、1500多平方米，取缔无证摊担2500多个，铺设水泥路面近4万平方米。1992~2003年，在争创国家卫生城市和全国文明城市中，地处无锡交通枢纽、窗口地区的工运路、周山浜2个街道重点开展无证经营、乱搭乱建、户外广告、建筑工地等专项整治，工运路街道先后清除特种垃圾、生活垃圾近3万吨，清除乱张贴11万多张（处），取缔无证摊担、清除乱设摊700多个。周山浜街道先后清除特种垃圾、生活垃圾2万余吨，清除乱张贴超过15万张（处），取缔无证摊担、清除乱设摊近万个。2004~2005年，合并后的通江街道进一步落实城市管理长效机制，巩固扩大整治成果，重点抓好火车站周山浜地区市容环境的综合整治，突出抓好通江大道等城市主要出入口和工地围墙的包装美化，攻克难点，再创亮点。

【社区服务】

80年代，围绕解决地区居民“吃水难、行路难、住宿难、入托难、买菜难”，把衣、食、住、行及照顾老弱病残等家务劳动纳入服务内容，建立健全家务劳动社会服务网络。1986年，工运桥街道开设服务居民日常生活的项目388个，并对42名独居老人和五保户上门服务；建设路居委开设洗衣房。1987~1989年，工运桥街道通惠路居委“三代店”为双职工子女提供“小包饭”服务；太平巷居委创办家庭敬老院，面积100平方米，有床位12张。周山浜街道建成老年人、残疾人、优抚对象、青少年、城区卫生、家务劳动、移风易俗、文化8个地区服务组织。各街道居委分别建立孤老包护组。90年代后，探索完善和拓宽社区服务领域，健全老年人服务、烈军属优抚服务、卫生保健服务，并逐步向家政服务、文化服务、心理咨询服务发展，志愿者队伍得到扩大。1991年，亭子桥街道成立邻里互助者协会，100多名志愿者为居民提供10多个项目的服务。周山浜街道大同路居委在街道率先成立微型服务站。1992年，工运路街道建有54个包护组，114名志愿者为55名孤老服务。1994年，工运路、周山浜2个街道设立50多个便民服务项目，为地区49名孤老、5户五保户、37户烈军属、143名残疾人、41名精神病患者及地区居民提供免费或有偿服务。1995年，工运路街道开展“助残日”双向服务活动，开设10个服务项目。周山浜街道12个居委全部成立微型服务站，便民利民服务项目发展到57个；有78个包护组、182名包护员为96名孤寡老人实行就近包护。1996年，工运路街道居委微型服务站发展到10个，覆盖所有居委会。1998年，工运路街道地区志愿者队伍发展到近170人，常年开展“我为人人、人人为我”志愿者服务活动。1999年，2个街道相继成立社区服务中心。工运路街道筹集地区孤老医疗基金1.13万元；组织辖区市传染病医院和肺防医院为60岁以上老人免费体检，并建立个人健康档案。2000年，工运路街道投资近2万元，兴建便民百货亭，形成长庆路便民服务一条街；为2100多名70岁以上居民、残疾人、孤老发放对折优惠洗浴卡，缓解老居民区家庭冬天洗澡难。周山浜街道“五个一”社区服务设施基本到位，地区志愿者发展到786人。2001~2002年，2个街道先后建成社区事务受理中心，提供党政事务、计划生育、民政优抚、劳动保障、再就业服务、残疾人来信来访、城建城管、法律服务、社区服务等10大类、近百项服务。同时，进一步完善面向老人、儿童、残疾人、社会困难户、优抚对象等特殊群体的社会救助和社会保障服务，健全“两个一”（一份特殊群体人员档案、一个特殊群体服务网络），实行服务、看病、走访、办低保“四上门”。2003年，周山浜街道因地制宜建立16个社区便民网点、3个便民网站，提供社会化服务项目40余个。2004~2005年，街道社区服务中心配有健身房、乒乓球室、图书室、老年活动室、残疾人康复室、青少年绿色网吧、爱心超市，下设6个社区微型服务站，有社区服务志愿者1247人，以党员、离退休人员为主的银发爱心志愿者服务队，常年开展红十字救护、爱绿护绿、治安巡逻、邻里照看、文明创建等一系列特色服务。同时，启动“一街一楼”、“一居一房”建设，出资900万元购买市鹅湖酱类食品有限公司厂址，筹建街道综合服务大楼。通过置换、购买、合并等途径，6个社居委办公、服务用房面积由1173.03平方米增加到3299.64平方米，每个社居委用房均超过500平方米。

【社区治安】

80年代，地区治安主要依靠社会力量，各街道建有退休工人白天巡逻队伍、治保干部和地区积极分子夜间巡逻队伍、厂地联防队伍，通过采取“三定”“三包”“三护”“一巡”[①]措施，开展治安联防。1986年，工运桥街道依靠群众，建立自我管理治安组织——十户治安联防点，10个居委共建立“十户治安联防点”485个，每个点设联络员1人，担负民事纠纷调查、治安、消防等任务。是年，报告治安案件135起、火警69起，解决民间纠纷346起。1987年，公安部门在工运桥街道地区破案率比上年提高25%。1992年，工运桥街道连续8年被评为江苏省综合治理先进单位。1995年，十户治安联防转入社会治安群防群治。1996年，周山浜街道在全区率先成立地区社会治安综合治理委员会，对辖区企事业单位实行社会治安属地管理，形成护院护弄巡逻值班、公共场所治安管理、治安积极分子，以及厂企警察、经济警察、门卫、护厂队组成的专职治保等4支队伍。1997年，加强老居民区社会治安综合治理，实施小区封闭式管理，创建安全文明小区。1998年，工运路街道探索对外来人口集中住宿管理的新途径，乾德里居委利用东新初中闲置校舍，整修宿舍、搭建仓库，为350多名红梅市场、劝业场等外来经商务工人员提供住宿和仓储，时为无锡市居委首家。1999年，工运路街道冶坊场小区建成开放式安全文明小区，市在此召开创建现场会。2000年5月，作为无锡市涉毒重灾区的周山浜、工运路街道开展创建“无毒社区”活动。2001年，全国禁毒工作领导小组通报表彰周山浜地区“创建无毒社区，开展吸毒人员帮教工作”的经验。是年，周山浜街道以金属丝网厂园区16家企业为重点，实施企地治安联防，共建安全防范区。2002年，工运路街道召开社会治安群防群治万人签名动员大会，承诺社会治安从我做起。周山浜街道建立260人组成的82个帮教小组，对174名涉毒人员进行帮教，严格控制复吸率，庆丰里、蒋巷2个社居委获市禁毒先进单位称号。2003年，开展平安社区创建活动，各社区以无盗、无赌、无案件为目标，落实社会治安防控体系建设的各项措施，健全新形势下流动人口管理和矛盾纠纷排查调处机制。2004~2005年，6个社区组建50名志愿者参加的巡逻值勤队伍，街道出资4.5万元，在德福花园安装技防设备，加强小区安全防范。

第五章　广瑞路街道

广瑞路街道位于崇安区腹地，东起江海东路，与广益街道相毗邻；南以锡沪路为界，与上马墩街道接壤；西临北新河、木专线，与通江街道隔河相望；北达广益街道黄泥头村，面积1.37平方公里。2005年，在籍居民1.07万户，2.78万人，人口密度为每平方公里2.03万人。下辖广瑞一村、广瑞二村、广丰新村、广丰三村、广益新村、石利新村6个社区居委会。办事处驻地广丰三村114号。

街道办事处始建于1985年4月，因广瑞路而命名，由原属周山浜街道的广瑞新村、广瑞二村、广丰一村、广丰二村、丰环新村、石人桥、吴巷7个居委和马古桥家委划出组建而成，时有广瑞、广丰、广益等7个新村小区。

辖区内交通便利，是仓储物流集中地。市区主干道广瑞路沟通南北，锡沪路贯穿东西，江海东

①三定：定人、定时间、定地点；三包：包教育违法青年、包掌握治安动态、包看护居民物品；三护：护院、护弄、护地区；一巡：夜间值班巡逻。

路擦境而过。北新河向北经五浜口到锡北运河，可达江阴、张家港等地，为沿河1602粮食储备库、无锡市大众化工厂、第二面粉厂、针织总厂、家具二厂等多家厂企单位提供水上运输通道。江苏省中储物流有限公司无锡分公司（原江苏省南京储运公司无锡仓库）和石化总厂油库的2条铁路专用线，由东向西在广瑞三村外汇合，与木专线相通外运。17条市内公交线路在辖区通过，居民出行十分便利。辖区有市石化总厂、中储物流有限公司、1602仓库、液化气公司等部（省）、市大中型企业40余家，有锡沪路装饰材料市场、钢材市场、木材市场等4个特色市场，有广丰中学、广瑞小学、广新小学、锡山医院等11家文教卫生单位。2000年后，又先后建成益明苑、丰泽苑、东城花园、星晟花园等一批新型住宅小区。迄2005年，辖区共有广瑞、广丰、广益、石利、益民苑、丰泽苑、东城花园、星晟花园等小区24个，建筑面积84.56万平方米。

广瑞路（2005）　（广瑞路街道供稿）

街道经济从无到有，1985年仅有周山浜街道划入的文化用品厂、广丰一村点心店等26家自办企业，年销售收入283万元，利润21.76万元。1992年后，陆续发展化工、汽车配件、电度表、电焊机、印刷、服装等一批工业企业，重点发展商业、劳动服务业，以及第三产业为主的挂靠企业。1998年后，街道自办企业、挂靠企业转改制全面展开，经济工作重点转向发展以培植税源为核心的区域经济，楼宇经济得到快速发展，形成多元经济共同发展的格局。2005年，完成国内生产总值7.9亿元，社会消费品零售总额3.78亿元，国地税收1.56亿元，有规模超亿元市场1家，销售超亿元企业4家。

随着改革开放的深入和经济建设的发展，街道不断转变工作职能和工作重点，根据地处城郊结合部的特点，加强社区环境、社区服务、社区治安、社区教育、社区文化体育等工作。结合创建国家卫生城市和全国文明城市，持续开展城郊结合部综合整治和老新村改造，治理环境脏乱差，完善小区配套设施。广丰三村被评为省首批文明小区。探索“厂地共建、服务联办”社区服务新模式，建立老年、助残、再就业、医疗卫生、家政、求助、幼教、扶贫帮困8个服务网络，131个服务项目，实现社区服务系列化。开展争创安全文明小区活动，1996年广丰三村居委丰环小区创建安全文明小区的经验和2002年广益新村实施长效管理的经验先后在全区推广。街道针对新村小区外来人口租住户较多的特点，不断探索外来人口管理服务工作，2004年，成立广瑞一村新市民亲情理事会，时为全国首家。新市民亲情理事会名列无锡市2004年度精神文明建设“十佳”新人新事榜首，入选省第八届精神文明建设新人新事，获全国首批和谐社区自主创新奖。街道先后于1992年、1999年被评为江苏省群众文化先进街道、无锡市体育先进社区。

1985~2005年，历任广瑞路街道党（工）委书记为陈永祺、高文奎、曹雷鸣；办事处主任为张林根、阙炳松、吴军、倪伟兴。

第一节　经济建设

1985年，街道建立之初，仅有周山浜街道划入的周山浜文化用品厂、广丰一村点心店、石人桥大饼店等26家自办企业，实现销售283万元，利润21.76万元。1986年后，街道以发展第三产业为重点，兴办饮食店、家电修理、自行车修理、五金电器等一批服务网点。同时，发展以文化用品、服装加工、印刷等投入少、见效快的加工工业。至1991年，工商企业增加到86家，其中，工业18家，商业44家，劳动服务企业24家，销售总额1556.24万元，利润76.02万元，分别是1985年的5.50倍、3.49倍。

1992年后，重点发展化工、汽车配件、电度表、电焊机、印刷、服装等一批工业企业。1992年，广益新村居委与香港大井贸易有限公司合资开办大井印刷厂，时为江苏省第一家居委办中港合资企业。吉达汽车内饰件厂成为中美合资北京吉普车有限公司国内唯一的定点配套厂。1993年，创办广达净水剂厂和中港合资华力电器有限公司。3家街道企业被列入崇安区重点发展项目。1995年，吉达汽车内饰件厂合资项目遇挫，广达净水剂厂连年亏损，华力电器有限公司产品严重积压。以第三产业为主的挂靠企业大量出现。至1997年，共有企业207家，工商销售总额2.01亿元，其中第三产业营业额1.42亿元，占工商销售总额的70.65%。

1998年起，街道自办企业、挂靠企业先后实施转改制。2000年后，氯化铝厂（广达净水器厂）因厂迁关闭。是年，165家挂靠企业，注销73家，改为私营或股份制的40家，风险抵押承包52家（2002年均转为个体私营企业）。经济工作重点逐步从自办企业转到发展以培植税源为核心的区域经济。2000年完成地区生产总值5775.64万元，位居各街道之首。2003年税收属地管理后，经济工作从管理型向服务型转变，从抓零星税源转向抓重点项目、抓主体税源，以发展专业市场、特色街区、楼宇经济为载体，通过招商引资，大力发展民营经济。辖区锡沪路建材一条街、苏南金属材料区域物流中心、江南五金机电市场相继形成，广瑞路地区成为初具规模的专业市场集聚地、物流配送基地。在新村小区建有广瑞二村和广丰一村小商品市场、广益新村室内农贸市场。2004年后，大井印刷有限公司转为港商独资企业，新生机电厂（原周山浜文化用品厂）因地块开发关闭，吉达汽车内饰件厂转为私营企业，华力电器有限公司进入破产程序，街道自办企业转改制工作基本结束。2005年，楼宇经济得到快速发展，宝锡大厦、现代之星、华盛大厦3幢特色楼宇入驻企业248家，上缴税收675.7万元。招商引资有所突破，仅2003~2005年引进区外企业230家，引资2.54亿元，培育规模超亿元市场1家，销售超亿元企业4家。是年，完成地区生产总值7.9亿元，社会消费品零售总额3.78亿元，国地税收1.56亿元。街道被评为市扶持民营经济发展工作先进单位。

第二节　精神文明建设

1986~2005年，广瑞路街道结合地区工厂企业及居民小区较多的实际，发挥辖区单位的优势，企地共建精神文明。80年代，争创五好家庭列入单位评比先进生产者的条件，成为一大特色。90年代，广丰三村发挥党员在创建文明小区中先锋模范作用的经验在全区推广，建成省首批文明小区，为无锡市唯一的老新村典型。与此同时，培育并树立五好文明家庭标兵户、特色文明大楼等一批典型。街道先后于1994年、1995年被评为省群众文化先进街道、省体育先进街道。进入21世纪后，街道与锡山区、惠山区老干部局共建社区文体活动中心，时为全市首家。街道书画团队、瑞音中老年合唱团被区命名为首批特色团队。

【创建活动】

广瑞路地区工厂企业及居民小区较多，街道利用辖区资源，开展企地共建文明单位、文明小区、五好家庭活动，推动精神文明建设。1986年，各居委与81个企事业单位开展共建活动，把争创五好家庭列入单位评比先进生产者的条件，并在厂内张榜公布五好家庭职工名单，成为创建五好家庭活动的一大特色。是年，评出五好家庭3641户，文明大楼51幢。1987年，争创五好家庭活动以开展“美在街巷里弄中”活动为载体，组织956户家庭参加家庭演唱大奖赛、家庭学法知识竞赛和五好家庭百户竞赛等系列活动。是年，38家共建单位867名职工参加地区义务植树，13家共建单位出资修补广丰一村道路2483平方米、改建下水道320米，共建单位支持新建居委托儿所7所。1988年，“太湖市容杯”竞赛活动中，共建单位出动人员、车辆，清运特种垃圾30余吨。1989年，文明小区创建活动中，成立由街道、辖区单位、建房单位、派出所、房管所和居委干部参加的新村管理委员会，建立绿化养护、清扫保洁、城管执法等专门管理队伍，制订新村管理规定、居民公约，营造“新村是我家，文明靠大家”的创建氛围。共建单位向居委活动室赠送图书、书柜、桌椅等。1991年后，厂地共建发展到军民共建、警民共建，先后与消防二中队、83428部队汽车连结对共建，成立广瑞路街道青少年军警学校，由部队指战员对青少年学生进行军训，担任校外辅导员；街道及居委积极开展拥军优属活动，办好军人家庭服务站，为军人家庭、烈军属和伤残军人服务，重要节假日组织慰问部队，并协助汽车连搞好俱乐部建设。1997年，五好家庭占居民家庭总数的86.7%。是年，广丰三村围绕争创省文明小区，开展“弘扬文明新风，建设美好家园”活动，建立“一联三包”（密切联系群众，包卫生、包治安、包绿化）党员责任区，成立党员义务值勤、退休职工护楼护院、青少年学生“小卫士”3支群防群治队伍。1998年，街道以培育具有示范作用的五好文明家庭标兵户和各具特色的文明大楼作为创建工作重点，树立事业型家庭、开拓创新型家庭、尊老爱幼型家庭、移风易俗型家庭等10户五好文明家庭标兵户和10幢文明特色大楼。广丰三村被评为1997~1998年度省文明小区，为无锡市唯一的老新村典型；广丰一村被评为市文明小区。1999年，区委、区政府在广丰三村丰环小区召开全区创建文明小区现场会，推广丰环小区发挥党员在创建活动中先锋模范作用的经验。2001年，文明小区创建发展为文明社区创建。街道把文明社区创建作为精神文明建设的“龙头工程”，按照“市民言行文明、环境整洁优美、社会秩序良好、各类服务优质、文体活动丰富”的文明社区5项标准，实行目标管理。2002年，广瑞二村、广益新村社区被评为区文明社区。五好文明家庭创建活动进一步深化，培育并树立学习型家庭26户。2003年，广瑞三村社区被评为区文明社区，广丰新村社区被评为市文明社区。新增区五好文明家庭标兵户11户，区学习型家庭标兵户2户，区特色大楼2幢；市五好文明家庭标兵户1户，市文明大楼1幢。2005年，广瑞一村、石利新村社区被评为区文明社区。新增区五好文明家庭标兵户10户，区学习型家庭标兵户5户，“尊老爱幼”“邻里和睦”“治安防范”“团结互助”“婚育新风”5幢区特色大楼。

【社区教育】

1991年，街道建立社区教育委员会，居委建立社区教育领导小组，采用学校、家庭、社会“三结合”的教育形式，开展以青少年为主要对象的社区教育。配合广丰中学、广瑞小学、广新小学办好家长学校，抓好青少年寒暑假活动，开办11个青少年活动室，组织学生开展演讲征文比赛、文艺演唱会、体育运动会、书法绘画讲座、学做家务、“小卫士”护楼护村等活动。1999年，街道成立市民学校，利用辖区锡山区老干部活动中心作为市民学校的教育阵地，面积3000平方米，坚持每月一课，采取课堂教育、课外讨论，多媒体展示，知识竞赛等多种形式，进行集中教育。2005年，街道成立社区培训学校，有兼职教师16人，6个社居委分别设置社区教育基地，形成以街道社区培训学校

开展文明礼貌教育（2005）　　（广瑞路街道供稿）

为骨干、以社居委社区教育基地为支撑的社区教育网络，教育内容包括未成年人教育、家庭教育、健康教育、法制教育、职业教育、流动人口教育、老年教育、道德教育8个方面，重点对未成年人、新市民、下岗待业人员、老年人4种对象进行培训教育，组织青少年“四个一”系列活动[①]；组织新市民学习《中华人民共和国劳动法》《中华人民共和国道路交通安全法》《中华人民共和国计划生育管理条例》等法律法规；组织510名下岗待业人员参加职业指导培训班，举办就业招聘会，60多个单位提供就业岗位300多个，安置就业160多人；组织老年人兴趣教育，开办书法、绘画、舞蹈、声乐、英语、文学、保健等班级12个。

【社区文化体育】

1985年，成立街道文化站，面积250平方米，设有舞厅。1986～1988年，先后组织“美在街巷里弄中”家庭演唱大奖赛、厂地共建文化活动周、庆祝第一个敬老日联欢会、“十年改革颂”社区文化活动周等活动。1990年，成立街道第一支业余文艺团队——老年迪斯科队，获全区老年迪斯科比赛第一名。1992年，街道文化站活动中心设有舞厅、桌球、图书阅览、录像放映等活动项目。1992年，街道举办首届体育运动会，组织乒乓球、拔河、广播操、羽毛球、象棋、太极拳6项比赛。1993年，街道文化站被评为市二级文化站。1994年，街道腾出机关办公楼扩大文化活动阵地，文化活动中心面积增加到750平方米，设有图书、电子游艺、桌球、乒乓球、棋牌、录像6个活动室。街道被评为省群众文化先进街道。1995年，实施《全民健身计划纲要》“一二一工程”，每天参加老年迪斯科、练功十八法、舞剑、太极拳等项目晨锻炼的有1000多人。街道被评为省体育先进街道，广瑞二村、广丰一村居委被评为市全民健身群众体育先进居委。1998年，街道文化站被评为省三级文化站。1999年，全街道体育人口达50%以上，被市体委命名为市体育先进社区。广丰一村、广丰二村、广丰三村、广瑞二村、广瑞三村居委文化室被区命名为第一批红旗文化室，广瑞一村、广益新村居委文化室被区命名为第一批达标文化室。2000年，街道建立中老年合唱队、棋牌队、乒乓球队等6个业余文体团队。2001年，街道设立文化广场，组织各类群众性文体活动15次。2002年，与锡山区、惠山区老干部局联手共建，利用其3000平方米老干部活动中心，成立全市第一家社区文体活动中心，下设图书、棋牌、音乐、乒乓球、绘画、健身等10个活动室。2003年，街道书画团队、瑞音中老年合唱团被区命名为首批特色团队。2004年，街道文化站面向社区开办健康保健、声乐、文学、书法、绘画等11个培训班，培养一批文艺骨干。广瑞一村社居委被评为区社区文化阵地建设先进单位。6个社居委建立12个体育健身点，达到一社区一健身点的目标。2005年，各社居委文化活动室总面积达900多平方米，其中广瑞二村、广丰三村社居委文化活动室超过200平方米。街道被评为省全民健身“八个一”[②]工程“十佳”先进单位、全民健身周活动先进单位和市老年人“迎十运健身行”先进单位。

广瑞路街道举办喜迎党的十六大书画展（2002）　（屠锡君摄）

①“四个一”活动：做一日小厨师、当一日社居委干部、过一日军营生活、参加一日敬老活动。
②全民健身“八个一”工程：详见《大事记》2005年，第38页。

第三节 社区服务与管理

1986~2005年，街道针对地处城郊结合部的特点，结合创建国家卫生城市和全国文明城市，落实“门前三包”责任制，持续开展城郊结合部综合整治，解决环境脏乱差突出、反复回潮等老大难问题。分批对9个老新村实施改造，改善居民居住环境，解决小区配套设施不完善、不到位等问题。整合社区服务资源，探索“厂地共建、服务联办”社区服务新模式，构建“便民、乐民、育民、健民、安民”5个10分钟服务圈，满足居民购物、餐饮、服务、娱乐、休闲等需求。全面加强治安防范，加大人防、技防、设施防力度，1996年广丰三村居委丰环小区创建安全文明小区的经验和2002年广益新村实施长效管理的经验先后在全区推广，益民苑小区被评为省第一批平安小区。

【社区环境】

1986~1991年，结合“太湖市容杯”竞赛，组织开展创建城管合格居委活动，突击整治新村环境卫生，与广益乡协商解决租用土地建造垃圾中转站，解决广丰一村、广丰三村、丰环新村3个居委垃圾中转难题。全面加强锡沪路、广瑞路、广勤路等城郊结合部的环境治理，落实沿街单位“门前三包”责任制，建立56人组成的巡回保洁管理队伍，与广益乡协调解决广瑞路绿化带内垃圾清扫、谢巷卫生死角管理等一批城郊结合部老大难问题。同时，理顺街道与区清管所在道路清扫保洁、小区垃圾清运、化粪池疏通等方面的管理职责。

1992~1998年，结合创建国家卫生城市和红旗街道评比，持续开展环境整治。社区保洁队伍、经费、制度得到进一步落实。1996年，在市第一季度红旗街道评比中，街道名列全市26个街道的末位。街道针对问题，找出原因，采取措施，集中整治，先后清运特种垃圾852吨，清除不卫生死角58处；清除各类乱堆放1860处；组织24次联合执法行动，拆除违章建筑和亭棚96个，非法广告牌和灯箱广告57块，取缔无证摊担365个；清除居民大楼楼道杂物9825处；建造垃圾收集房30个，实施垃圾袋装化；对辖区饮食、服务网点，确定专人分片包干，加强检查督促，确保卫生达标。在市第四季度红旗街道评比中，街道名次前移至第11位。1998年，因老新村公共设施破损缺失、城郊结合部部分路段乱设摊等问题，在市第一季度红旗街道评比中，街道又被评为黄旗（不合格）。街道采取针对性措施，改造广益新村、马古桥小区等老新村，翻修路面、修复疏通下水道、植树绿化，改善居住环境；建立广瑞二村疏导点，统一定点设摊，配备专职管理员和保洁员，通过堵疏结合，根除马路摊担屡治屡乱的顽症。年内连续3次被评为红旗街道。

1999~2005年，结合创建全国文明城市，围绕实现长治久洁的目标，注重制度化、经常化管理。新村小区卫生保洁实行“三包”[①]责任制。“门前三包”落实率96%，“三包”人员到岗率100%，主要道路配备协管员，一般路段配备保洁员，背街小巷实行巡回保洁。取缔乱设摊担和店外设摊，确保道路整洁畅通。1999~2004年，结合广瑞一村、广瑞二村、广瑞三村、广丰一村、广丰二村、广丰三村、广益一村、广益二村、石利新村9个老新村改造，拆除违章建筑，平整道路，疏通下水道，调整绿化布局，改造小游园、绿地、景点，新建车库、围墙、治安值班室，粉刷居民楼外墙面、楼道，建造一批社区服务网点，居民居住环境得到明显改善。

【社区服务】

1986~1990年，社区服务主要是围绕“家务劳动社会化”开展，街道、居委先后开办点心店、大

---

① “三包”保洁责任制：居委包新村道路、花坛，党员、居民小组长包大楼前后空地，居民包楼道、走廊。

饼店、生面加工场、烟酒杂货店、理发店、自行车修理部、家电维修店等便民服务网点32家，设有服务项目134个，缓解居民小区配套服务设施不完善的问题。同时围绕“一老一小”，开展“十帮互助”，成立包护组36个，对44名独居老人和五保户开展上门服务，新建广益新村农贸市场，开办500平方米街道中心幼儿园和7家居委托儿所。1991~1997年，主要是建立健全街道、居委二级社区服务网络，建立街道、居委二级社区服务中心，形成老年、残疾人、优抚、家务劳动、少儿、移风易俗、治安民调、环境卫生、文化教育、便民生活十大服务体系。组建社区服务志愿者队伍，至1997年，有社区服务志愿者678人，成立社区服务队20个、包护组56个、精神病监护组11个、少年儿童校外辅导站11个、青少年帮教小组44个，有社区服务项目153个。广丰二村居委长年坚持“小包饭”服务，解决小学生吃饭难；广丰一村居委家政服务站实行介绍保姆、管道疏通、家电修理、代换液化气等10多项有偿服务，探索社区服务市场化运作；街道妇联“巧妈妈服务队”多次被评为区社区服务先进集体。1998~2000年，社区服务探索“厂地共建、服务联办”的新模式。整合社区服务资源，吸收辖区26家单位为社区服务成员单位，前进门诊所的医疗保健、广丰中学的服装裁剪培训、市液化气公司的煤气灶修理、锡山区老干部局的电脑维修等纳入社区服务项目，并开设市民求助电话，发放社区服务卡，公布服务内容、联系电话、联系人，社区服务项目由自办扩展到辖区单位共同参与。社区服务志愿者由社区居民骨干扩展到全社会，志愿者队伍增加到1254人，其中在职党员志愿者435人、团员青年志愿者15人、辖区单位志愿者125人。1999年，街道社区服务中心面积增加到550平方米，市民求助服务612人次，服务满意率达90%以上。2000年，有社区服务网点162家，千名居民平均4家。2001~2005年，社区服务逐步走上政府指导、社会参与、市场化运作、产业化发展的道路。社区服务网点实行服务认证、挂牌经营，形成老年、助残、再就业、医疗卫生、家政、求助、幼教幼托、扶贫帮困八大服务体系，服务项目131个，其中福利性服务项目55个，占42%。2003年，社区卫生服务中心为350名80岁以上的老人免费体检，建立健康档案，为地区138名困难妇女进行妇女病普查，提供保健医疗服务。“巧妈妈”服务队被评为市首届志愿者活动先进集体。2004年，广瑞一村率先成立新市民亲情理事会，为新市民提供亲情化服务，帮助新市民解决子女入托入学43人、免疫接种400人等。2005年，街道整合社区服务资源，构建“便民、乐民、育民、健民、安民”5个10分钟服务圈，开设慈善爱心超市，发展各类连锁便利店，满足居民购物、餐饮、服务、娱乐、休闲等需求。街道新市民亲情理事会获全国首批和谐社区自主创新奖和省第八届精神文明建设新人新事提名奖，名列2004年度无锡市精神文明建设“十佳”新人新事榜首。

广瑞路街道医疗志愿者为统战对象服务（2002）　（屠锡君摄）

2004年5月成立的广瑞一村新市民亲情理事会　（广瑞路街道供稿）

【社区治安】

1986~1989年，社区治安工作主要是对居民群众进行法制宣传，开展防火、防偷、防抢、防盗车“四防”教育，提高广大居民的自防意识；组织护院护楼治安值勤，降低案件发案率；加强“两劳”人员（劳动改造刑满释放和解除劳教人员）、违法青少年的教育管理和帮教转化；做好民事纠纷调解工作，调处民事纠纷518件，调解成功率95.75%。

1990~1995年，建立健全街道、居委两级综合治理组织，形成宣传教育、监督控制、反盗防偷、民事调解、无业人员安置、帮教六大网络，和退休人员义务值勤、党员义务巡逻、专职联防巡逻、居民义务值勤、青少年学生“小卫士”值勤宣传、街道干部和派出所民警治安值班6支群防群治队伍。1992年，针对街道地处城郊结合部偷盗自行车较严重的情况，进行反盗车专项治理。1993年，实行小区封闭式管理，建围墙1200米，设治安值班室15个，广勤路、锡沪路治安报警亭2处。1994~1995年，开展反盗窃、反盗车专项斗争，在广益新村新建摩托车专用车库3300平方米，发动居民安装防盗门593户，占总户数的10%左右。1995年，自行车、摩托车失窃率分别比上年下降33%和42%。

1996~2005年，社会治安综合治理实行属地管理，街道成立综合治理委员会，与辖区42家独立支部以上的企事业单位签订治安责任书。综治网络进一步健全，辖区单位划分为2个片，开展“创三安”活动。1996年，广丰三村居委丰环小区率先建成区安全文明小区，实现“六无”[①]的经验在全区推广。1997~2000年，广丰一村、广瑞三村银行家舍小区、广瑞一村粮食局家舍、广瑞三村铁路家舍、广丰二村市政家舍、石利新村、广益新村7个小区先后建成区安全文明小区，广丰三村、广丰一村被评为市安全文明小区，辖区19家单位获市、区安全文明单位称号。2000年后，强化治安防范工作，全面落实长效管理措施，加大人防、技防、设施防的力度，在充分发挥各支群防群治队伍作用的同时，实施保安进社区，先后配备保安80余人；小区主要部位安装电子监控系统，企业单位财务室、重点仓库配备保险箱和“安定保”；新建住宅小区全面安装电子防盗门，老小区老式防盗门逐步改建为电子防盗门等，全力压降可防性案件的发生，巩固“创安”成果。督促辖区物业公司管理的住宅小区同步开展平安小区创建活动，益明苑小区被评为省第一批平安小区。同时，开展“无毒社区”创建活动，落实吸毒人员帮教措施，控制吸毒人员新滋生率和复吸率。2001年，街道在广丰一村居委召开群防群治工作现场会，推广该居委发动在职党员、地区骨干夜间轮流值勤，加强治安防范的经验。2002年，广益新村实施长效管理的经验在全区推广。2003~2005年，街道先后被评为市流动人口管理工作先进单位、市无毒街道、市刑释解教人员安置帮教工作先进集体。

第六章　上马墩街道

上马墩街道地处崇安区腹部，东沿江海东路与广益街道尤渡村毗邻；南隔塔影河，与江海街道隔河相望；西沿木专线、沪宁铁路与通江街道相连；北以锡沪路为界，与广瑞路街道接壤，面积1.34平方公里。2005年，在籍居民9019户，2.32万人，人口密度为每平方公里1.73万人。下辖简新、塔影二村、春晖新村、靖海新村、塔影苑5个社区居民委员会。办事处驻地塔影二村29号。

上马墩街道办事处建于1982年，因该地区相传明朝无锡县城官员前往东亭华太师府参相时在

①安全文明小区“六无”：无重特大案件发生，无民转刑案件和非正常死亡事故发生，无重大火灾、工伤事故和其他治安责任事故，无黄、赌、毒窝点，无刑事案件，无治安案件。

此上马称上马墩而名。无锡解放前，上马墩地区属第三指导区广柏乡。无锡解放后，先后属郊区广益乡和南站乡。1979~1981年，在上马墩地区建造简易平房112幢，安排解放东路两侧下乡回城棚户居民1084户，成立上马墩一村、上马墩二村2个居委，归亭子桥街道管辖。崇安、南长、北塘3个区和机械、化工、航运、教育、房管、城建6个局在此征地建造职工宿舍214幢，建筑面积23.06万平方米，形成上马墩一村、二村、三村和塔影一村、二村5个居民小区。1991年11月1日起，上马墩街道所属江海新村（1）居委、江海新村（2）居委划归江海街道管辖。迄2005年，该地区共有塔影、上马墩、春晖、靖海、益都苑、塔影苑、瑞江花园等居民小区10个，建筑面积86.72万平方米。

上马墩街道所在地 （刘昇阳摄）

街道地处无锡市主城区东门外，原为工业集中区，有菊花电扇厂、电容器厂、汽车制造厂、太湖化工厂等40多家工厂企业。90年代末起，根据市“退城进园”部署，企业陆续外迁，开发建造居民住宅小区，成为无锡市较大规模的居民住宅区之一。广瑞路、锡沪路、江海东路、上马墩路、振奋路、马巷“五路一巷”贯穿东西南北，15条市内公交线路遍布全境，上马墩路两侧天惠超市、百业超市等数十家中小商行密布，是一个交通便捷、商业繁华的生活区。

80年代，街道经济以服务居民的商业等第三产业为主。1987年，第三产业营业额占街道经济总量96.38%。1992年，率先发展挂靠企业，新增企业86家，街道工商销售总额增加到1906.14万元，创利首次突破百万元，分别比上年增长36.72%、63.63%。1993~1998年，以经营阵地建设为重点，房产经济得到大发展，建成经营用房面积1742.46平方米的靖海小商品市场。1998年，商业等第三产业营业额1.99亿元、利润472.91万元，分别是1993年的5倍多、近4倍。1999年，街道地方财政分成收入名列8个街道第二。2000年后，街道经济工作重点转向以培植税源为核心的区域经济。2001年，自办企业、挂靠企业转改制基本完成。2003年，实行税收属地征管后，全年国地税收总额1.04亿元。2005年，完成国内生产总值7.78亿元，国地税收1.2亿元，引进区外资金2.64亿元，引进企业155家，其中年销售超亿元企业16家。

街道坚持两个文明建设一起抓，注重统筹协调辖区企事业单位、学校、公安和部队共同参与精神文明创建活动，并不断创新活动形式。塔影一村、塔影二村、靖海新村是全市最早建成的有线电视新村，街道编写的《上马墩乡情史》、创办的广场市民文明学校、筹集的党员爱心基金，均为全市街道首创。5个社居委先后被评为区文明社区，其中简新社居委被评为市文明社区，街道社区志愿者发展到1800多人。针对地处城郊结合部、管理难度大的情况，从整治乱搭建、乱设摊和环境脏乱差入手，结合低洼地区和老新村改造，持续对上马墩路、塔影河、上马墩农贸市场、新村小区实施环境综合整治，社区环境不断改善。并不断深化社区服务，加强社会治安综合治理，结合创建安全文明小区、平安街道、和谐社区，形成老年、助残、再就业、医疗卫生、家政、求助、幼教幼托、扶贫帮困八大服务体系，专业联防、义务执勤护院护弄、帮教、民事调解4支群防群治队伍，街道社区服务设施面积3180平方米，社居委办公服务用房面积3767平方米。1985~1995年，街道连续11年被评为江苏省绿化先进单位，1992~2005年，先后获省群众文化先进单位、省社区服务示范街道、省城市体育先进街道（社区）和市社会治安安全街道等荣誉称号。

1986~2005年，历任上马墩街道党总支、党（工）委书记为戴锡生、邵彬杰、鲁湘东、潘连兴、周建国、王雪松；历任办事处主任为王学宽、戴锡生、顾忠礼、陈志娟、鲁湘东、吴福兴、曹雷鸣、范洪强。

第一节　经济建设

1986年，街道有劳动服务运输、机电修理、服装加工、粮油机械配件、餐饮服务等工副业企业158家，经济结构以第三产业为主。1987年，第三产业营业额858.25万元，占街道生产经营总值的96.38%。1988~1991年，街道坚持以商业为龙头，劳务、工副业为两翼的经济发展方针，千方百计增设商业网点，开办靖海袜厂、塔影五金制品厂，成立靖海实业公司，实施技术改造后的崇安粮油机械配件厂的产品畅销18个省市。1991年，街道工业销售额365.1万元，商业等第三产业营业额1029.14万元。

1992年，街道围绕争创年利润百万，大力发展挂靠企业。是年，新办企业86家，创利101.6万元。由机关党员开办的锡达机电成套设备公司为该街道第一个年上交管理费、承包费1.08万元的挂靠企业。1993年后，街道注重经营阵地的建设，努力发展房产经济。1993年12月，在塔影二村与靖海新村建办靖海小商品市场，有摊位70个。1994年4月，搭建棚亭100间。1995年，挂靠企业发展到196家，占街道企业总数的72.86%，其销售额、利润、上缴税收，均占街道经济总量75%以上。1996年9月，投资65万元，靖海小商品市场棚亭改建为砖瓦结构经营用房96间。结合振奋路拓宽，新增经营用房130平方米。1997年下半年，靖海小商品市场又续建45间，市场经营用房面积达到1742.46平方米，有经营户125家，主要经营针织品、小百货和服装，为无锡市下岗失业人员创业基地之一。是年，街道商业等第三产业营业额1.57亿元，实现利润412.92万元，分别为1992年的11.45倍、6.25倍。1998年，街道企业开始实行转改制，并发展以培植税源为核心的区域经济。1999年，街道完成地方财政分成收入163.84万元，名列8个街道第二。自办企业改制面达66.6%，挂靠企业改制面达92.86%。其中关停144家，风险抵押承包55家，转为私营6家、股份制55家。2001年，自办企业、挂靠企业转改制基本完成，经济工作重点进一步转向招商引资引企，培植税源。是年，完成地方财政分成收入224.87万元，比1999年增长37.25%。2002年，引进区外资金2.6亿元，税源企业90家，新增纳税销售500万元的工业企业和年销售2000万元的批发企业各1家，完成地方财政分成收入321.67万元。

2003年实行税收属地征管后，按照区域一体化要求，全力抓稳固税源，培育后续税源，抓招商引资。是年，完成国地税收1.04亿元，招商引资1.73亿元，到位注册外资及中国港澳台资75万美元，明珠私营经济园上马墩分园入园企业71家。2005年，全年引进区外资金2.64亿元，协议注册外资及港澳台资550万美元。引进企业155家，16家企业年销售超亿元，其中1家超10亿元。街道完成国内生产总值7.78亿元，税收1.20亿元，地方财政分成收入520.85万元。与此同时，帮助辖区单位盘活闲置空房和宜商用房，拓展新的经营阵地，开辟税源，增加收入，仅2004~2005年，盘活用房1.92万平方米。迄2005年，全街道经营用房8949.29平方米，其中，社居委2651.55平方米，年房产租金收入273.17万元，成为街道经济收入的稳固来源。

第二节　精神文明建设

1986年后，街道通过建立企地、军民、警民、校企精神文明共建组织，开展经常性的共创共建活动，实现企地、军（警）地、校企优势互补，为社区精神文明建设增添动力。群众性精神文明创建活动形式多样，不断创新。街道于1992年组织编写《上马墩乡情史》，时为无锡市第一本街道乡土教材；2002年创办的广场市民文明学校为全市首家；靖海社区建立的“情感心声站”和简新社区建立的社区广播站均为全市首创。街道“党员爱心基金会”和简新社区“平安和谐共建会”专为弱势群体和外来人员排忧解难。塔影一村、塔影二村、靖海新村是全市第一个建成的有线电视新村，街道文化站是全市第一家省特级文化站和国家级标准文化站。街道先后被评为省城市体育先进街道（社区）、省关心下一代工作先进集体、市双拥模范街道。

【创建活动】

1986年，在继续开展争创五好家庭的同时，开展争创文明楼（院）活动，评选出五好家庭586户、文明楼（院）129幢。街道与83428部队62分队开展军民共建，6个居委与7家厂企单位开展企地共建活动。1987年，发展到10个居委与17家厂企结对共建。1988年，组织辖区38家厂企单位与3所中小学开展厂校共建。1993年，辖区4所中小学与上马墩派出所开展警校共建。并按照组织机构、硬件设施、环境卫生、治安秩序、服务网络、文化生活6个方面的标准，开展文明小区创建活动。1994年，塔影一村被评为市文明小区。1997年12月，街道获无锡市双拥模范街道称号。1998年，争创五好家庭、文明楼（院）发展为争创五好文明家庭、五好文明大楼，在评选五好文明家庭和五好文明大楼的基础上，培育和树立具有典型事例的五好家庭标兵户和各具特色的文明大楼。1998年、2000年，评选出五好文明家庭标兵户19户，邻里互助、绿化美化、热心公益等特色大楼14幢。2000年，各社区相继组建100人左右的社区志愿者队伍，塔影二村下岗职工郭礼刚是无锡市首批注册志愿者，负责火车站、福利院、敬老院等志愿者服务基地的活动。靖海社区志愿者医疗服务队的12名退休医生，长期坚持每周一次为居民义诊服务，并与孤老、残疾人挂钩结对，定期上门服务，还为800多名60岁以上老人建立健康档案。2002年3月，靖海社区建立“情感心声站”，时为全市社区第一家，先后为50多名居民排忧解难，架起心灵沟通的桥梁。2003年，简新社区与无锡气象局连续6年结对共建的成果，10月14日《无锡日报》以“金乡邻携手关注民生”为题予以报道。志愿者郭礼刚乐于奉献的事迹，在无锡电视台法制频道青春视线栏目专题介绍。2004年，开展科技、卫生、文体、法律、道德规范“五进社区”活动，简新社区成立“平安和谐共建会”，由派出所、工商所、农贸市场、幼儿园、街道司法所、简新社居委等成员组成，专为社区200多户外来人员服务，帮助外来户减免儿童入托费、办理营业执照、提供法律咨询等，外来人员发挥各自特长，主动参加社区各项公益活动，回报社会。是年，街道建立“党员爱心基金会”，200多名街道机关和社区党员捐款1万余元，救助特困家庭12户。此后，许多党员自觉捐款，充实爱心基金，及时救助弱势群体，基金总额保持在万元以上。2005年，简新社区建立无锡市首家社区广播站，由群众募集捐款8000余元，购置广播设备，每天播送国内外大事、社区新闻、健康知识、就业安置等诸多信息，成为居民必备的生活指南。迄2005年，街道社区志愿者发展到1800多人，5个社居委均被评为区文明社区，其中，简新社居委被评为市文明社区。

【社区教育】

1986年后，街道结合各个时期的中心工作，广泛开展形势与政策、民主与法制，理想与纪律、“四有”与“五爱”①等教育。1992年，组织编写《上马墩乡情史》，时为无锡市第一本街道乡土教材，辖区4所中小学将其列入四年级以上学生德学教育内容。1994年，街道开办家长学校，聘请21名在职教师、离休干部、退休教师、派出所民警、社区党员为校外辅导员，对青少年进行思想道德、文化知识、法律常识等教育。1996年暑期，组织中小学生开展“八小”②服务社会活动和回乡大学生“理想与人生”“道德与情操”“志愿与前途”座谈等12项活动。1992~1996年，上马墩街道青少年教育活动连续被无锡电视台报道，连续5年被无锡市关心下一代工作委员会评为青少年教育工作先进单位，《努力使街道青少年教育成为学校教育的继续》经验材料被全国关心下一代工作委员会主办的《中国火

①四有：有理想、有道德、有纪律、有文化；五爱：爱祖国、爱人民、爱劳动、爱科学、爱社会主义。
②八小：小宣传队、小清洁队、小护绿队、小助残队、小扶老队、小优属队、小帮教队、小执勤队。

炬》刊物录用。1996年，结合“三五”普法，举办法制天地讲座，在家庭中树立遵纪守法标兵户，与违法犯罪人员建立“高墙内外”通信，与刑释解教人员进行结对帮教。1996~2000年，夫妻矛盾、婆媳不和、邻里纠纷逐年减少，二次犯罪率年年为零，连续5年被评为无锡市法制教育先进单位。街道获1997年度省关心下一代工作先进集体。2000年，围绕“文明新风进万家，万家幸福倡文明”主题，以“美在万家”活动为载体，推进家庭美德建设。春晖新村12号邻里间热心帮困解难，被评为市“邻里互助”特色文明大楼。2001年，街道在塔影二村创办广场市民文明学校，为无锡市首家，2001~2005年，先后组织“三德”“四五”普法教育培训，举办依法治国、以德治国讲座，开展“新世纪无锡形象”“新世纪社区党员形象”“新世纪妇女形象”大讨论，接受教育万余人次。市民文明学校兼职教师由4名退休教师和医生，发展到抗战老战士、老政工干部、高级工程师等85名各类人才组成的市民讲师团。涌现出20多年如一日热心公益事业的全国老干部先进个人、“全国社区志愿者之星”伏敏；热心社区教育、被誉为社区好园丁的市关心下一代优秀工作者夏方志等先进人物。

【社区文化体育】

1988年12月，塔影一村、塔影二村、靖海新村先后安装共用天线和闭路电视系统，建成无锡市第一个有线电视新村。1990年，位于靖海新村77号的小区配套用房扩建成二层楼的街道文化活动中心，建筑面积1350平方米，设有舞厅、录像厅、电子游戏室、图书阅览室、桌球室、茶室、书场等，配备彩电、录像机、老年健身器等文化娱乐器材及报刊。并举办上马墩首届社区文化系列活动，以后每年举办一次。1991年3月，增设卡拉OK厅，时为全市一流的街道文化设施。1992年6月，成立上马墩街道地区体育协会，12个居民委员会都建有10~42平方米不等的多功能活动室。1993年，街道文化站被评为无锡市唯一的省特级文化站和国家级标准文化站。1995年，成立上马墩街道地区文化联谊会，由街道、居委和辖区大企业单位组成。是年，举办上马墩地区首届体育运动会和老年趣味运动会，以后每2年1届。1997年，街道社区文化系列活动融入区社区文化艺术周（节），组队参加全区丰富多彩的文化系列活动。是年，获区“祖国万岁”赛诗会优秀奖2项。1998年，街道社区体育组织形成乒乓球、羽毛球2个俱乐部和木兰拳、象棋、太极拳、篮球、射击、舞剑、游泳、元极舞8支体育兴趣队。1999~2003年，社区体育向全民健身运动发展，成立健身操、关节操、腰背操、五节操、六段功等健身团队16支，腰鼓、扇舞、合唱、中老年迪斯科、舞蹈等文艺团队9支。魔术《多姿多彩》、歌舞《爱我中华》、舞蹈《蒙古舞》获2003年市太湖艺术节社区文艺优秀演出奖。迄2005年，有特色文化团队16支，文体活动骨干230多人。社区文体活动场所总面积4545平方米（其中室内2215平方米，室外2330平方米），6个社区有体育健身点9个。街道获无锡市全民健身体系“八个一工程”先进单位和江苏省城市体育先进街道（社区）。

第三节　社区服务与管理

上马墩地区地处城郊结合部，下放回城户多，流动人口多，治安情况复杂，乱搭乱建乱设摊、脏乱差问题一度较为突出。街道结合市“太湖市容杯”竞赛、创建国家卫生城市和全国文明城市活动，从建立健全“门前三包”责任制入手，结合低洼地区和老新村改造，持续对上马墩路、塔影河、上马墩农贸市场、新村小区实施环境综合整治，社区环境不断改善。注重发展社区服务，强化服务功能，建成靖海小商品市场和塔影二支路社区服务一条街，便民服务网点辐射全地区，形成老年、助残、再就业、医疗卫生、家政、求助、幼教幼托、扶贫帮困八大服务体系，街道“五个一”社区服务设施总面积达到3180平方米，6个社居委“一居一房”面积达到3767平方米，社区服务志愿者由1994年的1258人增加到2005年1800多人。街道先后于1998年、2002年被评为市社区服务先进集体、市社区建设示范街道。街道致力加强社会治安综合治理，结合创建安全文明小区、平安街道、和谐社区，健全充实专业联防、义务执勤护院护弄、帮教、民事调解4支群防群治队伍，加强外来人员管理，落实综合治理各项措施，创造稳定的社会环境。街道于2005年被评为市社会治安安全街道。

【社区环境】

1986~1991年，街道结合市“太湖市容杯”竞赛和创“三优”活动，建立健全道路两侧单位“门前三包”责任制，制订出台新村管理暂行规定，成立卫生保洁、窨井疏通、绿化管理、治安联防、交通执法5支城管队伍，常年巡逻执勤，并持续开展新村环境综合管理和整治，拆除乱搭乱建，清理乱堆放，清运特种垃圾，修复路面，建造开放式公用绿地、绿化景点，绿化面积增加到8.83万平方米。

1992~2005年，结合创建国家卫生城市和全国文明城市，居民生活垃圾实行袋装化管理，封堵楼道垃圾投放口，新建整齐划一的垃圾收集房，并组织专人定时清扫消毒。1992~1995年，对1979年为安置下放回城户而突击建造的上马墩一村、二村和简新、红卫家舍简易房、危旧房实施低洼地区改造，建成83幢、20.58万平方米的新村，2112户居民（包括1340户原住户和772户新住户）入住。1996年，“门前三包”改为大单位自包、小单位由街道收费代包，城郊结合部的道路环境卫生管理实行“一路带两侧”的管理机制。组织对塔影河、靖海新村“四个一”专项整治。是年，街道被评为市“门前三包”工作优胜单位。1998年，重点组织对菜花墩地区环境整治，拆除违章建筑27间。风雷新村被评为省优秀物业管理小区。1999年，主要道路两侧单位“门前三包”改由区环卫部门负责，实行专业化管理。1998年和2001年，先后对1981~1985年建造的靖海新村、塔影一村、塔影二村、界南、春晖新村、幼园和上马墩三村等老新村实施改造。2003~2005年，重点对上马墩农贸市场周边地区进行综合整治，通过堵疏结合，取缔无证设摊，有证摊担进入靖海小商品市场疏导点经营，解决多年来秩序乱、环境差、交通堵的老大难问题。迄2005年，辖区小区绿地面积达15.65万平方米。

【社区服务】

社区服务自1989年起步，主要是建立完善服务体系，开展为老年人、残疾人、军烈属、幼少儿等便民服务。1991年后，12个居委相继成立微型服务中心，形成街道、社区两级服务网络，为需要家政服务的家庭提供上门理发、修理修补等日常生活服务及代换液化气、代寻保姆、代送儿童入托入园上学、代买菜烧饭等代理服务。街道先后成立社区服务工作委员会、残疾人联合会、老龄问题委员会、青少年教育委员会、社区服务志愿者协会等组织。1994年，全街道有社区服务志愿者1258人。1995年，街道社区服务志愿者协会被评为江苏省先进集体。1996年，在靖海新村122号开办400平方米的街道托老所，与崇安医院靖海分院联办80平方米的社区康复站，新办900平方米的春晖幼托中心。1998年，街道被评为市社区服务先进集体。1999年后，随着街道、居委职能转换，工作重点进一步转向社区服务与管理，通过适度投入，街道建成市民求助中心，配备电脑、开通求助热线电话，提供11大类128个社区服务项目，有社区服务网点60个，每千人3个，高于市提出的每千人2个的要求，并在全区率先推行社区服务认证制度。各居委微型社区服务中心面积均超过30平方米。2000年，市民求助中心为居民提供求助服务400余人次，服务满意率98%以上。2000年后，社区服务产业化步伐加快，街道以靖海小商品市场疏

靖海小商品市场（2000）　（上马墩街道供稿）

导点为核心，完善辐射全地区的便民服务网点，形成早点、洗澡、净水配送、热水供应等服务系列。2001年，重点推进塔影二支路社区服务一条街建设，形成理发、早点、烟酒、修补等服务特色。2002年，进一步完善老年、助残、再就业、医疗卫生、家政、求助、幼教幼托、扶贫帮困八大服务体系。街道、社区两级市民求助网络为居民提供求助服务3451人次。社居委先后成立助残康复站、再就业服务站，安置就业247人次，帮困结对45人，为地区无医疗保险的低保户办理“慈善医疗救助卡”。街道被评为市社区建设示范街道。2003年，按照示范社区的要求，对简新、塔影苑2个社居委实施改造，完善靖海老年活动中心，整修塔影二村小游园，成立街道劳动保障所，为辖区内失业人员提供多项就业服务。2003~2005年，先后办理“慈善医疗救助卡”221人次，发放救助医疗费11.03万元，帮助1579名失业、无业人员重新走上工作岗位。2005年，进一步完善社区服务硬件设施，形成托老、助残、幼托、康复医疗、文体活动“五个一”社区服务设施，总面积3180平方米，建成街道慈善超市。完成靖海、春晖2个社居委达标改造。6个社居委办公服务用房均超过500平方米，其中，靖海、塔影苑社居委超过600平方米，塔影二村社居委达到801平方米。街道社区服务志愿者队伍达1800多人。

【社区治安】

上马墩地区位于城郊结合部，城乡混杂，流动人口多，成份复杂，管理难度大。1986年，建立健全街道、居委、派出所、辖区单位“四位一体”治安联防值勤制度，全地区划分为3个联防片，145人的地区治安联防队从事值勤巡逻，确保一方平安。1988年，试行和推广“门堂联防”，加强防火防盗工作。1989年，专兼职地区治安联防队伍扩大到268人。“四防”[①]治保组织进一步健全。1991年，以“四防”为重点，建立治安联防、治安防范信息、违法青少年帮教、民事纠纷调解、无业失业下岗人员管理、“两劳”人员帮教等6大网络，落实综合治理各项措施，24名帮教对象无一重新犯罪。1992年，以新村防范设施建设为重点，安装防盗门5842扇，修建自行车棚12个。1993年，街道成立外来人口管理办公室，配合派出所，加强流动人口管理。1995年，社会治安综合治理工作实行属地管理，上马墩地区综合治理领导小组改建为上马墩街道社会治安综合治理委员会，有成员单位50家，全地区划分为6个联防片，辖区单位治安联防和综合治理工作进一步加强。1997年后，以创建安全文明小区为重点，健全充实专业联防、义务执勤护院护弄、帮教、民事调解4支群防群治队伍。1999年，群防群治队伍由1997年388人增加到460人，并建立一支由94人组成的专兼职流动人口协管员队伍，与辖区90家单位、3家建筑工地签订治安责任书，落实主管单位、用人单位责任制。是年，辖区单位、居委会综合治理责任制落实率100%，各类案件发生率较上年下降4.6%。2002年，街道聘用社区巡逻保安39人，并聘用门卫保安10人，在北片3个小区昼夜值班，开创开放式管理的安全文明小区新模式。是年，地区保安增加到80人。2003~2005年，创建平安街道、和谐社区成为街道社区治安工作的重点，平安街道创建逐步延伸到平安社居委、平安住宅小区、平安学校等创建，街道先后加固沿振奋路、塔影路小区栅栏围墙，整修上马墩（南）小区300多扇车库门，安装上马墩三村、简新新村技防设施，集中整治上马墩沿街无证摊贩、旅馆、美容美发、网吧、游戏室、性保健品商店等场所，优化治安环境。街道巡逻保安，配合门卫保安、区派保安、专职联防保安、流动人口协管员、物业公司保安，形成点、线、面相结合的防控体系。同时，针对辖区外来人员由1989年1899人增至2003年5715人的情况，按照“谁主管、谁负责”“谁出租、谁负责”“谁用工、谁负责”的原则，进一步落实治安管理责任制，加强外来务工人员暂住证发放，完善房屋出租户、外来租赁户管理。2005年，街道与145家厂企单位、7家建筑工地、704户房屋出租户签订治安责任书，外来人口登记率、发证率100%。是年，街道平安创建达标，5个社居委均建成区平安社区，其中市平安社区2个。街道被评为市社会治安安全街道。

①四防：防破坏、防盗、防火、防灾害事故和人民内部矛盾激化事件。

第七章　江海街道

江海街道地处无锡老城区东部，东邻广益街道，西靠沪宁铁路，南依太湖大道，北傍塔影河。2005年，面积0.92平方公里，为全区面积最小的街道。在籍居民1.03万户，2.56万人，人口密度为每平方公里2.78万人。下辖江海新村、风雷新村（西）、风雷新村（东）、金海里新村、宁海里新村（北）、宁海里新村（南）、顺和里7个社区居民委员会。办事处驻地宁海里113号。

街道办事处成立于1991年5月，因江海路而得名。1992年2月28日正式挂牌，为全区历史最短的街道。街道辖区原为郊区南站乡东风村、风雷村和广益乡尤渡村的农田。80年代中期后，市建工局、市轻工局、无锡县、南长区、崇安区、广益乡等房地产开发公司，先后建造风雷、江海、风和里、金海里、风顺里、宁海里等新村小区，形成无锡东部新的居民集聚区。1991年11月1日起，原隶属上马墩街道的江海一村居委、江海二村居委，划归江海街道管辖。迄2005年，辖区共有风雷、江海、风和里、金海里、风顺里、宁海里等小区12个，建筑面积116.26万平方米。

辖区内长江北路、江海东路纵贯南北，学前东路横穿东西，联接振奋路、井亭路，13条市内公交线路途经境内。有江海超市、宁海里农贸市场、风雷小商品市场、锦江之星、川国菜馆、醉香园等商业服务设施；有无锡市城市职业技术学校、金海里小学、宁海里小学、江海幼儿园、小荧星幼儿园、宁海里幼儿园、金海里幼托中心等教育资源；有长江康复院、金瞳眼科医院、广益医院宁海里分院等医疗服务设施。

90年代，街道经济从商业起步，先后投资开办江海副食品批发部（江海商场前身）、江海小商品市场，并结合新村建设创办商业网点。1999年后，逐步从办经济实体转向发展经济与管理服务并重，以培植税源为核心的区域经济，街道经济保持稳步增长，完成国内生产总值2560.39万元，增幅位居全区8个街道之首。进入21世纪，街道注重营造优良环境，招商引资，培植税源，2001年，地方财政分成收入258.38万元，名列全区8个街道第二，增幅位居第一。2005年，完成社会消费品零售总额4522万元，税收2591.82万元，分别比2003年增长30.84%、78.00%。

其间，街道扎实推进精神文明建设，针对新村初建、百废俱兴的情况，着力实施道德修养、环境卫生、文化建设、家庭建设“四大工程”，社区教育丰富多彩，共建活动形式多样，社区文化特色鲜明，社区服务推陈出新，社区环境不断改善，各社区先后建成组织精干、功能完善、文化活跃、环境优美、治安稳定的现代文明和谐社区，风雷新村（西）社区综合服务站是全市乃至全省一流的社区建设示范工程。街道先后荣获1996年省群众文化先进街道、1996~1997年度市双拥模范街道、1998年全国城市体育先进社区、2001~2002年度市社区建设示范社区、2000~2004年度省社会治安综合治理先进街道等荣誉称号。

江海街道行政服务中心（2005）　　（江海街道供稿）

1991~2005年，依次历任江海街道

党（工）委书记为吉树南、陆如兴、潘连兴、虞泳尧、陈建平、虞泳尧，历任办事处主任为陆海兴、周建华、潘连兴、虞泳尧、吴红武、沈建荣。

第一节　经济建设

街道成立后，从商业、劳动服务业起步。1991年，投资开办江海副食品批发部（后更名为江海商场），成立建筑拆房队和起重运输队，并在风雷小学前和风雷菜场周边建造商业网点30多间，各居委因地制宜开办商业、居委工副业网点等20多个。并稳步发展工业，开办精密机械配件、羽绒服装、针织机械等工厂。挂靠企业应运而生。是年，街道完成销售总额204.3万元，利润6.2万元。1993年，挂靠企业由1991年7家迅速增加至99家，其中商业服务业78家。街道完成销售总额2166.3万元，利润55.70万元，分别是1991年的10.60倍、9.31倍。1996年，销售收入首次突破1亿元，达1.21亿元。1998年，建成1500平方米的江海小商品市场，其中街道所属的便民服务商业用房76间。辖区还建有1900平方米的宁海里农贸市场，设摊位81个，方便居民群众。街道、居委企业发展到264家，其中挂靠企业262家。街道形成以商业为主体，工业、劳动服务业“三业”并举的经济发展格局，年销售总额1.75亿元，创利398.50万元，分别是1993年的8.07倍、7.15倍。1999年，经济工作重点转向发展以培植税源为核心的区域经济，挂靠企业实行转改制，规范街道经济发展，有效规避风险。是年，街道完成地方财政分成收入110万元。2000年底，229家挂靠企业分别改制为股份合作制企业、个体工商户或私营企业，部分挂靠企业被关闭、注销。2002年，江海商场发展成为拥有康华、锡惠、稻香、春潮、山北5家连锁分店的民营企业，营业面积3800平方米，年销售额1800万元。是年，继续以招商引资和引税护税为重点，进一步加大以培植税源为核心的区域经济工作力度，建立崇安区明珠私营经济园江海分园。2003~2005年，园区引进企业84家，上缴国地税收132万元。街道引进企业283家。2005年，引进区外资金7100万元，是2002年的近5倍，税收总额2591.82万元，是2002年的2.60倍。完成国内生产总值1.36亿元，社会消费品零售总额4522万元。街道、居委房产面积7770.89平方米，其中经营房出租5355平方米，年收入148.7万元。

第二节　精神文明建设

90年代后，围绕提高地区文明程度和市民素质，街道着力实施“四大工程”（道德修养、环境卫生、文化建设、家庭建设），促进文明小区建设。1997年，江海新村最早建成市文明小区，1998~2000年连续3年被评为省文明小区。2002~2004年，风雷新村（西）社区连续被评为市文明社区。街道被评为2001~2002年度市社区建设示范社区。各社居委会共建精神文明活动形式多样，风雷新村（西）社区与市劳动局共建的社区劳动保障站，与江南大学网络教育学院联办的社区远程高等教育学习中心，均为全市首创。宁海里新村（南）社区与区检察院结对创办“太阳岛”青少年教育活动中心，获2004年度市精神文明建设“十佳”新人新事提名奖。街道、社区市民文明学校发展到面向辖区开展继续教育、电脑技能、非学历教育培训等，形成社区、学校、家庭三位一体的教育网络。文化体育团队特色鲜明，街道文化艺术团为全区首创，其锡剧队、民乐队均属市、区特色团队，一批作品多次获省、市创作、演出奖，街道先后于1996年、1998年被评为省群众文化先进街道、全国城市体育先进社区。

【创建活动】

1991~1997年，街道围绕提高新村文明程度和地区居民素质，持续开展创建五好家庭、文明新村、文明小区等活动，结合“三八”妇女节，表彰百户五好文明家庭，举办“创五好，树新风”事迹报告会，组织“巾帼风采”宣传周活动。着力实施“四大工程”，促进文明小区建设，江海小区被评为市文明小区。1998年，结合创建全国文明城市，开展以“文明新风进万家，万家幸福倡文明”为主题的创建文明楼院、文明家庭评比活动，97.8%的楼院、92.6%的家庭参加。文明小区创建活动进一步深入，江海新村被评为市文明小区。1999年，风雷一村、风雷二村、风雷三村、风雷四村被评为市文明小区。江海新村被评为1999~2000年省文明小区。2000年，评出区文明楼院20幢，特色文明楼院9幢，其中互助大楼、放心大楼被评为市文明楼院。2002年，宁海里新村（南）被评为市文明社区。风雷新村（东）、风雷新村（西）、金海里等社区被评为2001~2002年度市社区建设示范社区。街道被评为2001~2002年度市社区建设示范社区。2004年，金海里、宁海里新村（南）等社区被评为2003~2004年度市创建文明社区工作先进社区。2005年，宁海里新村（南）、金海里等社区被评为市文明社区。2002~2005年，风雷新村（西）社区连续被评为市文明社区。2005年，街道新创文明大楼12幢和特色大楼7幢，五好文明家庭163户，文明家庭标兵户10户，学习型家庭标兵户5户。1998~2005年，街道建成文明楼院269幢、特色楼院34幢，五好文明家庭3899户、学习型家庭64户。

宁海里新村（南）社区创办“太阳岛”青少年教育活动中心（2004.8）（江海街道供稿）

街道持续开展军民共建精神文明建设活动。90年代，完善军人服务站、军烈属保护网，对10名伤残军人、39名军属实行结对服务，每年1月、8月分别定为“双拥活动月”“国防教育宣传月”，共建部队积极参与国家卫生城市创建，争创井亭东路文明一条街，共创文明小区。街道获1996~1997年度市双拥模范街道荣誉称号。2003~2005年，街道投资5.8万元，支持部队文化工程和菜篮子工程建设，开展双拥共建活动35次。各社区警民、企地共建活动不断发展。2003年后，宁海里新村（北）、宁海里新村（南）社区分别与市公安局、市消防特勤大队，金海里新村社区与区教育局、崇安医院金海里分院，江海新村社区与区工青妇、统战部，顺和里社区和市科技局先后结为共建单位。风雷新村（西）社区与市劳动局共建，成立全市第一家社区劳动保障站，并与江南大学网络教育学院联办全市首家社区远程高等教育学习中心。宁海里新村（南）社区与区检察院结对共建，成立无锡——“太阳岛”青少年教育活动中心。2005年，街道与市地税一分局结对共建，设立“助学、助残、助困”专项资金，地税一分局46名党员捐款4.65万元。是年，向社区7户特困家庭发放捐款7000元。

【社区教育】

青少年教育是社区教育的重点。1993年，各居委成立违纪青少年帮教小组，对违纪青少年进行“一对一”帮教。每年暑假，街道组织青少年参加“军营一日”夏令营，接受革命传统、纪律、法制、文明礼貌等教育。1997年，结合香港回归，在地区居民中进行爱国主义教育，举办“迎新春迎香港回归”书画盆景展览会、“还东方明珠，雪百年国耻”报告会、“迎回归，话发展”各界人士座谈会等。1998年，街道建立市民文明学校总校，下设家庭教育、法制教育、城市管理、健康教育、文体工作、计生工作宣教、青少年教育、社区服务、老龄工作、残联工作10个教研组，各居委设立分校，形成街道、居委两级社区教育网络。是年暑期，组织青少年参加书法、绘画、乒乓球、羽毛球、棋类比赛，“发生在我身边的事”演讲比赛，为孤寡老人做好事。1999年暑期，结合创建文明城市，开展“争当文明小主人”活动，各居委成立小卫士队、护绿小队，开展“爱我江海美我家园，教子成龙育女成凤”活动，组织青少年参加普通话、书法、绘画、象棋、扑克牌比赛。1999~2003年，市民文明学校举办社会公德、青少年教育、社区服务、计划生育、健康教育、法制教育、残疾人保障法、城市管理、环境保护、科普教育、党史教育、"三个代表"重要思想、《公民道德建设实施纲要》和爱国主义、集体主义、社会主义教育等各类培训班，受教育2万余人次。2004~2005年，街道成立社区教育培训学校，下设7个教学点，发挥辖区金海里、宁海里等学校资源优势和作用，使社区不同人群享受更就近、更方便、更高水平的社区教育培训服务。街道和各社区市民文明学校深入开展创新大讨论和"文明行动进万家"系列活动，开展法制教育、科普知识、道德礼仪、和谐新风"四进家庭"活动。风雷新村（西）社区、顺和里社区先后设立青少年绿色上网中心，引导青少年文明上网。江海新村社居委编写的《托起明天的太阳》，被市作为青少年教育教材。宁海里新村（南）社居委创办的"太阳岛"青少年教育活动中心，为青少年提供健康休闲、健脑求知的活动场所，其学校教育和校外教育有机结合的事迹，入围2004年度市精神文明建设"十佳"新人新事提名奖。

【社区文化体育】

1992年，建立街道文化站，面积1500平方米，有录像放映、图书阅览、游艺活动、乒乓球、棋牌、健身、卡拉OK、体操、排练、像带出租、电子游艺等11个厅室组成的中心活动阵地。8个居委活动室面积168平方米，有棋牌、阅览、乒乓球等小型文化娱乐活动室。逐步形成街道、居委两级文化网络。辖区内还有专用图书室、电子游戏室、镭射放映厅、录像出租店等10处文化阵地。1994年，街道举办首届老年人趣味体育运动会。1995年，国务院《全民健身计划纲要》颁布后，在各居委建立社区体育指导站20个，每站配体育指导员1人，因地制宜组织、引导居民开展各项健身活动。街道建有锡剧、淮剧、歌咏、舞蹈、晨练、健美、迪斯科、象棋、乒乓球、篮球、羽毛球、书画影钓、老年时装、中年气功等多支文体团队。街道获区第八届社区文化系列活动优秀组织奖，纪念抗战胜利50周年大合唱组织奖、银奖。1996年，街道被评为省群众文化先进街道、市体育先进街道。1997年，街道举办首届地区体育运动会，以后每2年举办1届。各居委每年举办登山、祖孙双人跳、母子绑腿跑、传球接力等小型多样的趣味体育活动。1998年，投资17万元，建成1100平方米的风雷健身苑，有篮球场和单杠、双杠、吊环等运动器材。街道被评为第一批全国城市体育先进社区，街道文化站被评为省一级文化站。2000年，成立江海街道艺术团，戏曲演唱《紧握钢枪永向前》获市迎新春文艺活动一等奖，女声独唱《旅情》获第六届中国艺术节无锡分会场暨第八届太湖艺术节第三届群众文艺会演创作、表演双一等奖。是年，修建室外简易健身点2个，安装健身器材14件，为居民就近健身提供方便。各居委文化室均达红旗文化室标准。2001年，街道建有红灯舞、京剧联唱、腰鼓、剑舞、秧歌舞等特色文艺团队10支。居委文化室藏书均超过500册，江海新村（北）、风雷新村（东）2个居委达千册以上。2002年，整修1000平方米的露天游泳池。改造风雷健身苑，铺设彩色道板、鹅卵石，增添健身器材。完善风雷新村（西）社区文化活动设施，设有70平方米的室内健身房、100平方米的多功能文化娱乐室、1000平方米的舞厅。在4个居民小区增建室外健身点。是年，女声独唱《旅情》获省"六艺节"大奖。2003~2005年，江海街道艺术团锡剧队、民乐队先后被命名为区特色团队，锡剧队又被命名为市特色团队，民乐队又为区"二泉映月艺术团"民乐队，长驻崇安寺阿炳纪念馆演出，为全市为数不多与旅游景点配套的艺术团队，街道、社区两级文体团队发展到18支。其间，摄影作品《小河风情》获省第六届"五星工程"摄影大赛银奖；摄影作品《生命交响曲》获市"文博杯"美术、书法、摄影展优秀奖，入选省第二届社区艺术节综艺展；歌伴舞《中国红》获区第七届社区文化艺术节银奖；4个参赛节目均获区第八届社区文化艺术节最佳表演奖；民族吹打乐《欢庆颂》获市"激情周末"广场文艺演出优秀演出奖。街道以"文化开道，健康是宝"为主题，开展全民健身活动，街道建立健身中心，社区健身苑（点）增加到26个，室外活动场地4030平方米，宁海里新村（南）、顺和里社区2个健身点先后被评为市优秀健身点。社区有体育指导员28人，各类健身队伍53支（晨练队18支、太极拳队7支、剑队

5支、健身操队12支、腰鼓队4支、时装队3支、舞队4支）。

第三节　社区服务与管理

江海地区地处城郊结合部，90年代后，随着城市建设进程的加快，市场经济的发展，流动人口急剧增加，社区环境和社会治安管理难度较大。街道以创建国家卫生城市为抓手，结合老新村改造，持续开展新村小区和城郊结合部环境综合整治。社会治安防范注重关口前移，做好吸毒、刑释解教人员帮教和民事纠纷调解工作，结合安全文明小区、平安街道创建，健全人防、物防、技防相结合的社区防范机制和网络。社区服务由主要面向老年人、儿童、残疾人、社会贫困户和优抚对象逐步扩大到社会全体人员，服务项目从社会救助、便民利民和福利性服务发展到“让社区居民安居，让社区单位乐业”的门类较为齐全的系列服务。2002年，风雷新村（西）社区建成集服务、治安、教育、科技、医疗卫生、文化娱乐于一体的社区综合服务站，时为全市乃至全省唯一的社区建设示范工程。

【社区环境】

1992~1996年，以创建国家卫生城市为抓手，按照“四无”“三有”“四合格”[①]的要求，持续开展新村小区和城郊结合部环境综合整治，拆违章，出垃圾，清摊担，疏车辆，除死角，粉刷大楼外墙140幢，更换化粪池盖、窨井盖，修补坑洼路面，建封闭围墙，造垃圾收集房，垃圾袋装化100%。1993年率先通过噪声达标区验收。1997年，对风雷新村、江海新村（北）实施老新村改造，拆除违法建筑697处，调整绿化布局、种植草坪，改造新村出入口，实行封闭管理，同时完善小区市政、环卫基础设施，风雷新村建造自行车库2座、950平方米和公用停车场2000平方米。1998年，江海新村、风雷新村被评为省物业管理优秀住宅小区。2003~2005年，围绕“爱我无锡、美化家园”城市建设和环境综合整治三年目标的要求，争创城市管理模范小区。对风雷新村、江海新村沿街居民楼实施“平改坡”，整治学前东路、长江北路两侧违法建筑。对江海新村（南）实施老新村改造，拆除违法建筑132处，清理乱堆放60余吨，修复坑洼道路250余平方米，疏通下水道2400米。关闭燃煤老虎灶，控制烟尘排放。2005年，顺和里社区被命名为市无违法建设先进社区，宁海里新村（南）社区、顺和里社区被评为市绿色社区，金海里社区、江海社区被评为市创建绿色社区先进集体。

【社区服务】

1991~1997年，社区服务以便民利民服务为主。街道建立退休职工江海医疗站，设有上门看病、打针、送药等服务项目。8个居委先后成立生活服务站、微型服务中心，江海新村一居委开办学生小包饭，为双职工子女解决午餐难，开设自行车维修摊。风雷二村居委开办便民理发室。1998年，建立面积702平方米的街道社区服务中心和老年、助残、抚幼、青少年文化活动、康复医疗“五个一”服务设施，有风和里江海托老所、江海街道助残中心、金海里托幼中心、宁海里文化中心、宁海里分院。街道社区服务中心设有10个社区服务工作网络，下辖9个居委微型服务中心。围绕解决居民购日用品难、买菜难、停车难，建成江海小商品市场一条街、风雷菜场、风雷新村自行车棚。1999年，成立市民求助中心，开通求助热线。2000年，启动社区“六室二站一市一厅”[②]服务设施建设。并合理调整社区服务网点布局，风雷新村（西）、风顺里、江海新村等小区实施早点工程，解决居民吃早点难，各类

①四无、三有、四合格：无违章建筑、无摊担乱设、无垃圾乱堆、无车辆乱停；有市民卫生公约、有群众管理队伍、有各级管理责任制；合格街道、合格居委、合格道路、合格农贸市场。
②六室二站一市一厅：党员活动室、图书阅览室、文化教育室、老年康乐室、计生与卫生服务室、警务室，居家养老服务站、家政服务站，慈善超市，办事受理大厅

社区志愿者队伍发展到750人。2001年，宁海里（北）社居委开设“爱心驿站”，解决双职工子女放学后管理难；风雷新村（东）社居委设立便民服务网点，解决双职工子女及地区孤寡老人就餐难。街道被评为省社区妇女工作示范点。2002年，街道和7个社居委两级服务设施面积5396平方米，其中，风雷新村（西）社区综合服务站面积2000平方米，是集服务、治安、教育、科技、医疗卫生、文化娱乐于一体的社区建设示范工程，内设100平方米便民服务网点、100平方米社区医疗服务站、60平方米社区事务受理中心、50平方米科普教育室、70平方米健身房、100平方米文娱活动室、100平方米多功能教育室、50平方米老年活动室、960平方米托老所。2003年，街道社区服务中心和社居委服务站实行联网，进一步完善养老、助残、再就业、医疗卫生、家政、幼托幼教、求助、扶贫帮困八大社区服务系列，推进养老、家政、幼托幼教、洗染、医疗等服务项目向产业化发展，形成风雷新村（西）“文化”、风雷新村（东）“便民”、宁海里“治安”、风顺里“环境保护”4个特色服务社区。2004年，街道建立面积3000平方米的社区卫生服务中心，其中康复运动室300平方米，为肢体残疾人提供康复服务。同时加强对弱势群体的扶贫帮困，对133户贫困家庭、285名低保对象发放最低生活保障金73.68万元，为59户家庭进行慈善医疗救助，为15名特困学生解决慈善助学金，安置再就业649人。2005年，推进街道、社居委信息化平台建设，风雷新村（西）、顺和里、金海里新村、宁海里新村（南）等社居委接通互联网，安装社区信息管理系统。是年，街道建立慈善超市，社区服务发展到12大类、128个项目，志愿者队伍增加到1958人，江海新村社区建立区第一个癌症康复小组，40名癌症康复志愿者常年为广大市民提供抗癌康复、医疗保健和咨询服务。

江海街道风雷新村（西）社区综合服务站（2003.7）（江海街道供稿）

【社区治安】

1991~1995年，贯彻“打击、防范、教育”三结合方针，建立街道社会治安综合治理办公室（简称综治办），健全街道、居委调解委员会及居民调解小组三级调解组织，形成治安信息、帮教、综治、治保、调解5个网络，以及地区联防、义务巡逻、护楼护院3支队伍，江海三村小区实施封闭式管理。1995年，街道地区刑事发案率比上年下降37.5%。1996~1998年，重点加强流动人口管理，配合派出所落实人口管理措施，做好户藉和身份证管理，建立外来暂住人口租住户、无业弃学人员、外来人员违法犯罪及可疑线索、外来暂住人口和无业人员教育管理4本台账。对刑满释放、解除劳动教养人员落实安置帮教组织和措施，确保无重新犯罪行为。2000~2002年，开展安全文明小区和无毒社区创建，在各小区设立警务室，构筑点面结合、棋盘式、全天候防控体系，建成区、市级安全文明小区11个，省级2个。街道成立33个禁毒帮教小组，落实帮教措施，确保谈心、走访、指导、安置、尿检、控制“六到位”。2003~2005年，开展平安创建工作，江海派出所建成电视监控中心，街道机关设置“安定保”，风雷新村（西）小区、江海新村社区、鑫茂苑小区设置电视监控设备，辖区所有银行设置“安定保”、防弹玻璃、铁栅栏等。老新村小区安装楼宇式防盗门，分散在小区外的住宅楼安装报警装置。风雷新村（西）社区警务室创新治安、治警机制，形成“粗分工、细合作、整体型”的人防布局特色。街道建成60平方米的社会矛盾纠纷调处中心，设有调解室、接待室、谈心室、资料室、148专线电话、电脑等。平安创建工作从创平安机关、平安企业、平安公共场所发展到创平安家庭，街道建立健全社区维权、巾帼义务巡逻、法律义务宣传、巾帼志愿服务、结对帮教5支队伍，确保小事不出社区，大事不出街道，矛盾不上交，问题解决在基层，民事纠纷调处率100%，成功率97%以上，无群体事件和民事转刑事案件、民事转非正常死亡案件。流动人口管理进一步强化，配备14名外来人口协管员和423名信息员，90%以上的私房出租户纳入“一表”“一证”“一牌”“一书”“一簿”“一知”的“六个一”①规范管理。迄2005年，辖区社会治安形成以公安部门为主、专兼职结合的全天候联动联防体系。有派出所警务人员27人；专业保安联防队伍12支、154人，其中派出所中队47人，派出所分队4支、15人，社区分队7支、92人；群防群治队伍2135人，其中派出所联防队10人，小区保安、门卫208人。

第八章　社区居民委员会

居民委员会是居民自我管理、自我教育、自我服务的基层群众性自治组织，在区政府及其派出机构街道办事处指导下进行工作。1986年，全区有居民委员会91个。随着经济发展、人口增加和区域变化，居委会设置历经1990~1991年、1992~1993年、1998年、2000~2001年、2004年5次较大幅度调整，数量时有增减。1992年，全区有居委会102个，为历史之最。2000年社区组织管理体制改革后，全区划分为58个社区，成立55个社区居民委员会。2002年广益镇划归区管理、2004年撤镇建街道、2005年村民委员会改为居民委员会后，全区有社区居民委员会42个。

1998年前，居委会干部主要从本地区居民中选举产生。1998年后，聘用政治素质好、文化程度较高的下岗、退休人员，及少数非本地区人员，充实居委会干部队伍。2001年开始，面向社会公开招聘大学生，街道机关编余干部转岗到居委会任职，跨本地区居委会干部比例超过一半，居委会干部队伍趋向年轻化、知识化、职业化。广大居委干部和积极分子在居委工副业生产、精神文明建设、社区服务、民事调解、自治组织建设中，做了大量工作，涌现出一批模范居委、示范社区等先进集体和个人。

第一节　自治组织

根据《中华人民共和国城市居民委员会组织法》的规定，居委会每届任期三年，根据需要，居委会设立人民调解、治安保卫、公共卫生等委员会。1986~2005年，居委会共换届选举7次。每次换届选举均在街道换届选举领导小组的指导下进行。先由各居民小组推荐产生新一届有选举权的居民代表，居民代表按每个居民小组2~3人原则确定，后由当届居委会组织召开居民代表会议投票选举，出席人过半数通过产生。1986年，9个街道的91个居（家）委会进行换届选举。1990年，9个街道的94个居（家）委会进行换届选举。嗣后，由于新建江海街道，至1992年，居（家）委会增加到102个。1993年，因街道撤并，居（家）委会相应调整，减至82个。1996年，8个街道的82个居（家）委会换届选举。1998年，8个街道的88个居（家）委会换届选举。随着新村小区增多，居（家）委会相应增加，至1999年，全区有居委会99个。

2000年9月，在学前街街道和江海街道部分居委会进行社区组织管理新体制改革试点，社区

---

①“六个一”管理：一表，房屋出租审核表；一证，公安许可证；一牌，房屋出租户标记牌；一书，治安责任书；一簿，暂住人口登记簿；一知，房屋出租户和暂住人口须知。

居民委员会建立以社区党组织为领导核心的“一会两机构”①。11月，江海街道宁海里新村（北）社区率先进行社区居民委员会民主选举试点，时为全市首家。是年，为强化居委职能，按“边界清晰，管理方便，居民认同，资源合理”原则，94个居（家）委会划分调整为58个社区，建立55个社区居委会，社居委平均管辖户数由原来的661户增加到1036户。2001年，54个社居委按照社区组织管理新体制进行换届选举。54个社区居民代表大会有代表2404人，其中，居民代表2061人，辖区单位代表343人；54个社区议事协商委员会成员385人，其中，居民代表133人，辖区单位代表185人，社居委干部67人。2002年广益镇划归崇安区后，全区有社居委54个、村委8个。

探索社居委直接选举（2004）（江海街道供稿）

2004年，街道再次合并，社居委相应撤并、调整，数量减至34个，社居委管辖范围进一步扩大，平均管辖户数增至2000户左右。是年，江海街道金海里社区在全市率先进行社居委直接选举试点，经选民登记后，社居委委员候选人由组织提名改为居民直接提名，由等额选举改为差额选举，由居民代表选举扩大为全体选民直接选举。其后，在崇安寺街道汤巷社区进行直接选举试点，时为全国首批“规范化中国城市社区居委会选举项目”两个城市试点社区之一，为完善国家《社区居民委员会选举规程》提供有益经验，美国亚特兰大卡特中心中国选举项目专家在场全程监督。其后崇安寺街道汤巷、通江街道老戏馆弄、广瑞路街道广丰三村等33个社居委先后完成换届。广益街道8个村委同步实施换届。2005年，广益街道下辖的8个村民委员会改建为社区居民委员会。是年，全区有42个社区居民委员会。

1986～2005年崇安区各街道下辖社区居民委员会变动情况一览表

表32-8-1　　单位：个

年份	街道名称	居委数	居委（村委）名称	新建、撤并情况
1986	工运桥	10	通惠路、老戏馆弄、万前路、冶坊场、车站路、陈白头巷、太平巷、汉昌路、和平路、建设路	—
	崇安	7	县前街、沙文井、盛巷、公园路、人民中路、白水荡、大娄巷	—
	复兴路	10	西河头、道长巷、东大街、西大街、后西溪、沈果巷、连元街、大成巷、解西、复兴路	—
	学前街	12	水曲巷、南市桥巷、永兴巷、百岁坊巷、北禅寺巷、新街巷、健康里、昇平巷、解放新村、塔坊桥（汤巷）、迎溪桥、延安新村	—

①一会两机构：社区居民代表大会、社区议事协商委员会、社区居民委员会。

续表32-8-1

年份	街道名称	居委数	居委（村委）名称	新建、撤并情况
1986	人民路	12	岸桥弄、欢喜巷、镇巷、留芳声巷、东河头巷、小娄巷、田基浜、崇宁路、新生路、南阳里、人民路、新彩路	—
	亭子桥	10	工南、工艺路、人民东路、长庆路、和平村、永勤弄、北仓门、鹤鸣里、东新路、乾德里	—
	周山浜	13	三元里、竹园弄、汤家桥、周新村、大同路、蒋巷、锡沪路、俞巷、勤俭、庆丰里、永安街、祝家浜、周新里	—
	上马墩	9	塔影一村、上马墩一村、上马墩二村、上马墩三村、塔影二村（一）、塔影二村（二）、幼园、简新、界南	—
	广瑞路	8	广瑞新村、广瑞二村、广丰一村、广丰二村、丰环新村、石人桥、吴巷居委和马古桥家委	—
合计		91		
1992	工运路	20	通惠路、老戏馆弄、万前路、冶坊场、车站路、陈白头巷、太平巷、汉昌路、和平路、建设路、工南、工艺路、人民东路、长庆路、和平村、永勤弄、北仓门、鹤鸣里、东新路、乾德里	—
	崇安寺	12	西河头、道长巷、东大街、西大街、连元街、大成巷、复兴路、县前街、沙文井、公园路、白水荡、大娄巷	1990年、1991年，人民中路居委、盛巷居委先后并入公园路居委 1990年3月，后西溪居委分别并入东大街居委、西大街居委，解西居委并入复兴路居委。1992年3月，沈果巷居委并入连元街居委
	学前街	12	水曲巷、南市桥巷、永兴巷、百岁坊巷、北禅寺巷、新街巷、健康里、昇平巷、解放新村、塔坊桥、迎溪桥、延安新村	—
	人民路	12	岸桥弄、欢喜巷、镇巷、留芳声巷、东河头巷、小娄巷、田基浜、崇宁路、新生路、南阳里、人民路、新彩路	—
	周山浜	13	三元里、竹园弄、汤家桥、周新村、大同路、蒋巷、锡沪路、俞巷、勤俭、庆丰里、永安街、祝家浜、周新里	—
	上马墩	14	塔影一村、上马墩一村、上马墩二村、上马墩三村、塔影二村（一）、塔影二村（二）、幼园、简新、界南、春晖新村、靖海新村（一）、靖海新村（二）、靖海新村（三）、靖海新村（四）	1987年，建立春晖新村居委和机电家舍委员会。1989年，建立靖海新村（一）、（二）、（三）、（四）等4个居委。1990年，建立江海新村居委、风雷新村居委。1991年，江海新村居委、风雷新村居委划归江海街道管辖，并分设为江海一村、江海二村、风雷一村、风雷二村、风雷三村、风雷四村、风雷五村7个居委。1992年，机电家委并入塔影一村居委

续表32-8-1

年份	街道名称	居委数	居委（村委）名称	新建、撤并情况
1992	广瑞路	12	广瑞一村、广瑞二村、广瑞三村、广丰一村、广丰二村、丰环新村、广益新村（一）、广益新村（二）、石人桥、管巷、吴巷、马古桥	1987年5月，建广益新村（一）居委、广益新村（二）居委，广瑞新村居委更名为广瑞一村居委。1988年，建管巷居委、广瑞三村居委，原石化总厂家属宿舍、利农砖瓦厂家属宿舍合建石利新村家委。1991年3月，石利新村家委并入马古桥家委
	江 海	7	江海一村、江海二村、风雷一村、风雷二村、风雷三村、风雷四村、风雷五村	—
合计		102		—
2002	工运路	7	陈白头巷、老戏馆弄、汉昌路、鹤鸣里、永勤路、人民东路、工艺路	1993年，长庆路、万前路、太平巷、工南、北仓门、通惠路、冶坊场等7个居委分别并入人民东路、老戏馆弄、汉昌路、工艺路、乾德里等5个居委。1995年1月，建设路、和平路、东新路地块拆迁，该地区3居委分别并入汉昌路、乾德里、鹤鸣里等居委。2000年，撤销和平村、乾德里、车站路等居委，分别纳入陈白头巷、老戏馆弄、汉昌路、鹤鸣里、永勤路、人民东路、工艺路等居委
	周山浜	7	大同路、周新村、庆丰里、锡沪路、永安街、竹园弄、蒋巷	1993年4月，祝家浜居委与永安街居委合并为永安街居委。1998年7月，撤销三元里居委，并入永安街居委；撤销勤俭居委、俞巷居委，分别并入庆丰里居委、锡沪路居委。2000年8月，撤销蒋巷居委、汤家桥居委。2001年7月，撤销周新里居委，建立蒋巷社居委
	崇安寺	5	道长巷、后西溪、连元街、书院弄、崇安寺	2001年，西河头社居委并入道长巷居委，东大街社居委、西大街社居委合并为后西溪社居委，连元街、大成巷、复兴路等3个社居委合并为连元街社居委，县前街社居委、沙文井社居委合并为书院弄社居委，公园路社居委、白水荡社居委合并为崇安寺社居委，大娄巷社居委拆迁后撤销
	学前街	6	南市桥巷、百岁坊巷、新街巷、勤学路、汤巷、前西溪	2000年，水曲巷社居委、永兴巷社居委分别并入南市桥巷社居委、百岁坊巷居委，健康里居委、北禅寺巷居委并入新街巷社居委，昇平巷居委、解放新村居委合并为勤学路社居委，迎溪桥居委、延安新村居委合并为前西溪社居委，塔坊桥居委改为汤巷社居委
	人民路	6	中市桥巷、东河花园、映山河、田基浜、崇宁路、人民路	1993年，欢喜巷居委、镇巷居委合并为欢喜巷居委，东河头巷居委改称东河花园居委，小娄巷居委、田基浜居委合并为田基浜居委，崇宁路居委、新生路居委合并为崇宁路居委。2001年，岸桥弄居委、欢喜巷居委合并为中市桥巷社居委，留芳声巷居委并入东河花园社居委，南阳里居委、新彩路居委合并为映山河社居委
	上马墩	7	上马墩新村、塔影一村、塔影二村、简新、春晖新村、靖海新村、塔影苑	1993年，靖海新村（一）、（二）居委合并为靖海新村（一）居委，靖海新村（三）、（四）居委合并为靖海新村（二）居委。2000年，上马墩一村居委、上马墩二村居委合并为上马墩新村社居委，上马墩三村居委、简新居委合并为简新社居委，幼园居委、塔影一村居委合并为塔影一村社居委，塔影二村（一）、（二）居委、界南居委合并为塔影二村社居委，靖海新村（一）、（二）居委合并为靖海新村社居委，新建塔影苑社居委
	广益镇	8	尤渡村、莫家庄村、丁村村、上马墩村、广丰村、黄泥头村、向阳村、毛岸村	—

续表32-8-1

年份	街道名称	居委数	居委（村委）名称	新建、撤并情况
2002	广瑞路	7	广瑞一村、广瑞二村、广瑞三村、广丰新村、广丰三村、广益新村、石利新村	1993年4月，石人桥居委并入广瑞一村居委，吴巷居委并入广瑞二村居委，管巷居委并入广丰二村居委，广益新村（一）、（二）居委合并为广益新村居委。1998年8月，撤广瑞一村居委，分设为广瑞一村（一）、（二）居委；撤广益新村居委，分设为广益新村（一）、（二）居委；广丰一村居委、广丰二村居委分别更名为广丰新村（一）居委、广丰新村（二）居委；丰环新村居委更名为广丰三村居委。2000年8月，广瑞一村（一）、（二）居委合并为广瑞一村社居委；广丰新村（一）、（二）居委合并为广丰新村社居委；广益新村（一）、（二）居委合并为广益新村社居委；撤马古桥家委，建石利新村社居委
	江　海	9	江海新村（北）、江海新村（南）、风雷新村（西）、风雷新村（东）、金海里新村、宁海里新村（北）、宁海里新村（南）、风和里、风顺里	1995年、1996年，先后新建江海三村居委、风和里居委。1997年，新建金海里一村、金海里二村、金海里三村3个居委。1999年，新建风顺里居委，以及宁海里一村、宁海里二村、宁海里三村、宁海里四村、宁海里五村5个居委。2000年，江海一村居委、江海二村居委合并为江海新村（北）社居委；江海三村居委更名为江海新村（南）社居委；风雷一村、风雷二村、风雷三村、风雷四村4个居委合并为风雷新村（西）社居委；风雷五村居委更名为风雷新村（东）社居委；金海里一村、金海里二村、金海里三村3个居委合并为金海里新村社居委；宁海里一村居委、宁海里二村居委合并为宁海里新村（北）社居委；宁海里三村、宁海里四村、宁海里五村3个居委合并为宁海里新村（南）社居委
合计		62		
2004	崇安寺	10	胜利门、连元街、后西溪、新街巷、汤巷、南市桥巷、百岁坊巷、东河花园、崇宁路、崇安寺	2004年7月，前西溪社居委并入后西溪社居委，田基浜社居委、崇宁路社居委（一半）合并为崇宁路社居委，东河花园社居委、中市桥巷社居委、崇宁路社居委（一半）合并为东河花园社居委，人民路、崇安寺、映山河3个社居委合并为崇安寺社居委，勤学路社居委分别并入汤巷社居委、南市桥巷社居委，道长巷社居委、书院弄社居委合并为胜利门社居委
	通　江	6	老戏馆弄、陈白头巷、长庆路、周山浜、锡沪路、大同路	2004年，陈白头巷社居委、工艺路社居委合并为陈白头巷社居委，老戏馆弄社居委、汉昌路社居委合并为老戏馆弄社居委，鹤鸣里、永勤路、人民东路3个社居委合并为长庆路社居委，周新村社居委、蒋巷社居委合并为周山浜社居委，庆丰里社居委、锡沪路社居委合并为锡沪路社居委，大同路、永安街、竹园弄3个社居委合并为大同路社居委
	上马墩	5	塔影二村、简新、春晖新村、靖海新村、塔影苑	2004年，塔影一村社居委、春晖新村社居委合并为春晖新村社居委，上马墩新村社居委、简新社居委合并为简新社居委
	广瑞路	6	广瑞一村、广瑞二村、广丰新村、广丰三村、广益新村、石利新村	2004年4月，广瑞三村社居委并入广瑞二村社居委
	江　海	7	江海新村、风雷新村西片、风雷新村东片、金海里新村、宁海里新村北片、宁海里新村南片、顺和里	2004年，风和里社居委、风顺里社居委合并为顺和里社居委，江海新村（北）社居委、江海新村（南）社居委合并为江海新村社居委
	广　益	8	尤渡村、莫家庄村、丁村村、上马墩村、广丰村、黄泥头村、向阳村、毛岸村	2005年，村民委员会改称社区居民委员会
合计		42		

说明：上述资料由崇安区民政局提供。

2005年崇安区各街道下辖社区居民委员会基本情况一览表

表32-8-2

单位：人、户、个

街道	名称	驻地	人口	户数	居民小组	社居委干部
崇安寺	胜利门	大成巷12号	4863	1970	68	7
	连元街	复兴巷21号	4324	1287	20	7
	后西溪	东大街112号	5630	1997	60	7
	新街巷	学前街88号	5575	2439	47	7
	汤巷	勤学路27-1号	5005	2008	43	7
	南市桥巷	南市桥巷64号	6700	2123	46	7
	百岁坊巷	百岁坊巷17-101	5050	2050	53	7
	东河花园	留芳声巷27号	5112	2003	55	7
	崇宁路	田基浜26-1号	5620	1752	60	7
	崇安寺	圆通路1号	5719	2790	78	7
通江	长庆路	长庆路90—1号	5441	2279	34	7
	老戏馆弄	西梁溪路19—401	1972	851	11	5
	陈白头巷	德福花园4—202	2306	925	20	6
	周山浜	周新里139-1号	6222	2460	62	6
	大同路	广勤一支路66-1	5081	2102	37	6
	锡沪路	庆丰里8号	4327	1727	35	6
广瑞路	广瑞一村	广瑞一村15号	5981	2215	60	7
	广瑞二村	广瑞二村40—1号	5064	1948	55	7
	广丰新村	广丰一村14号	5112	1897	52	7
	广丰三村	广丰三村25号	5320	2132	48	7
	广益新村	广益新村63号	4055	1622	39	7
	石利新村	石利新村10-3号	2219	884	24	6
上马墩	简新	上马墩三村46号	5966	2010	68	6
	塔影二村	塔影二村67-1	4185	1665	41	6
	春晖新村	春晖新村1-2号	6272	2639	79	6
	靖海新村	靖海新村106号	4237	1722	65	5
	塔影苑	上马墩路102-24	2584	983	40	6
江海	江海新村	江海新村23-9号	7081	2593	137	6
	金海里新村	金海里新村85-1	6438	2855	165	6
	宁海里新村（南）	宁海里新村216号	8106	3002	125	5
	宁海里新村（北）	宁海里新村187-1	3173	1120	52	4
	风雷新村（东）	风雷新村197号	2480	1141	70	4
	风雷新村（西）	风雷新村92号	6143	2344	152	7
	顺和里	风顺里47号	5007	1799	139	7
广益	尤渡	尤渡里588号	4302	1716	12	5
	莫家庄	锡沪路莫家庄91号	3648	1475	17	5
	广丰	广丰村尤岸里	4257	1568	5	5
	上马墩	锡沪路386号	3715	1317	6	5
	黄泥头	江海东路148号	3391	1361	4	5
	向阳	广瑞路2175号	1591	691	3	5
	毛岸	广瑞路底毛岸里	1202	498	4	5
	丁村	江海东路丁村立交南堍128号	4614	1819	10	5

说明：上述资料由崇安区民政局提供。

第二节　主要工作

80年代，各居委会围绕自我管理、自我教育、自我服务的“三自”要求，重点是加强地区基础工作，建立健全家务劳动社会化服务网络，对鳏寡孤独实行义务包护，邻里间组织“十帮互助”，并开展各种义务性社会服务，以及五好家庭、文明单位、模范居委创建等。担负治安保卫、民事调解、妇女工作、计划生育、民政优抚、青少年教育、老年人活动、爱国卫生、环境保护、接待外调、出具各种证明、代收房租、居民储蓄、有线广播管理、生产生活服务、植树绿化、城市管理、个体商贩管理、发放票证、组织居民学习、落实政策等20多项工作任务。与此同时，在便民服务基础上发展起来的居委工副业逐步成为居委会工作的重点之一。1984~1986年,大同路等24个居委会被评为市模范居委。90年代，根据1989年颁布的《中华人民共和国城市居民委员会组织法》规定，居委会工作职责主要围绕6个方面展开，包括宣传宪法、法律、法规和国家政策，维护居民合法权益，教育居民依法履行义务，保护公共财产及开展多种形式的社会主义精神文明建设活动；办理本居住区居民的公共事务和公益事业；调解民间纠纷；协助维护社会治安；协助政府或派出机构做好与居民利益有关的公共卫生、计划生育、优抚救济、青少年教育等项工作；向政府反映居民的意见、要求和提出建议。同时各居委会以经济建设为中心，通过创办各种经济实体，争创万元户居委，利用创收为民办实事。搞好社区服务，增强居委“经济、建设、管理、服务”综合功能。1992年，全区居委办工副业598家，创利650.5万元，占街道全部利润的45.95%。103个居委会均实现年创利万元以上，其中年创利5万元以上49个、10万元以上26个、20万元以上6个，崇安寺街道县前街居委会达30万元以上。居委会经济实力的增强，为居民办实事奠定坚实的经济基础，修补街巷路面、更换自来水管、增设晒衣架等，解决居民“吃水难、用水难、行路难”等问题。工艺路、南阳里、大同路、蒋巷4个居委会荣获市模范居委“十连冠”。1994年，86个居委中73个居委会实现年创利5万元以上，其中，年创利5万~10万元29个、10万~20万元26个、20万~30万元以上9个、30万~40万元5个，人民路街道南阳里和工运路街道老戏馆弄、工艺路等3个居委40~50万元，工运路街道陈白头巷居委会达50万元以上。1995年，91.57%的居委会年创利5万元以上，其中工运路街道老戏馆弄居委会60万~80万元，人民路街道南阳里、工运路街道陈白头巷2个居委会80万~100万元，人民路街道田基浜、人民路2个居委会超百万元。1996~1998年，各居委会继续把大力发展居委经济作为新形势下搞好城市管理和社区服务的基础，增加积累，提高素质，实现居委经济健康发展，同时加强社区帮困救济、互帮互助、敬老养老、便民利民的服务设施建设。1998年，年创利20万元以上居委会由1995年25个增加到43个，占居委会总数的51.81%。

1999年，学前街街道、江海街道、崇安寺街道及其所辖居委会进行转变职能的综合改革试点，居委会不再从事以创收为目的的生产经营活动，工作重点转向社区管理和服务，21个居委会被评为1998~1999年度市模范居委会。2000年8月，全面推开街道及居委会职能转换工作，清理居委会资产，界定权属，实施“两脱两留”①，370个居委办企业，与居委会脱钩214个，保留156个。居委会工作经费全部由财政安排，居委会真正把主要精力转向社区管理和服务。2001~2005年，贯彻中共中央办公厅、国务院办公厅转发《民政部关于在全国推进社区建设的意见》，工作重点进一步转到丰富社区服务内容、增加社区服务项目、推进社区服务网络化，转到理顺社区管理关系、加强社区物业管理、净化绿化美化社区环境，从居民群众迫切要求解决和热切关注的问题着手，有计划有步骤地推进社区服务、社区卫生、社区文化、社区教育、社区治安、社区环境等各项社区建设工作。同时，进一步加强社区居民自治组织建设，巩固完善居委职能转换工作成果，推行社居委事务公开，强化群众自治、民主管理功能。风雷新村（西）等16个社区被评为2002年度市社区建设示范社区，人民路街道东河花园社区、江海街道风雷新村（西）社区等被评为2003年度省社区建设示范单位。

①两脱两留：居委办挂靠企业和生产经营性自办企业全部与居委会脱钩，交街道管理；保留居委会自有财产所有权和便民利民服务性项目。

1988～1998年崇安区年创利万元以上居委会统计表

表33-8-3　　　　单位：个、万元

<table>
<tr><th rowspan="2">年份</th><th colspan="9">年创利居委数</th><th rowspan="2">备　注</th></tr>
<tr><th>合计</th><th>1～5</th><th>5～10</th><th>10～20</th><th>20～30</th><th>30～40</th><th>40～50</th><th>60～80</th><th>80～100</th></tr>
<tr><td>1988</td><td>85</td><td>44</td><td>28</td><td>13</td><td></td><td></td><td></td><td></td><td></td><td>南市桥巷、健康里、解西、东大街、西河头、工南、东新路、南阳里、县前街、沙文井、陈白头巷、大同路、永安街10万元以上</td></tr>
<tr><td>1989</td><td>87</td><td>46</td><td>26</td><td>15</td><td></td><td></td><td></td><td></td><td></td><td>县前街35.95万元、白水荡30万元、陈白头巷30万元、沙文井27.53万元</td></tr>
<tr><td>1990</td><td>86</td><td>45</td><td>28</td><td>13</td><td></td><td></td><td></td><td></td><td></td><td></td></tr>
<tr><td>1991</td><td>93</td><td>42</td><td>33</td><td>18</td><td></td><td></td><td></td><td></td><td></td><td></td></tr>
<tr><td>1992</td><td>103</td><td>54</td><td>23</td><td>20</td><td>5</td><td>1</td><td></td><td></td><td></td><td>复兴路、南市桥巷、健康里、陈白头巷、大同路20～30万元，县前街30万元以上</td></tr>
<tr><td>1993</td><td>86</td><td>36</td><td>21</td><td>19</td><td>7</td><td>3</td><td></td><td></td><td></td><td>复兴路、西河头、健康里、陈白头巷、工艺路、永安街、大同路20万～30万元，县前街、南市桥巷、老戏馆弄30万元以上</td></tr>
<tr><td>1994</td><td>86</td><td>13</td><td>29</td><td>26</td><td>9</td><td>5</td><td>4</td><td></td><td></td><td>复兴路、县前街、南市桥巷、健康里、永安街30万～40万元，南阳里、老戏馆弄、工艺路40万～50万元，陈白头巷50万元以上</td></tr>
<tr><td>1995</td><td>83</td><td>7</td><td colspan="2">51</td><td colspan="2">16</td><td colspan="2">5</td><td>4</td><td>老戏馆弄60万～80万元，南阳里、陈白头巷80万～100万元，田基浜、人民路100万元以上</td></tr>
<tr><td>1996</td><td>82</td><td>3</td><td colspan="2">49</td><td colspan="2">20</td><td colspan="2">9</td><td>1</td><td>大同路、永安街、广瑞三村60万～80万元，陈白头巷80万～100万元</td></tr>
<tr><td>1997</td><td>83</td><td>1</td><td colspan="2">47</td><td colspan="2">25</td><td colspan="2">8</td><td>2</td><td>复兴路、沙文井、永安街、广瑞三村60万～80万元，老戏馆弄、陈白头巷80万～100万元</td></tr>
<tr><td>1998</td><td>83</td><td>8</td><td colspan="2">32</td><td colspan="2">34</td><td colspan="2">7</td><td>2</td><td>复兴路、沙文井、永安街60万～80万元，老戏馆弄、陈白头巷80万～100万元</td></tr>
</table>

说明：上述资料来自崇安区国民经济和社会发展统计资料汇编。

第三节　社居委干部

【人员构成】

80年代，居委会班子由5~7人组成，一般设主任1人、副主任1~3人，委员3~5人，下设治安保卫、人民调解、公共卫生、社会福利等组织。另设妇女代表大会，妇代会主任由居委副主任兼任。1986年换届改选后，288名居委干部中，退休职工282人，占97.92%，纯居民6人，占2.08%；高中及以上文化程度29人，占10.07%，初中109人，占37.85%，小学150人，占52.08%；平均年龄57.5岁。1990年换届改选后，283名居委干部均为本地区离退休人员，文化程度相应提高，高中及以上文化程度占18.02%，比上届提高约8个百分点，小学占43.11%，比上届下降9个百分点。1994年6月，广瑞路街道首次进行面向社会招聘居委干部试点，以企事业单位下岗的中层干部与管理人员为主要对象，聘用年龄较轻、文化程度较高的人员12人。嗣后，各街道陆续招聘一批企事业单位下岗的中层干部与管理人员，充实居委会班子。1996年换届改选后，344名居委干部中，中共党员171人，占49.71%；高中及以上文化程度占39.24%，比1990年提高约21个百分点，小学占15.41%，比1990年下降27.7个百分点；平均年龄由1990年59.1岁下降到57.3岁。1998年换届改选，按照区政府提出的“基本稳定、适当调整、充实力量、相对年轻”要求，小学文化程度和60岁以上人员原则上不再进居委，居委干部不再是单一的退休人员，充实一批选（招）聘的年纪较轻、文化程度较高的人员，出现居委干部跨地区流动。是年，329名居委干部中离退休人员222人、招聘人员32人、下岗人员62人、街道机关分流人员7人、市选派人员6人，其中，跨地区人员68人，占20.67%；有中共党员169人，占51.37%；大专及以上文化程度34人，占10.33%；平均年龄由上届57.3岁下降到52.8岁，最轻的32岁。2001年，社居委下设治安调解、民政福利、社区服务、宣传文化、计划生育、妇女6个工作委员会。是年，换届改选后，一批招聘的大学生和区、街道选调干部充实到社区，282名社居委干部平均年龄下降到48.10岁，35岁以下15人，最年轻的30岁；大专及以上文化程度40人，占14.18%，比上届提高近4个百分点，初中占25.89%，比上届下降近17个百分点；离退休人员113人，占40.07%，下岗（内退）人员127人，占45.04%，招聘和选派人员42人，占14.89%，其中跨地区干部148人，占52.48%，比上届上升近32个百分点。2004年换届改选后，215名居委干部文化程度进一步提高，高中及大专以上占89.3%；年龄进一步下降，平均年龄47.10岁；结构进一步优化，离退休人员75人，占34.88%，下岗（内退）人员124人，占57.67%，招聘和街道选调人员16人，占7.44%，其中跨地区人员79人，占36.74%。社居委班子整体素质得到较大提高，结构更趋合理，社居委干部队伍逐步向管理型、职业化方向发展。迄2005年未变。

1986～2005年部分年份崇安区社居委干部构成情况一览表

表32－8－4　　单位：个、人、%、岁

年份	居委数	居委干部数	文化程度						平均年龄
			高中及以上		初中		小学		
			人数	占比	人数	占比	人数	占比	
1986	91	288	29	10.07	109	37.85	150	52.08	57.50
1990	94	283	51	18.02	110	38.87	122	43.11	59.10
1996	82	344	135	39.24	156	45.35	53	15.41	57.30
1998	88	329	189	57.45	140	42.55	—	—	52.80
2001	55	282	209	74.11	73	25.89	—	—	48.10
2004	34	215	192	89.30	23	10.70	—	—	47.10

说明：上述资料由崇安区民政局提供。

【工作经费（待遇）】

1985年，居委会正副主任月生活补贴36～37元。1991年，居委会主任提高到62元，副主任57元。此后，居委干部生活补贴逐年增加，1995年居委会正副主任分别为180元、170元，1997年提高到220元、200元，1998年调整到300元、270元，1999年又增至330元、310元。2000年居委职能转换后，2002年居委会正副主任生活补贴标准提高至500元、450元。2004年，提高至700元、650元，就业型社区工作者（招聘的大学生）工资不低于1000元，迄2005年未变。同时，卸任的纯居民居委干部生活补贴标准相应提高，2005年享受纯居民居委干部生活补贴的5人，生活补贴标准为每人每月300元。

居委会干部待遇由生活补贴和奖金两部分组成。1985～1999年，生活补贴主要由区财政按每人每月40元下拨，不足部分由街道拨付。奖金主要来自居委工副业创收。1999年，居委会职能转换后，2000年，居委会工作经费（待遇）由市、区两级财政按每个居委会每年3万元拨款。2004年，社区居委会工作经费（含办公、水电、房租、补贴等）由市、区两级财政按每百户8000元标准拨款，市、区财政各承担50%。是年，财政拨付全区社居委经费470万元，是1999年106.8万元的4.40倍。

第三十四编

人　物

辖区为无锡古城所在地，商业繁荣，教育发达，文化底蕴深厚，自古为人文荟萃之地，哺育和吸引许多本地、外地杰出人物，对无锡乃至全国政治、经济、科学、教育、文化和社会发展作出过较大贡献或产生过重要影响。至近现代，更有为社会进步、建立新中国而矢志不渝、奋斗不息的志士、英烈，在社会主义建设中，还涌现出许多劳动模范、先进人物。众多爱国忧民、厉行革新的思想家、政治家及学识渊博、造诣精深的史学家、科学家、教育家、实业家、社会活动家在此工作、生活，形成崇安区人文荟萃的历史基因，谱写出崇安区壮丽的历史篇章。

第一章 人物传

本章收录居住或长期活动在区域内重要机构的首任、开创者，有重大业绩、重大影响的科学家、文学家、艺术家、教育家以及在工商、卫生等方面出类拔萃者48人（按卒年排列，卒年相同的，按生年排列），予以列传，以激励后人。

唐庆诒（1898——1986） 字谋伯，祖籍太仓，定居无锡前西溪。清光绪二十七年（1901），考入南洋公学中院（中学）。民国3年（1914），赴美国比洛伊大学深造。民国6年5月，参加美国12州州际英语演讲联赛获第2名，轰动一时。民国7年，比洛伊大学毕业，考入哥伦比亚大学研究生院。民国9年2月，获硕士学位。是年9月，任国际联盟公使衔秘书严鹤龄的文书。民国10年4月回国，民国13年至1984年受聘交通大学外语系教授。民国16年至31年，还兼任光华大学、无锡国学专修学校等教授。其英语造诣精深，熟习欧美文学与诗歌，中国古典文学根底深厚。因劳累过度，中年双目失明，但仍坚持上课，培育人才。曾兼任上海市盲人聋哑人协会副主任、全国盲人聋哑人协会委员。著有《南游日记》《瑞士山水记》《旅欧日记》等，集为《漫游录》一册。1986年6月27日病逝，终年88岁。

顾 循（1916——1986） 又名郭钦。民国5年（1916）8月，生于无锡城中顾家弄。系教育家顾述之之子，革命烈士顾衡之弟。民国26年7月在上海复旦大学毕业后，投身于抗日救国斗争，先后组织领导无锡青年抗敌后援团和在湖北武汉的无锡职业青年抗敌工作团。是年12月，加入中国共产党。民国27年，在中共汉口区委工作。民国28年，到豫鄂地区新四军从事政治工作。先后任新四军四支队留守处六支队政治处主任、中共罗田礼山黄陂孝感中心县委宣传部部长、新四军豫鄂挺进纵队一团政治处主任、中共鄂东地委宣传部部长、孝感县委书记、新四军豫鄂挺进纵队政治部组织部科长等职。民国30年1月至34年11月，任新四军五师政治部组织部部长。民国34年11月至次年，任中原军区政治部组织部部长。民国35年8月中原突围后，到东北任旅大建国学院教育长。民国36年11月，任关东公安总局训练处副处长。民国37年9月，任关东公安总局政治部主任，10月兼警察总队政委。1949年10月，任旅大公安总局副局长。1951年10月，调任东北军区公安军政治部主任。1953年，任长春第一汽车制造厂党委书记。1955年，任第一机械工业部重型机械局副局长。1958年，任广东省机械工业厅厅长、党组书记、广东省委委员。1963年，任中共中央中南局经委副主任、中南局计委副主任。1971起，先后为广东省第二机械工业局、省经委和省科教办负责人。1978年1月，任广东省科委副主任、党组副书记、省委委员，主持省科委日常工作。1983年7月，当选为中共广东省顾问委员会常务委员。1986年10月22日，因心脏病突发于广州逝世，终年70岁。

赵振业（1909——1987） 又名伯勋，生于清宣统元年（1909）十月，上海崇明人。民国16年（1927）6月，毕业于崇明私立民本小学。民国24年，毕业于上海东南医学院（后安徽医科大学）。民国26年，任北平协和医院眼科住院医师。民国28年，在上海瞿直甫医院任职，次年任无锡普仁医院眼科主任。民国32年至1950年，自办诊所。1952年开始，先后在苏南保健医院和无锡市第五人民医院任眼科主任。1958年，角膜移植术在省内首例成功，并首创后发白内障咬切钳成功，用于临床。1960~1987年，在无锡第二人民医院任眼科主任。其从医50多年，悉心致力于眼科事业，医术精湛，医德高尚。1979年，在二院建立角膜眼镜实验室。1980年，将国内外眼科领域的新技术——人工晶体植入术应用于临床。1986年，角膜眼镜实验室改名为角膜接触眼镜研究所，800余名中、高度近视患者和300余名散光、屈光参差患者，通过配戴角膜接触眼镜，矫正视力恢复1.0以上。论文有《后发白内障新手术方法——咬切术》《角膜移植术》《人工晶状体植入术》《视网膜剥离术》等21篇，分别发表在国家级、省级和市级医药刊物上。发明创造10多种眼科手术用器械。为中华医学会江苏分会眼科学会委员，无锡分会眼科学会主任，江苏省激光学会委员，九三学社无锡市第六届委员。曾被评为无锡市先进工作者。当选为无锡市第三届、第五届、第六届、第八届、第九届人大代表，无锡市第一届、第四届政协委员。1987年11月12日，因患脑溢血逝世，终年78岁。

张玉寿（1901——1987） 生于清光绪二十七年（1901）七月，江苏沙洲县（张家港）人。民国16年（1927），毕业于山东齐鲁大学医科，后在江阴、苏州和浙江嘉兴等地福音医院任职。民国23年，到无锡普仁医院工作，历任外科主任、副院长、院长等职。抗日战争时期，因普仁医院被日本人强行接管，毅然离院在上海挂牌行医。民国37年，赴美国哥伦比亚大学医院进修外科病理，民国38年2月，专业进修尚未结束即提前回国。无锡解放后，再次出任普仁医院(后改第二人民医院)院长。先后任无锡市各界人民代表会议代表、市抗美援朝分会副主任委员、市人大代表、市政协委员、中华医学会无锡市分会副会长等。1956年，参加九三学社，任无锡分社副主任。1980年1月至1983年3月，当选为无锡市第六届政协副主席。1987年2月25日，在北京病故，终年86岁。

周福林（1903——1987） 艺名筱福林。清光绪二十九年（1903），生于江阴顾山周东庄。20岁时拜上海“一代宗师”陈长生之子陈国安为师，唱“小热昏”，艺成返锡，成为“小热昏”传入无锡的第一代。在无锡周山浜设有“翠云斋”梨膏糖店铺。平时在崇安寺三圣阁、周山浜、交际路等地定点定时演唱卖糖；外出卖唱卖糖时自置船只，往返于常熟、苏州、常州等地。日本侵华沦陷期间，因无糖可卖而改为卖唱。“文化大革命”期间辍艺。其文化水平虽较低，但能自编自唱，尤擅编唱时事新闻，有《十九路军蔡廷锴》《盛杏孙（盛宣怀）卖铁路》，以及根据无锡实事编唱的《一条黄瓜三扁担》《陈金坤（游击队）打死杨高伯（伪县长）》等。还能演唱长篇故事《阎瑞生与黄莲英》《黄慧如与陆根荣》，历史故事《林则徐灭鸦片》等。其“新闻调”也很出名，尤工“快板”，连唱10多分钟，直至博得听众的喝采声收场。无锡解放后，在无锡市文联的组织下，说唱爱国卫生、“除四害”、抗美援朝捐献飞机大炮等重大事件，爱好文艺的青年纷纷学唱。其是参加无锡市首届文代会的唯一街头曲艺艺人代表。1987年因病逝世，终年84岁。其女儿周仁娣从小随父卖唱，周仁娣的儿子尤红泉、女儿尤春仙及孙子尤璐也在无锡传承“小热昏”演唱。

邹云翔（1898——1988） 斋名无闲斋，清光绪二十四年（1898）正月十四日生于无锡东埄邹家弄。民国3年（1914）9月，考入江苏省立第三师范学校。民国5年7月，毕业后执教于周新镇小学。其爱好广泛，平日教学之余阅读大量的经学、史学、古典诗词和医书。曾在无锡国专旁听与参加作文考试。先后在上海《时事新报·学灯》《申报》《新闻日报·学海》及无锡《锡报》上发表20余万字的文史研究稿，并发表宣传三民主义的文章。民国13年，向段琪瑞政府上《安国十策》万言书。民国17年，经秦执中介绍拜居住无锡东河头巷、孟河名医费伯雄的高足刘莲荪为师。民国19年，无锡鼠疫流行期间，遵刘师之命回乡行医，为家乡农民义务看病，跑遍5个村庄67户农家，所治者皆愈，无人失治。其间，国民政府中央卫生委员会提出《废置旧医以扫除医事卫生障碍案》及《规定限制中医生及中

药材之办法案》等议案，其撰文予以批驳，并赴南京请愿。民国20年，在国专校友张锡君的商请下，任中央国医馆无锡支馆秘书。民国24年上半年，受张锡君委托，赴上海《光华医学药杂志》任副总编辑。后应上海中医协会理事长、杂志社社长丁仲英之聘，续任副总编辑，实主其事。经丁仲英介绍，在上海市中区天妃宫桥施诊局兼任中医。民国26年日本侵华战争全面爆发后，上海各界组织中医救伤医院，邹任内科主任。是年秋，回乡半月，后在南京国医救护医院任内科主任。同年初冬，随院内迁武汉、宜昌、万县、重庆。途中，向中医喉科专家张嘉炳学习喉科技术。至重庆后又拜著名中医学家补一为师，在重庆校场口开诊所，还被聘任为国民政府司法部医官，重庆毛纺织厂、重庆火柴公司、冠生园食品厂等单位的特约医师，为中苏友好协会会医。其间，曾治愈王昆仑夫人曹孟君和中苏友协戈宝权的肾脏病。民国31年，中苏文化协会常务理事王昆仑聘其担任义务会医，经常为中共人士和民主人士义务出诊。抗战胜利后全家定居南京。南京解放后，全家迁回无锡开设诊所，曾短期在上海某中药店坐堂行医。1953年，王昆仑写信给无锡市有关部门探听其下落，引起无锡中医界的关注。1954年5月，江苏省筹建中医院，应邀参加创办工作。夏秋间，承淡安负责筹办江苏省中医进修学校（后为江苏中医学校、南京中医学院、南京中医药大学），邹参加教学方案的研究，后又承担《中医诊断学》教学。江苏省中医院成立后，先后任副院长、院长。其是国家科委中医组成员、卫生部医学科学委员会委员；曾当选为第二届、第三届、第四届全国人大代表，全国中医学会副理事长。是年，主持成立中医肾病小组，开展对中医药治疗肾病的研究。1955年，出版国内第一部肾病中医专著《中医肾病疗法》，创制的治疗肾病中成药“保肾丸”，对慢性肾病、肾功能不全有显著疗效。1956～1984年，多次赴北京为叶剑英、粟裕、谭震林等党和国家领导人治病。1964年社教期间，参加句容县农村巡回医疗，治愈许多常见病、多发病。其主张“治病必求其本和必须有整体观念”，因而疗效很高；教导学生“师古而不泥古”，要求学生把前人的经验融会到自己的实践中去，从而取得新的见解。1982年，被国务院学位评定委员会首批确定为中医内科博士研究生导师。是年，其学生与南京工学院副教授王能斌学生合作，研制成功《邹云翔教授肾系疾病诊疗及教学经验应用软件》，开设邹云翔肾病电脑门诊。1984年11月，该软件在西安举行的全国微机应用展览上获一等奖，翌年在日本筑坡举办的国际科技博览会上展出。1987年，在美国华盛顿召开的世界医药信息学术会议上宣读软件治疗的论文，引起国际医学界的极大重视。其著有《邹云翔医案选》（多种版本）、《中医肾病疗法》《中医验方交流集》《中医验方交流集续编》等书。1988年2月3日，在南京病逝，享年90岁。其女儿、肾病专家邹燕勤编著的《邹云翔学术思想研究选集》及与王纲编著的《中医临床家——邹云翔》等书籍广为流传。

江应麟（1900——1988） 清光绪二十六年（1900）一月二十二日，生于无锡城内百岁坊巷。民国6年（1917）7月，毕业于江阴南菁中学。民国10年7月，以第一名的成绩毕业于上海交通大学土木工程科，并留校当教员。民国11年1月至16年，在无锡实业中学任校务主任、数学教员，是学校创办人之一。民国16年7月，将原学校的建筑工程部改建为无锡实业建筑工程公司，自任主任建筑工程师。民国18年，又改为无锡实业建筑工程事务所，任主任，其弟江祥麟及许楚珍等10人为工程员。其间，曾设计工运桥、长广桥、光复桥、西门

江应麟于1929年设计建造的位于无锡新生路7号的“缪公馆”一角

桥、吉祥桥。负责建造锡宜公路、锡澄公路无锡段桥梁。设计并建造实业中学校舍、江苏省立教育学院图书馆、南门外明德小学校舍、洛社大中华制种场和庆丰纱厂、丽新纱厂、协新纱厂大部分建筑，各厂的水塔，雪堰桥护塘水利工程，鼋头渚澄澜堂、茹经堂，书院弄、东大街自流井等，从桥梁、公路到学校、住宅等，遍布城乡。民国26年抗战全面爆发后，其移迁上海租界，由其弟江祥麟留在无锡办事处，继续从事建筑设计。抗战胜利后，建筑事务所在上海再度开张，其与弟江一麟负责设计，江祥麟负责工程预决算、施工管理等，三兄弟齐心合力，在江南建筑界享有盛名。新中国建立后，任华东建设工程公司顾问、主任工程师。1952年，任华东建筑工程局技术处长。1954年，支援西北建设，任西北建筑工程总局技术处副处长、副总工程师。1958~1963年，任上海市第三建筑工程公司总工程师。1963年，因病退职。曾撰写《记天下第二泉》一书。1988年病逝，终年88岁。

孙春圃（1902——1988）　清光绪二十八年（1902）七月九日生于苏州养育巷。早年就读于无锡勉强学堂、东林学堂，民国10年（1921），肄业于上海育才公学。民国12年起，相继担任无锡惠梨小学、孙氏小学、培西小学校长。民国14年起，先后兼任无锡《民声日报》、《工商日报》编辑。民国21年，章太炎在苏州讲授国学三周，为听课每天来回苏锡间，被誉为“最好学者”。民国18~24年，担任《商报》、《锡报》总编辑。竭力主张抗日，大声疾呼宣传抗日救国。后一度离开无锡，在山西、云南等地工作，曾任江汉关海关文书、中央信托局运输科科员、云南钢铁厂文书股长等职。民国35年回无锡，继任《锡报》总编辑。民国36年，任无锡圣德中学教师。无锡解放后，一直担任教师，系中国民主同盟会盟员。1966年退休。1988年6月23日逝世，终年86岁。

诸祖耿（1899——1989）　原名锡光，字介父，清光绪二十五年（1899）三月生于无锡东亭。早年就读于东林小学，民国3年（1914），考入江苏省立第三师范学校。民国6~13年，先后任荡口华氏私立鸿模高等小学教师、教导主任，无锡县立女子师范学校教师，民国13年加入锡社。民国15年，与钱穆、蒋锡昌、施之勉等组织“丙寅读书会”。民国18年，任南通中学教师。民国19年，任江苏省立苏州中学教师。民国21年，任苏州私立振华女子中学教师。民国23~25年，在章太炎国学讲习会任编辑，编印《制言》半月刊。民国27年起，任私立太炎文学院教授兼正风文学院教授。民国29年，任云南大学文学院教授。民国34~35年，任南京临时大学补习班教授、云南大学文学院教授。无锡解放后，在江南大学任教授兼副教务长。1950年后，任江苏省立社会教育学院、苏南文化教育学院教授。1951年，调至省立镇江中学工作。1955年起，调江苏教师进修学院、江苏教育学院任教。1958年，任《江海学刊》编委。1960年，被评为全国文教系统先进工作者。1970年，任南京师范学院教授。曾开设《中国古典文学》《中国文学史》《中国诗史》《先秦学术概论》《古代汉语》等课程，其文学功底深、基础扎实，授课生动有趣，十分吸引人。其是九三学社成员，江苏省第三届、第五届人民代表大会代表，省政协委员。出版专著有《太炎先生讲演录》《战国策逸文考》《左传集注》《尚书章氏学》《先秦学术概论》《韩柳文衡》《刘长卿诗编年校注》《虚字通考》《无锡方言考》《水明楼诗稿》《雪龛文存》等，发表论文有《论诗经里的“言”字》《文子考》《李长吉研究》《翁覃溪之诗学》《关于马王堆汉墓帛书类似战国策部分的名称问题》等百余篇。《战国策集注汇考》获全国1980~1990年古籍整理优秀成果奖、1988年江苏省第二次哲学社会科学优秀成果奖荣誉奖。1989年8月逝世，终年90岁。

华印椿（1896——1990）　清光绪二十二年（1896）正月十五日，生于无锡东门外石埭桥华四房。

祖上三代均以教书为生。幼时父母早丧，由祖父抚养长大。先在本村小学读书，后考入南京江南陆军小学。民国元年（1912）起，先后任天上市一小、寺头镇二小、开原乡一小、北下乡六小算术珠算教员。民国8年秋，考入上海留法勤工俭学预备科，后转入职业教员养成所肄业。民国9年，任无锡公益工商中学珠算教员。民国11年，任上海中华职业学校珠算教员，教过华罗庚。民国14年，其编写的《珠算速记法》一书出版。民国17年，任江苏省农工厅视察员。抗战爆发后，应考试院高等文官考试及格，分配至国民政府实业部工作，民国27年迁重庆。民国31年，任经济部统计处第三科科长。一年后辞职，任西北毛纺织厂筹备处秘书。1952年冬，退职南归定居南京，专门攻研珠算。1953~1956年，出版《财经珠算》《大众速成珠算》《百分比简捷算法》《珠算教程》《大众珠算》等珠算专著。其珠算研究求实用，针对当时计算利息的繁琐，创造“三七法”；针对当时繁杂的公英制换算，推出换算捷算法；针对当时金融兑换中的换算常遇的很多位小数乘除法，介绍推广省乘省除法，再以扩充应用，又简化会计、统计求百分比的计算等。1956年秋，进入江苏省各界人士政治学校学习，第二年结业。1963年11月，在北京和一些国内知名珠算专家共同发起召开“珠算及辅助工具座谈会”，后与华罗庚、熊庆来、严敦杰等两次联名上书教育部，对珠算教育、教材、师资培训等提出多项有益建议。1975年，日本有学者撰文说“中国算盘来源于罗马”。为此，翻阅大量史籍，专程两趟自费赴北京大学查找孤本。1978年，完成《论中国算盘的独创性》论文，以无可辩驳的证据证实算盘起源于中国古代的筹算。1986年12月，加入中国国民党革命委员会，先后任民革江苏省委委员、民革中央团结委员会委员，第四届江苏省政协委员，江苏省文史馆馆员，江苏省珠算协会名誉会长，中国珠算协会筹委会主任和中国珠算协会顾问。1970年起，历时15年潜心写成《中国珠算史》一书。1990年1月17日，病逝于南京，终年94岁。

顾铁符（1908——1990） 清光绪三十四年（1908）七月十七日，生于无锡县梅村，祖居无锡城内槐树巷。民国13年（1924）中学肄业后，先后在杨墅小学、无锡县女中附小、县立第五高等小学、大墙门小学及安徽和县中心小学执教。民国21年，在广州中山大学生物系任绘图员，兼任研究院技佐。民国30~31年，受中山大学研究院委派，首次参加田野考古工作，在海丰新石器时代遗址从事考古调查发掘。民国33年8月至民国34年7月，任江西中正大学师范科讲师。其后，重回广州中山大学，任文学院讲师兼图书室主任。新中国成立后，历任中南军政委员会文化部文物科科长，兼任武汉大学讲师，后调任中央文物局业务秘书。其长期从事文物考古和博物馆专业工作，1952年起，先后参与湖南长沙春秋战国时期楚墓、山西侯马东周时期晋国晚期都城新田遗址、河南信阳战国楚墓、湖北随县曾侯乙墓等重大古墓葬遗址的勘探、发掘、整理、研究。1958年10月，调至北京故宫博物院，历任副研究员，工艺美术史部副主任、保管部代理副主任等职。“文化大革命”期间，下放湖北劳动。1972年春回京后，参加整理山东临沂银雀山汉墓竹简及长沙马王堆2号墓、3号墓的发掘工作，对出土的《孙子兵法》《孙膑兵法》约5000条竹简及帛书进行整理研究和注释解辞。1980年，调回北京故宫博物院，专于楚文化研究，运用考古的成果与文物对楚民族和楚国历史的史籍记载作过许多质辨研究。撰有《试论长沙汉墓保存条件》《隋国曾侯的奥秘》等论文，著有《夕阳刍稿》《楚国民族述略》等文集。社会兼职有：中国考古学会第一届、第二届常务理事，楚文化研究会顾问，国家文物委员会委员，国家文物局历史文物咨议委员会委员，中国大百科全书文物编辑委员会顾问等。1990年10月29

日，在北京病逝，终年82岁。生前曾先后两次将3件文物捐献故宫博物院。1992年，家属遵其遗嘱又将收藏的8件文物捐献故宫博物院。

许岱云（1901——1991） 字宗岳，清光绪二十七年（1901）八月二十一日，生于无锡东埄许巷上。系名塾师许孟养之子。幼承家学，16岁即设馆授徒。民国9年（1920）冬，就学于南京国学专修馆。次年，任无锡开化乡雪浪仙河头国民小学教员。民国12年夏，调任南桥国民小学教员。是年冬，考入无锡国学专修馆，民国17年毕业。应天津南开大学校长张伯苓之聘，任教国文课程。民国18年春，任武进女子师范教员、无锡开化乡陶巷国民小学校长。民国19年夏，与友钱殷之及国专同学倪铁如和邓季超等在无锡城内锦树里邓氏祖宅创办江南中学。抗战期间，与弟岱青在周新镇开办宏文补习中学和宏文小学。抗战胜利后。江南中学复校。1958年秋退职居家。“文化大革命”中，所藏书籍及文稿均遭浩劫，仅留有《三畏堂劫后仅存稿》行世。唐文治师撰赠50寿序称其为“及门中最贤能而极知己者”。1991年10月14日逝世，终年90岁。

冯晓钟（1895——1992） 又名琴斋，清光绪二十一年（1895）四月二十日，生于无锡石塘湾张皋庄冯湾里。7岁入家乡私塾，后就读于无锡县立乙种师范学校，民国2年（1913）毕业。民国10年，在上海纱布交易所任计算员。民国15年，考入上海法学院政治系，受教于褚辅仁、沈钧儒、史良等教授。民国16年，与同学、同乡张文伯、孙晓楼等16人，集会于上海法学院，模仿往日的锡社，发起建立锡钟社，从改良文化、教育入手，促进政治改良。仅两年，发展社员至80余人，成为无锡知识界一个重要的团体。民国18年，获法学士学位。旋回无锡，从事律师业务。是年底，与孙辰初创建锡澄长途汽车公司，任董事长。并创办锡钟高级商业职业中学（简称私立锡钟中学），曾兼任校长，编辑《锡钟》周报。民国20年“九一八”事变后，其以教育界名义邀请沈钧儒到无锡作爱国主义演讲。民国21年，当选为无锡律师公会理事长。民国22~24年，留学法国巴黎大学攻读政治研究生学位，毕业后回无锡。民国25年7月，其邀请章伯钧到无锡作抗日救国报告。民国26年1月，当沈钧儒等爱国“七君子”因呼吁和平民主、救亡图存而被国民党当局逮捕后，冒险到吴县监狱探望。沈钧儒曾赠诗一首予以勉励。抗战全面爆发后，避难于汉口，经沈钧儒介绍，赴安徽章乃器处从事转正工作，曾任省财政厅第一科科长、安徽茶叶管理处（驻屯溪）代处长、中国茶叶公司安徽办事处专员兼业务科长、安徽驿运管理处皖南办事处副主任。因同情新四军照发军饷而受到“黄牌警告”。其间，还兼任迁皖的上海法学院经济学教授、系主任，又兼该院训导主任和附属中学教导主任。抗战胜利后，任善后救济总署浙闽分署总务主任。民国35年，兼任无锡县银行常务董事。其与庄正等为首的锡钟社成为知识界要求民主的一个地方政治派别。在无锡县参议会143个议席竞选中，锡钟社得40席。民盟中央沈钧儒派柳亚子两度到锡与冯晓钟等联络，沟通情况，柳赠诗与冯。民国37年9月，与李耀春、是雨苍赴上海，经史良、林亨元介绍秘密参加中国民主同盟。后其利用在法律界、工商界和锡钟社的影响，会同其他爱国民主人士组织无锡县人民公私社团联合会，团结和联络工商界人士，为迎接无锡解放做了很多工作。无锡解放后，历任无锡市公共交通公司经理、《新经济周报》社长、市工商联筹委会主任委员、市民盟第一届至第六届主任委员、第七届至第八届名誉主任委员、江苏省民盟第一届至第五届常委，无锡市各界人民代表会议协商委员会第一届、第二届副主席，市政协第一届至第七届副主席，市政协联谊会副理事长、苏南区各界人民代表会议协商委员会委员，省、市人民代表，市人民委员会委员、市人大常委会委员。1952年主动申请锡澄长途汽车公司公私合营，鼓励和推动工商界人士接受社会主义改造。1984年90岁时，赴加拿大探亲，开展海外联谊工作，并婉言谢辞亲友让其定居海外的要求，如期返锡。1988年94岁时，仍参加政协组织的“热爱社会主义宣讲团”，以近百年的新旧社会对比现身说法进行教育。其还是无锡市民盟和工商联组织的创始人之一，长期与中共合作，为民盟组织的发展和参政议政作出贡献。1992年3月逝世，终年97岁。

唐君远（1901——1992） 学名增源，字君远，无锡城中石皮巷人。著名实业家唐骧庭之子。早年就读于上海南洋公学，后转入苏州东吴大学攻读化工专业。民国9年（1920），奉父命中辍学业，参加丽新纺织印染厂筹建工作。民国11年，工厂开工后任考工员、考工主任。民国14年升任厂长。民国19年后，在上海创办昌兴纺织印染公司任工务主任，并参与开设丽新上海一厂、二厂和三厂。民国23年，由唐骧庭、程敬堂、唐君远、荣尔仁、唐纪云、唐熊源商议集资20万元，后又增资30万元，创办协新毛纺织染股份有限公司，公推其任总经理，民国24年开工生产，时为无锡第一家具有自纺、自织、自染、自整理的精、粗毛纺织的全能工厂。至民国25年底，协新共生产呢绒24万码，获利20多万元，工厂经董事会同意扩大规模。至民国26年抗战全面爆发时，协新资本已增至80万元。民国27年春，因拒绝日军提出“合作经营”的要求，被日军关押半月之久。获释后立即赴上海公共租界内创办新厂，先后开设协新毛纺织厂、昌兴纺织印染股份有限公司、信昌毛纺织厂等。民国35年，引进瑞士巴塞尔嘉基颜料厂专利产品“灭蠹”不蛀粉剂，在锡、沪两地生产不蛀花呢，销往国内各地大商店并外销南洋、印度。新中国成立后，任上海市毛纺织同业公会主任委员。参与上海工商界为恢复生产、发展经济开展的各项爱国运动，主动认购人民胜利折实公债39万份，并为抗美援朝捐献4架飞机。1954年和1955年，无锡和上海丽新、协新各厂先后公私合营。合营后，先后任丽新公司董事长，协新厂经理兼丽新厂经理，和上海毛麻纺织工业公司经理。1956年起，先后任上海市工商业联合会第二届、第三届常务委员；第四届至第七届副主任委员和第八届名誉副主任委员。1959年起，主动放弃全部定息。“文化大革命”期间深受迫害。“文化大革命”结束后，与工商界同仁一起倡议筹资建立上海市工商界爱国建设公司。1979年任上海市工商界爱国建设公司监事长。随上海工商界代表团赴港访问，鼓励其长子唐翔千投资内地建设，在深圳搞成特区第一批补偿贸易，在新疆建成国内第一个合资经营的天山毛纺织厂，在上海建办第一个沪港合资企业——上海联合毛纺织有限公司，并成为全国“十佳”企业。1990年，创设唐君远奖学金。历任全国政协第三届至第六届委员，政协上海市第五届至第七届副主席，曾任中华全国工商业联合会第二届、第三届执行委员和第四届、第五届常务委员，江苏省工商联副主任委员，还任上海投资信托公司副董事长和沪港经济发展协会名誉会长。1992年10月16日，在上海病逝，终年91岁。

王兼士（1905——1995） 本名王廉，王赓之弟。清光绪三十一年（1905）八月二十五日，生于无锡城中小河上。幼承庭训，读书努力，自北方交通大学毕业后，民国21年（1932）赴德国慕尼黑大学攻读经济学并获博士学位。民国24年归国后，历任南京中央大学、金陵大学教授，在上海任浙江兴业银行经济研究室主任、上海总行副经理、南京分行经理、长沙分行经理及香港专员。民国27年，与顾毓琇之妹顾毓桐结婚。日本侵华战争全面爆发后，其坚持抗日，不畏日伪政权的威胁利诱，在报刊上发表抗日文章，曾任重庆战时生产局中兴木业公司经理。抗战胜利后，参加接收华中水电公司北部分公司工作，后被委任为上海闸北水电公司经理，短短数年使闸北发电厂成为上海最大的华资发电厂。上海解放前夕，与中共地下党建立联系，遵照党的指示保护闸北发电厂，保证电厂正常运行，还动员杨树浦发电厂维持发电。同时，动员妻兄顾毓瑔保全中纺公司的设备、物资和资料，保存400万美元外汇，使上海在解放后第三天纺织系统就恢复正常生产。上海解放后，曾在上海市工商业联合会任职，并加入中国民主建国会。1953年，闸北电厂成为上海市第一批公私合营企业之一。1979年5月，应荣毅仁邀请，赴北京参加中信公司筹建，为公司率先进入国际资本市场发行债券筹措资金，为开

展融资租赁业务出谋划策，并直接参加对外谈判，策划多种形式的中外合资企业模式。1980年，将史学大师陈寅恪托付其存放的《唐代政治史略稿》手稿，转交给上海古籍出版社，使史稿得以出版。其历任上海市政协第一届至第六届常委，第七届委员，上海市人大代表，中国国际信托投资公司常务董事、副首席监事，1981年起任全国工商联常委。1995年病逝，终年90岁。

许志义（1912——1995）　原名许志英，民国元年（1912）8月14日，生于无锡城内东大街。系无锡著名医师许松泉之子。民国23年6月，毕业于上海东南医学院。至民国30年，分别在常州武进医院、苏州博习医院、无锡普仁医院、上海济民医院行医。民国28年，担任无锡普仁医院副主任医师。民国30年7月，在无锡大娄巷开设私人诊所。民国34年10月，创办无锡益寿医院（无锡三院前身），任院长兼内科、儿科主任。1952年，响应政府号召，主动将私立益寿医院转为国家公立医院。1952~1954年，任江苏公立益寿医院副院长、内儿科主任。1954~1957年，任无锡市第三人民医院院长、内儿科主任。1958~1980年，任无锡市第一人民医院内科主任医师。1980~1987年，历任无锡市临床医学实验研究所所长、无锡市第一人民医院技术顾问。1987年4月退休后，仍致力于人民健康建设，筹建无锡市专家门诊（所），继续发挥余热。1956年，加入九三学社，曾任九三学社无锡分社常务委员，当选过无锡市人民代表、无锡市第七届政协常委。其从医几十年，临床经验丰富，是无锡声誉较高的内儿科专家之一。早年有《蛇根草汇编文摘》（英译中）出版。1995年4月4日逝世，终年83岁。

李　广（1914——1995）　原名嵇钟虎，无锡中市桥上塘街人。先祖嵇曾筠、嵇璜父子为清朝尚书。幼承家训，攻读四书五经。民国24年（1935），无锡辅仁中学毕业后，考入南京中央大学农学院。加入学校“学联”和中华民族解放先锋队，积极参加抗日救亡斗争。日本侵华战争爆发后离校回无锡，参加无锡抗日青年流亡服务团。民国27年，加入中国共产党，8月，任江西赣东四县特别支部书记。民国28年，到东南分局党校任政治常识教员。6月起先后任苏南特委委员、干部大队长，句容县委书记，苏皖区党委秘书长，茅山中心县委常委兼宣传部长，路西南地委常委兼保安司令部政委，苏南茅山地委书记、军分区政委，苏南三地委副书记、一地委书记兼军分区政委。民国35年，任山东鲁南三地委副书记。民国37年10月起任豫皖苏四地委书记、军分区政委。南京解放后，先后任南京市三区工委书记兼区长、南京市民政局局长、郊区工委书记、市政府秘书长。1952年2月起，先后任上海市公用事业局局长、党委书记，建委副主任，市人委交通办副主任、公用事业办公室主任，上海市委交通工作部副部长，交通工作部北方区海运局党委书记，中共上海市第三届委员会候补委员等职。“文化大革命”期间受到不应有的审查处理和迫害，下放劳动达7年之久。1973年11月重新工作后，任上海市交通局党委书记。1978年6月，任新疆维吾尔自治区党委常委、组织部长。1980年9月，任上海市委统战部副部长。1983年4月，任上海市第八届人民代表大会常务委员会委员、生产委员会副主任。1985年12月离休后，任上海诗词学会第一副会长、中华诗词学会理事、上海市新四军历史研究会常务副会长等职。著述有《学习总路线，贯彻总路线》《技术革命讲话》《不断提高劳动生产率》《劲草书屋诗词钞》等。1995年1月22日在上海病逝，终年81岁。

陆定一（1906——1996）　字慕武，清光绪三十二年(1906)六月九日，生于无锡北西漳陈家桥，3岁时移居无锡城中西河头。清宣统三年（1911）初，随父亲在北京接受启蒙教育，后回无锡，先后就读于无锡县第一国民初等小学（后改名崇安寺小学）、江阴江苏公立南菁中学农林科。民国7年（1918），考入上海南洋大学预科班。民国11年，升入该校电机工程科学习。民国13年1月，与旅沪学生王启周等人组织“锡社”，出版《无锡评论》，担任编辑。民国14年，参加“五卅运动”，与同学张永和一起为上海学联编辑《学潮日刊》。是年秋，由同学张永和、梅电龙介绍加入中国共产主义青年团，同年冬转为中国共产党党员。民国15年，任共青团南洋大学支部书记及上海法南区团委书记，并

任南洋大学国民党区分部书记。是年秋，调团中央宣传部编辑《中国青年》。民国16～17年，历任共青团中央宣传部部长，在苏联莫斯科出任中国共产主义青年团驻少共国际代表、少共国际执委、中共驻共产国际代表团成员。民国19年回国后，继任团中央宣传部长职务。反对李立三“左倾”冒险错误，王明在米夫（共产国际东方部部长）的支持下1931年代理总书记后，其团中央委员、团中央宣传部长之职被撤销，任团中央组织干事。民国20年，进入中央苏区，任团中央巡视员、苏区团中央局宣传部长等职。民国23年10月，随中央第二纵队干部队参加二万五千里长征。民国24年遵义会议后，相继担任中国工农红军总政治部宣传部部长、红军前敌总指挥部政治部宣传部部长等职，主编《红星报》。红军到达陕北后，任红一方面军政治部宣传部部长、红军前敌总指挥部政治部宣传部部长。民国26年日本侵华战争全面爆发后，历任八路军总政治部宣传部部长、八路军野战政治部副主任，后兼任野战政治部宣传部部长，领导《新华日报》华北版工作。民国29年底，奉命回延安。民国31年8月起，任延安《解放日报》总编辑，撰写大量社论和通讯，在党报史上具有深远影响。民国34年，在中国共产党第七次全国代表大会上，当选为中央委员。民国35年1月，作为中共代表团成员赴重庆出席政治协商会议。新中国成立后，任中共中央宣传部部长、中央人民政府文教委员会副主任。在1954年9月第一届全国人民代表大会第一次会议上，当选为全国人大常务委员会委员。在党的第八次全国代表大会上当选为中共中央委员、政治局候补委员。1956年5月26日，代表中共中央在怀仁堂作《百花齐放，百家争鸣》的报告，时为中央对“双百”方针最透彻、最详细的阐述。1958年，任中共中央文教小组组长。1959年，任国务院副总理。1962年，任中共中央书记处书记。1965年，兼任文化部部长。长期主管党和政府的意识形态及文化教育工作。“文化大革命”期间，遭到严重迫害，关押近13年。1979年6月8日平反，在政协第五届全国委员会第二次会议上被选为副主席。9月，在中共十一届四中全会上被补选为中央委员。1980年，任中共中央宣传部顾问。在党的第十二次、第十三次全国代表大会上当选为中央顾问委员会常务委员。1983年12月，其撰写的《用毛泽东思想整党》一文，经时任总书记胡耀邦批示后，在《人民日报》和《光明日报》同时刊登。其学识渊博，对古典文学和历史造诣较深，在自然科学方面知识丰富，英文水平也较高。1991年85岁高龄时，还主持编辑其从1926年至1990年的文稿。1996年5月9日，因病在北京逝世，终年90岁。中共中央悼词评价其是“伟大的共产主义战士，杰出的无产阶级革命家和党宣传思想战线的卓越领导人”。

王　枫（1910——1996）　女，原名王汝枫，清宣统元年（1909）五月四日，生于无锡城内西河头姚宝巷，原中国人民政治协商会议副主席王昆仑之妹。民国22年（1933），毕业于南京中央大学社会学系，曾留学美国哥伦比亚大学社会工作学院，加入旅美中国和平民主同盟。回国后执教于江苏省立女子一中、南京金陵大学附中。日本侵华战争时期，参加爱国学生运动，加入反帝大同盟，是南京妇女界救国会发起人之一，曾任南京妇女文化促进会执委、重庆中国茶叶总公司专员、邮政储金汇业局研究员。先后参加中国妇女联谊会、中国民主革命同盟。后任上海商船学校副教授。1947年，赴美国哥伦比亚大学社会工作学院进修。次年参加中国国民党革命委员会。新中国成立后，历任司法部专员、北京市人民法院审判员、司法部人民接待室副主任、中国儿童少年基金会理事，是民革第四届中央候补委员和第五届、第六届中央常委，还是第五届全国政协委员，第六届、第七届全国政协常委。1996年7月23日在北京逝世，终年86岁。

王同熙（1910——1996）　清宣统二年（1910）三月七日，生于无锡城区石皮巷。民国17年（1928），以优异成绩考入浙江大学工学院土木工程系。民国21年毕业，获工学学士学位，留校任教。

民国23年春，应茅以升邀请参与钱塘江大桥建设任工程处工务员（技术员）。在建设钱塘江大桥的同时，在茅以升和罗英的领导下参与武汉长江大桥的设计，并于民国25年8月完成建桥工程计划书。民国26年11月17日，钱塘江大桥全面通车。是年12月23日下午，为不让日本侵略军利用而炸毁。之后，随大桥工程处后撤，先后在浙江兰溪、湖南湘潭、广西桂林、贵州福泉和贵阳等地参与并完成位于川黔公路的乌江公路桥建设，桥梁连结重庆与贵阳两大城市，为当时军用物资和人员运输提供极大便利。民国32年，在茅以升创建的中国桥梁公司任工程师。日本侵华战争胜利后，随茅以升和总工程师汪菊潜在杭州修复钱塘江大桥。新中国成立时，其已成为独当一面的桥梁专家。1950年，任上海铁路局工程处总工程师。1952年，参与并主持钱塘江大桥修复工程，工程于1953年9月完成。1954年，调任铁道部大桥工程局二桥处总工程师，主持汉水公路桥设计和施工。1955年，任武汉长江大桥南岸施工负责人，获铁道部武汉大桥工程局颁发的优秀工作者奖章。1961年，任南京长江大桥南岸施工负责人，其负责的南京长江大桥建桥新技术获得国家科学技术进步集体特等奖。1963~1966年，任铁道部中国桥梁研究所首任所长，其间，曾在津浦线和京汉线两座黄河铁路大桥的维修中提出技术意见。1972~1976年，任九江长江大桥指挥部总工程师，与同事们获得中国铁路总公司集体二等奖。其是国家铁路一等二级工程师，荣获中国土木工程学会“终身功勋工程师”称号。1976年底，退休回锡定居。先后任上海铁路局顾问、上海铁道学会工务委员、无锡市土木建筑工程学会荣誉理事等职。是无锡市第六届政协委员会的特邀代表。1987年11月，成为无锡九三学社唯一由社中央副主席茅以升介绍入社的社员。1996年3月26日，在无锡逝世，终年86岁。

戴倜然（1917——1996）　民国6年（1917）1月，生于无锡县胡埭张舍镇。自幼受经营中药房父亲的影响，其叔父戴慈惠是当地颇有名望的老中医。匡村中学毕业后，师从无锡著名痘痧科专家龚士英学医3年。民国28年（1939）起，在家乡张舍开业行医10年，诊务甚忙，其注重辩证施治和心理治疗，并较早采用中西医结合，为人治病时常能收到药到病除的奇效，一时名声大振，张舍周边的宜兴、常州等地病人慕名而来，出现“船满张舍河，车塞张舍街”的盛况。日本侵华战争时期，救治过新四军伤员，被新四军锡西区区长誉为“锡西民主人士模范”。1949年1月，迁居城中，在中山路李同丰药店（今健康参药店）坐堂行医，香港、上海、浙江、安徽、沈阳、南昌等地病人慕名前来求诊，每天达200多号。1954年10月，与钟荣赓、李福先、方鹤卿等开办崇安区第三联合诊所，任副所长兼总务主任。1958年，该所并入崇安区联合医院后，任中医内科主任。1971年6月，被下放回原籍张舍。1972年4月，被召到胡埭医院看门诊，竟门庭若市，一号难求。1977年，返回崇安人民医院。1980年，患病在家。1987年退休后，每日上午登门就治的病者仍接踵而至，均为义务诊疗。其医德高尚，对贫富患者一视同仁，常扶贫济困。其擅长中医内妇科，在治疗发热性疾病、小儿痉厥、慢性肝炎、再生障碍性贫血等方面医术高明，享有“戴半仙”之誉，曾发表“黄胆树煎剂治疗乙型肝炎初步疗效”“麻黄甘膏治疗麻疹时肺炎”等学术论文10多篇。先后培养管甫林、陈立己、马瑞琴、陆耕千、朱江、赵根如、钱汉庆、闻培滋、拮夕兴等一批学生，有的成为骨干医师，有的成为卫生系统领导，有的成为基层医院院长。从无锡解放前到解放后几十年中，其与钟荣赓、强士奎等齐名，各有所长，在无锡名扬一时。曾当选为中国农工民主党无锡市崇安区支部负责人，多次被选为崇安区人大代表、政协委员。1996年3月逝世，终年80岁。

沈　武（1906——1997）　字宪文，号修庵，晚年号书痴老人。清光绪三十二年（1906）一月十二日生，祖籍无锡钱桥沈巷，定居无锡城内新生路。幼年丧父，随母寄居舅家，7岁入私塾，及长，从秀才钱希蔺攻读国学。19岁任存古学校助教，钻研《十三经注疏》及《皇清经解》。次年，负笈常州进士钱振

鍠所设寄园读书一年。后以第一名考入无锡国学专修馆。又因贫辍学，经唐文治介绍任职上海暨南大学校长郑洪年秘书处佐理，兼授中学部课程。日本侵华战争爆发后，任江西宁都县督学。民国29年（1940）2月，入瑞金黄埔军校三分校（16期）受训，毕业后留校任少校秘书，后调任中校政治教官。民国34年，调任第三战区瑞（金）会（昌）雩（都）警备司令部秘书。民国35年，因内战而脱离军队回锡，任无锡国学专修学校讲师。无锡解放后，历任无锡私立辅仁中学、私立蓉阳中学高中语文教师和教研组长。1955年，因肃反运动被解聘。“文化大革命”期间，约百万余言的著作文稿和大量藏书（内有善本）、碑帖字画被毁。1972年，为老一辈无产阶级革命家抱不平而被打成“现行反革命”，判刑入狱10年。1975年，特赦原国民党县团级以上人员，被释放。1979年7月16日，法院重新判决，对其“撤销原判，宣告无罪”，重获新生。1986年6月，加入黄埔同学会。12月加入民革。1987年8月，被聘为江苏省文史馆馆员。其工书法，正草行楷均劲秀超群。撰书《道德修养刍言》一书，勒石于蠡园长廊碑林、常州工人文化宫、开封中国翰园碑林，并参加中央及华东七省市地区文史馆和海峡两岸书画联展。《道德修养刍言》自费印刷后，于1993年向无锡市中小学生捐赠400册，媒体予以报道，中共中央办公厅来信转达中共中央政治局常委乔石的赞赏之意。另写有《改革颂》《母爱》《国风颂》等篇，为无锡市老年书画协会会员、江苏省老年书画联谊会会员、中国老年书画研究会会员。1997年6月逝世，终年91岁。

华　斌（1909——1998）　清宣统元年（1909）二月，生于无锡城内县下塘，系华老太的二儿子。早年参加五卅反帝爱国运动。民国15年（1926），高中毕业后，受训于海关创办的全国海岸巡防处训练班，专攻气象观测和无线电技术，学成后在上海气象观测台工作。民国18年，在南京国民政府财政部任电台主任，鉴于政府腐败，弃职出走，到上海私营大华电器公司谋职。“九一八”事变爆发，投身抗日运动。经共产党员甘莲笙介绍，在上海秘密加入中国共产党。是年，与邹毓英结婚，邹长期帮助华斌从事交通、联络等工作。华入党后，任中共沪西区委宣传部干事，出版沪西区工人刊物，参与领导沪西反日大罢工，声援十九路军抗日斗争。民国22年，考入中国航空公司（简称“中航”），成为“中航”的第一个地下党员。民国26年，日本侵华战争全面爆发后，随“中航”西迁至武汉，再至重庆。民国27年春，在重庆成立“中航”第一个地下党支部。皖南事变后，重庆的住家成为地下党的活动据点。民国29年，重庆《新华日报》负责人吴克坚在其资助下开设兴华油脂公司。翌年，任重庆区党委干事，领导生活书店党支部。太平洋战争爆发后，受中航公司的委派，在缅甸北部密支那架设电台。在日军进攻密支那时，为救出近千名印度难民作出贡献。抗战胜利后，随“中航”返回上海，从事中共地下秘密活动。解放战争时期，受党组织委托，在上海建立秘密电台，沟通与中共中央军委和解放军第三野战军总部的无线电联络，为上海解放作出贡献，曾受到中共中央和周恩来嘉奖。上海解放后，参加上海市军管会空军部的接管组，组织清理接收通信器材仓库，将原中航公司修配厂改造成空军通信修造厂，任第一任厂长。还担任华东航空处副处长。20世纪50年代，奉调北京空军总部，任空军司令部通信处第二副处长、处长、第一处长，参与空军通信部队、通信学校的组建，为中国空军参加抗美援朝、解放沿海岛屿、进军西藏、入闽备战和国土防空等军事活动作出贡献。1955年，被授予上校军衔。1960年，被任命为中国人民解放军空军司令部通信兵部部长，晋升大校军衔。1977年12月以正军职离休。1988年，被授予中国人民解放军二级红星功勋荣誉章。1998年8月14日，逝于北京，终年89岁。有《空军通讯部长的传奇人生》一书行世。

钱锺书（1910——1998）　字默存，号槐聚，笔名中书君等。清宣统二年（1910）十月二十日，生于

无锡岸桥弄租住的秦宅。父亲钱基博是一位饱读诗书、国学底子深厚的学者。自小在父亲的教育影响下，攻读诗书。民国12年（1923），全家迁居七尺场（今新街巷30号）新建成的家宅钱绳武堂。早年就读于无锡县立第二高等小学校（今东林小学）、苏州桃坞中学、无锡辅仁中学。民国18年，考入北平清华大学外文系。曾任《清华周刊》英文副刊主任。民国22年，清华大学毕业，获文学士学位。是年9月，移居上海，任私立上海光华大学外文系讲师兼国文系教员，并担任英文刊物《中国评论周报》编辑。民国24年春，考取教育部第三届中英庚款资助公费留学，赴英国牛津大学艾赛特学院攻读英国文学。民国26年，以《十七、十八世纪英国文学中的中国》毕业论文，获牛津大学副博士学位。是年秋，与夫人杨绛赴法国巴黎索邦大学进修法国文学。民国27年秋回国后，先后执教于西南联合大学、湖南蓝田国立师范学院、上海震旦女子文理学院、上海国立暨南大学。出版诗集《谈艺录》、散文集《写在人生边上》、短篇小说集《人·兽·鬼》、长篇小说《围城》等。1949年7月，举家迁往北京定居，任清华大学外文系教授，并负责外文系研究所等事宜。1953年，全国高校院系大调整后，任中国科学院文学研究所一级研究员，专门研究中国与西方文学，特别是诗歌、小说和文学评论，尝试用比较文学等多学科的方法来理解中西文学作品和文艺理论。1955年，为中国科学院哲学社会科学部学部学术委员会委员。1960年，任“毛泽东诗词英译定稿小组”组员。“文化大革命”期间被下放劳动，1972年春从干校回到北京。粉碎“四人帮”后，得以平反。1976年，为中国社会科学院文学研究所古典文学研究室研究员。1978年9月，随中国社会科学院赴意大利参加欧洲汉学家第二十六届大会。1979年4月，访问美国。1980年11月，访问日本，在日本早稻田大学发表论文《诗可以怨》。1982年，任中国社会科学院副院长。1993年，被聘为中国社会科学院特邀顾问。曾任第六届全国政协委员，第七届、第八届全国政协常务委员。其在文学创作和学术研究两方面成绩卓越，蜚声海内外。《管锥编》是其晚年一部代表性皇皇巨著，为研读《周易正义》《毛诗正义》《左传正义》《史记会注考证》《老子王弼注》《列子张湛注》《焦氏易林》《楚辞洪兴祖补注》《太平广记》《全上古三代秦汉三国六朝文》10部古藉的札记、随笔，是现代学术研究的里程碑，被誉为当代文化昆仑。《围城》被拍摄成电视剧，并被译成多种文字在英、美、法、德、日、俄、意等多个国家出版。《管锥编》《谈艺录》《写在人生边上》《七缀集》《宋词选注》等著作一版再版，在文学、国学、比较文学、文化批评等领域的成就，使推崇者称之为“钱学”。其治学特点是采用贯通中西、古今互见的方法，融汇多种学科知识，探幽入微，钩玄提要，在当代学术界自成一家。1998年12月19日，在北京逝世，终年88岁。

薛葆鼎（1916——1998）　民国5年（1916）6月27日，生于无锡前西溪。曾用笔名明今、尔澄、二吴等。曾祖父系薛福辰。童年时期受家庭教育影响，喜欢诵读《论语》《孟子》《左传》《史记》等古籍。在小学读书时，在母亲王镜秋（王昆仑姑母）辅导下学习文化。民国17年（1928）就读无锡辅仁中学，民国23年，考入南京中央大学化工系。民国24年9月起，先后参加“南京学联”和“南京学生界救国会”，担任常委、执委。北平“一二九”运动后，又参与组织南京各大中学学生响应平津学生的12月18日大游行，并任纠察队长。民国25年7月初，与惠永昌（王新民）等人组织无锡旅外学生暑期服务团，开展抗日救亡活动。暑期结束后，转入无锡学社。民国26年，考入金陵大学化学系。民国27年初，西撤至武汉，组织武汉无锡青年抗敌工作团，代行团长。是年4月，在武汉加入中国共产党。6月，受党指派，入江西吉安国民党战干三团做地下工作，任少校指导员。民国28年9月，在成都金陵大学化工系复学，在学校从事地

下工作。民国30年毕业，获化学工程学士学位。后在金堂铭贤农工专科学校任化工系助教。民国31年初，任重庆中央工业试验所副工程师兼工务课长。民国35年，赴美国黑色与有色冶金工厂、煤矿与炼焦厂、炼油厂与化工厂实习，后入匹茨堡大学研究生院学习，民国37年8月，以论文《同沸点混合液的分馏》获得化学工程硕士学位。在美期间，是中共在美工作领导小组成员，领导留美科技人员进步运动。又在布鲁克林大学选读博士课程。上海解放后，在上海市军事管制委员会轻工业处和重工处任军代表，负责接管企业。1951年，担任华东工业部轻工业局副局长和上海市工业局副局长。1953年春，调国家计划委员会，后又转国家建设委员会。先后任国家建委重工业设计局副局长、国家计划委员会重工业局第一副局长等职。参与推动国家工业交通各部第一批设计院所创建，以及开辟西北和华北几个工业区与若干大型工厂的布局。庐山会议后被批判为“右倾机会主义”，受到下放化工部技术司工作的处分。1962年夏，平反回国家计委复职。“文化大革命”期间受迫害，被关押达7年半之久。1978年起，历任中国社会科学院研究员、中国工业经济研究所副所长、中国基本建设经济研究所所长、中国城乡建设经济研究所所长、国务院技术经济研究中心顾问、国家计委投资研究所研究员、中国国际工程咨询公司第一届理事长及专家委员会顾问、中国石油化工总公司技术经济顾问委员会委员等职。并任中国基本建设经济研究会副理事长，中国社会经济系统工程学会理事长等职。其长期从事工业经济管理和工业经济研究，是中国基本建设经济学科和社会经济系统工程学科的主要倡导者和学科带头人之一，还是国务院学位委员会首批批准的经济学科博士生导师。著作有《现代化的整体论》《中国区域经济概论》《基本建设投资效果研究》等。1998年7月15日逝世，终年83岁。

姚　璋（1920——1998）　生于民国9年（1920）7月，无锡人。民国29年3月，考进无锡和兴医院学医兼外科翻译。民国32年3月，赴日本东京大学医学部进修，次年转修皮肤科。民国34年5月，回国后在无锡圆通路17号开设私人诊所。民国36年9月～1951年9月，兼任无锡大华助产学校教师。1952年9月起，先后兼任无锡仁济护校、普仁护校皮肤科、理疗学教师，中国人民解放军101医院皮肤科特约医师。1954年4月，进无锡市第二人民医院工作，先后被聘任为皮肤科主治医师、副主任医师、主任医师、皮肤科主任等职，为著名皮肤科专家。曾担任江苏省第六届、第七届人大代表，中国人民政治协商会议江苏省无锡市第六届委员会委员，第七届、第八届委员会常务委员、医卫体育委员会主任。历任农工民主党无锡市第五届、第六届委员会副主委，第七届、第八届委员会顾问。其从事皮肤科医疗50余年，具有丰富的临床经验，对疑难、少见皮肤病有较高的诊治水平，是无锡市临床皮肤学科的奠基者和创始人。先后撰写论文10余篇，分别在江苏省年会、华东地区皮肤科学术会议上交流，并编写皮肤科诊疗手册，开创无锡地区职业皮肤病防治工作的先河。其还兼任《临床皮肤科杂志》《无锡医学》等全国及地方专业刊物的编委，培养许多皮肤科专业人才。1998年11月6日逝世，终年78岁。

章剑慧（1905——1999）　名桓，号尚周。清光绪三十一年（1905）正月初五，生于无锡城区小河上。民国12年（1923），毕业于无锡公益工商中学，后由表兄李国伟推荐进入汉口荣氏申新纺织四厂当实习生。民国15年，参加美国万国函授学校纺织科自学，取得结业证书。民国19年起，历任申新四厂副厂长、工程师、厂长兼总工程师。民国26年，日本侵华战争全面爆发后，任申新四厂、福新五厂内迁指挥，在渝建成庆新纺织厂，自任厂长。后任申四重庆分厂副经理。民国28年初，又与李国伟一起前往宝鸡，把汉口搬迁至此的机器建厂复工，并创办宝鸡铁工厂、宝鸡宏文造纸公司，又接办从无锡经汉口迁至重庆的原无锡公益铁工厂，以制造纺织、面粉机器设备。还在重庆创设建成面粉公司。民国31年，与李国伟一起在陕北勘探煤源，开办宝兴煤矿公司，至民国33年因运输困难而停产。

短短几年，申四、福五扩展到10多个厂，经营范围从棉纺、面粉发展到机器制造、造纸、煤矿、陶瓷、毛纺等行业。为统一管理，李国伟设立申四、福五、建成、公益、宝兴（后改宏文）五公司总管理处，章任副处长。其间，还与人合办中国工业联合保险公司，参与组织迁川工厂联合会并任理事。是年，其作为发行人，出资在桂林出版《中国工业月刊》。曾参加重庆赴西北工业考察团，为新疆草拟发展纱、粉两项工业发展计划，在当地报纸上发表。抗战胜利后，任经济部接收委员，赴沪主持接管13个日本纱厂。民国35年7月，奉命以资方代表参加加拿大国际劳工会议，又赴瑞士参加国际纺织会议。会后前往英国、法国参观。其间，先后协助李国伟设立上海建成面粉厂；在上海开办海新贸易公司、中国工业保险公司；在重庆购买军政部纺织厂，改设为渝新纺织厂；与友人合办长江轮船公司；协助友人在上海创办毛纺厂；在江阴创立纱厂等。上海解放前夕，章剑慧出面以身家担保，营救在沪被捕的原《中国工业》杂志主编、无锡籍经济学家、中共地下党员张锡昌。武汉、重庆解放前，主持两地纱厂员工护厂，维持生产，迎接解放。新中国建立后，任西南财经委员会委员、重庆市政协委员、重庆市工商联委员、重庆市纺织业联合会主席等职。1950年，作为西南区代表，出席在北京召开的全国税务会议、全国纺织会议。1951年3月，离开重庆到香港。应友人邀请先后在香港为万氏创建东方纱厂，为陈氏协创南丰纱厂。1957~1959年，协助陈廷骅办纱厂，纱锭由5000锭扩充到5万锭，时为香港最大的纱厂。1960年，为吕氏创建南大纱厂、毛纺厂、针织厂。1966年，协助姻亲在香港创办面粉厂。1971年起，转向东南亚发展。应新加坡南大集团吕超民邀请，接受日本帝人公司代管新加坡纺织厂。协助印尼友人创办橡胶厂、灯芯绒厂、手套厂等。1974年，又赴印尼为朋友创建南大纱厂、布厂及牛仔布厂。1982年，回香港定居，担任南大纺织厂副董事长兼顾问，多次回大陆参观访问。1982年，将香港南大纺织厂的先进纺纱设备介绍给武汉。是年2月，赴京出席全国工商联30周年纪念大会，并多次为内地咨询、顾问。1999年5月，在香港逝世，终年94岁。

侯毓汾（1913——1999）　女，民国2年（1913）8月11日，生于无锡城中北禅寺巷。系无锡教育家侯鸿鉴长女。民国24年，毕业于上海大同大学化学系。民国28年，获美国密歇根大学化学硕士学位。民国30年，任昆明电工器材厂工程师。民国31年，任浙江大学教授，开设“染料化学”新课程，是中国第一个开设染料的创始人。民国34年起，先后任唐山交通大学矿冶系教授、上海水产专科学校制造科教授。1950年，任沈阳东北工学院化工系教授，筹建染料化学新专业，任教研室主任。1952年，全国高校院系调整，任大连工学院（今大连理工大学）化工系教授兼染料教研室主任。1958年起，重点研究活性染料及活性分散染料，先后开发和研制各种活性基的活性染料新品种，为中国活性染料的研制、开发和生产作出重大贡献。60年代起，先后任大连工学院化工系副系主任、中国化工学会理事、染料学会理事长、国家科委化工组染料分组副组长、全国科学大会代表、大连市科技顾问和辽宁省高校确定与晋升教授、副教授评委，教育部学位授予单位化工评选组成员，《化工学报》编委，第三届全国人民代表大会代表，大连市第一届、第八届、第九届人民代表，中共大连市委委员，全国、省、市三八红旗手。80年代初，承担国家科技攻关项目“丝绸用染料的研究”，为解决和提高中国丝绸染色质量问题做出新的成绩，为此荣获全国科学大会奖（三项）及国家教委科技进步二等奖。1981年起，指导博士研究生，先后招收博士研究生12人。通过答辩获得博士学位9人，为国家培

养大批染料、科研、生产的技术骨干和人才。在其带领下，精细化工系研制成蛋白质纤维用的长碳链弱酸性染料。其从事染料化学及工艺学的教学和科学研究工作50年，曾多次主持编写全国统一专业教材，编著有《染料化学及工艺学》《活性染料》等书，撰写论文数十篇，在绝缘材料特别是染料科学方面取得重要成就，被誉为“中国染料科学的一代宗师”。1992年80岁高龄时，将自己一生积蓄的3万元设立“侯毓汾奖学金”，并将珍藏的300多册图书资料全部捐献给学校图书馆。1999年9月10日逝世，终年86岁。

李云军（1941——1999） 原名李云君，民国30年（1941）三月初八，生于无锡广益乡长善坊农民家庭。1949年9月至1954年7月，在长善坊小学读书。1954年，考入无锡市第二初级中学。1956年2月，转入无锡市第五初级中学读书。1957年，考入无锡市第三中学高中。1960年，毕业后在家一年。1961年，考入北京航空学院航空工程力学系空气动力学专业。1966年毕业前，经老师推荐报考本校研究生，并到山西临猗县参加“四清”工作队，3月15日加入中国共产党。1967年9月，任职中国人民解放军第六研究院第七研究所。1970年1月，调至603研究所，从事军用飞机研制。1972年6月，借调到上海708工程设计组（中国航空工业第一集团公司640所前身），参加研制中国第一架喷气式客机——“运十”飞机。1976年1月，正式调入640所，从事大型民用飞机的研究设计。历任640所第一研究室副主任兼中国干线飞机方案论证组组长、航空航天工业部干线飞机型号总体协调主任设计师、第一研究室主任。1987年聘任为高级工程师。1988年4月18日至8月30日，随中国专家组到美国西雅图波音公司合作研制大型客机的可行性研究。1996年，聘任为研究员。其长期从事飞机设计与飞行力学的研究，参与中国“运十”飞机和远程轰炸机设计研究全过程，成功组织实施发展中国干线飞机的前期论证与可行性研究及干线飞机试验总体方案设计、相关引进技术消化吸收与科研攻关等工作。作为640所飞行力学专业带头人，在多项专题研究成果的基础上，主持有关中国多种航空规章的制定与编写。其是《飞机设计手册》中《民用飞机总体设计分册》的副主编，《飞行力学》杂志编辑委员会编委。主持或主要参加的航空科研项目曾获部级科技进步奖一等奖1项、二等奖1项、三等奖2项，1993年荣立航空工业部三等功1次。生前著有《立式风洞研究》（主编）、《喷气衿翼研究》（主编）以及《民用运输机的平尾初步设计》《民用飞机的飞行性能与使用特性》《飞机参数识别》（独译）等，撰有大量论文。1999年8月4日逝世，终年58岁。

杨通谊（1907——2000） 名景熥，字以行。杨味云之子，荣德生之婿。清光绪三十三年（1907）十二月，生于无锡大成巷。曾为章士钊、钱基博弟子。国16年（1927），毕业于上海交通大学中学部，后赴麻省理工学院深造，专攻电讯工程，先后获通信工程学士、工商管理硕士学位。还获得“海岸炮（科专家奖”殊荣。民国21年，派至武汉海关任职。“七七”事变后，先后任四川泸州海关及成都海关主任、重庆海关帮办。抗战胜利后，任上海建成面粉厂副经理、天水福新面粉厂厂长。新中国成立后，任建成面粉厂厂长（上海第一面粉厂前身）。1950年，加入中国民主建国会和九三学社。历任上海广新银行董事长兼投资管理处副处长，上海市纺织工业局和棉纺织工业公司专职节电工程师、高级工程师，上海交通大学顾问教授、复旦大学管理学院兼职教授，福莱斯特扬系统动力学阅览室委员会主席，香港贯达开发公司主席兼总裁，上海市政协常委，上海“文物之友”副会长。1978年，鼓励回国探亲的三子杨世纯，为上海引进生产电子手表的技术设备，成为上海最早的补偿贸易项目，又鼓励四子杨世缓在武汉市开设塑料化工厂。促成妻堂兄荣辅仁将虹桥路上数10亩的私房捐献给上海科技协会。促成妻堂兄荣鸿元捐助上海交通大学建立教师活动中心。为实现姑母、画家杨令茀的遗愿，四渡重洋，经5年努力，把其姑母生前收藏的文物全部运回祖国。其中，捐献给北京故宫博物院乾隆御用的翡翠水盂、玉雕香炉等宫廷玉石珍品8件，捐献给无锡市博物馆字画艺术作品130余件。还将遗产10万美元在美国设立杨令茀文教基金，用于祖国的文教事业。1980年，被美国麻省理工学院授予终身荣誉院士称号。把美国系统力学创始人佛睿斯特的《系统原理》翻译成中文，引进推介新的科学管理技术系统动力学，以杨令茀基金60万元人民币捐赠上海交大、复旦大学建成“福睿斯特——杨通谊阅览室”。1987年，会同上海市科协等成立上海国际会议基金会，并向交通大学包兆龙图书馆资助10万港币。1989年，在台湾中山大学成立“系统思考与组织学习研究室”。其还历任交大、复旦、同济3所高校的兼职教授、香港贯达开发有限公司董事长、上海贯东通信设备有限公司董事长，担任上海市欧美同学会副会长、政协上海市常委、崇明县人民政府高级经济顾问。社会兼职还有上海市普陀区工商联委员，普陀区民建、工商联对外联络组副组长，普陀区侨联委员。除致力于科技事业，编译系统动力学名著及论文史料外，喜古典诗词文学，著有《趋庭隅录》《双松翠鬣馆诗词稿》《翰墨缘——近代名人诗翰墨迹选辑》《近代无锡杨氏传记事略类编》等。2000年4月病逝，终年93岁。

裘维蕃（1912——2000）　民国元年（1912）5月15日，生于无锡岸桥弄2号。其父亲裘昌年是前清秀才，叔父裘廷梁是举人、著名学者。受家庭熏陶，5岁习读《中庸》《诗经》，7岁入东林小学，16岁考入辅仁中学西文班，民国20年，中学毕业后考入南京金陵大学理学院植物病理系。民国21年，植物病理系归金陵大学农学院，从师于戴芳澜教授。民国24年，毕业获学士学位。先后在金陵大学、福建农学院任教。民国28年，应邀到福建永安筹办福建农学院，完成《福建经济植物病害志》等3篇报告。民国30年，受戴芳澜邀请赴昆明，在清华大学农业研究所继续从事真菌学研究。民国36年，经俞大绂联系赴美留学，从事瓜类黑腐病研究。2年后完成瓜类黑腐病研究论文，获美国威斯康星大学博士学位。民国37年1月回国，应聘于清华大学任副教授。新中国成立后，历任清华大学、北京农业大学副教授、教授，北京农业大学教育工会主席。曾兼任中国科学院微生物研究所研究员兼病毒室主任、中国植物病理学会理事长、中国农学会常委理事、中国真菌学会理事长、中国植物保护学会副理事长、中国科学技术协会副主席、中国科学院生物学部委员（院士）等职。还历任第四届、第五届、第六届国际植物病理学会理事、副理事长、理事长。1998年，被推选为国际上对植物病理学发展有特殊贡献的人物之一，被授予终身荣誉会员奖状。其长期研究植物病菌原菌和病毒学，提出许多病害诊断原理和技术，对十字花科和茄科蔬菜作物的病毒病理学以及防治基础做了许多开创性工作。对北京白菜三大病害、华北和西北小麦丛矮病的病源病毒及其发病和流行规律以及防病增产措施进行研究，积累大量防治经验。1980年，首先提出诱导植物抗病毒性的理论，1983年，研制成功“NS－83”增抗剂，用以抑制蕃茄和烟草病毒病，有显著抑病增产效果，获得农业部、国家教委和国家自然科学基金会的科技进步和自然科学奖。完成中国第一部《植物病毒学》专著，1998年，主编出版《菌物学大全》巨著。在真菌学领域是国际上最早发现真菌异核现象者之一，在食用菌分类和栽培应用基础研究方面也作出重要贡献。一生编写著作14部，发表近百篇论文和科普文章。2000年，完成百名院士科普丛书《菌物世界漫游》。还先后主编《农业植物病理学》《植物病理学词汇》《中国大百科全书》（植物保护卷）等。曾当选为第三届全国人大代表、第五届全国政协委员、第六届全国人大常委。2000年9月18日，因病逝世，终年88岁。

季梅芳（1921——2000）　原名季永发。民国10年（1921），出生于无锡周山浜贫民家庭。13岁进庆丰纱厂（后改名国棉二厂）当童工。民国24年（1935）弃工从艺，拜锡剧著名小生匡耀良为师，取艺名季梅芳。民国27年冬，在中央大戏院上演连台本戏《西游记》，主演第一个角色孙悟空，崭露头角。其虽未进“科班”学习，但善于博采众长，把京剧武功移植到锡剧中来，后相继在舞台上塑造《三请樊梨花》中的薛丁山、《劈山救母》中的沉香、《大闹凤仪亭》中的吕布、《飞龙传》中的赵匡胤、《武松》中的武松等形象，成为当时锡剧界一名出色的武生演员。“季大刀”的名声，风靡一时。其主演的《济公传》，堪称一绝，在戏中吸收前辈艺人文济公的演技，变文唱为武打，使锡剧舞台上首次推出“打出手”的场面。其不断开拓戏路，不仅对小生戏、武生戏演得拿手，而且演丑角戏也表演不凡，无论是《珍珠塔》中的方卿、《玉蜻蜓》中的徐元宰、《何文秀》中的何文秀、《合同记》中的王清明、《白艳冰产子》中的唐瑞元等角色，还是《珍珠塔》中的方朵花及滑稽戏《抖乱百家姓》《瞎子赋》《山赋》《灯赋》《水果赋》等人物，都栩栩如生。1950年1月，上海建设灌音公司为其出版一张最早的锡剧唱片《九件衣》，也是唯一保存的一张唱片。1951年起，从上海回到无锡，参加无锡市文联实验锡剧团，与同行一起，从锡剧艺术传统的宝库中挖掘整理出不少优秀剧目，以新的姿态演出《梁山泊与祝英台》《西厢记》《秦香莲》《劈山救母》《吕布与貂禅》等剧目。是年，演出的《新婚》获上海市戏曲会演一等奖。1954年，《游庵认母》参加华东戏曲会演。1955年、1959年，先后参加无锡市和江苏省戏曲会演，分获一、二等奖。1959年，赴北京演出《珍珠塔》《孟丽君》，受到周恩来总理等中央领导接见。1958年，任无锡市锡剧团副团长后，甘当配角，仍在电影戏曲片《孟丽君》中扮演元成帝、《十五贯》中演娄阿鼠、《两兄弟》中饰丁有财、《孔雀东南飞》中演焦仲卿，现代戏《秦起》中演严朴、《江姐》中演徐鹏飞、《红花曲》中演车间党支部书记。1965年，《红花曲》被上海海燕电影制片厂搬上银幕。“文化大革命”期间，受到冲击和迫害。1977年，尽管政策尚未落实，重上舞台，自编自导自演现代戏《一把稻穗》，在江苏省现代戏会演中获一等奖。1980年夏，在无锡首次举办的“太湖之春”音乐会上，运用评弹艺术演唱技巧，演唱《三访桑园》中“算命”一段锡剧，获得成功。以后又演出《珍珠塔》中的陈培德、《金玉奴》中的金松、《孟丽君》中的元成帝等。1983年，锡剧界与沪剧界联合举办“滩簧”戏剧专场演出，再次突破演小生的框框，扮演《秋香送茶》中的张二相公（丑行），获得好评。1984年秋，其自导并与赵方拂合演的《秦琼让印》又在首届锡剧节上亮相，被人们誉为“宝刀不老，青春常在”。“文化大革命”后，恢复锡剧团副团长职务，同时又任江苏省锡剧艺术研究会常务副会长。曾被当选为无锡市第四届、第五届人大代表，政协无锡市第七届、第八届常委。1988年，67岁时加入中国共产党。2000年12月，因病逝世，终年79岁。

钱钟彭（1925——2000）　民国14年（1925）生于无锡七尺场，为钱孙卿之六子。民国35年，毕业于上海交通大学机械系，后进入上海杨树浦发电厂，任汽轮机分场技师长。1955~1956年，赴苏联学习。回国后，参加甘肃兰州西固发电厂建设，任总工程师。1964年初，任西北电管局生产处专业工程师。1979年，任西北电管局副总工程师，竭尽全力发展西北电力工业。1981年，被评为教授级高级工程师，人称汽轮机专家。曾选为陕西省政协常委。2000年逝世，终年75岁。

任国庆（1933——2000）　民国22年（1933），生于无锡周山浜。1951年参加工作，1956年加入中国共产党，历任中共无锡市广播电视局党委副书记、副局长，中共无锡市崇安区委副书记等职。1979年5月，响应党的号召赴西藏工作。历任中共西藏自治区山南地委宣传部副部长，山南地区广播电视局局长，西藏自治区广播电视厅党委委员、办公室主任等职。在山南地区，建立西藏第一座地区级电视发射转播台与广播电台，并率先在全区12个县建立电视转播台，开创西藏广电事业

新局面，因贡献卓著而荣获西藏自治区优秀共产党员、全国广电系统先进工作者等称号。20多年间，多次放弃回无锡与家人团聚的机会，留在西藏工作。退休后，仍留任西藏自治区广播电视厅驻成都物资转运站负责人，继续为西藏广电事业发展贡献余热。2000年2月，因癌症晚期回无锡治疗。是年7月，中共无锡市委在全市范围内开展向任国庆学习的活动。中共江苏省委、中共西藏自治区党委、中共国家广电局党组、中共无锡市委等先后作出决定，授予其“优秀共产党员”“优秀援藏干部”等荣誉称号。同年10月14日逝世，终年67岁。

顾毓琇（1902——2002）　字诵芬，号古樵，又名一樵，偶署蕉含，别号樵翁，清光绪二十八年（1902）十二月二十四日，生于无锡城内虹桥下（今学前街3号）。民国元年（1912），就读于无锡竢实学堂（今连元街小学）。民国4年，考入清华学校中等科。民国9年，翻译30篇英文短篇小说，第二年又翻译7篇短篇小说和2个剧本。民国10年，与闻一多、梁实秋等人组织清华文学社，是文学社戏剧组主席、小说组成员。其间，用“顾一樵”笔名创作1个剧本和21篇短篇小说，其中13篇在《清华周刊》上发表，成为中国现代话剧发起人之一。民国11年，在《小说月报》上发表处女作——四幕现代话剧本《孤鸿》。民国12年，出版中篇小说《芝兰与茉莉》。是年，获官费留学，赴美国波士顿麻省理工学院攻读电机工程专业，用4年半时间，获电机工程学士、硕士、科学博士学位，创造麻省理工学院的记录，是电机系第一位获博士学位的中国学者，以“非线性控制系统”研究饮誉国际应用力学界。在校期间，发表“四次方程通解法”，在基础数学领域取得突破性成果，后电子计算机所用程序即根据此法。应用“运算微积分”理论和转换定理分析电机瞬变现象，国际电机理论界将其研究成果称为“顾氏变数”。继而提出用新的图解法代替微分分析仪分析电机，被国际电机界称为“顾氏图解法”及“顾氏定则”，从而奠定其在国际电机界的地位。其与美国科学家维纳等人开创现代自动化理论体系，被公认为该领域的国际先驱。留美期间，创作话剧《国殇》《荆轲》《苏武》《项羽》等一批剧本。编导的话剧《琵琶记》，由闻一多、梁实秋、冰心等加盟在美国波士顿公演。民国18年回国，历任国立浙江大学电机系主任、教授，国立中央大学工学院院长，国立清华大学电机工程系教授兼主任、首任工学院院长。民国27年后，历任国民政府教育部政务次长，国立音乐学院(今中央音乐学院)首任院长、中央大学校长、南京国立政治大学校长。民国34年8月，任上海市教育局局长兼上海交通大学教授。其间，创作《岳飞》《古城烽火》《白娘娘》等多个剧本，还兼任国立交响乐团团长。民国39年，学术界以其“三四八”频率为中国的黄钟标准音，是把贝多芬第九交响乐翻译成中文的第一人，其对中国古典音乐也有很深造诣，日本音乐界称其为“中国古典音乐的泰斗”。1950年，赴美进修并定居，但一直未加入美国籍，直至1973年，国际理论及应用力学会议在莫斯科召开，非美籍不能办签证，无奈加入美国籍。先后任美国麻省理工大学客座教授、美国宾夕法尼亚大学客座教授，两年后转终生教授。1959年，被聘为美国科学院委员。1972年退休后，被宾夕法尼亚大学赠予名誉法学博士学位。其是国际上公认的电机权威和自动控制理论的先驱，1972年，荣获美国电机及电子工程师协会颁赠的兰姆金质奖章，被视为电子和电工领域的诺贝尔奖。是年末，中国电机工程师学会授予其金质奖章。其在文艺领域的影响遍及海内外，1975年，荣获巴西人文学院金质奖。1976年，第三届世界诗人大会授予其“国际桂冠诗人”荣誉称号。其还是佛学家，经半个多世纪研究，出版《禅宗师承记》和《日本禅宗师承记》等专著，震撼国际佛学界。其还是文学家和诗人，是中国历史上仅次于陆游的多产大诗人，被海外学术界和出版界评为20世纪中华民族的大诗人之一，一生创作出版近8000首、计30部诗歌词曲集，出版小说、戏剧、诗词、宗教、音乐著作80余部，1961年台湾出版《顾一樵全集》12册，2000年国内出版《顾毓琇全集》16册。

2002年9月9日，病逝于美国。

吴荣康（1911——2002） 号吴山，曾用名敖生。清宣统三年（1911）六月二十四日生于宜兴县。民国15年（1926），就读于无锡美术专门学校国画系，师承江南名画师胡汀鹭暨贺天健、陈旧村等。毕业后考入国立南京中央大学美术系，专习西洋绘画，得徐悲鸿、潘玉良、陈之佛等大师亲授，民国24年毕业，获教育学学士学位。其长期从事大专院校的美术教育工作，曾执教于广州国立中山大学、江苏省立教育学院、苏州美专无锡分院、江苏省立无锡师范等院校，先后任助教、讲师、教授等职。从教45年，编写不少美术教材，出版过《水墨画技法》等书。其对中西绘画功力深厚，尤精研花鸟画。多次在南京香铺营、上海大新公司、慈淑大楼等画厅及苏州、无锡、常州等地举办画展，徐悲鸿、邵力子、贺天健等著名大画家为其题字。代表作品《红梅颂》《鱼跃图》《霜重色愈浓》等曾在国内外报刊杂志上刊登，并被博物馆和美术馆收藏。历任无锡美术家协会常务理事、监事，无锡市文学艺术家联合会副主席，美术家协会理事长，无锡市政协委员、常委、文化组组长，江苏省政协委员。1980年，调任无锡市文化局，创办无锡市书画院并任院长。其是国家一级美术师、中国美术家协会会员，江苏省美术家协会名誉理事、无锡市书画院名誉院长、无锡市文联艺术指导委员会副主任、市美协名誉主席、江苏省花鸟画研究会特邀研究员、无锡市老年书画协会名誉会长、美国著名画家程及美术创作基金会会长、无锡市老年基金会顾问、钱松喦艺术研究会副会长。2002年逝世，终年91岁。

钱钟韩（1911——2002） 清宣统三年（1911）六月二日，生于无锡城中七尺场（今新街巷）。为钱孙卿长子。少时入东林小学读书。民国12年（1923）考入苏州桃坞中学，后转读无锡辅仁中学。中学毕业后考入上海交通大学电机系，获学士学位。民国22年，以全校第一名和历年平均最优成绩毕业，以总分第一名考取江苏省第一届公费留学。民国23~25年，赴英国伦敦大学帝国理工学院当研究生。民国26年回国后，历任浙江大学、昆明西南联大电机系教授，中央大学机械系教授。新中国成立后，历任南京大学工学院院长，南京工学院动力系教授兼副院长、院长兼自动化研究所所长，自动控制学科博士生导师。1980年，当选为中国科学院学部委员（院士）。1981~1985年，任国务院学位委员会工学学科评议组成员，兼自动控制学科评议组组长。1985年，获美国南加州中华科学家工程师学会颁发的特别奖。1984~1988年，任南京工学院名誉院长兼自动控制学科博士生导师。1988年后，任东南大学名誉校长。1992年，任南京三江学院董事长。曾兼任中国自动化学会常务理事、中国工程热物理学会理事、中国动力工程学会理事，江苏省科学技术协会第二届主席。1951年，参加九三学社后，曾任九三学社第六届、第七届中央委员。历任江苏省政协第三届、第四届常委和第五届、第六届主席，全国政协第六届、第七届委员。其长期从事热物理和热工自动化方面的教学与研究，在有关主攻领域善于建立数学模型和电气模型，提出独创性的分析计算方法。20世纪60年代初，提出建立低阶近似摸型（以级数展开为基础）的数学方法，解决当时国产模拟计算机容量过小的难题。1973年，为国内蒸汽发电机组的第一次大规模系统仿真试验提供简化实用数学模型的成套公式。利用等效电路，阐明各种热力设备（旋转窑、汽包锅炉、直流锅炉、汽轮发电机等）的动态运行特性，为控制和综合自动化提供理论依据。80年代提出“有限信息资源合理分配”和“中低频段分别处理”的原则，在模型降阶算法上取得新

突破，达到同期国际先进水平。主要著作和论文有《旋转窑中辐射热交换计算方法》《高压蒸气的数学模型及其在流量测量中的应用》《模拟技术》等。2002年2月8日逝世，终年91岁。

窦祖烈（1924——2002） 字子攸，民国13年（1924）8月15日，出生于无锡三凤桥新街巷19号祖宅。系清代文人窦镇之曾孙。民国32年，毕业于上海南洋模范中学。民国36年，毕业于上海交通大学电机工程系，后赴美国深造。1950年，获哈佛大学电机工程硕士。1952年，获耶鲁大学电机工程博士学位。毕业后曾在飞歌公司（Phiao）担任工程师，后转入学术界。曾任教宾夕法尼亚大学、普渡大学，曾为西北大学教授兼计算机科学研究处处长，俄亥俄州立大学教授，佛罗里达大学信息研究所教授、资讯研究院主任。并任美国通用电气公司、IBM公司、麦道公司等顾问。1960年，任美国电机工程院终身院士。1970年，担任《国际计算机和资讯科学》杂志总编辑，在国际电子计算机界颇具学术影响，为美国电气及电子工程师协会及美国科学发展协会会员。1972年，当选台湾“中央研究院”数理科学组院士。1977年，任“中研院”资讯科学研究所评议委员会主任委员、台湾中央计算机信息研究所所长。1986年，被上海交通大学授予海外学者名誉教授。其是美籍华人电脑专家，国际上公认的资讯及电脑工程权威。主要研究领域为电机工程和资讯科学技术，特别是在数据电脑控制、模式识别、形象理解与电脑视觉、机械智能、软体工程、智能性专家系列、电脑全自动作业和电脑翻译等方面有重大发明，获多项专利。1989年，发明Citac电脑（中英文翻译），并任美国Citac电脑公司总裁，对汉语走向世界和沟通中西方文化作出重大贡献。先后在国际学术会刊上发表论文250余篇，编有著作20余部，被美国国家图书馆收藏，并有日、俄、波兰文翻译本。2002年6月22日，在美国逝世，终年78岁。

侯碧漪（1900——2003） 女，号双湖女史，无锡城内驳岸上人，清吏部左侍郎侯桐的曾孙女。清光绪二十六年（1900）生。师从本邑画家“江南老画师”吴观岱。其同学有顾坤伯、秦古柳、诸健秋等。诗文书画因之大进，花鸟取法徐黄下逮新罗，人物仕女力摹晋唐。后又得张大千、王师子指授，入大风堂弟子。画艺益精，卓然成家。其书法亦精，取经诸遂良、黄庭坚兼隶，间作小楷，有冲穆秀逸之美，久为有识之士所赞赏。无论山水、花鸟、人物，无一不能，无一不精。有作品《旧樵石田碧山吟社图》《临李唐晋文公复国图》等。民国总理许世英见之曾赞叹：“许为三百年来闺阁中未见此种手笔。”丁福保也称：“与同邑杨令茀女士人称‘二难’。”民国时期，曾任无锡竞志女学首席画师。民国15年（1926），经杨寿枏、王傅壁介绍，在上海与孟河中医世家费子彬结缘。当时上海《申报》刊登《费侯婚礼志》，并由许世英作证婚人。其在上海举办个人画展，所得资金投资创建上海费氏药厂，并担任总经理。其子费铿于1949年在上海中法大学药科专业毕业，出任总工程师。其丈夫南下香港。1950年，侯成为上海市新国画研究会首批会员。1954年，其儿费铿把药厂内迁至湖北宜昌，侯留上海。其间，拜古琴名师叶名佩为师，成为一名琴人。1955年，成为上海美术家协会首批会员。1956年，筹建上海中国画院，侯与庞左玉、李秋君、张红薇、陆小曼、陈小翠、周炼霞、吴青霞和陈佩秋9人成为画院的第一批女画师。同时发起成立上海中国画学会，被公认为中国画学会中的佼佼者。1961年移居香港，夫妻团聚。时有新作，崇拜学生颇多，有香港著名影星李香君等。还举办个人书画展，1968年出版《侯碧漪书画集》。1981年2月6日，其丈夫去世。3年后，出版《费子彬全集》。1985年，因思念之切，独自从香港乘飞机到上海，再从上海乘火车到无锡。但昔日同窗师友顾坤伯、秦古柳、诸健秋等都已离去。1997年，香港回归祖国，97岁高龄的她仍积极参加“迎香港回归创美好未来”沪港书画联展，并将所藏的部分书画作品及书画册等捐赠给上海博物馆。2003年8月6日，逝世于香港，享年103岁。2004年5月，“朝花夕拾——海上女画家作品回顾展”展览在上海中国画院开幕，展出先后曾在中国画院任职的8位已故女画师张红薇、李秋君、陆小曼、陈小翠、周炼霞、庞左玉、江圣华和侯碧漪的45幅作品。

王汝霖（1907——2003）　字郇雨，别号雨林、稚林。王昆仑堂弟。清光绪三十三年（1907）六月五日，生于无锡城内姚宝巷。民国18年（1929），毕业于南京中央大学理学院数学系。曾从师胡汀鹭，受业于中央大学艺术院徐悲鸿、吕凤子门下。毕业后相继从事统计和会计工作。1954年起，致力于教学工作，先后在无锡私立锡光中学、第二初级中学、无锡第六职工业余学校任数学教师。1955年10月，在无锡市第二中学任高中数学教师，直至1973年退休。其除擅长中学数学教育外，还爱好书法、绘画、摄影、围棋和京胡，并有相当造诣。曾在无锡、南京举办个人书画展，书画作品被美国查特努加市亨特艺术博物馆、新西兰哈密顿市及江苏省美术馆、无锡市博物馆等国内外多家博物馆及有关部门收藏。1957年3月，加入中国民主同盟。1983年，被推选为无锡市第七届政协委员。是中国摄影家协会会员、无锡市文联常务委员、无锡市书画院画师、无锡市老年书画协会会长、无锡市老科技工作者协会摄影分会荣誉会长等。著有《王汝霖画集》《王汝霖书法集》《王汝霖黑白摄影作品集》等。1992年，编《锡山王氏宗谱》。2003年7月14日逝世，终年96岁。

唐振绪（1911——2003）　字缵伯，无锡大娄巷人。清宣统三年（1911）三月廿九日，生于南京，系无锡唐宗郭（募汾）的长子。5岁时随父母由无锡迁居北京，先后在北京西斜街宏庙国民小学、西四萃文中学读书。民国15年（1926），入交通大学唐山工学院补习班，后由预科升入大学本科习土木工程系水利专业。民国24年夏毕业后，任黄河董庄堵口工程委员会工程师，测量黄河水灾流量。民国25年春，堵口合拢后，赴陕西泾惠渠、渭惠渠、洛惠渠参观实习灌溉工程。是年8月，赴美国康奈尔大学研究生院攻读水利工程、铁道工程。后获土木工程硕士学位和水力及运输工程博士学位，留校任助教。民国29年赴纽约，担任水力设计师、中国驻美世界贸易公司工程部工程师兼联络秘书等。民国34年11月回国后，任行政院工程计划团主任工程师兼总干事。民国35年，任钱塘江海塘工程局副总工程师兼设计处处长。民国36年，在台湾担任高雄港务局副局长、台湾省林产管理局局长、台湾省政府专门委员等职。民国37年9月，返回大陆，在唐山工学院南迁之际，受茅以升等校友举荐，于民国38年1月出任国立唐山工学院代院长，3月任院长，为保全学院作出贡献。1949年7月13日，铁道部滕代远部长任命其为唐山工学院院务委员会主任委员（院长），任职至1950年9月，为保存唐山工学院技术力量、重建新唐院发挥重要作用。1950年3月1日，铁道部科学技术研究所在唐山成立，兼任所长。此后研究所迁往北京改称铁道部科学研究院，其长期担任副院长。曾三上青藏高原，为修建青藏铁路提出宝贵建议。其是科技管理专家，新中国铁路教育和铁路科研的开拓者之一，毕生从事铁路教育和铁路科研的组织领导工作。晚年多次利用赴美探亲、访美的机会，动员海外学者、校友回国观光访友，进行学术交流。1983年12月，任铁道部科学研究院名誉院长。其先后任民革中央监察委员会常务委员、九三学社中央委员会顾问、交通大学校友总会名誉会长、美国康奈尔大学中国校友会会长、宋庆龄基金会理

事、中国铁道学会副理事长、中国土木工程学会常务理事、中国水利学会理事、中国百科全书总编辑委员会委员兼《交通》卷编辑委员会副主任、中国科学技术咨询服务中心委员会委员、美洲中国工程师学会终身会员、欧美同学会常务副会长、中国和平统一促进会常务理事。曾当选为第五届、第六届全国政协委员，第七届全国政协常务委员会委员。1996年，出版《志在振兴中华——唐振绪文存》一书。2003年8月23日，在美国新泽西州逝世，终年92岁。

李慎之（1923——2003）　民国12年（1923）8月15日，生于无锡城内南市桥上塘。早年就读于江苏省无锡师范附小、无锡县立初级中学、私立无锡中学。民国34年（1945），毕业于北平燕京大学经济系。是年下半年，赴四川省自流井蜀光中学任教。民国35年，转重庆《新华日报》社国际版任资料员，后因筹建总馆到上海。是年10月，因国共两党和谈停顿，建馆无望，即随周恩来返回延安，进新华社国际部任编辑。民国37年11月，加入中国共产党。民国38年起，在新华社国际部任组长、副主任。1952年，作为中国第一个政府代表团成员赴东欧六国考察文化教育事业。1953年，在板门店参加朝鲜停战谈判，任朝、中、美政府级谈判中方代表顾问。1954年，出席朝鲜问题与印支问题的日内瓦会议，并随周恩来总理出访印度、缅甸。1955年，参加在印度尼西亚万隆召开的亚非会议。1956~1957年间，又随周恩来总理出访亚、欧11国。1957年，因“大民主”有关言论被毛泽东点名，错定为“极右分子”，受到开除党籍、下放劳动等不公正待遇。“文化大革命”期间下放劳动。1979年初纠正，恢复党籍。复职后，即作为邓小平副总理顾问出访美国。1980年，调中国社会科学院工作。1981年5月，组建美国研究所，任第一任所长。1984年，又以特别助理身分随赵紫阳总理出国访问。1985年后，任中国社会科学院副院长兼美国研究所所长。1988年，任中国社会科学院党组成员。是年，当选为第七届全国人大代表，并任全国人大法律委员会委员。1990年，社科院副院长和党组成员职务被免除。著述有《李慎之文集》。2003年4月22日逝世，终年80岁。

陈翰笙（1897——2004）　原名枢，清光绪二十三年（1897）正月四日，生于无锡东门城头弄。早年就读于无锡东林小学、长沙明德中学。民国4年（1915），赴美求学，在波莫纳大学先后攻读园艺、地质和历史学，并能运用英文、德文、俄文作为研究世界历史的工具。后进入芝加哥大学，成为美国宪法史教授安德鲁·C·麦克洛林的助教。民国9年，转入芝加哥大学研究院。民国10年，以论文《五口通商与茶叶贸易的关系》获硕士学位。是年，与同乡顾淑型结婚，并改名翰笙。民国11年春，得奖学金在哈佛大学学习东欧史。是年秋，进柏林大学史地研究所，随奥托赫契教授研究东欧史。民国13年获德国柏林大学东欧史地研究所博士学位。曾任哈佛大学研究院、柏林大学研究院研究员。是年4月，与顾淑型应邀回国，任北京大学历史学系教授。7月21日，与北大学生一起向政府交涉，反对政府侵吞用于教育事业的“庚子赔款”。参加胡适、王世杰等创办的《现代评论》，先后发表55篇文章。翌年，上海发生“五卅惨案”，其参加北京学生声援运动，上街游行。并由李大钊和于树德介绍加入国民党，开始研读《资本论》。是年，与人合办艺文中学，是五四运动后最早进行教学改革，实行道尔顿体制的学校。民国15年，撰写《三月十八日惨案目击记》，发表在3月27日出版的《独立评论》上。经李大钊介绍，结识苏联驻华大使加拉罕，秘密加入共产国际，为共产国际在柏林出版的《国际新闻通讯》撰写英文通讯稿。是年冬，任外交部顾问，协助政府办理收回武汉、九江英租界。不久，应李大钊电召回京。民国16

年，李大钊被害后，转移到苏联，在共产国际创办的国际农村经济问题研究所任研究员。民国17年5月回国，到商务印书馆编译所，负责审定《万有文库》有关书稿。民国18年，受蔡元培邀请任国立中央研究院社会科学研究所社会学组主任，兼任铁道部顾问，以其兼职月薪充实图书资料。同时开展社会调查，调查上海日资纱厂的工人生活，揭露纱厂实行包身工制度。是年春，组织钱俊瑞等一批青年用科学方法开展无锡农村经济调查。陪同史沫特莱访问几个自然村，后扩展到河北保定和广东，写成长篇论述《广东的农村生产关系与生产力》《中国农民担负的赋税》。此外，还搜集东北的土地、农民材料，写专文刊于中央研究院社会科学研究所《集刊》第2号。民国20年，商务印书馆出版英汉对照的《百科名汇》，其中经济学、社会学、历史和宗教部分由其审定。民国21年，参与宋庆龄、蔡元培等人组织的“中国民权保障同盟”活动，多方营救被捕的革命人士和爱国人士。民国22年，与吴觉农、孙晓村等发起建立中国农村经济研究会，任会长，创办《中国农村》月刊。翌年，被迫辞去中央研究院社会科学研究所的职务，与吴觉农、孙晓村、冯和法、王寅生、钱俊瑞、薛暮桥、孙冶方、秦柳方、张锡昌、姜君辰等在上海发起成立中国农村经济研究会，被推选为会长（理事长），创办《中国农村》月刊，刊登大量调查报告和论文，说明农村问题是中国经济的主要问题，论证改革封建土地制度的必要性，并由此培养出一批著名的经济学家。8月，出席在加拿大召开的太平洋国际会议，提交《现代中国的土地问题》论文。是年冬，为躲避国民党特务追捕，先去日本，在日本最大的亚洲研究图书馆《东洋文库》继续研究中国农村经济。民国24年4月回到上海，后再度秘密去莫斯科，任莫斯科东方共产主义劳动大学特约研究员，并协助苏联出版社校订俄文中国地图。是年，将组织关系由共产国际转入中国共产党。民国25年，前往美国纽约，任太平洋关系学会国际部研究员、《太平洋事务》季刊编辑，为中共创办《华侨日报》，号召爱国侨胞抗日。民国28年抵达香港，协助宋庆龄等人开展“工业合作运动”，任中国工业合作运动国际委员会秘书长，并负责“保卫中国大同盟”的工作。还募集资金支援国内工业合作社运动，创办《远东通讯》，向海外报道皖南事变真相。民国30年12月，香港沦陷后，转赴广西，在桂林办工业合作研究所，出版《工业月刊》，兼广西师院西文系主任。营救被国民党反动派逮捕的革命人士。发表《三十年来的中国农村》《物价与中农》等论文，并与张锡昌、千家驹、狄超白、秦柳方等8人共同写成《战时的中国经济》一书。民国33年春，为躲避国民党缉捕而前往印度，在德里大学和远东情报局工作，与刘洪进、刘述舟在西双版纳对傣族原始公社的土地所有制调查材料加以整理，写成《西双版纳的土地制度》一书。民国35年，再次赴美国，先后在华盛顿州立大学、约翰·霍普金斯大学、宾夕法尼亚大学任教，并在纽约亚洲研究所作研究工作。在美国继续查阅《英国皇家印度农村调查团证词》14册，补充在印度调查所得的资料，用英文写成《印度和巴基斯坦经济区域》，后分别用中、英文出版。1950年1月回国后，任外交部顾问，先后被选为外交学会副会长、中印友好协会副会长、国际贸易促进委员会委员、对外文化关系协会常务委员会委员和中国亚非团结委员会副秘书长等职。1952年3月，宋庆龄倡议创办英文刊物《中国建设》，与金仲华主持编辑工作，任编委会副主任。1955年，被选为中国科学院哲学社会科学部学部委员。1958年，任外交部国际关系研究所副所长。1962~1964年，任中国科学院哲学社会科学部世界历史研究室主任。“文化大革命”期间受到冲击，1968年11月，被监禁9个月后下放到湖南外交部“五七”干校劳动，因眼疾导致双目严重受损。1971年回到北京。1978年后，历任中国社会科学院顾问和世界历史研究所名誉所长，北京大学、外交学院兼职教授，商务印书馆外国历史小丛书编委会主任、中亚文化研究会常务理事长、世界经济学会顾问、中国经济团体联合会顾问、华侨历史学会副会长、《中国大百科全书》总编委副主任暨外国历史编委会主任、中国太平洋学会副会长，中国国际文化书院院长、顾问。其主编的《华工出国史资料汇编》（10辑）和《解放前的中国农村》（3册）均为重要文献。曾被选为第一届、第二届、第三届全国人大代表，第二届、第五届全国政协委员。1985年80岁时回到无锡，为家乡经济建设献计献策，还特地从北京寄回“锡山钟声，响彻华东”题词给改办不久的《华东信息日报》（原《无锡信息报》）社。被誉为“中国农村经济学的鼻祖”“现代经济学的泰斗”。主要著作有《中国农村经济研究之发轫》《封建社会的农村生产关系》《现代中国的土地问题》《中国的地主与农民》《美国垄断资本》《工业资本与中国农民》《解放前后无锡、保定农村经济》《四个时代的我》和《陈翰笙文集》等，论文200多篇，共5500余万字。2004年3月13日，因病在北京逝世，终年107岁。

曹安和（1905——2004）　女，清光绪三十一年（1905）六月五日，生于无锡。民国8年（1919），考入无锡女子师范学校，随表兄杨荫浏学唱昆曲，并自学琵琶。民国13年毕业后，被萧友梅破格录取北京师范大学，师从刘天华学习琵琶，并兼修钢琴及音乐理论，导师还有杨仲子。民国18年，毕业于国立北平大学女子文理学院音乐系，留校任教，同时兼国立北平大学艺术学院讲师。先后任国立音乐学院、中央音乐学院教授、研究室主任、中国艺术研究院音乐研究所顾问，是二十世纪三四十年代乐坛上仅见的女琵琶演奏家和教育家。新中国成立后，曾任中国艺术研究院音乐研究所顾问、研究员。1950年，与杨荫浏一起回无锡，为阿炳收录六首乐曲，然后由曹安和整理成曲谱，1952年交万叶书店出版，书名为《瞎子阿炳曲集》。合作整理《夕阳箫鼓》。其长期与杨荫浏合作，合编《昆曲鼓板节奏谱》、《文板十二曲》、苏南大套器乐曲《吹打》《单弦牌子选》《阿炳曲集》《弦索十三套》《定县子位村管弦曲集》《苏南十番鼓曲》，合作整理南北昆曲演唱谱《关汉卿戏曲谱》《西厢记四种乐谱选曲》。1981年，又继续合作完成六七万字的《中国古代音乐史稿》。1992年起，享受政府特殊津贴。其长期从事中国传统音乐研究和琵琶、昆曲的演唱、演奏与教学。主要成果有：编辑琵琶曲《十面埋伏》《霸王卸甲》《民族乐曲独奏曲选》《现存元明清南北曲全折(出)乐谱目录》，著有《时薰室琵琶指径》。还有与简其华译谱的《弦索十三套》，与杨荫浏、文彦整理的《单弦牌子曲选集》，与李廷松合编的琵琶谱《浔阳夜月》等，以及《琵琶柱位定法》《关于琵琶的问答》《民族音乐家刘天华》《我国古代乐谱简介》《杨荫浏与音律》《杨荫浏与音乐史》等论文20余篇。有《曹安和先生音乐生涯》一书行世。其终身未嫁，2004年12月4日逝世，终年99岁。

强士奎（1918——2004）　民国7年（1918）6月，生于无锡洛社镇高明桥强巷。民国23年（1934）7月，锡光中学毕业后，师从福田巷儿科中医奚伯初，学习中医儿科。民国27年，考入上海厚生医学专科学校，学习西医。民国30年，因代表学生向校方提出教育上的要求，被学校疑为共产党人而被迫辍学。回锡后，先后在无锡福田巷奚伯初诊所执业，在无锡新生路大园弄和迎迓亭二处自办诊所。1952~1956年，在无锡市医师进修学校毕业。1954~1984年，先后任复兴路联合诊所、周山浜联合医院医师、无锡市第二联合诊所医务主任、崇安区联合医院医务主任、崇安人民医院副院长，崇安区映山河儿童医院院长。1956年9月，加入中国农工民主党，曾当选为农工民主党无锡市委常委、农工民主党崇安医院支部主任、中华医学会儿科学会分会委员，无锡市第八届、第九届人大代表，崇安区人大常委会副主任。其长期致力于儿科专业医疗工作，融中西医优点，对儿科的疑难病及危重症的抢救有丰富临床经验，曾成功抢救无力型循环衰竭型新生儿肺炎，中毒性消化不良及还未出现肠道症状的中毒型痢疾等。对一些少见的疑难疾病，如马凡氏综合症等有早期诊断和治疗的经验。在社会上有一定声誉，在儿科医务界有一定影响。多篇极有价值的儿童病防治方面的报告，多次举办有关处理小儿惊厥的若干问题等讲座，受到江苏省中华医学会嘉奖。《中西医合作治疗麻疹引起严重并发症的初步报告》载于江苏中医杂志（1959年），《止泻散治疗小儿单纯性消化不良135例报告》刊登无锡医学会刊物（1980年），《止泻散治疗婴儿腹泻疗效观察》入选农工医药资料选编（1981年5月），《用维生素K4治疗百日咳85例报告》入编无锡医刊医学资料汇编（1980~1982年），并获中华医学会江苏省分会优秀学术论文奖。还曾撰写《新生儿肺炎临床表现分型和酚妥拉命治疗婴幼儿重症肺炎合并心力衰竭10例》等论文。在半个多世纪中，先后培养强文岩、敷耀明、顾吉宝、唐洪卿、严永珍、孙春芳、高韵庆、沈云谷、陈炯源、管佑祥、顾伟等中青年儿科人才十多人。1984年退休后任崇安人民医院技术顾问、名誉院长，每天仍坚持上班门诊，对儿科事业贡献毕生精力。2004年12月9日逝世，终年86岁。

江一麟（1911——2005）　江应麟之弟，清宣统三年（1911）生。教授级高级建筑师。民国23年（1934），毕业于国立杭州艺术专科学校绘画系及建筑图案专业。二十世纪三四十年代，在上海和苏南地区设计一批有影响的纱厂、医院、银楼、商店和具有民族风格的别墅和住宅，有无锡庆丰纱厂汽轮机电气大楼、常州武进医院等。新中国成立后，参与江苏省建筑设计行业的创建工作，组织和指导工业与民用建筑的建筑设计。先后组织设计无锡市政府大楼、无锡市人民银行大楼、江阴县人民大会堂、无锡太湖工人疗养院、南京饭店新楼及南京一批新建、扩建的中专学校的校舍。国庆10周年前，参与著名的北京十大建筑的设计，其设计的中国革命历史博物馆建筑方案被主办单位采纳使用。还曾作为设计组长，领导和参与徐州淮海战役革命烈士纪念塔、纪念馆的设计工作。主持设计江苏省委办公厅大楼及镇江、宜兴水泥厂等一批"五小"工程。20世纪70年代后期，主持和指导设计的南京五台山体育馆，获1981年国家优秀设计奖和国家优质工程银质奖。还指导和参加南京鼓楼的电信大楼、下关的渡江胜利纪念碑等工程的建筑设计。曾受国家外经部委托，组织编写百万字的《援助阿尔及利亚资料汇编》一书，并在大型工具书《建筑设计资料集》第三册中担任编委。其从事建筑设计50年，是江苏建筑设计行业的先导。曾长期担任江苏省建筑设计院副院长兼总工程师。曾任中国建筑学会第二至四届理事、中国建筑学会南京分会副理事长、省土木建筑学会秘书长等职。系江苏省第一届人大代表、第二届至第五届政协委员。享受国务院特殊津贴。江应麟、江祥麟、江一麟被誉为"江氏三杰"，原时郎中巷招待所（今无锡梁溪饭店）六号楼、缪公馆、时和绸布庄、世泰盛布绸店、市人民大会堂等许多建筑都出自"江氏三兄弟"之手，县下塘的江家老宅也由江氏兄弟亲手设计改建。上海和苏州也有大量建筑是三兄弟的手笔。江氏建筑的特点是结合现代西洋建筑艺术，中西合璧，住宅设有卫生间和厨房间。

程　及（1912——2005）　原名杰。民国元年（1912）5月3日，生于无锡城内仓桥下直街监弄口。自幼受到良好教育，喜爱绘画。民国19年（1930），入上海"白鹅画会"，师从陈秋草、潘思同、方雪鸪、都雪鸥进修西画。民国26年，任务本女中美术教师。民国29年至民国35年，在上海大新公司先后举办4次个人水彩画展，出版《程及水彩画集》，曾受聘执教于上海圣约翰大学建筑系。第一次个展时，将原名"杰"改成"及"，意"程"为路程，"及"为达到艺术上造就之意。抗日战争时期，与中共地下党员杭苇等人创办进步刊物《儿童新闻》，任美术编辑。民国36年1月，应美国纽约国际学生救济会中美文化交流机构之邀赴美，定居美国。在美期间，在各州连续举办个人画展。民国38年，加入美国水彩画协会。1951年、1952年，相继获路易斯安那州纽奥良、田纳西州"荣誉市民"称号。1954年，入选纽约国立设计学院副院士，1956年，担任全美水彩学会董事，1958年，任联合画家社董事，1960年，被选为美国国家艺术院院士，获"终身画院院士"称号。1964年，当选纽约国立设计学院院士，入美国籍。1965年，被美国国家艺术学院聘为终身院士。1969年，任美国国立艺术学院顾问。1972年，任美国国家艺术会理事。先后任纽约、宾夕法尼亚、奥格定公学等州立大学客座教授，并入美国"国家荣誉画室"。1972年、1978年、1986年，3次回国探亲观光，在无锡、上海、南京、常州、中央美院、浙江美院作学术访问及印刷品画展。1981年，受聘无锡市书画院名誉顾问。1990年，在无锡书画院设立程及美术基金会，奖励提携美术人才，并为鼋头渚风景区的鹿顶山书写"心"、"缘"两个擘窠大字。1998年，又出

资50万美元，在上海交通大学建立程及美术馆。还大力相助中国户县农民画赴纽约展出，轰动一时。其是一位享有国际声誉的水彩画家，作品中西合璧，被美国各大博物馆、艺术院校、文化机构等公私收藏。在瑞士、美国纽约出版《程及画集》《二三行》速写集、《回家行》《一二集》《程及水彩画集》《天水卷》《程及全集》等。先后获美国国家级、州级金奖50余次。1966年荣获美国国家美术会金牌优等奖，1976年获全美水彩画会年展美国革命200周年纪念金奖。2000年，应邀参加在法国举办的第一届世界文化高峰会，并作为东西方文化交融的视觉艺术的唯一典型，入选凡尔赛宫举办个人作品回顾展，成为首次获此殊荣的美籍华人，名载《美国名人录》《世界名人录》，被誉为“富有诗人想象力的世界艺术家”，是当代世界十大画家之一。2005年8月在美国逝世，终年93岁。

史克方（1918——2005）　字岕夫，号可风。民国7年（1918）10月19日，生于宜兴县湖汊镇东岭村。幼年入私塾，民国30年，毕业于江苏省立第五临时高级中学。抗日战争时期，在方志刚、鲍达人的进步思想影响下，以湖汊小学校长身份，为抗日民主政府做过许多有益工作。民国34年起，历任江阴县中、无锡工商技术学校教师。1950年4月，加入中国共产党。9月，根据中共党组织决定，参加中国农工民主党，筹备和组建无锡农工党组织，是无锡农工党组织创始人之一。曾任农工民主党无锡市第一届委员会副主委、第四届委员会委员，无锡市第六届、第七届政协委员。1956年，肄业于北京教育行政学院。先后任无锡市教育局中教科科长及无锡第二中学、第三中学语文教师，曾在无锡师范学校任教导主任、副校长等职。1958年，被错划为“右倾机会主义分子”。“文化大革命”中下放苏北滨海。中共十一届三中全会后获平反。其长期从事教育工作，热爱教育、文化事业，关注教育事业的改革和发展，是无锡市著名的语文教师，在古代文学教学上造诣尤深，为传扬祖国文化传统作出贡献。其对教育行政领导工作和社会工作充满热情和责任，曾多次被评为先进工作者。是江苏省教育研究会特邀研究员。长期潜心研究书法艺术，草隶篆都涉及，尤其是草书，深得北宋黄庭坚神韵，形成颇具特色的艺术风格，是无锡著名的书法家。书法作品入编《百年经典——中国书法全集》，在众多展览馆、博物馆展出并被录用和收藏，也常作为政府代表团礼物赠送给外国政府和友人。1985年，在南京扫叶楼举办个人书展，多家媒体报道，日本大阪、明石市，美国林肯大学、夏威夷大学均藏有其书法作品。还根据多年临池经验撰写《书法讲义》，为培养书法人才作出贡献。另有《可风书法选》《晚风集》《追远斋存稿》等出版。其是中国书法家协会会员，曾任无锡市书法家协会名誉主席，无锡市书画院院长、顾问，碧山吟社副社长等职。教学之余，史克方尤爱写诗，日积月累，有数千首之多。2005年1月20日病逝，终年87岁。

前志已载历史人物一览表

表34-1-1

姓名	字、号	生卒年	事　略	姓名	字、号	生卒年	事　略
顾恺之	字长康，小字虎头	345–406	东晋画家	秦毓鎏	名念萱，字晃甫，号效鲁	1880–1937	民主革命家
李　绅	字公垂	772–846	唐代诗人、政治活动家	胡汀鹭	名振，号瘖公，晚号大浊道人	1884–1943	国画家
李　纲	字伯纪，别号梁溪先生	1083–1140	宋抗金名将	秦邦宪	名博古，字则民	1907–1946	无产阶级革命家
尤　袤	字延之，小字季长	1127–1202	南宋诗人	俞庆棠	字凤歧	1897–1949	教育家
倪　瓒	字元镇，号云林	1301–1374	元末画家	华彦钧	乳名阿炳	1892–1950	民间音乐家

续表34-1-1

姓名	字、号	生卒年	事　略	姓名	字、号	生卒年	事　略
邵　宝	字国贤，号泉斋，别号二泉居士	1460–1527	明代名臣、文学家	荣德生	名宗铨、号乐农	1875–1952	工商实业家
孙继皋	字以德，号柏潭	1550–1610	明万历二年状元	唐文治	字颖侯，号蔚芝，晚号茹经	1865–1954	教育家、古文家、经学家
顾宪成	字叔时，号泾阳世称东林先生	1550–1612	明学者、东林党领袖	钱基博	字子泉，号潜庐	1887–1957	古文名家、经学家、教育家
高攀龙	字云从，改字存之，号景逸	1562–1626	明东林党领袖	王尧臣	名尔忠	1876–1965	工商实业家
秦蕙田	字树峰，号味经	1702–1764	清经学家	王禹卿	名尔正	1879–1965	工商实业家
嵇　璜	字尚佐、黼廷，晚号拙修	1711–1794	清水利学家、书法家	钱孙卿	名基厚，晚号孙庵老人	1887–1973	社会活动家
薛福成	字叔耘，号庸盦	1838–1894	清文学家、政论家、外交家	杨令茀	字清如	1887–1978	画家
杨　模	字范甫，晚号蜇庵	1852–1915	教育家	钱松嵒	小名松伢，笔名芑庐主人	1899–1985	国画家
秦　起	原名秦锡昌	1907–1927	无锡工人运动先躯	王昆仑	名汝玙，字鲁瞻	1902–1985	政治活动家红学家

第二章　人物简介

本章人物简介包括寓居在区内的老红军、各界知名人士两个部分。迄2005年，已故老红军4人（按卒年排列）；在经济、科技、文艺、教育、卫生、体育等社会各界有一定声望的知名人士30人（按生年排列）。

第一节　已故老红军

陈友通（1915——1986）　男，四川省南江县人，寓居南市桥巷20号。中共党员，历任中国工农红军通讯员、排长、连长、营长、团参谋长、大队长、副团长、团长、副师长；参加过二万五千里长征。1957年被授予中国人民解放军三级八一勋章、中华人民共和国二级独立自由勋章、中国人民解放军三级解放勋章。无锡解放后，历任无锡通用机械厂党委书记兼厂长、无锡市体委主任等职。

沈　旺（1912——1987）　男，福建省福安县人，寓居书院弄。中共党员，历任闽东红军游击队战士，闽东红军医院看护员、卫生员，新四军三支队六团卫生队中队长（营级），新四军七师五五团卫生队队长，福建省福安分区卫生处副处长等职。民国36年（1947）11月，在安徽省无为县组建游击队。1985年，当选为中共无锡市第七次代表大会代表。

李开洪（1914——1992）　男，福建省永定县人，寓居锦树里。中共党员，历任福建永定县金沙区苏维埃政府赤卫队通信员，红12军44师100团（红军中央独立团）司令部侦通连电话员，新四军抗战二支队七师二营六团战士、副排长、排长，新四军四兵站警卫排排长，皖北军区税务局63分所所长，苏北军区9分区东南税局检查员，95区东南江海公司仓库主任、副大队长、教导员，苏北军区海纵直属大队政治指导员，华东海军第五舰队总务排长，华东军区五舰队协理员、总务科长，华东军区后勤卫生部野战十四医院行政科长等职。1992年10月，被追授中国人民解放军二级红星功勋荣誉章。

覃正柱（1913——2005）　男，土家族，湖南省桑植县人，寓居汤巷小区。1935年8月参加中国工农红军，1937年1月加入中国共产党，1935年10月参加著名的二万五千里长征，1937年8月在山西、河北等地参加抗日战争，1943年3月在延安瓦窑堡抗日军政大学学习，1945年10月在辽宁等地参加解放战争。历任通讯员、班长、连党支部书记、指导员、副营长、营长、教导队队长、县大队政委，松江警卫团政委，先后参加过贵州黔西县战斗、云南滨县宣感县战斗、山西原平县新口战役、百团大战、齐会战斗、四平战役、临江保卫战、新县二十里铺突击战、西南大洼地突击战等重大战役，并参加东北地下工作和剿匪战斗。获中国人民解放军三级八一勋章、中华人民共和国三级独立自由勋章、中国人民解放军三级解放勋章。1950年11月，参与组建中国第一支空军部队，任大队政委、场站副政委、政委等职。1958年9月转业后，先后任无锡市城建局党委书记、南长区区委副书记、区长、无锡市委视察室副主任、无锡市人大常委会副主任，是无锡市第九届、第十届、第十一届人民代表大会代表。

第二节　知名人士

章绎唐（1910——　　）又名章权。无锡城内小河上人。中国民主建国会会员。早年就读于无锡辅仁中学。民国17年（1928），考入北京税务专门学校。民国21年“一二八”事变，弃学从军未成，重返税校学习。是年毕业，任职武汉海关。“七七”事变后，撤退至重庆，先后任四川泸州海关及成都海关主任、重庆海关帮办。抗战胜利后，应亲戚之邀任上海建成面粉厂副经理、天水福新面粉厂厂长。新中国成立后，任建成面粉厂（上海第一面粉厂）厂长。1956年，公私合营后被任命为私方厂长。其精通英、日、俄文，曾担任美国粮食部代表团来华交流翻译，译有俄文制造面粉技术一书。社会兼职有上海市普陀区工商联委员，普陀区民建、工商联对外联络组副组长，普陀区侨联委员。

杨　绛（1911——　　）　女，原名杨季康，杨荫杭之女。无锡城内留芳声巷人。早年就读于北京女子高等师范大学附小、上海启明女校、苏州振华女中。民国21年（1932），毕业于苏州东吴大学政治系，后考入北京清华大学研究院，为外国语文研究生。民国24年，与国学大师钱锺书缔结良缘。是年，先后赴英国和法国留学。民国27年，回国后历任上海震旦女子文理学院外语系教授、清华大学西语系教授。1949年后，在中国社会科学院文学研究所、外国文学组（后为中国社科院外国文学研究所）担任研究员。剧作有《称心如意》《弄假成真》《风絮》等。译作有《一九三九年以来英国散文作品》《小癞子》《吉尔·布拉斯》《堂吉诃德》等。文学评论文集有《春泥集》《关于小说》等。著名散文有《干校六记》《将饮茶》等。小说有《倒影集》《洗澡》等。1986年，因翻译西班牙文学作品作出贡献，荣获“西班牙智慧国王阿方索十世”十字勋章。2003年，出版回忆一家三口数十年风雨生活的《我们仨》。

陈葭生（1914——　　）　无锡人。民国21年（1932）毕业于私立无锡中学。民国25年，毕业于国立浙江大学工学院机械系，获学士学位。民国28年，赴英国实习、工作，专攻精密机械及特种钢冶炼技术，加入英国机械工程学会。民国35年回国后，历任上海百铄机械工程公司、永力冶炼磁钢厂、中国进出口公司上海分公司、中国机械进出口公司上海分公司经理、专员、技术顾问、技术编译、工程师等职。其专长于摄影，20世纪30年代，曾组织无锡市第一个业余摄影团体——雪浪影社，在无锡

城中公园同庚厅举办无锡历史上第一次影展。1957年，加入中国摄影学会。其是中国摄影家协会会员、英国皇家摄影家学会会员、中国老年摄影学会会员、中国华侨摄影学会会员，兼任中国摄影家协会江苏分会理事、无锡市文联艺术指导委员会副主任、无锡市摄影工作者协会理事长、名誉主席，无锡市老年摄影学会会长。曾当选为无锡市第六届、第七届政协委员。主要作品《看风扯篷》发表于《华昌影刊》第十八期的《雪浪影展》专刊，《墨牵牛》《锡山朝雾》入选第一届全国影展，《嬉戏》入选第二届全国影展，《游鱼争餧》入选第三届全国影展，《天鹅》入选1977年全国影展，《万顷一舟》入选第十二届全国影展，《老两口》和《汛前》入选第十三届全国影展，其中《老两口》于1985年获选出国展览。其译著《人物摄影指南》1984年由中国摄影出版社出版。

顾振军（1915——　　）　无锡城内凤光桥人。民国27年（1938），毕业于浙江大学化学工程系，获工学士学位。后去美国留学，专攻石油化工。民国31年获美国俄克拉荷马大学化工硕士学位，民国34年获美国麻省理工学院理学博士学位，博士论文为《分离石油组成的选择吸附》。民国35年回国，先后任浙江大学、上海大同大学和北京燕京大学化工教授。1952年起，任华东化工学院和上海交通大学教授。1958年起，任西安交通大学教授，1977年调回上海交大。主要著作有《电介质化学原理》《绝缘材料的化学和物理基础》《聚合物电性的化学原理》《微电子技术中的聚合物》《抗蚀剂及其微细加工技术》以及《电介质化学》等。

于同隐（1917——　　）　无锡城内小娄巷人。民国27年（1938），毕业于浙江大学化学系，毕业后在兵工署材料研究所工作。鉴于国民党政治腐败，1943年回到浙江大学任助教和讲师，1946年考取公费留美，1951年获美国密歇根大学博士学位，并被推选参加荣誉化学会。1951年回国，任浙江大学教授。1952年，院系调整后在上海复旦大学任教，曾出任有机化学教研室主任。1958年，又受命筹建化学系高分子研究所和高分子教研室。1960年任复旦大学化学系高分子教研室主任。1982年，任复旦大学材料科学研究所所长。1987年，受聘中国纺织大学任兼职教授。其负责研制的“丙烯液相本体聚合新工艺”获1978年全国科学大会奖。“微孔聚丙烯中空纤维人工肺”获1985年上海市科技进步二等奖和1986年国家教委优秀科技奖。“缩聚动力学”获1987年国家教委科技进步奖。发表《高分子合金》《高分子粘弹性的图形理论》《硅有机化合物》等论文200余篇。著有《高聚物的粘弹性》《高聚物及其共混物的力学性能》《配位聚合》等。译著有《有机化学教程习题》《高聚物的分子量测定》《爱因斯坦论著选编》《大分子》（上、下册）等。社会兼职有：中国化学会第二十届、第二十一届理事会理事，《化学世界》杂志副主编、英国《高分子科学进展》杂志编委等。

王彬彬（1920——　）　原名窦炳炳，原籍金坛，落籍无锡。15岁赴沪师从何荣官学唱滩簧。16岁登台演出。18岁转投朱仲明学艺，更名为王彬彬。后又跟锡剧老艺人韩源生、周宝祥、李如祥等学艺。19岁崭露头角。在上海、常州、无锡等地搭班演出。25岁自带戏班，后与锡剧名演员杨企雯、王兰英合作演出，名声大震。1947年，参加无锡首先锡剧团。1951年，参加无锡市文联首先实验锡剧团（后改为无锡市锡剧团），为该团主要演员。1953年，进全国戏曲讲习会学习。是年，参加华东地区戏曲会演，在锡剧《拔兰花》中饰蔡旭斋，获演员二等奖。1956年，参加江苏省第一届戏曲会演，在《珍珠塔》中饰方卿，获演员一等奖。1960年，出席全国文教群英会。1961年锡剧流派会演及1964

年江苏省第二届戏曲会演中，均以主演《珍珠塔》获演员一等奖。演出的主要剧目和扮演的角色有《孟丽君》中的皇甫少华、《西厢记》中的张生、《信陵公子》中的信陵君、《梁祝》中的梁山伯、《白蛇传》中的许仙、《金玉奴》中的莫稽、《小刀会》中的刘丽川、《碧血扬州》中的李芝庭、《红花曲》中的杨厂长、《罗汉钱》中的张木匠、《西安事变》中的张学良等。其擅演小生戏，兼演老生、花脸。博采众长，以唱功见长，逐渐形成别具一格的"彬彬腔"，"十生九彬"成为锡剧舞台上影响力最大的艺术流派之一。"彬彬腔"唱段由中国唱片社选入《中国戏曲艺术家唱腔艺术选》，制成盒带出版。1989年10月，由中国唱片总公司录制的其与梅兰珍演唱的《珍珠塔》，获全国首届"金唱片奖"。其曾是江苏省人大代表、江苏省政协委员、无锡市政协常委，为中国戏剧家协会会员、江苏省文联委员。

杨瑞贞（1922——　　）　女。高级教师。江苏无锡人。民国26年（1937）肄业于競志女中，民国29年后从事小教工作。无锡解放后，历任东新路小学、广勤路中心小学、亭子桥中心小学、崇宁路中心小学等校长、党支部书记，并兼任崇安区教育局小教总支委员。先后发表《党的教育方针在小学开花结果》《少儿工作经验》《加强政治思想教育，做好知识分子工作》等论文10多篇，被誉为崇安区教育战线上的一面红旗。1959~1960年，连续两年出席全国群英会，先后获全国和江苏省先进工作者、劳动模范、先进儿童工作者、"三八红旗手"，连续19年被评为市区先进工作者、市劳动模范、"三八红旗手"、优秀党员。1983年4月退休后，任崇安区退休教师协会理事长，兼任无锡市退教协会副理事长、崇安区教育局退管会副主任。1995年起，任区退休教师协会党支部书记。1998年，聘任为区退教协会名誉理事长后，又撰写《再创人生第二个春天》《唯求黄花香如故》《老骥伏枥，余热生辉》等文章10余篇。连续10多年评为市区老有所为精英奖、老龄工作先进标兵、模范退管工作者、优秀党员及江苏省老有所为先进个人。

杜晓山（1923——　　）　民国27年（1938）至民国30年，师从著名针灸专家王荫堂，民国31年起，在无锡市内开业行医。1950~1952年，在无锡市医学学校进修中医。1954年，参与创办无锡第一联合中医院（1956年更名无锡市中医院），任主任医师、省名中医、南京中医药大学兼职教授、中医院副院长等职务。曾赴日本、巴布亚新几内亚、美国讲学。1992年10月，经国务院批准享受政府特殊津贴。其长期从事针灸专业，善于博采众长，提炼改进复杂的古典针刺手法，师古创新，赋予新的应用价值。尤其擅长治疗面瘫、中风半身不遂、坐骨神经痛等病症。曾在国内外杂志发表论文30余篇，主编《弘扬针术》电视片一部（介绍针刺手法为主）。多次荣获省、市先进工作者，市劳动模范等称号。其是全国继承老中医药专家学术经验带教老师。社会兼职有：江苏省针灸学会副会长、名誉会长、无锡市针灸学会会长、无锡市中医学会顾问等。

唐翔千（1923——　　）　无锡城内石皮巷人。民国34年（1945），毕业于上海同济大学。民国37年，获美国伊利诺斯大学经济学硕士学位。1950年，从美国回到香港，先在大通银行任见习主任，后创办中南纺织厂。1969年，成立南联实业有限公司，成为香港最大的纺织集团。曾任香港贸易发展局理事，香港工业发展委员会委员。1974年后，任香港棉纺同业公会主席，1980年起任香港工业总会

会长。1985年后，先后任香港总商会主席、香港南联实业有限公司常务董事、中南纺织有限公司董事长、香港半岛针织有限公司董事长、新疆天山毛纺织公司总经理、上海联合毛纺织有限公司和广东联发毛纺织公司副董事长、总经理。1988年，当选为第七届全国政协常委。1992年，被聘为港事顾问。1993年，又当选为第八届全国政协常委。香港回归后，担任中华人民共和国香港特别行政区基本法咨询委员会执行委员会委员。还是香港中文大学校董，新亚书院副董事长。是第六届全国政协委员，第七届至第九届全国政协常委。1993年7月，其偕家属回家乡无锡参观游览，捐款资助吴文化公园和崇安寺小学建设。

高　斯（1923——　　）　无锡城内岸桥弄人。原名丙珏。早年就读于江苏省立无锡师范和苏州美术专科学校。抗日战争初期，曾用洛夫、方闻等笔名在上海发表过文学作品和美术作品，宣传抗日救亡活动。民国30年（1941），赴苏北抗日根据地参加新四军，先后在新四军一师一旅服务团从事文化工作，后任新四军一旅一团政治处文化干事，一旅政治部敌工科宣传干事，《江潮日报》《江海导报》记者、编辑、版主编等职。民国34年，加入中国共产党。第三次国内革命战争时期，任华中《新华日报》特派记者、版主编。无锡解放时，任无锡市军管会新闻单位军代表。新中国成立之初，曾任《苏南日报》社总编辑。1952年起，历任江苏《新华日报》社副总编辑、总编辑，江苏人民出版社社长。1978年以后，先后担任江苏省出版局局长兼江苏人民出版社社长，江苏省出版总社社长。

汪　容（1923——　　）　无锡城内书院弄人。民国34年（1945）毕业于浙江大学物理系，1959年前往苏联杜布纳联合核子研究所进修。1961年，归国后任职于中国科学院原子能研究所（后改名高能物理研究所），曾任理论物理研究室副主任。1981年调浙江大学物理系，1983年晋升教授，后任浙江大学近代物理中心学术副主任。社会兼职有：中国科学院物理研究所客座教授、中国物理学会科普委员会副主任委员、中国物理学会名词委员会委员、《中国大百科全书·物理卷》编委、《物理学基础知识丛书》编委会副主编等。其专长于理论粒子物理和量子场论的研究。在高能碰撞多重产生理论、“层子模型”理论和束缚态量子场论等方面都有较高水平的创造性工作。其1965~1966年提出的“层子模型”理论于1982年获得国家自然科学二等奖。在量子规范理论的关键性问题——可重正化性的证明方面，填补国内基础研究的空白。曾出版国内第一本《量子规范理论》专著，发表论文30多篇。并主持国家自然科学基金、教委博士点基金、浙江省自然科学基金3个项目，负责浙江大学参加西欧中心丁肇中组研究项目的组织和部分研究。其还是一位科普作者，1981年，获物理学基础知识丛书优秀副主编奖、全国新长征科普作家奖。1990年，被中国科普作协表彰为建国以来成绩突出的科普作家。

薛禹谷（1923——　　）　女。无锡城内学前街人。民国33年（1944）8月参加革命，民国36年3月加入中国共产党。民国34年，毕业于国立浙江大学农化系。民国35年至民国36年，任复旦大学助教，并参与组织中国农业科学研究社。1946~1947年，兼任由中共南方局妇联领导的《现代妇女》杂志社编委。1947~1949年，任中共无锡临工会委员、江南大学助教。无锡解放后至1953年，先后任浙江农科所农化室技士，兼任所务秘书和农场场长，后任浙江农业厅农教科科长。曾当选杭州市第一届人民代表大会代表。1954年，调中国科学院学术秘书处数理化学部工作。1957年，调中国科学院微生物研究所，先后任助理研究员、副研究员、研究员、副所长、所长等职。1965~1967年，作为访问学者到英国肿瘤研究所放射生物学研究室和剑桥大学生化系进修。1978年起，任中国微生物学学会第一届至第三届常务理事，并任国际交流工作委员会副主任委员、分子微生物及生物工程学专业委员会委员。同时担任中国遗传学会第一届至第三届常务理事，并任微生物遗传委员会主任委员。此外，其还是《中国科学》《科学通报》《遗传学报》《遗传和抗生素》等杂志编委、《遗传学报》副主编，中国大百科全书生物学卷微生物学副主编以及《当代中国》丛书中国科学院卷《微生物学》主编。其先后从事的科研工作有工业微生物、放射微生物、分子遗传和基因工程等，所选育的优良菌种荣获1978年全国科学大会奖。在国内外发表论文50余篇，科研动态综述10余篇，编著《微生物诱变育种》《微生物在工业生产中的应用》两书。

唐学纯（1923——　　）　女。无锡城内前西溪人。民国33年（1944），毕业于上海私立沪江大学。民国36年，获美国柯罗拉图州立教育学院硕士学位，后为美国哥伦比亚大学研究生，任哥伦比亚大学中国学生会理事及哥伦比亚大学师范学院中国学生会副主席。回国后，随其母从事民众教育，在上海实验民众学校工作，兼任上海申新纺织九厂工人学校校务主任。新中国成立后，任北京实验工农速成中学教导主任，并为全国各地开办工农速成中学提供经验。1959年起，任中国人民大学外语教研室主任、副教授。其主持的教研室被评为北京市先进集体。1972~1978年，任职于美国驻华联络处，担任联络处主任、美国总统乔治·布什之汉语教师。曾是中国外语教学研究会第一届理事、公共外语教学研究会常务理事。

汪韵芝（1924——　　）　女，无锡东湖塘人。民国25年（1936），进入滩簧戏班流动演戏。无锡解放后，先后为无锡市文联首先实验锡剧团演员、无锡市文联实验锡剧团（1955年后为无锡市锡剧团）演员。1954年，参加华东地区戏曲会演，在锡剧《庵堂认母》中饰王志贞，获演员二等奖。在《珍珠塔》中饰姑母方朵花，1959年在北京中南海礼堂演出，1962年由香港华文影业公司拍成彩色电影，在海内外放映。在《红花曲》中饰肖桂英，1960年随江苏省代表团出访苏联、波兰、民主德国等国家。1965年参加华东地区现代戏调演，《红花曲》被评为优秀剧目，由上海海燕电影制片厂摄制成彩色戏曲片，在全国放映。多次获“无锡市先进生产者”、省“三八红旗手”等称号。是1953~1987年无锡市历届人大代表，为全国戏剧家协会会员。

李　正（1926——　　）　字勉之，无锡南上塘水曲巷人。1949年，毕业于杭州之江大学建筑系，留校任助教，后在同济大学、浙江大学、苏南工专任教。参加上海人民英雄纪念碑等两次全国性设计方案竞赛，均获一等奖。主持中共湖南省委工程规划设计和无锡、苏州太湖风景区总体规划（草案），以及惠山映山湖、愚公谷的规划设计。其设计的无锡“杜鹃园”“蠡园新区”“黄埠墩”“吟园”等园林，先后获全国、部、省、市优秀设计奖。设计的一对象征无锡与日本明石市友好城市关系的姐妹亭——“锡明亭”“明锡亭”，深受中日两市政府和人民的赞赏。1999年，应邀为德国曼海姆市规划设计5800平方米的中国园——“多景园”。1983~2002年，还先后主持设计东林书院3期修复工程。2004年，又应澳大利亚墨尔本市之请，规划设计占地13.5万平方米的云阳寺扩建工程。是年5月，其设计的无锡参展景点——梁溪苑获中国第5届国际园林花卉博览会优秀设计奖。同年10月，又受德国博霍尔股市之邀，规划设计呵尔湖风景区中占地2万平方米湖心岛上的中国景点。其是无锡市城乡建设管理委员会高级建筑师、无锡市梁溪河水环境综合整治领导小组专家，兼任江苏省太湖

风景区建设委员会委员。曾被评为国家城乡建设部科技劳动模范，是无锡市政协常委。

梅兰珍（1927——　　）　女，江苏省武进县人。出生江苏溧阳，定居无锡市。梅兰珍自幼随父母学艺，工花旦。8岁登台，13岁挑大梁。抗战前后在常、锡、沪等地以梅家班之名挂牌演出，主演花旦。无锡解放后，为无锡市锡剧团主要演员，扮演花旦、青衣、老旦、彩旦、老生、花脸等都能应付自如。1983年，任无锡市锡剧团团长。在50多年的艺术实践中，逐步形成“圆美、华丽、新颖、多变”的唱腔特色，在锡剧诸多演唱流派中独树一帜，以嗓音圆润、韵味醇厚而闻名，被誉为锡剧梅派唱腔、锡剧“花腔女高音”。其代表性剧目主要有：《珍珠塔》《孟丽君》《红花曲》《摘石榴》《拔兰花》等。主演的《孟丽君》《珍珠塔》《红花曲》均被拍成彩色舞台艺术片搬上银幕。由中国唱片公司出版发行的锡剧《珍珠塔》获1989年全国首届金唱片奖。曾参加“徐丽仙、戚雅仙、杨飞飞、梅兰珍”舞台四姐妹联合演出，以及上海电台、电视台等单位联合举办的锡剧梅派演唱会，出席在沪举办的全国戏曲名家汇演暨研讨会。是江苏省政协委员、无锡市人大常委，为中国戏剧家协会会员、中国戏剧家协会江苏分会咨询委员、江苏省锡剧研究会顾问、无锡市文联艺术指导委员会委员。曾荣获江苏省、无锡市“三八”红旗手称号。

钱绍武（1928——　　）　无锡新渎桥人。民国31年（1942），师从秦古柳学习国画。民国36年，考入北平国立艺术专科学校（1949年后改为中央美术学院），1951年毕业后留校任教。1953年，赴苏联列宁格勒列宾美术学院学习雕塑，1959年毕业，获艺术家称号。是年，回国任中央美术学院雕塑系主任。擅长雕塑、绘画、书法。曾在中央美术学院陈列馆、天津市群众艺术馆举办个人书画雕塑作品展。1988年，赴美国访问和讲学。留苏毕业创作雕塑《大路歌》为中国革命博物馆收藏。《杜甫像》为中国美术馆收藏 。《江丰头像》获第6届全国美展银质奖章，为中国美术馆收藏。作品还有《李大钊纪念像》《炎帝像》《李清照像》《黄胄像》《严济慈像》《石家庄烈士像》等。出版有《素描与随想》《素描人体选集》，发表论文有《赏心论》《雕刻之美》《亨利·摩尔方法初探》等数十篇。曾为全国城市雕塑艺术委员会委员、中国城雕全国艺委会顾问、中国美术家协会会员、中国美术家协会雕塑委员会委员、中国工艺美术学会雕塑委员会会长、国家教委艺术教育委员会委员，还是北京市人民政府专业顾问、首都规划委员会专家委员，中央美术学院教授、博士生导师。

李惠均（1928——　　）　无锡城内三凤桥人。民国36年（1947）在江西浙赣铁路工作。新中国成立后，在上海铁路局火车头体协工作。1951年，在哈尔滨参加全国铁路体育干部训练班学习，从此走上专业体育之路。1954年起，先后在江西省体育总会、中国火车头体协工作，参与组建江西省乒乓球队，参加第一届全国运动会。历任体育指导员，江西省体委常委、宣传部长，江西省乒乓球队教练，第26届世界乒乓球锦标赛裁判组长，全国乒乓球比赛裁判长等职。曾当选为江西省体育科学学会副理事长兼秘书长，出席在重庆召开的中国体育科学学会第一次会员代表大会。著有《乒乓球竞赛组织编排》一书。4次被国家体委评为优秀裁判员。1984年，被国家体委聘为全国乒乓球国家级裁判考试委员会委员，兼任江西省乒乓球协会副主席兼裁判委员会委员。

孙　颔（1929——　　）　无锡城区人。早年就读于无锡师范附属小学、无锡工业专科学校。

民国35年（1946），考入国立中央大学农业经济系，求学期间，投身学生运动。民国36年，加入新民主主义青年团。民国37年，参加中国共产党。是年，赴苏北解放区，在中共华中党校学习。1949年，随中国人民解放军金陵支队南下，任南京军管会军事联络员，接管国民政府中央农业实验所。此后历任华东农业科学研究所、江苏省农业科学院助理研究员、副研究员、副院长、院长等职。1983年，任中共江苏省委副书记，分管农村、教育、科技、统战等工作，并兼任省委党校校长。1989年起，任江苏省政协主席。同时担任南京农业大学特约教授、江苏省农学院名誉教授、江苏省农业科学院和中国科学院南京地理与湖泊研究所特约研究员。其长期从事农业技术经济、农业自然资源和农业区划科研工作，主要科研成果有：《中国综合农业区划》获1985年国家科技进步一等奖、1983年全国农业区划委员会科研成果一等奖，《江苏省农业区划》获1979年全国科学大会奖、1985年全国农业区划委员会科研成果一等奖、江苏省政府科技进步一等奖，《南方麦区小麦湿害防治技术》获1982年农牧渔业部技术改进一等奖。撰写《江苏省农业资源与综合农业区划》《中国综合农业区划》《中国农业自然资源与区域发展》《中国农业资源与农村经济》等著作。是第六届、第七届全国人大代表。兼任中国农学会副会长、中国农业区划学会主委、中国农业经济学会常务理事。

糜振玉（1931——　　）　无锡周山浜人。早年就读于无锡县县立中学（市一中前身）、上海市市立市北中学、上海震旦大学附属中学，1950年考入山东大学数学系，1951年1月参加中国人民解放军。1954年，大连海军指挥学校本科毕业后，任该校战术教研室助教、教员，并任护卫舰支队、鱼雷艇大队见习部门长、大队业务长。先后荣立三等功4次。1963年7月，调军事科学院，历任教研馆海军教研所助理教研员、战争理论研究部研究员、研究室主任，1985年任副院长。其间荣立三等功2次。曾主编《中国的国防构想》，合作主编《军事科学概论》《中国军事文库》等。参与组织领导和编写的《战略学》获军事科学院科研成果一等奖、全军科研成果二等奖。参与编写和统稿的《战役学纲要》获军事科学院科研成果一等奖、全军科研成果特别奖。发表军事论文近百篇。1985年，任军事科学院副院长，担任军事理论研究领导工作。1988年，授少将军衔。1993年始，为全军第一批军事学博士生导师。1993年，晋升中将军衔。1994年离休。其为第二届、第三届、第四届国务院学位委员会军事学科评议组召集人，中国军事科学学会常务理事、副会长，中国孙子兵法研究会名誉会长、顾问，中国国际战略学会高级顾问等。是国防科技大学、石家庄陆军指挥学院、海军指挥学院、后勤指挥学院等院校兼职教授。曾当选为第八届全国人大代表、第九届全国政协委员。

谢震球（1932——　）　江苏宜兴人。1952年参加工作，1962年无锡医专毕业，先后任无锡市第一人民医院外科主任、副主任医师，南京医学院兼职副教授。在普通外科、胸外科、骨科等领域临床和科研方面卓有建树。20世纪60年代，其撰写的手术后早期引起肠粘连的论文，发表于全国学术期刊。80年代起，从事显微外科在骨科领域的研究，对晚期肝硬化顽固性腹水内科药物治疗难以缓解的病例开展“胸导管——颈内静脉吻合术”，对下段直肠癌根治术后会阴部伤口愈合时间长的病症实行带血管股薄肌移植，对复杂胆管结石、胆管损伤和狭窄病人开展游离空肠胆管成型术、带血管组织片移植修复术，还先后开展带血管游离腓骨移植治疗骨大缺损、带血管游离皮瓣移植术、游离第二足趾移植术。其“显微外科技术在骨科临床应用”获江苏省科技进步奖。1986年荣获全国

"五一"劳动奖章。还先后被授予"江苏省劳动模范""无锡市劳动模范""江苏省有突出贡献的中青年专家"等称号。

蒋一珪（1932——　　）　无锡城内沙文井人。1953年，毕业于南京大学生物系。后任中国科学院水生生物研究所鱼类遗传育种学研究室主任、研究员，兼任中国遗传学会理事。其长期从事鱼类生态学、鱼类生理学、鱼类细胞遗传学和鱼类育种学的研究。主要科研成果有："细鳞科颌鲴的养殖研究"获1978年全国科学大会科技成果奖，"异育银鲫及其应用研究"分别获湖北省科技成果一等奖和中国科学院重大科技成果二等奖，"异育银鲫研究"获国家科学技术进步二等奖，"广济县渔业增产综合技术应用研究"获湖北省科技进步二等奖。发表《鲫鱼的人工和天然雌核发育》《异源精子在银鲫雌核发育子代中的生物学效应》《雌核发育银鲫抑制异源精子原核化的作用模式初探》《鱼类的天然雌核发育》等学术论文，著有《豫北平原渔业发展与渔业生态研究》等书。1984年被国家评为有突出贡献的中青年科学家，1988年获"湖北省劳动模范"称号，1989年获"全国先进工作者"称号。

尤克介（1934——　　）　无锡前太平巷人。1957年7月，毕业于苏联莫斯科财政学院。回国后，历任财政部税务总局科员、科长，财政部海洋石油税务局副处长、副局长，国家税务总局地方税务司司长、税收科研所所长。参与1958年、1973年、1994年3次国家税制改革，参与工商统一税、工商税暂行条例和细则的起草。1995年6月和2000年6月，两次参加国际货币基金组织在华盛顿和苏州举办的高级税务官员税收研讨班。编审各类税收业务手册、专著130余万字，发表论文、译文50余篇。《我对废除捐税的背后就是废除国家的理解》一文获1990年税务系统10年税收理论研究成果佳作奖。《我国地方税收改革总体设想》《课征土地增值税之研究》《我国出口退税的难点与对策》分别于1993年和1999年获全国税收科研成果一等奖。其编译的《苏联税制》一文收入《大百科全书·财经卷》。曾兼任中国财政学会常务理事、中国农村财政研究会常务理事、中国税法学研究会副会长、北京大学税法研究中心兼职研究员、国家税务总局高级专业技术职务评审委员会委员。

吴美琰（1934——　　）　女，无锡城内镇巷人。早年就读于无锡江南中学，1956年毕业于上海华东纺织工学院染化系。1958年赴苏联莫斯科纺织学院罗果文教授实验室当研究生，1962年获苏联科学技术副博士学位。回国后任职于中国科学院化学研究所。1981~1982年，赴美国俄亥俄州爱麦隆大学高分子研究所进修。其专长高分子化学，从事嵌段共聚合方面的研究，研究聚合反应过程，探索新的合成方法，在国内外重要学术刊物上发表研究论文30多篇，其中，发表在苏联5篇、发表在美国学术杂志3篇、在国际学术讨论会上宣读7篇。"聚氨酯浸贴剂""光致抗蚀剂"等研究成果分别获全国科学大会奖、中国科学院重大成果奖、中国科学院成果二等奖、中国科学院成果四等奖。是中国科学院首批晋升聘任的中年女研究员，任中国科学院化学研究所研究员、博士生导师。

潘　多（1939——　　）　女，西藏江达县人，落户无锡。出生农奴家庭，当过拉萨"七一"农场工人。1959年，入选中国女子登山队队员。是年7月19日，随登山队登上新疆境内海拔7546米的慕士塔格峰，打破女子登山高度世界纪录，获体育运动荣誉奖章、运动健将称号，并受到周恩来总理的接见。1961年6月17日，又成功登上海拔7595米的公格尔九别峰，再次刷新世界女子登山高度的纪录。1975年5月27日，担任登山队副队长，率领9名登山队员登上海拔8848.13米的珠穆朗玛峰，成为世界上第一个从北坡登上世界最高峰的女运动员。国家体委为其记特等功，先后3次荣获国家体育运动荣誉奖章。连续当选为第五届至第九届全国人大代表，任中华全国体育总会副主席、中国登山运动协会副主席等职。还先后荣获全国“三八红旗手”、“新中国体育运动开拓者”等称号。1994年，入选“建国45周年体坛四十五英杰”。1981年，随丈夫邓嘉善回无锡，担任无锡市体育运动委员会副主任，1998年退休。

顾美云（1943——　　）　女，江苏如东人。1961年，毕业于江苏省无锡师范学校。其后在崇宁路小学从事语文教学、研究工作，并任副校长。历任江苏省电教研究会副理事长、省教育学会理事、省小语会副理事长、市小语会理事长。长期从事小学语文教学研究，形成“情、趣、活、实”的教学风格。先后在报刊上发表论文10余篇，电教教案《珊瑚》、课堂教学实录《荷花》均获全国优秀电教教材评比二等奖，《殷殷爱生情，探索无止境》专题片在中央教育电视台播出，多次赴海南、广东、广西、江西、福建、安徽、深圳、上海及江苏等地示教。1978年后，先后被评为江苏省首批特级教师、全国“三八红旗手”、江苏省有突出贡献中青年专家、全国优秀教师，1998年获省“红杉树优秀园丁奖”金奖。先后2次担任无锡市“学科带头人高级研修班”导师，3次被评为全国小语会学会先进工作者。是第五届全国青联委员，无锡市第九届至第十一届人大常委会委员。

朱庆庆（1957——　　）　女，幼年患小儿麻痹症肢残三级，自幼喜爱编织。2000年4月，获全国残疾人职业技能选拔赛打结项目第2名。是年9月，获江苏省残疾人职业技能选拔赛钩针项目二等奖。2002年12月，获江苏省第二届残疾人职业技能竞赛结形花边项目第2名。2003年8月，参加第二届全国残疾人职业技能竞赛，获工艺编结（结形花边）项目第1名，被国家劳动和社会保障部授予“全国技术能手”。是年11月，参加在印度举办的第六届国际残疾人职业技能竞赛，获结形花边金奖。被评为2003~2004年度“江苏省技术能手”。2005年，创办“大结大利”手工编织坊，吸纳残疾、下岗职工10余人，被授予江苏省女性创业典型。

朱幼南（1961——　　）　江苏无锡人。1977年，从事航模运动。1979年第四届全运会上，破“自由飞”全国记录。1980年，入河南省航空模型队。1982年，获国家级运动健将称号。1983年，任无锡市射击航模学校教练。是年，入选国家航模集训队。1984年，在世界线操纵航空模型锦标赛中，从蝉联十一届冠军的美国人手中夺得f2b线操纵特技模型飞机飞行冠军，为中国航空模型运动员首次获得的个人世界冠军。1985年，被授予全国新长征突击手，被省政府记特等功一次。1985~1986年，被评为省劳动模范、无锡“十佳”青年标兵。1986年，获“国际级运动健将”称号。1985年、1990年2次荣获国家体委颁发的体育运动荣誉奖章。1990年，在世界线操纵航空模型锦标赛中与队友合作，获f2b国际级线操纵特技飞行团体冠军。

惠　钧（1962——　　）　江苏无锡人。1978年，入选江苏省乒乓球队，右手横拍全攻型选手。1981年，获国家级运动健将称号。1983年，进国家集训队。是年，获第五届全国运动会乒乓球比赛男子单打冠军，为第九届亚洲运动会男子团体冠军中国队成员之一，并与陈新华合作获男子乒乓球双打第3名。在出访朝鲜、瑞士、瑞典、芬兰、匈牙利、巴西等国的一系列重大国际比赛中，获得4枚金牌、1枚银牌和1枚铜牌。1984年，在第二届亚洲杯乒乓球比赛中获男子单打冠军；1986年，为第十届亚运会乒乓球男子团体亚军中国队成员之一，并获男子单打亚军，与滕毅合作获男子双打冠军，与耿丽娟合作获混合双打亚军。1987年，与耿丽娟合作获第三十九届世界乒乓球锦标赛混合双打冠军。是年，入选全国十名最佳乒乓球运动员，并受到省政府通令嘉奖。1988年，获“国际级运动健将”称号，被评为江苏省劳动模范。1989年，在第四十届世界乒乓球锦标赛上与滕毅合作获男子双打第3名。是年，退役后先后任国家女子乒乓球队教练和国家男子乒乓球队教练。1998年，应邀赴香港乒乓球队执教。其间，3次被国家体委授予体育运动荣誉奖章。

顾　俊（1975——　　）　女。1975年1月生，无锡市人。1984年，从崇宁路小学入选无锡市少年业余体校羽毛球队，翌年进江苏省少年体校，1988年入选江苏省女子羽毛球队。1991年11月，入选国家少年队，参加在印尼雅加达举行的首届世界青少年羽毛球锦标赛，与韩晶娜合作获女双冠军。1992年，代表江苏队参加全国羽毛球锦标赛，与葛菲合作获女双冠军。1993年，与葛菲合作获全国第七届运动会羽毛球女双冠军，入选国家队。1994~1995年，与葛菲搭挡，在19次国际比赛中，共获冠军16个、亚军2个、第三名1个。在世界羽毛球女双选手排名上升居第一位。1996年7月，在美国亚特兰大举行的第二十六届奥运会上，与葛菲合作获女双冠军，实现中国羽毛球运动项目奥运会金牌零的突破。2000年，在澳大利亚悉尼举行的第二十七届奥运会上，与葛菲搭档再夺女双冠军。1996~2000年，在18次国际比赛中，又获冠军18个、亚军1个。1995年起，先后荣获国家荣誉体育奖章以及全国“三八红旗手”“江苏省劳动模范”“江苏省新长征突击手”和无锡市“十佳青年”“新长征突击手”“三八红旗手”等称号，并被授于无锡市“腾飞奖”。2000年，被江苏省政府记一等功，无锡市政府通令嘉奖并发给奖金20万元。

第三章　人物表

本章分4个部分，记载辖区在各个历史时期为国献身的革命烈士、各级劳动模范、中国科学院和中国工程院院士、以及病故的区级主要领导等。其中，革命烈士113人；1986~2005年被评为全国、部委（包括省级）和市劳动模范、先进工作者等145人次；无锡籍健在的中国科学院、中国工程院院士13人，1982年后病故的区级主要领导6人。

第一节　革命烈士

辖区有革命烈士113人（按卒年排列），其中，崇安区籍革命烈士60人，遗属居住辖区的客籍革命烈士53人。

崇安区内无锡籍革命烈士一览表（60名）

表34-3-1

姓名	性别	出生年份	籍贯	居住地	生前单位及职务	牺牲时间及地点
秦　起	男	1907	江苏无锡	二下塘12号	无锡县总工会委员长 中共无锡地方委员会委员	1927年4月14日在无锡县被捕遇害
薛光媚	男	1907	江苏无锡	顾家弄10号	中共江阴县委员会委员	1927年8月在江阴被捕后遇害
朱阿福	男	1905	江苏无锡	陈白头巷66号	苏南地区地下党交通员	1928年11月在无锡牺牲
高文华	男	1907	江苏无锡	岸桥弄25号	共青团无锡县委书记	1931年7月6日在国民党江苏省第一监狱牺牲
顾　衡	男	1909	江苏无锡	中山路顾家弄9号	中共南京市委组织部长	1934年12月4日在南京雨花台牺牲
杜　宽	男	1910	江苏无锡	万巷24号	江南侵华日军义勇军地下武装中队队长	1939年3月在无锡县查桥仓下因汉奸告密被侵华日军杀害
季翼农	男	1915	江苏无锡	前西溪22号201室	江苏策反特务大队负责人	1939年8月在无锡县长安桥牺牲
华　狱	男	1912	江苏无锡	留芳声巷4号	江南抗日义勇军第3路军5支队政治指导员	1939年8月12日在上海作战中牺牲
范　敏	男	1916	江苏无锡	西河头大成巷12号	新四军第1支队第2团民运股长	1940年5月30日在扬中县被捕后牺牲
朱若愚	男	1903	江苏无锡	新生路306号	无锡张村八士区区长	1940年12月30日在无锡八士桥牺牲
杨二保	男	1906	江苏无锡	大娄巷	新四军锡北支队常备队员	1941年正月初七在堰桥新矿里作战中牺牲
周阿安	男	1901	江苏无锡	周山浜俞巷83-1	无锡梅北乡地下党组织缉私队队长	1941年4月在江溪桥被捕牺牲
顾增兴	男	1919	江苏无锡	留芳声巷6号-3	新四军锡北支队班长	1941年7月在江阴县顾山牺牲
杨大衢	男	1907	江苏无锡	百岁坊巷26号	中共江阴县杨厍区委员会书记兼区长	1941年8月在江阴周庄镇遭叛徒杀害
储贵声	男	1908	江苏无锡	后西溪58号	新四军某部连长	1941年在苏北泰兴黄桥战斗中牺牲
施立仁	男	1909	江苏无锡	崇宁路77号	新四军炮兵营政治指导员	1941年在苏北秦潼战斗中牺牲
华　英	女	1920	江苏无锡	县下塘1号	中共地下工作者	1942年2~3月在福建崇安县梅列集中营牺牲
严振山	男	1894	江苏无锡	周山浜野花园	锡北行署经济主任	1942年4月在江阴县河塘乡被捕后牺牲
钱仲仪	男	1920	江苏无锡	新街巷32号	中共浙江丽水中心县委宣传委员 中共丽水县西区区委书记	1942年7月在浙江省瑞安县被捕牺牲
胡曾钰	女	1923	江苏无锡	留芳声巷38号	中共高邮三分区委员会组织科科长	1942年9月在高邮撤退掩护中牺牲
钱诚斋	男	1910	江苏无锡	人民路82号	江南抗日义勇军参谋长	1942年10月在查桥区永安乡丁巷被捕后牺牲
陈凤威	男	1907	江苏无锡	新街巷10号	中共锡北工作委员会书记兼锡北办事处主任	1942年10月14日在无锡县东亭顾巷浜遭侵华日军袭击牺牲
陈　光	男	1916	江苏无锡	前太平巷53号11	江南抗日义勇军司务长	1942年在无锡东亭因叛徒出卖，被侵华日军逮捕牺牲
陆志坤	男	1919	江苏无锡	南仓门176号后门	无锡梅南区区长	1943年2月在无锡县被捕后转移安徽广德县集中营牺牲
尤廉凤	男	1919	江苏无锡	白水荡14号	中共地下工作者	1943年7月1日在无锡县张泾桥收编部队时牺牲
秦宝光	男	1904	江苏无锡	解放东路868号	中共锡西区委员会书记兼锡西办事处主任	1944年4月在锡西被忠义救国军暗杀
黄锡庭	男	1912	江苏无锡	不详	江南部队虞县常备队队长	1944年9月20日被捕，10月1日被侵华日军杀害于常熟王庄
孙友明	男	1928	江苏无锡	句容县第六区袁巷村	解放军第23军战士、通信班长	1945年12月在高邮战斗中牺牲
秦邦宪	男	1907	江苏无锡	中市桥巷	中共中央南方局常委兼组织部长、中央委员	1946年4月因飞机失事罹难于山西信县
华　仁	男	1930	江苏无锡	崇宁路69号	海门通讯员	1946年秋在苏北盐城战斗中牺牲

续表34-3-1

姓 名	性别	出生年份	籍 贯	居住地	生前单位及职务	牺牲时间及地点
顾志远	男	1925	江苏无锡	人民路邓侯弄3号	苏中第11纵队32旅94团卫生员	1947年8月在盐城卞仓战斗中负伤后牺牲
沈一飞	男	1919	江苏无锡	玉祁乡东头村人	西南第1旅2团3营副政治教导员	1947年8月在榆林战斗中牺牲
陆建南	男	1921	江苏无锡	圆通路12号405室	新四军第6支队司令部秘书、第10地委书记	1947年在江苏常熟牺牲
华 均	女	1922	江苏无锡	三皇街6号	晋绥军区医疗队主治军医	1948年2月在山西省左云县病故（后追认为烈士）
郑 达	男	1921	江苏无锡	建设路31号	解放军某团保卫科副科长	1948年7月4日在河南省开封战斗中牺牲
袁文宝	男	不详	江苏无锡	不详	战士	1948年7月在江苏省溧阳战斗中牺牲
朱沛然	男	1918	江苏无锡	胡埭朱家村	华东野战军第6纵队第18师54团民运股长	1948年11月15日在淮海战役中牺牲
储新民	男	1914	江苏无锡	西映山河6号	中共无锡县委员会书记、组织部部长	1948年11月24日在无锡大桥南下河牺牲
严 朴	男	1898	江苏无锡	张泾寨门人	中共中央组织部第二科科长	1949年6月5日在北京病故
杨洁民	男	1932	江苏无锡	后西溪74号	无锡县张村区粮赋员	1949年7月14日在张村运粮中牺牲
陈一鸣	男	1931	江苏无锡	胡桥街32号	解放军第29军86师258团2营5连连长	1949年7月在福建大担岛战斗中牺牲
许寿增	男	1902	江苏无锡	东河头巷小河上南岸	中共地下工作者	1949年底在四川省成都牺牲
徐 斌	男	不详	江苏无锡	广勤路190号	团政治处主任	1950年2月15日病故
王志成	男	1930	江苏无锡	新彩路12号	四川沐川县人民政府工作人员	1950年2月在四川省沐川县征粮剿匪中牺牲
蔡承训	男	1930	江苏无锡	育才弄16号	四川宜宾县贸易公司会计	1950年6月15日在四川省宜宾战斗中牺牲
孙金海	男	1926	江苏无锡	东新路平安里4号	志愿军第38军342团5连副班长	1951年2月在朝鲜战场牺牲
杜 杰	男	1923	江苏无锡	人民中路45号后门	志愿军第38军336团机3连战士	1951年2月28日在朝鲜战场牺牲
俞锡泉	男	1924	江苏无锡	万前路15号	苏南军区独立营第3连排长	1951年6月2日在常州病故
王家林	男	1930	江苏无锡	中山路顾家弄6号	志愿军第25军59师177团2营6连战士	1951年11月27日在朝鲜咸南战役中牺牲
吴金法	男	1932	江苏无锡	东新路洽兴里10号	志愿军炮兵第201团1营3连报话员	1952年7月21日在朝鲜上甘岭战斗中牺牲
许锡昌	男	1924	江苏无锡	周山浜永安街24号	第三野战军23军67师199团6连战士	1953年7月8日在朝鲜战场牺牲
杜炳良	男	1932	江苏无锡	崇安寺1号	解放军空军第2214部队空中通讯员、少尉	1960年11月19日在河南郑州空战中牺牲
季寿良	男	1936	江苏无锡	石皮路4号	解放军第6118部队运输助理员	1967年2月1日在部队病故
沈金根	男	1946	江苏无锡	人民路100号104室	解放军第12军31师3连副班长	1969年1月在安徽省嘉山县白来山农场因公牺牲
刘荣良	男	1938	江苏无锡	新生路36号	海军4913工地政治处干事	1969年3月14日在广东封开县因公牺牲
赵甫根	男	1948	江苏无锡	南巷上140号	解放军第8028部队副班长	1971年9月7日在新疆因公牺牲
王松荣	男	1944	江苏无锡	河埒里19号	解放军第152部队技术员	1974年6月1日在北京因公牺牲
岳祖兴	男	1941	江苏无锡	周山浜周巷上93号	解放军第27军火箭炮团连长	1975年11月病故于石家庄
李鸿飞	男	1938	江苏无锡	复兴路16号	空军第四研究所实习研究员	1975年8月28日在北京病故（1976年3月追认为烈士）

续表34-3-1

姓 名	性别	出生年份	籍 贯	居住地	生前单位及职务	牺牲时间及地点
张泉昌	男	1949	江苏无锡	长庆路永勤弄164号	空军第39675部队副大队长	1977年7月16日在甘肃临洮县上空执行战备训练中牺牲

说明：上述资料由区民政局提供。

崇安区内客籍革命烈士情况一览表（53名）

表34-3-2

姓 名	性别	出生年份	籍 贯	居住地	生前单位及职务	牺牲时间及地点
陈银堂	男	1901	江苏江阴	中山路68号	红军第14军第1师	1927年在后腾起义中牺牲
冒长银	男	1911	江苏如皋	镇巷15号	红军第14军秘密工作者	1930年7月在泰兴牺牲
王兆寿	男	1904	江苏海安	周山浜树德里39号	不详	1930年在江苏如皋被害牺牲
蒋元甫	男	1900	江苏武进	不详	民兵	1939年在北高村牺牲
邵和宝	男	不详	不详	汤巷4号903室	新四军第1纵队第1团副班长	1940年12月13日在苏北曹甸战役中牺牲
蒋其发	男	1922	江苏句容	人民路14号-6	新四军独立团连级	1941年2月牺牲
许桂英	女	1922	江苏江阴	沈果巷游泗弄1号	不详	1941年2月19日在常熟恬庄被汉奸杨春华逮捕杀害
卢宏一	男	1918	江苏沙洲	迎溪桥14号	新四军战士	1941年12月27日在江阴县南新桥街后与侵华日军作战中牺牲
温成贵	男	1920	河北蓟县	新街巷4号	蓟县游击队队长	1943年8月在河北牺牲
刘志鎏	男	1911	江苏淮安	铁路宿舍14号303室	新四军淮宝支队队员	1944年2月3日在淮安牺牲
姜正柱	男	1922	江苏建湖	不详	战士	1944年7月2日在建湖牺牲
李丕瑗	男	1915	山东乳山	延安新村15号204室	胶东南海第3团副政治指导员	1945年2月牺牲于山东莱阳县万第战役
黄 天	男	1908	上海崇明	小娄巷2号	冀东军区剧社社长	1945年7月4日牺牲于反扫荡战斗
孙佑民	男	1918	山东文登	广瑞二村22号504室	山东某部第5师战士	1945年12月在高密朱阳战斗中牺牲
王月照	男	1928	不详	石皮巷4号	东江纵队地下工作者	1945年12月在广东惠东县白花区作战中牺牲
陈长庆	男	1925	江苏盐城	鱼腥巷3-11号	战士	1945年后失踪
蒋富生	男	1922	江苏武进	长庆路二弄12号	中共武进县第3区委书记	1946年2月20日在武进牺牲
李金山	男	1924	山东蓬莱	学前街45号101室	司法科	1946年5月在山东胶高县战斗中牺牲
仇宝礼	男	1920	江苏海安	解放东路742号之二	沙岗唐庄乡游击队民兵班长	1946年11月12日在沙岗牺牲
储 琦	男	1927	江苏宜兴	中市桥巷	解放军第23军保卫干事	1946年在如皋吴家庄战斗中牺牲
张恒芳	男	1909	江苏盐城	东河头巷48-2号	盐城武工队副队长	1946年在盐城牺牲
徐湘岐	男	1926	江苏江阴	盛巷66号	武工队组长	1947年8月在江阴县牺牲
褚惠华	男	1913	江苏宜兴	长庆路知乐里9号	太隔武工队队长	1947年12月21日在宜兴牺牲
薛玉珍	女	1893	江苏高邮	东映山河园基场14号	中共高邮县界首区委交通员	1948年1月4日在高邮被害牺牲
骆云降	男	1921	浙江诸暨	广丰新村10号609室	解放军第20军战士	1948年6月2日牺牲于豫东战役
王克东	男	1920	江苏阜宁	周山浜周新里96号	解放军第101团2营教导员	1948年牺牲于淮海战役
卫福海	男	1924	江苏武进	周山浜祝家浜35号	不详	1949年7月失踪
池敬樟	男	1911	福建闽侯	中山路589号	广东江防司令部海防队果敢艦艦长	1950年5月25日牺牲于万山群岛垃圾尾战役
祁少卿	男	1924	河南商丘	周山浜汤家桥12号	志愿军第20军59师175团营长	1950年6月27日牺牲于朝鲜战场
沈祥林	男	1928	江苏宜兴	周山浜周巷上29号	志愿军第27军80师238团2营机炮连战士	1950年11月28日牺牲于朝鲜新兴里战斗

续表34-3-2

姓名	性别	出生年份	籍贯	居住地	生前单位及职务	牺牲时间及地点
王康本	男	1929	江苏宿迁	周新村二幢二门101室	志愿军第263团特务连班长	1950年12月牺牲于朝鲜战场
燕才选	男	1926	江苏泰兴	勤学路34号	志愿军第20军59师173团副排长	1950年牺牲于朝鲜战场
杨飞	男	1926	江苏宜兴	不详	解放军第28师83团战士	1951年3月牺牲于四川宜宾
俞荣江	男	1936	安徽寿县	学前街14号	解放军第21军后勤卫校学员	1951年7月21日在奉化县大桥镇因公牺牲
吴纯	男	不详	江苏江阴	不详	志愿军某部后勤供给处财务科科员	1951年9月25日牺牲于朝鲜战场
曹春彦	男	1933	江苏沙洲	解放西路290号	解放军第206部队政治部战士	1951年12月13日因公牺牲
丁德顺	男	1930	江苏江阴	中山路永兴巷68号	志愿军第42军126师377团2连战士	1951年12月18日牺牲于朝鲜战场
祝文彬	男	1926	不详	盛巷	志愿军第39军116师炮兵营战士	1952年3月牺牲于朝鲜战场
陈学贤	男	1930	江苏镇江	中市桥巷26号	志愿军第25军政治部文工团团员	1953年4月23日牺牲于朝鲜战场
吴成浩	男	1931	重庆	人民路174号	志愿军第31师91团4连文化教员	1953年10月牺牲于朝鲜战场
刘保富	男	1940	江苏阜宁	健康里46号	无锡市消防队消防员	1964年5月24日在无锡因公牺牲
钱有成	男	1940	浙江宁波	东新路永兴里12号	中国人民武装警察内蒙古总队战士	1964年8月8日在内蒙古包头因公牺牲
王天成	男	1912	山西昔阳	学前街2号	无锡军分区某部部长	1965年4月在南京病故
刘菊清	男	1923	山东掖县	健康路54号	解放军第27军79师中校	1965年5月27日病故
赵占贵	男	1922	河北沙县	南市桥巷60号之一	甘肃省军区少校	1965年8月2日病故于平凉
骆山民	男	1931	上海嘉定	中市桥巷25号203室	解放军第6413部队政治部秘书	1966年12月26日病故于无锡
李再兴	男	1923	江苏武进	西大街日晖巷5号	解放军第5851部队51团副团长	1971年1月6日病故于陕西安康县
傅昌明	男	1935	四川成都	崇安寺44号之一	解放军第8015部队	1972年8月1日在北京病故
纪兆杰	男	1934	山东崂山	中山路大成巷203号	解放军第51018部队通信技师	1972年12月24日牺牲于南京龙潭
杨杰清	男	1928	山东蓬莱	南市桥巷60号4号门301室	解放军第51024部队	1973年1月病故于无锡
王松元	男	1937	江苏溧阳	周山浜俞巷121号303室	解放军第21军71所副政治指导员	1976年7月28日在唐山地震中遇难
黄勇	男	1928	浙江萧山	广丰新村32号504室	解放军某团团长	1978年6月2日病故于福建
薛青	男	不详	不详	后西溪五姓巷1号301室	无锡市公安局交警支队崇安队二班民警	1989年3月26日因公牺牲

说明：上述资料由区民政局提供。

第二节　劳动模范与先进人物

1986~2005年，辖区被评为国家、部委（包括省级）的先进个人有87人次（按获奖时间先后排列），其中，被国务院表彰的全国劳动模范7人，评为江苏省劳动模范12人。其间，被评为市劳动模范58人次。

1986～2005年崇安区内全国、部（省）劳动模范、先进工作者一览表

表34-3-3

姓　名	性　别	单　　位	所获荣誉	授予年份
程惠明	男	无锡市第一副食品商店	全国“五一”劳动奖章、江苏省劳动模范	1986
谢震球	男	无锡市第一人民医院	全国“五一”劳动奖章、江苏省劳动模范	
程蕴华	女	江苏省无锡师范学校	全国教育系统劳动模范	
陈日藻	男	江苏省纺织研究所	江苏省有突出贡献中青年专家	
陈日藻	男	江苏省纺织研究所	全国“五一”劳动奖章	1988
刘定保	女	崇安区环境卫生管理所	全国“五一”劳动奖章、江苏省劳动模范	
丁路得	女	无锡市连元街小学	江苏省劳动模范	
徐茂业	男	无锡市建筑设计研究院	江苏省劳动模范	
严大幼	男	崇安区个私协会自行车修理个体业主	江苏省劳动模范	
谢震球	男	无锡市第一人民医院	江苏省有突出贡献中青年专家	
顾美云	女	无锡市崇宁路小学	江苏省有突出贡献中青年专家	
严于兰	女	崇安人民医院	江苏省“三八”红旗手	
程惠明	男	无锡市第一副食品商店	全国劳动模范	1989
何巧凤	女	无锡市第五棉纺厂	全国劳动模范	
刘定保	女	崇安区环境卫生管理所	全国“五一”劳动奖章	
祝海初	男	无锡市电扇厂	全国“五一”劳动奖章	
言穆安	女	江苏省无锡师范附属小学	全国教育系统劳动模范	
顾美云	女	无锡市崇宁路小学	全国优秀教师	
王亚丽	女	崇安区辅读学校	全国优秀教师	
沈蓉娜	女	无锡市槐古中学	全国优秀教师	
刘锡琪	男	崇安区教育局	全国优秀教育工作者	
李宏湘	男	无锡市连元街小学	江苏省优秀教育工作者	
黄继志	男	无锡市江南中学	江苏省优秀教育工作者	
杨平东	男	无锡市广瑞中学	江苏省优秀教育工作者	
王清莉	女	无锡市江南中学	江苏省优秀教育工作者	
嵇玉英	女	崇安区教育局	江苏省优秀教育工作者	
顾磐曾	男	崇安区人民政府	全国爱国卫生先进工作者	1990
王亚丽	女	崇安区辅读学校	全国优秀班主任	
方炳生	男	崇安区县前街居委会	全国“老有所为”精英奖	
华勇珍	女	崇安区广益街道广丰村	全国敬老好儿女金榜奖	
嵇玉英	女	崇安区教育局	江苏省优秀教育工作者	
顾鹏程	男	崇安区崇安寺街道办事处	江苏省老龄工作先进个人	
季德余	男	无锡市电容器厂	全国“五一”劳动奖章	1991
丁谷怡	女	江苏省无锡师范附属小学	全国优秀教师	
吴尚志	男	崇安区教育局	全国优秀教育工作者	
蒋泉根	男	崇安区房管局	江苏省劳动模范	
李宏湘	男	无锡市连元街小学	江苏省优秀教育工作者	
丁谷怡	女	江苏省无锡师范附属小学	国家教委巾帼模范标兵	1992
王一心	男	崇安区工会	江苏省优秀工会工作者	
高瑞芳	女	崇安区辅读学校	江苏省特殊教育先进工作者	
张和生	男	无锡市连元街小学	江苏省优秀教育工作者	1993
朱业民	男	无锡市商业大厦	全国青年服务能手	1994
徐雪影	男	崇安街道县前街居委会	全国模范调解员	
蔡炳荣	男	崇安区人民路街道办事处	全国“三产”普查工作先进个人	
蒋林法	男	崇安区政法委	司法部政治思想工作先进个人	
王开吉	男	无锡市冶金工业供销公司	江苏省冶金行业劳动模范	
杨春南	男	崇安区老年康乐苑	江苏省老龄工作先进个人	
朱业民	男	无锡市商业大厦	全国劳动模范	1995
冯申荣	男	无锡市电力容器厂	全国机械工业劳动模范	
郑韵玉	女	崇安区学前街街道办事处	江苏省社区服务志愿者先进个人	
包和根	男	崇安区民政局	江苏省民政系统孺子牛先进个人	
王德莉	女	崇安区人民法院	江苏省劳动模范	1996
李建夏	男	无锡市商业大厦	江苏省劳动模范	

续表34-3-3

姓 名	性 别	单 位	所获荣誉	授予年份
侯锡椿	男	无锡市医药股份有限公司	江苏省劳动模范	1996
陶 菁	女	无锡市妇幼保健院	江苏省劳动模范	
徐 芳	女	无锡市庆丰集团有限公司	江苏省“十佳”青年、“省标兵”	
丁振华	男	崇安区司法局	江苏省司法系统先进个人	
奚顺发	男	无锡市卫东服装厂	江苏省劳动模范	1997
杨桂兴	男	崇安区环境卫生管理处	全国“五一”劳动奖章	1998
胡盘度	男	崇安区广瑞路街道办事处	全国“老有所为”奉献奖	
张桂娣	女	崇安区周山浜街道办事处	全国敬老好儿女金榜奖	
张二光	男	无锡市建筑设计研究院	江苏省建筑系统先进个人	
王蓓菁	女	崇安区妇联	江苏省“三八”红旗手	
李建夏	男	无锡市商业大厦	全国“五一”劳动奖章	1999
徐 芳	女	无锡市庆丰集团有限公司	全国“五一”劳动奖章	
陶 菁	女	无锡市妇幼保健院	全国“五一”劳动奖章	
沈国华	男	无锡市广益医院	全国无偿献血金杯奖	
王德莉	女	崇安区人民法院	全国劳动模范	2000
李建夏	男	无锡市商业大厦	全国劳动模范	
徐 芳	女	无锡市庆丰集团有限公司	全国劳动模范	
陶 菁	女	无锡市妇幼保健院	全国劳动模范	
薛武眉	女	无锡市第一百货集团	江苏省“五一”劳动奖章	
张定煜	男	无锡市化工集团有限公司	江苏省“五一”劳动奖章	
李明秋	男	无锡市第一人民医院	江苏省“五一”劳动奖章	
程雪英	女	崇安区老龄委	江苏省老龄工作先进个人	
尤靖希	男	无锡市崇宁路小学	江苏省师德模范	
梅凤英	女	崇安区辅读学校	江苏省特殊教育先进工作者	2002
李宁辉	男	崇安人民医院	江苏省优秀科技工作者	
陈胜泉	男	无锡市公安局	全国“五一”劳动奖章	2003
陈凤娟	女	崇安区妇联	江苏省“三八”红旗手	
徐子辰	男	崇安区学前街街道办事处	江苏省老龄工作先进个人	
华勇珍	女	崇安区广益街道广丰村	全国孝亲敬老之星	2004
章隆泉	男	崇安区科学技术协会	江苏省科普工作先进个人	
沈国华	男	无锡市广益医院	全国无偿献血奉献奖金奖	2005
林锡芬	女	崇安区民政局	江苏省民政工作先进个人	
任 伟	男	崇安区卫生局	江苏省扶残助残先进个人	
伏 敏	女	崇安区人民法院退休干部	全国老干部先进个人、江苏省老干部先进个人、中国社区志愿者之星	

说明：上述资料由区有关部门提供。

1987～2005年崇安区内无锡市劳动模范一览表

表34-3-4

姓 名	性 别	单 位	荣 誉	授予年份
刘定保	女	崇安区环境卫生管理所	市劳动模范	1987
丁路得	女	无锡市连元街小学幼儿园	市劳动模范	
谢惠英	女	无锡市窗纱厂	市劳动模范	
蒋锡君	男	无锡市童装厂	市劳动模范	
严大幼	男	崇安区个私协会自行车修理个体业主	市劳动模范	
秦阿兴	男	崇安区饮食服务公司	市劳动模范	
刘定保	女	崇安区环境卫生管理所	市劳动模范	1989
王亚丽	女	崇安区辅读学校	市劳动模范	
秦阿兴	男	崇安区饮食服务公司	市劳动模范	
储洪娣	女	无锡市窗纱厂	市劳动模范	
赵晋德	男	无锡市个私协会	市劳动模范	
蒋泉根	男	崇安区房管局	市劳动模范	
吴荣生	男	无锡市美发厅	市劳动模范	
严大幼	男	崇安区个私协会自行车修理个体业主	市劳动模范	

续表34-3-4

姓 名	性 别	单 位	荣 誉	授予年份
刘文平	男	无锡市纺织产品研究所	市劳动模范	1989
沈蓉娜	女	无锡市槐古中学	市劳动模范	
刘定保	女	崇安区环境卫生管理所	市劳动模范	1991
吴荣生	男	无锡市美发厅	市劳动模范	
蒋泉根	男	崇安区房管局	市劳动模范	
李家宝	男	无锡市钟表眼镜公司	市劳动模范	
王亚丽	女	崇安区辅读学校	市劳动模范	
舒虎泉	男	崇安区糖烟公司	市劳动模范	
秦阿兴	男	崇安区饮食服务公司	市劳动模范	
许炳和	男	江苏无锡石油分公司	市劳动模范	
管鸣宇	男	无锡市建筑设计研究院	市劳动模范	
王德莉	女	崇安区人民法院	市劳动模范	1994
谢瑞珍	女	无锡市沈广茂洗染店	市劳动模范	
吕顺娟	女	崇安区房管局周山浜房管所	市劳动模范	
魏承基	男	崇安区环境卫生管理处学前环卫站	市劳动模范	
曹建强	男	无锡市焊割工具厂	市劳动模范	
李重骅	男	无锡市通汇桥中心小学	市劳动模范	
李家宝	男	无锡市钟表眼镜公司	市劳动模范	
朱永康	男	无锡市教学仪器设备公司经理	市劳动模范	
黄坤生	男	崇安区城市建设综合开发公司	市劳动模范	
陶 菁	女	无锡市妇幼保健院	市劳动模范	
朱荣金	男	无锡市华鹏瓶盖有限公司	市劳动模范	
杨桂兴	男	崇安区环卫处服务所	市劳动模范	1997
高根生	男	无锡市靖海小学	市劳动模范	
章继弘	女	无锡市崇安人民医院	市劳动模范	
谢鸿森	男	崇安区房地产管理局	市劳动模范	
丁龙英	女	无锡市美容厅	市劳动模范	
卢 伟	男	无锡市公安局崇安分局	市劳动模范	
顾国勤	男	崇安区学前街街道商业公司	市劳动模范	
朱永康	男	无锡市教学仪器设备公司经理	市劳动模范	
阙雪旦	女	无锡市南江塑料有限公司厂长	市劳动模范	
华勉伟	男	无锡市石油加工联营厂厂长	市劳动模范	
胡佩芬	女	无锡市和平机械电子集团公司	市劳动模范	
马 星	男	无锡市公安局崇安分局	市劳动模范	2000
卢金伟	男	崇安区环境卫生管理处	市劳动模范	
唐建华	女	无锡市光明眼镜店经理	市劳动模范	
阙雪旦	女	无锡市南江塑料有限公司厂长	市劳动模范	
陈明伟	男	无锡市联运有限责任公司	市劳动模范	
王露荣	男	崇安区广益镇人民政府镇长	市劳动模范	2003
王建华	女	无锡市连元街小学校长	市劳动模范	
管金平	男	无锡市衡器厂技术科科长	市劳动模范	
许 昌	男	无锡市公安局崇安分局学前街派出所社区民警	市劳动模范	
潘荣根	男	崇安区房产管理局崇安寺房管所房屋维修工	市劳动模范	
乔龙秀	女	崇安寺街道连元街社区居委会主任	市劳动模范	

说明：上述资料由区总工会提供。

第三节　崇安区籍两院院士

迄2005年，辖区有无锡籍中国科学院、中国工程院院士13人（按获院士学位时间先后排列），有中国科学院院士5人，中国工程院院士9人（其中，王选既为工程院院士，又是科学院院士）。

王　选（1937——　　）　无锡城头弄人。1958年，毕业于北京大学数学力学系计算数学专业，

后任职于北京大学无线电系，特批为教授、博士生导师，兼北大方正技术研究院院长。1978～1995年，任北京大学计算机研究所所长、副教授、教授。兼任中国中文信息学会常务理事、《计算机科学与技术》（英文版）副主编。1995～1996年，当选为九三学社中央副主席，兼任方正控股有限公司董事局主席。1975年以前，从事计算机逻辑设计、体系结构和高级语言编译系统等方面研究。1975年后，主持华光和方正型计算机汉字激光照排系统的研制，发明高分辨率字形的高倍率信息压缩技术和高速复原方法，率先设计出相应的专用芯片，在世界上首次使用“参数描述方法”描述笔画特性，取得欧洲和中国的发明专利。开创汉字印刷的一个崭新时代，引发中国报业和印刷出版业“告别铅与火，迈入光与电”的技术革命，彻底改造中国沿用上百年的铅字印刷技术。被公认为毕升发明活字印刷术后中国汉字印刷术的第二次发明。1992年，又研制成功世界首套中文彩色照排系统。先后获日内瓦国际发明展览金牌、中国专利发明金奖、联合国教科文组织科学奖、国家重大技术装备研制特等奖等众多奖项。1987年和1995年两度获中国十大科技成就奖和国家科技进步一等奖，1985年和1995年两度列入国家十大科技成就，是国内唯一四度获国家级奖励的项目。1987年获得中国印刷业最高荣誉奖——毕升奖及森泽信夫奖，1995年获联合国教科文组织科学奖、何梁何利基金科学技术奖，2001年获国家最高科学技术奖，被誉为“当代毕升”。鉴于其在计算机应用研究和科学教育领域里的重大成就，1987年被授予国家级有突出贡献的专家称号。1991年，当选为中国科学院院士，获国务院特殊津贴。1993年，当选为第三世界科学院院士。1994年，当选为中国工程院院士。还先后获“全国教育系统先进工作者”“全国高等学校先进科技工作者”“全国教育劳动模范”“全国先进工作者”“北京市劳动模范”“首都楷模”等称号，并被授予人民教师奖章。为第八届全国政协委员，第九届全国人大常委会委员、全国人大教育科学文化卫生委员会副主任委员。2003年当选第十届全国政协副主席。

刘彤华（1929——　　）　女。无锡市沙文井人。1953年，毕业于上海圣约翰大学医学院，获医学博士。其长期从事病理学教学、科研和临床工作，尤其是用基因转移技术将反义癌基因或野生型抑癌基因或自杀基因导入人胰腺癌细胞系，均获得癌细胞生长抑制、致瘤性消失的效果。以survivin为靶基因设计合成的DNAzyme以及针对K-ras基因第12密码子突变设计的小分子siRNA和无启动子全长寡核苷酸均能有效地抑制胰腺癌细胞的生长。通过研究证实粘着斑激酶的磷酸化水平与胰腺癌对化疗药物的敏感性有关。1980年，其提高胰岛增生和胰岛素瘤诊断的研究，获卫生部科技进步甲级奖。1985年，在国内外首先提出“胰内绵脆管环形壁内浸润是胰头癌的一种特殊的生物学行为”，获卫生部科技进步乙级奖。1993年，对胰腺癌细胞生物学、分子生物学的研究，获卫生部科技进步二等奖。1995年，对胰腺癌的基因诊断和实验性基因疗法研究，又获国家科技进步二等奖。1994年，编纂巨著《诊断病理学》，发表论文《淋巴结反应性增生》《萎缩性胃炎和胃癌的超微结构》《108例原发性胃肠恶性淋巴病临床病理及免疫细胞化学分析》等。1999年，当选为中国工程院院士。2001年，建立国内第一个分子遗传病理实验室，在国内最早开展对乳腺癌、肺癌、胃癌、大肠癌等肿瘤进行HER2、EGFR及K-ras等基因靶向检测。先后任解放军第七军医大学、中国医学科学院实验所、北京协和医学院、北京协和医院病理科助教、讲师、副教授、教授、博士生导师等职。曾被卫生部评为“有突出贡献的专家”。

2005年崇安区内无锡籍中国科学院、中国工程院院士一览表

表34－3－5

姓名	性别	籍贯	出生年份	职务	当选年份	研究领域
唐孝威	男	前西溪	1931	中国科学院院士	1980	原子核物理及高能物理学
杨芙清	女	留芳声巷	1932	中国科学院院士	1991	计算机软件及软件工程
王　选	男	东门城头弄	1937	中国科学院院士 中国工程院院士	1991 1994	计算机专家
季国标	男	留芳声巷	1932	中国工程院院士	1994	化学纤维工程
秦伯益	男	小河上（崇宁路）	1932	中国工程院院士	1994	药理学
侯芙生	男	留芳声巷	1923	中国工程院院士	1995	炼油及石油化工
陈　新	男	大娄巷	1932	中国工程院院士	1995	桥梁工程
顾真安	男	毛桃巷	1936	中国工程院院士	1997	无机非金属材料、石英玻璃材料专业学术带头人
杨国桢	男	留芳声巷	1938	中国科学院院士	1999	光物理学
刘彤华	女	沙文井	1929	中国工程院院士	1999	诊断病理学
曹楚生	男	盛　巷	1926	中国工程院院士	1999	水利工程设计、水工结构
王　迅	男	东门城头弄	1934	中国科学院院士	1999	表面物理、半导体物理学
盖钧镒	男	西直街	1936	中国工程院院士	2001	作物遗传育种、大豆种质资源研究开拓者

说明：上述资料由区委组织部提供。

第四节　已故区级主要领导人

1982~2005年，崇安区共有6名区级主要领导人先后病故（按卒年排列）。

1982～2005年崇安区已故区级主要领导人一览表

表34－3－6

姓　名	性别	生卒年月	职务
杨秋宾	男	1919–1982	1951.10~1951.11　中共无锡市第一区委员会书记
钱　和	男	1914–1983	1965.06~1966.05　崇安区人民委员会区长 1978.01~1978.08　崇武区革命委员会副主任 1978.08~1979.12　崇安区革命委员会副主任 1980.06~1982.09　崇安区人民政府顾问
冯庭训	男	1920–1990	1953.11~1956.09　中共无锡市第一区委员会书记 1978.01~1983.10　崇安区人民政府顾问组组长
蔡可田	男	1922–1996	1978.11~1979.12　中共崇武区委员会副书记、崇安区革命委员会副主任 1979.12~1983.12　崇安区人大常委会主任
张克钧	男	1921–2003	1960.06~1962.05　中共崇安公社委员会副书记 1979.11~1982.12　崇安区人民政府顾问
黄汉林	男	1948–2004	2001.01~2004.03　区政协主席、党组书记

说明：上述资料由区委组织部提供。

第三十五编

前志补遗

本编主要补载第一轮崇安区志（1951~1985）遗漏的重大事件：锡金军政分府成立、侵华日军制造长善坊和华庄岸惨案等，并补记前志漏载人物108人（以卒年排列）。

第一章　重大事件

第一节　锡金军政分府成立

锡金军政分府是辛亥革命时期的无锡政权组织，其诞生地为后崇安区人民政府所在地。

清宣统三年八月十九日(1911年10月10日)，武昌起义成功，各地革命党人竞起响应。时任无锡市议事会副议长的同盟会会员秦毓鎏相约本城同志策划响应。八月间，锡金商会将原来的商余体操会改为无锡商团，配以枪枝。下设钱业、米业、绸布业、各业(包括南北货、山地货、中西医、五金等)4个支队。钱业店员蔡容、王景濂在商团内秘密串联同志，策划光复事宜。八月二十五日，革命党人吴浩奉命以新军第九镇三十六标正目的身份到无锡招募新兵400余人，充敢死队员，在火车站附近集中待命。同时，原新军混成旅协统、同盟会会员顾忠琛也从张家口潜回无锡，并以绥靖地方为由，招得民壮300余人，成立民团，自任团长，形成一支以革命党人为领导、青年店员为中坚的武装起义力量。起义前夕，秦毓鎏又收买清军驻无锡的浙江盐捕右营水师，贿缴湘军江防营刘秀宽部的枪械。

九月十四日，无锡钱业商团蔡容等准备组织光复队，以接应上海民团西进；秦毓鎏在上海与民军领袖会晤后返锡。当晚在小娄巷秦毓鎏家召集钱鼎奎、孙保圻、吴廷枚、过接四、许嘉澍等数十同志布置起义。钱业光复队也于是日晚正式成立，推蔡容为领袖，许嘉澍任司令。

九月十六日，钱业光复队在北塘首竖义旗。不多时，全市白旗招展。中午，秦毓鎏设司令部于城中公园，誓师多寿楼前。任命华承德为总指挥，编吴浩的敢死队和顾忠琛的民团为守望队，分驻四城门；委蔡容的光复队为进行队，攻取无锡、金匮两署；宣布三项纪律、“六斩五赏”军令。宣誓毕，华承德率领光复队44名队员向无锡县署进发，人民群众相随助阵，蔡容挥展白旗，率先冲入县署，队员向县堂施放三阵排枪，以示威严，华承德乃率队员入内堂，知县孙友萼被迫交出县印。光复队随即回到公园，秦毓鎏又遣25名队员攻取金匮县署。金匮知县何紹闻已换装逃遁。待蔡容率队到达，县署卫队全部投降，未发一弹而收交县印。返回途中，光复队又接收厘捐局，封存局中一切饷款。至此历时数小时，无锡全城即告光复，秦毓鎏在原金匮县署成立锡金军政分府。

锡金军政分府大门(1911)　　(区档案局供稿)

次日，锡金军政分府统一两县政务。秦毓鎏自任总理，下设军政(3天后撤销)、民政、财政、司法四部，秦自任锡军总司令，军政部长为华承德，民政部长为裘廷梁(3天后辞职，由俞复代理)，财政部长为孙鹤卿，司法部长为薛南溟。是晚，派李葆璋等5人接收望亭巡检司印信和马塘桥厘卡捐票、现款。

第二节　侵华日军制造长善坊、华庄岸惨案

【长善坊惨案】

长善坊是原无锡县北门外柏庄乡的一个村（现属崇安区广益街道向阳村）。日本侵华战争全面爆发时，该村有村民130多户、近千人。民国26年（1937）11月12日，侵华日军攻陷上海后，日本华东派遣司令官松井石根率第九师团、第十三师团、第十六师团朝太湖北侧西侵，其中，第十六师团逆长江水路而上，在常熟白茆口登陆后，沿锡虞公路西侵。在无锡县东亭地区，日军曾遭到中国军队的阻击。因此，侵占长善坊后，日军对当地老百姓进行疯狂报复。

是年11月24日（农历十月二十三日），得知日军即将逼近长善坊，村民们纷纷扶老携幼摇船外逃，但由于时间仓促，大约有一半村民没来得及逃走。11月25日上午，两股日军侦察兵分别由陆路进入村中和沿北兴塘河西进。村河北面有一个“新口流”（东河北圩、西河北圩和芦苇田的交汇处）水湾，停靠着20多艘船，上面有许多准备外逃的村民及外来的难民。

日军侦察船发现这一情况后，就在不远处的五河口调头，向东面船上的日军发出信号。不久，三四十个日军士兵在东河北“十亩里”上岸，在一片坟地内搜索，只要发现有躲藏的男人就开枪射杀。在顾家坟地，日军先用刺刀将吴香宝和一外来女婿活活刺死，接着向“新口流”奔去，把船上五六十个男人全部赶上岸，排在西河北靠芦苇荡的圩岸边。日军在搜身之后，开始大屠杀，最先被刺死的是胡金祥的妹夫(外村人)和谢根生。这时，胡阿毛、吴阿三见日军杀人，迅速转身逃往芦苇丛中，日军发现后便朝他们开枪，所幸的是胡阿毛仅头上擦破了点皮，两人侥幸逃脱。为防止剩余村民反抗和逃跑，所有日军一齐对村民进行扫射。胡斌君、窦福林在日军开枪时机灵地顺势倒下，躺在死人堆里装死，逃过一劫。胡阿琪因藏在船梢里未被日军发现，也幸免于难。其余50多人全部惨死在日军枪弹之下。日军在西河北屠杀后，继续向西搜索。这时，躲在船上的女人、孩子都出来寻找亲人。眼前的残酷场面使他们悲愤不已，顿时喊声、哭声、骂声响成一片。

是日，两股日军先后侵占长善坊村。最先闯进该村的是一股屠杀华庄岸村村民的日军。这股日军侵占长善坊村后，先是开枪打死村民吴香根和他的女婿沈杏根，并纵火烧毁房屋9间：吴阿弟家一间二造、窦银根家一间二造、吴天喜家一间二造、窦贵芳家一间一造、窦东林家一间二造、汪金和家一间二造、汪贵金家二间二造、谢荣坤和谢纪宝家一间二造。这8户人家的家具、实物等也被付之一炬。下午3点左右，另一股日军又闯进长善坊村。这股日军在北兴塘河乘船由东向西行驶时，正好撞见从西河北坟地及芦苇丛中回村看动静的崔瑞林、李阿二、谢龙生、华年根（外来女婿）等6人，全被日军枪杀，其中李阿二、崔瑞林遭枪杀时倒在河中，20多天后尸体才浮出水面。

仅这一天，侵华日军在长善坊村屠杀村民及外来难民60多人，烧毁房屋9间和财物无数。这是侵华日军欠下中国人民的又一笔血债。

附：长善坊惨案中尚能列出姓名的遇难者名单(26人)

长善坊村民(22人)：

谢纪林　谢荣坤　谢根生　谢龙生　汪盘福　汪阿毛　吴荣金　吴菊林
吴盘福　吴阿二　吴阿本　吴香宝　吴香根　胡增荣　胡荣林　胡荣贵
崔银福　崔瑞林　李尊金　李阿二　韩　泉　窦梅根

外来难民(4人)：

陆仁荣　陈富兴　沈杏根　华年根

【华庄岸惨案】

华庄岸是原无锡县北门外柏庄乡的一个村（现属崇安区广益街道向阳村）。日本侵华战争全面爆发时，该村有村民60多户、300多人。民国26年（1937）11月12日，侵华日军攻陷上海后，日军司令官松井石根率第十六师团沿长江逆水而上，在白茆口登陆后，经常熟沿锡虞公路进犯无锡。

日军进攻无锡的消息传开后，华庄岸村民从11月24日起开始外逃。当时，国民党军队为阻止日军的进攻，已将通往无锡必经之路上的长新桥拆除，致使本想逃到无锡城里避难的100多名村民被迫返回村中。与此同时，一些嫁到外村的妇女，因不了解华庄岸危险处境，反而带着丈夫、孩子逃到华庄岸娘家来避难。

长善坊、华庄岸惨案遇难同胞纪念碑　　（广益街道供稿）

日军由于一路遭到国民党军队阻击，付出不小代价，11月25日占领华庄岸后，立即对手无寸铁的村民进行血腥报复。日军闯进村里时，李盘林正在田里干活，日军发现他后，一枪将他打死在田里。钱荣根发现日军后，还未来得及逃走，就被打死在自家门口。钱阿宝娘当时怀有身孕，在从后门外逃时，也被日军打死。此后，日军挨家挨户进行搜查，强行把全村未来得及逃离的男人赶出家门集中起来，然后用喷火器焚烧房子，除2间没烧着外，其余60余间房屋和300多亩收场稻谷被焚烧殆尽。大火还未熄灭，日军又把那些男人押到东面大横港的一块空地上排好队，然后用步枪、机枪进行扫射。在日军开枪之际，毛聚宝机灵地坠入河中，毛祥源、钱培泉也顺势倒地。日军以为他们3人已被击中，便没有进行补射，所以他们才得以幸存。日军不仅对华庄岸村民进行血腥屠杀，而且还疯狂奸淫妇女。村民潘荣秀、钱根秀遭许多日军士兵轮奸，钱根秀还被日军抓到船上强暴数日，回家时已不成人样。

仅这一天，侵华日军在华庄岸村屠杀无辜村民21人，烧毁房屋60多间、收场稻谷300多亩，轮奸妇女多名。

附：华庄岸惨案中尚能列出姓名的遇难者名单（18人）

毛林根	毛宝泉	毛阿多	毛阿南	钱金宝	钱荣来
钱荣根	钱顺金	钱金泉	梅根娣	梅根度	李盘林
钱阿末	钱坤荣	钱　春	毛云源	徐仁宝	范金荣（外村人）

第二章　前志漏载人物

本章补载前志漏载人物108人（以卒年为序，卒年相同的，按生年排列），其中，古代人物15人，近现代人物93人。

第一节　古代人物

黄　歇（公元前314——238年）　楚国江夏人，原籍楚国属国黄国（今河南省潢川县）。是战国时期楚国公室大臣，著名的政治家。与魏国信陵君魏无忌、赵国平原君赵胜、齐国孟尝君田文并称为“战国四公子”，曾任楚相。黄歇游学博闻，善辩。楚考烈王元年（前262），以黄歇为相，封为春申君。赐淮北地12县。考烈王十五年（前248年），改封于江东，以吴墟（无锡）故城为都邑。前238年，楚考烈王病逝，春申君在前去奔丧时被楚国国舅李园安排的刺客刺杀。据传，黄歇在无锡城中修设离宫，白水荡为离宫后花园所在。在无锡修筑的城市，称为“黄城”。还修建“无锡西龙尾陵道”（现钱桥的龙山梢尚有遗迹），以发展交通。时在惠山脚下饮马，称之为“饮马窟”，饮马的山涧被后人称为“春申涧”“黄公涧”。其还兴修水利，疏通无锡城内河道、治理无锡湖（即芙蓉湖）。湖中留下220余平方米的小岛，后人称之为“黄埠墩”。无锡许多地名都与黄歇治水堆在路边的黄泥堆有关，如“黄泥头”“黄泥桥”“黄泥斧”等。黄歇还治水松江，疏导入海，上海的长江段被称为“黄浦江”“春申浦”“申浦”“歇浦”，上海简称“申”，均由此而来。无锡民众在城中（今健康里）立四郎君庙以纪念其功绩。

王羲之（321——379）　字逸少，原籍琅邪临沂（今属山东）。西晋永嘉元年（307），因避战乱而南迁，住江西。东晋永和三年（347），官拜右军将军、会稽内史，人称王右军。为到建康（今南京）上朝议政方便，在无锡辟地建宅，常居于此。后又在无锡洛社买地建造别墅。王羲之对仕途淡泊，而醉心书艺，耻于与处处中伤刁难的同族王述同朝为官，称病辞官，携家南游，归隐会稽山阴（今浙江绍兴），把宅第、别墅捐建寺院，时为晋兴宁二年（364）的兴宁寺、兴福寺。至北宋太平兴国二年（977），兴宁寺改称崇安寺。王羲之工书法，其书备精诸体，尤擅正行，字势雄强多变化，为历代学书者所崇尚，被后人尊为书圣。书迹刻本甚多，散见宋以来所刻丛帖中。首推《兰亭序》，被宋代米芾称为“天下行书第一”。除《兰亭序》外，著名的尚有《官奴帖》《十七帖》《二谢帖》《奉橘帖》《姨母帖》《快雪时晴帖》《乐毅论》《黄庭经》等。

杨　时（1053——1135）　字中立，号龟山，南剑州（今福建）将乐人。幼颖悟异常，能属文。与游酢、伊焞、谢良佐并称“程门高弟”（程门四大弟子）。稍长，心经史。北宋熙宁九年（1076）中进士，调官不赴。学于程颢，颢死，又学于程颐。杜门不仕将十年。学者称为龟山先生。北宋政和元年（1111），从洛阳南下，来往于常州、无锡之间，在东门城内七箭河畔建龟山书院（后名东林书院）。宋高宗即位后，先后任工部侍郎、龙图阁直学士、提举杭州洞宵宫。但不久便告老致仕，以著书讲学为事，东南学者推崇其为“程学正宗”，并在此基础上展开对程朱理学的传承。朱熹、张栻的学部，皆出于时。卒谥文靖。著有《龟山集》二十八卷，《文献通考》及二程粹言《四库总目》等。

秦　金（1467——1544）　字国声，号凤山，无锡胡埭人。秦观后裔。明成化二十二年（1486）中举人，弘治六年（1493）中进士，弘治八年任户部福建司主事，督办京城太仓粮储。不久升任河南司员外郎，再晋升山西司署郎中，协助吏部尚书倪岳解决当时边防军粮问题。正德元年（1506），授户部四川司郎中。正德三年，升任河南按察司副使，提督学政。正德五年，升任山东右布政使、山东左布政使。正德九年，授都察院右副都御使，巡抚湖广，免租赈济、察罢贪吏。为革除官宦积弊，先后呈奏“便宜八事”“便宜十事”，得到重视。正德十五年，升为户部右侍郎。嘉靖元年（1522），改任吏部左侍郎，负责“京察”（定期考核京师及地方官吏的政绩）事宜，因遭言官弹劾，复调户部左侍郎。其时户部尚书孙交未到任，由秦金主持其事。他屡进谏言，坚决制止外戚、豪强强占土地，并整饬盐法，督追两京直隶及13省拖欠税赋，使国库逐渐充盈。嘉靖二年，升任南京礼部尚书，不久调任南京兵部尚书。是年冬，又被召为户部尚书。嘉靖六年，秦金告老还乡。在惠山寺山门右街建造一座别墅，取名“凤谷行窝”（今寄畅园前身）。还与邵宝、陈石村等人恢复碧山吟社，定期举行诗会。归休4年间，朝中上疏挽留者不停。嘉靖十年，复起用其为南京户部尚书。后又上陈“利兵六事”。次年，改任北京工部尚书。嘉靖十三年，进太子少保。次年，升太子太保，改任南京兵部尚书。嘉靖十五年，回无锡，住城内西水关“尚书第”，时称其为“两京五部尚书，九转三朝太保”。卒赠少保，谥端敏。著有《凤山奏稿》《抚湘政要》《安楚录》《通惠河志》等。

顾可久（1485——1561）　字与新，号前山，别号洞阳，世居无锡胶山。明正德九年（1514）中进士，授行人司行人。正德十四年二月，因与群臣一起上书劝阻武宗“南巡”而遭廷杖四十，并被贬至国子监当学正。后复官行人。世宗即位后，拜户部员外郎。嘉靖三年（1524）七月，又因和众臣一起上疏抗言，并参加左顺门跪谏，再次受杖刑。与同邑的杨淮、黄正色、张选被誉为“锡谷四谏”“嘉靖四忠”。后又受到世宗宽宥，升户部郎中。嘉靖五年，出任福建泉州知府。嘉靖十三年，调任江西赣州知府，旋升广东按察副使，并兼管海南岛防务，编成《琼州府山海图说》2卷。多次主持琼州乡试，识拔海瑞等人才。后遭豪强和权臣中伤而被勒令辞职，回到无锡，在西水关外修筑别业“清溪庄”（又名绿萝庄）。嘉靖三十三年，与邑中张选、施渐、王问、华察复举碧山吟社，赋诗论文。还擅长小楷，师法钟繇、王羲之。著有《洞阳诗集》20卷、《唐王右丞诗集注说》6卷及《李杜诗体略》等行世。隆庆三年（1569），海瑞奏请朝廷于无锡惠山寺塘泾建“顾洞阳先生祠”，并撰写《谒顾洞阳公祠》祭文，由顾可久后裔、清朝官吏书法家顾光旭书写并刻成石碑。

谈　恺（1503——1568）　字守教，号十山，世居无锡六箭河上。嘉靖四年（1525）中举人，次年中进士，授户部主事，迁员外郎、郎中出任山东按察司副使、改四川按察司。擢山东右参政，转按察使，晋福建右布政使、广东左布政使，再擢都察院右副都御史、兵部右侍郎兼右佥都御史，镇压大藤峡瑶、僮民及大罗山起义军，进右都御史。其出生书香门第，家有延恩楼，藏书万卷，并有“燕申斋”刊刻图书。从嘉靖二十六年至四十五年，由其刊刻的图书有《广州五先生诗》5卷、《绝妙古今》4卷、《孙子集注》13卷、《太平广记》500卷。其著作有《前后平粤录》4卷、《虔台志》5卷、《十山文集》4卷、《奏议文集》若干卷，其中尤以《太平广记》和《孙子集注》著称于世。卒后，谕赐祭葬，加封兵部尚书。

王其勤（1531——？）　字明敏，号少月，湖广松滋人（今湖北省松滋县人）。明嘉靖三十二年（1553年）中进士，授无锡县知县。其时倭寇正从东南沿海大举入侵内地，无锡告急，任后第三天，便商议抗倭与修筑城墙。次年二月初九到四月二十，用70天时间，把土城垣改建成长18里、高2丈1尺的砖石城墙；同时募兵，编成窑兵、脚兵、弩兵、僧兵、柴兵、子弟兵、义勇兵、园兵，进行训练。嘉靖三十三年四月二十三，倭寇侵犯无锡，其亲自督战18天，击溃倭寇。是年，在取得无锡豪绅华察的支持下，会同前来江南督粮的山东布政使参议翁大立、监察御使孙慎等对全县土地重新丈量，查出漏税无粮田16万亩，责令补交，免去无田粮7000余石，减轻农民负担。嘉靖三十六年调升南京户部主事。卒后，无锡民众在南门（今塘泾桥附近）建造松滋王公祠。祠内塑其像，尊为“南水仙”。每年三月初七，民间举行隆重祀典。

顾允成（1554——1607）　字季时，号泾凡。顾宪成之弟。居无锡东林书院北侧箬叶巷。性耿介，厉名节。明隆庆四年（1570）与兄从薛应旂学，明万历十四年（1586）进士。殿试时，对策中有语侵郑妃，抑置末第。时正逢南京督学御史房寰接连上疏，诋毁都御史海瑞。顾允成偕同中举的举人彭遵古、诸寿贤联名上疏，弹劾房寰七大罪状。朝廷非但未给房寰以应有的处分，反而夺去顾允成等三人官职。后南京御史陈邦科又上疏请求录用顾允成等，仍不许。再经巡抚御史复言，万历十六年才被起用为南京教授，历任南康、保定，入为国子监博士，迁礼部仪制司主事，又以忤阁臣张位，谪光州判官，乞假归，从此不复出仕。万历二十一年至万历三十一年，与宪成讲学东林，为“东林八君子”之一。允成为文，多直抒胸臆，不事修饰。万历三十三年，顾允成在东林书院后建造小辨斋（箬叶巷17~19号）。斋名是顾允成自拟。“小辨”其义是“从最小的事做起，从立身行事的原则做起，决不苟且”。此斋使用者实为宪成、允成兄弟，是他们在无锡城内居息会友、读书讲学的重要场所。其遗著仅《小辨斋偶存》八卷，有清光绪二十三年（1897）刻本等传世。

嵇永仁（1627——1676）　初字匡侯，后字留山，号抱犊山农。先世常熟人，后迁至无锡。清康熙十二年（1673），受福建总督范成谟聘入幕，对靖南王耿精忠蓄谋叛变早有察觉，屡次向范陈述消弭叛变的策略，但因文武官员早被耿精忠收买，号令不行。是年冬，耿精忠叛变清朝，范承谟、嵇永仁等都被囚禁达3年之久。康熙十五年九月十七日，耿精忠杀范承谟，嵇永仁自缢殉国。其妻杨氏在无锡，含辛茹苦扶育遗孤嵇曾筠为国家栋梁之材，雍正特为永仁建牌坊，并题坊额以褒奖。其工诗文，擅医学，尤善音律。著有诗文钞《抱犊山房集》6卷、医书《东田医

补》12卷，另著有传奇《扬州梦》《双报应》和杂剧《续离骚》。

顾贞观（1637——1714）　原名华文，字远平、华峰，号梁汾，无锡县泾皋里（今张泾桥）人。顾宪成之曾孙。幼习经史，尤喜古诗词。少时与江南名士如太仓吴伟业、宜兴陈维崧、无锡严绳孙、秦松龄等人交往，并加入慎交社，其年纪最小，却“飞觞赋诗，才气横溢”。清顺治十五年（1658），其好友吴兆骞因科场舞弊案被株连而流放宁古塔（今吉林宁安），曾作《金缕曲》词两首赠之，被称为“千古绝调”，时与陈维崧、朱彝尊并称“词家三绝”。清康熙三年（1664），任秘书院中书舍人，康熙五年中举，改任国史院典籍，官至内阁中书。次年，康熙南巡，作为扈从随侍左右。在国史院任典籍期间，曾修订其曾祖顾宪成的年谱《顾端文公年谱》，又为其父编定文集《庸庵公日钞》。康熙十年，受同僚排挤，落职归里。康熙十五年，大学士明珠慕顾贞观的才名，聘其为子纳兰性德授课。纳兰性德亦为清初著名词人，二人遂成忘年交。康熙十七年，清廷开“博学鸿词科”网罗汉族士大夫，著名文人学者朱彝尊、陈维崧、严绳孙、姜宸英等人都被荐至京，顾贞观、纳兰性德与他们经常聚会，吟咏唱和，促进了清初词坛的兴盛。在京期间，还为纳兰性德编订《饮水词》集。康熙二十年，回无锡为母丁忧期间，帮助修订《庐州郡志》。又按惠山听松庵竹茶罏旧制，仿造一只竹茶罏，不少名士题词赋诗以记其事，后由纳兰性德汇成《竹罏新咏》。晚年在惠山祖祠旁筑屋居住，名为“积书岩”，与严绳孙、秦松龄等诗酒往来不绝。又将平生所著结成《弹指词》《积书岩集》等书付梓。

王云锦（1657——1727）　字海文，号柳溪，榜名施云锦，又名顾云锦，晚号古愚老人，无锡城内石皮巷人。幼年，继嗣施氏。云锦好学，但屡试不第，心灰意冷，据传一日到关帝庙求签，得“五十功名志已灰，谁知富贵逼人来”签，由此振作起来。清康熙二十九年（1690）考取举人，榜上姓施，后复姓王。康熙四十五年，王云锦殿试一举压魁，中进士一甲第一，赐状元及第，成为清开国以来第二十五名状元。授翰林院修撰，掌修国史，督学陕西，以经术施教，关中人始知向学。康熙四十八年出任会试同考官。康熙五十五年，奉敕与常熟蒋廷锡、武进赵熊诏、杨祖楫、高邮吴世焘、宝应刘师恕、泰州缪沅等27人，在北京分任《康熙字典》修纂工作。5年成书。著有《纲目金鉴类编》《政治典训》《秋林集》等行世。

嵇曾筠（1670——1739）　字松友，号礼斋，无锡城内学前街人。清康熙四十五年（1706）进士，入翰林院，选庶吉士，授编修。雍正元年（1723），任都察院左佥都御使，并署河南巡抚。不久任东河（山东、河南）副总河，驻河南武陟，专督黄河河工。任职期间，亲自踏勘西起河南荥阳、东到山东曹县和安徽砀山的数百里黄河南北大堤，发现最险应修处12万余丈，即奏请兴工加固。并发明开河导水、排除险情的“引河杀险”法。雍正六年提升为兵部尚书，后又转吏部尚书，仍管副总河之事。次年，又授东河河道总督，兼管运河事务。雍正八年，任江南河道总督，驻清江浦（今江苏淮阴），督责修建淮河入洪泽湖的山盱、运河通长江的芒稻河闸、洪泽湖入运河和黄河的高堰等关键性堤闸工程，并加固阻拦沭水，不使入黄河的禹王台大坝。在兴办工程中精于计算，总

计节省库银100余万两。雍正十年，因功加太子太保衔。次年，又授予文华殿大学士兼吏部尚书职，但仍留于江南河道总督任上。乾隆元年（1736），兼任浙江巡抚，不久又改为总督，并兼官盐政。其间曾主持纂修《浙江通志》，又在海宁县、乐清县等地督修海塘大堤，筑海宁尖山坝，建鱼鳞石塘7400余丈。乾隆三年，应召进京，为内阁学士。次年因病返里。遗作有《师善堂集》《河防奏议》传世。

沈金鳌（1717——1776）　字芊绿，号汲门，晚号尊生老人，又赠号再平（言其医道之高明，犹如张方平再世），无锡城内西水关堰桥人。乾隆年间贡生。自幼好学，博览典籍，工诗文，且以儒通医。青年时，即好搜阅方书，一人一事必究其详。先从师孙庆曾，后以数十年兼学、专事之功，统会平日所读方书，研审意理，相继著成《脉象统类》1卷、《诸脉主病诗》1卷、《杂病源流犀烛》30卷、《伤寒纲目》18卷、《妇科玉尺》6卷、《幼科释谜》6卷、《要药分剂》10卷，计7种、72卷，总称《沈氏尊生书》。于乾隆三十九年（1774）前后写成，乾隆四十九年刊印。《沈氏尊生书》包罗宏富，不失为学医之津梁。其中《杂病源流犀烛》的理论精湛，证治丰富，流传海内外，成为医学家常备的书籍。另著有《芊绿草堂文稿》及《尚书随笔》等传世。其一生志趣高尚。曾说："吾辈读书，无论事之巨细，皆当怀利济天下之心，非沾沾于制举文字，博功名、便一己为也。"又说："昔人云：'不为良相，当为良医'，余将以技济人也。"还说："医系人之生死，凡治一症，采一方，用一药，在立法著书者，非要于至精至当则贻误后世，被其害者必多；在读书用法者，非审于至精至当，则冒昧从事，被其害者更多。"

孙　洙（1711——1778）　字临西，一字苓西，号蘅塘，晚号退士，祖籍安徽休宁县，生于无锡。早年入京师国子监学习，乾隆九年（1744）中举，乾隆十一年出任江苏上元（今江宁）县学教谕。乾隆十六年中进士，后历任顺天府大城县知县、直隶卢龙县知县、山东邹平县知县、江宁府学教授等职。在任知县期间，深入民间访问疾苦，视百姓如家人父子；断案时，还没有笞责，他已先落泪，令人感悟。为了预防灾变，其捐私银兴修水利，以保农业丰收。每当卸任之时，百姓攀辕哭泣，为他送行。直至告老还乡，仍两袖清风，囊橐萧然。在任期间，鉴于当时通行的《千家诗》"工拙莫辨"，他决定编辑一部唐诗选集取而代之。在继室徐兰英的协助下，于乾隆二十九年以"蘅塘退士"署名的《唐诗三百首》终告完成。该书选入75位唐代诗人及2位无名氏的诗作共310首。刻印时又补入杜甫的《咏怀古迹》3首。由于所选作品体裁完备，风格各异，富有代表性，又通俗易懂，刊行后广为流传，"几至家置一编"。其能诗善文，有《蘅塘漫稿》《排闷录》《异闻录》等著作传世。

顾光旭（1731——1797）　字华阳（一作华旸），号晴沙，又号响泉，无锡人。清乾隆十七年（1752）中进士，在京任户部主事、户部员外郎、监察御史等职。乾隆二十年，在户部山东司经办全国盐政时，革除多年陋规和弊端，减轻纳税人负担。后兼任户部现审处行走，专理八旗田产、房租、户口之类的争讼。办案认真，不徇私情，秉公处理。乾隆二十六年春，京师平粜，被派往南城监粜，发现经手人用残缺的板斗量米、盘剥舞弊，便严加处分，百姓称快。乾隆二十七年，北京附近水灾，以钦差名义勘办赈灾事务。乾隆三十三年离京，历任宁夏知府、甘肃平凉知府等职。乾隆三十五年，平凉大旱成灾，其亲自查勘受灾村落，开仓赈济，并设粥厂12处，使数十万灾民就近就食；又征集车辆，准备农具、种子，发放灾民回家生产，从而稳定社会秩序。乾隆三十六年，擢任庄凉兵备道，诰授中宪大夫。曾登四川嘉州凌云山，撰《凌云山海师洞记》，

立碑题额，以弘扬海通法师抉目护佛财而舍身的精神。乾隆三十七年，清廷对金川用兵，其到成都全力协办军需。是年底，升任四川按察使，主管全省刑狱。乾隆四十一年，以病去职，回到家乡无锡，曾主持普济堂会等慈善事业和县学的修葺工作，担任东林书院的山长（即院长），潜心搜集历代无锡人诗作，至乾隆四十八年辑成《梁溪诗钞》58卷，收入无锡地方自东汉至清代1024名作者的2万余首诗作，是无锡地方诗歌总集，嘉庆元年（1796）刊行于世。其一生有诗作1300余首。遗作有《响泉集》《响泉年谱》等传世。

第二节　近现代人物

侯　桐（1779——1860）　字叶唐，号玉山，无锡城中驳岸上（今人民中路36～42号）人。早年为优廪生，清嘉庆十八年（1813）中式江南癸酉科乡试举人，清嘉庆二十五年进士，授翰林院庶吉士、编修。历任功臣馆纂修、文渊阁校理。道光十二年（1832），授詹事府右赞善，次年迁右中允，授翰林院侍讲，为日讲起居注官，升翰林院侍读。次年升翰林院侍讲学士。历奉天府丞兼学政、太常寺少卿、内阁学士等职。道光二十三年升兵部右侍郎，次年改吏部右侍郎。咸丰二年（1852）以原品休致，办理本省团练事宜。2003年6月，其宅第列为无锡市文物保护单位。

秦炳文：山水（立轴）1851年作

秦炳文（1803——1873）　初名燡，字艺庭，号谊亭，一号砚云，无锡城中县下塘人。清道光十三年（1833）中秀才，道光二十年中举人。官吴江教谕，升国子监学正、户部广东司主事，留京八载。工诗善画，寄情诗酒，广交游，精鉴赏，海内求画者必应之。朝鲜使臣至京，欲得其作品以荣归装。山水近师王时敏，远宗黄公望，一时推为南宗正派。有《仿倪山水图》《春山访友图》等传世。补图小品，风韵潇洒，称为当代之冠。其插图《浅绛山水》为日本南画家中川柳外所藏。著有《曝画纪余》《碧梧桐馆诗存》等。

赵彭渊（1808——1884）　字养恬，号菊泉，无锡城中大成巷人。清道光十一年（1831）秀才，道光二十九年举人。同治、光绪两朝，任海门训导。在南通结识张謇，收其为弟子，张謇岁试秀才，赵菊泉为其座师。光绪四年（1878）2月，年老乞休回锡，设塾授徒，讲解经文。并热心公益，屡次筹措经费，办理赈济事务，被选为无锡“恒善堂”理事。是年9月，张謇特地赶往无锡拜访恩师，在赵家逗留4天，为此辟有“张謇读书处”。光绪二十年，张謇高中状元后，为报答恩师，曾于海门狮山书院建一碑亭，取名“赵亭”，以作纪念。原赵菊泉大成巷故居，留有张謇遗墨和读书处遗迹，1986年8月，无锡市文管会确定为文物保护单位，设置标志牌。2000年，在城市改造中赵菊泉故居被拆，今大成巷步行街设有张謇读书雕塑一尊，竖立石壁一块。

秦祖永（1825——1884）　字逸芬，号楞烟、楞烟外史、声白、桐荫生、逸道人等，无锡人。曾任广东碧甲场盐使。工书画，善诗文，尤精画论，绘画擅长山水，以王时敏为宗，不媚俗，笔调高雅。传世作品有《山居图》轴、《苍烟疏树

图》轴、《秦楞烟姑苏十景册》。喜好收藏古书法帖，且精于鉴别，对六法有深入的研究。清同治三年（1864）所著《桐荫论画》，对自明董其昌至清咸丰年间画家124人作研究，各写有小传，按神、妙、独、逸四品评定作品艺术价值，能发前人未宣之秘而又不屑指其唾余。这是同时代其他画论著述所不及的。另有《桐荫画诀》《画学心印》等画论，熔画理、画法于一炉，集画史、鉴赏、绘画美学于一书，堪称后学津梁。

潘　锦（1833——1888）　字昼堂，又字墨禅，别号醉烟道人,无锡崇安寺寺巷人。自小随父母耕读于堰桥乡，父母过世后只身进城，筑陋室二楹栖身，靠崇安寺摆书信摊、兼卖书画糊口。其是近代无锡国画大师吴观岱的老师，画以人物为长，但山水、花卉、翎毛亦很有造诣。人物画技上屡有创新，声名日振，画坛上称其有一种清廉气概。曾绘有全部三国人物，镌版传于后世。无锡市博物馆藏有其画作。

薛福辰（1832——1889）　字振美，号抚屏，祖居无锡县西漳寺头，后迁城内前西溪。清末外交官薛福成之长兄。幼年聪慧过人，7岁能赋诗作文章。年稍长，博览经史。清道光三十年（1850）考取秀才，咸丰五年（1855）参加顺天乡试，中第二名举人。后在北京任工部员外郎。咸丰八年，因父病故，扶柩归里。咸丰十年，太平军攻克无锡，与母、弟避居苏北宝应，又去李鸿章幕府供职。后提任为候补知府，到山东补用。时黄河缺口，泛滥成灾，山东巡抚丁宝桢知其对水利素有研究，请其助治。其亲驻侯家林，经过45天日夜抢险，堵塞多处缺口，节省币银一百数十万两。因治水有功，调任候补道员，补山东济东泰武临道。在任4年，民无饥谨。公余自习医书，历时五六载，竟精通诸家医书。光绪六年（1880），慈禧太后患重病，下诏遍征名医，薛福辰由李鸿章等保荐，于6月23日应召入宫为慈禧治病。当时他任广东雷琼道，调授督粮道，但因奉旨诊病而未能赴任。时宫廷内外皆知慈禧患“血蛊症”，医者仅以治血蛊剂进，久不得愈。薛福辰所诊脉象，虽亦以血蛊论之，而用药却皆疏通补养之品，故能奏效，大为前去会诊的曲阳知县汪导正及常州孟河马培之等名医惊服。在宫廷滞留两年多，名公巨卿求治者应接不暇。光绪八年十二月，慈禧病体痊愈。薛因治病有功，加赏头品顶带，调补直隶通永道。是年除夕，慈禧亲书“福”字和“职业修明”匾额以赐。同时赐紫蟒袍、玉钩带一副，又赐宴体元殿、长春宫听戏。在直隶任内，严缉捕，重海防，筹赈捐，济民困，政绩卓越。时法越交战，其特设官车局便利运输，避免征用民夫，深受民众称颂。光绪十二年，提升顺天府尹，翌年冬调宗人府丞，一年后又授都察院左副都御史。不料突患中风，半身不遂。光绪十五年夏，疏请退职。临行，慈禧赐“人游霁月光风表，家在廉泉灌水间”联。是年七月病逝，御赐白银500两治丧。所著《青萍阁文集》及《风劳臌膈试验良方》《医学发微》《临症一得》等遗稿，均未写定，仅存《素问运气图说》一文。

曹清华（1818——1898）　名茂椿，字寿宝，无锡城内盛巷人。父龙溪为塾师，长兄荫千为名医。其19岁迁居无锡县查家桥，从兄学医，尔后在乡行医，苏锡澄虞四县乡民都以“小郎中”称之。擅长儿科，兼妇科、内科，重医道，并重医德，常称医者应有割股之心，痛人之痛，急人之急，故远近敬爱。曾有一贫苦农民患病，危在旦夕，借得银币二十枚，藏在枕席下。曹应邀治疗，未收诊金。不料病家购药时，银币遍寻不得，急往曹家询问，曹毫不犹豫，在自己的银柜取出二十枚给来人，病者愈后忽在枕席下发现银币，急忙送还曹家。此事广为流传。

汪艺香（1836——1900）　名培荪，以字行，原籍安徽歙县，后迁居无锡城内观前街。幼年随父汪致和学医，熟读《素问》《灵枢》诸书，尤能背诵《难经》，并擅治瘟病和小儿麻疹、痘疮、天花。每定一方，必载明经典著作的论述。其用药方式，用“经方”（中医经典药方）十之三，用“时方”（通用方药）十居七。每于汤方中合用丸散，以为引导，独具匠心，自成一家，医声远扬。门人甚多，弟子以邓羹和、龚锡春、陆仲威为优，流派至今犹存。其医务繁忙，出诊常至深夜方归，因此有“病家要请汪艺香，开了大门等天亮”之说。其子汪镛整理汪氏医案，编有《遗下典型》抄本6册，其孙汪伯蓉手录随诊处方10余册，均刊印于世。

华蘅芳（1833——1902）　字若汀，无锡县荡口镇人。受擅长数学的父亲影响，从小热爱数学。10岁开始，熟读中国古代算经。至20岁，已学过《周髀算经》《九章算术》《孙子算经》《张丘建算经》《测圆海镜》等许多数学著作。后又从上海墨海书馆买回一批西方近代数学著作，悉心钻研。其间，结识同乡徐寿，两人志同道合，通过实验，掌握近代数学的一些原理及其运用方法。清咸丰九年（1859）秋，写出第一部数学著作《抛物线说》，徐寿为之作图。咸丰十一年，华衡芳和徐寿受曾国藩推荐入其幕府。同治元年（1862）3月，与徐寿一起到曾国藩创办的安庆内军械所从事机动船研制，用3个月时间制造出中国第一台蒸汽机。同治四年，又设计制成中国第一艘机动轮船，名“黄鹄”号。是年，还到上海江南机器制造总局参加筹建工作。同治六年，徐寿偕子建寅受曾国藩派遣，赴上海襄办江南机器制造总局任职，华蘅芳协助徐寿主持技术工作，与美国友人玛高温合译（玛作口译，由其笔述）出版有关矿物学的译著《金石识别》。又协助徐寿在制造局内创设翻译馆。同治十一年，写成《开方别术》一书，被当时著名数学家李善兰推为杰作。后又与玛高温、傅兰雅、金楷理合作，先后合译《地学浅释》《防海新论》《御风要术》等书，于同治十二年相继出版。是年，与徐寿、徐建寅并任江南机器制造总局提调。同治十三年，与英人傅兰雅又合译《代数术》《微积溯源》等书籍，由江南机器制造总局出版。光绪二年（1876），协助徐寿创办的上海格致书院开学，主讲数学。与傅兰雅合作，译出《三角数理》《代数难题解》《决疑数学》等书，还编写出版《开方古义》《算法须知》《数根术解》《积较术》《学算笔谈》等著作。光绪十三年，主讲天津武备学堂。其间，撰写《测量法》，并与傅兰雅合译《合数术》等书。光绪十八年，主讲湖北武昌两湖书院和自强学堂，写出《求乘数法》《数根演古》《循环小数考》《算学琐语》等著作。光绪二十二年，先后担任常州龙城书院和江阴南菁书院院长。晚年在家乡竢实学堂讲学。后将其一些有创见的著作，合刻为《行素轩算稿》一书。

裘毓芳（1871——1904）　女，字梅侣，笔名梅侣女史，无锡城内沙巷人，自幼颖悟，5岁即能背诵数百首唐诗。11岁由叔父裘廷梁教读。年轻时就在文史方面打下深厚基础，思想敏锐，文笔优美，通晓英语，熟知中外历史和现状，有“才女”之称。清光绪二十三年（1897）六月，用白话翻译《格致启蒙》一文，印订成册，赠送亲友。光绪二十四年闰三月，裘廷梁创办《无锡白话报》，由其主持编务。几乎每期都有她的文章。其亲自采访或改写不少新闻，在“海外丛谈”“海外奇闻”等栏目中发表；翻译介绍李提摩太写的《俄皇彼得变法记》，撰写《日本变法记》《化学启蒙》《印度记》等，借以推动维新变法运动；还用章回体写《海国妙喻》等通俗寓言小品，向读者介绍《哥伦布探新洲纪略》《麦哲伦探地》《蒙哥巴克探地》《富兰克林探北极》等科学小故事，传播科学知识，破除封建愚昧。是年六月，中国女学会在上海创办中国第一份妇女报纸《女学报》，其与康同薇（康有为女儿）、李蕙仙（梁启超夫人）等为该报主笔之一。《女学报》旨在宣传变法维新，提倡女学，争取女权和妇女参政，主张男女平等。她在该报上发表《论女学堂与男学堂并重》等文章。七月，又与裘廷梁等以无锡白话报馆为发起单位，创办白话学会，开展学术研究，倡导白话文，传播新文化。其在《无锡白话报》《女学报》社工作期间，充分展现政治抱负和办报才华。这是其一生中事业最为光辉的一页。在“百日维新”运动失败后，办报活动从此中断。后随丈夫杨君石至安徽。

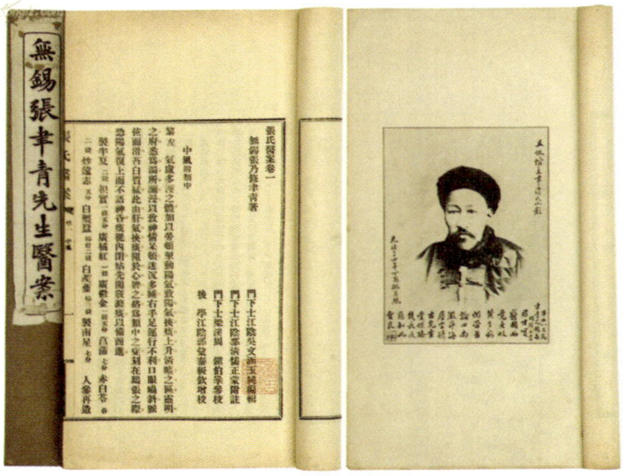

张聿青（1844——1905）　名乃修，以字行，小名莲葆，晚年号且休馆主，祖籍常州奔牛，后迁居无锡城内南市桥上塘街。父亲张甫崖，素有医名。其幼年聪慧勤学，因遇战乱，弃儒习医。父诊病，必侍侧，留心察脉定方，读书考证甚勤。又向荡口名医王载阳求教，更迭《金匮要略》《伤寒来苏集》及《内经》《难经》诸书，晨夕勤读，废寝忘食。名其书斋曰“师竹”，年余不窥园庭，学业大进。其擅治湿温一类病症。临床诊病，集诸家之长，融会贯通，遇有症情复杂，虚实疑拟之时，能通过脉象求得真相。同时还十分注意气候、生活外因对病理变化产生的影响，因而疗效明显。在无锡行医三十余年，声著遐迩。清光绪二十一年（1895）迁居上海，旅沪10年，治愈疑难病症甚众，医名大振。光绪年间御召名医，诸仕绅鼎力推荐，张氏以年老推辞。晚年厌嚣，更名书斋为“且休馆”。门人达数百人，无锡周小农、常熟邵正蒙、江阴吴文涵等均出其门下。所遗医案甚多，由其门人编辑为《张聿青医案》（一名《且休馆医案》）20卷。另著有《如梦录》，详载其一生经历和遭遇。

华世芳（1854——1905）　字若溪，华蘅芳之弟。年轻时即喜读家中收藏的大量数学书籍。25岁时为华蘅芳与傅兰雅合译的《代数难题解》作校核。清光绪十年（1884）撰写《近代畴人著述记》，第二年又出版《恒河沙馆算草》。光绪二十年任湖北武昌自强学堂数学教习。光绪二十二年主讲常州龙城书院和江阴南菁书院。光绪三十一年任上海南洋公学总教习，旋又任北京商部高等实业学堂教员。数学遗著有《勾股三角》等。

杨宗濂（1832——1906）　字艺芳，晚号潜斋主人，无锡城内旗杆下人。其幼承家学，清咸丰五年（1855）任户部员外郎。咸丰十年四月十日，太平军攻克无锡城，杨宗濂组建“团练局”，抵制太平军。是年十月，“团练局”解散，避走上海。翌年为曾国藩幕僚。同治元年（1862）又入李鸿章幕，并随淮军东下，自募一旅，号“濂字营”，作为淮军向导，亲自率兵与太平军作战数十次。太平军失守江南后，奉命总办常州、镇江二郡营田事，招收客户开垦荒田数十万顷。同治六年，再次随李鸿章师围剿捻军，负责总管诸军营务。后以军功升道员，加布政使衔，赏戴花翎。光绪十一年（1885），任北洋武备学堂监督，编成《学堂课程》8卷，时为各武备学堂范本。光绪十二年，与人合办天津自来水公司。光绪十六年，补授直隶通永道，参与修治华北水利。光绪十八年授山西河东道，管理河南、山西、陕西3省盐务。因办饷有功，加一品顶戴。后又升任山西布政使、按察使。光绪二十一年，与其弟杨宗瀚筹银24万两，在无锡东门外兴隆桥创办无锡第一家近代纺织工业企业——业勤纱厂。光绪二十五年迁任长芦盐运使。八国联军入侵天津时，亲率盐勇坚持巷战，保卫天津，致使左、右两股受伤。光绪二十八年，以三品京堂候补，奉命督办顺天、直隶纺织事务。光绪三十年因病乞休，回无锡赋闲家居，辑成《聊自娱斋诗文集》1卷。

杨宗瀚（1839——1907）　字藕芳，无锡城内旗杆下人。杨宗濂之二弟，太平天国进军江南时，参加“团练”，带领团勇抗击太平军。太平军攻克无锡后，避居无锡荡口镇。清同治二年（1863）入李

鸿章幕。受李赏识，称其“杨三捷才，非他人所及”，以军功升道员并赏戴花翎。光绪八年（1882），为台湾巡抚刘铭传幕僚，负责总办台湾商务、洋务，兼办开埠事宜。于台北创立兴台公司，兴办商市；建筑码头，开办短途航运；开辟马路，以利交通。后又被委任督办台湾全省水陆营务，兼办台南、台北铁路。在台期间，与宁波商人陈席珍合资设立宏济药局，施诊给药。并设立学堂，教授农业、蚕桑生产。因功授三品衔，任河南道候补。光绪十六年七月，应李鸿章之邀，出任上海机器织布局会办。其锐意整顿局务，亲手制订各种规章制度和职工守则，并加强管理、挖掘潜力、扩充资金、添置机器、增造厂房、培训工人，至光绪十八年，该局日产布达600匹，销畅利厚。次年，织布局毁于火，去职回无锡。光绪二十一年，与其兄杨宗濂在无锡创办业勤纱厂，自任总办，主持厂务。晚年致力于企业的生产经营，阅读商品学、经济学、心理学等方面的译著，以提高经营管理水平。

李佩黻（1861——1910）　女，字芸清，无锡人。出身于仕宦之家。性格文静，爱好刺绣，作品以淡雅、生动著称。清光绪九年（1883），与同邑华文川结为夫妇。丈夫工书善画、多才多艺，人称“艺三先生”。其跟丈夫学习绘画知识，刺绣亦多以丈夫的山水画作绣本，并有所创造，其绣品师法自然、形神兼备，达到“几莫辨其为绣为绘，其技能之精微盖入于神”的境界。光绪三十三年，在华文川的支持下，在无锡创办第一个民办刺绣教育机构——锡山绣工传习会，自任总教习（后改称会长）。在华文川、王云轩、陈旧村等书画家协助下，用中国传统的绘画理论来指导绣工创作设计和传授绣艺。在绣稿设计方面，特别注重保持淡雅清丽的江南画风；在绣法上以缠针、列针、散套针为主，但根据物象的需要，也运用切马鬃、打籽、高绣和堆绢等手法，提高刺绣的艺术效果。创立“填色稀铺法”，使大面积的渲染和远景烘托的难题得到巧妙解决。在原有锡绣工艺的基础上，对刺绣技艺进行改良，创造出画书绣结合、富有变格特色的新绣法。绣工传习会设绣工、修身两门课程。其将平时实践经验整理成讲稿，采取授课和讲评的形式，向学员传授刺绣技艺。绣工传习会创办时入会妇女达102人。以后无锡有几所女校增设刺绣科。补公女校首先附设绣工专修学堂，继而志成、学艺、振秀等女校均开设刺绣课，青年女子学绣成风。无锡刺绣从此进入历史上的鼎盛期，形成“锡绣”淡雅清丽、细匀光薄的艺术特色，与“湘绣”、“苏绣”齐名。光绪三十四年，该传习会和李佩黻等刺绣艺人分别获得清政府农工商部一等奖牌、天津实业劝工场银牌奖、第一次南洋劝业会金牌奖。宣统元年（1909），又获得在比利时布鲁塞尔和意大利都灵举办的万国博览会金牌奖。

许　珏（1843——1916）　字静山，晚号复庵，别号乐徐老人，无锡城内师古河上人。15岁就以文章名扬锡城。清同治四年（1865）考取秀才。山西学政朱再三特邀其去山西帮助批阅科举考卷，达3年之久。光绪三年（1877），入四川总督丁宝桢幕。光绪八年中举，入户部尚书阎敬铭幕。光绪十一年，由阎敬铭推荐，随张荫桓出使美国、西班牙、秘鲁3国。光绪十五年，以参赞身份随薛福成出使英、法、意、比4国。在伦敦，其游说英国禁烟会人士，促使禁烟会会员160余人联名上书英国下院，要求停止向中国输出鸦片和禁止在印度种植罂粟。光绪十九年，又以参赞身份随杨儒出使美国。针对美国迫害华工事件，執促协助杨儒与美方交涉，

迫使美方与中国订立保护华民约款6条。光绪二十一年，因病辞职回国。后为张之洞等人幕僚。光绪二十六年四月，其经江苏巡抚同意在无锡设立禁烟局，第一个月即帮300余烟民戒绝烟瘾。七月，八国联军攻入北京，慈禧太后与光绪帝逃往西安，其只身北上“勤王”，至山西折回。光绪二十七年，奉命以道员资格往广东主持税务，加重鸦片烟税，以期寓禁于征。光绪二十八年，以候补道赏四品卿衔，任出使意大利大臣，考察意国内政、外交、经济等情况，命译员翻译有关书籍、文件呈清廷，请求当朝学习西方各国的财政办法，做到上下得益，不贫民以裕国。光绪三十二年任满回国。光绪三十四年出任广东道员。上任后组成禁烟局，自任督办，拟定广东全省禁烟章程，严禁鸦片运入内地。辛亥革命后，其自命为前清遗老，蛰居无锡，不再过问国事。遗作辑有《复庵遗集》《复庵文集》《复庵诗集》《复庵书札》《禁烟牍存》传世。

吴畹卿（1847——1926）　名曾祺，无锡人。幼年从师惠杏村学习词曲。清光绪元年（1875）起，在无锡昆曲社任曲师达50年之久。精通音韵学，善奏琵琶、三弦、笙、笛等乐器。唱曲技艺精湛，梅兰芳、韩世昌及杨荫浏等均受教其门下。在昆曲的演唱与教学中，尤重曲词音韵与歌唱技术的关系，唱曲严格按照韵谱辨明字调和韵部，吐字行腔不得违背。所传亲笔抄本曲谱4册，前有光绪七年写的《读曲例言》，其中将各韵的收音方法分为8类（前人论收音方法仅为6类），并首创每类设一专门符号，依四声位置置于每字之四角的方法。民国6年（1917），无锡昆曲社正式命名为天韵社，被推为社长。

孙鹤卿（1868——1928）　名鸣圻，以字行，无锡县石塘湾人。清光绪年间贡生，曾任江西同知，后捐升道员。清末在担任沪宁铁路勘路委员时，得知建筑无锡火车站的地点后，在站南要道大量购置荒地。铁路开筑时，附近房地产价暴涨，因此获得巨利，一跃成为孙氏家族中首富。光绪三十三年（1907）投资上海信成商业储蓄银行无锡分行，任董事。宣统元年（1909）与薛南溟等人集资纹银6万两，在无锡光复门外创办耀明电灯公司，任董事长兼总理。翌年六月竣工发电开业时有大小发电机6部，足装16瓦灯13280盏。此为无锡地区用电照明的开始。是年，又投资纹银5万两，创办乾甡丝厂，自任经理。翌年建成投产。其注重抓产品质量，所产“九龙”“跳舞”“松树”牌白厂丝销路大畅。“九龙”牌白厂丝曾获巴拿马国际博览会三等奖。经营所得先后投资于无锡九丰面粉厂、庆丰纺织厂。无锡在辛亥革命中光复后，任锡金军政分府财政部长，为中国同盟会无锡支部会员。以后曾任无锡县商会会长、无锡县自治协进支会会长、四乡公所总董、万安市董、水利研究会主任、溥仁慈善会总董等职。

薛南溟（1862——1929）　名翼运，祖居无锡西漳寺头，后迁居城内前西溪，是薛福成长子。清光绪十四年（1888）中举，入李鸿章幕府。以候补知县衔任天津县、道、府三署发审委员会委员，专理华洋讼事。光绪二十年，因父丧丁忧回家，从此弃官经商。曾任永泰洋行买办，并在无锡南乡开办茧行，为上海意大利洋行收购蚕茧。光绪二十二年，与邑人周舜卿合资5万两银，在上海七浦路开办永泰丝厂，自任经理。因经营不善，连年亏损。周氏抽资退股后，其变卖上海部分房地产以渡难关。光绪三十一年，聘徐锦荣（上海意商华纶丝厂总管）为永泰丝厂经理。徐注重工厂管理和工人技术训练，重视产品质量，永泰终于扭亏为盈。至光绪末年，该厂已拥有480台缫丝机，职工1000余人。所产“金双鹿”丝曾获美国纽约万国博览会金象奖。宣统元年（1909），与孙鹤卿等人发起筹建耀明电灯公司，任副董事长兼协理。翌年，在无锡西门仓浜里租营锦记丝厂。至20世纪20年代初，已拥有永泰、锦记、隆昌、永盛、永吉5家丝厂，缫丝车1814台，工人3000多人。茧行发展到14家，有茧灶532副，成为无锡丝厂业之首。此外，在庆丰纺织厂、豫康纱厂也有投资，并出任两厂董事长。薛南溟凭借自己的经济实力和父亲的政治余荫，得到无锡官府、士绅、工商界3方面的倚重，声望日高。光绪三十四年被推为无锡绅商学会（后改名为自治公所）首任总董。宣统二年，又出任县商会总理。辛亥革命时，改任锡金商会第三任总办。无锡光复后，出任锡金军政分府司法部长，厘定地方新的刑事、民事法制。民国初年，由张謇引荐，加入共和党。民国8年（1919）10月，其以无锡丝厂事务所名义通告同业：女工放工出厂，均须排队接受捡查。自此，无锡丝厂对工人普遍实行抄身制。民国13年8月，无锡商界联合会成立，任会长。是年，永泰丝厂改名为永泰公记丝厂，呈请意大利领事馆庇护。民国15年5月，因上海租地契约期满，永泰丝厂迁至无锡大公桥堍永泰隆茧行内开工生产。至此，不再过问厂内事务，而交由幼子薛寿萱管理。

吴观岱（1862——1929）　名宗泰，又字念康，40岁改字观岱；号觚庐、洁翁，晚号江南布衣，无锡城区人。家贫，少时在酱酒店当学徒，以津贴购笔墨纸颜料，深夜学画。因性喜丹青，不愿为商店学徒，后从潘昼堂画师学画，每月学费由叔父供给。离开业师后，常到裱画店观摩名画，回家即行临摹。经过勤学苦练，学画有成。其壮年得同乡廉泉的帮助，偕去北京，结织京华名家，饱览历代名画，悉心揣摩，技艺大进。后由廉泉荐入清宫如意馆当供奉，临摹历代名人手笔，并为光绪帝绘课本故事，声誉鹊起。常救济穷困画友，为人称道。曾在北京大学讲授画学，其告诫学生，习画时先观旧迹，别其真伪妍媸，“不然，则入手必差矣”。回无锡后，求画者纷至沓来，但其惜墨如金，不肯轻易下笔。得其画者，视为珍宝。人多以“江南老画师”称之。锡城名画家诸健秋、秦古柳均出自其门下。工花卉，兼擅山水、人物。初师潘昼堂，继学华喦、恽寿平，得其秀雅之气。山水作品意境开阔，苍健浑扑，人物画潇洒生动。又精研书法。作水墨梅竹，以书体入画，别有意趣，曾被真赏斋印为信笺。传世作品有《烟波罢钓图》《仿宋人夏木山居图》《江帆图》《虹桥遗事图》《松壑鸣泉图》《寒梅冷月图》《采莲图》等。清宣统三年（1911）文明书局出版《吴观岱南湖诗意画册》，并著有《觚庐画萃》行世。

唐宗愈（1878——1929）　字慕潮，晚号思园，无锡城内大娄巷人。毕业于京师大学堂。始任户部主事，后擢升员外郎，曾由学部派遣往日本考察政治、法律、经济、教育。清光绪三十二年（1906），协助创办奉天法政学堂，任教习兼旗员仕学馆教习。随以道员用，并任奉天大清银行会办。次年任长春大清银行总办，兼巡警局总办。宣统二年（1910）任江宁大清银行总办，并受聘出任苏皖赈务会办。光绪三十二年起，近5年内多次协助父亲唐桐卿赴山东、陕西、湖南、江苏、安徽等灾区筹办义赈。民国元年（1912），任奉天都督府参事。民国3年，在北京从事律师业务，并任中国义赈会会长。次年，任黑龙江省财政厅厅长，兼劝业银号督办、广信公司督办、东三省官银号督办。民国6年，任法律编查会会员。民国10年，任中国农工银行常务董事。民国10～12年，历任全国防灾委员会主任、涟灌海沭工赈总局总办、江苏防灾会副会长。民国17年，任孝惠学社义赈委员会委员长，并兼任中国农工银行常驻监察人。从事金融、赈灾事务长达20余年，先后奔赴江苏、黑龙江、陕西、湖南、河南、河北、山东、安徽等11个省100余县受灾地区视察灾情，赈济灾民。

俞　复（1866——1931）　字仲还，无锡城内小娄巷人。清光绪十二年（1886）入县学，光绪二十年中举人。次年四月，康有为发起“公车上书”，俞复也签了名。戊戌变法前后，参与新派人物的春源茶馆聚会。七月，继邑人杨模带头兴办新学之后，他会同吴稚晖、丁宝书、曹铨等人借崇安寺金刚殿创办三等学堂（分中学、高小、初小3级）。光绪二十七年暑期，参加留日学生杨荫杭在无锡分设的励志学会，裘廷梁、秦鼎臣和其被推为正、副会长，讲授新知识，宣传反清革命，七月底该会为官署所禁。后加入同盟会。光绪三十一年，倡议于崇安寺北面（原明代盛颙私园和洞虚宫废址）辟锡金公园（今城中公园）。宣统元年（1909），江苏省成立咨议局，被推选为议员。辛亥革命兴起，无锡光复，裘廷梁任锡金军政分府民政部部长，但3天后即辞职，由其代理。民国元年（1912）1月，锡金军政分府实行军民分治，成立无锡县民政署，出任民政长（即县长）。5月，由秦毓鎏继任，其出任无锡市公所总董。民国6年5月，在上海文明书局任经理期间，与当时旅沪的无锡同乡廉泉、丁福保等人发起成立“少年进德会”。次年又在上海成立“灵学会”，并出版《灵学杂志》。在上海期间，和陈仲英等无锡人还参与蔡元培、吴稚晖、李石曾等人发起的组织赴法勤工俭学活动。民国15年8月，由其组织的“丙寅同庚会”，发起与丁卯、戊辰、己巳3同庚会共同集资在城中公园筹建“嘉会堂”（俗称“同庚厅”），以志庆寿。该堂于民国19年10月建成。民国16年8月，无锡县行政委员会撤销，建立无锡县政府，出任无锡县县长，并兼理司法。时值乡间爆发大规模农民起义，县政府配合军队全力从事扑灭共产党的活动，并督责公安局发起数次大逮捕。是年11月，其召开会议，并亲自批准斩首令，中共党员伍夏霖、王津民等7人遭杀害。民国19年12月，任国民政府教育部秘书，次年5月辞职。工书法，擅颜真卿体。曾参与《锡山先哲丛书》的编辑工作。

廉　泉（1868——1931）　字惠卿，号南湖，又号岫云、小万柳居士，无锡城内水獭桥人。5岁入学读书，后在江阴南菁书院学习。16岁中秀才，19岁与安徽桐城吴芝瑛结婚。清光绪二十年（1894）中举人。翌年，在京会试时参与康有为的“公车上书”。精诗文，善书法，嗜书画、金石，并以其诗文书画交友于王公贵人之间。光绪二十二年，得尚书怀塔的赏识，始任户部主事，翌年荐升户部郎中。在京期间，结识不少革命党人，其中有苏曼殊、徐锡麟、吴禄贞、秋瑾等人，后来又结识孙中山。戊戌变法失败后，其认为欲发奋图强，必须先开民智，因此资助杨模、俞复、侯鸿鉴在无锡创办竢实学堂、三等学堂和竞志女学，并将无锡私宅让给女学做校舍。光绪三十年冬，因不满清廷统治，辞职南归，移居沪上。翌年，在上海曹家渡购地营建小万柳堂。光绪三十二年，在上海集股创办文明书局，聘请无锡俞复、丁宝书、赵鸿雪等知名人士任编辑。至民国10年（1921），因股东分歧、同行倾轧，文明书局合并给中华书局。光绪三十三年，吴芝瑛好友秋瑾被害，其协助吴芝瑛将其遗体葬于杭州西泠桥畔，请无锡著名画家吴观岱画《西泠寒食图》，并在秋瑾就义处轩亭口建立“风雨亭”，在杭州南湖小万柳堂别墅内建立“悲秋阁”，以志哀悼。清廷为此欲加害于他们夫妇，后迫于舆论压力未敢下手。宣统元年（1909），汪精卫等人谋炸摄政王载沣未成被捕，其曾以私交向载沣说情。宣统三年，安徽新军协统顾忠琛因受马炮营起义失败的牵连逃到上海，被其隐藏在文明书局内。辛亥革命后，其隐居在北平潭柘寺，目睹军阀混战，民不聊生，忧时愤世的诗文常见诸报端。民国3年（1914）赴日本，在神户建造住所，取名为三十六峰草堂，并在东京开设扇庄，介绍中国书画，与日本文化界名流评读书画，推敲金石，切磋诗文，颇有影响。民国6年，从日本回国，任故宫保管委员等职。北伐胜利后，被任命为江苏省屠宰税局局长，其坚决不就。民国18年，蒋介石到北平，吴稚晖按蒋介石意思，要为廉泉安排一个重要职务，遭其婉言拒绝。晚年生活十分窘困，因负累甚钜，不得不将杭州和上海的小万柳堂别墅先后易主。其性情豪侠，节操高尚，轻财重义，乐于助人，不少事迹传为美谈。民国20年，独赴北平潭柘寺养病，并因信佛而入寺为僧。遗著有《南湖集》《潭柘集》《梦还集》《梦还遗集》等。

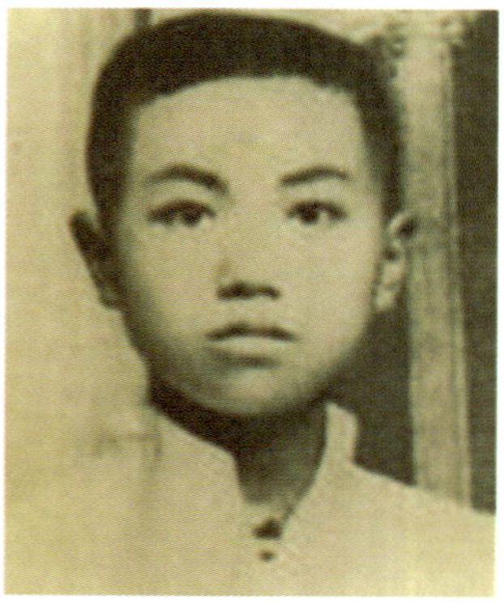

高文华（1908——1931）　化名程清，笔名高潮，无锡城内岸桥弄人。从锡师附小毕业后，考入东南大学附中。民国13年（1924）夏，南下广州，入黄浦军校第三期步兵队学习，后因成绩优秀又转入高级政治训练班深造，并参加军校学生军。翌年，加入中国共产党。历经东征军阀陈炯明、平息刘杨叛乱等多次战斗考验，年仅17岁被提任连队指导员、工兵团党代表。蒋介石发动“四一二”反革命政变后，离开工兵团回锡，任共青团无锡县委宣传委员，以国民党市党部妇女青年运动委员会常委兼《中山日报》编辑的公开身份为掩护开展工作，使遭到破坏的团组织迅速恢复

和发展。民国16年秋，中共无锡县委决定发动农民秋收暴动。辞去国民党内的职务，转入地下，秘密从事暴动的准备工作。其与团县委书记乔心全一起，组织城区交通队和宣传队，开展各项调查，并负责城乡之间的联络工作。11月11日晚，设在城内堵家弄7号的党、团县委秘密机关遭破坏，乔心全被捕。其临危受命，立即部署已暴露身份的团员向农村转移，并在洛社附近端楷桥小学重建团县委机关，负责全县共青团工作。民国17年初，与新任团县委书记张兰舫一起，在锡西农村开办农民夜校，发展农会组织，宣传土地革命。3月初，党、团县委举行联席会议，决定扩大无锡农村武装斗争，并由其（时任团县委军事委员）负责指挥。团县委机关迁到城外周山浜，以便加强与中共无锡县委之间的联系。3月26日，团县委机关又遭破坏，高文华等人当场被捕。3个月后，其被作为重要案犯押解南京，交国民党特种刑事法庭讯办。民国17年7月被判9年，囚于南京江苏省第一监狱。在狱中继续学习革命理论，以笔为武器斗争，写成叙事长诗《人祸》，揭露社会黑暗，歌颂人民革命；写成《饿囚之死》，控诉当局对难友的迫害，鼓舞大家团结战斗。民国20年7月16日，牺牲于狱中。

谈荔孙（1880——1933）　字丹崖，原籍无锡城内小娄巷，生于江苏山阳（今淮安）。清光绪二十四年（1898），在祖父谈静山创办的谈氏东文学堂习日文及文理科。光绪二十八年，考取南京江南高等学堂。光绪三十年，官费赴日本留学，进东京高等商业学校，攻读银行经济专业。毕业后，在日本银行界实习。光绪三十四年回国，应江苏咨议局局长张謇之聘，任江南高等和中等商业学堂教务长兼银行科主任教习。是年8月，清廷举办留学生考试，考中商科举人，派任度支部主事。宣统三年（1911），调任大清银行稽核。辛亥革命爆发后，供职于中华民国临时政府财政部，主管军用钞票事宜。民国元年（1912），大清银行改组为中国银行，被聘为计算局局长，后转任国库局局长。民国3年，为扩展中国银行在长江流域各省的业务，亲自赴南京建立中国银行分行，并任行长。后又在汉口、九江、芜湖、镇江、无锡、苏州、常熟、杭州、淮阴等地设立分支银行。民国5年，京津地区发生挤兑中国、交通两行发行纸币的风潮，并波及长江流域。为维持中国银行信誉，主张无限制兑现纸币，并得北洋政府副总统、江苏督军冯国璋协助，使挤兑风潮很快平息。次年，被冯国璋任命为北京中国银行行长。民国8年，集资38万元，在天津创立大陆银行，自任董事长。民国9年春，因受人攻讦，辞去北京中国银行行长职务，专任大陆银行董事长兼总经理，先后在北京、汉口、南京、上海、苏州、济南、青岛等城市设立分支行，并附设储蓄部，兼营保管信托业务，存款总数常在2000万元以上。民国11年，与盐业、金城、中南银行组成四行联合营业事务所，合办四行储备库、四行储蓄会，并联合发行中南银行钞票，合作投资建造天津电话局、上海国际饭店等。民国14年，通过投资、租赁等办法，建立一批大型仓库，以优惠价争取客户，打破英商平和洋行在天津抵押借款中的垄断地位，使平和洋行所经营的70%的商品存放和抵押借款业务转移到大陆银行。是年，还投资25万元，设立天津大陆商业公司，从事进出口贸易。民国20年，与金城、中南、交通、国华4银行合营太平保险公司，任董事。民国21年，联合天津中国、交通、金城、北洋等银行，贷款10万元，资助傅作义在绥远（今内蒙古自治区）境内筹建毛纺织厂。

侯学愈（1867——1934）　原名士纶，字伯文，号戢庵，无锡东门驳岸上人。自小喜欢听人讲述民间故事、历史故事。8岁入塾读书，得闲仍爱翻阅稗官野史。清光绪十九年（1893）考中秀才。入庠后研究古文诗辞，深得堂奥。因家境贫寒、举孝廉不第而辍学，从此授课乡里38年之久。授课之余，广收群籍，涉及经、史、子、集各部，尤其尽心搜访乡贤先哲著作，所藏积至3.24万卷。择其要者，不分寒暑亲自校订，先后刊出无锡历代文献著述10种、158 卷，内含《梁溪诗钞》（清顾光旭辑）、《梁溪文钞》（清周有壬辑）、《开化乡志》（清王抱承辑）、《锡金识小录》（清黄卬撰）、《锡金考乘》（清周有壬撰）、《锡金游庠录》（清邵涵初辑）等，其中，以其编辑的《续梁溪诗钞》24卷搜罗尤富，集548人、诗4347首。其热心地方事业，每刊出一种书籍，都赠给本邑图书馆1份。晚年与人募资重建王问父子之湖山草堂，并在附近作四先生祠（即宜兴汤之铺、武进金敞、章大士及无锡顾培4人），以纪念乡贤；还与高攀龙裔孙高映川等重葺高子水居，恢复先哲遗迹。生平嗜好诗文，所作感情纯挚情真意切。诗文取法韩（愈）、陆（游）、白（居易）三家，尤崇韩愈，因此改名学愈。一生著作甚丰，流传于世的有《环溪草堂诗稿》《吟鸥水谢诗稿》《怀清楼文稿》《锡麓丛谭》《戢庵随笔》《绮岁纪闻》《尊贤祠考略》等，惜均散佚。

吴芝瑛（1868——1934）　女，字紫英，别号万柳夫人，无锡城内水獭桥人，原籍安徽桐城，父吴康之，号鞠隐，历任山东宁阳、禹城等县知县。堂叔吴汝纶，清末桐城派文学家。吴芝瑛自幼聪慧异常，博览群书，尤嗜唐宋诸大家诗文和各家法帖。早年在家乡有“诗、文、书”三绝之誉。清光绪十一年（1885）出嫁到无锡，与江南名士廉泉结为夫妇。光绪二十四年随夫移居北京，未几即闻名京师，慈禧太后亦曾召见。光绪二十六年庚子之役后，清政府为补偿巨额赔款而横征暴敛，其上书清廷，倡导“国民捐”，主张“产多则多捐，产少则少捐，无产则不捐”。此举刺痛达官贵人，招来非议。光绪二十九年，在京结识与之为邻的女侠秋瑾，并结为金兰之交。光绪三十年，力劝丈夫不屈于清廷，辞职南归，于上海曹家渡小万柳堂隐居，自号“万柳夫人”。光绪三十三年六月初六，秋瑾在绍兴轩亭口就义，其悲恸欲绝。秋瑾牺牲10天后，其不顾个人安危，愤然写《秋女士传》，又撰述《记秋女士遗事》，并表示愿以身家性命保秋氏家族。在丈夫廉泉协助下，和徐自华一起，葬秋瑾于杭州西泠桥堍，亲书墓表，勒石竖碑。其义葬秋瑾之举，清廷愈加严惩。其毫不畏惧，给两江总督端方写信说：“是非纵有公论，处理则在朝廷，芝瑛不敢逃罪。”英文《泰晤士报》头版刊登吴芝瑛大幅照片，发表吴芝瑛的美国女友麦美德撰写的专文，声援吴芝瑛的义举。清廷在中外舆论的压力下，未敢贸然加害于吴芝瑛。宣统三年（1911）武昌起义告捷。不久上海民军组成，其慷慨疏财，以助粮饷，并致书上海女子北伐队司令陈也月请缨，继而写《从军乐》六章，气势磅礴，传诵一时。清朝覆灭，民国开始。不久，袁世凯爬上总统宝座。其于江苏独立后的第七天即挺身而出，投入反袁斗争。在致袁世凯的《上袁氏万言书》中，痛斥他种种罪行，向袁发出警告：“公朝去，而吾民早安；公夕去，而吾民晚息；公不去，而吾民永无宁日。”其生前即被人视为奇女子。她将原籍桐城拥有的田地、房产全部捐赠，在家乡办一所以父名命名的鞠隐学堂（后改称鞠隐小学）。还不惜变卖家藏董其昌手书《史记》真迹全部，以数千金赎出误入妓院为娼的良家女子李频香，并结为诗友。其晚年为沉疴所困，家境甚窘，因沪上小万柳堂已变卖易主，回到无锡城中故居栖身。著有《小万柳堂丛刊》《剪淞留影集》《俗语注解小学古文读本》《鞠隐山庄遗诗题跋》《帆影楼藏画目》《吴芝瑛诗文集》等。

顾　衡（1909——1934）　字屏叔，号孟方，无锡城内凤光桥（今三凤桥）顾家弄人，著名教育家顾述之之子。民国12年（1923），插班考进南京东南大学附中初三年级。当时萧楚女、恽代英经常来校讲演，从中受到革命的启蒙教育。民国15年，加入国民党和进步学生组织大地社。民国16年，蒋介石发动四一二反革命政变后，退出国民党，考进东南大学数学系。民国18年，毅然脱离家庭，放弃学业，去北平寻找中国共产党。开始在清华大学图书馆工作，后至新农农林学校任教。并与大地社成员葛春霖创办《现代中学生》杂志，担任主编。该杂志被查封后又改名《现代学生》，继续出版。民国19年10月加入中国共产党，不久参加中共北平市委工作。是年冬，被农林学校解聘。后经组织安排，赴安徽太和县北关中学任教。在校先后组织读书会、社会科学研究会等进步组织。民国20年6月，任中共太和县特别支部干事会干事。是年正值水灾，其组织灾民救济会，帮灾民渡过灾荒。11月中共太和县委成立，被选为书记，领导赤卫队与国民党政府作斗争。后调任中共寿县中心县委工作。民国22年夏，调任中共南京特别支部书记，在工人群众中发展和建立党组织，在学生及公务员中建立读书会等党的外围组织。中共南京市委成立后，任组织部长。民国23年2月，中共江苏省委和南京市委遭破坏，其仍留在南京坚持斗争，8月7日被捕，12月4日在南京雨花台英勇就义。

丁宝书（1866——1936）　字云轩，别署芸轩，无锡城内书院弄摇车湾人。幼年秉性喜绘画，13岁时临摹名家花卉已达乱真地步。后拜画家高研五学绘花鸟。清光绪十五年（1889）中秀才，光绪十九年参加乡试，中副榜。是年就读于江阴南菁书院。光绪二十年后，先后在常熟宗舜年、嘉兴钱子密两位收藏家府中执教，任教5年，共临摹古人名画200多幅。光绪二十四年实行变法，其与吴稚晖、俞复等在无锡崇安寺创立三等学堂，并担任国文教习。还与吴稚晖等人编写具有新学内容的蒙学教科书，主要负责插图。光绪三十二年，廉泉在上海创设文明书局，聘请其为美术编辑，并兼任书局附设的文明小学教员。廉泉处收藏古今名画很多，其得以欣赏和临摹这些画坛珍品。用3年时间，临摹其中精品120幅，题名《古今画苑》，由文明书局出版。以后，中华书局又出版其临摹的《张子祥课徒画稿》。民国10年（1921）去职后，专门从事国画创作。重视写生，师法自然。认为，虫豸姿势不多，能够入画的更少，所以需要时常观察，默念模写，决不能浅尝辄止；只有反复描绘，才能渐渐画得有貌有神；反复再三，才能画到有神无貌，进入化境。其笔下的花鸟草虫神态栩栩如生，色彩鲜明、雅纯，别具一格，所画八哥、荷花尤佳。中年后，对佛学产生兴趣，写出100万字的《大乘起信论解》和《北溪字义心解》8卷。同时对老庄和道学也有研究。其诗画作品有《芸轩画粹》《丁芸轩题画诗集》问世。

丁宝书画作

唐保谦（1866——1936）　字滋镇，无锡县羊尖严家桥人。祖父唐懋勋，在无锡北塘创立恒升（后改名唐时常）布庄，是当时无锡有名的布庄之一。清咸丰十年（1860），太平军攻克无锡，唐氏全家由城区迁居乡里严家桥，在双板桥开设春源布庄，经营得法，年获厚利，又于南面造唐氏仓厅。接着又开设同济典当、德仁兴茧行、同兴木行。其始在钱庄习业，后帮助父亲经营春源布庄。光绪二十七年（1901），其父唐子良和蔡缄三在北塘三里桥开设永源生米行，因经营漕粮失利，3年间亏损万元。光绪三十年，永源生米行改由其与蔡缄三经营，蔡负责对外业务，其负责内部管理，两人通力合作，米行业务兴旺，年有盈余。宣统二年（1910），与蔡缄三、夏子坪等9人集资规银10万两，在无锡城北蓉湖庄创设九丰面粉厂，蔡任经理，其和夏任协理。次年建成投产，日产面粉2500包。所产“山鹿”牌面粉畅销苏锡杭地区。第一次世界大战期间，粉价暴涨，几年之中，九丰盈利达70万元。民国4年（1915），租营润丰油厂，改名润丰昌记油饼厂，自任经理。是年，蔡缄三担任无锡县商会副会长后，九丰面粉厂的经营管理主要由其负责。至民国7年，九丰增建第二个主厂房，日产面粉 8000 包。还在九丰附近经营益源堆栈，并附设碾米厂、麸皮门市部。民国8年，在周山浜独资创设锦丰丝厂，资

本10万元，拥有坐缫车480台，自任经理。是年底，还在严家桥投资30万元，创设利农砖瓦厂，日产红砖3万余块，为无锡第一家机制砖瓦厂。民国9年3月，与蔡缄三等人集资在无锡周山浜创办庆丰纺织厂。次年4月，成立庆丰纺织股份有限公司董事会，推举薛南溟、蔡缄三、唐保谦等13人为董事，薛南溟任董事长，唐保谦任总理，蔡缄三为协理。庆丰纺织厂于民国11年建成，有纱锭1.48万枚、织机250台以及1000千瓦汽轮发电机组1座，以后逐年扩建。民国15年，其子唐星海接任厂长后，将从美国学到的技术和管理知识用于厂务改革。民国23年，增建漂染工场，所产“双鱼吉庆”牌棉纱及“双鱼”、“牧童”牌平布很受市场欢迎。民国17~24年，庆丰盈余285万元，资本增至300万元。至日本侵华战争前，已拥有纱锭 6.47万枚、线锭4024枚、织机725台、发电机装机容量达6600千瓦，成为无锡七大纺织企业之一。其关心社会事业，曾多次资助无锡国学专修学校。在担任溥仁慈善会常务委员期间，对山东济宁、江苏溧阳以及河南、陕西等地区的灾民，均以其为主捐巨款赈济。

蔡缄三（1868——1937）　名文鑫，字缄三，亦作兼三，无锡城内田基浜人。祖上在北塘拥有大量房产，有“蔡半塘”之称。自幼勤读，县试名列前茅。乡试未中，遂弃学就商。清光绪十六年（1890）主持管理祖产复生堆栈，并与亲友合伙经营蔡合昶茧行。光绪二十七年，与唐子良在三里桥合资开设永源生米行。光绪三十一年，任锡金商会总务。是年秋，应周舜卿邀请，同赴日本考察实业和银行信贷、储蓄业务。光绪三十三年，协助周氏筹设信成商业储蓄银行无锡分行，并任经理。宣统元年（1909），任锡金商会协理。是年夏，投资支持孙鹤卿、薛南溟发起筹建无锡耀明电灯股份有限公司，任公司董事。翌年，与夏子坪、孙鹤卿、唐保谦等9人合资创办九丰面粉厂，任总理。宣统三年建成投产，日产面粉2500包，是继茂新面粉厂后无锡第二家大型机制面粉厂。民国元年（1912），应农工商部邀请，出席第一次全国工商会议。民国4年，受江苏省民政长官公署之聘，任巴拿马万国产品博览会出品协会名誉经理，同时被农工商部指派为巴拿马赛会参观团团员，并准备向国外分发他撰写的《无锡实业志略》。因欧战爆发，出国未成。是年当选无锡县商会副会长，并发起筹募巨款兴建新会所。民国9年3月，与唐保谦等人集资80万元筹建庆丰纺织厂，唐任总理，其任协理。该厂于民国11年建成投产。民国13年起，先后被推选为苏、浙、皖内地面粉厂联合会主席，无锡棉纺织厂联合会主席，粮食储栈业公会会长，南通、崇明、太仓、苏州、常州、江阴等地纺织厂联合会主席等职。为人处事恪守信用，在实业界声誉日隆，各个时期的政府当局均委以公职或予以嘉奖。清末曾任金匮县积谷经董；辛亥革命后，出任江苏省都督府庶务部长；民国7年，北洋政府授予四等嘉禾章；民国9年，北洋政府授予三等嘉禾章，并聘为农工商部咨议顾问；民国10年，任劝办实业专使司署咨议；民国19年应南京国民政府之邀，出席第二次全国工商会议，同时由江苏省民政厅委任为无锡县款产管理委员会委员；民国20年，被江苏省政府聘为粮食管理委员会委员兼管理科主任等。平生热心社会公益事业。对宣统年间山东济宁、江苏溧阳遭受旱涝灾害的农民，均先后发起募捐巨款赈济，因功授候补道衔。后历任无锡县救火联合会会长、普济堂董事、救济院副院长、平民习艺所董事等职。对地方教育事业亦十分关心。早年主持蔡氏义塾（后改为蔡氏小学）。在锡金商会任职期间，与人合办半日制商业补习学校和簿记学校。此后，长期担任无锡国学专修学校经济校董。60岁时，出资在鼋头渚购地建屋数间，名曰“退庐”，作为游客休息或病人休养场所。

蔡缄三等人于1910年创办的九丰面粉厂使用的面粉包装袋

曹仲容（1872——1937）　无锡城内盛巷人。曹氏儿科，自明末以来相传300余年，代有名医，其为19世孙。幼年秉庭训习医，攻读中医经典及历代名医著述，并兼习《颅囟经》《小儿药证直诀》《金鉴儿科心法》等中医儿科经典，对祖上遗著《痘学真传》钻研尤力。其擅治时令热病，对小儿痧痘尤精。民间有谚语“若要小儿病安康，曹家门里坐、等、看”。诊病特点有四：一向病儿父母详问病史，二视患儿精神、面色、身形，三闻啼哭咳嗽等声，四察舌苔、舌质、指纹，然后参合引证治之。贫病不计，首重医德，是曹氏世代相传的医风。其常对贫病者资助药费和车船费。凡患者非一诊可愈者，常备丸散，先服汤剂，续用成药，以减少城乡往返之苦。在乡下出诊时，只收门诊费，不收出诊费。民国11年（1922）参与发起组织中医学会和施诊给药局，每年夏、秋季参加义务应诊。

顾述之（1872——1938）　名倬，以字行，别号云窝，世居无锡城内凤光桥（今三凤桥）顾家弄。3岁而孤，靠母设馆课徒维持生活。5岁入塾，9岁受业于同邑名师龚叔度，14岁起因家贫课徒自给。21岁考中秀才，后肄业于东林书院、南菁书院。清光绪二十九年（1903），和侯鸿鉴一起由学校资送留学日本弘文学院师范科学习1年。归国后历任东林学堂校长、上海中国图书公司编辑、直隶提学使署教育科长等职。光绪三十一年，与侯鸿鉴创办商余补习夜校于竹场巷钱业公所，并自办新民小学。宣统元年（1909），与友人华实甫、蔡松如合办女子职业学校。宣统三年正月，任官立江苏省第三师范学堂（今江苏无锡师范）监督（校长）。该学堂先以新民小学为基础筹建，是年七月二十五日开学。民国2年，增设附属小学，作为师范生的实习场所。第三师范学堂的创建与管理，以日本教育为典范，从校舍建造到学校体制、管理设施，大都仿效日本东京师范学校，亲自制订5章47节规章制度。建校5年，共建造房舍400余间，民国6年（1917）后，又增建大礼堂和博物馆。其任校长10年，以办好教育、教好国民、移风易俗、挽救危亡为办学宗旨。并提倡职业教育，民国5年，增设商业补习科，民国6年，试办职业部，民国8年，增设工业补习科，民国9年，增设农业补习科及初级班于藕塘桥之张高漕。五四运动以后学潮遍及全国，第三师范学堂学生也几次罢课。其主张“学生不应涉及政治”，遂于民国11年春辞职告退，息影家园，写成《学潮研究》一书，由中华书局出版。未几，主编江苏义务教育期成会主办的《小学教育月刊》。民国18年冬，应聘江苏农民银行无锡分行经理。民国23年12月4日，三子顾衡（中共党员）被国民党反动派秘密杀害于南京。其思想受到震动，感到仅谈教育、不问政治为非计，为无胆识。抗日战争爆发后，避居长沙，集合同道筹办商业专科学校。

杨荫榆（1884——1938）　女，小名申官，无锡北门外长安桥人。清光绪二十九年（1903）在其兄杨荫杭创办的锡金公学就读，学习近代数理知识，首开男女同校之风。后至苏州景海女中读书2年左右，又转学到上海务本女学，直至毕业。光绪三十三年，被江宁学务公所录取，官费留学日本，先入青山女子学院，后在东京女子高等师范学校理化博物科学习。宣统三年（1911）毕业回国。民国2年（1913），应聘任江苏省立第二女子师范学校教务主任。民国3年，任北京女子师范学校学监。民国7年，作为教育部首批教授选派赴美留学，入哥伦比亚大学攻读教育专业，民国11年获硕士学位后回国。民国13年，任北京女子师范大学校长。民国15年3月18日，北京学生抗议日本军舰炮击大沽口的侵略行为，向北洋政府请愿，遭军警镇压，女师大刘和珍等学生遇难。其未支持学生的爱国运动，受到校内师生和社会进步人士的遣责。下半年，女师大学潮日炽，被免职。民国16年，至苏州女子师范学校任教，并在东吴大学、苏州中学兼授外语。民国24年在娄门创办二乐女子学术社，任社长。民国26年，日军侵占苏州，目睹侵

华日军种种暴行，数度到侵华日军司令部提出抗议。民国27年1月1日，被侵华日军杀害于盘门外吴门桥。

李钟瑞（1896——1938）　女，名毓珍，以字行，无锡人。早年毕业于无锡竞志女学，复入苏州浒墅关省立女子蚕业学校，为该校民国5年（1916）首届毕业生，留校从事教务工作，并负责校外育蚕指导事宜。民国6年后，历任无锡女子职业学校校长、金坛县立女子学校教务主任、江苏省立育蚕试验所技术主任暨分所所长、实业部顾问等职。其亲自编写教材，赴宜兴、溧阳等县传授育蚕知识。民国8年，在无锡北乡方巷自创无锡蚕种制造场，亲任场长，蚕种多次获得上海总商会丝绸蚕茧展览会、物品展览会的嘉奖。曾协助丈夫薛明剑编辑出版《无锡指南》，创办《无锡杂志》，并任主编。民国16年受聘为中央妇女部编辑。擅诗文，撰写不少有关栽桑、育蚕、制丝知识的诗歌，流传江南农村。著有《宣讲笔记》《蚕业辞典》《实用养蚕学》《实用养蚕法》等书。其中《实用养蚕法》于民国25年由中华书局出版。抗日战争初期，积极从事抗日后援工作。侵华日军侵占无锡前夕，随夫迁重庆，并协助编辑《江苏通讯》，报道家乡被日军侵占后的破坏情况，激发人们的抗日爱国热情。病逝后，其夫在故乡玉祁创建钟瑞图书馆以资纪念。

孙揆均（1866——1941）　字叔方，后改名道毅，号寒厓、江东孙叔、叔舫、老虎、鹤主（来鹤楼主人）等，无锡小河上人，系孙继皋第九世裔孙。少时随兄嫂生活，住无锡小娄巷（少宰第）。清光绪十二年（1886）中秀才。光绪十五年（1889）在南菁书院就读，同学中有吴稚辉、丁福保、田其田、廉泉等终生好友。光绪二十年中举，官内阁中书、军机章京。光绪二十三年，编书《孙氏家宝》。光绪二十八年，其与吴稚辉一起赴日本东京高等师范弘文学院补习日语。回国后任甘肃兰州道台衙门文案。民国17年夏，国民政府定都南京，被任命为江阴县县长，但未赴任。调任国民政府大学院秘书，后大学院改为教育部，任教育部长兼秘书。工诗善书，诗意苍朴，书多作瘦金体，字迹流传颇广。宣统三年（1911），开辟光复门时，钱基博所撰《无锡光复门碑记》碑文，为孙揆均瘦金体书石刻。民国13年，为廉泉编诗集《南湖集》。其赞美家乡大好湖山，留下的佳联脍炙人口。万顷堂留有佳联："萧鼓迎神，百道风帆来管社；咏殇修禊，几人墨妙写兰亭。"为梅园主人荣德生写梅园联"七十二峰青未断；万八千株芳不孤"。为蠡园写联："一舸来时，正春水犹香，好山未老；百花深处，有明月作画，微风动裾。"游马山写联："周围百十里，屈曲廿三湾。宾有如归乐，门皆不夜关。霜钟神骏寺，渔火洞庭山。记取杨梅熟，清游约再攀。"晚年以鬻字为生，荣宝斋代为收件，写一副对联银洋八元，一把扇面银洋二元，但拒写商店招牌及娱乐场所广告。世传女书法家吴芝瑛（其表弟廉泉的夫人）为鉴湖女侠秋瑾立碑传记、为救国上两宫太后书、写经等文字多为其代笔。有诗集《寒厓集》传世。

秦毓钧（1873——1942）　字祖同，号平甫，别号一鸣，生于无锡城内小娄巷。祖父秦焕，官居句容县学训导。父亲秦坤培，曾在河南、浙江等地的官衙任幕僚。秦毓钧15岁丧父，祖父即指定第四子秦复培负责教读。在精通经史的四叔悉心教读下，博览精究经史古文词章及目录掌故之学。清光绪二十九年（1903），与侯鸿鉴、顾述之同赴日本弘文学院师范科学习。是年12月，毕业回国后，先后在济南、青浦任教，并在无锡筹备成立无锡最早的公办师范学校——锡金公立师范。光绪三十二年，负责锡金公立师范教务。光绪三十四年，应张蕴和之招，任上海《申报》主笔。民国元年，应狄平子之聘，任《上海时报》主笔。因袁世凯复辟帝制，无言论自由，愤而辞职。进中华书局，参与欧阳溥存等编纂《中华大辞典》。完成辞典编纂后，先后任上海《亚洲日报》主笔、中国图书公司编辑。在沪期间，编写《东三省、新疆府厅州县志》四卷、《教育学》等书。民国7年回无锡，从事地方文献资料著述。民国9年，受蒋哲卿之聘，任《锡报》总编。民国14年脱离报社，自创《无锡新闻报》，任社长兼主笔，但不久即停办。其从任申报主笔至退出新闻界行业达17年。其还关心家乡公益事业。民国10年，坚持反对秦氏族人出租无锡明代名园寄畅园而改建游乐场，使五百年秦园古迹得以保留。其对无锡河道水利素有研究，民国12年12月，任无锡县水利研究会审查会干事，民国13年7月，提出“全县水利根本计划，应从测量入手”建议，促成实施疏浚闾江口、整理西门外护河、改建西门桥和显应桥。民国14年8月接任无锡县图书馆馆长后，整理编印《无锡县图书馆书目》《县图书馆历年概况》《无锡县立图书馆善本书目》等。并把县立图书馆所藏之明版、精刻本、孤本、旧抄本、稀见之本另作善本书库，妥为保存。民国18年，无锡重修地方志，其被推为常委，担任编写之职。后因国民党二区党部迫害，辞去馆长之职，修志之事中断。辞职后专心于乡邦文献、家族著作编纂。汇集123名族人的490余篇诗文成《锡山秦氏文钞》十二卷，集家族史料著成《锡山秦氏宗谱》《秦氏三府君集》《高子遗书书钞》《献征录》《寄畅园考》等书，并将钱泳《锡山补志》刊印成书。秦氏族人评价其“文献独集大成，致力祖宗，先生亦千古；家乘主修九次，不辞劳怨，吾族无几人。”民国21年8月至民国26年底，任无锡县历史博物馆馆长。

王蕴章（1884——1942）　字莼农，号西神，别号窈九生、红鹅生，别署二泉亭长、鹊脑词人、西神残客等，室名菊影楼、篁冷轩、秋云平室，无锡金匮人。清光绪二十八年（1902）中副榜举人。曾任学校英文教师。清末，应上海商务印书馆之聘，主编《小说月报》及《妇女杂志》10余年。民国元年（1912），经人举荐任职于南京中华民国临时政府。因工作不合己意，去职后游历南洋各国，作《南洋竹枝词》百首。后又回上海，历任沪江大学国文教授、《新闻报》编辑，并主持正风文学院教务工作。工书法，通诗词，擅作小说。曾参加柳亚子等所办的南社，常为沪、锡各报刊撰写小品文，发表小说，并以戏剧鼓吹民主革命。作品有《碧血花传奇》《香骨桃传奇》《可中亭》《铁云山》《霜华影》《鸳鸯被》《玉鱼缘》《绿绮台》等9种；另有艺术杂论集《玉台艺乘》《西神小说集》行世；诗词和小品文辑有《雪蕉吟馆集》《梁溪词话》《云外朱楼集》等未刊稿本。其书法，师法二王（王羲之与子献之），擅长隶更体，能写铁线篆。书法著作有《墨林一枝》《碑林奇字》《墨佣余沉》等。平生还喜欢收藏文物，曾藏有洮河绿石砚一方，背刻宋度宗时名校书苏翠像，有马湘兰题诗，为湘兰妆阁中故物。晚年生活艰困，以卖书度日。

钱钟仪（1920——1942）　无锡城内七尺场（今新街巷）人，钱孙卿之四子。民国24年（1935），毕业于无锡辅仁中学，后考进上海同济大学德文速成科。是年12月24日，参加上海大、中学生示威游行，并去南京请愿，声援“一二九”北平学生抗日救国运动。“八一三”事变后，离校投奔革命。民国27年2月加入中国共产党，改名钱行，被分配到遂昌县大拓区开展抗日救亡活动。次年，任中共丽水县西区区委委员，后任区委书记，7月任中共丽水县委青年委员，公开工作是参加政工队，进行抗日救亡的宣传、组织工作。民国29年春夏间，脱离政工队，转入地下，改名陆前行，从事秘密活动。翌年秋，任中共丽水中心县委宣传委员。民国30年，化名汪为明，以民办小学教员为掩护领导青田县党的工作。是年6月，省委决定其暂留浙南特委。后浙南特委转移，暂留平阳县委机关，担任党课教育工作。同年冬，国民党反动派大规模清剿搜山。次年3月，在孙山地方坑底山上不幸被捕入狱。7月13日，侵华日军第二次侵占瑞安前夕，县长吕律借应变之名，枪杀钱钟仪等3人。

裘廷梁（1857——1943） 名可桴，字葆良，无锡城内沙巷人。早年便有才名，为“梁溪七子”之一。清光绪十一年（1885）中举。会试落第后，致力于开通民智和变法维新的宣传。光绪二十四年戊戌变法前后，其向世人热情推荐严复翻译的《天演论》，是年闰三月，创办《无锡白话报》（后改名《中国官音白话报》），以通俗文学介绍沙皇彼得变法、日本明治维新的历史故事和科学普及知识。百日维新失败后，被迫停刊。其积极支持无锡最早的新式学堂竢实学堂、三等学堂、东林学堂的开办。光绪二十七年参加留学生邑人杨荫杭组织的励志学会，任会长。光绪三十年，无锡成立锡金学务公所，被推为总董。主持恢复竢实、东林和三等学堂，并设立四城小学、乐歌补习所和初等师范学堂，3年间创办新学堂数十所，入学人数增至2800余人。光绪三十一年，又赞助竞志女学“天足会”活动。光绪三十四年无锡筹备地方自治，以士绅资格参与锡金两县17市乡划分工作。宣统元年（1909），锡金城厢自治公所成立，被推为总董；宣统二年，无锡市自治公所成立，被市议事会选为总董。辛亥革命无锡光复后，任锡金军政分府民政部部长，3天后即辞职。后取《论语·公冶长》“道不行，乘桴浮于海”之意，改名“可桴”，举家迁居上海。民国7年（1918），无锡县署聘为县志总编纂。20世纪20年代初，新文化引发白话文、文言文之争，其提倡白话文，与主张文言文的学者钱基博等反复争论，民国10年1月27日在《新无锡》报上发表致钱基博的公开信，批驳钱的观点。并热情赞助锡社等进步青年社团在无锡推进平民教育，民国15年捐寿仪数千元作为无锡举办民校的经费。“九一八”事变后，其担忧国家命运，呼吁政府发展科技、加强国防力量。民国26年10月日军侵占上海后，以悲愤的心情作诗描述敌占区荒凉景象，控诉日本侵略者和汉奸的滔天罪行。遗作有《可桴文存》传世。

缪　斌（1899——1946） 字弼丞，号丕成，无锡新生路人。早年就读于上海南洋公学电机系，加入国民党。民国13年（1924），在无锡发起成立进步团体锡社后入黄埔军校任教官。是年底，任黄埔军校教导一团党代表。翌年，参加第一次、第二次东征和平定滇、桂军叛乱，升任第一军第二师党代表、第一军副党代表、东路军总指挥部军需处处长等职。民国17年，任江苏省政府委员兼民政厅厅长，因贪污受贿被弹劾。次年3月去职后，到美国康奈尔大学留学一年。回国后，挂国民党中央候补执行委员、立法院立法委员、申茂福三新总公司技术顾问等空名，长期赋闲。“九一八”事变后，日本在华侵略势力大增，其投靠日本侵略者。民国23年，创办《新民报》，大造亲日舆论。民国24年赴日，回国后，撰《武德论》，赞扬武士道精神，鼓吹合作反共。民国26年12月，在北平发起成立汉奸组织“新民会”，任中央指导部部长、副会长。民国29年，参加汪伪政权，历任伪华北政务委员会委员、伪国民党中央执行委员、伪立法院副院长、伪军事委员会委员、伪考试院副院长、伪东亚联盟文化委员会主任等职。抗日战争胜利后，任国民党政府陆军总部少将参议。民国35年5月21日，以汉奸罪被枪决。

蒋哲卿（1886——1947） 名曾燠，字时生，号哲卿，以号行，无锡城郊河埒口人。早年毕业于南京两江法政学堂，曾任锡金劝学所劝学员、《锡金日报》编辑等职。宣统元年（1909）赴日本留学，参加同盟会，次年回国。辛亥革命无锡光复后，任锡金军政分府民政部副部长。民国元年（1912）2 月，无锡建立同盟会支部，被推任副支部长。后历任开原乡议事会议长、无锡县议事会议员、无锡县参事会参事员；接办《锡金日报》后将其改名为《锡报》，任报社社长。民国2年当选为国会第一届参议院参议员。因参与起草宪法有功，被授予二等大绶嘉禾奖章。国民党二次革命失败后，因参与反袁，被控为“乱党”，遭江苏督军冯国璋逮捕，后经人保释。民国8年，被推为无锡县国民大会事务所总干事。民国10年7月，与钱湘伯等发起创办证券、丝茧事务交易所。民国 11 年，拒绝接受曹锟贿选，离开北京回到上海。旅沪期间，任无锡旅沪同乡会第一届理事长。民国13年，接办耀明电灯公司，组建耀明新记事务所，自任经理。是年8月，红十字会无锡分会成立，被推为理事长。民国14年，五卅惨案后，无锡组成“沪案后援会”，截获奸商走私的大批“正广和”汽水、“大英”牌香烟等英国货，其竟与商会会长王克循等对后援会提出控告，受到社会舆论谴责。民国17年9月，接办振新纱厂，任经理，使已停工近 3 年的振新厂恢复生产。此后，又改善经营，追加资本，扩大生产规模，使振新成为无锡的大型纱厂之一。民国24年，因棉纱市场呆滞关厂。民国26年11月25日，侵华日军占领无锡后，改名餔斋，先后避居北平、苏州等地。抗日战争胜利后回到无锡，先后出任县人权保障委员会委员、县财政整理委员会主任委员、县实物征借委员会主任委员、无锡地方公款产业管理处主任等职。民国35年4月，任无锡县临时参议会议长。

杨味云（1868——1948） 名寿枏，初名寿棫，以字行，晚号苓泉居士，无锡城内长大弄人。清光绪十七年（1891）中举，光绪二十三年入其大伯父山西按察使杨宗濂幕府。光绪二十五年因葬亲回无锡，帮助其二伯父杨宗瀚处理业勤纱厂事务。光绪二十七年入京任内阁中书，次年入大学士孙家鼐幕。光绪二十九年，应商部考试录取，任主事。光绪三十一年底，以参赞身份随五大臣出洋，次年回国后督率译员翻译有关各国政治的论著，编成专书60余种。光绪三十三年，任农工商部主事，旋升员外郎兼公司注册局总办和商标局总办，参与《奖励公司章程》《办理实业爵赏章程》等规章的拟订。宣统元年（1909）起，历任度支部丞参兼财政清理处总办，崇陵监修官兼盐政院参议、度支部左参议等职。民国元年（1912）3月，袁世凯政府成立，历任盐政处总办、长庐盐运使、粤海关监督、总统府顾问兼财政咨议、山东省财政厅厅长等职。民国6年2月，任段祺瑞内阁财政部次长、代行总长职务。7月，张勋复辟，被任度支部左侍郎署尚书职，但因病未就职。民国8年，当选国会参议员，继周学熙之后担任全国棉业督办，又被推为天津华新纱厂经理，成为北方“交通系”官僚资本集团的重要人物。民国11年，无锡辟为商埠，奉派回无锡任商埠局督办。是年冬，又回北京，任财政部次长兼盐务署署长。次年退出政坛，专心经营华新实业。设大同银号吸收游资充实纱厂资金，获利后又在青岛、唐山等地开办新厂，组成雄居北方的纺织资本集团。民国16年华新集团改组，其以年老退居，任董事。民国24年后闲居天津，以诗文自娱。民国26年七七事变后，平、津被日军侵占，北洋旧官僚纷纷投靠日伪，而他拒不出山，不当汉奸。遗作有《云在山房类稿》《云迈漫录》传世。

秦瑞玠（1873——1948） 字晋华，一作瑞珍，后字菁华，无锡城中县前街人。清光绪庚寅年秀才，丁酉年优贡。光绪三十年（1904）任锡金学务处学务经董。后赴日本政法大学留学，毕业回国后历任江苏省咨议局议员、临时参议院议员、江苏省吴县地方审判厅推事、江苏省第一高等审判分厅监督推事、农商部参事。有法律译著多种。

李克乐（Claude, M. Lee）（1882——1950） 美国佛吉尼亚州乐滋费尔人。清光绪三十一年（1905），美国佛吉尼亚州医科大学毕业，后获医学博士学位，并在美国芝加哥海军医院实习。清光绪三十二年，受美国圣公会派遣，以医药传教士身份携妻来华，时年24岁。先在苏州华语学校学习华语1年，光绪三十三年抵无锡筹建医院。经无锡举人俞复介绍，先在无锡城中百岁坊巷租房行医，用红汞治疗外症和用灌肠办法抢救吞服生鸦片自杀的病人，治病新颖，疗效明显，名闻一时。光绪三十四年四月二十四日（1908年3月16日），普仁诊所在二下塘（现中山南路）正式成立。后改称圣安德烈医院，又称普仁医院（今市第二人民医院），任院长。民国2年（1913），医院建立手术室，其兼外科负责人，是无锡地区最早开展西医外科手术的医师之一。一年之内共施行全身麻醉手术66次，以阑尾切除、肠穿孔剖腹术、股疝修补、宫外孕剖腹术和上下肢外科手术为主。民国7年，奉美国红十字会派遣，赴西伯利亚捷克军第8联队任少校军医。民国8年，重返普仁医院任院长。抗日战争爆发，离开无锡，医院亦于民国26年10月停办。直至翌年秋重返无锡，主持医院复业。太平洋战争爆发后，于民国31年4月被日本军方押送至上海作为侨民遣返美国。民国36年初，又重返普仁医院任院长，10月因妻患心脏病回国。无锡县政府授予“荣誉县民”证书。

裘维裕（1891——1950）　字次丰，无锡城内岸桥弄人。民国5年（1916），毕业于上海交通大学电机系，并以优秀成绩考取由庚子赔款基金委员会提供经费的留美研究生，入麻省理工学院。毕业时获电机科硕士学位。民国8年，在该校研究生院工作一年，即转至纽约爱迪生电厂工作。民国13年，回国任教于上海交通大学，历任电机系教授、物理系教授、系主任等职。民国18年，在其倡议和推动下，交大创设理学院，被聘为院长。在中国电机工程界、物理学界颇有声望，历任中国科学社、中国物理学会上海分会、中国电机工程学会上海分会理事，中国科学工作者协会上海分会理事长等职。抗日战争期间，汪伪当局接收交大，其与另外5名教授断然离职，誓不与伪方合作，成为反伪六教授之一。解放战争期间，同情进步学生反内战、反饥饿、反迫害运动，多次挺身而出与当局交涉，保护进步学生。上海解放前夕，与上海科技界著名人士吴有训、侯德榜、茅以升、吴觉农等筹组上海科学团体联合会，为迎接解放作准备工作。上海解放后，任交大校务委员会委员，兼理学院院长，还被选为全国科学工作者代表大会筹备委员会委员。主要著作有《静电子纲要》《波动概要》《电学与磁学》《交流电学》《电机学》等。

陶达三（1871——1951）　名守恒，字达三，无锡城内映山河花园弄人。父为塾师，幼年随父在家读书，尔后毕业于无锡理化学堂。清光绪二十九年（1903），参加无锡理化研究会听讲，经日本教习藤田友彦介绍，去日本京都理化博物专门学校留学。学成归国，应南京高等师范学堂之聘任理化博物教习。光绪三十三年回到无锡，在无锡竞志女校任理科教员。宣统三年，无锡创办公立乙种工业学堂，聘其为堂长，学堂设染、织工艺两科，并在校外设染、织两个工场，首次采用新式铁木织布机，为无锡最早使用新式织布机的工场，也是无锡最早开办的新式织布工场。其制作的生物标本具有独到之处，是年，荣获在意大利举办的“国际工业与劳动博览会”(亦称“万国博览会”)奖章、奖状。民国初年，又在杭州举办的“南洋劝业会”教育美术馆展览时，荣获大总统孙中山的嘉禾奖章、奖状。民国2年（1913），公立乙种工业学堂改为县立乙种实业学校，改任无锡市立第一国民学校（今崇安寺小学）校长。是年11月，以江苏省学务调查员名义去日本考察，参观京都高等工艺学校、商业学校等。一向主张“学以致用”“文理并重”，重视学生的职业教育和技能训练。第一国民学校在普通科四年级增设商业课程，并附设商业补习科。为指导学生实习，学校开设“小商店”、组织“贩卖团”，以培养学生将来求得生计的能力。民国17年，辞去小学校长职位，受聘在竞志女校等中学教动、植物及生理卫生课。日本侵华战争时期，避难乡间，先后在寺前、蒋家桥设校办学，开语、算两课，单级独教，教育农家子弟，以教书收入勉强维持生活。其热心地方公益事业，曾参加建造县图书馆的设计，建

议开挖惠山直街排水深沟，疏通惠山蟹眼泉，经办惠山林场等。民国27年，伪无锡县长多次聘请其出任县中校长，均遭拒绝，但为维持家计仍在县中、道南、正风等中学任课至民国35年。

丁福保（1874——1952） 字仲祜，号梅轩，别号畴隐居士、济阳破衲，无锡城内书院弄摇车湾人。清光绪二十一年（1895），在江阴南菁书院肄业，次年考取秀才。光绪二十三年秋，去南京应乡试未中，次年再入南菁书院，随著名数学家华衡芳、华世芳学习数学。光绪二十四年，在无锡竢实学堂担任算学教习。光绪二十七年，入苏州东吴大学攻读化学。暑假后去上海名医赵静涵处学医，并考入上海东文学堂学习日语。光绪二十九年夏，受张之洞之聘，任京师大学堂译学馆算学及生理卫生学教习。光绪三十一年，回无锡组织译书学会，编印《代数备旨》等教科书。光绪三十四年春，迁居上海，在自新医院任监院，开始为人治病。宣统元年（1909）五月，参加两江总督端方在南京举行的医科考试，取得优等内科医士证书，旋特派为考察日本医学专员。七月回国后，继续行医和编译医书。宣统二年，发起组织中西医学研究会，编辑出版《中西医学报》，先后自撰医书83种，翻译日文医书68种，于民国元年（1912）汇成《丁氏医学丛书》，由其创办的医学书局出版发行，并在德国、意大利举办的万国赛会上获奖。民国2年，在上海开设丁氏医院。并热心收集整理古籍，先后编印《汉魏六朝名家集初刻》《全汉三国晋南北朝诗》《历代诗话》及其续编、《清诗话》等书。另有《文选类话》，历时20年始成。民国5年起，信奉佛教，宣扬佛学。编写《佛学指南》《佛学初阶》等读物，笺注《金刚经》《六祖坛经》等10余种佛教典籍；参考日本出版的几种佛学辞典，编成《佛学大辞典》，于民国10年出版。早年在日本购买国内已经散失的唐释慧琳撰《一切经音义》（100卷）和辽释希麟撰《续一切经音义》（10卷）两书，据此编为《一切经音义汇编》，石刻重印。又选编道教经籍100种，编成《道藏精华录》，于民国11年出版。后又撰写《老子道德经笺注》，于民国16年印行。还钻研《说文解字》，历时30年，汇集182种、1036卷注释和研究《说文解字》的著作，以许慎的原书次序为纲，编辑成《说文解字诂林》，具有查阅一字而各家论说齐备的功用，于民国17年出版。后继续汇集有关《说文解字》的其他46种论述，于民国20年编印《说文解字诂林补遗》，并编写《六书正义》《说文钥》等文字学著作。还喜爱收藏和研究古钱币，于民国27年编印《古钱大辞典》，同时出版《古钱学纲要》等著作。整理古籍20余年，印行多种大型图书。生前编成而未出版的《四部总录》遗稿经其学生周云青整理后，由商务印书馆出版《医药编》《天文编》《算学编》《艺术编》4种。曾先后在上海佛教医院、上海福幼院、世界提倡素食会、上海卫生教育社、中国医学杂志社、古钱学会等慈善机构和学术团体担任职务。

陶晶孙（1897——1952） 原名炽、炽孙，笔名晶孙、晶明馆主，无锡城外北塘人。早年就读于无锡周新镇廷弼小学。清光绪三十二年（1906）随父母赴日本，先后在东京锦华小学、东京府立第一中学、东京第一高等学校读书。民国8年（1919），入日本九州帝国大学习医。在校期间，与郭沫若、何畏等共同创办同人杂志《Green》。民国10年7月，与郭沫若、成仿吾等发起成立创造社，并在《创造季刊》《创造月报》等刊物上发表小说、戏剧和译文。民国12年4月，入东北帝国大学，研究音响生理学，在校内组织交响乐团，并任指挥。其对音乐、绘画、木刻等方面均有研究。民国18年回国后，与夏衍等人一起加入中国共产党领导的话剧团艺术剧社，创作《摇篮歌》。同时参加新兴剧社的演出活动，并将冯乃超的独幕剧《阿珍》译成日文发表。民国19年3月，参加中国左翼作家联盟。曾主编《大众文艺》月刊和《学艺》杂志。民国21年，与鲁迅、茅盾

等人共同签署《中国著名作家为中苏复交致苏联电》，积极从事进步文艺活动。20世纪30年代后，主要从事医学工作，研究卫生学、寄生虫学。曾在无锡创办厚生医院。后历任上海东南医学院卫生学教授、上海自然科学研究所研究员、《现代医学》杂志总编辑、台湾大学医学院教授兼热带病医学研究所所长。1950年离台去日，因病暂留日本。是年任东京大学中国文学系讲师。晚年在日本结识许多左翼朋友，热情从事中日友好与文化交流活动。主要著作有：短篇小说集《音乐会小曲》《木犀》《盲目的兄弟爱》；戏曲集《傻子的治疗》；译著《间谍》《中国社会卫生研究梗要》《晶孙日文集》；随笔《给日本的遗书》《牛骨集》《晶孙全集》；医学专著《医学常识》《生理学纲要》《卫生学纲要》等。

华绎之（1893——1956）　名士巽，清光绪十九年(1893)六月十日生于无锡县荡口镇。6岁而孤，由祖父抚养成人。幼年就读于祖父创办的果育二等学堂，13岁肄业于常州府中学堂。清宣统三年（1911），祖父去世后，其继承祖产在无锡城中开设仁昌堆栈、宏仁堆栈、宏余丝厂、宏绪丝厂、宏泰茧栈，并投资申新三厂、庆丰纺织厂、太和面粉厂。民国7年（1918）东渡日本，考察养蜂及其他农副业，并派遣冯焕文、黄侠民等人出国学习养蜂、养鸡、养乳牛、种植果树等技术。民国10年，在上海创办华绎之蜜腊公司，蜂场设在荡口。以后在昆山、松江、苏州、丹阳等地设立分场，拥有意大利纯种蜜蜂2000多箱。中国科学养蜂业由此始，其被誉为“养蜂大王”。同时在无锡社桥头创立惠康乳牛场，在荡口镇西创立华氏农场。对良种水蜜桃的培植也有一定规模。在从事实业同时，热心家乡教育事业。民国2年，将果育学堂改为华氏私立鸿模高等小学校，又在校内兴建鸿模藏书楼，藏书万卷。民国16年，鸿模小学改为怀芬女子学校，后又改为鹅湖中学。其爱好收藏古字画，曾以重金赎回惠山《真赏斋帖刻碑》。年近40岁时，又潜心书法，自成一家。日本侵华战争时期，避居上海，曾两次出资支援抗战。民国37年迁居台北。

王寅生（1902——1956）　笔名虎子、健民、叶民、卫令敦等，无锡城内东河头巷人。少时就读于东林小学。民国6年（1917）夏，考入江苏省立第三师范学校。民国10年毕业后，执教于无锡县立乙种实业学校。翌年夏，考入北京大学历史系。民国15年夏，经陈翰笙介绍，为在北京俄文法政专门学校任教的苏联籍教师彼得·格尼维奇讲解《文献通考》的经济部分。民国16年夏，兼任北新书局编辑部主任，出版多种新文艺书刊及进步的社会科学读物。是年10月，被国民党当局逮捕，拘禁两月，后经浦拯东出面营救获释。在此期间，翻译《美国佃农劳动者》一书，并编译《中国农民经济》《世界农民经济》。民国17年夏，在北京大学毕业，回无锡任省立无锡中学教务主任。因宣传革命思想，被认为有“赤化嫌疑”而被迫离校。民国18年2月，应陈翰笙之邀至中央研究院社会科学研究所从事中国农村经济调查研究工作，后参加无锡县和河北保定清苑的两次农村经济调查，与陈翰笙、钱俊瑞合写《无锡的土地分配与农村资本主义发展》等调查报告。民国22年，参加中国农村经济研究会，任理事兼研究部主任，编印《中国农村》月刊。6月发表《太公田与广东经济》一文。民国24年7月，参加农村复兴委员会主办的陕北和关中的农村调查，与人合著《陕西农村调查》。民国25年8月后，与人合作或单独发表《黑龙江流域的农民和地主》《中国东北部的兵差与农民》《察绥蒙古底层社会关系分析》等论文。民国26年12月，到达武汉，主持成立战时农村问题研究所，发表《从动员农村讲到怎样健全乡政组织》《抗战建国的农业政策》《抗战建国农业政策纲领刍议》。民国27年7月，到重庆，在邹韬奋、胡绳等协助下，建立中国农村经济研究会重庆办事处（后改为分会），进行农村专题调查，开展农村抗日宣传动员工作。民国29年11月，经陈翰笙介绍，转入中国工业合作协会推进处工作。民国32年2月，任中国经济研究所研究室（后合并为中国工业经济研究所）主任。民国33年，先后担任中国战时生产促进会研究委员会主任、中国农民银行农贷视察兼《农贷通讯》编辑。民国34年，参与建立中国经济事业协进会，任常务理事兼研究部主任，并主编《商务日报》副刊《中国农村》。同时发起组织兵役实施协进会，任常务理事兼秘书。还先后担任中国茶叶公司编译兼统计主任、中央银行经济研究处专门委员等职。先后发表《国茶对苏贸易》《目前大后方农业生产危机》《抗战期中大后方的租佃问题》《大后方农业经济的恶化与农业生产的减缩》等文章。民国35年1月，加入中国共产党。是年回到上海，仍在中央银行经济研究处工作，并主编《文汇报》副刊《中国农村》，担任上海《经济周报》编委。同时参加中共上海工作委员会调研组工作。发表《通货膨胀下的农民》《所谓新第三方面的土地政策》《评土地改革方案》《略谈兵农合一》《怎样实行土地改革》等文章。民国38年3月，离开上海，经青岛转入解放区。5月26日随解放军进入上海，任华东财经委员会顾问兼复旦大学经济研究所副所长。同时与马寅初等共同发起成立新经济学会。11月调北京担任中央财政经济委员会编译室主任，主编《中国经济问题》《中央财经通报》。后任中央财政经济委员会国际经济事务局副局长，并筹建财经出版社。为中国科学院经济研究所兼职研究员，全国政协委员。

徐祖善（1890——1957）　原名徐仕彪，号师班，无锡人。9岁时其父所遭冤案得平反，为庆更生，其名改为祖善，号燕谋。先后在无锡三等学堂、竢实学堂就读。清光绪三十一年（1905），考入南洋水师学堂，先学驾驶，后学轮机技术。宣统元年（1909），以最优成绩毕业，在“海琛”号军舰实习，赴南洋群岛游历。后调任海军提督萨镇冰的侍从副官。宣统三年夏，派赴美国麻省理工学院学习海军工程，历4年，得造舰科硕士学位。毕业后在美海军兵工厂工作2年，研究潜艇工程。民国4年（1915）底回国，由北京海军部派为第一次世界大战海军观战员。民国6年派任伦敦使馆海军副武官。民国7年春，参加意大利海军在地中海作战，并兼任巴黎和会专门委员。民国8年春，调任福建飞潜学校校长，未到任，改调为北京海军部军事科长。后转往新设航空署兼任署长。民国11年，脱离海军而任接收青岛主任委员，兼任胶州海关监督，成为中国人自己办理港务第一人。民国13年11月，任天津海关监督。民国14年任财政部驻北京办事处处长。民国17年春出任陇海铁路管理局长。民国19年，英国归还中国威海卫领土时被国民党中央任命为行政专员。民国25年，先后任宜昌、汉口海关监督。抗日战争全面爆发后，任海军部少将高级参谋，监督检阅马当防务。民国27年，桂林行营成立时，调任西南江防处处长兼粤桂江防司令，亲身参加战斗10余次。民国31年秋，调任全国海关海务巡工司，负责管理全国海务及引水事宜。后因遭排挤，愤而辞职。民国34年后，在上海任华中轮船公司常务董事兼船务处长。其间，曾一度担任塘沽新港工程局顾问、旅大视察团团员、青岛市政府顾问兼代秘书长。1951年，交通部曾邀其赴北京任职，未就。1953年，华中轮船公司公私合营后退职回无锡，不再任事。生前著有《潜水艇》一书，民国4年由商务印书馆出版，是国内有关潜水艇的最早著述。

许国凤（1876——1960）　字彝定，号仁龛，生于无锡城内师古河秦氏章庆堂。6岁入家塾读书，开始接受启蒙教育。17岁从名儒杨章甫为师，授以经、史、骚、选、古文词，20岁时应童子试，考中秀才。两年后又应江南乡试，得中丁酉（1897）举人。因家贫无以为生，清光绪二十六年（1900），开办私学，设帐授徒，前后办学5年，学生达128人，其中，较为突出的有徐彦宽、钱基博、钱基厚、王蕴章。光绪三十一年后，在清内阁任职6年，历任派四值上行走、国史馆校对、本衙门撰文、兼管中书科诰敕房事务等职，又以优等第一名成绩毕业于京师法律学堂。辛亥革命前后，其脱政界而入学界，先后就职国立法政专门学校、高等边筹学校讲师。民国6～14年，先后在河北、山西、江西、安徽等地襄赞盐务、财务，并受长庐盐运使杨味云之邀，任滦州一等官运局局长，下辖支局十五处，历时数年。杨味云调任山东财政厅长、财政部次长后，又先后任财政厅秘书、参事等职。杨味云称其“左操筹，右握管”，办事“处断若流”，做到“如衡称物，如鉴取形”，公正而明察，十分难能可贵。

民国14年，回归故里，被推选为无锡律师公会副会长和无锡县款产管理处副主任等。1949年后，其重建碧山吟社。工书法，尤善隶书。惠山“云起楼”匾额及寄畅园“八音涧”刻石等，都是其手迹，无锡市博物馆藏有其作品。还为二泉庭院、锡山等地撰联。生平著有《法兰西司法制度要览提要》《比利时司法制度要览提要》《改良监狱制度策》《日本国债制度提要》《无锡律师公会冤狱赔偿运动宣言》及《日本税债币制要览提要》等，还著有《仁安堂文集》十二卷、《重台并蒂莲馆诗稿》七卷、《太平湖寄庐法学笔记》八卷、《仁盦杂录》六卷、《瑞莲室日记四种》等。

杨翰西（1877——1960）　名寿楣，别号静斋，无锡城内旗杆下人，杨宗濂之子。清光绪二十八年（1902）举人，报捐知府候选，在江苏办理秦、晋赈捐事宜。光绪三十年，随清廷驻沪电政大臣吴重熹办理电政，并以从九品衔兼理无锡电报支店（即电报局）。翌年，因办理秦、晋赈捐有绩，保举为道员。光绪三十四年，受两江总督端方委派，赴日本考察陆军军制，回国后写成《考察日本陆军纪略》一书。宣统元年（1909），任北京陆军部一等检察官，后又兼任陆军部宪政筹备处帮办。宣统三年，任度支部币制局委员、广州造币厂总办。辛亥革命广州独立后，弃官回到无锡，于是年冬集资2万两银创办无锡电话股份有限公司，自此无锡始有电话。后又集资创建溧阳、太仓两地电话公司。民国2年（1913），接办其父、叔创办的业勤纱厂。民国3年，任中国银行无锡分行第一任行长，并创办润丰机器榨油厂，为无锡机器榨油之始。民国4年起，先后集资创办广勤纺织公司、广业垦殖公司、广勤胰皂有限公司、广勤机器厂、广勤丝厂、广丰面粉厂等，始辟广勤路，并建万顷堂于太湖之滨。民国7年，创办广勤小学。同时购置鼋头渚山地60亩，创办杨氏竣实植果试验场，以后陆续构筑亭台楼阁，兴建横云山庄，对鼋头渚太湖风景区进行最初的开发。民国8年，创办广勤事务所，专司广勤路建设工作。民国9年，任无锡县商团公会会长。民国10年，辟于胥乐公园。民国13年农历十二月二十四日，在时称“甲子之役”中，指挥商团守城七日，使无锡城内免遭兵灾之苦。民国16年，国民党右派在无锡制造“四一四”反革命事件时，其曾资助策划这一事件的国民党无锡清党委员会主任委员邹广恒经费6000元。民国20年，当选为无锡县商会主席。民国25年，参加扶轮社。日军侵占无锡后，伙同张揆伯等人与侵华日军联系，筹组伪维持会。民国27年，维持会改组为自治委员会，出任伪自治会委员长。民国29年，汪精卫在南京成立伪国民政府，任汪伪中央政府委员、特派江苏与浙江赈济会长、伪水利局督办、伪水利委员会委员。抗战胜利后，因汉奸罪拘捕。保释后蛰居上海，1951年去香港。

唐骧庭（1879——1960）　名殿镇，无锡城内石皮巷人。清光绪二十五年（1899）继承父业，经营土布庄和夏布皮货行。后又在北大街开设九余绸布庄。民国5年（1916），与股东程敬堂集资接盘冠华手工织布厂，将其扩大为丽华机器织布厂。民国8年，又在无锡映山河增设丽华第二布厂。民国11年，又与程敬堂等人集资，在惠商桥西建立丽新机器染织股份有限公司，开设丽新染织厂，自任经理。民国22年，建成丽新纺织漂染整理公司，拥有纱锭1.6万枚、线锭6400枚、布机650台，年出纱4000件，出布20万匹，“双鲤”牌布匹销遍全国，远及欧美。至抗日战争前夕，丽新已发展成为纺、织、印染和具有自发电能力的全能工厂。民国24年，又集资创办无锡第一家具有毛纺、织、染整套设备的协新毛纺织染厂，“万宝齐来”“不蛀呢”等毛纺织品名闻国内外。日军侵占无锡后，丽华、协新等厂被侵华日军烧毁或占据。唐避居上海，以剩余资金并招股集资50万元，在上海开设昌兴纺织印染整理公

司，分设纺、织、印染3个工厂。抗战胜利后任上海丽新总公司经理，并立即筹集资金，抽调技术人员恢复在无锡的纺织企业。无锡解放后，因年事已高，退居在家，不再问事。

侯鸿鉴（1872——1961） 字三葆，号梦狮、铁梅、病骥、沧一，无锡人。5岁入塾，14岁读毕四书五经。16岁时因生活困难，即在家设帐授课。17岁自号“病骥老人”，结诗文社于西溪。清光绪十六年至二十二年（1890~1896），4次应科举考试，均落榜，愤而转向新学，自学数、理、化，并组织西溪算学研究会，编辑《积志学会月报》等。光绪二十三年秋，考入上海南洋公学师范院，是年12月离校。光绪二十四年应岁试，中秀才。后担任上海《时务晚报》主笔。翌年，应巳亥科试，补廪膳生。后创办务本学堂。光绪二十九年得杨涵修和竢实学堂的资助，与顾述之等人赴日留学，入弘文学院师范科。一年后回国，在竢实学堂任教。后继杨模出任校长。光绪三十一年，出资兴办竞志女学，第二年又增设幼稚园。其仿效日本办学模式，以“勤、肃、朴、洁”和“真、实、劳、苦”作为竞志的校训。开办时学生仅64人，后扩充为小学、中学、师范3部，办学成绩卓著，与上海的务本、爱国和苏州的振华等女校齐名，为中国近代最早创办的有影响的女校之一。同时，还先后组织理科研究会和女子理科研究会，并与无锡同仁合办商业补习学校、城西速成师范学校，撰著《教育丛书》3册。光绪三十二年，应江苏提学使的聘请，任省视学，写有《视学报名》和《教育镜》。宣统元年（1909）暑期，为筹建竞志新校舍，孤身北上募集经费，并写出《鄂汴京津旅行记》。宣统三年，任江西省视学。辛亥革命兴起，回无锡，无锡县议会成立时，被推为副议长；继而江苏县议会联合会成立，被推为会长。但其无意从政，仍以献身教育为宗旨。民国建立后，携所著《民国教育制度》2册，赴南京见教育总长蔡元培，建议改革教育。后返任江苏省视学。3次当选无锡县教育会会长，主编《无锡教育》杂志，发起创办无锡县图书馆、县通俗教育馆，编写《无锡乡土史地教材》，辑《无锡金匮县志补遗》等。民国元年（1912）起，先后担任江苏、江西、河南、福建各省教育厅视学，又以教育部名义，到东三省及河南、陕西、甘肃、山西、内蒙古等地视察。还去日本、菲律宾、新加坡、马来西亚、印度尼西亚，写出《南洋旅行记》。民国13年，其53岁时，为探索中国教育之路，毅然孤身一人出国考察，历时半年，环球9.1万余里，经过日本、美国、英国、法国、比利时、德国、意大利、瑞士、埃及、印度、越南11国，遍及亚、美、欧、非4大洲，写成《环球旅行记》问世。其间，还兼任过苏州浒墅关蚕业学校、厦门集美师范、泉州明德师范等学校校长；先后应邀赴北平、天津、福建、安徽、浙江等地讲学。民国17年秋，出任福建省教育厅秘书。民国19年9月返锡，被聘任江苏省教育厅秘书。民国21年至抗日战争爆发，改任第四科科长。这期间，继续为考察教育漫游江西、湖北、湖南、四川、广东、广西、贵州、云南等省，出越南，再到香港，写出《西南漫游记》。侵华日军侵占无锡后，在其支持下，竞志女子中学（由竞志女学改名）于民国27年4月迁上海租界复课，后侵华日军进驻租界，学校被迫停课。抗日战争胜利后，学校迁回无锡。以73岁高龄继任校长。无锡解放后，任竞志校务委员会主任。1950年，应邀出席苏南区各界人民代表会议，后又被选为无锡市人大代表及政协特邀委员。1953年，竞志女子中学改为无锡市第二女子中学，其年老退居，任名誉校长。著有《病骥文序》以及各种游记。工诗词，曾参加柳亚子等组织的进步文学团体南社，诗集有《沧一堂诗文钞》《骥鹤唱和集》《藏经阁诗钞》等。出版各种著述共有57种。

孙国璋（1888——1965） 字芾仲，无锡城内小娄巷人。16岁考上秀才，翌年科举废止，赴石塘湾坐馆做私塾教师，以补贴家用。后在竢实学堂任教，并在无锡县教育会兼职。因职务之便，常与海外留学青年书信往来。清宣统元年（1909），自学世界语。后在少宰第内开办世界语学校，亲自任教，就学的男女青年20余人。民国元年（1912），在上海林荫路成立中华世界语中央事务所，并和几位热

心人士创办中华世界语函授学校，对国内招生。是年7月，出版第一期初学课本和自学书本讲义，为旧中国第一本世界语课本。民国6年，北京大学校长蔡元培聘其为讲师，在北大开设世界语课程。其编著的《世界语高等文典》和《世界语高等读本》，均由蔡元培作序，商务印书馆出版。还担任国际世界语协会的北京代理员，处理国内有关世界语的重要事宜。民国16年离校，在南京政府教育部管理江苏教育经费。抗战期间，先去上海，后返无锡，在竞志、辅仁两校教授文史。1952年退休。1962年，将当年从国外购回的世界语珍贵版本二百余本，悉数捐赠给无锡市图书馆。

诸健秋（1891——1965）　名鹄，一字若侯，无锡城内顾家弄人。其父诸海萍是画家。早年由父传授技法，及长又随兄诸永年学画铅画照像。清光绪三十年（1904），随兄到上海设画铺。光绪三十二年，拜人物画家赵鸿雪为师。民国5年（1916），自设“镜秋室”画室，以画铅画照为业。民国9年，又师从吴观岱学画，得其教益，技艺益精。擅长山水、人物，作品以宋元为宗，继承创新，逐步形成自己苍润清秀、平淡天真的艺术风格。民国13年，胡汀鹭在无锡与同行创办无锡美术专科学校，其为创办人之一，并襄助执教。九一八事变后，奋然参加抗日救赈书画义卖活动，将所得润资全部捐出。民国23年，其作品参加在德国柏林普鲁士美术院举办的现代中国画展。民国24年，云林书画社成立，被推选为副社长。民国25年《健秋画存》1册刊印行世。抗日战争时期，多次赴沪鬻画，曾为人绘《兰亭》《醉翁亭》等手卷。无锡解放后，主持筹办无锡美术工场，邀集地方画家，绘制图片、画牌，举办展览，宣传党和政府的各项政策、法令。1953年，被聘为苏南文物管理委员会委员。1956年，被聘为江苏省文史馆馆员。1958年，加入农工民主党，后被推选为常委，并任无锡市文化艺术界联合会副主席及无锡市人大代表。1957年和1961年，先后去宜兴和黄山写生，共得画作、画稿30余件。其中，《碧鲜庵图》《始信峰》等曾参加江苏省和无锡市的画展。还曾参加《中国美术家人名辞典》的资料搜集工作。1965年病逝后，家属遵其遗愿，将一生收藏的古旧书画名迹，全部捐献给国家。

薛学海（1897——1965）　字汇东，无锡城内前西溪人。邑绅薛南溟之子。娶袁世凯次女仲桢为妻。民国3~7年（1914~1918），由北京清华学校派赴美国留学，毕业于安杜佛高等学校和威斯康辛大学经济系，获文学士学位。在威斯康辛大学时任校田径队队长，参加过全美大学生运动会，室内短跑百码成绩达10秒整。因成绩出众，获得学校W校徽荣誉奖。民国7年回国，在北京汇文大学任体育教练。后历任监务署检事、驻英使署三等秘书、直隶省长公署顾问、外交部特派直隶交涉员等职。著有《宪政论》一书。民国20年返回无锡。民国22年，无锡跳远名将张嘉夔等发起成立梁溪田径队，并与梁溪篮球队合并，组成梁溪体育会，其任会长，兼任梁溪田径队指导和上海白虹田径队顾问。梁溪田径队在参加江苏省运动会和第五届、第六届全运会以及奥运会预选赛中，都取得好成绩。队员张嘉夔曾作为中国体育代表参加在德国柏林举行的第十一届奥林匹克运动会。民国23年3 月，出资邀请拥有符保卢、陈宝球、程金冠等多名全国著名选手的上海白虹田径队到无锡，在社桥省立教育学院与无锡梁溪田径队进行对抗赛，并邀请全国“短跑之王”刘长春前来参赛。薛担任筹委会主任兼总裁判，观众达5000余人，盛况空前。还经常带领梁溪田径队出访苏州、上海，与当地实力较强的田径队进行对抗赛，以提高队员的技术水平和培养新生力量。民国35年，邀请菲律宾华侨群声篮球队来无锡，与梁溪篮球队进行友谊赛，轰动锡城。还曾建立围棋社于无锡城中公园池上草堂。其精于田

径理论，著述颇丰。常为上海《时报》《东南日报》撰写体育理论和介绍欧美体育等文章。后由东南日报社编印成《百米缤纷录》《薛学海体育论文集》。民国38年去香港，以笔名“观澜”发表文章。

许莼舫（1906——1965）　原名许润芳，笔名承方、元俊等，江阴顾山南桥埯人，后定居无锡城中。幼年就读于顾山镇一所小学，民国13年（1924）夏，江苏省立水产学校毕业后随父学医。半年后在顾山小学任数学教师。民国17年2月起，任堰桥镇胡氏中学数学教师。民国24年，编著《古算法之新研究》和《古算法之新研究续篇》，在数学界初露头角。是年起，先后在无锡锡光中学、方桥锡南中学任教，编写出《数学补习用书》4种，深受中学生欢迎。抗日战争全面爆发后避至南方泉。翌年，出任道南中学教务主任。民国32年，在无锡城区新庙前同仁堂创办弘毅中学，自任校长。民国33年8月，接办育才中学，任校长。民国35年任前洲青城中学校长，民国37年回道南中学任教导主任。在此期间，其编著的一本古算书和一本几何学习指导书，由开明书局出版发行。无锡解放后，先后在辅仁中学、市第一中学任数学教师。1951年，应北京开明书店之邀任编辑。后因患肺气肿病，1953年辞职回家，专事数学读物写作。撰写论文60多篇、300多万字，著有数学读物32种，发行近1000万册。其中《圆》一书，被朝鲜翻译发行。

杨荫溥（1898——1966）　字石湖，无锡城内留芳声巷人。早年曾在无锡第二高等小学就读。民国3年（1914）考取上海南洋公学中院（即中学部）。民国7年，考取北京清华学校高等科三年级。在校期间协助编辑《清华学报》及《清华周刊》。民国9年7月，由学校资送留美，入美国鲁伦司学院经济系。翌年8月，转入美国西北大学商学院研究部，专攻银行学。民国12年7月，获硕士学位，毕业论文为《上海金融市场之研究》。是年8月，入芝加哥大陆商业信托储蓄银行实习，并在西北大学芝加哥城区夜校继续进修。在美国期间参加曦社，任总社常务理事及上海分社社长。民国14年9月学成回国，不久即赴天津就任直隶省公署英文秘书。年底因公署改组而离职。翌年9月，应聘任上海光华大学商科副教授。民国16年8月，转入中央大学商学院（后改为国立上海商学院）为专任教授，后兼工商管理系主任、教务主任、代理院长。同时还兼任国立劳动大学、国立暨南大学、上海法学院教授。任教5年期间撰写出版《上海金融组织概要》《中国交易新论》《中国金融论》等著作。民国20年4月，应上海浙江兴业银行之聘，为该行筹设南京分行，兼任经理。民国23年2月，调任总行总务处处长，后又兼任总行储蓄部经理和经济研究室主任。还兼任中央大学法学院、金陵女子文理学院、中央政治学校、上海交通大学管理学院、沪江大学商学院夜校教授及中国征信所理事、光华大学商学院院长等职。撰写出版《经济新闻读法》《各国币制》《中国金融研究》以及《经济常识》等著作。民国25年10月，被国民政府外交部任命为驻日内瓦中国国际联盟代表团办事处经济专员。在留欧4年中，遍访英、法、德、意、比、奥、捷、匈、瑞、苏等国，出席过“国联”大会、国际劳工大会及民国26年11月在布鲁塞尔召开的“九国会议”。民国30年1月，回国抵重庆，任邮政储金汇业局首席秘书，兼经济研究部主任。后又兼任总务处长、“四联总处”（中央银行、中国银行、交通银行、中国农民银行联合办事总处）秘书、“四联总处”银行人员训练所教育长。民国31年12月在重庆加入国民党，曾任“四联总处”银行训练所区党

部执行委员兼书记，并被抽调到“中央训练团党政训练班”任小组指导员。民国31年12月至民国33年1月，担任国民党中宣部党报社论委员会委员，先后兼任重庆大学商学院、私立求精商专、复旦大学商学院、东吴大学法学院、沪江大学商学院、中央大学、交通大学管理学院教授。民国34年10月，由重庆返回上海，历任设在上海的苏浙皖区敌伪产业处理局秘书处处长、中央信托局储蓄处经理、上海证券交易所协理兼业务处经理、上海现代经济通讯社和金融日报社社长、上海交通大学管理学院财务管理系主任、上海光华大学商学院教授等职。上海解放后，在交通大学管理学院任教授，曾任华东区财政经济委员会委员，并被推选为上海市各界人民代表会议高教界代表。1950年2月，加入中国民主建国会，任上海市民建宣教委员兼小组召集人。1951年8月，因高校院系调整，调任上海财政经济学院教授兼会计系主任。1957年2月，任上海经济研究所研究员。在反右整风运动中，被错划为右派(1979年予以改正)。1960年4月，仍回上海财经学院，担任财政金融系教授。1962年后，参加《中国财政史》的编写和教学工作。1965年，又参加《财政学》的重写工作。“文化大革命”中被迫害致死，1979年1月得平反昭雪。

赵柏生（1907——1966）　无锡城内小娄巷人。父亲赵仲平为无锡知名中医。早年随父学习中医内科。民国16年（1927）考入同德医学院，民国19年因父病停学，翌年父病故后承父业设诊所行医。擅长脉诊，诊病严谨，对伤寒有独到见解，善于将现代医学科学知识与中医传统理论结合诊治，疗效明显，深受病家信赖。无锡解放后，任无锡市中医师协会主任。1952年，负责筹建中医师联合诊所。1954年，会同锡城13名著名中医师建立无锡第一联合中医院，集中医内、外、喉、痔、针、伤等专科于一处，并设立病床。求治者众，深受病者欢迎。1956年3月，经政府批准转为全民所有制，改名为无锡市中医医院，任院长。后历任无锡市中医师协会理事长、无锡中华医学会副理事长，当选为无锡市第二届、第三届、第四届人大代表，市政协常委。著述有《医案》《心得笔记》等，惜在“文化大革命”期间散失。

孙诵昭(1878——1968)　女，字宋若，曾用名樗园，笔名平民，清光绪四年（1878）九月一日生于江苏无锡小河上（今崇宁路）。幼承庭训，亦得力于母教，在国画、书画方面打下基础。光绪二十七年，与顾雨生结为连理。光绪三十一年丈夫病逝，矢志以学问图画自立，旋即走出家庭，到苏州教家馆，并致力研究中西画学。不久到北京，先后任私立女学传习所艺术师范科国文、图画教员，京师女子师范学堂国文、地理、图画教师、级任教师，京师第一蒙养院国文教员。民国后，在北京女子高级师范学校、尚义女子师范学校教图画。民国9年（1920），入北京大学画学研究会，专修中西绘画二年，后又入中国画学研究会进修5年。民国18年，任国立北平大学女子文理学院讲师、兼国立艺专讲师。民国21年，兼河北省立女子职业学校国画主任教师。抗日战争爆发后，在北平赋闲，以卖字画维持生计，有时教家馆。曾被聘为中国画学会和中国书法学会评议导师。北平解放后，在女子中学和迦南孤儿院教国画，为中国美术家协会会员，北京中国画院画师。1952年6月，被聘任为中央文史研究馆馆员。其擅长写生花卉，书法亦有成就。为纪念孙中山先生诞辰90周年而创作的《万古长青》图，古松雄姿屹立，墨竹挺然劲秀，极具象征意义，充分表达作者对伟大革命先行者的仰慕之忱。其临摹的明代《仇英春夜宴桃李园图》，一丝不苟，足以乱真，显示作者深厚的艺术功力，上述两画均为中央文史研究馆珍藏。著有《寒灰吟草》《养拙斋书画课》《书画随笔》《养拙斋杂俎》等。1968年2月1日病逝，终年90岁。

钱海岳（1901——1968） 无锡城内镇巷人。幼承家学，在文史方面打下坚实基础。10多岁时，即以骈体文闻名，且性好游览。早年的文字，曾结集为《海岳文编》《海岳游记》。民国14年（1925），毕业于北京汇文大学，在北洋政府印铸局文牍课任职。不久至广州参加国民革命军北伐。民国17年抵南京，任国民革命军总司令部参谋处秘书。后调任国民政府军政部陆军署秘书。任职之余，专注南明史的研究。民国26年起，历任国民党中央宣传部部长室干事、国民政府考试院秘书、开国文献馆专门委员。民国32年去新疆，先后任边防督办公署秘书处副处长、新疆女子学院院长兼中文系讲师。民国37年回南京，继续在开国文献馆任职。民国38年离职回乡，任无锡国学专修学校教授。无锡解放后，国专更名为无锡中国文学院，继任教务长。1950年7月，去华东革命大学政治研究院学习，结业后分配至苏州市博物馆工作。曾任中国国民党革命委员会苏州市委委员、苏州市政协委员。江苏省博物馆建成后，调省博物馆工作。1956年任助理研究员。1960年，调南京图书馆，主持江苏通志稿的整理工作，兼南京大学历史系教授，为江苏省第三届政协委员。1964年，历时34年的《南明史稿》完稿，全书120卷，约300万字。“文化大革命”中遭受迫害，粉碎江青反革命集团后得以平反昭雪。生前著作尚有《重修清史商榷》《哀蝉落叶集》等。

顾毓珍（1907——1968） 又名毓桢，字一真，无锡城中学前街人。民国元年（1912）起，先后就读于无锡第一初级小学、江苏省立第三师范附属小学。民国7年，考入无锡辅仁中学。毕业后考入北京清华学校化工系。民国16年，留学美国麻省理工学院，专攻化学工程。民国18年，转入该校研究院，从事流体力学及传热的研究。民国21年秋毕业，获化学工程学科博士学位。毕业论文《水在圆管中流动时的传热机理研究》，提出的流体在管内流动时的摩擦系数与雷诺数的关联式，后来被国际公认为“顾氏公式”，广泛采用。民国22年4月回到国内，曾任南京国民政府中央工业试验所技正兼主任、代理所长，同时兼任金陵大学化学系教授及化工原理教研室主任，后又任工商部北平工业试验所筹备主任、所长，并兼清华大学、燕京大学教授等职。其专门从事液态燃料代用品的研究，发表有关论文20余篇，曾建议以酒精或酒精与汽油混合物代替汽油作为燃料。抗日战争爆发后，积极研究“酒精脱水法”，使其浓度达到98%~99%，得到实业部颁发的专利权。同时，又研究以植物油为原料生产液态燃料，并提出对各种植物油榨油量的计算方式，总结出产油量的一般公式。还编著《液态燃料》《化工计算》《油脂制备学》《油脂工业》等书。1949年11月，任上海同济大学理学院教授，并在复旦大学、沪江大学兼课。1952年9月，任华东化工学院教授，兼化工原理教研室主任。1962年，兼化学工程教研室主任。其还在液态金属传热、非牛顿型流体传热的研究中提出强化传热的途径，编著出版《湍流传热导论》一书。又在物料干燥方面提出“多级喷动”和“有导向管喷动”两种新技术。其专长化学工程，是中国化学工程学会的创始人之一，曾任上海化学化工学会副秘书长。与人合编的《化学工业过程及设备》一书，为高等院校化工专业的通用教材。1956年，加入九三学社，并被推选为上海市第二届、第三届政协委员。“文化大革命”中遭受迫害致死，1987年，得平反昭雪，并追认为烈士。

朱庆云（1913——1968） 江苏省靖江县人。民国29年（1940），毕业于江苏医政学院，历任江苏医政学院附属医院内科医师，福建医学院讲师、主治医师，无锡县公医院内科主任医师、代理院长等职。无锡解放后，历任无锡市第一人民医院副院长兼内科主任，无锡市卫生局副局长兼第一人民医院院长。1955年，任中华医学会无锡分会内科小儿科学会主任委员。1956年，任无锡市医学会副理事长。1958年，兼任无锡市医学研究所（后为江苏省原子医学研究所）第一任所长。1962年，任无锡市医学会理事长、中华医学会江苏分会副理事长。1963年，任无锡市科协副主席。曾当选为江苏省第三届、第四届人大代表，无锡市第一届至第四届人大代表，无锡市第三届、第四届人民委员会委员，九三学社社员。其不断吸取当代医学科学的新成就，应用于临床实践。1954年，在无锡第一人民医院率先建立心电图和基础代谢室。1960年，把核医学定为无锡市医学研究所的发展方向，致力于发展核医学研究，进行放射性同位素药物的动物实验，在《原子能科学技术》杂志发表《应用32P“开放式”和“闭锁式”治疗71例神经性皮炎的疗效分析》《从事X线工作人员中甲状腺功能的初步观察》等论文。1962年，主持用国产材料研制中国第一台“放射性同位素X–Y扫描机”，于1963年研制成功，为当时提高肿瘤、心血管、内分泌等疾病的诊断正确率提供新的手段。1964年，该机参加由国家科委和国家计委举办的全国仪器仪表新产品展览会，获全国新产品、新仪器奖，并由工业部医疗器械局安排无锡医疗仪器厂生产，首批5台，供上海、河北、山东、青海等医学科研单位使用。“文化大革命”期间，被错戴“资产阶级技术权威”帽子，迫害致死，其编写的《心脏病诊断学》初稿，抄家时被毁。

杨邦藩（1885——1970） 字建时，无锡城内沈果巷人。清光绪二十七年（1901），进道长巷务实学堂，后考入苏州武备学堂。光绪三十一年，东渡日本留学。宣统2年（1910）毕业回国，清政府授武举人，先后派任江阴第35标（相当于团）教练官、宁第9镇（相当于师）参军官。在职期间编译《日本陆军》、《成规内典》以及步兵教科书等。辛亥革命时起义，参加光复无锡、镇江的行动，并任革命军镇江兵站站长。后加入四省联军，会攻南京。先后派任苏州陆军将校军官讲堂战术教官、南京金陵军官学校教官。民国2年（1913），调保定军官学校，先后任中校、上校教官和少将主任教官兼术科监督。在校近7年，编订战术学及军制学等教程四五次，并编译出版《日本阵中要务令》《步兵操典讲义》等书。民国8年，去湖北，任长江上游总司令部主任参谋和湖北第4混成旅上校参谋等。后回无锡奔父丧。民国11年，先后任江苏省长公署参议、福建省督军署上校参谋、浙江省督军署参谋处长、上海兵工厂厂长等职。后又到杭州筹办军官教育团，并任督军署代参谋长。民国12年调任南京金陵军官学校少将监督与训练处长。民国14~17年，闲居上海。民国18年，任南京训练总监部军学编译处总编辑，在职六七年，修改《阵中要务令》，并编译审定苏、德、法、英、美、日译本甚多。民国24年，调任本部参事，直至抗战迁都、本部改组退休。时日军侵占无锡，家宅被占，暂居沪上。抗日战争胜利后回无锡，息影家园。无锡解放后，为民革无锡市委筹备工作组成员。1957年，被聘为江苏省文史研究馆馆员，撰写文史资料，翻译国外科技资料。“文化大革命”中受到迫害，1979年4月平反昭雪。

黄冕群（1907——1970） 无锡县八士斗山人，后迁无锡城内西河头。出身于喉科世家，为第八代传人。中学结业后随父学习喉科，一面博览医书，一面临诊实习，尽得喉科诊治秘要。民国14年（1925），随父挂牌行医，擅按辩证施治原则，内治与外治并重施诊，尤擅治疗走马牙疳、口腔溃疡、失音等，疗效明显，名传京沪。“黄氏响声丸”为其祖传秘方。曾被推选为无锡县中医师协会理事长。1954年，参与筹创无锡市第一联合中医院。1956年，任无锡市中医院喉科主任。1958年，调任江苏省中医医院喉科主任，并执教于南京中医学院。总结临床特效方药，以“清疳去腐丹”治疗走马牙疳951例及治愈一例喉癌，论文刊登于《江苏中医》杂志，并将治疗复发性口腔炎的祖传秘方“养阴生肌散”公诸于世，展出成药，参加全国经验交流，被国内

口腔医学者临床采用，并编入《口腔内科学》一书。曾先后出席无锡市、江苏省和全国先进工作者代表会议，被推选为全国先进工作者大会主席团成员，并获无锡市、江苏省人民委员会和国家卫生部颁发的奖状、奖章。还被推选为中国农工民主党无锡市和江苏省委员会委员、无锡市和江苏省政协委员。

陶国鑫（1918——1970）　无锡人。民国32年（1943）6月，毕业于国立江苏医学院。先后在上海医学院、重庆中央医院任内科、放射科医师。民国35年8月回无锡，筹款购买X光机，在新生路236号设立X光诊所，时为无锡市第一个使用X光机的诊所。无锡解放后，任苏南行署卫生处直属保健医院顾问医师、无锡市医师进修学校教师等。1953年3月，任无锡市肺结核病防治医院医务主任。1956年7月，任无锡市肺结核病防治医院副院长。擅长胸腔疾病的诊断和治疗、胃肠道的X光线诊断和X光线摄影技术，特别是对肺结核的预防和治疗有较高的造诣。精通英、德、俄、日文，不断吸取国外最新医学成就。1953年，在国内较早开展"链霉素或异烟肼经由气管滴入治疗肺结核空洞"，提高肺空洞的闭合率。1965年，设计制造"肺功能测定简易计算尺""气管内滴入管""自动静脉注射器"等仪器在临床使用，成功仿制体层摄影器、焦点摄影架，改进支气管造影、气管镜检查、体层摄影等技术。撰写学术论文有：《链霉素或异烟肼经由气管滴入治疗肺结核空洞》《药物治疗时并用体位休息对空洞型肺结核疗效的初步观察》《518个肺结核空洞的临床疗效分析》《肺活量最大通气量、时间肺活量和中期流速的简易计算法》《血沉与血液浓枸橼酸钠反映对肺结核诊断上的比较》等20余篇，其中不少在《中华结核病科》《中国防痨》等全国性医学杂志上发表。1953年编写的《传染病常识概要》，对结核病防治工作起到积极作用。在开设私人诊所时，对烈属、军属、革命残疾军人、复员军人和现役军人给予特别照顾，3年内免费诊断6500人次以上，因而被推选为无锡市"优抚模范"。其是无锡市九三学社常委，无锡市第一届至第六届人大代表。多次被评为无锡市先进工作者。"文化大革命"中被隔离审查，迫害致死，1980年7月得平反昭雪。

唐星海（1900——1971）　无锡城中石皮巷人。唐保谦次子。民国8年（1919），北京清华学校毕业，入美国麻省理工学院攻读纺织专业，获纺织、纺织企业管理硕士学位。民国12年10月学成回国，任无锡庆丰纺织厂副总管兼纺织部工程师。运用美国经营管理方法对庆丰进行体制改革和技术改造，将原来的总管改为厂长，并自任厂长；废除工头制，成立主要由工程技术人员组成的工务处。民国19年9月，创办庆丰纺织养成所，培养专业人才。民国22年，在庆丰推行"泰罗制"，以提高工人劳动生产率。民国19年和民国26年，先后两次去国外考察，向英国订购纱锭5万枚、布机400 台。为进行自发电，从德国引进2000千瓦发电机组，并扩建庆丰第二工场和增辟漂染车间。"双鱼吉庆"牌纱成为无锡地区的标准纱，远销东南亚。民国25年12月唐保谦去世，接任庆丰纺织公司总经理。日军侵占无锡后，庆丰纺织厂亦被占据，改由日商大康纱厂经营。民国28年1月，日商向唐星海提出共同修复、合作经营庆丰的建议，遭其拒绝。是年4月，在上海创办保丰纺织厂。民国32年11月，收回无锡庆丰厂后，借用上海保丰厂经济实力，资援庆丰厂。还曾投资马迪汽车公司、通惠冷气公司，与人合办公永纱厂，与建安实业公司合作开办庆源、大华、利达花纱布庄和宝丰堆栈、北新隆农场以及无锡永新化工厂、昆山永润油厂等企业。民国37年底，抽调庆丰厂部分资金，并将该厂原订购的纱锭、布机运到香港九龙荃湾，集资创办南海纱厂。

朱文书（1917——1971）　祖藉江苏省丹阳县后朱巷，生于无锡城内小娄巷。无锡辅仁中学肄业。民国23年（1934），考取无锡申新第三纺织厂职工养成所。先当练习生，后升为纺部细纱车间值班长。侵华日军侵占无锡前夕，与同事们一起避难至武汉。民国27年4月，投考国民政府中央军事委员会在武汉举办的战时工作干部训练团，录取后被分配在训练团第一团训练科学习。是年8月，日军侵占武汉，转移到重庆，经人介绍，先后在复兴铁工厂、学艺铁工厂任工务员、机械技术员等职。民国32年，考取国民政府交通部中国航空公司，被派赴印度加尔各答机修厂当机械员。抗战胜利后回国，到申新三厂任职。无锡解放后，先后担任申新纺织厂机保科长、纺二工场主任、机保部主任等职。成功改造络纱机自动着水装置，使每件棉纱节省用电7.2千瓦时，节约用棉8磅，并提高产品质量。《中国纺织》杂志发表其革新成果，并在上海、东北等纺织厂推广。1950年9月，作为苏南区工业劳动模范，赴北京出席全国战斗英雄、劳动模范代表大会，被评为全国劳动模范。

张德载（1884——1972）　学名福霖，无锡人。早年就读于上海南洋大学附中。民国2年（1913）毕业于上海南洋大学土木工程科。在校期间，与同学邓载臣一起，在南京陆军地图测绘局局员华锦甫指导下，历时百日，完成《无锡城厢地图》的测绘工作，是为无锡城厢第一张实测地图。大学毕业后在陇海铁路工程处、宁湘铁路工程局任职。民国13年，任无锡县水利工程局总监工，与水利专家胡雨人一起，首先改建无锡西门桥，桥洞拓宽为4丈3尺。民国17~27年，在太仓、嘉定、无锡、吴县任建设局局长。在任无锡县政府技术室主任和县建设局长期间，组织锡沪、锡宜、苏锡公路无锡段的道路桥梁设计与施工，拓宽三下塘（今新生路）、复兴路和西德路（今人民西路），新建环湖路、第五监狱、茹经堂，参与荣德生建造宝界桥、开源寺的规划工作；并配合江苏省地政局清丈和测绘无锡17市乡全图，对全县地形进行航空测量。民国28~38年，任江苏省赈济委员会及无锡县消费合作社理事、南京水利总工务科长、南京水利委员会工务处处长、韩承记营造厂工程师等职。在出任南京水利委员会工务处处长期间，多次主持南京城厢水利涵闸、江岸堤防的修建工作。无锡解放后，先后担任苏南水利研究委员会副主任、无锡市政建设委员会委员、无锡市建筑工程局和城市建设局工程师，并选为无锡市第一届、第二届人大代表及无锡市第三届政协委员。

杨四箴（1896——1972）　原名德保，上海宝山人，后定居无锡。民国6年（1917），毕业于上海圣约翰大学，获神学士、文学士学位。信仰基督教。民国6年9月至民国34年8月，任无锡圣公会牧师。民国7年，和圣约翰大学无锡校友一起创办无锡私立辅仁中学，任校董兼英文教员。聘李康复、浦漪人等为副校长，选聘优秀教师，保证教育质量，培养众多人才。民国15年起任校长。抗日战争时期辅仁中学迁入上海租界复课，抗战胜利后返锡复校。无锡解放后，学校被列为无锡市与江苏省重点中学。1952年12月，辅仁中学改为无锡市第二中学，继任校长至退休。先后被推选为苏南区及无锡市各界人民代表会议的特邀代表、无锡市政协常委。1953年，参加中国民主同盟，后选为民盟无锡市委常委。还是市基督教三自爱国运动委员会负责人。

薛寿萱（1900——1972）　名学濂，以字行，无锡城内前西溪人。薛南溟第三子。早年肄业于苏州东吴大学，民国10年（1921），赴美国入伊里诺思州立大学学铁路管理和经济管理。民国14年毕业回国。民国15年，永泰丝厂由沪迁无锡后，始任永泰、锦记等丝厂协理。并资助陆子容在无锡旺庄创办“三五馆”蚕种制造场，生产“三葫芦”牌改良蚕种。是年冬，赴日本考察蚕丝业。民国17年，赴美国参加万国生丝质量检验标准会议。回国途中，再次考察日本蚕丝业。民国18年，聘用邹景衡、薛祖康等一批学成回国的技术、管理新人，对永泰丝厂的设备、技术、管理进行全面改革。同时从日本引进长弓式、千叶式煮茧机。还成立永泰蚕事部，组织200多家养蚕合作社。指派技术人员下乡指导蚕农科学养蚕，又在镇江桥头镇、无锡钱桥和荣巷开办蚕种制造场，生产“永”字牌改良蚕种。是年10月，任中国丝业代表团主席，率团赴美国纽约出席国际生丝会议，并考察各国产丝及美国用丝和生丝交易所情况。回国后，在国内首先制成多绪立缫机。民国19年，发起组成通运生丝股份贸易公司，被推为董事长。并在永泰丝厂内创设养成工场，培训技术、管理人员。民国21年，永盛、永吉两厂合并后，永泰系统丝厂拥有立缫车800余台，居国内之首。民国22年，永泰系统所有丝厂全部改为扬返式小篗缫丝机。是年，又委托薛祖康在美国成立永泰公司，并在英国伦敦、法国巴黎、澳大利亚墨尔本等地聘用销售代理人，直接外销生丝。民国24年，任永泰丝厂总管理处经理。民国25年春，联合无锡36家较大丝厂，发起组织无锡兴业制丝股份有限公司，任经理，形成以永泰为中心的丝茧垄断集团。至此，永泰系统直接控制的丝厂有16家，丝车6000多台，日产丝85担，生丝总产量约占整个无锡丝厂业的60%以上，故有“丝茧大王”之称，出口生丝占当时上海出口总数的50%。民国26年春，率永泰考察团赴日本考察人造丝生产，准备在无锡筹建人造丝厂，因抗战爆发而停顿。抗日战争中，永泰企业大都遭到日军毁坏。民国27年1月，携眷去港，后赴美定居，为纽约证券交易所经纪人，并担任美国惠立斯汽车公司董事。

唐庆增（1902——1972）　字叔高，祖籍江苏太仓，后定居无锡城中前西溪。唐文治之子。民国9年（1920），留学美国密歇根大学，获学士学位，又在美国哈佛大学获硕士学位。在这期间加入美国经济学社。民国14年，学成回国，参加中国经济学社、中华学艺社，历任吴淞中国公学、上海商科大学、交通大学、国立暨南大学经济学教授及大夏大学经济系主任。民国19~38年，先后任国立浙江大学经济系教授、南京中央政治学校经济系兼职教授、江西中正大学经济系副教授、上海光华大学经济系主任、北平铁道管理学院财务管理系主任、上海圣约翰大学经济系访问教授等职，长期从事教学和科学研究工作。还曾担任过中国经济学社编辑主任。新中国成立后，任上海复旦大学经济系教授。著有《中国经济思想史》《唐庆增经济论文集》《经济学概论》《经济学原理》《国际商业政策史》《中美外交史》《国外汇兑》《大学经济课程指导》《唐庆增抗日救国言论集》等多部著作。

陈品三（1887——1973）　无锡城中三皇街人。19岁时即任无锡裕源典当副经理。不久入无锡豫康纱厂当总务主任，在该厂经理去世后接任经理。同时开设永大丝茧堆栈，自任经理。后相继任信元钱庄副经理、新明电器公司经理。又为薛南溟所创之永泰丝厂、华新丝厂总顾问。20世纪20年代初，被推为无锡丝厂业同业公会常务理事、无锡商会常务委员。民国20年（1931），应荣宗敬昆仲之请，离锡赴沪筹创申新第九纺织厂，任副经理。在申新接管三新纱厂（申九前身）过程中，内外筹划折冲，贡献良多。其后又打开“双马”名牌棉纱的国内外市场，使申九发展成为解放前远东规模最大、影响至广的纱厂。无锡解放后，任申新纺织总公司常务董事、香港伟纶纱厂董事等职。

张闻天（1900——1976）　又名洛甫，上海市南汇县人。早年就读南京河海工程专门学校，参加新文化运动。五四运动时期加入少年中国学会，随后留学美国。民国14年（1925）5月，加入中国共产党。是年冬，赴苏联学习，并在共产国际东方部工作。民国19年底回国。翌年1月起，历任中共中央宣传部长、中共临时中央局常委、中共中央政治局委员及书记处书记等职。民国22年，随中央机关入江西中央革命根据地，任苏区中央局宣传部长、瑞金工农民主政府主席等职。翌年1月，在中共六届五中全会上当选为政治局委员和书记处书记。10月参加长征。民国24年1月，在遵义

会议上，拥护毛泽东的正确主张，批判王明“左”倾机会主义路线，被选为中央政治局常委，主持中央日常工作。长征途中同张国焘的分裂主义进行坚决斗争。民国27年后，先后任中央宣传部部长、马列学院院长、《解放》周刊和《共产党人》杂志主编。民国30年初到达陕北。民国34年，在中共七大上当选为中央政治局委员。民国35年后，历任中共合江省(今黑龙江省东部)省委书记、东北财经委员会副主任、中共辽东省委书记等职。新中国成立后，任驻苏联大使、外交部第一副部长。1956年在中共八届一中全会上被选为中央政治局候补委员。1959年，在庐山召开的中共八届八中全会上，同彭德怀等一起遭错误批判，离开外交岗位。后任中国科学院经济研究所特约研究员，从事政治经济学等方面的理论研究。其为第一届、第二届全国人大常委会委员。1975年，从广东肇庆迁居无锡汤巷45号。

诸竹生（1904——1976） 无锡县东亭乡杨亭人。自幼随祖父、父亲学习中医外科，16岁时全家定居无锡南门黄泥埄。每逢三、六、九，在安东园茶馆应诊。主治痈疽、疔疮、骨髓炎、骨结核、淋巴结核等。治疗方法以消肿、通络、定痛为主，将外治与内服中药相结合，疗效明显，名闻锡地。无锡解放后，仍在南门旧宅开业行医。后参加联合诊所。1958年，转入南长区联合医院（后改南长区人民医院），负责中医外科工作。20世纪60年代，全国中西医结合研究小组成员专程到无锡向其学习中医外科 1个多月。其成功治愈无锡松山采矿厂工人唐惠忠股骨胫疾患的病例，曾在全国中草药展览会展出，并在《全国中草药汇编》上介绍。

秦古柳（1909——1976） 无锡城中小河上人。幼年喜好书画，12岁时拜锡邑名画家吴观岱为师。后又从冯君辉学古文诗词，并结识小万柳堂廉泉、壮陶阁主裴伯谦等收藏家，而博览历代名家真迹。14岁即作山水长卷，深得其师赞许。民国19年（1930）起，先后在上海、杭州、南京、苏州、武汉等地举办个人画展，饮誉画坛。中年潜心于华喦、石涛、石谿、朱耷等名家作品的研究，重视笔墨技巧的发掘和思想意境的开拓。游浙东，走江西，寄迹武汉三镇，领略秦岭诸脉之雄伟。晚年则醉心于黄山，名山大川尽收笔底。常在酒后作书画，落笔迅捷，挥洒淋漓。其认为画是写个性、画人格，是真实的自我写照，故特别强调人格、画品。新中国成立后，为江苏省美术家协会会员。曾任无锡市政协常委、无锡市文联副主席。传世作品有《黄山图》《松鹰图》《墨笔山水大幅》等。后集成《秦古柳画辑》问世。其还工书法，主张书法入画。所作行草、汉隶，恣肆凝重，清丽古雅，颇具金石气韵。又擅金石，尤精鉴别。平生富藏金石书画、汉砖晋砚、秦汉魏碑版、墓志铭等，故将居室改名为“二百汉碑斋”。

贺天健（1891——1977） 字健叟，别号纫香居士，无锡城内复兴路人。幼年喜欢绘画，9岁从邑人孙云泉学肖像画，10岁时临摹明代沈周、文徵明等书画大师的山水画，暇时阅读古典诗词及古人有关书画的著录。16岁画出巨幅卷轴“石门摩崖”（惠山名胜）。清宣统二年（1910），去南京求学，后转至上海，考进中华书局，任编辑员。第二年考入南洋中学，并在民国第一图画局筹备处任图画员，专门从事绘画，开始探索西画技法，学习透视学和色彩学。与此同时，其在书法上学“龙门十二品”和张猛龙碑。民国3年（1914），担任无锡积馀小学国文教员兼美术教员。翌年，辞去教职，寄寓上海，专门从事绘画艺术创作和研究。经常外出写生，画艺上重

视意境的创造和追求，所作多为粗豪放逸的阔笔画。常与吴昌硕、任堇叔等著名画家探讨画艺。民国7年，加入上海题襟馆书画会。民国12年，被推选为中国画会主任委员，主编《画学月刊》，并与黄宾虹等编印《国画月刊》，将当代的国画名作汇编成《中国现代名画汇刊》出版。民国13年和民国15年，参与胡汀鹭等在无锡创办的美术专科学校和锡山书画会。民国18年，在上海组织蜜蜂画社。曾在无锡美术专科学校、南京美术专科学校、上海美术专科学校、昌明艺术专科学校任教。教学之余，临摹中国历代各派名画，走遍祖国名山大川，进行实地写生，创作出《黄山深处》《善卷下洞》等作品。人们对其这一时期画风的评价是“豪迈、英发、跌宕、瑰丽”。八年抗战时期，蛰居上海，所作则充满沉雄、抑郁情调。1953年，被聘为中央美术学院民族美术研究所研究员。1956年，任上海中国画院副院长。曾被推选为中国美术家协会理事、中国美术家协会上海分会副会长。其大胆地将西洋油画的技法揉合到国画创作中，作品透露出时代气息，风格为之一变，创作出《九月桐江柏子红》《东西二嶂山》《修堤图》《春到江南大地锦绣》《罱泥图》《云开日朗》《山高水长》等优秀作品。1959年，其作品《东风吹到好江山》参加世界美术博览会，获一等奖。同时为北京人民大会堂上海厅创制一幅《河清可俟图》，为其晚年的代表作。1960年，被丹麦康纳美术家协会聘为会员。1962年，在丹麦举行个人画展，丹麦美术界誉之为“水墨画大师”。是年7月，出席第三届全国文艺工作者代表大会。1977年，逝世前嘱将作品300件捐赠上海中国画院。生前著有《学山水画过程自述》一书，画作辑成《贺天健画集》《贺天健山水册》等，均由人民美术出版社出版。

李惕平（1906——1977）　原名国栋，字涵苍，无锡城内四郎君庙巷人。早年就读于无锡县立乙种实业学校，毕业后在无锡任小学教师。后在上海私立正风文学院中国文学系函授毕业。民国15年（1926）5月，加入中国国民党。民国19年2月起，任国民党无锡县党部党务整理委员会委员、宣传部长兼县党部机关报国民导报社社长，后又任国民党无锡县党部常务委员，并在私立无锡中学、江苏省立第三师范等校兼课。“九一八”事变后，任无锡各界抗日救国会常委，参与组织领导锡邑抗日救亡活动。“一二八”事变后，与王昆仑等创办《人报》，宣传抗日。“七七”事变后，任无锡各界抗敌后援会常委兼秘书长，从事抗日活动。民国27年，抵达重庆，任职于荣氏复兴铁工厂、中央信托局保险部。民国30年，递补为国大代表。民国35年返回无锡，任第六区棉纺织同业工会锡澄武办事处主任，并当选为无锡县商会常务理事，又受聘出任无锡县临时参议员等。次年2月，当选为无锡县参议会议长。任职其间数次以县参议会或议长名义，反对国民党为内战而征兵、征粮的举措。民国37年12月，与钱孙卿等共同发起组成“无锡县人民公私社团联合会”，任第三召集人兼生产安全小组主任，保护厂房设备，等待无锡解放。翌年2月，发起成立“江南各县参议会联谊会”，召集江南各县参议会议长、副议长在上海集会，通电呼吁和平，反对再行征兵征粮。1949年11月，作为特邀代表出席无锡市各界人民代表会议，并先后在无锡市纺织厂同业公会、苏南区棉纺织同业公会、无锡市棉纺织联营处、丽新纺织厂等单位任职。1956年，在无锡市图书馆任职。1961年，在无锡市政协文史资料委员会工作，撰写大量资料性文件。“文化大革命”中受到冲击，被错定为“反革命分子”。1979年4月，冤案得以平反昭雪。

顾毓琦（1901——1978）　字景韩，化名夏士琦，无锡城中学前街人。民国14年（1925），毕业于国立同济大学医学院，后获德国汉堡大学医学博士。民国21年起，任同德医学院院长兼附属同德医院院长。“一二八”淞沪抗战时，其将同德医院充作安置伤兵场所，并组织救护队，得到国民政府第十九路军蔡廷锴将军嘉奖，获奖匾一块。在接任医学院院长期间，面临办学经费不足等困难，其多方筹

集资金，扩建教室、大礼堂、宿舍等，经国民政府教育部核准，成为一所完整的医学院。民国26年，“八一三”淞沪抗战时，医学院被毁，顾另选校址，向银行借款，并取出自己药厂股金，建造院舍，聘请名师，恢复办学，培养了一批医学人才。原国家主席李先念夫人林佳楣、著名骨科专家陈中伟，均为其学生。民国33～37年，积极支持学生组织自治会、设立助学金、开办平民诊所，参加反内战、反饥饿、反迫害集会。上海解放后，继任同德医学院院长。1952年，同德医学院与其他医学院合并为上海第二医学院，任第二医学院附属同德医院院长。其间，培养出大批医学专门人才，不少学生在解放前从事中共领导下的革命活动，解放后担任各地卫生行政领导工作。无锡地区著名医师有原第二人民医院院长、内科主任医师史明东和儿科主任医师金明，原南长区人民医院院长鲍鸿发，江苏省干部疗养院主任医师周鉴和妇产科主任医师刘世英，原第五人民医院院长李松霖和外科副主任医师包振德、内科副主任医师顾玲，原市卫生局副局长方刚等。1955年，任上海北站医院院长，1957年，被错划为右派（中共十一届三中全会后予以改正），调至上海电线电缆厂任医师和医药顾问。

顾　复（1894——1979）　字震吉，又名心梅，无锡城内凤光桥（今三凤桥）顾家弄人。少时在父亲顾述之的亲自培育下，读完小学和中学课程。民国元年（1912）留学日本，先后在东京第一高等学校预科和名古屋第八高等学校学习，毕业于东京早稻田大学后又转入东京帝国大学农学部深造。民国9年，获农学士学位。是年回国，历任无锡县藕塘桥小麦试验场场长、南京农业学校教员、苏州农业学校教员兼该校农场主任、南京东南大学农科讲师等职。在此期间，其利用引进的美国“玉皮”小麦种与无锡出产的小麦种杂交培育成高产、抗病、出粉率高的“锡麦1号”优良小麦种，并在中国北方麦区大面积推广。同时编写出中等农业技术学校教科书《作物学》《农具学》等。民国14年，任南京中央大学农学院副教授。民国18～26年，任广东中山大学农学院教授。因日军侵占广州，回到无锡。民国30年，应友人之邀，出任南京私立建村农学院教授、农艺系主任、建村种子场总技师。民国34年8月，任无锡省立教育学院农业教育系教授。1950年初，兼任苏南行署农林水利处农业技师。1952年，调任苏南农业科学研究分所望亭苏南稻作试验场场长、作物组主任。1957年，选育出粳稻“412”和晚稻“853”两个优质高产的新品种，使普通水稻亩增一二百斤，推广于长江流域中下游地区。是年，被评为全国农业劳动模范。1958年，调任中国农业科学院江苏分院研究员和总农艺师。先后发表《改良江苏稻作刍议》《晚粳“853”选育经过》《江苏省稻作选种事业的发展和选种经验》《江苏水稻的起源与发展》《江苏的稻种》《明清两代江苏水稻品种研究》《太湖地区一季晚粳栽培经验》《改良农作物方法私议》《改良小麦之管见》等近10种专著与科学论文。先后被选为第三届江苏省人大代表，第一届、第二届、第四届江苏省政协委员，江苏省农学会理事。

丁惠康（1904——1979）　无锡城内书院弄摇车湾人。著名学者丁福保次子。自幼受父熏陶，中学毕业后立志攻读医学。民国9年（1920）考入上海同济医工专门学校医科。在校期间成绩优异，连获8次奖学金，并先后担任《同济杂志》编辑及《中西医学报》《德华医学杂志》《申报医学大纲》主编。民国16年大学毕业，时值肺结核病流行，在其父亲支持下，于次年创办上海肺病疗养院。民国23年又以30万元资金创建上海虹桥疗养院。民国24年2月，赴德国、奥地利、瑞士进行考察，历时1年，写成《各国实验疗肺学》和《世界各国肺结核统计》两书，被德国汉堡大学授予医学博士学位。民国25年初回国，曾任国民政府内政部卫生署特派赴欧调查公共卫生专员、中国防痨协会医务委员、中国保健协会秘书长等职。全力从事防痨工作，无条件地将虹桥疗养院作为上海医学院第二实习医院，并发起组织中国保健社，先后与申报社、中山医院、上海肺病疗养院联合采取“X光集团检查”，对上

海市民进行体格检查和“梅毒康瓦氏反应”检查。不久，保健社被迫解散，又将设在郊外的俱乐部改建为疗养新村，继续为患者服务。还兼任上海医学院教授和《时事医学周刊》主编。“八一三”事变后，将虹桥疗养院的全部手术器械设备深夜送至市区伤兵医院，为抗日负伤官兵施行手术。日军侵占上海后，在法租界重新开办新虹桥疗养院。同时，毅然将40幢房屋的出售款全部用以收购中国历代文物和名画，使祖国珍贵文物免遭劫难和流失。民国28年春，与上海美专校长刘海粟等共同举办“中国历代书画展”，并出刊《中国历代名画大观》专集。后又独自举办故宫影展及吴昌硕遗作展览会，刊印《缶翁遗墨》一书。民国29年，发起上海第一届、第二届防痨运动。民国30年12月，因拒绝领取汪伪政府所谓医生证书，而新虹桥疗养院院长职务被撤。后又开办中国保健社，为4000多名师生作免费检查。民国32年，汪精卫妻陈壁君到上海虹桥疗养院探望住院女儿，带来两箱储备券，拟捐赠医院，其坚决拒收。后又邀其担任伪卫生署长，也被严正拒绝，因而有“三拒汪伪”之美谈。抗日战争胜利后，积极支持宋庆龄开展爱国民主运动，将虹桥疗养院内的香雪园作为中国福利基金会会址。上海解放后，将虹桥疗养院提供给中国福利会，作为儿童剧团、幼儿园和夏令儿童健康营活动场所，被聘为中国福利会顾问。是年10月，应清华大学邀请，参加全国少数民族文物展览大会。会后，将高山族文物及书籍500余种捐献给国家。后又捐赠稀世之宝西周青铜大鼎1座，并再次慷慨解囊帮助国家收购常熟瞿氏“铁琴铜剑楼”所藏的秦汉以来历代著名石刻拓本以及宋元孤本书籍1100余册，接着又向故宫博物馆捐赠所收藏的全部出土文物（其中唐代二色釉大壶被列为国宝）。为此，中央人民政府教育部、文化部分别向其颁发奖状，上海市文物保管委员会聘为顾问。1952年，任同德医学院教授。1956年2月，率先响应私立医院改为公立医院的号召，将虹桥疗养院捐献给国家。8月，赴京参加中华医学会第十届全国代表大会，并将虹桥疗养院的全部文献资料捐赠给中华医学会。1958年，加入中国民主同盟。曾被错划为右派（1979年改正，恢复名誉）。1966年2月，被聘为上海文史馆馆员。

沈渊如（1905——1979）　无锡城内迎迓亭人。民国14年（1925）即开始艺兰，爱兰成癖，几达痴迷，和无锡城中艺兰高手交往甚密。常与艺兰名人荣文卿结伴同去杨干卿家赏兰、请教，兰艺大进，30余岁就闻名遐迩，博得“兰王”雅号。民国22年（1933），在锡汇集艺兰友好，开展兰花义展活动，捐赠赈济“九一八”事变背井离乡灾民。抗战前后国内动乱，兰花珍品日益散失，其倾尽家产抢救名种，收集保存海内兰花孤本及罕见品种。民国时期有各种兰蕙500余盆。通过长期培育研究，其对艺兰中选择落山新花的鉴别法有精辟独特见解。收集栽培众多珍贵花卉，还喜爱杜鹃和山茶，有杜鹃600余盆，亲手嫁接、杂交培育出众多名种。20世纪50年代有各种兰蕙2000余盆，并开放家园，供人观赏。1956年，又将数千盆珍贵花卉献给国家。1962年和1964年，酷爱兰花的朱德委员长两次到无锡看望他，互赠兰花，交流兰艺经验，并题“养好兰花”四字，赠以《兰华谱》《兰言述略》《兰蕙同心录》等书，一时传为艺兰界佳话。著有《兰花》《杜鹃花》等书。

薛明剑（1895——1980）　初名萼培、锷佩，后易名明剑、民剑、民见，笔名民间老人、民间不老人，无锡玉祁礼社人，后迁居无锡城内太平弄。清光绪三十三年（1907），进东林学堂求学。辛亥革命时加入学生军，参加光复南京之役。民国元年（1912）至民国3年，先后任职玉祁德馨学校教员；石塘湾县立第六高小会计，兼任《新无锡》报特约撰述员；青城（玉祁）市立十一小学校长，并兼职上海《妇女时报》编辑。民国4年，毕业于上海体育传习所。民国5年，调任泰伯市第一小学校长、浒墅关省立蚕业学校教员、无锡省立育蚕试验所事务部主任、县立公共体育场场长兼督察管理员，编辑出版育蚕试验所汇刊，组织体育研究会，举办体育讲习会和各种体育竞赛，促进无锡体育运动的开展。

民国6年，任无锡元丰茧行经理。民国8年，应荣德生之邀，参与筹建申新第三纺织厂，负责厂务总管。还主编出版《无锡指南》，介绍无锡历史、名胜古迹和社会风俗。该书于民国13~37年间先后再版17次，发行10余万册。民国10~12年，被举为县教育会编辑部主任、江苏省实业厅咨议、商埠局顾问。创立蚕种制造场，担任场长。创办明剑工业社。创立无锡杂志社，编辑出版《无锡杂志》（期刊），担任社长。编辑《锡湖揽胜》，开拓太湖旅游。民国13年，创办无锡屑茧整理工场。民国15年，日本考察回国后，在申新三厂创办“劳工自治区”，逐步建立职工医院、托儿所、子弟学校、职工养成所、图书馆、剧场、体育场等文教体卫设施，提高职工的福利待遇和文化、技术水平，改善劳资关系。民国16年3月，被委任为无锡市政厅委员兼工商局局长，旋即辞职。是年6月，担任商团公会会董，并兼任中央大学区民众教育学院教师。课余编写《实用工艺》一书。民国16~18年，先后创办大中国实业公司、允利公司第一石灰厂、允利化学公司、我华工业社、无锡养鸡场等小型企业。民国19年起，受聘为工商部丝绸研究委员会委员、工商部与卫生部劳工卫生促进会委员、教育部中小学课程标准起草委员会乡村师范工艺科草案审查修订委员、江苏省政府调查实业专员。民国20~26年，被推选为国民参政会参议员、无锡各界抗日救国会经济保管委员，组织申新抗日救国会及抗日义勇军，与钱孙卿等组织国难委员会，相继担任第三战区驻锡办事处处长、第六战区驻京沪线办事处处长，支援抗日。民国26~34年，赴四川北碚、重庆等地，将允利化学公司改组为允利实业公司，并先后投资建成中小企业20家，涉及机器制造、化工、纺纱、粮食加工等10个行业。被新生活运动促进总会妇女指导委员会聘为生产事业组顾问，担任重庆无锡旅川同乡会理事长8年，编印《江苏通讯》。与吴蕴初等人发起组织中华全国工业协会，任理事，后又任苏南分会理事长。民国35年，抗战胜利回锡后，在无锡、上海恢复和创办化工、机械、拆船等10多家允字号中小型企业；与人合股创建无锡长途汽车公司；在玉祁、礼社、蓉南等2镇3乡成立自治实验乡，自兼乡长；捐赠祖产土地50亩，先后兴办自治中学、钟瑞图书馆、芙蓉圩排水工程、文熹大礼堂、火力小电厂等文化、水电设施。民国36年，被选为立法委员。民国37年，在其胞弟孙冶方和女儿薛禹谷等影响下，配合中共无锡地下组织工作，为无锡解放作出贡献。还筹建泰伯文献馆，购买全国各省市县地方志与古藉（至无锡解放前夕，馆藏达18万卷）。民国38年6月，在上海与立法委员萧觉天等53人联合通电反正，与国民党政府斩断关系。无锡解放后，作为特邀代表出席无锡市第一届各界人民代表会议。1950年定居上海，1952年聘任为苏南文物保管委员会委员。1956年任上海文史馆馆员。晚年潜心著述，出版《誊写印刷技术手册》《黎元洪年谱》《中国辞典目录提要》等著作。

钱钟汉（1911——1982）　无锡城内七尺场人。钱孙卿次子。毕业于上海光华大学。曾长期执教于光华附中和私立无锡中学。抗战全面爆发后，参加无锡各界抗敌后援会的工作，并参与后援会所办《达报》的编辑发行等事务。侵华日军占领无锡时期，在重庆任申新、茂新、福新总公司秘书，担任《复苏月刊》编辑。抗战胜利后回锡，任无锡振华面粉厂经理、天元实业公司协理等职务。民国35年（1946）12月，发起成立地方政团复苏社，任理事。次年2月当选为无锡县参议会议员。民国38年2月，钱钟汉等3人受其父亲钱孙卿和荣德生委托，赴苏北解放区与中共有关领导人会面，洽谈江南应变、过渡事宜，迎接无锡解放。无锡解放后，任申新三厂副厂长。1949年9月12日，当选为无锡市工商联筹委会副主任委员，主持对原县商会的接收工作。1951年4月26日，民建无锡市分会筹委会成立，任委员，5月被推选担任无锡市反革命案件审查委员会副主任委员。1952年9月，作为苏南地区的

代表参加中国人民赴朝鲜慰问团慰问志愿军将士。1953~1957年，历任民建无锡市分会主任委员、民建无锡市委主任委员、民建中央委员，以及无锡市工商界政治学校校长。先后当选为无锡市各界人民代表会议代表，第一届和第二届人大代表，市政协副秘书长、副主席，无锡市副市长。1957年，整风反右运动中被错划为右派。20世纪60年代初，收集、编辑、撰写大量的地方文史资料。"文化大革命"期间再次受到冲击，中共十一届三中全会后平反。1980年1月，当选为无锡市第六届政协副主席，后又任市地方志编纂委员会副主任等职务。

薛祖康（1899——1983）　无锡城中留芳声巷人。少时聪颖好学，后在薛南溟资助下考入北京清华学校，毕业后被选送美国麻省理工学院深造，获机械硕士学位。回国后，先后任南京东南大学、浙江大学教授。民国18年（1929），应薛寿萱之邀，至无锡永泰所属丝厂工作，负责将永泰和锦记两厂的意大利大籰直缫机改为日本扬返式小籰缫丝机，以减少生丝断头。还与其他科技人员一起，设计、研制出日本御法川式多绪立缫机，大大提高生丝质量。民国19年，任无锡华新制丝养成所所长、永泰丝厂总工程师，"华城"牌、"金双鹿"牌生丝匀度高达94分，质量居世界先进水平。民国21年，受薛寿萱委派，赴美国纽约访问直接用户，调查市场供需情况，并代薛寿萱向美国生丝交易所购买经纪人执照、缴纳会费，以享受生丝期货买卖佣金减半的优惠待遇。事后，又访问英国主要客户茄顿公司；去法国会见西蒙公司经理，商定西蒙公司为永泰丝厂在法国的总代理商，扩大生丝的对外贸易。民国24年3月，任永泰丝厂总管理处协理。次年又任兴业制丝股份有限公司协理。抗日战争期间，拒绝与日本华中蚕丝公司合作。抗战胜利后，整修厂房设备，恢复生产，并将永泰丝厂尚有的312台坐缫车改成240台立缫车。无锡解放后，任永泰丝厂厂长。1951年，组织对丝厂缫丝设备全面改造。1954年，任公私合营永泰丝厂副厂长，后又被推选为无锡市政协常委。1956年后，先后被聘为江苏省缫丝工业局、无锡市机械工业局、无锡市压缩机厂等单位高级工程师。

孙冶方（1908——1983）　原名薛萼果，又名孙勉之、宋亮等。无锡县玉祁礼社人。民国12年（1923），在无锡县立第一高等小学读书时加入中国社会主义青年团。民国13年，考入无锡公益工商中学，12月转为中国共产党候补党员。民国14年1月任中共无锡支部第一任书记，7月赴上海任沪西工人联合会宣传员，9月赴苏联莫斯科中山大学学习。民国16年夏毕业后任东方大学中国班课堂翻译。翌年初，调中国共产主义劳动者大学（原为中山大学），任政治经济学翻译。后因受王明宗派集团的迫害，于民国19年9月回国，先后担任上海人力车工会筹备委员会主席、沪东区工会联合会筹备委员会主席。民国20年1月，因沪东区工会机关被破坏而与党组织失去联系。后又遭特务逮捕，由邑人陈翰笙、钱俊瑞觅保获释。后随陈翰笙在中央研究院社会科学研究所从事农村经济调查，其间发表《农村经济的对象》《论农村调查中农户分类方法》《私有、村有、国有？》等颇有影响的论文。民国24年春，赴日本进行调查研究，9月回到上海，参加陈翰笙、薛暮桥、钱俊瑞等组织的中国农村经济研究会，并任《中国农村》杂志编辑，发表《如何维护民族工业》《论财政资本——帝国主义》等论文。民国26年初，经沙文汉、陈修良介绍，恢复党组织关系，任中共江苏省委文化工作委员会书记，在上海编辑出版《译报》《上海周报》等刊物。民国30年6 月，进入苏北抗日根据地，化名宋亮，先后担任中共华中局宣传部宣传教育科科长、华中局党校教育科科长兼马列主义课教员。民国32年4 月，调任中共津浦路西地委宣传部长。抗日战争胜利后，历任中共华中分局财经委员会委员、苏皖边区政府货物管理局副局长、淮南行政公署财经办事处副处长兼路西专署财经处处长、中共华东局财经委员会副秘书长等职。上海解放后，任上海市军管会重工业处处长、华东军政委员会工业部副部长。1954

年，调任国务院统计局副局长。后赴国外及国内进行考察，撰写《把计划和统计放在价值规律的基础上》《从“总产值”谈起》等著名论文。1957年后，任中国社会科学院经济研究所所长。20世纪60年代初，连续撰写《关于等价交换原则和价格政策》《固定资产管理制度和社会主义再生产问题》《社会主义计划经济管理体制中的利润指标》等研究报告和内部讲稿，强调价值规律，指出利润是企业技术水平高低、经营管理好坏的综合标志，由此受到诬陷和迫害。1965年秋被撤销职务，下放农村劳动。1968年4月4日起，被监禁在北京秦城监狱达7年之久。1975年4月10日获释。1976年，江青反革命集团被粉碎后，先后任全国政协委员、中国社会科学院及其经济研究所和国务院经济研究中心顾问、国务院学位委员会评议组成员、中国社会科学院经济研究所名誉所长。1979年4月，回到故乡无锡，参加全国价值规律理论讨论会，作《价值规律的内因论和外因论》的学术报告。会后，留在无锡撰写《社会主义经济论》一书。是年夏患肝癌医疗期间，继续整理和撰写《社会主义经济论》《社会主义经济的若干理论问题（续集）》等专著，还写出《重视理论，提倡民主，尊重科学》《关于改革我国经济管理体制的几点意见》等经济论文23篇、文艺评论2篇、党史资料1篇。1982年9月，抱病出席中共第十二次全国代表大会，当选为中共中央顾问委员会委员。是年12月16日，被中国社会科学院授予“模范共产党员”称号。

杨荫浏（1899——1984）　字亮卿，号二壮，又号清如，无锡城中留芳声巷人。自幼喜爱音乐，7岁学习萧、笛、笙、胡琴等民族乐器，12岁入昆曲社（后改名天韵社）从吴畹卿学琵琶、三弦等乐器演奏。民国5年（1916）秋，考入江苏省立第三师范学校，毕业后任石塘湾县立第五高等小学国文教员。民国12年秋，入上海圣约翰大学，先后在经济系、文学系学习。民国14年，上海发生“五卅惨案”后，因积极参加反帝爱国运动，遭校方压制，愤而离校，入上海光华大学经济系学习，继任光华国乐社社长兼指导。乐谱用工尺谱写，后改为简谱，名《雅音集》。民国18年，应基督教圣公会之聘，先后在南京、杭州从事赞美诗编辑。民国20年，任基督教六公会（中华基督教会、中华圣公会、美以美会、华北公理会、华东浸礼会、监理会）联合圣歌委员会委员兼总干事。民国21年，赴北平主编宗教期刊《紫晶》及《真理与生命》刊物中的“圣歌与圣乐”专栏，编辑出版赞美诗集《普天颂赞》，获国际圣经展览编辑优良奖。民国25年，任哈佛燕京学社音乐研究员，并在燕京大学音乐系讲授中国音乐史。民国28年，至教育部音乐教学委员会工作。民国30年9月，任国立音乐院教授兼国乐组及研究室主任。抗战胜利后，国立音乐院迁南京，任原职，并兼任金陵女子大学音乐系教授。1949年后，历任中央音乐学院教授及研究部研究员，音乐研究所副所长、所长，中国艺术研究院顾问，中国音乐家协会常务理事，民族音乐委员会主任，中国文联全国委员会委员，全国政协第三届、第四届、第五届、第六届委员等。其毕生致力于民族音乐遗产的搜集整理和中国音乐史、乐律、音韵、古谱的研究，著述甚丰。民国14年，用英文撰写《中国音乐史纲》。先后整理出版《定县子位村管乐曲集》《苏南吹打曲》《古琴曲汇编》《关汉卿戏曲乐谱》《西厢记四种乐谱选曲》等乐谱专著，发表不少有关音律方面的专著和论文。1958~1981年用24年时间写成65万字的《中国古代音乐史稿》出版。其最突出的成就是对阿炳音乐的抢救，编成《阿炳曲集》出版。“文化大革命”期间，被下放河北怀来县五七干校，健康受到严重损害。1973年，患突发性脑痉挛，肺气肿亦越来越严重。1984年2月，在北京去世。

王　序（1912——1984）　无锡人。民国20年（1931），毕业于无锡辅仁中学，考入上海沪江大学化学系。民国24年毕业，翌年4月赴奥地利维也纳大学深造，获博士学位。归国后，任浙江大学化学系教授。民国30年，任北平研究院化学研究所研究员，先后成功研究出土大黄、丹参、益母草等植物成

分，并确定结构，开展对天然成分的合成研究，完成香豆素类化合物的合成，并发明合成稠环角甲基的方法。1950年，任北京医学院药学系教授，主持对益母草等中药的研究，提出并应用酶和受体系统作为寻找中药活性成分的工具。1955年，提出建立系统研究碱基、核苷和核苷酸合成方法的科学体系，结合抗肿瘤药物的研究，寻找新药。1961年，建立核酸化学研究所，利用羟基含氮杂环的不正常对甲苯硫酰化反应，为合成不同取代的杂环化合物开辟一条新途径。该成果获1964年国家科学发明奖。1970年，提出增强免疫系统的活力和增强体内激素调节能力、调节酶系统作为“扶正”的两种途径，从研究C－AMP（即环状胨呤核苷酸）的调节能力着手，紧紧抓住近代发展起来的环核苷酸系统，首先解决合成方法及生产路线，进而合成一系列的核苷亚磷酸及核苷环亚磷酸。1977年，写成《复杂的天然产物全合成中的问题》一文。这些科研成果分获1978年、1980年国家科委和卫生部的发明奖和成果奖。先后在国内外发表论文35篇，合著《有机化学》《有机化学命名原则》。曾被评为全国文教先进工作者，历任北京医学院药学系主任及药物研究所所长、中国科学院学部委员、国务院学位委员会药学组副组长、卫生部医学科学委员会委员、中国化学会常务理事、中国药学会副理事长及《化学学报》《药学学报》编委和《化学通报》主编等职，并当选为第五届全国人大代表、第五届全国政协委员、第六届全国政协常委、北京市第七届人大代表。1983年，加入中国共产党。1984年2月10日，在实验室工作时，突发心肌梗塞逝世。

郑翔德（1904——1985）　无锡县玉祁乡人，居住城内四郎君庙巷。清宣统三年（1911）就读于玉祁镇德馨学堂，民国3～5年（1914～1916）在无锡石塘湾第六高小读书，民国4年进入无锡荣巷公益工商中学读书4年，后由学校介绍进申新第三纺织厂，先后担任初级职员、考工主任、机务部长、工务处处长等职。20世纪30年代初，赴日本明治纺织会社实习机械保全工作法。回国后任申新三厂纺织部机务科长、工程师。抗日战争开始，随公益铁工厂内迁重庆，曾任同心酿造厂、复兴银厂厂长和公益纺织面粉机械制造厂襄理等职。后与蔡叔厚等合办中国工矿公司，任机械厂厂长。抗日战争末期，被国民党政府战时生产局长翁文灏聘为战时生产局顾问。后受聘于申新公司，回锡任申新三厂厂长，千方百计振兴企业，使申新三厂成为纺织行业中较有实力的企业之一。无锡解放初，任江苏省、无锡市棉纺同业公会主任委员，江苏省工商联常委，无锡市工商联监察委员会主任委员，民主建国会无锡分会第一届至第三届副主任委员。抗美援朝期间，其踊跃买公债，捐飞机，还主动送二女儿郑维雍上军事干校，参加抗美援朝。在工商业社会主义改造中，带头申请公私合营。1957年，被错划为右派，“文化大革命”中又受到冲击，粉碎江青反革命集团后平反昭雪。历任无锡市第一届、第二届人民代表大会代表，无锡市第二届人民委员会委员，无锡市第一届至第七届政协委员、第二届至第六届政协常委，省政协第二届、第四届委员。曾先后三次受到毛泽东主席、周恩来总理的接见。

孙毓棠（1911——1985）　无锡城内小河上人。民国17年（1928）8月，肄业于天津南开中学。民国19年8月，肄业于天津南开大学，后转入北平清华大学历史系。民国22年，大学毕业后，曾在天津河北省立女子师范学院史地系任教。民国24年8月，赴日本留学，先入东京帝国大学历史学部攻读中国古代史，后转入帝国大学文学部大学院攻读文学。抗日战争全面爆发后回国，至广西省立高级中学任英语、史地教员。后历任云南大学、西南联合大学师范学院史地系讲师、副教授。授课之余从事诗歌创作和话剧活动。其诗深受闻一多的影响，为新月派诗人之一。史诗《宝马》是其代表作。抗战期间，从事中国古代史的教学与研究，发表的主要论著有《历史与文学》《汉末魏晋时代社会经济大动荡》《汉代的交通》《汉代财政》《西汉的兵制》《东汉兵制之演变》《战国秦汉时代纺织技术的进

步》《中国古代社会经济论丛》《关于北宋赋役制度的几个问题》《清代的丁口记录及其调查制度》等。抗日战争胜利后，回到北平，任清华大学历史系副教授、教授。不久应英国文化委员会之聘，赴英出任牛津大学皇后学院客座研究员。两年之后去美国，先后担任中国出席联合国代表团社经理事会专门助理、美国哈佛大学客座研究员。民国37年8月回国，继续在清华大学历史系任教。1952年8月调任中国科学院经济研究所研究员，不久担任《中国近代经济史资料丛刊》编辑委员会委员，并负责《中国近代工业史资料》第一辑的编辑工作。20世纪50年代后，其把主要精力投入中国近代经济史的研究，先后发表《日俄战争后美帝侵略中国东北的阴谋》《美帝国主义与芦汉铁路投资竞争》《中日甲午战争前资本主义各国在中国设立的银行》《中日甲午战争前外国资本在中国经营的近代工业》《中日甲午战争后美国资本与芦汉、津镇、粤汉诸铁路的借款》《美帝国主义攫占三都奥的阴谋与所谓“海军借款”》《美帝攫占上海电力公司》《美帝对华投资的历史发展及其侵略性》《中日甲午战争赔款的借款》《粤汉铁路借款问题》《币制实业借款》等多篇论文，对19世纪帝国主义在工业、铁路、银行、借款等方面的对华侵略进行研究。这些论文均收入后来出版的《抗戈集》中。1957年，被错划为右派（1979年予以改正）。1959年1月，转入中国科学院历史研究所任研究员。“文化大革命”期间屡遭冲击。“文化大革命”后期，奉命参与对《二十四史》和《清史稿》的标点工作。粉碎江青反革命集团后，积极筹建中国社会科学院历史研究所中外关系史研究室和中外关系史学会，任该会第一届理事长。1980年始，主持《中国大百科全书•中国史卷》的全面规划工作，并任“秦汉分卷”主编。1981~1982年，先后应聘兼任美国德克萨斯州立大学和美国华盛顿威尔逊研究中心客籍研究员。1984年7月18日，《光明日报》发表其论文《开阔中国经济史的研究领域》，引起史学界、经济界的重视。中国社科院历史研究所经济史组在其指导下编成的《中国社会经济史论著目录》一书，是教学与研究较为完整、系统的检索工具书。

钟荣赓（1917——1985）　江苏省六合县人。民国27年（1938），毕业于苏州东吴大学理学院，获理学士学位，因成绩优异，获得美国斐托斐学会金钥匙奖及会员称号。后又先后在北京协和医学院、上海圣约翰大学医学院读书。民国32年3月毕业，并获医学博士学位。学成后，任无锡普仁医院主任医师。民国35年，任无锡县卫生院院长兼内儿科主任医师。1954年，任无锡市第三联合诊所所长。1958年后，历任崇安医院医师、副院长、院长，兼任崇安区医学研究所所长。从事医疗工作40余年，善于诊治临床疑难病症。民国33年，无锡“流脑”大流行时，其采用脑膜炎血清椎管内注射方法，抢救病人近500例，无一例死亡。1964~1965年，麻疹大流行时，诊治患儿370余例，仅死亡3例，死亡率不到0.9%。还创造用硫酸铜溶液保留灌肠治疗慢性痢疾、食醋保留灌肠治疗蛲虫病的疗法，成效明显。其积极从事医学理论研究，走西医学习中医、中西医相结合的道路。在国内外医学刊物上发表有较高价值的学术论文几十篇。如“中医外科要药异药的分析、制炼、药理和应用”“中西医合作治疗麻疹引起严重并发症的初步报告”“高血压病的马兜铃疗法初步报告”“中药马兜铃治疗高血压的进一步报告”“中药肝炎合剂治疗小儿传染性肝炎的初步观察”“含氰甙果仁中毒症——附桃仁中毒二例报告”和“21例重疟间日疟的治疗经验”等等。其中中药马兜铃治疗高血压的创造与成果，得到中华医学科学院的肯定，引起国际医学界的重视。还编写出版儿童科普知识书籍。其不仅医学知识渊博，而且精通英语，懂德、日、俄三国外语，从国外获得最新医学成就。还精心培养医学后代，在市高级卫生防疫训练班、战伤外科讲习班、无锡医师进修学校、无锡医学专科学校、无锡市卫生学校等担任兼职教师，培训带教的许多医生，大多成为医务界的骨干力量。“文化大革命”中受迫害，1979年后被平反。

编　后　记

新一轮《崇安区志》编纂工作于2007年4月正式启动，先后八拟编目，五易文稿，历八载艰辛，终告编竣付梓。

《崇安区志》编纂历经准备、初纂、分纂、总纂、终审、验收出版6个阶段。2007年4～9月为准备阶段。2006年2月无锡市召开新一轮修志动员大会后，区委区政府就着手筹备二轮修志工作，抽调人员，搭建班子，外出学习，拟定方案，设计篇目，成立区地方志编纂委员会和办公室，为全面启动奠定基础。2007年4月6日，召开崇安区地方志工作动员大会，区委、区政府向58家承编单位下达任务书，会后，各承编单位按照全区地方志编纂工作的总体目标和要求，从“一纳入”（修志工作任务纳入街道、部门的年度目标）和“五到位”（领导、机构、经费、人员、条件）着手，狠抓落实，全区专兼职修志人员达170多人，举办全区性业务培训2次，搜集资料等工作全面展开。2007年10月至2008年12月为初纂阶段。各承编单位按照责任分工，陆续组织编写。至2008年底，形成180余万字的区志初稿和200余万字街道志初稿。2009年1月至2010年12月为分纂阶段。分纂工作实行主编责任制，区志办内部实行分工负责制。24家主编单位以初稿为基础组织分纂；区志办各编辑按照分工负责的篇目，对口联系承编单位，并督促主编单位抓好分纂。至2010年底，完成145万字、37编的区志分纂稿，280.9万字的6部街道志通过市审定，进入出版阶段。2011年1~8月为总纂终审阶段。街道丛志首发仪式于2011年1月27日举行。区志总纂采取分工合作的方式展开。至2011年7月，形成含彩页、篇目、凡例、总述、大事记在内的36编、152万字的区志总纂稿（绿皮书）。2011年9月，《崇安区志》通过市终审。2011年9月至2013年11月为磨改阶段。根据市专家在终审会上提出的修改意见，区志办采取集中智慧、一枝笔统稿的方式逐篇磨改，纠错讹，除硬伤，补缺漏，核史实，提亮点，对体例结构再推敲，志稿断限再统一，编章小序再提炼，语言文字再斟酌，交叉重复再芟削。经过2年多全方位的删冗补缺、勘谬去讹、校核定稿，形成区志验收稿。2013年12月至2015年3月为验收出版阶段。组织志稿审定，送市验收，交方志出版社出版。

区政府办公室主任吴一骁代表区政府在无锡市地方志动员大会上发言（2006.2）（孙怡摄）

本轮区志是在1991年编纂完成首轮《崇安区志》（1951～1985）基础上的续修，它要求承前启后，既要承接上一部志书，但又不能照抄照搬；既要大胆创新，但又不能脱离志体，面对既缺乏专业知识、修志经验，又缺少专门人才和前志记述缺漏等诸多难题，实属开拓性工作，更为突出的是，这一时期社会变革迅猛，领属变更频繁，档案资料丢失严重，给新一轮编志带来极大挑战。

新一轮《崇安区志》的顺利编纂，是全区上下群策群力、众志成城的成果。其体会有三：

其一，在于各级党政领导的高度重视，精心组织。区委、区政府自始至终把区志编纂作为全区文化建设的重大工程，作为一件大事来抓，从组织领导到经费、办公等都给予充分保障，区委、区政府历任分管领导和区政府办公室统一协调，严密组织，科学分工，合理安排，确保了区志编纂工作的顺利开展。各部门、各街道、各单位严密组织，支持配合，各负其责，一包到底。业已调离或离退休老领导也视区志编纂为己任，参加座谈或书面审读，提出许多独到见解和难以发现的谬误、缺陷，为避免和减少区志出版后留下的诸多遗憾，发挥了重要作用。

崇安区街道志丛书首发仪式（2011.1） （孙怡摄）

其二，在于省、市志办领导和专家的深情关注、悉心指导，以及驻区单位、各界人士和友好城区修志同仁的热情帮助、鼎力支持。2008年3月，区被列入江苏省第二轮修志联系点单位后，得到江苏省地方志办公室和无锡市史志办公室领导的充分关注，经常指导帮助，特别是省志办吉祥等修志专家全程跟踪，精心指导，释疑去惑，使区志编纂少走不少弯路。市史志办郁有满等专家不辞辛苦，先后10余次到区培训、审定编目和志稿，无不凝聚他们的心血汗水。南京栖霞区修志同仁专程来区辅导并赠送志书，宁波海曙区、上海普陀区、南京鼓楼区、杭州上城区、苏州平江区等友好城区同仁经常保持联系，相互交流。驻区单位提供了许多条线业务资料，无锡火车站退休干部秦民华于2008年6月如邀而至，担当起区志编辑的重任。正是社会各方的大力支持和共同努力，才使区志编纂顺利推进，新一轮区志正是众手成志的结晶。

《崇安区志》终审会（2011.9） （孙怡摄）

其三，在于认真谋划，严密组织。一是正确定位。二轮修志启动前，区委、区政府就确定把地方志编成“四个有”（有份量的史书、有深度的百科全书、有内涵的文化丛书、有价值的工具书）的目标定位。此后，又提出要编成“像样、有用”地方志的工作要求。在编目设置和内容记述把握上，不断探索和创新。把“崇安寺街区”“崇安新城”“阿炳与二泉映月”升格为编，突出崇安区与众不同的地域性。把“商贸服务业”一编置于经济部类之首，突出记述区委、区政府建设“商贸崇安”的历程，展现崇安区超群独立的个性。把“城区建设”“城市管理”“街道社区”“社会事务管理”等编章作为重点，着力展示城区区域特性。此外，设置“体制改革”“对外开放”“民营经济”“农村农业农民”“精神文明建设”等新编目，记述新体制、新机制、新政策、新事物，突出时代特征。二是狠抓质量。在区志编纂中，始终把质量放在首位，立足“质量第一”“既快又好”的原则，坚持编目服从内容，进度服从质量，实行“一稿（初稿）抢，二稿（预审稿）磨，三稿（终审稿）雕”的做法。落实层层把关、逐级负责制，把好政治关、史料关、体例关、文字关。坚持“党委领导，政府主持”的修志体制，实行行政首长负责制。区志办内部实行编辑负责制、责任一贯制，确保志书质量达到较好水平。在省志办2009年5月组织的“县（市、区）志优秀志稿评读活动”中，《崇安区志》第五编第一章商业街区（4节）从66篇志稿中脱颖而出，被评为江苏省二轮修志优秀志稿，录入《江苏省二轮修志参考资料》第五辑。三是队伍稳定。170多名修志人员把编纂地方志作为一项崇高的事业和难得的机遇，不畏艰苦，不辞辛苦，耐得清苦，不为名，不为利，不言功，默默无闻，任劳任怨，从收集资料到最终成稿，付出许多心血和汗水。区志办编辑人员视质量为志书生命，立足全局，把握大局，科学分工，密切配合，取长补短，携手共进，逐步从“门外汉”而成为修志的行家里手和中坚。地方志编修八年如一日，案牍劳形，笔耕不辍，广征博采，核实论证，谋篇布局，斟字酌句，孜孜不倦，刻意求精，不知放弃过多少节假日，个中繁复艰辛，难以言表，惟亲身经历者才有体味。区志编辑人员（按姓氏笔画排序）具体分工是：孙怡负责第二编、第四编、第六编、第七编、第八编、第九编、第十二编、第十四编、第十五编、第十七编、第十九编、第二十二编、第二十五编、第三十四编、第三十五编（15编）以及大事记、总述、编后记；刘振华负责第一编、第三编、第五编、第十三编、第二十三编、第二十四编、第二十六编、第二十八编、第三十编、第三十二编（10编）；秦民华负责第十编、第十一编、第十六编、第十八编、第二十编、第二十一编、第二十七编、第二十九编、第三十一编、第三十三编（10编）；鲁湘东负责6部街道志的编纂组织与协调。

《崇安区志》复审工作会议（2014.6.12）　（区政府办公室供稿）

新一轮《崇安区志》是继承优良传统，传承历史文脉，在上一轮区志的基础上正式出版的一部“官修志书”。值此出版之际，再次向区志编纂的前人以及所有为新一轮区志提供资料及照片，为编纂、评审、修订、校核、出版付出辛勤劳动的人们，致以由衷的感谢！《崇安区志（1986~2005）》煌煌150万余字，虽经全区上下共同努力，力求在体例、结构、内容、版式等方面尽可能完善、完美，然限于编者学识、水平和经验缺乏，疏漏、不足和遗憾之处仍难避免，敬祈读者和专家不吝赐教。

无锡市崇安区地方志编纂委员会办公室
2015年3月

索 引

本志设主题、图表、照片、人名四种索引。本索引与志书目录互为补充，凡在目录中出现的编、章、设目的节的标题均不选入索引。志首照片和编首照片按页码顺序排列；其他索引标题按汉语拼音字母顺序排列，同音同声者按出现的先后顺序排列，单位名称无歧义者，略去市、区名。标题后的数字为页码。

一、主题索引

A

B

C

D

E

F

G

H

J

N

P

Q

T

W

X

Y

二、图表索引

C

D

E

F

G

H

J

T

W

X

Y

Z

三、照片索引

志首彩照

编首照片

随文照片

A

B

C

D

E

F

G

H

J

K

L

M

N

P

Q

R

S

T

W

四、人名索引

《崇安区志（1986~2005）》主要撰稿人员

（排名不分先后）

谢敦和	高春明	吴爱陆	吴　强	范仁泉	罗静莺	朱蕴芳	胡彦军
王锦萍	王丽娅	蒋林法	孙仁友	杜苇霞	李铁群	张　雷	李佳珂
施　阳	黄福源	董伯庆	焦元弘	徐永红	吴德怡	钱月芳	孙晓蓉
闵正坤	杨云翔	唐宵平	蒋婷芬	华曙晖	王丽萍	郁晓丹	邵新培
李正国	徐　娟	徐蓓瑜	李春发	陶　菁	周亚珍	毛锡刚	蒋同学
干　雨	张晓华	丁晓巍	施　佳	刘冬辰	张文才	陆志鸣	马西西
朱莉君	吴国忠	张　丽	刘竹莹	张　华	肖海林	夏跃珍	唐颖奕
冯兴生	薛铁梅	孙昌言	赵志扬	张毅君	过俊红	陆婉清	周祖祺
倪守芹	秦　力	章隆泉	杨春南	严高梅	徐芳芳	戴水清	过丽娜
达　杨	胡建德	于　宏	强惠娜	任　瑜	张儒流	王蓓菁	唐惠娟
郭建先	张伟中	孙文华	熊　敏	郭洪善	张慧珠	王佩湖	石希初
刘兆荣	王晋安	叶晓明	韩永杰	胡亚萍	金菊珍	伏亚界	张小元
吉树南	秦保钢	钱士鶴	黄建春	董则可	邢跃明	苏友安	陈建德
王云良	李　宣	曹大雷	周建东	张世涛	牛克伟	颜德福	过耀华
徐志军	俞家斌	鲍海明	安复泰	李兴根	吴泳昌	方言贤	王　培
刘家琪	杜鸿生	高文奎	刘永权	罗永宏	胡建明	孙　怡	刘振华
秦民华	鲁湘东						